Eisenberg/Kölbel
Jugendgerichtsgesetz

Beck'sche Kurz-Kommentare

Band 48

Jugendgerichts-gesetz

Bearbeitet von

Dr. Ralf Kölbel

o. Professor an der Ludwig-Maximilians-Universität München

23., neu bearbeitete Auflage 2022

des von Ulrich Eisenberg begründeten
und bis zur 20. Auflage bearbeiteten Werkes

C.H.BECK

Zitiervorschlag:
Eisenberg/Kölbel Gesetz Paragraf Randnummer
Eisenberg/Kölbel JGG § 10 Rn. 3

www.beck.de

ISBN 978 3 406 78379 1

© 2022 Verlag C. H. Beck oHG
Wilhelmstraße 9, 80801 München
Satz, Druck und Bindung: Druckerei C. H. Beck Nördlingen
(Adresse wie Verlag)
Umschlag: Fotosatz Amann, Memmingen

chbeck.de/nachhaltig

Gedruckt auf säurefreiem, alterungsbeständigem Papier
(hergestellt aus chlorfrei gebleichtem Zellstoff)

Vorwort

Mit dieser Auflage wird der vorliegende Kommentar auf den Stand von Ende Januar 2022 gebracht. Die bis dahin veröffentliche Judikatur und Literatur, aber auch die aktuellen rechtspolitischen Vorgänge sind durchweg berücksichtigt und aufgenommen worden, vornehmlich die Entwicklungen seit der Vorauflage. Jugendstrafrechtlich relevante Gesetzesänderungen, wie sie etwa durch das Kinder- und Jugendstärkungsgesetz, das Gesetz zur Bekämpfung sexualisierter Gewalt gegen Kinder sowie das Gesetz zur Fortentwicklung der Strafprozessordnung und zur Änderung weiterer Vorschriften vorgenommen wurden, haben ausnahmslos Eingang in die vorliegenden Erläuterungen gefunden. Außerdem ist die umfassende Neubearbeitung des Kommentars, die durch den Wechsel des Bearbeiters ausgelöst wurde, seit der Vorauflage weiter vorangeschritten. Dies kommt darin zum Ausdruck, dass hier eine neue Einleitung und stark veränderte Kommentierungen bei zahlreichen Regelungen (§§ 1– 56, §§ 68a – 70c, §§ 93, 105, 113) vorgelegt werden.

Auch bei der 23. Auflage durfte ich mich wieder auf die redaktionelle Unterstützung verlassen, die ich von Mitarbeiterinnen meines Lehrstuhls erhielt. Besonders erwähnen und danken möchte ich neben Ramona Weisenbach vor allem Alexa Zierer und Clara Bante.

München, Januar 2022   Ralf Kölbel

Inhaltsverzeichnis

Jugendgerichtsgesetz (JGG)

Erster Teil. Anwendungsbereich

Zweiter Teil. Jugendliche

Erstes Hauptstück. Verfehlungen Jugendlicher und ihre Folgen

Erster Abschnitt. Allgemeine Vorschriften

Zweiter Abschnitt. Erziehungsmaßregeln

Dritter Abschnitt. Zuchtmittel

Inhalt

Inhalt

Inhalt

Drittes Hauptstück. Vollstreckung und Vollzug

Erster Abschnitt. Vollstreckung

Zweiter Abschnitt. Vollzug

Viertes Hauptstück. Beseitigung des Strafmakels

Fünftes Hauptstück. Jugendliche vor Gerichten, die für allgemeine Strafsachen zuständig sind

Dritter Teil. Heranwachsende

Erster Abschnitt. Anwendung des sachlichen Strafrechts

Inhalt

Verzeichnis der allgemeinen Abkürzungen

Abkürzungen

BAG	Bundesarbeitsgericht
BAnz.	Bundesanzeiger
Bay.	Bayern
bay.	bayerisch
Bbg.	Brandenburg
Bd.	Band
Bde.	Bände
Begr.	Begründung
begr.	begründet
Beil.	Beilage
Bek.	Bekanntmachung
Bem.	Bemerkung
Ber.	Berichtigung
ber.	berichtigt
bes.	besonders
Beschl.	Beschluss
beschr.	beschränkt
Bespr.	Besprechung
bespr.	besprochen
bestr.	bestritten
Betr.	Betreff
betr.	betrifft, betreffend
BewHelfer	Bewährungshelfer
BewHilfe	Bewährungshilfe
BewHiSt	Bewährungshilfestatistik
BezG	Bezirksgericht
BGBl.	Bundesgesetzblatt
BGH	Bundesgerichtshof
Bl.	Blatt
Bln.	Berlin
BMI	Bundesministerium des Innern
BMJV	Bundesministerium der Justiz und für Verbraucher-schutz
BR	Bundesrat
BRD	Bundesrepublik Deutschland
BR	Bundesrat
BR-Drs.	Bundesrats-Drucksache
BR-Prot.	Bundesrats-Protokoll
BSG	Bundessozialgericht
Bsp.	Beispiel(e)
bspw.	beispielsweise
BT	Bundestag; Besonderer Teil
BT-Drs.	Bundestags-Drucksache
BtM	Betäubungsmittel
BT-Prot.	Bundestags-Protokoll
Buchst.	Buchstabe
BVerfG	Bundesverfassungsgericht
BVerwG	Bundesverwaltungsgericht
BW	Baden-Württemberg
bzgl.	bezüglich

BZR .... Bundeszentralregister
bzw. .... beziehungsweise

ca. .... circa

DDR .... Deutsche Demokratische Republik
dementspr. .... dementsprechend
ders. .... derselbe
dgl. .... dergleichen, desgleichen
dh .... das heißt
dies. .... dieselbe
diesbzgl. .... diesbezüglich
diff. .... differenziert, differenzierend
DIJuF .... Deutsches Institut für Jugendhilfe und Familienrecht e. V.
Diss. .... Dissertation
div. .... diverse
DJGT .... Deutscher Jugendgerichtstag
DJT .... Deutscher Juristentag
DJI .... Deutsches Jugendinstitut e. V.
Dok. .... Dokument
Drs. .... Drucksache
dt. .... deutsch
DVJJ .... Deutsche Vereinigung für Jugendgerichte und Jugendgerichtshilfen
DVO .... Durchführungsverordnung

E .... Entwurf
EB .... Erziehungsbeistand, Erziehungsbeistandschaft
ebd. .... ebenda
Ed. .... Edition
EGMR .... Europäischer Gerichtshof für Menschenrechte
ehem. .... ehemalig/e/er/es
Einf. .... Einführung
einf. .... einführend
eing. .... eingehend
eingef. .... eingefügt
Einl. .... Einleitung
einschl. .... einschließlich
einschr. .... einschränkend
EL .... Ergänzungslieferung
endg. .... endgültig
entspr. .... entspricht, entsprechend
Erg. .... Ergebnis, Ergänzung
erg. .... ergänzend
Ergbd. .... Ergänzungsband
Erkl. .... Erklärung
Erl. .... Erlass, Erläuterung(en)
Erwgr. .... Erwägungsgrund
etc .... et cetera (und so weiter)

Abkürzungen

EuG	Gericht erster Instanz der Europäischen Gemeinschaften
EuGH	Europäischer Gerichtshof
evtl.	eventuell
f., ff.	folgende Seite bzw. Seiten
FAER	Fahreignungsregister
FamG	Familiengericht
Fn.	Fußnote
FS	Festschrift
G	Gesetz
GBA	Generalbundesanwalt/Generalbundesanwältin
GBl.	Gesetzblatt
GE	Gesetzesentwurf
geänd.	geändert
gem.	gemäß
ggf.	gegebenenfalls
ggü.	gegenüber
GMBl.	Gemeinsames Ministerialblatt
GmS-OBG	Gemeinsamer Senat der obersten Gerichtshöfe des Bundes
grdl.	grundlegend
grds.	grundsätzlich
GS	Gedenkschrift, Gedächtnisschrift
GVBl.	Gesetz- und Verordnungsblatt
GVOBl.	Gesetz- und Verordnungsblatt
hA	herrschende Ansicht/Auffassung
Halbbd.	Halbband
HdB	Handbuch
Hess.	Hessen
hess.	hessisch
hL	herrschende Lehre
hM	herrschende Meinung
Hmb.	Hamburg
Hrsg.	Herausgeber
hrsg.	herausgegeben
Hs.	Halbsatz
HV	Hauptverhandlung
idF	in der Fassung
idR	in der Regel
idS	in diesem Sinne
iE	im Einzelnen
iErg	im Ergebnis
ieS	im engeren Sinne
IGfH	Internationale Gesellschaft für erzieherische Hilfen
insbes.	insbesondere
insges.	insgesamt

int.	international
iRd	im Rahmen des/der
iRv	im Rahmen von
iS	im Sinne
iSd	im Sinne des/der
iSv	im Sinne von
iÜ	im Übrigen
iVm	in Verbindung mit
iwS	im weiteren Sinne
iZm	in Zusammenhang mit
JA	Jugendarrest
JAmt	Jugendamt
Jg.	Jahrgang
JGericht	Jugendgericht
Jh.	Jahrhundert
JKammer	Jugendkammer
JMBl.	Justizministerialblatt
JRichter	Jugendrichter
JSchöffen	Jugendschöffen
JSchöffG	Jugendschöffengericht
JStA	Jugendstaatsanwalt(schaft)
JStR	Jugendstrafrecht
jstr	jugendstrafrechtlich
JStrafe	Jugendstrafe
JStV	Jugendstrafverfahren
JStVollz	Jugendstrafvollzug
JuMiKo	Justizministerkonferenz
JVA	Justizvollzugsanstalt
JVerfahren	Jugendverfahren
Kap.	Kapitel, Kapital
Kfz	Kraftfahrzeug
krit.	kritisch
KuJHiSt	Statistik der Kinder- und Jugendhilfe. Erzieherische Hilfe, Eingliederungshilfe für seelisch behinderte junge Menschen, Hilfe für junge Volljährige
Lbj.	Lebensjahr
lfd.	laufend
Lfg.	Lieferung
LG	Landgericht
Lit.	Literatur
Lkw	Lastkraftwagen
Ls.	Leitsatz
LSA	Sachsen-Anhalt
LSG	Landessozialgericht
LT-Drs.	Landtags-Drucksache
LT-Prot.	Landtags-Protokoll

Abkürzungen

mablAnm	mit ablehnender Anmerkung
mÄnd	mit Änderungen
mAnm	mit Anmerkung
maW	mit anderen Worten
max.	maximal
mBespr	mit Besprechung
MBl.	Ministerialblatt
mE	meines Erachtens
mind.	mindestens
Mio.	Million(en)
mkritAnm	mit kritischer Anmerkung
mN	mit Nachweisen
Mrd.	Milliarde(n)
mtl.	monatlich
MV	Mecklenburg-Vorpommern
mwN	mit weiteren Nachweisen
mWv	mit Wirkung vom
mzustAnm	mit zustimmender Anmerkung
n.	näher
Nachw.	Nachweise
Nds.	Niedersachsen
nF	neue Fassung
Nr.	Nummer
NRW	Nordrhein-Westfalen
oJ	ohne Jahrgang
OLG	Oberlandesgericht
oV	ohne Verfasser
OVG	Oberverwaltungsgericht
OWi	Ordnungswidrigkeiten
OWiR	Ordnungswidrigkeitenrecht
PDV	Polizeidienstvorschrift
PKS	Polizeiliche Kriminalstatistik
Pkw	Personenkraftwagen
Prot.	Protokoll
rd.	rund
RdErl.	Runderlass
RdSchr.	Rundschreiben
RefE	Referentenentwurf
RegE	Regierungsentwurf
RGBl.	Reichsgesetzblatt
RhPf	Rheinland-Pfalz
RKrSt	Reichskriminalstatistik
RL	Richtlinien (zum Jugendgerichtsgesetz)
RMBliV.	Reichsministerialblatt der inneren Verwaltung
Rn.	Randnummer
RPflSt	Rechtspflegestatistik

Abkürzungen

Rspr.	Rechtsprechung
RT	Reichstag
RT-Drs.	Reichstags-Drucksache
RT-Prot.	Reichstags-Protokoll
RVO	Rechtsverordnung; Reichsversicherungsordnung (SozR)
S.	Seite(n), Satz
s.	siehe
s. a.	siehe auch
s. o.	siehe oben
s. u.	siehe unten
Saarl.	Saarland
Sachs.	Sachsen
SchlH	Schleswig-Holstein
SG	Sozialgericht
Slg.	Sammlung
sog.	sogenannt
Sp.	Spalte
st.	ständig
StA	Staatsanwalt oder Staatsanwaltschaft
StatJb	Statistisches Jahrbuch für die Bundesrepublik Deutschland
StBest-St	Statistik zum Bestand der Gefangenen und Verwahrten
StR	Strafrecht
str.	streitig, strittig
StrafSt	Strafverfolgungsstatistik
stRspr	ständige Rechtsprechung
StVerf	Strafverfahren
StVollzSt	Strafvollzugsstatistik
StVR	Strafverfahrensrecht
Suppl.	Supplement
Tab.	Tabelle
teilw.	teilweise
Thür.	Thüringen
TOA	Täter-Opfer-Ausgleich
ua	unter anderem, und andere
UAbs.	Unterabsatz
uam	und anderes mehr
überarb.	überarbeitet
Überbl.	Überblick
überw.	überwiegend
Übk.	Übereinkommen
umstr.	umstritten
unstr.	unstreitig
unv.	unverändert, unveränderte Auflage
unveröff.	unveröffentlicht

Abkürzungen

unzutr.	unzutreffend
Urt.	Urteil
usw	und so weiter
uU	unter Umständen
v.	vom, von
va	vor allem
Var.	Variante
Verf.	Verfasser, Verfassung, Verfahren
VerfG	Verfassungsgericht
VerfGH	Verfassungsgerichtshof
vern.	verneinend
Vfg.	Verfügung
VG	Verwaltungsgericht
VGH	Verwaltungsgerichtshof
vgl.	vergleiche
VO	Verordnung
Vollstr	Vollstreckung
Voraufl.	Vorauflage
Vorb.	Vorbemerkung
vorl.	vorläufig
vs.	versus
wN	weitere Nachweise
zB	zum Beispiel
zBew	zur Bewährung
Ziff.	Ziffer
zT	zum Teil
zusf.	zusammenfassend
zust.	zustimmend
zutr.	zutreffend
zw.	zweifelhaft
zzgl.	zuzüglich
zzt.	zurzeit

Verzeichnis der abgekürzt zitierten Literatur

Albrecht Jugend-
StrafR .... Albrecht, Jugendstrafrecht, Lehrbuch, 3. Aufl.
2000

Alsberg Beweisantrag Alsberg, Der Beweisantrag im Strafprozess, Handbuch, 7. Aufl. 2019

Altermann Vorver-
urteilung .... Altermann, Medienöffentliche Vorverurteilung –
strafjustitielle Folgerungen für das Erwachsenen-
und das Jugendstrafverfahren?, 1. Aufl. 2009

AnwK U-Haft .... König, Anwaltkommentar Untersuchungshaft,
1. Aufl. 2011

AnwK-StGB .... Leipold/Tsambikakis/Zöller, Anwaltkommentar
StGB, Kommentar, 3. Aufl. 2020

AnwK-StPO .... Krekeler/Löffelmann/Sommer, Anwaltkommentar
StPO, Kommentar, 2. Aufl. 2010

APA Handbook .... APA Handbook of Psychology and Juvenile Justice,
1. Aufl. 2016

Arloth .... Strafvollzugsgesetz: StVollzG, Kommentar, 2. Aufl.
2008

Arloth/Krä .... Arloth/Krä, Strafvollzugsgesetz: StVollzG, Kommentar, 5. Aufl. 2021

Barton/Kölbel Opfer-
zuwendung .... Barton/Kölbel, Ambivalenzen der Opferzuwen-
dung des Strafrechts, Monografie, 1. Aufl. 2012

Bender JGG .... Bender, Jugendgerichtsgesetz mit den ergänzenden
bundeseinheitlichen Gesetzen, VOen und Vven,
Kommentar, Loseblattausgabe

BeckOK .... Beck'sche Online-Kommentare (zum JGG, zum
GVG, zur StPO usw)

Beulke/Swoboda
JugendStrafR .... Beulke/Swoboda, Jugendstrafrecht, 16. Aufl. 2020

Bierbrauer/Gottwald/
Birnbreuer-Stahlberger
Verfahrensgerechtig-
keit .... Bierbrauer/Gottwald/Birnbreuer-Stahlberger,
Verfahrensgerechtigkeit, 1. Aufl. 1995

Birkhoff/Lemke
GnadenR .... Birkhoff/Lemke, Gnadenrecht, 1. Aufl. 2012

BMJ 1986 .... BMJ, Neue ambulante Maßnahmen nach dem
JGG, 1. Aufl. 1986

BMJ 1987 .... BMJ, Verteidigung in Jugendstrafsachen, 1. Aufl.
1987

BMJ 1989 .... BMJ, Jugendstrafrechtsreform durch die Praxis,
1. Aufl. 1989

Literatur

BMJ 1992 .... BMJ, Grundfragen des Jugendkriminalrechts und seiner Neuregelung, 1. Aufl. 1992

BMJ 2009 .... BMJ, Jugendkriminalrecht vor neuen Herausforderungen?, 1. Aufl. 2009

BMJV 2017 .... BMJV, Berliner Symposium zum Jugendkriminalrecht und seiner Praxis, 1. Aufl. 2017

Boers/Reinecke
Altersverlauf .... Boers/Reinecke (Hrsg.), Kriminalität im Altersverlauf, 1. Aufl. 2019

Boers/Schaerff
Bewegung .... Boers/Schaerff (Hrsg.), Kriminologische Welt in Bewegung, 1. Aufl. 2018

Böhm/Feuerhelm
JugendStrafR .... Böhm/Feuerhelm, Einführung in das Jugendstrafrecht, Lehrbuch, 4. Aufl. 2004

Boxberg Jugendstrafe   Boxberg, Entwicklungsintervention Jugendstrafe, 1. Aufl. 2018

Brunner/Dölling ...... Brunner/Dölling, Jugendgerichtsgesetz, 13. Aufl. 2017

Buckolt Jugendstrafe   Buckolt, Die Zumessung der Jugendstrafe − eine kriminologisch-empirische und rechtsdogmatische Untersuchung, 1. Aufl. 2009

Budelmann Jugend-
StrafR .... Budelmann, Jugendstrafrecht für Erwachsene?, 1. Aufl. 2005

Burmann Sicherungs-
haft .... Burmann, Die Sicherungshaft gemäß § 453 StPO, 1. Aufl. 1984

Burscheidt Verbot .... Burscheidt, Das Verbot der Schlechterstellung Jugendlicher und Heranwachsender gegenüber Erwachsenen in vergleichbarer Verfahrenslage, 1. Aufl. 2000

Dallinger/Lackner .... Dallinger/Lackner, Jugendgerichtsgesetz, 2. Aufl. 1965

Denkschrift 1964 ...... Schüler-Springorium, Denkschrift über die Reform des Jugendgerichtsgesetzes im Rahmen der Großen Strafrechtsreform, 1. Aufl. 1964

Denkschrift 1977 ...... DVJJ, Denkschrift über die kriminalrechtliche Behandlung junger Volljähriger, 1. Aufl. 1977

DGHP Juvenile .... Dünkel/Grzywa/Horsfield/Pruin, Juvenile Justice Systems in Europe, 1. Aufl. 2010

Diemer/Schatz/
Sonnen .... Diemer/Schatz/Sonnen, Kommentar zum JGG, 8. Aufl. 2020

Dollinger Jugendkrimi-
nalität .... Dollinger, Jugendkriminalität als Kulturkonflikt, 1. Aufl. 2010

Literatur

Dollinger/Schabdach
Jugendkriminalität .... Dollinger/Schabdach, Jugendkriminalität, 1. Aufl.
2013

Dollinger/Schmidt-Se-
misch Jugendkriminali-
tät-HdB .... Dollinger/Schmidt-Semisch, Handbuch Jugendkriminalität, 3. Aufl. 2018

DSM-5 .... American Psychiatric Association, Diagnostical and
statistical manual of mental disorders – DSM-5,
1. Aufl. 2015

Dünkel Freiheitsent-
zug .... Dünkel, Freiheitsentzug für junge Rechtsbrecher,
1. Aufl. 1990

DVJJ 1928 .... Die Durchführung des JGG als Personenfrage. Berlin 1928

DVJJ 1977 .... DVJJ (Hrsg); Junge Volljährige im Kriminalrecht,
München 1997

DVJJ 1981 .... DVJJ (Hrsg); Die jugendrichterlichen Entscheidungen – Anspruch und Wirklichkeit; Schriftenreihe
DVJJ, Neue Folge, Heft 12; München 1981

DVJJ 1984 .... DVJJ (Hrsg); Jugendgerichtsverfahren und Kriminalprävention; Schriftenreihe DVJJ, Neue Folge,
Heft 12; München 1984

DVJJ 1987 .... DVJJ (Hrsg): Und wenn es künftig weniger werden. – Die Herausforderung der geburtenschwa-
chen Jahrgänge –; Schriftenreihe DVJJ, Neue Folge, Heft 17; München 1987

DVJJ 1990 .... DVJJ (Hrsg); Mehrfach Auffällige. Schriftenreihe
DVJJ, Neue Folge; Hannover 1990

DVJJ 1993 .... DVJJ (Hrsg); Jugend im sozialen Rechtsstaat. Für
ein neues Jugendgerichtsgesetz; Schriftenreihe der
DVJJ. Neue Folge 23. Texte des DJGT 1992

DVJJ 1996/1997 .... DVJJ (Hrsg); Sozialer Wandel und Jugendkriminalität. Schriftenreihe der DVJJ, Neue Folge 24. Tex-
te des DJGT 1995

DVJJ 1999 .... DVJJ (Hrsg): Kinder und Jugendliche als Opfer und
Täter. Schriftenreihe der DVJJ, Neue Folge 25.
Texte des DJGT 1998

DVJJ 2003 .... DVJJ (Hrsg): Jugend, Gesellschaft und Recht im
neuen Jahrtausend. Schriftenreihe der DVJJ, Neue
Folge 26. Texte des DJGT 2001

DVJJ 2006 .... DVJJ (Hrsg): Verantwortung für Jugend. Schriftenreihe der DVJJ. Neue Folge 27. Texte des DJGT
2004

DVJJ 2008 .... DVJJ (Hrsg): Fördern, Fordern, Fallenlassen.
Schriftenreihe der DVJJ. Neue Folge 28. Texte des
DJGT 2007

DVJJ 2012 .... DVJJ (Hrsg): Achtung (für) Jugend. Praxis und Perspektiven des Jugendkriminalrechts. Schriftenreihe
der DVJJ. Neue Folge 29. Texte des DJGT 2010

Literatur

DVJJ 2015 .... DVJJ (Hrsg): Jugend ohne Rettungsschirm, Herausforderungen annehmen. Schriftenreihe der DVJJ. Neue Folge 30. Texte des DJGT 2013

DVJJ 2019 .... DVJJ (Hrsg): Herein-, Heraus-, Heran- Junge Menschen wachsen lassen, Schriftenreihe der DVJJ. Neue Folge 31. Texte des DJGT 2017

DVJJ-BAG 2017 ...... Bundesarbeitsgemeinschaft der Jugendhilfe im Strafverfahren, Grundsätze für die Mitwirkung der Jugendhilfe in Verfahren nach dem JGG v. 28.7.2017, 1. Aufl. 2017

DVJJ-J .... DVJJ-Journal. Vormalige Zeitschrift (zitiert nach Jahr und Seite)

DVJJ-R .... DVJJ-Rundbrief

Eisenberg Bestrebungen .... Eisenberg, Bestrebungen zur Änderung des JGG, 1. Aufl. 1984

Eisenberg BeweisR StPO .... Eisenberg, Beweisrecht der StPO, Kommentar, 10. Aufl. 2017

Eisenberg Minderjährige .... Eisenberg, Minderjährige in der Gesellschaft. Über Zusammenhänge zwischen institutionalisierten Beeinträchtigungen und Delinquenz, Monografie, 1. Aufl. 1980

Eisenberg/Kölbel Kriminologie .... Eisenberg/Kölbel, Kriminologie, Lehrbuch, 7. Aufl. 2017

Elster/Lingemann/ Sieverts KrimHdWB .. Elster/Lingemann/Sieverts, Handwörterbuch der Kriminologie, 2. Aufl. 1966

FAHdB StrafR .... Bockemühl, Handbuch des Fachanwalts Strafrecht, 8. Aufl. 2020

Feuerhelm Gemeinnützige Arbeit .... Feuerhelm, Stellung und Ausgestaltung der gemeinnützigen Arbeit im Strafrecht, 1. Aufl. 1997

Fischer StGB .... Fischer, Strafgesetzbuch: StGB, Kommentar, 68. Aufl. 2021

FS .... Forum Strafvollzug, Fachzeitschrift (zitiert nach Jahr und Seite)

FS Amelung .... Böse/Sternberg-Lieben, Grundlagen des Straf- und Strafverfahrensrechts: FS für Knut Amelung zum 70. Geburtstag, 2009

FS Beulke .... Fahl/Müller/Satzger/Swoboda, Ein menschengerechtes Strafrecht als Lebensaufgabe: FS für Werner Beulke zum 70. Geburtstag, 2015

FS Blau .... Schwind/Berz/Geilen/Herzberg/Warda, FS für Günter Blau zum 70. Geburtstag, 1985

Literatur

FS Böhm .... Feuerhelm/Schwind/Bock, FS für Alexander Böhm zum 70. Geburtstag, 1999

FS Böttcher .... Schöch/Dölling/Helgerth/König, Recht gestalten – dem Recht dienen: FS für Reinhard Böttcher zum 70. Geburtstag, 2007

FS Brudermüller .... Götz/Schwenzer/Seelmann/Taupitz, Familie – Recht – Ethik. FS für Gerd Brudermüller, 2014

FS Dünkel .... Drenkhahn/Geng/Grzywa-Holten/Harrendorf/ Morgenstern/Pruin, Kriminologie und Kriminalpolitik im Dienste der Menschenwürde, FS für Frieder Dünkel zum 70. Geburtstag, 2020

FS Eisenberg .... Müller/Sander/Valkova, FS für Ulrich Eisenberg zum 70. Geburtstag, 2009

FS Eisenberg II .... Goeckenjan/Puschke/Singelnstein, FS für Ulrich Eisenberg zum 80. Geburtstag, 2019

FS Fischer .... Barton/Eschelbach/Hettinger/Kempf/Krehl/Salditt, FS für Thomas Fischer, 2018

FS G. Fischer .... Kern/Lilie, Jurisprudenz zwischen Medizin und Kultur. FS zum 70. Geburtstag von Gerfried Fischer, 2010

FS Geerds .... Schlüchter, Kriminalistik und Strafrecht: FS für Friedrich Geerds zum 70. Geburtstag, 1995

FS Härringer .... Busch/Müller-Dietz/Wetzstein, Zwischen Erziehung und Strafe: FS für Karl Härringer zum 80. Geburtstag, 1995

FS Heinz .... Hilgendorf/Rengier, FS für Wolfgang Heinz zum 70. Geburtstag, 2012

FS Kargl .... Albrecht/Kirsch/Neumann/Sinner, FS für Walter Kargl zum 70. Geburtstag, 2015

FS Kerner .... Boers/Feltes/Kinzig/Sherman/Streng/Trüg, Kriminologie – Kriminalpolitk – Strafrecht: FS für Hans-Jürgen Kerner zum 70. Geburtstag, 2013

FS Kreuzer .... Görgen/Hoffmann-Holland/Schneider/Stock, Interdisziplinäre Kriminologie: FS für Arthur Kreuzer zum 70. Geburtstag, 2008

FS Meyer-Goßner .... Eser/Goydke/Maatz/Meurer, Strafverfahrensrecht in Theorie und Praxis: FS für Lutz Meyer-Goßner zum 65. Geburtstag, 2001

FS Ostendorf .... Rotsch/Brüning/Schady, Strafrecht – Jugendstrafrecht – Kriminalprävention in Wissenschaft und Praxis: FS für Heribert Ostendorf zum 70. Geburtstag, 2015

FS Paeffgen .... Stuckenberg/Gärditz, Strafe und Prozess im freiheitlichen Rechtsstaat: FS für Hans-Ullrich Paeffgen zum 70. Geburtstag, 2015

FS Pallin .... Melnizky/Müller, Strafrecht, Strafprozessrecht und Kriminologie: FS für Franz Pallin zum 80. Geburtstag, 1989

Literatur

FS Peters .... Baumann/Tiedemann, Einheit und Vielfalt des Strafrechts: FS für Karl Peters zum 70. Geburtstag, 1974

FS Pfeiffer .... Baier/Mößle, Kriminologie ist Gesellschaftswissenschaft: FS für Christian Pfeiffer zum 70. Geburtstag, 2014

FS Rieß .... Hanack/Hilger/Mehle/Widmaier, FS für Peter Rieß zum 70. Geburtstag, 2002

FS Rissing-van Saan .. Fischer/Bernsmann, FS für Ruth Rissing-van Saan zum 65. Geburtstag, 2011

FS Rössner .... Bannenberg/Brettel/Freund/Meier/Remschmidt/Safferling, Über allem: Menschlichkeit: FS für Dieter Rössner zum 70. Geburtstag, 2015

FS Sarstedt .... Hamm, FS für Werner Sarstedt zum 70. Geburtstag, 1981

FS Schild .... Zabel/Kretschmer, Leidenschaftliches Rechtsdenken. Interdiziplinäre Beiträge zum 70. Geburtstag von Wolfgang Schild, 2018

FS Schlothauer .... Barton/Fischer/Jahn/Park, FS für Reinhold Schlothauer, 2018

FS Schöch .... Dölling/Götting/Meier/Verrel, Verbrechen – Strafe – Resozialisierung: FS für Heinz Schöch zum 70. Geburtstag, 2012

FS Schreiber .... Amelung/Beulke/Lilie/Rüping/Rosenau/Wolfslast, Strafrecht – Biorecht – Rechtsphilosophie: FS für Hans-Ludwig Schreiber zum 70. Geburtstag, 2003

FS Schurig .... Michaels/Solomon, Liber Amicorum Klaus Schurig zum 70. Geburtstag, 2012

FS Schwind .... Feltes/Pfeiffer/Steinhilper, Kriminalpolitik und ihre wissenschaftlichen Grundlagen. FS für Hans Dieter Schwind, 2006

FS Streng .... Safferling/Kett-Straub/Jäger/Kudlich, FS für Franz Streng zum 70. Geburtstag, 2017

FS Stutte .... Remschmidt/Schüler-Springorum, Jugendpsychiatrie und Recht: FS für Hermann Stutte zum 70. Geburtstag, 1979

FS von Heintschel-
Heinegg .... Bockemühl/Gierhake/Müller/Walter/Knauer, FS für Bernd von Heintschel-Heinegg zum 70. Geburtstag, 2015

FS Weber .... Heinrich/Hilgendorf/Mitsch/Sternberg-Lieben, FS für Ulrich Weber zum 70. Geburtstag, 2004

FS Wolter .... Zöller/Hilger/Küper/Roxin, Gesamte Strafrechtswissenschaft in internationaler Dimension: FS für Jürgen Wolter zum 70. Geburtstag, 2013

Gerbig Öffentlichkeit Öffentlichkeit im Jugendstrafverfahren, 1. Aufl. 2020

Gerken/Schumann
Rechtsstaat .... Gerken/Schumann, Ein trojanisches Pferd im Rechtsstaat, 1. Aufl. 1988

Goeckenjan Diversion Goeckenjan, Neuere Tendenzen in der Diversion, Exemplarisch dargestellt anhand des Berliner Diversionsmodells − Zurückdrängung staatsanwaltschaftlicher Entscheidungskompetenz, 1. Aufl. 2005

Göhler .... Göhler, Gesetz über Ordnungswidrigkeiten: OWiG, Kommentar, 18. Aufl. 2021

Göppinger/Witter
ForensPsych-HdB ..... Göppinger/Witter, Handbuch der forensischen Psychiatrie, 1. Aufl. 1972

Graf RiStBV .... Graf, Richtlinien für das Strafverfahren und das Bußgeldverfahren (RiStBV) und Anordnung über Mitteilungen in Strafsachen (MiStra), Kommentar, 1. Aufl. 2015

Grethlein JGG .... Grethlein, Jugendgerichtsgesetz, 2. Aufl. 1965

Grethlein Verschlech-
terungsverbot .... Grethlein, Problematik des Verschlechterungsverbotes im Hinblick auf die besonderen Maßnahmen des Jugendrechts, 1. Aufl. 1963

Grützner/Pötz/Kreß/
Gazeas .... Grützner/Pötz/Kreß/Gazeas (Hrsg.), Internationaler Rechtshilfeverkehr in Strafsachen, Loseblattausgabe

GS H. Kaufmann ...... Hirsch/Kaiser/Marquardt, Gedächtnisschrift für Hilde Kaufmann, 1986

GS M. Walter .... Neubacher/Kubink, Kriminologie − Jugendkriminalrecht − Strafvollzug, Gedächtnisschrift für Michael Walter, 2014

GS Weßlau .... Herzog/Schlothauer/Wohlers, Rechtsstaatlicher Strafprozess und Bürgerrechte, Gedächtnisschrift für Edda Weßlau, 2016

GS Zipf .... Gössel/Triffterer, Gedächtnisschrift für Heinz Zipf, 1999

Hartman-Hilter
Verteidigung .... Hartman-Hilter, Notwendige Verteidigung und Pflichtverteidigerbestellung im Jugendstrafverfahren, 1. Aufl. 1989

Hauber Funktionsver-
teilung .... Hauber, Die Funktionsverteilung zwischen Richter und Sachverständigem im deutschen Jugendgerichtsverfahren, 1. Aufl. 1976

Hauser Jugendrichter Hauser, Der Jugendrichter − Idee und Wirklichkeit, 1. Aufl. 1980

Literatur

Heinz Sekundärana-
lyse .... Heinz, Sekundäranalyse empirischer Untersuchungen zu jugendkriminalrechtlichen Maßnahmen,
deren Anwendungspraxis, Ausgestaltung und Erfolg, 1. Aufl. 2020

Heiland Wiederaufnah-
me .... Heiland, Die Wiederaufnahme des nach den §§ 45,
47 JGG eingestellten Strafverfahrens, 1. Aufl. 2008

Hellwig JGG .... Hellwig, Jugendgerichtsgesetz. Mit Einleitung und
Erläuterungen, 1. Aufl. 1923

HK-JGG .... Meier/Rössner/Trüg/Wulf, Jugendgerichtsgesetz,
Kommentar, 2. Aufl. 2014

Höfer Sanktionskarrie-
ren .... Höfer, Sanktionskarrieren, 1. Aufl. 2003

Höynck/Leuschner Ju-
gendgerichtsbarome-
ter .... Höynck/Leuschner, Das Jugendgerichtsbarometer,
Ergebnisse einer bundesweiten Befragung von Ju-
gendrichtern und Jugendstaatsanwälten, 1. Aufl.
2014

ICD-10 .... World Health Organisation, The ICD-10 Classifi-
cation of Mental and Behavioural Disorders. Clini-
cal Descriptions and Diagnostic Guidelines,
1. Aufl. 2015

JAHT Legalbewäh-
rung .... Jehle/Albrecht/Hohmann-Fricke/Tetal, Legalbewährung nach strafrechtlichen Sanktionen, 1. Aufl.
2016

JAHT Legalbewährung
2021 .... Jehle/Albrecht/Hohmann-Fricke/Tetal, Legalbewährung nach strafrechtlichen Sanktionen, 1. Aufl.
2021

JStVollzKomm .... Jugendstrafvollzugskommission, Abschlussbericht,
1. Aufl. 1980

Kiesow JGG .... Kiesow, Jugendgerichtsgesetz, vom 16. Februar
1923, 1. Aufl. 1923

KK-OWiG .... Mitsch, Karlsruher Kommentar zum Gesetz über
Ordnungswidrigkeiten: OWiG, Kommentar,
5. Aufl. 2018

KK-StPO .... Hannich, Karlsruher Kommentar zur Strafprozessordnung: StPO, Kommentar, 8. Aufl. 2019

Klocke Entschuldi-
gung .... Klocke, Entschuldigung und Entschuldigungs-
annahme im Täter-Opfer-Ausgleich, 1. Aufl. 2013

KMR-StPO .... von Heintschel-Heinegg / Bockemühl, KMR –
Kommentar zur Strafprozessordnung, Losblattaus-
gabe

Literatur

Königschulte
Kompetenz .... Königschulte, Die Kompetenzverteilung zwischen Justiz und Jugendhilfe bei Entscheidungen zu erziehrischen ambulanten Maßnahmen im JGG, insbes. § 10 JGG, 1. Aufl. 2017

Körner/Patzak/Volk-
mer .... Körner/Patzak/Volkmer, Betäubungsmittelgesetz: BtMG, Kommentar, 9. Aufl. 2019

Kotz/Rahlfs
BtMStrafR .... Kotz/Rahlf, Praxis des Betäubungsmittelstrafrechts, 1. Aufl. 2013

Kremerskothen
Arbeitsauflagen .... Kremerskothen, Arbeitsweisungen und Arbeitsauflagen im Jugendstrafrecht, 1. Aufl. 2001

Kröber/Dölling/
Leygraf Forensische
Psychiatrie-HdB .... Kröber/Dölling/Leygraf, Handbuch der Forensischen Psychiatrie, 1. Aufl. 2006

Kümmerlein RJGG ... Kümmerlein, Reichsjugendgerichtsgesetz vom 6. November 1943, mit den ergänzenden Rechts- und Verwaltungsvorschriften auf dem Gebiet des Jugendstrafrechts, Jugendhilferechts und des strafrechtlichen Jugendschutzes, 1. Aufl. 1944

Kunz StrEG .... Kunz, Gesetz über die Entschädigung für Strafverfolgungsmaßnahmen: StrEG, Kommentar, 4. Aufl. 2010

Kurzberg Jugendstrafe Kurzberg, Jugendstrafe aufgrundschwerer Kriminalität, 1. Aufl. 2009

Lackner/Kühl .... Lackner, Strafgesetzbuch, StGB, Kommentar, 29. Aufl. 2018

Laubenthal Jugend-
gerichtshilfe .... Laubenthal, Jugendgerichtshilfe im Strafverfahren, 1. Aufl. 1993

Laubenthal Strafvoll-
zug .... Laubenthal, Strafvollzug, 8. Aufl. 2019

Laubenthal/Baier/
Nestler JugendStrafR Laubenthal/Baier/Nestler, Jugendstrafrecht, 3. Aufl. 2015

Lobinger Kostentra-
gung .... Lobinger, Kostentragung und Anordnungskompetenz im Verhältnis von Justiz und Jugendhilfe, 1. Aufl. 2015

Löwe/Rosenberg ..... Becker/Erb/Esser/Graalmann-Scheerer/Hilger/Ignor, Strafprozessordnung und Gerichtsverfassungsgesetz, Großkommentar, 26. Aufl. 2006 ff. bzw. 27. Aufl. 2016 ff.

LPK-SGB VIII .... Kunkel/Kepert/Pattar, Sozialgesetzbuch VIII. Kinder- und Jugendhilfe, Lehr- und Praxiskommentar, 7. Aufl. 2018

Literatur

MAH Strafverteidigung	Müller/Schlothauer, Münchener Anwaltshandbuch Strafverteidigung, Handbuch, 2. Aufl. 2014
MBH JugendStrafR ..	Meier/Bannenberg/Höffler, Jugendstrafrecht, 4. Aufl. 2019
Meyer StrEG	Meyer, StrEG, 11. Aufl. 2020
Meyer-Goßner/Schmitt	Meyer-Goßner/Schmitt, Strafprozessordnung: StPO, Kommentar, 64. Aufl. 2021
MüKoStGB	Joecks/Miebach, Münchener Kommentar zum StGB, Kommentar, 3. Aufl. 2016 bzw. 4. Aufl. 2020 (Band 1 und 2)
MüKoStPO	Knauer/Kudlich/Schneider, Münchener Kommentar zur StPO, Kommentar, 1. Aufl. 2014
Münder/Meysen/Trenczek	Frankfurter Kommentar SGB VIII, Kommentar, 8. Aufl. 2019
Nix	Nix, Kurzkommentar zum Jugendgerichtsgesetz, mit Richtlinien und Verwaltungsvorschriften, 1. Aufl. 1994
NK-JGG	Ostendorf, Jugendgerichtsgesetz, Kommentar, 11. Aufl. 2021
Ostendorf JugendStrafVollzR	Ostendorf, Jugendstrafvollzugsrecht, 3. Aufl. 2016
Palmowski Sanktionierung	Palmowski, Sanktionierung und Rückfälligkeit von Heranwachsenden, 1. Aufl. 2019
Peters RJGG	Peters, Reichsjugendgerichtsgesetz vom 6. November 1943, 2. Aufl. 1944
Peters Strafprozess	Peters, Strafprozess, Ein Lehrbuch, 4. Aufl. 1985
Potrykus	Potrykus, Kommentar zum Jugendgerichtsgesetz, 4. Aufl. 1955
Radtke/Hohmann	Radtke/Hohmann, Strafprozessordnung: StPO, Kommentar, 1. Aufl. 2011
Rettenberger/von Franqué Kriminalprognostische Verf-HdB ..	Rettenberger/von Franqué, Handbuch kriminalprognostischer Verfahren, 1. Aufl. 2013
Reuther Elternrecht ..	Reuther, Elternrecht bei Trennung aufgrund stationärer jugendstrafrechtlicher Sanktionen, 1. Aufl. 2008
Rieke Vernehmung ..	Rieke, Die polizeiliche und staatsanwaltliche Vernehmung Minderjähriger, 1. Aufl. 2003

Literatur

Schäfer/Sander/van
Gemmeren Strafzumes-
sung .... Schäfer/Sander/van Gemmeren, Praxis der Strafzumessung, Monografie, 6. Aufl. 2017

Schlothauer/Wieder/
Nobis U-Haft .... Schlothauer/Wieder/Nobis, Untersuchungshaft,
5. Aufl. 2016

Schmidt-Quernheim/
Hax-Schoppenhorst
ForensPsych .... Schmidt-Quernheim/Hax-Schoppenhorst, Praxis-
buch Forensische Psychiatrie, 3. Aufl. 2018

Schönke/Schröder .... Schönke/Schröder, Strafgesetzbuch: StGB, Kommentar, 30. Aufl. 2019

Schumann/Wapler
Erziehen und Strafen .. Schumann/Wapler, Erziehen und Strafen, Bessern
und Bewahren, 1. Aufl. 2017

Schwer Stellung .... Schwer, Die Stellung der Erziehungsberechtigten
und gesetzlichen Vertreter im Jugendstrafverfahren,
1. Aufl. 2004

SK-StPO .... Wolter, Systematischer Kommentar zur Strafprozessordnung, 5. Aufl. 2015 ff.

Schomburg/Lagodny   Schomburg/Lagodny, Internationale Rechtshilfe in
Strafsachen = International Cooperation in Crimi-
nal Matters, Kommentar, 6. Aufl. 2020

Sowada Richter .... Sowada, Der gesetzliche Richter im Strafverfahren,
1. Aufl. 2002

SSW-StGB .... Satzger/Schluckebier/Widmaier, Strafgesetzbuch.
Kommentar, 5. Aufl. 2021

Strafverteidigertag
2018 .... Organisationsbüro der Strafverteidigervereinigun-
gen, Räume der Unfreiheit. Texte und Ergebnisse
des 42. Strafverteidigertages, 1. Aufl. 2018

Streng JugendStrafR .. Streng, Jugendstrafrecht, 5. Aufl. 2020

Thomae Soziale Reife   Thomae, Das Problem der sozialen Reife von 14-
bis 20jährigen, 1. Aufl. 1973

Tölle/Windgassen
Psychiatrie .... Tölle/Windgassen, Psychiatrie, einschließlich Psychotherapie, 17. Aufl. 2014

Trenczek/Goldberg
Jugendkriminalität .... Trenczek/Goldberg, Jugendkriminalität, Jugendhilfe und Strafjustiz, 1. Aufl. 2016

Undeutsch Psych-
HdB .... Undeutsch, Handbuch der Psychologie, Band 11,
Forensische Psychologie, 1. Aufl. 1967

VFDH Psych. Begut-
achtung-HdB .... Venzlaff/Foerster/Dreßing/Habermeyer, Psychiatrische Begutachtung, 7. Aufl. 2021

Literatur

Wallner ua Devianz
und Delinquenz .... Wallner/Weiis/Reinecke/Stemmler (Hrsg.) Devianz und Delinquenz in Kindheit und Jugend, 2019

Weber BtMG .... Weber/Kornprobst/Maier, Betäubungsmittelgesetz: BtMG, Kommentar, 6. Aufl. 2021

Weber Schuldprinzip Weber, Die Bedeutung des Schuldprinzips im Jugendstrafrecht, 1. Aufl. 2011

Weidinger Strafaussetzung .... Weidinger, Die Strafaussetzungsmöglichkeiten zur Bewährung im deutschen Jugendstrafrecht, 1. Aufl. 2011

Wiesener Qualitätsanforderungen .... Wiesener, Qualitätsanforderungen an Jugendrichter und Jugendstaatsanwälte, 1. Aufl. 2014

Wiesner .... Wiesner, SGB VIII – Kinder- und Jugendhilfe, Kommentar, 5. Aufl. 2015

Zbl .... Zentralblatt für Jugendrecht und Jugendwohlfahrt (vormalige Zeitschrift, heute Zeitschrift für Kindschaftsrecht und Jugendhilfe)

ZfJ .... Zentralblatt für Jugendrecht (vormalige Zeitschrift, heute Zeitschrift für Kindschaftsrecht und Jugendhilfe)

Zieger/Nöding
Verteidigung .... Zieger/Nöding, Verteidigung in Jugendstrafsachen, 7. Aufl. 2018

Übersicht über die Änderungen des JGG

Lau-fende Nr.	Änderndes Gesetz	Datum (Inkrafttre-tung)	Reichs- bzw. Bundes-gesetzbl. I Seite	geänderte Para-graphen des JGG	Art d. Ände-rung
1	Gesetz zur Abände-rung der Strafprozess-ordnung	27.12.1926 (27.12.1926)	529	§ 28 Abs. 4	aufgeh.
2	Ausführungsgesetz zu dem Gesetz gegen ge-fährliche Gewohn-heitsverbrecher und über Maßregeln der Sicherung und Bes-serung	24.11.1933 (1.1.1934)	1000	§ 9 Abs. 5	geänd.
3	VO zur Durchfüh-rung der VO über die Zuständigkeit der Strafgerichte, die Sondergerichte und sonstige strafverfah-rensrechtliche Vor-schriften	13.3.1940 (15.3.1940)	489	§ 17 Abs. 2, 3, § 29 Abs. 1, 2, 3 S. 1 Hs. 2, § 38 Abs. 2	aufgeh.
4	VO zur Ergänzung des Jugendstrafrechts	4.10.1940 (11.10.1940)	1336	§ 39	geänd.
5	VO über die Verein-fachung und Verein-heitlichung des Ju-gendstrafrechts (Ju-gendstrafrechtsVO)	6.11.1943 (6.11.1943)	635	§ 40 Abs. 1, 2, 3	aufgeh.
6	Neue Bekannt-machung (RJGG)	6.11.1943 (1.1.1944)	637		
7	Neubekanntmachung des Jugendgerichts-gesetzes	4.8.1953 (1.10.1953)	751		
8	EG zum Wehrstrafge-setz	30.3.1957 (30.4.1957)	306	§§ 112a–112e, § 115 Abs. 3	eingef.
9	Gesetz zur Änderung und Ergänzung des Reichsjugendwohl-fahrtsgesetzes	11.8.1961 (1.7.1962)	1193	§ 8 Abs. 2 S. 1, 3, § 9 Nr. 2, § 12, § 34 Abs. 3 Nr. 3, § 48 Abs. 2, § 76 Abs. 1 S. 1, § 82 Abs. 2, § 93	geänd.

Änderungen des JGG

Laufende Nr.	Änderndes Gesetz	Datum (Inkrafttretung)	Reichs- bzw. Bundesgesetzbl. I Seite	geänderte Paragraphen des JGG	Art d. Änderung
				Abs. 3, § 112a Nr. 1	
				§ 38 Abs. 2 S. 6	aufgeh.
10	2. Gesetz zur Sicherung des Straßenverkehrs	26.11.1964 (26.12.1964)	921	§ 39 Abs. 1, § 75 Abs. 1 S. 1, § 76 Abs. 1 S. 1	geänd.
11	Gesetz zur Änderung der Strafprozessordnung und des Gerichtsverfassungsgesetzes	19.12.1964 (1.4.1965)	1067	§§ 34 Abs. 3 Nr. 1, § 61 Abs. 2 S. 2, § 69 Abs. 3 S. 2, § 71 Abs. 2 S. 2	geänd.
				§ 39 Abs. 1 S. 2, § 40 Abs. 1 S. 2	eingef.
				§ 68 Nr. 1	aufgeh.
12	EG zum Gesetz über Ordnungswidrigkeiten	24.5.1968 (1.10.1968)	503	§ 42 Abs. 1, § 75 Abs. 1 S. 2	geänd. aufgeh.
13	Erstes Gesetz zur Reform des Strafrechts	25.6.1969 (1.4.1970)	645	§ 6, § 18 Abs. 1 S. 2, § 21, § 22, § 24, § 25, § 26, § 28, § 30 Abs. 1 S. 2, § 58 Abs. 1 S. 1, § 60 Abs. 1 S. 2, § 88 Abs. 1, 5, § 89 Abs. 1, § 92 Abs. 2 S. 2, 3, § 94 Abs. 1 S. 2, § 96 Abs. 2 S. 1, 106, § 108 Abs. 3, § 112a Nr. 4, § 114	geänd.
				§§ 10 Abs. 1 S. 2, § 15 Abs. 1 S. 2, § 23 Abs. 2, § 26a, § 57 Abs. 3, § 87 Abs. 3 S. 2	eingef.
				§ 20	aufgeh.
14	Gesetz zur allgemeinen Einführung eines zweiten Rechtszuges in Staatsschutz-Strafsachen	8.9.1969 (1.10.1969)	1582	§ 102 S. 2	eingef.
15	Gesetz über das Zentralregister und das	18.3.1971 (1.1.1972)	243	§ 13 Abs. 3, § 97, § 101,	geänd. aufgeh.

Lau-fende Nr.	Änderndes Gesetz	Datum (Inkrafttre-tung)	Reichs-bzw. Bundes-gesetzbl. I Seite	geänderte Para-graphen des JGG	Art d. Ände-rung
	Erziehungsregister (Bundeszentralregis-tergesetz – BZRG)			§ 111, § 94, § 95, § 96, § 100	
16	Gesetz über den Ver-kehr mit Betäubungs-mitteln (Betäubungs-mittelgesetz)	22.12.1971 (23.12.1971)	2092	§ 5 Abs. 3, § 7, § 10 Abs. 2, § 110 Abs. 1, 93a	geänd. eingef.
17	Gesetz zur Neuord-nung des Wehrdiszip-linarrechts	21.8.1972 (23.12.1972)	1481	§ 112c Abs. 4	aufgeh.
18	Bekanntmachung der Neufassung des Ju-gendgerichtsgesetzes	1.3.1973 (1.3.1973)	149	§ 34 Abs. 1, 3, § 59 Abs. 3, 4, § 72 Abs. 5, § 88 Abs. 4, § 109, § 119, § 117 Abs. 1 S. 2, 3, § 118, § 121, § 122	geänd. (teilw. redak-tionell) aufgeh.
19	EG zum Strafgesetz-buch (EGStGB)	2.3.1974 (1.1.1975)	469	§ 4, § 5 Abs. 3, § 6 Abs. 1, 2, § 7, § 8 Abs. 2, § 10 Abs. 1 S. 3, § 11 Abs. 1, 2, 3, § 12 S. 2, § 13 Abs. 2, 3, § 15 Abs. 1, 3, § 19 Abs. 3, § 21 Abs. 1, § 23 Abs. 1, 2, § 24 Abs. 2, § 25 S. 4, § 26 Abs. 1, 2, 3, § 29 S. 1, § 38 Abs. 2, § 39 Abs. 2, § 45 Abs. 1, § 48 Abs. 2 S. 1, § 50 Abs. 2, § 52, § 57 Abs. 3, 4, § 59 Abs. 2 S. 1, § 60 Abs. 1, 3, § 62 Abs. 1, § 64 S. 2, § 65 Abs. 1, § 76 Abs. 1, § 78 Abs. 1, § 81, § 83 S. 1, § 88 Abs. 1, 2, 3, 4, 5, § 89 Abs. 1, 2, 3, 4, § 93 Abs. 3, § 93a Abs. 1,	geänd. (teilw. redak-tionell)

Änderungen des JGG

Lau-fende Nr.	Änderndes Gesetz	Datum (Inkrafttre-tung)	Reichs-bzw. Bundes-gesetzbl. I Seite	geänderte Para-graphen des JGG	Art d. Ände-rung
				§ 97 Abs. 2, 3, § 105 Abs. 3, § 106 Abs. 2 S. 2, § 109 Abs. 2, § 111, § 112a, § 112d, § 123, § 124	
				§ 52a, § 55 Abs. 3, § 83 Abs. 2, § 100, § 105 Abs. 2, § 109 Abs. 2 S. 2, § 123	eingef.
				§ 1 Abs. 3, § 8 Abs. 2 S. 2, § 13 Abs. 3 S. 2, § 22 Abs. 3, § 38 Abs. 3 S. 3, § 52 Abs. 2, 3, § 75, § 76 Abs. 2, § 80 Abs. 3 S. 2, § 90 Abs. 3, 4, § 97 Abs. 1, § 106 Abs. 2 S. 1, § 119 Abs. 2	aufgeh.
20	Gesetz zur Neurege-lung des Volljährig-keitsalters	31.7.1974 (1.1.1975)	1713	§ 105 Abs. 1, § 107, § 109 Abs. 1, 2, § 110 Abs. 1	geänd.
21	Erstes Gesetz zur Re-form des Strafverfah-rensrechts	9.12.1974 (1.1.1975)	3393	§ 33 Abs. 2, 4, § 34 Abs. 1, § 35 Abs. 1 S. 1, § 39 Abs. 1 S. 1, § 40 Abs. 3, § 69 Abs. 3 S. 2, § 83, § 104 Abs. 1 Nr. 5, § 108 Abs. 2, § 109 Abs. 2 S. 1, § 112 S. 1	geänd.
				§ 82 Abs. 1 S. 2, § 112 S. 3	eingef.
				§ 61	aufgeh.
22	Bekanntmachung der Neufassung des Ju-gendgerichtsgesetzes	11.12.1974 (1.1.1975)	3427	§ 83 Abs. 3, § 88 Abs. 5, § 109 Abs. 1	redak-tionell geänd.
23			1645		geänd.

Laufende Nr.	Änderndes Gesetz	Datum (Inkrafttretung)	Reichs bzw. Bundes gesetzbl. I Seite	geänderte Paragraphen des JGG	Art d. Änderung
	Strafverfahrensänderungsgesetz 1979 (StVÄG 1979)	5.10.1978 (1.1.1979)		§ 39 Abs. 1 S. 3, 40 Abs. 1 S. 2, 41 Abs. 1 Nr. 1, 2, 62 Abs. 4, 102 S. 1, 103 Abs. 2, 109 Abs. 1 S. 1	
				§§ 39 Abs. 1 S. 2, 41 Abs. 1 Nr. 3, 47a, 58 Abs. 2	eingef.
				§ 102 S. 3	aufgeh.
24	20. Strafrechtsänderungsgesetz	8.12.1981 (1.5.1982)	1329	§ 26 Abs. 2	geänd.
25	StVollzÄndG	20.12.1984 (1.1.1985)	1654	§ 7	geänd.
26	KJHG (SGB VIII)	26.6.1990 (1.1.1991 (vorm DDR: 3.10.1990))	1163	§ 8 Abs. 1 S. 2, § 9, § 12, § 34 Abs. 3, § 43 Abs. 2, 3, § 55 Abs. 1 S. 2, § 71 Abs. 1, § 76 S. 1, § 77 Abs. 1 S. 1, § 78 Abs. 1 S. 2, § 82 Abs. 2, § 90 Abs. 2 S. 3, § 112a Nr. 1	geänd. (teilw. aufgehoben)
27	1. JGG-ÄndG	30.8.1990 (1.12.1990)	1853	§ 10 Abs. 1 S. 3 Nr. 3, 9, § 11 Abs. 1 S. 2, Abs. 3 S. 3, § 15 Abs. 1 S. 1 Nr. 2, Abs. 3 S. 1, § 16 Abs. 2, § 21 Abs. 1, 2, § 24 Abs. 1 S. 1, Abs. 3 S. 5, § 25 S. 2, § 26 Abs. 2, § 29, § 34 Abs. 2 S. 2, Abs. 3 Nr. 1, 2, § 39 Abs. 2 Hs. 1, § 43 Abs. 1 S. 2, 3, Abs. 2, Abs. 3 S. 2, § 45, § 47 Abs. 1, Abs. 2 S. 1, § 48 Abs. 2, § 58 Abs. 1 S. 1, § 59 Abs. 2, § 60 Abs. 1 S. 2, 3,	geänd.

Änderungen des JGG

Laufende Nr.	Änderndes Gesetz	Datum (Inkrafttretung)	Reichsbzw. Bundesgesetzbl. I Seite	geänderte Paragraphen des JGG	Art d. Änderung
				§ 62 Abs. 4, § 64 S. 2, § 65 Abs. 1 S. 4, § 68 Nr. 2, 3, § 70 S. 1, § 71 Abs. 2, § 72 Abs. 4 S. 1, § 73 Abs. 1 S. 1, § 76 S. 1, § 83 Abs. 1, § 87 Abs. 3 S. 4, § 88 Abs. 1, Abs. 2 S. 1, Abs. 6, § 89 Abs. 3, § 91 Abs. 2 S. 3, § 93 Abs. 1, 3, § 109 Abs. 1 S. 1, Abs. 2 S. 1, § 110 Abs. 2, § 121	
				§ 10 Abs. 1 S. 3 Nr. 5–7, § 15 Abs. 1 S. 1 Nr. 3, § 24 Abs. 1 S. 3, Abs. 2, § 26 Abs. 1 S. 2, § 38 Abs. 2 S. 3, 4, 7, Abs. 3 S. 3 Hs. 2, § 50 Abs. 4, § 58 Abs. 1 S. 3, § 65 Abs. 1 S. 2, 3, § 68 Nr. 4, § 72 Abs. 1 S. 2, 3, Abs. 2, § 72a, § 85 Abs. 2–4, 6, 7, § 87 Abs. 3 S. 1, 2, § 88 Abs. 3, § 89a, § 90 Abs. 1 S. 2, 3	eingef.
				§ 16 Abs. 3, § 19, § 30 Abs. 1 S. 2, § 52a Abs. 2, § 89, § 90 Abs. 2 S. 3, § 116 Abs. 3	aufgeh.
28	Rechtspflegeentlastungsgesetz	11.1.1993 (1.3.1993)	50	§ 33a, § 33b, § 109 Abs. 3	eingef.
				§ 33 Abs. 3	aufgeh.

Änderungen des JGG

Lau-fende Nr.	Änderndes Gesetz	Datum (Inkrafttre-tung)	Reichs- bzw. Bundes-gesetzbl. I Seite	geänderte Para-graphen des JGG	Art d. Ände-rung
				§ 107, § 108 Abs. 3	geänd.
29	Erstes Gesetz zur Än-derung des Achten Buches Sozialgesetz-buch (Art. 1 KJHG)	16.2.1993 (1.4.1993)	239	§ 9 Nr. 2, § 12, § 35 Abs. 1 S. 1, Abs. 2 S. 1, Abs. 3 S. 1, Abs. 4, § 55 Abs. 1 S. 2	geänd.
30	Gesetz zur Änderung des Strafgesetzbuches, der Strafprozessord-nung und anderer Gesetze	28.10.1994 (1.12.1994)	3186	§ 109 Abs. 2 S. 3	eingef.
31	Justizmitteilungsge-setz	18.6.1997 (1.6.1998)	1430	§ 70 S. 3	eingef.
32	Gesetz zur Reform des Kindschaftsrechts	16.12.1997 (1.7.1998)	2942	§ 84 Abs. 2 S. 3, § 3, § 34 Abs. 2 S. 1, Abs. 3, § 42 Abs. 1, Abs. 2, § 53, § 54 Abs. 1, § 55 Abs. 1, § 70 S. 3, § 84 Abs. 2, § 98 Abs. 1, § 104 Abs. 4, § 34	eingef. geänd.
				Abs. 2 S. 1	aufgeh.
33	Gesetz zur Bekämp-fung von Sexualdelik-ten und anderen ge-fährlichen Straftaten	26.1.1998 (31.1.1998) (1.7.1998)	160	§ 88 Abs. 1, Abs. 3, § 97 Abs. 1 S. 3, § 100 S. 2	geänd. eingef.
34	Gesetz zur Verlänge-rung der Besetzungs-reduktion bei Straf-kammern	19.12.2000 (23.12.2000)	1756	§ 33b Abs. 2 S. 2	eingef.
35	Gesetz zur Änderung der Vorschriften über die Straftaten gegen die sexuelle Selbst-bestimmung und zur Änderung anderer Vorschriften	27.12.2003 (1.4.2004)	3007	§ 106 Abs. 1, § 106 Abs. 2 S. 2 § 106 Abs. 2 S. 1 § 106 Abs. 3, 4	geänd. aufgeh. eingef.
36	Gesetz zur Einfüh-rung der nachträgli-chen Sicherungsver-wahrung	23.7.2004 (29.7.2004)	1838	§ 106 Abs. 5, 6 § 108 Abs. 3	eingef. geänd.
37			2198	§ 49	aufgeh.

Änderungen des JGG

Laufende Nr.	Änderndes Gesetz	Datum (Inkrafttretung)	Reichs bzw. Bundes gesetzbl. I Seite	geänderte Para graphen des JGG	Art d. Ände rung
	Gesetz zur Modernisierung der Justiz	24.8.2004 (25.8.2004)			
38	Anhörungsrügengesetz	9.12.2004 (1.1.2005)	3220	§ 55 Abs. 4	eingef.
39	Gesetz zur Vereinfachung und Vereinheitlichung der Verfahrensvorschriften zur Wahl und Berufung ehrenamtlicher Richter	21.12.2004 (1.1.2005)	3599	§ 35 Abs. 1 S. 1, Abs. 2 S. 1	geänd.
40	2. Justizmodernisierungsgesetz	22.12.2006 (31.12.2006)	3416	§ 41 Abs. 1 Nr. 4, § 51 Abs. 2–5, § 68 Nr. 3, § 74 S. 2, § 78 Abs. 3 S. 3, § 109 Abs. 2 S. 4	eingef.
				§ 48 Abs. 2 S. 1, § 80 Abs. 3, § 109 Abs. 1 S. 1, Abs. 2 S. 1	geänd.
41	Gesetz zur Reform der Führungsaufsicht und zur Änderung der Vorschriften über die nachträgliche Sicherungsverwahrung	13.4.2007 (18.4.2007)	513	§ 106 Abs. 5 S. 2	eingef.
42	Zweites Gesetz zur Änderung des Jugendgerichtsgesetzes und anderer Gesetze	13.12.2007 (1.1.2008)	2894	§ 2 Abs. 1 § 17 Abs. 1, § 83 Abs. 1, § 85 Abs. 2 S. 1, Abs. 3 S. 1–3, §§ 91, 92, § 112b Abs. 2 S. 2, § 114, § 121	eingef. geänd.
				§ 115 Abs. 1, 2	aufgeh.
43	Gesetz zur Einführung der nachträglichen Sicherungsverwahrung bei Verurteilungen nach Jugendstrafrecht	8.7.2008 (12.7.2008)	1212	§ 7 Abs. 2–4, § 41 Abs. 1 Nr. 5, § 82 Abs. 3, § 106 Abs. 7 § 41 Abs. 1 Nr. 3, Nr. 4	eingef. geänd.
44	Gesetz zur Reform des Verfahrens in Familiensachen und in	17.12.2008 (1.9.2009)	2586	§ 3 S. 2, § 34 Abs. 2 S. 1, Abs. 3, § 42	geänd.

Änderungen des JGG

Lau-fende Nr.	Änderndes Gesetz	Datum (Inkrafttre-tung)	Reichs- bzw. Bundes-gesetzbl. I Seite	geänderte Para-graphen des JGG	Art d. Ände-rung
	den Angelegenheiten der freiwilligen Ge-richtsbarkeit			Abs. 1 Nr. 1, Abs. 2, § 53 S. 1, 2, § 55 Abs. 1 S. 1, § 67 Abs. 4 S. 3, § 70 S. 1, 3, § 84 Abs. 2 S. 1, 2, § 98 Abs. 1 S. 1, § 104 Abs. 4 S. 1	
45	Gesetz zur Änderung des Untersuchungs-haftrechts	29.7.2009 (1.1.2010)	2274	§§ 72b, 89b, 89c, 121 Abs. 2	eingef.
				§§ 91, 93	aufgeh.
				§ 83 Abs. 1, § 92 Abs. 6 S. 1, § 109 Abs. 1 S. 1, § 110 Abs. 2	geänd.
46	Zweites Opferrechts-reformgesetz	29.7.2009 (1.10.2009)	2280	§ 80 Abs. 3 S. 2	geänd.
47	Gesetz über die wei-tere Bereinigung von Bundesrecht	8.12.2010 (15.12.2010)	1864	§ 35 Abs. 3 S. 2	geänd.
				§ 35 Abs. 6	eingef.
				§ 112a Nr. 2	aufgeh.
				§ 112b	aufgeh.
				§ 112c Abs. 1	aufgeh.
				§ 112c Abs. 2 (neu als Abs. 1)	geänd.
				§ 112c Abs. 3 (neu als Abs. 2)	geänd.
				§ 112d	geänd.
				§ 112e	geänd.
				§ 115	aufgeh.
				§ 116 Abs. 1 S. 2	aufgeh.
				§ 116 Abs. 2	aufgeh.
				§ 117	aufgeh.
				§ 118	aufgeh.
				§ 119	aufgeh.

Änderungen des JGG

Lau-fende Nr.	Änderndes Gesetz	Datum (Inkrafttre-tung)	Reichs- bzw. Bundes-gesetzbl. I Seite	geänderte Para-graphen des JGG	Art d. Ände-rung
				§ 120	aufgeh.
				§ 122	aufgeh.
				§ 123	aufgeh.
				§ 124	aufgeh.
48	Gesetz zur Neuord-nung des Rechts der Sicherungsverwah-rung und zu beglei-tenden Regelungen	20.12.2010 (23.12.2010)	2300	§ 7 Abs. 3 Nr. 2	geänd.
				§ 7 Abs. 4 S. 1	eingef.
				§ 81a	eingef.
				§ 104 Abs. 1 Nr. 13	geänd.
				§ 104 Abs. 1 Nr. 14	geänd.
				§ 104 Abs. 1 Nr. 15	eingef.
				§ 106 Abs. 3 S. 3	geänd.
				§ 106 Abs. 6 S. 1 Nr. 2	geänd.
				§ 106 Abs. 7	aufgeh.
				§ 109 Abs. 1 S. 1	geänd.
49	Gesetz über die Be-setzung der großen Straf- und Jugend-kammern in der Hauptverhandlung	6.12.2011 (1.1.2012)	2554	§ 33b Abs. 2	aufgeh.
				§ 33b Abs. 2–6	eingef.
				§ 33b Abs. 7	eingef. (statt § 33b aF)
				§ 108 Abs. 3 S. 3	eingef.
				§ 121 Abs. 2 aF	aufgeh.
				§ 121 Abs. 2 und Abs. 3	eingef.
50	Gesetz zur Erweite-rung jugendgericht-licher Handlungs-möglichkeiten	4.9.2012 (8.9.2012) (7.10.2012)	1854	§ 105 Abs. 3 S. 2	eingef.

Änderungen des JGG

Lau- fende Nr.	Änderndes Gesetz	Datum (Inkrafttre- tung)	Reichs- bzw. Bundes- gesetzbl. I Seite	geänderte Para- graphen des JGG	Art d. Ände- rung
				§ 26 Abs. 1 S. 1	geänd.
				§ 26 Abs. 1 S. 3	angef.
				§ 26 Abs. 2	geänd.
				§ 26 Abs. 3 S. 2	geänd.
				§ 57 Abs. 1 S. 2	geänd.
				§ 57 Abs. 2	geänd.
				§ 61 Abs. 1	eingef.
				§ 61 Abs. 2	eingef.
				§ 61 Abs. 3 S. 2–4	eingef.
				§ 61a Abs. 1	eingef.
				§ 61a Abs. 2	eingef.
				§ 61b Abs. 1	eingef.
				§ 61b Abs. 2	eingef.
				§ 61b Abs. 3	eingef.
				§ 61b Abs. 4 S. 1 und 2	eingef.
				§ 70a	eingef.
				§ 89	eingef.
				§ 104 Abs. 5	eingef.
				§ 109 Abs. 1 S. 1	geänd.
		(7.3.2013)		§ 8 Abs. 2 S. 1	geänd.
				§ 8 Abs. 2 S. 2	geänd.
				§ 8 Abs. 3	geänd.
				§ 16a Abs. 1	eingef.
				§ 16a Abs. 2	geänd.
				§ 21 Abs. 1 S. 1	eingef.
				§ 21 Abs. 1 S. 3	eingef.
				§ 21 Abs. 2	geänd.
				§ 26 Abs. 3 S. 3	angef.
				§ 30 Abs. 1	geänd.
				§ 30 Abs. 1 S. 2	angef.
				§ 30 Abs. 2	geänd.
				§ 31 Abs. 1 S. 1	angef.

Änderungen des JGG

Laufende Nr.	Änderndes Gesetz	Datum (Inkrafttretung)	Reichs- bzw. Bundesgesetzbl. I Seite	geänderte Paragraphen des JGG	Art d. Änderung
				§ 31 Abs. 2 S. 2	geänd.
				§ 31 Abs. 2 S. 3	geänd.
				§ 31 Abs. 3 S. 1	geänd.
				§ 31 Abs. 3 S. 2	angef.
				§ 59 Abs. 1 S. 1	geänd.
				§ 61 Abs. 3 S. 1	geänd.
				§ 61b Abs. 4 S. 3	geänd.
				§ 87 Abs. 3 S. 4	geänd.
				§ 87 Abs. 4 S. 2 und S. 3	eingef.
51	Gesetz zur bundesrechtlichen Umsetzung des Abstandsgebotes im Recht der Sicherungsverwahrung	5.12.2012 (1.6.2013)	2425	§ 7 Abs. 2 und 3	statt Abs. 2 aF
				§ 7 Abs. 4	bisher Abs. 3
				§ 7 Abs. 5	statt Abs. 4 aF
				§ 81a Abs. 2	aufgeh.
				§ 82 Abs. 3	geänd.
				§ 92 Abs. 1	geänd.
				§ 92 Abs. 2 S. 2	geänd.
				§ 92 Abs. 4 S. 1	geänd.
				§ 92 Abs. 6	geänd.
				§ 106 Abs. 3 und 4	statt Abs. 3 aF
				§ 106 Abs. 5	statt Abs. 4 aF
				§ 106 Abs. 6	statt Abs. 5 aF
				§ 106 Abs. 7	bisher Abs. 6
				§ 108 Abs. 3 S. 2	geänd.

Lau-fende Nr.	Änderndes Gesetz	Datum (Inkrafttre-tung)	Reichs- bzw. Bundes-gesetzbl. I Seite	geänderte Para-graphen des JGG	Art d. Ände-rung
52	Gesetz zur Stärkung der Opfer sexuellen Missbrauchs	26.6.2013 (1.1.2014)	1805	§ 36 Abs. 1 S. 2	angef.
				§ 36 Abs. 2	angef.
				§ 109 Abs. 1 S. 1	geänd.
53	Gesetz zur Stärkung des Rechts des Ange-klagten auf Vertre-tung in der Beru-fungsverhandlung und über die An-erkennung von Ab-wesenheitsentschei-dungen in der Rechtshilfe	17.7.2015 (25.7.2015)	1332	§ 69 Abs. 3 S. 3	angef.
54	Gesetz zur Reform der strafrechtlichen Vermögensabschöp-fung	13.4.2017 (1.7.2017)	872	§ 76 S. 1	geänd.
55	Gesetz zur effekti-veren und praxistaug-licheren Ausgestal-tung des Strafverfah-rens	17.8.2017 (24.8.2017)	3202	§ 8 Abs. 3 S. 2	angef.
				§ 89a Abs. 1 S. 5	geänd.
56	Zweites Gesetz zur Stärkung der Verfah-rensrechte von Be-schuldigten im Straf-verfahren und zur Änderung des Schöf-fenrechts	27.8.2017 (5.9.2017)	3295	§ 67a § 78 Abs. 3 S. 2 § 104 Abs. 1 Nr. 9	eingef. geänd. geänd.
57	G zur Stärkung der Rechte von Betroffe-nen bei Fixierung im Rahmen von Frei-heitsentziehungen	19.6.2019 (28.6.2019)	840	§ 93	neu gef.
58	G zur Modernisie-rung des Strafverfah-rens	13.12.2019	2121	§ 80	geänd.
59	G zur Stärkung der Verfahrensrechte von Beschuldigten im Ju-gendstrafverfahren	17.12.2019	2146	§ 1, § 38, § 43, § 44, § 50, § 51, § 67, § 68, § 70, § 70b, § 78, § 89c, § 92, § 93,	geänd.

Änderungen des JGG

Laufende Nr.	Änderndes Gesetz	Datum (Inkrafttretung)	Reichs bzw. Bundes gesetzbl. I Seite	geänderte Paragraphen des JGG	Art d. Änderung
				§ 104, § 109, § 110	
		17.12.2019		§ 67a	neu gef.
		17.12.2019		§ 46a, § 51a, § 68a, § 68b, § 70a	eingef.
		1.1.2020		§ 70c	geänd.
60	G zur Reform des Vormundschafts- und Betreuungsrechts	1.1.2023	882	§ 34	geänd.
61	Kinder- und JugendstärkungsG	10.6.2021	1444	§ 37a	eingef.
62	G zur Bekämpfung sexualisierter Gewalt gegen Kinder	1.7.2021	1810	§ 106	geänd.
		1.1.2022		§ 37	geänd.
63	G zur Fortentwicklung der StPO und zur Änd. weiterer Vorschriften	1.7.2021	2099	§§ 35, 81, 109	geänd.

Jugendgerichtsgesetz (JGG)

in der Fassung der Bekanntmachung vom 11.12.1974 (BGBl. I S. 3427)

FNA 451-1

zuletzt geändert durch Gesetz zur Fortentwicklung der StrafprozessO und zur Änd.
weiterer Vorschriften vom 25.6.2021 (BGBl. I S. 2099)

Einleitung

Schrifttum: Artkämper, Verfahren vor Jugendgerichten, 2020; Baier/Pfeiffer/Simonson/Rabold, Jugendliche in Deutschland als Opfer und Täter von Gewalt, 2009; Bartz, Die besondere polizeiliche Erfassung von Intensivtätern, 2008; Berger (Hrsg.), Verfolgte Kindheit. Kinder und Jugendliche als Opfer der NS-Sozialverwaltung, 2007; Bochmann, Entwicklung eines europäischen Jugendstrafrechts, 2009; Boers/Krawinkel, Intensivtäterschaft und Delinquenzabbruch, 2016; Decker/Marteache (Hrsg.), International Handbook of Juvenile Justice, 2. Aufl. 2017; Holzmann, Polizeilicher Umgang mit unter 14-jährigen Tatverdächtigen, 2008; Farrington/Murray (Hrsg.), Labeling Theory, 2014; Fritsch, Die jugendstrafrechtliche Reformbewegung, 1999; Gensing, Jugendgerichtsbarkeit und Jugendstrafverfahren im europäischen Vergleich, 2014; Groenemeyer/Hoffmann (Hrsg.), Jugend als soziales Problem, 2014; Hinz, Old enough to commit a Crime – Old enough to do the time?, 2021; Junger-Tas/Marshall/Enzmann ua (Hrsg.), The Many Faces of Youth Crime, 2012; Kebbedies, Außer Kontrolle, 2000; Khostevan, Zügiges Strafverfahren bei jugendlichen Mehrfach- und Intensivtätern, 2009; Kubink, Strafen und ihre Alternativen im zeitlichen Wandel, 2002; Kühl, Die gesetzliche Reform des Jugendstrafvollzug in Deutschland im Licht der European Rules for Juvenile Offenders Subject to Sanctions or Measures, 2012; Ludwig-Mayerhofer, Das Strafrecht und seine administrative Rationalisierung, 1998; Mertens, Schnell oder gut? Die Bedeutung des Beschleunigungsgrundsatzes im Jugendstrafverfahren, 2003; Oberwittler, Von der Strafe zur Erziehung?, 2000; Reichert (Hrsg.), Sozialwissenschaftliche Analysen jugendgerichtlicher Interaktion, 1984; Roth, Die Erfindung des Jugendlichen, 1983; Schady, Die Praxis des Jugendstrafrechts in der Weimarer Republik, 2003; Schaerff, Die Behandlung junger Straftäter in den USA, 2015; Stolp, Die geschichtliche Entwicklung des Jugendstrafrechts von 1923 bis heute, 2015; Stump, „Adult time for adult crime" – Jugendliche zwischen Jugend- und Erwachsenenstrafrecht, 2003; Wagner-Kern, Präventive Sicherheitsordnung, 2. Aufl. 2019.

Übersicht

Einleitung

I. Altersgerechte Reaktionen auf Jugenddelinquenz

1. Delinquenz junger Menschen

1   **a) Hellfeldbefunde.** Jugendliche und jüngere Erwachsene sind – bezogen auf die Größe der jeweiligen Bevölkerungsgruppen – deutlicher stärker als die übrigen (jüngeren und älteren) Bevölkerungsteile in die **institutionell registrierte** Kriminalität involviert. Das betrifft sowohl die Viktimisierungs- als auch die Deliktsbegehungshäufigkeit (zusf. Eisenberg/Kölbel Kriminologie § 48 Rn. 3 f., 11 f., § 49 Rn. 1). Für 2019 weist die PKS einen Tatverdächtigenanteil der 14- bis 18-Jährigen von 8,1 %, der 18- bis 21-Jährigen von 8,8 % und der 21- bis 25-Jährigen von 11,3 % aus. Die Tatverdächtigenbelastungsziffer (Anzahl Tatverdächtige pro 100.000 der jeweiligen Altersgruppe) betrug bei Jugendlichen 4.712, bei Heranwachsenden 5.350 und bei 21- bis 25-Jährigen 4.134, während sie über alle Altersgruppen hinweg im Bevölkerungsdurchschnitt (ab 8. Lbj.) bei 1.936 lag. Diese doch recht klare deliktische **Mehrauffälligkeit junger Menschen** geht zwar aus den Krimi-

nalstatistiken im Grunde schon seit deren Einführung hervor, doch hat sie sich in dieser Deutlichkeit erst nach dem 2. Weltkrieg herausgeformt.

Ungeachtet dessen ist festzuhalten, dass den zeitweiligen Anstiegen der polizeilichen Registrierung immer gegenläufige Entwicklungen folgten. So kam es auch zuletzt wieder nach einer merklichen Zunahme (bis ca. 2007/ 08) zu einem anhaltenden Rückgang (zu dieser Entwicklung der registrierten und nicht registrierten Delinquenz etwa Antholz ZJJ 2014, 230; Albrecht RdJB 2016, 395 (396 ff.); Heinz Sekundäranalyse 234 ff., 310 ff.; zusf. Eisenberg/Kölbel Kriminologie § 48 Rn. 19 ff). Diese zeigte sich international in sehr vielen Rechtsordnungen (vgl. etwa für Europa Albrecht RdJB 2018, 382 (384); McAra/McVie in Goldson (Hrsg.), Juvenile Justice Europe, 2019, 78 ff. jeweils mwN; zu Erklärungsansätzen für die langfristige und jüngere Entwicklung s. etwa Baier/Pfeiffer/Hanslmaier ZJJ 2013, 279 (283 ff.); Albrecht RdJB 2016, 395 (418 ff.)). Allerdings relativiert sich dieser Trend in den deutschen Werten seit 2015 (Krieg/Rook/Beckmann/Kliem, Jugendliche in Niedersachsen 2019, 2020, 12 ff., 45 ff., 62 ff.; n. auch Baier/Kliem ZJJ 2019, 104). Ob dies tatsächlich auf einen einsetzenden Wiederanstieg verweist (so Baier FPPK 14 (2020), 141), ist derzeit aber noch nicht genau einzuschätzen.

Die quantitative Mehrbelastung wird iÜ qualitativ dadurch relativiert, dass die Schwerpunkte der Delinquenz von 14- bis 25-Jährigen eindeutig in der **Bagatell- und Massenkriminalität** liegen. Das Straftatenspektrum konzentriert sich meist auf Eigentums-, Körperverletzungs- und Betäubungsmittelkriminalität. Schadensintensive Kriminalitätsformen (etwa folgenschwere Gewaltdelikte; Wirtschaftsdelinquenz) treten bei dieser Altersgruppe dagegen selten auf, seltener jedenfalls als bei älteren Erwachsenen (Dollinger/Schabdach Jugendkriminalität 113 f.; Meier in MBH JugendStrafR § 3 Rn. 24 ff.; Eisenberg/Kölbel Kriminologie § 48 Rn. 17). Als **charakteristische** Umstände, unter denen es durch junge Menschen zu Delikten kommt, gelten iÜ die Begehung im Gruppenkontext und im öffentlichen Bereich, die Bedeutung expressiver sowie risiko- oder erlebnisbezogener Elemente und die Spontanität bzw. Ungeplantheit und Gelegenheitsbedingtheit der Taten (vgl. bspw. Leitgöb/Birklbauer/Hirtenlehner in Niggli/Marty (Hrsg.), Risiken der Sicherheitsgesellschaft, 2014, 388; Meenaghan/Nee/van Gelder ua BJC 60 (2020), 742; speziell zum Gruppenbezug n. Bentrup in Boers/ Reinecke Altersverlauf, 243 ff.; Wallner/Weiss in Wallner/Weiss/Reinecke/ Stemmler (Hrsg.), Devianz und Delinquenz in Kindheit und Jugend, 2019, 51 f. sowie die Übersichten bei Boman in Krohn/Hendrix/Hall/Lizotte (Hrsg.), Handbook on Crime and Deviance, 2. Aufl. 2019, 479 ff.; Eassey/ Buchanan in Krohn/Lane (Hrsg.), Handbook of Juvenile Delinquency and Juvenile Justice, 2015, 199 ff.; zusf. auch Eisenberg/Kölbel Kriminologie § 48 Rn. 18, § 58 Rn. 7 ff.).

b) Dunkelfeldbefunde. Die Untersuchungen der Dunkelfeldforschung zeigen auf, dass nur ein Ausschnitt des strafrechtlich ggf. einordenbaren Geschehens institutionell überhaupt bekannt und bearbeitet wird. Selbst wenn dieser Teil bei älteren Bevölkerungsgruppen noch stärker selektiert sein dürfte (Dollinger/Schabdach Jugendkriminalität 112), ist er auch bei jungen Menschen sehr klein. Häufig wird davon ausgegangen, dass es bei wenig mehr als 10 % der Delikte junger Menschen zu einem Polizeikontakt kommt (Brettfeld/Wetzels PraxRPsych 2003, 226 (234 f.); Görgen/Taefi/

Einleitung

Kraus/Wagner (Hrsg.), Jugendkriminalität und Jugendgewalt, 2013, 64; Wallner/Weiss in Wallner/Weiss/Reinecke/Stemmler (Hrsg.), Devianz und Delinquenz in Kindheit und Jugend, 2019, 47 ff.). Für die institutionell unentdeckt gebliebene Delinquenz werden die genannten, hellfeldbasierten Beobachtungen zu den Verteilungs- und Merkmalsstrukturen allerdings im Wesentlichen bestätigt. Aus der Verbreitung von (meist geringfügigen) Straftaten unter jungen Menschen muss indes gefolgert werden, dass jedenfalls minder schwere Delinquenz bei ihnen (statistisch) normal und unabhängig von der sozio-ökonomischen Herkunft (dh **ubiquitär**) ist (vgl. etwa die Daten bei Boers/Reinecke/Bentrup MschKrim 2014, 183 (186); ferner Boers MschKrim 2019, 3 (7 ff.); s. jeweils mwN auch Dollinger/Schabdach Jugendkriminalität 115 f.; Eisenberg/Kölbel Kriminologie § 48 Rn. 15).

5   **c) Spontanbewährung und Persistenz.** Die in der angehobenen Deliktsbelastung junger Menschen liegende Problematik ist auch deshalb zu relativieren, weil die strafrechtlich relevante Aktivität mit dem Älterwerden – beginnend indes bereits in der Mitte der Jugendphase – kontinuierlich auf das gesellschaftlich normale Maß zurückgeht. Diese sog. Spontanbewährung ist nicht von äußeren oder gar strafrechtlichen Einwirkungen abhängig (Boers/Reinecke/Bentrup MschKrim 2014, 183 (187); Boers MschKrim 2019, 3 (7 ff.); Wallner/Weiss in Wallner/Weiss/Reinecke/Stemmler (Hrsg.), Devianz und Delinquenz in Kindheit und Jugend, 2019, 53 f.; dazu, dass im Hellfeld die Maximalbelastung etwas später im Heranwachsendenalter liegt, vgl. etwa die Daten bei Albrecht/Grundies MschKrim 2009, 326 (327)). Jugenddeliktische Auffälligkeit kann daher als ein **passageres** Phänomen eingeordnet werden, das mit **alterstypischen sozialisatorischen** Prozessen zusammenhängt (dazu jeweils zusf. Walter/Neubacher, Jugendkriminalität, 4. Aufl. 2011, Rn. 159 ff.; Eisenberg/Kölbel Kriminologie § 48 Rn. 13 f., 23, 27).

6   Deutlichster Ausdruck des episodenhaften Charakters von Jugenddelinquenz ist, dass die allermeisten strafrechtlich erfassten Jugendlichen gar nicht erneut registriert bzw. sanktioniert werden, oder jedenfalls nur noch selten und zeitlich begrenzt (dazu anhand von BZR-Daten etwa Jehle in DVJJ 2019, 188 f.). Etwas anders verhält es sich bei einer kleineren Teilgruppe, die iZm einem oft riskanteren und weniger angepassten Lebensstil (dazu mwN Eisenberg/Kölbel Kriminologie § 48 Rn. 26) eine über das alterstypische Maß **quantitativ** und **qualitativ hinausgehende** Deliktsauffälligkeit zeigt. Dies äußert sich gleichermaßen in der Hellfeld- (vgl. etwa Kopp/Schubarth in Groenemeyer/Hoffmann (Hrsg.), Jugend als soziales Problem, 2014, 363 ff.; Hohmann-Fricke in Neubacher/Bögelein (Hrsg.), Krise – Kriminalität – Kriminologie, 2016, 462 ff.; JAHT Legalbewährung, 2021, 243) wie auch in der Dunkelfeldbelastung (vgl. etwa Boers/Reinecke/Bentrup MschKrim 2014, 183 (188); Boers MschKrim 2019, 3 (9 ff.); Schmidt/Sturzbecher in Sturzbecher/Bredow/Büttner (Hrsg.), Wandel der Jugend in Brandenburg, 2019, 157 ff.; zu den hierfür relevanten Risikofaktoren → § 5 Rn. 47 ff.). Dabei hat die sog. Lebenslaufskriminologie gezeigt, dass insofern zwischen **verschiedenen** Untergruppen zu differenzieren ist, deren jeweilige Mitglieder sich in ihren charakteristischen biografischen Auffälligkeitsverläufen (bzgl. Beginn, Ausmaß und Dauer der gesteigerten Auffälligkeit) ähneln (für Deutschland etwa Boers/Reinecke/Bentrup MschKrim 2014, 183 (189); Reinecke in Boers/Reinecke Altersverlauf, 148 ff., 161 ff.; inter-

nationale Überblicksdarstellungen etwa bei Piquero in Liberman (Hrsg.), The Long View of Crime: A Synthesis of Longitudinal Research, 2008, 23 ff.; Jennings/Reingle Journal of Criminal Justice 2012, 472; Boers MschKrim 2019, 3 (12 ff.); zusf. Eisenberg/Kölbel Kriminologie § 55 Rn. 23 ff.).

Unabhängig davon ist aber gleichermaßen dokumentiert, dass auch die 7 Teilgruppe der mehrauffälligen Jugendlichen insgesamt schon ab dem 16. Lbj. immer kleiner wird (vgl. etwa Boers/Krawinkel, Intensivtäterschaft und Delinquenzabbruch, 2016, 46 ff.; Reinecke in Boers/Reinecke Altersverlauf, 161 ff.). Es kommt also bei den meisten Jugendlichen und Heranwachsenden, die (zeitweilig) stärker deviant agieren, früher oder später ebenfalls zu einer Rückbildung der Mehrbelastung und Auffälligkeit (zusf. Piquero in Liberman (Hrsg.), The Long View of Crime: A Synthesis of Longitudinal Research, 2008, 33 ff.; Boers MschKrim 2019, 3 (19 f.); s. auch Eisenberg/Kölbel Kriminologie § 55 Rn. 6 ff. jeweils mwN). Dass deren biografische Persistenz also selten ist, zeigt, dass es selbst bei zunächst sehr problematischen Individualentwicklungen **keine Zwangsläufigkeit** der Fortsetzung gibt (n. → § 5 Rn. 58 f.). Zu der Frage, welche Rolle strafrechtliche Interventionen hierbei spielen – dh wann die Auffälligkeitsrückgänge und „Karriereabbrüche" hierdurch angeregt und unterstützt werden können –, sind allerdings keine verallgemeinernden Aussagen möglich (zu vergleichenden Wirksamkeitsbefunden jugendstrafrechtlicher Reaktionen ua Eisenberg/Kölbel Kriminologie § 42).

d) Dysfunktionale Interventionen. Die neuere Forschung macht aber 8 jedenfalls zunehmend klar, dass – gewissermaßen umgekehrt – gravierende Eingriffe und massive Sanktionen vielfach delinquenzbegünstigend wirken (vgl. etwa Bales/Piquero Journal of Experimental Criminology 2012, 71 ff.; Murray/Blokland/Farrington/Theobald in Farrington/Murray (Hrsg.), Labeling Theory, 2014, 209 ff.). Dies beruht, wie zuletzt gezeigt werden konnte, darauf, dass invasive Maßnahmen die Anbindung an delinquente Peers fördern (Bernburg/Krohn/Rivera JRCD 2006, 67; Schulte in Boers/Reinecke Altersverlauf, 451 ff.), die Schwierigkeiten im schulischen bzw. beruflichen Bereich steigern (Bernburg/Krohn Criminology 2003, 1287; Schumann in Dessecker (Hrsg.), Jugendarbeitslosigkeit und Kriminalität, 2. Aufl. 2007, 55 f., 64 f.) sowie das Selbstbild und die auf die Lebensführung bezogenen Haltungen ungünstig beeinflussen (Krohn/Lopes/Ward in Farrington/Murray (Hrsg.), Labeling Theory, 2014, 179 (196 ff.); Restivo/Lanier Justice Quarterly 2015, 116). Insgesamt liegen viele markante Hinweise auf die **Entwicklungsschädlichkeit** zumindest früher strafrechtlicher Reaktionen vor (s. auch → § 5 Rn. 67 f.; n. zum Forschungsstand Barrick in Farrington/Murray (Hrsg.), Labeling Theory, 2014, 89 ff.; Boers/Herlth MschKrim 2016, 101 (115 ff.); Boers MschKrim 2019, 3 (30 ff.); Eisenberg/Kölbel Kriminologie § 54 Rn. 12 ff., § 55 Rn. 34 f. jeweils mwN).

2. Sachbedingtes vorpositives Anforderungsprofil an altersgerechte Reaktionsstrukturen

a) Jugendadäquate Rechtsfolgen und Vorgehensweisen. Die Häu- 9 figkeit von Spontanbewährungsprozessen und die bestenfalls begrenzte Funktionalität massiver strafförmiger Maßnahmen sprechen dafür, bei Ju-

genddelinquenz prinzipiell auf einwirkungsarme und/oder entwicklungsfördernde Interventionen oder auch auf Interventionsverzicht zu setzen. Altersgerechte Reaktionen müssen ihrer Art nach deshalb – anders als die insofern
evident ungeeigneten Strafformen des StGB (zu den Wirkungsproblemen
des Freiheits- oder Geldentzugs s. zusf. Eisenberg/Kölbel Kriminologie § 33
Rn. 13 ff., 24 ff., § 37 Rn. 1 ff., § 42 Rn. 16 ff., 63 ff.) – an die Lebenssituation, Leistungsfähigkeit und Weltsicht junger Menschen angepasst sein.
Dies macht **andere** bzw. eigene **„Sanktions"-Formen** notwendig, beginnend mit der Non-Intervention über chancenverbessernde Hilfestellungen
bis hin zur nachdrücklichen Bearbeitung sozialisatorischer Fehlentwicklun-
gen.

10   Auf der Basis der primär schuldorientierten Sanktionszumessungskriterien
des allg. StR (§ 46 StGB) wäre es nicht gewährleistet, dass dieses breitere,
altersorientierte Spektrum der Reaktionsformen angepasst an die individuell
jeweils bestehenden, unterschiedlichen Interventionserfordernisse angewandt
wird. Um dies sicherzustellen, bedarf es im Jugendstrafrecht vielmehr einer
Logik der Rechtsfolgenbestimmung, die die Verwirklichung der jeweiligen Straftat tendenziell nur als Anlass des Eingreifens versteht, während die
Wahl und Bemessung der Reaktion vorwiegend am konkreten **Einwirkungsbedarf** auszurichten sind. Damit gehen dann allerdings auch **gesteigerte Anforderungen** an das **Verfahren** einher. Wenn nämlich nicht nur
tat-, sondern auch personenbezogene Umstände für die Entscheidung bestimmend sind, erfordert dies prozedurale Instrumente, mit denen die (zur
individuell passförmigen Reaktion) erforderliche Diagnose- und Prognoseleistung erbracht werden kann (im Rahmen der in → § 5 Rn. 31 ff. erläuterten engen Möglichkeitsgrenzen). Zu dieser spezialpräventiven Ausrichtung
gehört es auch, die prozessbedingten Belastungen für die Vorwurfsadressaten
zu reduzieren und die verfahrenseigenen Interaktionsformen an deren Perspektiven und Interaktionskompetenzen anzunähern.

11   **b) Rechtsstaatliche Limitierung.** Bei all dem darf jedoch nicht in den
Hintergrund treten, dass auch eine zukunftsorientiert und fördernd ausgerichtete Intervention in den Phasen der Anlassklärung, der Interventions-
entscheidung und der Interventionsumsetzung mit teilw. erheblichen Belastungen und **Grundrechtseingriffen** für die Betroffenen verbunden ist –
besonders wenn dies als ein straf- und strafprozessrechtliches Vorgehen
gerahmt und ausgestaltet wird. Es muss daher ohne Einschränkung und in
jeder Hinsicht mit Verhältnismäßigkeitserfordernissen und anderen **rechtsstaatlichen** Garantien in Einklang stehen (zur partiellen Realisierung dieses
Anforderungsprofils → Rn. 36 ff.).

II. Entwicklung des deutschen Jugendstrafrechts

1. JGG 1923

12   **a) Herausbildung.** Die Entwicklung des frühen Jugendstrafrechts steht
historisch iZm der Herausbildung und kulturellen Anerkennung eines eigenständigen Lebensabschnittes „Jugend", der sich „zwischen" das Kind-Sein
und den (ursprünglich unmittelbar) folgenden Erwachsenenstand schob (für
einen Überblick vgl. Scherr in Dollinger/Schmidt-Semisch Jugendkriminalität-HdB 19 ff.; zu einem anfänglich auf randseitige und korrekturbedürftige

Personen bezogenen Jugendverständnis s. etwa von Trotha KZfSS 1982, 254 ff.; Roth, Die Erfindung des Jugendlichen, 1983, 98 ff.; Heinz/Hübner-Funk Diskurs 1997, 4 ff.; n. King/Noel Déviance & Société 1994, 9 ff.). Eine selbstständige jugendstrafrechtliche Gesetzgebung begann dabei in Deutschland mit dem JGG v. 16.2.1923 (RGBl. I 135), das sich letztlich dem Drängen der Jugendgerichtsbewegung verdankte, in der wiederum ganz verschiedene gesellschaftliche Diskurslinien (in der Rechtspraxis, der Gefängniskunde usw, aber auch von internationalen Vorbildern) zusammengetroffen waren (zur Entwicklung seit Mitte des 19. Jahrhunderts s. Fritsch, Die jugendstrafrechtliche Reformbewegung, 1999, 24 ff.; Oberwittler, Von der Strafe zur Erziehung?, 2000, 59 ff.; Kubink, Strafen und ihre Alternativen im zeitlichen Wandel, 2002, 127 ff.; Dollinger/Schabdach Jugendkriminalität 23 ff.; Cornel in Dollinger/Schmidt-Semisch Jugendkriminalität-HdB 545 ff.; zur vorbildhaften Entwicklung in den USA vgl. etwa Stump, „Adult time for adult crime", 2003, 48 ff.; Schaerff, Die Behandlung junger Straftäter in den USA, 2015, 138 ff.).

Das JGG 1923 trat an die Stelle der §§ 55–57 StGB aF, die ua den Beginn **13** der Strafmündigkeit mit Vollendung des 12. Lbj. vorgesehen hatten, aber als Regelungsbereich in der Praxis nur geringe Bedeutung erlangten. Mit dem neuen JGG war für die Reaktion auf die Delinquenz junger Menschen dagegen eine eigene ausdifferenzierte Regelung vorgesehen – wenngleich diese mit Blick auf die Strafbarkeitsvoraussetzungen weitgehend an das allg. StR angebunden wurde (weshalb das Gesetz auch Jugendgerichts- und nicht Jugendstrafgesetz hieß (dazu Ostendorf in Schumann/Wapler Erziehen und Strafen 51)). Das JGG 1923 markierte damit aber zugleich auch die bis heute bestimmende Entscheidung, für die jugendgemäße Deliktsreaktion auf ein **Sonderstrafrecht** (das sich vom allg. StR merklich unterscheidet) zu setzen und dieses nach Zielvorgaben und rechtlicher Ausgestaltung vom Jugendfürsorgerecht abzugrenzen. Ergänzt wurde das JGG 1923 daher fast zeitgleich durch das 1922 erlassene und 1924 in Kraft getretene Reichsjugendwohlfahrtsgesetz (zur Entwicklung des JAmts Eisenberg Zbl 1991, 250 f.). In diesem Nebeneinander lag der bis heute wirksame Abschied von der gleichermaßen denkbaren Option, ein einspuriges Modell zu verfolgen und ein einheitliches Jugendinterventionsrecht (mit der integrierten Bearbeitung von Jugendschutz, Jugendfürsorge und Deliktsreaktion) zu erschaffen (zur später gelegentlich aufkommenden Diskussion um die beiden Grundmodelle etwa Kubink, Strafen und ihre Alternativen im zeitlichen Wandel, 2002, 487 ff.; zu heutigen Kontroversen etwa Wiesner FS Heinz, 2012, 542 ff.). Die stattdessen realisierte **Zweispurigkeit** aus Sanktionierung und Jugendhilfe setzte mit dem JStR damit auch auf eine Spur, die ungeachtet des darin enthaltenen Erziehungskonzeptes keineswegs nur unterstützende oder entwicklungsfördernde, sondern von Anbeginn auch deutliche Kontroll-, Straf- und Disziplinierungskomponenten aufwies (n. dazu Dollinger/Schabdach Jugendkriminalität 27 ff.).

b) Inhalte. Was die **konkreten Festlegungen** betraf, so begründete das **14** JGG 1923 im Bereich des materiellen JStR die Straffreiheit für Kinder im Alter von 12 und 13 Jahren (zur Kinderdelinquenz → § 1 Rn. 8 ff.), während es für Jugendliche (im Alter von 14 bis unter 18 Jahren) die Strafen durch ein System von erzieherischen Rechtsfolgen ergänzte. Für eine Bestrafung wurde (neben der geistigen und sittlichen Reife) vorausgesetzt, dass

Erziehungsmaßregeln nicht ausreichten. Eine Begrenzung des Mindestmaßes der Freiheitsstrafe war nicht vorgesehen, sodass auch kurzzeitige Freiheitsstrafen verhängt werden konnten (was in der Praxis auch vergleichsweise häufig geschah). Eine „unbestimmte Strafe" war nicht zulässig. Die Vollstr. der Strafe konnte auf Probe ausgesetzt werden (§§ 10 ff. JGG 1923), ohne dass eine spezielle Institution zur Kontrolle oder Betreuung der Betroffenen während der Probezeit vorgesehen gewesen wäre (s. zum Ganzen auch den Überblick bei Kubink, Strafen und ihre Alternativen im zeitlichen Wandel, 2002, 188 ff.; Ostendorf in Schumann/Wapler Erziehen und Strafen 51 f.; zur gleichwohl eher traditionell straforientierten Praxis nach 1923 vgl. Schady, Die Praxis des Jugendstrafrechts in der Weimarer Republik, 2003). – Im Bereich des formellen JStR wurde das Verfahren teilw. eigenständig ausgestaltet. Dies betraf einmal die partiell schon vorher errichteten und nun gleichsam „legalisierten" JGerichte (erstinstanzlich als stets mit Schöffen besetzte kleine oder große JGerichte). Es zeigte sich aber auch am Ausschluss der Öffentlichkeit und der Einschränkung des Legalitätsprinzips. Zur Persönlichkeitsbeurteilung und Kontrolle oder aber Betreuung der Betroffenen war die – vorzugsweise dem JAmt übertragene – JGH vorgesehen.

2. NS-Zeit

15   **a) Neuordnung.** Während der NS-Zeit wurde zunächst durch VO v. 4.10.1939 (RGBl. I 2000) eine Schärfung dergestalt eingeführt, dass auf Jugendliche im Alter ab 16 Jahren bei als besonders verwerflich beurteilter „verbrecherischer Gesinnung oder zum Schutz des Volkes" (§ 1 Abs. 2) das allg. StR einschließlich der Todesstrafe (zu deren Häufigkeit Löffelsender ZJJ 2017, 215 (219) mwN) angewandt werden konnte. Durch VO v. 4.10.1940 (RGBl. I 1336) wurde der JA (n. → § 13 Rn. 3 ff.) und anschließend durch VO v. 10.9.1941 (RGBl. I 567) die Jugendgefängnisstrafe von unbestimmter Dauer implementiert (s. zum Ganzen auch Kubink, Strafen und ihre Alternativen im zeitlichen Wandel, 2002, 280 ff.). Sodann führte das **RJGG** v. **6.11.1943** (RGBl. I 637) unter Beibehaltung dieser Neuerungen zu weitgreifenden Umgestaltungen im gesamten JStR (n. Kebbedies, Außer Kontrolle, 2000, 101 ff.; Götte, Jugendstrafvollzug im „Dritten Reich", 2003, 79 ff.). Bspw. sieht das Gesetz seither die „schädlichen Neigungen" als eine Verhängungsvoraussetzung von JStrafe vor (→ § 17 Rn. 20 f.). Gemäß § 4 der JStR-VO v. 6.11.1943 (RGBl. I 635) waren die RL der Allg. Verfügung des Reichsjustizministers v. 15.1.1944 (Sonderveröffentlichung der DJ Nr. 30), die Zweifelsfragen des RJGG 1943 klärten, verbindliches Recht. Insgesamt kamen die in der NS-Zeit erfolgten Eingriffe in das JGG 1923 teilw. dessen Entstellung gleich (vgl. auch Ostendorf in Schumann/Wapler Erziehen und Strafen 55: „in weiten Teilen Ausdruck der NS-Ideologie"). Erleichtert wurde dies durch die teils erzwungene, teils akzeptierte oder gar gewollte Anpassung nichtstaatlicher Gremien (vgl. detailliert zur DVJJ Schumann ZJJ 2017, 313 (314 ff.); ferner Schumann in Schumann/Wapler Erziehen und Strafen 73 ff.; Schumann in DVJJ 2019, 39 ff.).

16   **b) Konkrete Regelungen.** Die umfassende Umgestaltung durch das RJGG 1943 betraf besonders die **Rechtsfolgen.** In diesem Bereich wurde die dreischrittige Abstufung von Erziehungsmaßregeln über Zuchtmittel zu

Jugendgefängnis eingeführt, wobei der bereits 1940 durch Verordnung implementierte JA (als Zuchtmittel) die kurzzeitige Freiheitsstrafe ersetzen sollte. Das Mindestmaß der Jugendgefängnisstrafe stieg (von ursprünglich einem Tag nach dem JGG 1923) auf zunächst drei Monate an (zur Lebenswirklichkeit im JStVollz s. Götte, Jugendstrafvollzug im „Dritten Reich", 2003, 141 ff., 224 ff.). Es wurden die Strafrahmen des allg. StR für unanwendbar erklärt, einige Vorschriften über Vollstr. und Vollzug sowie die „Beseitigung des Strafmakels durch Richterspruch" eingeführt und ferner die Möglichkeit der Aussetzung auf Probe aufgehoben. Die Altersgrenzen erfuhren eine Relativierung, da erstens Kinder schon ab dem Alter von 12 Jahren in als „schwer" beurteilten Fällen durchaus bestraft werden konnten (§ 3 Abs. 2 S. 2 RJGG) und zweitens das allg. StR auf sog. frühreife Personen (§ 20 Abs. 1 RJGG) bzw. „charakterlich abartige Schwerverbrecher" (§ 20 Abs. 2 RJGG) schon vor Erreichen des 18. Lbj. angewandt werden durfte.

§ 60 RJGG 1943 erlaubte es iÜ, die Jugendlichen nach Voll- oder Teilvollstreckung der JStrafe in „Jugendschutzlagern" unterzubringen, wenn bei ihnen eine Anpassung an die Volksgemeinschaft nicht zu erwarten sei (Kebbedies, Außer Kontrolle, 2000, 240 ff.). Dem war ab 1940 die Entwicklung ähnlicher polizeilicher Lager vorausgegangen (vgl. die Quellenauszüge in DVJJ-J 1992, 242 ff.), in die Jugendliche auch ohne (gar gerichtlich festgestellte) Deliktsbegehung zB schon aufgrund der Ablehnung der NS-Ideologie zwangsuntergebracht wurden. Überwiegend hat es sich aber wohl um Abgeschobene aus der Fürsorgeerziehung gehandelt (dazu und zu den Lagerbedingungen etwa Fritz in Berger (Hrsg.), Verfolgte Kindheit, 2007, 311 ff., 318 ff.). Aus den Lagern wurden die Untergebrachten nach „Beobachtung" (vgl. etwa Fritz in Berger (Hrsg.), Verfolgte Kindheit, 2007, 322 ff.) entweder zum Militär oder in Konzentrationslager verbracht (vgl. Schumann ZJJ 2017, 313 (318) mwN). **17**

Zum **JStrafverfahren** meinte seinerzeit Peters, dass es „(...) noch nicht in der gleichen Weise wie das materielle JStR seine Loslösung vom dem Erwachsenenstrafrecht gefunden (...)" habe und demgemäß einen „Doppelcharakter" aufweise (RJGG Vor §§ 21 ff. Anm. 2 f.). Immerhin führte § 23 RJGG 1943 (erstmals) eine JStA ein. Als erstinstanzliche Gerichte wurden die mit Schöffen besetzten Spruchkörper nunmehr durch JRichter und die JKammer ersetzt. Zugleich wurde durch § 25 Abs. 1 RJGG 1943 festgelegt, dass „im gesamten Verfahren die Hitler-Jugend und die JGH zur Mitarbeit herangezogen werden" sollen (n. Stolp, Die geschichtliche Entwicklung des Jugendstrafrechts von 1923 bis heute, 2015, 85 ff.; zur Funktion von ministeriellen Anweisungen bzw. sog. Richterbriefen wie auch Rechtsreferenten der HJ s. etwa Wolff, Jugendliche vor Gericht im Dritten Reich, 1992, 116 ff.). **18**

3. Entwicklung in der Bundesrepublik

a) JGG 1953. Das JGG v. 4.8.1953 (BGBl. I 751) hob – ungeachtet breiter Diskussionen (dazu Kebbedies, Außer Kontrolle, 2000, 105 ff., 112 ff.) – **nur einige** (aber keineswegs alle) **Umgestaltungen** aus der Zeit des Dritten Reiches **auf,** wie etwa die Durchbrechung der Altersgrenzen, die Vorrangstellung der Strafe und die sog. „strengen Tage" im JAVollzug (bei sonstiger Beibehaltung des JA). Allerdings waren diese Korrekturen in **19**

Einleitung

der Praxis ohnehin schon vor- und vorweggenommen worden (krit. daher auch DVJJ 1999, AK II–5). Die legislatorische Distanzierung zum JGG 1943 hielt sich in relativ engen Grenzen (Kubink, Strafen und ihre Alternativen im zeitlichen Wandel, 2002, 353 ff.). Dies war ua der personellen Kontinuität in maßgebenden Einrichtungen (vgl. etwa Safferling FS Streng, 2017, 612 speziell zur Beibehaltung des JA) bzw. in beratenden Organisationen geschuldet (dazu für die DVJJ n. Schumann ZJJ 2017, 313 (324 ff.)). Immerhin wurde aber zumindest die Möglichkeit (wieder) eingeführt, die Vollstr. der JStrafe **zBew auszusetzen,** wobei die Voraussetzungen und die Ausgestaltung (insb. Bewährungshilfe und -aufsicht) genauere Konturen erhielten (zu den Diskussionen mwN Stolp, Die geschichtliche Entwicklung des Jugendstrafrechts von 1923 bis heute, 2015, 127 ff., 132). Ferner sah das JGG 1953 (in Anlehnung an einzelne ausländische Regelungen) nunmehr die Möglichkeit der **Aussetzung** der **Verhängung** einer JStrafe **zBew** vor (dazu Potrykus NJW 1953, 1454; Lackner JZ 1953, 529).

20   Die JGerichtsverfassung erfuhr eine gewisse Neuordnung, wie zB durch Wiedereinführung des Schöffensystems (vgl. näher Stolp, Die geschichtliche Entwicklung des Jugendstrafrechts von 1923 bis heute, 2015, 155 f.). Zu Änderungen kam es ebenso im Jugendstrafverfahren. So wurde insb. die **Zuständigkeit** der **JGerichte** auch für Verfahren gegenüber solchen Personen festgelegt, die zur Zeit der Tat **Heranwachsende** waren. Darüber hinaus ist auf diese Personengruppe seither unter bestimmten Voraussetzungen, aber nicht etwa nur als Ausnahme (vgl. BT-Drs. 1/3264, 36 f.; BT-Drs. I/4437, 2 f.), auch **materielles JStR** anzuwenden.

21   **b) Neuregelung 1990.** Das **1. JGG–ÄndG** v. 30.8.1990 (BGBl. I 1853) als weiterer prägender Gesetzgebungsschritt nahm zunächst einmal vorwiegend technische Anpassungen an sinnvolle Entwicklungen in der Praxis vor (zu dem zugrunde liegenden rechtspolitischen Diskurs vgl. die Analysen bei Lampe Soziale Probleme 2016, 95 (106)). Diese Angleichung betraf insb. Alternativen zur formellen Verfahrensdurchführung und zur Untersuchungshaft. So wurden einzelne der Einstellungsregelungen (§§ 45, 47) näher ausgestaltet und von Kann- in Mussvorschriften umgewandelt (→ Rn. 44). Die Voraussetzungen und Modalitäten der U-Haft sahen nunmehr höhere Hürden vor, auch wegen der neuen Funktionen der JGH. Im Bereich der Rechtsfolgen baute das Gesetz zwar die Kategorie der Zuchtmittel durch Legalisierung einer Arbeitsauflage aus, hob andererseits aber die JStrafe unbestimmter Dauer auf. Das Spektrum der benannten Weisungen wurde um neue ambulante Maßnahmen ergänzt (sozialer Trainingskurs, Betreuungsweisung). Dass die Reichweite der Neuerungen insgesamt aber gleichwohl noch recht begrenzt war, ist daran zu erkennen, dass durch den Bundestags-Rechtsausschuss zugleich etliche, offen gebliebene Aspekte der rechtspolitischen Weiterentwicklung markiert wurden (BT-Drs. 11/7421, 3; dazu Ostendorf in Schumann/Wapler Erziehen und Strafen 57). – Das fast gleichzeitig erlassene **SGB VIII** v. 26.6.1990 (BGBl. I 1163) enthielt, geleitet von einer partizipativen (statt kontrollierenden) Perspektive, einige Änderungen, die in mehrfacher Hinsicht relevante Konsequenzen für die Praxis des JStR haben (s. nur §§ 36a, 52 SGB VIII; aber auch → Rn. 25). – Außerdem kam es ebenfalls fast gleichzeitig (mWv 3.10.1990) zu einer Erstreckung des JGG auch auf das Gebiet der ehemaligen DDR (zur dortigen Entwicklung in den 1980er Jahren s. Steinberg ZStW 132 (2020), 397 (413 ff.)). Dies geschah

zunächst allerdings mit gewissen Modifikationen durch den Einigungsvertrag und gerichtliche Entscheidungen (vgl. dazu die Erl. bis zur → 13. Aufl.; s. auch BT-Drs. 11/7817, 52 f.; zur Aufhebung iRd Rechtsbereinigung vgl. Gesetz v. 8.12.2010, BGBl. I 1864).

c) Anschließende Neuregelungen. Die Änderungen des JGG, zu denen **22** es nach 1990 kam, blieben von wenigen Ausnahmen (→ Rn. 32 f.) abgesehen hinter den Erfordernissen einer nicht-punitiven, sachangemessenen Rechtspolitik insgesamt (wenn auch nicht in allen Einzelpunkten) zurück (für eine umfassende Rekonstruktion und Auswertung vgl. Kölbel in ZStW 2021, 169; Kölbel ZJJ 2021, 307). Mit dem **JuMoG** v. 22.12.2006 (BGBl. I 3416) wurden – teilweise unter Hintanstellung des Erziehungsgedankens – mehrere Verfahrensvorschriften geändert (dazu etwa → § 41 Rn. 11 ff., → § 80 Rn. 16 ff.). Das **2. JGG-ÄndG** v. 13.12.2007 (BGBl. I 2894) bekannte sich mit Einführung des § 2 Abs. 1 dagegen zum Erziehungsgedanken (→ § 2 Rn. 2 ff.) und gestaltete iZm der Föderalismusreform die bundesrechtlichen Vorschriften zum Vollzug der JStrafe um, wobei die längst überfälligen, sonstigen Rechtsgrundlagen für das **JStVollzR** ab 1.1.2008 durch Landesgesetze geschaffen wurden (näher → § 92 Rn. 3 ff.). Hierbei handelte es sich ganz überwiegend um selbstständige Gesetze, in mehreren Ländern aber auch (nur) um spezielle Abschnitte allg. Justizvollzugsgesetze. Durch das U-Haft-RÄndG v. 29.7.2009 (BGBl. I 2274) wurde ua § 89c eingefügt (teilw. in Orientierung am vormaligen § 93 Abs. 1 und 2) und die Anwendung des § 72a auf Heranwachsende erstreckt (§ 109 Abs. 1 S. 1). Der **U-Haftvollzug** ist indes ebenfalls Gegenstand von Landesgesetzen (näher → § 89c Rn. 6 ff.). Das im Juli 2012 verabschiedete Gesetz zur Erweiterung jugendgerichtlicher Handlungsmöglichkeiten (für eine Bilanz s. Höffler/Kaspar RdJB 2018, 449) positivierte die sog. „Vorbewährung" und führte eine Regelung zum Vorbehalt nachträglicher Entscheidung über die Aussetzung der Vollstr. der JStrafe zBew (§§ 61–61b) ein. Außerdem ermöglicht das JGG seither den sog. Kopplungs-JA (§ 8 Abs. 2 S. 2 bzw. § 61 Abs. 3 S. 1, jeweils iVm § 16a). Für dessen Vollzug wie auch den des allg. JA wurde seit 2013 in fast allen Ländern eine Gesetzesgrundlage geschaffen (→ § 89c Rn. 6).

Eine dem Erziehungsauftrag (§ 2 Abs. 1) besonders klar zuwiderlaufende **23** Tendenz (ebenso die Kritik bei Höynck/Ernst KJ 2014, 249 (253 f.)) weist das Gesetz v. 8.7.2008 (BGBl. I 1212, nicht korrigiert durch das Gesetz v. 20.12.2010 (BGBl. I 2300)) auf, welches die nachträgliche Anordnung von Sicherungsverwahrung bei nach JStR Verurteilten ermöglichte (zur Einordnung der Sicherungsverwahrung als „originäres NS-Projekt" vgl. Wagner-Kern, Präventive Sicherheitsordnung, 2019, 54 ff.). Bei Heranwachsenden, die nach allg. StR sanktioniert werden, waren die vorbehaltene und die nachträgliche Sicherungsverwahrung bereits 2003 bzw. 2004 zugelassen worden. Eingebettet war dies in eine dichte Abfolge von Gesetzgebungsanträgen, die in dieser Phase (2000 bis 2003) auf diverse Verschärfungen des JStR hinwirken wollten (Zusammenstellung bei Hotter/Albrecht RdJB 2003, 282 (285 ff.)). Diese legislative Aktivität stand iZm der Verschiebung des kriminalpolitischen Diskurses, der Kriminalität anders als in den davor liegenden Jahren weniger als Ergebnis dysfunktionaler und desintegrativer gesellschaftlicher Bedingungen begriff, sondern zunehmend dazu tendierte, die Verantwortung bei der betr. Person und deren Gefährlichkeit zu verorten (n. dazu die diskursanalytischen Auswertungen bei Dollinger/Rudolph/

Schmidt-Semisch/Urban in Groenemeyer/Hoffmann (Hrsg.), Jugend als soziales Problem, 2014, 140 ff.; Dollinger/Rudolph Zeitschrift für Diskursforschung 2016, 51; Dollinger ZJJ 2018, 213 (215 ff.)).

24 Nachdem in BVerfGE 128, 326 = NJW 2011, 1931 die Verfassungswidrigkeit der insofern kennzeichnenden Regelungen zur Sicherungsverwahrung (einschließlich derjenigen des § 106 Abs. 3, 5 und 6) festgestellt worden war (näher → § 7 Rn. 30 ff., → § 106 Rn. 11 ff.), führte das daraufhin geschaffene AbstandsgebotsG v. 5.12.2012 (BGBl. I 2425; grundsätzlich krit. Höffler/Kaspar ZStW 2012, 87) die vorbehaltene Sicherungsverwahrung für „Neufälle" im JGG ein – dies aber, ohne den dahingehenden Bedarf und die Zuverlässigkeitsgrenzen der dafür erforderlichen Prognosemethoden geprüft zu haben –, wohingegen es bei „Altfällen" die bisherige Regelung beibehielt (vgl. Art. 316f EGStGB). Immerhin hat dieses Gesetz wenigstens erhebliche Änderungen iZm und beim Vollzug von Sicherungsverwahrung mit sich gebracht (näher → § 92 Rn. 155 ff.).

25 **d) Anstöße im Jugendhilferecht.** Das BKiSchG v. 22.12.2011 (BGBl. I 2975) hatte für die Jugendbehörden eine Pflicht zu „struktureller Zusammenarbeit" konkretisiert (vgl. § 81 Nr. 2 und Nr. 9 SGB VIII). Der Entwurf des Kinder- und Jugendstärkungsgesetzes (KJSG), der vom Deutschen Bundestag am 29.6.2017 verabschiedet wurde (BR-Drs. 553/17), sah dann (neben vielen sonstigen Neuregelungen) auch spezifische Formen der **einzelfallbezogenen Zusammenarbeit** mit „anderen öffentlichen Einrichtungen und sonstigen Stellen" vor (konkret durch § 52 Abs. 1 S. 2 und S. 3 SGB VIII). Die Zusammenarbeit von JRichtern und JStA mit öffentlichen Einrichtungen und anderen Stellen sollte durch Einführung eines § 37a JGG geregelt werden (vgl. auch den Überblick bei Struck ZJJ 2017, 269 (271 f.)). Der Bundesrat hatte die Beratungen zum SGB VIII am 22.9.2017 von der Tagesordnung genommen und den Gesetzgebungsprozess dauerhaft gestoppt. In der 19. Legislaturperiode kam es dann allerdings doch zu einer Umsetzung dieser Vorhaben (→ § 37a Rn. 2; für eine Übersicht über die sonstigen Änderungen durch das KJSG s. Struck ZJJ 2021, 263). Die Förderung der einzelfallbezogenen Kooperation birgt indes auch Risiken, insbes. für die Durchsetzung der sozialpädagogischen ggü. den strafverfolgungsorientierten Belangen (n. → § 37a Rn. 11 ff.).

26 **e) Jüngste Entwicklungen.** Insgesamt betrachtet ist die gesetzgeberische Dynamik im JStR eher moderat. Dies gilt jedenfalls im Vergleich zu vielen Bereichen des allg. StR und StVerf, wobei sich allerdings viele der dortigen Rechtsänderungen durch § 2 Abs. 2 auch im JStR niederschlagen – ohne dass dies legislatorisch immer hinreichend reflektiert worden ist (dazu sogleich → Rn. 27). Die wichtigsten spezifisch jugendstrafrechtlichen Neuregelungen wurden in jüngerer Zeit allerdings durch **Vorgaben der EU** initiiert (→ Rn. 32 f.). In deren Umsetzung hat das Gesetz zur Stärkung der Verfahrensrechte von Beschuldigten im Jugendstrafverfahren gleich eine ganze Kette von Einzelbestimmungen in das JGG eingeführt, durch die bspw. die Stellung der JGH und der Strafverteidigung gestärkt worden ist.

4. Rechtspolitik und empirische Forschung

27 Unabhängig davon, wie die relative Stabilität in der Jugendstrafgesetzgebung zu beurteilen ist, bestätigt sich in der bisherigen Entwicklung die

Einleitung

Notwendigkeit der Beobachtungs- und Nachbesserungspflicht des Gesetzgebers, zumal es verschiedentlich zu **rational nicht begründeten (bzw. nicht begründbaren)** gesetzlichen Regelungen kommt (vgl. dazu näher etwa Rolinski FS Eisenberg, 2009, 179 ff.; Hillenkamp FS Eisenberg, 2009, 302 f. (307 ff., 313 ff., 320)). Dies betraf in der Vergangenheit einmal Legislativakte, die sich erklärtermaßen über die ausdrücklichen Bedenken und Einwände der Fachwissenschaften hinwegsetzten, wie etwa das Gesetz zur Erweiterung der jugendgerichtlichen Handlungsmöglichkeiten v. 4.9.2012, das das JGG um den erwähnten Kopplungsarrest (→ Rn. 22) sowie die Strafrahmenerweiterung in § 105 Abs. 3 S. 2 − unter expliziter Hintanstellung kriminologischer Vorbehalte (→ § 16a Rn. 3, → § 105 Rn. 56) − erweitert hat. Zum anderen zeigt sich dies bei jenen Modifikationen des StGB und der StPO, die über § 2 Abs. 2 auch im JGG zu berücksichtigen sind, ohne dass diese „Ausstrahlungswirkung" und die Frage der jugendstrafrechtlichen „Verträglichkeit" im Gesetzgebungsprozess überhaupt mitbedacht wurden (n. dazu die Gesetzgebungsauswertung bei Kölbel ZJJ 2021, 40). Beispiele hierfür bieten die Neuregelung der Vermögensabschöpfung (→ § 6 Rn. 9 ff.) und der Ausbau strafprozessualer Opferrechte (zu gesetzgeberischen Nichterörterung ihrer Relevanz im JGG vgl. Kölbel in BMJV 2017, 10).

Dass die Kenntnisnahme und Berücksichtigung der (jugend-)kriminologi- **28** schen Forschung nicht immer in der erforderlichen Weise geschieht, äußert sich ferner in (jeweils tagesaktuellen oder „zeitgeistgeprägten") kriminalpolitischen Verlautbarungen, denen stets auch das Potenzial einer letztlich unzuträglichen Umsetzung im JStR innewohnt. Dies betrifft bspw. die periodisch wiederkehrende **Behauptung** einer insgesamt steigenden Tendenz der Jugendgewalt − sei es bzgl. deren Verbreitung (so etwa für Gewalt gegenüber der Polizei BT-Drs. 18/11161) oder bzgl. der Brutalität in deren Begehung (zu entspr. Annahmen in der StA etwa BGH NStZ-RR 2013, 169 (170)). In beiderlei Hinsicht wird ein solches Vorbringen durch die empirische Forschung aber nicht bestätigt (dazu etwa Baier, Entwicklung der Jugenddelinquenz und ausgewählte Bedingungsfaktoren (…), 2008, 22 ff.; Baier/Pfeiffer/Simonson/Rabold, Jugendliche in Deutschland als Opfer und Täter von Gewalt, 2009, 19 ff., 92 ff.; Baier/Pfeiffer/Hanslmaier ZJJ 2013, 279 (281 f.); vgl. auch Luff, Gewalt: mehr oder weniger, 2015, 105 ff.; Baier/Kliem ZJJ 2019, 104 sowie zusf. und mwN Eisenberg/Kölbel Kriminologie § 45 Rn. 11, § 48 Rn. 21 f.; speziell zur polizeigerichteten Gewalt s. Singelnstein/Puschke NJW 2011, 3473; Puschke/Rienhoff JZ 2017, 924). Vielmehr gelten auch hier die Aussagen zur (zumindest zuletzt rückläufigen) Entwicklung der Jugendkriminalität insgesamt (→ Rn. 2).

Fehlbehauptungen der genannten Art haben nicht nur alltagstheoretische **29** Grundlagen, sondern ihre Ursachen auch in der Zweideutigkeit gängiger **Datengrundlagen.** So ist mit Blick auf die PKS die Möglichkeit der erheblichen Übererfassungen bzw. Totalverzerrung nachgewiesen (vgl. Feltes Kriminalistik 2009, 37 sowie mwN n. Eisenberg/Kölbel Kriminologie § 15 Rn. 20 ff.). Bedeutsam dürfte auch die kriminalitätsbezogene Berichterstattung in den Medien als ihrer dramatisierenden Grundrichtung sein (zu Befunden Eisenberg/Kölbel Kriminologie § 24 Rn. 50 ff.). Unstreitig finden aus Anlass von Einzelfällen − und zwar oftmals vor deren näherer Aufklärung − eskalierende Kampagnen in öffentlichen Diskursen statt (zu dahingehenden Auswertungen etwa Reichert KrimJ 2009, 105; Hanslmaier/Kemme Zeitschrift für Rechtssoziologie 2011, 129). Dabei steht tendenziell der Anprangerung des Beschuldigten eine Idealisierung des mutmaßlichen Opfers gegenüber (vgl. empirisch etwa Hestermann Kriminalistik 2016, 731 (734 f.)). – Diese und andere Bedingungen fördern Fehlwahrnehmungen der Kriminalitätsentwicklung, und das auch bei der StA und dem Straf- bzw. JGericht (vgl. Gerhardt ZRP 2009, 247 ff. (250)) ebenso wie bei der JGH (vgl. näher aufgrund empirischer Untersuchung Baier/Höynck/Wallaschek/Klatt RPsych 2017, 146 (158 f., 176) betr. Jugendgewalt). Dass die Rechtspolitik hiervon frei wäre, ist nicht anzunehmen.

5. Internationale Ebene

30   **a) Allgemeines.** Auch wenn internationale Vergleichsaussagen auf der Basis der verfügbaren Datengrundlagen nur mit ganz erheblichen Abstrichen möglich sind (speziell zu jugendkriminalitäsbezogenen Statistiken in Europa s. Campistol/Aebi European Journal on Criminal Policy and Research 2018, 55; zur Problematik ferner Eisenberg/Kölbel Kriminologie § 53 Rn. 2 ff.), gelten die in → Rn. 1 ff. gemachten Aussagen zur Jugenddelinquenz (innerhalb der westlichen Welt) als generalisierbar (kennzeichnende Befunde bei Junger-Tas/Marshall/Enzmann ua (Hrsg.), The Many Faces of Youth Crime, 2012). Demzufolge ist auch das jugendstrafrechtliche Anforderungsprofil (→ Rn. 9 ff.) von allg. Art. Gleichwohl ist der auf Kinder, Jugendliche und Heranwachsende bezogene straf- und strafverfahrensrechtliche Regelungsbereich auf europäischer Ebene (auch in den Mitgliedstaaten der EU) traditionell durchaus unterschiedlich gestaltet (etwa → § 3 Rn. 6, → § 11 Rn. 9, → § 89c Rn. 2, → § 105 Rn. 4). Hierzu liegen einige rechtsvergleichende Detailuntersuchungen vor (s. zB zum US-amerikanischen JStR Schaerff, Die Behandlung junger Straftäter in den USA, 2015, 199 ff., 247 ff.). In etlichen Sammelwerken wird das JStR verschiedener Staaten systematisch dar- und gegenübergestellt (s. speziell für Europa Stump, „Adult time for adult crime", 2003, 184 ff.; vertiefend DGHP Juvenile; für den angelsächsischen und australischen Rechtskreis Goldson/Cunneen/Russell ua, Youth Justice and Penalty in Comparative Context, 2021; für weitere Rechtsordnungen bspw. Muncie/Goldson (Hrsg.), Comparative Youth Justice, 2006; Winterdyck (Hrsg.), Juvenile Justice, 2015; Decker/Marteache (Hrsg.), International Handbook of Juvenile Justice, 2017). Dabei haben die nähere Analyse und systematische Untersuchung der verschiedenen Ausrichtungen und Grundstrukturen eine Reihe von Typologien hervorgebracht (etwa „welfare model", „justice model", „minimum intervention model" usw – hierzu den zusammenfassenden Überblick bei Dollinger/Schabdach Jugendkriminalität 222 ff. mwN; vgl. auch Albrecht RdJB 2018, 382 (391 f.)).

31   **b) Verfahrensbezogene Anstöße des internationalen Rechts.** Innerhalb der EU wurde für das JStV zwischenzeitlich indes eine gewisse Angleichung erreicht (dazu für europäische Staaten n. und diff. Gensing, Jugendgerichtsbarkeit und Jugendstrafverfahren im europäischen Vergleich, 2014, 143 ff.; ferner anhand der Rechtsstellung der mutmaßlich Geschädigten Kölbel in BMJV 2017, 27 f.). Systemdifferenzen grundlegender Art sind selten (s. hier aber auch rechtspolitisch Bochmann, Entwicklung eines europäischen Jugendstrafrechts, 2009, 88 ff., 127 ff.). Die relative und zunehmende Harmonisierung beruht ua auf dem Einfluss internationaler Standards, die va in Regelwerken, Resolutionen und Empfehlungen der UN und des

Einleitung

Europarates enthalten sind (Zusammenstellung bei Höynck/Neubacher/ Ernst/Zähringer (Hrsg.), Internationale Menschenrechtsstandards und das Jugendkriminalrecht, 2020, 29 ff., 363 ff.). Dies betrifft insbes. die **UN-Kinderrechtskonvention** (dazu eingehend Keiser ZStW 2008, 25 (31 ff.); Bung StV 2011, 626; Pruin ZJJ 2011, 127; Albrecht RdJB 2018, 382 (386 ff.); aus internationaler Warte etwa Liefaard in Todres/King (Hrsg.), Oxford Handbook of Children's Rights Law, 2020, 279). Eine gewisse Rolle hat in diesem Prozess aber auch die Umsetzung von Europäischen Richtlinien gespielt (vgl. etwa betr. Haftverschonung bei U-Haftanordnung den Rahmenbeschluss 2009/829/JI (ABl. 2009 L 294, 20 ff.)). Ferner erlangte die Rspr. des **EGMR** punktuelle Bedeutung (dazu systematisch Arnold/Rehmet RdJB 2018, 401; Knauer ZJJ 2019, 39).

Von besonderem Gewicht für die Entwicklung gemeinsamer EU-weiter **32** Standards des JStV ist die **RL (EU) 2016/800** v. 11.5.2016 zu „Verfahrensgarantien in Strafverfahren für Kinder, die verdächtigte oder beschuldigte Personen in Strafverfahren sind" (zu deren Entwicklung n. Gerbig Öffentlichkeit 105 ff.; für inhaltliche Einzelheiten der RL vgl. → 20. Aufl. Rn. 12a ff.; ferner Sommerfeld in BMJV 2017, 68 ff.; Sommerfeld in DVJJ 2019, 497 ff.; Höynck StraFo 2017, 267 (271 ff.); Bock StV 2019, 508; Nixdorf NK 2018, 355; Trenczek/Goldberg RPsych 5 (2019), 475; speziell zu einigen – hinsichtlich Schutzbelangen teilw. noch ausgedehnteren – Entwürfen und Stellungnahmen im Vorfeld der RL vgl. 18. Aufl.; ferner Rap/Zlotnik EJCCLCJ 2018, 110 (110 ff.)). Ausdrückliches Anliegen der RL sind das Kindeswohl, die Verfahrensfairness sowie die Entwicklung und soziale Integration beschuldigter Kinder (Erwägungsgründe 1, 8 und 9). Viele der in der RL hierfür vorgesehenen Verfahrensstandards waren im deutschen JStV allerdings bereits gewährleistet. Die erforderlichen Änderungen im JGG erfolgten sodann durch das Gesetz zur Stärkung der Verfahrensrechte von Beschuldigten im Jugendstrafverfahren, dies allerdings erst nach Ablauf der Umsetzungsfrist. In der Verspätungsphase bedurfte es einer RL-orientierten Auslegung (LG Chemnitz StV 2019, 601) und unmittelbaren RiL-Anwendung (dazu im Detail Bock/Puschke ZJJ 2019, 224 (227 ff.); s. auch Eckel/Körner NStZ 2019, 433; ähnlich AG Freiburg BeckRS 2019, 19711; s. auch → 22. Aufl. Rn. 32).

In der Summe ergeben sich aus dem schließlich ergangenen Gesetz zur **33** Stärkung der Verfahrensrechte von Beschuldigten im Jugendstrafverfahren eine doch relativ umfangreiche Neugestaltung vieler Einzelbestimmungen (auch → Rn. 26). Besonders bemerkbar macht sich dies in einer verstärkten Einbindung der JGH (s. § 38), in erweiterten Unterrichtungspflichten (s. § 70a) und in einer Ausweitung der auf Erziehungsberechtigte und gesetzliche Vertreter bezogenen Regelungen (s. §§ 51, 67 f.). Im Zusammenhang mit der Umsetzung der RL (EU) 2016/1919 kam es zudem zu einem Ausbau und einer früheren Beteiligung der notwendigen Verteidigung (s. §§ 68 ff.). Diese insgesamt recht positiven Auswirkungen der RL (EU) 800/2016 erstrecken sich – nach der Konzeption des JGG konsequenterweise – im Wesentlichen auch auf Heranwachsende (s. § 109). Die europäischen Vorgaben waren indes nur für Jugendliche verbindlich (Art. 3 Nr. 1 RL (EU) 2016/800), wobei es aber ausschlossen war, die bereits bestehenden Maßgaben in §§ 105 ff. zurückzunehmen bzw. das höhere Schutzniveau für Heranwachsende gleichsam negativ-anpassend zu beschneiden (Art. 23 RL (EU) 2016/800; dazu, dass das JGG durch die Anknüpfung an das Tatzeitalter ebenfalls über die (auf das Alter bei Verfahrensbeginn abstellende) Richtlinie hinausgeht, s. Bock StV 2019, 508 (510)).

34   **c) Materiell-rechtliche Anstöße des internationalen Rechts.** Richtungsweisend für den Rechtsfolgenbereich sind verschiedene (meist allerdings nicht verbindliche) Regelwerke der Vereinten Nationen und des Europarats (zusammenfassender Überblick bei Neubacher in BMJ 2009, 277 ff.; Bochmann, Entwicklung eines europäischen Jugendstrafrechts, 2009, 21 ff.; vgl. – auch unter Hinweis auf Umsetzungsdefizite – ferner Hinz, Old enough (…), 2021, 23 ff., 47 ff.). Dazu zählen insb. die ERJOSSM (November 2008; näher dazu Kühl, Die gesetzliche Reform des Jugendstrafvollzugs (…), 2012, 28 ff.; Dünkel GS Walter, 2014, 275 ff.), die sich bei bestimmten tatsächlichen Voraussetzungen auch auf Heranwachsende beziehen. Im Übrigen verlangen Nr. 18 und 19 ERJOSSM für das JStV auch ein besonders befähigtes Personal (einschr. zur Umsetzung in den Mitgliedstaaten Dünkel GS Walter, 2014, 294; zu den Sozialen Diensten Jehle/Palmowski Bewährungshilfe 2015, 101 ff.). Von Experten der Vereinten Nationen ist ein „Model Law on Juvenile Justice" erarbeitet worden (dazu Dünkel FS Streng, 2017, 417). Bedeutsam sind ferner die (auch für Erwachsene geltenden) European Prison Rules (Neufassung 2006; zusf. zu europäischen und internationalen Kontrollmechanismen des Strafvollzugs Flügge FS 2012, 150; detailliert zu Verstößen Goerdeler FS Ostendorf, 2015, 380 ff.). Diese stehen ihrerseits iZm den Mindestgrundsätzen der Vereinten Nationen zur Behandlung von Gefangenen, welche am 17.12.2015 eine Neufassung erfahren haben.

35   Bisweilen bestehen bzgl. der Rechtsfolgen auch Vorgaben des **EU-Rechts.** So ist die grenzüberschreitende Abgabe und Übernahme der Bewährungsüberwachung (auch) für den Anwendungsbereich des JGG durch Rahmenbeschluss des Rates v. 27.11.2008 (2008/947/JI 2008/947/JI (ABl. 2008 L 337, 102 ff.)) geregelt worden (zur Umsetzung im IRG → § 1 Rn. 40 ff.). Was die Sanktionsregimes und -praktiken betrifft, zeigen sich im JStR der europäischen Rechtsordnungen (ungeachtet der Gemeinsamkeiten in der spezialpräventiven Grundausrichtung und der zurückhaltenden Inhaftierung) teilw. nicht unerhebliche Unterschiede (Dünkel/Pruin/Grzywa in DGHP Juvenile 1623 ff.).

III. Umsetzung eines jugendgemäßen Sonderstrafrechts im JGG und deren Defizite

1. Grundlagen

36   **a) Jugend-Strafgerichtsbarkeit.** Zur Umsetzung des oben skizzierten Anforderungsprofils (→ Rn. 9 ff.) setzt die deutsche Jugendgerichtsbarkeit auf die Konzeption des **strafrechtlichen Modells** (bzw. „justice models") und der sanktionsförmigen Intervention im Rahmen eines (besonderen) Strafverfahrens. Das Gegenmodell eines einheitlichen („einspurigen") JHilferechts, bei dessen deliktsveranlassten Reaktionen das fürsorgerische oder sozialpädagogische Vorgehen im Vordergrund stünde, hat sich weder bei Inkrafttreten des JWG und des JGG 1923 noch iRd Vorbereitung und Fortentwicklung des Kinder- und Jugendhilferechts im SGB VIII durch-

gesetzt (→ Rn. 13). Tendenziell **verstärkt** wird diese Grundausrichtung durch die insofern aufschlussreiche Judikatur zur institutionellen Struktur: Während die höchstrichterliche Rspr. den JGerichten noch im Jahre 1962 einen eigenständigen Aufbau mit besonderer Zuständigkeit zuerkannte, gelten die JGerichte seit einer Entscheidung des Großen Senats für Strafsachen (BGHSt 18, 79 = NJW 1963, 60) als Abteilungen der allg. Strafgerichte (n. → §§ 33–33b Rn. 6 ff.).

Allerdings nimmt das Gesetz auch eine gewisse **Öffnung** hin zum **ein-** **spurigen** Modell vor, indem es eine institutionelle Verzahnung vorschreibt. Dies betrifft einmal die Einbindung der JGH in das Strafverfahren (§ 38) und zum anderen etliche Zuständigkeiten, die dem JRichter in familienrechtlichen Fragen übertragen werden (§ 34 Abs. 2; vgl. auch § 53 zur Überlassung der Rechtsfolgenanordnung an das Familiengericht). Auf eine Vertiefung dieser Verbindung zielt auch die Einführung von § 37a sowie die regionale Etablierung sog. „Fallkonferenzen" oder sog. „Häuser des Jugendrechts" ab (s. auch § 52 Abs. 1 SGB VIII), bei denen allerdings die damit verbundenen Nachteile überwiegen (n. → Rn. 25, → § 37a Rn. 15 ff., → § 79 Rn. 3a f.). **37**

In die gleiche Richtung weist die Notwendigkeit der besonderen **jugend- erzieherischen Befähigung** und **Erfahrung** des die Jugendgerichtsorganisation tragenden Personals (vgl. § 35 Abs. 2 S. 2, §§ 36 f.). Allerdings wurde die dahingehende Notwendigkeit hinsichtlich der JStA und der JGerichte lange Zeit nicht eingelöst (→ § 37 Rn. 5 ff.). Möglich war dies durch die legislatorische Entscheidung, das Kompetenzerfordernis nur ansatzweise sowie mit einer begrenzten Verbindlichkeit bzw. mit Soll-Bestimmungen auszugestalten (s. aber RL Nr. 1–4 zu § 37). Dieser Verpflichtungsgrad wurde sodann in der Auslegung durch die herrschende Rspr. (vgl. etwa schon BGH NJW 1958, 639 (Ls.) = BeckRS 1958, 31194845), der zufolge eine fehlende erzieherische Befähigung keinen revisiblen Verfahrensverstoß darstelle, de facto noch weiter herabgesetzt. Demgemäß erfuhr die Frage der individuellen fachlichen Eignung bei der Geschäftsverteilung oft keine prioritäre Beachtung (krit. bspw. auch Beulke/Swoboda JugendStrafR Rn. 571 ff.). Das evidente Erfordernis, durch eine spezifische Qualifikation des Personals auf die **Qualitätssicherung** im JStV hinzuwirken, wurde also auf allen Ebenen geschwächt. Der hiergegen gerichtete Vorstoß, der im RegE-StORMG v. 23.3.2011 unternommen wurde (n. → § 37 Rn. 11), blieb − sieht man von nebensächlichen Modifikationen in § 36 ab (→ § 36 Rn. 11, 14, 17) − aus justizökonomischen und -organisatorischen Gründen zunächst erfolglos (Gesetz v. 29.6.2013 (BGBl. I 1805)). **Erst 2021** wurden die meisten dieser Vorschläge mit dem Gesetz zur Bekämpfung sexualisierter Gewalt gegen Kinder realisiert. Allerdings war hierfür (offiziell) weniger eine jugendstrafrechtspolitische Erwägung ausschlaggebend, sondern eher der Bedarf an jugend- und kindesbezogenen Fähigkeiten, der in den Jugendgerichten bei Jugendschutzverfahren (→ §§ 33–33b Rn. 11 ff., 35 ff.) besteht (kennzeichnend BT-Drs. 19/23707, 25 f., 59 f.). Ob das generelle fachspezifische Qualifikationsniveau durch die erweiterten Vorgaben in § 37 (→ § 37 Rn. 14 ff.) tatsächlich steigt, wird man iÜ beobachten müssen. **38**

b) Erzieherische Ausrichtung. Jugendliche befinden sich einerseits in einer Lebensphase der zeitlich begrenzten Freisetzung und Entpflichtung von gesellschaftlichen Aufgaben und Teilhabeformen (zur Jugend als „Mora- **39**

Einleitung

torium" n. BT-Drs. 18/11059, 89 ff.). Zugleich gehen mit diesem **Über-gangsstadium** zwischen Kindheit und Erwachsenenalter aber (infolge biologisch-sexueller und psychischer Entwicklungsprozesse) im Allgemeinen – und unabhängig von der Frage der Verantwortlichkeit (§ 3 S. 1) – auch erhebliche **Unsicherheiten** hinsichtlich ihrer Identität und Rolle sowie der für sie verbindlichen Verhaltensnormen einher (zum Überblick Weichold/Silbereisen in Schneider/Lindenberger (Hrsg.), Entwicklungspsychologie, 8. Aufl. 2018, 239 ff.). Unterstützung und emotionaler Rückhalt von erwachsenen Bezugspersonen sind für die erfolgreiche Herausbildung von Eigenständigkeit und Selbstverantwortung unentbehrlich. Insofern besteht bei ihnen ein erhöhtes **Bedürfnis** nach Angeboten für unterschiedlichste Hilfestellungen, mit dem allerdings auch eine besondere Ansprechbarkeit für entspr. Maßnahmen korrespondiert.

40 Das JGG ist daran – iRd strafrechtlichen Modells (s. auch → § 2 Rn. 15) – jedenfalls partiell angepasst und durch die erzieherische Grundausrichtung der **zukünftigen Entwicklung** Jugendlicher und Heranwachsender verpflichtet. Diese grundsätzlich begrüßenswerte normative Konzeption entspricht der allg. jugendkriminologischen Problemstruktur (→ Rn. 9 ff.) und ist zugleich Ausdruck mehrfacher grundgesetzlicher Vorgaben. Dazu zählt das Sozialstaatsprinzip, das den Staat ua dazu anhält, auf das Ausbleiben (weiterer) künftiger Repressionsanlässe hinzuwirken, da hiervon entspr. Reaktionen und darüber die Gefahr desintegrativer Entwicklungen hervorgerufen würden. Dies korrespondiert wiederum mit dem allg. Persönlichkeitsrecht als einem umfassenden Anspruch auf Achtung und Entfaltung der Persönlichkeit. Die hierauf beruhende, grundsätzlich förderungsorientierte Grundausrichtung des Gesetzes besteht trotz einer erheblichen **Relativität** der strafrechtlichen Erfassung, die sich daraus ergibt, dass zum einen die Vorschriften der tatbestandlichen Verhaltenseinordnung von (kriminal-)politischer Natur und also weithin variablem politischem Dafürhalten unterworfen sind, und dass zum anderen deren tatsächliche Anwendung von einer Vielzahl außerrechtlicher Umstände abhängt (vgl. zum Ganzen näher Eisenberg/Kölbel Kriminologie §§ 22–43).

41 Die soziale Wirklichkeit des Jugendstrafrechts ist also alles andere als eine spiegelbildliche Umsetzung des JGG. Sie ist auch keine direkte Realisierung der Hinweise, Empfehlungen und Anweisungen zur Anwendung des JGG, die sich in den RL (s. → Anh. 2) als – von den Landesjustizverwaltungen erlassenen – einheitlichen VV finden. Das Geschehen in den jugendstrafrechtlichen Institutionen ist vielmehr **beeinflusst** vom dortigen hierarchischen Aufbau, von den Binnennormen, Handlungsroutinen und informellen Praxismustern. Eine hierfür exemplarische Handlungsnorm, die auch für arbeitsorganisatorische Überlegungen funktionelle Bedeutung erlangt, betrifft die Erwartung, effektiv zu arbeiten. Die entspr. Wirksamkeitskriterien richten sich weniger auf die Intensität und Qualität der Tätigkeit als **vielmehr** auf die **Anzahl** der während der Dienstzeit **erledigten Fälle.** Nach diesen Effizienzkriterien entwickeln sich in der Praxis Reduktionsregeln, denen zufolge aus der Komplexität und Individualität jedes Falles nach Möglichkeit einzelne wenige, häufig wiederkehrende Fakten herausgegriffen werden, um eine möglichst reibungslose, auf Erledigung orientierte Fallbearbeitung zu gewährleisten. Auch werden die Voraussetzungen zur Verwirklichung zentraler Elemente des Erziehungsauftrags – etwa Schutz (anschaulich Zieger/Nöding Verteidigung Rn. 117 f.), Förderung und Integration (ebenso BGH BeckRS 2016, 15483 Rn. 44) – nicht nur im öffentlichen Bewusstsein, sondern mitunter auch bei den Amtsträgern nur eingeschränkt akzeptiert (vgl. etwa zur JGH Dollinger ZJJ 2012, 416 (424 f.); ferner → Rn. 23). – Das JGG in seiner individuumsbezogenen, fördernden und zukunftsorientierten Ausrichtung bedarf einer Auslegung, die dessen Widerständigkeit gegenüber all diesen Relativierungen stärkt.

2. Jugendstrafverfahren

a) Beschleunigung. Im Bereich des JStV wird eine (im Vergleich zum allg. StVerf.) besondere **jugendgemäße** Gestaltung nur **eingeschränkt** realisiert. Dies gilt zunächst für die prinzipiell gebotene **Beschleunigung** (Art. 6 Abs. 1 S. 1 letzte Alt. EMRK; vgl. auch rechtsvergleichend für die EU Dünkel ZJJ 2015, 19 (21 ff.)). Hinsichtlich einer besonders schnellen Verfahrensdurchführung ist allerdings darauf hinzuweisen, dass diese nicht nur der Qualität der Entscheidungsfindung dienen kann (etwa bei sonst drohendem Beweismittelverlust). Vielmehr besteht hier insofern ein Spannungsverhältnis, als eine „zügige und sorgfältige Bearbeitung der Fälle" (Art. 13 Abs. 1 RL EU 2016/800; dazu etwa Sommerfeld ZJJ 2018, 296 (301) erforderlich ist (vgl. etwa auch Kölbel in MüKoStPO StPO § 160 Rn. 33 mwN). Die verschiedenen, meist lokalen Modelle, mit denen in Deutschland eine beschleunigte Verfahrensabwicklung zu erreichen versucht wurde, haben dies bestätigt. Dort hat sich gezeigt, dass unter der systematischen Ablaufstraffung und interinstitutionellen Koordination die Einbindung der JGH und bisweilen sogar die Einräumung von Beschuldigtenrechten leiden können (n. → §§ 76–78 Rn. 3 f., → § 79 Rn. 3 ff.). Im Übrigen hat die Evaluation dieser Projekte wiederholt deutlich gemacht, wie ungesichert das normative Leitbild (RL zu §§ 82–85 Abs. 2 Nr. 1; Schatz FS Ostendorf, 2015, 804 ff.) und die verbreitete Annahme, wonach gerade eine kurzfristige Deliktsreaktion entwicklungsförderlich wirke (mit Abstrichen etwa Rose NStZ 2013, 315 (317 f., 327); Ostendorf ZJJ 2014, 253 (254)), empirisch eigentlich sind (Dünkel ZJJ 2015, 19 (20 f.); Goeckenjan ZJJ 2015, 26 (31); eingehend zur **Ambivalenz** der Verfahrensbeschleunigung Mertens, Schnell oder gut?, 2003, 35 ff.; Degener ZJJ 2015, 1; Dollinger ZJJ 2015, 19). Zumindest haben einige Untersuchungen keine verbesserten spezialpräventiven Effekte einer beschleunigten Verfahrensdurchführung nachweisen können (Bliesener/Thomas ZJJ 2012, 382; Ebert ZJJ 2015, 32; anhand eines Modells für Intensivtäter vgl. Khostevan, Zügiges Strafverfahren bei jugendlichen Mehrfach- und Intensivtätern, 2009, 218 ff.; Boers/Krawinkel, Intensivtäterschaft und Delinquenzabbruch, 2016, 60 ff.). Erhebliche „Erfolgs"-Unterschiede zu Verfahren mit sonst üblicher Dauer bestehen kaum (zusf. Eisenberg/Kölbel Kriminologie § 42 Rn. 14 f.).

Dass es gleichwohl erforderlich ist, gerade das JStV ohne unnötige Verzögerung durchzuführen, beruht auf den verfahrensbedingten Beeinträchtigungen für die beschuldigte Person. Gerade bei jungen Betroffenen machen sich die allein vom Prozess ausgehenden Belastungen besonders bemerkbar (je nach Person: U-Haft (→ § 89c Rn. 44 ff., → § 72 Rn. 3) und andere Verfahrenseingriffe, psychischer Druck durch den unvorhersehbaren Verfahrensausgang, Inanspruchnahme zeitlicher und finanzieller Ressourcen, Rufschädigung usw). Insofern lässt es aufmerken, dass die insofern als noch tragbar geltende Dauer (vgl. etwa OLG Karlsruhe NStZ-RR 2017, 59: „maximal"

6–9 Monate „gerade noch" zulässig) offenbar nicht selten überschritten wird. Zumindest andeutungsweise erkennbar ist dies anhand der vorliegenden Daten zur Länge der Hauptverfahren (zur amtlichen Statistik und zu diversen Aktenanalysen s. Ostendorf ZJJ 2014, 253 (255); ferner Ferber, Strafkammerbericht, 2017, 48 ff., 66 ff. (dort auch zur Häufigkeit von Kompensationen, die J Kammern wegen überlanger Verfahrensdauer gewähren)).

44   **b) Vor- und Zwischenverfahren.** Für das **Vorverfahren** sind einige Sondervorschriften vorgesehen (§§ 43–46 sowie ua auch für dieses Verfahrensstadium die §§ 67–74 sowie §§ 79 Abs. 1, 80). Soweit es sich dabei um Soll- bzw. Ermessens-Vorschriften handelt, kann dies Konsequenzen für ihre Befolgung haben – sowohl wegen der eingeschränkten gerichtlichen Überprüfbarkeit als auch wegen der Spielräume in der Handhabung, durch die sich ggf. behördeneigene Belange bemerkbar machen. Besondere Bedeutung haben die Möglichkeiten zur **informellen Verfahrensbeendigung,** die § 45 für Phase des Vorverfahrens eröffnet. Die Relevanz dieser Option liegt nicht allein an ihrer praktisch außerordentlich häufigen Inanspruchnahme, sondern auch daran, dass sie eine bedarfs- und altersgruppengerechte Reaktion von geringer Stigmatisierungswirkung erlaubt, die sich in der Lebensführung des Jugendlichen oder Heranwachsenden nicht nachteilig bemerkbar macht (n. → § 45 Rn. 17 f., 20 ff.). – Für den Bereich des Zwischenverfahrens (§§ 199 ff. StPO) hat der Gesetzgeber (abgesehen von § 79 Abs. 2) keine ausdrücklichen Sonderregelungen getroffen (vgl. aber § 47 Abs. 1, § 67a Abs. 1 iVm § 201 StPO sowie §§ 209, 209a Nr. 2 StPO und §§ 210 Abs. 2, 209a Nr. 2 StPO).

45   Was die Tätigkeit der am Vorverfahren beteiligten Organe angeht, so **entbehrt** der **„Verfahrensbeginn"** (§ 163 Abs. 1 StPO) einer **jugenderzieherischen** Prägung (zust. Bottke ZStW 83 (1995), 69 ff. (87)). An sich würde es dem Auftrag des § 2 Abs. 1 nur gerecht werden, wenn Ermittlungsbeamte (§ 152 StPO iVm § 2 Abs. 2) über eine Qualifikation iSv § 37 verfügen. In Übereinstimmung mit empirischen Befunden zum Polizei-Beschuldigten-Kontakt (n. → § 37 Rn. 13) wird die Notwendigkeit besonderer Sachkunde durch Art. 20 Abs. 1 RL (EU) 800/2016 (→ Rn. 32) ebenfalls eingefordert („angemessene spezifische Schulungen"; dazu etwa Sommerfeld ZJJ 2018, 296 (303)). Dass dahingehende Anforderungen in den polizeibezogenen Vorschriften nicht enthalten sind und das Gesetz auch keine eigene „Jugendkriminalpolizei" vorschreibt (s. etwa RegE BT-Drs. 19/13837, 36), macht sich vor allem deshalb nachteilig bemerkbar, weil die gesetzlich vorgesehene Steuerung des Vorverfahrens durch die JStA (§§ 160 ff. StPO) de facto vielfach nicht eingelöst wird. In der Regel werden die Vorgänge erst nach Abschluss der Ermittlungen durch die Polizeibehörden an die JStA übersandt (allg. zur Problematik mwN Kölbel in MüKoStPO StPO § 160 Rn. 16 ff.). Die zum frühestmöglichen Verfahrenszeitpunkt (§ 38 Abs. 5 einzurichtende Beteiligung der JGH könnte dafür zwar einen gewissen Ausgleich bieten, gerade auch wegen ihrer partiell „polizeifremden" Funktionen und Zielvorstellungen (Gloss RdJB 2010, 323 (324 ff.); erg. → § 43 Rn. 17). Allerdings nimmt der Vertreter der JGH seine Tätigkeit immer erst nach Information über eine bereits laufende strafrechtliche Ermittlung auf und ist deshalb selten die erste institutionelle Kontaktperson des beschuldigten Jugendlichen (zum bisher oft erst relativ späten Beginn der Kontaktaufnahme durch die JGH → § 38 Rn. 77).

Einleitung

Der polizeilich-institutionell verankerten Tendenz zu einer eher straf- **46** rechts- als jugendorientiert geführten Ermittlungsphase wird aber immerhin durch etliche begrüßenswerte Vorgaben in der „**PDV 382** – Zur Bearbeitung von Jugendsachen" entgegengewirkt (für einen Überblick über die Inhalte und den Reformbedarf s. Gloss in DVJJ 2019, 365 ff.). Ferner wird das Problem in der Praxis etwas gemildert, wenn bei den Polizeibehörden spezielle **Kommissariate für Jugendstrafsachen** eingerichtet sind und diese dank einer besonderen Qualifizierung (oder doch zumindest einer beruflichen Erfahrung) eine altersgerechte und erzieherische Ausrichtung des ersten institutionellen Kontaktes gewährleisten können. Entgegen PDV 382 bestehen solche Jugendfachkommissariate aber nicht einheitlich (zu einer ausführlichen Übersicht schon Folberth DVJJ-J 1994, 327; vgl. ferner Brandes/Piszczan Kriminalistik 2013, 551 (für Nds.); Gloss persönliche Mitteilung v. 30.9.2013: „in der Mehrheit der Bundesländer keine (flächendeckenden) Strukturen polizeilicher Jugendsachbearbeitung", wohl aber zB in Hmb. und dem Saarl.). Auch scheint nicht hinreichend geklärt, dass bzw. inwieweit die eingesetzten Polizeibeamten über eine besondere jugenderzieherische Befähigung und Erfahrung verfügen (zu den Anforderungen Hübner/Kerner/Kunath/Planas ZJJ 2012, 430 (432 ff.)), zumal nach einer bundesweit angelegten Befragung nicht einmal 50 % der Jugendsachbearbeiter diese Materie als ihren Haupteinsatzbereich bezeichneten (Holzmann, Polizeilicher Umgang mit unter 14-jährigen Tatverdächtigen, 2008 (Angaben ohne BW, Bay. und Thür.)). Ferner wirken sich innerorganisatorische Effizienzstrategien einschränkend aus. So sind in einzelnen Bundesländern die Jugendbeauftragten, die koordinierende Funktionen innehaben, weggefallen (vgl. Gloss ZJJ 2018, 92: „Fluktuation und Entspezifizierung"). Damit entfallen die Akteure, die die polizeiliche Jugendsachbearbeitung gezielt fachlich steuern und kontrollieren und die aufwändige Vernetzungsarbeit mit anderen Institutionen (Justiz, Jugendhilfe und Schulen) leisten.

Selbst bei vorhandenen Jugendfachkommissariaten ist iÜ nicht gesichert, **47** dass sich deren Zuständigkeit auf alle Delikte erstreckt (was jedenfalls früher nur ausnahmsweise gegeben war (s. Poerting/Dörmann/Grimminger, Polizeiliche Jugendarbeit, 2. Aufl. 1982, 24; ferner Hoffmann in DVJJ 2012, 145 f.)) und dass sie zudem auch alle (vom JGG einbezogenen) Altersgruppen einschließt. Soweit Heranwachsende im Allgemeinen ausgenommen sind (vgl. etwa in Nds (vgl. RdErl. MI Nds. v. 29.3.2012, Nr. 3.3.6 – VORIS 21021); in BW mit Ausnahme von sog. „Intensivtätern" (persönliche Mitteilung LKA v. 7.10.2013); teilweise auch in NRW (Gloss persönliche Mitteilung v. 30.9.2013: „Mischformen")), verträgt sich dies mit § 107 iVm § 36 und mit § 41 SGB VIII kaum (vgl. auch Höynck ZJJ 2013, 343 (343): „Beitrag zur ‚kalten' Entfernung der Heranwachsenden aus den Möglichkeiten des JGG bzw. SGB VIII"). – Ohnehin nicht ausgeschlossen ist (zumal bei Zuständigkeit nach dem Tatort; vgl. hingegen zum Wohnortprinzip in BW Gloss ZJJ 2007, 278 (281)), dass die ersten Maßnahmen von insoweit „fachfremden" Bediensteten vorgenommen oder die Jugendsachbearbeiter gar erst nach Ermittlung des jugendlichen Tatverdächtigen eingeschaltet werden (s. allerdings PDV 382, 3.2.7).

c) Beweiserhebung. Jugendliche und Heranwachsende verfügen in Er- **48** mittlungssituationen entwicklungsbedingt oft über relativ geringe Widerstands- und Vorwurfsabwehrressourcen (n. zum Forschungsstand Feld in

Einleitung

Feld/Bishop (Hrsg.), Oxford Handbook of Juvenile Crime and Juvenile Justice, 2012, 669 ff.; Lamb/Sim Youth Justice 2013, 131 (134 ff.) jeweils mwN; n. → § 70c Rn. 6 ff.). Auch die Alters- und Statusunterschiede zu den Amtsträgern in den Strafverfolgungsinstitutionen sowie die damit einhergehenden Zugangsschranken und (Miss-)Verständnismöglichkeiten (einschließlich einer etwaigen Tendenz zur Voreingenommenheit) rufen ein spezifisches Fehlerrisiko hervor, das an sich einer ausgleichenden, **entwicklungspsychologisch sensiblen Methodik** der Beweiserhebung bedarf. Dahingehende Vorkehrungen sind gesetzlich indes nur bedingt vorgesehen (im Wesentlichen nur für die Vernehmung, s. → Rn. 49). Daraus folgt (auch) eine Erhöhung der (generellen) Gefahr, dass das Strafverfahren mit fehlerhaften Ergebnissen endet – einschließlich der verschiedenen Formen eines Fehlurteils (zum Stand der Forschung bzgl. Prävalenz und Risikofaktoren von Fehlurteilen s. allg. Kölbel/Puschke/Singelnstein GA 2019, 129). Fehlerhafte Entscheidungen sind indes umso abträglicher (weil zerstörender), je jünger die Betroffenen sind.

49 Ein Problembereich, bei dem die besagte Gefahr jugendspezifischer Beweiserhebungsfehler mit besonderer Dringlichkeit besteht, liegt in der (polizeilichen) **Vernehmung** junger Beschuldigter (zur Gefahr von falschen selbstbelastenden „Einlassungen" in der Vernehmung eingehend → § 70c Rn. 9 ff.; zu Problemen beim ggf. erforderlichen Einsatz von Dolmetschern → § 50 Rn. 19 f.; n. zum Ganzen mwN auch Eisenberg/Kölbel Kriminologie § 28 Rn. 7 ff., 45 ff.). Die Überforderung mit der Situation erschwert dort den Jugendlichen zudem die Vertretung ihrer Eigeninteressen. Deshalb sehen §§ 70b, 70c Abs. 1 eine spezifisch jugendgemäße Interaktionsweise und § 67 Abs. 3 ein Recht auf elterliche Anwesenheit vor. Neben den ohnehin geltenden, herkömmlichen Vorkehrungen (§§ 136, 136a StPO) weitet § 70c Abs. 3 – 4 zudem die Schutzmechanismen der audiovisuellen Vernehmung und des Verteidigerkonsultationsrechts tendenziell aus (vgl. auch §§ 68 ff. zur notwendigen Verteidigung).

50 **d) Hauptverfahren.** Ist das Hauptverfahren eröffnet, greifen einige **Sonderbestimmungen** ein (§§ 47–54, aber auch §§ 67–69, 71–74, 81). Hierdurch soll ua eine altersgerechte Kommunikation und jugenderzieherische Gestaltung in der HV ermöglicht werden. Teilweise steht dies allerdings in einem gewissen Spannungsverhältnis mit den allg. rechtsstaatlich garantierten Verfahrensrechten – bspw., wenn es um eine reduzierte Förmlichkeit geht (→ § 48 Rn. 8 ff.) oder um den Schutz vor abträglichen Situationen (→ § 51 Rn. 5 ff.) oder um Fragen der rechtlichen Verständlichkeit (→ § 54 Rn. 5 ff.). Eine ähnliche Problematik besteht iÜ hinsichtlich der Besonderheiten sowohl des vereinfachten JVerfahrens (§§ 76–78) als auch des Rechtsmittelverfahrens (n. → § 55 Rn. 57 ff.).

51 Soweit eine Verwirklichung des Erziehungsauftrags (§ 2 Abs. 1) durch entspr. Einwirkung in der **Hauptverhandlung** erwogen wird (dazu programmatisch allg. Wexler William & Mary Law Review 1993, 279), ist hierfür schon keine Rechtsgrundlage gegeben. Ein solcher Ansatz lässt sich auch kaum mit der Unschuldsvermutung (Art. 6 Abs. 2 EMRK) vereinbaren, da er (über eine altersgerecht angemessene Verhandlungsatmosphäre hinausgehend) auf eine kommunikative Intervention setzt, obwohl der Interventionsanlass (dh die Tatschuld als der Anlass für erzieherisches Bemühen) noch gar nicht durch ein prozessordnungsgemäßes Verfahren festgestellt

worden ist (dazu, dass dies auch pädagogisch kaum vertretbar wäre, vgl. schon Mrozynski RdJB 1976, 1 (5 f.)). – Ohnehin sind der erzieherischen Verhandlungsgestaltung rechtliche Grenzen gesetzt. So muss der JRichter stets eine „Rest-Formalität" (Belehrungen usw) und rechtsstaatliche Mindeststandards wahren. Deshalb stellt bspw. die Herstellung einer erziehungsförderlichen Gesprächsatmosphäre stets einen Balanceakt dar, insofern sie nicht darauf ausgelegt sein darf, den Angeklagten zu selbstbelastenden Erklärungen zu veranlassen. Unabhängig davon, ob dem Geständnis eine pädagogische Funktionalität zukommt, würde hierdurch nämlich jedenfalls auch die strafrechtliche Überführung gefördert – womit sich das pädagogische Vorgehen im Kern als (getarnter) Ermittlungsvorgang erwies.

Ohnehin wird sich die Kommunikationsstruktur ihres strafprozessualen **52** alltagsfremden Charakters nur eingeschränkt entheben lassen (näher etwa Legnaro KrimJ 1991, 272): Auch im Jugendgericht findet die Verhandlung nämlich vor einem Sanktions- und Zwangshintergrund statt, der sich schlecht mit einem einwirkungsförderlichen Kontext verträgt (dazu, dass dieser auch präsent bleibt, vgl. die Prozessbeobachtungen bspw. bei Muth in Reichertz (Hrsg.), Sozialwissenschaftliche Analysen jugendgerichtlicher Interaktion, 1984, 58 ff.; Ludwig-Mayerhofer, Das Strafrecht und seine administrative Rationalisierung, 1998, 152 ff.; Dollinger/Fröschle/Gilde/Vietig MschKrim 2016, 325; s. auch Ohder FS Eisenberg, 2009, 434: „idR Mangel an Dialog"). Die **Kommunikationsstruktur** der HV (dazu → § 50 Rn. 10 ff.) ist durch die Dominanz der richterlichen Akteure bestimmt, die über die interaktiven Vorrechte verfügen, also etwa über die Befugnis zu fragen und zu bestimmen, wer sich wozu wann äußern darf usw (Eisenberg/Kölbel Kriminologie § 31 Rn. 19 ff. mwN). Verstärkt wird dies durch die vielfach eingeschränkte situative Handlungsfähigkeit des Angeklagten (Eisenberg BeweisR StPO Rn. 844 ff.), was das Verstehen des Geschehens oft limitiert (Artkämper, Verfahren vor Jugendgerichten, 2020, 121 ff.) und die Tendenz zu einer einseitigen oder bisweilen gar autoritär ausgerichteten Kommunikationsbeziehung evoziert. Solche Bedingungen sind für eine individuell angepasste erzieherische Wirksamkeit kontraindiziert. Zu berücksichtigen ist ferner, dass die Beteiligten miteinander lediglich in punktuellem oder gar einmaligem Kontakt stehen.

Der fortschreitende Ausbau, den die Aktiv- und Passivrechtsstellung von **53** mutmaßlich geschädigten Personen erfahren hat (zur Entwicklung der sog. prozessualen **„Opferrechte"** Kölbel in BMJV 2017, 10 f., 30 f.), hat Rahmensetzungen für die HV mit sich gebracht, die mit Blick auf § 2 Abs. 1 regelrecht **dysfunktional** sind. Dies betrifft nicht nur Einschränkungen der Verteidigungs- und Beweiserhebungsmöglichkeiten etwa infolge des Aktenwissens oder der Abschirmung von sog. Opferzeugen (→ §§ 33–33b Rn. 61 ff.), sondern auch eine Tendenz zu Interaktionsstrukturen, die eine altersgerechte und zielführende Kommunikation mit dem Angeklagten erschweren. So führen die unterschiedlichen (anwaltlichen, psychosozialen usw) Beistände, die der mutmaßlich Verletzte in der Verhandlung hinzuziehen kann, zu einer unmäßigen Übermacht der „Anklägerseite" und zumindest bei der Nebenklage leicht auch zu einer konfrontativen Verhärtung (n. → § 80 Rn. 13; zum Ganzen bspw. auch Zöller FS Paeffgen, 2015, 719; Kölbel ZJJ 2015, 58; Kölbel in BMJV 2017, 14 ff.; zu Fragen des OEG Brettel FS Rössner, 2015, 483 ff.).

3. Rechtsfolgen, Vollstreckung, Vollzug

54   **a) Allgemeines.** Das materielle JStR kennt keine Sonderregelungen bzgl. der **Straftatbestände** wie auch der dogmatischen Bewertung eines Geschehensablaufs als **Straftat,** sodass gem. § 2 Abs. 2 bzw. § 10 StGB die Vorschriften des **allg. StR** gelten. Jedoch ist bei deren Auslegung der Erziehungsauftrag (§ 2 Abs. 1) zu berücksichtigen, wobei diese Frage mangels gesetzlicher Vorgaben teilw. kontrovers beurteilt wird (n. dazu → § 2 Rn. 28 ff.). Hinsichtlich der **jugendstrafrechtlichen Rechtsfolgen** sieht das JGG jedoch umfangreiche Sondervorschriften vor (n. → § 5 Rn. 9 ff.), durch die das Sanktionsregime des allg. StR weitgehend verdrängt wird (zu Ausnahmen aber → § 6 Rn. 4). Teilweise müssen diese Sanktionen des JStR (jedenfalls in ihrer aktuellen Vollzugsgestaltung) mit Blick auf die gesetzliche Grundausrichtung als **problematisch** gelten, denn Erziehung ist hier „von Strafmotiven durchdrungen" (Dollinger/Schabdach Jugendkriminalität 52). Das betrifft neben der Möglichkeit, lange JStrafen zu verhängen, die (jedenfalls auch) repressiv orientierte Institution des JA (→ § 16 Rn. 4 f.) und einige eher als Disziplinierungsmittel eingesetzte ambulante Sanktionen (insb. die Arbeitsauflage). Gerade bei den stationären Sanktionen (wie auch der U-Haft) sind – von Einzelaspekten und -ansätzen abgesehen – keine strukturell angelegten Strategien zur Überwindung des strafrechtlichen Modells ersichtlich. Umgekehrt wäre im Bereich der Weisungen ein weiterer Ausbau sozialpädagogischer Interventionen wünschenswert.

55   Im Übrigen entwickelt die Praxis teilw. eine **Tendenz zur Angleichung** an die Rechtsfolgen des allg. StR. Dies äußert sich bspw. in einer stark tatorientierten Rechtsfolgenbemessung (→ § 18 Rn. 12) und in der rechtstatsächlichen Prominenz des sanktionsbezogenen Eskalationsprinzips bei wiederholter Erfassung (vgl. etwa Höfer Sanktionskarrieren 138 ff.; betr. Verkehrsdelikte Reiff, Straßenverkehrsdelinquenz in Deutschland, 2015, 271 f.; ferner → § 5 Rn. 8), ebenso aber auch in der dogmatischen Gleichsetzung von Freiheits- und JStrafen durch einen Teil der Judikatur und Literatur (hierzu n. → § 17 Rn. 3, → § 17 Rn. 60 ff., → § 7 Rn. 52). Im OWiR gelten die allg. Bestimmungen ohnehin schon von Gesetzes wegen einheitlich, sodass es auch gegenüber Jugendlichen zur Verhängung der Geldbuße kommt. Erst das Vollstreckungs- (§ 98 OWiG) oder das Einspruchsverfahren (§ 78 Abs. 4 iVm § 98 Abs. 1 OWiG) bieten eine gewisse Anpassung an jugendbezogene Rechtsfolgen.

56   **b) § 105 Abs. 1.** Die unter bestimmten Voraussetzungen eröffnete Möglichkeit, **materielles JStR** auf Heranwachsende anzuwenden, wird ausgesprochen uneinheitlich wahrgenommen (→ § 105 Rn. 10 f.). Das spricht gegen die Sachgerechtigkeit einer auf den Einzelfall abstellenden Regelung. Die gebotene Homogenisierung kann allerdings nur in der Einbeziehung aller Heranwachsenden in das Sanktionsregime des JGG bestehen, da die Alternative (dh die generelle Herausnahme der Heranwachsenden aus dem Anwendungsbereich des materiellen JStR) aus entwicklungspsychologischer wie aus sozialwissenschaftlicher Sicht evident sachwidrig wäre (vgl. zum Ausmaß von Plastizität auch über das 18. Lbj. hinaus schon Thomae Soziale Reife; zur neueren Forschung Dünkel/Geng/Passow ZJJ 2017, 123; n. → § 105 Rn. 5 f.). Das gilt besonders in schwierigen Lebenslagen (zur erforderlichen Unterstützung beim Übergang aus der Heimerziehung etwa

Strahl/Thomas Forum Erziehungshilfen 2014, 132 (133 f.); zum Hilfebedarf im Falle einer sozialgesetzlichen oder ausländerrechtlichen Sanktionierung Wiesner, Hilfen für junge Volljährige. Rechtliche Ausgangssituation, 2014, 28 f., 40 ff.).

c) Vollstreckung und Vollzug. Für die Umsetzung der Rechtsfolgen **57** enthält das JGG einige besondere Einzelvorschriften – und zwar sowohl für die Vollstr. (vgl. §§ 83 ff., 56 sowie §§ 57 ff., 62 ff., 65 f.) als auch den Vollzug (§§ 90, 93a). Ergänzt wird dies durch Landesgesetze zum U-Haftvollzug (n. → § 89c Rn. 6 ff.), zum JStrafvollzug (→ § 92 Rn. 8 f.) sowie zum JA-Vollzug (→ § 90 Rn. 5). Mit diesen föderalen Vollzugsregelungen hat sich die ehemals problematische Situation zwar nicht unbedingt in der Vollzugs-ausgestaltung, immerhin aber hinsichtlich rechtsstaatlicher Fragen (Gesetzes-vorbehalt) entschärft (→ Rn. 22). So wurden etwa die vormaligen VVJug, die die JStVollzO v. 1.9.1944 (AV des Reichsjustizministers, Sonderver-öffentlichung DJ Nr. 32) gegenstandslos gemacht hatten (vgl. ausdrücklich etwa JMBl. NW 1977, 5), abgelöst bzw. aufgehoben (vgl. ausdrücklich etwa AV Bbg. v. 14.2.2009 (MBl. 35)). Detailliert geregelt ist damit vornehmlich die Umsetzung stationärer Sanktionen (einschließlich der Formen von Aus-setzung zBew). Dagegen fehlt es hinsichtlich (sonstiger) jugendstrafrecht-licher Rechtsfolgen an speziellen gesetzlichen Regelungen, insb. für Rechts-folgen nichtfreiheitsentziehender Art. – Soweit das JGG keine Sonderrege-lungen enthält, kommen gem. § 2 Abs. 2 für die Vollstr. die Bestimmungen der §§ 449 ff. StPO zur Anwendung. Entsprechendes gilt für das Verhältnis der RL zum JGG gegenüber den VV zur StrVollstrO. Dabei verlangen die RL zu §§ 82–85, abgesehen von der Generalklausel (Abs. 2 Nr. 1), eine beschleunigte Vollstr. nur für Verwarnung (Abs. 4 Nr. 1), JA (Abs. 5 Nr. 4) und JStrafe (Abs. 6 Nr. 1), nicht jedoch für die anderen Rechtsfolgen und insbes. nicht für die Erziehungsmaßregeln.

4. Präventivpolizeiliche Kopplungen

Von institutioneller Seite geht man bei der „Verbrechensbekämpfung" **58** zunehmend zu repressiv-präventiven Komplexmaßnahmen über, die ver-schiedene Elemente der staatlichen Gefahrenabwehr und Deliktsverfolgung (über die wechselseitige Nutzung jeweils angefallener Informationen hinaus) systematisch miteinander verzahnen. Die hiervon erwarteten Effizienzgewin-ne korrespondieren dabei idR mit einer Eingriffskumulation bei den Betrof-fenen (für einen Überblick s. Eisenberg/Kölbel Kriminologie § 29 Rn. 63 ff.). Speziell im JStR äußert sich dies (neben dem Vorgehen gegen-über „radikalisierten Personen") etwa in sog. **polizeilichen Intensivtäter-programmen** (zu deren Entstehung und einer umfassenden Zusammen-stellung vgl. Bartz, Die besondere polizeiliche Erfassung von Intensivtätern, 2008, 10 ff., 55 ff.). Hierin aufgenommen werden Jugendliche und Heran-wachsende nach teilweise divergierenden Erfassungskriterien (dazu und zu den darin liegenden Typisierungen vgl. etwa Kopp/Schubarth in Groene-meyer/Hoffmann (Hrsg.), Jugend als soziales Problem, 2014, 358 ff.; Eisen-berg/Kölbel Kriminologie § 19 Rn. 15; s. auch Sonka/Riesner FPPK 6 (2012), 119 ff.) sowie auf der Grundlage individueller Einschätzungen der beteiligten Sachbearbeiter (für widersprüchliche Befunde zur Tragfähigkeit ihres Expertenwissens vgl. Bergmann Expertise in der Prognose von Krimi-

Einleitung

nalität, 2018; n. und krit. zu den Aufnahmekriterien → § 5 Rn. 60; s. auch → § 1 Rn. 19, → § 36 Rn. 16).

59   Anlass für eine sozialpädagogische Intervention der JHilfe-Träger ist die Aufnahme in ein Programm idR nicht. Ausnahmen ergeben sich nur bei einer entspr. interinstitutionellen Kooperation. Ansonsten kommen gegenüber den einbezogenen Jugendlichen auf Basis einer personenbezogenen Zuständigkeitskonzentration und institutionellen Koordinierung vielfach nur **präventiv-repressive Maßnahmebündel** zum Einsatz (für einen Überblick Riesner/Bliesener/Thomas ZJJ 2012, 40 (41 f.); Goeckenjan ZJJ 2015, 26 (27 ff.)). Diese setzen sich aus polizeilichen Präventivaktivitäten (Aufklärungsgespräche mit Familie, Kontrollbesuche, polizeiliche Beobachtung, Gefährderansprachen usw), Umfeldermittlungen und systematischer personenbezogener Informationssammlung sowie im Falle von Straftaten auch einer priorisierten und beschleunigten Fallbearbeitung zusammen (allg. dazu n. Tausendteufel/Bindel-Kögel/Kühne, Deliktunspezifische Mehrfachtäter als Zielgruppe von Ermittlungen im Bereich der sexuellen Gewaltdelikte, 2006, 168 ff., 199 ff.). Die systematische Erfassung und Dokumentation kann sich va bei U-Haftentscheidungen oder der Begründung schädlicher Neigungen nachteilig für die Betroffenen auswirken.

60   Bezeichnenderweise wird an den Programmen von den beteiligten Sachbearbeitern der Polizei und StA (neben den ablauftechnischen Aspekten) insb. die Ermittlungsförderung als Vorteil geschätzt, deutlich mehr jedenfalls als der Präventivaspekt (vgl. die Befragung bei Riesner/Bliesener/Thomas ZJJ 2012, 40 (41 f.)). In der Tat ist ein solcher Kontext für die Tatentdeckung ebenso wie für die Beweissammlung förderlich – und zwar teilw. ohne dass die Informationserhebung an die strengen Voraussetzungen der StPO geknüpft wäre, wenn bspw. die informelle **Gefährderansprache** de facto die Beschuldigtenvernehmung informatorisch substituiert (vgl. etwa Goeckenjan ZJJ 2015, 26 (30)). Überhaupt wohnt der Gefährderansprache eine erhebliche Problematik inne (n. Jasch in DVJJ 2015, 91 ff.; Jasch in Estermann (Hrsg.), Der Kampf ums Recht, 2012, 139 ff.), schon wegen ihrer Stigmatisierungstendenz (auch nach der Art der rhetorischen Ausgestaltung – vgl. anschaulich dazu etwa Wesely ZJJ 2015, 64 (65)). Rechtlich handelt es sich jenseits eines nur „banalen Rats zur Legalität" hierbei iÜ um einen Grundrechtseingriff (Art. 2 Abs. 1 GG), für den die gesetzliche Ermächtigungsgrundlage nicht immer klar ist (zur Problematik allg. etwa NdsOVG NJW 2006, 391; HessVGH NVwZ-RR 2012, 344: polizeiliche Generalklausel; s. auch Gloss RdJB 2010, 323 (330 ff.); Meyn Kriminalistik 2008, 672 (673 ff.)).

Erster Teil. Anwendungsbereich

Persönlicher und sachlicher Anwendungsbereich

1 (1) **Dieses Gesetz gilt, wenn ein Jugendlicher oder ein Heranwachsender eine Verfehlung begeht, die nach den allgemeinen Vorschriften mit Strafe bedroht ist.**

(2) **Jugendlicher ist, wer zur Zeit der Tat vierzehn, aber noch nicht achtzehn, Heranwachsender, wer zur Zeit der Tat achtzehn, aber noch nicht einundzwanzig Jahre alt ist.**

(3) **Ist zweifelhaft, ob der Beschuldigte zur Zeit der Tat das achtzehnte Lebensjahr vollendet hat, sind die für Jugendliche geltenden Verfahrensvorschriften anzuwenden.**

Schrifttum: Baier/Pfeiffer/Rabold ua, Kinder und Jugendliche in Deutschland: Gewalterfahrungen, Integration, Medienkonsum, 2010; Beelmann/Raabe, Dissoziales Verhalten von Kindern und Jugendlichen, 2007; Cipriani, Children's Rights and the Minimum Age of Criminal Responsibility, 2009; Holthusen, Projekt: Polizeilich mehrfach auffällige Strafunmündige, 2011; Holzmann, Polizeilicher Umgang mit unter 14-jährigen Tatverdächtigen, 2008; Meier (Hrsg.), Kinder im Unrecht, 2010; Reinecke/Stemmler/Wittenberg (Hrsg.), Devianz und Delinquenz im Kindes- und Jugendalter, 2016; Zopfs, Der Grundsatz „in dubio pro reo", 1999.

Übersicht

I. Persönlicher Anwendungsbereich des JGG

1. Jugendliche und Heranwachsende

1 **a) Allgemeine Festlegung.** Abs. 1 stellt klar, dass das Gesetz (nur) für Jugendliche und Heranwachsende gilt. Für Angehörige älterer Altersgruppen hat das JGG also keine unmittelbare Bedeutung (s. aber § 114). Auch für jüngere Personen (Kinder) gilt allein das allg. StR und StVR, wobei dies aber im Wesentlichen nur die Regelung zur Strafunmündigkeit betrifft (→ § 3 Rn. 3 ff.; n. unten → Rn. 11 ff.). Auf Jugendliche und Heranwachsende ist das JStR hingegen auch dann anzuwenden, wenn das gegen sie gerichtete Verfahren ausnahmsweise (etwa nach §§ 102, 103 Abs. 2 S. 2) vor den für allg. Strafsachen zuständigen Gerichten stattfindet (s. auch § 104).

2 In **Abs. 2** sind die insofern maßgeblichen Legaldefinitionen enthalten, wobei die **Berechnung** des hierbei ausschlaggebenden Alters (mangels entspr. Vorschriften im JStR) nach den allg. Maßgaben des Zivilrechts erfolgen muss (§§ 186, 187 Abs. 2 BGB). Das hat zur Folge, dass jede Person bereits mit Beginn des Tages, an dem sie ihr 14. bzw. 18. bzw. 21. Lbj. vollendet, die jeweils nächste Altersstufe (Jugendlicher, Heranwachsender, Erwachsener) erreicht (allgA). Die auf das konkrete Alter abstellenden Kriterien des Abs. 2 sind iÜ abschließender Art. Zivilrechtliche Sondernormen, etwa die bei Ausländern nach ausländischem Recht ggf. mögliche Volljährigkeitserklärung, sind für die Einstufung daher unbeachtlich (→ § 67 Rn. 2).

3 Nach Abs. 2 ist der für die **Einordnung relevante Zeitpunkt** derjenige der **Tat**. Es kommt also auf das Alter bei Begehung der Verfehlung an – konkret: auf jenen Zeitpunkt, zu dem die für die Erfüllung des Straftatbestands entscheidende Willensbetätigung stattgefunden hat oder (bei Unterlassungsdelikten) spätestens hätte stattfinden müssen (s. § 8 StGB). Das Alter bei Eintritt des Taterfolges oder zur Zeit der strafrechtlichen Verfolgung (Anklageerhebung, Aburteilung usw) ist für die Anwendbarkeit des JGG folglich grds. ohne Bedeutung. Dies hindert aber nicht daran, bei speziellen Rechtsfragen – dh hierauf begrenzt und aus dort jeweils relevanten besonderen Gründen – **ausnahmsweise** auf das Alter zum **Verfahrenszeitpunkt** abzustellen (dazu bei der Rechtsfolgenentscheidung → Rn. 6). Das ist va bei prozessualen Regelungen der Fall, die ua auch an das elterliche Erziehungsrecht bei Minderjährigen anknüpfen und deren Grundlage nach Erreichen des 18. Lbj. entfällt (s. → § 50 Rn. 2, → § 67 Rn. 2).

b) Maßgaben bei speziellen Deliktskonstellationen. Die Bestimmung 4 des grds. maßgeblichen Tatzeitalters ist problematisch, wenn sich das strafrechtlich relevante Verhalten über einen **gewissen Zeitraum erstreckt** (wie zB beim Dauerdelikt oder der Einordnung mehrerer Tatbestandsverwirklichungen als nur eine Tat (→ § 3 Rn. 12)) und die minderjährige Person erst während dieses Zeitraums ihr 14. Lbj. vollendet. Dann hängt die JGG-Anwendbarkeit (ebenso wie die Strafbarkeit) davon ab, ob ihr (auch) für die Deliktsverwirklichungsphase, die nach dem Erreichen der in Abs. 2 genannten Grenze (bzw. nach Erreichen der Strafmündigkeit (§ 19 StGB)) liegt, ein Vorsatz zugerechnet werden kann. Das Verhalten in den vorherigen Stadien bleibt jedenfalls außer Betracht (vgl. zu § 9 JGG 1923 auch RGSt 66, 3; für Konstellationen, in denen auf die sich über einen gewissen Zeitraum erstreckende Verfehlung teils JStR und teils allg. StR anzuwenden ist, vgl. → § 32 Rn. 3 und 15).

Sind **mehrere Personen** zu unterschiedlichen Zeitpunkten an einer Tat 5 beteiligt, so kommt es für die jeweils individuelle Beurteilung auf den Zeitpunkt des – gesondert zu betrachtenden – Tatbeitrages jedes einzelnen an. Demgemäß kann eine Handlung im strafunmündigen Alter nicht deshalb die Anwendbarkeit des JGG (und die Strafbarkeit) begründen, dass es nach Erreichen des 14. Lbj. zu Tatbeiträgen anderer Mittäter kommt (vgl. auch § 29 StGB; s. ferner Brunner/Dölling Rn. 20; offen geblieben für die obere Altersgrenze und die StGB-Anwendung in BGH JR 1954, 271). Insoweit ist es ebenfalls unerheblich, wenn der Vorsatz des nur im Kindesalter tätig gewordenen Gehilfen schon alle Haupttäterhandlungen umfasst, deren Ausführung erst für einen Zeitpunkt nach der in Abs. 2 genannten Grenze (bzw. nach Eintritt seiner Strafmündigkeit) vorgesehen ist.

c) Verfahren gegen inzwischen erwachsen Gewordene. Aus den in 6 → Rn. 3 genannten Maßgaben folgt, dass das JGG auch bei Verfehlungen solcher Personen anzuwenden ist, die zur Tatzeit noch Jugendliche oder Heranwachsende waren, zum Zeitpunkt des Verfahrens jedoch Erwachsene sind (dazu n. und unter Auswertung unveröffentlichter Judikatur Budelmann JugendStrafR 157 ff.). Dies gilt selbst dann, wenn es erst sehr lange nach dem Delikt zum Strafprozess kommt (vgl. etwa OLG Hamm BeckRS 2015, 6744: 23 Jahre zurückliegende Tat; LG Flensburg BeckRS 2017, 103090: 35 Jahre zurückliegend). Gerechtfertigt wird dies durch den Umstand, dass Delikte junger Menschen von altersbedingt herabgesetzter Vorwerfbarkeit sind (vgl. etwa Streng JugendStrafR Rn. 12; n. auch → § 17 Rn. 54) und das Sonderstrafrecht im JGG insgesamt ua auch hierauf abgestimmt ist. Dennoch können in diesen ausgesprochen seltenen Konstellationen (Palmowski Sanktionierung 329 ff. mit Zahlen) gewisse Besonderheiten bei der Anwendung des JGG zu berücksichtigen sein, insb. mit Blick auf die Rechtsfolgen (dazu etwa → § 17 Rn. 57, → § 31 Rn. 30 f.). Der Grund dafür liegt darin, dass die Bedeutung des Erziehungsgedankens für die Sanktionsentscheidung in solchen atypischen Fällen mit fortschreitendem Erwachsenenalter sinkt (BGH NStZ 2016, 101 (102); 680 (681); n. zu dieser Problematik Beulke FS Streng, 2017, 411 ff.; Bachmann JZ 2019, 759 /761 ff.)).

7   **d) Sonderfragen.** Das JGG gilt auch für jugendliche und heranwachsende **Soldatinnen** und **Soldaten** (§§ 112a ff.). − Zur Frage der Geltung des
JGG für **Nichtdeutsche** und **Auslandstaten** enthält das JGG keine ausdrückliche Regelung, weshalb es gem. § 2 Abs. 2 für Jugendliche und
Heranwachsende beim allg. Strafanwendungsrecht bleibt. Unter den Voraussetzungen der §§ 3–7 StGB − mit der Reichweite des allg. StR also korrespondierend − gilt das JGG prinzipiell auch für Nichtdeutsche und Auslandstaten. Soweit das JStR auch Rechtsfolgen kennt, die speziell der Erziehung dienen sollen und die von Trägern der Jugendhilfe organisiert werden
(insb. Erziehungsmaßregeln), folgt deren Anwendbarkeit auf Nichtdeutsche
(auch) aus § 6 Abs. 1 und 2 SGB VIII (vgl. näher Elmauer in Wiesner
SGB VIII § 6 Rn. 14 ff.; vgl. iÜ zu Ansprüchen Nichtdeutscher auf Jugendhilfe das Europäische Fürsorgeabkommen (BGBl. 1956 II 563) sowie das
Haager Minderjährigenschutzabkommen (BGBl. 1971 II 217); speziell für
Österreich BGBl. 1969 II 1; näher hierzu Münder/Eschelbach in Münder/
Meysen/Trenczek SGB VIII § 6 Rn. 13 ff.).

2. Rechtslage bei Kindern

8   **a) Grundlagen. aa) Kriminologische Prävalenzbefunde.** Verglichen
mit der Delinquenz anderer Bevölkerungsgruppen sind Kinder (dh Personen
bis zur Vollendung des 14. Lbj.) in der PKS (ungeachtet gewisser längerfristiger Schwankungen) **unterdurchschnittlich** erfasst (mit zuletzt 3–6 %
aller Tatverdächtigen). Der Art nach bezieht sich die Registrierung ganz
überwiegend auf einfachen Diebstahl, wobei (mit Abstrichen) auch Sachbeschädigung und Brandstiftung gewisse Schwerpunkte bilden. Das Delikts-
spektrum ist aber schmal (s. zum Ganzen den Überblick bei Eisenberg/
Kölbel Kriminologie § 48 Rn. 7 f.). Da gegen Kinder mangels Strafmündigkeit gar keine Ermittlungen geführt werden dürfen (→ Rn. 11 ff.), sind die
statistischen Angaben − unabhängig von der Frage, ob sie überhaupt auf einer
zulässigen Erfassung beruhen − allerdings besonders lückenhaft. Verdachts-
lagen bleiben hier (häufiger als bei anderen Altersgruppen) unbearbeitet oder
jedenfalls unregistriert. Ohnehin wird auf (private) Strafanzeigen gegen
Kinder sehr häufig verzichtet. Das Dunkelfeld ist deswegen beträchtlich. Bei
(in dieser Altersgruppe indes sehr unzuverlässigen) Befragungen geben bspw.
bis zu 16 % bzw. 13 % der interviewten Viert- und Fünftklässler an, im
vergangenen Jahr (mindestens) ein Eigentums- bzw. Sachbeschädigungsdelikt
begangen zu haben (vgl. hierzu die insgesamt sehr inhomogenen Daten bei
Baier/Pfeiffer/Rabold ua, Kinder und Jugendliche in Deutschland: Gewalterfahrungen, Integration, Medienkonsum, 2010, 271; Baier/Rabold, Kin-
der- und Jugenddelinquenz im Bundesland Saarland, 2012, 55; Wittenberg/
Wallner in Reinecke/Stemmler/Wittenberg (Hrsg.), Devianz und Delinquenz im Kindes- und Jugendalter, 2016, 39; speziell zu Vandalismus bei 13-
bis 14-Jährigen s. Hirtenlehner/Leitgöb/Stiebellehner ua ZJJ 2019, 120).

9   Im Normalfall geht Kinderdelinquenz in die entwicklungstypische (passagere, gelegentliche und bagatellarische) Jugenddelinquenz über, die nur
manchmal eine nicht unerhebliche − wenn auch episodenhafte („adolescen-
ce-limited") − Ausprägung annimmt (→ Einl. Rn. 5 ff.). Teilweise anders ist
dies indes bei einer sehr **kleinen Teilpopulation,** bei der sich sehr früh eine
Symptomatik antisozialer Verhaltensauffälligkeiten zeigt (Überblick über
diesbzgl. (Prävalenz-)Befunde bei Beelmann/Raabe, Dissoziales Verhalten

von Kindern und Jugendlichen, 2007, 37 ff.). Delinquenz hat hier quantitativ und qualitativ größeres Gewicht sowie biografisch eine andere Relevanz (oft allein schon wegen der dadurch hervorgerufenen Reaktionen). Meist geht dies auf soziale oder familiäre und zuweilen auch persönlichkeitsspezifische Belastungsfaktoren zurück (vgl. etwa Wallner/Stemmler in Wallner/Weiss/ Reinecke/Stemmler (Hrsg.), Devianz und Delinquenz in Kindheit und Jugend, 2019, 134 f.). Obwohl die Mehrauffälligkeit in dieser Gruppe vielfach über längere Phasen anhält, handelt es sich hierbei aber nicht um einen zwangsläufigen Verlauf (Eisenberg/Kölbel Kriminologie § 55 Rn. 6 ff. mwN). Ernsthafte und/oder gehäufte Kinderdelinquenz („early onset") ist lediglich eine begrenzt relevante (und nur bedingt hinweiskräftige) Risikokonstellation für eine stabil-delinquente Entwicklung (vgl. den Forschungsüberblick bei Boers MschKrim 2019, 3 (12 ff.)). Beispielsweise wurden in einer deutschen Verlaufsstudie 2,1 % (Jungen) bzw. 0,5 % (Mädchen) der knapp 3.400 befragten Siebtklässler als „Mehrfachintensivtäter" eingestuft (= mindestens fünf schwere, selbst berichtete Gewaltdelikte im vergangenen Jahr), doch bildete sich die deliktische Belastung bei einem erheblichen Teil dieser frühauffälligen Kinder schon im Jugendalter zurück (Boers in Dölling/Jehle (Hrsg.), Täter – Taten – Opfer, 2013, 13, 19 f.; n. → § 5 Rn. 58 f.).

bb) Einordnung. Aus einer vorstrafrechtlichen Warte stellen „Kinder- **10** delikte" idR gar keine „strafrechtlich erfassbaren Vorgänge" dar. Entwicklungspsychologische, pädagogische und soziologische Untersuchungen haben deutlich gemacht, dass sich die individuellen Tathintergründe, Motivlagen und Steuerungskapazitäten bei Kindern wesentlich von denen der Erwachsenen unterscheiden (zu den neurobiologischen und entwicklungspsychologischen Grundlagen vgl. den Forschungsüberblick bei Dünkel/ Geng/Passow ZJJ 2017, 123 (124 ff.)). Hinter einem formal straftatbestandlichen Sachverhalt verbirgt sich bei einem kindlichen Urheber daher meist ein ganz anderer lebensweltlicher Handlungssinn und daher qualitativ auch ein ganz anderes Ereignis als beim gleichen Vorgehen einer erwachsenen Person (Spaß, Austesten, Erprobung, Sport, Abenteuersuche, altersgemäße Konfliktaustragung usw). Bei einer **altersgruppenbezogenen Interpretation** geht es hierbei also nicht um „echt deliktswertige" Normverstöße. Dem wird das Strafrecht in Deutschland (wie in vielen anderen Rechtsordnungen auch (→ § 3 Rn. 6)) dadurch gerecht, dass es solche Verhaltensweisen bei bis zu 13-jährigen Kindern – rechtstechnisch über eine generelle unwiderlegliche Schuldunfähigkeitsfiktion (§ 19 StGB) – pauschal für straflos erklärt (zur prinzipiellen Angemessenheit dieser Strafmündigkeitsgrenze → § 3 Rn. 8; Eisenberg/Kölbel Kriminologie § 25 Rn. 38 jeweils mwN). Eine davon unabhängige Frage ist, ob eine **Einschaltung der (Kriminal-) Polizei** bei tatbestandsmäßigen Taten von Kindern (ohne anschließendes Strafverfahren) ggf. entwicklungsförderlich und der jeweiligen Normverinnerlichung dienlich sein kann. Dafürsprechende empirische Anhaltspunkte liegen allerdings nicht vor.

b) Keine strafrechtliche Reaktion. Weil die – bedingte (vgl. § 3) – **11** Strafmündigkeit mit 14 Jahren beginnt (§ 19 StGB iVm § 2 Abs. 2) und jüngere Kinder deshalb **nicht schuldfähig** sind (BGH NStZ-RR 2009, 308), ist eine strafrechtliche Verfolgung der von ihnen begangenen tatbestandsmäßigen und rechtswidrigen Taten nicht möglich. Prozessual gesehen **fehlt** es an einer **Prozessvoraussetzung** (vgl. etwa RGSt 57, 206 (208); Beulke/Swoboda JugendStrafR Rn. 150). Da dieses Verfahrenshindernis in jeder Verfahrenslage zu beachten ist und ein Kind mangels (von Amts wegen zu prüfender) Verfolgbarkeit nicht Beschuldigter iSv §§ 136, 163a StPO sein kann, muss ein Ermittlungsverfahren gegen eine unter 14-jährige Person vollständig unterbleiben (vgl. nur Ostendorf in NK-JGG Rn. 4; Rieke Vernehmung 220, 235 f.). Der Vorgang darf daher nicht über die bloße Anzeigeaufnahme hinaus weiter betrieben werden (vgl. auch Gloss FS Eisenberg II, 2019, 221). Wird von diesen Maßgaben abgewichen, liegt darin grds. ein amtsseitiger **Verstoß gegen ein Verbot.**

12   Wo solche Ermittlungen gegen ein Kind erfolgen (zB wegen Unkenntnis oder Irrtums bzgl. des Alters), hat dieses unstreitig die Rechte eines Beschuldigten im JStV (allgA, vgl. etwa Putzke in BeckOK JGG Rn. 3). Obwohl das JGG bei im strafunmündigen Alter begangenen Taten grds. unanwendbar ist (→ Rn. 1), müssen dessen jugendspezifische Gewährleistungen dort, wo es zu einem (Ermittlungs-)Verfahren kommt, ebenfalls berücksichtigt werden. Deshalb ist bspw. die JGH einzuschalten (→ § 38 Rn. 57 ff.; vgl. auch Nixdorf NK 2018, 355 (361)). Bereits in der **ersten Vernehmung**, in der Kinder zu Klärung eines gegen sie gerichteten Anfangsverdachts befragt werden (zur damit eintretenden Beschuldigtenstellung bspw. Kölbel in MüKoStPO StPO § 163a Rn. 2 f.), müssen sämtliche Modi und Bedingungen einer regulären Beschuldigtenvernehmung nach JGG eingehalten werden (zu den Anforderungen → § 70c Rn. 12 ff.). Sobald die Strafverfolgungsbehörden die Strafunmündigkeit bekannt wird, ist das Ermittlungsverfahren unverzüglich **einzustellen** (§§ 170 Abs. 2, 204, 206a StPO iVm § 2 Abs. 2; nach Eröffnung des Hauptverfahrens gem. § 260 Abs. 3 durch Prozessurteil). Wird das Verfahren mit der Begründung eingestellt, der Täter sei zur Zeit der Tat noch nicht 14 Jahre alt gewesen, ist ein **Klageerzwingungsverfahren** (gem. § 172 StPO) nur zulässig, wenn Zweifel an der Richtigkeit dieser altersbezogenen Feststellung bestehen. Deshalb ist auch allein im Falle eines solchen Zweifels eine Zustellung der Einstellungsentscheidung an den „Antragsteller" (§ 171 StPO) angebracht (Nr. 91 Abs. 2 S. 2 RiStBV). Andernfalls erfolgt lediglich eine formlose Benachrichtigung von der Einstellung.

13   Allerdings kann sich im Zusammenhang mit dem tatbestandlichen Verhalten eines strafunmündigen Kindes eine andere strafmündige Person strafbar gemacht haben. Liegt hierfür ein Anfangsverdacht vor, darf das fragliche Kinderdelikt zum Anlass genommen werden, um ein Ermittlungsverfahren (allein) **gegen diesen Dritten** (oder gegen Unbekannt) zu führen. Eine entspr. Konstellation kann bei **mittäterschaftlicher** Tatbegehung gegeben sein. Hierbei ist es prinzipiell möglich, dass ein Kind im Zusammenwirken mit einem schuldfähigen Täter eine Tat für diesen zu einer gefährlichen Tat qualifiziert (s. auch BGHSt 23, 122 = NJW 1970, 105: da der natürliche Tatwille genüge). Bei einer tatbestandsmäßigen und rechtswidrigen (Haupt-) Tat des Kindes kommt gem. §§ 26, 27 iVm § 29 StGB ggf. auch eine strafbare **Teilnahme** jugendlicher, heranwachsender oder erwachsener Personen in Betracht (wobei es hier aber oft am erforderlichen (Haupttat-) Vorsatz des Kindes fehlen wird – vgl. BGH NJW 2018, 3658 (3659); auch → § 2 Rn. 28 ff.). Zudem kann ein strafmündiger Dritter in Anknüpfung an die rechtswidrige Tat eines Kindes eine Hehlerei (BGHSt 1, 47 (50)) oder eine Begünstigung begehen – nicht aber eine Strafvereitelung (weil eine schuldunfähige Person der Bestrafung nicht entzogen werden kann).

c) Un-/Zulässigkeit von Ermittlungsmaßnahmen. Da ein Kind nicht **14** als Beschuldigter behandelt werden darf, sind ihm gegenüber nur wenige strafprozessuale Ermittlungseingriffe zulässig (eingehend schon Frehsee ZStW 1988, 290 (301 ff.); zur ggf. gegebenen Strafbarkeit (**§ 344 StGB**) von Polizisten, die unzulässige Maßnahmen ggü. Kindern vornehmen, vgl. Hirt Kriminalistik 2003, 570 (577); Gärditz VerfBlog 2020/11/19 (DOI: 10.17176/20201119-200107-0). Anders als eine Gewahrsamnahme auf polizeirechtlicher Grundlage, die in bestimmten Gefährdungssituationen zulässig sei kann (Kahl Kriminalistik 2013, 208 ff.), ist eine strafprozessuale **Festnahme** des Kindes **nicht** möglich, auch nicht nach § 127 StPO (vgl. nur OLG Bamberg NStZ 1989, 40; Meyer-Goßner/Schmitt StPO § 127 Rn. 3a; Gärtner in Löwe/Rosenberg StPO § 127 Rn. 14; Schultheis in KK-StPO StPO § 127 Rn. 8; Sonnen in Diemer/Schatz/Sonnen Rn. 22; aA KG JR 1971, 30; Brunner/Dölling Rn. 26; Verrel NStZ 2001, 284 (286 f.)). Eine körperliche Untersuchung gem. **§ 81a StPO scheidet** ebenfalls **aus.** Lediglich zur Feststellung der Strafmündigkeit (→ Rn. 24 ff.) ist sie als äußerstes Mittel und in engen Grenzen erlaubt (ebenso Frehsee ZfJ 1991, 223 (225 f.); nicht unbedenklich PDV 382, 7.1.1 S. 1: bei „schwerwiegenden Straftaten"). Auch eine Maßnahme der DNA-Identitätsfeststellung nach § 81g StPO ist unzulässig (ebenso Meyer-Goßner/Schmitt StPO § 81g Rn. 5; vgl. iÜ zu entspr. Einschränkungen bei polizeirechtlichen Befugnissen zur DNA-Identitätsfeststellung OLG Frankfurt a. M. BeckRS 2011, 00336: besondere Prüfung der Verhältnismäßigkeit erforderlich).

Nach überwiegender Auffassung besteht eine Befugnis für eine **erken-** **15** **nungsdienstliche** Behandlung (Krause in Löwe/Rosenberg StPO § 81b Rn. 8 f.; Meyer-Goßner/Schmitt StPO § 81b Rn. 7; Rogall in SK-StPO StPO § 81b Rn. 28; Ostendorf in NK-JGG Rn. 2; Eisenberg StV 1989, 554 (556); Walter-Freise DVJJ-J 1995, 314; Apel/Eisenhardt StV 2006, 490 (493); ebenso für § 81b Alt. 1 StPO Hadamitzky in KK-StPO StPO § 81b Rn. 2; Verrel NStZ 2001, 284 (286); aber → Rn. 24 ff.). Mit Blick auf **§ 81b Alt. 2 StPO** (Strafverfolgungsvorsorge) geht man – entgegen der hier vertretenen Ansicht (s. bspw. auch Kölbel in MüKoStPO StPO § 160 Rn. 12; Eisenberg/Singelnstein GA 2006, 168 (170); Frister FS Amelung, 2009, 614 f.; E. Müller GA 2013, 510 (512 f.); Mayer Kriminalistik 2015, 520) – allerdings teilw. davon aus, dass es sich hierbei gar nicht um eine strafprozessuale, sondern um eine polizeirechtliche Maßnahme handele (so etwa BVerwG NJW 2006, 1225 mkritAnm Eisenberg/Puschke JZ 2006, 728; OLG Celle NStZ-RR 2012, 254). Aber auch bei einer solchen Einordnung ist die Maßnahme tatbestandlich an den Beschuldigten–Status geknüpft, weshalb sie bei Kindern ausscheidet (Frehsee ZStW 1988, 290 (302 f.); Streng FS Gössel, 2002, 505; vgl. auch Frehsee ZfJ 1991, 223 (225 ff.); abw. Hadamitzky in KK-StPO StPO § 81b Rn. 2; Brunner/Dölling Rn. 26; Verrel NStZ 2001, 284 (286)). Unzulässig ist daher ebenfalls die Speicherung der fraglichen Daten (Apel/Eisenhardt StV 2006, 490 (493 ff.)). Polizeirechtlich können ggf. Befugnisse zur Identitätsfeststellung bei Kindern bestehen (Walter-Freise DVJJ-J 1995 314 (315 f.); Hüneke in Meier (Hrsg.), Kinder im Unrecht, 2010, 92 f.). Auf strafprozessualer Grundlage sind diese Maßnahmen dagegen allein im Rahmen von **§ 163b Abs. 2 StPO** bei drittgerichteten Ermittlungen erzwingbar. Dagegen setzt § 163b Abs. 1 StPO die bei Kindern nicht mögliche Situation voraus, einer Straftatbegehung verdächtig zu sein. Eine Eingriffsbefugnis besteht auf dieser

Grundlage daher nur, falls das Alter bzw. die Strafunmündigkeit des verdächtigen Kindes äußerlich nicht sicher erkennbar ist und sich ausschließlich über die Identitätsfeststellung klären lässt (Erb in Löwe/Rosenberg StPO § 163b Rn. 15; Kölbel in MüKoStPO StPO § 163b Rn. 9; Verrel NStZ 2001, 284 (285); Streng FS Gössel, 2002, 504).

16   Eine (Wohnungs-)**Durchsuchung** bei einem Kind kommt allenfalls in Betracht, wenn sich die Ermittlungen gegen Dritte richten, nicht aber im Verfahren gegen die Strafunmündigen selbst (OLG Bamberg NStZ 1989, 40; n. Eisenberg StV 1989, 556). – Für die Beschlagnahme gem. **§ 111b StPO** bestehen, da die hierdurch gesicherte Einziehung oder Unbrauchbarmachung auch bei schuldunfähigen Personen zulässig ist, bei Kindern dagegen keine Einschränkungen (Huber in BeckOK StPO § 111b Rn. 5; ebenso zu § 111b Abs. 5 StPO aF Verrel NStZ 2001, 284 (285 f.); abw. Ostendorf in NK-JGG Rn. 4).

17   Auch Kinder unterliegen prinzipiell der Zeugenpflicht (n. Keiser in Meier (Hrsg.), Kinder im Unrecht, 2010, 118 ff.; n. zu den Einzelheiten und der Aussagefähigkeit → §§ 33–33b Rn. 36 ff.). Wird ein Kind als **Zeuge** vernommen, ist § 52 StPO zu beachten (Sander/Cirener in Löwe/Rosenberg StPO § 252 Rn. 17; n. Eisenberg BeweisR StPO Rn. 1217 ff.; zu hier bestehenden Schutzpflichten der JHilfe schon Rauschert Zbl 1989, 477 f.). Gegebenenfalls ist gem. § 52 Abs. 2 StPO eine Zustimmung der sorgeberechtigten Personen erforderlich (n. dazu Ignor/Bertheau in Löwe/Rosenberg StPO § 52 Rn. 25 ff.). Im Falle einer „Tatbeteiligung" ist eine namentliche Nennung zu vermeiden und – wegen drohender sanktionsäquivalenter Auswirkungen (vgl. nur § 1666a BGB, § 34 SGB VIII sowie → Rn. 18) – auch § 55 StPO entsprechend anzuwenden (vgl. Eisenberg GA 2001, 153 (156 f.); abw. Verrel NStZ 2001, 284 (285); mit zust. Tendenz dagegen Ellbogen/Wichmann JuS 2007, 114 (117); weitergehend noch Ostendorf FS Heinz, 2012, 470 f.: Belehrung nach § 136 Abs. 1).

18   **d) Außerstrafrechtliche Folgen.** Auch bei ausbleibenden straf- und strafprozessualen Konsequenzen kann Kinderdelinquenz anderweitige Folgen haben (international dazu Cipriani, Children's Rights (…), 2009, 136 ff., 139 ff. unter Hinweis auf ausländische Rechtsordnungen, die hier teilw. überhaupt keine Interventionen, teilw. aber auch ausgesprochen harsche Freiheitsentziehungen erlauben). Stellt die JStA das Verfahren bei einer Strafanzeige gegenüber einem Kind wegen Schuldunfähigkeit ein, so hat sie demgemäß zu prüfen, wer zu benachrichtigen und ob gegen Aufsichtspflichtige einzuschreiten ist (RL 2). Das Verhalten des Kindes kann – sofern weitere aussagekräftige Hinweise zu entspr. psychosozialen Bedingungen vorliegen (s. etwa Brettel ZJJ 2012, 352) – ein Anlass sein, um kinder- und jugendhilferechtlich von einem Hilfebedarf auszugehen und Maßnahmen nach **SGB VIII** zu ergreifen. Deshalb übersendet die Polizei teilw. – namentlich in Fällen, in denen ein entspr. Anlass gesehen wird – ermittlungsgenerierte Unterlagen an das JAmt, etwa sog. Risikomitteilungen (zur ggf. bestehenden Informationspflicht gegenüber der JGH vgl. PDV Nr. 382, 3.2.7; s. erg. auch → § 70 Rn. 16 zu § 5 KKG). Diese Mitteilungen enthalten vielfach einschlägige Hinweise für eine jugendamtliche Intervention (dazu die Erhebung bei Bähr/Hartmann/Hoffmann, Evaluation des Handlungskonzeptes „Stopp der Jugendgewalt", 2015, 3 ff., 277 ff.; vgl. aber zur eingeschränkten Reaktionsquote der Jugendämter die Regionalbefunde bei

Bindel-Kögel/Heßler/Münder unsere jugend 2003, 333; Holthusen, Projekt: Polizeilich mehrfach auffällige Strafunmündige, 2011, 9, 20). Auch ist die polizeiliche Ermittlung von Taten ein wesentlicher Anlass familiengerichtlichen Einschreitens (s. etwa Schmieder in Meier (Hrsg.), Kinder im Unrecht, 2010, 97 ff.; Holldorf ZJJ 2012, 363). Insofern wird allerdings das vergleichsweise formstrenge JStV bei der strafrechtlichen Erfassung von Kinderverhalten (und auch bei Jugendlichen (§ 3 S. 2)) durch das eher formlose Verfahren der freiwilligen Gerichtsbarkeit ersetzt (zu den Fairnessanforderungen EGMR v. 23.3.2016 – 47152/06 Rn. 179 ff.). Insgesamt ist kaum überschaubar, welche Reaktionsmuster in der Praxis dominieren (krit. zu einigen Maßnahmen und der defizitären Einbeziehung von Eltern aber Schäfer DVJJ-J 2000, 134 (137 f.); iÜ → § 3 Rn. 37 ff. sowie va § 12 Rn. 19 ff.). Bisweilen kommt es indes sogar zur **geschlossenen** Unterbringung in Einrichtungen der Jugendhilfe (vgl. etwa die hierfür in Bay. speziell vorgesehenen „Clearingstellen" für massiv-dissoziale und kriminell auffällige Kinder" (n. etwa ZJJ 2003, 44; BayLT-Drs. 16/7070); zu den hier durch Art 5 Abs. 1 EMRK gesetzten Grenzen s. EGMR Nr. 47152/06 Rn. 164 ff.). Es liegen Anhaltspunkte vor, dass darin funktional ein sanktionsersetzendes Vorgehen gesehen werden kann (Antholz KJ 2016, 363).

e) Auswirkungen auf spätere Strafverfahren. aa) Informations- 19
erfassung. Kam es wegen eines Deliktes, das in strafunmündigem Alter begangen wurde, zu einem Polizeikontakt, sind die sich daraus ergebenden **Informationen** auch in Ermittlungsverfahren, die wegen eines späteren Deliktes nach Erreichen des 14. Lbj. geführt werden, institutionell vielfach verfügbar. Dies beruht auf verschiedenen „Kanälen". So legt die Polizei anlässlich von Ermittlungsverfahren über die Beschuldigten häufig eine sog. Kriminalakte an, wenn sie von diesen Personen eine neuerliche Straftat erwartet. Das geschieht auch bei Kindern, wenngleich teilw. unter einer anderen Aktenartbezeichnung (vgl. die bundesweite (ohne BW, Bay. und Thür.) Befragung von Holzmann (Polizeilicher Umgang mit unter 14-jährigen Tatverdächtigen, 2008), in der ca. 1/3 der Jugendsachbearbeiter angaben, bei der (ersten) Anzeige entspr. vorzugehen). Auch in der JStA liegen infolge hausinterner Registrierung in den Folgeverfahren idR die entspr. Kenntnisse vor (zu §§ 492 ff. StPO dagegen sogleich → Rn. 20). Im Übrigen werden teilw. unter 14-Jährige in die behördeneigenen Intensivtäterlisten (→ Einl. Rn. 58 ff., → § 5 Rn. 60) aufgenommen und entspr. behandelt (Brodkorb ZJJ 2006, 62 (63); Ostendorf FS Heinz, 2012, 467 f.; Goeckenjan ZJJ 2015, 26 (28)). Von den JGerichten wird wiederum teilw. über die JStA eine unmittelbare Auskunft von der Polizei angefordert. Eine ältere schriftliche Befragung von JStA (N=193) bzw. JGerichten (N=381) ergab insofern erhebliche Unterschiede hinsichtlich der diesbzgl. Informationsquellen, wobei aber neben der polizeilichen Mitteilung auch der JGH-Bericht besonders häufig erwähnt wurde (Bottke FS Geerds, 1995, 270 (272); zur Inkenntnissetzung der JGH → Rn. 18).

Mit Blick auf die aktenförmige Erfassung oder Speicherung sowie die 20 jeweilige Weitergabe entspr. Informationen bestehen **datenschutzrechtliche** Bedenken (dazu bei der JGH → § 38 Rn. 28 ff., 41 f.). In der StPO ist die hierfür jeweils erforderliche gesetzliche Grundlage nicht ersichtlich, da die entspr. allg. Befugnisse in §§ 474 ff., 483 ff., 492 ff. StPO an eine Beschuldigtenstellung und ein zulässig geführtes Verfahren anknüpfen, woran es bei Strafunmündigen gerade fehlt. Eine Ausnahme ergibt sich für die Datenspeicherung implizit aus der Löschungsfristregelung in § 489 Abs. 3 Nr. 4 StPO allein für jene Fälle, in denen die Strafunmündigkeit zunächst (bei der Datenerfassung) unbekannt war (Singelnstein in MüKoStPO StPO § 489 Rn. 20; Hilger NStZ 2001, 15 (19); ebenso wohl auch BT-Drs. 14/1484, 34 f.; s. ferner Bottke FS Geerds, 1995, 282 ff.). Bei der Erfassung und Speicherung auf polizeirechtlicher Grundlage (§ 483 Abs. 3 StPO), die an die Notwendigkeit zur Gefahrenabwehr und nicht an die Beschuldigtenstellung anknüpft, ergeben sich jedoch uU weitergehende Befugnisse (vgl. etwa Kirchhoff NJW 2020, 1993 (1995)). Das ist auch bei Regelungen wie Art. 54 Abs. 2 iVm Art 56 BayPAG nur eingeschränkt der Fall, weil es sich hiernach um Daten von verdächtigten Personen oder solchen aus Ermittlungsverfahren handeln muss (was Daten von offensichtlich Strafunmündigen ausschließt).

21   Bei Zulässigkeit der Speicherung und Aufbewahrung müssen die Daten bei Wegfall der Erfassungsnotwendigkeit **gelöscht** werden, was spätestens nach zwei Jahren zu überprüfen ist (§ 489 Abs. 3 und 4 Nr. 4 StPO; ebenso die ordnungsrechtlichen und innerpolizeilichen Regelungen, etwa Art. 54 Abs. 2 S. 3 BayPAG und KpS-RL Bremen Nr. 5.2.4 (bei Fällen von „geringerer Bedeutung" maximal ein Jahr)). Gleichfalls problematisch ist indes, dass prinzipiell über diese Aussonderungsprüfpflicht hinaus eine weitere Speicherung und Aufbewahrung für mehrere Jahre als zulässig behandelt wird, „wenn Tatsachen die Annahme rechtfertigen, dass wegen Art und Ausführung der Tat, die die Betroffene begangen hat oder derer er verdächtigt war, die Gefahr der Wiederholung besteht oder die Aufbewahrung der Unterlagen aus anderen schwerwiegenden Gründen zur Aufgabenerfüllung (…) weiterhin erforderlich ist" (so etwa KpS-RL Bremen Nr. 5.3). Dies kann im Einzelfall zu einer Datenvorhaltedauer führen, die länger ist, als es die gem. §§ 46, 51 BZRG zulässige Informationsverwertung selbst bei strafrechtlicher Verfolgung der fraglichen Tat wäre (kennzeichnender Fall bei BGH NStZ 2005, 397).

22   **bb) Informationsverwertung.** Was die Verwertung einschlägiger aktenmäßiger Unterlagen in einem (späteren) JStV angeht, so ergab die früher durchgeführte Befragung von Bottke (FS Geerds, 1995, 273) einige Hinweise darauf, dass Delikte im strafunmündigen Alter von der JStA bei später begangenen Straftaten durchaus häufig berücksichtigt werden, etwa bei der Wahl zwischen Verfahrenseinstellung und Anklageerhebung oder beim Antrag auf Verhängung von JStrafe wegen „schädlicher Neigungen". Auch durch die JGerichte werden hiernach die Informationen über „Frühdelikte" bei der Rechtsfolgenauswahl und -bemessung herangezogen, und zwar insb. bei Erziehungsmaßregeln und Zuchtmitteln, aber (gleichfalls) auch bei JStrafe wegen „schädlicher Neigungen" (zur Heranziehung bei Anordnungen nach § 16a s. die Befragung bei Schmidt NK 2019, 74 (81)). Eine solche rechtspraktische Handhabung ist an sich nicht prinzipiell abzulehnen (diese einschränkungslos für zulässig haltend Brunner/Dölling Rn. 26). So kann die Kenntnis von abweichendem Verhalten aus der Kindheit mitunter für eine erzieherisch adäquate Rechtsfolgenbestimmung vorteilhaft sein (etwa wenn sich die Interpretation einer Jugendstraftat als – vermutliche – Episode gerade durch die Feststellung eröffnet, dass der Beschuldigte vor Jahren als Kind zwar in ähnlicher Weise einmal punktuell erfasst worden war, in seinem Sozialverhalten ansonsten jedoch unauffällig blieb).

Die de facto im Vordergrund stehende Berücksichtigung früherer Kinder- **23** delikte **zulasten** der betreffenden Beschuldigten begegnet indes **erhebli- chen Bedenken:** Wenn Verhaltensweisen aus der Kindheit etwa bei der Rechtsfolgenverhängung (zB von JA) als negativer Umstand (im Sinne einer gesteigerten Interventionsbedürftigkeit) gewertet werden und somit ein res- triktiveres Vorgehen begründen, fungiert die straflos begangene Tat nämlich als Stufe einer Sanktionseskalation – was die gesetzliche Grenzziehung (§ 19 StGB) iErg zum Nachteil des Beschuldigten unterläuft (krit. zB auch Conen in AnwK-StGB StGB § 19 Rn. 7; Eisenberg ZKJ 2020, 300 (302 f.)). Darin liegt auch eine Schlechterstellung gegenüber Erwachsenen, bei denen eine solche strafschwerende Berücksichtigung nach hM nicht zulässig ist (für das allg. StR OLG Köln StV 2017, 665 (Ls.) = BeckRS 2016, 126206; anders für § 66 Abs. 1 S. 1 Nr. 4 StGB aber BGH NStZ 2005, 397). Im Übrigen beruhen die Informationen zu tatbestandswertigem Handeln strafunmündi- ger Personen ausschließlich auf polizeilichen Feststellungen und Bewertun- gen, ohne dass Tatbestandsmäßigkeit und Rechtswidrigkeit der fraglichen Taten einer richterlichen Beurteilung unterzogen worden wären (dazu auch BGH NStZ-RR 2009, 308 309: Ermittlungsverfahren ist „kein Tatnach- weis"; ebenfalls krit. unter Betonung der Unschuldsvermutung etwa Bottke FS Geerds, 1995, 291).

3. Probleme bei der Altersgruppeneinordnung

a) Feststellungspflicht und -methoden. In jedem JStV muss zur Klä- **24** rung der Strafmündigkeit oder auch der rechtsanwendungserheblichen Ein- ordnung in die verschiedenen Altersgruppen (Jugendliche, Heranwachsende, Erwachsene) das Tatzeitalter von Amts wegen eigens überprüft und in den Urteilsgründen **explizit** festgestellt werden (zur **Aufklärungspflicht** und **Feststellungsbedürftigkeit** zB BGH NStZ 1998, 50; OLG Hamburg StV 2020, 673 = BeckRS 2019, 31272). Sofern sich dies nicht in zuverlässiger Weise anhand der üblicherweise verfügbaren Grundlagen (Meldedaten, Per- sonaldokumente usw) gewährleisten lässt, bedarf es einer vertieften Erhe- bung. Anlass hierfür besteht bisweilen bei nichtdeutschen Beschuldigten, so etwa bei um Jahre verspäteter Eintragung in das Geburtenregister oder bei einer Pauschaldatierung des Geburtsdatums (zB 1.1.) bei der Einreise (zur Altersbestimmung im JHilfe-Verfahren gem. § 42f SGB VIII n. Trenczek/ Düring/Neumann-Witt, Inobhutnahme, 2017, 366 ff.). International han- delt es sich hierbei um ein (strafrechtliches) Problem mit hoher Verbreitung (insb. infolge von Migrationsprozessen oder von Unzulänglichkeiten im Meldewesen), auf das man in den verschiedenen Rechtsordnungen mit einem weiten Spektrum von Maßnahmen reagiert (Cipriani, Children's Rights (…), 2009, 131 ff.: beginnend mit der richterlichen Altersschätzung bis zur medizinischen Untersuchung).

Für die Altersfeststellung kann auf naheliegende (außer-medizinische) **25** Informationsquellen zurückgegriffen werden (Befragung der beschuldigten und angehörigen Personen, Behördenauskünfte, Dokumentenbeibringung). Daneben sind prinzipiell auch Altersfeststellungen durch medizinische Sach- verständige denkbar. Dabei werden verschiedene Verfahren diskutiert (für einen Überblick über die **forensische Altersdiagnostik** vgl. bspw. Gese- rick/Schmeling/Kaatsch ua Kriminalistik 2001, 428; Wissenschaftlicher Dienst BTag WD9–3000-001/18, 5 ff.; Jung StV 2013, 51 (52 ff.); n. etwa

Schmeling/Dettmeyer/Rudolf ua Deutsches Ärzteblatt 2016, 45; Schme-
ling/Schmidt/Schulz/Wirth ArchKrim 2018, 162; Lauscher/Kramer/Ritter
ua Archiv für Kriminologie 2019, 12). Neben der Erfassung äußerlicher
Reifezeichen (sekundäre Geschlechtsmerkmale, Gewicht, Größe und ggf.
Wachstum während des Verfahrens) basieren diese bspw. auf der Entwicklung des Schlüsselbeins und des Handwurzelknochens (jeweils Grad der
Schließung von Wachstumsspalten) sowie der Gebissentwicklung (Durch-
bruch, Reife und Wurzelentwicklung der Weisheitszähne). Von der Rspr.
sind diese Methoden anerkannt (vgl. etwa LG Hamburg BeckRS 2013,
7408). Stützt sich das Tatgericht auf ein entspr. Sachverständigengutachten,
muss es im Urteil allerdings darlegen, welche Methode eingesetzt wurde und
aufgrund welcher Anknüpfungstatsachen welche Schlüsse gezogen wurden
(BGH NStZ-RR 2020, 259 (Ls.) = BeckRS 2020, 12208).

26   In der Regel müssen die altersdiagnostischen Messungen durch – medizin-
ethisch problematische (Cremer ZJJ 2016, 4; s. schon Beck DVJJ-J 1995, 323)
und juristisch fragwürdige (→ Rn. 27) – Röntgenuntersuchungen vorgenommen werden (bzgl. der Schlüsselbeinverknöcherung sogar durch eine Com-
putertomographie). Und selbst auf dieser Basis ist eine genaue Datierung des
Geburtszeitpunktes nicht immer möglich. Es lassen sich hierbei vielmehr idR
nur **Altersspannen** (sowie das Mindest- und das wahrscheinlichste Alter)
feststellen (Knell Kriminalistik 2012, 122), auch weil die körperliche Reifung
nach dem Geschlecht sowie interindividuell variiert (vgl. etwa Wissenschaftlicher Dienst BTag WD9–3000-006/18, 6 f.) und von den (ua auch sozio-
ökonomisch geprägten) Bedingungen des Aufwachsens ggf. beeinflusst wird
(Gelhaar KJ 2018, 179 (183 ff.); generell einschränkend Jung StV 2013,
51 (53)). Die möglichen Altersspannen nehmen mit dem Alter ohnehin auch
zu (Lauer DVJJ-J 1995, 317 (321); Rötzscher/Grundmann Kriminalistik
2004, 337 (339)). All dies hat zur Infragestellung der Methoden geführt (vgl.
Nowotny/Eisenberg/Mohnike Deutsches Ärzteblatt 2014, A786; für einen
Verfahrensbericht mit einer sachverständigen Einordnung ein und desselben
Angeklagten sowohl als Erwachsener als auch als Jugendlicher s. Thielemann
StraFo 2004, 6). Die Unschärfen und Unsicherheiten der Aussagen lassen sich
lediglich durch die **Kombination** mehrerer Methoden verringern (Schmidt/
Schramm/Ribbecke ua ArchKrim 2016, 25 ff.; Schmeling/Dettmeyer/Ru-
dolf ua Deutsches Ärzteblatt 2016, 45 (47)). Dabei muss der Sachverständige
die verschiedenen körperlichen Entwicklungsindikatoren – in nach außen hin
nachvollziehbarer Weise – zueinander in Beziehung setzen und gewichten
(OLG Hamburg StV 2005, 206 = LSK 2005, 230572; abw. Gundelach ZJJ
2018, 139 (141 f.): angesichts des fachwissenschaftlichen Dissenses keine richterliche Anknüpfung an Gutachten mit den fraglichen Methoden möglich).
Punktuellen Daten zufolge kommen die auf dieser Grundlage erfolgenden
Untersuchungen in der Praxis nicht selten zum Befund, dass das reale Lebensalter höher als das Lebensalter, das nach einer sozialpädagogischen Prüfung
geschätzt (Hagen/Schmidt/Rudolf/Schmeling Rechtsmedizin 2020, 233)
oder selbst angegeben wurde, sein müsse (für die Rechtsmedizin in Münster
in den Jahren 2007–2018 vgl. Hagen/Schmidt/Schulz ua Rechtsmedizin
2019, 323 (341): von 594 Personen, deren Minderjährigkeit durch Behörden
angezweifelt wurde, waren 234 volljährig).

27   Mit Blick auf die **Zulässigkeit** der besagten Vorgehensweisen ist zu
berücksichtigen, dass hiermit (medizinisch nicht indizierte) Eingriffe in die
körperliche Unversehrtheit (Röntgenaufnahmen) und Eingriffe in die Intim-

sphäre (äußerliche körperliche Untersuchung) einhergehen (die Zulässigkeit mit Blick auf die UN-Kinderrechtskonvention abl. Cremer ZJJ 2016, 4 (8); vgl. auch Gelhaar KJ 2018, 179 (185 ff.)). Dass die Befugnisse in §§ 81a, 81b Var. 1 StPO iVm § 2 Abs. 2 dafür eine ausreichende Grundlage bieten (zur Nichteinschlägigkeit von § 43 Abs. 2 → § 43 Rn. 32), ist insb. bei den mit Strahlenbelastung verbundenen Methoden nicht unproblematisch. Prinzipiell werden Röntgenuntersuchungen von der hM zwar für erlaubt erachtet (Eisenberg BeweisR StPO Rn. 1638; Rogall in SK-StPO StPO § 81a Rn. 49; Trück in MüKoStPO StPO § 81a Rn. 16 mwN), doch beim Einsatz für die Altersbestimmung ist wegen der erwartbare Ergebnisungenauigkeit die Verhältnismäßigkeit des hierfür vorgenommenen Eingriffs fraglich (s. auch Lauer DVJJ-J 1995, 317 (320 ff.)). Unabhängig davon bestimmt sich die Angemessenheit bzw. Proportionalität der besagten Maßnahmen einzelfallabhängig. An ihr kann es wegen besonderer personaler Bedingungen (Bsp.: vorherige Strahlenexposition des Beschuldigten) oder wegen einer fallkonkret geringen Tragweite der Alterskonsequenzen fehlen (Bsp.: geringfügiges Delikt). Reichen andere Informationsquellen aus, ist eine medizinische Untersuchung als **ultima ratio** ausgeschlossen (RL (EU) 2016/800 Erwgr. 13; vgl. auch RegE BT-Drs. 19/13837, 20: Konsequenz des Verhältnismäßigkeitsprinzips). Als medizinisch schonendere Verfahren der Altersbestimmung (ohne Röntgenuntersuchung) kommen zwar neben Ultraschallmessungen (noch nicht ausreichend evaluiert) ggf. DNA-Analysen in Betracht (speziell hierzu Wissenschaftlicher Dienst BTag WD9–3000-006/18, 4 ff.; vgl. auch BT-Drs. 19/14747, 27). Eine dahingehende Nutzung von molekulargenetischem Material wird durch § 81e Abs. 2 StPO jedoch allein zur Suche nach noch nicht identifizierten Personen („unbekannte Spurenleger") erlaubt, nicht aber bei einem Beschuldigten.

b) Abs. 3 und andere Konstellationen des unaufklärbaren Zweifels. 28 aa) Unklare Strafmündigkeit. Gelegentlich besteht anhaltender Anlass für Zweifel am Tatzeitalter. Bezieht sich dieser Zweifel auf die Strafmündigkeit der beschuldigten Person und ist er mit den zulässigen und verfügbaren Methoden nicht zu beheben, dann steht das Erreichen der Altersgrenze nicht mit der erforderlichen Sicherheit fest. Hier muss (gem. dem Grundsatz **in dubio pro reo**) davon ausgegangen werden, dass das 14. Lbj. bei der Tat noch nicht vollendet war. Das Verfahren ist dann – ebenso wie bei Nichtausschließbarkeit anderer Prozesshindernisse (dazu bei der Verjährung BGHSt 18, 274 = NJW 1963, 1209; allg. Zopfs, Der Grundsatz „in dubio pro reo", 1999, 345 ff.) – einzustellen. In gleicher Weise haben JStA und JGericht zu verfahren, wenn die erforderliche Strafmündigkeit wegen der nicht zu behebenden Unklarheit über den Zeitpunkt der Tatbegehung fraglich bleibt. Ob allerdings schon durch unsubstantiierte (Tatzeit-)Behauptungen ein Anlass für einen dahingehenden Zweifel gegeben wird, ist einzelfallabhängig (KG StV 2019, 438 = BeckRS 2019, 9343))

bb) Unklare Einordnung in Altersgruppe. Führt die nicht zu beseiti- 29 gende Unsicherheit bzgl. des Alters und/oder des Tatzeitpunktes dazu, dass Zweifel hinsichtlich der Einordnung in die verschiedenen strafrechtlichen Altersgruppen fortbestehen, ist nach demselben Prinzip zu verfahren (OLG Hamm StV 2000, 187 = BeckRS 1999, 13129). Geht es um die **Abgrenzung** zwischen **Jugendlichem** und **Heranwachsendem,** hängt die für den Beschuldigen günstigste und deshalb heranzuziehende Lösung indes von der (schrittweise erfolgenden) Einordnung in eine von mehreren möglichen Konstellationen ab: Deshalb wird zunächst das Vorliegen der Voraussetzungen des § 3 S. 1 geprüft und im Falle fehlender Verantwortlichkeit (sowie bei nicht behebbaren Zweifeln bzgl. der Verantwortungsreife (→ § 3 Rn. 11)) zugunsten des Beschuldigten ein Tatzeitalter von unter 18 Jahren unterstellt. Andernfalls ist zu untersuchen, ob bei ihm (bei Annahme eines über 18 Jahren liegenden Alters) die Voraussetzungen von § 105 Abs. 1 vorlägen. Ist dies zu bejahen, wirkt sich die Unklarheit über das reale Tatzeitalter nicht aus, denn es kommt jeweils materielles JStR zur Anwendung. Liegen die Voraussetzungen des § 105 Abs. 1 dagegen nicht vor oder ist deren Vorliegen zweifelhaft, müssen die fallkonkret angemessenen Rechtsfolgen sowohl nach JStR als auch nach allg StR bestimmt und dann diejenigen verhängt werden, die weniger schwer in die Rechtsstellung des Beschuldigten eingreifen (n. → Rn. 32; → § 105 Rn. 47 f.; ebenso bspw. Laue in MüKoStGB Rn. 8 ff.).

30   Der Zweifelssatz gilt im Übrigen nicht nur im materiellen JStR, sondern **auch in verfahrensrechtlichen** Fragen (n. und diff. zur diesbzgl. allg. Problematik Zopfs, Der Grundsatz „in dubio pro reo", 1999, 338 ff.). Deshalb ist bspw. ein Nebenklageanschluss (außerhalb der in § 80 S. 1 geregelten Fälle) unzulässig, wenn nicht feststeht, dass der Beschuldigte zur Tatzeit das Heranwachsendenalter erreicht hatte (aA nach früherer Rechtslage BGH ZJJ 2007, 414 = BeckRS 2007, 16297). Überall dort, wo das Gesetz zwischen dem prozessualen Vorgehen bei Jugendlichen und Heranwachsenden differenziert (s. dazu § 109), sind – wenn und solange zweifelhaft ist, ob der Beschuldigte zur Tatzeit das achtzehnte Lbj. bereits vollendet hatte – stets (dem jugendstrafrechtlichen Schutzprinzip entspr.) die für Jugendliche geltenden („beschuldigtenfreundlicheren") Verfahrensvorschriften anzuwenden. Auf die Frage, ob sich nach §§ 109 Abs. 2, 105 Abs. 1 fallkonkret die gleiche Folge ergäbe, kommt es hier dann also gar nicht mehr an. Diese seit langem vertretene Ansicht (vgl. etwa 20. Aufl. § 1 Rn. 11; wohl auch Brunner/Dölling Rn. 23) wurde in **Abs. 3** klarstellend **positiviert** (dazu und zur sinngleichen Vorgabe in Art. 3 S. 2 RL (EU) 2016/800 s. RegE BT-Drs. 19/13837, 47; Laue in MüKoStGB Rn. 10; Bock StV 2019, 308 (310)). – Sofern das JStV zwischen Jugendlichen altersmäßig unterscheidet (s. die Haftgrundeinschränkung bis **zum 16. Lbj.** in § 72 Abs. 2), kommt die Entscheidungsregel, wonach im Zweifel das jüngere Alter bzw. das weniger eingriffsintensive Recht zugrunde gelegt wird, gleichermaßen zum Tragen.

31   **cc) Unklare Anwendbarkeit des JGG.** Auch mit Blick auf die Unterscheidung von Heranwachsenden und **Erwachsenen** kann es wegen Unaufklärbarkeit des Alters und/oder der Tatzeit offen sein, ob der Angeklagte das **21. Lbj.** zur Tat bereits (oder noch nicht) vollendet hatte. Hier bezieht sich der Zweifel auf die **Anwendbarkeit** von § 105 und **des JGG insgesamt** (weshalb das Alter auch eine doppelrelevante Tatsache darstellt – vgl. BGH NStZ 2013, 290). Da das materielle JStR und das Recht des JStV eine deutlich stärkere Ausrichtung auf die Lebenssituation, Entwicklungsbedarfe und Verantwortlichkeitslagen junger Menschen aufweisen, muss es als ein Strafrechtsgebiet gelten, das für Beschuldigte im Ganzen gesehen vorteilhafter als die Anwendung von StGB und StPO ist. Deshalb ist in den besagten Situationen in dubio pro reo davon auszugehen, dass das **21. Lbj.** zur Tatzeit noch nicht vollendet war (BGHSt 5, 366 = NJW 1954, 847; BGHSt 47, 311 (313) = NJW 2002, 2483; BGH NStZ-RR 1996, 250; ZJJ 2007, 216 = BeckRS

2007, 8322; NStZ-RR 2020, 259 (Ls.) = BeckRS 2020, 12208; KG StV 2019, 438 = BeckRS 2019, 9343; abw. Laue in MüKoStGB Rn. 17 ff.).

Denkbar ist ferner, dass selbst nach Ausschöpfung aller Ermittlungsmög- **32** lichkeiten nicht mit Sicherheit festgestellt werden kann, ob der Heranwachsende noch einem Jugendlichen gleichsteht und/oder ob die Tat sich als Jugendverfehlung erweist. Hier bezieht sich der Zweifel lediglich darauf, ob iRd sicher anwendbaren JStR die Voraussetzungen des **§ 105 Abs. 1** vorliegen – und ob die speziellen **Rechtsfolgen des JStR** (sowie einige prozessuale Maßgaben des JGG gem. § 109 Abs. 2) heranzuziehen sind oder nicht. Da sich die Günstigkeitsfrage an diesem speziellen Punkt (anders als beim allgemeinen Vergleich von allg. StR und JStR) keineswegs pauschal oder einheitlich beantworten lässt, hat das JGericht in solchen Fällen zu prüfen, zu welchen Konsequenzen das allg. StR und das JStR für den individuellen Angeklagten führen. Nach dem Grundsatz „in dubio pro reo" muss es sodann die konkret eingriffsärmere Variante wählen (n. → § 105 Rn. 47 f.).

II. Sachlicher Anwendungsbereich des JGG

Der in Abs. 1 zur Bestimmung des sachlichen Anwendungsbereichs ge- **33** nutzte Begriff der **Verfehlung** bezeichnet jede **rechtswidrige Tat** iSv §§ 11 Abs. 1 Nr. 5, 12 StGB (Haupt- oder Nebenstrafrecht einschließlich entsprechender landesrechtlicher Bestimmungen). Bei der fallkonkreten Feststellung einer Straftatbegehung sind indes die in → § 2 Rn. 28 ff. erörterten Grundsätze einer jugendgemäßen Normauslegung zu berücksichtigen. Die nähere normtextliche Kennzeichnung („nach allgemeinen Vorschriften mit Strafe bedroht") stellt sodann klar, dass bei allen Sanktionsregimes, die nicht mit eine Strafbewehrung im engeren technischen Sinne operieren, keine Verfehlungen in Betracht kommen. Auf die hier stattfindenden Verstöße ist das JGG nicht anwendbar. Das betrifft bspw. Pflichtverletzungen, die **disziplinar**rechtlich geahndet werden. Auch **Ordnungswidrigkeiten** zählen nicht zu den Verfehlungen iSd Norm. Jedoch findet das JGG auf das Bußgeldverfahren kraft ausdrücklicher Anordnung sinngemäße Anwendung, soweit das OWiG nichts anderes bestimmt (§ 46 Abs. 1 OWiG; RL 1 S. 2; n. → § 2 Rn. 64 ff.).

Bei einem Verhalten, für das **Ordnungs**- oder Zwangsmittel vorgesehen **34** sind, handelt es sich ebenfalls nicht um eine Verfehlung iSv Abs. 1 (vgl. RL 1 S. 1). Pflichtverstöße der hier zugehörigen Art können auch im Verlauf eines JStV begangen werden (vgl. etwa ungebührliches Verhalten gem. § 178 GVG, zeugenpflichtwidriges Verhalten gem. §§ 51, 70 StPO – jeweils iVm § 2 Abs. 2). Die Sanktionierung setzt dann Verschulden – dh auch das Erreichen des 14. Lbj. (§ 19 StGB entsprechend) und die erforderliche Altersreife (entsprechend § 3 S. 1) – voraus (Eisenberg BeweisR StPO Rn. 1072; Brunner/Dölling Rn. 28; Meier JZ 1991, 638 (640)). Gegenüber Kindern kommt Ordnungsgeld oder -haft also nicht in Betracht (BVerfGE 20, 323 (333 f.) = NJW 1967, 195 (196); Meyer-Goßner/Schmitt StPO § 51 Rn. 15). Auch die zwangsweise Vorführung kindlicher Zeugen verbietet sich regelhaft. Zwar handelt es sich hier um eine Vollstreckungsmaßnahme, für die die sanktionsrelevanten Maßgaben der bedingten Strafmündigkeit keine Bedeutung haben, doch muss ein solches Vorgehen wegen der hiervon drohenden entwicklungsschädlichen Folgen meist – auch wegen der ggf. möglichen kommissarischen Vernehmung – als unverhältnismäßig gelten (vgl. Ostendorf in NK-JGG Rn. 10; Meyer-Goßner/Schmitt StPO § 51 Rn. 20; n. zum Ganzen Meier JZ 1991, 638 (640)). Verhindern Eltern, dass ihre Kinder als Zeugen vor Gericht erscheinen, läge in der Vorführung zudem ein Eingriff in deren Sorge- und Aufenthaltsbestimmungsrecht. In diesen Fällen können allenfalls Eingriffe gem. § 1666 BGB geprüft werden. Ordnungsmaßnahmen gegenüber den Eltern sind mangels einer gesetzlichen Regelung nicht zulässig (OLG Hamm NJW 1965, 1613; KG BeckRS 2014, 13844; Meyer-Goßner/Schmitt StPO § 51 Rn. 1).

III. Folgen falscher Einordnung

35   Beruht ein Urteil auf einer altersbezogen falschen Einordnung des Beschuldigten, so ist es wegen einer Verletzung von materiellem JStR mit den gesetzlich vorgesehenen Rechtsmitteln anfechtbar. Auch kann es wegen des altersbedingten Vollstreckungshindernisses nicht vollstreckt werden (vgl. Kühne in Löwe/Rosenberg Einl. K Rn. 121). **Umstritten** ist indes, **ob** und ggf. unter welchen Voraussetzungen ein solches Urteil bei formeller Rechtskraft auch materiell rechtskräftig werden kann oder aber **nichtig** (und damit für jeden unbeachtlich) ist. Im Allgemeinen wird Nichtigkeit nur dann angenommen, wenn ein Urteil offensichtlich nicht hätte ergehen dürfen und sein Bestand als für die Allgemeinheit unerträglich bewertet wird – und wenn die schwere Fehlerhaftigkeit aus dem Urteil selbst heraus offensichtlich und erkennbar ist (BGH NStZ 1984, 279; KG NJW 1954, 1901; OLG Hamm NStZ 2011, 527 (528); Roxin/Schünemann, Strafverfahrensrecht, 29. Aufl. 2017, § 52 Rn. 25; krit. Meyer-Goßner/Schmitt Einl. Rn. 104 mwN). Verurteilungen von Kindern nach JStR und von Jugendlichen nach allg. StR sollen nach oft vertretener Ansicht einen derartigen Grad der Fehlerhaftigkeit nicht erreichen (vgl. Kühne in Löwe/Rosenberg Einl. K Rn. 121 mwN). Dies wird mit Blick auf die Schutzerfordernisse bei Minderjährigen allerdings bezweifelt (gegen die hM Potrykus § 1 Anm. 4; Ostendorf in NK-JGG Rn. 13; Frehsee ZStW 1988, 290 (296); Roxin/Schünemann, Strafverfahrensrecht, 29. Aufl. 2017, § 52 Rn. 26).

36   Richtigerweise ist zu **differenzieren:** Beruht die falsche Einordnung auf Mängeln bei der Bildung des Entscheidungssachverhalts, ist die Entscheidung nicht aus sich selbst heraus unrichtig. Vielmehr ergibt sich die Fehlerhaftigkeit erst aus inhaltlich veränderten tatsächlichen Feststellungen. Es liegt dann kein nichtiges Urteil vor (aA Ostendorf in NK-JGG Rn. 13). In solchen Fällen kommt die Wiederaufnahme des Verfahrens (§§ 359, 362 StPO) in Betracht (OLG Hamburg NJW 1952, 1150; KreisG Saalfeld DVJJ-J 1993, 305; Dallinger/Lackner Rn. 20; Laue in MüKoStGB Rn. 23; Brunner/Dölling Rn. 24; aA Potrykus Anm. 4; Potrykus NJW 1953, 93). – Basiert die falsche Einordnung indes auf einer **fehlerhaften Rechtsanwendung,** ist das Urteil jedenfalls dann nichtig, wenn gegen eine strafunmündige oder jugendliche Person auf eine Rechtsfolge erkannt wird, die bei ihr rechtlich unmöglich ist (und auch durch das FamG gegen sie nicht angeordnet werden dürfte). Dagegen hat die Rspr. eine Nichtigkeit selbst dann abgelehnt, wenn ein Jugendlicher zu Freiheitsstrafe verurteilt wurde (BGH bei Dallinger MDR 1954, 400 (401); ebenso Dallinger/Lackner Rn. 21). Zuzustimmen

ist ihr aber darin, dass umgekehrt die Verurteilung eines Erwachsenen nach JStR keine Nichtigkeit begründet (BGH bei Dallinger MDR 1954, 400; OLG Hamm NStZ 2011, 527 (528); LG Berlin 11.4.2013 – 518 Qs 19/13 bei Fricke StRR 2014, 478).

Bei Nichtigkeit des Urteils kann das Strafverfahren vor dem zuständigen **37** Gericht erneuert bzw. von dem Verfahrensstand aus, in dem es sich vor Ergehen des Urteils befand, fortgesetzt und durch eine neue Entscheidung beendet werden. Eine solche neue Entscheidung hat das nichtige Urteil unerwähnt zu lassen, weil dieses als nicht vorhanden gilt. – Nach überwiegender Auffassung kann gegen ein nichtiges Urteil (aus Praktikabilitätsgründen) ein **ordentliches Rechtsmittel** eingelegt werden. Teilweise hält man – was besonders im Falle des Ablaufs der Rechtsmittelfrist bedeutsam ist – einen **Antrag** auf beschlussförmige **Feststellung** der **Nichtigkeit** für zulässig (Peters Strafprozess 524; abw. Kühne in Löwe/Rosenberg Einl. K Rn. 130: Korrektur nur inzident anlässlich allg. Rechtsmittel). Der Beschuldigte kann die Nichtigkeit eines rechtskräftigen Urteils iÜ durch Einwendungen gegen die Zulässigkeit der Strafvollstreckung gem. § 458 StPO geltend machen.

IV. Rechtshilfe bei Jugendlichen und Heranwachsenden

1. Rechtshilfe zugunsten ausländischer Strafverfolgung

a) Ermittlungshandlungen. Für Fragen der Internationalen Rechtshilfe **38** gelten das IRG sowie die einschlägigen völkerrechtlichen Vereinbarungen und Verträge, wobei für die Mitgliedsstaaten der EU idR Besonderheiten zu beachten sind. Verpflichtungen zur sog. sonstigen Rechtshilfe, die auch strafprozessuale Ermittlungshandlungen einschließen kann, ergeben sich aus §§ 59 ff. IRG und dem EuRHÜbk. Dort sind jeweils keine Sonderregelungen für Jugendliche und Heranwachsende enthalten. Fraglich kann im Einzelfall die Zulässigkeit von Rechtshilfemaßnahmen sein, die sich gegen **Kinder** richten. Der **ordre public** (§ 73 IRG; Art. 2 Buchst. b EuRHÜbk) ist allerdings nach hM (BGHSt 30, 55 (61) = NJW 1981, 1166 (1167); Johnson in Grützner/Pötz/Kreß/Gazeas IRG § 59 Rn. 31) nur verletzt, wenn die fragliche Rechtshilfeleistung den von allen Rechtsstaaten anerkannten Grundsätzen widerspricht. Deshalb wurde es für zulässig gehalten, in der Bundesrepublik die im türkischen Recht vorgesehene Feststellung der „Urteilsfähigkeit" eines 13-jährigen Verfolgten durchzuführen (OLG Stuttgart NJW 1985, 573 (574)). Auch die richterliche Vernehmung einer 11-jährigen Person berühre den ordre public iSd Art. 2 Buchst. b EuRHÜbk nicht (OLG Schleswig NJW 1989, 2207 (2208) mzustAnm Walter NStZ 1989, 537; krit. Trautmann/Zimmermann in Schomburg/Lagodny IRG § 59 Rn. 63 f.; Mayer GA 1990, 508 (513 f.): nur verhältnismäßig, wenn Strafmündigkeit im ersuchenden Staat bereits festgestellt). Dem Ersuchen eines türkischen Gerichts (gem. Art. 1 Abs. 1 EuRhÜbK), einen wegen desselben Tatvorwurfs in Deutschland bereits rechtskräftig Verurteilten zu vernehmen, soll das Verbot der Doppelbestrafung (Art. 103 Abs. 3 GG; § 59 Abs. 3 IRG) nicht entgegenstehen, weil es keine Regel des Völkerrechts iSd Art. 25 S. 1 GG sei und sich nur auf deutsche Gerichte beziehe (BVerfGK 19, 265 = NJW 2012, 1202; OLG Stuttgart NStZ-RR 2015, 387 (zum allg.

StR)). In Fällen, in denen die Art der Rechtshilfemaßnahme ein krasses Missverhältnis zu der nach deutscher Beurteilung eher geringfügigen Tat aufweist, können jedoch Gründe der **Verhältnismäßigkeit** gegen die Zulässigkeit der Rechtshilfeleistung sprechen.

39 **b) Maßnahmen der Überwachung. aa) Überwachung zur U-Haft-vermeidung.** Gesteigerte Rechtshilfepflichten bestehen zwischen den **Mitgliedstaaten der EU** (dazu bzgl. der Auslieferung zur Strafverfolgung in einem anderen Staat → Rn. 43 ff.). Ein Bsp. hierfür bietet die Anordnung von Überwachungsmaßnahmen zur Vermeidung von U-Haftvollzug. Die hierfür in §§ 90o ff. IRG erfolgte Regelung setzt den EU-Rahmenbeschluss 2009/829/JI v. 23.10.2009 (ABl. 2009 L 294, 20 ff. = RB EuÜA) um (n. bspw. Morgenstern ZIS 2014, 216; Schlothauer/Wieder/Nobis U-Haft Rn. 622 ff.). Relevant ist dies insb. für Beschuldigte, die in der Bundesrepublik zu Haus sind und gegen die in einem anderen Mitgliedstaat ein Ermittlungsverfahren geführt wird. Um eine U-Haft im ermittlungsführenden Staat zu vermeiden, werden diese Personen durch die deutschen Strafverfolgungsbehörden mittels der in § 90p Abs. 1 S. 2 Nr. 4 IRG genannten Auflagen, Verpflichtungen und Maßnahmen überwacht, was mit ambulanten Mitteln ein Sichentziehen der Beschuldigten verhindern soll. Dies gilt auch für Jugendliche und Heranwachsende (zumal diese Option in ihrer Zielrichtung dem Subsidiaritätsgebot in § 72 entspricht). Bei Kindern und Jugendlichen, bei denen es am Erfordernis des § 3 fehlt, wären U-Haft und U-Haftvermeidende Maßnahmen im Rahmen deutscher Ermittlungen nicht erlaubt. Deshalb ist bei ihnen auch eine Überwachung für einen anderen Staat unzulässig (§ 90p Abs. 3 Nr. 1 IRG). – Bei einem in einem anderen Mitgliedstaat lebenden Beschuldigten können die deutschen Behörden die Überwachung abgeben (§ 90y IRG).

40 **bb) Überwachung der Bewährung.** §§ 90a ff. IRG regeln in Umsetzung des EU-Rahmenbeschlusses 2008/947/JI (ABl. 2008 L 337, 102 ff.) die grenzüberschreitende Übernahme der Bewährungsüberwachung (zur Übertragung der Überwachung einer deutschen Bewährungsentscheidung an einen anderen Mitgliedstaat s. §§ 90l ff. IRG). Wurde eine Person im Ausland verurteilt, so wird diese, wenn sie sich in der Bewährungszeit in der Bundesrepublik aufhält, durch deutsche Institutionen kontrolliert. Dies gilt einmal für mitgliedsstaatliche gerichtliche Entscheidungen, durch die eine verhängte freiheitsentziehende Sanktion ganz (oder nach Teilvollstreckung) partiell zBew ausgesetzt worden ist, zum anderen aber auch für die gerichtliche Anordnung einer anderweitigen Sanktion, die (ohne im deutschen Recht vorgesehen zu sein) inhaltlich Bewährungsauflagen oder -weisungen entspricht und für den Fall des Verstoßes eine zu vollstreckende freiheitsentziehende Sanktion nach sich zieht (§ 90b Abs. 1 Nr. 1, Nr. 2 IRG). Zu beachten ist, dass Übernahme wie Abgabe der Bewährungsüberwachung bei Entscheidungen, die nach oder entsprechend §§ 27 ff. getroffen wurden, nicht möglich sind (Rothärmel ZJJ 2016, 232 (233)). Hierbei handelt es sich um keine Aussetzung zBew im fraglichen Sinne, weil eine ggf. verhängte JStrafe in diesen Konstellationen nicht an den Verstoß gegen Bewährungsmaßnahmen geknüpft ist (→ § 30 Rn. 6: ein solcher gilt eher nur als Indiz für die Verhängungsvoraussetzung).

41 Mit der Übernahme der Bewährungsaufsicht geht im Regelfall das gesamte Vollstreckungsverfahren über (§ 90j Abs. 1 IRG), dh auch die Zuständigkeit für alle Folgeentscheidungen, einschließlich des Bewährungswiderrufs und der ggf. auf Vollstr. der Sanktion gerichteten Entscheidungen (vgl. dazu bspw. Rothärmel ZJJ 2016, 232 (234)). Deshalb muss in der Übernahmeerklärung die fragliche freiheitsentziehende Sanktion für in Deutschland vollstreckbar erklärt werden; erforderlichenfalls müssen diese Sanktion und die festgelegten Bewährungsmaßnahmen dabei in Sanktionen und Maßnahmen des deutschen Strafrechts umgewandelt werden (§ 90h Abs. 3–5, 7 IRG). Bei Jugendlichen und Heranwachsenden sind die entspr. ausländischen Festlegungen folglich in die ähnlichsten **Rechtsfolgen** und **Verpflichtungen** des **JGG** umzubilden (auch → Rn. 49 ff.). Einer solchen Anpassung bedarf es bspw. bei eingehenden Ersuchen zur Überwachung solcher Bewährungsmaßnahmen, deren Ausgestaltung oder Dauer im deutschen Recht bzw. JStR so nicht vorgesehen ist oder an deren Voraussetzungen es nach deutschem Recht fehlt oder die nicht hinreichend bestimmt sind (dazu, dass bei festgelegten Auslandssanktionen, die sich nicht in eine zBew ausgesetzte JStrafe des deutschen Rechts überführen lassen, die Übernahme auf die bloße Überwachung beschränkt ist, s. § 90h Abs. 6 IRG sowie BT-Drs. 18/4347, 158; Rothärmel ZJJ 2016, 232 (233)).

Verfahrensrechtlich muss die gem. §§ 50, 51 IRG zuständige StA (als **42** Bewilligungsbehörde gem. § 90f IRG), sofern sie die Bewilligung eines eingehenden Ersuchens beabsichtigt und hierzu eine vorläufige Bewilligungsentscheidung trifft und begründet, bei dem zuständigen LG (hier: **JKammer**) beantragen, dass die Überwachung der Bewährungsmaßnahmen für zulässig erklärt wird. Neben den Zulässigkeitsvoraussetzungen prüft das Gericht danach auch die Ermessensausübung seitens der StA (§§ 90f Abs. 2, 90h Abs. 3 IRG), bevor es die eben (→ Rn. 41) genannten Entscheidungen trifft. Mit der Bewilligungsentscheidung durch die StA wird das LG auch für die Überwachung der verurteilten Person während der Bewährungszeit und für Folgeentscheidungen zuständig. Bei Jugendlichen und Heranwachsenden liegt die Zuständigkeit für die Überwachung hingegen beim **JRichter** (§ 90j Abs. 1 S. 3 IRG). – **Abgelehnt** werden dürfen eingehende Ersuchen iÜ nur, wenn ein Zulässigkeits- oder aber ein Bewilligungshindernis besteht (s. §§ 90b f., 90e IRG). Als zwingendes Zulässigkeitshindernis ist ua auch die fehlende Strafmündigkeit (§ 19 StGB) bzw. Einsichtsunfähigkeit (§ 3 S. 1 JGG) angeführt (s. § 90c Abs. 1 Nr. 1 IRG) – ebenso wie ein Mangel an Bezügen zu Deutschland als Vollstreckungsstaat. Auch kann die Bewilligungsbehörde in Ausübung ihres Ermessens ein Bewilligungshindernis geltend machen (bspw., wenn die verbleibende Dauer der Bewährungsmaßnahme weniger als sechs Monate beträgt (s. § 90e Abs. 1 Nr. 4)). Mit Blick auf das Anliegen des EU-Rahmenbeschlusses 2008/947/JI, auch bei grenzüberschreitenden Lebenssachverhalten eine Bewährungssanktion praktisch zu ermöglichen und die Aussetzung zBew dadurch zu fördern, ist eine bewilligungsfreundliche Ermessensausübung in den hierfür vorgesehenen Fällen angezeigt.

c) Auslieferung. aa) Grundlagen. Die relativ strengen Voraussetzungen **43** einer Auslieferung sind zwischen den **Mitgliedsstaaten der EU** abgesenkt. Hier lassen die §§ 78 ff. IRG bspw. das Auslieferungshindernis der deutschen Staatsangehörigkeit weitgehend entfallen (§ 80 IRG); auch das Erfordernis der beiderseitigen Strafbarkeit wird eingeschränkt (§ 81 IRG). Die Bindung des ersuchenden Staates an die (ua vorwurfsbezogenen) Grundlagen der

Auslieferungsentscheidung (Spezialitätsgrundsatz gem. § 11 IRG) wird bei Vorliegen eines Europäischen Haftbefehls modifiziert (§§ 82, 83h IRG). Speziell bei der Auslieferung zur Vollstr. einer Auslandsentscheidung erfährt die Einschränkung, die für in Abwesenheit verhängte Sanktionen an sich besteht (§ 83 Abs. 1 Nr. 3 IRG), durch § 83 Abs. 2–4 IRG eine Reihe von weitreichenden Ausnahmen (zu den Gegenausnahmen, die indes durch RL 2016/343 bei Abwesenheitsurteilen in sog. Fluchtfällen zu berücksichtigen sind und die auch die in → Rn. 49 ff. behandelte Vollstreckungshilfe betreffen, s. eingehend Böse StV 2017, 754).

44   **bb) Ausnahmen von der Auslieferung.** Die Auslieferung eines zur Tatzeit nach deutschem Strafrecht strafunmündigen **Kindes** ist, auch bei zwischenzeitlichem Eintritt der Strafmündigkeit oder Volljährigkeit, **unzulässig.** Innerhalb der EU ist dies ausdrücklich festgelegt (§ 83 Abs. 1 Nr. 2 IRG; vgl. auch Art. 3 Nr. 3 RB-EUHb). Mit Blick auf Drittstaaten folgt dies aus dem Vorbehalt des ordre public in § 73 IRG (BT-Drs. 9/1338, 36; OLG Hamm StraFo 2007, 160 = BeckRS 2007, 03177; Gleß/Wahl/Zimmermann in Schomburg/Lagodny IRG § 3 Rn. 15 und § 73 Rn. 61 f.; geringfügig abw. Vogel/Burchard in Grützner/Pötz/Kreß/Gazeas IRG § 3 Rn. 52: „scheitert in aller Regel"). Das Auslieferungsverbot gilt ebenso, wenn sich die Strafmündigkeit der verfolgten Person nicht zweifelsfrei feststellen lässt (→ Rn. 28). Wegen des Auslieferungsverbotes ist auch die Auslieferungshaft unzulässig (Hackner in Schomburg/Lagodny IRG § 27 Rn. 7).

45   Bei **Jugendlichen** oder **Heranwachsenden** sind hingegen entspr. Einschränkungen jedenfalls nicht eigens positiviert – auch nicht im Verhältnis zu den EU-Mitgliedsstaaten oder iZm den Regelungen zum Europäischen Haftbefehl (krit. daher schon Schünemann StV 2003, 531 (532); s. auch Ranft wistra 2005, 361 (368)). Obwohl die strafrechtliche Verfolgung von 14- bis 21-Jährigen in manchen EU- und Drittstaaten hinter den Standards zurückbleibt, die in Deutschland für eine altersgruppengerechte strafrechtliche Reaktion umgesetzt wurden, besteht kein spezielles, auf das JStR bezogenes Auslieferungshindernis (OLG Hamm StraFo 2007, 160 = BeckRS 2007, 03177). § 40 Abs. 2 Nr. 3 IRG, der für jugendliche Verfolgte einen Pflichtbeistand im Auslieferungsverfahren vorschreibt, zeigt vielmehr die prinzipielle gesetzliche Zulassung der Auslieferung an (für die damit verbundenen Härten kennzeichnend OLG Schleswig SchlHA 2003, 217 = BeckRS 2002, 17748; OLG Stuttgart NStZ-RR 2004, 345). Ausnahmen können sich allein aus zwischenstaatlichen Verträgen ergeben – Diese Rechtslage ist **unbefriedigend.** Nicht von Ungefähr sollen nach einer Empfehlung des Ministerkomitees des Europarates (schon v. 21.5.1975) bei der Prüfung der Auslieferungsvoraussetzungen die Interessen des im ersuchten Staat lebenden Jugendlichen berücksichtigt werden. Es sei zu versuchen, sich auf andere Maßnahmen zu verständigen, wenn durch die Auslieferung die „Re-Sozialisierung" des Jugendlichen beeinträchtigt werden könnte (n. Vogel in Grützner/Pötz/Kreß/Gazeas IRG § 73 Rn. 104 f.).

46   Bisweilen folgt ein Auslieferungsverbot – abgesehen von den Konstellationen des **§ 9 Nr. 1 IRG** (Fall der deutschen Gerichtsbarkeit und einer abschließenden (nicht notwendig rechtskräftigen) Entscheidung deutscher Gerichte oder Behörden (auch nach §§ 45, 47)) – allerdings aus der **ordre public**-Klausel (§ 73 IRG). Dies hängt davon ab, dass die beteiligten Institutionen mit Blick auf die Strafverfolgungsbedingungen im ersuchenden Staat (und die individuellen Verhältnisse der verfolgten Person) anerkennen, dass die Rechtshilfegewährung allg. anerkannten Rechtsgrundsätzen widerspräche (→ Rn. 38). Solche Widersprüche bestehen, wenn im ersuchenden Staat von grundlegenden Prinzipien des deutschen JStR abgewichen wird, etwa wenn dort gar kein besonderes StR für Jugendliche und Heranwachsende vorgesehen ist (vgl. nur Vogel in Grützner/Pötz/Kreß/Gazeas IRG § 73 Rn. 103 ff.) oder das strafvollzugliche Trennungsprinzip (n. → § 92 Rn. 1 ff.) nicht gilt.

Der Rspr. zufolge kann eine Auslieferung ferner abgelehnt werden, wenn **47** es mit Blick auf das Verhältnis zwischen Tatvorwurf und der **unerträglichen Härte** der drohenden oder bereits verhängten Strafe anderenfalls zu einem (gemessen an deutschen Verhältnissen) unverhältnismäßigen Eingriff in die Rechte der verfolgten Person (etwa in deren Recht auf Familienleben gem. Art 8 EMRK) käme (OLG Stuttgart Die Justiz 2004, 362 = BeckRS 2004, 5729; OLG Karlsruhe StV 2007, 145 = BeckRS 2006, 10835; OLG Hamm NStZ-RR 2014, 156; NStZ-RR 2014, 227; Brunner/Dölling Rn. 6). Eine solche Belastungsintensität kann sich auch aus atypischen persönlichen Verhältnissen (Kleinkinder usw) ergeben (OLG Hamm StraFo 2007, 160 = BeckRS 2007, 03177) oder auf den Gegebenheiten des **Sanktionsvollzugs** beruhen. Letzteres ist dann der Fall, wenn dem Jugendlichen oder Heranwachsenden eine Freiheitsstrafe unter unwürdigen Haftbedingungen (dazu zum allg. StR etwa BVerfG NJW 2018, 686 (689); OLG Hamm StraFo 2013, 215 = BeckRS 2013, 6212) oder (im Bereich der EU) eine unmenschliche oder erniedrigende Behandlung iSv **Art. 4 GRCh** droht (BVerfGE 156, 182 = NJW 2021, 1518; BVerfG NStZ-RR 2021, 257; zu den richterlichen Prüfungspflichten BVerfG NJW 2021, 3176 (Ls.) = BeckRS 2021, 24419). – Im Rahmen des Entscheidungsermessens, über das die deutschen Institutionen im Auslieferungsverfahren teilw. verfügen (etwa bzgl. des Bewilligungshindernisses gem. § 83b Abs. 2 Nr. 2 IRG), kann ggf. gegen eine Auslieferung sprechen, dass die erzieherischen bzw. **resozialisatorischen Aussichten** bei einem Sanktionsvollzug in Deutschland deutlich höher wären (OLG Karlsruhe StV 2015, 371 = BeckRS 2015, 3541; NStZ-RR 2021, 26 bzgl. eines schon lange in der BRD lebenden Ausländers).

cc) Prozessuales und Vollzug. Zuständig zur Vorbereitung und Durch- **48** führung einer bewilligten Auslieferung ist die StA bei dem OLG (§ 13 Abs. 2 IRG). – Für die **Auslieferungshaft** Jugendlicher und das Verfahren, mit dem ein **Europäischer Haftbefehl** gegen einen Jugendlichen in Deutschland vollstreckt werden soll, verlangt das EU-Recht besondere Vorkehrungen, im Wesentlichen nämlich die Einhaltung der für das JStV generell bestehenden, prozessualen Mindestanforderungen (Art. 2 Abs. 2 und Art. 17 RL (EU) 2016/800). Diese Anforderungen sind in den Verfahrensvorschriften des IRG umgesetzt (teilw. in den Einzelregelungen, teilw. durch die ergänzende Anwendbarkeit der Vorschriften des JGG gem. § 77 Abs. 1 IRG). So gilt durch die Verweisung in § 25 Abs. 2 IRG das jugendstrafrechtliche Subsidiaritätsprinzip für die Haftbefehlsvollstreckung (§ 72 Abs. 1 S. 1). Bei Aussetzung des Vollzugs des Auslieferungshaftbefehls bestimmt die StA gem. § 27 Abs. 2 IRG auch das Heim der JHilfe (vgl. Hackner in Schomburg/Lagodny IRG § 27 Rn. 4). Wird die Auslieferungshaft jedoch

vollstreckt, richtet sich der Vollzug gem. § 27 Abs. 1 IRG nach den Vorschriften der U-Haftvollzugsgesetze der Länder (zu diesen n. → § 89c
Rn. 6 ff.). Bei (zur Tatzeit) jugendlichen oder heranwachsenden Personen
gilt dies gem. § 27 Abs. 1 iVm §§ 89c, 110 Abs. 2 JGG bis zum Ende des
21. Lbj. einschränkungslos und bei entspr. richterlicher Entscheidung (§ 27
Abs. 3 IKG iVm § 89c Abs. 1 S. 3) auch noch bis zum Ende des 24. Lbj.

2. Vollstreckungshilfe

49   **a) Grundlagen.** Die Rechtshilfe durch innerdeutsche Vollstr. einer im
Ausland rechtskräftig verhängten Sanktion ist gegen einen zur Tatzeit noch
nicht 14-Jährigen gem. § 49 Abs. 1 Nr. 3 IRG **unzulässig.** Dagegen
gelten bei Strafmündigkeit die allg. Regeln in §§ 48 ff. IRG. Hiernach muss
das ausländische Erkenntnis durch gerichtliche Entscheidung iSv § 55 IRG
für vollstreckbar erklärt werden („Exequaturentscheidung"). Dabei ist die
verhängte Sanktion in die ihr im deutschen Recht am ehesten entsprechende
Sanktion umzuwandeln (§ 54 Abs. 1 S. 2 IRG), wobei hinsichtlich der
Höhe der Sanktion die ausländische Entscheidung maßgebend ist (§ 54
Abs. 1 S. 3 IRG). – Bei der Vollstreckbarkeitserklärung sind iÜ die im
Ausland bereits erfolgten Teilvollstreckungen anzurechnen (§ 54 Abs. 4
IRG). Dabei darf das Gericht aber keinen eigenen Umrechnungsmaßstab
bilden, um die ggf. bestehenden Härten ausländischer Vollzugsbedingungen
auszugleichen (zu dieser sonst bestehenden Möglichkeit → § 52a Rn. 12 f.),
da § 51 Abs. 4 S. 2 StGB in diesem Zusammenhang unanwendbar ist (dazu
jeweils im allg. StR etwa OLG Celle NStZ-RR 2011, 248; OLG Stuttgart
NStZ-RR 2017, 257; für eine Berücksichtigung bei der Bestimmung der
Mindestvollzugsdauer bei der Strafrestaussetzung aber Lagodny StV 2010, 85
(87)).

50   **b) Umwandlung der Sanktion.** Geht es um die innerdeutsche Vollstr.
einer gegen einen **Jugendlichen** verhängten Sanktion, ist für die Umwandlung in die ähnlichste Sanktion das JGG entspr. anzuwenden (§ 54 Abs. 3
IRG). Werden die dort geregelten Höchstmaße für eine freiheitsentziehende
Sanktion im ausländischen Erkenntnis überschritten, bedarf es der in § 54
Abs. 1 S. 3 und 4 IRG sowie § 84g Abs. 4 IRG vorgesehenen Ermäßigun-
gen. Eine umwandlungsbedingte Unterschreitung der Mindestdauer einer
JStrafe (§ 18 Abs. 1 JGG) ist indes möglich (BT-Drs. 9/1338, 76). War
hingegen im Ausland die Zahlung eines Geldbetrages angeordnet worden,
kann dies in eine ambulante Rechtsfolge des JGG umgewandelt werden.
Meist wird von den Gerichten hier die Geldauflage gewählt (dies befürwortend BT-Drs. 19/19852, 43), wenngleich bei Rechtshilfe für einen EU-
Mitgliedstaat gem. § 87i Abs. 3 S. 2 IRG grundsätzlich auch eine andere
Auflage oder Erziehungsmaßregel in Betracht kommt. Die hierbei nach
deutschem JStR bestehenden Begrenzungen (bei der Geldauflage bspw. § 15
Abs. 1 S. 2, Abs. 2) sind dabei aber nicht außer Kraft gesetzt (tendenziell
abw. und zw. OLG Hamburg ZIS 2015, 119 mzustAnm Johnson ZIS 2015,
121; OLG Karlsruhe NZV 2020, 313 (314); betragsmäßige Herabsetzung
auf Niveau von § 15 Abs. 2 nur ausnahmsweise geboten; idR sei nur Ratenzahlung ausreichend). Eine Umwandlung in JA oder gar in eine Rechtsfolge
gem. § 17 oder § 27 kommt aber – ebenso wie generell auch der Nichtbefolgungsarrest gem. § 11 Abs. 3 (vgl. § 87n Abs. 3 IRG) – jedenfalls nicht

in Betracht (Trautmann in Schomburg/Lagodny IRG § 87i Rn. 6 f.; vgl. dazu auch § 87i Abs. 3 S. 4 IRG). – Wenn das JGG gar keine Sanktion kennt, die der im Ausland verhängten Sanktion der Art nach entspricht, ist die rechtshilfeförmige Vollstr. unzulässig (§ 49 Abs. 4 IRG). Soweit aber eine Sanktion in eine nach dem JGG zulässige Rechtsfolge umgewandelt worden ist, richten sich deren Vollstr. und Vollzug nach dem deutschen JStR (§ 57 Abs. 4 IRG).

Auch bei **Heranwachsenden** erfolgt die Umwandlung in eine JGG- 51 Sanktion (§ 54 Abs. 3 IRG). Wurde die fragliche Person im Ausland jedoch nach Erwachsenenstrafrecht verurteilt, müssen hierfür indes die Voraussetzungen des § 105 Abs. 1 festgestellt werden (dazu und zur hier ggf. bestehenden Notwendigkeit „einer ergänzenden Beweiserhebung" s. BT-Drs. 9/1338, 75; OLG Hamburg ZIS 2015, 119 mzustAnm Johnson ZIS 2015, 121; vgl. auch Hackner in Schomburg/Lagodny IRG § 54 Rn. 36 sowie für EU-Mitgliedstaaten § 87i Abs. 3 S. 3 IRG). Bleiben in dieser Hinsicht unbehebbare Zweifel, ist bei der Umwandlung im Exequaturverfahren das JGG anzuwenden (Hackner in Schomburg/Lagodny IRG § 54 Rn. 36), wenn daraus dem Verurteilten keine Nachteile erwachsen (Grotz in Grützner/Pötz/Kreß/Gazeas IRG § 54 Rn. 17). Bei Verneinung von § 105 Abs. 1 wird das ausländische Erkenntnis nach den allg. Regeln (→ Rn. 49) für vollstreckbar erklärt (s. auch § 87i Abs. 4 S. 3 IRG).

c) Prozessuales. Abgesehen von den Fällen des §§ 87g Abs. 1, 87i Abs. 1 52 IRG (Vollstreckungshilfe zwischen EU-Mitgliedern bei Geldsanktionen), in denen der JRichter zuständig ist, liegt die **Zuständigkeit** für die von der JStA (§ 50 S. 2 IRG, § 84f Abs. 1 S. 2 IRG) zu beantragende Vollstreckbarkeitsentscheidung gegen Jugendliche und Heranwachsende bei der JKammer (Eisenberg/Goeckenjan NStZ 1999, 536; ebenso Brunner/Dölling Rn. 5c; Schatz in Diemer/Schatz/Sonnen § 41 Rn. 3; aA KG NStZ 1999, 196 f.; Nr. 68 RiVASt: Strafvollstreckungskammer wie bei Erwachsenen (§ 78a Abs. 1 S. 2 Nr. GVG)). Dies ergibt sich gesetzessystematisch daraus, dass die Aufgaben der Strafvollstreckungskammer im Bereich des JStR generell durch JGerichte – meist durch den JRichter (vgl. §§ 82 Abs. 1, 83, 110), hier aber mit Blick auf § 50 S. 1 IRG durch die JKammer – wahrgenommen werden. Auch weisen weder der Wortlaut des § 78a Abs. 1 S. 1 GVG („soweit … Erwachsene") noch die Entstehungsgeschichte des IRG auf eine abw. Regelung bei der Vollstreckungshilfe hin (kennzeichnend BT-Drs. 9/1338, 75 und 18/4347, 124, 171). Für die hier vertretene Auffassung spricht ferner, dass in den Fällen, in denen das Vorliegen der Voraussetzungen des § 105 Abs. 1 geprüft werden muss (→ Rn. 51), eine Beurteilung der Täterpersönlichkeit erforderlich sein kann. Ohnehin können bei der Umwandlung diverse Auswahl- und Bemessungsentscheidungen zu treffen sein (→ Rn. 50), sodass ein Bedarf für die besondere jugendstrafrechtliche Befähigung (§ 37) besteht.

3. Auslieferung und Ausweisung nach Inlandsverurteilung

Die Vollstr. einer in Deutschland verhängten Sanktion gegen einen 53 Jugendlichen oder Heranwachsenden kann unter den Voraussetzungen des **§ 71 IRG** an einen anderen (hierbei Rechtshilfe leistenden) Staat übertragen werden. Teilweise geschieht dies im Interesse des Verurteilten (bspw., wenn er aus dem Vollstreckungsstaat stammt und/oder dort lebt). Es können aber auch öffentliche Interessen bzw. solche der Strafverfolgungsinstitutionen anlassgebend sein. Entsprechende Möglichkeiten beruhen iÜ auch auf dem Übereinkommen über die Überstellung verurteilter Personen (BGBl 1991 II 1006). Nach § 85 IRG darf obendrein die Vollstr. einer freiheitsentziehenden Sanktion an einen EU-Mitgliedstaat übertragen werden. In der Regel kommt es bei all diesen Varianten nicht zwingend auf eine Zustimmung des (nichtdeutschen) Betroffenen an. Es müssen dann allerdings die jeweiligen Voraussetzungen einer unfreiwilligen Übertragung geprüft und festgestellt werden (vgl. etwa zu § 85c IRG und der JStrafen-Vollstreckung in Rumänien OLG Celle StraFo 2016, 431 = BeckRS 2016, 15370). Auch muss in verlässlicher Weise geprüft werden, ob der Strafvollzug des Vollstreckungsstaates die grundlegenden Mindeststandards iSd ordre public (§ 73 IRG) wahrt (VerfGH Berlin StV 2015, 368 = BeckRS 2015, 41897). Umgekehrt darf eine Übertragung aber auch nicht einfach deshalb abgelehnt werden, weil man im übernehmenden Staat einen besonders schonenden Umgang (besonders frühzeitige Entlassung usw) erwartet (zum diesbzgl. Ermessensfehlgebrauch vgl. im allg. StR etwa KG StV 2016, 243 = BeckRS 2015, 19929; OLG Köln StV 2018, 587 = BeckRS 2017, 101911).

54   Daneben erlaubt es § 456a StPO, aus Interessen der Strafverfolgungsinstitutionen heraus (zur Entlastung des Vollzugs) bei jenen Personen, die ohnehin nach Ende der freiheitsentziehenden Sanktion die Bundesrepublik absehbar verlassen müssen (dazu → § 5 Rn. 15; → § 18 Rn. 34, → § 88 Rn. 41), von deren Vollstr. ganz oder teilw. abzusehen und diese auszuliefern oder auszuweisen (n. bspw. Pohlreich ZStW 2015, 410 (417 ff., 420 ff.); zur einschlägigen EGMR-Judikatur s. Arnold/Rehmet RdJB 2018, 401 (411 ff.); zur Praxis und der vorgenannten Vollstreckungsübertragung s. BT-Drs. 19/3596; Eisenberg/Kölbel Kriminologie § 39 Rn. 11). Dies gilt auch für die JStrafe (Brunner/Dölling Rn. 9). Vielfach ist das Absehen von der Verfolgung mit einer Abschiebung des (nichtdeutschen) Verurteilten in die Freiheit verbunden. Ob es hierzu kommt, liegt im Ermessen der Vollstreckungsbehörde, die sich dabei ua mit Blick auf den frühestmöglichen Absehenszeitpunkt an landesrechtlichen RL zu orientieren hat (vgl. deren Zusammenstellung bei Coen in BeckOK StPO § 456a Rn. 4.1). Beispielsweise kann nach Rundschreiben RhPf v. 23.4.2001 (JBl. 2001, 213 f.; vgl. ähnlich schon AV Bbg. v. 20.3.1997 (JMBl. 38), zuletzt geänd. durch AV v. 2.2.2011 (JMBl. 18)) bei Jugendlichen oder Heranwachsenden idR nach Vollstr. von 1/3 der JStrafe von der weiteren Vollstr. abgesehen werden (im Einzelfall auch schon früher) – wobei aber zusätzlich zu berücksichtigen ist, ob das Erziehungsziel in dieser Zeit bereits erreicht wurde oder künftig noch erreicht werden kann. Trotz dieses zusätzlichen individualpräventiven Kriteriums kann nicht etwa aus erzieherischen Gründen eine längere Vollstr. vor Anwendung des § 456a StPO als bei Erwachsenen in Betracht kommen (zust. Schmülling/Walter StV 1998, 313 (320): Schlechterstellung). Eine ggf. negative Kriminalprognose darf für die Ermessensentscheidung nur dann bedeutsam sein, wenn sie tatsächlich begründet wird und zudem Anhaltspunkte dafür bestehen, der Verurteilte werde nach Deutschland zurückkehren (OLG Karlsruhe NStZ-RR 2013, 227; OLG Bamberg StraFo 2014, 259 = BeckRS 2014, 9279 jeweils zum allg. StR).

Eine Vorweganordnung, die Vollstr. einer JStrafe (bzw. eines JStrafrestes) **55** im Falle der Rückkehr nach Deutschland nachzuholen, und der Erlass eines dies sichernden Haftbefehls (§ 456a Abs. 2 S. 3 StPO), dürfen keine automatisch ergehenden Nebenentscheidungen bei einem Absehen von der Verfolgung sein. Bei der Ausübung des diesbzgl. Ermessens sind ua auch erzieherische und zukunftsorientierte Belange (§ 2 Abs. 1) zu berücksichtigen (AG Ahrensburg StRR 2010, 76).

Ziel des Jugendstrafrechts; Anwendung des allgemeinen Strafrechts

2 (1) [1]**Die Anwendung des Jugendstrafrechts soll vor allem erneuten Straftaten eines Jugendlichen oder Heranwachsenden entgegenwirken.** [2]**Um dieses Ziel zu erreichen, sind die Rechtsfolgen und unter Beachtung des elterlichen Erziehungsrechts auch das Verfahren vorrangig am Erziehungsgedanken auszurichten.**

(2) **Die allgemeinen Vorschriften gelten nur, soweit in diesem Gesetz nichts anderes bestimmt ist.**

Schrifttum: Bausch, Die Berücksichtigung der individuellen Entwicklung bei der Auslegung strafrechtlicher Normen am Beispiel des dolus eventualis, 2020; Beier, Zulässigkeit und Modalitäten von Verständigungen im Jugendstrafrecht, 2014; Flitner, Konrad, sprach die Frau Mama ..., 1982; Harnach-Beck, Psychosoziale Diagnostik in der Jugendhilfe, 6. Aufl. 2011; Huhle, Die Sanktionierung von jungen Menschen im Ordnungswidrigkeitenrecht, 2017; Kron/Jürgens/Standop, Grundwissen Pädagogik, 8. Aufl. 2013; Lehmann-Björnekärr, Der Gruppenbezug jugendlicher Delinquenz, 2014; Märker, Vorsatz und Fahrlässigkeit bei jugendlichen Straftätern, 1995; Marks/Meyer/Schreckling/Wandrey (Hrsg.), Wiedergutmachung und Strafrechtspraxis, 1993; Pankiewicz, Absprachen im Jugendstrafrecht, 2008; Seidel/Krapp, Pädagogische Psychologie, 6. Aufl. 2014; Tyler/Trinkner, Why Children Follow Rules, 2017; Walter, Formelle Disziplinierung im Jugendstrafvollzug, 1998; Zapf, Opferschutz und Erziehungsgedanke im Jugendstrafverfahren, 2012; Zeltwanger, Die Motive bei Tötungsdelikten Jugendlicher und Heranwachsender, 1989.

Übersicht

I. Anwendungsbereich

1   Die Vorschrift gilt unmittelbar auch dann, wenn das Verfahren gegen Jugendliche oder Heranwachsende vor einem für **allg. Strafsachen** zuständigen **Gericht** stattfindet (→ § 112 Rn. 2, → § 104 Rn. 28).

II. Grundausrichtung des gesamten JGG

1. Struktur der gesetzlichen Zielfestlegung

a) Grundsatz in Abs. 1 S. 1. Abs. 1 wurde durch Gesetz v. 13.12.2007 2
(BGBl. 2007 I 2894) eingeführt. Die Norm legt in S. 1 das Ziel des JStR
ausdrücklich fest („erneuten Straftaten [...] entgegenwirken"). Daher sind
die Auslegung und fallkonkrete Anwendung des JGG ganz dezidert an der
spezialpräventiven Wirksamkeit zu orientieren. Dies gilt angesichts der weiten Formulierung („des Jugendstrafrechts") für das **gesamte,** dh sowohl für
das materielle wie auch das formelle JStR und damit für jede jugendstrafrechtlich getragene Inter-/Aktion mit bzw. gegenüber Jugendlichen und
Heranwachsenden (vgl. für Jugendliche auch Art. 40 Kinderrechtskonvention: „soziale Wiedereingliederung sowie die Übernahme einer konstruktiven
Rolle in der Gesellschaft durch das Kind zu fördern").

b) Konkretisierung in Abs. 1 S. 2. Was die grundlegende spezialprä- 3
ventive Orientierung des materiellen und formellen JStR bedeutet, wird in
Abs. 1 S. 2 näher konkretisiert. Die Norm bestimmt ein „Mittel" (BT-Drs.
16/6293, 9) bzw. einen Weg, „um dieses Ziel zu erreichen". Hiernach ist das
gesamte JStR „am Erziehungsgedanken auszurichten". Ungeachtet der in
einem Erziehungsprogramm liegenden Problematik (n. → Rn. 8 ff.) schließt
das Gesetz damit einige denkbare Modi, individualpräventive Wirksamkeit
zu entwickeln, mit außerordentlicher Deutlichkeit aus (insb. ein auf sog.
Sicherungs- und negative Spezialprävention setzendes Vorgehen). Das gesamte JStR soll vielmehr so ausgelegt und angewandt werden, dass dies zu
einer Gesetzeshandhabung führt, bei der zukunftsbezogen fördernd und
chanceneröffnend auf den Jugendlichen oder Heranwachsenden eingewirkt
wird (→ Rn. 14). Dass das JGG in funktionaler Hinsicht durchziehende
Leitprinzip ist also das der **positiven Spezialprävention** bzw. „das **Ver-
fassungsrang** beanspruchende Ziel möglichst weitgehender **sozialer Integration**" (BVerfG NJW 2008, 281 (283)).

c) Konsequenzen und Relativierung. aa) Materielles Recht. Für das 4
materielle JStR begründet dieses jugendstrafrechtliche Leitprinzip zunächst
einmal eine **fundamentale Abweichung** von der Logik und den Kriterien,
die im allg. StR bestimmend sind. Die Maßgabe des § 46 Abs. 1 StGB,
wonach spezialpräventive Gesichtspunkte allein in den Grenzen des primär
zu berücksichtigenden **Schuldausgleichs** zum Tragen kommen sollen, gilt
angesichts von Abs. 1 (sowie § 18 Abs. 2) im JStR nicht. Hier kommt es für
die Sanktionswahl und -bemessung vielmehr umgekehrt auf die spezialpräventive Einwirkungsbedürftigkeit an (n. → § 5 Rn. 16 ff.), wohingegen der
Schuldausgleich dabei allein als „Limitierung nach oben" von Bedeutung ist
(BT-Drs. 16/6293, 10; zum Ganzen n. bei der JStrafe → § 18 Rn. 33,
35 ff.).

Ähnlich verhält es sich mit Blick auf die (negative und positive) **General- 5
prävention.** Dass das Ziel, derartige Wirkungen erreichen zu wollen, die
Rechtsfolgenentscheidung prägen oder beeinflussen darf (dafür insb. Kaspar
FS Schöch, 2012, 215 ff.; vgl. auch Swoboda ZStW 2013, 86 (91 ff.)), wird
selbst im allg. StR bezweifelt oder doch zumindest diff. auf eng konturierte
Konstellationen begrenzt (zusf. Kinzig in Schönke/Schröder StGB § 46

Rn. 5 f.). Ohnehin ist die Frage, ob es sich bei Belangen der Abschreckung oder der (unterstellten) öffentlichen Sanktionserwartung um zulässige Aspekte der Sanktionsbestimmung handelt, immer nur dann von Interesse, wenn eine spezialpräventiv angemessene Reaktion in diesen Hinsichten als „zu wenig" erscheint. Es geht hierbei also stets darum, über das der individuellen Einwirkungsbedürftigkeit entspr. Maß hinauszugehen. Dem wird im JStR jedoch eine Absage erteilt. Die Möglichkeit, generalpräventiv orientierte Rechtsfolgen anzuordnen, ist in Abs. 1 nicht vorgesehen und wird hierdurch also versperrt (→ § 5 Rn. 3, → § 17 Rn. 6 f., → § 18 Rn. 43). Dass entspr. Effekte ggf. „bei Gelegenheit" der JStR-Anwendung eintreten können (so etwa BGH NStZ 2021, 679 (681): „Nebeneffekt"; Laue in MüKoStGB Rn. 2: „Reflexwirkung"), ist für die Zielbestimmung ohne Belang.

6   All das gilt ungeachtet der partiell einschränkenden Fassung von Abs. 1, die das Leitprinzip positiv-spezialpräventiver Einwirkung in seiner Maßgeblichkeit **geringfügig relativiert** (BGH NStZ 2021, 679 (681)). Nach den Erläuterungen bei Normerlass soll es hierdurch aber keineswegs möglich gemacht werden, dass generalpräventive Interessen in gewissem Maße zum Tragen kommen (dies ausdrücklich ausschließend BT-Drs. 16/6293, 10). Deshalb verlangt der Normtext, dass „erneuten Straftaten eines Jugendlichen" anstatt „Straftaten von Jugendlichen" entgegengewirkt wird (vgl. auch Laue in MüKoStGB Rn. 2). Insofern zielt das Gesetz allein darauf, dass bei bestimmten Sanktionen (Zuchtmittel, JStrafe gem. § 17 Abs. 2 Var. 2) durchaus „auch Belangen des Schuldausgleichs Rechnung getragen" wird (BT-Drs. 16/6293, 9). Die konkrete Fassung der Einschübe bringt allerdings zum Ausdruck, dass das Kriterium der zu fördernden individuellen Entwicklung dabei in keinem Einzelfall negiert oder in den Hintergrund gedrängt werden darf. Der normtextlichen Formulierung („vor allem", „vorwiegend") zufolge ist es in manchen Fällen nur nicht allein oder exklusiv zu berücksichtigen, wiewohl es in der Relevanz und Gewichtung aber auch hier allen anderen Belangen **vorgeht**.

7   **bb) Prozessrecht.** Hinsichtlich des JStV und der Bestimmungen, die hierfür im JGG vorgesehen oder nach Abs. 2 aus dem allg. Prozessrecht transferiert werden, verpflichtet Abs. 1 ebenfalls zu einer Handhabung, die der spezialpräventiven Grundausrichtung des JStR dienlich ist und zumindest die hierfür abträglichen Begleiteffekte des Verfahrens minimiert. Bei Interventionen mit Eingriffs- und Zwangselementen besteht angesichts der einschränkenden Formulierung ein spezifischer Vorbehalt („unter Beachtung des elterlichen Erziehungsrechts", im RegE noch „soweit möglich"). Dies soll nach der legislatorischen Begründung klarstellen, dass derartige Maßnahmen erst nach einer Verurteilung zulässig sind – im vorangehenden Verfahren dagegen nur, sofern es für die betroffenen Jugendlichen „lediglich vorteilhaft und auf ihr Wohl ausgerichtet" ist (so BT-Drs. 16/6293, 9 unter Hinweis auf Maßnahmen nach § 72 Abs. 1 zur Vermeidung von U-Haft). Hierdurch wird der elterliche Erziehungsvorrang bis zur urteilsförmigen Feststellung des Bedarfs an staatlicher erzieherischer Intervention gewährleistet. Das prozessuale Vorgehen an sonstigen (erziehungsunabhängigen) Belangen auszurichten und dafür Abstriche an der spezialpräventiven Eignung in Kauf nehmen zu dürfen, soll durch die Fassung des Normtextes dagegen ausdrücklich nicht erlaubt werden.

2. Bedeutung des Erziehungsgedankens (Abs. 1 S. 2)

a) Zur Problematik des gesetzlichen Erziehungsziels. aa) Erzie- 8
hung. Zum Verständnis von Erziehung findet sich in Wissenschaft und
Praxis ein weites Spektrum zwischen der „dialogischen Begegnung der
Generationen einerseits und teleologischer Manipulation andererseits"
(Langhanky DVJJ-J 1996, 150). Die vorherrschende Auffassung in Pädagogik
und pädagogischer Psychologie begreift hierunter die personale **Einflussnahme** eines Erziehenden, die auf (je nach Erziehungsziel und -situation)
spezifische **Veränderungen** bei der zu erziehenden Person abzielt. Dies ist
indes nicht im Sinne einer einseitigen Einwirkung, sondern als ein Prozess
wechselwirkender Interaktion zu verstehen, der seitens des Jugendlichen zB
die Interpretation der Einflussnahme und die damit verbundenen Empfin-
dungen und Reaktionen ebenso umfasst wie die darauf wiederum folgenden
Reflektionen und Antworten der erziehenden Person (vgl. Kron/Jürgens/
Standop, Grundwissen Pädagogik, 8. Aufl. 2013, 58 f.; Dollinger/Schabdach
Jugendkriminalität 46 f.). − Erziehung unterscheidet sich iÜ von Prozessen
der **Sozialisation** (oder „Sozialwerdung"), die über die Erziehung hinaus
auch „ungeplante" Lernvorgänge in der Auseinandersetzung mit der sozialen
Umwelt einschließen (vgl. dazu etwa Harnach-Beck, Psychosoziale Diagnostik in der Jugendhilfe, 6. Aufl. 2011, 44 ff., 55 ff.) und erzieherische Verläufe überformen und modifizieren (zu unterschiedlichen Sozialisations-
modellen s. die Beiträge in Hurrelmann/Bauer/Grundmann/Walper (Hrsg.),
Handbuch Sozialisationsforschung, 8. Aufl. 2015, 144 ff.).

bb) Erziehungsziel. Als Ziele von Erziehung bezeichnet man häufig den 9
Schutz sowie die Förderung und Integration junger Menschen. In der
sozialen Wirklichkeit und den realen Praktiken sind die dazu bestehenden
Auffassungen indes heterogen. Auch unterliegen Erziehungsziele der gesellschaftlichen Entwicklung (vgl. dazu etwa Harnach-Beck, Psychosoziale Di-
agnostik in der Jugendhilfe, 2011, 46 ff.). Insgesamt besteht hier ein enger
Zusammenhang mit der jeweiligen gesellschaftlichen Wertestruktur. Die
damit verbundene Offenheit des Erziehungsbegriffs ist im strafrechtlichen
Kontext allerdings merklich reduziert: Das Ziel der Einwirkung wird hier
durch die Festlegung in Abs. 1 S. 1 auf die **soziale Konformität** festgelegt:
Es geht also nicht um Moralbildung (vgl. bspw. Brunner/Dölling Rn. 3;
Weigend in BMJ 1992, 167; Dollinger/Schabdach Jugendkriminalität 40;
abw. Putzke in BeckOK JGG Rn. 8), sondern um die Bereitschaft und
Fähigkeit, ein Leben ohne Straftaten zu führen. Dieses Konformitätsziel hat
eine protektive Seite, insofern die Adressaten präventiv vor längerfristiger
Marginalisierung und Desintegration, vor Verstrickung in Abhängigkeitsbeziehungen (etwa im Rahmen „Organisierter Kriminalität" oder politisch-
ideologisch bzw. religiös radikalisierter Gruppen) und vor den destruktiven
Seiten wiederholter staatlicher Sanktionierung geschützt werden sollen (auch
→ Einl. Rn. 40). Es ist aber nicht zu übersehen, dass in der Praxis oft auch
repressive Deliktsreaktionen als „erzieherisch" ausgeflaggt werden (dazu statt
vieler etwa Ostendorf RdJB 2020, 462 (465 f.)). Auch kann die in Abs. 1
formulierte Zielstellung ungeachtet ihrer positiv-rechtlichen Verbindlichkeit
durchaus disziplinierend-kontrollierende Züge annehmen. Soweit hiernach
der „ideale" Jugendliche als angepasst verstanden wird, liegt darin die Gefahr,
dass auf eine schweigende Jugend hingewirkt wird, die die Erwachsenenge-

sellschaft reproduziert, ohne deren Unzulänglichkeiten in Frage zu stellen
(zu der diesbzgl. Funktion von Delinquenz s. Eisenberg/Kölbel Kriminologie § 12 Rn. 1 ff.).

10   **b) Zur Problematik erzieherischer Methoden. aa) Grenzen der
Strenge.** Unabhängig von der Problematik der Ziele ist stets zu überprüfen,
ob das reale Erziehungsverhalten hierfür jeweils dienlich ist. Versteht man
unter Erziehen ein Begleiten und Mitwirken „an dem, was im Zusammenleben von Menschen, also unabhängig von der Erziehung, von selbst geschieht", indem dieses (von selbst) Geschehende „verstärkt, korrigiert und
vor schädlichem Einfluss bewahrt" wird, wirft dies die Frage nach den
zuträglichen und angemessenen **Techniken** auf. Negative Sanktionen scheinen dazu – wenn überhaupt – nur dann zu zählen, wenn sie „eine aufbauen-
de Komponente haben, mit der sich die Verletzung der Grenze und die
Verletzung der Beziehung überwinden lässt" (Flitner, Konrad, sprach die
Frau Mama …, 1982, 63, 86). Vordergründig mag zwar auch ein auf Unterordnung ausgerichteter Einwirkungsstil zur Erreichung bestimmter Ziele
durchaus oder sogar besonders effektiv sein. Dies hält in der Regel jedoch
nur so lange an, wie Kontrolle ausgeübt wird (vgl. Lewin/Lippitt/
White Journal of Social Psychology 1939, 271 ff.; Tausch/Tausch, Erzie-
hungspsychologie, 11. Aufl. 1998, 332 ff.). Die dauerhafte Konfrontation
mit Strenge (insb. in der Kombination mit Minderausprägungen von emotionaler Zuwendung, Wertschätzung und Unterstützung) gilt iÜ als wesentlich für Anpassungsprobleme und Verhaltensauffälligkeiten bei Kindern und
Jugendlichen (vgl. etwa Hoeve/Dubas/Eichelsheim ua Journal of Abnormal
Child Psychology 2009, 749; Kawabata/Alink/Tseng ua Developmental
Review 2011, 240). Einengende Rigorosität hemmt die Entwicklung von
Autonomie und damit einhergehend die des Selbstwertgefühls und der
Fähigkeit zur Verantwortungsübernahme von Jugendlichen (vgl. etwa Kunt-
sche/Reitzle/Silbereisen Psychologie in Erziehung und Unterricht 2003,
143). Vorzugswürdig ist im sozialen Kontext ein Einwirkungsverhalten, das
von Zuwendung, gewährter Selbstbestimmung und positiver Bekräftigung
erwünschten Verhaltens gekennzeichnet ist.

11   **bb) Generationelle Perspektivität.** Ein Problem, das sich auch beim
zuwendenden erzieherischen Umgang mit Minderjährigen stellt, scheint
darin zu liegen, dass Erwachsene (zB Eltern, Sozialarbeiter, Richter, Gutachter) die Belange von Minderjährigen ausschließlich aus Erwachsenen-
Sicht beurteilen. Vor dem Hintergrund von „Erfahrungen" bestimmen sie,
was „das Beste", was „vernünftig" und „richtig" für junge Menschen ist –
ohne deren Weltsicht einnehmen zu können und ohne die früher selbst
gemachten Erfahrungen mit dem „Rechthaben" Erwachsener noch präsent
zu haben. Durch die sich zwischen den Generationen schnell ändernden
Jugendkulturen wird die **lebensweltliche Kluft** noch verstärkt (vgl. Plewig
ZJJ 2013, 240 (243): Erwachsenen „fehlt die Vorstellung von Zukunft").
Jugendliche Verhaltensinhalte bzw. Interessen erscheinen Erwachsenen dadurch als „unvernünftig" und „problematisch", auch wenn sie für die Handelnden aus deren Sicht durchaus sinnvoll bzw. sinnstiftend sind (vgl. auch
Winkler in BMJ 2009, 144: „große Welterfahrung und Weltkenntnis hoch-
belasteter Kinder und Jugendlicher"). Umgekehrt schätzen Jugendliche zwar
auch im strafrechtlichen Kontext spürbaren Respekt, anerkennende Selbstständigkeit und reale Hilfe, weisen aufgedrängte Erziehungsansprüche aber

eher zurück (vgl. Scholz DVJJ-J 1999, 232 (239); siehe hierzu die Befunde bei Dollinger/Fröschle/Gilde/Vietig MschKrim 2016, 325; Dollinger/Gilde/Heppchen/Vietig in Weinbach/Coelen/Dollinger ua (Hrsg.), Folgen sozialer Hilfen, 2017, 168 ff.). Ohne das aufwändige und einfühlsame Bemühen, die Perspektiven Minderjähriger im Allgemeinen und im konkreten Fall verstehend zu erschließen, gerät erwachsenes Reagieren daher leicht zur vorschnellen und ggf. gar repressiven Grenzensetzung, die alle Entscheidungsanteile der Minderjährigen eliminiert. Entwicklungsfördernd ist es dagegen, (anstelle einer Unterordnung unter eine „Erwachsenenvernunft") mit den eigenen Wünschen und Vorstellungen ernst genommen zu werden – also neben der notwendigen **Orientierung** auch einen **Freiraum** für die Selbsterprobung zu erhalten. „Interventionen" und Hilfsangebote (auch solche von institutioneller Seite) sind so gesehen besonders dann vielversprechend, wenn sie auf der Zustimmung oder freiwilligen Annahme des Jugendlichen beruhen (vgl. auch Sonnen FS Wolter, 2013, 1232).

c) Zur Problematik der Erziehung im Strafrecht. Das JStR bietet als **12 Strafrecht schwerlich ein geeignetes Umfeld** für erzieherische Einwirkungen (n. Tyler/Trinkner, Why Children Follow Rules, 2017, 184 ff.). Abgesehen von einigen besonderen Sanktionsformen, bei denen der Jugendliche in eine längerfristige Beziehung zu bestimmten Funktionsträgern tritt (bspw. Betreuern, Bewährungshelfern usw), bleibt es hier idR bei punktuellen Kontakten (insb. zum JRichter). Dabei fehlt es nahezu durchgehend an der für Lernprozesse (sei es für die Rolle eines Modells oder die Funktion eines Verstärkers) notwendigen emotionalen Verbindung. Charakteristisch ist vielmehr eine ausgesprochen hierarchische Beziehungsstruktur, aus der heraus die Intervention in einem autoritären Modus – also weitgehend ohne Anteile eines interaktiven Bestimmens – festgelegt und durchgeführt wird. Das dabei nur gering ausgeprägte Maß an anerkannter Gleichwertigkeit (vgl. Winkler in BMJ 2009, 143: zumindest „Minimum") oder an „basaler Akzeptanz" des Beschuldigten (nicht des vorgeworfenen Verhaltens – näher Ohder FS Eisenberg, 2009, 435) macht das Vorgehen zur Maßregelung, die leicht eine Abwehrhaltung (anstelle einer Übernahme von Handlungsverantwortung) provoziert. Ein etwaiger Misserfolg der Intervention wird dann von institutioneller Seite idR dem Erziehungs-„Objekt" angelastet (zust. Walter, Formelle Disziplinierung im Jugendstrafvollzug, 1998, 224), was bei Wiederholung leicht zu einer Sanktionseskalation führen kann.

Als ein Strafrecht muss sich das JStR zwangsläufig auf die Auseinander- **13** setzung mit der Person des Jugendlichen beschränken. Da eine hinreichend differenzierte Würdigung der individuellen Disposition des Beschuldigten iRd JStV rechtstatsächlich aber selten erwartbar ist, bleibt stets eine erhebliche Unsicherheit, ob sich die im konkreten Einzelfall vorgesehene Rechtsfolge mit einiger Wahrscheinlichkeit als ein geeignetes erzieherisches Vorgehen erweisen wird. Überhaupt stellt sich die Frage, wie sinnvoll eine Maßnahme sein kann, die auf den **einzelnen** Beschuldigten abzielt, obwohl davon ausgegangen werden muss, dass das deliktische Verhalten zu einem ganz erheblichen Teil durch oft schwer rekonstruierbare **soziale Einflüsse** (der Eltern, Gleichaltriger, der Umwelt insgesamt) ebenso wie durch Ausgrenzungen ggf. auch durch staatliche Behörden mitbestimmt wird (→ § 5 Rn. 47 ff.). Im Kontext des StR geht es um eine Sanktion, die mit einer individualisierenden Abwertung auf ein persönliches „Fehlverhalten" reagiert und dadurch in ihrem Wirkungs- und Präventionsanspruch von den oft komplexen Zusammenhängen, die zu dem Geschehen geführt oder beigetragen haben, abstrahiert (vgl. auch Dollinger ZJJ 2012, 28 (33)). Selbst dort, wo die Rechtsfolge einen dezidiert unterstützenden Charakter hat, weist sie deshalb einen individualisierenden Zuschnitt auf, mit dem das Scheitern selbst von vielversprechend erscheinenden Interventionen teilw. erklärt werden kann.

14   **d) Konsequenzen für die Handhabung von Abs. 1 S. 2.** Vor diesem Anspruchs- und Problemhintergrund kann der in Abs. 1 S. 2 positivierte Erziehungsgedanke allein als **regulatives Prinzip** aufgefasst werden, das durch das materielle und prozessuale JStR stets nur „nach Möglichkeit" zu realisieren ist und das sich auch nicht in konkrete Maßgaben umlegen, sondern allein in weitgehend allgemeinen Attributen und Kennzeichen reformulieren lässt – das hierdurch aber eine hinreichend deutliche, leitlinienartige **Orientierungswirkung** für die Auslegung und Anwendung des JStR entwickelt. Mit dem Erziehungsgedanken ist danach festgelegt, dass sich das JStR jenen Reaktionsformen verpflichtet, die gerade keinen retributiven (und damit erzieherisch dysfunktionalen) Charakter haben (diese Strafabkehr betonend Pieplow GS Walter, 2014, 341; Swoboda ZStW 2013, 86 (92)). Vielmehr wird auf eine Verarbeitung von strafrechtlich einordbaren Ereignissen gesetzt, die an die fraglichen Personen fördernd und chanceneröffnend herantritt (etwa Walkenhorst RdJB 2016, 469 (473)), sie dabei vor abträglichen Strafrechtswirkungen schützt und sich in dieser Weise als entwicklungs- und zukunftsbezogene Intervention versteht. Dabei nimmt das JStR eine durch und durch individualisierende Ausrichtung an, die an Art und Maß des jeweiligen Interventionsbedarfs angepasst ist (zum Individualisierungsprinzip s. etwa Grunewald NStZ 2002, 452 (456 f.)) und deshalb vielfach (dh bei der ubiquitären Massendelinquenz) auf eine Nicht- oder Geringst-Intervention hinauslaufen muss (vgl. bspw. Dollinger/Schabdach Jugendkriminalität 37 f.). Ohnehin hat, da es sich bei den von Abs. 1 S. 2 geleiteten Maßnahmen um staatliches und deshalb auch **grundrechtlich gebundenes** Vorgehen handelt, dieses sich zugleich als verhältnismäßig zu erweisen (s. auch Brunner/Dölling Rn. 3) – es hat also nicht nur im eben genannten Sinne erzieherisch funktional, sondern auch auf das notwendige und dem Interventionsanlass proportionale Maß beschränkt zu sein (dazu unter dem Gesichtspunkt der Schuldlimitierung → § 18 Rn. 33, 35 ff.).

III. Auslegungsprinzipien

1. Teleologische Interpretation der JGG-Normen

15   Es sind verschiedene methodische Herangehensweisen an die Konkretisierung des JStR möglich. Das eine Ende des Spektrums wird durch ein Auslegungsprinzip gebildet, das die grundlegende Trennung von JStR und Jugendhilferecht (→ Einl. Rn. 13) unterstreicht und das JStR daher de facto als Spielart oder **bloße** (punktuelle) **Modifizierung** des allg. StR begreift. Aus dieser Warte wird das Gesetz in der gleichen formalen Weise interpretiert, wie dies üblicherweise bei StGB und StPO geschieht. Tiefgehende Besonderheiten der jugendstrafrechtlichen Regelungsmaterie erfahren dabei, soweit diese nicht ausdrücklich positiviert wurden, keine systematische Be-

rücksichtigung („**dogmatisch-strafrechtliches Modell**" – repräsentativ hierfür bspw. Altenhain NStZ 2011, 272 (betr. Einziehung); Radtke/Scholze in MüKoStGB JGG § 18 Rn. 15, 23 (betr. JStrafbemessung); Kulhanek JZ 2022, 49 (50 ff.) (für beide Fragen)). Den gegenüberliegenden Pol markiert das hier vertretene „**teleologisch-empirische Modell**", das die spezifische Zweckbestimmung des JGG in den Vordergrund rückt und das JStR vom allg. StR emanzipiert (vgl. auch Höynck StraFo 2017, 267 (267 f.): „aliud"). Dabei werden die altersbedingten Eigenarten der zu verarbeitenden Delinquenz systematisch und empirieorientiert in Rechnung gestellt, um hierdurch – in den Grenzen der Gesetzesbindung und unter Wahrung des Verhältnismäßigkeitsprinzips – bei möglichst jeder Einzelfrage zu einer positiv-spezialpräventiv möglichst funktionalen Norminterpretation zu gelangen.

Dieses Auslegungsprogramm wird durch die gesetzliche Zielstellung in **16** Abs. 1 autorisiert und iU auch von deren legislatorischen Erläuterung in seiner Notwendigkeit deutlich gemacht (zum Folgenden BT-Drs. 16/6293, 10). Die Zweckausrichtung des Gesetzes besage nämlich, „dass bei der Auslegung und Anwendung des JStR **normative Erwägungen nicht genügen** können." Stattdessen „müssen die Berücksichtigung von Wirkungszusammenhängen und **empirische Einschätzungen im Vordergrund** stehen". Dies wiederum „verlangt die besondere Beachtung kriminologischer, pädagogischer, jugendpsychologischer und anderer fachlicher Erkenntnisse" insb. zu den Merkmalen von Jugenddelinquenz (→ Einl. Rn. 1 ff.; betr. Episodenhaftigkeit auch BVerfG NJW 2008, 281 (282)) und den Effekten jugendstrafrechtlicher Intervention (Eisenberg/Kölbel Kriminologie § 42 Rn. 21 ff., 56 ff.).

2. Geltung und Interpretation allg. Vorschriften (Abs. 2)

a) Vorrangigkeit des JGG. Da das materielle und prozessuale StR für **17** Jugendliche und Heranwachsende im JGG nur eine partielle, nicht-erschöpfende Sonderregelung erfahren hat, muss für die nicht speziell geregelten Fragen auf die „allg. Vorschriften" zurückgegriffen werden. Insofern statuiert Abs. 2 (deklaratorisch) das Prinzip der **Subsidiarität** (BT-Drs. 1/4437, 3; abw. Laue in MüKoStGB Rn. 10: Spezialität), wonach diese Bestimmungen immer dann (und soweit) anwendbar sind, wenn (und soweit) das JGG keine eigene Regelung vorsieht. Dies betrifft sämtliche Rechtsnormen zur strafrechtlichen Erfassung, die **unabhängig** vom **Alter** des Beschuldigten (§ 1) gelten. Werden außerhalb des JGG bestimmte sanktionsrelevante Materien dagegen speziell für Jugendliche oder Heranwachsende normiert (zB betr. Schulpflichtverletzung), können Besonderheiten zu berücksichtigen und die Bestimmungen des JGG ggf. sogar nachrangig sein.

Subsidiäre **allg. Vorschriften** iSv Abs. 2 sind das StGB (vgl. auch § 10 **18** StGB), die StPO und das GVG, aber auch das BtMG, StVG sowie alle Spezialregelungen zB im Bereich des Neben-StR (zu Ordnungswidrigkeiten dagegen → Rn. 64 ff.). Für das materielle StR finden sich insb. bzgl. der Rechtsfolgen jugendstrafrechtliche Sondervorschriften, wohingegen für Strafbarkeitsvoraussetzungen die allg. Regelungen gelten (vgl. aber § 3). Dazu zählen auch die Maßgaben zur Wahlfeststellung (n. Mitsch JR 2017, 8 (11 ff.) sowie mit Abstrichen (§ 31) die Regelungen über sog. Konkurrenzen (n. → § 18 Rn. 54, → § 31 Rn. 3 ff.). Bezogen auf das allg. StVR enthält das JGG in §§ 39 ff. etliche Sonderregelungen. Einige der allg. Prozessvorschriften werden auch ausdrücklich ausgeschlossen (durch §§ 79–81, 109 Abs. 2) oder ergänzt (zB durch § 43) bzw. modifiziert (zB § 42). – Bei strafrechtlich relevanten VV (zB RiStBV, GnadenO) führt die entsprechende Anwendung von Abs. 2 (abl. Ostendorf in NK-JGG Rn. 14; Laue in MüKoStGB Rn. 15) zu deren Subsidiarität gegenüber denjenigen **VV,** die speziell für Jugendliche und Heranwachsende erlassen worden sind (insb. **RL zum JGG** (vgl. Anh. 2)). Auch setzt die (ergänzende) Anwendung von allg. VV auf Jugendliche und Heranwachsende voraus, dass diese den Grundsätzen des JGG nicht zuwiderlaufen.

19   **b) Prinzip der jugendgemäßen Auslegung. aa) Koordinierende Begriffsinterpretation.** Soweit allg. Vorschriften auf Jugendliche oder Heranwachsende anwendbar sind, kann bei deren Auslegung eine Inbezugsetzung von Vorschriften des JStR erforderlich sein. Bisweilen bereitet dies gewisse Schwierigkeiten, weil einzelnen **Begriffen ein unterschiedlicher Sinngehalt** zugeordnet wird. Dies zeigt sich etwa bei der Kategorie der „Strafe", die das JStR ausschließlich in Form der JStrafe kennt (§ 13 Abs. 3; s. auch → § 17 Rn. 3). Kommen Vorschriften des allg. StR, die an das Merkmal der „Strafe" anknüpfen, im Bereich des JStR zum Tragen, bedarf es dann ggf. einer weiten („untechnischen") Auslegung. Dies betrifft zB §§ 46a, 157 Abs. 2, 158 Abs. 1, 199 StGB, §§ 154, 154a, § 466 StPO, das Verschlechterungsverbot (→ § 55 Rn. 31 ff.) und das BZRG. Hier gelten auch die Erziehungsmaßregeln und Zuchtmittel – entgegen ihrer jugendstrafrechtlichen Bedeutung – ggf. als **„Strafen"** (dazu bereits OVG NRW NJW 1972, 1965 zu § 10 Abs. 1 S. 2 AuslG aF). Stets relevant ist dies für § 60 StGB (wie hier BayObLG NJW 1992, 1520 (1521) mAnm Brunner JR 1992, 387 und Anm Scheffler NStZ 1992, 491; einschr. Bringewat NStZ 1992, 315 (317 f.); Streng JugendStrafR Rn. 258) und für die anderen Fälle des „Absehens von Strafe" (Zusammenstellung etwa bei Diemer in KK-StPO § 153b Rn. 2). Immer dann, wenn das JGericht hier bei Erwachsenen auf eine „Strafe" verzichten würde, darf es auch keine Erziehungsmaßregeln und Zuchtmittel anordnen. Hiervon aus erzieherischen Gründen eine Ausnahme zuzulassen (so BayObLGSt 1961, 171; grds. Altermann Vorverurteilung 198 ff.), widerspräche dem in → Rn. 23 erörterten Schlechterstellungsverbot.

20   **bb) Differenzierende Interpretation.** Die vorgenannte, JGG-orientierte Lesart, derer es bei einzelnen allg. Vorschriften zur „technischen" Koordinierung bedarf, ist nur punktuell bedeutsam. Aus § 2 ergibt sich aber auch das **Auslegungsprinzip** der jugendgemäßen Norminterpretation, dessen Relevanz bei **jeder** Anwendung des allg. StR und StVR im Bereich des JGG zu prüfen ist. Dass nach Abs. 2 die allg. Vorschriften nur gelten, soweit im JGG „nichts anderes bestimmt ist", geht als Vorrangregelung über die Gesetzessubsidiarität (→ Rn. 17) nämlich deutlich hinaus. Vielmehr hat dies auch für die allg. Bestimmungen in der StPO und dem StGB, für die das JGG keine verdrängende Sonderregelung enthält, eine erhebliche Bedeutung. Diese allg. Vorschriften greifen im JStR – ungeachtet ihrer prinzipiellen Geltung – „inhaltlich" nämlich nur mit jenen Maßgaben und Rechtsfolgen ein, zu denen es im JGG keine abw. Festlegung gibt. Bei der Auslegung der im JGG-Bereich prinzipiell anwendbaren StGB- und StPO-Normen ist also ein „Übertragbarkeitstest" (Kölbel in BMJV 2017, 29) vorzunehmen und gem. Abs. 2 stets zu fragen, ob deren „Normalinterpretati-

on" bei Jugendlichen und Heranwachsenden aufrechterhalten werden kann oder ob das JStR etwas „anderes bestimmt". Zu den JGG-Bestimmungen, anhand derer diese Prüfung vorzunehmen ist, zählt (neben den Einzelregelungen in §§ 3 ff.) auch Abs. 1. Dies geht aus dem Wortlaut von Abs. 2 eindeutig hervor („in diesem Gesetz nichts anderes bestimmt" anstatt „in den folgenden Vorschriften nichts anderes bestimmt"). Daher ist die spezialpräventive Grundausrichtung nicht nur für die Auslegung der JGG-Regelungen leitend (→ Rn. 15 f.), sondern ebenso bei der Deutung und Handhabung des jugendstrafrechtlich anwendbaren allg. StR und StVR.

Diese allg. Normen sind – **ggf. abw. von ihrer üblichen Konkretisie-** 21 **rung** – immer in einer jugendgemäßen (dh in einer der **Spezialprävention möglichst dienlichen** und an Besonderheiten der Adressaten und ihrer Ansprechbarkeit orientierten) Weise zu interpretieren (dazu auch Eisenberg ZJJ 2018, 33; Kölbel in Strafverteidigertag 2018, 337; ebenso oder sehr ähnlich wie hier OLG Karlsruhe NStZ 2000, 485; Sonnen in Diemer/Schatz/Sonnen Rn. 15; Ostendorf in NK-JGG § 1 Rn. 10; Bringewat NStZ 1992, 315 (316 f.); Schady/Sommerfeld ZJJ 2018, 219 (222 f.); Mitsch NStZ 2019, 681 (681 f.)). Das kann dann (abhängig von den problemkonkreten Sach- und Rechtsstrukturen) zu einer modifizierten Auslegung der allg. Vorschriften führen, ggf. aber auch zu einer die Anwendbarkeit einschränkenden Interpretation. Relevant ist das in erster Linie für Regelungen der StPO (→ Rn. 39 ff.), darüber hinaus aber auch für manche Maßgaben des allg. materiellen StR (→ Rn. 28 ff.). Dafür bedarf es jeweils einer **jugendkriminologischen Plausibilisierung** der altersgruppentypischen Besonderheiten und der hiervon nahegelegten jugendgemäßen Sonderauslegung. Die so indizierte Differenzierung kann dann jedenfalls dort interpretatorisch umgesetzt werden, wo sie vom Gesetzgeber bei Erlass der fraglichen StR- oder StVerf-Norm **nicht explizit zurückgewiesen** worden ist. Das gilt ganz besonders, wenn eine uneingeschränkte altersgruppenübergreifende Anwendbarkeit der fraglichen Vorschrift legislatorisch gar nicht eigens geprüft und thematisiert worden ist, sondern diesbzgl. ein Erwägungsmangel vorliegt, den man mit einer verwaltungsrechtlichen Anleihe als Abwägungsdefizit oder Ermessensunterschreitung bezeichnen kann (n. zum Ganzen Kölbel ZJJ 2021, 40 (44)).

cc) Einwände. Allerdings wird die Notwendigkeit der jugendgemäßen 22 Auslegung nicht selten bestritten (s. etwa Altenhain NStZ 2011, 272 (272 f.); Beulke/Swoboda JugendStrafR Rn. 163; ferner Laue in MüKoStGB Rn. 23 mwN). Diese Gegenansicht kann indes die Existenz von Abs. 2 nicht erklären. Da sich die technische Subsidiarität der StGB-/StPO-Vorschriften (→ Rn. 17 f.) bereits aus dem sondergesetzlichen Charakter des JGG ergibt, bedürfte es der dahingehenden Festlegung nicht (vgl. auch BT-Drs. 1/4437, 3: Subsidiarität ist ohnehin geltendes Recht). Soll das Gesetz an einer regelungssystematisch so hervorgehobenen Stelle wie der des § 2 Abs. 2 nicht eine überflüssige, nur-deklaratorische Bestimmung enthalten, muss die Regelung also die hier vertretene, darüberhinausgehende Wirkung haben. Insbesondere aber nimmt die **aA** eine offensichtliche **Widersprüchlichkeit** in Kauf, wenn ihr zufolge die allg. Vorschriften selbst in einer erziehungsfeindlichen Auslegung – trotz Abs. 1 – allein deshalb im JStR gelten sollen, weil es dort an einer eigenen Sondernorm fehlt (für ein plastisches Bsp. derartiger Dysfunktionalitäten → § 6 Rn. 9 ff. bei der Einziehung). – Teilw.

wird die hiesige Position auch gar nicht grundsätzlich abgelehnt. Im Einzelfall sei (bei entspr. Anlass) die Berücksichtigung des jugendstrafrechtlichen
Kontextes bei der Auslegung allg. Vorschriften durchaus möglich und geboten, nur gebe es kein dahingehendes Prinzip (Brunner/Dölling Rn. 6, 11;
mit Blick auf das materielle StR mwN → Rn. 28 ff.). Allerdings wird erst
durch Anerkennung der hier vertretenen, bei jeder Auslegung zu bedenken-
den **Maxime** sichergestellt, dass die jugendorientierte Auslegungsnotwen-
digkeit nicht nur zufällig berücksichtigt wird.

23   **c) Verbot der Schlechterstellung.** Eine besondere Ausprägung der
jugendgemäßen Auslegung besteht in dem Prinzip, wonach – abgesehen von
den gesetzlich vorgesehenen Fällen (etwa § 55 Abs. 1 und 2 (dazu → § 55
Rn. 57 ff.)) – durch Auslegung des JGG sicherzustellen ist, dass Jugendliche
und Heranwachsende in der Handhabung des JStR **nicht rechtlich benachteiligt** und schlechter gestellt werden als Erwachsene in vergleichbarer
Situation bei Anwendung des allg. StR. Dieser Auslegungsgrundsatz repräsentiert eine international verbreitet eingenommene Position (vgl. Recommendation CM/Rec (2008)11 on the ERJOSSM Nr. 13 S. 2: „Juveniles
shall not have fewer legal rights and safeguards than those provided to adult
offenders by the general rules of criminal procedure" (dazu Dünkel RdJB
2014, 294 (296); s. aber Knauer ZJJ 2019, 39 (48) mwN zur diesbzgl.
widersprüchlichen Haltung des EGMR)). Er wird daher auch vielfach zust.
vertreten (vgl. zB BayObLG NJW 1992, 1520 (1521); LG Itzehoe StV 1993,
537 mAnm Ostendorf StV 1993, 538; Ostendorf in NK-JGG § 18 Rn. 6;
Sonnen in Diemer/Schatz/Sonnen Rn. 9; Laue in MüKoStGB Rn. 21;
Laubenthal/Baier/Nestler JugendStrafR Rn. 6; Walter/Neubacher Jugendkriminalität, 4. Aufl. 2011, Rn. 553; Zieger/Nöding Verteidigung Rn. 37;
Bottke NJW 1987, 1068; Bottke in BMJ 1987, 76 ff.; Weigend in Marks/
Meyer/Schreckling/Wandrey (Hrsg.), Wiedergutmachung und Strafrechtspraxis, 1993, 48; Kemme/Stoll MschKrim 2012, 32 (45); Sonnen FS Wolter,
2013, 1232).

24   Dies hat bei **zahlreichen Einzelfragen** konkrete Konsequenzen (so etwa
bei der Rechtsfolgenbemessung: → § 1 Rn. 23, → § 18 Rn. 8 f., → § 18
Rn. 40; bei der U-Haftanrechnung: → § 52a Rn. 11; bei der Verfahrensverzögerung: → § 15 Rn. 26, → § 16 Rn. 33, → 18 Rn. 45; bei der Verfahrenseinstellung: → § 45 Rn. 7 ff., → § 47 Rn. 5; bei der Arbeitsweisung:
→ § 9 Rn. 9; bei der Einheitssanktion: → § 31 Rn. 20 f., 38, 53, → § 82
Rn. 12; bei der zeitweiligen Ausschließung: → § 51 Rn. 5; bei der Entschädigung → Rn. 62). Zu berücksichtigen ist hierbei jedoch, dass das
Schlechterstellungsverbot durchaus auch auf Ablehnung stößt (vgl. zB Beul-
ke/Swoboda JugendStrafR Rn. 575; Schatz in Diemer/Schatz/Sonnen § 55
Rn. 6; Blessing/Weik in HK-JGG § 45 Rn. 10; Putzke in BeckOK JGG
Rn. 31.2; Streng JugendStrafR Rn. 13; Beulke GA 1999, 143 (145); Grunewald NStZ 2002, 452 (456); Fahl FS Schreiber, 2003, 68 ff.; Fahl NStZ
2009, 613 (615)). Misst man dem Erziehungsgedanken (Abs. 1 S. 2) allerdings die Bedeutung einer **eingriffsbegrenzenden** und von Strafe weglen-
kenden Grundorientierung zu (→ Rn. 14), spricht dies für die hiesige Position, wenn nicht sogar für eine prinzipielle Besserstellung junger Menschen
im StR (s. Trenczek in Münder/Meysen/Trenczek SGB VIII § 52 Rn. 7;
Hoffmann-Holland FS Eisenberg, 2009, 80; zur Heranziehung von Art. 3

Abs. 1 GG Burscheidt Verbot 31 ff.; Heiland Wiederaufnahme 106 f.; Hartman-Hilter Verteidigung 14; Altermann Vorverurteilung 201 f.).

Jedenfalls kann auch die Kritik nicht hinter eine **Minimalfassung** des 25 Schlechterstellungsverbotes zurückfallen, wonach **Art. 3 Abs. 1 GG** eine (gemessen am allg. StR und StVR) benachteiligende Regelung im JStR einer konkreten sachlichen Rechtfertigung bedarf (vgl. dazu ausdrücklich BVerfG NStZ 1988, 34: nur bei „sachlich einleuchtenden Gründen" zulässig). In diesem Zusammenhang überzeugt das Argument der aA, dass der Erziehungsgedanke eine spezialpräventiv indizierte Schlechterstellung im JGG gerade erforderlich machen könne, bei näherem Hinsehen keineswegs. Da eine benachteiligende Vorgehensweise von den Betroffenen als ungerecht erlebt werden dürfte, ist es nämlich schwer vorstellbar, dass und wie eine solche Praxis erzieherisch förderlich sein kann (Mitsch JR 2017, 8 (15)). Vielmehr wird umgekehrt das Schlechterstellungsverbot von der sog. Procedural Justice-Forschung ersichtlich gestützt, weil ihr zufolge die Urteilsakzeptanz und die anschließende Legalbewährung (auch) junger Angeklagter ua davon abhängt, dass diese sich **fair** (dh also auch nicht schlechter als andere) **behandelt** fühlen (vgl. Sprott/Greene Crime & Delinquency 2010, 269; Penner/Viljoen/Douglas/Roesch Law and Human Behavior 2014, 225; Cavanagh/Cauffman Psychol. Pub. Pol'y & L. 2015, 432 ff. sowie den Forschungsüberblick bei Kölbel FS Schild, 2018, 57 ff.). In die gleiche Richtung weist der von Sherman (JRCD 1993, 445 (459 ff.)) begründete Ansatz, wonach als unfair und unangemessen erlebte strafrechtliche Prozeduren und Sanktionen vielfach Ärger- und Trotzreaktionen hervorrufen, was eine Deliktsverstärkung bewirkt.

IV. Materiell-rechtliche Konsequenzen der jugendgemäßen Auslegung

1. Einheitliche Geltung von Strafnormen

Das JStR enthält keine Sonderregelungen bzgl. der Strafbarkeitsvoraus- 26 setzungen (s. aber § 3). Dies ist verständlich, weil Jugendlichen bzw. Heranwachsenden der Schutz der tatbestandlichen **Garantiefunktion** nicht entzogen werden darf. Auch dient das JStR der Einübung von konformem Verhalten in einer gemeinsamen Legalordnung (→ Rn. 2). Allerdings bestehen gegenüber der einheitlichen Geltung von Strafnormen insoweit diese **Bedenken,** als bestimmte Tatbestände (insb. solche mit hoher sozialer Sichtbarkeit) den Status, den Entwicklungsstand und die Verhaltensmuster von Jugendlichen und Heranwachsenden mehr berühren, als es bei Erwachsenen der Fall ist (zB Eigenkonsum von Cannabis). Die Wahrscheinlichkeit für junge Menschen, einen bestimmten Straftatbestand zu verletzen, steigt, wenn bzw. weil die altersgruppentypischen Alltagspraktiken und Lebensstile eine größere Nähe zu den Regelungsbereichen dieser Strafnormen begründen (Eisenberg/Kölbel Kriminologie § 24 Rn. 16 ff.; dazu am Bsp. „gemeinschaftlicher Begehung" auch Eisenberg ZJJ 2018, 33 (35)). Bisweilen wohnt den Straftatbeständen sogar eine **Kriminalisierung normaler** und oft unproblematischer alterstypischer Verhaltensformen inne (dazu am Bsp. früher einvernehmlicher Sexualkontakte zwischen Kindern unter und über der sog. Schutzaltersgrenze von 14 Jahren die Daten bei Franzke, Der „einvernehmliche Missbrauch" von Kindern durch Jugendliche und Heranwachsende, 2021, 199 ff.). Durch eine besondere Entdeckungsselektivität wird all dies nicht kompensiert. Vielmehr hängen Anzeigerisiken und Verfolgungsintensitäten von unterschiedlichsten außerrechtlichen Begleitumständen ab (Privat- und institutionelle Interessen, Stereotypen, moralische, ökonomische und selbst ästhetische Aspekte), die insgesamt zu keiner korrigierend-verminderten Verfolgungsdichte dieser jugendtypischen Delinquenz führen (vgl. zusf. etwa Eisenberg/Kölbel Kriminologie § 26 Rn. 14 ff., 30 ff., § 27 Rn. 36 ff.).

27 Bisweilen haben derartige und ähnliche Erwägungen zu Reformvorschlägen geführt, die auf (altersgruppenbezogene) **Strafrechtsanpassungen** hinauslaufen (vgl. etwa zur materiellen Entkriminalisierung im „Bagatell- und Ubiquitätsbereich" abwägend Viehmann in BMJ 1992, 455 f.; zur Frage einer Strafbarkeitseinschränkung wegen „jugend- bzw. sozialtypischen" Verhaltens sowie bei Geringfügigkeit von Gefährdung oder Schaden s. Ostendorf in BMJ 1992, 199 ff.; UK I DVJJ-J 1992, 10 f., 12 f.; zum Verzicht auf Mord(-merkmale) im JStR s. Zeltwanger, Die Motive bei Tötungsdelikten Jugendlicher und Heranwachsender, 1989, 258 f.; ähnlich Mitsch NStZ 2019, 681 (682); zur Herausnahme gesetzlicher Qualifikationsmerkmale im JStR und „nicht passender" bzw. „nicht notwendiger" Tatbestände aus dem Deliktskatalog s. Ostendorf BJM 1989, 335 f.; UK I DVJJ-J 1992, 12). Derartige Vorstöße sind, auch mit Blick auf die Klarheit und Konsequenz der Gesetzesgeltung (zu diesen Prinzipien aus polizeilicher Sicht Dietsch/Gloss, Handbuch der polizeilichen Jugendarbeit, 2005, Rn. 109 ff.) auf Einwände gestoßen (vgl. etwa Walter/Kubink GA 1995, 51 (53); Robra in DVJJ 1993, 62 f.; Laubenthal JZ 2002, 807 (813)). Dass es bislang keine Anzeichen einer gesetzgeberischen Berücksichtigung gibt (Mitsch JR 2017, 8 (11)), hat indes andere Gründe: Die Frage, ob jugendspezifische Bedingungen eine andere strafrechtliche Bewertung tatbestandlicher Ereignisse als bei Erwachsenen nahelegen, wird in den **legislatorischen Diskursen** nämlich gar **nicht,** dh nicht einmal in Ansätzen **reflektiert** (dazu nach Auswertung von Strafgesetzgebungsprozessen der letzten Jahrzehnte Kölbel ZJJ 2021, 40 (41 f.)).

2. Beispiele der an Abs. 1 orientierten Auslegung

28 **a) Subsumtions- und Auslegungsgrundsatz.** Grds. muss die rechtliche **Subsumtion** eines Sachverhalts unter einen Straftatbestand auch nach hier verrtr. Ansicht nach den allgemeinen Prinzipien erfolgen. Die Rechtsordnung kann Unrecht nur einheitlich bewerten, schon um eine unberechenbare Anwendung der Straftatbestände zu vermeiden. Vielfach will man aber bei bestimmten wertausfüllungsbedürftigen Begriffen gewisse Bewertungsunterschiede zulassen (vgl. Dallinger/Lackner § 2 Rn. 5), etwa wenn subjektive Umstände bei einem Jugendlichen anders zu beurteilen seien als bei einem Erwachsenen (Walter/Kubink GA 1995, 51 (53): zB betr. „rücksichtslos" in § 315c Abs. 1 Nr. 2 StGB, soweit nicht Gleichgültigkeit, sondern Spiel, Mutprobe das Verhalten prägen). Richtigerweise muss jedoch generell das Vorliegen auch anderer **Strafbarkeitsmerkmale** stets daraufhin überprüft werden, ob sich unter Gesichtspunkten der Jugendtypik ggf. Abweichungen von der sonstigen Handhabung bei Erwachsenen ergeben (ebenso bspw. Ostendorf in NK-JGG § 1 Rn. 10; Rössner in HK-JGG Rn. 25 f.; Sonnen in Diemer/Schatz/Sonnen Rn. 8 ff.; H.-J. Albrecht,

Gutachten Deutscher Juristentag, 2002, D 109; Zieger/Nöding Verteidigung Rn. 35; Schimmel in Kotz/Rahlf BtMStrafR Kap. 9 Rn. 22; Huhle, Die Sanktionierung von jungen Menschen im Ordnungswidrigkeitenrecht, 2017, 164 ff.; Bausch, Die Berücksichtigung der individuellen Entwicklung bei der Auslegung strafrechtlicher Normen am Beispiel des dolus eventualis, 2020, 206 ff., 215 ff.; sowie schon Peters in Elster/Lingemann/Sieverts KrimHdWB 455 ff.; Laubenthal JZ 2002, 807 (813)). Dabei handelt es sich um eine Spielart der **an Spezialprävention orientierten Interpretation** allg. Vorschriften (→ Rn. 20 ff.). Diese äußert sich hier darin, dass den Besonderheiten der Normadressaten und den „qualitativen Unterschieden" äußerlich identischen Verhaltens (Albrecht JugendStrafR 93 f.) bei der Frage nach dem Vorliegen eines Sanktionsanlasses (bzw. einer Verfehlung) in verschiedenartig Weise Rechnung getragen wird: entweder indem man bestimmte Tatbestandsmerkmale bei Jugendlichen und Heranwachsenden in **spezifischer** und einschr. Weise **auslegt** oder indem man bei der **Fallzuordnung altersgruppen-sensibel** verfährt und zu einer zurückhaltenden Subsumtion gelangt.

Quantitativ die größere Bedeutung hat die zweite Spielart der jugend-   **29** spezifischen Strafrechtshandhabung (→ Rn. 30 ff., 37). In der erstgenannten Variante ist das jeweils tatbestandsspezifisch geprägt. Neben den Konstellationen, die in (→ Rn. 35 ff., 38) erörtert werden, bietet hierfür § 249 StGB beim Bedrohen und „Abziehen" von Sachen ein Bsp. (dazu Wronn DVJJ-J 1993, 183 f.; Rentzel-Rothe DVJJ-J 2000, 191; Eisenberg DRiZ 2006, 120 f.; Altermann FS Eisenberg, 2009, 244; abw. AG Bremerhaven DVJJ-J 2000, 190). Ähnlich verhält es sich bei der Auslegung von § 184c Abs. 4 StGB und dem Tausch erotischer Bilder unter Jugendlichen (n. Franzke ZJJ 2020, 273) und anderen Tatbeständen (vgl. AG Saalfeld NStZ-RR 2004, 264: großmäulige Todesdrohung auf Pausenhof ohne ernstlichen Charakter iSv § 241 StGB; s. weiter BGH NStZ-RR 2013, 291; BGH StV 2017, 40 = BeckRS 2016, 7025; LG Limburg BeckRS 2015, 7831: mildernde Berücksichtigung des geringen Altersabstands zwischen den Beteiligten eines sexuellen Missbrauchs). Die Diskussion hierzu ist alles andere als abgeschlossen.

b) Subjektive Merkmale und Altersspezifik. Der vorgenannte Grund-   **30** satz macht sich ganz besonders bei den **subjektiven Strafbarkeitsmerkmalen** bemerkbar (vgl. etwa Lüderssen FS Schreiber, 2003, 294). So muss die Frage, welche Folgen (fahrlässigkeitsbegründend) **subjektiv vorhersehbar** sind, bei Jugendlichen und Heranwachsenden unter Berücksichtigung ihres Erfahrungshintergrundes und Entwicklungsstandes beurteilt werden (verkürzt BGH ZJJ 2021, 149 = BeckRS 2021, 2810 mablAnm Eisenberg ZJJ 2021, 150 (152); für die strafrechtliche Unbeachtlichkeit unbewusster Fahrlässigkeit bei Jugendlichen Märker, Vorsatz und Fahrlässigkeit bei jugendlichen Straftätern, 1995, 28). Wegen der Besonderheiten der Weltsichten und Vorstellungsbilder, der situativen Perspektiven und spezifischen Intentionen junger Menschen können ihnen auch Vorsatz und spezifische Absichten nicht in der gleichen Weise zugeschrieben werden wie Erwachsenen. Bspw. ist eine altersgerechte Handhabung des **Eventualvorsatzes** letztlich nur durch angehobene Anforderungen ua an die Bejahung des Wissenselements bzw. des Risikoerkennens erreichbar (Stefanopoulou HRRS 2021, 2021, 301 (304 f.)). Ohne dass dies als Ausdruck eines systematischen jugendspezifischen Auslegungsprinzips ausgeflaggt würde, wird dieses Prinzip in der Judikatur in manchen Entscheidungen durchaus anerkannt (vgl. etwa bei § 316 StGB BGH NStZ 2013, 231 (232) kein Vorsatz „aufgrund jugendlicher Selbstüberschätzung"; bei § 95 Abs. 1 Nr. 3 AufenthG BGH NJW 2018, 3658 (3659): „das jugendliche (...) Alter und die Unreife des Haupttäters können gegen eine Vorsatztat sprechen"). Besonders im Bereich der **Tötungsdelikte** liegt eine umfangreiche (allerdings nicht widerspruchsfreie) Kasuistik vor, in der der Tatvorsatz unter Bezug auf altersspezifische Bedingungen problematisiert wird.

31   Generell gilt eine lebensgefährliche Handlungsweise in der Rspr. des BGH als zentraler Indikator eines Tötungsvorsatzes. Da dies jedoch weder „einer unzulässigen Beweisregel" nahekommen, noch auf „eine vom Einzelfall gelöste Festlegung des Beweiswerts und der Beweisrichtung" eines typischen Situationselements hinauslaufen darf (BGH NStZ-RR 2013, 89 (90)), ist stets nach entkräftenden Gegenindizien zu fragen. Auch im JGG-Bereich bedarf es der „Erörterung vorsatzkritischer Umstände" (BGH NStZ-RR 2019, 137 (138)). „Selbst die offen zu Tage tretende Lebensgefährlichkeit zugefügter Verletzungen bedeutet zwar ein gewichtiges Indiz für einen (bedingten) Tötungsvorsatz, stellt aber keinen zwingenden Beweisgrund dar" (BGH NStZ 2013, 538 (540)). Gefordert wird daher eine fallbezogene, vollständige und widerspruchsfreie Würdigung aller sich anbietenden Anhaltspunkte (BGH NStZ 2019, 468 (469); vgl. für das allg. StR die Rspr.-Analysen bei Schneider in MüKoStGB StGB § 212 Rn. 18 ff.; Steinberg/Stam NStZ 2011, 177; s. auch Laue in MüKoStGB Rn. 25). Wollte man dabei daraus, dass das Bewusstsein um die Gefährlichkeit bestimmter Handlungsformen unter Jugendlichen situationsgelöst durchaus gegeben sein mag, auf den Vorsatz einer individuellen Person bei Vornahme entspr. Tathandlungen schließen (so Heinke NStZ 2010, 119 auf der Grundlage einer methodisch höchst anfechtbaren Befragung zum sog. Tottreten), würde man der notwendigen fallkonkreten Gesamtwürdigung deshalb schwerlich gerecht (n. Eisenberg NStZ 2010, 125; Eisenberg ZKJ 2012, 54 (57 f.)). Es kommt vielmehr stets auf die **Erfahrungshintergründe** und **Situationssichten** der jeweils Handelnden an (vgl. näher Lempp, Jugendliche Mörder, 1977, 175).

32   Die **Rspr.** stellt daher zutr. auf die konkreten Bedingungen ab, die sich aus − auch **altersspezifischen** − situativen und personalen Gegebenheiten ergeben, wenn es um die Verneinung insb. des voluntativen Vorsatzelements geht (vgl. etwa BGH BeckRS 2000, 30143443: Tötung ungeeignet, um anwesenden Freunden zu „imponieren"; BGH NStZ 2003, 369 (370): wollte nur „nicht als Feigling dastehen"; BGH NStZ 1983, 365: wollte nur gefährliches „Spiel"; BGH BeckRS 1999, 30071125: der „noch unreife Angeklagte" wollte das Opfer allein „in die Schranken weisen"; BGH StV 2004, 74 = BeckRS 2003, 01203; BeckRS 2005, 01760; NStZ 2012, 384; NStZ 2013, 538 (539); NStZ-RR 2013, 242 (243 f.); NStZ 2014, 35; NStZ 2016, 668; NStZ 2019, 725 (726): objektiv gefährliche Handlung wird „spontan" bzw. „ohne einsichtige Grund" bzw. in provokationsbedingter „Erregung" ausgeführt; BGH NStZ 2020, 290 (291): Handeln, „um sich selbst zu beweisen", wobei bei „gruppendynamisch geprägten Gewalthandlungen" von „gedankenloser Verletzungsabsicht" abzugrenzen ist). Auch vorsatzbejahende Entscheidungen gehen auf jugendtypische Aspekte ein (vgl. etwa bzgl. einer Auseinandersetzung zwischen zwei Jugendcliquen

BGH ZJJ 2010, 326 (327 f.) = BeckRS 2010, 15452: „auch unter Berücksichtigung des Alters sowie des Bildungs- und Kenntnisstands der Angeklagten drängte sich die Lebensgefährlichkeit (…) auf"; ansatzweise ferner BGH NStZ 2018, 460 (462): „Unterschätzung von Gefahren und zur Überschätzung der eigenen Fähigkeiten" bei selbst- und drittgefährdendem Verhalten). Es liegen allerdings auch zahlreiche Judikate vor, die den Vorsatz für möglich halten und die Altersproblematik dabei nicht eigens berücksichtigen besonders deutlich etwa BGH BeckRS 2019, 32558; BeckRS 2021, 25478; s. auch die Zusammenstellung in → 20. Aufl. § 1 Rn. 24e; erg. ferner Bausch, Die Berücksichtigung der individuellen Entwicklung bei der Auslegung strafrechtlicher Normen am Beispiel des dolus eventualis, 2020, 201 ff.).

Die Pflicht zur Prüfung und Würdigung jugendspezifischer Intentionen **33** bezieht sich ferner auf **mordqualifizierende subjektive Merkmale** (dazu fallbezogen Eisenberg HRRS 2012, 23; Eisenberg JA 2013, 34 ff.), wobei für die Ermittlung des Tatmotivs die Aussage des jugendlichen bzw. heranwachsenden Beschuldigten oftmals ungeeignet oder gar hinderlich ist (s. dazu Lempp, Jugendliche Mörder, 1977, 164 sowie die Fallstudie bei Eisenberg/Schmitz NStZ 2008, 95 (96)). Gelegentlich klingen altersorientierte Aspekte in einzelnen Entscheidungen durchaus an (zur möglichen Verneinung von Habgier und Ermöglichungsabsicht wegen „mitbestimmenden Fluchtimpulses" BGH BeckRS 2016, 9879). Beispielsweise wurden niedrige Beweggründe verneint bei einem affektiv erregten und alkoholisierten Angeklagten in einem eifersuchtsmotivierten Kampf „Mann gegen Mann" (BGH BeckRS 2014, 18815) und bei einem „fest in seine Familie eingebundenen Angeklagten, der glaubte, sich zur Rettung der verletzten Familienehre einsetzen zu müssen" (BGH StV 1994, 182 = BeckRS 2009, 17620)). Allerdings sind auch Entscheidungen verbreitet, die sich einer offensichtlich angezeigten Problematisierung verweigern (etwa BGH NStZ 2019, 680 (681) mAnm Mitsch NStZ 2019, 681: Mordlust bei 15-Jährigen bejaht, der aus Spannungssuche nach Identifizierung mit Comic-Figur gehandelt hatte; ferner bspw. LG München BeckRS 2012, 587: Bejahung niedriger Beweggründe bei „Rache", und zwar trotz tatsituativer Gruppendynamik und opferseitiger Eskalationsanteile (nicht beanstandet von BGH BeckRS 2011, 23618); BGH NStZ 2021, 734: Unerheblichkeit eines gruppeneigenen Ehrenkodex).

Prinzipiell ist auch bei anderen subjektiven Kategorien des allg. StR zu **34** berücksichtigen, dass das Vorgehen und die Situationswahrnehmung von Jugendlichen und Heranwachsenden durch alterstypische Perspektiven und lebensweltliche Verständnisse geprägt sind. Das kann Ereignisbewertungen erforderlich machen, die anders als bei erwachsenen Akteuren ausfallen. Anknüpfungspunkte hierfür stellen bspw. das für **Mittäterschaft** erforderliche Tatinteresse und Tatherrschaftsbewusstsein dar. Bei der Beihilfe betrifft dies die Berücksichtigung vorsatzkritischer Gesichtspunkte bei der Würdigung des Gehilfenvorsatzes (BGH BeckRS 2021, 7954). Entwicklungsspezifische Intentionen sind – entgegen der Rspr. (für eine Zusammenstellung → 20. Aufl. § 1 Rn. 24h) – uU auch iRd **Rücktritts**prüfung zu berücksichtigen, namentlich bei der Fallzuordnung zu den Kategorien des beendeten, unbeendeten oder fehlgeschlagenen Versuchs sowie bei der Frage der Freiwilligkeit (vgl. Eisenberg ZKJ 2020, 300 (300)). Ähnlich verhält es sich hinsichtlich des Vorsatzes zur Erforderlichkeit einer Hilfeleistung bei § 323c StGB (indifferent aber BGH NStZ 2021, 236) oder zur sog. Garantenstel-

lung bei unechten Unterlassensdelikten (dazu für eine Situation gemeinsamen „Kiffens" BGH StV 2020, 373 = BeckRS 2019, 34879).

35   **c) Strafbarkeitsmerkmale mit Gruppenbezug.** Jugenddelikte werden
außerordentlich häufig **in der Gruppe,** dh von mindestens zwei Personen
gemeinschaftlich, oder aus einer Gruppe heraus, dh unter dem Einfluss
wechselseitiger Beeinflussung, begangen (vgl. Eisenberg/Kölbel Kriminologie § 58 Rn. 7 ff.; Einl. Rn. 2 jeweils mwN). In dieser Hinsicht bestehen
erhebliche Unterschiede zur allg. Kriminalität. Dies wirft also öfter als bei
Erwachsenen die Frage auf, ob die strafrechtliche Zuweisung der **persönlichen Tatverantwortung** angemessen ist oder ob dies nicht eher die Bindung individuellen Verhaltens an heterogene Gruppen- oder Organisations-
normen übergeht (vgl. bspw. BGH NStZ 2008, 644 (645): „im Zusammenhang mit dem gruppendynamischen Hintergrund"; zur Problematik auch
Eisenberg/Kölbel Kriminologie § 58 Rn. 4 ff.; s. ferner Schumacher StV
1993, 540; Hoffmann StV 2001, 196). Unabhängig davon steht der deliktische Gruppenbezug in einem Spannungsverhältnis mit den Festlegungen des
allg. StR, wonach kollektive (und daher auch als gefährlicher geltende)
Formen der Tatbegehung als Deliktsqualifikationen eingestuft werden. Eine
solche unrechtssteigernde Berücksichtigung ist bei jungen Menschen aber
vielfach nicht berechtigt, da die gruppenförmige Vorgehensweise bei ihnen
(stärker als bei Erwachsenen) einen typischen bzw. normalen Fall der Delikts-
verwirklichung darstellt und keinen Modus mit angehobenem Gewicht.
Daher ist eine dies berücksichtigende Auslegung jener Tatbestände angezeigt, die (wie §§ 224 Abs. 1 Nr. 4, 113 Abs. 2 S. 2 Nr. 3 StGB) eine
gemeinschaftliche Begehung unter Strafe stellen (s. Eisenberg ZJJ 2018,
33 (35)).

36   Ebenso verhält es sich bei den Qualifikationstatbeständen, die an das Vorhandensein einer Bande und die Verwirklichung eines für Jugenddelinquenz
charakteristischen Grunddeliktes anknüpfen. So ist aus den erwähnten Gründen die Anwendbarkeit von § 244a StGB auf eine Deliktsgemeinschaft
Jugendlicher („Jugendbande") idR höchst zweifelhaft (dazu eingehend Möller StraFo 2009, 92; Lehmann-Björnekärr, Der Gruppenbezug jugendlicher
Delinquenz, 2014, 102 ff., 210 ff.). Die höchstrichterliche Rspr. akzeptiert
dahingehende Einschränkungen allerdings nicht (vgl. BGH NStZ 1998, 197
(Ls.); NStZ-RR 2000, 344; NStZ 2006, 574; NStZ 2008, 625; ebenso zu
§ 250 Abs. 1 Nr. 2 StGB gar betr. 14- bis 18-Jährige AG Bonn ZJJ 2016, 77
mkritAnm Eisenberg ZJJ 2016, 80; zu § 30 Abs. 1 Nr. 1 BtMG bei 15-
Jährigem BGH BeckRS 2008, 21117). Bei solchen Einordnungen handelt es
sich um eine qualitative Verzeichnung von außerordentlicher Deutlichkeit,
ohne dass dem durch ein Einschwenken auf einen minderschweren Fall
(§ 244a Abs. 2 StGB) substantiell abgeholfen werden könnte (kritisch auch
Kindhäuser in NK-StGB StGB § 244a Rn. 2). – Besondere Probleme können sich bei (körperlichen) Auseinandersetzungen innerhalb einer Gleichaltrigengruppe ergeben, insofern hier auch die Fähigkeit, mit rechtfertigender Wirkung **einzuwilligen,** problematisch sein kann und nicht nur mit
Blick auf die individuelle Reifeentwicklung (so BGH NStZ 2021, 494
(497)), sondern auch den situativen Kontext zu beurteilen ist.

37   **d) Besonderheiten in Fragen der Schuldfähigkeit.** Mit Blick auf die
im Kern dem **allg. StR entsprechende Schuldfähigkeitsprüfung** (zur
Funktion von Schuld n. Eisenberg/Kölbel Kriminologie § 24 Rn. 1 ff.) ist

stets zu prüfen, ob zB der Einfluss von Alkohol oder Drogen anders beurteilt werden muss als bei Erwachsenen. Anlass dafür geben die biologische Entwicklung von Jugendlichen und Heranwachsenden, ihr Reifegrad und ihre meist geringere Konsumgewöhnung (zur gebotenen Heranziehung eines Sachverständigen BGH StV 1993, 168 = BeckRS 1992, 1542; NStZ 2008, 644). Nach der Rspr. ist anerkannt, dass bei Jugendlichen und Heranwachsenden (ungeachtet eines ggf. noch intakten Leistungsverhaltens) schon BAK-Werte unter 3‰ zu Schuldunfähigkeit (vgl. etwa BGH BeckRS 2012, 23336; OLG Düsseldorf NStZ-RR 1998, 86) bzw. solche unter 2‰ zu einer erheblichen Minderung der Schuldfähigkeit führen können (BGH NStZ-RR 1997, 65; 2012, 137 (betr. 2,2‰); s. dazu auch Laue in Mü-KoStGB Rn. 25 sowie mwN → § 18 Rn. 26).

e) Aufklärungshilfe. Die entspr. Anwendung von § 46b StGB und § 31 **38** BtMG im JStV ist problematisch. Die Rspr. tendiert dazu, die Frage (ohne Erörterung der Vereinbarkeit mit Abs. 1) zu bejahen (vgl. nur BGH NStZ-RR 2017, 28 (Ls.) = BeckRS 2016, 16023; NStZ 2021, 372; ebenso Christoph, Der Kronzeuge im Strafgesetzbuch, 2019, 124 ff.; anders bei § 31 BtMG aber AG Saalfeld StV 2007, 16). Dafür spricht die anderenfalls drohende Schlechterstellung gegenüber Erwachsenen (ebenso Hüneke ZJJ 2009, 335 (336)). Andererseits wird die Sanktionsfestlegung im JGG eigenständig geregelt (§§ 5, 18). Es kann ferner bezweifelt werden, dass sich das Sanktionszugeständnis für die „Illoyalität des Kronzeugen" mit dem Erziehungsauftrag deckt (sehr skeptisch auch Weber Schuldprinzip 136; Rössner in HK-JGG Rn. 27). Zudem handelt es sich bei den fraglichen Konstellationen idR auch um Sonderkonstellationen von Absprachen, die (insb. im JStV) ihrerseits fragwürdig sind (→ Rn. 47 ff.). Bei einer jugendgemäßen Auslegung spricht deshalb viel für die Nichtanwendbarkeit, wobei die Aufklärungshilfe aber iRd allg. Erwägungen zur Bemessung von Rechtsfolgen berücksichtigt werden kann und muss (zust. Maier in MüKoStGB StGB § 46b Rn. 17).

V. Prozessrechtliche Konsequenzen der jugendgemäßen Auslegung

1. Grundsatz

Der Vorrang des JGG gegenüber den allg. Vorschriften (Abs. 2) besteht **39** nicht nur für ausdrückliche Bestimmungen, sondern auch für Grundsätze des JGG (ebenso zB Laubenthal/Baier/Nestler JugendStrafR Rn. 262), sofern das allg. StVR diesen widerspricht (Dallinger/Lackner Rn. 7) oder dessen Anwendung zu einem spezialpräventiv nicht funktionalen Ergebnis führen würde (Potrykus Anm. 2). Bei prozessrechtlichen Vorschriften, die mangels einer abw. Regelung im JGG prinzipiell anwendbar sind, ist daher stets zu prüfen, ob ihre übliche Handhabung (dh die im allg. StVR) auch den Besonderheiten der jugendstrafrechtlichen Adressaten und ihrer Ansprechbarkeit gerecht wird (Eisenberg NStZ 1999, 281). Abs. 2 iVm Abs. 1 macht dann ggf. eine **jugendgemäße Auslegung** (dh eine besondere und an spezialpräventiven Erfordernissen orientierte Interpretation) notwendig (n. → Rn. 20 ff.). Die Anwendung der im JGG geltenden Normen des allg.

StVR hat bei Auslegungsfragen also jugend- bzw. heranwachsenden-typische Umstände zu berücksichtigen. Dadurch ist eine Verfahrensführung sicherzustellen, die die meist noch geringe Verhandlungskompetenz junger Beschuldigter in Rechnung stellt. Auch in jenen Fragen, in denen der Strafprozess durch allg. Vorschriften geregelt wird, muss eine einschüchterungsfreie und einfühlsame Prozedur gewährleistet sein. Art. 13 Abs. 2 RL 2016/800 verlangt ausdrücklich, dass Jugendliche „immer auf eine Art und Weise behandelt werden, die ihre Würde schützt und die ihrem Alter, ihrem Reifegrad und ihrem Verständnis entspricht und jegliche besonderen Bedürfnisse einschließlich etwaiger Kommunikationsschwierigkeiten, die sie möglicherweise haben, berücksichtigt".

2. Beispiele der an Abs. 1 orientierten Auslegung

40   **a) Einzelne (Ermittlungs-)Maßnahmen. aa) Vorläufige Festnahme.** Auch ohne ausdrückliche gesetzliche Vorschrift ist idR eine altersangemessene Methode der **Festnahme** geboten, dh eine möglichst von Zwangsmitteln absehende Vorgehensweise (zur Belehrung § 70b). Die pflichtgemäße Vorführung vor Gericht soll im allg. StVR im Falle von § 128 Abs. 1 StPO (anders aber § 115 StPO) bei entspr. Ermittlungsbedarf (in den Grenzen der Vorführungsfrist) hinausgeschoben werden dürfen, um zwischenzeitlich noch weitere polizeiliche Vernehmungen durchführen zu können (dazu mwN auch zur aA etwa Schultheis in KK-StPO StPO § 128 Rn. 5). Bei neuer Festnahme Jugendlicher ist – mit Blick auf deren erhöhte Schutzbedürftigkeit – diese Möglichkeit jedoch stark begrenzt. „Unverzüglichkeit" der Vorführung ist hier als „schnellst möglich" zu verstehen; die im allg. StVR akzeptierten Ausnahmen setzen im JStV deshalb einen besonders gewichtigen Verzögerungsgrund (zB naheliegende Entlastungsmöglichkeit; notwendige Bestellung eines Pflichtverteidigers) voraus (ohne Problemerörterung abw. aber BGH ZJJ 2017, 185 = BeckRS 2017, 104457 mkritAnm Eisenberg ZJJ 2017, 186 (188)). – Im **Polizeigewahrsam** sind einschneidende Maßnahmen (zB Fixierung) bei Jugendlichen und Heranwachsenden unzulässig. Die Ausstattung der Haftträume (mindestens Matratzen) muss den Schutzpflichten ggü. Jugendlichen genügen (vgl. zum Ganzen etwa Bericht Europarat CPT//Inf (2017) 13, v. 1.6.2017). Besonderer Sorgfalt bedarf es bei Anhaltspunkten für eine fehlende oder eingeschränkte Gewahrsamstauglichkeit (zB Bewusstlosigkeit, Alkoholvergiftung, reaktiv-depressive Suizidgefahr – n. zu den hier bestehenden Mängeln und regionalen Unterschieden der diesbzgl. Prüfung Kleiber/Heide FS G. Fischer, 2010, 169 ff. (betr. allg. StR)).

41   **bb) Erfassung der Person.** Bei einer Identitätsfeststellung gem. **§ 163b StPO** iVm Abs. 2 zählt zu den allg. Voraussetzungen der Rechtmäßigkeit auch die Eröffnung des Tatverdachts (Kölbel in MüKoStPO StPO § 163b Rn. 20 mwN), wobei hier im JStV auf § 70b zu achten ist. Soll eine erkennungsdienstliche Behandlung (**§ 81b StPO** iVm Abs. 2) vorgenommen werden, haben die Erziehungsberechtigten ein Anwesenheitsrecht (n. → § 67 Rn. 11 ff.), sodass sie von der Polizei zu benachrichtigen sind. Bei einem vorliegenden Einverständnis entfällt die zwangsweise Vornahme der fraglichen Maßnahmen, wobei es dafür auf eine entspr. Erklärung sowohl des Jugendlichen wie auch der Erziehungsberechtigten – nach jeweiliger

Aufklärung über Art und Tragweite der Maßnahme – ankommt (zum Ganzen OVG LSA BeckRS 2012, 59635; AG Bielefeld StraFo 2014, 208 = BeckRS 2014, 11787 mzustAnm Eisenberg StraFo 2014, 208). Andernfalls besteht idR ein Verwertungsverbot. Die für eine erkennungsdienstliche Behandlung nach § 81b Alt. 2 StPO erforderliche Wiederholungsgefahr kann bei Jugendlichen nicht in gleicher Weise wie bei Erwachsenen geprüft werden (verkannt von VG Göttingen ZJJ 2010, 71 = BeckRS 2009, 41336 mkritAnm Bezjak/Sommerfeld ZJJ 2010, 72). Auf Basis einer jugendgemäßen Auslegung, die hier auch die maßnahmebedingten Wirkungen für die „weitere Entwicklung (…) zu berücksichtigen" hat, ist die Frage der Erforderlichkeit streng zu prüfen und bei moderater oder erstmaliger Auffälligkeit idR zu verneinen (VG München StraFo 2004, 53).

Stärker noch als bei § 81b StPO begründen Maßnahmen nach **§ 81g** **42** **StPO** die Gefahr einer stigmatisierenden „Brandmarkung", die die Integration in der weiteren Entwicklung (und damit auch die Legalbewährung der betroffenen Person) zu behindern geeignet ist (ausdrücklich anerkannt von BVerfG NJW 2008, 281; StV 2014, 578 = BeckRS 2013, 53073). Durch die sachliche und zeitliche Ausdehnung der befugniseröffnenden Sachverhalte in § 81g Abs. 1 S. 2 und Abs. 4 StPO wird die Problematik noch vertieft (krit. daher auch Duttge/Hörnle/Renzikowski NJW 2004, 1065 (1071 f.) betr. allg. StR; zu den zeitlichen Grenzen iSv § 81g Abs. 4 s. LG Aachen StV 2004, 9 = LSK 2004, 060254). Wenngleich die Vorschriften zur DNA-Analyse und -Identitätsfeststellung prinzipiell bei Jugendlichen und Heranwachsenden anwendbar sind, stehen diese Maßnahmen also in einem Widerspruch zu Abs. 1, weshalb ihre restriktive Handhabung und eine jugendgemäße Auslegung von § 81g StPO angezeigt ist.

Unter Berücksichtigung des Umstandes, dass bestimmte Delikte qualitativ **43** bei Jugendlichen einen anderen Stellenwert und ein geringeres Gewicht als bei Erwachsenen haben (dazu iZm alterstypischen Verhaltensmustern auch → Rn. 26), sind an das Merkmal „Straftat von erheblicher Bedeutung" besonders hohe Anforderungen anzulegen (woran es bspw. bei einer Einstellung nach §§ 45, 47 grundsätzlich fehlt (vgl. LG Hanau BeckRS 2015, 07828)). Angesichts des passageren Charakters von – durchaus auch schwerer und/oder gehäufter – Jugenddelinquenz (→ Einl. Rn. 5, 7) bestehen zudem gesteigerte (Begründungs-)Anforderungen hinsichtlich der eingriffseröffnenden **Negativprognose.** Aufzeigbar ist diese idR nur bei Personen mit einer atypisch stark ausgeprägten Belastungssituation (so in der Sache jeweils auch BVerfG NJW 2008, 281; StV 2014, 578 = BeckRS 2013, 53073; OLG Karlsruhe DVJJ-J 2002, 465 (466); LG Freiburg NStZ-RR 2001, 336; LG Berlin StraFo 2004, 320; vgl. auch LG Weiden StV 2005, 494; AG St. Wedel ZJJ 2010, 432; LG Darmstadt StV 2011, 402 = BeckRS 2011, 17716; Eisenberg FS Meyer-Goßner, 2001, 301 f.; Höynck DVJJ-J 2000, 287 (290); bedenklich dagegen AG Hamburg StV 2001, 11). Diese Eingriffsvoraussetzungen dürfen nicht dadurch umgangen werden, dass man den Beschuldigten die Abgabe des entspr. Probenmaterials gleichsam informell abverlangt (Zieger/Nöding Verteidigung Rn. 183: unzulässige Praxis). Im Übrigen können die Befugnisgrundlagen nur festgestellt werden, wenn ausreichende Kompetenzen zur Beurteilung individueller Entwicklungsumstände vorhanden sind. Daher bestimmt sich die Zuständigkeit zur Anordnung der fraglichen Maßnahmen in jugendgemäßer Auslegung richtigerweise nach den §§ 34, 107 JGG (ebenso LG Weiden StV 2005, 495; Meyer-Goßner/Schmitt

StPO § 81g Rn. 15; Eisenberg FS Meyer-Goßner, 2001, 302; Bareis ZJJ 2006, 392 (395); abw. LG Berlin NStZ 2006, 525). Praktikabilitäts- und Effektivitätsinteressen, die der abw. Geschäftsverteilung bei sonstigen Zwangsmaßnahmen (krit. → § 34 Rn. 4 f.) zugrunde liegen dürften, sind hier von sekundärem Rang.

44   cc) **Weitere Eingriffsformen.** Im Falle einer **Durchsuchung** bei Jugendlichen und Heranwachsenden (§ 102 StPO iVm Abs. 2) sind die Schutz- und Kontrollvorschriften (§§ 105, 106 StPO) besonders sorgfältig zu berücksichtigen (AG Cottbus StraFo 2005, 198). – Sog. „Brechmitteleinsätze" schienen, wo sie praktiziert wurden, allerdings besonders auch gegenüber jüngeren Personen zum Einsatz gekommen zu sein (s. etwa Pollähne/Kemper KrimJ 2005, 200 (207): betr. Hmb. überwiegend gegenüber Nichterwachsenen; Bausch, Brechmitteleinsatz zur Exkorporation von Betäubungsmitteln – eine zulässige Maßnahme der Beweissicherung?, 2007, 46 betr. Bremen: überwiegend gegenüber Jugendlichen). Die Vomitivmittelvergabe ist (inzwischen) indes (generell) unzulässig (dazu im allg. StVR EGMR NJW 2006, 3117 mzustAnm Kemper/Pollähne ZJJ 2006, 438: Verletzung von Art. 3 und Art. 6 Abs. 1 EMRK).

45   b) **Verhandlung. aa) §§ 177 ff. GVG.** Hinsichtlich der sitzungspolizeilichen Gewalt sind die Maßgaben der §§ 177 ff. GVG nur mit Einschränkungen auf das Verfahren ggü. jugendlichen Angeklagten übertragbar. Dies betrifft insb. die Zielsetzung, „ungebührliches" Verhalten mit Ordnungsmitteln zu ahnden (§ 178 GVG), sofern dies auf eine (nicht näher definierte) Wahrung der Würde des Gerichts und die Beachtung traditioneller Förmlichkeiten abzielt (vgl. Diemer in KK-StPO GVG § 178 Rn. 1). Ein autoritär geprägtes Kommunikationsverständnis widerspricht jedenfalls dem Leitbild des JStV, das vielmehr den Anspruch verfolgt, einen Zugang zum Angeklagten und ggf. auch eine gewisse Verfahrensakzeptanz zu finden. Die jugendgemäße Auslegung der §§ 177 ff. GVG führt daher zu einer restriktiven Anwendung und tatbestandlichen Modifikationen. So unterliegt die Qualifizierung eines Verhaltens als „ungebührlich" erhöhten Anforderungen (vgl. schon betr. „Beatles-Frisur" KG JR 1966, 73). Das demonstrative Kauen eines Kaugummis oder ein situationsunangemessenes Grinsen genügen daher nicht (Zieger/Nöding Verteidigung Rn. 74; zw. dagegen OLG Bamberg OLGSt GVG § 178 Nr. 11 = BeckRS 2014, 9441). Im Übrigen kann das diesbzgl. **Verschulden** nicht ohne weiteres bejaht werden. Da sich „Ungebühr" auch am Maßstab ungeschriebener, institutioneller Verhaltenserwartungen bemisst, ist die dahingehende Einsichtsfähigkeit mit Blick auf den Reifegrad oder die situative Verunsicherung des Angeklagten keineswegs selbstverständlich zu erwarten (nicht erörtert bzgl. „Unflätigkeit" durch OLG Hamburg StV 2015, 680 = BeckRS 2014, 22297 mAnm Rinio StV 2015, 681). – Mit den sachlichen Voraussetzungen korrespondierend sind auch die darauf bezogenen Protokollierungspflichten (§ 182 GVG) erhöht (vgl. schon zum allg. StVR OLG Nürnberg StraFo 2013, 213: „Dazwischenreden" genügt jedenfalls ohne Präzisierung von Art und Umfang nicht).

46   bb) **Schutz vor Öffentlichkeit.** Wie anhand von §§ 48, 6 Abs. 1 S. 2 ersichtlich ist, zählt zu einer spezialpräventiven Ausgestaltung des JStV nach der Konzeption des Gesetzes auch der Grundsatz der Nichtöffentlichkeit. Dem widerspricht es, wenn im Zuge einer öffentlichen Zustellung der

Ladung (§ 40 StPO) ein Aushang an der Gerichtstafel vorgenommen (vgl. § 37 Abs. 1 StPO iVm §§ 185 ff. ZPO) und dabei auch der Name (ggf. auch der Tatvorwurf) genannt wird (OLG Stuttgart NStZ 1987, 443; Meyer-Goßner/Schmitt StPO § 40 Rn. 2; Valerius in MüKoStPO StPO § 40 Rn. 6; Sonnen in Diemer/Schatz/Sonnen Rn. 16). Daher ist ein solcher Modus der Ladung gegen zur Tatzeit (n. → § 48 Rn. 2) Jugendliche (auch für die Berufungsverhandlung) unzulässig (abw. KG NStZ-RR 2006, 120 (121 f.) mkritAnm Eisenberg/Haeseler JR 2006, 301; LG Zweibrücken MDR 1991, 985; Nowak JR 2008, 234).

cc) Veränderte rechtliche Gesichtspunkte. Die jugendgemäße Aus- **46a** legung gebietet es, in Fällen des § 265 Abs. 2 oder 3 StPO grds. nach § 265 Abs. 4 StPO zu verfahren und das Verfahren von Amts wegen auszusetzen. § 265 Abs. 3 gewährt dem bestreitendem Jugendlichen, wenn er keinen Verteidiger hat, wegen des Antragserfordernisses nur einen unzureichenden Schutz (vgl. Eisenberg NStZ 1999, 281 (284)).

c) Absprachen im Strafverfahren. aa) Jugendgemäße Zulässig- 47 keitsbedingungen. Eine Anklageerledigungsform, bei der ein Austausch von beweisführungserleichternden Leistungen und sanktionsförmigen Zugeständnissen im Vordergrund steht, kann weder auf Sanktionen abzielen, die die Entwicklung des Beschuldigten iSv Abs. 1 S. 2 möglichst individuell angepasst fördern, noch kann sie ein Interesse an den spezialpräventiv relevanten Erhebungen (§ 43) im gebotenen Maße aufbringen. Das Abspracheverfahren verkörpert vielmehr die (allein an institutioneller Effizienz orientierte) Abkehr vom Programm der positiven Einwirkung (instruktiv hierfür, weil Entstehungszusammenhänge der Taten außen vor lassend, etwa das Verfahren von LG Berlin ZJJ 2012, 203 mAnm Eisenberg ZJJ 2012, 204). Prozessual kann – entgegen dem Gebot jugendgerechter Kommunikation (vgl. nur → § 50 Rn. 14 ff.) – der Verständigungsablauf kaum anders gestaltet sein als im allgemeinen StV (vgl. auch Pankiewicz, Absprachen im Jugendstrafrecht, 2008, 287 ff., 316 ff). Ohnehin lassen die subtilen Zwangselemente und der nicht zu leugnende zynische Utilitarismus, die der sog. Verständigung innewohnen, es als schwer vorstellbar erscheinen, dass und wie ein solches Verfahren iSv Abs. 1 S. 2 „am Erziehungsgedanken" ausgerichtet sein soll (abw. Kudlich/Lang JR 2021, 593 (593)).

Da eine ggf. erreichbare Verfahrensbeschleunigung kein von der Ergebnis- **48** und Prozessqualität unabhängiger Eigenwert ist (→ Einl. Rn. 42 f.), spricht für die Anerkennung der Absprache im JStV ganz allein der Aspekt, dass junge Angeklagte dieselben Chancen auf einen Sanktionsbonus wie Erwachsene haben sollten (s. → 20. Aufl. Rn. 33d sowie zB Diemer in Diemer/Schatz/Sonnen § 5 Rn. 27; Meyer-Goßner StraFo 2003, 401 (404); Beier, Zulässigkeit und Modalitäten von Verständigungen im Jugendstrafrecht, 2014, 178 ff.; n. zum Schlechterstellungsverbot → Rn. 23 ff.). Doch da diese „Chance" auf der Preisgabe der Glaubwürdigkeit des Prozesses beruht, geht mit ihr notwendigerweise ein Verlust an Institutionen- und Rechtsvertrauen einher. Diese Begleitwirkung durch Zulassung der Absprache sehenden Auges zu akzeptieren, lässt sich mit der dezidiert spezialpräventiven Orientierung des JStR nicht vereinbaren. Aus diesem Grund sind im JStV keine „geeigneten Fälle" iSv § 257c Abs. 1 StPO denkbar (auch → § 105 Rn. 2, → § 27 Rn. 12) und Verfahrensabsprachen **unzulässig** (ebenfalls für Unzulässigkeit oder zumindest für sehr starke Einschränkungen Velten in SK-

StPO StPO § 257c Rn. 9; Pankiewicz, Absprachen im Jugendstrafrecht, 2008, 240 ff.; Fahl NStZ 2009, 613 (614 f.); Knauer ZJJ 2010, 15 (18); vgl. auch BT-Drs. 16/11736, 9: „Aspekte des Erziehungsgedankens in der Regel entgegenstehen werden"). – Die „Erörterung der in Betracht kommenden Sanktionen mit dem Beschuldigten und das Hinwirken auf dessen Mitwirkungsbereitschaft" stellen allerdings keine Verständigung dar (BT-Drs. 16/11736, 8). Überhaupt wird hier lediglich die Absprache iS eines Handels abgelehnt, nicht aber iS einer prozessüblich-kooperativen Annäherung als „einer grundlegenden Methodik der forensischen Sachverhaltskonstruktion" (Kuntze-Kaufhold MschKrim 2003, 390 (403); n. Starystach, Die soziale Praxis des Gerichtsverfahrens, 2018, 126 ff., 175 ff.). Deshalb kann und soll die Verteidigung auch nach der hiesigen Auffassung namentlich mit Blick auf eine **Einstellungsentscheidung** (§§ 45, 47) das Gespräch mit der JStA und dem JRichter führen und suchen (vgl. Jahn in MüKoStPO StPO § 160b Rn. 12). Dies gilt aber nur, solange es dabei nicht um eine mehr oder weniger gut bemäntelte Austauschbeziehung und ein Gegenleistungsverhältnis geht, sondern allein um die jeweiligen Optionen einer iSv Abs. 1 zielführenden Erledigungs- und Reaktionsform.

49 **bb) Jugendgemäße Modalitäten.** Die hier vertretene jugendspezifische Auslegung von § 257c StPO iVm Abs. 2 wird in der Literatur nicht durchgehend geteilt (dezidiert für die Zulässigkeit der Absprache im JStV etwa Jahn/Kudlich in MüKoStPO StPO § 257c Rn. 86; Zieger/Nöding Verteidigung Rn. 221 ff.; s. ferner etwa Ostendorf in NK-JGG § 18 Rn. 16; Rössner in HK-JGG Rn. 27; Nowak JR 2010, 248). Der BGH hatte zunächst Bedenken geäußert (BGH NJW 2001, 2642 mAnm Eisenberg NStZ 2001, 556), sich sodann offener gezeigt (BGHSt 52, 165 = NJW 2008, 1752 mAnm Eisenberg NStZ 2008, 698), um später wieder zu betonen, „dass Verfahrensabsprachen im Jugendstrafverfahren nur in besonderen Ausnahmefällen in Frage kommen" (BGH StV 2019, 437 (Ls.) = BeckRS 2018, 3836).

49a Soweit man in diesem Rahmen eine Absprache im JStV für zulässig hält und ein entspr. geeigneter Fall verhandelt wird, ist das Vorgehen indes mit einer Reihe von Problemen und Maßgaben verknüpft. Das gilt für die Transparenz- und Mitteilungspflichten gem. § 243 Abs. 4 StPO (BGH StV 2021, 3 = BeckRS 2020, 30631) und die zwingende Verteidigereinbindung (→ § 68 Rn. 26; ebenso bspw. Begr. BT-Drs. 16/11736, 9; Jahn/Kudlich in MüKoStPO StPO § 257c Rn. 87; Knauer ZJJ 2010, 15 (17)). Darüber hinaus stellt sich die Frage, ob bei einer Absprache die **spezifischen Beteiligungsregeln des JGG** suspendiert werden können. Während das bei den (elterlichen usw) Anwesenheitsrechten gem. § 67 naheliegt (weil diese von den Rechten des Jugendlichen abgeleitet sind), ist es bei der JGH weniger klar. Mit Blick auf deren Mitwirkungsrechte (→ § 38 Rn. 9 f., 57 f.) erscheint eine Einbeziehung in die Verständigung idR als angezeigt (vgl. auch Jahn in MüKoStPO § 160b/12: „beteiligungsfähig"). Zumindest muss die **JGH** bereits ihren Bericht erstattet haben, sodass dieser in der Verständigung berücksichtigt werden kann (Zieger/Nöding Verteidigung Rn. 222). Anderenfalls wäre die JGH wegen der rechtlichen und psychischen Bindungswirkung eines bereits vereinbarten Abspracheergebnisses nur pro forma eingebunden (vgl. zudem zur Unerlässlichkeit der Untersuchung gem. § 43 n. Knauer ZJJ 2010, 15 (17); ähnlich Nowak JR 2010, 248 (251); Beier,

Zulässigkeit und Modalitäten von Verständigungen im Jugendstrafrecht, 2014, 306). Ungeklärt ist, ob die von § 257c Abs. 3 S. 4 geforderte Zustimmung auch durch die Eltern erteilt werden muss.

Die Zusage einer **Sanktionsobergrenze** kommt überhaupt nur in Betracht, wenn die Anwendungsvoraussetzungen der jeweiligen Sanktionsart (s. insbes. § 17) vorab bereits festgestellt wurden (dann die Zusage im JStV für zulässig haltend BGHSt 52, 165 = NJW 2008, 1752 mAnm Eisenberg NStZ 2008, 698; BGH StV 2005, 489 = BeckRS 2005, 08391; Noack StV 2002, 445 (448 f.); Nowak JR 2010, 248 (251 ff.)). Allerdings ist dann die Mitteilung einer (beim Nichtzustandekommen der Absprache erwartbaren) Alternativstrafe problematisch. Schon im allg. StR sind die Übergänge zu einer Sanktionsschere, mit der unzulässiger Druck ausgeübt wird, fließend (s. nur Jahn/Kudlich in MüKoStPO StPO § 257c Rn. 56, 131; vgl. zur Illustration der Problematik die Auskunft des Verteidigers im Verfahren bei BVerfG StraFo 2013, 160 v. 18.4.2013: Verurteilung zu Dauerarrest nach vorheriger Ankündigung einer zBew ausgesetzten JStrafe von 1 Jahr und 3 Monaten). Im JStV kommt hinzu, dass das prozessuale Vorgehen erziehungsförderlich sein soll (Abs. 1 S. 2), was bei der (stets nötigungsnahen) Alternativstrafennennung kaum zu gewährleisten ist (diese folgerichtig für unzulässig haltend Beier, Zulässigkeit und Modalitäten von Verständigungen im Jugendstrafrecht, 2014, 267 f.). – Soweit eine Sanktionsobergrenze zugesagt worden ist, kann sich das Gericht hiervon iÜ kaum befreien. Die in § 257c Abs. 4 StPO abschließend geregelten Gründe für einen Wegfall der **Bindung** sind im JStV teilw. unanwendbar (vgl. auch Knauer ZJJ 2012, 260 (262); Beier, Zulässigkeit und Modalitäten von Verständigungen im Jugendstrafrecht, 2014, 290 ff.). Dies betrifft namentlich die für die jugendstrafrechtliche Sanktionsbemessung nachrangige (→ § 5 Rn. 3 ff.) Konstellation, in der „der in Aussicht gestellte Rahmen nicht mehr tat- oder schuldangemessen ist". Das Gericht wird also allein dadurch frei, dass der Angeklagte seine Zusage bricht (§ 257c Abs. 4 S. 2 StPO), nachdem er vor der Verständigung (BGH BeckRS 2021, 40851) gem. § 257c Abs. 5 StPO belehrt worden ist.

d) Rechtsstellung von Zeugen und (mutmaßlich) Verletzten. aa) Zeugenvernehmung. Eine etwaige **Vereidigung** von Zeugen im JStV bestimmt sich nach § 59 Abs. 1 S. 1 StPO iVm Abs. 2. Handelt es sich beim Zeugen um ein Kind oder einen Jugendlichen (→ §§ 33–33b Rn. 36 ff.), besteht das Vereidigungsverbot nach § 60 Nr. 1 StPO. Die Zeugenvereidigung ist an die Bedingung ihrer Notwendigkeit geknüpft, sodass hierfür weniger Raum ist als für die – im richterlichen Ermessen stehende – Vereidigung von Sachverständigen (§ 79 Abs. 1 S. 1 StPO iVm Abs. 2). Für eine entspr. Ermessenswahrnehmung spricht hierbei iÜ, dass die Aussage des Sachverständigen faktisch mit institutioneller Machtausübung ggü. dem jugendlichen oder heranwachsenden Angeklagten einhergeht und durch die Vereidigungsmöglichkeit gewissermaßen eingegrenzt wird.

Prinzipiell haben Zeugen gem. § 68b Abs. 1 StPO iVm Abs. 2 auch im JStV das Recht auf **anwaltlichen Beistand** (wobei dieser nach Freund, Die Weisungsgebundenheit der Rechtsanwälte von Verletzten und Zeugen, 2014, 203 ff. wie ein Verteidiger weisungsgebunden ist). Für einen Ausschluss des Beistands (§ 68b Abs. 1 S. 3 StPO) besteht im JStV allerdings eher Anlass als im allg. StV, insb. bei einer vom Beistand ausgehenden Beeinflussung (minderjähriger) Zeugen oder wenn die Anwesenheit den

Beschuldigten als Erkenntnisquelle beeinträchtigt. Eine Beiordnung gem. § 68b Abs. 2 S. 1 StPO ist schon im allg. StVR „nur in außergewöhnlichen Situationen vorgesehen" (Maier in MüKoStPO StPO § 68b Rn. 66; für ein nicht unproblematisches Bsp. vgl. OLG Stuttgart NJW 2001, 1589).

53　**bb) Einschränkungen der Verletztenrechte.** Das außerordentlich breite Spektrum an **Aktiv- und Passivrechten** der mutmaßlich geschädigten Person (sog. „Opfer"-Rechte, s. dazu die Zusammenstellung bei Kölbel in BMJV 2017, 30 f.) soll nach einer verbreiteten Auffassung auch im JStV gelten – ausgenommen die an die Nebenklagebefugnis geknüpften Rechtspositionen, die nur bei einer entspr. Berechtigung anwendbar seien (s. etwa Schatz in Diemer/Schatz/Sonnen § 80 Rn. 32 f.; Schöch ZJJ 2012, 246 (251 ff.); Zapf, Opferschutz und Erziehungsgedanke im Jugendstrafverfahren, 2012, 383 f.). Dabei wird übersehen, dass die meisten prozessualen „Verletzten"-Rechte auch für solche „Opfer"-Interessen nutzbar sind, deren Realisierung (wie bspw. bei Genugtuungs- und Vergeltungsbedürfnissen oder bestimmten materiellen Zielen) zu spezialpräventiv dysfunktionalen Verfahrensverläufen und -ergebnissen führt (Kölbel in BMJV 2017, 16 f.; aus der internationalen Literatur ebenso etwa Henning California Law Journal 2009, 1107). Durch den weiten Kreis an Personen, die **§ 373b StPO** zu Verletzten oder Gleichgestellten erklärt, wird diese Problematik zusätzlich verschärft (kennzeichnend BT-Drs. 19/27654, 102 ff.). Deshalb muss die **Verträglichkeit** dieser Rechtspositionen **mit Abs. 1** stets konkret überprüft und ggf. eine jugendorientierte Auslegung vorgenommen werden (ebenso Velten/Greco/Werkmeister in SK-StPO StPO Vor §§ 406d–406h Rn. 9; grundsätzlich auch Hilger in Löwe/Rosenberg StPO Vor § 406d Rn. 6). Dies gilt sowohl bei der Nebenklage (Kölbel in Strafverteidigertag 2018, 338; → § 80 Rn. 16 ff.) und den von einer Nebenklagebefugnis abhängigen Rechten (→ § 80 Rn. 14) als auch bei hiervon entkoppelten Rechtspositionen (bzgl. der Anwesenheitsrechte → § 48 Rn. 22 f.; erg. zur Problematik der Vernehmungsoptionen gem. § 247 S. 2, §§ 168e, 247a und §§ 58a, 255a StPO vgl. auch → §§ 33–33b Rn. 55 ff.).

54　So ist das JGericht bspw. nicht nur regelhaft gehalten, die nach § 406e Abs. 1 und 3 iVm Abs. 2 StPO begehrte **Akteneinsicht** durch den (mutmaßlich) Verletzten bei dessen noch bevorstehender Zeugenbefragung (s. § 406e Abs. 2 S. 2 StPO) zu versagen (OLG Hamburg NStZ 2015, 105; Grau in MüKoStPO StPO § 406e Rn. 14; Baumhöfener/Daber/Wenske NStZ 2017, 562; erg. → §§ 33–33b Rn. 65). Vielmehr hat es auch zu berücksichtigen, dass die Akten infolge der dezidiert auf den jugendlichen Beschuldigten orientierten Ermittlungen (§ 43) in besonderem Maße persönlichkeitsrechtlich relevante Informationen enthalten. Werden diese Daten dritten Personen zugänglich, handelt es sich ggf. um einen tiefgreifenden Grundrechtseingriff (BVerfG NJW 2017, 1164) und meist um eine entwicklungsabträgliche, Abs. 1 widersprechende Situation. Um dies zu vermeiden, muss die Akteneinsicht idR nach § 406e Abs. 2 S. 1 StPO abgelehnt oder jedenfalls auf die nicht-personenbezogenen Aktenbestandteile beschränkt werden (zur Erforderlichkeit einer vorherigen Anhörung des Beschuldigten BVerfG BeckRS 2016, 55370). Im Übrigen ist auch **§ 406d Abs. 2 StPO** allenfalls restriktiv anwendbar (vgl. Höynck in DVJJ 2008, 430: „unbelasteter Neuanfang").

55　Die **psychosoziale Prozessbegleitung** läuft den Belangen von Abs. 1 S. 2 schon deshalb zuwider, weil sie die ohnehin kaum überwindbaren

Kommunikationshürden in der HV (zu diesen → § 50 Rn. 10 ff.) zusätzlich erhöht (zu Einschüchterungseffekten, die von der Anwesenheit zusätzlicher Erwachsener ausgeht, vgl. auch Neuhaus StV 2017, 55 (61)). Auch lässt sie außer Acht, dass der beschuldigte oder angeklagte Jugendliche – unabhängig davon, ob der Tatvorwurf zutrifft – oft ebenso und ggf. sogar eher als der mutmaßlich „Verletzte" einer psychosozialen Prozessbegleitung bedarf (Kölbel in BMJV 2017, 19; n. → § 70c Rn. 8 sowie statt vieler Johnston/Prentice/Whitehead ua JForensPsychiatPsych 2016, 802 ff. sowie Bericht der Expertenkommission zur effektiveren praxistauglicheren Ausgestaltung des allgemeinen Strafverfahrens und des jugendgerichtlichen Verfahrens, 2015, 175: „große Mehrheit" der Kommunikation „nicht gewachsen", vielmehr „des Schutzes und der Fürsorge bedürfen"). Dass nach der gesetzlichen Konzeption nur das mutmaßliche „Opfer", nicht aber der mutmaßliche „Täter" die psychosoziale Unterstützung erhält, dürfte von den Beschuldigten gerade bei Jugendstraftaten, die aus einem sozialen Kontakt- oder gar Beziehungsverhältnis oder aus uneindeutigen Geschehensabläufen heraus entstehen, schwerlich als gerecht empfunden werden und eher eine Abwehrhaltung provozieren (vgl. zudem → Rn. 25). Diese Ungleichbehandlung, die durch die JGH (infolge ihrer Doppelrolle) nicht kompensiert werden kann (s. auch → § 69 Rn. 4), erklärt sich mit einer legislatorischen Strategie, die dem mutmaßlich Geschädigten von vornherein einen Opfernimbus verleiht. Dies steht in einem offensichtlichen Spannungsverhältnis mit der Unschuldsvermutung (ebenso etwa Stremlau PraxRPsych 2016, 125 (130)) und der Ergebnisoffenheit, die einem Rechtsverfahren an sich innewohnen sollte – was sich als besonders misslich erweist, wenn der Opferstatus am Ende verneint oder relativiert werden muss. Vor diesem Hintergrund ist die Anwendbarkeit von § 406g StPO im JStV nicht zweifelsfrei (eingehend Eisenberg ZJJ 2016, 33; zust. Putzke in BeckOK JGG Rn. 34). Bestärkt wird dies durch erhebliche Bedenken, die mit Blick auf die Waffengleichheit im Prozess und eine begleitungsbedingte subtile Beeinflussung der Aussage des fraglichen Zeugen besteht (→ §§ 33–33b Rn. 63 f.; zum Ganzen abw. und relativierend zB Sommerfeld in NK-JGG § 80 Rn. 1 f.; Ilsener, Psychosoziale Prozessbegleitung im Strafverfahren, 2021, 91 f.; Ferber NJW 2016, 279 (281); Riekenbrauk in DVJJ 2019, 271 ff.).

e) Diverse andere Einzelregelungen. aa) § 187 Abs. 2 und 3 GVG. 56
Mit Blick auf die noch laufende Reifeentwicklung der Beschuldigten sind idR keine Einschränkungen des – belehrungspflichtigen (§ 163a Abs. 5 StPO) – Anspruchs auf eine **schriftliche Übersetzung** von freiheitsentziehenden Anordnungen sowie von Anklageschriften usw angängig (was etwa in den bspw. von Schacht RdJB 2016, 428 behandelten Verfahren gegen unbegleitete minderjährige Flüchtlinge relevant ist). Problematisch sind daher zunächst einmal die Anspruchsrelativierungen in § 187 Abs. 2 S. 2 und S. 4 sowie insb. S. 5 GVG, weil sich die Abwälzung der Übersetzungsleistung auf die Verteidigung nicht damit verträgt, dass es hier um eine besondere staatliche Fürsorgepflicht geht. Vor allem aber reicht es im JStV-Recht (anders als im allg. StVR) für einen wirksamen Verzicht auf eine schriftliche Übersetzung nicht aus, dass der Beschuldigte zuvor über sein diesbzgl. Recht und die Folgen eines Verzichts formal belehrt worden ist (dazu und zur Dokumentation von Belehrung und Verzicht s. § 187 Abs. 3 GVG). Vielmehr muss die Belehrung in der gem. § 70b Abs. 1 vorgeschriebenen Weise

geschehen und es muss sichergestellt sein, dass der Beschuldigte die Bedeutung der Belehrung und die Tragweite des Verzichts verstanden hat.

57   **bb) Revision und Verwertungsverbote.** Auf der Basis einer jugendspezifischen Auslegung kommt ein Vorgehen des Revisionsgerichts nach
§ 354 Abs. 1a StPO im JStV nicht in Betracht (→ § 54 Rn. 44). Die Revisionsverwerfung nach **§ 349 Abs. 2 StPO** kann nur mit Einschränkungen
vorgenommen werden (zur hier vertretenen Ansicht n. Eisenberg NK 2013,
229 (239, 244)). Dem Beschluss muss – die Befähigung des Berichterstatters
und/oder des Vorsitzenden iSv § 37 vorausgesetzt – ua eine Einsichtnahme
aller beteiligten Senatsmitglieder in die Aktenunterlagen vorausgegangen sein
(offenlassend BGH NStZ-RR 2013, 214 zum allg. StR). Sofern der Antrag
der StA unzutreffend oder unvollständig begründet ist, müssen dem Beschluss (unter Beachtung von § 54 Abs. 1 S. 2 und Abs. 2) zudem Erläuterungen angefügt werden. – Mit Blick auf die sog. **Abwägungslösung,** mit
der die Rspr. das Eingreifen eines Beweisverwertungsverbots prüft, spricht
viel für den Vorschlag von Mitsch (NStZ 2019, 681 (682)), das „Abwä-
gungskriterium der ,Schwere des Tatvorwurfs' durch die ,Schwere des erzieherischen Mangels' zu ersetzen oder zumindest zu ergänzen".

58   **cc) Einwendungen gegen die Vollstreckung.** Das Verhältnis von
Rechtsmittelrecht (einschließlich der Wiederaufnahme des Verfahrens) und
Vollstreckungsrecht zeigt, dass **§ 458 Abs. 1 Alt. 3 StPO** nicht auch solche
Einwendungen einschließt, die sich gegen den Bestand oder die inhaltliche
Richtigkeit der zu vollstreckenden Entscheidung richten (allgA). Ausnah-
men bestehen aber bei als „unerträglich" empfundenen Verstößen gegen
elementare strafrechtliche Grundsätze (insb. in Form von Eingriffen in die
Freiheit der Person). Im Hinblick hierauf ist im allg. StR fraglich, ob ein
entspr. Vollstreckungshindernis zB dort vorliegt, wo das Doppelbestrafungs-
verbot (Art. 103 Abs. 3 GG) verletzt wurde (bejahend Meyer-Goßner/
Schmitt StPO § 458 Rn. 9 iVm § 359 Rn. 39; abw. Appl in KK-StPO
StPO § 458 Rn. 13) oder ein Verstoß gegen das Rückwirkungsverbot
(Abs. 2, § 2 Abs. 1 StGB, Art. 103 Abs. 2 GG, Art. 7 Abs. 1 EMRK)
geschehen ist. Im JStR ist vor dem Hintergrund von Abs. 1 (s. auch → § 82
Rn. 43) in derartigen Fällen zu berücksichtigen, dass letztlich nur eine
glaubwürdige Strafverfolgung spezialpräventiv wirksam sein kann, sodass die
jugendgemäße Auslegung für die Anwendbarkeit von § 458 Abs. 1 Alt. 3
StPO spricht (abw. LG München ZJJ 2014, 398 mAnm Eisenberg ZJJ 2014,
399 (401 f.)). Dies gilt besonders, wenn der Verurteilte um die inhaltliche
Unrichtigkeit weiß und/oder eine „offensichtliche Rechtswidrigkeit" konstatiert werden muss (AG München ZJJ 2016, 83).

59   **f) Entschädigung. aa) StrEG.** Macht der Jugendliche oder Heranwachsende im JStV die Erfahrung irregulären staatlichen Vorgehens – etwa in
Form institutionell initiierten und durchgesetzten Unrechts (zB U-Haft bei
anschließendem Freispruch) –, handelt es sich um eine erzieherisch abträgliche Beeinträchtigung höheren Grades. Insofern besteht Anlass zu einer
auch symbolisch sichtbaren Selbstkorrektur des Staates. Die Regelungen
zum Ausgleich unberechtigter (strafprozessualer und materiellrechtlicher)
Strafeingriffe weisen indes eine Reihe von strukturellen Defiziten auf (n.
Hoffmann/Leuschner, Rehabilitation und Entschädigung nach Vollstr. einer
Freiheitsstrafe und erfolgreicher Wiederaufnahme, 2017). Dies ist durch eine

jugendgemäße Handhabung nicht nur einiger Ausschlusstatbestände (→ Rn. 60 ff.), sondern auch der Bestimmungen zum Anspruchsumfang immerhin bedingt abzumindern. Beispielsweise ist bei Strafverfolgungsmaßnahmen gegenüber Jugendlichen und Heranwachsenden, die einen Anspruch nach StrEG begründen, ein entschädigungspflichtiger Vermögensschaden (§ 7 Abs. 1 StrEG) ggf. auch durch entgangenen Gewinn infolge einer Unterrichts- oder Ausbildungsunterbrechung anzuerkennen. Dessen bedarf es insb., wenn der Jugendliche maßnahmebedingt ein Schuljahr wiederholen muss (vgl. dazu etwa den bei Eisenberg StraFo 2010, 421 (424); s. auch Eisenberg Kriminalistik 2010, 44 behandelten Fall) oder an der Ablegung einer Abschlussprüfung gehindert wird (nicht erörtert von OLG Stuttgart NStZ-RR 2014, 120 mAnm Eisenberg ZKJ 2013, 491; Eisenberg GA 2014, 107).

Bei der Frage, ob der Jugendliche oder Heranwachsende die Strafverfol- **60** gungsmaßnahme durch sein Aussageverhalten ggf. (in anspruchsausschließender Weise) **grob fahrlässig verursacht** hat (§ 5 Abs. 2 S. 1 bzw. S. 2 StrEG), ist die alterstypische Überforderung junger Beschuldigter bei ihrer Vernehmung zu berücksichtigen (zB betr. widerlegbares Alibi, widersprüchliche oder lückenhafte Angaben); für die entspr. Verantwortungszuweisung ist danach selten Raum (neben § 44 im Allgemeinen auch → 70c Rn. 8). Das Gleiche gilt bei einem ggf. abgelegten falschen Geständnis (§ 6 Abs. 1 Nr. 1 StrEG; zu jugendtypischen Entstehungszusammenhängen n. → § 70c Rn. 9 ff.). – Im Übrigen ist die Ausschlussregelung des **§ 5 Abs. 1 Nr. 1 StrEG**, die bei formaler Gesetzesauslegung die Vorschrift des § 52a Abs. 1 S. 1 und sogar den Ausnahmefall der Nichtanrechnung auf JA (§ 52) einschließt, im JStR nicht uneingeschränkt anwendbar, da sie der Umsetzung des schadensersatzrechtlichen Grundsatzes dient, dass mitwirkendes Verschulden des Geschädigten den Ersatzanspruch aufhebt oder mindert. Im Gegensatz dazu lässt § 52a eine Nichtanrechnung aber auch aus erzieherischen Gründen zu. Da solche Fälle nicht zu den Sachverhalten gehören, auf die sich die Ausschlussvorschrift zweckhaft bezieht, kann der Ersatzanspruch hier nicht versagt werden (diff. aber Meyer StrEG § 6 Rn. 43 ff.; offenlassend Kunz in MüKoStPO StrEG § 5 Rn. 3).

Die Entschädigung in Fällen, in denen es nach einer U-Haft zu einer **61** Einstellung gem. §§ 45, 47 (dann § 3 StrEG) oder der urteilsförmigen Anordnung einer ambulanten Rechtsfolge (dann § 4 Abs. 1 Nr. 2 StrEG) kommt, kann nach **§ 6 Abs. 2 StrEG** ganz oder teilw. versagt werden, wenn das Gericht die besagte Entscheidung deshalb trifft, weil es von einem Wegfall der erzieherischen Erforderlichkeit von JA oder JStrafe durch die bereits erfolgte Freiheitsentziehung ausgeht. Bei solchen Prozessverläufen stellt sich regelmäßig die Frage, ob die Rechtsfolgenentscheidung nicht die zuvor angenommene Verhältnismäßigkeit der U-Haft als fragwürdig erscheinen lässt (näher → § 72 Rn. 5a f.). Ungeachtet dessen soll die Entschädigung unterbleiben können, weil der Freiheitsentzug faktisch angerechnet wird und sich „günstig" in einer eingriffsarmen Sanktion auswirkt (Meyer StrEG § 6 Rn. 42; Kunz StrEG § 6 Rn. 38 f.). Nach der jugendgemäßen Auslegung des Rechtsbegriffs „berücksichtigen" reicht es aber nicht aus, dass das Gericht eine erzieherische Wirkung der U-Haft behauptet; es muss diese Wirkungen vielmehr nach Beratung durch die JGH (dazu Eisenberg ZKJ 2013, 491 (492)) einzelfallbezogen und empirisch tragfähig begründen. „Dabei dürfen freilich keine erzieherischen Erwägungen konstruiert werden, um unzulässigen, etwa von vornherein unverhältnismäßigen Inhaftierungen Jugendlicher nachträglich eine Rechtfertigung zu verschaffen." (BVerfG BeckRS 2012, 56127; vgl. dazu auch Kunz in MüKoStPO StrEG § 6 Rn. 44). Kann eine entspr. Begründung nicht aufgezeigt werden (bspw. weil die U-Haft irregulär war und der Betroffene ohnehin auch gar keine Indikation einer stationären Einwirkung aufweist), ist die Entschädigung der „überschießenden" U-Haft also nicht ausgeschlossen (vgl. auch Meyer StrEG § 6 Rn. 42: Nachweis des Erfolgs).

62   Insgesamt wird sich die Rechtspraxis hiernach nur selten auf § 6 Abs. 2 StrEG berufen können (weil das Aufzeigen „echter erzieherisch günstiger" U-Hafteffekte methodisch schwierig ist – vgl. Eisenberg/Reuther ZKJ 2006, 490 (492)). Diese Konsequenz ist aber auch notwendig, weil sich das JGericht bei der Ablehnung der Entschädigung sonst – auch in Fällen apokrypher Haftgründe oder unverhältnismäßiger U-Haftdauer – hinter pauschalen Behauptungen zur U-Haftwirkung letztlich verstecken kann (wie dies in den Verfahren von BGH BeckRS 2012, 15988; KG NStZ 2010, 284; OLG Stuttgart NStZ-RR 2014, 120 auch geschehen ist). Nur durch die weitgehende Zurückdrängung von § 6 Abs. 2 StrEG kommt es für die Entschädigung auf die richterliche Anwendung von §§ 3, 4 Abs. 1 Nr. 2 StrEG an, sodass der Jugendliche oder Heranwachsende in die Lage versetzt wird, die hier jeweils vorzunehmenden Billigkeitswertungen des JGerichts ggf. im Beschwerdeverfahren zumindest auf Ermessensfehler (dazu KG NStZ 2010, 284 (285)) hin überprüfen zu lassen. Allein auf diese Weise wird eine unzulässige Schlechterstellung gegenüber Erwachsenen (→ Rn. 23 ff.), bei denen § 6 Abs. 2 StrEG gar nicht gilt, ausgeschlossen (n. zum Ganzen Eisenberg GA 2014, 107).

63   **bb) EMRK.** Sind Rechte des **Art. 5 Abs. 1–4 EMRK** durch rechtswidrige Festnahme oder Haft verletzt worden, so hat der Betroffene einen zwingenden und verschuldensunabhängigen Anspruch auf Schadensersatz gegen den jeweiligen Mitgliedstaat (Art. 5 Abs. 5 EMRK), der vor den Zivilgerichten geltend zu machen ist (wobei ein immaterieller Schadensersatz entsprechend Art. 41 EMRK bestimmt wird (vgl. etwa BGHZ 122, 268 = NJW 1993, 2927)). Da dieser Anspruch nicht den Beschränkungen des allgemeinen Staatshaftungsrechts oder des StrEG unterliegt, bleibt er durch einen Entschädigungsanspruch nach dem StrEG oder durch dessen Versagung unberührt. Somit kann Art. 5 Abs. 5 EMRK im JStR wegen der benachteiligenden Besonderheiten des § 6 Abs. 2 StrEG (→ Rn. 61 f.) rechtsstatsächlich noch größere Bedeutung zukommen als im allg. StR. – Im Einzelnen ist hinsichtlich Art. 5 Abs. 1 S. 2 Buchst. c EMRK wesentlich, dass es für die Rechtmäßigkeit oder Rechtswidrigkeit von U-Haft auf die Einhaltung der einzelnen, in den nationalen Gesetzen geregelten Voraussetzungen ankommt (allg. Auffassung, vgl. zur Herleitung EGMR 20.3.2001 – 33591/96 Rn. 46, 50; näher Esser in Löwe/Rosenberg EMRK Art. 5 Rn. 46, 104; zum Ganzen Krauße StraFo 2017, 349). Die Kriterien einer schadensersatzrelevanten Verletzung bestimmen sich (auch) nach nationalem Recht – einschließlich der §§ 72, 72a.

VI. Umgekehrte Vorrangbeziehung im Ordnungswidrigkeitenrecht

Innerhalb des **prozessualen** OWiR gelten vorrangig die Vorschriften des **64** OWiG, die (Verfahrens-)Vorschriften von JGG, StPO und GVG dagegen lediglich sinngemäß und auch dies nur, soweit das OWiG nichts anderes bestimmt (§ 46 Abs. 1 OWiG). Prinzipiell, dh unter dem Vorbehalt nicht vorhandener Spezialregelungen im OWiR, sind diese Vorgaben aber im OWiR durchaus von Bedeutung. Im Rahmen dieses „Transfers" gilt, soweit es um Jugendliche und Heranwachsende geht, wiederum der Vorrang des JGG gegenüber der StPO (→ Rn. 17 f.) und die jugendgemäße Auslegung des allg. StVR (→ Rn. 20 ff.). Infolge dessen kommt es auch nicht zu einem Konflikt mit EU-rechtlichen Mindeststandards (→ Einl. Rn. 32), deren Anwendungsbereich sich gem. Art. 2 Abs. 6 RL (EU) 2016/800 (zu dessen deutscher Lesart Sommerfeld ZJJ 2018, 296 (297)) auf das gerichtliche Verfahrensstadium im Bußgeldverfahren erstreckt (zur dortigen, durch Art. 7 Abs. 9 RL (EU) 2016/800 ermöglichten Nichtheranziehung per JGH gem. § 46 Abs. 6 OWiG s. RegE BT-Drs. 19/13837, 18 f.; ferner → § 43 Rn. 5).

Ein **Kind** kann nicht ordnungswidrig handeln (§ 12 Abs. 1 S. 1 OWiG) **65** und deshalb weder verwarnt (§ 56 OWiG) noch einem Bußgeldverfahren unterzogen werden (§ 46 Abs. 1 OWiG). Bei **Jugendlichen** kommt es darauf an, ob sie (nach den Kriterien des § 3) ihrer Entwicklung nach für die Tat verantwortlich sind (§ 12 Abs. 1 S. 2 OWiG). Allerdings wird die Prüfung der Voraussetzungen des § 3 S. 1 durch die jeweiligen Behördenvertreter idR nur schematisch und nicht in jener Tiefe erfolgen können, die im JStV anzustreben ist. Gerade bei Verkehrsordnungswidrigkeiten Jugendlicher wird eine hinreichende Einsichtsfähigkeit idR vorliegen (schon wegen der allg. Verkehrsaufklärung und des schulischen Verkehrsunterrichts), doch wäre auch in diesem Bereich der Umstand altersgruppenmäßig unterschiedlicher Verhaltensmuster (dazu → Rn. 26) zu beachten. Im Zweifel ist die bußgeldrechtliche Verantwortlichkeit des Jugendlichen zu verneinen (Rengier in KK-OWiG OWiG § 12 Rn. 9 unter Hinweis darauf, dass „hier der Handlungsunwert oft schwer fassbar ist").

Bei bejahter Verantwortlichkeit kann der betroffene Jugendliche verwarnt **66** und mit einem Verwarnungsgeld belegt werden (§ 56 OWiG). Im Bußgeldverfahren darf auch gegenüber Jugendlichen und Heranwachsenden nur auf Geldbuße (§ 1 OWiG) oder allenfalls auf Fahrverbot (§ 25 StVG) erkannt werden (BayObLG NJW 1972, 837; de lege ferenda für die Einführung jugendbezogener Sanktionen im OWiG etwa Huhle, Die Sanktionierung von jungen Menschen im Ordnungswidrigkeitenrecht, 2017, 303 ff.). Die Umwandlung der Geldbuße in eine gewisse Auswahl spezifisch **jugendbezogener Rechtsfolgen** ist erst nachgeschaltet iRv Vollstreckungsanordnungen (sei es nach Nichtzahlung im Vollstreckungsverfahren gem. § 98 OWiG oder nach Einspruch gem. § 78 Abs. 4 iVm § 98 Abs. 1 OWiG im gerichtlichen Verfahren vor dem gem. § 68 Abs. 2 OWiG zuständigen Jugendrichter) möglich (n. zur Vollstr. → § 82 Rn. 29 ff.). Das Einheitsprinzip (§ 31) gilt im OWiR nicht (→ § 31 Rn. 9). Diese erheblichen Abweichungen von der Grundorientierung des JGG in Abs. 1 werden damit begründet, dass erzieherische Aufgaben den Verwaltungsbehörden wesensfremd, dagegen die grundsätzliche Einschaltung des JRichters unangemessen sei (Gürtler in Göhler OWiG § 12 Rn. 8; zur Verfassungsmäßigkeit der Regelungslage s. Huhle, Die Sanktionierung von jungen Menschen im Ordnungswidrigkeitenrecht, 2017, 217 ff.).

67 Bei der **Bemessung** von Verwarnungsgeld und von **Geldbußen** sind die wirtschaftlichen Verhältnisse zu berücksichtigen (s. dann § 28a StVG), nicht aber bei geringfügigen Ordnungswidrigkeiten (§ 56 Abs. 1 S. 1 OWiG, § 17 Abs. 3 S. 2 Hs. 2 OWiG). Auf eine etwaige Mittellosigkeit des Jugendlichen oder Heranwachsenden kommt es nur in diesem Rahmen, also nur bei höheren Geldbußen an (dazu auch Fromm NZV 2016, 57 (59)). Die Geldbuße darf nach hM allerdings ohne Rücksicht auf die Einschränkung in § 15 Abs. 2 Nr. 1 festgesetzt werden. Jene (altersbezogenen) Umstände können nach § 98 OWiG bei der (jugendgemäßen) Vollstr. beachtet werden (Seitz/Bauer in Göhler OWiG § 47 Rn. 21). Gegenüber einer solchen, nicht auf jugendtypische Besonderheiten eingehenden Handhabung bestehen indes insofern Bedenken, als das Problem der Leistungsabwälzbarkeit dadurch nicht beseitigt wird, zumal es sich keineswegs immer nur um sehr geringe Beträge handeln muss (vgl. auch → § 15 Rn. 22).

68 Gegen ein Urteil, durch das „anstelle einer zu verhängenden Geldbuße" nach § 78 Abs. 4 OWiG eine Arbeitsauflage angeordnet wurde, ist die **Rechtsbeschwerde** möglich, ohne dass es deren Zulassung bedarf (§ 79 Abs. 1 S. 1 Nr. 1, 2 OWiG; BayObLG bei Rüth DAR 1984, 248; s. auch OLG Schleswig bei Lorenzen/Görl SchlHA 1989, 121). – Zur Zuständigkeit des JugendR s. § 68 Abs. 2 OWiG.

Zweiter Teil. Jugendliche

Erstes Hauptstück. Verfehlungen Jugendlicher und ihre Folgen

Erster Abschnitt. Allgemeine Vorschriften

Verantwortlichkeit

3 [1]Ein Jugendlicher ist strafrechtlich verantwortlich, wenn er zur Zeit der Tat nach seiner sittlichen und geistigen Entwicklung reif genug ist, das Unrecht der Tat einzusehen und nach dieser Einsicht zu handeln. [2]Zur Erziehung eines Jugendlichen, der mangels Reife strafrechtlich nicht verantwortlich ist, kann der Richter dieselben Maßnahmen anordnen wie das Familiengericht.

Schrifttum: Barnikol, Unterstellt statt überprüft? Das richterliche Vorgehen bei der Verantwortlichkeitsbeurteilung nach § 3 JGG, 2012; Berk, Entwicklungspsychologie, 7. Aufl. 2020; Cipriani, Children's Rights and the Minimum Age of Criminal Responsibility, 2009; Dräger, Die Strafmündigkeitsgrenzen in der deutschen Kriminalgesetzgebung des 19. Jahrhunderts, 1992; Egg (Hrsg.), Psychologisch-psychiatrische Begutachtung in der Strafjustiz, 2012; Fischer, Strafmündigkeit und Strafwürdigkeit im Jugendstrafrecht, 2000; Lemm, Die strafrechtliche Verantwortlichkeit jugendlicher Rechtsbrecher, 2000; Nissen/Schmitz (Hrsg.), Strafmündigkeit. Juristische, jugendpsychiatrische und theologische Aspekte, 1973; Roesler, Die Diskussion um die Herabsetzung der Strafmündigkeitsgrenze und den Umgang mit Kinderdelinquenz, 2008; Rupp-Diakojanni, Die Schuldfähigkeit Jugendlicher innerhalb der jugendstrafrechtlichen Systematik, 1990; Stolp, Die geschichtliche Entwicklung des Jugendstrafrechts von 1923 bis heute, 2015; Wenn, Beurteilung der strafrechtlichen Verantwortlichkeit und der Schuldfähigkeit in jugendpsychiatrischen Gutachten, 1992.

Übersicht

I. Anwendungsbereich

1. Jugendliche

1   Die Vorschrift findet auf Jugendliche grds. auch dann Anwendung, wenn das Verfahren vor den für allg. Strafsachen zuständigen Gerichten durchgeführt wird (§ 104 Abs. 1 Nr. 1). Wird für einzelne Straftatbestände gesetzlich das Fehlen der erforderlichen Reife von Jugendlichen unwiderleglich vermutet und mangelt es deliktsspezifisch schon deswegen an der Strafmündigkeit, ist § 3 nicht anwendbar. Ein solcher Fall liegt mit Blick auf § 60 Nr. 1 StPO (Vermutung, dass Minderjährigen die zur Erfassung der Eidesbedeutung nötige Reife fehlt) vor, wenn ein Jugendlicher gleichwohl vernommen wird und dabei einen Meineid begeht (näher Eisenberg BeweisR StPO Rn. 1145).

2. Heranwachsende

2   Die Vorschrift gilt für Heranwachsende auch dann **nicht,** wenn sie nach ihrem Entwicklungsstand noch einem Jugendlichen gleichstehen und bei ihnen deshalb materielles JStR angewandt wird (§ 105 Abs. 1). Sie sind stets uneingeschränkt und ohne konkrete Überprüfung strafmündig (allgA). Erhebliche Entwicklungsmängel können bei ihnen allenfalls unter den Voraussetzungen von §§ 20, 21 StGB berücksichtigt werden (zust. Weber Schuldprinzip 77).

II. Allgemeine Einordnung

1. Funktion der Norm

3   Auch wenn das JStR die Rechtsfolgenbestimmung von Schuldgesichtspunkten (mit Ausnahme der Limitierungsfunktion (→ § 2 Rn. 4; → § 5 Rn. 22; → § 18 Rn. 33)) entkoppelt, hält es am Schuldvorwurf als **Rechts-**

folgevoraussetzung fest (vertiefend, aber krit. Haffke FS Amelung, 2009, 35). Dieser Schuldvorwurf setzt in konstitutioneller Hinsicht stets auch einen bestimmten Entwicklungsstand des Adressaten voraus, wobei in dieser Hinsicht verschiedene Regelungsmodelle möglich sind. Ein strafrechtliches Regelungskonzept, das allein ein Mindestalter normiert (**absolute** Strafmündigkeit), lässt nach dem Überschreiten dieser Altersschwelle eine Einschränkung der Schuldfähigkeit nur zu, wenn einer der allg. Ausnahmetatbestände vorliegt (§§ 20, 21 StGB). Im Regelfall geht es indes von einer unbeeinträchtigten Einsichts- und Steuerungsfähigkeit aus. Bei sehr jungen Personen ist eine solche generalisierende Unterstellung aber nicht ohne weiteres gerechtfertigt. Vielmehr können Entwicklungsprozesse formal strafmündiger Jugendlicher bisweilen so verzögert verlaufen, dass ihre Einsichts- oder Selbstkontrollfähigkeiten erst in späteren Jahren ausreichend und erwachsenenähnlich ausgebildet sind. Solchen sozialisatorischen Unterschieden wird das im JGG geltende Konzept der **relativen bzw. bedingten** Strafmündigkeit gerecht, indem die Schuldfähigkeit nach Überschreiten der Altersgrenze hiernach **eigens zu überprüfen** und **positiv festzustellen** ist (S. 1). Zum Erreichen des 14. Lbj. (§ 19 StGB) muss also eine personenbezogene Bewertung hinzukommen, der zufolge der individuelle Jugendliche für die verletzte Strafnorm tatsächlich schon in hinlänglichem Maße ansprechbar war. Diese tat- und schuldstrafrechtliche Vorkehrung wird indes durch die Maßgabe ergänzt, gegenüber dem Jugendlichen auch bei fehlender Verantwortlichkeit diverse (familiengerichtliche) **Erziehungsmaßnahmen** veranlassen zu können (S. 2). Diese Option entspricht in ihrer positiven, zukunftsgerichteten Einwirkungsorientierung der im JGG sonst vorgesehenen täterstrafrechtlichen spezialpräventiven Intervention.

2. Entwicklung der Norm

Noch im 19. Jh. war die Regelung der Strafmündigkeit in Deutschland **4** uneinheitlich (ausf. Dräger, Die Strafmündigkeitsgrenzen in der deutschen Kriminalgesetzgebung des 19. Jahrhunderts, 1992, 25 ff.; Fritsch, Die jugendstrafrechtliche Reformbewegung, 1999, 99). Die deutschen Partikulargesetze legten eine absolute Strafmündigkeit von zuletzt 14 Jahren (im bay. StGB von 1810 acht Jahre) fest, wobei für die Altersgruppe bis zu 16 und zuletzt bis zu 18 Jahren eine Strafminderung vorgesehen war. Demgegenüber trat die Strafmündigkeit nach dem Code pénal (1810) mit Vollendung des 16. Lbj. ein, wobei jüngere Personen bedingt strafmündig waren (nämlich abhängig davon, ob sie Recht und Unrecht zu unterscheiden vermochten). Preußen (1851) und Bay. (1861) übernahmen dieses System. Das **RStGB** von 1871 setzte sodann ein absolutes Strafmündigkeitsalter bei Vollendung des 12. Lbj. fest (§ 55). Eine 12- bis 18-jährige Person war in abgemilderter Weise zu bestrafen (§ 57) oder – wenn sie bei der Tatbegehung „die zur Erkenntniß ihrer Strafbarkeit erforderliche Einsicht nicht besaß" – freizusprechen (§ 56). Trotzdem wurden zB in den Jahren 1908 bzw. 1912 insgesamt 4.192 bzw. 4.121 12- und 13-Jährige zu Gefängnisstrafe verurteilt (RKrSt 1908 Tab. I, 35; 1912 Tab. I, 43).

Das **JGG 1923** hob die Strafmündigkeitsgrenze auf 14 Jahre an. Die **5** strafrechtliche Verantwortlichkeit von Personen zwischen 14 und 18 Jahren wurde an die Bedingung von geistiger und sittlicher Reife geknüpft. Rechtstechnisch war dies (in § 3) negativ formuliert, dh die Strafbarkeit entfiel bei

Feststellbarkeit fehlender Reifevoraussetzungen. Durch das **RJGG 1943** wurde die Vorschrift in eine positive Fassung überführt (Reife als notwendiges Erfordernis der Verantwortlichkeit), womit (ohne eine Veränderung des Kriteriums) sogar eine konsequentere Prüfpraxis nahegelegt war (s. aber davor schon ähnlich RGSt 58, 128). Anders als gem. § 3 JGG 1923 musste sich die Einsichtsfähigkeit nicht mehr auf das „Ungesetzliche", sondern das „Unrecht" der Tat beziehen. Besonders deutlich wurde der zeitgenössische ideologische Kontext indes in den Aufweichungen der Strafmündigkeitsnorm – nämlich in der Möglichkeit, JStR ausnahmsweise auch schon auf 12-Jährige anwenden und unter 18-Jährige ggf. mit schwersten Rechtsfolgen und dem allg. StR sanktionieren zu können (n. → Einl. Rn. 15 sowie Stolp Die geschichtliche Entwicklung des Jugendstrafrechts von 1923 bis heute, 2015, 69 ff.).

3. Kriminalpolitische Aspekte des Mindestalters

6   Kinder, dh Personen unter 14 Jahren, sind seither in Deutschland ausnahmslos strafunmündig. Bei dieser Grenze handelt es sich indes um eine Festlegung, die aus keiner vorpositiven Gegebenheit ableitbar und daher kontingent ist. Bei einem weltweiten Vergleich ergeben sich denn auch erhebliche Varianzen (vgl. die Zusammenstellung bei Cipriani, Children's Rights and the Minimum Age of Criminal Responsibility, 2009, 93 ff.). In den **europäischen** Rechtsordnungen wird die Strafmündigkeit allerdings idR recht ähnlich bestimmt. Teilw. liegen die Werte hier aber auch etwas höher als in Deutschland und vereinzelt darunter bei 12 oder 13 Jahren (s. eingehend DGHP Juvenile, Vol. 4, 1820 ff. sowie Dünkel RdJB 1999, 291 (292 ff.); Dünkel NK 2008, 102 ff.; Drenkhahn/Schwan PraxRPsych 2014, 24 (35 ff.); Heinz Sekundäranalyse, 572 f.; Wissenschaftlicher Dienst BT WD7–3000–120/19; speziell zur Situation in England und Wales, wo mit 10 Jahren die niedrigste Grenze gilt, vgl. Crofts ZStW 111 (1999), 728 sowie die eingehende Kritik bei Goldson Youth Justice 13 (2013), 111; zu Verurteilungszahlen bei 10- bis 13-Jährigen s. etwa Kaiser/Schaerff/Boers in Boers/Schaerff Bewegung 344 (347)).

7   Vor dem Hintergrund dieser grds. Variabilität wurde verschiedentlich nicht nur empfohlen, iS einer höheren Bestrafungsmündigkeit bei 14- und 15-Jährigen die JStrafe (oder gar alle freiheitsentziehenden Rechtsfolgen) auszuschließen (AK II/1 in DVJJ 1993; abl. Streng JugendStrafR Rn. 67), sondern darüberhinausgehend das Strafmündigkeitsalter auf **16 Jahre** hinaufzusetzen (vgl. dazu etwa Ostendorf in NK-JGG Grdl. zu §§ 1–2 Rn. 10; Busch Zbl 1985, 393 (396 f.); Fischer, Strafmündigkeit und Strafwürdigkeit im Jugendstrafrecht, 2000, 146 ff.; Nickolai NK 2006, 3 f.; Beinder JR 2019, 554 (558 ff.); für 18 Jahre s. Sondervotum 4 der DVJJ-Kommission zur Reform des Jugendkriminalrechts UK I in DVJJ-J 1992, 16). Umgekehrt finden sich immer wieder auch Forderungen nach einer **Senkung** der Strafmündigkeitsgrenze (vgl. etwa für die CSU Ullrich DRiZ 2020, 54; ferner aus der Lit. Hinz ZRP 2000, 107 (111 f.); Paul ZRP 2003, 204 ff.; s. mwN auch Roesler, Die Diskussion um die Herabsetzung (…), 2008, 6 f.; zu entspr. Einstellungen unter StAen und Schöffen vgl. Köhnken/Bliesener/Ostendorf ua in Egg (Hrsg.), Psychologisch-psychiatrische Begutachtung in der Strafjustiz, 2012, 131 ff.). Ebenso wie bei den vergleichbaren Debatten zu § 105 (→ § 105 Rn. 5) wird dies jedoch von der klar vorherrschenden

Ansicht abgelehnt (vgl. bspw. Hefendehl JZ 2000, 600 (604 ff.); Albrecht DJT 2002, D 79 ff.; Laubenthal JZ 2002, 807 (811 f.); Momsen ZJJ 2005, 179 ff.; Dehne-Niemann HRRS 2020, 295 ff.; Preuß ZJJ 2020, 348 (353 ff.)); aus polizeilicher und justizieller Perspektive etwa Haase DVJJ-J 1996, 328; Hübner/Kunath DVJJ-J 1996, 334 f.; Pflieger SchlHA 1999, 88; Hirt Kriminalistik 2003, 570 (573)).

In der Tat gibt es gute Gründe, jedenfalls die unter 14-jährigen Kinder aus **8** dem Strafrechtssystem herauszuhalten (zusf. Heinz Sekundäranalyse 577 f.). So ist nach dem Stand der entwicklungspsychologischen Forschung nicht davon auszugehen, dass die übergroße Mehrheit der 12- und 13-Jährigen den für eine strafrechtliche Verantwortlichkeit erforderlichen Grad an Selbstkontrolle ausgebildet hat (vgl. etwa Hommers/Lewand MschKrim 84 (2001), 425; Hommers/Lewand MschKrim 88 (2005), 61; Doering/Kemme/Zähringer PraxRPsych 2014, 163 (168 ff.); zusf. Lösel/Bliesener DVJJ-Journal 1997, 387; Hommers in Bliesener/Lösel/Köhnken (Hrsg.), Lehrbuch Rechtspsychologie, 2014, 369 (376 ff.)). Und selbst wenn dies anders wäre, spräche vieles gegen eine entsprechend absenkende Anpassung der Strafmündigkeit (dazu systematisch etwa Goldson Youth Justice 13 (2013), 111 (117 ff.) auch unter Hinweis auf völkerrechtliche Vorgaben). Hierbei fällt besonders der erfahrungswissenschaftlich dokumentierte Umstand ins Gewicht, dass strafrechtliche Interventionen bei dieser Altersgruppe kaum positiv-förderliche Wirkungen versprechen und dem derzeit vorgesehenen jugendhilferechtlichen Vorgehen (→ § 1 Rn. 18) jedenfalls **nicht überlegen** sind. Häufig erweisen sie sich für die weitere (Legal-)Entwicklung der Betroffenen im Gegenteil sogar als kontraproduktiv (für entspr. klare empirische Befunde s. Novak Journal of Developmental and Life-Course Criminology 5 (2019), 536).

4. Praktische Handhabung der Verantwortlichkeitsprüfung

Der Reifegrad ist nach Erreichen der Strafmündigkeit gem. S. 1 stets **9** positiv festzustellen. (→ Rn. 11). Dabei handelt es sich jedoch um eine Materie, die sich in der unmittelbaren Anschauung oft nicht erschließt. Gleichwohl kommt es eher selten zu einer dahingehenden sachverständigen Beurteilung (→ Rn. 32), wobei allerdings die gutachterliche Verantwortlichkeitsdiagnose aufgrund von Maßstabs- und Methodenproblemen (→ Rn. 15 ff.) ebenfalls diffizil ist (zur eher seltenen Anerkennung von Reifemängeln durch Sachverständige s. Wenn, Beurteilung der strafrechtlichen Verantwortlichkeit (…), 1992, 52; Hinrichs/Köhler PraxRPsych 2014, 7 (13 f.) mwN). De facto wird die notwendige Reife jedenfalls nicht nur meist auf Basis **justizieller Wertungen** konstatiert (n. Eisenberg/Kölbel Kriminologie § 25 Rn. 39), sondern als Prüfungsfrage in der Praxis zudem noch vielfach **vernachlässigt.** Ältere, aber auch aktuellere Auswertungen und Berichte zeigen, dass die JGerichte (wie iÜ oft auch die StA und die JGH) die Voraussetzungen des S. 1 meist nur floskelhaft bejahen (charakteristisch AG Alsfeld BeckRS 2010, 06887; AG Solingen BeckRS 2010, 13625; LG Essen BeckRS 2015, 9). Eine fallkonkrete inhaltliche Auseinandersetzung erfolgt idR bloß kursorisch oder gar nicht (Keller/Kuhn/Lempp MschKrim 58 (1975), 153 (160 ff.); Knoll, Empirische Untersuchungen zur richterlichen Sanktionsauswahl, 1978, 77; Momberg MschKrim 65 (1982), 65 (73); Zieger StV 1988, 308 (309); Lemm, Die strafrechtliche Verantwort-

lichkeit jugendlicher Rechtsbrecher, 2000, 44 ff.). Diese Beobachtung hat
sich auch in neueren Befragungen und empirischen Analysen weiterhin
bestätigt (Köhnken/Bliesener/Ostendorf ua in Egg (Hrsg.), Psychologisch-
psychiatrische Begutachtung in der Strafjustiz, 2012, 131 ff.; Barnikol, Unterstellt statt überprüft?, 2012, 175 ff.; Köhler FPR 2013, 431 (431); zusf.
Heinz Sekundäranalyse 579 ff.). Nur bei Sexualdelikten scheint die Praxis
anders zu verfahren (vgl. die diff. Befunde bei Franzke, Der „einvernehmliche Missbrauch" von Kindern durch Jugendliche und Heranwachsende,
2021, 267, 293).

10   Im Ergebnis wird die Anerkennung relevanter Reifeverzögerungen damit
auf (beinahe) pathologische bzw. vom „normalen" Entwicklungsprozess
extrem abweichende Einzelfälle reduziert (prägnant Bohnert NStZ 1988,
249 (250): „geistiger Entwicklungsrückstand vom Ausmaß des Schwachsinns
oder eine gleichartige seelische Abartigkeit"). Offen bleibt, ob dies (unzulässigen) generalpräventiven Erwägungen geschuldet ist oder auf institutionellen Eigenbelangen beruht (dh auf Bedürfnissen nach Vereinfachung, Routinisierung und Effektivierung der Jugendstrafjustiz). Strukturanalytisch liegt
jedenfalls ein Zusammenhang auf der Hand: Würde die erforderliche Reife
mit (deutlich) größerer Häufigkeit ausgeschlossen, läge darin eine Infragestellung der schuldstrafrechtlichen Prämisse (dh der Annahme einer für (jugendliche) Menschen charakteristischen Freiverantwortlichkeit). So gesehen
kommt die Vernachlässigung der Prüfungspflicht einer Delegitimierung der
Jugendstrafgerichtsbarkeit gleichsam zuvor, wodurch sie für die Stabilisierung
der organisierten JStR-Pflege **funktional** ist (zur Parallelproblematik bei
§§ 20, 21 StGB vgl. Eisenberg BeweisR StPO Rn. 1714; Eisenberg/Kölbel
Kriminologie § 25 Rn. 10).

III. Voraussetzungen der Verantwortlichkeit nach S. 1

1. Grundlegende Vorgaben

11   **a)** Die Verantwortlichkeit der fraglichen Person muss dieser **positiv at-
testiert** werden. Für eine Verurteilung genügt es nicht, das Fehlen eines
Reifemangels durch Nicht-Erörterung der Thematik zum Ausdruck zu
bringen (OLG Hamm ZJJ 2005, 447 (448) = BeckRS 2007, 5923: Urteilsaufhebung wegen Nicht-Feststellung). Auch wenn sich die fraglichen Feststellungen allein aus dem Gesamtzusammenhang der Urteilsgründe ergeben
(wie bei OLG Celle StV 2017, 722 = BeckRS 2016, 20007), entspricht dies
den Anforderungen von S. 1 nur bedingt. Bei **nicht behebbaren Zweifeln**
ist (gem. dem Grundsatz in dubio pro reo) zugunsten des Beschuldigten das
Fehlen der Verantwortlichkeit anzunehmen (BGH ZJJ 2005, 205 = BeckRS
2005, 2472 mAnm Ostendorf ZJJ 2005, 205). Ist die Steuerungsfähigkeit
nach Überzeugung des Tatgerichts eingeschränkt, so bedeutet dies (zugunsten des Angeklagten) eine Verneinung des „reif-genug"-Seins (LG Hamburg
27.2.2012 – 604 Ks 13/11, S. 41 f.). Fälle mit einer anderen Bewertung sind
entgegen der Annahme von BGH NStZ 2013, 286 mAnm Eisenberg ZKJ
2013, 347 kaum denkbar. Eine sichere positive Feststellung der Verantwortlichkeit ist hier nämlich unmöglich, weil eine „nicht ausgeschlossene Steuerungsfähigkeit" dafür nicht reicht (Problematik ignoriert bei AG Reutlingen
ZJJ 2014, 176).

b) Der Entwicklungsstand zu diversen verfahrensbezogenen Zeitpunkten **12** (Anklage, Begutachtung, Verurteilung) hat keine Bedeutung. Die Voraussetzungen des S. 1 müssen vielmehr „**zur Zeit der Tat**" (dh der konkreten einzelnen Rechtsverletzung) vorgelegen haben. Besonderer Sorgfalt bedarf es dabei dort, wo sich die fragliche Verfehlung (nur) als Fortsetzung eines im strafunmündigen Alter begonnenen Verhaltens darstellt (instruktiv Thomsen ZJJ 2009, 52; hierzu und zu ähnlichen Konstellationen n. auch → § 1 Rn. 3 ff.). Geht es um **mehrere Taten,** hat dies zur Folge, dass die Verantwortlichkeit sowohl zeitlich auf diese verschiedenen Bezüge hin zu prüfen ist (ggf. mehrere Tatzeitpunkte), als auch sachlich mit Blick auf die verschiedenen normativen Verhaltenserwartungen. Weil sich die Voraussetzungen des S. 1 weder im zeitlichen Ablauf noch bzgl. unterschiedlicher situativer und rechtlicher Umstände einheitlich feststellen lassen, müssen sie für jede Tat gesondert beurteilt und gesondert bejaht oder verneint werden. Unterschiedliche Ergebnisse (sog. partielle Schuldfähigkeit) sind dabei prinzipiell möglich.

Bei materiellrechtlicher **Tatmehrheit** ist eine bezüglich der einzelnen **13** Taten differierende Beurteilung der Voraussetzungen des S. 1 folglich ohne weiteres zulässig, und zwar unabhängig von der zeitlichen Reihenfolge der Taten (BGH bei Herlan GA 1961, 358). Aber auch bei **Tateinheit** (im materiellrechtlichen Sinne) lässt sich die Verantwortlichkeit nicht etwa von vornherein für alle im Rahmen der Handlungseinheit verwirklichten Delikte als einheitlich gegeben unterstellen (zur auch hier bestehenden Möglichkeit unterschiedlicher Beurteilungen vgl. RGSt 47, 385; vgl. erg. BGHSt 10, 35 = NJW 1957, 229; BGHSt 15, 377 = NJW 1961, 1031; Laue in MüKoStGB Rn. 11). Ebenso verhält es sich bei **Gesetzeskonkurrenz** mehrerer Tatbestände. Sind diese durch eine quantitative oder qualitative Unrechtssteigerung gekennzeichnet, können die Voraussetzungen des S. 1 bspw. bei der leichteren Verfehlung bejaht und für die schwerere Tat verneint werden, sodass jene die leichtere Verfehlung im konkreten Fall nicht verdrängt. Im Verhältnis von Grund- und Qualifikationstatbeständen ist es deshalb möglich, dass nur wegen des Grundtatbestandes eine Verurteilung in Betracht kommt (BGH ZJJ 2005, 205 = BeckRS 2005, 2472 mAnm Ostendorf ZJJ 2005, 205 und Böhm NStZ-RR 2005, 289).

2. Voraussetzungen der Verantwortungsreife

a) Grundlagen und Beurteilungskriterien. Um die Verantwortlichkeit **14** Jugendlicher annehmen zu können, muss deren Einsichtsfähigkeit (als eine emotionale und eine kognitive Qualität (n. → Rn. 19 f.)) und deren Steuerungsfähigkeit (als eine volitive Qualität (n. → Rn. 21)) bejaht werden. Indem der Normtext diese Bedingungen in einen Zusammenhang mit dem individuellen Reifegrad stellt, wird deren Entstehungsgrund markiert, nicht aber (künstlich) eine eigene weitere Voraussetzung statuiert (Laue in MüKoStGB Rn. 6 ff.; offenbar abw. Streng GS Walter, 2014, 423 (430)). Das maßgebliche gesetzliche **Verantwortlichkeitskriterium** ist vielmehr ein hinreichender individueller Entwicklungsstand, der das positiv festgestellte Vorliegen dieser beiden Qualitäten impliziert und darin zum Ausdruck gelangt. Zur Debatte steht dabei idR auch nicht das Fehlen (denn dann kommt weithin § 20 StGB iVm § 2 Abs. 2 zur Anwendung), sondern nur eine etwaige Einschränkung der geforderten Kompetenz (vgl. auch Remschmidt/Rössner in HK-JGG Rn. 27). Dem entspricht es, dass S. 1 eine eingeschränkte Einsichts- bzw. Steuerungsfähigkeit als selbstständige Kategorie oder ein eingeschränktes „reif-genug"-Sein nicht kennt (s. bereits → Rn. 11). Die Unterscheidung zwischen den Einsichts- und Steuerungsfähigkeiten ist, bei aller gebotenen Bemühung um genaue Trennung (Bohnert NStZ 1988, 249 (250 ff.)), iÜ nur begrenzt durchführbar, zumal die konkrete Aktualisierung der Voraussetzungen normorientierten Verhaltens nicht allein von einer isolierten Wissens- und Willenspotenz, sondern von den gesamten, miteinander interagierenden, inneren und äußeren Situationsbedingungen abhängig ist (Trenczek/Goldberg Jugendkriminalität 303). Meist liegt das zentrale Problem in einer Diskrepanz zwischen der prinzipiellen Normkenntnis und der Fähigkeit zur Integration dieser Normen in das Verhalten (etwa infolge einer Bindung an Gruppennormen).

15   Der in S. 1 verwendete Begriff der Reife entspricht einer sozio-kulturell abhängigen Konvention; er ist ideologiebefrachtet, am Idealfall orientiert und **nicht** in einem engeren Sinne **berechenbar** (ebenso zB auch Streng GS Walter, 2014, 423 (428 f.). Die bisherigen (fach-)wissenschaftlichen Bemühungen um Beurteilungskriterien der Verantwortungsreife sind demgemäß nur begrenzt erfolgreich gewesen. Anfänglich erfolgten sie vorwiegend aus einer medizinischen bzw. **(jugend-)psychiatrischen Sicht.** So hielt Lempp (in Nissen/Schmitz (Hrsg.), Strafmündigkeit, 1973, 15 ff.) eine empirisch-psychiatrische Antwort für prinzipiell möglich, da kein Maßstab für eine allgemeine Verantwortungsreife gefordert, sondern konkret die Einsichts- und Handlungsfähigkeit einer Person für eine bestimmte Tat zu prüfen ist. Hierbei komme es wesentlich auf die Leistungsfähigkeit zur Zeit der Tat (zB Einfluss von Ermüdung, besondere Belastung) an sowie auf die Überschaubarkeit der Tatsituation, auf das Vorliegen ungewohnter und affektiv getönter Umstände oder auf das Vorhandensein sozialen Drucks durch Gruppenabhängigkeit. In den letzten Jahrzehnten trat indes eher eine **psychologische** Perspektive in den Vordergrund (vgl. etwa Karle PraxR-Psych 13 (2003), 274 ff.).

16   Die entwicklungspsychologischen Theorien zur Moralentwicklung sind bei aller Anerkennung allerdings immer auch kontrovers geblieben, einschließlich der − oft herangezogenen (etwa Schilling NStZ 1997, 261 (262 f.); Klosinski FPPK 2 (2008), 162 (165); Doering/Kemme/Zähringer PraxRPsych 2014, 163 (164 ff.)) − Modelle von Piaget und Kohlberg (einschr. etwa Weyers KrimJ 2005, 3 (14 ff.); s. andererseits aber auch Hommers ZEntwPädPsych 20 (1988), 121; Hommers/Lewand MschKrim 84 (2001), 425 (430 ff.); erg. Hommers/Lewand ZfJ 2003, 7 ff.; Hommers/Lewand MschKrim 88 (2005), 61 (67); Berk, Entwicklungspsychologie, 2020, 619 ff.). Ohnehin wird hier nur ein eng umgrenztes Teilgebiet möglicher moralischer Dilemmata erfasst (die Wahl zwischen zwei einander ausschließenden, grundsätzlich aber moralisch vertretbaren Handlungsalternativen). Unabhängig von der Bezugnahme auf diese oder anderweitige psychologische Forschungslinien (zur Relevanz kognitionspsychologischer Arbeiten s. → 21. Aufl. Rn. 12b) bleibt grds. zweifelhaft, ob die Annahme eines gleichsam auf alle Lebensbereiche bezogenen moralischen und rechtlichen Bewusstseins tragfähig sein kann. Vielmehr ist eine einzelfallorientierte Würdigung unter Berücksichtigung des jeweils in Betracht kommenden **Straftatbestandes** vonnöten. Dabei dürfte eine Kombination standardisierter Entwicklungs-, Intelligenz- und Sozialreifetests (vgl. dazu etwa Lemm, Die strafrechtliche Verantwortlichkeit jugendlicher Rechtsbrecher, 2000, 91 ff., 134 ff.; vgl. auch Köhler FPR 2013, 431 (432 f.)), ggf. in Verbindung mit anderen Untersuchungsmethoden (insb. der klinischen Diagnose), hilfreich und einer subjektiv-intuitiven Beurteilung überlegen sein. Allerdings bedarf es hierbei – die methodische Sicherheit und Eignung der Testverfahren unterstellt – stets einer „Übersetzung" der Messergebnisse in die Kategorien des S. 1. Hier muss die Gefahr berücksichtigt werden, dass die Befunde eine von Beurteilungsmaßstäben der Verwaltungs- und Justizbehörden mit-geprägte Interpretation erfahren können.

b) Kompetenzentwicklung, Einsichts- und Selbstregulationsfähig- 17 keit. aa) Die von S. 1 vorausgesetzte Reife muss dem Normtext zufolge ein Stand der „sittlichen und geistigen Entwicklung" sein. Der Begriff der „sitt-lichen Entwicklung" wird dabei vielfach nicht iS einer ethischen (so noch RGSt 58, 128), sondern einer **sozialen Reife** interpretiert (s. schon Wege-ner, Einführung in die forensische Psychologie, 1992; Peters ZStW 94 (1982), 1001 (1011)), was mit Blick auf den strafrechtsbezogenen Norm-zweck und die Unterbestimmtheit ethischer Normensysteme auch Zustim-mung verdient (ebenso Doering/Kemme/Zähringer PraxRPsych 2014, 163 (172 f.)). Es geht bei diesem Aspekt um ein akzeptierendes Gespür für die gemeinschaftsbezogene Notwendigkeit der fraglichen rechtlichen Regeln. Dessen Entfaltung kann bei einer längerfristigen, die Normgeltung relati-vierenden Einflussnahme deliktisch orientierter Bezugspersonen einge-schränkt sein (s. auch → Rn. 28; in einem Fall der Zugehörigkeit zu einer islamistischen Gruppierung ignoriert durch BGH ZJJ 2016, 410 = BeckRS 2016, 17711 mAnm Eisenberg/Wolf ZJJ 2016, 410). Wenn bereits ein Gefühl für unmoralisches Handeln ausgebildet ist, bedeutet dies iÜ nicht zugleich auch ein hinlängliches „Bewusstsein für ‚rechtliches' Unrecht, Un-gesetzlichkeit und rechtliche Schuld" (Peters in Undeutsch Psych-HdB 264; ähnl. Beulke/Swoboda JugendStrafR Rn. 174). Auch hat die Vielfalt der Normen moderner Rechtsordnungen zur Folge, dass manche formalen Ver-haltenserwartungen nicht oder nur vage aus Alltagsbezügen abgeleitet wer-den können und dann auch nicht eingängig sind (vereinzelt relevant etwa bei Steuerdelikten und anderen Tatbegehungsweisen, die außerhalb der jugend-typischen Denk- und Erlebniswelt liegen (vgl. schon Dallinger/Lackner Rn. 13–17; s. bspw. auch Crofts ZStW 108 (1996), 214 (225); Clearly Psychol. Pub. Pol'y & L. 23 (2017), 118)).

Bei der „geistigen Entwicklung" handelt es sich um die Verstandesreife als **18** einem **kognitiven** Element. Dabei kommt es nicht nur darauf an, dass der Jugendliche allg. zur Unterscheidung von Recht und Unrecht imstande (gewesen) ist. Vielmehr muss er zu der Einsicht reif (gewesen) sein, dass sein konkretes Verhalten nicht erlaubt, sondern verboten, und zwar **in strafbarer Weise verboten** ist (vgl. schon §§ 56, 57 RStGB 1871: „die zur Erkenntnis der Strafbarkeit erforderliche Einsicht"). Zwar stellte das JGG 1923 unspezi-fischer auf das Bewusstsein für das „Ungesetzliche" ab (dies nach RG 58, 100 iwS und auch betr. außerstrafrechtliche Gesetze) und seit dem RJGG 1943 muss sogar nur das „Unrecht der Tat" eingesehen werden (so denn auch zB Diemer in Diemer/Schatz/Sonnen Rn. 3; Streng JugendStrafR Rn. 48). Allerdings verbieten es die erzieherischen Grundsätze der Trans-parenz und des Schutzes, Jugendliche gerade strafrechtlich zu verfolgen, wenn ihnen die Reife zum Erkennen dieser Konsequenz fehlte. Nichts anderes ergibt sich aus dem Verbot der Schlechterstellung gegenüber Erwachsenen (→ § 2 Rn. 23 ff.), soweit der Auffassung gefolgt wird, die auch im allg. StR nach einem traditionsreichen Grundsatz (vgl. etwa Laubenthal/Baier GA 2000, 205 (207)) das Bewusstsein um das strafrechtliche Unrecht zur Voraussetzung erklärt (aA BGHSt 52, 227 (239) = BeckRS 2008, 11757; Fischer StGB § 17 Rn. 3).

19 **bb)** Die **Einsichtsfähigkeit** ist zumindest bei den meisten charakteristischen Jugenddelikten idR gegeben, weil die kognitive und soziale Kompetenz, derer es zum Verbots- und Unrechtsbewusstsein bedarf, hinsichtlich vieler altersgruppentypischer Devianzformen (Schlagen, Wegnehmen, Anzünden usw) im Zuge von Nahrauminteraktionen schon früh (teilweise bereits im Vorschulalter) herausgebildet wird (zum Forschungsstand vgl. etwa Lampe ARSP 92 (2006), 397; Kerner/Bott/Reich FS Schwind, 2006, 975 ff.; Nunner-Winkler FPPK 2 (2008), 146 (148 ff.); Weyers Journal für Psychologie 20 (2012), Ausgabe 2; einschr. Pongratz/Schäfer/Weiße/Jürgensen, Kinderdelinquenz, 1975, 47). Bei Delikten, deren juristische Konstruktion ohne ein Erfahrungskorrelat in der jugendlichen Lebenswelt bleibt (zB Weiterverkauf eigener Diebesbeute als zusätzliches (Betrugs-)Delikt), ist dies aber nicht ohne weiteres anzunehmen (→ Rn. 17). Da das Denken von Kindern eher um konkret-anschauliche Gegebenheiten kreist, ohne hiervon zu abstrahieren (vgl. Sodian und Nunner-Winkler/Paulus in Schneider/Lindenberger, Entwicklungspsychologie, 8. Aufl. 2018, 395 ff., 537 ff.), setzt die Reflexion solcher Verbotsformen einen stärker entwickelten Entwicklungsgrad voraus. Auch kann jungen Jugendlichen die angehobene (sanktionsbewehrte) Nachdrücklichkeit eines strafrechtlichen Verbots nicht hinreichend bewusst (und in ihren Augen etwa einem „Handy-Verbot" gleichgestellt) sein. Ist hier die Möglichkeit auszuschließen, dass lediglich „Ausreden" oder nachträgliche Neutralisierungen vorgebracht werden, steht in solchen Fällen – etwa beim „Frisieren" von Fahrzeugen oder dem Fahren ohne Fahrerlaubnis (vgl. Ostendorf in BMJ 1992, 203) – die hinreichende **Differenzierungsfähigkeit** zwischen Recht und deliktsspezifischem Unrecht in Frage (vgl. dazu etwa Schlüchter ZRP 1992, 390 (394); Peterson Canadian Journal of Criminology and Criminal Justice 30 (1988), 381 (388, 394)).

20 Substanziell verfehlt und simplifizierend ist es, zur Prüfung der geistigen Reife und zur Begründung der Einsichtsfähigkeit auf den **allg. intellektuellen Entwicklungsstand** abzustellen und daher allein auf entspr. Indikatoren zu verweisen (zB Schulerfolg, altersentsprechendes Auftreten, gemessener Intelligenzquotient). In der Praxis scheint dies allerdings verbreitet zu sein (so etwa anhand eines 14-Jährigen LG Heilbronn v. 17.12.2012 – 2 (3) KLs 46 Js 3954/10 jug, S. 80 (überdurchschnittlich intelligent, altersgerechte Entwicklung)). Abgesehen davon, dass es in einer solchen Herangehensweise leicht nur bei Anzeichen für erhebliche Intelligenzminderungen zu Zweifeln an der Verantwortlichkeit kommt (zu in diesem Zusammenhang bestehenden Stereotypen bei Laienrichtern s. Najdowski/Bottoms JForPsychiatr-Psych 26 (2015), 407), werden die Voraussetzungen des S. 1 hierbei mit der Fähigkeit zu zweckrationalem Verhalten verwechselt. Allg. Leistungskapazitäten sind nicht verkürzend mit einer speziellen und tatsituativen Normeinsicht gleich zu setzen. Vielmehr ist es wesentlich, ob rechtliche Verhaltenserwartungen in die kognitiven Problem- und Konfliktbewältigungsverfahren des individuellen Jugendlichen bereits hinreichend integriert werden (ähnlich Klosinski FPPK 2 (2008), 162 (165 f.)). Die allg. intellektuelle Entwicklung stellt hierfür lediglich eine Grundbedingung dar.

cc) Hinsichtlich der Fähigkeit, das eigene **Verhalten zu steuern,** gibt 21
das JStR den etwaigen Einschränkungen der prinzipiell unterstellten Willensfreiheit und den Möglichkeiten einer hiervon unabhängigen Verhaltensdeterminiertheit eher Raum als das allg. StR. Satz 1 verweist nämlich auch auf Situationen, in denen die individuelle Kompetenz, konkrete Hemmungsvorstellungen oder innere Kontrollen und Widerstände wirksam werden zu lassen, sozialisatorisch noch nicht hinreichend ausgebildet ist – jedenfalls nicht in dem Maße, um die Bedingungen einzugrenzen, die zur Begehung einer als Unrecht erkannten Tat aktuell hinlenken (n. → Rn. 23 ff.; vgl. auch Doering/Kemme/Zähringer PraxRPsych 2014, 163 (174); Berk, Entwicklungspsychologie, 2020, 587). Das ist gerade mit Blick auf entwicklungsbiologische Befunde bedeutsam, denen zufolge die Fähigkeiten zur (emotionalen, spontanitätsbegrenzenden) **Selbstregulation,** derer es zur Umsetzung einer Unrechtseinsicht bedarf, vor Abschluss langjähriger hirnphysiologischer Reifungsprozesse nur in engen Grenzen bestehen (vgl. Klosinski FPPK 2 (2008), 162 (164)). Medizinisch, psychiatrisch oder psychologisch ist es im Einzelfall jedoch allenfalls feststellbar, wenn die fragliche individuelle Kompetenz vergleichsweise gering ausgeprägt war. Darüber hinaus anzuerkennen, dass in der Tatsituation deshalb eine spezifische Form der Überforderung bestand, setzt indes ersichtlich eine Wertung voraus (Streng JugendStrafR Rn. 51: „Rechtsgefühl").

3. Beurteilungsrelevante Umstände

a) Grundsätzliches. Es besteht Einigkeit darüber, dass das Vorliegen der 22
Voraussetzungen des S. 1 durch eine Vielzahl von Einzelfaktoren beeinflusst wird. Die Bildung von **Kategorien,** bei denen ein **Fehlen der Verantwortungsreife naheliegt,** kann hierbei eine (zumindest vorläufige) Beurteilung durch Institutionen der Strafverfolgung erleichtern. Dabei ist indes Sorge zu tragen, dass die sich hieraus ergebenden Maßstäbe nicht primär durch das Bedürfnis nach erleichternder Routinisierung oder durch andere institutionelle Handlungsnormen (dazu Eisenberg/Kölbel Kriminologie $\S$ 32 Rn. 1 ff.) geprägt werden. Zudem ist klar, dass diverse Beeinträchtigungen im Persönlichkeitsbereich – auch unterhalb des Niveaus der psychischen Auffälligkeit (hier zur Abgrenzung gegenüber $\S\S$ 20, 21 → Rn. 46 ff.) – in diese Kategorisierung nicht eingehen, sondern idR nur durch Sachverständige festgestellt werden können (n. → Rn. 32).

Im Übrigen kommt diesen Kategorien keine größere Relevanz als der 23
eines Anhaltspunktes zu. So ist bspw. eine Verneinung der Verantwortlichkeit mit Blick auf das **Lebensalter** umso eher in Betracht zu ziehen, je weniger der Übergang aus der Kindheit bei der Tatbegehung zurücklag, also insbes. bei 14- und auch bei 15-Jährigen. Allerdings bestehen erhebliche interindividuelle Unterschiede in der Entwicklung, sodass das jeweilige Alter zwar als erste Anknüpfung dienen kann, aber keine fundierte Orientierung bei der Beurteilung des Einzelfalles (etwa im Sinne eines damit assoziierten „normalen" Entwicklungsstandes) bietet (vgl. auch Weber Schuldprinzip 82: keine allgemeine Regel). Da sich die Idee einer angehobenen Bestrafungsmündigkeit (bisher) nicht durchgesetzt hat (→ Rn. 7), wird in der Praxis

denn auch nicht ganz selten sogar JStrafe gegenüber Jugendlichen im Alter
von 14 bis 16 Jahren verhängt (n. → § 92 Rn. 14a).

24   **b) Innere und äußere Tatumstände.** Bei vielen Deliktstypen ist zu
berücksichtigen, ob es bei der konkreten Begehung womöglich an einer
unmittelbaren Beziehung zu dem Geschädigten und/oder an der Wahr-
nehmbarkeit einer Individualschädigung fehlt. Je stärker sich das Geschehen
als **entpersonalisiert** darstellt, desto blasser kann sich das Verbotsbewusst-
sein ausnehmen. Zwar ist hier ggf. auch eine Umkehrung möglich, wenn es
(zB bei einem bestimmten Bereich der Gewaltdelinquenz) für die Motivation geradezu ausschlaggebend ist, das Opfer nicht zu kennen (vgl. dazu etwa
Kersten RdJB 1994, 187 (188 f.)). Doch normalerweise sind Verhältnisse
zwischen Täter und Opfer, die von **Anonymität** gekennzeichnet werden,
eher ein Anlass zur Frage, ob die jugendliche Person das begangene Unrecht
tatsächlich als solches zu bewerten vermag. Beispiele hierfür liegen bei der
Wegnahme oder Beschädigung von Sachen im öffentlichen Besitz vor, ggf.
auch bei Hehlerei, Beteiligung am Glücksspiel oder Gebrauchsentwendun-
gen ohne „Diebstahlsabsicht" (dazu bereits Lempp in Nissen/Schmitz
(Hrsg.), Strafmündigkeit, 1973, 19 ff.).

25   Bei **(sozialen) Konflikt**situationen (Zwangslagen, eskalierende Auseinandersetzungen, überforderungsnahe Entwicklungen usw) ist in besonderem
Maße zu prüfen, ob der Jugendliche über die erforderliche sittliche (dh
soziale) Reife bzw. die erforderliche Selbstregulationsfähigkeit verfügt hat
und normativen Erwartungen zu entsprechen vermochte. Dies steht ebenso
bei Delikten zur Debatte, zu denen es infolge **spontaner** Reaktionen auf
unvorhersehbare Ereignisse (vgl. schon Peters in Undeutsch Psych-HdB
263 ff. (268)) oder **emotionaler Zuspitzungen** kommt (vgl. LG Hamburg
StV 2019, 478 (479) = BeckRS 2018, 44751 für die Situation andauernder
Zurückweisung). Entsprechende Impulse, deren Dynamik die individuelle
Selbststeuerungsfähigkeit bisweilen übersteigt, können auch im Kontext der
Peer-Group ausgelöst werden. Das gilt va für deliktisches Verhalten, mit
dem (etwa iS einer „Mutprobe") ein Zuwendungs- oder Anerkennungsbedürfnis bei einem fragilen Selbstwertgefühl eingelöst werden soll (vgl. dazu
bspw. Hülshoff Medizinische Grundlagen der Heilpädagogik, 3. Aufl. 2015,
406).

26   Ähnlich liegt es bei deliktischem Geschehen, an dem auch **Autoritäts**-
personen beteiligt sind (zB Eltern, ältere Geschwister, Anführer einer
Gleichaltrigengruppe (s. OLG Hamm NStZ-RR 2007, 123 (124); Lempp
DVJJ-Journal 1994, 60)) oder an dem andere (nicht notwendig ältere) Tatbeteiligte mitwirken, die vom Jugendlichen als überlegen oder besonders
erfahren erlebt werden (vgl. etwa LG Hamburg 27.2.2012 – 604 Ks 13/11;
unklar dazu BGH NStZ 2013, 286 mAnm Eisenberg ZKJ 2013, 347; Problematik nicht erörtert bei LG Münster ZJJ 2013, 323 mAnm Eisenberg ZJJ
2013, 325). Der hiervon ausgehende Erwartungsdruck kann ebenfalls stärker
als die individuell bereits entwickelte Selbstkontrollkompetenz sein (vgl.
Beulke/Swoboda JugendStrafR Rn. 177; näher Bohnert NStZ 1988, 249
(254 f.)). In solchen Konstellationen bedarf es dann der Prüfung, ob der
Jugendliche nur als Tatwerkzeug fungierte und mittelbare Täterschaft zu
bejahen ist (vgl. dazu Schaffstein FS Stutte, 1979, 269; Schaffstein GS Weßlau, 2016, 67 ff.).

Hinsichtlich der bio-psychologischen Entwicklung kann der **Pubertät** 27
izm ihren behavioralen und psychologischen Auswirkungen etwa bei Pro-
testverhalten oder ggf. auch bei Impulsivakten iRv (ua familiären) konflikt-
behafteten Entwicklungen eine wesentliche Bedeutung zukommen und ggf.
zur Verneinung der Reife führen (Berk, Entwicklungspsychologie, 2020,
5558 ff.). Um dies verifizieren zu können, bedarf es bei entspr. Anlass idR
der Heranziehung eines Sachverständigen, und zwar unter Einhaltung des
§ 43 Abs. 2 S. 2 (zu den dahingehenden Unterlassungen im Verfahren des
LG Berlin (530) 1 Kap Js 1874/05 KLs (101/05) bzw. (539 KLs) 234 Js 368/
13 (2/14) siehe die Anm. zu den Revisionsverwerfungsbeschlüssen BGH
NStZ 2007, 522; BGH BeckRS 2015, 12159 von Eisenberg/Schmitz NStZ
2008, 94; Eisenberg StV 2016, 709). Speziell bei strafrechtlich relevantem
sexualitätsbezogenem Verhalten wird – abgesehen von der insoweit erhöhten Problematik der Einsichtsfähigkeit (va bei Sachverhalten iSv § 176 StGB
unter nahezu Gleichaltrigen) – teilw. angenommen, der Jugendliche werde
bisweilen von der Wirkung des Geschlechtstriebs gewissermaßen überfordert
oder überrascht, sodass er seine Verhaltenssteuerung nicht darauf habe einstellen können. Auch sollen bei Sexualdelikten die Verantwortlichkeits-
voraussetzungen des S. 1 bei besonderen Belastungen in der Sozialisation (zB
Intoleranz der Erziehungsperson bzw. Erfahrungen als Zeuge oder Opfer
sexueller Gewalt) vergleichsweise häufig zu verneinen sein.

c) **Sozialisatorische Kontexte.** Probleme im Bereich der **elterlichen** 28
Erziehung können über ihre allg. Bedeutung (n. → § 5 Rn. 50 f.) hinaus
auch für S. 1 zu berücksichtigen sein. Aus lernpsychologischer Sicht tragen
verschiedene innerfamiliäre Faktoren zu einer fehlenden oder gestörten
Identifikation mit sozialen Normen bei, ua auch eine für Kinder abträgliche
Familienatmosphäre. Bisweilen reichen diese Defizite bis hin zur schweren
Deprivation an Zuneigung, grundsätzlichem Respekt, Vertrauensvermitt-
lung und an Voraussetzungen der kognitiven Entwicklung (für drastische
Konstellationen s. LG Passau NJW 1997, 1165 mkritAnm Eisenberg NJW
1997, 1136 und mzustAnm Brunner JR 1997, 120; nicht erörtert in BGH
NStZ 2007, 522 mAnm Eisenberg/Schmitz NStZ 2008, 94; n. Eisenberg
GS Walter, 2014, 55 ff.). Aber auch unterhalb dieses Extremfall-Niveaus
können desinteressierte, inkonsistente oder sonst dysfunktionale Erziehungs-
stile ebenso wie delikstolerante Orientierungsmuster der Eltern, deren
Suchtmittelmissbrauch oder innerfamiliäre Gewalt (Übergriffe zwischen den
Partnern/innen; Kindesmisshandlung) das Verständnis für die Einhaltung
von StR-Normen beeinträchtigen oder verzögern (für ein Bsp. LG Hamburg
StV 2019, 478 = BeckRS 2018, 44751; vgl. zu diesem Forschungsbereich n.
Eisenberg/Kölbel Kriminologie § 56 Rn. 11 ff. mwN).

Bei öffentlicher Erziehung außerhalb einer Familie kann der von S. 1 29
vorausgesetzte Entwicklungsstand insbes. in Fällen von **Heimerziehung,**
namentlich soweit diese in einer geschlossenen Einrichtung erfolgt ist, zweifelhaft sein. Ungeachtet der in den 1970er Jahren begonnenen Veränderungen reduziert die Reglementierung in Heimen die Identifikationsmöglich-
keiten, die auf persönlichen Beziehungen beruhen, verlangsamt so ggf. die
Herausbildung sozialer Fähigkeiten wie zB die zur Bewältigung zwischenmenschlicher Konflikte (s. ferner → Rn. 39). Zu berücksichtigen ist ferner,
dass sich die in Heimen erzogene und von der Außenwelt partiell isolierte
Gruppe tendenziell aus Kindern zusammensetzt, die besonders häufig durch

soziale, psychische oder physische Problemlagen beeinträchtigt werden und deshalb als Gleichaltrigengruppe oft ein ungünstiges sozialisatorisches Umfeld darstellt (s. auch Eisenberg/Kölbel Kriminologie § 56 Rn. 25).

30   Anlass für eine besonders sorgfältige Prüfung iSv S. 1 besteht mitunter bei Jugendlichen, die unter **divergierenden kulturellen** Bedingungen aufwachsen und daher mit einer (bereichsbezogenen) Orientierungsunsicherheit konfrontiert sein können (s. auch → § 105 Rn. 33 ff.). Auf diese Möglichkeit wird seit langem va bei der „zweiten" und „dritten Generation" von Zugewanderten hingewiesen (vgl. aus psychiatrischer Sicht etwa schon Focken StV 1982, 313), besonders aber auch bei sehr jungen unbegleiteten Geflüchteten (zu deren Problemfeldern etwa Dittmann/Müller ForE 2013, 262; speziell bei deren Heimunterbringung etwa Brinks/Dittmann ForE 2016, 113). Schwierigkeiten bei der Identifizierung mit der Herkunfts- und/oder Mehrheitskultur können hier mit Nachteilen in den sozio-ökonomischen Rahmenbedingungen sowie Zurückweisungs- und Isolationserfahrungen zusammentreffen und namentlich im Jugendalter ggf. mit allgemeinen Formen phasenspezifischer Normenverunsicherung kumulieren.

4. Einzelne prozessuale Fragen

31   **a) Zeitpunkt der Prüfung und Entscheidung.** Zur Vermeidung einer unnötigen und unzulässigen Prozessfortsetzung, die idR grundrechtseingreifende und ggf. erzieherisch nachteilige Wirkungen hat, sollte die Verantwortlichkeit iSv S. 1 **möglichst frühzeitig** geprüft und bei negativem Ergebnis umgehend eine Verfahrensbeendigung herbeigeführt werden. Die Frage der Reife ist daher bereits im Ermittlungsverfahren (auch durch die JGH, § 38 Abs. 2 S. 2) aufzuwerfen, zumindest aber im Zwischenverfahren und ohnehin in der HV. Demgemäß sollte bei fehlender Reife möglichst schon die JStA wegen mangelnden Tatverdachts einstellen (§ 170 Abs. 2 StPO) oder jedenfalls das JGericht die Eröffnung des Hauptverfahrens ablehnen (§ 204 StPO). Stets ist daran zu erinnern, dass der Gerichtssaal nach Peters (Strafprozess 405) als „der ungeeignetste Ort gilt, in das geistig-seelische Leben eines Menschen einzudringen", wobei es hinsichtlich der Voraussetzungen des S. 1 ohnehin auf den Zeitpunkt der Tat ankommt (→ Rn. 12). Eine Erledigung gem. § 47 Abs. 1 S. 1 Nr. 4 ist allerdings nur in der HV zulässig (n. → § 47 Rn. 19). Ob das Verfahren, wenn es bis in dieses Stadium gelangt ist, tatsächlich auf dieser Grundlage eingestellt oder durch Freispruch wegen mangelnder Reife beendet werden sollte, hat das Gericht abzuwägen. Gegen den Freispruch spricht, dass er Feststellungen zum äußeren Straftatbestand (zur Erheblichkeit sich darauf beziehender Beweistatsachen Güntge in Alsberg Beweisantrag Rn. 1138) im Urteil gleichsam fixiert. Andererseits spielt auch der Zeitpunkt, zu dem die Wahl zwischen Urteil und Einstellung zu treffen ist, eine Rolle (n. → § 47 Rn. 9). Eine Eintragung ins **Erziehungsregister** erfolgt gem. § 60 Abs. 1 Nr. 6 und 7 BZRG indes in allen hier genannten Erledigungsformen (abw. für §§ 170 Abs. 2, 203 StPO aber Ostendorf in NK-JGG Rn. 21).

32   **b) Heranziehung von Sachverständigen.** Die Ermittlungen (auch) zur Frage der Verantwortlichkeit sind unter Einschaltung der JGH zu führen. JStA und JRichter haben bei einer ggf. nach § 44 durchgeführten Vernehmung die Möglichkeit, eine Prüfung der Voraussetzungen des S. 1 vorzube-

reiten. Sofern sich beim beschuldigten Jugendlichen besondere Auffälligkeiten zeigen (etwa eine Alkohol- bzw. Drogenabhängigkeit) oder die oben (→ Rn. 24 ff.) genannten bzw. ähnliche Anhaltspunkte vorliegen bedarf es angesichts der richterlichen Aufklärungspflicht, die hinsichtlich der positiv festzustellenden Reife iSv S. 1 besteht, einer näheren Prüfung. Verbleiben dabei Zweifel, was bei einer abw. Einschätzung der JGH nach OLG Hamm NStZ-RR 2007, 123 (124) allerdings nicht zwangsläufig der Fall ist, wird die Zuziehung eines **Sachverständigen** (§ 43 Abs. 2 S. 2) und ggf. auch die Unterbringung zur Beobachtung (§ 73) erforderlich (→ § 43 Rn. 33, 43). In Fällen, in denen die damit verbundenen Eingriffe angesichts des Tatvorwurfs unverhältnismäßig wären (zur Problematik Kölbel in MüKoStPO StPO § 160 Rn. 88), ist die Situation des Zweifels hinzunehmen und nach dem in dubio pro reo-Grundsatz (→ Rn. 11) zu verfahren (ebenso Schlehofer in BeckOK JGG Rn. 15; enger Laue in MüKoStGB Rn. 19). – Insgesamt ist auf der Basis empirischer Analysen jedoch (in Korrespondenz mit den in → Rn. 9 erwähnten Beobachtungen) davon auszugehen, dass eine gutachterliche Einschätzung in der **Praxis** nur mit stark begrenzter Häufigkeit eingeholt wird (vgl. etwa die Auswertung bei Schöttle, Die Schuldfähigkeitsbegutachtung im Jugendstrafverfahren, 2013, 162 ff.; Pahl, Begutachtungspraxis bei langen Jugendstrafen, 2018, 138, 184; s. auch Schepker in Warncke/Trott/Remschmidt (Hrsg.), Forensische Kinder- und Jugendpsychiatrie, 1997, 292). Auch besteht das Problem, dass der Einschätzung idR offenbar eher der Reifeeindruck zum Begutachtungszeitpunkt zugrunde gelegt wird, nicht aber eine Rückschau auf den Tatzeitpunkt erfolgt (Streng GS Walter, 2014, 423 (435)).

c) StrEG. Wurde die strafrechtliche Verantwortlichkeit zunächst zu Unrecht bejaht, kommt es dann aber zu Freispruch oder Einstellung, gelten für **33** eine etwaige Entschädigung (dazu allg. → § 2 Rn. 59 ff.) Besonderheiten. So kann, wenn der Jugendliche ohne den Reifemangel verurteilt worden wäre, eine Entschädigung gem. § 6 Abs. 1 Nr. 2 StrEG **entfallen.** Abhängig ist dies von einer Gesamtabwägung, die das Gewicht der strafrechtlichen Eingriffe wie auch des Tatvorwurfs einbeziehen muss (dazu und zur dahingehenden eigenen Ermessensentscheidung auch des Beschwerdegerichts s. OLG Hamm NJW 2012, 3046 (zum allg. StR)). Zulasten des Entschädigungsanspruchs darf hierbei ferner berücksichtigt werden, wenn der Betroffene anlässlich einer (einstweiligen) jugendgerichtlichen Unterbringung eine „wichtige Förderung" erfahren hat (vgl. LG Hamburg 27.2.2012 – 604 Ks 13/11, 46; Kunz in MüKoStPO StrEG § 6 Rn. 30; Eisenberg ZKJ 2013, 347).

IV. Familiengerichtliche Maßnahmen gemäß S. 2

1. Materielle Anforderungen

a) Allgemeine Voraussetzungen. Wird vom JGericht die Verantwort- **34** lichkeit iSv S. 1 verneint, scheiden sämtliche Sanktionen des JStR aus (nach hier vertretener Ansicht (→ Rn. 51 f.) auch die Unterbringung gem. § 63 StGB iVm § 7 Abs. 1). Gleichwohl kann ein Jugenddelikt bei fehlender Reife eine erzieherische Reaktion nach sich ziehen. Möglich ist dies (ausschließlich) durch die in S. 2 genannten Rechtsfolgen. Werden diese nicht befolgt, ist allerdings (zumal Erziehungsmaßregeln gem. § 9 entfallen) die Anwendung des § 11 Abs. 3 ausgeschlossen (und zwar unabhängig davon, ob bei Missachtung der angeordneten Maßnahmen die Reife im Sinne des S. 1 gegeben wäre).

35   Ungeachtet des Normwortlauts („nicht verantwortlich ist") darf das JGe-richt auch dann nach S. 2 vorgehen, wenn das Fehlen der Verantwortlichkeit nicht eigens festgestellt wird, sondern in Zweifelsfällen hiervon lediglich iS des **in dubio pro reo**-Grundsatzes (→ Rn. 11) auszugehen ist (aA Schleho-fer in BeckOK JGG Rn. 46 ff.). Alles andere wäre widersprüchlich, da gegen strafrechtlich verantwortliche bzw. nicht verantwortliche Jugendliche die Rechtsfolgen gem. § 5 bzw. die Maßnahmen nach S. 2 angeordnet werden können, während für diejenigen, bei denen zweifelhaft ist, zu welcher dieser beiden Gruppen sie gehören, gleichsam eine Reaktionslücke bestünde (Dal-linger/Lackner Rn. 42; Laue in MüKoStGB Rn. 33). Die abw. Regeln für § 63 StGB lassen, weil dort schuldfähigkeitsbezogene Zweifelsfälle nur iZm § 21 StGB praktische Folgen haben und anstelle der dann ausgeschlossenen Unterbringung (n. → § 7 Rn. 7) eine „normale" Sanktion verhängt wird, für die vorliegende Konstellation keine gegenteiligen Schlüsse zu. Der Ge-fahr, dass eine Maßnahme gem. S. 2 zu schwerwiegenden Beeinträchtigun-gen zu führen vermag, wenn sie auf einer vom Tatsächlichen her möglicher-weise verfehlten Grundlage ergeht (Cabanis/Nix in Nix Rn. 19), ist bei der Ermessensausübung (→ Rn. 40) Rechnung zu tragen.

36   **b) Spezielle Voraussetzungen.** Gegenstand der von S. 2 zugelassenen Anordnungen können alle **familiengerichtlichen Erziehungsmaßnah-men** iSv § 34 Abs. 3 sein, insbesondere solche gem. §§ 1666 f. und § 1915 BGB. Ungeachtet der Nichtanwendbarkeit von § 12 schließt dies die Maß-nahmen gem. §§ 27 ff. SGB VIII ein, da das FamG bzgl. dieser Erziehungs-hilfen unter den tatbestandlichen Voraussetzungen des § 1666 BGB hierfür (auch mit Blick auf § 1 Abs. 3 SGB VIII) gleichermaßen anordnungsberech-tigt ist (ebenso Diemer in Diemer/Schatz/Sonnen Rn. 36; Brunner/Dölling Rn. 23; einschr. bzgl. der Bindung des JAmtes Miehe FS Fenge, 1996, 439 ff.). Für die Festlegung der genannten Maßnahmen hat das JGericht das Vorliegen der materiell-rechtlichen Voraussetzungen der jeweiligen **Rechts-grundlagen im BGB** zu prüfen. Durch S. 2 wird (nur) die Anordnungs-zuständigkeit auf das JGericht ausgedehnt, diesem aber kein eigener, befug-nisbegründender Eingriffstatbestand zur Verfügung gestellt (allgA). Mit der Zuständigkeitserweiterung soll eine stärkere Konzentration und Beschleuni-gung des Vorgehens erreicht werden können. Darüber, ob diese Möglichkeit (bei erfüllten Anordnungsvoraussetzungen) zweckmäßigerweise genutzt wer-den soll, hat das JGericht indes im Rahmen pflichtgemäßen Ermessens zu entscheiden (n. → Rn. 40).

37   **c) Gründe für zurückhaltende Interventionen. aa)** Bei Prüfung der jeweiligen Anordnungsvoraussetzungen ist der **Verhältnismäßigkeits-grundsatz** zu berücksichtigen und dabei jeweils im Einzelnen abzuwägen, ob bei Anordnung einer Maßnahme die erzieherischen Vorteile oder Nach-teile überwiegen. Hierbei muss die **Ambivalenz** vieler in Betracht kom-mender Interventionsformen berücksichtigt werden. Dazu zählt, dass Kinder und Jugendliche aus sozio-ökonomisch benachteiligten Bevölkerungsgrup-pen von den in Betracht kommenden Maßnahmen generell mit angehobener Häufigkeit betroffen sind, sodass bei neuerlicher Anordnung deren (erhöhte)

Segregation reproduziert werden kann. Darüber hinaus kann die „fürsorgerische" oder „pädagogisch-therapeutische" Amtstätigkeit zu einer früheren und/oder verstärkten strafrechtlichen Erfassung beitragen. Dabei spielt die intensivere institutionelle Kontrolldichte ebenso eine Rolle wie die Gefahr, dass es im Zuge misslingender oder eskalierender Beziehungsformen zur Verfestigung deliktischer Fremd- und Selbstbilder kommt. Wenngleich es methodisch außerordentlich schwierig ist, die Effekte einer frühen behördlichen Intervention auf individuelle Sanktionsbiografien aufzuzeigen, liegt die Möglichkeit einer unbeabsichtigten negativen (desintegrativen) Verstärkung alles andere als fern (vgl. Eisenberg/Kölbel Kriminologie § 54 Rn. 12 ff., § 55 Rn. 34 f., § 56 Rn. 24 f.; siehe aber für die Unterbringung in Pflegefamilien auch die eher positiven Entwicklungsverläufe bei Gleißner/Johler/Ney-Wilkens/Hollmann Bildung und Erziehung 66 (2013), 99).

bb) Die Berücksichtigung des **Willens** der betroffenen Jugendlichen ist **38** schon deshalb angezeigt, weil es für einen erzieherischen Erfolg wesentlich auf die Mitwirkungsbereitschaft der Minderjährigen ankommt. Aufgezwungene Maßnahme sind dagegen wenig sinnvoll (vgl. aber näher Schwabe/Wust unsere jugend 2008, 5), jedenfalls wenn die Minderjährigen – ihrem jeweiligen Entwicklungsstadium gemäß – „gute Gründe" für ihre Ablehnung haben. Das Problem besteht hier aber offensichtlich in der Bestimmung dessen, was deshalb als „gute Gründe" akzeptiert werden sollte. Durch die Tendenz, hier in erster Linie nach den Vorstellungen der erwachsenen Entscheidungsträger zu verfahren (zur meist beschr. Partizipation der Betroffenen s. die Befragung bei JÄmtern von Kotthaus ZKJ 2007, 174), bleibt der Bezug zur (erwünschten funktionalen) Freiwilligkeit häufig schwach. Die fragliche Maßnahme spiegelt dann eher den allg. Konflikt zwischen Erziehungsanspruch und (oftmals empfundenem) Strafcharakter von Rechtsfolgen wider, zumal die Jugendlichen häufig kaum in der Lage sind, ihre Bedürfnisse und Interessen in der Sprache der zuständigen Behörden verständlich zu machen.

cc) Speziell bei der **Heimunterbringung** (zu deren Problematik im **39** Detail → § 12 Rn. 17 ff., 25 ff.) kann nicht ignoriert werden, dass Personen, deren strafrechtliche Erfassung biografisch besonders anhaltend oder ausgeprägt ist, ungewöhnlich oft ihre Kindheit und Jugend teilw. in entspr. (va geschlossenen) Einrichtungen verbracht haben (vgl. bspw. Entorf/Meyer/Möbert, Evaluation des Justizvollzugs, 2008, 42; Stelly/Thomas/Vester/Schaffer MschKrim 97 (2014), 267 (275)). Sicher ist hierbei unklar, zu welchen Anteilen dieser Befund mit der Ausgestaltung der öffentlichen Erziehung und/oder der Vorauswahl der hier untergebrachten Kinder und Jugendlichen erklärt werden muss (zumal stets von einer Wechselwirkung mit etwaigen anderen Einflussfaktoren auszugehen ist). So kann die Entwicklung sozialer Orientierungen durch das Aufwachsen oder längere Aufenthalte in einer Heimumwelt beeinflusst werden, aber auch den lebensgeschichtlichen Vorerfahrungen eine größere Bedeutung zukommen. Überdies können Heime schon aufgrund ihrer geordneten Struktur durchaus ein gewisses „Schonklima" gegenüber den sozialen Verhältnissen außerhalb bieten. Andererseits fungieren sie tendenziell als letztes „Auffangbecken" von ansonsten unerwünschten oder als nicht anderweitig betreubar eingestuften Kindern und Jugendlichen, was im Bewusstsein vieler Betroffener vielfach verankert ist (vgl. auch die Interviews bei Menk/Schnorr/Schrapper, Woher die Freiheit bei all dem Zwange?, 2013, 63 ff., 159 ff.).

2. Verfahrens- und Zuständigkeitsfragen

40   Bei der Ermessensentscheidung über die Inanspruchnahme der aus S. 2
folgenden **Anordnungszuständigkeit** hat sich das JGericht an § 2 Abs. 1
zu orientieren, wobei verschiedene (Zweckmäßigkeits-)Aspekte von Belang
sind. Eine Inanspruchnahme von S. 2 kann va in einem fortgeschrittenen
Verfahrensstadium angezeigt sein, in dem der Jugendliche wegen fehlender
Verantwortungsreife freizusprechen ist (etwa bei hier bestehender Notwendigkeit kurzfristiger Maßnahmen oder bei drohender Missverständlichkeit
des folgenlosen Verfahrensabschlusses). Ob das JGericht eine entsprechende
Anordnung nach Möglichkeit dem FamG überlassen sollte (so Brunner/
Dölling Rn. 23), weil diesem insoweit eine höhere Sachkompetenz zukomme oder weil eine Anordnung des JGerichts (als eines Strafgerichts) im Allg.
eine erhöht stigmatisierende Auswirkung habe, ist umstritten (dazu auch
Ostendorf JZ 1986, 664 (668); Ostendorf in NK-JGG Rn. 18). Empirische
Befunde, an denen die Ermessensentscheidung zu orientieren wäre, liegen
bislang nicht vor. Geht das JGericht nach S. 2 vor, trifft es die Anordnungen
in der jeweiligen verfahrensabschließenden Entscheidung, also im Beschluss
gem. § 47 Abs. 1 Nr. 4 oder im freisprechenden Urteil (Diemer in Diemer/
Schatz/Sonnen Rn. 38; abw. Bohnert NStZ 1988, 249 (255): stets eigener
Beschluss).

41   Im Übrigen kann die **JStA,** wenn sie das Verfahren wegen eines Reifemangels einstellt, die Anordnung von familiengerichtlichen Erziehungsmaßnahmen beim **JGericht beantragen** (nach Rössner in HK-JGG Rn. 48
analog §§ 413 ff. StPO; abl. Schlehofer in BeckOK JGG Rn. 52 f.). Dieses
wird hierdurch – sofern es nach einer prozessordnungsgemäßen Prüfung das
Vorliegen einer rechtswidrigen Tat bejaht – zur Entscheidung über den
Gebrauch der sich aus S. 2 ergebenden Zuständigkeit veranlasst. Außerdem
hat die JStA in diesem Fall (ebenso wie in späteren Verfahrensphasen daneben auch das JGericht) die Möglichkeit, eine Anordnung von als erforderlich erachteten erzieherischen Maßnahmen bei dem **FamG anzuregen**
(§ 24 Abs. 1 FamFG). Dieses wird dann nach den Vorschriften des FamFG
eine Prüfung vornehmen, denn seine Anordnungskompetenz besteht unabhängig vom strafprozessualen Geschehen (also auch unabhängig davon, ob
und in welchem Verfahrensabschnitt das Fehlen der Voraussetzungen des
S. 1 festgestellt wird).

42   Ordnet das JGericht gem. S. 2 eine Maßnahme an und wird dazu eine
nachträgliche Änderung erforderlich, so bleibt es hierfür wegen des
inhaltlichen Zusammenhangs (und zur Vermeidung von sonst drohenden
Entscheidungswidersprüchen) zuständig (Diemer in Diemer/Schatz/Sonnen
Rn. 37; abw. Brunner/Dölling Rn. 24; Schlehofer in BeckOK JGG
Rn. 44). Die **Angreifbarkeit** der Anordnung des JGerichts bestimmt sich
nach den Vorschriften des JGG und der StPO (aA Bohnert NStZ 1988, 249
(255): nach FamFG), sei es für die Beschwerde oder für Berufung und
Revision. Eine Rechtsmittelbeschränkung gem. § 55 Abs. 1 besteht nicht,
da die Anordnung gem. S. 2 in § 55 Abs. 1 nicht angeführt ist, jedoch gilt
nach allgA die instanzielle Rechtsmittelbeschränkung auch hier (§ 55
Abs. 2).

V. Verhältnis von § 3 zum Irrtum und zu §§ 20, 21 StGB

1. Irrtum

a) Die Frage eines **Tatbestandsirrtums** (§ 16 StGB iVm § 2 Abs. 2) **43** betrifft sachverhaltsbezogene Fehlvorstellungen und weist daher keine Überschneidungen mit dem Regelungsbereich von S. 1 auf. Allerdings kann jugendbedingte Unwissenheit und Unerfahrenheit eine tatbestandliche Fehlvorstellung begünstigen (BGH NJW 2018, 3658 (3659); eingehend → § 2 Rn. 30 ff.). Deshalb weist ein Tatbestandirrtum umgekehrt auch auf die Notwendigkeit hin, im Zusammenhang mit einer etwaigen Fahrlässigkeitsstrafbarkeit die Verantwortlichkeit iSv S. 1 besonders zu prüfen (zur besonderen Prüfungsbedürftigkeit auch der Erfolgsvorhersehbarkeit bei Jugendlichen s. Laue in MüKoStGB Rn. 20).

b) Den Voraussetzungen des S. 1 und denjenigen des **Verbotsirrtums 44** (§ 17 StGB iVm § 2 Abs. 2) ist gemeinsam, dass sie sich jeweils auf die individuelle Vorwerfbarkeit des Geschehens beziehen. Darüber hinaus geht es bei S. 1 Alt. 1 ebenso wie bei § 17 StGB um die Unrechtseinsicht (weshalb die jeweilige thematische Eigenständigkeit von Laue in MüKoStGB Rn. 23 f.; Bohnert NStZ 1988, 249 (251) bestritten wird). Allerdings betrifft S. 1 den unreife- und § 17 den „intellektuell bedingten" Verbotsirrtum (Zieger/Nöding Verteidigung Rn. 40; ebenso etwa Schlehofer in BeckOK JGG Rn. 24 f.; Streng JugendStrafR Rn. 49 f.; Walter/Kubink GA 1995, 51 (58)). Da die jeweiligen Voraussetzungen also auf verschiedenen Ebenen liegen, sind sie selbstständig voneinander zu prüfen, zumal auch ihre Konsequenz für die Rechtsfolgenverhängung unterschiedlich ist (vgl. auch Streng GS Walter, 2014, 423 (431 ff.)). Dabei müssen, wie das Verhältnis der Voraussetzungen zeigt, **zunächst** diejenigen des **S. 1** untersucht werden.

Außerdem bestehen bei der Anwendung von § 17 StGB Besonderheiten. **45** Unterliegt ein Jugendlicher einem Verbotsirrtum (etwa einer Fehlvorstellung über die Verbotsreichweite), ist durch die (vorherige) Bejahung seiner prinzipiellen Einsichts- und Steuerungsfähigkeit noch nichts dazu gesagt, ob er das konkrete Unrecht seines Tuns hätte einsehen können. Zwischen beiden Gesichtspunkten besteht keine Abhängigkeit (zust. Walter/Kubink GA 1995, 51 (57)). An die **Unvermeidbarkeit** eines Verbotsirrtums (etwa bei eingeholtem Rechtsrat) sind indes, wie sich aus Existenz und Struktur eines eigenen materiellen JStR ergibt, geringere Anforderungen als im allg. StR zu stellen (vgl. schon Dallinger/Lackner § 3 Rn. 36; kategorisch Ostendorf JZ 1986, 664 (665); aA Diemer in Diemer/Schatz/Sonnen Rn. 9). Im Übrigen ist die Möglichkeit, bei verschuldetem Verbotsirrtum zumindest die Sanktionen zu mildern (§ 49 StGB), für die spezifische Sanktionsentscheidung im JStR formell ohne Belang. Sachlich muss dieser Aspekt bei der Auswahl der JGG-Rechtsfolgen aber in Rechnung gestellt werden (→ § 18 Rn. 26 f.).

2. §§ 20, 21 StGB

a) Abgrenzung. §§ 20, 21 StGB iVm § 2 Abs. 2 verlangen (bei entspr. **46** Anlass) ebenso wie S. 1 die Prüfung der Einsichts- und Steuerungsfähigkeit. Allerdings **unterscheiden** sich nicht nur die Rechtsfolgen, die an die Feststellung dahingehender Einschränkungen geknüpft sind, sondern auch die jeweils erfassten **Einschränkungsgründe:** Während § 3 nur dort zum Tragen kommt, wo die Verantwortlichkeit wegen Verzögerungen in der Reifeentwicklung fehlt (und sich mit dem Älterwerden erst noch einstellen muss), bezieht sich **§ 20 StGB** auf ein Verantwortlichkeits-Defizit, das auf einem (vom Reifungsprozess unabhängigen) psychopathologischen Zustand beruht (BayObLGSt 1958, 263 (264); Perron/Weißer in Schönke/Schröder StGB § 20 Rn. 44; Beulke/Swoboda JugendStrafR Rn. 183 f.; Rupp-Diakojanni, Die Schuldfähigkeit Jugendlicher innerhalb der jugendstrafrechtlichen Systematik, 1990, 63 ff.). Im Rahmen dieser Differenzierung ist im jeweiligen Einzelfall zu entscheiden, aufgrund welcher Variante der Schuldvorwurf konkret auszuschließen ist.

47   Ähnliches gilt für das Verhältnis zwischen § 3 und **§ 21 StGB,** der mit der möglichen Folge iSv § 63 StGB iVm § 7 Abs. 1 auf Jugendliche anwendbar ist (→ § 7 Rn. 11). In dieser Hinsicht kommt es für die Abgrenzung ebenfalls darauf an, ob ein ggf. vorliegender Mangel bei der Einsichts- oder Steuerungsfähigkeit entwicklungs- oder psychopathologisch bedingt ist (für eine zweifelhafte Fallzuordnung zu § 21 StGB s. BGH StV 2020, 464 = BeckRS 2020, 6231 mkritAnm Eisenberg ZKJ 2020, 300 (301)). Dabei schließt das Vorhandensein der Verantwortlichkeit nach S. 1 die Feststellung verminderter Schuldfähigkeit gem. § 21 StGB nicht aus (s. aber Bernsmann in BMJ 1992, 205 (213)). Vielmehr können die grds. Altersreife und eine erheblich verminderte Schuldfähigkeit gleichzeitig gegeben sein (BGH bei Böhm NStZ 1985, 447; BayObLGSt 1958, 263 (265); LG Hamburg StV 2019, 478 = BeckRS 2018, 44751; Perron/Weißer in Schönke/Schröder StGB § 21 Rn. 27). Deswegen besteht das Erfordernis, die Voraussetzungen einer fakultativen Schuldminderung nach § 21 StGB zu prüfen, auch bei Bejahung der Voraussetzungen nach S. 1 fort (zur Tatbegehung unter Alkoholeinfluss, wo diese Notwendigkeit besonders evident ist, s. → § 18 Rn. 26).

48   Die Abgrenzung zwischen den Anwendungsbereichen der jeweiligen Normen wird, ungeachtet ihrer systematischen Klarheit, in der Praxis durch nicht unerhebliche **Überlappungen** merklich erschwert. Insbesondere bei Entwicklungsstörungen, die nicht (allein) sozialisatorisch, sondern ganz oder teilw. biologisch oder psychopathologisch bedingt sind (sog. Retardierung), verliert die Unterscheidung zwischen § 3 und §§ 20, 21 StGB an Klarheit (vgl. etwa Klosinski FPPK 2 (2008), 162 (166 f.)). Dem Rechtsprogramm entspricht es hier, mit sachverständiger Unterstützung (→ Rn. 32) die fallkonkret richtige Einordnung gleichwohl zu finden (wobei § 3 immer dann einschlägig ist, wenn eine weitere Reifeentwicklung auch ohne intensive Heilbehandlung nicht aussichtslos ist). Lässt sich nicht aufklären, ob das Fehlen der Schuldvoraussetzungen primär entwicklungsbedingt (S. 1) ist oder primär auf davon unabhängigen Beeinträchtigungen beruht (§§ 20, 21 StGB), so ist nur S. 1 anzuwenden. Die mit der Anwendung der §§ 20, 21 StGB ggf. verbundenen Folgen (va § 63 StGB iVm § 7 Abs. 1) setzen nach dem Grundsatz **in dubio pro reo** das sichere Vorliegen der hierfür notwendigen Schulddefekte voraus (Perron/Weißer in Schönke/Schröder StGB § 20 Rn. 44; Schreiber/Rosenau in VFDH Psych. Begutachtung-HdB, 114; Streng JugendStrafR Rn. 62; vgl. auch schon Schaffstein ZStW 1977 (65), 191 (195)).

b) Vorrangproblematik. Besondere Schwierigkeiten rufen die genann- **49** ten Überlappungen in tatbestandlichen **Konkurrenzlagen** hervor, in denen sich der Fall nicht eindeutig (→ Rn. 46 f.) und auch nicht im Sinne eines non liquet (→ Rn. 48) einordnen lässt, weil die Vorwerfbarkeit vielmehr aus Sicht des Gerichts sowohl aus Gründen des S. 1 als auch aus Gründen der §§ 20, 21 StGB eingeschränkt bzw. verneint werden muss. Möglich ist dies, wo ein Entwicklungsmangel auf psychopathologischer Grundlage mit zunehmendem Alter einen Ausgleich erwarten lässt oder wo voneinander unabhängige Ursachen den Ausschluss der Verantwortlichkeit sowohl nach S. 1 als auch nach § 20 StGB (bzw. deren Verminderung nach § 21 StGB) bewirken. Für solche Konstellationen (zu deren offenbar überschaubarer Häufigkeit vgl. Wenn, Beurteilung der strafrechtlichen Verantwortlichkeit (…), 1992, 37 f.) werden kontroverse Auffassungen vertreten.

Nach wohl hM sind hier idR nur die **§§ 20, 21 StGB anzuwenden.** **50** Dies hat zur Folge, dass bei Vorliegen der übrigen Voraussetzungen des § 63 StGB eine Unterbringung in der psychiatrischen Klinik angeordnet werden muss und die fehlende Verantwortungsreife nach S. 1 rechtlich bedeutungslos bleibt. Diese Handhabung diene, so wird unterstellt, „nicht nur dem allgemeinen Sicherungsbedürfnis, sondern auch dem Wohl des betroffenen Jugendlichen", zumal die Störung isv §§ 20, 21 StGB regelmäßig, so die hinzukommende Mutmaßung, von größerer Bedeutung sei (BGHSt 26, 67 (70) = NJW 1975, 1469 (1470) mzustAnm Brunner JR 1976, 116; OLG Jena NStZ-RR 2007, 217 (218 f.) mAnm Otto R&P 2008, 165 f. dieser Rspr. zust. Diemer in Diemer/Schatz/Sonnen Rn. 28; Brunner/Dölling Rn. 13; Gabber ZJJ 2007, 167 (171 f., 173); krit. zum Streitstand in der Psychiatrie Rupp-Diakojanni, Die Schuldfähigkeit Jugendlicher innerhalb der jugendstrafrechtlichen Systematik, 1990, 64 ff.). Nur wenn die Erforderlichkeit der Unterbringung zweifelhaft ist, soll S. 1 ausnahmsweise relevant werden und eine erzieherische Maßnahme gem. S. 2 angeordnet werden können (Brunner/Dölling Rn. 13; Diemer in Diemer/Schatz/Sonnen Rn. 29; Dehne-Niemann NStZ 2018, 375 (377 f.)). – Teile der Literatur lehnen das von der hM behauptete Vorrangverhältnis ab. Aus der parallelen tatbestandlichen Einschlägigkeit von § 3 und §§ 20, 21 JGG folge, dass das Gericht zwischen den jeweiligen Rechtsfolgen **wählen** und sich für die Reaktion entscheiden könne, von der es die höchste Einzelfallgerechtigkeit oder Zweckmäßigkeit erwartet (vgl. Perron/Weißer in Schönke/Schröder StGB § 20 Rn. 44; Schlehofer in BeckOK JGG Rn. 34, 37; Beulke/Swoboda JugendStrafR Rn. 185; Meier in MBH JugendStrafR § 5 Rn. 18 sowie schon Schaffstein ZStW 1965, 191 (194); Dallinger/Lackner Rn. 32).

Richtigerweise liegt der **Anwendungsvorrang bei S. 1.** Gegenüber **51** Jugendlichen mit mangelnder Verantwortungsreife sind die §§ 20, 21 StGB gleichsam verdrängt (OLG Karlsruhe NStZ 2000, 485 (486); Laue in Mü-KoStGB Rn. 27, 30; Peters in Undeutsch Psych-HdB 281; Lempp RdJB 1972, 326 (330); Bernsmann in BMJ 1992, 205 (211 ff.); ähnlich Ostendorf in NK-JGG Rn. 20: Rechtsfolgen iSv § 3 StGB gegenüber S. 2 subsidiär). Diese Auffassung wird den Grundsätzen des JStR am besten gerecht (zust. Renzikowski NJW 1990, 2905 (2910 Fn. 67); Nix/Cabanis in Nix Rn. 5; Drenkhahn/Schwan PraxRPsych 2014, 24 (31); offen gelassen in BGH BeckRS 2016, 15483 mAnm Laue NStZ 2017, 646). Bei der zeitlich nur bedingt limitierten Unterbringung handelt es sich nämlich um eine der eingriffsinvasivsten Rechtsfolgen, die gegenüber Jugendlichen überhaupt zulässig sind (kennzeichnend der Verlauf bei OLG Hamm BeckRS 2017, 135404). Zugleich ist deren Anordnung in den hier interessierenden Fällen, in denen eine Defektlage besteht, an keine übermäßig strengen, sondern nur noch an „weiche" sonstige Anforderungen (Prognose, Verhältnismäßigkeit) geknüpft (§ 63 StGB iVm § 7 Abs. 1). Dass die nach hM (beinahe) exklusiv zum Tragen kommen und zugleich die altersangepasste Rechtsfolge, die das JStR bei einem Fehlen der Verantwortlichkeitsreife originär vorsieht (S. 2), ohne dezidierte Klarstellung (fast) vollständig verdrängt werden soll, unterstellt dem Gesetz einen inakzeptablen funktionalen Bruch.

52   Im Übrigen ergibt sich die hier vertretene Lösung schon daraus, dass bei fehlender Verantwortlichkeitsreife deliktssystematisch gar kein Raum mehr ist, die sich nur bei gegebener Strafmündigkeit stellende Frage nach der allg. Schuldfähigkeit aufzuwerfen (abw. Dehne-Niemann NStZ 2018, 374 (376)). Deshalb muss nach hier vertretener Ansicht in einer Konkurrenz mit § 20 StGB ausschließlich S. 1 angewandt werden. Eine Heranziehung des § 21 StGB kommt in Fällen, in denen bereits die Vorwerfbarkeit iSv S. 1 zu verneinen ist, erst recht nicht in Betracht (ebenso Laubenthal/Baier/Nestler JugendStrafR Rn. 79; Beulke/Swoboda JugendStrafR Rn. 186; Conen in AnwK-StGB StGB § 21 Rn. 48; Remschmidt/Rössner in HK-JGG Rn. 32). Mangelt es bereits am elementaren Straftatelement der strafrechtlichen Verantwortlichkeit, wird die Frage nach einer nur rechtsfolgenrelevanten Schuldminderung obsolet (vgl. auch Ostendorf in NK-JGG Rn. 4).

Rechtliche Einordnung der Taten Jugendlicher

4 **Ob die rechtswidrige Tat eines Jugendlichen als Verbrechen oder Vergehen anzusehen ist und wann sie verjährt, richtet sich nach den Vorschriften des allgemeinen Strafrechts.**

Schrifttum: Asholt, Verjährung im Strafrecht, 2016; Jakobs, Strafrecht Allgemeiner Teil, 2. Aufl. 1993; Radtke, Bestrafungshindernisse aufgrund des Zeitablaufs, 2001.

I. Anwendungsbereich

1   Die Vorschrift ist für Jugendliche auch dann heranzuziehen, wenn das Verfahren vor den für allg. Strafsachen zuständigen Gerichten stattfindet (§ 104 Abs. 1 Nr. 1).

2   Die Vorschrift gilt für Heranwachsende – vor Jugendgerichten wie vor den für allg. Strafsachen zuständigen Gerichten – dann, wenn auf sie materielles JStR angewandt wird (§§ 105 Abs. 1, 112 S. 1 und 2, § 104 Abs. 1 Nr. 1).

II. Einstufung der Taten

3   Bei einer Reihe von Fragen kommt es auch im JStR darauf an, ob die Verfehlung (§ 1 Abs. 1) bzw. Straftat (§ 5 Abs. 1 und 2) als Verbrechen oder Vergehen einzustufen ist. Diese Einordnung hängt im allg. StR von der Strafhöhe ab, die in der fallkonkret jeweils verletzten Strafnorm angedroht wird. Infolge der Nichtgeltung von Strafdrohungen des StGB (§ 18 Abs. 1

S. 3) würde es im JStR indes an dieser Entscheidungsgrundlage fehlen. Nur durch die Vorgabe in § 4 kann die **Strafdrohung** des **allg. StR** (§ 12 StGB iVm § 2 Abs. 2) auch im JStR als **Kriterium** für die Einstufung der Tat fungieren. Für die etwaige Erweiterung des JStrafrahmens gem. § 18 Abs. 1 S. 2 hat dies (derzeit) zwar lediglich deklaratorische Bedeutung, weil das geltende Strafrecht ohnehin nur bei Verbrechen eine mehr als zehnjährige Freiheitsstrafe vorsieht (Putzke in BeckOK JGG Rn. 3.1). An anderer Stelle ist die Festlegung jedoch durchaus praktisch relevant – namentlich für den Widerruf der Strafmakelbeseitigung bei Begehung eines Verbrechens oder vorsätzlichen Vergehens (§ 101 S. 1) sowie für Fragen des Versuchs (§ 23 StGB iVm § 2 Abs. 2) und die Anwendung von § 45 Abs. 1 iVm § 153 StPO sowie von §§ 7 Abs. 2 S. 1 Nr. 1, 106 Abs. 3 Nr. 1 und von 80 Abs. 3 S. 1. Auch bei **außerstrafrechtlichen** Materien kann es von Bedeutung sein, dass bzw. ob es sich bei der Straftat, an die eine (meist öffentlich-rechtliche) Folge geknüpft wird, gem. § 12 StGB iVm § 4 um ein Verbrechen handelt (dazu anhand von § 5 Nr. 1d BVFG VG Köln BeckRS 2020, 18071).

III. Verfolgungsverjährung

Der Eintritt der Verfolgungsverjährung von Taten bestimmt sich auch im **4** JStR nach **§§ 78 ff. StGB** (§ 2 Abs. 2). Eine eingetretene Verjährung steht der Einleitung und Durchführung jedes Strafverfahrens entgegen, selbst wenn allein ein erzieherisches Vorgehen im Rahmen einer Diversionsentscheidung oder durch Verhängung von Erziehungsmaßregeln beabsichtigt ist. – Überhaupt gelten für Verjährungsfragen im JStV die allg. Maßgaben (Mitsch in MüKoStGB StGB Vor § 78 Rn. 2; krit. Radke, Bestrafungshindernisse aufgrund des Zeitablaufs, 2000, 147 f.). Deshalb bewirken zB Maßnahmen des Richters nach §§ 45 Abs. 3, 47 keine Verjährungsunterbrechung, weil es sich hierbei um keinen der in § 78c StGB iVm § 2 Abs. 2 geregelten Fälle handelt (ebenso Ostendorf in NK-JGG Rn. 3; Diemer in Diemer/Schatz/Sonnen Rn. 3). Als Ausnahmevorschrift ist die Regelung zur Verjährungsunterbrechung eng auszulegen und, da den Beschuldigten belastend, einer analogen Anwendung unzugänglich. Einer vom allg. StrR abw. Handhabung stünde iÜ auch das Schlechterstellungsverbot entgegen (→ § 2 Rn. 23).

IV. Vollstreckungsverjährung

Die Vorschrift regelt allein die Verfolgungs- und nicht auch die Vollstre- **5** ckungsverjährung („Tat … verjährt", nicht „Rechtsfolge … verjährt"). Wann ein verjährungsbedingtes Vollstreckungshindernis eintritt, ist im JGG überhaupt nur fragmentarisch normiert. So gilt für den **JA** die Vorschrift in § 87 Abs. 3 S. 2 und Abs. 4 (→ § 87 Rn. 6b, → § 87 Rn. 10 ff.). Ansonsten fehlt es im JStR an eigenen Bestimmungen über die Vollstreckungsverjährung bei jugendstrafrechtlichen Rechtsfolgen (vgl. aber für Geldbußen wegen Ordnungswidrigkeiten Jugendlicher oder Heranwachsender die allg. Regelung in § 34 OWiG). Rechtspraktisch hat dieses Regelungsdefizits nur selten Konsequenzen. In den wenigen Ausnahmefällen ist die Regelungslage dann jedoch bedenklich (eingehend Radke, Bestrafungshindernisse aufgrund des Zeitablaufs, 2000, 149 ff.). Sie kann hier nämlich dazu führen, dass es (wegen des Nicht-Eintritts der Vollstreckungsverjährung) zur Vollstr einer erzieherisch ausgerichteten Rechtsfolge ggf. (erst) zu einem Zeitpunkt kommt, in dem dies **spezialpräventiv nicht mehr vertretbar** ist.

6   So wird von der hM bei den **Maßregeln** der Besserung und Sicherung und der **JStrafe** die sinngemäße Geltung (§ 2 Abs. 2) der §§ 79 ff. StGB angenommen (VerfG Bbg BeckRS 2015, 56548; Mitsch in MüKoStGB StGB § 79 Rn. 3; offen gelassen bei BVerfG ZJJ 2013, 315 (317) = BeckRS 2013, 49763). Die damit in das JStR inkorporierten Verjährungsfristen (zum Ruhen der Verjährung während der Bewährungszeit gem. § 79a Nr. 2b StGB iVm § 2 Abs. 2 vgl. → § 22 Rn. 10, → § 28 Rn. 6) sind va bei der JStrafe misslich. Hier haben sie zur Folge, dass die Vollstr frühestens (abhängig von der verhängten Dauer) nach fünf Jahren unzulässig wird. Problematisch ist dies mit Blick auf den Zweck der JStrafe (dazu § 2 Abs. 1, § 18 Abs. 2) und den daraus resultierenden Umstand, dass deren Anordnung in Ob und Maß einer spezialpräventiven (dh täterbezogenen und zukunftsorientierten) Notwendigkeit entsprechen muss. Eine erzieherische Angezeigtheit der stationären Sanktion ist hiernach nämlich nicht nur zur Zeit der Verurteilung erforderlich (→ § 17 Rn. 34 bzw. → § 17 Rn. 55), sondern folgerichtig auch zu Beginn der Strafvollstr. Der Möglichkeit, dass die angehobene Interventionsbedürftigkeit nach der Verurteilung infolge alterstypisch-dynamischer Persönlichkeitsentwicklungen durchaus kurzfristig wegfallen kann (→ Einl. Rn. 7), werden die langen Fristen in § 79 Abs. 3 StGB nicht gerecht (ebenso zB Asholt Verjährung im Strafrecht, 2016, 120) – und dies, obwohl sich die §§ 78 ff. StGB nach teilw. vertretener Ansicht an sich auch damit erklären sollen, dass sich die Identität des Täters „insb. bei Jugendlichen und Jungerwachsenen" (Jakobs Strafrecht AT, 1993, 10. Abschnitt Rn. 22) mit der Zeit ändern kann (s. auch Mitsch in MüKoStGB StGB § 78 Rn. 3; Asholt, Verjährung im Strafrecht, 2016, 116 ff.)).

7   Um zu verhindern, dass die spezialpräventiv strukturierte JStrafe trotz zwischenzeitlichen Wegfalls ihrer Notwendigkeit und ihrer Eignung vollstreckt wird, bedarf es daher de lege ferenda einer kürzeren altersgruppenorientierten Fristbestimmung für das JStR (Mitsch in MüKoStGB StGB § 79 Rn. 3). Nach deren Ablauf sollte entweder das Voraussetzungsspektrum des §§ 17 Abs. 2, 18 Abs. 2 für eine Haftladung erneut zu prüfen sein oder eine Vollstr (wie beim JA nach § 87 Abs. 4) sogar stets unzulässig werden. Eine Differenzierung zwischen den beiden Anordnungsgründen in § 17 Abs. 2 wäre hierbei iU nicht angezeigt. Erstens bedarf es in beiden Varianten der spezialpräventiven Indikation und zweitens gäbe es sonst auf der Stufe der Vollstr zwei verschiedene JStrafen (ganz abgesehen davon, dass diese Unterscheidung bei Verhängung wegen beider Alternativen des § 17 Abs. 2 kaum möglich wäre). Solange eine solche verjährungsrechtliche Spezialregelung im JGG nicht existiert, haben die Maßgaben von Art 2 Abs. 2 S. 2 GG eine besondere Bedeutung: Ist das Einwirkungsziel infolge einer positiven Entwicklung, die der Verurteilte während der (längeren) Zeit einer nicht erfolgenden Vollstr nimmt, bereits erreicht, kann die JStrafe deshalb im Einzelfall auch vor Ablauf der Verjährungsfristen unnötig und deshalb zu einem **unverhältnismäßigen Eingriff** in das Freiheitsgrundrecht werden (so explizit BVerfG ZJJ 2013, 315 (317) = BeckRS 2013, 49763).

Bei **Erziehungsmaßregeln** ist die Problematik in dem Sinne verschärft, 8
als die angeordnete Maßnahme hier eine besonders starke Individualisierung
aufweisen soll und idR stärker auf die konkrete Einwirkungsbedürftigkeit
ausgerichtet ist. Ein im Urteilszeitpunkt als richtig angesehenes erzieherisches
Eingreifen kann hier schon nach einigen (vollstreckungsfreien) Monaten
ungeeignet werden, deutlich schneller also als bei der JStrafe. Dennoch ist
die Vollstreckungsverjährung hier gar nicht geregelt, da sich auch aus § 79
StGB keine einschlägige Begrenzung ergibt. Allerdings erledigen sich Weisungen mit dem Zeitablauf (§ 11 Abs. 1). Auch wird dadurch, dass sie (wenn
erzieherisch geboten) abänder- oder aufhebbar sind (§ 11 Abs. 2), das Problem etwas entschärft. Außerdem kann die Befolgung von (ungeeignet
gewordenen) Weisungen nicht im Wege der Zwangsvollstreckung erzwungen werden. Im Falle eines Nichtbefolgungsarrestes (§ 11 Abs. 3) ist § 87
Abs. 4 S. 1 entspr. anzuwenden, wobei es für die Fristberechnung auf die
Rechtskraft der Weisungsanordnung ankommen muss (ebenso bspw. Putzke
in BeckOK JGG Rn. 12; abw. Diemer in Diemer/Schatz/Sonnen Rn. 5; zu
einem Vollstreckungsverbot bei mittlerweile Erwachsenen Ostendorf in
NK-JGG Rn. 4 sowie NK-JGG § 11 Rn. 14).

Im Übrigen kann die Zulässigkeit von Erziehungsmaßregeln auch (rei- 9
fungsunabhängig) allein durch das Älterwerden der Adressaten entfallen, so
insbes. bei der EB und der Verpflichtung nach § 12 Nr. 2 (n. → § 12 Rn. 13
und → § 12 Rn. 27). Gegen einen inzwischen Heranwachsenden, bei dem
diese Erziehungsmaßregeln danach idR unzulässig sind, kommt eine Vollstr
folglich nicht mehr in Betracht (ebenso Laue in MüKoStGB Rn. 8). Spätestens bei Vollendung des 24. Lbj. gilt dies nach dem Rechtsgedanken in
§ 89b Abs. 1 S. 2 sowie § 63 Abs. 1 BZRG generell (abl. Laue in Mü-
KoStGB Rn. 8). – Für die **Zuchtmittel** der Verwarnung und der Erteilung
von Auflagen bestehen ebenfalls keine Vorschriften über die Vollstreckungsverjährung. Aus den Regelungen in § 15 Abs. 3 ergibt sich letztlich die
gleiche notdürftige Abhilfe wie aus § 11 Abs. 2 und 3. Eine legislative
Problemklärung wäre jeweils angezeigt.

Die Folgen der Jugendstraftat

5 (1) **Aus Anlaß der Straftat eines Jugendlichen können Erziehungsmaßregeln angeordnet werden.**

(2) **Die Straftat eines Jugendlichen wird mit Zuchtmitteln oder
mit Jugendstrafe geahndet, wenn Erziehungsmaßregeln nicht ausreichen.**

(3) **Von Zuchtmitteln und Jugendstrafe wird abgesehen, wenn die
Unterbringung in einem psychiatrischen Krankenhaus oder einer
Entziehungsanstalt die Ahndung durch den Richter entbehrlich
macht.**

Schrifttum: Bauer, Schmerzgrenze, 2011; Block, Jugendkriminalität und staatliche
Reaktion in Hamburg 1997–2007, 2010; Eckert, Die Dynamik jugendlicher Grup-
pen, 2012; Farrington/Kazemian/Piquero (Hrsg.), The Oxford Handbook of Deve-
lopmental and Life-Course Criminology, 2019; Farrington/Murray (Hrsg.), Labeling
Theory, 2014; Fittkau/Graser, Zur Kriminologie und Soziologie von Tötungsdelikten
Jugendlicher und Heranwachsender, 2008; Freiheit/Groß/Wandschneider/Heitmeyer,
Mehrfachtäterschaft im Jugendalter, 2018; Fuchs/Lamnek/Luedtke/Baur, Gewalt an

Schulen, 2. Aufl. 2009; Görgen/Taefi/Kraus/Wagner, Jugendkriminalität und Jugendgewalt, 2013; Grunewald, Die De-Individualisierung des Erziehungsgedankens im Jugendstrafrecht, 2003; Hacker, Gewalt in der Schule, 2010; Hering, Mechanismen justitieller Eskalation im Jugendstrafverfahren, 1993; Hohmann-Fricke, Strafwirkung und Rückfall, 2012; Junger-Tas/Marshall/Enzmann ua (Hrsg.), The Many Faces of Youth Crime, 2012; Kanz, Medienkonsum und Delinquenz, 2014; Lenz, Die Rechtsfolgensystematik im JGG, 2007; Meier, Jugendliche Gewalttäter zwischen Jugendhilfe- und krimineller Karriere, 2015; Oberwittler/Blank/Köllisch/Naplava, Soziale Lebenslagen und Delinquenz, 2001; Opp, Methodologie der Sozialwissenschaften, 7. Aufl. 2014; Petersen, Sanktionsmaßstäbe im Jugendstrafrecht, 2007; Quenzer, Jugendliche und heranwachsende Sexualstraftäter, 2009; Reich, Integrations- und Desintegrationsprozesse junger männlicher Aussiedler aus der GUS, 2005; Retzlaff, Böse Mädchen, 2017; Schumann (Hrsg.), Delinquenz im Lebensverlauf, 2003; Serafin, Delinquenz-Verläufe im Jugendalter, 2018; Silkenbeuner, Biografische Selbstentwürfe und Weiblichkeitskonzepte aggressiver Mädchen und junger Frauen, 2007; Sitzer, Jugendliche Gewalttäter, 2009; Sutterlüty, Gewaltkarrieren, 2002; Walburg, Migration und Jugenddelinquenz, 2014; Walser, Freizeitverhalten und Gewalt bei Jugendlichen, 2013; Wetzels/Brettfeld, Gewalt und Delinquenz junger Menschen in Bremen 2008–2010, 2011; Woll, Kriminalität bei Berufsschülern, 2011; Zdun, Ablauf, Funktion und Prävention von Gewalt, 2007.

Übersicht

I. Anwendungsbereich

Die Vorschrift ist für Jugendliche auch dann heranzuziehen, wenn das 1
Verfahren vor den für allg. Strafsachen zuständigen Gerichten stattfindet
(§ 104 Abs. 1 Nr. 1).
Die Vorschrift gilt für Heranwachsende − vor Jugendgerichten wie vor 2
den für allg. Strafsachen zuständigen Gerichten − dann, wenn auf sie materielles JStR angewandt wird (§§ 105 Abs. 1, 112 S. 1 und 2, § 104 Abs. 1
Nr. 1).

II. Das Rechtsfolgensystem im JGG

1. Leitlinien der Rechtsfolgenentscheidung

a) Legalbewährung als Einwirkungszweck. Der Einsatzzweck von 3
jugendstrafrechtlichen Reaktionsformen entspricht der Zweckrichtung des
JStR insgesamt: Nach § 2 Abs. 1 „sind die Rechtsfolgen (…) am Erziehungsgedanken auszurichten", um das in der Norm genannte „Ziel zu
erreichen", nämlich „erneuten Straftaten (…) entgegenzuwirken". Hierbei
geht es **ausschließlich** um eine möglichst gute Legalbewährung. Dass der
Normtext allein die neuerlichen Delikte „eines" Jugendlichen (dh die des
jeweils konkret sanktionierten Jugendlichen) benennt, nicht aber die Verhinderung der Delikte „von" oder „der" Jugendlichen, macht überaus deutlich, dass präventive Wirkungen bei anderen Gesellschaftsmitgliedern, dh
Wirkungen der negativen oder positiven **Generalprävention keine** zulässigen Einwirkungszwecke sind (n. → § 2 Rn. 5 sowie speziell für die JStrafe
→ § 17 Rn. 6 f.; → § 18 Rn. 43).
An anderer Stelle weist das Gesetz allerdings beiläufig auch den **recht-** 4
schaffenen Lebenswandel als Zielkriterium aus (vgl. § 21 Abs. 1 S. 1; s.
ferner § 97 Abs. 1 S. 1). Mit dieser Normtextpassage hat das JGG von 1953
die aus dem RJGG herrührende Normtextfassung („Einordnung in die
Volksgemeinschaft") ersetzt (BT-Drs. I/3264, 35 (41)). Inhaltlich wurde
und wird damit auf einen internen Bereich normaffirmativer Haltungen
rekurriert (etwa OLG Koblenz GA 1978, 83; Gräf, Die Diversion im
Jugendstrafrecht (…), 2015, 45 ff.; Grunewald NStZ 2002, 452 (457 f.): Vermittlung der der Verfassung zugrundeliegenden Grundwerte). Hierauf hinzuwirken entspräche dem Erziehungszweck des JStR, da eine nur-äußerliche

Gesetzeskonformität bei Jugendlichen ohne innerliche Normakzeptanz kaum zu erwarten sei (auch wegen ihrer noch laufenden kognitiven und sozialen Kompetenzentwicklung). Abgesehen von der fraglichen Tragfähigkeit dieser Annahme blieb indes unklar, ob die gewünschten Normbindungen mit jugendstrafrechtlichen Mitteln überhaupt herstellbar sind. Insbesondere aber verträgt es sich nicht mit grundrechtlichen Gewährleistungen, wenn das Strafrecht nicht nur die gesellschaftliche Verträglichkeit des Verhaltens sichern, sondern darüber hinaus auch dezidiert gewissens-, überzeugungs- und moralbildend auf das Innere seiner Adressaten einwirken soll (dazu im Zusammenhang mit Art. 4 GG etwa Kölbel FS Roxin, 2011, 1924 ff.).

5   Nach den Grundsätzen der Subsidiarität und der Verhältnismäßigkeit darf erzieherische Einwirkung mittels jugendstrafrechtlicher Reaktionen nicht weiter gehen, als für ein **strafrechtskonformes Leben** unerlässlich ist (ebenso etwa Ostendorf in NK-JGG Grdl. z. §§ 1–2 Rn. 4; Diemer in Diemer/Schatz/Sonnen Rn. 4; Westphal, Die Aussetzung der Jugendstrafe zur Bewährung gem. § 21 JGG, 1995, 75; Petersen, Sanktionsmaßstäbe im Jugendstrafrecht, 2007, 42 f.). Aus diesem Grund stellt auch die **„Sühneleistung"** – verstanden als Unrechtseinsicht und „Leidensdruck" (Reue, „schlechtes Gewissen") – keine Zielgröße jugendstrafrechtlicher Interventionen dar. Selbst wenn das Schuldgefühl legalbewährungsdienlich sein mag (empirische Hinweise Hosser/Windzio/Greve CJB 35 (2008), 138; zur diff. Forschungslage Eisenberg/Kölbel Kriminologie § 35 Rn. 61), ist angesichts variierender Verständnis- und Äußerungsformen doch schon dessen Feststellbarkeit zweifelhaft. Abgesehen davon, dass eine einsichtige Haltung oft (gerade bei uneindeutiger Tatentstehung) kaum erwartet werden kann, handelt es sich beim hierfür erforderlichen Reflexionsniveau auch keineswegs um eine generell unterstellbare Fähigkeit. Im Übrigen wird der Begriff ohnehin oft sinnentstellend gebraucht (ähnlich Grunewald, Die De-Individualisierung des Erziehungsgedankens im Jugendstrafrecht, 2003, 141; Swoboda ZStW 125 (2013), 86 (108)). Das zeigt sich etwa bei der Gleichsetzung von Vergeltung und Sühne (wie bei LG Berlin BeckRS 2013, 14274), die eine nachtatliche Leistung des Täters mit einem Akt assoziiert, der im Vollzug am Täter für kollektive Genugtuung sorgt.

6   **b) Ermöglichung positiver sozialer Erfahrung als Einwirkungsmittel.** Als eines der Mittel zur Erreichung des (Legalbewährungs-)Ziels bestimmt § 2 Abs. 1 die erzieherische Ausrichtung der angeordneten Rechtsfolgen (→ § 2 Rn. 3; zur Begrenzung durch die Grundsätze der Subsidiarität und der Verhältnismäßigkeit → Rn. 21). Dies meint eine **Zukunftsorientierung** aller Interventionen (zust. Kornprobst JR 2002, 309 (310), die weniger auf das zurückliegende Tatereignis, sondern primär auf den darin erkennbar werdenden (größeren oder kleineren) Unterstützungsbedarf reagieren und zur weiteren positiven Entwicklung des Jugendlichen beitragen sollen. In diesem Sinne wird das vorwurfsreagierende Konditionalprogramm des allg. StR durch ein Finalprogramm ersetzt (Bock NK 2014, 301 (302)). Mit Blick auf die danach obligatorische erzieherische Ausgestaltung bestehen indes Unschärfen und im strafrechtlichen Sanktionskontext auch funktionale Konflikte, sodass diese Vorgabe als regulatives Prinzip aufzufassen ist (→ § 2 Rn. 8–14). Dieses macht jedoch (trotz der verbleibenden Unterbestimmtheit) einige Grundlinien klar, etwa zur Frage nach dem sanktionierenden

bzw. übelszufügenden Charakter der jugendstrafrechtlichen Intervention. So wird die notwendig zu vermittelnde Erfahrung, dass Verfehlungen bestimmte (Rechts-)Folgen nach sich ziehen, gelegentlich als Begründung für die Auffassung verwandt, Erziehung und Ahndung bedingten sich gegenseitig. Dies wird im Gesetz nach Abs. 2 und 3 aber allenfalls für einen Ausschnitt des Rechtsfolgenspektrums anerkannt (→ Rn. 11). Im übrigen Teil findet demgegenüber der Umstand (besser) Berücksichtigung, dass **Ahndung** als Schmerzzufügung durchaus demütigende und andere aggressionsfördernde Momente impliziert (vgl. systematisch Bauer, Schmerzgrenze, 2011, 11; Bauer ZJJ 2013, 357 (357 f.)).

Im Allgemeinen ist davon auszugehen, dass eine erzieherisch positive **7** Beeinflussung von (beanstandeten) Verhaltensweisen von einer Änderung im Bereich der **Einstellungen** und Verhaltensorientierungen abhängig ist. Diese aber ändern sich (allein), wenn sich das Bewertungssystem verschiebt oder entwickelt. Eine solche Modifizierung ist wiederum meist nur dann möglich, falls andere, und zwar positive soziale Erfahrungen gemacht werden (Erfolgserlebnisse, Wertschätzung, Zuwendung). Aus diesem Grunde ist **fördernden** Rechtsfolgen idR der Vorzug vor belastenden Sanktionen zu geben und – auch gem. dem Grundsatz der Verhältnismäßigkeit (vgl. Viehmann DVJJ 2012, 613 (623 f.)) – auf eine jugendstrafrechtliche Reaktion wo immer möglich zu verzichten (→ Rn. 67 f.). Dagegen lässt sich eine wirksame erzieherische Intervention kaum erwarten, wo der Jugendliche durch Rechtsfolgen gewissermaßen gesellschaftlich ausgegrenzt wird und die Möglichkeiten, soziale Belohnung zu erhalten, reduziert werden. Vor diesem Zusammenhang erweist es sich iÜ auch als notwendig, dem Verurteilten durch eine nachvollziehbare Begründung die Möglichkeit zu geben, eine verhängte Rechtsfolge als im Interesse des gesellschaftlichen Zusammenlebens liegend zu akzeptieren (→ Rn. 75).

Hoch problematisch ist dagegen die sich weithin niederschlagende Ten- **8** denz, bei einem Rückfall die neuerliche Sanktion beinahe automatisch – dh allein wegen des Wiederholungscharakters und relativ unabhängig von der Qualität der fraglichen Tat – einschneidender und repressiver als die vorangegangene werden zu lassen (dazu die teilw. etwas diff. Daten bei Kraus/Rolinski MschKrim 75 (1992), 32 (42); Hering, Mechanismen justitieller Eskalation im Jugendstrafverfahren, 1993, 207 ff., 220 ff.; Gerken/Berlitz in Gerken/Schumann (Hrsg.), Ein trojanisches Pferd im Rechtsstaat, 1988, 11 (19 ff.); Höfer Sanktionskarrieren 134 ff.; Bliesener/Thomas FS Ostendorf, 2015, 78 ff.). Mag diese **Sanktionseskalation** auch durch innerinstitutionelle Mechanismen in den Behörden und Gerichten erklärbar und pädagogisch gedacht sein (so die Annahme von Streng JugendStrafR Rn. 455) – erziehungs- und entwicklungspsychologisch zu rechtfertigen ist sie jedenfalls nicht (dazu auch bei der nachträglichen Bildung einer Einheitssanktion → § 31 Rn. 45). Abgesehen davon, dass fortgesetzt und eskalierend verfolgte Personen zu einer Relativierung drohender Sanktionen tendieren können (so etwa Karstedt-Henke in BMJ 1989, 191 f.; s. auch → Rn. 69 f.), wird die besagte Praxis weder jugendspezifischen Zeitwahrnehmungen noch ihren Erfahrungs- und Lernbedürfnissen gerecht (vgl. auch Scholz DVJJ-J 1999, 232 (239)). Insbesondere aber repräsentiert sie eine Logik der Ahndung und nicht die der Förderung von positiver sozialer Erfahrung (zum Wirkungsvergleich de- und eskalierender Sanktionsverläufe diff. Bliesener/Thomas FS Ostendorf, 2015, 81 ff.).

2. Rechtsfolgen des Jugendstrafrechts

9   **a) Überblick über die gesetzlich vorgesehenen Reaktionsformen.**
aa) Den besonderen entwicklungsbezogenen Umständen Jugendlicher und
ggf. auch Heranwachsender (§ 105 Abs. 1) trägt das JGG wesentlich dadurch
Rechnung, dass es eigenständige Rechtsfolgen vorsieht, die sich vom allg.
StR unterscheiden (s. aber zu den Rechtsfolgen von Ordnungswidrigkeiten
→ § 2 Rn. 64 ff.). Diese **originär** jugendstrafrechtlichen Reaktionsformen
werden **in § 5 bestimmt.** Daneben sind im JStR nur noch – teilw. und mit
Einschränkungen – einige Nebenfolgen (vgl. § 6) und Maßregeln der Besserung und Sicherung (vgl. § 7) des allg. StR anwendbar. Die Hauptstrafen
des StGB dürfen dagegen nicht verhängt werden (§ 2 Abs. 2). Das Rechtsfolgensystem des JGG hat **abschließenden** Charakter. Im deutschen Jugendstrafrecht besteht anders als in anderen Rechtsordnungen auch keine
Möglichkeit, zumindest in ausgewählten schweren Fällen auf (das Verfahren,
die Gerichte und va die) Sanktionen des allg. StR überzugehen (dazu für
England/Wales und Kanada Keiser ZStW 120 (2008), 25 (42 ff.); für die
USA und die dortige Praxis bspw. Stump, „Adult time for adult crime",
2003, 98 ff.; Schaerff Die Behandlung junger Straftäter in den USA, 2015,
250 ff., 267 ff.; Feld Crime and Justice 47 (2018), 417 (451 ff.)).

10   **bb)** Das Reaktionsspektrum, dass das eigenständige Rechtsfolgensystem
des JStR vorsieht, schließt die Möglichkeit des vollständigen oder weit-
gehenden Sanktions- bzw. Reaktionsverzichts ein. Dies beruht auf den abgestuften Optionen der formlosen **Verfahrenseinstellung,** die gem. §§ 45,
47 ohne oder mit richterlich bestimmten Maßnahmen oder ggf. auch im
Zusammenhang mit anderen (privaten oder semi-/formellen) Maßnahmen
vorgenommen werden kann. Die Rechtsfolgen, die sodann im Rahmen
förmlicher richterlicher Entscheidungen zur Verfügung stehen, sind in der
Dreiteilung von Erziehungsmaßregeln, Zuchtmitteln und JStrafe organisiert. Dabei handelt es sich bei Erziehungsmaßregeln nicht um Sanktionen
im engeren (Ahndungs-)Sinne. Sie sind (idealiter) ausschließlich dem Erziehungsprinzip verpflichtet, wohingegen Zuchtmittel (auch) eine gewisse ahndende Bedeutung haben (§ 13 Abs. 1) und JStrafe noch etwas mehr Raum
für eine (begrenzte) Berücksichtigung des Schuldausgleichs bietet.

11   Diese **Struktur** des Systems förmlicher Rechtsfolgen wird in der gesetzlichen Differenzierung zwischen Erziehungsmaßregeln gem. Abs. 1 und den
„ahndenden" Reaktionen in Abs. 2 (**Zuchtmittel** und **JStrafe**) deutlich. In
der Abstufung kommt nicht nur die Abgrenzung der **Erziehungsmaßregeln** zum Ausdruck, sondern im Zusammenhang mit § 2 Abs. 1 auch
deren Priorität gegenüber Zuchtmittel und JStrafe (aA Diemer in Diemer/
Schatz/Sonnen Rn. 17). Zugleich steht sie einer verschiedentlich erkennbaren Neigung entgegen, die Unterschiede zwischen den Sanktionsformen
zu nivellieren. Zwar mag eine solche Tendenz durch die Vorschrift des § 8
begünstigt werden, weil hiernach Erziehungsmaßregeln und Zuchtmittel
grds. nebeneinander angeordnet werden dürfen, doch stellt dies schon von
der systematischen Stellung im Gesetz her eher eine ergänzende Möglichkeit
dar. Auch durch die (va früher) angedachte Einführung der „Erziehungsmaßnahmen" als Oberbegriff für Erziehungsmaßregeln und Zuchtmittel
(vgl. dazu die Thesen des Arbeitskreises V in DVJJ 1981, 288) würden
kategoriale Unterschiede überdeckt.

b) Anordnungsstruktur in der Praxis. In der Praxis des JStR stehen 12
quantitativ die **informellen** Erledigungsformen im Vordergrund. Dabei
werden die meisten Verfahren durch die JStA ohne Einbeziehung der JGerichte (also gem. § 45 Abs. 1 und 2) erledigt (→ § 45 Rn. 20). In den
Verfahren, die mit einem formellen Abschluss enden, dominiert die Anordnung von **Zuchtmitteln.** Verglichen mit diesen (auch) ahndenden Rechtsfolgen haben die Erziehungsmaßregeln eine eingeschränkte Bedeutung (vgl.
Tab.; speziell für den Vergleich Rechtsfolgen gegenüber Jugendlichen und Heranwachsenden s. → § 105 Rn. 49). Dies ist einmal auf den
hohen Diversionsanteil zurückzuführen, der sich auch auf viele (sonst) für
Weisungen geeignete Fälle erstreckt. Zugleich drückt sich hierin aber auch
eine strafrechtspraktische Zurückhaltung gegenüber nicht-ahndenden, nur-
erzieherischen Reaktionen – insb. einigen der sog. neuen ambulanten Maßnahmen (TOA, Trainingskurse, Betreuungsweisungen) – aus (empirisch
hierzu auch die Erhebung von Riechert-Rother, Jugendarrest und ambulante Maßnahmen, 2008, 205, 335 ff.; zusf. Heinz Sekundäranalyse 1009 ff.).
Festzuhalten ist ferner, dass der Anteil **freiheitsentziehender** Rechtsfolgen
deutlich höher als im allgemeinen StR liegt (vgl. schon Pfeiffer DVJJ-Journal
1991, 114 ff.; zu regionalen Unterschieden Heinz in Dölling (Hrsg.), Das
Jugendstrafrecht an der Wende zum 21. Jahrhundert, 2001, 93). Statistisch
beruht die im Vergleich hohe Rate stationärer Sanktionen auf der Anordnungshäufigkeit von JA (zur Einordnung des Ganzen n. Heinz Sekundäranalyse 1499 ff., 1514 ff.).

Tab.: Wegen Verbrechen und Vergehen nach Jugendstrafrecht Verurteilte 13
nach der schwersten Rechtsfolge (StrafSt Tabelle 2.3, 4.1 und 4.3; zu den
Vorjahren RpflSt Tabelle 3.4; bis 2006 für die „alten" Bundesländer (einschließlich Gesamt-Bln.), danach für Deutschland insgesamt)

Kategorie/Jahr	absolut in % 2002		absolut in % 2006		absolut in % 2010		absolut in % 2014		absolut in % 2018	
Verurteilte ins-gesamt	101.482	100	105.902	100	108.464	100	72.094	100	59.278	100
von diesen er-hielten als schwerste Rechtsfolge										
– Erziehungs-maßregeln davon:	7.155	7,1	6.783	6,4	9.846	9,1	8.753	12,1	7.681	13,0
– Weisungen, EB[1]	7.100	99,2	6.745	99,4	9.788	99,4	8.703	99,4	7.665	99,8
– Heimerzie-hung	55	0,8	38	0,6	58	0,6	50	0,5	16	0,2

[1] Errechnet als Differenz von Erziehungsmaßregeln als schwerste Rechtsfolge und
Heimerziehung (unter der Vorgabe, dass diese [stets] als schwerste Rechtsfolge angeordnet werde).

Kategorie/Jahr	absolut in % 2002	absolut in % 2006	absolut in % 2010	absolut in % 2014	absolut in % 2018
– Zuchtmittel davon:	76.643 75,5	82.233 77,6	81.377 75,0	51.569 71,5	42.365 71,5
– Verwarnung, Auflagen[2]	57.892 75,5	61.477 74,7	61.485 75,5	38.863 75,4	32.686 77,2
– JA – davon nach § 16a[3]	18.751 24,5	20.756 25,2	19.892 24,4	12.706 24,6 621 4,8	9.679 22,8 673 7,0
– Jugendstrafe davon:	17.684 17,4	16.886 15,9	17.241 15,9	11.772 16,1	9.232 15,6
– Aussetzung gem. § 21	10.876 61,5	10.211 60,4	10.858 62,9	7.222 61,3	5.513 59,7
– ohne Aussetzung gem. § 21	6.808 38,5	6.675 39,5	6.383 37,0	4.550 38,6	3.719 40,3

14   **c) Außerstrafrechtliche Rechtsfolgen.** Das lebenspraktisch bedeutsame
Gesamtspektrum an Sanktionen ist indes deutlich breiter. Abgesehen von
den faktischen Reaktionen, die ein Delikt in der Familie und im Umfeld des
Jugendlichen auslösen kann, kommt es nicht selten auch noch zu weiteren
Rechtsfolgen, die mittelbar an die jugendstrafrechtliche Entscheidung an-
knüpfen und über die dort veranlasste Anordnung hinausgehen. Je nach der
Deliktskonstellation und Lebenslage sind prinzipiell ganz unterschiedliche
außerstrafrechtliche Konsequenzen denkbar (arbeits- oder dienstrechtliche
Sanktionen; Schadensersatz und andere zivilrechtliche Haftung; Einschränkungen der gewerbe- und berufsrechtlichen Zulässigkeit, aber auch bei der
Einstellung in den Öffentlichen Dienst, bei Unterhaltsansprüchen und Um-
gangsrechten). Dadurch werden **kumulierte** Sanktionswirkungen möglich,
die nur teilweise auf der jugendstrafrechtlichen Rechtsfolge beruhen (und
ohne eine systematische Koordination der Reaktionsformen und Anord-
nungsentscheidungen entstehen).

15   Bedeutung hat dies auch bei **ausländerrechtlichen Folgen** (Überblick
bei Heinhold ZJJ 2016, 271), insb. für Fragen einer etwaigen Ausweisung.
Für eine solche Maßnahme muss das öffentliche Ausreise- das individuelle
Verbleibsinteresse überwiegen, wofür ua die Frage des „rechtstreuen Verhaltens" zu berücksichtigen ist (§ 53 Abs. 1 und 2 AufenthG). Dabei wird
das öffentliche Ausweiseinteresse in § 54 Abs. 1 und Abs. 2 AufenthG bei
Vorsatzstraftaten, die zu bestimmten Deliktsgruppen gehören und/oder zu
JStrafe von jeweils festgelegter Höhe führen, als (besonders) schwer definiert
(ohne dass eine etwaige Aussetzung der Vollstr. zBew hierfür stets erheblich
wäre). Auch liegt die relevante Strafdauer nur teilw. etwas höher als bei
Freiheitsstrafen nach allg. StrafR (Anhaltspunkte zur Häufigkeit von Aus-
weisungs-Konsequenzen bei Eisenberg/Kölbel Kriminologie § 39 Rn. 11;
vgl. zudem BayVGH BeckRS 2017, 108379 als Bsp. dafür, dass dieses
Regelungsregime selbst unter den strengeren Voraussetzungen, die § 53

[2] Errechnet als Differenz von Zuchtmitteln als schwerste Rechtsfolge und JA (unter
der Vorgabe, dass JA [stets] als schwerste Rechtsfolge angeordnet werde).
[3] Ohne Bezeichnung als schwerste Rechtsfolge.

Abs. 3–4 AufenthG ua im Asylbereich und dem des Assoziationsabkommens EWG/Türkei vorsehen, praktisch relevant ist). Berücksichtigt werden muss in diesem Zusammenhang ferner, dass eine Verurteilung nach JStR ggf. eine Einschränkung des Abschiebeschutzes (§ 60 Abs. 8 S. 3 AufenthG) sowie den Ausschluss einer Niederlassungserlaubnis (§ 35 Abs. 3 AufenthG) oder der Einbürgerung (§§ 10 f., 12b StAG) nach sich zieht (zu den abträglichen Konsequenzen eines bereits laufenden Ermittlungsverfahrens → § 36 Rn. 4). De facto kann sich das Sanktionsniveau durch all dies für nicht-deutsche Verurteilte also drastisch erhöhen (was in der Rspr. bei der jugendstrafrechtlichen Rechtsfolgenentscheidung aber nur zurückhaltend und uneinheitlich berücksichtigt wird; s. → § 18 Rn. 34; s. auch → § 88 Rn. 41).

3. Zentrale Kriterien der Rechtsfolgenentscheidung

a) Erziehungsbedürftigkeit, -fähigkeit und -bereitschaft. aa) Der **16** Grad, in dem der Erziehungsauftrag als regulatives Prinzip (→ Rn. 6) bei der Bestimmung, Bemessung und Ausgestaltung von Rechtsfolgen umsetzbar ist, hängt von zahlreichen fallkonkreten Bedingungen ab. Diese werden teilw. in den Kategorien der Erziehungsbedürftigkeit und Erziehungsfähigkeit zusammengeführt (dazu insb. im Zusammenhang mit Erziehungsmaßregeln Brunner/Dölling § 9 Rn. 4; Ostendorf in NK-JGG § 9 Rn. 6; Semler/Möller in Nix § 9 Rn. 2; zur Diskussion in der Lit. Petersen, Sanktionsmaßstäbe im Jugendstrafrecht, 2007, 215 ff.) und schließen – entspr. dem Wesen der Erziehung als einem auf Gegenseitigkeit gründenden Geschehen – auch die Erziehungsbereitschaft ein. Die Kategorie der **Erziehungsbedürftigkeit** betrifft die Abgrenzung des Bereiches, in dem der Staat intervenieren darf oder muss, wobei diesbzgl. für das JStR das Prinzip der Subsidiarität öffentlicher Erziehung ebenfalls gilt (Art. 6 Abs. 2 GG, § 1 Abs. 2 SGB VIII; vgl. hierzu Wiesner in Wiesner SGB VIII § 1 Rn. 17 f.). Bei der Einschätzung des Interventionsbedarfs verbietet sich zudem ein verengtes Verständnis, das zu einer individualisierenden Problemzuschreibung tendiert. Gegen das Bestehen von Erziehungsbedürftigkeit spricht außerdem, wenn für die Straftat nicht Defizite der Normakzeptanz oder ähnliche Probleme der Verhaltensregulation maßgeblich waren, sondern andere Gegebenheiten. In Betracht kommt das bei tatfördernden situativen Umständen sowie besonderen Konfliktsituationen oder unbedachten Taten ohne Wiederholungswahrscheinlichkeit oder solchen aus Unachtsamkeit. Die Häufigkeit derartiger Konstellationen spiegelt sich in der Erkenntnis wider, dass es sich bei der überwiegenden Zahl der Delikte biografisch um eine „Episode" handelt (dazu → Einl. Rn. 5 f.).

Die Konsequenz liegt nicht etwa darin, in diesen Fällen den eher straf- **17** ähnlichen Rechtsfolgen den Vorzug zu geben (zur drohenden Benachteiligung des „Wohlerzogenen" durch Zuchtmittel oder gar JStrafe bspw. schon Meyer-Höger Jura 1991, 429 (433)). Vielmehr ergibt sich hieraus, dass in einer Vielzahl von Verfahren ein Erziehungsbezug (§ 2 Abs. 1) nicht nur eine förmliche Rechtsfolge als überflüssig erkennen lässt, sondern gerade durch deren **Unterlassung** erleichtert, dass es bei einer Episode bleiben kann (vgl. bereits Eisenberg Bestrebungen zur Änderung des JGG, 1984, 7; näher Eisenberg/Kölbel Kriminologie § 55 Rn. 29 ff.). Gestützt wird das durch die Befunde der Dunkelfeldforschung, denen zufolge das delinquente Verhalten der meisten Kinder und Jugendlichen institutionell unbemerkt

bleibt und sich hier idR auch ohne staatliche Intervention „von selbst"
(BReg, BT-Drs. 10/6739, 29) wieder verliert (n. dazu → Rn. 67 f., s. auch
→ Einl. Rn. 4 f.). Erziehungs- und Interventionsbedürftigkeit besteht daher
lediglich bei einer im Vergleich zu Gleichaltrigen (bzw. im Vergleich zur
typischen passageren Delinquenz) angehobenen „Rückfall"-Erwartung.

18   **bb)** Mit der Kategorie der **Erziehungsfähigkeit** wird idR auf Bedingungen verwiesen, die einerseits die Eignung der Intervention (dh des Rechtsfolgenvollzugs und der darin amtsseitig eingebundenen Personen), andererseits aber auch die **Ansprechbarkeit** des Beschuldigten betreffen. Dass eine
solche „Erziehbarkeit" prinzipiell unterstellt werden kann, ergibt sich aus
entwicklungskriminologischen Ansätzen, denen zufolge auch deliktisch stark
auffällige Kinder und Jugendliche bei sich aufbauenden sozialen Bindungen
und einer sich verbessernden gesellschaftlichen Integration vielfach konfor-
mere Verhaltensstile herausbilden (vgl. Laub/Rowan/Sampson in Farring-
ton/Kazemian/Piquero (Hrsg.), The Oxford Handbook of Developmental
and Life-Course Criminology, 2019, 295; zu entspr. Befunden → Rn. 59
sowie → Einl. Rn. 7). Zugänglichkeit und Beeinflussungsmöglichkeiten sind
daher idR nicht schon deshalb zu verneinen, weil eine Reihe früherer
jugendstrafrechtlicher Reaktionen an einer anhaltenden Deliktsbegehung
nichts geändert hat (zur Auseinandersetzung mit kriminologischen Konzep-
ten, die bei Teilgruppen von einer unveränderlichen delinquenten Tendenz
ausgehen, s. Eisenberg/Kölbel Kriminologie § 9 Rn. 17 und § 55 Rn. 6 f.
mwN). Konkretere Aussagen zu den individuellen Voraussetzungen, von
denen die jeweiligen „Erziehungschancen" abhängig sind, lassen sich allerdings nur mit erheblichen Einschränkungen machen. Dies liegt zum einen
an den Unwägbarkeiten jeder zukünftigen Entwicklung und den sich daraus
ergebenden Einschränkungen jeder Prognosestellung, basiert aber auch auf
dem Umstand, dass zu den Entstehungszusammenhängen jugendstrafrechtlich erfassten Verhaltens lediglich probabilistische Aussagen möglich sind
(dazu → Rn. 37).

19   Im Hinblick auf eine konkret in Betracht kommende **Reaktion** ist stets
zu prüfen, ob deren Einwirkung **im Einzelfall geeignet** ist, einem Erziehungsbedürfnis abzuhelfen (wobei sich die hierfür ebenfalls maßgebliche,
ganz individuelle Umsetzung der Rechtsfolge für das JGericht oft nur teilw.
vorhersehen lassen wird). Bei einem Teil der anwendbaren Sanktionen sind
der erzieherischen Funktionalität allerdings von vornehrein enge Grenzen
gesetzt (s. auch → Rn. 71 ff.). Dass der Gesetzgeber die Eignung unterstellt
(Diemer in Diemer/Schatz/Sonnen Rn. 14), ist insofern unerheblich. Zwar
bleibt die verbreitete Annahme, dass Jugendliche meist durchaus eine Antwort auf ihr (Fehl-)Verhalten erwarten, nicht unplausibel, doch folgt daraus
nicht, dass es hierbei stets um eine repressive Reaktion gehen müsse. Auch
ist ein erzieherischer Vorgang am ehesten bei einer dauerhaften, durch Wertschätzung sowie durch positive Emotionen gekennzeichneten interpersona-
len Beziehung zwischen Jugendlichem und Erziehendem denkbar. Diese
Qualitäten sind im Rahmen der Machtausübung bei jugendstrafrechtlichen
Rechtsfolgen nur eingeschränkt erreichbar (→ § 2 Rn. 12 f.).

20   **cc)** Nicht nur die Kompetenz, sondern auch die Bereitschaft, erzieherisch
zu agieren, ist auf Seiten der Amtsträger va durch eine Befähigung und ein
Selbstverständnis bedingt, die allerdings nicht einschränkungslos vorhanden
sind (dazu am Bsp. der justiziellen Akteure → § 37 Rn. 5 ff.). Beim betroffenen Jugendlichen setzt **Erziehungsbereitschaft** voraus, dass er sich nicht als

Objekt von „Behandlung" oder Betreuung begreift, sondern – woran es nicht selten fehlt – als Partner „auf Augenhöhe" empfindet. Hierzu gehört auch, dass er den Ausspruch bzw. die Durchführung der Rechtsfolge als eine Hilfestellung akzeptiert. Dies ist keineswegs selbstverständlich (zur Möglichkeit, dem entgegenstehender neutralisierender Deutungsmuster vgl. Eisenberg/Kölbel Kriminologie § 25 Rn. 7 mwN), wobei indes aus fehlenden Anzeichen von Frei- und Bereitwilligkeit nicht ohne weiteres auf mangelnde Bereitschaft geschlossen werden kann (vgl. Scholz DVJJ-J 1999, 232 (239): „aufsuchende Sozialarbeit" unabdingbar). Berücksichtigt man das altersbezogene und verfahrensbedingte Machtgefälle und die prozessualen Belastungen des Jugendlichen, folgt die fragliche Motiviertheit oder doch Motivierbarkeit aber auch nicht schon umgekehrt daraus, dass von ihm kein Widerstand artikuliert worden ist.

b) Verhältnismäßigkeitsprinzip. Jede Anordnung von Rechtsfolgen im **21** JStR ist wie sämtliches staatliche Handeln an grundgesetzliche Limitierungen gebunden. Die vielfältigen Grundrechtseingriffe, die den sanktionsbedingten Handlungs- und Unterlassenspflichten auch bei einer erzieherischen Ausrichtung innewohnen (mindestens als Eingriff in Art. 2 Abs. 1 GG), sind daher nur im Falle ihrer konkreten Verhältnismäßigkeit erlaubt und verfassungsgemäß (dazu → § 2 Rn. 14; ähnlich Ostendorf ZJJ 2017, 332 (337)). Die jugendstrafrechtlichen Interventionen müssen dafür einen verfassungsmäßigen Zweck verfolgen (hier: Stabilisierung der Normgeltung durch eine verbesserte Legalbewährung (→ Rn. 3)) und sich zu dessen Erreichung **eignen** (dh hier: erzieherisch funktional sein (→ Rn. 19)). Unter erzieherisch geeigneten Anordnungen ist sodann diejenige zu wählen, deren Eingriffswirkung die (im Vergleich) **mildeste** ist (zu diesem Erforderlichkeitskriterium im JStR systematisch Lenz, Die Rechtsfolgensystematik im JGG, 2007, 167 ff.; ferner zB auch Rössner/Bannenberg in MBH JugendStrafR § 6 Rn. 11 ff.). Mit Blick auf dieses Erfordernis sind die verschiedenen jugendstrafrechtlichen Reaktionsformen hinsichtlich ihrer materiellen grundrechtsbezogenen Beeinträchtigungseffekte zu unterscheiden und abzustufen. **Unabhängig** von der sich aus **Abs. 1 und Abs. 2 ergebenden Systematik** stellt eine freiheitsentziehende Rechtsfolge hiernach immer einen schwereren Eingriff als ambulante Rechtsfolgen dar, unter denen wiederum eine formelle schwerer als eine informelle Anordnung wiegt. Für die Abstufung innerhalb der drei Gruppen muss es dann auf den konkreten Anordnungsinhalt (zB Dauer und Nicht-/Vollstreckung der Freiheitsentziehung; Art und Umfang der ambulanten Verpflichtung) ankommen (dazu n. → § 55 Rn. 34 ff.).

Diese Gewährleistung (die sich auch als **Prinzip der Subsidiarität** be- **22** zeichnen lässt) verlangt, die eingriffsinvasiveren Rechtsfolgen zugunsten moderaterer Rechtsfolgen mit ähnlicher erzieherischer Wirksamkeit auszuschließen. Auch bei der jeweils mildesten (und deshalb erforderlichen) funktionalen Reaktion ist sodann abschließend die Angemessenheit des Eingriffs zu prüfen (systematisch Lenz Die Rechtsfolgensystematik im JGG, 2007, 206 ff.). Auf dieser Stufe wird durch die hM zutr. sichergestellt, dass die Beeinträchtigungswirkung der Intervention nicht außer Verhältnis zur Straftat steht, aus deren Anlass (Abs. 1) sie angeordnet wird. Unabhängig von der erzieherischen Funktionalität resultiert daraus ein generelles Verbot, Rechtsfolgen anzuordnen, die die **Vorwurfsproportionalität** übersteigen

(Streng JugendStrafR Rn. 247; Rössner/Bannenberg in MBH JugendStrafR § 6 Rn. 17). Speziell bei der JStrafe besteht (angesichts ihres materiellen Strafcharakters) diese „Obergrenze" in deren noch schuldangemessener Dauer (n. zu dieser Limitierungsfunktion → § 2 Rn. 4, → § 18 Rn. 33).

4. Rechtsfolgenbezogene Voraussetzungen in § 5

23   a) **Funktion von § 5.** Die Norm legt zunächst einmal das abschließende Spektrum der im JStR möglichen Rechtsfolgen fest (→ Rn. 9), wobei dieses sodann nach den vorgenannten Prinzipien (→ Rn. 16 ff.) zu handhaben ist. Darüber hinaus unterliegt die Anwendbarkeit der einzelnen Rechtsfolgen konkreten Bedingungen, die sich einmal aus speziellen Vorschriften ergeben (ua aus §§ 9 ff., §§ 13 ff. und §§ 17 f.), aber teilw. auch in § 5 enthalten sind. Durch die Abs. 1–3 werden innerhalb dieser Regelungsstruktur also ua auch **Anwendungsvoraussetzungen** der jugendstrafrechtlichen Reaktionsformen normiert. – Dazu zählt als eine erste gemeinsame Voraussetzung für den Ausspruch von Rechtsfolgen des JStR eine „**Straftat**". Durch diese sehr grundlegende Bedingung stellen Abs. 1 und Abs. 2 (gemeinsam mit § 1 Abs. 1) klar, dass das jugendstrafrechtliche Vorgehen (anders als das des Jugendhilferechts) an die Begehung einer tatbestandsmäßigen, rechtswidrigen und schuldhaften Tat gebunden ist.

24   b) **Erziehungsmaßregeln (Abs. 1).** Bei den in Abs. 1 genannten Vorgehensweisen handelt es sich um Rechtsfolgen, mit denen je nach Sachlage stützend, helfend oder fördernd auf den Jugendlichen eingewirkt wird, um dessen Lebensführung so zukunftsgerichtet zu beeinflussen. Mit den fraglichen Maßnahmen werden verschiedene, sich (idealiter) positiv auswirkende Entwicklungsbedingungen gesetzt. Diese Ausrichtung macht Abs. 1 durch die **Bezeichnung** der Intervention als „Erziehungs"-Maßregel deutlich, aber auch durch die Festlegung, dass es zu deren Anordnung „**aus Anlass**" der Straftat kommt (eindeutig auch § 10 Abs. 1 S. 1). Das Delikt ist deshalb nicht der Grund der Reaktion und so auch kein Maßstab für deren Ausgestaltung. Repressive Erwägungen (dh der Ausgleich des Tatunrechts) dürfen für die Bestimmung von Erziehungsmaßregeln keine Rolle spielen (vgl. insofern aber die durch § 8 ermöglichten Kombinationen mit Zuchtmitteln und JStrafe).

25   Nach Abs. 2 sind Erziehungsmaßregeln so lange anzuwenden, wie sie „**ausreichen**". Davon muss idR ausgegangen werden, so lange es an den (in § 13 Abs. 1 geregelten) Voraussetzungen einer Zuchtmittelanordnung fehlt (zur Prüfungsabfolge auch Putzke Jura 2009, 631 (632)). Im Einzelfall ist es aber nicht ausgeschlossen, Erziehungsmaßregeln auch bei Anwendbarkeit von Zuchtmitteln noch für geeignet und daher ausreichend zu halten. Dann macht es das Verhältnismäßigkeitsprinzip erforderlich, die **eingriffsmildere** Variante der fallkonkret an sich zulässigen Rechtsfolgen auszuwählen. Ggf. werden also „ausreichende", den Jugendlichen aber stark beeinträchtigende Erziehungsmaßregeln hinter insoweit eingriffsärmeren Zuchtmitteln zurückgestellt.

26   Erziehungsmaßregeln kommen allerdings **nicht in Betracht,** wenn gar **kein erzieherischer Einwirkungsbedarf** (dh kein „Erziehungsmangel") besteht. Das Vorliegen einer spezialpräventiven Indikation ist nämlich eine unverzichtbare Anwendungsvoraussetzung, wie sich nicht (allein) aus Abs. 1,

sondern (auch) aus dem Verhältnismäßigkeitsprinzip ergibt (weil eine erzieherisch ausgestaltete Maßnahme bei Personen ohne dahingehende Erfordernisse kein geeignetes Mittel zur Sicherung der Legalbewährung wäre). Ähnlich verhält es sich bei einer bestehenden Entwicklungsproblematik, die in der fraglichen Tat jedoch **nicht zum Ausdruck** gekommen ist (etwa bei einem Fahrlässigkeitsdelikt eines Jugendlichen, der zu „verwahrlosen" droht). In diesen Konstellationen gibt die Straftat keinen „Anlass" iSv Abs. 1, weshalb Erziehungsmaßregeln nicht anwendbar sind. Bei beiden Fallvarianten hängt es dann vom Nicht-/Vorliegen der in § 13 Abs. 1 normierten Bedingungen ab, ob entweder ein Sanktionsverzicht gem. §§ 45, 47 vorzunehmen oder ein Zuchtmittel anzuordnen ist (wobei aus Verhältnismäßigkeitsgründen oft nur eine eingriffsarme Variante legitimierbar sein wird).

c) Zuchtmittel und Jugendstrafe (Abs. 2). Zuchtmitteln wird durch **27** Abs. 2 eine (auch) ahndende Funktion zugewiesen. Neben ihren jeweils eigenen Voraussetzungen (dazu → § 13 Rn. 10 ff., → § 14 Rn. 5 ff., → § 15 Rn. 3 ff., → 16 Rn. 19 ff.) ergibt sich aus den vorangehenden Erläuterungen eine weitere (negative) Anwendungsbedingung: Zuchtmittel sind **ausgeschlossen,** wenn informelle Erledigungen oder Erziehungsmaßregeln gem. Abs. 2 „ausreichen" (BGH StV 2017, 713 = BeckRS 2017, 122307) und zugleich verhältnismäßiger sind.

JStrafe darf iS **strenger Subsidiarität** allein dann verhängt werden, wenn **28** Erziehungsmaßregeln „nicht ausreichen" (Abs. 2) und wenn sie auch im Verhältnis zum JA „geboten ist" (§ 13 Abs. 1). Ein solcher Fall liegt ausschließlich unter den von § 17 Abs. 2 ausgestalteten Bedingungen vor (→ § 17 Rn. 20 ff., 45 ff.).

d) Maßregeln der Besserung und Sicherung (Abs. 3). Die Voraus- **29** setzungen der Unterbringungen gem. §§ 63, 64 StGB ergeben sich aus § 7 Abs. 1 und dem dortigen Rechtsgrundverweis. Abs. 3 setzt die Zulässigkeit dieser Maßregeln voraus und sieht insofern auch keine zusätzlichen Anforderungen vor. Stattdessen enthält die Vorschrift spezielle Maßgaben für die **JStrafen- und Zuchtmittelanordnung.** Diese unterbleibt, sofern sie neben der Maßregel als **entbehrlich** erscheint. Entbehrlichkeit ist gegeben, wenn die spezialpräventiven Einwirkungs- und die hinzukommenden Ahndungszwecke durch die Unterbringung in ausreichender Weise verfolgt und realisiert werden. Davon kann mit Blick auf die freiheitsentziehenden und therapeutischen Elemente der Unterbringung häufig ausgegangen werden. Demgemäß wird auch in der Praxis die Entbehrlichkeit vielfach für möglich gehalten und/oder bejaht. Dies gilt va für die (idR langjährige) Unterbringung in einem psychiatrischen Krankenhaus (kennzeichnend dafür etwa BGH NStZ-RR 2003, 186; BGH BeckRS 2009, 22491; vgl. auch NStZ-RR 1998, 188 (189)). Im Grunde verfolgt die Praxis aber auch bei der (idR kürzeren) Unterbringung in einer Entziehungsanstalt diese Tendenz (kennzeichnend dafür etwa BGH StV 2009, 353 = BeckRS 2009, 4280; BGH NStZ-RR 2017, 346 (347)).

Abs. 3 ermöglicht es, dem Grundsatz der **Einspurigkeit** (→ § 8 Rn. 6) **30** Rechnung zu tragen (BGHSt 39, 92 (95) = NJW 1993, 1404; BGH NStZ-RR 2020, 158; NStZ-RR 2020, 158). Konkret wird die Kumulation oder Zweispurigkeit von (auch stationären) Rechtsfolgen, wie sie im allg. StR grds. vorgesehen und dort lediglich durch einen sog. vikariierenden Sanktionsvollzug (§ 67 Abs. 1 und 4 StGB) abzuwenden ist, von ihrer konkreten

Notwendigkeit abhängig gemacht. Die Einschlägigkeit der Vorschrift setzt aber voraus, dass zunächst die Anwendbarkeit beider Rechtsfolgen **völlig unabhängig voneinander** bejaht worden und für die (neben der Maßregel angeordnete) JStrafe (bzw. für das Zuchtmittel) eine selbstständige Bemessung erfolgt ist (gegen jede Vermengung zutr. auch Diemer in Diemer/Schatz/Sonnen Rn. 20; Laue in MüKoStGB Rn. 23; zu dann stets erforderlichen **Erörterung** des Nicht-/Absehens n. → Rn. 76).

30a   Trotz der Selbstständigkeit beider Entscheidungen wird durch Abs. 3 zwischen ihnen eine Verknüpfung erzeugt, die **revisionsrechtliche** Konsequenzen hat: Kommt es zur Aufhebung der (nicht) erfolgten Maßregelanordnung, ist deren erfolgte (Nicht-)Berücksichtigung im Rahmen von Abs. 3 obsolet, was die Aufhebung auch der Entscheidung zum Zuchtmittel bzw. der JStrafe zur Folge hat (vgl. nur BGH BeckRS 2008, 06228; BGH NStZ-RR 2009, 277; BGH NStZ-RR 2018, 139 (140); BGH NStZ-RR 2019, 74 (75); BGH NStZ-RR 2020, 170 (171); „ausnahmsweise" anders BGH BeckRS 2016, 115539; s. ferner → § 7 Rn. 17). Wird revisionsrichterlich eine fehlerhafte Anordnung der JStrafe bzw. des Zuchtmittels moniert, ist zwar an sich nur der darauf gerichteten Nicht-/Entbehrlichkeitsentscheidung die Grundlage entzogen. Der unmittelbare Sachzusammenhang mit Abs. 3 verlangt darüber hinaus aber auch eine Aufhebung des ebenfalls angegriffenen Maßregelausspruchs, selbst wenn dessen Begründung für sich genommen beanstandungsfrei ist (so – nicht zweifelsfrei – jedenfalls BGH StV 2014, 282 = BeckRS 2013, 19681; BGH BeckRS 2015, 14381). In all den genannten Konstellationen wird der Tatrichter hierdurch nämlich in die Lage versetzt, eine neue einheitliche Rechtsfolgenentscheidung zu treffen. Ebenso verhält es sich, wenn gar keine Entscheidung iSv Abs. 3 vorgenommen wurde bzw. erkennbar ist (vgl. → Rn. 76 sowie etwa BGH NStZ-RR 2002, 183; BGH NJW 2009, 2694 (2695); BGH BeckRS 2016, 4091). Anders liegen die Dinge also nur, wenn die Unterbringungsanordnung wirksam von der Anfechtung des Rechtsfolgenspruchs ausgenommen worden war (→ § 7 Rn. 17; → § 55 Rn. 21).

III. Prognosestellung bei der Rechtsfolgenwahl

1. Methodologische Grundlagen und deren Konsequenz

31   **a) Prognosen als Entscheidungskern.** Der Auftrag und Anspruch jugendstrafrechtlicher Rechtsfolgenanordnungen, erzieherisch positiv auf die Entwicklung der jeweiligen Jugendlichen Einfluss zu nehmen, impliziert ausgeprägte **prognostische Elemente** im Entscheidungsvorgang. Insbesondere muss der biografische Verlauf, der in der Folge verschiedener (in Betracht kommender) (Non-)Interventionen zu erwarten ist, abgeschätzt werden, um hernach die aussichtsreichste Option auswählen zu können. Diese Notwendigkeit besteht zwar prinzipiell auch im allg. StR (vgl. § 46 Abs. 1 S. 2 StGB), dort aber als ein die Schuldbewertung ergänzender Aspekt. Im Rechtsfolgensystem des JStR handelt es sich hierbei dagegen um den zentralen (und teilw. auch exklusiven) Entscheidungskern. Dies gilt nicht nur für jenen Reaktionsformen, bei denen eine Prognose im Normtext explizit eingefordert wird (wie etwa bei der JStrafenaussetzung zBew → § 21

Rn. 15 ff.), sondern bei **jeder Rechtsfolgenentscheidung** schlechthin (→ Rn. 16 ff.).

Während die tatstrafrechtliche Rechtsfolgen-Logik grds. die Möglichkeit **32** bietet, zumindest in den schuldbezogenen Entscheidungselementen eine gewisse Wertungs-Ähnlichkeit sicherzustellen und durch eine Orientierung an zentralen Deliktsparametern einen (wenn auch stark) eingeschränkten Standardisierungsgrad zu erreichen, besteht diese Aussicht im Täterstrafrecht des JGG nicht einmal in der Theorie. Die hier geforderte Ausrichtung auf die **Persönlichkeit** und die jeweils ganz spezifischen Bedingungen des Verurteilten, bedeutet eine erhebliche Relativierung der im allg. StR geltenden **Beurteilungsmaßstäbe.** Mit der angestrebten individuellen „Passförmigkeit" der Sanktion sind allerdings erhebliche Einschränkungen bei der Rechtsfolgengleichheit verbunden und intendiert, was rechtsstaatlich nur dann akzeptabel ist, wenn dieses Vorgehen tatsächlich auch im Interesse des Verurteilten ein höheres Maß an entwicklungsförderndem Effizienz erbringt. Das setzt wiederum voraus, dass sich der prognostisch getragene Kern der Rechtsfolgenentscheidung auf eine tragfähige methodische Grundlage stützen kann.

b) Erfahrung und Vorhersage. Das Abschätzen der künftigen Entwick- **33** lung einer Person ist höchst anforderungsreich (zum Folgenden etwa Opp, Methodologie der Sozialwissenschaften, 2014, 85 ff.). Um eine solche Prognose vornehmen zu können, muss die bisherige Entwicklung der Person mit Hilfe gesicherter **Erfahrungssätze** (dh wissenschaftlich bestätigter Erklärungen) auf die maßgeblichen Bedingungen zurückgeführt werden können. Unter der Voraussetzung, dass diese Bedingungen stabil bleiben (dazu etwa auch Bachleitner in Bachleitner/Weichbold/Pausch (Hrsg.), Empirische Prognoseverfahren in den Sozialwissenschaften, 2016, 75 (86 ff.)), lässt sich dann mittels derselben Erfahrungssätze auf das weitere Geschehen schließen. Da aber die biologischen, psychischen und sozialen Lebensbedingungen einer Person immer in Bewegung sind – wie das nicht zuletzt auch wegen der in Frage stehenden Rechtsfolgenentscheidung –, müssen diese Bedingungsveränderungen ihrerseits prognostiziert werden. Auf dieser Grundlage kann dann wiederum auf Erfahrungssätze, die zu den Folgen dieser Bedingungsveränderung vorliegen, zurückgegriffen werden, um eben jene Folgen abzuschätzen (n. hierzu auch Dollinger ZJJ 2014, 237 (238 f.)).

Eine Grundvoraussetzung der hier relevanten Prognosen ist also das Vor- **34** handensein von Erfahrungssätzen, die tragfähig und inhaltlich ergiebig sowie für die jeweils in Frage stehende Person einschlägig und der Entscheidungsperson bekannt sind. Bei der sog. **intuitiven** Methode beruhen die herangezogenen Erfahrungssätze allerdings allein auf dem subjektiven Weltwissen (dh den Alltags- und/oder Professionserfahrungen) der jeweiligen Amtsperson. Sieht man von den Ausnahmen fachlich vertiefter, individueller Sonderkenntnisse und der Heranziehung eines Sachverständigen (→ § 43 Rn. 27 ff.) ab, handelt es sich hierbei um den Normalfall, mit dem der prognostische Entscheidungskern in der Praxis der JRichter (sowie JStA und Polizei) umgesetzt wird. Dass die dabei herangezogenen individuellen Berufserfahrungen das Kriterium der **Tragfähigkeit** erfüllen, steht indes nachdrücklich in Frage (kennzeichnend etwa Bergmann FPPK 13 (2019), 386 mit Befunden zu einer (ggü. Laien) nur moderat höheren Treffergenauigkeit von Polizeibeamten bei der Risikoeinschätzung jugendlicher Straftäter).

35   Bei Prognoseverfahren, denen ein stärker wissenschaftlicher Charakter zugeschrieben wird, beruhen die Erfahrungssätze auf der individuellen Expertenerfahrung einer psychologisch, psychiatrisch, kriminologisch usw geschulten Person (sog. **klinische** Prognose) oder auf der systematischen wissenschaftlichen Erhebung von protektiven und risikoerhöhenden Faktoren („Prädiktoren"), deren fallbezogenes Vorliegen festgestellt und zu einer Vorhersage „verrechnet" wird (sog. **statistische** Methode). Durch Sachverständige werden klinische und statistische Prognosemethoden idR **kombiniert** (für einen Überblick etwa Dahle in Kröber/Steller (Hrsg.), Psychologische Begutachtung im Strafverfahren, 2. Aufl. 2005, 133 ff.; Dahle/Lehmann FPPK 10 (2016), 248 ff.). Mit Blick auf die größere Zuverlässigkeit und Differenziertheit der Erfahrungssätze sowie den höheren Reflexionsgrad ihrer fallbezogenen Anwendung verspricht dies eine bessere Vorhersagegenauigkeit als bei der intuitiven Prognose. In Vergleichsuntersuchungen (s. hier aber zu den erheblichen methodischen Problemen Eisenberg/Kölbel Kriminologie § 21 Rn. 29) schneiden statistische und kombinierte Verfahren daher auch besser ab (so speziell bei Jugendlichen etwa Welsh/Schmidt/McKinnon ua Assessment 15 (2008), 104 ff.; Hilterman/Nicholls/van Nieuwenhuizen Assessment 21 (2014), 324; allg. dazu etwa Rettenberger FPPK 12 (2018), 28; Dahle/Lehmann FPPK 12 (2018), 37).

36   Während die Prognoseverfahren, die für die „normale" Jugenddelinquenz vorgesehen sind, entweder kontrovers (zur sog. MIVEA vgl. die Beiträge in Göppinger, Kriminologie, 6. Aufl. 2008, §§ 15 ff.; aus der krit. Lit. etwa Graebsch/Burkhardt StV 2008, 327) oder ohne praktischen Anwendungsbezug geblieben sind (vgl. das Modell bei Stemmler/Wallner in Wallner ua Devianz und Delinquenz 141 ff.), ist speziell für bestimmte Deliktsgruppen und/oder einen angehobenen Auffälligkeitsgrad bereits eine ganz Reihe von verschiedenen statistisch-prognostischen **Instrumenten** verfügbar. Gemeinsam ist ihnen, dass anhand der dort jeweils aktuarisch aufgelisteten Risikomerkmale ein Rückfallrisiko-Profil erstellt werden kann (bspw.: static-99/R, Structured Assessment of Violence Risk in Youth (SAVRY), Youth Level of Service/Case Management Inventory (YLS/CMI), Violence Risk Appraisal Guide (VRAG), Sexual Offender Risk Appraisal Guide (SORAG), Psychopathy Checklist: Youth Version (PCL:YV), HCR-20 oder Sexual Violence Risk (SVR) 20 – hierzu jeweils n. die Beiträge in Rettenberger/von Franqué Kriminalprognostische Verf-HdB; für einen Überblick Quenzer, Jugendliche und heranwachsende Sexualstraftäter, 2009, 19 ff., 30 ff., 90 ff.; zu einem Instrument speziell für verhatensauffällige Kinder s. Koegl/Farrington/Augimeri Journal of Developmental and Life-Course Criminology 2021, 17). Ungeachtet der prinzipiell bejahten prognostischen Funktionalität wird deren Vorhersage-Validität teilw. und im Detail auch kritisch bewertet (vgl. etwa Dahle/Janka/Gallasch/Lehmann FPPK 2 (2008), 213 (217 f.); Eher/Rettenberger/Matthes MschKrim 92 (2009), 18 (22 f.); Müller NStZ 2011, 665 ff.; Fazel/Singh/Doll/Grann BMJ 345 (2012), e4692; speziell bei Jugendlichen mit Migrationshintergrund Dahle/Schmidt FPPK 8 (2014), 104 (109 f.)). Teilw. beziehen sich die Verfahren auch nur auf strafunmündige Kinder (für ein Bsp. vgl. Koegl/Farrington/Augimeri Journal of Developmental and Life-Course Criminology 2021, 17).

37   Ohnehin bestehen die Prognoseergebnisse auch bei den neueren statistischen Methoden immer nur in **probabilistischen Aussagen** – also etwa in der Angabe, dass die fragliche Person einer Gruppe angehöre, bei der von einer Rückfallwahrscheinlichkeit von bspw. 30 % auszugehen sei. Individuelle Befunde – etwa, dass und va warum die Person infolge ihrer Individualität zu der 30 %-igen oder der 70 %-igen Subpopulation gehört – werden nicht getroffen. Die persönliche Entwicklungsdynamik und die Handlungslogik gehen in die Standardmerkmale und Gruppenbefunde nirgendwo ein. Vielmehr besteht die Gefahr, dass Besonderheiten in der Persönlichkeit und/ oder den Lebensumständen der fraglichen Person bei den Untersuchungsgruppen, an denen die jeweiligen Prädiktoren entwickelt und getestet wurden, unterrepräsentiert waren, wodurch deren Anwendbarkeit fragwürdig wäre (n. Dollinger ZJJ 2014, 237 (239 ff.).

Außerdem sind sämtliche Prädiktoren eng mit Stand und Zuverlässigkeit **38** der dahingehenden, jeweils als gültig akzeptierten Erklärungsansätze und dem Grad ihrer Bewährung verknüpft. Viele als kriminogen geltende Faktoren treten aber prinzipiell auch bei (weitgehend) konform lebenden Personen auf (weil sie bspw. allgemein typisch für die jeweilige Altersgruppe sind). Sie stellen also Risiken dar, die sich lediglich in bestimmten (oft unklaren) Konstellationen bemerkbar machen. Gerade bzgl. dieser sog. **Trennschärfe** einzelner Faktoren ist zudem der Forschungsstand fortwährend „im Fluss". Auch sind sämtliche Prognosemethoden vorwiegend nur bei **Extremgruppen,** bei denen die Risikofaktoren bzw. Prädiktoren besonders klar oder besonders wenig vorliegen, zu Vorhersagen im Stande. Eine mittlere Ausprägung – und dies ist rechtspraktisch ein häufiger Regelfall – erlaubt demgegenüber nur eine diffuse Einschätzung. Dies beruht nicht allein (und nicht einmal in erster Linie) auf einer methodischen Insuffizienz der Prognoseverfahren. Es ist vielmehr sachimmanent, weil mit einer mittleren Ausprägung indizieller Umstände auch eine tatsächlich mittlere Wahrscheinlichkeit des (positiven bzw. negativen) Legalverhaltensverlaufs korrespondiert.

c) Bedingungen und Grenzen der justiziellen Prognose. Für JGe- **39** richte (und JStA) hat all dies va Bedeutung, wenn ausnahmsweise ein Sachverständigengutachten zu Rechtsfolgenfragen eingeholt wurde und zu beurteilen ist. Ansonsten bleibt es bei den Rechtsfolgenentscheidungen im JStR indes bei der intuitiven justiziellen Prognose, die verfahrensökonomisch (und oft auch aus Verhältnismäßigkeitsgründen) in keiner Weise zu ersetzen ist. Diese Unabänderlichkeit lässt indes die Zuverlässigkeitsproblematik (→ Rn. 34) unberührt, zumal sich justizpraktisch auch **kaum eine Selbstevaluierung** erwarten lässt: Dass Amtsträger einen neuerlichen Kontakt mit abgeurteilten Jugendlichen idR nur bei deren „Rückfälligkeit" haben, erlaubt nämlich nur Lernerfahrungen von sehr einseitiger Art – und zwar anhand von günstigen Verlaufserwartungen, die sich als falsch herausgestellt haben, oder anhand von ungünstigen Verlaufserwartungen, die bestätigt wurden. – Dabei bleibt iÜ vollständig verdeckt, inwiefern die ursprüngliche Prognoseentscheidung zu diesem Verlauf beigetragen und durch ihre Auswirkungen ggf. eine sich selbst erfüllende Prophezeiung ausgelöst hat (n. Opp, Methodologie der Sozialwissenschaften, 2014, 91 ff.).

Bei diesen Schwierigkeiten handelt es sich um Bedingungen, die der **40** Rechtsfolgenentscheidung im JStR unvermeidbar innewohnen. Sie müssen reflektiert, können aber nicht behoben werden. Möglich ist es jedoch, schematisierende Verkürzungen abzubauen und in die justiziellen Vorhersagen einen zwar noch alltagstauglichen, aber doch auch erweiterten und empirisch fundierten Kreis an **Anknüpfungskriterien** eingehen zu lassen.

Diese beruhen auf den kriminologischen Erkenntnissen sowohl zu den Deliktshintergründen (→ Rn. 47 ff.) als auch zu den Wirkungen verschiedener Sanktionsformen (→ Rn. 67 ff.). Deren fundierte Anwendung besteht dann darin, sie einzelfallbezogen auf ihre konkrete Tragfähigkeit hin abzuschätzen. Dabei sind die Wechselwirkungen zu erwägen, die zwischen offen wahrnehmbaren und verdeckten, aber gleichwohl vorhandenen Faktoren bestehen können, und Annahmen zu den interventionsbeeinflussten Entwicklungen − zumindest im Vergleich von alternativ in Betracht kommenden Rechtsfolgen − zu bilden. Auf diese Weise geht die Prognose über ein nur-intuitives Niveau hinaus und wird jedenfalls **partiell substantiiert.**

41   Natürlich setzt dies aber auch eine ausreichende **Kenntnis** der **individuellen** Gegebenheiten voraus. Hierfür bedarf es der entspr. Zuarbeit durch die JGH (→ § 38 Rn. 7 ff., 62 ff.) sowie einschlägiger Ermittlungen (vgl. §§ 43, 44) und ggf. der Heranziehung außer-/strafrechtlicher Akten (zur allerdings eingeschränkten informatorischen Ergiebigkeit von JHilfe-Unterlagen n. Riesner ZJJ 2016, 395 (397 f.; s. ferner zur häufigen Nichterhebung prognoserelevanter Bedingungen in der Justizpraxis am Bsp. der Alkohol- und Drogenproblematik Heimerdinger, Alkoholabhängige Täter, 2006, 54, 139 ff.). Das Spannungsverhältnis zwischen der Erforschung persönlicher Umstände und rechtsstaatlichen Begrenzungen (s. etwa → § 1 Rn. 22 f., → § 43 Rn. 12) ist hierbei indes stets zu berücksichtigen.

42   **d) Folgerung.** Aus all diesen Gründen ist die gerichtliche Prognose stets von **limitierter Tragfähigkeit.** Wegen dieser Begrenztheit macht der Verhältnismäßigkeitsgrundsatz (→ Rn. 21 f.) unter Berücksichtigung der potenziell abträglichen Effekte eingriffsinvasiver Rechtsfolgen (→ Rn. 67 f.) eine **Maxime** erforderlich, die im Zweifel zu milderen Sanktionen greifen und **erst, wenn deren Fehleignung klar** erkennbar wird, die Intensität des Vorgehens steigern lässt. Zwar ist die Kritik (wie etwa bei Bock NK 2014, 301 (303 ff.)) an einem diesbzgl. Schematismus (dazu auch → Rn. 8) ebenso berechtigt, wie es wünschenswert ist, die aktuell und individuell jeweils bestmöglich passende Sanktion zu finden (um bspw. nicht durch eine allzu defensive Reaktion eine „Verfestigung" ungünstiger Entwicklungen geschehen zu lassen). Doch zugleich bedarf es für den Anspruch, „jetzt das Richtige" (dh bei Bedarf eben schon beim ersten Mal etwas „Gravierendes") anzuordnen (Bock NK 2014, 301 (304); Gräf, Die Diversion im Jugendstrafrecht (…), 2015, 160 ff.), eines Korrektivs, wie es in der hier geforderten Maxime besteht. Angesichts der Begrenztheit gerichtlicher (wie iU auch kriminologischer) Möglichkeiten, denen eine biografische Verlaufsvorhersage stets unterliegt, wäre eine frühe „harte" bzw. nachdrückliche Intervention sonst in allzu vielen Fällen nur scheinbar „das Richtige" − wohingegen sie tatsächlich auf einer unzutreffend ungünstigen Prognose beruhte und sich bei diesen „false positives" als schadensstiftend erwies (ähnlich die Warnung vor Kriminalprognosen der JGH bei Trenczek/Goldberg RPsych 5 (2019), 475 (492 f.)).

2. Entwicklungsbezogene prognostisch relevante Zusammenhänge

43   **a) Grundlagen.** Die kriminologische Forschung zu Verlaufs- und Entstehungszusammenhängen von (Kinder- und Jugend-)Delinquenz zeigt die Notwendigkeit auf, einerseits **situative Bedingungen** zu untersuchen (An-

reiz-, Konfliktstrukturen usw), andererseits und insbesondere aber auch die unterschiedlichen Lebens- bzw. **Verhaltensstile** sowie **Haltungen** bzw. Normorientierungen, mit denen die Wahrscheinlichkeit, in deliktsnahe Situationen zu geraten, ebenso variiert wie die Bereitschaft, dort nonkonform zu agieren. Diese Stile und Haltungen werden durch hintergründige Lebensbedingungen geprägt, die durch die sozio-ökonomische Stellung und die Zugehörigkeit zu bestimmten Milieus ihren spezifischen Rahmen erhalten. Außerdem werden sie durch Sozialisationsinstanzen und soziale Beziehungen (also durch Schule, Arbeit, Freunde, Familie, Medien) beeinflusst (kennzeichnend zum Ganzen die Ansätze etwa von Wikström MschKrim 98 (2015), 177; Wikström/Oberwittler/Treiber/Hardie, Breaking Rules, 2012; Wikström Journal of Developmental and Life-Course Criminology 2019 (https://doi.org/10.1007/S 40865-019-00116-5); Boers/Reinecke in Boers/Reinecke Altersverlauf 77 ff.). Diese situations- (→ Rn. 61 ff.) und personenbezogenen Bedingungen (→ Rn. 47) können folglich als Risikofaktoren interpretiert werden, bei deren Vorliegen die individuelle Deliktsbegehungswahrscheinlichkeit steigt. Ihre fallkonkrete Feststellung kann deshalb iS der oben genannten Prognoselogik (→ Rn. 33) durch das JGericht für Überlegungen zur künftigen Entwicklung der zu beurteilenden Person herangezogen werden.

Während situationsbezogene Bedingungen durch Ereignisanalysen empi- **44** risch relativ gut rekonstruierbar sind (über Aktenauswertungen, Interviews usw), bereitet die Feststellung relevanter personenbezogener Bedingungen größere Schwierigkeiten. Das Vorgehen **traditioneller** kriminologischer Forschungsarbeiten beruht vielfach darauf, deliktisch (mehrfach) erfasste Jugendliche zu untersuchen. Dabei werden die bei ihnen aktuell vor- sowie biografisch zurückliegenden Bedingungen individueller, familiärer usw Art daraufhin analysiert, ob sie von den Gegebenheiten bei institutionell nicht erfassten Jugendlichen abweichen. Daran gemessen weist die neuere kriminologische Forschung in den letzten Jahrzehnten zwei wesentlichen Erweiterungen auf. Die erste Neuausrichtung besteht darin, nicht (allein) auf die registrierte strafrechtliche Erfassung von Jugendlichen abzustellen, sondern (auch) auf unentdeckt bleibende Deliktsereignisse **(Dunkelfeld)**. Der Grund dafür liegt in der Selektivität, von der die Prozesse der Strafanzeige, der strafrechtlichen Erfassung und der polizeilich-justiziellen Verarbeitung durchzogen sind (vgl. bspw. Köllisch MschKrim 92 (2009), 28; speziell zur Meldung von Schulgewalt Villmow/Savinsky FS Streng, 2017, 641 ff. sowie die Übersicht bei Eisenberg/Kölbel Kriminologie § 26 Rn. 28 ff., § 31 Rn. 75 ff.). Bei einer methodischen Beschränkung auf Hellfelddaten wird der Vergleich zwischen mehr und weniger belasteten Gruppen deshalb merklich verzerrt.

Die zweite wesentliche Erweiterung besteht darin, nicht mehr von einem **45** punktuellen Erhebungs- und Vergleichszeitpunkt retrospektiv die jeweiligen Bedingungen zu erheben, sondern größere Gruppen von Kindern und Jugendlichen über mehrere Jahre gleichsam zu begleiten und ihre Hell- und Dunkelfeld-Deliktsbelastung sowie ihre Lebensumstände usw dabei kontinuierlich zu erheben. Dabei zeigt sich zum einen, dass nicht einfach zwischen mehr oder minder belasteten Jugendlichen getrennt werden kann, sondern eine **größere Zahl typischer Verläufe** der biografischen Deliktsbelastungsentwicklung unterschieden werden muss. So hat bspw. eine großangelegte deutsche Verlaufsstudie bis zu 7 Teilgruppen identifiziert (Boers/Reinecke/Bentrup ua MschKrim 97 (2014), 183 (189): dauerhaft nicht (43 %) oder nur wenig auffällig (14 %); früher (9 %) oder im Verlauf des Jugendalters (15 %) erfolgender Abbruch einer moderaten Belastung; persistente Belastung (8 %), Abbruch im Jugendalter nach hoher Belastung (6 %) und späte Belastungsentwicklung (6 %)). Ähnliche Beobachtungen werden regelmäßig gemacht (→ Einl. Rn. 6). Soweit sich dabei darüber hinaus Zusammenhänge zwischen den langfristigen Verläufen der Delinquenz und der Entwicklung personaler, sozialer usw Bedingungen aufzeigen lassen, sind diese Befunde differenzierter und aussagekräftiger (etwa bei der zeitlichen Verortung von etwaigen Auswirkungen).

46   Hinsichtlich der methodischen Anforderungen und Tragfähigkeit besteht zwischen den drei Forschungsarten zwar eine augenscheinliche Rangfolge, aber gleichwohl schließen sich die jeweiligen Befunde gegenseitig nicht unbedingt aus. Oft liegen vielmehr übereinstimmende und/oder sich wechselseitig ergänzende Forschungsergebnisse vor. Dieser Bestand ist im Rahmen justizieller Rechtsfolgenentscheidungen zwar nicht als ein Spektrum regelrechter Prädiktoren heranziehbar, wohl aber als ein **Anknüpfungs- und Hintergrundwissen** im oben (→ Rn. 40) genannten Sinne (s. zum Folgenden auch die Übersichten zur internationalen Forschung bei Farrington/Loeber/Jolliffe/Pardini in Loeber/Farrington/Stouthamer-Loeber/White (Hrsg.), Violence and serious theft, 2008, 169 (204 ff.); Farrington/Loeber/Ttofi in Welsh/Farrington (Hrsg.), Oxford Handbook of Crime Prevention, 2012, 46 ff.; Tanner-Smith/Wilson/Lipsey in Cullen/Wilcox (Hrsg.), Oxford Handbook of Criminological Theory, 2013, 89 ff. sowie die Beiträge in APA Handbook, 177 ff.; sekundäranalytisch etwa Aebi FPPK 13 (2019), 166; s. ferner mwN auch 21. Aufl. Rn. 37 sowie Eisenberg/Kölbel Kriminologie §§ 53, 56, 60). Dabei ist zu berücksichtigen, dass die fraglichen Befunde, obwohl sie teilw. nur anhand **männlicher** Jugendlicher gewonnen wurden, auch für die Risikomerkmale bei **weiblichen** Jugendlichen weithin zutr. sind (vgl. dazu eingehend Wong/Slotboom/Bijleveld EJC 7 (2010), 266; für Deutschland s. entspr. etwa Retzlaff, Böse Mädchen, 2017, 49 ff., 153 ff. sowie die Rekonstruktion subjektiver Perspektiven bei Silkenbeuner, Biografische Selbstentwürfe und Weiblichkeitskonzepte aggressiver Mädchen und junger Frauen, 2007, 126 ff.). Noch wenig geklärt sind indes die hier relevanten geschlechtsbezogenen Unterschiede in den sozialen Verpflichtungen und Kontrollen (s. dazu Seus/Prein in KZfSS SH 43 (2004), 215 ff.).

47   b) Personale und soziale Faktoren. aa) Hinsichtlich des **familiären Hintergrundes** ist in der kriminologischen Forschung sehr eindeutig gezeigt worden, dass Jugendliche aus Elternhäusern mit **deliktischer Belastung** (besonders bei Inhaftierung eines Elternteils – dazu etwa van de Rakt/MurrayNieuwbeerta JRCD 49 (2012), 81; Wildeman/Andersen Criminology 55 (2017), 32) eine deutlich angehobene strafrechtliche Auffälligkeit zeigen (für Deutschland Entorf/Sieger, Unzureichende Bildung: Folgekosten durch Kriminalität, 2010, 26 ff.; international etwa van de Rakt/Nieuwbeerta/Graaf BJC 48 (2008), 538; Besemer/Farrington EJC 9 (2012), 120; Besemer/Axelsson/Sarnecki Journal of Developmental and Life Course Criminology 2 (2016), 417). Unklar ist dabei indes, worauf diese sog. Transmission konkret beruht (Lernvorgänge, ungünstige Aufwachsensbedingungen, soziale Nachteile, selektive behördliche Aufmerksamkeit).

Ähnlich unklar sind die Zusammenhänge mit der ausgeprägten **sozio- 48 ökonomischen Schlechterstellung** der Herkunftsfamilie (zur stärkeren Deliktsbelastung von deren Nachkömmlingen vgl. Prein/Schumann in Schumann (Hrsg.), Delinquenz im Lebensverlauf, 2003, 181; mit Einschränkungen auch Albrecht/Howe KZfSS 44 (1992), 697 ff.; s. ferner Mehlkop/ Becker KZfSS 56 (2004), 95 (121 ff.); international Steffensmeier/Ulmer/ Feldmeyer/Harris Criminology (2010), 1133; Teymoori/Côté/Jones ua JA-MA Network Open. 2018;1(8):e186364.). Erneut machen sich hier eine größere amtsseitige Kontrolldichte und größere Sanktionswahrscheinlichkeiten bemerkbar (dazu die Daten bei Besemer/Farrington/Bijleveld BJC 53 (2013), 438). Außerdem spricht viel dafür, dass sich die ökonomische Deprivation nur dann kriminologisch nachteilig auswirkt, wenn sie bspw. zu (einer Kombination von) Chancenverlusten (etwa infolge elterlicher Bildungsnachteile (dazu Derzon Journal of Experimental Criminology (2010), 263 (273 f.)), zu ungünstigen Freizeit- und Beziehungsmustern (etwa infolge eines entspr. sozialökologischen Wohnumfeldes (→ Rn. 54)) oder zu abträglichen Erziehungsstilen (→ Rn. 50 f.) führt. Zu berücksichtigen ist ferner, dass unter sozial an sich ausreichend abgesicherten Jugendlichen eher Leistungs- und Beziehungsfaktoren (→ Rn. 52 ff.) sowie **milieuspezifische Grundhaltungen** in den Vordergrund rücken. Dies betrifft Werte-Konfigurationen, die man sozialwissenschaftlich in unterschiedlichen Ausprägungen erfasst – als reputationsorientierten, gewaltaffirmierenden „code of the street" (Ernst/Lenkewitz KrimOJ 2 (2020), 39), als dezidierte Ehr- und Männlichkeitsvorstellungen (dazu bspw. Enzmann/Brettfeld/Wetzels KZfSS SH 43 (2004), 264; speziell bei Russlanddeutschen Zdun, Ablauf, Funktion und Prävention von Gewalt, 2007, 69 ff.; zusf. Eisenberg/Kölbel Kriminologie § 51 Rn. 9 f. mwN) oder auch als verstärkt hedonistische und/oder egozentrische Präferenzen (s. Möller/Kühnel/Matuschek in Heitmeyer/ Collmann/Conrads ua (Hrsg.), Gewalt, 3. Aufl. 1998, 347 (361 ff.); Oberwittler/Blank/Köllisch/Naplava, Soziale Lebenslagen und Delinquenz von Jugendlichen, 2001, 56 ff.; Woll, Kriminalität bei Berufsschülern, 2011, 147 ff., 174 ff.; Seddig in Boers/Reinecke Altersverlauf, 196 ff.).

Die tendenziell stärker ausgeprägte Deliktsproblematik bei Kindern und 49 Jugendlichen aus **unvollständigen Elternhäusern** (Entorf/Sieger, Unzureichende Bildung: Folgekosten durch Kriminalität, 2010, 26 ff.; Stelly/ Thomas/Vester/Schaffer MschKrim 97 (2014), 267 (270); international Lucia/Killias Trauma & Gewalt 5 (2011), 1 (5 ff.)) verweist nur bedingt auf einen Risikofaktor. Ausschlaggebend sind vielmehr ungünstige Beziehungsmuster sowie verminderte Unterstützungsmöglichkeiten, zu denen es in Broken Home-Konstellationen allerdings häufiger kommt (instruktive Daten bei Kierkus/Baer Canadian Journal of Criminology 44 (2002), 425; Demuth/Brown JRCD 41 (2004), 58; Skarðhamar EJC 6 (2009), 203; s. auch Serafin, Delinquenz-Verläufe im Jugendalter, 2018, 237 ff.; 21. Aufl. § 5 Rn. 61 f.). Eine ablehnende und kalte Atmosphäre in einer vollständigen Familie scheint delikstische Entwicklungen jedenfalls stärker als deren Unvollständigkeit zu begünstigen (Simmons/Steinberg/Frick/Cauffman Journal of Adolescence 62 (2018), 9).

Überhaupt werden **Erziehungsmerkmale,** deren Nicht-/Vorliegen kri- 50 minologische Relevanz haben kann, in der Kriminologie seit jeher problematisiert (zu dieser (auch älteren) Lit. Eisenberg/Kölbel Kriminologie § 56 Rn. 19). Empirisch haben sich va elterliche Beobachtung und Kontrolle als protektiv, Zurückweisung und feindselige Tendenzen dagegen als risikoerhöhend erwiesen (Hoeve/Dubas/Eichelsheim Journal of Abnormal Child Psychology 37 (2009), 749). In deutschen Untersuchungen wird dies im Vergleich von zugewandten, empathischen mit sanktionsorientierten oder inkonsistenten oder gleichgültigen Erziehungsstilen repliziert (Sutterlüty, Gewaltkarrieren, 2002, 103 ff.; Raithel NK 14 (2002), 62 (63 f.); Sitzer, Jugendliche Gewalttäter, 2009, 137 ff.; Baier in Niggli/Marty (Hrsg.), Risiken der Sicherheitsgesellschaft, 2014, 80 (92 f.); Boers/Reinecke/Bentrup ua MschKrim 97 (2014), 183 (191); Sauter/Wallner/Stemmler in Wallner ua Devianz und Delinquenz 205 (218 ff.); Serafin, Delinquenz-Verläufe im Jugendalter, 2018, 227 ff.; speziell zu den Besonderheiten beim Aufwachsen in **Heimen** und anderen außerfamiliären Unterbringungsformen s. → § 12 Rn. 17 ff., 25 ff.). Gleichwohl sind vorübergehende „Straßenkarrieren" weggelaufener Jugendlicher, bei denen die familiäre Beziehung besonders starke Brüche aufweist, idR eher ein Indikator für einen fürsorgerischen und weniger für einen jugendstrafrechtlichen Interventionsbedarf (zur Forschungslage Affeld in Herrmann (Hrsg.), Soziales Leben gestalten, 2009, 134 ff.).

51   Im Spektrum dysfunktionaler Erziehungsstile werden dem elterlichen Alkoholmissbrauch (Hummel Praxis der Kinderpsychologie und Kinderpsychiatrie 48 (1999), 734 (739 f., 742 ff.) und va der elterlichen **Misshandlung** und/oder Vernachlässigung eine gesteigerte kriminogene Bedeutung zugewiesen (speziell zu sexuellen Missbrauchserfahrungen als Risikofaktor s. Urban/Fiebig Zeitschrift für Soziologie 40 (2011), 42; Dudeck/Drenkhahn/Spitzer ua Psychiatrische Praxis 39 (2012), 217; Urban/Fiebig, Quantitative Meta-Analyse zur Überprüfung sozialwissenschaftlicher Hypothesen, 2015, 110 ff.). Die Wahrscheinlichkeit eigenen Gewaltverhaltens ist ausweislich zahlreicher Belege bei gewalthaltiger elterlicher Behandlung deutlich angehoben (vgl. bspw. Sutterlüty, Gewaltkarrieren, 2002, 150 ff., 181 ff., 250 ff.; Raithel MschKrim 86 (2003), 287; Hosser/Raddatz ZJJ 2005, 15 (17 ff.); Fuchs/Lamnek/Luedtke/Baur, Gewalt an Schulen, 2009, 156 ff.; Baier/Pfeiffer/Simonson/Rabold, Jugendliche in Deutschland als Opfer und Täter von Gewalt, 2009, 80; Trunk in Bannenberg/Jehle (Hrsg.), Gewaltdelinquenz, Lange Freiheitsentziehung, Delinquenzverläufe, 2011, 17; Baier/Rabold, Kinder- und Jugenddelinquenz im Bundesland Saarland, 2012, 98 f.; Bentrup MschKrim 103 (2020), 97; für Europa Manzoni/Schwarzenegger European Journal on Criminal Policy and Research 25 (2019), 225). Erklärt wird diese Form der Devianztransformation einerseits mit Lern- und Übernahmeprozessen, andererseits aber auch mit einer desorganisierten innerfamiliären Bindung, die wiederum die Entwicklung der Emotionsregulation erschwert.

52   **bb)** Unter den Faktoren im **Leistungsbereich** geht mit einer erhöhten Deliktsbelastung vielfach eine höhere Rate an Misserfolgsanzeichen bzgl. **Schule,** Berufsausbildung und Arbeitsmarktintegration einher (Payne/Welch in Gibson/Krohn (Hrsg.), Handbook of Life-Course Criminology, 2013, 93). Als Risikofaktoren gelten daher fehlende Schulabschlüsse (Ohder, Intensivtäter in Berlin. Teil II, 2007, 42 ff.; Stelly/Thomas/Vester/Schaffer MschKrim 97 (2014), 267 (270)) und Abbrüche der Lehrausbildung (vgl. hier aber auch Schumann in Dessecker (Hrsg.), Jugendarbeitslosigkeit und Kriminalität, 2. Aufl. 2007, 43 (53 ff.), während die Aufnahme einer **Berufsausbildung** die Wahrscheinlichkeit devianter Aktivitäten reduziert (Daniel,

Schule, Ausbildung, Arbeitslosigkeit, 2021, 209 ff.; zur Frage der Arbeitslosigkeit differenzierend Eisenberg/Kölbel Kriminologie § 50 Rn. 21 ff.,
31 ff.). Mit Blick auf Schulabsentismus gilt das Gegenteil, dies angesichts der
diesbzgl. Verbreitung (zusf. Wagner RdJB 2012, 35 (38 ff.)) allerdings nur
für das hartnäckige **Schulschwänzen** (s. etwa Beckmann/Bergmann ZJJ
2017, 347). Im Übrigen ist nicht geklärt, ob der fragliche Zusammenhang
über verschlechterte Lebensführungschancen und/oder über Marginalisie-
rungen und deviante Freundeskreise vermittelt wird. Weiterhin liegen zahlreiche Hinweise darauf vor, dass sich eine ungünstige Zusammensetzung der
Schülerschaft und unzuträgliche **pädagogische Bedingungen** (geringer
Klassenzusammenhalt, negative Beziehungen unter Schülern und zu Leh-
rern, verbale Gewalt etc.) deliktsförderlich auswirken können (Tillmann/
Holler-Nowitzki/Holtappels ua, Schülergewalt als Schulproblem, 1999,
232 ff.; Moldenhauer in Groenemeyer/Hoffmann (Hrsg.), Jugend als soziales
Problem – soziale Probleme der Jugend?, 2014, 371 (380 ff.); Theimann in
Boers/Reinecke Altersverlauf 295 ff.; international etwa Steffgen/Recchia/
Viechtbauer Aggressive and Violent Behavior 18 (2013), 300; speziell zur
Eskalation von auffälligem Schulverhalten und überforderungsbedingter
schulseitiger Abwertung s. 21. Aufl. § 5 Rn. 64a und Eisenberg/Kölbel
Kriminologie § 55 Rn. 32 ff. mwN). Umgekehrt wirkt ein gutes schulisches
Umfeld aber auch risikodämpfend (vgl. etwa Eklund/Fritzell EJC 11 (2014),
682). Die Befunde zu den jeweiligen Zusammenhängen sind aber durchaus
noch diffus (relativierende Ergebnisse etwa bei Weiss in Wallner ua Devianz
und Delinquenz 187 (195 ff.)).

    cc) Im Hinblick auf den **kulturellen** und **sozialen Kontext** der Jugend- 53
lichen ist zunächst der Konsum gewalthaltiger **Medieninhalte** (Filme, Com-
puterspiele) kriminologisch relevant. In der Zusammenschau einer außerordentlich umfangreichen, differenzierten und in ihren Inhalten teilw. auch
widersprüchlichen Forschung spricht viel dafür, dass sich Mediengewalt bei
einer gesteigerten Nutzung auf interne verhaltensbeeinflussende Ressourcen
auswirken (Einstellungen, Wahrnehmungsmuster, Verhaltensskripte) und
sich in diesem Sinne durchaus mittelbar als deliktsförderlich erweisen kann
(Krahé European Revue of Social Psychology 25 (2014), 71; Anderson/
Suzuki/Swing PSPB 43 (2017), 1). Für eine hierdurch bewirkte Zunahme
tatsächlichen gewaltförmigen Verhaltens liegen zwar ebenfalls Hinweise vor
(s. etwa Hopf/Huber/Weiß Journal of Media Psychology 20 (2008), 79;
Kanz, Medienkonsum und Delinquenz, 2014, 189 ff., 242 ff.; Hirtenlehner/
Strohmeier MschKrim 98 (2015), 444 (451 ff.); Sauter/Wallner/Stemmler/
Reinecke RPsych 2 (2016), 149). Diese sind aber alles in allem deutlich
schwächer (s. etwa Krahé FS Pfeiffer, 2014, 367; Bushman/Anderson American Behavioral Scientist 59 (2015), 1807 (1816)). Auch werden die jeweils
relevanten Detailbedingungen (Konsummodi, Medienformate usw) derzeit
noch ebenso kontrovers beurteilt wie die Frage nach der Interaktion mit
anderen Resilienz- und Risikofaktoren (dazu und zum Forschungsstand
Mößle, "dick, dumm, abhängig, gewalttätig?", 2012, 260 ff., 316 ff., 333 ff.;
Gunter, Does Playing Video Games Make Players More Violent?, 2016,
93 ff., 239 ff.; aus der diff. Lit. etwa Ferguson/Olson/Kutner/Warner Crime
& Delinquency 60 (2014), 764; Liedtke, School Shooting and Counter-
Strike, 2015, 90 ff.; Markey/Markey/French Psychology of popular media
culture 4 (2015), 277; vgl. auch Fuchs/Lamnek/Luedtke/Baur, Gewalt an
Schulen, 2009, 206 f.; Hacker, Gewalt in der Schule, 2010, 143 ff.; zu den

Besonderheiten des „pathologischen" oder „suchtartigen" Glücksspiels vgl. zusf. Schäffler ZJJ 2016, 349 (351) und 21. Aufl. 5/81a).

54 Für deliktisch mehrauffällige Jugendliche ist charakteristisch, dass von ihnen überdurchschnittlich große **Freizeitanteile unstrukturiert** mit der Peer-Group im außerhäuslichen Bereich verbracht werden (Walser, Freizeitverhalten und Gewalt bei Jugendlichen, 2013,116 ff.; Walburg, Migration und Jugenddelinquenz, 2014, 243 ff.; Weerman/Bernasco/Bruinsma/Pauwels Crime & Delinquency 61 (2015), 1386). Dabei handelt es sich idR bei vielen Freunden um ähnlich stark belastete Personen. Zwischen der individuellen Deliktsrate Jugendlicher und der Anzahl deliktisch agierender Peers besteht ein enger Zusammenhang (Baier/Pfeiffer/Simonson/Rabold, Jugendliche in Deutschland als Opfer und Täter von Gewalt, 2009, 83 ff.; Block/Brettfeld/Wetzels ZJJ 2009, 129 (135 ff.); Enzmann in Junger-Tas/Marshall/Enzmann ua (Hrsg.), Juvenile Delinquency in Europe and Beyond, 2010, 47; Wetzels/Brettfeld, Gewalt und Delinquenz junger Menschen in Bremen 2008–2010, 2011, 72 ff.; Seyboth-Teßmer, Kinderdelinquenz in Deutschland, 2013, 205 ff.; Bentrup, Lernprozesse und Jugenddelinquenz, 2014, 259 ff.). Das gilt besonders, wenn sehr viel Zeit mit **devianten Freunden** verbracht wird (Svensson/Oberwittler Journal of Criminal Justice 38 (2010), 1006; Steketee in Junger-Tas/Marshall/Enzmann ua (Hrsg.), The many faces of youth crime, 2012, 237; Gerstner/Oberwittler MschKrim 98 (2015), 204). Offenbar gehen damit deliktsstimulierende gruppendynamische Prozesse (→ Rn. 64) und zahlreiche situative Tatgelegenheiten einher. Außerdem ist dann der Zugang zu konformen Gleichaltrigen-Gruppen tendenziell erschwert, sodass sich die dort bestehenden Bindungen nicht bemerkbar machen können (zusf. zum Ganzen etwa Hoeben/Meldrum/Walker/Young Journal of Criminal Justice 47 (2016), 108). Zusammenhänge zwischen dem Aufwachsen in einer sozio-ökonomisch benachteiligten **Wohngegend** und der Deliktsbelastung Jugendlicher (etwa Peeples/Loeber J.Quant.Criminol. 10 (1994), 141 (149 ff.); Junger-Tas/Enzmann/Steketee in Junger-Tas/Marshall/Enzmann ua (Hrsg.), The Many Faces of Youth Crime, 2012, 329) realisieren sich gerade bei jener Teilgruppe, für die die genannte Freundes- und Freizeitstruktur kennzeichnend ist (Oberwittler KZfSS SH 43 (2004), 135; Rabold/Baier in Oberwittler/Rabold/Baier (Hrsg.), Städtische Armutsquartiere – Kriminelle Lebenswelten, 2013, 169 (181 ff.)).

55 **dd)** Hinsichtlich der psychischen Merkmale lässt der Forschungsstand keine Aussagen zu klaren Risikofaktoren zu. Für Persönlichkeitsmerkmale und Intelligenz zeigen die vorliegenden Daten insgesamt keine ausreichende Trennschärfe auf (zusf. Eisenberg/Kölbel Kriminologie § 56 Rn. 37 ff.). Am ehesten scheinen Eigenschaften, die man mit **Impulsivität,** Ärgeranfälligkeit und/oder geringe Selbstkontrolle umschreiben (und an aufsässigen, unangepassten Verhaltensstilen beobachten) kann, mit einer höheren Deliktsbelastung zusammenzuhängen (vgl. bspw. DeLisi/Vaughn Journal of Criminal Justice 42 (2014), 10 (12 ff.); Vazsonyi/Mikuška/Kelley Journal of Criminal Justice 48 (2017), 48; Lichtenstein/Cederlof/Lundström ua Journal of Child Psychology and Psychiatry 2019 (https://doi.org/10.1111/jcpp.13169). Dies gilt prinzipiell auch bei einer medizinisch relevanten Hyperaktivität und/oder dem Aufmerksamkeits-Defizit-Syndrom (Peeples/Loeber J.Quant.Criminol. 10 (1994), 141 (153); Pratt/Cullen/Blevins International Journal of Police Science & Management Vol. 4 (2002), 344; Hosser/Jungmann/Zöllner ZJJ 2007, 244; Savolainen/Hurtig/Ebeling ua EJC 7 (2010), 442; Vloet/

von Polier/Bachmann/Herpertz-Dahlmann MschKrim 97 (2014), 430; Just/
Kaiser/Retz ua FPPK 11 (2017), 96). Vermutlich steht hierbei im Vordergrund, dass störungsbedingte Verhaltens- und Leistungsauffälligkeiten solche
ablehnenden Reaktionen im Umfeld oder der Schule hervorrufen, die die
Betroffenen zu devianten Aktivitäten und Peers drängen.

Im Übrigen weisen psychiatrisch orientierte Befunde für manche Krank-   **56**
heiten und Störungen einen angehobenen Grad der Deliktswahrscheinlich-
keit auf. Auch liegen diese unter Jugendlichen, die stationär sanktioniert
werden, überproportional häufig vor. Bezogen auf die von den JGerichten
zu beurteilenden Fälle betrifft dies aber nur einen kleinen Ausschnitt (für
eine Übersicht etwa Allroggen ZJJ 2018, 105; Eisenberg/Kölbel Kriminologie § 36 Rn. 28, § 56 Rn. 45 ff.) – wobei die sich dabei ergebenden Fragestellungen (ebenso wie bei neurophysiologischen Anomalien) eher iRv
sachverständigen (Schuldfähigkeits-)Gutachten zu beurteilen sind (bzw. beurteilt werden sollten), nicht aber bei den (hier behandelten) erzieherisch
orientierten Prognosen innerhalb der regulären justiziellen Rechtsfolgenentscheidung. Teilw. anders verhält es sich bei Alkohol- und Drogen**missbrauch,** bei dem es sich obendrein um einen klaren Risikofaktor handelt
(Lipsey/Wilson/Cohen/Derzon in Galanter (Hrsg.), Recent Developments
in Alcoholism, Vol. 13, 1997, 245 (261 ff.); Bennett/Holloway/Farrington
Aggression and Violent Behavior 13 (2008), 107; ten Have/Graaf/van
Weeghel/van Dorsselaer Psychological Medicine 44 (2014), 1485; Elking-
ton/Teplin/Abram ua Journal of the American Academy of Child & Adolescent Psychiatry 54 (2015), 302; Chassin/Mansion/Nichter/Pandika in APA
Handbook, 277 ff.; Rocca/Verde/Gatti European Journal on Criminal Policy and Research 25 (2019), 259). Das gilt va für den sehr früh beginnenden
Konsum (Nagin/Barker/Lacourse/Tremblay MschKrim 92 (2009), 102
(113); für Alkohol ebenso Baier/Schepker/Bergmann ZJJ 2016, 324 (330)).

ee) IdR ist davon auszugehen, dass alle vorgenannten Bedingungen die   **57**
Risiken einer (vorübergehenden) deliktischen Entwicklung für sich genommen nur moderat erhöhen. Problematisch ist dagegen die „cumulative conti-
nuity of disadvantage" (Sampson/Laub in Thornberry (Hrsg.), Developmental theories of crime and delinquency, 1997, 13), weil die einzelnen Faktoren
hier interagieren und sich im Sozialisationsprozess wechselseitig verstärken.
Nicht von Ungefähr werden entspr. Merkmalsbündel gerade bei sog. **Intensivtätern** festgestellt (Wetzels/Brettfeld, Gewalt und Delinquenz junger
Menschen in Bremen 2008–2010, 2011, 106 ff.; zusf. Russel/Odgers in APA
Handbook, 159 ff.; s. auch Beller FPPK 8 (2014), 96 (100); Meier, Jugendliche Gewalttäter (…), 2015, 19 ff.; Görgen/Taefi/Kraus/Wagner, Jugendkriminalität und Jugendgewalt, 2013, 64 ff., einschr. aber Pollich, Problem-
belastung und Gewalt, 2010, 146 ff.). In der kriminologischen Forschung
wird diese Gruppe teilw. empirisch bestimmt, indem man mit Hilfe spezifischer statistischer Instrumente (explorative Klassifikationsverfahren) eine
distinkte Teilpopulation anhand auffällig ausgeprägter Delinquenzmuster
identifiziert (Block/Brettfeld/Wetzels ZJJ 2009, 129 (133 ff.); Block, Jugendkriminalität und staatliche Reaktion in Hamburg 1997–2007, 2010, 251 ff.;
Wetzels/Brettfeld, Gewalt und Delinquenz junger Menschen in Bremen
2008–2010, 2011, 95 ff.). In anderen Arbeiten legt man dagegen (normativ)
diverse Zuordnungskriterien fest (bspw.: 5 und mehr (Gewalt-)Delikte im
vergangenen Jahr), um sodann den Kreis der Jugendlichen festzustellen, die
diese Merkmale aufweisen (vgl. etwa Boers MschKrim 102 (2019), 3 (9 f.)).

Auch wegen der hierbei bestehenden Handhabungsunterschiede (die aber nur bei einer normativen Zuordnung definitorisch zu beseitigen wären) werden dabei verschiedene Gruppengrößen ausgemacht (idR aber nicht über 5 % bis 7 %), bei denen dann meist auch eine **Kumulation** von Risikofaktoren gegeben ist.

58   Dennoch lassen solche (zusammentreffenden) Risikobedingungen allenfalls **probabilistische** Tendenzaussagen zu (→ Rn. 37; vgl. auch Dollinger/ Schabdach Jugendkriminalität 145 f.; vgl. zu Jugendlichen, die trotz entspr. Risikomerkmale strafrechtlich unauffällig bleiben, die klassische Studie von Kerner in Nickolai/Reindl (Hrsg.), Sozialarbeit und Kriminalpolitik, 1993, 28). Auch eine ungünstige Entwicklungsprognose, die sich (daneben oder allein) auf eine hohe Deliktsbelastung bzw. Rückfälligkeit stützt, wäre fehlergefährdet. Dies gilt selbst dann, wenn die jeweilige Person hierbei einer Intensivtätergruppe kriminologisch zutreffend zugeordnet würde (s. auch Dollinger Diskurs Kindheits- und Jugendforschung 2014, 81 (87); Glaubitz/ Bliesener/Klatt FPPK 11 (2017), 349 (351)). In Studien, die eine Stichprobe über Jahre hinweg wiederholt untersuchen, ergibt sich nämlich durchweg, dass die intensiv- bzw. **mehrauffällige** Teilgruppe bei den Erhebungen im Jugend- und Heranwachsendenalter **kontinuierlich kleiner** wird (vgl. etwa Walburg/Verneuer in Boers/Reinecke Altersverlauf 136 ff.). Stellt man auf das institutionelle Hellfeld ab, bleibt es demgemäß bei den meisten erfassten Jugendlichen bei einer Registrierung, wobei mehr als drei sehr selten sind (JAHT Legalbewährung, 2021, 243

58a   Unterscheidet man die untersuchten Jugendlichen nach der langfristigen Entwicklung ihrer Deliktsbelastung (→ Rn. 45), zeigt sich selbst bei den früh und am stärksten belasteten Teilgruppen, dass mit dem Älterwerden (entweder schon im frühen oder doch im späten Jugendalter) die jährliche Deliktsrate deutlich sinkt (Boers/Reinecke/Bentrup ua MschKrim 97 (2014), 183 (189 f.); Reinecke in Boers/Reinecke Altersverlauf 161 ff.; s. auch Albrecht/ Grundies MschKrim 92 (2009), 326 (329 ff.)). Dies deckt sich mit den Ergebnissen internationaler entwicklungskriminologischer Studien (zusf. Boers MschKrim 102 (2019), 3 (19 f.)). Insofern spricht die Forschungslage sehr eindeutig dafür, dass ungeachtet einer zeitweiligen Intensivtäterschaft **konforme Entwicklungen** möglich und sogar häufig sind (vgl. auch → Einl. Rn. 7, → § 1 Rn. 9). Das Einpegeln auf ein „Normalniveau" an erwachsenentypischer verdeckter Jedermannsdelinquenz (dazu Eisenberg/Kölbel Kriminologie § 45 Rn. 75 f. mwN) scheint bei den besonders auffälligen jugendlichen Teilgruppen also der Normalfall zu sein.

59   Soweit sich die kriminologische Forschung mit den **Bedingungen** eines solchen **„Abbruchs"** empirisch befasst, wird idR auf die Bedeutung bindungserhöhender, reintegrativer Veränderungen in den Lebensumständen (also auf die Entstehung protektiver Faktoren) verwiesen. Im Wesentlichen geht es hierbei darum, dass sich – va durch den Wechsel von Freundesgruppen, die Aufnahme positiv erlebter Arbeit, den Eintritt in Partnerschaften sowie ggf. auch Elternschaft – prozesshaft neue Beziehungen und Systeme wechselseitiger Verpflichtungen etablieren, die einerseits mit Kontrollen, Verhaltenserwartungen und Verbindlichkeiten einhergehen, zugleich aber auch Vorzüge (Zuwendung, Anerkennung, materielle Werte) bieten (vgl. etwa Stelly/Thomas, Kriminalität im Lebenslauf, 2005, 208 ff., 261 f.; Stelly/ Thomas ZJJ 2006, 45 (46 ff.); vgl. auch Ehret, Strafen oder Erziehen?, 2007, 346 ff.). Prognostisch bietet dies gewisse Anknüpfungspunkte, wenngleich die Interaktion von Veränderungen in den äußerlich erkennbaren Lebensverhältnissen und dem jeweiligen Selbstbild kriminologisch noch intensiv diskutiert wird (aus der Forschung etwa Bottoms/Shapland in Shapland/Farrall/Bottoms (Hrsg.), Global perspectives on desistance, 2016, 99; Freiheit/Groß/Wandschneider/Heitmeyer, Mehrfachtäterschaft im Jugendalter, 2018, 101 ff.; Serafin, Delinquenz-Verläufe im Jugendalter, 2018, 265 ff.; Übersichtsdarstellungen bei Hofinger, Desistance from crime, 2013, 6 ff.; Boers/Herlth MschKrim 99 (2016), 101; Eisenberg/Kölbel Kriminologie § 55 Rn. 39 ff.). Vielfach stellt sich der Abbruch offenbar allein schon im Zuge der allg. psycho-sozialen Reife ein (vgl. Monahan/Steinberg/Cauffman/Mulvey Developmental Psychology 45 (2009), 1654; Steinberg/Cauffman/Monahan Juvenile Justice Bulletin 3/2015 (online): „maturing out of crime"). Lange Zeit war die Annahme verbreitet, dass eine frühe (im Kindesalter) ausgeprägte Auffälligkeit sehr häufig in eine persistente Auffälligkeit übergehe und insofern ein guter Prädiktor anhaltender Delinquenz sei (Farrington/Loeber/Elliott ua in Lahey/Kazdin (Hrsg.), Advances in Clinical Child Psychologie, Vol. 13, 1990, 283 ff.; Moffitt Psychological Review 100 (1993), 674; auf der Basis der MIVEA ebenso Gräf, Die Diversion im Jugendstrafrecht (...), 2015, 223: „Syndrome krimineller Gefährdung", die mit „fast sicherer Wahrscheinlichkeit" zur Intensivtäterschaft führen sollen). Dies wurde aber bereits in der älteren Lit. teilw. kritisch gesehen (differenzierend bspw. Traulsen KrimJ 6 (1974), 23 (27); s. ferner 21. Aufl. § 5 Rn. 53, 54 mwN) und muss zumindest auf der Basis des heutigen Wissensstands sehr klar zurückgewiesen werden (Boers MschKrim 102 (2019), 3 (16, 19)).

Besonders unzulänglich ist der Schluss auf eine ungünstige Kontinuitäts- **60** annahme, wenn die Intensivtätereinstufung auch oder gar allein auf einer entspr. **polizeilichen Einordnung** beruht (entspr. Anzeichen aber bspw. bei LG Berlin BeckRS 2007, 17912; LG Berlin NStZ 2010, 286 (287); vgl. auch OLG Frankfurt a. M. BeckRS 2019, 15451; kennzeichnend auch die Aktenauswertungsbefunde bei Brodkorb ZJJ 2006, 62 (64)). Zwischen dem kriminologischen und dem polizeilichen Intensivtäter-Konzept bestehen erhebliche Differenzen (unscharf insofern Kopp ZJJ 2011, 265 (269 f.)). Die Aufnahme in sog. Intensivtäter-Programme erfolgt idR anhand einer bestimmten Mindestanzahl registrierter Delikte, die teilw. anhand von Punktwertsystemen gewichtet werden, und oftmals um eine Einzelfallbewertung ergänzt wird (zus. und mwN Eisenberg/Kölbel Kriminologie § 19 Rn. 15). Regional variiert dies inhaltlich und prozedural aber stark. Insgesamt sind die Erfassungskriterien, wie deren nähere Überprüfung zeigt, oft jedoch „weder theoretisch noch empirisch fundiert, sondern nach praktischer Relevanz festgelegt worden" (Bliesener/Riesner FPPK 6 (2012), 111 (113); krit. bspw. auch Goeckenjan ZJJ 2015, 26 (29)). Inhaltlich beruhen die Programme auf einer „Bifurkation", die zwischen relativ alltäglichen und „bedrohlichen" Kriminalitätsformen differenziert (Dollinger Diskurs Kindheits- und Jugendforschung 2014, 81 (83)) und gegenüber der zweiten Variante dezidiert auf eine Erweiterung der polizeilichen Handlungsmöglichkeiten setzt (→ Einl. Rn. 58 ff., s. auch → § 36 Rn. 16). Eine systematische Rezeption der lebenslaufskriminologischen Forschung ist dabei nicht erfolgt. Die empirisch aufgezeigten Befunde spiegeln sich in der Programmaufnahme nicht wider, weder die verschiedenen Verlaufstypen noch die regelhaften Abbrüche deliktischer Entwicklungen. In der ausschließlich kontrollorientierten Programmgestaltung spielen demgemäß die hinter der Auffälligkeit stehenden

Problemlagen und die damit einhergehenden Unterstützungsnotwendigkeiten (dazu etwa Ohder ZJJ 2007, 56 (58 ff.); Huck, Jugendliche Intensivtäter/ innen, 2009, 117 ff.; ferner iVm jugendpsychiatrischen Hilfsbedarfen Huck/ Mielenz ZJJ 2011, 404) kaum eine Rolle.

60a   Stattdessen würde das dem polizeilichen Intensivtäterbegriff innewohnende **stigmatisierende Potenzial** (dazu etwa Walsh RdJB 2014, 347 (353)) **aktiviert,** wenn eine justizielle Rechtsfolgenentscheidung hieran unvermittelt anknüpfen dürfte. Dies spricht iÜ auch gegen neuere Ansätze der algorithmen-basierten polizeilichen Intensivtätereinstufung (für ein Bsp. Bergmann/Wesely ZJJ 2020, 170), die zwar auf relativ zuverlässige Risikofaktoren gestützt werden kann (n. etwa Endres/Stemmler ZJJ 2021, 32), aber der lebensweltlichen Eigendynamik jugendlicher Entwicklungen (incl. ihrer spontanen „Karriere"-Abbrüche) und den reaktiv-delinquenzverstärkenden Effekten des Eingestuftwerdens nicht gerecht werden können (n. zur Kritik etwa Dollinger ZJJ 2021, 13; Graebsch/Schorsch ZJJ 2021, 26). Dass die standardisierte Risikoeinschätzung auch zur regelhaften Mitberücksichtigung protektiver Einzelfallbedingungen beitragen kann (Bergmann/Wesely ZJJ 2021, 194 (196 ff.)), tritt demgegenüber in den Hintergrund, zumindest bei der absehbaren polizeipraktischen Nutzung der Einstufungsinstrumente.

61   **c) Tat- und situationsbezogene Faktoren. aa)** Für den prognostischen Kern der Rechtsfolgenentscheidung können tat- und situationsbezogene Faktoren in unterschiedlicher Weise von Bedeutung sein. Die Art der bekannten und dem Jugendlichen zuordenbaren Delikte iS ihrer Gleichartigkeit und sich steigernden Intensität sind hierbei allerdings nur vereinzelt und mit größter Zurückhaltung relevant. Aus den vorliegenden Befunden zur **Spezialisierung** und **Eskalation** in der deliktischen Entwicklung (zusf. Boers MschKrim 102 (2019), 3 (5 ff.); Eisenberg/Kölbel Kriminologie § 55 Rn. 14 f.) ergeben sich keine charakteristischen Muster, von denen sich auf die erwartbare künftige Belastung schließen lässt. Eher ergiebig ist eine Betrachtung der abzuurteilenden (und ggf. früheren) Straftaten daraufhin, in welchem Maße sie der **Selbstdefinition** des Jugendlichen entsprechen und für seine Beurteilung daher hinweiskräftig sind oder stärker durch **situative Bedingungen bestimmt** wurden und somit über die Person und deren erwartbare Entwicklung weniger aussagen (vgl. die dafür kennzeichnenden Fallanalyse zu Tötungsdelikten Jugendlicher und Heranwachsender bei Taefi/Kraus/Görgen ZJJ 2017, 56 (58 ff.)). Dies zu prüfen, ist va bei fahrlässigem oder Zufallsgeschehen oder bei Handeln aus Zwangslagen heraus geboten. Ein entspr. Anlass ergibt sich aber letztlich auch aus dem kriminologisch dokumentierten Umstand, dass ein ganz erheblicher Anteil der „traditionellen" Delinquenz gerade (aber nicht nur) bei Jugendlichen nicht vorbereitet und nicht einmal in groben Zügen geplant wird, sondern wesentlich aus den situativen Gegebenheiten hervorgeht (Eisenberg/Kölbel Kriminologie § 59 Rn. 5 mwN).

62   Prinzipiell ist also bei einem breiten Tatspektrum die prognostische Einordnung näher zu untersuchen. Das bedeutet nicht, dass bei allen stimulierenden oder begünstigenden Situationsmerkmalen ein Anlass besteht, das Delikt – iÜ ebenso wie bei sämtlichen Fällen, die Ausdruck der normalen, bagatellarischen Jugenddelinquenz (→ Einl. Rn. 1 ff.) sind – bei der persönlichen Entwicklungsprognose gleichsam zu ignorieren. Vielmehr kommt es hierfür auf die konkreten Bedingungen an. Im Spektrum von attraktiven

Tatgelegenheiten, dem Fehlen von Schutzvorkehrungen und Kontrollen bis zu anonymen, entpersonalisierten Handlungsräumen sind deshalb auch keine generalisierenden „Schwellwerte" möglich. Benannt werden können allein einige charakteristische, ggf. relevant werdende Konstellationen:

bb) Bei einem **ersten** Beispiel handelt es sich um Situationen, die (alters- **63** spezifische) **soziale Bedürfnisse aktivieren.** Relevant ist das bspw. mit Blick auf das Bedürfnis nach Anerkennung (vgl. zu deren kriminologisch relevanter Versagung Sitzer, Jugendliche Gewalttäter, 2009, 130 ff.; Equit, Gewaltkarrieren von Mädchen, 2011, 163 ff.; Freiheit/Groß/Wandschnei-der/Heitmeyer, Mehrfachtäterschaft im Jugendalter, 2018, 71 ff.), nach Auf-hebung herabsetzender oder sonst negativ besetzter Rollen (zB als sog. innerfamiliärer „Sündenbock") sowie nach Zugehörigkeit und einem res-pektierten Status. Das kann bei der Würdigung von Tatsituationen, in denen eine deliktische Beschaffung von jugendtypischen Statussymbolen (bestimm-te Kleidungsstücke usw) möglich ist, zu berücksichtigen sein. – Ähnlich verhält es sich ggf. bei **Sexualdelikten,** die durch eine pubertär-situative Konfrontation mit dem Geschlechtstrieb ausgelöst werden (zust. LG Frei-burg NStZ-RR 2001, 336; nicht erörtert in BGH BeckRS 2017, 121833). Hinweise auf die situativ relevante Interaktion von Anreizwirkungen und noch laufender psychosozialer Persönlichkeitsreifung gibt etwa die Unter-suchung, die von Hummel (Aggressive Sexualdelinquenz im Jugendalter, 2008, 82 ff., 107 ff.) an jugendlichen und heranwachsenden sexuellen Ge-waltstraftätern vorgenommen wurde. Habermann (Jugendliche Sexualmör-der, 2008, 93 ff., 124 f.) zeigt für junge Sexualstraftäter (Sexualmord), dass die Tatentwicklung vielfach mit sexueller Unerfahrenheit bei übermächti-gem Kontaktwunsch und/oder der Enttäuschung und Kränkung nach ge-scheitertem Kontakt zusammenhängt.

Bei Taten **aus** einer (Gleichaltrigen-)**Gruppe heraus** können im Zusam- **64** menhang mit der Gruppendynamik vielfach Bedürfnisse nach Wertschätzung sowie Zusammen- und Zugehörigkeit eine bestimmende Rolle spielen (s. etwa Eckert, Die Dynamik jugendlicher Gruppen, 2012, 67 ff.; vgl. exem-plarisch auch Fittkau/Graser, Zur Kriminologie und Soziologie von Tö-tungsdelikten Jugendlicher und Heranwachsender, 2008, 159 ff.; Meier, Der Fußballfan, 2017, 57 ff.; zusf. Warr in Krohn/Lizotte/Hall (Hrsg.), Hand-book on Crime and Deviance, 2009, 383 ff.; s. auch Boman in Krohn/ Hendrix/Hall/Lizotte (Hrsg.), Handbook on Crime and Deviance, 2. Aufl. 2019, 479 ff.), was nicht selten für einen passageren Charakter sprechen kann. Handelt es sich jedoch (ausnahmsweise) um eine stabile Gruppen-struktur mit deliktischer Ausrichtung, stellt die fortbestehende Zugehörigkeit einen ungünstigen sozialen Prognosefaktor dar (→ Rn. 54). Relevant ist das etwa bei bandenähnlichen Verbindungen oder bei gewaltaffinen linken, rechten und islamistischen Gruppierungen (aus der kriminologischen For-schung Hawkins/Herrenkohl/Farrington ua sowie Thornberry in Loeber/ Farrington (Hrsg.), Serious and Violent Juvenile Offenders, 1998, 106 ff. bzw. 147 ff.; Klein/Weerman/Thornberry EJC 3 (2006), 413 (422 ff., 428 ff.); Pyrooz/Turanovic/Decker/Wu Criminal Justice and Behavior 43 (2016), 365 (379, 383); zusf. Eisenberg/Kölbel Kriminologie § 58 Rn. 21 ff., 34 ff.).

cc) Eine **zweite** exemplarische Konstellation findet sich in dem bei Tat- **65** begehung bestehenden **Alkoholeinfluss.** Den vorliegenden Hell- und Dun-kelfelddaten zufolge hat dies (auch bei jungen Menschen) besonders bei Straßenverkehrs- und gewaltbezogenen Delikten eine besondere Bedeutung (Felson/Savolainen/Aaltonen/Moustgaard Criminology 46 (2008), 785; Özsöz ZJJ 2014, 152; Görgen/Nowak, Alkohol und Gewalt, 2013, 5 ff.; siehe auch Dehos Journal of Health Economics 2022, https://doi.org/10.1016/j.jheale co.2021.102555). Die kriminologische Relevanz beruht hier auf den enthemmenden und reizbarkeitserhöhenden Konsumfolgen, sei es durch Beeinträchtigung neurologischer Selbstregelungsmechanismen oder durch situative Fehldeutungen infolge einer eingeschränkten Informationsaufnahme (zusf. Beck/Heinz Deutsches Ärzteblatt International 110 (2013), 711 (712 f.)).

66   **dd)** Ein **drittes** Beispiel für bestimmende situative Bedingungen bietet die **situative Interaktionsdynamik,** die bestimmte Deliktsverläufe nachdrücklich beeinflussen kann. Bei Gewaltdelikten betrifft das va Konstellationen, die weder durch eine instrumentelle Vorgehensweise noch durch „intrinsische" Gewaltmotive (dazu etwa Sutterlüty, Gewaltkarrieren, 2002, 41 ff., 77 ff.: gleichsam euphorisierende Wirkung; Friedmann ZJJ 2012, 60 (64 f.)), sondern durch einen eskalierenden Konflikt zwischen den Beteiligten gekennzeichnet ist (Wahl, Aggression und Gewalt, 2009, 41 ff.; für Tötungsdelikte (ua auch) durch Jugendliche etwa Dobash/Dobash, When Man Murder Woman, 2015, 42 ff., 63; s. ferner Geraedts, Zur Tötungsdelinquenz bei jugendlichen und heranwachsenden Straftätern, 1998). Die Frage, welche prognostische Relevanz das angeklagte Verhalten hat, kann dann nicht unabhängig von den auslösenden, provozierenden oder zur Aufschaukelung beitragenden Akten des späteren Opfers beantwortet werden (zu den hier bestehenden Schwierigkeiten der empirischen Erfassung s. aber bspw. Reich, Integrations- und Desintegrationsprozesse junger männlicher Aussiedler aus der GUS, 2005, 276 ff., 292 ff.).

3. Maßnahmebezogene, prognostisch relevante Zusammenhänge

67   **a) Potenziell abträgliche Interventionswirkungen.** Bei den Erwägungen, ob und wie welche jugendstrafrechtliche Rechtsfolge die ggf. abschätzbare Entwicklung der fraglichen Person vermutlich beeinflussen wird, ist stets zu berücksichtigen, dass ungewollt negative Auswirkungen keinesfalls atypisch sind. In der internationalen Forschung liegt inzwischen eine Fülle von Studien vor, in denen für Jugendliche, die mit jugendstrafrechtlichen Maßnahmen und/oder Sanktionen konfrontiert waren, eine tendenziell **ungünstigere (legalbiografische) Entwicklung** nachgewiesen wird, als sie bei Jugendlichen eintritt, die (abgesehen vom Ausbleiben der fraglichen Intervention) sehr ähnliche Merkmale aufweisen. Anhand einer solchen Gegenüberstellung von Vergleichsgruppen wurde dies gezeigt für polizeiliche Kontrollen, Arrest und jugendstrafrechtliche Sanktionen (Wiley/Slocum/Esbensen Criminology 51 (2013), 927; Wiley/Esbensen Crime & Delinquency 62 (2016), 283; Liberman/Kirk/Kim Criminology 52 (2016), 345; Del Toro/Lloyd/Buchanan ua PNAS 116 (2019), 8261; Motz/Barnes/Caspi ua Criminology 58 (2020), 307). Auch Langzeitverlaufs-Untersuchungen kamen zu diesem Befund (McAra/McVie EJC 4 (2007), 315; Nieuwbeerta/Nagin/Blokland J.Quant.Criminol. 25 (2009), 227; Murray/Blokland/Farrington/Theobald in Farrington/Murray (Hrsg.), Labeling Theory, 2014, 209). In Deutschland wurden diese Zusammenhänge im Grunde (wenn auch in etwas schwächerer Ausprägung) ebenfalls dokumentiert (Schulte in Boers/Rein-

ecke Altersverlauf 451 ff.; vgl. auch Prein/Schumann in Schumann (Hrsg.), Delinquenz im Lebensverlauf, 2003, 181 (203) sowie vergleichend Ehret, Strafen oder Erziehen?, 2007, 242 ff., 275 ff.; Schumann/Huizinga/Ehret/ Elliott MschKrim 92 (2009), 309 (319 ff.)).

Solche abträglichen Wirkungen scheinen sich eher bei **jüngeren** Jugend- 68 lichen (Wiley Journal of Developmental and Life-Course Criminology 1 (2015), 411) und bei stärker (vor-)belasteten Betroffenen zu äußern (dazu bspw. Morris/Piquero Justice Quarterly 30 (2013), 837). Auch werden sie durch die Interventionen vorwiegend mittelbar generiert (zu veränderten Selbstbildern und Ausgrenzungsgefühlen der betroffenen Jugendlichen Sutterlüty, Gewaltkarrieren, 2002, 205 ff.; diff. McGrath Crime & Delinquency 60 (2014), 884; zusf. Boers MschKrim 102 (2019), 3 (32)). Detailstudien sprechen dafür, dass die institutionelle Reaktion zu spezifischen „Zwischenfolgen" – etwa einem vermehrten Anschluss an delinquente **Peers** (Bernburg/Krohn/Rivera JRCD 43 (2006), 67; Restivo/Lanier Justice Quarterly 32 (2015), 116) und erschwerten **schulischen** sowie beruflichen Erfolgen und Einbindungen (Bernburg/Krohn Criminology 41 (2003), 1287; Lopes/ Krohn/Lizotte Crime & Delinquency 58 (2012), 456; Krohn/Lopes/Ward in Farrington/Murray (Hrsg.), Labeling Theory, 2014, 179; s. auch Aizer/ Doyle Quarterly Journal of Economics 130 (2015), 759) – führen und sich über die so erzeugten Risikofaktoren abträglich auswirken kann (dazu eingehend auch Kavish/Mullins/Soto Crime & Delinquency 62 (2016), 1313). Eine eigenständige Rolle dürfte auch die ggf. stigmatisierende und kontrollintensivere Anschluss-Behandlung in der Schule oder durch (Jugend-)Behörden spielen (s. die Biografie-Rekonstruktionen bei Serafin, Delinquenz-Verläufe im Jugendalter, 2018, 253 ff.; vgl. auch die Anhaltspunkte bei Meier, Jugendliche Gewalttäter (…), 2015, 31 ff.; zum Ganzen ferner Eisenberg/Kölbel Kriminologie § 8 Rn. 3 ff., § 54 Rn. 12 ff., § 55 Rn. 34 f. und → Einl. Rn. 8).

b) Zu relativierende Abschreckungs-Erwartung. Die Annahme, ein- 69 griffsbetonende (übelszufügende) jugendstrafrechtliche Rechtsfolgen könnten bei den sanktionierten Personen als „Denkzettel", „Warnschüsse" oder in anderer Weise negativ-spezialpräventiv wirken, findet in der kriminologischen **Forschung keine Basis.** So wird der Abbruch deliktisch belasteter biografischer Entwicklungen zwar wesentlich durch Prozesse des Umdenkens und der Selbstbildänderung unterstützt (→ Rn. 59), doch dafür spielt die Furcht vor einer neuerlichen Bestrafung wohl nur am Rande eine förderliche Rolle (zur diesbzgl. Schwachstelle in der desistance-Forschung s. aber Eisenberg/Kölbel Kriminologie § 55 Rn. 43). Auch wenn die Bestrafung als schwer und belastend wahrgenommen wird, wirkt sich dies kaum in einem gesteigerten negativ-spezialpräventiven Effekt aus (vgl. Loughran/ Brame/Fagan ua Juvenile Justice Bulletin 8/2015 (online); s. ferner die uneinheitlichen Befunde für Jugendstrafgefangene in Dtl. bei Windzio Punishment & Society 8 (2006), 341). In situativ-tatbezogenen Entscheidungen kann das, soweit es sich nicht um spontane Tatbegehungen handelt, bisweilen anders sein. Dies betrifft dann aber vorwiegend die erstmals oder doch selten erfassten Jugendlichen, bei denen dieser Effekt mit allgemeinen, sanktionsunabhängigen Konformitätsfaktoren verwoben ist und hiervon stark überlagert wird (zum Ganzen n. Fagan/Piquero Journal of Empirical Legal Studies 4 (2007), 715).

70   Hiervon abgesehen wird in einer inzwischen beträchtlichen Anzahl von
Studien gezeigt, dass die konformitätsfördernden Abschreckungswirkungen
von jugendstrafrechtlichen Sanktionen deutlich **schwächer als** deren **kriminogene** Folgen sind (Wiley/Esbensen Crime & Delinquency 62 (2016),
283; Motz/Barnes/Caspi ua Criminology 58 (2020), 307; vgl. auch Ward/
Tittle Deviant Behavior 14 (1993), 43). Die stärkere Anbindung an deviante
Peers, zu der es infolge von Sanktionserfahrungen vielfach kommt, reduziert
und/oder überdeckt dann die etwaigen Wiederbestrafungs-Ängste und hebt
die hiervon ausgehenden Komformitätsimpulse auf (so für Deutschland
Schulte in Boers/Reinecke Altersverlauf 455 ff.). Deshalb haben jugendstrafrechtliche Interventionsformen, mit denen man international gezielt auf
Abschreckungseffekte hat hinwirken wollen („bootcamps", „scared
straight"-Programme), keine relevanten Erfolge aufweisen können (Wilson/
MacKenzie/Mitchell Campbell Systematic Reviews 2005:6 (https://
doi.org/10.4073/csr.2005.6); Meade/Steiner Journal of Criminal Justice 38
(2010), 841; Petrosino/Turpin-Petrosino/Hollis-Peel/Lavenberg Campbell
Systematic Reviews 2013:5 (https://doi.org/10.4073/csr.2013.5)). Bei einem systematischen Vergleich zeigen kompetenzvermittelnde Behandlungsformen bei mehrfach auffälligen Jugendlichen deutlich bessere Konformitäts-
erfolge als abschreckungsorientierte Sanktionen (Lipsey/Wilson in Loeber/
Farrington (Hrsg.), Serious and Violent Juvenile Offenders, 1998, 313).

71   **c) Zur Leistungsfähigkeit verschiedener Reaktionsformen.** Hinweise darauf, ob bei Anordnung der verschiedenen jugendstrafrechtlichen Reaktionsformen grds. mit entwicklungsfördernden Folgen gerechnet werden
kann und in welchem Maße diese ggf. zu erwarten sind, werden in den
Erläuterungen der einzelnen Rechtsfolgen und ihrer Rechtsgrundlagen ge-
geben (s. bspw. → § 16 Rn. 17, → § 17 Rn. 16 ff., → § 18 Rn. 13, → § 21
Rn. 9, → § 45 Rn. 24 f.). Hier ist daher allein auf **wirkungsvergleichende**
Befunde hinzuweisen, die für die Rechtsfolgenwahl von übergreifender
Bedeutung sind. Diesen zufolge kommt es für die positiv-spezialpräventive
Wirksamkeit zunächst einmal darauf an, wie der prozedurale Weg hin zur
Rechtsfolgenentscheidung von den Adressaten wahrgenommen wird. Die
Chancen auf eine günstige Beeinflussung der Jugendlichen scheinen nämlich
zu steigen, je mehr diese sich **fair behandelt** fühlen (so tendenziell Fagan/
Piquero Journal of Empirical Legal Studies 4 (2007), 715; Penner/Viljoen/
Douglas/Roesch Law and Human Behavior 38 (2014), 225; Slocum/Wiley/
Esbensen Law and Human Behavior 43 (2016), 7) und das justizielle Vor-
gehen als legitim empfinden (vgl. Cavanagh/Cauffmann Psychology, Public
Policy, and Law 21 (2015), 432 sowie mwN Eisner/Nivette in Tankebe/
Liebling (Hrsg.), Legitimacy and Criminal Justice, 2013, 308 (313 ff.)).

72   Mit Blick auf die im JGG vorgesehenen Rechtsfolgen ist sodann festzuhalten, dass die Legalbewährung als Einwirkungszweck (→ Rn. 3) von den
eingriffsintensivsten und in einer Ahndung bestehenden Sanktionen am
wenigsten verwirklicht wird. Die im BZR rekonstruierbaren **Rückfallwerte**
(Häufigkeit und Schwere) sind für die JStrafe (ohne und mBew) am ungüns-
tigsten, gefolgt von JStrafe mBew sowie Vorbehalt gem. § 27 und JA. Bei
einer Diversionserledigung ist die Bewährungsquote sehr viel besser und bei
Auflagen/Weisungen liegt sie gleichsam dazwischen (dazu im Einzelnen
JAHT Legalbewährung, 2021, 59 f., 137 ff.; Hohmann-Fricke, Strafwirkung
und Rückfall, 2012, 98 ff.; Hohmann-Fricke/Jehle/Palmowski RdJB 2014,

313 (317 ff.)). Da sich aber die Gruppen Jugendlicher, bei denen die verschiedenen Rechtsfolgen angeordnet wurden, nicht nur hinsichtlich der jeweiligen Delikte, sondern auch in ihrer Vorauffälligkeit und ihrer Belastung mit Risikomerkmalen unterscheiden, bedarf es für den Vergleich der Sanktionswirksamkeit detaillierter Studien, bei denen die **Komparabilität** der untersuchten Populationen sichergestellt ist (dazu und zum Bedarf an methodisch tragfähigen Befunden im Grunde immer noch weitgehend aktuell Albrecht ZJJ 2003, 224 (227 f.); ebenso bspw. Heinz Sekundäranalyse 1867).

In Deutschland haben entspr. quasi-experimentell angelegte Studien daher **73** Jugendliche, die wegen eines gleichen Delikts verfolgt wurden (idR einfacher oder schwerer Diebstahl) und jeweils dieselbe Anzahl von Vorerfassungen aufwiesen, gegenübergestellt und dabei gezeigt, dass Rückfälle nach einer **informellen Erledigung** seltener als nach einer Verurteilung auftraten (Hohmann-Fricke, Strafwirkung und Rückfall, 2012, 151 ff., 160 ff.; vgl. ähnlich bereits Storz in BMJ (Hrsg.), Diversion im Jugendstrafverfahren der Bundesrepublik Deutschland, 1992, 131 (164); Spiess FS Heinz, 2012, 301 ff.). Dieser Befund, wonach das Diversionsvorgehen gegenüber einem formellen Verfahrensabschluss jedenfalls bei großen Teilen der alterstypischen Delinquenz gleichwertig oder gar überlegen ist, wurde auch unter Berücksichtigung von Dunkelfelddaten in etlichen anderen deutschen Untersuchungen repliziert (umfassende Zusammenstellung bei Heinz Sekundäranalyse 1869 ff.; → vgl. auch § 45 Rn. 24 f.). Dies gilt gleichermaßen für internationale (und teilw. methodisch noch etwas aufwändigere, experimentelle) Untersuchungen (Petrosino/Turpin-Petrosino/Guckenburg Campbell Systematic Reviews 2010:1 (https://doi.org/10.4073/csr.2010.1); Wilson/Brennan/Olaghere Campbell Systematic Reviews 2018:5 (https://doi.org/10.4073/csr.2018.5)). Diese Vergleichs-Beobachtungen sind iÜ nicht auf „unproblematische" Jugendliche beschränkt (Wilson/Hoge Criminal Justice and Behavior 40 (2013), 497).

Mit Blick auf stärker belastete Teilgruppen sprechen die vorliegenden **74** Evaluationen dafür, dass die **bedarfsadäquat,** individuell angepasste, fördernde Behandlung für die weitere Entwicklung ausschlaggebend ist, wobei dies aber grds. im Rahmen einer **ambulanten** genauso gut wie in einer **stationären** Intervention erfolgen kann (Lipsey Victims and Offenders 4 (2009), 124; s. auch Villettaz/Gillieron/Killias Campbell Systematic Reviews 2015:1 (https://doi.org/10.4073/csr.2015.1); Aizer/Doyle Quarterly Journal of Economis 2015, 759; Eren/Mocan Review of Economics and Statistics 2021, 34; weitere Arbeiten bei Heinz Sekundäranalyse 2132 f.). Die kriminologisch weithin akzeptierte **Austauschbarkeits**-Maxime, wonach eingriffsintensivere Interventionen idR ohne Wirksamkeitsverluste (oft sogar mit dahingehenden Vorteilen) durch eingriffsärmere Interventionen ersetzt werden können (etwa Kerner DVJJ 2008, 49, 51) – und dann nach dem Verhältnismäßigkeitsprinzip auch ersetzt werden müssen (→ Rn. 22) –, gilt in diesem Sinne also auch in jenem Bereich (Heinz Sekundäranalyse 1868).

IV. Ausführungen zu den Rechtsfolgen im Urteil

1. Urteilsbegründung

75 Im Allgemeinen wird davon ausgegangen, dass in der Urteilsbegründung ebenso wie im allg. StVR nur diejenigen Umstände angeführt werden müssten, die für die gerichtliche Entscheidung „bestimmend" (§ 54 Abs. 1 S. 1) waren. Gegen eine hierbei drohende Verkürzung bestehen aus spezialpräventiver Sicht ebenso wie aus allg. sozialpsychologisch-interaktionistischen Erwägungen heraus Bedenken, weil eine solche Art der Begründung dem Verurteilten als Verzeichnung des Geschehens erscheinen kann und dessen Mitwirkungsbereitschaft bei der Rechtsfolgenumsetzung daher ggf. mindert. Dem BGH zufolge müssen „die Urteilsgründe (…) in jedem Fall erkennen lassen, dass dem Erziehungsgedanken die ihm zukommende Beachtung geschenkt worden ist" (StV 1993, 532 = BeckRS 1992, 31081369). Dies bedeutet aber nicht, die Rechtsfolgenentscheidung im Urteil nur juristisch mit Blick auf ein etwaiges Rechtsmittelgericht zu rechtfertigen. Mit Blick auf § 2 Abs. 1 S. 2 obliegt es dem Gericht vielmehr, die Anordnung **der verurteilten Person** in verständlicher Weise **zu erklären** (n. → § 54 Rn. 22 f.).

76 Im Einzelnen muss nach § 54 und entspr. den **Voraussetzungen** der **Rechtsfolgenverhängung** (→ Rn. 24 ff.) jeweils begründet werden, ob Erziehungsmaßregeln geeignet und ausreichend sind oder ob dies nicht der Fall ist. Ähnlich ist bei Zuchtmitteln und bei Verhängung von JStrafe zu begründen, warum ein anderes Vorgehen nicht ausreicht und weshalb sie angeordnet werden müssen. Begründungsbedürftig ist insb. auch, weshalb die Entbehrlichkeit ahndender Rechtsfolgen gem. **Abs. 3** (→ Rn. 29 f.) angenommen oder verneint wird (BGH StV 1993, 534 = BeckRS 1993, 31083921; BGH NStZ-RR 2002, 182). Dies hat stets ausdrücklich zu geschehen (abw. etwa BGH BeckRS 2015, 14631, wonach sich die Nichtentbehrlichkeit auch aus dem Gesamtzusammenhang der Urteilsgründe ergeben könne), und zwar auch bei (scheinbar) fernliegender Entbehrlichkeit (BGH NStZ 2004, 296; BGH BeckRS 2009, 20909; BGH StraFo 2011, 288 = BeckRS 2011, 16284; abw. aber BGH BeckRS 2015, 13121; BeckRS 2021, 2969). Fehlt eine (hinreichende) Begründung, ist der Rechtsfolgenausspruch insgesamt aufzuheben (stellvertretend BGH NJW 2009, 2694; BGH StV 2011, 591 = BeckRS 2011, 7699; BGH BeckRS 2016, 4091; BGH NStZ-RR 2017, 346; ferner → Rn. 30).

2. Urteilsformel

77 Es wird hier **nur** diejenige Rechtsfolge genannt, die angeordnet oder verhängt wird. Ein Hinweis darauf, dass auf eine weniger oder aber auf eine stärker eingreifende Rechtsfolge nicht erkannt wird, unterbleibt. Dies ergibt sich daraus, dass die Verhängung einer stärker eingreifenden Rechtsfolge unzulässig ist, wenn eine weniger eingreifende Rechtsfolge ausreicht, so dass es sich hinsichtlich der jeweils schwereren Rechtsfolge nicht etwa um einen Fall des Absehens von Strafe handelt. Im Übrigen wird auch die Entbehrlichkeit der Ahndung iSd Abs. 3 in der Urteilsformel nicht ausgesprochen. Zwar bestimmt § 260 Abs. 4 S. 4 StPO iVm § 2 Abs. 2, dass das Absehen von Strafe im Urteilsspruch zum Ausdruck zu bringen ist, doch betrifft dies nicht den hier genannten Zusammenhang.

V. Registereintragungen

1. Bundeszentralregister

In das BZR werden JStrafe, Maßregeln der Besserung und Sicherung **78** sowie die Aussetzung der Verhängung einer JStrafe zBew **eingetragen** (§ 4 Nr. 1, 2, 4 BZRG; zur Eintragung der sog. Vorbewährung gem. §§ 61 ff. vgl. § 7 Abs. 1 und 2 BZRG sowie Ernst ZJJ 2017, 365 (366)). Bei Erziehungsmaßregeln, Zuchtmitteln, Nebenstrafen und Nebenfolgen erfolgt eine Registrierung nur dann, wenn sie mit den vorgenannten Rechtsfolgen verbunden werden (§ 5 Abs. 2 BZRG; s. aber iÜ → Rn. 82). Wird festgestellt, dass es an der Verantwortlichkeit gem. § 3 S. 1 fehlt oder kann das Fehlen nicht ausgeschlossen werden, unterbleibt eine Eintragung (§ 11 Abs. 3 BZRG).

Bei Erteilung eines **Führungszeugnisses** (§§ 30 ff. BZRG) gilt der **79** Grundsatz, dass darin die in das BZR eingetragenen strafgerichtlichen Verurteilungen aufgenommen werden (§ 32 Abs. 1 S. 1 BZRG). Abgesehen von einer Verurteilung nach bestimmten, va sexualstrafrechtlichen Tatbeständen (§ 32 Abs. 1 S. 2 BZRG) sind hierbei jedoch Einschränkungen zu beachten, die für nach JStR verurteilte Personen weiter als für nach allg. StR verurteilte Personen reichen (vgl. § 32 Abs. 2 Nr. 2–4 BZRG; zur verbleibenden „Gefahr der Enttarnung" und dadurch entstehender Nachteile bspw. auf dem Arbeitsmarkt s. etwa Stelly/Thomas Bewährungshilfe 2003, 51 (59)). Bei einer Auskunft an die in § 41 Abs. 1 BZRG bestimmten Behörden der StR-Pflege besteht diese Besserstellung allerdings nicht (vgl. aber einschr. wiederum § 41 Abs. 2 und 3 BZRG).

Die **Fristen** zur **Tilgung** von Registereintragungen sind prinzipiell nach **80** §§ 186 ff. BGB zu berechnen (vgl. nur BGH NStZ-RR 2014, 356). Soweit es sich nicht um Verurteilungen nach den in § 46 Abs. 1 Nr. 3 BZRG bezeichneten Straftatbeständen handelt, bestehen auch hier Unterschiede zwischen Verurteilten nach JStR und allg. StR (§ 46 Abs. 1 Nr. 1 lit. c–f, Nr. 2 lit. c BZRG). Außerdem gibt es – über die Tilgungsregelung hinausgehend – für besondere Fälle gem. §§ 97 ff. die Option der „Beseitigung des Strafmakels" (s. auch § 13 Abs. 1 Nr. 5 BZRG, § 32 Abs. 2 Nr. 4 BZRG). Soweit der Verurteilte hierfür in der Variante des § 97 den Eindruck vermittelt haben muss, ein „rechtschaffener Mensch" zu sein (n. → § 97 Rn. 11), unterliegt dies allerdings den oben (→ Rn. 4) erörterten Bedenken.

Ist beim Ende der HV – nicht zum Zeitpunkt der Tatbegehung (vgl. zum **81** allg. StR nur BGH StV 1999, 639 = BeckRS 1999, 30068350; BGH NStZ-RR 2016, 120) – bereits **Tilgungsreife** (n. §§ 45 ff. BZRG) eingetreten, so ist eine Verwertung der registrierten Tat auch dann unzulässig, wenn das Delikt und die Verurteilung vom Angeklagten selbst mitgeteilt wird (vgl. zum allg. StR BGHSt 57, 300 (302) = NStZ 2013, 34 (35); BGH NStZ-RR 2002, 332; BGH NStZ-RR 2012, 143; s. auch → § 18 Rn. 39). Anders soll dies bzgl. des Urteilstenors sein, wenn sich der Angeklagte auf die fragliche Verurteilung zu seiner Entlastung beruft (BGHSt 27, 108 = NJW 1977, 816; BGH StV 2002, 479 = BeckRS 2000, 9337). Auch die Verwertung einer ausländischen Verurteilung ist in einem in Deutschland geführten StVerf zum Nachteil des Beschuldigten nur zulässig, solange diese bei entspr. Verurteilung nach deutschem Recht nicht tilgungsreif wäre (§§ 51 Abs. 1, 56 Abs. 1 S. 1 BZRG iVm § 2 Abs. 2). Dies gilt (auf der Grundlage von § 58 BZRG iVm § 2 Abs. 2) unabhängig davon, ob die Verurteilung im BZRG eingetragen ist (BGH NStZ-RR 2012, 305). Die für die Frage der Tilgungsreife erforderlichen Feststellungen sind vom JGericht zu treffen und zu bewerten sowie im Urteil darzulegen (BGH NStZ-RR 2012, 305 (306) zum allg. StR). Dies gilt auch, wenn Anhaltspunkte bestehen, dass rechtsstaatliche Mindeststandards im ausländischen Verfahren nicht gewahrt wurden und sich daher eine Verwertung verbietet (vgl. BVerfG NJW 2017, 1731).

2. Erziehungsregister

82　Entscheidungen der JGerichte, die **nicht in das BZR** eingehen, werden nach Maßgabe des § 60 BZRG in das Erziehungsregister eingetragen. Das betrifft bspw. Einstellungen gem. §§ 45 und 47, Erziehungsmaßregeln und Zuchtmittel sowie Anordnungen gem. § 3 S. 2 (zur Einbeziehung des JA gem. §§ 11 Abs. 3, 15 Abs. 3 vgl. Ernst ZJJ 2017, 365 (367 f.)). In das Führungszeugnis (→ Rn. 79) gehen diese Eintragungen allerdings nicht ein (s. auch § 61 BZRG bzw. § 64 BZRG zur (begrenzten) Auskunfts- bzw. Offenbarungspflicht). All dies soll einerseits Stigmatisierungen vermeiden, die mit der Zentralregister-Eintragung verbunden sind, und andererseits die Erfassung und Berücksichtigungsfähigkeit jugendstrafrechtlicher Interventionen durch die Strafverfolgungsbehörden in gleicher Weise wie bei der „normalen" Registrierung gewährleisten. Da aus der Eintragung der Tathergang (zB Ausmaß des Schadens, Gewicht des Deliktes usw) nicht ersichtlich ist, können allein aus Art und Höhe der Rechtsfolge gewisse (durchaus fehleranfällige) Schlüsse gezogen werden (vgl. dazu Eisenberg DRiZ 2006, 120 (124); vgl. auch Ernst ZJJ 2017, 365 (369)). Ohnehin müssen das Zentral- und Erziehungsregister als „Treiber" der problematischen rechtspraktischen Tendenz zur Sanktionseskalation gelten (dazu → Rn. 8 und → Rn. 60). − Historisch geht die Institution des Erziehungsregisters iÜ auf die Anordnung zur Einführung einer „gerichtlichen Erziehungskartei" durch die NS-Rechtspolitik zurück (AV des RJM v. 16.12.1943 (DJ 1943, 578), neu gefasst im Jahre 1955 (BAnz. 1955 Nr. 37); für eine Streichung der Vorschriften vgl. schon Carspecken Zbl 1983, 254 ff.).

83　§ 63 BZRG regelt die **Entfernung** dieser **Eintragungen,** die mit Vollendung des **24. Lbj.** zu erfolgen hat. Ab diesem Zeitpunkt (dh mit „Entfernungsreife"), und sei es am Tag der Urteilsverkündung, dürfen die (nur) im Erziehungsregister enthaltenen Eintragungen gem. § 63 Abs. 4 nicht mehr zum Nachteil des Betroffenen verwertet werden (BVerfGK 15, 532 = BVerfG BeckRS 2009, 34898; BGH StraFo 2009, 161 = BeckRS 2009, 5408; BGH BeckRS 2013, 03737; BeckRS 2014, 18918). Anders verhält es sich nur, wenn für die fragliche Person im Zentralregister eine der in § 63 Abs. 2 BZRG genannten Rechtsfolgen eingetragen ist (wobei der JA nach § 11 Abs. 3 nicht hierunter fällt (vgl. BGH StraFo 2012, 424 = BeckRS 2012, 15074)). Bis zu deren Tilgungsreife (→ Rn. 81) bleiben dann auch die Eintragungen im Erziehungsregister erhalten (BGH BeckRS 2012, 2360; BeckRS 2019, 44151).

3. Dateiregelungen; Zentrales Verfahrensregister

Gem. **§§ 483 ff.** StPO iVm § 2 Abs. 2 sind die dort (in § 483 Abs. 1 bzw. **84** 2 StPO) genannten Gerichte bzw. Stellen berechtigt, **personenbezogene Daten** zu speichern, zu verändern und zu nutzen, soweit dies für Zwecke des Strafverfahrens bzw. für den Gebrauch in anderen Strafverfahren erforderlich ist. Die Verwendung von Daten für künftige Strafverfahren bzw. für die Übermittlung gespeicherter Daten bestimmt sich nach § 484 bzw. § 487 StPO iVm § 2 Abs. 2. Hinsichtlich der Löschung verpflichtet § 489 Abs. 3 S. 1 iVm § 2 Abs. 2 dazu, im Rahmen einer „Einzelfallbearbeitung" die Erforderlichkeit der fortgesetzten Speicherung zu prüfen (vgl. näher OLG Frankfurt a. M. NStZ-RR 2008, 183; OLG Hamburg NStZ 2009, 707 mAnm Habenicht NStZ 2009, 708; OLG Hamburg StraFo 2010, 85 = BeckRS 2009, 86766; KG StV 2010, 513 = BeckRS 2009, 12839 (jeweils zum allg. StR)). Bei Daten für Zwecke künftiger Strafverfahren besteht bei (zur Tatzeit) Jugendlichen eine Prüffrist von 5 Jahren (§ 489 Abs. 3 S. 2 Nr. 2 StPO). Im Übrigen bezieht sich § 489 Abs. 3 S. 2 Nr. 4 StPO zB auf Fälle, in denen das Alter im Zeitpunkt der Speicherung nicht bekannt war, wohingegen die grds. Unzulässigkeit der Speicherung bei Kindern hiervon unberührt bleibt (denn diese können keine Beschuldigten sein (→ § 1 Rn. 20)).

Darüber hinaus besteht auf Grundlage der §§ 492 ff. StPO, die nach § 2 **85** Abs. 2 auch auf das JStV Anwendung finden, beim Bundesamt für Justiz (Registerbehörde) ein **zentrales staatsanwaltschaftliches Verfahrensregister** (ZStAVerfR). Die Speicherung betrifft gem. § 494 Abs. 2 StPO auch rechtskräftige Freisprüche sowie endgültige und vorläufige Verfahrenseinstellungen. Dazu gehören die Verfahrensbeendigung nach § 153a StPO und nach § 170 Abs. 2 StPO (zur Beschränkung auf Namen und Aktenzeichen zwecks „leichter Wiederauffindbarkeit der Akte" OLG Frankfurt a. M. NStZ-RR 2008, 183 (184); OLG Hamburg NStZ 2009, 707 (708); OLG Frankfurt a. M. NStZ-RR 2010, 350 (351) zum allg. StR). Die Entscheidung des Gesetzgebers, bestimmte Arten der Verfahrenseinstellung nicht in das Erziehungsregister einzutragen (§ 60 BZRG), wird hiermit in einer Weise konterkariert, die durch das aus § 160 Abs. 1 und 2 StPO resultierende Informationsbedürfnis der StA nur schwer zu rechtfertigen ist. Zu denken ist außerdem, dass die anlassabhängige lückenhafte Zulässigkeitskontrolle, die § 493 Abs. 3 StPO für das automatisierte Abrufverfahren vorsieht, den schutzwürdigen Interessen des Betroffenen kaum genügend Rechnung tragen kann (vgl. auch Brunner/Dölling Vor § 97 Rn. 31a).

Nebenfolgen

6 (1) ¹**Auf Unfähigkeit, öffentliche Ämter zu bekleiden, Rechte aus öffentlichen Wahlen zu erlangen oder in öffentlichen Angelegenheiten zu wählen oder zu stimmen, darf nicht erkannt werden.** ²**Die Bekanntgabe der Verurteilung darf nicht angeordnet werden.**

(2) **Der Verlust der Fähigkeit, öffentliche Ämter zu bekleiden und Rechte aus öffentlichen Wahlen zu erlangen (§ 45 Abs. 1 des Strafgesetzbuches), tritt nicht ein.**

Schrifttum: Sobota, Die Nebenfolge im System strafrechtlicher Sanktionen, 2015.

Übersicht

I. Anwendungsbereich

1   Es gelten die Ausführungen zu § 4 (→ § 4 Rn. 1 f.) entsprechend. – Wird auf Heranwachsende allg. StR angewandt, so kommt die Kann-Vorschrift des § 106 Abs. 2 zur Anwendung.

II. Ausgeschlossene Nebenfolgen

2   Im JStR dürfen die Amtsfähigkeit, die Wählbarkeit und das Stimmrecht – entgegen den (Kann-)Vorschriften des § 45 Abs. 2 und 5 StGB – auch bei Verwirklichung einschlägiger Straftatbestände (s. etwa § 358 StGB, § 375 Abs. 1 AO) nicht aberkannt werden **(Abs. 1 S. 1).** Ferner tritt der Verlust der Amtsfähigkeit und der Wählbarkeit, der unter den in § 45 Abs. 1 StGB geregelten Voraussetzungen im allg. StR zwingend ist, gem. **Abs. 2** nicht ein. Mit all dem sollen Rechtsfolgen, deren Funktion bei Jugendlichen ins Leere liefe und die sich hier allein als erziehungsschädliches Symbol einer spezifischen Desintegration darstellen würden, vermieden werden.

3   Nach **Abs. 1 S. 2** darf die Nebenfolge, die Verurteilung bekanntzugeben, entgegen den Vorschriften des allg. StR (zB §§ 165, 200 StGB) nicht angeordnet werden. Dies ist Ausdruck des jugendstrafrechtlichen Schutzprinzips (Vermeidung von Bloßstellung und Stigmatisierung, vgl. → § 48 Rn. 8 ff.).

III. Zulässige Nebenfolgen

1. Grundlagen

Im Umkehrschluss ergibt sich aus § 6, dass auf (Nebenstrafe und alle) 4
Nebenfolgen des allg. StR, die **in der Vorschrift nicht genannt** sind,
prinzipiell erkannt werden darf (BGHSt 6, 258 (259) = NJW 1954, 1616
(1617)) – und zwar nicht nur neben Jugendstrafe, sondern auch mit Erziehungsmaßregeln und Zuchtmitteln verbunden (§ 8 Abs. 3). Dies gilt unabhängig davon, ob die Nebenfolge im StGB geregelt, ob deren Anwendung
im allg. StR nur neben einer (Haupt-)Strafe möglich oder ob sie im objektiven Verfahren (§§ 435 ff. StPO) zulässig ist. Schreibt das jeweilige Gesetz
eine zwingende Anordnung vor, gilt dies bei Vorliegen der Voraussetzungen
auch im JStR (s. aber → Rn. 16).

Zugleich sind **Einschränkungen** zu beachten. Diese können sich erstens 5
aus den Voraussetzungen der einzelnen Nebenfolgen ergeben. Soweit deren
Anordnung an die Verurteilung zu einer bestimmten Freiheitsstrafe geknüpft
ist – also an eine Sanktion, die das JStR nach Art und Qualität nicht kennt –,
kommt diese Nebenfolge nicht Betracht (mit Blick auf die JStrafe str.; näher
→ § 17 Rn. 62; Sobota, Nebenfolge im System strafrechtlicher Sanktionen,
2015, 238 f.). Zweitens folgen aus den allg. Grundsätzen des JGG inhaltliche
Zulässigkeitsgrenzen für die in § 6 nicht genannten Nebenfolgen (abw. Laue
in MüKoStGB Rn. 8; Diemer in Diemer/Schatz/Sonnen Rn. 3). Dies
betrifft namentlich die Vereinbarkeit mit erzieherischen Belangen (vgl. auch
RL zu § 6), was etwa bei strafrechtlichen Nebenfolgen aus dem Bereich der
Arbeits- und Berufsregelung virulent wird. Konkret unterliegt die Einsetz-
barkeit der fraglichen Rechtsfolgen im JStR stets der jugendspezifischen
Auslegung (hierzu → § 2 Rn. 20 ff.). Durch diese teleologisch-systematische
Interpretation wird der jeweilige Anwendungsbereich vielfach reduziert (in
der Sache zust., aber über eine analoge Anwendung von §§ 6 Abs. 1, 106
Abs. 2 Sobota, Nebenfolge im System strafrechtlicher Sanktionen, 2015,
234 ff.).

2. Fahrverbot

Die jugendstrafrechtliche Zulässigkeit des Fahrverbots (§ 44 StGB) geht 6
auch aus § 8 Abs. 3 S. 2 und § 76 S. 1 hervor. In der Praxis eingesetzt wird
diese Nebenstrafe in moderater, aber relevanter Häufigkeit (StrafSt Tabelle
5.3: in 2019 bei 286 Jugendlichen und 1.684 Heranwachsenden). Allerdings
gehen hiermit charakteristische Schwierigkeiten einher. So kann der Alltags-
vollzug durch eine entsprechende Anordnung in einer sensiblen Phase (zB
Aufrechterhaltung einer Ausbildung, Berufseinstieg) zeitweilig verbaut werden (Hettenbach KrimJ 2007, 33 (35 ff.)). **Erzieherisch** wäre dies ersichtlich
kontraindiziert (zu dieser, sich bei der Entziehung der Fahrerlaubnis noch
drängender stellenden Problematik s. auch → § 7 Rn. 63). Darüber hinaus
ist die Möglichkeit, ein Fahrverbot zu verhängen, **nicht** (mehr) auf Delikte
mit **Straßenverkehrsbezug** begrenzt. Durch Gesetz v. 17.8.2017 (BGBl. I
3202) wurde der Anwendungsbereich des Fahrverbots für sämtliche – nach
der Rechtsänderung begangenen (BGH BeckRS 2018, 20463) – Straftaten
geöffnet (§ 44 Abs. 1 S. 2 StGB). Diese Ausdehnung ist zwar mit Einwänden

behaftet (vgl. etwa Bömke DAR 2000, 385 ff.; Kühn NK 2008, 132; zum
Ganzen näher Zopfs FS Wolter, 2013, 820 (betr. allg. StR); kriminalpolitisch
zu einer Umgestaltung in eine selbstständige Hauptstrafe etwa Verrel Bonner
Rechtsjournal 2014, 135; Wedler NZV 2015, 209; Schöch FS Rengier,
2018, 657 ff.; abl. bspw. Heinz ZJJ 2008, 60 (62); Sonnen DRiZ 2010, 119).
Trotzdem wurde im Gesetzgebungsverfahren die pauschal postulierte jugendstrafrechtliche Anwendbarkeit (BT-Drs. 18/12785, 45) nicht daraufhin
überprüft, ob bzw. hinsichtlich welcher Straftatbestände die Neuregelung im
JStR mit § 2 verträglich sein könnte (abl. DRiB Nr. 16/16, August 2016;
DAV 47/16 v. 23.8.2016). Gerade bei allgemeiner Delinquenz stellt sich aber
die Frage nach der spezialpräventiven Sinnhaftigkeit eines Ausschlusses von
der Verkehrsteilnahme. Die erzieherisch erforderliche Akzeptanzfähigkeit
der Fahrverbotssanktion dürfte nämlich, wenn der Tatvorwurf in keinem
Verkehrszusammenhang steht, bei jungen Menschen regelhaft fehlen (Zie-
ger/Nöding Verteidigung Rn. 96; dazu mit empirischen Hinweisen auch
Streng ZRP 2004, 237 (239 f.); das Problem bestreitend Schöch FS Rengier,
2018, 661). Ohne eine dies berücksichtigende **jugendspezifische** Auslegung (→ Rn. 5) handelt es sich bei der Sanktion daher um eine (das JGG
tendenziell entstellende) systematische Fehlkonstruktion.

7   Nach der demnach gebotenen, an § 2 Abs. 1 orientierten Auslegung von
§ 44 StGB kann ein Fahrverbot nur verhängt werden, wenn die Folgen für
den Verbotsadressaten iRd Rechtsfolgenermessens in einer **nicht-schema-
tisierenden** Weise in Rechnung gestellt wurden. Die Maßnahme muss zur
(verkehrs-)erzieherischen Einwirkung konkret angezeigt und geeignet sein
(AG Saalfeld DAR 2005, 52 (53)). Drohen spezialpräventiv schädliche Nebenwirkungen, muss von einer Anordnung (auch bei den Regelfahrverbots-
konstellationen des § 44 Abs. 1 S. 3 StGB) ganz abgesehen (dies ggf. zugunsten einer Weisung gem. § 10 Abs. 1 S. 3 Nr. 9), zumindest aber die Verbotsdauer verkürzt werden. Bei Nichtverkehrsdelikten setzt darüber hinaus
schon das allg. StR voraus, dass es der Hauptsanktion für sich genommen an
hinreichender Wirksamkeit im jeweiligen Einzelfall fehlt. Im Bereich des
JGG ist dies durch die dezidierten **Subsidiaritätsmaßgaben** (etwa: § 5
Abs. 2) insofern verschärft, als die Erforderlichkeit sowohl im Verhältnis zu
Erziehungsmaßregeln als auch zu Zuchtmitteln bzw. JStrafe konkret gegeben
sein muss. Ohnehin kommt ein Fahrverbot hier von vornherein nur zu
Einwirkungszwecken und nicht auch zur „Verteidigung der Rechtsordnung" (§ 44 Abs. 1 S. 2 Hs. 2 Var. 2 StGB) in Betracht (dazu allg.
→ § 17 Rn. 6 f., → § 18 Rn. 43). Das Gericht hat dann also nicht nur wie
bei einem Verkehrsdelikt gem. § 2 Abs. 1 das Fehlen einer erzieherischen
Kontraindikation und die individuelle spezialpräventive Funktionalität darzulegen (so Dölling FS Fischer, 2018, 866), sondern auch die einwirkungs-
bezogene Unentbehrlichkeit (§ 44 Abs. 1 S. 2 StGB). Bei Fehlen eines
Zusammenhangs zwischen Delikt und Sanktion wird das selten belastbar
gelingen. Im Übrigen sind einschränkend wirkende Gesichtspunkte aus dem
allg. StR im JStR gleichermaßen zu beachten. Beispielsweise darf die Fahr-
verbotsentscheidung nicht von der Nicht-/Inanspruchnahme prozessualer
Rechte abhängig gemacht werden (OLG Bamberg NZV 2018, 91).

8   Mit Blick auf die **Fahrverbotsdauer** wird den Besonderheiten des JStR
bereits dadurch Rechnung getragen, dass das Fahrverbot gem. § 8 Abs. 3
S. 2 – anders als nach allg. StR (§ 44 Abs. 1 S. 1 StGB: sechs Monate) – die
Höchstdauer von drei Monaten nicht überschreiten darf. Da die aktive Teil-

nahme am Straßenverkehr für viele Jugendliche von besonderem Symbol-
und Prestigewert ist (Eisenberg/Kölbel Kriminologie § 45 Rn. 128) und der
Ablauf von Verbotsfristen ihnen reifebedingt ohnehin oft subjektiv kaum
erträglich erscheint, ist es allerdings für sie qualitativ schwerer, eine mehr-
monatige Verbotsdauer ohne – abermals strafrechtlich relevante – Nichtbefolgung durchzustehen. Die Gerichte sind daher auch mit Blick auf die
zeitliche Bemessung zu einer zurückhaltenden Anordnung gehalten (zur
Sanktionspraxis s. auch → § 7 Rn. 64).

3. Einziehung (§§ 73 ff. StGB)

a) Entwicklung der Problematik. Die mit Gesetz v. 13.4.2017 **9**
(BGBl. 2017 I 872) neu geregelte, mit einem speziellen Entschädigungsverfahren (§ 459h StPO) verbundene Vermögensabschöpfung sieht die **obliga-
torische** Einziehung aller deliktsbedingten Vorteile (auch Surrogate und
Nutzungen) vor (§ 73 StGB). Bei Verlust, Verbrauch usw des originären
Vorteils ist dessen (nach § 73d Abs. 2 StGB ggf. zu schätzender) Wert ein-
zuziehen (§ 73c StGB; zur Nichtabzugsfähigkeit der zur Tat eingesetzten
Eigenmittel („Bruttoprinzip") vgl. § 73d Abs. 1 StGB). Die Durchsetzung
der Einziehungsanordnung (ggf. nebst Herausgabe bzw. Auskehrung an den
Verletzten vgl. §§ 459j, 459k StPO) ist von hoher Verbindlichkeit (vgl. auch
BGH NStZ 2019, 221 mkritAnm Eisenberg NStZ 2019, 222: revisibler
Fehler, wenn Tatgericht die mögliche Einziehung nicht erörtert). Ein Ab-
schöpfungsverzicht wird vom Gesetz auf Ausnahmefälle (Bagatellen, unverhältnismäßiger Aufwand) und entspr. Ermessensausübung von StA und Gericht beschränkt (§ 421 StPO; vgl. auch § 435 Abs. 1 S. 2 StPO). Bei der
Wertersatzeinziehung muss aber gem. § 459g Abs. 5 StPO von deren Vollstr
bei Unverhältnismäßigkeit des Vorgehens abgesehen werden (wobei dann
jedoch nach teilw. vertr., aber sehr zw. Ansicht trotzdem in manchen Fällen
(§ 459h Abs. 2 S. 2 iVm § 111i Abs. 2 StPO: Antrag von zwei Verletzten)
ein Insolvenzverfahren ausgelöst werden könne – so Reitemeier ZJJ 2017,
354 (357); s. auch Swoboda ZStW 132 (2020), 826 (873 f.)).

Dieser gesamte Regelungskomplex gelte der Rspr. zufolge **im JStR ein-** **10**
schränkungslos. Angesichts der knappen Erwähnung in § 76 JGG und des
Nicht-Ausschlusses in § 6 wurde dies bereits für die §§ 73 ff. StGB aF vertreten (BGHSt 55, 174 = NStZ 2011, 270 mzustAnm Altenhain NStZ 2011,
272; erörterungslos ebenso BGH NJW 2001, 1805; NJW 2009, 2755;
NStZ-RR 2017, 14; BeckRS 2011, 04347; BeckRS 2012, 12752; BeckRS
2017, 133981; krit. bzgl. § 73a StGB aF Laubenthal/Baier/Nestler Jugend-
StrafR Rn. 430; Eisenberg StV 2010, 580). Für das jetzige Abschöpfungs-
recht hält man daran weiterhin fest. Anfänglich geschah das idR ohne inhaltliche Auseinandersetzung (so bspw. in BGH NStZ 2018, 654; ZJJ 2018, 338
= BeckRS 2018, 13566; NJW 2019, 1008; AG München ZJJ 2018, 166
(168)). Später wurde diese Position, die als charakteristischer Ausdruck des
dogmatisch-strafrechtlichen Modells gelten kann (→ § 2 Rn. 15), allerdings
auch ganz ausdrücklich vertreten (ausführlich BGH NStZ-RR 2020, 124
mkritAnm Eisenberg ZJJ 2020, 203; ferner bspw. BGH ZJJ 2019, 285 =
BeckRS 2019, 9584; BGH BeckRS 2019, 20407; BeckRS 2019, 35553;
NStZ-RR 2020, 261; NZWiSt 2021, 40 = BeckRS 2020, 35345; OLG
Frankfurt a. M. BeckRS 2019, 5748 mkritAnm Eisenberg ZKJ 2019, 356;
OLG Zweibrücken BeckRS 2019, 24556; OLG Brandenburg ZJJ 2021, 60

= BeckRS 2020, 41715; LG Trier BeckRS 2017, 129590; LG Limburg BeckRS 2019, 15472; LG Köln NStZ-RR 2019, 232). In der Lit. stieß diese Position bisweilen ebenfalls auf Zustimmung (Diemer in Diemer/Schatz/Sonnen § 8 Rn. 11 ff.; Brunner/Dölling Rn. 5; Fischer StGB § 73 Rn. 3 f.; Reitemeier ZJJ 2017, 354; Eckel ZJJ 2020, 265 (268); unter Hinweis auf § 828 Abs. 3 BGB Schumann StraFo 2018, 415 (418 f.); offenlassend Laue in MüKoStGB Rn. 8 ff.; Reh NZWiSt 2018, 20 (23 f.)). Auf dieser Grundlage ist iÜ nicht nur bei einer Verurteilung, sondern auch bei einer Einstellung nach §§ 45, 47 die (dann sog. **selbstständige**) Einziehung möglich (→ § 45 Rn. 59; → § 47 Rn. 27).

11 Sofern der deliktisch erworbene Vorteil (oder das Surrogat oder der Verkaufserlös) noch vorhanden und der Verurteilte **noch bereichert** ist, ist die Einziehung nicht überfordernd, nicht erziehungsfeindlich und rechtlich daher auch nicht problematisch. Dagegen wurde für Konstellationen, in denen bei der Wertersatzeinziehung der Vorteil entfallen ist, von Anbeginn auf **widersinnige** Effekte der Rechtsfolge (→ Rn. 13) hingewiesen, zumal diese im JStR vielfach mittellose Personen betrifft. Große Teile der Lit. und einzelne Gerichte traten daher von Anbeginn für eine **jugendorientierte einschr. Auslegung** von § 73c StGB iVm § 2 Abs. 2 und § 6 ein, wonach von einer Anordnung im JStR ggf. abzusehen sei (n. Kölbel in Strafverteidigertag 2018, 334 ff., 339 f.; iErg ähnlich LG Münster NStZ 2018, 669; AG Rudolstadt ZJJ 2018, 63; AG Frankfurt a. M. ZJJ 2018, 249 (250 f.) = BeckRS 2018, 21953; AG Frankfurt a. M. ZJJ 2018, 251 (252 f.) = BeckRS 2018, 21956; Zieger/Nöding Verteidigung Rn. 96a: bei einer Entreicherung generell; s. aber auch LG Neuruppin ZJJ 2019, 284 mAnm Eisenberg ZJJ 2019, 286; Schady/Sommerfeld ZJJ 2018, 219 (223 f.); Berberich/Singelnstein StV 2019, 505 (506 f.): bei fallindividuell aufzeigbarer Erziehungsschädlichkeit). In Anerkennung der Problemlage trat der 1. Senat dem sich daraus ergebenden Anliegen bei und leitete aus § 8 Abs. 3 S. 1 ab, dass die Anordnung der Wertersatzeinziehung im Ermessen des Gerichts stünde (n. zu diesem Anknüpfungspunkt → § 8 Rn. 4). Da der entspr. Anfragebeschluss (BGH NStZ 2019, 682 mAnm Eisenberg JR 2019, 598) bei den anderen Senaten nur geringe Gefolgschaft fand, legte der 1. Senat diese Auslegung dem **Großen Senat** vor (BGH ZJJ 2020, 306 = BeckRS 2020, 18436), der sich daraufhin ablehnend gab. Der Ansatz, die (an sich zwingende) Anordnung des Wertersatzes speziell im JStR an eine entspr. richterliche Ermessensentscheidung zu knüpfen, wurde von ihm nicht anerkannt. Die Maßnahme käme im JStR vielmehr ebenso wie im allg. StR zum Einsatz (BGH NStZ 2021, 679).

12 **b) Erforderlichkeit von Einschränkungen bei der Wertersatzeinziehung. aa) Normsystematischer Bruch.** Die Entscheidung des Großen Senats kann in keiner Weise überzeugen und gibt vielfachen Anlass zur Kritik. In ihr wird die grundlegende **Inkompatibilität** der Wertersatzeinziehung und zentraler jugendstrafrechtlicher Maximen ersichtlich verkannt. So war **§ 15 Abs. 2 Nr. 2** eingeführt worden, um eine spezifisch jugendstrafrechtliche Möglichkeit der Vorteilsentziehung zu schaffen. Die besonderen Begrenzungen dieser Abschöpfungsform – die Ermessensabhängigkeit und die Beschränkung auf den noch vorhandenen Nettodeliktsgewinn – waren gesetzgeberisch beabsichtigt. Trotzdem galt die Norm als ein „hinreichender Ersatz" für die (damals ins JGG nicht übernommene) Vermögensabschöpfung (BT-Drs. 1/3264, 40). Durch die vom Großen Senat bejahte obligatorische und abzugslose Wertersatzeinziehung wird dieses Rechtsinstitut indes obsolet, da das Gericht bei Wegfall der Tatvorteile zwar keine Geldauflage anordnen darf, im Widerspruch dazu aber die wirtschaftlich äquivalent wirkende Einziehung veranlassen muss. Die Begrenzungswirkung von § 15 Abs. 2 Nr. 2 kommt so nur noch bei einem Vorgehen nach § 421 StPO zum Tragen, wobei die Anordnung einer jugendstrafrechtlichen Geldauflage außerhalb dieser Ausnahmekonstellationen ohnehin sinnlos geworden ist (→ § 15 Rn. 25a). Der Große Senat tut dieses Problem mit einem unzutr. Hinweis auf eine angebliche legislatorische Absicht ab (BGH NStZ 2021, 679 (681 f.)). Darauf, dass der spezifisch jugendstrafrechtliche Ansatz, verschuldungserzeugende finanzielle **Folgelasten zu vermeiden** (vgl. neben § 15 Abs. 2 Nr. 2 auch § 74 und die Unzulässigkeit der Geldstrafe), hierdurch unterlaufen wird, geht er sodann gar nicht erst ein (krit. Kölbel/Eisenberg/Sonnen NStZ 2021, 683 (684)).

bb) Spezialpräventive Dysfunktionalität. Die Wertersatzeinziehung **13** greift nicht nur geldstrafenähnlich auf das „allgemeine Vermögen" des Jugendlichen zu, sondern erfolgt sogar ohne Rücksicht auf dessen Leistungsfähigkeit. Dass die Belastung nicht aus vorhandenen Mitteln erbracht werden kann, ist für Angeklagte im JStVerf – angesichts der alterstypischen Vermögenslosigkeit und erlebnisorientierter jugendlicher Lebensstile – aber geradezu charakteristisch. Die Anwendung von § 73c StGB führt für die Adressaten daher häufig zu einer anhaltenden biografischen Hypothek, die Chancen, Entfaltungspotenziale und Entwicklungsmöglichkeiten der betroffenen jungen Menschen erheblich beschränkt und die **zukunftsorientiert**-fördernde Ausrichtung der daneben angeordneten, spezialpräventiv ausgerichteter Rechtsfolgen **auf bizarre Weise konterkariert** (für Fälle mit sogar erdrosselnder Wirkung s. BGH BeckRS 2017, 131923 (20.000 EUR) und BGH NStZ-RR 2021, 79 (Ls.) = BeckRS 2020, 36449 (über 45.000 EUR) jeweils aus BtM-Verkäufen; BGH BeckRS 2021, 4843 (über 70.000 EUR) bei Bandenbetrug). Dass die Wertersatzeinziehung daher **das Gegenteil einer sinnvollen erzieherischen Intervention** im JStR darstellt, wird (offenbar) selbst vom Großen Senat nicht bestritten (vgl. die Andeutungen in NStZ 2021, 679 (682 und 683); Unbehagen auch bei OLG Hamm BeckRS 2020, 21462; gänzlich abw. aber BGH NStZ-RR 2020, 124 (125); LG Limburg BeckRS 2019, 15472; Korte NZWiSt 2018, 231 (233); Kudlich/Lang JR 2021, 593 (596 f.)). Ob hierdurch wenigstens ein Beitrag zur positiven Generalprävention geleistet werden kann, spielt (abgesehen von der Unplausibilität einer dahingehenden Annahme) iU überhaupt keine Rolle, weil die Aufhebung des mit dem JStR verfolgten Hauptzwecks (Spezialprävention) durch den Eintritt jenes Nebeneffektes (→ § 2 Rn. 5) schwerlich legitimiert werden kann (abw. wohl BGH NStZ 2021, 679 (681)).

cc) Kein hinlänglicher Schutz im Vollstreckungsverfahren. Der **14** spezialpräventiven Dysfunktionalität einer überfordernden Wertersatzeinziehung werde aus Sicht des Großen Senats durch §§ 421, 459g Abs. 5 StPO ausreichend Rechnung getragen (BGH NStZ 2021, 679 (682 f.); ebenso bspw. schon BGH ZJJ 2019, 285 = BeckRS 2019, 9584; BGH NStZ-RR 2020, 124 (126); BGH BeckRS 2019, 20407; BeckRS 2020, 10799; OLG Hamm BeckRS 2020, 21462; LG Köln NStZ-RR 2019, 232 (s.) = BeckRS 2019, 5463; Ostendorf in NK-JGG Rn. 9; n. etwa Schumann StraFo 2018,

415 (420 ff.); Schumann StraFo 2019, 431 (431 f.); Schumann NK 2020, 471 (479 ff.); Kudlich/Lang JR 2021, 593 (596 f.); diff. Schady/Sommerfeld ZJJ 2019, 235 (238 f.)). Doch das Absehen von der Einziehung gem. **§ 421 StPO** iVm § 2 Abs. 2 kommt nur in den **problemärmsten** Fällen einer geringfügigen Wertersatzeinziehung in Betracht (und ist selbst dann in das ungeregelte Justizermessen gestellt). Auch durch den Vollstreckungsschutz gem. **§ 459g StPO** iVm § 2 Abs. 2 wird der behauptete Schutz des Jugendlichen nicht hinreichend sichergestellt (Kölbel/Eisenberg/Sonnen NStZ 2021, 683 (684); ähnlich schon BGH NZWiSt 2019, 360 (363) mAnm Eisenberg JR 2019, 598; BGH ZJJ 2020, 306 (308 f.) = BeckRS 2020, 18436; vgl. auch Eckel ZJJ 2020, 265 (267 f.)). Die Entscheidung erfolgt hier weitgehend intransparent; sie ist dem Hauptverhandlungsdiskurs wie auch dem regulären Instanzenzug entzogen, zumal die Aufklärungsmöglichkeiten in dieser Phase deutlich erschwert und unverteidigte Verurteilte weitgehend **wehrlos** sind (s. auch → Rn. 19). Auch verschafft der Vollstreckungsschutz nur einen Aufschub, weil die Umsetzung der Einziehung bei einer späteren wirtschaftlichen Konsolidierung des Jugendlichen wiederaufgenommen werden muss (§ 459g Abs. 5 S. 2 StPO iVm § 2 Abs. 2). Insbes. aber ignoriert der Große Senat die Änderung in § 459g Abs. 5 S. 1 StPO, der zufolge eine Vollstreckung **nur noch bei Unverhältnismäßigkeit** unterbleiben und die Entreicherung hierfür „im Grundsatz nicht" (BT-Drs. 19/27654, 111 f.) mehr ausreichen soll (dieses Ergebnis auch im JStR allerdings sogar ausdrücklich billigend Kulhanek JZ 2022, 49 (52); die Möglichkeit von Ausnahmen annehmend Eckel ZJJ 2021, 381 (382)).

15   **dd) Indifferenz legislatorischer Absichten.** Obendrein wurde die Problematik legislatorisch offenbar überhaupt nicht bedacht. Gesetzgeberische Überlegungen sind angesichts der hierzu vollständig schweigenden Gesetzesmaterialien nirgends ersichtlich (ebenso BGH ZJJ 2020, 306 (308 f.) = BeckRS 2020, 18436; Berberich/Singelnstein StV 2019, 505 (507); Eisenberg ZJJ 2019, 286 (286 f.); Eisenberg ZJJ 2020, 203 (204); Schady/Sommerfeld ZJJ 2019, 235 (236, 239)). In BT-Drs. 18/9525, 104 wird auf drei Zeilen die redaktionelle Anpassung in § 76 lediglich als solche erklärt. Erkennbar wird daran **allein,** dass die **grds. Anwendbarkeit** der §§ 73 ff. StGB im JStR beabsichtigt war, **ohne** dass dies etwas über deren **Nicht-/ Einschränkbarkeit** besagen würde (zu insg. unergiebigen Äußerungen aus der ministeriellen Referatsebene einerseits Köhler NStZ 2018, 730 (730 f.); Korte NZWiSt 2018, 231 (233); andererseits aber Sommerfeld/Schady ZJJ 2019, 235 (236, 239)). Die Behauptung des Großen Senats, dass eine Klarstellung in den Gesetzesmaterialien angesichts der früheren Judikatur (→ Rn. 10) gar nicht zu erwarten gewesen sei (BGH NStZ 2021, 679 (680); zust. Kudlich/Lang JR 2021, 593 (595)), überzeugt nicht. Denn die damalige Judikatur war gerade deshalb umstr., weil der Gesetzgeber schon bei Einführung der §§ 73 ff. StGB aF nicht erklärt hatte, in welchem Umfang der Verfall im JStV anordnungsfähig sei (vgl. BT-Drs. 7/550, 331; ferner BT-Drs. 7/1261, 37 ff.). Für den Gesetzgeber von 2017 wäre, wenn er die Materie berücksichtigt hätte, eine klare Positionierung deshalb mehr als naheliegend gewesen (Kölbel/Eisenberg/Sonnen NStZ 2021, 683 (685)). Im Ref-E des Gesetzes zur Fortentwicklung der Strafprozessordnung und zur Änderung weiterer Vorschriften v. 6.10.2020, S. 33 wurde iÜ – im außerordentlich deutlichen Widerspruch zu den Behauptungen des Großen Senats

– klargestellt, dass die Problematik legislatorisch gerade nicht entschieden worden sei (S. 33: der „höchstrichterlichen Klärung" obliegend; ähnlich auch BT-Drs. 19/27654, 40).

ee) Konsequenz. Bei unvoreingenommener Betrachtung gibt es zur **16** Nicht-/Einschränkbarkeit der jugendstrafrechtlichen Wertersatzeinziehung keinen Regelungswillen, der in die Auslegung eingehen und diese ggf. leiten könnte. Die Norminterpretation muss daher **ohne die normgenetischen** Aspekte erfolgen – also allein anhand der vorhandenen Normtexte sowie normsystematischer und teleologischer Topoi. Danach folgt aus § 76 JGG einerseits die dort vorausgesetzte grds. Anwendbarkeit der §§ 73 ff. StGB im JStR. Andererseits sprechen die sonst drohenden normsystematischen und funktionalen Verwerfungen (→ Rn. 12 ff.) für eine **jugendgemäße Auslegung** von § 6 JGG iVm § 73c StGB (dazu allg. → § 2 Rn. 15 ff.). Ein tatbedingt erworbener Vermögenswert, der im Urteilszeitpunkt nicht mehr vorhanden ist, unterliegt danach im JStR keiner Einziehung. Diese hier schon bislang vertretene Interpretation (vgl. → 22. Aufl. Rn. 11 ff.) wird durch die Entscheidung des Großen Senats (NStZ 2021, 679) und deren faktische Bindungswirkung **keineswegs verstellt,** weil dieser Rechtsspruch allein auf die Vorlage des 1. Senats und dessen Interpretation von § 8 Abs. 3 JGG bezogen war.

c) Jugendgemäße Handhabung der Wertersatzeinziehung. aa) Ent- 17 scheidung gem. § 421 StPO iVm § 2 Abs. 2. Wird dem hier vertr. Ansatz nicht gefolgt, sind die Besonderheiten der Altersgruppe im JStR durch eine jugendorientierte Gestaltung der Werteinziehungsdetails in Rechnung zu stellen (ebenso bereits Höynck in FS Eisenberg II, 2019, 255 f.; Ostendorf in FS Dünkel, 2020, 674 f.). Allerdings bestehen dafür nur wenige Möglichkeiten (sodass der Gesetzgeber dringend zur Korrektur dieser hochgradig misslichen Rechtslage aufgerufen ist). Wie gering die Spielräume sind, zeigt sich schon an den Optionen von § 421 StPO iVm § 2 Abs. 2: Denn wegen § 422 StPO iVm § 2 Abs. 2 erlauben es prozessökonomische Aspekte kaum, **von der Einziehung abzusehen** (vgl. Temming in Beck-OK StPO § 412 Rn. 7). In Betracht kommt dies nach wohl hM am ehesten bei **bagatellarischen** Beträgen iSv § 421 Abs. 1 Nr. 1 StPO (so etwa Rose NStZ 2019, 648 (649); vorzugswürdig Schmidt in KK-StPO StPO § 421 Rn. 3: bis 500 EUR).

bb) Keine Gesamtschuld. Legt man eine jugendorientierte Handhabung 18 zugrunde, ist in Fällen, in denen eine (Vorteils- oder Wertersatz-)Einziehung bei **mehreren Tatbeteiligten** erfolgt, diese je nach den persönlich erlangten Vorteilen zu individualisieren, weil nur so die Rechtsfolge mit dem jeweils zu verantwortenden Tatbeitrag korrespondiert. Dieser erzieherische Aspekt würde durch eine **gesamtschuldnerische Haftung** negiert (so tendenziell auch Eckel ZJJ 2020, 265 (270); diff. Ostendorf in NK-JG Rn. 6). Deshalb kommt deren Anordnung (anders als im allg. StR) **nicht** in Betracht. In Fällen, in denen mehrere Beteiligte faktische bzw. wirtschaftliche Mitverfügungsgewalt über den Tatvorteil erlangt haben (BGH NStZ 2019, 20; BGH BeckRS 2021, 31901), weicht die **stRspr** hiervon aber ab und ordnet wie im allg. StR eine gesamtschuldnerische Haftung an (etwa BGH ZJJ 2018, 338 = BeckRS 2018, 13566 mkritAnm Laue ZJJ 2018, 340 (341 f.); BGH NStZ 2018, 654; BGH NStZ 2019, 221 mkritAnm Eisenberg NStZ 2019, 222 (223); BGH BeckRS 2019, 29190). Dies ignoriert, dass

viele Jugendliche die Rechtslogik der Gesamtschuld, bei der ein Mitver-
urteilter für alle anderen (nur wegen seiner evtl. etwas besseren finanziellen
Ausstattung) herangezogen wird, nicht verstehen und als ungerecht empfinden. Dass die Rechtsfolgenentscheidung des Gerichts als fair wahrgenommen und so erzieherisch wirksam werden kann, ist dann von vornherein
unwahrscheinlich.

19 **cc) Vollstreckungsschutz.** Nach der Vorstellung des Großen Senats
muss eine angeordnete Wertersatzeinziehung nach **§ 459g Abs. 5 S. 1
StPO** iVm § 2 Abs. 2 in verschiedenen Konstellationen unterbleiben: wenn
es dafür erzieherische Gründe gibt, wenn der Jugendliche entreichert ist oder
wenn die Vollstr eine erdrückende und daher unverhältnismäßige Wirkung
entwickelt (BGH NStZ 2021, 679 (681); ähnlich Rose NStZ 2019, 648
(651)). Die Mittellosigkeit des Verurteilten als insofern wichtigster Fall soll
nach § 459g Abs. 5 StPO in der inzwischen geänderten Fassung zwar nicht
mehr an der Vollstr hindern (und nach BT-Drs. 19/27654, 111 f.: nur noch
durch Pfändungsschutz berücksichtigt), doch sind hiervon im JStR Abstriche
zu machen. § 2 Abs. 1 (zu dessen Geltung im Vollstreckungsverfahren
→ § 82 Rn. 43) verlangt angesichts der entwicklungsverstellenden Effekte
einer erzwungenen Überschuldung, die Beurteilungs- und Abwägungsspiel-
räume in der **Verhältnismäßigkeitsprüfung beschuldigtenfreundlich**
und zukunftsorientiert zu nutzen. Eine Vollstr, die zu langwährenden Ent-
wicklungsblockaden führt, ist unverhältnismäßig (ebenso Coen in BeckOK
StPO § 459g Rn. 32). Die dahingehende Prüfung kann vom Jugendlichen
beantragt werden (BGH wistra 2018, 427 = BeckRS 2018, 7862), ist aber
auch **von Amts wegen** vorzunehmen. Damit der entscheidungszuständige
JRichter (→ § 82 Rn. 39a und 45) eine solche Prüfung vornehmen kann,
muss ihm die Sache durch den Rechtspfleger, der mit der Vollstr administrativ befasst ist, vorgelegt werden. Um auch in dieser Phase der Vorgangs-
bearbeitung die Aufmerksamkeit für eine etwaige Unverhältnismäßigkeit
sicherzustellen, sollte das JGericht die dafür maßgeblichen Informationen
bereits im Urteil feststellen. Auch würde der Jugendliche mit der dahingehenden Antrags- und Darlegungslast (KG BeckRS 2020, 39454) sonst
leicht überfordert (zur Bestellung eines Verteidigers → § 83 Rn. 9a). Erfolgt
eine Vollstr, müssen die Möglichkeiten von **Zahlungserleichterungen**
(dazu etwa KG StraFo 2021, 87 = BeckRS 2020, 36765) ausgeschöpft
werden.

20 **d) §§ 74ff. StGB.** Die Differenzierungen der jugendgemäßen Auslegung
des allg. Abschöpfungsrechts sind in entsprechender Weise auf die Regelungen der §§ 74 ff. StGB und auf anderweitige Spezialbestimmungen in Ne-
bengesetzen zu erstrecken. Zulässig sind daher bspw. die Einziehung von
Tatprodukten (§ 74 StGB), die Unbrauchbarmachung (§ 74d StGB; zust.
Laubenthal/Baier/Nestler JugendStrafR Rn. 442) und die Einziehung des
Jagdscheines (§ 40 BJagdG). Soweit Abschöpfungsregelungen als faktische
Nebenstrafen bzw. Strafäquivalente wirken, muss sich dies **mindernd auf
die Bemessung** der Hauptrechtsfolge auswirken (s. für § 74 im allg. StR
bspw. BGH NStZ 2020, 407; vgl. etwa auch BGH BeckRS 2020, 36278;
BeckRS 2021, 14916). Nach hier vertr. Ansicht gilt indes die in → Rn. 16
dargestellte Einschränkung (etwa bei §§ 8 ff. WiStG, § 375 Abs. 2 AO). Dies
betrifft auch den (durch Gesetz v. 13.4.2017 (BGBl. I 872) neu gefassten)
§ 74c StGB. Die hier erlaubte Form der Wertersatzeinziehung ist zur Ver-

meidung erzieherisch abträglicher Folgen gleichermaßen auf Fälle beschränkt, in denen keine Entreicherung eingetreten ist und der Verurteilte den entsprechenden Geldbetrag zur Verfügung hat (zust. Rössner in HK-JGG Rn. 3; abw Ostendorf in NK-JGG Rn. 20; Ostendorf in FS Dünkel, 2020, 678). Zumindest sind diese Aspekte bei Wahrnehmung des **Anordnungsermessens,** das in allen Varianten der §§ 74 ff. StGB besteht (vgl. auch BGH BeckRS 2021, 23161), eigens zu berücksichtigen.

Maßregeln der Besserung und Sicherung

7 (1) **Als Maßregeln der Besserung und Sicherung im Sinne des allgemeinen Strafrechts können die Unterbringung in einem psychiatrischen Krankenhaus oder einer Entziehungsanstalt, die Führungsaufsicht oder die Entziehung der Fahrerlaubnis angeordnet werden (§ 61 Nr. 1, 2, 4 und 5 des Strafgesetzbuches).**

(2) [1] **Das Gericht kann im Urteil die Anordnung der Sicherungsverwahrung vorbehalten, wenn**

1. **der Jugendliche zu einer Jugendstrafe von mindestens sieben Jahren verurteilt wird wegen oder auch wegen eines Verbrechens**
   a) **gegen das Leben, die körperliche Unversehrtheit oder die sexuelle Selbstbestimmung oder**
   b) **nach § 251 des Strafgesetzbuches, auch in Verbindung mit § 252 oder § 255 des Strafgesetzbuches,**
   durch welches das Opfer seelisch oder körperlich schwer geschädigt oder einer solchen Gefahr ausgesetzt worden ist, und
2. **die Gesamtwürdigung des Jugendlichen und seiner Tat oder seiner Taten ergibt, dass er mit hoher Wahrscheinlichkeit erneut Straftaten der in Nr. 1 bezeichneten Art begehen wird.**

[2] **Das Gericht ordnet die Sicherungsverwahrung an, wenn die Gesamtwürdigung des Verurteilten, seiner Tat oder seiner Taten und ergänzend seiner Entwicklung bis zum Zeitpunkt der Entscheidung ergibt, dass von ihm Straftaten der in Satz 1 Nummer 1 bezeichneten Art zu erwarten sind; § 66a Absatz 3 Satz 1 des Strafgesetzbuches gilt entsprechend.** [3] **Für die Prüfung, ob die Unterbringung in der Sicherungsverwahrung am Ende des Vollzugs der Jugendstrafe auszusetzen ist, und für den Eintritt der Führungsaufsicht gilt § 67c Absatz 1 des Strafgesetzbuches entsprechend.**

(3) [1] **Wird neben der Jugendstrafe die Anordnung der Sicherungsverwahrung vorbehalten und hat der Verurteilte das siebenundzwanzigste Lebensjahr noch nicht vollendet, so ordnet das Gericht an, dass bereits die Jugendstrafe in einer sozialtherapeutischen Einrichtung zu vollziehen ist, es sei denn, dass die Resozialisierung des Verurteilten dadurch nicht besser gefördert werden kann.** [2] **Diese Anordnung kann auch nachträglich erfolgen.** [3] **Solange der Vollzug in einer sozialtherapeutischen Einrichtung noch nicht angeordnet oder der Gefangene noch nicht in eine sozialtherapeutische Einrichtung verlegt worden ist, ist darüber jeweils nach sechs Monaten neu zu entscheiden.** [4] **Für die nachträgliche Anordnung nach Satz 2 ist die Strafvollstreckungskammer zuständig, wenn der Betroffene das vierundzwanzigste Le-**

bensjahr vollendet hat, sonst die für die Entscheidung über Vollzugsmaßnahmen nach § 92 Absatz 2 zuständige Jugendkammer. [5] Im Übrigen gelten zum Vollzug der Jugendstrafe § 66c Absatz 2 und § 67a
Absatz 2 bis 4 des Strafgesetzbuches entsprechend.

(4) Ist die wegen einer Tat der in Absatz 2 bezeichneten Art angeordnete Unterbringung in einem psychiatrischen Krankenhaus
nach § 67d Abs. 6 des Strafgesetzbuches für erledigt erklärt worden,
weil der die Schuldfähigkeit ausschließende oder vermindernde Zustand, auf dem die Unterbringung beruhte, im Zeitpunkt der Erledigungsentscheidung nicht bestanden hat, so kann das Gericht nachträglich die Unterbringung in der Sicherungsverwahrung anordnen,
wenn

1. die Unterbringung des Betroffenen nach § 63 des Strafgesetzbuches wegen mehrerer solcher Taten angeordnet wurde oder
   wenn der Betroffene wegen einer oder mehrerer solcher Taten,
   die er vor der zur Unterbringung nach § 63 des Strafgesetzbuches
   führenden Tat begangen hat, schon einmal zu einer Jugendstrafe
   von mindestens drei Jahren verurteilt oder in einem psychiatrischen Krankenhaus untergebracht worden war und
2. die Gesamtwürdigung des Betroffenen, seiner Taten und ergänzend seiner Entwicklung bis zum Zeitpunkt der Entscheidung
   ergibt, dass er mit hoher Wahrscheinlichkeit erneut Straftaten der
   in Absatz 2 bezeichneten Art begehen wird.

(5) Die regelmäßige Frist zur Prüfung, ob die weitere Vollstreckung der Unterbringung in der Sicherungsverwahrung zur Bewährung auszusetzen oder für erledigt zu erklären ist (§ 67e des Strafgesetzbuches), beträgt in den Fällen der Absätze 2 und 4 sechs Monate,
wenn die untergebrachte Person bei Beginn des Fristlaufs das vierundzwanzigste Lebensjahr noch nicht vollendet hat.

Schrifttum: Bruhn, Die Sicherungsverwahrung im Jugendstrafrecht, 2010; Carroll,
Die nachträgliche Sicherungsverwahrung im Jugendstrafrecht, 2014; Gundelach, Die
Führungsaufsicht nach der Vollverbüßung einer Jugendstrafe, 2015; Höffler (Hrsg.),
Brauchen wir eine Reform der freiheitsentziehenden Sanktionen?, 2015; Karmrodt,
Sicherungsverwahrung bei Verurteilungen nach Jugendstrafrecht, 2012; Kaspar (Hrsg.),
Sicherungsverwahrung 2.0?, 2017; Kinzig, Die Legalbewährung gefährlicher Rückfall-
täter, 2. Aufl. 2010; Mushoff, Strafe – Maßregel – Sicherungsverwahrung, 2008; Rohr-
bach, Die Entwicklung der Führungsaufsicht unter besonderer Berücksichtigung der
Praxis in Mecklenburg-Vorpommern, 2014; Rüter, Nachträgliche Sicherungsverwah-
rung im Jugendstrafrecht, 2011; Schmitt-Homann, Alkohol- und drogenabhängige Patienten im Maßregelvollzug nach § 64 StGB am Beispiel des Bundeslandes Hessen, 2001;
Tessenow, Jugendliche und Heranwachsende im psychiatrischen Maßregelvollzug, 2002.

Übersicht

I. Allgemeines

1. Anwendungsbereich

Es gelten die Ausführungen zu → § 4 Rn. 1 f. entsprechend.   **1**

2. Regelungsgeschichte

Von den Maßregeln des allg. StR, die das **Gesetz** gegen **gefährliche**   **2**
Gewohnheitsverbrecher und über Maßregeln der Sicherung und Besserung v. 24.11.1933 in § 42a RStGB implementiert hatte (RGBl. I 995

(996)), wurden im AusführungsG (RGBl. I 1000 (1005)) durch Änderung von § 9 Abs. 5 JGG 1923 lediglich die Unterbringung in einer Heil- und Pflegeanstalt sowie in einer Trinkerheilanstalt als zulässig erklärt. § 17 RJGG 1943 (RGBl. I 639 (641)) nahm sodann eine weitere Beschränkung auf die erstgenannte Maßregel vor, da man für Trinkerheilanstalten bei Jugendlichen kein Bedürfnis und auch keine passende Ausrichtung sah (Kümmerlein Deutsche Justiz 1943, 529 (536)). Allerdings ermöglichte § 60 RJGG 1943 die sog. „Jugendbewahrung", die bereits durch Erlass des Reichsministers des Inneren v. 3.10.1941 eingeführt worden war und als Sicherungsverwahrungs-Ersatz für Jugendliche galt (Peters RJGG § 17 Anm. 3, § 60 Anm. 1). Hiernach konnte ein Jugendlicher nach Vollstr. der JStrafe – bei unbestimmter JStrafe bereits nach Teilvollstreckung – vom Vollstreckungsleiter zur Unterbringung in ein polizeiliches „Jugendschutzlager" überwiesen werden, sofern er „die Einordnung in die Volksgemeinschaft nicht erwarten" ließ (→ Einl. Rn. 17). Das **JGG 1953** nahm die „Jugendbewahrung" aus dem Gesetz heraus und sah in § 7 die Möglichkeit vor, die Maßregeln der Fahrerlaubnisentziehung und der Unterbringung in einer Heil- und Pflegeanstalt anzuordnen. Dies wurde bei der Neufassung des JGG vom 1.1.1973 (BGBl. 1973 I 149) um die Führungsaufsicht, die das 2. StRG 1969 in das allg. StR eingeführt hatte, und die Unterbringung in einer Entziehungsanstalt ergänzt (durch Erweiterung von § 7 und Einfügung von § 93a; zur Begründung s. BT-Drs. VI/3250, 313).

3   Die Vorschriften zur **Sicherungsverwahrung** verdanken sich hingegen einer regelrechten Kaskade von (zunächst) nur-repressiven Neuregelungen (s. auch → Rn. 30 ff.; zu grundsätzlichen Einwänden stellvertretend Mushoff, Strafe – Maßregel – Sicherungsverwahrung, 2008, 305 ff., 426 ff. (betr. allg. StR)). So wurde zunächst durch die Gesetze v. 27.10.2003 bzw. 23.7.2004 die Basis geschaffen, bei Heranwachsenden im Falle der Anwendung von allg. StR die (spätere) Anordnung von Sicherungsverwahrung vorzubehalten oder eine solche nachträglich zu veranlassen (dazu → § 106 Rn. 13–15). Dem folgte mit dem Gesetz v. 8.7.2008 (BGBl. 2008 I 1212) die Möglichkeit der nachträglich ergehenden Anordnung dieser Maßregel auch bei Verurteilungen nach JStR (wobei sich die diesbzgl. Einschränkungen durch das Gesetz v. 22.12.2010 (BGBl. 2010 I 2300) nur auf das allg. StR (§ 66a StGB) bezogen und das JStR ausklammerten (vgl. auch → § 81a Rn. 3)). In Reaktion auf die verfassungsrechtliche Judikatur kam es sodann allerdings zu weiteren gesetzlichen Änderungen durch Gesetz v. 1.1.2011 (BGBl. 2010 I 2300) und v. 5.12.2012 (BGBl. 2012 I 2425), die die Ausgestaltung der vorbehaltenen Sicherungsverwahrung betrafen (n. → Rn. 39 ff., → § 106 Rn. 10 ff.). Die zweitgenannte Neuregelung, dh das AbstandsgebotsG zur Umsetzung der in BVerfGE 128, 326 = NJW 2011, 1931 formulierten Anforderungen (dazu etwa Höffler/Kaspar ZStW 124 (2012), 87), ersetzte indes auch die nachträgliche Sicherungsverwahrung – sei es nach vorherigem JStVollz (Abs. 2 aF) bzw. betr. Heranwachsende nach vorherigem Freiheitsstrafvollzug (§ 106 Abs. 5 aF) – zugunsten der vorbehaltenen Sicherungsverwahrung. Dies war aber (in Abs. 2 bzw. in § 106 Abs. 3 und Abs. 4) auf Fälle beschränkt, in denen die letzte Anlasstat nach Inkrafttreten dieser Neuregelung begangen wurde. Für sog. „Altfälle" galten die bisherigen Vorschriften fort (§ 316f EGStGB), dies allerdings unter den einschränkenden Voraussetzungen von BVerfGE 128, 326 (= NJW 2011, 1931).

3. Verhältnis zum Erziehungsziel

Die Zweispurigkeit von Strafe und Maßregel irritiert mit Blick auf **anti-** 4
thetische Aspekte des Verhältnisses von Schuld (die ein autonom agierendes
Subjekt unterstellt) und Maßregelbedürftigkeit (die von einer determinierten
Gefährlichkeit der Person ausgeht). Das gilt nicht nur für das allg. StR,
sondern auch für das JStR, das (ungeachtet § 5 Abs. 3) die Zweispurigkeit
ebenfalls kennt. Darüber hinaus ist hier aber auch die **Vereinbarkeit** von
Maßregeln der Besserung und Sicherung mit dem Erziehungsgedanken
fraglich (aus den sehr seltenen Problematisierungen vgl. v. Beckerath, Jugendstrafrechtliche Reaktionen bei Mehrfachtäterschaft, 1997, 69 ff.; Baur
FS 2019, 105 (107 f.)). Die Rechtsfolgenvielfalt und –flexibilität im JStR lässt
schon kaum ein Bedürfnis nach zusätzlichen Maßnahmen mit zugleich bes-
sernder wie sichernder Ausrichtung erkennen. Ohnehin wird bei diesen
Interventionen die erzieherische Ausrichtung umso stärker geschwächt, je
dominanter die Sicherungsbelange ausfallen (vgl. hierzu bei der Führungsaufsicht → Rn. 50 f.; bei der Entziehung der Fahrerlaubnis → Rn. 63; bei
§§ 63, 64 StGB → § 92 Rn. 146 ff. bzw. 151 ff.; zur diesbzgl. gesteigerten
Problematik bei der Sicherungsverwahrung → Rn. 34 f., → § 106 Rn. 14,
15; → § 92 Rn. 155 ff.).
Der grundsätzliche Widerspruch äußert sich indes in der maßregeltypi- 5
schen Anknüpfung an die durchgängig bestehenden Voraussetzungen der
Gefahr bzw. **Gefährlichkeit,** die gleichsam artifiziell eine Vielzahl von
Faktoren unterschiedlicher Problembereiche umfassen und sich unmittelbar
weder auf juristische noch auf verhaltenswissenschaftliche Prüfkriterien beziehen. Die hiermit verbundene Einstufungslogik wird den Bedingungen bei
Personen, die sich mitten in dynamischen Entwicklungs- und Reifungspro-
zessen befinden, wenig gerecht (dazu bei der Unterbringung im psychiatrischen Krankenhaus → Rn. 8 und bei der Sicherungsverwahrung → Rn. 34).
Dass gegenüber diesen Brüchen eine begrifflich synthetisierende Betrachtung iS einer contra legem postulierten Einspurigkeit des jugendstrafrechtlichen Rechtsfolgensystems (s. Ostendorf in NK-JGG Grdl. zu §§ 5–8
Rn. 3) Abhilfe verspricht, ist zweifelhaft.

4. Jugendgemäße Handhabung

Die Normtextfassung von Abs. 1: („können … angeordnet werden") 6
bestimmt das Spektrum der im JStR zulässigen Maßregeln der Besserung
und Sicherung. Für die Voraussetzungen der jeweiligen Anordnung und für
die Durchführung gelten dabei jeweils die Bestimmungen des allg. StR. Das
JGericht hat deshalb hierbei auch nur insoweit ein Entscheidungsermessen,
als ein solches im allg. StR besteht (BGHSt 37, 373 (374) = NJW 1992,
1570 mAnm Walter NStZ 1992, 100; BGHSt 39, 92 (95) = NJW 1993,
1404; BGH NStZ 2021, 679 (683); missverständlich BVerfG NStZ-RR
2008, 217 (218); für Anordnungsermessen im JStR Baur FS 2019, 105
(107)). Allerdings muss die Prüfung der konkreten Anordnungsvorausset-
gen – insb. die Gefährlichkeitsprognose samt den hierfür maßgeblichen
Tatsachen – ebenso wie die Abwägung der Verhältnismäßigkeit (§ 62 StGB)
unter **Orientierung** an der besonderen **erzieherischen Leitausrichtung**
des JStR erfolgen (teilw. abw. Ostendorf in NK-JGG Rn. 3). Soweit dies in
der gegebenen Spannungslage möglich ist (→ Rn. 5 f.), gilt der Grundsatz

der jugendgemäßen Handhabung (dazu für materiell- und prozessrechtliche Fragen → § 2 Rn. 28 ff., → § 2 Rn. 39 ff.) grds. auch im Maßregelbereich (→ § 2 Rn. 19 ff.; für eine restriktive aA vgl. Laue in MüKoStGB Rn. 7 f.). Das macht generell eine **besonders strenge** Verhältnismäßigkeitsprüfung erforderlich (BGHSt 37, 373 = NJW 1992, 1570 mAnm Walter NStZ 1992, 100) und kann bisweilen auch zu weiteren Abweichungen vom allg. StR führen (s. etwa die hier vertr. Modifizierungen bzgl. der Anwendbarkeit von § 68 Abs. 2 StGB → Rn. 53 f. und bzgl. der Regelvermutung des § 69 Abs. 2 StGB → Rn. 66 f.).

II. Unterbringung in einem psychiatrischen Krankenhaus

1. Anordnung

7   **a) Voraussetzungen.** § 63 StGB iVm Abs. 1 und § 2 Abs. 2 setzt eine Anlasstat voraus, die in einem von **§ 20 StGB oder § 21 StGB** erfassten Zustand begangen wurde. Steht die Schuldunfähigkeit nicht fest, muss zumindest das Vorliegen einer erheblichen Einschränkung der Schuldfähigkeit (§ 21 StGB) begründet sein. Es genügt also nicht, dass eine solche Einschränkung „nicht auszuschließen" ist (stRspr). Der fragliche verantwortlichkeitseinschränkende Zustand muss mithin – unter erschöpfender Abwägung der dafür und dagegen sprechenden Gründe (BGH NStZ-RR 2007, 73 (74); BGH BeckRS 2010, 18742) – als **sicher bestehend** und iÜ auch länger andauernd (→ Rn. 8 f.) **festgestellt** werden (vgl. nur BGHR StGB § 63 Zustand 27 (Gründe) = BeckRS 1997, 31119992). Mängel in der argumentativen Plausibilisierung eines entspr. Zustandes werden in der Praxis immer wieder gerügt (vgl. etwa BGH NStZ-RR 2010, 309 (311); BeckRS 2013, 17468; BeckRS 2014, 14636; BeckRS 2014, 14632; BeckRS 2015, 17661; BeckRS 2016, 6433; BeckRS 2016, 11572; BeckRS 2016, 11645; BeckRS 2017, 129026; BeckRS 2021, 12735). So genügt es bspw. nicht, diagnostizierte kognitive Defizite und/oder wahnhafte Störungen wiederzugeben, ohne deren konkrete Auswirkungen in den fraglichen Verhaltensweisen aufzuzeigen (BGH StV 2017, 585 = BeckRS 2016, 20934).

8   Über die sog. Defekttat hinaus ist die Unterbringung gem. § 63 StGB an die **Prognose** erheblicher rechtswidriger Taten geknüpft (n. Eher/Lindemann/Birklbauer/Müller R&P 2016, 96 ff.). Dabei wird auf die Perspektive zum Aburteilungszeitpunkt abgestellt und eine Wahrscheinlichkeit höheren Grades vorausgesetzt (BGH NStZ-RR 2015, 72: „eine lediglich latente Gefahr reicht (…) nicht aus"). Dass bei bestimmten Diagnosen statistisch eine angehobene Deliktsbelastung besteht, genügt dafür nicht (BGH StV 2017, 585 = BeckRS 2016, 20934). IdR wird sich die fragliche Erwartung nur unter Hinzuziehung der bisherigen Biografie, der Krankheitsgeschichte, der Lebensbedingungen und der Tatzusammenhänge begründen lassen (BGH NStZ-RR 2018, 139; Bsp. für fehlende Schlüssigkeit der tatgerichtlichen Begründung etwa bei BGH NStZ-RR 2011, 241; NStZ 2015, 394 (395)). Konflikten und Delikten während einer (vorläufigen) Unterbringung oder in anderen stationären Kontexten wohnt hier wegen der häufig situativ geprägten Zusammenhänge oft nur eine sehr geringe Hinweiskraft inne (BGH NStZ-RR 2011, 202; BeckRS 2012, 23337; NStZ-RR 2020, 140; nur bedingt überzeugend dagegen die Relativierungen etwa in BGH

BeckRS 2017, 106508; BeckRS 2019, 23885; NStZ 2020, 278; indifferent Babucke RPsych 6 (2020), 274 (282 f.)). Nach der Neufassung durch Gesetz v. 8.7.2016 (BGBl. I 1610) muss es sich bei den prognostizierten **schweren Straftaten** iÜ um solche handeln, durch die Personen „seelisch oder körperlich erheblich geschädigt oder erheblich gefährdet" werden oder durch die „schwerer wirtschaftlicher Schaden angerichtet" wird (§ 63 S. 1 StGB). Bleibt das Anlassdelikt hinter diesem Unrechtsniveau zurück, steigen die Prognoseanforderungen. Dann ist die besagte Deliktserwartung auf „besondere Umstände" zu stützen (§ 63 S. 2 StGB). Das Tatgericht muss insofern zeigen, dass und aus welchen konkreten Gründen die künftige Delinquenz qualitativ von der Anlasstat abweichen wird (BGH StV 2017, 585 = BeckRS 2016, 20934).

Zwischen psychischer Verfassung und **Gefährlichkeit** muss ein **sympto-** 9 **matischer** Zusammenhang dergestalt bestehen, dass sich sowohl die Anlasstat (BGH NStZ 2007, 266 sowie → Rn. 7) als auch die (zukünftig) zu befürchtenden rechtswidrigen Taten als Folgen dieser Verfassung erweisen. Mit Blick auf die damit verbundenen diagnostischen und prognostischen Aspekte bedarf es im JStR einer **besonders gründlichen** Prüfung der tatsächlichen Voraussetzungen (BGHSt 37, 373 = NJW 1992, 1570 mAnm Walter NStZ 1992, 100; BGHR JGG § 5 Abs. 3 Absehen 1 = BeckRS 1993, 31083921). Hierbei ist ein früheres Verhalten im strafunmündigen Alter, falls es überhaupt berücksichtigt werden darf (→ § 1 Rn. 22 f.), von oft begrenzter und fallkonkret jedenfalls begründungsbedürftiger Aussagekraft (zw. daher BGH BeckRS 2016, 15483). Dies gilt grds. auch für ein frühes Erstdeliktsalter (Stöver/Hupp/Wendt FPPK 7 (2013), 183 (190); erg. → § 5 Rn. 59). Auch wenn zur Beurteilung der genannten Voraussetzungen ein **Sachverständiger** zu hören ist (s. § 246a Abs. 1 StPO iVm § 2 Abs. 2 und → Rn. 15), bleibt es gerade bei sehr jungen Tätern idR höchst fraglich, ob ihr noch recht kurzer Lebensverlauf bereits eine hinreichend tragfähige Gefährlichkeitsbeurteilung erlaubt (eingehend Lammel FPPK 4 (2010), 248 (255 f.); in problematischer Weise bei knapp 15-Jährigem dagegen allein auf die Anlasstat fokussierend BGH BeckRS 2019, 23885).

Nach dem allg. **Verhältnismäßigkeitsgrundsatz** des § 62 StGB muss 10 die Unterbringung „im öffentlichen Interesse **unerlässlich**" sein (vgl. BVerfG BeckRS 2013, 53753; BGH BeckRS 2015, 8001; BGH StV 2016, 732 = BeckRS 2015, 2485; Eher/Lindemann/Birklbauer/Müller R&P 2016, 96 (104)). Über die dahingehende Maßgabe des allg. StR hinaus bedarf es im JStR einer besonders sorgfältigen Prüfung, ob weniger einschneidende Maßnahmen ähnlich geeignet und daher vorzuziehen sind (BGH DVJJ-J 2002, 464 = BeckRS 2002, 7265; OLG Jena NStZ-RR 2007, 218 (219); einschr. Laue in MüKoStGB Rn. 8). Berücksichtigt man, dass eine jugendgemäß-erzieherische Ausrichtung der Unterbringung de facto nur selten gewährleistet ist (→ § 92 Rn. 148), muss das fast immer bejaht werden. Bisweilen kann selbst eine (unter dem Vorbehalt von § 5 Abs. 3) erwogene JStrafe gegenüber der unbefristeten Unterbringung vorrangig sein (BGHR JGG § 5 Abs. 3 Absehen 1 = BeckRS 1993, 31083921; BGH NStZ 1998, 86 (87)). Als vorzugswürdige unterbringungsersetzende Anordnungen kommen aber insbes. eine Weisung nach § 10 Abs. 2 oder anderweitige Unterbringungsformen (notfalls auch eine solche gem. § 64 StGB) in Frage (BGH NJW 1951, 450; BGHR StGB § 63 Gefährlichkeit 18 (Gründe) = BeckRS 1992, 31081505). Angesichts des hohen Anteils unter den in Be-

tracht kommenden Jugendlichen, bei dem es zu früherer mehrjähriger
Heimunterbringung bzw. kinder- und jugendpsychiatrischer Behandlung
gekommen war (vgl. etwa Stöver/Hupp/Wendt FPPK 7 (2013), 183 (187);
Elsner in Schmidt-Quernheim/Hax-Schoppenhorst ForensPsych 437), können solche **Alternativen** zur Unterbringung gem. § 63 StGB auch nicht
schon deshalb ausscheiden, weil entspr. Maßnahmen zuvor bereits (ggf.
mehrfach) durchgeführt worden sind. Hierfür spricht ferner, dass es stets auf
die Art der Maßnahmedurchführung ankommt und die individuelle Entwicklung oft unerwartete Wendungen nimmt.

11   **b) Abgrenzung.** Eine Anordnung nach § 63 StGB kommt nach allgA
nicht in Betracht, wenn es beim Anlassdelikt ausschließlich an der strafrechtlichen **Verantwortlichkeit iSv § 3 S. 1** fehlt (s. nur Dehne-Niemann
NStZ 2018, 375 (375) mwN). Ein Sicherungsverfahren (§§ 413 ff. StPO
iVm § 2 Abs. 2) darf dann folglich nicht durchgeführt werden (Meyer-
Goßner/Schmitt § 413 Rn. 4). All dies gilt gleichermaßen in Fällen, in
denen der Reifemangel iSv § 3 S. 1 mit einem Zustand iSv §§ 20, 21 StGB
zusammenfällt. Von der Rspr. wird in dieser Konstellation allerdings eine
abw. Auffassung vertreten (dazu n. → § 3 Rn. 50 f.; speziell zur Zulässigkeit
des Sicherungsverfahrens bei Schuldunfähigkeit vgl. hier das obiter dictum
bei BGHSt 26, 67 (70) = NJW 1975, 1469 (1470)). Soweit die Schuldfähigkeit dagegen bei gem. § 3 S. 1 vorliegenden Reifevoraussetzungen eingeschränkt ist und eine Unterbringung gem. § 63 StGB angeordnet wird,
erlaubt das JGG eine Verbindung mit sämtlichen Rechtsfolgen des JStR (s.
auch → § 8 Rn. 5). Von einer JStrafe ist davon jedoch unter Bezugnahme
auf § 5 Abs. 3 im Regelfall abzusehen (→ § 5 Rn. 29). Dies gilt ebenso für
Zuchtmittel. Auch die Verbindung der Unterbringung mit Erziehungsmaßregeln stellt höchst selten eine spezialpräventiv funktionale Interventions-
kombination dar.

2. Beendigung

12   **a) Erledigungserklärung.** Im Falle der Anordnung hat das Gericht stets
die Voraussetzungen der **sofortigen Aussetzung** der Vollstr zBew (§ 67b
Abs. 1 S. 1 StGB iVm § 2 Abs. 2) zu prüfen (vgl. zum allg. StR etwa BGH
NStZ-RR 2010, 171). Wird diese Möglichkeit verneint, ist die Unterbringung prinzipiell auch bei Jugendlichen zeitlich nicht definitiv befristet (§ 67d
StGB) und (anders als die Unterbringung in einer Entziehungsanstalt) potenziell lebenslang möglich. Zu einer Beendigung durch das Gericht – dh durch
den Jugendrichter als Vollstreckungsleiter (§§ 82 Abs. 1, 83 Abs. 1) –
kommt es nur in vier Konstellationen. Gem. **§ 67d Abs. 6 S. 1 Alt. 1 StGB**
iVm § 2 Abs. 2 wird die Maßregel (selbst bei der Befürchtung neuer Straftaten) für erledigt erklärt, sofern die Grundlage für ihre Anordnung entfallen
ist, etwa wegen vollständiger Heilung (überzogen OLG Braunschweig
NStZ-RR 2014, 357; NStZ-RR 2015, 190 zum allg. StR: Voraussetzungs-
wegfall müsse „mit Sicherheit feststehen"). Diesem ausdrücklich geregelten
Fall steht es nach allgA gleich, wenn sich herausstellt, dass man aufgrund
einer Fehldiagnose die Anordnungsvoraussetzungen im Erkenntnisverfahren
zu Unrecht angenommen hatte (OLG Jena NStZ-RR 2011, 61; siehe aber
ua auch BVerfG NStZ-RR 2007, 29 (30); NStZ-RR 2015, 59; Kinzig in
Schönke/Schröder StGB § 67d Rn. 24: nur bei falscher tatsächlicher Ein-

schätzung des psychischen Zustandes und nicht auch bei falscher rechtlicher Schuldunfähigkeits- oder Gefährlichkeitsbewertung (alle zum allg. StR)). In beiden Varianten kann ggf. aber gem. **Abs.** 4 eine Sicherungsverwahrung nachträglich angeordnet werden (→ Rn. 47).

Eine **dritte Erledigungsvariante** tritt ein, falls die weitere Unterbrin- **13** gung unverhältnismäßig wäre (§ 67d Abs. 6 S. 1 Alt. 2 StGB iVm § 2 Abs. 2). Dies setzt allerdings eine so lange Vollzugszeit voraus, dass eine Verlängerung (selbst bei bestehenden Therapiechancen) durch die fortbestehende Gefahrenprognose nicht mehr zu rechtfertigen ist. Für die dahingehende Abwägung stellt die Aburteilung nach JStR ein (verkürzendes) Kriterium dar (vgl. BVerfG BeckRS 2014, 54608 Rn. 27; nicht erörtert von OLG Karlsruhe BeckRS 2017, 116955). Nach 6- bzw. 10-jähriger Unterbringung werden die Fortdauerbedingungen durch § 67d Abs. 6 S. 2 und 3 StGB iVm § 2 Abs. 2 in zwei Stufen (insofern krit. Schalast/Lindemann R&P 2015, 72 (79 f.)) weiter verschärft. Das Andauern der Unterbringung ist dann nur noch – als eine begründungsbedürftige Ausnahme von der Regel (KG StV 2017, 604) – bei zu erwarteten Delikten verhältnismäßig, die über den Grad der Erheblichkeit (→ Rn. 8) hinausgehen und die im Gesetz genannten schweren Folgen hervorrufen würden (zur hiermit verbundenen Aufklärungspflicht vgl. etwa OLG Karlsruhe BeckRS 2017, 116955). – Bei allen Erledigungsvarianten tritt mit Entlassung aus dem Vollzug nach hM die Führungsaufsicht ein (→ Rn. 56).

b) Aussetzung zur Bewährung. Rechtspraktisch werden die vor- **14** genannten Beendigungsformen nur selten bejaht. Den typischen Beendigungsfall bildet vielmehr die Aussetzung der Vollstr zBew gem. **§ 67d Abs. 2 StGB** iVm § 2 Abs. 2 (Eisenberg/Kölbel Kriminologie § 38 Rn. 32 Fn. 293 mwN). Für die Aussetzung der Unterbringung verlangt das Gesetz eine **Prognose,** wonach die betr. Person nach ihrer Entlassung keine erheblichen (→ Rn. 8) Delikte begehen wird. Die Anforderungen an die diesbzgl. Erwartungssicherheit liegen umso höher, je schwerer die zur Debatte stehenden Straftaten sind (OLG Hamm BeckRS 2016, 3122). Ob nach diesen Maßstäben eine Fortdauer der Unterbringung notwendig oder eine Entlassung vertretbar ist, bedarf einer in regelmäßigen Abständen – mindestens jährlich (§ 67e Abs. 2 StGB) – vorzunehmenden Überprüfung. Die dahingehende Regelung ist allerdings **nicht** an die Besonderheiten junger Menschen **angepasst,** auch nicht hinsichtlich des Prüfintervalls (dazu Baur FS 2019, 105 (106 f.) mit zutr. Kritik an der Nichtgeltung und für analoge Anwendung von Abs. 5 (→ Rn. 46)). In der Sache hängen die fraglichen Prognosen va von den therapeutischen Entwicklungen in der Unterbringung ab, daneben bspw. aber auch von der stabilitätsfördernden Situation nach einer Entlassung. Faktische Einschränkungen bei der familiären Aufnahmebereitschaft oder bei den Unterbringungsmöglichkeiten in Übergangs- und Pflegeeinrichtungen (zum hier bestehenden Einwilligungserfordernis vgl. §§ 68b Abs. 2 S. 4, 56c Abs. 3 StGB iVm § 2 Abs. 2 vgl. LG Stralsund NStZ-RR 2008, 59) wirken sich in der Praxis deshalb nicht selten in Form von sich vermeidbaren Vollzugsverlängerungen aus.

Dass das Gericht nach § 463 Abs. 4 S. 1 StPO iVm § 2 Abs. 2 eine **15** Stellungnahme der jeweiligen Einrichtung bzw. des dort behandelnden Arztes einholen und sich bei seiner Prognose hierauf de facto auch wesentlich stützen muss, zwingt den Betroffenen zur absoluten Unterwerfung während des Vollzugs (vgl. dazu auch die Bemerkungen bei BVerfG NStZ-RR 2010, 122) und fördert zudem überstrenge Prognosen (vgl. dazu durch Vergleich zwischen externen und internen Gutachten etwa Müller/Becker/Stolpmann R&P 2006, 174 ff.). Die Problematik wird inzwischen (seit Gesetz v. 8.7.2016 (BGBl. I 1610)) etwas abgemildert, weil gem. § 463 Abs. 4 S. 2–4 StPO iVm § 2 Abs. 2 regelmäßig auch ein externer **Sachverständiger** einzubinden ist (iS einer Soll-Vorschrift). § 463 Abs. 4 S. 5 StPO iVm § 2 Abs. 2 verengt dies auf die „ärztliche oder psychologische" Profession (krit. Brettel/Höffler medstra 2016, 67), wobei die fragliche Person „über forensisch-psychiatrische Sachkunde und Erfahrung verfügen" soll. Die erforderliche spezifisch-entwicklungsbezogene Expertise – hier namentlich: die jugendpsychiatrische Sachkunde (dazu bei jungen Untergebrachten → § 43 Rn. 34 f., 38) – wird mit dieser Regelung aber nicht hinreichend sichergestellt. – Im Übrigen ist eine mündliche Anhörung durch das Gericht zwingend (§§ 463 Abs. 4 S. 7, 454 Abs. 2 S. 3 StPO iVm § 2 Abs. 2). Das gilt für den Untergebrachten auch bei einem etwaigen Verzicht oder einer vorfristigen Fortdauerentscheidung (OLG Brandenburg NStZ-RR 2011, 125) und ergibt sich bereits aus den gesteigerten Beurteilungsproblemen bei jungen Probanden. Über den Wortlaut von § 463 Abs. 4 S. 8 StPO iVm § 2 Abs. 2 JGG hinaus handelt es sich iÜ nach allg. Grundsätzen (→ § 68 Rn. 26 ff.: drohende Überforderung des Untergebrachten) bei jeder Entscheidung iSv § 67e StGB iVm § 2 Abs. 2 um eine Konstellation der notwendigen Verteidigung (diff. aber OLG Braunschweig R&P 2017, 252 = BeckRS 2017, 114197 mkritAnm Schiemann R&P 2017, 253).

3. Vollstreckungsreihenfolge

16   Bei erfolgter Unterbringungsanordnung und (trotz § 5 Abs. 3) hinzukommender JStrafe ist die **Maßregel vorrangig** zu vollstrecken (§ 67 Abs. 1 StGB). Abgesehen von den Besonderheiten bei nichtdeutschen Personen (§ 67 Abs. 2 S. 4 StGB) darf hiervon gem. § 67 Abs. 2 S. 1 StGB **nur abgewichen** werden, wenn der Zweck der Maßregel dadurch leichter erreicht wird, was sich aus tatsächlichen Umständen ergeben muss. Die Annahme, dass ein „strenger Rahmen" zur Lebensgestaltung (zB regelmäßige Arbeit) erzieherisch angezeigt sei und „derzeit" besser vom JStVollz erreicht werden könne, reicht dafür nicht. Gänzlich unzureichend ist die spekulative Erwartung, der Betroffene müsse einem gewissen Leidens- oder Motivationsdruck „unterworfen" werden, „damit er für therapeutische Maßnahmen aufgeschlossener" sei (vgl. BGH bei Böhm NStZ 1988, 490 (493); BGH StraFo 2006, 299 f. = BeckRS 2006, 4009). Die Vorwegvollstreckung der JStrafe ist stets zu begründen (vgl. bspw. BGH NStZ-RR 2016, 214 (215); n. Maier in MüKoStGB StGB § 67 Rn. 59 f.). Fehlt es daran, so ist die Maßregel aufzuheben (dazu mit umfassender Kasuistik Maier in MüKoStGB StGB § 67 Rn. 61 ff.).

4. Revision

17   Richtet sich die Revision gegen ein Urteil, das allein eine Unterbringung anordnet, bestehen keine besonderen Probleme (s. aber dazu, ob anstelle der aufgehobenen Maßregel eine Strafe verhängt werden darf, n. → § 55 Rn. 53). Schwierigkeiten entstehen bei mehreren nebeneinanderstehenden

Rechtsfolgen. Auf die Frage, ob die Nicht-/Anordnung der Unterbringung hier von vornherein vom (übrigen) rechtsmittelförmigen Angriff wirksam **ausgenommen** werden kann, gibt die Rspr. keine einheitliche Antwort (offen gelassen noch in BGH NStZ-RR 2003, 18). Die korrekte Handhabung muss hier notwendig von der Art der Verknüpfung der im konkreten Fall gegebenen Rechtsfolgenvoraussetzungen abhängig sein, weil sich dadurch bestimmt, ob sich die Maßregelanordnung gleichsam ausklammern lässt. Nach den zu § 5 Abs. 3 entwickelten Kriterien, die nach erfolgreicher Revision prinzipiell eine neue einheitliche Rechtsfolgenentscheidung ermöglichen sollen (→ § 5 Rn. 30a), wäre dies allerdings vielfach der Fall (→ § 55 Rn. 21 mwN). Dagegen kann nach diesem Grundgedanken eine neben einer JStrafe angeordnete Unterbringung nur dann **selbstständig anfechtbar** sein, wenn die Beanstandung rechtlich und tatsächlich unabhängig von der anderen Rechtsfolgenentscheidung beurteilt werden kann. Wurde von einem Zuchtmittel oder einer JStrafe allein wegen § 5 Abs. 3 abgesehen, ist dies ausgeschlossen (→ § 5 Rn. 30a). Wurde dagegen die JStrafe unter Berücksichtigung von § 5 Abs. 3 verhängt, kommt eine isolierte Maßregelanfechtung durchaus in Betracht, weil deren Wegfall sich nicht auf die angeordnete JStrafe auswirken könnte (vgl. BGH NStZ 2016, 105). Anders verhält es sich, wenn die Maßregelanordnung unterblieben war, aber vom Revisionsführer eingefordert wird. Eine Abtrennbarkeit vom (übrigen) Strafspruch ist dann nicht möglich, weil sonst die verhängte JStrafe rechtskräftig würde und von ihr nicht mehr gem. § 5 Abs. 3 abgesehen werden könnte (BayObLGSt 1989, 48).

5. Rechtstatsächliches

Von der Maßregel ist in der Praxis nur eine **kleine Gruppe** junger **18** Menschen betroffen (zu typischen Einweisungsdiagnosen, Anlassdelikten und soziobiografischen Merkmalen vgl. Weissbeck/Günter R&P 2010, 10 (14 f.); Stöver/Hupp/Wendt FPPK 7 (2013), 183 (185 ff.)). Der Ausnahmecharakter zeigt sich auch im Bereich schwerer Delinquenz (kennzeichnend die Auswertung bei Pahl, Begutachtungspraxis bei langen Jugendstrafen, 2018, 181 ff.). Unterbringungen im psychiatrischen Krankenhaus wurden von 2011 bis 2017 in Deutschland iRv Aburteilungen jahresdurchschnittlich gegen 18 Jugendliche (2019: 32) und ggü. 49 Heranwachsende (2019: 50) angeordnet, wobei es sich stets zu mind. 80% um männliche Personen handelte (StrafSt Tab. 5.5). Unter den Abgeurteilten, die als schuldunfähig eingestuft werden, ist der Anteil, bei dem eine Anordnung nach § 63 erfolgt, im JStR dennoch fast so hoch wie im allg. StR (2017: 71,9% ggü. 77,8% und 2018: 68,4% ggü. 79,2%; zu ähnlichen älteren Zahlen s. Heinz Sekundäranalyse 1340 ff.; erg. → 21. Aufl. § 7 Rn. 15). Bei der empirischen Einordnung ist zudem zu berücksichtigen, dass die Unterbringung von erheblicher **Dauer** (und iÜ deutlich länger als eine ggf. parallel angeordnete JStrafe) sein kann. Die Anzahl der unter 21-jährigen Personen, die sich in der Unterbringung befinden, dürfte daher deutlich und dauerhaft im dreistelligen Bereich liegen (nach Baur FS 2019, 105 (109) waren es 2017 186). Konkrete verlässliche Daten liegen hierzu aber nicht vor (zur diesbzgl. Problematik n. Tessenow, Jugendliche und Heranwachsende im psychiatrischen Maßregelvollzug, 2002, 202 ff.; Weissbeck/Günter R&P 2010, 10 (12 f.); Burchard ZJJ 2015, 164; Eisenberg/Kölbel Kriminologie § 38 Rn. 35 f.).

III. Unterbringung in einer Entziehungsanstalt

1. Anordnung

19   a) **Allgemeine Voraussetzungen.** Hinsichtlich der Voraussetzungen der Unterbringung in einer Entziehungsanstalt (Hang, hangbedingte rechtswidrige Anlasstat und Gefahr, Erfolgsaussicht, Verhältnismäßigkeit) ist hier lediglich auf einige Aspekte hinzuweisen, die im JStR von rechtlicher oder praktischer Bedeutung sind (grds. zum Reformbedarf dieser Maßregel Querengässer/Ross/Bulla/Hoffmann NStZ 2016, 508; Schalast NStZ 2017, 433). Das Erfordernis eines **„Hanges"** wird in der – durchaus kritikwürdigen (n. Pollähne in NK–StGB § 64 Rn. 44 ff.) – Judikatur als verstetigter Drang zum übermäßigen Rauschmittelkonsum aufgefasst und bei gewohnheitsmäßigem Missbrauch ebenso wie bei psychischer und/oder physischer Abhängigkeit bejaht (hierzu aus der Rspr. im JStR etwa BGH NStZ-RR 2002, 107: bei „systematischem Alkoholmissbrauch" (trotz Gruppendynamik bei der Tat); vgl. ferner zB BGH NStZ-RR 2008, 8; BeckRS 2011, 16208). Dass der Grad einer Abhängigkeit erreicht wurde, ist indes nicht unbedingt erforderlich (vgl. etwa BGH BeckRS 2021, 4264). Einem „Hang" muss auch nicht entgegenstehen, dass die betroffene Person in ihrer „Arbeits- und Leistungsfähigkeit" kaum beeinträchtigt war (vgl. BGH BeckRS 2017, 103567; BeckRS 2019, 21918) oder während des U-Haftvollzugs „keine schwerwiegenden Entzugssymptome" aufwies (vgl. BGH BeckRS 2016, 14080; BeckRS 2020, 878; dazu und zu Abstinenzintervallen auch BGH BeckRS 2021, 4451).

20   Im Sinne eines **symptomatischen Zusammenhangs** muss sowohl die konkrete rechtswidrige (ggf. auch schuldhaft begangene) Anlasstat als auch die Gefahr künftiger erheblicher Delikte auf diesen Hang zurückgehen. Bei den begangenen und erwarteten Taten kann es sich um Beschaffungsdelikte handeln oder um Taten in rauschbedingter Enthemmung (BGH NStZ-RR 2020, 338 (Ls.) = BeckRS 2020, 12221). An der Hangbedingtheit der **Anlasstat** muss es nicht schon deshalb fehlen, weil deren Planung in nüchternem Zustand geschah (vgl. BGH BeckRS 2016, 19823) oder weil es auch anderweitige Mitursachen (Persönlichkeitsproblematik, Geltungsdrang, Fixierung auf Waffen) gab (BGH NStZ-RR 2019, 74 (75); BGH BeckRS 2021, 4264). Ausreichend ist, wenn der Hang die Modalitäten bzw. die Qualität der Tat beeinflusst hat (BGH BeckRS 2016, 115539). Mit Blick auf die etwaige **Gefahr** sind das Konsumverhalten, die bisherige Entwicklung und Auffälligkeit, die Lebensumstände und die Anlasstat zu würdigen, wobei jene im Falle „hangbedingter" schwerer Delikte ggf. bereits ausreichend sein soll (BGH BeckRS 2015, 400; NStZ-RR 2020, 170). Zu all diesen Fragen wie auch zu den Behandlungsaussichten ist nach § 246a Abs. 1 StPO iVm § 2 Abs. 2 ein **Sachverständiger** heranzuziehen.

21   b) **Hinreichend konkrete Aussicht.** Auch wenn bei Vorliegen der vorgenannten Voraussetzungen eine Unterbringungsanordnung nach § 64 S. 1 StGB iVm Abs. 1 ergehen „soll", steht dies unter dem Vorbehalt der – zum Zeitpunkt der HV gegebenen (BGH NStZ-RR 2018, 275) und konkret feststellungsbedürftigen (BGH StraFo 2009, 247 = BeckRS 2009, 10284) – Aussicht auf einen erfolgreichen Verlauf der Entziehungskur (§ 64 S. 2 StGB iVm Abs. 1). Angesichts der eingeschränkten therapeutischen Erfolgsmöglichkeiten ist insofern allerdings eine realistische Chance als ausreichend anzusehen, zumal wenn der Angeklagte sich davor noch keiner Drogentherapie unterzogen hatte (BGH BeckRS 2016, 3830). Dabei ist die Bewertung dieser Aussicht **im Urteil darzulegen** (zum gleichwohl empirisch-methodisch überfordernden Charakter der Prognose s. aber Quergässer/Ross MschKrim 98 (2015), 335). Bloße Floskeln (etwa: „nicht von vornherein aussichtslos") genügen hierfür nicht (BGH NStZ-RR 2005, 10). Zu berücksichtigen ist, dass der fragliche Erfolg ausdrücklich innerhalb der „Frist nach § 67d Abs. 1 S. 1 oder 3" zu erwarten sein muss (dazu BGH BeckRS 2018, 1514; vor Einfügung dieser Passage mit Gesetz v. 8.7.2016 (BGBl. I 1610) ebenso schon Schneider NStZ 2014, 617). Die strengere und auf zwei Jahre abstellende Auffassung von BGH NJW 2012, 2292 widersprach der empirischen Erfahrung, wonach in vielen Fällen von langwierigeren Verläufen auszugehen ist (dazu LG Kleve StV 2010, 687 = BeckRS 2010, 23156; für Befunde zur Problematik s. etwa Kemper R&P 2008, 15 (18); Dimmek/Brunn/Meier ua, Bewährungsverlauf und Wiedereingliederung suchtkranker Rechtsbrecher, 2010; Trenckmann NStZ 2011, 322 (325 ff.)).

Die Erfolgsaussicht fehlt nicht allein schon deshalb, weil Therapien früher **22** bereits abgebrochen wurden (BGH BeckRS 2008, 06228; BeckRS 2015, 14859). Ebenso verhält es sich beim Fehlen von Krankheitseinsicht und/oder „ernsthafter **Therapiemotivation**" (NStZ-RR 2016, 246; BeckRS 2020, 181; BeckRS 2020, 12221). Die Unterbringung unterbleibt hier nur, sofern sich die Mitwirkungsbereitschaft nachweislich auch durch therapeutische Bemühungen nicht entwickeln kann (n. dazu BGH NStZ-RR 2009, 277; Dannhorn NStZ 2012, 414 (417 f.)). Sprachliche Verständigungsschwierigkeiten bei **nichtdeutschen Personen** schließen die Erfolgsaussicht für sich genommen noch nicht aus (BGH NStZ-RR 2018, 273 (274); NStZ-RR 2018, 369: Grundkenntnisse ausreichend; BGH StV 2019, 267 = BeckRS 2017, 119774: englische Sprachkompetenz und deutsche Spracherwerbsbereitschaft ausreichend; zur Problematik auch Korn JR 2015, 411). Dies – wie iÜ auch eine absehbare oder feststehende Ausreisepflicht – kann die Erfolgsaussicht aber im Zusammenwirken mit anderen Therapiehindernissen aufheben (BT-Drs. 16/5137, 10; kennzeichnend BGH BeckRS 2019, 35915; weitergehend BGH NStZ 2009, 204 (205) mkritAnm Jung StV 2009, 586; s. auch § 67 Abs. 2 S. 4, Abs. 3 S. 2 StGB).

Fehlt es an einer **geeigneten** Anstalt oder an Behandlungsangeboten bzw. **23** an einem Platz in einer passenden Einrichtung, darf die Unterbringung **nicht** angeordnet werden (ebenso Ostendorf in NK-JGG Rn. 13; Laubenthal/Baier/Nestler JugendStrafR Rn. 436). In diesem Fall mangelt es nicht nur an der Voraussetzung von § 64 S. 2 StGB, sondern auch an einem Merkmal der Eingriffsverhältnismäßigkeit (→ § 5 Rn. 19, 21 f.: spezialpräventive Eignung). Der hiervon abw. hM (vgl. BGH BeckRS 2012, 20647; Laue in MüKoStGB Rn. 16; für das allg. StR s. BGHSt 28, 327 = NJW 1979, 1941; BGHSt 36, 199 (201) = NJW 1989, 2337; BGH NStZ-RR 1997, 97) kann allenfalls dort gefolgt werden, wo die verfügbare Unterbringungsoption in den Augen des Gerichts zwar suboptimal, aber nicht dysfunktional ist. Eine Unterbringung unter erkanntermaßen ungeeigneten Bedingungen ist dagegen rechtswidrig, jedenfalls wenn sie über einen sehr kurzen, konkret absehbaren Übergangszeitraum hinausgeht (zur sog. Organisationshaft → Rn. 27).

24   **c) Fragen der Verhältnismäßigkeit.** Nicht selten stehen (sofern kein Fall des § 20 StGB angenommen wird) auch eingriffsmildere Rechtsfolgen des JStR zur Verfügung. Denkbar ist insofern die **Weisung,** sich einer ambulanten Entziehungskur zu unterziehen (§ 10 Abs. 2; n. → § 10 Rn. 50 ff.). Deren vergleichbare Eignung kann selbst in Fällen chronischen Rauschmittelkonsums nicht von vornherein in Abrede gestellt werden, solange eine Aussicht auf Distanzierung von den einschlägigen Vorerfahrungen besteht. Ggf. kommt auch eine JStrafe mit Zurückstellung der Strafvollstreckung gem. §§ 35 f., 38 BtMG in Betracht. Die Rspr. lehnt, sofern die Voraussetzungen des § 64 StGB iVm Abs. 1 vorliegen, eine dahingehende Subsidiarität der Maßregelanordnung allerdings rigoros ab (so im JStR BGH NStZ-RR 2003, 12; NStZ-RR 2010, 319; BeckRS 2017, 103567). Angesichts der höheren Eingriffsintensität ist dies mit dem Verhältnismäßigkeitsgrundsatz (→ § 5 Rn. 21) jedoch nur dann zu vereinbaren, wenn bei Vorhandensein geeigneter Unterbringungsalternativen deren vorrangige Umsetzung durch eine hierdurch erwachsende Pflicht zur Bewährungsaussetzung gem. § 67b StGB sichergestellt wird.

25   Sind keine jugendstrafrechtlichen Rechtsfolgen ersichtlich, mit denen in der genannten Weise adäquat auf die Abhängigkeitsproblematik reagiert werden kann, besteht für Erziehungsmaßregeln, Zuchtmittel oder JStrafe neben der Unterbringung nur selten erzieherisch ein Bedarf. Von deren Anordnung ist also abzusehen. Dies gilt nach § 5 Abs. 3 meist auch dort, wo das Gericht eine JStrafe an sich für erforderlich hält. Dass die mit deren Verhängung verfolgten Zwecke nicht bereits durch die Unterbringung realisiert werden, ist durch das Tatgericht konkret darzulegen (vgl. n. → § 5 Rn. 29 f.). Dabei müssen die Regelungen zur Vollstreckungsreihenfolge (→ Rn. 27) und die so ggf. entstehenden Probleme bei der Einweisung Abhängiger in den JStVollz (vgl. → § 92 Rn. 105 ff.) berücksichtigt werden. – Im Übrigen kommt eine Unterbringung ohnehin nur zur Abwehr **hinreichend gewichtiger** Delinquenz in Betracht (§ 62 StGB). Auch wenn die Erheblichkeitsanforderungen bei der zeitlich begrenzten Unterbringung gem. § 64 StGB weniger streng als bei der zeitlich unbegrenzten Unterbringung gem. § 63 StGB (→ Rn. 8) sein sollen (BGH NStZ-RR 2012, 108), genügen auf Eigenbedarf begrenzte Betäubungsmitteldelikte hierfür jedenfalls nicht (OLG Düsseldorf StV 2012, 291 = BeckRS 2012, 7342).

2. Beendigung

26   Im Falle der Anordnung hat das Gericht stets die Voraussetzungen der **sofortigen Aussetzung** der Vollstr zBew (§ 67b Abs. 1 S. 1 StGB iVm § 2 Abs. 2) zu prüfen, wobei hier die Aussetzung der Vollstr einer daneben verhängten JStrafe zBew idR präjudizierend wirkt (abw. für eine Sonderkonstellation im allg. StR OLG Celle NStZ-RR 2013, 317). Die Zurückstellung einer Entscheidung über die Aussetzung der JStrafe zBew gem. §§ 61 ff. erstreckt sich samt den Folgen auch auf die Unterbringung, da der Zweck der **Vorbewährung** sonst konterkariert würde (BGH NStZ 2020, 740). Werden diese Möglichkeiten verneint, endet die Unterbringung nach zwei Jahren oder nach Ablauf der verlängerten Höchstfrist (§ 67d Abs. 1 und 4 StGB). Eine vorherige Entlassung erfolgt durch Aussetzung zBew (§ 67d Abs. 2 StGB), sofern dies durch die Legalbewährungserwartung gerechtfertigt wird (n. → Rn. 14 f.). Möglich ist auch, dass das Gericht – dh der

Jugendrichter als Vollstreckungsleiter (§§ 82 Abs. 1, 83 Abs. 1) – die Unterbringung für erledigt erklärt (§ 67d Abs. 5 StGB). Hierzu kommt es, wenn die **Nichterreichbarkeit** des Maßregel-**Zwecks** deutlich wird. Je nachdem, ob neben der Maßregel eine JStrafe angeordnet wurde, wird die Person dann in deren Vollzug verlegt oder in Freiheit entlassen. Führungsaufsicht tritt nach hM (→ Rn. 56) in beiden Fällen automatisch ein (§ 67d Abs. 5 S. 2 StGB). Allerdings ruht sie im ersten Fall zunächst (§ 68e Abs. 1 S. 2 StGB).

3. Vollstreckungsreihenfolge

Bei erfolgter Unterbringungsanordnung und (trotz § 5 Abs. 3) hinzukommender JStrafe ist die **Maßregel vorrangig** zu vollstrecken (§ 67 Abs. 1 StGB). Dadurch soll eine sofortige Therapie gewährleistet werden. Abgesehen von den Besonderheiten bei nichtdeutschen Personen (§ 67 Abs. 2 S. 4 StGB) darf hiervon gem. § 67 Abs. 2 S. 1 StGB **nur abgewichen** werden, wenn der Zweck der Maßregel dadurch leichter erreicht wird. Die dafür maßgeblichen Gründe müssen in der Person des Verurteilten liegen und mit dem **Erziehungsauftrag** (§ 2 Abs. 1) vereinbar sein (BGH NStZ 1982, 132). Oftmals höchst zw. ist dies bei Erwägungen, wonach im nachvollzogenen JStVollz ein vorher etwa erreichter Therapieerfolg wieder zunichte gemacht (BGH BeckRS 2003, 30305883) oder wonach im vorwegvollzogenen JStVollz die Motivation zur Therapie gefördert würde (vgl. aber etwa BGH StV 1981, 66 = BeckRS 1980, 03018; NStZ 1985, 571; krit. zum Abstellen auf „Leidensdruck" etwa Brunner/Dölling Rn. 3 sowie aus (auch) medizinischer Sicht Schmitt-Homann, Alkohol- und drogenabhängige Patienten im Maßregelvollzug nach § 64 StGB am Beispiel des Bundeslandes Hessen, 2001, 23, 25 ff.). Den Vorwegvollzug einer JStrafe allein mit dem Fehlen eines geeigneten Therapieplatzes in einer Einrichtung iSv § 93a zu begründen (sog. „Organisationshaft"), ist hiernach ebenfalls unzulässig (BGH NStZ 1982, 132; vgl. auch zum allg. StR schon BGH NStZ 1981, 492; OLG Hamm NStZ-RR 2004, 381 (382 f.); LG Göttingen StV 2016, 514 = LSK 2014, 117288). – Wird eine JStrafe von über 3 Jahren neben der Maßregel verhängt, soll das Gericht nach § 67 Abs. 2 S. 2 und 3 StGB iVm Abs. 1 den Vorwegvollzug eines JStrafteils bestimmen (zur Notwendigkeit einer diesbzgl. Entscheidung/-sbegründung s. BGH NJW 2009, 2694 mit Bspr. Rose ZJJ 2010, 196). Allerdings ist die Prüfung der spezialpräventiven Funktionalität auch in diesen Konstellationen nicht obsolet (vgl. etwa BGH NStZ-RR 2009, 105: bei sofortigem Therapiebedarf muss es bei § 67 Abs. 1 StGB bleiben). Durch anzurechnende U-Haft im Erkenntnisverfahren kann sich die Problematik zudem erledigt haben.

4. Revision

Hat nur der Verurteilte **Revision** eingelegt, hindert dies die Nachholung der Unterbringungsanordnung nicht (n. → § 55 Rn. 52). Anders verhält es sich, sofern die Unterbringung wirksam (→ Rn. 17) von dem Revisionsangriff ausgenommen ist (vgl. nur BGH NStZ-RR 2019, 32). Ist die Revision wirksam auf den Ausspruch über die Anordnung der Unterbringung beschränkt (vgl. erg. → Rn. 17), so steht die eingetretene Teilrechtskraft einer Änderung des Schuldspruchs entgegen (BGH BeckRS 2013, 8802).

5. Rechtstatsächliches

29   In der Praxis zeigt sich insofern eine gewisse **Nivellierung** von **Maßregel** und **JStrafe,** als die Unterbringung gem. § 64 StGB iVm Abs. 1 vergleichsweise restriktiv angeordnet wird. Konkret handelte es sich von 2011 bis 2017 jahresdurchschnittlich um 19 Jugendliche und 129 Heranwachsende, darunter fast ausschließlich männliche Personen (StrafSt Tab. 5.5; n. Heinz Sekundäranalyse 1340 ff.). Ungeachtet eines geringfügigen Anstiegs seit etwa den 1990er Jahren halten die Gerichte daran bis heute fest (zu Belegungszahlen in den Vollzugseinrichtungen vgl. Stöver/Hupp/Wendt FPPK 7 (2013), 183 (184 f.); Elsner in Schmidt-Quernheim/Hax-Schoppenhorst ForensPsych 436; dazu und zur Vollzugsdauer auch Eisenberg/Kölbel Kriminologie § 38 Rn. 41 ff.). Dies mag ua auf der Akzeptanz des Verhältnismäßigkeitsgrundsatzes beruhen, dürfte sich aber auch mit einer lückenhaften Identifizierung der Abhängigkeitsproblematik unter Beschuldigten erklären. Denkbar ist ferner, dass den nicht-spezialisierten psychiatrischen Krankenhäusern (zum Mangel an Einrichtungen iSv § 93a s. → § 93a Rn. 3) eine drogenspezifische Therapie nur eingeschr. zugetraut wird (zu methodischer Vagheit und Ineffizienz des Vorgehens in manchen Kliniken vgl. Kemper R&P 2008, 17 (19 ff.); Hartl/Schlauderer/Schlögl/Mache MschKrim 98 (2015), 513). Angesichts der abträglichen Effekte, die die Anwesenheit (zu) vieler nicht motivierter Patienten in den Einrichtungen auf deren Effizienz haben kann (dazu Marneros/Zolldann/Balzer ua MschKrim 76 (1993), 169 (175)), könnte auch eine verfahrenspraktische Tendenz, potentielle „Störer" von vornherein von der Maßregel auszunehmen und (allein) zu JStrafe zu verurteilen, von Bedeutung sein.

IV. Unterbringung in Sicherungsverwahrung

1. Entwicklung und Problematik der Norm

30   **a) Vorgängerregelung.** Bei Heranwachsenden, die nach allg. StR verurteilt werden, erlaubte das Gesetz schon seit 2003 bzw. 2004 (§ 106 Abs. 3–6 aF) die vorbehaltene und nachträgliche Anordnung von Sicherungsverwahrung (→ Rn. 3, → § 106 Rn. 11; zur jetzigen Situation → § 106 Rn. 19 ff., 28 f.). Mit Abs. 2–4 aF bestand aber auch bei Jugendlichen und nach JStR behandelten Heranwachsenden (§ 105 Abs. 1) die im deutschen Recht „erstmalig … eingeführte" (BT-Drs. 16/6562, 13) Möglichkeit, eine – ggf. lebenslang anhaltende – Sicherungsverwahrung **nachträglich anzuordnen** (vgl. auch BR-Drs. 551/07; n. zur Entwicklung etwa auch Bartsch ZJJ 2013, 182 (183 f.)). Diese Option ging letztlich sogar über das NS-Recht aus dem Jahre 1939 bzw. des § 20 RJGG 1943 hinaus (vgl. auch → Rn. 2 f.; erg. → Einl. Rn. 17). Auf ihre Implementierung (durch Gesetz v. 8.7.2008, BGBl. I 1212) war zwar durch Gesetzesentwürfe mehrerer Bundesländer (vgl. BR-Drs. 238/04 (fünf Länder) bzw. BR-Drs. 276/05 (drei Länder)) hingewirkt worden, doch blieb die Regelung von Anbeginn kontrovers (vgl. etwa die ablehnenden sechs Gutachten in BT-Rechtsausschuss Protokoll der 103. Sitzung v. 28.3.2008). Sie krankte bereits am Fehlen eines verlässlichen Bedarfsnachweises (ebenso Karmrodt, Sicherungsverwahrung bei Verurteilungen nach Jugendstrafrecht, 2012, 358; vgl. aber auch Carroll, Die nachträgliche Sicherungsverwahrung im Jugendstrafrecht, 2014, 253 ff.). Demgemäß wurde eine nachträgliche Sicherungsverwahrung in den bekanntgewordenen Fällen, in denen sie in der Folgezeit im JStR rechtspraktisch zur Debatte stand, entweder abgelehnt oder nur auf Basis problematischer Verfahrensverläufe und methodisch nicht unanfechtbarer Gutachten veranlasst (vgl. die Ausführungen zu sechs Verfahren in der → 21. Aufl. Rn. 30a–30e; n. zu den einzelnen Judikaten n. Eisenberg DRiZ 2009, 219; Eisenberg JR 2010, 314; Eisenberg FS Kerner, 2013, 577; Eisenberg GS Walter, 2014, 55; Eisenberg NK 2016, 390; Eisenberg R&P 2017, 86 ff.).

Schon wenige Jahre nach Einführung der Abs. 2–4 ergingen mehrere **31** Entscheidungen des EGMR, in denen das gesamte System der Sicherungsverwahrung als mit Art. 5 Abs. 1 S. 2 Buchst. a und b EMRK unvereinbar erklärt wurde (→ Rn. 37 f.). Dies – und nur dies – veranlasste das **BVerfG,** das sich davor gegenüber der Sicherungsverwahrung affirmierend gezeigt hatte (vgl. va BVerfGE 109, 133 = NJW 2004, 739), zu einer Kehrtwende. Das Gericht ging nunmehr von einer Unvereinbarkeit mit Art. 2 Abs. 2 S. 2, Art. 104 Abs. 1 S. 1 GG aus. Dies betraf die bisherigen Abs. 2 und Abs. 3 ebenso wie § 106 Abs. 3, 5 und 6 (vgl. → § 106 Rn. 10 ff.) und sämtliche Eingriffsnormen zur Sicherungsverwahrung nach allg. StR (BVerfGE 128, 326 = NJW 2011, 1931 ff. mAnm Kreuzer/Bartsch StV 2011, 472 ff.; Eisenberg StV 2011, 480 ff.; Hörnle NStZ 2011, 488 ff.; s. erg. auch BVerfGE 131, 268 = NJW 2012, 3357). Maßgeblich hierfür war das nicht gewahrte **Abstandsgebot** zwischen Schuldstrafe und Maßregel, darüber hinaus aber auch die Verletzung des Rechtsstaatsgebots durch Missachtung des grundrechtlichen Vertrauensschutzes (vgl. auch BVerfGE 133, 40 = BeckRS 2013, 47709). Das Gericht sah zwar davon ab, die fraglichen Normen für nichtig zu erklären, erlaubte eine Anordnung der Unterbringung gem. Abs. 2 aF ebenso wie die Fortdauer der Unterbringung unter **nur** noch unter der einschränkenden Voraussetzung, dass eine **hochgradige Gefahr** schwerster Gewalt- oder Sexualstraftaten aus **konkreten** Umständen in der Person oder dem Verhalten des Untergebrachten abzuleiten war und dieser an einer psychischen Störung im Sinne von § 1 Abs. 1 Nr. ThUG litt (hierzu auch BVerfGE 134, 33 = NJW 2013, 3151 mkritAnm Höffler StV 2014, 168 ff.). Mit der seitherigen Neuregelung wurde diese Maßgabe der Übergangsphase indes obsolet (vgl. BGH NStZ 2015, 208 zum allg. StR).

b) Übergang zur aktuellen Regelung. Das AbstandsgebotsG v. **32** 5.12.2012 (BGBl. 2012 I 2425) hat die Regelung zur nachträglichen Sicherungsverwahrung nach vorheriger JStrafe abgeschafft und (stattdessen) die Möglichkeit einer **vorbehaltenen Sicherungsverwahrung** für nach JStR Verurteilte eingeführt (Abs. 2, für nach allg. StR verurteilte Heranwachsende vgl. § 106 Abs. 3). Ein dahingehender Bedarf war allerdings weiterhin nicht zu erkennen (→ Rn. 30; zu den Widersprüchen in den parlamentarischen Begründungen etwa Meier in Höffler (Hrsg.), Brauchen wir eine Reform der freiheitsentziehenden Sanktionen?, 2015, 165 (176)). Auch bestehen viele der grds. Einwände gegen die Sicherungsverwahrung unverändert fort (→ Rn. 34 ff.). Immerhin zielt das AbstandsgebotsG auf Änderungen im **Vollzug** sowohl der Sicherungsverwahrung (n. → § 92 Rn. 155 ff.) als auch der vorherigen JStrafe ab (→ Rn. 41 ff.). Unter dem früheren Recht war davon auszugehen, dass sich die Möglichkeit einer nachfolgenden Anordnung von Sicherungsverwahrung abträglich auf den JStVollz auswirken kann (s. → Rn. 35; hierzu exemplarisch auch den Antrag der StA Augsburg 1.6.2011 – Jug KLs 401 Js 107041/02; dazu Eisenberg StV 2012, 238: Umetikettierung in einen „Hochsicherheitsprobanden" nebst Abbruch therapeutischer Bemühungen). Ob und in welchem Maße die nunmehrige Regelung dazu beiträgt, während des JStVollz tatsächlich solche Bemühungen zu fördern, durch die sich eine vorbehaltene Sicherungsverwahrung womöglich abwenden lässt, ist derzeit noch unklar.

33　　Für sog. **Altfälle,** die vor dem 31.5.2013 begangen wurden, ist iÜ nach Art. 316f Abs. 2 EGStGB das **bisherige Recht** unter den in → Rn. 31 aE genannten Einschränkungen anzuwenden. Die ursprünglichen Voraussetzungen der nachträglichen Sicherungsverwahrung (Abs. 2 aF) werden hier also verschärft (in formaler Hinsicht vgl. auch LG Hagen StV 2019, 480 (Ls.) = LSK 2019, 13063: Antragstellung zwingend vor Entlassung aus JStVollz). Das betrifft die Qualität und den Wahrscheinlichkeitsgrad der drohenden Delikte (BGH BeckRS 2016, 21436; BGH NStZ-RR 2019, 386 (387)) sowie die psychische Störung und deren Gefahrenursächlichkeit (zum Kausalitätserfordernis vgl. BT-Drs. 17/9874, 31). Trotz dieser angehobenen Anforderungen ist es allerdings nicht zweifelsfrei, dass die so geregelte nachträgliche Sicherungsverwahrung mit **Art. 5 Abs. 1 S. 2 Buchst. e EMRK** vereinbar ist (ebenso Zimmermann HRRS 2013, 173 (zum allg. StR)). Diese Frage wurde durch den EGMR zwar positiv beantwortet (NJW 2017, 1007 mkritAnm Eisenberg R&P 2017, 86; vgl. auch Drenkhahn ZJJ 2017, 176 (179)), dann aber von der Großen Kammer immerhin als „schwerwiegende" Frage gem. Art. 43 Abs. 2 EMRK angenommen und vor der neuerlichen Bejahung (EGMR NJOZ 2019, 1445) einer mehrstündigen Anhörung zugeführt (s. näher und krit. Eisenberg ZJJ 2019, 69; Eisenberg NJW-Spezial 2019, 56; Kinzig in FS Feltes, 2021, 564 ff.). Hierbei ist indes festzuhalten, dass die Kategorie der „psychischen Störung" ungeachtet aller Konkretisierungsversuche (BVerfGE 128, 326 (397) = NJW 2011, 1931 (1943); BVerfG StV 2012, 25 = BeckRS 2011, 54839) anfechtbar bleibt (Höffler/Stadtland StV 2012, 239; de Tribolet-Hardy/Lehner/Habermeyer FPPK 9 (2015), 164). Ungeklärt ist zudem, inwieweit sie den Anforderungen einer psychischen Krankheit iSv Art. 5 Abs. 1 S. 2 Buchst. e EMRK entspricht (EGMR v. 5.11.1981 – 7215/75, Rn. 40: „must reliably be shown to be of unsound mind, that is, a true mental disorder must be established before a competent authority on the basis of objective medical expertise"). Dass jene Kriterien gewahrt sind, hat der EGMR nämlich nur für einen konkreten Einzelfall konstatiert, nicht aber für das normtatbestandliche Merkmal der „psychischen Störung" (NJOZ 2019, 1445 (1449)).

34　　**c) Verhältnis zum Erziehungsauftrag (§ 2 Abs. 1).** Die erzieherische Grundausrichtung, die jede jugendstrafrechtliche Sanktion grds. aufweisen muss, ist bei der (vorbehaltenen) Sicherungsverwahrung nicht zu erkennen (vgl. auch Kemme PraxRPsych 2011, 94 ff. (112); Graebsch ZJJ 2008, 284 (286)). Das sich stattdessen zeigende Spannungsverhältnis äußert sich bereits in dem Erfordernis der **Deliktsbegehungsprognose** (Abs. 2 S. 1 Nr. 2 und S. 2). Die in dieser Hinsicht ohnehin bestehende erhebliche Problematik hat bei Personen, die sich zur Tatzeit noch in der Reifeentwicklung befanden, eine gesteigerte Qualität (vgl. auch Kinzig, Die Legalbewährung gefährlicher Rückfalltäter, 2. Aufl. 2010, 7: „illusorisch"; Nestler/Wolf NK

2008, 153 (156): „faktisch nicht zu bewältigen"; vgl. erg. → § 106 Rn. 16 f.). So ist kein hinreichend valides jugendspezifisches Prognoseverfahren vorhanden (vgl. auch Rüter, Nachträgliche Sicherungsverwahrung im Jugendstrafrecht, 2011, 165). Ohnehin ist die Erkenntnisbasis (biografische Entwicklung, Vordelikte) bei dieser Straftätergruppe altersbedingt schmal. Diese Schwierigkeit lässt sich durch das Vollzugsverhalten (darauf abstellend BVerfG NJW 2012, 3357 (3360)) wegen dessen erheblicher Kontextgeprägtheit nicht kompensieren (Laubenthal/Baier/Nestler Jugend-StrafR Rn. 462; Renzikowski NJW 2013, 1638 (1641); Brettel R&P 2013, 19 (20 f.); kennzeichnend zu den Prognoseproblemen auch Grindel/Jehle in Niggli/Marty (Hrsg.), Risiken der Sicherheitsgesellschaft, 2014, 203 ff.). Insofern besteht die Gefahr, dass entwicklungsbedingte und episodenhafte Umstände künstlich verfestigt und als statische Merkmale der Persönlichkeit fehlinterpretiert werden, was zu **falschen** Prognosen führen muss (zum Auftreten unzutr. Vorhersagen Kinzig, Die Legalbewährung gefährlicher Rückfalltäter, 2. Aufl. 2010, 196 ff., Alex/Feltes FS 2010, 159; Alex NK 2013, 350 (357); Müller/Stolpmann MschKrim 98 (2015), 35 (38 f.); Pahl, Begutachtungspraxis bei langen Jugendstrafen, 2018, 236 f.). Dass die „Tauglichkeit von Gefährlichkeitsprognosen für Jugendliche und Heranwachsende" nicht „von vornherein ausgeschlossen" ist und diese daher „grundsätzlich (…) erstellt werden" können (BVerfGE 128, 326 (373) = NJW 2011, 1931 (1937)), wird der Problematik also nicht vollständig gerecht.

Die Unverträglichkeit der vorbehaltenen Sicherungsverwahrung mit dem **35** Erziehungsauftrag beruht ferner darauf, dass die Betroffenen während des JStVollz leicht einer **Sonderüberwachung** unterworfen sowie hinsichtlich der „Meldung" tatsächlicher oder angeblicher Vorfälle den Bediensteten (und Mitgefangenen) ausgeliefert sind (nicht erörtert in BGH ZJJ 2011, 448 = BeckRS 2011, 22978 mAnm Eisenberg ZJJ 2011, 449). Soweit es nicht realiter zu substanziell veränderten Vollzugsbedingungen kommt (s. → Rn. 32), ist der Vorbehalt weniger Motivation als Damoklesschwert (Morgenstern in MüKoStGB StGB § 66a Rn. 28 f.). Kaum auszuschließen ist, dass schlichtweg alles – also jeder haft-, alters- und entwicklungstypische Konflikt, aber auch jede Auffälligkeit, selbst wenn sie gerade durch lange JStrafe induziert wurde – vorrangig unter dem Aspekt einer Gefährlichkeitsprognose registriert, gedeutet und berücksichtigt wird. Und im etwaigen Vollzug der Verwahrung setzt sich dies dann hinsichtlich der Entlassungsaussichten fort. Sogar der RegE zum Gesetz v. 8.7.2008 hatte all dies iÜ noch ausdrücklich vermerkt (BT-Drs. 16/6562, 7: „der möglicherweise präjudizielle, in jedem Fall aber die weitere Entwicklung eines jungen Menschen belastende Vorbehalt einer Sicherungsverwahrung").

d) Verhältnis zu rechtlichen Gewährleistungen. Nach Abs. 2 S. 3 **36** kommt es – ebenso wie iÜ auch nach Abs. 2 aF (dazu BGH ZJJ 2011, 448 = BeckRS 2011, 22978; BGH NStZ-RR 2019, 386 (387)) – für die Anordnungsentscheidung nicht darauf an, ob die prognostisch berücksichtigten Befunde oder Umstände erst nach einer Verurteilung erkennbar werden (sog. „nova"). Vielmehr ist die haftbedingte „Entwicklung bis zum Zeitpunkt der Entscheidung" nur „ergänzend" heranzuziehen. Im Wesentlichen besteht die Prognosegrundlage aber auf Erkenntnissen, die bereits im Zeitpunkt der Vorbehaltsentscheidung und Verurteilung erkennbar waren (vgl. BGH NJW 2010, 1539 (1543) mablAnm Eisenberg JR 2010, 314; krit. auch

Bruhn, Die Sicherungsverwahrung im Jugendstrafrecht, 2010, 199; Meier in Höffler (Hrsg.), Brauchen wir eine Reform der freiheitsentziehenden Sanktionen?, 2015, 165 (171 f.)). Bei deren (nochmaliger) Verwendung liegt indes ein Verstoß gegen das Verbot des „ne bis in idem" **(Art. 103 Abs. 3 GG)** nahe (ähnlich Kinzig ZJJ 2008, 245 (248 f.); Karmrodt, Sicherungsverwahrung bei Verurteilungen nach Jugendstrafrecht, 2012, 242 ff.; vgl. erg. zur Unvereinbarkeit mit Nr. 3 und 13 ERJOSSM Dünkel ZJJ 2011, 140 (142)).

37   Abs. 2 aF erfüllte mangels unmittelbaren Kausalzusammenhangs nicht die Voraussetzungen von **Art. 5 Abs. 1 S. 2 Buchst. a EMRK.** Bei der nachträglichen Sicherungsverwahrung handelte es sich nicht um die dort erlaubte „rechtmäßige Freiheitsentziehung nach Verurteilung". Denn „the word 'after' does not simply mean that the 'detention' must follow the 'conviction' in point of time: in addition, the 'detention' must result from, 'follow and depend upon' or occur 'by virtue of' the 'conviction',, (EGMR v. 24.6.1982 – 7906/77, Rn. 35) – und ein solcher Zusammenhang besteht zwischen der Verurteilung und der nachträglichen Unterbringungsanordnung nicht (EGMR NJW 2011, 3423 (3425)). Für die Fälle des Abs. 4 (→ Rn. 47) trifft dies weiterhin zu (Harrendorf in SSW-StGB, § 66b Rn. 14; aA BT-Drs. 17/ 3403, 34). Dass sich dies zumindest beim nunmehrigen Abs. 2 und der vorbehaltenen Sicherungsverwahrung anders verhält, ist umstritten (zum Diskussionsstand Morgenstern in MüKoStGB StGB § 66a Rn. 36 ff.) und deshalb zw., weil die Verurteilung für die später erfolgende, eigenständige Entscheidung über die Sicherungsverwahrung nur eine formale Bedingung darstellt (dazu etwa Esser in Löwe/Rosenberg EMRK Art. 5 Rn. 86; Kinzig NJW 2011, 177 (179); Merkel ZIS 2012, 521 (522 f.); abw. BVerfGE 131, 268 (297 ff.) = NJW 2012, 3357 (3361 f.) für das allg. StR).

38   Fraglich ist obendrein, ob es sich bei Maßregeln nach **Abs. 2** um eine unzulässig rückwirkende **Strafe** iSd **Art. 7 Abs. 1 S. 2 EMRK** handelt. Der EGMR hatte mit Blick (auch) auf Abs. 2 aF die Sicherungsverwahrung in ihrer früheren Form als Variante einer (autonom auszulegenden) „Strafe" eingestuft und in ihrer nachträglichen Anordnung (EGMR 7.6.2012 – 65210/09, Rn. 76 ff.; 7.6.2012 – 61827/09, Rn. 85 ff.) sowie nachtatlichen Entfristung (§ 67d StGB aF) daher eine Verletzung des Rückwirkungsverbots gesehen (NJW 2010, 2495 (2498 f.); vgl. bspw. auch Kreuzer NStZ 2010, 473 (477 f.); Renzikowski NStZ 2010, 506 (507 f.); Bartsch ZJJ 2013, 182 (186)). In der Auslegung des Art. 7 EMRK durch den EGMR ist die Sicherungsverwahrung nun allerdings auch in ihrer (Vollzugs-)Ausgestaltung, die sie nach dem AbstandsgebotsG erfahren hat (→ Rn. 32, → § 92 Rn. 155 ff., 176 ff.), grds. eine strafgleiche Sanktion (soweit sie nicht fallkonkret der Behandlung einer psychischen Störung dient – vgl. EGMR NJW 2017, 1007 (1012 f.); EGMR NJOZ 2019, 1445 (1452)). Bei Zugrundelegung dessen ist es zw., dass die nachträgliche Sicherungsverwahrung gem. Abs. 4 (→ Rn. 47) den Vorgaben von Art. 7 Abs. 1 S. 2 EMRK durchgängig entspricht (ebenso Harrendorf in SSW-StGB, § 66b Rn. 14: konventionswidrig; Problem ausgeblendet bei BGH NStZ 2012, 317 (318) zu § 66b StGB).

2. Die vorbehaltene Sicherungsverwahrung gem. Abs. 2

a) Voraussetzungen des Anordnungsvorbehalts. Der Vorbehalt der **39** Unterbringungsanordnung gem. Abs. 2 unterliegt zunächst den **formalen Voraussetzungen** von **Nr. 1.** Danach bedarf es einer Verurteilung zu einer JStrafe von mindestens 7 Jahren (wobei deren Anordnung nicht etwa ergebnisorientiert auf diesen Schwellwert hin erfolgen darf, sondern davon unabhängig nach den besonderen Strafzumessungsregeln des JStR begründbar sein muss). Als Anlass für diese Rechtsfolgenanordnung verlangt die Vorschrift zudem ein Verbrechen (dazu § 4) aus dem normtextlichen Katalog. Handelt es sich bei der Sanktion um eine Einheits-JStrafe (§ 31), genügt es, dass eine der gleichzeitig abgeurteilten Straftaten die fraglichen Merkmale aufweist („auch wegen"). Darauf, ob dieses Delikt für sich genommen schon die geforderte Strafhöhe bedingt hätte oder ob diese erst durch die Deliktsmehrheit erklärlich ist, kommt es in solchen Konstellationen nicht an (BGHSt 65, 221 = NJW 2021, 1687 mAnm Kinzig NJW 2021, 1690; zutr. Kritik an der entspr. Gesetzesfassung etwa bei Kinzig ZJJ 2008, 245 (246); Ostendorf/Petersen ZRP 2010, 245 (246); Kreuzer NStZ 2010, 473 (475)). Dass das Spektrum der aufgeführten Straftatbestände enger als im allg. StR ist, wird dadurch teilw. konterkariert. Allerdings muss die Anlasstat das konkrete Opfer (s. auch § 373b Abs. 1 StPO) seelisch oder körperlich schwer geschädigt oder einer dahingehenden Gefahr ausgesetzt haben, wobei das Kriterium der „Schwere" hierbei an Bestimmtheit entbehrt. Bei der Auslegung ist sicherzustellen, dass die Begrenzung auf „besonders gravierende Verbrechen" (BT-Drs. 16/6562, 9) gewährleistet ist. – Darauf, ob es Vorverurteilungen gab, stellt die Vorschrift nicht ab.

Auch die **materiellen Voraussetzungen** werden nach Abs. 2 S. 1 Nr. 2 **40** – zumindest „technisch" – etwas abw. von den Vorgaben im allg. StR (Hang und Allgemeingefährlichkeit) geregelt (Diemer in Diemer/Schatz/Sonnen Rn. 33 f.; krit. zum Fehlen des Hang-Erfordernisses Bartsch ZJJ 2013, 182 (186); dennoch darauf abstellend LG Hannover BeckRS 2020, 37550). Sie bestehen darin, dass sich aus der Gesamtwürdigung der bei der Anlassverurteilung erkennbaren Tatsachen eine hohe Wahrscheinlichkeit schwerer künftiger Deliktsbegehung ergibt. Dabei muss es sich erstens bei den erwartbaren Straftaten um solche der in Abs. 2 S. 1 Nr. 1 bezeichneten Art handeln, die auch die entspr. opferbezogene Beeinträchtigung hervorrufen würden. Zweitens wird vom Gesetz diesbzgl. ein hoher Erwartungs- bzw. Überzeugungsgrad vorausgesetzt (BT-Drs. 17/9874, 22 f.; BGHSt 65, 221 = NJW 2021, 1687) – obwohl wegen der vergleichsweise kürzeren Lebensgeschichte idR nicht wie bei Erwachsenen an Vorstrafen oder Haftaufenthalte als prognostisch relevante Indikatoren angeknüpft werden kann. Für diese „Gefährlichkeits"-Prognose kommt es (insoweit ebenso wie im allg. StR) auf den Zeitpunkt der Verurteilung an. – Nach allgA muss das Gericht in den Urteilsgründen darlegen, dass es vom Vorliegen dieser Voraussetzungen überzeugt ist oder diese für hoch wahrscheinlich hält. Auch muss es eigens aufzeigen, dass und wie es bei der Anordnung des Vorbehalts sein **Ermessen** ausgeübt hat. Wenn es dabei keine Berücksichtigung der erzieherischen Dysfunktionalität (→ Rn. 34) erkennen lässt, liegt ein Ermessensfehler vor.

b) Vorgaben zum Vollzug der Jugendstrafe. Bei erfolgtem Vorbehalt **41** hat das erkennende Gericht den Vollzug der verhängten JStrafe in einer

sozialtherapeutischen Einrichtung anzuordnen, wenn die zukünftige Legalbewährung dadurch eher gefördert werden kann (Abs. 3). Möglich ist das, solange der Verurteilte nicht das 27. Lbj. vollendet hat. Durch die JKammer bzw. die Strafvollstreckungskammer (s. Abs. 3 S. 4) kann diese Anordnung auch nachträglich ergehen (Abs. 3 S. 2), etwa wenn die individuellen Förderpotenziale des Vollzugs in einer sozialtherapeutischen Einrichtung bei der Verurteilung zunächst nicht erkannt wurden oder noch nicht zu erkennen waren. Solange die Verlegung in die Sozialtherapie und/oder die entspr. Anordnung nicht erfolgt ist, muss in halbjährigen Abständen die nachträgliche Veranlassung geprüft werden (Abs. 3 S. 3).

42   In der sozialtherapeutischen Anstalt (aber letztlich auch schon im vorherigen Regelvollzug) besteht die Pflicht, gegenüber dem Verurteilten eine **individuell geeignete Behandlung** anzubieten, um die spätere Umsetzung der vorbehaltenen Sicherungsverwahrung möglichst entbehrlich zu machen (vgl. Abs. 3 S. 5 iVm § 66c Abs. 2 StGB). Die Einhaltung der Anforderungen an einen entspr. behandlerisch ausgestalteten JStVollz unterliegt gem. § 119a StVollzG iVm § 2 Abs. 2 der **zwingenden gerichtlichen Kontrolle.** Diese erfolgt durch die JKammer bzw. Strafvollstreckungskammer (→ § 92 Rn. 177a) im Zweijahresrhythmus oder auf Antrag der Vollzugseinrichtung (zur Verteidigerbeiordnung in diesem Verfahren s. §§ 109 Abs. 3, 119a Abs. 6 StVollzG und → § 92 Rn. 180; zu reduzierten Begründungs- und Darlegungspflichten bei vollständiger Mitwirkungsverweigerung des Verurteilten OLG Hamm NStZ-RR 2016, 26 (Ls.) = BeckRS 2016, 03071). Dass dem Verurteilten ua auch vollzugsöffnende Maßnahmen gewährt wurden, ist hierbei zwar kein ausdrücklich erwähnter Prüfgegenstand (denn § 119a Abs. 1 Nr. 1 StVollzG verweist nicht auf § 66c Abs. 1 Nr. 3 StGB). Sofern eine Lockerungsmöglichkeit nicht fallkonkret ausscheidet, muss aber auch dieser Bereich, da er Teilaspekt einer spezialpräventiv ausgerichteten Vollzugsgestaltung ist, in die Prüfung einbezogen werden.

43   Gem. **Abs. 3 S. 5** iVm **§ 67a Abs. 2 S. 2 StGB** kann die verurteilte Person bei vorbehaltener Sicherungsverwahrung aus dem JStVollz in ein psychiatrisches Krankenhaus (§ 63 StGB) oder in eine Entziehungsanstalt (§ 64 StGB) überwiesen werden, sofern die Durchführung einer Heilbehandlung oder Entziehungskur (zB bei Suchtmittelkranken) angezeigt ist und die zukünftige Legalbewährung dadurch eher gefördert werden kann. Eine entspr. Indikation lässt sich allerdings nicht ausschließlich nach medizinischen Kriterien feststellen. Unter Verhältnismäßigkeitsaspekten kommt es vielmehr (auch) darauf an, dass im Vollzug angebotene Maßnahmen weniger erfolgversprechend sind. Die Unterbringungszeit wird iÜ auf die JStrafe angerechnet (Kinzig in Schönke/Schröder § 67a Rn. 6).

44   **c) Unterbringungsentscheidung. aa)** Über die Realisierung der Sicherungsverwahrung entscheidet die JKammer (→ § 81a Rn. 8) nach Abs. 2 S. 2 und 3. Eine (vorbehaltene) Anordnung kann, wie sich aus dem Verweis auf § 66a Abs. 3 S. 1 StGB ergibt, nur bis zur vollständigen Vollstr der JStrafe ergehen. Die Prüfung, ob die Unterbringung in der Sicherungsverwahrung am Ende des JStVollz **zBew auszusetzen** ist, bestimmt sich gem. Abs. 2 S. 3 nach § 67c Abs. 1 S. 1 StGB entspr. (vgl. dazu auch → § 82 Rn. 49 f.). Die Aussetzung erfolgt hiernach, wenn eine Anordnung nicht mehr materiell gerechtfertigt (vgl. → Rn. 40) wäre. Außerdem muss das Gericht prüfen, ob es im JStVollz die erforderlichen individuellen Betreu-

ungsangebote gegeben hat. Wird dies bspw. wegen einer fehlerhaften Behandlung verneint (BGH NStZ-RR 2020, 341 (342), wäre die Unterbringung **unverhältnismäßig**, so dass sie stattdessen zBew ausgesetzt werden muss (nicht aber nur wegen des Fehlens der richterlichen Kontrolle – so (bei anforderungsgemäßer Behandlung) jedenfalls KG NStZ-RR 2016, 125). Im Rahmen dieser Prüfung im Vollstreckungsverfahren sind die Feststellungen, die gem. § 119a Abs. 1 StVollzG iVm § 2 Abs. 2 bei der Überprüfung der Betreuungsbedingungen im Vollzugsverfahren erfolgt sind (vgl. → Rn. 42), bindend (§ 119a Abs. 7 StVollzG). Eine solche Bindung ist problematisch, wenn sich rückblickend ergibt, dass die Vorenthaltung bestimmter Behandlungselemente entgegen der früheren (gerichtlichen) Einschätzung an sich unzulässig war. – Für die Prüfung gem. Abs. 2 S. 2 und 3 ist ein **Sachverständiger** heranzuziehen (§ 81a iVm § 275a Abs. 4 S. 1 StPO; n. → § 43 Rn. 34 ff. betr. die Auswahl des Sachverständigen; → § 81a Rn. 10 betr. die Belehrung durch den Sachverständigen). Bei einer Aussetzung zBew tritt nach hM jeweils Führungsaufsicht (→ Rn. 56) ein (Abs. 2 S. 3 iVm § 67c Abs. 1 StGB).

bb) Nach Abs. 2 S. 2 **ordnet** das Tatgericht die Unterbringung in **Siche-** 45 **rungsverwahrung an,** wenn die vorgenannten Bedingungen nicht gegeben sind und sich durch eine erneute, die Entwicklung des Betroffenen seit seiner Verurteilung einbeziehende Gesamtwürdigung die in → Rn. 40 genannte Deliktsbegehungserwartung bestätigt. Da indes Straftaten der in Abs. 2 S. 1 Nr. 1 bezeichneten Art vor der fraglichen Person lediglich „zu erwarten" sein müssen (iS einer konkreten Gefahr), ist hier keine „hohe Wahrscheinlichkeit" mehr verlangt. Auch ist das Gericht (anders als noch bei der Vorbehaltsanordnung) bei Bejahung der Voraussetzungen in seiner Entscheidung gebunden. All dies zeigt, dass nach der gesetzgeberischen Vorgabe die zentrale Weichenstellung mit der Vorbehaltsentscheidung erfolgen und dann mit der Unterbringungsentscheidung (ungeachtet des behandlerisch auszugestaltenden JStVollz) eigentlich kaum noch korrigiert werden soll. Für die Betroffenen muss dies während des JStVollz demotivierend wirken, was die erzieherische Dysfunktionalität (→ Rn. 34) unterstreicht. Immerhin bedarf es auch für die neuerliche Gesamtwürdigung verlässlich festgestellter Tatsachen. Bei deren prognostischer Einordnung sind Fehlinterpretationen insbes. von Verhaltensweisen oder Vorkommnissen während des JStVollz (zB Disziplinarverfahren, Auseinandersetzungen, (Nicht-)Annahme von als betreuend geltenden Angeboten) unbedingt zu vermeiden (Brettel R&P 2013, 19 (20 f.); s. dazu auch → Rn. 8). So ist zB eine Anlastung sog. „Therapieverweigerung" oft schon deshalb zw., weil die Sicherungsverwahrung unabhängig von psychopathologischen Problemlagen ist.

Wird die Sicherungsverwahrung angeordnet und vollstreckt, gelten für 46 deren **Vollzug** die Vorgaben des **§ 66c Abs. 1** StGB iVm § 2 Abs. 2 (→ § 92 Rn. 155 ff.). Auch sieht das Gesetz wieder eine richterliche Kontrolle der individuell geeigneten Behandlung vor. Dies erfolgt mindestens bei der turnusmäßigen Fortdauer-Prüfung nach den Maßgaben des § 67d Abs. 2 S. 2 StGB iVm § 2 Abs. 2. Fehlt es an hinreichenden Behandlungsangeboten und werden diese nicht fristgerecht nachgebessert, ist die Unterbringung (deren Verhältnismäßigkeit unter diesen Bedingungen nicht länger gegeben wäre) zBew auszusetzen (zum zu prüfenden Maßnahmespektrum → Rn. 42). Abgesehen davon **endet** die Sicherungsverwahrung erst zu einem Zeitpunkt, zu dem eine Fortsetzung trotz aufrechterhaltener Gefährlichkeitseinschätzung unverhältnismäßig wäre (§ 67d Abs. 3 StGB: Erledigung). Für einen früheren Abschluss bedarf es der positiven prognostischen Beurteilung des Untergebrachten (§ 67d Abs. 2 StGB: Aussetzung zBew). Ob für die Erledigung oder Aussetzung zBew ein Anlass besteht, ist im Jahresturnus zu überprüfen (§ 67e Abs. 2 StGB). Bis zur Vollendung des 24. Lbj. wird die **Überprüfungsfrist** durch Abs. 5 allerdings auf sechs Monate verkürzt. Das vom BVerfG statuierte Kontrollgebot (BVerfGE 128, 326 (382) = NJW 2011, 1931 (1939)) ist hier also in verstärkter Form eingelöst worden, weil der Unterbringungsvollzug bei nach JStR Verurteilten idR schwerwiegendere grundrechtsverkürzende Wirkungen hat als bei älteren Personen. – In allen Varianten tritt dann nach hM (→ Rn. 56) Führungsaufsicht ein.

3. Die nachträgliche Sicherungsverwahrung gem. Abs. 4

47   Abs. 4 erlaubt die nachträgliche Sicherungsverwahrung in den gleichen Sonderkonstellationen, in denen dies auch bei Verurteilungen gem. § 66b StGB und § 106 Abs. 7 nach allg. StR möglich ist (zu Vollzug und Beendigung → Rn. 46). Abgesehen von der Frage der Konventionswidrigkeit (→ Rn. 37 f.) ist diese normative Gleichsetzung höchst problematisch (krit. auch Lange, Die Kriminalprognose im Recht der Sicherungsverwahrung, 2012, 210; Karmrodt, Sicherungsverwahrung bei Verurteilungen nach Jugendstrafrecht, 2012, 158 ff.), gerade auch weil die oben erörterte Prognoseschwierigkeit hier abermals besteht (→ Rn. 34). – Die JKammer (zur Zuständigkeit → § 81a Rn. 8; zur Hinzuziehung von zwei Sachverständigen s. § 81a iVm § 275a Abs. 4 S. 2 StPO) ist nicht zur Anordnung der Sicherungsverwahrung verpflichtet, sondern entscheidet darüber nach pflichtgemäßem **Ermessen**. Dessen tatsächliche Ausübung muss im Urteil dargelegt werden (BGH BeckRS 2021, 21674). Besonders bedeutsam ist das in Fällen, in denen die Bedingungen von Abs. 4 Nr. 1 und 2 zu bejahen sind und der Eindruck besteht, dass der Verurteilte wegen institutioneller Eigenbelange oder ähnlicher Gründe aus dem psychiatrischen Krankenhaus in die Sicherungsverwahrung überführt werden soll (etwa wegen der Kosten oder aus organisatorischen Erwägungen). Das Gericht muss diesen Anstoß – auch wenn die Erledigungserklärung gem. § 67d Abs. 6 StGB eine formelle Voraussetzung darstellt und es deshalb nicht auf deren materielle Richtigkeit ankommt – also nicht exekutieren (bspw., wenn es weiterhin Behandlungsbedarf beim Betroffenen sieht). Das gilt auch, wenn aus der Sicherungsverwahrung eine (Rück-)Überweisung in die psychiatrische Klinik gem. § 67a Abs. 2 StGB angedacht wäre (zu einer solchen, dem Gesetz fremden „nachträglichen Unterbringung" gem. § 63 StGB allg. abl. BGH NStZ-RR 2006, 303; NStZ-RR 2019, 386 (387)).

4. Rechtstatsächliches

48   Die amtliche Statistik wies an den Stichtagen des 31.3.2014 und 2015 jeweils einen zu JStrafe verurteilten Insassen mit vorbehaltener Sicherungsverwahrung im (Jugend-)Strafvollzug aus. Jeweils drei Personen waren nach einer Verurteilung nach JStR in Sicherungsverwahrung untergebracht (Dessecker/Leuschner, Sicherungsverwahrung und vorgelagerte Freiheitsstrafe, 2019, 40, 93). Einer Befragung bei den Landesjustizverwaltungen (vgl. Meier in Kaspar (Hrsg.), Sicherungsverwahrung 2.0?, 2017, 217 (220 f.)) zufolge befanden sich am 31.3.2016 insgesamt vier Personen mit Vorbehaltsanordnung „im JStVollz/Sozialtherapie" (je eine in BW, Hess., Nds. und NRW) und zwei waren in Sicherungsverwahrung untergebracht (beide in Bay.). Die Betroffenenzahlen sind also äußerst niedrig, auch im Verhältnis zum allg. StR und ebenso unter Berücksichtigung der eher wenigen Personen, die für eine Sicherungsverwahrung nach JStR überhaupt in Betracht kommen. Damit werden die Stellungnahmen bestätigt, die einen **Bedarf** an dieser Sanktionsform von Anbeginn **bezweifelt** hatten (→ Rn. 30). Weiter bekräftigt wird die Entbehrlichkeit der Sicherungsverwahrung durch die erhebliche Gruppe jener Bundesländer, die ganz ohne diese Maßregel auskommen.

V. Führungsaufsicht

1. Einordnung und Problematik der Norm

Die Maßregel hat sich historisch aus der früheren Polizeiaufsicht (§§ 38 f. **49** RStGB) entwickelt (Kwaschnik, Die Führungsaufsicht im Wandel, 2008, 31 ff.; Rohrbach, Die Entwicklung der Führungsaufsicht (...), 2014, 56 ff.). Sie schließt sich an die Vollstreckung von stationären Maßregeln oder (in bestimmten Fällen) an die von JStrafen an, um nach der Entlassung noch Sicherungs- und Unterstützungszwecke verfolgen und so beaufsichtigende Kontrolle und helfende Betreuung verknüpfen zu können. Hierbei soll va durch Weisungen auf die Lebensführung nach der Entlassung eingewirkt werden. Die darin liegende (auf die Freiheitsentziehung folgende und zu dieser hinzutretende) Belastung verstoße nach BVerfGE 55, 28 (30 f.) = NStZ 1981, 21 (22) weder gegen das Verbot der Doppelbestrafung (Art. 103 Abs. 3 GG) noch gegen den Verhältnismäßigkeitsgrundsatz.

Insgesamt weist die Führungsaufsicht eine gewisse Ähnlichkeit mit der **50** Bewährungshilfe auf, wenngleich der Sicherungsaspekt bei ihr deutlich stärker akzentuiert ist. Inhaltlich zeigt sich dies bspw. in der höheren Eingriffsintensität des Weisungskatalogs, in dessen strafrechtlicher Absicherung (§ 145a StGB) und in der Zuständigkeit einer Aufsichtsstelle (Art. 295 EGStGB), der die verurteilte Person untersteht. Die Aufgaben- und Funktionsverteilung zwischen Aufsichtsstelle und dem für die fragliche Person ebenfalls bestellten BewHelfer ist im Gesetz kaum geregelt. Der Überwachungsauftrag ist nach allg. Interpretation von § 68a Abs. 3 StGB primär an die Aufsichtsstelle adressiert, während der BewHilfe vornehmlich die Betreuung obliegt (§ 68a Abs. 2 StGB). Allerdings begründet die Unterbestimmtheit der gesetzlichen Ausgestaltung die Gefahr einer **zweigleisigen Überkontrolle** durch beide Institutionen. Ohnehin liegt in der Spannung zwischen Sicherungs- und Betreuungszweck eine konzeptionelle Schwäche der Führungsaufsicht, da eine integrierende Verwirklichung dieser Doppelfunktion kaum möglich zu sein scheint (speziell mit Blick auf § 68a Abs. 7 StGB bspw. Dessecker FS Heinz, 2012, 631 (635 ff.): Verpolizeilichung; vgl. für einen Überblick über die kritische Diskussion etwa Ostendorf in NK-StGB Vor § 68 Rn. 12). Aus der Sicht vieler BewHelfer erschließt sich die Erforderlichkeit der Aufsichtsstellen nicht (vgl. die Befragung bei Kwaschnik, Die Führungsaufsicht im Wandel, 2008, 479 ff., 486 ff.; vgl. auch

Antons Bewährungshilfe 1992, 286: viele Aufsichtsstellen beschränkten sich auf das Sammeln von Daten und Informationen).

51   Die Dominanz der Kontrollfunktion der Führungsaufsicht (empirisch Rohrbach, Die Entwicklung der Führungsaufsicht (…), 2014, 186 ff., 238 ff.) wird insbesondere durch die Kontrollaufgaben der Aufsichtsstellen getragen (für Einschränkung ihrer Berichtspflicht ggü. dem Gericht Mainz NStZ 1987, 541 (543)). Diese schließen präventive Meldebefugnisse ein (vgl. hierzu § 481 Abs. 1 S. 3 StPO auch für BewHelfer). Weisungsverstöße werden so ggf. der strafrechtlichen Sanktionierung zugeführt (**§ 145a StGB**). Die diesbzgl. Strafdrohung wurde durch Gesetz v. 13.4.2007 (BGBl. I 513) von einem auf drei Jahre angehoben (skeptisch etwa Fischer StGB § 145a Rn. 3; zum Anstieg der Anwendung des § 145a StGB s. Rohrbach, Die Entwicklung der Führungsaufsicht (…), 2014, 37 ff., 225 ff.; Kinzig NK 2015, 230 (246 f.)). Der darauf gerichtete Strafantrag der Aufsichtsstelle (§ 145a S. 2 StGB) setzt die in § 68a Abs. 6 StGB vorgesehene, vorherige Anhörung des BewHelfers voraus (KG StV 2014, 144 = BeckRS 2013, 7822; AG Straubing StV 2015, 705 = BeckRS 2015, 17746; aA BGH NStZ 2015, 355 (alle zum allg. StR)).

2. Spezielle Einschränkungen im Jugendstrafrecht

52   Zur Führungsaufsicht kommt es im allg. StR im Anschluss an den stationären Maßregelvollzug (§ 68 Abs. 2 StGB: durch Gesetz) sowie bei der Verurteilung wegen mancher Delikte (nach Maßgabe von § 68 Abs. 1 StGB: richterliche Entscheidung) oder nach vollständiger Vollstr. einer längeren freiheitsentziehenden Sanktion (§ 68f StGB: durch Gesetz). Dass all diese Varianten tatsächlich auch im JStR von Bedeutung sind, ist **nicht zweifelsfrei.** Im Hinblick auf den **Gesetzesvorbehalt** ergeben sich hinsichtlich der zweiten und dritten Variante deshalb Bedenken, weil diese jeweils an die Verurteilung bzw. Vollstreckung zu einer „Freiheitsstrafe" oder „Gesamtfreiheitsstrafe" anknüpfen, woran es bei einer Verurteilung zu einer „JStrafe" wegen der qualitativen Unterschiede (→ § 17 Rn. 2 f.) aber zu fehlen scheint (AG Hameln ZJJ 2008, 84 = BeckRS 2007, 31433; Pollähne ZJJ 2008, 4 (8); Gundelach/Nix ZJJ 2015, 148 (150 f.)). Allerdings ergibt sich aus dem Funktionszusammenhang von § 68f StGB (zu diesem Kriterium → § 17 Rn. 60 ff.), dass die JStrafe dort gleichsam mitgemeint ist, weil für eine nachgängige ambulante Begleitung nach längerer JStrafe nicht weniger als nach längerer Freiheitsstrafe ein Anlass besteht (ähnlich BVerfG NStZ-RR 2008, 217 (218); vgl. auch BVerfG BeckRS 2008, 42264).

53   Zu berücksichtigen ist allerdings, dass sich der Normtext von Abs. 1, dem zufolge die Führungsaufsicht ausdrücklich „angeordnet werden" kann, nicht auf die Konstellationen von § 68 Abs. 2 StGB bezieht, da dort die Unterstellung kraft Gesetzes erfolgt und eine entbehrliche, aber ggf. erfolgende „Anordnung" hier gar keine rechtliche, sondern lediglich deklaratorische Wirkung hat (vgl. etwa Groß/Ruderich in MüKoStGB StGB § 68f Rn. 18). Daher erlaubt Abs. 1 **nur** die Führungsaufsicht iSv **§ 68 Abs. 1 StGB** (ebenso AG Hameln ZJJ 2008, 83; Pollähne ZJJ 2008, 4 (6); Sommerfeld NStZ 2009, 247 (249)). Auch die Ansicht, in den Konstellationen des § 68 Abs. 2 StGB ergebe sich die Anwendbarkeit der Führungsaufsicht im JStR aus § 2 Abs. 2 (so OLG Bremen BeckRS 2019, 5983; Sommerfeld NStZ 2009, 247 (250)), überzeugt nicht, weil die Maßregeln der Besserung und

Sicherung in § 7 für das JGG speziell und abschließend normiert sind (ähnlich Pollähne ZJJ 2008, 4 (7)). Dem Bedürfnis nach einer nachgängigen Betreuung muss und kann also in den Fällen des § 68f StGB durch eine vermehrte JStrafrestaussetzung zBew entsprochen werden. Allerdings geht das BVerfG (NStZ-RR 2008, 217; BeckRS 2008, 42264) über diese Problematik ohne eine sachliche Auseinandersetzung hinweg und lehnt die hier vertr. Einschränkung ab.

Die hM, die die Führungsaufsicht im JStR daher in gleicher Weise wie im **54** allg. StR einsetzt (vgl. stellvertretend OLG Bremen BeckRS 2019, 5983 mwN zur Judikatur), ignoriert auch die materielle Unverträglichkeit. So muss (trotz fehlender amtlicher Statistik) davon ausgegangen werden, dass ein Großteil aller Unterstellungen auf § 68f StGB beruht (dazu und zur Anwendungshäufigkeit Weigelt/Hohmann-Fricke Bewährungshilfe 2006, 215 (221, 227 ff.); vgl. auch Kinzig NK 2015, 230 (242 ff.) sowie mwN Eisenberg/Kölbel § 39 Rn. 4 f.). Hier wird die freiheitsentziehende Sanktion also automatisch in eine ambulante behördliche Kontrolle überführt. Bereits die dabei zum Tragen kommende **Pauschalisierung** der Unterstellungsvoraussetzungen, die auf bestimmten Sanktionsarten und -höhen aufbauen, **widerspricht** der **individualisierenden** entwicklungsbezogenen Rechtsfolgenlogik im JGG (krit. zur erfolgten Ausdehnung des Anwendungsbereichs der Führungsaufsicht aus empirischer Sicht Schalast R&P 2006, 59 (62); Dessecker Bewährungshilfe 2007, 276 (281 f.)). Auch bestehen seit jeher Zweifel an der spezialpräventiven Funktionalität dieser Maßregel (vgl. etwa schon Antons Bewährungshilfe 1992, 282 (283); negiert bspw. von LG Berlin NStZ 2009, 46). Eine konzeptionelle Ausgestaltung, die speziell der **erzieherischen Grundorientierung** (§ 2 Abs. 1) des JStR entspräche, **fehlt** jedenfalls ganz (dazu auch Gundelach, Die Führungsaufsicht nach der Vollverbüßung einer Jugendstrafe, 2015, 163 ff.: verfassungswidrig; s. zur Durchführung in Nds. aber auch Jesse ZJJ 2020, 373). Insofern wird die hier vertretene Einschränkung auch durch die Maxime der jugendgemäßen Auslegung gestützt (→ § 2 Rn. 19).

3. Voraussetzung und Ausgestaltung

a) Unterstellung. aa) Die Führungsaufsicht gem. **§ 68 Abs. 1 StGB 55** iVm. Abs. 1 wird im Urteil angeordnet (und in einem zusätzlichen Beschluss konkret ausgestaltet). Dies setzt die Begehung einer Straftat, als deren Rechtsfolge die Unterstellung vorgesehen ist (vgl. ua § 181b StGB), sowie die diesbzgl. Verurteilung zu einer mindestens sechsmonatigen JStrafe und die Wahrscheinlichkeit erneuter Straffälligkeit voraus. Im dann eröffneten Anordnungsermessen muss das Gericht jedoch berücksichtigen, dass eine erzieherische Ausgestaltung der Führungsaufsicht idR nicht gewährleistet und die Unterstellung daher kaum funktional iSv § 2 Abs. 1 ist. Außerdem sind mildere Maßnahmen vorzuziehen (vgl. Laue in MüKoStGB Rn. 18: Betreuungsweisung). Von der Maßregel darf daher nur in **Ausnahmefällen** (ebenso Brunner/Dölling Rn. 10; Kinzig in Schönke/Schröder § 68 Rn. 15; vgl. auch Rzepka in Nix Rn. 10: höchst restriktiv) und allein nach entspr. rechtlichen Hinweisen (BGH StV 2015, 207 = BeckRS 2014, 10641) Gebrauch gemacht werden. Bejaht das Gericht die vorausgesetzte Rückfallerwartung ohne hinreichend konkrete Prognoseentscheidung, die wiederum eine Gesamtwürdigung von Tat und Täter voraussetzt, kann die Anordnung in der

Revision aufgehoben werden (zu steigenden Prognoseanforderungen, je weniger der Abgeurteilte strafrechtlich vorbelastet ist, vgl. BGH StV 2015, 207 = BeckRS 2014, 10641). – In der Praxis wird die gebotene zurückhaltende Anwendung iÜ eingelöst (vermutlich auch deshalb, weil bei jugendtypischen Delikten idR keine Führungsaufsicht vorgesehen ist). So kam es im Bereich des JStR in den meisten Jahren bislang nur zu Anordnungen in einstelliger Anzahl. 2019 betraf es zwei (heranwachsende) Personen (StrafSt Tab. 5.5; zu den Vorjahren s. → 21. Aufl. Rn. 65).

56   **bb)** Sofern man entgegen der hier vertretenen Ansicht (vgl. → Rn. 53) davon ausgeht, dass auch die Führungsaufsicht **kraft Gesetzes** im JStR anwendbar ist, kommt es in den in → Rn. 13, → Rn. 26, → Rn. 44 und → Rn. 46 genannten Konstellationen automatisch zu einer Unterstellung. Ebenso verhält es sich bei Vorliegen der Voraussetzungen von § 68f Abs. 1 StGB (zu den Bedingungen des ausnahmsweisen Entfallens gem. § 68f Abs. 2 StGB vgl. etwa Kinzig in Schönke/Schröder § 68f Rn. 10 f.). Das ist bei einer mindestens zweijährigen JStrafe wegen eines Vorsatzdeliktes oder einer mindestens einjährigen JStrafe wegen eines der in § 181b StGB genannten Delikte und deren vollständiger Vollstreckung der Fall. Eine vollständige Vollstreckung ist nicht nur bei ununterbrochenem Vollzug gegeben, sondern ebenso bei einer gem. § 26 Abs. 1 widerrufenen Strafrestaussetzung (wobei die vollstreckten Strafteile in der Summe von hinreichender Länge sein müssen). Anrechnungszeiten gem. § 51 StGB (vgl. auch → § 52a Rn. 12 f.) zählen zur Vollstreckung isV § 68f StGB. Kommt es durch die Anrechnung jedoch zu einer vollständigen Erledigung der JStrafe, fehlt es an der Voraussetzung „Entlassung aus dem Strafvollzug" sowie iÜ auch am gesteigerten Eingliederungsbedarf. Führungsaufsicht tritt hier ausnahmsweise nicht ein (vgl. zum Streitstand im allg. StR etwa KG NStZ-RR 2005, 43; Kinzig in Schönke/Schröder § 68f Rn. 5 f.).

57   Bei einer Verurteilung zu einer Einheitssanktion (§ 31 Abs. 2) ist hinsichtlich der gesetzlich geforderten Straflänge (ein bzw. zwei Jahre) die Dauer der **Einheits-JStrafe** maßgeblich (so bspw. OLG Bamberg NStZ-RR 2007, 94; OLG Hamm BeckRS 2014, 13010; OLG Bremen BeckRS 2019, 5983). Zwar muss die Einheits-JStrafe allein wegen Vorsatztaten verhängt worden sein (die Unterstellung bei einem mitabgeurteilten Fahrlässigkeitsdelikt daher abl. OLG Saarbrücken StV 2017, 719 (Ls.) = BeckRS 2016, 111323; abw. Diemer in Diemer/Schatz/Sonnen Rn. 11; im allg. StR auch OLG Frankfurt a. M. NStZ-RR 2008, 391; OLG Jena NStZ-RR 2010, 262). Dennoch ist die Schwelle für den Eintritt der Führungsaufsicht durch diese Rechtslage, die sich der Einbeziehung der Gesamtfreiheitsstrafe in § 68f Abs. 1 StGB durch das Gesetz v. 17.4.2007 verdankt (zur Entsprechung der Einheits-JStrafe → Rn. 52), in problematischer Weise abgesenkt worden (bis dahin noch auf die entspr. hypothetische Dauer einer der einbezogenen JStrafen abstellend zB OLG Hamm NStZ-RR 1998, 61; OLG Stuttgart Die Justiz 2003, 267 = BeckRS 2002, 30292802; OLG Dresden ZJJ 2004, 435 = OLG-NL 2004, 283; KG bei Böhm NStZ-RR 2004, 257 (257); OLG Zweibrücken NStZ-RR 2005, 246; abw. damals schon OLG München NStZ-RR 2002, 183). Die Voraussetzungen der Führungsaufsicht sind auf dieser Grundlage im JStR schlicht zu weit angelegt (n. Fiebrandt ZJJ 2008, 278).

58   **b) Weisungen.** Die Führungsaufsicht kann durch gerichtliche Weisungen ausgestaltet werden, um hierdurch auf die Lebensführung der fraglichen

Person Einfluss zu nehmen und die Deliktsbegehungserwartung zu reduzieren. Zulässig sind allerdings nur Weisungen, für die in § 68b Abs. 1 und 2 StGB iVm Abs. 1 eine gesetzliche Grundlage besteht. Die jeweilige Weisung muss das **Gericht selbst** festlegen, ohne die Erteilungsbefugnis an die Aufsichtsstelle oder den BewHelfer übertragen zu dürfen (vgl. auch OLG Hamm R&P 2010, 98 = BeckRS 2010, 2230: sonst Verstoß gegen Richtervorbehalt). Inhaltlich muss das Gericht die jeweiligen Pflichten ebenso wie die Fragen der Kontrolle (Art, Häufigkeit, Zuständigkeit) gem. § 68b Abs. 1 S. 2 StGB **hinreichend genau bestimmen** (BGH NJW 2013, 710; BGH NStZ-RR 2014, 78; OLG München NStZ 2011, 94; OLG Koblenz BeckRS 2011, 20782 alle zum allg. StR). Andernfalls ist die Anweisung rechtswidrig (BVerfG BeckRS 2011, 4308; OLG Dresden NStZ-RR 2008, 27; NStZ 2008, 572 alle zum allg. StR). Da die Kosten der Weisung den § 464a Abs. 1 S. 2 StPO, § 465 StPO nicht unterfallen, ist hierüber als Weisungsannex ebenfalls zu entscheiden – jedenfalls wenn sie unter Berücksichtigung von § 68b Abs. 3 StGB als erheblich gelten und ggf. zu Lasten der Staatskasse gehen (vgl. OLG Bremen NStZ 2011, 216; OLG Karlsruhe NStZ-RR 2011, 30; OLG München NStZ-RR 2012, 324). Im Übrigen bedarf es einer **schriftlichen Begründung,** die (in den Fällen von § 68b Abs. 1 StGB) auch auf die Strafbewehrung (§ 145a StGB) hinweisen muss (so zum allg. StR BGH NStZ-RR 2016, 200; BeckRS 2016, 18882; OLG Saarbrücken NStZ-RR 2016, 243; abw. LG Verden StraFo 2017, 512 = BeckRS 2017, 117736). Durch eine mündliche Belehrung oder sog. Gefährderansprachen oder Hinweise des BewHelfers wird dies nicht ersetzt (BGH StraFo 2015, 471 = BeckRS 2015, 15770).

In der Sache müssen Weisungen mit dem **Gesetzeszweck** vereinbar sein **59** (vern. für die Weisung, das deutsche Staatsgebiet zu verlassen, OLG Köln NStZ 2010, 153). Ferner müssen sich die angeordneten Eingriffe als (mit Blick auf die Anlasstat und das angestrebte zukünftige Legalverhalten) **verhältnismäßig** erweisen (hierzu unterschiedlich streng zB BVerfG BeckRS 2011, 4308; OLG Dresden StV 2015, 701 = BeckRS 2014, 18527; OLG Zweibrücken NStZ 2017, 291 alle zum allg. StR). Außerdem unterliegen Weisungen der **Zumutbarkeitsgrenze** (§ 68b Abs. 3 StGB iVm Abs. 1). Diese ist in den Varianten von § 68b Abs. 1 StGB wegen der Strafbewehrung eher als bei Weisungen gem. § 68b Abs. 2 StGB erreicht (OLG Celle NStZ-RR 2010, 92). Dass sich die mit einer Weisung verbundenen Einschränkungen altersbedingt bei nach JStR Verurteilten oftmals stärker als bei älteren Personen auswirken, ist bei der Verhältnismäßigkeits- und Zumutbarkeitsprüfung zu berücksichtigen. Zudem kommen lediglich solche Weisungen in Betracht, die jugendgemäß und fallkonkret förderlich (also spezialpräventiv tatsächlich wirksam) sind (BVerfG NStZ-RR 2008, 217 (218)).

Unter Berücksichtigung dieser Maßgaben gelten die Erläuterungen zum **60** allg. StR entsprechend. Um die sich dabei gelegentlich stellenden Probleme aufzuzeigen, muss hier deshalb lediglich stellvertretend auf Weisungen zur Suchtproblematik verwiesen werden. Hinsichtlich der durch § 68b Abs. 1 Nr. 10 StGB erlaubten **Konsumkontrollen** ist umstr., ob die angewiesene Haarproben-Abgabe (ohne Einwilligung des Betroffenen) einen unerlaubten körperlichen Eingriff darstellt (bejahend OLG München NStZ 2011, 94; OLG Nürnberg NStZ-RR 2012, 261; vern. OLG München NJW 2010, 3527). Umstritten ist auch die Zulässigkeit von sonstigen Drogenscreenings, weil darin eine Abstinenzweisung impliziert ist und bei aufgedeckten Verstößen eine Sanktionierung gem. § 145a StGB droht (dennoch die Zulässigkeit bejahend OLG Rostock NStZ-RR 2012, 222; OLG München NStZ-RR 2012, 324). Zumindest ggü. Personen, von denen infolge langer Abhängigkeit die Erwartung gar nicht erfüllt werden kann, handelt es sich hier um ein unverhältnismäßiges Vorgehen (vgl. BVerfG NJW 2016, 2170; OLG Dresden NJW 2009, 3315). Hinsichtlich einer Suchtbehandlung kann gem. § 68b Abs. 1 Nr. 11 StGB allein die Kontaktaufnahme mit einer entspr. Einrichtung bestimmt und durchgesetzt werden (Vorstellungsweisung), nicht aber auch eine (strafbewehrte) Therapie (OLG Dresden NStZ-RR 2008, 27 (28)). Therapieweisungen sind nur gem. § 68b Abs. 2 S. 2 und 3 StGB (ohne Strafbewehrung) möglich (zum Kreis forensischer Ambulanzen vgl. Eisenberg/Kölbel Kriminologie § 39 Rn. 7). Bei fehlender Einwilligung des Betroffenen fehlt es mangels Therapiebereitschaft idR aber an der Eignung (BGH NStZ-RR 2020, 186).

61   **c) Sonstige Modalitäten und Zuständigkeit.** Für die **Dauer** der Unterstellung ist im allg. StR ein Rahmen festgelegt (§ 68c Abs. 1 StGB), der sich an die dortige Regelung zur Bewährungszeit bei der Strafaussetzung (§ 56a Abs. 1 S. 2 StGB) anlehnt (zwei bis fünf Jahre). Da diese Bewährungszeit im JStR nach § 22 Abs. 1 S. 2 nur zwischen **zwei und drei Jahren** liegen darf, muss sich hier auch die Dauer der Führungsaufsicht in diesem Spektrum bewegen (LG Berlin NStZ 2010, 286 (286 f.); s. auch LG Hildesheim NdsRpfl 2010, 180 = BeckRS 2010, 12154 zur Geltung von § 68g StGB). Auf das Alter im Zeitpunkt der Entlassung kommt es dabei nicht an. Eine längere Unterstellungsdauer würde die Zeiträume, in denen viele Jugendliche und Heranwachsende denken, übersteigen und so demotivierend wirken. Mit Blick auf den Erziehungsauftrag (§ 2 Abs. 1) wäre dies gesteigert dysfunktional. – Droht parallel der Beginn einer Maßregelunterbringung oder eine weitere Führungsaufsicht, kommt es zur Beendigung oder zum Ruhen (§ 68e Abs. 1 StGB). Eine Aufhebung der Unterstellung ist bei einer positiven Prognose zwar möglich, dies aber erst nach zwei Jahren (§ 68e Abs. 2 StGB).

62   Gemeinsam mit den anderen Ausgestaltungsfragen (Bestellung eines BewHelfers; Festlegung von Weisungen) wird die Dauer im Falle von § 68 Abs. 1 StGB durch einen **tatgerichtlichen Beschluss** (§ 268a Abs. 2 StPO) festgelegt und sonst in einem **Beschluss** des Jugendrichters als **Vollstreckungsleiter** bestimmt (§§ 82 Abs. 1, 83 Abs. 1; s. ferner § 54a StrVollStrO und RL VII Nr. 2 zu §§ 82–85; OLG Koblenz GA 1975, 285). Welches JGericht hier zuständig ist, ergibt sich aus §§ 84 Abs. 1, 85 Abs. 2–4 (zur möglichen Übertragung gem. § 85 Abs. 5 vgl. BGH NStZ-RR 2003, 29; NStZ-RR 2018, 227). Die Möglichkeit der Abgabe für einen inzwischen 24 Jahre alt gewordenen Verurteilten (§ 85 Abs. 6 S. 1) besteht auch bei der Führungsaufsicht. Kommt es hierzu, sind dann im Weiteren die allg. verfahrensrechtlichen Vorschriften über die Strafvollstreckung anwendbar. Hinsichtlich materiell-rechtlicher Fragen gelten aber die Regelungen des JStR weiterhin fort (OLG Hamm BeckRS 2014, 13010). – Während einer laufenden Führungsaufsicht ist iÜ eine befristete Wiederinvollzugsetzung der vorherigen Unterbringung gem. §§ 63, 64 StGB (**Krisenintervention**, § 68h StGB) auch im JStR möglich (dazu OLG Jena NStZ 2010, 283; s. auch Kinzig in Schönke/Schröder § 67h Rn. 14: nur ausnahmsweise).

VI. Entziehung der Fahrerlaubnis

1. Jugendstrafrechtliche Einordnung

Die Entziehung der Fahrerlaubnis stellt in jeder Hinsicht einen **Fremd-** 63
körper im Rechtsfolgenspektrum des JStR dar. Erstens ist für die Maßregel
ein angehobener Grad an Standardisierung kennzeichnend, da sie in ihren
Anwendungsvoraussetzungen durch § 69 Abs. 2 StGB **pauschalierend** an
die Begehung bestimmter Delikte anknüpft. Dies widerspricht der individualisierenden Rechtsfolgenlogik des JStR, in der der jeweilige Interventionsbedarf im Mittelpunkt steht. Zweitens handelt es sich bei ihr um eine
Maßregel, in der auf positiv-beeinflussende Elemente, die bei anderen Maßregeln immerhin ansatzweise zum Tragen kommen (in Form etwa von
therapeutischen Angeboten oder Hilfsangeboten), vollständig verzichtet
wird. Ihre Wirkweise ist auf die schlichte Exklusion beschränkt und er-
schöpft sich in der davon ausgehenden **Sicherungswirkung.** Eine Entwicklung von „Straßenverkehrskompetenz" (zu dieser Entwicklungsaufgabe vgl.
Mienert ZVS 2002, 27 ff. (75 ff.)) wird hierdurch nicht nur nicht gefördert,
sondern regelrecht blockiert. Die langfristige Ausschließung von der Verkehrsteilnahme kann drittens auch erhebliche abträgliche **Nebenwirkungen**
in anderen Lebens- und Entwicklungskontexten haben und sich so als ent-
wicklungsschädlich erweisen (s. dazu → § 6 Rn. 6). Gemessen an § 2 Abs. 1
handelt es sich bei der Fahrerlaubnisentziehung also um eine gesteigert
dysfunktionale Rechtsfolge. Zu berücksichtigen ist iÜ die angehobene De-
liktexposition, die sich nicht nur aus alterstypischen Lebensstilen (Bsp.:
Verkehrsteilnahme bei nächtlichen Freizeitveranstaltungen), sondern auch
aus dem Umstand ergibt, dass ein Fahrzeug und die („gekonnte") Verkehrsteilnahme für junge Menschen eine charakteristische Anerkennungs-, Status-
und Selbstwertressource darstellt (Eisenberg/Kölbel Kriminologie § 45
Rn. 128 mwN). Aus all diesen Gründen ist die Kompatibilität der Maßregel
mit den Anforderungen des § 2 Abs. 1 nur bei einer **jugendspezifischen
Handhabung** (→ § 2 Rn. 20 ff.) sichergestellt.

In der Rechtswirklichkeit wird dies offenbar kaum umgesetzt. Jedenfalls 64
ist die **Anwendungshäufigkeit** der Maßregel **hoch,** höher noch als die des
Fahrverbots (wobei der Unterschied mit steigendem Alter zunimmt – n.
Heinz Sekundäranalyse 1354 ff.). Dies beruht vermutlich auch darauf, dass
seitens der Strafrechtspraxis der Höchstzeitraum des Fahrverbots als zu kurz
beurteilt wird. Dafür spricht, dass innerhalb der Maßregelanordnungen hinsichtlich der Dauer der Sperre die längeren ggü. den kürzeren Fristen überwiegen. Im Einzelnen wurde der StrafSt (Tab. 5.4) zufolge in den Jahren
2011, 2015 und 2019 in Deutschland ggü. Jugendlichen in 991, 472 und 451
Fällen die Fahrerlaubnis entzogen (einschließlich der Sperre für die
Erteilung einer Fahrerlaubnis § 69a Abs. 1 S. 3 StGB). Ggü. Heranwachsenden lauteten die entsprechenden Zahlen 7.397, 4.096 und 3.896. Sperren
von kürzerer Dauer (bis einschließlich sechs Monate) wurden davon bspw.
2019 lediglich bei 182 Jugendlichen bzw. 1.750 Heranwachsenden festgelegt.

2. Voraussetzungen und Ausgestaltung

65   **a) Allgemeine Regelung.** Prinzipiell setzt die Maßregel eine rechtswidrige Tat im Verkehrskontext voraus, wegen der die betreffende Person verurteilt oder nur deshalb nicht verurteilt wird, weil ihre Schuldunfähigkeit erwiesen oder nicht auszuschließen ist (§ 69 Abs. 1 StGB iVm Abs. 1). In der ersten Variante wird die Rechtsfolge neben JStrafe, Zuchtmitteln oder Erziehungsmaßregeln angeordnet (BGHSt 6, 394 (397) = NJW 1955, 72). In der zweiten Variante, die auch bei Fehlen der strafrechtlichen Verantwortlichkeit iSv § 3 S. 1 vorliegt (vgl. BGHSt 6, 394 (397) = NJW 1955, 72; BayObLGSt 58, 263 (264)), kann es durchaus zu einer isolierten Anordnung kommen. Stets muss in der fraglichen Anlasstat allerdings deutlich werden, dass die betreffende Person **individuell ungeeignet** zum Führen von Kraftfahrzeugen ist. Bei den in § 69 Abs. 2 StGB genannten (Verkehrs-) Delikten ist dies der Regelfall. Bei allen anderen Straftaten muss deren Art und Begehungsweise auf eine verkehrsspezifische Gefährlichkeit schließen lassen, dh auf das beständige Zurückstellen der Verkehrssicherheit hinter individuelle Interessen (BGHSt 50, 93 = NJW 2005, 1957). Wird ein Fahrzeug für einen strafbaren BtM-Transport genutzt, ist eine solche Folgerung bspw. nicht ohne weiteres möglich (BGH NStZ 2015, 579). Selbst bei Delikten, bei denen der fragliche Schluss naheliegt (etwa bei Verkehrsdelikten außerhalb des Katalogs von § 69 Abs. 2 StGB), bedarf er einer entspr. Begründung (BGH StV 2020, 451 (Ls.) = BeckRS 2020, 6550).

66   **b) Jugendstrafrechtliche Modifikation.** Im Hinblick auf die in → Rn. 63 genannten Erfordernisse unterliegt die Entziehung der Fahrerlaubnis im JStR einer konkreten **Erforderlichkeitsprüfung.** Dies drückt sich va darin aus, dass das Fehlen der Eignung zur Verkehrsteilnahme bei Begehung der in § 69 Abs. 2 StGB genannten Verkehrsdelikte nicht zwangsläufig, sondern (dem Normtext „in der Regel" entspr.) nur unter Berücksichtigung des Einzelfalls angenommen wird. Das bedeutet nicht, dass die Maßregelanordnung im Ermessen des Gerichts stünde (so unter Bezug auf „können" in Abs. 1 aber LG Oldenburg bei Böhm NStZ 1985, 447 (447) und bei Böhm NStZ 1988, 490 (491); s. dazu → Rn. 6). Vielmehr ist die **Widerleglichkeit** einer Regelvermutung ernst zu nehmen und **stets** fallkonkret sowie unter Berücksichtigung jugendtypischer Gegebenheiten zu prüfen, ob das fragliche Delikt nicht bspw. durch alterstypische situative Bedingungen (Bsp.: Gruppendruck) zu erklären ist. Das Gericht darf also nicht von vornherein ausschließen, dass die gesetzliche Annahme, bestimmte Delikte seien Beleg eines Eignungsmangels, unberechtigt sein kann (iErg ebenso OLG Zweibrücken NZV 1989, 441; BezGericht Meiningen bei Janiszewski NStZ 1992, 269 (269 f.); AG Saalfeld DVJJ-J 2001, 426 = LSK 2002, 030340; AG Saalfeld BeckRS 2005, 2890; AG Oldenburg SVR 2008, 230 = LSK 2008, 280228; Bandemer Zbl 1988, 325 (327 f.); Wölfl NZV 1999, 69 (70)). In diesen Konstellationen besteht Raum, durch (ggf. auch ein Fahrverbot oder) eine problemangepasste **Weisung** (verkehrs-)sozialisatorisch Einfluss zu nehmen und auf eine höhere Konformität im Verkehrsverhalten hinzuwirken (vgl. auch Böttcher/Schütrumpf in MAH Strafverteidigung § 53 Rn. 94). Die abw. und letztlich für eine gleichsam automatisierte Handhabung von § 69 StGB eintretende **hM** (OLG Nürnberg NStZ-RR 2011, 386; AG Bremen-Blumenthal StV 2002, 373 = LSK 2003,

030467; Ostendorf in NK-JGG Rn. 15; Laue in MüKoStGB Rn. 21; Rössner in HK-JGG Rn. 13) berücksichtigt nicht, dass der Lebensvollzug Jugendlicher durch die Maßnahme – im Widerspruch zu § 2 Abs. 1 – anhaltend behindert und damit auf eine erzieherisch kontraindizierte Weise verbaut werden kann.

Die **Sperrfrist**, die das Gericht bei Anordnungen der Maßregel hinsicht- **67** lich der Wieder-/Erteilung der Fahrerlaubnis anordnen muss, muss zwischen 6 Monaten und fünf Jahren liegen (§ 69a StGB). Für die konkrete Festlegung soll an sich die prognostizierte Fortdauer des Eignungsmangels bestimmend sein (BGH BeckRS 1989, 31092679; von Heintschel-Heinegg/ Huber in MüKoStGB StGB § 69a Rn. 25), wobei die Praxis bisweilen apokryph dazu tendiert, die Länge der Sperre mit der Schwere des Anlassdeliktes variieren zu lassen (Eisenberg/Kölbel Kriminologie § 39 Rn. 16). Im JStR müssen indes die von **§ 2 Abs. 1** adressierten Aspekte zum Tragen kommen (abw. OLG Nürnberg StRR 2011, 367: Bemessung wie im allg. StR). Die entwicklungshemmenden und ggf. auch kriminogenen Effekte des Verkehrsausschlusses (Ostendorf in NK-JGG Rn. 15) sind hierbei ebenso wie die alterstypische **Entwicklungsdynamik** (bzw. das ggf. nur passagere Eignungsdefizit) in Rechnung zu stellen und mit den Belangen der Verkehrssicherheit in ein angemessenes, dh auch entwicklungsgerechtes Verhältnis zu bringen (zur daraus resultierenden „Verkürzungs-Tendenz" in der Sache auch AG Rudolstadt StV 2013, 764 = BeckRS 2013, 14831; ZJJ 2017, 284 (286) = BeckRS 2017, 114984). Ebenso verhält es sich bei der Aufhebung der Sperrfrist gem. § 69a Abs. 7 StGB (AG Saalfeld VRS 2004, 287; Zieger/Nöding Verteidigung Rn. 94a; abw. aber OLG Düsseldorf NZV 1990, 237; Laue in MüKoStGB Rn. 23; Rössner in HK-JGG Rn. 13).

Da eine schematische Anordnungs- und Sperrfristbemessungspraxis im **68** JStR nicht angängig ist, kommt es hier (stärker als im allg. StR) auch auf individuelle Bedingungen („verkehrsbezogene Gefährlichkeit") an. Generell, dh ohne spezifischen Bezug zu jungen Personen, hat die Forschung eine Reihe von **Risikofaktoren** ausgemacht, die in die besagten Beurteilungen einfließen können. Dazu zählen geringe Normbindung bzw. höhere Akzeptanz von regelabweichendem Verhalten; hohe Emotionalität und Selbstwertrelevanz des (va sportlichen, dominanten) Fahrens; allg. Risikoaffinität sowie Impulsivität und herabgesetzte Frustrationstoleranz. Bei Trunkenheitsdelikten sind zudem die Konsumgewohnheiten und Gefährlichkeitseinschätzungen relevant, bei Verkehrsaggressionen offenbar auch narzisstische und generell aggressive Verhaltenstendenzen. Mit gewissen Abstrichen liegt der Risikograd – ungeachtet sog. „reiner Verkehrstäter" (Reiff, Straßenverkehrsdelinquenz in Deutschland, 2015, 472) – auch bei (verkehrs-)deliktischen Vorerfassungen etwas höher (zum Ganzen n. und mwN Eisenberg/Kölbel Kriminologie § 57 Rn. 43 ff.). Aussagekräftig ist hierbei jedoch va die Kumulation und Interaktion der Faktoren, so dass von deren isoliertem Vorliegen allein noch nicht ohne weiteres auf ein Eignungsdefizit iSv § 69 StGB geschlossen werden kann.

Verbindung von Maßnahmen und Jugendstrafe

8 (1) ¹Erziehungsmaßregeln und Zuchtmittel, ebenso mehrere Erziehungsmaßregeln oder mehrere Zuchtmittel können nebeneinander angeordnet werden. ²Mit der Anordnung von Hilfe zur Erziehung nach § 12 Nr. 2 darf Jugendarrest nicht verbunden werden.

(2) ¹Neben Jugendstrafe können nur Weisungen und Auflagen erteilt und die Erziehungsbeistandschaft angeordnet werden. ²Unter den Voraussetzungen des § 16a kann neben der Verhängung einer Jugendstrafe oder der Aussetzung ihrer Verhängung auch Jugendarrest angeordnet werden. ³Steht der Jugendliche unter Bewährungsaufsicht, so ruht eine gleichzeitig bestehende Erziehungsbeistandschaft bis zum Ablauf der Bewährungszeit.

(3) ¹Neben Erziehungsmaßregeln, Zuchtmitteln und Jugendstrafe kann auf die nach diesem Gesetz zulässigen Nebenstrafen und Nebenfolgen erkannt werden. ²Ein Fahrverbot darf die Dauer von drei Monaten nicht überschreiten.

Übersicht

I. Anwendungsbereich

1   Es gelten die Erl. zu § 4 Abs. 1 entsprechend (→ § 4 Rn. 1 ff.). – Wird auf Heranwachsende materielles JStR angewandt (§§ 105 Abs. 1, 112 S. 1, 2, § 104 Abs. 1 Nr. 1), so sind auch dann aus dem Bereich der Erziehungsmaßregeln nur Weisungen zulässig (n. → § 9 Rn. 2).

II. Grundlagen

1. Verhältnis zum Erziehungsauftrag (§ 2 Abs. 1)

2   Die Möglichkeit der Kopplung verschiedener Sanktionen soll es ermöglichen, dem individuellen Interventionsbedarf durch eine Kombination verschiedener Einwirkungsmittel gerecht zu werden und so „die erzieherisch höchstmögliche Wirkung anstreben" zu können (BGHSt 18, 207 (208) = NJW 1963, 770). Die Praxis macht von dieser Option regen Gebrauch (Zahlen bei Heinz Sekundäranalyse, 971 ff.; Palmowski Sanktionierung 203). Dass es dabei durchweg gelingt, das Vorgehen „nach erzieherischen Gesichtspunkten zu optimieren" (Diemer in Diemer/Schatz/Sonnen Rn. 2), ist allerdings fraglich. Vielmehr kommt es auf Grundlage von § 8 nicht selten zu einer Verbindung von **Rechtsfolgen unterschiedlicher Kategorien** und verschiedener Wirkrichtung (Erziehung, Ahndung oder aber Besserung und Sicherung – beifällig dagegen Laue in MüKoStGB Rn. 2 f.; Brunner/ Dölling Rn. 1). Oftmals scheint dies auch eher schematisch zu erfolgen, dh ohne einzelfallbezogen zu reflektieren, ob die Kombination einsichtig, in sich verträglich, erforderlich und in ihrer Gesamtbelastung angemessen ist. Daher sieht sich die Normhandhabung auch unterhalb der Schwellen von unzulässigen Verbindungen (→ Rn. 6 ff.) und unzweckmäßigen Kopplungen (→ Rn. 12 ff.) **erzieherischen Einwänden** ausgesetzt (instruktiv zu einem Einzelfall Reinecke DVJJ-J 1994, 194; verfehlt AG Plön ZJJ 2013, 326 f. mAnm Eisenberg ZJJ 2013, 328). Skeptisch stimmt bspw. die verbreitete Verbindung von pädagogischen Maßnahmen mit Arbeitsauflagen als einer sanktionsorientierten Reaktion. Es bestehen Bedenken ggü. der pauschalen Annahme, ahndende Rechtsfolgen seien gleichsam eine notwendige Ergänzung oder gar erzieherische Wirksamkeitsvoraussetzung der (zugleich angeordneten) nicht ahndenden Interventionen (gegen eine Kopplung speziell der Betreuungsweisung mit Zuchtmitteln schon BArbGemeinschaft für ambulante Maßnahmen DVJJ-J 1991, 294). Besonders deutlich abzulehnen ist es, wenn die Verbindung von funktional verschiedenartigen Rechtsfolgen stillschweigend aus – im JStR unzulässigen (vgl. → § 17 Rn. 6 f.; → § 18 Rn. 43) – generalpräventiven Erwägungen erfolgt (vgl. dazu auch bereits DVJJ 1984, AK VI). Da das empirische Wissen über die Wechselwirkungen verschiedener Sanktionsarten bislang gering ist, bedarf es insgesamt einer zurückhaltenden Verbindung von jugendstrafrechtlichen Rechtsfolgen unterschiedlicher Kategorien. Eine Überforderung der Adressaten muss aus **Verhältnismäßigkeitsgründen** stets vermieden werden (nicht erörtert in KG 26.6.2013 – 4 Ws 32/13 – 141 AR 76/13 bei Fricke StRR 2014, 478).

2. Einzelne Kopplungsregelungen

a) Verbindung von JGG-eigenen Rechtsfolgen. Das Gesetz erlaubt 3 es, Erziehungsmaßregeln und Zuchtmittel (mit Ausnahme der stationären Varianten) unter- und miteinander zu verbinden **(Abs. 1 S. 1).** Auch bei der JStrafe bestehen nach Maßgabe von **Abs. 2 S. 1** gewisse Kopplungsmöglichkeiten (Weisungen, Auflagen, EB). Das Gesetz („können") räumt dem JGericht hierbei jeweils **Ermessen** ein. In der Praxis wurde dies genutzt, um das Instrument der sog. „Vorbewährung" herauszubilden und bis zu einer zurückgestellten Entscheidung über die Aussetzung der Vollstr zBew (§ 57) zunächst Weisungen zu erteilen oder Auflagen anzuordnen (n. → § 61b Rn. 5). – Seit dem JGGÄndG v. 4.9.2012 (BGBl. I 1854; in Geltung ab 7.3.2013) erlaubt die Regelung in **Abs. 2 S. 2** zudem die Anordnung von JA neben der Aussetzung der Vollstr bzw. Verhängung von JStrafe zBew (vgl. ferner § 61 Abs. 3 S. 1). Diesen speziellen Kombinationsmöglichkeiten wohnt (ungeachtet der engen Voraussetzungen nach § 16a) die in → Rn. 2 erörterte Widersprüchlichkeit in besonderem Maße inne (n. → Rn. 14, → § 16a Rn. 3).

4   **b) Verbindung mit allgemeinen Rechtsfolgen.** Nach **Abs. 3 S. 1** bezieht sich auf die im JGG anwendbaren Nebenstrafen und Nebenfolgen, einschließlich der Maßnahmen iSv § 11 Abs. 1 Nr. 8 StGB (BGH NStZ 2021, 679 (683)). Dabei lässt es die Norm zu, diese Sanktionen – im Gegensatz zum allg. StR – auch ohne Zusammenhang mit einer (Haupt-)Strafe (im JGG: mit einer JStrafe) anzuordnen. So kann zB, ein Fahrverbot (in den zeitlichen Grenzen von Abs. 3 S. 2) nicht nur als „Nebenstrafe", sondern auch als ein „Nebenzuchtmittel" oder als eine „Nebenerziehungsmaßregel" ausgesprochen werden (von Heintschel-Heinegg/Huber in MüKoStGB StGB § 44 Rn. 8, s. aber → § 27 Rn. 17). Der Normtext von Abs. 3 S. 1 („neben") schließt jedoch eine **isolierte** Verhängung von Nebenstrafen und Nebenfolgen aus, soweit eine solche nicht (wie durch § 76a StGB) generell vorgesehen ist (Laue in MüKoStGB Rn. 22).

4a   Die Normtextformulierung „kann" ist iÜ als ein „darf" zu verstehen, welches sich **allein auf die Sanktionsverbindung** („kombinieren dürfen") bezieht. Dafür, ob eine Nebenstrafe oder Nebenfolge im JStV überhaupt verhängt werden darf, ist die Vorschrift dagegen irrelevant. Diese Frage regelt vielmehr allein § 6 (BGH NStZ 2021, 679 (683)). Auch für die **Anwendbarkeitsvoraussetzungen** der zu verbindenden Rechtsfolgen (iSv „Anwendungsermessen") hat Abs. 3 S. 1 keine Bedeutung (abw. BGH NStZ 2019, 682 (683) mzustAnm Kutschelis NZWiSt 2019, 471 und mAnm Eisenberg JR 2019, 598; BGH ZJJ 2020, 306 = BeckRS 2020, 18436 (Anfragebeschluss); LG München BeckRS 2018, 53349; Beulke/Swoboda JugendStrafR Rn. 244; Swoboda ZStW 132 (2020), 826 (883 f.); tendenziell auch Eisenberg ZJJ 2020, 203 (204); krit. etwa Schumann StraFo 2019, 431 (431); Schumann NK 2020, 171 (175 ff.); Kudlich/Lang JR 2021, 593 (594)). Die Bedingungen der Anwendbarkeit bestimmen sich stattdessen (ebenso wie die Frage, ob ein Anordnungsermessen oder eine diesbzgl. Pflicht besteht) ausschließlich nach den jeweils einschlägigen, sanktionsbezogenen Regelungen (BGH BeckRS 2019, 20407; NStZ-RR 2020, 124 (126); BGH NStZ 2021, 679 (683); offenlassend BVerfG NStZ-RR 2020, 156 (157 f.)). Nicht verbunden werden können also Nebenstrafen und Nebenfolgen, an deren speziell normierten Anordnungsvoraussetzungen es fallkonkret fehlt (was jugendstrafrechtlich nach hier vertr. Ansicht bspw. bei der Wertersatzeinziehung (in Entreicherungskonstellationen → § 6 Rn. 12 ff.) und beim Fahrverbot (bei fehlender erzieherischer Eignung → § 6 Rn. 6 ff.) häufig der Fall ist).

5   § 8 enthält **keine Regelung** über Verbindungen von Erziehungsmaßregeln, Zuchtmitteln und JStrafe einerseits mit den allg. **Maßregeln** der **Besserung** und **Sicherung** andererseits. Daher wird allg. angenommen, die Maßregeln dürften, soweit sie im JGG überhaupt zulässig sind (dazu § 7 nebst Erl.), mit allen jugendstrafrechtlichen Rechtsfolgen gekoppelt werden (was im Gesetz für den Fall des § 5 Abs. 3 auch stillschweigend vorausgesetzt wird). Eine Kombination von Maßregeln und (gem. § 6 zulässigen) Nebenstrafen bzw. -folgen kann indes aus allg. Gründen ausgeschlossen sein. So kommt neben der Entziehung der Fahrerlaubnis (oder der Anordnung einer isolierten Sperrfrist), für die die Eignung zum Führen von Kraftfahrzeugen – anders als nach § 44 StGB – fehlen muss, ein Fahrverbot idR nicht in

Betracht (zu Ausnahmen von Heintschel-Heinegg/Huber in MüKoStGB StGB § 44 Rn. 2). Die Ausdehnung des Fahrverbots auf Nichtverkehrsdelikte (→ § 6 Rn. 6) hat daran nichts geändert (offenlassend BGH BeckRS 2018, 20463).

III. Unzulässige Verbindungen

1. Unvereinbarkeit der Zielsetzung der Rechtsfolgen

Die in § 8 festgelegten Verbindungsverbote beruhen darauf, dass die **6** gleichzeitige Anordnung bestimmter Rechtsfolgen mit deren jeweiliger Zielsetzung unvereinbar ist. Ferner soll eine übermäßige Belastungskumulation vermieden werden. Konkret schließt Abs. 1 S. 2 deshalb eine Kopplung von JA mit Heimerziehung (bzw. anderen von § 12 Nr. 2 erfassten Maßnahmen) aus (vgl. aber → Rn. 10 und → Rn. 13). Aus Abs. 2 S. 1 ergibt sich, dass eine JStrafe weder mit einer Verwarnung (OLG Schleswig SchlHA 2004, 261 = BeckRS 2013, 20133) noch mit der Hilfe zur Erziehung nach § 12 Nr. 2 kombiniert werden darf; im Falle einer vollstreckbaren JStrafe gilt dies auch für den JA (vgl. aber → Rn. 14). Verschiedene Rechtsfolgen freiheitsentziehender Art lassen sich also (mit Ausnahme von Abs. 2 S. 2) nicht verbinden. Damit ist im JGG im Wesentlichen ein Prinzip der **Einspurigkeit** festgelegt (zum Verhältnis zwischen freiheitsentziehenden und nichtfreiheitsentziehenden Rechtsfolgen → Rn. 12).

Im Hinblick hierauf ist eine Verbindung der Entscheidung gem. § 27 mit **7** **stationärer Hilfe zur Erziehung** ebenfalls unzulässig, weil dies nach § 30 S. 1 sonst in eine doppelte Freiheitsentziehung münden könnte (abl. betr. FE auch BGHSt 35, 288 = NJW 1988, 2251 mit ausf. Anm. Böhm JR 1989, 298). Ohnehin werden mit der Bejahung der Voraussetzungen von § 12 Nr. 2 bisweilen die Zweifel hinsichtlich des Umfangs „schädlicher Neigungen" ausgeräumt (→ § 17 Rn. 32). Auch wäre die Verbindung aus erzieherischen Gründen wenig einleuchtend. Denn im Fall der Aussetzung gem. § 27 soll der Jugendliche gerade eine Möglichkeit der Bewährung in Freiheit erhalten, an der es unter den (ggf. gar geschlossenen) Bedingungen eines Heimes fehlt (zust. Wenger FS Härringer, 1995, 75 f.).

Eine Verbindung von EB und Hilfe zur Erziehung nach § 12 Nr. 2 wird **8** schwerlich in Betracht kommen (zum Verbot betr. FE vormals § 61 Abs. 2 S. 2 JWG). – Wegen Gefahren im Sinne einer „Doppelbetreuung" bleibt es Aufgabe des Gesetzgebers, die Gleichzeitigkeit von Betreuungsweisung (§ 10 Abs. 1 S. 3 Nr. 5) und BewHilfe bei Verhängung von JStrafe unter Aussetzung der Vollstr zBew zu verbieten (s. Mrozynski Zbl 1992, 448 Fn. 12).

Was die **Sonderregelung** in **Abs. 2 S. 3** zum Ruhen der EB anbetrifft, **9** so gilt sie unabhängig davon, ob diese Maßnahme im JStV angeordnet oder aber ob ein Erziehungsbeistand durch das Jugendamt (§ 30 SGB VIII) eingesetzt wurde. Die fortbestehende, aber in der Ausübung ruhende EB lebt mit Beendigung der BewZeit wieder auf, sofern sie zwischenzeitlich nicht ihrerseits beendet worden ist.

2. Reichweite des Verbindungsverbots

10   Die Verbote des § 8 gelten uneingeschränkt für die **gleichzeitige** Verhängung (auch bei mehreren Taten, § 31 Abs. 1 S. 2). Nach allg. Auffassung sind sie auch für die Rechtsfolgenentscheidung bei **verschiedenen** Verfahren bedeutsam, sofern es im letzten Verfahren zu einer Einbeziehung der vorher bereits abgeurteilten Straftaten kommt (§ 31 Abs. 2). Unter Hinweis auf §§ 31 Abs. 3, 66 Abs. 1 S. 2 wird aber durchaus auch ein Nebeneinander von nicht kopplungsfähigen Sanktionen ausnahmsweise zugelassen (etwa Streng JugendStrafR Rn. 261 und Rn. 279: JA bei noch laufender strafrechtlich verhängter Heimerziehung). Dies betrifft Konstellationen, in denen im späteren Verfahren auf die Einbeziehung einer früheren Rechtsfolge gerade verzichtet wird, weil das Gericht die fragliche Rechtsfolgenmehrheit im Einzelfall für sinnvoll hält. Berücksichtigt man indes die Gründe der in § 8 vorgesehenen Verbindungsverbote (→ Rn. 2), ist das Vorliegen der von § 32 Abs. 3 geforderten Zweckmäßigkeit selten plausibel. Das Gericht kann bei einer Nichteinbeziehung jedoch nach § 31 Abs. 3 S. 2 verfahren.

3. Rechtsmittel

11   Die Verletzung eines Kombinationsverbotes stellt einen Revisionsgrund dar, der zur **Aufhebung** der Entscheidung führt (vgl. etwa OLG Schleswig SchlHA 2004, 261 = BeckRS 2013, 20133 für die Verbindung von JStrafe und Verwarnung; BGHSt 35, 288 = NJW 1988, 2251 für die Verbindung von Heimerziehung und Entscheidung gem. § 27).

IV. Unzweckmäßige Verbindungen

1. Einzelne Beispiele

12   Die Verbindung freiheitsentziehender mit nichtfreiheitsentziehenden jugendstrafrechtlichen Rechtsfolgen ist nur ausnahmsweise sinnvoll (für ein Bsp. vgl. AG Berlin-Tiergarten NStZ 1988, 428: JStrafe und Betreuungsweisung). In der Regel müssen solche Kombinationen als unzweckmäßig gelten, falls die stationäre Sanktion nicht (hinsichtlich ihrer Vollstr) zBew ausgesetzt wird (Ostendorf in NK-JGG Rn. 7; abw. Laue in MüKoStGB Rn. 10). Weisungen und Auflagen würden hier ohnehin vielfach leerlaufen. Deshalb sind sie zB auch neben der – umfassenderen – etwa in Unfreiheit zu vollziehenden Hilfe zur Erziehung nach § 12 Nr. 2 selten angezeigt. Wenngleich nach Beendigung der Hilfe zur Erziehung vor allem Weisungen eine ergänzende Bedeutung entwickeln könnten, ist zum Anordnungszeitpunkt im Allgemeinen noch kaum vorhersehbar, ob ambulante Maßnahmen zum Beendigungszeitpunkt (und ggf. welche) erforderlich sein werden. Auch könnten die Jugendbehörden die Erteilung als „Einmischung" empfinden. – Ebenfalls als ungeeignet erscheint idR die Kopplung von Verwarnung und JA, da bei JA die repressive jugendstrafrechtliche Reaktion in einer ungleich massiveren Art als bei der Verwarnung spürbar wird. Die Verbindung einer Geldauflage mit freiheitsentziehenden Rechtsfolgen wird sich meist deshalb nicht empfehlen, weil sie dem Jugendlichen als zusätzliche Belastung schwer verständlich (und für ihn kaum zu verkraften) ist. Auch bei einer Kombination von Geld- und Arbeitsauflage stellt sich die Frage nach der Zumutbarkeit (→ § 15 Rn. 3). Anders verhält es sich dort, wo die Geldauflage den Gewinn aus der (oder das Entgelt für die) Tat entziehen soll (§ 15 Abs. 2 Nr. 2).

2. Jugendhilferechtliche Maßnahmen

§ 8 regelt allein die Kombination jugendrichterlicher Anordnungen (Die- **13** mer in Diemer/Schatz/Sonnen Rn. 3). Gleichwohl ist die Zweckmäßigkeit mitunter fraglich, wenn sich aus der zwar getrennten, aber **aneinander anschließenden Tätigkeit** von JGericht und FamGericht (oder Jugendamt) faktische Interventionsverbindungen ergeben. Durch § 8 untersagt werden diese allerdings nicht. So hält man etwa die Verhängung von JA bei gleichzeitiger Überweisung an das FamGericht zwecks nachfolgender Anordnung von Heimerziehung (§ 53) für zulässig, sofern hierfür ein Bedürfnis besteht und dieses Vorgehen nicht nur der Umgehung des Verbindungsverbotes dient (Brunner/Dölling Rn. 3; ebenso schon früher Potrykus Anm. 2; abw. Ostendorf in NK-JGG Rn. 6; Streng JugendStrafR Rn. 263). Auch wird die Anwendbarkeit der jugendstrafrechtlichen Rechtsfolgen durch das Laufen (oder absehbare Bevorstehen) einer Hilfe zur Erziehung oder einer sonstigen jugendhilferechtlichen Maßnahme selbst dann nicht eingeschränkt, wenn der Gegenstand des sozialrechtlichen Verfahrens mit dem des JStV identisch ist (Diemer in Diemer/Schatz/Sonnen Rn. 3). Dennoch gilt es, dezidiert zu berücksichtigen, dass solche faktischen Verbindungen in ihren **Auswirkungen** auf die Betroffenen meist **ungünstig** sind (zust. v. Beckerath, Jugendstrafrechtliche Reaktionen bei Mehrfachtäterschaft, 1997, 65 f.). Dies betrifft ganz besonders die erzieherisch abträgliche Kumulation freiheitsentziehender Eingriffe. Unabhängig davon ist die Verhängung von JA während einer bereits veranlassten und noch laufenden **Hilfe zur Erziehung** idR schon deshalb nicht zweckmäßig, weil gerade jene Personen, die dieser Hilfe bedürfen, als „arrestungeeignet" gelten (n. → § 16 Rn. 21; abw. Laue in MüKoStGB Rn. 8).

3. Abs. 2 S. 2

Gesetzessystematisch ist die Anordnung eines Zuchtmittels nur dann zu- **14** lässig, wenn JStrafe nicht geboten ist (§ 13 Abs. 1). Soll ein sog. Kopplungsarrest neben einer zBew ausgesetzten JStrafe bzw. einer zBew ausgesetzten Verhängung einer JStrafe veranlasst werden, ist diese Bedingung aber gerade nicht erfüllt bzw. im Falle einer Entscheidung nach § 27 gerade fraglich. Ihrer Zweckrichtung nach zielen JA und JStrafe demnach auf unterschiedliche Tätergruppen ab, sodass an sich nur die eine oder eben die andere Rechtsfolge angezeigt sein kann (vgl. dazu auch Verrel/Käufl NStZ 2008, 177 ff.; Radtke ZStW 121 (2009), 416 (436 f.); Gonska GreifRecht 2013, 32 ff.; Swoboda FS Beulke, 2015, 1236). Vor diesem Hintergrund wurde die Zulässigkeit einer solchen Verbindung (speziell bei § 27) von der hM anhaltend verneint (vgl. – wenn teilw. auch mit anderer Begründung – etwa BVerfGK 4, 261 = NJW 2005, 2140; BGHSt 18, 207 = NJW 1963, 770; OLG Celle NStZ 1988, 315; BayObLG NStZ-RR 1997, 216; NStZ-RR 1998, 377; OLG Hamm StraFo 2004, 325 = BeckRS 2015, 04789; Herrlinger/Eisenberg NStZ 1987, 177; Radtke ZStW 121 (2009), 416 (418 ff.); abweichend etwa KG NJW 1961, 1175; LG Augsburg NStZ 1986, 507; AG

Meppen NStZ 2005, 171 (Ls.); Reichenbach NStZ 2005, 136). Dass Abs. 2 S. 2 hiervon abgerückt ist und den Kopplungsarrest nunmehr eigens erlaubt (→ Rn. 3), ändert nichts an dessen **funktionaler Unverträglichkeit**. Immerhin trägt das Gesetz diesem strukturellen Zweckmäßigkeitsdefizit insofern Rechnung, als es die Anordnung eines Kopplungsarrestes (bzw. die Verbindung mit einem solchen) von materiell-rechtlichen Bedingungen abhängig macht. **§ 16a Abs. 1** setzt hierfür das Vorliegen einer von drei vertypten Situationslagen voraus, bei denen die Zweckmäßigkeit des Kopplungsarrestes legislatorisch postuliert bzw. gesetzlich fingiert worden ist (vgl. zudem die spezialpräventiv ausgerichteten Vorkehrungen in § 16a Abs. 2, § 87 Abs. 4 S. 2, 3). Daher besteht eine strikte Bindung an die engen Voraussetzungen (zu abw. Tendenzen in der Praxis → § 16a Rn. 9).

Zweiter Abschnitt. Erziehungsmaßregeln

Arten

9 Erziehungsmaßregeln sind
1. die Erteilung von Weisungen,
2. die Anordnung, Hilfe zur Erziehung im Sinne des § 12 in Anspruch zu nehmen.

I. Allgemeines

1. Anwendungsbereich

Die Vorschrift gilt für **Jugendliche** vor dem JGericht und ebenso in **1** Verfahren vor den für allg. Strafsachen zuständigen Gerichten – dort indes mit der Maßgabe, dass diese Gerichte Erziehungsmaßregeln nicht selbst anordnen dürfen, sondern die diesbzgl. Auswahl und Anordnung dem FamG überlassen müssen (§ 104 Abs. 1 Nr. 1 und Abs. 4; vgl. auch RL zu § 53).

Für **Heranwachsende** gilt die Vorschrift – vor JGerichten wie vor den **2** für allg. Strafsachen zuständigen Gerichten – dann, wenn auf sie materielles JStR angewandt wird (§§ 105 Abs. 1, 112 S. 1, 104 Abs. 1 Nr. 1). Jedoch ist Nr. 2 bei ihnen nicht anwendbar. Ggü. Heranwachsenden sind Erziehungsmaßregeln nur in Form von Weisungen (Nr. 1) zulässig (§ 105 Abs. 1). Wenn das Urteil von einem für allg. Strafsachen zuständigen Gericht ergeht, muss deren Auswahl und Anordnung iÜ dem JRichter überlassen werden, in dessen Bezirk der Heranwachsende sich aufhält (§ 112 S. 3).

Auf **Soldatinnen** und **Soldaten** darf Nr. 2 nicht angewandt werden. Bei **3** der Erteilung von Weisungen sind militärische Belange zu berücksichtigen (§ 112a Nr. 1 und 3).

2. Gesetzesbegriffe

Soweit das Gesetz den Begriff der Erziehungsmaßregeln verwendet, meint **4** es die Rechtsfolgen nach §§ 9–12 (zur Erfassung im Zentral- und Erziehungsregister s. §§ 5 Abs. 2, 60 Abs. 1 Nr. 2 BZRG). Hiervon sind die ähnlich lautenden Kategorien der familiengerichtlichen Maßnahmen, der erzieherischen Maßnahmen und der sonstigen Maßnahmen zu unterscheiden: Als **familiengerichtliche Maßnahmen** (§ 3 S. 2) bezeichnet das JGG die in § 34 Abs. 3 angeführten Interventionsformen. Unter den Begriff der **erzieherischen Maßnahme** (§ 45 Abs. 2) werden sodann sämtliche Einwirkungen gefasst, die in einem allg. Sinne privat oder behördlich in Erfüllung einer Erziehungsaufgabe bezogen auf Jugendliche erfolgen. Die unspezifische Bezeichnung der „**Maßnahmen**" bezieht sich bei ihrer gelegentlichen Verwendung (zB §§ 31, 38, 66) schließlich auf sämtliche Rechtsfolgen, die in der jeweiligen Vorschrift aufgeführt sind (teilw. unter Abgrenzung von der JStrafe).

3. Häufigkeiten

5   Zur Häufigkeit, mit der Erziehungsmaßregeln in Deutschland angeordnet
werden, s. → § 5 Rn. 13. Unter den Rechtsfolgen, die bei Verurteilungen
nach JStR verhängt werden, handelte es sich im Jahr 2015 bzw. 2018 bei
40,97 % bzw. 45,86 % (Jugendliche) und 33,69 % bzw. 39,42 % (Heranwachsende) um Erziehungsmaßregeln (StrafSt Tab. 4.4; zu weiteren Jahren
21. Aufl. Rn. 3a). Diese waren **fast ausschließlich Weisungen** (bei Jugendlichen 99,11 % bzw. 99,32 %; bei Heranwachsenden 99,51 % bzw.
99,62 %). Erziehungsbeistandschaft wurde in den genannten Jahren insgesamt in 139 bzw. 96 Fällen veranlasst, bei Heimerziehung waren es 31 bzw.
28 Fälle. Die geringe Anordnungshäufigkeit von Erziehungsbeistandschaft als
(wohl einzige) jugendstrafrechtliche Rechtsfolge ohne Zwangscharakter ist
nicht unbedenklich (n. → § 12 Rn. 6 f.).

II. Übergreifende Aspekte der Erteilung bzw. Anordnung

1. Allgemeine Voraussetzungen

6   Die Anordnung von Erziehungsmaßregeln setzt die Begehung einer
rechtswidrigen straftatbestandlichen Tat sowie – im Unterschied zu den
familiengerichtlichen Maßnahmen (§§ 3 S. 2, 34 Abs. 3) – die Schuldfähigkeit des Jugendlichen voraus. Das wird durch § 5 Abs. 1: („aus Anlass der
Straftat") klargestellt. Diese Normtextfassung ist nicht nur als „aufgrund der
Straftat" zu verstehen (so aber Bohnert JZ 1983, 517 (521)), sondern als
Verweis auf einen spezifischen **Indikationszusammenhang.** Danach müssen die mit der Erziehungsmaßregel adressierten erzieherisch-sozialisatori-
schen Problemlagen in der Straftat zum Ausdruck gekommen sein (→ § 5
Rn. 26). Speziell für die Anordnung von EB und Hilfe zur Erziehung nach
§ 12 Nr. 2 bedarf es also der Feststellung eben jenes Interventionsbedarfs,
der auch der Veranlassung derselben Maßnahmen nach SGB VIII zugrunde
liegen muss, wobei dort aber kein Straftatbezug vorausgesetzt wird (vgl. auch
Böhm/Feuerhelm JugendStrafR 176).

2. Verhältnismäßige erzieherische Ausrichtung

7   Mit Erziehungsmaßregeln dürfen nach allgA allein positiv-spezialpräventive Zwecke, nicht aber Vergeltungs- oder generalpräventive Belange verfolgt
werden. Ihre Anordnung bedarf daher einer nur-erzieherischen Orientierung (§ 2 Abs. 1). Hierbei kann sowohl bei den Einrichtungen und Personen, die mit der Umsetzung befasst sind, als auch bei der beschuldigten
Person hinsichtlich der Erziehungsbedürftigkeit, -fähigkeit und -bereitschaft
differenziert werden (n. → § 5 Rn. 16 ff.). Zugleich muss sich die Anordnung als verhältnismäßig erweisen (n. → § 5 Rn. 21 f.). Soweit das Erfordernis der Erziehungswilligkeit in diesem Zusammenhang bestritten wird (etwa
Diemer in Diemer/Schatz/Sonnen Rn. 8; diff. Buhr in HK-JGG Rn. 10;
ähnlich Lobinger Kostentragung 123 f.), bleibt unbeachtet, dass es ohne diese
Voraussetzung vielfach an der **Geeignetheit der Erziehungsmaßregel**
fehlt. Auch die Regelung in § 5 Abs. 2, wonach die Erziehungsmaßregel als
formelle Reaktion auf die Straftat ausreichen muss, ist Ausdruck dieses
Erfordernisses der Interventionseignung. In Anbetracht des positiv-spezial-

präventiv – nicht vergeltungsorientiert – zu bestimmenden Einwirkungsziels im JStR (n. → § 5 Rn. 3 ff., 24 ff.) ist der Fallanteil, in dem es zur Zielerreichung ahndender Rechtsfolgen bedarf und Erziehungsmaßregeln nicht ausreichend sind, jedoch eher begrenzt. Die Häufigkeit von Verurteilungen, die auf eine andere Rechtsfolge als auf Erziehungsmaßregeln lauten (→ Rn. 5), dürfte daher weiter reduzierbar sein (s. → § 5 Rn. 25 zu ggf. eingriffsmilderen Zuchtmitteln).

3. Koordination mit außerstrafrechtlichen Interventionen

In Delikten Jugendlicher kann deren Kindeswohlgefährdung zum Ausdruck kommen. Deshalb wird – sei es aus Anlass des jeweils laufenden Verfahrens oder früherer Taten – neben den Strafverfolgungsbehörden nicht selten die JHilfe aktiv (konkret durch Hilfen zur Erziehung Sv **§§ 27 ff. SGB VIII**). Bisweilen wird auch das FamG tätig, das neben dem JGericht und ggf. veranlassten Erziehungsmaßregeln bei Vorliegen der Voraussetzungen dazu grds. berechtigt ist (vgl. erg. auch Ostendorf/Hinghaus/Kasten FamRZ 2005, 1514). Das FamG kann – bei strikter Subsidiarität zu Angeboten und Maßnahmen der JHilfe – gem. **§ 1666 BGB** verschiedene Weisungen, Sorgerechtseingriffe uä Anordnungen ggü. den Erziehungsberechtigten erlassen. Wenn aus dem JStR heraus, dh aus Anlass einer Straftat zukunftsorientiert-fördernd auf den Jugendlichen eingewirkt werden soll, ist das vor diesem Hintergrund nur aussichtsreich, wenn dies in Abstimmung mit jenen (oder wenigstens unter Berücksichtigung jener) außerstrafrechtlichen Interventionen erfolgt (n. etwa Holldorf ZJJ 2012, 363 (366 f.)). Eine wesentliche jugendgerichtliche Aufgabe besteht also darin, Widersprüche oder Inkonsistenzen bei der Auswahl und Ausgestaltung von Erziehungsmaßregeln zu vermeiden. **8**

Das JGG sieht verschiedentlich entspr. **Koordinationsformen** vor; teilw. ergeben diese sich aber auch aus den faktischen Kooperationszwängen. Dies betrifft va die Erteilung von jugendrichterlichen Weisungen, bei der wegen Umsetzungs- und Finanzierungsfragen die **JHilfe** idR einzubinden ist (→ § 10 Rn. 10). Überhaupt hat die JGH gem. § 38 ggü. dem JGericht eine Beratungsfunktion. Auch werden Formen der inter-institutionellen Zusammenarbeit mit der JHilfe durch § 37a grds. möglich gemacht. Ein Bedarf an Abstimmung mit dem **FamG** besteht weniger häufig, weil es aus Gründen der Spezialität der JGerichte während eines anhängigen JStV nur selten zu einem prozessualen Nebeneinander kommt. Ausnahmen sind aber möglich, wenn außerhalb der Strafsache liegende Gründe ein familienrichterliches Einschreiten erfordern (etwa zur zügigen Krisenintervention) oder wenn die Strafverfolgungsinstitutionen dies selbst anregen (etwa, wenn der JRichter um die Herbeiführung einer Einstellungsvoraussetzung gem. §§ 45, 47 bemüht ist und ihm dafür nur ein familiengerichtliches Vorgehen als geeignet erscheint). Hier sollen dann **wechselseitige Informationen** für eine Abstimmung sorgen (→ § 70 Rn. 6, 18). Geschieht die Erfüllung jugend- und familienrichterlicher Aufgaben in **personeller Identität,** sodass dieselbe Person sowohl Entscheidungen nach bürgerlichem Recht als auch nach JStR treffen darf (§ 34 Abs. 2), wird das Koordinierungsproblem iÜ deutlich vereinfacht (n. und diff. dazu → § 34 Rn. 8 ff., 13 f.). **8a**

4. Beachtlichkeit von Verfahrensverzögerungen

9   Ungeachtet des nur-erzieherischen Charakters der Maßnahmen iSv § 9 handelt es sich bei ihnen um **strafrechtlich veranlasste Reaktionen** auf ein festgestelltes Delikt, sodass die damit verbundenen rechtsstaatlichen Gewährleistungen (bspw. **§ 55 StPO** ua Ausprägungen des nemo-tenetur-Satzes) uneingeschränkt zu beachten sind. Somit muss auch eine rechtsstaatswidrige Verzögerung des JStV bei der Anordnung von Erziehungsmaßregeln berücksichtigt werden. Einmal folgt dies aus dem Verbot, Jugendliche ggü. Erwachsenen in vergleichbarer Verfahrenssituation schlechter zu stellen (→ § 2 Rn. 23 ff.). Wäre die Prozessverschleppung bei der Rechtsfolgenentscheidung irrelevant, läge darin nämlich eine entspr. Benachteiligung. Zum anderen geht es hier um die staatshaftungsartige Kompensation prozessualen staatlichen Unrechts, das nicht folgenlos bleiben kann, nur weil der Beschuldigte jugendlich ist und das Verfahren in einen erzieherischen Rechtseingriff mündet. Insofern muss es **zwingend einen Ausgleich** geben (dazu im Einzelnen Kölbel JR 2018, 575 ff.; abw. Nehring in BeckOK JGG § 10 Rn. 24 „kann … berücksichtigen"). Soweit sich manche Erziehungsmaßregeln infolge ihrer spezifisch erzieherischen Maßnahmenstruktur einer Anwendung des sog. Vollstreckungsmodells entziehen (das Problem generalisierend BGH ZKJ 2017, 425 = BeckRS 2017, 112024 mkritBspr Eisenberg ZKJ 2017, 419 f.), muss die Kompensation − anders als va bei der JStrafe (→ § 18 Rn. 44 ff.) − dann zwangsläufig in anderer Form (explizite Feststellung des Verfahrensunrechts, Entschädigung, bei Weisungen ggf. auch durch Sanktionsabschlag) erfolgen (vgl. zur Situation bei der Geldauflage → § 15 Rn. 26, beim JA → § 16 Rn. 29).

Weisungen

10 (1) [1]**Weisungen sind Gebote und Verbote, welche die Lebensführung des Jugendlichen regeln und dadurch seine Erziehung fördern und sichern sollen. [2]Dabei dürfen an die Lebensführung des Jugendlichen keine unzumutbaren Anforderungen gestellt werden. [3]Der Richter kann dem Jugendlichen insbesondere auferlegen,**

1. **Weisungen zu befolgen, die sich auf den Aufenthaltsort beziehen,**
2. **bei einer Familie oder in einem Heim zu wohnen,**
3. **eine Ausbildungs- oder Arbeitsstelle anzunehmen,**
4. **Arbeitsleistungen zu erbringen,**
5. **sich der Betreuung und Aufsicht einer bestimmten Person (Betreuungshelfer) zu unterstellen,**
6. **an einem sozialen Trainingskurs teilzunehmen,**
7. **sich zu bemühen, einen Ausgleich mit dem Verletzten zu erreichen (Täter-Opfer-Ausgleich),**
8. **den Verkehr mit bestimmten Personen oder den Besuch von Gast- oder Vergnügungsstätten zu unterlassen oder**
9. **an einem Verkehrsunterricht teilzunehmen.**

(2) [1]Der Richter kann dem Jugendlichen auch mit Zustimmung des Erziehungsberechtigten und des gesetzlichen Vertreters auferlegen, sich einer heilerzieherischen Behandlung durch einen Sachverständigen oder einer Entziehungskur zu unterziehen. [2]Hat der Ju-

gendliche das sechzehnte Lebensjahr vollendet, so soll dies nur mit seinem Einverständnis geschehen.

Schrifttum: Brodkorb, Verfassungsrechtliche Grenzen bei der Erteilung von Erziehungsmaßregeln und Zuchtmitteln gegenüber Jugendlichen und Heranwachsenden, 1998; Deimel/Köhler (Hrsg.), Delinquenz und Soziale Arbeit, 2020; Dreßing, Das Anti-Aggressivitätstraining als Maßnahme der Jugendhilfe und Jugendstrafrechtspflege, 2016; Engstler, Die heilerzieherische Behandlung gem. § 10 Abs. 2 JGG in der jugendstrafrechtlichen Praxis, 1985; Hartmann/Schmidt/Kerner, Täter-Opfer-Ausgleich in Deutschland, 2020; Hinsch/Pfingsten, Gruppentraining sozialer Kompetenzen, 6. Aufl. 2015; Hofmann, Soziale Trainingskurse als ambulante Maßnahmen im Rahmen des Jugendstrafverfahrens, 2014; Itzel, Die Abgrenzung der Weisungen von den Auflagen nach dem JGG, 1987; Kempf, Der soziale Trainingskurs und seine rechtliche Einordnung, 2014; Klein/Neuhäuser, Heilpädagogik als therapeutische Erziehung, 2006; König, Der Beitrag der Methadonsubstitution zur kommunalen Kriminalprävention, 2002; Kremer, Der Einfluß des Elternrechts auf die Rechtmäßigkeit der Maßnahmen des JGG, 1984; Legge/Bathsteen, Der Einfluß des Methadonprogramms auf die Deliquenzentwicklung polizeibekannter Drogenkonsumenten, 2000; Petermann/Petermann, Training mit Jugendlichen, 10. Aufl. 2017; Petrow, Strafe ohne Schloss und Riegel: begleitete Arbeitsleistungen im Jugendstrafrecht, 2011; Schünemann/Dubber (Hrsg.), Die Stellung des Opfers im Strafrechtssystem, 2000; Schwerin-Witkowski, Entwicklung der ambulanten Maßnahmen nach dem JGG in Mecklenburg-Vorpommern, 2003; Taubner, Einsicht in Gewalt − Reflexive Kompetenz adoleszenter Straftäter beim Täter-Opfer-Ausgleich, 2009; Täschner/Bloching/Bühringer/Wiesbeck, Therapie der Drogenabhängigkeit, 2. Aufl. 2010; Thesing/Vogt, Pädagogik und Heilerziehungspflege. Ein Lehrbuch, 5. Aufl. 2013; Wedler, Weisungen nach § 10 Abs. 1 JGG und elterliches Erziehungsrecht, 2011; Weisburd/Farrington/Gill (Hrsg.), What Works in Crime Prevention, 2016; Werner, Konfrontative Gewaltprävention, 2014; Winter, Verfassungsrechtliche Grenzen jugendrichterlicher Erziehungsmaßregeln und Zuchtmittel, 1966.

Übersicht

I. Anwendungsbereich

1   Es gelten die Ausführungen zu § 9 Abs. 1 entsprechend (→ § 9 Rn. 1–3).

II. Allgemeine Voraussetzungen

2   Die **allg. Voraussetzungen,** die generell für die Erteilung bzw. Anordnung von Erziehungsmaßregeln bestehen (vgl. → § 5 Rn. 24 ff., → § 9 Rn. 6 f.), unterliegen einer **besonderen weisungsbezogenen Spezifizierung.** Allerdings ist die gesetzliche Regelung in dieser Hinsicht unterbestimmt. Das gilt sowohl für die – dem Gericht überlassene – Art und Ausgestaltung der Weisung (§ 10 S. 3: „insbesondere") als auch für die Änderung, Befreiung und Verlängerung (§ 11 Abs. 2). Begründet wird dies mit der Notwendigkeit erzieherischer fallorientierter Flexibilität. Andererseits wird es dem Beschuldigten so erschwert, sich ggü. Entscheidungen des JGerichts behaupten zu können. Deswegen kommt der Präzisierung (und Wahrung) der Anordnungsbedingungen eine erhöhte Bedeutung zu (vgl. dazu schon Winter, Verfassungsrechtliche Grenzen jugendrichterlicher Erziehungsmaßregeln und Zuchtmittel, 1966, 128 ff.).

1. Materielle Geeignetheit

3   Weisungen sind nur zulässig, wenn sie dazu bestimmt und dafür geeignet sind, die **Lebensführung** des Jugendlichen im Allgemeinen oder in einzelnen Bereichen oder auch nur in Ausschnitten positiv zu beeinflussen und dadurch seine **Erziehung** zu **fördern** (dazu unter Differenzierung von Erziehungsbedürftigkeit, -fähigkeit und -bereitschaft allg. → § 5 Rn. 16 ff.). Weisungen, bei denen eine erzieherische Einflussnahme nicht möglich erscheint, dürfen nicht angeordnet werden (vgl. auch Lobinger Kostentragung 303). Es bedarf vielmehr fallkonkret begründeter Annahmen sowohl zur individuellen sozialisatorischen Problemlage als auch zur Abhilfeeignung der erwogenen Weisung. Als grds. geeignet gelten Weisungen bei Jugendlichen, die bei sozialer Unauffälligkeit ohne schwerwiegende Delinquenz erfasst worden sind und bei denen besondere Gründe vorliegen, hierauf nicht gem. §§ 45, 47 zu reagieren. Zur **Zielgruppe** zählen va aber mehrfach auffällig gewordene Jugendliche, bei denen – meist wegen sozialer und sozialisatorischer Benachteiligungen und gesellschaftlicher Desintegrationserfahrungen – ein Bedarf an einer rechtzeitigen sozialpädagogischen Intervention besteht (so insbes. für die Varianten iSv Abs. 1 S. 3 Nr. 5 und 6 sowie ähnliche unbenannte Weisungen Drewniak in Dollinger/Schmidt-Semisch Jugendkriminalität-HdB 462). Grds. ist bei der Einzelfallentscheidung auf die **individuellen Gegebenheiten** (Entwicklungsstand des Jugendlichen zur Zeit der Aburteilung, sozialisatorische Problemstellungen, individuell relevante Wertvorstellungen, Bezugspersonen und -gruppen) sorgfältig einzugehen, weil sie eine vorrangige Bedeutung für die Auswahl und Ausgestaltung der Weisungen haben (zur beschränkten Aussagekraft des Alters s. → § 3 Rn. 23; zu Erwägungen bei Weisungen ggü. **Heranwachsenden** → § 105 Rn. 50).

Weisungen müssen für den Jugendlichen sinnvoll und **einleuchtend** sein. **4** Das wird bei einem inhaltlichen Bezug zwischen Tat (bzw. bisherigem Verhalten) und Art der Weisung wesentlich erleichtert (vgl. RL 1). Mit Weisungen einem „ursprünglich wirksamen kriminogenen Faktor" entgegenzuwirken (Itzel, Die Abgrenzung der Weisungen von den Auflagen nach dem JGG, 1987, 228), ist besonders funktional, allerdings durch die Schwierigkeiten bei der verlässlichen Identifizierung solcher Faktoren erheblich erschwert (n. → § 5 Rn. 43 ff.). Im Übrigen muss die Erteilung von Weisungen **klar, bestimmt** und in einer **überprüfbaren** Weise erfolgen (vgl. auch RL 2 S. 3). Lässt sich die Umsetzung dessen, was vom Jugendlichen verlangt wird, nicht mit zulässigen und aufwandsarmen Mitteln feststellen (wovon man bspw. beim Alkoholkonsumverbot ausgehen muss), ist die erzieherische Eignung fraglich (dazu bereits LG Würzburg NJW 1983, 463 (464)).

Da eine positive Verstärkung der ablehnenden Sanktionierung erziehungs- **5** psychologisch vorgezogen wird, darf die Weisung den Jugendlichen jedenfalls nicht mit der Wirkung einer negativen Verstärkung belasten, wie es im Falle einer andauernden demonstrativen Vorhaltung der Tat geschieht. Erst recht müssen Weisungen **frei** von vergeltenden oder **repressiven Elementen** bleiben (BVerfGE 74, 102 (123) = NJW 1988, 45 (47); s. bereits BT-Drs. 1/4437, 3: „ohne sühnenden Charakter ausschließlich der Erziehung des Jugendlichen dienen"). Dennoch zeigt sich **in der Praxis** immer wieder eine strafähnliche Vorgehensweise. So werden jene Varianten, die gewisse Sanktionszüge tragen (etwa Abs. 1 S. 3 Nr. 4), offenbar eher als die sozialpädagogisch angelegten Spielarten angeordnet (Ostendorf in NK-JGG Grdl. z. §§ 9–12 Rn. 5) und Weisungen zudem als „erzieherische Draufgabe" oftmals mit Zuchtmitteln und JStrafen gem. § 8 verknüpft (Drewniak in Dollinger/Schmidt-Semisch Jugendkriminalität-HdB 468). Demgegenüber verfehlt ein versteckt-sanktionierender Einsatz von Weisungen deren gesetzlichen Zweck. Unabhängig davon lässt sich eine Repressionsfreiheit allerdings schon deshalb nur eingeschränkt verwirklichen, weil tendenziell jede im Anschluss an ein erfasstes Verhalten verhängte jugendstrafrechtliche Rechtsfolge als negative Sanktionierung empfunden und damit ggf. aversiv erlebt wird. Dass die verurteilte Person eine Weisung (möglicherweise sogar idR) als Bestrafung wahrnehmen mag, ist aber kein Grund für eine dahingehende Zweckzuweisung (anders Ostendorf in NK-JGG Grdl. z. §§ 9–12 Rn. 4; Itzel, Die Abgrenzung der Weisungen von den Auflagen nach dem JGG, 1987, 22 ff., die positivrechtlich eine Differenzierung in dem bezeichneten Sinne in Frage stellen).

2. Umgehungsverbot

6   Weisungen sind **unzulässig,** wenn in ihnen eine Umgehung anderer
(Verbots-)Vorschriften liegt. Ihre Anordnung darf daher nicht auf Rechtsfolgen hinauslaufen, die gem. §§ 6, 7 in das JStR gerade nicht implementiert
worden sind (bspw. ein faktisches Berufsverbot). Ebenso verhält es sich bei
Rechtsfolgen, deren Herbeiführung gesetzlich (inner-/außerhalb des JGG)
an bestimmte Voraussetzungen geknüpft ist. Eine Umgehung dieser Regelung läge iÜ nicht nur in Fällen vor, in denen die fraglichen Bedingungen
fehlen. Auch bei vorliegenden Voraussetzungen darf die jeweilige Rechtsfolge nur auf der hierfür vorgesehenen Rechtsgrundlage (und unter der
jeweiligen Bezeichnung) angeordnet und nicht etwa als inhaltsgleiche Weisung gem. § 10 erteilt werden. So ist bspw. eine Anordnung, in bestimmten
zeitlichen Abständen bei einer Polizeidienststelle persönlich zu erscheinen
(Meldeweisung), nicht nur deshalb problematisch, weil sich deren vorgeschlagene Positivierung im Katalog von Abs. 1 S. 3 (BR-Drs. 637/00;
BR-Drs. 238/04) gerade nicht durchgesetzt hat, sondern auch deshalb, weil
hierdurch eine gefahrgebundene polizeirechtliche Präventivmaßnahme (vgl.
etwa Art. 16 Abs. 2 S. 2 BayPAG) unter dem Etikett einer jugendstrafrechtlichen Weisung realisiert würde (abw. Höynck/Sonnen ZRP 2001, 245
(247 f.)). Die rechtspraktisch wichtigste Konsequenz des Umgehungsverbots
besteht indes darin, dass der JRichter seine Befugnis, Weisungen zu erteilen,
nicht delegieren und daher **keine generelle Weisung,** den Anordnungen
einer bestimmten Person nachzukommen, erlassen darf (OLG Hamm
BeckRS 2021, 316; vgl. dazu die dies gerade nicht vorsehende Fassung von
Abs. 1 S. 3 Nr. 5 sowie → Rn. 12 und 21).

3. Kein ungerechtfertigter Eingriff in Grundrechte

7   Der Jugendliche muss in der Weisung als **Subjekt** anerkannt und respektiert werden (zum darin eingeschlossenen Diskriminierungsverbot s. auch
RL (EU) 2016/800, Erwgr. 65). Auch scheiden jegliche Weisungen aus, die
ohne verfassungsrechtliche Legitimierung in Grundrechte eingreifen. Dies
betrifft anerkanntermaßen alle Anordnungen, die die Glaubens- und Gewis-
sensfreiheit gem. Art. 4 GG (zB Weisung zu regelmäßigem Kirchenbesuch),
das Recht auf freie Meinungsäußerung gem. Art. 5 GG oder die Vereini-
gungsfreiheit gem. Art. 9 GG (zB Weisung zum Beitritt in einen bestimmten
Verein oder eine religiöse Verbindung) beeinträchtigen (vgl. etwa Diemer in
Diemer/Schatz/Sonnen Rn. 9). Unzulässig wäre es auch, den Jugendlichen
nicht einfach nur zu Bemühungen um irgendeine (ggf. mit der JGH ab-
zustimmende) Ausbildung oder sozialversicherungspflichtige Tätigkeit (s.
BVerfG NStZ 1981, 21 (22); OLG Hamm NStZ 1985, 310: zulässig),
sondern darüber hinausgehend zur Aufnahme einer ganz bestimmten Lehre oder
Ausbildung zu verpflichten (Beeinträchtigung der freien Wahl des Berufes,
des Arbeits- oder Ausbildungsplatzes gem. **Art. 12 GG** – vgl. LG Hannover
RdJB 1962, 13). Ebenso rechtswidrig wäre die Weisung, eine Lehre bis zum
Abschluss zu durchlaufen (Ostendorf in NK-JGG Rn. 11). Hierdurch würden die Einschränkungen nicht nur des Abs. 1 S. 3 Nr. 3 („eine"), sondern
va auch der allg. (Berufs-)Schulpflicht (vgl. etwa Art. 129 Abs. 1 BayVerf:
nur „zum Besuch") unterlaufen. Wegen der **EU-Grundfreiheiten** sind
Weisungen, die für eine bestimmte Dauer die Ein- und Durchreise in bzw.

durch die Bundesrepublik untersagen, zumindest bei EU-Bürgern, die alltagsrelevante Bezüge zu Deutschland haben, hoch problematisch (dazu bei einem deutschsprachigen und in Grenznähe lebenden Niederländer LG Aachen StV 2019, 481 = BeckRS 2018, 20772; vgl. ferner OLG München StV 2018, 359 = LSK 2017, 147674).

Weisungen können zudem in einen **Konflikt** mit dem **Vorrang elterlicher** Erziehung **(Art. 6 Abs. 1, 2 S. 1 GG)** geraten, wenn die Sorgeberechtigten mit Ob und Art der Verpflichtung nicht einverstanden sind. Gleichwohl geht die überwiegende Meinung davon aus, dass Weisungen, die gegen den Willen der Eltern erteilt werden, eine Ausformung der in Art. 6 Abs. 2 S. 2, Abs. 3 GG bestimmten Schranken darstellen. Dies gilt jedenfalls, wenn nach den Feststellungen im Verfahren (zu diesem Erfordernis Lipp RdJB 2003, 361 (363); krit. Reuther Elternrecht 93 ff.) erzieherisches Versagen der betreffenden Personen vorlag bzw. vorliegt (zu Kindeswohlgefährdungen Wedler, Weisungen nach § 10 Abs. 1 JGG und elterliches Erziehungsrecht, 2011, 128 ff., 140 ff.), zumal dann idR ein Bedarf dafür besteht, verfehlte oder ausgebliebene erzieherische Angebote oder Maßnahmen seitens der Sorgeberechtigten durch die jugendrichterliche Weisung zu kompensieren. Aber auch jenseits dieser Fälle stellen sich Weisungen im Rahmen der dann gebotenen einzelfallbezogenen Güterabwägung idR als grundgesetzlich erlaubte Erziehungshilfen dar (BVerfGE 74, 102 (124 f.) = NJW 1988, 45 (47); RhPfVerfGH NJW-RR 2012, 1345 (1348 f.); Walter/Wilms NStZ 2004, 600 (606)), sodass in der **Zustimmung der Eltern** eine Zweckmäßigkeits- und ggf. Geeignetheitsfaktor liegt. Deshalb muss idR (im Falle des Nichterscheinens in der HV (vgl. → § 50 Rn. 29) auf telefonischem oder ähnlichem Wege) versucht werden, die elterliche Einwilligung zu erreichen. Um eine formale Rechtmäßigkeitsvoraussetzung der Weisung handelt es sich hierbei allerdings – wie auch der Rückschluss aus Abs. 2 S. 1 ergibt – nicht (Diemer in Diemer/Schatz/Sonnen Rn. 11 f.; Brunner/Dölling Rn. 6; Zieger/Nöding Verteidigung Rn. 52; Reisenhofer, Jugendstrafrecht in der anwaltlichen Praxis, 2. Aufl. 2012, § 5 Rn. 57 f.; eine Zustimmung der Sorgeberechtigten verlangend Böhm/Feuerhelm JugendStrafR 181 ff.; Wedler NStZ 2012, 293 (299 f.); Kremer, Der Einfluß des Elternrechts auf die Rechtmäßigkeit der Maßnahmen des JGG, 1984, 82 ff.; bei Weisungen von „größerem Gewicht" auch 21. Aufl. Rn. 12; krit. Brodkorb, Verfassungsrechtliche Grenzen bei der Erteilung von Erziehungsmaßregeln und Zuchtmitteln gegenüber Jugendlichen und Heranwachsenden, 1998, 683 ff.).

4. Belastungsgrenzen

Wie bei allen Rechtsfolgen des JStR (→ § 5 Rn. 21 f.) ist auch bei der Erteilung von Weisungen der **Grundsatz** der **Verhältnismäßigkeit** zu beachten, dh sie dürfen in ihrer Belastungsintensität nicht außer Verhältnis zu den sie veranlassenden Vorwürfen stehen. Hierfür kommt es im Sinne einer Einzelfallprüfung einerseits auf die tatsächlichen Geschehnisse und andererseits auf die Verpflichtungsinhalte an. Außerdem dürfen mit einer Weisung keine **unzumutbaren Anforderungen** an den Jugendlichen gestellt werden (Abs. 1 S. 2). Dieses Kriterium verweist auf eine Belastungsgrenze, deren Überschreitung von den Betroffenen für sich genommen nicht mehr hingenommen werden muss. Anders als bei der Verhältnismäßigkeit,

die sich aus Eignung, Erforderlichkeit und Eingriffs-Vorwurfs-Relation ergibt, geht es hier um den Gedanken, dass ganz unabhängig vom Gewicht der
Anlasstat keine überfordernden Sanktionen verhängt werden dürfen (anders
mit unzutr. Vermengung Ostendorf in NK-JGG Rn. 8). Dies betrifft etwa
Arbeits- oder geistige Leistungen, deren Art oder Umfang die psychischen
und/oder physischen Möglichkeiten des Jugendlichen übersteigt. Außerdem
kann sich die Unzumutbarkeit einer Weisung aus der Kostenlast (→ Rn. 10,
→ Rn. 64 ff.) sowie im Einzelfall auch daraus ergeben, dass sie den Jugendlichen in eine erkennbar dilemmatische Situation bringt, weil von den Eltern
von vornherein eine Missachtung der richterlichen Verpflichtungen verlangt
wird (zust. Müller/Kraus JA 2003, 892 (899); s. auch → Rn. 63; → § 11
Rn. 18).

5. Einbindung der Jugendbehörden

10   Gem. § 38 Abs. 6 S. 3 muss die **JGH** vor der Anordnung einer Weisung
gehört werden (RL 7), damit deren Stellungnahme zur erzieherischen Eignung in die Entscheidung eingehen kann (Tammen/Trenczek in FK-
SGB VIII SGB VIII Vor §§ 27–41 Rn. 31 ff.; Schmid-Obkirchner in Wiesner SGB VIII § 29 Rn. 13). Außerdem kann sich die JGH so dazu äußern,
ob sich die Umsetzung der Weisung überwachen lässt (→ Rn. 61). Eine
darüber hinausgehende Einbindung des JAmts bzw. JHilfe-Trägers ist gesetzlich nicht vorgesehen und rechtlich keine Voraussetzung einer Weisungsanordnung. Bei vielen Weisungen – va solchen, die gleichzeitig Hilfen zur
Erziehung iSv §§ 28 ff. SGB VIII sind – bedarf es jedoch aus verfahrenspraktischen Gründen einer weitergehenden Vorab-Abstimmung (zum Folgenden n. bspw. Schmid-Obkirchner in Wiesner SGB VIII § 36a
Rn. 27 ff.). Mit der Weisung wird durch das JGericht nämlich der Jugendliche verpflichtet, nicht aber die Einrichtung, bei der er er der Weisung nachkommen soll (s. etwa AG Rudolstadt NStZ-RR 2016, 229; Trenczek ZKJ
2010, 142 (144); Wiesner FS Heinz, 2012, 535; ferner mwN Brunner/
Dölling Rn. 48; Trenczek in Münder/Meysen/Trenczek SGB VIII § 52
Rn. 54; Kunkel ZJJ 2006, 311 (313); DIJuF ZJJ 2007, 323 (324); abw.
Nehring in BeckOK JGG Rn. 21.1; Gertler/Schwarz in BeckOK JGG § 38
Rn. 132; Scholz in DVJJ 06, 270 f.). Einzig für die Betreuungsweisung
spricht § 38 Abs. 5 S. 3 für ein Anordnungsrecht gegenüber der JGH (abw.
DIJuF JAmt 2010, 546 (546); zur Diskussion mwN Königschulte Kom-
petenz 87). Die ansonsten fehlende Verpflichtungsmacht des JRichters macht
die vorherige Klärung notwendig, ob die Strukturen, die für die jeweilige
Maßnahme erforderlich sind, durch die öffentliche JHilfe oder durch freie
Träger (empirisch zu deren Angeboten Scheunemann, Die Bedeutung freier
Träger für ambulante Maßnahmen, 1999, 55 ff., 95 ff.) überhaupt vor Ort
vorgehalten werden und ob die jugendhilferechtlichen Leistungsvoraussetzungen gegeben sind (Trenczek ZJJ 2004, 57 (61)). Das schließt die Rege-
lung der **Kostenübernahme** (→ Rn. 64 ff.) ein (RL 6). Ein Fehlen dieser
Verständigung könnte Weisungen zur Folge haben, zu deren Realisierung
für den Jugendlichen gar keine Möglichkeit besteht oder die für ihn im
Einzelfall mit solchen finanziellen Belastungen verbunden sind, durch die das
Vorgehen erzieherisch dysfunktional und/oder unzumutbar (für Abs. 1
Nr. 2 dazu OLG Hamm NStZ-RR 2004, 151) und so jedenfalls rechtswidrig bzw. abänderungsbedürftig (§ 11 Abs. 2) wäre. Insofern ist die Anhö-

rung der JGH auch in dieser Hinsicht bedeutsam (dazu ua Brandt NStZ 2007, 190 (192)), weshalb in den fraglichen Fällen iÜ auch nicht gem. § 38 Abs. 7 auf deren Anwesenheit in der HV verzichtet werden kann.

III. Weisungen nach Abs. 1

1. Im Gesetz angeführte Weisungen

a) Relevanz des Katalogs. Dass Abs. 1 S. 3 einen Katalog an spezi- **11** fischen Weisungen ausdifferenziert, ist nicht als unverbindliche Aufzählung von Beispielen zu verstehen, weshalb das Gericht von vornherein und ohne weitere Umstände auf eine sonstige Weisung übergehen könnte (so aber 21. Aufl. Rn. 15; zust. Buhr in HK-JGG Rn. 16). Indem der Katalog mit der Formulierung „insbesondere" (und nicht mit „unter anderem") eingeleitet wird, macht das Gesetz vielmehr deutlich, dass der Normtext iSv „in erster Linie" interpretiert werden muss. Das Gericht muss deshalb zunächst prüfen, ob eine der nicht abschließend, aber ausdrücklich angeführten (und insofern **vorrangigen**) Weisungen in Betracht kommt (Diemer in Diemer/Schatz/Sonnen Rn. 26; Laubenthal/Baier/Nestler JugendStrafR Rn. 575). Dies wird iÜ auch dem Interesse an der Vorhersehbarkeit von Rechtsfolgen besser gerecht. Zugleich wird der Notwendigkeit, die individuell angebrachten Weisungen mit einer täterorientierten Differenzierung flexibel konkretisieren zu können, vollauf Genüge getan, weil die Wahl einer ungeschriebenen Weisung lediglich verlangt, dass die geringere Eignung der ausformulierten Weisungsbeispiele argumentativ aufgezeigt wird.

Die **Orientierungswirkung,** die dem Katalog für die richterliche „Ei- **12** genentwicklung" von (ungeschriebenen) Weisungen darüber hinaus zugeschrieben wird (Diemer in Diemer/Schatz/Sonnen Rn. 26), geht allerdings über einen sehr vagen Hinweis auf die gesetzgeberischen Vorstellungen zur Belastungsgrenze (→ Rn. 9) kaum hinaus: Sonstige Weisungen dürfen nicht eingriffsintensiver als die ausdrücklich genannten Weisungen sein. Bedeutsamer ist, dass Einschränkungen, die bei einzelnen beschriebenen Weisungen bestehen, **nicht unterlaufen** werden dürfen, indem das Gericht kurzerhand eine entspr. uneingeschränkte sonstige Weisung erlässt (→ Rn. 36; s. dazu für ein Bsp. → Rn. 6 aE).

b) Nr. 1 und Nr. 2. Hiernach sind Aufenthaltsweisungen und Weisun- **13** gen zur Wohnungsnahme erlaubt. Nr. 1 betrifft insbes. **Verbote, sich an Orten aufzuhalten,** die sich in der Vorgeschichte des Jugendlichen selbst oder ihrer Art nach als günstiger Tatgelegenheitskontext oder sonst als desintegrationsförderlich erwiesen hatten. Allerdings muss eine entspr. Weisung nicht einfach nur deliktshemmende Ziele verfolgen, sondern gem. Abs. 1 S. 1 auch erzieherisch ausgelegt sein (→ Rn. 3). Aufenthaltsverbote, bei denen kein positiv-spezialpräventiver Effekt zu erwarten ist und allein der Schutz der Allgemeinheit vor weiteren Straftaten bezweckt wird, können nicht auf Nr. 1 gestützt werden. Das betrifft etwa die Weisung ggü. einem Nichtdeutschen, für eine bestimmte Zeit nicht einzureisen (abw. LG Freiburg JR 1988, 523 = LSK 1989, 220130 mkritAnm Eisenberg JR 1988, 524; für Bewährungsweisungen im allg. StR wie hier zB OLG Koblenz NStZ 1987, 24; OLG Nürnberg StV 2014, 529 = BeckRS 2014, 10876; LG

Landshut StV 2008, 83 = BeckRS 2008, 17274; s. auch → Rn. 7 aA indes OLG Köln NStZ-RR 2010, 49).

14   Eingriffe in die Lebensführung des Jugendlichen, die durch Weisungen gem. Nr. 1 (dazu OLG Hamm BeckRS 2015, 21047) oder Nr. 2 veranlasst werden, müssen in ihrer Intensität zudem **hinter** dauerhaften Unterbringungen isv **§ 12 zurückbleiben** (ebenso zB Lobinger Kostentragung 388; anders aber zB Ostendorf in NK-JGG Rn. 10). Anderenfalls würde die dort erfolgte, verselbstständigte Ausgestaltung einer Fremdunterbringung (zu den vorgesehenen Voraussetzungen → § 12 Rn. 21 ff.) obsolet. Auch auf Basis von Nr. 2 darf der Jugendliche daher nur für eine vorübergehende, kürzere Wohnungsnahme verpflichtet werden (und dies auch nicht in einer Heimeinrichtung, deren Ausgestaltung dem § 34 SGB VIII entspricht, sondern allein in sonstigen Wohnheimen und ähnlichen Einrichtungen). Auch bedarf es bei Nr. 2 (ungeachtet der allg. Ausführungen in → Rn. 8) einer **Zustimmung** jener Personen, die zur Aufenthaltsbestimmung berechtigt sind, weil das Gesetz für eine Wohnungsregelung, die auch gegen den elterlichen Willen verpflichtend ist, die Formen des § 12 vorsieht (abw. etwa Nehring in BeckOK JGG Rn. 28). Bei einer in diesem Rahmen zulässigen Anordnung kann sich ggf. eine Verbindung mit einer Weisung nach Nr. 3 empfehlen (s. ferner zur notwendigen Kostenklärung → Rn. 10, → Rn. 64 ff.).

15   **c) Nr. 3.** Die Weisung, eine Ausbildungs- oder Arbeitsstelle anzunehmen, darf das Grundrecht der freien Berufswahl (Art. 12 GG) nicht verletzen (vgl. → Rn. 7). Sie kann deshalb ohne Einverständnis des Beschuldigten nur darauf gerichtet sein, eine **unbestimmte** (ggf. versicherungspflichtige) Stelle anzutreten (LG Würzburg NJW 1983, 463 (464)) und/oder beizubehalten (Beulke/Swoboda JugendStrafR Rn. 315). Unzulässig sind Weisungen, die sich auf eine konkrete Stelle beziehen. Ebenfalls rechtswidrig (da den Wortlaut von Nr. 3 überschreitend) wären Anordnungen, eine durch den Betreuungshelfer vorab zu billigende Stelle zu ergreifen (abw. für § 68b Abs. 2 StGB BVerfG NStZ 1981, 21 (22)) oder eine bestehende Anstellung oder Ausbildung aufzugeben (Ostendorf in NK-JGG Rn. 11; Diemer in Diemer/Schatz/Sonnen Rn. 31). Kommt eine Weisung nach Nr. 3 in Betracht oder wird sie erteilt, so hat das JAmt iÜ zu prüfen, ob (vorbereitende oder begleitende) Leistungen gem. § 13 Abs. 1 SGB VIII anzubieten sind (vgl. Mrozynski Zbl 1992, 445 (449)).

16   **d) Nr. 4.** Arbeit zur **Ahndung** ist **nicht** als Weisung, sondern allenfalls als Auflage gem. § 15 Abs. 1 S. 1 Nr. 3 sowie ggf. Nr. 1 zulässig (zur Problematik auch → § 15 Rn. 15 f.). Streit besteht, welchen Zweck dagegen die Einwirkung haben darf, die mit der Auferlegung von Arbeitsleistungen nach Nr. 4 einhergeht. Einige Gerichte verlangen, dass beim Beschuldigten eine problematische **Einstellung** zur **Arbeit** besteht und durch die Weisung positiv beeinflusst werden soll (KG JR 1965, 29 (30); BayObLG StV 1984, 254 = LSK 1984, 460117; BayObLG bei Bär DAR 1988, 366; OLG Karlsruhe Die Justiz 1988, 488 = BeckRS 1988, 07353; so auch Itzel, Die Abgrenzung der Weisungen von den Auflagen nach dem JGG, 1987, 187 (189); Köhler JZ 1988, 749). Nach anderer und vorzugswürdiger Ansicht können mit der Arbeitsweisung aber auch sonstige, eher **allg. erzieherische** Absichten (Tagesstrukturierung, Teamerleben usw) verfolgt werden (Brunner Zbl 1987, 257 (258 f.); Brunner/Dölling Rn. 14 f.; s. auch Böhm/Feuerhelm JugendStrafR 185). Das BVerfG, das für Nr. 4 bereits einen

Eingriff in Art. 12 Abs. 2 und 3 GG verneint (zw. – dazu n. auch Ostendorf in NK-JGG Rn. 14), bezeichnet diese Auslegung als „einleuchtend" und „daher aus verfassungsrechtlicher Sicht jedenfalls nicht unvertretbar" (BVerf-GE 74, 102 (122 ff., 127 f.) = NJW 1988, 45 (47 f.); vgl. auch BVerfG NStZ 1988, 34 (35)). Da es bei einer solchen Maßnahme idR um Jugendliche mit Betreuungsbedarf gehen muss, wäre eine Kopplung mit JA hier iÜ typischerweise verfehlt (s. auch Diskussionspapier DVJJ ZJJ 2016, 419 (421 f.)).

Aus der Unterscheidung zwischen einer pädagogisch (Abs. I S. 3 Nr. 4) **17** und einer normverdeutlichend (§ 15 Abs. 1 Nr. 3) ausgestalteten Verpflichtung zur Arbeit ergeben sich bei einer Arbeitsweisung einige **Anforderungen** sowohl an die Art der Arbeitstätigkeit, die als sinnhaft erlebt und sozialpädagogisch begleitet werden sollte, als auch an deren Umfang, dessen Obergrenze nur individuell bestimmt werden kann, der aber nicht abschreckend oder überfordernd sein darf. Das wird durch die von Buhr in HK-JGG Rn. 21 berichtete Praxis, wonach 40–50 Stunden noch zumutbar seien, gerade noch gewahrt (dagegen für bis zu 80 Stunden Diskussionspapier DVJJ ZJJ 2016, 419 (421); für bis zu 120 Stunden Brunner/Dölling Rn. 16; Streng JugendStrafR Rn. 354). Das Gericht muss die geforderten Arbeitsleistungen hinsichtlich des Zeitraums und der Stundenzahl so **präzise** bestimmen, dass die Erbringung überprüfbar ist; die Auswahl der Arbeitsstelle kann es allerdings der JGH überlassen (OLG Braunschweig NStZ 2012, 575 (576); s. auch KG StV 2014, 746 = BeckRS 2014, 13285 sowie → § 15 Rn. 18). Im Übrigen ist das JArbSchG sinngemäß anzuwenden (Art. 293 Abs. 2 S. 2, Abs. 3 EGStGB). Was den notwendigen Versicherungsschutz angeht, so kann bzgl. Unfallschäden betr. Weisungen nach Nr. 3 und 4 auf § 2 Abs. 2 S. 2 SGB VII (Versicherung kraft Gesetzes bei Tätigkeiten „aufgrund einer strafrichterlichen, staatsanwaltlichen oder jugendbehördlichen Anordnung") verwiesen werden (n. Höynck DVJJ-J 2000, 285 (285 f.); Brandt NStZ 2007, 190 (194); Brosi/Grüßing/Hedermann ua ZJJ 2021, 248 (250 ff.)). Für Haftpflichtschäden bei der Ausführung von Weisungen bedarf es einer Betriebshaftpflichtversicherung der Einsatzstelle oder ihres Trägers oder spezieller Versicherungsabschlüsse seitens der JÄmter bzw. Freien Träger (vgl. für Bay. Wimmer DVJJ-J 1998, 35 (36 f.); n. Höynck DVJJ-J 2000, 285 (286 f.); Brandt NStZ 2007, 190 (194 f.)).

Rechtspraktisch kommt Nr. 4 innerhalb der „ambulanten Maßnahmen" **18** eine herausragende Bedeutung zu, und zwar besonders bei Jugendlichen, die als „Ersttäter" und als sog. „Bagatell"-Täter beurteilt werden (Höynck/Leuschner ZJJ 2014, 364 (368); speziell für LG-Bezirk Flensburg n. Çaglar, Neue ambulante Maßnahmen in der Reform, 2005, 69 ff.; für NRW Winkelmann, Neue ambulante Maßnahmen …, 2021, 99 ff.). Hinsichtlich der tatsächlichen erzieherischen Ausrichtung von Arbeitsweisungen ist indes zu bedenken, dass sich die Wahrnehmung durch den Jugendlichen nicht mit der Einordnung durch das Gericht decken muss. Ohnehin werden de facto viele arbeitsbezogene Weisungen mit Zwangscharakter erteilt (für die Zufälligkeit der Auswahl spricht die justizpraktisch ganz überwiegende Verneinung inhaltlicher Unterschiede zur Arbeitsauflage – dazu die Daten bei Höynck/Leuschner Jugendgerichtsbarometer 104 f.; Höynck/Leuschner ZJJ 2014, 364 (368)). Die Zweckverwirklichung **leidet in der Praxis** auch unter einer oft unterschiedslosen Durchführung von Arbeitsweisung und -auflage (so für die Praxis im Rhein-Neckar-Kreis Kremerskothen Arbeitsauflagen 152 ff.) und unter der Überschreitung der erzieherisch angezeigten Aufwandsbegrenzung (Kremerskothen Arbeitsauflagen 137: durchschnittlich 32,5 Stunden; vgl. auch 2. Jugendstrafrechtsreform-Kommission DVJJ-J 2002, 227 (250); Brodkorb, Verfassungsrechtliche Grenzen bei der Erteilung von Erziehungsmaßregeln und Zuchtmitteln gegenüber Jugendlichen und Heranwachsenden, 1998, 398 f.; Khostevan, Zügiges Strafverfahren bei jugendlichen Mehrfach- und Intensivtätern, 2008, 198 ff., 242). Offenbar sind regelrechte Exzesse nicht ausgeschlossen (AG Lübeck StV 2013, 759 = BeckRS 2013, 16591: 200 Arbeitsstunden; OLG Hamm BeckRS 2008, 11801: 300 Arbeitsstunden innerhalb von drei Monaten (als Bewährungsauflage)). Ferner wird für den Jugendlichen die Einsichtigkeit der Weisung durch den oft erheblichen Zeitraum zwischen Tatzeit und Arbeitsbeginn reduziert (nach Kremerskothen Arbeitsauflagen 81: durchschnittlich 34,1 Wochen bis zur Beendigung). Das gilt gleichermaßen bei bloßen Reinigungs- und Aufräumtätigkeiten sowie Arbeiten ähnlicher Art (Ostendorf in NK-JGG Rn. 13; Trenczek ZJJ 2009, 358 (359): ggf. „demütigend") ohne erzieherische Betreuung (vgl. betr. Rhein-Neckar-Kreis Kremerskothen Arbeitsauflagen 188 f.). Soweit dies beurteilt werden kann, ist die spezialpräventive Leistungsfähigkeit der Arbeitsweisung allerdings nicht schlecht (vgl. Petrow, Strafe ohne Schloss und Riegel: begleitete Arbeitsleistungen im Jugendstrafrecht, 2011, 47 ff. (betr. Bonn): erneute Erfassung in den JGH-Akten zwei Jahre nach Abschluss nur bei 18 % der Betroffenen). Dies wird wohl auch in der Praxis so gesehen, die in den Arbeitsweisungen häufig nur eine „Stundenableisten" sieht (Winkelmann, Neue ambulante Maßnahmen …, 2021, 146 ff.).

19   **e) Nr. 5.** Die Betreuungsweisung kommt aus Verhältnismäßigkeitsgründen (sowie wegen des mit ihr verbundenen Aufwands) nur bei hinreichend ausgeprägtem Bedarf an längerfristiger Unterstützung und angehobener Anlassdelinquenz in Betracht (s. auch RL 2 S. 1). In diesem **Anwendungsbereich** ist sie besonders bei Heranwachsenden von Bedeutung, wohingegen bei Jugendlichen hier an sich auch die EB gem. § 12 Nr. 1 einsetzbar ist. Verglichen mit Nr. 5 hat diese den Vorzug, von förmlichen Zwangsmitteln (§ 11 Abs. 3) frei zu sein und so ein (weniger belastendes) nurerzieherisches Angebot darzustellen (abw., da die EB eher als Hilfe für Erziehungsberechtigte verstehend, aber Ostendorf in NK-JGG Rn. 17). Geeignet und sinnvoll ist die Weisung (wie die EB) iÜ allein dort, wo das Einverständnis der Erziehungsberechtigten vorliegt oder begründet unterstellt werden muss (RL 2 S. 2; zur de facto differenziert gegebenen Akzeptanz und Ablehnung s. Mohr DVJJ-J 1991, 259 (261)). In Fällen, in denen JA erwogen wird, ist unbedingt zu prüfen, ob stattdessen eine Betreuungsweisung erteilt werden kann. Ganz abzulehnen ist eine Verbindung mit JA, zumal darin bereits eine Mehrbelastung ggü. der Bewährungsunterstellung bei einer Entscheidung gem. § 21 Abs. 1 liegen würde. Überhaupt ist die **Kombination** einer Weisung nach Nr. 5 mit sonstigen Weisungen oder Auflagen („Cocktail") idR problematisch und erzieherisch kaum funktional (Hinweise auf eine teilw. abw. Praxis ehemals aber bei v. Kutzschenbach-Braun in Blumenberg/Wetzstein/von Kutzschenbach-Braun, Jugendhilfe für junge Straffällige, 1987, 99 ff.).

20   Ergeht eine Betreuungsweisung, ist diese durch das Gericht **konkret auszugestalten.** Das betrifft die Bestimmung des Unterstellungszeitraums. Dieser sollte mindestens mehrere Monate betragen (nach Forum 1, AK 1.6 in

DVJJ 2006, 565: ab sechs Monate), aber nach § 11 Abs. 1 S. 2 Hs. 2 nicht länger als 12 Monate sein (Ostendorf in NK-JGG Rn. 17: idR nicht mehr als sechs Monate). Außerdem ist der Betreuungshelfer möglichst individuell zu benennen (RL 2 S. 5). Ist das Gericht dazu nicht in der Lage, hat es zumindest die Art der fraglichen Personen (→ Rn. 22 f.) zu konkretisieren.

Die **Aufgabe** der Betreuungsperson besteht darin, dem Jugendlichen **21** (beratend, informierend usw) zur Seite zu stehen sowie ihm Anregungen zu geben, die zur Unterstützung der zukünftigen Legalbewährung konkret als geeignet erscheinen. Bindende Anweisungen, deren Nichtbefolgung nach § 11 Abs. 3 zu JA führen könnte, darf die Betreuungsperson dagegen nicht treffen. Eine solche Befugnis weist das Gesetz allein dem JRichter zu, ohne hierbei eine Delegation des Anordnungsrechtes vorzusehen (vgl. auch → Rn. 6 sowie zum BewHelfer → § 23 Rn. 13 ff.). Hält die Betreuungsperson verbindliche Vorgaben für erforderlich, muss sie daher beim Gericht entspr. Weisungen anregen. Dass sie dem Gericht berichtet, sieht das Gesetz nur für einzelne Anlässe vor (§§ 48 Abs. 2 S. 1, 50 Abs. 4 S. 2, 65 Abs. 1 S. 2). Außerhalb dieser Konstellationen besteht – wie der Vergleich mit der BewHilfe (§ 25 S. 3 und 4) ergibt – weder eine Pflicht noch ein Recht zum **Bericht.** Datenschutzrechtlich folgt dies auch aus der (ermächtigungsabhängigen) Zweckänderung der Informationen, die die Betreuungsperson zunächst ausschließlich zur Betreuung des Jugendlichen erlangt.

Als **Betreuungsperson** kommen – ungeachtet der bestehenden Profes- **22** sionalitätsanforderungen (daher skeptisch Schmid-Obkirchner in Wiesner SGB VIII § 30 Rn. 21) – gerade ehrenamtlich Tätige in Betracht (zur Auswahl aus Sicht der Praxis bereits Wenger FS Härringer, 1995, 75), zumal va bei ihnen die Chance besteht, dass eine zwischenmenschlich positive Beziehung genutzt wird bzw. zustande kommt (zu deren Rolle s. etwa schon Kraimer/Müller-Kohlenberg RdJB 1990, 170 (175 f.) mit Interviews). Das gilt mit Einschränkungen auch für Freie Träger der Jugendhilfe, wenngleich die dortigen Sozialarbeiter/innen mitunter Tendenzen der „Entspezialisierung" zeigen (zur „freien Jugendhilfe" mwN 21. Aufl. Rn. 23a; für MV ergänzend Schwerin-Witkowski, Entwicklung der ambulanten Maßnahmen nach dem JGG in Mecklenburg-Vorpommern, 2003, 142 f.). De facto wird die Betreuungsaufgabe aber nicht selten auf BewHelfer übertragen (wenn auch meist erst bei älteren Verurteilten). Dies ist jedoch bedenklich, weil dadurch eine Nähe zu einer angeordneten JStrafe suggeriert wird und der BewHelfer in gleicher Weise wie bei Bewährungsprobanden vorgehen könnte (zu den Gefahren von net-widening schon Eisenberg Bestrebungen 14 ff.). Auch besteht die Gefahr, dass bei Anordnung einer JStrafe in einem späteren JStV die Bereitschaft sinkt, diese zBew auszusetzen (abl. wie hier Ostendorf NStZ 1999, 515 (516)). Wird zudem noch ganz allg. ein Mitarbeiter der BewHilfe benannt (also kein konkreter BewHelfer), erlaubt dies zwar, die (zunächst) eingesetzte Person bei mangelndem gegenseitigem Verständnis auszutauschen, doch stellt dies den Ablauf faktisch zur Disposition der fraglichen Organisation.

Das Gesetz sieht entgegen früheren Entwürfen davon ab, mit der Unter- **23** stellung einen Vertreter der **JGH** zu betrauen. Vielmehr fällt ihr diese Aufgabe nur subsidiär, dh bei Fehlen einer anderweitigen richterlichen Auswahlentscheidung zu (§ 38 Abs. 5 S. 3). Wegen der institutionellen Justiznähe ist die Herstellung eines Vertrauensverhältnisses zum Jugendlichen hier allerdings ähnlich wie beim BewHelfer erschwert, so dass das Gericht davon absehen sollte, diese Lösung eigens zu bestimmen oder durch das Gesetz eintreten zu lassen. Anders verhält es sich nur, wenn zwischen dem Jugendlichen und bestimmten Vertretern der JGH bereits ein tragfähiges Verhältnis besteht. Es ist iÜ auch nicht erlaubt, der JGH die Festlegung der Betreuungsperson zu übertragen (abw. Ostendorf in NK-JGG Rn. 17; Nehring in BeckOK JGG Rn. 37). Dies wird durch § 38 Abs. 6 S. 3 angezeigt, wonach die JGH zur Auswahl des Betreuungshelfers lediglich gehört werden soll. Außerdem fällt der von der aA ins Feld geführte Delegationsbedarf (weil das Gericht zur Auswahl einer geeigneten Person oft gar nicht in der Lage sei) angesichts der so gewährleisteten sozialpädagogischen Beratung weg.

24   **f) Nr. 6.** Mit Nr. 6 hat das Gesetz ein breites Spektrum unterschiedlicher Erziehungs-, Trainings-, Übungs-, Erfahrungs- und Stützkurse, die früher im Rahmen sonstiger Weisungen durchgeführt wurden (vgl. etwa Bolz unsere jugend 1983, 149; DBH Bewährungshilfe 1988, 240 (243 f.)), als eigene Weisungsform aufgenommen, wobei es hier weiterhin Überschneidungen mit anderen Formen erzieherischer Gruppenarbeit und ungeschriebener Weisungen gibt (vgl. Drewniak/Höynck ZfJ 1998, 487 (490 f.)). Gemeinsam ist allen Spielarten das Ziel, persönliche und soziale Verantwortung zu fördern, Vorurteile und Berührungsängste abzubauen, sowie (nach Möglichkeit) Toleranz zu erfahren. Die **Kursmethodik** kann gesprächs-, handlungs- oder erlebnisorientiert sein (vgl. etwa Roggemann/Schröter/Ebel DVJJ-J 1996, 190). Als Bsp. für einen methodenverbindenden Ansatz kann etwa auf das „Gruppentraining sozialer Kompetenzen" verwiesen werden. Hier sollen die Teilnehmenden anhand von situationsspezifischen Rollenspielen eine Reflexion über ihr Verhalten durch die übrigen Gruppenmitglieder und durch Video-Aufzeichnungen erfahren, um ua soziale und personale Ressourcen bzw. eigene Stärken und Schwächen wahrzunehmen (vgl. etwa Hinsch/Pfingsten, Gruppentraining sozialer Kompetenzen, 6. Aufl. 2015; erg. Abel/Raithel unsere jugend 1998, 201 (206 f.)). Rollenspiele werden häufig gelenkt, indem die Gruppentrainer das Thema, das angestrebte Zielverhalten, die Rollenverteilung und die Auswertungsstruktur vorgeben (vgl. Petermann/Petermann, Training mit Jugendlichen, 10. Aufl. 2017, 67; zu theaterpädagogischen Formen vgl. Nisser/Rüth ZJJ 2015, 199). Oft eingesetzt werden daneben iÜ auch die (kontroversen) Verfahren der provokativen Pädagogik im Anti-Gewalt- und Anti-Aggressivitäts-Training (s. dazu Werner, Konfrontative Gewaltprävention, 2014, 56 ff., 177 ff.; Schallenberg in Deimel/Köhler (Hrsg.), Delinquenz und Soziale Arbeit, 2020, 145 ff.).

25   Die Anzahl der zu verschiedenen Kursen durchgeführten Evaluationen und vorliegenden Projektberichte ist hoch (s. bspw. Kraus/Rolinski MschKrim 75 (1992), 32; Wellhöfer MschKrim 78 (1995), 42; Göppner DVJJ-J 2000, 277; Kessel DVJJ-J 2000, 373; van Rennings DVJJ-J 2003, 46; Cosmai/Hein Bewährungshilfe 2006, 396 (402 ff.); Hofmann, Soziale Trainingskurse als ambulante Maßnahmen im Rahmen des Jugendstrafverfahrens, 2014, 93, 127 f.; zusf. Walsh ZJJ 2017, 28 (31 f.); Heinz Sekundäranalyse 1947 ff.; erg → § 92 Rn. 60; speziell zum Anti-Aggressivitätstraining Dreßing, Das Anti-Aggressivitätstraining als Maßnahme der Jugendhilfe und Jugendstrafrechtspflege, 2016, 129 ff.; s. auch die Zusammenstellung diesbzgl. Arbeiten bei Heinz Sekundäranalyse 1967 ff.). Methodisch hochwertige Wirksamkeitsstudien stehen aber bislang überwiegend noch aus

(Eisenberg/Kölbel Kriminologie § 42 Rn. 61; Walsh ZJJ 2017, 28 (33)). Gerade die belastbaren Studien belegen allenfalls einen begrenzten Effekt (Boxberg/Bosold FPPK 2009, 237 bzgl. sozialem Training im JStVollz; Hirtenlehner/Hiebinger ZJJ 2013, 57 bzgl. Anti-Aggressivitäts-Training in Österreich). Diese Forschungslage ist insofern misslich, als sie die Entscheidung über die (Fortsetzung und) Nutzung tragfähiger Projekte erschwert. Auch wurde gegen soziale Trainingskurse und ähnliche Maßnahmen früher nicht selten ein (Selektivitäts-)Einwand erhoben, wonach hierbei die ohnehin weniger belastete jugendliche Teilgruppe bevorzugt würde (Köhnke Zbl 1983, 213 (213)). Die **Unterstützungswürdigkeit** der Trainingsweisung wird dadurch aber nicht in Frage gestellt (eindrücklich mit Blick auf die Kursziele auch AG Rudolstadt ZJJ 2014, 48 = BeckRS 2013, 17112). Auch bleibt es dem JRichter – va in Fällen, in denen sich der Jugendliche ggü. dem Gruppenkontext sperrt (hierzu schon Hausmann Bewährungshilfe 1984, 259 (260, 263)) – unbenommen, eine individuell an den besonderen Bedürfnissen des Jugendlichen orientierte pädagogische Hilfe (sofern regional vorhanden) zu wählen (zu einem sozialkognitiven Einzeltraining vgl. Körner ZJJ 2006, 267).

Die gerichtliche Nutzbarkeit der Trainingsweisung hängt allerdings wesentlich davon ab, dass für die unterschiedlichen „Indikationen" ein hinreichend differenziertes, örtliches **Kursangebot** besteht (für Bestandsaufnahmen vgl. etwa Kawamura-Reindl ZJJ 2011, 364; speziell für MV Schwerin-Witkowski, Entwicklung der ambulanten Maßnahmen nach dem JGG in Mecklenburg-Vorpommern, 2003, 66 ff.). Dabei scheint das Aufkommen an angebotenen und durchgeführten Kursen regional stark zu variieren, insg. aber tendenziell etwas gestiegen zu sein (Ansätze zu einer bundesweiten Erfassung zuletzt bei Kempf, Der soziale Trainingskurs und seine rechtliche Einordnung, 2014, 29 ff.). Die tatsächliche Anwendungspraxis ist allenfalls regional abschätzbar (vgl. bspw. Spindler ZJJ 2016, 68, der für Nürnberg neben einem deutlichen Rückgang va bei den 14- und 15-Jährigen von einer Zuweisungszunahme besonders benachteiligter und mit Hafterfahrungen vorbelasteter Personen berichtet). Bezogen auf das Bundesgebiet ist die Frage ungeklärt (vgl. aber auch die Zusammenstellung regionaler Einzelstudien bei Heinz Sekundäranalyse 1009 ff.). **26**

Rechtlich werden für die **Durchführung** hinsichtlich der dafür geeigneten Personen oder Organisationen keine konkreten Vorgaben gemacht (zu Bedenken ggü. der Anbieter-Dominanz der JGH und der BewHilfe → Rn. 21 f.; zust. Hohendorf Bewährungshilfe 1994, 90 (91 f.)). Erfolgt die Durchführung durch Freie Träger und andere Private, sind diese allerdings **grundrechtlich gebunden,** was der Kursgestaltung (etwa bei dort ausgeübtem Druck zur Preisgabe persönlicher und privater Angaben) Grenzen setzt (n. Kempf Der soziale Trainingskurs und seine rechtliche Einordnung, 2014, 211 ff.). Außerdem sieht das Gesetz als **Kursdauer** für den Regelfall einen Zeitraum von höchstens sechs Monaten vor (§ 11 Abs. 1 S. 2 Hs. 2). Zweckmäßiger wird jedoch oft eine kürzere Dauer sein. Organisatorisch sind Wochenend-, Block- oder auch eher kontinuierlich laufende Kurse möglich. **27**

g) Nr. 7. Die TOA-Weisung dient dem Zweck, bei dem Verletzten (§ 373b Abs. 1 StPO) den immateriellen und materiellen Schaden auszugleichen. Sie legitimiert sich ferner mit dem Anspruch, bei dem jugendlichen **28**

Verurteilten einen Lernprozess einzuleiten (RL 4 S. 4; krit. Bleckmann/ Tränkle Zeitschrift für Rechtssoziologie 2004, 79 (97 f.): Ausübung „moralischer Macht"). In ihrem Kern ist sie aber Ausdruck jener kriminalpolitischen Ansätze, mit denen man die Bewältigung des strafrechtlich beurteilten Geschehensablaufs **auf die Beteiligten zurückzuführen** versucht (Drenkhahn BMJV 43 ff.; zur Implementierung in die europäischen JStR-Systeme eingehend Dünkel/Grzywa-Holten/Horsfield (Hrsg.), Restorative Justice and Mediation in Penal Matters, 2 Bde., 2015). Zwischen dem verpflichtenden Charakter einer Weisung und dem Gedanken einer freiwilligen konstruktiven Deliktsbearbeitung besteht allerdings ein Spannungsverhältnis (krit. Albrecht JugendStrafR 183 f.; Albrecht in Schünemann/Dubber (Hrsg.), Die Stellung des Opfers im Strafrechtssystem, 2000, 44 (46 ff.)). Aus diesem Grund hat der TOA aufgrund einer Weisung auch eine geringe praktische Relevanz. Seine Einbindung in eine informelle Verfahrenserledigung (§ 45 Abs. 2 S. 2) ist konzeptionskonformer und scheint daher praktisch auch eine größere Rolle zu spielen (n. → § 45 Rn. 36 f.). Im Übrigen spricht der aus dem Strafrechts- und Sanktionsdenken hinausführende Grundgedanke des TOA prinzipiell dagegen, die Weisung gem. Nr. 7 mit anderen Rechtsfolgen zu verbinden (s. aber zur Praxis Trenczek ZJJ 2009, 361 (362): „‚erzieherische Draufgabe' (…) zur Abrundung von ‚Sanktionscocktails').(deutlich geringer als im Rahmen der Diversion)

29   Die Anweisung eines TOA **setzt** mit Blick auf rechtsstaatliche Gründe sowie das auf Gerechtigkeitsempfinden abzielende Anliegen **voraus**, dass der Hergang des Geschehens (einschließlich ggf. wechselseitiger Aktivitäten und Anteile aller Beteiligten) ebenso wie die Schuld des Jugendlichen außer Zweifel stehen. Ein Geständnis stellt dafür nicht ohne weiteres eine hinreichende Bedingung dar (zur Möglichkeit falscher Geständnisse → § 70c Rn. 9 ff.). Ferner muss (iU im Interesse beider Ausgleichsbeteiligten) eine Zustimmung des Beschuldigten vorliegen (ebenso Laubenthal/Baier/Nestler JugendStrafR Rn. 591; zum Geschädigten s. § 155a S. 3 StPO; zu den Erziehungsberechtigten → Rn. 8). Um die dahingehende Freiwilligkeit, die verfahrensbedingt ohnehin schon eingeschränkt ist (krit. Albrecht JugendStrafR 152; Frehsee in Schünemann/Dubber (Hrsg.), Die Stellung des Opfers im Strafrechtssystem, 2000, 133: „unter der Bedrohung staatlicher Zwangsanwendung"; Bleckmann/Tränkle Zeitschrift für Rechtssoziologie 2004, 79 (101): „Heuchelei"), zumindest ansatzweise zu wahren, bedarf es des Hinweises, dass der Beschuldigte sein Einverständnis versagen darf und dass dies keinen rechtlichen Nachteil, sondern allein eine andere (vom Richter zu bestimmende) Rechtsfolge nach sich zieht. – Umgekehrt wird, wenn das Tatopfer seine Mitwirkung verweigert, die Weisung schon durch das **ernsthafte Bemühen** des Jugendlichen um eine Konfliktregelung hinreichend befolgt.

30   Der Täter-Opfer-Ausgleich ist **nicht** von vornherein auf Verfahren wegen bestimmter **Deliktsgruppen** (zB Bagatellfälle) **begrenzt**. Ausgenommen sind jedoch Fälle, in denen die unmittelbar tatbetroffene Person (tatbedingt oder aus anderen Gründen) verstorben ist (BGH NJW 2019, 319 f.: kein Täter-Opfer-Ausgleich mit **Hinterbliebenen**). Denkbar ist allerdings die Anordnung einer (unbenannten) Weisung, sich „um einen Ausgleich mit dem oder den Hinterbliebenen zu bemühen" (BT-Drs. 19/27654, 105). Nr. 7 scheidet ebenfalls aus, wenn es bei der vorgeworfenen Tat gar kein konkretisierbares Opfer gab (nicht immer aber auch dann, wenn das Opfer keine natürliche Person war). Prinzipiell kommt die Maßnahme indes auch bei Verurteilung wegen eines **Verbrechens** in Frage. Sie ist ferner nicht etwa dadurch ausgeschlossen, dass es für die Vermittlung absehbar einer nicht unerheblichen Anzahl von Gesprächen bedarf (vgl. die Verfahrensanalysen zu (auch schweren) Delikten unter Gewaltanwendung bei 21 Probanden durch Taubner, Einsicht in Gewalt − Reflexive Kompetenz adoleszenter Straftäter beim Täter-Opfer-Ausgleich, 2009, 186, 278).

Die Geeignetheit des Täter-Opfer-Ausgleichs auch für Delikte sog. mitt- **31** lerer Schwere scheint in der Praxis allerdings nur eingeschränkt mitgetragen zu werden, möglicherweise auch wegen der Einordnung als („zu mild" geltende) Intervention. Legt man angesichts einer statistisch unzulänglichen Erfassung (Kerner/Belakouzova ZJJ 2020, 232 (236 ff.)) die Angaben zu-grunde, die von der sog. TOA-Statistik und den hieran freiwillig mitwirken-den Einrichtungen bereitgestellt werden, besteht der Anwendungsbereich **rechtstatsächlich** in erster Linie in Verfahren wegen Körperverletzungs-delikten sowie Diebstahls, Betrugs und Sachbeschädigung, eingeschränkt auch wegen Raubes und Erpressung (stellvertretend Hartmann/Schmidt/Kerner, Täter-Opfer-Ausgleich in Deutschland, 2020, 41 ff.), wobei die Häufigkeit der Anwendung regional und teilweise auch an demselben Ge-richt variiert (vgl. dazu etwa Winter/Matt NK 2012, 73 (77)). Im Rahmen einer Ausgleichsvereinbarung kommt es dabei meist zu einer Verpflichtung des Verurteilten zur Zahlung von Schmerzensgeld oder Schadenersatz an das Opfer (bei Mittellosigkeit uU auch durch (entgeltliche) Erbringung von Arbeitsleistungen) sowie zu einer persönlichen Entschuldigung und ggf. sonstigen symbolischen Wiedergutmachungsleistungen (Hartmann/Schmidt/Kerner, Täter-Opfer-Ausgleich in Deutschland, 2020, 66). Aller-dings betreffen diese Angaben alle Beschuldigten, unter denen Jugendliche und Heranwachsende nur einen begrenzten Anteil ausmachen (Hartmann/Schmidt/Kerner, Täter-Opfer-Ausgleich in Deutschland, 2020, 39: zuletzt 30,9 %; vgl. relativierend aber schon Winter ZJJ 2005, 199 (201)).

Aus kriminologischer Sicht besteht die Gefahr, dass bei der interaktionalen **32** Konfliktbearbeitung die nicht-personalen (dh die distalen bzw. meso- und makrostrukturellen) Entstehungsbedingungen von Straftaten völlig aus dem Blick geraten und eine Verengung auf individualisierende Perspektiven bzw. auf das Täter-Opfer-Verhältnis begünstigt wird (zu den Schwierigkeiten auch → § 45 Rn. 37). Andererseits lässt sich nicht von vornherein ausschlie-ßen, dass bei **gelingender Kommunikation** die gegenseitige Akzeptanz sowie die Anerkennung von Fremd- und Selbstwert gefördert werden könn-ten (zu darauf abzielenden „TOA-Standards" Hüncken ZJJ 2010, 320; vgl. auch Middelhof/Priem, Täter-Opfer-Ausgleich im Jugendstrafrecht, 2018, 71 ff., 139 ff.). Ob und inwieweit dies eintritt, wird in den zahlreichen vorliegenden Projektevaluationen (Zusammenstellung in der 21. Aufl. Rn. 27c und bei Heinz Sekundäranalyse 913 ff.) nicht zuverlässig gemessen, da man dort (abgesehen vom oft anfechtbaren Forschungsdesign) idR nur die (sehr hohe) Mitwirkungs- und Einigungsbereitschaft der Beteiligten sowie die äußerlichen Ergebnisse des Ausgleichsverfahren zählt. Insofern ebben kritische Einschätzungen bis heute nicht ab (so etwa hinsichtlich der erzieherischen Erwartungen Trenczek ZJJ 2009, 361), die ua auch die Neu-tralität der vermittelnden Person als wesentliche Voraussetzung betonen (zu Nachweisen für eine „Parteinahme" gegen die verurteilte Person s. Mau in Friedrich Ebert Stiftung (Hrsg.), Der „Täter-Opfer-Ausgleich", 1998, 127;

zur Unzufriedenheit befragter Beschuldigter s. Kunz MschKrim 2007, 466 (474 f., 478)). Schwierigkeiten bestehen auch darin, das zu erfassen, was die Beteiligten tatsächlich zum Ausdruck bringen wollen (dh das Gelingen kann durchaus von der Sprachkompetenz der mit der Durchführung betrauten Personen abhängen – vgl. n. Klocke Entschuldigung 179 ff., 330 ff.; s. aber auch Messmer Zeitschrift für Rechtssoziologie 36 (2016), 88 zu Rechtfertigungs- und Vorwurfsabwehrkommunikationen der Beschuldigten).

33   In dieser relativ unklaren Forschungslage kann es nicht verwundern, dass die (auch in der Justizpraxis) oft vermutete **spezialpräventive Wirksamkeit** (entspr. Annahmen nach Hertle, Schadenswiedergutmachung als opfernahe Sanktionsstrategie, 1994, 177 bei mehr als 80 % der befragten JRichter und JStA) empirisch weitgehend ungesichert ist (dazu inter-/nationale Studien zusf. Eisenberg/Kölbel Kriminologie § 30 Rn. 15 ff., § 42 Rn. 61 f.; gewisse Hinweise für positive Effekte va bei Dölling/Hartmann/Traulsen MschrKrim 85 (2002), 185; vgl. auch Keudel, Die Effizienz des Täter-Opfer-Ausgleichs, 2000, 121; Busse, Rückfalluntersuchung zum Täter-Opfer-Ausgleich, 2001, 82 ff.; Höffler ZJJ 2010, 33 (42)); zu weiteren Arbeiten s. Heinz Sekundäranalyse 1926 ff.; international bspw. Bouffard/Cooper/Bergseth Youth Violence and Juvenile Justice 15 (2017), 465; meta-analytisch Bradshaw/Roseborough/Umbreit Conflict Resolution Quarterly 24 (2006), 87; speziell für Erwachsene s. Dölling FS Stöckel, 2010, 349).

34   **h) Nr. 8.** Die nach Nr. 8 möglichen Umgangsverbote müssen sich – ähnlich den Varianten von Nr. 1 und 2 (→ Rn. 13) – spezialpräventiv rechtfertigen lassen. Sie können sich also allein auf Lokalitäten oder Personen beziehen, die sich angesichts der konkreten Vorgeschichte des Jugendlichen oder zumindest ihrer Art nach als günstiger Tatgelegenheitskontext erweisen. Beim Verbotszuschnitt ist darauf zu achten, dass die Untersagung alterstypischer Freizeitaktivitäten (Bsp.: Diskothekenverbot) und die Isolierung von der gesamten Peer-Group idR unverhältnismäßig und oft auch erzieherisch dysfunktional wären. Deshalb bedarf es einer konkret-gefahrbezogenen **Begrenzung** und einer hinreichend **bestimmt formulierten** Fassung (→ Rn. 4). Wird das Verbot bspw. auf die „rechte Szene/Neonazi-Szene" bezogen, genügt das den Spezifizierungsanforderungen nicht (OLG Jena NStZ 2006, 39; BeckRS 2009, 86305 zum allg. StR). Nr. 8 lässt es prinzipiell zu, nicht nur den direkten, sondern auch den technisch vermittelten Verkehr mit bestimmten Personen zu untersagen (also auch über Telefon, Internet, soziale Medien usw). Mit Blick auf die besonderen Überprüfungshürden ist die Eignung einer solchen Weisung aber höchst fraglich (→ Rn. 4). Unzulässig wäre es, das Umgangsverbot als Pflicht auszugestalten, aus einem bestimmten Verein auszutreten (s. OLG Düsseldorf BeckRS 2016, 8578 für Austritt aus Rocker-Verein). Darin läge ein unzulänglich legitimierter, faktischer Grundrechtseingriff (Art. 9 GG, ggf. auch Art. 4 GG), und zwar unabhängig davon, ob die allg. weltanschauliche oder politische Haltung der Vereinigung oder die unmittelbare erzieherische Gefährdung des Jugendlichen den Grund für die Maßnahme bildet (vgl. auch Ostendorf in NK-JGG Rn. 5; Diemer in Diemer/Schatz/Sonnen Rn. 9 und 52).

35   **i) Nr. 9.** Die Verpflichtung zum Verkehrsunterricht kommt in erster Linie bei Verkehrsstraftaten in Betracht, wohingegen ihre erzieherische Eignung außerhalb dieses Bereichs nur in Einzelfällen begründbar sein wird.

Umgekehrt können bei einem Verkehrsdelikt allerdings durchaus auch andere Weisungen (zust. Diemer in Diemer/Schatz/Schoreit Rn. 54; Buckolt/Hoffmann Jura 2004, 710 (714); vgl. aus pädagogischer Sicht Walkenhorst ZfJ 1991, 102) oder aber speziell verkehrsrechtliche Rechtsfolgen angeordnet werden (s. aber → § 6 Rn. 7, → § 7 Rn. 66). Entspr. der Entwicklung Jugendlicher stellen sich Verkehrsdelikte oftmals als Ausdruck von allg. (altersgebundenem) Risikoverhalten dar, sodass die jugendstrafrechtliche Intervention (auch) in diesem Bereich mehr an vorhandenen sozialisatorischen Entwicklungspotenzialen und weniger an verkehrsspezifischen Defiziten des betroffenen Jugendlichen zu orientieren wäre (vgl. dazu Raithel Jugendwohl 1998, 61 (66); s. erg. auch Thomson DVJJ-J 1999, 425; Kühn NK 2008, 129; nicht erörtert von AG Döbeln ZJJ 2013, 327 mAnm Eisenberg). Zu empirischen Erfolgsmessungen bzgl. Aufbauseminaren gem. § 2b Abs. 2 S. 2 StVG für (erstmals erfasste) Trunkenheitstäter im Straßenverkehr s. bspw. Brieler/Zentgraf Blutalkohol 2010, 387; Hilger/Ziegler/Rudinger ua Blutalkohol 2012, 74; zu Kursen bezogen auf Drogenkonsum vgl. Biehl/Birnbaum ZVS 2004, 28).

2. Sonstige Weisungen

a) Allgemeine Maßgaben. Eignet sich mit Blick auf die Einwirkungsbedürftigkeit keine ausdrücklich benannte Weisung iSv Abs. 1, kann das Gericht auch eine anderweitige Weisung anordnen (zur Nachrangigkeit → Rn. 11). Ob bzw. wann dafür ein Anlass besteht, lässt sich nicht personen- oder deliktsbezogen typisieren. Vielmehr kommt es hier stets auf eine **Einzelfall**-Notwendigkeit an. Hinsichtlich des Ausmaßes und der **Intensität des Eingriffs** darf dabei über das Niveau der im Gesetz ausdrücklich genannten Weisungen aber nicht hinausgegangen werden. Ferner muss es sich um eine im Weisungskatalog nicht enthaltende Verpflichtungsart handeln. Mit Blick auf die Orientierungswirkung des Katalogs (→ Rn. 12) wäre es dagegen unzulässig, bestehende Einschränkungen der expliziten Weisungsformen durch eine entspr. uneingeschränkte sonstige Weisung zu **unterlaufen** (also bspw. die Beendigung einer Ausbildung anzuordnen (hierzu → Rn. 15)). **36**

Diese Grenze ist **auch hinsichtlich Abs. 2** zu wahren. Weisungen mit heilerzieherischem oder suchttherapeutischem Charakter sind dort abschließend geregelt. Anweisungen mit einem entspr. sachlichen Bezug können deshalb nur insoweit ergehen, als sie – wie etwa die Verpflichtung zur regelmäßigen Urinkontrolle (→ Rn. 56) – eine funktionale Ergänzung zu einer Weisung iSv Abs. 2 darstellen. Unzulässig ist dagegen die Weisung, **Medikamente** nach ärztlicher Verordnung einzunehmen. Dem jeweiligen Arzt würde damit eine Blankobefugnis zur – allein über § 7 erreichbaren (→ Rn. 41) – Zwangsbehandlung erteilt (abw. LG Saarbrücken BeckRS 2021, 24202). **36a**

Unzulässig ist die Verbindung von JA mit einer Weisung, die das **Verhalten im JA-Vollzug** regelt. Hierdurch würde nämlich die im JGG 1953 abgeschaffte Möglichkeit des Vollstreckungsleiters, einen Teil des vollzogenen JA wegen als „schlecht" beurteilter Führung für nicht vollstreckt zu erklären, im Zusammenhang mit § 11 Abs. 3 de facto wiederhergestellt. In ähnlicher und ebenfalls unzulässiger Weise würde durch eine neben JA angeordnete Weisung, den Arrestvollzug pünktlich anzutreten, die Möglich- **37** keit eines gem. § 11 Abs. 3 verlängerten JA akzeptiert (abl. auch Ostendorf in NK-JGG Rn. 22).

38 **b) Ausgewählte Beispiele.** Inhaltlich empfiehlt es sich, an alltägliche Verhaltenserwartungen (zB Schule, Ausbildung, Arbeit usw) in der Weise anzuknüpfen, dass die Bearbeitung der individuellen sozialisatorischen Problemlage im Rahmen dieser Bereiche erfolgt und durch die sonstige Weisung gefördert wird. Beispiele hierfür sind Weisungen zur **Regelung der finanziellen Verhältnisse**, etwa ein Verbot, Schulden einzugehen oder Kaufverträge mit Ratenzahlung zu schließen oder regelmäßige Nachw. über die Verwendung der Einkünfte vorzulegen. Allerdings muss dies mit der Notwendigkeit ausbalanciert werden, dass der Jugendliche seine Selbstständigkeit in finanziellen Angelegenheiten erproben kann. Andere Beispiele bieten Weisungen, ein Bewerbungstraining zu absolvieren oder Hilfen zur Überwindung verschiedener **schulischer Probleme** anzunehmen, etwa zur Steigerung der Leistungen (zu „Nachhilfeunterricht", der durch die JHilfe vermittelt wird, vgl. bereits Viet Zbl 1981, 524). Zur Vermeidung ungünstiger Reaktionen setzt dies allerdings eine sorgfältige Ermittlung ua der individuellen Situation des Jugendlichen einschließlich seines Selbstkonzepts als Lernender, seiner schulischen und allg. leistungsbezogenen Biographie sowie der schulischen Infrastruktur voraus.

39 Angesichts der vorhandenen **verkehrsspezifischen** Rechtsfolgen (vgl. Nr. 9 sowie das Fahrverbot und die Entziehung der Fahrerlaubnis) ist wenig Raum für die Anordnung entspr. sonstiger Weisungen. Die Anordnung, das eigene Fahrrad, Moped, Motorrad usw für einige Zeit nicht zu nutzen, entwickelt faktisch eine sehr ähnliche Wirkung wie die Sanktionen gem. §§ 44, 69 StGB iVm 2 Abs. 2 und stellt insofern eine Umgehung der dortigen Voraussetzungen dar. Dies gilt – trotz „erzieherischer Verbrämung" (Laubenthal/Baier/Nestler JugendStrafR Rn. 606) – noch deutlicher auch für die Weisung, den Führerschein für eine bestimmte Zeit zu den Akten einzureichen (s. auch schon OLG Düsseldorf NJW 1968, 2156; OLG Braunschweig NdsRPfl 1969, 235). Die Weisung, eine Fahrerlaubnis zu erwerben (bejahend AG Saalfeld ZJJ 2003, 307 = LSK 2003, 490199; Brunner/Dölling Rn. 32; im allg. StR auch OLG Stuttgart Die Justiz 2013, 115 = BeckRS 2013, 1990), ist mit Blick auf die damit verbundenen Kosten und rechtlichen Unsicherheiten (Nicht-/Bestehen der Prüfung, Nicht-/Erteilung der Fahrerlaubnis durch Verkehrsbehörde) problematisch. Eher angängig ist die zurückhaltendere Variante, sich um den Erlaubniserwerb zu bemühen.

40 Die Erteilung einer Weisung, die mit **selbstreflexionsfördernder Intention** diverse Pflichten begründet (Bsp.: sog. Besinnungsaufsatz), stellt in mehrfacher Hinsicht eine Gratwanderung dar. Jugendliche mit Bildungsnachteilen können durch eine solche Weisung überfordert und benachteiligt werden. Die Weisung mag ihnen als schulmeisternde lästige Leistungspflicht erscheinen und somit gerade eine innere Abwehr der gewünschten Auseinandersetzung zur Folge haben. Möglicherweise sehen sie sich auch gedrängt, die (wahrgenommenen) Erwartungen pro forma zu erfüllen, ohne dass deren Inhalt tatsächlich ihrer Meinung und Weltsicht entspräche. Um die angestrebte gedankliche Durchdringung und emotionale Beschäftigung mit der Straftat und den eigenen Perspektiven zu erreichen, wird deshalb idR immer ein einbettendes Gespräch mit einer dafür geeigneten Person erforderlich sein. Dabei sind moralisierende, die Anlasstat hervorkehrende Tendenzen zurückzustellen (vgl. auch Böhm/Feuerhelm JugendStrafR 180 ff. mit Beispielen). Die Weisung, sich mit einem bestimmten Buch oder zB einer bestimmten Darstellung im Internet oder dgl. zu beschäftigen und sich damit anschließend (va in einem vertiefenden Gespräch mit einem Betreuer) auseinanderzusetzen (vgl. zu einem Modell in Dresden Mollik ZJJ 2007, 301), kann ein Beispiel für eine entspr. zielführende Weisungsform sein, gerade wenn der Jugendliche wie im Münchener Leseprojekt Kon-TEXT in die Auswahl der Inhalte eingebunden wird (dazu und zum Ganzen n. Steindorff-Classen Bewährungshilfe 2014, 19).

IV. Weisungen nach Abs. 2

1. Grundlagen der Anordnung

a) Besondere Bedingungen. Abs. 2 regelt die Möglichkeit, therapeuti- **41** sche Weisungen anzuordnen (zur heilerzieherischen Behandlung → Rn. 45 ff.; zur Entziehungskur → Rn. 50 ff.). Dies ist aber nicht nur an eine entspr. Indikation und die allg. Weisungsvoraussetzungen (→ Rn. 3 ff.), sondern zudem an besondere Bedingungen geknüpft. So bedarf es bei Jugendlichen einer **Zustimmung** des **Erziehungsberechtigten** und des gesetzlichen Vertreters (weshalb bei deren Fehlen oder nachträglichem Wegfall die Weisung rechtswidrig ist bzw. wird). Die Einwilligung des **Beschuldigten** wird durch Abs. 2 S. 2 dagegen erst ab dem 16. Lbj. gefordert und dann – im Gegensatz zu § 57 Abs. 3 S. 2 – auch nicht zwingend vorausgesetzt. Für die ausnahmslose Erforderlichkeit spricht jedoch (abgesehen von der sonst zw. Anordnungseignung) der Umstand, dass die erzwungene Therapie speziell als Maßregel gem. § 7 ausgestaltet worden ist und als Weisung daher nur eine gewollte Behandlung in Betracht gezogen werden kann (ähnlich LG Marburg NStZ-RR 2006, 122 unter Hinweis auf Art. 2 Abs. 1 GG). Bei Heranwachsenden spricht § 56c Abs. 3 Nr. 1 StGB dafür, der dortigen Regelung gewissermaßen Modellcharakter zuzuerkennen und die Maßnahme immer (sowie allein) von deren eigener Zustimmung abhängig zu machen (zust. Schimmel in Kotz/Rahlf BtMStrafR Kap. 9 Rn. 60; weniger streng Brunner/Dölling Rn. 38).

Im Regelfall ist es vor Anordnung der Weisung notwendig, die **Kosten-** **42** trägerschaft zu klären (→ Rn. 10, → Rn. 64 ff.). Eine Kostenbeteiligung des Jugendlichen oder der Unterhaltspflichtigen wirkt idR überfordernd. Auch kann sie nicht nur fördernde, sondern ebenso gut negative Auswirkungen auf die Mitwirkungsbereitschaft haben. Ferner ist ein **Sachverständiger** anzuhören (vgl. RL 9). Nur durch dessen rechtzeitige Hinzuziehung können in einer – idR ambulanten – Untersuchung des Jugendlichen die Fragen der Interventionsbedürftigkeit und -möglichkeit sowie der (erforderlichenfalls über die bloße Zustimmung hinausgehenden) elterlichen Mitwirkungsbereitschaft hinreichend substantiiert geprüft werden. Früheren Erhebungen zufolge scheint sich die Praxis darüber aber nicht selten hinweggesetzt zu haben (vgl. Engstler, Die heilerzieherische Behandlung gem. § 10 Abs. 2 JGG in der jugendstrafrechtlichen Praxis, 1985, 220).

b) Praktische Handhabung und Alternativen. Weisungen nach **43** **Abs.** 2 werden innerhalb jugendstrafrechtlicher Rechtsfolgen vergleichsweise **selten** angeordnet (ältere Daten dazu bei Engstler, Die heilerzieherische Behandlung gem. § 10 Abs. 2 JGG in der jugendstrafrechtlichen Praxis, 1985, 75 f.). Gründe hierfür mögen in innerjustiziellen Unsicherheiten hinsichtlich der Möglichkeiten und Grenzen der Behandlung, aber auch in einer eingeschränkten Therapiebereitschaft der in Betracht kommenden Beschuldigten liegen (s. auch Ostendorf ZRP 1988, 432 (434 f.)). Als problematisch wird offenbar auch die Ausgestaltung als Weisung empfunden, da JA-Anstalten die Aufnahme von abhängigen Jugendlichen oft ablehnen und auf eine Nichtbefolgung daher mit der an sich vorgesehenen Option in § 11 Abs. 3 (vgl. Maier in Weber BtMG Vor §§ 29 ff. Rn. 1667) nicht immer reagiert werden kann. Zur Verhinderung des vorzeitigen Behandlungs**abbruchs** bedürfe es jedenfalls einer Verbindung mit anderen Rechtsfolgen (zB JStrafe unter Aussetzung der Vollstr zBew oder JA). Allerdings kann eine solche Verknüpfung mit repressiver Ahndung die Therapie schon von vornherein belasten.

44   Umgekehrt kann es sich in Fällen mit freiwilliger Therapie(-bereitschaft) empfehlen, auf eine urteilsförmige Anordnung zu verzichten und dem Jugendlichen (unter Inkaufnahme einer hinausgezögerten HV) über einen gewissen Zeitraum hinweg bei guter Behandlungsmitwirkung eine **Einstellung** gem. § 47 in Aussicht zu stellen. In einer fortgesetzten HV können dann ggf. neue Maßnahmen angeordnet werden, falls sich während der Behandlung bzw. Therapie deren fallkonkret fehlende Eignung zeigt. Eine weitere Alternative besteht darin, das **FamG** über das Therapieerfordernis zu **informieren** und um die Anordnung der Intervention zu ersuchen. Das Jugendstrafverfahren kann dann zumeist nach §§ 47 Abs. 1 Nr. 2, 45 Abs. 2 eingestellt werden. Diese Vorgehensweise ist hinsichtlich der in Betracht kommenden Maßnahmen flexibler. Wird eine nachträgliche Änderung notwendig, darf der JRichter nur eine andere Weisung iSv § 10 erteilen (§ 11 Abs. 1), während dem FamG vielfältigere Möglichkeiten zur Verfügung stehen. Allerdings ist hier zu beachten, dass die Einstellung dann auch bei ungeklärter Verantwortlichkeit iSv § 3 ins Erziehungsregister eingetragen wird (daher diese Verfahrensweise abl. Buhr in HK-JGG Rn. 54; wie hier aber Ostendorf in NK-JGG Rn. 25).

2. Heilerzieherische Behandlung

45   **a) Maßnahmeformen.** Nach allgA ist der **Begriff** der heilerzieherischen Behandlung nicht auf Heil- oder Sonderpädagogik im engeren Sinne (zB Behandlung von Lese-Rechtschreib-Schwächen) beschränkt. Vielmehr umfasst er ua auch stützend-führende (zB Gesprächstherapie), symptomorientierte (zB Verhaltenstherapie) sowie aufdeckende Formen (zB analytische Psychotherapie) der psychologischen Behandlung, wobei diese Methoden in Einzel- und Gruppentherapie und in deren Kombination angewandt werden können. Abs. 2 S. 1 bezieht sich also auf das **gesamte Spektrum** von entwicklungsfördernden, erzieherischen und therapeutischen Angeboten für Jugendliche, die Verhaltensauffälligkeiten bzw. -störungen zeigen oder die von geistigen, psychischen, körperlichen oder sprachlichen Beeinträchtigungen betroffen sind (vgl. Klein/Neuhäuser, Heilpädagogik als therapeutische Erziehung, 2006; Thesing/Vogt, Pädagogik und Heilerziehungspflege, 5. Aufl. 2013; zur Praxis vormals Krimm unsere jugend 1999, 10). Eine allg.

ärztliche bzw. medikamentöse Behandlung fällt nicht hierunter (LG Saarbrücken BeckRS 2021, 24202; s. aber auch → Rn. 36a).

Für die **Durchführung** der Behandlung bzw. Weisung kommt prinzipiell **46** eine große Zahl methodisch unterschiedlicher Verfahren (n. dazu 21. Aufl. Rn. 50 ff.) und entspr. auch ein weites Spektrum an Sachverständigen in Betracht (Psychologen und Psychotherapeuten, Jugend-/Psychiater sowie Heil-, Sozial- und Sonderpädagogen). Die Auswahl und Bestimmung des konkreten Ansatzes sind einzelfallabhängig und sachverständig zu klären. Eine tatsächliche Mitwirkungsbereitschaft oder -motivation des Jugendlichen sollte in einer Voruntersuchung oder in einer begrenzten Zahl von ersten Behandlungsterminen festgestellt werden, so dass Therapeut und Proband über die endgültige Behandlungsdurchführung entscheiden können. Ggf. ist dann auch eine Abänderung gem. § 11 Abs. 2 möglich (neue Weisung; zweiter Therapieversuch). Für die Bereitschaft des Jugendlichen, an der heilerzieherischen Behandlung teilzunehmen, kann es förderlich sein, **konkrete Hilfen** anzubieten (zB zur schulischen und beruflichen Förderung oder zur Verbesserung des innerfamiliären „Klimas"). Unter Umständen sind ambulante Hilfen unter organisatorischer und/oder räumlicher Angliederung an eine (heilpädagogische) Schule (mit dem Angebot materieller und fördernder Unterstützung) besser platziert als unter einem „therapeutischen Aushängeschild".

Insgesamt scheint die Erwartung begründet zu sein, dass eine heilerziehe- **47** rische Behandlung häufig **günstigere,** zumindest aber kaum schlechtere **Auswirkungen** auf die weitere Verlaufsentwicklung hat als andere jugendstrafrechtliche Rechtsfolgen (zust. aus Sicht der Praxis schon Wenger FS Härringer, 1995, 75). Bei vielen Gruppen der erfassten (und nicht selten eher pauschal als „dissozial" bezeichneten) Jugendlichen scheint sich die beanstandete Ausprägung zumindest im Zeitverlauf abzuschwächen (wobei hier das Interventionsziel ohnehin weniger in innerpsychischen Umstellungen als in sozialer Anpassung liegt – vgl. Tölle/Windgassen Psychiatrie 127). Alles in allem findet die in der Praxis äußerst zurückhaltende Anwendung dieser Weisung nur insoweit eine Berechtigung, als es für den Betroffenen weniger beeinträchtigend sein mag, wenn die heilerzieherische Behandlung zB familien- oder jugendrechtlich ausgelöst wird und sodann nach §§ 47 Abs. 1 Nr. 2, 45 Abs. 2 verfahren werden kann.

b) Prüfungs- und Anordnungsanlässe. Mit Blick auf die **Delikts-** **48** **struktur** kommt, wenn die individuelle Bedürfnisprüfung ernst genommen wird, eine heilerzieherische Behandlung keineswegs nur bei bestimmten Deliktstypen in Betracht. De facto scheint eine Anordnung indes am ehesten bei Straftaten gegen die sexuelle Selbstbestimmung und bei Brandstiftungsdelikten zu erfolgen (was auf eine Neigung zur Pathologisierung der diesbzgl. Beschuldigten und zur daran geknüpften Hilfeleistung verweisen würde). Richtigerweise ist die Anordnung einer heilerzieherischen Behandlung aber immer dann zu prüfen, wenn entspr. „Auffälligkeiten" im psychischen und körperlichen Bereich des Jugendlichen bestehen. Dabei sind jeweils auch die familiären, institutionellen und sozialen Kontexte und Entwicklungsbedingungen zu berücksichtigen.

Anlässe aus dem **psychosozialen Bereich** liegen etwa in einer auffallen- **49** den Ängstlichkeit während der Kindheit, in Störungen der sprachlichen und motorischen Entwicklung sowie in isolierten Ausfällen beim Lesen und

Schreiben (vgl. n. zum Ganzen Hülshoff, Medizinische Grundlagen der Heilpädagogik, 3. Aufl. 2015, 373 ff.). Bei erheblicher Minderbegabung sind die Möglichkeiten der heilerzieherischen Behandlung zwar erschwert, doch kommt es hier auch auf die geeignete Methode an, so dass nicht ohne weiteres von einer Kontraindikation auszugehen ist. Zu erwägen ist die Weisung ferner bei gesteigert aggressivem Verhalten aus (scheinbar) inadäquatem Anlass sowie bei sonstigen auffallenden Symptomen (zB Stottern, Einnässen, Einkoten usw). Aus jugendpsychiatrischer Sicht wird iÜ empfohlen, die Indikation „unabhängig von der strafrechtlichen Verantwortlichkeit zu sehen" (so bereits Remschmidt MschKrim 61 (1978), 79 (92); ähnlich Bernsmann in BMJ 1992, 214, der diese Weisung jedenfalls de lege ferenda auf nach § 3 schuldunfähige Jugendliche ausdehnen und den nachteiligeren Maßregelvollzug so ersetzen will). In den Anwendungsbereich der Weisung fallen schließlich ggf. auch Diskrepanzen zwischen der zurückliegenden Persönlichkeitsentwicklung und den später eingetretenen Auffälligkeiten sowie Tatbegehungen (bspw. dort, wo ursprünglich leistungsfähige Anlagen durch besondere **entwicklungshemmende Lebensumstände** an einer angemessenen Entfaltung gehindert wurden).

3. Entziehungskur

50   a) **Allgemeines.** Vor Anweisung einer Entziehungskur ist in mehrfacher Hinsicht eine dezidierte Bedarfsanalyse angezeigt, da gerade sehr junge Personen durch einschneidende therapeutische Maßnahmen nachhaltig stigmatisiert und dadurch an Suchtstoffen gewissermaßen festgehalten werden könnten (zust. betr. Drogen Eberth/Müller/Schütrumpf, Verteidigung in Betäubungsmittelsachen, 7. Aufl. 2018, Rn. 390). Insofern bedarf es einer **differenzierten** Untersuchung der Interventionsnotwendigkeit, die sich bei Abhängigkeit anders darstellt als bei Jugendlichen, die Alkohol oder Drogen erst relativ kurze Zeit missbräuchlich konsumieren (Brunner/Dölling Rn. 50 f.). Stets ist eine auf die Gefährdung oder die Abhängigkeit als Einzelsymptom fixierte Strategie zu vermeiden.

51   Im Bereich einer **Alkohol**problematik kommt es für die Bestimmung des Behandlungsangebotes zunächst darauf an, ob eine Gefährdung vorliegt oder bereits eine Abhängigkeit eingetreten ist. Im zweitgenannten Fall wird idR eine stationäre Behandlung erforderlich sein. Als ambulante Maßnahmen werden meist Einzel- und Gruppentherapie angeboten (zu technischen Fragen der Kontrolle durch auf der Haut befestigte Messgeräte und Fehlmeldungen Beck Blutalkohol 2013, 153 (156)). Wesentlich sind iÜ gerade auch in diesem Bereich die Angebote von Freien Trägern der Jugendhilfe, Vereinen und sonstigen Institutionen, die auch eine psychosoziale Unterstützung hinsichtlich jener Schwierigkeiten einschließen, die iVm missbräuchlichem Konsum stehen.

52   b) **Insbesondere zur BtM-Problematik. aa)** Prinzipiell **können** spezielle Behandlungsprogramme (Überblick über die Varianten bei Täschner/Blochinger/Bühringer/Wiesbeck, Therapie der Drogenabhängigkeit, 2. Aufl. 2010, 266 f.) bei drogenabhängigen Personen sowohl bzgl. Deliktsrückfälligkeit wie auch bzgl. Substanzmissbrauch **positive Effekte** bewirken (vgl. bspw. die Übersicht und Meta-Analyse zu zahlreichen verschiedenen Programmen bei Koehler/Humphreys/Akoensi Psychology, Crime & Law

20 (2014), 584). Das gilt durchaus auch für die Substitutionstherapie opioidabhängiger Personen, also für die ärztlich überwachte Vergabe von Medikamenten, die (ohne Rauschwirkung zu haben) den Suchtdruck stillen und Entzugssymptome unterbinden (s. auch 21. Aufl. Rn. 64 ff.; zur Substitution mit synthetischem Heroin s. Eisenberg/Kölbel Kriminologie § 42 Rn. 74). Langfristig soll hierüber teilw. auf Abstinenz hingewirkt werden (va durch sozialarbeiterische und psychoedukative Begleitung), doch das Primärziel besteht in der gesundheitlichen und sozialen Stabilisierung und der Vermeidung von individueller Beschaffungskriminalität. Die dahingehenden (internationalen) Ergebnisberichte sind insg. recht unterschiedlich, zumal die Methoden und Rahmenbedingungen variieren. Es ist aber davon auszugehen, dass die Adressaten von den Substitutionsprogrammen häufig gesundheitlich profitieren (vgl. etwa Lang/Zenker SUCHT 1994, 235), letztlich aber individuell (auch bzgl. des Bei-/Mischkonsums anderer Drogen) stark differierende Entwicklungen durchlaufen (dazu etwa die Langzeitstudie von Wittchen/Bühringer/Rehm, Effekte der langfristigen Substitution Opioidabhängiger, 2011, 53 ff.). Hinsichtlich der deliktischen Auffälligkeit zeigt sich zumindest bei jenen Personen, die nicht aus den Programmen aussteigen, eine deutliche Reduzierung (vgl. Legge/Bathsteen, Einfluss des Methadonprogramms auf die Delinquenzentwicklung polizeibekannter Drogenkonsument/-innen, 2000, 66 ff.; König, Der Beitrag der Methadonsubstitution zur kommunalen Kriminalprävention, 2002, 125 ff.; s. auch Köllisch/Löbmann MschrKrim 91 (2008), 49; international und sekundäranalytisch Egli/Pina/Skovbo Christensen ua Campbell Systematic Reviews 2009:3 (https://doi.org/10.4073/csr.2009.3); Holloway/Bennett in Weisburd/Farrington/Gill (Hrsg.), What Works in Crime Prevention, 2016, 222 ff.).

Allerdings sind gerade Substitutionsprogramme bei Jugendlichen und He- **53** ranwachsenden nur selten indiziert, da die Konsumverläufe junger Beschuldigter altersbedingt oft erst relativ kurz und häufig noch nicht in eine schwere, verfestigte Abhängigkeit mit desintegrativen Nebeneffekten eingemündet sind (ganz gegen eine Einordnung der Substitutionsbehandlung als Entziehungskur Maier in Weber BtMG Vor §§ 29 ff. Rn. 1667). IdR müssen hier also andere Behandlungsformen gewählt werden. Allerdings bedarf es bei der Anweisung einer solchen Entziehungskur generell einer sorgfältigen Feststellung der **individuellen** Problemsituation. Die in der Justizpraxis nicht selten betonte Unterscheidung von „harten" und „weichen" Drogen (→ § 17 Rn. 28, → § 18 Rn. 28) hat dabei nur eine begrenzte Bedeutung, weil (abgesehen von der Tendenz zur Polytoxikomanie) die individuellen Therapiebedürfnisse, sozialisatorischen Beeinträchtigungen usw jedenfalls bei missbräuchlichem Konsum hiervon vielfach unabhängig sind. Stets zu berücksichtigen ist ferner, dass sich die (Qualität der) Therapiemotivation in der therapeutischen Auseinandersetzung oftmals in alle Richtungen ändert und sich das Durchhaltevermögen kaum verlässlich vorhersagen lässt. Insofern sind überhöhte Erwartungen an den Jugendlichen oder Heranwachsenden, durch die ein erneuter „Rückfall" gewissermaßen vorprogrammiert werden kann, ebenso untunlich wie negative Prognosen, die die Entwicklung des Jugendlichen oder Heranwachsenden zusätzlich zu beeinträchtigen vermögen.

bb) Stationäre Therapie **ohne geschlossene** Unterbringung und auf **54** freiwilliger, therapiemotivierter Grundlage als eine Form von „therapeutischer Gemeinschaft" wird in Einrichtungen verschiedener (teils privater)

Träger (einschließlich Selbsthilfe-Wohngemeinschaften) durchgeführt. Dabei findet in der ersten Phase der körperliche Entzug (Entgiftung) teilw. nicht in diesen Einrichtungen selbst, sondern in Kliniken statt. Bei der Bewertung der oft vielmonatigen Behandlung und der damit verbundenen Anforderungen sind die hierin integrierten erheblichen Einschränkungen zu berücksichtigen (fest geregelter Tagesablauf, Einschränkungen der Außenkontakte, gruppeninterne Kontrolle). Umgekehrt darf ein Proband nach stationär vorgenommener Entgiftung und Entwöhnung idR aber auch nicht ohne nachsorgende Betreuung entlassen werden.

55   **Ambulante** therapeutische Angebote kommen hauptsächlich für suchtgefährdete Jugendliche und Heranwachsende in Betracht, wobei deren Passförmigkeit nicht nur von Art, Umfang und Verlauf des Drogengebrauchs, sondern auch von Motivation und Persönlichkeit des Verurteilten, dem konkreten Hilfebedarf und den Gegebenheiten des sozialen Umfelds abhängig ist (vgl. Bühringer in Kreuzer (Hrsg.), Handbuch des Betäubungsmittelstrafrechts, 1998, 369, 388, 421; Maier in Weber BtMG Vor §§ 29 ff. Rn. 1666). Ungeachtet der Schwierigkeiten, die mit der hier erforderlichen Einschätzung verbunden sind, ist eine außerstationäre Therapie junger Konsumenten grds. in vielen Fällen sinnvoll (zumal sich etwaige Ausbildungs- und Arbeitsverhältnisse teilw. aufrechterhalten lassen). Dies gilt auch deshalb, weil eine (prognostisch kaum greifbare) Teilgruppe der Betroffenen aus dem Drogenkonsum, aber mitunter auch dem Drogenmissbrauch gleichsam „von selbst herausreift" (zum „maturing out" bereits Lange MschrKrim 69 (1986), 105 (108 f.); Bohnert/Groenemeyer/Raschke/Schliehe, Lebenspraxis und Unterstützungsnetze von Drogenkonsumenten, 1988, 85 ff.; Weber/Schneider Wiener Zeitschrift für Suchtforschung 1993, 37 ff.; aus der neueren Lit. etwa Jochman/Fromme in Scheier (Hrsg.), Handbook of drug use etiology, 2010, 565; White/Beardslee/Pardini Addictive Behaviors 65 (2017), 56). Bei einer entspr. Weisung muss das Gericht **konkrete Vorgaben** machen und den Kontakt zur fraglichen Einrichtung näher bestimmen (LG Bielefeld StV 2001, 175 = LSK 2001, 210529; OLG Hamm BeckRS 2021, 316).

56   **cc)** Die Erwartung, in regelmäßigen Abständen eine **Urinprobe** abzugeben und untersuchen zu lassen, kann (zum Nachweis von Drogenfreiheit) ein Bestandteil des jeweiligen Therapiekonzeptes sein – wobei die weitere Programmteilnahme davon vielfach abhängen und insofern eine faktische Verbindlichkeit bestehen wird. Unabhängig davon kann das Gericht aber auch eine entspr. sonstige Weisung (→ Rn. 36) anordnen und die Entziehungskur (oder eine Abstinenzweisung) so mit einer rechtlichen Verpflichtung unterstützen (Maier in Weber BtMG Vor §§ 29 ff. Rn. 1668; vgl. auch LG Detmold StV 1999, 663 = LSK 2000, 090685; LG Cottbus BeckRS 2009, 8006 (mit zutr. Differenzierung zur Blutprobe) sowie zum allg. StR BVerfG NJW 1993, 3315; OLG Zweibrücken NStZ 1989, 578; OLG Stuttgart Die Justiz 1987, 234 = BeckRS 2011, 8167; LG Berlin StV 1997, 642 = LSK 1998, 080288). Darin liegt weder ein verbotener Selbstbezichtigungszwang noch eine Umgehung des BtMG durch etwaige Sanktionierung gem. § 11 Abs. 3 (abw. Ostendorf in NK-JGG Rn. 5; Hoferer NStZ 1997, 172 (173 f.)). Erzieherisch geeignet ist die Weisung aber nur, wenn sie als zusätzliche Motivation zur erwarteten Abstinenz dienen soll (zu Hinweisen auf eine entspr. Funktionalität s. Leber/Weigend Bewährungshilfe 1993, 186). Rechnet das Gericht mit Verstößen oder neuerlichem Konsum, würde es den Jugendlichen mit der Anordnung in die erneute Strafverfolgung oder den JA treiben, was spezialpräventiv schwerlich als funktional gelten kann (hier für Unzumutbarkeit OLG Karlsruhe BeckRS 2017, 100744; ähnlich Faller Bewährungshilfe 1993, 358; allg. zur notwendig zurückhaltenden Handhabung n. auch Nehring in BeckOK JGG Rn. 19.1; zu erg. zulässigen Weisung, schriftliche Berichte über die ambulante Nachsorge durch die Suchtberatung zu erstatten, s. LG Cottbus BeckRS 2009, 8006 sowie Rn. 40). Bei entspr. Zulässigkeit der Urintests sind deren methodische Standards zu wahren (zu diesen n. Musshoff/Sachs ZJJ 2016, 345). Die Kosten werden aus Gründen der Zumutbarkeit idR nicht durch den Verurteilten getragen (OLG Stuttgart NStZ 2013, 346 zum allg. StR: durch die Staatskasse; zum allg. Problem → Rn. 10, → Rn. 64 ff.).

Die Bereitschaft der Eltern oder von (anderen) Bezugspersonen zu aktiver **57** Mitarbeit in den Gruppen der Drogenberatungsstellen ist bei ambulanter Therapie jedenfalls dann unerlässlich, wenn die betr. Jugendlichen bei den Eltern oder (anderen) Bezugspersonen wohnen. Aber auch sonst (wie iÜ auch bei Unterbringung in therapeutischen Einrichtungen bzw. Wohngemeinschaften) ist eine solche familiäre Unterstützung wünschenswert. Auf jeden Fall ist einer etwaigen Entfremdung entgegenzuwirken. Ungeachtet dessen bedarf die Anweisung einer Entziehungskur oft einer gerichtlich gesetzten Ergänzung. Im Hinblick auf das besondere Verständnis, das Drogengefährdete und -abhängige von ihrer Situation haben, ist auch sozialpsychologisch eine vertiefte Hilfe und Kontrolle geboten, sodass etwa eine Verbindung mit einer **Betreuungsweisung** (→ Rn. 19 ff.) oft zielführend sein wird (etwa auch zur Bewältigung der Kostenfrage).

V. Verfahrens- und Umsetzungsfragen

1. Art der Entscheidung

Prinzipiell dürfen Weisungen nur aufgrund einer HV oder im vereinfach- **58** ten JVerfahren (§§ 76 ff.) aufgrund einer mündlichen Verhandlung durch **Urteil** erteilt werden. Dies gilt nicht für Weisungen bei Einstellung des Verfahrens gem. §§ 45, 47, bei der Anordnung durch das FamG nach Überlassung gem. § 53, in Fällen nachträglicher Änderung durch Beschluss gem. §§ 11, 65 sowie bei Erteilung iRd BewAufsicht durch Beschluss (§ 58 Abs. 1). In der **Urteilsformel** ist die Weisung präzise zu formulieren, sowohl ihr Inhalt (auch → Rn. 7, → § 54 Rn. 9) als auch ihre Laufzeit (§ 11 Abs. 1).

Ob eine erteilte Weisung unter den Umständen des konkreten Falles dazu **59** bestimmt und geeignet ist, die Lebensführung des Jugendlichen zu regeln und dadurch seine Erziehung zu fördern, unterliegt tatrichterlicher Würdigung. In den **Urteilsgründen** muss sich der JRichter damit auseinandersetzen und die erzieherische Funktionalität begründen. In Fällen des Abs. 2 ist ferner das Vorliegen der Zustimmungs- bzw. Einverständniserklärung mitzuteilen (BGH BeckRS 2000, 30125932).

Über die Bedeutung der Weisungen und die Folgen schuldhafter Nicht- **60** einhaltung (§ 11 Abs. 3 S. 1) soll der Richter den Verurteilten **belehren** (zur Art der Belehrung s. § 70b Abs. 1). Es kann sich empfehlen, dem Verurteilten die Weisungs- und Belehrungsinhalte in Form einer schriftlichen Mitteilung mitzugeben und so das Verständnis sicherzustellen (Osten-

dorf in NK-JGG Rn. 2). Nach RL 8 wird die Belehrung „in der Niederschrift über die HV vermerkt oder sonst aktenkundig gemacht".

2. Überwachung

61   Der **JRichter** kann die Einhaltung der Weisungen selbst überprüfen (was
wegen der Unmittelbarkeit der Tatsachenerfassung sogar empfehlenswert
ist). Ansonsten überträgt § 38 Abs. 5 S. 1 der **JGH** (ebenso wie bspw. bei
Bewährungsentscheidungen) die Kontrolle der Weisungserfüllung (vgl. auch
OLG Karlsruhe NStZ-RR 2001, 112 (114) zur Frage einer damit etwa
einhergehenden Garantenpflicht, Delikte des Verurteilten zu verhindern).
Dass die JGH vor der Anordnung gehört werden muss (→ Rn. 10), erklärt
sich auch mit dieser Aufgabe (teilw. anders Schmid-Obkirchner in Wiesner
SGB VIII § 29 Rn. 13). Denn bei der Anhörung ist ua zu erörtern, ob eine
Überwachung bei der vorgesehenen Weisung durchführbar erscheint.

62   Strittig ist, ob Teilaufgaben der gesetzlichen Überwachungspflicht auf eine
bestimmte andere Person **übertragen** werden dürfen (bejahend Brunner/
Dölling Rn. 45). Die Zulässigkeit einer solchen Delegation ist zw. (abl. auch
Ostendorf in NK-JGG Rn. 29; Diemer in Diemer/Schatz/Sonnen 63; Buhr
in HK-JGG Rn. 65), zumal auch datenschutzrechtliche Gründe dem entgegenstehen können. Dritte sind jedenfalls nicht gesetzlich zur Kontrolle
verpflichtet (für den Leiter einer Einrichtung, in der eine Arbeitsweisung
absolviert wird, ebenso OLG Karlsruhe NStZ-RR 2001, 112 (114)). Denkbar ist zwar, dass sie als Helfer der JGH fungieren, doch besteht eine Rechts-
pflicht dann nur in diesem Innenverhältnis. Nach außen, dh gegenüber dem
Gericht, existiert eine Überwachungspflicht allein für die JGH (krit. zur
verfahrenspraktischen Umsetzung Frehsee in DVJJ 1990, 326.

63   Die **Befolgung** der Weisungen kann durch das JGericht **nicht erzwungen** werden. Jedoch ist es bei Nichtumsetzung ggf. möglich, darauf mit JA
zu reagieren (§ 11 Abs. 3; n. → § 11 Rn. 9 ff.). **Verbieten** die Erziehungsberechtigten dem Jugendlichen die Befolgung der Weisung, wird diese unzulässig (→ Rn. 9). Hierauf kann nur durch Änderung der Weisung bzw.
durch Befreiung reagiert werden (→ § 11 Rn. 5 ff.).

3. Kosten

64   **a) Grundsatz.** Bei der Durchführung der Weisungen fallen für den Verurteilten vielfach Aufwendungen an (Fahrtkosten usw; empirische Daten
dazu bei Neßeler ZJJ 2019, 359). Diese sind nach hM **nicht** Bestandteil der
Kosten und Auslagen iSv **§ 74,** weil die Weisung nicht erzwingbar ist und es
sich deswegen nicht um Kosten der Vollstr handelt (OLG Frankfurt a. M.
NStZ-RR 1996, 183 (184); → § 74 Rn. 11; aA Ostendorf in NK-JGG
Rn. 30: Ausgaben des Jugendlichen aufgrund seiner Verurteilung seien
notwendige Auslagen iSv § 464a Abs. 2 StPO). Das gilt gleichermaßen für
die Kosten, die bei vielen Weisungsvarianten für die durchführende Institution (meist die JHilfe) entstehen (LG Tübingen BeckRS 2018, 13742; Brun-
ner/Dölling Rn. 47; vgl. auch OLG Jena NStZ-RR 1997, 320; OLG
Koblenz NStZ-RR 2009, 160; LSG Nds. BeckRS 2010, 65825). Sollen
diese Kosten nicht dem Verurteilten oder den Unterhaltpflichtigen zufallen,
müssen sie in der Konsequenz durch die jeweilige Behörde oder Institution
getragen werden. Dafür ist aber wiederum ein entspr. sozialrechtlicher

Rechtsgrund erforderlich. Die Festlegung der Weisung begründet eine solche Einstandspflicht jedenfalls nicht, da sich ihre Wirkung allein auf den jeweiligen Verurteilten erstreckt (→ Rn. 10).

b) Beispiele der Kostenübernahme. Bei der heilerzieherischen Be- **65** handlung und der Entziehungskur kann sich eine Verpflichtung zur Kostenübernahme aus dem Recht der gesetzlichen Krankenversicherung, dem Sozialhilferecht und dem SGB VIII ergeben (s. dazu und zur Notwendigkeit von Vereinbarungen bei Zuständigkeitsüberschneidungen verschiedener Kostenträger n. RL 6 S. 3 und 4). In der Praxis wird diese Frage vielfach (ohne Zutun des Gerichts) durch die Institutionen gelöst, die außerhalb des Strafverfahrens mit dem betr. Jugendlichen befasst sind. Als vorzugswürdig muss eine Finanzierung durch die **Krankenversicherung** gelten, da diese stigmatisierungsfrei und wohl auch umfassender als die Alternativen ist. Dies setzt die Anerkennung gesundheitlicher Maßnahmegründe voraus.

Bei vielen Weisungen besteht eine inhaltliche Deckung mit Hilfen zur **66** Erziehung iSv §§ 27 ff. SGB VIII. Die Maßnahmen stellen jugendhilferechtliche Interventionen dar, wobei sie aber (anders als bei Initiierung nur durch die JHilfe) für den Jugendlichen keine (antragsabhängigen) Leistungsangebote, sondern durch die jugendrichterliche (antragsersetzende) Anordnung verpflichtend sind. Dies betrifft va die Weisungsformen nach Abs. 1 S. 3 Nr. 2, 5, 6 (Schmid-Oberkirchner in Wiesner SGB VIII § 36a Rn. 29). Bei der Weisung nach Abs. 1 S. 3 Nr. 4 wird diskutiert, ob sie als Ausbildungs- und Beschäftigungsmaßnahme gem. §§ 27 Abs. 3 S. 2, § 13 Abs. 2 SGB VIII gelten kann (eher zw.). Für Abs. 1 S. 3 Nr. 7 und Nr. 9 befürwortet die Praxis verschiedentlich eine Einordnung als unbenannte Hilfe zur Erziehung iSv § 27 Abs. 2 SGB VIII (n. zum Ganzen Königschulte Kompetenz 117 ff.; vgl. auch Beulke FS Kreuzer, 2008, 75; sehr weitgehend Strafrechtsausschuss der Justizministerkonferenz ZJJ 2007, 439 (445 ff.)). Soweit eine Weisung sachlich als Hilfe zur Erziehung eingestuft werden kann, liegt – bei Vornahme durch das JAmt ebenso wie durch einen Freien Träger – die **jugendhilferechtliche Kostenpflichtigkeit** des zuständigen Leistungsträgers vor (wobei dieser in der Variante von Abs. 1 S. 3 Nr. 3 allerdings die Jugendlichen und Erziehungsberechtigten nach §§ 36a Abs. 1 S. 2, 91, 92 SGB VIII ggf. zu Kostenbeiträgen heranziehen kann – dazu etwa auch Ostendorf in NK-JGG Rn. 30).

Diese prinzipielle Kostentragung der JHilfe steht jedoch unter den Bedin- **67** gungen von **§ 36a Abs. 1 SGB VIII** (s. bspw. auch LG Tübingen BeckRS 2018, 13742; DIJuF ZJJ 2007, 323 (324 f.); Trenczek ZKJ 2010, 142 (144); Wiesner FS Heinz, 2012, 540 f.). Das gilt ungeachtet des diesbzgl. ausnahmsweise bestehenden Anordnungsrechts (→ Rn. 10) nach wohl hM auch für Nr. 5 (Königschulte Kompetenz 88; abw. DIJuF JAmt 2010, 546 (546 f.)). Danach bedarf es neben den allg. Leistungsvoraussetzungen – dh dem Hilfebedarf iSv § 27 SGB VIII und der elterlichen Einwilligung (Schmid-Oberkirchner in Wiesner SGB VIII § 27 Rn. 3, 26; Jung-Pätzold ZJJ 2009, 238 (241); Trenczek/Stöss ZJJ 2014, 323 (325) (str.)) – stets einer vorherigen Entscheidung des Trägers und eines Hilfeplans (zu den Besonderheiten, die hier gem. § 41 SGB VIII bei Heranwachsenden zu berücksichtigen sind, vgl. Riekenbrauk ZJJ 2007, 159 (162 ff.)). Lediglich bei den kurzzeitigen und niedrigschwelligen ambulanten Hilfe iSv § 36a Abs. 2 SGB VIII, die man bisweilen bei Nr. 7 als gegeben ansieht (Meier ZJJ 2006, 261 (265 f.)), ist eine unmittelbare Inanspruchnahme ohne vorherige Entscheidung der JHilfe möglich (DIJuF ZJJ 2007, 323 (325). Da davon abgesehen die JHilfe die Kosten ohne die genannten Voraussetzungen nicht übernehmen kann, wird sie deshalb auch eine etwaige Weisung nicht durchführen. Somit ist das JGericht hier bei Weisungserlass auf deren Einvernehmen **de facto ange-wiesen** (dazu → Rn. 10). Die JHilfe darf bei Vorliegen der materiellen jugendhilferechtlichen Voraussetzungen die (Zustimmung zur) Durchfüh-rung der richterlich gewählten Weisung allerdings nicht verweigern (AG Rudolstadt NStZ-RR 2016, 229) und dann auch nicht auf einer alternativen Intervention beharren. Außerdem ist sie an eine befürwortende Stellung-nahme des angehörten Vertreters der JGH in der HV gebunden (LG Tübin-gen BeckRS 2018, 13742; Brandt NStZ 2007, 190 (192); Trenczek ZKJ 2010, 142 (144); abw. Möller/Schütz ZKJ 2007, 282; zur Situation im Ermittlungsverfahren → § 38 Rn. 24).

68   **c) Offene Probleme.** Jugendgerichtlich erteilte Weisungen können Leis-tungen der JHilfe erforderlich machen, die einen außerordentlichen Cha-rakter haben und sich nicht auf Erziehungshilfen iSv §§ 27 ff. SGB VIII beziehen. Ob die JHilfe in solchen Fällen verpflichtet ist, die (Umsetzung zu ermöglichen und va die) Kosten zu tragen, ist ungeklärt. Das gilt auch für die Frage, ob bei Maßnahmen aus dem Leistungskatalog ggf. auch **unabhängig von einer ausdrücklichen Zustimmung** eine entspr. Pflicht entstehen kann (bejahend Sommerfeld in NK-JGG § 38 Rn. 21 f.; abl. zB Trenczek ZKJ 2010, 142 (145); n. zur Diskussion Königschulte Kompetenz 86 ff., 122 ff. sowie → Rn. 10). Die Existenz und der Inhalt des am 1.10.2005 in Kraft getretenen § 36a SGB VIII sprechen jeweils **dagegen.** Der Umstand, dass der JHilfe anderenfalls – ohne eine entspr. Grundlage im JGG und ungeachtet der dort vorgesehenen richterlichen Alleinkompetenz – eine faktische Vetomacht gegenüber vielen Weisungsformen zuwüchse, spricht allerdings dafür (dazu, dass § 36a SGB VIII mindestens in einem ausgepräg-ten Spannungsverhältnis zur einfach- und verfassungsrechtlich vorgesehenen Kompetenzordnung steht, vgl. AG Eilenburg ZJJ 2006, 85; Bareis ZJJ 2006, 11; Ostendorf ZJJ 2006, 155 (160 f.)). Der Einwand, dass die Justiz durchaus eigene Mittel zur Umsetzung von Rechtsfolgen, die mit der JGH nicht abgestimmt sind, einsetzen kann, stellt eine ausgesprochen dürftige (weil nur-theoretische) Notsicherung für die **richterliche Unabhängigkeit** dar (abw. offenbar Meysen in Münder/Meysen/Trenczek SGB VIII, § 36a Rn. 23). Das BVerfG hat diese Problematik indes in der Schwebe gelassen (BVerfGK 10, 171 = BeckRS 2007, 23974 mAnm Möller/Schütz ZKJ 2007, 282). Das hat zur (misslichen) Konsequenz, dass die jugendrichterliche Unabhängigkeit nicht nur dort eingeschränkt wird, wo eine fachlich begrün-dete Ablehnung der JHilfe vorliegt, sondern dem ressourcen-motivierte Rückzugs- und Leistungsverweigerungstendenzen (dazu etwa AG Rudol-stadt NStZ-RR 2016, 229; Trenczek ZJJ 2007, 31 (38 f.)) zugrunde liegen (s. aber → Rn. 67 aE).

69   Soweit die Weisung nicht („kostenfrei") durch Strukturen durchgeführt wird, deren Finanzierung sichergestellt und deren unmittelbare Inanspruch-nahme möglich ist (wie bei niedrigschwelligen ambulanten Hilfen iSv § 36a Abs. 2 SGB VIII), muss daher in fallkonkreten und/oder fallübergreifenden regionalen **Absprachen** über die Kosten entschieden werden (zur Pflicht auch der JStA, darauf hinzuwirken, s. RL 6 S. 1 sowie Sommerfeld in Anders/

Graalmann-Scherer/Schady (Hrsg.), Innovative Entwicklungen in den deutschen Staatsanwaltschaften, 2021, 55 f.). Auch wenn in der Praxis offenbar meist pragmatische, aber auch ganz unterschiedliche Lösungen gefunden werden (Anhaltspunkte dafür in der Befragung von Königschulte Kompetenz 150 ff.; Winkelmann, Neue ambulante Maßnahmen ..., 2021, 142 ff.), ist die Situation geeignet, die gerichtliche Rechtsfolgenentscheidung aus dem Bereich der Weisungen heraus zu drängen (ebenso Streng JugendStrafR Rn. 350). Angesichts dessen muss es als ein **legislatorisches Versagen** gelten, dass eine gesetzgeberische Lösung der Problematik (dazu zB Jung-Pätzold ZJJ 2009, 238 (243 f.); Wiesner BMJ 2009, 330; Königschulte Kompetenz 122 ff., 221 ff.) bis heute auf sich warten lässt (zu den hintergründigen Kostentragungskonflikten im föderalen System etwa Kolberg ZKJ 2012, 176).

Laufzeit und nachträgliche Änderung von Weisungen; Folgen der Zuwiderhandlung

11 (1) [1]**Der Richter bestimmt die Laufzeit der Weisungen.** [2]**Die Laufzeit darf zwei Jahre nicht überschreiten; sie soll bei einer Weisung nach § 10 Abs. 1 Satz 3 Nr. 5 nicht mehr als ein Jahr, bei einer Weisung nach § 10 Abs. 1 Satz 3 Nr. 6 nicht mehr als sechs Monate betragen.**

(2) **Der Richter kann Weisungen ändern, von ihnen befreien oder ihre Laufzeit vor Ablauf bis auf drei Jahre verlängern, wenn dies aus Gründen der Erziehung geboten ist.**

(3) [1]**Kommt der Jugendliche Weisungen schuldhaft nicht nach, so kann Jugendarrest verhängt werden, wenn eine Belehrung über die Folgen schuldhafter Zuwiderhandlung erfolgt war.** [2]**Hiernach verhängter Jugendarrest darf bei einer Verurteilung insgesamt die Dauer von vier Wochen nicht überschreiten.** [3]**Der Richter sieht von der Vollstreckung des Jugendarrestes ab, wenn der Jugendliche nach Verhängung des Arrestes der Weisung nachkommt.**

Schrifttum: Ernst, Der Jugendarrest, 2020; Kratochvil-Hörr, Der Beschlussarrest, 2016; Schreiber-Kittl/Schröpfer, Abgeschrieben? Ergebnisse einer empirischen Untersuchung über Schulverweigerer, 2002; Schumann (Hrsg.), Jugendarrest und/oder Betreuungsweisung, 1985.

Übersicht

I. Anwendungsbereich

1   Es gelten die Erl. → § 9 Rn. 1 ff. entsprechend.

II. Dauer, Änderung und Aufhebung von Weisungen

1. Anfängliche Bestimmung der Laufzeit

2   Weisungen müssen vom JGericht nicht nur bzgl. ihrer Art und Ausgestaltung, sondern (gem. **Abs. 1 S. 1**) auch hinsichtlich ihrer Laufzeit präzise
festgelegt werden (→ § 10 Rn. 58). Angesichts der daher **zwingend** vorzunehmenden **Befristung** (vgl. auch OLG Braunschweig NStZ 2012, 575
(576)) sind Weisungen von unbestimmter Dauer unzulässig und daher unwirksam (abw. Gertler in BeckOK JGG Rn. 8; Buhr in HK-JGG Rn. 4:
werde Laufzeitbestimmung nicht nachgeholt, gelte eine zweijährige Laufzeit).

3   Die Konkretisierung der Weisungsdauer wird durch **Abs. 1 S. 2** begrenzt.
So darf die **Höchstdauer** von zwei Jahren nicht überschritten werden. Fallkonkret kann die Belastungsgrenze unter Verhältnismäßigkeits- und Zumut-
barkeitsgesichtspunkten allerdings bei einer kürzeren Laufzeit liegen. Dass
Betreuungsweisungen nicht länger als ein Jahr (s. auch → § 10 Rn. 20) und
soziale Trainingskurse nicht länger als sechs Monate (s. auch → § 10 Rn. 27)
währen sollen, hat dagegen eher funktionale Gründe. Eine längere Dauer
könnte bei den beiden genannten Weisungen pädagogisch kaum förderlich
sein und sich vielmehr eher negativ auf das Verhalten des Jugendlichen
auswirken (s. auch BT-Drs. 11/5829, 40). Dieser Gesichtspunkt ist indes
generell zu berücksichtigen. So wächst mit der Weisungsdauer auch die
zeitliche und inhaltliche Distanz zu den Gegebenheiten, die im Zeitpunkt
der Anordnung bestanden. Gerade durch die fortlaufende individuelle Entwicklung fällt die spezialpräventive Eignung der Anordnung dabei nicht
selten weg (n. dazu auch → § 4 Rn. 8 f.). Möglich sind ferner Gewöhnungseffekte oder auch eine gewisse Abstumpfung (va wenn die Weisung als
negative Sanktionierung empfunden wird). Mit Blick auf § 2 Abs. 1 ist eine
Ausschöpfung der gesetzlichen Grenzen daher nur **selten** angezeigt.

2. Nachträgliche Änderung der Laufzeit

4   Aus der Änderungsbefugnis des JRichters (→ Rn. 5 ff.) ergibt sich auch
die Möglichkeit, eine festgelegte Laufzeit nachträglich zu **verkürzen.** Die
sofortige Beendigung bzw. **Aufhebung** der Weisung ist in Abs. 2 sogar

ausdrücklich erwähnt. Ferner sieht Abs. 2 S. 1 2. HS die Option einer Laufzeit**verlängerung** vor. Allerdings darf diese nur bis Ablauf des ursprünglich bestimmten Zeitraums erfolgen und nicht zu einer Überschreitung einer dreijährigen Gesamtdauer führen. Für jede Verkürzung und Verlängerung müssen außerdem (wie bei allen Weisungsänderungen) erzieherische Gründe vorliegen, die die Neubestimmung der Laufzeit erforderlich machen und an denen diese auszurichten ist. So bietet sich bspw. eine Verkürzung oder Aufhebung an, wenn der Erfolg unerwartet früh eingetreten ist oder wenn er mit Weisungen nicht mehr erreichbar zu sein scheint (wobei dann ggf. beim FamG die Anordnung anderer Maßnahmen angeregt werden kann). Insgesamt weist die Regelungsstruktur dabei klar darauf hin, dass das Gesetz die Laufzeitänderung als eine Ausnahmeoption konzipiert (s. auch zu Bedenken → Rn. 7).

3. Nachträgliche Änderung des Inhalts

Gem. Abs. 2 1. HS kann der JRichter eine angeordnete Weisung, solange 5 diese nicht (durch Erfüllung oder Laufzeitende) erledigt ist, inhaltlich abändern. Die ursprüngliche Verpflichtung darf nach hM allerdings nur durch eine **Modifizierung** (bspw. einen anderen Trainingskurs als den zunächst vorgesehenen) oder durch eine andere **Weisungsart** ersetzt werden, nicht also durch eine ganz andere jugendstrafrechtliche Reaktionsform (nachdrücklich etwa Feuerhelm Gemeinnützige Arbeit 243 f.; aA ehemals Potrykus Anm. 1 hinsichtlich Geldauflage). Bei Auswahl und Festlegung dieser neuen Intervention sind die Voraussetzungen und Grenzen zu beachten, die für Weisungen allg. bestehen (n. → § 10 Rn. 2 ff.). Das betrifft nicht zuletzt auch den Verhältnismäßigkeitsgrundsatz.

Die für eine Neubestimmung vorausgesetzten **erzieherischen Gründe** 6 liegen insbes. vor, wenn sich rechtsfolgenrelevante Tatsachen geändert haben (zB persönliche Entwicklungen; Veränderungen in den sozialen Verhältnissen; Eintritt erzieherischer Teilerfolge; Aufnahme des Wehrdienstes (speziell dazu § 112a Nr. 3 S. 2)). In Einzelfällen kann eine Änderung dann auch **erzieherisch notwendig** und daher geboten sein. Gerade bei Weisungen, für die **ursprünglich eine längere Dauer** angeordnet worden war, muss daher in angemessenen zeitlichen Abständen überprüft werden, ob sie aufgehoben (oder geändert) werden sollten bzw. müssen. Grds. reicht es nach Abs. 2 aber aus, dass sich die **Unzweckmäßigkeit** der ursprünglichen Weisung herausstellt. Dies ist zB gegeben, wenn sich der Verurteilte im Vergleich zur bisherigen Annahme des Gerichts schwerer oder leichter beeinflussen lässt oder wenn sich eine Aufsichtsperson als ungeeignet erweist oder wenn die bisherige Weisung nicht kontrolliert werden konnte. Dagegen ist ohne neue oder neu bekanntgewordene Umstände von erzieherischer Relevanz (also in Fällen bloßer Neubewertung) keine Weisungsänderung zulässig. Zu berücksichtigen ist indes, dass solche Umstände auch in veränderten Rahmenbedingungen liegen können, etwa im Eintritt einer längerfristigen Undurchführbarkeit bestimmter angeordneter Weisungen (bspw. durch Wegfall durchführender Einrichtungen oder auch durch behördliche Auflagen wie während der SARS-CoV-2-Pandemie).

Die **Flexibilität,** die Abs. 2 dem JRichter verschafft, kommt erzieheri- 7 schen Belangen in den genannten Konstellationen entgegen. Im Übrigen geht man meist davon aus, dass solche Weisungsänderungen mit der Rechts-

kraft der Ausgangsentscheidung nicht konfligieren, weil jene sich allein auf
die Erteilung einer Weisung und nicht auch auf deren konkreten Inhalt
beziehe (so etwa Diemer in Diemer/Schatz/Sonnen Rn. 5 f.). Allerdings ist
selbst auf dieser Grundlage nicht zu bestreiten, dass jede Rechtsfolgenmodi-
fizierung in einem **Spannungsverhältnis** zur erzieherisch erforderlichen
Verlässlichkeit des jugendstrafrechtlichen Vorgehens steht. Dies gilt besonders, weil die geänderte Weisung nach zweifelhafter hM sogar eingriffsintensiver als die ursprüngliche Anordnung sein darf (vgl. etwa Brunner/Dölling
Rn. 4) und die Neubestimmung auch nicht durch ein vorwerfbares Verhalten des Verurteilten veranlasst worden sein muss. Vor diesem Hintergrund
ist die Abänderungsbefugnis mit Zurückhaltung wahrzunehmen.

4. Prozessuales

8   Zuständigkeit, Verfahren und Anfechtung bei **nachträglichen** Weisungs-
entscheidungen bestimmen sich nach **§ 65.** Vor dem Beschluss zur Laufzeit-
und zu anderen Weisungsänderungen sind hiernach die StA und der Jugendliche anzuhören. Eine Anhörung des Vertreters der JGH ist nicht zwingend
(→ § 65 Rn. 10d). Nach den Einbeziehungsgrundsätzen des § 38 Abs. 6
sollte sie jedoch idR erfolgen.

III. Ahndung schuldhafter Nichtbefolgung

1. Einordnung des Jugendarrests iSv Abs. 3

9   **a) Rechtsnatur.** Unter den Voraussetzungen von Abs. 3 kann der vorwerfbare Verstoß gegen eine Weisung mit JA geahndet werden. Diese
Möglichkeit wurde erstmals durch § 19 RJGG 1943 **eingeführt,** im JGG
1953 unter geringfügigen Änderungen übernommen und durch EGStGB v.
2.3.1974 (Art. 26 Nr. 14b, BGBl. I 527) auf die Nichtbefolgung von Bewährungsweisungen bzw. -auflagen ausgedehnt (n. Eisenberg Zbl 1989, 16
(16 f.), dort auch zur Handhabung vor der NS-Zeit). Diese „spezifisch
deutsche Erfindung" (Dünkel DVJJ-J 1991, 23 (29)) hat in anderen Rechtsordnungen praktisch keine Entsprechung (rechtsvergleichend s. Dünkel Zbl
1990, 425 (433 f.)). Kriminalpolitisch ist dieser JA bis heute umstr. geblieben;
mehrfach wurde seine Abschaffung empfohlen (vgl. bereits Frehsee in DVJJ
1990, 326; betr. Aussetzung der Vollstr wie der Verhängung zBew Weber in
DVJJ 1990, 346; auch iÜ diff. Herrlinger DVJJ-J 1991, 156 (157)).

10   Der rechtliche Status des in Abs. 3 geregelten JA ist umstritten (was sich
iÜ auch in der uneinheitlichen Bezeichnung – namentlich als Nichtbefol-
gungs-, Beuge-, Ungehorsams- oder Beschlussarrest – widerspiegelt. Der
Einordnung als eine Ungehorsamssanktion (Brunner/Dölling Rn. 5) widerspricht es, dass es insofern an einem Rechtsgut fehlt und auch die prozeduralen Standards einer Sanktionsverhängung bei Abs. 3 nicht vorgesehen
sind (vgl. etwa Feltes NStZ 1993, 105 (110); s. auch Mitsch in KK-OWiG
OWiG § 98 Rn. 27). Die Auffassung, die in dem JA eine (die Rechtsfolgenentscheidung) korrigierende Ersatzmaßnahme sieht (Ostendorf Zbl 1983,
563 (576); Ostendorf in NK-JGG Rn. 11; Dünkel DVJJ-J 1991, 23 (29);
krit. Feltes NStZ 1993, 105 (111); Frehsee in DVJJ 1990, 315), würde nur
bei zwangsläufiger Erledigung der ursprünglichen Weisung überzeugen.

Schlüssiger ist es, den JA als Handhabe einzustufen, die (wie Abs. 3 S. 3 zeigt) auf die **Weisungsbefolgung hinwirken** soll (zust. Buhr in HK–JGG Rn. 19). Zu diesem Zweck sieht das Gesetz mit dem JA eine **eigene,** spezifisch jugendstrafrechtliche Reaktionsmöglichkeit vor (zust. LG Berlin BeckRS 2017, 133031). Mit Blick auf § 2 Abs. 1 ist es indes problematisch, wenn man hierüber hinausgeht und diese Option in einer (zwangs-)vollstreckungsrechtlichen Anleihe als „Beugemaßnahme" qualifiziert (so etwa LG Landau StV 2003, 461 = BeckRS 2002, 08555; Diemer in Diemer/Schatz/Sonnen Rn. 11; Ernst, Der Jugendarrest, 2020, 90 f.; Böttcher/Weber NStZ 1991, 7 (8); Wohlfahrt ZJJ 2012, 392 (395); vgl. auch AG Tiergarten BeckRS 2017, 144175: Parallelen zur Erzwingungshaft nach § 96 OWiG).

b) Kritik. Die Androhung des Nichtbefolgungsarrests mag mitunter ge- **11** eignet sein, die Adressaten an die Befolgung von Weisungen heranzuführen. Für eine solche Wirksamkeit liegen gewisse Hinweise vor. So weist die Differenz zwischen Arrestersuchen und -antritten darauf hin, dass zwischen Anordnung und Beginn des JA etliche Auflagen und Weisungen doch noch erfüllt werden (Seidl/Holthusen/Hoops ZJJ 2013, 292 (293)). Auch ist nicht ganz auszuschließen, dass ein gem. Abs. 3 verhängter JA in Fällen, in denen beim Jugendlichen (ggf. gerade durch die vorherige justizielle Intervention) eine negative Entwicklung eingetreten ist, bspw. eine erzieherisch als unerlässlich erscheinende Herauslösung aus dem sozialen Umfeld herbeiführen kann. Doch ungeachtet dieser und anderer singulärer Konstellationen, in denen ein positiver Effekt wenigstens vorstellbar ist, sind die Verhängung und Vollziehung des Nichtbefolgungs-JA erziehungspsychologischen Einwänden ausgesetzt (→ § 16 Rn. 14 ff.; krit. seitens der JStR-Praxis Hügel Bewährungshilfe 1987, 50 (52 f.)). IdR ist hiervon nämlich eine Gruppe betroffen, die sich sozial und sozialisatorisch in erheblichen Belastungslagen befindet (Kratochvil-Hörr Der Beschlussarrest, 2016, 70 ff.) und bei der der JA als eine **negative Verstärkung** der Nichtbefolgung wirken kann (zust. Laubenthal Jugendgerichtshilfe 168; s. erg. auch Werlich in Schumann (Hrsg.), Jugendarrest und/oder Betreuungsweisung, 1985, 168).

c) Rechtspraxis. Die Anwendungshäufigkeit des **Nichtbefolgungs-** **12** **arrestes** ist relativ hoch. Für den hierauf entfallenden Anteil innerhalb des JA-Vollzuges werden regional unterschiedliche, durchweg aber beträchtliche Zahlen genannt (speziell für Hmb. Schmidt FS 2011, 87 (90): ca. 60 % aller angeordneten und ca. 40 % aller vollstreckten JAe; vgl. ferner Thalmann FS 2011, 79 (82): „zwischen 40 % und 70 % aller zu vollstreckenden JAe"; s. auch Seidl/Holthusen/Hoops ZJJ 2013, 292 (293): bundesweit ca. 40 %; ähnlich für Bln. Kratochvil-Hörr, Der Beschlussarrest, 2016, 70; für Bay. Endres/Lauchs Bewährungshilfe 2018, 384 (390 f.) und für Hessen Ernst, Der Jugendarrest, 2020, 191 ff.). Die früher (1980–1983) für Brem. berichteten niedrigeren Werte (Werlich in Schumann (Hrsg.), Jugendarrest und/oder Betreuungsweisung, 1985, 168: zwischen 18,8 % und 33,5 %) werden heute offenbar meist überschritten (vgl. dazu und zu Hinweisen auf eine generelle Zunahme auch die Zusammenstellung weiterer Erhebungen bei Heinz Sekundäranalyse 1146 ff.).

2. Voraussetzungen

13 a) **Verstoß gegen eine Weisung.** Es muss eine Weisung verletzt werden, die **im Urteil oder** nach § 53 vom FamG (dazu → § 53 Rn. 6 ff.) erteilt worden ist (wobei in der Praxis offenbar die meisten Nichtbefolgungsarreste auf Verstößen gegen eine Arbeitsweisung beruhen – vgl. Heinz Sekundäranalyse 1147 mwN). Abs. 3 gilt nicht für Weisungen, die nach §§ 45, 47 (OLG Düsseldorf MDR 1994, 505 = LSK 1994, 280179) oder vom FamG in eigener Zuständigkeit ausgesprochen wurden (vgl. Abs. 3 S. 2: „Verurteilung"). Weisungen, die nicht auf dem JGG beruhen, können wegen ihrer Zugehörigkeit zu einem anderen Rechtsgebiet die Anwendbarkeit des Abs. 3 ohnehin nicht begründen. – Eine **entsprechende Anwendung von Abs. 3** sieht das Gesetz jedoch für den Verstoß gegen eine Auflage (§ 15 Abs. 3) sowie gegen eine Bewährungsweisung oder -auflage (§ 23 Abs. 1 S. 4) vor.

14 Der in → Rn. 9 erfolgten rechtsdogmatischen Einordnung und Zweckrichtung des JA iSv Abs. 3 entspricht das Erfordernis, dass die **Weisung** bei Anordnung des JA **noch Bestand** haben muss und befolgt werden kann (LG Landau StV 2003, 461 = BeckRS 2002, 08555; LG Kaiserslautern ZJJ 2010, 431; AG Tiergarten BeckRS 2017, 144175). Diese Notwendigkeit geht auch aus Abs. 3 S. 3 eindeutig hervor (abw. LG Berlin BeckRS 2017, 133031). Zu einem Zeitpunkt, zu dem die Weisung bereits abgelaufen ist, kommt eine Anordnung des Nichtbefolgungsarrests deshalb nicht mehr in Betracht. IdR wird der JRichter somit vor oder mit dem JA-Beschluss rechtzeitig noch eine Verlängerung nach Abs. 2 anordnen müssen. Ergeht (wie im Verfahren von LG Berlin BeckRS 2017, 133031) eine (wegen des Weisungsablaufs) gesetzwidrige Anordnung nach Abs. 3, kann dies (falls keine Gründe iSv § 87 Abs. 3 und 4 vorliegen) im Vollstreckungsverfahren nicht korrigiert werden (→ § 87 Rn. 6).

15 Bei Weisungen, die der Zustimmung des Jugendlichen bedürfen – also bei § 10 Abs. 2 (→ § 10 Rn. 41) und § 57 Abs. 3 S. 2 –, stellt die Nichtbefolgung eine **Rücknahme der Zustimmung** dar, womit die Rechtmäßigkeit der Weisung wegfällt. Mangels Fortbestands und fortgesetzter Befolgbarkeit scheidet eine Reaktion durch Nichtbefolgungsarrest hier deshalb aus (LG Marburg NStZ-RR 2006, 122, erg. unter zutr. Verneinung einer Analogie zu § 67g Abs. 3 StGB). Das gilt ebenfalls bei Weisungen, die wegen schwerer Mängel von vornherein rechtswidrig waren (etwa bei fehlender Laufzeitbestimmung oder sonst unzulänglicher Konkretisierung – vgl. LG Bielefeld StV 2001, 175; LG Kaiserslautern ZJJ 2010, 431).

16 b) **Vorwerfbarkeit und deren Bedingungen.** Der Weisungsverstoß muss gem. Abs. 3 S. 1 „schuldhaft" sein. Eine solche Vorwerfbarkeit setzt eine vorsätzliche oder fahrlässige Missachtung der gerichtlich auferlegten Verpflichtung sowie die **Verantwortlichkeit** des Jugendlichen iSv § 20 StGB und § 3 voraus. Außerdem muss der Jugendliche bei der Verurteilung oder nachträglich – stets aber mit ausreichendem Vorlauf – über die nach Abs. 3 drohende Reaktion in geeigneter Weise (§ 70b Abs. 1) informiert worden sein. Bzgl. dieses **Belehrungserfordernisses** ist das Protokoll maßgeblich (vgl. auch Gertler in BeckOK JGG Rn. 19; Schimmel in Kotz/Rahlf BtMStrafR Kap. 9 Rn. 53). **Nicht** erforderlich ist es dagegen, dass die Zuwiderhandlungen vor Vollendung des **18. Lbj.** oder des 21. Lbj. begangen worden sind (vgl. Streng JugendStrafR Rn. 372; Baur/Kinzig/Esperschidt JuS 2013, 535 (539 f.)). Da der von Abs. 3 erfasste Verstoß keine mit Strafe bedrohte Verfehlung iSv § 1 darstellt, besteht die Möglichkeit des Nichtbefolgungsarrests unabhängig davon, ob eine gleichzeitig begangene Straftat nach materiellem JStR abzuurteilen wäre (vgl. aber → Rn. 19 f.).

Die Feststellung der **Voraussetzungen** eines **vorwerfbaren** Verstoßes 17 entspricht dem Vorgehen bei der Subsumtion unter Straftatbestände, dh es bedarf stets einer – ggf. auch näheren – Sachverhaltsaufklärung (vgl. aber krit. zur Praxis Höynck/Ernst in Dollinger/Schmidt-Semisch Jugendkriminalität-HdB 675; Thalmann FS 2011, 79 (82): „in aller Regel einfach unterstellt"). Dabei ist die Entscheidung hinsichtlich der objektiven Voraussetzungen eines Verstoßes umso schwieriger, je allgemeiner bzw. unbestimmter die Weisung gehalten war. Der Nachweis der subjektiven Voraussetzungen wird dann zweifelhaft, wenn die Weisung als unklar und kaum verständlich gelten muss.

Kommt es durch die Weisung zu einem Konflikt mit außer-jugendstraf- 18 rechtlichen Pflichten (etwa wegen eines Wehrdienstes), gehen diese vor und bilden einen Rechtfertigungsgrund. Ob die Nichtbefolgung auch deshalb erlaubt sein kann, weil sie von den Erziehungsberechtigten angeordnet wird (sei es aus praktischen Gründen oder da die Eltern mit der Weisung nicht einverstanden sind), ist nicht abschließend geklärt (dies von der Intensität des elterlichen Einflusses auf den Jugendlichen abhängig machend VerfGH RhPf NStZ 2013, 292 (294 f.)). Selbst wenn hier von einem Weisungsverstoß auszugehen wäre, erfolgte dieser aber jedenfalls **nicht schuldhaft** (einschr. Gertler in BeckOK JGG Rn. 22, da der Jugendliche dem unzulässigen elterlichen Verhalten nicht gehorchen müsse). Entspr. Normen- oder Erwartungskollisionen, die vor der Anordnung der vorgesehenen Weisung durch eine Erörterung mit den Erziehungsberechtigten eigentlich nach Möglichkeit vermieden werden sollten (→ § 10 Rn. 8), sind für die Entscheidung nach Abs. 3 deshalb in hinreichendem Maße abzuklären (Ohder FS Eisenberg, 2009, 434). An der Schuld fehlt es iÜ in Fällen, in denen die JGH eine notwendige Mitwirkung an der Weisungsdurchführung – etwa aus Finanzierungsgründen (→ § 10 Rn. 10) oder wegen eines Fehlverhaltens des Verurteilten – ablehnt (vgl. LG Kaiserslautern ZJJ 2010, 430 betr. Arbeitsauflage). Auch wenn sich der Jugendliche einer unzumutbaren bzw. ihn überfordernden (→ § 10 Rn. 9) Weisung verweigert (zur Häufigkeit dieser Konstellation Kuil DVJJ-J 1992, 332 (332 f.)), ist das nicht iSv Abs. 3 vorwerfbar. Denkbar ist dies etwa, wenn die Weisungsumsetzung den Jugendlichen in den Augen von Gleichaltrigen herabsetzen oder Spott und Schikanen aussetzen würde.

3. Anordnungsermessen

Auch bei Vorliegen der Voraussetzungen muss der JA nach Abs. 3 nicht 19 angeordnet werden. Die hier stattdessen vorzunehmende Ermessensentscheidung ist an **§ 2 Abs. 1** zu orientieren. Dabei müssen die Unzuträglichkeiten und Nachteile bedacht werden, die beim JA generell (→ § 16 Rn. 14 ff.) sowie speziell beim Nichtbefolgungsarrest (→ Rn. 11) bestehen. Da bei Abs. 3 eine freiheitsentziehende Maßnahme zur Debatte steht, verlangt zudem der Verhältnismäßigkeitsgrundsatz eine restriktive Handhabung. Wird bspw. der größte Teil der auferlegten Arbeitsstunden abgeleistet, scheidet JA deshalb aus (KG Berlin BeckRS 2001, 16503). Unter Berücksichtigung von § 38 Abs. 5 S. 2 ist die Verhängung des JA **allenfalls** bei **erheblichen Verstößen** angebracht (einschr. auch RL 2 S. 1). Dabei begründet die Verletzung **mehrerer** Einzelverpflichtungen einer Weisung (bspw. Nichterscheinen bei mehreren Kursterminen) stets nur einen gemeinsamen Anlass für eine einzige JA-Reaktion (s. aber zu neuerlichen Verstößen nach vollstrecktem Nichtbefolgungsarrest → Rn. 22). Die in Abs. 1 S. 2 sowie § 28 Abs. 1 erfolgten zeitlichen Grenzsetzungen sprechen iÜ dafür, einen JA **nur in den ersten beiden Jahren** nach Weisungserteilung zu veranlassen und danach (auch bei nachträglicher Laufzeitverlängerung über zwei Jahre hinaus) idR davon abzusehen.

20   In die Ermessensentscheidung muss immer einbezogen werden, dass die Ursachen der Nichtbefolgung möglicherweise auch in der Weisung selbst und/oder den Umständen ihrer Anordnung liegen. So kann die Verpflichtung ohne die erforderliche Kommunikation (besonders mit dem Jugendlichen) erteilt bzw. angeordnet worden (zust. Laubenthal Jugendgerichtshilfe 168) oder für den Adressaten aus anderen Gründen ungeeignet gewesen sein und daher „ins Leere laufen" (Scholz DVJJ-J 1999, 232 (239); vgl. auch Hoops/Holthusen in DVJJ 2012, 237). Denkbar ist ferner, dass es an einer zentralen Voraussetzung gefehlt hat, etwa an der freiwilligen Mitwirkungsbereitschaft beim Täter-Opfer-Ausgleich gem. § 10 Abs. 1 S. 3 Nr. 7 (Streng JugendStrafR Rn. 367; Klocke Entschuldigung 23). In all diesen Fällen ist ein JA nicht anzuordnen, sondern die erteilte Anordnung aufzuheben und ggf. durch eine **Weisung anderer** Art und Ausgestaltung zu **ersetzen** (vgl. Feltes NStZ 1993, 105 (109); Scholz in DVJJ 2006, 274; ähnlich Buhr in HK-JGG Rn. 22; s. aber → Rn. 7).

4. Einzelfragen der JA-Festlegung

21   In der Praxis scheint der Nichtbefolgungsarrest häufig mit einer **Dauer** von ca. zwei Wochen verhängt und vollstreckt zu werden (Kratochvil-Hörr, Der Beschlussarrest, 2016, 177 ff.). Maximal zulässig sind – auch bei mehrfacher Anordnung (→ Rn. 22) oder bei Missachtung von mehreren Weisungen aus einem Urteil – insg. vier Wochen (Abs. 3 S. 2). Ist der Jugendliche neben der Weisung, auf deren Nichtbefolgung gem. Abs. 3 reagiert werden soll, im selben Urteil noch zu JA verurteilt worden, gilt diese Grenze auch für die „Summe" aus „Urteilsarrest" und „Beschlussarrest". Das folgt aus § 16 Abs. 4 S. 2, da dort für alle JAe, die auf ein Urteil zurückgehen, eine starre Grenzdauer und ein entspr. großer Abstand zur Mindestdauer der JStrafe (§ 18 Abs. 1 S. 1) normiert wird (LG Zweibrücken ZJJ 2012, 88 = BeckRS 2011, 18501 mzustAnm Eisenberg ZJJ 2013, 75; Streng JugendStrafR Rn. 371; iErg ebenso Ostendorf in NK-JGG Rn. 13; aA LG Mühlhausen BeckRS 2011, 11930; AG Pirmasens BeckRS 2018, 27928; Diemer in Diemer/Schatz/Sonnen Rn. 18; Putzke in BeckOK JGG § 15 Rn. 95; Wohlfahrt ZJJ 2012, 392 (395 ff.); Dölling ZJJ 2014, 94; einschr. Buhr in HK-JGG Rn. 22). Es kommt dabei auf die verhängte und nicht auf die vollstreckte Dauer an, sodass zB ein Absehen nach Abs. 3 S. 3 unerheblich ist (OLG Zweibrücken NStZ 1992, 84 mAnm Ostendorf NStZ 1992, 85).

22   Kommt der Jugendliche der Weisung auch nach dem Nichtbefolgungsarrest nicht nach, lässt das Gesetz eine neuerliche Anordnung prinzipiell zu (vgl. Abs. 3 S. 2: „insgesamt"). Im Hinblick hierauf wird teilw. empfohlen,

das Maß eines gem. Abs. 3 als erforderlich erachteten JA idR zunächst so festsetzen, dass im Rahmen der vierwöchigen Gesamtdauer bei einem **wiederholten Weisungsverstoß** die Möglichkeit für einen nochmaligen und dann auch gesteigerten bzw. längeren Nichtbefolgungsarrest bestehen bleibt (RL 2 S. 2). Dies läuft einerseits auf eine Begrenzung des ersten JA hinaus, entspricht andererseits aber auch einem Konzept der mechanischen Sanktionseskalation (dazu → § 5 Rn. 8) und begegnet insofern prinzipiellen funktionalen Bedenken (vgl. auch Ostendorf in NK-JGG Rn. 15; zur ggf. fehlenden Verhältnismäßigkeit s. LG Hannover NdsRpfl 1969, 191). Auch sollte die fortgesetzte Missachtung als Zeichen für die fehlende Eignung der Weisung aufgefasst und zum Anlass ihrer Abänderung (→ Rn. 20) genommen werden (ähnlich Ostendorf Zbl 1983, 563 (573 f.)). Mindestens ist zu verlangen, dass der zweite JA nicht verhängt wird, bevor der erste Nichtbefolgungsarrest nicht nur angeordnet, sondern auch vollstreckt worden ist (LG Zweibrücken ZJJ 2012, 88 = BeckRS 2011, 18501). Bei einer abw. Handhabung wäre iÜ der erste, noch nicht umgesetzte JA nach dem **Einheitsprinzip** des § 31 Abs. 2 in den zweiten JA einzubeziehen (s. dazu auch → § 31 Rn. 7, 51).

Wurde gegen den Jugendlichen in einem weiteren Urteil ein JA oder eine **23** vollstreckbare JStrafe angeordnet und soll auf die Nichtbefolgung einer davor veranlassten Weisung reagiert werden, ist diese Weisung ggf. anzupassen, nicht aber ein JA gem. Abs. 3 anzuordnen. Nach den Kriterien aus → Rn. 18 ist hierfür nämlich keine Notwendigkeit vorstellbar. War der Nichtbefolgungsarrest dagegen bereits angeordnet worden, soll die aus einem anderen Verfahren hinzutretende freiheitsentziehende Sanktion in analoger Anwendung von § 47 und § 154 StPO ein Anlass sein, von der Vollstreckung des JA abzusehen (Brunner/Dölling Rn. 7). Dafür besteht indes kein Bedarf, da die Weisung oder der Arrest in die hinzugekommene Rechtsfolgenentscheidung nach dem Einheitsprinzip hätten einbezogen werden können (s. auch → § 31 Rn. 7, 51). Ist dies aus erzieherischen Gründen unterblieben (§ 66 Abs. 1 S. 2, § 31 Abs. 3), kann dies durch einen Verzicht auf die JA-Vollstreckung nicht konterkariert werden (Diemer in Diemer/Schatz/Sonnen Rn. 23).

5. Verhältnis zwischen Weisung und Nichtbefolgungsarrest

Die Weisung **besteht** unabhängig von der Verhängung und dem Vollzug **24** des JA **fort.** Sofern der JRichter diese Verpflichtung nicht nach Abs. 2 ausdrücklich aufhebt (s. dazu bei Auflagen speziell die Kann-Vorschrift des § 15 Abs. 3 S. 3), muss der Jugendliche der Weisung trotz des Nichtbefolgungsarrests weiter nachkommen. Mit der dahingehenden Ladung ist er deshalb auch darauf hinzuweisen, dass er die fragliche Leistung bis JA-Antritt bzw. selbst aus der JA-Anstalt heraus noch erbringen und die JA-Vollstreckung so verhindern oder abkürzen kann (Fachkommission JA ZJJ 2009, 275 (276); zur Praxis vgl. etwa die Befragung von Hinrichs DVJJ-J 1999, 267 (268)). Zwar wird ein Nichtbefolgungsarrest dadurch, dass der Jugendliche nach dessen Anordnung die Weisung befolgt (vgl. zur Häufigkeit → Rn. 11), nicht automatisch hinfällig, aber nach **Abs. 3 S. 3** hat der JRichter in solchen Fällen zwingend von der Vollstr des JA abzusehen. Dieses Absehen von der Vollstr darf aus Gründen der Rechtssicherheit und der erzieherischen Klarheit nicht etwa dergestalt geschehen, dass der Eintritt der Frist des

§ 87 Abs. 4 S. 1 abgewartet wird. – Kommt der Jugendliche der Verpflichtung nicht nach und wird der JA vollstreckt, ist nach dem Vollzug eine **Befreiung** von der Weisung angezeigt (Fachkommission JA ZJJ 2009, 275 (276)). Das gilt zumindest dann, wenn die Erforderlichkeit des JA auf die fehlende Geeignetheit der Weisung verweist. Eine (an sich nicht vorgesehene) Wahlmöglichkeit zwischen Weisungserfüllung und Nichtbefolgungsarrest wächst dem Verurteilten dadurch keineswegs zu (anders aber Brunner/Dölling Rn. 10). Der Übergang zum JA wird vielmehr va durch das Gericht bewirkt, indem es die Möglichkeiten des Abs. 3 ergreift.

6. Prozessuales

25   **Zuständigkeit, Verfahren** und **Anfechtung** bei beschlussförmigen Entscheidungen gem. Abs. 3 S. 1 und 3 bestimmen sich nach § 65. Für das Absehen von der Vollstr des JA (→ Rn. 24) bleibt hiernach der JRichter des ersten Rechtszuges auch dann zuständig, wenn die Abgabe der Vollstr nach § 90 Abs. 2 S. 2 erfolgt ist (BGHSt 48, 1 = NJW 2003, 370 mAnm Eisenberg JR 2003, 215; aA Böttcher/Weber NStZ 1991, 7 (8)). Stets sind die StA und der Jugendliche anzuhören, wobei diesem vor der Anordnung des JA (auch bei wiederholter Anordnung) zwingend eine Gelegenheit zur mündlichen Äußerung zu geben ist (→ § 65 Rn. 10a f.; vgl. auch RL 3 sowie LG Arnsberg NStZ 2006, 525 (526); BeckRS 2010, 371; krit. zur rechtspraktischen Handhabung Kuil DVJJ-J 1992, 332 (332 f.)). Wird nach Anhörung vom Jugendlichen zumindest ein Teil der Weisung erfüllt, darf der JA nur nach neuerlicher Anhörung angeordnet werden, damit sich der Jugendliche zur teilw. Nichterfüllung erklären kann (KG Berlin BeckRS 2001, 16503). Im Übrigen ist idR auch eine Anhörung der JGH angezeigt (→ Rn. 8). Gegen die Anordnung des Nichtbefolgungsarrests ist die sofortige Beschwerde, nicht aber die weitere Beschwerde zulässig (vgl. OLG München NStZ 2012, 166).

7. Eintragung im Erziehungsregister

26   Ein angeordneter Nichtbefolgungsarrest wird (ebenso wie dessen etwaige Nichtvollstreckung gem. Abs. 3 S. 3) in das Erziehungsregister eingetragen (§ 60 Abs. 1 Nr. 2 und Abs. 3 BZRG idF des Gesetzes v. 18.7.2017 (BGBl. I 2732)). Diese Regelung positiviert eine schon früher teilw. geübte Praxis (affirmativ damals etwa Neuheuser NStZ 2017, 623), ist aber in **mehrfacher Hinsicht verfehlt** (skeptisch auch Ernst ZJJ 2017, 366 (367 f., 369)). Dies beginnt bei der gesetzgeberischen (BT-Drs. 18/11933, 31) und gesetzlichen Terminologie („Ungehorsamsarrest"), mit der die historisch-ideologische Normgeschichte und der dogmatische Status des JA (→ Rn. 9) übergangen wird (vgl. auch die qualitativ weit entfernt liegenden Straftatbestände des Ungehorsams in §§ 19, 20 WStG). Zudem stellt die Vorschrift einen systematischen Bruch dar. Den nach § 60 BZRG einzutragenden Entscheidungen liegt nämlich stets eine Verfehlung des Jugendlichen iSv § 1 Abs. 1 zugrunde, wohingegen ein Weisungsverstoß diese Qualität gerade nicht aufweist. Und schließlich ist die Eintragungspflicht auch dysfunktional. Die Registrierung des Nichtbefolgungsarrest weist lediglich das vollständige oder teilw. Ausbleiben einer Weisungsumsetzung aus und suggeriert damit eine allein beim Jugendlichen liegende

Fehlleistung. Dagegen werden andere mögliche Ursachenanteile – va eine ggf. ungeeignete Auswahl und Bemessung der Rechtsfolge oder gewisse Fehler bei deren Umsetzung – in der Eintragung strukturell ignoriert (allg. zu Gefahren von Fehlinterpretation standardisierter Registereintragungen → § 5 Rn. 82). Deshalb kann die Normbegründung, der zufolge für „die Frage der Beeinflussbarkeit durch Erziehungsmaßregeln und Zuchtmittel (…) auch die Kenntnis früher verhängter Ungehorsamsarreste wichtig" sei (BT-Drs. 18/11933, 31; ebenso Neuheuser NStZ 2017, 623 (623)), nur als verkürzend und einseitig gelten.

IV. Jugendarrest nach § 98 Abs. 2 OWiG

Wird von einem Jugendlichen oder Heranwachsenden eine gegen ihn **27** festgesetzte Geldbuße nicht gezahlt, kann ihm der JRichter nach Maßgabe von § 98 Abs. 1 OWiG ua eine Weisung auferlegen. Bei deren Nichterfüllung kann unter Voraussetzungen, die denen des Abs. 3 entsprechen (→ Rn. 13 ff.: Fortbestand der Weisung, Vorwerfbarkeit des Verstoßes, Belehrung), JA verhängt werden (§ 98 Abs. 2 und 3 OWiG; vgl. auch *Mitsch* in KK-OWiG OWiG § 98 Rn. 28 ff.; *Ernst,* Der Jugendarrest, 2020, 99 ff. sowie → § 82 Rn. 33 ff.). Die rechtliche Ausgestaltung dieser Option sieht (gemessen an Abs. 3) allerdings einige **Einschränkungen** vor (Höchstdauer eine Woche, keine wiederholte Anordnung). Auch erfolgt keine registerrechtliche Eintragung, weil die Ahndung einer OWi grds. nicht eintragungspflichtig ist (*Mitsch* in KK-OWiG OWiG § 98 Rn. 42). Gleichwohl bedarf es bei diesem JA unbedingt einer **restriktiven** Handhabung. Sowohl beim Ausgangsereignis (einer Ordnungswidrigkeit) als auch dem Reaktionsanlass (Verweigerung einer Geldbuße) handelt es sich um bagatellarische Verstöße, zu denen eine Freiheitsentziehung leicht in einem Missverhältnis steht. Praktische Bedeutung hat § 98 OWiG va im Bereich der Straßenverkehrs-OWi.

Im Bereich der **Schulpflichtverletzung** (hierzu auch → § 5 Rn. 52) liegt **28** indes das weitaus größte Anwendungsfeld von § 98 Abs. 2 OWiG (*Franzke* RdJB 2018, 428 (439)). Da in den Verfahren, die durch die Schulbehörde wegen sog. Schulschwänzens geführt werden, ggf. auch Geldbußen gegen die fraglichen Jugendlichen festgesetzt werden (vgl. etwa § 126 Abs. 1 Nr. 5 und Abs. 2 SchulG NRW), kann deren Nichtzahlung ebenfalls zu JA nach § 98 Abs. 2 OWiG führen (näher zum Prozess *Ernst/Höynck* ZJJ 2018, 312 (313 f.); *Ernst,* Der Jugendarrest, 2020, 115 ff.). Dies geschieht keineswegs selten (vgl. nach Befragung sämtlicher Vollstreckungsleiter *Höynck/Klausmannn* ZJJ 2012, 405 (407 f.): bundesweit ca. 2.100 in 2012; *Ernst/Höynck* ZJJ 2018, 312 (316): bundesweit ca. 1.400 in 2017 – allerdings jeweils mit regional ganz erheblichen Unterschieden). Abgesehen von der Notwendigkeit, die Konstellationen des „elternbedingten Schulabsentismus" (*Ricking* ZJJ 2017, 263 (264)) nicht mit einer vom Jugendlichen ausgehenden Ablehnung der Schule in eins zu setzen, sind die Verhältnismäßigkeit und insbes. auch die **erzieherische Funktionalität** solcher Reaktionen **höchst fraglich** (dazu ebenso *Frehsee* in DVJJ 1990, 327; *Emig* DVJJ-J 1991, 51 (53 f.); *Thalmann* FS 2011, 79 (83); *Franzke* RdJB 2018, 428 (440); deutlich auch Arbeitskreis 5 in DVJJ 2015, 760: „untauglich"). Die Verhängung der Geldbuße und die dann ggf. folgenden Maßnahmen nach § 98 OWiG sind

mit einer Einbeziehung des JGerichts und außerschulischer Behörden verbunden, was perspektivisch die Gefahr „kaskadenartiger" (vgl. Ricking ZJJ
2017, 263 (265)) Sanktionsentwicklungen mit sich bringen kann (vgl.
auch Höynck/Klausmannn ZJJ 2012, 405 (409) mit zahlreichen Kritikpunkten,
die in der Praxis wahrgenommen werden). Dies ist erst nach vollständiger
Ausschöpfung sämtlicher Möglichkeiten der (auch präventiv geeigneten)
Abhilfe – ua frühzeitige Aufklärung der Motive bzw. Gründe, Verschaffen
von Schutz und Unterstützung, Ermöglichung von Belohnungserfahrungen
usw (zur Häufigkeit vorausgegangenen „Sitzenbleibens" Schreiber-Kittl/
Schröpfer Abgeschrieben?, 2002, 156, 161) – vertretbar (n. etwa Mollik ZJJ
2016, 168 (170 ff.)).

Hilfe zur Erziehung

12 **Der Richter kann dem Jugendlichen nach Anhörung des Jugendamts auch auferlegen, unter den im Achten Buch Sozialgesetzbuch genannten Voraussetzungen Hilfe zur Erziehung**
**1. in Form der Erziehungsbeistandschaft im Sinne des § 30 des Ach-
ten Buches Sozialgesetzbuch oder**
**2. in einer Einrichtung über Tag und Nacht oder in einer sonstigen
betreuten Wohnform im Sinne des § 34 des Achten Buches Sozialgesetzbuch**
in Anspruch zu nehmen.

Schrifttum: Engelbracht, Jugendliches Alltagserleben in freiheitsentziehenden Maßnahmen, 2019; Gabriel/Winkler (Hrsg.), Heimerziehung, 2003; Heitkamp, Heimerziehung und Pflegefamilien – Konkurrenz innerhalb der Jugendhilfe?, 1989; Iben,
Von der Schutzaufsicht zur Erziehungsbeistandschaft. Idee und Wirklichkeit einer
sozialpädagogischen Maßnahme, 1967; Menk/Schnorr/Schrapper, Woher die Freiheit
bei all dem Zwange?, 2013; Moritz/Meier, Jugendhilfe auf dem Prüfstand, 1982;
Permien, Erziehung zur Freiheit durch Freiheitsentzug?, 2010; Pöhner, Die unendliche
Geschichte der geschlossenen Unterbringung, 2012; Possin, Heimerziehung gem.
§§ 27, 34 SGB VIII als jugendstrafrechtliche Intervention, 1995; Struck/Galuske/
Thole (Hrsg.), Reform der Heimerziehung, 2003; Tabel, Empirische Standortbestimmung der Heimerziehung, 2020; Truniger, Resozialisierung von Jugendlichen in
öffentlichen Einrichtungen, 2013; Wolf, Machtprozesse in der Heimerziehung, 1999.

Übersicht

I. Anwendungsbereich

Es gelten die Erl. zu § 9 Abs. 1 entsprechend (→ § 9 Rn. 1–3). Auf **1** Personen, die zur Zeit der HV bereits Heranwachsende oder Soldatinnen und Soldaten sind, ist die Norm also nicht anwendbar.

II. Gemeinsame Anordnungsvoraussetzungen

Die Vorschrift ermöglicht es, bestimmte erzieherische Hilfen iSd **2** SGB VIII auch im Rahmen des JStV als Erziehungsmaßregeln anzuordnen. Durch ihre jugendstrafrechtliche Einbettung nehmen diese Interventionen, die in ihrem sozialrechtlichen Kontext an sich Unterstützungs**angebote** darstellen, einen **Zwang**scharakter an (krit. etwa Schmid-Oberkirchner in Wiesner SGB VIII § 34 Rn. 58: „Gefahr eines zweckwidrigen Einsatzes sozialer Hilfen"). Die Hilfen werden nämlich – auch wenn das JGericht ihre Annahme rechtlich nicht durchsetzen kann (→ § 82 Rn. 7; s. auch § 11 Abs. 3 zur Beschränkung des Nichtbefolgungsarrests auf Weisungen) – „auferlegt", dh als verpflichtend angeordnet (und iÜ im Erziehungsregister erfasst, vgl. § 60 Abs. 1 Nr. 2 BZRG). Dementspr. ist ihre Zulässigkeit sowohl an jugendstraf- wie auch an jugendhilferechtliche Voraussetzungen geknüpft. Außerdem ist der Grundsatz der **Verhältnismäßigkeit** zu beachten, besonders bei Nr. 2 (vgl. dazu auch BGH NJW 2012, 2584 (2585 f.) anhand von § 1631b BGB).

Infolge des Zusammentreffens von jugendstraf- und jugendhilferecht- **3** lichen Voraussetzungen bedarf es erstens einer **strafbaren Anlasstat**. Erforderlich ist dabei auch die ausdrücklich festzustellende Altersreife. Liegt diese nicht vor, ist eine Anordnung nach Nr. 1 bzw. Nr. 2 durch das JGericht unzulässig (vgl. aber → § 3 Rn. 36 zur dann ggf. bestehenden Möglichkeit, Erziehungshilfen als familiengerichtliche Erziehungsmaßnahmen zu veranlassen). In der Straftat muss zweitens eine individuelle Problemlage zum Ausdruck gekommen sein, die durch die Erziehungshilfen iSv § 12 adressiert werden kann (→ § 9 Rn. 6). Maßgeblich ist insofern ein vom JGericht zu bejahender **erzieherischer Bedarf** iSv § 27 SGB VIII, ohne den eine Verpflichtung nach § 12 nicht ausgesprochen werden darf (vgl. etwa Möller/Schütz ZKJ 2007, 178 (179); n. dazu → Rn. 8 für Nr. 1 und → Rn. 21 für Nr. 2). Mitwirkungsbereitschaft und **Einwilligung** der Eltern sind für die jugendgerichtliche Anordnung nicht vorausgesetzt, sondern stellen Zweckmäßigkeitsbedingungen dar. Im Einzelfall kann es durch dahingehenden Widerstand (auch solchen des Jugendlichen) allerdings von vornherein an der Geeignetheit und damit auch an der Zulässigkeit der Maßnahme fehlen (→ Rn. 10, → Rn. 22 sowie → § 10 Rn. 8).

Anders als § 12 aF, wonach ein „Einvernehmen mit dem JAmt" erforder- **4** lich war, setzt die geltende Vorschrift an sich eine bloße **Anhörung** voraus, um die richterliche Unabhängigkeit besser zu gewährleisten. Diese legislatorische Abschwächung ändert indes nichts an der **faktischen Notwendigkeit einer Abstimmung** mit der JGH (dazu schon bei der früheren Rechtslage Mrozynski Zbl 1992, 445 (446)). Das JGericht hat gegenüber der JHilfe nämlich keine Verpflichtungsbefugnis (→ § 10 Rn. 10; s. auch Brunner/Dölling Rn. 7; abw. Möller/Schütz ZKJ 2007, 178 (179)). Ob diese die Leistungen iSv Nr. 1 und Nr. 2, deren Annahme dem Jugendlichen aufgegeben wird, tatsächlich bereitstellt und finanziert, entscheidet das JAmt vielmehr nach einer eigenen Prüfung (vgl. auch § 36a Abs. 1 S. 1 SGB VIII). Dass es die hierfür maßgeblichen sozialrechtlichen Bedingungen tatsächlich als gegeben ansieht (dazu → § 10 Rn. 67: Hilfebedarf, Hilfeplan und nach umstr. Auffassung auch elterliche Zustimmung), ist durch das JGericht vor der Anordnung eigens abzuklären (da die Anordnung anderenfalls nicht umsetzbar sein könnte). Das erfolgt in der Anhörung der JGH (n. zum Ganzen auch Schmid-Oberkirchner in Wiesner SGB VIII § 30 Rn. 14 f. und § 34 Rn. 58). In Abweichung von § 38 Abs. 4 und Abs. 7 (dazu → § 38 Rn. 62 ff.) ist deren HV-Teilnahme in den fraglichen Fällen daher nicht verzichtbar.

III. Einzelheiten zur Erziehungsbeistandschaft

1. Funktion und Ausgestaltung

5   Die EB (zur historischen Entwicklung Iben, Von der Schutzaufsicht zur Erziehungsbeistandschaft, 1967) hat den **Zweck,** für den Verurteilten bei weniger gravierenden Entwicklungsproblemen öffentliche Unterstützung in seiner sozialen und räumlichen Umgebung bereitzustellen. Ihr konkreter Vollzug und Inhalt bestimmen sich nach § 30 SGB VIII. Hiernach wird dem Jugendlichen für einige Zeit eine „Bezugsperson an die Seite gestellt (…), die ihn bei der Bewältigung von Entwicklungsproblemen unter Einbeziehung seines Familiensystems und seines sozialen Umfelds begleitet und unterstützt" (Schmid-Oberkirchner in Wiesner SGB VIII § 30 Rn. 7). Als **Erziehungsbeistand** kann daher immer nur eine bestimmte natürliche Person fungieren (nicht also das JAmt). Deren Einsetzung liegt in der Zuständigkeit des JGerichts (→ Rn. 29) und nicht der des JAmts, das den Beistand allerdings berät und unterstützt. Dem Jugendlichen und seinem familiären Umfeld offeriert die Beistandsperson in erster Linie eine Ansprechmöglichkeit sowie eine ganz konkrete, praktische Beratung und sozialisatorische Förderung.

6   Mit dieser Ausrichtung bietet die EB für die spezialpräventive Rechtsfolgenfunktion (§ 2 Abs. 1) prinzipiell **günstige Voraussetzungen** (tendenziell abw. Ostendorf in NK-JGG Rn. 5; Brunner/Dölling Rn. 4; Struck/Trenczek in Münder/Meysen/Trenczek SGB VIII § 30 Rn. 7, 9). Dies wird durch das Fehlen einer Berichtspflicht (vgl. vormals § 58 Abs. 2 JWG) bekräftig, da dies die Beistands- ggü. der Kontrollaufgabe stärkt. § 65 SGB VIII sieht insofern einen besonderen und prinzipiell vorrangigen **Vertrauensschutz** vor. Bei Informationen, die aus der Beziehung zum Jugendlichen herrühren, ist eine Weitergabe an das JAmt und sonstige Institutionen an die dort genannten Ausnahmetatbestände geknüpft. Überdies handelt es sich bei der EB um eine **nicht zwangsbesetzte** Rechtsfolge, der im

Unterschied zur sonst inhaltsverwandten Betreuungsweisung (§ 10 Abs. 1 S. 3 Nr. 5) ein dem § 11 Abs. 3 ähnliches Druckmittel fehlt.

In Ansehung der genannten Merkmale muss es kritisch gesehen werden, **7** wenn die **Praxis** in entspr. Fällen – sei es wegen der fehlenden Erzwingbarkeit oder eines Mangels an verfügbaren hauptamtlichen Erziehungsbeiständen – der Betreuungsweisung gleichwohl ggü. der EB vielfach den Vorzug zu geben scheint. Eine Anordnung von EB erfolgt jedenfalls ausgesprochen **selten** (→ § 9 Rn. 5; vgl. auch Heinz Sekundäranalyse 1000 f. zur langfristigen Entwicklung und Länderdaten). Außerhalb des JStV hat sie als Hilfe zur Erziehung dagegen eine durchaus beachtliche praktische Bedeutung, was auf ihr sozialisatorisch stützendes Potenzial und ihre Einsatzmöglichkeiten verweist. So waren in der KuJHiSt (Tab. 1.2) am 31.12.2019 insg. 32.239 laufende EB erfasst.

2. Voraussetzungen

a) Bedarfsgerechte Intervention. Zur Anordnung von EB verlangt das **8** Gesetz zunächst das Vorliegen von **Entwicklungsproblemen** (§ 12 Nr. 1 iVm § 30 SGB VIII). Damit knüpft es an eine weitgehend neutrale und stigmatisierungsfreie, aber auch unbestimmte Kategorie an (s. aber BT-Drs. 11/5948, 47: „Subjektivität des Jugendlichen" als Maßstab). Im Wesentlichen geht es hierbei um eine (durch das erzieherische Umfeld mitbewirkte) Defizitsituation, in der ein Fehlgehen oder Zurückbleiben der jeweiligen sozialisatorischen Prozesse droht oder eingetreten ist (Schmid-Oberkirchner in Wiesner SGB VIII § 27 Rn. 23). Dies setzt den Vergleich mit einem Soll-Zustand voraus (besonders deutlich Diemer in Diemer/Schoreit/Sonnen Rn. 10), der seinerseits allerdings kaum zuverlässig bestimmt werden kann. Hierdurch dürften bei der Einschätzung wiederum regionale, zeitliche, individuelle und institutionelle Unterschiede entstehen. Ohnehin kann schon der Umstand, dass die jeweilige Entwicklung anlässlich einer Straftatbegehung zu beurteilen ist, leicht zu anderen Normalitätsmaßstäben als in einem sonstigen Zusammenhang führen. Um eine nahezu beliebige Zuschreibung von Entwicklungsproblemen zu vermeiden, bedarf es daher gründlicher Feststellungen, die sich nicht auf Mutmaßungen und Oberflächenbeobachtungen („Herumhängen", „Schulschwänzen") oder gar Moralisierungen („Arbeitsscheu", „Lügenhaftigkeit") beschränken.

EB ist ferner nur dann zulässig, wenn sie **geeignet** ist, in dem in § 30 **9** SGB VIII genannten Sinne die „Verselbstständigung" des Jugendlichen zu fördern und wenn sie **erforderlich** und **ausreichend** ist, ihn bei der „Bewältigung" der Entwicklungsprobleme zu unterstützen (vgl. auch § 27 Abs. 1 SGB VIII). Erforderlich ist sie, wenn weniger eingreifende Maßnahmen im privaten oder öffentlichen Bereich nicht möglich oder nicht Erfolg versprechend sind. Ausreichend ist sie, wenn keine Notwendigkeit für andere (ggf. stärker eingreifende) Maßnahmen besteht (und wenn jugendstrafrechtliche Belange des Schuldausgleichs nicht ausnahmsweise eine Ahndung der Tat durch Zuchtmittel oder JStrafe verlangen).

b) Spezielle Eignungsprobleme. Da der Erziehungsbeistand nur eine **10** beratende und unterstützende, nicht aber eine bestimmende Funktion hat, ist die Wirksamkeit seiner Tätigkeit davon abhängig, dass nicht nur der Jugendliche, sondern auch die Erziehungsberechtigten zur **Zusammen-**

arbeit fähig und bereit sind. Demgemäß wird die Erziehungsmaßregel nur dann angeordnet, wenn neben dem Betroffenen auch die Eltern damit **einverstanden** sind und sich ihrerseits um die Erziehung bemühen. Ohne dass dies festgestellt wurde oder begründet vermutet werden kann, sollte die Veranlassung einer EB unterbleiben (vgl. aber auch Schmid-Oberkirchner in Wiesner SGB VIII § 27 Rn. 26, der zufolge für die Mitwirkung des JAmtes (→ Rn. 4) eine eindeutige Willensbekundung erforderlich sei). Infolge der mangelnden Kooperationsbereitschaft fehlt es dann nämlich an der Zweckmäßigkeit. Muss das JGericht darüber hinaus davon ausgehen, dass sich ein Mindestmaß an Mitwirkung auch im weiteren Verlauf nicht einstellen wird, wäre eine EB sogar ungeeignet und daher unzulässig (abw. Gertler in Beck-OK JGG Rn. 31 f.).

11   Der Erfolg der EB ist ferner von der Eignung der Person des **Erziehungsbeistandes** abhängig. Das betrifft einmal die allgemeine fachliche sozialpädagogische Kompetenz. Dazu gehört auch die Fähigkeit, jene Interessens- und Vertrauenskonflikte zu bewältigen, zu denen die Beratung bzw. Unterstützung sowohl der Eltern als auch des Jugendlichen führen kann (oder gar muss). Zum anderen kommt es auf zwischenmenschliche Voraussetzungen an, durch die der Erziehungsbeistand zum Beziehungsaufbau und zur Hilfs- und Betreuungsleistung nicht nur im Allgemeinen, sondern gerade bei dem konkreten Jugendlichen in der Lage ist. Ggü. einer regelmäßigen Beauftragung von BewHelfern bestehen bspw. Bedenken, weil diese sich mit den noch bedürftigeren oder „schwereren" Fällen iZm einer JStrafe zu befassen haben. Angesichts dieser Anforderungen empfiehlt es sich, dass das JGericht die zu betrauende Person nicht nach Gutdünken benennt, sondern im **Gespräch** mit dem Jugendlichen und dem JAmt (va während der HV mit dem Vertreter der JGH) zu klären versucht, wer als individuell geeigneter Erziehungsbeistand bestellt werden soll (s. auch → Rn. 29). Anderenfalls wäre die Zweckmäßigkeit, wenn nicht gar die Geeignetheit der Anordnung einer EB gefährdet. – Rechtstatsächlich ergab eine Befragung bei den Erziehungsbeiständen der JHilfe, dass eher das Empfinden von Ineffizienz ihrer eigenen Tätigkeit vorherrschend war. Als Gründe hierfür wurden organisatorische Probleme genannt sowie eine von 62 % als zu hoch eingeschätzte Zahl der „Klienten" (vgl. Moritz/Meier, Jugendhilfe auf dem Prüfstand, 1982, 196 ff.; ähnlich die Befragung von Köpcke DVJJ 1987, 200 f.).

3. Beendigung

12   Die EB ist ihrer Art nach nicht als kurzfristige Intervention angelegt (dazu, dass sie gem. § 8 Abs. 2 S. 1 und 3 während einer BewZeit, nicht aber während des Vollzuges von JStrafe ruht, vgl. → § 8 Rn. 9). Angesichts des (schuld-)strafrechtlichen Anlasses ihrer Anordnung kann das JGericht ihre Dauer aus Verhältnismäßigkeitsgründen zwar grds. begrenzen (ebenso Ostendorf in NK-JGG Rn. 12). Im Regelfall erfolgt dies jedoch nicht. Dann bestimmt sich die Beendigung nach jugendhilferechtlichen Maßgaben. Diesen zufolge ist die EB durch das JAmt – gem. § 82 Abs. 2 analog nicht durch den JRichter (zur aA s. → Rn. 30) – aufzuheben, wenn der **Erziehungszweck erreicht** oder die Erreichung des Erziehungszwecks anderweitig sichergestellt ist. Ist die EB wegen fehlender Kooperationsbereitschaft des Jugendlichen und der Sorgeberechtigten faktisch undurchführbar, sollte sie durch das JAmt ebenfalls formell beendet werden.

Sofern die EB nicht schon vorher abgeschlossen wurde, endet sie ferner **13** automatisch mit Eintritt der **Volljährigkeit** (§ 27 Abs. 1 SGB VIII iVm § 7 Abs. 1 Nr. 1, 2 SGB VIII). Eine Verlängerung über diesen Zeitpunkt hinaus ist nicht möglich, auch nicht unter Bezug auf § 41 Abs. 1 und 2 SGB VIII (abw. 21. Aufl. Rn. 2 und 17). Zwar kann bei jungen Volljährigen gem. § 41 SGB VIII nicht nur eine EB durchgeführt, sondern (wenn diese schon vor dem 18. Geburtstag lief) in unmittelbarer Fortführung verlängert werden – aber rechtlich handelt es sich dabei um eine „neue" Maßnahme, da mit Eintritt der Volljährigkeit der Anspruchsberechtigte wechselt (vom Erziehungsberechtigten auf den jungen Menschen selbst). Wurde die laufende EB im Rahmen eines JHilfeverfahrens begründet, ist dieses neue Leistungsverhältnis problemlos herstellbar (und nach Schmid-Oberkirchner in Wiesner SGB VIII § 27 Rn. 16 lediglich durch einen entspr. Verwaltungsakt transparent zu machen). Im Rahmen eines JStV scheidet eine neuerliche EB (die nach der altersbedingten Zäsur nur äußerlich eine Fortsetzung wäre) dagegen aus, weil § 12 dies bei Heranwachsenden nicht zulässt (was sich bei erzieherischen Hilfen, die als Weisung gem. § 10 veranlasst werden, anders verhält).

IV. Einzelheiten zur Hilfe nach Nr. 2

1. Funktion und Ausgestaltung

a) Grundlagen nach § 34 SGB VIII. Die Erziehungsmaßregel nach **14** Nr. 2 soll Jugendliche für einige Zeit aus einem konfliktbelasteten, sich hemmend auswirkenden Lebensumfeld herauslösen (zu den prekären Lebenslagen der Kinder und Jugendlichen vgl. Tabel, Empirische Standortbestimmung der Heimerziehung, 2020, 40 ff.). Es geht darum, ihnen in einem neuen **Lebensmittelpunkt** die Möglichkeit zu geben, geordnete und verlässliche Beziehungs- und Ablaufstrukturen zu erfahren, funktionale Routinen zu entwickeln und in einem sozialisatorisch förderlichen Rahmen leben zu können, der ihnen bislang weitgehend vorenthalten blieb (vgl. etwa Mrozynski, SGB VIII, 5. Aufl. 2009, SGB VIII § 34 Rn. 3; Köngeter/ Schröer/Zeller ForE 2013, 180). Für dieses Anliegen – dh die Alltagsgestaltung als erzieherischen Prozess, ggf. verbunden mit weiteren pädagogischen oder therapeutischen Angeboten – kommt nach § 34 SGB VIII ein **weites Spektrum an verschiedenen Einrichtungen** in Betracht, die in Größe, räumliche Gestaltung, Konzeptionen, Personal usw. differieren (vgl. etwa Tabel, Empirische Standortbestimmung der Heimerziehung, 2020, 14 ff.), zugleich aber auch durch das Ausmaß an Unterstützung und den Grad an Selbstständigkeit unterscheiden, den sie einerseits beim Jugendlichen voraussetzen und andererseits fördern.

Unter der Bezeichnung „sonstiger betreuter Wohnformen" verweisen **15** Nr. 2 sowie § 34 SGB VIII va auf die Unterbringung in betreuten Wohngemeinschaften, Wohngruppen oder auch Einzelwohnungen. Als „Heime" werden in den beiden Vorschriften etwas größere Einrichtungen benannt, in denen meist eine etwas höhere Zahl an Kindern und Jugendlichen lebt und durch professionelle Erziehungspersonen stärker betreut wird. Die **Übergänge** zwischen den Varianten und zu den sonstigen betreuten Wohnformen sind indes **fließend.** Insgesamt (wenn regional auch nicht überall in gleicher Weise) besteht eine Fülle verschiedener Heimtypen nebeneinander, die sich zum Teil in ihren pädagogischen Konzeptionen grundlegend unterscheiden (vgl. etwa Schmid-Oberkirchner in Wiesner SGB VIII § 34 Rn. 12; dazu, dass die Differenziertheit der Einrichtungen nicht zu einer künstlichen Homogenität der dort lebenden Kinder führen darf und die normale menschliche Diversität erfahrbar bleiben muss, vgl. 21. Aufl. § 3 Rn. 51a mwN).

16 Heimerziehung und sonstige betreute Wohnformen gem. § 34 SGB VIII wurden 2019 bei insg. 45.300 Personen neu begonnen, davon bei 27.178 die Aufnahme in einer Mehr-Gruppen-Einrichtung. Laufende Maßnahmen wurden am Stichtag 31.12.2019 insg. 87.036 erfasst, davon bei 52.568 Personen in einer Mehr-Gruppen-Einrichtung (KuJHiSt Tab. 1.1 und 1.2; zur langfristigen Entwicklung Antholz ZKJ 2017, 294 (295 ff.); Tabel, Empirische Standortbestimmung der Heimerziehung, 2020, 50 ff.). Formal beruht dieses relativ hohe Aufkommen nur zu einem geringfügigen Anteil auf jugendgerichtlichen Urteilen (zu den sehr seltenen Anordnungen nach Nr. 2 → § 9 Rn. 5; vgl. auch Heinz Sekundäranalyse 1000 f. zur langfristigen Entwicklung und Länderdaten). Überhaupt gehen die Unterbringungen idR auf das Agieren der sozialen Dienste (teilw. auch der Betroffenen oder ihrer Familien) und eher selten auf das Betreiben von Gerichten, StAen und Polizei zurück. Allerdings haben viele Unterbringungen, die außerstrafrechtlich angestoßen werden, ihren (letzten) Anlass in einer (vermuteten) Straftatbegehung, so dass sie **faktisch** eine **verdeckte jugendstrafrechtliche Reaktion** darstellen (Antholz KJ 2016, 363). Dies betrifft eine Gruppe auffälliger strafunmündiger Kinder (→ § 1 Rn. 18), aber auch jüngerer Jugendlicher. Bei den 2019 begonnenen Maßnahmen nach § 34 SGB VIII stellte die Kategorie „Auffälligkeiten im sozialen Verhalten (dissoziales Verhalten) des jungen Menschen" in 10.222 Fällen den Haupt- oder Mitanlass der Maßnahme dar (KiJHiSt Tab. 4.1; zur praktischen Bedeutung dieses Aufnahmegrundes auch Bange/Kristian/Thiem ZJJ 2005, 355; Menk/Schnorr/Schrapper, Woher die Freiheit bei all dem Zwange?, 2013, 58 ff.).

17 **b) Probleme der Heimunterbringung.** Mit der Heimunterbringung gehen ganz unterschiedliche Grade an Alltagsreglementierung einher, die bisweilen so weit reichen, dass eine Einrichtung als „geschlossen" eingestuft werden kann. Die Annahme, dass das JGG neben JA, JStrafe und den Maßregeln keine weitere freiheitsentziehend-stationäre Intervention erlaube und dass Nr. 2 deshalb die Anordnung einer **geschlossenen** Heimunterbringung nicht zulasse (so Gertler in BeckOK JGG Rn. 25), findet im JGG indes keine Stütze. Zustimmungsfähig ist diese Auffassung iErg nur, wenn man davon ausgeht, dass es sich bei den fraglichen Einrichtungen nicht um erzieherische Hilfen iSv Nr. 2 und § 34 SGB VIII handelt (so Buhr in HK-JGG Rn. 23; abw. Hoffmann R&P 2009, 121 (123)). Diese Position wird mit überzeugenden Gründen (va mit Blick auf § 42 Abs. 5 SGB VIII) in der sozialrechtlichen Literatur weithin vertreten (etwa Struck/Trenczek in Münder/Meysen/Trenczek SGB VIII § 34 Rn. 15 ff. mwN). In der JHilfe-Praxis hat sie sich offenbar aber noch nicht durchgesetzt (zur Anzahl der als geschlossen kategorisierbaren Plätze s. Hoops/Permien ZJJ 2005, 41 (43 f.); Pöhner, Die unendliche Geschichte der geschlossenen Unterbringung, 2012, 47 ff.; Hoops FS 2018, 343 (345)). Das zeigt sich auch an einem Graubereich von Einrichtungen, die zwar als offen gelten, jedoch konzeptionell (etwa über sog. Stufenpläne) und faktisch (zumind. abteilungsweise) geschlossen arbeiten (zu diesen fließenden Übergängen n. Hoops ZfJ 2004, 274 (280 ff.); Kunstreich/Lutz Beiträge zur Theorie und Praxis der Jugendhilfe 12/2015, 24 ff.; Hoops FS 2018, 343 (347); Lindenberg in Dollinger/Schmidt-Semisch Jugendkriminalität-HdB 754; ethnografisch anhand verschiedener Häuser Engelbracht, Jugendliches Alltagserleben in freiheitsentziehenden Maßnahmen, 2019, 109 ff.). Die hierdurch merklich erschwerte Differenzierung zwischen „offenen" und „geschlossenen" Institutionen ist deshalb auch bei der Anordnung nach Nr. 2 nicht sicher durchzuhalten. Vor entspr. Anordnungen muss das JGericht dem Problem durch eine strikte Beachtung und strenge Handhabung der Indikations- und Erforderlichkeitskriterien (→ Rn. 25 f.) sowie eine eigene sorgfältige Einrichtungswahl (→ Rn. 29) gerecht werden.

Im Übrigen ist in allen Heimen (unabhängig vom Grad ihrer inneren **18** Regulierung) eine Verbesserung der pädagogischen Angebote nicht zu verkennen (dazu, dass sich die individuellen Ausbildungschancen idR besser als vor der Heimunterbringung darstellen, vgl. 21. Aufl. § 3 Rn. 50 mwN;; zur außerordentlich starken psychosozialen Belastung der in Heimen untergebrachten Kinder s. die Daten bei Jenkel/Schmid unsere jugend 2018, 354 (356 ff.)). Die disziplinierende Grundausrichtung wird dadurch zwar tendenziell zurückgedrängt, allerdings nicht aufgehoben – ebenso wenig wie der **Grundwiderspruch,** wonach alle Heim-Varianten zugleich Schon- wie Kontrollräume sind (Schmid-Oberkirchner in Wiesner SGB VIII § 34 Rn. 10). Dabei ist es gerade die rigide Binnenstruktur in manchen Einrichtungen, die dort Verhalten provoziert, das den zugeschriebenen Abweichler-Status zu bestätigen scheint (Truniger, Resozialisierung von Jugendlichen in öffentlichen Einrichtungen, 2013, 131 ff.).

Zu den **tatsächlichen Merkmalen** der Heimerziehung gehört ferner, **19** dass die Betreuungs- und Organisationsstrukturen den Aufbau einer dauerhaften und tragfähigen emotionalen Bindung zu einer erwachsenen Bezugsperson kaum erlauben (zu entspr. Problemen etwa Permien, Erziehung zur Freiheit durch Freiheitsentzug?, 2010, 36 ff.; generell kritisch Antholz KJ 2016, 363 (366); Antholz ZKJ 2017, 294 (298 ff.); zu möglichen abträglichen Folgen für die Identitätsentwicklung und der daher notwendigen Einbeziehung der Eltern Faltermeier ZKJ 2020, 255 ff.; s. dazu auch 21. Aufl. § 3 Rn. 49 mwN). Dass selbstgewählte Beziehungen zu Gleichaltrigen, die außerhalb des Heims leben, oft nur in begrenztem Maße möglich sind (vgl. Wolf, Machtprozesse in der Heimerziehung, 1999, 182 ff., 303, 367), erschwert es, Erfahrungen mit verschiedenen Verhaltensspielräumen zu machen und in das Zusammenspiel sozialer und gesetzlicher Normen hineinzuwachsen. Auch wenn die Betroffenen vielfach neben der Tagesstruktur und Versorgung auch den Bezug zur internen Gruppe schätzen (Menk/Schnorr/Schrapper, Woher die Freiheit bei all dem Zwange?, 2013, 65 ff.), bleiben darin inkorporierte verdeckte Machtverhältnisse möglich, durch deren Ausübung das Heimleben ggf. stärker als durch den institutionellen Erziehungsplan beeinflusst wird (vgl. Heitkamp, Heimerziehung und Pflegefamilien – Konkurrenz innerhalb der Jugendhilfe?, 1989, 130 ff.; Wolf, Machtprozesse in der Heimerziehung, 1999, 139 ff.; zum Alltag in der freiheitsentziehenden Unterbringung vgl. Hoops FS 2018, 343 (347)).

c) Wirksamkeitshinweise. Dass der Eintritt der intendierten Wirksam- **20** keit von Heimerziehung (krit. zur Messbarkeit Freigang in Struck/Galuske/

Thole (Hrsg.), Reform der Heimerziehung, 2003, 45 ff.) mit den spezifischen Gegebenheiten der jeweiligen Einrichtungen stark variieren muss,
liegt auf der Hand. Wichtige Faktoren scheinen in den Beziehungsqualitäten
der Untergebrachten untereinander und zu den Erziehungspersonen zu
liegen (dazu Engelbracht, Jugendliches Alltagserleben in freiheitsentziehenden Maßnahmen, 2019, 81 ff. mwN). Hinzu kommen deren fachliche Eignung (dazu etwa Sieland in Gabriel/Winter (Hrsg.), Heimerziehung, 2003,
84 ff.) und die Einschränkungen, die ggf. durch administrative Vorgaben und
praktische Notwendigkeiten erzeugt werden. Die vorliegenden (meist älteren) Erfolgsmessungen, die ohnehin zu sehr unterschiedlichen Befunden
gelangt sind (n. 21. Aufl. § 3 Rn. 53 sowie § 12 Rn. 34c–34f), lassen deshalb **kaum verallgemeinerbare Aussagen** zu. Zumindest für weitgehend
geschlossene Unterbringungsformen spricht indes viel dafür, dass hierdurch
eher nur eine vorübergehende Problemreduzierung und episodenhafte Ver-
haltensänderung erreicht werden kann (Menk/Schnorr/Schrapper, Woher
die Freiheit bei all dem Zwange?, 2013, 110 ff.; vgl. auch den Forschungsüberblick bei Kindler/Permien/Hoops ZJJ 2007, 40 (43 f.)). Unter den
Personen, die in späterem Alter deliktisch auffällig werden, sind Heimkarrie-
ren in der Kindheit und Jugend nicht selten (→ § 3 Rn 39; s. auch Eisen-
berg/Kölbel Kriminologie § 36 Rn. 21, § 56 Rn. 25).

2. Voraussetzungen

21   **a) Hinsichtlich des Ob.** Da die Anordnung von Nr. 2 nur unter den
Voraussetzungen von §§ 27, 34 SGB VIII zulässig ist, kommt sie allein bei
einem erzieherischen Bedarf (→ Rn. 3) in Betracht – wobei dieser allerdings
eine maßnahmespezifische Indikation darstellen muss. Erstens kommt die
Fremdunterbringung angesichts ihrer Eingriffsintensität und des Verhältnismäßigkeitsgrundsatzes nur bei einer erheblichen **Beeinträchtigung** der
Persönlichkeitsentwicklung in Betracht. Je ausgeprägter der Einengungs-
und Regulierungsgrad der ins Auge gefassten konkreten Einrichtung ist,
desto näher muss sich die Entwicklungsproblematik des Jugendlichen an das
Maß angenähert haben, das für „schädliche Neigungen" vorausgesetzt wird
(zu diesen → § 17 Rn. 20). Da die Unterbringung iSv Nr. 2 einen institutionell gestalteten, pädagogisch geprägten Lebensraum bieten und außerhalb
der Herkunftsfamilie die dortigen Defizite kompensieren soll, kann hierfür
allerdings nicht einfach nur Delinquenz und ein sonst auffälliges Verhalten
des Jugendlichen ausreichend sein (so aber idR die Handhabung des Ver-
wahrlosungskriteriums bei der früheren Fürsorgeerziehung – vgl. dazu
21. Aufl. § 12 Rn. 20–26). Vielmehr muss die Verhaltensdevianz zweitens
in einem **spezifischen Zusammenhang** mit häuslichen Bedingungen und
der dortigen Problemkonzentration stehen.

22   Selbst unter dieser Bedingung kann die dann an sich gegebene **Geeignetheit** der Verpflichtung nach Nr. 2 fallkonkret entfallen. So ist von einer
entspr. Anordnung innerhalb des letzten Jahres vor Eintritt der Volljährigkeit
abzusehen, da dann ohnehin eine alsbaldige Beendigung erfolgen würde
(→ Rn. 27; vgl. auch Streng JugendStrafR Rn. 387, der die Fremdunterbringung hier als nicht ausreichend ansieht). Nur wenn sozialpädagogisch
gerade eine sofortige und zeitlich relativ begrenzte Unterbringung angezeigt
ist, mag insofern eine Ausnahme gelten (vgl. auch Buhr in HK-JGG
Rn. 16). Da die Fremdunterbringung iSv Nr. 2 nicht zwangsweise durch-

gesetzt werden kann, ist ihre Anordnung auch dann ungeeignet und unzulässig, wenn mit hoher Wahrscheinlichkeit erwartet werden muss, dass sich der
Jugendliche der Maßnahme wiederkehrend entziehen wird (→ Rn. 3).

Gem. § 27 Abs. 1 SGB VIII **erforderlich** ist die Anordnung nach Nr. 2 **23**
nur, wenn der pädagogische Bedarf durch mildere Erziehungsmaßnahmen
privater oder behördlicher Art nicht gedeckt werden kann. Können die
Problemsituation in der Herkunftsfamilie und die damit zusammenhängenden Entwicklungsschwierigkeiten bspw. durch eine Weisung
zielführend bearbeitet werden, scheidet die Fremdunterbringung aus (vgl.
auch Britz JZ 2014, 1069 (1072 f.)). Die dahingehende Prüfung hat deshalb
erhöhte Bedeutung, weil die Fremdunterbringung nach Nr. 2 eine der
stärksten jugendstrafrechtlichen Eingriffsformen darstellen kann. Angesichts
der zeitlichen Unbestimmtheit (n. → Rn. 27) kommt sie im Extremfall in
ihrer Eingriffsschwere sogar der JStrafe nahe (n. → § 55 Rn. 35). Daher muss
bei der Anordnung sichergestellt sein, dass der Verhältnismäßigkeitsgrundsatz
(in Bezug auf die Tatschwere) gewahrt worden ist (vgl. → § 5 Rn. 21).
Unter Berücksichtigung der polizeilichen Aufmerksamkeitsverdichtung, der
man im Zuge gerade einer Heimunterbringung vielfach ausgesetzt wird, gilt
das besonders.

b) Hinsichtlich des Wo. Bei der Entscheidung, wo die Fremdunterbrin- **24**
gung erfolgen soll (→ Rn. 29), ist darauf abzustellen, welcher Einrichtungs-
typ aus den oben (→ Rn. 14 f.) genannten Spektrum und welcher konkrete
Einrichtungsplatz sich mit Blick auf Person, Entwicklung und Verhaltensmuster des Jugendlichen sowie hinsichtlich praktischer Faktoren (etwa der
Möglichkeiten zur Berufsausbildung) am besten eignet. Die entspr. Festlegung ist durch das JGericht vorzunehmen (s. auch → Rn. 29), aber mit
dem JAmt abzustimmen (→ Rn. 4). Bisweilen mag hier (va auch mit Blick
auf außerstrafrechtliche JHilfe-Verfahren) der Eindruck einer allzu geringen
Differenziertheit bei der **Einweisungspraxis** entstehen. Wenn dem Spektrum der an sich verfügbaren Alternativen bei der individuellen Zuweisung
nur bedingt Rechnung getragen wird, muss dies aber nicht unbedingt administrative und/oder finanzielle Gründe haben. Vielmehr kann der Aspekt,
dass der Jugendliche zur Weiterentwicklung sozialer Bindungen möglichst in
räumlicher Nähe zum elterlichen Haushalt unterzubringen ist, andere Auswahlkriterien überlagern.

Besondere Erwägungen bedarf es bei einer stark reglementierten Unter- **25**
bringung. Hinsichtlich der Unterbringung in einem Heim, die infolge der
dortigen Bedingungen **freiheitsentziehenden** Charakter hat, bestehen
Zweifel, ob eine erzieherische Geeignetheit iSv → Rn. 21 f. hier überhaupt
bejaht werden kann (dazu bspw. Ehmann ZJJ 2011, 290 (295); s. auch Kessl/
Koch ZJJ 2014, 5 (8 f.): „punitive Pädagogik"; Lindenberg in Dollinger/
Schmidt-Semisch Jugendkriminalität-HdB 759: „Einsperrung als Herrin der
Pädagogik"; diff. Menk/Schnorr/Schrapper, Woher die Freiheit bei all dem
Zwange?, 2013, 55 ff., 86) – zumal es (auch) für den Vollzug an einer klaren,
einheitlichen und kohärenten Ausgestaltung fehlt (dazu anhand einer Län-
derumfrage Hoops/Permien ZJJ 2005, 41 (44 f.)). Vor diesem Hintergrund
kann eine solche Maßnahme nur bei außergewöhnlichen Komplikationen
als bewusste Notlösung durchgeführt werden (zust. Hofmann R&P 2009,
123). Dies wird durch § 1631b Abs. 1 BGB insofern konkretisiert, als es
neben des erzieherischen Unterbringungsbedarfs auch einer drohenden er-

heblichen Selbst- oder Fremdgefährdung bedarf, der durch andere erzieherische Hilfen nicht ausreichend begegnet werden kann (Schmid-Oberkirchner in Wiesner SGB VIII § 34 Rn. 21b).

26   Das Fehlen fachlich begründeter verlässlicher **Kriterien** (Permien R&P 2006, 111 (111 f., 113); zu administrativ festgelegten Maßstäben etwa Senatsverwaltung Hmb. DVJJ-J 2002, 335; krit. Bernzen unsere jugend 2003, 323 ff.; zur Implementierung Bange/Kristian/Thiem ZJJ 2005, 355 (357 ff.)) wird hierdurch nur bedingt kompensiert. Und durch den plakativen Verweis auf sog. „Systemsprenger", der sogar einen Ausbau geschlossener Unterbringungsformen legitimieren soll (Bosbach, Abschlussbericht der Regierungskommission „Mehr Sicherheit für Nordrhein-Westfalen", 2020, 55), wird das Problem eher vernebelt. In der Praxis knüpft die Unterbringung in geschlossenen Einrichtungen überwiegend daran an, dass die fragliche Person massiv entwicklungsgefährdet erscheint und durch andere Maßnahmen nicht mehr erreicht werden kann. Angenommen wird dies vorwiegend in Fällen, die durch bestimmte soziale oder psychische Auffälligkeiten sowie oft auch durch Heim- und Pendelkarrieren (häufige und wechselnde Unterbringungen der Kinder und Jugendlichen in verschiedenen Einrichtungen und zu Hause) und mehrfaches Weglaufen aus der Heimerziehung gekennzeichnet sind (Befunde zur Indikationsstellung in der Praxis etwa bei Hoops/Permien ZJJ 2005, 41 (45 f.); Permien R&P 2006, 111 (113 ff.); Zusammenfassung des diesbzgl. Forschungsstandes bei Pöhner, Die unendliche Geschichte der geschlossenen Unterbringung, 2012, 61 ff.). Das mehrfache Entweichen ist indes ein zw. Anknüpfungsaspekt, da es sich hier oftmals um ein normales und natürliches, vielfach von Angst geprägtes Schutzverhalten handelt (vgl. schon Eisenberg Zbl 1987, 325 (329)). In Betracht kommt diese Maßnahme ggf. als eine vorübergehende, auch räumliche Sicherung zur „Bindungsanbahnung" und zum Aufbau erster intensivpädagogischer Beeinflussungsformen. Dies gilt bspw. bei früher Drogenabhängigkeit bzw. Alkoholsucht, evtl. auch bei spezieller psycho-physischer Belastung (zB bei bestimmten neurologischen Erkrankungen). Mit Blick auf die zw. Rechtsgrundlage einer entspr. stark reglementierten Unterbringung sollte das JGericht hiervon dennoch Abstand nehmen.

3. Beendigung

27   Hinsichtlich der Beendigung einer Hilfe nach Nr. 2 verzichtet das SGB VIII auf starre Verfahrensregeln. Aufgehoben wird die Maßnahme daher bei Zweckerreichung (zB Rückkehr in die Familie) oder Wegfall des Bedarfs (zB Aufnahme in Pflegefamilie sowie sonstige Intervention auf privater Ebene). Die entspr. Entscheidung trifft gem. § 82 Abs. 2 analog das JAmt (Laubenthal/Baier/Nestler JugendStrafR Rn. 651; abw. Ostendorf in NK-JGG Rn. 12; Gertler in BeckOK JGG Rn. 53: der JRichter gem. § 11 Abs. 2 analog (auf Antrag des JAmts); Beulke/Swoboda JugendStrafR Rn. 378: das FamG). Sofern solche Anlässe nicht eintreten, endet die Fremdunterbringung mit Eintritt der **Volljährigkeit** automatisch. Gem. § 41 Abs. 1 und Abs. 2 SGB VIII ist eine Fortsetzung bis zur Vollendung des 21. Lbj. möglich. Dabei handelt es sich dann rechtlich aber um eine neue Maßnahme, die durch die JHilfe zu veranlassen ist und nicht mehr auf die ursprüngliche Anordnung des JGerichts gestützt werden kann (ebenso Streng JugendStrafR Rn. 390; n. → Rn. 13).

Gerade bei der allein durch Volljährigkeit bedingten Beendigung einer 28
Heimerziehung kann der junge Volljährige einen Bedarf an ambulanter
Nachbetreuung haben. Die Selbstständigkeit kann im Zeitpunkt der Entlassung aus dem Heim nicht in jedem Falle als gegeben angenommen
werden. Vielmehr wird nicht selten Anlass bestehen, Förderung und Unterstützung für einen begrenzten weiteren Zeitraum anzubieten (selbst wenn
ein nicht unerheblicher Teil der Betroffenen die Nicht-Betreuung primär als
Nicht-Reglementierung empfinden und daher bevorzugen mag). Solche
Anschlussmaßnahmen könnten im Wege der Weisung bereits in der jugendgerichtlichen Ausgangsentscheidung angeordnet werden. Da die entspr.
Notwendigkeit aber kaum vorherzusagen ist, sollte hierüber durch die JHilfe
bei Unterbringungsende befunden werden.

V. Prozessuale Fragen

Die Anordnung von Hilfe nach Nr. 1 und Nr. 2 durch das JGericht ist 29
nur dann zulässig, wenn sich die Erforderlichkeit in der HV ergibt und wenn
alle vorausgesetzten Feststellungen in dieser Verhandlung getroffen werden.
Jede Entscheidung über die Hilfe im JStV ergeht sodann durch **Urteil**. Die
Frage, ob über die Maßnahme hinaus auch die konkrete Beistandsperson (im
Falle von Nr. 1) bzw. die konkrete Einrichtung (im Falle von Nr. 2) im
Urteil (oder notfalls in einem nachträglichen Beschluss) festgelegt werden
muss, bleibt im Gesetz offen und ist daher kontrovers (bejahend Buhr in
HK-JGG Rn. 17 und 29; Gertler in BeckOK JGG Rn. 49; vern. Diemer in
Diemer/Schoreit/Sonnen Rn. 12 und 18; Ostendorf in NK-JGG Rn. 10;
Laubenthal/Baier/Nestler JugendStrafR Rn. 639, 648: Bestimmung durch
JAmt). Dass die fragliche Auswahl zumind. bei Nr. 2 ganz erhebliche Rele-
vanz für die Eingriffstiefe der Anordnung haben kann (zum Spektrum der
sehr unterschiedlich rigorosen Unterbringungsbedingungen → Rn. 14 ff.),
spricht dafür, dass das JGericht für die Auswahl grds. die **Konkretisierungs-
verantwortung** trägt. Das Problem wird aber ohnehin durch die de facto
unumgängliche Abstimmung mit dem JAmt (→ Rn. 4) merklich entschärft.
Dieses ist iÜ auch für einen später ggf. notwendig werdenden Austausch der
Beistandsperson oder Einrichtung zuständig (§ 82 Abs. 2 analog).

Die Durchführung der Anordnung ist erst **nach Rechtskraft** – dh ggf. 30
erst nach Abschluss eines Rechtsmittelverfahrens (§ 55) – zulässig (zur Vollstr
→ § 82 Rn. 7; zur Frage der vorläufigen Anordnung über die Erziehung
→ § 71 Rn. 3). Gerade im Fall von Nr. 2 kann sich so die Frage stellen, ob
die Fremdunterbringung nicht eher in einem **parallel** durchgeführten **familiengerichtlichen** oder **jugendhilferechtlichen Verfahren** – und damit
häufig zügiger – umgesetzt werden soll. Das JGericht könnte dann nach
§§ 45 Abs. 2, 47 Abs. 1 Nr. 2 vorgehen. Allerdings sollte beim FamG und/
oder der JHilfe jedenfalls dann, wenn der im JStV noch anhängige Tatvorwurf den zentralen Anlass für das dortige Verfahren darstellt, die Entscheidung des JGerichts abgewartet werden, weil die außerstrafrechtliche Veranlassung der Unterbringung sonst einer Umgehung der strengeren Nach-
weis- und Verfahrensvorschriften des JGG nahekäme (für Vorrang der
Entscheidung durch den JRichter ggü. der des FamG Possin, Heimerziehung
gem. §§ 27, 34 SGB VIII als jugendstrafrechtliche Intervention, 1995,
134 ff.; abw. offenbar Brunner/Dölling Rn. 5). Aus der Warte des Jugend-

lichen könnte sich dies als ein Vorgehen darstellen, das primär einen vereinfachten und reibungsloseren, rechtsstaatlich weniger kontrollierten Ablauf
bezweckt. Für das JGericht kommt in diesen Konstellationen daher auch ein
gezieltes Abwarten der außerstrafrechtlichen Intervention iSv §§ 30, 34
SGB VIII (gar verbunden mit deren Anregung gem. § 71 Abs. 1) nicht in
Betracht, sondern allenfalls der Weg über § 53, der indes zu Verzögerungen
führt (ebenso Ostendorf in NK-JGG Rn. 9).

31   Gegen ein Urteil, das Hilfe zur Erziehung anordnet, kann nur der Verurteilte und sein gesetzlicher Vertreter bzw. der Erziehungsberechtigte (§ 67
Abs. 2) ein **Rechtsmittel** einlegen. Eine Revision kann auch auf das Unterbleiben einer Anhörung der JGH gestützt werden, wenn das Tatgericht
deren sozialpädagogische Perspektive dadurch nicht berücksichtigen konnte
und das Urteil insofern auf dem besagten Mangel beruht (Diemer in Die-
mer/Schoreit/Sonnen Rn. 8; s. dazu auch → § 38 Rn. 88). Eine eigene
Rechtsmittelberechtigung haben das JAmt (bzw. die JGH) und das Landesjugendamt jedoch nicht (vgl. auch → § 55 Rn. 8, → § 67 Rn. 6). Dies
erklärt sich bei Entscheidungen nach § 12 auch dadurch, dass sie durch das
Urteil nicht verpflichtet werden und ihnen allein aufgrund eigener Entscheidung eine erzieherische Umsetzungsfunktion zukommt (→ Rn. 4).

Dritter Abschnitt. Zuchtmittel

Arten und Anwendung

13 (1) **Der Richter ahndet die Straftat mit Zuchtmitteln, wenn Jugendstrafe nicht geboten ist, dem Jugendlichen aber eindringlich zum Bewußtsein gebracht werden muß, daß er für das von ihm begangene Unrecht einzustehen hat.**

(2) **Zuchtmittel sind**

1. **die Verwarnung,**
2. **die Erteilung von Auflagen,**
3. **der Jugendarrest.**

(3) **Zuchtmittel haben nicht die Rechtswirkungen einer Strafe.**

Übersicht

I. Anwendungsbereich

Die Vorschrift gilt für **Jugendliche** auch dann, wenn das Verfahren vor **1** den für allg. Strafsachen zuständigen Gerichten stattfindet (§ 104 Abs. 1 Nr. 1).

Sofern auf **Heranwachsende** materielles JStR anzuwenden ist, gilt die **2** Vorschrift für sie – vor JGerichten wie vor den für allg. Strafsachen zuständigen Gerichten – ebenfalls (§§ 105 Abs. 1, 112 S. 1 und 2, § 104 Abs. 1 Nr. 1).

II. Einordnung

1. Hervorbringung durch die NS-Rechtspolitik

Die Entwicklung der Zuchtmittel als einer Rechtsfolgenkategorie ist ganz **3** wesentlich verbunden mit der Entwicklung des JA als ihres Unterfalls. Der **JA** wurde durch VO des **Reichsverteidigungsrates** v. 4.10.1940 (RGBl. I 1336) eingeführt, ohne dass es – so Sieverts in Würtenberger (Hrsg.), Kriminologie und Vollzug der Freiheitsstrafe, 1961, 150 (s. aber auch 154 ff.)) – im

Ausland oder in der jüngeren deutschen Geschichte hierfür ein Vorbild gegeben hätte (n. zu den Entstehungszusammenhängen Meyer-Höger, Der Jugendarrest, 1998, 35 ff., 58 ff.; Götte, Jugendstrafvollzug im „Dritten Reich", 2003, 93 ff.; Pieplow ZJJ 2014, 108; Ernst, Der Jugendarrest, 2020, 34 ff.; Heinz Sekundäranalyse 1073 ff.). Als Vorläufer gelten Arrestsanktionen im Militär und Reichsarbeitsdienst. Auch hatte ein Erlass des Reichsjugendführers in einem engen zeitlichen Zusammenhang (nämlich am 17.9.1940) für die Hitler-Jugend den Jugenddienstarrest als Maßnahme gegen Disziplinarverstöße etabliert (zu dessen Funktion Kollmeier, Ordnung und Ausgrenzung. Die Disziplinarpolitik der Hitler-Jugend, 2007, 224 ff.; zur Kontrolle durch den HJ-Streifendienst s. etwa Klönne, Jugend im Dritten Reich (…), 1982, 121 ff., 261).

4   Die Einordnung und Funktionszuweisung des JA erfolgte anfangs nicht ganz einheitlich, was auch an den **variierenden** Umschreibungen ersichtlich war (dazu n. Scheffler RdJB 1981, 451 (456)). Man sah in ihm eine Erziehungs-, Ehren- oder Schockstrafe (Schaffstein Deutsches Recht 1936, 64 (65 f.)), eine jugendgemäße Strafe (Freisler, zitiert nach Kümmerlein Deutsche Justiz 1939, 167 (169)) und ein „ähnlich drastisches Erziehungsmittel wie die körperliche Züchtigung" (von Dühren, zitiert nach Schaffstein DStrR 1937, 73 (83)). § 1 S. 1 der VO grenzte den JA von Strafen jedenfalls ab („anstelle von Gefängnis oder Haft") und in § 1 S. 1 einer DVO, die am 28.11.1940 zu der VO ergangen war (RGBl. I 1541), findet sich die Bezeichnung „Zuchtmittel". Mit dessen Einsatz sollte beim Jugendlichen eine bessere „Einordnung in die Volksgemeinschaft" erreicht werden (so RG Deutsches Recht 1943, 516 – iÜ mit dem Hinweis, dass Juden bzw. „Zigeuner" diesem Zweck nach ihren „Rasseeigenschaften (…) nicht zugänglich sein" könnten und JA bei ihnen nicht angezeigt sei).

5   Die **Disziplinierung,** die hier also funktional im Vordergrund stand (n. Kühndahl–Hensel, Der individualpräventive Schock im Jugendkriminalrecht, 2014, 27 ff., 50 ff.), war mit einem spezifischen Modus verbunden. So sollte mit dem JA alsbald auf die Feststellung einer Straftat – in einem beschleunigten Verfahren mit beschränkten Rechtsmitteln (n. Scheffler RdJB 1981, 451 (457)) – eine schnelle spürbare Reaktion folgen, durch die sich die Angelegenheit aber auch erledige (weshalb iÜ eine Aussetzung zBew nicht in Betracht kam – vgl. etwa Axmann Deutsche Justiz 1940, 1257). Der JA zielte ferner auf eine Schockwirkung ab, die eine kurzfristige Freiheits- oder Jugendstrafe entbehrlich machen konnte. Das, was dem JA „materiell nach die Abhebung von der Strafe und ihren schädlichen Wirkungen und Folgen an Schärfe genommen" worden sei, sollte hier nämlich „gewissermaßen verfahrensrechtlich auf andere unschädliche Weise ersetzt" werden (Boldt Deutsches Recht 1940, 2033 (2037)). Denn mit dem JA wollte man zwar die „kurzzeitige Freiheitsstrafe mit ihren unbefriedigenden Wirkungen verdrängen", dies aber nicht ohne sie in den Vollzugsbedingungen an „Härte und Strenge" zu übertreffen (RGSt 75, 366 (368 f.)). Hinter dieser Substituierungsfunktion stand iÜ auch das Motiv, die mit der Haft verbundene längere Abwesenheit kriegswichtiger jugendlicher Arbeitskräfte zu vermeiden (Götte, Jugendstrafvollzug im „Dritten Reich", 2003, 94 f.; Pieplow ZJJ 2014, 108 (110)).

6   Das **RJGG 1943** führte dann die Kategorie der **Zuchtmittel** formell in das Gesetz ein (als §§ 7 ff. RJGG) und stellte sie als Rechtsfolgengruppe neben die herkömmlichen Erziehungsmaßregeln und die Kriminalstrafe.

Konkret wurden der JA in § 8, die Auferlegung besonderer Pflichten (heute als Auflagen bezeichnet) in § 9 und die Verwarnung in § 10 normiert. Die beiden zuletzt genannten Rechtsfolgen waren allerdings schon im JGG 1923 enthalten, dies aber gem. § 7 Nr. 3 bzw. Nr. 1 als Erziehungsmaßregeln.

2. Gesetzlicher Status und Funktion

a) Doppelte Zwecksetzung. Dass das entwickelte JStR einer spätmo- 7 dernen Gesellschaft noch im 21. Jh. mit „Zuchtmitteln" operiert, befremdet schon wegen der **anachronistischen** Terminologie, die Assoziationen zu Drill, Dressur und Schlagstöcken weckt. Noch schwerer wiegt es, dass die Funktion derartiger Rechtsfolgen auch in ihrer heutigen Lesart diffus bleiben muss und sich die in Abs. 2 abschließend genannten Spielarten daher in das JGG nur bedingt einfügen können. Deren Einordnung wird im Gesetz nicht ausdrücklich bestimmt und kann deshalb allein anhand normsystematischer Erwägungen erfolgen. Aus der Position der Zuchtmittel, die zwischen den Erziehungsmaßregeln und der JStrafe liegt, ist unter Berücksichtigung von § 2 Abs. 1 zu schließen, dass mit ihnen ebenso wie mit den Rechtsfolgen gem. §§ 9–12 eine **erzieherische** Zielsetzung verfolgt wird. Hiernach müssen Zuchtmittel so ausgewählt und konkretisiert werden, dass sie sich beim Jugendlichen (nach den Erwartungen des JGerichts) günstig bzw. positiv-spezialpräventiv auswirken. Die normsystematische Zwischenposition der Zuchtmittel besagt aber zugleich, dass Zuchtmittel und JStrafe einen **Ahndungszweck** gemeinsam haben (ausdrücklich Abs. 1 Hs. 1 sowie § 5 Abs. 2) und damit – wenngleich in nachgeordneter Weise – einem gewissen repressiven Schuldausgleich dienen sollen (vgl. BVerfG NJW 2005, 2140 (2141); Beulke/Swoboda JugendStrafR Rn. 387, 390; Streng JugendStrafR Rn. 396; abw. Ostendorf in NK-JGG Grdl. zu §§ 13–16 Rn. 4). Im Spektrum der Zuchtmittel weisen dabei am ehesten die Verwarnung (Abs. 2 Nr. 1) sowie die Wiedergutmachungs- und Entschuldigungsauflage (Abs. 2 Nr. 2 iVm § 15 Abs. 1 Nr. 1 und 2) ein erzieherisches Potenzial auf, wohingegen sich bei der Geldauflage (Abs. 2 Nr. 2 iVm § 15 Abs. 1 Nr. 4) und beim JA (Abs. 2 Nr. 3) eine recht klare Ahndungstendenz zeigt.

b) Abgrenzung zur Strafe. Angesichts des Ahndungszwecks und der 8 repressiven Wirkungsweise einiger Zuchtmittel läge es nicht fern, diese (zumindest den JA) materiell als Strafe einzustufen. Die Regelung in Abs. 3 (dazu n. → Rn. 15 f.) wäre aus dieser Warte dann so zu verstehen, dass ungeachtet des Strafcharakters die daran sonst geknüpften Konsequenzen ausnahmsweise entfallen sollen. Der hM entspricht diese Interpretation eher nicht. Zuchtmittel **unterscheiden** sich hiernach von (Jugend-)Strafen substanziell (BGHSt 18, 207 (209) = NJW 1963, 770 (771): „Ahndungsmittel eigener Art"; kurzer und harter „Zugriff" statt „länger dauernde, umfassende Einwirkung"; vgl. auch → § 16 Rn. 5). Da sie deshalb die Strafwirkungen ohnehin nicht aufweisen, hat Abs. 3 auf dieser Grundlage lediglich eine Klarstellungsfunktion.

c) Dysfunktionale Effekte. Im Gegensatz zu Erziehungsmaßregeln und 9 zur JStrafe sind Zuchtmittel **nicht** auf eine **anhaltende Einwirkung** angelegt. Dies erleichtert es, den Sanktionierungsvorgang in relativer sozialer Unauffälligkeit zu halten und dadurch auch negative Auswirkungen zB in Schule und Beruf zu begrenzen (vgl. aber 21. Aufl. Rn. 9 zu Hinweisen auf nachteilige Etikettierungsfolgen bei Bekanntwerden dieser Rechtsfolgen). Die insofern vorliegenden Befunde und Erfahrungen stützen jedoch eine vorherrschende Meinung, der zufolge von den Arten der Zuchtmittel insbes. der **JA** gleichwohl als **erzieherisch ungeeignet** gelten muss. Dies beruht darauf, dass er sich nicht selten als bloße Einsperrung ausnimmt oder oftmals keine ausreichend produktiven Interventionen vornimmt (vgl. → § 16 Rn. 16). Angesichts dieser skeptischen Beurteilung stellen Zuchtmittel einen teilw. kritisch diskutierten kriminalpolitischen Gegenstand dar (für die Abschaffung etwa Forum II AK 4 in DVJJ 1999, 776; für eine Zusammenführung von Zuchtmitteln und Erziehungsmaßregeln zu „erzieherischen Maßnahmen" vgl. den Gesetzentwurf BR-Drs. 238/04). Ihre **Anwendungshäufigkeit** ist gleichwohl beträchtlich (n. → § 5 Rn. 12 f.; vgl. auch Heinz Sekundäranalyse 991 ff., 1046 ff. zur langfristigen Entwicklung).

III. Zulässiger Einsatzbereich

10   Zuchtmittel sind dem Gesetz zufolge allein dann zulässig, wenn **nicht die anderen Rechtsfolgen** des JGG angewendet werden müssen. Im Verhältnis zu den Erziehungsmaßregeln besteht hiernach ein spezifischer Erforderlichkeits-Vorbehalt (dazu auch BGH StV 2017, 713 = BeckRS 2017, 122307): Nur wenn die in § 10 und § 12 vorgesehenen Interventionen, die primär auf eine positive Veränderung von Entwicklungsbedingungen abzielen, deshalb „nicht ausreichen" (§ 5 Abs. 2), weil dem Betroffenen „eindringlich zum Bewusstsein gebracht werden muss, dass er für das von ihm begangene Unrecht einzustehen hat" (Abs. 1), ist die Anordnung von Zuchtmitteln erlaubt (n. → § 5 Rn. 24 ff.). Dieser Anwendungsbereich endet sodann aber dort, wo JStrafe „geboten" (Abs. 1) ist, weil das JGericht von „schädlichen Neigungen" oder „Schwere der Schuld" iSv § 17 ausgeht.

11   Zuchtmittel als **zeitlich begrenzt** oder gewissermaßen punktuell wirkende Rechtsfolgen scheiden hiernach aus, wenn entweder das verwirklichte Unrecht und die bestehende Sozialisationsproblematik die Verhängung einer JStrafe notwendig machen (zur Unschärfe dieser Grenze aber → § 16 Rn. 23 ff., → § 17 Rn. 20 ff.) oder wenn eine kontinuierliche erzieherische Hilfeleistung iSv §§ 10, 12 angezeigt ist. Ggü. Jugendlichen mit hohem Betreuungsbedarf fallen Zuchtmittel also generell aus. Angesichts dieser jeweils eigenen Einwirkungsmodi und -ziele, die auf unterschiedliche Indikationen ausgerichtet sind und daher ein **Exklusivitätsverhältnis** zwischen den verschiedenen Rechtsfolgenkategorien nahelegen (abw. Diemer in Diemer/Schoreit/Sonnen Rn. 5), ist es oft kaum überzeugend, sondern meist unstimmig, wenn Zuchtmittel gem. § 8 mit Erziehungsmaßregeln (krit. → § 5 Rn. 11, → § 8 Rn. 2) oder der JStrafe verbunden werden (speziell zur Widersprüchlichkeit der Kopplung einer zBew ausgesetzten JStrafe mit JA s. → § 8 Rn. 14).

12   Aus der Normsystematik ergeben sich also eine Reihe von Ausschlussgründen, von denen das Anwendungsfeld der Zuchtmittel abstrakt abgesteckt wird. Für die einzelnen Zuchtmittelvarianten bedarf es dann innerhalb dieses Rahmens der weiteren Konkretisierung. Mit Blick auf **§ 2 Abs. 1** ist idR den stärker erzieherisch ausgestalteten Zuchtmitteln (→ Rn. 8) der Vorzug zu geben. Zudem weisen die in Abs. 2 genannten Rechtsfolgen eine teilw. erheblich differierende Einwirkungsintensität auf, sodass ihre Einsetz-

barkeit aus **Verhältnismäßigkeitsgründen** (→ § 5 Rn. 21 f.) in verschiedenen Deliktsbereichen liegen muss. Bspw. wären JA und Auflagen bei bloßer „Unbotmäßigkeit", Unbedachtheit oder sonst als geringfügig erscheinenden Straftaten (selbst bei nicht ganz unerheblichen Schäden) eine zu gewichtige und daher unverhältnismäßige Reaktion, wohingegen eine Verwarnung gem. § 14 durchaus in Betracht kommen kann. Außerdem machen es Verhältnismäßigkeitserwägungen nicht selten erforderlich, von sämtlichen Zuchtmitteln abzusehen. So ist immer dort, wo bereits das JStV den Beschuldigten in einem übermäßigen (dh über das Gewicht der Verfehlung hinausgehenden) Ausmaß beeinträchtigen kann, eine außergerichtliche Erledigung des Verfahrens (§ 45) angezeigt.

Traditionell hat man den Einsatzbereich von Zuchtmitteln nicht nur über 13 die hier erfolgte Rahmensetzung, sondern immer wieder auch positiv zu bestimmen versucht. Häufig lief dies auf die Aussage hinaus, dass diese Rechtsfolgen als „Denkzettel" (Brunner/Dölling § 5 Rn. 6) fungieren und so für **„im Grunde gut geartete"** Jugendliche vorgesehen seien, bei denen ein Appell an das „Ehrgefühl", eine „eindringliche Warnung" und/oder ein „Zwang zur Selbstbesinnung" durchaus Erfolg versprächen (vgl. BGHSt 18, 207 (209) = NJW 1963, 770 (771)). Weiter- bzw. zielführend sind derartige Kategorisierungen allerdings nicht. Abgesehen von den darin liegenden Personalisierungen, die von den sozialen Umfeldern der Jugendlichen rigoros abstrahieren, sieht sich die intersubjektive Vielfalt und Heterogenität junger Menschen (→ § 5 Rn. 45) auf wenige Formen verengt. Deren Handhabung wird durch ihre Unterbestimmtheit zudem beliebig. Und bei denjenigen, die man danach zu „den Anderen" und nicht zu den „gut Gearteten" zählt, werden durch die zugespitzte Unterscheidung durchaus repressionsförderliche Zuschreibungen forciert („verwahrlost", erheblich „gefährdet" bzw. „frühkriminell").

IV. Formales

1. Veranlassung

Zuchtmittel werden regelmäßig durch **Urteil** angeordnet (wegen der 14 Urteilsformel vgl. → § 54 Rn. 11). Allerdings können Auflagen zur Vorbereitung der Einstellung des Verfahrens (§§ 45 Abs. 3, 47 Abs. 1 Nr. 3) sowie im Rahmen der BewHilfe (§ 23) auch durch **Beschluss** angeordnet werden (§ 58 Abs. 1). In den Konstellationen des § 11 Abs. 3 wird JA ebenfalls durch Beschluss verhängt (§ 65 Abs. 1). – Es ist unzulässig, die Auswahl und Anordnung von Zuchtmitteln gem. § 53 dem FamG zu überlassen (→ § 53 Rn. 9).

2. Folgen

Die Anordnung eines Zuchtmittels wird gem. § 60 Abs. 1 Nr. 2 BZRG 15 in das Erziehungsregister eingetragen (zur Tilgung und dem dann einsetzenden Verwertungsverbot gem. § 63 BZRG vgl. VG Berlin BeckRS 2016, 52902; s. ferner → § 16 Rn. 5). Eine Registrierung im BZR erfolgt dagegen nur, wenn das Zuchtmittel in Verbindung mit JStrafe verhängt wird (§ 5 Abs. 2 BZRG). Unabhängig davon stellt **Abs. 3** klar (→ Rn. 8), dass der

Adressat eines Zuchtmittels **nicht** als **vorbestraft** gilt (vgl. bspw. BGH BeckRS 1980, 02939).

16   Der Unterschied zwischen Zuchtmitteln und Strafen macht sich auch bei einer stärker ausgeprägten Rechtsmittelbeschränkung (§ 55 Abs. 1) sowie bei den Voraussetzungen notwendiger Verteidigung bemerkbar (→ § 68 Rn. 32). Andererseits ist eine Entscheidung im Gnadenwege bei Zuchtmitteln ebenso wie bei Strafen möglich (s. etwa § 1 S. 1 Thür GnO; vgl. auch Birkhoff/Lemke GnadenR 277; zum Ganzen Sonnen FS Streng, 2017, 617 ff.). Auch rechtfertigt die drohende Verhängung von Zuchtmitteln die **Verweigerung** der **Aussage** iSv § 55 StPO (vgl. BGHSt 9, 34 = NJW 1956, 680). Unabhängig davon kann die Interpretation allg. Straf- und Strafprozessrechtsnormen ergeben, dass mit „Strafen" als einem normtextlich verwendeten Merkmal dort auch Zuchtmittel gemeint sind (n. → § 2 Rn. 19).

Verwarnung

14   **Durch die Verwarnung soll dem Jugendlichen das Unrecht der Tat eindringlich vorgehalten werden.**

I. Anwendungsbereich

1   Es gelten die Erl. zu → § 13 Rn. 1 f. entsprechend.

II. Funktionale Einordnung

2   Die Verwarnung, die im JGG von 1923 noch als Erziehungsmaßregel ausgestaltet war (→ § 13 Rn. 6), soll überwiegend **erzieherischen Zwecken** dienen. Gleichwohl trägt sie als ausdrückliche gerichtliche Reaktion durchaus (auch) einen repressiven Zug, indem sie die Mahnung mit einem **Tadel** verknüpft. Zum einen führt die Verwarnung dem Jugendlichen nämlich die Schwere des Schuldvorwurfs und die Folgen für den Verletzten und die Allgemeinheit vor Augen („Unrecht (…) eindringlich vorgehalten"). Das soll seine Werte und sein Gewissen ansprechen und ihn zur Rücksichtnahme anhalten. Durch den Hinweis auf denkbare juristische Konsequenzen wird der Jugendliche obendrein im Eigeninteresse vor weiteren Verfehlungen gewarnt. Zum anderen aber liegt in ihr auch eine „förmliche Zurechtweisung", die das Verhalten des Verurteilten nachdrücklich rügt.

3   Obwohl diese verschiedenen Elemente in anderen jugendstrafrechtlichen Rechtsfolgen ebenfalls enthalten sind, hebt sich die Verwarnung hiervon durch die Art und Weise ab, mit der sie – im Urteilsspruch (→ § 54 Rn. 11) und in der Vollziehung (→ Rn. 8 f.) – angewandt wird. Eine besondere Nähe und (scheinbare) Ähnlichkeit bestehen zwischen Verwarnung und **Ermahnung** iSv §§ 45 Abs. 3, 47 Abs. 1 Nr. 3. Die Unterschiede liegen hier jedoch nicht nur darin, dass die Ermahnung prozessual – ohne Trennung zwischen Anordnung und Vollziehung – formlos ausgesprochen wird und zur Einstellung des Verfahrens führt. Vielmehr differieren beide Rechtsfolgen materiell darin, dass die Ermahnung zwar

ebenfalls die Ablehnung des anlassgebenden Verhaltens signalisiert und daher eine negative Reaktion darstellt, dabei aber nicht den repressiv-ahndenden Grad eines Zuchtmittels erreicht. Der Tadel rückt hier stärker in den Hinter- und der zukunftsorientiert-erzieherische Hinweis stärker in den Vordergrund.

Bezogen auf Verurteilte ist die Verwarnung nach der Erteilung von Auf- **4** lagen in der **Justizpraxis** die zweithäufigste jugendstrafrechtliche Rechtsfolge. Bezogen auf 1.000 Verurteilte beliefen sich die Zahlen in den Jahren 2012, 2014, 2016 und 2018 (in Deutschland insg.) auf 288.8, 280.2, 275.1 und 278.9 – betr. Jugendliche auf 312.3, 304.4, 298.4 und 301.8, betr. Heranwachsende auf 266.2, 257.7, 253.6 und 258.0 (StrafSt Tabelle 4.3, 4.4; zur langfristigen Entwicklung der Anwendungshäufigkeit s. Eisenberg/Kölbel Kriminologie § 39 Rn. 25). In bestimmten Konstellationen scheint die nur-verbale Intervention spezialpräventiv auch **wirksam** zu sein (für Eigentumsdelikte erstmalig erfasster Jugendlicher Bukowski Bewährungshilfe 2014, 189 (195 f.)). Justizpraktisch wird die Verwarnung allerdings oftmals nicht als alleinige Sanktion, sondern verbunden mit anderen Zuchtmitteln oder Erziehungsmaßregeln veranlasst (s. auch → Rn. 7). Regional variiert die Häufigkeit der isolierten und kombinierten Anwendung dabei zwischen und in den Bundesländern relativ stark (hierzu auch Riechert-Rother, Jugendarrest und ambulante Maßnahmen, 2008, 199 ff.; zum Ganzen n. auch Heinz Sekundäranalyse 977, 1046 ff.).

III. Anwendbarkeitskriterien

1. Anordnung ohne Verbindung gem. § 8

Im Allg. kommt eine Verwarnung (ohne Verbindung mit anderen **5** Rechtsfolgen) bei solchen Jugendlichen in Betracht, die bereits durch das durchlaufene (auch gerichtliche) Verfahren **beeindruckt** worden sind und bei denen schon deshalb ein künftig konformeres Verhalten zu erwarten ist. Diese spezielle Ansprechbarkeit kann durchaus auch nach wiederholten oder etwas schwereren Verfehlungen gegeben sein. In den meisten Fällen werden Jugendliche, bei denen eine isolierte Verwarnung aus den genannten Gründen die pädagogisch angezeigte Reaktion darstellt, allerdings leichte Normverstöße begangen haben. Außerdem dürften sie häufig noch im jüngeren Alter sein. Bei Heranwachsenden sind (ungeachtet der grundsätzlichen Anwendbarkeit von § 14) nur-verbale Reaktionen seltener sinnvoll als bei Jugendlichen, auf deren Entwicklungsstand die Verwarnungen eher zugeschnitten sind (Dallinger/Lackner § 105 Rn. 63).

In Fällen, in denen die Wirkungen der Verfahrensdurchführung und einer **6** hinzukommenden „förmlichen Zurechtweisung" erzieherisch als geeignet und ausreichend erscheinen, kommt allerdings ebenso eine Verfahrenseinstellung nebst einer Ermahnung in Betracht (§§ 45 Abs. 3, 47 Abs. 1 Nr. 3 (→ Rn. 3)). Aus Verhältnismäßigkeitsgründen bildet dies dann auch den vorrangigen Weg (→ § 5 Rn. 21). Raum für eine Verwarnung durch **Urteil** lässt dies deshalb idR **nur** dort, wo sich die „passende" Ansprechbarkeit des Jugendlichen erst in der HV herausstellte. Soweit jedoch (wie bei Bagatelldelikten sehr häufig) von vornherein keine schwerere Rechtsfolge als eine Verwarnung zu erwarten ist, steht die Benachteiligung des Beschuldigten durch das förmliche Verfahren (ebenso wie iÜ der Verfahrensaufwand) dazu in keinem gerechtfertigten Verhältnis, sodass hier ein informeller Verfahrensabschluss gewählt werden muss.

2. Anordnung mit Verbindung gem. § 8

7   Wird die Verwarnung mit anderen Zuchtmitteln oder mit Erziehungsmaßregeln verknüpft, erweitert sich ihr Einsatzbereich. Die Zurechtweisung hat dann idR eine ergänzende Funktion und soll die in der jeweiligen anderen (Haupt-)Rechtsfolge implizit enthaltene Mahnung verbalisieren und unterstreichen. Für die Indikations- und Eignungsfrage steht dann indes die fragliche Auflage oder Weisung im Vordergrund. Allerdings dürfen diese Verbindungen – schon wegen der erforderlichen Klarheit von Rechtsfolgen und ihren jeweils eigenen Zielen – nicht in schematischer Weise erfolgen (s. auch → § 8 Rn. 2 sowie → § 13 Rn. 11). Erforderlich ist, dass das Gericht tatsächlich einen Anlass feststellt, der die **Hinzunahme** der Verwarnung **notwendig** macht. Wenn lediglich das in der Tat enthaltene Unrecht besonders betont werden soll (dafür zB Brunner/Dölling Rn. 3), ist dies fraglich (vgl. auch Ostendorf in NK-JGG Rn. 3; Zieger/Nöding Verteidigung Rn. 58: „Entwertung" der Verwarnung, die ggü. der anderen Rechtsfolge verblasst).

IV. Vollziehung

8   Die Vollziehung der Verwarnung ist **erst nach Rechtskraft** der im Urteil (zum Tenor → § 54 Rn. 11) erfolgenden Verhängung zulässig. Zwar soll die Vornahme möglichst im unmittelbaren Anschluss an die Urteilsverkündung erfolgen (RL IV Nr. 1 zu §§ 82–85), doch setzt dies einen allseitigen und sofortigen Rechtsmittelverzicht voraus (abw. Ostendorf in NK-JGG Rn. 9; Gertler in BeckOK JGG Rn. 11, die eine sofortige Verwarnungserteilung unter dem Vorbehalt der späteren Rechtskraft für zulässig halten). Anderenfalls bedarf es nach ungenutztem Ablauf der Rechtsmittelfrist oder anderweitig eingetretener Rechtskraft eines späteren Aktes der Verwarnungserteilung. Praktisch bedeutsam ist das bspw. bei Abwesenheit des JStA in der mündlichen Verhandlung im vereinfachten JVerfahren (dazu → §§ 76–78 Rn. 25, 33) oder beim Fehlen des gesetzlichen Vertreters in der HV. Unabhängig vom Zeitpunkt der Verwarnung kann das Gericht für deren Vornahme grds. zwischen der mündlichen und schriftlichen Form wählen. Diese Frage sollte anhand der fallkonkreten erzieherischen Eignung entschieden werden. Da die schriftliche Verwarnung (wenn sie überhaupt gelesen wird) allzu leicht nur formelhaft und unpersönlich ausfällt, ist hiernach die **mündliche** Erteilung meist vorzugswürdig. Bei Vollziehung im Anschluss an die HV stellt dies ohnehin die naheliegende Verwarnungsart dar.

9   Im Falle einer späteren Vollziehung ist für die mündliche Erteilung ein **eigener Termin** anzuberaumen. Allerdings hat das Gericht in diesen Konstellationen zu bedenken, ob fallkonkret dann nicht evtl. die besseren Gründe für eine schriftliche Vollziehung sprechen. Dass dem Jugendlichen damit ein nochmaliges Erscheinen vor Gericht erspart wird, kann nämlich nicht nur eine Frage der Bequemlichkeit, sondern auch der **Verhältnismäßigkeit** und der erzieherischen Zweckmäßigkeit sein (vgl. auch Brunner/Dölling

Rn. 5; Ostendorf in NK-JGG Rn. 7; abw. Diemer in Diemer/Schatz/ Sonnen Rn. 7). Anlass, dies zu überprüfen, besteht bspw. dann, wenn der Verwarnungstermin für den Verurteilten eine weite Anreise oder Fehlzeiten in der Schule bzw. der Ausbildungs- und Arbeitsstelle mit sich brächte. Zwar könnte hier – da es sich um Maßnahmen des Vollstreckungsleiters (und damit um Justizverwaltungsakte) handelt (n. → § 83 Rn. 2 ff., 6 ff.) – prinzipiell im Wege der Amtshilfe auch ein anderer als der erkennende Richter um mündliche Vollziehung ersucht werden (OLG Hamm Zbl 1970, 56 f.), doch ist dies ein sehr aufwändiger Weg. Zudem spricht der Umstand, dass sich das Erscheinen des Verurteilten ohnehin nicht erzwingen lässt (weil es nach allgA keine Rechtsgrundlage für eine zwangsweise Vorführung gibt), ebenfalls für die **schriftliche** Form (bzw. macht diese ggf. sogar unumgänglich).

Auflagen

15 (1) [1] **Der Richter kann dem Jugendlichen auferlegen,**

1. **nach Kräften den durch die Tat verursachten Schaden wiedergutzumachen,**
2. **sich persönlich bei dem Verletzten zu entschuldigen,**
3. **Arbeitsleistungen zu erbringen oder**
4. **einen Geldbetrag zu Gunsten einer gemeinnützigen Einrichtung zu zahlen.**

[2] **Dabei dürfen an den Jugendlichen keine unzumutbaren Anforderungen gestellt werden.**

(2) **Der Richter soll die Zahlung eines Geldbetrages nur anordnen, wenn**

1. **der Jugendliche eine leichte Verfehlung begangen hat und anzunehmen ist, daß er den Geldbetrag aus Mitteln zahlt, über die er selbständig verfügen darf, oder**
2. **dem Jugendlichen der Gewinn, den er aus der Tat erlangt, oder das Entgelt, das er für sie erhalten hat, entzogen werden soll.**

(3) [1] **Der Richter kann nachträglich Auflagen ändern oder von ihrer Erfüllung ganz oder zum Teil befreien, wenn dies aus Gründen der Erziehung geboten ist.** [2] **Bei schuldhafter Nichterfüllung von Auflagen gilt § 11 Abs. 3 entsprechend.** [3] **Ist Jugendarrest vollstreckt worden, so kann der Richter die Auflagen ganz oder zum Teil für erledigt erklären.**

Übersicht

I. Anwendungsbereich

1   Es gelten im Allgemeinen die Erl. zu § 13 Abs. 1 entsprechend (→ § 13 Rn. 1 f.).

2   Bei Soldatinnen und Soldaten sollen die Besonderheiten des Wehrdienstes berücksichtigt werden (§ 112a Nr. 3), und zwar bei der Anordnung wie auch durch Anpassung von (bereits zuvor angeordneten) Auflagen (n. → § 112a Rn. 16 ff., 21 f.).

II. Funktionale Bestimmung der Einsetzbarkeit

3   Abs. 1 bestimmt abschließend die vier Varianten der zu den Zuchtmitteln zählenden Auflagen. Im Unterschied zu den Weisungen wird mit deren Veranlassung keine förderliche, oft länger währende Beeinflussung der Entwicklungsbedingungen des Jugendlichen angestrebt. Auflagen stellen vielmehr eine **negative Sanktionierung** des strafrechtlich erfassten Verhaltens dar. Mit deren Anordnung erlegt das Gericht dem Jugendlichen „kompakte" Leistungspflichten auf und verlangt ihm eine entspr. Anstrengung ab. Die so erlebbare Folge der Straftat ist nach den Vorstellungen des Gesetzgebers geeignet, um dem Jugendlichen das Einstehen-Müssen für das begangene Unrecht bewusst zu machen (§ 13 Abs. 1) und ihn so von weiteren Straftaten abzuhalten. Ähnliches meinen vermutlich auch die unbestimmten, aber häufig verwendeten Formeln, nach denen Auflagen „der Genugtuung für das begangene Unrecht dienen" (§ 23 Abs. 2) und daher zu „echten Sühneleistungen" erklärt werden (so etwa Brunner/Dölling Rn. 1; Diemer in Diemer/Schatz/Sonnen Rn. 2; krit. auch → § 5 Rn. 5). Dabei halten die Varianten nach Abs. 1 S. 1 Nr. 1 und 2 einen engen Bezug zur Tat und setzen dadurch stärkere erzieherische Akzente als die repressiveren Varianten nach Abs. 1 S. 1 Nr. 3 und 4. Bei all dem dürfen an den Verurteilten jedoch in keinem Fall **unzumutbare** Anforderungen gestellt werden (Abs. 1 S. 2). Kombinationen mehrerer Auflagen iSv Abs. 1 Nr. 1, 3 und 4 (für ein Bsp. s. AG Idstein ZJJ 2021, 258) sind daher oft problematisch.

4   Auflagen sind zu dem vorgenannten Zweck in dem Bereich einsetzbar, der für Zuchtmittel allg. gilt (n. → § 5 Rn. 21 f., 27; → § 13 Rn. 10 ff.).

Daraus folgt ihre **Subsidiarität** im Verhältnis zur Diversion und auch zu Weisungen, die als unterstützende sozialisatorische Impulse ggü. Auflagen vorrangig sind – so lange, bis das Gericht die Notwendigkeit sieht, die gewünschte normbezogene Selbstreflexion durch eine (anders als bei § 14 nicht nur verbale) Sanktionierung auszulösen. Der Übergang der Einsatzbereiche von Weisung, Verwarnung und Auflage wird also weitgehend durch den gerichtlich gesehenen Einwirkungsbedarf und die positiv-spezialpräventive Wirkungserwartung bestimmt. Anders verhält es sich bei der Abgrenzung von Auflagen zum JA, da dessen erzieherische Funktionalität grds. fragwürdig ist (→ § 16 Rn. 16). Deshalb stehen hier eher Aspekte der **verhältnismäßigen** Sanktionsschwere im Vordergrund.

III. Schadenswiedergutmachung

1. Auszugleichender Schaden

Bei der Auflage nach Abs. 1 S. 1 Nr. 1 wird der Jugendliche zur Wiedergutmachung des „durch die Tat verursachten Schadens" verpflichtet. Die ohnehin bestehende Ausgleichsverpflichtung wird hierdurch darüber hinaus auch zu einer **strafrechtlichen Pflicht**. Dementspr. sind die Zulässigkeit und konkrete Ausgestaltung der Auflage daran gebunden, dass diejenige Person, bei der die Leistung erbracht werden soll, gegenüber dem Verurteilten einen wirksamen **zivilrechtlichen Anspruch** auf Schadensausgleich hat (dazu im allg. StR etwa OLG Stuttgart NJW 1980, 1114). Für entgangenen Gewinn ist dabei § 252 BGB und für immaterielle Schäden § 253 BGB maßgeblich (dazu und zum Ganzen im JStR BGH StV 2017, 713 = BeckRS 2017, 122307). Schäden, die im Zuge der Deliktsbegehung, aber nicht auf strafbare Weise entstehen (Bsp.: fahrlässige Unfallverursachung mit Sach- neben Personenschaden), werden nicht durch „die Tat" verursacht und sind daher auch nicht eingeschlossen (ebenso etwa Putzke in BeckOK JGG Rn. 13; aA etwa Streng JugendStrafR Rn. 402). Der Ersatzanspruch wird, wenn und soweit der Jugendliche infolge der Auflage anspruchsentsprechende Leistungen erbringt, durch Erfüllung ganz oder teilw. **getilgt (§ 362 Abs. 1 BGB)**. Bei andersartigen Leistungen, die zwar der Wiedergutmachung dienen, aber zivilrechtlich nicht geschuldet sind, setzt das Erlöschen des Anspruchs deren Annahme an Erfüllungs statt voraus (§ 364 Abs. 1 BGB). In solchen Fällen ist es angezeigt, dass der Richter sich vor der Auflagenerteilung der dahingehenden Bereitschaft des Geschädigten versichert.

Eine Wiedergutmachungsauflage, der kein **wirksamer** Schadensersatzanspruch zugrunde liegt, ist gesetzwidrig (allgA) und – trotz § 55 Abs. 1 – durch Rechtsmittel anfechtbar (ebenso BGH StV 2017, 713 = BeckRS 2017, 122307). Hierfür kommt es auf die objektive Rechtslage an, nicht aber auf ein ggf. schon vorliegendes oder später ergehendes zivilrechtliches Judikat (bzgl. der hier – entspr. allg. Regeln – verneinten Bindung teilw. abw. OLG Karlsruhe Die Justiz 1978, 112; LG Zweibrücken NJW 1997, 1084; Diemer in Diemer/Schatz/Sonnen Rn. 6; Putzke in BeckOK JGG Rn. 31 f.). Die Auflage entfällt daher etwa auch dort, wo der Geschädigte auf eine Wiedergutmachung wirksam verzichtet hat oder wo der Anspruch von dritter Seite (etwa durch die Eltern des Jugendlichen oder dessen Haftpflichtversicherung) bereits **getilgt** wurde (iErg ebenso zum allg. StR Meyer-Goßner/Schmitt StPO § 153a Rn. 16). Denkbar ist dann allenfalls eine Wiedergutmachungsverpflichtung ggü. dem Dritten, sofern dieser einen Regressanspruch hat und geltend macht (Ostendorf in NK-JGG Rn. 10; Putzke in BeckOK JGG Rn. 14). Auch bei Anspruchs**verjährung** scheidet die Auflage nach Abs. 1 S. 1 Nr. 1 aus (Laubenthal/Baier/Nestler JugendStrafR Rn. 674; Jakobs/Molketin Jugendwohl 1983, 159 (163); aA Diemer in Diemer/Schatz/Sonnen Rn. 8; Linke in HK-JGG Rn. 9; Ostendorf in NK-JGG Rn. 7 sowie im allg. StR etwa OLG Hamm NJW 1976, 527; OLG Stuttgart NJW 1980, 1114). Anderenfalls würde der Jugendliche zu einem Ausgleich verpflichtet, dessen Durchsetzbarkeit die Rechtsordnung verneint. Die darin liegende Widersprüchlichkeit wäre mit der auch-erzieherischen Ausrichtung von Auflagen (→ § 13 Rn. 7) nicht kompatibel.

7   Aus den vorgenannten Grundsätzen ließe sich folgern, dass die Wiedergutmachungsauflage in **zivilrechtlich unklaren** oder **streitigen Fällen** erst ergehen könnte, wenn das Gericht das Bestehen des Anspruchs näher geprüft und festgestellt hat. Da dies de facto einem Adhäsionsverfahren nahekäme, das von § 81 jedenfalls bei jugendlichen Angeklagten ausgeschlossen wird, ist ein solches Vorgehen nicht angezeigt (Laubenthal/Baier/Nestler Jugend-StrafR Rn. 674). Andererseits scheidet allerdings auch die Erteilung der Auflage bei unsicherer Anspruchsgrundlage aus, weil das JGericht sonst sehenden Auges eine Rechtsfolge veranlassen würde, deren Rechtmäßigkeit es nicht abschätzen kann, was einem klaren und konsequenten erzieherischen Vorgehen widerspräche. Von der Anordnung sollte schließlich ebenso dann abgesehen werden, wenn der Schaden zwar im Außenverhältnis von mehreren Schuldnern und insofern auch vom Verurteilten zu tragen ist, dieser hierfür im Innenverhältnis aber **nicht allein** aufzukommen hat (vgl. auch Brunner Zbl 1976, 269 (273)). Hier würde dem Jugendlichen anderenfalls nämlich das spezialpräventiv kontraproduktive Risiko eines misslingenden Gesamtschuldnerausgleichs auferlegt (s. auch → § 6 Rn. 18).

2. Zu erbringende Leistung

8   Die Art der zu erbringenden Wiedergutmachungsleistung bestimmt das Gericht. In Betracht kommt hierbei die **Geldzahlung,** grds. aber (daneben oder stattdessen) auch eine **Arbeits-** oder andere Ersatzleistung. Denkbar ist zB die Reparatur oder das Wiederherrichten eines beschädigten Gegenstandes bzw. sonstigen Objektes (zur Unfall- und Haftpflichtversicherung vgl. anhand entspr. Weisungen → § 10 Rn. 17). Kosten, die bei der Ausführung ggf. entstehen, sollen idR durch den Jugendlichen getragen werden (RL Nr. 5 zu § 74). Soweit dies Belastungen mit sich bringt, die sich als „Entwicklungshypothek" erweisen könnten (vgl. auch → § 6 Rn. 13, → § 74 Rn. 8a ff.), ist das jedoch bedenklich und ggf. Anlass, eine andere Rechtsfolge vorzuziehen. Stets muss das JGericht die konkret verlangte Leistungsart (Geld, Arbeit usw) **genau bezeichnen** und beziffern bzw. auch festlegen, in welcher Art und Weise und zu welchen Zeitpunkten oder -räumen die Umsetzung zu geschehen hat. Eine solche Klarstellung vermeidet nachfolgende Schwierigkeiten, erleichtert die Überwachung und ist maßgebend für die etwaige Verhängung des JA gem. Abs. 3 S. 2.

9   Bei der Auflage gem. Abs. 1 S. 1 Nr. 1 wird dem Jugendlichen auferlegt, den iSv → Rn. 5 ff. bestehenden Schaden „**nach Kräften** (…)" wiedergut-

zumachen". Diese einschränkende Formel bedeutet nicht etwa, dass die aufgegebene Ersatzleistung gar nicht unbedingt erbracht werden muss und die Auflage schon dann erfüllt ist, wenn sich die verurteilte Person darum nach ihren individuellen Möglichkeiten ausreichend bemüht hat. Vielmehr weist die Normtextformulierung das JGericht darauf hin, dass die festzulegende Wiedergutmachung von vornherein **an das Maß des persönlich Machbaren angepasst** und daher ggf. begrenzt werden muss. Die Verpflichtung darf den Jugendlichen zur Anstrengung anhalten, ihn aber nicht überfordern und entmutigen (und an ihn nach Abs. 1 S. 2 schon gar keine unzumutbaren Anforderungen stellen). Angesichts dieses Erfordernisses, das sich iÜ auch aus § 2 Abs. 1 ergibt, muss die in der Auflage verlangte Wiedergutmachung keineswegs auf eine volle Wiedergutmachung abzielen (s. auch Putzke in BeckOK JGG Rn. 20).

Deshalb markiert die Höhe des zivilrechtlichen Anspruchs gegen den 10 Jugendlichen lediglich die **Höchstgrenze** der Auflage. Diese muss aber zudem auch der Leistungsfähigkeit des Verurteilten entsprechen und deshalb nicht selten **unter dem Anspruchswert** bleiben. Keinesfalls dürfen die Möglichkeiten der künftigen persönlichen Entwicklung durch die Auflagenverpflichtung anhaltend eingeengt und die erzieherische Wirksamkeit des Vorgehens so konterkariert werden. Vor allem bei einem mittleren oder größeren Schadensvolumen kann die Auflage deshalb nur auf Wiedergutmachung eines (zu konkretisierenden) Teils des Gesamtschadens lauten. **Definitiv nicht** empfehlenswert ist es iÜ, die Zahlung der **Verfahrenskosten** (als Restitution bei der öffentlichen Hand) anzuordnen (abl. schon Dallinger/Lackner Rn. 3; für das allg. StR auch BGHSt 9, 365 = NJW 1956, 1886; OLG Hamm NJW 1956, 1887). Abgesehen vom unklaren Verhältnis zu § 74 spricht hiergegen schon, dass der Staat in den Augen des Jugendlichen vielfach nicht als Geschädigter wahrgenommen werden und eine dahingehende Wiedergutmachung für ihn oft nicht nachvollziehbar sein dürfte.

3. Eignungsaspekte

Die Anordnung der Wiedergutmachungsauflage gilt als erzieherisch ge- 11 eignet, weil sie eine dem Jugendlichen unmittelbar verständliche Rechtsfolge darstellt (vgl. etwa Frehsee KrimJ 1982, 126 (131) sowie Frehsee, Schadenswiedergutmachung als Instrument strafrechtlicher Sozialkontrolle, 1987, 231 ff.). Die Aussichten auf eine produktive Tatbearbeitung und eine erzieherisch positive Dauerwirkung erscheinen keinesfalls als schlecht. Für eine regelhafte oder gar schematisch erfolgende **Verbindung** mit anderen Rechtsfolgen (§ 8) besteht deshalb kein Anlass. Ungeeignet ist die Auflage bei Personen, die schwerere sozialisatorische Defizite aufweisen und einer längerfristigen erzieherischen Einwirkung bedürfen. In diesen Fällen kann die Wiedergutmachungsauflage leicht als repressiver Schadensersatzzwang erlebt werden.

De facto wird die Auflage iSv Abs. 1 S. 1 Nr. 1 auch dem Interesse des 12 Geschädigten an einem schnellen und unkomplizierten Schadensausgleich gerecht, besonders wenn ein zivilrechtlich kaum oder gar nicht umsetzbarer Ersatzanspruch durch die Auflage gleichsam „zwangsrealisiert" wird. Dass es sich hierbei allerdings lediglich um einen erwünschten Nebeneffekt handelt (ebenso etwa Diemer in Diemer/Schatz/Sonnen Rn. 4), ist daran zu erkennen, dass der Geschädigte mit der Auflage keinen Vollstreckungstitel zur Durchsetzung seiner Forderungen erlangt. Dies wiederum bedeutet, dass sich das JGericht bei der Wahl und Ausgestaltung der Wiedergutmachungsauflage allein an erzieherischen Belangen und **nicht** auch an den praktischen **Geschädigteninteressen** zu orientieren hat. Auf dieser Grundlage wird eine Wiedergutmachung durch Arbeits- oder Ersatz- bzw. immaterielle Leistungen häufig vorzugswürdig sein (dazu, dass in der Praxis aber gerade umgekehrt die bloße Geldleistung im Vordergrund steht, vgl. vormals für den LG-Bezirk Kiel aber Frehsee, Schadenswiedergutmachung als Instrument strafrechtlicher Sozialkontrolle, 1987, 270 ff.). Das Gericht muss indes berücksichtigen, dass mit den „naturalrestituierenden" Varianten idR ein persönlicher Kontakt zwischen den Beteiligten einhergehen wird, der dort bisweilen unerwünscht oder psychologisch belastend sein kann.

IV. Entschuldigung

13   Bei der Auflage iSv Abs. 1 S. 1 Nr. 2 wird der Jugendliche verpflichtet, den Verletzten (§ 373b Abs. 1 StPO) um Entschuldigung zu bitten. Dies schließt es ein, in der Äußerung zumindest implizit (nicht notwendig explizit) auch die Tat einzuräumen und zu bedauern (sprachwissenschaftlich zur Prüfung des Inhalts, der nach dem Willen der Beteiligten in der Entschuldigung und deren Annahme ausgedrückt werden soll, vgl. Klocke Entschuldigung 344, 350). Die dem idealiter vorausgehende **Handlungsreflexion** könnte sich in der künftigen Verhaltensregulation positiv auswirken. Eine solche Wirkungsvorstellung weist – ungeachtet der nicht zu verkennenden Nähe, die die Entschuldigungsauflage dadurch zu „symbolisch expressiven" Sanktionen erlangt – in eine völlig andere Richtung als die Konfrontation mit einer demonstrativen Missbilligung oder gar Beschämung durch das gesellschaftliche Umfeld. Die Entschuldigung soll nach allgA grds. in Gegenwart des JRichters vorgenommen werden, um ihr zwar keinen öffentlichen, aber doch einen förmlich-ernsthaften Charakter zu geben.

14   Geeignet ist die Entschuldigungsauflage nur, wenn das Gericht dem Verurteilten die erforderliche Ausdrucksfähigkeit und innere Auseinandersetzung zutraut und dieser dazu auch bereit ist (abw. etwa Putzke in BeckOK JGG Rn. 37). Das ist bei Jugendlichen wie Heranwachsenden eine Einzelfallfrage (ähnlich Diemer in Diemer/Schatz/Sonnen Rn. 15). Außerdem kommt die Auflage allein bei einem **mitwirkungswilligen Verletzten** in Betracht. Diese Eignungsvoraussetzungen liegen in der Höchstpersönlichkeit jeder Entschuldigung und in ihren intendierten Wirkungszusammenhängen begründet. Nimmt der Verletzte die Entschuldigung dann aber nicht an, so hat der Verurteilte die von ihm erwartete Leistung gleichwohl schon erbracht. Die Auflage kann hier also als erfüllt gelten, zumal der Verletzte sonst über den Tatbestand des Abs. 3 S. 2 disponieren könnte. Fehlt es diesem an der Bereitschaft, sich auf die kommunikative Rechtsfolge überhaupt einzulassen und vor Gericht zu erscheinen, scheidet die Entschuldigungsauflage hingegen aus. Hierin dürfte einer der Gründe für deren geringe praktische Relevanz liegen (vgl. → Rn. 27). Am ehesten ist die Auflage im unmittelbaren Anschluss an die HV umsetzbar, was die Anwesenheit und den Rechtsmittelverzicht aller Beteiligten und eine vorherige Klärung ihrer Bereitschaft voraussetzt.

V. Arbeitsleistungen

1. Schwierigkeiten und Konsequenzen der Einordnung

Als Weisung iSv § 10 Abs. 1 S. 3 Nr. 4 kann die Verpflichtung zu Ar- **15** beitsleistungen nach hM allein zu erzieherischen Zwecken (also auch nur bei einer entspr. Indikation und mit einer entspr. Ausgestaltung) veranlasst werden. Bei einer ahndend-**normverdeutlichenden** Ziel- und Ausrichtung muss die dahingehende Anordnung hingegen als Auflage iSv Abs. 1 S. 1 Nr. 3 ergehen (n. → § 10 Rn. 16 f.). Ganz im Sinne dieser Differenzierung ist die Einführung der Arbeitsauflage mit dem Bedürfnis der Rechtspraxis begründet worden, materiell als Auflage einzuordnende Arbeitsverpflichtungen auszusprechen, für die es aber bis zum 1. JGGÄndG keine Rechtsgrundlage gab, weshalb die Maßnahme damals (unzulässig) unter dem Etikett einer Weisung ausgesprochen wurde (BT-Drs. 11/5829, 18). Allerdings sind die Stimmen, die „Arbeit als Sanktion" bzw. die Arbeitsauflage als Rechtsfolge kritisch und ablehnend bewerten, auch in der Justizpraxis keineswegs verstummt (vgl. etwa Franzen ZJJ 2018, 43 (46 f.)).

Angesichts des Unterschieds zwischen den beiden Rechtsfolgen muss die **16** Frage, ob die Arbeitsauflage mit **Art. 12 Abs. 2 und 3 GG** vereinbar ist, als ungeklärt gelten. Eine (nicht unkritisch aufgenommene) verfassungsgerichtliche Stellungnahme liegt bislang nur zur Arbeitsweisung vor, deren Grundrechtskonformität gerade mit den spezifisch erzieherischen Zwecken einer Weisung begründet worden ist (BVerfGE 74, 102 (122 ff., 127 f.) = NJW 1988, 45 (47 f.); vgl. auch BVerfG NStZ 1988, 34 (35): wegen des fördernden präventiven Charakters der Arbeitspflicht sei diese keine Zwangsarbeit). Auf die funktionsdifferente Auflage ist diese Argumentation nicht ohne weiteres übertragbar (abw. aber BT-Drs. 11/5829, 18). Ungeachtet der Bindung an § 2 Abs. 1 wird bei Abs. 1 S. 1 Nr. 3 ein Delikt mit einer Arbeitspflicht nämlich (auch repressiv) sanktioniert (→ § 13 Rn. 7), sodass eine Einstufung als in Art. 12 GG eingreifender Arbeitszwang – jedenfalls bei fehlender Zustimmung des Jugendlichen (Streng JugendStrafR Rn. 404) – keineswegs fernliegend ist. Aus der zur Bewährungsauflage gem. § 56b Abs. 2 S. 1 Nr. 3 StGB ergangenen Entscheidung BVerfGE 83, 119 = NJW 1991, 1043 ergibt sich nichts anderes, da das Gericht dort den Eingriffsgehalt dieser Arbeitsverpflichtung primär wegen der in ihr liegenden Chance verneint, die Vollstr der zBew ausgesetzten Freiheitsstrafe abzuwenden (vgl. zu dieser spezifischen, bei Abs. 1 S. 1 Nr. 3 aber nicht vorliegenden Konstellation auch Art. 4 Abs. 3 Buchst. a EMRK).

Unabhängig davon wird die **normsystematische Unterscheidung** zwi- **17** schen Arbeitsweisung und -auflage in der Rechtswirklichkeit weitgehend nivelliert. Den betroffenen Jugendlichen kann sie sich lebensweltlich nur selten erschließen, zumal der Ausspruch beider Rechtsfolgen im Urteil erfolgt. Vor allem aber scheint die justizseitige Wahl zwischen beiden Optionen nicht selten zufallsgesteuert zu sein, woraufhin deren jeweilige Durchführung offenbar ebenfalls nur geringfügig divergiert (dazu jeweils → n. § 10 Rn. 18 mwN). Nachteilige Auswirkungen hat die **Diffusion** beider Rechtsfolgen dabei allerdings weniger bei der Auflage als bei der Arbeitsweisung, bei der sie die Einhaltung der dort strengeren (weil stärker erzieherischen) Anordnungs- und **Umsetzungsstandards** gefährden muss. Dem-

gegenüber kommt bei einer Arbeitsauflage, die für den Jugendlichen in erster
Linie nur die fehlende gesellschaftliche Akzeptanz seiner Straftat spürbar
machen soll (ähnlich Diskussionspapier DVJJ ZJJ 2016, 419 (421)), von
Gesetzes wegen ohnehin auch eine Arbeitspflicht in Betracht, die weniger als
sozialpädagogisch begleiteter Lernprozess und stärker als eine Last ausgestaltet
ist. Die Grenze liegt hier erst bei „unsinnigen/entwürdigenden/stigmatisie-
renden" Arbeitsinhalten (Diskussionspapier DVJJ ZJJ 2016, 419 (421)). Bei
jungen Verurteilten unter 15 Jahren sind zudem allerdings die Maßgaben
von § 5 Abs. 3 JArbSchG (leichte Arbeit, Einwilligung der Sorgeberechtigten) zu beachten (n. Putzke in BeckOK JGG Rn. 45).

2. Einzelheiten der Anordnung

18   Die auferlegte Arbeitspflicht darf keinen unzumutbaren **Umfang** haben
(zur zulässigen Stundenzahl → § 10 Rn. 17; zur ggf. notwendigen Reduzierung nach einer rechtsstaatswidrigen Verfahrensverzögerung → Rn. 26). Das
JGericht muss hierzu eine klare Festlegung treffen. Überhaupt hat es **eindeutige und bestimmte** (Arbeits-)Auflagen zu erteilen, auch weil anderenfalls die Überprüfung und Bewertung eines etwaigen Verstoßes kaum möglich ist. In erster Linie ist dies aber erforderlich, damit der Adressat erkennen
kann, was von ihm verlangt wird (BVerfG StV 2012, 481 = BeckRS 2011,
55537). Deshalb müssen neben Art und Umfang der Leistung auch der
Zeitraum, innerhalb dessen die Leistung zu erbringen ist, und nach Möglichkeit zudem der Ort bzw. die Stelle der Leistungserbringung aus dem Urteil
hervorgehen. Bleiben zentrale Parameter der Arbeitsverpflichtung unbestimmt, ist die Auflage unwirksam (vgl. dazu BVerfG NJW 2016, 148 für
eine Bewährungsauflage im allg. StR, die offenließ, bis zu welchem Zeitpunkt die Leistung zu erbringen war). Hinsichtlich der konkreten Arbeitsstelle ist es dagegen vertretbar, wenn das Gericht die Auswahl aus Praktikabilitätsgründen der JGH überträgt (vgl. etwa OLG Hamm ZJJ 2014, 174 =
BeckRS 2014, 7936; KG StV 2014, 746 = BeckRS 2014, 13285; vgl.
ebenso zur Arbeitsweisung → § 10 Rn. 17; aA Putzke in BeckOK JGG
Rn. 59). Allerdings muss es diese partielle Delegation in seiner Entscheidung
für den Verurteilten transparent machen (KG StV 2014, 746 = BeckRS
2014, 13285).

19   Bei der Arbeitsauflage fallen (im Unterschied zu anderen Auflagen) oftmals **Kosten der Umsetzung** an, namentlich bei der Stelle bzw. Institution,
die die Arbeitsmöglichkeit bereitstellt. Diesbzgl. besteht die gleiche, kontrovers beurteilte und teilw. ungeklärte Problematik wie bei den Weisungen (n.
→ § 10 Rn. 66 ff.). In der Praxis scheinen hierfür allerdings ausreichend
handhabbare Lösungen gefunden zu werden. Das Ausmaß, mit dem die
Arbeitsauflage verhängt wird (→ Rn. 27), spricht jedenfalls dafür. Dies dürfte
auch dadurch begünstigt werden, dass die Finanzierung innerhalb der JHilfe
durch Hintanstellung der pädagogischen Betreuung vergleichsweise unauf-
wändig ist (n. Höynck FS Ostendorf, 2015, 457 f.). Für die Unfall- und
Haftpflicht**versicherung** bei Ableistung der Arbeitsverpflichtung gelten die
Erl. in → § 10 Rn. 17 entsprechend.

VI. Geldauflage

1. Allg. Vorgaben gem. Abs. 1

Da eine Geldstrafe den Betroffenen für einen gewissen Zeitraum (der **20** durch die Anzahl der Tagessätze definiert wird) auch die finanziellen Mittel entzieht, die zur allg. Lebensführung erforderlich sind, wohnt ihr die Tendenz inne, wirtschaftliche Problemlagen zu vertiefen, die Eingehung von Verbindlichkeiten zu provozieren und längerfristig wirksame Einschränkungen der Entwicklungs- und Entfaltungsmöglichkeiten zu verursachen (vgl. dazu sowie zu Streuwirkungen im Sinne einer Mitbeeinträchtigung von bspw. Angehörigen etwa Eisenberg/Kölbel Kriminologie § 33 Rn. 7, 25). Wegen dieses spezialpräventiv **kontraproduktiven** Potenzials sieht das JGG keine Geldstrafen vor. Bei Vorliegen der für Zuchtmittel und Auflagen allg. vorausgesetzten Bedingungen (→ Rn. 3 f.) kann allerdings eine Geldauflage angeordnet werden. Um wenigstens teilw. zu vermeiden, dass diese als Geldstrafen-Äquivalent die besagten abträglichen Wirkungen ebenfalls hervorruft, ist diese Rechtsfolge jedoch an die hierauf abzielenden, zusätzlichen Anforderungen gem. Abs. 2 gebunden (zur dies unterlaufenden Handhabung des strafrechtlichen Wertersatzverfalls durch die hM s. aber → § 6 Rn. 9 ff.). Zwar handelt es sich bei dieser Bindung gem. Abs. 2 um eine **Soll-Norm,** doch muss deren Zweck (Vermeidung langfristiger negativer finanzieller Folgen) auch dort gewahrt werden, wo das JGericht eine Geldauflage ausnahmsweise einmal außerhalb der dort geregelten Konstellationen bestimmt (wie etwa AG Lübeck StV 2013, 759 = BeckRS 2013, 16591 bei einer nicht unter Nr. 1 subsumierbaren schweren Verfehlung). Im Übrigen ist eine Abweichung von Abs. 2 begründungsbedürftig (ignoriert bspw. bei AG Idstein ZJJ 2021, 253 (254))

Ein weiterer Unterschied zur Geldstrafe (§ 56b Abs. 2 S. 1 Nr. 4 StGB) **21** sowie teilw. auch zu den Auflagen im allg. StR (§ 153a Abs. 1 S. 2 Nr. 2 StPO) besteht darin, dass die Zahlung ausnahmslos an eine **gemeinnützige Einrichtung** zu leisten ist, weil die finanzielle Einbuße dem Jugendlichen dadurch eher verständlich gemacht werden kann (BGH BGHR JGG § 15 Geldauflage 1 (Gründe) = BeckRS 2000, 1592). Gemeinnützig sind Einrichtungen dann, wenn durch ihre Tätigkeit ausschließlich und unmittelbar die Allgemeinheit gefördert wird. Der Staat stellt in diesem Sinne keine derartige Einrichtung dar, sodass eine Auflage, an die Staatskasse zu zahlen, rechtswidrig ist (OLG Hamm MDR 1954, 245; OLG Zweibrücken NStZ 1992, 84; OLG Nürnberg NStZ-RR 2008, 128). Die begünstigte gemeinnützige Einrichtung muss im Urteil **genau benannt** werden. Mit Blick auf § 2 Abs. 1 sollte nach Möglichkeit ein solcher gemeinnütziger Zahlungsempfänger ausgewählt werden, dessen Tätigkeit und Ziele auch der Verurteilte anerkennt (wobei der JRichter versuchen sollte, die diesbzgl. Vorstellungen des Jugendlichen und ggf. auch des Erziehungsberechtigten in Erfahrung zu bringen). Einrichtungen der Bewährungs- oder Straffälligenhilfe dürften von den meisten Jugendlichen eher distanziert betrachtet werden, sodass sie durch die JGerichte nicht unbedingt zu bevorzugen sind. Im Einzelfall kann die Geldauflage sogar unzumutbar sein, wenn der Jugendliche an eine Einrichtung zahlen soll, die er aus von ihm substantiierten Gründen strikt ablehnt (Diemer in Diemer/Schatz/Sonnen Rn. 22).

2. Besondere Voraussetzungen gem. Abs. 2

22   **a) Konstellation von Nr. 1.** In einer ersten Variante sind Geldauflagen
zulässig, weil hier sichergestellt wird, dass die Geldzahlung für den Jugendlichen machbar und ohne die in → Rn. 20 genannten, abträglichen Folgen
ist. Um dies zu gewährleisten, muss sich die Geldauflage auf Mittel beziehen,
über die der Jugendliche „**selbstständig verfügen darf**". Bei diesem Erfordernis geht es weniger bzw. allenfalls in nachrangiger Weise darum, eine
erzieherisch abträgliche Übernahme der Zahlungen durch Angehörige (oder
die Abwälzung auf diese) zu verhindern. Da derartige Belastungstransfers im
privaten Raum verbleiben, entziehen sie sich nämlich jeder Kontrolle. In
erste Linie zielt die in Nr. 1 vorgesehene Bedingung vielmehr darauf ab,
eine Beschränkung auf vorhandene Mittel zu erreichen und so die Entstehung von zukünftig wirksam werdenden finanziellen Belastungen von
vornherein zu vermeiden.

23   Eine zusätzliche, dahingehende Sicherung ergibt sich in Abs. 2 Nr. 1
daraus, dass sich die auferlegte Zahlungspflicht lediglich auf einen verhältnismäßig geringen Betrag beziehen kann. Hohe Zahlungen fallen bei Nr. 1
schon deshalb aus, weil eine Geldauflage hiernach nur zulässig ist, wenn ihr
„**eine leichte Verfehlung**" zugrunde liegt und mehr als ein überschaubarer
Betrag daher unverhältnismäßig wäre. Zeigt sich im Zusammenhang mit der
Bagatelltat indes eine individuelle Problemlage, die ein Bedürfnis nach
längerfristiger Erziehung oder gar eine Tendenz zu wiederholter Straftatbegehung nahelegt, ist die Geldauflage iSv Abs. 2 Nr. 1 iÜ ungeeignet und
nicht angezeigt.

24   Die konkret festzulegende **Höhe** des zu leistenden Geldbetrages muss
ferner den wirtschaftlichen Verhältnissen des Verurteilten angepasst sein. Bei
der Bemessung hat das JGericht zu berücksichtigen, dass erzieherisch in
erster Linie eine Wiedergutmachung des Schadens geboten ist und die
hierfür erforderlichen Ressourcen nicht in die Geldauflage fließen sollten.
Ohnehin darf die Belastung nicht höher als eine Geldstrafe sein, auf die bei
Anwendung von allg. StR zu erkennen wäre (zum Schlechterstellungsverbot
vgl. → § 2 Rn. 23, → § 18 Rn. 8 f.). Die Zahlungspflicht kann dem Jugendlichen jedoch durchaus gewisse Opfer abverlangen (va Abzug von Lohn oder
Taschengeld mit der Folge, Freizeitausgaben einschränken zu müssen). Dies
systematisch anzustreben, führt indes leicht zu Bemessungsunterschieden, die
als ungerecht empfunden werden könnten.

25   **b) Konstellation von Nr. 2.** In einer zweiten Variante sind Geldauflagen
zulässig, wenn der Jugendliche aus der abgeurteilten Straftat einen **Gewinn**
oder ein Entgelt erzielt hatte und dieser Wert bei ihm **noch vorhanden** ist
(allgA). Die Anordnung dient dann dazu, ihm die unberechtigt begründete
und fortbestehende Bereicherung zu entziehen, was sowohl erzieherischen
Belangen als auch solchen des rechtlichen Ausgleichs entspricht. Dieses
Äquivalent der allg. strafrechtlichen Vorteilsabschöpfung, das insofern bei
Geldmitteln eine Sonderregelung im JStR darstellt (str., vgl. dazu n. → § 6
Rn. 12), führt bei den Adressaten (anders als die Auflage gem. Abs. 2 Nr. 1)
also nicht zu einem eigenen wirtschaftlichen Verlust (zumal Nr. 2 den Wert-
ersatz eines weggefallenen Gewinns nicht einschließt). Es weist in diesem
Sinne keinen selbstständigen Ahndungscharakter auf und darf auch ohne
Ahndungszweck verhängt werden. Gerade die Erfahrung, dass aus der Ver-

fehlung kein Vorteil zurückbleibt, kann erzieherisch ohnehin eher wirksam sein als eine davon unabhängige Sanktion. Sofern keine Notwendigkeit für den Einsatz einer Erziehungsmaßregel besteht, muss die Geldauflage deshalb keineswegs mit einer zusätzlichen Rechtsfolge verbunden werden.

Die **Relevanz** von Nr. 2 wird indes durch das 2017 neu geregelte **Ein-** **ziehungs**recht beinahe auf **Null reduziert.** Abschöpfende Geldauflagen und die Wertersatzeinziehung stellen zwar funktionale Äquivalente dar, doch wird ein damit an sich begründbares Spezialitätsverhältnis von der hM wegen der unterschiedlichen rechtlichen Ausgestaltung verneint (Schady/Sommerfeld ZJJ 2018, 219 (223 f.); Schady/Sommerfeld ZJJ 2019, 235 (236, 239); Schumann StraFo 2018, 415 (419)). Eine Anordnung nach Abs. 2 Nr. 2 kann wegen des sich daraus ergebenden Nebeneinanders letztlich nur noch in den Fällen von § 421 StPO in sinnvoller Weise angeordnet werden, weil der Vorteil bereits nach §§ 73 ff. StGB eingezogen wird bzw. werden muss (BGH ZJJ 2020, 306 (309 f.) = BeckRS 2020, 18436; Schumann StraFo 2018, 415 (418)). Damit kommen (außerhalb der Fälle von § 421 StPO) auch die zentralen Einschränkungen von Abs. 2 Nr. 2 – sowohl die ermessensabhängige Anordnung (Abs. 1 S. 1: „kann") als auch die Beschränkung auf vorhandene Wertersatz-/Vorteile (→ Rn. 25) – nicht mehr zum Tragen, da die Rspr. des BGH eine Wertersatzeinziehung in höchst kritikwürdiger Weise auch bei eingetretener Entreicherung obligatorisch sein lässt (n. hierzu → § 6 Rn. 9 ff.). Dem Verurteilten wird hier also eben jener wirtschaftliche Verlust zugefügt, den der obsolet gewordene Abs. 2 Nr. 2 gerade vermeiden soll. Die besagte Judikatur marginalisiert also nicht nur den Anwendungsbereich der Norm, sondern **unterläuft** auch deren **Schutzzweck** (kritisch zu diesem Widersinn etwa Kölbel/Eisenberg/Sonnen NStZ 2021, 683 (684)).

VII. Verfahrensverzögerung

Eine etwaige rechtsstaatswidrige Verfahrensverzögerung muss bei der Rechtsfolgenentscheidung und daher auch bei der (Geld-)Auflagenanordnung grds. berücksichtigt werden. Würde davon mit Blick auf die dezidiert spezialpräventiven Kriterien der jugendstrafrechtlichen Reaktion abgesehen, läge darin eine unzulässige Schlechterstellung Jugendlicher ggü. Erwachsenen in vergleichbarer Verfahrenssituation (hierzu allg. → § 2 Rn. 23, s. auch → § 18 Rn. 8 f.). Ob die **zwingend** vorzunehmende **Kompensation** des in der Verzögerung liegenden rechtswidrigen Rechtseingriffs (Kölbel JR 2018, 575 (578)) nach dem sog. Vollstreckungsmodell (dazu beim JA → § 16 Rn. 29; bei der JStrafe → § 18 Rn. 44 ff.) erfolgen muss, ist indes str. (ohne nähere Begründung verneinend BGH ZKJ 2017, 425 = BeckRS 2017, 112024 mkritAnm Eisenberg ZKJ 2017, 419 f.). Im Falle einer Wiedergutmachungs- und Entschuldigungsauflage kommt dies (angesichts des speziellen Pflichteninhalts) nicht in Betracht (oder jedenfalls nur bei einer damit ggf. verbundenen anderen Rechtsfolge). Der Ausgleich muss hier auf symbolische oder finanzielle Weise erfolgen (§§ 198 Abs. 2 und 4, 199 Abs. 3 GVG iVm § 2 Abs. 2). Bei der Arbeits- und Geldauflage spricht indes nichts dagegen, einen Teil der angeordneten Zahlungspflicht im Urteil als bereits getilgt zu erklären.

VIII. Anwendungspraxis

27   Bis 1990 dominierte in der Verfahrenspraxis eindeutig die Auflage, einen Geldbetrag zu zahlen (Heinz Sekundäranalyse 1050 f.; vgl. etwa auch Knoll, Empirische Untersuchungen zur richterlichen Sanktionsauswahl, 1978, 118). Diese wurde indes ab 1990 durch die damals neu eingeführte **Arbeitsauflage** zunehmend verdrängt – so weit, dass jene heute eindeutig im **Vordergrund** steht (vgl. Tab. (Zahlen einschließlich kumulativer Anordnung neben Entschuldigung)). Die praktische Relevanz der Entschuldigungs- und Wiedergutmachungsauflagen ist dagegen nahezu zu vernachlässigen (StraftSt Tab. 4.3.1; vgl. auch → § 16 Rn. 6, → § 105 Rn. 49).

Kategorie/Jahr	absolut	in %	absolut	in %	Absolut	in %
		2012		2015		2018
Auflagen insgesamt	61.295	100	37.753	100	34.636	100
davon:						
– Wiedergutmachung	3.020	4,93	1.941	5,14	1.532	4,42
– Entschuldigung	247	0,40	121	0,32	176	0,51
– Arbeitsleistung	42.645	69,57	25.922	68,66	23.234	67,08
– Geldzahlung	15.383	25,10	9.769	25,88	9.694	27,99

28   Für die rechtspraktische Nutzung von Auflagen sind, darauf weist dieser vorrangige Einsatz der strafähnlichen Varianten hin, offenbar **Sanktionierungsmotive** überaus prägend. Darüber hinaus dürfte die routinemäßige Umsetz- und Überprüfbarkeit der Arbeits- und Geldauflage für deren Anwendungshäufigkeit mitbestimmend sein. Allerdings äußert sich dies in einer gewissen **altersgruppenbezogenen** Differenzierung. Während bei Jugendlichen die Arbeitsauflage besonders oft angeordnet wird (2018: 80,67 % aller Auflagen; zu Umfang und Dauer der Auflagen s. zudem die Angaben in → § 10 Rn. 18), hat die Geldauflage bei Heranwachsenden ein deutlich stärkeres Gewicht als bei jüngeren Verurteilten (2018: 40,58 %). Dies betrifft bei den 18- bis 21-Jährigen va die Verkehrsdelikte (2018: 54,9 % aller in diesem Deliktsbereich angeordneten Auflagen – alle Angaben berechnet anhand StraftSt, Tab. 4.4.1 und 4.4.2). Vor dem Hintergrund von § 2 Abs. 1 weckt dies insofern **Bedenken**, als die Problembewältigung der Verurteilten nicht über die Ebene des Finanziellen hinausgelangen und bei ihnen den Eindruck begünstigen könnte, Fehlverhalten sei mit Geld auszugleichen. Den vorliegenden empirischen Hinweisen zufolge sind die Legalbewährungswerte nach Auflagen tendenziell schwächer als bei Diversions-Auflagen (vgl. etwa Heinz DVJJ-J 1999, 11 (14 ff.); ferner → § 45 Rn. 24 f.; teilw. anders für Geldbußen bei Verkehrsdelikten Bukowski Bewährungshilfe 2014, 189 (196 f.)).

IX. Verfahrensrechtliches

1. Kontrolle

Die Überwachung geschieht, wie bei einer Weisung (vgl. → § 10 **29**
Rn. 61 ff.), grds. **durch** die **JGH** oder aber durch den **JRichter** (als Vollstreckungsleiter). Die JGH sollte auch deshalb vor einer Anordnung gehört
werden (vgl. bereits Potrykus Anm. 7), wobei dies bei einer Arbeitsweisung
auch wegen der Kostenfrage angezeigt ist (→ Rn. 19). Soweit die Erfüllung
der Auflagen sich auf einzelne überschaubare Teilakte beschränkt, liegt eine
unmittelbare Überwachung durch den JRichter näher als bei den Weisungen.

Bei einer Wiedergutmachungs- und einer Geldauflage kann es sich emp- **30**
fehlen, dem Verurteilten einen schriftlichen **Hinweis** auszuhändigen, wonach er der überwachenden Stelle die Leistungen bzw. Zahlungsbelege selbst
vorzulegen bzw. etwa eintretende Zahlungsschwierigkeiten rechtzeitig mitzuteilen hat. Möglich ist es, diesen Hinweis auch als Weisung gem. § 10
auszusprechen (Putzke in BeckOK JGG Rn. 86). Zudem bedarf es einer –
iSv § 70b Abs. 1 geeigneten – Belehrung darüber, dass im Falle der Nichtbefolgung die Verhängung von JA droht (vgl. RL 5).

2. Änderung und Befreiung

Gem. **Abs. 3 S. 1** dürfen Auflagen geändert werden, jedoch nur in eine **31**
andere Auflage (nicht in eine Weisung) und auch nur in den Grenzen
gleicher Belastung des Jugendlichen (ebenso Ostendorf in NK-JGG Rn. 19;
aA Putzke in BeckOK JGG Rn. 93; Streng JugendStrafR Rn. 406). Unzulässig wäre deshalb eine Erweiterung der Arbeitspflichten oder eine Verlängerung (Feuerhelm Gemeinnützige Arbeit 239; vgl. auch → § 23 Rn. 10
sowie → § 11 Rn. 5 ff.). Ebenso darf der JRichter aus erzieherischen Gründen nachträglich von Auflagen ganz oder teilw. befreien (was va bei über-
holten Auflagen erforderlich wird). Relevant ist die Befreiung etwa in
solchen Fällen, in denen sich die Auflage als unverhältnismäßig darstellt, sei
es wegen Änderungen in den rechtsfolgenrelevanten Lebensumständen (zB
Beendigung von Arbeitslosigkeit) und/oder wegen einer unzureichenden
Entsprechung der Rechtsfolge mit den individuellen Verhältnissen des Verurteilten (zB überhöhte Geldauflage ggü. arbeitslosen Jugendlichen). Ohne
eingehende Prüfung der spezialpräventiven Notwendigkeit wäre ein Austausch von Arbeits- und Geldauflage indes unzulässig.

3. Reaktion auf Nichtleistung

Eine **Vollstr** zur Durchsetzung der Auflage ist **unzulässig.** Dies gilt **32**
insbes. bzgl. einer Geldauflage, die daher nicht zwangsweise beigetrieben
werden kann (vgl. RL 6 S. 2). Gemäß Abs. 3 S. 2 ist jedoch **§ 11 Abs. 3** in
vollem Umfang entspr. anwendbar, dh es kann ggf. JA verhängt werden.
Hinsichtlich der Voraussetzungen, des Verfahrens, der Vollstr und der Eintragung in das Erziehungsregister gelten die Regelungen, die das Gesetz bei
Weisungen vorsieht, entspr. (vgl. dazu n. → § 11 Rn. 13 ff., 25 f.). Bisweilen
ergeben sich insofern jedoch auch spezifische Probleme. So stellt sich die

Frage, ob und unter welchen Voraussetzungen von einer schuldhaften Nichterfüllung ausgegangen werden kann, wenn die Leistung bei einer Geldauflage durch einen Dritten erbracht wird. Aus den Gründen, die in solchen Fällen auch gegen die Tatbestandsmäßigkeit iSv § 258 Abs. 2 StGB sprechen (BGHSt 37, 226 = NJW 1991, 990: ua keine Abgrenzbarkeit zur nachträglichen Erstattung ggü. Jugendlichen) ist die Anwendbarkeit des JA hier generell abzulehnen.

33   Wurde JA verhängt und **vollstreckt**, so kann der JRichter die Auflagen ganz oder zum Teil für **erledigt erklären** (Abs. 3 S. 3; nach Semler in Nix Rn. 7: muss). Dies sollte zumindest dann geschehen (vgl. iÜ → § 11 Rn. 24), wenn die mit der Auflage angestrebte Bewusstmachungs- und Ahndungsfunktion durch die Vollstr des JA als erreicht anzusehen ist (eine funktionelle Äquivalenz von Auflagen und Zuchtmitteln vertritt insoweit Itzel, Die Abgrenzung der Weisungen von den Auflagen nach dem JGG, 1987, 37).

Jugendarrest

16 (1) **Der Jugendarrest ist Freizeitarrest, Kurzarrest oder Dauerarrest.**

(2) **Der Freizeitarrest wird für die wöchentliche Freizeit des Jugendlichen verhängt und auf eine oder zwei Freizeiten bemessen.**

(3) [1]**Der Kurzarrest wird statt des Freizeitarrestes verhängt, wenn der zusammenhängende Vollzug aus Gründen der Erziehung zweckmäßig erscheint und weder die Ausbildung noch die Arbeit des Jugendlichen beeinträchtigt werden.** [2]**Dabei stehen zwei Tage Kurzarrest einer Freizeit gleich.**

(4) [1]**Der Dauerarrest beträgt mindestens eine Woche und höchstens vier Wochen.** [2]**Er wird nach vollen Tagen oder Wochen bemessen.**

Schrifttum: Arndt, Kriminologische Untersuchungen zum Jugendarrest, 1970; Bihs, Grundlegung, Bestandsaufnahme und pädagogische Weiterentwicklung des Jugendarrests in Deutschland unter besonderer Berücksichtigung des Jugendarrestvollzuges in Nordrhein-Westfalen, 2013; Bruns, Jugendliche im Freizeitarrest, 1984; Eckold, Zeit im Arrest, 2018; Eisenhardt, Die Wirkung der kurzen Haft auf Jugendliche, 2. Aufl. 1980; Eisenhardt, Gutachten über den Jugendarrest, 1989; Ernst, Der Jugendarrest, 2020; Jaeger, Zur Notwendigkeit und Ausgestaltung eines Jugendarrestvollzugsgesetzes, 2010; Klosterkemper, Erfolg und Mißerfolg ambulanter Maßnahmen und des Dauerarrestes, 1971; Klatt/Bliesener, Evaluierung des Jugendarrestes in Schleswig-Holstein, 2018; Klatt/Bliesener, Evaluation des Jugendarrestvollzugs in Niedersachsen, 2020; Kühndahl-Hensel, Der individualpräventive Schock im Jugendkriminalrecht, 2014; Meyer-Höger, Der Jugendarrest – Entstehung und Weiterentwicklung einer Sanktion, 1998; Müller, Haftschaden, 2016; Nolte, Die Rückfälligkeit Jugendlicher und Heranwachsender nach der Verbüßung von Jugendarrest, 1978; Ostendorf (Hrsg.), Reform des Jugendarrests in Schleswig-Holstein, 1994; Redmann/Hußmann (Hrsg.), Soziale Arbeit im Jugendarrest, 2015; Riechert-Rother, Jugendarrest und ambulante Maßnahmen, 2008; Schumann (Hrsg.), Jugendarrest und/oder Betreuungsweisung, 1985; Schwegler, Der Dauerarrest als Erziehungsmittel für junge Straftäter, 1999; Süssenguth, Jugendarrest in Bayern, 1973.

Übersicht

I. Anwendungsbereich

Für Jugendliche und Heranwachsende gelten die Erl. zu § 13 Abs. 1 ent- **1** sprechend (→ § 13 Rn. 1 f.).

Bei Soldatinnen und Soldaten sind militärische Belange im Hinblick auf **2** § 112c nicht nur bei der Vollstreckung, sondern ggf. auch bei der Verhängung von JA zu berücksichtigen (Potrykus NJW 1957, 814 ff.).

II. Konzeptionelle Einordnung und Leistungserwartung

Der JA, einer wehrstrafrechtlichen Sanktion und einer Maßnahme der **3** Hitler-Jugend entlehnt, wurde durch VO v. 4.10.1940 eingeführt, um damit eine **schnelle nachdrückliche Züchtigung** vornehmen und zugleich kurzzeitige JStrafen ersetzen zu können (n. dazu → § 13 Rn. 3 ff.; erg. → Einl. Rn. 16). Bei Vorbereitung des JGG 1953 hatte man die Beibehaltung des JA als mögliche Rechtsfolge sodann in Frage gestellt, doch bestand hier keine vollständige Klarheit (Ernst, Der Jugendarrest, 2020, 41 ff.). Die dahingehende, auf einen späteren Zeitpunkt verschobene Entscheidung (BT-Drs. 1/3264, 40) steht noch immer aus. Gegen eine Abschaffung des JA (dafür seither bspw. Schumann Zbl 1986, 363 (368); DVJJ 1990, AK XIII (Thesen)) spricht angesichts der empirischen Lage (→ Rn. 17 f.) dabei allein die dann drohende Zunahme von JStrafen (vgl. auch Franzke RdJB 2018, 428 (436 f.)). Eine darüber hinausgehende „sachliche" Legitimität dieser Sanktionsform setzt hingegen einen **konzeptionellen** und begrifflichen **Übergang** zu einem „stationären sozialen Training" voraus (vgl. dazu bereits Fachkommission JA ZJJ 2009, 275 (276 f.); statt vieler auch Bihs/ Walkenhorst ZJJ 2009, 11 (17 ff.); Wulf ZJJ 2010, 191; Hügel in FS Heinz,

2012, 420; vertiefend Bihs, Grundlegung, Bestandsaufnahme (...), 2013, 386 ff.; einen entspr. Handlungsbedarf dagegen noch bestreitend BReg BT-Drs. 16/13142, 59). Umgesetzt wurden solche Ansätze bislang aber nur punktuell (→ Rn. 15 f.; speziell zu JA in freien Formen → § 90 Rn. 27; zum sozialpädagogischen Übergangsmanagement Werny in Redmann/Hußmann (Hrsg.), Soziale Arbeit im Jugendarrest, 2015, 267 ff.). Daher bleibt die Frage weiterhin **virulent,** was JA so, wie diese freiheitsentziehende Sanktion derzeit meist noch vollzogen wird (→ Rn. 14 ff.), im Rahmen des heutigen JStR überhaupt **bezweckt.**

4   Legt man die zur Entstehungszeit (vgl. → § 13 Rn. 4 f.) dominierende Vorstellung zugrunde, soll der JA als „tatbezogener Ordnungsruf" den Verurteilten „seelisch erschüttern und ihm bewusst machen, dass er an einem Scheideweg steht" (Dallinger/Lackner Rn. 7; krit. speziell zum Disziplinararrest nach der WDO Walz NZWehr 1991, 89 ff. (98); Weisse NZWehrr 1993, 27 ff.). In diesem Sinne soll der JA dem Jugendlichen auch gem. § 90 Abs. 1 S. 1 in präventiver Absicht „eindringlich zum Bewusstsein bringen", dass er für begangenes „Unrecht einzustehen" habe (s. ebenso etwa Brunner/Dölling Rn. 1). Aus einer solchen Warte dient der JA als eine eher **kurzzeitige stationäre Intervention** also dazu, primär Selbstreflexionen zu veranlassen und ggf. daneben bei der Bewältigung etwa erkennbarer deliktsförderlich gewesener Umstände zu helfen (§ 90 Abs. 1 S. 3; zum Verhältnis zu Art. 6 GG s. Reuther Elternrecht 69 ff.).

5   Durch eine dahingehende Leistungserwartung **unterscheidet sich** der JA deutlich von der **langfristigen Gesamterziehung** iSd JStrafe (→ § 13 Rn. 8). Die Rechtsfolge gilt deshalb auch **nicht** als **Strafe** im **technischen** Sinne, sondern als kurzfristiger Freiheitsentzug mit schuldausgleichendem und zugleich erzieherischem Charakter (BVerfG NJW 2005, 2140 (2141); Sondervotum Geller/Rupp in BVerfGE 32, 40 ff. (53) = NJW 1972, 93 (95); BGHSt 18, 207 (209) = NJW 1963, 770 (771)). Wegen des qualitativen Unterschieds zur Freiheits- oder JStrafe kann der JA auch nicht deren außerstrafrechtliche Folgen haben (vgl. etwa SG Gießen BeckRS 2010, 68064; SG Dresden BeckRS 2014, 67475; LSG LSA BeckRS 2015, 66259: kein Anspruchsverlust iSv § 7 Abs. 4 S. 2 SGB II). Innerhalb des JStV wird die legislatorische Unterscheidung von JStrafe und JA bspw. in dessen Außerachtlassung bei § 68 Nr. 5 deutlich. Auch ist beim JA (anders als gem. § 14a WStG beim Strafarrest) keine Aussetzung zBew möglich (n. und krit. Domzalski ZJJ 2012, 51). Stattdessen darf lediglich von seiner Vollstreckung (ggf. ganz oder teilw.) abgesehen werden (§ 87 Abs. 1 und 3).

III. Empirische Einordnung

1. Entwicklung der Verhängungszahlen

6   Seit der zweiten Hälfte der 1960er Jahre war zunächst ein erhebliches **Absinken** der Verhängung von JA zugunsten der Verwarnung, der (Geld-) Auflage und möglicherweise auch der JStrafe zu verzeichnen, gegen Ende des 20. Jh. jedoch wieder ein leichter Anstieg. Dieser hat sich zu Anfang des 21. Jh. nicht fortgesetzt; vielmehr sind die Zahlen etwa gleich geblieben (vertiefend Heinz ZJJ 2014, 97; Heinz Sekundäranalyse 1092 ff.). Dem-

gegenüber lässt die Entwicklung der Häufigkeit der Arbeitsauflage keinen unmittelbaren Zusammenhang zum JA erkennen.

Tabelle: Häufigkeit der Arbeitsauflage und des Dauer- sowie Freizeit-arrests (außer zusammen mit Entschuldigung) und der Geldauflage auf 1.000 nach JStR Verurteilte (vgl. auch → § 15 Rn. 27 f., → § 105 Rn. 49).

Jahr	Dauerarrest	Freizeitarrest	Arbeitsauflage	Geldauflage
1968	173.9	196.2	–	324.9
1971	110.7	126.9	–	410.2
1974	97.3	106.0	–	404.7
1977	86.6	113.2	–	372.7
1980	78.5	111.3	–	380.5
1983	90.9	103.5	–	292.1
1986	83.6	103.5	–	295.4
1989	78.2	93.4	–	328.7
1992	83.6	69.9	206.0	271.2
1995	87.5	70.3	314.3	220.4
1998	92.7	81.3	358.7	190.5
2001	87.0	77.0	371.5	205.8
2004	92.7	81.2	432.2	158.7
2007	91.8	76.4	454.9	151.1
2010	92.7	74.2	437.5	141.6
2013	91.8	67.2	398.7	149.4
2016	91.0	62.1	388.1	151.5
2017	90,4	58,4	385,5	156,1
2018	83,8	60,2	391,9	163,5

Quelle: RPflSt Tabelle 8 (1968–1974), Tabelle 3.8 (1977–1986); StrafSt Tabelle 4.3 (seit 1989); bis 2006 jeweils in den „alten" Bundesländern, ab 2007 in Deutschland gesamt.

Von in Deutschland in den Jahren 2007, 2010, 2013, 2016 und 2019 **7** insgesamt 121.354, 108.464, 81.737, 61.728 und 59.084 nach JStR Ver-urteilten wurde JA (in absoluten Zahlen) bei 22.153, 19.892, 14.481, 10.776 und 9.291 Personen angeordnet. Innerhalb der drei Formen von JA ist die Anwendung von Kurzarrest deutlich am seltensten. Die absoluten Zahlen der Verhängung in den genannten Jahren lauteten für Freizeitarrest 9.272, 8.054, 5.496, 3.832 und 3.385, für Kurzarrest 1.740, 1.780, 1.227, 709 und 468 sowie für Dauerarrest 11.141, 10.058, 7.503, 5.619 und 4.813 (StrafSt Tabelle 4.3). Auf prozentuale Anteile bezogen nimmt innerhalb der (generell zurückgehenden) JA-Verhängungen gerade die **eingriffsintensivste Form zu** (Eisenberg/Kölbel Kriminologie, § 38 Rn. 11; Heinz Sekiundäranalyse 1107 ff.; ferner Franzke RdJB 2018, 428 (429): „Verlagerung weg von den Kurz- und Freizeitarresten hin zum Dauerarrest"). Dabei währt der Dauer-arrest offenbar meist ein oder zwei Wochen (so jedenfalls für NRW die Daten bei Bihs, Grundlegung, Bestandsaufnahme und pädagogische Weiter-entwicklung (…), 2013, 324; ferner Lobitz/Wirth FS 2018, 326 (327): drei und vier Wochen jeweils ca. 10 % und zwei Wochen knapp 42 % aller Dauerarrestanten).

8   Bei **regionaler** Betrachtungsweise ergeben sich erhebliche Unterschiede (vgl. dazu bereits Pfeiffer MschKrim 1981, 28 (34); bezogen auf LG-Bezirke Pfeiffer/Strobl DVJJ-J 1991, 37 ff.). Nach den amtlichen Daten liegt die Häufigkeit der Anordnung von JA bezogen auf die Größe der betr. Bevölkerungsgruppe bspw. in Bay., Bln. und dem Saarl. deutlich über dem bundesweiten Durchschnitt, in BW, Sachs. und Bbg. dagegen deutlich darunter (Endres/Lauchs Bewährungshilfe 2018, 384 (387 f.); vertiefend Heinz Sekundäranalyse 1121 ff.). Auch wurde generell ein West-Ost-Gefälle berechnet (Kröplin, Die Sanktionspraxis im Jugendstrafrecht in Deutschland im Jahr 1997, 2002, 119 ff., 206 f. (für 1997)).

2. Zugänge in JA-Vollzugsanstalten

9   Um die empirische Wirklichkeit des JA abzuschätzen, muss neben der Anordnung auch der **tatsächliche Zugang** berücksichtigt werden. Dies zeigt sich bereits in **zeitlicher** Hinsicht. So unterstreicht der Umstand, dass die Vollstreckung gem. § 87 Abs. 4 S. 1 bei einem zu langen Zeitablauf seit Eintritt der Rechtskraft des auf JA lautenden Urteils (ein Jahr) unzulässig wird, grds. das gesetzliche Anliegen, wonach der JA (als kurzfristiger Freiheitsentzug) aus erzieherischen Gründen **zügig einsetzen** soll. In der Praxis wird dies allerdings nicht immer sichergestellt (dazu mwN zu den hierzu vorliegenden Studien Heinz Sekundäranalyse 1081 f.; zu Zeiträumen von durchschnittlich nicht unter sechs Monaten oder gar bis zu neun Monaten zwischen Tat und Vollstr schon Pfeiffer MschKrim 1981, 28 (32); nach Schwegler, Der Dauerarrest als Erziehungsmittel für junge Straftäter, 1999, 218 f. im Durchschnitt 13 Monate (betr. Dauerarrest); vgl. erg. auch Giffey/Werlich in Schumann, Jugendarrest und/oder Betreuungsweisung, 1985, 37 ff.). Dies beruht (oder beruhte) auf den verfahrensmäßigen Vorgängen zwischen Anordnung und Beginn der Vollstr bzw. auf Verzögerungen und Aufschub infolge von Überfüllung der Unterbringungsmöglichkeiten (vgl. hierzu vormals zB Nolte, Die Rückfälligkeit Jugendlicher und Heranwachsender nach der Verbüßung von Jugendarrest, 1978).

10   Unabhängig davon werden die in der StrafSt erfassten JA nicht notwendig auch umgesetzt (zB wegen später erfolgender Umwandlung in eine andere Maßnahme oder wegen Absehens von der Vollstreckung). Insofern sollten die **Zugangszahlen** geringer als die der Anordnungen sein. Die diesbzgl. (unveröffentlichte) behördeninterne Übersicht ergibt aber ein gegensätzliches Bild. Für die Zugänge in JA-Anstalten und Freizeitarresträumen betrugen in den Jahren 2006, 2009, 2012, 2015 und 2018 die Zahlen bei Heranwachsenden (und älteren Personen) 21.891, 21.173, 19.653, 14.230 und 11.486, bei 16- bis unter 18-Jährigen 11.049, 10.111, 9.087, 6.968 und 6.130, und bei 14- bis unter 16-Jährigen 2.677, 2.658, 2.600, 1.911 und 1.659. In 2019 lauteten die Werte: 11.507, 5.780 und 1.559. Die im Vergleich (→ Rn. 6 ff.) **angehobene Größenordnung** erklärt sich teilw. mit der Mehrfachzählung bei Freizeitarrest sowie iÜ mit der Verhängung von Nichtbefolgungsarrest gem. § 11 Abs. 3 und § 98 Abs. 2 OWiG (s. erg. zum Kopplungsarrest → § 16a Rn. 5). Darauf weisen auch Einzeluntersuchungen hin, denen zufolge teilw 40 % (und mehr) der Belegung von JA-Anstalten auf Nichtbefolgungsarrest beruhen (→ § 11 Rn. 12). Auch für den Arrest nach § 98 Abs. 2 OWiG ist nach den Daten von Ernst/Höynck ZJJ 2018, 312 (318) von erheblichen Belegungsanteilen auszugehen (je nach Anstalt bis zu einem Drittel).

3. Betroffene Gruppen

Bezogen auf **Altersgruppen** haben JA-Anordnungen in der Tendenz bei **11** jüngeren Verurteilten eine etwas größere Bedeutung. So wurde in den genannten Jahren JA in 12.715, 11.280, 7.554, 5.637 und 5.262 Fällen ggü. Jugendlichen und in 9.438, 8.612, 6.927, 5.139 und 4.417 Fällen gegenüber Heranwachsenden verhängt. Bei Jugendlichen handelte es sich in 5.633, 4.820, 3.024, 2.169 und 2.113 Fällen um Freizeit-, in 983, (erneut) 983, 620, 353 und 245 Fällen um Kurz- und in 6.099, 5.477, 3.785, 2.820 und 2.548 Fällen um Dauerarrest, während die entsprechenden Zahlen – in gleicher Folge – bei Heranwachsenden 3.639, 3.234, 2.472, 1.663 und 1.458 bzw. 757, 797, 607, 356 und 224 sowie 5.042, 4.581, 3.718, 2.799 und 2.418 lauteten (StrafSt Tabelle 4.4; zu vormaligen Häufigkeiten vgl. frühere Aufl.).

Jugendliche und Heranwachsende, bei denen JA angeordnet wird, sind **12** psychosozial oft stark belastet bzw. **gefährdet** (→ Rn. 14). Der Anteil derjenigen Insassen von JA-VollzAnstalten, bei denen zuvor **bereits eine stationäre** Sanktion (JA oder gar JStrafe) vollstreckt worden war, scheint seit dem letzten Viertel des 20. Jh. zumindest zeitweilig zugenommen zu haben (Riechert-Rother, Jugendarrest und ambulante Maßnahmen, 2008, 283 ff.; Heinz FS 2011, 76; für Bay. 2015/16 vgl. Endres/Lauchs Bewährungshilfe 2018, 384 (392): 36 % mit früherem JA; ähnlich für Hessen Ernst, Der Jugendarrest, 2020, 228). Nach der (unveröffentlichten) behördeninternen Übersicht über die **Zugänge** in JA-Anstalten und Freizeitarresträumen betraf dies in den Jahren 2006–2019 bei früherem JA 9.523, 9.853, 9.820, 9.858, 10.441, 10.431, 10.923, 10.459, 9.314, 8.139, 7.663, 6.788, 6.338 und 6.298 der Eingewiesenen und bei früherer Freiheits- oder JStrafe 1.818, 1.935, 1.882, 1.938, 1.890, 1.790, 1.532, 1.484, 1.490, 1.262, 1.093, 1.032, 1.034 und 904 Personen. Inwieweit diese Zahlen durch eine Mehrfachzählung bei Freizeitarrest verzerrt werden und zu welchen Anteilen es sich um Personen handelt, bei denen die Arrestanordnung und -vollstreckung nur ersatzweise geschah (§ 11 Abs. 3, § 15 Abs. 3, § 23 Abs. 1 S. 4, § 29 S. 2, § 88 Abs. 6 S. 1), lässt die Übersicht nicht erkennen.

Im Übrigen scheint (Dauer-)Arrest bei **Nichtdeutschen** häufiger und mit **13** längerer Dauer angeordnet zu werden als als bei Deutschen (so jedenfalls die älteren Daten von Pfeiffer/Strobl DVJJ-J 1991, 35 (43); Rathke NK 3/1992, 9 (9); Riechert-Rother, Jugendarrest und ambulante Maßnahmen, 2008, 212 ff., 245 ff.). Demgemäß liegen zudem Anhaltspunkte dafür vor, dass bei den durch JA sanktionierten Nichtdeutschen die psychosoziale Belastung bzw. Gefährdung im Vergleich zu deutschen Personen eine geringere ist (ablesbar an sozialen Faktoren und/oder dem Anteil sog. „Ersttäter" – vgl. etwa Pfeiffer und Savelsberg in DVJJ 1987, 30 f. und 371 f.; tendenziell einschränkend Dittmann/Warnitznig MschKrim 2003, 200 (203)). Dabei dürfte eine Rolle spielen, dass das Spektrum geeigneter ambulanter Sanktionen wegen der Sprachbarrieren eingeschränkt ist.

4. Befunde zum JA-Vollzug

14   Was die Möglichkeiten einer positiv fördernden, zukunftsgerichteten Einwirkung unter den Gegebenheiten des JA-Vollzugs angeht, sind zunächst einmal entspr. **Zielsetzungen** und **Gestaltungsvorgaben** zu konzedieren (n. → § 90 Rn. 15 ff.). Insofern gehen die landesrechtlichen Vorgaben über § 90 Abs. 1 S. 2 und 3 teilw. hinaus. Eine nur-repressive, dh nur freiheitsentziehende oder verwahrende Vollzugsdurchführung ist de lege late also nicht angelegt. Dies wäre auch offensichtlich dysfunktional, da die **Betroffenen** ganz überwiegend mit wirtschaftlichen, psychischen und sozialisatorischen Problemlagen (teilw. erheblich) belastet sind (vgl. dazu etwa Riechert-Rother, Jugendarrest und ambulante Maßnahmen, 2008, 221 ff.; Köhler/Bauchowitz/Weber/Hinrichs PraxRPsych 2012, 90 ff.; Bihs, Grundlegung, Bestandsaufnahme und pädagogische Weiterentwicklung (…), 2013, 332 ff.; Heinz ZJJ 2014, 97 (103); Endres/Lauchs Bewährungshilfe 2018, 384 (394 f.); Lobitz/Wirth FS 2018, 326 (327); Klatt/Bliesener, Evaluation des Jugendarrestvollzugs in Niedersachsen, 2020, 22 ff.; Ernst, Der Jugendarrest, 2020, 165 ff. sowie schon Hauser Jugendrichter 78 f.; Pfeiffer MschKrim 1981, 28; Rathke NK 3/1992, 9 (10); Eisenhardt, Gutachten über den Jugendarrest, 1989, 127 f.). Zusätzlich beeinträchtigende Interventionen könnten hier kaum positiv wirksam werden. Dennoch wird dem JA-System in **rechtstatsächlicher Hinsicht** allenfalls eine **geringe erzieherische Leistungsfähigkeit** zugetraut (vgl. auch → Rn. 17 f.; statt vieler etwa Reuther Elternrecht 133 ff.; Thalmann FS 2011, 79).

15   Insgesamt ist es bislang nämlich (nur) manchen Anstalten gelungen, einen sozialpädagogisch orientierten JA-Vollzug zu verwirklichen (zu inzwischen aufgebauten Maßnahmeangeboten und den damit erreichten Arrestantenanteilen s. für Sachs. die Beiträge in Redmann/Hußmann (Hrsg.), Soziale Arbeit im Jugendarrest, 2015, 216 ff.; für NRW Lobitz/Wirth FS 2018, 326 (328 f.); für Nds. differenzierend Klatt/Bliesener, Evaluation des Jugendarrestvollzugs in Niedersachsen, 2020, 31 ff.; vgl. ferner Gernbeck/Höffler/Verrel NK 2013, 307 (309 f.); relativierend aber noch Seidl/Holthuisen/Hoops ZJJ 2013, 292 (294)). Vielfach bestehen dagegen die **Ähnlichkeiten** mit einem kurzzeitigen **(Verwahr-)Strafvollzug** weiterhin fort (vgl. dazu bspw. die Beschreibungen der Vollzugssituation und der Alltagsgestaltung in vier Einrichtungen durch Kobes/Pohlmann ZJJ 2003, 370; zusf. zu den vorliegenden Befunden zur Vollzugswirklichkeit Kolberg/Wetzels PraxR-Psych 2012, 113 (121 ff.); Bihs, Grundlegung, Bestandsaufnahme (…), 2013, 221 ff., 386 ff.; s. auch Jaeger, Zur Notwendigkeit und Ausgestaltung (…), 2010, 59 ff.; Kühndahl-Hensel, Der individualpräventive Schock im Jugendkriminalrecht, 2014, 112 ff.; Kaplan FS 2018, 313 (314 f.); Gammon KrimOJ 1 (2019), 250 (257 ff.)). Ohnehin ist die Realisierung nachhaltiger erzieherischer Ein-/Wirkungen schon durch den institutionellen Zwangshintergrund erschwert. Hinzu kommt, dass die fraglichen Beziehungen immer nur passagerer Art und (va beim Freizeit- und Kurzarrest) zeitlich stark limitiert sind.

16   Die Vollzugssituation dürfte daher durch Befunde, die die Förderlichkeit des JA-Vollzugs in Frage stellen, tendenziell zutr. erfasst und keineswegs verzeichnet werden. Das betrifft auch Befragungsdaten, die teilw. auf Angst machende und aggressiv stimmende Wahrnehmungen der Betroffenen (Müller, Haftschaden, 2016, 51 ff.) oder doch zumindest auf das Ausbleiben von „Besinnungs"-Prozessen hinweisen (Schwegler, Der Dauerarrest als Erzie-

hungsmittel für junge Straftäter, 1999, 256 ff.; Schumann ZJJ 2014, 142 (144 f.)). Insgesamt wird die Einsperrung individuell wohl ganz unterschiedlich erlebt und empfunden, ohne dabei aber Transformationsprozesse auszulösen, „die die Arrestzeit in der Retrospektive der Arrestanten bedeutsam werden" ließ (Eckold, Zeit im Arrest, 2018, 81 ff., 183; zu ähnlichen älteren Befunden zusf. Bihs, Grundlegung, Bestandsaufnahme (…), 2013, 231 ff.). Bis zu einer durchgehenden sozialpädagogischen Ausrichtung des JAVollzugs bleibt es also grds. noch höchst **zweifelhaft,** JA als eine mit Blick auf **§ 2 Abs. 1 zeitgemäße** Sanktionsform einzusetzen (zur dahingehenden Debatte auch Höynck/Ernst in Dollinger/Schmidt-Semisch Jugendkriminalität-HdB 682 ff.).

5. Daten zur Leistungsfähigkeit des JA

Schon **ältere** Untersuchungen haben idR eine **sehr hohe „Rückfällig-** **17** **keits"**-Rate nach JA festgestellt (s. Schaffstein ZStW 1982 (1970), 853 ff. (860 ff. mN): etwa 60 % bis 70 %; Ostendorf (Hrsg.), Reform des Jugendarrests in Schleswig-Holstein, 1994, 25 f.: zumindest 62,5 %; Schumann/ Döpke in Schumann (Hrsg.), Jugendarrest und/oder Betreuungsweisung, 1985, 135 ff.: nach durchschnittlich 15 Monaten 72,5 % (Bremen) bzw. 81,1 % (Bremerhaven); niedriger aber Eisenhardt, Die Wirkung der kurzen Haft auf Jugendliche, 1980, 531). Dabei waren die Werte umso geringer, je „enger" die Auswahl bei der Verhängung des JA getroffen wurde (vgl. schon Schaffstein ZStW 1982 (1970), 853 ff.; s. auch Böhm/Feuerhelm Jugend-StrafR 214 f.). So lag die „Rückfälligkeits"-Quote derjenigen Probanden, die als „arrestgeeignet" galten (s. aber → Rn. 26), nach einem Zeitablauf von etwa vier bis fünf Jahren nach Entlassung aus dem Dauerarrest knapp über 50 % − deutlich unter der Folgebelastung der als „arrestungeeignet" geltenden Personen (vgl. etwa Arndt, Kriminologische Untersuchungen zum Jugendarrest, 1970, 119: 50,7 % bzw. 78,7 %; s. ferner die ähnlichen Aussagen in Untersuchungen von Klosterkemper, Erfolg und Mißerfolg ambulanter Maßnahmen und des Dauerarrestes, 1971, 24 und Süssenguth, Jugendarrest in Bayern, 1973, 115). Nach Nolte (Die Rückfälligkeit Jugendlicher und Heranwachsender nach der Verbüßung von Jugendarrest, 1978, 139 f., 142) wurden 69,2 % wieder erfasst (bei Jugendlichen 78,2 %, bei Heranwachsenden 53,7 %). Dabei betrug die Quote bei den als „verwahrlost und schwer gefährdet" eingeordneten Personen 82,1 % und bei den „nicht oder nicht nennenswert Gefährdeten" 43,1 %.

Nach den neueren bundesweiten **BZR-Daten** wurde bei 63,7 % der 2010 **18** Entlassenen innerhalb von drei Jahren eine neuerliche Eintragung und bei 34,2 % eine solche zu JA, Freiheits- oder JStrafe registriert. Für den Bezugsjahrgang 2003 betrugen die Rückfallraten nach drei, sechs, neun und zwölf Jahren ca. 66 %, 76 %, 78 % und 80 % (JAHT Legalbewährung, 2021, 144). Dies bleibt nur wenig hinter den Werten für JStrafen ohne und mit Aussetzung zBew zurück. Zu ganz ähnlichen Ergebnissen gelangen auch neuere Regionaluntersuchungen (vgl. für BW Gernbeck/Hohmann-Fricke ZJJ 2016, 362; für SchlH Klatt/Bliesener, Evaluierung des Jugendarrestes in Schleswig-Holstein, 2018, 32 ff.; für Thür. Giebel/Ritter in Niggli/Marty (Hrsg.), Risiken der Sicherheitsgesellschaft, 2014, 199). Jüngere **Befragungen** ergaben eine allenfalls sehr moderate Verbesserung bei „kriminalitätsrelevanten Kompetenzen und Einstellungen der Arrestierten" (Bliesener/

Klatt unsere jugend 2019, 465 (468); n. Klatt/Bliesener, Evaluation des Jugendarrestvollzugs in Niedersachsen, 2020, 63 ff.; nahezu gar keinen Effekt bei Heubeck/Endres FS 2019, 301 (303)).

IV. Anordnungskonstellationen

1. Probleme der praktischen Zielgruppenbestimmung

19   Die diffuse und unklare Zweckbestimmung (→ Rn. 4) ist für die Frage, wann bzw. bei wem JA angezeigt sein könnte, nur wenig ergiebig. Deshalb wurde schon frühzeitig versucht (vgl. Peters ZStW 1941, 551 (559); sodann BGHSt 18, 207 (209) = NJW 1963, 770 (771)), der konzeptionellen Unterbestimmtheit mit charakteristischen Anwendungsbsp. zu begegnen und hierfür an Beweggründe und tatsituative Umstände anzuknüpfen. Das hat zu einem weiten Katalog an **Tathintergründen** geführt (zB Verfehlungen aus Unachtsamkeit, aus jugendlichem „Kraftgefühl" und Übermut, aus typisch jugendlichen Neigungen und jugendlichem „Vorwärtsstreben", jugendlicher Trotzhaltung, jugendlicher Abenteuerlust und mangelnder Selbstständigkeit). Dass dem eine entwicklungspsychologische Basis und nicht nur eine Zuschreibung durch institutionell eingebundene Erwachsene zugrunde lag, war allerdings fraglich. Ohnehin blieb hier unklar, inwieweit dies das spezifische Anwendungsfeld des JA oder nicht vielmehr allg. Kennzeichen von Jugenddelinquenz erfasste. Das betrifft im Grunde auch Hinweise auf situativ bestimmte Gelegenheits- und Augenblicksverfehlungen oder Taten aus „schlichter Bedenkenlosigkeit" (darauf verweisend aber Tonhauser/Geiger/Gillig ua DVJJ-J 1991, 275).

20   Ungeachtet aller Einwände wird in der Praxis regelmäßig ein klarer Bedarf an der Rechtsfolge des JA artikuliert (Winkelmann, Neue ambulante Maßnahmen, Jugendarrest und Warnarrest in Westfalen-Lippe, 2021, 172 ff.; s. auch → Rn. 24 f.). Neben den gesetzlichen Voraussetzungen zur Anordnung von JA finden dabei aber offenbar anhaltend andere Kriterien Berücksichtigung (zu „Missbräuchen" s. Eisenhardt, Gutachten über den Jugendarrest, 1989, 118, 121, 152). Dies scheint besonders für eine generalpräventiv motivierte Anwendung zu gelten, obwohl dies im JStR nicht angängig ist (vgl. → § 17 Rn. 6 f.; → § 18 Rn. 43). Höchst problematisch und grds. unzulässig ist es auch, dem Beschuldigten zur Begründung der Verhängung von JA sein Verteidigungsverhalten (bzw. den Mangel an Reue usw) anzulasten (vgl. n. auch → § 18 Rn. 31, → § 21 Rn. 27). Das gilt idR ebenso für das Verhalten in der HV (vgl. n. → § 50 Rn. 13; verfehlt daher LG Augsburg BeckRS 2015, 15024: „indiskutables Prozessverhalten (…) grundsätzlich geeignet, Erkenntnisse hinsichtlich des Nacherziehungsbedarfs eines Angeklagten zu gewinnen").

2. Allg. Negativkriterien

21   Die Herausbildung einer „Indikation", dh personen- und tatbezogener Merkmale, bei denen JA angezeigt sein könnte, ist bis heute weder in der Literatur noch in der Rspr. erfolgt (ebenso Höynck/Ernst in Dollinger/Schmidt-Semisch Jugendkriminalität-HdB 671 f.). Es zeichnen sich für die Maßnahmeeignung allenfalls vage Rahmensetzungen ab. So wird angenom-

men, die erforderliche Ansprechbarkeit setze ein gewisses Niveau **geistiger Entwicklung** voraus. Aus diesem Grunde sei im Allg. bei den 14- und 15-jährigen Verurteilten eine nur zurückhaltende Anwendung dieser Rechtsfolge angezeigt, da Personen dieser Altersgruppe vielfach eine entsprechende Reife noch fehle (Dallinger/Lackner Rn. 20). Umgekehrt soll die Anordnung des JA bei Personen, die das 21. Lbj. im Entscheidungszeitpunkt (deutlich) überschritten haben, jedenfalls nicht mit erzieherischen Erwägungen begründbar sein – sei es, weil sich dies angesichts der zw. Eignung (Pütz in BeckOK JGG Rn. 63) oder unter normativen Aspekten (Wegfall des staatlichen Erziehungsrechts) verbiete (BGH NStZ 2016, 680 (681); zur Problematik n. → § 18 Rn. 57).

Überhaupt lassen sich anstelle einer „positiven Indikation" (bzw. echter **22** Arresteignungsmerkmale) am ehesten negative, die Anordnung von JA **ausschließende Kriterien** bestimmen (ähnlich Ostendorf in NK-JGG Rn. 5 ff.; für die Positivierung eines die JA-Verhängung ausschließenden Negativkatalogs Franzke RdJB 2018, 428 (442)). So müssen die Risiken zukunftsschädigender, mit dem Erziehungsauftrag **(§ 2 Abs. 1)** nicht zu vereinbarender Auswirkungen, die dem JA innewohnen, stets berücksichtigt werden. Anerkannt ist deshalb, dass JA nicht gleichsam schematisch angeordnet werden darf, wenn gegen den Jugendlichen bislang nur ein eingestelltes Verfahren geführt worden war (OLG Hamm StV 2020, 696 (Ls.) = BeckRS 2020, 25558) oder wenn er erstmals jugendstrafrechtlich verfolgt wird und ein Erziehungsbedürfnis im Sinne einer längerfristigen Einwirkung iSv § 9 fehlt. Hier spricht iÜ auch die Unsicherheit, die mit Blick auf die erzieherische Eignung besteht, für einen Verzicht auf den JA. Im Allg. kaum oder gar nicht geeignet ist die Verhängung von JA als „Einstiegsarrest" neben der Aussetzung der Verhängung der JStrafe (n. → § 8 Rn. 14).

3. Vorherige Freiheitsentziehung als Ausschlussgrund?

Verbreitet gilt JA (unbeschadet § 5 Abs. 2) ggü. Jugendlichen oder Heran- **23** wachsenden, die **bereits** (in geschlossenen Formen der Heimerziehung oder) im JA-Vollzug oder im JStrafvollzug (bzw. gar im Freiheitsstrafvollzug) **untergebracht** (gewesen) sind, als **nicht** oder nur wenig **geeignet** (stellvertretend Brunner/Dölling Rn. 15 f.; Streng JugendStrafR Rn. 411; Zieger/Nöding Verteidigung, Rn. 61). Bei einem solchen biografischen Hintergrund bestehen in der Tat einschlägige Anstaltserfahrung wie auch Anhaltspunkte für ein diesbzgl. Nicht-Ansprechbarkeit des Jugendlichen (oder aber für ein Versagen der jeweiligen Institution). Bedeutung könnte dabei auch der Überlegung zukommen, wonach gerade der wiederholte JA (va bei „abschreckender" Ausgestaltung) womöglich Gewöhnungseffekte zeitige, mit denen die Aussicht auf eine JStrafe ihre etwaige Eindrücklichkeit verliert (vgl. schon Schumann in DVJJ 1987, 410). Eine Kontraindikation begründet all dies allerdings nur, wenn man den JA als Anstoß zu einer „Selbstbesinnung" versteht, die sich in den vorgenannten Fällen kaum erwarten lässt. Sofern man die Idee eines „short sharp shocks" als Funktionsgrundlage des JA dagegen ohnehin nicht für tragfähig hält (→ Rn. 17 f.), ist eine frühere Anstaltsunterbringung für die JA-Eignung irrelevant.

In den Vordergrund rückt dann allein der Aspekt, dass statt einer **wieder- 24 holten** Verhängung von JA idR eine länger dauernde freiheitsentziehende Rechtsfolge anzuordnen wäre. Da es sich dabei vielfach nur um eine JStrafe handeln kann, die als Sanktion eine deutlich intensivere Eingriffswirkung bei ebenfalls stark begrenzter „Erfolgsrate" aufweist, ist dabei jedoch Zurückhaltung geboten. Vielmehr kann hier eine **„Ersatzfunktion"** des JA als „das kleinere Übel" (Streng JugendStrafR Rn. 412) zum Tragen kommen, was die kontraindizierende Wirkung früherer Freiheitsentziehungen vollends relativiert. In der Praxis (s. auch → Rn. 12) wird (wiederholter) JA deshalb zu Recht ua deshalb angeordnet, weil Hilfen zur Erziehung nach § 12 Nr. 2 nicht in Betracht kommen (vgl. auch → § 12 Rn. 21) und ansonsten nur der „Sanktionssprung" zur JStrafe mit deren deutlich höherem Mindestmaß zur Debatte steht (empirisch zu diesen Austauschprozessen zwischen JA und JStrafe etwa Heinz ZJJ 2014, 97 (103)).

25   Im Übrigen gibt es Konstellationen, in denen ein wiederholter JA idR **zweckmäßiger** als JStrafe ist. Dies gilt namentlich dort, wo die neuerliche Verurteilung ein Fahrlässigkeits- oder ein als geringfügig beurteiltes Vorsatzdelikt betrifft, wo die Tat einen anderen Entstehungszusammenhang als das Vordelikt aufweist, wo die vorausgegangene Verurteilung (bzw. die dem zugrunde liegende Verfehlung) längere Zeit zurückliegt oder schließlich wo zunächst mit Freizeit- oder Kurzarrest geahndet wurde, sodass im nunmehrigen Dauerarrest eine Steigerung liegt. Die Frage, ob eine bereits erfolgte JA-Anordnung gegen eine neuerliche Anordnung spricht, ist also allein im **Einzelfall** zu beantworten (wofür die von Gesetzes wegen zu erstellenden JA-Schlussberichte (vgl. → § 90 Rn. 30a) bei methodenkritischer Auswertung gewisse Informationsquellen bieten können). Dort, wo der JA-Vollzug tatsächlich sozialpädagogischen Charakter hat, ist eine wiederholte JA-Anordnung der JStrafe sogar vielfach vorzuziehen. Bei früher vollstrecktem JA stattdessen eine pauschale bzw. generalisierende Negativindikation für eine neuerliche Anordnung anzunehmen, scheint eine Logik der Sanktionseskalation zu verbrämen und damit den institutionellen Belangen eher als denen der Verurteilten zu entsprechen.

26   Insgesamt fehlt es nicht nur an diesem Punkt, sondern generell an Möglichkeiten der Definition, Abgrenzung und Erhebung, um die **„Arrestungeeignetheit"** jugendlicher Personen methodisch verlässlich zu konstatieren (Höynck/Ernst in Dollinger/Schmidt-Semisch Jugendkriminalität-HdB 671). Der Hinweis auf Jugendliche mit ausgeprägter Alkohol- oder Drogenabhängigkeit (Brunner/Dölling Rn. 29; Maier in Weber BtMG Vor §§ 29 ff. Rn. 1670) oder mit schweren Sozialisationsdefiziten (Streng JugendStrafR Rn. 411), bei deren besonderen Problemlagen der JA von vornherein keine Hilfestellung zu geben vermag, verweist hier indes auf eine vage orientierende Tendenz. Im Ganzen gesehen gilt es jedoch, bei der Anwendung von § 16 einer Linie zu folgen, wonach JA angesichts der Eingriffsschwere nur bei mindestens mittelschweren Delikten zulässig ist, wobei das eng begrenzte erzieherische Potenzial des JA einen zurückhaltenden Gebrauch erforderlich macht, der sich am ehesten in prinzipiell auch für JStrafe in Betracht kommenden Fällen rechtfertigen lässt.

V. Arrestarten

1. Gesetzliche Unterteilung

Der JA ist in den Formen eines **Freizeit-, Kurz-** oder **Dauerarrestes** 27 vorgesehen (Abs. 1). Im Unterschied zum Dauerarrest soll der Freizeitarrest (Abs. 2) ohne negative Auswirkungen va auf den Arbeits- und Ausbildungsbereich des Verurteilten sein. Das Gleiche gilt für den Kurzarrest, der aus erzieherischen Gründen ersatzweise „statt des Freizeitarrestes" (Abs. 3 S. 1) verhängt wird. Seit dem 1. JGGÄndG ist die Zahl der Freizeiten auf höchstens zwei beschränkt (Abs. 2), womit ua dem verschiedentlich festgestellten Gewöhnungseffekt Rechnung getragen wurde. Dass Freizeit- und Kurzarrest tatsächlich folgenarm und durchgehend ohne weitere Beeinträchtigungen umsetzbar sind, muss man indes bezweifeln. Die schädlichen Auswirkungen in der Lebenswelt des Betroffenen werden aber idR deutlich geringer als beim Dauerarrest sein.

Freizeitarrest darf immer nur während der Freizeit vollzogen werden 28 (vgl. RL 1). Wird nach Ladung des Verurteilten zum Arrestantritt die hierfür vorgesehene Freizeit durch schulisch oder beruflich gerechtfertigte Gründe beansprucht, muss die Vollstr auf eine spätere Freizeit verschoben werden (vgl. n. → § 87 Rn. 3; vgl. auch schon Dallinger/Lackner Rn. 9a). Von wann bis wann eine Freizeit konkret dauert, ist in § 16 nicht normiert. Im Alltagsleben hat sich ihr ursprünglicher Beginn (Samstagmittag) in den zurückliegenden Jahrzehnten an sich nach vorn verschoben, weil die wöchentliche Arbeitszeit Jugendlicher vielfach nur noch bis zum Freitagnachmittag reicht. Gleichwohl setzt der Freizeitarrest in Orientierung an § 25 Abs. 3 JAVollzO üblicherweise am Samstag um 08.00 Uhr bzw. um 15.00 Uhr ein (vgl. aber Kobes/Pohlmann ZJJ 2003, 376 mit Bsp. für „Freitag bis 17.00 Uhr"). Ende ist (spätestens) am Montagmorgen (07.00 Uhr), bei entspr. lokaler Handhabung auch am Sonntagabend (hierzu n. Pütz in BeckOK JGG Rn. 24 ff.). Eine Freizeit sollte jedenfalls nicht länger als für die Dauer von insgesamt 48 Stunden angeordnet werden, weil es sonst zu Widersprüchen mit dem Umwandlungsmaßstab für den Kurzarrest (Abs. 3 S. 2) käme.

Kurzarrest fungiert nach Abs. 3 als **Ersatzform** des **Freizeitarrestes** für 29 jene Fälle, in denen der Freizeitarrest aus erzieherischen Gründen unzweckmäßig ist oder nicht in Betracht kommt. Für die Frage, ob sich Kurzarrest besser eignet, kommt es auf die zeitlichen Freiräume des Jugendlichen an (also zB auch auf Schul- oder Ausbildungszeiten bzw. -termine, Ferien bzw. Urlaub, sog. „Brückentage" usw), wobei diese Aspekte nach den tatvorwurfsbezogenen Ermittlungen (einschließlich der Befragungen) während der HV zu klären sind. Wird die Unzweckmäßigkeit des Freizeitarrests erst nachträglich er- oder bekannt, kommt gem. § 86 bis zum Vollzug noch eine ersatzweise Umwandlung in einen Kurzarrest in Betracht. Im Regelfall handelt es sich bei Kurzarrest allerdings – ungeachtet des Normtextes in Abs. 3 S. 2 („statt") – nicht um einen umgeänderten Freizeitarrest, sondern um eine unmittelbar bzw. von vornherein angeordnete, eigene Sanktion. Dabei darf Kurzarrest höchstens vier Tage dauern (Abs. 2 iVm Abs. 3 S. 2). Was die **Umrechnung** anbelangt (Abs. 3 S. 2), können aber durchaus auch drei Tage Kurzarrest an die Stelle von zwei Freizeiten treten (ebenso etwa Sonnen in Diemer/Schatz/Sonnen Rn. 21; abw. Ostendorf in NK-JGG Rn. 11).

30 **Dauerarrest** erstreckt sich gem. Abs. 4 auf einen zusammenhängenden
Zeitraum von höchstens vier Wochen (nicht also einen Monat). Die **Min-
destdauer** beträgt eine Woche (Abs. 4 S. 1), wobei es faktisch zu deren
Unterschreitung kommen kann, wenn der Vollstreckungsleiter gem. § 87
Abs. 3 S. 1 Alt. 2 von der Vollstr eines JA-Restes absieht. Die vierwöchige
Maximaldauer darf dagegen **nicht überschritten** werden – auch nicht
dadurch, dass mit Blick auf eine (neben dem JA) angeordnete Weisung oder
Auflage im Vollstreckungsverfahren zusätzlich ein sog. Beschlussarrest (§ 11
Abs. 3, § 15 Abs. 3 S. 2) verhängt wird (→ § 11 Rn. 21). Angesichts dieser
Kumulationsproblematik ist die Verbindung von JA mit einer nach dessen
Vollstr durchzuführenden „Nachbetreuungsweisung" gem. § 10 Abs. 1 S. 3
Nr. 5 (s. auch Eisenhardt, Gutachten über den Jugendarrest, 1989, 143
(157); vgl. für Hmb. Holtfreter in DVJJ 1984, 449) nicht unbedenklich. –
Gleichermaßen unzulässig wäre es iÜ, die zeitliche Höchstgrenze durch die
kombinierte Anordnung verschiedener Arreste bzw. Arrestarten zu überschreiten (zumal eine solche Verbindung schon deshalb ausscheidet, weil es
sich bei den drei JA-Varianten lediglich um unterschiedliche Spielarten ein-
und desselben Zuchtmittels handelt).

2. Auswahl und Bestimmung

31 **a) Freizeit- und Kurzarrest.** Bei fahrlässigen und geringfügigeren vorsätzlichen Vergehen mit vergleichsweise geringer Schuld ist in Ausnahmefällen (wenn überhaupt) allein Freizeit- und Kurzarrest verhältnismäßig.
Abgesehen von dieser Grenzsetzung bestimmt sich die Wahl zwischen den
verschiedenen Arrestformen anhand der fallkonkreten erzieherischen Geeignetheit (§ 2 Abs. 1). Diesbzgl. gelten zunächst einmal die obigen skeptischen
Erwägungen zum **spezialpräventiv orientierten Einsatz** von JA (vgl.
→ Rn. 19 ff.). Speziell bei Freizeit- und Kurzarrest ist darüber hinaus zu
berücksichtigen, dass es sich hierbei mit besonderer Deutlichkeit um eine
Nur-Einsperrung handelt, deren Kurzzeitigkeit jede sozialpädagogische Ausgestaltung de facto nahezu ausschließen muss. Dass bei einer derartigen
Maßnahme eine erzieherische Funktion realisiert werden kann, ist nicht zu
erkennen (ebenso etwa schon Eisenhardt, Die Wirkung der kurzen Haft auf
Jugendliche, 2. Aufl. 1980, 80; vgl. auch Bruns, Jugendliche im Freizeitarrest, 1984, 155; Schumann/Döpke in Schumann, Jugendarrest und/oder
Betreuungsweisung, 1985, 116 (118)). Die Existenzberechtigung der beiden
kurzen Arrestformen (für eine Abschaffung bereits der Fachausschuss der
BAG der LJÄer in DVJJ 1991, 453; Resolution DVJJ-J 2002, 447; tendenziell ähnlich Wulf FS 2011, 106 f.; zum bloßen Einschluss vgl. Befragung
von Hinrichs DVJJ-J 1999, 269) liegt also ausschließlich darin, eine Alternative zum Dauerarrest und dessen Nebenwirkungen (→ Rn. 27) zu bieten.
Allein dies bildet dann auch ihre „spezialpräventive Indikation".

32 **b) Bemessung des Dauerarrests.** Als Länge des Dauerarrestes darf jede
Tageszahl von 7 bis 28 bestimmt werden. Eine an der Wirksamkeit orientierte, konkrete Festlegung des jeweiligen Zeitraums kann indes nicht ohne
dezisionistische Anteile bleiben und sich wegen der jeweiligen personalen
und sozialen Besonderheiten des Verurteilten sowie der fraglichen Vollzugsbedingungen auch kaum in tragfähigen Orientierungswerten verdichten
lassen. Das Gericht muss jedenfalls die soziale und persönliche Situation des

Jugendlichen, dessen vermutliche Anpassung an die Vollzugsbedingungen und die diesbzgl. Gegebenenheiten berücksichtigen. Die Offenheit dieser Bemessungsentscheidung erklärt, warum der mit der Vollzugsleitung befasste JRichter – der gem. § 85 Abs. 1 auch Vollstreckungsleiter ist – den Dauerarrest durch ein teilw. Absehen von der Vollstr korrigierend abkürzen darf (zu § 87 Abs. 3 S. 1 bereits → Rn. 30). Im Hinblick auf die prinzipiellen Bedenken ggü. einer erzieherischen Wirksamkeit des JA sollte das Höchstmaß nur in besonderen Fällen angeordnet werden. Ganz in diesem Sinne wird JA, dessen Dauer zwei Wochen übersteigt, vielfach wegen der **negativen Auswirkungen** auf den Jugendlichen meist auch rechtspraktisch auf Ausnahmen reduziert (vgl. dazu → Rn. 7; ferner Schumann/Döpke in Schumann, Jugendarrest und/oder Betreuungsweisung, 1985, 116; Schwegler, Der Dauerarrest als Erziehungsmittel für junge Straftäter, 1999, 256 f.; Heinz Sekundäranalyse 1087 f.; krit. ggü. dem „kurzen Dauerarrest" Eisenhardt, Gutachten über den Jugendarrest, 1989, 142; Koepsel FS Böhm, 1999, 626).

War der Anordnung von Dauerarrest eine rechtsstaatswidrige **Verfah- 33 rensverzögerung** vorausgegangen, ist zu deren Kompensation schon wegen der freiheitsentziehenden und ahndenden Elemente des JA (§ 13 Abs. 1) auch hier – ebenso wie bei der JStrafe (n. → § 18 Rn. 44 ff.; betr. Geldauflage → § 15 Rn. 26) – die sog. „Vollstreckungslösung" anzuwenden (BGH NStZ-RR 2014, 119 (120); abw. OLG Hamm NStZ 2012, 576 mkritAnm Braun StRR 2012, 110 („de facto Ungleichbehandlung im JStV")).

VI. Verfahrensrechtliche Aspekte

1. Urteilsinhalte

Die Fassung des Urteils (vgl. → § 54 Rn. 11) darf nicht darüber hinweg- 34 gehen, dass eine Freiheitsentziehung veranlasst wird, aber auch nicht suggerieren, dass es sich dabei um eine Strafe oder nur-vergeltende Maßnahme handele. – Eine (stets begründungsbedürftige) **Umwandlung** von Freizeitarrest in Kurzarrest (Abs. 3) und eine entsprechende **Umrechnung** ist nur in den Gründen darzulegen, nicht hingegen im Urteilsspruch zum Ausdruck zu bringen (vgl. auch → § 54 Rn. 11, 33, s. aber auch → § 55 Rn. 37).

War es in dem Verfahren zu **U-Haft** oder einer vorläufigen Unterbrin- 35 gung gekommen, kann der Richter gem. § 52 im Urteil bestimmen, dass der verhängte JA nur teilw. oder gar **nicht vollstreckt** werden soll. Erforderlich ist dafür die bereits eingetretene Erreichung des mit dem JA verfolgten Zwecks. Ungeachtet der Unklarheit, was mit JA angezielt und erreicht werden kann, wird diese Voraussetzung wegen der vom Betroffenen erlebten Freiheitsentziehung regelhaft bejaht (n. → § 52 Rn. 9).

2. Alsbaldige Vollstreckung

Die Vollstreckung des JA richtet sich nach **§§ 82–87**, der **Vollzug** nach 36 **§ 90** und den einschlägigen Landesgesetzen. Dabei wird idR ein Bedürfnis nach einem raschen Vollzugsbeginn bejaht (vgl. auch § 4 JAVollzO). Im Hinblick hierauf regt man teilw. an (vgl. Brunner/Dölling Rn. 21; Pütz in BeckOK JGG Rn. 83), dass der Vollzugsleiter (§ 90 Abs. 2 S. 2) dem

JRichter des Einzugsbereichs der jeweiligen JA-Anstalt die allg. Zustimmung erteilt, den rechtskräftig Verurteilten unmittelbar zum Arrestantritt zu laden (vgl. auch RL V. Nr. 1 S. 2 zu §§ 82–85: „Sofortvollstreckung" im Anschluss an die HV). In der Praxis scheint dies kaum zu geschehen.

37   Außerdem wird oder wurde aus Beschleunigungsgründen bisweilen empfohlen, den Jugendlichen in der HV zwar über die Rechtsmittel und ihre Tragweite zu belehren (zur erforderlichen Geeignetheit § 70b Abs. 1), ihn bzw. seinen Verteidiger und seine Erziehungsberechtigten „in allen glatten Fällen" jedoch zum Rechtsmittel**verzicht** „zu veranlassen" (Dallinger/Lackner Rn. 30; Pütz in BeckOK JGG Rn. 78 f.). Das ist schon deswegen fragwürdig, weil mitunter erst das Rechtsmittelverfahren darüber Aufschluss zu geben vermag, ob es sich bei einem vermeintlich „glatten" Fall tatsächlich um einen solchen handelt (ebenso Wulf in HK-JGG Rn. 34). Ein Geständnis ist – auch angesichts seines Fehlerpotenzials (n. → § 70c Rn. 9 ff.) – für sich genommen dafür grds. kein geeignetes Kriterium (vgl. Greenspan/Scurich Law & Human Behavior 2016, 650: Geständnisbewertung variiert je nach Bewertung der sonstigen Beweislage).

Jugendarrest neben Jugendstrafe

16a **(1) Wird die Verhängung oder die Vollstreckung der Jugendstrafe zur Bewährung ausgesetzt, so kann abweichend von § 13 Absatz 1 daneben Jugendarrest verhängt werden, wenn**

1. **dies unter Berücksichtigung der Belehrung über die Bedeutung der Aussetzung zur Bewährung und unter Berücksichtigung der Möglichkeit von Weisungen und Auflagen geboten ist, um dem Jugendlichen seine Verantwortlichkeit für das begangene Unrecht und die Folgen weiterer Straftaten zu verdeutlichen,**
2. **dies geboten ist, um den Jugendlichen zunächst für eine begrenzte Zeit aus einem Lebensumfeld mit schädlichen Einflüssen herauszunehmen und durch die Behandlung im Vollzug des Jugendarrests auf die Bewährungszeit vorzubereiten, oder**
3. **dies geboten ist, um im Vollzug des Jugendarrests eine nachdrücklichere erzieherische Einwirkung auf den Jugendlichen zu erreichen oder um dadurch bessere Erfolgsaussichten für eine erzieherische Einwirkung in der Bewährungszeit zu schaffen.**

(2) Jugendarrest nach Absatz 1 Nummer 1 ist in der Regel nicht geboten, wenn der Jugendliche bereits früher Jugendarrest als Dauerarrest verbüßt oder sich nicht nur kurzfristig im Vollzug von Untersuchungshaft befunden hat.

Schrifttum: Gernbeck, Stationäres soziales Training im (Warnschuss-)Arrest, 2017; Klatt/Ernst/Höynck ua, Evaluation des neu eingeführten Jugendarrestes neben zur Bewährung ausgesetzter Jugendstrafe (§ 16a JGG), 2016; Kubink/Springub, Der „Warnschussarrest" – oder wie man einen „Untoten" wiederbelebt, 2019; Schmidt, Die Koppelung von Jugendarrest und bedingter Jugendstrafe als sog. „Warnschussarrest" gem. § 16a JGG, 2020.

Übersicht

I. Grundlagen

1. Anwendungsbereich

Es gelten die Erl. in → § 13 Rn. 1, 2 entsprechend. **1**

2. Rechtspolitische Einordnung

a) Kritikwürdigkeit des Normzwecks. Die Vorschrift wurde mit Ge- **2** setz v. 4.9.2012 (BGBl. I 1854) in das JGG implementiert (gem. RegE v. 24.4.2012 (BT-Drs. 17/9389)). Sie trägt eine gewichtige **Ausnahme** vom Prinzip der **Einspurigkeit** stationärer Sanktionen (→ § 8 Rn. 6) in das JStR hinein und ermöglicht Sanktionskombinationen von innerer Widersprüch- lichkeit (→ § 8 Rn. 14). Zwar greift sie ein allg. rechtspolitisches Drängen nach Einführung einer entsprechenden Arrestform auf (vgl. etwa Art. 1 Nr. 1 RE-1. JGGÄndG 1983 sowie BT-Drs. 14/3189, 15/1472, 15/3422, 16/1027; zu entsprechenden Auffassungen in der Justiz s. Jansen, Stärkere Punitivität? – Ergebnisse einer Onlinebefragung (...), 2015, 230; Kaspar/ Schmidt in Boers/Schaerff Kriminologische Welt 391; Winkelmann, Neue ambulante Maßnahmen, Jugendarrest und Warnarrest in Westfalen-Lippe, 2021, 196). Doch von Seiten der Wissenschaft (und Teilen der Praxis) war man dem regelmäßig entgegengetreten (stellvertretend Heinz ZJJ 2008, 60 (62 f.); tolerierend für einzelne Fallgruppen aber Verrel/Käufl NStZ 2008, 181; Müller-Piepenkötter/Kubink ZRP 2008, 176 ff.; Radtke ZStW 121 (2009), 416 (428)). Gestützt wurde die Normeinführung denn auch von einer teilweise sachfremden und dramatisierenden Rhetorik (krit. etwa

Kreuzer ZRP 2012, 101; zum „Wahlkampf-Kalkül" schon Breymann/Sonnen NStZ 2005, 673).

3   Ein **Bedarf** an einem Kopplungsarrest bestand (und besteht) **nicht**. In der bis 2012 geführten Debatte (dazu eingehend Gernbeck, Stationäres soziales Training (…), 2017, 48 ff.) wurde von den Befürwortern hervorgehoben, dass solche Verurteilte, bei denen die verhängte JStrafe zBew (oder deren Verhängung) ausgesetzt wird, weniger spürbar belastet seien als andere Beteiligte, bei denen es (nach ähnlichen oder gar gemeinsam begangenen Handlungen) wegen der Verneinung „schädlicher Neigungen" zu JA kommt. Eine solche Diskrepanz habe eine erzieherisch eher abträgliche Signalwirkung (zumal Entscheidungen gem. §§ 21, 27 als Quasi-Freispruch missverstanden werden könnten). Dabei wurde indes die Belastungs-, Kontroll- und Sozialisierungswirkung der bewährungsergänzenden Maßnahmen, die das Gesetz bei nicht vollstreckter bzw. nicht verhängter JStrafe vorsieht (§§ 22 ff. und §§ 29, 23 ff.), nur unzureichend berücksichtigt (diese Maßnahmen ebenfalls für ausreichend haltend bspw. Ayass Bewährungshilfe 1984, 197 f.; Herrlinger/Eisenberg NStZ 1987, 177; Dünkel/Flügge/Lösch/Pörksen ZRP 2010, 175 (177 f.); Kreuzer ZRP 2012, 101 (102)). Zudem lassen Anordnungen gem. § 16a **kaum positive Effekte** erwarten (vgl. die entspr. Rückfallraten für Bay. bei Kaspar/Schmidt in Boers/Schaeff Kriminologische Welt 391 f.; vertiefend Schmidt, Die Koppelung von Jugendarrest (…), 2020, 612 ff.; hierzu auch → § 16 Rn. 20). Berücksichtigt man etwa, dass JA und JStrafe an sich für ganz unterschiedliche Verurteiltengruppen vorgesehen sind (→ § 8 Rn. 14; s. aber auch → § 16 Rn. 23 ff.) und dass es im Vollzug des Kopplungsarrestes daher zu unüberbrückbaren Divergenzen kommen muss (Wulf FS 2011, 106), ist es wenig überzeugend, dass in Grenzfällen gerade durch die Anordnung des JA eine günstige Prognose und damit auch eine Aussetzung zBew erreichbar sein soll (aber → Rn. 7). Kaum stimmig ist das oft geäußerte Ziel, der gekoppelte Arrest solle als „Warnschuss" die Mitwirkungsbereitschaft in der parallel laufenden BewZeit fördern, da das hierfür erforderliche Vertrauen durch ein freiheitsentziehendes Zwangsmittel schwerlich begründet wird (Eisenberg NJW 2010, 1507 (1509); Hügel Bewährungshilfe 1987, 53; abl. aus der Praxis des JA-Vollzugs statt vieler schon Hinrichs Bewährungshilfe 1987, 56 ff.). In der Vollzugswirklichkeit ist vor und während des Kopplungsarrestes ohnehin oft schon gar kein Kontakt mit dem BewHelfer gegeben (Befunde bei Gernbeck, Stationäres soziales Training (…), 2017, 230 ff.).

4   **b) Relativierende Umsetzung.** Die technische Umsetzung der politischen Implementierungsentscheidung ist durch das Bemühen getragen, hierfür in § 16a eine „schadensbegrenzende" und sich in das JStR halbwegs einfügende Ausgestaltung zu entwickeln (kennzeichnend Gebauer DVJJ-BW Info 2013, 47 ff.). Dies führte zu der in Abs. 1 erfolgten Anbindung an drei Konstellationen mit einer gewissen – das schlichte „Denkzettel"-Modell verlassenden – erzieherischen Indikation (krit. Zieger/Nöding Verteidigung Rn. 61e: sämtlich nicht überzeugend). Ferner verlangt das Gesetz diesbzgl. auch ein konkretes Gebotensein. Kopplungsarrest allein deshalb zu verhängen, um bei einer Verurteiltenmehrheit eine subjektiv wahrnehmbare Belastungsgleichheit herzustellen, ist nicht erlaubt (BT-Drs. 17/9389, 13; zur hier gebotenen besonderen Belehrung s. § 70b Abs. 2 und → Rn. 10). Auch soll durch spezielle **Anrechnungsvorschriften** verhindert werden, dass

Art. 103 Abs. 3 JGG bei der ggf. erfolgenden Verhängung bzw. Vollstr der JStrafe verletzt und das Schuldmaß durch die Kumulation stationärer Rechtsfolgen überschritten wird (§ 26 Abs. 3 S. 3, § 30 Abs. 1 S. 2, § 31 Abs. 2 S. 3, § 61b Abs. 4 S. 3). Die grundlegende Dysfunktionalität entfällt durch all dies freilich nicht. Zu deren Reduzierung bedarf es einer sozialtherapeutischen Ausgestaltung des Arrestvollzugs einschließlich diverser Übergangs- und nachvollzuglicher Hilfen (für dahingehende Konzeptionen vgl. § 16 Rn. 3 sowie Gernbeck, Stationäres soziales Training (...), 2017, 130 ff.; Endres/Breuer ZJJ 2014, 127 (132 ff.)).

3. Rechtstatsächliche Befunde

a) Anwendungshäufigkeit. Die Absolutzahlen der Arrestanordnungen 5 nach § 16a sind – korrespondierend mit der Überflüssigkeit dieser Sanktionsform (→ Rn. 3) – insgesamt betrachtet nicht sonderlich hoch. Sie lagen 2013 bei 255 und betrugen in den jeweils übernächsten Jahren 638, 646 und 625 (in 2019), wobei sie zu annähernd gleichen Teilen auf Jugendliche und Heranwachsende entfallen (StrafSt Tabelle 4.4); s. aber zu Erfassungsproblemen und der Möglichkeit einer statistischen Mindererfassung n. Kubink/Springub, Der „Warnschussarrest", 2019, 31 f.). – Zugleich geschieht die Anwendung regional in durchaus unterschiedlicher Häufigkeit (Antholz Krim 2015, 99; näher zu Relativzahlen nach BZR Klatt/Ernst/Höynck ua, Evaluation des neu eingeführten Jugendarrestes (...), 2016, 30 ff.). In Bay. scheint die Verhängungsrate tendenziell mit der Nähe zu den Vollzugsanstalten (Schmidt, Die Koppelung von Jugendarrest (...), 2020, 358 ff.) und einer geringeren Einwohnerdichte zu steigen (Endres/Maier FS Streng, 2017, 435: insgesamt regional sehr „diskrepant"). Bezogen auf die größte Gruppe der in § 16a Abs. 1 voraussetzend genannten Entscheidungen (= Gesamtzahl der auf §§ 21 lautenden Entscheidungen) betragen die Anteile 2014 und 2016 zB für BW 8,35 % und 8,42 %, Bay. 12,22 % und 19,26 %, Nds. 13,11 % und 15,19 %, NRW 6,03 % und 9,86 %, SchlH 5,51 % und 1,06 %, sowie für Bln. 1,30 % und 2,37 % (StrafSt Tabelle 4.2.1, 4.4.1). Die Akzeptanz und Anwendung des Kopplungsarrestes dürfte also stark durch lokale Justizkulturen und landespolitische Erwartungen beeinflusst sein.

b) Anwendungsprobleme. In der Anwendungspraxis des Kopplungs- 6 arrests ist es, soweit hierzu empirische Belege vorliegen (vgl. Klatt/Ernst/Höynck ua ZJJ 2016, 354 ff. sowie → Rn. 17), in erheblichem Ausmaß zu gesetzeswidrigen Anordnungen gekommen. Die Anordnungsrealität wird offenbar stark durch die jeweiligen Erwartungen an die Sanktionswirkung geprägt, woran dann die Normhandhabung jeweils „flexibel angepasst" wird. Die bei der Gesetzeseinführung verbalisierten Zwecke wurden (bislang) jedenfalls kaum erreicht (so die empirischen Hinweise bei Klatt/Ernst/Höynck ua, Evaluation des neu eingeführten Jugendarrestes (...), 2016, 203 ff. und das Ergebnis von Gernbeck, Stationäres soziales Training (...), 2017, 415 für BW). Dagegen treten subjektive Belastungswirkungen und sozialisatorisch abträgliche Nebeneffekte (→ § 16 Rn. 19) durchaus in der vorhergesagten Weise ein (vgl. die Interviews bei Gernbeck, Stationäres soziales Training (...), 2017, 235 ff.). – Eine gesetzeskonform abgrenzbare „Zielgruppe" hat sich im justiziellen Einsatz (den empirischen Untersuchungen zufolge) bislang nicht herauskristallisiert. Bevorzugt verhängt wurde der

Kopplungsarrest ggü. Personen, denen eine höhere Anzahl an Deliktsarten zugeschrieben wird (vgl. Klatt/Ernst/Höynck ua, Evaluation des neu eingeführten Jugendarrestes (…), 2016, 63 ff.; vgl. auch für Bay. Endres/Maier FS Streng, 2017, 432; Schmidt NK 2019, 74 (80 ff.); vertiefend Schmidt, Die Koppelung von Jugendarrest (…), 2020, 375 ff.). Auch liegen Hinweise vor, wonach die Vorbelastung bei Kopplungsarrestanten qualitativ (Schwere der Delikte/Sanktionen), nicht aber quantitativ stärker als bei sonstigem JA ausgeprägt ist (Gernbeck, Stationäres soziales Training (…), 2017, 164 ff.; vgl. auch Klatt/Ernst/Höynck ua, Evaluation des neu eingeführten Jugendarrestes (…), 2016, 72 ff.).

II. Materielle Voraussetzungen

1. Grundlegende Vorgaben

7   **a) Erforderliche Anwendungsziele.** JA iSv § 16a kommt (allein) in Verbindung mit Entscheidungen gem. §§ 21, 27, 61 in Betracht. Um hier einen gem. § 8 Abs. 2 S. 2 etwa undifferenziert verhängten JA und eine unverhältnismäßige Verbindung mit (diesen) anderen Sanktionen zu vermeiden, erlaubt die Vorschrift den Kopplungsarrest aber nur zur Verfolgung von ganz spezifischen Einwirkungsabsichten. Insofern benennt das Gesetz zunächst einmal (abschließend) drei mögliche **Erstzwecke** (ausgestaltet in Nr. 1–3). Mit deren angestrebter Realisierung müssen wiederum spezifische, **konstellationsabhängige Endzwecke** verfolgt werden: In den Fällen des § 27 muss der Kopplungsarrest nämlich dazu dienen, durch die Umsetzung eines der in Abs. 1 genannten Erstzwecke die erfolgreiche Bewältigung der Bewährungszeit zu unterstützen. Dagegen kann es bei Verurteilten, bei denen die Vollstr der JStrafe zBew ausgesetzt wird, nicht um diese allgemein-spezialpräventiven bzw. bewährungsförderlichen (End-)Wirkungen gehen, weil es hier zur erwartbaren Legalbewährung voraussetzungsgemäß einer stationären Maßnahme an sich gerade gar nicht bedarf (§ 21 Abs. 1 S. 1). Raum für die Anordnung von Kopplungsarrest besteht in dieser Variante deshalb nur dort, wo in der von Nr. 1 bis 3 beschriebenen Weise eine positive Entwicklungsprognose begründet und erst dadurch die (sonst unsichere) Bewährungseignung gem. § 21 Abs. 1 S. 3 herbeigeführt werden soll (Swoboda FS Beulke, 2015, 1236 f.).

8   **b) Verhältnismäßigkeitsanforderungen.** Die Arrestverhängung muss der eben dargestellten Zweckverfolgung nicht allein dienen, sondern hierfür **geboten,** dh ein geeignetes und erforderliches Mittel sein (vgl. nur Gebauer DVJJ-BW Info 2013, 50; Eisenberg ZJJ 2016, 80 (81)). Auch kann die besagte **Eignung** des Kopplungsarrestes in diesem Zusammenhang nicht einfach unterstellt werden. Vielmehr muss das JGericht prüfen, ob eine erzieherisch zielführende Gestaltung des Arrestvollzugs in der in Betracht kommenden Einrichtung (einschließlich des sog. „Übergangsmanagements" und einer evtl. angezeigten Anschlussbetreuung) zu erwarten und das Sanktionsziel so überhaupt zu erreichen ist (hierzu und zur frühzeitigen Zusammenarbeit der Vollzugseinrichtung mit der JGH und ggf. der BewHilfe → § 90 Rn. 10). Im Rahmen dieser Eignungsprüfung sind ggf. absehbare Nebenfolgen des Arrests zu berücksichtigen, besonders wenn diese sich

erzieherisch und für die Legalbewährung als ungünstig oder gar „schädlich" erweisen könnten.

Dass der Kopplungsarrest geboten sein muss, besagt mit Blick auf den 9 Verhältnismäßigkeitsgrundsatz schließlich, dass er **lediglich subsidiär** verhängt werden darf. Nur wenn das Gericht davon ausgeht, dass im jeweiligen Einzelfall die genannten konstellationsabhängigen Ziele mit weniger eingriffsinvasiven Interventionen (dh mit gem. § 8 verbundenen Anordnungen nach §§ 10, 15 oder mit Bewährungsauflagen) nicht ebenfalls zu erreichen sind, kann es nach § 16a verfahren (BT-Drs. 17/9389, 12). Vorrangig sind deshalb zB die Teilnahme an einem sozialen Trainingskurs (§ 10 Abs. 1 Nr. 6), eine verkehrspsychologische Intervention, soziale Gruppenarbeit (§ 29 SGB VIII), intensive sozialpädagogische Einzelbetreuung (§ 35 SGB VIII) oder vergleichbare Maßnahmen (nicht erörtert bspw. in den von Eisenberg ZJJ 2013, 328; ZJJ 2014, 399 und ZJJ 2016, 80 krit. besprochenen Entscheidungen der AG Nürnberg, Plön, Döbeln, Memmingen und Bonn). Dass konkret geeignete, eingriffsmildere Alternativen, die zwar prinzipiell bestehen, lediglich vor Ort nicht verfügbar sind, eröffnet die Anwendbarkeit des § 16a nicht.

2. „Verdeutlichungsarrest" (Abs. 1 Nr. 1)

Ein erstes zulässiges Ziel des Kopplungsarrestes besteht darin, dem Jugend- 10 lichen seine **Verantwortlichkeit** für das begangene **Unrecht** und die Folgen **weiterer Straftaten** zu verdeutlichen (Abs. 1 Nr. 1). Im Sinne der bereits angesprochenen Subsidiarität wird dies allerdings normtextlich von der (**Erforderlichkeits-**)Bedingung abhängig gemacht, wonach dieser Zweck nicht durch andere Einwirkungsformen erreicht werden kann. Zu jenen anderen Formen gehört zunächst die – erzieherisch geeignet zu gestaltende (§ 70b Abs. 1) – **Belehrung** (§ 2 Abs. 2 iVm § 268a Abs. 3 StPO sowie § 60 Abs. 1 S. 2, § 64 S. 2, § 61 Abs. 3 S. 3, ferner § 268a Abs. 3 StPO iVm § 2 Abs. 2). Darin ist die Bedeutung der Aussetzung einer JStrafe zBew (oder des Vorbehalts einer diesbzgl. nachträglichen Entscheidung) begreiflich zu machen – und zwar so, dass dies möglichst auch jene ggf. anwesenden Tatbeteiligten korrekt einordnen, die (nur) zu Erziehungsmaßregeln oder Zuchtmitteln verurteilt werden (§ 70b Abs. 2). Ob von diesen anderen Tatbeteiligten dabei tatsächlich verstanden wird, dass die Aussetzungsentscheidung nicht etwa eine den Schuldspruch gleichsam entschärfende, herabstufende oder gar neutralisierende Funktion hat, spielt für den Kopplungsarrest jedoch keine Rolle (BT-Drs. 17/9389, 13). Nr. 1 stellt vielmehr allein auf den jeweils Verurteilten ab und verlangt insofern eine unzureichende Geeignetheit der Belehrung, ihm das Vorwurfs- und Sanktionsgewicht begreiflich zu machen. Zur einer solchen Bewusstmachung kommen indes auch **Weisungen** bzw. **Auflagen** in Betracht, wobei diese je nach Dauer und Eingriffstiefe den Verurteilten uU sogar massiver belasten können als ein Kopplungs-JA. – Der Ausgangspunkt, es gebe Verurteilte, die sich weder über ein Vorgehen nach §§ 10, 15 noch mit Belehrungen erzieherisch erreichen ließen, beruht letztlich aber auf einer **Unterstellung.** Weisen Amtsträger die in §§ 36, 37 vorausgesetzte Befähigung auf, dürften diese also schwerlich Fälle identifizieren, in denen es eines „spürbaren Anstoßes" (Begr. RegE 17/9389, 20) durch einen Kopplungsarrest tatsächlich bedarf.

11   Eine außerordentlich gesteigerte Begründungslast besteht für die Anordnung des Verdeutlichungsarrestes, wenn ggü. dem Verurteilten bereits früher JA als Dauerarrest vollstreckt worden ist oder er sich nicht nur kurzfristig im U-Haftvollzug befunden hat. Hier fehlt es nämlich meist schon an der Maßnahme**eignung,** weil sich in Fällen derartiger **Vorerfahrung** der in Nr. 1 bezeichnete Verdeutlichungseffekt nicht erwarten lässt. Deshalb ist das Gebotensein hier nur in ganz seltenen und gesteigert erörterungsbedürftigen Ausnahmen gegeben (etwa bei sehr lange zurückliegendem JA). Im Regelfall fehlt es hieran indes **(Abs. 2).** Da der JA allerdings auch schon nach einer FE, die wenige Stunden oder Tage währt, die fragliche Verdeutlichungseignung verlieren kann (vgl. Verrel NK 2013, 70), müssen die Voraussetzungen von Nr. 1 nach vorausgegangenem Kurz- oder Freizeitarrest oder kürzerem U-Haftvollzug ebenfalls in individualisierender und besonders eingehender Weise aufgezeigt werden. Dies gilt erst recht bei bereits früher vollstreckter JStrafe (Sonnen in Diemer/Schatz/Sonnen Rn. 14). – Ungeachtet dessen handelt es sich bei den rechtspraktischen Fällen mit nach Abs. 1 Nr. 1 verhängtem Kopplungsarrest freilich nicht selten um solche des Abs. 2. Dabei werden nur wenige der dort getroffenen Entscheidungen den gesteigerten Begründungsanforderungen gerecht (dazu die jeweils ähnlichen Ergebnisse von Aktenauswertungen bei Klatt/Ernst/Höynck ua, Evaluation des neu eingeführten Jugendarrestes (…), 2016, 75 f.; Gernbeck, Stationäres soziales Training (…), 2017, 181 f., 217; Endres/Maier FS Streng, 2017, 242).

3. „Herausnahme- und Vorbereitungsarrest" (Abs. 1 Nr. 2)

12   Ein zweites zulässiges Ziel besteht darin, den Verurteilten zunächst für eine begrenzte Zeit von seinem sozialen **Umfeld,** das auf ihn legalbewährungsbezogen unzuträgliche Wirkungen habe, zeitweilig zu **trennen** und ihn durch die erzieherische Einwirkung im JA-Vollzug auf die Bewährungszeit **vorzubereiten** (Abs. 1 Nr. 2). Damit ist diese Variante zunächst an eine bestimmte tatbestandlich vorausgesetzte Situation gebunden („Lebensumfeld mit schädlichen Einflüssen"), die nur bei einem Nachweis durch feststehende Tatsachen als gegeben bejaht werden kann. Es sind also auch mit Blick auf die „Schädlichkeit" konkrete Feststellungen des Gerichts nötig, während verallgemeinernde alltagstheoretische Wertungen unzulänglich wären (speziell zu Fußball-Fans vgl. LG Münster ZJJ 2013, 323; s. hierzu (und den Betroffenen von Stadionverboten) auch Albers/Feltes/Ruch MschKrim 2015, 485 ff.; Eisenberg/Kölbel Kriminologie § 58 Rn. 13 ff.). Dabei ist immer auch zu berücksichtigen, dass selbst ein als ungünstig erscheinendes Umfeld psychosozial nicht ersetzbare Funktionen erfüllen kann (gerade die Peer Group – vgl. dazu Hurrelmann/Quenzel, Lebensphase Jugend, 13. Aufl. 2016, 172 ff.).

13   Ausweislich des Normtextes handelt es sich bei der Variante von Abs. 1 Nr. 2 um ein **Doppelziel,** sodass der Kopplungsarrest für beide kumulierten Einzelzwecke jeweils für sich genommen geboten sein muss. Dies betrifft einmal die **Subsidiarität** des Eingriffs (→ Rn. 9). Kopplungsarrest entfällt hiernach, wenn es entweder für die Bewährungsvorbereitung oder für die Herauslösung weniger einschneidende Möglichkeiten gibt. In Betracht kommen dafür in beiderlei Hinsicht die unterschiedlichsten Weisungen (etwa ein Verkehrsverbot gem. § 10 Abs. 1 S. 3 Nr. 8) oder auch eine vorübergehende freiwillige Inanspruchnahme einer JHilfemaßnahme (§ 34 KJHG, hier: Heimunterbringung (deren gerichtliche Anordnung gem. § 8 Abs. 2 S. 1 ausscheidet)). Die Anordnung nach Abs. 1 Nr. 2 setzt insofern eine konkret fehlende Tauglichkeit dieser Alternativmaßnahmen voraus. Zum anderen muss sich der Kopplungsarrest seinerseits zur Umsetzung der beiden Ziele **eignen,** woran es jedoch nahezu immer fehlt. Mit Blick auf den Trennungszweck ist von einer relativ kurzen Freiheitsentziehung kaum eine anhaltende Herauslösung aus einem ungünstigen Beziehungsumfeld zu erwarten (Ostendorf in NK-JGG Rn. 5). Und hinsichtlich des Vorbereitungszwecks setzt die notwendige JA-Eignung eine geeignete erzieherische nach-/vollzugliche Betreuung voraus, und dies auch deshalb, weil oftmals der trennungsbedingte Verlust subjektiv wertgeschätzter Sozialkontakte nur so (partiell) kompensiert werden kann. Allerdings kommt der idR erst nach Wochen oder Monaten vollstreckte JA (→ Rn. 18) für eine Vorbereitung der dann bereits (lange Zeit) laufenden Bewährung offensichtlich zu spät. Auch dürfte die Unfreiwilligkeit der sozialen Trennung und Freiheitsentziehung einer Vertrauensanbahnung (zu einem BewHelfer) vielfach entgegenstehen. – In der Justizpraxis wird Abs. 1 Nr. 2 außerordentlich selten herangezogen (vgl. Klatt/ Ernst/Höynck ua ZJJ 2016, 354 (358); für Bay. Endres/Maier FS Streng, 2017, 434: gar nicht).

4. „Einwirkungsarrest" (Abs. 1 Nr. 3)

Vergleichsweise häufig (vgl. Klatt/Ernst/Höynck ua ZJJ 2016, 354 (358)) **14** bezieht sich die Praxis auf die in Abs. 1 Nr. 3 zugelassenen Zwecke, durch den JA-Vollzug entweder eine nachdrücklichere erzieherische Einwirkung (sog. **Intensivbetreuung**) oder bessere Erfolgsaussichten für eine erzieherische Einwirkung in der Bewährungszeit zu erreichen **(Einleitung längerfristiger Betreuung).** Dabei sind erneut die Eignung und Erforderlichkeit (→ Rn. 8 und → Rn. 9) des angeordneten JA vorausgesetzt („geboten"), wobei beide Aspekte in der Entscheidungsbegründung anhand von „konkret festzustellenden Umständen" (Begr. RegE, BT-Drs. 17/9389, 13) aufgezeigt werden müssen. Dies betrifft einerseits die individuelle Einwirkungsbedürftigkeit (infolge persönlicher oder lebenssituativer Bedingungen) und andererseits die dem gerecht werdende Gestaltung des JA-Vollzuges. Deshalb muss in einer (dem Erziehungsauftrag geschuldeten) **Prognose** gezeigt werden, dass durch den JA – bezogen auf die fragliche Person und die gegebenen Vollzugsumstände – entweder eine bessere spezialpräventive Einwirkung als durch ambulante Interventionen zu erreichen ist oder die Wirkungschancen der anschließenden Bewährungsbetreuung stärker als durch nicht-stationäre Maßnahmen steigen.

5. Altfälle

Bei Taten, die **vor Inkrafttreten** der Vorschrift (7.3.2013) begangen **15** wurden, darf § 16a aufgrund des vom Rechtsstaatsprinzip umfassten Rückwirkungsverbots (vgl. Art. 103 Abs. 2 GG; dazu im vorliegenden Zusammenhang Eisenberg ZJJ 2014, 399 (400)) und des auch im JStR gem. § 2 Abs. 2 geltenden Meistbegünstigungsprinzips (§ 2 Abs. 3 StGB) nur angewandt werden, wenn sich diese neue Regelung als die (verglichen mit den Regelungen zur Tatzeit) mildere Option darstellt. Dies ist ausschließlich in

Fällen denkbar, in denen die JStrafe allein wegen des Kopplungsarrestes zBew ausgesetzt wird (und nach altem Recht vollstreckt worden wäre). Für die erforderliche diesbzgl. Darlegung im Urteil reicht eine implizite Bezugnahme auf § 21 Abs. 1 S. 3 zumindest dann nicht aus, wenn die Entscheidung keine sonstigen aufschlussreichen Anhaltspunkte enthält (zum Ganzen Holste ZJJ 2013, 289 f.; Gernbeck/Höffler/Verrel NK 2013, 307 (312); Sonnen ZJJ 2013, 38). Fehlt es daran, können der Jugendliche sowie die JStA (vgl. hierzu § 2 Abs. 2, Nr. 147 Abs. 3 RiStBV; ähnlich Holste ZJJ 2013, 289 f.) hiergegen Rechtsmittel einlegen.

III. Verfahrensrechtliches

1. Urteil

16   Aus der Formulierung „neben der Verhängung einer JStrafe" (§ 8 Abs. 2 S. 2) folgt, dass auch die Anordnung des Kopplungsarrests **im Urteil** selbst geschehen **muss**. Nicht möglich ist dies im Wege eines nachträglichen Beschlusses. Dies gilt auch bei einem Vorgehen nach § 61 (abw. Brunner/Dölling Rn. 6), weil der JA nur mit Aussetzungsvorbehalt kombiniert werden darf, nicht aber auch mit der Aussetzung zBew im anschließenden Beschluss (Radtke/Scholze in MüKoStGB § 61 Rn. 12, 33).

17   Da in den Urteilsgründen auszuführen ist, „welche Umstände für seine Bestrafung, für die angeordneten Maßnahmen (…) bestimmend waren", sind die anordnungsrelevanten, materiell-rechtlich vorausgesetzten Gesichtspunkte – also die jeweils herangezogene Variante von Abs. 1, ferner die Erwägungen zur Zielstellung, der Eignung und Erforderlichkeit sowie (bei Abs. 1 Nr. 3 auch) zur Prognosestellung – **eigens darzustellen** und näher (nicht nur formelhaft) zu begründen. – Betrachtet man die veröffentlichte einschlägige Judikatur, fällt jedoch nicht nur ein hoher Anteil von abgekürzten Urteilen (§ 267 Abs. 4 StPO iVm § 2 Abs. 2) unter den Entscheidungen auf (vgl. stellvertretend AG Cloppenburg ZJJ 2014, 394), sondern auch eine oftmalige **Vernachlässigung der Erörterungspflicht** (s. etwa AG Reutlingen ZJJ 2014, 176 (kein Wort der Begründung); n. hierzu Sonnen in Diemer/Schatz/Sonnen Rn. 27 und die Anmerkungen von Eisenberg ZJJ 2013, 328; ZJJ 2014, 177; 2014, 396 (399) und ZJJ 2016, 80). Auch den vorliegenden Aktenauswertungen zufolge verfehlen die Entscheidungsbegründungen sehr häufig den geforderten Gründlichkeitsgrad (vgl. etwa Klatt/Ernst/Höynck ua, Evaluation des neu eingeführten Jugendarrestes (…), 2016, 95 f.: etwas nähere Begründung nur in 5,6 %; für ähnliche Befunde s. Endres/Maier FS Streng, 2017, 240 (242); Gernbeck, Stationäres soziales Training (…), 2017, 206 ff.; Schmidt, Die Koppelung von Jugendarrest (…), 2020, 448 ff.; Kubink/Springub, Der „Warnschussarrest", 2019, 33 f.). In der Summe spricht der Forschungsstand für einen „net-widening-Effekt dergestalt, dass die Jugendrichter den Warnschussarrest in einigen Fällen als bloße ,Draufgabe' auch in den Fällen verhängen, in denen sie früher ohnehin lediglich eine bedingte Jugendstrafe verhängt hätten" (Höffler/Kaspar RdJB 2018, 449 (469)).

2. Vollzugsbeginn

Bei einem nach § 16a verhängten JA muss der Vollzug spätestens vor **18** Ablauf von **drei Monaten** seit Rechtskraft des Urteils beginnen. Andernfalls ist der Vollzug unzulässig (§ 87 Abs. 4 S. 2). Diese Regelung beruht auf der Erwägung, eine Gefährdung zwischenzeitlicher positiver Entwicklungen während der Bewährungszeit durch eine beschleunigte Vollstr möglichst verhindern zu wollen. Dabei gilt diese Negativ-Voraussetzung durch den Verweis in § 61 Abs. 3 S. 1 ebenfalls für einen JA, zu dessen Anordnung es in einem Urteil kommt, das die Entscheidung über die Aussetzung einer verhängten JStrafe einem nachträglichen Beschluss vorbehält. – In der Praxis scheint der Kopplungsarrest tatsächlich schneller als der sonstige JA vollstreckt zu werden (vgl. für BW Gernbeck, Stationäres soziales Training (…), 2017, 226 ff.: im Durchschnitt 7,4 Wochen nach Rechtskraft und nur selten nach mehr als drei Monaten). Unabhängig davon muss die Vorgabe des § 87 Abs. 4 S. 2 mit der Notwendigkeit ausbalanciert werden, den JA in störungs-armen Phasen (Ferien- und Urlaubszeit) zu vollstrecken und desintegrative Effekte so einzugrenzen (Ostendorf in NK-JGG Rn. 9).

3. Rechtsmittel

Die Verhängung eines Kopplungsarrests unterliegt nicht den Einschrän- **19** kungen von § 55 Abs. 1 S. 1 (→ § 55 Rn. 50).

Vierter Abschnitt. Die Jugendstrafe

Form und Voraussetzungen

17 (1) **Die Jugendstrafe ist Freiheitsentzug in einer für ihren Vollzug vorgesehenen Einrichtung.**

(2) **Der Richter verhängt Jugendstrafe, wenn wegen der schädlichen Neigungen des Jugendlichen, die in der Tat hervorgetreten sind, Erziehungsmaßregeln oder Zuchtmittel zur Erziehung nicht ausreichen oder wenn wegen der Schwere der Schuld Strafe erforderlich ist.**

Schrifttum: Düber/Leitner/Köhler (Hrsg.), Die Beurteilung schädlicher Neigungen nach § 17 JGG, 2016; Konze, Die Jugendstrafe wegen schädlicher Neigungen gem. § 17 II Fall 1 JGG, 2015; Lenz, Die Rechtsfolgensystematik im JGG, 2007; Meier, Richterliche Erwägungen bei der Verhängung von Jugendstrafe und deren Berücksichtigung durch Vollzug und Bewährungshilfe, 1994; Meyer-Odewald, Die Verhängung und Zumessung der Jugendstrafe gem. § 17 Abs. 2, 2. Alt. JGG …, 1993; Nix, Kritik der „Erziehungsstrafe" im Jugendstrafrecht, 2017; Schulz, Die Höchststrafe im Jugendstrafrecht …, 2000; Schumann/Berlitz/Guth/Kaulitzki, Jugendkriminalität und die Grenzen der Generalprävention, 1987; Stelly/Thomas, Evaluation des Jugendstrafvollzugs in Baden-Württemberg, 2017.

Übersicht

I. Anwendungsbereich

Die Vorschrift findet auf Jugendliche auch vor den für allg. Strafsachen 1 zuständigen Gerichten Anwendung (§ 104 Abs. 1 Nr. 1). Für Heranwachsende gilt die Vorschrift – vor JGerichten wie vor den für allg. Strafsachen zuständigen Gerichten – dann, wenn auf sie materielles JStR angewandt wird (§§ 105 Abs. 1, 112 S. 1, 2, § 104 Abs. 1 Nr. 1). Auch die Verhängung ggü. Soldatinnen und Soldaten unterliegt keinen Besonderheiten, und dies auch nicht bei der Aussetzung der Vollstr zBew und bei Nebenentscheidungen, Erlass oder Widerruf (§§ 21 ff., 88).

II. Grundlagen

1. Ausgestaltung der Jugendstrafe als Rechtsinstitution

Die JStrafe wird im JGG separat geregelt und abw. von der Freiheitsstrafe 2 des StGB ausgestaltet (dazu etwa BGHSt 29, 269 = NJW 1980, 1967; BGHSt 36, 270 = NJW 1990, 523). Dies zeigt sich in ganz spezifischen Anordnungsvoraussetzungen (Anordnungsgründe gem. Abs. 2; speziell ausgestaltete Subsidiarität), die sich deutlich von denen des § 46 Abs. 1 S. 1 StGB unterscheiden (vgl. → Rn. 20 ff.), aber auch in den charakteristischen Maßgaben der § 8 und §§ 31, 32. Ebenso verhält es sich schließlich mit Blick auf die Bemessung der JStrafe, die anders als im allg. StR primär nach erzieherischen Gesichtspunkten erfolgen muss (§ 18 Abs. 2). Anders als bei

der Freiheitsstrafe ist unter den Voraussetzungen der §§ 27–30 eine Aussetzung der Verhängung zulässig. Für die Aussetzung der Vollstr zBew sowie
die Strafrestaussetzung sind abschließende Sonderbestimmungen vorgesehen
(§§ 21–26a, 61–61b, 88). Dies gilt ebenso für die Strafvollstreckung
(§§ 82 ff., 89a) und die länderrechtlichen Vollzugsbestimmungen. All dies
ergibt ein **eigenständiges** und weitgehend **abgeschlossenes** Regelungsregime (abw. Streng JugendStrafR Rn. 423; s. auch Radtke in MüKoStGB
Rn. 78 ff.: nur graduelle Unterschiede).

3   Zugleich wird die JStrafe aber oft als Strafe „im formellen Sinn" (Streng
GA 2017, 80 (81)) eingestuft (aber → Rn. 23). Darüber hinaus entspreche
„die Verurteilung zu und die Verbüßung von JStrafe der Verurteilung zu
und Verbüßung von Freiheitsstrafe" (Streng JugendStrafR Rn. 423; zu den
Konsequenzen dieser Gleichstellung → Rn. 60 ff.). Und in der Tat steht sie,
was ihre sozialen Auswirkungen sowie die Ausgestaltung und die Organisationsstruktur der JStVollz-Einrichtungen betrifft, der Freiheitsstrafe nahe. Dafür sprechen die gemeinsamen Beeinträchtigungen durch die Freiheitsentziehung, in gewissem Ausmaß aber auch der Umstand, dass altersgruppenspezi-
fische erzieherische Angebote – ungeachtet teilweise erheblicher
Unterschiede zwischen den Ländern – den JStVollz-Alltag nicht so stark
prägen, dass dieser von einer gänzlich anderen Qualität als beim Freiheitsstrafenvollzug wäre. Da für den rechtlichen Charakter der JStrafe allerdings
die völlig eigenständige rechtliche Ausgestaltung maßgeblich ist, kommt es
auf die Ähnlichkeiten der Vollzugswirklichkeit nicht an. Auch die bewusst
gewählte besondere Bezeichnung („Jugend"-Strafe) weist vielmehr auf einen
selbstständigen Rechtsstatus hin. Die JStrafe ist also „wesensverschieden
von der Gefängnisstrafe" (BGHSt 5, 366 (369) = NJW 1954, 847 (848);
ebenso BGHSt 10, 100 (103) = NJW 1956, 680). Es handelt sich um eine
Strafe (s. etwa Schöch/Höffler in MBH JugendStrafR § 11 Rn. 2 unter
Hinweis auf §§ 4 Nr. 1, 32 BZRG) – aber um eine solche von eigener Art
(Eisenberg/Schlüter NJW 2001, 188 (190); Laubenthal ZStW 116 (2004),
703 (722); Zieger/Nöding Verteidigung Rn. 62), die „mit der Freiheitsstrafe
nicht gleichgesetzt" (RL 1 S. 2) und daher auch „nicht ohne weiteres vom
Begriff der Freiheitsstrafe des Strafvollzugsgesetzes umfasst" (BT-Drs. 19/
8393, 21) ist (vgl. mit weiteren Erwägungen auch Knauer ZStW 124 (2012),
204 (216 ff.)). Wäre dies anders, ließen sich Vorschriften, in denen ausdrücklich eine „entsprechende" Anwendbarkeit freiheitsstrafenspezifischer Regelungen auf die JStrafe angeordnet wird (s. etwa § 38 BtMG), nicht erklären.

2. Funktionen der Jugendstrafe

4   **a) Erziehungsauftrag (§ 2 Abs. 1).** Die grundlegende erzieherische
Orientierung bildet eine jener Komponenten, dank derer die JStrafe trotz
der ihr innewohnenden allg. Strafelemente einen eigenständigen Charakter
erlangt. Das Gesetz verleiht den positiv-spezialpräventiven Belangen bei der
Entscheidung über eine JStrafe **besonderes Gewicht** (allg. → § 5 Rn. 16)
und ggü. den wertenden Belangen des Schuldausgleichs den **Vorrang** (§ 2
Abs. 1 S. 2). Voraussetzung für Auswahl und Bemessung der JStrafe ist stets,
dass sie im konkreten Fall erzieherischen Zielen gerecht zu werden vermag
(dazu mit Blick auf die Eltern und Art. 6 GG Reuther Elternrecht 69 ff.).
Damit ist nicht etwa das Auslösen einer „Sühneleistung" gemeint (→ § 6
Rn. 5; abw. etwa BGHSt 18, 207 (209) = NJW 1963, 770 (771)), sondern

die jeweils bedarfsgerechte Chancen-, Orientierungs-, Erfahrungs- und Kompetenzenvermittlung (wofür auch die tatsächlichen Verhältnisse in einer bestimmten JStVollzugseinrichtung zu berücksichtigen sind (ebenso Schimmel in Kotz/Rahlf BtMStrafR Kap. 9 Rn. 71); allg. → § 5 Rn. 19). Unzulässig ist es, die Belange der Erziehung gleichsam als bloße Zweckmäßigkeitserwägungen dem Schuldgesichtspunkt unterzuordnen (Dallinger/Lackner Rn. 4); vielmehr ist die JStrafe in jedem einzelnen Fall hinsichtlich ihrer positiv-einwirkenden Eignung zu prüfen (s. auch RL 1 S. 2).

Ungeachtet dessen sind auch Belange des Schuldausgleichs nicht ohne 5 Bedeutung. Diese werden „anlässlich" des erzieherischen Vorgehens „mitverfolgt" – wenngleich sich diese Gewichtung bei den beiden Anordnungsgründen unterschiedlich darstellt (→ Rn. 9). Eine eigene Funktion haben Vergeltungsaspekte durch die Rechtsfolgenlimitierung „nach oben": Erziehungsbedürfnissen darf bei der Entscheidung nach §§ 17, 18 nämlich nur so weit Rechnung getragen werden, wie die JStrafe in Ob und Dauer **nicht außer Verhältnis** zum Schuldvorwurf steht (BVerfG NStZ 2005, 642; n. → Rn. 25 zu einer bspw. von Radtke/Scholze in MüKoStGB Rn. 7 f. vertretenen weitergehenden Ansicht in der Literatur). Grundrechtsdogmatisch lässt sich dies auch als Angemessenheitserfordernis iRd notwendigen Eingriffsverhältnismäßigkeit konstruieren (Lenz, Die Rechtsfolgensystematik im JGG, 2007, 218 ff.; Streng JugendStrafR Rn. 247). In der Konsequenz kommt JStrafe ohne eine hinreichend gewichtige Tat also auch bei einer dissozialen Entwicklung nicht in Betracht (dazu bei zugeschriebener „Verwahrlosung" schon LG Frankfurt a. M. Zbl 1960, 218).

b) Irrelevanz generalpräventiver Belange. Dass eine bestimmte Sank- 6 tionspraxis, hier die Verhängung von JStrafen, für sich genommen (also ohne Einbettung in eine formelle und informelle Kontrollverdichtung) überindividuelle abschreckende Effekte erzeugt, ist jugendkriminologisch überaus fraglich (s. bereits Schumann/Berlitz/Guth/Kaulitzki, Jugendkriminalität und die Grenzen der Generalprävention, 1987; Forschungsüberblick bei Dölling ZJJ 2012, 124 (126 ff.); Eisenberg/Kölbel Kriminologie § 42 Rn. 13 f., 22 ff.). Eine individuelle JStrafenanordnung, die an entsprechende Wirkungsannahmen ausgerichtet werden soll, ließe sich deshalb schwerlich auf eine fundierte Begründung stützen (weshalb man diese Praxis denn auch eher „verschleiert", s. Neubacher MschKrim 82 (1999), 1 (13); vgl. ferner Reuther Elternrecht 176 ff.). Nach überwiegender Auffassung ist es aber ohnehin **unzulässig,** die JStrafe auf Belange der **negativen Generalprävention** hin zu orientieren und mit der Verhängungsentscheidung dieses Ziel zu verfolgen (vgl. nur BGHSt 15, 224 = NJW 1961, 278; BGHSt 16, 261 = NJW 1961, 2359; BGH StV 1990, 505 = BeckRS 1989, 31104507; BayObLG StV 1985, 155; n. → § 18 Rn. 43). Das ergibt sich aus dem in § 2 Abs. 1 normierten Leitprinzip des JGG und dem Fehlen solcher Regelungen, die (wie im allg. StR (§§ 47 Abs. 1, 56 Abs. 3 StGB)) eine punktuelle Berücksichtigungsfähigkeit der Generalprävention vorsehen (vgl. etwa Hinz JR 2001, 53 f.). Mit Blick auf die erzieherischen Bedürfnisse ist es deshalb auch zw., dass der Abschreckungsgedanke zB dann mittelbar berücksichtigt werden darf, wenn der Jugendliche sich der „ansteckenden" Wirkung seiner Tat bewusst gewesen ist und die Vorwerfbarkeit so erhöht hat.

Nach manchen Aussagen diene die JStrafe (zumindest bei Abs. 2 Var. 2) 7 indes der **positiven Generalprävention** (etwa Beulke/Swoboda Jugend-

StrafR Rn. 460; Swoboda ZStW 125 (2013), 86 (98 ff.); Herberger, Wirksamkeit von Sanktionsandrohungen, 2000, 75 ff.; abgeschwächt ferner Höff-
ler/Kaspar in MüKoStPO Einl. § 33 Rn. 25 ff.; für entsprechende vage
Ansätze in der neueren Rspr. vgl. BGH NStZ 2018, 728 (729)). Wo man
damit einen gelegentlich oder automatisch eintretenden Begleiteffekt schuld-
ausgleichender Reaktionen meint (BGH NStZ 2021, 679 (681); Streng
JugendStrafR Rn. 436), wird lediglich die Kategorie der Vergeltung um die
der Normbestätigungswirkung folgenlos „angereichert". Soweit jedoch der
Schuldausgleich durch den positiv-generalpräventiven Strafzweck funktional
substituiert werden soll, bestimmen sich das Ob und die Bemessung der
Jugendstrafe durch das gesellschaftliche Reaktionsbedürfnis, das aus der deliktischen Erschütterung des Rechtsfriedens erwachse, für die wiederum der
objektive Unrechtsgehalt des Geschehens maßgeblich sei (so Ostendorf in
NK-JGG Rn. 5; Kaspar FS Schöch, 2012, 220 ff.). Letztlich sollen so sogar
erzieherisch kontraindizierte JStrafen zulässig sein, nur „um dem Strafbedürf-
nis der Allgemeinheit Rechnung zu tragen" (Ostendorf in NK-JGG Rn. 11;
Bottke, Generalprävention und Jugendstrafrecht, 1984, 41). Augenscheinlich
wird hier die Anordnung der Jugendstrafe an ein Ziel gebunden, das dem
Leitprinzip in § 2 Abs. 1 widerspricht, das hiervon vollständig abgelöst und
das damit auch nicht koordinierbar ist (Kölbel JR 2019, 40 (42 f.); ähnlich
Eisenberg ZJJ 2018, 144). Ohnehin handelt es sich bei der positiven Generalprävention um ein Konstrukt, das ohne empirisches Gegenstück bleibt
und das damit an die Sanktionsvorstellungen der jeweiligen Verwender willkürlich angepasst werden kann (Kölbel Zeitschrift für Rechtssoziologie
2005, 249 (256 ff.); vgl. auch Eisenberg/Kölbel Kriminologie § 41
Rn. 32 ff.). Solche weitgehend spekulativ bleibenden Zusammenhänge sind
deshalb bei der fallkonkreten JStrafen-Begründung **nicht** heranziehbar (s.
auch → § 2 Rn. 5, → § 18 Rn. 43).

3. Allgemeine Voraussetzungen

8   **a) Subsidiarität und Verhältnis zum Erziehungsauftrag (§ 2
Abs. 1).** JStrafe darf allein dann verhängt werden, wenn „Erziehungsmaßregeln nicht ausreichen" (§ 5 Abs. 2) und wenn sie – weil Zuchtmittel auch
unter Verhältnismäßigkeitsgesichtspunkten nicht mehr genügen – fallkonkret „geboten ist" (§ 13 Abs. 1). Diese Subsidiarität ist in den Konstellations-
merkmalen von Abs. 2 näher ausgestaltet und durch deren restriktive Interpretation zu gewährleisten. Sind jene Merkmale im Einzelfall erfüllt und
kommen andere Rechtsfolgen des JGG nicht in Betracht, muss JStrafe verhängt werden. Dies gilt unabhängig davon, ob der Verurteilte inzwischen
Erwachsener ist (aber auch → Rn. 57; hierzu wegen des Vollzugs § 89b
Abs. 1, 2).

9   Weil JStrafe primär dem Erziehungsauftrag unterliegt (vgl. → Rn. 4), darf
sie grundsätzlich **nicht** verhängt werden, wenn sie die **Entwicklung** des
Verurteilten nicht fördern und nur schwerwiegend **beeinträchtigen** würde.
Solche Schäden drohen umso eher, je länger die Dauer der JStrafe ist.
Zudem können sie auch aus rechtlichen Nebenwirkungen der JStrafe erwachsen. Zu berücksichtigen ist indes, dass Rechtsfolgen mit solchen Konsequenzen ganz bewusst in das Gesetz eingefügt worden sind – sowohl in
Form von erziehungsfeindlichen Strafdauern (§ 18 Abs. 1 S. 2, § 105 Abs. 3)
als auch von außerstrafrechtlichen Nebenfolgen (wie etwa in Form auslän-

der- und asylrechtlicher Folgeentscheidungen). Hier ist in den einschlägigen Fällen durch eine möglichst erziehungsfreundliche Lösung ein Ausgleich mit § 2 Abs. 2 zu suchen (zust. Schmoll ZJJ 2020, 279 (293); n. → § 18 Rn. 34; → § 105 Rn. 54 ff.). Dabei kommt es auch darauf an, wie sicher die spezialpräventiv abträglichen Folgeprozesse prognostizierbar sind.

b) Verhältnis innerhalb von Abs. 2. JStrafe kann nur unter den besonderen **Voraussetzungen** des **Abs. 2** verhängt werden. Dort sind zwei verschiedene Anordnungsgründe normiert. Beide knüpfen sowohl an den Aspekt des Schuldausgleichs als auch an den der positiven Spezialprävention an, dies aber in verschiedener Weise. Sie gleichen die **Zweckdivergenz** von Vergeltung und Erziehung daher (zumindest partiell) in jeweils eigener Weise aus: Variante 1 betrifft Fälle, in denen das Gericht beim Betroffenen eine gesteigerte (dh eine die JStrafe erfordernde) Interventionsbedürftigkeit sieht, wobei diese Reaktion aber nicht außer Verhältnis zur Vorwerfbarkeit stehen darf (→ Rn. 20 ff.). Dagegen erfasst Variante 2 solche vorwerfbaren Ereignisse, denen man in den Augen des Gerichts nur durch JStrafe gerecht werden kann, ohne aber dass sich dies spezialpräventiv als sinnlos oder gar schädlich ausnehmen darf (→ Rn. 45 ff.). Im JStR, das sowohl dem Einwirkungsauftrag unterstellt als auch an das Schuldprinzip gebunden ist, gibt es mithin weder eine vorwurfsgelöste erzieherische Freiheitsentziehung noch eine (freiheitsentziehende) Strafe, die allein die Funktion hat, dem Verurteilten als Ausgleich bzw. Vergeltung schuldhaften Unrechts ein Übel zuzufügen (vgl. auch Haffke FSAmelung, 2009, 22: Schuld ist in keiner der beiden Varianten der „Rechtsgrund" der JStrafe). **10**

Ohne das Vorliegen einer der beiden Varianten ist eine JStrafe nicht zulässig. Deren Anordnung scheidet nach dem Grundsatz „in dubio pro reo" aus, wenn die „Schwere der Schuld" und die „schädlichen Neigungen" ungewiss sind. In solchen Fällen können lediglich andere Rechtsfolgen verhängt werden (wohingegen dort, wo sich die Zweifel auf den von Abs. 2 geforderten Umfang der „schädlichen Neigungen" beziehen, allerdings auch eine Aussetzung der Verhängung der JStrafe zBew gem. § 27 in Betracht kommt). Im Übrigen stehen die zwei Anordnungsgründe in Abs. 2 zueinander nicht im Verhältnis der Exklusivität. Es ist also möglich, **beide Varianten** zu bejahen. Da sich die erzieherische Indikation in solchen Fällen häufig anders als bei Vorliegen nur einer der Voraussetzungen darstellen wird, kann dies die Höhe der JStrafe beeinflussen (BGHSt 16, 261 (262 f.) = NJW 1961, 2359, 2360; BGH StV 1993, 531 = BeckRS 1993, 31078968; vgl. auch → Rn. 63). Nimmt das Gericht eine Variante als gegeben an, ist es deshalb nicht von der Überprüfung der anderen befreit. Ohnehin kann es bisweilen zur Feststellung, jedenfalls aber zur Bemessung der „Schwere der Schuld" erforderlich sein, auch dem Vorliegen „schädlicher Neigungen" nachzugehen (so BGH StV 1986, 305 = BeckRS 1986, 31101680: zur Klärung schuldrelevanter „Wesenszüge"). **11**

c) Verhältnis zu § 21. Im Hinblick auf den Erziehungsauftrag und das Verhältnismäßigkeitsprinzip muss das Gericht nach Bejahung eines Anordnungsgrundes (oder beider) stets die Möglichkeit einer **Aussetzung** der Vollstr zBew prüfen. Dies gilt auch nach Annahme **„schädlicher Neigungen".** Bei sorgfältiger Berücksichtigung der jeweiligen Persönlichkeit und sozialen Umstände kann die Prognose nämlich ergeben, dass sich die hier zunächst für erforderlich gehaltene, längere „Gesamterziehung" (BGHSt 11, **12**

169 = NJW 1958, 638) gleichermaßen durch die Wirkungen erreicht lässt, die die Verhängung der JStrafe entweder für sich genommen oder in Verbindung mit den Nebenentscheidungen gem. §§ 23 ff. und dem Druck des drohenden Bewährungswiderrufs (§ 26), notfalls auch durch einen Kopplungsarrest (§ 21 Abs. 1 S. 3), entwickeln kann (ähnlich bei der Aussetzung zBew in der vergleichbaren Situation des § 47 Abs. 1 StGB etwa BGHSt 24, 164 = NJW 1971, 1415). Dies gilt gerade auch deshalb, weil die prognostizierbare Eignung der verschiedenen Optionen, auf einen über die Haftzeit hinausgehenden „rechtschaffenen Lebenswandel" hinzuwirken, in den praktischen Entscheidungssituationen ohnehin immer nur einem relativ unsicheren Vergleich zugänglich ist (n. → § 5 Rn. 31 ff.).

III. Anwendungspraxis und deren Kritik

1. Verhängung von Jugendstrafen

13   **a) Häufigkeit und Verteilung.** Bezogen auf die wegen eines Verbrechens oder Vergehens nach JStR Verurteilten betrug 2019 der Anteil von JStrafen 15,6 %. Für frühere Jahre wurden folgende Werte mitgeteilt: 14,8 % in 1984, 15,5 % in 1988, 18,2 % in 1992, 18,7 in 1996, 18,9 % in 2000 und 16,5 % in 2004 (jeweils ehemaliges Bundesgebiet) sowie 16,5 % in 2008, 16,1 % in 2012 und 16,3 % in 2016 (StrafSt Tabelle 4.1). Eine in den letzten Jahrzehnten eindeutig gestiegene Punitivität zeigt sich in diesem Bereich nicht (eingehend Heinz in BMJ (Hrsg.), Jugendkriminalrecht vor neuen Herausforderungen?, 2009, 29 ff.; Heinz Sekundäranalyse 1181 ff., 1395 ff.). – Mit Blick auf die regionale Verteilung (zur diesbzgl. Disparität allg. die Daten bei Höfer Sanktionskarrieren 128 f.) ergeben sich gewisse Unterschiede in der **Anwendungshäufigkeit.** So beliefen sich die entsprechenden Anteile in den Jahren 2014 und 2019 zB in MV auf 19,3 % und 20,93 % sowie in SN auf 22,0 % und 21,57 % (StrafSt Tabelle 4.2). Die in manchen Jahren noch deutlicheren Differenzen beruhen auch auf einer uneinheitlichen institutionellen Selektion. So spricht einiges für einen Zusammenhang mit der Diversionsrate: je höher diese ist, umso höher scheint (wegen der strengeren Fallauswahl) unter den Angeklagten bzw. Verurteilten der Anteil mit verhängter JStrafe zu sein. Ein durchgehendes einheitliches Muster ist insgesamt aber nicht zu erkennen. – Im Übrigen liegt bei **Jugendlichen** der JStrafen-Anteil unter den Verurteilten insgesamt etwas unter den Gesamtwerten. Er war nach 1975 rückläufig (Tiefstand 1980 mit 7,7 %), um sodann zunächst deutlich zu steigen (1994/2000: 12,5 % und 12,6 %) und sich danach auf einem wieder etwas niedrigeren Niveau einzupegeln (zB 10,7 % in 2004, 11 % in 2008, 10,6 % in 2012, 11,4 % in 2015 und 11,4 % in 2019 (StrafSt Tabelle 4.2). Im internationalen Vergleich ist die deutsche Praxis der Jugendstrafverhängung noch als moderat einzustufen (wenngleich sich letztlich überall eine deutliche Zurückhaltung in der Verhängung von (rechtlich unterschiedlich ausgestalteten) JStrafen beobachten lässt (Überblick bspw. bei Albrecht RdJB 2007, 201 (204 ff.); Dünkel in DVJJ 2015, 527 ff.)).

14   Was die **Anordnungsgründe** betrifft, so zeigen (ältere) Auswertungen, dass die JStrafe offenbar ganz überwiegend wegen „schädlicher Neigungen" verhängt wird. Die alleinige Begründung mit der „Schwere der Schuld" scheint in der Praxis deutlich seltener vorzukommen. Relativ häufig wird

das Vorliegen sowohl von „Schwere der Schuld" als auch von „schädlichen Neigungen" angenommen. Die drei Anwendungskonstellationen verteilten sich (in der genannten Reihenfolge) wie folgt: bei Lange, Rückfälligkeit nach Jugendstrafe, 1973, 113: 69,3% − 10,1% − 20,6%, bei Matzke, Leistungsbereich bei Jugendstrafgefangenen, 1982, 183: 71,5% − 15,8% − 12,3% und bei Meier, Richterliche Erwägungen ..., 1994, 73 f.: 38,7% − 32,3% − 29,0%. In neueren Analysen lauten die Werte 4,1% − 36,5% − 58,1% (Schulz, Höchststrafe im Jugendstrafrecht, 2000, 126) bzw. 20,9% − 16,4% − 56, 7% (Jugendliche) und 25,2% − 18,3% − 45, 8% (Heranwachsende (Kurzberg Jugendstrafe 186)).

b) Entscheidungsfaktoren. Dass die Wahl der JStrafe als fallkonkret **15** angeordnete Sanktion nach deutlich anderen Kriterien als im allg. StR (§ 46 StGB) erfolgen soll (nämlich anhand der in Abs. 2 geregelten Voraussetzungen), wird in der Justizwirklichkeit nur bedingt umgesetzt. De facto sind für die Rechtsfolgenentscheidung jene Gesichtspunkte bestimmend, die auch die Strafpraxis gegenüber Erwachsenen prägen (dazu etwa die Auswertungen von Dölling GS Zipf, 1999, 187 f. (192 f.); Kurzberg Jugendstrafe 206 ff.; s. aber bei der JStrafenverhängung auch Buckolt Jugendstrafe 295 ff., 342 ff., 442: stärkere Berücksichtigung personenbezogener Aspekte). Ungeachtet der an sich besonders bedeutsamen erzieherischen Indikation ist vor allem das Verletzungs- und **Schadensausmaß** ein besonders relevanter Gesichtspunkt für die Verhängung von JStrafe (vgl. die Berechnungen bei Dölling GS Zipf 1999, 192 f.; Streng FS Böttcher, 2007, 443 ff.). Einen eigenständigen und tendenziell noch größeren Einfluss auf die Anwendungswahrscheinlichkeit von Abs. 2 haben die Anzahl und Schwere **vorheriger Sanktionen** (Walter/Neubacher, Jugendkriminalität, 4. Aufl. 2011, Rn. 570 ff.; speziell bei der JStrafe Gerken/Berlitz in Gerken/Schumann Rechtsstaat 19 ff.; Kunkat, Junge Mehrfachauffällige und Mehrfachtäter, 2002, 446 ff.; Höfer Sanktionskarrieren 134 ff., 138 ff.; diff. Bliesener/Thomas FS Ostendorf, 2015, 76 f. (81 f.); zusf. Heinz Sekundäranalyse 1477 ff.). Auch in dieser Hinsicht ist die Praxis in anderen Rechtsordnungen ähnlich (vgl. bspw. Wermink EJC 2015, 739 (751 ff.)).

2. Wirkungsbefunde

a) „Rückfallstatistik". Die Häufigkeit der erneuten strafrechtlichen Erfassung nach vorangegangener JStrafe ist **sehr hoch** (zu den differenzierten **16** Werten bei unterschiedlicher Strafdauer, bei (teilweise) zBew ausgesetzter Vollstr und bei verschiedenen Vollzugsformen → § 18 Rn. 13; Eisenberg/Kölbel Kriminologie, § 42 Rn. 35 ff.). Nach der sog. Rückfallstatistik, die auf den Eintragungsdaten des BZR basiert, wurden von den Personen, die den Jugendstrafvollzug in 2004 verlassen hatten, ca. 70% nach drei, ca. 80% nach sechs, ca. 83% nach neun und 85% nach zwölf Jahren wegen (mindestens) einer erneuten (jugend-)strafrechtlichen Sanktion (meist einer Freiheits- oder JStrafe) registriert (JAHT Legalbewährung, 2021, 144). Die meisten erfassten Rückfälle ereigneten sich in den **ersten 9 Monaten** nach der Entlassung (insgesamt 50% in den ersten 11 Monaten (JAHT Legalbewährung, 2021, 142)). Unabhängig von den strittigen Validitätseinschränkungen von BZR-Daten (vgl. JAHT Legalbewährung, 2016, 31 f., 172: eher begrenzt; abw. aber Obergfell-Fuchs/Wulf FS 2008, 231 (233)), ist indes zu

berücksichtigen, dass als „Rückfall" hierbei allein die abermalige Sanktionie-
rung zählt (zur begrenzten Aussagekraft dieses Miss-/Erfolgskriteriums Spiess
Bewährungshilfe 2012, 17 (20 ff.); Eisenberg/Kölbel Kriminologie § 20
Rn. 17 ff.).

17   **b) Einzelbefunde.** Auch nach einigen (oft älteren) Aktenanalysen, von
denen die Wiedererfassung nach einer Jugendstrafe untersucht worden war,
ist von einer ganz erheblichen „Rückfälligkeitsquote" auszugehen. In einem
meist 5- bis 6-jährigen Nachentlassungszeitraum lag diese kaum einmal unter
60 % (vgl. etwa Fleck/Müller ZfStV 1984, 74; ferner mwN Eisenberg/
Kölbel Kriminologie § 42 Rn. 21). Den Untersuchungen von Böhm (RdJB
1973, 33 ff.) zufolge wies die registrierte Entwicklung nur bei 30–40 % auf
eine weitgehende Legalbewährung hin. Jedoch divergierten die vorliegenden
Ergebnisse etwas, wofür auch der regional unterschiedlichen Spruch- wie
Vollzugspraxis eine gewisse Bedeutung zukommen dürfte. So stellte eine
Auswertung für einen Zeitraum von mindestens vier Jahren seit Entlassung
eine Wiederverurteilungsquote von 82,9 % bei erneuter Strafvollstreckung
von 54 % fest (Dolde/Grübl ZfStrVo 1988, 29 (30 f.)). In einer weiteren
Erhebung mit gleichfalls vierjährigem Kontrollzeitraum wurde eine „Rückfälligkeitsquote" von 79,6 % errechnet, bei 45,1 % bzgl. (erneuter) unbedingter freiheitsentziehender Strafe (Wirth in Kaiser (Hrsg.), Kriminologische Forschung in den 80er Jahren, 1988, 442).

18   In der Zeit **nach 2000** wurden in Thür. für die Entlassungsjahre 2005
bzw. 2006 und einen Kontrollzeitraum von vier Jahren die Anteile von
73,4 % bzw. 73,2 % – betr. erneuten Freiheitsentzug von 58,2 % bzw. 56,7 –
berechnet (Giebel/Ritter FS 2012, 302 (304); vgl. auch Endres/Breuer/
Nolte MschKrim 99 (2016), 342 (346 ff.) für Bay: nach „im Mittel" knapp
zwei Jahren seit Entlassung ca. 1/3 wieder „in Haft"). Für Bln. und Bbg.
ergab eine neuere Untersuchung (vgl. Cornel FS Ostendorf, 2015, 173 ff.;
Cornel FS Dünkel, 2020, 788 ff.) beim Entlassungsjahrgang 2004 nach
10 Jahren einen Wiederverurteilungsanteil von 82,4 % und einen Anteil von
40,1 % mit neuerlicher unbedingter Freiheitsstrafe (wobei diese Werte im
Wesentlichen bereits nach fünf Jahren erreicht waren). Bzgl. norddeutscher
Jugendhaftanstalten und einer Gruppe von über 2.400 männlichen Erstinhaf-
tierten stellten Hosser/Taefi/Giebel (in Bannenberg/Jehle (Hrsg.), Gewaltdelinquenz – Lange Freiheitsentziehung – Delinquenzverläufe, 2011, 447
(453)) in einem bis zu siebenjährigen Beobachtungszeitraum eine Rückfall-
rate von 83 % und eine Wiedereinweisungsrate von 52 % fest (vgl. auch die
Auswertung bei Boxberg Jugendstrafe 246 ff.). Für BW lauten die Raten für
einen Dreijahreszeitraum nach der Entlassung in 2012/13 74 % und 39 %
(Stelly/Thomas, Evaluation des Jugendstrafvollzugs in Baden-Württemberg,
2017, 82). Die Evaluation des hess. JStVollz (Kerner/Stellmacher/Coester/
Wagner, Systematische Rückfalluntersuchung im Hessischen Jugendvollzug,
2011, 98 ff.) ergab für die Entlassungsjahrgänge 2003/06 Anteile von 33,5 %
bzw. 32,8 %, bei denen es innerhalb von drei Jahren zu einer Wiedererfassung wegen einer unbedingten Jugend-/Freiheitsstrafe kam (bei 64 % bzw.
68 % Rückfälle insgesamt). Sämtlichen Studien zufolge fanden sehr viele
Rückfälle in den ersten Nachvollzugsmonaten statt. Allerdings ergaben die
ergänzend durchgeführten qualitativen Befragungen für den hess. JStVollz
am Haftbeginn und -ende deutliche Verbesserungen im Einstellungsbereich
sowie bei Gewaltbereitschaft und Verhaltensabsichten (zusf. auch Coester in

Strafverteidigertag 2018, 395 ff.). Auch waren die im Bewährungszeitraum begangenen Straftaten idR nicht so schwerwiegend wie die vorvollzugliche Auffälligkeit. Außerdem lagen die Rückfallwerte umso niedriger, je älter die Insassen bei der Entlassung waren – offenbar, weil sich bei ihnen teilw. ein Reifungsprozess bemerkbar machte (maturing- bzw. aging-out – zu diesem oft beobachteten Effekt bspw. auch Willems/Meier FS Eisenberg II, 2019, 183; → § 5 Rn. 59).

c) Folgerungen. Unabhängig von der Frage, ob und inwieweit diese **19** Bilanzen durch eine funktionale Vollzugs- und Übergangsgestaltung verbessert werden könnten (dazu die umfangreiche Zusammenstellung entspr. Studien bei Heinz Sekundäranalyse 2006 ff.), geben sie jedenfalls Anlass zu einem weiter zurückhaltenden und auch zu reduzierenden Einsatz der JStrafe. Auch wenn die Rspr. eine Verhängung von JStrafe ggü. 14- bis 16-Jährigen am ehesten bei Verurteilung wegen eines Kapitaldeliktes als unumgänglich erachtet (vgl. zB BGH NStZ 2002, 216 mkritAnm Eisenberg NStZ 2002, 331), bestehen insofern bei anderen Delikten durchaus entsprechende Spielräume. Soweit in solchen Fällen bspw. bei Jugendlichen gelegentlich auch deshalb eine JStrafe verhängt wird, weil deren Lebenslage als „verlassen" oder „ausweglos" beurteilt wird („hartnäckige Wegläufer"), ist dies angesichts der grds. geringeren Geeignetheit wie auch des größeren Schädlichkeitspotentials, die negativ-freiheitsentziehende Sanktionen im Vergleich mit intensiv helfender Betreuung aufweisen (dazu nachdrücklich auch AG Rudolstadt NStZ-RR 2016, 229), idR nicht angezeigt. Das ist in dieser Altersgruppe verallgemeinerungsfähig. Landesweite dänische Daten, denen zufolge bei einem geringeren Erstinhaftierungsalter die psychosziale Entwicklung mittel- und langfristig stärker als bei höherem Alter beeinträchtigt wird (Baćak/Andersen/Schnittker Social Forces 2019, 303 ff.), unterstreichen nämlich sehr deutlich, dass die Vulnerabilität gegenüber abträglichen Haftfolgen **umso größer ist, je jünger** die Betroffenen sind. Überhaupt bietet sich eine Einschränkung der JStrafen-Anwendung im Allgemeinen bei Eigentums- und Vermögensdelikten an. Bei dieser Deliktsgruppe stellt sich regelhaft die Frage, ob der strafbar verursachte (und künftig befürchtete) Schaden nicht in einem **Missverhältnis** zur Eingriffsintensität bei den verurteilten Jugendlichen steht (gerade auch mit Blick auf Belastungen und Gefährdungen, denen namentlich die Gruppe „schwacher" Jugendlicher in der Machthierarchie der JStrafgefangenen ausgesetzt ist (dazu → § 92 Rn. 40a)).

IV. „Schädliche Neigungen"

1. Grundprobleme der Feststellung

a) Begriff und Kritik. Der normtextlich verwendete Begriff wurde **20** durch VO des Reichsjustizministers über die unbestimmt Verurteilten v. 10.9.1941 (RGBl. I 567) in das deutsche JStR eingeführt (vgl. zuvor Schaffstein Deutsches Recht 1936, 65 f.: „die hoffnungslosen Kriminellen …Hang zum Verbrechertum"). Das **RJGG 1943** behielt ihn nicht nur bei, sondern setzte ihn zudem als Bezeichnung einer **selbstständigen Voraussetzung** zur **Verhängung** von JStrafe ein (§§ 4 Abs. 1, 6 Abs. 2). Zwar fand sich der Begriff zuvor bereits in § 12 Abs. 1 S. 1 des österreichischen „Gesetzes über die Behandlung junger Rechtsbrecher" v. 18.7.1928 (Österreichisches BGBl. 1928 Nr. 234: „… zur Wandlung seiner Gemütsart und zur Überwindung seiner schädlichen Neigungen …"), dies aber allein mit Blick auf die Bemessung der JStrafe unbestimmter Dauer (n. zum Ganzen etwa Nix, Kritik der „Erziehungsstrafe" im Jugendstrafrecht, 2017, 12 ff.; zur Auslese- und Entehrungsfunktion im NS-Kontext vgl. Swoboda ZJJ 2016, 278 (279)).

21   Der Begriff ist inhaltlich disponibel und begegnet erheblichen Einwänden hinsichtlich seiner Bestimmtheit und empirischen Erfassbarkeit (vgl. anschaulich etwa Meier, Richterliche Erwägungen …, 1994, 72; Tams Greif-Recht 2015, 97 ff.). Er ist in seiner individualisierenden und moralisierenden Akzentuierung geeignet, den gemeinten Jugendlichen als (bedrohliche) „Defekt-Persönlichkeit" zu beurteilen (zust. J. Walter DVJJ-J 2000, 255). Dies geht einher mit **Stereotypisierungen,** deren Effekt in der systematischen Überschätzung von Unterschieden zwischen Jugendlichen mit „schädlichen Neigungen" und „normalen" Jugendlichen besteht (ebenso wie in der systematischen Unterschätzung der Heterogenität beider Gruppen). Sichtbar wird dies zB in Zuschreibungen, wonach die Person erhebliche „Mängel der Charakterbildung" zeige und in ihrer „Entwicklung zu einem brauchbaren Glied der sozialen Gemeinschaft gefährdet" sei (vgl. etwa BGH StV 1985, 419 = BeckRS 1985, 31101444). Damit fördert der Begriff zugleich auch **Ausgrenzungsstrategien,** die in Prinzipien des allg. StR wie auch des JStR oder gar des JHilferechts keine Grundlage finden.

22   In der überwiegenden Lesart handele es sich (ähnlich wie schon nach RL Nr. 1 zu § 6 RJGG) bei „schädlichen Neigungen" um Störungen der Persönlichkeitsentwicklung, welche **ohne** längere **Gesamterziehung** die Gefahr der weiteren Begehung von nicht nur gemeinlästigen oder bagatellarischen **Straftaten** in sich bergen (stellvertretend BGH NStZ 2016, 681; 2018, 658). Dieses Verständnis verleitet indes zu einer zirkelschlüssigen (krit. etwa Zieger/Nöding Verteidigung Rn. 63) Gleichsetzung des Begriffs mit einer ungünstigen „Rückfall"-Prognose (kennzeichnend BGH BeckRS 2012, 22788; sowie auch BGH StV 1984, 253 = BeckRS 1984, 31110427: „kriminelle Neigungen"). Vermieden wird dies allein durch die Differenzierung der beiden Komponenten (Persönlichkeitsmängel und zu prognostizierende Gefährlichkeit), die für die Bejahung „schädlicher Neigungen" zusammentreffen müssen (vgl. etwa Kemme StV 2014, 760 (762); Swoboda ZJJ 2016, 278 (280)).

23   Neben dem so verstandenen „schädlichen Neigungen" ist für die Verhängung von JStrafe auch eine schuldhaft begangene Tat vorausgesetzt. Diese fungiert aber letztlich nur als Anlass und Limitierung der Sanktion (→ Rn. 39), während der eigentliche Sanktionsgrund letztlich in der individuellen Interventionsbedürftigkeit (nämlich in der zugeschriebenen „neigungsbedingten Gefährlichkeit") liegt (die noch im Zeitpunkt der Verurteilung fortbestehen muss (→ Rn. 34)). Da es auf die Entstehungszusammenhänge solcher „Neigungen" nach hM nicht ankommen soll (BGHSt 11, 169 (171) = NJW 1958, 638), wird allerdings nicht überprüft (und kann auch schwerlich überprüft werden), inwieweit dem Jugendlichen in dieser Hinsicht ein (Schuld-)Vorwurf gemacht werden kann (vgl. auch Tams Greif-Recht 2015, 97 ff.). Wenn ihn mit der JStrafe gleichwohl eine repressive Schuldstrafe trifft (so eingehend Swoboda ZJJ 2016, 278 (282 f.)), ist dies also **widerspruchsreich** (ebenso Haffke FS Amelung, 2009, 21; Konze, Jugendstrafe wegen schädlicher Neigungen, 2015, 101; Kemme StV 2014, 760

(762): mit dem Schuldprinzip nicht vereinbar). In der Sache weist Abs. 2 Var. 1 jedenfalls erhebliche Ähnlichkeiten mit einer Maßregel der Besserung und Sicherung auf (weitergehend Begemann ZRP 1991, 44 (45); Haffke FS Amelung, 2009, 21; für eine Einschränkung auf Sicherungsfunktion und Verwahrfälle Streng GA 1984, 149 (165)).

Teilweise wird die Vorschrift für verfassungswidrig gehalten (Konze, Ju- **24** gendstrafe wegen schädlicher Neigungen, 2015, 101 ff., 113 ff.) und ihre Streichung empfohlen (dazu etwa Walter/Wilms NStZ 2007, 1 (7); vgl. zu wN bis 19. Aufl.). Bisweilen wird **kriminalpolitisch** aber auch nur eine Neudefinition angeregt (vgl. etwa BR-Drs. 238/04: „Gefährdung oder Störung der Persönlichkeitsentwicklung"), was keine substanzielle Änderung veranlassen würde. Dies gilt auch für die Ersetzung durch eine „Erziehungsstrafe" (dazu etwa Streng JugendStrafR Rn. 431) – es sei denn hierbei würde eine dezidiert spezialpräventive Einwirkung zielführend umgesetzt. Dabei muss es um „nachhaltige Unterstützung" iSv § 2 Abs. 1 und strukturell um eine Entflechtung von der Kategorie Strafe gehen (für eine Umgestaltung in eine grundsätzlich ambulante Maßnahme bspw. Nix, Kritik der „Erziehungsstrafe" im Jugendstrafrecht, 2017, 217 ff.; beifällig zur Rechtslage indes Radtke/Scholze in MüKoStGB Rn. 26 f.). Spätestens im Lichte der RL (EU) 2016/800 (→ Einl. Rn. 32) wäre eine mehr als nur terminologische Neuregelung geboten gewesen (so auch Beschluss der JuMiKo v. 25./26.6.2014, II. 11 sowie der JuMiKo v. 1./2.6.2016, II. 13: „notwendige und dringende Reform").

b) Relevanz der begangenen Delikte. aa) Bewertung von Praxis- 25 tendenzen. Die Praxis knüpft bei der Bejahung „schädlicher Neigungen" oftmals an das Vorliegen von wiederholter strafrechtlicher Erfassung („Karriere") sowie an eine gewisse Deliktsschwere an. Merkmalsausprägungen aus dem Sozial- oder Persönlichkeitsbereich (→ Rn. 31), die für die Frage zwar ergiebiger, aber oft auch schwieriger festzustellen und bisweilen mehrdeutig sind, scheinen erst in zweiter Linie bestimmend zu sein (kennzeichnend die Aktenanalyse von Kurzberg Jugendstrafe 188 f.; vgl. auch Buckolt Jugendstrafe 74 ff., 349 f.; Bliesener/Thomas FS Ostendorf, 2015, 76 f. (81 f.); Swoboda ZJJ 2016, 278 (285 f. mwN); speziell zur weitgehend intuitiven „Neigungs-Diagnostik" der Jugendgerichtshelfer vgl. die Befragung von Düber in Düber/Leitner/Köhler (Hrsg.), Die Beurteilung schädlicher Neigungen nach § 17 JGG, 2016, 57 ff.). Dies muss insofern als problematisch gelten, als jedenfalls das **objektive Tatunrecht** der Anlasstat für sich genommen für die Zuschreibung „schädlicher Neigungen" oft „weitgehend unergiebig" ist (BGH NStZ 2016, 682). Andererseits nimmt die Rspr. an, dass sich die fraglichen Defizite meist im Zuge „einer längeren Entwicklung" herausbildeten, „in deren Verlauf es immer wieder zu Straftaten" komme, die deshalb durchaus Schlüsse auf die beiden Komponenten der „schädlichen Neigungen" (→ Rn. 22) erlaubten (OLG Hamm NStZ-RR 1999, 377). Dies sei keineswegs erst bei einem Grad der Vorbelastung möglich, der zu einer Einstufung als „Intensiv-/Wiederholungstäter" (bzw. als sog. „Gewohnheits- oder Hangverbrecher") geführt hat (BGHSt 11, 169 = NJW 1958, 638; s. aber auch BGHSt 12, 129 = NJW 1959, 156). Zu den fraglichen Folgerungen könne vielmehr schon eine weniger gravierende Deliktsgeschichte Anlass geben, nur sei dies dann im Einzelnen zu begründen, etwa unter Darstellung und Auswertung der hinweiskräftigen Tatumstände (BGH StV 2011, 589 = BeckRS 2011, 4359). Stets setzt die Berücksichtigung früherer Straftaten aber voraus, dass zu ihnen **konkrete tatsächliche Feststellungen** getroffen werden (OLG Hamm BeckRS 2021, 33763).

26   **bb) Kontraindizierende Merkmale.** Die früher begangenen Delikte haben aus dieser Warte also in dem Sinne eine „diagnostische" Bedeutung, als der Tatschwere oder anderen Ereignismerkmalen ein gewisser Hinweiswert zukommen kann. Dies gilt jedoch auch in einem **negativen,** den Anordnungsgrund ausschließenden Sinne und betrifft etwa die **Art** der früheren Delinquenz:

- So deuten jedenfalls Gelegenheits-, Konflikt- oder Notdelikte nicht auf „schädliche Neigungen" hin (BGHSt 11, 169 = NJW 1958, 638; BGHSt 16, 261 = NJW 1961, 2359). Dies gilt gleichfalls für **geringfügige** Delikte (BGH NStZ-RR 2015, 323; OLG Hamm NStZ-RR 1999, 377 (378); BayObLG BeckRS 2019, 45900; LG Gera StV 1999, 660; AG Rudolstadt StV 2013, 36 = LSK 2013, 020550; vgl. auch → Rn. 39) und verhält sich bei **situativ bedingten** Delikten prinzipiell ebenso (vgl. BGH StV 1984, 253 = BeckRS 1984, 31110427). Wird ein einmaliges situativ geprägtes Versagen verneint, so muss dies deshalb − ebenso wie jeder andere für „diagnostisch relevant" gehaltene Deliktsbegehungsaspekt − in den Urteilsgründen näher ausgeführt werden (BGH NStZ-RR 2010, 387).
- Es genügt auch nicht die Zugehörigkeit zu einer delinquenten **Jugendgruppe,** sofern weder eine Beteiligung an deren Delikten noch eine diesbzgl. Kenntnis festgestellt ist (BGH bei Böhm NStZ 1984, 445). Vor dem Hintergrund der einschlägigen kriminologischen Forschung (dazu Eisenberg/Kölbel Kriminologie § 56 Rn. 33, § 58 Rn. 7 ff.) sind „schädliche Neigungen" auch bei gemeinsam begangener Vordelinquenz besonders begründungsbedürftig (abw. Tendenz aber bei BGH BeckRS 2011, 26153 Rn. 42 mablAnm Eisenberg HRRS 2012, 23 (27)); es ist stets zu prüfen, ob die Tat „nicht durch einen gewissen Gruppenzwang, falsch verstandene Solidarität oder ein Bedürfnis nach Anerkennung" wesentlich mitbestimmt war (BGH BeckRS 1985, 05573; BeckRS 1985, 31101444; GA 1986, 370; zur Relevanz von Gruppendynamik Schumacher StV 1993, 549 (550 f.); zur jeweiligen Differenzierung im Einzelfall Hoffmann StV 2001, 196 (198 f.); s. auch BGH BGHR JGG § 17 Abs. 2, schädliche Neigungen 1, wonach zB „Begünstigungshandlungen" mit dem Ziel der Strafvereitelung „für Jugendliche besonders typisch" seien).

27   Negative Hinweiskraft ist ferner mit Blick auf die individuelle **deliktische Entwicklung** zu beachten:

- Die bloße „Rückfälligkeit" oder die Kürze der **Intervalle** reicht für die Annahme „schädlicher Neigungen" allenfalls bei schweren Delikten und Rechtsfolgen aus (BGH NStZ 2013, 289 (290)), während längere Straffreiheit vor der Anlasstat dagegen spricht (BGH NStZ-RR 2015, 155; 2015, 323). Rechtswidrige Taten aus der **Kindheit** dürfen gar nicht berücksichtigt werden (ebenso Zieger/Nöding Verteidigung Rn. 64; aber → § 1 Rn. 8 ff.).
- Frühere Tatvorwürfe, bei den die Jugendstraf**verfahren eingestellt** worden sind, werden in der Praxis oft „vorstrafenähnlich" behandelt (vgl. BGH BeckRS 2018, 28645: „Einstellungsbeschluss nach § 47 Abs. 2 kommt (…) Warnfunktion zu"). Für die Frage nach „schädlichen Neigungen" haben sie indes schon wegen ihres meist bagatellarischen Charakters idR keine Hin-

weiskraft (BGH NStZ-RR 2015, 323; StV 2022, 9 (10) = BeckRS 2021, 21827). Ohnehin dürfen sie allenfalls dann indiziell herangezogen werden, wenn sie prozessordnungsgemäß (§ 261 StPO iVm § 2 Abs. 2) festgestellt (BGH BeckRS 2021, 33677) und ihre Konsequenzen in einem rechtzeitigen vorherigen Hinweis dargelegt wurden (BGH StV 2016, 699 (Ls.) = BeckRS 2015, 14380; KG StV 2011, 582 = BeckRS 2011, 23364; ferner eingehend und mwN Eisenberg BeweisR StPO Rn. 411 ff., 418 ff.). Den gleichen Voraussetzungen unterliegt die Verwertung von noch **nicht abgeurteilten** Straftaten aus Parallelverfahren (BGH StV 1994, 526 = BeckRS 1994, 7947; NStZ 2010, 280 (281); OLG Hamm NStZ-RR 1999, 377 (378); StraFo 2001, 176 = BeckRS 1999, 30085899).

cc) Deliktsentwicklung. Regelmäßig müssen sich die fraglichen Persön- **28** lichkeitsausprägungen, mit denen eine negative Prognose einhergeht, schon **vor der Anlasstat entwickelt** (BGH GA 1986, 370: „wenn auch verborgen", ebenso zB BGH NStZ 2010, 280; 2018, 658) und diese sodann beeinflusst haben (stellvertretend etwa BGH StV 1993, 531 = BeckRS 1993, 31078968; NStZ 2010, 281; OLG Zweibrücken JBl. RhPf. 1989, 104). Dass „schädliche Neigungen" schon vor dem Deliktsereignis bestanden haben müssen, gilt auch in Fällen, in denen die prozessgegenständliche Straftat aus mehreren aufeinander folgenden Einzeltaten besteht (zu Taten in „unmittelbarem zeitlichen Zusammenhang und ggü. demselben Tatopfer" vgl. BGH NStZ-RR 2015, 155), schon weil hier nicht auszuschließen ist, dass es sich um „eine Kette bloßer Gelegenheitstaten" handelt (OLG Schleswig bei Lorenzen/Görl SchlHA 1989, 120; OLG Hamm OLGSt § 17 Nr. 2 (betr. wiederholten Verkaufs „harter Drogen" geringer Menge)).

Das Fehlen von Vorstrafen (bzw. (entdeckter) Vordelinquenz) spricht gegen **29** vor der Anlasstat bestehende erhebliche Persönlichkeitsmängel (BGH NStZ 2016, 681 (682)). Nur **ausnahmsweise** hält es die Rspr. für möglich, „schädliche Neigungen" bereits dann zu bejahen, wenn sie **erstmals in der abzuurteilenden Straftat** (erkennbar) zum Ausdruck gelangt oder sich im Verlauf der zur erstmaligen Aburteilung führenden Straftaten entwickelt haben (BGHSt 11, 169 = NJW 1958, 638; BGH StV 1986, 68; ZJJ 2018, 57 (61)). Anders als bei einer Mehrzahl sukzessiver Straftaten sind anhaltende Persönlichkeitsdefizite und Rückfalltendenzen (→ Rn. 22) nämlich anhand nur eines einzigen Deliktes kaum zuverlässig zu erschließen. Soll die „Neigungs-Feststellung" dennoch allein auf eine Ersttat gestützt werden, bedarf es folglich äußerst sorgfältiger tatsächlicher Erhebungen (BGHSt 16, 261 = NJW 1961, 2359; BGH BGHR JGG § 17 Abs. 2 schädliche Neigungen 7; NStZ-RR 1997, 21; NStZ-RR 2019, 159), in denen die fraglichen Problem- und Risikomerkmale aus dem Geschehen ganz konkret gefolgert werden (BGH NStZ 2018, 658). In ähnlicher Weise gesteigert ist die Überprüfungsnotwendigkeit, wenn allein solche früheren Verfehlungen vorliegen, bei denen das Verfahren **eingestellt** wurde und die oft keinen Hinweiswert (→ Rn. 27) haben (vgl. BGH BGHR § 17 Abs. 2 schädliche Neigungen 2; BGH StV 2022, 9 (10) = BeckRS 2021, 21827; OLG Köln StV 1993, 531 (Ls.)).

In diesen Konstellationen des besonderen Begründungsbedarfs (BGH **29a** NStZ-RR 2019, 159) ist Abs. 2 Var. 1 bspw. abzulehnen, wenn der Angeklagte „vor und nach der Tat ein ordentliches Leben geführt" (OLG Zweibrücken OLGSt JGG § 17 Nr. 1 = BeckRS 1989, 31166509 mAnm Brunner JR 1990, 305) oder wenn er die Anlasstat unter Gruppeneinfluss (vgl.

auch → Rn. 26) bzw. Einfluss eines Tatbeteiligten (BGH NStZ 2010, 280 (281); NStZ-RR 2015, 323) begangen hat. Dagegen reicht die Schwere des Anlassdelikts als „Neigungs-Indikator" für sich genommen kaum aus. Allerdings wurden entsprechende Schlüsse in einigen bedenklichen Entscheidungen durchaus akzeptiert (BGH NStZ-RR 1997, 21: aktive und brutale Tatbeteiligung; BGH NStZ-RR 2002, 20: Überwindung hoher Hemmschwellen; BGH NStZ 2019, 216: besondere Empathielosigkeit (trotz Bejahung von § 21 StGB); vgl. zu entspr. bewerteten Tatmodalitäten auch affirmierend und mit einer weiteren Kasuistik Rose ZJJ 2020, 43 (45 f.)).

30   **dd) Doppelverwertungsverbot.** Das in § 46 Abs. 3 StGB geregelte allg. Doppelverwertungsverbot ist nach hM im JStR nicht anwendbar, weil es Bestandteil des im JGG ausgeschlossenen Rechtsfolgenrechts sei (vgl. nur BGH NStZ-RR 1997, 21; Streng GA 2017, 80 (87): da im StR keine enge Bindung an tatbestandsbezogene Strafrahmen). Unabhängig von der direkten formalen Anwendbarkeit ist aber jedenfalls der Schutzgedanke (instruktiv OLG Bamberg StV 2018, 248 = BeckRS 2017, 127410 (zum allg. StR)) zu berücksichtigen (→ Rn. 51). Handlungselemente, Schadensfolgen usw, die in spezifischer Weise (dh als unmittelbares Tatbestandsmerkmale) schon für das Bestehen eines Sanktionsanlasses bestimmend sind, können daher nicht auch noch als Indikatoren „schädlicher Neigungen" dienen (n. Eisenberg NStZ 2001, 334 (335); Eisenberg FS Rieß, 2002, 829 (840 ff.)). Anderenfalls würden Jugendliche im Vergleich mit Erwachsenen materiell-rechtlich **schlechter gestellt** (zur diesbzgl. Unzulässigkeit → § 2 Rn. 23).

31   **c) Relevanz psychosozialer Bedingungen.** Legt man die Interpretation von Abs. 2 Var. 1 durch die hM (→ Rn. 22) zugrunde, können insbes. **psychische Problemlagen** und schwere **Verhaltensauffälligkeiten** für die verfestigten Persönlichkeitsprobleme und die Rückfallerwartung aufschlussreich sein (zu Grundlagen und Problemen der hier vorzunehmenden Prognose → § 5 Rn. 31 ff.). Entsprechende Anzeichen sind bspw. Bindungsschwächen, geringe Impulskontrollen, ein dissozialer Lebensstil usw (näher mit Checkliste Düber/Leitner/Köhler in Düber/Leitner/Köhler (Hrsg.), Die Beurteilung schädlicher Neigungen nach § 17 JGG, 2016, 103 ff.; für eine Zusammenstellung von Risikofaktoren auch Kemme/Wetzels PraxR-Psych 2014, 45 (58)). Allerdings reicht die bloße Mitteilung früher Fehlanpassung nicht aus; es muss deutlich gemacht werden, dass und warum deshalb künftig erhebliche Folgedelinquenz zu erwarten ist (vgl. bereits BGH MDR 1992, 631 = BeckRS 1992, 31083581). Überhaupt bedarf es einer **Entscheidungsbegründung,** die sich mit der Entwicklung des Jugendlichen und mit den hier bestehenden Zusammenhängen zur Anlasstat ebenso auseinandersetzt wie mit der erzieherischen Eignung und Notwendigkeit der JStrafe (OLG Hamm NStZ-RR 1999, 377; KG StV 2011, 582 = BeckRS 2011, 23364; auch → Rn. 38).

32   Jugendliche, bei denen pädagogische bzw. therapeutische Angebote in Heimerziehung oder sonstiger betreuter Wohnform (§ 34 SGB VIII) nach jugendhilfrechtlichen Standards angezeigt sind (vgl. auch die vormalige Voraussetzung einer „Verwahrlosung" gem. § 64 JWG aF), zeigen nicht notwendig auch „schädliche Neigungen" (s. auch Brunner/Dölling Rn. 37). Die fragliche **jugendhilferechtliche Indikation** wird in der Praxis nämlich oft schon bei einem Zustand von einiger Dauer bejaht, in dem es einem jugendlichen Menschen in erheblichem Grade an jenen körperlichen, geistigen oder sittlichen Eigenschaften mangelt, die bei Altersgenossen als Ergebnis einer ordnungsgemäßen Erziehung sonst vorausgesetzt werden (vgl. → § 12 Rn. 26). Wenngleich zur Annahme eines solchen Zustandes die Feststellung entsprechender Tatsachen erforderlich ist, bleiben die Kriterien inhaltlich unterbestimmt und disponibel, zumal sie eine (in der pluralistischen Gesellschaft) nicht existente Norm-Entwicklung zugrunde legen und die sozio–ökonomisch unterschiedliche Verteilung (bedürfnis–)relevanter Bedingungen ignorieren (skeptisch bezüglich der „Indikation" zu einer Heimerziehung auch Mrozynski, KJHG, 5. Aufl. 2009, § 34 Rn. 3; zu Praxiskriterien für die gesteigerte Form einer „geschlossenen" Unterbringung vgl. Permien R&P 2006, 111 (114); überblicksartig Eisenberg/Kölbel Kriminologie § 38 Rn. 4, 8). Jugendhilferechtliche Einstufungen können für Abs. 2 Var. 1 daher allein hilfsweise (als Hinweise) herangezogen werden.

2. Weitere Voraussetzungen

a) „In der Tat hervorgetreten". Die nach den vorgenannten Kriterien 33
festgestellten „schädlichen Neigungen" müssen **bei Tatbegehung** vorgelegen und in dem angeklagten Delikt dergestalt zum Ausdruck gekommen sein, dass dieses sich **als deren symptomatischer Ausfluss** darstellt. Diese Voraussetzung muss bezüglich jeder einzelnen prozessgegenständlichen Tat konkret geprüft werden. Haben sich die „schädlichen Neigungen" nach Ansicht des Gerichts allein in sekundären Teilaspekten des Tatgeschehens niedergeschlagen, reicht dies nicht aus. Wird mit Blick auf diesen Zusammenhang also lediglich darauf verwiesen, der Angeklagte habe ein (zu Verteidigungszwecken mitgeführtes) Messer bei der Tat eingesetzt (vgl. BGH NStZ 1984, 413) oder aus „krimineller Abenteuerlust" bzw. „falsch verstandener Kameradschaft" gehandelt (vgl. BGH StV 1985, 419 = BeckRS 1985, 31101444), liegen die Voraussetzungen von Abs. 2 Var. 1 nicht ohne weiteres vor. Das Ergebnis der diesbezüglichen Prüfung kann bei unterschiedlichen Taten bzw. Delikten verschieden ausfallen.

b) Fortbestand der Problemlagen. aa) Entscheidungszeitpunkt. 34
Die Komponenten der „schädlichen Neigungen" (→ Rn. 22) müssen nach stRspr noch im Zeitpunkt der Entscheidung vorliegen, weil die JStrafe sonst nicht mehr erzieherisch indiziert sein kann (vgl. bspw. BGH StV 1998, 331 = BeckRS 1997, 31120008; NStZ 2013, 287; ZJJ 2014, 46 = BeckRS 2014, 00752; NStZ 2016, 682). Daher ist zB eine einfache Bezugnahme auf die Bejahung „schädlicher Neigungen" in früher erfolgten Verurteilungen absolut unzureichend (BGH NStZ-RR 2015, 154). Besonders begründungsbedürftig ist das Fortdauern der Defizite bei einem größeren Abstand zwischen den Tat- und Entscheidungzeitpunkten (BGH NStZ-RR 2015, 154: Tatzeit lag 12 und 8 Monate zurück; BGH NStZ-RR 2015, 155: zwei Jahre; BGH NStZ-RR 2015, 323: 18 Monate; vgl. ferner BGH StV 2011, 589 = BeckRS 2011, 4359). Gerade (aber nicht nur) in derartigen Konstellationen können etwa eine zwischenzeitlich aufgenommene Ausbildung, das Absolvieren sozialpädagogischer Maßnahmen, neue soziale Bindungen usw für einen postdeliktischen **Abbau** der „schädlichen Neigungen" sprechen (OLG Hamm NStZ-RR 1999, 377, 378 f.). Die JGH oder die Erziehungsberechtigten sollten deshalb auf solche Entwicklungen hinwirken; für

den Verteidiger kann dies Anlass sein, das Verfahren „sich hinziehen" zu lassen (ggf. durch ein Rechtsmittel (vgl. ähnlich Zieger/Nöding Verteidigung Rn. 66)).

35 Unabhängig davon liegen nicht selten **Umstände** vor, die Zweifel an der Fortdauer „schädlicher Neigungen" begründen könnten und die durch das Gericht deshalb eingehend zu **erörtern** sind (missachtet etwa bei AG Cloppenburg ZJJ 2014, 394 mablAnm Eisenberg ZJJ 2014, 396). Dazu zählen bereits eine längere zwischenzeitliche Konformität (KG StV 2003, 456 = BeckRS 2002, 14725) oder ein Wohnort- bzw. Unterkunftwechsel (BGH StraFo 2003, 206 f. = BeckRS 2003, 02878; NStZ 2010, 280 (281)). Ebenso liegt es, wenn sich der Jugendliche den Ermittlungsbehörden gestellt (BGH NStZ-RR 2010, 387 (388)), bei den Geschädigten (ggf. mit Schadensersatzzahlungen) entschuldigt (verfehlt AG Memmingen ZJJ 2014, 397 mablAnm Eisenberg ZJJ 2014, 399 (400)) oder von den Mitangeklagten abgewandt hat (BGH 7.3.1997 – 3 StR 515/96 bei Böhm NStZ 1997, 480 (481); vgl. auch BGH BGHR JGG § 17 Abs. 2 Schädliche Neigungen 4: aus Angst keine weitere Teilnahme an späteren Taten der Mitangeklagten). – Einen häufigen Anlass, das Andauern „schädlicher Neigungen" näher und in konkreter Weise aufzeigen zu müssen, geben ferner die Unterbringung (und persönliche Entwicklung) in einem Heim der JHilfe (§§ 72 Abs. 4, 71 Abs. 2) und in **U-Haft** (BGH NStZ 2016, 681 (682); OLG Köln StV 2003, 457; OLG Hamm StV 2007, 2 = BeckRS 2006, 15058; speziell zur Geburt eines Kindes in der U-Haft vgl. AG München 11.6.2015 – 1034 Ls 468 Js 199228/14).

36 **bb) Postdeliktisches Verhalten.** Umgekehrt kann auch für die **Feststellbarkeit** des Fortbestehens „schädlicher Neigungen" auf das nachtatliche Geschehen verwiesen werden, insbes. auf das Nachtatverhalten. So wird die **neuerliche Begehung einer erheblichen Straftat** (ggf. im Erwachsenenalter) prinzipiell indizieren, dass die fraglichen Defizite beim Angeklagten (überhaupt bzw.) weiterhin bestehen (BGH DAR 2018, 377 (379)). Es muss aber aufgezeigt werden, dass die Deliktsbegehung zwischen der abzuurteilenden Tat und der richterlichen Entscheidung auf nicht (erst) zum Urteils-, sondern auch (bereits) zum Tatzeitpunkt bestehende „schädliche Neigungen" hinweist (BGH BeckRS 2018, 42343). Da es sich bei „schädlichen Neigungen" um eine selbstständige Voraussetzung der JStrafenverhängung handelt, muss das fragliche Folgedelikt zudem prozessordnungsgemäß festgestellt (oder – wie bei BGH BGHR JGG § 17 Abs. 2 Schädliche Neigungen 9 – in einem anderen Verfahren bereits rechtskräftig abgeurteilt) worden sein (→ Rn. 27). Erlaubtes **prozessuales Nachtatverhalten** darf dem Angeklagten dagegen nicht angelastet und daher auch nicht zur Begründung von „niedrigen Beweggründen" herangezogen werden (BGH StraFo 2003, 206 (207) = BeckRS 2003, 02878; OLG Hamm ZJJ 2004, 298 = BeckRS 2015, 04300). Dies betrifft Fälle, in denen er sein Recht auf effektive Verteidigung wahrnimmt (etwa durch Bestreiten („Leugnen") der Tatbegehung oder durch Darlegung einer Notwehrsituation) oder in denen er sich auf sein Schweigerecht stützt (BGH StV 2006, 228 = BeckRS 2005, 01760). Grundsätzlich gilt dies auch, wenn er weder Reue noch Bedauern zeigt (BGH StV 2011, 589 = BeckRS 2011, 4359) oder sich „teilnahmslos und emotional in keiner Weise berührt" gibt (BGH BeckRS 2021, 8694; bzgl. „fehlender Distanzierung von der Tat" eher abw. aber BGH NStZ 2016, 682).

c) Subsidiarität. Da die Reifeentwicklung eines Jugendlichen noch nicht **37** abgeschlossen ist, lässt sich eine prinzipiell gegebene **Erziehungsfähigkeit** (n. → § 5 Rn. 18) vorab auch in „schwierigen Fällen" kaum dezidiert verneinen (zust. Meyer-Odewald, Verhängung und Zumessung der Jugendstrafe, 1993, 116 f.). Wo dies vor allem infolge medizinischer oder psychopathologischer Umstände doch einmal der Fall ist, scheidet JStrafe als dann erzieherisch ungeeignete Intervention aus. Allerdings dürfte hier regelhaft auch die Schuldfähigkeit beeinträchtigt und das speziell dafür vorgesehene Rechtsfolgenspektrum eröffnet sein. Ungeachtet der also nur in Sonderkonstellationen fehlenden Möglichkeit einer Erziehung des Jugendlichen ist diese (entgegen der justizpraktischen Handhabung) eigens zu prüfen (Kemme StV 2014, 760 (765); abw. Swoboda ZJJ 2016, 278 (286 f.): Erziehungsfähigkeit gesetzlich fingiert). Auch versteht es sich nicht von selbst, dass die Einwirkungspotenziale gerade im Vollzug der JStrafe realisierbar sind. Deshalb muss das Gericht ausführen, welche **Wirkungen** die verhängte JStrafe – auch unter den Vorzeichen vorliegender Wirkungsbefunde (→ Rn. 16 ff.) – haben soll und kann (OLG Karlsruhe StV 2007, 3 = BeckRS 2006, 12987).

Ferner muss gem. Abs. 2 Var. 1 letzter Hs. im Sinne einer Negativ- **38** Voraussetzung **ausgeschlossen** sein, dass die fraglichen (auf die Begehung von Straftaten bezogenen) Neigungen durch **andere** jugendstrafrechtliche **Rechtsfolgen ausreichend** erzieherisch beeinflusst werden können (OLG Hamm StV 2014, 747 = BeckRS 2014, 10892). Gegen die Erforderlichkeit der JStrafe bzw. der „längeren Gesamterziehung" (Radtke/Scholze in MüKoStGB Rn. 47 ff.) spricht es bspw., wenn die festgestellten Defizite wenig verfestigt sind und mit einer verzögerten Entwicklung zusammenhängen (OLG Karlsruhe StV 2007, 3 = BeckRS 2006, 12987). Dass Erziehungsmaßregeln und Zuchtmittel bei vergleichbaren Vordelikten wirkungslos geblieben waren, kann indes (bei konkreter Begründung) in gegensätzlicher Weise aufschlussreich sein (OLG Hamm NStZ 2007, 45 (betr. Propagandadelikt des „rechtsradikalen Spektrums")). Kann die Erforderlichkeit nicht eindeutig geklärt werden, ist gem. § 27 zu verfahren. – Stets bedarf es für die Erörterung der Subsidiarität einer eingehenden **Persönlichkeitsuntersuchung** iSv § 43 (nicht berücksichtigt von OLG Zweibrücken NStZ-RR 1998, 118 mAnm Eisenberg/Forstreuter JR 1999, 174; zum Ganzen auch Kemme/Wetzels PraxRPsych 2014, 45 (54 ff.)). Dieses Sorgfaltserfordernis besteht umso dringlicher, als die Verhängung einer JStrafe gem. Abs. 2 Var. 1 der Situation des § 246a Abs. 1 StPO (mit obligatorischer Sachverständigenvernehmung) stark ähnelt (→ Rn. 23). Mit Blick auf die deshalb oftmals angezeigte (abw. Kemme StV 2014, 760 (764): immer gebotene) Einholung eines Gutachtens verfährt die Praxis **viel zu zurückhaltend** (kennzeichnend AG Winsen NStE Nr. 1 zu § 43; Brunner/Dölling Rn. 22: idR eigene Sachkunde des JRichters ausreichend). So kam es bspw. bei sämtlichen Personen, die 2002 bis 2007 zu mehr als fünfjähriger (vollständig vollstreckter) JStrafe verurteilt worden waren, nur bei 70 % im Erkenntnisverfahren zu einer Begutachtung, und davon lediglich einmal (auch) zur Frage der „schädlichen Neigungen" (Pahl, Begutachtungspraxis bei langen Jugendstrafen, 2018, 124, 184 f.).

3. Verhältnismäßigkeitskontrolle

39   **a) Vorwurfsproportionalität.** Wie jedes staatliche Eingriffshandeln ist auch die Verhängung von JStrafe nur als ein verhältnismäßiges Vorgehen erlaubt. Die Sanktion muss deshalb nicht nur die spezialpräventive Eignung und Erforderlichkeit aufweisen (→ Rn. 38), sondern auch **angemessen** sein. Deshalb darf die „stationäre Gesamterziehung" nicht in einem Missverhältnis zu ihren Eingriffswirkungen stehen. So kommt es auf eine ausbalancierte Relation zwischen der JStrafe und ihrer Auswirkungsintensität (dazu → Rn. 40 f.) sowie dem Gewicht des Interventionsanlasses an. Eine (zwar erzieherisch angezeigte) JStrafe, die mit Blick auf den prozessgegenständlichen Tatvorwurf nicht gerechtfertigt werden kann, wäre unverhältnismäßig und unzulässig (→ Rn. 5). Aus diesem Grunde muss JStrafe als Reaktion immer dann ausscheiden, wenn ein gesteigertes Erziehungsbedürfnis nicht mit einem gesteigerten **Schuldgehalt** einhergeht – also insbes. bei geringfügigen Anlassdelikten (zur ebenfalls erforderlichen Erheblichkeit der diagnostisch relevanten Vordelinquenz und der prognostizierbaren Delikte → Rn. 22, 26). Rechtfertigt das Gewicht der Straftat lediglich eine so kurze Dauer der JStrafe, dass dies eine als erforderlich erachtete erzieherische Einwirkung nicht zulässt, so ist die Verhängung von JStrafe insgesamt unzulässig. Ob in solchen Fällen ggf. eine Verpflichtung nach § 12 Nr. 2 angezeigt ist, lässt sich nur iZm den jeweiligen konkreten Gegebenheiten der (geschlossenen) Heimerziehung (vgl. → § 12 Rn. 17 ff., 25) beurteilen.

40   **b) Altersabhängigkeit.** Das von der JStrafe ausgehende Eingriffsgewicht ist umso höher, **je jünger** und daher auch vulnerabler die Betroffenen sind. Deshalb ist eine Verhängung bei 14-, 15- und auch 16-Jährigen selbst bei Anlasstaten von nicht unerheblichem Gewicht nur selten gerechtfertigt. Die wenigen Ausnahmen liegen vor, wo es um die Verurteilung wegen einer erheblichen Straftat geht und dies mit einer außergewöhnlich gesteigerten (und deliktisch sichtbar gewordenen) Einwirkungsbedürftigkeit zusammentrifft. Eine ggf. bereits erfolgte polizeiliche Einordnung als sog. „Intensivtäter" macht, zumal jene Zuschreibungen oft problematisch sind (→ § 5 Rn. 60), die eigene gerichtliche Überprüfung der erzieherischen Notwendigkeiten nicht entbehrlich (vgl. § 43).

41   Gegenüber älteren Jugendlichen oder **Heranwachsenden** (→ Rn. 49, → Rn. 57, → § 105 Rn. 52 ff.) kommt JStrafe am ehesten bei erheblicheren Gewalttaten in Betracht. Nur eingeschränkt wird dies bei Verkehrs- und einfachen Drogendelikten gelten können, zumal deren Gewicht infolge alterstypischer Entstehungszusammenhänge nicht überzubewerten ist. **Unverhältnismäßig** ist JStrafe idR bei Beleidigung, (einfacher) Sachbeschädigung, Beförderungserschleichung und anderen vergleichsweise leichten Straftaten (aA OLG Zweibrücken NStZ-RR 1998, 118 mablAnm Eisenberg/Forstreuter JR 1999, 174 und Ostendorf NStZ 1999, 515).

4. Handhabung bei Drogenabhängigkeit und -delinquenz

42   In der Praxis wird vielfach auch ggü. Drogenabhängigen (zur Problematik → § 5 Rn. 56) eine JStrafe verhängt, und zwar zu vergleichsweise hohen Anteilen mit einer Dauer von mehr als einem Jahr (zu den daraus resultierenden Anteilen Abhängiger unter den Jugendstrafgefangenen vgl. Eisenberg/Kölbel Kriminologie § 36 Rn. 27). Vermutlich ist dies Folge eines skepti-

schen justiziellen Verhältnisses ggü. der Weisung gem. § 10 Abs. 2 S. 1 Alt. 2 (n. → § 10 Rn. 50 ff.) und wohl auch der Maßregel gem. § 7 iVm § 64 StGB. Dabei wird indes zu wenig berücksichtigt, dass der Jugendstrafvollzug schwerlich als ein günstiges drogentherapeutisches Setting und bei Abhängigen damit – entgegen Brunner/Dölling Rn. 33 – auch **nicht** als eine **spezialpräventiv geeignete** Umgebung gelten kann (→ § 92 Rn. 105 ff.; vgl. auch Eisenberg/Kölbel Kriminologie § 36 Rn. 37). Dahinter muss die Erwägung zurücktreten, der zufolge die Sanktionspraxis, die in diesem Deliktsbereich generell rigoros ist, auch gegenüber abhängigen Personen durchzuhalten sei, weil sich jugendliche Verurteilte, die nicht drogenabhängig sind, sonst benachteiligt sehen könnten.

Während das Sanktionsregime des BtMG nicht zwischen verschiedenen **43** Drogenarten trennt, neigt die (jugend-)strafrechtliche Praxis durchaus dazu, bei Delikten mit „harten" Drogen (zB Heroin) strenger als bei „weichen" Drogen (zB Haschisch) zu reagieren (OLG Hamm StV 2011, 583, 585 = BeckRS 2010, 16652; auch → § 18 Rn. 28; kennzeichnend ferner die frühere Debatte zum allg. StR etwa bei LG Hildenheim DVJJ-J 1992, 117 sowie LG Frankfurt a. M. StV 1993, 77 = BeckRS 9998, 56378; abw. BGH NJW 1992, 2975 mablAnm Schneider StV 1992, 514; OLG Hamm StV 1992, 521 = LSK 1993, 250212). Allerdings vermögen auch Erwerb und Konsum „harter" Drogen nicht von den oben genannten **allg. Voraussetzungen der Verhängung von JStrafe** zu entheben (OLG Zweibrücken OLGSt JGG § 17 Nr. 1 = BeckRS 1989, 31166509 mAnm Brunner JR 1990, 305; s. ferner Brunner/Dölling Rn. 24). So ist die konkrete Feststellung der beiden Komponenten „schädlicher Neigungen" (→ Rn. 22) erforderlich, wofür aber selbst eine BtM-deliktische Vorgeschichte nicht immer einen klaren Indikator bietet (OLG Hamm StV 2005, 69 = BeckRS 2004, 2165). Dies gilt gerade, wenn die früheren Straftaten unter intensivem Einfluss des sozialen Umfelds erfolgten (AG Bremen-Blumenthal StV 1994, 601 = LSK 1995, 100289; Eberth/Müller/Schütrumpf, Verteidigung in Betäubungsmittelsachen, 7. Aufl. 2018, Rn. 390). Für Persönlichkeitsprobleme und Rückfallerwartung sprechen jedoch bspw. eine Teilnahme am professionellen bzw. organisierten Handel (Maier in Weber BtMG Vor §§ 29 ff. Rn. 1677; vgl. ferner BGH BGHR JGG § 17 Abs. 2 Schädliche Neigungen 9: Scheitern von Integrationsmaßnahmen iRv früheren Bewährungsstrafen). Allerdings ist immer zu prüfen, ob nicht nach der Anlasstat eine zwischenzeitliche Distanzierung von der Drogenszene erfolgt und die „schädlichen Neigungen" dadurch entfallen sind (OLG Brandenburg StV 1999, 658 = BeckRS 1999, 11929).

Gemäß §§ 38 Abs. 1 S. 1, 35 BtMG ist bei Drogenabhängigen in Fällen **44** der Verurteilung zu JStrafe – sofern die vorrangige Aussetzung der Vollstr zBew versagt wurde (→ § 21 Rn. 26) – eine **Zurückstellung der Straf-Vollstr** (bzw. des Restes derselben sowie der Maßregelvollstr gem. § 7 iVm § 64 StGB) möglich (zu den Voraussetzungen n. → § 82 Rn. 10 ff.). Zuständig ist, je nach Stand des Vollstreckungsverfahrens, der ursprüngliche (§§ 82 Abs. 1, 84) oder nachfolgende (§ 85 Abs. 2, 3) Vollstreckungsleiter (= JRichter) als weisungsgebundene Verwaltungsbehörde (→ § 83 Rn. 2). Die Verurteilungen Drogenabhängiger werden bei (unwiderrufen bleibender) Zurückstellung gem. § 35 BtMG nicht in das Führungszeugnis aufgenommen (§ 32 Abs. 2 Nr. 3 BZRG; zur Handhabung bei ausländischen Urteilen ggü. Heranwachsenden s. krit. Driest StV 1989, 458). Nach dem

Normwortlaut von §§ 38 Abs. 1 S. 1, 35 BtMG kommt das dort eröffnete Vorgehen an sich aber nicht in Betracht, wenn lediglich eine Unterbringung nach § 7 iVm § 64 StGB angeordnet wurde. Für die Gerichte könnte das ein Anlass sein, entgegen der durch § 5 Abs. 3 vorgegebenen Tendenz (→ § 5 Rn. 29 f.) daneben auch **JStrafe** nach Abs. 2 Var. 1 zu verhängen, **nur um §§ 35 ff. BtMG anwenden** zu können. Dies wäre aber wegen der Entbehrlichkeit der Sanktion unzulässig (ebenso Volkmer in Körner/Patzak/Volkmer § 38 Rn. 3). Es ist im Übrigen auch überflüssig, da die §§ 35 ff. BtMG angesichts des offensichtlichen legislatorischen Versehens weit auszulegen sind und eine Zurückstellung danach auch bei auf § 5 Abs. 3 beruhender isolierter Maßregelanordnung erlauben (abw. Weber BtMG § 38 Rn. 5).

V. „Schwere der Schuld"

1. Vorwurfsbezogene Voraussetzungen

45   **a) Verhältnis zur Schuld im allg. Strafrecht. aa) Allgemeines.** Der in Abs. 2 Var. 2 geregelte Anordnungsgrund setzt voraus, dass dem Verurteilten wegen des fraglichen Deliktes ein Vorwurf von einer Schwere gemacht wird, bei der eine JStrafe „erforderlich ist". Diese Voraussetzungsstruktur setzt sowohl Kriterien zur **Vorwurfsgewichtung** voraus als auch die Bestimmung eines **Grenzwertes,** an dem die Unentbehrlichkeit der JStrafe beginnt. Beides kann es indes weder in einem exakten Sinne noch ohne erhebliche Wertungsspielräume geben. Für die Frage des Grenzwertes hat die bisherige Debatte denn auch nur außerordentlich **vage Formeln** hervorgebracht. Danach müsse die Vorwerfbarkeit ein solches Ausmaß haben, dass jede andere Sanktion „in einen unerträglichen Widerspruch zum allgemeinen Gerechtigkeitsgefühl" träte (Laubenthal/Baier/Nestler Jugend-StrafR Rn. 742; Laue NStZ 2016, 103) bzw. für „das Rechtsempfinden schlechthin unverständlich" wäre (zB Brunner/Dölling Rn. 25; Ostendorf in NK-JGG Rn. 7; Rose ZJJ 2020, 43 (48)). In ihrer offensichtlichen und unbefriedigenden Unterbestimmtheit besagen solche nahezu beliebig verwendbaren „Richtgrößen" (→ Rn. 6) allerdings nicht mehr als das Erfordernis von deutlich angehobener Schuld (für die Erforderlichkeit „schwerster" Vorwerfbarkeit Beulke NK 2019, 269 (277)). Dies macht es umso erforderlicher, wenigstens für die (reflektiert-wertende) Bestimmung des Vorwurfsgrades möglichst substanziell begründete Gesichtspunkte heranzuziehen.

46   **bb) Jugendspezifische Bewertung.** Der Rspr. zufolge hat dabei die Gewichtung des Vorwurfs anhand spezieller, altersgruppenspezifischer Kriterien zu erfolgen, die sich von den sonst (im allg. StR) herangezogenen Aspekten unterscheiden bzw. diese modifizieren (s. aber Befragungshinweise auf eine etwas abw. untergerichtliche Praxis bei Buckolt Jugendstrafe 330 ff.). In diesem Sinne spricht man von einer **jugendspezifischen Vorwerfbarkeit** (auch → § 18 Rn. 22). Danach ist Schuld „nicht abstrakt nach dem verwirklichten Tatbestand messbar" (BGH NStZ 2009, 450) und auch nicht von der Einstufung im StGB als Verbrechen herzuleiten (dazu etwa BGH NStZ-RR 2012, 92 bei unbedeutender Tatbeteiligung; OLG Zweibrücken OLGSt JGG § 17 Nr. 1 = BeckRS 1989, 31166509 mAnm Brunner JR 1990, 305 bei weniger schwerer Begehungsform). Vielmehr kommt „dem äußeren Unrechtsgehalt der Tat und ihrer Einstufung im allg. StR keine selbstständige Bedeutung zu" (BGH NStZ 2013, 289 (290)). Nach einem **von § 46 Abs. 1 S. 1 StGB erheblich abw.** **Maßstab** muss – was das BVerfG (BeckRS 2006, 28246) nicht moniert – **stattdessen** mehr auf das subjektive und persönlichkeitsbegründete Verhältnis des Angeklagten zur Tat als auf deren sichtbare Schwere abgestellt werden (BGHSt 15, 224 = NJW 1961, 278; BGHSt 16, 261 (263) = NJW 1961, 2359 (2360); ferner zB BGH NStZ 2014, 407; StV 2017, 714 = BeckRS 2016, 16406; NStZ 2020, 378 (378 f.)). Das äußere Unrechtsgeschehen (Handeln, Folgen usw) ist lediglich mittelbar für die Schuldbewertung relevant, insofern es „Schlüsse auf die Persönlichkeit des Täters und seine Schuld zulässt" (BGHSt 15, 224 = NJW 1961, 278; ferner zB BGHSt 61, 188 (191) = NJW 2016, 2050 (2051); BGH NStZ 2014, 409; NStZ-RR 2015, 155 (156); NStZ 2017, 648 (649)). Es kommt, so eine gleichsinnige Leitlinie, darauf an, „inwieweit sich die charakterliche Haltung, die Persönlichkeit und die Tatmotivation (…) in der Tat in vorwerfbarer Schuld niedergeschlagen haben" (BGH NStZ-RR 2016, 325 (326); NStZ-RR 2018, 358; s. auch BGH BGHR JGG § 18 Abs. 2 Tatumstände 2; BGH StV 2022, 9 (10) = BeckRS 2021, 21827; BeckRS 2021, 40412). In dieser Hinsicht darf der „Unrechtsgehalt der Tat (…) nicht unberücksichtigt bleiben" (BGH NStZ 2018, 728 mAnm Eisenberg NStZ 2018, 729 und Kölbel JR 2019, 40; zur Judikatur mwN auch Fricke StRR 2013, 167 ff.).

Ein angehobenes Gewicht der so verstandenen und zu prüfenden Schuld **47** ist bspw. gegeben, wenn die Art der Begehung eines Sexualdeliktes von einem abwertenden „Frauenbild" zeugt, wobei diese persönliche Haltung vom Gericht **konkret aufzuzeigen** ist und nicht einfach unterstellt werden darf (BGH NStZ-RR 2014, 119). Gegebenenfalls kann auch ein kennzeichnendes Nachtatverhalten für entsprechende Schlussfolgerungen herangezogen werden, dies jedoch nicht bei prozessualer Zulässigkeit (vgl. nur BGH StV 1999, 657 = BeckRS 1999, 30072969: fehlende Reue bei Tatleugnen). Ebenfalls aus normativen Gründen (gesetzgeberische Wertung des § 24 StGB) ist es ausgeschlossen, die Schuldschwere auf den Umstand zu stützen, dass der Jugendliche neben dem verwirklichten Delikt zunächst auch vorübergehend (dh bis zum wirksamen Rücktritt) eine weitere Straftat verwirklichen wollte (BGHSt 61, 188 (192 f.) = NJW 2016, 2050 (2051) mzustAnm Eisenberg ZJJ 2016, 299).

Umgekehrt liegt eine angehobene Schwere der (nach den vorgenannten **48** Grundsätzen verstandenen) Schuld selbst bei **gravierenden Delikten nicht zwangsläufig** vor. Sie wurde verneint oder als besonders begründungsbedürftig erachtet bspw. beim schweren sexuellen Missbrauch (LG Limburg BeckRS 2015, 07831: fast 14-jährige und zustimmende Freundin als Geschädigte), bei sexueller Nötigung (LG Hamburg BeckRS 2016, 15546: situative Überforderung des Steuerungsvermögens beim Jugendlichen), bei Beihilfe zum räuberischen Diebstahl (BGH NStZ 2016, 681: gruppendynamische Prozesse) oder auch beim schweren Raub (BGH NStZ 2018, 659: Kurzschlusshandlung, alkoholbedingte Enthemmung und fehlender Bereicherungswille des Jugendlichen (s. hierzu auch OLG Schleswig SchlHA 2004, 261 = BeckRS 2013, 20133; ferner betr. BtMG OLG Hamm StV 2001, 175 = BeckRS 2000, 5425; AG Rudolstadt StV 2014, 744 = BeckRS 2014, 00305)). – Zur Klärung der sich hier stellenden Fragen (besondere Motive, Situationen usw) ist eine Stellungnahme der JGH angezeigt; ggf. empfiehlt sich die Heranziehung eines Sachverständigen (§ 43 Abs. 2).

49   **cc) Dynamische Maßstäbe.** Für die Schuldschwere ist generell auch der **Grad** strafrechtlicher **Schuldfähigkeit** (§ 3 S. 1; n. → § 3 Rn. 14 ff.) von Bedeutung (ebenso bspw. Weber Schuldprinzip 116). Die Reife iSv § 3 S. 1 kann, selbst wenn sie prinzipiell schon gegeben ist, entwicklungsbedingt „so sehr an der unteren Grenze der Verantwortlichkeit liegen" (Beulke/Swoboda JugendStrafR Rn. 456), dass die Schuld nicht den von Abs. 2 Var. 2 geforderten Grad erreicht (vgl. BGH MDR 1996, 881 mAnm Streng StV 1998, 336 (betr. Verurteilung eines noch wenig entwickelten 16-Jährigen wegen Mordes); auf die Problematik hinweisend auch BGH NStZ-RR 2008, 258 (Totschlag mit knapp über 14 Jahren); nicht erörtert dagegen in BGH NStZ 2013, 280; 2016, 102 (betr. 15-Jährige)). Umgekehrt folgt aus dieser Rspr. aber auch, dass der Aspekt der sich erst noch entwickelnden Verantwortungsfähigkeit mit **zunehmendem** (Heranwachsenden-)**Alter** an Bedeutung verliert (auch → Rn. 57, → § 105 Rn. 52 ff.). Bei der Beurteilung des Vorwurfsgrades wird der Jugendspezifik in der Schuldwertung (→ Rn. 46) damit also etwas weniger Raum gegeben, wohingegen die äußerlichen Unrechtsaspekte stärker ins Gewicht fallen (wenn auch weniger als im allg. StR). – Im Übrigen können aber Umstände, die eine Minderung der Schuldfähigkeit (§ 21 StGB) begründen, auch bei vorsätzlich verursachten schweren Tatfolgen die „Schwere der Schuld" ausschließen (vgl. Beulke/Swoboda JugendStrafR Rn. 456).

50   **b) Einzelheiten der Schuldschwere-Bestimmung. aa) Allgemeine Deliktsqualität.** Zur Bestimmung der „Schwere der Schuld" ist zunächst eine vollständige Prüfung des Tatvorwurfs nach den gesetzlichen Regelungen des allg. StR erforderlich (zu dabei zu beachtenden Besonderheiten im JStR → § 2 Rn. 28 ff.). Die hiernach im allg. StR bestehenden gesetzlichen **Strafrahmen,** in denen die legislatorische Unrechtsbewertung zum Ausdruck gelangt, können dann auch uU auch in den jugendspezifischen Schuldwertung zu berücksichtigen sein. Das betrifft einmal Straftaten, für die eine geringe oder mittlere Strafdrohung vorgesehen ist. Die hierin sichtbar werdende Einordnung des Tatgewichts macht sich dann auch in der jugendspezifischen Geschehensbewertung bemerkbar, sodass die Schuld eines Jugendlichen, der bspw. ein **Vergehen,** zumal mit vergleichsweise geringem Schaden (und sei es „bedenkenlos"), begangen hat, idR nicht iSv Abs. 2 Var. 2 als „schwer" gelten darf (BGH NStZ 1998, 317; StV 2004, 66 = LSK 2005, 120211; StV 2005, 66 = BeckRS 2004, 11326; OLG Frankfurt a. M. StV 2009, 92 = BeckRS 2009, 9981 (betr. BtM); OLG Hamm ZJJ 2005, 447 = BeckRS 2007, 5923 (betr. Körperverletzung)). Einen ähnlichen Hinweiswert haben die gesetzlichen Strafrahmen, insofern eine Verschiebung „nach unten" bei Vorliegen **un-/benannter minder schwerer Fälle** (auch → § 18 Rn. 25) auch iRd besonderen jugendstrafrechtlichen Maßstäbe einen herabgesetzten Vorwurfsgrad bedingt (BGH NStZ-RR 2013, 291; 2015, 155; OLG Hamm StV 2011, 583, 585 = BeckRS 2010, 16652; problematisch dagegen BGH NStZ 2019, 216).

51   Die Rspr. hält eine für Abs. 2 Var. 2 hinreichende Schuldschwere nicht nur bei **Kapitaldelikten,** sondern **ausnahmsweise** auch bei anderen Taten, die mit Blick auf ihre allg. Strafbewehrung als **gravierend** beurteilt werden, für grundsätzlich möglich (betr. § 224 StGB vgl. BGH NStZ-RR 2011, 386; BeckRS 2021, 25478; betr. § 250 StGB vgl. BGH NStZ-RR 2001, 215; betr. § 176 Abs. 1 StGB vgl. BGH NStZ 2016, 102 mablAnm Laue

NStZ 2016, 103; betr. islamistische Propaganda KG BeckRS 2020, 31892; betr. psychische Beihilfe zum Landfriedensbruch vgl. OLG Naumburg NJW 2001, 2034; betr. Straßenraub vgl. LG Berlin NStZ 2007, 46). Es muss sich aber auch im konkreten **Einzelfall** um ein gravierendes Geschehen handeln, woran es bspw. bei Delikten mit Gewalt- oder Raubkomponente fehlt, wenn die Ereignisse nicht gegenüber „häufig vorkommenden, gruppendynamisch geprägten Delikten „herausragen" (KG StV 2009, 91 = BeckRS 2009, 9983). Ohnehin kommt es auch hier immer auf die individuelle Würdigung der eigens festzustellenden tatbezogenen Motiv- und Persönlichkeitszusammenhänge an, da die objektive Verwirklichung eines Delikts für sich genommen noch keine altersgerechte Schuldbewertung erlaubt (vgl. die Fallbsp. in → Rn. 48). Dabei ist (ungeachtet der dogmatisch str. Direktanwendbarkeit von § 46 Abs. 3 StGB im JStR (→ Rn. 30)) die Schutzfunktion des **Doppelverwertungsverbots** zu wahren (BGH BeckRS 2012, 21708). So kann der Schluss auf schuldwertungsrelevante Merkmale des Jugendlichen bspw. nicht auf Umstände, die das Vorliegen eines Tatbestandsmerkmals begründen, gestützt werden. Unverwertbar ist ebenso die Feststellung, der Jugendliche habe Bedenken gegen eine Tatbegehung beiseitegeschoben. Damit würde ihm als ein Schuldschwere-Aspekt angelastet, dass er „die Tat überhaupt begangen hat" (BGH BeckRS 2012, 15222; ähnlich BGH NStZ-RR 2013, 291; NStZ 2016, 681 (682)).

bb) Insbesondere Fahrlässigkeitstaten. Geradezu regelhaft scheidet die 52 Bejahung einer „Schwere der Schuld" iSv Abs. 2 Var. 2 bei Fahrlässigkeitstaten aus. Dies gilt gerade für solche im Straßenverkehr. Das hier im Vordergrund stehende Erfolgsunrecht muss nämlich zunächst einmal schon aus den eben behandelten Gründen (→ Rn. 50 f.) ein ganz erhebliches sein, und auch dann lässt die Schadensintensität idR keine Rückschlüsse auf die iSv → Rn. 46 begriffene Tatschuld zu (kennzeichnend BayObLG StV 1985, 155; OLG Karlsruhe NStZ 1997, 241; ebenso AG Lübeck StV 2013, 759 = BeckRS 2013, 16591: § 222 StGB nach alterstypischer Risikofahrt durch sozial unauffälligen Jugendlichen). Lediglich **in engsten Grenzen** kommt – etwa bei nachweisbarer Geringschätzung fremden Lebens oder Gleichgültigkeit ggü. der Gefährdung fremder Rechtsgüter – der für Abs. 2 Var. 2 vorauszusetzende Vorwurfsgrad in Betracht (ähnlich Brunner/Dölling Rn. 31). Die Rspr. ist hier teilweise weniger restriktiv (vgl. etwa AG Dillenburg NStZ 1987, 409 und OLG Braunschweig NZV 2002, 195 mwN zur Judikatur und in einem Fall von § 222 StGB in bewusster Fahrlässigkeit). Die dann meist verwendeten Anhaltspunkte für ein „persönlichkeitstypisches" Zustandekommen der Fahrlässigkeitstaten (bspw. fortgesetzte Risikofahrweise trotz mehrfacher (Beinahe-)Unfälle oder Sanktionierungen) haben aber lediglich eine Indizfunktion. Abgesehen von den stets mitzuberücksichtigenden anderen Tatumständen ist zu überprüfen, ob diese Verhaltenstendenzen nicht eher Ausdruck alterstypischer Entwicklungsphasen und eines noch unzureichend entwickelten Pflichtgefühls sind.

cc) Insbesondere erfolgsqualifizierte Delikte. Die Regelung dieser 53 Deliktsform einschließlich der §§ 11 Abs. 2, 18 StGB gilt auch im materiellen JStR, da im JGG „nichts anderes bestimmt ist" (§ 2 Abs. 2). Soweit erfolgsqualifizierte Delikte gem. § 11 Abs. 2 StGB (auch) in Rechtsfolgenfragen des allg. StR als Vorsatzdelikte behandelt werden (dazu etwa Saliger in NK-StGB § 11 Rn. 72), sieht das JStR für die Sanktionsbemessung indes eigenständige Vorschriften und Grundsätze vor. Deshalb ist auch die Frage, ob bei Begehung einer solchen Straftat durch einen Jugendlichen die „Schwere der Schuld" iSv Abs. 2 Var. 2 angenommen werden muss, allein nach den hierfür vorgesehenen Maßgaben zu beantworten. Wenn bei erfolgsqualifizierten Delikten schon im allg. StR die Würdigung der inneren Tatseite als ein „entscheidender Strafzumessungsfaktor" (vgl. Vogel in LR[12] § 18 Rn. 94) von Gewicht ist, gilt dies im JStR also besonders (allzu verkürzt daher BGH NStZ-RR 2011, 305). Dabei hindert die formale Einstufung als Vorsatzdelikt nicht daran, in der Schuldwertung beim erfolgsqualifizierten Delikt zwischen dessen **Bestandteilen zu differenzieren** (Baumhöfener ZJJ 2011, 428 (430)). Beispielsweise ist ein Fall des § 227 StGB dann also nicht etwa wie eine vorsätzliche Tötung, sondern wie eine vorsätzliche Körperverletzung und eine fahrlässige Tötung zu beurteilen. Dabei ist hinsichtlich des Grunddeliktes nach den Prinzipien für Vorsatztaten vorzugehen (→ Rn. 46 ff.) und hinsichtlich der fahrlässig verursachten Folge nach den hierfür geltenden Kriterien – mit der Folge, dass dieser Geschehensteil nur ganz ausnahmsweise schuldwertungsrelevant wird (→ Rn. 52).

54 **c) Stellungnahme.** Im Ausgangspunkt ist der Rspr. zuzustimmen: Unter entwicklungs- und sozialpsychologischen Vorzeichen können an die Selbstkontroll- und Steuerungsfähigkeiten junger Menschen nicht die sonst sozialüblichen Standards angelegt werden. Geht es um die Vorwerfbarkeit verwirklichten Unrechts, bedarf es einer individualisierenden Wertung, die einmal dem jeweiligen sozialisatorischen Stand (zur altersbedingt herabgesetzten Verantwortlichkeit → Rn. 49) sowie zum anderen den zahlreichen jugendtypischen Motiv-, Handlungs- und Kontextbedingungen dezidiert und in bestimmender Weise gerecht zu werden versucht (etwa der Anfälligkeit für Gruppeneinflüsse, den Risikoanreizen und situativ-verführenden Anstößen, der Neigung zu „Mutproben" und Abenteuersuche, den Anerkennungsbedürfnissen, der geringeren Alkoholtoleranz usw). Von daher verbietet sich eine schematische Gleichbehandlung der Tat eines Jugendlichen und ggf. auch eines Heranwachsenden (§ 105 Abs. 1) mit der äußerlich identischen Tat eines Erwachsenen. Allerdings kann dies auch iRd **allg. Schuldwertungs-Kategorien** (wie bei § 46 Abs. 1 S. 1 StGB) geschehen – wobei die obligatorisch-dezidierte Berücksichtigung der erwähnten Entwicklungs-, Motiv- und Situationsfaktoren dabei **regelhaft** das Handlungsunrecht mindert und so zu einem **deutlich geringeren** Vorwurfsgrad als bei ähnlichem Handeln älterer Personen führt (Streng JugendStrafR Rn. 433; kennzeichnend dafür auch § 18 Abs. 1 S. 2, § 106 Abs. 1). Hiervon unterscheidet sich der Ansatz der Rspr. iErg letztlich nur darin, als der Vorwurf bei Jugendlichen auch an deren tatwirksam gewordene Einstellungen, Haltungen und Persönlichkeitszüge anknüpfen soll (→ Rn. 46). Dies rückt indes in die Nähe eines Charakterschuld-Vorwurfs und überzeugt (zumal die Zuverlässigkeit der rechtspraktischen Charakterdiagnostik erheblichen Einschränkungen unterliegen dürfte) daher nicht (Streng Jugend-StrafR Rn. 432; krit. schon Tenckhoff JR 1977, 485 ff.; s. auch Radtke/ Scholze in MüKoStGB Rn. 21, 70). Das hinter dem Konzept der „jugendspezifischen Vorwerfbarkeit" stehende Anliegen, über eine persönlichkeitsorientierte Perspektive auch den Aspekt der individuellen **Interventionsbedürftigkeit** in die Entscheidung nach § 17 Abs. 2 Var. 2 JGG zu inte-

grieren, ist nicht im Schuldschwere-Merkmal, sondern im Erfordernis einer hinzutretenden spezialpräventiven Indikation zur Geltung zu bringen.

2. Spezialpräventive Indikation

a) Anforderungen der Judikatur. aa) Erzieherische Erforderlich- 55
keit. Auch bei Bejahung von „Schwere der Schuld" lässt die Rspr. eine JStrafe nach Abs. 2 Var. 2 im Grundsatz nur dann zu, wenn diese Reaktion auch erzieherisch angezeigt ist (BGHSt 15, 224 (225 f.) = NJW 1961, 278; BGHSt 16, 261 (263) = NJW 1963, 2359 (2360); ebenso ausdrücklich zB BGH NStZ 1998, 317; NStZ-RR 2014, 119; 2018, 358 (359); NStZ-RR 2020, 141 (142); OLG Brandenburg StV 1999, 658 = BeckRS 1999, 11929; OLG Schleswig BeckRS 2013, 20133; OLG Hamm ZJJ 2004, 298 (299) = BeckRS 2015, 04300; NStZ-RR 2005, 246 f.; StV 2011, 583 (585) = BeckRS 2010, 16652; OLG Zweibrücken BeckRS 2021, 39796). Häufig bringt sie dies auf eine Kurzformel, wonach dem Tatunrecht in diesem Zusammenhang „keine selbstständige Bedeutung" zukomme (so etwa BGH NStZ 2012, 164; NStZ-RR 2014, 119; NStZ 2018, 728 (729)). Die spezialpräventive Indikation ist (noch) zum **Zeitpunkt** der gerichtlichen **Entscheidung** erforderlich (BGH StV 2017, 710 (711) = BeckRS 2017, 120759; OLG Hamm NStZ-RR 2005, 59). Den Grad „schädlicher Neigungen" muss diese Interventionsbedürftigkeit zwar nicht erreichen (weil Var. 2 sonst angesichts von Var. 1 überflüssig wäre). Allerdings darf die JStrafe im konkreten Fall jedenfalls erzieherisch nicht kontraproduktiv oder funktionslos sein. Die so verstandene **Erforderlichkeit** ist unbeschadet der Deliktsschwere konkret (KG StV 2013, 35 (36) = BeckRS 2012, 11906) und sorgfältig zu prüfen (nach OLG Düsseldorf StraFo 2007, 475 = BeckRS 2008, 09235: „besonders", wenn die Tat „Ausnahmecharakter" aufweist). Keinesfalls darf der Erziehungsgedanke ggü. den Belangen des Schuldausgleichs so weit außer Acht gelassen werden, dass dies zu einer „reinen Schuldstrafe" führt (OLG Hamm ZJJ 2017, 282 = BeckRS 2017, 106830). Vielmehr sind die Folgen einer etwaigen JStrafe für die weitere Entwicklung des Angeklagten stets „in den Blick" zu nehmen (BGH BeckRS 2013, 13698; NStZ-RR 2020, 141 (142)).

Nur **ganz ausnahmsweise,** namentlich bei Kapital- und anderen 56
schwersten Delikten, weist die Rspr. der Schuldschwere eine eigene Relevanz zu (und dies auch bei der Bemessung, → § 18 Rn. 36 f.). Diese soll dann für sich genommen für den Anordnungsgrund in Abs. 2 Var. 2 **ausreichend** sein (zB BGH StV 2017, 710 (711) = BeckRS 2017, 120759; OLG Hamm NStZ-RR 2005, 58 (59); OLG Düsseldorf StraFo 2007, 475 = BeckRS 2008, 09235; krit. Höynck ZJJ 2016, 305 (306); tendenziell auch BGH NStZ 2018, 728 (729) mAnm Eisenberg NStZ 2018, 729 und Kölbel JR 2019, 40). Bisweilen wird dann die JStrafe auf das Vorliegen eines gesteigerten Vorwurfgewichts gestützt, ohne erzieherische Aspekte daneben eigens zu thematisieren (BGH NStZ 2014, 407 (408); 2017, 648 (649); OLG Hamburg NStZ 2017, 544 (545)). Eine Infragestellung der vorgenannten Grundregel liegt darin allerdings nicht. Die bislang einzige Entscheidung, die sich (in einem obiter dictum) explizit vom erzieherischen Indikationserfordernis distanzierte (so der 1. Senat in BGH NStZ 2013, 658 (659)), blieb in der Rspr. ohne Gefolgschaft (Ausnahmen: LG Ravensburg NStZ-RR 2016, 227 (228); LG Flensburg BeckRS 2017, 103090 sowie teilw. BGH NStZ 2016, 101 f. und BayObLG BeckRS 2019, 45900). Inzwischen ist deshalb selbst der 1. Senat

hiervon **abgerückt** und ausdrücklich der allg. Rspr.-Linie gefolgt (BGH NStZ 2018, 659 (660)). Eine innerjustizielle Debatte, die offengelassen werden könnte (so BGH BeckRS 2021, 40412), besteht daher gar nicht mehr.

57 **bb) Altersabhängige Relativierung.** Auch bei Zugrundelegung der vorgenannten Grundsätze steigt der Rspr. zufolge bei **älteren** Heranwachsenden (auch → Rn. 49) die relative Bedeutung der vorwurfsbezogenen Aspekte in der fallkonkreten Gesamtbewertung an (OLG Hamm NStZ-RR 2005, 58 (59)). Im Gegenzug sinkt das Gewicht der spezialpräventiven Gesichtspunkte, um bei einem bestimmten Alter – wenn auch noch nicht mit knapp über 21 Jahren (BGH NStZ-RR 2017, 231) – weitgehend zu schwinden (BGH StV 2011, 589 = BeckRS 2011, 4359; BayObLG BeckRS 2019, 45900; OLG Zweibrücken BeckRS 2021, 39796). Die Frage der individuellen erzieherischen Indikation kann sich iRv Abs. 2 Var. 2 nämlich nur stellen, wenn die zur Debatte stehende Freiheitsentziehung überhaupt nach den erzieherisch orientierten Maßgaben des JStrafvollzugs erfolgen würde. Infolge der typisierenden Grenzsetzung in § 89b Abs. 1 S. 2 ist dies nach hier vertretener Ansicht nur bei Personen der Fall, die weit genug vom **Erreichen des 24. Lbj.** entfernt sind. Haben sie diese Altersgrenze zum Zeitpunkt der Aburteilung (einer weit zurück liegenden Tat) hingegen überschritten oder (beinahe) erreicht, kommt es für den Anordnungsgrund in Abs. 2 Var. 2 bei ihnen somit ausschließlich auf die Schuldschwere an (so iErg auch Eisenberg NStZ 2013, 636 (637); vgl. auch Eisenberg JA 2016, 623 (627) bzgl. eines vom LG Ansbach (30.7.2015 – KLs 1023 Js 8836/14 jug) verurteilten 29-Jährigen). Auch die **Bemessung** der JStrafe erfolgt dann schuldorientiert. – Die Rspr. verfährt in dieser Hinsicht (bei Abs. 2 Var. 2 wie auch § 18 Abs. 2) indes noch sehr uneinheitlich (s. anhand unveröffentlichter Judikatur Budelmann JugendStrafR 111 ff.). In neueren Entscheidungen wird die Problematik v. a. als Problem der Strafdauerbemessung diskutiert, wobei man teilw. zu einer früher (ab dem 21. Lbj.) einsetzenden Unbeachtlichkeit des Indikationserfordernisses tendiert (so – ungeachtet der Relativierung in BGH StV 2020, 466 (467) – wohl BGH NStZ 2016, 101 (102); NStZ 2016, 680 (681); offenlassend BGH NStZ 2020, 301 (301); weitergehend LG Ravensburg NStZ-RR 2016, 227 (228); zust. Bachmann JZ 2019, 759 (761 ff.)). Nach aA soll diese Anordnungsvoraussetzung dagegen auch bei Jugenddelikten von inzwischen erwachsen Gewordenen für (Abs. 2 Var. 2 und va) § 18 Abs. 2 uneingeschränkt zu berücksichtigen sein (BGH NStZ 2018, 662 (663 f.); Beulke FS Streng, 2017, 411 ff.; LG Arnsberg ZJJ 2010, 424 (426) = BeckRS 2010, 22183). Die erzieherische Notwendigkeit bleibe „Leitmotiv der Strafzumessung", wenn auch bei steigendem Alter mit schrittweise sinkender Bedeutung (Beulke FS Eisenberg II, 2019, 191).

58 **b) Bedeutung des Erziehungsauftrags (§ 2 Abs. 1).** Große Teile der **Literatur** lehnen das Indikationserfordernis bei Abs. 2 Var. 2 allerdings vollständig ab (so zB Radtke/Scholze in MüKoStGB Rn. 60 f.; Brunner/Dölling Rn. 27; Ostendorf in NK-JGG Rn. 4; Streng JugendStrafR Rn. 436 f.; Streng GA 2017, 80 (82 ff.); Böhm NJW 1977, 2198 (2200); Walter/Wilms NStZ 2007, 1 (7); Swoboda ZStW 125 (2013), 86 (107); Swoboda ZStW 132 (2020), 826 (861); Rose NStZ 2019, 57 (59); Beulke NK 2019, 269 (274 ff.); Bachmann JZ 2019, 759 (759 f.) jeweils mwN). Bei diesem Anordnungsgrund werde die erzieherische Notwendigkeit der JStrafe weder durch die Gesetzgebungsgeschichte noch durch den Normtext als eine Anordnungsvoraussetzung gestützt. Der Gesetzeswortlaut lege es vielmehr nahe, allein auf eine gesteigerte Vorwerfbarkeit abzustellen. Dies sei auch deshalb geboten, weil das gesellschaftliche Sanktionsbedürfnis ggü. Jugendlichen, bei denen zum Urteilszeitpunkt trotz Begehung einer schweren Straftat kein Bedarf an langfristig-stationärer erzieherischer Einwirkung besteht, sonst nicht befriedigt werden könne. Relevant wird dies etwa, wenn die Tat unter zwischenzeitlich beendetem Einfluss Dritter begangen wurde bzw. wenn wegen längeren U-Haftvollzugs nur noch ein sehr kurzer (Rest-)Vollzug der JStrafe anstünde (BGH NStZ-RR 1998, 317 (318)). Ebenso läge es dort, wo der Beschuldigte (ungeachtet der erheblichen Vorwerfbarkeit) nicht erziehungsbedürftig oder -fähig ist. Das justizielle Fallaufkommen gibt indes keine Hinweise auf eine praktisch relevante Häufigkeit dieser Konstellationen. Es ist deshalb fragwürdig, dass die generelle (Normalfall-)Interpretation von Abs. 2 Var. 2 – unter **Aufgabe des Erziehungsauftrags (§ 2 Abs. 1)** – anhand einer offensichtlich atypischen Problemlage geprägt werden soll.

Die besagte Literaturauffassung repräsentiert nicht nur die Herangehens- **59** weise des hier abgelehnten dogmatisch-strafrechtlichen Modells, für das die teleologische Ausrichtung des JGG nur sekundär ist (→ § 2 Rn. 15). Sie vernachlässigt darüber hinaus auch normsystematische Aspekte: Wenn das Jugendstrafrecht das gesamte Rechtsfolgensystem des JGG durchgehend auf eine **spezialpräventive** Eignung ausrichtet und diese **Grundorientierung** auf die JStrafe erstreckt – wie an § 2 Abs. 1 S. 2 sowie den ausnahmslos allen Ausgestaltungsvorschriften (→ Rn. 2) ersichtlich ist –, kann dies bei den Anordnungsvoraussetzungen nicht anders sein (n. Eisenberg NStZ 2013, 636; Eisenberg NStZ 2018, 729 (739); vgl. zB auch Sonnen in Diemer/Schatz/Sonnen Rn. 24; Zieger/Nöding Verteidigung Rn. 68; Buckolt Jugendstrafe 47; Schüler-Springorum NStZ 1985, 476 (477 f.); Müller JR 2017, 121; Höynck StraFo 2017, 267 (270)). Auch ergäben sich anderenfalls Paradoxien, da bspw. bei den (von der Gegenansicht stilisierten) Schwersttätern, bei denen keine Erziehung erforderlich (!) ist, die JStrafe nach dem klaren Wortlaut von § 18 Abs. 2 so bemessen werden müsste, „dass die erforderliche (!) erzieherische Einwirkung möglich (!) ist". Im Übrigen handelt es sich bei der für die aA bisweilen reklamierten grundgesetzlichen Basis (Radtke/Scholze in MüKoStGB Rn. 61: „verfassungsrechtlich fundiertes Gebot materieller Gerechtigkeit") um eine Überhöhung, die die sanktionsbezogenen Vorgaben des GG ebenso überstrapaziert wie deren insofern offenere Interpretation durch das BVerfG (vgl. BVerfG BeckRS 2006, 28246; ferner die Analyse bei Diehm in Scheffczyk/Wolter (Hrsg.), Linien der Rspr. des BVerfG, Bd. 4, 2017, 223 ff.). Deshalb kann auch bei schwerster Delinquenz keine reine Schuldstrafe (unter völliger Außerachtlassung erzieherischer Aspekte) zulässig sein (ebenso Höynck ZJJ 2016, 305 (306)). Dies wird durch das BVerfG ganz explizit anerkannt (ZJJ 2013, 315 (317) = BeckRS 2013, 49763: auch bei Abs. 2 Var. 2 „tritt die erzieherische Grundausrichtung des Jugendstrafrechts nicht vollständig zurück").

VI. Jugend- als „Freiheitsstrafe" in anderen Vorschriften?

JStrafe hat eine **andere rechtliche Qualität** als eine **Freiheitsstrafe** (n. **60** → Rn. 3). Wird in Vorschriften des allg. StR das Vorliegen, Drohen oder die (erfolgte) Vollstr einer Freiheitsstrafe vorausgesetzt, ist das betr. Tatbestandsmerkmal bei einer JStrafe folglich nicht gegeben (abw. etwa Ostendorf in NK-JGG § 31 Rn. 25). Bestätigt wird dies bspw. durch § 38 BtMG, wo die entsprechende Anwendung der Regeln zur Freiheitsstrafe (§ 35 BtMG) auf Fälle der JStrafe eigens angeordnet wird (vgl. bspw. auch § 54 Abs. 1 Nr. AufenthG: Freiheits- „oder" Jugendstrafe). Fehlt es an einer solchen gesetzlichen Klarstellung, kann die JStrafe der Freiheitsstrafe nur ausnahmsweise gleichgesetzt werden – nämlich allein dann, wenn sich aus dem **Sinn- und Funktionszusammenhang** der fraglichen Norm ergibt, dass diese sich auf beide Formen der Freiheitsentziehung bezieht. Bspe. dafür bieten etwa § 68 StGB (n. dazu → § 7 Rn. 52) oder **§ 4 Nr. 1 BZRG** (Rückschluss aus § 32 Abs. 2 Nr. 3, 4 BZRG) und **§ 10 Abs. 1 Nr. 5 StAG** (Rückschluss aus § 12a Abs. 1 Nr. 1 StAG; vgl. auch VG Darmstadt BeckRS 2008, 36509). Ebenso liegt es bei den Voraussetzungen von U-Haft gem. **§ 112a Abs. 1 S. 1 Nr. 2 StPO.** Das Merkmal der erwartbaren Freiheitsstrafe von mindestens einem Jahr ist auch bei einer absehbaren JStrafe dieser Dauer gegeben (Radtke/Scholze in MüKoStGB Rn. 80; Böhm in MüKoStPO StPO § 112a Rn. 41 mwN). Die besagte Straferwartung hat gemeinsam mit dem Deliktskatalog die Funktion, eine Begrenzung der Präventivhaft auf Anlasstaten höheren Gewichts sicherzustellen. Dies ist dort, wo sich das Ob und die Bemessung einer mindestens einjährigen JStrafe abzeichnet, durchaus gegeben. Zwar beruht diese Sanktionsaussicht (anders als im allg. StR) primär auf erzieherischen Einwirkungsnotwendigkeiten. Mit Blick auf die Limitierungswirkung des Tatvorwurfs kann die Deliktsschwere in solchen Fällen aber nicht geringer sein, als es § 112a Abs. 1 S. 1 Nr. 2 StPO bei Erwachsenen fordert (→ § 18 Rn. 9). Das Problem liegt indes in der allg. Fragwürdigkeit des Haftgrundes (→ § 72 Rn. 7b).

61   Dagegen ist in **§ 57 Abs. 2 Nr. 1 StGB** eine Gleichstellung von JStrafe mit dem Begriff der Freiheitsstrafe **unzulässig** (dazu Eisenberg NStZ 1987, 169 f.; zust. Groß/Kett-Straub in MüKoStGB StGB § 57 Rn. 25). Dies gilt auch im Falle eines Vollzugs nach den Vorschriften der Freiheitsstrafe (§ 89b Abs. 2). Dagegen schließt die von der **hM** vertretene **abw. Ansicht** einen sog. „Erstverbüßer"-Status bzw. eine Halbstrafenaussetzung nach früherer Vollstr von JStrafe stets ebenso aus wie nach früherer Freiheitsstrafe (etwa OLG Oldenburg NStZ 1987, 174; OLG Stuttgart JZ 1987, 1085 (1086); OLG Karlsruhe NStZ 1989, 323; Fischer StGB § 57 Rn. 23; Heger in Lackner/Kühl § 57 Rn. 15; Radtke in MüKoStGB Rn. 78). Dies läuft indes auf eine Gleichbehandlung von wesentlich Ungleichem hinaus, da dem vorherigen Vollzug von JStrafe schon wegen der Unterschiede zwischen den Adressatengruppen nicht die gleiche „Warnwirkung" wie dem einer vorherigen Freiheitsstrafe zugeschrieben werden kann (siehe auch → Rn. 3: eingeschränkte Ähnlichkeit der jeweiligen Vollzugsrealität bei klarer Unterschiedlichkeit der Verhängungs-, Vollstr- und Entlassungsvoraussetzungen). Im Übrigen ist JStrafe bei Anschlussvollstreckung mit einer Freiheitsstrafe nicht zur Addition gem. § 57 Abs. 2 Nr. 1 Hs. 2 StGB geeignet (OLG Stuttgart NStZ 1987, 575; abw. OLG Karlsruhe NStZ 1989, 323 (324)).

62   Unzulässig ist es schließlich, iRd formellen Voraussetzungen von **§§ 66–66b StGB** die dort geforderte Verurteilung zu oder Vollstr von Freiheitsstrafe bei verhängter oder vollstreckter JStrafe zu bejahen (n. dazu Eisenberg/Schlüter NJW 2001, 189 f.; zust. Drenkhahn/Morgenstern in MüKoStGB StGB § 66 Rn. 67; Laubenthal ZStW 116 (2004), 703 (722); iErg auch Stree/Kinzig in Schönke/Schröder § 66 Rn. 19; Knauer ZStW 124 (2012), 204

(222)). Auch hier herrscht indes eine **aA** vor (etwa BGHSt 26, 155 = NJW 1975, 1666; BGH NJW 1999, 3725; NStZ-RR 2002, 183; BeckRS 2011, 03860; NStZ 2017, 650; BeckRS 2019, 9749; LG Bielefeld BeckRS 2015, 20685 mAnm Eisenberg R&P 2016, 116 ff.; Fischer StGB § 66 Rn. 26; Radtke/Scholze in MüKoStGB Rn. 79; zur Subsumtion einer Einheitsstrafe vgl. → § 31 Rn. 55 ff.). Diese hM kann allerdings mit Blick auf Funktion der Freiheitsstrafen im Voraussetzungsgefüge von § 66 StGB kaum überzeugen, weil sich eine JStrafe **nicht** als solcher Belastungs-/Gefährlichkeits-**Indikator** eignet, wie er mit der Verurteilung zu bzw. Vollstr von Freiheitsstrafe fallkonkret vorliegen soll. Dafür unterscheiden sich die Anordnungsvoraussetzungen in Abs. 2 („schädliche Neigungen", Schuldschwere, mangelnde Leistungsfähigkeit anderer Rechtsfolgen des JStR) zu stark von denen in § 46 StGB (ebenso allg. und in anderem Zusammenhang BGH BeckRS 2017, 130131, Rn. 25). Im Übrigen hat eine JStrafe für die personalen („Gefähr-lichkeits-")Merkmale einer Person schon wegen der Unvorhersehbarkeit der persönlichen und sozialen Entwicklung gerade bei jungen Menschen eine viel geringere Relevanz als die Freiheitsstrafe bei Erwachsenen (vgl. n. → § 7 Rn. 34 f.). Dies gilt gerade, weil jenseits etwa des 25. bzw. 30. Lbj. sog. „delinquente Verläufe" ganz überwiegend (und oft auch erwartungswidrig) enden (vgl. Eisenberg/Kölbel Kriminologie § 55 Rn. 6 ff., 39 ff.).

VII. Revision

Wird im Revisionsverfahren ein Teil des Schuldspruchs aufgehoben (oder **63** kommt es zu einer teilweisen Einstellung gem. § 2 Abs. 2 iVm § 154 Abs. 2 StPO), so kann – ungeachtet einer bisweilen sichtbar werdenden abw. Tendenz in der Judikatur (vgl. etwa BGH 24.4.1997 – 4 StR 687/96 bei Böhm NStZ 1997, 482; BGH BeckRS 2009, 04279; 2014, 7977) – die Verhängung von JStrafe oftmals nicht bestehen bleiben. Dies setzt nämlich voraus, dass das Tatgericht auch bei dem aufrecht erhaltenen Schuldspruch (-teil) eine JStrafe verhängt hätte, was für das Revisionsgericht häufig nur eingeschränkt zu beurteilen ist.

Grundsätzlich ist der revisionsrechtliche Prüfungsmaßstab mit Blick auf Abs. **64** 2 beschränkt und auf Gesetzesverletzungen beschränkt (etwa BGH NStZ-RR 2016, 325 (326)). Wird das Vorliegen von Abs. 2 unzulänglich begründet, sodass dem Revisionsgericht die Fehlerprüfung nicht möglich ist, muss das Urteil aufgehoben werden (Radtke/Scholze in MüKoStGB Rn. 30, 81 f.). Hatte die Tatsacheninstanz die JStrafe auf beide Anordnungs-gründe gestützt und wird hiervon einer im Revisionsverfahren in Zweifel gezogen, so führt dies indes – schon zur Wahrung von Art. 101 Abs. 1 S. 2 GG (vgl. BVerfGK 2, 207 = NStZ 2004, 273 (zur Gesamtstrafe im allg. StR)) – idR zur Aufhebung des Urteils, weil die Höhe der erkannten JStrafe hiervon meist beeinflusst sein wird (stR.spr – vgl. etwa BGHSt 16, 261 (262 f.) = NJW 1961, 2359 (2360); BGH StV 1993, 531 = BeckRS 1993, 31078968; 2013, 14774; Sonnen in Diemer/Schatz/Sonnen Rn. 31; vgl. auch schon Böhm NStZ 1982, 414; weitere Nachw. 19. Aufl.; abw. aber BGH BeckRS 2021, 8694). Aus diesem Grund stellt allerdings auch umge-kehrt die Außerachtlassung eines fallrelevanten Anordnungsgrundes einen revisiblen Fehler dar. Soweit das Ausmaß der Schuld durch Wesenszüge des Jugendlichen verringert sein kann, darf iÜ das Tatgericht schon deshalb die

Frage des Bestehens „schädlicher Neigungen" nicht offenlassen (BGH StV 1986, 305 = BeckRS 1986, 31101680). Gegebenenfalls zu berücksichtigen ist bei all dem indes das Verschlechterungsverbot (dazu → § 55 Rn. 38 ff.).

Dauer der Jugendstrafe

18 (1) ¹Das **Mindestmaß der Jugendstrafe beträgt sechs Monate, das Höchstmaß fünf Jahre.** ²Handelt es sich bei der Tat um ein **Verbrechen, für das nach dem allgemeinen Strafrecht eine Höchststrafe von mehr als zehn Jahren Freiheitsstrafe angedroht ist, so ist das Höchstmaß zehn Jahre.** ³Die Strafrahmen des allgemeinen Strafrechts gelten nicht.**

(2) **Die Jugendstrafe ist so zu bemessen, daß die erforderliche erzieherische Einwirkung möglich ist.**

Schrifttum: Miehe, Die Bedeutung der Tat im Jugendstrafrecht, 1964; Schmidt-Esse, Lange Jugendstrafen bei jugendlichen und heranwachsenden Gewalt- und Sexualstraftätern, 2018; Schulz, Die Höchststrafe im Jugendstrafrecht …, 2000; Weitl, Die dogmatischen Grundlagen des geltenden Jugendstrafrechts, 1965.

Übersicht

I. Anwendungsbereich

Zur Anwendbarkeit für Jugendliche und Heranwachsende gelten die Erl. **1** in → § 17 Rn. 1 entsprechend, bei Verhängung von JStrafe gegen Heranwachsende indes mit einem Vorbehalt: Hier beträgt das Höchstmaß – entgegen Abs. 1 S. 1 – grundsätzlich zehn Jahre (§ 105 Abs. 3 S. 1); aufgrund eines gesetzgeberischen Exzesses sind ggf. und als äußerst eng umgrenzte Ausnahme (zust. Kerner/Karnowski/Eikens FS Ostendorf, 2015, 471) sogar 15 Jahre zulässig (§ 105 Abs. 3 S. 2). – Für den JRichter als Einzelrichter gilt § 39 Abs. 2.

II. Strafrahmen der JStrafe

1. Zur Systematik

Das JStR sieht **eigene Strafrahmen** für die JStrafe vor. Diese sind für den **2** Regelfall in Abs. 1 S. 1 enthalten. Abgesehen von der Relevanz für Taten, die das allg. StR als besonders schwere Verbrechen einordnet (Abs. 1 S. 2), gelten – eingeführt durch das RJGG 1943 (damals mit einem Mindestmaß von drei Monaten) – die StGB-Strafrahmen dagegen ausdrücklich nicht (Abs. 1 S. 3). Unanwendbar folglich auch die Strafzumessungsregeln der besonders schweren Fälle (bspw. § 243 StGB oder § 29 Abs. 3 BtMG (diesbzgl. OLG Düsseldorf NStZ-RR 1999, 311)). Allerdings setzen die **Strafrahmen des allg. StR** der Rechtsfolgenentscheidung mit Blick auf das Schlechterstellungsverbot durchaus Grenzen (→ Rn. 8 f.). Zudem haben sie eine **mittelbare** Bedeutung, denn die in ihnen zum Ausdruck kommende legislatorische Unrechtsbewertung ist bei der Bemessung der JStrafe zu berücksichtigen (→ Rn. 21).

2. Mindestmaß (Abs. 1 S. 1)

a) Legitimitätsdefizite. Die Dauer der verhängten JStrafe muss mindes- **3** tens **sechs Monate** betragen. Verglichen mit dem allg. StR (§ 38 Abs. 2

StGB) liegt darin eine deutliche Benachteiligung junger Verurteilter (vgl. von Liszt, Strafrechtliche Aufsätze und Vorträge, Bd. 2, 1905, 19 f.: „jugendliches Alter als natürlicher Strafschärfungsgrund"). Diese Festlegung (eingeführt durch JGG v. 4.8.1953 (BGBl. I 751)) beruht auf der Vorstellung, dass bei einem kürzeren Vollzugszeitraum eine sinnvolle erzieherische Einwirkung idR nicht möglich sei und sich nur die negativen Haftfolgen bemerkbar machten (etwa Müller FS Eisenberg, 2009, 423). Allerdings fehlt es an empirisch verlässlichen Belegen für diese Annahme (vgl. auch BGH 17.5.1995 – 5 StR 186/95 bei Böhm NStZ 1995, 536). Bei der kurzen Freiheitsstrafe im allg. StR hat sich jedenfalls die verbreitete Vermutung einer besonderen spezialpräventiven Schädlichkeit international nicht bestätigt (Killias/Gilliéron/Villard/Poglia Journal of Experimental Criminology 6 (2010), 115 ff.; Aarten/Denkers/Borgers/van der Laan EJC 11 (2014), 702 ff.). Außerdem bleiben auch für einen mehr als sechs monatigen JStrafvollzug die Nachw. von erzieherischen Erfolgen bestenfalls diffus (vgl. → Rn. 13, → § 17 Rn. 16 ff.). Unstrittig ist allein der höhere Organisationsaufwand bei kurzzeitiger Haft und entsprechend größerer Fluktuation, was die Annahme nährt, dass die Mindestdauervorschrift sich unter anderem hierdurch erklärt.

4   Das angehobene Mindestmaß bringt es zudem mit sich, dass die Verhängung einer JStrafe ggü. der Anordnung von JA einen erheblichen **Sanktionssprung** verkörpert, weil der Unterschied zum Höchstmaß des Dauerarrestes (§ 16 Abs. 4 S. 1) ein erheblicher ist. Der Justizpraxis wird so in schwer begreiflicher Form die Möglichkeit genommen, mit (auch hinsichtlich der Einwirkungsdauer) kontinuierlich abgestuften Interventionsformen operieren zu können. Angesichts der fehlenden empirischen Absicherung einer erzieherischen Mindesteinwirkungszeit (→ Rn. 3) kann dies auch nicht damit gerechtfertigt werden, dass die JStrafe wegen ihres eigenen (vom JA abweichenden) Zweckes eine deutlich längere Vollzugsdauer als der JA aufweisen müsse. Insgesamt steht Abs. 1 S. 1 Hs. 1 also in einem Missverhältnis zu Abs. 2. Einen sinnvollen **(Neben-)Zweck** füllt die gesetzliche Festlegung allein insofern aus, als sie dem JRichter gerade durch ihren singulären Eingriffsgrad nahelegt, einen spezialpräventiven Erfolg auch im Falle eines anhaltenden Erziehungsbedürfnisses möglichst durch länger wirksame Erziehungsmaßregeln (sowie in seltenen Ausnahmefällen durch JA (→ § 16 Rn. 21 ff.)) anzustreben (vgl. auch RL 1) – und JStrafe dagegen nur als äußerstes Mittel zu verhängen.

5   **b) Unterschreitung.** In Fällen, in denen die Verhängung einer sechsmonatigen JStrafe als schuldüberschreitende Sanktion (→ Rn. 33) gelten muss, darf gar nicht auf JStrafe entschieden werden (vgl. etwa Laubenthal/Baier/Nestler JugendStrafR Rn. 748; Streng JugendStrafR Rn. 440 mwN). Ein Unterschreiten des Mindestmaßes ist ausgeschlossen und auch bei minderschweren Fällen sowie Versuch oder Beihilfe **unzulässig** (Potrykus NJW 1956, 654 (656); Dallinger/Lackner Rn. 2). Zu kürzeren JStrafen kann es nur ganz ausnahmsweise aus Gründen des Verschlechterungsverbotes kommen (zu diesen besonderen Konstellationen im Rechtsmittelverfahren vgl. n. → § 55 Rn. 48).

3. Höchstmaß (Abs. 1 S. 1) und Ausnahme (Abs. 1 S. 2)

6   Bei **Jugendlichen** (für Heranwachsende s. § 105 Abs. 3) ist JStrafe auf **höchstens fünf Jahre** (Abs. 1 S. 1) beschränkt. Diese Strafrahmenobergrenze gilt absolut und darf nicht überschritten werden, auch nicht bei Bildung einer

EinheitsJStrafe (§ 31 Abs. 1 S. 3) und Zusammentreffen mehrerer selbstständiger Delikte (verfehlt LG Berlin BeckRS 2007, 17912 (sechs Jahre sechs Monate in einem Fall von § 31 Abs. 2 bei sog. „Intensivtäter"); abl. auch Neubacher in DVJJ 2012, 359). Dieses Höchstmaß beruht auf der typisierenden Vorstellung, der zufolge Anstaltserziehung maximal bis zu einer Dauer von fünf Jahren erfolgreich sein könne; danach würde selbst eine etwaige positive Einwirkung durch die negativen Effekte des Freiheitsentzugs überkompensiert (zu dieser traditionell vertretenen Ansicht BGH NStZ 1996, 232; Mollenhauer MschKrim 44 (1961), 162 ff.; Stenger in DVJJ 1984, 463 ff.; ferner etwa Sonnen in Diemer/Schatz/Sonnen Rn. 6; Ostendorf in NK-JGG Rn. 11; Streng JugendStrafR Rn. 442; Buckolt Jugendstrafe 64; einschr. BGH NStZ 1996, 496 mAnm Streng StV 1998, 336; s. auch → Rn. 35). Zuweilen hält man im Hinblick auf die negativen Auswirkungen stationärer Unterbringung schon einen Zeitraum von mehr als einem oder anderthalb Jahr für kaum noch geeignet (vgl. schon Grassberger Österr JZ 1961, 169 (174)).

Bei Jugendlichen kann der Regelstrafrahmen der JStrafe von sechs Monaten bis zu fünf Jahren lediglich in den Fällen des **Abs. 1 S. 2** überschritten werden (BGH StV 2017, 715 = BeckRS 2016, 20607). Nur wenn sich die Verurteilung auf ein Verbrechen bezieht, für das nach dem allg. StR eine Höchststrafe von mehr als zehn Jahren Freiheitsstrafe angedroht ist, beträgt das Höchstmaß **zehn Jahre** (vgl. schon § 9 Abs. 1 JGG 1923). Das Vorliegen dieser Strafrahmenerweiterung bestimmt sich in formaler und abstrakter Betrachtungsweise: Es kommt auf die Verwirklichung eines Verbrechenstatbestandes (BGH BeckRS 2021, 34231: besonders schwerer Fall nicht ausreichend) und die im allg. StR jeweils einschlägigen Strafdrohungen an – also weder darauf, wie ein Erwachsener wegen der Tat bestraft würde, noch ob fallkonkret diverse minder oder besonders schwere Umstände vorliegen (BGHSt 8, 79 = NJW 1955, 1605; vgl. aber → Rn. 9 zum Schlechterstellungsverbot bei minder schweren Fällen). – Abs. 1 S. 2 beruht auf Belangen des Schuldausgleichs und des allg. Sicherungsbedürfnisses, was in einem **Spannungsverhältnis** zu Abs. 2 steht und rechtspolitisch kritikwürdig ist (etwa Albrecht JugendStrafR 254: langfristige Gefahren für die Allgemeinheit durch haftbedingte Entwicklungsschäden). In der Literatur wird die Vorschrift indes oft zum Anlass für die These genommen, das JStR kenne JStrafen, die nicht durch spezialpräventive Belange, sondern durch allg. Strafbedürfnisse legitimiert seien (stellvertretend Swoboda ZStW 125 (2013), 86 (98 ff.); dazu aber → Rn. 38 und → § 17 Rn. 59).

4. Höchstmaß durch Schlechterstellungsverbot

§ 2 Abs. 1 verlangt ein auf Schutz, Förderung und Integration ausgerichtetes Vorgehen und verbietet es daher (sofern das Gesetz keine abw. Regelungen vorsieht), den Jugendlichen oder Heranwachsenden bei konkreten Entscheidungen schlechter zu stellen, als er in demselben Verfahrensstadium und in einer gleichen Entscheidung als Erwachsener stünde (→ § 2 Rn. 23 ff.). Dieses Prinzip ist auch bei der Bemessung der JStrafe zu beachten. An sich wäre es im Zuge einer isolierten Betrachtungsweise zwar denkbar, im Bereich des JGG, das ein ggü. dem allg. StR selbstständiges Strafzumessungssystem aufweist und in dem die allg. Strafrahmen nicht gelten, auch solche JStrafen für erlaubt zu halten, die (etwa aus spezialpräventiven Gründen) höher ausfallen, als es die jeweils deliktsspezifisch einschlägige Strafdrohung im allg. StR erlaubt (dies vormals nicht grds. abl. BGH MDR 1955, 372 = BeckRS 1955, 31192754; StV 1982, 27 = BeckRS 1981, 31111782; 1983, 31110702; Dallinger/Lackner Rn. 6; Bruns StV 1982, 592 (593): sofern strafrahmen-übersteigende Bemessung der JStrafe durch besondere erzieherische Gesichtspunkte nachvollziehbar begründet). Doch dies würde übergeordnete Prinzipien verletzen und eine **Ungleichbehandlung** zulasten Jugendlicher bzw. Heranwachsender darstellen, deren Tat ein höheres Gewicht erhielte, als es der Gesetzgeber für die jeweils schwersten Fälle der jeweiligen Straftaten bei Begehung durch Erwachsene festgelegt hat. Dass dies im Gesetz nicht angelegt ist, zeigen auch die unterschiedlichen Höchststrafen im JGG und StGB (Streng JugendStrafR Rn. 443).

9   Die obere Grenze des nach allg. StR einschlägigen Strafrahmens, der ggf. nach Konkurrenzregeln bestimmt wird (zu deren Bedeutung im JStR s. auch → § 54 Rn. 5), markiert also eine **Sperre** für die **maximale Dauer** der JStrafe, und dies ggf. auch unterhalb der gem. Abs. 1 (→ Rn. 6 f.) sonst geltenden Obergrenze (ebenso zB Sonnen in Diemer/Schatz/Sonnen Rn. 14 f.; Brunner/Dölling Rn. 28; Radtke/Scholze in MüKoStGB Rn. 4; Ostendorf in NK-JGG Rn. 6; Beulke/Swoboda JugendStrafR Rn. 474; Laubenthal/Baier/Nestler JugendStrafR Rn. 752; Miehe, Bedeutung der Tat im Jugendstrafrecht, 1964, 118 ff.; Lenz, Die Rechtsfolgensystematik im JGG, 2007, 218 ff.; Streng GA 1984, 149 (164)). Erfüllt das jeweilige Verhalten das Delikt in einem **minder schweren Fall,** wird die verbindliche Obergrenze folglich durch das entsprechend abgesenkte Höchstmaß gesetzt (abw. wohl Radtke/Scholze in MüKoStGB Rn. 4: „abstrakte Höchstgrenze des ausgeurteilten Straftatbestandes"). Innerhalb des sich hiernach ergebenden Strafrahmens (= zwischen sechs Monaten und der fallkonkret maximalen Strafdauer nach allg. StR) sind dann alle Umstände, die nach allg. Regeln in der Straffestlegung zu berücksichtigen sind (etwa § 21 StGB usw), bedingt in die konkrete Bemessung nach § 18 einzubeziehen (dazu → Rn. 20 ff.). Nicht ausgeschlossen wird in der Praxis dadurch allerdings eine konkrete JStrafendauer, die im vorbenannten Rahmen bleibt, aber länger als eine konkret absehbare Freiheitsstrafe nach einer vergleichbaren Erwachsenentat ausfällt (→ Rn. 11). Solche Eingriffserweiterungen stehen – und handele es sich bei ihnen auch um erzieherisch gedachte „Zuschläge" (Befragungsdaten dazu bei Buckolt Jugendstrafe 275 ff.) – in einem Spannungsverhältnis mit dem Schuldprinzip (Streng JugendStrafR Rn. 443), da die Schuld des jugendlichen oder heranwachsenden Verurteilten nicht größer als bei einem Erwachsenen sein kann (→ Rn. 22) und die Grenze der zulässigen Strafe (→ Rn. 33) meist deutlich niedriger liegt (dazu auch → § 105 Rn. 53, 55).

III. Empirische Befunde

1. Bemessungspraxis

10   **a) Tendenzen der Judikatur.** Von den 16.168 bzw. 9.218 in den Jahren 2011 bzw. 2019 verhängten JStrafen entfielen auf eine Dauer von sechs Monaten 13,12 % bzw. 10,23 %, von mehr als sechs bis einschließlich neun Monaten 16,97 % bzw. 15,28 %, von mehr als neun Monaten bis einschließlich ein Jahr 19,99 % bzw. 20,69 %, von mehr als einem Jahr bis einschließlich zwei Jahren 35,99 % bzw. 37,67 %, von mehr als zwei bis einschließlich

fünf Jahren 13,18 % bzw. 15,40 % und von mehr als fünf bis einschließlich zehn Jahren 0,72 bzw. 0,73 % (StrafSt Tabelle 4.1). Anhand der etwas spezifischeren BZR-Daten zeigt sich hierbei eine sog. Prägnanztendenz, dh eine deutliche Konzentration auf die Festlegung von runden Monatswerten (Heinz Sekundäranalyse 1219: va sechs, zwölf, sechzehn und vierundzwanzig Monate). – Die Zeitreihen der Bemessung von JStrafe seit 1960 lassen einen tendenziellen **Anstieg** der Anteile **höherer** Strafdauer (insb. von mehr als zwei Jahren) erkennen (eher anders noch Schulz, Höchststrafe im Jugendstrafrecht, 2000, 99; eine spezielle Untersuchung hätte die zwischenzeitliche Abschaffung der JStrafe unbestimmter Dauer zu berücksichtigen). So lag der Anteil einer Dauer von mehr als zwei Jahren bis einschließlich fünf Jahren an allen (bestimmten) JStrafen früher deutlich unter dem eben genannten Wert – nämlich 1980 noch bei 6,71 %, 1988 bei 8,39 %, von 1992 bis 2004 meist bei etwas über 10 % (gem. StBA jeweils in den „alten" Bundesländern), um dann ab 2008 (für Deutschland gesamt) auf 13,96 % (2012), 14,04 % (2016) und 15,85 % (2018) zu steigen (StrafSt Tabelle 4.1). – Regionale Unterschiede hinsichtlich der Dauer der JStrafe entsprechen nicht einheitlich den Unterschieden in der relativen Häufigkeit, mit der JStrafe verhängt wird (dazu → § 17 Rn. 13). Die Anteile an JStrafen von mehr als zwei Jahren bis einschließlich fünf Jahren betrugen zB im Jahr 2010 für die „alten" Bundesländer (mit Bln.) 13,32 %, für die „neuen" 12,47 %, allerdings bei einem teilweise erheblich höheren Anteil in Großstädten (StrafSt Tabelle 4.2).

b) Vergleich mit allgemeinem StR. Aus Detailauswertungen ergeben **11** sich Hinweise, wonach die Häufigkeit und Dauer freiheitsentziehender Rechtsfolgen im JGG-Bereich vergleichsweise hoch sind (dazu anhand von Heranwachsenden und Jungerwachsenen bspw. Heinz ZJJ 2012, 129 (137 f.); Spiess Bewährungshilfe 2012, 17 (27 ff.); Jehle/Palmowski FS Pfeiffer, 2014, 331 ff.; Kerner/Karnowski/Eikens FS Ostendorf, 2015, 476 ff.; Palmowski Sanktionierung 353 ff.; Boers/Schaerff Bewegung 376; Spiess FS Albrecht, 2021, 1037 ff.). Auch unter Berücksichtigung methodischer Probleme (Verzerrungswirkungen durch § 31 Abs. 2 JGG; offene Vergleichbarkeit der Gruppen) zeichnet sich hierin eine justizpraktische Tendenz ab, im JStR teilw. nachdrücklicher als im allg. StR zu intervenieren (einschr. Streng FS Böttcher, 2007, 447 ff., 456 f.). Jedenfalls zeigen einige Auswertungen (Überblick bei Kemme/Stoll MschKrim 95 (2012), 32 (34 f.)), dass innerhalb eines homogenen Fallmaterials (einheitliche Deliktsgruppe und Vorstrafenbelastung) der nach JGG behandelte Teil bisweilen in **härtere (Jugend-) Strafen** als der StGB-Teil mündet – jedenfalls bei stärkerer Vorstrafenbelastung (so bereits Pfeiffer StV 1991, 363). Nach den Berechnungen von Kemme/Stoll MschKrim 95 (2012), 32 (36 f.)) war das Risiko jugendlicher und heranwachsender Beschuldigter, wegen §§ 242, 246 StGB zu einer unbedingten JStrafe/Freiheitsstrafe verurteilt zu werden, bei vier Vorerfassungen mehr als doppelt so hoch wie in der erwachsenen Vergleichsgruppe (zur geringeren Aussicht auf eine Aussetzung der Vollstr zBew vgl. die Daten bei Jehle/Palmowski FS Pfeiffer, 2014, 329 ff.; zum Ganzen umfassend Heinz Sekundäranalyse 1495 ff.).

c) Zumessungskriterien. Nach empirischen Anhaltspunkten aus der **12** Praxis spielen, im Einklang mit der Dominanz des strafrechtlichen Modells (vgl. → § 2 Rn. 15), erzieherische Belange als **Kriterien** für die Strafbemessung eine eher sekundäre Rolle. Bereits für die Jahre 1959 bis 1961

wurde in einer Auswertung von 1.214 Urteilen ein hoher Anteil ausgemacht, in dem die Erziehung überhaupt nicht (59,4 %) oder nur summa-
risch (39,1 %) Erwähnung fand (Weitl, Die dogmatischen Grundlagen des
geltenden Jugendstrafrechts, 1965, 113 f.). Im Grunde hat sich dies nach
neueren Untersuchungen nicht grundsätzlich geändert (dazu Streng Jugend-
StrafR Rn. 455 und → § 17 Rn. 15 mwN). So kam bspw. nach einer Auswertung von Akten der Jahre 2001–2003 in 40 % der jugendstrafrechtlichen
Verurteilungen die Erziehung nicht vor (Kurzberg Jugendstrafe 222 ff.).
Auch wurde bei Verurteilungen zu nicht unter 2 Jahren nachgewiesen, dass
Vorstrafen und deren Höhe deliktsunabhängig eine ganz erhebliche Bedeutung zukam, kaum aber den persönlichen oder sozialisatorischen Defiziten
des Verurteilten (Kurzberg Jugendstrafe 126 ff., 223 ff.).

2. Wirkungsrelevanz

13 BZR-Daten zufolge ist die Rückfallquote und -schnelligkeit nach Vollstr
von JStrafe insgesamt recht hoch (→ § 17 Rn. 16 ff.). Mit Blick auf die
Bemessung ergeben sich jedoch Unterschiede. Bei Personen, die zu JStrafe
bis zu zwei Jahren verurteilt worden waren, sind die Werte **höher als bei**
denen mit **längerer** JStrafe (JAHT Legalbewährung, 2021, 172 ff.). Auch
wenn man auf die tatsächlich vollstreckte Vollzugszeit abstellt, liegt die
„Misserfolgsquote" bei kürzerer Haft (wesentlich) höher als bei Personen mit
Haftdauer von mehr als einem Jahr (dazu und zu teilw. auch abw. Befunden
in älteren Untersuchungen vgl. 20. Aufl. § 17 Rn. 14 mwN; s. ferner Eisen-
berg/Kölbel Kriminologie § 42 Rn. 23 sowie international bspw. McCuish/
Lussier/Corrado Journal of Developmental and Life-Course Criminology
2018, 427 (436 ff.)). Dies gilt auch noch im Vergleich von vollständig vollstreckter JStrafe zwischen fünf bis sieben und sieben bis 10 Jahren (Grindel/
Jehle FS Rössner, 2015, 123; Pahl, Begutachtungspraxis bei langen Jugendstrafen, 2018, 121). Insgesamt sind die Zusammenhänge zwischen (verhängter oder tatsächlicher) Strafdauer und Legalbewährung aber nicht durchgehend klar; jedenfalls sprechen die vorliegenden Angaben nicht für die
„Kontraindiziertheit" kürzerer Vollzugszeiten (zust. schon Balbier DRiZ
1989, 404 (408) sowie iErg auch Dünkel Freiheitsentzug 434 ff.). Einmal
könnte die geringere „Misserfolgsquote" bei längeren JStrafen teilw. darauf
beruhen, dass sich unter den Betroffenen auch Jugendliche befinden, die eine
als schwer beurteilte Straftat begangen haben, ansonsten aber strafrechtlich
kaum vorbelastet waren (ähnlich J. Walter ZJJ 2009, 369 (370); s. hierzu die
relativ moderaten „Rückfall"-Quoten nach Verurteilung zur mehr als fünfjähriger sowie maximaler JStrafe bei Schulz, Höchststrafe im Jugendstrafrecht, 2000, 157 ff.; Grindel/Jehle FS Rössner, 2015, 110). Zudem ist zu
berücksichtigen, dass der Vollzug einer JStrafe von bis zu zwei Jahren
vielfach auf einer negativen prognostischen Einschätzung beruht, da in
diesem Strafbereich anderenfalls gem. § 21 verfahren wird. Und schließlich
könnte sich gerade bei längerer Haftdauer auch eine entwicklungstypische
„Reifung" (neben oder anstelle vollzuglicher Einwirkungen) bemerkbar
machen. Im Sinne dieser Annahme ging die bessere Legalbewährung bei
längerer Dauer der JStrafe in den Daten von Giebel/Boxberg/Hosser in
Kury/Shea (Hrsg.), Punitivity. International Developments, Bd. 1, 2011,
395 ff. statistisch denn auch vorwiegend auf den „aging-out effect" zurück
(hierzu auch → § 5 Rn. 59, → § 17 Rn. 18).

IV. Bemessung

1. Grundsatz

Dass sämtliche Rechtsfolgen im JStR vorrangig am Erziehungsgedanken **14** auszurichten sind (§ 2 Abs. 1 S. 2), wird bei der Konkretisierung der JStrafe zusätzlich unterstrichen. Diese muss nach Abs. 2 so bemessen werden, dass „die erforderliche erzieherische Einwirkung möglich ist" (wobei zudem auch die Vollstr im Sinne einer speziellen „erzieherischen Einwirkung" nach § 21 zBew ausgesetzt werden kann). Für die Festlegung der JStrafdauer ist also (wie überhaupt für die Ausgestaltung der JStrafe) ein **dezidiert spezialpräventives Entscheidungsprogramm** und ein spezialpräventives Leitkriterium (individueller Bedarf und Sanktionseignung) vorgegeben. Die stärker tatorientierten Maßgaben des allg. StR (§ 46 StGB) werden verdrängt (§ 2 Abs. 2). Sie können nur iRd erzieherischen Grundausrichtung berücksichtigt werden. Bei der Strafhöhenfestlegung geht es deshalb stets um die Frage, welche Dauer der stationären „Gesamterziehung" der „in erster Linie zu berücksichtigende Erziehungsgedanke" (BGHR JGG § 17 Abs. 2 schädliche Neigungen 4 (Gründe)) notwendig macht. Einen Unterschied zwischen den beiden Anordnungsgründen des § 17 sieht Abs. 2 dabei nicht vor (Bruns StV 1982, 592 (593)). Dass die Strafdauerbegründung **keineswegs** zu wesentlichen Teilen oder gar ausschließlich auf jene Zumessungserwägungen gestützt werden darf, **die bei Erwachsenen** in Betracht kommen (stellvertretend BGH NStZ-RR 1997, 281; NStZ 2012, 164; 2014, 407; NStZ-RR 2015, 154; NStZ 2016, 614; 2016, 683; NStZ-RR 2016, 351; NStZ-RR 2020, 30 (31); StV 2020, 680 = BeckRS 2020, 19417; NStZ-RR 2020, 42 (43); BeckRS 2021, 36079), betrifft also **beide JStraf-Varianten.** Auch wenn JStrafe allein wegen Schwere der Schuld verhängt wird, ist bei der Bemessung vorrangig der Erziehungsgedanke zu berücksichtigen (BGHSt 15, 224 (226) = NJW 1961, 278; BGHSt 16, 261 (263) = NJW 1961, 2359 (2360); BGH StV 1994, 598 = BeckRS 1993, 31086212; StraFo 2005, 42 = BeckRS 2004, 09104; NStZ-RR 1998, 285; NStZ 2016, 683; BeckRS 2018, 23062). Abstriche hiervon sind allenfalls bei inzwischen **älteren** Angeklagten möglich (n. → § 17 Rn. 57). Deshalb verbietet sich auch generell die Übernahme des in der Praxis oft wirksam werdenden (→ § 5 Rn. 8, → § 17 Rn. 15) pauschalen Eskalationsprinzips aus dem allg. StR.

Die Diagnose des Einwirkungsbedarfs und die Prognose der erforderlichen **15** stationären Einwirkung sind in außerordentlich gründlicher Weise vorzunehmen, da – anders als in den Fällen von §§ 11 Abs. 2, 15 Abs. 3 S. 1 – die Dauer der eingriffsinvasiven JStrafe auch bei einer Fehleinschätzung nachträglich nur partiell korrigiert werden kann. So ist es unzulässig, eine JStrafe im Nachhinein zu verlängern, wenn der Erziehungserfolg noch nicht erreicht ist und die JStrafe ex post als zu kurz bemessen erscheint. Zeigt sich im Verlauf, dass umgekehrt der vollständige Vollzug der verhängten JStrafe nicht geboten ist, lässt sich deren Dauer lediglich unter Voraussetzungen des § 88 verkürzen (was insbes. bei längeren JStrafen bedeutsam ist). Diese **begrenzte** (und einseitige) **Reaktionsbeweglichkeit** könnte es nahelegen, die JStrafe im Zweifel vorsorglich so hoch zu bemessen, dass sie selbst unter unerwartet ungünstigen Umständen die erforderliche Erziehung ermöglichen kann, zumal die Strafrestaussetzung auch eine Anpassung an eine günstige Entwicklung erlaubt. Allerdings würde hierdurch die Sanktion faktisch in die abgeschaffte JStrafe von unbestimmter Dauer überführt (ähnlich BGH BeckRS 2010, 13555; s. auch Sonnen in Diemer/Schatz/Sonnen Rn. 24). Dies ist zudem schon deshalb unzulässig, weil bei positiven Verläufen eine überharte JStrafe registerrechtlich fortbestünde und die Haftverkürzung ohnehin recht unsicher ist (etwa wegen ihrer faktischen Abhängigkeit von den Stellungnahmen der Anstaltsbediensteten).

2. Konkrete Erörterung der spezialpräventiven Erforderlichkeit

16   Die Auseinandersetzung mit der erzieherischen Indikation einer bestimmten JStrafendauer darf nicht nur pauschal geschehen (vgl. bspw. schon BGH StV 1993, 531 = BeckRS 1992, 31079281 oder etwa auch OLG Jena NStZ-RR 1998, 119 (120)). Die Feststellung, „nur" die festgelegte Strafdauer werde „erzieherisch diesem Angeklagten gerecht", genügt also nicht (BGH BeckRS 1996, 31080038). Vielmehr ist die Strafbemessung an den Voraussetzungen erzieherischer Einwirkung im konkreten Einzelfall auszurichten und im Hinblick auf diese Anforderungen – anstelle nur „formelhafter Erwähnung" (BGH NStZ 2010, 281; BeckRS 2012, 08598; StV 2013, 38 = BeckRS 2012, 14175; StV 2022, 39 = BeckRS 2020, 32611) – **konkret** zu **begründen** (BGH NStZ 2013, 287).

17   Die argumentativ herangezogene Einwirkungsnotwendigkeit muss eine solche sein, die der erzieherischen Einwirkung zugänglich ist – nicht also eine krankhafte seelische Störung, bei der die Unterbringung nach § 63 StGB die dafür vorgesehene Reaktion ist (gegen eine „Vermischung von Strafe und indifferenter Maßregel" bei an Heilungsbedarf ausgerichteter Strafbemessung BGH NStZ 1987, 506; 1998, 86). Zentrale Bewertungsgrundlage für das **Ausmaß des Bedarfs** an einer stationären Gesamterziehung ist die individuelle **vortatliche** Biografie, deren Problematik sich idR in Verhaltensauffälligkeiten, Fehlanpassungen und Delinquenz niedergeschlagen haben wird (Sonnen in Diemer/Schatz/Sonnen Rn. 19 ff.; Radtke/Scholze in MüKoStGB Rn. 37 f.). In diesem Zusammenhang wird dann häufig mit der Ungeeignetheit bereits verhängter Rechtsfolgen bzw. mit der Erfolglosigkeit von deren früher bereits geschehener Vollstr argumentiert. Hier bedarf es indes ebenfalls einer näheren Erläuterung (abw. BGH BeckRS 2013, 15729 sowie iZm ausländischen Vorstrafen auch BGH BeckRS 2021, 36079 mablAnm Kölbel NStZ 2022 (iE)).

18   Daneben kommt aber auch der **nachtatlichen** Entwicklung des Verurteilten für die Bemessung der JStrafe (ebenso wie für deren Verhängung (→ § 17 Rn. 34 ff.)) vielfach Bedeutung zu, insbes. bei Ansätzen zu einer positiven Veränderung (BGH NStZ 1986, 71; StV 1991, 423 = BeckRS 1990, 31098340; NStZ-RR 2013, 113; StV 2013, 758 = BeckRS 2013, 00350). Bei gegebenem Anlass näher zu erörtern sind also bspw. Entzugsbemühungen bei Drogensucht (BGH NStZ-RR 2018, 15 (16)), Anstrengungen bei Schul- und Berufsausbildung (etwa BGH StV 1987, 306 = BeckRS 1986, 31109573; NStZ-RR 2011, 385) sowie Einwirkungen während des U-Haftvollzugs (BGH NStZ 1984, 508; NStZ-RR 2011, 305; NStZ 2015, 105) und/oder einer zwischenzeitlich vollzogenen JStrafe (vgl. BGH NStZ-RR 2010, 257; unklar bzgl. eines zwischenzeitlichen Freizeitarrests BGH NStZ-RR 2012, 92). Soweit innervollzugliche Verläufe zu würdigen sind, sind die tatsächlichen Gegebenheiten in der jeweiligen Vollz.-Einrichtung sowie Anpassungsprobleme ebenso wie Lernentwicklungen bzw. erzieherische Erfolge zu beachten. Ferner kann relevant sein, dass sich der Verurteilte aus der Gruppe der Mitangeklagten gelöst hat (BGH StV 2003, 458 = BeckRS 2003, 00691) oder „nunmehr erstmals in stabilen Verhältnissen" lebt (BGH BeckRS 2006, 08001).

Aufgezeigt werden muss, weshalb gerade die festgelegte Vollzugsdauer als **19** spezialpräventiv sinnvoll eingeschätzt wird (etwa BGH NStZ 2011, 305: „es hätte eingehender Erörterung bedurft, inwieweit die Verbüßung einer längeren Jugendstrafe (…) erforderlich ist", um konkretes Defizit zu beheben). Gegebenenfalls muss sich das Gericht damit auseinandersetzen, dass mit Blick auf die schuldbezogene Limitierung (→ Rn. 33) und anzurechnende U-Haftzeiten nur noch ein begrenzter Restzeitraum zur Vollstr anstehen kann (BGH BGHR JGG § 18 Abs. 2 Tatumstände 2). Auch absehbar abträgliche **Nebeneffekte** der Sanktion sind, soweit sie die Einwirkung beeinträchtigen könnten, erörterungsbedürftig (Abbruch von Ausbildung, sozialen Kontakten usw). Überhaupt ist auf die (negativen) Folgen der Strafe wie auch die Förderungsmöglichkeiten während der Dauer der JStVollzugs einzugehen (BGH NStZ-RR 2008, 258 (259)). Selbst bei eingehend begründetem erheblichem Erziehungsbedarf sind JStrafen am oberen Strafrahmenrand problematisch (vgl. aber BGH NStZ 2010, 290 (291): vier Jahre acht Monate JStrafe wegen §§ 221, 224 StGB ggü. einer zur Tatzeit 14-Jährigen). Nachteilige gesetzlich vorgesehene Folgeentscheidungen (etwa Ausweisung oder Abschiebung) berühren nicht die erzieherische Eignung der JStrafe, sondern deren Tatproportionalität und Schuldadäquanz (dazu → Rn. 34).

3. Bedeutung allg.-strafrechtlicher Bemessungsaspekte

a) Grundsätze der Vorwurfsberücksichtigung. Abs. 2 schließt die Be- **20** rücksichtigung des Tatvorwurfs bei der Bemessung der JStrafe nicht aus (RL 2 S. 1). Da die Strafdauerfestsetzung hiernach so zu erfolgen hat, dass „die erforderliche erzieherische Einwirkung möglich ist", kann das Unrechtsgewicht nur ein Grenzen setzender Aspekt (→ Rn. 33), aber kein darüberhinausgehender (iSv leitender) Bemessungsaspekt sein. Die Funktion dieses Gesichtspunktes besteht (neben der Limitierungswirkung) vielmehr darin, **innerhalb des Spektrums** der denkbaren Strafhöhen, zu dem die **spezialpräventiven** Erforderlichkeitserwägung (Abs. 2) regelmäßig führen werden (BGH NJW 2018, 2062 (2063); Eisenberg ZKJ 2017, 419 (420)), gewissermaßen „nach oben" oder „nach unten" zu gehen (aA Streng JugendStrafR Rn. 450; teilw. abw. auch die Rspr. (→ Rn. 37): Abwägung der Unrechtsgewichts mit den – allerdings vorrangigen – erzieherischen Belangen). Dies gilt für **beide Anordnungsgründe** in § 17 Abs. 2, da das Gesetz insofern keine Differenzierung erkennen lässt (dazu, dass auch die Bemessung einer JStrafe wegen „Schwere der Schuld" in erster Linie nach erzieherischen Erfordernissen zu erfolgen hat, → Rn. 14; s. aber für deutlich über 21-Jährige → § 17 Rn. 57). Dabei ist der Tatvorwurf am Rande auch insofern von Belang, als eine erzieherisch abträgliche Signalwirkung zu vermeiden ist, wie sie von einer außerordentlich verharmlosend wirkenden Sanktionshöhe ausgehen mag.

Mit Blick auf diese eingeschränkte Vorwurfsrelevanz haben die **Straf- 21 rahmen** des allg. StR eine gewisse Hinweisfunktion. Obwohl sie (wie in → Rn. 2 ausgeführt) dank der täterstrafrechtlichen Konzeption des JGG im JStR nicht gelten – und dies auch nicht als nur gedachte Ober- und Untergrenzen (s. BGH BeckRS 2018, 28848; BeckRS 2020, 21356: „hypothetische Strafrahmenbetrachtung") –, ist die Bewertung des Unrechtsausmaßes, die in den straftatbestandlich jeweils vorgesehenen Rechtsfolgen zum Ausdruck gelangt, nach stRspr bei der Bemessung der JStrafe mitzuberücksichtigen (vgl. etwa BGH NJW 1972, 693; StV 1993, 532 = BeckRS 1992, 31081369; NStZ 2016, 683). Die Strafrahmen(-obergrenzen) des allg. StR – genau genommen eher die Aussagekraft der zwischen ihnen bestehenden Staffelungen und Unterschiede – zeigen gesetzgeberische Wertungen an. Diese dienen als orientierende Größen für das jeweilige fallkonkrete Vorwurfsgewicht und gehen hierdurch **mittelbar** in die Festlegung der JStrafendauer ein (etwa Ostendorf in NK-JGG § 5 Rn. 4; vgl. auch BGH GA 1986, 177 = BeckRS 1985, 31093065: „vergleichende Parallelwertung").

22   Die Bedeutung dieser strafrahmenbasierten Hinweise wird allerdings dadurch gemindert, dass das objektive Unrechtsgeschehen für die Gewichtung des (nach → Rn. 20 ohnehin nur eingeschränkt relevanten) Tatvorwurfs nicht im Vordergrund steht. Eher von Belang sind nach der Rspr. (anders als im allg. StR) „die charakteristische Haltung und das Persönlichkeitsbild, wie sie in der Tat zum Ausdruck gekommen sind" (BGH NStZ 1996, 496 mzustAnm Dölling NStZ 1998, 39). Es besteht hier also der gleiche Grundsatz, der bereits für das Vorliegen eines Anordnungsgrundes (§ 17 Abs. 2) maßgebend ist (Radtke/Scholze in MüKoStGB Rn. 24; zur **„jugendspezifischen Vorwerfbarkeit"** und der etwas anders akzentuierten hiesigen Ansicht n. → § 17 Rn. 46 ff.). Deshalb ist in diesem Zusammenhang ein besonderes Augenmerk bspw. auf dysfunktionale elterliche Erziehungsmethoden (BGH NStZ-RR 2008, 258 (259)) oder Reiferückstände und die Tatverleitung durch Mittäter zu legen (BGH NStZ 1984, 508; vgl. auch BGH NStZ 2011, 305: „besondere Tatsituation (…) durch alkoholbedingte Enthemmung und jugendtypische Solidarisierung mit dem Mitangeklagten"). All dies gilt umso mehr, je jünger die fragliche Person ist (n. zur Bemessung der JStrafe bei **Heranwachsenden** → § 105 Rn. 54 ff.).

23   Die den erzieherischen Belangen untergeordnete Relevanz des (objektiven) Unrechtsausmaßes wird von der Rspr. – jedenfalls prinzipiell (aber → Rn. 36 f.) – auch **bei (äußerlich) schweren Delikten** anerkannt. Dies gilt etwa für Vergewaltigung (vgl. etwa BGH StV 1996, 269 = BeckRS 1995, 05279: entgegen drei Jahre JStrafe seien der Ausnahmecharakter sowie die Nichterforderlichkeit dieser Dauer zu prüfen (ähnlich BGH 3.11.1993 – 2 StR 382/93 bei Böhm NStZ 1994, 529)), für sexuellen Missbrauch (vgl. etwa BGH BeckRS 1999, 8475), für gewichtigere BtM-Delikte (vgl. etwa BGH BeckRS 1985, 05574; BGH BeckRS 2008, 21117 (betr. bandenmäßiges Handeltreiben mit BtM: „das Strafmaß entscheidend mitbestimmende Erziehungsgedanke")), für schwere räuberische Erpressung (vgl. BGH 3.1.1991 – 1 StR 632/90 bei Böhm NStZ 1991, 522; StV 1993, 532 = BeckRS 1992, 31081369) oder Raubtaten (OLG Hamm NStZ 2005, 646) und den gefährlichen Eingriff in den Straßenverkehr (vgl. BGH NStZ-RR 1998, 86). Als Ausdruck und Konsequenz dieses Ansatzes bleibt die festgesetzte Dauer der JStrafe hinter dem Maß, mit dem Freiheitsstrafen im allg. StR deliktsüblich verhängt werden, oftmals deutlich zurück. Das zeigt sich etwa bei Mord (vgl. etwa BGH StV 1994, 598 = BeckRS 1993, 31086212 (bei Verminderung der Steuerungsfähigkeit zwei Jahre JStrafe); ferner BGH NStZ 2006, 503 („dreifacher Mord" durch Kfz-Aufprall: vier Jahre JStrafe); BGH NStZ-RR 2016, 325 (versuchter Mord und fahrlässige Tötung zwei Jahre EinheitsJStrafe zBew)) oder bei §§ 212, 213 StGB (vgl. BGH BeckRS 2017, 132361 (bei uneingeschränkter

Schuldfähigkeit zwei Jahre neun Monate JStrafe); LG Essen BeckRS 2015, 00009 (bei verminderter Schuldfähigkeit zwei Jahre JStrafe zBew)).

b) Einzelne ereignisbezogene Umstände. aa) Relevanz von Vorwurfsabstufungen. Prinzipiell ist auch die Verwirklichung eines (un-/benannten) besonders schweren Falls nach den gleichen Grundsätzen wie das allg. Unrechtsausmaß (→ Rn. 20 ff.) berücksichtigungsfähig (BGH NStZ 2000, 194 (195); LG Köln BeckRS 2009, 09713; Radtke/Scholze in Mü-KoStGB Rn. 25; Laubenthal/Baier/Nestler JugendStrafR Rn. 754). Ebenso liegt es bei Deliktsqualifikationen oder **Privilegierungstatbeständen** (vgl. etwa LG Bamberg PflR 2014, 236 betr. § 216 StGB durch Altenpflegepraktikant). Vor allem aber erlangt hierdurch das Vorliegen eines **minder schweren Falles** eine Bemessungsrelevanz, weshalb dessen jeweilige Voraussetzungen zu prüfen (Reuther FS Eisenberg, 2009, 447) und gem. § 267 Abs. 3 S. 2 StPO im Urteil darzustellen sind (erg. → § 54 Rn. 6; abw. noch BGH NStZ 1993, 551 (betr. § 213 StGB)). Die abgesenkte Strafdrohung zeigt hier nämlich an, dass das strafrechtliche Eingreifen weniger schwerwiegend als nach Umsetzung eines tatbestandlichen Regelfalls sein soll. § 2 Abs. 1 gibt keinen Anlass, dies bei einem Jugendlichen nicht zu berücksichtigen. Deshalb gilt es in solchen Konstellationen, nicht allein eine etwaige Verschiebung der Strafrahmenobergrenze zu beachten (→ Rn. 9), sondern auch die eben dargestellte Orientierungsfunktion bei der konkreten Bemessung zu realisieren (zu dieser doppelten Relevanz etwa BGH StV 1989, 545 = BeckRS 1989, 31098188). Dieser Grundgedanke ist obendrein generalisierbar. Deshalb haben auch andere Gesichtspunkte, die im allg. StR als Vorwurfsabstufungen zugunsten des Betroffenen bei der Sanktionsbemessung zu berücksichtigen sind, eine – **iRd erzieherischen Beurteilungsspielräume** bestehende – mittelbare Relevanz.

Anlass zur Einbeziehung in die JStrafenbemessung – und zwar jeweils „mit ihrem vollen Gewicht" (BGH StV 1989, 545 = BeckRS 1989, 31098188; StV 1992, 432 = BeckRS 1992, 31083476) – besteht sowohl bei benannten wie unbenannten minder schweren Fällen (BGH NStE Nr. 7 § 18 JGG = BeckRS 1987, 31098471; 2012, 18906; NStZ 2016, 105; NStZ-RR 2019, 159; StV 2020, 384 (387) = BeckRS 2019, 15629). Bei der Frage, ob ein minder schwerer Fall vorliegt, sind alle betr. Tat und Täter bedeutsamen Umstände zu prüfen, wobei die Voraussetzungen mit Blick auf das Alter der Verurteilten im JStR tendenziell eher als im allg. StR bejaht werden können (kennzeichnend dafür etwa BGHR StGB § 21 Alkoholauswirkungen 5 (Gründe) = BeckRS 1991, 31092556; BayObLG bei Bär DAR 1990, 366; OLG Hamm StV 2001, 178 f. = BeckRS 2000, 12784). Die Details sind hierbei teilw. auch konstellativ und grunddeliktisch geprägt (zu § 178 Abs. 2 StGB aF BGH GA 1986, 177 = BeckRS 1985, 31093065; zu § 176a Abs. 4 StGB BGH NStZ-RR 2013, 291; zu § 224 Abs. 1 S. 1 Hs. 2 StGB BGH BeckRS 2013, 15729; zu § 226 Abs. 2 StGB aF BGH StV 1987, 306 = BeckRS 1987, 31104109; BGHR StGB § 226, Strafrahmenwahl 1 (Gründe) = BeckRS 1989, 31092881; zu § 250 Abs. 3 StGB BGH NStE Nr. 14 zu § 250 StGB = BeckRS 1989, 31106193; NStE Nr. 7 § 18 JGG = BeckRS 1987, 31098471 und zu § 213 StGB BGH BeckRS 1989, 31098845; NStZ 1989, 119). Für die notwendige Berücksichtigung des minder schweren Falles ist es – angesichts der jeweils gleichartigen Bemessungskriterien

(→ Rn. 14) – ohne Belang, ob die Anordnung der JStrafe auf „schädlichen Neigungen" oder Schuldschwere beruht.

26   **bb) Vertypte Milderungsgründe iSv § 49 StGB.** Mit Blick auf § 2 Abs. 2 iVm § 21 StGB steht zumindest bei konsumgewohnten Personen ein motorisch kontrolliertes und äußerlich geordnetes sowie ggf. auch planmäßig vorgehendes Verhalten einer alkoholbedingten Beeinträchtigung des Hemmungsvermögens nicht notwendigerweise entgegen (vgl. n. BGH NStZ-RR 1996, 289; 1997, 65 (66); 2012, 137). Im Unterschied zum allg. StR können bei Jugendlichen und Heranwachsenden die Voraussetzungen des **§ 21 StGB** schon bei einem BAK-Wert unter 2‰ anzunehmen sein (vgl. etwa BGH NStZ-RR 1997, 65 (66); OLG Zweibrücken StV 1994, 599 = LSK 1995, 090458; Eisenberg BeweisR StPO Rn. 1749b). Auch ist das Ausmaß der Beeinträchtigungen iSv § 21 StGB im JStR ggf. ohne Vorliegen sämtlicher Voraussetzungen zumessungsrelevant (BGH BGHR StGB § 21 Alkoholauswirkungen 5 (Gründe) = BeckRS 1991, 31092556: BAK nahe der Grenze zu erheblich verminderter Schuld und Tatbereitschaft zusätzlich gefördert durch „gruppen-dynamischen Prozess"). (BtM-)Abhängigkeit wird von der Rspr. allerdings wie im allg. StR nur ausnahmsweise (bei schwersten Persönlichkeitsveränderungen oder Handeln unter bzw. aus Angst vor starken Entzugserscheinungen) als Fall des § 21 StGB anerkannt (OLG Hamm Blutalkohol 2001, 291 (292) = BeckRS 2000, 16812). BGH NStZ-RR 1999, 295 hält eine Relativierung des Milderungsgrundes für möglich, wenn der Verurteilte infolge Abhängigkeit oder großer Konsumerfahrung um die enthemmende oder aggressionssteigernde Wirkung einer Alkoholisierung weiß (zw.). – Im Übrigen kann die Schuldfähigkeit iSv § 21 StGB durch nicht vorwerfbare Wesenszüge (etwa iSv § 17 Abs. 2 Alt. 1 (BGH StV 1986, 305 = BeckRS 1986, 31101680)) oder durch entwicklungsbedingte Schwierigkeiten, einem „Affektsturm" (BGH NStZ 1984, 259) oder den „Anreizen zur Tat" mit hinreichender Hemmung zu widerstehen, eingeschränkt sein (dazu in der Sache BGH NJW 1987, 3015; BeckRS 2001, 5419). Außerdem gilt der Grundsatz „in dubio pro reo" hinsichtlich „Art und Grad" eines psychischen Ausnahmezustandes ebenso wie bei dessen etwaiger Auswirkung „auf die Tatentstehung" (BGH StV 2013, 560 = BeckRS 2013, 05044; vgl. auch BGH NStZ-RR 2009, 337).

27   Auch die anderen **vertypten Milderungsgründe** des allg. StR haben diese mittelbare Relevanz. Dies betrifft § 46a StGB (→ Rn. 30), § 30 StGB (BGH NStZ-RR 2015, 155 (156)), die Beihilfe (BGH StV 1984, 254 = BeckRS 1984, 31107555; s. auch BGH NStZ-RR 2006, 88), den Versuch (BGH StV 1990, 544 = BeckRS 1990, 31082365; NStZ-RR 2019, 159) und die Konstellation des unechten Unterlassens (BGH NJW 1982, 393; StV 1992, 432 = BeckRS 1992, 31083476). Ebenso verhält es sich bei **§ 28 StGB** (zur entspr. „Parallelwertung" bei fehlendem subjektiven Mordmerkmal des jugendlichen Gehilfe BGH NStZ-RR 2020, 351 (Ls.) = BeckRS 2020, 25908 (im konkreten Fall offenlassend)). Vertypte Milderungsgründe können überdies Anlass für die Annahme eines minder schweren Falls sein und auf diese Weise bedeutsam werden (so für § 21 StGB und § 213 StGB BGH NStE Nr. 1 zu § 18 = BeckRS 1987, 31100016; NStZ-RR 2018, 14). Treten vertypte Milderungsgründe und davon unabhängige Umstände minder schwerer Fälle zugleich auf, ist deren jeweilige (also eine **mehrfache**) Berücksichtigung angezeigt (so für § 250 Abs. 2 StGB und § 27

StGB vgl. BGH 17.9.1985 – 2 StR 486/85 bei Böhm NStZ 1986, 447). Dabei ist indes der Rechtsgedanke des § 50 StGB (Doppelverwertungsverbot) zu beachten. Dass Fälle, in denen § 21 StGB und § 213 StGB „auf dieselben Wurzeln zurückzuführen" sind, dem gleichstünden und es bei einer einmaligen (statt einer mehrfachen) Milderung bleiben soll (BGH NStZ 1986, 71; zust. Radtke/Scholze in MüKoStGB Rn. 25), ist fraglich.

cc) Sonstige Aspekte der Vorwurfsabstufung. In der prinzipiell glei- 28
chen (mittelbaren) Weise sind Umstände iSv **§ 46 Abs. 2 S. 2 StGB** bemessungsrelevant (BGH BGHR StGB § 46 Abs. 2 Tatumstände 11 (Gründe) = BeckRS 1993, 31091152; für Nachtatverhalten n. → Rn. 31). Hierbei ist indes auf die jugendgemäße Würdigung zu achten (→ Rn. 22). Außertatbestandliche Folgen, die der Jugendliche in ihren Einzelheiten nicht hat voraussehen können, sind daher nicht zu berücksichtigen (abw. OLG Hamm bei Böhm NStZ 1985, 447, wonach die Entstehung aus der schuldhaft herbeigeführten allg. Gefahrenlage genüge). Das **Fehlen** eines Milderungsgrundes darf nicht negativ gewürdigt werden (BGH BeckRS 2017, 112118; Streng JugendStrafR Rn. 464). Bei Straftaten nach dem **BtMG** kommt dem Vorliegen der Rauschgiftmenge bzw. einer geringen Menge eine gewisse Bedeutung für die Bemessung zu (BGH NJW 1992, 380; 2001, 1805). Das gleiche gilt für die Einteilung zwischen „harten" und „weichen" Drogen (ebenso wie für die graduellen Zwischenstufen), wobei aber pauschale Zuschreibungen (oder gar Überhöhungen) bestehender Gesundheitsgefahren zu vermeiden sind (vgl. betr. Methamphetamin BGH NStZ 2016, 614 mAnm Patzak/Dahlenburg NStZ 2016, 615). – Eine (rechtmäßige und erst recht eine unzulässige) **Deliktsprovokation** muss strafmildernde Auswirkungen haben (BGH NJW 1992, 380; NStZ-RR 2020, 30 (31); ergänzend Kölbel in MüKoStPO StPO § 163 Rn. 25; Eisenberg BeweisR StPO Rn. 1036 ff. jeweils mwN). Nach BGHSt 60, 276 = NJW 2016, 91 (zum allg. StVR) ist ggf. wegen eines Verfahrenshindernisses einzustellen.

dd) Besonderheiten bei Migrationsbedingungen. Bei Jugendlichen 29
mit sozio-kulturell relevantem **Zuwanderungshintergrund** sind in Ausnahmekonstellationen entweder Normbefolgungskonflikte zu berücksichtigen (bei kulturell abw. Wert- und (auch informellem) Normensystem (vgl. zum allg. StR etwa Werner, Zum Status fremdkultureller Wertvorstellungen bei der Strafzumessung, 2016, 291)) oder reduzierte Hemmschwellen zu beachten (besonders in Fällen sozialer Erwartungshaltung im Umfeld). Fallbezogen kann eine strafmildernde Berücksichtigung in Betracht kommen, wenn der Jugendliche dezidiert mit Blick auf seine Familienbindung zur Tat motiviert war (nicht erörtert bei LG Aachen BeckRS 2009, 89101) oder iRd Familienhierarchie hierzu gedrängt oder gar bestimmt worden ist (zB bei BtM-Delikten oder Tötungsdelikten (vgl. zum allg. StR BGH NStZ 1995, 79; zum JStR offen gelassen in BGH NStZ 1996, 612 mkritAnm Eisenberg/Düffer JR 1997, 80); zur Judikatur zum sog. „Ehrenmord" s. Kasselt, Ehre im Spiegel der Justiz, 2016, 82 ff., 171 ff.). – Zu Ungunsten darf der Ausländer- oder **Asylbewerberstatus** des Jugendlichen nicht berücksichtigt werden, da sich hieraus kein höherer Pflichtwidrigkeitsgrad der Straftat ergibt (vgl. auch Ostendorf in NK-JGG Rn. 15: strenge Strafpraxis in Herkunftsländern keine erlaubte Erwägung). Unzulässig sind auch verdeckte Anlastungen (vgl. BGH NJW 2017, 1491: mit der Tat „einer positiven Einstellung der Bevölkerung gegenüber anwesenden Asylsuchenden und anderen Ausländern entgegengewirkt").

30   **c) Postdeliktisches Geschehen. aa) Verhalten nach der Tat.** Ereignisse zwischen dem Deliktsereignis und der gerichtlichen Entscheidung können nicht nur für die Beurteilung der spezialpräventiven Einwirkungserfordernisse maßgeblich sein (wie etwa bei einer individuellen Weiterentwicklung des Jugendlichen → Rn. 18), sondern – auf dem Weg der eingeschränkten und mittelbaren Berücksichtigung (→ Rn. 20 ff.) – auch als vorwurfsbezogene Bemessungskomponente. Das betrifft insbes. Verhalten des Jugendlichen, das die Voraussetzungen von **§ 46a StGB** erfüllt (zu **§ 46b StGB** → § 2 Rn. 38). Solche Umstände sind deshalb vom Tatgericht eigenverantwortlich zu prüfen (BGH BeckRS 2014, 8649 Rn. 9; StV 2015, 765 = BeckRS 2015, 06005; zu ausreichendem „indirekten Kontakt" mit der minderjährigen Geschädigten BGH BeckRS 2017, 138584 (betr. allg. StR)). – Spurenbeseitigung und ähnliche selbstbegünstigenden Verhaltensweisen sind idR nicht zu Lasten des Jugendlichen zu berücksichtigen (BGH BeckRS 2020, 17485). Die Begehung einer **weiteren Straftat** in Kenntnis des aktuellen Verfahrens besagt kaum etwas über das Unrechtsausmaß bzgl. der verhandelten Tat und ist daher in dieser Hinsicht nicht berücksichtigungsfähig (abw. BGH NStZ-RR 2018, 302 (Ls.) = BeckRS 2018, 18771; auch wegen der etwaigen Relevanz für den individuellen Einwirkungsbedarf ferner → Rn. 18 und → Rn. 42).

31   **bb) Verhalten im Verfahren.** (Teil-)**Geständnisse** und Wiedergutmachung(-sbemühungen) rechtfertigen es idR, von einer geringeren Einwirkungsnotwendigkeit auszugehen. Auch unter Vorwurfsaspekten sind sie nach allgA zugunsten des Angeklagten zu werten (s. etwa BGH NStZ-RR 2014, 92 (93); Radtke/Scholze in MüKoStGB Rn. 31). – Im umgekehrten Falle einzelner (ggf. als deplatziert erachteter) Entäußerungen ist vom Gericht zu erwarten, sich hiervon ebenso wenig wie von einem (ungünstigen) „Gesamteindruck" des Angeklagten während der HV beeinflussen zu lassen (vgl. → Einl. Rn. 51 f.; → § 50 Rn. 10 ff.). Solche Verhaltensweisen sind meist durch die Anklagesituation und deren Begleitumstände in einem Maße geprägt, dass sie kaum als aufschlussreiche „Anzeichen" interpretiert werden können – schon gar nicht für den Deliktsvorwurf (abwegig AG Siegen bei Eisenberg JuS 1983, 575 („Trotzreaktion des Gerichts"); nicht ganz unbedenklich auch BGH NJW 1989, 1492 aE; zur verteidigerseitigen „Vorbeugung" durch (informelles) Gespräch oder Plädoyer vgl. Zieger/Nöding Verteidigung Rn. 74). Davon abgesehen stellt sich hier oft auch die Frage eines gesetzlichen Berücksichtigungsverbotes (weitere Konstellationen → Rn. 39). Wie im allg. StR ist es nämlich idR **unzulässig**, das Verteidigungsverhalten des Verurteilten oder das Nichtmitwirken an der Tataufklärung zu seinem Nachteil zu werten (vgl. etwa BGH NStZ-RR 2009, 148: „kein Anzeichen von Reue" oder „Entschuldigung" (bei Schweigen); BGH NStZ-RR 2010, 88: ohne „jegliche Verantwortung für den Tod (…), der ihm gleichgültig zu sein schien"; BGH BeckRS 2011, 25748: Infragestellung der Glaubwürdigkeit der (mutmaßlichen Opfer)-Belastungszeugin durch Vorlage von Fotos etc; BGH NStZ 2014, 396 (397): „kein Mitgefühl" und „keine Schuldeinsicht" in den (bestrittenen) eigenen Tatbeitrag; BGH BeckRS 2021, 8694: „emotionale Unberührtheit bezüglich seiner Taten"; OLG Hamm NStZ 2006, 520 mAnm Goerdeler ZJJ 2006, 77: Weigerung, eine Leistung als Bedingung einer Einstellung zu erbringen; OLG Brandenburg NStZ-RR 2015, 53 (54): „fehlende Äußerung zur Person"; BGH BeckRS 2017,

104061: „Leugnen der Tat"; BGH BeckRS 2001, 30222849: Verweis der Alleinverantwortung an Mitangeklagten). Dies gilt prinzipiell auch, wenn „falsche Angaben" zu Anklagevorwurf oder zu persönlichen (etwa finanziellen) Verhältnissen zugleich Auswirkungen auf den Ersatzanspruch des Verletzten haben (abw. BGH StV 2019, 442 = BeckRS 2018, 23215). Das Gericht darf die unzulässige Anknüpfung an solche Umstände auch nicht verdeckt vornehmen (n. Eisenberg GS Weßlau, 2016, 67).

cc) Nebeneffekte des Prozesses. Kommt es als Nebeneffekt des Verfahrens beim Angeklagten zu besonderen und atypischen Belastungen (idR infolge ungewöhnlich ablehnender Reaktionen in seinem Umfeld), ist dies bei der Bemessung der JStrafe zu berücksichtigen. Grund hierfür ist der hinter § 60 StGB stehende Gedanke. Deshalb sind ähnlich wie im allg. StR auch etwaige Beeinträchtigungen des Beschuldigten durch **Medienberichterstattung** in die Strafdauerfestlegung als mindernder Aspekt einzubeziehen (Altermann Vorverurteilung 215 ff.; Gerbig Öffentlichkeit 284). Aufgrund der entwicklungspsychologisch tendenziell stärkeren Verletzbarkeit wird dies mit größerem Gewicht zu geschehen haben als im allg. StR, und zwar grundsätzlich auch bei nur neutralen Berichten (vgl. Knauer GA 2009, 541 (551) (zum allg. StR)). **32**

4. Sonstige Bedeutung des Tatvorwurfs

a) Limitierungsfunktion. Nach hM haben Belange des **Schuldausgleichs** für die Strafbemessung auch eine über die vorgenannte (eingeschränkte) Berücksichtigungsfähigkeit hinausgehende Bedeutung. Einigkeit herrscht dabei darin, dass JStrafe **nicht** von **unangemessener Länge** sein darf. Das Gewicht der schuldhaften Tat begrenzt nach allg. Auffassung das Höchstmaß der zulässigen Dauer, unabhängig von einer erzieherischer Funktionalität (vgl. bspw. BVerfG NStZ 2005, 642; BGH NStZ 1986, 71; Miehe, Bedeutung der Tat im Jugendstrafrecht, 1964, 64; Loos in Wolff/ Marek, Erziehung und Strafe, 1990, 89; Streng JugendStrafR Rn. 447). Andernfalls würde der Verurteilte zum Erziehungsobjekt. Auch ist für die Freiheitsstrafe anerkannt, dass eine Strafdauer, die schuldangemessene Strafen (in ihrer oberen Grenze) überschreitet, eine mit dem Rechtsstaatsprinzip unvereinbare Freiheitsbeschränkung darstellt (etwa BVerfGE 54, 100 (108) = NJW 1980, 1943). Eine an den Zielen des Schutzes, der Förderung und der Integration Jugendlicher ausgerichtete Intervention kann davon für das JStR schwerlich abweichen. Deshalb wird der Bemessung durch das Vorwurfsgewicht eine **obere Zulässigkeitsgrenze** (RL 2 S. 2) auch dann gesetzt, wenn das Spektrum von erzieherisch möglichen JStrafdauern (→ Rn. 20) bis zu höheren JStrafen reichen sollte (wobei eine solche Konstellation nur eine theoretische ist, weil eine vom Betroffenen als ungerecht lang wahrgenommene Strafe kaum als positiv-spezialpräventiv geeignete Interventionsform gelten kann (vgl. schon Noll, Die ethische Begründung der Strafe, 1962, 22; Grassberger Österr JZ 1961, 169 (172); Weitl, Die dogmatischen Grundlagen des geltenden Jugendstrafrechts, 1965, 192)). – Eine andere Frage ist, ob diese Obergrenze erst dann verletzt ist, wenn die festgesetzte Strafdauer außer jedem **Verhältnis** zur **Tatschuld** steht (so etwa BGH v. 13.6.1995 – 4 StR 315/95, abgekürzt bei Böhm NStZ 1995, 536; „überschreitet das für vergleichbare Fälle übliche Maß so erheblich", dass es **33**

… „rechtsfehlerhaft ist"). Dem kann man nur insofern zustimmen, als die
Unschärfen der Schuldwertung idR keine Bestimmung einer klaren Grenzlinie erlauben, sodass die Bemessung erst oberhalb eines Bereichs von noch
angemessenen Strafdauern unzulässig wird.

34   Knüpfen außerstrafrechtliche sanktionsartige Rechtsfolgen an die Verhängung einer JStrafe an, ist dies nicht nur zur Vermeidung erzieherisch dysfunktionaler Wechselwirkungen, sondern ebenso unter Schuldgesichtspunkten zu
berücksichtigen (s. auch → § 5 Rn. 14 f.). Mit Blick auf zB **disziplinarrechtliche Konsequenzen,** bei denen dies auch im allg. StR anerkannt wird
(n. dazu Streng in NK-StGB § 46 Rn. 142 ff.), ist die Problematik im JStR
jedoch etwas entschärft, weil bspw. der Verlust der Beamtenrechte (§ 41
BBG, § 24 BeamtStG) nur an eine (mind. einjährige) Freiheits-, nicht aber
auch an eine JStrafe gekoppelt ist (Krausnick in BeckOK BeamtenR Bund
§ 41 Rn. 8). Möglich bleiben aber Hindernisse für die Einstellung in den
Öffentlichen Dienst (für die Zulassung zum Referendariat diff. OVG Münster DÖV 2015, 1019 = BeckRS 2015, 49834; OVG Berlin-Brandenburg ZJJ
2020, 207 = BeckRS 2019, 27747). Soweit erkennbar sieht die Rspr. darin
aber keinen Aspekt, der die Strafschwere erhöht und der deshalb mit Blick
auf die Obergrenze schuldangemessenen Strafens zu berücksichtigen wäre.
Ähnlich verhält es sich bei **ausländerrechtlichen** Folgen einer JStrafe. Hier
wird die Problematik idR auf das ausländerrechtliche Verfahren und die
dortige Abwägung von Ausweisungs- und Bleibeinteressen (§ 55 AufenthG)
verwiesen (instruktiv zu den verwaltungsrechtlichen Prüfpflichten bzgl. bestehender Verurteilungen VG Stuttgart BeckRS 2010, 48200). Durch Übersteigen bestimmter Strafdauern erlangt die JStrafe allerdings eine dies nahezu
präjudizierende Wirkung (§ 54 Abs. 1 Nr. 1 und 1a AufenthG). In Fällen,
in denen das Schuldobermaß in der Nähe dieser gesetzlichen Grenzwerte
gesehen wird, läge in deren Überschreitung deshalb faktisch ein deutlicher
Sprung der außer-/strafrechtlichen Sanktionsgesamtschwere. Dies bedarf der
Erörterung (BGH NJW 1997, 403 (für das allg. StR)) und muss bei der
Bestimmung der vorwurfsadäquaten Obergrenze berücksichtigt werden
(zust. Schmoll ZJJ 2020, 279 (292 f.); wie hier auch OLG Frankfurt a. M. StV
2003, 459 = LSK 2003, 421002; Epik StV 2017, 268 (271 f.) (betr. allg. StR);
wohl abw. BGH NStZ 2012, 147; NStZ-RR 2018, 41; NStZ 2018, 469 (471
mwN): nur, wenn individuelle Aufenthaltsbeendigung eine atypische Härte
wäre (betr. allg. StR)). Für die Frage, ob die außer-/strafrechtlichen Rechtsfolgen noch vorwurfsproportional sind, kommt es – ebenso wie iÜ auch für
die weitere Frage, ob eine Strafdauer mit „Ausweisungstendenz" mit Abs. 2
vereinbar ist (dazu AG Bernau ZJJ 2007, 418 = BeckRS 2009, 24309;
Zieger/Nöding Verteidigung Rn. 19c) – sodann auf die konkreten Umstände an (Aufwachsen, familiäre Bindung und Integration in Deutschland; Zugehörigkeit zu sog. „reisenden Tätern" usw).

35   **b) Durch Schuldausgleich geleitete Bemessung? aa) Streitstand.**
Das JGG erlaubt JStrafen, die mit seiner **erzieherischen** Grundausrichtung
unverträglich sind. Während Abs. 1 S. 2 den Strafrahmen ausnahmsweise
auf bis zu 10 Jahren erweitert, lassen sich positiv-spezialpräventive Wirkungen
nach verbreiteter Ansicht in diesem Bereich nicht erwarten. Etwaige entwicklungsfördernde Effekte der Freiheitsentziehung nähmen spätestens nach vier
bis fünf Jahren ab und würden dann durch nachteilige Vollzugswirkungen
(Befunde bei Eisenberg/Kölbel Kriminologie § 37 Rn. 1 ff., § 42 Rn. 16 ff.)

typischerweise überkompensiert (so etwa BGH NStZ 1996, 232 (233); Sonnen in Diemer/Schatz/Sonnen Rn. 6; Ostendorf in NK-JGG Rn. 11; Buckolt Jugendstrafe 64; s. auch → Rn. 6). Diese Annahme ist zwar (insb. in ihrer verabsolutierenden Tendenz und in der zeitlichen Festlegung) empirisch ungesichert (vgl. etwa die diesbzgl. indifferenten Befunde bei Schmidt-Esse, Lange Jugendstrafen bei jugendlichen und heranwachsenden Gewalt- und Sexualstraftätern, 2018, 117 ff., 259). Auch steht sie in einem Spannungsverhältnis zur vergleichsweise guten Legalbewährung nach sehr langen JStrafen (→ Rn. 13). Doch andererseits ist es ebenso wenig belegt und abgesehen von Sonderfällen auch nicht plausibel, dass die Entwicklung junger Menschen von einem langjährigen Freiheitsentzug (typischerweise) profitiert. Die Anordnung von JStrafen, deren Dauer um oder über der in Abs. 1 S. 1 vorgesehenen Grenze liegt, dient also nur selten erzieherischen Zwecken, sondern idR anderen Zielen – insbes. solchen des Schuldausgleichs (BGH NStZ 1996, 232 (233); Streng JugendStrafR Rn. 436, 442; Laubenthal/Baier/Nestler Jugend-StrafR Rn. 750; Swoboda ZStW 125 (2013), 93 (99, 106 ff.)).

Aus dieser Gesetzeslage wird sodann verbreitet geschlossen, dass die Bemessung von Jugendstrafen schlechthin nicht nur an der spezialpräventiven Eignung, sondern **generell auch am Schuldausgleich** auszurichten sei (BGH NStZ 2016, 683; Brunner/Dölling Rn. 13 ff.; Radtke/Scholze in MüKoStGB Rn. 15, 23; Streng GA 2017, 80 (82 ff.)). Konkret bilde das „Ausmaß der individuellen Schuld", so eine teilw. vertretene Ansicht, den „Rahmen, innerhalb dessen die erzieherisch erforderliche Strafe gefunden werden muss" (BGH NJW 2018, 2062 (2063); NStZ-RR 2018, 358 (359); NStZ 2020, 301; Radtke/Scholze in MüKoStGB Rn. 7 f., 15; für § 17 Abs. 2 Var. 2 prinzipiell auch Streng GA 2017, 80 (90); Kulhanek JZ 2022, 49 (50 f.)). Unbeschadet der hierbei jugendspezifisch verstandenen Vorwerfbarkeit wird damit die sog. **Spielraumtheorie** (BGHSt 24, 132 (133 f.) = NJW 1971, 61; BGHSt 34, 345 (349) = NJW 1987, 3014 (3015)) aus dem allg. StR in das JStR überführt – mit der Folge, dass spezialpräventiv ausreichende, schuldunterschreitende JStrafdauern ausgeschlossen wären (abl. Sonnen in Diemer/Schatz/Sonnen Rn. 26, 28; Ostendorf in NK-JGG Rn. 7; Bruns StV 1982, 592 (595); zur daran schon im allg. StR verbreitet geübten Kritik etwa Kinzig in Schönke/Schröder StGB Vor § 38 Rn. 21). Diesem Konzept ist jedoch **entgegenzutreten,** weil es erzieherisch ungeeignete Strafen geradezu systematisch inkorporiert und mit Abs. 2 und § 2 Abs. 1 S. 2 dadurch nicht zu vereinbaren ist. Wäre die Sanktionszumessungslogik die gleiche wie im StGB, ließe sich außerdem nicht erklären, wieso das JStR überhaupt von § 46 StGB abweichende Sondervorschriften enthält (Kölbel JR 2018, 575 (577)).

Vorherrschend ist in der Rspr. indes ein Ansatz, wonach „das Gewicht des Tatunrechts gegen die Folgen der Strafe für die weitere Entwicklung (…) abzuwägen" sei (stellvertretend BGH NStZ-RR 2012, 186 (187); NStZ 2014, 40; s. etwa auch LG Köln BeckRS 2020, 47400; ebenso Brunner/Dölling Rn. 13: Erziehung und Schuldausgleich auszutarierende Doppelzwecke). Mit Blick auf Abs. 2 stehen dabei zwar meist die positiv-spezialpräventiven Belange im Vordergrund (etwa BGH NStZ-RR 2011, 305; NStZ 2016, 683; NStZ-RR 2017, 231; NStZ 2018, 662: „Erziehungsgedanke vorrangig zu berücksichtigen""). Jedoch kann die **Abwägung** auch durch Aspekte des Schuldausgleichs dominiert werden (dazu auch bei § 17 Abs. 2 Var. 2 → § 17 Rn. 56). Dies gelte vor allem in Fällen **schwersten**

Verschuldens (und schwerster Schäden), in denen die Belange der Vergeltung (bzw. der unterstellten (vgl. nur Seddig/Hirtenlehner/Reinecke KZfSS 2017, 259 ff.) spezialpräventiven Abschreckung (vgl. BGHR JGG § 17 Abs. 2, Strafzwecke 1)) „angemessen" berücksichtigt werden und eine maßgebende („eigenständige") Bedeutung in der Strafbemessung erlangen müssten (stellvertretend BGH StV 1982, 121 = NStZ 1982, 163 (Ls.); BeckRS 1983, 31112673; ferner bspw. BGH StV 2017, 710 (711) = BeckRS 2017, 120759; NStZ 2018, 728 (729); für ein drastisches Bsp. vgl. BGH NStZ 2007, 522 mablAnm Eisenberg/Schmitz NStZ 2008, 94: Maximalstrafe gegen zur Tatzeit gerade 16-Jährigem „maßgeblich mit der ‚höchst schweren Schuld' begründet" (betr. Mord) – ungeachtet achtmonatiger U-Haft sowie eines „Geständnisses, der erheblich verminderten Steuerungsfähigkeit und des überaus unglücklich verlaufenen Werdeganges"). Auch auf der Grundlage dieses Konzepts werden von der Rspr. also Strafhöhen verhängt, die – entgegen abw. Behauptungen (etwa BGH NStZ 2017, 648 (649): „Einklang" mit Erziehungsbedürfnissen) – **spezialpräventiv** als **kontraindiziert** gelten müssen. Wann genau dies zulässig sein soll (dh bei welchen Straftaten sich die Hierarchie von Einwirkungs- und Schuldaspekten in der Abwägung umkehrt), bleibt in der Judikatur freilich weitgehend unbestimmt (charakteristisch BGH NStZ-RR 2018, 358 (359): „bei Kapitalverbrechen und anderen schwerwiegenden Straftaten").

38   **bb) Stellungnahme.** Unter den sehr langen JStrafen kann allenfalls bei einem sehr kleinen Teil davon ausgegangen werden, dass hierbei „die erforderliche erzieherische Einwirkung möglich ist" (Abs. 2). Solche Rechtsfolgen werden idR auch nicht „vorrangig am Erziehungsgedanken" ausgerichtet (§ 2 Abs. 2), sondern allein von der im JStR ausgeschlossenen Zumessungslogik des § 46 Abs. 1 StGB geprägt. Sie sind daher nach hier vertr. Ansicht unzulässig. Den Leitkriterien der Rechtsfolgenbestimmung im JStR zufolge können Schuldaspekte vielmehr nur in der oben (→ Rn. 20 ff.) erörterten Weise im Rahmen spezialpräventiver Spielräume berücksichtigt werden. Das gilt jedenfalls in den Regelfällen der JStrafenbemessung, dh im Geltungsbereich von Abs. 1 S. 1. Die Ausnahmenorm in **Abs. 1 S. 2** ist indes als eine zentrale **gesetzgeberische Differenzierung** zu verstehen. Hiernach soll in den normtextlichen genannten Fällen – allerdings **lediglich dort** (dh **allein** bei Verbrechen mit Mindeststrafe von 10 Jahren) – nicht allein der Strafrahmen erweitert sein, sondern der Schuldausgleich ein entscheidungsbestimmendes Gewicht haben. Daneben sind jedoch auch in diesem Bereich spezialpräventive Aspekte spätestens seit Einführung von § 2 Abs. 1 JGG mit einzubeziehen (ausdrücklich BT-Drs. 16/6293, 9 „neben (…) auch zu berücksichtigen"). Konkret muss eine „erzieherische Einwirkung" immerhin noch „möglich" sein. Deshalb können Vergeltungsinteressen äußerstenfalls eine spezialpräventiv sinnlose Strafdauer rechtfertigen – nicht aber eine JStrafe, bei der eine „erzieherische Einwirkung" wegen der absehbar dysfunktionalen Haftdauer entgegen Abs. 2 von vornherein nicht mehr „möglich ist". Lange JStrafen (deutlich über fünf Jahre) sind mit diesen Anforderungen nur sehr selten und nur bei eingehender Darstellung eines außerordentlichen sozialtherapeutischen Bedarfes vereinbar (unzureichend bspw. LG Berlin BeckRS 2007, 17912: sechs Jahre und sechs Monate JStrafe, weil „ein erzieherischer Prozess" in der U-Haft „noch nicht in Gang gesetzt werden konnte"). Denkbar ist eine solche Konstellation de facto überhaupt

nur bei den genannten (erheblich strafbewehrten) Verbrechen, bei denen die JStrafe auf beiden Anordnungsgründen von § 17 Abs. 2 beruht und die Schuldbelange mit den (der stationären Förderung bedürfenden) personalen Problemlagen des Verurteilten zusammenhängen (ähnlich Eisenberg ZJJ 2018, 144 (145); zur Situation bei Heranwachsenden → § 105 Rn. 54 ff.).

5. Berücksichtigungsverbote

a) Von Gesetzes wegen. Auch im JStR ist es nicht zulässig, zur Tatzeit **39** **tilgungsreife** Vorverurteilungen oder damit „eng in Zusammenhang stehende Umstände" (BGH NStZ 2006, 587 betr. vormaligen JStrafvollzug) erschwerend zu berücksichtigen (n. → § 5 Rn. 81). Bei früheren ausländischen Verurteilungen kommt es darauf an, ob sie nach deutschem Recht tilgungsreif wären (BGH NStZ 2021, 319 (320). Dass auch (schon) die Beseitigung des Strafmakels zur Unverwertbarkeit führt, wird von der hM dagegen bestritten (→ § 100 Rn. 3a).

Soweit in die Bemessung – iRd erzieherischen Spielräume (→ Rn. 20) **40** und überlagert durch subjektive Vorwurfselemente (→ Rn. 22) – das objektive Unrecht eingehen kann, gilt bei dessen Quantifizierung das **Verbot der Doppelverwertung.** Sieht man von der unechten Ausnahme ab, dass (ggf. strafrahmenverändernde minder schwere Fälle mittelbar zu berücksichtigen sind (→ Rn. 24), ist eine Heranziehung jener Umstände, die die Tatbestandlichkeit des Geschehens begründen, hier also unzulässig (BGH NStZ 2014, 409 (410); wohl auch BGH BeckRS 2004, 04057; bei § 17 Abs. 2 Var. 2 auch Streng GA 2017, 80 (88, 91)). Ungeachtet der dogmatisch streitigen Direktanwendbarkeit von § 46 Abs. 3 StGB im JStR (→ § 17 Rn. 30)), ergibt sich dies aus der notwendigen Vermeidung einer Schlechterstellung im Vergleich zu Erwachsenen (n. → § 2 Rn. 23; diff. Schuster Jura 2010, 551 (555); **abw.** aber die **stRspr** (bspw. BGH NStZ 2007, 522 (523); NStZ 2008, 693 (Ls.); NStZ-RR 2009, 155; BeckRS 2007, 08789; StV 2021, 31 (Ls.) = BeckRS 2020, 25634).

b) Diverse rechtssystematische Beschränkungen. Als rechtlich ver- **41** fehlt wird es beanstandet, wenn die Bemessung in Abhängigkeit von den formalen **Voraussetzungen des § 21** vorgenommen wird (BGH NStZ 2008, 693; BeckRS 2015, 18919; NStZ 2017, 648 (649)). Das überzeugt in dieser Entschiedenheit nicht (n. → § 21 Rn. 4 f.). Vielmehr ist es angesichts des Erziehungsauftrags (§ 2 Abs. 1) in geeigneten Fällen angezeigt, die Bewährungsoption mit in den Blick zu nehmen und die Strafdauerbemessung auch daran zu orientieren (ebenso BGH StV 2013, 758 = BeckRS 2013, 00350: Gericht muss den „Umstand, dass eine nicht aussetzungsfähige Jugendstrafe dieser positiven Entwicklung in Freiheit ein Ende setzt, ausdrücklich in seine Strafbemessung einbeziehen" (betr. JStrafe von 3½ Jahren wegen §§ 212, 22, 23 StGB bei späterer Konsolidierung der Lebensverhältnisse)). Ebenso verhält es sich bzgl. der formalen Sanktionsgrenzen gem. § 35 Abs. 1 und 3 iVm § 38 BtMG (abw. BGH NStZ-RR 2012, 183 (zum allg. StR)).

Wie im allg. StR auch, bestehen Bedenken ggü. der Anlastung **(noch)** **42** **nicht rechtskräftig abgeurteilter** weiterer Taten. Nicht hinnehmbar ist die Berücksichtigung bloßer Verdachtssachverhalte, da dies die Verteidigungsbelange nicht wahrt (n. zu Rspr. und Schrifttum Eisenberg BeweisR StPO Rn. 411 ff.; nicht erörtert in BGH BeckRS 2014, 09821). Der Sachverhalt muss daher prozessordnungsgemäß (§ 261 StPO iVm § 2 Abs. 2) festgestellt werden (→ § 17 Rn. 27).

43   **c) Ausscheiden generalpräventiver Elemente.** Ebenso wie bei der Verhängung von JStrafe (vgl. → § 17 Rn. 6) ist die Berücksichtigung generalpräventiver Funktionen nach hM auch bei der JStrafbemessung unzulässig (so BGHSt 15, 224 = NJW 1961, 278; BGHSt 16, 261 (263) = NJW 1961, 2359 (2360); BGH StV 1982, 335 = BeckRS 1982, 00460; NJW 1994, 395 (396); Böhm/Feuerhelm JugendStrafR 233; Bruns StV 1982, 592 (593); betr. BtM-Delikte Franke/Wienroeder, Betäubungsmittelgesetz, 3. Aufl. 2008, Rn. 60 (Strafzumessung)). Das Verbot ist konkretisiert durch Abs. 2 sowie § 2 Abs. 1. Es bezieht sich aus den in → § 2 Rn. 5, → § 17 Rn. 7 genannten Gründen auf die **negative** ebenso wie die sog. **positive** Generalprävention (Dölling ZJJ 2012, 124 (125); wohl auch Sonnen in Diemer/Schatz/Sonnen Rn. 16; abw. Beulke/Swoboda JugendStrafR Rn. 478). In der Praxis scheinen allerdings zumindest Abschreckungserwägungen verbreitet zu sein (vgl. die Befragungsergebnisse bei Buckolt Jugendstrafe 310 ff.).

6. Verfahrensverzögerung

44   Die Umstände, dass die Tat **lange zurück** liegt und/oder das Strafverfahren von **außergewöhnlicher Dauer** war, sind als jeweils eigene sanktionsmildernde Gesichtspunkte in Anschlag zu bringen (Streng in MüKoStGB StGB § 46 Rn. 316 f. mwN). Bei Sexualdelikten an sehr jungen Opfern kann (mit Blick auf die hier oft verzögerte Tatentdeckung) für den bloßen Zeitablauf anderes gelten (BGH NStZ 2006, 287 (288)).

45   Beruhte **erheblich** (BGH BeckRS 2021, 40530) überlange Verfahrensdauer auf **amtsseitigen Pflichtverstößen** (etwa einem verzögerten Aktenversand im Revisionsverfahren wie bei BGH BeckRS 2020, 16329; vgl. auch BeckRS 2020, 30177), müssen die dadurch erzeugten verfahrensbegleitenden Belastungen durch die tatgerichtliche Feststellung des Verfahrensunrechts und, wo dies nicht ausreichend ist (BGH BeckRS 2021, 29015), durch eine Berücksichtigung bei der Sanktionierung zusätzlich kompensiert werden (§ 199 Abs. 3 S. 1 GVG; zur subsidiären Geldzahlung § 198 Abs. 1 GVG). Dies geschieht durch Festlegung eines als bereits vollstreckt geltenden Sanktionsteils (BGHSt 52, 124 = NJW 2008, 860), der allerdings meist deutlich kürzer als die Zeitspanne der Verzögerung ist (BGH BeckRS 2021, 36643). Im JStR wird dies bei JStrafen nach § 17 Abs. 2 Var. 2 ebenso gehandhabt (BGH StV 2003, 458 = BeckRS 2003, 00691; BeckRS 2006, 08001; ZJJ 2010, 326 (330) = BeckRS 2010, 15452; 2012, 15222; BGHSt 57, 1 = NJW 2011, 3314; StV 2014, 336 = BeckRS 2013, 15322; NStZ 2020, 301 (302)). Wird JStrafe allein oder auch wegen „schädlicher Neigungen" angeordnet, lehnt der BGH dies jedoch teilw. ab, weil die verbleibende Strafdauer sonst kürzer sei, als es in der Bemessungsentscheidung für erziehungsnotwendig gehalten wird (BGH NStZ 2003, 364 f.; NStZ-RR 2007, 61; zust. Volkmer NStZ 2008, 608 (609)). Kompensiert werden kann dann nur verbal oder monetär (BT-Drs. 17/3802, 20). Andere Entscheidungen tendieren zwar zum Vollstreckungsmodell (BGH NStZ 2011, 524 (525); implizit auch OLG Stuttgart Die Justiz 2004, 169 = BeckRS 2004, 536), schränken dieses aber dahingehend ein, dass die deklarierte Teilvollstreckung nicht zu einer **Unterschreitung** der erzieherisch erforderlichen Strafdauer führen darf (OLG Düsseldorf

NStZ 2011, 525 (526); in der Sache auch BGH NStZ 2010, 94 (95)). Insofern nehmen alle Spielarten allerdings eine (unzulässige (→ § 2 Rn. 23)) Schlechterstellung Jugendlicher gegenüber Erwachsenen in Kauf (abl. daher etwa BGH NJW 2018, 2062 (2063); Eisenberg ZJJ 2010, 330 (331); Eisenberg ZKJ 2017, 419 (420); Streng JugendStrafR Rn. 460; Laubenthal/Baier/Nestler JugendStrafR Rn. 765; Ostendorf StV 2011, 586 (587)).

Gegen eine Einschränkung der Kompensationsmöglichkeiten in Fällen des **46** § 17 Abs. 2 Var. 1 spricht auch, dass die Strafdauerfestlegung bei beiden Anordnungsgründen prinzipiell nach den gleichen Regeln erfolgt (→ Rn. 14). Abgesehen davon, dass sich die von der aA angenommene erzieherische Einwirkungsdauer idR gar nicht als ein exakter Wert bestimmen lässt (→ Rn. 20), sieht das Gesetz in § 52a S. 1 auch ein gesetzliches Vorbild vor, in dem das Vollstreckungsmodell unabhängig von den erzieherischen „Nebenwirkungen" umgesetzt wird (BGH NJW 2018, 2062 (2063); zust. Kett-Straub NStZ 2019, 220 (221)). Entscheidend ist indes, dass die Vollstreckungslösung eine unbegründete Prozessverzögerung wiedergutmacht und so „eine Art Staatshaftungsanspruch erfüllt" (BGHSt 52, 124 (137 f.) = NJW 2008, 860 (864)). Dies stellt eine Maßnahme dar, die von der JStrafenbemessung und deren Kriterien völlig unabhängig ist (und aus verfahrenspragmatischen Gründen allein „oberflächlich" mit dem Strafausspruch verbunden wird). Als völlig **eigenständige Materie** muss sie mit den allgemeinen Zumessungsaspekten weder ausbalanciert werden, noch kann sie durch jene eine Begrenzung erfahren (ebenso Radtke/Scholze in MüKoStGB Rn. 44; ähnlich Scheffler JR 2003, 509 (511)). Wird das **Vollstreckungsmodell** als die einschlägige Wiedergutmachungsform im JStV erst einmal anerkannt, gilt es für alle Varianten der JStrafe – auch wenn seine Anwendung fallkonkret zur Unterschreitung etwaiger schuld- oder präventionsbezogener Mindestmaße führt (n. Kölbel JR 2018, 575; iErg auch BGH NJW 2018, 2062).

V. Verfahrensrechtliches

1. Transparenzanforderungen

Vielfach wird empfohlen, dass der JRichter anlässlich der mündlichen Ur- **47** teilsverkündung die **Begründungszusammenhänge** der JStrafbemessung dem Jugendlichen in einer ihm verständlichen Weise darlegt. Dies gilt, auch im Hinblick auf die unterschiedlichen Bemessungskriterien zwischen JStrafe und Freiheitsstrafe, insbes. dann, wenn Jugendliche und Erwachsene gemeinsam abgeurteilt werden. Bereits im Vorfeld ist es ggf. erforderlich, besondere Hinweise zu geben. Dies ist bspw. bei der beabsichtigten Berücksichtigung anderer, nicht rechtskräftig abgeurteilter Taten der Fall (→ § 17 Rn. 27). Ebenso verhält es sich bei Veränderung der rechtlichen Würdigung im Verlauf des Verfahrens, die (wie etwa im Verhältnis von Beihilfe und Täterschaft) bei der Bemessung der JStrafe zu berücksichtigen sind (vgl. → Rn. 24 ff.). Fehlt hier der im JStV besonders dringliche **förmliche Hinweis** (§ 265 StPO Abs. 1 und 2 iVm § 2 Abs. 2), ist das Urteil angreifbar (dazu, dass das Urteil revisionsrechtlich regelmäßig auf der Verletzung dieser Vorschriften beruht, vgl. etwa BGH StV 2016, 272 = BeckRS 2015, 16594 (betr. allg. StR)).

2. Revision

48   a) **Defizite in der Entscheidungsbegründung.** Mit Blick auf die Anwendung des § 18 ist die revisionsgerichtliche Kontrolldichte auf die Kontrolle der rechtlichen Fehlerfreiheit und der Darlegungsanforderungen beschränkt (ohne dass die Bemessung selbst überprüft werden könnte). Bei
fehlerhafter Begründung der Bemessung ist das Urteil idR aufzuheben.
Dies ist der Fall, wenn die grundlegenden Bemessungskriterien und deren
Funktion wesentlich verkannt werden (Bsp.: offen schuldmaßüberschreiten-
de JStrafe; Bemessung unter offener Zurückweisung von Abs. 2). Auch die
Verkennung der in Abs. 1 festgelegten Strafrahmen (bzw. die fehlerhafte
Einordnung des Falls in Abs. 1 S. 1 oder S. 2) fällt regelmäßig in diese
Mängelkategorie (vgl. BGH StV 2016, 702 (Ls.) = BeckRS 2016, 4653; StV
2017, 715 = BeckRS 2016, 20607; BeckRS 2018, 1432; BeckRS 2018,
22537; BeckRS 2021, 25478; einschr. Sonnen in Diemer/Schatz/Sonnen
Rn. 8). Für die hM sind hier allerdings Ausnahmen denkbar, wenn es auf-
grund der konkreten Begründung vollkommen ausgeschlossen ist, dass das
Tatgericht innerhalb des korrekten Strafrahmens eine andere JStrafdauer fest-
gelegt hätte oder sich auf Aktenbasis sicher erkennen lässt, dass die verhängte
JStrafe iSv § 354 Abs. 1a StPO iVm § 2 Abs. 2 angemessen ist (Radtke/
Scholze in MüKoStGB Rn. 48; hierzu im Fall eines Verstoßes gegen § 51
Abs. 1 BZRG BGH NStZ 2006, 587; krit. → § 54 Rn. 44 f.).

49   Auch eine **ungenügende Begründung** (dh eine lückenhafte usw Darstellung der Bemessungsgründe) führt oftmals zur Aufhebung des Urteils.
Die Begründung soll dem Revisionsgericht die sachlich-rechtliche Nachprüfung ermöglichen (→ § 54 Rn. 42). In den Urteilsgründen muss deshalb
deutlich werden, dass die oben dargestellten Grundsätze und Gesichtspunkte
(→ Rn. 14, → Rn. 45) beachtet und berücksichtigt wurden. Das ist nicht
der Fall, wenn die Ausführungen bspw. nur den Begründungsanforderungen
des allg. Strafrechts entsprechen (etwa BGH StV 2016, 702 (Ls.) = BeckRS
2016, 4653) oder wenn sie die JStrafdauer nur formelhaft erläutern (etwa
BGH BeckRS 2021, 36079; OLG Hamm StV 2002, 404 = BeckRS 2001,
30198870) oder wenn sie eine Auseinandersetzung mit dem (vorrangigen)
Erziehungsgedanken und eine Abwägung der entwicklungsbezogenen Sank-
tionsfolgen vermissen lassen (etwa BGH BeckRS 2012, 17379; NStZ 2013,
287). Demgemäß ist nicht nur das Fehlen jedes Wortes der Begründung zur
Frage der erzieherischen Erforderlichkeit zu beanstanden. Vielmehr muss in
den Urteilsgründen in nachvollziehbarer Weise zum Ausdruck gebracht
werden, dass und wie das Leitkriterium des Abs. 2 zugrunde gelegt und nicht
etwa in den Hintergrund gerückt worden ist (→ Rn. 14 und 16; ferner BGH
StV 2003, 458 = BeckRS 2003, 00691; OLG Hamm NStZ 2005, 645
(646)).

50   Hinsichtlich der **vorwurfsbezogenen** Bemessungsaspekte muss das Urteil
bei fallbezogener Relevanz eine Berücksichtigung erkennen lassen. Aufgehoben wird deshalb bspw., wenn die naheliegenden Voraussetzungen von
§ 46a StGB nicht geprüft wurden (BGH BeckRS 2014, 08649 (Zahlung
von 150 EUR in der HV und mündliche Entschuldigung)). Aufgehoben
wird auch, wenn aus dem Fehlen von Milderungsgründen eine negative
(iErg strafschärfende) Wertung hergeleitet wurde (BGH StV 1986, 305 =
BeckRS 1986, 31101680: „keine unmittelbare Provokation durch das Opfer"). Bei Annahme eines minder schweren Falles sind die Maßgaben des

§ 267 Abs. 3 S. 2 StPO relevant (erg. → § 54 Rn. 6; anders BGH NStZ 1993, 551 (betr. § 213 StGB); Brunner/Dölling Rn. 7).

b) Änderung des Schuldspruchs bzw. der Begründung des Rechts- 51
folgenausspruchs. aa) Schuldspruchänderung zuungunsten des An-
geklagten. Eine für den Angeklagten ungünstige Änderung des Schuldspruchs muss nicht notwendigerweise zu einer Aufhebung des Strafausspruchs führen, da bei der Bemessung der JStrafe der Schuldumfang nicht
das gleiche Gewicht hat wie bei einer Strafe nach allg. StR (zur hier gem.
§ 354 Abs. 1 analog StPO erfolgenden Aufrechterhalten des Rechtsfolgenausspruchs etwa BGH NJW 1992, 2103 (2104); NJW 1994, 395 (396);
NStZ-RR 2004, 139 (140); NStZ 2006, 574; krit. Radtke/Scholze in
MüKoStGB Rn. 48). Anders ist zu verfahren, wenn die veränderte materiell-rechtliche Einordnung auch die bemessungsrelevanten Vorwurfsaspekte
oder deren Gewichtung verschiebt.

bb) Schuldspruchänderung zugunsten des Angeklagten. Anderer- 52
seits darf der Strafausspruch bei einer **wesentlichen** Schuldspruchänderung
zugunsten des Angeklagten oftmals **nicht** bestehen bleiben. Häufig kann das
Revisionsgericht dann angesichts der (allerdings beschränkten) Bemessungsrelevanz von Vorwurfsaspekten (→ Rn. 20 ff.) nicht ausschließen, dass die
JStrafe anders bemessen worden wäre. Dies gilt bei Wegfall von einzelnen
tatrichterlich bejahten Straftaten (etwa BGH VRS 107 (2004), 38 = BeckRS
2004, 04277; 2012, 23336; 2014, 20117; 2016, 20304; dazu auch → § 17
Rn. 63) oder Einzelhandlungen (BGH BeckRS 2012, 16286). Ferner betrifft
dies die Änderung bspw. von täterschaftlicher Begehung in Beihilfe (BGH
BeckRS 2014, 12520), von versuchtem Mord in versuchten Totschlag (BGH
NStZ-RR 2010, 372), von §§ 227, 27 StGB in §§ 224, 27 StGB (BGH
NStZ-RR 2013, 113) und bei Änderung von vollendeter in versuchte besonders schwere räuberische Erpressung (BGH BeckRS 2016, 9875). Ist der
Unrechts- und Schuldgehalt bei mehreren Taten geringer als vom Tatgericht
angenommen, gilt dies erst recht (BGH BeckRS 2017, 105430). Auch bei
einer Änderung in ein strafrahmengleiches Delikt kann Anlass zur Strafaus-
spruchaufhebung bestehen (BGH NStZ-RR 1999, 103: § 255 StGB statt
§ 249 StGB, da nur Gebrauchs-, aber keine Zueignungsabsicht). – In der
Regel ist bei einer unzutreffenden Annahme allg. strafschärfender Umstände
(BGH NStZ 2016, 614; NJW 2017, 1491) oder der **Nichtberücksichtigung**
der in → Rn. 24 erörterten strafmildernden Umstände (BGH NStZ-RR
2009, 337) der Rechtsfolgenausspruch ebenfalls aufzuheben. Vereinzelt wird
durch das Revisionsgericht das JStrafmaß in entsprechender Anwendung von
§ 354 Abs. 1 StPO selbst vermindert (BGH BeckRS 2012, 18377).

Dem stehen indes nicht wenige anderslautende Entscheidungen gegen- 53
über. Bisweilen wird eine entlastende Änderung des Strafausspruchs fallkonkret für **bemessungsneutral** gehalten und von einer **Aufhebung abge-**
sehen (so bspw. in BGH NStZ-RR 2000, 234; BeckRS 2005, 7290; StraFo
2006, 299 = BeckRS 2006, 04009; NStZ-RR 2007, 78; NStZ-RR 2019,
203 (205)). Dies beruht dann wenigstens noch auf § 354 Abs. 1a StPO,
wenngleich diese Vorschrift höchst problematisch ist (→ krit. § 54 Rn. 44).
Die Judikatur kommt hierzu in analoger Anwendung von § 354 Abs. 1
StPO allerdings auch bei Schuldspruchänderungen (berechtigte Kritik bei
Radtke/Scholze in MüKoStGB Rn. 48). Teilweise wird dies damit begründet, dass sich durch die revisionsrichterlichen Korrekturen „der Unrechts-

gehalt der Taten nicht wesentlich verändert" habe (stellvertretend BGH BeckRS 2013, 01331; bei Teileinstellung gem. § 154 Abs. 2 StPO BGH BeckRS 2021, 33677). Daneben verweist das Revisionsgericht oftmals auf die dezidiert erzieherisch begründete Bemessung, angesichts derer man es „ausschließen" könne, dass das Tatgericht wegen des modifizierten Schuldspruchs „auf eine geringere Jugendstrafe erkannt hätte" (BGH NJW 1999, 69 (71); BeckRS 2012, 10714; NStZ-RR 2018, 118; BeckRS 2020, 23516). Beides ist etwa bei einer Änderung von §§ 255, 224, 52 StGB in §§ 255, 223, 52 StGB und einer dezidiert an Abs. 2 ausgerichteten JStrafenbemessung der Fall (BGH NStZ 2015, 584). Verschiedentlich gibt diese Praxis gesteigerten Anlass zur Skepsis (vgl. auch BVerfG NStZ 2004, 273 (zum allg. StR)). Dies gilt etwa in Fällen, in denen Täterschaft in Beihilfe abgeändert wird (BGH NStZ-RR 2012, 375), in denen das Revisionsgericht drei tateinheitlich begangene Totschlagsversuche auf einen Versuch reduziert (BGH BeckRS 2014, 7977) oder in denen die ursprünglich unterbliebene Anerkennung von § 21 StGB ohne erhebliche Auswirkungen auf die erzieherisch orientierte JStrafdauerfestlegung gewesen sei (BGH BeckRS 2010, 07261; 2012, 08656; vgl. auch 20. Aufl. Rn. 50 mwN).

54   **cc) Konkurrenzen.** Auch eine Änderung des Schuldspruchs durch korrigierende Einordnung der Konkurrenzen kann zu berücksichtigen sein (offenlassend aber BGH NStZ 2013, 280 (281)). Anders verhält es sich, wenn eine Auswirkung auf die Bemessung aus den in → Rn. 53 genannten Gründen sicher ausgeschlossen werden kann. Das gilt sowohl für den Wechsel von Tateinheit auf Tatmehrheit (BGH BeckRS 2012, 21851) als auch umgekehrt (vgl. etwa BGH BeckRS 2017, 109849; 2016, 4209 (ein Fall des Handeltreibens mit BtM statt vier). Ebenso liegt es bei einer Umwertung von mehrfacher gleichartiger Deliktsbegehung in ein einziges (in natürlicher Handlungseinheit begangenes) Delikt (BGH wistra 2020, 382 = BeckRS 2020, 8071) sowie bei der Änderung von Tateinheit in Gesetzeskonkurrenz (BGH NStZ 2017, 155: da strafschärfende Berücksichtigung in beiden Var. zulässig)). Speziell beim Übergang von Tatmehrheit auf Idealkonkurrenz (infolge Annahme einer Bewertungs- bzw. natürlichen Handlungseinheit von mehreren Teilakten) wird die Aufhebung des Strafausspruchs von der Revisions-Rspr. auch deshalb abgelehnt, weil der „Schuldgehalt der Tat" von dieser Änderung „nicht berührt" sei (BGH NJW 2001, 838 (839); BeckRS 2013, 18830; vgl. auch BGH BeckRS 2011, 24458 (betr. eine Beihilfehandlung statt der tatgerichtlich bestimmten sieben)).

55   Hat das Tatgericht **entgegen § 31 Abs. 2 S. 1** nicht alle Urteile einbezogen, in denen auf noch nicht erledigte JStrafen erkannt worden war (vgl. → § 31 Rn. 39 ff.), sondern nur eine vorangegangene Entscheidung, die allerdings die anderen Urteile bereits einbezogen hatte, so soll es „ausgeschlossen" sein, dass bei korrekter Vorgehensweise auf eine niedrigere EinheitsJStrafe erkannt worden wäre (BGH BeckRS 2012, 21260 (zw.)).

19 [aufgehoben]

Fünfter Abschnitt. Aussetzung der Jugendstrafe zur Bewährung

20 *(weggefallen)*

Strafaussetzung

21 (1) [1]Bei der Verurteilung zu einer Jugendstrafe von nicht mehr als einem Jahr setzt das Gericht die Vollstreckung der Strafe zur Bewährung aus, wenn zu erwarten ist, daß der Jugendliche sich schon die Verurteilung zur Warnung dienen lassen und auch ohne die Einwirkung des Strafvollzugs unter der erzieherischen Einwirkung in der Bewährungszeit künftig einen rechtschaffenen Lebenswandel führen wird. [2]Dabei sind namentlich die Persönlichkeit des Jugendlichen, sein Vorleben, die Umstände seiner Tat, sein Verhalten nach der Tat, seine Lebensverhältnisse und die Wirkungen zu berücksichtigen, die von der Aussetzung für ihn zu erwarten sind. [3]Das Gericht setzt die Vollstreckung der Strafe auch dann zur Bewährung aus, wenn die in Satz 1 genannte Erwartung erst dadurch begründet wird, dass neben der Jugendstrafe ein Jugendarrest nach § 16a verhängt wird.

(2) Das Gericht setzt unter den Voraussetzungen des Absatzes 1 auch die Vollstreckung einer höheren Jugendstrafe, die zwei Jahre nicht übersteigt, zur Bewährung aus, wenn nicht die Vollstreckung im Hinblick auf die Entwicklung des Jugendlichen geboten ist.

(3) [1]Die Strafaussetzung kann nicht auf einen Teil der Jugendstrafe beschränkt werden. [2]Sie wird durch eine Anrechnung von Untersuchungshaft oder einer anderen Freiheitsentziehung nicht ausgeschlossen.

Schrifttum: Bottke, Generalprävention und Jugendstrafrecht, 1984; Weigelt, Bewähren sich Bewährungsstrafen?, 2009; Westphal, Die Aussetzung der Jugendstrafe zur Bewährung gem. § 21 JGG, 1995.

Übersicht

I. Anwendungsbereich

1   Die Vorschrift gilt für **Jugendliche,** und zwar ebenfalls in Verfahren vor
den für allg. Strafsachen zuständigen Gerichten (§ 104 Abs. 1 Nr. 1). Auch
für **Heranwachsende,** auf die das materielle JStR angewandt wird, gilt die
Vorschrift sowohl vor JGerichten wie vor den für allg. Strafsachen zuständigen Gerichten (§§ 105 Abs. 1, 112 S. 1 und 2, § 104 Abs. 1 Nr. 1).

2   Wird die Strafaussetzung zBew von einem für allg. Strafsachen zuständigen
Gericht angeordnet, sind die **nachträglichen Entscheidungen** (Bewährungszeit, Weisungen, Auflagen, Widerruf, Erlass gem. §§ 22–26a) allerdings
dem JRichter zu übertragen, in dessen Bezirk der Jugendliche oder Heranwachsende sich aufhält (§ 104 Abs. 5 Nr. 1, § 112 S. 1). Die Ausgestaltung
der Bewährungszeit kann in diesen Fällen also nicht mit der Anordnung der
Aussetzung verbunden werden.

II. Grundlagen

1. Funktion und Verhältnis zur Strafbemessung

3   Der (kriminalpolitische) Zweck der Aussetzung der Vollstr zBew besteht
ausschließlich darin, dem JGericht eine dezidiert **spezialpräventive** Option
der Rechtsfolgengestaltung zur Verfügung zu stellen. Angesichts der erfahrungsgemäß oft desintegrativen Effekte von Haft soll das JGericht hiernach
bei Notwendigkeit einer JStrafe entscheiden können, ob die realisierte oder
suspendierte Vollstreckung erzieherisch die größeren Aussichten verspricht.
Allerdings ist die Flexibilität dieser Möglichkeit eingeschränkt, denn nach
§ 21 kann immer **nur** die Vollstr der **gesamten** JStrafe ausgesetzt werden.
Die Aussetzung der Vollstr zBew eines Strafteils wird durch Abs. 3 S. 1
ausgeschlossen (de lege ferenda eine Änderung empfehlend Weidinger Strafaussetzung 365 ff.). Ein der Teilaussetzung iErg ähnelndes Ergebnis entsteht
aber dann, wenn nach Vollstr eines Teils der JStrafe die Aussetzung des
Strafrestes erfolgt (§ 88).

4   Die Aussetzung der Vollstr zBew stellt indes **keine selbstständige**
Rechtsfolge dar (ebenso etwa Beulke/Swoboda JugendStrafR Rn. 492;
Streng JugendStrafR Rn. 465; abw. Ostendorf in NK-JGG Grdl. z. §§ 21–
26a Rn. 3). Ungeachtet ihrer spezialpräventiven Funktion besteht ihre Regelungswirkung lediglich in der Modifikation der JStrafenvollstreckung.
Gemäß dieser **rechtlichen Trennung** ist die JStrafe an sich allein nach den
Kriterien des §§ 17, 18 anzuordnen und zu bemessen – also unabhängig
davon, ob das Gericht eine (anschließende) Aussetzung erwägt und beschließen will bzw. wird. Formal muss der Vorgang der JStraffestlegung folglich
beendet sein, bevor die Frage der Aussetzung der Vollstr zBew geprüft
werden darf (BGH NStZ 2008, 693; Brunner/Dölling Rn. 2).

Im Justizalltag ist die Einhaltung dieser **Schrittfolge** indes kaum kontrol- 5
lierbar (vgl. zB Nix Rn. 5) und methodisch auch nur schwer umzusetzen.
De facto erfolgt die Strafbemessung daher vielfach unter Berücksichtigung
der Voraussetzungen von § 21 (vgl. zu rechtstatsächlichen Anhaltspunkten
Buckolt, Die Zumessung der Jugendstrafe, 2009, 236 ff.). Anders als im allg.
StR (vgl. dort etwa BGHSt 29, 319 (321 f.) = NJW 1981, 692 (693); NStZ
1992, 489; NStZ-RR 2008, 369) liegt darin im JStR jedoch nicht notwendig ein gesetzwidriges Vorgehen (ebenso BGH NStZ 2017, 648 (649 f.)).
Die von § 18 Abs. 2 geforderte erzieherische JStrafbemessung ist ohne
Überlegungen dazu, ob die JStrafe tatsächlich umgesetzt oder suspendiert
werden kann und soll, streng genommen nämlich gar nicht durchführbar (n.
→ § 18 Rn. 41). Jene partiellen Bezugnahmen dürfen allerdings nicht zur
regelrechten Vermengung von Anordnung der JStrafe und Vollstr-Ausset-
zung führen. Darin läge nicht nur ein Widerspruch zur dogmatischen Struktur, sondern auch die Gefahr einer sinkenden justiziellen „Hemmschwelle",
dh weniger streng gehandhabter Verhängungsvoraussetzungen und einer
„großzügigeren" Bemessung der JStrafe (kennzeichnend hierfür der Fall bei
BGH NStZ 2008, 693).

Die rechtliche Trennung zwischen Anordnung/Bemessung und Ausset- 6
zung der JStrafe kommt iÜ darin zum Ausdruck, dass der Schuld- und
Strafausspruch in **Teilrechtskraft** erwachsen kann – unabhängig von der
noch nicht erledigten Anordnung einer Aussetzung. Auch ist eine isolierte
Anfechtung der Entscheidung über die Aussetzung möglich, wobei dies nach
der ausdrücklichen Regelung des § 59 (vgl. → Rn. 32) nur mit der sofortigen Beschwerde erfolgen kann.

2. Rechtstatsächliche Einordnung

Der **Anteil** der zu (bestimmter) JStrafe Verurteilten, denen ggü. die 7
Vollstr zBew ausgesetzt wurde, betrug im Jahre 1962 noch 48,8 % und ist
seitdem (abgesehen von leichten Schwankungen) stetig gestiegen. Ab dem
Jahre 1976 blieb er bis 2015 nicht mehr unter 60 % (1994 = 63,44 %, 2000 =
62,12 %, 2006 = 62,31 % (jeweils in den „alten" Bundesländern), 2015 =
60,50 %. 2016 lag der Wert allerdings nur bei 58,94 % und 2019 bei 56,5 %
(Deutschland insgesamt; StrafSt Tabelle 4.1; für ähnliche Zahlen auf Basis
von BZR-Auswertungen JAHT Legalbewährung, 2021, 126). In der Tendenz deckt sich dies mit der Entwicklung der Aussetzungen bei der Freiheitsstrafe, wenngleich die Aussetzungshäufigkeit im Jugendstrafrecht etwas
geringer als im allg. StR ist. Der Vergleich wird indes durch die unterschiedlichen Diversionsraten und Haftstrafenanteile erschwert (vgl. Heinz Sekundäranalyse 1193 ff.; Eisenberg/Kölbel Kriminologie § 36 Rn. 41).

Die Aussetzungswahrscheinlichkeit ist **umso höher, je kürzer** die ver- 8
hängte JStrafe ist. Im Einzelnen wurden im Jahre 1976 ausgesetzt: 81,9 % bei
JStrafe von sechs Monaten, 78,9 % bei JStrafe von mehr als sechs Monaten
bis zu neun Monaten, 73,6 % bei JStrafe von mehr als neun Monaten bis zu
einem Jahr und 20,5 % bei JStrafe von mehr als einem Jahr bis zu zwei Jahren.
1996 lauteten die entsprechenden Anteile 83,7 %, 81,0 %, 72,5 % und
56,4 %, wobei die Werte von bspw. 2006 (81,4 %, 80,0 %, 72,7 % und 55,3 %
– jeweils in den „alten" Bundesländern) und 2019 (für Deutschland insg.:
82,61 %, 82,61 %, 76,4 % und 59,4,8 % – jeweils StrafSt Tabelle 4.1) relativ
ähnlich waren.

9   Ausweislich der BZR-Daten liegen die **Rückfallraten** bei zBew ausgesetzten JStrafen zwar auf einem hohen Niveau (so etwa beim Entschei-
dungsjahrgang 2004: 63 % nach drei Jahren, 75 % nach sechs Jahren, 78 %
nach 9 Jahren und 80 % nach zwölf Jahren), zugleich aber noch deutlich
unter den Werten bei vollständig oder teilw. vollstreckten JStrafen. Bei Freiheitsstrafen sind die Rückfälle insg. weniger häufig und die Unterschiede
zwischen zBew ausgesetzten und ganz/teilw. vollstreckten Freiheitsstrafen
noch größer (JAHT Legalbewährung, 2016, 207, 217; JAHT Legalbewährung, 2021, 163, 172, 176; früher dazu bereits Uhlig Bewährungshilfe 1987,
293 (304)); zu den für die Legalbewährung bedingt hinweiskräftigen Bewäh-
rungswiderrufen → § 113 Rn. 10 ff.; erg. → § 113 Rn. 10 f.; vertiefend Weigelt, Bewähren sich Bewährungsstrafen?, 2009, 231 ff.).

10   Insofern bestätigt sich hierin die kriminalpolitische Berechtigung der
Nichtvollstreckung von JStrafe, die – wie die Häufigkeits- und Verteilungs-
daten zeigen – rechtspraktisch **breit anerkannt** ist. Augenscheinlich geht
auch die Praxis davon aus, dass eine spezialpräventive Einwirkung unter den
Bedingungen der Freiheitsentziehung prinzipiell geringere Erfolgsaussichten
hat als in Freiheit. Gleichwohl stellt sich aber die Frage, ob nicht schon die
Häufigkeit verhängter JStrafen eingeschränkt werden müsste. Dies gilt insbes.
für Fälle der JStrafe wegen „schädlicher Neigungen", deren Anordnung
außerdem auch öfter zBew ausgesetzt werden sollte (§§ 27 ff.).

III. Voraussetzungen der Aussetzung

11   Eine Aussetzung der Vollstr zBew kommt bei einer **JStrafe** von nicht
mehr als einem Jahr (Abs. 1) bzw. – wenn nicht die Entwicklung des Jugendlichen entgegensteht (dazu → Rn. 29 f.) – von nicht mehr als **zwei Jahren**
(Abs. 2) in Betracht. Ob die JStrafe sofort oder erst nach einer gem. § 27
zBew ausgesetzten Verhängung angeordnet worden war, ist ohne Belang (n.
→ § 30 Rn. 10–13). In allen Fällen bedarf es mit Blick auf den Betroffenen
einer **günstigen Entwicklungsprognose** (n. → Rn. 18 ff.). Bei Vorliegen
dieser Bedingungen ist die Vollstr zBew für den JRichter dann aber **obligatorisch** (BGH StV 1991, 423 = BeckRS 1991, 31093837). Für § 21 hat –
im Unterschied zu § 56 Abs. 3 StGB („Verteidigung der Rechtsordnung") –
die Frage, ob die Aussetzung der Vollstr zBew mit Belangen der positiven
Generalprävention verträglich ist, also überhaupt keine Relevanz (zust. Bottke, Generalprävention und Jugendstrafrecht, 1984, 42; iErg ebenso BGHSt
24, 360 = NJW 1972, 1905; BGH bei Böhm NStZ 1994, 528 (530); Ostendorf in NK-JGG Rn. 18). Dies entspricht dem Vorrang erzieherischer Belange (→ § 2 Rn. 5 f., → § 5 Rn. 3) auch im Bereich der JStrafe (→ § 17
Rn. 6 f., → § 18 Rn. 43).

12   Eine Entscheidung nach § 21 scheidet bei keinem Delikt von vornherein
aus (so zum allg. StR BGHSt 6, 299 = NJW 1954, 1087; BGH NStZ-RR
2005, 38). Maßgebend für die Aussetzungsfähigkeit ist vielmehr allein die
bemessene Höhe der JStrafe. Die damit verbundene Einschränkung in der
Anwendbarkeit von § 21 überzeugt nicht (für eine Anhebung auf 3 Jahre
nachdrücklich Weidinger Strafaussetzung 357 ff., 360; gegen jede Grenze
AK V/4 in DVJJ 1993, 741; diff. Sonnen in Diemer/Schatz/Sonnen Rn. 4).
Die aktuelle Regelung bleibt damit hinter der Regelung in § 10 Abs. 1 S. 1
JGG 1923 zurück („Das Gericht kann die Vollstreckung einer Freiheitsstrafe

im Urteil aussetzen (…).“), bei der die Dauer der erkannten Strafe für die Frage der Aussetzung als „belanglos“ (Kiesow JGG § 10 Anm. 2a) galt. Erzieherisch wie kriminalpolitisch muss es als **unbefriedigend** gelten, dass bei längeren JStrafen auch dann keine Aussetzung zulässig ist, wenn sie im Einzelfall das Mittel der Wahl wäre (ähnlich Beulke FS Schurig, 2012, 18; abw. BT-Drs. 16/13142, 71).

Die de lege lata bestehende Maßgeblichkeit der bemessenen Strafhöhe 13
hat auch dort Bedeutung, wo sich die tatsächliche Strafdauer durch **Anrechnung** verkürzt – sei es bei der Kompensation von Prozessverzögerungen (BGHSt 52, 124 (141) = NJW 2008, 860 (865) sowie → § 18 Rn. 44 ff.), bei vollstreckter U-Haft (vgl. § 52a sowie BGHSt 6, 391) oder bei Bildung einer Einheits-JStrafe unter Einbeziehung teilvollstreckter stationärer Sanktionen (→ § 31 Rn. 50 ff.). Dass hier nur noch die verbleibende Reststrafe ausgesetzt werden kann, stellt keinen Fall der unzulässigen Teilaussetzung (→ Rn. 3) dar (Abs. 3 S. 2). Für die Möglichkeit der Aussetzung ist sodann aber nicht die Dauer des (nach Anrechnung noch) vollstreckbaren Teils der JStrafe, sondern allein das festgelegte Strafmaß relevant (BGHSt 5, 377 = NJW 1955, 30 (zum allg. StR); Radtke/Scholze in MüKoStGB Rn. 16; Sonnen in Diemer/Schatz/Sonnen Rn. 18; aA Meier in HK-JGG Rn. 6). Der wohl hM zufolge muss nach der Anrechnung allerdings noch ein **Strafrest verbleiben,** damit überhaupt Raum für die Aussetzung besteht. Anderenfalls ist die JStrafe bereits vollständig verbüßt und eine Aussetzung scheidet daher „begrifflich aus“ (BGHR JGG § 21, Strafe, verbüßte 1 = BeckRS 1987, 31104175). Registerrechtlich ist diese Einschränkung für die Betroffenen zwar von Nachteil, weil bei ihnen dann nur eine unbedingte (statt der ggf. bedingten) JStrafe erfasst werden kann. Zugleich wird hierdurch aber eine (ungeachtet der Vollverbüßung erfolgende) Anordnung belastender Bewährungsmaßnahmen ausgeschlossen (zum Ganzen n. im allg. StR BGHSt 32, 25 = NJW 1982, 1768; s. auch BGH NJW 2002, 1356).

Grds. kommt die Aussetzung der Vollstr zBew nach Abs. 1 wie auch nach 14
Abs. 2 **unabhängig** davon in Betracht, ob die fragliche JStrafe nach § 17 Abs. 2 Alt. 1 oder Alt. 2 (oder nach beiden Alternativen) verhängt wurde. Es muss also auch in Konstellationen, in denen die JStrafe wegen „**schädlicher Neigungen**“ veranlasst und folglich die erzieherische Notwendigkeit einer stationären Einwirkung bereits bejaht worden ist (→ § 17 Rn. 20 ff.), näher geprüft werden, ob die Legalprognose bei Aussetzung ebenso günstig oder gar günstiger ist als bei der Vollstreckung (→ Rn. 17). Sofern dies gerade (auch) wegen der Bewährungsmaßnahmen bejaht werden kann, wohnt einer solchen Entscheidungsstruktur auch kein Widerspruch inne (s. hierzu ferner → § 17 Rn. 12; ebenso etwa Zieger/Nöding Verteidigung Rn. 79). Bei wegen „**Schwere der Schuld**“ verhängter JStrafe, für die der individuelle Einwirkungsbedarf nur sekundär ist (→ § 17 Rn. 55), muss eine Aussetzung der Vollstr zBew ohnehin stets geprüft und tendenziell bejaht werden (vgl. auch Westphal, Die Aussetzung der Jugendstrafe zur Bewährung gem. § 21 JGG, 1995, 245 f.: bei dieser Alternative ist unabhängig von einer Prognose immer auszusetzen). Die Aussetzung zBew auf Taten aus „jugendtypischen Konfliktlagen“ oder auf „persönlichkeitsfremde“ Taten zu verengen, wäre also verfehlt.

IV. Prognose

1. Prognosemaßstab

15   Die Zulässigkeit der Aussetzung ist nach Abs. 1 S. 1 an eine spezifische Prognose geknüpft. Diese bezieht sich erstens (ebenso wie bei § 56 Abs. 1 StGB) auf den Eintritt einer Warnwirkung der Verurteilung und zweitens darauf, dass „künftig", dh über die Bewährungszeit hinaus, ein „rechtschaffener Lebenswandel" (hierzu krit. → § 5 Rn. 4) gezeigt werden wird. Im Kern geht es dabei wie im allg. StR (§ 56 Abs. 1 StGB: „keine Straftaten mehr begehen wird") um die Erwartbarkeit eines **sozialüblichen Konformitätsgrades** (Brunner/Dölling Rn. 10; ähnlich Sonnen in Diemer/Schatz/Sonnen Rn. 9). Für die Vorhersage dieser individuellen Entwicklung gilt es dabei, „die Wirkungen zu berücksichtigen, die von der Aussetzung für ihn zu erwarten sind" (Abs. 1 S. 2). Es ist also ausdrücklich in Rechnung zu stellen, dass der Verurteilte „der erzieherischen Einwirkung in der Bewährungszeit" (Abs. 1 S. 1) unterliegt (dazu allg. auch → § 5 Rn. 67 ff.). Auf diese Person wird nämlich gleich **in mehrfacher Form** – durch die Verurteilung, die Androhung eines Freiheitsentzugs und die gem. §§ 23, 24 zur Verfügung stehenden Einwirkungsmittel – **Einfluss genommen**, womit die Aussicht auf künftige Straffreiheit steigt. Soweit das Gesetz in Abs. 1 S. 3 davon ausgeht, dass in diesem Zusammenhang auch die Anordnung von Kopplungsarrest (§ 16a) als potenziell förderliche Begleitmaßnahme zur Geltung kommen könnte und dann prognostisch mitbedacht werden muss, ist indes Zurückhaltung geboten (ähnlich Radtke/Scholze in MüKoStGB Rn. 23). Angesichts der vorliegenden Hinweise auf die tendenzielle Kontraproduktivität des JA sind entspr. Effekte wenig wahrscheinlich oder jedenfalls höchst spekulativ (zur zw. Zweckmäßigkeit und nur restriktiv zulässigen Kopplung des JA mit der Aussetzung zBew s. → § 8 Rn. 14).

16   Die zur Aussetzung erforderliche **Prognosesicherheit** liegt nach hM vor, wenn – insoweit ähnlich dem allg. StR – die zukünftige Legalbewährung begründet und eher zu erwarten ist als die erneute Deliktsbegehung (so zu § 56 StGB etwa BGH NStZ-RR 2005, 38). Gewissheit oder eine hohe Wahrscheinlichkeit des positiven Verlaufs verlangt das Gesetz nicht; es genügt, dass die Aussetzung „aussichtsreich" ist (Streng JugendStrafR Rn. 470). Umgekehrt muss eine negative Erwartung auf bestimmte Tatsachen gestützt sein, wozu ein sog. „Anfangsverdacht" in anderer Sache allerdings nicht genügt. Selbst einer Anklageerhebung in einem anderen Verfahren kommt „kein prognoserelevanter Aussagegehalt" zu (BGH StV 2013, 215 = BeckRS 2012, 14984), da in dieser Hinsicht der Grundsatz „in dubio pro reo" zu berücksichtigen ist (BGH StV 1995, 521 = LSK 1996, 040410; NStZ-RR 2019, 336 (337); Heger in Lackner/Kühl StGB § 56 Rn. 8).

17   Der vorgenannte Prognosemaßstab bietet wegen seiner geringen Bestimmtheit allerdings nur ein bedingt hilfreiches Entscheidungskriterium. Eher orientierend wirken demgegenüber die allg. Maßgaben der jugendstrafrechtlichen Rechtsfolgenwahl. Anstelle einer isolierten Erwartungssicherheit kommt es hiernach (komparativ) darauf an, ob eine Suspendierung der Vollstr. **mindestens ebenso gut geeignet** ist, das angestrebte Erziehungsziel zu erreichen, wie dies eine Freiheitsentziehung in einer Einrich-

tung des JStVollz erwarten lässt. Dann nämlich ist das JGericht aus Verhältnismäßigkeitsgründen zur Aussetzung gezwungen (→ § 5 Rn. 21 f.). Dabei
muss die auch von Abs. 1 S. 1 unterstellte Annahme, dass die Vollstr einer
JStrafe im Allgemeinen geeignet sei, das Erreichen eines sozialüblichen Konformitätsgrades auch über die Haftzeit hinaus positiv zu beeinflussen, angesichts der empirischen Datenlage (vgl. → § 17 Rn. 16 ff., erg. → § 92
Rn. 33 ff.) oft als höchst zw. gelten. Der spezialpräventive Erwartungsgrad
liegt im Fall der Vollstr mit anderen Worten **typischerweise** auf einem so
niedrigen Niveau, dass dieses im Fall der Aussetzung (dank der Vermeidung
desintegrativer Hafteffekte) allemal erreicht werden wird. Die Eignungsäqui-
valenz der Nicht-Vollstr ist schon deshalb regelhaft anzunehmen, so dass das
Gericht dann auch nach § 21 verfahren muss. Besonders klare Beispiele
hierfür liegen dort vor, wo die Angebote im JStVollz hinter den Möglichkeiten eines beruflichen Neuanfangs (vgl. etwa BGH 3.1.1991 – 1 StR 632/
90 bei Böhm NStZ 1991, 522 (523)) oder einer Drogentherapie (vgl. AG
Halle-Saale Kreis NK 1/2000, 38 (38 f.)), die in Freiheit bestehen und bereits
angenommen werden, zurückbleiben. Selbst im Zweifelsfall ist auf der
Grundlage der empirisch fundierten Bedenken ggü. der Leistungsfähigkeit
des JStrafvollz gerade aus erzieherischen Gründen eine Aussetzung zBew
geboten oder zumindest nach §§ 61 ff. zu verfahren.

2. Vornahme der Prognose

a) Zeitpunkt und Vorbereitung. Die prognostische Beurteilung hat auf **18**
den **Zeitpunkt der tatrichterlichen Entscheidung** abzustellen (BGH StV
1991, 424 = BeckRS 1990, 31081628), nicht also auf den Zeitpunkt der
Tat. Demgemäß kann eine zunächst – dh zur Zeit der Tat – möglicherweise
günstig gewesene Prognose, die durch zwischenzeitliche Verläufe in Frage
gestellt wird, auch dann nicht berücksichtigt werden, wenn sie im Falle einer
früheren Aburteilung noch begründet gewesen wäre (OLG Köln NJW
1957, 472). Umgekehrt können positive nachtatliche Entwicklungen wiederum gegen die Notwendigkeit des Vollzugs einer JStrafe sprechen. Ob
diese Veränderungen „von sich aus" eintraten oder mit Blick auf die Rechtsfolgenentscheidung des JGerichts „gezielt" ausgelöst wurden (ggf. verbunden
mit einer „verteidigungsstrategischen" Berufung zur Sicherung der dafür
notwendigen Zeit), ist im Falle ihrer Tragfähigkeit ohne Belang.

Die Informationen, derer es mit Blick auf die Prognosefaktoren **19**
(→ Rn. 21) bedarf, können idR nur durch eine jugendkriminologisch orientierte Ermittlung gem. **§ 43** erhoben werden. Wie stets ist hier auch die JGH
in der Verantwortung, gelegentlich bedarf es aber einer gutachterlichen
Beurteilung. Dabei kommt es allerdings nicht auf Wertungen, sondern auf
Tatsachen an (vgl. BGH StV 1991, 424 = BeckRS 1990, 31081628; s. auch
BGH BGHR JGG § 21 Sozialprognose 1 (Gründe) = BeckRS 2015, 8839
in einem Fall, in dem sich das Tatgericht auf vage Zuschreibungen („Persönlichkeitsstörung mit dissozialen und schizoiden Anteilen" nebst „Störung
des Sozialverhaltens") beschränkt hat, ohne deren Ereignisgrundlage zu
erläutern).

b) Nicht-standardisierendes Vorgehen. Bei der prognostischen Ein- **20**
schätzung muss es sich um ein am konkreten Verurteilten orientiertes Vorgehen handeln, das die Gegebenheiten und Entwicklungen im **jeweiligen**

Einzelfall aufzugreifen versucht (s. im Einzelnen → § 5 Rn. 31 ff.; gegen generalisierende Ausgrenzungen vgl. etwa die Beiträge in Schüler-Springorum, Mehrfach Auffällig, 1982; vgl. ferner Westphal, Die Aussetzung der Jugendstrafe zur Bewährung gem. § 21 JGG, 1995, 211). Zwar sind generelle Erfahrungen hierbei berücksichtigungsfähig, aber nicht im Sinne eines standardisierten Bewertungssystems. Eine schematisierende Vorgehensweise, die sich lediglich einiger Kriterien, die als Risikohinweise gelten, bedient und daraus unmittelbar (oder gleichsam kalkulatorisch verrechnend) eine Prognose erstellt (zu dieser aktuarischen Logik und der quasi-statistischen Methode etwa Eisenberg/Kölbel Kriminologie § 21 Rn. 21 ff.), liefe den Grundprinzipien des JStR in sachfremder Weise zuwider. Die erforderliche Individualisierung, die von der dezidiert spezialpräventiven Leitvorgabe in § 2 Abs. 1 vorausgesetzt wird, ginge dabei zwangsläufig verloren. Auch blieben hierbei die vielfältigen Möglichkeiten der Ausgestaltung von Weisungen und Auflagen wie auch der BewHilfe ungenutzt.

3. Einzelheiten zu Prognosefaktoren (Abs. 1 S. 2)

21   **a) Tat- und Entwicklungsbedingungen.** Wesentliche Hinweise für die Vorhersage der Entwicklung des Jugendlichen können sich aus der **Einordnung der Tat** ergeben. Anders als die insofern idR unergiebige Schwere des Erfolgsunrechts (ebenso etwa Nehring in BeckOK JGG Rn. 25) sind unter Umständen die konkreten situativen Gegebenheiten und die deliktischen Entstehungszusammenhänge aussagekräftig (dazu anhand eines Vater-Sohn-Konfliktes etwa BGH BGHR JGG § 21 Sozialprognose 1 (Gründe) = BeckRS 2015, 8839). Dies gilt besonders bei einer Bezugnahme dieses Tatereignisses auf die **Verlaufsentwicklung** des Jugendlichen, wobei für deren Beurteilung dezidiert auch die **wechselwirkenden** Zusammenhänge zwischen dem Verhalten der fraglichen Person und ihrer Umwelt zu berücksichtigen sind (n. zum Ganzen → § 5 Rn. 43 ff.).

22   Als naheliegend gilt die Aussetzung der JStrafe bei Jugendlichen, deren Tat im Zusammenhang mit der Pubertät (Orientierungsunsicherheit, Impulsivität, seelische Krisen, übersteigertes Ehrgefühl usw) oder anderen (nur) **entwicklungsbedingten** Schwierigkeiten steht. Das kann bspw. bei Vermögens- oder Sexualdelikten und (sonstiger) sozialer Unauffälligkeit gegeben sein (vgl. etwa BGH StV 1991, 424 = BeckRS 1990, 31081628) oder auch bei „Kurzschlusshandlungen" ohne bleibende Bedeutung. Umgekehrt ist anerkannt, dass eine günstige Prognose auch bei Erstbestraften nicht ausnahmslos gerechtfertigt sein muss (RL 1 S. 1). Allerdings ist dies nur unter außergewöhnlichen Umständen vorstellbar, in denen die Vornahme und Vorbereitung des Deliktes für einen ungünstigen biografischen Verlauf spricht (zur Problematik auch → § 17 Rn. 29). Die gerichtliche Annahme, die betr. Person habe neben der angeklagten Tat auch eine ausgeprägte Dunkelfelddelinquenz gezeigt, muss hierbei jedenfalls unberücksichtigt bleiben (→ Rn. 16).

23   Daneben sind namentlich Gegebenheiten im **Leistungs-, Sozial-** und **Freizeitbereich** zu berücksichtigen (wenig vertiefend aber bspw. LG Berlin NStZ 2007, 46: „eingefleischte Verhaltensmuster des ohne strukturierten Tagesablauf in den Tag hinein lebenden Angeklagten"). Dabei kann wesentlich sein, ob hier ungünstige Umstände nach der Tat zwischenzeitlich weggefallen sind (bzw. den Verurteilten nicht mehr beeinträchtigen) oder ob

es zu neuen Umständen kam, die eine positive Auswirkung erst erwarten lassen (→ Rn. 18). Neben den Effekten, die man sich von den Bewährungsmaßnahmen verspricht (s. auch → Rn. 15), kann die Vollstr von U-Haft und/oder die HV bisweilen schon günstige Folgen gehabt haben (vgl. BGH NStZ-RR 2007, 61; LG Hamburg BeckRS 2016, 15546; zur diesbzgl. Erörterungsnotwendigkeit OLG Hamm StV 2005, 69 = BeckRS 2004, 2165). Denkbar ist dies auch bei zwischenzeitlich erfolgten privaten oder (jugend-)behördlichen Interventionen (vgl. etwa schon OLG Frankfurt a. M. NJW 1977, 2175 (2176)). Mehr noch als im allg. StR kommt es ua darauf an, ob sich die Lebensverhältnisse nach der Tat stabilisiert haben (BGH StV 1986, 307 = BeckRS 1986, 31101931; StV 1987, 306 = BeckRS 1986, 31109573; NStZ-RR 1996, 133). In dieser Hinsicht sind Veränderungen in den Freundes- und Paarbeziehungen, in der familiären Integration, den Wohnverhältnissen, dem Schul-, Ausbildungs-, und Arbeitsbereich, der Schuldentilgung usw jeweils in ihren Zusammenhängen zu würdigen (vgl. etwa OLG Hamm ZJJ 2016, 302 = BeckRS 2016, 17610; Radtke/Scholze in MüKoStGB Rn. 30). Auch sollte eine Aussetzung zBew nach Möglichkeit vorgenommen werden, wenn der Vollzug der JStrafe eine bereits angeordnete, Erfolg versprechende Erziehungsmaßregel gefährden würde (zum Verhältnis der Aussetzung zBew zu erzieherischen Einwirkungen durch bereits angeordnete jugendstrafrechtliche Rechtsfolgen bei § 31 Abs. 2 vgl. → § 31 Rn. 13 ff.).

b) Soziale Devianz. Für die justizpraktischen Aussetzungsentscheidun- **24** gen scheinen Bedingungen in der Lebensführung oder als positiv bewertete Bindungen sowie Einstellungen zu Leistungsnormen und Integration nur bedingt bedeutsam zu sein, deutlich überlagert jedenfalls von etwaigen **strafrechtlichen Vorbelastungen** (so zumindest die vormaligen Befunde bei Hermanns, Sozialisationsbiographie und jugendrichterliche Entscheidungspraxis, 1983, 120 ff., 170 ff.). Auch **ausländische** Vorstrafen gelten hier als relevant (BGH BeckRS 2021, 36079 mablAnm Kölbel NStZ 2022 (iE)). In dieser Hinsicht wäre allerdings, da eine standardisierende Vorgehensweise den Anforderungen nicht entspricht (→ Rn. 20), eine einzelfallgelöste Anknüpfung an traditionelle „deliktsbiografische Negativ-Merkmale" kaum sachgerecht. Das Erfordernis, stattdessen den zwischenzeitlichen Verlauf und die ggf. erkennbaren Entwicklungsanzeichen näher zu prüfen, gilt auch bei bereits (mehrfach) vorbestraften Personen (vgl. OLG Frankfurt a. M. NJW 1977, 2175; LG Flensburg BeckRS 2017, 103090) und selbst bei bereits vollstreckten früheren JStrafen (vgl. AG Kiel Zbl 1965, 55 (55 f.); Ostendorf in NK-JGG Rn. 23). Insbesondere im Fall von zeitlich etwas länger zurückliegenden Delikten ist zu berücksichtigen, dass die Entwicklung in jugendlichem Alter häufig beschleunigt und gelegentlich überraschend (günstig) verläuft (bei seitheriger Nichtauffälligkeit ebenso LG Ravensburg BeckRS 2016, 11381). Wird während einer in anderer Sache angeordneten Bewährungszeit wegen einer neuerlichen Straftat wiederum auf JStrafe erkannt (zu den Darlegungsanforderungen bei dieser Konstellation s. BGH BeckRS 2016, 9862), ist auch hierfür die Aussetzung anzuordnen, sofern die Grundlagen der vorherigen Prognosestellung nicht entfallen sind (BGH NStZ-RR 1996, 133; vgl. auch → §§ 26, 26a Rn. 11 f.). Anders kann es bei hinzukommenden, anhaltenden Verstößen gegen die Bewährungsweisungen liegen (vgl. etwa AG Köln BeckRS 2016, 120491).

25 Die Berücksichtigung früherer eingestellter Verfahren ist wegen dort mangelnder Schuldfeststellungen höchst bedenklich, jedenfalls wenn das JGericht dazu keine eigenen Feststellungen trifft (BGH BGHR JGG § 21 Sozialprognose 1 (Gründe) = BeckRS 2015, 8839; s. auch → Rn. 16 zu laufenden Parallelverfahren). Ebenso zw. ist es, frühe polizeilich registrierte Vorgänge aus der noch strafunmündigen Lebensphase heranzuziehen (→ § 1 Rn. 23; abw. wohl Nehring in BeckOK JGG Rn. 21). Wurde die abzuurteilende Tat **während** einer Hilfe zur Erziehung gem. **§ 34 SGB VIII** begangen, rechtfertigt dies die Ablehnung einer Aussetzung für sich genommen noch nicht. Vielmehr kommt es auch hier auf die individuellen Gegebenheiten an, denn gerade die Umstände dieser Maßnahme könnten die Straftatbegehung gefördert haben (vgl. Erl. zu → § 12 Rn. 17 ff., 24 ff.). Soweit die Aussetzung zBew angeordnet wird, lässt dies eine daneben bestehende Heimerziehung oder Wohnunterbringung – anders als die dann ruhende EB (§ 8 Abs. 2 S. 3) – iÜ unberührt, weshalb die Unterstellung unter BewHilfe mit dieser jugendhilferechtlichen Intervention abgestimmt werden muss (nicht aber durch Bestellung des Heimleiters zum ehrenamtlichen BewHelfer (→ § 26 Rn. 5a)).

26 Bei **Drogenabhängigkeit** steht auch die Zurückstellung der JStraf-Vollstr gem. §§ 38, 35 BtMG zur Debatte, der ggü. die Aussetzung zBew allerdings vorrangig ist. Dieses Verhältnis darf nicht unterlaufen werden, weshalb die Voraussetzungen des § 21 unabhängig von den Zurückstellungsvoraussetzungen (vgl. dazu → § 17 Rn. 44, → § 82 Rn. 10 ff.) zu prüfen sind (s. aber allg. dazu die Befragung von Richtern und Staatsanwälten bei Knötzele in Egg (Hrsg.), Die Therapieregelungen des BtM-Rechts, 1992, 113; ferner Franck, Strafverfahren gegen HIV-Infizierte, 2001, 97). Bei der Prognose (für Einzelheiten s. Maier in Weber BtMG Vor §§ 29 ff. Rn. 1181 ff., 1192 ff.) sind die verschiedenen therapeutischen Möglichkeiten (n. → § 10 Rn. 50 ff.), die sich innerhalb und außerhalb des JStVollz deutlich unterscheiden, eingehend zu berücksichtigen (vgl. speziell zu höherer „Erziehungsempfindlichkeit" bei HIV-Infizierten Franck, Strafverfahren gegen HIV-Infizierte, 2001, 90, 92 ff.). Eine sich nachtatlich entwickelnde Abstinenz und die Teilnahme an einer ambulanten Drogentherapie sprechen als berücksichtigungsfähige Umstände (trotz des diesbzgl. Rückfallrisikos) klar für eine Aussetzung (vgl. schon BGH BeckRS 1988, 31087129: „bereitwillig und konstruktiv an einer ambulanten Drogentherapie ... teilgenommen"). Gegen eine Aussetzung wird vielfach die Überlegung ins Feld geführt, dass eine (Teil-)Vollstr der JStrafe geeignet sein könnte, die Bereitschaft zu einer Therapie (im Rahmen einer Aussetzung oder Zurückstellung des Strafrestes) zu fördern. Empirisch dürfte es sich hierbei indes um eine eher ungesicherte Annahme handeln.

27 **c) Innerprozessuales Nachtatverhalten.** Bei der Bewertung des Verhaltens im Strafverfahren ist gerade bei Jugendlichen eine differenzierte Betrachtungsweise angebracht. So kann ein Auftreten, das als uneinsichtig oder als rechtsfeindliches Bestreiten oder als Mangel an erkennbarer Reue und Schuldeinsicht erscheinen mag, ein unmittelbarer Ausdruck von Angst oder Hilflosigkeit und deshalb prognostisch irrelevant sein. Ähnlich verhält es sich bei scheinbar „mangelndem Problembewusstsein" (ebenso schon BGH StV 1991, 424 = BeckRS 1990, 31081628). Falls es an Zeichen für ein Bedauern oder Bereitschaft zur Wiedergutmachung fehlt, muss dies (ent-

gegen einer verbreiteten Praxis (dazu Zieger/Nöding Verteidigung Rn. 79))
für § 21 deshalb **ausgeblendet** werden (vgl. bspw. BGH BeckRS 2007,
09488; BeckRS 2016, 2984; BGH NStZ-RR 2018, 105 (jeweils zum allg.
StR)) – ebenso wie die Ablehnung, sich mit dem Tatvorwurf in einer Therapie auseinanderzusetzen (allgA, vgl. nur BGH NStZ-RR 2015, 107 (zum allg.
StR)). Mit Blick auf die Verteidigungsfreiheit des Jugendlichen darf ihm
gleichfalls nicht (auch nicht prognostisch) zum Nachteil gereichen, wenn er in
Wahrnehmung seines Verteidigungsrechts die Tat im Ermittlungsverfahren
bestritten hat (vgl. BGH BeckRS 2017, 104061) oder weiter **bestreitet** (vgl.
etwa BGH StV 1993, 533 = BeckRS 1993, 31085915 betr. die Äußerung, ein
Geständnis sei „durch Polizei aufgenötigt" worden). Das Gleiche gilt, sofern
er eine andere berechtigte Verteidigungsstrategie verfolgt (so zum allg. StR
OLG Bamberg DAR 2013, 89 (90)). Andererseits können bspw. (innerpro-
zessuale) Äußerungen, die auf ein Festhalten an einer extremistischen **Ideo-
logie** hinweisen, durchaus Anhaltspunkte für eine fortbestehende Delikts-
begehungsbereitschaft sein (vgl. auch BGH NStZ-RR 2020, 261).

d) Nicht-/Einverständnis. Eine günstige Prognose wird idR nur gestellt **28**
werden können, wenn der Verurteilte mit der Aussetzung zBew einverstanden ist (ebenso Meier in HK-JGG Rn. 15; aA Westphal, Die Aussetzung der
Jugendstrafe zur Bewährung gem. § 21 JGG, 1995, 231; Nehring in Beck-
OK JGG Rn. 11). Für eine ablehnende Haltung ggü. der Aussetzung zBew
kann es gewichtige Gründe geben, zB die Sorge, den Belastungen durch
flankierende Maßnahmen (iSv §§ 22, 23) nicht gewachsen zu sein. Allerdings wäre es verfehlt, allein schon aus bestimmten Äußerungen oder Verhaltensweisen des Verurteilten etwa iRd Strafverfahrens auf eine mangelnde
Bereitschaft zu einer erzieherischen Betreuung in Freiheit schließen zu
wollen. So kann eine ausdrückliche Verweigerung der Zustimmung bspw.
auf **situativ geprägten** Umständen des Augenblicks beruhen, die mit den
prozessbedingten psychischen und sozialen Belastungen einhergehen. Wird
dies angenommen und eine Aussetzung zBew angeordnet, könnte diese im
Falle einer anhaltend ablehnenden Einstellung des Verurteilten iÜ auch noch
widerrufen werden.

4. (Keine) Besonderheiten nach Absatz 2

Die vorgenannten Maßgaben (→ Rn. 11 ff., → Rn. 15 ff.) gelten nicht nur **29**
für die Aussetzung von bis zu einjährigen, sondern auch für die Aussetzung
von ein- bis zweijährigen JStrafen. Abs. 2 sieht für diese längeren Sanktionen
indes durch den Vorbehalt, dass die Entwicklung des Jugendlichen keine
Vollstr der JStrafe erfordern dürfe, formal eine weitere Voraussetzung vor.
Bei der Prüfung, ob die Vollstr nicht ausnahmsweise geboten ist, geht es
gleichsam um eine „negative" Prognose (womit die frühere Rechtslage letztlich umgekehrt wird). De facto ist diese Zusatzbedingung indes **weitgehend
funktionslos** (ebenso bspw. Meier in HK-JGG Rn. 21; Radtke/Scholze in
MüKoStGB Rn. 35; Streng JugendStrafR Rn. 471; Zieger/Nöding Verteidigung Rn. 80; abw. Brunner/Dölling Rn. 15 f.). In Fällen, in denen eine
Umsetzung der JStrafe als entwicklungsnotwendig gilt, fehlt es nämlich idR
an der erforderlichen Mehr- oder Gleichgeeignetheit der Aussetzung
(→ Rn. 17), sodass diese dann meist ohnehin nicht zulässig ist. Unterstrichen
wird dies auch durch die legislatorische Erläuterung, der zufolge solche

Gründe der Erziehung, die bei der Verhängung und Bemessung der JStrafe und auch bei der allg. Prognose gem. Abs. 1 bedeutsam sind, keine Ausnahme von der im Regelfall angezeigten und grds. obligatorischen Aussetzung nach Abs. 2 begründen (BT-Drs. 11/5829, 20).

30   Wenn allgemeine Bedingungen der Lebensführung, die eine Grundlage für eine positive Legalprognose bilden können (familiäre Einbindung, fester Wohnsitz, Berufsausbildung/-tätigkeit), fallkonkret fehlen, reicht dies bei bis zu zweijährigen JStrafen ebenfalls für eine Ablehnung nicht aus (BGH NStZ-RR 2007, 138; NStZ 2018, 658 (659)). Das Gleiche gilt, wenn ohne eingehende Auseinandersetzung mit vorhandenen und als positiv zu bewertenden Umständen von der Notwendigkeit einer nachhaltigen erzieherischen Beeinflussung im Vollz der JStrafe ausgegangen wird (vgl. bereits BGH BeckRS 1986, 112184; ähnlich etwa BGH NStZ 1986, 379; BGH BeckRS 1987, 31101305). Schon bei der Vorgängernorm von Abs. 2 war anerkannt, dass es unter Berücksichtigung des „das JStR beherrschenden Erziehungsgedankens" (BGH NStE Nr. 5 zu § 21 JGG = BeckRS 1986, 31087585) einer weniger zurückhaltenden Handhabung als bei der Kann-Vorschrift des § 56 Abs. 2 StGB bedürfe (BGHSt 24, 360 = NJW 1972, 1905; BGHR JGG § 21 Abs. 2 Gesamtwürdigung 2 = BeckRS 1987, 31101305). Insbes. wegen der Zukunftsorientierung des JStR schied eine einschr. Auslegung aus (kennzeichnend dafür die bei Böhm NStZ 1986, 446 (447) referierten Entscheidungen). Für die aktuelle Normfassung gilt all dies in gesteigertem Maße (Radtke/Scholze in MüKoStGB Rn. 13). Die Voraussetzungen einer Aussetzung sind bei 12- bis 24-monatigen JStrafen **nicht strenger** als bei kürzen Strafdauern.

31   Besonderheiten bei den ein- bis zweijährigen JStrafen bestehen lediglich bei **Nichtdeutschen.** Sofern die Verurteilung nicht eines der in § 54 Abs. 1 Nr. 1a AufenthG genannten Delikte betrifft (und dadurch ohnehin ein besonders schwerwiegendes Ausweisungsinteresse begründet), hat die Aussetzungsentscheidung für diese Gruppe ggf. außerstrafrechtliche Konsequenzen. Bei Nichtaussetzung liegt dann nämlich ein schwerwiegendes **Ausweisungsinteresse** iSv § 54 Abs. 2 Nr. 2 AufenthG vor (vgl. etwa VG Bayreuth BeckRS 2018, 52168). Indem die Aussetzung zBew dies verhindert und den Betroffenen damit „ausweisungsrechtlich teilw. sichert", reduziert sie in vielen Fällen das Risiko desintegrativ wirkender ausländerrechtlicher Schritte und wirkt damit in zusätzlicher Weise spezialpräventiv funktional. Zwar kann sich auch eine Bewährungsstrafe (selbst bei beanstandungslos verlaufener Bewährungszeit) bei der Ausweisungsentscheidung zu Lasten des Betroffenen auswirken (zumal die ausländerrechtliche Gefahrenprognose nach hM von der strafrechtlichen Legalbewährungsprognose abweichen kann (vgl. etwa VGH München BeckRS 2014, 55805)). Aber bei Nichtaussetzung ist die dahingehende Wahrscheinlichkeit aus Rechtsgründen höher. Diese speziellen „Wirkungen (…), die von der Aussetzung (…) zu erwarten sind", muss das Gericht nach Abs. 1 S. 1 prognostisch ebenfalls berücksichtigen (dazu n. auch → § 18 Rn. 34).

V. Verfahrensrechtliches

32   Die Aussetzung zBew wird (meist) im Anschluss an die Verhandlung durch **Urteil** angeordnet (zur Urteilsfassung vgl. → § 54 Rn. 14 und 32).

Anstelle dessen kann die Entscheidung aber auch nachträglich durch Beschluss des Tatgerichts ergehen (§ 57 Abs. 1 S. 1). Die Anordnung setzt nur einfache, die Ablehnung hingegen eine ⅔-Mehrheit (§ 2 Abs. 2, § 263 Abs. 1 StPO) voraus. Im Falle der Aussetzung zBew sollen **Weisungen** erteilt, und es können Auflagen angeordnet werden (§ 23 Abs. 1); gleichzeitig muss gem. § 24 ein **BewHelfer** für eine festzulegende Dauer bestellt werden. Dies erfolgt jeweils durch einen Bewährungsbeschluss gem. § 58 Abs. 1, und zwar regelmäßig im Anschluss an das Urteil (zur dann notwendigen Belehrung s. § 268a Abs. 3 StPO iVm § 2 Abs. 2). Die zBew ausgesetzte JStrafe wird in das BZR eingetragen (§§ 4 Nr. 1, 7 Abs. 1, 13 Abs. 1 Nr. 1 BZRG), nicht aber in das Führungszeugnis aufgenommen (§ 32 Abs. 2 Nr. 3 BZRG). Als Rechtsmittel, das sich allein gegen die Anordnung oder Ablehnung der Aussetzung richtet, ist bei beiden Entscheidungsformen gem. § 59 Abs. 1 nur die **sofortige Beschwerde** zulässig (vgl. auch BGH NStZ-RR 2020, 261).

Zur Anordnung der Aussetzung durch Beschluss kommt es, wenn die **33** Nicht-Anordnung erfolgreich angefochten wurde. Außerdem kann schon das Tatgericht im Rahmen seines diesbzgl. Ermessens (→ § 57 Rn. 4) den Weg des **nachträglichen Beschlusses** (anstelle der Einbindung in das Urteil) wählen. Für den Verurteilten ist dies wegen der zwischenzeitlichen Ungewissheit jedoch ungünstiger (BGH BeckRS 2010, 6483). Auch bestehen prinzipielle pädagogische Bedenken dagegen, den Jugendlichen nur zu disziplinieren und die Aussetzung zBew allein deshalb nicht schon im Urteil anzuordnen, damit der Eintritt der Vollstr oder Aussetzung zBew für ihn im Unklaren bleibt. Sinnvoll ist der nachträgliche Beschluss indes in solchen Fällen, in denen für die Entscheidung zusätzliche Informationen oder Erkenntnisse erlangt werden müssen, die nach der HV (bzw. bei Schuldspruchreife) noch nicht vorliegen (vgl. → § 57 Rn. 12 f.). Allerdings ist für solche Konstellationen seit dem „Gesetz zur Erweiterung der jugendgerichtlichen Handlungsmöglichkeiten" vom 4.9.2012 (BGBl. I 1859 f.) das Vorgehen nach §§ 61 ff. (samt den dort geregelten differenzierten Maßgaben) vorgesehen. Auf den „einfachen" nachträglichen Beschluss sollte daher nur beim Hervortreten neuer Tatsachen zurückgegriffen werden. Wurde im Urteil zur Frage der Aussetzung zBew überhaupt keine Stellung genommen, ist in diesem Zusammenhang die Einordnung allerdings strittig (→ § 57 Rn. 11).

Lehnt das Gericht die Anordnung der Aussetzung zBew ab, kann die **34** Gnadenbehörde einen entspr. **Gnadenerweis** gewähren (zum Gnadenrecht im JStR Sonnen FS Streng 2017, 617 ff.). Dies kommt nach der Funktion des Gnadenverfahrens in jenen Fällen in Betracht, in denen das gesetzliche Rechtsfolgensystem des JGG den konkreten Besonderheiten nicht hinreichend Rechnung trägt (vgl. auch Birkhoff/Lemke GnadenR 290).

Bewährungszeit

22 (1) ¹**Der Richter bestimmt die Dauer der Bewährungszeit.** ²**Sie darf drei Jahre nicht überschreiten und zwei Jahre nicht unterschreiten.**

(2) ¹**Die Bewährungszeit beginnt mit der Rechtskraft der Entscheidung über die Aussetzung der Jugendstrafe.** ²**Sie kann nachträglich bis auf ein Jahr verkürzt oder vor ihrem Ablauf bis auf vier**

Jahre verlängert werden. ³In den Fällen des § 21 Abs. 2 darf die Bewährungszeit jedoch nur bis auf zwei Jahre verkürzt werden.

Schrifttum: Trapp, Rechtswirklichkeit von Auflagen und Weisungen bei Strafaussetzung zur Bewährung, 2003; Weigelt, Bewähren sich Bewährungsstrafen?, 2009.

I. Anwendungsbereich

1   Es gelten die Erl. zu § 21 Abs. 1 und 2 entsprechend (→ § 21 Rn. 1 f.).

II. Festlegung der Bewährungszeit

1. Bestimmung durch das Gericht

2   Die Bewährungszeit ist der Zeitraum, nach dessen Ablauf die JStrafe erlassen wird (§ 26a), sofern es nicht aus den in § 26 Abs. 1 geregelten Gründen zum Widerruf ihrer Aussetzung zBew kommt. Die Länge dieses Zeitraums muss gem. Abs. 1 S. 2 zwischen **minimal** 24 Monaten und **maximal** 36 Monaten liegen. Damit wird zwar dieselbe Mindestdauer wie im allg. StR vorgegeben (für eine Absenkung auf ein Jahr aber bspw. Fritschka Bewährungshilfe 1991, 282 (285)), doch bleibt die Höchstfrist deutlich hinter den in § 56a StGB erlaubten fünf Jahren zurück. Dem liegt die gesetzgeberische Annahme zugrunde, dass eine mehr als dreijährige Bewährungszeit spezialpräventiv nicht mehr wirksam, sondern eher abträglich sei. Berücksichtigt man den psychischen Belastungs- und Beschränkungseffekt, den die anhaltende Drohung eines Bewährungswiderrufs bei den jugendlichen Verurteilten hervorrufen kann, erscheint allerdings auch die geltende Obergrenze als hoch. Kommt es im Rahmen von § 31 Abs. 2 zu einer auf Bewährung ausgesetzten JStrafe, in die eine frühere ausgesetzte JStrafe einbezogen wird, muss eine vollständig neue Bewährungszeit festgelegt werden. Diese kann iErg zusammen mit der vorherigen Bewährungszeit faktisch sogar über 36 Monate hinausgehen (dazu AG Berlin-Tiergarten ZJJ 2012, 89 sowie → § 31 Rn. 53).

3   Es obliegt dem Gericht, innerhalb des gesetzlich vorgesehenen Spektrums die Dauer individuell zu konkretisieren – sei es durch Benennung des Zeitraums oder eines Endtermins (sehr skeptisch ggü. der zweiten Variante aber Ostendorf StV 1987, 320 (321); Ostendorf in NK-JGG Rn. 3). Diese Entscheidung ergeht formal durch Beschluss (s. dazu sowie zur Zuständigkeit und zur Anfechtung §§ 58, 59 Abs. 2). Inhaltlich ist sie nach pflichtgemäßem Ermessen zu treffen, wobei gem. § 2 Abs. 1 dabei vorrangig der **erzieherisch erforderliche** Zeitraum maßgeblich ist (KG DVJJ-J 2002, 467 (468)). Ohne besondere Gründe sollte sich das Gericht an der Mindestdauer orientieren (ebenso Sonnen in Diemer/Schatz/Sonnen Rn. 2). Nicht vertretbar wäre es, wenn der JRichter das Höchstmaß mit der Begründung ausschöpfte, eine etwaige günstige Entwicklung des Verurteilten durch Abkürzung der Bewährungszeit (Abs. 2 S. 2) belohnen oder sich in anderer Weise erzieherische Einwirkungsmöglichkeiten vorbehalten zu wollen. Dies widerspräche der Notwendigkeit, jede Rechtsfolge einschließlich begleitender Maßnahmen auf das notwendige Minimum zu beschränken (→ § 5 Rn. 21 f.). Deshalb darf nur die Dauer festgelegt werden, die dem Gericht

als erforderlich erscheint, zumal gem. Abs. 2 S. 2 auch die Möglichkeit der nachträglichen Verlängerung besteht (s. hierzu aber → Rn. 8).

Die **Rechtspraxis** scheint diesen Maßgaben weitgehend zu folgen (relati- **4** vierend aber Sonnen in Diemer/Schatz/Sonnen Rn. 2). Den (Regional-) Daten von Trapp zufolge dominiert die Zweijahresdauer (Rechtswirklichkeit von Auflagen und Weisungen bei Strafaussetzung zur Bewährung, 2003, 40; ebenso die BZR-Auswertung für 1994 bei Weigelt, Bewähren sich Bewährungsstrafen?, 2009, 133). Bei der Bestimmung macht sich zudem die sog. „Prägnanztendenz" (systematisch dazu Rolinski, Prägnanztendenz im Strafurteil, 1969) in einer bevorzugten Festlegung von vollen oder Halbjahren bemerkbar. Dies dient den Vereinfachungsinteressen der Verwaltungs- und Justizbehörden und kommt möglicherweise auch der Rechtsgleichheit und -sicherheit zugute. Außerdem werden dadurch manche Angriffsflächen vermieden, die vermehrt Rechtsmittel auslösen könnten. Dem Auftrag einer erzieherischen und daher individuell angepassten Festlegung wird eine Schematisierung allerdings nur mit Einschränkungen gerecht.

2. Lauf der Bewährungszeit

Die Bewährungszeit **beginnt** mit Rechtskraft der Aussetzungsentschei- **5** dung (Abs. 2 S. 1), dh also mit Rechtskraft des entspr. Urteils oder des nachträglichen Beschlusses (§ 57 Abs. 1 S. 1). Dagegen ist die Entscheidung über die Länge der Bewährung für den Fristbeginn nicht relevant. Wird über die Dauer der Bewährungszeit erst später entschieden (einschr. dazu OLG Hamm NStZ-RR 2000, 126; vgl. iÜ → § 58 Rn. 6), wirkt dies in dem Sinne gleichsam zurück, als der fragliche Zeitraum trotzdem schon mit dem Rechtskrafteintritt der Aussetzungsentscheidung zu laufen begann.

Das **Ende** der Bewährungszeit ist, sofern es nicht durch ein bestimmtes **6** Datum festgelegt wird, unter entspr. Anwendung des § 188 BGB zu berechnen. Kommt es zum Widerruf der Aussetzung der Vollstr zBew (§ 26), läuft die Bewährungszeit dagegen nur bis zur Rechtskraft des Widerrufsbeschlusses. Wird die Dauer der Bewährungszeit versehentlich nicht bestimmt (weder mit der Aussetzungsentscheidung noch nachträglich), soll sie nach drei Jahren enden (OLG Dresden BeckRS 1998, 05477; offen lassend OLG Celle NStZ-RR 2010, 27 (Ls.) = BeckRS 2009, 27559). Richtig ist indes ein Ablauf nach der Zweijahres-Mindestfrist, weil es für jeden darüber hinausgehenden bzw. länger währenden Eingriff einer Rechtsgrundlage in Form der richterlichen Anordnung bedürfte (ebenso bei § 56a StGB iErg LG Kempen NJW 1978, 839 (840); OLG Hamm NStZ-RR 2000, 126; OLG Düsseldorf StV 2008, 512 = BeckRS 2007, 16325).

3. Nachträgliche Änderungen

Nach Abs. 2 S. 2 kann der JRichter die Bewährungszeit nachträglich bis **7** auf ein Jahr **verkürzen** (bei ein- bis zweijährigen JStrafen gem. Abs. 2 S. 3 nur bis auf zwei Jahre). Ob er diese Möglichkeit nutzt, liegt in seinem pflichtgemäßen Ermessen. So wird eine Verkürzung anzuordnen sein, wenn sie erzieherisch als begründet erscheint, weil sie zB als positive Bekräftigung eine einstweilen gute Führung belohnt (dazu bereits Grotenbeck Zbl 1977, 331 (333 f.)). Kommt es (auch infolge von Rechtsmitteln) erst lange nach der Tat zur Rechtskraft und damit zum Beginn der Bewährungszeit und hatte der Verurteilte schon in dieser Vor-Bewährungsphase keinen Anlass zu Beanstandungen gegeben, ist bei fortgesetzter Verhaltenskonformität eine Verkürzung ebenfalls angezeigt (tendenziell abw. LG Hamburg MDR 1992, 1165).

8   Abs. 2 S. 2 erlaubt auch eine **Verlängerung** der Bewährungszeit auf höchstens vier Jahre (dazu, dass darüber hinausgehende Verlängerungen rechtlich ohne Wirkung sind, vgl. OLG Celle NStZ-RR 2012, 293 (294)). Dahingehende Beschlüsse sind grds. nur vor und nicht mehr nach Ende des ursprünglich festgelegten Zeitraums erlaubt (OLG Frankfurt a. M. NJW 1975, 270). Nach dessen Ablauf kommt eine Verlängerung allenfalls dann in Betracht, wenn andernfalls die Aussetzung zBew widerrufen werden müsste (n. dazu → §§ 26, 26a Rn. 18 f.). Es bedarf dann also eines besonderen Grundes. Dies verhält sich allerdings vor Fristende genau genommen kaum anders. Außerhalb der von § 26 Abs. 2 Nr. 2 geregelten Konstellation ist es nämlich kaum vorstellbar, dass eine Verlängerung erzieherisch angezeigt sein könnte (ähnlich wohl AG Berlin-Tiergarten ZJJ 2012, 89). Denkbar ist dies allein in den eher nur theoretisch möglichen Fällen, in denen neue bewährungszeitrelevante Umstände eintreten, die zwar gravierend, aber noch kein Widerrufsgrund sind.

9   Ob die Bewährungszeit einfach weiterläuft, wenn es während ihres Fortgangs zu einem **Freiheitsentzug** kommt, oder ob sie sich um dessen Dauer automatisch verlängert, ist umstritten. An sich geht die Aussetzung zBew, bei der es sich um eine ambulante Rechtsfolgenausgestaltung handelt, unter stationären Bedingungen ins Leere, weil es hier an ihrer Funktionsgrundlage fehlt. Andererseits ist eine Verlängerung in entspr. Konstellationen gesetzlich nur in § 68c Abs. 4 S. 2 StGB iVm § 7 vorgesehen. Dies spricht dafür, dass es in den hiervon nicht erfassten Konstellationen der §§ 21 ff. beim regulären Ende der Bewährungszeit bleibt (so iErg im allg. StR etwa auch OLG Braunschweig NJW 1964, 1581; Heger in Lackner/Kühl StGB § 56a Rn. 1). Das gilt umso mehr, als während der Freiheitsentziehung oft eine gewisse spezialpräventive Einwirkung erfolgt und die bewährungsbedingten Einschränkungen und Belastungen (zB Widerrufsrisiko) anderenfalls erheblich ausgedehnt werden könnten (iErg ebenso Ostendorf StV 1987, 320 (321); Ostendorf in NK-JGG Rn. 6; Brunner/Dölling Rn. 2).

4. Auswirkungen auf die Vollstreckungsverjährungsfrist

10   Der Eintritt der Vollstreckungsverjährung verschiebt sich um die **tatsächliche** Bewährungszeit nach hinten (§ 79a Nr. 2b StGB iVm § 2 Abs. 2). Wird die Bewährungszeit nachträglich verkürzt oder verlängert (vgl. → Rn. 7 f.), verkürzt oder verlängert sich folglich auch die Verjährung in entspr. Weise. Im Falle des (vorzeitigen) Widerrufs der Aussetzung zBew endet das Ruhen der Verjährung mit Rechtskraft des widerrufenden Beschlusses.

Weisungen und Auflagen

23 (1) [1]**Der Richter soll für die Dauer der Bewährungszeit die Lebensführung des Jugendlichen durch Weisungen erzieherisch beeinflussen. [2]Er kann dem Jugendlichen auch Auflagen erteilen. [3]Diese Anordnungen kann er auch nachträglich treffen, ändern**

oder aufheben. ⁴Die §§ 10, 11 Abs. 3 und § 15 Abs. 1, 2, 3 Satz 2 gelten entsprechend.

(2) Macht der Jugendliche Zusagen für seine künftige Lebensführung oder erbietet er sich zu angemessenen Leistungen, die der Genugtuung für das begangene Unrecht dienen, so sieht der Richter in der Regel von entsprechenden Weisungen oder Auflagen vorläufig ab, wenn die Erfüllung der Zusagen oder des Anerbietens zu erwarten ist.

Schrifttum: Trapp, Rechtswirklichkeit von Auflagen und Weisungen bei Strafaussetzung zur Bewährung, 2003.

Übersicht

I. Anwendungsbereich

Es gelten die Erl. zu § 21 Abs. 1 S. 1 und 2 entsprechend (→ § 21 **1** Rn. 1 f.).

Die Vorschrift findet auch auf **Soldatinnen und Soldaten** Anwendung. **2** Gem. § 112a Nr. 3 soll der JRichter bei der Erteilung von Weisungen und Auflagen die Besonderheiten des Wehrdienstes berücksichtigen (S. 1) und ggf. bereits erteilte Weisungen oder Auflagen hieran anpassen (S. 2). Vor einer Entscheidung ist zudem der nächste Disziplinarvorgesetzte anzuhören (§ 112d).

II. Ausgestaltungsmöglichkeiten der Bewährungszeit

1. Auflagen und Weisungen

a) Abs. 1 S. 1 und S. 2. Das JGericht steht grds. in der Pflicht, die **3** Lebensführung des Verurteilten während der Bewährungszeit im erforderlichen Maße erzieherisch zu beeinflussen. Deshalb hat es im Regelfall die jeweils angebrachten Weisungen zu erteilen. Abs. 1 S. 1 regelt dies nur deshalb allein als **Soll-Vorschrift,** weil es vereinzelt Fälle ohne entspr. erzieherische Indikation geben mag (gegen jede Erteilung sogar AK V/4 in DVJJ 1993, 741). Dass demgegenüber die Anordnung von Auflagen gem. Abs. 1

S. 2 lediglich nach richterlichem **Ermessen** erfolgen soll, zeigt deren Nachrangigkeit an, was angesichts ihrer auch-ahndenden Ausrichtung (allg. → § 15 Rn. 3; s. auch Böhm/Feuerhelm JugendStrafR 242 f.; Brunner/Dölling Rn. 1; Meier in HK-JGG Rn. 5; diff. 21. Aufl. Rn. 4, 5c; Apfel/Piel in FAHdB StrafR 24. Kapitel Rn. 245) und der geringeren Flexibilität wegen des abschließenden Katalogs in § 15 folgerichtig ist. Gleichwohl wird ein gewisser gesetzessystematischer Widerspruch zu § 13 Abs. 1 nicht gänzlich ausgeräumt, weil Auflagen bei verhängter JStrafe eben möglich sind, obwohl ihre Anordnung als Zuchtmittel zur Anordnungsvoraussetzung hat, dass JStrafe gerade „nicht geboten" (und deshalb auch nicht verhängt worden) ist.

4   **b) Art und Inhalt (Abs. 1 S. 4).** Zu den konkret möglichen Anordnungen und den jeweiligen Ausgestaltungsfragen (auch hinsichtlich Kostentragung, Haftpflicht- und Unfallversicherung) wird im Einzelnen auf die **Ausführungen zu § 10** (n. → § 10 Rn. 3 ff., 11 ff.) **und zu § 15** (n. → § 15 Rn. 5 ff.) verwiesen (vgl. aber speziell zum Bewährungsplan § 60). Die dort genannten rechtlichen Begrenzungen gelten hier entsprechend. So ist (wie stets bei der Anordnung von Weisungen und Auflagen) auch im Bewährungszusammenhang ein Grad an **Bestimmtheit** zu wahren, durch den der Verurteilte erkennen kann, was genau von ihm verlangt wird und unter welchen Umständen ggf. ein Widerruf droht (KG StV 2014, 746 = BeckRS 2014, 13285). Unzureichend ist zB die Formulierung, sich in „ambulante Psychotherapie" zu begeben, weil weder Einrichtung und Qualifikation noch Art und Häufigkeit ersichtlich sind (vgl. OLG Schleswig StraFo 2007, 424 f. = BeckRS 2008, 7848; ähnlich LG Hamburg StraFo 2020, 171 (jeweils betr. allg. StR); zur Unzulässigkeit der Weisung, **Medikamente** nach ärztlicher Verordnung einzunehmen, s. → § 10 Rn. 36a).

5   In **zeitlicher Hinsicht** dürfen die Weisungen und Auflagen grds. „für die Dauer der Bewährungszeit" (also nicht darüber hinaus) getroffen werden (Abs. 1 S. 1). Das schließt es nicht aus, Weisungen ggf. aber auch auf einen kürzeren (zur Erreichung eines Teilzwecks reichenden) Zeitraum zu beschränken. Auflagen können sich in einer einmaligen Verpflichtung (zB Schadenswiedergutmachung) erschöpfen. Inhaltlich ist bei der Auswahl und Konkretisierung für den konkreten Einzelfall allein auf die **erzieherischen** Bedürfnisse und Interessen des Verurteilten abzustellen. Dabei ist insbes. zu prüfen, welche Art von Weisungen oder Auflagen für ihn am ehesten ein geeignetes und zugleich erforderliches Angebot zur Sicherung eines sozialüblichen Grades an Verhaltenskonformität am Ende der Bewährungszeit sein könnte (ebenso bspw. Sonnen in Diemer/Schatz/Sonnen Rn. 2: Verhältnismäßigkeit und Spezialprävention als alleinige Bezugspunkte). **Rechtspraktisch** dominieren indes Arbeitsweisungen und (mit Abstrichen) auch Geldauflagen (näher zur ansonsten stark fallabhängigen Praxis im allg. StR und JStR Trapp, Rechtswirklichkeit von Auflagen und Weisungen bei Strafaussetzung zur Bewährung, 2003, 190 ff.).

6   Besondere **Schwierigkeiten** können sich dadurch ergeben, dass die zu JStrafe verurteilten Personen einerseits oft schon etwas älter sind und andererseits die Eignung va vieler Weisungen bei **zunehmendem Alter** (namentlich bei inzwischen eingetretener Volljährigkeit) schwindet oder zumindest besonders zu prüfen ist (vgl. → § 105 Rn. 50). Auch handelt es sich bei den Verurteilten nicht selten um Personen, bei denen im Urteil –

unabhängig von der Tatschwere – an sich keine isolierten Weisungen oder Auflagen angeordnet worden wären. Deshalb ist die Auswahl zielführender Interventionen hier zwar herausforderungsreich, zugleich aber trotzdem oft möglich (s. bspw. Pörtner/Hoffmeyer Zbl 1992, 405 (406) zu als „besonders aggressiv" beurteilten Jugendlichen, denen die Bewährungsweisung erteilt wird, zum Aufbau von Selbstvertrauen und sozialer Kompetenz an einem Konflikttraining teilzunehmen). Ggf. steigen die Erfolgsaussichten bestimmter Weisungen und Auflagen auch dadurch, dass der im Bewährungskontext ggf. drohende Widerruf (§ 26) im Hintergrund steht (Brunner/Dölling Rn. 2). Gerade deshalb kommt es aber auch in gesteigertem Maße auf die Einhaltung der Zulässigkeitsgrenzen an, die bei manchen Weisungen von der Detailgestaltung abhängen (s. etwa zur Weisung, in bestimmten Abständen ein Negativattest über eine Urinkontrolle beizubringen → § 10 Rn. 56; zu verkehrsbezogenen Weisungen, etwa einer solchen, die Fahrerlaubnis zu erwerben → § 10 Rn. 35, 39).

Die Ausgestaltung der Weisungen und Auflagen sollte inhaltlich und 7 organisatorisch darauf **abgestimmt** sein, dass eine (obligatorische) Unterstellung unter die **BewHilfe** erfolgt (§ 24) und ein BewHelfer in die Umsetzung der Anordnung eingebunden wird (zur im Bewährungsplan festzuhaltenden Pflicht des Verurteilten, den BewHelfer von der Erfüllung zu informieren, vgl. → § 60 Rn. 15). Mangelt es den Interventionen in der Bewährungszeit an Klarheit und Konsequenz und werden heterogene Aufforderungen oder Erwartungen an den Verurteilten gestellt, ist davon auszugehen, dass dies zu Lasten einer Orientierungshilfe geht oder gar als widersprüchliches Verhalten erscheint und so erzieherisch abträglich sein kann. Andererseits ist aber die gerichtliche Anordnung solcher Maßnahmen zulässig und im Einzelfall sogar angezeigt, die außerhalb des Einflussbereichs des BewHelfers bleiben sollen.

2. Nachträgliche Entscheidungen (Abs. 1 S. 3)

Die Zulässigkeit **nachträglicher Anordnungen** von Weisungen und 8 Auflagen entspricht einem praktischen Bedürfnis, damit der JRichter nicht gezwungen ist, die Entscheidung über Bewährungsweisungen und -auflagen unmittelbar mit derjenigen über die Aussetzung der Vollstr zBew zu verbinden (vgl. auch Brunner/Dölling Rn. 6: Erteilung erst nach Erstbericht des BewHelfers). Außerdem soll er die Ausgestaltung der Bewährungszeit **ändern** und neue Sachlagen anpassen können. So kann sich eine angeordnete Art der erzieherischen Beeinflussung als ungeeignet erweisen, weil eine nicht voraussehbare Änderung von Umständen in den Lebensverhältnissen des Verurteilten eingetreten ist. Mit Blick auf mögliche Entwicklungen in der Person des Verurteilten und ihrem Umfeld kann zudem ein Bedarf an der **Aufhebung** der ursprünglichen Anordnung entstehen. Ein Anlass dazu ergibt sich ggf. auch in rechtlicher Hinsicht (so nach hM zB im Falle eines Zivilurteils, das einer Wiedergutmachungsauflage die Grundlage entzogen hat (s. aber auch → § 15 Rn. 6)).

Insbes. die Änderung getroffener Bewährungsweisungen und -auflagen 9 muss indes **Einschränkungen** unterliegen, schon wegen der erforderlichen Bestimmtheit, Rechtssicherheit und Verlässlichkeit des erzieherischen Vorgehens (s. zur Problematik beim Verschlechterungsverbot → § 55 Rn. 40 f., → § 55 Rn. 80). Die entspr. Modifizierung der richterlichen Anordnung

kommt daher nur bei **spezialpräventiver Notwendigkeit** in Betracht
(→ § 11 Rn. 6 f.). Eine Änderung, die primär einen Weisungsverstoß provozieren oder in anderer Weise eine Widerrufsentscheidung vorbereiten soll
(etwa durch Beschaffung von Belastungsmaterial (dazu bei der Urinkontrolle
→ § 10 Rn. 56)), scheidet aus.

10   Speziell bei **Auflagen** ist eine Änderung unzulässig, durch die eine
zusätzliche Beeinträchtigung (bzw. Beschwer) für den Verurteilten eintreten würde (tendenziell abw. Grethlein Verschlechterungsverbot 54 ff.;
Ostendorf in NK-JGG Rn. 11; Sonnen in Diemer/Schatz/Sonnen Rn. 9:
für „begründete Ausnahmefälle"). Selbst wenn sich eine entspr. Änderung
der Bewährungsauflagen im allg. StR rechtfertigen ließe (so etwa BGH
NJW 1982, 1544; OLG Frankfurt a. M. NStZ-RR 1996, 220) – insbes.
falls der Richter vorher schon bestehende Umstände erst nachträglich
erfährt oder schon bekannt gewesene Umstände aufgrund neuer Einsichten
anders beurteilt (zu dieser Variante einschr. OLG Stuttgart NStZ-RR
2004, 89; Kinzig in Schönke/Schröder StGB § 56e Rn. 3; Fischer StGB
§ 56e Rn. 1 f.; Heger in Lackner/Kühl StGB § 56e Rn. 3) –, wäre dies
für das JStR nur bedingt relevant. Das hier an § 2 Abs. 1 orientierte
Vorgehen setzt die Konsequenz und Vertrauensfähigkeit der spezialpräventiven Einwirkung voraus, die einer nachteiligen Auflagenänderung zumindest dann widersprächen, wenn der Verurteilte deren Gründe nicht zu
vertreten hätte.

3. Konsequenzen der Nichtbefolgung

11   Im Falle eines Verstoßes gegen Bewährungsweisungen und -auflagen, der
als „gröblich und beharrlich" beurteilt wird, kann unter den Voraussetzungen von § 26 ein **Widerruf** der Aussetzung erfolgen. Außerdem besteht
nach Abs. 1 S. 4 iVm § 11 Abs. 3, § 15 Abs. 3 S. 2 bis zum Ende der
Bewährungszeit (AG München ZJJ 2016, 83) die Möglichkeit, **Nichtbefolgungsarrest** zu verhängen, wobei es insofern einer (nur) schuldhaften Missachtung der Weisung oder Auflage und einer vorherigen geeigneten Belehrung (§ 70b Abs. 1) über die Folgen einer solchen Zuwiderhandlung bedarf
(n. zu den materiellen und prozessualen Voraussetzungen → § 11 Rn. 13 ff.,
25). Eine hinzukommende strafrechtliche Reaktion wird bei Anordnung
dieses JA auch durch Art. 103 Abs. 3 GG (sofern das fragliche Verhalten
zugleich einen Straftatbestand erfüllt) nicht ausgeschlossen (BVerfG NJW
1989, 2529). Im Übrigen bleibt die Verpflichtung, der Auflage oder Weisung
nachzukommen, unberührt (ebenso etwa Nehring in BeckOK JGG Rn. 17;
→ § 11 Rn. 24). Das Ziel des Nichtbefolgungsarrestes ist es, durch eine
rasche Verhängung eine Entwicklung, die in einen Widerruf münden könnte, zu vermeiden (Brunner/Dölling Rn. 7; s. auch → §§ 26, 26a Rn. 21).
Dies mag zwar einleuchtend erscheinen, insbes. wenn der JA-Vollz ohne
negative Auswirkungen auf die Berufs- oder Schulausbildung ist, doch bleibt
JA andererseits eine spezialpräventiv kaum funktionale und daher vermei-
dungsbedürftige Intervention (vgl. → § 11 Rn. 11; → § 16 Rn. 14 ff.).
Obendrein wird er auch in das Erziehungsregister eingetragen (§ 60 Abs. 1
Nr. 2 BZRG). Vorzugswürdig ist daher die Änderung der fraglichen Wei-
sung oder Auflage.

III. Einbeziehung des Bewährungshelfers

1. Funktionale Wechselbezüglichkeit

Es obliegt dem BewHelfer (§ 24 Abs. 3) und nicht der JGH (§ 38 Abs. 5 **12** S. 1), die Einhaltung der Weisungen bzw. Auflagen zu **kontrollieren** (zur Unzulässigkeit von strafprozessualen Zwangsmaßnahmen KG NJW 1999, 2979). Umgekehrt können aber auch Weisungen erteilt werden, die gerade die Durchführung der Aufsichts- und Unterstützungsaufgaben der BewHilfe (→ § 25 Rn. 12 ff., 20 ff.) **erleichtern** oder überhaupt erst ermöglichen sollen (zB Verpflichtung, den Vorladungen des BewHelfers zur Sprechstunde Folge zu leisten oder einen Wechsel von Wohnsitz oder Arbeitsplatz alsbald dem Gericht mitzuteilen). Wegen der zu wahrenden grundrechtlichen Standards (vgl. → § 10 Rn. 7) ist eine (die allg. Lebensführung massiv beschränkende) Weisung des Inhalts, Wohnsitz oder Arbeitsplatz nur nach vorheriger Zustimmung des BewHelfers zu wechseln, demgegenüber problematisch (aA Brunner/Dölling Rn. 2).

2. Anordnungskonkretisierung

Die Unterscheidung zwischen einer unzulässigen **Delegation des ju- 13 gendrichterlichen Weisungsrechts** an den BewHelfer und dessen originären Befugnissen ggü. dem Verurteilten ist präzisierungsbedürftig. Grds. ist nach ganz überwiegender Auffassung die jugendrichterliche Anordnung, „allen Weisungen des BewHelfers nachzukommen", unzulässig. Eine solche Anordnung liefe auf eine „Generalvollmacht" hinaus, mit der ein absolut unbestimmter Pflichtenkreis für den Verurteilten verbunden wäre. Ohnehin ist die Befugnis, durch Weisungen in Grundrechte eingreifen zu können, an die Stellung des JRichters gebunden und ohne gesetzliche Grundlage nicht auf den BewHelfer übertragbar. Nicht zuletzt würde eine entsprechend umfangreiche Übertragung iErg zu einer Verlagerung der Verantwortung des JRichters führen, wodurch dem BewHelfer eine Machtposition ggü. dem Verurteilten zuwachsen würde, die der gesetzlichen Leitvorstellung eines partnerschaftlichen Verhältnisses zum Verurteilten widerspräche. Im Hinblick hierauf wäre eine Delegierung auch aus erzieherischen Gründen nicht angezeigt.

Das Gericht muss deshalb alle wesentlichen Ausgestaltungselemente der **14** Bewährungszeit selbst festlegen, dh die Weisungen in ihrer Art, in ihrem Maß und in ihren maßgeblichen Verpflichtungen konkretisieren. Technisch-organisatorische und kleinere inhaltliche Fragen bei der **Durchführung** können dagegen dem BewHelfer überlassen werden. In gleicher Weise verhält es sich bei Auflagen, wobei die Frage insbes. bei Arbeitsauflagen von Bedeutung ist. Letztlich handelt es sich aber jeweils um eine Einzelfrage, ob die richterliche Rahmensetzung in ausreichendem Maße vorgenommen worden ist (problematisch etwa OLG Hamm NStZ 1998, 56; OLG Schleswig SchlHA 1988, 168 = BeckRS 2015, 18448: Art der abzuleistenden gemeinnützigen Arbeit vom Bewährungshelfer bestimmbar; eher zutr. LG Zweibrücken VRS 2010 (119), 121 = BeckRS 2010, 12354: Art, Umfang, Zeit, Ort sowie die Stelle, bei der die Leistung zu erbringen ist, bedürfen der richterlichen Bestimmung (s. hierzu auch → § 15 Rn. 18)).

15   Zur Sicherung einer spezialpräventiv förderlichen Beziehung sollte der BewHelfer die erzieherisch als erforderlich erachteten Maßnahmen ohnehin mit **Einverständnis** des **Verurteilten** umsetzen. Empfehlungen des BewHelfers, deren Nichtbefolgung den Erfolg der Aussetzung zBew in Frage stellt, kann indes ein gewisser Nachdruck verliehen werden. Stets steht die Möglichkeit des JRichters im Raum, nachträglich Weisungen entsprechenden Inhalts zu erteilen (→ Rn. 8 f.). Und soweit der Verurteilte ein Verhalten zeigt, das die Mindestanforderungen sozialkonformen Verhaltens tangiert und daher zu unterbinden ist, bleibt dem BewHelfer der Hinweis auf einen drohenden Widerruf der Aussetzung.

IV. Substituierende Zusagen oder Angebote (Abs. 2)

16   Gemäß Abs. 2 besteht aus erzieherischen Gründen die Möglichkeit, bei Zusagen und Anerbieten angemessener Leistungen von Weisungen oder Auflagen vorläufig abzusehen und dem Jugendlichen damit die Bewährungsausgestaltung selbst zu überlassen. Für das Gericht wird diese Option durch das Gesetz nahezu **verpflichtend** („in der Regel"), ohne dass dabei an die Inhalte der Versprechen und Angebote nähere Anforderungen gestellt werden. Berücksichtigt man indes den Zweck von Weisungen und Auflagen, die die Bewährungszeit um konformitätsfördernde Entwicklungshilfen und/oder ambulante Ahndungselemente ergänzen sollen, so wird man hier von einem ungeschriebenen variablen Maßstab ausgehen müssen: Eine Zusage bzw. ein Anerbieten ist dann ein obligatorisches Substitut iSv Abs. 2, wenn es inhaltlich jener Weisung oder Auflage nahekommt, die das JGericht fallkonkret für geeignet hält. Dabei ist angesichts der Eigeninitiative des Verurteilten jedoch eine sehr großzügige Bewertung vorzunehmen.

17   Eine weitere Voraussetzung ist, dass das JGericht von der Umsetzung der Zusagen bzw. Angebote ausgehen kann. Es bedarf also **glaubhafter Zusicherungen** und/oder auch schon erster Umsetzungsschritte oder Vorbereitungen. Kommt der Jugendliche seinen Ankündigungen dann später doch nicht nach, stellt dies keinen Widerrufsgrund iSv § 26 dar. Vielmehr wird in diesen Fällen gem. Abs. 1 die fragliche Weisung oder Auflage nachträglich angeordnet (ggf. verbunden mit einer Verlängerung der Bewährungszeit gem. § 22 Abs. 2 S. 2).

18   Im Rahmen seiner **Fürsorgepflicht** muss das JGericht bedenken, dass der Verurteilte mit einer Entscheidung zu Zusagen oder Angeboten in der Ausnahmesituation der HV oft überfordert sein wird (selbst wenn er vorher beraten wurde). Konfrontiert mit der Alternative von Freiheit oder JStVollz mag er seine Möglichkeiten, die eigenen Zusagen oder Anerbieten einlösen zu können, leicht überschätzen. Insofern sind hier diejenigen Verurteilten begünstigt, die aufgrund sozio-ökonomisch günstiger Verhältnisse davon ausgehen dürfen, über größere Leistungsressourcen zu verfügen (zust. Nix in Nix Rn. 1). Aus diesen Gründen wird jedenfalls die Art der **Verhandlungsführung** erhebliche Bedeutung haben (n. → Einl. Rn. 51 f. sowie → § 50 Rn. 10 ff. und → § 70c Rn. 6 ff., 12 ff.). Wird der Jugendliche nach seinen etwaigen Angeboten iSv Abs. 2 befragt (s. § 57 Abs. 3 S. 1), ist hierbei ein zurückhaltendes Vorgehen angezeigt (abw. Sonnen in Diemer/ Schatz/Sonnen Rn. 12). Insbesondere wird darauf zu achten sein, dass etwaige Widersprüche zur Verteidigungsstrategie zuvor bereits ausgeräumt werden (zB bei Bestreiten des Tatvorwurfs). Das kann ggf. einen Übergang zum nachträglichen Beschlussverfahren (§ 57 Abs. 1) erforderlich machen. Auch sollte das Gericht im Falle solcher Versprechen und Angebote, die über seine eigenen Weisungs- oder Auflagenvorstellungen hinausgehen, auf eine Annäherung hinwirken.

V. Verfahrensrechtliches

Vom JGericht erhält der Verurteilte einen **Bewährungsplan,** in dem die 19 angeordneten Bewährungsweisungen und -auflagen (nach Rechtskraft) zusammengestellt werden. Dazu und zur Zuständigkeit und den formalen Fragen zur Entscheidung sowie der Anfechtbarkeit wird auf **§§ 58–60** verwiesen. Danach erfolgt die Veranlassung von Bewährungsweisungen und -auflagen nicht im Urteil, sondern durch **besonderen Beschluss.** Die **Belehrung** über die Folgen schuldhafter Zuwiderhandlung gegen Weisungen und Auflagen geschieht zweckmäßigerweise bei der Belehrung über die Aussetzung zBew und/oder iVm der Aushändigung des Bewährungsplans. Sie muss gem. § 70b Abs. 1 in geeigneter Weise vorgenommen werden. Weisungen und Auflagen werden im Rahmen des normalen Rechtsmittelverfahrens mit überprüft. Gegen ihre anfängliche oder nachträgliche Anordnung kann aber auch **Beschwerde** eingelegt werden (§ 59 Abs. 2, zu Fragen des Verschlechterungsverbots → § 55 Rn. 40 f.).

Bewährungshilfe

24 (1) ¹Der Richter unterstellt den Jugendlichen in der Bewährungszeit für höchstens zwei Jahre der Aufsicht und Leitung eines hauptamtlichen Bewährungshelfers. ²Er kann ihn auch einem ehrenamtlichen Bewährungshelfer unterstellen, wenn dies aus Gründen der Erziehung zweckmäßig erscheint. ³§ 22 Abs. 2 Satz 1 gilt entsprechend.

(2) ¹Der Richter kann eine nach Absatz 1 getroffene Entscheidung vor Ablauf der Unterstellungszeit ändern oder aufheben; er kann auch die Unterstellung des Jugendlichen in der Bewährungszeit erneut anordnen. ²Dabei kann das in Absatz 1 Satz 1 bestimmte Höchstmaß überschritten werden.

(3) ¹Der Bewährungshelfer steht dem Jugendlichen helfend und betreuend zur Seite. ²Er überwacht im Einvernehmen mit dem Richter die Erfüllung der Weisungen, Auflagen, Zusagen und Anerbieten. ³Der Bewährungshelfer soll die Erziehung des Jugendlichen fördern und möglichst mit dem Erziehungsberechtigten und dem gesetzlichen Vertreter vertrauensvoll zusammenwirken. ⁴Er hat bei der Ausübung seines Amtes das Recht auf Zutritt zu dem Jugendlichen. ⁵Er kann von dem Erziehungsberechtigten, dem gesetzlichen Vertreter, der Schule, dem Ausbildenden Auskunft über die Lebensführung des Jugendlichen verlangen.

Bestellung und Pflichten des Bewährungshelfers

25 [1] Der Bewährungshelfer wird vom Richter bestellt. [2] Der Richter kann ihm für seine Tätigkeit nach § 24 Abs. 3 Anweisungen erteilen. [3] Der Bewährungshelfer berichtet über die Lebensführung des Jugendlichen in Zeitabständen, die der Richter bestimmt. [4] Gröbliche oder beharrliche Verstöße gegen Weisungen, Auflagen, Zusagen oder Anerbieten teilt er dem Richter mit.

Schrifttum: Bieker, Bewährungshilfe aus der Adressatenperspektive, 1989; Bockwoldt, Strafaussetzung und Bewährungshilfe in Theorie und Praxis, 1982; Böttner, Der Rollenkonflikt der Bewährungshilfe in Theorie und Praxis, 2004; Hesener, Die Arbeitsbeziehung Bewährungshelfer – Proband, 1986; Klug/Schaitl, Soziale Dienste der Justiz, 2012; Sommer, Bewährungshilfe zwischen Beratung und Zwang, 1986; Winter/Winter, Bewährungshelfer im Rollenkonflikt, 1974.

Übersicht

I. Anwendungsbereich

1　　Hierzu und zu den Sonderregelungen bei Soldatinnen und Soldaten s. → § 21 Rn f., → § 23 Rn. 1 f.

II. Allgemeines zur Bewährungshilfe

1. Haupt- und ehrenamtliche Bewährungshelfer

2　　Die BewHilfe ist ein zentrales Element zur Ausgestaltung der Aussetzung zBew. Ihr werden wesentliche Steuerungsleistungen zugetraut, was sie aus institutioneller Perspektive als ambulante Alternative der Vollstr von JStrafe akzeptanzfähig macht (Überblick zur historischen Entwicklung bei Damian Bewährungshilfe 1982, 185 (199 ff.); Cornel ZJJ 2016, 220 (220 f.)). Nach modernem Verständnis erbringt die BewHilfe fachlich zwar in erster Linie

soziale Arbeit, wobei dies aber durch strafverfolgungsnahe Kontrollaufgaben (und teilw. auch Selbstverständnisse) überlagert wird (→ Rn. 9 ff.). Die Wahrnehmung und Konkretisierung dieser Funktionen sind rechtlich nur in Grenzen regelbar und wesentlich von den individuellen Funktionsträgern abhängig.

Der betr. BewHelfer wird im Unterstellungs- bzw. Bewährungsbeschluss 3 (→ § 21 Rn. 32) namentlich bestimmt, was in der Praxis teilw. erst nachträglich (§ 58 Abs. 1), dh nach Benennung der Person durch die örtlich zuständige BewHilfe geschieht (n. Nehring in BeckOK JGG Rn. 14). Dies bedeutet dann idR auch, dass ein **hauptamtlicher** BewHelfer zugewiesen wird (zur ausnahmsweise möglichen Auswechslung s. OLG Hamm BeckRS 1978, 01395). Hierbei handelt sich um Personen, die zu diesem Einsatzzweck bei einer Verwaltungsbehörde beschäftigt sind. Diese fungieren als Amtsträger iSv § 11 Abs. 1 Nr. 2 StGB, und zwar unabhängig davon, ob sie dienstrechtlich zu den Beamten oder Angestellten (des öffentlichen Dienstes) zählen (zur organisatorischen Stellung des hauptamtlichen BewHelfers vgl. → § 113 Rn. 1 f.). Obwohl die Auswahl somit de facto nach dem Geschäftsverteilungsplan und nicht etwa einzelfallbezogen nach personalen wie sozialen Beziehungsfaktoren erfolgt (vgl. n. → § 113 Rn. 6), liegen einzelne (va ältere) Befragungsergebnisse vor, denen zufolge die (auch erwachsenen) Probanden ihr Verhältnis zu den BewHelfern als eher positiv beurteilen (vgl. etwa Bieker, Bewährungshilfe aus der Adressatenperspektive, 1989, 165; Kawamura-Reindl/Stancu Bewährungshilfe 2010, 133 (146 f.)). Bei solchen Daten ist indes zu berücksichtigen, dass die „Doppelfunktion" des BewHelfers (→ Rn. 21) den meisten Probanden gar nicht bekannt ist (vgl. Bieker, Bewährungshilfe aus der Adressatenperspektive, 1989, 161; Kawamura-Reindl/Stancu Bewährungshilfe 2010, 133 (141 f.)). Auch sind methodisch bedingte Verzerrungen denkbar (Zweifel der Befragten an der zugesicherten Anonymität; Befragungszeitpunkt in der (besonders heiklen) Phase zwischen sechs und zwei Monaten vor Bewährungszeitende – vgl. zB Kawamura-Reindl/Stancu Bewährungshilfe 2010, 133 (136)).

Im Ausnahmefall erlaubt es § 24 Abs. 1 S. 2, den Verurteilten einem 4 **ehrenamtlichen** (und nicht wie idR einem hauptamtlichen) BewHelfer zu unterstellen. Deren Nachrangigkeit wird damit gerechtfertigt, dass funktionsnotwendige Kenntnisse bei nicht-professionellen Personen nicht vorauszusetzen seien. „Guter Wille" und emotionales Engagement könnten kriminologische sowie entwicklungs-, erziehungs- und sozialpsychologische Wissensdefizite nicht kompensieren (wobei es aber fraglich ist, wie verbreitet die diesbzgl. Qualifikationen bei hauptamtlichen BewHelfern sind (n. → § 113 Rn. 4)). Unterschwellig dürfte hierbei auch die Befürchtung eine Rolle spielen, dass ehrenamtliche BewHelfer, die der Dienstaufsicht einer Anstellungsbehörde im engeren Sinne nicht unterstehen, tendenziell eher den Bedürfnissen und Interessen des Verurteilten als den Eigeninteressen der Verwaltungs- und Justizbehörden nahestehen könnten.

Andererseits kann ein ehrenamtlicher BewHelfer einen erheblichen **Ver-** 5 **trauensvorsprung** erlangen, wenn ihm eine individuelle Durchführung von Aufsicht und Betreuung möglich ist (vgl. allg. schon Cyrus Bewährungshilfe 1982, 357). Ehrenamtliche BewHelfer entwickeln ggf. einen eigenständigen Zugang zu den Probanden, da sie von dem institutionellen Berufsfeld und der JStrafjustiz weniger geprägt und den davon ausgehenden Gefahren (→ Rn. 9 ff.) weniger ausgesetzt sind (vgl. zum Ganzen auch Reckling

ZJJ 2016, 227 (230)). Hierbei bieten sich va Personen an, die den Verurteilten bereits verhältnismäßig gut kennen und Einfluss auf ihn haben.
Zwar mag es gerade bei solchen Beziehungen bisweilen auch zu Sonder-
problemen kommen − so etwa, wenn bei parallel bestehender Heimerziehung (→ § 21 Rn. 25) der Heimleiter zum ehrenamtlichen BewHelfer bestellt würde und so einen intransparenten, kaum zu kontrollierenden Macht-
zuwachs erführe (ähnlich Ostendorf in NK-JGG Rn. 4; abw. vormals
Potrykus NJW 1955, 244 (245); Heinen Bewährungshilfe 1956, 233 (235):
erzieherisch einheitliches Vorgehen möglich). Doch in vielen anderen Konstellationen bietet die Heranziehung (etwa von Verwandten) die Chance,
eine für den konkreten Jugendlichen **besonders geeignete** Person (sog.
„matching") als BewHelfer einzusetzen. Dies gilt auch für die Betreuung
von Migranten mit geringen Sprachkenntnissen durch geeignete Landsleute
(Streng JugendStrafR Rn. 482). Zudem könnte auf diese Weise eine (zusätzliche) Stigmatisierung des Verurteilten in seiner sozialen Umgebung eher
vermieden werden als durch den Einsatz eines hauptamtlichen BewHelfers.

2. Zeitlich limitierte obligatorische Unterstellung

6   Anders als im allg. StR (§ 56d Abs. 1 StGB) ist nach § 24 Abs. 1 S. 1 die
jugendrichterliche Unterstellung unter einen BewHelfer im Grundsatz bei
jeder Aussetzung zBew **erforderlich** (vgl. aber Fritschka Bewährungshilfe
1991, 282 (285): Regelung entbehrlich; Müller-Engelmann Bewährungshilfe 1982, 332 (335): zu inflexibel, etwa bei Fahrlässigkeitsdelikten). Eingeschränkt wird dies durch die zeitliche Begrenzung der Betreuung, die
deutlich **vor der Bewährungszeit enden** kann. Dies beruht auf der Annahme, dass die präventive Bedeutung der BewHilfe mit ihrer fortschreitenden Dauer sinkt (für eine weitergehende Kürzung der Betreuungszeit und
teilw. auch der BewZeit schon DVJJ-Kommission DVJJ-J 1992, 4 (36);
Ostendorf in NK-JGG Grdl. z. §§ 21−26a Rn. 7).

7   Die Unterstellung **beginnt** mit Rechtskraft der Entscheidung über die
Aussetzung der JStrafe zBew (§ 24 Abs. 1 S. 3 iVm § 22 Abs. 2 S. 1). Wurde
bis dahin eine rechtzeitige Anordnung versäumt, ist der nachholende Beschluss (§ 58 Abs. 1) für den Beginn maßgeblich. Die Unterstellung **endet**
mit Ablauf der vom JGericht festgelegten Dauer, die zwei Jahre nicht überschreiten darf (§ 24 Abs. 1 S. 1). Allerdings ist gem. § 24 Abs. 2 (etwa auf
Anregung des BewHelfers und in Orientierung am wegfallenden oder fortbestehenden Hilfsbedarf) nicht nur die vorzeitige Aufhebung der Unterstellung, sondern auch die Verkürzung oder Verlängerung der Betreuungszeit
ebenso wie die neuerliche Anordnung der Unterstellung zulässig. Aus Gründen der Kontinuität hat all dies während der laufenden Unterstellung zu
geschehen. Bei deren Verlängerung oder Erneuerung darf gem. § 24 Abs. 2
S. 2 die Zweijahresgrenze überschritten werden, nicht aber die Bewährungszeit (die indes ihrerseits bis zum Höchstmaß des § 22 Abs. 2 S. 2 verlänger-
bar ist (→ § 22 Rn. 8)).

8   Häufig wird es aus Sicht des JGerichts erzieherisch zielführend sein, eine
Übereinstimmung von Bewährungs- und Unterstellungszeit sicherzustellen (abw. Brunner/Dölling Rn. 2). Dies ist durch die (gängige) Festlegung
von jeweils zwei Jahren in sinnvoller Weise erreichbar (ebenso Nehring in
BeckOK JGG Rn. 8). In den übrigen Konstellationen besteht die Möglichkeit einer nachträglichen Entscheidung, die eine Verkürzung der Bewäh-

rungszeit (→ § 22 Rn. 7) auf das Ende der Betreuungszeit abstimmt oder beide Fristen in koordinierter Weise vorzeitig enden lässt (vgl. auch BT-Drs. 11/5829, 20).

3. Kooperationsverhältnis zur (Jugend-)Strafjustiz

Bei hauptamtlicher Tätigkeit unterliegt der BewHelfer der Dienstaufsicht 9 der Anstellungsbehörde (n. → § 113 Rn. 2). Unabhängig davon sind BewHelfer aber auch an fachliche Weisungen des JRichters gebunden (nach § 24 Abs. 1 JGG aF standen sie insoweit sogar „unter Aufsicht" des JRichters). Demgemäß kann der JRichter dem BewHelfer zur Ausführung seiner Aufgaben auch **Vorgaben** machen. Dies gilt für die Aufsicht des Verurteilten (→ Rn. 12) wie dessen Betreuung (→ Rn. 20), da der JRichter die Verantwortung für beide Bereiche trägt und diese sich in der praktischen Arbeit vielfach ohnehin überschneiden. Allerdings empfiehlt es sich nach allgA, ggü. dem BewHelfer nach Möglichkeit auf detaillierte Anweisungen zu verzichten, da dessen erzieherisches Vorgehen eine gewisse Flexibilität und Selbstständigkeit verlangt (vgl. auch → § 23 Rn. 13 ff.). In der Praxis kommen entspr. richterliche Interventionen und Vorgaben ohnehin kaum vor (s. etwa Foth Bewährungshilfe 1987, 194 (197)), zumal die sozialarbeiterische und -pädagogische Expertise des JRichters bezweifelt wird (vgl. etwa Sonnen in Diemer/Schatz/Sonnen Rn. 25; Stein Bewährungshilfe 1987, 153 (155); Cornel GA 1990, 55 (60)), und zwar auch von diesen selbst.

De facto entspricht die Beziehung zwischen JGericht und BewHilfe also 10 eher einer kooperativen Arbeitsteilung beider Institutionen. Dies zeigt sich aber auch in einzelnen rechtlichen Detailregelungen (vgl. auch RL 1 S. 2). Zwar hat der BewHelfer in Zeitabständen, die der Richter bestimmt (§ 25 S. 3), diesem über die Lebensführung (→ § 10 Rn. 3 ff.) des Verurteilten zu **berichten**. Doch wenn er „die Erfüllung der Weisungen, Auflagen, Zusagen und Anerbieten" überwacht, handelt er **„im Einvernehmen"** mit dem Gericht (§ 24 Abs. 3 S. 2). Deshalb muss er „gröbliche und beharrliche Verstöße" mitteilen (§ 25 S. 4). Und der JRichter muss wiederum den BewHelfer vor der Erteilung und Abänderung (→ § 23 Rn. 8 ff.) von Weisungen und Auflagen, vor Verlängerung und Verkürzung der BewZeit und vor der abschließenden Entscheidung hören (§ 58 Abs. 1 S. 2). Schon durch diese **funktionale Verzahnung** ist die BewHilfe der Gefahr einer kontrollfokussierten Verengung ihrer „professionellen" Standards ausgesetzt (Dollinger MschKrim 2012, 1 ff.), durch die sie sich von einer sozialarbeiterischen Ausrichtung wegbewegt (krit. zu der in den Vordergrund rückenden Sicherheits- und Opferorientierung auch Schlepper/Wehrheim KrimJ 2017, 3 ff.).

Besonderes Gewicht erlangt in diesem Zusammenhang auch die informel- 11 le Kooperationsstruktur. Dadurch ist der BewHelfer anhaltend mit **institutionalisierten Handlungsnormen** konfrontiert, und zwar denjenigen seiner Anstellungsbehörde (zu Grundlagen der dienstlichen Beurteilung s. vormals Gräber Bewährungshilfe 1982, 302 (309 f.)) ebenso wie denjenigen der JGerichte. So wird er sich bspw. mit dem Gericht in dem Sinne arrangieren, dass seine Stellungnahmen diesem als geeignet erscheinen und er damit seine Einflussmöglichkeiten (auf das Gericht und den Probanden) nicht verliert. Als unerlässlich gelten darüber hinaus eine gewisse Vertrauensbeziehung zum JRichter und ein regelmäßiger persönlicher Kontakt (so etwa Brunner/Dölling Rn. 3). Zugleich ist der BewHelfer auf eine reibungslose Zusam-

menarbeit mit anderen Behörden (zB Jugend- und Wohnungsamt, Arbeits-
agentur, Vollzugsanstalt) sowie mit Wohlfahrts-Organisationen und ggf. auch
Heimen angewiesen. Demgemäß muss er sich auch auf deren jeweilige
organisationsinterne Handlungsnormen einstellen (s. zB zu solchen der Ausländerbehörde, die den Kriterien der BewHilfe entgegenstehen können,
bereits Bruckmeier/Thiem-Schräder Bewährungshilfe 1982, 262 (265 ff.)).
Um die widersprüchlichen Aufgaben der BewHilfe (→ Rn. 12 ff., 20 ff.) im
Umgang mit diesen inner-/interinstitutionellen Bindungen differenziert aus-
balancieren zu können, entwickeln BewHelfer **unterschiedliche professionelle Stile.** Das Spektrum liegt zwischen den Polen des „caseworker
approach" (Begleitung und Hilfestellung bei Problemlösungen und Zielerreichung) und eines „surveillance approach", der strukturgebend und
weniger auf Ressourcenaufbau ausgerichtet ist (instruktiv dazu Doekhie/van
Ginneken/Dirkzwager/Nieuwbeerta Journal of Developmental and Life-
Course Criminology 2018, 491).

III. Aufgaben und Rechte

1. Kontroll- und Berichtspflicht

12   a) **Erlangung und Weitergabe von Informationen.** Der BewHelfer
hat die Aufgabe, die Umsetzung der Bewährungspflichten des Verurteilten
zu überwachen (§ 24 Abs. 3 S. 2) und dessen allg. Entwicklung zu beobachten (so implizit § 24 Abs. 3 S. 5). Die dabei gewonnenen Erkenntnisse muss
er mit dem JRichter teilen. Begrifflich unterscheidet § 25 insofern zwischen
dem (angeforderten) Bericht (S. 3) und der (nicht angeforderten) Mitteilung
(S. 4), die jedoch gleichfalls in Berichtsform erfolgt. **Inhaltlich** sind die
Berichte stets auf diejenigen Informationen zu **beschränken,** derer es für
die jeweiligen Berichtsanlässe (→ Rn. 14 ff.) bedarf (vgl. Damian Bewährungshilfe 1992, 325 (348); Fünfsinn Bewährungshilfe 1993, 117 (121); vern.
zB bzgl. der Ablehnung von Hilfe durch den Probanden Böttner, Der
Rollenkonflikt der Bewährungshilfe in Theorie und Praxis, 2004, 40 ff.).
Die hierfür erforderlichen Daten erlangt der BewHelfer im Zuge der regelmäßigen Gespräche mit dem Verurteilten und bei Besuchen desselben,
ferner durch Dokumentenvorlage, Behördenkontakte usw (dazu und zur
hierin wirksam werdenden **Kontrollfunktion** Klug/Schaitl, Soziale Dienste
der Justiz, 2012, 48 ff.). Abgesehen von dem Zutritts- und Auskunftsrecht
gem. § 24 Abs. 3 S. 4 und 5 (dazu → Rn. 25 f.) hat die BewHilfe aber keine
regelrechten Informationsbeschaffungsbefugnisse. Erst recht steht ihr keine
unmittelbare oder gar umfassende Überwachung der Lebensführung zu. Ein
Datenaustausch mit anderen Institutionen ist nach allg. datenschutzrechtlichen Grundsätzen idR von dem Einverständnis des Verurteilten abhängig,
dh die rechtlichen Möglichkeiten, zur Erfüllung der Berichtspflicht Informationen zu erlangen, sind insoweit begrenzt (vgl. erg. → § 60 Rn. 15).

13   Im Einzelnen kann der JRichter Tatsachenangaben nur dann verwenden,
wenn der BewHelfer die jeweilige **Informationsquelle** anführt (nach Mutz
Bewährungshilfe 2007, 140 (143) eine Frage der „Verlässlichkeit"). Andernfalls bliebe dem JRichter keine Möglichkeit, die Tragfähigkeit der Angaben
einzuschätzen. Auch kann sich das Gericht, das seine Entscheidungen stets
nach den allg. Vorgaben der StPO treffen muss, dabei nur insofern auf

Berichtsinhalte stützen, als es die dort genannten – und eben deshalb zu nennenden – Beweismittel nutzt (Brunner/Dölling Rn. 4). Ganz generell ist zu beachten, dass die Mitteilungen des BewHelfers unweigerlich durch interaktive Konstruktionsleistungen, dh durch die Wahrnehmungs-, Deutungs-, Ausdrucks- und Verstehenspraktiken aller an der Informationssammlung beteiligten Personen (Proband, Auskunftsperson, BewHelfer) beeinflusst sein müssen. Um dies transparent zu machen, sollte der Bericht stets eine Einschätzung des BewHelfers über das Verhältnis zwischen ihm und der jeweiligen personalen Informationsquelle enthalten (vgl. aber Sommer, Bewährungshilfe zwischen Beratung und Zwang, 1986, 192 f.: Kooperationsschwierigkeiten zwischen BewHelfer und Proband werden in den Berichten kaum erwähnt). Konstruktiv (andererseits aber auch zeitaufwändig) wäre es iÜ, vor Versendung von negativen Berichten dem Probanden eine Gelegenheit zur (korrigierenden) Stellungnahme einzuräumen (vgl. dazu Breternitz Bewährungshilfe 2007, 111 (116)).

b) Unterschiedliche Berichtsanlässe. aa) Der wesentliche Inhalt der in **14** § 25 S. 3 geregelten **allg. Berichtstätigkeit** des BewHelfers (vgl. auch RL 3; s. im Einzelnen schon Sommer, Bewährungshilfe zwischen Beratung und Zwang, 1986) bezieht sich darauf, Tatsachenangaben über Bezugspersonen und -gruppen des Verurteilten, über dessen Leistungs-, Sozial- bzw. Familienbereich und über seine Freizeitgestaltung sowie seine wirtschaftlichen Verhältnisse zu übermitteln (einschr. aber Breternitz Bewährungshilfe 2007, 111 (121)), und zwar möglichst ohne Selektion oder Filterung (ebenso Mutz Bewährungshilfe 2007, 140 (143)). Nur auf dieser Grundlage sind ggf. hinzutretende Interpretationen, Bewertungen und Schlussfolgerungen für den JRichter erkennbar und angemessen zu berücksichtigen. Die Berichtstermine werden vom JRichter vorgegeben (§ 25 S. 3), wobei dies funktions- und bedarfsorientiert erfolgen soll (RL 3 S. 1). Vielfach wird dabei nach **Erst-, Zwischen- und Schlussbericht** unterschieden. Der Erstbericht soll im Anschluss an die Tatsachenvermittlung auch Anregungen dazu enthalten, in welcher Hinsicht die Erziehung des Jugendlichen während der BewZeit gefördert werden könnte. Die Zwischenberichte sollen Angaben über den Verlauf der Bewährungszeit und insbes. über eine etwa angezeigte Abkürzung der BewZeit oder über Änderungen des Bewährungsplans enthalten. Der Schlussbericht (s. RL 1 zu § 26) muss ua zur Frage des Straferlasses und des Widerrufs Stellung nehmen. Er ist so rechtzeitig einzureichen, dass erforderlichenfalls die Unterstellungs- oder Bewährungszeit noch verlängert werden kann (§§ 26 Abs. 2, 24 Abs. 2, 22 Abs. 2 S. 2). Die Schriftform der Berichte ist iÜ zwar vorzugswürdig, aber nicht zwingend; denkbar sind grds. auch mündliche Ausführungen (Sonnen in Diemer/Schatz/Sonnen Rn. 26).

bb) Außerhalb der vom JRichter nach § 25 S. 3 angeordneten Zeit- **15** abstände muss der BewHelfer eine **besondere Mitteilung** machen, wenn er in Wahrnehmung seiner Kontrollpflicht (→ Rn. 10, 12) von „gröblichen oder beharrlichen" **Verstößen iSv § 25 S. 4** erfährt. Dabei wird im Allgemeinen angenommen, dies habe umgehend und unaufgefordert zu geschehen (ebenso für „besondere Vorfälle" RL 3 S. 3). Hinsichtlich der Frage, wann ein Verstoß „gröblich oder beharrlich" ist (vgl. auch → §§ 26, 26a Rn. 13), wird nach allgA darauf abgestellt, dass der BewHelfer (trotz seiner in dem Bericht darzulegenden Bemühungen) keine Chance mehr sieht, eine Einhaltung der Vorgaben durch den Verurteilten zu erreichen. Der

BewHelfer ist aber stets zu nachdrücklichen Motivierungsversuchen verpflichtet (Nehring in BeckOK JGG Rn. 21). Ob diese gescheitert sind, lässt sich immer nur von den Gegebenheiten des Einzelfalls her beurteilen. Insbes. beim Verstoß gegen die Pflicht, Kontakt mit dem BewHelfer zu halten (nach Damian Bewährungshilfe 1992, 325 (342 f.) muss dies nicht mitgeteilt werden), wird sich schon wegen der Vertrauensproblematik ein behutsames Vorgehen empfehlen. Hat der BewHelfer – auch im Hinblick auf die richterliche Formulierung der Weisung bzw. Auflage – Zweifel, ob ein Berichtsanlass entstanden ist, kann es sich unter Abwägung mit Vertrauensbelangen notfalls anbieten, dies vorab (fern-)mündlich mit dem zuständigen JRichter zu erörtern.

16   **cc)** Abgesehen von den vorgenannten, gesetzlich umschriebenen Berichtspflichten kann es sich bei **Besonderheiten** der Umgebung oder der Persönlichkeit des Probanden ggf. empfehlen, den JRichter über Umstände zu informieren, die für den vorgesehenen Ablauf der BewZeit möglicherweise von Bedeutung sind. Eine solche ergänzende Informationsvermittlung erfolgt am besten informell durch unmittelbaren (fern-)mündlichen Kontakt. Fraglich ist, ob dies auch für Vorfälle oder Prozesse gilt, die vom BewHelfer zwar als negativ beurteilt werden (problematische Verhaltensweisen; begrenzte Verstöße gegen Weisungen, Auflagen, Zusagen oder Anerbieten), die dabei aber **unterhalb der Schwelle von § 25 S. 4** liegen. Hierüber muss der BewHelfer nach pflichtgemäßem **Ermessen** anhand der Einzelfallumstände entscheiden (für eine weitgehende Informationsweitergabe eintretend Brunner/Dölling Rn. 5). Dabei spricht die Anbahnung oder Aufrechterhaltung eines gewissen Vertrauensverhältnisses für eine größere Zurückhaltung (weshalb RL 3 S. 2 in tendenziellem Widerspruch zu RL 2 steht).

17   **c) Mitteilungen und Verschwiegenheit gegenüber Dritten. aa) Grundsatz.** Der BewHelfer ist dienstrechtlich und strafrechtlich (§ 203 Abs. 1 Nr. 6 StGB (Sozialarbeiter) und § 203 Abs. 2 Nr. 2 (Amtsträger)) verpflichtet, **Verschwiegenheit** über sämtliche Umstände zu wahren, von denen er in seiner amtlichen Eigenschaft erfahren hat (zur Diskussion um innerbehördliche Einschränkungen s. Schenkel NStZ 1995, 67). Auskünfte an Dritte sind nur mit Einwilligung des Probanden (vgl. etwa schon Damian Bewährungshilfe 1992, 325 (357); Fünfsinn Bewährungshilfe 1993, 117 (125 f.)), bei Vorliegen sonstiger allg. Rechtfertigungsgründe oder bei gesetzlichen Mitteilungspflichten/-rechten erlaubt (für ein entspr. Bsp. s. **§ 487 Abs. 1 S. 3 StPO** iVm § 2 Abs. 2: Datenübermittlung an Einrichtungen des Justiz- und Maßregelvollzugs und Vollstreckungsbehörden). Deshalb darf der BewHelfer seine Berichte allein an den Auftraggeber übersenden. Dagegen dürfen bspw. dem (künftigen) Arbeitgeber des Unterstellten keine Informationen (bspw. zu Vorstrafen) zur Verfügung gestellt werden. Und iÜ muss sich der BewHelfer generell darum bemühen, dass die Verurteilten in ihrer sozialen Umgebung nicht zusätzlich benachteiligt oder stigmatisiert werden. Hierzu kann auch gehören, dass er seine Funktion in manchen Situationen nach außen hin nicht zu erkennen gibt.

18   **bb) Relativierung.** Die Verschwiegenheitspflicht besteht auch ggü. Strafverfolgungsbehörden. Dies hat Folgen für die Weitergabe von Informationen, die der BewHelfer zu (mutmaßlichen) **neuen Straftaten** des Verurteilten erlangt hat. Hiervon Mitteilungen zu machen, gehört nicht zu seinen Aufgaben (vgl. RL 4). Allerdings unterliegt auch der BewHelfer der

Anzeigepflicht gem. § 138 StGB. Auch hat er gem. § 481 Abs. 1 S. 3 StPO (eingef. durch Gesetz zur effektiveren und praxistauglicheren Ausgestaltung des Strafverfahrens v. 17.8.2017 (BGBl. I 3202)) ein subsidiäres Auskunftsrecht ggü. den Polizeibehörden, soweit die „Abwehr einer Gefahr für ein bedeutendes Rechtsgut" diese Datenübermittlung erforderlich macht (weitergehend noch BT-Drs. 18/2012 mit § 496 StPO-E). Bezieht sich der Verdacht auf eine bereits erfolgte Straftat, kann der BewHelfer dies nach pflichtgemäßem Ermessen dem JRichter mitteilen (vgl. → Rn. 16), sodass das weitere Vorgehen in dessen Verantwortung liegt. Teilw. wird allerdings auch eine entspr. Verpflichtung bejaht (Nehring in BeckOK JGG Rn. 28; Mutz Bewährungshilfe 2007, 140 (144 f.); ebenso mit Ausnahme von Bagatellen Ostendorf in NK-JGG Rn. 11; Brunner/Dölling Rn. 5; wohl auch Schipholt NStZ 1993, 470 (470) sowie bei erheblichen Delikten Beulke/Swoboda JugendStrafR Rn. 567). Begründet wird dies (wenn überhaupt) mit dem nicht abschließenden Charakter von § 25 S. 4 und der richterlichen Entscheidungsaufgabe gem. § 26 Abs. 1 Nr. 1 (etwa Gräber Bewährungshilfe 1982, 302 (303 f.)). Bei einem Funktionsverständnis der BewHilfe, das die Kontrollaufgaben nicht in den Vordergrund rückt und den Hilfsauftrag samt dem dafür erforderlichen Vertrauen betont (vgl. → Rn. 20, 23), ist dies indes fraglich – wobei es für eine Inpflichtnahme des BewHelfers (mit Blick auf den Gesetzesvorbehalt) ohnehin einer Rechtsgrundlage bedürfte.

Macht der BewHelfer entspr. Mitteilungen, können diese in einem etwaigen weiteren JStV nur unter Einhaltung der allg. strafprozessualen Regelungen verwertet werden. Hiernach dürfen Angaben zu Fragen, die für den Schuld- oder Rechtsfolgenausspruch von Bedeutung sind, nur verwertet werden, wenn der BewHelfer sie als Zeuge gemacht hat (OLG Celle StV 1995, 292 = LSK 1995, 410268). Da er über **kein Zeugnisverweigerungsrecht** verfügt, ist er hierzu allerdings auch gezwungen (jedenfalls bei vorliegender Aussagegenehmigung gem. § 54 StPO iVm § 2 Abs. 2). Wird der BewHelfer vom Gericht lediglich informell und informatorisch angehört (etwa um die Beziehung zum Verurteilten nicht durch die Zeugenaussage zu belasten), ist dies strengbeweisrechtlich nicht verwertbar (zur Revisibilität einer darauf beruhenden Verurteilung s. OLG Oldenburg MDR 1977, 775 = BeckRS 1977, 02123). **19**

2. Hilfe und Betreuung

a) „Doppelfunktion". Der BewHelfer hat ebenso die Aufgabe, dem **20** Verurteilten „helfend und betreuend zur Seite" zu stehen (§ 24 Abs. 3 S. 1). Dies ist, wie sich aus der Regelungsreihenfolge in § 24 Abs. 3 und aus § 2 Abs. 1 ergibt, der Kontrollfunktion vorrangig (iErg ebenso Ostendorf in NK-JGG Rn. 6; Nehring in BeckOK JGG Rn. 2). Er „soll die Erziehung des Jugendlichen fördern" und nach Möglichkeit mit Erziehungsberechtigten und gesetzlichen Vertretern „vertrauensvoll zusammenwirken" (§ 24 Abs. 3 S. 3). Einzelheiten der **Betreuungsaufgabe** sind gesetzlich nicht geregelt. Auch das Verhältnis zum JRichter wird allein durch Verwaltungsvorschriften etwas näher bestimmt. Danach soll dieser den BewHelfer in seinem Bemühen um ein persönliches Verhältnis zu dem Verurteilten unterstützen (RL 2), während es sich iÜ empfehle, die Selbstständigkeit des BewHelfers bei der Betreuung des Verurteilten nicht einzuschränken (RL 1 S. 2). – Um Konfusionen mit Unterstützungsaufgaben anderer Art zu vermeiden, darf der BewHelfer nicht als Bevollmächtigter des Verurteilten auftreten (OLG Düsseldorf NStZ 1987, 340; OLG Koblenz NStZ-RR 1996, 300) und nicht zum Verteidiger bestellt werden, selbst wenn er die Erste Juristische Staatsprüfung abgelegt hat (BGHSt 20, 95 = NJW 1965, 116). Seine Bestellung zum Beistand (§ 69) sollte zur Vermeidung etwaiger erzieherischer Nachteile meist unterbleiben.

21   Zur Betreuungs- und Hilfeleistung ist auf Seiten des Verurteilten ein **Mindestmaß** an **Vertrauen** erforderlich. Dem stehen die Kontroll- und Berichtspflichten teilw. entgegen. Seit langem wird hier ein Rollenkonflikt ausgemacht, der die Doppelfunktion des BewHelfers belastet (zusf. Kawamura-Reindl in Dollinger/Schmidt-Semisch Jugendkriminalität-HdB 445 f.). Von den BewHelfern selbst wird dies zwar oftmals gar nicht als problematisch oder jedenfalls nicht als nur negativ wahrgenommen (Klug/Schaitl, Soziale Dienste der Justiz, 2012, 26 ff.: „Doppeltes Mandat als Chance"; ähnlich schon Böttner, Der Rollenkonflikt der Bewährungshilfe in Theorie und Praxis, 2004). Doch soweit dem Verurteilten und dessen Umfeld die informatorische Pflichtenstellung des BewHelfers (→ Rn. 12 ff.) bewusst ist, kann jener als Repräsentant der Strafverfolgungsbehörden und daher als nicht (mehr) vertrauenswürdig wahrgenommen werden (vgl. Streng JugendStrafR Rn. 485 sowie schon Winter/Winter, Bewährungshelfer im Rollenkonflikt, 1974; zu einer gewissen Beziehungslosigkeit zwischen BewHelfer und Proband bereits Bockwoldt, Strafaussetzung und Bewährungshilfe in Theorie und Praxis, 1982; Bockwoldt GA 1983, 546 (553 ff.)). Besonders deutlich ist dies, wenn der BewHelfer unter Verletzung eines ihm entgegengebrachten Vertrauens eine Mitteilung machen muss. Vor diesem Hintergrund wird zutr. empfohlen, dem Verurteilten von vornherein zu eröffnen, welchen justiziellen Mitteilungserwartungen der BewHelfer unterliegt (Nehring in BeckOK JGG Rn. 17; Schipholt NStZ 1993, 470 (471); Brause Bewährungshilfe 1996, 221 (224 f.); Schenkel NStZ 1995, 67 (70)).

22   **b) Einzelfallhilfe.** Die Betreuungstätigkeit des BewHelfers ist bedarfsbezogen auszurichten. Das macht – hinsichtlich Art und Umfang – individuumsorientierte (also keine standardisierten oder zufällig verteilten) Unterstützungsangebote notwendig. Dieses Erfordernis wird (auch aus Ressourcengründen) nur teilw. (nämlich nur für best. Teilgruppen) eingelöst, wenn die Praxis eine **nach Zielgruppen differenzierte** Kapazitätsverteilung praktiziert, die (allein) bei entspr. Risikoeinstufung eine Intensivbewährungshilfe mit deutlich erhöhter Kontaktdichte vorsieht (zu entspr. Programmen etwa Haverkamp/Walsh Bewährungshilfe 2014, 117; Bieschke/Tetal in Boers/Schaerff Kriminologische Welt 517 ff.). Eine Herausforderung liegt vielmehr darin, auch bei Verurteilten, die (oft mit hoher Instabilität der Lebensbedingungen einhergehend) nur unregelmäßig Kontakt mit dem BewHelfer halten, die Intensität der Bemühungen an die Problemlage anzupassen (dazu empirisch vormals Hesener, Die Arbeitsbeziehung Bewährungshelfer – Proband, 1986, 259 f.). Hier Hilfen vorzuenthalten kommt ungeachtet aller Risiko- und Kosten-Nutzen-Kalküle nicht in Betracht (krit. daher auch Cornel ZJJ 2016, 220 (224 f.)).

23   Als Maßnahmen der **Einzelfallhilfe** bezieht sich die Beratung und Unterstützung durch den BewHelfer auf die jeweils bestehenden Problemlagen in den Bereichen der Schule und Ausbildung, der Arbeitsplatzsuche, der Un-

terkunft, der Schuldentilgung sowie den Umgang mit Behörden (eingehend zum Spektrum Klug/Schaitl, Soziale Dienste der Justiz, 2012, 70 ff.; zusf. Kawamura-Reindl in Dollinger/Schmidt-Semisch Jugendkriminalität-HdB 447 f.). Allerdings hat der BewHelfer keine Befugnis, Rechtshandlungen für den Jugendlichen ohne oder gegen den Willen des gesetzlichen Vertreters vorzunehmen, insbes. ihn rechtsgeschäftlich zu vertreten. Einen wesentlichen Baustein bilden (neben unmittelbarer Begleitung und Vermittlung) die persönlichen Gespräche sowie ggf. auch eine Gruppenbetreuung (vgl. etwa schon Lippenmeier, Soziale Gruppenarbeit in der Bewährungshilfe, 1981; Kastenhuber Bewährungshilfe 1984, 53 ff.; zur oft eher kurzen Gesprächsführung (im Durchschnitt ca. ½ Stunde) s. aber Kerner/Hermann/Bockwoldt, Straf(rest)aussetzung und Bewährungshilfe (…), 1984, 61; vgl. ferner etwa Sommer, Bewährungshilfe zwischen Beratung und Zwang, 1986; Weigelt, Bewähren sich Bewährungsstrafen?, 2009, 206 f.). Welche konkreten Verfahrensweisen am ehesten geeignet sind, ist dabei nicht abschließend geklärt (zur Methodendiskussion in der BewHilfe etwa Braun Bewährungshilfe 2014, 325; bspw. eher für Einwirkung und Einflussnahme als für Hilfe votierend etwa Mayer Bewährungshilfe 2010, 151 (155 f.)). Als wichtig gilt ein angebotsorientiertes und konsequentes Vorgehen; iÜ ist die Qualität der zwischenmenschlichen Begegnung zwischen Verurteiltem und BewHelfer von zentraler Bedeutung. Dabei wird eine behördliche oder bürokratische Atmosphäre nach Möglichkeit zu vermeiden sein. Um nicht schon von den äußeren Gegebenheiten her die formelle institutionalisierte Eigenschaft der BewHilfe deutlich werden zu lassen, sind ua neutrale Arbeitsräume vorzugswürdig.

c) Zusammenwirken mit Erziehungsberechtigten und gesetzlichen Vertretern. Die idR anzustrebende Kooperation mit den Eltern (§ 24 Abs. 3 S. 3, 5) bezieht sich (nur) auf minderjährige Verurteilte. Sie erklärt sich mit der Annahme, wonach eine etwaige besondere erzieherische Bedürftigkeit des Verurteilten (auch) auf der Beziehung zum unmittelbaren Umfeld beruht. Demgemäß ist es ggf. Aufgabe des BewHelfers, diese Personen in die erzieherischen Bemühungen einzubinden. Allerdings darf die anzustrebende einheitliche Erziehung nicht zu einer kumulierten Machtausübung des BewHelfers und der Erziehungsberechtigten ggü. dem Verurteilten werden. Andererseits sollte auch in Fällen fehlender Kooperation, in denen womöglich gar das „Recht auf Zutritt zu dem Jugendlichen" (§ 24 Abs. 3 S. 4, vgl. auch → Rn. 25) verwehrt wird, nur als äußerstes Mittel von der rechtlichen Möglichkeit Gebrauch gemacht werden, den Jugendlichen aus seiner häuslichen Umgebung herauszunehmen. **24**

3. Rechte

Der BewHelfer hat das Recht, in Kontakt zu dem Unterstellten zu treten. Befindet sich dieser in **U-Haft,** darf er ihn wie ein Verteidiger **besuchen** (§ 72b S. 2). Ansonsten hat er gem. § 24 Abs. 3 S. 4 ein generelles **Zutrittsrecht** zu dem Verurteilten, das er notfalls durch Inanspruchnahme der Polizei durchsetzen kann (Nehring in BeckOK JGG Rn. 24). Dies gilt nicht nur ggü. dem Verurteilten und den Erziehungsberechtigten, sondern ggü. jeder Person, in deren Haushalt sich der Verurteilte befindet. Es wird sich für den BewHelfer idR allerdings empfehlen, erzwungene Hausbesuche zu ver- **25**

meiden, da er hierdurch etwaige Möglichkeiten einer Zusammenarbeit langfristig beschädigt. Ist oder wird der Verurteilte volljährig, so bedarf es
besonderer Zurückhaltung.

26   Um die Lebensführung des Verurteilten beobachten zu können, hat der
BewHelfer ein darauf gerichtetes **Auskunftsrecht** ggü. Erziehungsberechtigten und gesetzlichen Vertretern sowie Schule und Ausbildern (§ 24 Abs. 3
S. 5). Hierfür ist eine Erzwingung gesetzlich nicht vorgesehen (ebenso
Nehring in BeckOK JGG Rn. 25). Ist oder wird der Verurteilte volljährig,
so besteht das Recht nur noch ggü. Schule und Ausbildenden, und es ist idR
eine besonders zurückhaltende Handhabung angezeigt. – Ansonsten sind die
Rechte des BewHelfers schwach ausgeprägt (vgl. aber das Anwesenheitsrecht
gem. § 48 Abs. 2 S. 1 und das Anhörungsrecht gem. § 50 Abs. 4 S. 1 und
§ 58 Abs. 1 S. 2; s. auch → Rn. 10).

Widerruf der Strafaussetzung

26 (1) [1]**Das Gericht widerruft die Aussetzung der Jugendstrafe,
wenn der Jugendliche**

1. **in der Bewährungszeit eine Straftat begeht und dadurch zeigt,
daß die Erwartung, die der Strafaussetzung zugrunde lag, sich
nicht erfüllt hat,**
2. **gegen Weisungen gröblich oder beharrlich verstößt oder sich der
Aufsicht und Leitung des Bewährungshelfers beharrlich entzieht
und dadurch Anlaß zu der Besorgnis gibt, daß er erneut Straftaten
begehen wird, oder**
3. **gegen Auflagen gröblich oder beharrlich verstößt.**

[2]**Satz 1 Nr. 1 gilt entsprechend, wenn die Tat in der Zeit zwischen
der Entscheidung über die Strafaussetzung und deren Rechtskraft
begangen worden ist. [3]Wurde die Jugendstrafe nachträglich durch
Beschluss ausgesetzt, ist auch § 57 Absatz 5 Satz 2 des Strafgesetzbuches entsprechend anzuwenden.**

(2) **Das Gericht sieht jedoch von dem Widerruf ab, wenn es ausreicht,**

1. **weitere Weisungen oder Auflagen zu erteilen,**
2. **die Bewährungs- oder Unterstellungszeit bis zu einem Höchstmaß von vier Jahren zu verlängern oder**
3. **den Jugendlichen vor Ablauf der Bewährungszeit erneut einem
Bewährungshelfer zu unterstellen.**

(3) [1]**Leistungen, die der Jugendliche zur Erfüllung von Weisungen,
Auflagen, Zusagen oder Anerbieten (§ 23) erbracht hat, werden
nicht erstattet. [2]Das Gericht kann jedoch, wenn es die Strafaussetzung widerruft, Leistungen, die der Jugendliche zur Erfüllung von
Auflagen oder entsprechenden Anerbieten erbracht hat, auf die Jugendstrafe anrechnen. [3]Jugendarrest, der nach § 16a verhängt wurde,
wird in dem Umfang, in dem er verbüßt wurde, auf die Jugendstrafe
angerechnet.**

Erlaß der Jugendstrafe

26a [1] Widerruft der Richter die Strafaussetzung nicht, so erläßt er die Jugendstrafe nach Ablauf der Bewährungszeit. [2] § 26 Abs. 3 Satz 1 ist anzuwenden.

Übersicht

I. Anwendungsbereich

Es gelten die Erl. in → § 21 Rn. 1 f. entsprechend.　　　　　　　　　**1**

II. Voraussetzungen des Widerrufs

1. Einordnung

Ist die Bewährungszeit verstrichen, muss der JRichter die (zBew ausgesetz- **2** te) JStrafe umgehend erlassen und den Strafmakel beseitigen (→ Rn. 27). Anders verhält es sich, wenn er die Aussetzung der JStrafe zu diesem Zeitpunkt oder vorher widerruft (sodass es zu deren Vollstr. kommt). Ein solcher Widerruf ist allerdings an die Voraussetzungen von § 26 Abs. 1 gebunden (→ Rn. 4 ff.) und auch bei deren Vorliegen ggü. einer Anpassung der bewährungsausgestaltenden Regelungen subsidiär (→ Rn. 16 ff.). Darin zeigt sich, dass es sich bei der Aussetzung zBew **nicht** um eine **Wohltat** handelt, die dem Verurteilten gewährt und bei fehlendem Wohlverhalten entzogen wird. Vielmehr stellt sie eine besondere ambulante Einwirkungsform dar, deren **spezialpräventives Potenzial** ungeachtet zeitweiliger Fehlschläge genutzt und nur bei definitiver Aussichtslosigkeit zugunsten einer stationären Intervention aufgegeben werden soll.

3   Die **rechtspraktische** Handhabung des Bewährungswiderrufs wird in der amtlichen Kriminalstatistik und den vorliegenden Einzeluntersuchungen nur ansatzweise erfasst. Bei Zugrundelegung der vorliegenden Daten ist von einer **Widerrufsquote** bei der Aussetzung der Vollstr zBew (mit/ohne vorherigen Vollzug) von mindestens 25 % auszugehen (dazu im Einzelnen → § 113 Rn. 10 f.). Der BewHi-Statistik (Tab. 3.2) zufolge beruhte der Widerruf im Jahr 2011 (als dem letzten erfassten Jahr) etwas seltener auf einem sonstigen Widerrufsgrund (→ Rn. 13 ff.) als nur/auch auf einer neuerlichen Straftat (→ Rn. 8 ff.). Während in älteren Aktenstudien noch ein deutlicheres Gefälle zwischen den **Widerrufsanlässen** festgestellt worden war (vgl. die Zusammenstellung in der 21. Aufl. Rn. 16), weisen neuere Daten indes auf einen deutlichen relativen Bedeutungsgewinn der sonstigen Widerrufsgründe (bei allerdings starken Unterschieden zwischen den Bundesländern) hin (Heinz, 57 Jahre Bewährungshilfe im Spiegel der Bewährungshilfestatistik, 2021, 74 ff.). Mit Blick auf die Legalbewährung bei JStraf- und JStrafrestaussetzung (→ § 21 Rn. 9; → § 88 Rn. 20) ist hierbei ohnehin zu berücksichtigen, dass sog. „Rückfälle" nicht zu einem Bewährungswiderruf führen müssen (→ Rn. 16) und oft auch nicht führen (nach der BZR-Auswertung von Weigelt, Bewähren sich Bewährungsstrafen?, 2009, 231 f.: ca. ¾), sondern entweder im Wege einer Sanktionseinbeziehung gem. § 31 Abs. 2 oder in der in → Rn. 17 ff. erläuterten Weise reguliert werden.

2. Gemeinsame Vorgaben für die Widerrufsanlässe

4   **a) Widerrufsrelevanter Bewährungsverstoß.** Ein Widerruf ist nur in den von § 26 Abs. 1 **abschließend** geregelten Konstellationen möglich. Andere als die dort genannten Anlässe kommen insofern nicht in Betracht (kriminalpolitisch ist indes verschiedentlich (vgl. etwa AK VII in DVJJ 1990, 419) eine gesetzliche Reduzierung auf § 26 Abs. 1 S. 1 Nr. 1 empfohlen worden (für Streichung von § 26 Abs. 1 S. 1 Nr. 2 DVJJ-Kommission DVJJ-J 1992, 4, 36)). − Zwar kann die Frage, ob ein in § 26 Abs. 1 definierter Bewährungsverstoß fallkonkret vorliegt, im Wege des **Freibeweises** geklärt werden, doch ist das JGericht hierbei schon wegen des drohenden Freiheitsentzugs zu **größtmöglicher Aufklärung** verpflichtet (BVerfG BeckRS 2010, 54621; NJW 2020, 1501 (1502) zum allg. StR). Werden **rechtswidrige** Weisungen (vgl. → § 10 Rn. 3 ff.) oder unzulässige Auflagen (vgl. dazu → § 15 Rn. 3 ff.) verletzt, kann dies einen Widerruf nicht begründen (vgl. etwa OLG München NStZ 1985, 411; OLG Frankfurt a. M. NStZ-RR 1997, 2; OLG Hamm BeckRS 2009, 9615 (jeweils zum allg. StR)). Ebenso verhält es sich, wenn der Verurteilte seine Zusagen oder sein Anerbieten (§ 23 Abs. 2) nicht erfüllt (→ § 23 Rn. 17).

5   **b) Widerrufsrelevanter Zeitraum.** Das als Widerrufsanlass in § 26 Abs. 1 beschriebene Verhalten muss sich ausnahmslos **innerhalb der** richterlich festgelegten **Bewährungszeit** ereignen. Für § 26 Abs. 1 S. 1 Nr. 1 wird dies durch das Gesetz ausdrücklich bestimmt und für § 26 Abs. 1 S. 1 Nr. 2 und 3 ergibt es sich daraus, dass eine Weisung oder Auflage „nur für die Dauer der Bewährungszeit" (§ 23 Abs. 1 S. 1) erteilt und der Verurteilte lediglich „in der Bewährungszeit" (§ 24 Abs. 1 S. 1) einem BewHelfer unterstellt wird. Bei unterlassener Bewährungszeitbestimmung kommt es auf den gesetzlichen Mindestzeitraum an (→ § 22 Rn. 6; vgl. auch OLG Celle

NStZ-RR 2010, 27 (Ls.) = BeckRS 2009, 27559), während bei einer **Verlängerung** der Bewährungszeit (§ 22 Abs. 2 S. 2) dieser erweiterte Zeitraum maßgeblich ist. Das gilt jedoch nur bei einer zulässigen Verlängerung und nicht, wenn diese in irregulärer Weise, insbes. erst nach Ablauf der ursprünglich festgelegten Dauer (vgl. → § 22 Rn. 8) erfolgte. Der Widerruf darf dann jedenfalls nicht auf das Verhalten innerhalb der zusätzlichen Bewährungszeit gestützt werden (OLG Hamm NJW 1981, 697 zum allg. StR; s. aber → Rn. 18 f. zur Ausnahmekonstellation der erlaubten nachträglichen Verlängerung). Bei einem **Dauerdelikt** oder anderen (Tat-)Ereignisvarianten, die rechtlich als eine Tat gewertet werden (vgl. → § 32 Rn. 3 und 15), genügt es, dass ein Teilakt in die relevanten Zeiträume fällt.

Für **§ 26 Abs. 1 S. 1 Nr. 1** (nicht aber Nr. 2 und 3) wird der widerrufs- **6** relevante Zeitraum in zweifacher Weise gleichsam „rückverlängert". **§ 26 Abs. 1 S. 2** regelt dies für die Phase zwischen der Aussetzungsentscheidung und deren Rechtskraft, so dass auch ein Delikt, das bspw. während eines Rechtsmittelverfahrens begangen wird, einen Widerruf begründen kann. War die tatrichterliche Belehrung nach § 268a Abs. 3 StPO in dieser Hinsicht unvollständig und ist der Jugendliche nicht darüber aufgeklärt worden, dass er „schon ab sofort" keine Straftat „begehen darf", ist das in diesem Zusammenhang der Rspr. zufolge für die Möglichkeit eines Widerrufs unerheblich (BVerfG NJW 1992, 2877: keine materielle Voraussetzung des Widerrufs).

Sodann führt **§ 26 Abs. 1 S. 3** zu einer zusätzlichen Erweiterung für jene **7** Fälle, in denen die Vollstr. der JStrafe erst durch nachträglichen Beschluss zBew ausgesetzt wird. Durch die Verweisung auf § 57 Abs. 5 S. 2 StGB reicht der widerrufsrelevante Zeitraum hier bis zum Zeitpunkt der **Verurteilung** – dh bis zum Zeitpunkt der letzten tatgerichtlichen Entscheidung (nicht aber auf davorliegende Zeitpunkte (vgl. AG Tiergarten ZJJ 2012, 89) – zurück. Legislatorisch gerechtfertigt wird dies mit der Unterstellung, dass schon die Verurteilung zu einer JStrafe (und nicht erst bzw. zusätzlich die spätere Aussetzungsentscheidung) eine ausreichende Warnung vor den Folgen einer neuerlichen Deliktsbegehung sei (BT-Drs. 17/9389, 14) – eine Annahme, die zumindest bei Jugendlichen höchst fragwürdig ist. Jedenfalls sind die Widerrufsanlässe in dieser Phase auf solche Straftaten verengt, die an sich zur Versagung der Aussetzung geführt hätten, aber im Aussetzungsbeschluss „aus tatsächlichen Gründen" nicht berücksichtigt werden konnten – etwa, weil es zu diesem Zeitpunkt am hinreichenden Nachweis oder gar der Tatentdeckung noch fehlte (für einen exemplarischen Fall nach alter Rechtslage s. OLG Stuttgart StV 1996, 271 = LSK 1996, 140386).

3. Widerruf gem. § 26 Abs. 1 S. 1 Nr. 1

a) Feststellung einer Straftat. Der erste Widerrufsanlass setzt die Be- **8** gehung einer Straftat im widerrufsrelevanten Zeitraum voraus. Delikte, die bereits zum Anlass für eine Verlängerung der Bewährungszeit genommen wurden, sind nicht als Widerrufsgrund verbraucht, sondern können bei erneuter Straffälligkeit mit herangezogen werden (KG BeckRS 2013, 13943). Zutreffend wird davon ausgegangen, dass das Delikt dabei nicht nur die Korrektur der früheren (Bewährungs-)Prognose auslöst (so bspw. noch BVerfG NStZ 1987, 118), sondern dass sich der Widerruf hier als weitere (dh zur Deliktssanktion hinzukommende) strafgleiche nachteilige Konsequenz darstellt und dass dementsprechend die **Unschuldsvermutung** (Art. 6 Abs. 2 EMRK) gewahrt bleiben muss (dazu EGMR NJW 2016, 3645 (3647 f.) für § 26; davor grundlegend EGMR NJW 2004, 43 (45) zum allg. StR; dem im Wesentlichen folgend BVerfG NJW 2005, 1105 (1107); NJW 2005, 817 jeweils zum allg. StR). Deren Maßgaben entspricht es, dass das fragliche Delikt **rechtskräftig abgeurteilt** worden sein muss, bevor ein hierauf gestützter Widerruf erfolgen kann. Im Ergebnis muss das zur Widerrufsentscheidung zuständige Gericht also tunlichst abwarten, bis das gerichtliche Verfahren zu der mutmaßlichen neuen Straftat abgeschlossen ist und sich bei etwaigen Zweifeln an der Verurteilung durch zusätzliche Prüfungen von deren Richtigkeit überzeugen (KG NStZ-RR 2005, 94 (95)). Akzeptiert man grds. die Bindung von Abs. 1 S. 1 Nr. 1 an die Unschuldsvermutung, kann es von diesen Anforderungen an die Deliktsfeststellung **keine Abstriche** geben.

9   **Abw.** von der hier eingenommenen Position toleriert die Literatur (im JStR etwa Ostendorf in NK-JGG §§ 26–26a Rn. 7) sowie die Judikatur insofern jedoch einige Lockerungen, wobei die Handhabung im Einzelnen uneinheitlich ist (systematisch zur Debatte bspw. Krumm NJW 2005, 1832; Seher ZStW 2006, 118 für das allg. StR). Dies betrifft etwa die Frage, ob eine erstinstanzliche, **noch anfechtbare** Entscheidung ausreichen soll (so für § 26 VerfGH Bln. NStZ-RR 2013, 242 sowie für das allg. StR BVerfGK 14, 114 = BeckRS 2011, 87020) oder nicht (OLG Stuttgart NJW 2005, 83; offenlassend OLG Schleswig NStZ 2004, 628 jeweils zum allg. StR). Einheitlichkeit zeigt sich indes darin, dass eine formlose Einstellung ebenso wenig genügt (auch bei Zustimmung nach § 153a Abs. 2 StPO; vgl. BVerfG NStZ-RR 1996, 168 (169); OLG Hamm StV 2020, 683 (Ls) = LSK 2020, 25554) wie eine Anklageerhebung (VerfGH Bln. NStZ-RR 2013, 242). Soweit das Delikt in einem rechtskräftigen **Strafbefehl** festgestellt wird, ist str., ob es wegen der idR (nur) summarischen, aktenbasierten Prüfung zusätzlich bestätigender Hinweise bedarf (so OLG Nürnberg NJW 2004, 2032; mit Einschränkungen auch KG ZJJ 2015, 75 = BeckRS 2014, 19174; abw. aber OLG Hamm NStZ-RR 2008, 25 (26) alle zum allg. StR). Ein Adhäsions-Anerkenntnisurteil ist jedenfalls nicht ausreichend (OLG Hamm StV 2020, 683 (Ls) = LSK 2020, 25554).

10   Unter engen Voraussetzungen soll ein Widerruf auch ohne Verurteilung schon dann möglich sein, wenn sich das Widerrufsgericht in anderer Weise von der Begehung der Straftat (ohne deren förmliche Feststellung) überzeugt hat. Die Voraussetzungen hierfür sind aber selbst nach der Judikatur tendenziell streng (s. für § 26 etwa LG Saarbrücken ZJJ 2005, 449 = BeckRS 2011, 12762 mzustAnm Möller ZJJ 2005, 450). Teilw. wird von ihr nur ein glaubhaftes **Geständnis** vor einem Gericht akzeptiert (OLG Karlsruhe NStZ 2012, 702; OLG Hamm StV 2020, 683 (Ls) = LSK 2020, 25554; wohl auch OLG Düsseldorf NJW 2004, 790; OLG Stuttgart NJW 2005, 83). Nach aA soll es aber auch ausreichend sein, wenn sich das Widerrufsgericht auf ein Geständnis ggü. der StA und Polizei stützen kann (OLG Nürnberg NJW 2004, 2032; OLG Zweibrücken NStZ-RR 2005, 8; OLG Koblenz BeckRS 2005, 7235; OLG Saarbrücken BeckRS 2009, 86315 (jeweils zum allg. StR)) – was mit Blick auf dessen beschränkte Tragfähigkeit (→ § 70c Rn. 9 ff.) gerade bei jungen Verurteilten allerdings höchst fragwürdig ist. Keine Widerrufsgrundlage bildet ein Geständnis, das vor dem BewHelfer abgelegt (OLG Schleswig NStZ 2004, 628) oder das widerrufen wurde (EGMR NJW 2016, 3645).

b) Widerlegung der Bewährungsprognose. Anders als nach der vor- **11** genannten Judikatur hat § 26 Abs. 1 Nr. 1 nach der hier vertretenen Ansicht (→ Rn. 8) eine relativ geringe Relevanz. Denn die zBew ausgesetzte JStrafe wird oft bei der unabdingbaren Aburteilung des neuen Delikts in die Rechtsfolgenentscheidung gem. § 31 Abs. 2 einbezogen werden, sodass ein Widerruf vor allem in den Fällen von § 31 Abs. 3 zur Debatte stehen kann. Unabhängig davon erlaubt eine Straftat, die im relevanten Zeitraum begangen und hinreichend sicher festgestellt wurde, ohnehin nur unter strengen Bedingungen einen Widerruf. Dies ist lediglich dann der Fall, wenn das Delikt die (in → § 21 Rn. 15 ff. erläuterte) **positive Prognose,** die der Aussetzung der Vollstr zBew zugrunde lag, inhaltlich **erschüttert.** Um dies zu beurteilen, müssen die Zusammenhänge der neuen Straftat daraufhin bewertet werden, ob sie mit den ursprünglichen Entwicklungsannahmen noch verträglich sind oder ob sie diesen widersprechen. Dafür kommt es wesentlich auf die Tatsituation und das Verhältnis zwischen Täter und Opfer sowie auf die Motivstruktur an. Daneben können Art und Umfang der Tat bedeutsam sein. Erfolgte die neue Tat erst mehrere Jahre nach dem letzten vorherigen Delikt, wird sie kaum ein Anlass für einen Widerruf sein (AG Braunschweig DVJJ-J 1996, 396). Ebenso verhält es sich, wenn sie ganz anders als die früheren Delikte geartet oder fahrlässig begangen wurde oder lediglich geringfügig war (wobei die Ahndung mit Geldstrafe nach KG ZJJ 2015, 75 = BeckRS 2014, 19174; OLG Celle NStZ 2021, 686 nicht unbedingt gegen eine ausreichende Deliktsschwere spricht).

Das neue Delikt ist jedenfalls **nicht mehr** als ein **Indiz** für einen negati- **12** ven Verlauf (BGH NStZ 2010, 83) und hindert nicht daran, an der bisherigen Prognose festzuhalten. Das gilt insbes., wenn es in der Bewährungszeit auch zu günstigen Entwicklungen gekommen ist (was gerade im JStR mit Blick auf die alterstypischen Veränderungen häufig gegeben ist (vgl. BGH NStZ 2010, 83) oder wenn ein Widerruf die Legalbewährungserwartung verschlechtern würde (bspw., weil durch die Vollstr. der JStrafe eine Langzeittherapie unterbrochen würde). Im Übrigen ist das Widerrufsgericht an die Prognose, die das Tatgericht bei der Aburteilung der neuen Tat getroffen hat, **nicht gebunden.** Nimmt das Tatgericht eine Aussetzung einer dort ggf. verhängten JStrafe vor (oder verneint es schädliche Neigungen iSv § 17 Abs. 2), besteht aber die **Vermutung,** dass die darin liegende tatrichterliche Prognose auf einer hinlänglichen Grundlage erfolgt und anschlussfähig ist (n. zum Ganzen BVerfG NStZ 1985, 357; NStZ-RR 2008, 26 (27); OLG Hamm NStZ-RR 2008, 25 (26); BeckRS 2013, 11242; Kett-Straub in MüKoStGB StGB § 56f Rn. 30).

4. Widerruf gem. § 26 Abs. 1 S. 1 Nr. 2 und Nr. 3

Der Widerrufsgrund in § 26 Abs. 1 S. 1 Nr. 2 setzt die Anordnung einer **13** rechtmäßigen und hinreichend bestimmten Weisung (vgl. → § 10 Rn. 3 ff.) und deren Verletzung voraus. Es muss sich dabei allerdings, wie das Gesetz in eher unbestimmter Weise normiert, um einen qualifizierten Verstoß handeln. Als iS des Normtextes **„gröblich"** kann dabei nur ein gravierendes Fehlverhalten gelten, das die Ziele der BewHilfe intentional verletzt (zur Frage, ob dies bei Abbruch einer Therapie trotz der diesbzgl. Einwilligungsbedürftigkeit (→ § 10 Rn. 41) gegeben sein kann, n. Nehring in BeckOK JGG § 26 Rn. 16). **„Beharrlich"** ist der Verstoß, wenn er aus Missachtung oder Gleichgültigkeit immer wieder erfolgt (LG Saarbrücken ZJJ 2005, 449 (450) = BeckRS 2011, 12762), was bei „zeitweiligem nur ‚sporadischem' Aufsuchen des BewHelfers" noch nicht gegeben ist (vgl. OLG Hamm StV 2017, 719 = BeckRS 2016, 116290). Erfolgt dagegen die nach § 60 Abs. 1 S. 2 erforderliche Belehrung in unzulänglicher Weise, kann dies gegen die Beharrlichkeit sprechen (→ § 60 Rn. 15; auch → § 70b Rn. 5).

14   Auch die Konstellation der Weisungsverstöße erlaubt einen Widerruf nur, wenn sich hieraus eine **negative Legalbewährungsprognose** ergibt. Der entsprechende Rückschluss ist schon bei Erwachsenen nicht ohne weiteres möglich, sondern voraussetzungsreich (BVerfG NStZ-RR 2007, 338 (389); BeckRS 2019, 5278). Im JStR gilt das angesichts der alterstypischen Entwicklungsoffenheit Jugendlicher jedoch besonders. Wegen der vielfältigen (uU auch berechtigten) Gründe, die es für den Weisungsverstoß geben kann, sind daher konkrete und objektivierbare Anhaltspunkte für den entspr. Zusammenhang erforderlich (vgl. KG StV 2014, 746 = BeckRS 2014, 13285; OLG Hamm StV 2017, 719 = BeckRS 2016, 116290). Dass bei einem Jugendlichen, der wegen Beschaffungsdelikten verurteilt worden war und dann die Therapieweisung verletzt hat, die Erwartbarkeit neuer Straftaten „auf der Hand" liege (OLG Köln BeckRS 2009, 9620; s. dazu auch → § 82 Rn. 14), wird diesen Begründungsanforderungen nur wenig gerecht. Im Übrigen ist stets zu bedenken, dass das vorgabenwidrige Verhalten auch aus Spannungen in der Beziehung des BewHelfers zum Probanden hervorgehen kann und dann über die Perspektiven des Jugendlichen wenig besagt.

15   Für den gröblichen und beharrlichen Auflagenverstoß gem. **§ 26 Abs. 1 S. 1 Nr. 3** gelten die Ausführungen in → Rn. 13 entsprechend. Dem Gesetz zufolge kommt es in diesen Fällen allerdings nicht auf eine damit zusammenhängende Negativprognose an. Dies sei (wie im allg. StR) deshalb legitim, weil bei Auflagen durch deren Nichterfüllung die jeweilige, durch das Tatgericht für notwendig erachtete Ahndungswirkung ausbleibt (vgl. etwa Brunner/Dölling Rn. 6; Streng JugendStrafR Rn. 493). Dass bzw. warum deshalb der ambulante Ahndungsakt (anstelle einer Erzwingung) gerade durch eine stationäre Ahndungsform ersetzt werden soll, ist indes nicht einzusehen. Dies ist auch mit Blick auf § 2 Abs. 1 nicht funktional, weil die Annahme, schon durch die Nichtbefolgung der Auflage würden neue Delikte gefördert, rechtstatsächlich nicht erwiesen ist. Überlegungen, die § 26 Abs. 1 S. 1 Nr. 2 an Nr. 3 angleichen wollen (Schoene NJW 2000, 713), sind daher zurückzuweisen.

III. Subsidiarität des Widerrufs

16   Das Gericht darf nicht widerrufen, wenn eine Entscheidung nach Abs. 2 „ausreicht". Diese Regelung gilt für sämtliche Widerrufsanlässe (§ 26 Abs. 1 Nr. 1–3) und entspricht dem allg. Subsidiaritätsgrundsatz jugendstrafrechtlicher Rechtsfolgen (vgl. → § 5 Rn. 21 f.). Geht man von einem „systematischen Ausnahmecharakter des § 26 Abs. 2" aus (so LG Aurich ZJJ 2020, 205 = BeckRS 2019, 32016), wird dieser Regelungszusammenhang vollständig verkannt. Insbes. wird dabei übersehen, dass ein Widerruf aus Verhältnismäßigkeitsgründen ausscheiden muss, wenn es mildere, mindestens gleichgeeignete Interventionsformen gibt (ähnlich etwa LG Bonn BeckRS 2016, 18849; Sonnen in Diemer/Schatz/Sonnen Rn. 14). Ist das bei widerrufser-

setzenden Maßnahmen mit Blick auf die Zielstellung der JStrafe und deren Ersetzung, nämlich auf die Entwicklung eines sozialüblichen Konformitätsgrades der Fall, muss für sie also ein **Anwendungsvorrang** bestehen. Die **Erwartungssicherheit** hinsichtlich der fraglichen Eignung braucht dabei nicht höher zu sein als im Falle des § 21 Abs. 1 S. 1 (zust. Schendler in Nix Rn. 6; für das allg StR ebenso etwa OLG Schleswig NJW 1980, 2320; begründungslos abw. aber KG BeckRS 2013, 13943: hohe Wahrscheinlichkeit). In Fällen, in denen Maßnahmen nach § 26 Abs. 2 nicht in Betracht kommen (etwa, weil sie wegen des Ablaufs der Bewährungszeit nicht mehr möglich sind (→ Rn. 17) oder weil sich der Verurteilte inzwischen in einer Unterbringung befindet), kommt es darauf an, ob der **schlichte Verzicht** auf den Widerruf spezialpräventiv mindestens ebenso aussichtsreich wie dessen Vornahme ist und deshalb als die verhältnismäßige Variante vorgezogen werden muss (BGH NStZ 2010, 83; LG Bonn BeckRS 2016, 18849; Sonnen in Diemer/Schatz/Sonnen Rn. 10).

1. Widerrufsersetzende Optionen

Dem Widerruf bei entspr. Eignung vorzuziehen sind nach § 26 Abs. 2 die **17** Erteilung anderer Weisungen oder Auflagen (Nr. 1) sowie die erneute Unterstellung unter BewHilfe (Nr. 3). Ferner gilt dies für die Verlängerung einer noch laufenden Unterstellung und/oder Bewährungszeit (Nr. 2). Das hier erlaubte Höchstmaß beträgt vier Jahre. Bei den widerrufsersetzenden Maßnahmen handelt es sich also um Vorgehensweisen, die allesamt nach §§ 22 Abs. 2 S. 2, 23 Abs. 1 S. 3, 24 Abs. 2 ohnehin (dh an sich auch ohne einen vorliegenden Widerrufsgrund) zulässig sind. Die hier sonst noch erlaubten Vorgehensweisen (Änderung und Präzisierung von Weisungen und Auflagen, richterliche Anhörung) kommen, da § 26 Abs. 2 **keinen abschließenden** Charakter hat, in diesem Zusammenhang iÜ auch in Betracht (Nehring in BeckOK JGG § 26 Rn. 25). Prinzipiell ist all dies allerdings, wie sich aus § 22 Abs. 2 S. 2 schließen lässt, indes nur **vor Ablauf** der Bewährungszeit möglich.

Allerdings ist eine Verlängerung der Bewährung − falls sie einen sonst **18** möglichen Widerruf ersetzen soll (also nicht im Normalfall (→ § 22 Rn. 8)) − auch noch **nachträglich,** dh noch nach Ablauf der Bewährungszeit möglich (s. LG Hamburg NStE Nr. 1 zu § 26 JGG; Nehring in BeckOK JGG § 22 Rn. 8; zum allg. StR etwa BVerfG NStZ 1995, 437; OLG Hamm NJW 1975, 2112; OLG Düsseldorf StV 1996, 218 = LSK 1996, 300420). § 26 Abs. 2 Nr. 2 wird hier als eine (normtextlich nicht ausgeschlossene) Ausnahme von § 22 Abs. 2 S. 2 interpretiert, die durchaus als legitim gelten kann. Wenn nämlich der Widerruf auch noch zwischen Ablauf der Bewährungszeit und JStraferlass zulässig ist (vgl. → Rn. 23 f.), stellt die Möglichkeit, in dieser Phase die Bewährungsfrist zur Abwendung des Widerrufs nachträglich zu verlängern, hierfür einen notwendigen Ausgleich dar.

Kommt es in dem Zeitabschnitt, von den die Bewährungszeit nachträglich **19** verlängert wurde, zu einem **Widerrufsanlass** (insbes. einem Delikt), kann dies dann einen (späten) Widerruf rechtfertigen. Dies gilt aber nicht für Straftaten, die zwischen dem Ende der (ursprünglichen) Bewährungszeit und dem nachträglichen Verlängerungsbeschluss begangen werden. Eine widerrufsförmige Berücksichtigung eines Verhaltens, das in dieser **bewährungsfreien** Zwischenphase an den Tag gelegt wird, soll möglich sein, sofern der

Verurteilte die beabsichtigte Verlängerung (etwa wegen eines entspr. Hinweises) kannte (KG StV 2012, 484 = BeckRS 2011, 19263; BeckRS 2015, 19897; ebenso im allg. StR etwa OLG Brandenburg StraFo 2004, 214 = BeckRS 2004, 18312; OLG Hamm NStZ-RR 2010, 127; OLG Jena NStZ-RR 2014, 206; OLG Celle NdsRpfl 2018, 112 = BeckRS 2018, 590; OLG Bremen StV 2020, 518 = BeckRS 2019, 23678). Richtigerweise scheidet ein Widerruf jedoch in diesen Konstellationen generell aus, weil zur Tatzeit keine Bewährungspflichten bestanden und die Bewährungszeit nur rückwirkend zu einer solchen wird (vgl. für das allg. StR OLG Köln StV 2008, 262 = BeckRS 2006, 1623; OLG Jena NStZ-RR 2007, 220; OLG Frankfurt a.M. NStZ-RR 2008, 221 (222)). Zu einem sehr ähnlichen Ergebnis gelangt die Ansicht, der zufolge die Verlängerung der Bewährung ohnehin erst mit deren nachträglicher Anordnung beginnt (vgl. Nehring in BeckOK JGG § 22 Rn. 9; für das allg. StR etwa OLG Bamberg NStZ-RR 2006, 326).

2. Bedingungen der Vorrangigkeit

20   Die widerrufsersetzenden Reaktionsmöglichkeiten sind immer dann vorzuziehen, wenn sie „ausreichen", um die Folgen herbeizuführen, die ein Widerruf erwarten lässt. Die Aussichten auf eine positive Konformitätsentwicklung müssen also **mindestens widerrufsäquivalent** sein und dürfen nicht hinter dem Niveau zurückbleiben, das sich der JRichter von einer Vollstr. der JStrafe verspricht. Um dies festzustellen, muss das JGericht **vergleichen,** wie die Entwicklungsprognose, die es ursprünglich getroffen (im Fall von § 26 Abs. 1 S. 1 Nr. 3) oder die es später iSv → Rn. 11 f. und 14 modifiziert hat (im Fall von § 26 Abs. 1 S. 1 Nr. 1 und 2), durch die stationäre und durch die ambulante Intervention vermutlich beeinflusst werden wird. Stets kommt es hier auf die individuellen Bedingungen an und dabei insbes. auch auf Umstände, die in keinem direkten Zusammenhang mit dem zum Widerrufsanlass führenden Verhalten des Verurteilten stehen – etwa eine aufgenommene Ausbildung oder Entzugstherapie (vgl. OLG Celle StV 2012, 485 = BeckRS 2012, 5109 zum allg. StR). Angesichts der schlechten Leistungsbilanz des JStVollz (→ § 17 Rn. 16 ff.) kann die ambulante Variante in diesem Vergleich nur selten schlechter abschneiden, so dass das Gericht aus Verhältnismäßigkeitsgründen (→ § 5 Rn. 21 f.) meist nach § 26 Abs. 2 vorgehen muss.

21   Grds. denkbar ist in diesem Zusammenhang auch, eine **kurzzeitige stationäre Intervention** zu veranlassen und danach (unter Verzicht auf den Widerruf) nach § 26 Abs. 2 zu verfahren. Prozesstechnisch wird dies in einer ersten Variante durch Erlass eines Sicherungshaftbefehls (§ 453c StPO iVm § 2 Abs. 2) und einem mehrwöchigen Hinausschieben (→ Rn. 22) der Anhörung zur Nicht-/Widerrufsentscheidung erreicht. Der zwischenzeitliche U-Haftvollzug soll dann als „Denkzettel" fungieren, was eine anschließende widerrufsersetzende Reaktion eher als ausreichend erscheinen lässt (dazu auch Brunner/Dölling Rn. 10). Mit ähnlicher Zielrichtung könnte (in den Konstellationen von § 26 Abs. 1 S. 1 Nr. 2 und 3) auch ein Nichtbefolgungs-JA (§ 23 Abs. 1 S. 4 iVm § 11 Abs. 3) angeordnet werden (Ostendorf in NK-JGG §§ 26–26a Rn. 16; Streng JugendStrafR Rn. 496). Allerdings liegt bei der erstgenannten Spielart ein klarer Fall der Zweckentfremdung vor. Auch sonst sind beide Vorgehensweisen höchst ambivalent. Zwar spricht für sie ihr widerrufsvermeidendes Ziel, doch muss die erzieherische Eignung einer Freiheitsentziehung, die in diesen Arrangements als „heilsamer Schock" dienen soll, in tatsächlicher Hinsicht bezweifelt werden (s. auch Burmann Sicherungshaft 59; Schumann ZRP 1984, 319 (322 f.) sowie → § 23 Rn. 11).

IV. Zeitpunkt des Widerrufs

1. Entstehung des Widerrufsanlasses

Der Widerruf ist während der BewZeit jederzeit möglich. Sobald nach 22 Auffassung des JGerichts die Situation eingetreten ist, dass die Voraussetzungen des § 26 Abs. 1 S. 1 vorliegen und die milderen Mittel iSv § 26 Abs. 2 nicht (mehr) ausreichend sind, muss die Widerrufsanordnung getroffen werden. Das Gebot, **möglichst bald** zu handeln, entspricht dem allg. (rechtsstaatlich wie erzieherisch begründeten) Prinzip, klärungsbedürftige Reaktionen für die Betroffenen nicht ohne Grund im Unklaren zu lassen. Zudem ist es auch im Hinblick auf § 22 Abs. 2 S. 2 angezeigt. Aus diesen Gründen sollen besondere Ermittlungen, derer es neben den Berichten des BewHelfers für die Entscheidung ggf. bedarf, möglichst frühzeitig eingeleitet werden (vgl. auch → Rn. 28). Sobald keine begründete Aussicht mehr besteht, dass weitere relevante Erkenntnisse zu gewinnen sind, muss die Entscheidung erfolgen (KG JR 1967, 307). Eine vorübergehende **Zurückstellung** der Entscheidung ist allerdings dann möglich, wenn das JGericht für eine gewisse Zeit die Weiterentwicklung von entwicklungsrelevanten Prozessen beobachten und den prognostischen Vergleich zwischen Vornahme und Nichtvornahme des Widerrufs (→ Rn. 20) danach auf einer besseren Beurteilungsgrundlage durchführen will (vgl. so für das Abwarten des Therapieerfolges bei Zurückstellung nach § 35 BtMG in der neuen Sache etwa OLG Düsseldorf StV 1989, 159 = LSK 1989, 340150; OLG Zweibrücken StraFo 1998, 140 = BeckRS 1998, 01583; OLG Celle StV 2012, 485 = BeckRS 2012, 5109; OLG Koblenz BeckRS 2015, 17024 für das allg. StR). Dabei handelt es sich aber streng genommen nicht um eine Ausnahme von der Pflicht zur sofortigen Entscheidung, sondern um eine Konstellation der (hinsichtlich der Subsidiaritätsfrage) noch fehlenden Entscheidungsreife.

2. Nach Ablauf der Bewährungszeit

Die Möglichkeit des Widerrufs wird von § 26 Abs. 1 nicht auf die Bewäh- 23 rungszeit beschränkt. Solange die JStrafe noch nicht erlassen worden ist (§ 26a S. 1), kann ein Widerruf deshalb auch erst zu einem späteren Zeitpunkt erfolgen. Angesichts der eben erörterten Pflicht zur zügigen Entscheidung sollte dies aber vornehmlich nur bei solchen Widerrufsanlässen praktisch bedeutsam sein, die entweder in einer späten Phase der Bewährungszeit entstanden sind oder die einer langdauernden strafprozessualen Klärung bedurften. Außerdem greift das Beschleunigungsgebot auch in diesen Konstellationen, so dass der Widerruf dann innerhalb kurzer Zeit angeordnet werden muss. Eine dahingehende **Befristung** wird von der hM allerdings **nicht** anerkannt (VerfGH Bbg. BeckRS 2015, 56548; vgl. schon OLG Hamburg NJW 1970, 65; OLG Hamm NJW 1974, 1520 zum allg. StR). Aus Gründen des Vertrauensschutzes und der Rechtssicherheit ist der Widerruf allerdings bei einer **außergewöhnlichen** Verzögerung unzulässig

(vgl. etwa OLG Stuttgart StV 1985, 380; OLG Düsseldorf StV 1993, 431 =
BeckRS 1992, 373; NStZ-RR 1997, 254 zum allg. StR). Im JStR wurde
das beim Verstreichen von 10 Monaten nach Bewährungszeitablauf anerkannt (LG München I StV 2002, 434 = LSK 2002, 450628). Ausschlaggebend sei jedoch stets, ob „die Entscheidung aufgrund von Umständen, die
im Verantwortungsbereich der Justiz liegen, ungebührlich lang herausgezö-
gert wurde und bei dem Verurteilten ein schützenswertes Vertrauen darauf
entstehen konnte, ein Widerruf werde nicht mehr erfolgen" (so OLG Celle
BeckRS 2009, 27559 zu § 26).

24   Dabei ist indes zu berücksichtigen, dass das Zeitempfinden Jugendlicher
und auch Heranwachsender anders als das der Erwachsenen ist und ein
Vertrauenstatbestand deshalb eher begründet wird. Ohnehin leidet die erzieherisch notwendige Verlässlichkeit des staatlichen Handelns durch nachträgliche Widerrufsentscheidungen eigentlich stets, so dass diese **allenfalls kurz**
nach Bewährungsende noch hinnehmbar sind (plausibel Ostendorf in NK-
JGG §§ 26–26a Rn. 3: in Anlehnung an § 229 Abs. 2 S. StPO innerhalb
eines Monats; ähnlich LG Trier StV 2019, 481 (Ls.) = LSK 2018, 44753:
binnen angemessener Frist). Ist dies nicht möglich, weil hinsichtlich einer
neuen Tat der rechtskräftige Abschluss eines noch anhängigen Verfahrens
abgewartet werden muss, bedarf es eines **Hinweises,** dass die Entscheidung
– die auf Widerruf oder eine widerrufsersetzende nachträgliche Verlängerung der Bewährungszeit (→ Rn. 18) oder auf Straferlass (→ Rn. 27) lauten
kann – dafür aufgeschoben wird (KG BeckRS 2013, 13943).

V. Folgen des Widerrufs

25   Wird die Aussetzung zBew widerrufen, ist die angeordnete JStrafe vollstreckbar. Dass dann – ebenso wie iÜ beim Erlass der JStrafe (§ 26a S. 2) –
jene Leistungen, die der Jugendliche im Rahmen der Bewährung erbracht
hatte, gem. **§ 26 Abs. 3 S. 1** nicht zurückerstattet werden, entspricht dem
Sanktionscharakter der Bewährungspflichten und schaltet etwaige Zweifelsfragen nach bürgerlichem Recht aus. Allerdings ist gem. **§ 26 Abs. 3 S. 2**
eine **Anrechnung** von Leistungen auf die JStrafe zulässig. Diese gelten dann
als vollstreckte JStrafe iSv § 88 Abs. 1 (vgl. → § 88 Rn. 4). Während dies im
Ermessen des JGerichts liegt (für eine Ermessensreduzierung auf Null aber
Ostendorf in NK-JGG §§ 26–26a Rn. 18), ist ein angeordneter (→ § 21
Rn. 15) Kopplungs-JA (§ 16a) gem. **§ 26 Abs. 3 S. 3** im Umfang seiner
Vollstr. zwingend anzurechnen, wenn die verhängte JStrafe aufgrund des
Aussetzungswiderrufs umzusetzen ist. Dadurch soll ausgeschlossen werden,
dass das Zusammentreffen von jugendstraf- und arrestförmiger Freiheitsent-
ziehung eine „Doppelbestrafung" bzw. Überschreitung des Schuldmaßes mit
sich bringt (Begr. BT-Drs. 17/9389).

26   Dass eine Anrechnung auf die JStrafe auf Leistungen beschränkt ist, die
mit Blick auf Auflagen erbracht wurden, soll sich mit der ahndungsbezoge-
nen Zweckrichtung erklären. Nach dem Umkehrschluss aus § 26 Abs. 3 S. 2
sind **Leistungen in Erfüllung von Weisungen** dagegen nicht anrechenbar,
weil sie zur Förderung der Lebensführung erfolgt sind (→ § 10 Rn. 3 ff.).
Das gilt auch für Zeiten, die auf eine entspr. Weisung hin in einer stationären
Therapieeinrichtung verbracht wurden (LG Offenburg NStZ-RR 2004, 58;
vgl. aber betr. § 36 Abs. 3 BtMG → § 82 Rn. 13). Unklar und str. ist, ob

ein nach §§ 23 Abs. 1 S. 4 iVm 11 Abs. 3 angeordneter **Nichtbefolgungs-JA,** der tatsächlich vollstreckt wurde (zum Fall der bisherigen Nichtvollstreckung vgl. → § 87 Rn. 7), nach dem Aussetzungswiderruf entspr. Abs. 3 S. 2 auf die JStrafe angerechnet werden kann (vern. Brunner/Dölling Rn. 13; Nehring in BeckOK JGG § 26 Rn. 32). Die Frage muss, obwohl der JA hier nur eine Reaktion auf die Nichtbefolgung von Bewährungspflichten darstellt, im Interesse des Einheitsprinzips bejaht werden (n. → § 31 Rn. 7 und 51; in entspr. Anwendung von § 26 Abs. 3 S. 3 bzw. § 52a ebenso LG Limburg/Lahn NStZ-RR 2021, 189; Ostendorf in NK-JGG Rn. 18; Schady in NK-JGG § 52a Rn. 1; Schady FS Ostendorf, 2015, 784 f.; Streng JugendStrafR Rn. 497).

VI. Erlass der Jugendstrafe

Nach Ablauf der Bewährungszeit ist die JStrafe zu erlassen, soweit die **27** Aussetzung der Vollstr zBew nicht widerrufen wird (§ 26a S. 1) und ein Grund zur Verlängerung der Bewährungszeit nicht besteht. Die Entscheidung über den Erlass ist gem. § 59 Abs. 4 unanfechtbar (→ § 59 Rn. 30) und wird daher **sofort rechtskräftig.** Zugleich ist er konstitutiv. Die Wirkung des Erlasses tritt nämlich allein mit Verkündung oder Zustellung des den Erlass aussprechenden Beschlusses ein und nicht etwa mit dem Ablauf der Bewährungszeit. Die fragliche Wirkung besteht in der **Erledigung** der JStrafe, bei der danach weder ein Widerruf mit anschließender Vollstr. noch eine Einbeziehung gem. § 31 Abs. 2 möglich ist. Außerdem muss mit dem Erlass zugleich der Strafmakel als beseitigt erklärt werden (§ 100), was va registerrechtliche Folgen hat (→ § 100 Rn. 3 f.). Anders als im allg. StR (vgl. § 56g Abs. 2 StGB) gibt es im JStR keine Grundlage für einen Widerruf des Straferlasses (BGH StV 1992, 432 (433) = BeckRS 1991, 31082470; OLG Stuttgart StV 1996, 271 = LSK 1996, 140386).

Die Entscheidung über den Erlass setzt **abschließende Ermittlungen 28** voraus (vgl. RL 1). Mit diesen sollte rechtzeitig begonnen werden, sodass sie spätestens am Ende der Bewährungszeit beendet sind. In erzieherischer Hinsicht ist es erforderlich, dass der Verurteilte alsbald Klarheit erhält und zu diesem Zeitpunkt eindeutig darüber informiert wird, ob das Verfahren nunmehr beendet ist oder nicht. Sollen nach Ablauf der Bewährungszeit noch zusätzliche Ermittlungen vorgenommen werden, weil die bis dahin vorliegenden Informationen für eine Entscheidung nicht ausreichend sind, ist das angesichts des **Beschleunigungsprinzips** nur bei besonderen Einzelfallumständen akzeptabel (s. aber auch die Verzögerungsgründe in → Rn. 18 und → Rn. 23). Der Umstand, dass die JStrafe noch nicht erlassen wurde, darf nach Ablauf der Bewährungszeit bei der Rechtsfolgenbemessung in einem anderen StVerf aber nicht mehr zum Nachteil des Angeklagten berücksichtigt werden (BGH BeckRS 1985, 05571; vgl. auch BGH StV 2018, 358 = BeckRS 2016, 17379 zum allg. StR).

VII. Verfahrensrechtliches

Für die Zuständigkeit und das Widerrufsverfahren gelten – auch bei **29** inzwischen Erwachsenen (OLG Celle NStZ 2021, 686) – die Maßgaben von

§ 58. Vor der Entscheidung über den Widerruf sowie über den Erlass der JStrafe sind der StA, der Verurteilte, (ggf.) der Verteidiger und der BewHelfer **zu hören** (→ § 58 Rn. 7 ff.; vgl. auch RL 2). Auch die JGH ist zu beteiligen (OLG Koblenz BeckRS 2016, 9647; einschr. OLG Celle NStZ 2021, 686: sofern für die Entscheidung grds. sachdienlich). Ggf. bedarf es einer Nachholung der Anhörung (dazu OLG Hamm ZJJ 2008, 387 = BeckRS 2008, 11801). Die Frage der **notwendigen Verteidigung** ist nicht ausdrücklich geregelt, aber durch analoge Bezugnahme auf § 83 Abs. 3 S. 2 sowie § 68 Nr. 5 zu bejahen (iErg ähnlich Beulke/Swoboda JugendStrafR Rn. 675 sowie nach früherer Rechtslage auch LG Kiel BeckRS 2014, 17363; LG Saarbrücken ZJJ 2015, 426; LG München StV 2020, 696 (697) = LSK 2019, 48946).

30   Die Beschwerdemöglichkeiten sind in § 59 Abs. 2–4 geregelt (speziell zur str. Frage, ob die StA die Ablehnung des Antrages auf Widerruf anfechten kann, vgl. → § 59 Rn. 27a). Wurde die Aussetzung widerrufen, obliegt die Einleitung der Vollstr dem zuständigen Vollstreckungsleiter (§§ 84 f.), der idR allerdings mit dem erkennenden JRichter identisch ist. Im Falle der Einlegung **sofortiger Beschwerde** kann, bis hierüber entschieden ist, eine Vollstr der JStrafe nicht vorgenommen werden (→ § 59 Rn. 28). Allerdings hat der JRichter, sofern ein Widerruf zu erwarten ist, unter bestimmten Voraussetzungen die Möglichkeit, einen **Sicherungshaftbefehl** (§ 453c StPO) zu erlassen oder andere Sicherungsmaßnahmen zu ergreifen (→ § 58 Rn. 13 ff.; vgl. auch RL 3).

Sechster Abschnitt. Aussetzung der Verhängung der Jugendstrafe

Voraussetzungen

27 Kann nach Erschöpfung der Ermittlungsmöglichkeiten nicht mit Sicherheit beurteilt werden, ob in der Straftat eines Jugendlichen schädliche Neigungen von einem Umfang hervorgetreten sind, daß eine Jugendstrafe erforderlich ist, so kann der Richter die Schuld des Jugendlichen feststellen, die Entscheidung über die Verhängung der Jugendstrafe aber für eine von ihm zu bestimmende Bewährungszeit aussetzen.

Schrifttum: Baier, Die Bedeutung der Aussetzung der Verhängung der Jugendstrafe und der Vorbewährung in der jugendgerichtlichen Praxis in Bayern, 2015; Lorbeer, Probleme der Aussetzung der Verhängung der Jugendstrafe nach §§ 27 ff. JGG, 1980.

Übersicht

I. Anwendungsbereich

Die Vorschrift gilt für Jugendliche sowie für jene Heranwachsende, auf die **1** das materielle JStR angewandt wird – und das jeweils vor JGerichten sowie vor den für allg. Strafsachen zuständigen Gerichten (§§ 104 Abs. 1 Nr. 1, 105 Abs. 1, 112 S. 2).

II. Einordnung

1. Systematische Bedeutung der Vorschrift

2   Die Regelung eröffnet die Möglichkeit, die Schuld des Jugendlichen im Urteil festzustellen und zugleich die Entscheidung über die Verhängung der JStrafe auszusetzen. Über deren Nicht-/Anordnung (und ggf. auch Bemessung) wird dann gem. § 30 in einem Nachverfahren entschieden. Hinsichtlich des Schuldspruchs trifft das Gericht also eine rechtskraftfähige Vorabentscheidung, während die Rechtsfolgenbestimmung in Ob und Maß zunächst noch aufgeschoben und vom Bewährungsverlauf abhängig gemacht wird. Damit ermöglicht § 27 eine Reaktion, die zu Recht als eigenständige Rechtsfolge eingestuft wird (so bspw. Ostendorf in NK-JGG Grdl. zu §§ 27 –30 Rn. 1 mwN; s. aber bspw. auch Diemer in Diemer/Schatz/Sonnen Rn. 2 mwN, der dagegen – ohne dass damit verknüpfte Konsequenzen (→ Rn. 3, → Rn. 5) wirklich zwangsläufig wären – von einer „bedingten Verurteilung" ausgeht).

3   Das Vorgehen nach §§ 27 ff. hat aus mehreren Gründen grds. das Potenzial **erzieherisch konstruktiver** Wirkungen. So bleibt der Jugendliche ohne Strafmakel (vgl. aber auch → Rn. 28). Auch weil das Gericht zudem von der expliziten Bewertung absieht, der Verurteilte zeige jugendstrafbedürftige „schädliche Neigungen", werden justizielle Stigmatisierungen vermieden (krit. aber Heublein ZfJ 1995, 436 (436)). Empirisch ungesichert ist es indes, ob die Aussetzungsentscheidung, indem sie den Jugendlichen hinsichtlich der Rechtsfolgenverhängung im Ungewissen lässt, tatsächlich einen besonderen Konformitätsdruck erzeugt. Erzieherisch eher funktional dürfte jedoch der Umstand sein, dass der Verurteilte im Zuge der Aussetzung für eine bestimmte Zeitdauer (§ 28) der Aufsicht und Leitung eines BewHelfers untersteht (§ 29 S. 1). Zudem wird der JRichter versuchen, ihn während dieser Bewährungszeit durch gezielte Maßnahmen gem. § 29 – ggf. iVm anderen Rechtsfolgen (§ 8) – positiv zu beeinflussen, sodass sich danach die **JStrafe** möglichst als **überflüssig** erweist. Die Aussetzung verkörpert damit eine mehrschichtige spezialpräventive Einwirkungsform (ebenso bspw. Jaglarz NStZ 2015, 191 (194)) und geht in ihrer Bedeutung weit darüber hinaus, die Anordnung einer JStrafe lediglich zur **weiteren Abklärung** ihrer Notwendigkeit zu suspendieren. Der isolierte Schuldspruch gem. § 27 erfolgt nicht nur zwecks weiterer Ermittlungen, sondern wird vielmehr mit dezidiert erzieherischen Interventionen verknüpft (dazu, dass ein erfolgreiches Bewältigen der Bewährungszeit empirisch recht häufig zu beobachten ist, vgl. n. → § 30 Rn. 6).

4   Ohnehin liegt eine weitere Berechtigung der in § 27 geregelten Entscheidungsoption in deren **Überbrückungsfunktion.** Die Aussetzung der Verhängung mildert die erhebliche Kluft, die zwischen den sonstigen Rechtsfolgen des JStR und der JStrafe besteht und die sich etwa in der Stufenhöhe zwischen der Höchstdauer des JA und der Mindestdauer der JStrafe zeigt. In den nicht wenigen Fällen, in denen „schädliche Neigungen" und deren Ausprägung (n. → § 17 Rn. 20 ff.) nicht festgestellt werden können, vermeidet die Anwendung der Vorschrift den erheblichen Sanktionssprung von der kurzfristigen Freiheitsentziehung des Arrests (oder von anderen Rechtsfolgen) zur JStrafe (zu den Anwendungsbereichen Heublein ZfJ 1995, 436

(438)). Dies ist auch deshalb von Belang, weil die (in §§ 17 Abs. 2, 18 Abs. 2, 27 normtextlich unterstellte) Annahme, der JStrafe komme generell oder doch vielfach eine positive spezialpräventive Wirkung zu, kaum erfahrungswissenschaftliche Unterstützung erfährt (n. → § 17 Rn. 16 ff.).

Der Bedeutung von § 27 würde es also **schwerlich gerecht,** wollte man 5 dessen Anwendung auf eine strikte Ausnahme reduzieren und die Vorschrift eng interpretieren (so aber Diemer in Diemer/Schatz/Sonnen Rn. 4; vgl. → Rn. 6 ff. zur Zurückhaltung der Praxis). Erst recht wäre eine Streichung der §§ 27 ff. (dafür Lorbeer, Probleme der Aussetzung der Verhängung der Jugendstrafe nach §§ 27 ff. JGG, 1980, 244 ff.; Radtke ZStW 121 (2009), 416 (443 f.)) wegen all der genannten Gründe dysfunktional (aus der dies ebenso einschätzenden hM vgl. nur Neubacher/Bachmann NStZ 2013, 386 (387)).

2. Rechtspraktische Bedeutung

In den Jahren 2008 bis 2018 (zu früheren Jahren vgl. 19. Aufl.) erging in 6 folgender Häufigkeit eine Entscheidung nach § 27: 2.830, 2.603, 2.331, 2.098, 1.805 und 1.749 (StrafSt Tab. 2.2). 2019 waren es 1.408. Der Rückgang ist indes in Bezug zur sinkenden Zahl aller Verurteilten zu setzen. Danach sind die auf § 27 entfallenden Verurteilungsanteile langfristig gestiegen (Heinz Sekundäranalyse 1173), um sich zuletzt stabil auf einem 3 %-Niveau zu bewegen (2014, 2016, 2018 und 2019: 2,91 %, 2,92 %, 2,95 % und 3,22 % − StrafSt Tab. 2.2). Ergänzende Hinweise bot die bis 2011 veröffentlichte BewHilfe-Statistik. Dort wurden an den Stichtagen des 31.12.2008 und 2011 (jeweils in den „alten" Bundesländern, ab 1996 ohne Hmb.) insg. 4.796 und 4.341 Personen erfasst, die nach einer Entscheidung gem. § 27 der BewHilfe unterstellt waren (Tab. 1.2.1). Zugleich variiert die **Anwendungshäufigkeit** zwischen den Bundesländern recht stark (s. dazu Tab. sowie Heinz Sekundäranalyse 1174 ff.).

Tabelle: Prozentualer Anteil der Aussetzung zBew nach § 27 (und § 21) 7 von allen Unterstellungen unter BewHilfe nach JStR (BewHiSt Tabelle 2 (1984), RPflSt Tabelle 5.2 (1992); ab 1992 BewHiSt Tabelle 1.2.2 (neuere Zahlen nicht verfügbar))

Jahr jeweils 31.12.	„alte" Bundes-länder (ab 1992 ohne Hmb.)	BW	Bay.	Bln.	Bremen
1984	7,5	6,9	5,7	4,9	12,9
	(68,2)	(68,7)	(64,8)	(79,3)	(60,4)
1992	8,3	10,0	7,2	4,7	10,7
	(66,6)	(62,0)	(62,6)	(73,1)	(69,8)
2000	10,6	14,3	7,0	5,2	9,9
	(69,6)	(66,7)	(67,7)	(81,0)	(69,9)
2008	13,4	14,8	6,9	6,1	13,0
	(64,4)	(63,5)	(62,9)	(80,8)	(67,4)
2011	13,6	14,6	(5,1)	(6,1)	(16,8)
	(61,6)	(61,9)	(59,9)	(80,8)	(64,0)

Jahr jeweils 31.12.	„alte" Bundes-länder (ab 1992 ohne Hmb.)	Hess.	Nds.	NRW	RhPf.
1984	7,5	11,4	9,9	6,9	7,9
	(68,2)	(69,0)	(68,1)	(69,8)	(69,6)
1992	8,3	8,6	10,3	6,1	8,6
	(66,6)	(68,6)	(65,1)	(70,0)	(68,5)
2000	10,6	8,2	11,6	11,0	12,3
	(69,6)	(73,0)	(70,1)	(68,9)	(69,3)
2008	13,4	11,5	12,8	16,0	17,0
	(64,4)	(70,1)	(65,7)	(63,1)	(59,7)
2011	13,6	13,2	12,6	16,4	18,6
	(61,6)	(65,7)	(61,7)	(59,2)	(56,8)

Jahr jeweils 31.12.	„alte" Bundes-länder (ab 1992 ohne Hmb.)	Saarl.	SchlH	Bbg.	MV
1984	7,5	3,1	13,6		
	(68,2)	(66,5)	(61,9)		
1992	8,3	4,2	15,9		
	(66,9)	(71,1)	(56,3)		
2000	10,6	3,5	17,7	11,7	12,1
	(69,6)	(83,4)	(66,3)	(72,8)	(74,4)
2008	13,4	13,5	23,3	16,8	16,5
	(64,4)	(72,6)	(57,6)	(62,9)	(69,2)
2011	13,6	30,3	19,5	14,0	16,4
	(61,6)	(56,1)	(59,7)	(65,0)	(65,4)

8   Die Bereitschaft zur Nutzung von § 27 ist also begrenzt (wobei allerdings auch von § 21 nur ca. viermal so häufig Gebrach gemacht wird (Heinz Sekundäranalyse 1173)). Die überschaubare rechtspraktische Relevanz könnte sich mit einer Praktikermeinung erklären, wonach das Instrument von den Adressaten als Nicht-Sanktion **missverstanden** werde und somit erzieherisch eher ungeeignet sei (vgl. die Befragung von Baier, Die Bedeutung der Aussetzung der Verhängung der Jugendstrafe (…), 2015, 147 ff., 163 ff.; vgl. auch Zieger StV 1988, 308 (310): Rechtsfolge ist dem Jugendlichen nur schwer verständlich zu machen). Eine weitere Erklärung könnte darin bestehen, dass in der Praxis eine gewisse Skepsis ggü. § 27 herrscht, weil es diese Rechtsfolge im allg. StR nicht gibt (zur Angleichungstendenz an das Rechtsfolgensystem des allg. StR → Einl. Rn. 55). Möglicherweise besteht die für § 27 vorausgesetzte Ungewissheitssituation (→ Rn. 10) angesichts der jugendrichterlichen Amtsaufklärungspflicht aber auch tatsächlich **nur selten.** Schließlich mag die vergleichsweise zurückhaltende Anwendung darauf beruhen, dass sich bei der Aussetzung nach § 27 bisweilen **praktische Folgeprobleme** ergeben: etwa hinsichtlich der gleichzeitigen Anordnung von JA (→ § 8 Rn. 14), der Abgebbarkeit des Nachverfahrens an den JRichter, in dessen Bezirk der Jugendliche sich aufhält (→ § 62 Rn. 9) und nicht zuletzt der Unzulässigkeit eines Sicherungshaftbefehls (→ § 58 Rn. 17). Auch der Zeitfaktor dürfte hemmend wirken. Wird nämlich aus einem Verhalten, das sich lange nach dem Tatzeitpunkt ereignet hat, iSv § 30 Abs. 1 auf die Tat rückgeschlossen, so wird dies vom Verurteilten womöglich als ungerecht erlebt. Insbes. aber ist das JGericht im Nachverfahren insofern **gebunden,** als es außer der JStrafe und der Tilgung des Schuldspruchs selbst bei entspr. Notwendigkeit keine anderweitigen Anordnungen mehr treffen kann (→ § 30 Rn. 18).

III. Bedingungen der Verhängungsaussetzung

1. Voraussetzungen

a) Ausschlusskriterien. Eine Entscheidung nach § 27 ist **unzulässig,** 9 wenn eine JStrafe auch oder allein wegen der **„Schwere der Schuld"** iSd § 17 Abs. 2 Alt. 2 als erforderlich erachtet wird. Das Gesetz stellt ausschließlich auf „schädliche Neigungen" iSd § 17 Abs. 2 Alt. 1 ab (zur hier allerdings auch bei schwerwiegenden Taten möglichen Anwendung s. bereits Lempp ZblJ 1992, 385 (392)). Zugleich setzt eine Entscheidung nach § 27 voraus, dass die Verhängung von JStrafe wegen „schädlicher Neigungen" grds. möglich wäre. Sie scheidet also aus, wenn gar kein materielles JStR anwendbar wäre (dazu § 105 Abs. 1), wenn die JStrafe mit Blick auf das abzuurteilende Delikt den Verhältnismäßigkeitsgrundsatz verletzen würde (allg. → § 17 Rn. 39 ff.) sowie erst recht, wenn das Delikt wegen eines Verfahrenshindernisses gar nicht verfolgbar ist (BGHSt 9, 104 = NJW 1956, 960).

b) Verbleibende Ungewissheit. Für das JGericht muss es ungewiss 10 geblieben sein, ob die vorliegenden „schädlichen Neigungen" so stark ausgeprägt sind, dass es der JStrafe bedarf. Bestehen Unklarheiten darin, dass überhaupt „schädliche Neigungen" vorliegen, kann das JGericht dagegen nur Erziehungsmaßregeln oder Zuchtmittel anordnen (s. auch → § 17 Rn. 11). Eine Anwendung von § 27 ist hier angesichts des eindeutigen Wortlauts unzulässig (BGH NStZ 2021, 373; BayObLGSt 1970, 213 (215); OLG Oldenburg ZJJ 2011, 91 = BeckRS 2011, 16838; OLG Zweibrücken BeckRS 2019, 421; Diemer in Diemer/Schatz/Sonnen Rn. 6 f.; Streng JugendStrafR Rn. 546; Weidinger Strafaussetzung 103 f.; Bandemer ZfJ 1991, 368 (371 f.); Dehne-Niemann StV 2022, 40 (41 f.); aA OLG Düsseldorf MDR 1990, 466 = LSK 1990, 370199; AG Meppen ZJJ 2004, 200 = NStZ 2005, 171 (Ls.) mablAnm Spahn ZJJ 2004, 204; Dallinger/Lackner Rn. 13; Beulke/Swoboda JugendStrafR Rn. 529; Meier in HK-JGG Rn. 6; offenlassend OLG Hamm BeckRS 2009, 21629). Die Aussetzung der Bewährung setzt also eine Erkenntnisunsicherheit voraus, die sich nicht auf das Ob, sondern lediglich auf den **erforderlichen Umfang** der von § 17 Abs. 2 Var. 1 geregelten Konstellation bezieht – nämlich ausschließlich auf die Frage, ob trotz bejahter „schädlicher Neigungen" andere Rechtsfolgen als die JStrafe „zur Erziehung" noch oder „nicht ausreichen". Eine hierfür typische Sachlage ist bspw. in jenen Fällen gegeben, in denen neben einer ausgeprägten Devianz des Jugendlichen auch Hinweise auf günstige Veränderungen in dessen aktueller Entwicklung festgestellt werden können (ebenso Nehring in BeckOK JGG Rn. 14.1).

11   **c) Erschöpfung der Ermittlungsmöglichkeiten.** Das Gesetz verlangt ferner, dass die vorgenannte Ungewissheit besteht, obwohl eingehende Ermittlungen im rechtlich eingeforderten Umfang (§ 43, s. auch § 244 StPO) erfolgt sind (vgl. auch Jaglarz NStZ 2015, 191 (195): „Ausschöpfung aller Erkenntnismöglichkeiten"). Typischerweise müssen also die JGH und (bei entspr. Bereitschaft) auch das Elternhaus einbezogen worden sein, ohne dass dies für die hinreichende richterliche Überzeugung gesorgt hat. Auch die Hinzuziehung eines Sachverständigen kann zum **gebotenen Aufklärungsbemühen** gehören. Immer dann, wenn es für die Notwendigkeit einer speziellen Expertise gewisse Anhaltspunkte gibt (vgl. auch → § 17 Rn. 38, → § 43 Rn. 27 ff.), kommt die Anordnung nach § 27 also erst nach (unergiebiger) Einholung eines Gutachtens in Betracht.

12   Die spezifischen Voraussetzungen des § 27 – dh sowohl das hinlänglich intensive Aufklärungsbemühen als auch dessen partielles Scheitern – sind nur feststellungs- und nicht „vereinbarungsfähig". Einer **Verständigung** (vgl. n. → § 2 Rn. 47 ff.) ist die Aussetzung gem. § 27 daher entzogen (iErg ebenso Nowak JR 2010, 248 (255): nicht in Einklang zu bringen). Auch im **vereinfachten Jugendverfahren** kann eine Entscheidung nach § 27 nicht getroffen werden (BayObLGSt 1970, 213 (216 f.); aA Ostendorf in NK-JGG § 62 Rn. 1). Die für die Aussetzung der JStrafen-Anordnung konstitutive Ausschöpfung aller Erkenntnismöglichkeiten ist dort nämlich weder vorgesehen, noch wird sie verlangt oder vorgenommen (s. auch § 77 Abs. 1 S. 1: keine umfangreiche Beweisaufnahme).

2. Ermessensentscheidung

13   Sind die Voraussetzungen des § 27 gegeben, ist die Anordnung der Aussetzung nicht obligatorisch. Vielmehr liegt es im pflichtgemäßen Ermessen des JRichters, ob er angesichts der Ungewissheit zugunsten des Jugendlichen eine andere Rechtsfolge als eine JStrafe wählt oder ob er deren Anordnung zBew aussetzt. Hierbei müssen der Erziehungsauftrag in § 2 Abs. 1 sowie die oft eher positive Wirkung von Aussetzungsurteilen (→ § 30 Rn. 6) berücksichtigt werden. Eine Aussetzung ist dann meist angezeigt (gegen den Normwortlaut aA Ostendorf in NK-JGG Rn. 6: Aussetzung stets zwingend). So wird die für § 27 charakteristische Erkenntnisunsicherheit regelmäßig dort gegeben sein, wo deutliche Anhaltspunkte bestehen, dass die zu beanstandenden Verhaltensweisen des Jugendlichen ua mit spezifischen Beeinträchtigungen des privaten (familiären) Umfeldes oder des institutionellen Kontextes (bspw. Heimunterbringung) in einem Zusammenhang stehen. Eine Aussetzung nach § 27 ist hier besonders dann geboten, wenn sie – iZm der Entscheidung nach § 29 – die Möglichkeit bietet, dem Jugendlichen aus dieser **ungünstigen Umgebung** oder Konstellation **heraus** zu helfen.

14   Wie hoch die Aussichten sind, dass die unterstützenden Möglichkeiten der Bewährungszeit vom Verurteilten wahrgenommen werden, ist für § 27 nur bedingt von Belang. Zwar lässt eine entspr. **Mitwirkungsbereitschaft** bessere spezialpräventive Chancen und auch eine höhere Klarheit hinsichtlich des Vorliegens „schädlicher Neigungen" erwarten (LG Hamburg StV 2019, 478 (480) = BeckRS 2018, 44751). Zu berücksichtigen ist aber auch, dass wegen der (in → Rn. 10 erörterten) Ungewissheitssituation jedenfalls keine JStrafe (mit oder ohne Aussetzung zBew) verhängt werden dürfte. Selbst wenn sich von der Bewährungszeit eine günstige Beeinflussung (und/oder eine weitere Aufklärung über den Jugendlichen) nicht erwarten ließe, ist als Alternative zu § 27 allein die Anordnung von Erziehungsmaßregeln oder Zuchtmitteln zulässig.

IV. Verbindung mit anderen Rechtsfolgen

Ob die auf § 27 beruhende Aussetzungsentscheidung nicht nur um An- **15** ordnungen, mit denen die Bewährungszeit gem. § 29 ausgestaltet wird, zu ergänzen ist, sondern darüber hinaus auch mit anderen Rechtsfolgen verbunden werden sollte (vgl. § 8), lässt sich nicht in fallgelöster Weise beantworten. Inwieweit eine entspr. Verknüpfung zielführend ist, hängt von den individuellen Gegebenheiten ebenso wie von den erteilten Bewährungsanordnungen ab. Generalisierende Aussagen sind allerdings hinsichtlich des **Kopplungsarrests** gem. § 8 Abs. 2 S. 2 insofern möglich, als hier die funktionale Verträglichkeit grds. zu bezweifeln ist (→ § 8 Rn. 14; ebenso Beulke/Swoboda JugendStrafR Rn. 547; nicht erörtert bspw. von AG Bonn ZJJ 2016, 77 = BeckRS 2016, 7685 mablAnm Eisenberg ZJJ 2016, 80). Außerdem kommt eine Verbindung mit Weisungen und Auflagen nur über die Spezialnorm des § 29 S. 2 in Betracht.

Ebenfalls ungeeignet ist idR eine Verbindung mit einer Verpflichtung **16** nach § 12 Nr. 2, weil hier Konflikte mit den Institutionen der Jugendhilfe möglich sind und va die ambulanten Maßnahmen durch die stationäre Unterbringung erschwert werden (n. → § 8 Rn. 12 f.). Dieser zweitgenannte Grund spricht iÜ auch dagegen, stationäre **Maßregeln der Besserung und Sicherung** gem. § 7 (bei Vorliegen von deren Voraussetzungen) neben der Aussetzung gem. § 27 anzuordnen. In den fraglichen Konstellationen wird wegen § 5 Abs. 3 eine Entscheidung nach § 27 ohnehin meist entbehrlich sein (→ § 5 Rn. 29 f.).

Gem. § 8 Abs. 3 können die im JStR zulässigen Nebenfolgen (s. § 6) **17** neben § 27 angeordnet werden. Das gilt aber **nicht** für das **Fahrverbot,** weil dieses als Nebenstrafe nur neben einer Hauptstrafe – an der es bei § 27 gerade ausdrücklich fehlt – verhängt werden darf (ebenso zB Brunner/Dölling Rn. 1; Fischer StGB § 44 Rn. 11; v. Heintschel-Heinegg/Huber in MüKoStGB StGB § 44 Rn. 8; Braun NStZ 1982, 191 (191); Bareis ZJJ 2006, 272 (273); aA Kinzig in Schönke/Schröder StGB § 44 Rn. 9; Kühl in Lackner/Kühl StGB § 44 Rn. 5; Diemer in Diemer/Schatz/Sonnen Rn. 14; Rzepka in Nix Rn. 4; Nehring in BeckOK JGG Rn. 21).

V. Prozessuales

1. Verfahren, Zuständigkeit und Urteil

Wird die Aussetzung der Verhängung von einem für allg. Strafsachen **18** zuständigen Gericht angeordnet, muss es die Ausgestaltung der Bewährungszeit dem JGericht übertragen (§§ 104 Abs. 5 Nr. 2, 112 S. 1). Von dieser Sonderkonstellation abgesehen werden die allg. prozessualen Fragen, die sich im Zusammenhang mit der Entscheidung nach § 27 und den Begleitregelungen gem. §§ 28, 29 ergeben, in **§ 62 Abs. 1 und 4** normiert (n. → § 62 Rn. 3 ff.; zur erforderlichen **Belehrung** des Jugendlichen s. § 64 S. 2).

19   Der JRichter sollte, soweit er Einzelrichter ist, den Schuldspruch nur
vornehmen, wenn sich ausnahmsweise ausschließen lässt, dass im Rahmen
des Nachverfahrens eine JStrafe von mehr als einem Jahr verhängt werden
wird (ebenso Schatz in Diemer/Schatz/Sonnen § 39 Rn. 24). Sollte eine
solche JStrafe nämlich erforderlich werden, hätte der JRichter hierfür nach
hM keine **Rechtsfolgenkompetenz** (vgl. § 39 Abs. 2), sodass für die Entscheidung nach § 30 an ein höheres Gericht verwiesen werden müsste. Um
die Verantwortung für Schuld- und Strafausspruch nicht in dieser Weise
(entgegen § 62 Abs. 4 iVm § 58 Abs. 3 S. 1) aufzuspalten, ist der JRichter
von vornherein (dh vor Eröffnung des Hauptverfahrens) zur Vorlage an das
JSchöffG angehalten (n. auch → § 62 Rn. 9 f.; ferner schon Potrykus NJW
1956, 654 (655 f.); aA Ostendorf in NK-JGG Rn. 2; Schady in NK-JGG
§ 39 Rn. 9). Diese Verweisung erfolgt nach § 270 StPO (n. dazu die Erl. in
→ § 39 Rn. 11, → § 40 Rn. 9).

20   Die **Urteilsbegründung** muss gem. § 62 Abs. 1 S. 2 iVm § 267 Abs. 3
S. 4 StPO deutlich machen, dass das Gericht weder von „schädlichen Neigungen" bzw. von der Notwendigkeit einer JStrafe noch vom Ausreichen
anderweitiger Rechtsfolgen überzeugt war. Sodann ist besonders auf die
Frage einzugehen, was zur diesbzgl. Aufklärung unternommen wurde und
weshalb die zur Anwendung des § 27 erforderliche Ungewissheit (vgl.
→ Rn. 10) trotzdem nicht auszuräumen war (ebenso OLG Schleswig
SchlHA 2003, 208 = BeckRS 2002, 17772; Beulke FS Schurig, 2012, 21; s.
auch → § 54 Rn. 32). Eine solche vertiefte Auseinandersetzung ist zum
einen erforderlich, um die Aussetzung des Strafausspruchs ggü. den Beteiligten und dem Revisionsgericht zu legitimieren, und sie ist zum anderen
angezeigt, um die abschließende Entscheidung nach § 30 vorzubereiten. Das
gilt besonders, wenn wegen des Fehlens einer strafrechtlichen Vorbelastung
eigentlich wenig für „schädliche Neigungen" des Angeklagten spricht (OLG
Celle StV 2017, 722 = BeckRS 2016, 20007). – Eingehender Ausführungen
bedarf es ebenfalls, falls das Gericht umgekehrt die Entscheidung über die
Verhängung der JStrafe trotz eines darauf gerichteten Antrags nicht aussetzt.

2. Bindungs- und Rechtskraftwirkung

21   Innerprozessual entwickelt die Entscheidung nach § 27 eine beschränkte
Bindungswirkung für das Nachverfahren, die den Schuldspruch und die ihn
unmittelbar tragenden Feststellungen umfasst (vgl. → § 30 Rn. 7 ff.). Darin
nicht eingeschlossen sind die **übrigen** Feststellungen – namentlich jene,
welche sich auf die prinzipielle Annahme von „schädlichen Neigungen" und
die bestehende Ungewissheit ihres Ausmaßes beziehen. Dies kann schon
deshalb auch nicht anders sein, weil der Jugendliche gar keine Möglichkeit
hat, gegen diese (den Schuldspruch nicht unmittelbar stützenden) Feststellungen vorzugehen (Dallinger/Lackner § 30 Rn. 14; Brunner/Dölling
Rn. 4). Hinsichtlich der Entscheidung nach § 105 Abs. 1, über die als Vorfrage für die zur Debatte stehende JStrafe bei Heranwachsenden in der Entscheidung gem. § 27 zwangsläufig zu befinden ist (Diemer in Diemer/
Schatz/Sonnen Rn. 10; vgl. hierzu auch OLG Celle NStZ-RR 2014, 229),
muss allerdings eine Bindung bestehen.

22   Neben dem Schuldspruch können auch jene weiteren Rechtsfolgen, die
gem. § 8 neben der Aussetzungsentscheidung angeordnet werden (vgl.
→ Rn. 15 ff.), in **Rechtskraft** erwachsen. Bei den bewährungsausgestalten-

den Nebenentscheidungen ist das wegen deren Abänderbarkeit (§ 28 Abs. 2 S. 2 und § 29 S. 2, § 23 Abs. 1 S. 3) nicht der Fall.

3. Anrechnung von U-Haft

Die Anrechnung ist nur im **Nachverfahren** (§ 30) möglich, falls dort **23** JStrafe verhängt wird. Es empfiehlt sich jedoch, in der Begründung der Aussetzungsentscheidung darauf hinzuweisen, dass die Anrechnung von U-Haft dem späteren Verfahren vorbehalten bleibt (so bereits Dallinger/Lackner Rn. 17; Portrykus NJW 1956, 654 (655)). – Im Falle einer etwaigen Anordnung von Kopplungsarrest neben der Entscheidung nach § 27 (→ Rn. 15) ist jedoch im Rahmen von § 52 eine Berücksichtigung vollzogener U-Haft möglich.

4. Entscheidung nach StrEG

Besteht Anlass für eine Entschädigungsentscheidung (etwa bei einem Teil- **24** freispruch), ist diese nach § 8 Abs. 1 S. 1 StrEG bereits **bei der Entscheidung gem. § 27** zu treffen (Meyer StrEG § 4 Rn. 6; aA LG Offenburg NStZ-RR 2003, 351 (352); Schatz in Diemer/Schatz/Sonnen § 62 Rn. 6; Meier in HK-JGG § 30 Rn. 15; Nehring in BeckOK JGG Rn. 29). Dass die dahingehende Klärung keinen Aufschub duldet, gilt im JStR ganz besonders. Für den Jugendlichen erschiene es, als ob die Strafjustiz, das erlittene Unrecht verursacht hat, den Ausgleich hinausschiebe. Dies ist erzieherisch kaum funktional, zumal es zu der Mutmaßung kommen könnte, dass der Entschädigungsanspruch auf die Nachentscheidung nach § 30 abfärben mag (zum hierfür kennzeichnenden Interesse innerhalb der Strafjustiz, bei Absprachen einen Verzicht auf Ansprüche nach dem StrEG auszuhandeln, vgl. Friehe, Der Verzicht auf Entschädigung für Strafverfolgungsmaßnahmen, 1997, 258 ff.). Sollte im Verfahren nach § 30 schließlich eine JStrafe verhängt und die bereits entschädigte ungerechtfertigte U-Haft gem. § 52a S. 1 angerechnet werden, tritt die Entschädigungsentscheidung – sofern sie nicht unabhängig von der Anrechnung ist – entspr. § 14 Abs. 1 S. 1 StrEG außer Kraft. Eine bereits erfolgte Zahlung kann gem. § 14 Abs. 1 S. 2 StrEG zurückgefordert werden (vgl. auch OLG Düsseldorf StV 2001, 517 = BeckRS 2000, 30136886 zum allg. StR).

5. Registereintragungen

Wegen dieser Folgen s. § 4 Abs. 1 Nr. 4, § 7 Abs. 3, § 13 Abs. 2 sowie **25** ggf. § 60 Abs. 1 Nr. 3 BZRG (vgl. aber auch → § 30 Rn. 19).

Bewährungszeit

28 (1) **Die Bewährungszeit darf zwei Jahre nicht überschreiten und ein Jahr nicht unterschreiten.**

(2) [1]**Die Bewährungszeit beginnt mit der Rechtskraft des Urteils, in dem die Schuld des Jugendlichen festgestellt wird.** [2]**Sie kann nachträglich bis auf ein Jahr verkürzt oder vor ihrem Ablauf bis auf zwei Jahre verlängert werden.**

I. Anwendungsbereich

1   Es gelten die Erl. zu § 27 (→ § 27 Rn. 1) entsprechend.

II. Dauer der Bewährungszeit

2   Mit der Aussetzung der JStrafverhängung gem. § 27 muss auch die Bewährungszeit festgelegt werden. Für die **Einzelfragen** zu Dauer, Berechnung und nachträglicher Verlängerung der Bewährungszeit gilt das zu § 22
Ausgeführte entspr. (→ § 22 Rn. 2 f., 5 ff.). Daran gemessen sind die Besonderheiten von § 28 begrenzt.

3   So richtet sich die vom JGericht festzulegende Dauer zum einen danach,
welcher Zeitraum voraussichtlich benötigt wird, um die gem. § 27 bestehende Ungewissheit zu beheben. Daneben muss aber auch berücksichtigt werden, ab wann die Anordnungen gem. § 29 vermutlich ihre Wirkung entwickeln werden. Abs. 2 S. 2 ermöglicht allerdings eine gewisse **Flexibilität:**
Stellt sich früher als erwartet heraus, dass eine Entscheidung nach § 30
Abs. 2 möglich ist, so kann die Dauer der Bewährungszeit (bis auf mindestens ein Jahr) **verkürzt** werden. Besteht die Ungewissheit hingegen nach
Ablauf des zunächst vorgesehenen Zeitraums fort, so lässt sich die Dauer ggf.
auch bis auf maximal zwei Jahre **verlängern** (Abs. 2 S. 2). Dies setzt nach
allgA jedoch voraus, dass das Fortwähren der Einschätzungsproblematik auf
neu hinzugekommenen Umständen beruht – ggf. auch auf dem als negativ
beurteilten zwischenzeitlichen Verhalten des Verurteilten. Eine Verlängerung, die allein wegen der in unveränderter Weise fortbestehenden Unklarheit über das Ausmaß der „schädlichen Neigungen" erfolgen soll, ist hiernach dagegen nicht zulässig (Diemer in Diemer/Schatz/Sonnen Rn. 3).

4   Für die Dauer der Bewährungszeit besteht eine **Höchstgrenze** von zwei
Jahren, die auch bei nachträglicher Verlängerung nicht überschritten werden
darf. Dass das Gesetz hier unter den bei § 22 möglichen Zeiträumen bleibt,
hat rechtsstaatlich eingriffsbegrenzende Gründe. Da der Jugendliche bei § 27
im Unklaren über eine zukünftige JStrafanordnung ist, soll er mit dieser
Ungewissheit (die bei der Aussetzung der Vollstr zBew nicht in gleicher
Weise besteht) nur für einen limitierten Zeitraum belastet werden. Im
Einzelfall kann dieser allerdings zu kurz sein, um die Aufklärungs- und
Einwirkungsziele der Bewährungszeit zu erreichen.

III. Verfahrensrechtliches

5   Für die Entscheidung über die Dauer der Bewährungszeit gelten gem.
§ 62 Abs. 4 die Regelungen von **§ 58 Abs. 1 S. 1, 2, 4 und Abs. 3 S. 1.**
Angesichts der dort ausdrücklich vorgenommenen Begrenzung des Verweises besteht die in § 58 Abs. 3 S. 2 und 3 vorgesehene Übertragungsmöglichkeit bei § 28 dagegen nicht (BGH StV 1998, 348 = BeckRS 1998,
31357435; NStZ 1999, 361; BGHR JGG § 28 Überwachung 2 = BeckRS
2001, 416; NStZ 2011, 524). Dem JGericht obliegen also auch bei einem
Wohnsitzwechsel des Jugendlichen sowohl die Begleitentscheidungen zu
§ 27 als auch die Bewährungsüberwachung, um die vollständige Kontinuität

der Zuständigkeit vom Ausgangs- bis zum Nachverfahren zu wahren (zu einer Ausnahme s. aber → § 27 Rn. 18). Die Anfechtbarkeit der Entscheidung bestimmt sich gem. § 63 Abs. 2 nach **§ 59 Abs. 2 und 5.**

Die **Strafvollstreckungsverjährung** ruht während der BewZeit (§ 79a **6** Nr. 2b StGB iVm § 2 Abs. 2).

Bewährungshilfe

29 ¹Der Jugendliche wird für die Dauer oder einen Teil der Bewährungszeit der Aufsicht und Leitung eines Bewährungshelfers unterstellt. ²Die §§ 23, 24 Abs. 1 Satz 1 und 2, Abs. 2 und 3 und die §§ 25, 28 Abs. 2 Satz 1 sind entsprechend anzuwenden.

I. Anwendungsbereich

Es gelten die Erl. zu § 27 (→ § 27 Rn. 1) entsprechend. **1**

II. Ausgestaltung der Bewährungszeit

Im Falle einer Aussetzung gem. § 27 ist der Jugendliche zwingend der **2** **Bewährungshilfe** zu unterstellen. Außerdem sollen ihm **Weisungen** und können ihm **Auflagen** erteilt (und beide Maßnahmeformen jeweils geändert) werden. Grds. gelten hierfür die Ausführungen in → § 23 Rn. 3 ff., 12 ff., 16 ff. und → § 25 Rn. 2 ff., 12 ff. sinngemäß.

Diese Maßnahmen zur Ausgestaltung der Bewährungszeit haben ähnliche **3** Zielsetzungen wie bei der Aussetzung der Vollstr zBew nach § 21. Zugleich sollen sie jedoch im Verlauf ihrer Durchführung auch dazu dienen, die Ungewissheit auszuräumen, die sich auf den Grad der „schädlichen Neigungen" bezieht und die zur Entscheidung nach § 27 geführt hat. Diese hinzukommende **Funktion** kann gewisse Unterschiede in den jugendrichterlichen Anordnungen sowie in der Aufsicht und Betreuung durch den BewHelfer mit sich bringen – wobei jene allerdings nicht nur diagnostisch ausgerichtet und primär mit einem „Testcharakter" ausgestattet werden dürfen. Außerdem scheidet aus diesem Grund eine Heimeinweisung (§ 10 Abs. 1 S. 3 Nr. 2) im Rahmen von § 29 aus. Abgesehen von dem damit verbundenen Eingriffen, die als ersatzweise angeordnete freiheitsentziehende Rechtsfolge empfunden werden könnten, sind die Gegebenheiten innerhalb eines Heimes nämlich gerade ungeeignet, die besagte Ungewissheit auszuräumen, weil sie den Verhältnissen in der Außengesellschaft nicht entsprechen (vgl. allg. → § 12 Rn. 17 ff.).

Abweichungen zu den Regelungen, die für die Aussetzung zBew vor- **4** gesehen sind, bestehen insofern, als § 24 Abs. 1 S. 3 iVm § 22 Abs. 2 S. 1 nicht gilt. Stattdessen verdeutlicht die Verweisung auf § 28 Abs. 2 S. 1, dass die Betreuungszeit stets mit der Rechtskraft des den Schuldausspruch enthaltenden Urteils beginnt. Außerdem weicht S. 1 im Wortlaut von § 24 Abs. 1 S. 1 ab, da die dort geregelte zweijährige Begrenzung der Unterstellungsdauer bereits aus der entspr. limitierten Bewährungszeit (§ 28 Abs. 1) folgt. Deshalb ist iÜ auch § 24 Abs. 2 S. 2 bei der Aussetzung der JStrafverhängung gegenstandslos.

5   Für **Heranwachsende** gelten hinsichtlich der Ausgestaltung der Bewährungszeit die Erl. zu → § 105 Rn. 50 f. entspr.; für **Soldatinnen und Soldaten** gilt das zu → § 23 Rn. 2 und → § 112a Rn. 15 ff., 23 ff. Ausgeführte.

III. Verfahrensrechtliches

6   Bei den Entscheidungen nach § 29 und für deren Anfechtbarkeit finden
§ 62 Abs. 4 und § 63 Abs. 2 Anwendung (n. dazu → § 28 Rn. 5).

Verhängung der Jugendstrafe; Tilgung des Schuldspruchs

30 (1) ¹Stellt sich vor allem durch schlechte Führung des Jugendlichen während der Bewährungszeit heraus, daß die in dem
Schuldspruch mißbilligte Tat auf schädliche Neigungen von einem
Umfang zurückzuführen ist, daß eine Jugendstrafe erforderlich ist,
so erkennt das Gericht auf die Strafe, die es im Zeitpunkt des
Schuldspruchs bei sicherer Beurteilung der schädlichen Neigungen
des Jugendlichen ausgesprochen hätte. ²§ 26 Absatz 3 Satz 3 gilt entsprechend.

(2) **Liegen die Voraussetzungen des Absatzes 1 Satz 1 nach Ablauf
der Bewährungszeit nicht vor, so wird der Schuldspruch getilgt.**

Schrifttum: Baier, Die Bedeutung der Aussetzung der Verhängung der Jugendstrafe
und der Vorbewährung in der jugendgerichtlichen Praxis in Bayern, 2015.

Übersicht

I. Anwendungsbereich

1   Es gelten die Erl. zu § 27 (→ § 27 Rn. 1) entsprechend.

II. Obligatorische Abschlussentscheidung

1. Entscheidungsalternativen

Das JGericht, das die Anordnung der JStrafe zBew ausgesetzt hat, muss 2
gem. §§ 30, 62 Abs. 1 S. 1 ein Nachverfahren mit HV durchführen und dort
eine das Erkenntnisverfahren abschließende, urteilsförmige Entscheidung
treffen (§ 62 Abs. 4 iVm § 58 Abs. 3 S. 1; zur Zuständigkeit auch → § 28
Rn. 5, → § 62 Rn. 9 f., s. auch → § 27 Rn. 19). Diese Entscheidung kann
nur im **Verhängen** von JStrafe (Abs. 1) **oder** aber in der **Tilgung** des
Schuldspruchs (Abs. 2) bestehen (wobei diese gem. §§ 62 Abs. 2, 63
Abs. 1 ggf. auch ohne HV mit unanfechtbarem Beschluss möglich ist). Das
maßgebliche Kriterium, anhand dessen zwischen diesen beiden Varianten
gewählt werden muss, besteht im Grad der „schädlichen Neigungen" bei
Begehung der Tat. In dieser Hinsicht hat das JGericht anhand der zwischenzeitlichen Entwicklung zu prüfen, ob deren Ausmaß eine JStrafe erforderlich
macht. Anderweitige Rechtsfolgen, die in Abs. 1 und Abs. 2 nicht vorgesehen sind, kann das JGericht im Nachverfahren nicht mehr anordnen
(→ Rn. 18).

2. Entscheidungszeitpunkt

Das Verfahren nach § 30 Abs. 1 kann eingeleitet werden, sobald sich der 3
iSv § 17 Abs. 2 Alt. 1 erforderliche Umfang „schädlicher Neigungen"
herausgestellt hat. Das Ende der Bewährungszeit muss dafür **nicht abgewartet** werden; entscheidend ist allein das Entfallen der für § 27 maßgeblichen Ungewissheit. Dagegen kann die Tilgung des Schuldspruchs **erst
nach Ablauf** der – allerdings verkürzbaren (§ 28 Abs. 2 S. 2) – Bewährungszeit erfolgen (vgl. etwa LG Hamburg bei Böhm NStZ 1989, 521 (523);
Diemer in Diemer/Schatz/Sonnen Rn. 15; abw. OLG Schleswig NJW
1958, 34). Mit dieser ausdrücklichen Festlegung in Abs. 2 geht das Gesetz
offenbar davon aus, dass eine abschließende Entscheidung zugunsten des
Jugendlichen immer nur nach der gesamten Dauer des Beurteilungszeitraums
mit der notwendigen Sicherheit möglich sei. Eher noch als durch diese zw.
Vorstellung wird die Regelung indes durch die erzieherische Ausgestaltung
der Bewährungsphase plausibilisiert, weil diese sich oft erst bei einer hinreichenden Dauer bemerkbar machen kann.

Wird vor Ablauf der Bewährungszeit eine Verhandlung zur Anordnung 4
der JStrafe anberaumt und ergibt sich dort, dass die Voraussetzungen für die
Verhängung von JStrafe doch nicht vorliegen, ist gem. **§ 62 Abs. 3** in
unanfechtbarer Weise (§ 63 Abs. 1) zu beschließen, dass es weiterhin bei der
Aussetzung bleibt. Das kann mit Änderungen der Weisungen und Auflagen
(§ 29 S. 2 iVm § 23 Abs. 1 S. 3) verbunden werden, soweit diese sich als
ungeeignet erwiesen haben. Den Schuldspruch stattdessen zu tilgen, setzt
demgegenüber voraus, dass dies sachlich angezeigt und zudem auch die
Bewährungszeit inzwischen – uU durch Verkürzung (§ 28 Abs. 2 S. 2) –
beendet ist (Dallinger/Lackner Rn. 17; n. → § 62 Rn. 13).

Ist das Ausmaß der „schädlichen Neigungen" in den Augen des JGerichts 5
nach Ablauf der (nicht mehr verlängerbaren) Bewährungszeit noch immer
nicht hinreichend klar, darf die abschließende Entscheidung **nicht auf-**

geschoben werden. In einem solchen Fall muss zugunsten des Jugendlichen entschieden werden (vgl. auch Dallinger/Lackner Rn. 19). Rechtspraktisch dürfte diese Konstellation allerdings kaum vorkommen, zumal das JGericht sofort nach der Entscheidung gem. § 27 gehalten ist, die für eine abschließende Entscheidung erforderlichen Ermittlungen zu beginnen. Es ist allenfalls möglich, nach Ende der Bewährungszeit noch eine **kurze Frist** mit der Entscheidung abzuwarten, um so auch Ereignisse aus der letzten Bewährungsphase berücksichtigen zu können. In dieser Hinsicht gelten die Ausführungen in → §§ 26, 26a Rn. 23 f. entsprechend. Grds. verlangt das jugendstrafrechtliche Beschleunigungsprinzip aber, dass die (Tilgungs-)Entscheidung bei nicht vorhandenem Anlass zur JStrafen-Anordnung möglichst rasch ergeht (vgl. → § 62 Rn. 22).

3. Entscheidungsverteilung

6   Soweit dies anhand einiger (teilw. älterer) Untersuchungen beurteilt werden kann, sind die Anteile erfolgreicher (dh nach Abs. 2 erfolgender) Abschlüsse der Bewährungszeit **größer als** in Fällen der Aussetzung nach § 21 (vgl. Wenger FS Härringer, 1995, 86 f.; die Unterschiede auf Basis von BZR-Daten für „Rückfälle" teilw. relativierend Hohmann-Fricke/Jehle/Palmowski RdJB 2014, 313 (318)). Zu einem negativen Abschluss bzw. einer ausbleibenden Tilgung kam es vormals (bei nicht ganz einheitlichen Kriterien) in ca. 26 % bis ca. 35 % der ausgewerteten Verfahren (vgl. Gütt, Die Bewährung bedingt verurteilter Jugendlicher und Heranwachsender, 1964, 3; Meyer-Wentrup, Die erneute Straffälligkeit nach Jugendstrafe, 1966, 221; Lorbeer, Probleme der Aussetzung der Verhängung der Jugendstrafe nach §§ 27 ff. JGG, 1980, 222; tendenziell anders aber Meyer Zbl 1981, 365 (373 ff.)). Aktuell scheint der Anteil der Fälle, in denen eine Jugendstrafe verhängt wird, deutlich unter 25 % zu liegen (vgl. dazu die – wegen der Jahrgangsverschiebung nicht ganz exakten – Berechnungen anhand der StrafSt bei Streng JugendStrafR Rn. 553 und Heinz Sekundäranalyse 1173 f.). Bzgl. Bay. gelangt Baier (Die Bedeutung der Aussetzung der Verhängung der Jugendstrafe (…), 2015, 137) für 2012 sogar zu einem Wert von nur 7,3 % (ähnlich niedrige Werte errechnet Ostendorf in NK-JGG Grdl. z. §§ 27–30, Rn. 4).

III. Verhängung von Jugendstrafe

1. Voraussetzungen

7   **a) Allgemeine Grundlagen der JStrafe.** Eine JStrafe kann auch im Nachverfahren nur verhängt werden, wenn die dafür vorausgesetzten allg. Bedingungen vorliegen. Grundlage für die Entscheidung nach Abs. 1 ist die im Schuldspruch festgestellte **Straftat** (dazu auch Jaglarz NStZ 2015, 191 (196)). Daneben ist es erforderlich, dass für deren Verfolgung kein **Verfahrenshindernis** besteht und eine JStrafe nicht als **unverhältnismäßig** ausscheidet (dazu, dass dies aber an sich schon bei der Entscheidung nach § 27 zu prüfen ist, s. → § 27 Rn. 9). Wird die Unverhältnismäßigkeit erst im Nachverfahren erkannt, kann nur nach Abs. 2 vorgegangen werden. Auch im Falle eines zwischenzeitlich aufgetretenen oder bislang nicht berücksichtigten Prozesshindernisses unterbleibt die Anordnung der JStrafe; vielmehr ist das Verfahren einzustellen (§ 206a StPO iVm § 2 Abs. 2).

Bzgl. der Frage, ob **überhaupt ein Delikt** des Jugendlichen vorliegt, 8 erfolgt im Nachverfahren dagegen keine Prüfung. Hinsichtlich des Schuldspruchs und der ihn unmittelbar tragenden Feststellungen ist das JGericht an das rechtskräftige Urteil nach § 27 gebunden (→ § 27 Rn. 21). Diese Bindung besteht auch für die bereits erfolgte Einordnung in das jugendstrafrechtliche Rechtsfolgensystem und den Ausschluss der Sanktionen des allg. StR (OLG Hamm NStZ 2011, 527 (529); speziell hinsichtlich der Entscheidung zu § 105 Abs. 1 → § 27 Rn. 21).

Ausnahmen gelten nur, wenn das Urteil nach § 27 an einem so **grund-** 9 **legenden Mangel** leidet, dass dessen Fortschreibung durch eine daran sehenden Auges anknüpfende Anordnung gem. Abs. 1 nicht hinnehmbar wäre. Keine Bindung besteht daher, wenn die im Schuldspruch bezeichnete Rechtsnorm gar keine strafrechtlichen Rechtsfolgen nach sich ziehen kann. Dies ist zB der Fall, wenn der Schuldspruch auf einem ungültigen Gesetz oder einem OWi-Tatbestand (BayObLG NJW 1954, 611) beruht oder wenn er wegen des eigentlich gar nicht strafbaren Versuchs einer Straftat ergangen ist. Auch wenn sich erst im Nachverfahren ergibt, dass der Jugendliche jugendstrafrechtlich **nicht verantwortlich** (§ 3 S. 1) oder anderweitig schuldunfähig (§ 20 StGB iVm § 2 Abs. 2) ist, darf JStrafe entgegen der wohl hM nicht verhängt werden (ebenso Brunner/Dölling Rn. 12; Meier in HK-JGG Rn. 12; aA Diemer in Diemer/Schatz/Sonnen Rn. 5; s. auch BGHSt 7, 283 = NJW 1955, 917).

b) Fort-/Bestehen schädlicher Neigungen. Die im Urteil nach § 27 10 getroffenen Feststellungen, denen zufolge beim Jugendlichen zum Tat- wie auch zum damaligen Entscheidungszeitpunkt prinzipiell „schädliche Neigungen" vorlagen, sind von der schuldspruchbezogenen Rechtskraft- und Bindungswirkung nicht eingeschlossen (abw. Diemer in Diemer/Schatz/ Sonnen § 27 Rn. 19). Es ist also möglich, dass das JGericht diese Einschätzung im Lichte der zwischenzeitlichen Entwicklung **rückwirkend revidiert** (sodass ein Vorgehen nach Abs. 1 ausscheidet). In der Rechtspraxis dürfte diese Konstellation aber sehr selten sein. Möglicherweise eher relevant könnten jedoch jene Fälle werden, in denen die „schädlichen Neigungen" im Nachverfahrenszeitpunkt **entfallen** sind – obwohl das JGericht am Ende der Bewährungszeit davon ausgeht, dass sie im Tatzeitpunkt in einem für die JStrafe erforderlichen Grad bestanden. Generell müssen die „schädlichen Neigungen" nach stRspr noch im **Zeitpunkt der Entscheidung vorliegen,** weil die JStrafe sonst nicht mehr erzieherisch indiziert sein kann (vgl. → § 17 Rn. 34 f.). Für die Entscheidung im Nachverfahren gilt dies ungeachtet des insofern missverständlichen Wortlauts von Abs. 1 ebenso. Anderenfalls würde gem. Abs. 1 eine eingriffsinvasive stationäre Sanktion verhängt, ohne dass diese durch die Einwirkungszwecke des § 2 Abs. 1 gerechtfertigt werden könnte. Aus Gründen der Rechtsfolgenverhältnismäßigkeit (bzw. -erforderlichkeit) bedarf es für **Abs. 1** daher schädlicher Neigungen auch noch im Zeitpunkt des Strafausspruchs (OLG Hamm NStZ 2011, 527; ebenso Brunner/Dölling Rn. 7; Nehring in BeckOK JGG Rn. 5; ausf. zum Ganzen mit iErg abwM Jaglarz NStZ 2015, 191 (192 ff.); ferner Diemer in Diemer/Schatz/Sonnen Rn. 11).

11   **c) Ausmaß schädlicher Neigungen.** Die Entscheidung gem. Abs. 1 setzt schließlich die Feststellung voraus, dass die Tat auf „schädliche Neigungen" von einem jugendstrafbedürftigen Umfang zurückzuführen ist. Eine solche Feststellung darf sich nicht nur auf Tatsachen stützen, die bereits bei der Aussetzungsentscheidung bekannt gewesen sind (denn dann würde die damals offene Erkenntnislage lediglich wiederholt). Es gibt aber auch keinen Grund, weshalb die Feststellungen zum Ausmaß der „schädlichen Neigungen" allein auf neuen Tatsachen beruhen dürften, die während der Bewährungszeit bekannt geworden sind (ebenso Brunner/Dölling Rn. 8 f.; wohl auch Meier in HK-JGG Rn. 3). Aus dem (vermeintlichen) Ausnahmecharakter der §§ 27 ff. folgt dies jedenfalls nicht (so aber Ostendorf in NK-JGG Rn. 1; Nehring in BeckOk JGG Rn. 4). Eine Einordnung des Bewährungsverhaltens, die den vorherigen biografischen Verlauf ausblendet, dürfte ohnehin gar nicht sinnvoll möglich sein. Deshalb beruht die Beurteilung der „schädlichen Neigungen" im Nachverfahren auf dem **Gesamtergebnis der Ermittlungen vor** und **nach** dem **Schuldspruch.** Hierbei ist es erst recht ohne Belang, ob es um Sachverhalte geht, die sich vor oder nach dem Schuldspruch ereignet haben (auf die zweite Variante beschränkend aber Diemer in Diemer/Schatz/Sonnen Rn. 7). Zurückliegende Tatsachen sind lediglich insoweit durch die Rechtskraft des Schuldspruchs ausgeschlossen, als sie in Widerspruch zu solchen Feststellungen stehen, die den Schuldspruch unmittelbar tragen (vgl. auch Dallinger/Lackner Rn. 4, 14).

12   Deshalb kann grds. das gesamte Spektrum der in → § 17 Rn. 25 ff., 31 f. erörterten Bedingungen im Nachverfahren bedeutsam sein. Ungeachtet dessen hat das Verhalten, das der Jugendliche nach der Entscheidung gem. § 27 gezeigt hat, besonderes Gewicht, um die Straftat(en) im Hinblick auf die dabei hervorgetretenen „schädlichen Neigungen" zu interpretieren. Im Rahmen der HV sind alle dafür aussagekräftigen Informationsquellen auszuschöpfen (JGH, BewHelfer usw). Wie bei § 26 stellen Verstöße gegen Bewährungsweisungen und/oder -auflagen ebenso wie eine allg. stark ausgeprägte soziale Devianz oder neue strafbare Handlungen hier **allein ein Indiz** dar (n. dazu auch → §§ 26, 26a Rn. 11 f., 14; zu den diesbzgl. Feststellungsanforderungen → §§ 26, 26a Rn. 4, 8 ff.). Den Schluss, dass die „schädlichen Neigungen" des Jugendlichen wegen ihres Umfangs der JStrafe bedürften, tragen sie für sich genommen idR nicht, sondern vielmehr erst im Zusammenhang mit weiteren Hinweisen. Fehlt es daran, kann (anstelle einer Einleitung des Verfahrens nach Abs. 1) der Bewährungsverlauf weiter abgewartet und/oder eine Änderung der Anordnungen gem. §§ 28, 29 vorgenommen werden (s. auch → Rn. 16). Das gilt ganz besonders, wenn die ursprüngliche Straftat und das neue negativ bewertete Verhalten nicht durch die Persönlichkeit oder die Verhaltensstile des Jugendlichen miteinander verbunden sind und infolgedessen auch nicht in einen Zusammenhang gebracht werden können (BGHSt 9, 160 (162) = NJW 1956, 1078 (1079)).

2. Rechtsfolgenfestlegung

13   **a) Verhängung der Jugendstrafe.** Geht das JGericht unter den vorgenannten Voraussetzungen von einem hinreichenden Grad an „schädlichen Neigungen" aus, hat es eine JStrafe zu verhängen. Diese ist so zu bemessen, wie dies mit Blick auf spezialpräventive Belange (§ 18 Abs. 2) **zum Zeitpunkt des Schuldspruchs** ohne Ungewissheit hinsichtlich der relevanten

Umstände **erfolgt wäre** (zur Eintragung in das BZR s. § 13 Abs. 2 S. 1 Hs. 1 BZRG). Der Eindruck, den das JGericht vom Jugendlichen während der Bewährungszeit gewonnen und den es zur Bewertung der „schädlichen Neigungen" herangezogen hat, darf angesichts dieser klaren Bestimmung in Abs. 1 S. 1 dagegen **nicht** zu einer härteren (als der damals hypothetisch verhängten) **JStrafe** führen (ebenso Brunner/Dölling Rn. 9; Diemer in Diemer/Schatz/Sonnen Rn. 12; Streng JugendStrafR Rn. 552; aA Ostendorf in NK-JGG Rn. 5; Meier in HK-JGG Rn. 7; Nehring in BeckOK JGG Rn. 12). Da die Einhaltung dieser Maßgabe psychologisch herausforderungsreich ist (krit. zur Einhaltung daher Wenger FS Härringer, 1995, 81), ist zu Kontrollzwecken vom JGericht hier eine besonders gründliche Bemessungsbegründung zu verlangen.

Zulässig ist es, die Vollstr der im Nachverfahren verhängten JStrafe unter 14 den Voraussetzungen von **§ 21 zBew auszusetzen** (zur Eintragung in das BZR s. § 13 Abs. 2 S. 1 Hs. 2 BZRG). Die Annahme, dem negative Verlauf der bisherigen Bewährungszeit ließe für eine positive Prognose hinsichtlich der neuen Bewährungszeit keinen Raum, wäre in dieser einzelfallgelösten Allgemeinheit nicht haltbar. Auch wurde die Aussetzung nach § 21 (durch Streichung von § 30 Abs. 1 S. 2 aF) prinzipiell möglich gemacht (BT-Drs. 11/5829, 21 f.; zur früher hierzu geführten Debatte BGHSt 31, 255 = NJW 1983, 2037), damit das JGericht fallbezogen alle Differenzierungsmöglichkeiten nutzen kann, die ihm bei Verhängung einer JStrafe in anderen („normalen") Fällen sonst auch zur Verfügung stehen.

b) Anrechnung. War **U-Haft** vor dem Schuldspruch (§ 27) vollzogen 15 worden, kann diese gem. **§ 52a** auf die verhängte JStrafe angerechnet werden (vgl. dazu schon Potrykus NJW 1956, 654 (655)). Hatte das Urteil, das gem. § 27 ergangen war, neben dem Schuldspruch auch einen **Kopplungsarrest** gem. § 16a Abs. 1 verhängt (→ § 8 Rn. 14, → § 27 Rn. 15), muss die Zeit des Arrestvollzugs auf die im Nachverfahren erkannte JStrafe voll angerechnet werden (Abs. 1 S. 2 iVm § 26 Abs. 3 S. 3). War JA wegen der Nichtbefolgung der Bewährungsweisungen oder -auflagen angeordnet und vollstreckt worden (→ Rn. 16), kann dies (obschon es sich hier um eine Reaktion auf den Bewährungsverstoß und nicht auf die abgeurteilte Straftat handelt) im Sinne des Einheitsprinzips ebenfalls angerechnet werden (vgl. → §§ 26, 26a Rn. 26; abw. Brunner/Dölling Rn. 4; Diemer in Diemer/Schatz/Sonnen Rn. 12). − Muss eine überlange Verfahrensdauer kompensiert werden (n. → § 18 Rn. 44 ff.), ist im Anschluss an die nach Abs. 1 erfolgende Bemessung der JStrafe der als bereits vollstreckt geltende Zeitraum festzulegen (OLG Düsseldorf NStZ 2011, 525 (527)).

c) Alternative Reaktionsmodalitäten. Nicht selten ist eine JStrafenver- 16 hängung trotz „schlechter Führung" gem. Abs. 1 nicht angezeigt oder gar obsolet. Dies betrifft einmal die Fälle, in denen zwar gegen Bewährungsweisungen und -auflagen verstoßen wird, aber deren Abänderung oder die Anordnung von Nichtbefolgungs-JA (§ 29 S. 2 iVm § 23 Abs. 1 S. 4 und §§ 11 Abs. 3, 15 Abs. 3 S. 2) verglichen mit der JStrafenanordnung als ausreichend erscheint (Brunner/Dölling Rn. 4). Insbes. aber betrifft es jene Konstellationen, in denen die Klärung des Umfangs „schädlicher Neigungen" wesentlich auf einer neuen Straftat des Jugendlichen beruht bzw. beruhen würde. Im JStV, das wegen dieser Verfehlung geführt wird, kann nach § 31 Abs. 2 verfahren und der nach § 27 erfolgte **Schuldspruch in**

die einheitliche Rechtsfolge einbezogen werden (vgl. auch BGH NJW 2007, 447 (448); NStZ 2018, 660 (661)). Dafür spielt es keine Rolle, ob die neue Tat nach Rechtskraft des gem. § 27 ergangenen Urteils begangen oder dann erst entdeckt (und bereits davor begangen) wurde. Es ist ebenfalls ohne Belang, ob diese einheitliche Rechtsfolge auf eine andere Rechtsfolge als eine JStrafe lautet (zur dahingehenden Möglichkeit → § 31 Rn. 43 ff.) oder ob auf eine Einheits-JStrafe mit oder ohne Aussetzung zBew erkannt wird. In allen Konstellationen ist einer Entscheidung nach Abs. 1 durch die Einbeziehung des Schuldspruchs die Grundlage entzogen.

17   Allerdings kann in dem Verfahren, das wegen der neuen Straftat aufgenommen wird, auch anders entschieden werden. Oft wird es ausreichen, von der **Verfolgung** gem. § 45 (ggf. auch gem. §§ 153, 154 StPO iVm § 2 Abs. 2) **abzusehen** und innerhalb des nach §§ 27 ff. laufenden Bewährungsverfahrens erzieherisch von den (Änderungs-)Möglichkeiten der §§ 28, 29 Gebrauch zu machen (krit. aber Jaglarz NStZ 2015, 191 (192); zur Unzulässigkeit eines JA hier AG München ZJJ 2016, 83). Geht das Gericht davon aus, dass dies nicht ausreicht, zugleich aber weder eine Entscheidung nach Abs. 1 noch eine Einheitssanktion iSv → Rn. 16 angezeigt ist, kann es im neuen Verfahren von der Einbeziehung des Schuldspruchs (ausdrücklich) absehen und eine **selbstständige Sanktion** anordnen (→ § 31 Rn. 29 ff.). Erzieherisch zweckmäßig iSv § 31 Abs. 3 ist dies, wenn auf das neue Delikt mit Erziehungsmaßregeln oder Zuchtmitteln (in Abstimmung mit den bereits veranlassten Maßnahmen nach §§ 28, 29) reagiert und der weitere Bewährungsverlauf bis zur Entscheidung nach § 30 abgewartet werden soll (zur Handhabung, wenn im neuen Verfahren irrig weder nach § 31 Abs. 2 noch nach § 31 Abs. 3 vorgegangen wurde, s. → § 66 Rn. 22 ff.).

IV. Tilgung des Schuldspruchs

18   Hat das JGericht bis zum Ablauf der Bewährungszeit keine JStrafe verhängt und sich auch nicht davon überzeugt, dass „schädliche Neigungen" in einem jugendstrafbedürftigen Ausmaß vorliegen, **muss** es gem. Abs. 2 den nach § 27 ergangenen Schuldspruch in einer zügig (→ Rn. 5) zu treffenden Entscheidung (zur Form s. § 62 Abs. 1 und 2) ausdrücklich tilgen. Da mit dem erfolgreichen Abschluss der Bewährungszeit die **staatliche Befugnis entfällt,** auf die Verfehlung mit jugendstrafrechtlichen Rechtsfolgen zu reagieren, können auch keine erzieherischen Maßnahmen mehr veranlasst werden. Demgemäß wäre es unzulässig, zugleich mit der Anordnung der Tilgung noch diverse Erziehungsmaßregeln zu erteilen oder Zuchtmittel anzuordnen (BGHSt 18, 207 (211) = NJW 1963, 770 (771)). Ferner dürfen Bewährungsweisungen und -auflagen nach Beendigung der Bewährungszeit nicht länger aufrechterhalten werden (s. auch § 23 Abs. 1 S. 1). Falls das JGericht weitere erzieherische Interventionen für erforderlich hält, kann es diese also lediglich beim JAmt oder dem FamG anregen.

19   Die Tilgungsentscheidung des JGerichts hat die **Entfernung des Schuldspruchs** aus dem **BZR** zur Folge (§ 13 Abs. 2 S. 2 Nr. 1 BZRG). Wurden mit dem Schuldspruch gem. § 8 bestimmte Anordnungen verbunden (→ § 27 Rn. 15 ff.), bleibt deren Erfassung im Erziehungsregister (§ 60 Abs. 1 Nr. 2 BZRG) aber bestehen. Seit dem 31.8.2020 wird dort zudem auch der Schuldspruch (nach dessen Entfernung aus dem BZR) aufgenom-

men (vgl. § 60 Abs. 1 Nr. 3 BZRG idF des Gesetzes v. 18.7.2017 (BGBl. I 2732); vgl. auch Tolzmann, Bundeszentralregistergesetz, 5. Aufl. 2015, BZRG § 60 Rn. 12). Das erfolgt mit Blick auf ein „berechtigtes Interesse" an der Kenntnis der dem Schuldspruch zugrundeliegenden Taten, das in der Praxis im Falle späterer JStV bestehen soll. Anderenfalls sei das Anliegen des Erziehungsregisters, einen „möglichst vollständigen Überblick über die strafrechtliche Vergangenheit" der Betroffenen zu geben, im Fall von Abs. 2 eingeschränkt, weil es nach der Tilgung weder die Verurteilung gem. § 27 noch die Anordnungen gem. §§ 28, 29 enthalten würde (vgl. BT-Drs. 18/ 11933, 31; krit. Ernst ZJJ 2017, 365 (368 f.)). Durch diese Regelung des § 60 Abs. 1 Nr. 3 BZRG wird andererseits aber auch die befriedende Funktion der Tilgung **konterkariert** und deren Garantiewirkung unterminiert (zu abträglichen Wirkungen der Registrierung s. auch → § 5 Rn. 82). Zwar geht die Eintragung nicht in das Führungszeugnis ein (§ 32 Abs. 2 Nr. 2 BZRG), sehr wohl aber in Auskünfte an verschiedenste Dienststellen und Einrichtungen (§ 41 BZRG).

Siebenter Abschnitt. Mehrere Straftaten

Mehrere Straftaten eines Jugendlichen

31 (1) ¹Auch wenn ein Jugendlicher mehrere Straftaten begangen hat, setzt das Gericht nur einheitlich Erziehungsmaßregeln, Zuchtmittel oder eine Jugendstrafe fest. ²Soweit es dieses Gesetz zuläßt (§ 8), können ungleichartige Erziehungsmaßregeln und Zuchtmittel nebeneinander angeordnet oder Maßnahmen mit der Strafe verbunden werden. ³Die gesetzlichen Höchstgrenzen des Jugendarrestes und der Jugendstrafe dürfen nicht überschritten werden.

(2) ¹Ist gegen den Jugendlichen wegen eines Teils der Straftaten bereits rechtskräftig die Schuld festgestellt oder eine Erziehungsmaßregel, ein Zuchtmittel oder eine Jugendstrafe festgesetzt worden, aber noch nicht vollständig ausgeführt, verbüßt oder sonst erledigt, so wird unter Einbeziehung des Urteils in gleicher Weise nur einheitlich auf Maßnahmen oder Jugendstrafe erkannt. ²Die Anrechnung bereits verbüßten Jugendarrestes steht im Ermessen des Gerichts, wenn es auf Jugendstrafe erkennt. ³§ 26 Absatz 3 Satz 3 und § 30 Absatz 1 Satz 2 bleiben unberührt.

(3) ¹Ist es aus erzieherischen Gründen zweckmäßig, so kann das Gericht davon absehen, schon abgeurteilte Straftaten in die neue Entscheidung einzubeziehen. ²Dabei kann es Erziehungsmaßregeln und Zuchtmittel für erledigt erklären, wenn es auf Jugendstrafe erkennt.

Übersicht

I. Anwendungsbereich

Die Vorschrift findet auf **Jugendliche** auch in Verfahren vor den für allg. **1**
Strafsachen zuständigen Gerichten Anwendung (§ 104 Abs. 1 Nr. 1).

Die Vorschrift gilt für **Heranwachsende,** auf die materielles JStR ange- **2**
wandt wird, sowohl vor JGerichten wie vor den für allg. Strafsachen zuständigen Gerichten (§§ 105 Abs. 1, 112 S. 1, § 104 Abs. 1 Nr. 1; n.
→ Rn. 18).

II. Prinzip der einheitlichen Rechtsfolgenverhängung

1. Systematische Einordnung der Vorschrift

In Fällen, in denen die Aburteilung wegen mehrerer Straftaten eines **3**
Jugendlichen erfolgt, tritt die Vorschrift weitgehend (s. aber → Rn. 4 und
10) an die Stelle jener Bestimmungen, die das allg. StR in §§ 53 ff. StGB für

tatmehrheitliche Konkurrenzverhältnisse vorsieht. Dabei regelt Abs. 1 die Aburteilung mehrerer Straftaten in einem Prozess und Abs. 2 die Aburteilung mehrerer Delikte in verschiedenen Verfahren. In beiden Konstellationen kommt hiernach das spezialpräventiv begründete **Prinzip** der **Einheitlichkeit** einer Rechtsfolgenentscheidung zur Anwendung, und dies bei Abs. 1 sogar ausnahmslos. In den Verfahrenslagen von Abs. 2 ist die Rechtsfolgeneinheitlichkeit, die hier durch Einbeziehung der früheren Sanktionen erfolgt, zumindest als Regelfall vorgesehen (s. dazu Abs. 3). Damit soll jeweils eine jugendstrafrechtliche Reaktion, die auf die aktuelle Indikation abgestimmt ist, sichergestellt und eine Mehrheit sich womöglich widersprechender oder miteinander **unverträglicher Sanktionen verhindert** werden (Streng JugendStrafR Rn. 266; Beulke/Swoboda JugendStrafR Rn. 281). Maßgeblich hierfür ist also ein erzieherischer Regelungsgrund – und nicht wie im allg. StR (§§ 53 ff. StGB) der Gedanke, aus Einzelstrafen eine Gesamtstrafe zu bilden, um so der tatmehrheitlichen Unrechtskumulation und -überlagerung zu entsprechen (n. dazu Frister in NK-StGB § 53 Rn. 2 ff und § 54 Rn. 2 ff.). Da es sich bei der einheitlichen (ggf. aber nach § 8 zusammengesetzten) Rechtsfolge im JStR auch um Erziehungsmaßregeln oder Zuchtmittel handeln kann, wäre die Rede von „Einheitsstrafen" iÜ ersichtlich verfehlt.

4   In Fällen der **Tateinheit** ist die Vorschrift nicht anwendbar, weil es hier an deren Voraussetzung („mehrere Straftaten") fehlt. Auch § 52 StGB hat dann keine Bedeutung, weil die dort maßgeblichen Strafandrohungen (§ 52 Abs. 2 StGB) im JStR nicht gelten (s. etwa Beulke/Swoboda JugendStrafR Rn. 280). Gleichwohl kommt es in jenen Fällen ebenfalls zu einer einheitlichen Rechtsfolge. Dies ergibt sich jedoch daraus, dass § 5 die jugendstrafrechtliche Rechtsfolge an die „Straftat" knüpft – unabhängig von der Anzahl der mit der einen Tat erfolgten Gesetzesverletzungen (aus der ganz hM etwa Ostendorf in NK-JGG Rn. 4; Schatz in Diemer/Schatz/Sonnen Rn. 5; abw. aber Schlehofer in BeckOK JGG Rn. 3 ff.: § 31 anwendbar).

5   Ob Tatmehrheit oder (bspw. infolge einer tatsächlichen oder rechtlichen Handlungseinheit) eine Tateinheit vorliegt (Gesetzeskonkurrenz, Dauerstraftat oder sonstige Formen (vgl. → § 32 Rn. 3 und 15)), bestimmt sich nach den Maßgaben des allg. StR. Diese **fallbezogene Einordnung** muss vor und unabhängig von der Anwendung des § 31 vorgenommen werden. Ob hierbei unterlaufende Fehler eine Belastungswirkung für den Betroffenen haben, obwohl es sowohl bei Tateinheit wie bei Tatmehrheit zu einer einheitlichen Sanktion kommen muss, hängt vom Einzelfall ab (die Beschwer bei irriger tateinheitlicher Verurteilung vern. BGH NJW 2016, 657 (660); anders aber bei unzutr. angenommener Tatmehrheit und deren Berücksichtigung iRv § 18 Abs. 2 BGH BeckRS 2011, 21576).

2. Verbindungsfähige Rechtsfolgenkonstellationen

6   **a) Formell angeordnete Sanktionen.** Die Anwendung des Einheitsprinzips gem. § 31 gilt grds. nur für die durch **Urteil** erfolgende Anordnung von Rechtsfolgen und ansonsten nur für das Beschlussverfahren gem. § 66 Abs. 2 S. 2. Geht es um die nachträgliche Herstellung einer einheitlichen Sanktion – dh entweder um die von Abs. 2 geregelten Konstellationen oder um die Ergänzung erfolgter Entscheidungen gem. § 66 – müssen die einzubeziehenden Rechtsfolgen in entspr. Weise (also durch Urteil oder gem.

§ 66 Abs. 2 S. 2) verhängt worden sein. Die Einbeziehung einer früher gem. §§ **45, 47** angeordneten Maßnahme ist daher unzulässig. Diese formlosen Anordnungen dienen der Vorbereitung einer Verfahrenseinstellung und stellen keinen Teil von formellen Abschlussentscheidungen dar. Die entspr. Regelung in § 31 de lege ferenda abzuändern, ist angesichts der Häufigkeit von Diversionserledigungen (n. → § 45 Rn. 20, → § 47 Rn. 6) und des sich hier ebenfalls ergebenden Abstimmungsbedarfs allerdings bedenkenswert (s. ferner → § 45 Rn. 58). Unabhängig davon ist es (außerhalb des Anwendungsbereichs von § 31) möglich und sinnvoll, auch im Rahmen von **Diversionsentscheidungen** bei mehreren realkonkurrierenden Delikten (ggf. nach Verfahrensverbindung) in einheitlicher und abgestimmter Weise mit den Möglichkeiten von §§ 45, 47 zu reagieren (ebenso Schatz in Diemer/ Schatz/Sonnen Rn. 12).

b) Nichtbefolgungsarrest. Das Bedürfnis, unverträgliche Reaktions-   **7** kombinationen zu vermeiden (→ Rn. 3), besteht an sich auch im Zusammenhang mit dem Nichtbefolgungsarrest. **Bei dessen Veranlassung** darf allerdings eine früher verhängte Sanktion (etwa die missachtete Weisung oder Auflage) nach ganz hM nicht einbezogen werden (dazu etwa mit Unterschieden im Einzelnen Dallinger/Lackner Rn. 49; Ostendorf in NK-JGG Rn. 2; Schatz in Diemer/Schatz/Sonnen Rn. 21). Eine das JStV abschließende Entscheidung kann in einer Reaktion auf eine Rechtsfolgenmissachtung schon deshalb nicht aufgehen, weil sie auf einer gleichsam höheren Ebene als deren Anordnung liegt. Das ergibt sich aus dem Vergleich zwischen § 65 und § 66 sowie daraus, dass die Anwendung von § 11 Abs. 3 überhaupt nur auf Basis einer wirksamen urteilsförmigen Entscheidung denkbar ist (→ § 11 Rn. 13). Keine Bedenken bestehen indes gegen eine entspr. Anwendung des Einheitsprinzips, wenn **mehrere Zuwiderhandlungen** gegen eine Weisung und/oder Auflage zusammentreffen. Hierauf sollte iRv § 11 Abs. 3 S. 1, § 15 Abs. 3 S. 2, § 23 Abs. 1 S. 3 koordiniert reagiert werden (ebenso Schatz in Diemer/Schatz/Sonnen Rn. 12; s. dazu auch → § 11 Rn. 22).

Auch darf ein **bereits angeordneter** Nichtbefolgungsarrest in eine Ent-   **8** scheidung einbezogen werden, die ein anderes JStV abschließt. Ungeachtet des hierzu nicht recht passenden Normwortlauts (Abs. 1: „… Straftaten begangen" statt einer „Nichtbefolgung"; Abs. 2: „Einbeziehung des Urteils" statt des „Beschlusses") entspricht dies der zutr. hM (BGH BeckRS 2009, 15992; s. bereits Dallinger/Lackner Rn. 49; Potrykus unsere jugend 1957, 355 (358); Eisenberg Zbl 1989, 16 (17 f.)). In dieser Konstellation wird nämlich (anders als in → Rn. 7) die Reaktion auf eine Rechtsfolgenmissachtung in eine höherrangige Entscheidungsform integriert. Wollte man eine Einbeziehung des JA hier ablehnen, würden die erzieherischen Belange, die hinter dem Einheitsprinzip stehen (→ Rn. 3), bei der Durchsetzung jugendstrafrechtlicher Rechtsfolgen ebenso sinnwidrig wie grundlos konterkariert (zust. v. Beckerath, Jugendstrafrechtliche Reaktionen bei Mehrfachtäterschaft, 1997, 98). Möglich ist es iÜ, statt des Nichtbefolgungsarrestes die ihm zugrundeliegende Weisung oder Auflage in die neue Entscheidung einzubeziehen, womit der fragliche JA ipso iure entfällt (dazu auch LG Berlin 28.9.1988 – 507 Qs 44/88 (juris) sowie → § 11 Rn. 23). Wird eine strenge Akzessorietät des Nichtbefolgungsarrests zur durchzusetzenden Anordnung angenommen, kann er ohnehin nur gemeinsam mit dem Ausgangsurteil

(und nicht isoliert) einbezogen werden (so offenbar Schatz in Diemer/
Schatz/Sonnen Rn. 20).

9   **c) Geldbußen.** § 31 gilt **nicht** für Geldbußen im OWi-Verfahren (Gürtler in Göhler OWiG § 20 Rn. 5; Mitsch in KK-OWiG OWiG § 20 Rn. 7).
Vielmehr sieht § 20 OWiG die **Einzelsanktionierung** aller begangenen
Ordnungswidrigkeiten vor. Da dies einem Grundgedanken des JGG zuwiderläuft, empfiehlt es sich, einer erzieherisch abträglichen Geldbußenhäu-
fung ggf. bei der Bemessung bzw. durch Teileinstellung entgegenzuwirken.

III. Gleichzeitige Aburteilung mehrerer Straftaten in einem Verfahren (Abs. 1)

1. Primäre Zusammenführung von Rechtsfolgen

10   Bei Aburteilung mehrerer Straftaten im selben Verfahren werden die
verschiedenen von einem Jugendlichen begangenen Delikte und deren tat-
mehrheitliches Verhältnis im Urteilsspruch festgestellt. Die Rechtsfolge ist
dann aber gem. Abs. 1 einheitlich, dh **in gleicher Weise wie** bei Aburteilung nur **eines Delikts,** zu bestimmen. Es handelt sich hier also um eine
Form der primären Zusammenführung von Rechtsfolgen – ganz im Unterschied zu §§ 53, 54 StGB und der dortigen sekundären Zusammenführung
(bei der die Gesamtstrafe aus vorab festzulegenden Einzelstrafen gebildet
wird). Nur ganz ausnahmsweise kann es erforderlich sein, bei einheitlichen
Sanktionen iSv Abs. 1 separate tatbezogene Rechtsfolgen zu fingieren. Dies
wurde im Fall einer Amnestie, die an die Strafhöhe von Einzeltaten geknüpft
war, von der Rspr. bejaht. In diesem Sonderfall musste für jede einzelne der
nach Abs. 1 gemeinsam sanktionierten Taten nachträglich eine – gedachte –
Einzelstrafe bemessen werden, um deren Amnestiefähigkeit feststellen zu
können (BayObLGSt 1970, 186). Anderenfalls hätte Abs. 1 zu einer
Schlechterstellung ggü. §§ 53, 54 StGB geführt.

11   Die Einbeziehung bzw. rechtsfolgenbezogene Zusammenführung iSv
Abs. 1 setzt allerdings voraus, dass auf die mehreren Delikte jeweils das
materielle JStR anzuwenden ist (weil es sich um Taten eines Jugendlichen
handelt oder diese bei einem Heranwachsenden gem. § 105 Abs. 1 nach
JGG beurteilt werden). Ist auf die mehreren Delikte teilw. das StGB anzuwenden, hängt die Anwendbarkeit des Abs. 1 von der in **§ 32 S. 1**
geregelten Voraussetzung ab (→ § 32 Rn. 11 ff.). Für das Vorgehen nach
Abs. 1 ist es iÜ ferner erforderlich, dass alle Taten überhaupt von einem
deutschen Gericht **verfolgt werden dürfen.** Daran ermangelt es bei Taten,
die außerhalb des (durch die Anklage umgrenzten) Prozessgegenstandes
liegen oder bei denen ein Verfolgungshindernis besteht. Ferner kann es
hieran bspw. in jenen sehr seltenen Fällen fehlen, in denen das Verfahren
gegen eine ausgelieferte Person nicht nur wegen solcher Vorwürfe geführt
wird, um derentwegen die Auslieferung bewilligt worden ist (zur hier eingreifenden Spezialität des Auslieferungsrechts BGHSt 15, 125 = NJW 1960,
2201; eingehend Schatz in Diemer/Schatz/Sonnen Rn. 8 mwN; zu Einschränkungen des Grundsatzes bei Übergabe aufgrund eines Europäischen
Haftbefehls vgl. aber EuGH NStZ 2010, 35 (39) sowie → § 1 Rn. 43).

Kommt es in solchen besonderen Sachlagen gleichwohl zur Einbeziehung, ist das Urteil anfechtbar, aber nicht nichtig (allgA).

2. Rechtsfolgenoptionen

Bei der einheitlichen Rechtsfolgenentscheidung gem. Abs. 1 können alle **12** Rechtsfolgen iSv § 3 S. 2, § 7 und va §§ 9 ff. angeordnet werden, einschließlich der Verhängungsaussetzung gem. § 27 und der anderen Formen der Aussetzung zBew (Schlehofer in BeckOK JGG Rn. 11 ff., 19 ff.). Hinsichtlich der zulässigen **Art** und des zulässigen **Umfangs** gelten generell dieselben Maßgaben wie bei der Reaktion auf eine einzelne Straftat. Dies wird für die Höchstgrenzen bzw. den Sanktionsrahmen in Abs. 1 S. 3 für JA und JStrafe explizit festgelegt. Gilt für eine der Taten der erhöhte Strafrahmen der § 18 Abs. 1 S. 2, § 105 Abs. 3 S. 2, so ist dieser auch für die einheitliche Würdigung aller Taten maßgebend (ebenso bspw. Wohlfahrt StraFo 2019, 267 (268)). Dass eine entspr. schwer bewertete Straftat mit mindestens einer leichter bewerteten Tat zusammenfällt, blockiert den erhöhten Strafrahmen also nicht. Im Übrigen stellt Abs. 1 S. 2 klar, dass die anzuordnende einheitliche Anordnung im Rahmen von § 8 auch in Form einer **Kopplung** von Rechtsfolgen bestehen kann.

IV. Aburteilung mehrerer Straftaten in verschiedenen Verfahren (Abs. 2, 3)

1. Verhältnis zu § 55 StGB

Nach den Regelungen in Abs. 2 und 3 gilt das Einheitsprinzip auch bei **13** sukzessiver Aburteilung mehrerer Straftaten eines Jugendlichen. Bei verschiedenen Verfahren muss dabei in der zeitlich jeweils letzten Entscheidung eine gemeinsame Rechtsfolge für alle Einzeldelikte **nachträglich** gebildet werden. Dies geschieht ebenfalls im Wege der primären Zusammenführung (→ Rn. 10), wobei die in den früheren Verfahren angeordneten Rechtsfolgen (zu deren Wegfall → Rn. 46) zwar zu berücksichtigen sind (→ Rn. 39 ff.), aber nicht im Sinne einer Einzel- oder Einsatzstrafe. Darin liegt ein erster Unterschied zur sekundären Zusammenführung von Rechtsfolgen, die das allg. StR mit der nachträglichen Gesamtstrafenbildung in § 55 StGB vorsieht.

Weitere Unterschiede sind in den **differierenden Regelungszwecken 14** angelegt. Während es bei § 55 darum geht, den mit der Gesamtstrafenbildung für den Betroffenen verbundenen Sanktionsvorteil (§ 54 Abs. 2 StGB: unter der Summe der Einzelstrafen) nicht von der (ggf. verfahrenszufälligen) gemeinsamen Aburteilung abhängig zu machen, sondern auch bei getrennten Verfahren zu gewährleisten (n. etwa Frister in NK-StGB § 55 Rn. 1 f. mwN), soll Abs. 2 spezialpräventiv dysfunktionale Wirkungen verhindern, die bei mehrfacher Aburteilung von verschiedenen und daher ggf. widersprüchlichen Rechtsfolgen ausgehen können (→ Rn. 3). Dementspr. wird die nachträgliche Herstellung einer gemeinsamen Sanktion bei Abs. 2 auch anders ausgestaltet als bei § 55 StGB. So ist es gem. Abs. 3 für ihre Vornahme von Belang, ob die Nicht-/Einbeziehung der bereits verhängten

Rechtsfolgen in eine neue Einheitssanktion **erzieherisch zweckmäßig** ist (→ Rn. 29 ff.).

15   Eine weitere Abweichung zeigt sich in einem **erweiterten Anwendungsbereich.** Anders als gem. § 55 StGB ist es bei der einheitlichen Rechtsfolgenverhängung nach Abs. 2 unbeachtlich, in welcher zeitlichen **Reihenfolge** die erfassten Straftaten begangen worden sind. Es stellt angesichts des von § 55 abw. Wortlauts insbes. keine Voraussetzung dar, dass die Tatbegehung der aktuell abzuurteilenden neueren Straftat/-en vor Verkündung des früheren Urteils lag (BGH BeckRS 2011, 26711; OLG Hamm NJW 1971, 1664; vgl. auch RL 1). Handelt es sich um einen sog. „Rückfall", der bei der anderen Rechtsfolgenentscheidung noch gar nicht berücksichtigt werden konnte, ist dies (anders als bei § 55 StGB) für Abs. 2 deshalb unschädlich, weil auch in solchen Konstellationen – jedenfalls bis zur vollständigen Vollstreckung der vorangegangenen Rechtsfolge (→ Rn. 21 ff.) – das Bedürfnis nach einer einheitlichen erzieherisch abgestimmten Sanktionierung besteht.

2. Formale Voraussetzungen

16   **a) Einbeziehungsfähigkeit der Rechtsfolgen. aa) Rechtskräftige Verurteilung.** Die Anwendung von Abs. 2 setzt das Vorhandensein von noch offenen Rechtsfolgen voraus, die in einem rechtskräftigen Urteil angeordnet wurden (s. auch → Rn. 25 f.). Ob dieses Urteil durch ein Gericht **niedrigerer, gleicher oder höherer Ordnung** erlassen wurde, ist – solange die Rechtsfolgenkompetenz bei der neuen Rechtsfolgenentscheidung gewahrt wird (→ § 39 Rn. 11 f., → § 40 Rn. 4) – ohne Belang. In der Einbeziehung eines Urteils höherer Gerichte liegt kein rechtswidriger Übergriff in deren Kompetenz, weil die Bildung einer einheitlichen Rechtsfolge nach dem Zweck und dem insofern neutralen Wortlaut von Abs. 2 als vorrangig und erlaubt gelten muss. Dies gilt auch für die Einbeziehung einer Entscheidung nach § 27, die (ungeachtet der noch offenen Rechtsfolgenfrage) ebenfalls schon eine rechtskräftige Sanktionsentscheidung iSv Abs. 1 darstellt (s. aber für eine Ausnahme auch → § 102 Rn. 3).

16a   Urteile oder Beschlüsse gem. § 66 Abs. 2 S. 2, die ihrerseits schon gem. Abs. 2 (oder gem. § 105 Abs. 2 (BGH BeckRS 2000, 4684)) ein rechtskräftiges Urteil einbezogen haben, können ebenfalls einbezogen werden (sog. **Ketteneinbeziehung**), nicht aber die dort bereits einbezogenen früheren Entscheidungen (s. etwa auch Schlehofer in BeckOK JGG Rn. 20.2). Ist dieses einbeziehende Urteil noch nicht rechtskräftig, kann dessen seinerseitige Einbeziehung erst später (nach Rechtskrafteintritt) erfolgen (ggf. gem. § 66), ohne dass dies an der Einbeziehungssperre der früheren Entscheidung etwas ändern würde (BGH NJW 2003, 2036 (2037): keine doppelte Verwertung).

17   **bb) Nur Rechtsfolgen des JGG.** Den Regelfall für die Anwendung von Abs. 2 bildet es, wenn die aktuelle Entscheidung auf der Basis des materiellen JStR erfolgt und darin (mindestens) eine früher rechtskräftig angeordnete Rechtsfolge einzubeziehen ist, die ihrer Art und Grundlage nach ebenfalls dem JStR zugehört. Abs. 2 engt dies indes insofern ein, als die Rechtsfolge, die wegen der neuen Tat anzuordnen ist, in Erziehungsmaßregeln oder Zuchtmitteln oder JStrafe (einschließlich Formen der Aussetzung zBew)

bestehen muss. Dieselbe Einschränkung gilt dabei nach dem Normwortlaut für die frühere Verurteilung. Eine Einbeziehung wäre daher ausgeschlossen, wenn es sich bei den Rechtsfolgen, die aus dem einzubeziehenden Urteil noch vorhanden sind, allein um Nebenstrafen oder -folgen oder um Maßregeln der Besserung und Sicherung handelt (so in der Tat Dallinger/Lackner Rn. 10). Obwohl mit diesen Rechtsfolgen keine spezifisch erzieherischen Zwecke verfolgt werden (vgl. auch → § 7 Rn. 4 f.), spricht allerdings die von Abs. 2 bezweckte Vermeidung unverträglicher Sanktionsmehrheiten dafür, **jede** rechtskräftige urteilsmäßige **Rechtsfolge** für **einbeziehungsfähig** zu halten (vgl. BGHSt 39, 92 = NJW 1993, 1404 mzustAnm Eisenberg/Sieveking JZ 1993, 529; wie hier zB auch Ostendorf in NK-JGG Rn. 7; Schatz in Diemer/Schatz/Sonnen 19; Schlehofer in BeckOK JGG Rn. 25 f.). Gestützt wird die Berechtigung dieser Interpretation auch durch § 105 Abs. 2, wo der Gesetzeswortlaut hinsichtlich der bei Heranwachsenden einzubeziehenden StGB-Rechtsfolgen ebenfalls keine Beschränkungen nennt.

cc) Schwergewicht bei Rechtsfolgen des JGG. Ergeht die aktuelle 18 Entscheidung gegen einen Heranwachsenden, bei dem die Voraussetzungen des § 105 Abs. 1 bejaht werden, gilt Abs. 2 indes darüber hinaus auch für die Einbeziehung von rechtskräftigen **StGB-Sanktionen** – sei es, dass solche gegen diese Person früher wegen ihres Erwachsenenalters bei der fraglichen Tat (hierzu n. → § 105 Rn. 63) oder wegen der Verneinung der Voraussetzungen von § 105 Abs. 1 verhängt worden waren (n. dazu → § 105 Rn. 62). Dies wird von § 105 Abs. 2 ausdrücklich bestimmt (ebenso § 109 Abs. 2 S. 1 für die nachholende Entscheidung gem. § 66). Allerdings hängt die Zusammenführung von StGB- und JGG-Rechtsfolgen in diesen Konstellationen von den **Maßgaben des § 32** ab (hierzu n. → § 105 Rn. 64). Dies hat zur Folge, dass für die gemeinsame Sanktion nicht Abs. 2, sondern der Anwendungsbereich des § 55 StGB eröffnet wird, falls die Schwergewichtsprüfung zur Anwendung von allg. StR führt.

In anderen Verfahrenslagen wird eine **analoge Anwendung** von Abs. 2 19 ebenfalls erwogen, ohne dass dies von der Judikatur anerkannt würde. Unter der Bedingung einer für eine JGG-Reaktion sprechenden Schwergewichtsprüfung (§ 32) betrifft dies zum einen die Aburteilung einer lange zurück liegenden Jugendtat, wenn der Betreffende zwischenzeitlich nach allg. StR bestraft worden war (hierzu n. → § 105 Rn. 65). Und zum anderen betrifft dies unter derselben Voraussetzung die Fälle, in denen gegen den Angeklagten, der nach allg. StR bestraft werden soll, bereits eine rechtskräftige, nach JStR ergangene Verurteilung (zu einer noch nicht vollständig vollstreckten Rechtsfolge) vorliegt (→ § 32 Rn. 7 ff.).

dd) Keine besonderen Einbeziehungshindernisse. Die Einbeziehung 20 früherer ausländischer Urteile kommt nach den Grundsätzen der Staatssouveränität nicht in Betracht (n. und mwN etwa Schlehofer in BeckOK JGG Rn. 20.8). Zudem kann der Anwendung von Abs. 2 S. 1 auch hinsichtlich einer früheren deutschen Entscheidung ein Hindernis entgegenstehen (konkret der Grundsatz der **Spezialität** des **Auslieferungsrechts**), wenn der ausliefernde Staat nicht darin eingewilligt hat, dass im Zuge der Aburteilung des jeweiligen Delikts eine Einbeziehung anderer Rechtsfolgen erfolgt (n. Schatz in Diemer/Schatz/Sonnen Rn. 8 mwN; vgl. in diesem Zusammenhang auch Art. 14 EuAlÜbk sowie dazu BGH StV 1998, 324 = BeckRS

1997, 31121305; zum Nachtragsersuchen Nr. 100 RiVASt). Ist daher die
Einbeziehung und Verhängung einer einheitlichen JStrafe ausgeschlossen
(vgl. auch → Rn. 11), ergibt sich daraus idR eine Schlechterstellung des
Angeklagten, der mit mehreren Sanktionen konfrontiert ist. Dies muss – wie
im Grunde auch bei § 55 StGB (n. etwa Sternberg-Lieben/Bosch in Schön-
ke/Schröder § 55 Rn. 28a) – mit einem sog. „Härteausgleich" bei der
späteren Rechtsfolgenentscheidung aufgefangen werden (so auch Schatz in
Diemer/Schatz/Sonnen Rn. 9 sowie zumindest für den Fall einer altersbedingt (→ § 17 Rn. 57) eher vorwurfs- als erzieherisch orientierten JStra-
fen-Bemessung auch BGH StV 2011, 589 = BeckRS 2011, 4359).

21   **b) Nichterledigung der Rechtsfolgen. aa) Folgen der Erledigung.**
Abs. 2 setzt ferner voraus, dass die früher verhängten Rechtsfolgen „noch
nicht vollständig ausgeführt, vollstreckt oder sonst erledigt" worden sind.
Bisweilen trifft diese Bedingung – zu der sich das Tatgericht sowohl bei
Einbeziehung wie Nichteinbeziehung im Urteil ausdrücklich verhalten muss
(vgl. BGH StV 2016, 706 = BeckRS 2015, 19220) – nur auf einen **Teil von
mehreren** früher verhängten Rechtsfolgen zu. Hier erfasst die Einbeziehung zwar (wie immer) das gesamte frühere Urteil (vgl. → Rn. 39), doch
wirkt sich dies nur bei den noch offenen Rechtsfolgen aus (BGHSt 42, 299
= NJW 1997, 472 mzustAnm Dölling NStZ 1998, 355). Dass dann (anders
als bei vollständiger Einbeziehungsfähigkeit) die bereits umgesetzten Sanktionen des früheren Urteils in ihrer Belastungswirkung zur neuen Einheitsrechtsfolge hinzukommen, ist bei der Bemessung dieser neuen Sanktion zu
berücksichtigen, um einer Schlechterstellung entgegenzuwirken.

22   Solange eine (einzelne) früher verhängte Rechtsfolge nur zum Teil erledigt ist – wie etwa bei teilw. Vollstr von JA oder JStrafe oder teilw. Ablauf
der Bewährungszeit (§§ 22, 28, 61a, 88 Abs. 6 S. 1) –, kommt eine Einbeziehung stets in Betracht. Diese entfällt erst bei **vollständiger Realisierung.** Allerdings liegt, soweit die Anwendung von Abs. 2 allein daran
scheitert, für die Betroffenen hierin ein Nachteil, der bei absehbarer Einbeziehung möglichst vermieden werden muss (→ Rn. 46) und dort, wo er
dennoch eingetreten ist, bei der Bemessung der neuen Rechtsfolge ggf. einer
Berücksichtigung bedarf (BGH StV 1986, 436 = BeckRS 1986, 31101850).
Die Notwendigkeit eines solchen **„Härteausgleichs"** hat die Rspr. va für
Konstellationen bejaht, in denen die neue Tat mit einer JStrafe wegen
Schwere der Schuld sanktioniert wird und eine Aburteilung theoretisch noch
vor vollständiger Vollstr der früheren Rechtsfolgen möglich gewesen wäre
(BGH BeckRS 2006, 08001; NStZ-RR 2010, 257 (259); s. auch → Rn. 30
sowie LG Flensburg BeckRS 2017, 103090: Anrechnung der vollstreckten
Dauer auf neue JStrafe). Allerdings ist die entspr. Frage immer (also nicht nur
bei Einheits-JStrafe) zu prüfen (vgl. auch BGH NJW 2020, 1009 (1010): JA
nach vollstrecktem, an sich aber einbeziehungsfähigem früheren JA). Ohnehin wird die Vollstr. der früheren Rechtsfolge den Einwirkungsbedarf beim
Jugendlichen und damit auch die Intensität der neuen Rechtsfolge oftmals
verringern (BGH BeckRS 2006, 8001; NStZ-RR 2010, 257 (259)).

23   **bb) Voraussetzungen der Erledigung.** Bei der Frage, **ob** eine vollständige Umsetzung vorliegt, kann es rechtsfolgenspezifische Besonderheiten
geben. **Erziehungsmaßregeln, Verwarnungen und Auflagen** werden
iSv Abs. 2 S. 1 „ausgeführt". Maßgeblich ist ihr vollständiger Vollzug (dazu
für die EB sowie die Verpflichtung nach § 12 Nr. 2 → § 12 Rn. 12 f. sowie

27 f.). Hierbei lässt sich va bei Weisungen ggf. nicht ohne weiteres feststellen, ob eine gänzliche Ausführung gegeben ist, insbes. wenn die Weisung ohne (an sich erforderliche) zeitliche Begrenzung erteilt wurde. Ausschlaggebend kann hier sein, ob der Verurteilte den erzieherischen (An-)Geboten Folge geleistet hat. – „Erledigt" sind Weisungen oder Auflagen dann, wenn sie aus tatsächlichen Gründen nicht mehr erfüllt werden können. Wurde wegen Missachtung der Anordnung ein Nichtbefolgungsarrest angeordnet und vollstreckt, liegt, solange die betreffende Vorgabe vom Jugendlichen noch umgesetzt werden kann, keine Erledigung vor (BGH BeckRS 2011, 26711).

Bei den anderen Rechtsfolgen liegt deren gänzliche Vollstr idR in deren **24** vollständigem Vollzug. Eine Erledigung tritt beim **JA** ein, wenn von der Vollstr abgesehen wird (§ 87 Abs. 3) oder seit Rechtskraft der Verhängung ein Jahr verstrichen ist (§ 87 Abs. 4 S. 1). **JStrafe** ist erledigt, wenn die Vollstreckungsverjährung (§§ 79 ff. StGB iVm § 2 Abs. 2), ein Straferlass gem. §§ 26a, 88 Abs. 6 S. 1 (BGH StV 1992, 432 = BeckRS 1991, 31082470; BeckRS 2003, 8914), ein Gnadenerweis oder eine Amnestie der Vollstr entgegenstehen. Ist die Bewährungszeit abgelaufen, aber noch kein Erlass der JStrafe erfolgt, muss die (technisch an sich noch mögliche) Einziehung mit Blick auf Sinn und Zweck von § 31 gem. Abs. 3 unterbleiben bzw. (bei absehbarem Bewährungswiderruf) einer nachträglichen Entscheidung gem. § 66 vorbehalten bleiben. Beim **Schuldspruch** nach § 27 kommt es auf die Entscheidung gem. § 30 an. Wird in diesem Fall eine JStrafe gem. § 30 Abs. 1 verhängt, so kann diese (anstelle des ersetzten Schuldspruchs) nach Abs. 2 einbezogen werden. Wird dagegen gem. § 30 Abs. 2 die Tilgung des Schuldspruchs angeordnet, so ist dieser endgültig erledigt und eine Einbeziehung ausgeschlossen.

c) Maßgebender Zeitpunkt. aa) Rechtskrafteintritt. Ist die frühere **25** Entscheidung noch nicht rechtskräftig, schließt der eindeutig formulierte Abs. 2 deren Einbeziehung in eine neue, aktuell anstehende Rechtsfolgenentscheidung aus (sodass hier allein eine spätere Einbeziehung nach § 66 in Betracht kommt). Der maßgebliche Zeitpunkt für das Vorliegen des Rechtskrafterfordernisses – ebenso wie iÜ auch für die vollständige Ausführung, Vollstr oder sonstige Erledigung der früher verhängten Rechtsfolgen – ist prinzipiell die letzte Sitzung innerhalb der **ersten Tatsachenverhandlung** (vgl. auch BGH StraFo 2011, 288 = BeckRS 2011, 8339; BeckRS 2014, 8139; Schlehofer in BeckOK JGG § 31 Rn. 33).

Tritt die **Rechtskraft später** ein, ändert dies die bis dahin gegebene **26** Unzulässigkeit der Einbeziehung nicht – es sei denn, es kommt zu einem **Rechtsmittelverfahren.** Bei in dessen Verlauf eintretender Rechtskraft muss die möglich gewordene Einbeziehung durch das Berufungsgericht und das Tatgericht, an das vom Revisionsgericht zurückverwiesen wird, erfolgen (ebenso Schlehofer in BeckOK JGG § 31 Rn. 20).

bb) Nachträgliche Erledigung. Anders ist die Handhabung, wenn die **27** frühere einzubeziehende Rechtsfolge zwar in der ersten Tatsacheninstanz rechtskräftig und noch offen war, dann aber **im Revisionsverfahren vollzogen oder erledigt** wurde, sodass die ursprünglich gegebenen Voraussetzungen von Abs. 2 (scheinbar) weggefallen sind. Sofern hier das Revisionsgericht an das neue Tatsachengericht deshalb zurückverweist, weil die Einbeziehung unzulässig unterblieben war (insbes. wegen fehlerhaft angenommener Erledigung der früheren Rechtsfolgen), steht – entspr. der

Rechtslage im Falle nachträglicher Gesamtstrafenbildung (n. Frister in NK-StGB § 55 Rn. 25 mwN) – die zwischenzeitliche Rechtsfolgenerledigung der Nachholung der Einbeziehung im nunmehrigen Verfahren nicht entgegen (BGH StraFo 2011, 288 = BeckRS 2011, 8339; Schatz in Diemer/Schatz/Sonnen Rn. 27). Denn nur so kann das Revisionsverfahren seiner Korrekturfunktion entsprechen und die irrige Nichtanwendung von Abs. 2 beheben (vgl. Schlehofer in BeckOK JGG § 31 Rn. 33.1). Wegen des Sachzusammenhangs gilt das Gleiche, wenn die Rechtsfolgenentscheidung wegen anderweitiger Rechtswidrigkeit zurückverwiesen wird und nunmehr neu erfolgen muss: Auch hier kommt es auf die **anfängliche Möglichkeit** der Einbeziehung noch nicht erledigter Rechtsfolgen an (BGHR JGG § 31 Abs. 2 Einbeziehung 5 = BeckRS 1991, 31096885; BGH StV 2001, 179 = BeckRS 2000, 30130856). Bei der Bemessung der Einheitsrechtsfolge muss zudem einer Benachteiligung, zu der es durch die erfolgte Umsetzung der früheren Rechtsfolge kommen kann, entgegengewirkt werden.

28   Für das **Berufungs- und Wiederaufnahmeverfahren** gelten die in → Rn. 27 genannten Maßgaben dagegen nicht (abw. Schlehofer in BeckOK JGG Rn. 33.3 und 33.4). Hier erfolgt jeweils eine neue und eigenständige Tatsachenentscheidung, für die die Gegebenheiten zum jeweiligen Entscheidungszeitpunkt maßgeblich sind. Bei zwischenzeitlicher Erledigung der früheren Rechtsfolgen scheidet deren Einbeziehung daher aus – unabhängig davon, ob sie erstinstanzlich in (damals) rechtmäßiger Weise einbezogen wurden oder ob dies (damals unzulässig) unterblieben ist. Benachteiligungen sind durch einen Härteausgleich bei der neuen Einzelsanktion zu kompensieren.

3. Erzieherische Zweckmäßigkeit

29   a) **Allgemeines.** Die Bildung einer einheitlichen Rechtsfolge gem. Abs. 2 steht nach **Abs. 3 S. 1** unter Vorbehalt und kann unterbleiben, wenn dies als erzieherisch zweckmäßig eingestuft wird. Das Gesetz akzeptiert allerdings allein Gründe der erzieherischen Geeignetheit, um von der Sanktionsverbindung abzusehen. Andere Zwecke, insbes. auch die Absicht, eine „ungerechtfertigte Begünstigung" des Angeklagten vermeiden zu wollen, berechtigten nicht zum Verzicht auf die Einheitsrechtsfolge (BGH bei Theune NStZ 1986, 153 (160)). Liegen keine Gründe iSv Abs. 3 S. 1 vor, kommt auch ein **Aufschieben** der fraglichen Entscheidung, dh ein Verweis auf das nachträgliche Verfahren (§ 66) **nicht** in Betracht (BGH v. 10.3.1994 – 4 StR 50/94 bei Böhm NStZ 1994, 528 (530)). Von der Einbeziehung kann ganz ausnahmsweise nur dann (vorübergehend) abgesehen werden, wenn für eine verlässliche Entscheidung iSv Abs. 2 noch weitere, zeitaufwändige Feststellungen erforderlich sind (vgl. BGHSt 12, 1 (10) = NJW 1958, 1643 (1646); OLG Hamm NJW 1970, 1200 zum allg. StR) oder wenn das einzubeziehende frühere Urteil nach abgelaufener Rechtsmittelfrist zwar rechtskräftig (→ Rn. 25), aber auch Gegenstand eines aussichtsreichen Wiedereinsetzungsantrags ist (BGHSt 23, 98 = NJW 1969, 2210 zum allg. StR).

30   Liegen erzieherische Zweckmäßigkeitsgründe iSv Abs. 3 S. 1 vor und kommt es deshalb nicht zur Einbeziehung der früheren Entscheidung, bleibt diese samt ihrer Umsetzung unberührt. Allerdings kann das Gericht, sofern es in der neuen Sache eine JStrafe verhängt, früher angeordnete und noch

offene Erziehungsmaßregeln oder Zuchtmittel gem. **Abs. 3 S.** 2 für erledigt
erklären, nicht jedoch umwandeln (zutr. OLG Celle NStZ-RR 2001, 90
(91)). Grds. wirkt sich die noch bestehende Rechtsfolge, auch die bevorstehende oder laufende Vollstr von JA oder JStrafe, aber nicht unmittelbar in
dem Ausspruch der neuen Entscheidung aus. Allerdings ist es nicht ausgeschlossen und ggf. sogar erforderlich, frühere Straftaten und nicht vollstreckte Sanktionen zu berücksichtigen (speziell zur Nachteils- und Härten-
vermeidung → Rn. 20 und 22). Nach den Prinzipien der dezidiert spezialpräventiven Rechtsfolgenbemessung (→ § 5 Rn. 16) muss letztlich
berücksichtigt werden, welche erzieherische Wirkung insgesamt (BGH
NStZ 1995, 595 (596)) von beiden (oder mehreren) Rechtsfolgenausssprü-
chen ausgeht. Bei der späteren Verurteilung ist die Rechtsfolge daher zumindest mit einem Mindestmaß auf die Verpflichtungs- und Einschrän-
kungseffekte der anderen Sanktionen **abzustimmen.** Diese Notwendigkeit
reduziert sich indes bei älteren Verurteilten, bei denen sie schließlich keine
größere Bedeutung als im Rahmen von § 46 Abs. 1 S. 2 hat (BGH NStZ
2016, 101; s. auch → § 17 Rn. 57).

b) Beurteilungskriterien. Allgemeingültige Maßstäbe für die spezialprä- **31**
ventive Beurteilung der Nicht-/Einbeziehung bestehen nicht. Die dahingehende Entscheidung ist somit einzelfallbezogen nach **pflichtgemäßem
Ermessen** vorzunehmen (BGHSt 22, 21 (23) = NJW 1968, 457 (458);
BGHSt 36 37 (42) = NJW 1989, 1490 (1492)) – wobei zu beachten ist, dass
das Gesetz die **Nichteinbeziehung als Ausnahme** ansieht (vgl. etwa BGH
StraFo 2004, 394 = BeckRS 2004, 7619). Das dahingehende Ermessen ist
jedoch erst eröffnet, wenn erzieherische Gründe „von ganz besonderem
Gewicht" vorliegen, die das Nebeneinander verschiedener Sanktionen als
„notwendig erscheinen lassen" (BGHSt 36 37 (42) = NJW 1989, 1490
(1492); BGH NStZ 1997, 387; NStZ 2018, 660) und die daher ausführlich
darzustellen sind (BGH NStZ-RR 1996, 120; BeckRS 2017, 128742; NStZ
2021, 373; OLG Hamm StraFo 2003, 205 = BeckRS 2010, 5660; speziell
zur Frage, ob die **Umgehung der in § 8 geregelten Kopplungsverbote**
durch die Nichteinbeziehung der früheren Rechtsfolge erzieherisch zweckmäßig sein kann, vgl. → § 8 Rn. 10). Bei Erwachsenen, die nicht mehr der
Gruppe sog. „Jung-Erwachsener" (bis 24 Jahre) angehören, hat der Erziehungsgedanke zudem generell nur geringes Gewicht, sodass dahingehende
Aspekte eine Nicht-Einbeziehung besonders selten rechtfertigen können
(BGH NStZ 2018, 660 (661)).

aa) Rechtsfolgengefälle und Deliktsdivergenzen. Abs. 3 kommt in **32**
Konstellationen in Betracht, in denen die neue Straftat (entwicklungs- und
erziehungspsychologisch) mit den **bisherigen Straftaten nicht zu verglei-
chen** ist, zB weil sie durch eine Ausnahmesituation bedingt und nicht als
Ausdruck von devianter Kontinuität zu interpretieren ist (vgl. etwa AG
Rudolstadt StV 2016, 706 = BeckRS 2015, 20608; s. auch LG Freiburg v.
17.5.1991 – VI AK 22/91 Hw, 34 Ns 32/91: „nochmaliger, aber letzter
Ausrutscher"). Hier empfiehlt sich der Ausspruch einer neuen und zusätzlichen Rechtsfolge, die allerdings nach Möglichkeit mit der zuvor verhängten
Rechtsfolge zu koordinieren ist (Wohlfahrt StraFo 2019, 265 (267); ebenso
schon Potrykus NJW 1956, 654 (655); Grethlein NJW 1957, 1462 (1462);
für ein Bsp. s. AG Tiergarten 22.4.2009 – 47 Js 2276/08 Ls: Anordnung
einer im JStVollz zu vollziehenden Arbeitsauflage wegen gemeinschaftli-

Warenhausdiebstahls nach vorheriger Verurteilung zu JStrafe wegen dreifachen schweren Raubes).

33   Allerdings bedarf es in all diesen Fällen einer näheren einzelfallbezogenen Überprüfung. Dass die neue Tat nach Art und Schwere aus dem Rahmen der früher begangenen Straftat/-en herausfällt, ist für sich allein noch kein Grund, von einer Einbeziehung abzusehen. Das gilt gerade bei ihrem **deutlich angehobenen Unrechtsgewicht** (BGH NStZ 1997, 387). Wenn im Hinblick hierauf die noch nicht vollständig ausgeführten, vollstreckten oder sonst erledigten Rechtsfolgen im Vergleich mit der Rechtsfolgenverhängung des neuen Urteils qualitativ und quantitativ ohne Bedeutung sind und im Falle einer Abtrennung in ihrer Wirkrichtung damit (auch in der Wahrnehmung des Betroffenen) völlig in den Hintergrund treten, ist vielmehr eine Einbeziehung idR zweckmäßiger.

34   Soweit umgekehrt die **Rechtsfolgen des neuen Urteils gravierend hinter** denjenigen der früheren Entscheidung **zurückbleiben,** kann sich das Vorgehen nach Abs. 3 unter Umständen empfehlen. Dies betrifft Fälle, in denen die Einheitsrechtsfolge im Wesentlichen der schon früher veranlassten Sanktion entspräche und somit oft nur einen spezialpräventiv ungünstigen Eindruck hervorrufen kann: dass nämlich − je nach Wahrnehmung des Betroffenen − die neue Tat weitgehend ohne Konsequenzen bliebe oder gerade unverhältnismäßig schwer geahndet werde (BGH v. 25.10.1960 − 1 StR 406/60; AG Rudolstadt StV 2013, 36 = LSK 2013, 020550; s. auch Dallinger/Lackner Rn. 37). Allerdings ist bei neuen Taten, die keine wesentliche selbstständige Bedeutung haben, häufig eine Einstellung (etwa nach § 154 StPO iVm § 2 Abs. 2) vorzuziehen (vgl. RL 4), was ggf. mit der Modifizierung der früheren Rechtsfolge verknüpft werden kann (zB mit der Abänderung von Bewährungsweisungen oder -auflagen und/oder der Verlängerung der BewZeit, unter Umständen auch mit der Einleitung des Nachverfahrens nach § 30 oder mit dem Widerruf einer Aussetzung der Vollstr zBew nach § 26 oder § 88 Abs. 6 (n. → §§ 26, 26a Rn. 16 ff., → § 30 Rn. 17)).

35   **bb) Herstellung bewährungsfähiger Rechtsfolgen.** Ferner kann von einer Einbeziehung auch dann abgesehen werden, wenn die Einheitsrechtsfolge auf JStrafe lauten würde und diese mit einer Dauer zu bemessen wäre, bei der (anders als bei getrennten Sanktionen) gem. § 21 Abs. 1 und Abs. 2 keine Aussetzung der Vollstr zBew mehr zulässig wäre (zust. Böttcher/ Schütrumpf in MAH Strafverteidigung § 53 Rn. 97; ebenso OLG Brandenburg NStZ-RR 2008, 388 (389); LG Köln BeckRS 2020, 47400; Streng JugendStrafR Rn. 279 sowie − unter Betonung der damit einhergehenden Darlegungspflicht des JGerichts − etwa auch OLG Koblenz NStZ-RR 2008, 323). Auf diese Weise kann die Vollstr der neuen JStrafe selbst dann zBew ausgesetzt werden, wenn die Summe der getrennt bleibenden JStrafen die in § 21 Abs. 1 und Abs. 2 festgelegte Zweijahresgrenze übersteigt (Potrykus NJW 1959, 1064 (1065)). In der weiteren Folge laufen beide Bewährungsverfahren selbstständig nebeneinander. Zu berücksichtigen ist bei einem solchen Vorgehen indes, dass der Betroffene im Fall eines notwendig werdenden Bewährungswiderrufs in einem stärkeren Maße (durch die mehreren JStrafen) belastet wird als von einer zuvor gebildeten Einheitssanktion (Wohlfahrt StraFo 2019, 265 (266 f.)).

Außerdem ist hierbei zu berücksichtigen, dass der Rspr. zufolge eine **36** positive prognostische Beurteilung iSv § 21 (→ § 21 Rn. 15) nicht automatisch auch das Vorliegen „erzieherischer Gründe" iSv Abs. 3 nach sich zieht (so OLG Düsseldorf MDR 1983, 956). Soll eine Aussetzung zBew möglich gemacht und dafür von einer Einbeziehung abgesehen werden, bedürfe es also sowohl einer positiven Prognose als auch einer **davon unabhängigen erzieherischen Rechtfertigung** für das Nebeneinander zweier Sanktionen (BGH NStZ 2018, 660 (661); vgl. etwa auch Schatz in Diemer/Schatz/Sonnen Rn. 60). Das kann bspw. der Fall sein, wenn sich die Einbeziehung und Anordnung einer nicht aussetzungsfähigen JStrafe negativer auf den Betroffenen auswirken würde als mehrere unverbundene Bewährungssanktionen.

cc) Überschreitung gesetzlicher Höchstgrenzen. Dissens besteht hin- **37** sichtlich jener Fälle, in denen die Grenzen von JA bzw. JStrafe (§ 16 Abs. 4 S. 1, § 18 Abs. 1 S. 1 und 2, § 105 Abs. 3) bei einer Entscheidung nach Abs. 3 überschritten würden, weil die selbstständig bleibenden Rechtsfolgenentscheidungen in ihrer Summe über die jeweiligen Höchstdauern hinausgingen. Grds. ist ein Absehen von der Einheitssanktionsbildung hier spezialpräventiv **nicht zweckmäßig** und daher unzulässig (ebenso etwa Frisch NJW 1959, 1669; Böhm StV 1986, 69; Ostendorf in NK-JGG Rn. 15; Beulke/Swoboda JugendStrafR Rn. 285; offen gelassen in BGHSt 22, 22 (24) = NJW 1968, 457 (458); BGH bei Holtz MDR 1981, 401; BGH NStZ 1985, 410). Allerdings soll es nach der Rspr. (grundlegend BGHSt 36, 37 (42 f.) = NJW 1989, 1490 (1492) mablAnm Walter/Pieplow NStZ 1989, 576 und mzustAnm Brunner JR 1989, 521) gewisse exzeptionelle Konstellationen geben, in denen die Nichteinbeziehung erzieherisch angezeigt ist (wenngleich die Justizpraxis von dieser Ausnahmeklausel nur selten Gebrauch zu machen scheint (vgl. zu empirischen Daten etwa Schulz, Höchststrafe im Jugendstrafrecht, 2000, 142 ff.)).

Eine Ausnahme ist allenfalls dort anzuerkennen, wo die **früher verhängte 38 Sanktion** bereits das zulässige **Höchstmaß** von va JStrafe **ausschöpft.** Hier geht man davon aus, dass mit Blick auf Delikte, die später (bis zur vollständigen Vollstr.) begangen werden, eine Einbeziehung nicht obligatorisch sein könne, weil die Einheitssanktion sonst nur die ohnehin schon verhängte Rechtsfolge wiederholen könnte – was auf einen „Freibrief" hinausliefe (KG JR 1981, 306 (308); Beulke/Swoboda JugendStrafR Rn. 285; enger Ostendorf in NK-JGG Rn. 15: „bei neuen schwersten Verbrechen"). Dabei sind jedoch einige **Einschränkungen** und Begründungserfordernisse zu berücksichtigen (s. auch BGH NStZ 1985, 410): Erstens trägt die genannte Begründung nur für Folgedelikte, bei deren Begehung die die frühere Sanktion bereits rechtkräftig feststand (dazu und zur sonst drohenden Schlechterstellung ggü. § 55 StGB s. eingehend BGH NStZ 1995, 595 (596); insofern einschr. aber BGH NStZ 2000, 263 mablAnm Eisenberg NStZ 2000, 484 sowie im selben Verfahren BGH NJW 2002, 73 (76 f.) mkritAnm Walter NStZ 2002, 208). Zweitens muss im Einzelfall gezeigt werden, dass anderweitige Reaktionen auf das neue Delikt (innervollzugliche Reaktionen; negative Berücksichtigung bei der Entscheidung über vorzeitige Entlassung) spezialpräventiv nicht ausreichend sind und es daher tatsächlich der eigenständigen neuen Rechtsfolge bedarf. Und drittens muss sich das Gericht fallkonkret mit dem Problem auseinandersetzen, wieso eine höchstwertüberschreitende Mehrheit von JStrafen iSv Abs. 3 erzieherisch zweckmäßig sein soll, wenn doch entspr. Strafdauern nach allgA erzieherisch dysfunktional sind (§ 18 Rn. 6 f.).

4. Eigenständigkeit der einheitlichen Rechtsfolgenentscheidung

39   **a) Eingeschränkte Bindungswirkung des Urteils.** **Gegenstand** der **Einbeziehung** sind nicht nur die Rechtsfolgen des früheren **Urteils,** sondern dieses wird **ingesamt** – einschließlich des Schuldspruchs – zu einem Teil der neuen Entscheidung (vgl. etwa BGH StV 2020, 683 = BeckRS 2020, 15567; s. auch → § 54 Rn. 15 f. zur Urteilsformel). Über den Schuldspruch wird allerdings nicht noch einmal befunden. Vielmehr sind der **Schuldspruch** des einbezogenen Urteils **und** die ihn tragenden **Feststellungen** für das einbeziehende Gericht nach hM bindend (BGH GA 1953, 83 (84 f.)), sofern nicht ausnahmsweise zwischen Schuld- und Strafausspruch ein untrennbarer Zusammenhang besteht (n. → § 55 Rn. 16 ff.). Im Falle der Einbeziehung eines rechtskräftigen Schuldspruchs gem. § 27 kann indes nur die Rechtskraft des Schuldspruchs mit den diesen unmittelbar tragenden tatsächlichen Feststellungen bindend sein (n. → § 30 Rn. 8).

40   Demgegenüber besteht bzgl. des **Rechtsfolgenausspruchs** und der **dazu** getroffenen **Feststellungen** – ggf. auch bei (tragenden) doppelrelevanten Tatsachen (vgl. BGHSt 46, 257 (259 f.) = NJW 2001, 1435 (1436)) – **keine Bindung.** Vielmehr ist im neuen Urteil eine einheitliche Rechtsfolge festzulegen, wofür die in dem früheren Urteil rechtskräftig festgestellten Straftaten ebenso wie die neuen Straftaten durch das Gericht eigenständig und zusammenfassend zu würdigen sind (auch mit Blick auf die Anwendbarkeit des materiellen JStR gem. § 105 Abs. 1 (s. ebenfalls → Rn. 18 f.)). Es ist also **originär** und „von der früheren Beurteilung unabhängig" (BGH BeckRS 1991, 31085436; OLG Koblenz NStZ-RR 2008, 323; ZJJ 2011, 90 = BeckRS 2010, 30002) diejenige Rechtsfolge anzuordnen, die das Gericht – nach ggf. veränderter Beurteilung der erzieherischen Erfordernisse (vgl. auch RL 3) – angesichts aller einbezogenen Straftaten iSv § 2 Abs. 1 für angezeigt hält (vgl. bspw. schon BGHR JGG § 31 Abs. 2 Strafzumessung 1 = BeckRS 1987, 31104256; BGHR JGG § 31 Abs. 2 Einbeziehung 2 = BeckRS 1996, 31082129). Rechtsfolgen, die in der einbezogenen Entscheidung veranlasst worden waren, einfach jenen Rechtsfolgen hinzuzuaddieren, die für die neue Straftat erwogen werden, ist daher unzulässig (BGHSt 49, 90 = NJW 2004, 1748; vgl. zB auch BGH StV 1989, 545 = BeckRS 1989, 31105032 f.; AG Rudolstadt ZJJ 2018, 66 (67) = BeckRS 2017, 128620; s. auch BGH bei Böhm NStZ 1997, 480 (482): die frühere Strafe ist keine „bloße Rechnungsgröße"). Die stattdessen anzustellenden, umfassenden Rechtsfolgenerwägungen müssen iÜ einer Überprüfung zugänglich sein und in den Urteilsgründen daher sachhaltig ausgeführt werden (n. → Rn. 63). Anordnungsfähig ist wie bei Abs. 1 (→ Rn. 12) das **gesamte Rechtsfolgenspektrum** des JGG (Schlehofer in BeckOK JGG Rn. 39 ff.).

41   All dies gilt uneingeschränkt bei der Ketteneinbeziehung (→ Rn. 16). Hier sind **alle** Entscheidungen, also ebenfalls die in einer einbezogenen Entscheidung bereits einbezogenen Entscheidungen, nicht nur sachlich bei der Rechtsfolgenbestimmung zu berücksichtigen, sondern auch **erneut** formell einzubeziehen (s. bspw. BGH bei Böhm NStZ 1997, 480 (482); BGH BeckRS 1999, 30059961; BeckRS 2000, 4684; BeckRS 2020, 6349; BGH

StV 2020, 683 = BeckRS 2020, 15567) und im Urteilstenor entspr. auszuweisen (→ § 54 Rn. 15).

Die im früheren Urteil erfolgte Entscheidung über die **Nicht-/Anrech-** 42
nung von U-Haft verliert durch die Einbeziehung gleichermaßen ihre
Wirkung (→ Rn. 46), sodass hierüber bei Bildung der Einheitsrechtsfolge
neu zu befinden ist (BGHSt 25, 355 = NJW 1975, 64; s. auch RL 5; zur
Urteilsfassung vgl. → § 54 Rn. 19 f.). Geschieht dies im Falle der Verurteilung zu JStrafe nicht, wird angerechnet, da es hierfür gem. § 52a S. 1 (anders
als in den Sachlagen von § 52a S. 2 bzw. § 52) keines Ausspruchs bedarf.
Dies gilt auch dann, wenn die Anrechnung in dem einbezogenen Verfahren
verneint worden war (vgl. BGH NStZ 1996, 233).

b) Keine bindungsähnliche Wirkung der früheren Rechtsfolgen- 43
entscheidung. Ungeachtet der nicht bestehenden formalen Bindung hat
das JGericht zunächst einmal die tatsächlichen Feststellungen der früheren
Entscheidung bzgl. der Straffrage der neuen einheitlichen Entscheidung
zugrunde zu legen. Dies kann ggf. zu Konflikten führen, wenn die Feststellungen in der früheren Entscheidung und im neuen Verfahren voneinander
abweichen. Hier kann das JGericht den eigenen Feststellungen folgen und
Abstand von den früheren Feststellungen nehmen (vgl. Dallinger/Lack-
ner Rn. 22). So muss bspw. bei einem Jugendlichen, bei dem in der einbezogenen Entscheidung „schädliche Neigungen" konstatiert worden waren, in der neuen Entscheidung keine entspr. begründete JStrafe verhängt
werden, wenn diese Beurteilung nicht mehr aufrechterhalten wird (LG
Freiburg 17.5.1991 – VI AK 22/91 Hw, 34 Ns 32/91; s. auch BGHR JGG
§ 31 Abs. 2 Einbeziehung 5 sowie → Rn. 44 und → § 17 Rn. 34).

Unabhängig davon kann sich die in der früheren Entscheidung verhängte 44
Rechtsfolge nach hM auf Art und Umfang der einheitlichen Rechtsfolge
auswirken und dabei faktisch eine gewisse Bindungswirkung entwickeln.
Dies gilt jedoch nur mit ganz erheblichen Einschränkungen – nämlich nur
dort, wo die einbezogene frühere Sanktion wesentlich oder primär zur
Ahndung des fraglichen Deliktes bestimmt worden war. Hier ist es nicht
ohne weiteres möglich, die Einheitsrechtsfolge, die auf mindestens eine
weitere Straftat reagiert, nicht schwerer ausfallen zu lassen. Da aber auch in
solchen Fällen die neue gemeinsame Sanktion nicht notwendigerweise höher
sein muss (BGH StV 2016, 706 = BeckRS 2015, 19220), bedarf es jeweils
der fallkonkreten Prüfung, ob ein **Gleichbleiben** der Sanktionsschwere
legitimierbar ist und ob erzieherische Gesichtspunkte zu jenem Zeitpunkt,
zu dem über die Einheitssanktion entschieden wird, sogar eine **mildere**
Rechtsfolge nahelegen. Ohnehin muss bei all dem berücksichtigt werden,
dass die Vergleichbarkeit der verschiedenen jugendstrafrechtlichen Rechtsfolgen hinsichtlich ihrer Belastungs- und Eingriffsintensität bisweilen nur mit
Abstrichen gegeben ist.

Immer dann, wenn die Festlegung der früheren Sanktion allein oder in 45
erster Linie **spezialpräventiv geleitet** war, kommt die vorgenannte bindungsähnliche Wirkung von vornherein nicht in Betracht. Hier kann und
muss bei Bildung der einheitlichen neuen Rechtsfolge auf die zum **späteren**
Entscheidungszeitpunkt bestehende Indikation (zur Erziehungsbedürftigkeit, -fähigkeit und –bereitschaft → § 5 Rn. 14 ff.) abgestellt werden,
sodass das Vorgehen schwerer oder milder als die einbezogene Rechtsfolge
sein kann. Das gilt insbes., wenn ursprünglich Erziehungsmaßregeln an-

geordnet worden waren, aber auch bei der Einbeziehung von Zuchtmitteln und JStrafe, deren Ahndungszweck im früheren Urteil durch andere (zB erzieherische) Gesichtspunkte überlagert wurde. Auch hier kann die einheitliche Rechtsfolge aus spezialpräventiven Gründen ggf. milder als die einbezogene sein (BGHSt 37, 34 (40) = NJW 1990, 3157 (3158) mzustAnm Eisenberg JR 1990, 483; ferner zB BGHR JGG § 31 Abs. 2 Einbeziehung 5 = BeckRS 1991, 31096958; BGH BeckRS 1998, 30022142; OLG Koblenz NStZ-RR 2008, 323; LG Mannheim NStZ 1997, 388; AG Bernau ZJJ 2007, 420 = BeckRS 2009, 24309; AG Rudolstadt ZJJ 2018, 66 (67) = BeckRS 2017, 128620; vgl. auch Ostendorf in NK-JGG Rn. 21: vertretbar; aA noch Dallinger/Lackner Rn. 26; s. ferner Seiser NStZ 1997, 374: einbezogene Rechtsfolge als Untergrenze). Das Gebot der eigenständigen, an dem neueren Beurteilungsstand orientierten Entscheidung (s. auch Nicolai in Nix Rn. 24), durchbricht also, indem sie auf jugendtypische Entwicklungsprozesse flexibel zu reagieren erlaubt, die rechtspraktische **Eskalations**-Tendenz, bei der es zu einer gleichsam mechanischen Steigerung der Rechtsfolgenauswahl und -bemessung kommt (vgl. → § 5 Rn. 8).

5. Wegfall der Rechtsfolgen aus der früheren Entscheidung

46 **a) Umfang des Wegfalls.** Erfolgt eine Einbeziehung gem. Abs. 2, sind die bisherigen Rechtsfolgen grds. noch **bis zur Rechtskraft** der Einheitsrechtsfolgen **vollstreckbar** (BVerfG NStZ 2001, 447; Bohlander NStZ 1998, 236 (237)). Abgesehen von Fällen der laufenden JStrafen-Vollstr. die also nicht abgebrochen werden muss, darf der JRichter die Vollstr. vor absehbaren Einbeziehungsentscheidungen aber nur ganz ausnahmsweise veranlassen (n. → § 56 Rn. 11 sowie Schady in NK-JGG § 56 Rn. 7). Ab Rechtskraft der einbeziehenden Entscheidung entfallen dann sämtliche (noch nicht vollstreckte) Rechtsfolgen der früheren Entscheidung – ganz so, als wäre diese nicht ergangen. Auch Erziehungsmaßregeln und Zuchtmittel, die nicht auch die neue Entscheidung ausdrücklich vorsieht, werden **gegenstandslos.** Frühere Entscheidungen, mit denen die Verhängung oder Rest-/Vollstreckung einer **JStrafe zBew ausgesetzt** wird (§§ 21, 27, 88), verlieren gleichfalls formell ihren Bestand (weshalb iÜ ein Bewährungswiderruf wegen einer in der vormaligen Bewährungszeit begangenen, neuerlichen Straftat ausscheidet – zutr. AG Berlin-Tiergarten ZJJ 2012, 89). Mit dem Wegfall der Aussetzungsentscheidung (vgl. auch RL 2) werden zudem die auf sie bezogenen Bewährungsanordnungen gegenstandslos. Falls es im Rahmen der neuen einheitlichen Rechtsfolgenbestimmung zu einer neuerlichen Aussetzung zBew kommt, müssen die Bewährungszeit, die Bewährungsanordnungen und der Bewährungsplan also neu geregelt werden.

47 **Maßregeln** der Besserung und Sicherung sowie **Nebenstrafen und -folgen** verlieren ihre Wirkung gleichermaßen. Das Gericht darf diese Rechtsfolgen daher nicht ohne weiteres aufrechterhalten, sondern **muss** deren Voraussetzungen erneut prüfen und sie ggf. noch einmal festsetzen (vgl. dazu für die Einziehung nach §§ 73 ff. StGB OLG Celle StV 2020, 653 = BeckRS 2020, 3229; für die Unterbringung in einem psychiatrischen Krankenhaus BGH BeckRS 1987, 31100341; BGH NStZ 1997, 100 mzustAnm Brunner NStZ 1997, 101; für die Unterbringung in einer Entziehungsanstalt BGH StV 2011, 591 = BeckRS 2011, 7699; für die Entziehung der Fahrerlaubnis BGH BeckRS 1993, 08304; BeckRS 2014, 21651; für die

Dauer der Sperrfrist gem. § 69a Abs. 1 StGB BGH StV 2019, 469 = BeckRS 2018, 28276; BGH BeckRS 2021, 25486; offenlassend aber noch BGH BeckRS 2016, 116233).

Auch hinsichtlich der **Kostenentscheidung** verliert das frühere Urteil 48 seinen Bestand. Die Kostenentscheidung ist in dem neuen Urteil daher hinsichtlich aller abgeurteilten Verfahren selbstständig zu treffen (BGHR JGG § 31 Abs. 2 Einbeziehung 3 = BeckRS 1989, 31106096). Wird in der neuen Entscheidung anders als im früheren Urteil von der Auferlegung von Kosten gem. § 74 (entgegen der Empfehlung in RL 2 zu § 74) abgesehen, sind schon bezahlte Kosten zurückzuerstatten bzw. vorgenommene Aufrechnungen rückgängig zu machen (AG Frankfurt a. M. bei Böhm NStZ 1991, 522 (523)). Anderenfalls wäre die Staatskasse angesichts des – nunmehr allein bestehenden – zweiten Urteils ungerechtfertigt bereichert.

b) Registerfolgen. Die einbezogene Verurteilung wird aus dem **BZR** 49 entfernt (§ 13 Abs. 3 BZRG) und daraufhin im Erziehungsregister erfasst (§ 60 Abs. 1 Nr. 3 BZRG). Bei nachträglicher Bildung einer einheitlichen JStrafe beginnt die **Tilgungsfrist** nach § 36 S. 2 Nr. 1 BZRG gleichwohl mit dem Tag des ersten Urteils zu laufen (vgl. etwa auch BGH BeckRS 2019, 6804; BeckRS 2019, 44151). In Übereinstimmung mit den erzieherischen Belangen iSv § 2 Abs. 1 (s. auch → Rn. 14 f.) kommt es dem Gesetz zufolge dabei nicht darauf an, ob die Voraussetzungen einer nachträglichen Gesamtstrafenbildung (§ 55 Abs. 1 StGB) vorgelegen hätten (vgl. BGH BeckRS 1983, 31112322).

c) Anrechnung bei Ausführung oder Vollzug. Die rechtlichen Aus- 50 wirkungen einer teilw. Umsetzung der früher angeordneten Rechtsfolgen (s. auch → Rn. 21 ff.) differieren. Handelt es sich um **Erziehungsmaßregeln**, so werden sie ab dem Zeitpunkt der Einbeziehung und in dem Stadium, in dem sie sich dann befinden, gegenstandslos. Dies gilt auch für EB und Hilfe zur Erziehung gem. § 12 Nr. 2, weil die Einbeziehung deren Anordnung beseitigt, sodass die Vorschriften des SGB VIII nicht weiter zur Anwendung kommen. Eine **Anrechnung** teilw. ausgeführter Erziehungsmaßregeln auf Rechtsfolgen, die im neuen Urteil angeordnet werden, ist gesetzlich nicht vorgesehen und nicht in förmlicher Weise möglich. Jedoch muss bei der Bestimmung der einheitlichen Rechtsfolgen (insbes., wenn es sich abermals um Erziehungsmaßregeln handelt) in der Sache stets berücksichtigt werden, welche spezialpräventiven Wirkungen die Ausführung der bisherigen Maßnahmen gehabt hat.

Für die Verwarnung sowie die **Auflagen** gelten die gleichen Maßgaben 51 wie für Erziehungsmaßregeln. Ein teilw. vollstreckter **JA** endet, sofern in dem neuen Urteil nicht auf JA oder JStrafe erkannt wird, im Moment seiner bisherigen Ausführung. Wird in dem neuen Urteil erneut JA verhängt, ist der (nach dem früheren Urteil) bereits vollstreckte JA nach allg. Grundsätzen – ungeachtet des hierzu schweigenden Gesetzes – zu berücksichtigen und idR auf die einheitliche Rechtsfolgenverhängung anzurechnen (zust. Wohlfahrt StraFo 2019, 265 (268)) oder doch dort reduzierend „einzurechnen" (so Schatz in Diemer/Schatz/Sonnen Rn. 43). Bei Verhängung einer JStrafe verlangt **Abs. 2 S. 2** dagegen die Ausübung pflichtgemäßen Ermessens und eine förmliche Entscheidung über die Anrechnung des teilw. vollstreckten und dann einbezogenen Arrests (ggf. auch durch das Revisionsgericht BGH BeckRS 2016, 6842). Ein vollstreckter Kopplungs-JA (§ 16a) ist bei Einbeziehung des betr. Urteils auf eine zu vollstreckende JStrafe obligatorisch anzurechnen **(Abs. 2 S. 3).** Bei Nichtbefolgungsarrest kommt neben einer Einbeziehung (→ Rn. 8) ebenfalls eine Anrechnung in Betracht (eingehend dazu Schady ZIS 2015, 593 (596 ff.); s. auch → § 30 Rn. 15; abw. Schlehofer in BeckOK JGG Rn. 47a ff.).

52   Wird in dem neuen Urteil eine **JStrafe** verhängt, nachdem dies auch schon im ersten Urteil erfolgt war, gelten ggf. bereits vollzogene Strafzeiten (zur vollständigen Vollstreckung → Rn. 22) als bereits vollstreckter Teil der einheitlichen Rechtsfolge, der demgemäß (im Vollstreckungsverfahren gem. § 51 Abs. 2 StGB iVm § 2 Abs. 2) angerechnet wird (n. dazu → § 54 Rn. 20 sowie Schlehofer in BeckOK JGG Rn. 45). Die Einbeziehung berührt den Ablauf des Strafvollzugs nicht. War der Verurteilte nach Teilvollstr der JStrafe aus dem einbezogenen Urteil dagegen bis zu dem einbeziehenden Urteil in Freiheit, liegt eine Strafunterbrechung vor (§ 40 StrVollstrO).

53   War die Verhängung oder Rest-/Vollstreckung einer **JStrafe zBew ausgesetzt** worden (§§ 21, 27, 88) und kommt es zu einer neuerlichen Aussetzung zBew, gilt eine Anrechnung der früheren auf die neue Bewährungszeit nach hM als ausgeschlossen (Potrykus NJW 1959, 1064 (1065)). Allerdings ist mit Blick auf § 58 Abs. 2 S. 1 und das Schlechterstellungsverbot (→ § 2 Rn. 23 ff.) idR eine reduzierende Berücksichtigung bei der Bestimmung der nunmehrigen Bewährungsdauer angezeigt (Ostendorf in NK-JGG Rn. 23), ohne aber die gesetzliche Mindestdauer unterschreiten zu dürfen (AG Berlin-Tiergarten ZJJ 2012, 89). Für die Anrechnung von Leistungen, die im Hinblick auf die weggefallenen Bewährungsauflagen und -weisungen bereits erbracht worden sind, spricht der Gedanke, dass anderenfalls Verurteilte, die diesen Verpflichtungen nicht nachgekommen waren, bessergestellt würden (OLG Köln VRS 100, 66 = BeckRS 9998, 25490; vgl. auch Streng Jugend-StrafR Rn. 275). Bei einer einheitlichen Rechtsfolge, die nicht zBew ausgesetzt wird, ergibt sich die Notwendigkeit einer Anrechnung auf die Strafdauer darüber hinaus auch aus dem Vergleich mit § 58 Abs. 2 S. 2 StGB und dem Schlechterstellungsverbot. Die **hM** sieht in diesen Konstellationen dagegen nur eine ggf. erfolgende, wertungsabhängige Berücksichtigung bei der Bestimmung der JStrafdauer vor (BGHSt 49, 92 = NJW 2004, 1748 mablAnm H. E. Müller JR 2004, 392 und mablAnm Eisenberg JZ 2004, 687; ferner BGH BeckRS 2014, 5432; OLG Koblenz NStZ-RR 2008, 324; Schatz in Diemer/Schatz/Sonnen Rn. 45; Schlehofer in BeckOK JGG Rn. 50 ff.).

54   Für ein **Fahrverbot,** das sowohl im früheren wie im neueren Urteil angeordnet wird, gelten hinsichtlich der verstrichenen Frist die in → Rn. 52 erläuterten Regeln (zust. Schatz in Diemer/Schatz/Sonnen Rn. 46). Die endgültige Verbotsdauer und Sperrfrist verkürzt sich also um die Zeit, die nach dem ersten Urteil abgelaufen ist (OLG Schleswig bei Ernesti-Lorenzen SchlHA 1985, 142).

V. Eingeschränkte Berücksichtigungsfähigkeit der Einheitsrechtsfolge bei Anknüpfungsentscheidungen

1. Sicherungsverwahrung

Bei einer einheitlichen Rechtsfolge nach Abs. 1 und Abs. 2 sind für die **55** Anordnung von Sicherungsverwahrung – anders als bei der **Führungsaufsicht** (diff. → § 7 Rn. 52 und 57) und **§ 35 Abs. 3 BtMG** (→ § 82 Rn. 26) – gewisse Besonderheiten zu berücksichtigen. Entgegen der hier vertretenen Auffassung (vgl. → § 17 Rn. 62) stellt die hM die JStrafe zwar einer Freiheitsstrafe iSv § 66 Abs. 1 S. 1 Nr. 2 oder Abs. 2 bzw. Abs. 3 S. 2 StGB gleich (ebenso wie den Vollzug von JStrafe einer Vollstr von Freiheitsstrafe iSv § 66 Abs. 1 Nr. 3 StGB). Wurde die JStrafe als einheitliche Rechtsfolge verhängt, sind die formalen Voraussetzungen, die § 66 StGB an vorangegangene Sanktionierungen stellt, nach stRspr aber dennoch nur dann erfüllt, wenn die jeweils erforderliche **Mindestdauer bei einer der einheitlich geahndeten Vortaten** (im Falle der gesonderten Aburteilung) angeordnet worden wäre (BGHSt 26, 152 = NJW 1975, 1666). Es kommt bei der Sicherungsverwahrung nach allg. StR – anders als bei § 7 Abs. 2 (→ § 7 Rn. 39) – also nicht auf die Zusammenführung nach Abs. 1 oder Abs. 2 und die hiernach veranlassten JStraf-Längen an. Der „Gefährlichkeits-Indikator", den das Gesetz im Vorliegen erheblicher Vorsanktionen sieht, ist nämlich nur bei einem Einzeltatbezug plausibel, nicht aber bei Sanktionen, mit denen auf eine Mehrzahl von Taten reagiert wird (so mit Blick auf die Parallelproblematik bei der Gesamtstrafe BGHSt 34, 21 (323) = NJW 1987, 2313). Dass für **§ 66 Abs. 3 S. 1 StGB** ggf. auch eine Einheits-JStrafe mit der erforderlichen Länge ausreichen soll (so für den Fall, dass der Einheitsrechtsfolge allein Katalogtaten zugrunde liegen, va BGHSt 50, 284 (293 f.) = NJW 2006, 531 (534); BGH BeckRS 2015, 19044; NStZ-RR 2020, 74), ist daher nicht einsichtig.

Maßgeblich für das (sonst idR notwendige) Vorliegen einer hinreichend **56** langen, hypothetischen Einzel-JStrafe sind allein die Bewertungen des den fraglichen Schuldspruch vornehmenden **JGerichts.** Das später über die Sicherungsverwahrung entscheidende Gericht darf sich nicht an dessen Stelle setzen; es darf also nicht im Nachhinein eine eigene Strafzumessung vornehmen und für § 66 StGB auf seine rückblickende Bewertung der einbezogenen Einzeltaten abstellen. Vielmehr muss es **Feststellungen** treffen, wie diese von den Richtern der fraglichen JStV bewertet worden sind (BGH StV 1988, 296 = BeckRS 1987, 31103129; BeckRS 1990, 31093829; NStZ 1996, 331 (332); StV 1998, 343 = BeckRS 1996, 31090059; NJW 1999, 3723 (3723 f.); NStZ 2002, 29 (29); NStZ-RR 2007, 171; NStZ-RR 2012, 156 (157); NStZ 2015, 510 (511); BeckRS 2016, 21444; NStZ 2017, 650 (650); BeckRS 2019, 9749). IdR ist wegen der einheitlichen Rechtsfolgenbestimmung allerdings gar nicht sicher feststellbar, dass das JGericht (oder eines der JGerichte) bei einem der einbezogenen Delikte eine JStrafe von mindestens einem Jahr für erforderlich gehalten hätte (zutr. Schatz in Diemer/Schatz/Sonnen Rn. 31). Dann stellt die einheitliche Rechtsfolge folglich keine frühere Verurteilung iSv § 66 StGB dar (vgl. erg. auch Drenkhahn/Morgenstern in MüKoStGB StGB § 66 Rn. 67).

57   Sollte es nach den vorgenannten Maßgaben möglich sein, nicht nur für
eine, sondern sogar für mehrere der einheitlich geahndeten Taten die entspr.
hypothetische Sanktionsschwere zu rekonstruieren, so handelt es sich infolge
der Zusammenführung dann aber dennoch nur um **eine einzige** Verurteilung. Nur dann, wenn bei Anwendung des allg. StR keine nachträgliche
Gesamtstrafe hätte gebildet werden müssen (→ Rn. 15) und damit auch
keine Einschlägigkeit von § 66 Abs. 4 S. 1 StGB gegeben gewesen wäre,
liegen mehrere Verurteilungen vor (vgl. BGHSt 7, 300 = NJW 1955, 598;
BayObLGSt 1979, 22 (23); OLG Köln GA 1984, 517 (518) = LSK 1985,
060112). Dass es dann für die Feststellung von zwei ausreichend schweren
Verurteilungen ausreichend ist, dass von der einheitlichen Rechtsfolge nach
Abzug einer hinreichend schweren (hypothetischen) Einzeltat-Rechtsfolge
noch ein hinreichend schwerer Rest übrigbleibt (so Brunner/Dölling
Rn. 18; Schatz in Diemer/Schatz/Sonnen Rn. 31; Böhm/Feuerhelm JugendStrafR 162), kann nur bei der Zusammenführung von zwei (und nicht
mehr) Straftaten richtig sein.

2. Ausländerrechtliche Maßnahmen

58   Soweit Ausweisungsentscheidungen und andere ausländerrechtliche Maßnahmen an das Vorliegen einer (jugend-)strafrechtlichen Verurteilung anknüpfen und dabei idR ein bestimmtes Strafmaß voraussetzen (dazu n. und
krit. etwa → § 5 Rn. 15, → § 18 Rn. 34), sind dafür fallkonkret meist die
verhängten **Einheitsrechtsfolgen** maßgeblich und nicht jene Sanktionen,
die bei getrennter Aburteilung für die einzelnen Delikte angeordnet worden
wären (dazu bspw. für § 54 AufenthG aF VGH Kassel ZAR 2014, 37 =
BeckRS 2013, 53963; vgl. auch OVG Münster NVwZ-Beil. 1998, 92; zust.
Schatz in Diemer/Schatz/Sonnen Rn. 35; **anders** § 60 Abs. 8 S. 3 AufenthG VG Augsburg BeckRS 2020, 5111; VG Berlin BeckRS 2021, 42124).
Die diesbzgl. oft gegebene normtextliche Klarstellung („wegen einer oder
mehrerer vorsätzlicher Straftaten rechtskräftig zu (…) verurteilt") zeigt aber
auch an, dass jedenfalls dort, wo die Einheitsrechtsfolge ua auf Fahrlässigkeitsdelikten beruht, auf die Sanktionen abgestellt werden muss, die (hypothetisch) wegen der einbezogenen **Vorsatztaten** veranlasst worden wären.

VI. Verfahrensrechtliches

1. Sachliche Zuständigkeit

59   Wegen der Zuständigkeit der JGerichte in Fällen, in denen eine Einbeziehung einer rechtskräftigen Entscheidung zu erwarten ist, vgl. → § 39
Rn. 12, → § 40 Rn. 4, → § 102 Rn. 3.

2. Ergänzende Beweisaufnahme

60   In Fällen der Einbeziehung nach Abs. 2 ist eine vollständige oder teilweise
Wiederholung der Beweisaufnahme über Umstände, die Gegenstand des
früheren Verfahrens gewesen sind, grds. ausgeschlossen (s. auch
→ Rn. 40 ff.). Die Vornahme eigener Feststellungen verlangt die richterliche
Aufklärungspflicht allerdings dort, wo aus Sicht des Gerichts, das mit dem
neuen Verfahren befasst ist, rechtsfolgerelevante Zweifel oder Fragen auf-

gekommen sind (vgl. RL 3). Ebenso liegt es, wenn das Gericht noch Tatsachen zum Gegenstand des früheren Verfahrens, die bisher nicht festgestellt wurden, aufklären will, um eine breitere Beurteilungsgrundlage für die einheitliche Rechtsfolgenverhängung zu gewinnen (dazu und zu den Konsequenzen für § 231c StPO vgl. auch BGH NStZ 2009, 400).

3. Urteil

a) Urteilstenor. In den Urteilstenor sind die gem. Abs. 2 einbezogenen   **61** Urteile aufzunehmen (→ § 54 Rn. 15 f.). Da in der neuen Entscheidung neue Rechtsfolgen für die Gesamtheit aller Straftaten ausgesprochen werden, muss der Tenor **all diese Rechtsfolgen** enthalten. Andernfalls fehlte es an einem verbindlichen Ausspruch über die Folgen der nach § 31 einheitlich zu bewertenden Delikte. Es wäre also unzulässig, einen Teil der angeordneten JStrafe, der aufgrund des früheren Urteils bereits vollstreckt worden war, wegzulassen und nur den noch zu vollstreckenden Rest der Einheits-JStrafe zu nennen (BGHSt 16, 335 (336 f.) = NJW 1962, 452). Sind einzelne Rechtsfolgen einbezogener Urteile vollständig erledigt und nicht mehr einbeziehungsfähig, sollte dies im Tenor klargestellt werden (BGHSt 42, 299 = NJW 1997, 472).

Soweit das Gericht eine **Anrechnungsentscheidung** treffen muss – sei es   **62** über die Anrechnung der U-Haft (vgl. → Rn. 42) oder eines teilw. vollstreckten JA (Abs. 2 S. 2) –, ist ein besonderer Ausspruch im Tenor erforderlich (BGHSt 25, 355 = NJW 1975, 64). Auch wenn der JRichter eine Anrechnung nicht vornimmt, muss sich aus dem Urteil erkennen lassen, dass er die Möglichkeit der Anrechnung bedacht hat. Obligatorisch erfolgende Anrechnungen (etwa Abs. 2 S. 3) sollten zumindest aus Klarstellungsgründen gleichermaßen im Urteilstenor enthalten sein (n. → § 54 Rn. 20; zur neu und einheitlich zu treffenden **Kostenentscheidung** vgl. → Rn. 48).

b) Urteilsgründe. Damit im Rechtsmittelverfahren beurteilt werden   **63** kann, ob die Nicht-/Einbeziehung einer früheren Rechtsfolgenanordnung korrekt erfolgte, ist deren **Vollstreckungsstand** in den Urteilsgründen anzugeben (vgl. bspw. BGH BeckRS 2021, 23161; 2021, 25486). Im Falle der Einbeziehung eines Urteils muss **auch** der **Sachverhalt** mitgeteilt werden, der der einbezogenen Entscheidung **zugrunde lag.** Denn erst dadurch lässt sich nachvollziehen, dass das einbeziehende Gericht bei Bemessung der Einheitsrechtsfolge eine einheitliche Wertung und nicht nur eine (unzulässige) rechnerische Berücksichtigung (→ Rn. 40) der verschiedenen Straftaten vorgenommen hat (vgl. etwa BGHSt 16, 335 (337) = NJW 1962, 452; StV 1998, 344 = BeckRS 1996, 31080363; BeckRS 2013, 13618; NStZ-RR 2017, 28 (Ls.); KG StV 2013, 762 (Ls.) = BeckRS 2013, 7704). Dabei ist die Gefahr im Blick zu behalten, dass die pragmatisch gebotene und ggf. auch erforderliche Straffung bei den Ausführungen zu früheren Taten leicht zu knapp oder missverständlich ausfallen kann und dann darstellungsfehlerhaft wird (wie etwa bei BGH StV 1996, 273 = BeckRS 1995, 03662; BeckRS 2017, 109846). Ferner müssen die Urteilsgründe eine neue, selbstständige **Gesamtwürdigung** aller der Einbeziehung unterliegenden Delikte erkennen lassen (BGH StV 1989, 308 = BeckRS 1988, 31091453; NStZ 2009, 43; OLG Koblenz NStZ-RR 2008, 323) – einschließlich der **Strafzumessungserwägungen zu allen einzelnen einbezogenen Delikten** (vgl. nur BGH NStZ 2009, 43; NStZ 2017, 539; OLG Hamm StV 2014, 747 = BeckRS 2014,

10892). Strafzumessungserwägungen, die sich allein auf die neu abzuurteilende Tat beziehen, genügen nicht (etwa BGH BeckRS 2020, 19009; BeckRS 2022, 770). Um diese mehrschichtige Rechtsfolgenentscheidung einer **Überprüfung zugänglich** zu machen, dürfen die Strafzumessungserwägungen nicht nur „formelhaft und kurz" sein (BGHR JGG § 31 Abs. 2 Einbeziehung 3 = BeckRS 1989, 31106096; s. auch BGH BeckRS 1989, 31106266; OLG Celle NStZ-RR 2001, 90 (90 f.)). Diese Anforderungen bestehen auch hinsichtlich solcher Taten, die ihrerseits bereits in ein nunmehr einbezogenes Urteil einbezogen worden waren (BGH NStZ 1982, 466; BeckRS 1998, 31357558; BeckRS 2011, 18239; BeckRS 2013, 13618).

4. Rechtsmittel

64   **a) Korrektur der Nichteinbeziehung.** Unterbleibt eine Einbeziehung **unzulässigerweise** – sei es, weil Abs. 2 unberücksichtigt blieb oder weil die Voraussetzungen und Absehensgründe falsch gehandhabt wurden oder weil die Entscheidung aufgeschoben wurde –, kann das Urteil mit dem jeweils zulässigen Rechtsmittel angefochten werden. Dieses muss sich dann gegen die Rechtsfolgenentscheidung insg. wenden, also nicht (allein) gegen die Nichteinbeziehung bzw. eine ggf. explizierte Absehens-Entscheidung, da dieser Aspekt in unmittelbarem Zusammenhang mit der gesamten Rechtsfolgenverhängung steht (BGH 19.6.1961 – 5 StR 158/61; BGH v. 19.6.1962 – 5 StR 158/62 bei Herlan GA 1963, 97 (105)). Die Möglichkeit, die Einbeziehung in einem nachträglichen Verfahren (§ 66) vorzunehmen, ist dann iÜ keine Grundlage, um das Rechtsmittelbegehren zurückzuweisen.

65   Lässt sich der angefochtenen Entscheidung **nicht entnehmen, ob** sich das Gericht der Möglichkeit einer Einbeziehung und einheitlichen Rechtsfolgenverhängung bewusst war, muss der Rechtsfolgenausspruch ebenfalls aufgehoben werden, soweit der Angeklagte durch die Nichteinbeziehung der früheren Rechtsfolge möglicherweise beschwert ist (BGH bei Böhm NStZ 1985, 447 (448); BGH MDR 1996, 553 = BeckRS 1996, 31082129; BeckRS 2011, 26711; BeckRS 2017, 109824; BeckRS 2017, 122307). Da die dann wieder mögliche Anwendung von § 31 dazu führt, dass (bei Ablehnung von Abs. 3) eine neue, einheitliche Rechtsfolgenbemessung für sämtliche Taten erfolgen muss, ist das Revisionsgericht an dieser (dem Tatrichter obliegenden) Entscheidung gehindert (BGH BeckRS 2019, 8440). Anders liegt es, wenn **sicher auszuschließen** ist, dass das JGericht (trotz einer Einbeziehung oder weil von einer gem. § 31 Abs. 3 abgesehen worden wäre) auf eine andere Rechtsfolge erkannt hätte. Dann kommt eine **Abänderungsentscheidung** entspr. § 354 Abs. 1 StPO iVm § 2 Abs. 2 in Betracht (vgl. etwa BGH BeckRS 2000, 30103126; BeckRS 2014, 8142; NStZ-RR 2018, 125 (Ls.); NJW 2020, 1009 (1010); BGH StV 2020, 683 = BeckRS 2020, 15567; BGH 2021, 19210). Das betrifft bspw. Verfahren, in denen das Tatgericht eine JStrafe angeordnet und sich dabei zum Vollstreckungsstand und zur Berücksichtigung einer früheren geringfügigen Rechtsfolge nicht geäußert hatte, sodass diese durch das Revisionsgericht nachträglich gem. Abs. 2 noch formal einbezogen wird (so etwa BGH BeckRS 2009, 15992; BeckRS 2013, 19766; BeckRS 2016, 14085; BGH BeckRS 2018, 2976).

66   **b) Verschlechterungsverbot.** Das Verschlechterungsverbot untersagt eine **Intensivierung** der Einheitssanktion. In Fällen, in denen die einbezogene Sanktion während des Rechtsmittelverfahrens erledigt wird, erfordert es einen Ausgleich bei der Bemessung der neuen Einzelrechtsfolge, um eine Benachteiligung durch die Mehrzahl einzelner Sanktionen zu vermeiden (n. dazu → § 55 Rn. 44; zur Konstellation, in der eine irrig nicht einbezogene Sanktion bis zur Rechtsmittelentscheidung erledigt ist, s. → Rn. 27 f.). Allerdings schließt das Verschlechterungsverbot – wie im allg. StR (vgl. BGHSt 55, 220 = NJW 2010, 3589) – eine Verschärfung der Einheitsrechtsfolge durch das Rechtsmittelgericht nicht aus, soweit diese allein auf der Einbeziehung eines zu Unrecht bisher nicht einbezogenen Urteils beruht (BGHR JGG § 31 Abs. 2 Einbeziehung 7; BGH MDR 1996, 553 = BeckRS 1996, 31082129). Es steht daher auch der Erhöhung einer Einheits-JStrafe um den bereits vollstreckten Teil der einbezogenen JStrafe eines früheren Urteils nicht entgegen, wenn in dem aufgehobenen Urteil rechtsirrig nur der noch nicht vollstreckte Teil der früher angeordneten JStrafe einbezogen worden war (BGHSt 16, 335 = NJW 1962, 452; BGH Herlan GA 1963, 105; zur dann erfolgenden Anrechnung der vollstreckten Zeiten → Rn. 52).

c) Rechtsmittelbeschränkung. Eine Anfechtung, mit der ein Verstoß **67** gegen § 31 geltend gemacht wird, unterliegt den (höchst problematischen, de lege lata aber geltenden) Beschränkungen des **§ 55 Abs. 2** (nicht aber denjenigen des § 55 Abs. 1). Wird eine JStrafe, deren Vollstr rechtskräftig zBew ausgesetzt worden war, erst auf Berufung des Verurteilten in eine neue JStrafe einbezogen, steht dem Verurteilten hiergegen die Revision nach hM deshalb nicht zu. Es kommt auch keine sofortige Beschwerde (§ 59 Abs. 1 S. 2) in Betracht. Die Zulässigkeit der Revision (und Beschwerde) soll nicht einmal dort bestehen, wo hinsichtlich der neuen JStrafe (anders als für die einbezogene JStrafe) keine Aussetzung der Vollstr zBew erfolgt ist (n. OLG Bamberg NStZ 2012, 165 (166); vgl. auch OLG Stuttgart MDR 1976, 1043 (Ls.); OLG Oldenburg NStZ 2009, 451; Brunner/Dölling § 55 Rn. 28; Kunkel in BeckOK JGG § 55 Rn. 113; Schäfer NStZ 1998, 330 (335)). Diese Lösung wird dem Umstand nicht gerecht, dass die erst **durch das Berufungsgericht erfolgende Einbeziehung** eine qualitativ neue Sanktionsentscheidung darstellt, die wie die strukturähnliche nachträgliche Einbeziehung gem. § 66 (dort → § 66 Rn. 31 f.) selbstständig (hinsichtlich der Einheitssanktionsbildung) anfechtbar sein muss. § 55 Abs. 2 kommt hier also nicht zum Tragen (ebenso etwa Streng JugendStrafR Rn. 271; Schweckendieck NStZ 2005, 141 (142); Dehne-Niemann/Brandt StV 2020, 711 (715 f.); diff. Ostendorf in NK-JGG Rn. 18; vgl. auch → § 55 Rn. 91).

d) Sonstige Probleme mit Rechtsmittelbezug. Wenn im Rechtsmit- **68** telverfahren die Verurteilung wegen mehrerer Straftaten teilw. entfällt, muss die Einheitssanktion, die zunächst wegen aller Tatvorwürfe verhängt worden war, aufgehoben werden. Ausnahmen gelten nur, wenn sich die weggefallene Verurteilung auf die fragliche Rechtsfolgenentscheidung mit Sicherheit nicht ausgewirkt hatte (BGH 3.4.1991 – 2 StR 28/91 bei Böhm NStZ 1991, 522 (523 f.); OLG Frankfurt a. M. StV 2009, 92). Dies gilt grds. bei allen Schuldspruchänderungen zugunsten des Angeklagten (BGH NStZ-RR 2010, 372 (373)).

Hat das Revisionsgericht die tragenden Erwägungen des Rechtsfolgen- **69** ausspruchs aufgehoben, darf bei erneuter tatgerichtlicher Befassung nicht auf sie Bezug genommen werden (BGH StraFo 2011, 97 = BeckRS 2011, 868).

Bei einem Rechtsfehler in der Handhabung von § 31 können dagegen die Feststellungen idR bestehen bleiben (§ 353 Abs. 2 StPO), wobei das neue Tatgericht neue, zu den bisherigen nicht in Widerspruch stehende Feststellungen treffen kann (vgl. bspw. BGH BeckRS 2017, 122307).

Mehrere Straftaten in verschiedenen Alters- und Reifestufen

32 [1] **Für mehrere Straftaten, die gleichzeitig abgeurteilt werden und auf die teils Jugendstrafrecht und teils allgemeines Strafrecht anzuwenden wäre, gilt einheitlich das Jugendstrafrecht, wenn das Schwergewicht bei den Straftaten liegt, die nach Jugendstrafrecht zu beurteilen wären.** [2] **Ist dies nicht der Fall, so ist einheitlich das allgemeine Strafrecht anzuwenden.**

Übersicht

I. Anwendungsbereich

1   Es gelten die Erl. zu § 31 Abs. 1 (→ § 31 Rn. 1 f.) entsprechend. Da jedoch gem. S. 1 feststehen muss, dass (bei gleichzeitiger Aburteilung) ein Teil der Taten nach JStR, ein anderer Teil hingegen nach allg. StR abzuurteilen wäre, kann es bei Personen, die im Verfahrenszeitpunkt noch Jugendliche sind, keine Anwendungsfälle für § 32 geben.

II. Einordnung

1. Normzweck

Die Vorschrift bezweckt ein Mindestmaß an Rechtsfolgenabstimmung. In **2** Fällen der gemeinsamen Aburteilung mehrerer Straftaten derselben Person, auf die (bspw. wegen des unterschiedlichen Tatzeitalters) mit den unterschiedlichen Reaktionsformen des allg. StR und des JStR nebeneinander zu reagieren wäre, verlangt sie die **einheitliche Anwendung** nur eines der beiden **Rechtsfolgensysteme.** Damit sollen dysfunktionale Sanktionskonflikte vermieden werden (s. zum insofern erweiterten Prinzip der Einheitlichkeit auch → § 31 Rn. 3). Für die Auswahlentscheidung, die das Gericht hier zu treffen hat, wird von der Norm zugleich auch das maßgebliche Kriterium („Schwergewicht") bestimmt.

2. Anwendungsrelevante Konstellationen

a) Mehrere Straftaten. Dem Gesetzeswortlaut („mehrere Straftaten") **3** zufolge ist die Norm bei Fällen der **Realkonkurrenz** einschlägig. Möglich ist aber auch das **tateinheitliche** Zusammenfallen mehrerer Delikte, „auf die teils JStR und teils allg. StR anzuwenden wäre". Solche Konstellationen können bspw. auftreten, wenn bei Begehung von Dauerdelikten (oder im Zusammenhang mit anderen Fällen der tatbestandlichen Handlungseinheit) eine Altersgrenze überschritten wird (n. → Rn. 15). Auch mag ein Heranwachsender, der nicht iSv § 105 Abs. 1 Nr. 1 einem Jugendlichen gleicht, in einem Akt mehrere idealkonkurrierende Tatbestände verwirklicht haben, die (trotz ihres Zusammenfallens) hinsichtlich § 105 Abs. 1 Nr. 2 unterschiedlich beurteilt werden. Da das Bedürfnis nach der Heranziehung nur eines Rechtsfolgensystems in solchen Fallgestaltungen nicht geringer als bei Tatmehrheit ist, wird die Vorschrift hier entsprechend angewandt (BGHSt 6, 6 = NJW 1954, 848; vgl. ferner zB BGH NStZ-RR 1996, 250; BGH ZJJ 2007, 216 = BeckRS 2007, 8322; StV 2019, 470 (470 f.) = BeckRS 2017, 133981; für die vormals relevante Problematik der fortgesetzten Handlung implizit auch OLG Zweibrücken StV 1987, 308 = LSK 1987, 520147).

b) Unterschiedliche Sanktionierbarkeit. Die Vorschrift kommt erst **4** zum Zuge, wenn – nach vorheriger Prüfung bzgl. § 20 StGB sowie ggf. (bei der Tat eines Jugendlichen) bzgl. § 3 – für **jede** der **Taten** die strafrechtliche **Verantwortlichkeit** festgestellt wurde. Sodann muss feststehen, dass ein Teil der Straftaten nach **JStR** und ein anderer Teil nach **allg. StR** abzuurteilen wäre. Diese Einordnung kann auf dem Jugend- und Erwachsenenalter zur jeweiligen Tatzeit beruhen oder bei Heranwachsenden auf der Nicht-/ Einstufung gem. § 105 Abs. 1 (weshalb die diesbzgl. Prüfung abgeschlossen sein muss). Kommt das Gericht dagegen zur Überzeugung, dass die abzuurteilenden Taten einheitlich entweder nach JStR oder nach allg. StR zu behandeln sind, besteht weder der Bedarf an einer Anwendung von § 32 noch eine dahingehende Möglichkeit.

c) Gleichzeitige Aburteilung. Hinsichtlich der Voraussetzung, dass die **5** einzelnen Straftaten gleichzeitig in einem Verfahren abgeurteilt werden, ist eine weite Auslegung angezeigt. So ist es unerheblich, ob die verschiedenen

Taten **von vornherein** in einem einheitlichen Verfahren verfolgt werden oder ob die gleichzeitige Aburteilung erst durch **nachträgliche Verbindung** (§ 4 StPO iVm § 2 Abs. 2) zustande kam. Verhandelt das Gericht sowohl eine Berufungs- als auch eine erstinstanzliche Sache, liegt die Bedingung der gleichzeitigen Aburteilung ebenfalls vor (BGHSt 29, 67 = BeckRS 1979, 30401613). Wird in einem Nachverfahren gem. § 30 infolge einer Verbindung zugleich auch über eine neue Straftat (nach allg. StR) entschieden, gilt nichts anderes (da bei dem nach JGG behandelten Delikt noch keine Rechtsfolgenanordnung erfolgt war).

6   Werden mehrere Straftaten gemeinsam verfolgt und erwächst aufgrund der Beschränkung eines Rechtsmittels die Verurteilung wegen einer Tat in **Teilrechtskraft,** während die andere Tat erst im Rechtsmittelverfahren oder nach Zurückverweisung abgeurteilt wird, liegen die Voraussetzungen des § 32 dem Wortlaut nach nicht vor. Da dem Verurteilten aus der verfahrensrechtlich bedingten Trennung keine Nachteile entstehen dürfen, bedarf es einer **entsprechenden Anwendung** von § 32. Diese ist bei der späteren Aburteilung vorzunehmen, sodass dort dann (je nach Ausgang) gem. § 31 Abs. 2 oder gem. § 55 StGB vorzugehen ist (BGH LM Nr. 4 zu § 32 = BeckRS 1956, 31190574; vgl. auch NStZ 2005, 644 = StraFo 2005, 468; nicht berücksichtigt noch in BGHSt 10, 100 = NJW 1956, 680).

3. Erweiterte Relevanz bei sukzessiver Aburteilung

7   **a) Problemstellung.** Handelt es sich nicht um eine Verfahrenslage mit gleichzeitiger, sondern um eine Konstellation mit nacheinander erfolgender Aburteilung, kommt – sofern die verschiedenen Taten an sich uneinheitlich (dh teilw. nach JStR und teilw. nach allg. StR) zu behandeln wären – eine Heranziehung von § 32 gleichwohl in Betracht. In den von § 105 Abs. 2 erfassten Fällen, in denen ein heranwachsender Angeklagter bereits rechtskräftig zu einer noch nicht vollständig vollstreckten Strafe nach allg. StR verurteilt worden war, entspricht dies auch der ganz hM (n. → § 105 Rn. 62 ff.; s. auch → § 31 Rn. 18). Geht es beim Angeklagten, der **bereits nach JStR verurteilt** worden war und bei dem die fragliche Rechtsfolge noch offen ist, jedoch (wegen seines entspr. Tatzeitalters oder wegen Verneinung von § 105 Abs. 1) um eine **Aburteilung nach allg. StR,** ist das Vorgehen kontrovers. Da hier weder § 32 noch § 105 Abs. 2 normtextlich einschlägig ist, müssten eigentlich die Rechtsfolgen des JStR und des allg. StR neben- oder nacheinander vollzogen werden. Dies birgt jedoch das Risiko divergierender oder gar spezialpräventiv unverträglicher Sanktionseinwirkungen. Außerdem stellt die kumulative Vollstr der nach JStR und der nach allg. StR verhängten Rechtsfolgen regelmäßig eine (durch die Schwere der Straftaten) nicht gerechtfertigte **Härte** dar (BGHSt 14, 287 (290) = NJW 1960, 1531 (1532)) – weil nämlich die Sanktionsvorteile entfallen, die mit einer einheitlichen Sanktion regelmäßig einhergehen. Sofern zudem die Voraussetzungen des § 55 StGB insofern vorliegen, als das aktuell abzuurteilende Delikt vor der jugendstrafrechtlichen Verurteilung begangen worden war (→ hierzu § 31 Rn. 15), und eine Gesamtstrafenbildung (samt Strafminderungswirkung) nur am Fehlen einer Brücke zwischen JStR und allg. StR scheitert, ist zudem eine unzulässige **Schlechterstellung** ggü. Erwachsenen zu befürchten (dazu allg. → § 2 Rn. 23 ff.).

Vereinzelt will man § 55 StGB zur Vermeidung solch ungünstiger Folgen **8** (über den Wortlaut dieser Vorschrift hinaus) trotzdem anwenden (vgl. LG Braunschweig MDR 1965, 594; Ostendorf in NK-JGG Rn. 8; Schoreit NStZ 1989, 461 (462 f.)). Da hierbei die vorhandene JGG-Sanktion als „Baustein" der nachträglichen Gesamtstrafenbildung fortbestünde, käme dies angesichts der sehr unähnlichen Rechtsfolgen im JStR und allg. StR aber allenfalls beim Zusammentreffen von Freiheits- und JStrafe in Betracht – wobei eine Zusammenführung auch hier an der Wesensverschiedenheit beider Sanktionsformen (→ § 17 Rn. 2 f.) scheitern muss. **Vorzugswürdig** ist es daher, in **Analogie zu § 31 Abs. 2** davon auszugehen, dass eine **gleichzeitige** Aburteilung iSv § 32 – nämlich eine (unter Einbeziehung der JGG-Verurteilung) gleichzeitig ergehende Rechtsfolgenentscheidung über beide Taten – erfolgt (eingehend Schlehofer in BeckOK JGG Rn. 20 f. und 22 ff.). Je nach Ausgang der Schwergewichtsprüfung verfährt das zuletzt entscheidende Gericht hiernach gem. § 31 Abs. 2 oder gem. § 54 StGB. Zu einem weitgehend gleichen Ergebnis gelangen ein Teil der Literatur und teilw. auch die ältere Judikatur, indem sie dieses Vorgehen als analoge, über den Wortlaut hinausgehende Anwendung von § 32 bezeichnen und so für zulässig halten. Teilw. wird dies aber auf die auch von § 55 StGB erfassten, zeitlichen Ereignisabfolgen (→ § 31 Rn. 15) beschränkt (vgl. mit Unterschieden im Einzelnen etwa OLG Koblenz GA 1954, 281; LG Osnabrück MDR 1980, 957 f.; JSchöffG Hannover bei Böhm NStZ 1981, 250 (253); Brunner/Dölling JGG § 32 Rn. 15; Streng JugendStrafR Rn. 291 ff.; Beulke/Swoboda JugendStrafR Rn. 235; Böhm/Feuerhelm JugendStrafR 69; Zieger/Nöding Verteidigung Rn. 115; Lackner GA 1955, 33 (40); Dingeldey Zbl 1981, 150 ff.; Knüllig-Dingeldey NStZ 1987, 226; Böhm/Büch-Schmitz NStZ 1991, 131 (132)).

b) Lösungsansatz der hM. Dagegen lehnt die **vorherrschende Rspr.** **9** die genannten Konstruktionen allesamt ab (BGHSt 10, 100 (103) = NJW 1956, 680 (681); BGHSt 14, 287 (289) = NJW 1960, 1531; BGHSt 36, 270 (272 ff.) = NJW 1990, 523 (523 f.); NStZ-RR 1998, 151 (152); NStZ-RR 2007, 168 (169); NStZ 2016, 683 (684 f.); StV 2020, 660 (661) = BeckRS 2019, 33502; OLG Schleswig NStZ 1987, 225; OLG Bremen NStE Nr. 5 zu § 32 JGG; LG Hannover StV 2015, 648 = BeckRS 2015, 16302; offenlassend BGH NStZ 1981, 355; 1987, 24). Den genannten Entscheidungen zufolge bleibe in solchen Fällen stattdessen die bestehende JGG-Rechtfolge unberührt. Für die nach allg. StR zu beurteilende Tat sei noch eine Einzelstrafe zu verhängen, wobei diese gemildert werden und dadurch ein sog. **„Härteausgleich"** erfolgen muss. Dies gelte auch, wenn die Anwendung des JStR in der zurückliegenden rechtskräftigen Sanktionierung fehlerhaft war (BGH v. 16.4.1996 – 5 StR 127/96 bei Böhm NStZ 1996, 478 (479)). Stets müsse der Ausgleich spürbar sein, auch wenn es sich bei der nach allg. StR ergehenden Verurteilung um eine Gesamtstrafe handelt (s. etwa BGH BeckRS 2005, 02149; ferner BGH BeckRS 2013, 13696: Unterschreiten der einmonatigen Mindestdauer möglich). Ggf. genüge es hier aber nicht, den Härteausgleich erst bei der Bemessung der Gesamtstrafe vorzunehmen; unter Umständen sei der erforderliche Ausgleichsumfang vielmehr nur erreichbar, wenn es schon bei Festsetzung der höchsten Einzelstrafe zu einer Minderung kommt (BGHSt 36, 270 (276) = NJW 1990, 523 (524); BGHR StGB § 55 Abs 1 S 1 Härteausgleich 6 (Gründe)). Ebenso sei zu verfahren, wenn es an der für § 55 erforderlichen zeitlichen Abfolge (StGB-Tat vor JGG-Aburteilung) fehle (Schatz in Diemer/Schatz/Sonnen Rn. 20, 25 f.). Teilt man diese Auffassung, muss das Tatgericht den Grund für den Härteausgleich und va dessen Auswirkung stets deutlich **kennzeichnen** (BGH StraFo 2012, 156 = BeckRS 2012, 5300). Lassen die Strafzumessungsgründe keine Überlegungen zu einem solchen Ausgleich erkennen, kann dieser Mangel folglich zur Aufhebung und Zurückverweisung in der Revision führen (wobei ggf. eine Selbstvornahme gem. § 354 Abs. 1a StPO, deren sonstige Bedenklichkeit (→ § 54 Rn. 44) hier nicht einschlägig ist, in Betracht kommen kann (BGH NStZ-RR 2007, 168 (169)).

10   Dass der Härteausgleich die Ergebnisunterschiede zwischen der – oft verfahrenszufällig entstehenden – getrennten und verbundenen Aburteilung ausgleicht, ist zw. und gerichtsabhängig. Eine dogmatische Überlegenheit (bzw. größere „Gesetzestreue") dieses praeter legem beschrittenen Lösungswegs ggü. der hier vertretenen Analogielösung lässt sich ohnehin nicht erkennen, zumal er nicht zu überzeugenderen Ergebnisse führt. Besonders **unstimmig** ist, dass sich der Rspr. zufolge eine Sanktionsmilderung, die wegen einer Zusammenführung mehrerer Rechtsfolgen angezeigt ist, lediglich bei einer einzelnen Strafe, nämlich der späteren StGB-Sanktion niederschlägt. Hiermit erwächst dem Verurteilten sogar ein ungerechtfertigter Vorteil, falls die andere Rechtsfolge (dh die frühere JGG-Sanktion) später – etwa durch Wiederaufnahme des Verfahrens – entfällt (vgl. Dallinger/Lackner Rn. 5).

III. Schwergewicht der Straftaten

1. Bestimmung des Schweremaßstabs

11   Besteht infolge des Vorliegens einer der in → Rn. 3 ff., 8 genannten Konstellationen die Notwendigkeit, auf mehrere Delikte einheitlich zu reagieren und dafür eine Entscheidung zwischen den Rechtsfolgensystemen des JGG und des allg. StR zu treffen, wird durch § 32 das „Schwergewicht" als alleiniges Entscheidungskriterium bestimmt. Hierin könnte man einen **folgenorientierten Maßstab** sehen, sodass es darauf ankäme, ob angesichts der Deliktsmehrheit eher eine tatstrafrechtliche StGB- oder eine täterstrafrechtliche JGG-Sanktion induziert ist. Maßgeblich wäre hiernach also, ob das durch einen Teil der Delikte ausgelöste Bedürfnis nach einem Schuldausgleich oder das durch den anderen Teil der Delikte angezeigte Erfordernis einer spezialpräventiven Einwirkung gewichtiger ist (so in der Sache mit Unterschieden Schlehofer in BeckOK JGG Rn. 10 ff.; Krauth FS Lackner, 1987, 1071 ff.; Hoffmann-Holland in Gropp/Lipp/Steiger (Hrsg.), Rechtswissenschaft im Wandel, 2007, 175 ff.). Indem das Gesetz aber vom „bei den Straftaten" liegenden Schwergewicht spricht, zeigt es einen **anlassorientierten Maßstab** an, der sich anhand der Qualität bzw. Bedeutung von Deliktsereignissen bestimmt.

12   Für die Frage, ob das nach allg. StR oder das nach JStR beurteilte Delikt bedeutsamer ist, könnte nun wiederum auf das jeweilige Erfolgs- und Handlungsunrecht abgestellt werden. Der Umstand, dass die Maßgaben des § 31 gerade in das JGG und nicht in das StGB aufgenommen wurden, spricht indes gegen eine solche **ereignisbezogene** Bewertung. Im spezialpräventiv strukturierten und individuums- wie zukunftsorientierten Regelungszusam-

menhang des JStR liegt eine **persönlichkeitsbezogene** Bewertung näher, bei der die Relevanz im Vordergrund steht, die die verschiedenen Taten für die allg. und deliktsbezogene **Verlaufsentwicklung** des fraglichen Angeklagten entwickelt haben. Die jeweilige Anzahl und äußere Schwere ist für den „Gewichtsvergleich" zwischen den nach allg. StR und den nach JStR zu behandelnden Straftaten deshalb nur nachrangig von Belang. Sie gehen eher als Anzeichen für den jeweiligen biografischen Stand und Weiterverlauf (und damit nur mittelbar-indiziell) in die komparative Beurteilung ein (vgl. bspw. BGH JR 1954, 271; NStZ 1986, 219; StV 2020, 393 (395) = BeckRS 2018, 39003).

2. Maßgebliche Umstände

Bei der hiernach erforderlichen individuell-verlaufsbezogenen Vergleichs- **13** betrachtung sind methodische Einschränkungen zu reflektieren, da die Geschehenseinordnung immer nur ex post möglich ist und sich gerade bei den früheren Taten von den zwischenzeitlichen Abläufen nicht unbeeinflusst vornehmen lässt. Ungeachtet dieser Einschränkung haben die einzubeziehenden Delikte jedenfalls umso weniger Gewicht, je stärker sie durch **situative Faktoren** mitbestimmt werden (vgl. bspw. BGHR JGG § 32 Schwergewicht 3 = BeckRS 1992, 31095732: bei der als Erwachsener begangenen Tat (Mord und sexuelle Nötigung) setzte sich das Opfer anders als bei den früheren sexuellen Nötigungen zur Wehr). Gleichzeitig haben Straftaten aber tendenziell auch umso größere Relevanz, **je jünger** die fragliche Person bei ihrer Begehung war. Selbst wenn eine sich karriereförmig steigernde Deliktsbiografie (entgegen der allg. Vorstellung) durch die deutlich differenzierteren, empirisch gestützten Modelle eher als ein Sonderfall ausgemacht wird (n. → Einl. Rn. 6, → § 5 Rn. 45), können die früheren Delikte oftmals als Ausdruck einer längerfristigen Haltung und Entwicklung verstanden werden, aus der heraus sich auch die spätere (und sich ggf. steigernde) Delinquenz erklärt. Frühere Delikte haben nämlich oft (wenn auch keine regelrecht Weichen stellende, so aber doch) eine tatüberdauernde Bedeutung: Sie können bspw. Hemmschwellen aufheben, Risikoerwartungen und Selbstbilder prägen, Zugänge zu devianten Gruppen eröffnen oder festigen, konforme Kontakte und Lebenschancen verschließen, günstige oder dysfunktionale staatliche Reaktionen auslösen usw (vgl. Eisenberg/Kölbel Kriminologie, § 8 Rn. 3 ff., § 54 Rn. 12 ff., § 55 Rn. 29 ff.). Deshalb ist früheren Straftaten meist ein höheres Gewicht beizumessen als etwaigen Folgetaten im Sinne einer sekundären Devianz.

Auch für die hM steht die Frage im Mittelpunkt, ob die **vorgreifende 14 Bedeutung,** die die **früheren** Straftaten für die anschließenden Straftaten typischerweise haben, im Einzelfall angenommen werden kann (zu im Jugend- und Heranwachsendenalter liegenden „Tatwurzeln" s. BGHSt 6, 6 = NJW 1954, 848; BGH NStZ 1986, 219; dazu selbst bei mehrheitlich als Erwachsener begangenen Taten bspw. auch BGH BeckRS 1989, 01495; BeckRS 2009, 19280). Oft stellen sich hiernach die späteren Delikte gewissermaßen als in den früheren bereits angelegt dar (BGH BeckRS 1992, 31095732; BeckRS 1994, 08914; BGH 31.8.1999 – 1 StR 268/99 bei Böhm NStZ-RR 2000, 321 (323); BGH NStZ 2018, 662 (663); OLG Düsseldorf StV 1983, 378 = LSK 1984, 010147; LG Kaiserslautern ZJJ 2015, 76). Das gilt gerade bei BtM-Abhängigkeit (vgl. AG Rudolstadt NStZ-RR 2013, 387), nicht aber bei allen Delikten (verneinend bei im Heranwachsendenalter begonnener Zuhälterei BGH NStZ 2003, 493 (495)). Bisweilen werden aber auch Diskontinuitäten und Entwicklungsbrüche festgestellt (vgl. etwa BGH BeckRS 1999, 30058313, wonach trotz gleichartigen Deliktsverlaufs eine zwischenzeitliche Strafvollstreckung eine zeitliche Zäsur darstelle). Prinzipiell ist es also stets möglich, dass die früheren Taten eher als Ausdruck einer abgeschlossen erscheinenden altersmäßigen Entwicklung zu interpretieren sind und ihnen die spätere Verlaufsentwicklung kaum entspricht (s. auch BGH LM Nr. 2 zu § 1 JGG; JR 1954, 271; RdJB 1956, 93). Dann liegt in ihnen auch nicht ohne weiteres das von S. 1 geforderte Schwergewicht.

15   Bei der Anwendung des Schwergewichts-Kriteriums auf tateinheitlich zusammenfallende Delikte (→ Rn. 3) gelten Besonderheiten. So sind bei **Dauerdelikten** jene Tatteile zu vergleichen, die jeweils für sich allein nach JStR oder nach allg. StR zu beurteilen wären (BGHSt 6, 6 = NJW 1954, 848; vgl. auch BGH BeckRS 2014, 488; ferner zB KG StV 2019, 438 = BeckRS 2019, 9343). Dabei kann es bedeutsam sein, dass der (Gesamt-) Vorsatz noch in einem Alter gefasst wurde, in dem das JStR gilt (LG Berlin StV 1984, 520 = LSK 1985, 120130: auch wenn 4/5 der Dauerstraftat nach allg. StR zu beurteilen wären; vgl. auch BGH BeckRS 2009, 19280 betr. Zeitpunkt der „Bandenabrede"). Entsprechend verhält es sich auch in anderen Fällen, in denen mehrere Tatbestandsverwirklichungen bspw. als Bewertungs- oder Handlungseinheit zusammengefasst und als nur eine Tat behandelt werden (BGH NStZ-RR 1996, 250).

3. Rahmenbedingungen der Beurteilung

16   Das Schwergewicht ist anhand der eben genannten Kriterien aus der Perspektive des **Urteilszeitpunktes** zu beurteilen (so zutr. etwa Dallinger/Lackner Rn. 10; Schlehofer in BeckOK JGG Rn. 15; Brunner/Dölling Rn. 6; Krauth FS Lackner, 1987, 1068; Hoffmann-Holland in Gropp/Lipp/Steiger (Hrsg.), Rechtswissenschaft im Wandel, 2007, 173). Die abw. Auffassung, wonach sich das Gericht hierfür in die Zeit der letzten abzuurteilenden Straftatbegehung zurückversetzen solle (vgl. OLG Bremen MDR 1951, 569; Ostendorf in NK-JGG Rn. 13; Buhr in HK-JGG Rn. 13), widerspricht dem Erfordernis einer individuell-verlaufsbezogenen Vergleichsbetrachtung. Denn die Frage, welche Bedeutung eine Straftat für die weitere Entwicklung hatte, kann allein durch eine ex post-Betrachtung beantwortet werden. Ob und welche tatüberdauernden Effekte (→ Rn. 13) eingetreten sind, ist anders als in einer späteren Rückschau gar nicht erkennbar. Dafür kann ggf. auch noch der Verlauf nach der letzten Tat aufschlussreich sein.

17   Die Festlegung des jeweiligen Schwergewichts in einer Deliktsmehrheit obliegt den Tatgerichten (vgl. bereits BGH RdJB 1956, 93; BGH v. 2.4.1963 – 5 StR 83/63 bei Herlan GA 1964, 129 (135)), die in der Handhabung dieses unbestimmten Rechtsbegriffs über einen gewissen **Beurteilungsspielraum** verfügen (wobei die stRspr – stellvertretend BGH NStZ 1986, 219; NStZ-RR 2008, 324; NStZ 2016, 101 – hier etwas unpräzise von einer Würdigung im Rahmen pflichtgemäßen tatrichterlichen Ermessens spricht). Der JRichter hat die für das Ergebnis seiner Beurteilung maßgebenden Erwägungen im Einzelnen darzulegen, damit das Rechtsmittelgericht prüfen kann, ob die Grenzen dieses Beurteilungsspielraums eingehalten wurden.

IV. Rechtsfolgen

1. Einheitliche Anwendung eines der Rechtsfolgensysteme

Wird das Schwergewicht bei der nach **JGG** zu behandelnden Tat (bzw. **18** den entspr. Taten) festgestellt, kommt nach S. 1 das JStR bei allen Delikten zur Anwendung. Gem. **§ 31 Abs. 1** ist dann eine **einheitliche jugendstrafrechtliche** Rechtsfolge anzuordnen (zu Konstellationen, in denen § 31 Abs. 2 und Abs. 3 anzuwenden sind, s. → Rn. 8 sowie → § 105 Rn. 62 ff.). Eine StGB-Strafe (etwa eine Freiheitsstrafe) kann daneben weder bestehen bleiben noch verhängt werden (BGHSt 29, 67 = BeckRS 1979, 30401613; BGH NStZ 2000, 483 (484).

Wird das Schwergewicht bei der nach **StGB** zu behandelnden Tat (bzw. **19** den entspr. Taten) festgestellt, kommt nach S. 2 das allg. StR bei allen Delikten zur Anwendung. Daher sind hier – abgesehen von Fällen der Tateinheit (→ Rn. 3) und der Anwendung von § 52 StGB – jeweils Einzelstrafen zu bemessen, aus denen sodann nach **§§ 53 ff. StGB** eine **Gesamtstrafe** gebildet werden muss (BGH v. 29.1.1954 – 1 StR 632 /53 bei Herlan GA 1954, 306 (309)). Dies gilt nach hiesiger Auffassung ggf. auch bei Vorhandensein einer noch offenen JGG-Sanktion (→ Rn. 8) – vorausgesetzt, dass das Schwergewicht bei dem nach allg. StR zu beurteilenden Teil der Delikte liegt. Ist es erforderlich, die Gesamtstrafe nachträglich (gem. § 460 StPO) neu festzusetzen, weil eine weitere StGB-Tat unberücksichtigt geblieben ist, kann das Gericht von den bereits festgelegten Einzelstrafen hierbei nicht abweichen und daher auch nicht mehr zu einer einheitlichen JGG-Rechtsfolge übergehen (zur entspr. **Bindung** vgl. OLG Stuttgart StV 2016, 708 = BeckRS 2015, 16455).

Lässt sich **nicht eindeutig** erkennen, dass das Schwergewicht bei den **20** nach JStR zu beurteilenden Straftaten liegt oder ist die Bedeutung beider Tatgruppen etwa gleich verteilt, sei nach **hM** jeweils **allg. StR** anzuwenden (BGHSt 12, 129 (134) = NJW 1959, 156 (158); BGH StV 1998, 657 = BeckRS 1997, 31121630; NStZ 2005, 644 (645); NStZ-RR 2008, 324; NStZ 2016, 101; OLG Hamm BeckRS 2017, 142837; Krauth FS Lackner, 1987, 1065; Wohlfahrt StraFo 2019, 265 (270)). Gefolgert wird dies aus dem Umstand, dass S. 1 die einheitliche Anwendung von JStR von der positiven Feststellung des entspr. Schwergewichts abhängig macht. Allerdings wird das nach JStR zu beurteilende Delikt hierdurch einer altersgerechten JGG-Rechtsfolge entzogen, ohne dass dies durch einen klaren allgemeinstrafrechtlichen Bedeutungsvorrang in der abzuurteilenden Deliktsmehrheit gerechtfertigt wäre (ähnlich Schlehofer in BeckOK JGG Rn. 8.1). Auch wird die Möglichkeit verschenkt, bei den angeklagten Personen, die typischerweise Jungerwachsene sind, die Nachreifeentwicklung durch dezidiert spezialpräventive JGG-Rechtsfolgen besser als mit StGB-Sanktionen unterstützen zu können. Andererseits steht der iSv § 2 Abs. 1 sachlich angezeigten Auslegung, wonach im Zweifel eine gemeinsame Rechtsfolge nach JStR erfolgen soll, der klare Normtext von S. 1 entgegen (vgl. aber Ostendorf in NK-JGG Rn. 14; Schatz in Diemer/Schatz/Sonnen Rn. 33). Die sich hier entäußernde Konfliktlage wird aus hiesiger Sicht allerdings dadurch aufgelöst, dass es zu den fraglichen Fällen letztlich gar nicht kommen kann: § 32 wird man nämlich so verstehen müssen, dass sich das Gericht in der **Frage des**

Schwergewichts stets festlegen muss und sich auch in schwierigen Konstellationen nicht auf ein bequemes non liquet zurückziehen darf.

2. Besonderheiten der Rechtsfolgenbemessung

21 Der einheitlichen Anwendung eines Rechtsfolgensystems wohnte eine gewisse verzeichnende Wirkung inne, weil auf einen Teil der Deliktsmehrheit mit Reaktionsformen des allg. StR oder JStR reagiert wird, obwohl dies im Falle einer Einzeltat gerade nicht angezeigt wäre. Diese gewissermaßen verzerrende Einordnung wird aber zumindest teilw. kompensiert, weil die tatsächlichen **Alters- und Reifeverhältnisse** bei der Rechtsfolgenbemessung zu **berücksichtigen** sind. So muss im Falle der einheitlichen Anwendung von JStR dem Umstand, dass die altersmäßige Entwicklung der fraglichen Person inzwischen weiter fortgeschritten ist, Rechnung getragen werden. Und im Falle einheitlicher Anwendung von allg. StR muss sich in der Rechtsfolgenbemessung niederschlagen, dass das Alter bei den früheren Taten oder bspw. beim Tatentschluss zu einem Dauerdelikt (vgl. aber auch → Rn. 15) noch unter 21 Jahren lag. Deshalb kann es zB bei einer BtM-Tatserie unter den Voraussetzungen des § 30a Abs. 2 Nr. 1 BtMG auch einen minderschweren Fall iSv § 30a Abs. 3 BtMG begründen, wenn der Angeklagte zu Beginn der Serie noch nicht Erwachsener war (ähnlich BGH StV 2012, 289 = BeckRS 2012, 3860).

V. Verfahrensrechtliches

1. Herbeiführung und Aufhebung einer Verbindung

22 Im gesamten JStV sollte **versucht** werden, bei Aufklärung mehrerer Straftaten ein und derselben Person eine Verbindung herbeizuführen, auch wenn die Begehung in verschiedenen Alters- oder Reifestufen erfolgte (→ § 103 Rn. 25 ff.). Fehlt es an Hinderungsgründen, muss wegen der Vorzugswürdigkeit einer einheitlichen Reaktion eine Verbindung erfolgen (ebenso Brunner/Dölling Rn. 18; ferner etwa Schatz in Diemer/Schatz/Sonnen Rn. 42: Folge der Verpflichtung zur umfassenden Persönlichkeitserforschung). Neben den allg. Vorteilen einer Zusammenführung mehrerer Einzelverfahren ist dies auch ist dies auch für die Persönlichkeitsbeurteilung (KG BeckRS 2019, 8951) wie auch in erzieherischer Hinsicht sinnvoll (→ Rn. 2; s. aber BGHSt 8, 349 (352) = NJW 1956, 517 (518)).

23 Allerdings ist es nur dann angezeigt, das Nebeneinander von nach allg. StR und JStR zu beurteilenden Vorgängen innerhalb eines Verfahrens herbeizuführen und aufrechtzuerhalten, wenn die jeweiligen Vorwürfe auch verfolgungswürdig sind. Wo es daran bei einem Teil der Deliktsmehrheit fehlt, kann und ggf. muss durch eine **Beschränkung** das Verfahren auf den anderen Teil reduziert werden, sodass dann uU nur noch eine jugend- oder allgemeinstrafrechtliche Materie zu bearbeiten ist. Über entspr. Steuerungsmöglichkeiten verfügt gerade der JStA, nach Anklage aber auch das Gericht (va in Form der Teileinstellung nach §§ 154, 154a StPO iVm § 2 Abs. 2). De facto begründet das Mittel der Teileinstellung – zumal eine spätere Wiederaufnahme des Verfahrens möglich sein soll (BGHSt 36, 294 = NJW 1990, 920 mkritAnm Walter/Pieplow StV 1991, 5) – aber auch die Möglich-

keit, nicht nur die Gerichtszuständigkeit (n. → § 103 Rn. 33), sondern auch die Rechtsfolgen strategisch zu beeinflussen. Es können nämlich entweder die nach JStR oder die nach allg. StR zu behandelnden Vorwürfe gezielt eingestellt werden, nur um damit die Anwendbarkeit des § 32 auszuschließen – dh nur um die Option aufzuheben, dass es bei einer entspr. Schwergewichtsbeurteilung zur jeweils unerwünschten einheitlichen Reaktion (gem. § 31 oder gem. §§ 53 f. StGB) kommt (vgl. auch Streng JugendStrafR Rn. 295: „Begradigung von Altersstufen").

Bei einer prozessualen Stoffreduzierung, die die Nichtanwendbarkeit von **24** § 32 zur Folge hat, müsste daher eigentlich stets überprüft werden, ob das entspr. Vorgehen sachlich begründet war oder ob das heranzuziehende Rechtsfolgensystem aus außerjuristischen Gründen strategisch festgelegt werden sollte. Da eine **missbräuchliche** und daher **willkürliche Teileinstellung** (zu dieser Kategorie BGHR JGG § 32 Schwergewicht 2; *Brunner* JR 1974, 429 (429 f.)) allerdings kaum zuverlässig identifiziert werden kann, ist **§ 32** in allen genannten Teileinstellungsfällen **analog** anzuwenden. Der Tatrichter muss hier jene Taten, die eingestellt wurden, als hypothetisch-verfahrensgegenständliche Vorwurfsbestandteile behandeln und prüfen, ob bei ihrer Hinzunahme das Schwergewicht im jugend- oder allgemeinstrafrechtlichen Teil der Deliktsmehrheit läge (vgl. etwa BGH NZWiSt 2019, 298 (299); OLG Düsseldorf NStZ-RR 2017, 28 mzustAnm *Bachmann* ZJJ 2017, 389; *Schatz* in Diemer/Schatz/Sonnen Rn. 44; *Drees* NStZ 1995, 481 (481 f.)). Die in Rspr. (BGHSt 64, 178 = NJW 2019, 3599 mkritAnm *Eisenberg* ZJJ 2019, 400 (401)) und Literatur (*Schlehofer* in BeckOK JGG Rn. 3.4) teilw vertretene abwM, die eine entspr. analoge Anwendbarkeit verneint, eröffnet der StA und dem Gericht schulterzuckend die missbrauchbare Rechtsmacht, die richterliche Beurteilungsgrundlage nach ihren Sanktionsvorstellungen gezielt zu „gestalten".

2. Rechtsmittel

Ist aus den Urteilsgründen nicht ersichtlich, dass das Tatgericht die Frage **25** des Schwergewichts aufgeworfen und näher erwogen hat, führt die mangelnde Darlegung auf die Sachrüge hin zur Aufhebung des Rechtsfolgenausspruchs (BGH NStZ-RR 1996, 250; NStZ 2003, 493; OLG Düsseldorf NStZ 1983, 456 (Ls.) mzustAnm *Brunner* JR 1983, 479). Ebenso verhält es sich bei Heranziehung fehlerhafter Schwergewichtskriterien, bei einer tatrichterlichen Überschreitung des Beurteilungsspielraums oder in Fällen, in denen eine gebotene Prüfung nach § 105 Abs. 1 unterblieben und die mögliche Einschlägigkeit von § 32 gar nicht erkannt worden ist (BGH ZJJ 2007, 216 = BeckRS 2007, 8322; NStZ 2016, 101). Im Unterschied zu diesen Fehlerformen entzieht sich die tatrichterliche Beurteilung des Schwergewichts dagegen einer Nachprüfung durch das **Revisionsgericht** (vgl. etwa BGH BeckRS 1975, 00100; NStZ 2018, 662 (663)). – Die Revision kann innerhalb der Straffrage iÜ nicht auf die fehlerhafte Zuordnung nach §§ 105, 32 beschränkt werden. Denn eine fehlerhafte Zuordnung betrifft die Straffrage insgesamt (BGH v. 2.4.1963 – 5 StR 83/63 bei *Herlan* GA 1964, 129 (135); vgl. iÜ auch → § 55 Rn. 18, → § 105 Rn. 68).

Zweites Hauptstück. Jugendgerichtsverfassung und Jugendstrafverfahren

Erster Abschnitt. Jugendgerichtsverfassung

Jugendgerichte

33 (1) Über Verfehlungen Jugendlicher entscheiden die Jugendgerichte.

(2) Jugendgerichte sind der Strafrichter als Jugendrichter, das Schöffengericht (Jugendschöffengericht) und die Strafkammer (Jugendkammer).

(3) ¹Die Landesregierungen werden ermächtigt, durch Rechtsverordnung zu regeln, daß ein Richter bei einem Amtsgericht zum Jugendrichter für den Bezirk mehrerer Amtsgerichte (Bezirksjugendrichter) bestellt und daß bei einem Amtsgericht ein gemeinsames Jugendschöffengericht für den Bezirk mehrerer Amtsgerichte eingerichtet wird. ²Die Landesregierungen können die Ermächtigung durch Rechtsverordnung auf die Landesjustizverwaltungen übertragen.

Besetzung des Jugendschöffengerichts

33a (1) ¹Das Jugendschöffengericht besteht aus dem Jugendrichter als Vorsitzenden und zwei Jugendschöffen. ²Als Jugendschöffen sollen zu jeder Hauptverhandlung ein Mann und eine Frau herangezogen werden.

(2) Bei Entscheidungen außerhalb der Hauptverhandlung wirken die Jugendschöffen nicht mit.

Besetzung der Jugendkammer

33b (1) Die Jugendkammer ist mit drei Richtern einschließlich des Vorsitzenden und zwei Jugendschöffen (große Jugendkammer), in Verfahren über Berufungen gegen Urteile des Jugendrichters mit dem Vorsitzenden und zwei Jugendschöffen (kleine Jugendkammer) besetzt.

(2) ¹Bei der Eröffnung des Hauptverfahrens beschließt die große Jugendkammer über ihre Besetzung in der Hauptverhandlung. ²Ist das Hauptverfahren bereits eröffnet, beschließt sie hierüber bei der Anberaumung des Termins zur Hauptverhandlung. ³Sie beschließt eine Besetzung mit drei Richtern einschließlich des Vorsitzenden und zwei Jugendschöffen, wenn

1. die Sache nach den allgemeinen Vorschriften einschließlich der Regelung des § 74e des Gerichtsverfassungsgesetzes zur Zuständigkeit des Schwurgerichts gehört,

2. ihre Zuständigkeit nach § 41 Absatz 1 Nummer 5 begründet ist oder

3. nach dem Umfang oder der Schwierigkeit der Sache die Mitwirkung eines dritten Richters notwendig erscheint.

[4] Im Übrigen beschließt die große Jugendkammer eine Besetzung mit zwei Richtern einschließlich des Vorsitzenden und zwei Jugendschöffen.

(3) Die Mitwirkung eines dritten Richters ist nach Absatz 2 Satz 3 Nummer 3 in der Regel notwendig, wenn

1. die Jugendkammer die Sache nach § 41 Absatz 1 Nummer 2 übernommen hat,

2. die Hauptverhandlung voraussichtlich länger als zehn Tage dauern wird oder

3. die Sache eine der in § 74c Absatz 1 Satz 1 des Gerichtsverfassungsgesetzes genannten Straftaten zum Gegenstand hat.

(4) [1] In Verfahren über die Berufung gegen ein Urteil des Jugendschöffengerichts gilt Absatz 2 entsprechend. [2] Die große Jugendkammer beschließt ihre Besetzung mit drei Richtern einschließlich des Vorsitzenden und zwei Jugendschöffen auch dann, wenn mit dem angefochtenen Urteil auf eine Jugendstrafe von mehr als vier Jahren erkannt wurde.

(5) Hat die große Jugendkammer eine Besetzung mit zwei Richtern einschließlich des Vorsitzenden und zwei Jugendschöffen beschlossen und ergeben sich vor Beginn der Hauptverhandlung neue Umstände, die nach Maßgabe der Absätze 2 bis 4 eine Besetzung mit drei Richtern einschließlich des Vorsitzenden und zwei Jugendschöffen erforderlich machen, beschließt sie eine solche Besetzung.

(6) Ist eine Sache vom Revisionsgericht zurückverwiesen oder die Hauptverhandlung ausgesetzt worden, kann die jeweils zuständige Jugendkammer erneut nach Maßgabe der Absätze 2 bis 4 über ihre Besetzung beschließen.

(7) § 33a Abs. 1 Satz 2, Abs. 2 gilt entsprechend.

Schrifttum Bliesener/Lösel/Köhnken (Hrsg.), Lehrbuch Rechtspsychologie, 2014; Busse/Volbert/Steller, Belastungserleben von Kindern in Hauptverhandlungen, 1996; Dölling/Feltes/Hartmann ua, Die Besetzungsreduktion bei den großen Straf- und Jugendkammern – Evaluierung der § 76 Abs. 2 GVG und § 33b Abs. 2 JGG, 2011; Hasdenteufel, Die StPO als Grenze des Einsatzes von Videotechnologie im Strafverfahren bei sexuell mißbrauchten Kindern, 1997; Kölbel/Bork, Sekundäre Viktimisierung als Legitimationsfigur, 2012; Niehaus/Volbert/Fegert, Entwicklungsgerechte Befragung von Kindern in Strafverfahren, 2017; Quas/Goodman/Ghetti ua, Childhood Sexual Assault Victims: Long Term Outomes After Testifying in Criminal Court, 2005; Saywitz/Camparo, Evidence based child forensic interviewing, 2014; Scheumer, Videovernehmung kindlicher Zeugen: zur Praxis des Zeugenschutzgesetzes, 2007; Volbert/Pieters, Zur Situation kindlicher Zeugen vor Gericht, 1993; Volbert/Steller (Hrsg.), Handbuch der Rechtspsychologie, 2008.

Übersicht

I. Jugendgerichte (§ 33 Abs. 2)

Das Gesetz setzt in § 33 Abs. 1 die Einrichtung von JGerichten voraus, **1** während Abs. 2 für die instanzgerichtliche Ebene die Arten der JGerichte (JRichter, JSchöffG, JKammer) und deren Rangverhältnis bestimmt. Ergänzt wird dies durch Vorgaben zur Besetzung in §§ 33a, 33b, 35 (→ Rn. 24 ff.), den Aufgaben (§ 34) und den persönlichen Anforderungen (§ 37). All dem liegt die Erwartung einer **Qualitätssicherung** durch Sonderqualifikationen in den fraglichen Spruchkörpern zugrunde.

2   Da der Gesetzgeber das JGericht nur am AG und LG vorsieht, entscheiden in der **Revisionsinstanz** die für allg. Strafsachen zuständigen OLG- bzw. BGH-Senate (§ 102 iVm § 120 Abs. 1 und Abs. 2 GVG). Der darin liegende Bruch mit dem Anliegen einer jugendbezogenen Spezialisierung ist misslich (vgl. → § 102 Rn. 2). Ob den Erfordernissen einer nicht nur einheitlichen, sondern auch jugendgemäßen Rechtsfortbildung gedient wäre, wenn die Jugendsachen bei den Revisionsgerichten wenigstens (im Wege der Geschäftsverteilung) bei einem Senat zusammengefasst würden (dafür etwa Beulke/Swoboda JugendStrafR 581), ist indes offen. Als dringender erscheint die (kontrafaktisch aufrechtzuerhaltende) Forderung, dass die an den Revisionsgerichten eingesetzten Personen **jugenderzieherisch befähigt** und erfahren sein müssen, wie das Gesetz dies für die Instanzgerichte vorschreibt (§§ 35 Abs. 2 S. 2, 37). Soweit es daran fehlt, haben sie die entspr. Expertise, die in der (jugendkriminologischen, sozialpädagogischen, erziehungswissenschaftlichen usw) Fachliteratur vorhanden ist, zu rezipieren und ihren Entscheidungen zugrunde zu legen (ebenso Wiesener Qualitätsanforderungen 4 f., 45). Allein dadurch kann eine Handhabung und Auslegung des Jugendstrafrechts gewährleistet werden, die gem. § 2 Abs. 1 den Besonderheiten der Zielgruppe entspricht (zu den Auslegungserfordernissen n. → § 2 Rn. 15 ff.). Wird revisionsrichterlich lediglich eine nur-rechtsdogmatische Qualifikation eingebracht, zeitigt dies eine entspr. verengte und ggf. erzieherisch dysfunktionale Norminterpretation (ebenso zB Lempp MschrKrim 1998, 125; Lederer StV 2016, 745; Mitsch NStZ 2019, 681; für ein drastisches Beispiel s. → § 6 Rn. 9 ff.).

II. Zuständigkeit der Jugendgerichte

1. Jugendstrafrechtliche Materien gem. § 33 Abs. 1

3   Die verschiedenen JGerichte haben – in ihrem jeweils eigenen sachlichen und örtlichen Zuständigkeitsbereich – über Verfehlungen Jugendlicher und Heranwachsender (zu diesen s. § 107) zu urteilen. Um eine solche **Verfehlung** handelt es sich bei einer straftatbestandlichen rechtswidrigen Tat (→ § 1 Rn. 33 f.). Maßgeblich für die Zuordnung einer Person zu den Gruppen der Jugendlichen bzw. Heranwachsenden ist gem. § 1 Abs. 2 das **Alter** zur **Zeit** der **Tat** (zur Berechnung des Alters vgl. → § 1 Rn. 2). Deshalb besteht die Zuständigkeit des JGerichts fort, falls ein Beschuldigter nach Tatbegehung das 21. Lbj. vollendet (zu Fällen mit **mehreren Taten** oder Unterlassungs- und Dauerdelikten, die sich jeweils auf die Zeit vor und nach Vollendung des 21. Lbj. erstrecken, vgl. → § 103 Rn. 27 ff., → § 107 Rn. 5).

4   Wenn an dem Alter des Beschuldigten und/oder der Tatzeit **nicht ausschließbare Zweifel** bestehen und deshalb nicht gesichert ist, dass der (zur Tatzeit zumindest 14 Jahre alte) Beschuldigte zur Tatzeit bereits 21 Jahre alt war, ist nach dem Grundsatz „in dubio pro reo" von der Zuständigkeit des JGerichts auszugehen (BGHSt 5, 366 = NJW 1954, 847; BGHSt 7, 26 =

NJW 1955, 273 mAnm Dallinger MDR 1955, 181; BGHSt 47, 311 = NJW 2002, 2483 mAnm Rieß; BGH StV 2008, 117 = BeckRS 2007, 8322; siehe grds. auch → § 1 Rn. 30).

Die Zuständigkeit der JGerichte für die genannte jugendstrafrechtliche **5** Materie ist nach § 33 Abs. 1 (bei Heranwachsenden iVm § 107) **abschließend** (s. aber §§ 102, 103 Abs. 2 S. 2). Eine formale Kompetenz von Verwaltungsbehörden, über die Strafbarkeit der Delikte von Jugendlichen zu entscheiden, scheidet damit aus. Gleichwohl ist nicht zu verkennen, dass strafrechtlich bedeutsame Verhaltensweisen Jugendlicher von Jugend- bzw. Kontrollbehörden vielfach zum Anlass einer rechtlichen Bewertung und verschiedener außerstrafrechtlicher Rechtsfolgen genommen werden. Die Alleinzuständigkeit der JGerichte ist insofern gelockert. Das betrifft auch das JStV, denn hier erfolgen die Verfahrenseinstellungen gem. § 45 Abs. 1 iVm § 153 Abs. 1 S. 2 StPO und § 45 Abs. 2 ohne Zutun des JGerichts.

2. Verhältnis zur sachlichen Zuständigkeit der allgemeinen Strafgerichte

a) Problematik. Nicht selten gilt nicht nur eine Alleinzuständigkeit, **6** sondern auch eine institutionelle Eigenständigkeit der Jugendgerichtsbarkeit als wünschenswert (vgl. UK II bzw. UK III DVJJ-Journal 1992, 17 f. bzw. 23; vgl. auch AK IV/3 in DVJJ 1993, 729). Wie das Gesetz dazu steht, ist unklar. § 33 Abs. 2 stellt für die tatgerichtliche Ebene lediglich klar, dass die JGerichte der ordentlichen (Straf-)Gerichtsbarkeit zugehören. Dies kann als eine „echte" Integration verstanden werden, doch ebenso gut auch als eine nur äußerliche Angliederung von sachgebietsbezogen selbstständigen Gerichten eigener Art. Nähere Vorgaben hierzu macht die Vorschrift ebenso wenig wie zum damit zusammenhängenden Charakter der Zuständigkeitszuordnung. Vor dem Hintergrund des Art. 101 Abs. 1 S. 2 GG ergibt sich aus § 33 Abs. 1 zunächst einmal nur das Erfordernis, Jugendsachen durch den Geschäftsverteilungsplan den JGerichten zuzuordnen (§ 21e GVG). Die Bestimmung der hiermit betrauten Personen ist nach pflichtgemäßem Ermessen unter Berücksichtigung von § 37 vorzunehmen, ohne hierbei an eine „Bestenauslese" ieS (Art. 33 Abs. 2 GG) gebunden zu sein (BVerfG NJW 2008, 909; zur ggf. erforderlichen vorübergehenden Vertretung s. BGH BeckRS 2003, 30319971). Doch die Frage nach dem Bestehen einer etwaigen kompetenziellen Vorrang- bzw. Exklusivitätsbeziehung bleibt offen. Wegen der revisionsrechtlichen Implikationen (vgl. → Rn. 20 ff.) bedarf dies aber der Klärung. Dabei ist die Einordnung der gesetzlichen Spezialzuständigkeit iSv § 33 Abs. 1 als sachliche oder bloß als geschäftsverteilungsmäßige Zuständigkeit wertungsabhängig und prinzipiell in beiden Varianten möglich (vgl. auch Rieß GA 1976, 3 (22)).

b) Herrschende Meinung. In der früheren Judikatur stellte man sich **7** ganz überwiegend auf den Standpunkt, das Gesetz weise den JGerichten mit der Aburteilung heranreifender junger Menschen einen anderen Aufgabenbereich als den allg. Strafgerichten zu. Dies bestätige sich in einem spezialisierten jugendgemäßen Verfahren und in besonders besetzten Spruchkörpern. JGerichte würden also mit einer **eigenen sachlichen Zuständigkeit** tätig, die sich von der der allg. Strafgerichte unterscheide (BGHSt 7, 26 = NJW 1955, 273; BGHSt 8, 349 = NJW 1956, 517; BGHSt 10, 74 = NJW

1957, 511; BayObLGSt NJW 1967, 216; OLG Saarbrücken NJW 1966, 1041). Dieser Ansatz wurde den Zwecken des JGG und den Beweggründen des historischen Gesetzgebers bei dessen Schaffung gerecht (s. BayObLG GA 1964, 335; OLG Saarbrücken NJW 1966, 1041). Er korrespondierte also mit einer Herangehensweise, die hier als teleologisch-empirisches Modell bezeichnet und präferiert wird (→ § 2 Rn. 15 f.).

8   Hiervon ist der Große Senat des BGH abgerückt (BGHSt 18, 79 (82) = NJW 1963, 60 (61)). Seither vertreten die Judikatur und die hL die Auffassung, die JGerichte seien den ordentlichen Gerichten wesensgleich und stellten reguläre **Strafgerichte** dar (dazu aber Hanack JZ 1971, 89 (90): „widerspricht (…) krass Sinn und Ausgestaltung der Jugendgerichtsbarkeit"). Wie sich aus den Regelungen in § 108 Abs. 2 und Abs. 3 ergebe, habe das Gesetz sie innerhalb derselben Gerichtszuständigkeit lediglich mit einem **besonderen** sachlichen **Geschäftskreis** betraut (ebenso bspw. BGHSt 18, 173 = NJW 1963, 500; BGHSt 22, 48 = NJW 1968, 952; BGHSt 26, 191 = NJW 1975, 2304; aus jüngerer Zeit bspw. BGH BeckRS 2019, 35791; OLG Karlsruhe Die Justiz 1999, 142 = BeckRS 1998, 12386; Scheuten in KK-StPO StPO § 1 Rn. 27 ff.; Beulke/Swoboda JugendStrafR 582). Damit wurde das dogmatisch-strafrechtliche Modell bei der Handhabung des JGG (→ § 2 Rn. 15 f.) gleichsam auf die justiz-institutionelle Ebene erstreckt.

9   Der Gesetzgeber machte sich diese hM bei Erlass des StVÄG 1979 zu eigen (vgl. BT-Drs. 8/976, 20). Allerdings verlieh er den JGerichten durch Neufassung des § 103 Abs. 2 und die dabei erfolgte Präzisierung des Vorrangprinzips größeres Gewicht. Insbesondere aber gestaltete er das Aufgabenfeld der JGerichte wenn schon nicht als, so doch wie eine sachliche Zuständigkeit aus. Diese wurde bei der Neugestaltung der Zuständigkeitsabgrenzungen zu den allg. Strafgerichten an etlichen Punkten (§§ 209a Nr. 2, 225a Abs. 1, 270 Abs. 1 StPO; § 47a) als solche **fingiert** (Stuckenberg in Löwe/Rosenberg StPO § 209a Rn. 2 f.; Rieß NStZ 1981, 304 (305)). Anders als die Revisionsinstanz (zur diesbzgl. hM → Rn. 21) haben die Gerichte der Tatsacheninstanzen ihre Zuständigkeit iSv § 33 Abs. 1 deshalb gem. § 6 StPO in jeder Phase des Verfahrens **von Amts wegen** zu prüfen (vgl. etwa BT-Drs. 8/976, 33; BGHSt 30, 260 = NJW 1982, 454; OLG Oldenburg NJW 1981, 1384; Scheuten in KK-StPO StPO § 1 Rn. 27, 31; Rieß NStZ 1981, 304 (305)). § 6a StPO findet dagegen nach allgA keine Anwendung (s. dazu auch → 21).

3. Sonstige Zuständigkeiten der Jugendgerichte

10   **a) Ordnungswidrigkeiten.** Neben der jugendstrafrechtlichen Materie entscheidet das JGericht (konkret der JRichter) gem. § 68 Abs. 2 OWiG im **Einspruchsverfahren** auch über Handlungen, die im Bußgeldverfahren nach dem OWiG geahndet wurden (n. Ellbogen in KK-OWiG OWiG § 68 Rn. 28 ff.; zum JStA vgl. → § 36 Rn. 9).

11   **b) Jugendschutzsachen.** Außerdem werden JGerichte bei bestimmten Straftaten **Erwachsener** tätig. Dies betrifft einige Konstellationen verbundener Verfahren (§ 103 Abs. 1 und 2) sowie die sog. Jugendschutzsachen, in denen die JGerichte neben den allg. Strafgerichten zuständig sind (§§ 26, 74b GVG; zu Besonderheiten der Verfahrensgestaltung vgl. → Rn. 35 ff.). Hierfür muss sich die Anklage auf die Verletzung jugendschützender Vor-

schriften oder auf die Gefährdung bzw. Verletzung eines Minderjährigen durch einen Erwachsenen beziehen. Diese Voraussetzung ist nach allgA nicht erfüllt, wenn die Tat zum Tod des Kindes bzw. des Jugendlichen „geführt hat" (zu Kausalitäts- und Zurechnungsproblemen bei zeitlich gestreckten oder weit zurückliegenden Verläufen vgl. aber (anhand hinzugekommener Behandlungsfehler) bspw. Eisenberg medstra 2016, 203 (207 f.)).

Dass § 26 Abs. 1 GVG in Jugendschutzsachen eine **Wahlzuständigkeit** 12 vorsieht, weckt verfassungsrechtliche Zweifel im Hinblick auf Art. 101 Abs. 1 S. 2 GG (vgl. Degener in SK-StPO GVG § 26 Rn. 9; allg. zu Notwendigkeit und Grenzen beweglicher Zuständigkeitsregelungen BVerfGE 9, 223 = NJW 1959, 871; BVerfGE 22, 254 (258 ff.) = NJW 1967, 2151). Diese Bedenken werden von der hM allerdings nicht geteilt (vgl. BGHSt 13, 298 = NJW 1960, 56). Auf jener Basis ist das Verfahren vor den JGerichten sodann vorzugswürdig, wenn der Grund ihrer Mitzuständigkeit fallkonkret von Bedeutung ist: nämlich die speziellere Befähigung, die jugendgerichtlich amtierende Personen erfahrungsgetragen ua bei der Vernehmung von Minderjährigen sowie bei der Beurteilung einer mutmaßlichen kindlichen Schädigung erworben haben sollten (dazu auch BT-Drs. 19/23707, 25 f.). Auf diese Kompetenz muss es im fraglichen Verfahren ankommen können (BVerfG NStZ 2007, 40), was indes bereits bei einer nicht ausgeschlossenen Vernehmung des Kindes gegeben ist (LG Oldenburg ZJJ 2010, 428 = BeckRS 2011, 12562; s. aber auch LG Zweibrücken NStZ-RR 2013, 56: dass die mutmaßlich Geschädigten zwischenzeitlich schon erwachsen geworden sind, sei hierfür ggf. irrelevant). Nach dem durch Gesetz v. 29.6.2013 (BGBl. I 1805) modifizierten § 26 Abs. 2 S. 1 GVG **soll** daher Anklage bei den JGerichten erhoben werden, wenn dadurch schutzwürdige Interessen minderjähriger Zeugen „besser gewahrt werden können". Die StA hat bei der Frage, ob sie vor den allg. Strafgerichten oder dem JGericht anklagt, in den fraglichen Fällen also **kein echtes Wahlrecht,** wohl aber einen Beurteilungsspielraum hinsichtlich der zeugenschützenden Funktionalität. Auch darf vor den Gerichten für allg. Strafsachen angeklagt werden, falls die Geschäftsverteilung dort besondere JSchutzkammern vorsieht und durch deren Spezialisierung „eine gleichwertige Wahrung der schutzwürdigen Belange der minderjährigen Zeugen zu erwarten ist" (BT-Drs. 17/6261, 14).

4. Konzentration der örtlichen Zuständigkeit gem. § 33 Abs. 3

Die örtliche jugendstrafrechtliche Zuständigkeit ergibt sich aus § 42 und 13 aus den Gerichtsständen des allg. Verfahrensrechts. Prinzipiell können die hierdurch begründeten Zuständigkeiten für den Bereich der AG (nicht der LG) allerdings auch zusammengefasst werden. Abs. 3 begründet nämlich die Rechtsetzungskompetenz der Landesregierungen, die **örtliche Zuständigkeit** mehrerer Bezirke per eigener Verordnung auf einen Bezirk zu konzentrieren oder der Landesjustizverwaltung diese Möglichkeit zu übertragen (Nachw. zu entspr. VO der Länder in Schönfelder zu Abs. 3 S. 1). Dass diese **gesetzliche** Ermächtigung im Hinblick auf ihren Inhalt, ihren Zweck und ihr Ausmaß den verfassungsrechtlichen Erfordernissen der Bestimmtheit genügt (Art. 80 Abs. 1 S. 2 GG), steht zwar nicht außer Zweifel. § 58 GVG als entsprechende Vorschrift der allg. Gerichtsverfassung bietet dank seiner größeren Konkretheit jedoch die Grundlage für eine verfassungskonforme

Auslegung (vgl. auch Schatz in Diemer/Schatz/Sonnen Rn. 32). Unabhängig davon gibt die örtliche Zuständigkeitskonzentration aber auch sonst
Anlass für Bedenken. Zwar kann sie ggf. Vorteile in Form einer angehobenen **Einheitlichkeit** der Rspr. bieten, insbes. beim Einsatz von jugenderzieherisch wirklich befähigten und erfahrenen Richtern (diff. Schady in
NK-JGG Rn. 18). Doch dürften in der Praxis eher organisationsbedingte
Ressourcen- und Effektivitätsbelange und weniger die Gesichtspunkte der
jugenderzieherischen Sachkompetenz für die Konzentrationsüberlegungen
bestimmend sein.

14   Die Möglichkeit zur Bestellung von **Bezirksjugendrichtern** (§ 33 Abs. 3
S. 1 Alt. 1) kann in der Praxis noch am ehesten in Ballungsgebieten mit
mehreren AGen genutzt werden. Da der JRichter im JStV mit den örtlichen
Verhältnissen vertraut sein sollte, wird hiervon im ländlichen Raum dagegen
abzusehen sein (allgA). Dies gilt auch für die Konzentration eines **gemeinsamen Jugendschöffengerichts** bei einem AG für die Bezirke mehrerer
AG gem. § 33 Abs. 3 S. 1 Alt. 2 (befürwortend aber Brunner/Dölling
Rn. 17). Dass die Kenntnis örtlicher Verhältnisse im Zuständigkeitsbereich
des JSchöffG von geringerer Bedeutung als beim JRichter sein könnte (oder
dass gewichtigere Tatvorwürfe eine Konzentration wünschenswerter erscheinen ließen), ist nicht zu erkennen.

15   § 58 Abs. 1 S. 1 GVG ermöglicht die örtliche Konzentration nicht nur für
die StVerf insg., sondern auch für einzelne Verfahrensentscheidungen. Im
JStV sollte diese Option jedoch nicht wahrgenommen werden (s. aber Wohlfahrt StraFo 2020, 59 (60 f.) zu entspr. Konzentrationsregelungen für das
Haftgericht in einigen Bundesländern). Die örtliche Zuständigkeitskonzentration **eines Teils** der jugendrichterlichen **Aufgaben** verträgt sich nicht
mit der gesetzlich angestrebten Einheitlichkeit von erzieherisch orientierten
Entscheidungen (→ § 34 Rn. 2 ff.), die über die verschiedenen Prozessphasen hinweg möglichst in personeller Kontinuität getroffen werden sollen
(kennzeichnend hierfür §§ 34, 42, 82 Abs. 1, 90 Abs. 2 S. 2). Dieses Leitbild
gilt auch verfahrensübergreifend, sodass es als wünschenswert gilt, die ursprünglich befasste jugendrichterliche Person auch mit der neuerlichen strafrechtlichen Erfassung eines Beschuldigten zu betrauen. Deshalb ist eine
Zuständigkeitsregelung, die die Fallbearbeitung für Jugendliche und Heranwachsende trennt und sodann jeweils in verschiedenen AG konzentriert,
gleichermaßen kontraindiziert (ebenso zB auch Gittermann in Löwe/Rosen-
berg GVG § 58 Rn. 13).

5. Abgabe bei Unzuständigkeit

16   **a)** Zuständigkeitsfehler und -konflikte regelt das JGG in § 39 Abs. 1 S. 3,
§ 40 Abs. 1 S. 2 nur für das Verhältnis von JGerichten verschiedener Ordnung. Wenn eine vor das allg. Strafgericht bzw. vor das JGericht gehörende
Sache **irrtümlich** vor dem jeweils anderen Gericht **angeklagt** worden ist,
gelten dagegen die hierfür eingerichteten Vorschriften der §§ 209, 209a,
225a StPO (→ Rn. 9; vgl. dazu, dass dies für eine Klärung durch das gemeinsame übergeordnete Gericht gem. §§ 14, 19 StPO keinen Raum lässt, etwa
LG Saarbrücken NStZ-RR 2005, 153). Die hiernach mögliche Abgabe ist
indes nur **innerhalb desselben Gerichtsbezirks** möglich (s. auch → § 42
Rn. 14).

b) Vor Eröffnung des Hauptverfahrens kann das zunächst angegangene **17** **allg. Strafgericht,** das ein JGericht höherer oder gleicher Ordnung in seinem Bezirk für zuständig hält, diesem die Akten durch Vermittlung der StA zur Entscheidung vorlegen (§§ 209 Abs. 2, 209a Nr. 2 StPO; für ein Bsp. vgl. OLG Jena BeckRS 2015, 19800). Nimmt das zunächst angegangene Erwachsenengericht hingegen die Zuständigkeit eines JGerichts niedrigerer Ordnung an, eröffnet es das Hauptverfahren vor diesem Gericht (§ 209 Abs. 1 StPO). – Das zunächst angegangene **JGericht,** das ein Erwachsenengericht gleicher oder niedrigerer Ordnung desselben Bezirks als zuständig erachtet, eröffnet das Hauptverfahren vor diesem (§§ 209 Abs. 1, 209a Nr. 2 StPO; zur Besonderheit bei § 103 Abs. 2 s. → § 103 Rn. 15 f., 18). Bei angenommener Zuständigkeit eines allg. Strafgerichts höherer Ordnung (vern. für das Verhältnis von JSchutzkammer zum Schwurgericht BGHSt 42, 39 = NStZ 1996, 346), verfährt es dagegen nach § 209 Abs. 2 StPO.

c) Nach Eröffnung des Hauptverfahrens (für das Berufungsverfahren **18** → § 41 Rn. 20 ff.) legt das **allg. Strafgericht,** das ein JGericht höherer oder gleicher Ordnung seines Gerichtsbezirks in einer Sache, die keine JSchutzsache ist, für zuständig hält, diesem die Akten durch Vermittlung der StA bis zu Beginn der HV vor (§ 225a Abs. 1 S. 1 StPO). Der Angeklagte kann dabei selbst bei Vorlage vor dem JRichter oder dem JSchöffG versuchen, die vom allg. Strafgericht angenommenen Abgabegründe durch eine Beweisaufnahme zu entkräften (denn abgesehen davon, dass die in Betracht kommende Anwendung des JStR durchaus neue rechtliche Umstände umfasst, gilt § 225a Abs. 2 StPO hier schon wegen § 209a Nr. 2 StPO – (dazu etwa Gmel in KK-StPO StPO § 225a Rn. 20 mwN)). – Nach Beginn der HV verweist das allg. Strafgericht die Sache durch Beschluss an das JGericht (§ 270 Abs. 1 S. 1 StPO). Das gilt auch, wenn das Verfahren davor vom JGericht nach §§ 209 Abs. 1, 209a Nr. 2 StPO beim allg. Strafgericht eröffnet worden war (BGHSt 47, 311 = NStZ 2003, 47). Gegenüber einem JGericht niedrigerer Ordnung scheidet eine Abgabe dagegen nach § 269 StPO aus, und dies in entspr. Anwendung der Norm schon vor der HV (vgl. Meyer-Goßner/Schmitt StPO § 269 Rn. 2 f.).

Hält ein **JGericht** ein allg. Strafgericht höherer Ordnung für zuständig, **19** legt es ihm die Akten vor Beginn der HV durch Vermittlung der StA zur Entscheidung über die Übernahme vor (§ 225a Abs. 1 S. 1 StPO). Nach Beginn der HV hat es per Beschluss zu verweisen (§ 270 Abs. 1 S. 1 StPO). Die Abgabe an ein allg. Strafgericht gleicher oder niedrigerer Ordnung kommt nach Eröffnung des Hauptverfahrens im Regelfall (zu Ausnahmen → § 103 Rn. 15 f., 18) nicht in Betracht (§ 47a S. 1), auch nicht bei Abtrennung des gegen einen Erwachsenen geführten Verfahrens (→ § 47a Rn. 2 f. und 5). Außerdem kann sich der JRichter ggü. dem allg. Schöffengericht angesichts derselben Rechtsfolgenkompetenz (→ § 108 Rn. 9) nicht für unzuständig erklären (BGH StraFo 2004, 103 = BeckRS 2004, 869). Praktische Bedeutung hat das va, wenn sich ein zuständigkeitsrelevanter Umstand (etwa das Alter des Angeklagten) erst in der HV herausstellt (vgl. etwa OLG Hamm NStZ 2011, 527 (528)).

6. Revision

20 **a) Jugendstrafrechtliche Verfahren.** Die sachliche Zuständigkeit des Gerichts ist Prozessvoraussetzung, bei deren Fehlen zwar nicht die Zulässigkeit des Verfahrens, aber die Sachurteilsbefugnis des Gerichts entfällt. Das Revisionsgericht (zum Berufungsgericht → § 41 Rn. 20 ff.) hat daher neben der eigenen Zuständigkeit auch die der Gerichte, die in den vorherigen Instanzen tätig waren, **von Amts wegen** zu prüfen. Zu einer relevanten Zuständigkeitsüberschreitung kann es im Verhältnis verschiedener Gerichte (AG statt LG) oder zwischen den Abteilungen eines Gerichts mit verschieden hoher Strafgewalt kommen, etwa zwischen JRichter und JSchöffG (→ § 39 Rn. 12 f., 24 f. sowie Brunner/Dölling Rn. 26). Ein Spruchkörper ist also **sachlich unzuständig,** wenn er über die seine eigene **Strafgewalt hinausgeht** und in den Strafbann eines Gerichts höherer Ordnung oder in den weiterreichenden Strafbann einer anderen Abteilung eingreift (BGHSt 18, 79 (83) = NJW 1963, 60 (61)). Entscheidet ein Gericht höherer Ordnung anstelle eines Gerichts niederer Ordnung, führt das wegen § 269 StPO dagegen nur bei objektiv willkürlich bejahter Zuständigkeit zur Aufhebung (n. etwa Knauer/Kudlich in MüKoStPO StPO § 388 Rn. 68; Hilger NStZ 1983, 337 (340) jeweils mwN).

21 Trifft ein Gericht irrig eine Entscheidung, die zum **Geschäftsbereich** einer anderen Gerichtsabteilung gleichen Ranges zählt, ist dies ein Fehler von geringerem Gewicht. Inwieweit ein solcher vorlag, wird durch das Revisionsgericht nur auf eine dahingehende Rüge hin überprüft. Kommt es im Verhältnis zwischen Amts- und Jugendrichter oder Schöffen- und Jugendschöffengericht oder Straf-und Jugendkammer zu Verstößen gegen die Zuständigkeitsabgrenzung, muss dies – da es sich nach hM (→ Rn. 8) hier jeweils um gleichrangige Spruchabteilungen handelt – mit der **Revision (gestützt auf § 338 Nr. 4 StPO) eigens gerügt** werden, damit das Revisionsgericht das fragliche Urteil aufhebt und die Sache gem. **§ 355 StPO** an das zuständige Gericht verweist (BGHSt 18, 79 (83) = NJW 1963, 60 (61); BGHSt 26, 191 (198) = NJW 1975, 2304 (2305 f.); BGHSt 47, 311 = NJW 2002, 2483; BGH StV 2008, 117 = BeckRS 2007, 8322; BGH NStZ 2013, 290 (291); BGH BeckRS 2019, 35791; Brunner/Dölling Rn. 8, 28; Schady in NK-JGG Rn. 8 f.). Die Vor- und fingierte Höherrangigkeit der JGerichte (vgl. → Rn. 9) hätte es zwar auch erlaubt, ihre Spezialzuständigkeit als (von Amts wegen zu beachtende) Prozessvoraussetzung einzuordnen (so de facto BayObLGSt 64, 91; OLG Saarbrücken NJW 1966, 1041; OLG Oldenburg NJW 1981, 1384; vgl. tendenziell ebenso Jahn JuS 2000, 383 (385)), doch hat sich diese Auffassung gegen die zitierte hM nicht durchgesetzt. Auch die Konstellation, in der im Geschäftsverteilungsplan des Gerichts gar keine JSachen erwähnt sind und deshalb unterstellt werden muss, dass statt des nicht bestehenden JGerichts ein allg. Strafgericht entscheidet (OLG Saarbrücken NJW 1966, 1041), wird von ihr als ein solcher rügeabhängiger Fall von § 338 Nr. 4 StPO aufgefasst. Eines vorherigen Zuständigkeitseinwands bedarf es wegen der fehlenden Einschlägigkeit von § 6a StPO in all den genannten Sachlagen iÜ nicht (BGHSt 30, 260 = NJW 1982, 454; BGHSt 47, 313 = NJW 2002, 2483; BGH StraFo 2010, 466 = BeckRS 2010, 21243; Schatz in Diemer/Schatz/Sonnen § 33 Rn. 19).

22 Die vorgenannten Ausführungen betreffen die Fälle unzuständig entscheidender allg. Strafgerichte, etwa wenn diese bei der Aburteilung nach allg.

StR das Heranwachsenden-Alter des Angeklagten (und damit die Zuständig-keit der JGerichte gem. §§ 107, 108 Abs. 1) übersehen (vgl. etwa BGH bei Hilger NStZ 1983, 337 (340); OLG Karlsruhe Die Justiz 1999, 142 = BeckRS 1998, 12386). Sie gelten auch, wenn ein **Erwachsenengericht** einen Erwachsenen abgeurteilt hat, obwohl es aufgrund einer Verfahrens-verbindung (§ 103 Abs. 1) gem. § 103 Abs. 2 S. 1 nicht zuständig war. Hatte das Gericht seine Zuständigkeit (irrig) auf § 103 Abs. 2 S. 2 gestützt, ist indes die Rügepräklusion des § 6a StPO kraft ausdrücklicher Anordnung (§ 103 Abs. 2 S. 3) zu beachten. Umstritten ist die Revisibilität schließlich, wenn ein unzuständiges allg. Strafgericht seine Zuständigkeit durch Abtren-nung oder Einstellung des die JGG-Anwendbarkeit begründenden Anklage-teils herstellt (dazu → § 103 Rn. 33). – Für den Fall der Aburteilung eines **Erwachsenen** durch ein unzuständiges **JGericht** schließt hingegen die Regelung des § 47a S. 1 die Revisionsrüge nach § 338 Nr. 4 StPO aus (allgA, etwa BGHSt 30, 260 = NJW 1982, 454). Anders verhält es sich hier nur, wenn das zuständige allg. Strafgericht höherrangig war und das JGericht deshalb auch § 270 Abs. 1 S. 1 StPO verletzt hat.

b) Jugendschutzsachen. Wird in Jugendschutzsachen anstelle des JGe- 23 richts ein allg. Strafgericht tätig, kann eine Revisionsrüge auf § 338 Nr. 4 gestützt werden. § 6a StPO hat auch in diesem Zusammenhang keine Bedeutung, weil die Vorschrift im Verhältnis zwischen Erwachsenen- und Jugendgericht generell unanwendbar ist (→ Rn. 21). Das Revisionsgericht überprüft allerdings nur, ob das Instanzgericht iRv §§ 26, 74b GVG seinen **Beurteilungsspielraum** (→ Rn. 12) überschritten hat (BGHSt 57, 165 = NJW 2012, 2455; Franke in Löwe/Rosenberg StPO § 338 Rn. 78; Knauer/Kudlich in MüKoStPO StPO § 338 Rn. 79: revisionsrelevant nur Willkür, zumal die fraglichen Voraussetzungen nach dem Eröffnungsbeschluss nicht mehr problematisiert werden). Auch unterliegt der Rügevortrag angeho-benen Anforderungen: Weil auch eine allg. Strafkammer als Jugendschutz-kammer eingerichtet sein kann, ergibt sich die behauptete Rechtsverletzung aus der Nichtbesetzung mit JSchöffen für sich genommen noch nicht. Für die Unzuständigkeit der entscheidenden Kammer muss vielmehr der maß-gebliche Inhalt des Geschäftsverteilungsplans mitgeteilt werden (BGH BeckRS 2007, 07084).

III. Besetzung der Jugendgerichte (§§ 33a, 33b)

1. Allgemeines

Die Vorschriften zur Jugendgerichtsverfassung sind für sämtliche Verfah- 24 ren von Belang, die zuständigkeitsbedingt vor den Jugendgerichten geführt werden, wohingegen sie für Verfahren vor den für allg. Strafsachen zuständi-gen Gerichten (naturgemäß) keine Bedeutung haben. Falls der Vorwurf gegen einen Jugendlichen ausnahmsweise vor einem allg. Strafgericht ver-handelt wird, kommen die jugendgerichtsverfassungsrechtlichen Besonder-heiten, die eine altersgerechte Prozessführung gewährleisten sollen, also nicht zum Tragen (§ 104 Abs. 1; zur Kritik vgl. → § 102 Rn. 2). Das gilt auch für die Gerichtsbesetzung iSv §§ 33a, 33b.

Im JStV entscheidet der JRichter als **Einzelrichter** – innerhalb wie 25 außerhalb der HV – immer allein (zur Zuständigkeit s. § 39). Dagegen bestehen die **Kollegialorgane** teilw. aus Gruppen von Berufsrichtern (zur internen Struktur der JKammer → § 41 Rn. 3 f.). In der HV sind sie stets aus Berufs- und Laienrichtern besetzt, denen eine gleichrangige Entscheidungsbefugnis zukommt (vgl. § 30 Abs. 1 GVG). In Ergänzung von § 45a DRiG werden die ehrenamtlichen Richter als „**JSchöffen**" bezeichnet (zu Grundfragen der Laienbeteiligung → § 35 Rn. 2 ff.; zu revisionsrechtlichen Fragen vgl. → Rn. 33). Für JSchöffen gilt der Grundsatz der Geschlechterparität, und dies sowohl für ihre gesamte Zusammensetzung (§ 35 Abs. 1 S. 2) als auch für die verfahrens- und gerichtskonkrete Besetzung. Als Laienrichter sollen (in Abweichung von den allg. Vorschriften des GVG) also stets jeweils eine Frau und ein Mann herangezogen werden (§ 33a Abs. 1 S. 2, § 33b Abs. 7). Um dies zu gewährleisten soll der Hilfeausschuss ebenso viele Männer wie Frauen vorschlagen (§ 35 Abs. 2 S. 1) und der Schöffenwahlausschuss (§ 40 GVG) eine gleiche Anzahl von Frauen und Männern wählen (§ 35 Abs. 1 S. 2; n. zum Auswahlverfahren → § 35 Rn. 9 ff.). Die hierfür früher genannte Begründung, Frauen verfügten über eine besondere erzieherische Befähigung, die gerade in Jugendsachen bedeutsam sei (vgl. etwa Dallinger/Lackner Rn. 9 mN; Lackner JZ 1953, 527 (530)), ist von Geschlechtsstereotypen und traditionell-geschlechtsspezifischer Rollenerwartungen geprägt und bislang empirisch unbestätigt geblieben.

26   **Außerhalb** der **HV** wirken die JSchöffen an den Entscheidungen des JGerichts **nicht** mit, dh hier handelt dann (zB bei Einstellungen gem. § 47) der JRichter für das JSchöffG (§ 33a Abs. 2) bzw. die dreiköpfige Berufsrichtergruppe für die JKammer (§ 33b Abs. 7). Nach dem Übergang vom Vor- und Zwischen- in das Hauptverfahren können allerdings manche Fragen sowohl in der HV als auch außerhalb der HV entschieden werden, was eine jeweils unterschiedliche Spruchkörperbesetzung mit ggf. unterschiedlichen Mehrheitsverhältnissen nach sich zieht. Mit Blick auf Art. 101 Abs. 1 S. 2 GG und das daraus folgende Erfordernis, schon der bloßen Möglichkeit einer manipulativen Besetzung vorzubeugen (BVerfG NJW 1997, 1498), ist dies problematisch. Dementsprechend sollte in dieser Phase zumindest über so gewichtige Gegenstände wie Haftentscheidungen auch außerhalb der HV grds. in derselben Besetzung **wie in der HV** befunden werden (so für den Bereich des OLG in 1. Instanz BGHSt 43, 91 = NJW 1997, 2531; für den amts- und landgerichtlichen Bereich OLG Koblenz StV 2010, 36 = BeckRS 2010, 266; StV 2010, 37 = BeckRS 2010, 268; KG StraFo 2016, 292 = BeckRS 2016, 9295; Meyer-Goßner/Schmitt StPO § 126 Rn. 8a; Kunisch StV 1998, 687; Sowada StV 2010, 37 ff.; diff. OLG München BeckRS 2018, 2549; va **aus Gründen der Beschleunigung dagegen aA** BGH NStZ 2011, 356; ferner zB OLG Köln NStZ 2009, 589; Krüger NStZ 2009, 590; Schultheis in KK-StPO StPO § 126 Rn. 10; Rönnau GS Weßlau, 2016, 293 (302)).

2. Jugendschöffengericht

27   Das JSchöffG ist **in der HV** mit dem JRichter als Vorsitzendem und zwei JSchöffen besetzt (§ 33a Abs. 1 S. 1; zu Entscheidungen außerhalb der HV s. → Rn. 26). Die in § 29 Abs. 2 GVG vorgesehene Option, bei besonderem Umfang der Sache einen zweiten Berufsrichter für das JSchöffG hinzuzuziehen, scheidet im JStV aus. Für das JSchöffG besteht hier vielmehr bis zur Eröffnung des Hauptverfahrens eine Übertragungsmöglichkeit an die JKammer

(§ 40 Abs. 2–4). – Ein Richter auf Probe (§ 12 DRiG) darf im ersten Jahr nach seiner Ernennung iÜ nicht Vorsitzender sein (§ 29 Abs. 1 S. 2 GVG iVm § 2 Abs. 2).

3. Jugendkammer

a) Große und kleine Jugendkammer. Die kleine JKammer besteht aus **28** dem JRichter als Vorsitzendem und zwei JSchöffen. Sie ist das Berufungsgericht bei erstinstanzlichen Entscheidungen des JRichters (§ 33b Abs. 1). Die Große Jugendkammer entscheidet bei erstinstanzlicher Zuständigkeit der JKammer (§ 41 Abs. 1) sowie als Beschwerdegericht und als Berufungsinstanz gegen Urteile des JSchöffG (Abs. 4, § 41 Abs. 2). Sie ist mit dem Vorsitzenden, zwei weiteren Berufsrichtern und zwei JSchöffen besetzt (§ 33b Abs. 1). Aus justizökonomischen Gründen wurden indes weitreichende Vorgaben zur **Besetzungsreduktion** eingeführt (Art. 15 Abs. 2 des Gesetzes v. 11.1.1993 (BGBl. I 1950)), sodann mehrfach verlängert (Art. 5 des Gesetzes v. 30.12.2006 (BGBl. I 3416) bzw. Art. 1 des Gesetzes v. 7.12.2008 (BGBl. I 2348)) und schließlich verstetigt (Gesetz v. 13.12.2011 (BGBl. I 2554); dazu eingehend Schlothauer StV 2012, 749). Diese Verkleinerung des Spruchkörpers (Vorsitzender, ein weiterer Berufsrichter, zwei JSchöffen), die in der Gerichtspraxis de facto dominiert (rechtstatsächlich, auch zu regionalen Unterschieden Arenhövel/Otte DRiZ 2010, 227 ff., 270 ff.; Dölling/Feltes/Hartmann ua, Die Besetzungsreduktion bei den großen Straf- und Jugendkammern, 2011, 25 ff., 49 ff.), könnte für die Qualität der gerichtlichen Entscheidungen abträglich sein. Ein Manko mag auch darin liegen, dass die Stimme des Vorsitzenden größeres Gewicht erlangt (§ 196 Abs. 4 GVG iVm § 2 Abs. 2). Die verlässliche vergleichende Überprüfung etwaiger Nachteilseffekte ist indes methodisch höchst anforderungsreich. Immerhin scheinen Praktiker (va Verteidiger) zu einer entspr. Einschätzung zu tendieren (Hinweise bei Dölling/Feltes/Hartmann ua, Die Besetzungsreduktion bei den großen Straf- und Jugendkammern, 2011, 167 ff.).

b) Konstellationen der Besetzungsreduktion. In Ihrer Regelungs- **29** struktur sehen § 33b Abs. 2–4 für die große JKammer **grds.** die – zwingende (BVerfGE 131, 268 (313) = NJW 2012, 3357 (3365)) – **Festlegung einer reduzierten Besetzung** vor (§ 33b Abs. 2 S. 4), wohingegen der scheinbare Regelfall (§ 33b Abs. 1) einer Verhandlung und Entscheidung in fünfköpfiger Vollbesetzung auf die im Gesetz eigens genannten Konstellationen beschränkt wird. Bei **erstinstanzlicher** Tätigkeit der JKammer ist das der Fall, wenn ein schwerwiegendes Delikt angeklagt wird – sei es eines der in § 74 Abs. 2 GVG genannten (§ 33b Abs. 2 S. 3 Nr. 1) oder eine der in § 7 Abs. 2 S. 1 beschriebenen Straftaten, bei der wegen der Straferwartung eine Sicherungsverwahrung in Betracht kommt oder mit einer Unterbringung gem. § 7 Abs. 1 iVm § 63 StGB zu rechnen ist (§ 33b Abs. 2 S. 3 Nr. 2; ähnlich § 108 Abs. 3 S. 3). Der Vollbesetzung bedarf es gem. § 33b Abs. 2 S. 3 Nr. 3 ferner, wenn die Mitwirkung von drei Berufsrichtern wegen des Umfangs oder der Schwierigkeit des angeklagten Sachverhalts erforderlich ist, wobei § 33b Abs. 3 für diese Notwendigkeit drei nicht-abschließende Regelbeispiele vorgibt. Diese liegen bei wirtschaftsstrafrechtlichen Materien, bei absehbar langen HV (über 10 Tage) und bei jenen Sachen vor, die das JSchöffG wegen des besonderen Umfangs vorgelegt

(→ Rn. 27) und die JKammer nach § 41 Abs. 1 Nr. 2 übernommen hat. Das Verfahren kann indes auch aus anderen Gründen umfangreich oder schwierig sein, wobei die JKammer in dieser Hinsicht einen weiten Beurteilungsspielraum hat (BGHSt 44, 328 = NJW 1999, 1644). Anerkannte Beurteilungskriterien sind ua die Zahl der Angeklagten, der gegenständlichen Taten, der Zeugen und sonstigen Beweismittel, ein etwaiger Begutachtungs- und Übersetzungsbedarf oder der Aktenumfang (Freuding NStZ 2009, 611 (611)). Eine angehobene Schwere der zu erwartenden Sanktion soll dagegen zweitrangig sein (BVerfGE 131, 268 (314) = NJW 2012, 3357 (3365); vgl. aber auch BGH StV 2012, 196 = BeckRS 2012, 23470: bei drohender Sicherungsverfahren idR keine Reduktion).

30   Da § 33b Abs. 1 für **Berufungen** gegen Urteile des JSchöffG im JStV (anders als im allg. StVerf) die große JKammer vorsieht, bedurfte es einer Besetzungsklärung auch für diese Konstellationen (BT-Drs. 17/6905, 10). Gem. § 33b Abs. 4 S. 1 ist die JKammer hiernach als Berufungskammer fünfköpfig besetzt, sofern der Anklagevorwurf in der von § 33b Abs. 2 Nr. 1 –3 geregelten und eben genannten Weise schwerwiegend oder aufwändig ist (→ Rn. 29). Außerdem ist sie zwingend mit drei Berufsrichtern zu besetzen, wenn das JSchöffG im angefochtenen Urteil auf eine JStrafe von mehr als vier Jahren erkannt hatte (§ 33b Abs. 4 S. 2). Den gesetzgeberischen Erwägungen (BT-Drs. 17/6905, 13) zufolge soll diese Regelung zu einer gleichwertigen Besetzung der Rechtsmittelgerichte beitragen: Da bei der fraglichen Sanktionshöhe im allg. StVerf das LG als Tatsachen- und der BGH als Rechtsmittel- bzw. Revisionsinstanz entscheidet, ist im JStV (zur hier unbeschränkten Rechtsfolgenkompetenz des JSchöffG → § 40 Rn. 4) ein ähnlich zusammengesetzter Spruchkörper bereits in der Berufungsinstanz angezeigt, weil der Angeklagte hier nach seiner Berufung gem. § 55 Abs. 2 keine Revision mehr einlegen kann (vgl. → § 55 Rn. 81 ff.).

31   **c) Besetzungsbeschlüsse.** Nach § 33b Abs. 2 besteht der **Zwang,** über die Besetzung eigens zu entscheiden. Die JKammer beschließt über ihre volle oder reduzierte Besetzung gem. § 33b Abs. 2 S. 1 im Normalfall gemeinsam mit dem **Eröffnungsbeschluss** gem. § 203 StPO iVm. § 2 Abs. 2 (vgl. auch Schatz in Diemer/Schatz/Sonnen § 33b Rn. 14). Rechtspraktisch werden der Eröffnungs- und der Besetzungsbeschluss dabei (trotz ihrer rechtlichen Selbstständigkeit) äußerlich miteinander verbunden. Bei dieser Verknüpfung bleibt es auch dort, wo der Eröffnungsbeschluss zunächst unterblieben ist und in der (hierfür zu unterbrechenden) HV nachgeholt wird (BGHSt 50, 267 = NJW 2006, 240; ferner zB BGH BeckRS 2010, 5101; StV 2015, 743 = BeckRS 2015, 14778; StV 2019, 799 (Ls.) = BeckRS 2019, 15979) oder wo nach der Eröffnung ein weiteres Verfahren hinzuverbunden und eröffnet wird (BGHSt 60, 248 = NJW 2015, 2515; ferner zB BGH NStZ-RR 2017, 181). Darüber hinaus kann die Besetzungsentscheidung, falls die HV bereits eröffnet worden war, gem. § 33b Abs. 2 S. 2 auch noch mit der Terminanberaumung ergehen. Praktisch bedeutsam ist das etwa nach einer Verweisung an das LG (BT-Drs. 17/6905, 10), insbes. aber im Berufungsverfahren (BGH NStZ-RR 1997, 22; OLG Düsseldorf NStZ-RR 2000, 280 (281); OLG Brandenburg NStZ-RR 2008, 58). Der Besetzungsentschluss ergeht in sämtlichen Konstellationen **außerhalb der HV** und in der Besetzung, die gem. §§ 33a Abs. 2, 33b Abs. 7 für alle Entscheidungen außerhalb der HV vorgesehen ist (→ Rn. 26: durch die drei

Berufsrichter). Ergeht der Beschluss in **falscher Besetzung,** ist er unwirksam. Das hat, sofern der Eröffnungsbeschluss damit verbunden war und daher ebenfalls nichtig ist, ein Verfahrenshindernis zur Folge (BGH NStZ-RR 2021, 217 (Ls.) = BeckRS 2021, 10466).

Im erstinstanzlichen Verfahren ist die festgelegte Besetzung sodann spätes- **32** tens zu Beginn der HV **mitzuteilen** (§ 222a StPO iVm § 2 Abs. 2). Für eine einmal getroffene Besetzungsentscheidung gilt der Grundsatz der **Unabänderlichkeit** (BGH NStZ 2013, 181; Freuding NStZ 2009, 611 (612) jeweils mwN). Eine **Korrektur** ist daher nur in Ausnahmen möglich. Vorgesehen ist sie va als Reaktion auf einen Besetzungseinwand (n. § 222b StPO iVm § 2 Abs. 2) und ansonsten gem. **§ 33b Abs. 5** nur noch für den Übergang von der reduzierten auf die volle Besetzung (etwa bei gestiegenem Sachumfang infolge einer Verfahrensverbindung). Vorausgesetzt wird dafür ferner, dass einer der in → Rn. 29 f. genannten Gründe nachträglich bekannt wird oder entsteht (BGHSt 53, 169 = NJW 2009, 1760: etwa bei Verbindung erstinstanzlicher Verfahren). Möglich ist dies allerdings nur bis zu Beginn der HV. Nach Beginn der HV ist eine abermalige oder Neu-Entscheidung der Besetzungsfrage lediglich nach einer revisionsgerichtlichen Zurückverweisung der Sache oder einer Aussetzung der HV möglich **(§ 33b Abs. 6),** wobei diese aber nicht allein zur Ermöglichung der Neubesetzung veranlasst werden darf (BT-Drs. 17/6905, 10). Entschließt sich das Gericht, gem. § 33b Abs. 6 nochmals eine Besetzungsentscheidung zu treffen (Ob-Ermessen), erfolgt diese anhand der Kriterien von § 33b Abs. 2–4, sodass sie hiernach sowohl auf eine Nicht- als auch eine Reduktion lauten kann (Schatz in Diemer/Schatz/Sonnen Rn. 24; Schlothauer StV 2012, 749 (750); abw. Schady in NK-JGG Rn. 15). In entspr. Anwendung von § 33b Abs. 2 S. 2 ergeht ein solcher Beschluss durch die drei Berufsrichter außerhalb und vor der neuen HV, nämlich mit der Terminanberaumung (BGH NStZ 2018, 110).

4. Revision

Fehler im Zusammenhang mit der **Besetzungsreduktion** (→ Rn. 29 ff.) **33** sind nur revisibel, wenn die Reduktion fälschlich erfolgt ist (vgl. Diemer in KK-StPO GVG § 76 Rn. 5: die Verhandlung in an sich nicht vorgesehener Vollbesetzung gilt als stets überlegen, sodass das Urteil hierauf nicht beruhen kann). Wurde mit zwei Berufsrichtern entschieden, ist die Revision begründet, wenn es an einem Besetzungsbeschluss fehlt oder dieser auf einer objektiv willkürlichen Überschreitung des Beurteilungsspielraums hinsichtlich der Reduktionsgründe basiert (für das JStR OLG Koblenz StV 2008, 117 = BeckRS 2008, 4326; für das allg. StR etwa BGHSt 44, 361 = NJW 1999, 1724; BGHSt 60, 248 = NJW 2015, 2515; NStZ 1999, 367; NStZ 2009, 53; NJW 2010, 3045). Im Falle der Kammerreduktion in einem erstinstanzlichen Verfahren muss allerdings der Besetzungseinwand nach §§ 222a, 222b StPO rechtzeitig erhoben worden sein. Außerdem setzt die Revision, soweit die Mangelhaftigkeit der Besetzung nicht erst in der HV entstanden oder erkennbar geworden ist, das Vorliegen einer der in § 338 Nr. 1 genannten Konstellationen voraus. Wenn dies nicht gegeben ist, **hindert** (seit dem Gesetz zur Modernisierung des Strafverfahrens v. 10.12.2019 (BGBl. 2019 I 2121) **eine abschlägige Vorabentscheidung** die Revision (vgl. im Detail Wiedner in BeckOK StPO § 338 Rn. 9 ff.). De facto erfolgt

hiernach die Überprüfung des Reduktionsbeschlusses durch ein Rechtsmittelgericht also allein im Vorabentscheidungsverfahren gem. § 222b Abs. 3
StPO.

34   Fehler bei der **Schöffenbesetzung** sind selten revisibel. Denkbar ist dies
indes bei einer irregulären, dh von der Auslosung (§ 45 Abs. 2 GVG) unbegründet abweichenden Besetzung (Dallinger/Lackner § 33 Rn. 10), wie
etwa bei der ungerechtfertigten Mitwirkung eines Hilfsschöffen, nachdem
die Verhinderung eines JSchöffen fehlerhaft anerkannt und dieser rechtswidrig entbunden worden ist (BGH NStZ 2015, 350; n. → § 35 Rn. 4). In
Betracht kommt die Revision auch bei offenkundigen und schweren Gesetzesverletzungen bei der Schöffenwahl (s. → § 35 Rn. 17 sowie Knauer/
Kudlich in MüKoStPO StPO § 338 Rn. 35 mwN und mit Beispielen).
Weicht die Besetzung von der vorgeschriebenen Geschlechterparität der
JSchöffen (→ Rn. 25) ab, sind die Folgen ungeklärt (die Revision nach § 338
Nr. 1 StPO tendenziell beschränkend etwa Wellershoff in BeckOK JGG
§ 33a Rn. 10: lediglich Sollnorm ggü. dem die Auslosung vornehmenden
Richter (zw. bei paritätischer Besetzung der Schöffenliste)).

IV. Problemlagen bei kindlichen und jugendlichen Zeugen am Beispiel von Jugendschutzsachen

35   Bei Straftaten, „durch die ein Kind oder ein Jugendlicher verletzt oder
unmittelbar gefährdet wird" (§ 26 Abs. 1 GVG), ist diese minderjährige
Person in das fragliche Strafverfahren meist involviert, und zwar idR in der
Zeugenrolle (ggf. auch als Nebenkläger). Ist der Beschuldigte erwachsen und
handelt es sich beim Tatvorwurf daher per definitionem um ein Jugend-
schutzdelikt, gestaltet sich die Position der minderjährigen Person, auch
wenn die Anklage vor dem JGericht erhoben wird (→ Rn. 11 f.), nach der
StPO. Diese prägt die prozessualen Problembereiche bei **jungen Zeugen**,
sieht aber auch spezifische Instrumente zu deren Abfederung vor. Findet
indes ein JStV statt, weil der Beschuldigte zur gleichen Altersgruppe wie der
minderjährige Zeuge gehört, können manche dieser Mittel dagegen nur mit
Einschränkungen zum Tragen kommen, da daraus sonst ein Konflikt mit
den prozessualen Primärzwecken (§ 2 Abs. 1) erwächst (systematisch dazu
etwa Kölbel in BMJV 2017, 14 ff.; ferner → Einl. Rn. 53, → § 2 Rn. 51 ff.,
→ § 80 Rn. 13 ff.). Dessen ungeachtet bestehen die **sachlichen Problem-
strukturen** im Grundsatz (allerdings selten in der gleichen Schärfe) auch
hier. Deren Darstellung anhand von Jugendschutzsachen ist also auf das JStV
grds. **übertragbar.**

1. Prozessuale Einbindung Minderjähriger

36   **a) Zeugenrolle.** Prozessbedingte Belastungen und die daraus resultierende Bedeutung besonderer Verfahrensgestaltungen ergeben sich ggf. aus der
Zeugenstellung minderjähriger Personen. Dies kann sehr **junge Kinder**
betreffen, da die erforderliche Aussagefähigkeit idR ab dem Alter von etwa
vier Jahren bejaht wird (vgl. Volbert/Lau in Volbert/Steller, Handbuch der
Rechtspsychologie, 2008, 292; Rohmann sowie Volbert in Bliesener/Lösel/
Köhnken (Hrsg.), Lehrbuch Rechtspsychologie, 2014, 229 f. bzw. 408 ff.; zu
im Einzelfall möglichen Abweichungen nach oben wie unten vgl. Eisenberg

Beweisrecht StPO Rn. 1411 ff.). Selbst wenn es Hinweise auf die Aussageunfähigkeit des Kindes gibt (etwa, weil der Sachverständige wegen der inzwischen verstrichenen Zeit die Erinnerungsfähigkeit verneint), darf das Gericht auf dessen Aussage nicht ohne weiteres wegen Zeugnisunfähigkeit verzichten (vgl. etwa BGH NStZ 2015, 419). Vielmehr setzt eine solche verfahrensrechtliche Beurteilung eine umfassende Würdigung der Gesamtumstände voraus, sodass sie grds. erst nach der Vernehmung vorgenommen werden kann.

Minderjährige Zeugen unterliegen zwar den allg. Zeugenpflichten (→ § 1 **37** Rn. 17), doch sind diese bei ihnen gar nicht (bzw. ab dem 14. Lbj. nur nach Bejahung von § 3 S. 1) mit Ordnungsmitteln erzwingbar (Eisenberg BeweisR StPO Rn. 1072, 1097 mwN). Die Ausübung eines bestehenden **Zeugnisverweigerungsrechts** ist vollständig zu respektieren, und zwar auch bei einem als nicht verstandesreif beurteilten Zeugen. Hat der Minderjährige von der Bedeutung des Nicht-/Aussage und ihren bestrafungsrelevanten Folgen „keine genügende Vorstellung", muss die Vernehmungsperson das elterliche **Einverständnis** einholen (§§ 52 Abs. 2 S. 1, 81c Abs. 3 S. 2 StPO). Ist ein Elternteil im Verfahren beschuldigt, bedarf es des Einverständnisses eines Ergänzungspflegers (§ 1909 Abs. 1 BGB), wobei dessen Bestellung nicht von der Aussagebereitschaft des Kindes abhängig ist (BGH FamRZ 2020, 1197 = BeckRS 2020, 11001). Eltern bzw. Pfleger können aber nur darüber entscheiden, ob eine Vernehmung stattfinden darf, nicht aber das verstandesunmündige Kind zur Aussage zwingen (BGHSt 14, 159 = NJW 1960, 1396; BGHSt 23, 221 = NJW 1970, 766). Wirkt dessen Grund, aus dem heraus bspw. die Mitwirkung an einer aussagepsychologischen Untersuchung von ihm abgelehnt wird, in den Augen der Erwachsenen „nicht ernsthaft" (zB als ein bloß aktueller Wunsch, einem reizvolleren oder angenehmeren Interesse nachzugehen), so ist der Versuch, dem Kind in neutraler Weise die Bedeutung der Aussage zu vermitteln, nicht von vornherein unerlaubt. Es stellt sich aber die Frage, ob eine derart abverlangte Aussage der Wahrheitsermittlung dienlich sein kann (zu Suggestiveffekten durch Einwirkung von Eltern, Erzieher usw → Rn. 47 ff.). Wird das verweigerungsberechtigte Kind gar durch Sachverständige zur Mitwirkung gedrängt, begründet dies deren Befangenheit (OLG Rostock NStZ 2015, 359; Eisenberg NStZ 2016, 11).

Die **Belehrungen** über das Zeugnisverweigerungsrecht (§ 52 Abs. 3 S. 1 **38** StPO) ebenso wie über das Untersuchungsverweigerungsrecht (§ 81c Abs. 3 S. 2 Hs. 2 StPO) obliegen der vernehmenden bzw. die Untersuchung anordnenden Amtsperson. Die Belehrung kann nicht an einen Sachverständigen delegiert werden (BGH NJW 1991, 2432; NJW 1996, 206). Stellt dieser das Fehlen der Belehrung oder einen Mangel fest, hat er seine Untersuchung zurückzustellen (oder gar abzubrechen), um auf die Belehrung durch die zuständige Amtsperson hinzuwirken (BGH NStZ 1997, 349). Alle Belehrungen sind vor Durchführung der Vernehmung bzw. Untersuchung (auch vor jeder weiteren) vorzunehmen. Selbst, wenn das Kind als nicht verstandesreif eingeschätzt wird, sind nicht nur Eltern bzw. Pfleger zu belehren, sondern gem. § 52 Abs. 3 S. 1 StPO zumindest versuchsweise auch das Kind (BGH NStZ 1991, 295 (295 f.) – und zwar auch darüber, dass es trotz Zustimmung des gesetzlichen Vertreters nicht auszusagen braucht (BGHSt 21, 303 (306) = NJW 1967, 2273). Das gilt wegen der Situationsähnlichkeit auch für die Mitwirkung an der Glaubhaftigkeitsbeurteilung eines Sachverständigen (Bosch in Satzger/Schluckebier/Widmaier, Strafprozessordnung, 4. Aufl. 2020, StPO § 81c Rn. 23; Weigend JZ 1990, 48 (49); abw. BGHSt 40, 338 = NJW 1995, 1501, da es bei § 81c StPO nicht auf das kindliche Einverständnis ankomme). Dafür spricht schon der Umstand, dass das Un-/ Verständnis des Zeugen, über die Mitwirkung selbst entscheiden zu können, oft ganz wesentlich auch im interaktiven Geschehen der Belehrung geprüft werden muss.

39   **b) Nebenklage.** Die Erhebung der Nebenklage setzt keine Volljährigkeit voraus. Nach **hM** ist die Anschlusserklärung eines minderjährigen Verletzten aber nur wirksam, wenn der Personensorgeberechtigte ihn bei dieser Prozesserklärung vertritt oder der Erklärung des Minderjährigen zustimmt (BGH BeckRS 1989, 31106127; KG NStZ-RR 2011, 22). Der Gegenauffassung zufolge kann die minderjährige Person **bei Verstandesreife** die Entscheidung über den Anschluss dagegen allein treffen (n. Eisenberg GA 1998, 32 (38); Eisenberg NZFam 2021, 600 (601 f.); ebenso (betr. Strafantrag) Schwarz/Sengbusch NStZ 2006, 673 (678)), sodass es der elterlichen Zustimmung hiernach nur bei noch fehlender Verständigkeit bedarf. Das Reifeerfordernis bestimme sich dabei nach denselben Maßstäben, die auch für §§ 52 Abs. 2 S. 1, 81c Abs. 3 S. 2 StPO gelten (→ Rn. 37 f.). Im Einzelfall sei hier die individuelle Entwicklung bestimmend, doch werde die erforderliche Reife im Schulkindalter vielfach anzunehmen sein (Eisenberg BeweisR StPO Rn. 1224 mwN). – Soweit eine elterliche Zustimmung erforderlich ist, soll ein beschuldigtes Elternteil nach OLG Bamberg NZFam 2020, 816 gem. §§ 1629 Abs. 2 S. 3, 1796 Abs. 2 BGB von der dahingehenden Entscheidung stets ausgeschlossen sein, weshalb dann nicht ein **Ergänzungspfleger,** sondern allein das andere Elternteil entscheidungsberechtigt sei. Angesichts allfälliger Interessenkonflikte ist dies außerordentlich zw. (krit. auch Eisenberg NZFam 2020, 818).

40   Anders als die hM (Walther in KK-StPO Vor § 395 Rn. 2; Meyer-Goßner/Schmitt StPO Vor § 395 Rn. 7) meint, ist eine Nebenklage **gegen den Willen** der mutmaßlich geschädigten minderjährigen Person unzulässig, und das sowohl bei gegebener wie auch fehlender Verstandesreife. Dies ergibt sich aus einem Erst-Recht-Schluss zu § 52 Abs. 2 S. 1 StPO. Daher dürfen Personensorgeberechtigte oder gesetzliche Vertreter den Anschluss nicht über den Kopf des Kindes hinweg erklären. Trotz der damit verbundenen praktischen Schwierigkeiten ist also in jedem Fall sorgfältig zu prüfen, ob der minderjährigen Person die Verfolgung und Verfahrensbeteiligung tatsächlich ein Anliegen ist oder ob der Nebenanklageanschluss allein den Bedürfnissen der erwachsenen Vertreter entspringt und unter Hintanstellung der kindlichen Interessen erfolgt. Insbes. muss ausgeschlossen sein, dass der Anschluss auf der Beeinflussung, dem Drängen oder gar der Nötigung durch die Personensorgeberechtigten oder gesetzlichen Vertreter beruht.

2. Nachteile der prozessualen Einbindung für den Minderjährigen

41   **a) Umstände einer sog. Sekundärviktimisierung.** Die dem minderjährigen Zeugen im Ermittlungs- und Hauptverfahren abverlangten Leistungen können geeignet sein, ua traumatische Erinnerungsinhalte zu reakti-

vieren, die Tatverarbeitung zu erschweren, Loyalitätskonflikte zu produzieren, schambesetzte Zumutungen hinnehmen oder emotional hochambivalente Situationen aushalten zu müssen. Vielfach werden solche unterschiedlichen Belastungen undifferenziert als sekundäre Viktimisierungen bezeichnet, diskutiert und beklagt (vgl. die kennzeichnende Befragung bei Opferhilfeeinrichtungen durch Volbert/Skupin/Niehaus PraxRPsych 2019, 81 (91 ff.)). Die besagte Kategorie ist (ungeachtet ihrer suggestiven Bildhaftigkeit) in ihren Merkmalen und Bedingungen jedoch vage und konzeptionell unausgearbeitet. **Ob oder wie häufig** eine Sekundärviktimisierung tatsächlich geschieht, ist deshalb vollkommen **offen** (n. bereits Volbert/Pieters, Zur Situation kindlicher Zeugen vor Gericht, 1993, 20 ff.; Volbert/Busse in Bierbrauer/Gottwald/Birnbreier-Stahlberger Verfahrensgerechtigkeit 139 (141 ff., 162)). Dies beruht besonders auf Schwierigkeiten, Belastungen von Viktimisierungen abzugrenzen, delikts- und verfahrensbedingte Beeinträchtigungen methodisch zu trennen und die moderierenden Wirkungen prozessualer Schutzmaßnahmen sowie persönlicher und sozialer Schutzfaktoren zu berücksichtigen (eingehend zum Ganzen Kölbel/Bork, Sekundäre Viktimisierung als Legitimationsfigur, 2012, 40 ff.).

Untersuchungen, die tragfähige quantifizierende Angaben machen würden, liegen für die Bundesrepublik daher gar nicht und international nur in geringer Zahl vor (vgl. die Zusammenstellung bei Kölbel/Bork, Sekundäre Viktimisierung als Legitimationsfigur, 2012, 49 ff.; zur berechtigten Skepsis hinsichtlich der Übertragbarkeit von Befunden aus anderen Rechtsordnungen zB auch Niehaus/Englich/Volbert in Kröber/Dölling/Leygraf Forensische Psychiatrie-HdB 678). In der qualitativ ganz klar hervorstechenden Langzeitstudie von Quas/Goodman/Ghetti ua (Childhood Sexual Assault Victims: Long Term Outomes After Testifying in Criminal Court, 2005, 94 ff.) ergab sich letztlich **nur bei einer kleinen Gruppe** von Missbrauchsopfern eine verfahrensinduzierte anhaltende psychische Auffälligkeit (insbes. bei mehrfacher konfrontativer Vernehmung). **42**

Soweit Belastungs- und **Risikofaktoren** dennoch nicht generell von der Hand zu weisen sind, betrifft dies am ehesten die Wissensdefizite über den Ablauf des jeweiligen Verfahrens, ggf. ausgedehnte Wartephasen, eine belastende Vernehmungsatmosphäre (etwa bei gar als feindselig oder abwertend erlebten Vernehmungspersonen), ein nüchternes Gerichtsumfeld sowie die (etwaige) direkte Konfrontation mit dem Angeklagten (n. schon Busse/Volbert/Steller, Belastungserleben von Kindern in Hauptverhandlungen, 1996, 192; zus. etwa mwN Volbert/Skupin/Niehaus PraxRPsych 2019, 81 (84 ff.)). Angesichts der stark **variierenden Resilienz** (abhängig von individuellen Dispositionen, familiärer Einbindung usw) muss die Problematik aber nicht notwendig stärker als bei Erwachsenen ausgeprägt sein. Auch ist nicht von vornherein ausgeschlossen, dass die Verfahrenseinbindung entlastend zu wirken vermag und mit einer Reduzierung von Angst, Scham und Hilflosigkeit verbunden ist (vgl. Busse/Volbert/Steller, Belastungserleben von Kindern in Hauptverhandlungen, 1996, 198; Pfäfflin StV 1997, 95; Greve/Hellmers/Kappes in Barton/Kölbel 263 ff.; ferner die Zusammenfassung bei Kölbel/Bork, Sekundäre Viktimisierung als Legitimationsfigur, 2012, 67 f.). **43**

b) Gefährdung der familiären Struktur. Steht eine Kindeswohlgefährdung seitens der Eltern im Raum, führt dies regelhaft in die **Spannungs-** **44**

lage, einerseits die minderjährige Person schützen und ihr ausreichende Entwicklungsbedingungen gewährleisten zu müssen, dafür außerhalb ihrer Familie aber oft die schlechteren Voraussetzungen schaffen zu können. Deshalb ist ein „Herausnehmen" des Kindes aus gewachsenen emotionalen Bindungen und ein Verbringen in eine ihm völlig fremde Umgebung in Verkennung der Qualität sog. „elterlicher Präsenz" (vgl. Josuttis ZJJ 2014, 329 (333) mwN) nur bei strenger Abwägung von jeweiligen Vor- und Nachteilen gerechtfertigt (s. erg. Bovenschen/Spangler PraxRPsych 2014, 374; ferner im Gutachtenkontext Lübbehüsen/Kolbe PraxRPsych 2014, 319). Speziell bei Anhaltspunkten für Kindesmisshandlung oder sexuellen Missbrauch im innerfamiliären Bereich ist hierbei die **Schutznotwendigkeit** zwar einerseits noch gesteigert, doch beruht dies andererseits auf einem **Verdacht.** Dessen Unwägbarkeit kommt darin zum Ausdruck, dass Einstellungen nach § 170 Abs. 2 StPO und Freisprüche gerade bei „Sexualdelikten" ggü. Minderjährigen vergleichsweise häufig (Pape, Legalverhalten nach Sexualdelinquenz, 2007, 174, 184; zu Sexualdelikten allg. Kölbel StV 2020, 340 (346)) und falsche Verdächtigungen wohl keineswegs selten sind (→ Rn. 47 ff.; zu Anklagen ohne genügenden Anlass vgl. Eisenberg StraFo 2017, 89). Kommt es aus Anlass von Ermittlungen zu Mitteilungen der Strafverfolgungsbehörden an das JAmt (vgl. dazu § 5 KKG) und in der Folge auch zu Eingriffen in den familiären Zusammenhang, kann dies also leicht irreparable Folgen für die Eltern-Kind-Beziehung haben, selbst wenn sich der Vorwurf schließlich als unbegründet erweist (vgl. dazu den Fall bei KG NJW 2014, 640).

45   **c) Konsequenzen.** Angesichts dieser Problematiken kann das Vorgehen, das dem Kindeswohl fallkonkret am meisten dient, durchaus **außerhalb des Strafrechts** liegen (zu den „Wormser Verfahren" als Extremfall kindespsychisch zerstörerischer Strafrechtsintervention etwa Steller R&P 1998, 16; Schade StV 2000, 165). Mit einer Strafanzeige ist den Interessen des Kindes daher keineswegs immer am besten gedient (vgl. etwa Kliemann in Fegert/Wolff (Hrsg.), Kompendium „„Sexueller Missbrauch in Institutionen", 2015, 128 f.; vgl. ferner zB Erdös in Gysi/Rüegger (Hrsg.), Handbuch sexualisierte Gewalt, 2018, 235 ff.). Konsequenterweise dürfen Personen, die beruflich in Kontakt mit Kindern stehen und an sich geheimhaltungspflichtig sind, bei Anhaltspunkten für eine Kindeswohlgefährdung so allenfalls das JAmt informieren, während sie von Mitteilungen an StA oder Polizei grds. abzusehen haben. Angesichts dieser speziellen Notstandsregelung, die § 4 Abs. 1 – 3 KKG für eine solche Schweigepflichtdurchbrechung vorsieht, ist nämlich der Rückgriff auf § 34 StGB und die daraus ableitbare Anzeigeerlaubnis gesperrt (Erb in MüKoStGB StGB § 34 Rn. 25 mwN; abw. und das Erfordernis einer konkreten und gewichtigen Gefahrenlage dabei zugleich überdehnend aber OLG Bamberg BeckRS 2015, 2554; KG NJW 2014, 640; Ludyga FamRZ 2017, 1121 (1125 f.)). Bei der Gefährdungseinschätzung innerhalb der JHilfe (zur Beteiligung der eben genannten Mitteilungspersonen s. § 8a Abs. 1 S. 2 Nr. 2 SGB VIII) besteht sodann die Möglichkeit von Fallberatungen, die durch ihre anonyme Durchführung einen etwaigen Strafverfolgungszwang ebenfalls vermeiden (vgl. Krüger/Niehaus in Dawid/Elz/Haller (Hrsg.), Kooperation von öffentlicher Jugendhilfe und Strafjustiz bei Sexualdelikten gegen Kinder, 2010, 332–334). – Ist ein Ermittlungsverfahren in Gang gekommen, kann eine Verfahrenseinstellung erforderlich werden, weil die Beweiserhebung mit ihren potenziell erheblichen Belastungen (→ Rn. 41 ff.) unter dem Vorbehalt der Verhältnismäßigkeit stehen. Unbedingt zu vermeiden ist ein „Durchfechten" des Verfahrens bei Überschätzung der Aufklärungsmöglichkeiten in der HV (wie etwa bei OLG Koblenz NJW 2013, 98).

3. Charakteristische Aufklärungsschwierigkeiten

In Missbrauchsverfahren liegen forensisch verwertbare (Verletzungs-)Spu- **46** ren selten vor. Gynäkologische Normalbefunde, die prozesspraktisch den Regelfall bilden (Herrmann/Banaschak/Csorba ua Deutsches Ärzteblatt International 111 (2014), 692), sind interpretatorisch weitgehend neutral und führen allenfalls dazu, dass manche Ereignisversionen erklärungsbedürftiger als andere erscheinen (vgl. etwa BGH BeckRS 2014, 20040 oder speziell zum intakten Hymen BGHSt 14, 162 = NJW 1960, 1397; BGH BeckRS 2008, 19493; NStZ-RR 2017, 319). Jedenfalls kommt es für die Tatrekonstruktion fast immer wesentlich auf die Aussage des Minderjährigen an. In Misshandlungsfällen besteht diese Beweisproblematik zwar nicht in der gleichen Schärfe, aber auch hier ist die Spureneinordnung und -bewertung idR auf die Angaben der (Opfer-)Zeugen angewiesen. Angesichts dieser gesteigerten **Abhängigkeit von den kindlichen und jugendlichen Zeugen** macht sich eine eingeschränkte Tragfähigkeit ihrer Aussagen besonders bemerkbar, zumal es in Jugendschutzsachen alters- und deliktsgruppentypische Gefährdungen zu berücksichtigen gilt (vgl. zu all dem die Praktikerinterviews bei Ernberg/Magnusson/Landström Psychology, Crime & Law 2020, 687 sowie etwa Deckers NJW 1996, 3105 (3107 ff.)).

a) **Einwirkungsbedingt falsche Aussage.** Dies betrifft insbes. die **Sug-** **47** **gestibilität** der jungen Zeugen. Obwohl es dafür weniger auf das Alter und die geistige Kapazität als auf sachwidrige Befragungsformen und Kontextbedingungen anzukommen scheint (vgl. etwa Volbert/Pieters Psychologische Rundschau 1996, 186 ff.; Stiller/Doll ZJJ 2018, 205 (206 ff.)), ist diese bei Kindern tendenziell ausgeprägter als bei Erwachsenen. Fragen, die nicht völlig offen formuliert sind, können gerade bei ihnen eine (intendierte oder nicht intendierte) Lenkungswirkung haben. Dies betrifft Ereignisthematisierungen im Verfahren, va aber auch solche im vor-prozessualen Feld (durch Eltern, Schul- und Kindergartenpersonal). Kinder sind hier schon insofern beeinflussbar, als für ihr Aussageverhalten auch das, was sie als Aussageerwartung ihrer Bezugspersonen wahrnehmen, von Bedeutung sein kann. In der Wiederholung wird hierdurch sodann nicht selten sukzessive auch das Erinnerungsbild der Zeugen umgeformt (zus. etwa Hoffmann/Wendler NJW 2010, 1216).

Besondere Probleme bestehen bei „überexplorierten" Kindern, deren ver- **48** meintlicher oder tatsächlicher sexueller Missbrauch durch Personal in therapeutischen oder Opferschutzeinrichtungen vor dem StVerf auf dysfunktionale Weise thematisiert wird (zur Problematik grds. etwa Köhnken MschrKrim 1997, 290 (295 ff.); Scholz R&P 2003, 76 ff.; Smeets/Merckelbach/Jelicic/Otgaar Applied Cognitive Psychology 31 (2017), 26 (26 f.) sowie die Fallstudien von Kröber FPPK 2013, 240 und von Eisenberg NZFam 2017, 1 (4 f.)). Die vorliegenden Hinweise und Signale erfahren hierbei uU eine **Interpretation** durch die bisweilen nicht ganz unvoreingenommenen Erwachsenen, die den Kindern im Extremfall als „wahr" gewissermaßen **übergestülpt** werden kann, sodass die Authentizität ihres eigenen Wissens und ihrer eigenen Erinnerungen verloren geht. Sind die (minderjährige) Zeugen von der Richtigkeit der so induzierten Inhalte erst einmal überzeugt, unterscheiden sich ihre Angaben kriteriologisch nicht mehr von erlebnisbegründeten Aussagen (→ Rn. 54).

49   Ähnliche Gefahren können sich ergeben, wenn sich das Strafverfahren auf zivilrechtliche Auseinandersetzungen zwischen dem Beschuldigten und dem anderen Elternteil auswirkt (Umgangs- bzw. Sorgerecht, Wohnungsnutzung usw) und das Kind hierfür (wie auch für die außerrechtlichen Aspekte des **Trennungskonflikts**) bewusst oder unbewusst **instrumentalisiert** wird (zum nicht seltenen unbegründeten Missbrauchsverdacht in solchen Konstellationen empirisch Busse/Stellert/Volbert PraxRPsych 2000, 3 (69); zur Problematik n. auch Endres/Scholz NStZ 1994, 466 (470) sowie die instruktiven Fälle bei BGH NStZ-RR 2006, 242; StraFo 2011, 400 = BeckRS 2011, 15301; BeckRS 2013, 21213). Dass eine Aussage, die unter diesen oder ähnlichen Bedingungen zustande kommt, erlebnisbegründet ist und eine wahre Beschuldigung enthält, muss in einer besonders kritischen Aussageprüfung, die eine Rekonstruktion der Entstehungs- und Entwicklungsgeschichte einschließt, eigens aufgezeigt werden (→ Rn. 52).

50   **b) Einwirkungsunabhängige falsche Aussagen.** Auch bei **ursprünglichen** (bzw. spontanen) Kindesaussagen ist ein nicht vernachlässigungsfähiger Anteil an **Falschaussagen** einzukalkulieren (Endres/Scholz NStZ 1994, 466 (470 f.) mwN; kennzeichnend etwa BGH BeckRS 2005, 01293; BeckRS 2008, 11728; NStZ 2008, 581; NStZ-RR 2015, 86). Prinzipiell sind nämlich auch Kinder und Jugendliche in ihrer Zeugenaussage zu Täuschungs- und Verschweigensstrategien in der Lage, wobei der Grad dieser Fähigkeit mit dem Alter variiert, aber nicht mit diesem Anstieg unmittelbar korreliert (n. hierzu Niehaus FPPK 2008, 46 ff.; Niehaus/Volbert/Fegert, Entwicklungsgerechte Befragung von Kindern in Strafverfahren, 2017, 37 ff.). Neben Persönlichkeitsstörungen (für histrionische Zeugen etwa BGH BeckRS 2011, 7393) können (gerade iZm erzieherischen Konflikten) ganz verschiedene **Motive** hinter unzutreffenden Belastungen stehen: Selbstentlastung nach tabuisiertem Verhalten (vgl. etwa BGH BeckRS 2017, 118931: Anschauen von Sexfilmen durch Zeugin); Ablehnung und Rachebedürfnisse des Kindes ggü. dem beschuldigten Elternteil (vgl. etwa BGH StV 2017, 5 = BeckRS 2016, 6520; BeckRS 2016, 17117); Erzwingung von Eigeninteressen (vgl. etwa BGH StV 2017, 367 = BeckRS 2017, 105258: Umzug zu dem anderen Elternteil); Reaktion auf sexuelle Zurückweisung des Beschuldigten (vgl. etwa BGH BeckRS 2013, 1329). Intentionale Lügen können sich dann iÜ auch auf anschließende **Korrekturversuche** auswirken, weil sie die Erinnerungsbilder und die Überzeugung von deren Richtigkeit beeinflussen (Posten/Christmann PraxRPsych 2021, 123).

51   Von bewussten Falschaussagen zu unterscheiden sind **autosuggestive Verläufe,** bei denen (zB auf der Suche nach Erklärungen für aktuelle psycho-physische Beschwerden oder Insuffizienzempfindungen (vgl. nur Loftus/Davis Annual Review of Clinical Psychology 2006, 469 ff.)) die berichteten Ereignisse unbewusst erfunden, verfälscht oder ausgeschmückt werden (allg. etwa Volbert in Volbert/Steller, Handbuch der Rechtspsychologie, 2008, 335). IdR erfahren harmlose Erlebnisse hierbei über längere

Zeit eine schrittweise Uminterpretation, bis dem minderjährigen Zeugen der Unterschied zwischen dem, was er tatsächlich wahrgenommen hat, und dem, woran er sich mit subjektiver Gewissheit erinnert, nicht mehr bewusst ist (vgl. etwa BGH BeckRS 2011, 7393).

c) Konsequenzen für die Aussagewürdigung. Bei der Beurteilung 52 von Aussagen Minderjähriger gelten die **allg. Kriterien** (zu diesen etwa Eisenberg BeweisR StPO Rn. 1481 ff.), wobei auf die vorgenannten **alters-gruppenspezifischen** Aspekte besonders Rücksicht zu nehmen ist (für eine systematische Übersicht zur aussagepsychologischen Begutachtung bei minderjährigen Zeugen vgl. Ebner/Pfundmaier ZJJ 2021, 180). Daher müssen mögliche Aussagemotive und der Inhalt der Aussage krit. geprüft werden (vgl. zB zur Detailarmut der Aussage BGH BeckRS 2010, 29892; BeckRS 2017, 137607; NStZ-RR 2018, 220). Besondere Bedeutung haben neben den Begleiterscheinungen va die Entstehungs- und Entwicklungsgeschichten der Aussagen (vgl. etwa BGH BeckRS 2012, 22782; NStZ-RR 2015, 146; StV 2017, 5 = BeckRS 2016, 6520; BeckRS 2016, 20307; BeckRS 2017, 130712; zu „erheblicher Inkonstanz" etwa BGH NJW 1998, 3788 (3790); BeckRS 2011, 4353; BeckRS 2016, 17117; BGH NStZ-RR 2016, 87 (88)). Den diesbzgl. Darlegungsanforderungen (hierzu bspw. BGH NStZ 2009, 107 (108); BeckRS 2010, 21226; BeckRS 2013, 15377; NStZ-RR 2016, 87; NStZ 2018, 116) genügen rechtspraktisch verbreitete Formeln („detail-reich, in sich schlüssig, widerspruchsfrei und nicht von übermäßigem Belas-tungseifer getragen") idR nicht (BGH BeckRS 2013, 15377; speziell zur Notwendigkeit, die verschiedenen, auch polizeilichen Aussagen im Urteil mitzuteilen, vgl. etwa BGH NStZ-RR 2015, 52; NStZ-RR 2016, 382; NStZ 2017, 551 (552); OLG Celle NdsRPfl 2017, 392 = BeckRS 2017, 113253).

Zentral ist die systematische Prüfung **möglichen alternativen Gesche-** 53 **hens.** Dies gilt zB für andere denkbare Ursachen einer festgestellten Schädi-gung (vgl. BGH BeckRS 2009, 21878) oder für einen denkbaren anderen Urheber (so etwa für die Frage, durch welches Elternteil die Misshandlungen erfolgt sind, vgl. BGH StV 2016, 434 = BeckRS 2015, 6440). Die Beweis-würdigung darf den Bekundungen eines Zeugen „nicht etwa deshalb, weil er (ggf.) Geschädigter ist, ein schon im Ansatz ausschlaggebend höheres Gewicht beimessen als den Angaben des Angeklagten" (BGH NStZ-RR 2016, 54 (55); beispielhaft hierzu auch BGH NStZ-RR 2015, 286 (287); BeckRS 2016, 109931). Einer (un-/bewussten) vorgefassten Haltung, zu verdachts-nivellierenden oder umgekehrt verdachts-bestärkenden Aussage-bewertungen zu neigen, muss durch entspr. Selbstkontrollen entgegen-gewirkt werden (speziell zu **konfirmatorischen** Tendenzen n. Niehaus/Volbert/Fegert, Entwicklungsgerechte Befragung von Kindern in Strafver-fahren, 2017, 77 ff.).

Zu berücksichtigen ist, dass auch **Sachverständige** mit einer **belastungs-** 54 **orientierten** Verdachtsbestätigungs-Haltung tätig geworden sein können (dazu aus der Gutachterpraxis Schulz-Hardt/Köhnken PraxRPsych (Sonder-heft 1), 2000, 60 ff.: Ignorieren von Alternativhypothesen, Zuverlässigkeits-mängeln von Informationen usw). Für die Bewertung der Gutachten ist daher eine etwaige Einseitigkeit von Sachverständigen (vgl. nur BGH BeckRS 2016, 8334: „dazu ermutigt, die Vorwürfe (…) nicht fallen zu lassen") aufzuklären. Schon deshalb bedarf es deren Anhörung in der HV

(vgl. auch BGH NStZ 2017, 299) und ggf. der Ladung eines anderen Sachverständigen (zur so erreichbaren Erschütterung des Vorgutachtens zB LG
Saarbrücken StraFo 2009, 174; s. aber auch zum Begründungsbedarf bei sich
widersprechenden Gutachten BGH BeckRS 2021, 13977). Infolge von Suggestiveffekten sind nach einer einseitigen Begutachtung – ebenso wie nach dem
Kontakt mit (ggf. voreingenommenem) Personal von sozialpädagogischen,
therapeutischen oder Opferschutzeinrichtungen (n. → Rn. 47 f.) – auch die
späteren Aussagen des Kindes uU „invalidiert" und unbrauchbar. Die Möglichkeit, dass die Aussage auf **Pseudoerinnerungen** beruht, lässt sich dann selbst
dort, wo ihr nach inhaltsanalytischen Kriterien eine hohe Qualität zu attestie-
ren wäre, nicht mehr ausschließen (zur Problematik BGH NStZ 2016, 22 (23);
vgl. auch NStZ-RR 2017, 88; BGH NStZ-RR 2018, 120; BeckRS 2021,
13977; NStZ-RR 2021, 345 (Ls.) = NStZ-RR 2021, 345 BeckRS 2021,
27040; Böhm/Erdmann/Volbert in Fabian (Hrsg.), Praxisfelder der Rechtspsychologie, 2002, 139 (143 ff., 146 ff.); Steller in Volbert/Steller, Handbuch
der Rechtspsychologie, 2008, 306 f.; Hohoff NStZ 2020, 387 (389)).

4. Ambivalenz opferschützender Maßnahmen

55   Werden die prozessualen Maßnahmen angewandt, die zur Reduzierung
der in → Rn. 41 ff. erwähnten Belastungen möglich sind, steht dies fast
zwangsläufig in einem **Spannungsverhältnis** zur tatrichterlichen Aufklärungspflicht. Wollte man hierdurch auftretende Kollisionen systematisch
zugunsten des minderjährigen Zeugen auflösen (so Fegert/Andresen/Sago/
Walper ZKJ 2016, 324 (328 ff.); krit. indes Deckers StraFo 2017, 133 ff.;
NStZ 2020, 387 (388 f.)), nähme dies die Zuweisung der „Täter"- und
„Opfer"-Rolle in einer Phase, die dafür erst die Grundlagen legen soll, in
einem Maße vorweg, die dem Strafverfahren als geregelter Verdachtsklä-
rungsform die Legitimitätsbasis entzöge. Da vor dem Urteil nicht feststeht,
dass der Beschuldigte das Notwendigwerden strafprozessualer Belastung zu
verantworten hat, darf die Reduktion der Zeugenbelastung nicht die Chancen der Verdachtsentlastung reduzieren. Das wird de lege lata indes nur
bedingt eingelöst.

56   a) § 247 S. 2 StPO. Der Ausschluss des Angeklagten gem. § 247 S. 2
StPO ist zulässig, wenn das Vorliegen konkreter Umstände es nahelegt, dass
das Wohl des minderjährigen Zeugen durch die Anwesenheit des Angeklagten einen erheblichen Nachteil erfährt oder die Wahrheit seiner Aussage
beeinträchtigt sein könnte. Das ist zB bei einem Abhängigkeitsverhältnis
oder bei Furcht vor Racheakten des Angeklagten der Fall (etwa Meyer-
Goßner/Schmitt StPO § 247 Rn. 11) – wobei sich eine solche Situation
ohne eine problematische Vorabeinschätzung des Tatvorwurfs allerdings
kaum feststellen lässt. Nicht ausreichend ist bspw. die Angst des Kindes, dass
ihm wegen seines Alters weniger geglaubt werde als dem älteren Beschuldigten. Auf solche allg. Befürchtungen muss durch die Art der Verhandlungsführung (und Hinweise an das private Umfeld) reagiert werden. Generell ist
die Vorschrift, da der Angeklagte durch die Entfernung in seinen Verteidigungsrechten eingeschränkt wird, **eng zu handhaben** (BGHSt 55, 87 (89)
= NJW 2010, 2450 (2451)).

57   Dies gilt auch mit Blick auf mögliche Beeinträchtigungen der **Aufklärungspflicht,** die selbst bei Anwesenheit eines Verteidigers drohen. Denn

bei Angaben, die vom Zeugen (ganz oder teilw., bewusst oder irrig) falsch gemacht werden, kann oft **nur** der **Angeklagte selbst** die Glaubhaftigkeit der Aussagen (als dem oft zentralen Beweismittel) aufgrund dieses oder jenes Details erschüttern (vgl. auch Cierniak/Neuhaus in MüKoStPO StPO § 247 Rn. 20, 23). Die Problematik, die in dieser Hinsicht durch die Entfernung des Angeklagten entsteht, wird allein dort abgemildert, wo dessen Unterrichtung (§ 247 S. 4 StPO) dergestalt erfolgt, dass er die Vernehmung im Sitzungssaal an einem anderen Ort mittels Videotechnik audiovisuell mitverfolgen kann (zur Zulässigkeit BGHSt 51, 180 = NJW 2007, 709; für die Vorrangigkeit dieser Unterrichtungsmodalität grds. BGH NJW 2017, 3397; krit. Schneider NStZ 2018, 128 ff.).

b) Videovernehmung. Nach §§ 168e, 247a StPO ist es zulässig, die **58** richterliche Vernehmung der Zeugenperson unter räumlicher Absonderung von der beschuldigten Person per wechselseitiger **audiovisueller Simultanübertragung** durchzuführen. Bei entspr. Vernehmungen im Vorverfahren halten sich sowohl der Richter als auch der Zeuge getrennt von den übrigen Anwesenheitsberechtigten in einem Vernehmungsraum auf, bei Durchführung in der HV nur der Zeuge (vgl. auch BGH NJW 2017, 181; zur eingeschr. rechtspraktischen Relevanz aber Scheumer, Videovernehmung kindlicher Zeugen, 2007, 212 ff.). Erforderlich hierfür ist, dass die Anwesenheitsvernehmung die dringende Gefahr eines schwerwiegenden Nachteils für das Wohl der Zeugenperson mit sich brächte. Übliche Unannehmlichkeiten, wie sie mit einer Zeugenvernehmung in Anwesenheit des Beschuldigten verbunden sind oder sein können, reichen (ebenso wie bei § 247) nicht. Dringend ist die Gefahr nur dann, wenn sie – wie das Gericht ggf. zu ermitteln hat (vgl. BVerfG NJW 2014, 1082) – auf tatsächlichen Umständen beruht und eine hohe Nachteilswahrscheinlichkeit aufweist.

Inwiefern in diesen Fällen die angestrebte Belastungsreduktion tatsächlich **59** erreicht werden kann, gilt als offen (eher vern. Volbert/Pieters, Zur Situation kindlicher Zeugen vor Gericht, 1993, 50; Pfäfflin StV 1997, 95 (98 f.); n. Hasdenteufel, Die StPO als Grenze des Einsatzes von Videotechnologie im Strafverfahren bei sexuell mißbrauchten Kindern, 1997, 19 ff., 24 ff.; zum begrenzten Wissensstand Köhnken StV 1995, 376 ff.). Zugleich wird die Unmittelbarkeit der Vernehmungsinteraktion durch die Übertragung nur simuliert, was durchaus Auswirkungen auf die Konfrontationsmöglichkeiten des Angeklagten und die Aussageprüfung haben kann (vgl. Hamm StV 2015, 139 (140): kritische Infragestellung leichter abwehrbar; verfremdende Filterwirkung der Technik; medientypische Suggestivwirkung). In Simulationsstudien wirkte sich der Umstand, dass die Zeugen in einer Videokonferenz befragt wurden, jedenfalls uneinheitlich auf deren Bewertung aus (Eaton/Ball/O'Callaghan, JApplSPsych 2001, 1845; Ellison/Munroe Social & Legal Studies 2014, 3; vgl. auch Rowden/Wallace Social & Legal Studies 2019, 698). Eine **Beeinflussung der Aussagebeurteilung** im strafprozessualen Kontext ist bislang also unklar (zu widersprüchlichen Eindrücken der Praxis vgl. die Befragung bei Vogel, Erfahrungen mit dem Zeugenschutzgesetz, 2003, 171 ff.).

c) Videoaufzeichnung. Ähnlich wie bei der jugendstrafrechtlichen Be- **60** schuldigtenvernehmung (→ § 70c Rn. 18 ff.) kann bei einer polizeilichen, staatsanwaltschaftlichen oder ermittlungsrichterlichen Zeugenvernehmung im **Ermittlungsverfahren** eine audiovisuelle Aufzeichnung erfolgen

(§§ 58a Abs. 1 S. 1, 161a Abs. 1 S. 2, 163 Abs. 3 S. 2 StPO). Bei (zum Tat-
oder Vernehmungszeitpunkt) minderjährigen Zeugen soll dies sogar erfolgen
(§ 58a Abs. 1 S. 2 Nr. 1 und S. 3 StPO; vgl. dazu und den Aufzeichnungs-
modalitäten auch RiStBV Nr. 19 Abs. 2 S. 2). Außerdem greift die genannte Soll-Vorschrift, wenn ein Ausfall der Vernehmung in der HV zu befürchten, die Konservierung aber zur Erforschung der Wahrheit erforderlich ist
(§ 58a Abs. 1 S. 2 Nr. 2 StPO). Auf das Einverständnis der Zeugenperson
mit dieser Art der Dokumentation kommt es nicht an. Liegt eine solche
Zustimmung indes vor und geht es bei der mutmaßlichen Viktimisierung
des (minderjährigen oder erwachsenen) Zeugen um eine Tat iSv §§ 174 –
184j StGB, muss die richterliche Vernehmung aufgezeichnet werden, sofern
dessen schutzwürdige Interessen so besser zu wahren sind (§ 58a Abs. 1 S. 3
StPO; eingeführt durch Gesetz zur Modernisierung des Strafverfahrens).

61   Für die **Vorführung der Aufzeichnung in der HV** gelten gem. § 255a
Abs. 1 StPO die §§ 251, 252, 253 und 255 StPO entspr., woraus insoweit
Gefahren für die Wahrheitsermittlung entstehen können, als die verschiedensten technischen Möglichkeiten und ggf. Notwendigkeiten des Straffens
der Aufzeichnung bestehen. Eine gesteigerte Durchbrechung des Unmittel-
barkeitsprinzips ermöglicht sodann § 255a Abs. 2 S. 1–3 StPO, da hiernach
die HV-Aussage einer (zum Tat- oder Aussagezeitpunkt) minderjährigen
Zeugenperson durch die Aufzeichnung ihrer früheren richterlichen Vernehmung ersetzt werden kann (und bei entspr. Zeugeninteresse ggf. muss),
ohne dass dies an die Voraussetzungen der §§ 251 ff. StPO geknüpft wäre.
Das dahinter stehende Interesse des „Opferzeugen", es (wenn irgend möglich) bei nur einer Vernehmung bewenden zu lassen, ist allerdings keineswegs verallgemeinerungsfähig (vgl. etwa Pfäfflin StV 1997, 95 ff.; Volbert in
Volbert/Steller, Handbuch der Rechtspsychologie, 2008, 198 f.). Insbes.
aber führt die Reduktion auf die **Einmalbefragung** dazu, dass die Aussage
nicht mehr anhand des eigentlich zentralen Kriteriums der **Aussagekon-
stanz** (→ s. auch Rn. 43) geprüft werden kann (Eisenberg HRRS 2011, 64
(67 ff.)).

62   Obendrein entfallen die Aufklärungspotenziale, die das **Konfrontations-
recht** des Angeklagten ggf. zu bieten vermag. Zwar setzt die vernehmungs-
substituierende Aufzeichnungsvorführung voraus, dass die Verteidigungsseite
bei der Vernehmung im Ermittlungsverfahren mitwirken konnte (§ 255a
Abs. 2 S. 1 StPO), doch soll es bedeutungslos sein, ob es zu dieser Mitwirkung tatsächlich gekommen ist (Krüger in MüKoStPO StPO § 255a
Rn. 26) und ob sich die Verteidigung auf diese Vernehmung durch eine
Akteneinsicht vorbereiten konnte (BGHSt 48, 268 = NJW 2003, 2761).
Selbst wenn beide Bedingungen vorlagen und eine gewisse Konfrontations-
möglichkeit im Ermittlungsverfahren bestand, kann sich durch die seitherigen Ermittlungen ein ganz anderer Nachfragebedarf ergeben haben. Hierfür
bleibt im Falle einer Aufzeichnungsvorführung nur die ergänzende Vernehmung (§ 255a Abs. 2 S. 4 StPO), doch wirft die dann stattfindende Aufteilung der Aussage in einen Aufzeichnungs- und Direktaussageteil ungeklärte aussagepsychologische Beurteilungsprobleme auf (n. zur Problematik etwa
Walther JZ 2004, 1107).

63   **d) Psychosoziale Prozessbegleitung.** Jeder (mutmaßlich) Verletzte –
gemeint ist der Verletzte iSv § 373b StPO (BT-Drs. 19/27654, 105) – hat
nach **§ 406g Abs. 1 StPO** einen Anspruch auf eine psychosoziale Beglei-

tung. Im Falle eines Opferzeugen kann der Begleiter Vernehmungen und der HV teilnehmen (aber nicht an der aussagepsychologischen Exploration (dies offen lassend Stremlau PraxRPsych 2016, 125 (130 f.)). Worin die Begleitung im Übrigen besteht, ist (leer-)formelartig in § 2 PsychPbG festgelegt (Praxis-Bsp. für minderjährige Zeugen bei Behrmann in Elz (Hrsg.), Psychosoziale Prozessbegleitung, 2016, 65 ff.). Im Falle der Beiordnung ist die Dienstleistung für die (mutmaßlich) geschädigte Person kostenfrei, wobei die Beiordnung dort, wo es um die Klärung einer der in § 397a Abs. 1 StPO genannten Verletzungsformen geht, teilw. zwingend, teilw. von einer „besonderen Schutzbedürftigkeit" (§ 48a Abs. 1 StPO) und einer entspr. Ermessensausübung abhängig ist (§ 406g Abs. 3 StPO). – Auffallen muss, dass das Gesetz zwar dem (mutmaßlich) Verletzten eine solche Unterstützung (zusätzlich zum sog. Opferanwalt) gewährt, um Verunsicherungen und Belastungen im Verfahren zu reduzieren (skeptisch zum Bedarf Stremlau PraxRPsych 2016, 125 (130)), nicht aber dem Beschuldigten, der sich idR in einer ganz ähnlichen Überforderungslage befindet. Dies ist Ausdruck einer **antizipierten Tatrollenverteilung,** die einer Verletzung der Unschuldsvermutung nahekommt (abw. Ilsener, Psychosoziale Prozessbegleitung im Strafverfahren, 2021, 174 f.). Indem nun das Gericht im Beiordnungsverfahren die Verletzteneigenschaft des antragstellenden Zeugen vorwegnehmend bejahen muss, wird dieses Vor-Urteil auch auf die richter-individuelle Ebene erstreckt (Neuhaus StV 2017, 55 (58 f.); zu dieser in jugendstrafrechtlichen Verfahren noch gesteigerten Problematik s. auch → § 2 Rn. 55).

Die Prozessbegleitung soll ggü. dem Verfahren neutral und ohne Aus- **64** wirkungen auf die Zeugenaussage sein (§ 2 Abs. 2 PsychPbG) bzw. deren Qualität sogar verbessern (dazu Ilsener, Psychosoziale Prozessbegleitung im Strafverfahren, 2021, 61 ff. mwN). Tatsächlich aber stellt sich die Frage, wie realistisch diese Vorgabe ist – ob also die begleiteten Zeugen bei der Entscheidung über eine etwaige Zeugnisverweigerung und über ihr Aussageverhalten tatsächlich unbeeinflusst sind (dazu auch Deckers StraFo 2017, 133 (139 f.)). So besteht nicht nur (wie in jeder Zeugenberatung (→ Rn. 48)) die Gefahr einer **Aussageinduktion** (Neuhaus StV 2017, 55 (61); Hohoff NStZ 2020, 387 (390)), sondern auch die Möglichkeit, dass im Rahmen der Unterstützung eine Annäherung an ein sog. **Zeugencoaching** erfolgt (Eschelbach ZAP 2014, Fach 22 S. 971 (980 ff.)). Da entspr. Grenzverletzungen von außen nicht erkennbar sind, lassen sich solche Effekte jedenfalls nicht ausschließen und bei der Aussagewürdigung auch nicht kontrollieren (krit. dazu auch Stremlau PraxRPsych 2016, 125 (130 f.)). Dass in den (vermeintlichen) „Ausnahmefällen", in denen es „zu einem Gespräch mit dem Verletzten über den Sachverhalt" kommt, tatsächlich eine dahingehende Dokumentation vorgenommen und das Gericht hierüber informiert wird (so die Vorstellung in BR-Drs. 56/15, 29), ist in keiner Weise sichergestellt. Im Übrigen hat die Prozessbegleitung auch dort, wo dergleichen ausbleibt, rechtstatsächlich die Funktion, den mutmaßlich Verletzten als Zeugen und damit auch dessen bisherige Aussage zu stabilisieren, was bei Angaben, die (aus welchen Gründen auch immer) falsch waren, zu deren weiterer Fixierung beiträgt.

e) Akteneinsichtsrecht. Gem. § 406e StPO hat der (mutmaßlich) Ver- **65** letzte (selbst oder über einen Rechtsanwalt) ein Akteneinsichtsrecht. Auf ein berechtigtes Interesse des hier in Betracht kommenden weiten Kreises (BT-

Dr.s 19/27654, 107) kommt es hierbei nur bei fehlender Nebenklageberechtigung an. Die in § 406e Abs. 2 StPO geregelten Ablehnungsgründe stellen wegen ihrer Unbestimmtheit und dem teilw. eröffneten Ermessen eine eher geringfügige Einschränkung dar, sodass selbst bei einer noch bevorstehenden Zeugenaussage des Verletzten dessen Akteneinsicht zulässig sein kann (vgl. etwa OLG Brandenburg BeckRS 2020, 17128; KG NStZ 2019, 110; zur hier vertr. abw. Ansicht → § 2 Rn. 54). Insofern droht bei erfolgter Akteneinsicht durch den mutmaßlich Geschädigten eine un-/bewusste **Glättung und Abstimmung der Aussagen,** die das Kriterium der Aussage-Konstanz unterläuft (vgl. dazu bspw. BGH StV 2017, 7 = BeckRS 2016, 11403; Schünemann NStZ 1986, 193 (199); Baumhöfener NStZ 2014, 135; Hilgert NJW 2016, 985 (987); Eisenberg JR 2016, 391; Deckers StV 2017, 50 (52); Hohoff NStZ 2020, 387 (389 f.)). In den eben erwähnten Fällen des Coachings hätte das eine besondere Qualität. Von gesteigerter Relevanz ist dies bei erhobener Nebenklage, weil der (mutmaßlich) Geschädigte hier vielfach Eigeninteressen verfolgt und daher ein Anreiz zur zielgerichteten Nutzung des Aktenwissens besteht.

66 **f) Bewegliche Gerichtszuständigkeit.** § 24 Abs. 1 S. 1 Nr. 3 GVG gibt der StA die Möglichkeit, eine Jugendschutzsache gegen einen Erwachsenen aus besonderen Gründen vor der JKammer anzuklagen. Soweit hierfür die „besondere Bedeutung des Falles" ausschlaggebend sein kann, handelt es sich seit jeher um ein außerordentlich vages Merkmal (zur Beschränkung der revisionsgerichtlichen Kontrolle auf bloße Willkür etwa BGHSt 57, 165 = NJW 2012, 2455). Durch das OpferRRG (BGBl. 2004 I 1354) wurde mit der „besonderen Schutzbedürftigkeit sog. Opferzeugen" indes ein gesteigert problematischer Unterfall (so aus der früheren Judikatur etwa OLG Zweibrücken NStZ 1995, 357) aufgegriffen und in das Gesetz eingeführt (verfassungsrechtliche Bedenken bei Heghmanns DRiZ 2005, 288 (291 f.); van Galen StV 2013, 171 (174); Eschelbach in FAHdB StrafR 31. Kapitel Rn. 34, 37; für Abschaffung ua Godendorff StV 2017, 626 ff.; s. auch → § 41 Rn. 11 f.). Damit soll der StA die Möglichkeit gegeben werden, durch eine Anklage vor dem LG (statt dem AG) die Berufungsoption auszuschalten und damit auch die dort ggf. erforderlich werdende neuerliche Zeugenaussage auszuschließen. Zugleich geht damit aber auch das **Ermittlungs- und Verteidigungspotenzial** der zweiten Tatsacheninstanz **verloren** (speziell zur Aussagewürdigung → Rn. 61). Die Beurteilung, inwieweit die Gefahr psychischer Folgen durch die Zeugenvernehmung (→ Rn. 47 ff.) in der Berufung entstünde, muss deshalb an einem strengen Standard gemessen (Eschelbach in BeckOK StPO GVG § 24 Rn. 12) sowie fallbezogen und faktenbasiert (nicht stereotypisierend) erfolgen (s. auch → § 41 Rn. 13; zur uneinheitlichen Gerichtspraxis s. OLG Hamburg NStZ 2005, 654; LG Hechingen NStZ-RR 2006, 51; OLG Karlsruhe NStZ 2011, 479; NStZ-RR 2014, 154 (Ls.) = BeckRS 2014, 4012). Das gilt besonders auch deshalb, weil den Belastungen der Zeugenvernehmung durch deren Gestaltung entgegengewirkt werden kann, wohingegen die vorschnelle Unterstellung zeugenseitiger Beeinträchtigungen und die deshalb bejahte JKammer-Zuständigkeit nach § 269 StPO nicht korrigierbar ist.

5. Altersangepasste Vernehmungsgestaltung

Um die Belastungen zu mindern, mit denen die minderjährigen Zeugen **67** konfrontiert sein können (→ Rn. 47 ff.), zugleich aber auch den Herausforderungen für die Aufklärungspflicht (→ Rn. 46 ff.) Rechnung zu tragen, kann – unabhängig von einigen besonderen Schutzmaßnahmen, die indes teilw. dysfunktionale Wirkungen befürchten lassen (→ Rn. 55 ff.) – die **Art** der **Vernehmungsdurchführung** durch die Polizei, Ermittlungsrichter (§ 168c Abs. 2 StPO) und Vorsitzenden (§ 241a StPO) von angehobener Bedeutung sein. Daher liegen in der Lit. spezifische Handreichungen und Empfehlungen für deren angemessene Gestaltung vor (vgl. etwa Saywitz/ Camparo, Evidence-based Child Forensic Interviewing, 2014, 51 ff.; Niehaus/Volbert/Fegert, Entwicklungsgerechte Befragung von Kindern in Strafverfahren, 2017, 57 ff.; erg. auch Rohmann in Bliesener/Lösel/Köhnken (Hrsg.), Lehrbuch Rechtspsychologie, 2014, 223 (227 ff.) sowie zu lern- oder geistig behinderten Kindern Stiller/Doll ZJJ 2018, 205 (209 f.); speziell zum Einsatz von anatomischen Puppen, Zeichnungen und Bildkarten diff. 22. Aufl. Rn. 65a sowie Schröder/Hermanutz Kriminalistik 2016, 679; Hahn/Hermanutz P&W 2014/4, 15).

Zu den hiernach grds. zu berücksichtigenden Maßgaben zählt u. a. (n. **68** auch 22. Aufl. Rn. 61 ff.) eine Vorbereitung, durch die etwaige Wartezeiten von jungen Zeugen und deren Begegnung mit anderen Zeugen oder dem Angeklagten vermieden werden. Bei der Vernehmung sollten nur die Personen im Raum sein, deren Anwesenheit unbedingt notwendig ist. Es bieten sich eine Raumwahl und eine Stuhlaufstellung an, die eine Gesprächsatmosphäre ermöglichen und ein Gerichtsklima vermeiden (ohne dass eine unangemessene Vertraulichkeit herzustellen wäre). Sinn und Zweck der Vernehmung sind dem Minderjährigen zu **erläutern.** Während der Vernehmung muss ruhig und behutsam vorgegangen werden. Dabei ist das Kind bzw. der Jugendliche nach Möglichkeit (zunächst) zu einer freien Schilderung der in Frage stehenden Vorkommnisse zu bewegen (zu dieser **Grundregel** bspw. auch Volbert ZKiJPsychiatr 1995, 20 (22): „anfangs so offen wie möglich … erst allmählich spezifischer"). Ggf. kann mit allg. Fragen zum (angeblichen) weiteren Geschehensablauf versucht werden, eine Wiedergabe in den Worten des Kindes bzw. des Jugendlichen zu erhalten. Es sollte unbedingt davon abgesehen werden, Zweifel und Unglauben laut werden zu lassen Nachfragen müssen allg., wertungsfrei und nicht-suggestiv formuliert werden (etwa: „ich habe das noch nicht richtig verstanden").

Aufgaben des Jugendrichters

34 (1) **Dem Jugendrichter obliegen alle Aufgaben, die ein Richter beim Amtsgericht im Strafverfahren hat.**

(2) **[1]Dem Jugendrichter sollen für die Jugendlichen die familiengerichtlichen Erziehungsaufgaben übertragen werden. [2]Aus besonderen Gründen, namentlich wenn der Jugendrichter für den Bezirk mehrerer Amtsgerichte bestellt ist, kann hiervon abgewichen werden.**

(3) **Familiengerichtliche Erziehungsaufgaben sind**

1. **die Unterstützung der Eltern, des Vormundes und des Pflegers durch geeignete Maßnahmen (§ 1631 Abs. 3, §§ 1800, 1915 des Bürgerlichen Gesetzbuches),**
2. **die Maßnahmen zur Abwendung einer Gefährdung des Jugendlichen (§§ 1666, 1666a, 1837 Abs. 4, § 1915 des Bürgerlichen Gesetzbuches).**

Schrifttum Hartmann, Die Anordnung von U-Haft (...), 1988; Otto, Der Grundsatz der Ämtereinheit des Jugend- und des Vormundschaftsrichters, 1970; Schmidt, Die Personalunion des Jugend- und Familienrichters, 2014; Simon, Der Jugendrichter im Zentrum der Jugendgerichtsbarkeit, 2003.

I. Anwendungsbereich

1   Die Vorschrift gilt sowohl in Verfahren gegen **Jugendliche** als auch gegen **Heranwachsende** (§ 107), bei diesen aber nur Abs. 1 (nicht jedoch die insofern gegenstandslosen Abs. 2 und 3). Keine Anwendung findet § 34 in Verfahren vor den für allg. Strafsachen zuständigen Gerichten (§ 104 Abs. 1 bzw. § 112 S. 1). Abs. 1 kann iÜ auch in Verfahren gegen Erwachsene zum Tragen kommen, und zwar in Jugendschutzsachen vor dem JGericht (vgl. → § 33–33b Rn. 11 f.).

II. Jugendgerichtliche Aufgaben

1. Erschöpfende Zuständigkeit im gesamten Jugendstrafverfahren

2   Abs. 1 hat eine grundlegende zuständigkeitsklärende Funktion. So beruhen die Aufgaben des JRichters zwar teilw. auf einigen **besonderen Zuweisungsnormen** im JGG (§§ 45 Abs. 3, 77 f., 82 ff., 90, 97 ff.), doch Abs. 1 überträgt ihm darüber hinaus sämtliche Aufgaben, die im Strafverfahren der Richter am AG hat. Dies betrifft insbes. die Tätigkeit des erkennenden **Einzelrichters** (§ 33 Abs. 2) und des **Vorsitzenden des JSchöffG** (§ 33a Abs. 1 S. 1), die durch die Zuständigkeitsbestimmung in §§ 39, 40 näher konkretisiert wird. Zu den amtsrichterlichen Aufgaben iSv Abs. 1 zählen ferner alle Entscheidungen, die **außerhalb der HV** erforderlich werden (§ 30 Abs. 2 GVG bzw. § 33a Abs. 2): neben der Vollstreckungs- (§ 87g Abs. 1 S. 4 IRG) und Rechtshilfe im JStV (vgl. § 157 GVG) also namentlich die (ermittlungs-)richterlichen Handlungen im vorbereitenden Verfahren (s. bspw. §§ 86 ff., 98, 105, 114 ff., 125 f., 128, 162 StPO, §§ 71, 72). Dies gilt ausnahmslos (diff. aber Czerner/Habetha in HK-JGG Rn. 5), weil die Ermittlungseingriffe im JStV modifizierten Kriterien unterliegen und deshalb mit jugendstrafrechtlicher Expertise geprüft werden sollen (vgl. auch Schady in NK-JGG Rn. 2).

3   Mit dieser Konzentration der jugendstrafrechtlichen Materien bei JRichtern wird die **Einheitlichkeit der jugendstrafrechtlichen Einwirkung** angestrebt. Im JStV anfallende Entscheidungen sollen über die verschiedenen Prozessphasen hinweg allesamt nach erzieherischen Kriterien und auf der Basis entspr. Erfahrungen getroffen werden. Das Präsidium (§ 21a GVG)

muss diese umfassende jugendrichterliche Zuständigkeit bei der **Geschäfts-verteilung** (§ 21e GVG) **zwingend** gewährleisten, indem für sämtliche richterliche Entscheidungen im gesamten JStV ausschließlich solche Richter eingesetzt werden, die JRichter sind und die Qualifikationserfordernisse gem. § 37 erfüllen. Eine Aufteilung von jugendrichterlichen Dezernaten nach Altersgruppen (Jugendlichen einerseits und Heranwachsenden anderer-seits) verbietet sich im Hinblick auf § 105 Abs. 1.

2. Einzelheiten zur jugendrichterlichen Konzentration

Manches spricht sogar für eine zwingende **fortlaufende Kontinuität der** **4** **konkreten Richterperson.** Hierdurch wäre eine durchgehende Informiert-heit sichergestellt, weil der JRichter die jeweils späteren Entscheidungen (bspw. im Urteil) dadurch in Kenntnis der Umstände treffen kann, die seinen früheren Entscheidungen (bspw. bei Maßnahmen im Ermittlungsverfahren) zugrunde lagen (OLG Düsseldorf BeckRS 2006, 07150). Es ist allerdings keineswegs nur von Nachteil, wenn die Umstände eines Falles aus den ver-schiedenen Perspektiven verschiedener JRichter betrachtet werden, schon weil dies die Folgen eines ggf. **voreingenommenen Beharrens** (gar eines sog. „primacy effects") abwenden kann. Auch ist bspw. der Anreiz, in Fällen notwendiger Verteidigung einen „genehmen" Pflichtverteidiger zu bestim-men (→ § 68a Rn. 24), für den Ermittlungsrichter größer, wenn er auch die HV führen wird (s. hierzu ferner Nöding StV 2022, 52 (57 f.)). Allerdings erlaubt es der Geschäftsumfang an größeren Gerichten ohnehin kaum, sämtli-che Bereiche des JStV, die einen Jugendlichen betreffen, bei der Geschäfts-verteilung demselben JRichter zuzuweisen. In Verfahren mit erstinstanzlicher Zuständigkeit der JKammer ist eine durchgehende personale Identität von vornherein nicht umsetzbar. Ebenso liegt es bspw. bei einer ermittlungs- bzw. haftrichterlichen Zuständigkeitskonzentration (→ §§ 33–33b Rn. 15), zu der es nach § 58 Abs. 1 S. 1 GVG kommen kann (hierzu und zu weiteren ähnlichen Kontinuitätsdurchbrechungen etwa Wohlfahrt StraFo 2020, 59 (60 f.); speziell zur Einordnung von § 162 StPO → § 42 Rn. 2).

Deshalb verlangt Abs. 1 bei sachgerechter Auslegung nur, dass im Ge- **5** schäftsverteilungsplan jeder Richter, der mit jugendrichterlichen Geschäften betraut (und daher JRichter) ist, nach Möglichkeit für die **Bearbeitung** **sämtlicher Stadien im JStV** eingesetzt wird und diese Erfahrungen „ab-schnittsübergreifend" einbringen kann (OLG Düsseldorf BeckRS 2006, 07150; LG Göttingen NdsRpfl 1977, 218; LG Berlin NStZ 2006, 525; Brunner/Dölling Rn. 3; Höffler in MüKoStPO Rn. 5; Schatz in Diemer/ Schatz/Sonnen Rn. 10; Zieger/Nöding Verteidigung Rn. 136). So kommt es bei einem Jugendermittlungsrichter zwar nicht darauf an, dass ihn der Geschäftsverteilungsplan so bezeichnet (OLG Düsseldorf BeckRS 2006, 07150), aber es muss sich bei ihm um einen Richter handeln, der für die besondere Geeignetheit iSv § 37 aufweist und in allen Abschnitten des JStV eingesetzt wird. Wenn Richter **ausschließlich als Jugendermittlungs-richter** und nicht auch in anderen Phasen des JStV tätig sind (so wohl VerfGH Saarl. BeckRS 2004, 19311; entspr. Modelle explizit verteidigend Reichenbach NStZ 2005, 618 (619 ff.), entspricht das diesen Anforderungen an sich nicht. Vielmehr handelt es sich dann um eine Camouflage, da die Entscheidungen im Vorverfahren hier institutionell von der Kernmaterie des JStV separiert und einem Richter übertragen werden, der allein pro forma

als (Schein-)JRichter amtiert. Dennoch wird diese Möglichkeit vom Gesetz
(seit 2022) partiell legalisiert, da **§ 37 Abs. 2 und Abs. 3 S. 2** den Einsatz
von Jugendermittlungsrichtern erlaubt, die andere jugendrichterliche Aufgaben mangels hinreichender Befähigung gar nicht ausüben dürften. Dies
kann aus den vorgenannten Gründen allerdings nur eine Ausnahmelösung
sein, die lediglich für den (entspr. geregelten) Bereitschaftsdienst in Betracht
kommt.

6   Ergeht hingegen zB ein Haftbefehl durch einen Richter, der nach diesen
Kriterien nicht als JRichter gelten kann und bei dem auch die Voraussetzungen einer Ausnahme iSv § 37 Abs. 2 und Abs. 3 S. 2 (→ § 37 Rn. 19)
nicht vorliegen, ist dies wegen Verletzung von Art. 101 Abs. 1 S. 2 GG und
§ 16 S. 2 GVG **rechtswidrig** (VG Schleswig NVwZ-RR 1992, 111 (112);
Hartmann, Die Anordnung von U-Haft (…), 1988, 151 ff.). Eine Heilung
gem. § 22d GVG scheidet aus, weil dafür eine Abweichung von einem
gesetzmäßigen Geschäftsverteilungsplan vorliegen müsste, wohingegen es
hier um dessen Mangelhaftigkeit geht. Da der Geschäftsverteilungsfehler als
Vorgang der gerichtlichen Selbstverwaltung allerdings unanfechtbar sei, soll
die Anordnung des Nicht-JRichters nach der anzuzweifelnden hM nur im
Falle **objektiver Willkür** angreifbar sein (BVerfG NStZ-RR 2005, 279;
OLG Düsseldorf BeckRS 2006, 07150; vgl. auch Wohlfahrt StraFo 2020, 59
(61): fernliegende, sachfremde und unvertretbare Zuständigkeitsübertragung).

III. Zuständigkeit von Jugendrichtern in anderen Rechtsgebieten

1. Aufgaben im allgemeinen Strafrecht

7   Das Gesetz schließt es nicht aus, JRichter (neben ihren jugendgerichtlichen Aufgaben) in anderen Rechtsgebieten einzusetzen. In der Praxis sind
deshalb Geschäftsverteilungen verbreitet, die den JRichtern auch Verfahren
im Erwachsenenstrafrecht übertragen. In Erhebungen, die dies dokumentieren, zeigt sich dann, dass iRv solchen **Mischdezernaten** sehr unterschiedliche Zeitanteile auf die Jugendsachen entfallen (Höynck/Leuschner Jugendgerichtsbarometer 47 ff.; aus den früheren Studien vgl. etwa Hauser Jugendrichter 74; Knoll, Empirische Untersuchungen zur richterlichen
Sanktionsauswahl, 1978, 14; Pommerening MschKrim 1982, 193 (194));
Adam/Albrecht/Pfeiffer, Jugendrichter und Jugendstaatsanwälte in der Bundesrepublik, 1986, 44 ff.; Hupfeld DVJJ-J 1993, 11 (15); Buckolt, Jugendstrafe 200 ff.). Eine solche Verbindung der Aufgaben des JRichters mit
denjenigen des Strafrichters – bzw. der Aufgaben einer JKammer mit der
einer allg. Strafkammer (zur Zulässigkeit BGHSt 21, 70 = NJW 1966, 1037
(1038)) – sollte allerdings (unabhängig von §§ 47a, 103) auf Konstellationen
dringender Notwendigkeit begrenzt werden (ebenso Brunner/Dölling
Rn. 4). Das gilt ganz besonders für den sog. „Jugendrichter im Nebenamt",
der vorwiegend allg. Strafsachen bearbeitet (Schaffstein NStZ 1981, 286
(287)). Denn die Wahrscheinlichkeit, dass den grds. Unterschieden zwischen
JStR und allg. StR praktische Geltung verschafft wird, steigt erst bei personaler Trennung und Spezialisierung des richterlichen Personals (s. auch
→ § 37 Rn. 3 f., 8 f.).

2. Zuweisung familiengerichtlicher Erziehungsaufgaben (Abs. 2)

a) Einordnung. Allerdings sieht Abs. 2 vor, dem JRichter durchaus ein 8
anderes Rechtsgebiet zu übertragen, nämlich den in Abs. 3 umrissenen
Bereich familiengerichtlicher Aufgaben. Ursprünglich bestimmte die Norm
(ebenso wie § 19 Abs. 2 S. 1 JGG 1923 bzw. § 22 S. 2 RJGG 1943) sogar,
dass der JRichter nach Möglichkeit zugleich als Vormundschaftsrichter tätig
sein sollte. Diese Form der Ämterverbindung entsprach dem sog. Frankfurter
System, wohingegen beim sog. Kölner System ursprünglich die Vormund-
schafts- auch als Strafrichter eingesetzt wurden (eing. zur Regelungs-
geschichte Schmidt, Die Personalunion des Jugend- und Familienrichters,
2014, 107 ff.). Mit der Personalunion (zumindest an den einzelrichterlichen
Spruchkörpern) wollte man erreichen, dass das strafrechtlich zuständige Gericht den Jugendlichen bereits seit dessen Kindheit aus vor-strafrechtlichen
(dh familienrechtlichen) Zusammenhängen kennt, wovon man sich eine
einheitliche erzieherische Wirkung durch aufeinander abgestimmte ju-
gend- und familiengerichtliche Maßnahmen versprach (vgl. Dallinger/Lack-
ner Rn. 6; Messerer unsere jugend 1951, 2).

Durch das KindRG v. 16.12.1997 (BGBl. I 2942) wurden indes verschie- 9
dene Aufgaben des VormundschaftsG auf das FamG übertragen. Die (Mit-)
Zuständigkeit des JRichters für den somit reduzierten vormundschaftsrichterlichen Bereich galt danach als unzweckmäßig. Zugleich aber hätte bei
einer allg. Zuständigkeit des JRichters sowohl für vormundschafts- als auch
für familiengerichtliche Aufgaben eine Überlastung gedroht. Daher wurde
die Regelung in Abs. 2 S. 1 aF durch eine Vorgabe ersetzt, die eine Personalunion zwar nicht ausschloss, aber auch nicht mehr als Normalfall
erwartete. Stattdessen sollten nur noch die in Abs. 3 genannten „familien-
und vormundschaftsrichterlichen Erziehungsaufgaben" an den JRichter
übertragen werden (vgl. dazu etwa BT-Drs. 13/4899, 143 f.). Im Zuge der
Auflösung der Vormundschaftsgerichte durch das FGG-Reformgesetz v.
17.12.2008 (BGBl. I 2586) erfolgte schließlich eine redaktionelle Anpassung
von Abs. 2 hin zur aktuellen Form der sachlich **beschränkten Aufgabenzuweisung.** Dahinter steht jedoch derselbe Zweck wie bei der früheren
Ämterunion, wobei dieses Anliegen durch die **örtliche Verfahrenskon-
zentration** gem. § 42 Abs. 1 Nr. 1 und Abs. 2 noch weiter umgesetzt wird
(vgl. ferner zu Mitteilungspflichten → § 70 Rn. 6, 18 und MiStra Nr. 31,
32).

b) Konkretisierungen gem. Absatz 3. Die nach Abs. 2 in der Ge- 10
schäftsverteilung umzusetzende Aufgabenzuweisung bezieht sich auf jene
familiengerichtlichen Maßnahmen (zur begrifflichen Abgrenzung von
(erzieherischen) Maßnahmen und Erziehungsmaßregeln → § 9 Rn. 4), die
Abs. 3 spezifiziert (zu Änderungen durch das Gesetz zur Reform des Vor-
mundschafts- und Betreuungsrechts, die hier aber erst zum 1.1.2023 wirksam
werden, vgl. BT-Drs. 19/24445, 105). Die in Abs. 3 Nr. 1 genannten
Interventionen setzen neben ihrer Zweckdienlichkeit zum Kindeswohle
auch einen elterlichen Antrag voraus. Sachlich in Betracht kommt hierbei
eine gerichtliche Unterstützung der Erziehungsberechtigten durch Ermahnungen, Weisungen oder Verwarnungen des Minderjährigen.

Bei den in Nr. 2 erfassten Maßnahmen handelt es sich um gerichtliche 11
Eingriffe, die etwa bei Missbrauch des Personensorgerechts sowie im Falle

der Vernachlässigung oder auch bei sonstiger **Gefährdung** des Minderjährigen ggü. den Erziehungsberechtigten vorgenommen werden (zur Pflicht des JAmtes, hierfür das Gericht bei Kindeswohlgefährdung einzuschalten, vgl. § 8a Abs. 2 SGB VIII). Zu den hier in § 1666 Abs. 3 BGB exemplarisch genannten Maßnahmen zählt auch der Entzug des Sorgerechts, der idR mit einer Unterbringung des Kindes in einem Heim oder einer Pflegefamilie verbunden ist. Anders als im Fall des § 1631b BGB, in dem das Gericht den Eltern erlaubt, ggü. dem Kind eine Freiheitsentziehung (etwa eine stationäre Hilfe zur Erziehung gem. § 34 SGB VIII) vorzunehmen, ordnet es hier also ggf. eine **Fremdplatzierung** kraft hoheitlicher Gewaltausübung an (ggf. nach einer vorherigen Inobhutnahme durch das JAmt gem. § 42 SGB VIII). Dies unterliegt strengen Verhältnismäßigkeitsanforderungen (s. deklaratorisch § 1666a Abs. 2 BGB) und prozeduralen Voraussetzungen (Anhörungen, Verfahrenspflegschaft, ggf. Begutachtung – Hinweise auf diesbzgl. rechtspraktische Defizite bei Hoops/Permien, „Mildere Maßnahmen sind nicht möglich!", 2006, 60 ff.; zu Praxis der Sachverständigen vgl. Vogel PraxRPsych 2014, 457).

12   **c) Ausnahmen.** Dass die in Abs. 3 genannten familiengerichtlichen Erziehungsaufgaben nach Abs. 2 S. 1 auf den JRichter übertragen werden **sollen** – also nicht übertragen werden müssen (OLG Köln BeckRS 1980, 04118 zu Abs. 2 aF) –, lässt bei der Geschäftsverteilung einen gewissen Raum für gerichtsorganisatorische Gesichtspunkte. Abs. 2 S. 2, der insofern Ausnahmen „aus besonderen Gründen" erlaubt, reformuliert (und unterstreicht) die eingeschränkte Verpflichtungswirkung der Soll-Norm in Satz 1. Außerdem gibt Satz 2 ein Bsp. für eine solche Ausnahme: Im Falle einer Zuständigkeitskonzentration iSv § 33 Abs. 3 können dem Bezirks-JRichter hiernach nur die familiengerichtlichen Erziehungsaufgaben seines AG-Bezirks und nicht auch die der anderen Bezirke zur Erledigung übertragen werden (dazu schon Dallinger/Lackner Rn. 12; Potrykus Anm. 5).

13   **d) Bewertung.** Mit der Maxime der jugend- und familienrichterlichen Ämter- bzw. Aufgabenverbindung werden Nachteile vermieden, die aus einem unkoordinierten Nebeneinander von familien- und jugendgerichtlicher Intervention resultieren können (s. auch → § 9 Rn. 8 f.; n. anhand regionaler Modelle etwa Marsch ZJJ 2011, 443; Buck DRiZ 2013, 134 speziell betr. Schulabsentismus). Zugleich werden mit ihr aber auch die durchaus gegebenen Vorteile einer institutionellen Trennung aufgehoben (ähnlich Laubenthal/Baier/Nestler JugendStrafR Rn. 130). So besteht die Gefahr, dass ein Richter, der ggü. Jugendlichen korrigierend-kontrollierende familienrichterliche Interventionen veranlasst hat, die späteren Verfehlungen desselben Jugendlichen im JStV als Bestätigung der seinerzeitigen Negativerwartungen auffasst und entspr. rigoros sanktioniert (weniger krit. Beulke/ Swoboda JugendStrafR 595). Insofern kommen die **Risiken der Sanktionseskalation,** die der jugendstrafrechtlichen Berücksichtigung von Auffälligkeiten im strafunmündigen Alter stets innewohnen (→ § 1 Rn. 22 f.), in der richterlichen Doppelrolle uU besonders zum Tragen. Möglich wird es in diesem Zusammenhang auch, dass der JRichter solche Informationen, die ihm das JAmt in der Funktion des Familienrichters übermittelt, trotz des Sozialdatenschutzes umstandslos in das Strafverfahren eingehen lässt, und dies ggf. auch außerhalb des Strengbeweisverfahrens (ebenso etwa Schatz in Diemer/Schatz/Sonnen Rn. 17 f.).

So gesehen muss die erkennbare, wenn auch eher gerichtsorganisatorisch **14** motivierte Skepsis, die sich in der **Praxis** ggü. der Vorschrift zeigt, nicht von Nachteil sein. Eine Ämtereinheit von Jugend- und Familienrichter wurde und wird nämlich offenbar nur sehr selten realisiert (vgl. dazu Befragungsdaten bei Simon, Der Jugendrichter im Zentrum der Jugendgerichtsbarkeit, 2003, 67; Höynck/Leuschner Jugendgerichtsbarometer 49 f.; vgl. auch Drews, Die Aus- und Fortbildungssituation von Jugendrichtern und Jugendstaatsanwälten ..., 2005, 86; Buckolt Jugendstrafe 206; Hügel FS Brudermüller, 2014, 352; Schmidt, Die Personalunion des Jugend- und Familienrichters, 2014, 229 ff., 240 ff.).

Jugendschöffen

35 (1) [1]Die Schöffen der Jugendgerichte (Jugendschöffen) werden auf Vorschlag des Jugendhilfeausschusses für die Dauer von fünf Geschäftsjahren von dem in § 40 des Gerichtsverfassungsgesetzes vorgesehenen Ausschuß gewählt. [2]Dieser soll eine gleiche Anzahl von Männern und Frauen wählen.

(2) [1]Der Jugendhilfeausschuß soll ebensoviele Männer wie Frauen und muss mindestens die doppelte Anzahl von Personen vorschlagen, die als Jugendschöffen und Jugendersatzschöffen benötigt werden. [2]Die Vorgeschlagenen sollen erzieherisch befähigt und in der Jugenderziehung erfahren sein.

(3) [1]Die Vorschlagsliste des Jugendhilfeausschusses gilt als Vorschlagsliste im Sinne des § 36 des Gerichtsverfassungsgesetzes. [2]Für die Aufnahme in die Liste ist die Zustimmung von zwei Dritteln der anwesenden stimmberechtigten Mitglieder, mindestens jedoch die Hälfte aller stimmberechtigten Mitglieder des Jugendhilfeausschusses erforderlich. [3]Die Vorschlagsliste ist im Jugendamt eine Woche lang zu jedermanns Einsicht aufzulegen. [4]Der Zeitpunkt der Auflegung ist vorher öffentlich bekanntzumachen.

(4) Bei der Entscheidung über Einsprüche gegen die Vorschlagsliste des Jugendhilfeausschusses und bei der Wahl der Jugendschöffen und Jugendersatzschöffen führt der Jugendrichter den Vorsitz in dem Schöffenwahlausschuß.

(5) Die Jugendschöffen werden in besondere für Männer und Frauen getrennt zu führende Schöffenlisten aufgenommen.

(6) Die Wahl der Jugendschöffen erfolgt gleichzeitig mit der Wahl der Schöffen für die Schöffengerichte und die Strafkammern.

Schrifttum Emig/Goerdeler/Lieber ua, Leitfaden für Jugendschöffen, 5. Aufl. 2008; Glöckner/Dickert/Landsberg ua, Entscheidungsverhalten von Schöffen, 2011; Klausa, Zur Typologie der ehrenamtlichen Richter, 1972; Lennartz, Erziehung durch Jugendschöffen?, 2016; Rennig, Die Entscheidungsfindung durch Schöffen und Berufsrichter in rechtlicher und psychologischer Sicht, 1993.

Übersicht

I. Anwendungsbereich

1   Die Bestimmung gilt in Verfahren gegen **Jugendliche** und **Heranwach-sende** (§ 107) vor den JGerichten, nicht aber vor den für allg. Strafsachen zuständigen Gerichten (§§ 104 Abs. 1, 112 S. 1). In Verfahren gegen Er-wachsene gilt die Vorschrift vor Jugendschutzgerichten vgl. → §§ 33–33b Rn. 11 f.).

II. Aufgabe des Jugendschöffen

1. Ausübung des Richteramtes

2   Die gesetzlich bestimmte Funktion der JSchöffen liegt darin, an den betr. Kollegialgerichten das Amt eines Richters in **vollem Umfang** (§ 30 Abs. 1 GVG) und uneingeschränkter **Unabhängigkeit** (§ 45 Abs. 1 S. 1 DRiG) auszuüben (ebenso Gerstein ZfJ 1997, 47 (51)). Das betrifft – von gesetzli-chen Ausnahmen abgesehen (zB § 31 Abs. 2 StPO bzgl. Ausschluss der Schöffen) – alle Entscheidungen während der HV (zur Wiederherstellung der durch VO v. 1.9.1939 aufgelösten Laiengerichtsbarkeit vgl. Gesetz v. 12.9.1950 (BGBl. I 455, 629)). An den hierzu geführten Beratungen und Abstimmungen können die JSchöffen teilnehmen. Als Laienrichter tragen sie dabei eine Verantwortung, durch ihre Anwesenheit und Aufmerksamkeit die berufsrichterlichen Entscheidungspraktiken und -kriterien zu kontrollieren, einschließlich semi- und illegaler institutionalisierter Handlungsnormen (da-zu Eisenberg/Kölbel Kriminologie § 32 Rn. 1 ff.). Darüber hinaus überträgt ihnen das Gesetz eine substanzielle Entscheidungsmacht: Am JSchöffG kön-nen die beiden Schöffen den JRichter überstimmen (§ 196 GVG iVm § 2 Abs. 2), und in einer JKammer können sie eine dem Angeklagten nachteilige Entscheidung gegen das Abstimmungsverhalten der Berufsrichter verhindern (§ 263 Abs. 1 StPO iVm § 2 Abs. 2).

3   Im Vorfeld der Entscheidungen sind JSchöffen nicht auf eine passive Zuschauerrolle beschränkt. Sie haben vielmehr ein **Fragerecht** (§ 240 Abs. 2 S. 1 StPO iVm § 2 Abs. 2), das sie in offener und verständlicher sowie „respektvoller" Formulierung ohne „Vorfestlegung" ausüben sollen (Schady RohR 2017, 96 (96 f.)). Dazu geben ihnen die Vorsitzenden jeweils Gelegenheit (Nr. 126 Abs. 2 S. 1 RiStBV). Bei minderjährigen Zeugen sind die Modalitäten modifiziert (§ 241a Abs. 2 StPO iVm § 2 Abs. 2). Zudem ergeben sich aus Nr. 126 RiStBV gewisse Informationsrechte und ein (begrenzter) Zugang zur Anklageschrift. Eine **Akteneinsicht** wurde den Schöffen von der Rspr. traditionell versagt, da sie ihr Urteil hierdurch allzu leicht (anders als professionalisierte Berufsrichter) aus dem Aktenwissen und – entgegen dem Unmittelbarkeits- und Mündlichkeitsprinzip – nicht allein aus der HV ableiten könnten (vgl. auch Nr. 126 Abs. 3 S. 1 RiStBV sowie Rönnau GS Weßlau, 2016, 293 (300 f.); Rönnau FS Schlothauer, 2018, 367 (375): Verlust von „Unbefangenheit"; diff. aber BGHSt 43, 36 = NJW 1997, 1792). Um ihnen eine gleichberechtigte richterliche Mitentscheidung (ohne Benachteiligung ggü. den Berufsrichtern) zu ermöglichen, wird ein Anspruch auf Aktenkenntnis von der Lit. dagegen bejaht (vgl. etwa Temming in BeckOK StPO RiStBV 126 Schöffen Rn. 8; Eisenberg BeweisR StPO Rn. 74 f. mwN). Für das JStV gilt all das entspr. (ebenso Sonnen/ Kalcher DVJJ-J 2003, 59; zum Ganzen n. Lennartz, Erziehung durch Jugendschöffen?, 2016, 108 ff., 273 ff.).

2. Mitwirkungspflicht

Die Wahrnehmung der Richterrolle durch den JSchöffen wird prozessual **4** abgesichert. So schließt es die Garantie des gesetzlichen Richters (Art. 101 Abs. 1 S. 2 GG) ein, dass das JGericht **korrekt besetzt** ist und die jeweils vorgesehenen JSchöffen (§§ 44, 45 GVG) daran mitwirken. Bleibt der JSchöffe aus, zieht der JRichter einen Ersatzschöffen heran (Barthe in KK-StPO GVG § 54 Rn. 17). Gegen die nicht erschienenen JSchöffen wird ein Ordnungsgeld verhängt (§ 56 GVG); anhaltendes unentschuldigtes Fernbleiben kann zur Amtsenthebung und wegen des jugendstrafrechtlichen Beschleunigungsbedürfnisses auch zu einer einstweiligen Anordnung nach § 51 Abs. 3 S. 1 GVG führen (OLG Rostock BeckRS 2016, 5839). Für die Zulässigkeit einer **Entbindung** gem. § 54 GVG, die den JSchöffen von der Erscheinenspflicht befreit, gilt nach hM ein strenger Maßstab (speziell zur Ausübung des Terminierungsermessens des Vorsitzenden, das faktisch zu einer Verhinderung der Mitwirkung bestimmter JSchöffen führt, n. Sowada Richter 729 ff.). Wird das missachtet, kann darin ein Besetzungsfehler liegen, der ggf. zur Aufhebung des Urteils gem. § 338 Nr. 1 StPO iVm § 2 Abs. 2 führt (zu den strikten Anforderungen an berufliche Gründe vgl. BGH NStZ 2015, 350; vgl. auch BGH NStZ 2017, 491; anders indes bei Urlaub des Schöffen BGH NStZ 2015, 714).

3. Neutralitätspflicht

Soweit nicht die modifizierenden Vorschriften von § 35 zum Tragen **5** kommen (→ Rn. 9 ff.), bestimmen sich Auswahl und Tätigkeit der JSchöffen nach den allg. Vorschriften (§§ 31 ff., 77 GVG). Hiernach sind in den §§ 31 –34 GVG einige (unterschiedlich verbindliche) **Ausschlussgründe** sowie einige anerkannte, individuelle Verweigerungsgründe normiert (zur ggf. erfolgenden Streichung von der Schöffenliste s. § 52 GVG). Ungeeignet ist bspw., wer nicht im jeweiligen JAmts- und AG-Bezirk wohnt (Schatz in

Diemer/Schatz/Sonnen Rn. 9). Soweit bestimmte Personengruppen wegen ihrer persönlichen oder beruflichen Verhältnisse nicht zum Schöffenamt berufen werden sollen, ist das hinsichtlich der Altersober- und Altersuntergrenzen (§ 33 Nr. 1 und Nr. 2 GVG) ein Gegenstand der rechtspolitischen Diskussion (→ Rn. 16). Gerichtstypische Neutralitätsanforderungen bestehen jedoch nur indirekt. So kann es bei einer **religiös** begründeten Eidesverweigerung an der Fähigkeit fehlen, das Amt auszuüben (LG Dortmund NStZ 2007, 360 zu einer JSchöffin, der zufolge die Glaubwürdigkeit von Frauen per se herabgesetzt sei). **Kopftuchtragen** hebt die Schöffenfähigkeit dagegen an sich nicht auf (LG Bielefeld NJW 2007, 3014 mzustAnm Bader NJW 2007, 2964; KG NStZ-RR 2013, 156). Obwohl hier auch kein zwangsläufiger Konflikt mit der Objektivität der Laienrichterinnen besteht, kann darin allerdings ein Verstoß gegen (von BVerfGE 153, 1 = NJW 2020, 1049 akzeptierte) landesrechtliche Verbote liegen (etwa Art. 11 Abs. 2 iVm Art. 15 BayRiStAG). Nach dem GVG bleibt dies de lege lata jedoch folgenlos (abw. und wohl für Anwendung von § 51 GVG VGH München BeckRS 2020, 36170; s. auch AG Fürth BeckRS 2018, 31935: Schöffin muss Antrag nach § 54 GVG stellen).

6   An einer effektiven prozeduralen Kontrolle der (Nicht-)Geeignetheit fehlt es letztlich. Dies betrifft auch die an JSchöffen gerichtete Erwartung, „ohne Ansehen der Person zu urteilen und nur der Wahrheit und Gerechtigkeit zu dienen" (§ 45 Abs. 3 S. 1 DRiG). Daran kann es bei JSchöffen mit pronuncierten oder gar **extremen Auffassungen** zu bspw. religiösen, gesellschafts-, geschlechter- oder rechtspolitischen Fragen fehlen. Wird deshalb in Verfahren wegen bestimmter Tatvorwürfe bzw. gegen Angehörige bestimmter gesellschaftlicher Gruppen eine Voreingenommenheit oder Parteilichkeit des JSchöffen bekannt, begründet dies ggf. die **Ablehnung wegen Befangenheit** (§§ 24, 31 StPO iVm § 2 Abs. 2). Möglich ist diese Besorgnis etwa bei einer Einbindung in Opferschutzvereinen (hierzu Lorenz DRiZ 1999, 253 (255); Schwenn FPPK 2013, 258 (262); speziell zum Engagement bei „Wildwasser" und gleichzeitigem Schöffeneinsatz in Jugendschutz- und Missbrauchsverfahren zutr. Barton StV 2015, 210; verfehlt indes OLG Celle NStZ-RR 2014, 346).

7   Führt die religiöse, politische usw Haltung des JSchöffen nicht nur zu einer fallbezogenen, sondern zu einer übergreifenden (systematischen) Befangenheit, kann das eine **Amtsenthebung** wegen gröblicher Verletzung der Amtspflichten (§ 51 GVG) oder ggf. eine Streichung von der Schöffenliste (§ 52 GVG) erforderlich machen (vgl. erg. auch Rönnau GS Weßlau, 2016, 293 (297)). Bejaht worden ist das bspw. bei Infragestellung der Legitimität der BRD als Staat (OLG Dresden NStZ-RR 2015, 121; OLG München StV 2016, 637 = BeckRS 2016, 8136; OLG Hamm NStZ-RR 2017, 354) sowie bei Hass auf „Pädophile" (KG NStZ-RR 2016, 252). De lege ferenda ist die Schaffung einer Vorschrift im GVG zu erwägen, auf deren Grundlage „einseitig ideologisch festgelegte Personen", sofern deren Einstellungen in Konflikt zu Grundsätzen der StPO und/oder des JGG stehen können, bereits im Wahlverfahren ausgeschieden werden können (Lieber RohR 2015, 52). Die Amtsenthebung wegen Voreingenommenheit würde dann auf engere Konstellationen begrenzt (vgl. etwa OLG Celle NStZ-RR 2015, 54: generalisierte Angst vor Rache der Verurteilten).

4. Rechtstatsächliche Relativierung

Da Berufsrichter gegenüber den Schöffen nicht nur erhebliche Erfah- **8** rungsvorteile haben, sondern ihren hinzukommenden juristisch-fachlichen Kompetenzvorsprung oft auch in eine argumentative Überlegenheit umlegen können, setzen sie sich bei Divergenzen regelhaft durch. Der **Einfluss** von Schöffen auf die Urteilsherstellung wird daher von diesen selbst, aber auch von Berufsjuristen im JStV wie im allg. StVerf als **gering** eingeschätzt. Beide Gruppen berichten von nur wenigen laienrichterlichen Aktivitäten in der Verhandlung und der Beratung und von eher seltenen Fällen, in denen sich bei Meinungsunterschieden nicht der Berufsrichter durchzusetzen versteht (Rennig, Die Entscheidungsfindung durch Schöffen und Berufsrichter in rechtlicher und psychologischer Sicht, 1993, 488, 529 ff., 554 ff.; vgl. aus der Praxis David RohR 2015, 86 (87): idR nur „Abnicken und Zuhören" bzw. Thielmann RohR 2015, 83 (84): „niemals erlebt, dass Schöffen den Vorsitzenden überstimmt hätten"; weniger deutlich dazu Lennartz, Erziehung durch Jugendschöffen?, 2016, 259 ff., 279 ff.; Glöckner/Dickert/Landsberg ua, Entscheidungsverhalten von Schöffen, 2011, 18). In einer größeren Erhebung von Machura (Fairness und Legitimität, 2001, 193 ff., 236 ff.) werden diese Befunde weiter bestätigt, wobei sich Unterschiede zwischen den Richtern in der Akzeptanz und Berücksichtigung der Schöffen zeigten. Gleichzeitig scheint Mitwirkung ehrenamtlicher Richter in der HV seitens der beteiligten JRichter aber als positiv empfunden zu werden (Klausa, Zur Typologie der ehrenamtlichen Richter, 1972, 69 f.; iE einschr. indes Gerken in Gerken/Schumann, Rechtsstaat, 106 ff.; Lennartz, Erziehung durch Jugendschöffen?, 2016, 311, 342 f.).

III. Auswahl der Jugendschöffen

1. Vorschlagsverfahren

a) Aufstellung der Vorschlagsliste. Anders als nach allg. StVR (§ 36 **9** Abs. 1 S. 1 GVG) schlagen nicht die Gemeinden, sondern gem. **Abs. 1 S. 1** die **JHilfe-Ausschüsse** (§ 70 f. SGB VIII) die für das JSchöffenamt geeigneten Personen vor. Die Gesamtzahl der benötigten JSchöffen bestimmt gem. § 43 GVG der LG-Präsident bzw. AG-Präsident. Die erforderliche Zahl der JSchöffen für ein gemeinsames JSchöffG sowie für die JKammer sind jeweils angemessen auf die einzelnen zugehörigen AG-Bezirke zu verteilen, ohne einzelne AG-Bezirke übergehen zu dürfen (OLG Celle JR 1981, 169 (169 f.)). Sofern für den Bezirk eines AG mehrere JÄmter zuständig sind, bedarf es einer Regelung, welche Anzahl von Personen von jedem einzelnen JHilfe-Ausschuss mindestens vorzuschlagen ist. Mangels besonderer gesetzlicher Regelungen ist dies mit Blick auf den Rechtsgedanken, der den §§ 43 Abs. 1, 58 Abs. 2 GVG zugrunde liegt, durch den Gerichtspräsidenten zu bestimmen (ebenso zB Schatz in Diemer/Schatz/Sonnen Rn. 16). Dass (gemessen an den benötigten JSchöffen) nach Abs. 2 S. 1 insgesamt die **doppelte Anzahl** an Personen vorgeschlagen werden soll, dient dazu, dem Wahlausschuss eine gewisse Auswahl unter den Vorgeschlagenen zu ermöglichen. Notfalls muss der Vorsitzende des Wahlausschusses auf den JHilfe-Ausschuss einwirken und auf eine ausreichend bemessene

Vorschlagsliste drängen (BGHSt 26, 391 = NJW 1976, 2357: selbst bei dadurch eintretender Fristüberschreitung). Schon wegen des Bedarfs bei Ergänzungswahlen ist der Vorschlag des BR (BR-Drs. 419/16, 2 f.), die eineinhalbfache Anzahl an Vorschlägen genügen zu lassen, durchaus problematisch.

10   Die Aufnahme einer Person in die Vorschlagsliste setzt die **Zustimmung von zwei Dritteln** der anwesenden stimmberechtigten Mitglieder des JHilfe-Ausschusses voraus, mindestens jedoch der Hälfte aller stimmberechtigten Mitglieder (Abs. 3 S. 2). Die Regelung ist nur eingeschränkt geeignet, einseitigen oder sachfremden (insbes. partei-, lokal- oder zB auch geschlechterpolitischen) Gesichtspunkten bei der Erstellung der Vorschlagsliste entgegenzuwirken, zumal Absprachen keineswegs auszuschließen sind (zum parteipolitischen Einfluss s. namentlich die ältere Lit., etwa Ullrich RdJB 1969, 303 (304); Delitzsch MschrKrim 1979, 26 (28 Fn. 18); vgl. auch Klausa, Zur Typologie der ehrenamtlichen Richter, 1972, 47 f.; Gerken in Gerken/Schumann, Rechtsstaat, S. 107). So erscheint es auch als nicht unbedenklich, dass Gruppenvorschläge der im JHilfe-Ausschuss vertretenen Parteien für zulässig erachtet werden (vgl. BGHSt 12, 197 = NJW 1959, 349). – Die Vorschlagsliste ist nach Abs. 3 S. 3 und 4 für eine Woche **öffentlich auszulegen.**

11   **b) Aufnahmekriterien.** Der JHilfe-Ausschuss darf in die Vorschlagsliste nur Personen aufnehmen, welche nach den allg. Vorschriften des GVG die Befähigung zum Schöffenamt haben (→ Rn. 5). Bei deren Zusammensetzung soll – mit Blick auf die gleichlautende Vorgabe bei der Auswahl (Abs. 1 S. 2) und Gerichtsbesetzung (§ 33a Abs. 1 S. 2) – **Geschlechterparität** hergestellt werden (Abs. 2 S. 1). Darüber hinaus sollen die vorgeschlagenen Personen nach Abs. 2 S. 2 eine **erzieherische Qualifikation** aufweisen. Der älteren Rspr. zufolge eigneten sich als JSchöffen also „nur besonders ausgewählte Persönlichkeiten, bei denen jugendpsychologische Kenntnisse, pädagogische Fähigkeiten und die entspr. Erfahrungen auf diesen Gebieten gegeben sind" (BGHSt 8, 349 (354) = NJW 1956, 517 (518); BGHSt 9, 399 (402) = NJW 1957, 390 (391)). Teilw. wird deshalb auch unterstellt, dass JSchöffen tatsächlich „im Regelfall über besondere Sachkunde" verfügen (so BayObLG BeckRS 1996, 23752).

12   Abgesehen von der Unbestimmtheit der „erzieherischen Eignung", wird dieses Kriterium in der Rechtspraxis aber kaum relevant (s. schon Delitzsch MschrKrim 1979, 26 ff.; ferner Weil/Wilde Jugendwohl 1983, 303; Gerken in Gerken/Schumann, Rechtsstaat, S. 108, 120: ohne „Eignungsprüfung"; vgl. erg. → § 37 Rn. 5 ff., → Einl. Rn. 38). **Anhaltspunkte** für die geforderte jugenderzieherische Erfahrung können sich aus einer länger andauernden beruflichen oder ehrenamtlichen Tätigkeit in JHilfe- und Jugendfreizeiteinrichtungen, in Jugendverbänden oder der Kinderbetreuung ergeben, doch de facto weisen JSchöffen nicht übermäßig häufig einen entspr. Hintergrund auf (zu empirischen Hinweisen vgl. Lennartz, Erziehung durch Jugendschöffen?, 2016, 201 ff. sowie 22. Aufl. Rn. 7a mwN). Angesichts der Erwartung an die JSchöffen, das Richteramt in gleichberechtigter Weise auszuüben (→ Rn. 2), sollten sie daher nach Möglichkeit in die berufsrichterliche Weiterbildung (vgl. → § 37 Rn. 7, 17) einbezogen werden (zu den Anforderungen an eine koordinierte Qualifizierung von JSchöffen Emig/Goerdeler/Lieber ua, Leitfaden für Jugendschöffen, 2008, 5 ff.).

c) Einspruch. Einspruch gegen die Vorschlagsliste kann aus den Gründen **13** der §§ 32 ff. GVG (nicht aber wegen fehlender Voraussetzungen nach Abs. 2 S. 2) noch eine Woche nach Ende des Auslegungszeitraums (→ Rn. 10) schriftlich oder zu Protokoll erhoben werden (§ 37 GVG). Auf die gesetzlich vorgeschriebene Frist und die Einspruchsmöglichkeit ist bei der öffentlichen Bekanntmachung iSv Abs. 3 S. 4 hinzuweisen (ebenso Dallinger/Lackner Rn. 13). Das weitere Verfahren bestimmt sich nach §§ 38–41 GVG. Über den Einspruch wird im Schöffenauswahlausschuss unter Vorsitz des JRichters entschieden **(Abs. 4).**

2. Wahlverfahren

Die Auswahl der JSchöffen und Jugendersatzschöffen aus der (evtl. berich- **14** tigten) Vorschlagsliste erfolgt – stets im Fünfjahresrhythmus und gemeinsam mit der Wahl der im allg. StVerf tätigen Schöffen – durch den allg. Schöffenwahlausschuss (Abs. 1 S. 1 und Abs. 6). Die Zusammensetzung des Ausschusses ist in § 40 GVG geregelt (zur Notwendigkeit der Mitgliedervollständigkeit s. BVerfGE 31, 181 (184) = BeckRS 1971, 469). Den Vorsitz führt der JRichter **(Abs. 4)**; im Falle eines Bezirks-JRichters gilt dies für alle Wahlausschüsse seines Bezirks (Brunner/Dölling Rn. 3). Über die Auswahl der erforderlichen Zahl von JSchöffen (und Jugendersatzschöffen) entscheidet der Ausschuss mit der Mehrheit von zwei Dritteln (§ 42 Abs. 1 GVG). Inhaltliche Kriterien gibt das Gesetz hierbei nur insofern vor, als eine gleiche Zahl von Frauen und Männern gewählt (Abs. 1 S. 2) und auch sonst die **Bevölkerungsrepräsentativität** bei der Zusammensetzung der JSchöffen angestrebt werden soll (§ 42 Abs. 2 GVG). Dem Anliegen der Vorschrift entspräche auch eine hinreichende Mitberücksichtigung ethnischer und migrantischer Minderheiten (vgl. aber das Erfordernis der deutschen Staatsbürgerschaft in § 31 S. 2 GVG).

Für JSchöffen und Jugendersatzschöffen (zu deren etwaiger Heranziehung **15** §§ 46–49, 54 GVG) werden **gesonderte Schöffenlisten,** die für Männer und Frauen zu trennen sind, geführt (vgl. Abs. 5 sowie § 44 GVG). Auf dieser Grundlage erfolgt die Feststellung der ordentlichen Sitzungstage und hieran anknüpfend auch – in einer öffentlichen Sitzung (LG Bremen StV 1982, 461 = LSK 1983, 050099 mAnm Jungfer StV 1981, 462) – die Auslosung der jeweils mitwirkenden JSchöffen (§§ 45 Abs. 1 und 2, 77 Abs. 3 S. 1 GVG; vgl. hierzu BGHSt 15, 107 = NJW 1960, 1918).

3. Rechtspolitische Vorstöße

Soweit JSchöffen überhaupt ein Gegenstand näherer Betrachtung sind, **16** wird vielfach über die Sicherstellung einer angemessenen Qualifikation durch eine verbesserte fachliche Vorbereitung und veränderte Auswahlprozesse diskutiert (vgl. etwa Lennartz, Erziehung durch Jugendschöffen?, 2016, 313 ff.; s. schon Delitzsch MschrKrim 1979, 26 ff.). De lege ferenda wurde angeregt, das Schöffenmindestalter (§ 33 Nr. 1 GVG) abzusenken und an die allg. Vorgaben zur Volljährigkeit (§ 2 BGB; Art. 38 Abs. 2 GG) anzupassen (zu Anhaltspunkten für eine deutliche Unterrepräsentation der (männlichen) Altersgruppe bis zum 40. Lbj. vgl. vormals Katholnigg/Bierstedt ZRP 1982, 267 (267 f.)). Hierdurch würde eine größere Nähe im Alter der Angeklagten und Laienrichter erreicht (Haegert NJW 1968, 927 (929);

iE ebenso Schady/Sommerfeld in NK-JGG Grdl. §§ 33–38 Rn. 13; vgl. auch Schatz in Diemer/Schatz/Sonnen Rn 11: 21 Jahre). Die dagegen formulierten Bedenken (Ullrich RdJB 1969, 303 (303 f.); Weil/Wilde Jugendwohl 1983, 303 (305): Gewissenskonflikte oder umgekehrt stärkere Ablehnung und repressivere Reaktionen bei gleichaltrigen Laienrichtern) sind empirisch ebenso ungesichert wie die erwarteten Vorzüge jüngerer JSchöffen (zur ähnlichen Forschungslage bei sog. „Schülergerichten" vgl. → § 45 Rn. 38 f.). Für die Beibehaltung des status quo spricht aber die in § 105 Abs. 1 aufgegriffene Entwicklungsdynamik, die noch nach dem 18. Lbj. anhält und der schwerlich mit einer Einzelfallprüfung der laienrichterlichen Reife begegnet werden kann (so aber Höffner in MüKoStPO Rn. 3). Zu berücksichtigen ist ferner der praktische Gesichtspunkt, dass sich die zeitliche Beanspruchung des Schöffenamts (§ 43 Abs. 2 GVG: jährlich bis zu 12 Sitzungstagen) mit der Berufstätigkeit deutlich besser in Einklang bringen lässt (vgl. dazu § 45 Abs. 1a DRiG) als mit schulischen oder anderen Ausbildungserfordernissen.

IV. Revision

17   Fehler bei der Auswahl der JSchöffen führen zu einer irregulären Besetzung des Gerichts, die einen absoluten Revisionsgrund darstellt (§ 338 Nr. 1 StPO iVm § 2 Abs. 2). Nach hM gilt dies aber lediglich für **offenkundige und schwere Gesetzesverletzungen** bei der Schöffenwahl (zur fehlerhaften Wahl n. Gittermann in Löwe/Rosenberg GVG § 40 Rn. 20 ff.; Knauer/Kudlich in MüKoStPO StPO § 338 Rn. 35 jeweils mwN). Wählt der Schöffenwahlausschuss einen JSchöffen, der nicht vom JHilfe-Ausschuss vorgeschlagen wurde (sondern aus der Vorschlagsliste der Erwachsenenschöffen stammt), ist die Wahl ungültig. Wirkt der JSchöffe dennoch in der HV mit, unterliegt das Urteil der Besetzungsrüge (BGHSt 26, 391 = NJW 1976, 2357). Ein solcher Revisionsgrund (nach § 338 Nr. 1 StPO) liegt auch dann vor, wenn der in der HV mitwirkende JSchöffe nicht die Befähigung zum Schöffenamt hatte (Dallinger/Lackner Rn. 6), etwa im Fall unzureichender Deutschkenntnisse BGH NStZ-RR 2011, 349). Ebenso verhält es sich, wenn ein in der HV mitwirkender JSchöffe von einem gesetzwidrig besetzten Schöffenwahlausschuss gewählt worden ist (BVerfGE 31, 181 (184) = BeckRS 1971, 469). Ist bei der Verteilung der für die JKammer erforderlichen Zahl der JSchöffen ein AG-Bezirk übergangen worden, so soll – auch sofern nicht weniger JSchöffen benötigt werden, als AG-Bezirke bestehen – der damit verbundene Verstoß gegen § 77 Abs. 2 S. 1 GVG idR als bloßer error in procedendo nicht mit der Revision angegriffen werden können (OLG Celle JR 1981, 169; Brunner/Dölling Rn. 4 (zw.)).

Jugendstaatsanwalt

36   (1) [1]**Für Verfahren, die zur Zuständigkeit der Jugendgerichte gehören, werden Jugendstaatsanwälte bestellt.** [2]**Richter auf Probe und Beamte auf Probe sollen im ersten Jahr nach ihrer Ernennung nicht zum Jugendstaatsanwalt bestellt werden.**

(2) ¹**Jugendstaatsanwaltliche Aufgaben dürfen Amtsanwälten nur übertragen werden, wenn diese die besonderen Anforderungen erfüllen, die für die Wahrnehmung jugendstaatsanwaltlicher Aufgaben an Staatsanwälte gestellt werden. ²Referendaren kann im Einzelfall die Wahrnehmung jugendstaatsanwaltlicher Aufgaben unter Aufsicht eines Jugendstaatsanwalts übertragen werden. ³Die Sitzungsvertretung in Verfahren vor den Jugendgerichten dürfen Referendare nur unter Aufsicht und im Beisein eines Jugendstaatsanwalts wahrnehmen.**

Übersicht

I. Anwendungsbereich

Die Vorschrift findet in Verfahren gegen **Jugendliche** (§ 33 Abs. 1) **1** ebenso wie gegen **Heranwachsende** (§§ 107, 33 Abs. 1) vor den JGerichten, nicht jedoch vor den für allg. Strafsachen zuständigen Gerichten (§§ 104 Abs. 1, 112 S. 1) Anwendung.

II. Besondere Aufgaben der Jugendstaatsanwaltschaft

1. Umsetzung des Erziehungsauftrags (§ 2 Abs. 1)

Im Ermittlungs- und Hauptverfahren hat der JStA grds. dieselben Auf- **2** gaben wie im allg. StrVerf. Allerdings ist er im JStV hierbei an § 2 Abs. 1 in einer Weise gebunden, die nicht nur die Erwartung einer besonders akzentuierten Aufgabenerfüllung, sondern gleichsam zusätzliche Verpflichtungen begründet. Die JStA, die das Ermittlungsstadium zu leiten hat (Kölbel in MüKoStPO StPO § 161 Rn. 12 ff.; zu rechtspraktischen Relativierungen → Einl. Rn. 45), ist als das **erste justizielle Organ** mit dem jeweiligen Vorwurf befasst. Sie trägt daher eine besondere Verantwortung für eine jugendgemäße strafrechtliche Ereignisverarbeitung (s. auch → Rn. 20), und dies bereits bei den verschiedenen **prozessualen Entscheidungen** (U-Haft,

Begutachtung, Vernehmung usw – hierzu auch Wellershoff in BeckOK JGG Rn. 9 ff.). Es obliegt der StA, die Ermittlungen (mit jeweils fallangemessener Intensität) frühzeitig auf die konkreten, interventionsmaßgeblichen Bedingungen des jeweiligen Beschuldigten zu erstrecken (BGHSt 6, 328 = NJW 1954, 1855; n. → § 43 Rn. 13 ff.). Im Zuge dessen sollte sich der JStA frühzeitig eine eigene **Beurteilungsgrundlage** vom Tathergang und von der Persönlichkeit des tatverdächtigen Jugendlichen bzw. Heranwachsenden verschaffen. Der hierbei notwendige Grad an **individualisierter Fallbezogenheit** verlangt ein Abrücken von der sonst de facto charakteristischen bürokratischen Handlungs- und administrativen Erledigungslogik staatsanwaltlichen Vorgehens (hierzu Eisenberg/Kölbel Kriminologie § 27 Rn. 86; für ein dezidiert formal-juristisches Agieren hingegen Diemer in Diemer/Schatz/Sonnen Rn. 4).

3   Von besonderer Bedeutung für die **zentrale Rolle,** die der JStA in der Umsetzung der jugendstrafrechtlichen Programmatik ausfüllen muss, sind die ihm zugewiesenen Möglichkeiten der Verfahrenseinstellung. Unter Berücksichtigung der Stellungnahme der JGH (→ § 38 Rn. 13) muss der JStA auf dieser Basis entscheiden, inwieweit es einer formalen Reaktion auf das jeweilige Deliktsereignis bedarf. Stets ist zu prüfen, ob ein **Absehen von** der **Verfolgung** der Tat unter den Voraussetzungen des § 45 in Betracht kommt, da das Legalitätsprinzips im JStV im Interesse erzieherischer Notwendigkeiten starke Durchbrechungen erfährt. Im Einzelnen muss der JStA hierbei berücksichtigen, dass eine erzieherische Maßnahme, die von den Eltern wegen der Tat vorgenommen wurde, Anlass zu einem Vorgehen nach § 45 Abs. 2 S. 1 geben kann, zumal staatliche Maßnahmen zur Erziehung des Jugendlichen dem grundgesetzlich garantierten Erziehungsrecht der Eltern (Art. 6 Abs. 2 S. 1 GG) nachrangig sind (vgl. auch → § 45 Rn. 32; RL 3 zu § 45). In diesen Fragen verfügt der JStA über weite Handlungsspielräume und **eigene Entscheidungsmacht** (vgl. etwa auch Streng JugendStrafR Rn. 123).

4   Eine gesteigerte Verantwortung der JStA besteht, wenn das JStV zu **vermehrten psycho-sozialen Belastungen** bei den verfahrensbetroffenen Personen führt. Dies ist bspw. bei **nichtdeutschen** Beschuldigten oftmals der Fall. Bei ihnen kann nicht nur die strafrechtliche Verurteilung ausländerrechtliche Implikationen haben (→ § 5 Rn. 15), sondern bereits das vorwurfsklärende Verfahren. Nach der Einleitung von Ermittlungen, die den Ausländerbehörden mitgeteilt wird (§ 87 Abs. 4 AufenthG; ferner § 8 Abs. 1a AsylG), ist nämlich die Entscheidung über die Erteilung bzw. Verlängerung eines Aufenthaltstitels gem. § 79 Abs. 2 AufenthG auszusetzen, sofern darüber nicht unabhängig von dem Ausgang des JStV entschieden werden kann (vgl. auch die Aussetzung des Einbürgerungsverfahrens gem. § 12a Abs. 3 S. 1 StAG). Die außerprozessualen Nebenwirkungen, die mit nahezu jedem Ermittlungsverfahren einhergehen, entwickeln hierdurch (dh durch die hierin liegende Ungewissheit der Zukunftsgestaltung) eine besondere Tragweite (zu einer gewissen Abmilderung durch eine sog. Fiktionsbescheinigung s. § 81 Abs. 5 AufenthG, die letztlich aber sichtbarer Ausdruck der Unwägbarkeiten ist). Als entwicklungserschwerende Stressoren werden solche Belastungen iÜ selbst von einer nachfolgenden Verfahrenseinstellung nicht wieder ungeschehen gemacht. Insofern besteht in diesem Bereich für die JStA eine gesteigerte Beschleunigungsnotwendigkeit (allg. dazu → Einl. Rn. 43).

2. Mitwirkung in der Hauptverhandlung

Neben der strafprozessual üblichen Mitwirkung an der Tatrekonstruktion **5** obliegt dem JStA in der HV die dezidierte Hinwirkung auf eine spezialpräventive Rechtsfolgenwahl und auf die Aufklärung der dafür maßgeblichen Faktoren. Darüber hinaus hat er ein spezielles Auftreten zu zeigen, um den Besonderheiten der Altersgruppe, der die Angeklagten angehören, gerecht zu werden. Dazu zählt es bspw., den jugendlichen bzw. heranwachsenden Angeklagten möglichst direkt (unter Vermeidung der An-/Rede in der dritten Person) anzusprechen. Hierbei – wie auch im **Schlussvortrag** gem. § 258 Abs. 1 StPO iVm § 2 Abs. 2 StPO (zu dessen Unabdingbarkeit OLG Zweibrücken StV 1986, 51 = LSK 1986, 230163) – ist nach dem Rechtsgedanken von §§ 70b Abs. 1 S. 1, 70c Abs. 1 auf die jugendtypischen **Kommunikationsgewohnheiten** und Verstehensmöglichkeiten der Angeklagten eigens Rücksicht zu nehmen (Vermeidung von Fremdwörtern und Fachsprache). In Orientierung an § 46 hat der JStA darauf zu achten, dass die Präsentation des (Beweis-)Ergebnisses beim zuhörenden Jugendlichen bzw. Heranwachsenden möglichst keine negativen erzieherischen Wirkungen verursacht.

Traditionell umstritten ist, ob eine jugendorientierte Handhabung von **6** Nr. 127 RiStBV besagt, von der Stellung bestimmter **Anträge** in der HV bisweilen Abstand zu nehmen. Dies gelte für jene Konstellationen, in denen beim Angeklagten der Eindruck entstehen könnte, dass mit Blick auf die Zulässigkeit, Erforderlichkeit oder Auswahl der jugendstrafrechtlich-erzieherischen Intervention nicht unerhebliche **Meinungsverschiedenheiten** zwischen den justiziellen Akteuren bestehen (so noch Dallinger/Lackner Rn. 8; Potrykus Anm. 3; aA Brunner/Dölling Rn. 10; Schady in NK-JGG Rn. 4). Zumindest bzgl. der Rechtsfolgen wird im Rahmen des Schlussvortrags auf die Äußerung konkreter Vorschläge oder auch Forderungen der JStA allerdings schwerlich verzichtet werden können, wenn hier auch nicht unbedingt stets ein formeller Antrag formuliert werden muss (abw. Schady in NK-JGG Rn. 4). Davon abgesehen ist die Idee einer erzieherisch komponierten HV allerdings prinzipiell mit Skepsis zu sehen (→ Einl. Rn. 51 f.). Außerdem kann ein Disput zwischen JGericht und JStA ohnehin nur aus der Perspektive autoritärer Erziehungsmethoden als erzieherisch abträglich beurteilt werden (zu ähnlichen Problemen iZm der Stellung des Verteidigers → § 68 Rn. 9b f.).

3. Konsequenz: Spezialisierung und Qualifizierung

Angesichts dieser besonderen Aufgabenstruktur liegt es auf der Hand, dass **7** die Tätigkeit des JStA von anderen StA nicht einfach miterledigt werden kann. Das Gesetz verlangt deshalb eine Spezialisierung, weshalb in den Anklagebehörden je nach Geschäftsanfall ein JStA oder eine Mehrzahl von JStA bestellt wird (zur historischen Entwicklung dieser Vorgabe Sommerfeld in Anders/Graalmann-Scherer/Schady (Hrsg.), Innovative Entwicklungen in den deutschen Staatsanwaltschaften, 2021, 57 f.). Die vom Behördenleiter hierfür eingesetzte Person muss zudem den **Qualifikationsanforderungen des § 37** entsprechen (n. → § 37 Rn. 14 ff.) und mit den (auch regionalen) Besonderheiten von Jugenddelinquenz näher vertraut sein (ebenso Wiesener Qualitätsanforderungen 17). Diese Vorgabe ist (ungeachtet ihrer rechtspraktischen Geringschätzung) **zentral**. Denn fehlerhaft geführte Ermittlungen, unnötig erhobene oder unzulässige Anklagen, unangebrachte Anträge und pädagogisch ungeeignetes Verhalten ggü. dem Jugendlichen bzw. Heranwachsenden können dessen Entwicklung in verhängnisvoller Weise beeinträchtigen (allg. zu entspr. Effekten n. → Einl. Rn. 8, → § 5 Rn. 67 f.). Dass umgekehrt mit dem Grad der jugendstrafrechtlichen Spezialisierung des JStA die **erzieherische Funktionalität** der Entscheidungen steigt, ist iÜ nicht nur eine plausible Vermutung, sondern in empirischen Daten ablesbar (vgl. Grundies, Verfahrenseinstellungen nach §§ 45, 47 Jugendgerichtsgesetz, 2004, 115).

III. Zuständigkeit der Jugendstaatsanwaltschaft

1. Sachliche Zuständigkeit

8   Die Bestellung und Tätigkeit von JStA erstrecken sich auf sämtliche zur Zuständigkeit der JGerichte gehörende Verfahren (Abs. 1 S. 1). Das betrifft zunächst und va die **jugendstrafrechtlichen Materien** gem. § 33 Abs. 1. Hier ist die Tätigkeit der JStA auf das Erkenntnisverfahren des ersten Rechtszuges und die Berufung beschränkt (aA Schady in NK-JGG Rn. 2), da für das Revisionsverfahren gem. § 33 Abs. 2 keine JGerichte vorgesehen sind (→ §§ 33–33b Rn. 2). Auch für die erstinstanzlichen Verfahren vor den OLG und dem BGH sieht das Gesetz keine Bestellung von JStA beim Generalbundesanwalt oder der Generalstaatsanwaltschaft vor (zur Kritik an dieser Regelung → § 102 Rn. 2). Soweit die StA im Vollstreckungsverfahren beteiligt wird, ist der JStA zuständig, wobei die Leitung der Vollstr. aber grds. – abw. vom allg. StVR (§ 451 StPO) – dem JRichter obliegt (§ 82).

9   Daneben folgt aus Abs. 1 S. 1, dass der JStA auch **Jugendschutzsachen** (§§ 26, 74b GVG) bearbeitet, soweit eine Anklage vor dem JGericht in Betracht kommt (→ §§ 33–33b Rn. 11 f.). Sämtliche Bundesländer sehen dies in ihren Anordnungen über die Organisation und den Dienstbetrieb der StA zumindest als Soll-Vorschrift vor. Im Bereich des **OWiG** (vgl. → §§ 33–33b Rn. 10) besteht die Zuständigkeit der JStA wegen deren Akzessorietät zum JGericht ebenfalls, namentlich auch für das Vorlageverfahren gem. § 69 Abs. 4 S. 2 OWiG (vgl. Ellbogen in KK-OWiG OWiG § 68 Rn. 28).

2. Örtliche Zuständigkeit

10   In örtlicher Hinsicht hat der JStA gem. § 143 Abs. 1 GVG iVm § 2 Abs. 2 dieselbe Zuständigkeit wie das JGericht, an dem die Anklagebehörde eingerichtet ist (§ 141 GVG). Die besonderen Gerichtsstände, die gem. § 42 neben den Bestimmungen des allg. StVR (§§ 7 ff. StPO) gelten, sind daher auch für die örtliche Zuständigkeit der JStA von Bedeutung (allgA). Wird während des Verfahrens ein anderes Gericht zuständig, wechselt wegen § 143 GVG auch die Zuständigkeit der JStA (Brunner/Dölling Rn. 14; Erb in Löwe/Rosenberg StPO § 13 Rn. 9; aA LG Kiel SchlHA 1956, 274; Voss SchlHA 1967, 139).

3. Geschäftsverteilungsplan

a) Generelle Vorgaben. aa) Kriterien der Aufgabenzuweisung. Als 11
JStA können nur Personen eingesetzt werden, die den Qualifikationsanforderungen des § 37 entsprechen (→ Rn. 7). Schon deshalb geht es nicht an,
dass sämtliche allg. Dezernenten auch als Jugenddezernenten bestellt werden
(n. Eisenberg GA 2002, 579). Außerdem sollen Richter auf Probe und
Beamte auf Probe nach **Abs. 1 S.** 2 jedenfalls noch nicht im ersten Jahr nach
der Ernennung zum JStA bestellt werden. Auch diese Vorgabe dient angesichts der Tragweite, die die Entscheidungen der JStA haben können, der
Qualitätssicherung. Da Berufsanfänger bereits mit der Einarbeitung in die
allg. staatsanwaltliche Tätigkeit stark gefordert sind, ist die Entwicklung der
zusätzlichen Kompetenzen, derer es im Umgang mit jungen Beschuldigten
bedarf, noch nicht zu erwarten (BT-Drs. 17/6261, 15). Von dieser Soll-
Vorschrift ausnahmsweise abzuweichen, kommt mit Blick auf § 2 Abs. 1 nur
in sehr engen Grenzen in Betracht.

Ist die JStA mit **mehreren Personen** besetzt, sollte bei der Aufgaben- 12
verteilung dafür Sorge getragen werden, dass jeder JStA in gleichem Umfang
Sachen gegen Jugendliche wie gegen Heranwachsende bearbeitet. Im Übrigen wird die Zuständigkeit dann meist alphabetisch verteilt. Bei einem
Modellprojekt in NRW wurde hiervon in einzelnen Standorten abgewichen
und durch eine Geschäftsverteilung ersetzt, bei der die einzelnen Dezernate
für vorher festgelegte Bezirke zuständig sind. Dies hatte eine gewisse Verfahrensbeschleunigung, aber keine darüber hinausgehenden Effekte (etwa
bei der Rückfälligkeit) zur Folge (vgl. Ebert ZJJ 2015, 32).

bb) Keine systematische Vertretung. Bei der Geschäftsverteilung und 13
der täglichen Aufgabenorganisation ist ferner dafür Sorge zu tragen, dass der
Sachbearbeiter der JStA die Anklage – abgesehen vom vereinfachten JVerfahren (vgl. § 78 Abs. 2) – möglichst **auch in der HV** vertritt (RL zu § 36).
Von einer Übertragung auf örtliche Sitzungsvertreter („Sitzungsgeher") ist
demgemäß abzusehen. Die hiervon nicht ganz selten abweichende Praxis ist,
wie der Rückschluss zu § 38 Abs. 4 S. 2 zeigt, nicht ieS rechtswidrig. Sie
mag auch den erledigungsökonomischen Effizienzbelangen der Behörde ent-
gegenkommen. Doch mit der gesetzlich umschriebenen Funktion des JStA
(vgl. auch → Rn. 2 ff.) ist sie kaum vereinbar, da hierdurch in der HV ein
ungeeignetes Agieren des StA droht und das erzieherische Potenzial des
betreffenden Verfahrens beeinträchtigt werden kann (ebenso Wiesener Qualitätsanforderungen 12).

Bis zur Einführung von Abs. 2 (durch das StORMG mit Wirkung vom 14
1.1.2014) traten in großer Häufigkeit auch **Referendare** als Sitzungsvertreter auf. Der JStA wirkte hierbei allein über vorab erteilte Weisungen,
Absprachen oder telefonische Kontakte mit, da va für Verfahrenseinstellungen, die Zurücknahme der Klage oder den Rechtsmittelverzicht seine
Zustimmung eingeholt werden musste (n. und kritisch zu dieser Praxis
bspw. Middelhof Zbl 1987, 66; Eisenberg DRiZ 1998, 161; Helmken ZJJ
2009, 147). Nach dem seither geltenden Recht dürfen Referendare nur
unter der Aufsicht des JStA einzelne Aufgaben im JStV übernehmen
(Abs. 2 S. 2). Das gilt nach **Abs. 2 S. 3** auch in der HV, in der der
beaufsichtigende JStA neben dem Referendar anwesend sein muss (BT-Drs.
17/6261, 15 f.). § 142 Abs. 3 GVG wird im JStV nunmehr also in Orien-

tierung an § 37 modifiziert (Wiesener, Qualifikationsanforderungen an Jugendrichter (...), 2014, 81 ff.).

15   **b) Sonderdezernate.** Im Bereich sog. **besonderer Sachgebiete,** also in Verfahren zu bestimmten Kriminalitätsbereichen (bspw. Politische, Kapital-, BtM- oder Wirtschaftsdelikte), ergeben sich bisweilen Zuständigkeitsüberschneidungen zwischen Jugend- und Sonderdezernaten. Richtet sich der Verdacht gegen Jugendliche oder Heranwachsende, ist dabei zwar grds. der JStA zuständig. Die vorrangige Zuständigkeit wird in einigen Organisationsstatuten jedoch den Sonderdezernenten zugewiesen, die hierfür eigens als JStA zu bestellen sind (vgl. bspw. Nr. 18 Abs. 3 OrgStA NRW v. 6.3.2020 (JMBl. NRW S. 93); Nr. 11 Abs. 3 OrgStA Nds. v. 1.4.2014 (NdsRpfl 2014 Nr. 5, S. 142)). Damit soll der deliktsgruppenbezogenen Spezialisierung innerhalb der StA Rechnung getragen werden (daher zust. Maier in Weber BtMG Vor §§ 29 ff. Rn. 1762). Zugleich aber liegt auf der Hand, dass die JStA-Bestellung der Sonderdezernenten die Vorgaben von Abs. 1 S. 1 nur **feigenblattartig** erfüllt. Ungeachtet der formal abw. Etikettierung handelt es sich bei den so tätig werdenden Personen um StA, die für das jeweilige Sachgebiet besonders qualifiziert sind, nicht aber für jugendstrafrechtliche Besonderheiten. Die Ermittlungs- und Erledigungsstile, die Entscheidungskriterien und -ziele, die Wirklichkeitssichten und institutionalisierten Binnennormen, die für ihr Vorgehen prägend sind, werden damit durch eine allg.-strafrechtliche Logik statt durch eine jugendkriminologisch informierte Perspektive geprägt (zu den Konsequenzen s. die Fallstudien bei Frenzel KJ 2013, 419 (423 ff.); Eisenberg GS Weßlau, 2016, 67 ff.). Daher war diese Organisationspraxis seit jeher **abzulehnen** (Wellershoff in BeckOK JGG Rn. 2; Eisenberg NStZ 1994, 67). Inzwischen wird sie aber auch **durch § 37 begrenzt,** da die fraglichen Sonderdezernenten hiernach jugendstrafrechtlich erfahren und qualifiziert sein müssen (→ § 37 Rn. 14 ff.).

16   Als höchst problematisch erweist sich auch die Einrichtung spezieller **Sonderdezernate für sog. Intensivtäter.** Die Gruppe der hierin eingeordneten Beschuldigten wird dabei aus der Zuständigkeit einer regulären JStA herausgelöst (krit. etwa Eisenberg NStZ 2006, 522 (522 f.)), wobei diese Sonderbehandlung idR zu einer Beschleunigung und Intensivierung der prozessualen und sanktionsförmigen Eingriffe führt (→ Einl. Rn. 58 f.). Dass diese institutionelle Selektion durch eine angehobene erzieherisch-präventive Leistungsfähigkeit legitimiert würde, ist bislang aber in keiner Weise belegt, zumal sie auf einer teilw. fragwürdigen Zuordnungspraxis beruht (→ § 5 Rn. 60). Wo Sonderdezernate für unter und über 21-jährige Intensivtäter eingerichtet werden (zu dieser Variante vgl. den Bericht von Reusch ZJJ 2007, 295 für Bln.), ist **Abs. 1 S. 1** indes eindeutig verletzt (Ostendorf ZJJ 2007, 300 (300); Eisenberg ZJJ 2012, 204 (206 f.). Mit den Vorgaben der Norm wenigstens formal zu vereinbaren ist es allein, wenn eine eigene Zuständigkeit für jugendliche und heranwachsende „Intensivtäter" vorgesehen und dieses Dezernat wie die „normalen" Jugenddezernate der gemeinsamen Jugendabteilung zugeordnet wird. Aber auch diese Lösung tendiert zu einer **punitiven** Wendung der hierin eingebundenen JStA, die Zweckentfremdungen ggf. einschließt (denkbar bis hin zur Schaffung strafverfolgungsbasierter Ausweisungstatbestände − vgl. etwa BayVerwGH BeckRS 2017, 108379).

c) Amtsanwaltschaft. Soweit in den Bundesländern auch Amtsanwälte **17** (§ 142 Abs. 1 Nr. 3 GVG) tätig sind, dürfen ihnen jugendstaatsanwaltliche Aufgaben nach **Abs. 2 S.** 1 lediglich dann übertragen werden, wenn sie die „besonderen Anforderungen" erfüllen, die an die JStA (→ Rn. 7) gestellt werden (nachdrücklich BT-Drs. 17/6261, 16). Die Überprüfung und Überprüfbarkeit dieser Vorgabe bleiben indes schwierig (krit. Wiesener Qualitätsanforderungen 80 f.), va wenn keine offensichtlichen jugenderzieherischen Erfahrungen bestehen (etwa beim vorherigen Einsatz als Rechtspfleger). Zugleich ist die dahingehende Notwendigkeit umso größer, je mehr im bisherigen beruflichen Werdegang der Amtsanwälte va die tatorientierte Arbeitsweise des allg. StVerf im Vordergrund stand. Selbst bei vorhandener jugendspezifischer Qualifikation führt die allg. Begrenztheit des amtsanwaltlichen Tätigkeitsbereichs (§ 142 Abs. 2 GVG) sodann dazu, dass im jeweiligen Gerichtsbezirk immer nur ein Teil der Jugend- und Heranwachsenden-Delinquenz bearbeitet werden kann. Mit dem Anliegen einer **einheitlichen** jugendstaatsanwaltlichen **Bearbeitung** von sämtlichen JSachen ist das kaum zu vereinbaren. Die Problematik wird indes durch die Organisationsstatute der Länder deutlich gemindert: Abgesehen von der Beschränkung auf bestimmte Delikte und Schadenshöhen, bei denen eine amtsanwaltliche Vertretung der Anklage hiernach möglich ist (und das ohnehin auch nur vor dem Amts- bzw. JRichter), **schließen** diese Bestimmungen die Amtsanwaltschaft in den meisten Bundesländern von der Bearbeitung strafrechtlicher Verfahren gegen Jugendliche und Heranwachsende ganz oder zumindest bei den meisten Delikten **aus** (vgl. bspw. Nr. 21 Ziff. a) OrgStA NRW v. 6.3.2020 (JMBl. NRW S. 93); Nr. 20 Ziff. a) OrgStA Nds. v. 1.4.2014 (NdsRpfl 2014 Nr. 5, S. 142)).

d) Örtliche Sitzungsvertreter. Eine Vertretung des JStA in der HV **18** durch örtliche Sitzungsvertreter (zB Art. 14 Abs. 2 BayAGGVG) ist ausgeschlossen (ebenso Diemer in Diemer/Schatz/Sonnen Rn. 7). Die Gegenauffassung (Nr. 20 BayOrgStA v. 16.3.2011 (JMBl. S. 53); s. auch Wellershoff in BeckOK Rn. 17) ist weder mit § 37 noch mit **Abs. 2 S. 1 vereinbar.** Dort ist in abschließender Weise die einzige Variante geregelt, in der eine Vertretung des JStA in der HV noch zulässig ist.

IV. Revision

Nach einer frühen Entscheidung des **BGH** (bei Herlan GA 1961, 358 = **19** BeckRS 2016, 15971) könne ein Verstoß gegen § 36 aF für sich allein die Revision **nicht** begründen. Insbesondere liege der absolute Revisionsgrund des **§ 338 Nr. 5 StPO** iVm § 2 Abs. 2 nicht vor, wenn ein Vertreter der StA, ohne zum JStA bestellt zu sein, vor dem JGericht die Anklagebehörde vertritt. Diese sei damit nämlich präsent (vgl. auch § 144 GVG). Ebenso verhalte es sich wegen § 142 Abs. 1 Nr. 3 GVG bei der Sitzungsvertretung durch einen Amtsanwalt vor dem JSchöffenG (OLG Karlsruhe NStZ 1988, 241) und wegen § 142 Abs. 3 GVG bei der Beauftragung von Referendaren mit der Anklagevertretung in der HV (OLG Hamm JMBl. NW 1994, 23 = BeckRS 1993, 31208042; LG Duisburg StRR 2010, 469). Die besagten Vorschriften würden im JStV nicht verdrängt. Durch §§ 36, 37 werde allein die Besetzungsfrage im justiziellen Binnenbereich normiert, nicht aber be-

stimmt, dass die notwendige Anwesenheit der StA in der HV funktions-
abhängig und allein durch einen JStA gegeben sei. Für die Konstellationen
von **Abs. 2 S.** 3 ist diese Auffassung inzwischen jedoch überholt. Die Vorschrift stellt klar, dass ein Referendar ohne Beisein eines JStA für die
erforderliche Anwesenheit der Anklagebehörde in der HV nicht ausreichend
und ein absoluter Revisionsgrund gegeben ist (ebenso Czerner/Habetha in
HK-JGG Rn. 9).

20   Insbesondere dort, wo ein nicht zum JStA bestellter StA mitgewirkt hat,
stellt sich die Frage, ob hierauf das Urteil möglicherweise iSv **§ 337 StPO**
beruhen kann (dazu, dass dies nur die HV und nicht das Ermittlungsverfahren betrifft, s. Eisenberg NStZ 1994, 67 (69)). Der eben genannten Rspr.
zufolge scheitere dies allerdings bereits daran, dass mit einer bloßen Ordnungsvorschrift kein Gesetz iSv § 337 StPO verletzt worden sei (ebenso
Brunner/Dölling Rn. 2; aA etwa Schady in NK-JGG Rn. 8; Nix in Nix
Rn. 8; Diemer in Diemer/Schatz/Sonnen Rn. 8; Höffler in MüKoStPO
StPO § 337 Rn. 10). Die Reduzierung auf eine Ordnungsvorschrift verkennt jedoch den verfahrensrechtlichen (Schutz-)Zweck der Norm und
ignoriert die zentrale Bedeutung der JStA für das gesamte Verfahren (Helmken ZJJ 2009, 147 (148); Helmken ZRP 2012, 209 (211): „Schlüsselfigur
des JStR-Systems"). Die Bedeutung von §§ 36, 37, denen zufolge ein entspr.
qualifizierter JStA (und kein sonstiger StA) tätig werden muss, zeigt sich im
jugendgemäßen Vorgehen zB bei der Würdigung der Vernehmungsergebnisse, bei Anträgen auf Anordnung von U-Haft, bei der Auswahl eines
heranzuziehenden Sachverständigen, bei der Handhabung der Diversions-
optionen und der Mitwirkung in der HV (→ Rn. 2 ff.). Angesichts dieses
Aufgabengewichts ist unverkennbar, dass beim Handeln eines StA (anstelle
eines JStA) nicht nur ein **Gesetz verletzt** wird, sondern dass dies auch das
Urteil beeinflussen kann. Die **Beruhensfrage** lässt sich daher nicht generell
verneinen (n. schon Eisenberg NStZ 1994, 67 (69); vgl. auch → § 37
Rn. 20 f.).

Auswahl der Jugendrichter und Jugendstaatsanwälte

37 (1) [1]**Die Richter bei den Jugendgerichten und die Jugendstaatsanwälte sollen erzieherisch befähigt und in der Jugenderziehung erfahren sein.** [2]**Sie sollen über Kenntnisse auf den Gebieten der Kriminologie, Pädagogik und Sozialpädagogik sowie der
Jugendpsychologie verfügen.** [3]**Einem Richter oder Staatsanwalt,
dessen Kenntnisse auf diesen Gebieten nicht belegt sind, sollen die
Aufgaben eines Jugendrichters oder Jugendstaatsanwalts erstmals
nur zugewiesen werden, wenn der Erwerb der Kenntnisse durch die
Wahrnehmung von einschlägigen Fortbildungsangeboten oder eine
anderweitige einschlägige Weiterqualifizierung alsbald zu erwarten
ist.**

(2) **Von den Anforderungen des Absatzes 1 kann bei Richtern und
Staatsanwälten, die nur im Bereitschaftsdienst zur Wahrnehmung
jugendgerichtlicher oder jugendstaatsanwaltlicher Aufgaben eingesetzt werden, abgewichen werden, wenn andernfalls ein ordnungsgemäßer und den betroffenen Richtern und Staatsanwälten zumut-
barer Betrieb des Bereitschaftsdiensts nicht gewährleistet wäre.**

(3) [1]**Als Jugendrichter beim Amtsgericht oder als Vorsitzender einer Jugendkammer sollen nach Möglichkeit Personen eingesetzt werden, die bereits über Erfahrungen aus früherer Wahrnehmung jugendgerichtlicher oder jugendstaatsanwaltlicher Aufgaben verfügen. [2]Davon kann bei Richtern, die nur im Bereitschaftsdienst Geschäfte des Jugendrichters wahrnehmen, abgewichen werden. [3]Ein Richter auf Probe darf im ersten Jahr nach seiner Ernennung Geschäfte des Jugendrichters nicht wahrnehmen.**

Schrifttum: Adam/Albrecht/Pfeiffer, Jugendrichter und Jugendstaatsanwälte in der Bundesrepublik, 1986; Drews, Die Aus- und Fortbildungssituation von Jugendrichtern und Jugendstaatsanwälten …, 2005; Simon, Der Jugendrichter im Zentrum der Jugendgerichtsbarkeit, 2003; Wiesener, Qualifikationsanforderungen an Jugendrichter und Jugendstaatsanwälte, 2014.

Übersicht

I. Anwendungsbereich

Die Vorschrift richtet sich an die Präsidien der AG und LG sowie an die 1 Behördenleitungen der StA, von denen sie bei der Geschäftsverteilung bzw. bei Personalentscheidungen zu beachten ist. Die besondere Qualifikation, die § 37 auf diese Weise sicherstellen soll, wird aber nur in Verfahren gegen Jugendliche und Heranwachsende (§ 107) vor den JGerichten gefordert. Bei für allg. Strafsachen zuständigen Gerichten und in den dort nach JGG durchzuführenden Verfahren (§§ 104 Abs. 1, 112 S. 1) ist die Norm ohne Bedeutung.

Auch im Bereich der Jugendsachen **beschränkt** sich die Reichweite der 2 Vorschrift allerdings auf **JGerichte und JStA** iSv § 33 Abs. 2 und § 36. Nicht umfasst ist der Zuständigkeitsbereich der Revisionsgerichte und der Generalstaatsanwaltschaften (dazu und zur Kritik → §§ 33–33b Rn. 2, → § 36 Rn. 8, → § 102 Rn. 2; zur Empfehlung, „den Rechtsgedankens des

§ 37" auch hier zu „berücksichtigen", vgl. Wellershoff in BeckOK JGG Rn. 3; Schady in NK-JGG Rn. 1).

II. Grundlagen

1. Normzweck

3   Der Vorschrift liegt die Annahme zugrunde, dass große Teile des Aufgabenspektrums im JStV einen besonderen und sich **vom allg.** StVerf **unterscheidenden** Charakter aufweisen (etwa die Ermittlungs- und Verhandlungsführung, die Interaktionsgestaltung mit den Beteiligten, das Verständnis und die Beurteilung der Beschuldigten, die rechtliche und lebensweltliche Einordnung der vorgeworfenen Taten, die Reifebewertungen, Entwicklungsprognosen und Rechtsfolgenentscheidungen usw.). Die allg. strafjuristischen Kompetenzen bieten daher keine ausreichende Grundlage für eine angemessene Bewältigung dieser Anforderungen (s. auch → § 36 Rn. 2 ff.). Vielmehr bedarf es einer **sachgebietsspezifischen Professionalität,** deren Vorhandensein bei den maßgeblichen Entscheidungen (Stellenbesetzung, Geschäftsverteilung, Aufgabenzuweisung) zum Kriterium gemacht und vorausgesetzt werden soll (BT-Drs. 19/23707, 59). Anderenfalls droht eine Strafjustiz, die ihren Adressaten weder im Vorgehen noch in den Ergebnissen gerecht zu werden vermag – die also auf eine dysfunktionale Amtsführungen hinauslaufen und abträgliche Wirkungen hervorrufen würde. Auch wenn vor der Idealisierung einer pädagogisierten Juristenfigur zu warnen ist, muss von den tätigen Personen doch eine faire, chancenorientierte und **entwicklungsfördernde Grundhaltung** erwartet werden (Streng in Dollinger/Schmidt-Semisch Jugendkriminalität-HdB 396 f.). Das Anliegen der Norm ist daher nachdrücklich zu unterstützen (s. auch → § 36 Rn. 7).

4   Konkret gefordert ist ein **Habitus,** der Zugänge zu den Jugendlichen und Heranwachsenden öffnet, diese in einer altersorientierten Verfahrensführung respektiert und ernst nimmt sowie gleichzeitig deren Akzeptanz (in einem nicht-autoritären Sinne) erzeugt. Ferner bedarf es einer Selbstständigkeit und Bereitschaft, bei der Subsumtion unter nicht erschöpfend ausformulierte Straftatbestände (im Rahmen teleologischer Auslegung) bzw. in Ausfüllung nicht abschließend geregelter Rechtsfolgeninhalte „fallgerecht" zu entscheiden – dh in den Grenzen von Gesetzesbindung und Verhältnismäßigkeit primär zukunftsorientierte Wege zu öffnen. Vorausgesetzt dafür ist eine Grundorientierung, die sich vom dogmatisch-strafrechtlichen Modell zugunsten des **teleologisch-empirischen** Modells emanzipiert (→ § 2 Rn. 15). Die **Kompetenzen,** die in **Abs. 1 S. 2** sowie mit gewissen Abweichungen auch in RL Nr. 3 **genannt** werden, sind hierfür hilfreich, aber nicht ausreichend. Abgesehen von dem grds. erweiterbaren disziplinären Spektrum muss das individuelle Vermögen hinzukommen, die **destruktiven Potenziale** der Strafjustiz **reflektieren** zu können und den unterschiedlichsten punitiven Erwartungen (seitens der Justiz, der Medien oder mancher Verfahrensbeteiligter) deshalb nicht nachzugeben.

2. Rechtspraktische und rechtspolitische Problemlagen

a) Ausbildungserfordernis und -situation. Die geforderten Fähigkei- 5
ten sind nur teilweise lehrbar und bilden sich wesentlich erst im jugendstrafrechtlichen Tätigsein heraus (dazu n. Morlok/Kölbel Rechtstheorie
2001, 289; Kölbel in Barton (Hrsg.), Strafverteidigung 2020, 2020, 23 ff.).
Weil das JStV also auch für die entscheidungsmächtigen Akteure eine **Entwicklungsaufgabe** darstellt, ist es mit dem Erwerb zusätzlicher Fachkenntnisse ersichtlich nicht getan. Angesichts der skizzierten Kompetenzanforde-
rungen handelt es sich bei einer **spezialisierten Ausbildung** immerhin aber
um eine Mindestvoraussetzung, wobei diese über die Vermittlung von
Rechtswissen in anderer und deutlicherer Weise hinausgehen muss, als das
bei (Straf-)Juristen sonst der Fall ist (zur historischen Entwicklung der JRich-
ter-Ausbildung vgl. Hauber Zbl 1977, 315 (316 ff.)). Realiter wird das
allerdings kaum eingelöst:

Im Rahmen der **universitären** Ausbildung werden einschlägige Ausbil- 6
dungsinhalte nur in der passenden Schwerpunktfächergruppe vermittelt (und
das seit einigen Jahren auch nicht mehr an allen Fakultäten). Eine Vertiefung
wird dabei nicht angestrebt. Zudem hat von den Personen, die als JRichter
und JStA tätig sind, während des Studiums überhaupt nur ein begrenzter
Anteil diese Lehrangebote wahrgenommen. Bei Höynck/Leuschner gaben
„41,5 % der JStA und 32,6 % der JRichter an, sich in irgendeiner Form
bereits während des Studiums mit für die Tätigkeit mit Jugendlichen relevanten Themengebieten beschäftigt zu haben" (Jugendgerichtsbarometer 58;
ähnliche und teilw. noch geringere Werte bei Adam/Albrecht/Pfeiffer,
Jugendrichter und Jugendstaatsanwälte in der Bundesrepublik, 1986, 53 f.,
88 ff., 100 f.; Simon, Der Jugendrichter im Zentrum der Jugendgerichtsbarkeit, 2003, 82 f.; Buckolt Jugendstrafe 208 ff.; Drews, Die Aus- und Fortbildungssituation von Jugendrichtern und Jugendstaatsanwälten …, 2005, 95;
Zusammenstellung der vorliegenden Befunde bei Streng in Dollinger/
Schmidt-Semisch Jugendkriminalität-HdB 399 ff.).

Der **Vorbereitungsdienst** für Referendare lässt Angebote für eine ju- 7
gendstraf- und jugendhilferechtlich orientierte Ausbildung idR völlig vermissen. Allerdings absolviert ein Teil der späteren JRichter und JStA eine
jugendstrafrechtsnahe Gerichts-, StA- oder Wahlstation (Höynck/Leuschner
Jugendgerichtsbarometer 59). Weitergehende Spezialisierungen können und
müssen jedoch durch **Fortbildungsmaßnahmen** erfolgen. Ein Widerspruch zum Richterbild, das eine gleiche Befähigung für alle Gerichtszweige
vorsieht, liegt darin − da die Zusatzqualifizierung auch während der beruflichen Tätigkeit möglich ist − nicht (zur dahingehenden Diskussion etwa
Helmken ZRP 2012, 209 (210); s. mwN auch 22. Aufl. Rn. 8). De facto
vorausgesetzt ist dabei allerdings, dass die Einbindung in den jugendstrafrechtlichen Bereich nicht kurzfristig angelegt ist, sondern ein Dezernats-
wechsel möglichst für mehrere Jahre unterbleibt (ebenso bspw. Schady in
NK-JGG Rn. 6). Diese Stabilität scheint indes vielfach gegeben zu sein.
Auch ist der Anteil derjenigen, die jugendstrafrechtsspezifische Fortbildungs-
angebote wahrgenommen haben, durchaus nicht klein (Höynck/Leuschner
Jugendgerichtsbarometer 54 f., 60 ff.). Zu Intensität und Qualität wird mit
solchen Befragungsdaten jedoch wenig gesagt.

8   **b) Auswahl- und Aufgabenzuweisungspraxis.** Solange die Voraussetzungen von § 37 gegeben sind, muss die als JRichter oder JStA eingesetzte Person ggü. anderen Kandidaten/innen keinen Eignungsvorsprung aufweisen (BVerfG NJW 2008, 909 (910); tendenziell abw. Brunner/Dölling Rn. 5: „Nur die besten …"). Angesichts der gesetzgeberischen Erwartungen an die Befähigung der einzusetzenden JRichter und JStA ist aber dennoch eine besonders sorgfältige Geschäftsverteilung zu erwarten. Dies gilt umso mehr, als auch in der Rspr. wiederholt die „entscheidende Bedeutung" betont wurde, die diese Auswahl wegen der erhöhten Tragweite einzelner Maßnahmen für die weitere Entwicklung Jugendlicher und Heranwachsender hat (BGHSt 8, 354 = NJW 1956, 517; BGHSt 9, 402 = NJW 1957, 390). Gleichzeitig geht man bislang aber allg. davon aus, dass die **tatsächlichen Auswahlkriterien** in der Justizpraxis den Anforderungen von § 37 kaum genügen (stellvertretend Beulke/Swoboda JugendStrafR Rn. 587; Trenczek/Goldberg Jugendkriminalität 332; Kemme StV 2015, 760 (766); zur Kritik schon Hauber Zbl 1977, 372 (376 f.)). Auf LG-Ebene wird das in bisweilen bestehenden Geschäftsverteilungsplänen sichtbar, die für die JKammern eine sog. „Turnusverteilung" vorsehen. Im Übrigen wurde in Erhebungen verschiedentlich gezeigt, dass jugendstrafrechtsbezogene Interessen, Neigungen und Qualifikationen nur bei einem begrenzten Teil der JRichter und JStA für die Aufgabenübertragung bestimmend waren (Hauser Jugendrichter 25; Adam/Albrecht/Pfeiffer, Jugendrichter und Jugendstaatsanwälte in der Bundesrepublik, 1986, 32 ff.; Buckolt Jugendstrafe 196 ff.).

9   Zudem sind JRichter und JStA oftmals nicht nur im JStR beschäftigt, sondern in einem Mischdezernat eingesetzt (zur Häufigkeit n. → § 34 Rn. 7). Dies kann der wünschenswerten Spezialisierung kaum dienlich sein und lässt zudem ein nur-strafrechtliches Denken befürchten. Es ist allerdings nicht ganz klar, ob JRichter, die allein für das JStV zuständig sind, tatsächlich eine stärker erzieherische, zukunftsorientierte **Grundeinstellung** zeigen (für Anhaltspunkte s. Fenn, Kriminalprognose bei jungen Straffälligen, 1981, 175 ff.; Streng, Strafzumessung und relative Gerechtigkeit, 1984, 126 ff.; Buckolt, Jugendstrafe 402 ff.; abw. aber Hupfeld DVJJ-J 1993, 11 (15); abwägend Hering, Mechanismen justitieller Eskalation im Jugendstrafverfahren, 1993, 242 ff.). Im Vergleich mit ihnen vertreten JStA jedenfalls punitivere Haltungen (Jansen, Stärkere Punitivität? – Ergebnisse einer Onlinebefragung (…), 2015, 220 ff.; Baier/Höynck/Wallaschek/Klatt RPsych 2017, 146 (153); erg. Adam/Albrecht/Pfeiffer, Jugendrichter und Jugendstaatsanwälte in der Bundesrepublik, 1986, 76 ff.). Dieser Unterschied dürfte sich dadurch erklären, dass individuelle Überzeugungen und Werte ua mit organisationellen Faktoren (Organisationskultur, Routinen, Kooperationsmustern) interagieren, wenn es um die handlungsbezogenen Einstellungen geht (dazu auf professionssoziologischer Grundlage Dollinger/Schabdach Jugendkriminalität 152 ff., 166 ff.).

3. Herausbildung der Regelung

10   Die Vorschrift des § 37 bestand seit dem JGG 1953 bis 2021 allein aus der Regelung in Abs. 1 S. 1. Damit knüpfte sie an § 24 RJGG 1943 an (wo lediglich noch die „Erfahrung in der Jugendführung" gefordert worden war). In den Jahrzehnten ihrer Geltung wurde die Norm indes fortwährend als **unverbindlich** kritisiert. Dies bezog sich einmal auf die Unterbestimmtheit der normtextlich verwendeten Kriterien (Jugenderziehung, Befähigung und Erfahrung), für die es an substanziellen und intersubjektiv anerkannten Kriterien bis heute fehlt (→ Rn. 14). Zum anderen handelt es sich bei der Vorgabe um eine eingeschränkt verbindliche Soll-Norm, die keine Konsequenzen für Missachtungsfälle vorsieht. Deshalb wurde immer wieder gefordert, kriminologische, psychologische usw Kompetenzen zur zwingenden Voraussetzung für die Besetzung des JRichter-Amtes zu machen (vgl. dazu stellvertretend Höynck RuP 2013, 18; s. auch Streng JugendStrafR Rn. 104 mit zahlreichen weiteren Nachweisen). In der amtlichen Rechtspolitik stieß dieses Anliegen allerdings regelmäßig auf **Vorbehalte,** die auf **institutionellen** (und damit sachfremden) **Interessen** beruhten (etwa: befürchtete Probleme bei der Geschäftsverteilung, Vermeidung neuer Urteilsanfechtungsgründe usw (dazu Streng in Dollinger/Schmidt-Semisch Jugendkriminalität-HdB 398)).

Im RegE des Gesetzes zur Stärkung der Rechte von Opfern sexuellen **11** Missbrauchs **(StORMG)** war dann allerdings eine erhebliche Erweiterung von § 37 vorgesehen (BT-Drs. 17/6261, 14 f.; dazu etwa Eisenberg HRRS 2011, 64 (71 f.); Wiesener, Qualifikationsanforderungen an Jugendrichter (…), 2014, 98 ff.). Den Anstoß hierfür gab das Bedürfnis, die Qualifikation der JRichter und JStA speziell in Jugendschutzsachen zu stärken. Indem man diese Vorgabe in der innerministeriellen Vorbereitung alsbald zu einem generellen Befähigungsstandard von JRichtern und JStA erweiterte (dazu die Schilderung bei Gebauer DVJJ-BW Info 2013, 52 ff.), wurde ein kontroverses, speziell jugendstrafrechtliches Anliegen in ein anderes, politisch aussichtsreicheres Projekt integriert, wohl auch, um es so besser durchsetzen zu können (krit. dazu Bittmann ZRP 2011, 72 (73)). Bei der Verabschiedung war diese Neuregelung im StORMG dennoch nicht mehr enthalten. Sie war vielmehr vom Rechtsausschuss des BT „angesichts der massiven, insbes. justizorganisatorischen Bedenken der Länder" (BT-Drs. 17/12735, 18) gestrichen worden (vgl. etwa die abl. Stellungnahme des BRates vom 27.5.2011, BR-Drs. 213/11, 4; s. ferner den Rechtsauschuss des BRats BR-Drs. 213/1/11, 4 f.; dazu im Rückblick auch BT-Drs. 19/23707, 60).

Angesichts dieser Widerstände hatte man in der 19. Legislaturperiode **12** regierungsseitig zunächst keinen neuerlichen Vorstoß geplant (s. dazu BT-Drs. 19/16307, 8). Allerdings war eine Regelungsnotwendigkeit inzwischen auch durch international-rechtliche Verpflichtungen entstanden, denn nachdem die jugendgemäße Qualifikation des Rechtsstabs lange nur Gegenstand völkerrechtlicher Empfehlungen war, sah Art. 20 Abs. 2 RL (EU) 2016/800 nunmehr auch verbindliche jugendrichterliche Sachkunde-Erfordernisse vor (vgl. auch Erwgr. 54 und 63). Zudem wurde nun selbst von „staatsnaher" Seite auf die Einführung einer generellen jugendrichterlichen Fortbildungspflicht gedrängt (vgl. dazu etwa Bosbach, Abschlussbericht der Regierungskommission „Mehr Sicherheit für Nordrhein-Westfalen", 2020, 56 mit Gutachten v. Sanders aaO, 135 ff. zur Vereinbarkeit mit Art. 97 GG). Die BReg, die zunächst noch davon ausging, dass die aF von § 37 weiterhin ausreichend sei (s. BT-Drs. 19/13837, 41 f.; vgl. dazu ferner Sommerfeld ZJJ 2018, 296 (302 f.)), legte schließlich gemeinsam mit den Regierungsfraktionen im Entwurf eines Gesetzes zur Bekämpfung sexualisierter Gewalt gegen Kinder – also erneut im jugendschutzrechtlichen **Windschatten** – doch einen neuerlichen Vorschlag zur Ergänzung des § 37 vor, der dem RegE zu § 37 nF im StORMG weitgehend entsprach (BT-Drs. 19/23707, 16 und 59). Diesmal kam es zu keinen Blockaden, sodass die Regelung zum **1.1.2022** in Kraft trat (vgl. BT-Drs. 19/24901, 29: wegen der Personal- und Fortbildungsplanung etwas später als das übrige Gesetz).

13   Weder vorgenommen noch auch nur angedacht wurde dagegen eine Erstreckung der Regelung auf **sonstige Personen, die als Amtsträger** oder in ähnlicher institutioneller Funktion in das JStV eingebunden sind (ungeachtet rollenbedingter Besonderheiten) mit verwandten sachgebietsbezogenen Anforderungen konfrontiert sind wie JRichter und JStA. Hinsichtlich ihrer Befähigung bestehen aber lediglich für JSchöffen (§ 35 Abs. 2 S. 2) und teilw. auch für Bedienstete des JStVollzugs (vgl. → § 89b Rn. 28 f., → § 92 Rn. 29 f. zu entspr. Landesgesetzen) ähnliche Vorgaben. Dass dies für Polizeibeamte (n. → Einl. Rn. 45), Verteidiger (n. → § 68 Rn. 9 f.) und BewHelfer (→ § 113 Rn. 4) gar nicht und für Personen, die in die JGH (s. aber § 72 SGB VIII, → § 38 Rn. 4) oder die Umsetzung von Weisungen eingebunden sind, nur eingeschränkt gilt, ist misslich und korrekturbedürftig. So wurde etwa für die Polizei empirisch gezeigt, dass entspr. Kompetenzen von erheblicher Bedeutung sein können, weil sich eine angemessene (altersgerechte, faire usw.) Verfahrenshandhabung der beteiligten Sachbearbeiter positiv auf die Legalbewährung der jeweils betroffenen Jugendlichen auszuwirken scheint (vgl. bspw. Penner/Viljoen/Douglas/Roesch Law and Human Behavior 2014, 225; Walsh/Myers/Ray u.a. Psychology, Crime & Law 2019, 963).

III. Einzelheiten der Regelung

1. Kriterien der Aufgabenzuordnung

14   **a) Allgemeine Erziehungskompetenz.** Abgesehen von begründeten Ausnahmen (Soll-Vorschrift) müssen JRichter und JStA über **Erfahrung in der Jugenderziehung** verfügen **(Abs. 1 S. 1).** Anders als bei den anderen Anforderungen iSv Abs. 1 S. 2 und Abs. 3 S. 1 ist hierbei weder eine Kompensation noch eine Einschränkung vorgesehen (s. aber → Rn. 19 zum Bereitschaftsdienst). Die geforderte erzieherische Kompetenz muss deshalb bei Amtsantritt stets vorhanden sein (dazu, dass das zur Zurückstellung „junger interessierter Kräfte" führt, s. bereits Hellmer RdJB 1955, 365 (366)). Gleichzeitig ist aber völlig unklar, worauf diese Erfahrung gründen und wie sie (wenn schon nicht „belegbar", so doch) feststellbar sein soll. Der in dieser Hinsicht oft genannte Umstand der eigenen Elternschaft kann hier nur als ein sehr anspruchsarmer Maßstab und/oder als schwacher Indikator gelten (vgl. etwa Hauber Zbl 1977, 372 (376 f.)). Andere Standards sind aber nicht zu ersehen. Nicht nur nach der praktischen Handhabung, sondern auch nach dem Verlauf der Debatte stellt Abs. 1 S. 1 deshalb ein eher leerformelartiges Kriterium dar (ähnlich Diemer in Diemer/Schatz/Sonnen Rn. 2; s. bereits Peters Strafprozess 594: „nichts sagend").

15   **b) Jugendbezogene Fachkenntnisse.** Die besonderen Aufgaben von JRichtern und JStA „verlangen ein vertieftes Verständnis für die Entwicklungssituation und die Bedingungen des Aufwachsens junger Menschen sowie ein fachlich fundiertes Wissen über die Wirkungen justizförmlicher Vorgehensweisen und den einfühlsamen und verständigen Umgang mit den betroffenen jungen Menschen" (BT-Drs. 19/23707, 59). Deshalb stellt **Abs. 1 S. 2** „besondere fachliche Qualifikationsanforderungen" (BT-Drs.

19/23707, 60) an die fraglichen Personen. Die hierzu normtextlich **genann-ten Fächer** decken sich teilw. mit den Vorgaben, die auch in Form von Verwaltungsvorschriften (Nr. 3 S. 1 RL zu § 37) vorgesehen sind (Kriminologie, Pädagogik, Jugendpsychologie). Durch den Einschluss der Sozialpädagogik gehen sie – wegen der notwendigen Zusammenarbeit mit der JGH bzw. JHilfe (BT-Drs. 19/23707, 60 f.) – darüber sogar noch hinaus. Andererseits bleiben aber auch zwei Disziplinen unerwähnt, die im Falle der Jugendpsychiatrie zur Leitung und Kontrolle jugendpsychiatrischer Sachverständiger an sich unerlässlich sind (dazu etwa die Fallauswertung bei Eisenberg ZJJ 2015, 324) und derer es im Falle der Soziologie zum Verständnis von Strafrechtsinstitutionen bedarf. – Die Kenntnisse in den besagten Gebieten müssen iÜ „mehr als rudimentär" (BT-Drs. 19/23707, 61) und „belegt" (Abs. 1 S. 3) sein. Es bedarf also tragfähiger Anhaltspunkte für eine hinreichende Ausprägung (Abschlüsse, Zertifikate, sonstige Bestätigungen).

c) Vorerfahrungen. Unabhängig von den vorgenannten Fähigkeiten und **16** Qualifikationen sollen die einzusetzenden Personen schließlich schon jugendstrafrechtliche Aufgaben wahrgenommen haben und daher über einschlägige Vorerfahrungen verfügen **(Abs. 3 S. 1).** Die Verbindlichkeit dieser Vorgabe ist jedoch reduziert ("nach Möglichkeit"). Sie schließt es letztlich nur aus, in Auswahllagen zulasten erfahrener und zugunsten unerfahrener Kandidaten/innen zu optieren. Außerdem lässt das Gesetz, indem es keine näheren Vorgaben enthält, bereits **geringe** Vorerfahrungszeiten ausreichen. Das ergibt sich auch daraus, dass die Anforderungen, die der Referentenentwurf zum StORMG v. 7.12.2010 vorgesehen hatte ("mindestens ein Jahr lang zum überwiegenden Teil ihrer dienstlichen Tätigkeit jugendgerichtliche oder jugendstaatsanwaltliche Aufgaben wahrgenommen"), legislatorisch nicht übernommen worden ist.

2. Ausnahmen

a) Einschränkungen bzgl. der Fachkenntnisse. Bei der Aufgaben- **17** übertragung kann in zwei Konstellationen vom Erfordernis der belegten besonderen fachlichen Qualifikation (→ Rn. 15) abgesehen werden: einmal bei Personen, bei denen eine alsbaldige **Nachqualifikation** zu erwarten ist, und zum anderen bei **früherer Tätigkeit** als JRichter oder JStA. Andere Gründe sind zwar von Gesetzes wegen nicht ganz ausgeschlossen, weil Abs. **1 S. 3** die Bedingungen, unter denen eine zulässige Ausnahme vom Regelerfordernis (Abs. 1 S. 2) zulässig ist, nicht definitiv, sondern lediglich als Soll-Vorschrift vorgibt. Mit Blick auf den Normzweck lassen sich entspr. Fälle aber kaum vorstellen – auch, weil die Bereitschaft zu einer alsbaldigen Fortbildung ohne Weiteres erwartet werden kann und weil dies durch Angebote der Justizverwaltung „angemessen zu fördern" ist (BT-Drs. 19/ 23707, 61 f.). Die im Regierungsentwurf hierfür vorgesehene halbjährige Frist wurde zwar nicht positiviert, gibt aber eine gewisse Orientierung für den bestehenden zeitlichen Rahmen (ähnlich Schady in NK-JGG Rn. 6a: deutlich weniger als ein Jahr).

b) Ausnahmen vom Erfahrungserfordernis. Keine Bedeutung hat das **18** (ohnehin nur eingeschränkt verbindliche) Erfordernis der jugendstrafrechtlichen Vorerfahrungen für die Tätigkeit als **Beisitzer** an einer JKammer und als **JStA** (Rückschluss aus Abs. 3 S. 1). In diesen Funktionen ist der Einsatz von „JStR-Beginnern" also möglich. Allerdings müssen die betreffenden Personen die Voraussetzungen von Abs. 1 S. 1 und S. 2 erfüllen oder eine alsbaldige Nachqualifikation (→ Rn. 17) erwarten lassen. Weil durch Berufsanfänger, die bereits mit der Einarbeitung in das allg. richterliche Tätigkeitsfeld idR vollständig ausgefüllt sind, dieses zusätzliche Fortbildungserfordernis kaum realisiert werden kann (BT-Drs. 19/23707, 63), gilt für sie eine Sonderregelung: Im ersten Jahr der **Probezeit** scheidet eine entspr. Aufgabenübertragung vollständig aus (nicht überzeugende Kritik daran bei Schady in NK-JGG Rn. 6c). Für die Tätigkeit als JRichter (auch als Beisitzer) folgt das zwingend aus **Abs. 3 S. 3** und für die Tätigkeit als JStA aus der Soll-Norm in § 36 Abs. 1 S. 2 (→ § 36 Rn. 11).

19   **c) Besonderheiten beim Bereitschaftsdienst.** Unschädlich ist das Fehlen der erzieherischen Kompetenz (Abs. 1 S. 1) und der besonderen fachlichen Qualifikation (Abs. 1 S. 2) sowie einer entspr. Kompensation iSv Abs. 1 S. 3, wenn die fragliche Person die Aufgaben des JRichters oder JStA allein im Bereitschaftsdienst wahrnehmen soll **(Abs. 2).** Hinsichtlich der insofern bestehenden Voraussetzung, wonach der Bereitschaftsdienst sonst für die anderen JRichter und JStA unzumutbar wäre und nicht ordnungsgemäß verliefe, besteht an den Gerichten ein Beurteilungsspielraum (BT-Drs. 19/23707, 62). Für den jugendrichterlichen Einsatz im Bereitschaftsdienst kann gem. **Abs. 3 S. 2** iU auch auf jugendstrafrechtliche Vorerfahrungen verzichtet werden. Beide Ausnahmeregelungen sollen va den personellen Bedingungen an kleineren AG Rechnung tragen (BT-Drs. 19/23707, 62; krit. → § 34 Rn. 5). Allerdings kommt die Übertragung des Bereitschaftsdienstes, bei dem es sich ebenfalls um ein „Geschäft der JRichters" iSv Abs. 3 S. 3 bzw. um eine Tätigkeit als JStA iSv § 36 Abs. 1 S. 2 handelt, im ersten Jahr der **Probezeit** nicht in Betracht.

IV. Revision

20   Wird in einem JStV ein Amtsträger tätig, bei dem es an den Voraussetzungen von § 37 fehlt, ist grds. eine **Aufklärungsrüge** denkbar, sofern gerade der Qualifikationsmangel zur Außerachtlassung wesentlicher tat- und rechtsfolgenbezogener Umstände geführt hat. Dem hiergegen gerichteten Einwand, dass die Minderbefähigung des JRichters aus praktischen und rechtlichen Gründen kaum nachweisbar sei (Diemer in Diemer/Schatz/Sonnen Rn. 4), ist mit der Konkretisierung der Eignungsvoraussetzungen (→ Rn. 15 f.) die Grundlage entzogen worden (aA wohl Schady in NK-JGG Rn. 2).

21   Als ein Umstand, der die Revision **für sich genommen** begründen kann, ist die Verletzung von § 37 indes nie anerkannt worden. Vielmehr wurde die Bestimmung, solange sie allein in der unverbindlichen Leerformel des Abs. 1 S. 1 bestand, vom BGH (NJW 1958, 639 (Ls.) = BeckRS 1958, 31194845) als bloße **Ordnungsvorschrift** bezeichnet (vgl. auch → § 36 Rn. 19 f.). Allerdings hat die Neugestaltung des § 37 zu einer Aufwertung des Befähigungserfordernisses und zu einer ausdifferenzierten Regelung der dahingehenden personellen Voraussetzungen geführt. Die justiziellen Ermessens- und Beurteilungsspielräume bei Besetzungsentscheidungen wurden hierdurch so erheblich reduziert (BT-Drs. 19/23707, 60), dass sie grds. auf eine ggf. fehlerhafte Inanspruchnahme hin überprüft werden können. Ein

Grund, weshalb der „normative Status" von § 37 unter dem Niveau der anderen JGG-Vorschriften liegen soll, ist schlichtweg nicht mehr erkennbar. Das spricht für eine Korrektur der bisher hM und die Möglichkeit einer iSv § 337 StPO iVm § 2 Abs. 2 relevanten Gesetzesverletzung (abw. und diff. Schady in NK-JGG Rn. 7). Der Verstoß gegen das zwingende Verbot in Abs. 3 S. 3 sowie die **objektiv-willkürliche** Abweichung von den Soll-Vorgaben (Abs. 1 und Abs. 3 S. 1) sind hiernach ebenso wie die ermessens-fehlerhafte Handhabung von Abs. 2 und Abs. 3 S. 2 revisibel, wenn das Urteil darauf beruhen kann. Das liegt jedenfalls bei Qualifikationsdefiziten der als JRichter eingesetzten Personen nahe.

Zusammenarbeit in gemeinsamen Gremien

37a (1) **Jugendrichter und Jugendstaatsanwälte können zum Zweck einer abgestimmten Aufgabenwahrnehmung fall-übergreifend mit öffentlichen Einrichtungen und sonstigen Stellen, deren Tätigkeit sich auf die Lebenssituation junger Menschen aus-wirkt, zusammenarbeiten, insbesondere durch Teilnahme an ge-meinsamen Konferenzen und Mitwirkung in vergleichbaren ge-meinsamen Gremien.**

(2) **An einzelfallbezogener derartiger Zusammenarbeit sollen Ju-gendstaatsanwälte teilnehmen, wenn damit aus ihrer Sicht die Errei-chung des Ziels nach § 2 Absatz 1 gefördert wird.**

Schrifttum: Coskun, Kommunikation und Kooperation durch fachliche Konfron-tation zwischen Jugend(gerichts)hilfe und Justiz im Verfahren nach dem JGG, 2013; Linke, Diversionstage in Nordrhein-Westfalen, 2011.

Übersicht

I. Anwendungsbereich

Die Vorschrift gilt in Verfahren gegen Jugendliche ebenso wie gegen **1** Heranwachsende (§ 107) vor den JGerichten, nicht jedoch im Bereich der

Strafsachen vor den allg. Strafgerichten (§§ 104 Abs. 1, 112 S. 1). Soweit die
JGH herangezogen wird, ist dort eine Anwendung nach gerichtlichem Ermessen aber grds. vorstellbar (§§ 104 Abs. 2 und 3, 112 S. 1). Die Norm
richtet sich an sich aber **ausschließlich an JRichter und JStA,** also jedenfalls nicht an Amtsträger an den Revisionsgerichten und Generalstaatsanwaltschaften (→ § 37 Rn. 2). Bei den öffentlichen Einrichtungen und sonstigen
Stellen, die in Abs. 1 genannt werden, handelt es sich um keine Adressaten
der Norm. Allerdings können für diese Institutionen in anderen Vorschriften
durchaus vergleichbare Vorgaben geregelt sein (so in § 52 Abs. 1 S. 2 und 3
SGB VIII für das JAmt).

II. Einordnung der Vorschrift

2   Die Vorschrift ist durch das Gesetz zur Stärkung von Kindern und Jugendlichen in das JGG eingeführt worden. Die erste Version dieses Gesetzes (vgl.
den Entwurf in BT-Drs. 18/12330 und den Überblick bei Struck ZJJ 2017,
269) war am 29.6.2017 vom BTag verabschiedet worden, ohne dass ein
ausreichendes Einvernehmen mit den Bundesländern (bzgl. anderer, kontro-
verser Neuregelungen) bestand. Im BRat wurde die Abstimmung über den
Entwurf daher zweimal von der Tagungsordnung genommen, sodass es an
der erforderlichen Zustimmung fehlte. Der in der 19. Legislaturperiode
sodann in nF vorgelegte RegE zu einem Kinder- und Jugendstärkungsgesetz
enthielt den § 37a (sowie den korrespondierenden § 52 Abs. 1 SGB VIII
nF) ungeachtet der erfolgten sonstigen Umstellungen in unveränderter Form
(BT-Drs. 19/26107, 105, 134). In Kraft getreten ist die Vorschrift zum
10.6.2021 (BGBl. I S. 1444).

3   Mit § 37a wird in erster Linie bezweckt, die inter-institutionelle Zusammenarbeit zu forcieren. Dafür will man die in der Praxis bereits vorhandenen
Kooperationsspielarten sowie die justizielle Beteiligung **formal anerkennen**
und dadurch auch aufwerten. Damit soll die „Bereitschaft zur Teilnahme
gestärkt" werden – nicht zuletzt, indem deren pensenmäßige Berücksichtigung durch die Vorschrift erleichtert werde (BT-Drs. 19/26107, 134; s. auch
aaO, 105). Dies alles beruht auf der Erwartung, durch das so geförderte
Zusammenwirken darauf hinzuwirken, dass „jugendhilferechtliche Maßnahmen sowie justizielle Reaktionen **passgenau** auf die Situation des jugendlichen Straftäters **zugeschnitten** werden" (BT-Drs. 19/26107, 50).

III. Inter-institutionelle Kooperation als justizielle Aufgabe

1. Fallübergreifende Zusammenarbeit gem. Abs. 1

4   Die Vorschrift stellt ausdrücklich klar, dass die Teilnahme an einer jugendstrafrechtlich kontextuierten, überinstitutionellen Zusammenarbeit (sowie
ggf. auch deren Entwicklung und Gründung) **zu den Aufgaben** von
JRichtern und JStA gehören kann. Allerdings stellt Abs. 1 die Wahrnehmung
dieser (Mitwirkungs-)Aufgabe in deren **Ermessen** bzw. das ihrer Behörde.
Außerdem wird die in Betracht kommende Kooperation in Abs. 1 durch
drei Kriterien charakterisiert. Erstens kommt iRv § 37 eine Zusammenarbeit

nur mit solchen öffentlichen und nicht-öffentlichen Institutionen in Betracht, deren Tätigkeit sich auf die Lebenssituation junger Menschen auswirkt. Die einbezogenen Stellen müssen folglich **aufgabengemäß mit minderjährigen Personen** und jungen Erwachsenen befasst sein (JAmt und speziell JGH, freie Träger der JHilfe, ggf. auch Schulen, Ausbildungszentren, FamG und Polizei).

Zweitens muss der Kooperationszweck in einer **abgestimmten Auf- 5 gabenwahrnehmung** bestehen, also auf die Vermeidung einer unkoordinierten oder gar widersprüchlichen Fallbearbeitung durch die eingebundenen Institutionen abzielen. Das betrifft gerade rechtsgebietsübergreifende Anpassungen (bspw. des familiengerichtlichen, straf- und jugendhilferechtlichen Vorgehens). Die Grenzen der justiziellen Aufgabenwahrnehmung dürfen durch die Zusammenarbeit jedoch nicht überschritten werden. Die Abstimmung kann sich für JRichter und JStA also allein auf Fragen beziehen, in denen sie in den verschiedenen Verfahrensphasen über Entscheidungsspielräume verfügen. Indisponible prozess- und materiell-rechtliche Erwartungen sind dagegen nicht abstimmungsfähig.

Drittens kommt iRv Abs. 1 allein eine Zusammenarbeit von **fallüber- 6 greifender** Art in Betracht (dazu auch § 81 Nr. 3 SGB VII). Diese normtextliche Formulierung schließt die „auf konkrete Einzelfälle bezogenen" Kooperationsformen aus (BT-Drs. 19/26107, 134). Hierin liegt ein zentraler Unterschied zu § 52 SGB VIII, in dessen Normtext die fragliche Einschränkung („fallübergreifend") nicht enthalten ist, weil das JAmt zu einer „behördenübergreifenden einzelfallbezogenen Zusammenarbeit" gerade angehalten werden soll (vgl. BT-Drs. 19/26107, 105 f. unter Hinweis auf deren schon früher gegebene Zulässigkeit). Demgegenüber geht es bei Abs. 1 allein um fallgelöste Fragen und/oder um Materien, die eine Vielzahl von Einzelfällen betreffen. Das ist namentlich bei der gemeinsamen Erarbeitung genereller Leitlinien zu prozessualen Handhabungen und Abläufen gegeben (n. dazu mit Beispielen DIJuF ZJJ 2007, 323 (327 f.), ggf. aber auch in Gremien der kommunalpolitischen Jugendkriminalprävention.

2. Einzelfallbezogene Zusammenarbeit gem. Abs. 2

a) Kooperationsgegenstände. Die in Abs. 2 geregelten Kooperationen 7 können ebenfalls nur mit einem inter-institutionellen Abstimmungsziel (→ Rn. 5) und mit den in → Rn. 4 bezeichneten Stellen eingegangen werden. Anders als bei Abs. 1 handelt es sich hierbei aber um eine Zusammenarbeit bei bestimmten **individuellen** Fällen. Es muss demnach um koordinierungsbedürftige Handhabungen und Vorgehensweisen hinsichtlich konkreter Beschuldigter gehen. Anlass hierfür besteht ggf. dort, wo die Komplexität oder Breite der persönlichen Problemlagen das Eingreifen mehrerer und verschiedenartiger Institutionen erforderlich macht, was wiederum einen Bedarf nach deren Koordinierung entstehen lässt. Dies kann bei gehäufter und/oder schwerer Deliktsbegehung sowie bei Straftaten und dem Hinzutreten sonstiger Auffälligkeit oder schwieriger Nahraumverhältnisse gegeben sein (BT-Drs. 19/26107, 106).

b) Beschränkung auf die JStA. Eine Beteiligung an der einzelfallbezo- 8 genen Zusammenarbeit sieht das Gesetz allein für die JStA vor. JRichter werden durch Abs. 2 von der Mitwirkung ausgeschlossen. Bei ihrer Teilnahme würde notgedrungen auch die geeignete Rechtsfolgenanordnung zum Gegenstand der inter-institutionellen Beratung gemacht, was sich mit der **richterlichen Unabhängigkeit** schwerlich verträgt. Fragwürdig wäre hier (mit Blick auf die Unschuldsvermutung) auch die Frühzeitigkeit der richterlichen Festlegung (vgl. iÜ erg. → § 2 Rn. 47 zur Abspracheproblematik). Dass die einzelfallbezogene Kooperation bei der JStA wegen deren **Objektivitätspflicht** (dazu Kölbel in MüKoStPO StPO § 160 Rn. 78 mwN) uU ganz ähnliche Fragen aufwerfen kann, ist legislatorisch allerdings nicht thematisiert worden.

9   **c) Un-/Verbindlichkeit.** Prima vista ist die JStA zur Mitwirkung an bestehenden (einberufenen, organisierten usw.) einzelfallbezogenen Kooperationen regelhaft gehalten. Nur ausnahmsweise (dh nur sofern dagegen sprechende Gründe ersichtlich sind) darf der JStA von der Teilnahme absehen (BT-Drs. 19/26107, 134). Dieser Verpflichtungsgrad wird allerdings dadurch relativiert, dass das Vorliegen der Voraussetzung, dh die Erwartung eines erzieherisch förderlichen Effektes der Zusammenarbeit, ausschließlich vom Dafürhalten der Normadressaten abhängig ist („aus ihrer Sicht"). Das Nicht-/Bestehen der Soll-Verbindlichkeit wird von dem JStA (oder der Behörde) also **selbst definiert** (ohne Begründung abw. Sommerfeld in NK-JGG Rn. 4). Bei einer entspr. Verneinung der förderlichen Wirkung scheidet eine Mitwirkung aus.

10   Bleibt der JStA der jeweiligen Kooperationsform nach einer willkürlich fehlerhaften Nutzenbewertung fern, ist das rechtswidrig (dh ein Verstoß gegen Abs. 2). Allerdings sieht das Gesetz für diesen Fall **weder Zwangsmittel** noch sonstige Konsequenzen vor. Die (wie auch immer beschaffene) Mitwirkung ist also lediglich mit innerbehördlichen Maßnahmen durchsetzbar. Hierauf kann von anderen Akteuren allenfalls durch Dienstaufsichtsbeschwerden hingewirkt werden.

IV. Besondere Probleme der einzelfallbezogenen Zusammenarbeit

1. Institutionalisierte Kooperationsformen

11   **a) Allgemeines.** Die Vorschrift macht keine Vorgaben zur Art und zu Details der Zusammenarbeit, sondern bezeichnet nur zwei Varianten, die gesetzgeberisch als die wichtigsten Formen erachtet werden (die „gemeinsamen Konferenzen" und die „vergleichbaren gemeinsamen Gremien"). Der nicht-abschließende Charakter dieser Regelung („insbesondere") zeigt aber deren **Entwicklungsoffenheit** an (BT-Drs. 19/26107, 134; vgl. erg. auch § 52 Abs. 1 S. 3 JGG: „in anderen nach fachlicher Einschätzung geeigneten Formen"). Das Mitwirkungsermessen von JGericht und JStA (→ Rn. 6) bestünde deshalb auch bei neuen, sich ggf. erst noch herausbildenden Spielarten der Kooperation − vorausgesetzt, diese weisen neben den in → Rn. 4 ff., 7 erwähnten Merkmalen auch einen ähnlichen Institutionalisierungsgrad wie die normtextlich genannten Beispiele auf. Gleichwohl ist die Vorschrift vor dem Hintergrund **vorhandener** Zusammenarbeitsformen entstanden, die vom Gesetzgeber als Unterfälle der gemeinsamen Konferenzen und vergleichbaren gemeinsamen Gremien verstanden werden (→ Rn. 12 ff.). Diese wei-

sen, **soweit** es dabei um eine **einzelfallbezogene** Kooperation geht, typischerweise erhebliche Problemstellen auf (→ Rn. 15 ff.).

b) Fallkonferenzen. Der Gesetzgeber hat Fallkonferenzen als mögliche **12** Formen der Zusammenarbeit besonders betont (BT-Drs. 19/26107, 107). Hierbei handelt es sich um wiederkehrend oder turnusmäßig durchgeführte Beratungen, in denen va die vor Ort als besonders **schwierig geltenden Fälle,** also insbes. sog. Intensivtäter sowie deren Delikte und Lebenssituationen, erörtert werden, um ein abgestimmtes Vorgehen der Beteiligten zu verabreden (vgl. für eine Spielart Müller-Rakow ZJJ 2008, 275 (277 f.)). Ggf. werden die Jugendlichen und ihre Erziehungsberechtigten einbezogen (wobei die hinreichende Gewährleistung von Schweige-, Belehrungs- und **Verteidigungsrechten** hierbei durchaus zw. ist). In der Praxis geschieht dies in sehr unterschiedlicher Weise (und unter verschiedenen Bezeichnungen). Das betrifft die teilnehmenden Stellen, aber auch die Blickwinkel, unter denen die jeweiligen Einzelfälle erörtert werden. IdR verspricht man sich von solchen fallbezogenen Abstimmungen aber jeweils ein einheitliches Auftreten der an den Konferenzen beteiligten Institutionen und die Vermeidung gegenläufig wirkender Interventionen (vgl. indes die teilw. skeptische Evaluation von Sturzenhecker/Karolczak/Braband ZJJ 2011, 305). Nach den (nunmehrigen) rechtlichen Vorgaben muss die Fallauswahl für die Fallkonferenzen, sofern daran auch die JHilfe beteiligt sein soll, iÜ anhand der Erforderlichkeit für die sozialpädagogische Aufgabenerfüllung erfolgen (§ 52 Abs. 1 S. 2 SGB VIII). Es dürfen also keine Sicherheits- oder Strafverfolgungsbelange maßgebend sein.

c) Häuser des Jugendrechts. Seit der Jahrtausendwende wurden zahlrei- **13** che „Häusern des Jugendrechts" eingerichtet (vgl. dazu die Übersicht bei Lohrmann/Schaerff ZJJ 2021, 126 (128 f.) ua auch zu digitalen Varianten). Regional variiert deren Detailausrichtung allerdings – etwa mit Blick auf die Zuständigkeit (sog. Intensivtäter oder Jugenddelikte insges.) sowie hinsichtlich der eingebundenen Akteure und des konkreten Zusammenwirkens (für eine frühe Variante s. Feuerhelm/Kügler, Das „Haus des Jugendrechts" in Stuttgart Bad Cannstatt, 2003, 21 ff., 37 ff.; aus zahlreichen anderen Projektberichten s. etwa für Frankfurt a. M. Gerhard ZJJ 2008, 184; für Aschaffenburg Fleckenstein Kriminalistik 2019, 399). IdR arbeiten hier die Jugendsachbearbeiter der Polizei, die JStA und JGH (ggf. auch freie Träger der JHilfe) „unter einem Dach". Die **räumliche Nähe** ermöglicht den interinstitutionellen Alltagsaustausch und erleichtert die Organisation sowie Durchführung regelmäßiger, aber auch ad hoc einberufener Fallkonferenzen (→ Rn. 12) oder anderer Kooperationsformen. Die kurzen innerhäuslichen Wege kommen auch den regulären prozessualen Mitteilungsprozessen zugute. So kann die Polizei die JStA einfacher konsultieren, aber auch die JGH zügiger einschalten und über den Verfahrensstand auf dem Laufenden halten. Und umgekehrt wird die vorläufige Berichterstattung der JGH im Vorverfahren erleichtert (zu den diesbzgl. Notwendigkeiten s. → § 38 Rn. 34 ff., 59). Das bewirkt ggf. eine prozessuale Beschleunigung (aus den Evaluationen vgl. Linz, Häuser des Jugendrechts in Hessen, 2013).

d) Sonstige Modelle. An sog. **Diversionstagen** fand bei einer größeren **14** Zahl der hierfür vorgesehenen Fälle eine Konzentration regelrecht orchestrierter Verfahrensschritte statt. An einem einzigen Tag, zu dem der Jugendliche geladen wurde, kam es zur polizeilichen Vernehmung, der Einbindung und Einstellungsentscheidung der JStA sowie vorher auch zu einem eng damit verzahnten Kontakt mit der abgestimmt agierenden JGH (allein oder gemeinsam mit JStA). Es fanden also so gut wie immer zwei ermahnende Gespräche unter teilw. Mitwirkung der JHilfe statt. Allerdings gab es bei diesem (inzwischen eingestellten) Projekt regional unterschiedliche Zielgruppen (Bagatell- oder mittelschwere Delinquenz) sowie lokal variierende Abläufe und Entscheidungspräferenzen (§ 45 Abs. 1 oder Abs. 2; zur krit. Evaluation Linke, Diversionstage in Nordrhein-Westfalen, 2011, 113 ff., 179 ff.). – Im Programm **„Kurve kriegen"** werden 8- bis 15-Jährige, die mit etwas schwerer Delinquenz und als kriminogen eingestuften Lebensverhältnissen aufgefallen sind, nach polizeilicher Auswahl (und mit Zustimmung der Eltern sowie des Kindes/Jugendlichen) durch pädagogische Fachkräfte betreut, wobei diese allerdings mit der jeweiligen Polizeibehörde kooperieren und aus dieser heraus tätig werden (zu den hierzu vorliegenden Evaluationen zusf. Heinz Sekundäranalyse 1917 ff.; zur kontroversen Bewertung aus Sicht der JHilfe-Praxis etwa Strauff ZJJ 2012, 81; Grohmann ZJJ 2012, 436).

2. (Gemeinsame) Schwächen

15   Die bisherigen Varianten der einzelfallbezogenen Kooperation konzentrieren sich teilw. in zw. Form auf sog. Intensivtäter (krit. → Einl. Rn. 58 ff., → § 5 Rn. 60) und dies bei „Kurve kriegen" sogar unter Einbeziehung von unter 14-jährigen Kindern (zur Problematik → § 1 Rn. 18 ff.). Im Falle der Diversionstage, die eher auf breitere Deliktsformen orientiert sind, wird wiederum die dem Verhältnismäßigkeitsprinzip geschuldete Vorrangigkeit von § 45 Abs. 1 ggü. anderen Diversionsformen missachtet (Verrel in FS Schöch, 2010, 233; Swoboda FS Beulke, 2015, 1238 ff.). Doch das ist jeweils nicht das zentrale Problem. Von größerer Tragweite ist gerade der **Aspekt der einzelfallbezogenen Kooperation,** der – und das haben die Erfahrungen mit diesen Abstimmungsspielarten gezeigt – tendenziell auch dazu führt, sinnvolle Grenzen zwischen den beteiligten Institutionen **durchlässig** werden zu lassen, produktive Reibungen aufzulösen und erforderliche Perspektivenunterschiede einzuebnen (zum Folgenden s. auch DVJJ ZJJ 2020, 409 (410 f.); Trenczek/Goldberg Jugendkriminalität 460 ff.).

16   Dies beginnt bei den Maßgaben des **Sozialdatenschutzes,** die von der JHilfe auch im Strafverfahren ggü. den Strafverfolgungsbehörden zu berücksichtigen sind (→ § 38 Rn. 41 f.) und die eine (gem. § 69 SGB X grds. mögliche) Übermittlung von JAmts-Informationen ausschließen, wenn die jugendhilferechtliche Leistungserbringung dadurch (etwa wegen der drohenden Vertrauensverluste des Jugendlichen) gefährdet wäre (§ 64 Abs. 2 SGB VIII). Zwar sind diese Einschränkungen auch in den Fallkonferenzen und der überinstitutionellen Suche nach geeigneten Interventionen zu beachten (so sehr nachdrücklich BT-Drs. 19/26107, 105 f.; n. ferner Riekenbrauk ZJJ 2011, 74 (79 f.); Coskun, Kommunikation und Kooperation (…), 2013, 234 ff.), doch muss bezweifelt werden, dass dies durch die JGH in einer Atmosphäre des gemeinsamen Arbeitens und einer fortwährenden informellen Interaktion ggü. der Polizei und JStA in gleicher Weise durchgehalten wird, wie dies außerhalb der Kooperationen möglich ist. Soweit in diesem Zusammenhang auf die Möglichkeit hingewiesen wird, dass der Jugendliche in den Datenaustausch einwilligen könne (Schatz in Diemer/

Schatz/Sonnen § 70 Rn. 20 f.), liegt dem die zw. Annahme zugrunde, dass er die Relevanz der dahingehenden Entscheidung ausreichend zu überblicken vermag (einschr. ebenfalls Sommerfeld in NK-JGG § 43 Rn. 16; Riekenbrauk ZJJ 2011, 74 (77 f.)).

Auch stellt sich die Frage, ob die JGH ihre originären Aufgaben und **17** Perspektiven hierbei hinreichend zur Geltung bringen kann (vgl. etwa Riekenbrauk GS Walter, 2014, 379 ff.; Kilian unsere jugend 2019, 220). Immerhin handelt es sich um Kooperationen „im jugendstrafrechtlichen Verfahren" (BT-Drs. 19/26107, 50; vgl. auch § 52 SGB VIII: Kooperation „im Verfahren nach dem Jugendgerichtsgesetz"). Damit ist von vornherein ein strafrechtlicher Grundton, Kontext und Schwerpunkt angelegt (kennzeichnend hierfür Bosbach, Abschlussbericht der Regierungskommission „Mehr Sicherheit für Nordrhein-Westfalen", 2020, 54). Nicht von Ungefähr stehen die fraglichen Gremien und Veranstaltungen so oft auch unter der Federführung der JStA oder Polizei. Dass die JHilfe hierbei ihre primäre Funktion (Entwicklung von Hilfsangeboten) zu realisieren und ggü. **Strafverfolgungsbelangen** durchzusetzen vermag, ist fraglich. Das gilt besonders, weil durch die Kooperation bisweilen auch ein sog. **Capturing** der JHilfe droht, dh eine dort erfolgende Übernahme der strafverfolgungsgeprägten Denkstile und sicherheitsorientierten Prioritäten der als dominierend erlebten Polizei und StA (allg. zu dieser Problematik Mitnick in Levi-Faur (Hrsg.), Handbook on the Politics of Regulation, 2011, 34).

Jedenfalls kaum zu vermeiden ist eine **Vermischung** der bewusst verschiedenartig eingerichteten Arbeitsaufträge, was den sozialpädagogischen Verfahrensanteil verblassen lässt. Damit sind die Rollenunterschiede auch für den Jugendlichen kaum noch wahrnehmbar. Der JGH wird, indem sie ihm so als ein Bestandteil der Strafverfolgungsakteure erscheinen kann, die Geltendmachung ihres Unterstützungspotenzials dadurch schwerlich leichter gemacht. Soweit Evaluationen vorliegen (→ Rn. 12 ff.), werden Zugewinne in spezialpräventiv-erzieherischer, unterstützender oder sozialpädagogischer Hinsicht dort denn auch kaum ausgewiesen. – Insges. kommt u. all diesen Punkten bei der einzelfallbezogenen Zusammenarbeit auf besonders prägnante Weise zum Ausdruck, was an Kooperationen von JHilfe und Strafverfolgungsakteuren generell (etwa auch bei gemeinsamen Präventionsprojekten) beobachtet wird: dass diese inner-institutionellen Arbeitsformen fast immer unter dem **Primat strafrechtsorientierter Logiken** stehen und die JHilfe dadurch von ihrem individuumsbezogenen Auftrag sozialpädagogischer Unterstützung zusehends zu einem Vorgehen abdriftet, das auf die Herstellung **gesellschaftlicher Sicherheit** ausgerichtet ist (Dollinger/ Schabdach Jugendkriminalität 194 f.; relativierend Möller in Dollinger/ Schmidt-Semisch Jugendkriminalität-Hdb, 434 ff.).

Jugendgerichtshilfe

38 (1) **Die Jugendgerichtshilfe wird von den Jugendämtern im Zusammenwirken mit den Vereinigungen für Jugendhilfe ausgeübt.**

(2) [1]**Die Vertreter der Jugendgerichtshilfe bringen die erzieherischen, sozialen und sonstigen im Hinblick auf die Ziele und Aufgaben der Jugendhilfe bedeutsamen Gesichtspunkte im Verfahren**

vor den Jugendgerichten zur Geltung. [2] Sie unterstützen zu diesem Zweck die beteiligten Behörden durch Erforschung der Persönlichkeit, der Entwicklung und des familiären, sozialen und wirtschaftlichen Hintergrundes des Jugendlichen und äußern sich zu einer möglichen besonderen Schutzbedürftigkeit sowie zu den Maßnahmen, die zu ergreifen sind.

(3) [1] Sobald es im Verfahren von Bedeutung ist, soll über das Ergebnis der Nachforschungen nach Absatz 2 möglichst zeitnah Auskunft gegeben werden. [2] In Haftsachen berichten die Vertreter der Jugendgerichtshilfe beschleunigt über das Ergebnis ihrer Nachforschungen. Bei einer wesentlichen Änderung der nach Absatz 2 bedeutsamen Umstände führen sie nötigenfalls ergänzende Nachforschungen durch und berichten der Jugendstaatsanwaltschaft und nach Erhebung der Anklage auch dem Jugendgericht darüber.

(4) [1] Ein Vertreter der Jugendgerichtshilfe nimmt an der Hauptverhandlung teil, soweit darauf nicht nach Absatz 7 verzichtet wird. [2] Entsandt werden soll die Person, die die Nachforschungen angestellt hat. [3] Erscheint trotz rechtzeitiger Mitteilung nach § 50 Absatz 3 Satz 1 kein Vertreter der Jugendgerichtshilfe in der Hauptverhandlung und ist kein Verzicht nach Absatz 7 erklärt worden, so kann dem Träger der öffentlichen Jugendhilfe auferlegt werden, die dadurch verursachten Kosten zu ersetzen; § 51 Absatz 2 der Strafprozessordnung gilt entsprechend.

(5) [1] Soweit nicht ein Bewährungshelfer dazu berufen ist, wacht die Jugendgerichtshilfe darüber, dass der Jugendliche Weisungen und Auflagen nachkommt. [2] Erhebliche Zuwiderhandlungen teilt sie dem Jugendgericht mit. [3] Im Fall der Unterstellung nach § 10 Absatz 1 Satz 3 Nummer 5 übt sie die Betreuung und Aufsicht aus, wenn das Jugendgericht nicht eine andere Person damit betraut. [4] Während der Bewährungszeit arbeitet sie eng mit dem Bewährungshelfer zusammen. [5] Während des Vollzugs bleibt sie mit dem Jugendlichen in Verbindung und nimmt sich seiner Wiedereingliederung in die Gemeinschaft an.

(6) [1] Im gesamten Verfahren gegen einen Jugendlichen ist die Jugendgerichtshilfe heranzuziehen. [2] Dies soll so früh wie möglich geschehen. [3] Vor der Erteilung von Weisungen (§ 10) sind die Vertreter der Jugendgerichtshilfe stets zu hören; kommt eine Betreuungsweisung in Betracht, sollen sie sich auch dazu äußern, wer als Betreuungshelfer bestellt werden soll.

(7) [1] Das Jugendgericht und im Vorverfahren die Jugendstaatsanwaltschaft können auf die Erfüllung der Anforderungen des Absatzes 3 und auf Antrag der Jugendgerichtshilfe auf die Erfüllung der Anforderungen des Absatzes 4 Satz 1 verzichten, soweit dies auf Grund der Umstände des Falles gerechtfertigt und mit dem Wohl des Jugendlichen vereinbar ist. [2] Der Verzicht ist der Jugendgerichtshilfe und den weiteren am Verfahren Beteiligten möglichst frühzeitig mitzuteilen. [3] Im Vorverfahren kommt ein Verzicht insbesondere in Betracht, wenn zu erwarten ist, dass das Verfahren ohne Erhebung der öffentlichen Klage abgeschlossen wird. [4] Der Verzicht auf die

Anwesenheit eines Vertreters der Jugendgerichtshilfe in der Hauptverhandlung kann sich auf Teile der Hauptverhandlung beschränken. [5] Er kann auch während der Hauptverhandlung erklärt werden
und bedarf in diesem Fall keines Antrags.

Schrifttum: Adam/Albrecht/Pfeiffer, Jugendrichter und Jugendstaatsanwälte in der
Bundesrepublik Deutschland, 1986; BMJ (Hrsg.), Erzieherische Maßnahmen im deut-
schen Jugendstrafrecht, 1986; DJI (Hrsg.), Jugendgerichtshilfebarometer. Empirische
Befunde zur Jugendhilfe im Strafverfahren in Deutschland, 2011; Goldberg, Das Gesetz
zur Stärkung der Verfahrensrechte von Beschuldigten im Jugendstrafverfahren, 2021;
Herbertz/Salewski, Gewalttätige Jugendliche und soziale Kontrolle, 1985; Korth, Ju-
gendgerichtshilfe. Die Einzelbetreuung im Jugendstrafverfahren nach § 10 JGG, 1995;
Lühring, Die Berichtspflicht des Jugendgerichtshelfers und ihre Grenzen, 1992; Peters/
Cremer-Schäfer, Die sanften Kontrolleure. Wie Sozialarbeiter mit Devianten umgehen,
1975; Seidel, Die JGH in ihrer Ermittlungsfunktion und ihr Einfluß auf richterliche
Entscheidungen im Jugendstrafverfahren gegen weibliche Jugendliche, 1988; Trenczek,
Die Mitwirkung der Jugendhilfe im Strafverfahren, 2003; Webers, Datenschutz in der
öffentlichen Jugendgerichtshilfe, 2005; Winkelmann, Neue ambulante Maßnahmen,
Jugendarrest und Warnarrest in Westfalen-Lippe, 2021; Wild, Jugendgerichtshilfe in der
Praxis, 1989; Wilhelm, Die Stellung der JGH im Verfahren, 1992.

Übersicht

I. Anwendungsbereich

1   Die Vorschrift gilt für **Jugendliche** auch in Verfahren vor den für allg. Strafsachen zuständigen Gerichten (§ 104 Abs. 1 Nr. 2), wobei jedoch die Einschränkungsmöglichkeiten des § 104 Abs. 3 (vgl. → § 104 Rn. 7a) zu beachten sind. In Verfahren gegen **Heranwachsende** findet die Vorschrift gleichermaßen Anwendung, sowohl vor JGerichten wie vor den für allg. Strafsachen zuständigen Gerichten (§§ 107, 109 Abs. 1 S. 3, § 112 S. 1; → § 107 Rn. 12 ff.). Dabei ist das Alter zur Tatzeit (§ 1 Abs. 2) maßgebend (vgl. BGHSt 6, 354 = NJW 1954, 1855). Für **Soldatinnen und Soldaten** gelten insoweit keine Besonderheiten (vgl. vormals OLG Schleswig SchlHA 1958, 341). Auch im Verfahren nach dem **StrEG** kann die Vorschrift anwendbar sein (→ § 2 Rn. 61; abw. Gertler/Schwarz in BeckOK JGG Rn. 8.1).

II. Vorfragen

1. Jugendhilfe im Zwangskontext

Obwohl das Gesetz von „der JGH" handelt, konstituiert es diese nicht im 2 Sinne einer Institution oder organisationellen Einheit. § 38 bestimmt vielmehr ein **Spektrum von Aufgaben,** die im Zusammenhang mit (mutmaßlichen) Deliktsereignissen und im Kontext des JStV zu realisieren sind (Trenczek/Goldberg Jugendkriminalität 160 f.). Fachlich liegt darin ein besonderes Arbeitsfeld der JHilfe. Dieses ist durch spezifische Formen eines oftmals bestehenden Hilfebedarfs (Lebenssituation mit abw. Verhalten; Konfrontation mit Strafverfolgungsinstitutionen) charakterisiert und erlangt auch durch das Erfordernis, mit Polizei und Justiz zu kooperieren, einen eigenen Charakter. Eine strafprozessuale Leitfunktion oder anderweitige Herauslösung der JHilfe aus ihren **allg. Grundorientierungen und Zweckbestimmungen** ist damit aber in keiner Weise verknüpft (Trenczek in Dollinger/Schmidt-Semisch Jugendkriminalität-HdB 412 ff.; tendenziell anders Brunner/Dölling Rn. 2). „Vielmehr muss das JAmt die durch das SGB VIII definierten fachlichen Aspekte im StVerf zur Geltung bringen" (Trenczek/Goldberg Jugendkriminalität 161). Die die Beteiligung legitimierende Verpflichtung der JHilfe beruht hinsichtlich der Mitwirkung am JStV also auf § 52 Abs. 1 SGB VIII, und das hierbei maßgebliche handlungsleitende Kriterium ergibt sich aus § 52 Abs. 2 SGB VIII – dh daraus, „ob (…) Leistungen der JHilfe in Betracht kommen" (dazu auch → § 10 Rn. 10, 66 ff.). Die Bedeutung von § 38 besteht auf dieser Grundlage va darin, das entspr. ausgerichtete sozialpädagogische Vorgehen der JHilfe **in das JStV zu integrieren.** Es soll eine **Perspektive** in die jugendstrafrechtlichen Prozesse und Entscheidungsvorgänge eingeführt werden, bei der die Straftat nicht im Vordergrund steht und der Jugendliche nicht als eine „Probleme machende", sondern als eine ggf. „Probleme habende" und uU **der Unterstützung bedürfende** Person begriffen wird.

2. Organisation

a) Pflichtaufgabe des JAmts. Bei den Aufgaben iSv § 38 handelt es sich 3 um Pflichtaufgaben des JAmtes (§§ 2 Abs. 3 Nr. 8, 52 Abs. 1 SGB VIII), die von diesem verantwortet und zusammen mit den anerkannten Trägern der freien JHilfe durchgeführt werden (§§ 3 Abs. 3, 76 SGB VIII). Über die Einrichtung spezieller Stellen für die Aufgabenerfüllung und den Grad von deren Verselbstständigung bestimmt das JAmt (zur diff. Praxis Wapler in Wiesner SGB VIII § 52 Rn. 60; DJI (Hrsg.), Jugendgerichtshilfebarometer, 19 ff.: 69 % eigenständige spezialisierte Organisationseinheiten). In dessen Organisationshoheit liegt auch die Frage, ob dieser Fachdienst als „JGH" bezeichnet wird. Der sozialpädagogische Auftrag, die fachbehördliche Autonomie und das strafrechtsübersteigende Selbstverständnis werden bei einer Benennung als **JuHiS** (Jugendhilfe im Strafverfahren) allerdings stärker betont und unterstrichen (DVJJ-BAG 2017, 8 f.; Trenczek ZJJ 2021, 240 (241)).

b) Übertragung an freie Träger. Das JAmt kann die Ausführung einzelner oder aller JGH–Aufgaben an anerkannte Träger der freien JHilfe über- 4 tragen. Nach § 4 Abs. 2 SGB VIII soll dies ggü. dem insofern subsidiären öffentlichen Träger sogar Vorrang haben, soweit durch die freien Träger eine ausreichende Aufgabenumsetzung sichergestellt werden kann (die Anwendbarkeit von § 4 Abs. 2 SGB VIII aber vern. etwa Goerdeler ZJJ 2005, 422 (424 f.)). Eine Übertragungspflicht ergibt sich hieraus indes ebenso wenig wie aus Abs. 1, da § 76 Abs. 1 SGB VIII als Spezialnorm dem JAmt ein Entschließungs- und Auswahlermessen überträgt. Allerdings sollte die Einbeziehung der freien Verbände schon deshalb gefördert werden, um der „Gefahr bürokratischer Erstarrung der JGH" (Beulke/Swoboda Jugend-StrafR Rn. 682; zu diesem Problem auch Trenczek DVJJ-J 2000, 226; Trenczek MschKrim 2000, 259 (279): „starke regionale Tradierungen") und den Risiken einer verengten justiznahen „Professionalisierung" (Dollinger MschKrim 416 (423 ff.)) entgegenzuwirken. Wegen der (im Grundsatz auch in § 72 SGB VIII anerkannten) Notwendigkeit einer einschlägigen fachlichen Qualifikation des JHilfe-Personals (→ Rn. 81) muss jedoch bei der Übertragung die (eingehend zu prüfende) **spezifische Befähigung** berücksichtigt werden (va bei den in § 75 Abs. 3 SGB VIII genannten freien Trägern).

5　　Welche Aufgabe der JGH dem freien Träger obliegen soll, gehört zu den vertraglich zu regelnden Ausgestaltungsfragen (n. dazu Goerdeler ZJJ 2005, 422 (425 ff.). Allerdings sollte die Übertragung **vollständig** vorgenommen werden, also nicht nur die Hilfe für den Betroffenen, sondern auch die Ermittlungstätigkeit und die Vertretung in der HV (zum Aufgabenkreis → Rn. 8 ff.) einschließen. Gegen eine beschränkte Übertragung und eine Funktionsaufteilung spricht das (auch in Abs. 4 S. 2 und § 52 Abs. 3 SGB VIII erkennbare) Anliegen der einheitlichen durchlaufenden Fallbetreuung in institutioneller und personaler Kontinuität (s. auch BT-Drs. 11/5948, 90; Sommerfeld in NK-JGG Rn. 4). Die Aufgabendelegation ist iÜ aber stets kündbar und sie lässt die „letztliche" Verantwortlichkeit des öffentlichen JHilfe (Laubenthal/Baier/Nestler JugendStrafR Rn. 178) gem. § 76 Abs. 2 SGB VIII unberührt (BVerfGE 22, 180 (199 ff., 211) = NJW 1967, 1795 (1796 ff.)). Das JAmt bleibt daher zur **Aufsicht und Kontrolle** verpflichtet. Wegen des damit einhergehenden Abstimmungs- und Verwaltungsaufwands sind Übertragungen selten (vgl. DJI (Hrsg.), Jugendgerichtshilfebarometer, 22). Anders als bei der Weisungs- und Auflagendurchführung bzw. bei der nachgehenden JHilfe-Mitwirkung (dazu empirisch Scheunemann, Die Bedeutung freier Träger für ambulante Maßnahmen, 1999, 55 ff., 95 ff.) hat die freie JHilfe im JStV also keine größere praktische Relevanz.

6　　c) **Zuständigkeit.** Die **sachliche** Zuständigkeit für die Aufgaben der Mitwirkung am JStV besteht gem. § 85 Abs. 1 SGB VIII beim örtlichen Träger der Kinder- und Jugendhilfe, d. h. nach § 69 Abs. 1 SGB VIII und den hierzu erlassenen landesrechtlichen Bestimmungen idR bei den Landkreisen und kreisfreien Städten. In **örtlicher** Hinsicht bestimmt sich die Zuständigkeit gem. § 87b Abs. 1 iVm §§ 86, 86a SGB VIII regelmäßig nach dem **gewöhnlichen Aufenthalt** des Betroffenen bzw. seiner Eltern (dazu und zu atypischen Konstellationen vertiefend Goerdeler in ders./BAG Jugendhilfe (Hrsg.), Jugendhilfe im Strafverfahren, 2009, 13 (19 f.); Sommerfeld ZJJ 2010, 403; Eschelbach ZJJ 2021, 143). Hinter dieser (Normalfall-)Regelung steht die Erwägung, dass das sog. „Heimat"-JAmt für eine kontinuierliche Betreuung des ansässigen Jugendlichen sorgen kann und über die persönlichen sowie lokalen Bedingungen besser informiert sein dürfte als andere JÄmter. Entscheidend ist daher, wo der faktische Lebensmittelpunkt zu dem Zeitpunkt liegt, zu dem ein Handeln iSv § 52 SGB VIII erforderlich wird (n. Trenczek/Goldberg Jugendkriminalität 198 f.). Verlagert der Jugendliche im Verlauf des JStV seinen Lebensmittelpunkt, lässt dies die einmal begründete örtliche Zuständigkeit unberührt (§ 87b Abs. 2 SGB VIII). Ist ein gewöhnlicher Aufenthaltsort nicht bestimmbar, kommt es iÜ auf den tatsächlichen Aufenthaltsort an.

Die jugendhilferechtliche Zuständigkeit ist also nicht an diejenige des 7 JGerichts gebunden, wenngleich die dort geltenden Kriterien (→ § 42 Rn. 4 ff.) oft zum selben Ergebnis wie das des gewöhnlichen Aufenthalts führen. Das ist aber nicht zwangsläufig der Fall. Dadurch werden JStV möglich, die (aus Sicht des Jugendlichen und des JAmtes) vor einem „auswärtigen" JGericht geführt werden. Hier kann im Wege der **Amtshilfe** die Mitarbeit eines örtlich nicht zuständigen JAmts veranlasst werden (va für die HV). Für die diesbzgl. Entscheidung ist zwischen der Fallnähe des zuständigen JAmts und der Gerichtsnähe der auswärtigen JGH abzuwägen (wohingegen der logistische Aufwand dafür nachrangig ist).

III. Aufgaben

1. Einordnung

§ 38 bezieht sich insbes. auf zwei Tätigkeitsbereiche der JGH und gestaltet 8 diese näher aus: einmal die **Kontrolle** der Rechtsfolgenumsetzung im Rahmen der nachgehenden JHilfe (→ Rn. 11 ff.) und zum anderen die Erforschung verfahrens- und rechtsfolgenrelevanter Umstände im Rahmen der prozessbegleitenden JHilfe, die in Form eines **Ermittlungsberichts** (dazu n. → Rn. 18 ff.) in eine Beratung der JStA und des JGerichts münden soll (→ Rn. 9 f.). Durch § 52 Abs. 1 SGB VIII werden beide Bereiche zu einer verpflichtenden Aufgabe der JHilfe. Darüber hinaus ergeben sich aus § 52 Abs. 2 und 3 SGB VIII aber noch einige weitere (leistungsrechtliche) Aufgaben, mit denen das Wohl des Jugendlichen in der – individuell jeweils spezifischen – Problemlage, in der er sich iZm dem gegen ihn gerichteten JStV befindet, gesichert werden soll (Trenczek/Goldberg Jugendkriminalität 166 f.). Je nach Bedarf handelt es sich dabei um eine durchgängige Beratung und **Betreuung** zu Beginn und während des Ermittlungsverfahrens, in der HV sowie im Verlauf und nach Ende eines etwaigen JStVollz (→ Rn. 14 ff.). Hinzu kommt die Initiierung **sozialpädagogischer Hilfen.** Diese können uU zur Vorbereitung einer Einstellung nach §§ 45, 47 oder als Krisenintervention (etwa zur U-Haftvermeidung) dienen, aber auch als jugendfürsorgerisches Hilfsangebot ohne Bezug zum JStV ausgelegt sein.

2. Beratung der Justiz

Die Erforschung von fallkonkret bedeutsamen, jugendkriminologischen 9 Umständen und die darauf gestützte Beratung des JGerichts und der Strafverfolgungsbehörden zählen seit jeher zu den Aufgaben der JHilfe im JStV. Durch Art. 7 RL (EU) 2016/800 wird das weiter verstärkt. Hiernach ist zu

gewährleisten, dass jugendtypische Besonderheiten im JStV Berücksichtigung finden. Diese Vorgabe schließt die für die Altersgruppe generell charakteristischen Bedürfnisse (Abs. 1) ebenso wie die individuellen Schutz-
bedürftigkeiten (Abs. 2) und die konkreten Umstände ein, die für die Eignung der festzulegenden Rechtsfolgen maßgeblich sind (Abs. 4). Im
Hinblick auf diese Aspekte sind die Beschuldigten im JStV daher einer
„individuellen Begutachtung" zu unterziehen, was die EU-Richtlinie iÜ
als einen **Anspruch** bzw. als ein „Recht" des Jugendlichen konstruiert. Die
Erfüllung dieser Verpflichtung, die durch qualifiziertes Personal zu erfolgen
hat (Abs. 7), wird im deutschen JStV für den Regelfall der JGH übertragen
und (neben § 43) durch § 38 ausgestaltet (vgl. etwa Höynck StraFo 2017,
267 (271); Sommerfeld ZJJ 2018, 296 (307)).

10　　　Gem. **Abs. 2 S. 2** unterstützt die JGH das JGericht und die Strafverfolgungsbehörden durch die **Erforschung** der Persönlichkeit und der sozialisatorischen sowie verschiedenen lebensweltlichen Hintergründe des Beschuldigten (s. auch → § 43 Rn. 13 ff.). Über die Ergebnisse ihrer Ermittlungen
muss sie den Strafverfolgungsinstitutionen gem. **Abs. 3** Auskunft erteilen.
Insbes. erstellt sie einen sog. **Ermittlungsbericht** als eine „psychosoziale
Gesamtdiagnose" (Höynck StraFo 2017, 267 (271); zu fachlichen Anforderungen und Standards Trenczek/Goldberg RPsych 2019, 475 (487 ff.); vgl.
auch Art. 7 Abs. 7 RL (EU) 2016/800: multidisziplinäres Vorgehen). Diese
Berichtsleistungen „soll" die JGH erbringen (Abs. 3 S. 1), wobei es sich
hierbei um „Anforderungen" (Abs. 7 S. 1) und damit um eine **Verpflichtung der JGH** handelt, von der diese nur im Falle eines Verzichts und nicht
nach eigenem Dafürhalten befreit werden kann (anders zur früheren Rechtslage bspw. Trenczek/Goldberg Jugendkriminalität 267: Entschließungs-
ermessen). Auch im **Vollstreckungsverfahren** wird die JGH zu Beratungs-
zwecken regelmäßig eingebunden (vgl. etwa → § 26a Rn. 29).

3. Kontrolle der Rechtsfolgenumsetzung

11　　　Im Rahmen einer Betreuungsweisung (§ 10 Abs. 1 S. 3 Nr. 5) kann dem
Vertreter der JGH die umfassende Betreuung und Aufsicht übertragen werden, sofern das JGericht nicht eine andere Person bestellt (Abs. 5 S. 3; zu
Bedenken vgl. → § 10 Rn. 23). Darüber hinaus hat die JGH auch nach
Abs. 5 S. 1 und S. 2 iVm § 52 Abs. 1 SGB VIII gewisse **Überwachungsaufgaben**, die in einem Spannungsverhältnis zu ihrer sozialpädagogisch-
unterstützend ausgerichteten Tätigkeit stehen. Sachlich ist dieser gesetzliche
Kontrollauftrag indes auf die Befolgung von Weisungen (§ 10) und Auflagen
(§ 15) durch den Jugendlichen beschränkt (gegen eine Ausdehnung auf
weitere Rechtsfolgen auch Scheunemann, Die Bedeutung freier Träger für
ambulante Maßnahmen, 1999, 28). – Die Kontrollpflicht besteht iÜ ebenfalls, wenn die vor Weisungserteilung erforderliche **Anhörung** des JGH-
Vertreters (Abs. 6 S. 3), bei der er auf Durchführungsprobleme hinweisen
kann (→ § 10 Rn. 10, 61), unterblieben ist. Treten dann tatsächlich Schwierigkeit der Weisungserfüllung oder -kontrolle auf, sollte auf die entspr.
Anregung des Vertreters der JGH hin eine Änderung oder Befreiung (von)
der Weisung erfolgen (vgl. § 11 Abs. 2).

12　　　Eine **Mitteilungspflicht** besteht für den JGH-Vertreter allerdings **nur
bei erheblichen Verstößen** (Abs. 5 S. 2). Das Erheblichkeitskriterium ist
eng auszulegen. Im Regelfall müssen Probleme bei der Rechtsfolgenumset-

zung in der Interaktion zwischen dem Vertreter der JGH und dem Betroffenen mit sozialpädagogischen Mitteln gelöst werden. Dies ergibt sich aus der Unterstützungsfunktion (→ Rn. 14) der JHilfe (ebenso Riekenbrauk in LPK-SGB VIII SGB VIII § 52 Rn. 47 f.; Trenczek/Goldberg Jugendkriminalität 290 f.; ähnlich zum BewHelfer → § 25 Rn. 15 ff.). Ist die Mitteilung einer Zuwiderhandlung ausnahmsweise nicht zu umgehen, bedarf es wegen der möglichen Rechtsfolgen (§§ 11 Abs. 3, 15 Abs. 3 S. 2) auch der Mitteilung von Tatsachen zur Rechtswidrigkeit und zur Schuld (vgl. → § 11 Rn. 16 ff.). Sprechen die Umstände dafür, dass eine erhebliche Zuwiderhandlung nicht unerlaubt oder nicht vorwerfbar war, kann eine Anregung iSv § 11 Abs. 2 bzw. § 15 Abs. 3 S. 1 angezeigt sein (vgl. aber einschr. → § 11 Rn. 5 ff., → § 15 Rn. 31). Das gilt besonders, wenn die Weigerung des Jugendlichen auf die Ungeeignetheit der angeordneten Maßnahme zurückzuführen ist.

Die JGH wird mit der besagten Kontrollaufgabe iÜ **nur subsidiär** betraut 13 (Abs. 5 S. 1: „soweit"), wohingegen die vorrangige Zuständigkeit bei der ggf. laufenden BewHilfe liegt. Insofern kommt es darauf an, ob in derselben Sache eine Bewährungszeit in Gang gesetzt worden ist oder nicht. Mit deren Beginn (dh gem. §§ 22 Abs. 2 S. 1, 88 Abs. 6 S. 1 mit Rechtskraft einer diesbzgl. Entscheidung) obliegt dem **BewHelfer** die Überwachung des Jugendlichen (→ § 25 Rn. 12 ff.) ebenso wie dessen Betreuung und Unterstützung (→ § 25 Rn. 20 ff.). Die Umsetzung von (Bewährungs-)Weisungen und (Bewährungs-)Auflagen ist dann allein durch den BewHelfer zu prüfen, auch soweit sie daneben in einem weiteren Verfahren (ohne eigene BewHilfe) angeordnet wurden (Sommerfeld in NK-JGG Rn. 24). Auf Seiten der JGH fällt hierdurch aber lediglich die Kontroll-, nicht jedoch die Hilfsaufgabe (→ Rn. 14) weg. In dieser Hinsicht muss der Vertreter der JGH mit dem BewHelfer kooperieren und zusammenarbeiten **(Abs. 5 S. 4).** Dabei ist eine Doppelbetreuung, die zu „Reibungsverlust, Konkurrenz und Konflikt" (Kreuzer Bewährungshilfe 1994, 186 (199)) führen kann, zu vermeiden (ebenso Trenczek in FK SGB VIII § 52 Rn. 60; n. Stelly/Thomas Bewährungshilfe 2003, 51 (63)).

4. Unterstützung des Jugendlichen

a) Einordnung. Nach § 52 Abs. 3 SGB VIII soll während des gesamten 14 Verfahrens eine Betreuung erfolgen. In dieser Weise bringt die JGH die erzieherischen, sozialen und anderen jugendhilferechtlich relevanten Komponenten (Abs. 2 S. 1) direkt ggü. dem Jugendlichen zur Geltung. Angesichts der generellen Funktion von JHilfe, die auch bei Mitwirkung im JStV nicht suspendiert ist, stellt dies keine gleichrangige (so Brunner/Dölling Rn. 8), sondern ihre **wichtigste** Aufgabe im Prozesskontext dar (Wapler in Wiesner SGB VIII § 52 Rn. 24; Trenczek in Dollinger/Schmidt-Semisch Jugendkriminalität-HdB 416: „der wesentliche Teil und Zweck der Mitwirkung der Jugendhilfe im Verfahren"). Diese Betreuung kann durchaus darauf abzielen, bestimmte Umstände in den Lebenszusammenhängen des Betroffenen, die für die Straftatbegehung bedeutsam waren, abzuschwächen. In erster Linie muss es aber darum gehen, ihn angesichts der psychischen und sozialen Herausforderungen, die mit der Beschuldigten- und Angeklagtenrolle einhergehen, zu **stabilisieren.** Insofern sollte die Unterstützung gerade auch darauf abzielen, den negativen Begleitwirkungen des Verfahrens, die zu einer Beeinträchtigung der weiteren Entwicklung des Beschuldigten führen könnten, entgegenzuwirken. Deshalb setzt die Hilfsaufgabe unmittelbar mit Kenntnisnahme des gegen einen Beschuldigten erhobenen Tatvorwurfs ein (vgl. Abs. 6 S. 1 und 2; s. auch § 43 Abs. 1 S. 4). Sie endet erst am Verfahrensende, mit Einverständnis des Betroffenen uU auch erst später. Zeitlich und sachlich ist die Hilfe in einem **bedarfsabhängigen** Ausmaß zu erbringen. Von der Erforderlichkeit einer Basisunterstützung muss stets ausgegangen werden (Aufklärungen usw). Der Bedarf ist aber oft größer und erreicht ggf. den für § 27 SGB VIII relevanten Grad, bei dem eine Einzelbetreuung angezeigt ist (vgl. hierzu allg. Korth, Jugendgerichtshilfe, 1995).

15   **b) Kontaktaufnahme und Gespräche.** Regelmäßig besteht die Notwendigkeit, die prozessualen Abläufe und Interaktionen zu erläutern und einzuordnen (Riekenbrauk in LPK-SGB VIII SGB VIII § 52 Rn. 54) – und das nicht nur vor oder während der HV. Vielmehr besteht bereits im Zusammenhang mit den **Vernehmungen** im Ermittlungsverfahren (zur dort typischen Überforderung des Jugendlichen (→ § 70c Rn. 6 ff.) regelmäßig Anlass für eine erste Beratung (BAG JHilfe ZJJ 2020, 93 (93)). Allerdings ist diese so zu gestalten, dass der Jugendliche nicht etwa aufgrund der erzieherischen Betreuung durch den Vertreter der JGH ggü. der Polizei mehr einräumt, als er andernfalls bereit gewesen wäre (nachdrücklich zu dieser Gefahr Wilhelm, Die Stellung der JGH im Verfahren, 1992, 73 nebst Fn. 216). Doch auch unabhängig von der Vernehmung bedarf es der gesprächsförmigen Betreuung, in der eine Vorbereitung auf das Verfahrensgeschehen und sich ggf. abzeichnende Rechtsfolgen unternommen werden kann. Anlass hierfür kann gerade nach Einführung von § 70a bestehen, weil die dort vorgesehene Informationsmasse die Verunsicherung des Jugendlichen leicht erhöhen kann (→ § 70a Rn. 5) und dies durch die JGH dann korrigiert werden muss (DIJuF JAmt 2021, 151 (152)).

16   Diese Betreuung muss – je nach Lage des Falls – **ggf. schon sehr früh** erfolgen (→ Rn. 34 und einschr. Rn. 37), insbes. auch vor jeder (insbes. einer gem. § 52 Abs. 2 S. 1 SGB VIII iVm §§ 27 ff. SGB VIII) in Betracht zu ziehenden Maßnahme. Hiervon ausgehend sind ggf. dringlich notwendige und umgehend realisierbare Hilfeleistungen zu erbringen (zB Erhaltung bzw. Vermittlung von Ausbildungs- oder Arbeitsplatz, Bereitstellung eines Therapieplatzes usw.). Zugleich oder daran anschließend kann der Vertreter der JGH uU bei den Erziehungsberechtigten erzieherische Maßnahmen anregen, die ggf. ein Absehen von der Verfolgung ermöglichen könnten (→ Rn. 24). – Unter Umständen erbringt die JGH im weiteren Verlauf zudem noch konkrete **Unterstützungsleistungen in der HV.** Bei einer erwachsenen Person, die (bei Ausschluss der Erziehungsberechtigten oder gesetzlichen Vertreter an deren Stelle) den Schutz der Interessen des Jugendlichen übernimmt, kann es sich nach **§ 51 Abs. 6 Satz 4** nämlich ggf. auch um einen Vertreter der JGH handeln (s. ähnlich auch § 67 Abs. 3 S. 3 für Vernehmungen und andere Untersuchungshandlungen).

17   **c) Freiheitsentzug.** Nach Abs. 5 S. 5 streckt sich die Unterstützungsaufgabe im Falle freiheitsentziehender **Rechtsfolgen** auf die gesamte Vollzugszeit sowie auf die Entlassungsvorbereitung und die nachvollzugliche (Re-) Integrationsphase. Das gilt in entspr. Weise auch bei Vollzug von **U-Haft** (s. hier erg. § 89c Abs. 3 S. 2). Während des laufenden Freiheitsentzugs ist der Kontakt zwischen der JGH und dem U-Gefangenen bzw. Verurteilten auf-

rechtzuerhalten, um auf eine Erleichterung der **Vollzugssituation** und auf die Erhaltung oder Wiederherstellung wesentlicher Umfeldbeziehungen hinzuwirken. Bei sich abzeichnendem Ende des JStVollz sollte die JGH auf ein angemessenes **Übergangsmanagement** drängen und an Vorbereitungen mitwirken, die die Lebensführung nach der Entlassung stützen sollen (zB Hilfe zur Erlangung einer Unterkunft, eines Ausbildungs-, Arbeits- oder Therapieplatzes, Schuldenregelung usw (vgl. → § 92 Rn. 61a)). Nach der Entlassung kann es der **Wiedereingliederung** dienlich sein, wenn sich der Vertreter der JGH weiterhin als Gesprächspartner anbietet und zudem darauf bedacht ist, die Beseitigung des Strafmakels (§§ 97 ff., 111) anzuregen bzw. zu beantragen.

IV. Einzelheiten zur Ermittlungs- und Beratungsaufgabe

1. Bezugshorizont der Ermittlungs- und Berichtspflicht

a) Begrenztheit ermittlungsfähiger Themen. Die Umstände, die die **18** JGH erforschen und zu denen sie eine Informations- und Beratungsleistung ggü. den Strafverfolgungsinstitutionen erbringen soll (→ Rn. 9 f.), werden in Abs. 2 S. 2 umrissen und auf **drei zusammenhängende Bereiche beschränkt:** auf die Bedingungen beim Beschuldigten (Persönlichkeit, Entwicklung, Hintergrund) und die sich daraus ggf. ergebenden Konsequenzen hinsichtlich einer besonderen Schutzbedürftigkeit und hinsichtlich möglicher Rechtsfolgen. Hierbei handelt sich durchweg um Sachverhalte, auf deren Kenntnis die JStA und JGerichte für eine spezialpräventive Entscheidungsfindung (§ 2 Abs. 1) angewiesen sind (für eine ausdifferenzierte Arbeits- und Orientierungshilfe, aus denen sich das relevante Themenspektrum ergibt, vgl. Trenczek/Goldberg Jugendkriminalität 263 ff.). Die Ermittlungen der JGH dürfen hierüber thematisch nur in der Weise hinausgehen, als sie sich auch auf Umstände erstrecken können, die zwar nicht für das aktuelle Strafverfahren und die dort erfolgende Reaktion bedeutsam sind, wohl aber für **jugendhilferechtliche** Maßnahmen (auch) aus Anlass des Tatereignisses (§ 52 Abs. 2 S. 1 SGB VIII; vgl. auch Art. 7 Abs. 4 Buchst. b) RL (EU) 2016/800; dazu Nixdorf NK 2018, 355 (362)). Die JGH wird bei solchen Erhebungen dann aber in außerstrafrechtlicher Funktion tätig.

Kein zulässiger Gegenstand der Fallerhebungen der JGH sind Tatsachen, **19** die zur **Aufklärung** der aktuell verfolgten Verfehlung (§ 264 StPO iVm § 2 Abs. 2) beitragen. Der Vertreter der JGH ist gegenüber der Strafjustiz nicht weisungsabhängig und auch kein Organ der Strafverfolgung (Dallinger/Lackner Rn. 22; Brunner/Dölling Rn. 1; Sommerfeld in NK-JGG Rn. 16; Laubenthal/Baier/Nestler JugendStrafR Rn. 173; vgl. auch schon VG Schleswig ZfJ 1987, 539 (540); Füllkrug Bewährungshilfe 1988, 322 (323); abw. Gertler/Schwarz in BeckOK JGG Rn. 98, gar unter Hinweis auf §§ 258a, 13 StGB). Die JGH hat **ausschließlich** erzieherische und **sozialpädagogische** Perspektiven und Belange in das Verfahren einzubringen (Abs. 2 S. 1) und wird allein „zu diesem Zweck" (Abs. 2 S. 2) tätig. Deshalb bestehen für sie keinerlei Aufgaben oder Befugnisse, die sich auf die Aufklärung des Tatereignisses beziehen. Soweit sie hierzu Erkenntnisse hat, dürfen diese nur im Rahmen der allg. Verpflichtung jedes Bürgers (§ 138 StGB) an die JStA oder das JGericht weitergegeben werden (vgl. aber zur

Zeugenpflicht → Rn. 69 ff.; zum Verhältnis zwischen JGH und Polizei vgl. § 43 Rn. 17).

20 **b) Besondere Schutzbedürftigkeit.** Die Beratungs- und Berichtsaufgabe der JGH schließt eine Äußerung dazu ein, welche Konsequenzen aus den Ermittlungsergebnissen folgen (Abs. 2 S. 2). Dies betrifft einmal die ggf. festgestellte besondere Schutzbedürftigkeit des Beschuldigten – also (physisch, psychisch, sozialisatorisch usw bedingte) Umstände, die eine **gesteigerte** (dh über das alterstypische Maß hinausgehende) Vulnerabilität des jeweiligen Jugendlichen begründen und die bei der weiteren **Verfahrensdurchführung zu berücksichtigen** sind (vgl. auch RL (EU) 2016/800 Erwgr. 35: Feststellung, „ob und inwieweit sie während des Strafverfahrens besondere Maßnahmen benötigen"). Das kann etwa bei familiären Verlusten oder Konfliktlagen, bei bestimmten früheren Viktimisierungen oder bei manchen Persönlichkeitsakzentuierungen der Fall sein (weitere Bspe. bei RegE BT-Drs. 19/13837, 47).

21 Ggü. den Strafverfolgungsbehörden geltend gemacht werden können solche Notwendigkeiten durch die JGH auch iZm konkreten (ggf. bevorstehenden) prozessualen Schritten, ua im **Vorverfahren.** Das entspr. Spektrum ist weit und erstreckt sich bspw. auf vorläufige Anordnungen über die Erziehung (§ 71), auf die Legitimitätsprüfung von U-Haft (→ § 72a Rn. 7 f.), auf das Vorliegen der Voraussetzungen einer notwendigen Verteidigung (§ 68) oder einer audiovisuellen Vernehmungsaufzeichnung (§ 70c Abs. 2) sowie auf die Notwendigkeit, ein Gutachten eines Sachverständigen einzuholen (va bei Zweifeln über das Vorliegen der Voraussetzungen nach § 3 bzw. §§ 20, 21 StGB, § 105 Abs. 1 Nr. 1 oder über die Bedeutsamkeit von Umwelteinflüssen (§ 43 Abs. 2 S. 1)).

22 **c) Rechtsfolgenrelevanz. aa) Gerichtliche Anordnungen.** Die Feststellungen der JGH sollen Informationen bieten, die bei der Rechtsfolgenentscheidung von JStA und JGericht „von Nutzen sein können" (Art. 7 Abs. 4 Buchst. c) RL (EU) 2016/800). Das betrifft Erkenntnisse mit Relevanz für die „erzieherische Indikation" und die anderen konkreten **Voraussetzungen** des Rechtsfolgenausspruchs, ggf. auch zur Anwendung von § 105 Abs. 1 JGG. Darüber hinaus soll sich der JGH-Vertreter in der HV auch zu den in Betracht kommenden Rechtsfolgen ausdrücklich „äußern" (Abs. 2 S. 2) und nach hM zudem einen eigenen dahingehenden Vorschlag machen (so etwa Sommerfeld in NK-JGG Rn 19; Gertler/Schwarz in Beck-OK JGG Rn. 116 ff.; Wilhelm, Die Stellung der JGH im Verfahren, 1992, 111; s. zur Praxis aber Seidel, Die JGH in ihrer Ermittlungsfunktion und ihr Einfluß auf richterliche Entscheidungen im Jugendstrafverfahren gegen weibliche Jugendliche, 1988, 152: 62 % der JGH-Berichte ohne Rechtsfolgenvorschlag). Beides – die rechtsfolgenbezogenen Aussagen und Vorschläge des Vertreters der JGH – darf allerdings die Verteidigung des Jugendlichen oder Heranwachsenden nicht beeinträchtigen. Da Rechtsfolgen stets eine „justizmäßige Schuldfeststellung" voraussetzen, sind alle darauf gerichteten Äußerungen der JGH nur unter Vorbehalt und Beachtung der Unschuldsvermutung (Art. 6 Abs. 2 EMRK) zulässig.

23 Der **Rechtsfolgenvorschlag** ist iÜ grds. umstritten. Die Auffassung, dass es sich um einen obligatorischen Teil der beratenden Tätigkeit der JGH handele, wird nicht selten relativiert (vgl. etwa DVJJ-BAG 2017, 7: aus Gründen der Verhältnismäßigkeit nicht immer „sinnvoll") oder strikt zurückgewiesen (Dollinger/Schabdach Jugendkriminalität 177 f.; Trenczek ZKJ 2010, 142 (145); ders./Goldberg Jugendkriminalität 277 ff.: der sozial-pädagogischen Logik fremd und von der JGH daher zu unterlassen). Diese **einschr. Position** ist mit Blick auf die sozialpädagogische Primäraufgabe der JGH und die hierfür erforderliche Vertrauensbeziehung zum Beschuldigen **überzeugend** (zumal von Abs. 2 ein Sanktionsvorschlag auch nicht ausdrücklich eingefordert wird). Die Forderung nach einem Vorschlagsverzicht ist umso mehr zu unterstützen, als für die JGH bisweilen von einer Tendenz zu einer „vergangenheitsorientierten Defizitanalyse" (Trenczek DVJJ-J 2003, 35 (38)), relativ punitiven Haltungen (Baier/Höynck/Wallaschek/Klatt RPsych 2017, 146 (154) mit Tab. 2) und auch vergleichsweise eingriffsintensiven Sanktionsanregungen (vgl. vormals etwa Hügel in BMJ 1986, 50) berichtet wird.

bb) Erledigungsentscheidungen der JStA. Der JGH-Bericht ist sehr 24 zügig und grds. vor Abschluss des Ermittlungsverfahrens zu erstatten (→ Rn. 34). Dies macht deutlich, dass zu den „Maßnahmen", zu denen sich die JGH äußern soll, auch die Abschlussentscheidungen im Vorverfahren zählen (zu deren Einbeziehung in den „Maßnahmen"-Begriff vgl. → § 9 Rn. 4). Die JGH kann daher (und wird häufig) die Möglichkeit einer **Verfahrenserledigung** nach §§ 45, 47 erörtern. In diesem Zusammenhang ist der JStA (bzw. der JRichter) über in Betracht kommende bzw. bereits eingeleitete oder gewährte Leistungen der JHilfe zu informieren, was deren Berücksichtigung bei der Nicht-/Einstellungsentscheidung möglich macht (§ 52 Abs. 2 S. 2 SGB VIII). Im Einzelfall ist die Leistungsgewährung indes mit anvertrauten Daten verknüpft, sodass die Mitteilung der JGH eine Einwilligung des Jugendlichen voraussetzt (§ 65 Abs. 1 Nr. SGB VIII). Mit Zustimmung des Jugendlichen können die fraglichen Informationen auch schon der Polizei zugeleitet werden, damit sie der StA mit Aktenvorlage von vornherein bekannt sind (dies befürwortend BAG JHilfe ZJJ 2020, 93 (93 f.)). Wenn die JGH dem JStA oder JGericht die JHilfe-Leistungen mitteilt, die aus ihrer Sicht bei einer Einstellung in Betracht kommen, ist sie daran iÜ **jugendhilferechtlich gebunden** (Trenczek ZJJ 2007, 31 (38); einschr. aber Lobinger Kostentragung 287 ff.). Die Leistung muss also (iZm einer entspr. Diversionsentscheidung der JStA oder des JGerichts) von der JHilfe erbracht und finanziert werden (n. zur damit fallkonkret geklärten Problematik der Kostentragung gem. § 36a SGB VIII → § 10 Rn. 66 ff.).

2. Informationsquellen und -verarbeitung

a) Beschuldigter. Während für die Polizei und die JStA in § 43 einige 25 Vorgaben geregelt sind, wie die individuellen Verhältnisse des Beschuldigten zu erforschen sind, sieht das Jugendhilferecht für die JGH insofern nur einige allg. Grundlinien vor. Die entscheidende Informationsgrundlage muss für den Vertreter der JGH hiernach im **persönlichen Kontakt** mit dem Beschuldigten liegen (§ 62 Abs. 2 S. 1 SGB VIII). Auch nach Art. 7 Abs. 7 RL (EU) 2016/800 geschieht die Ermittlung „unter enger Einbeziehung des Kindes". Diese Maßgabe wird von der ganz hM mit rechtsstaatlichen Positionen verbunden, die aus der strafprozessualen Subjektstellung des Beschuldigten resultieren (vgl. auch → 20. Aufl. Einl. Rn. 12g). Art. 7 Abs. 7 S. 2 RL (EU) 2016/800 sieht bspw., „soweit angemessen", eine Einbeziehung der Eltern vor. Auf Wunsch des Jugendlichen sind die Gespräche deshalb so einzurichten, dass Erziehungsberechtigte oder gesetzliche Vertreter zugegen sind (vgl. auch Art. 15 Abs. 1 RL (EU) 2016/800). In gleicher Weise hat der JGH-Vertreter es zu akzeptieren, wenn der Jugendliche das Gespräch nur im Beisein eines Verteidigers führen will (§ 137 Abs. 1 S. 1 StPO iVm § 2 Abs. 2; ebenso Laubenthal Jugendgerichtshilfe 68). Werden diese Rechte nicht eingefordert, kann das Gespräch ohne die **Anwesenheit Dritter** stattfinden (was sozialpädagogisch oft vorteilhaft ist).

26   Das Gespräch zwischen der JGH und dem Jugendlichen gilt nach der ganz hM als eine strafprozessuale Vernehmung (vgl. BGH NJW 2005, 765; Sander/Cirener in Löwe/Rosenberg StPO § 252 Rn. 11, 39; Gertler/Schwarz in BeckOK JGG Rn. 92; vgl. auch 22. Aufl. Rn. 63), für die es gem. §§ 163a Abs. 4 S. 2, 136 Abs. 1 S. 2 StPO iVm § 2 Abs. 2 einer vorherigen **Belehrung** bedarf. Diese iErg zutr. Position verkennt jedoch die primäre Unterstützungsfunktion des sozialpädagogisch geführten Kontakts, der einer Tatrekonstruktion gerade nicht dienen darf (→ Rn. 19) und der sich einer Einordnung als Vernehmung daher verschließt (Wapler in Wiesner SGB VIII § 52 Rn. 25). Das Belehrungserfordernis ergibt sich deshalb richtigerweise aus **§ 62 Abs. 2 S. 2 SGB VIII,** wobei seine Ausgestaltung wegen der strafprozessualen Kontextuierung aber an den Anforderungen der StPO (und des § 70b Abs. 1) zu orientieren ist. Die Hinweise müssen sich also auf das Schweigerecht und die Befugnis zur Konsultation eines Verteidigers sowie darüber hinaus darauf beziehen, dass keine Pflicht zu einer sonstigen Mitwirkung besteht (so iErg etwa Schuhr in MüKoStPO Vorbemerkung zu §§ 133 ff. Rn. 45; s. schon Bottke ZStW 1983, 69 (91); Kiehl in Wiesner/Zarbock, Das neue KJHG – seine Umsetzung in die Praxis der Jugendhilfe, 1991, 125; Lühring, Die Berichtspflicht des Jugendgerichtshelfers und ihre Grenzen, 1992, 16; Dölling DVJJ-J 1991, 242 (244)). Dies ist mit der Aufklärung darüber zu verbinden, dass der Vertreter der JGH im StVerf ggf. aussageverpflichtet sein kann.

27   Das Gespräch mit dem Jugendlichen soll nicht nur zu Informationszwecken erfolgen (dazu auch → § 43 Rn. 19), sondern **Elemente** der **Hilfeleistung** (vgl. → Rn. 14) enthalten. Dabei darf die Unterstützung aber keineswegs als Instrument der Informationserlangung missbraucht werden. Diese Funktionsverbindung gilt in besonderer Weise bei Gesprächen mit Jugendlichen, die sich **in U-Haft** befinden und daher besonderer Beistandsformen bedürfen. Die früher bisweilen gemachte Empfehlung, der Persönlichkeitserforschung während der U-Haft eine besondere Bedeutung zuzumessen, weil die psychische Situation des Jugendlichen und ggf. auch des Heranwachsenden dessen Selbstöffnung fördere, ist deshalb zurückzuweisen (dagegen auch Albrecht JugendStrafR 318). Ohnehin besagt der Grad des Mitteilungsbedürfnisses wenig über die Gültigkeit der gemachten Angaben, wobei eine entsprechende Drucksituation auch Tendenzen zur (sachlich unzutr.) Selbstbelastung zu fördern vermag (vgl. auch → § 89c Rn. 34, 35).

28   **b) Sonstige Personen.** Die Bezugs- oder auch nur Kontaktpersonen des Jugendlichen können als **nachrangige** (sog. sekundäre) **Ermittlungsquelle** dienen (vgl. auch → § 43 Rn. 20). Zu deren Nutzung bedarf es jedoch, falls es um Informationen zum Beschuldigten geht und dieser nicht zustimmt, datenschutzrechtlich einer Eingriffsgrundlage (ebenso Hoffmann ZJJ 2005, 59 (62); Feldmann ZJJ 2008, 21 (23)). § 43 kommt hierfür schon deshalb

nicht in Betracht, weil sich die Norm nicht an das JAmt, sondern an die JStA bzw. das JGericht wendet. Außerdem stellt sie ebenso wie § 38 eine Aufgabenzuweisung und keine Eingriffsregelung dar (so auch Kiehl ZfJ 1993, 226 (231); Maas ZfJ 1994, 68 (70); Busch DVJJ-J 1996, 158 (158); aA Laubenthal/Baier/Nestler JugendStrafR Rn. 195; Dölling Bewährungshilfe 1993, 128 (132)). Abs. 2 S. 2 entspricht nämlich in keiner Weise den Anforderungen, die das BVerfG (BVerfGE 65, 1 = NJW 1984, 419) an jene Normen stellt, auf deren Grundlage ein Eingriff in die informationelle Selbstbestimmung zulässig ist (nämlich die Klarheit und Erkennbarkeit des Umfanges und der Voraussetzungen der Beschränkungen).

Allerdings kann sich die JGH bei der Befragung von Eltern, Schule, Aus- **29** bildungsbetrieb usw auf die Ermächtigung in **§ 62 Abs. 3 Nr. 2c SGB VIII** iVm § 52 SGB VIII stützen, wobei hierfür die Erhebung erforderlicher Daten beim Beschuldigten unmöglich oder aus anderen Gründen beim Dritten unumgänglich sein muss. Das ist für die Erforschungsaufgaben der JGH selten der Fall (Wapler in Wiesner SGB VIII § 52 Rn. 27; Trenczek/Goldberg RPsych 2019, 475 (485); abw. Einschätzung noch bei Feldmann ZJJ 2008, 21 (23)). Bei Befragungsergebnissen, die gegen den Willen des Jugendlichen zustande kommen, ist zudem eine besondere Prüfung ihres Wahrheitsgehalts angezeigt. Im Übrigen sind die dritten Personen entspr. §§ 52 ff., 55 StPO iVm § 2 Abs. 2 über etwaige Zeugnis- und Auskunftsverweigerungsrechte zu **belehren** (iErg zutr. BGH NJW 2005, 765). Dies ergibt sich aber nicht etwa daraus, dass sie im strafprozessualen Sinne vernommen würden (→ Rn. 26), sondern aus ihrer sozialrechtlichen Mitwirkungsfreiheit.

c) Behördenakten und Datenschutz. In Ergänzung zu Gesprächen mit **30** dem Jugendlichen und anderen Personen (bei Nichterscheinen oder Nichtmitwirkung des Beschuldigten und seines Umfeldes aber auch als alleinige Informationsgrundlage) werden von der JGH vielfach behördliche Dokumentationen herangezogen (dazu bspw. schon Wild, Jugendgerichtshilfe in der Praxis, 1989, 95 ff.; Viet DVJJ-Journal 1991, 424). Im Hinblick hierauf bestehen **datenschutzrechtliche Bedenken** (speziell bei Daten zu Auffälligkeiten im Kindesalter dazu n. auch → § 1 Rn. 19 ff., → § 43 Rn. 26). Geht es um die Verwendung von **Akten anderer Behörden** (oder fremder JÄmter) bedarf es hierfür nach dem sog. **Doppeltürmodell** nicht nur einer bereichsspezifischen Öffnungsregelung, die der aktenführenden Institution die Übermittlung der Akteninformationen erlaubt, sondern auch einer Abrufregelung, auf die sich die JGH bei der Datenanforderung und -verwendung stützen kann (vgl. etwa BVerfGE 125, 260 = NJW 2010, 833; BVerfGE 130, 151 = NJW 2012, 1419; BVerfG BeckRS 2014, 49398). Eine solche Abrufbefugnis kann allein in § 62 Abs. 3 Nr. 2c SGB VIII iVm § 52 SGB VIII gesehen werden, wobei hier die eben genannte Einschränkung (→ Rn. 29) zu berücksichtigen ist.

Problematisch ist auch die Verwendung von **JAmts-Akten** (einschl. frü- **31** herer JGH-Berichte) durch den Vertreter der JGH. So kann in der organisatorischen Differenzierung des Allgemeinen Sozialen Dienstes und einer hiervon separierten JGH als spezialisiertem Fachdienst durchaus eine Trennung in verschiedene „funktionale" Behörden gesehen werden (Feldmann ZJJ 2008, 21 (24); zur Problematik allg. etwa Schulz in Gola/Heckmann, BDSG, 13. Aufl. 2019, § 2 Rn. 9 f.), womit für das Verhältnis zwischen diesen

JAmts-Abteilungen ua § 64 Abs. 2 SGB VIII zu beachten wäre. Der Informationstransfer schiede dann aus, sofern die JHilfeleistungen, die jenseits des JStV erbracht werden, hierdurch gefährdet würden. Lehnt man die Trennung in verschiedene Behörden ab, kommt immerhin noch § 63 Abs. 2 SGB VIII zum Tragen. Die gemeinsame Datendokumentation bei der JGH setzt hiernach einen **unmittelbaren Sachzusammenhang** voraus, der indes idR gegeben ist, wenn es um denselben Jugendlichen geht (Mörsberger in Wiesner SGB VIII § 63 Rn. 13). Daten aus der Leistungserbringung darf die JGH dagegen nur speichern, falls dies für ihren Ermittlungsauftrag erforderlich ist (vgl. § 63 Abs. 2 S. 2 SGB VIII). Insofern bedarf es der Begründung einer fallkonkreten und spezifischen Notwendigkeit, für die die allg. Berichtsaufgaben iSv Abs. 2 nicht ausreichend sind. Wurden Informationen einzelnen Mitarbeitern der JHilfe anvertraut, scheidet deren Weitergabe an die JGH gem. § 65 SGB VIII ohnehin weitgehend aus (n. Feldmann ZJJ 2008, 21 (24)). Auch darf durch die Zusammenführung der Informationen bei der JGH nicht die Pflicht zur Löschung der Sozialdaten durch die datenerhebende Abteilung des JAmts (§ 84 SGB X; dazu etwa HessVGH ZKJ 2014, 493) umgangen werden.

32   **d) Berücksichtigungsbedürftige Gefahren bei der Informationsselektion.** Die (eben erörterte) Aktenorientierung vieler JGH-Ermittlungen lassen inhaltlich verzeichnete oder jedenfalls weniger verlässliche Ergebnisse befürchten (zust. Riekenbrauk in LPK-SGB VIII SGB VIII § 52 Rn. 37). So scheint man in den JGH dazu zu tendieren, Akteninhalte als Wirklichkeitsabbilder zu behandeln und die institutionellen Anteile an der **„Aktenwirklichkeit"** auszublenden (Kühne/Schlepper Soziale Probleme 30 (2019), 145 (166)). Dies erklärt die mehrfach beobachtete Neigung, Äußerungen und Einschätzungen in den ausgewerteten Akten kurzerhand (dh ohne eigene Überprüfung und ohne entspr. Kenntlichmachung) zu übernehmen (so jedenfalls früher Moritz/Meier, Jugendhilfe auf dem Prüfstand, 1982, 195; vgl. auch Funke, Zur Rolle von Jugendlichen im Jugendhilfeprozeß, 1981, 104; Hermann ZfSoziologie 1987, 44 (50))). Tatsächlich aber kann eine Eintragung iZm dem damaligen spezifischen Zweck- und Funktionshintergrund ganz anders gemeint gewesen sein, als sie vom Vertreter der JGH nachträglich (zumal oft viele Monate später) interpretiert wird. Zudem verleiten Ähnlichkeiten zwischen früheren und jüngeren Akteninhalten dazu, hierin stabile Eigenschaften des Jugendlichen zu sehen (zur Gefahr der individuumsgelösten Schematisierung und Stereotypisierung anhand „charakteristischer Beobachtungen" in den ausgewerteten Akten auch Hoffmann ZJJ 2005, 59 (61)).

33   In vielen Ermittlungsberichten machen sich auch Selektionseffekte bemerkbar. Die an sich maßgeblichen Informationen zur persönlichen Situation des Jugendlichen (Hintergrundfakten, Querverbindungen zwischen Bezugs- oder Kontaktgruppen, Interdependenzen zwischen Leistungs-, Sozial- und Freizeitbereich usw) lassen sich idR nur unter großem Zeit- und Arbeitsaufwand aufzeigen, weshalb sie nicht selten unberücksichtigt bleiben. Da JGH-Bedienstete ihre Rolle als Prozessbeteiligte vor Gericht und ihre allgemeinen Durchsetzungsmöglichkeiten nicht schwächen wollen, tendieren sie gelegentlich dazu, atypische oder **schwer zu belegende** Umstände nicht zu berücksichtigen. Das gilt auch für Informationen, mit denen sich der eigene Rechtsfolgenvorschlag nicht recht verträgt (Ebert Neue Praxis

1975, 300 (308); Peters/Cremer-Schäfer, Die sanften Kontrolleure. Wie Sozialarbeiter mit Devianten umgehen, 1975, 30 ff.; Winter-v. Gregory Neue Praxis 1979, 437). Darüber hinaus ist davon auszugehen, dass mitunter selbst bei den beweisbaren Fakten eine Auslese vorgenommen wird, um **justiziellen Erwartungen** gerecht zu werden und nach Möglichkeit ein geschlossenes Bild des Jugendlichen zu vermitteln, das dem Gericht dessen „Einordnung" ohne weiteres erlaubt (dazu krit. auch Laubenthal Jugendgerichtshilfe 93). Auch deshalb dominieren in den Berichten solche Kategorisierungen, die die Tatereignisse in alltagsähnlicher Weise auf **negative Persönlichkeitsmerkmale** oder biografische Problemlagen zurückführen (Ludwig-Mayerhofer, Das Strafrecht und seine administrative Rationalisierung, 1998, 187; vgl. bspw. auch Herbertz/Salewski, Gewalttätige Jugendliche und Soziale Kontrolle, 1985, 299 ff.; Seidel, Die JGH in ihrer Ermittlungsfunktion und ihr Einfluß auf richterliche Entscheidungen im Jugendstrafverfahren gegen weibliche Jugendliche, 1988, 150 f.; Nienhaus, Subjektive Erklärungskonzepte jugendlicher Delinquenz, 1999; n. hierzu auch 22. Aufl. Rn. 71 und 81 mwN).

3. Flexibilität in Zeitpunkt und Intensität der Ermittlungen

a) Früher Bericht für die JStA im Ermittlungsverfahren. Im Hinblick auf das Beschleunigungsprinzip (→ Einl. Rn. 42 f.) soll die JGH über ihre Ermittlungsergebnisse „möglichst zeitnah Auskunft" geben (**Abs. 3 S. 1;** vgl. auch RL Nr. 6 zu § 43). Die StA muss die Voraussetzungen dafür (ebenso wie die Polizei) durch eine frühe Information der JGH schaffen (n. dazu → Rn. 59). Diese hat ihren Ermittlungsbericht nach Art. 7 Abs. 5 RL (EU) 2016/800 (mit Erwgr. 39) daraufhin so zeitig vorzulegen, dass dessen Inhalt grds. **bereits im Vorverfahren berücksichtigt** werden kann (indirekt hierzu auch Abs. 3 S. 3 sowie § 46a und § 52 Abs. 2 S. 2 SGB VIII). Das schließt Aussagen zu ggf. geplanten oder schon begonnenen Hilfen zur Erziehung (§§ 27 ff. SGB VIII) ein, damit geprüft werden kann, ob dies eine Erledigung gem. § 45 möglich macht (n. → Rn. 24; s. ferner zB Gertler/ Schwarz in BeckOK JGG Rn. 16; Riekenbrauk ZJJ 2007, 159 (165); Trenczek ZKJ 2010, 142 (145); Kölbel NStZ 2021, 524 (528)). Andererseits darf die Abschlussentscheidung, die die Informationen der JGH aufgreifen und deshalb deren Vorlage prinzipiell abwarten soll, durch die Ermittlungs- und Berichtstätigkeit der JGH aber **nicht** wesentlich **verzögert** werden. Aus diesem Grund ist die JGH stets – und in **Haftsachen** in gesteigertem Maße (Abs. 3 S. 2) – zur Zügigkeit und Rechtzeitigkeit ihrer Fallerhebungen gehalten (s. auch § 52 Abs. 2 S. 1 SGB VIII). Letztlich muss sie damit beginnen, sobald ihr mitgeteilt wird, dass gegen einen Jugendlichen ermittelt wird und **gegen wen** genau; idR ist der Beschuldigte unmittelbar danach zum Gespräch (→ Rn. 15 ff., 25 ff.) einzuladen (DIJuF 2021, 151 (152)). **34**

Die Einhaltung dieser Verpflichtung wird der JGH dadurch erleichtert, dass sie den Grad ihrer Ermittlungen anlassorientiert variieren kann (n. → Rn. 37 ff.) und der StA bis zu der Abschlussentscheidung erst einmal nur solche Erkenntnisse vorlegen muss, die für die hier erfolgenden „Weichenstellungen von Bedeutung sein können" (BT-Drs. 19/15162, 7). Außerdem ist für die „Auskunft" der JGH in diesem Stadium noch eine **formlose** Mitteilung („vorläufiger" oder „Vor-Bericht") ausreichend (→ Rn. 43). Zu berücksichtigen ist ferner, dass sich die Einhaltung des Zügigkeitsgebots am **35** ehesten in jenen Fällen auswirkt, in denen aus Sicht der StA verschiedene Erledigungsformen in Betracht kommen und der **Bericht** daher **auswahl-relevant** sein kann. Steht für die JStA dagegen fest, dass sie nach § 45 Abs. 1 bzw. § 153 StPO oder § 170 Abs. 2 StPO iVm § 2 Abs. 2 einstellen wird, muss sie den JGH-Bericht nicht notwendigerweise abwarten. Vielmehr kann und soll sie hier auf diesen **verzichten** (einschr. bei § 45 Abs. 2 und 3 aber → Rn. 51).

36   Ähnlich liegt es, wenn sich eine Anklageerhebung deutlich abzeichnet. Hier ist durch die StA bei einer sich (ggf. pflichtwidrig) verzögernden Berichterstattung der JGH zu prüfen, ob ein Vorgehen nach **§ 46a (Anklage vor Berichterstattung)** in Betracht kommt. Dass ein Vorbericht unterbleibt und die JGH allein und erst nach Anklageerhebung berichtet, muss aber eine **Ausnahmehandhabung** sein (und darf sich nicht – auch nicht aufgrund interinstitutioneller Absprachen – als Alltagspraxis einspielen (→ § 46a Rn. 8)). Berechtigter Anlass für die Anwendung von § 46a besteht gerade in **Haftsachen,** falls die Auskunft der JGH hier auf sich warten lässt (s. aber → § 46a Rn. 5 f.). Von der JGH ist indes zu fordern, dass sie es dazu nicht kommen lässt. In Ansehung des Belastungs- und Ausnahmecharakters der U-Haft darf die Persönlichkeitserforschung keinesfalls eine Verlängerung der Haftdauer bewirken (zust. Laubenthal Jugendgerichtshilfe 159). Deshalb ist in Haftsachen beschleunigt zu berichten (Abs. 3 S. 2) und die Ermittlungstätigkeit dafür mit den Strafverfolgungsbehörden abzustimmen (vgl. auch → § 43 Rn. 18 sowie RL Nr. 6 S. 2 zu § 43; zur Information der JGH s. § 72a).

37   **b) Bedarfsangepasste Erhebungsintensität.** Die geforderte Zügigkeit und Rechtzeitigkeit der Ermittlungen erzeugen in nicht wenigen Konstellationen die Gefahr eines unnötigen invasiven Vorgehens. So könnten Fallerhebungen in einem Zeitpunkt, zu dem noch gar kein hinreichend konkretisierter Tatverdacht besteht und/oder der justizielle Beratungsbedarf noch offen ist, in die persönlichkeitsrechtlich geschützte Privatsphäre des Jugendlichen (zumal durch die Anhörung von Schule und Ausbildendem) erheblich stärker eingreifen, als dies unter **Verhältnismäßigkeitsgesichtspunkten** zulässig ist (Kölbel in MüKoStPO StPO § 160 Rn. 83; vgl. auch → § 43 Rn. 12). Diesen Zielkonflikt mit dem Gebot früher Ermittlungen kann die JGH zumindest teilw. lösen, indem sie die Erforschung anfangs stärker dosiert und auf das Maß beschränkt, das für eine Stellungnahme zu einer Diversionsentscheidung ausreichend ist. Auf den vollen Umfang ausgedehnt werden kann dies dann, wenn sich im weiteren Verlauf eine Anklage und HV abzeichnet (RegE BT-Drs. 19/13837, 48).

38   Eine solche bedarfsangepasste Intensität der Fallerhebung, die in ihrer Variabilität ebenso zweckmäßig wie geboten ist, setzt allerdings voraus, dass die JGH über den Bedarf ins Bild gesetzt wird. Von der Polizei muss sie also darüber informiert werden, wenn sich die Ermittlungen anders als anfänglich erwartet von einer Einstellung weg (oder zu dieser hin) entwickeln. Insofern besteht die Notwendigkeit **inter-institutioneller Informationsprozesse** (hierzu auch Goldberg, Das Gesetz zur Stärkung der Verfahrensrechte (…), 2021, Rn. 7; Höynck/Ernst ZJJ 2020, 245 (253)), ohne dass dies die problematischen Formen einzelfallbezogener Kooperation (→ § 37a Rn. 15 ff.) annehmen müsste oder sollte. Das gilt auch für die JStA. Über die in MiStra Nr. 32 geregelten Informationspflichten (→ § 70 Rn. 7 f., 10 f.) hinaus emp-

fiehlt sich bspw. bei beabsichtigter Anklageerhebung unbedingt eine entspr. Mitteilung an die JGH – und dies nicht nur wegen des dann ggf. größeren Umfangs der JGH-Ermittlungen, sondern auch als Hinweis auf den erforderlichen Zeitpunkt des ersten Berichts (→ Rn. 34 ff.). Denn ohne Kenntnis davon, dass und wann eine Anklage erhoben werden soll, kann die JGH auch nicht wissen, bis wann ein Bericht von ihr erwartet wird (deshalb von einer Mitteilungspflicht ausgehend Gertler/Schwarz in BeckOK JGG Rn. 65). Im Regelfall ist in den frühen Phasen aber eine besonders zurückhaltende und sensible Vorgehensweise der JGH angezeigt – auch, weil ihre Tätigkeit in folgenlos endenden Verfahren sonst als unberechtigter oder überzogener behördlicher Eingriff erlebt und der aus der Hilfefunktion der JGH sich ergebende Schutzzweck so in sein Gegenteil verkehrt werden kann (vgl. Trenczek/Goldberg RPsych 2019, 475 (483); ähnlich früher schon Dallinger/Lackner Rn. 61; Mrozynski, SGB VIII, Kinder- und Jugendhilfe, 5. Aufl. 2009, § 52 Rn. 6, 7).

Andererseits bleibt die lange verbreitete Praxis, den **Erstkontakt** (selbst **39** bei rechtzeitiger Information) auf einen Zeitpunkt **erst nach Anklageerhebung** zu verschieben (vgl. etwa Trenczek DVJJ-J 2000, 217 (219 f.); Trenczek DVJJ-J 2003, 141 (143); Kurzberg Jugendstrafe 144), hinter den Geboten der frühestmöglichen Mitwirkung und der Rechtzeitigkeit der Ermittlungen eindeutig zurück. Dies steht mit Erlass des Gesetzes zur Stärkung der Verfahrensrechte von Beschuldigten schon deshalb außer Frage, weil die Berichterstattung der JGH seither idR vor Anklageerhebung erfolgen muss und diese Abfolge nur ausnahmsweise (→ § 46a Rn. 5 f.) umgekehrt werden darf (ebenso etwa BT-Drs. 19/13837, 30; Sommerfeld ZJJ 2018, 296 (307)). Außerdem ergibt sich dies auch aus der Unterstützungsfunktion, unter deren Vorzeichen vielfach Anlass besteht, den Jugendlichen bereits **vor der ersten Vernehmung** ein **Beratungsangebot** zu machen (zur Information der JGH vor der Vernehmung s. → Rn. 59, → § 70 Rn. 10).

c) Aktualisierung. Wegen der oft ausgeprägten Veränderlichkeit jugend- **40** licher Lebenswelten ergeben sich nach Abschluss der JGH-Erhebungen nicht selten beurteilungs- und prognoserelevante Entwicklungen in der Person oder im Umfeld des Beschuldigten (Aufnahme oder Abbruch von Ausbildungsverhältnissen; familiäre Umgestaltungen; Abschluss oder Abbruch von Maßnahmen der JHilfe usw). Diese sind durch **ergänzende Fallerhebungen** der JGH zu ermitteln (vgl. BAG JHilfe ZJJ 2020, 93 (94): einschl. eines nochmaligen Kontaktes zum Jugendlichen) und der JStA – nach Anklageerhebung daneben auch dem JGericht – in einem Nachbericht zur Kenntnis zu geben (Abs. 3 S. 3; vgl. auch Art. 7 Abs. 8 RL (EU) 2016/800). Durch die grds. sehr frühzeitige Vorlage des primären und formlosen Ermittlungsberichts (→ Rn. 34 ff.) erlangt diese Aktualisierungspflicht auch praktische Relevanz. Dies gilt besonders, wenn die JGH in Erwartung einer Diversionsentscheidung dosiert ermittelt oder sich anfangs nur zu Teilaspekten (zB der Haftvermeidung) geäußert hatte (Riekenbrauk ZJJ 2020, 50 (51)). Ähnlich verhält es sich, falls wegen der fehlenden Mitwirkung des Jugendlichen zunächst nur ein sog. unsubstantiierter Bericht (vgl. RegE BT-Drs. 19/13837, 48: „wegen Fernbleibens keine Aussage möglich") realisierbar war. Insb. nach einer (doch) erfolgten Anklage entsteht in solchen Konstellationen regelhaft ein Bedarf an umfassenderen Feststellungen, dem die JGH durch einen ergänzenden **Nachbericht** entsprechen muss (zu ihrer ua deshalb bestehenden Anwesenheitspflicht → Rn. 61).

4. Erstattung des Berichts vor dem Jugendgericht

41   **a) Inhalt des Berichts und Datenschutz.** Die JGH erstattet auch dem JGericht ihren Bericht. Sie fasst darin ihre Feststellungen zusammen, dh das **wesentliche Ergebnis** ihrer Ermittlungen zum Beschuldigten und seiner Hintergründe sowie zu den erzieherischen und sonstigen Rechtsfolgenvoraussetzung (→ Rn. 22 f.). Allerdings sind in diesem Zusammenhang erneut **datenschutzrechtliche** Einschränkungen zu beachten (n. etwa Feldmann ZJJ 2008, 21 (25)): Die Weitergabe der von der JGH im Rahmen ihrer Tätigkeit gesammelten Daten über den Betroffenen an das JGericht beurteilt sich nach § 69 Abs. 1 Nr. 1 SGB X. Danach ist eine Übermittlung von Sozialdaten zulässig, soweit es zur Erfüllung der Aufgaben der JGH erforderlich ist (vgl. dazu etwa Kunkel in LPK-SGB VIII SGB VIII § 61 Rn. 289: nicht an die Polizei). Insofern ist bezüglich der zu übermittelnden Daten eine gewisse **Auswahlfreiheit der JGH** gegeben (zust. Webers, Datenschutz in der öffentlichen Jugendgerichtshilfe, 2005, 136, 139). Diese hat sich bei ihrer Entscheidung an ihrem Auftrag zu orientieren, das Wohl des Jugendlichen im JStV sozialpädagogisch zur Geltung zu bringen. Genau dies ist auch das **Kriterium** für die Auswahl der weiterzugebenden Informationen. Deshalb muss die JGH die Belange der Wahrheitsermittlung und die Aufrechterhaltung ihres Vertrauensverhältnisses zum Beschuldigten abwägen, wobei sie hierbei über einen Beurteilungsspielraum verfügt (nachdrücklich Trenczek/ Goldberg Jugendkriminalität 196).

42   **Nicht** in den Bericht aufgenommen werden dürfen (Sozial-)Daten des Jugendlichen, wenn durch die Mitteilung iSv **§ 64 Abs. 2 SGB VIII** der Erfolg von JHilfeleistungen außerhalb des JStV gefährdet würde (vgl. etwa Riekenbrauk ZJJ 2014, 361 (362)) oder wenn es sich um anvertraute Informationen iSv **§ 65 SGB VIII** handelt und der Jugendliche der Weitergabe nicht zustimmt (speziell hierzu etwa Sommerfeld in NK-JGG § 43 Rn. 10; Trenczek in FK-SGB VIII § 52 Rn. 29; Kunkel in LPK-SGB VIII SGB VIII § 65 Rn. 12 ff.; ders./Rosteck/Vetter StV 2017, 829 (833)). Medizinische Daten darf die JGH nach **§ 76 SGB X** nur unter den Voraussetzungen übermitteln, unter denen der Arzt, von dem die JGH die Daten bezogen hat, zur Offenbarung befugt wäre. Hiernach müsste eine Einwilligung des Betroffenen, eine gesetzliche Mitteilungspflicht oder ein rechtfertigender Notstand vorliegen (LG Hamburg NStZ 1993, 401 mzustAnm Dölling NStZ 1993, 402).

43   **b) Form des Berichts und Einführung in die HV.** Hinsichtlich der Form des Berichts bestehen zunächst keine Limitierungen. Bis zur HV kann die JGH nicht nur der JStA, sondern auch dem JGericht **in beliebiger Weise berichten,** „grds. auch mündlich oder telefonisch" (BT-Drs. 19/ 13837, 48; vgl. auch Goldberg, Das Gesetz zur Stärkung der Verfahrensrechte (…), 2021, Rn. 12). IdR wird der Bericht aber schriftlich vorgelegt. Zwingend erforderlich ist dies aber nicht (ebenso Trenczek ZJJ 2021, 240 (243)).

44   In der HV unterliegt die Vermittlung des Berichtsinhalts dem Mündlichkeits- und Unmittelbarkeitsprinzip (§ 250 StPO iVm § 2 Abs. 2). Es dürfen

im Urteil nur solche Inhalte verwertet werden, die mündlich vor dem JGericht vorgebracht wurden. Für **Tatsachen** ist das **Strengbeweisverfahren** einzuhalten. Das betrifft aber allein schuldfragen- oder rechtsfolgenrelevante Umstände, über die in dem Bericht informiert wird. In dieser Hinsicht sind idR die Personen, von denen der JGH-Vertreter die Informationen erlangt hat, und/oder dieser selbst als Zeugen zu vernehmen (→ § 50 Rn. 37 f.). Ferner ist es zulässig, die fraglichen Tatsachen über einen Vernehmungsvorhalt ggü. dem Angeklagten in die HV einzuführen (n. dazu → § 50 Rn. 38). Den Stellung nehmenden Teil des Berichts − dh die Einschätzungen, Wertungen, Hinweise, Anregungen, Vorschläge usw − betrifft dies aber nicht. Hierbei handelt es sich um eine **fachkundige Äußerung** und nicht um ein Beweismittel (Gertler/Schwarz in BeckOK Rn. 122; s. auch DIJuF JAmt 2018, 563 (564 f.); Sommerfeld in NK-JGG Rn. 9: „grds. vom Beweisverfahren unabhängigen Berichterstattung").

Den ggf. in den Akten befindlichen schriftlichen **Bericht** unmittelbar zu verwerten, scheidet dennoch aus. Er muss vielmehr **vom Vertreter der JGH im Rahmen** einer formlosen Anhörung **vorgetragen** werden, wobei als verwertungsfähiger Bericht dabei nur jene Inhalte zählen, die auf diese Weise zum Gegenstand der HV gemacht worden sind (nicht etwa darüber hinausgehende oder hiervon abw. Inhalte des schriftlichen Berichts). Dies erklärt sich aus dem Umstand, dass die schriftliche Berichtsfassung zwar dem JGericht vorliegt, nicht aber dem Jugendlichen übermittelt wird. Dass dieser von den Inhalten in Kenntnis gesetzt wird, ist also fraglich (und nur bei einem vorhandenen Verteidiger, der Akteneinsicht erlangt oder von der JGH eine Berichtskopie erhalten hat, anzunehmen). Bei Verwertung dieser schriftlichen Fassung drohte deshalb eine Beeinträchtigung des Anspruchs auf rechtliches Gehör iSv Art. 103 Abs. 1 GG (vgl. auch Laubenthal Jugendgerichtshilfe 105). Denn allein über das, was der Jugendliche in der HV erfährt, ist er so zu informiert, dass er sich dazu äußern kann. Dabei sieht das Gesetz, wie sich im **Rückschluss aus der Ausnahmevorschrift** in § 50 Abs. 3 S. 3 ergibt, den mündlichen Vortrag als Regelmodus für die Präsentation in der HV vor. 45

Die Mündlichkeit des Berichts hat auch fachliche Gründe, weil die Berücksichtigung des zwischenzeitlichen Lebensverlaufs bei Verwertung der Schriftfassung nicht möglich ist (Trenczek/Goldberg Jugendkriminalität 267 f., 280 f.). Dennoch ist eine **Verlesung in der HV** erlaubt. Dies gilt aber nur, wenn auf die Anwesenheit der JGH in der HV verzichtet wurde (n. → Rn. 62 ff.) und dieser Verzicht formal und materiell rechtmäßig erfolgte (s. → § 50 Rn. 40), nicht aber in weiteren Konstellationen (→ § 50 Rn. 41 f.). Der Bericht muss zudem inhaltlich ergiebig sein, weil sich das Gericht hiermit wegen seiner Aufklärungspflicht sonst nicht zufriedengeben darf. Deshalb obliegt es der JGH gerade bei Absehbarkeit des Anwesenheitsverzichts, den schriftlichen Bericht so abzufassen, dass er durch seine Aktualität und Vollständigkeit die mündliche Darstellung ersetzen kann. 46

5. Auskunftsrecht, Übermittlung und Akteneinsicht

Der **Betroffene** hat ein Auskunftsrecht bzgl. der JGH-Akte (§ 83 SGB X), nicht aber ein Akteneinsichtsrecht (vgl. auch RL 2). Im Interesse einer sachgerechten Erfüllung der Hilfefunktion kann es im Einzelfall aber sinnvoll sein, dass der Vertreter der JGH von sich aus dem Beschuldigten den 47

Bericht zugänglich macht, um die für ein Betreuungsverhältnis notwendige Klarheit zu ermöglichen (vgl. Dölling DVJJ-J 1991, 242 (250)).

48   Die Regelungen in §§ 474 ff. StPO treten hinter den Sozialdatenschutznormen der SGB I, VIII und X zurück (n. zum Ganzen etwa Kunkel in LPK-SGB VIII SGB VIII § 61 Rn. 241). Auch nachdem der Bericht der JGH Bestandteil der Strafakten geworden ist, gilt für den Schutz der darin enthaltenen personenbezogenen Daten daher § 78 SGB X. Nach dem **Zweckbindungsgebot** dürfen diese Daten grds. nur für das JStV verwendet werden (vgl. auch Trenczek/Goldberg Jugendkriminalität 282). Bspw. für die Fahrerlaubnisbehörde wird allerdings die Übermittlungs- und Verwendungserlaubnis in § 78 Abs. 1 S. 6 SGB X (Alt. „Gefahrenabwehr") bejaht. Andererseits darf das JGericht solche Daten, bei denen eine Übermittlungssperre gem. §§ 64 Abs. 2, 65 SGB VII besteht und die daher an sich gar nicht im JGH-Bericht enthalten sein dürften (→ Rn. 42), an die Behörde nicht weiterleiten (vgl. zum Ganzen Riekenbrauk ZJJ 2014, 361).

49   Wird anderen Personen oder Stellen, die nicht Teil der Strafrechtspflege sind, **Akteneinsicht** gewährt, ist zur Wahrung des Sozialgeheimnisses der JGH-Bericht vor der Einsichtnahme aus den Strafakten **herauszunehmen** (zust. Trenczek DVJJ-J 2003, 35 (39); vgl. auch Dölling DVJJ-J 1991, 242 (249 f.)).

6. Verzicht

50   **a) Ermessensentscheidung.** Nach Abs. 7 kann durch das JGericht oder (im Ermittlungsverfahren auch durch) die JStA auf den JGH-Bericht verzichtet werden. **Kriterien** für die dahingehende Ermessensentscheidung (s. auch → Rn. 62) sollen nach der legislatorischen Vorstellung (RegE BT-Drs. 19/13837, 50) der Aufwand der JGH sowie die Bedeutung und der mögliche Erkenntnisgewinn für das konkrete JStV sein. Zu beachten sind ferner „Aspekte der Verfahrensdauer, die Schwere des Vorwurfs und die Art und Schwere der konkret in Betracht kommenden Rechtsfolgen". Unter Berücksichtigung dieser Gesichtspunkte muss der Verzicht auf die Einbindung der JGH sowohl mit der **Aufklärungspflicht** im JStV als auch mit **spezialpräventiven Belangen verträglich** sein (s. dazu auch → § 46a Rn. 5 f.). Soweit der JGH-Bericht für eine prozessuale oder materiell-rechtliche Entscheidung absehbar relevant werden kann, fehlt es an dieser Vereinbarkeit (ähnlich Höynck StraFo 2017, 267 (272)).

51   **b) Anwendbarkeit im Ermittlungsverfahren.** Der Berichtsverzicht kommt va im Ermittlungsverfahren in Betracht, und zwar insbes. in Fällen, in denen die StA keine Anklage erhebt (vereinfachtes JVerfahren; Diversion (s. auch Abs. 7 S. 3)). Dabei ist er meist **nur** in den Fällen einer **folgenlosen Einstellung,** also insbes. jenen des § 45 Abs. 1 und des § 153 StPO, sachgerecht und zulässig. Da der JGH-Bericht bei den anderen Erledigungsformen für die Auswahl der Rechtsfolgen (gerade auch für die informell festgelegten) durchaus erforderlich ist, **scheidet** ein Verzicht hier **idR aus** (Kölbel NStZ 2021, 524 (528); ebenso Trenczek/Goldberg RPsych 2019, 475 (483): Einbeziehung der JGH bei § 45 Abs. 2 „unerlässlich"). Bei Ausnahmefällen mag sich das anders verhalten, doch grds. kann die Häufigkeit des Verzichts hier rechtspraktisch lediglich eine begrenzte sein (zust. Höynck/Ernst ZJJ 2020, 245 (253); Höynck/Ernst StV 2022, 58 (62); begründungslos aA

Sommerfeld in NK-JGG Rn. 15b). Bei (beabsichtigter) **Anklageerhebung entfällt** die Verzichtsmöglichkeit sogar ganz (teilw. anders BT-Drs. 19/13837, 51: idR nicht in Betracht kommend). Dies ergibt sich für die JStA aus § 46a S. 1, da bei Anklageerhebung hiernach zumindest die Erwartung eines nachträglichen JGH-Berichts bestehen muss (dazu eingehend → § 46a Rn. 3 f., 7). Soweit ein Verzicht erfolgt ist, kann für die JGH iÜ dennoch Anlass zur Kontaktaufnahme und ggf. zu Fallerhebungen bestehen, um einen Hilfebedarf iS des SGB VIII zu eruieren (DIJuF 2021, 151 (152)).

c) Anwendbarkeit im Hauptverfahren. Wurde die Anklage gem. 52 § 46a ohne erfolgten Bericht der JGH erhoben, kann das JGericht auf den noch ausstehenden Bericht verzichten. Dies schließt den Verzicht auf die Anwesenheit (→ Rn. 60 ff.) ein und **beendet die Mitwirkungspflicht** der JGH (ohne diese allerdings daran zu hindern, der JStA und dem JGericht doch einen Bericht zu übermitteln). War der Bericht ggü. der JStA bereits erfolgt, besteht die Möglichkeit des Berichtsverzichts ebenfalls. Für die JGH hat dies insofern (über den eingeschlossenen Anwesenheitsverzicht hinausgehende) Konsequenzen, als sie dann von etwaigen Nachermittlungen, Aktualisierungen oder einer noch erforderlichen Verschriftlichung befreit ist. In beiden Konstellationen müssen indes die Voraussetzungen von Abs. 7 S. 1 vorliegen. Das ist selten gegeben, denn das Gericht kann die **Entbehrlichkeit** des Berichts nach einer Anklage **häufig nicht vorhersehen.** Bei einem erklärten Verzicht nach Anklageerhebung droht vielmehr eine Verletzung der Aufklärungspflicht, weil der JRichter dann nämlich – in einem nicht-bagatellarischen Fall und ohne dass ihm etwas über den Jugendlichen bekannt wäre – eine an der erzieherischen Indikation orientierte Entscheidung treffen müsste, die sich allein auf den in der HV gewonnenen Eindruck stützen kann.

d) Widerruf. Ein Verzicht kann angesichts bestehender Aufklärungs- 53 pflichten keine selbstbindende Wirkung haben. Stellt sich nach einem erklärten Verzicht heraus, dass der Bericht der JGH doch nicht entbehrlich ist, muss er widerrufen werden. Das gilt besonders für das Gericht im Hauptverfahren. Hierdurch **lebt die Berichtspflicht** der JGH **wieder auf.** Das JGericht kann auch einen Verzicht durch die JStA zurücknehmen, wozu es allerdings nur in den Konstellationen des § 45 Abs. 3 oder des vereinfachten JVerfahrens kommen kann (und auch dies nach hier vertr. Ansicht (→ Rn. 51) nur äußerst selten).

e) Überprüfbarkeit. Die Verzichtsoption soll die Strafverfolgungsinstitu- 54 tionen in die Lage versetzen, den Kapazitätsproblemen der JGH Rechnung zu tragen (und ggf. auch den Interessen des Beschuldigten an der Vermeidung überschießender Erhebungen in Bagatellfällen entgegenzukommen). Dies erzeugt indes eine gewisse **Unstimmigkeit,** weil die Begutachtung durch die JGH von Art. 7 RL (EU) 2016/800 als Anspruch des Beschuldigten ausgestaltet wird (→ Rn. 9). Obwohl dem Jugendlichen deshalb nach Art. 19 RL (EU) 2016/800 ein diesbzgl. „wirksamer Rechtsbehelf" zustehen muss, sieht das Gesetz für ihn keine spezifische Möglichkeit vor, Feststellungen und eine darauf gründende Berichterstattung der JGH **durchzusetzen** (krit. daher Höynck StraFo 2017, 269 (272)). Zwar ist ein Urteil, das nach pflichtwidrig unterlassener Berichterstattung ergangen ist, anders als eine entspr. informelle staatsanwaltliche Erledigung immerhin angreifbar (zur

Revision s. → Rn. 85 ff.), doch kann eine Verzichtsentscheidung in diesem
Rahmen nur auf Ermessensfehler hin überprüft werden.

55   Diese Problematik wird durch die äußerst stark begrenzte Anwendbarkeit
des Verzichts (→ Rn. 51 f.) etwas relativiert. Zum anderen muss ein erfolgter
Verzicht nicht nur der JGH (für deren Ressourcenplanung) frühzeitig **mitgeteilt** werden, sondern auch den anderen Beteiligten (Abs. 7 S. 2). Insofern
besteht zumindest die Möglichkeit, hierzu Stellung nehmen und so auf die
Notwendigkeit der JGH-Mitwirkung bzw. einen Verzichtswiderruf hinwirken zu können.

V. Prozessuale Rechtsstellung

1. Prozessorgan eigener Art

56   Im JStV fungiert die JGH als ein Prozessorgan eigener Art, das dort die
sozialpädagogischen **Belange der JHilfe** zur Geltung bringen soll (→ Rn. 2)
und hierfür am Prozess in eigenständiger Weise mitwirken kann, weil ihm
vom Gesetz bestimmte Rechte und Pflichten zugeordnet sind (ähnlich etwa
Dallinger/Lackner Rn. 7; Beulke/Swoboda JugendStrafR Rn. 683; Brun-
ner/Dölling Rn. 3). Unzutr. ist dagegen die früher verbreitet vertretene Einordnung als „Prozesshilfsorgan" (vgl. Peters RJGG § 35 Anm. 1: „Prozesshilfsorgan eigener Art"; ebenso Peters Strafprozess 597; Schiefer unsere jugend 1954, 164 (165)). Dem liegt die Vorstellung zugrunde, dass die JGH zur
Unterstützung der Strafverfolgung berufen sei und deshalb in einer Hilfsrolle
amtiere (zu dahingehenden, noch heute auftretenden Missverständnissen s.
Trenczek/Goldberg Jugendkriminalität 340). Die JGH ist jedoch weder Gehilfe von JStA oder JGericht (→ Rn. 19), noch Verteidiger oder Vertreter des
Jugendlichen. Sie wird vielmehr in **eigener Verantwortung** tätig. Der Vertreter der JGH hat auch nicht die Funktion eines Beweismittels (Zeuge, Sachverständiger), obwohl er hinsichtlich seiner Wahrnehmungen ggf. als Zeuge
vernommen werden kann (vgl. → § 50 Rn. 38). Seine Einstufung als „grds.
notwendiger Verfahrensbeteiligter" (Dallinger/Lackner Rn. 7) ist zumindest
seit dem Gesetz zur Stärkung der Verfahrensrechte von Beschuldigten im
Jugendstrafverfahren korrekt, da er seither einer gesetzlich festgelegten Mitwirkungspflicht unterliegt (→ Rn. 9 f.) und daran anknüpfend auch seine
Teilnahme in der HV (für den Regelfall) vorgeschrieben ist (→ Rn. 61).

2. Mitwirkung

57   **a) Allgemeines Beteiligungsrecht.** Nach Abs. 6 S. 1 „ist die JGH" im
gesamten Verfahren „heranzuziehen". Diese Heranziehung beschränkt sich
nicht auf die Benachrichtigung der JGH (so noch das Begriffsverständnis bei
BGHSt 27, 250 = BeckRS 1977, 30403055; BGHR JGG § 38 Abs. 3,
Heranziehung 1 = BeckRS 1987, 31100333; BayObLGSt 1994, 169 (172)),
sondern schließt es ein, dass JStA und JGericht die Feststellungen der JGH
zur Kenntnis nehmen und berücksichtigen. Umgekehrt ist die JGH verpflichtet, sich heranziehen zu lassen und mitzuwirken (zumindest in Form
der regelmäßig obligatorischen Berichterstattung). Allerdings hat die JGH,
um ihren weitergehenden Aufträgen (→ Rn. 8 ff.) entsprechen zu können,
zugleich auch einen **Anspruch auf Verfahrenseinbindung.** Darin liegt

eine Rechtsposition des Vertreters der JGH von besonderem Rang. Wenn der JStA und/oder das JGericht einen Verzicht iSv Abs. 7 erklärt, wirkt sich das deshalb nur auf die Mitwirkungspflichten der JGH aus. Über den Beteiligungsanspruch der JGH können die **Strafverfolgungsinstitutionen** hingegen **nicht disponieren.** Durch einen Verzicht – der sich ohnehin nur auf die Berichterstattung und die Anwesenheit in der HV und nicht auch auf die Fallerhebungen bezieht – wird die JGH an ihren Aktivitäten iSv § 52 SGB VIII (dh ihren Ermittlungen, der Teilnahme an der HV und einer schriftlichen Stellungnahme) deshalb nicht gehindert.

b) Rechtlich gewährleistete Mitwirkungsformen. Die Mitwirkung **58** geschieht zunächst durch Wahrnehmung der in → Rn. 9 f., 18 ff. erörterten **Ermittlungs**aufgabe, die durch den in → Rn 36 dargestellten Informationsanspruch flankiert wird und in einen Ermittlungsbericht mündet (→ Rn 62). Um die Ermittlung auch bei einem Beschuldigten realisieren zu können, der sich in U-Haft befindet, hat der Vertreter der JGH ein umfassendes **Verkehrsrecht** mit ihm (§ 72b S. 1; zu landesgesetzlichen Vorschriften → § 89c Rn. 54). Mit Blick auf die Ergebnisse seiner Fallerhebungen sieht das Gesetz für den Vertreter der JGH ein **Äußerungsrecht** vor. Dieses besteht nicht nur gem. § 50 Abs. 3 S. 2 in der HV (zum damit verbundenen Teilnahme- bzw. Anwesenheitsrecht → Rn. 60 ff.; zur Beteiligung an Absprachen → § 2 Rn. 49a), sondern in jedem Verfahrensstadium (s. Abs. 2 S. 2 Hs. 2 sowie Abs. 6 S. 3 Hs. 1, auch iRv §§ 45, 47 (vgl. → § 45 Rn. 42 und 52). Im Übrigen hat der Vertreter der JGH ein Recht auf nachgehende Betreuung und Überwachung (Abs. 5; vgl. auch § 97 Abs. 1 S. 2).

c) Frühzeitige Information und Einbindung. Um der JGH eine **59** effektive und sich schon im Vorverfahren bemerkbar machende Verwirklichung ihrer Aufgaben zu ermöglichen, soll sie zum **frühestmöglichen Zeitpunkt** eingebunden werden (Abs. 6 S. 2) – also sobald das Verfahren nicht (mehr) gegen Unbekannt geführt wird, sondern ein **personengerichteter Verdacht** besteht. Das erfolgt idR durch die Polizei (Höynck/Ernst StV 2022, 58 (61)). Diese hat ohnehin, zumindest wenn „schon während der polizeilichen Ermittlungen erkennbar wird, dass Leistungen der JHilfe infrage kommen", das JAmt „unverzüglich zu unterrichten" (PDV 382, 3.2.7). Unabhängig davon muss auch durch die JStA eine **Mitteilung** über die Verfahrenseinleitung erfolgen bzw. bei der Polizei veranlasst werden (§ 70 Abs. 1; Nr. 32 MiStra), und zwar **spätestens** im Zusammenhang mit der ersten Vernehmung des Beschuldigten (→ § 70 Rn. 10) oder bei vorläufiger Festnahme bzw. Erlass eines Haftbefehls (§ 72a). Die lange verbreitete Praxis, die JGH erst nach Abschluss der Ermittlungen (durch Übersendung einer Kopie der Anklageschrift) zu informieren (Trenczek, Die Mitwirkung der Jugendhilfe im Strafverfahren, 2003, 141; s. auch Eisenberg ZJJ 2015, 207 (208 f.)), ist also eindeutig **rechtswidrig** (ebenso schon früher AG Emden Zbl 1979, 117 f.: ggf. Ablehnung der Eröffnung des Hauptverfahrens). Ist eine folgenlose Einstellung absehbar, kann von der Mitteilung nur **abgesehen werden,** wenn keine Vernehmung durchgeführt wird. Auch ein (beabsichtigter) Berichtsverzicht ändert an der Mitteilungspflicht nichts (→ § 70 Rn. 7). Der frühen und vollständigen Information bedarf es nämlich auch deshalb, um dem JAmt eine durchgehende Entscheidung über JHilfsangebote zu ermöglichen.

3. Anwesenheit in der Hauptverhandlung

60   **a) Teilnahmerecht und -pflicht.** Auf Grundlage des früheren Rechts ging die lange hM (abw. aber LG Bremen NJW 2003, 3646 (3647)) unter Verweis auf § 50 Abs. 3 aF vom Bestehen eines Teilnahmerechts, nicht aber einer Teilnahmepflicht aus (vgl. dazu BGHSt 27, 250 = BeckRS 1977, 30403055 sowie mwN n. dazu → 20. Aufl. Rn. 23 und § 50 Rn. 25 f.). Wenn der JRichter die Anwesenheit der JGH in der HV für unumgänglich hielt, musste er seine Terminmitteilung mit dem Hinweis verbinden, die Verhandlung könne ohne Anwesenheit des tätig gewesenen Sachbearbeiters oder eines informierten Vertreters nicht stattfinden (für eine hierdurch erfolgte Verdichtung zur **Teilnahmepflicht** etwa OLG Karlsruhe NStZ 1992, 251 mzustAnm Schaffstein NStZ 1992, 252; OLG Brandenburg DVJJ-J 2002, 351 = BeckRS 2001, 30180584. mkritAnm Trenczek DVJJ-J 2001, 352 Königschulte Kompetenz 224). Dass dann in Fällen, in denen der Vertreter der JGH gleichwohl fehlte und die HV deshalb unterbrochen oder ausgesetzt werden musste, die hierdurch entstehenden **Kosten** entspr. dem in §§ 51, 77, 145 Abs. 4, 467 Abs. 2 StPO, § 56 GVG zum Ausdruck kommenden Rechtsgedanken der Dienstbehörde (des Vertreters der JGH) auferlegt werden konnten, galt aber als fraglich (n. 22. Aufl. Rn. 29 mwN).

61   Diese Debatte hat durch die Neuregelung von **Abs. 4 S. 1** neue Akzente erlangt. Die JGH verfügt hiernach nicht mehr nur über ein (aus Abs. 6 S. 1 sowie § 50 Abs. 3 S. 1 folgendes) **Teilnahmerecht,** sondern unterliegt zugleich einer explizit geregelten **Anwesenheitspflicht** („nimmt teil"), die durch den Verweis in § 51 Abs. 1 SGB VIII („nach Maßgabe des § 38 JGG") auch in das Jugendhilferecht inkorporiert wird. Zur Erläuterung verweist der RegE (BT-Drs. 19/13837, 48) auf Art. 7 Abs. 6 RL (EU) 2016/800, wonach die „individuelle Begutachtung in jedem Fall zu Beginn der Hauptverhandlungen zur Verfügung" stehen muss. Um dies sicherzustellen, sei es in einer ganzen Reihe von Konstellationen notwendig, dass die JGH über den Termin der HV informiert wird (→ § 50 Rn. 31 ff.), dort erscheint und einen mündlichen (→ Rn. 44 f.) Bericht erstattet (va bei Erforderlichkeit einer Aktualisierung, dem Fehlen eines schriftlichen Berichts und bei vom Jugendlichen verweigerter Kooperation mit der JGH). Diese Begründung überzeugt allerdings nicht. Richtigerweise liegt die zentrale Rechtfertigung der Anwesenheitspflicht in der **nie auszuschließenden** Möglichkeit, dass sich in der HV ein besonderer **Unterstützungsbedarf** des Jugendlichen oder auch eine **neue Erkenntnislage** ergibt, zu deren Realisierung bzw. Einordnung es der Expertise eines anwesenden JGH-Vertreters bedarf. Im Hinblick hierauf war das Teilnahmeermessen der JGH (selbst als es nach der früheren Gesetzeslage formal noch bestand) auch nach jugendhilferechtlichen Entscheidungskriterien an sich schon immer auf Null reduziert. Angesichts dieser Pflichtenkongruenz zwischen dem JStR und den „JGH-eigenen", sozialrechtlich normierten Grundsätzen begründet Abs. 4 S. 1 weder einen Übergriff in die Fachlichkeit und institutionelle Autonomie der JGH noch eine Verletzung der kommunalen Selbstverwaltung (so aber dezidiert Trenczek ZJJ 2021, 240 (244 ff.); dem zust. Goldberg, Das Gesetz zur Stärkung der Verfahrensrechte (…), 2021, Rn. 19).

62   **b) Verzicht gem. Abs. 7.** Ausnahmen von der Anwesenheitspflicht sind allein für die HV vor dem **Revisionsgericht** anzuerkennen (→ § 50 Rn. 4).

Außerdem besteht nach Abs. 7 die Möglichkeit des Anwesenheitsverzichts. Angesichts der eben angesprochenen Funktion der Anwesenheitspflicht ist diese Option problematisch, zumal sie ausschließlich auf Ressourcengründe gestützt (RegE BT-Drs. 19/13837, 50 f.) und an unterbestimmte Bedingungen geknüpft wird (rechtfertigende fallkonkrete Umstände und Vereinbarkeit mit „Wohl des Jugendlichen"). Als zentrales **Kriterium** soll, wie Abs. 7 S. 3 deutlich macht, die Erheblichkeit des Vorwurfs und der erwartbaren Rechtsfolge dienen (s. zu den Entscheidungsaspekten auch → Rn. 50). Auch im vereinfachten JVerfahren und bei absehbarer Einstellung nach § 47 kommt ein Verzicht in Betracht (Sommerfeld in NK-JGG Rn. 15b). Bei einem sich abzeichnenden Unterstützungsfall iSv § 51 Abs. 6 S. 4 (s. erg. auch → Rn. 16) scheidet ein Verzicht dagegen aus (so tendenziell auch BT-Drs. 19/13837, 50).

Sofern die JGH nach einem **rechtmäßigen** Verzicht der HV fernbleibt, **63** kann ihr Ermittlungsbericht gem. **§ 50 Abs. 3 S. 3** durch **Verlesung** in die HV eingeführt werden (→ Rn. 46 und → § 50 Rn. 40). Daher soll das Vorliegen eines ergiebigen Berichts immer dann, wenn (hierdurch) das Auftreten der JGH in der HV als abkömmlich erscheint, für einen Verzicht sprechen (BT-Drs. 19/13837, 53; zur Frage der dann notwendigen Verteidigung → § 68 Rn. 26a). Eine solche Entbehrlichkeit ist aber selten gegeben, da die Verlesung verschrifteter Ermittlungsresultate hinter der vertief- und ergänzbaren mündlichen Präsentation idR informatorisch zurückbleiben wird. Eigene Ausführungen der JGH sind der Verlesung auch deshalb überlegen, weil sie einem ggf. bestehenden Bedarf an besonders sensibler Präsentation (etwa bei einer öffentlichen HV (→ § 109 Rn. 52 ff.) oder bei Anwesenheit des Betroffenen) deutlich besser gerecht werden können. Überhaupt ist mit Blick auf eine in der HV ggf. unerwartet auftretende Beistands- und/oder Erörterungsnotwendigkeit **generell** eine **restriktive** Handhabung des Anwesenheitsverzichts angezeigt (ebenso bspw. Riekenbrauk ZJJ 2020, 50 (52)). Anders liegt dies bei einer HV mit **mehreren Sitzungstagen**, bei der es sich idR gut abschätzen lässt, bei welchen Verhandlungsphasen es keiner Anwesenheit der JGH bedarf (vgl. Abs. 7 S. 4). Es wäre aber rechtswidrig, tageweise einfach (dh ohne ausdrücklichen (Teil-)Verzicht) ohne deren Vertreter zu verhandeln. Bei einer Erkrankung des Vertreters der JGH nach dem ersten, von diesem wahrgenommenen Termin darf die Verhandlung deshalb nur unter den Voraussetzungen von Abs. 7 ohne einen anderen Vertreter fortgesetzt werden (so bereits zur früheren Rechtslage BGH StV 1989, 308 = BeckRS 1989, 31092823R § 50 Abs. 3 JGG Heranziehung 2; vgl. erg. BGH StV 1993, 536).

Entschieden und erklärt wird der Anwesenheitsverzicht nach Anklageer- **64** hebung durch das **JGericht** (wobei der Verzicht bei gegebenem Anlass durchaus auch widerrufen werden kann (RegE BT-Drs. 19/13837, 51)). Nach dem Wortlaut von Abs. 7 S. 1 und S. 3 scheint zwar auch ein schon im Vorverfahren erfolgender Verzicht der JStA möglich zu sein, doch handelt es sich bei der Anwesenheitspflicht der JGH um eine Materie des Hauptverfahrens – also um einen Gegenstand aus einem Verfahrensstadium, in dem die StA keine Verfahrensherrschaft und daher auch keine (vorgreifende) Dispositionsbefugnis innehat. Keine Verzichtsmöglichkeit besteht für den Verteidiger bzw. die Erziehungsberechtigten oder gesetzlichen Vertreter (so bereits früher BGH StV 1982, 27; OLG Karlsruhe MDR 1975, 422). Der Verzicht kann iÜ vor der HV immer nur auf **Antrag der JGH** erklärt werden. Da nämlich (unabhängig von einer strafprozessualen „Entbehrlich-keit") ein jugendhilferechtlicher Handlungsbedarf bestehen und dies eine Anwesenheit in der HV erforderlich machen kann (va zur Betreuung während des Verfahrens (§ 52 Abs. 3 SGB VIII)), soll der Verzicht nur im Einvernehmen mit der JGH erfolgen (RegE BT-Drs. 19/13837, 50). An der Teilnahme hindern kann das JGericht die JGH allerdings ohnehin nicht, denn ihr **Anwesenheitsrecht** wird durch den Verzicht nicht berührt. An der Präsenz in der HV ist die JGH also in keiner Weise gehindert (s. auch → Rn. 57). Das gilt insbes., wenn der Verzicht in der HV ohne ihren Antrag erklärt wird (**Abs. 7 S. 5**). Diese Option ist bei teleologischer Betrachtungs-weise nämlich nicht dafür gedacht, eine pflichtwidrige Nichtanwesenheit der JGH nachträglich zu korrigieren bzw. zu kaschieren (diese Möglichkeit der interinstitutionellen „Kumpanei" aber ausdrücklich befürwortend Schady in NK-JGG § 50 Rn. 14c). Sie setzt vielmehr deren Erscheinen voraus und ermöglichst es dann, ihr auch ohne Antrag die weitere Teilnahme an der HV freizustellen.

65   **c) Durchsetzung.** Will die JGH nicht in der HV erscheinen, kann sie nicht einfach fernbleiben, sondern lediglich einen Verzicht beantragen. Unterlässt sie dies oder wird der Verzicht nicht erklärt, bleibt es bei der Anwesenheitspflicht. Für deren Durchsetzung sieht das Gesetz allerdings nur für die Justizseite explizit eine Handhabe vor: Erscheint trotz Fehlens eines Verzichts und einer regulären Mitteilung (zu den Anforderungen → § 50 Rn. 31 ff.) kein Vertreter der JGH, darf das JGericht dies erst im Wieder-holungsfall durch andere Beweiserhebungen zu kompensieren versuchen (zur Revision → Rn. 87). Zunächst muss es (mit einer entspr. Mitteilung) einen neuen Termin anberaumen, wobei jedoch die hierdurch entstehenden **Kosten** dem Träger der JGH **auferlegt** werden können. Ausgeschlossen ist dies bei genügender und rechtzeitiger Entschuldigung des Ausbleibens (Abs. 4 S. 3 Hs. 2 iVm § 51 Abs. 2 StPO). Auch andere Hinderungsgründe können durch das JGericht, das hierüber nach pflichtgemäßem Ermessen entscheidet (abw. RefE vom 11.10.2018: gebundene Entscheidung), berück-sichtigt und durch Verzicht auf die Kostenübertragung anerkannt werden. Die richterliche Nutzung der Kostenauferlegung ist legislatorisch iÜ gar nicht gewollt (BT-Drs. 19/13837, 49: symbolische bzw. nur theoretische Option). Und in der Tat spricht viel für einen sehr zurückhaltenden Ge-brauch, namentlich die hiervon ausgehende Gefahr für die interinstitutionel-le Arbeitsbeziehung und die Ressourcenallokation in der JGH (Konzentrati-on auf „sanktionsbewehrte" Anwesenheitspflicht zu Lasten anderer Auf-gabenbereiche). – Keine spezielle Durchsetzungsmöglichkeit ist für den Beschuldigten vorgesehen (n. → Rn. 54; s. aber zur Revision → Rn. 85 ff.).

4. Keine „parteigebundenen" Aktivrechte

66   Zu einigen Ansprüchen und Befugnissen, die für die Rechtsstellung von Prozessbeteiligten sonst oft wesentlich sind, sieht das JGG mit Blick auf die JGH keine ausdrücklichen Regelungen vor. Die Folgerungen, zu denen Rspr. und Literatur in dieser Situation durch Interpretation allg. Grundsätze und Bestimmungen gelangen, sind von der Tendenz gekennzeichnet, dem Vertreter der JGH solche Rechte, deren Wahrnehmung speziell der Interes-senvertretung des Jugendlichen dienen könnte, wegen seiner nicht wider-

spruchsfreien Mehrfachfunktion (n. → Rn. 8 ff. und → Rn. 78) nicht einzuräumen. Dies unterstreicht den prozessualen Status der JGH, die als ein **unabhängiges** Prozessorgan für das Wohl des Jugendlichen aus einer **objektiven** fachlich-sozialpädagogischen Warte eintreten soll.

So wird von der hM ein Anspruch des Vertreters der JGH auf **Akten- 67 einsicht** seit jeher verneint (vgl. schon Dallinger/Lackner Rn. 64). Für diese Auffassung spricht das beredte Schweigen des Gesetzes, das der JGH durchaus punktuelle Rechte zuweist, die für einen Verteidiger kennzeichnend sind (nämlich das Verkehrsrecht gem. § 72b S. 1) – nicht aber (im Gegensatz zu anderen Verfahrensbeteiligten (vgl. § 69 Abs. 3 S. 1)) das Akteneinsichtsrecht. Die Rechtslage ist angesichts der fachlichen Probleme aktenbasierter JGH-Ermittlungen (→ Rn. 32 f.) auch funktional. Daher muss die in der Lit. teilw. befürwortete Praxis, Akteneinsicht gleichwohl zu gewähren (Brunner/ Dölling Rn. 21), mit Skepsis betrachtet werden.

Im Rückschluss aus der gesetzlichen Regelung, die in §§ 67 Abs. 1, 69 **68** Abs. 3 ein **Fragerecht** (ggü. Angeklagtem, Zeugen oder Sachverständigem) und ein formelles **Beweisantragsrecht** (nur) für andere Beteiligte vorsieht, folgt nach allgA ferner, dass der Vertreter der JGH auch über diese Befugnisse nicht verfügt. Allerdings kann er – wie sich aus § 50 Abs. 3 S. 2 ergibt – Beweiserhebungen anregen. – Ferner entspricht es der allgA (vgl. etwa OLG Frankfurt a. M. NStZ-RR 1996, 251), dass die JGH nicht zur Einlegung von **Rechtsmitteln** befugt ist (Umkehrschluss aus §§ 296, 298 StPO, § 67 Abs. 2) – insbes. auch nicht zur Durchsetzung eigener Mitwirkungsrechte (s. aber → Rn. 57, 64).

5. (Daten-)Schutz gegenüber Beweiserhebungseingriffen

a) Begrenzte Zeugenpflichten. Der Vertreter der JGH kann ein beruf- **69** liches, sozialpädagogisch begründetes Interesse haben, die ihm vorliegenden Informationen zurückzuhalten (etwa bei Aussageverweigerung des Angeklagten). § 53 StPO berücksichtigt dies aber nicht. Durch das Gesetz wird kein strafprozessuales Recht, das Zeugnis zu verweigern, eingeräumt (BVerfGE 33, 367 = NJW 1972, 2214; Beulke/Swoboda JugendStrafR Rn. 700; Wilhelm, Die Stellung der JGH im Verfahren, 1992, 116 f.; für gesetzliche Schaffung bspw. Trenczek DVJJ-J 1991, 251 (254); Schruth ZKJ 2018, 84). Nur in sehr seltenen Ausnahmefällen kann sich ein Zeugnisverweigerungsrecht grundrechtsunmittelbar aus Art. 2 Abs. 1 iVm Art. 1 Abs. 1 GG ergeben (Höffler in MüKoStPO Rn. 18 mwN; zum hiermit dann korrespondierenden Verwertungsverbot vgl. statt vieler Eisenberg BeweisR StPO Rn. 385 ff.).

Auch in der Zeugenrolle muss der Vertreter der JGH dem Gericht die **70** verlangten Auskünfte aber nur geben, **soweit ihm die Informationsweitergabe erlaubt ist** (n. Kunkel/Rosteck/Vetter StV 2017, 829). Insofern kommen hier (ebenso wie bei der Berichterstattung der JGH) diverse Einschränkungen zum Tragen (vgl. → Rn. 41 f.): Die Übermittlungsbefugnis ergibt sich aus § 64 Abs. 1 und Abs. 2 SGB VIII. Hiernach ist die Datenweitergabe zulässig, sofern die Informationen von der JGH für das fragliche JStV erhoben wurden oder wenn (va bei Informationen, die bei der Leistungserbringung nach SGB VIII angefallen sind) der Erfolg zukünftig zu erbringender JHilfe-Leistungen nicht gefährdet wird (DIIJuF JAmt 2018, 563 (565); Ernst/Höynck ZJJ 2018, 228 (230 f.); weiter gehend unter Bezugnahme auf § 35 Abs. 1 und Abs. 3 SGB I Kunkel in LPK–SGB VIII § 61 Rn. 222 f.; unter Verkennung des sich aus § 67 Abs. 2 SGB X iVm § 2 Abs. 3 SGB VIII ergebenden Sozialdatencharakters abw. Gertler/Schwarz in BeckOK JGG Rn. 200).

71   Im Einzelfall kann die Aussagepflicht auch deshalb entfallen oder eingeschränkt sein, weil die **Aussagegenehmigung** isv § 54 StPO (iVm dem jeweiligen BeamtenG bzw. Anstellungsvertrag) **versagt wird** (Höffler in MüKoStPO Rn. 18; für „eng begrenzte Ausnahmesituationen" zust. Brunner/Dölling Rn. 38; einschr. Streng JugendStrafR Rn. 112; Füllkrug Bewährungshilfe 1988, 322 (325); Kreutz unsere jugend 2001, 16 (18 f.)). Dies gilt etwa, wenn sich die Aussage auf eine vertraulich gemachte Angabe eines von der JGH betreuten Jugendlichen bezieht und sich im anhängigen StVerf zu dessen Lasten auswirken könnte. Maßgeblich ist dann, ob die fallbezogene Funktionsfähigkeit der Jugendhilfe durch die Preisgabe des fraglichen Umstandes erheblich beeinträchtigt würde (VG Schleswig Zbl 1987, 539; n. Ernst/Höynck ZJJ 2018, 228 (232)).

72   **b) Beschlagnahme.** Eine Beschlagnahme ist unzulässig, wenn ihr besondere Geheimschutzregelungen wie die Gewährleistung des Sozialgeheimnisses entgegenstehen (vgl. für JAmts-Akten etwa LG Saarbrücken JAmt 2007, 321 = BeckRS 2008, 10856; LG Aurich ZKJ 2011, 437 = BeckRS 2011, 11253; LG Oldenburg JAmt 2011, 101 = BeckRS 2011, 12564; LG Oldenburg ZKJ 2017, 437). Deshalb scheidet auch der ermittlungsbehördliche Zugriff auf die Akten der JGH aus. Anderenfalls würde die Beurteilungsfreiheit der JGH bzgl. der an das Gericht weiterzugebenden Daten (→ Rn. 41) unterminiert. Auch liefe eine Aktenbeschlagnahme darauf hinaus, die von der JGH zu beachtenden Datenschutzregeln zu unterlaufen (iErg ebenso Bex DVJJ-J 2000, 409 (412); Trenczek/Goldberg Jugendkriminalität 196; aA LG Trier NStZ-RR 2000, 248 mablAnm Eisenberg ZfJ 2000, 399 und Krahmer DVJJ-J 2000, 314; Schady in NK-JGG § 50 Rn. 13).

6. Besondere Verfahrensarten

73   Im **vereinfachten JVerfahren** muss die JGH im normalen Umfang ihre Feststellungen treffen und hierüber in der mündlichen Verhandlung **Bericht** erstatten (Abs. 3 S. 1 und Abs. 6 S. 1). Daraus folgt – ungeachtet der Unanwendbarkeit von Abs. 4 S. 1 und § 50 Abs. 3 (dort ist jeweils nur der Hauptverhandlung erfasst) – eine **Anwesenheitspflicht** der JGH, weshalb ihr konsequenterweise auch der Termin der mündlichen Verhandlung mitgeteilt werden muss (s. auch → § 78 Rn. 26). Nach Abs. 4 S. 3 zu erzwingen ist die Teilnahme aber nicht. Im Ermittlungsverfahren können bis zu dem Zeitpunkt, in dem die JStA den Antrag isv § 76 stellt, ohnehin keine Besonderheiten gelten. Bei Absehbarkeit dieser Erledigungsform kann der JStA dann aber grds. einen Berichtsverzicht und das JGericht nach Antragstellung einen Berichts- und/oder (auf Antrag der JGH) einen Anwesenheitsverzicht erklären (zu diesbzgl. Einschränkungen aber eingehend → Rn. 51 f. und → Rn. 63).

74   Im **Bußgeldverfahren** nach dem OWiG kann von der Anwendung des § 38 abgesehen werden, wenn die Mitwirkung der JGH für die sachgemäße Durchführung des Verfahrens als entbehrlich erachtet wird (§ 46 Abs. 6

OWiG). Sofern Fragen zur jugendlichen Person oder schwerwiegende Eingriffe zur Debatte stehen (zB Zweifel an der Verantwortlichkeit gem. § 12 Abs. 1 S. 2 OWiG; Vollstreckungsanordnungen nach § 98 OWiG; erhebliche Geldbußen), fehlt es an dieser Entbehrlichkeit (n. auch → § 43 Rn. 5; s. ferner → § 70 Rn. 2, → § 82 Rn. 29; Lampe in KK-OWiG § 46 Rn. 48; vgl. auch schon Schenker Zbl 1983, 524 (528 ff.); aA Matenaer Zbl 1984, 81). Gleichwohl ist die Mitwirkung rechtstatsächlich äußerst selten (vgl. dazu krit. auch Gertler/Schwarz in BeckOK JGG Rn. 9).

VI. Problemfelder der rechtstatsächlichen Aufgabenerfüllung

1. Dysfunktionale Tendenzen der Praxis

In der empirischen Forschung über die JGH (zus. Dollinger ZJJ 2012, **75** 416) wurde bzw. wird verschiedentlich deren gleichsam bürokratische Struktur beanstandet. Die gilt schon insoweit, als die **Zuteilung** des zu betreuenden Jugendlichen oder Heranwachsenden auf den einzelnen Vertreter der JGH nach allg. organisatorischen Vorgaben ("anonymisierendes" Buchstabenprinzip) und nicht danach geschieht, wer im Sinne eines "matchings" von der Persönlichkeit und den Fähigkeiten her jeweils am ehesten geeignet erscheint oder durch den wohnumfeldbezogenen Kontakt mit der Lebenswelt des Jugendlichen vertraut ist (dazu früher schon Deußer DVJJ-J 1991, 378 (379); s. auch Trenczek DVJJ-J 1997, 243). Zu berücksichtigen ist eine Tendenz zur Anpassung an Direktiven institutionalisierter Handlungsnormen (vgl. dazu Eisenberg/Kölbel Kriminologie § 32; Eisenberg/Singelnstein ZJJ 2003, 354 (358 ff.)). Ein Bsp. hierfür bietet die lange verbreitete Praxis des sog. **Gerichtsgehers**, die nicht den gesetzlich benannten Funktionen als vielmehr der ressourcenfreundlichen routinemäßigen Erledigung des einzelnen Falles entsprach (vgl. rechtstatsächlich dazu Trenczek DVJJ-J 1999, 151 (160 f.); s. auch Höynck/Leuschner Jugendgerichtsbarometer 88: zuletzt noch zu einem Anteil von 6 % der JStV relevant). Dabei vertritt der vor Gericht auftretende Vertreter der JGH den Verfasser des Berichts, ohne dass er zuvor unmittelbaren Kontakt mit dem Angeklagten oder dessen Umgebungspersonen gehabt haben muss. Stattdessen bezieht er seine Informationen im Wesentlichen aus dem schriftlichen Bericht. Dieses Vorgehen widerspricht (inzwischen) der Soll-Vorschrift des Abs. 4 S. 2 sowie des § 52 Abs. 3 SGB VIII.

Seit jeher findet ein nicht geringer Anteil von JStV **ohne Mitwirkung 76** eines Vertreters der JGH statt (Trenczek, Die Mitwirkung der Jugendhilfe im Strafverfahren, 2003, 146 f.) – dh ohne vorliegenden Bericht und/oder ohne Anwesenheit in der HV (dazu 22. Aufl. Rn. 51 f. mwN zu älteren Arbeiten). Nach einer bundesweiten Befragung von 391 JÄmtern war die JGH aber zu 50 % in jedem und zu 85 % in mehr als 2/3 der HV-Termine anwesend, wobei die als Teil des Allg. Sozialdienstes organisierte JGH indes auf geringere Anteile kam (DJI 2011, 55; für relativ hohe Anwesenheitswerte vgl. auch Winkelmann, Neue ambulante Maßnahmen ..., 2021, 60 f.). Dass die Ermittlungen, der Bericht und die HV-Anwesenheit der JGH inzwischen als deren Verpflichtungen ausgestaltet wurden (→ Rn. 10 und → Rn. 61), von denen allein durch einen ausdrücklichen Verzicht befreit werden kann, dürfte den Mitwirkungsgrad indes steigern. Möglicherweise geht hiervon auch ein gewisser Druck auf das Ermittlungsverhalten aus. Älteren Befunden zufolge **beschränkte** sich ein **persönlicher Kontakt** des JGH-Vertreters zu dem Jugendlichen oft auf ein einmaliges Gespräch, zu welchem der auf freiem Fuß befindliche Beschuldigte und ggf. auch die Erziehungsberechtigten üblicherweise in das JAmt geladen wurden (dazu 22. Aufl. Rn. 53 mwN zu älteren Arbeiten). Folgerichtig schien sich auch die Betreuungsaufgabe vielfach in kurzen Kontakten zu erschöpfen und insb. die nachgehende Unterstützung eher vernachlässigt zu werden (s. dazu etwa Hosser/Lauterbach/Höynck in Goerdeler/Walkenhorst (Hrsg.), Jugendstrafvollzug in Deutschland, 2007, 396).

77   Auch dass die JGH von laufenden polizeilichen Ermittlungen häufig erst verzögert informiert wird (→ Rn. 59) und mit ihrer Fallarbeit oft **so spät** beginnt (→ Rn. 39), dass sie im Ermittlungsverfahren kaum wirksam werden kann (Adam/Albrecht/Pfeiffer, Jugendrichter und Jugendstaatsanwälte in der Bundesrepublik, 1986, 127; Hügel in BMJ 1986, 48; s. auch 22. Aufl. Rn. 54 mwN zu älteren Arbeiten), ist mit der aktuellen Rechtslage nicht mehr vereinbar (→ Rn. 34). Das gilt im Wesentlichen (s. → Rn. 35 f.) ebenso für die bisweilen verschleppte Erstellung des schriftlichen Berichts (dazu früher Seidel, Die JGH in ihrer Ermittlungsfunktion und ihr Einfluß auf richterliche Entscheidungen im Jugendstrafverfahren gegen weibliche Jugendliche, 1988, 122: teilw. erst unmittelbar vor der HV).

2. Funktionswiderspruch

78   Die Aufgabe der JGH, einerseits Ermittlungs- und Beratungshilfe für das JGericht leisten und andererseits den Jugendlichen unterstützen zu sollen (→ Rn. 8 ff.), führt zu Spannungen und Konflikten. Diese beruhen darauf, dass Strafverfolgung idR einen **(reaktiven) Angriff** auf denselben Jugendlichen darstellt, der von der JGH eigentlich geschützt und sozialpädagogisch gefördert werden soll (wenngleich dieser Beistand nicht nur um seiner selbst willen, sondern auch im gesellschaftlichen Interesse an seiner sozialen Integration erfolgt (n. Scherr ZJJ 2011, 175)). Der Rollenkonflikt (vgl. etwa Wapler in Wiesner SGB VIII § 52 Rn. 23) findet in dem Vertreter der JGH gewissermaßen seine Personifizierung. Mitunter trägt er zu einer Rollenverunsicherung bei (zust. Riekenbrauk in LPK-SGB VIII SGB VIII § 52 Rn. 13).

79   Dollinger/Schabdach (Jugendkriminalität 179 ff.) gehen nach einer systematischen Analyse des vorhandenen empirischen Materials davon aus, dass das JGH-Personal diesen Erwartungswiderspruch durch Einnahme einer (straf-)juristischen Perspektive weitgehend aufhebt und justizähnliche Handlungsmaßstäbe entwickelt (s. auch → Rn. 23 aE; relativierend Trenczek in Dollinger/Schmidt-Semisch Jugendkriminalität-HdB 417 ff.; zu unterschiedlichen, un-/parteilichen Selbstverständnissen auch Kühne/Schlepper Soziale Probleme 30 (2019), 145; Kühne/Schlepper in Wehrheim (Hrsg.), Sanfte Kontrolle?, 2021, 245 ff.). Solche Folgen der Doppelfunktion gehen am ehesten zu Lasten des sozialpädagogischen Korrektivs, denn die Betreuungsfunktion setzt beim Jugendlichen eine gewisse **Vertrauensbasis** voraus. Gerade diese Grundlage muss jedoch erodieren, wenn dem Jugendlichen die Anteile der JGH an seiner Strafverfolgung bewusst werden. Infolge seiner Zeugnispflicht (vgl. → Rn. 69 ff.) und der Ermittlungstätigkeit (vgl.

→ Rn. 9 ff.) kann der Vertreter der JGH nicht ohne weiteres erwarten, dem Jugendlichen als verlässlich zu gelten (vgl. etwa schon Busch Zbl 1985, 393 (401); Herbertz/Salewski, Gewalttätige Jugendliche und Soziale Kontrolle, 1985, 306 ff.; zu Berichten, wonach sich der Jugendliche in der HV „nicht selten von der JGH im Stich gelassen fühlt", vgl. Böhm/Feuerhelm Jugend-StrafR 129). Deshalb ist es umgekehrt auch fraglich, inwieweit sich der Beschuldigte und sein Umfeld gegenüber dem Vertreter der JGH ehrlich und wahrhaftig verhalten (vgl. auch Eisenberg/Kölbel Kriminologie § 30 Rn. 8).

Bei nichtdeutschen Jugendlichen bzw. solchen mit **Migrationshinter-** 80 **grund** stößt die Herstellung von Vertrauen auf besondere Schwierigkeiten, va bei einem (erst) kurzzeitigen Aufenthalt in Deutschland. Die JGH wird von ihren Klienten hier vermutlich (noch) häufiger auf der „Verfolgerseite" verortet. Ihre Berichte bleiben daher (insb. hinsichtlich des familiären Hintergrundes) oftmals spärlich (vgl. Beyer, Jugendgerichtshilfe für Ausländer, 1992; Albrecht/Pfeiffer, Die Kriminalisierung junger Ausländer, 1979, 71 f.; zu weiteren früheren Studien vgl. 15. Aufl.). Der Anteil von Bediensteten der JGH, die selbst einen Migrationshintergrund aufweisen, ist offenbar anhaltend begrenzt (nach DJI 2011, 83 nur in 15 % der befragten JÄmter).

3. Beschränkte Geltendmachung sozialpädagogischer Belange

a) Ausbildung. Als Folge des Umstandes, dass der Gesetzgeber bislang 81 keine besonderen Anforderungen an die erzieherische Befähigung und Erfahrung des Vertreters der JGH stellt (vgl. aber Art. 7 Abs. 7 RL (EU) 2016/800: „von qualifiziertem Personal"), ist eine spezielle Zusatz**ausbildung** des JGH-Personals (mit einem Studienabschluss vorzugsweise in Sozialarbeit oder ggf. Sozialpädagogik) weithin unterblieben. Allerdings bestehen, verstärkt seit Inkrafttreten des SGB VIII, regional unterschiedliche qualifizierende Angebote (zB als ein Schwerpunkt im Lehrprogramm von Fachhochschulen, berufsbegleitende Zusatzqualifikationsmöglichkeiten etc) Die wiederholten Forderungen nach einer fachorientierten Ausrichtung schon der Ausbildung (vgl. zu Nachw. schon 9. Aufl.) haben indes die Tendenz zu einer **spezialisierten** JGH gestärkt (→ Rn. 3). Ob die Soll-Vorschrift des § 72 Abs. 1 SGB VIII (s. hierzu Wiesner in Wiesner SGB VIII § 72 Rn. 3 ff.) geeignet ist, dieses inzwischen erreichte Niveau zu garantieren und auszubauen, erscheint zw., da das dort (für hauptberuflich Beschäftigte) geregelte Qualifikationserfordernis ebenso unbestimmt wie das Fachkrafterfordernis gem. § 72 Abs. 1 S. 2 SGB VIII bleibt und durch Berufserfahrung substituierbar ist. Eine spezielle Aus- und Fortbildung, die über die idR sozialarbeiterische Basisqualifikation hinausgeht, scheint selten zu sein (vgl. die Daten bei Winkelmann, Neue ambulante Maßnahmen …, 2021, 62 ff.).

b) Verhältnis zur Justiz. Traditionell ist die JGH weniger auf Kontakte 82 zur JStA als zum JGericht hin orientiert (vgl. etwa schon Köpcke in DVJJ 1987, 201 f.; Kreichelt DVJJ-J 1999, 64 (65 f.); n. Gadow/Holthusen/Hoops ZJJ 2012, 303 (306): „eingespieltes Team" mit JGericht). Wenn die **Zusammenarbeit** mit der JGH von Seiten der Justiz oft als positiv bewertet wird (vgl. Adam/Albrecht/Pfeiffer, Jugendrichter und Jugendstaatsanwälte in der Bundesrepublik, 1986, 130; Kreichelt DVJJ-J 1999, 64 (65); Höynck/Leuschner Jugendgerichtsbarometer 93 f.), dürfte sich dies dementspr. auf die

HV und die Berichterstattung beziehen, wohingegen die Aktivitäten im Ermittlungsverfahren (bzgl. der Einstellungsvoraussetzungen oder Haftentscheidungshilfe) und Betreuungsaspekte bei solchen Einschätzungen systematisch ausgeblendet bleiben (vgl. aber Simon, Der Jugendrichter im Zentrum der Jugendgerichtsbarkeit, 2003, 158 f., wonach 21,4 % der Amtierenden mit der Ermittlungstätigkeit der JGH sehr zufrieden und 74,3 % zufrieden bzw. mit der Überwachungs- und Betreuungstätigkeit 90 % zufrieden bis sehr zufrieden waren).

83   Der **Einfluss** der JGH auf die richterliche Entscheidung wird teilw. für gering gehalten (vgl. etwa Hügel in BMJ 1986, 48 ff.; Eisenberg/Singelnstein ZJJ 2003, 356); JRichter ließen den Bericht der JGH „fallen", wenn er von ihren Absichten abwiche (vgl. Weyel in DVJJ 1990, 150). In nicht wenigen Studien (Zusammenstellung bei Dollinger ZJJ 2012, 416 (418 ff.) sowie 22. Aufl. Rn. 61) wird aber auch eine hohe Übereinstimmung der JGH-Vorschläge mit den tatsächlich angeordneten Rechtsfolgen festgestellt (vgl. etwa Wild, Jugendgerichtshilfe in der Praxis, 1989, 200: bei „spezialisierten" JGH-Vertretern zu 95 %; relativierend DJI 2011, 55; Höynck/Leuschner Jugendgerichtsbarometer 77 f.). Dies dürfte jedoch weniger auf der Durchschlagskraft der JGH-Positionen beruhen, sondern wesentlich auch auf die Antizipation der richterlichen Präferenzen durch die JGH zurückführbar sein (dazu bereits Müller/Otto (Hrsg.), Damit Erziehung nicht zur Strafe wird, 1986, 8: „strukturelle Subordination").

84   **c) In-/Effektivität.** Inwieweit (die Tätigkeit der JGH insg. und insbes.) der Ermittlungsbericht als erzieherisch positives Element tatsächlich wirksam wird oder umgekehrt gar zu einer als negativ beurteilten Entwicklung beiträgt, ist **unklar** (s. auch Wild, Jugendgerichtshilfe in der Praxis, 1989, 167 ff.). Allerdings sind für die JGH gewisse Tendenzen zu einer selektiven Akzentuierung negativer Faktoren ebenso wenig zu bestreiten wie die Neigung zu stereotypen Erklärungsmustern und strafbefürwortenden Sanktionseinstellungen (dazu → Rn. 23, 33 und 79). Das Potenzial, zu rechtspolitisch erwünschten Entwicklungen beizutragen, wird hierdurch von vornherein limitiert. Zu der Frage, ob und inwieweit die JGH deshalb zu devianten Entwicklungsverläufen Jugendlicher verstärkend beitrage, liegen unterschiedliche Antworten vor (bej. die Ergebnisse der Aktenanalyse von Brusten/Müller Neue Praxis 1972, 174 (181)). Meist ließ sich ein solcher kontraproduktiver Einfluss nicht bestätigen (vgl. Peters/Cremer-Schäfer, Die sanften Kontrolleure, 1975, 44; vgl. auch Winter-v. Gregory Neue Praxis 1979, 437 (451); diff. Kühne/Schlepper in Wehrheim (Hrsg.), Sanfte Kontrolle?, 2021, 149 ff., 193 ff.).

VII. Revision

85   Die **Abwesenheit** eines Vertreters der JGH in der **HV** führte nach früher hM idR nicht zur Revisibilität des Urteils. Kam die JGH nicht in die HV (und erstattete sie folglich keinen Bericht), hatte dies keine Konsequenzen, sofern sie über das JStV und den Verhandlungstermin informiert worden war. Nachdem ihre Anwesenheit indes im Grundsatz obligatorisch geworden ist (→ Rn. 61), stellt es einen Fall von **§ 338 Nr. 5 StPO** iVm § 2 Abs. 2 dar, wenn die HV unzulässig ohne die JGH durchgeführt wird und in ein

Urteil mündet (wohl zust. Goldberg, Das Gesetz zur Stärkung der Verfahrensrechte (…), 2021, Rn. 21; Höynck/Ernst ZJJ 2020, 245 (254); aA Gertler/Schwarz in BeckOK JGG Rn. 138). Dies betrifft Fälle, in denen ein rechtswidriger Anwesenheitsverzicht erfolgt ist oder in denen die JGH (auf deren Dabeisein nicht verzichtet wurde) unberechtigt oder wegen einer unterbliebenen Terminmitteilung nicht erscheint (einschr. Sommerfeld in NK-JGG Rn. 30). De facto bestehen hier indes Überschneidungsbereiche mit weiteren Revisionsgründen:

Fälle, in denen die **Terminmitteilung iSv § 50 Abs. 3 S. 1 nicht** **86** **erfolgt** und deshalb kein Vertreter der JGH in der HV erschienen ist (ohne dass dies durch einen regelgerechten Verzicht gerechtfertigt wäre), stellen zugleich auch einen **Verstoß** gegen **Abs. 6 S. 1** dar, wie die JGH hier gar nicht (oder jedenfalls nicht ausreichend) herangezogen wird, was seit jeher als eine Gesetzesverletzung iSv § 337 StPO iVm § 2 Abs. 2 gilt. Ein so ergangenes Urteil ist auf eine entspr. Verfahrensrüge hin idR aufzuheben (BGHSt 6, 354 = NJW 1954, 1855; BGHSt 27, 250 = BeckRS 1977, 30403055; BGH StV 1982, 27; OLG Saarbrücken NStZ-RR 1999, 284). Das Gleiche gilt, wenn die vertretene JGH unzuständig ist (BGHR JGG § 50 Abs. 3 Heranziehung 1 = BeckRS 1987, 31100333) oder die zwischenzeitlich zuständig gewordene JGH nicht berücksichtigt wurde (BGH StV 1993, 536 = BeckRS 1993, 30985641). Das Vorliegen eines schriftlichen Berichts der JGH ändert daran nichts (zu Folgen einer irregulären Berichtsverlesung s. → § 50 Rn. 46). Unerheblich ist ferner, ob der Beschuldigte inzwischen ein Erwachsener ist, ob die Fallerhebungen der JGH beim Jugendlichen überhaupt ergiebig sein können (dazu bei einem Nichtdeutschen BGH NStZ 1982, 257) und ob er zu einem früheren HV-Termin nicht erschienen war (BGH StV 1993, 536 = BeckRS 1993, 30985641). Die Einbindung der allg. Gerichtshilfe heilt den Verstoß nicht (BGH NStZ-RR 2001, 27).

War die von Abs. 6 S. 2 geforderte **Mitteilung durch JStA** oder Polizei **87** rechtswidrig (→ Rn. 59) unterblieben, wirkt sich dies im Urteil dagegen vielfach nicht aus, wenn die JGH auf andere Weise später noch eingebunden wurde (vgl. auch OLG Jena BeckRS 2017, 135309: prozessuale Überholung). Das ist va bei einer richterlichen Terminnachricht iSv § 50 Abs. 3 S. 1 der Fall (BGHSt 27, 250 = BeckRS 1977, 30403055; BGH StV 1985, 153 = BeckRS 1984, 31107806; BGHR JGG § 38 Abs. 3, Heranziehung 1 = BeckRS 1987, 31100333; BayObLGSt 1994, 169 (172)). Dies schließt die Anfechtbarkeit aber nur aus, sofern die Ermittlung und Berichterstattung zeitlich für die JGH dann bis zur HV **noch machbar** ist (BGH StV 1982, 336; s. auch → § 50 Rn. 34). Anderenfalls liegt hierin ebenso ein revisibler Ausschluss der JGH wie in einem **rechtswidrigen Verzicht** auf deren Bericht. Für das Berufungsverfahren gelten in all diesen Punkten keine Abweichungen (ähnlich Brunner/Dölling Rn. 23; abw. OLG Koblenz MDR 1973, 873).

Die (nicht von einem rechtmäßigen Anwesenheitsverzicht gedeckte) Ab- **88** wesenheit der JGH in der HV verletzt idR gleichzeitig auch die **Aufklärungspflicht** gem. § 43 sowie § 244 Abs. 2 StPO iVm § 2 Abs. 2 (BGHSt 27, 250 = BeckRS 1977, 30403055; OLG Karlsruhe MDR 1975, 422; BayObLG bei Rüth DAR 1982, 241 (251); OLG Brandenburg DVJJ-J 2002, 351 = BeckRS 2001, 30180584; Höynck/Ernst StV 2022, 58 (65)). Das gilt jedenfalls dann, wenn die Mitwirkung der JGH konkret geboten war – etwa

im Hinblick auf die Ermittlung von Umständen, die für die Rechtsfolgenauswahl und/oder -bemessung oder die Voraussetzungen des § 105 Abs. 1
relevant sind (BGH StV 1985, 153 = BeckRS 1984, 31107806; NStZ 2012,
574; BayObLGSt 1994, 169 (172)). Der Nicht-Heranziehung steht es iÜ
gleich, wenn die anwesende JGH nicht angehört wird (Gertler/Schwarz in
BeckOK JGG Rn. 149; anders noch BGH RdJB 1961, 313 = BeckRS
2016, 15971) oder wenn der Informationsausfall entweder der JGH (va bei
verweigerter oder völlig unzulänglicher Berichterstattung) oder dem
Jugendlichen (va bei Kontaktablehnung ggü. der JGH) zuzurechnen ist und
das Gericht gleichwohl in der Sache entscheidet, ohne sich die notwendigen
Erkenntnisse auf andere Weise beschafft oder in dubio pro reo die für den
Angeklagten günstigsten Annahmen zugrunde gelegt zu haben (OLG Köln
NStZ 1986, 569 (571)). Ob schließlich die Mitwirkung einer örtlich unzuständigen JGH als Verletzung der Aufklärungspflicht zu beurteilen ist
(bejahend Kiehl DVJJ-J 1997, 39 (41 f.); Trenczek/Goldberg Jugendkriminalität, 200), hängt vom Einzelfall ab. Revisionsrechtliche Bedeutung kann
es in diesem Zusammenhang ferner haben, wenn der JGH-Bericht in **un-
genügender Weise gewürdigt oder gar ignoriert** wird (so, wenn auch
eher beiläufig BGH NStZ-RR 2011, 218 (219) mzustAnm Eisenberg DVJJ
2011, 202 (204): weder die Argumente der JGH erörtert, noch eine Auseinandersetzung mit diesen erkennbar). Die Judikatur ist hierbei aber nicht
konsequent (kennzeichnend etwa BGH StV 2016, 709 (Ls.) mAnm Eisenberg StV 2016, 709 (711)).

Zweiter Abschnitt. Zuständigkeit

Sachliche Zuständigkeit des Jugendrichters

39 (1) [1]Der Jugendrichter ist zuständig für Verfehlungen Jugendlicher, wenn nur Erziehungsmaßregeln, Zuchtmittel, nach diesem Gesetz zulässige Nebenstrafen und Nebenfolgen oder die Entziehung der Fahrerlaubnis zu erwarten sind und der Staatsanwalt Anklage beim Strafrichter erhebt. [2]Der Jugendrichter ist nicht zuständig in Sachen, die nach § 103 gegen Jugendliche und Erwachsene verbunden sind, wenn für die Erwachsenen nach allgemeinen Vorschriften der Richter beim Amtsgericht nicht zuständig wäre. [3]§ 209 Abs. 2 der Strafprozeßordnung gilt entsprechend.

(2) Der Jugendrichter darf auf Jugendstrafe von mehr als einem Jahr nicht erkennen; die Unterbringung in einem psychiatrischen Krankenhaus darf er nicht anordnen.

Übersicht

I. Anwendungsbereich

1. Jugendstrafrechtliche Materien

Die Vorschrift gilt in Verfahren gegen Jugendliche sowie gem. § 108 **1** Abs. 1 auch in Verfahren gegen Heranwachsende. Bei einer Verbindung von Verfahren ggü. Jugendlichen und Erwachsenen (bzw. ggü. Heranwachsenden und Erwachsenen (→ § 112 Rn. 1)) greift bei jugendgerichtlicher Zuständigkeit (§ 103 Abs. 2 S. 1) die Vorschrift ebenfalls ein (→ Rn. 9). Ist beim Heranwachsenden jeweils mit der Anwendung von allg. StR zu rechnen, kommt für die Frage, welches JGericht zuständig ist, indes die Sonderregelung in § 108 Abs. 2 und Abs. 3 zum Tragen.

2. Sonstige Zuständigkeiten der Jugendgerichte

2   Für Verfahren gegen Jugendliche und/oder Heranwachsende nach dem
OWiG (zur Zuständigkeit der JGerichte → §§ 33–33b Rn. 10) liegt mit **§ 68
Abs. 2 OWiG** eine abschließende und vorrangige Bestimmung vor, sodass
die sachliche Zuständigkeit des JRichters in Bußgeldsachen hierauf und nicht
auf Abs. 1 S. 1 beruht (Ellbogen in KK-OWiG OWiG § 68 Rn. 28). –
Ebenfalls unanwendbar ist die Vorschrift in **Jugendschutzsachen** (zur hier
bestehenden „unechten" Wahlmöglichkeit zwischen JGerichten und allg.
Strafgerichten → §§ 33–33b Rn. 11 f.). In diesem Bereich bestimmen die
§§ 24, 25 GVG, welches JGericht zuständig ist (§ 26 Abs. 1 S. 2 GVG).

II. Sachliche Zuständigkeit des Jugendrichters

1. Regelungszusammenhänge von Abs. 1 und Abs. 2

3   Die Zuständigkeit der Jugendgerichte in ihrer Abgrenzung zu den allg.
Strafgerichten wird grdl. in § 33 Abs. 1 (→ §§ 33–33b Rn. 3, 6 ff.) sowie für
Heranwachsende durch § 107 und für einige Sonderkonstellationen erg.
auch in §§ 102, 103, 112 geregelt. Innerhalb dieses Bereichs erfolgt die
Zuweisung der Zuständigkeit an die verschiedenen JGerichte sodann wie
folgt: Die §§ 39–41 legen die erstinstanzliche Zuständigkeit fest, wobei sich
die **sachliche Zuständigkeit** des JRichters im Verhältnis zu den anderen
JGerichten aus **Abs. 1** ergibt. Für die örtliche Zuständigkeit sind die §§ 7 ff.
StPO iVm § 2 Abs. 2 maßgeblich, ergänzt durch § 42 JGG. Hinsichtlich der
Zuständigkeit als Rechtsmittelgericht gelten die Bestimmungen des allg.
StVR.

4   Sachlich zuständig ist der JRichter hiernach immer dann, wenn sich die
konkret fallbezogene Rechtsfolgenerwartung innerhalb des in Abs. 1 S. 1
(sowie ggf. Abs. 1 S. 2) genannten Spektrums bewegt (zur dahingehenden
Beurteilung durch die JStA → Rn. 5 ff.). Die **Strafgewalt** des JRichters geht
darüber allerdings hinaus. Anders als im allg. StVerf (dort: § 24 Abs. 2 GVG)
bleibt sie zwar hinter der des JSchöffG zurück, doch kann der JRichter
immerhin Sanktionen bis zu der in **Abs. 2** genannten Grenze anordnen
(→ Rn. 11 f.). Für die Frage, bei welchem JGericht die JStA eine Anklage
erhebt (und ob dieses JGericht das Hauptverfahren dann auch eröffnet), hat
die Rechtsfolgenkompetenz aber keine Bedeutung. Maßgeblich ist in diesem
Verfahrensstadium allein die Rechtsfolgenerwartung (dazu etwa der Fall von
LG Waldshut-Tiengen BeckRS 2014, 6726). Dass die tatsächliche Aburteilungszuständigkeit den Rahmen der sog. Anklagezuständigkeit übersteigt,
hat iÜ **prozessökonomische** Gründe. So kann sich nach Eröffnung des
Hauptverfahrens ergeben, dass die in Abs. 1 S. 1 angeführten Rechtsfolgen
nicht ausreichend sind, wobei Abs. 2 dann die Übertragung an ein anderes
Gericht entbehrlich macht. Gem. **§§ 51a, 68 Nr. 5** kann allerdings in diesen
Fällen ein Neubeginn der zu diesem Zeitpunkt ggf. schon angelaufenen HV
erforderlich sein.

2. Zuständigkeitsprüfung des Jugendstaatsanwalts

5   **a) Rechtsfolgenerwartung.** Die sachliche Zuständigkeit des JRichters
setzt voraus, dass bei Erhebung der Anklage gegen einen Jugendlichen oder

Heranwachsenden (§ 107) mit einer der in Abs. 1 S. 1 genannten Rechts-folgen zu rechnen ist. Es muss die **Erwartung bestehen,** dass im betreffen-den Einzelfall nur Erziehungsmaßregeln (§§ 9 ff.), Zuchtmittel (§§ 13 ff.), nach dem JGG zulässige Nebenstrafen und -folgen (vgl. §§ 6, 8 Abs. 3) oder die Entziehung der Fahrerlaubnis (§§ 69 ff. StGB iVm § 7 Abs. 1) zur Anwendung kommen werden. Die in der Justizpraxis bisweilen geführte Diskussion um die Einbeziehung der JStrafe bis zu zwei Jahren (dafür Strewe ZRP 2003, 287 (288); dagegen Kuba ZRP 2004, 28; Kropp ZRP 2004, 57) hat hier berechtigterweise zu keiner Erweiterung geführt. Der JRichter ist also auch für Verfahren, in denen sich ein Bewährungs- oder auf § 27 gestützte Aussetzungsentscheidung abzeichnet, nicht zuständig.

b) Keine Entscheidungsspielräume. Die etwas irreführende Formulie- **6** rung in Abs. 1 S. 1 aE („und der StA Anklage beim Strafrichter erhebt") verweist rein deklaratorisch auf das ohnehin selbstverständliche Anklageer-fordernis. Die Vorschrift begründet − anders als noch § 26 RJGG 1943 − aber kein Wahlrecht und im Hinblick auf Art. 101 Abs. 1 S. 2 GG auch kein Ermessen (vgl. etwa Schatz in Diemer/Schatz/Sonnen Rn. 10; OLG Düssel-dorf NStZ 1990, 292 (292 f.) zu §§ 24, 25 GVG; abw. Brunner/Dölling §§ 39–41 Rn. 8). Das konditionale Normprogramm des Abs. 1 kennt nur insofern eine gewisse Unschärfe, als die Sanktionsprognose des JStA naturge-mäß „nur in groben Kategorien möglich" ist (OLG Karlsruhe wistra 1997, 198 = BeckRS 1997, 31161119). Sofern aber die Rechtsfolgenerwartung im Rahmen von Abs. 1 S. 1 bleibt, **muss** die beabsichtigte Anklage zwingend **beim JRichter** erhoben werden (Dallinger/Lackner Rn. 6). Ausnahmen bestehen nur, falls Gegebenheiten vorliegen, die iSv § 41 Abs. 1 zur Zu-ständigkeit der JKammer führen (namentlich etwa die Schutzwürdigkeit von potenziellen Zeugen (n. → § 41 Rn. 11 ff.)).

Allerdings soll der JStA, selbst wenn er die Rechtsfolgenerwartung iSv **7** Abs. 1 S. 1 bejaht, bei **besonderen Umständen** (dh einem angehobenen Grad der Schwierigkeit, der Bedeutung oder des Umfangs der Sache) nach teilw. vertretener Ansicht auch vor dem JSchöffG anklagen können (so jedenfalls Schatz in Diemer/Schatz/Sonnen Rn. 11; Beulke/Swoboda Ju-gendStrafR Rn. 609; zu Folgen für die notwendige Verteidigung → § 68 Rn. 21a). Gegen diese Ansicht spricht jedoch, dass eine solche Option − in beredter Abweichung von § 24 Abs. 1 S. 1 Nr. 3 GVG (→ § 40 Rn. 11) − in den §§ 39, 40 **in keiner Weise vorgesehen** ist (ebenso Wellershoff in BeckOK JGG Rn. 9).

Nicht selten belässt die Rechtsfolgenprognose gewisse **Zweifel** dergestalt, **8** dass eine Überschreitung des Rechtsfolgenspektrums von Abs. 1 S. 1 nicht ausgeschlossen erscheint. In solchen Fällen soll der JStA gehalten sein, vor dem JSchöffG anzuklagen (so Dallinger/Lackner Rn. 4; Brunner/Dölling §§ 39–41 Rn. 3, 8). Da aber die Anklage vor dem höher gestellten Gericht für den Jugendlichen zu stärkeren Belastungen führen kann (größerer For-malisierungsgrad und Verfahrensaufwand, stärkere Stigmatisierung), **reichen** Zweifel an der Zuständigkeit des JRichters, für die Zuständigkeit des JSchöffG **nicht aus.** Das gilt jedenfalls, solange die Prognose noch nicht aufrecht-erhalten und noch nicht aufgegeben wird (vgl. auch Schady in NK-JGG Rn. 4; Höffler in MüKoStPO Rn. 6; Beulke/Swoboda JugendStrafR Rn. 609; diff. Schatz in Diemer/Schatz/Sonnen Rn. 9).

9   **c) Besonderheiten bei verbundenen Verfahren.** Eingeschränkt ist die sachliche Zuständigkeit des JRichters, wenn Verfahren gegen Jugendliche (bzw. Heranwachsende (§ 112 S. 1)) mit Verfahren gegen Erwachsene nach § 103 Abs. 2 S. 1 verbunden sind und für die Erwachsenen nicht der Einzelrichter beim AG, sondern das Schöffengericht oder sogar eine Strafkammer (hierzu OLG Köln NStZ-RR 2000, 314) zuständig wäre. Für die Sache ist dann insg. (auch hinsichtlich des Jugendlichen oder Heranwachsenden, dessen Verfahren hinzuverbunden wurde) die **JKammer** zuständig, soweit die Voraussetzungen von § 41 Abs. 1 Nr. 3 iVm § 74 Abs. 1 GVG gegeben sind (n. auch zur Problematik der Norm → § 41 Rn. 9 f.), und ansonsten das **JSchöffG**. Wenn der Erwachsene also bspw. wegen eines Verbrechens angeklagt wird (was nach Abs. 1 S. 1 beim Jugendlichen oder Heranwachsenden an sich bedeutungslos ist) oder bei ihm eine Freiheitsstrafe von über zwei Jahren zu erwarten steht, scheidet die gemeinsame Anklage vor dem JRichter also aus. Diese Maßgaben kommen jedoch nicht zum Zuge, wenn im Falle einer Verfahrensverbindung ausnahmsweise ein Erwachsenengericht zuständig ist (§ 103 Abs. 2 S. 2 Hs. 1). In diesen Sonderkonstellationen beruht die gemeinsame Zuständigkeit der Staatsschutz- oder Wirtschaftsstrafkammer auf § 103 Abs. 2 S. 2 Hs. 2 iVm §§ 74a, 74c GVG.

3. Zuständigkeitsprüfung des Jugendrichters

10   Die JStA erhebt zwar die Anklage bei dem „zuständigen" Gericht (§ 170 Abs. 1 StPO iVm § 2 Abs. 2). Seine Sanktionsprognose sowie seine Einschätzung hinsichtlich besonderer Umstände iSv § 41 Abs. 1 (s. jeweils → Rn. 5 f.) haben aber **keine Bindungswirkung** für den JRichter (§ 206 StPO iVm § 2 Abs. 2). Vielmehr bleibt der JRichter zu einer **voll- und eigenständigen** Prüfung seiner sachlichen Zuständigkeit verpflichtet (s. auch → § 41 Rn. 6). Er hat in jedem Verfahrensstadium (§ 6 StPO iVm § 2 Abs. 2) insbes. die Sanktionserwartung also selbst abzuschätzen und bei von ihm konstatierter Unzuständigkeit die sich daraus ergebenden Entscheidungen (→ Rn. 13 ff.) von Amts wegen zu treffen. Dabei kommt es **vor Eröffnung** des Hauptverfahrens auf die Rechtsfolgenerwartung gem. Abs. 1 an und **nach der Eröffnung** auf die Rechtsfolgenkompetenz gem. Abs. 2.

4. Rechtsfolgenkompetenz des Jugendrichters

11   Die (gemessen an den Zuständigkeitskriterien vor Anklageerhebung erweiterte) Strafgewalt des JRichters nach Eröffnung des **Hauptverfahrens** ergibt sich aus **Abs. 2.** Hiernach darf der Jugendrichter auf JStrafe in einer Höhe von bis zu einem Jahr erkennen und als sonstige Maßregel iSv § 7 Abs. 1 auch die Unterbringung in einer Entziehungsanstalt oder die Führungsaufsicht – nicht aber die Unterbringung in einem psychiatrischen Krankenhaus – anordnen (allgA). Die Kompetenz zur Anordnung einer bis zu einjährigen JStrafe schließt die Entscheidung über eine ausgesetzte Verhängung **(§ 27)** ein. Allerdings kommt diese lediglich in Betracht, wenn im Falle eines Nachverfahrens eine JStrafe von nicht mehr als einem Jahr bestimmt werden würde (n. dazu → § 27 Rn. 19).

12   Die Rechtsfolgenkompetenz des JRichters ist grds. also geringer als die des Strafrichters im allg. StVerf, wo sie bis zu einer vierjährigen Freiheitsstrafe reicht (§ 24 Abs. 2 GVG). Über diese größere Strafgewalt verfügt der

JRichter allein, wenn er Verfehlungen eines Heranwachsenden nach allg. StR abzuurteilen hat (§ 108 Abs. 2 und Abs. 3 S. 1). Hiervon abgesehen greift Abs. 2 ausnahmslos. Die dort festgelegte Grenze der Strafgewalt darf der JRichter auch dann **nicht überschreiten,** wenn er unter Einbeziehung eines früheren rechtskräftigen Urteils nach **§ 31 Abs.** 2 auf eine einheitliche Rechtsfolge erkennt (vgl. schon OLG Celle GA 1960, 86; OLG Schleswig bei Böhm NStZ 1997, 480 (483)). In diesem Rahmen kann der JRichter allerdings auch frühere rechtskräftige Urteile von Gerichten höherer Ordnung einbeziehen (vgl. dazu → § 31 Rn. 16; für ein Einschränkung iZm § 27 n. → § 102 Rn. 3).

III. Verfahren bei (angenommener) Unzuständigkeit

1. Vor Eröffnung des Hauptverfahrens

Hält sich der JRichter, der zur fortwährenden Überprüfung seiner Zu- **13** ständigkeit verpflichtet ist (→ Rn. 10), im Stadium vor dem Eröffnungsbeschluss für sachlich nicht zuständig, ist eine entspr. Mitteilung an die JStA zweckmäßig. Dies kann zur Rücknahme der Anklageschrift (§§ 156 StPO iVm § 2 Abs. 2) und zur Erhebung der Anklage bei dem zuständigen Gericht führen (vgl. auch Schatz in Diemer/Schatz/Sonnen Rn. 19). Alternativ oder bei Nicht-Reaktion der JStA kann der JRichter, wenn er einen **anderen JRichter desselben Gerichts** nach der Geschäftsverteilung für zuständig hält, das Verfahren an diesen – ohne bindende Wirkung (vgl. OLG Hamm NJW 1972, 1909) – formlos abgeben (s. etwa Schatz in Diemer/ Schatz/Sonnen Rn. 20; vgl. auch BGHSt 18, 173 = NJW 1963, 500). Anhängig wird das Verfahren dann erst durch die Übernahmeerklärung des empfangenen JRichters.

Hält der JRichter in diesem Verfahrensstadium indes das JSchöffG, die **14** JKammer oder das OLG innerhalb seines Gerichtsbezirks (sonst: § 16 StPO) für sachlich zuständig, so legt er diesem gem. **Abs. 1 S. 3 iVm § 209 Abs. 2 StPO** die Akten zur Entscheidung vor (zum Vorgehen bei angenommener Zuständigkeit eines allg. Strafgerichts, s. → §§ 33–33b Rn. 17). Das adressierte Gericht der höheren Ordnung wird hierdurch nicht gebunden. Nur wenn es seine Zuständigkeit nach eigenständiger Prüfung bejaht, eröffnet es das Hauptverfahren. Anderenfalls verfährt es nach § 204 StPO iVm § 2 Abs. 2 oder – je nach Zuständigkeitseinschätzung – gem. § 209 Abs. 2 StPO iVm § 2 Abs. 2 (Vorlage beim Gericht höherer Ordnung) bzw. gem. § 209 Abs. 1 StPO iVm § 2 Abs. 2 (Eröffnung vor einem Gericht niedrigerer Ordnung, ggf. auch dem vorlegenden Gericht).

Vor seiner Entscheidung, nach § 209 Abs. 2 StPO vorzugehen, muss das **15** vorlegende Gericht die JStA (und den Angeschuldigten) nicht anhören (vgl. etwa Schneider in KK-StPO StPO § 209 Rn. 15). Wegen der prozessualen Stellung und Mitwirkungspflicht der JStA erfolgt die **Vorlage** gem. § 209 Abs. 2 StPO iVm § 2 Abs. 2 dann aber stets durch deren **Vermittlung.** Hierdurch wird der JStA vor der Entscheidung des adressierten Gerichts die Gelegenheit zur Äußerung (§ 33 Abs. 2 StPO iVm § 2 Abs. 2) sowie zur Ergänzung des wesentlichen Ergebnisses der Ermittlungen (§ 200 Abs. 2 StPO iVm § 2 Abs. 2) gegeben. Dieser Einschaltung der JStA bedarf es nach allgA auch bei Vorlage an das JSchöffG – und zwar selbst dann, wenn der

JRichter vor jenem JSchöffG eröffnen will, dessen Vorsitzender er selbst ist (ebenso etwa Schatz in Diemer/Schatz/Sonnen Rn. 15). In diesem Sonderfall genügt gem. § 33 Abs. 2 Var. 2 StPO iVm § 2 Abs. 2 die telefonische Anhörung des JStA (Schady in NK-JGG Rn. 6).

2. Nach Eröffnung des Hauptverfahrens

16   **a) Vor Beginn der HV.** Erachtet der JRichter in der Phase zwischen Eröffnungsbeschluss und HV seine jetzt maßgebliche Rechtsfolgenkompetenz (→ Rn. 10) nicht für ausreichend und daher die sachliche Zuständigkeit eines **JGerichts höherer Ordnung** bzw. des OLG für begründet, legt es diesem die Akten gem. § 225a Abs. 1 S. 1 StPO iVm § 2 Abs. 2 vor (zum Vorgehen bei angenommener Zuständigkeit eines allg. Strafgerichts, s. → §§ 33–33b Rn. 18 f.). Das Gericht, dem die Sache vorgelegt worden ist, entscheidet gem. § 225a Abs. 1 S. 2 StPO iVm § 2 Abs. 2 über die Übernahme. Soweit es diese nicht beschließt, sendet es die Akten an das vorlegende Gericht zurück. Eine Möglichkeit zur Weiterleitung an ein anderes Gericht hat es nicht (Arnoldi MüKoStPO StPO § 225a Rn. 20). Der Übergang der Rechtshängigkeit setzt einen wirksamen Übernahmebeschluss voraus (BGHSt 44, 121 = NJW 1999, 157). – Hält der JRichter einen **anderen** JRichter als **gleichrangigen** Spruchkörper für zuständig, so soll er die Sache auch nach Eröffnung des Hauptverfahrens noch formlos an ihn abgeben können (vgl. BGHSt 27, 99 (101 ff.) = NJW 1977, 1070; Moldenhauer in MüKoStPO StPO § 270 Rn. 5). Eine abw. ausdrückliche Regelung existiert nämlich nur für den Ausnahmefall des § 209a Nr. 2a StPO, dh allein für das Verhältnis des JRichters zum allg. Strafrichter (vgl. § 225a Abs. 1 S. 1 Hs. 2 StPO, § 270 Abs. 1 S. 1 Hs. 2 StPO).

17   **b) Nach Beginn der HV.** Mit Aufruf der Sache wird § 225a StPO unanwendbar. Ab diesem Zeitpunkt – auch wenn sogleich die Abwesenheit des Angeklagten festgestellt wird (OLG Hamm MDR 1993, 1002 = LSK 1994, 070341) – verweist der JRichter die Sache daher gem. **§ 270 Abs. 1 S. 1 StPO** iVm § 2 Abs. 2 durch Beschluss an das JGericht **höherer** Ordnung oder das OLG, dessen sachliche Zuständigkeit er für begründet erachtet (vgl. Greger in KK-StPO StPO § 270 Rn. 10 ff.; n. zu den Erfordernissen auch → § 108 Rn. 9). Erforderlich ist jedoch, dass sich die (über die Strafgewalt hinausgehende) **Rechtsfolgenerwartung verfestigt** hat und dass die Erforderlichkeit einer mehr als einjährigen JStrafe oder einer Unterbringung über eine bloße Vermutung hinausgeht (Frister in SK-StPO StPO § 270 Rn. 10 mwN). Der (wirksame) Verweisungsbeschluss macht die Sache bei dem Gericht, an das sie verwiesen wird, unmittelbar rechtshängig. Das Gericht der höheren Ordnung ist **gebunden,** auch an eine sachlich zu Unrecht erfolgende Verweisung (BGHSt 45, 58 = NJW 1999, 2604; zur Geltung von § 269 StPO für diesen Fall vgl. OLG Karlsruhe NStZ 1987, 375; Greger in KK-StPO StPO § 269 Rn. 2). Anders verhält es sich, wenn die Verweisung außerhalb der HV nur irrtümlich nach § 270 StPO erfolgte (BGHSt 6, 109 (113) = NJW 1954, 1375). Wegen der Garantie des gesetzlichen Richters (Art. 101 Abs. 1 S. 2 GG) entfällt die Bindungswirkung nach allgA ausnahmsweise auch dort, wo die Verweisung dem Grundprinzip der rechtsstaatlichen Ordnung widerspricht, der Mangel für einen verständigen Betrachter offenkundig ist und die Entscheidung als **unvertretbar** erscheint

(BGHSt 29, 216 = NJW 1980, 1586; BGHSt 45, 58 = NJW 1999, 2604; BGHSt 61, 277 = NJW 2017, 280; vgl. auch → § 108 Rn. 9).

Nach dem Verweisungsbeschluss des JRichters können der Angeklagte **18** und die Berechtigten iSv § 67a Abs. 1 ohne Einhaltung einer besonderen Form, aber unter Bezeichnung der Beweistatsachen und -mittel einzelne **Beweiserhebungen beantragen (§ 270 Abs. 4 StPO iVm § 2 Abs. 2).** Zur Realisierbarkeit dieses Anspruchs (und im Interesse der Vorbereitung der HV) muss darauf iZm der Bekanntmachung des Verweisungsbeschlusses unter Setzung einer angemessenen (auch von Amts wegen verlängerungsfähigen) Frist **hingewiesen** werden (zur Form § 70b entspr.). Die Entscheidung über den Antrag erfolgt durch den Vorsitzenden des Gerichts, an das verwiesen wurde. Ihr Ausgang hängt davon ab, ob bereits zu erkennen ist, dass eine (weitere, und zwar) vorweggenommene Sachaufklärung erforderlich ist (zB bei drohendem Verlust des Beweismittels bzw. von dessen Qualität). Die Ablehnung des Antrags, die nicht an die Voraussetzungen des § 244 Abs. 3–5 StPO iVm § 2 Abs. 2 gebunden ist, bedarf der Begründung (§ 34 StPO iVm § 2 Abs. 2). Die (nicht anfechtbare) Entscheidung muss so rechtzeitig ergehen, dass die Rechte des Angeklagten aus §§ 219, 220 StPO iVm § 2 Abs. 2 gewahrt werden.

IV. Revision

Die sachliche Zuständigkeit ist eine Verfahrensvoraussetzung mit der **19** Folge, dass einer Entscheidung des JRichters als sachlich unzuständigem Gericht **niedrigerer** Ordnung (vgl. § 269 StPO iVm § 2 Abs. 2) ein **Verfahrenshindernis** entgegenstand. Zu dessen Geltendmachung bedarf es keiner Revisionsrüge. Vielmehr ist die sachliche Zuständigkeit stets und somit auch noch in der Revisionsinstanz (BGHSt 10, 74 (76) = NJW 1957, 511) **von Amts wegen** zu prüfen (§ 6 StPO iVm § 2 Abs. 2). Das gilt auch, wenn das Verfahren beim urteilenden Gericht gar nicht anhängig geworden war, insbes. nach einer unwirksamen Verfahrensverbindung (BGH NStZ-RR 2021, 251). – Eine Verweisung nach § 270 StPO iVm § 2 Abs. 2, die das erkennende Gericht zu Unrecht unterlassen hat, holt das Revisionsgericht gem. § 355 StPO iVm § 2 Abs. 2 nach. Hat der JRichter seine Rechtsfolgenkompetenz (Abs. 2) überschritten, ist indes § 354 iVm § 2 Abs. 2 einschlägig (BayObLG StraFo 2000, 230 = BeckRS 2000, 15060; Gericke in KK-StPO StPO § 355 Rn. 2).

Sachliche Zuständigkeit des Jugendschöffengerichts

40 (1) ¹**Das Jugendschöffengericht ist zuständig für alle Verfehlungen, die nicht zur Zuständigkeit eines anderen Jugendgerichts gehören.** ²§ 209 der Strafprozeßordnung gilt entsprechend.

(2) **Das Jugendschöffengericht kann bis zur Eröffnung des Hauptverfahrens von Amts wegen die Entscheidung der Jugendkammer darüber herbeiführen, ob sie eine Sache wegen ihres besonderen Umfangs übernehmen will.**

(3) **Vor Erlaß des Übernahmebeschlusses fordert der Vorsitzende der Jugendkammer den Angeschuldigten auf, sich innerhalb einer zu**

bestimmenden Frist zu erklären, ob er die Vornahme einzelner Beweiserhebungen vor der Hauptverhandlung beantragen will.

(4) [1]**Der Beschluß, durch den die Jugendkammer die Sache übernimmt oder die Übernahme ablehnt, ist nicht anfechtbar.** [2]**Der Übernahmebeschluß ist mit dem Eröffnungsbeschluß zu verbinden.**

Übersicht

I. Anwendungsbereich

1. Jugendstrafrechtliche Materie

1 Die Vorschrift gilt in **jugendgerichtlichen** Verfahren gegen Jugendliche sowie gem. § 108 Abs. 1 auch in Verfahren gegen Heranwachsende. Ist beim Heranwachsenden mit der Anwendung von allg. StR zu rechnen, sind indes die in § 108 Abs. 3 S. 1 und 2 geregelten Besonderheiten zu beachten (→ § 108 Rn. 12).

2 Die Vorschrift gilt **nicht** in Verfahren vor den für **allg. Strafsachen** zuständigen **Gerichten.** Die vormalige Auffassung, dass Abs. 1 (sowie ggf. § 108) hier insofern Bedeutung habe, als die Zuständigkeitsgrenzen der allg. Schöffengerichte nicht überschritten werden dürften (vgl. etwa Dallinger/Lackner § 104 Rn. 9), ist durch die Neufassung von § 103 Abs. 2 gegenstandslos geworden, weil hiernach keine Zuständigkeit des Schöffengerichts der allg. Strafgerichtsbarkeit in Verfahren gegen Jugendliche und/oder Heranwachsende (§ 112 S. 1) mehr vorgesehen ist.

2. Sonstige Zuständigkeiten der Jugendgerichte

3 In Verfahren gegen Jugendliche und/oder Heranwachsende nach dem **OWiG** gilt die spezielle Vorschrift des § 68 Abs. 2 OWiG (vgl. → § 39 Rn. 2). – Richtet sich ein Verfahren in einer **Jugendschutzsache** vor dem JSchöffG gegen einen Erwachsenen, beruht die sachliche Zuständigkeit ebenfalls nicht auf Abs. 1. Maßgeblich ist hier § 24 GVG (vgl. § 26 Abs. 1 S. 2 GVG; zur problematischen Ausschaltung des JSchöffenG durch Anklage vor der JKammer gem. § 24 Abs. 1 S. 1 Nr. 3 Var. 3 GVG vgl. n. → §§ 33–33b Rn. 66).

II. Sachliche Zuständigkeit des Jugendschöffengerichts

1. Umfang der Zuständigkeit

Das Gesetz weist dem JSchöffG im Verhältnis zu den anderen JGerichten **4** die **allg. sachliche Anklagezuständigkeit** in Jugendstrafsachen zu. Vor dem JSchöffG wird immer dann angeklagt, wenn weder die besonders geregelten Zuständigkeitsvoraussetzungen des JRichters (§ 39 Abs. 1) noch die der JKammer (§ 41 Abs. 1) oder die eines allg. Strafgerichts (§§ 102, 103 Abs. 2 S. 2) vorliegen. Hinsichtlich der jugendstrafrechtlichen Rechtsfolgen hat das JSchöffG (anders als das Schöffengericht im allg. StVerf) zudem eine **unbeschränkte Rechtsfolgenkompetenz.** Es kann also bei Vorliegen der materiell-rechtlichen Voraussetzungen eine JStrafe bis zur gesetzlichen Höchstgrenze verhängen. Zu entspr. Verfahren kann es zwar durchaus im Rahmen der Anklagezuständigkeit kommen, insbes. aber bei einer „Aufwertung" des Vorwurfs nach Eröffnung des Hauptverfahrens. Von Bedeutung ist diese erhebliche Strafgewalt bisweilen auch, wenn das JSchöffG auf der Grundlage von § 31 Abs. 2 frühere rechtskräftige Urteile einbezieht. Möglich ist ihm dies iÜ selbst bei Urteilen von Gerichten höherer Ordnung (vgl. dazu → § 31 Rn. 16; s. aber für ein Einschränkung iZm § 27 n. → § 102 Rn. 3).

2. Zuständigkeit auch für Maßregelunterbringung

Die kaum begrenzte Rechtsfolgenkompetenz des JSchöffG macht sich **5** auch bei besonders eingriffsintensiven Maßregeln bemerkbar. So wird zwar die Unterbringung in der Sicherungsverwahrung (§ 7 Abs. 2 S. 2 und Abs. 4) idR durch die JKammer angeordnet (→ § 81 Rn. 8). Doch dass das JSchöffG über den **Vorbehalt der Sicherungsverwahrung** (§ 7 Abs. 2 S. 1) entscheidet, schließt das JGG nicht aus. Das Fehlen einer Strafbannbeschränkung bedeutet (im Gegenschluss zu § 39 Abs. 2) überdies, dass das JSchöffG auch eine Unterbringung im **psychiatrischen Krankenhaus** (§ 7 Abs. 1) anordnen kann (dazu BVerfG NJW 1986, 771; speziell für Heranwachsende bei Anwendung des JStR OLG Saarbrücken NStZ 1985, 93; OLG Stuttgart NStZ 1988, 225 (226); LG Bonn NJW 1976, 2312).

Allerdings dürfte in den fraglichen Fällen rechtspraktisch meist vor der **6** JKammer angeklagt werden, weil in Verfahren mit Unterbringung gem. § 63 StGB oftmals und in Verfahren mit Sicherungsverwahrung stets eine Konstellation iSv § 41 Abs. 1 Nr. 5 (s. → § 41 Rn. 15 f.), ggf. auch § 41 Abs. 1 Nr. 1 vorliegen wird. Dennoch bleiben durchaus Fälle in der **Zuständigkeit des JSchöffG**, in denen dieses zumindest über die Unterbringung iSv § 7 Abs. 1 entscheidet – abgesehen davon, dass die Notwendigkeit des Verwahrungsvorbehalts oder der Unterbringung womöglich erst während des vor dem JSchöffG bereits laufenden Verfahrens erkannt werden kann (vgl. dazu etwa auch Schatz in Diemer/Schatz/Sonnen Rn. 2 und 7; Frister in SK-StPO GVG § 74f Rn. 6; Frister/Kliegel NStZ 2010, 484 (485)). All dies gilt nach hM iÜ auch bei Durchführung des Sicherungsverfahrens gem. §§ 413 ff. StPO (OLG Karlsruhe JZ 1957, 31; OLG Oldenburg NJW 1958, 1200; OLG Stuttgart NStZ 1988, 225; OLG Düsseldorf JMBl NW 1992, 69).

7   Diese Rechtslage besteht nur bei Anwendung jugendstrafrechtlicher
Rechtsfolgen. Ist bei einem Heranwachsenden die Anwendung des allg. StR
zu erwarten und zeichnet sich eine Unterbringung nach § 63 StGB oder
eine Sicherungsverwahrung ab, muss – wie im allg. StVerf. (§ 24 Abs. 1 S. 1
Nr. 2 GVG) – gem. § 108 Abs. 3 S. 2 stets vor der JKammer angeklagt
werden (→ § 108 Rn. 12). Das JSchöffG hat hier hinsichtlich dieser Maßregeln auch keine Rechtsfolgenkompetenz (§ 108 Abs. 3 S. 1), ebenso wenig wie gem. § 24 Abs. 2 GVG im allg. StVerf das Schöffengericht (OLG
Karlsruhe ZJJ 2018, 163 = BeckRS 2018, 22224). Diese **Ungleichbehandlung** ist mit Blick auf Art. 3 Abs. 1 GG und die notwendige Gewährleistung
des gesetzlichen Richters (Art. 101 Abs. 1 S. 2 GG) hoch problematisch,
zumal die hierfür relevante Weichenstellung (Nicht-/Anwendung des JStR
gem. § 105 Abs. 1) bis zur Eröffnung des Hauptverfahren oft prognostische
Unschärfen aufweist. Die Unterbringungs-Zuständigkeit des JSchöffG sollte
daher **abgeschafft** werden (s. auch Neßeler ZJJ 2019, 146 (152 f.): einheitliche Zuständigkeit und Strafgewalt bei JKammer angezeigt). Eine inhaltliche
Legitimation der besonderen Zuweisung der Maßregelanordnung in die allg.
sachliche Zuständigkeit des JSchöffG ist nämlich nicht ersichtlich. Die erzieherischen Vorteile, die die Vermeidung des stark formalisierten JKammer-
Verfahrens grds. hat, treten angesichts der hier zur Debatte stehenden Ein-
griffsintensitäten in den Hintergrund (zur Kritik der geltenden Regelung n.
Eisenberg NJW 1986, 2409; Lämmel FPPK 4 (2010), 248 (251); Neßeler
ZJJ 2019, 146 (147 ff.)).

III. Verfahren bei (angenommener) Unzuständigkeit

8   Hält der Vorsitzende des JSchöffG vor Eröffnung des Hauptverfahrens den
JRichter in seinem Bezirk für sachlich zuständig, so eröffnet er vor diesem
das Hauptverfahren (Abs. 1 S. 2 iVm § 209 Abs. 1 StPO). Die StA kann
hiergegen Beschwerde einlegen (vgl. etwa LG Bielefeld ZJJ 2019, 291 (292)
= BeckRS 2019, 12890). Ist das Hauptverfahren eröffnet, darf sich das
JSchöffG nicht mehr für unzuständig erklären, weil die Sache vor den
JRichter gehöre (vgl. § 269 StPO iVm § 2 Abs. 2).

9   Gelangt der Vorsitzende des JSchöffG vor oder nach Eröffnung des
Hauptverfahrens zu der Überzeugung, die Zuständigkeit eines **JGerichts
höherer Ordnung** sei begründet, geht er nach Abs. 1 S. 2 iVm § 209
Abs. 2 StPO oder § 225a Abs. 1 S. 1 StPO iVm § 2 Abs. 2 vor. Gelangt das
JSchöffG erst in der HV zu dieser Annahme, verfährt es nach § 270 Abs. 1
StPO iVm § 2 Abs. 2 (vgl. auch die entspr. anwendbaren Ausführungen bei
→ § 39 Rn. 14 ff.). Eine fehlerhafte Beurteilung der Zuständigkeit durch das
JSchöffG ist für die Bindungswirkung dieser Verweisung unschädlich, solange das Vorgehen nicht als willkürlich gelten muss (zum Grad, mit dem
sich die drohende Überschreitung der Rechtsfolgenkompetenz für das
JSchöffG verfestigt haben muss, vgl. → § 39 Rn. 17). – Zum Verfahren bei
(angenommener) sachlicher Unzuständigkeit des JSchöffG im Verhältnis zu
den **allg. Strafgerichten** vgl. für die verschiedenen Konstellationen n.
→ §§ 33–33b Rn. 16 ff.

IV. Zuständigkeitsübertragung wegen „besonderen Umfangs"

1. Allgemeines

Die Möglichkeit, aufwändige Verfahren des JSchöffG an die JKammer zu **10** übertragen, substituiert die im allg. StVerf gem. § 29 Abs. 2 GVG bestehende Möglichkeit, die Besetzung des Schöffengerichts um einen zweiten Berufsrichter zu erweitern (s. auch → §§ 33–33b Rn. 27). Aus Warte des Angeschuldigten handelt es sich um eine kaum akzeptable Option der Verfahrensgestaltung, mit der eine Reihe von **Nachteilen** verbunden sind (aufwändigeres und stärker stigmatisierendes Verfahren, Verlust der Berufungsoption), die von ihm gem. Abs. 4 S. 1 aber trotzdem nicht angefochten werden kann (krit. zB auch Schatz in Diemer/Schatz/Sonnen Rn. 21). Die beteiligten JGerichte sind daher mit Blick auf § 2 Abs. 1 S. 2 zu einer sehr **restriktiven** Nutzung gehalten. Maßstab sollte sein, ob die Übertragung für den Jugendlichen oder Heranwachsenden zu einem ausreichenden kompensatorischen Vorteil einer zügigeren Verfahrensdurchführung führt (hierzu auch Burscheidt Verbot 40). Denkbar ist die Übertragung etwa, wenn die stärker besetzte JKammer eine Verkürzung der U-Haft bewirken kann.

2. Antrag

Grundlage für den Zuständigkeitsübergang kann gem. Abs. 2 allein der **11** besondere tatsächliche Umfang sein – namentlich eine größere Anzahl von Angeklagten und/oder Zeugen (RL zu §§ 39–41 S. 2), ggf. aber auch eine Mehrheit von Vorwürfen und/oder ein erheblicher Umfang der Akten. Geht das JSchöffG davon aus, dass sechs Zeugen zu hören sind und vier Verhandlungstage benötigt werden, stellt dies jedenfalls noch keinen besonderen Umfang iSv Abs. 2 dar (LG Koblenz ZJJ 2012, 208). **Keine Übertragungsgründe** sind iÜ die besondere Bedeutung des Falles (vgl. schon OLG Karlsruhe GA 1975, 27), die Anteilnahme der Öffentlichkeit (Brunner/Dölling Rn. 47) oder die rechtliche Schwierigkeit (vgl. schon Dallinger/Lackner Rn. 12; s. auch → § 39 Rn. 7). Ein mehr als bedenklicher Fall liegt bei einem Beschuldigten mit vergleichsweise geringfügigem Tatvorwurf vor, wenn dieser in einem Sachzusammenhang mit einem schwerwiegenderen Delikt etlicher anderer Beschuldigter steht und durch die Verfahrensverbindung ein „besonderer Umfang" künstlich hergestellt wird (so BGH 19.8.1982 – 4 StR 387/82 Rn. 13 (juris); abl. wie hier aber Brunner/Dölling Rn. 47).

Anders als bei der Erweiterung des Schöffengerichts im allg. StVerf wird **12** die Zuständigkeitsübertragung nicht durch eine Initiative der StA ausgelöst (§ 29 Abs. 2 S. 1 GVG). Sie kommt vielmehr durch eine **Vorlage** in Gang, die der **Vorsitzende** des JSchöffG (§ 33a Abs. 2) an die JKammer richten kann (RL zu §§ 39–41 S. 1). **Zeitlich** ist das nach Eingang der Anklageschrift so lange möglich, bis das Hauptverfahren eröffnet wird (danach bleiben nur §§ 225a Abs. 1 S. 1, 270 Abs. 1 StPO iVm § 2 Abs. 2). Ob der Vorsitzende diese Möglichkeit wahrnimmt und der JKammer die Übernahme anträgt, liegt in seinem **Ermessen** (allgA, vgl. auch OLG Karlsruhe MDR 1980, 427). Deshalb ist es zw., wenn das JSchöffG im Zuge von

anderweitigen Rechtsbehelfsverfahren übergangen wird. So soll nach hM
der besondere Umfang der Sache bei der Beschwerde gegen einen Nichteröffnungsbeschluss oder in der Revision durch das Beschwerde- bzw. Revisionsgericht selbst geprüft und bejahendenfalls ein Verfahren, für das an sich
das JSchöffG zuständig wäre, vor die Jugendkammer gebracht werden können (so BGH NJW 1960, 2203 für die Verweisung an die JKammer gem.
§ 355 StPO iVm § 2 Abs. 2 bzw. OLG Dresden BeckRS 2000, 30095250
für die Eröffnung vor der JKammer nach § 210 Abs. 3 StPO iVm § 2
Abs. 2).

3. Entscheidung

13   Die JKammer trifft in der berufsrichterlichen Besetzung (§§ 33a Abs. 2,
33b Abs. 7) eine **unanfechtbare (Abs. 4 S. 1) Ermessensentscheidung**
über die Übernahme. Lehnt sie diese ab, ist die Entscheidung zu begründen
(vgl. auch Tsambikakis in Alsberg Beweisantrag Rn. 631). Übernimmt die
JKammer die Sache, begründet sie damit ihre Zuständigkeit (§ 41 Abs. 1
Nr. 2). Der Übernahmebeschluss ist mit dem Eröffnungsbeschluss zu **verbinden (Abs. 4 S. 2)** und demgemäß im Falle der Nichteröffnung mit dem
Beschluss gem. § 204 StPO iVm § 2 Abs. 2 zu verknüpfen (LG Offenburg
StV 2002, 359 = BeckRS 2002, 16890). Die Eröffnungsentscheidung (§ 203
StPO iVm § 2 Abs. 2) wird durch die Übernahmeentscheidung nicht ersetzt
(vgl. BGH NStZ 1984, 520; StV 2003, 455 = BeckRS 2002, 8602; NStZ-
RR 2011, 150). Das Gesetz erlaubt ausdrücklich keine Trennung oder
zeitliche Streckung beider Beschlüsse. Deshalb ist es der JKammer nicht
möglich, zunächst das Verfahren zu übernehmen, dann das Zwischenverfahren durchzuführen und schließlich das Hauptverfahren (weil nur ein stark
reduzierter Anklageumfang zugelassen wird) ggf. doch vor dem JSchöffG zu
eröffnen (so aber LG Frankfurt a. M. NStZ-RR 1996, 252; Höffler in
MüKoStPO Rn. 16; wie hier Schatz in Diemer/Schatz/Sonnen Rn. 16;
Brunner/Dölling Rn. 47).

4. Antrag auf Beweiserhebungen

14   Erlässt die JKammer den Übernahme- und Eröffnungsbeschluss, geht ihre
Prüfung der Anklagezulassung im Übernahmeprüfverfahren auf. Die Beantragung von Beweiserhebungen vor der HV durch den Angeschuldigten
und die darauf gerichtete **Aufforderung iSv Abs. 3** sind deshalb als **Teil**
eines besonders gestalteten **Zwischenverfahrens** zu sehen (ähnlich OLG
Schleswig SchlHA 1958, 290; Dallinger/Lackner Rn. 14). Dieser Schritt
kann mit der Gewährung des **rechtlichen Gehörs** gem. § 201 Abs. 1 StPO
iVm § 2 Abs. 2 verbunden werden. Die Aufforderung ist bei Jugendlichen
auch an die gem. § 67a berechtigten Person zu richten. In Art und Gestaltung muss sie sich an § 70b orientieren. Es bedarf seitens des Angeschuldigten keines formellen Beweisantrags; vielmehr sind allein die aufzuklärenden
Tatsachen und die Beweismittel zu bezeichnen. Die (auch) von Amts wegen
verlängerungsfähige **Frist** muss so bemessen sein, dass der Angeschuldigte
genug Zeit hat, durch einen Verteidiger die Akten einsehen, sich Anträge
überlegen und diese stellen zu können. Das Vorhandensein eines **Pflichtverteidigers** konnte zur Wahrnehmung des Antragsrechts früher allein auf
§ 68 Nr. 1 iVm § 140 Abs. 2 StPO gestützt werden (damals zust. Tsambika-

kis in Alsberg Beweisantrag Rn. 632: „bedenkenswert"; hierauf weiterhin rekurrierend Wellershoff in BeckOK JGG Rn. 17; Schatz in Diemer/ Schatz/Sonnen Rn. 17). Inzwischen ist dies durch § 68 Nr. 1 iVm § 140 Abs. 1 Nr. 1 StPO ohnehin sichergestellt (→ § 68 Rn. 21a).

Eine **Entscheidung** des Vorsitzenden der JKammer über die Anträge auf **15** Beweiserhebung (zur Begründung s. § 34) erübrigt sich nur, wenn die Übernahme abgelehnt wird. Dann ist es auch unschädlich, wenn die Aufforderung iSv Abs. 3 ausgeblieben ist. Ergeht indes der Übernahmebeschluss ohne vorherige Aufforderung, muss es gem. § 33a StPO iVm § 2 Abs. 2 zur Wiedereinsetzung kommen, wobei eine Verweigerung dieses Nachholverfahrens allerdings nicht beschwerdefähig sein soll (vgl. etwa OLG Hamburg NJW 2017, 2360 (zw.)). Insgesamt kann die durch Abs. 3 ausgestaltete Möglichkeit, die Vornahme einzelner Beweiserhebungen vor der HV und auch vor der Übernahme- und Eröffnungsentscheidung zu beantragen, vom Angeschuldigten genutzt werden, um eine **Übernahme,** die trotz ihrer **Nachteile** von ihm nicht angefochten werden kann (→ Rn. 10), ggf. noch abzuwehren. Dass ihm hierdurch tatsächlich ein „Ausgleich für den Verlust einer Tatsacheninstanz" gegeben wird (Brunner/Dölling §§ 39–41 Rn. 47; Schatz in Diemer/Schatz/Sonnen Rn. 17), liegt angesichts des ihm ohnehin zustehenden rechtlichen Gehörs allerdings fern.

V. Revision

Für die Revision in Fällen, in denen das JSchöffG als sachlich unzuständi- **16** ges Gericht **niedrigerer** Ordnung entschieden hat, gelten die Erl. über die Konsequenzen einer Entscheidung durch einen sachlich unzuständigen JRichter entspr. (vgl. → § 39 Rn. 19). Wäre anstelle des JSchöffG dagegen der JRichter zuständig gewesen, ist das wegen § 269 StPO iVm § 2 Abs. 2 nur bei objektiver **Willkür** angreifbar (zur berechtigten Kritik n. Eschelbach in BeckOK StPO GVG § 24 Rn. 21). Ebenso verhält es sich nach der zw. hM im Verhältnis zwischen JKammer und eigentlich zuständigem JSchöffG. Hiernach ist bspw. die (fehlerhafte) Bejahung der „besonderen Schutzbedürftigkeit" (§ 41 Abs. 1 Nr. 4) nur bei objektiv unvertretbarer Bewertung über § 338 Nr. 4 iVm § 2 Abs. 2 revisibel (BGH BeckRS 2020, 42373). Dasselbe gilt, wenn die Übernahme des Verfahrens durch die JKammer gem. § 41 Abs. 1 Nr. 2 auf die (unzutreffende) Annahme eines besonderen Verfahrensumfangs gestützt wurde oder wenn dieser Verfahrensumfang durch eine problematische Verfahrensverbindung (→ Rn. 11) herbeigeführt wurde (BGH 19.8.1982 – 4 StR 387/82 Rn. 13 (juris)). – Bei Veränderung der Sachlage, insb. der Verminderung strafrechtlich bedeutsamer Gesichtspunkte, kann das Revisionsgericht iÜ eine vom JSchöffG gekommene Sache nach § 354 Abs. 3 StPO iVm § 2 Abs. 2 auch an den JRichter zurückverweisen (vgl. auch BGH BeckRS 2012, 15222).

Sachliche Zuständigkeit der Jugendkammer

41 (1) **Die Jugendkammer ist als erkennendes Gericht des ersten Rechtszuges zuständig in Sachen,**

1. die nach den allgemeinen Vorschriften einschließlich der Regelung des § 74e des Gerichtsverfassungsgesetzes zur Zuständigkeit des Schwurgerichts gehören,
2. die sie nach Vorlage durch das Jugendschöffengericht wegen ihres besonderen Umfangs übernimmt (§ 40 Abs. 2),
3. die nach § 103 gegen Jugendliche und Erwachsene verbunden sind, wenn für die Erwachsenen nach allgemeinen Vorschriften eine große Strafkammer zuständig wäre,
4. bei denen die Staatsanwaltschaft wegen der besonderen Schutzbedürftigkeit von Verletzten der Straftat, die als Zeugen in Betracht kommen, Anklage bei der Jugendkammer erhebt und
5. bei denen dem Beschuldigten eine Tat der in § 7 Abs. 2 bezeichneten Art vorgeworfen wird und eine höhere Strafe als fünf Jahre Jugendstrafe oder die Unterbringung in einem psychiatrischen Krankenhaus zu erwarten ist.

(2) ¹Die Jugendkammer ist außerdem zuständig für die Verhandlung und Entscheidung über das Rechtsmittel der Berufung gegen die Urteile des Jugendrichters und des Jugendschöffengerichts. ²Sie trifft auch die in § 73 Abs. 1 des Gerichtsverfassungsgesetzes bezeichneten Entscheidungen.

Schrifttum: Arnold, Die Wahlbefugnis der StA bei Anklageerhebung, 2007; Rennig, Die Entscheidungsfindung durch Schöffen und Berufsrichter in rechtlicher und psychologischer Sicht, 1993; Rohde, Die Rechte und Befugnisse des Verletzten im Strafverfahren gegen Jugendliche, 2009.

Übersicht

I. Anwendungsbereich

1. Jugendstrafrechtliche Materie

Die Vorschrift gilt in jugendgerichtlichen Verfahren sowohl gegen Ju- 1
gendliche als auch gegen Heranwachsende (§ 108 Abs. 1). In Verfahren, in
denen gegen den Heranwachsenden das allg. StR angewandt wird, kommt
ergänzend auch § 108 Abs. 3 S. 2 zum Tragen. All dies gilt grds. auch im
Falle der Verbindung mit einer Strafsache gegen Erwachsene (§ 103 Abs. 1
und Abs. 2 S. 1, § 112 S. 1). Keine Anwendung findet die Vorschrift naturgemäß in Verfahren vor den für allg. Strafsachen zuständigen Gerichten
(§§ 102, 103 Abs. 2 S. 2 und 3, § 112 S. 1).

2. Jugendschutzsachen

In Verfahren gegen einen Erwachsenen wegen einer Jugendschutzsache 2
hat die Vorschrift keine Bedeutung. Hier beruht die sachliche Zuständigkeit
der JKammer auf § 74b S. 2 GVG iVm § 26 Abs. 2 GVG.

II. Entscheidung der Jugendkammer als Gruppenprozess

JKammern sind Kollegialgerichte und treffen fast immer Kollektivent- 3
scheidungen. Mit Ausnahme der kleinen JKammer, die außerhalb der HV
allein durch ihren Vorsitzenden agiert (§ 33b Abs. 1 und Abs. 7 iVm § 33a
Abs. 2), sind stets zwei oder drei Berufsrichter und in der HV auch die
JSchöffen eingebunden (bzgl. empirischer Hinweise zu deren Rolle n.
→ § 35 Rn. 8). Die Entscheidungen finden also in sozialen Interaktionen
der Kammermitglieder statt, für die das StVR nur rahmenartige Vorgaben
machen kann (vgl. §§ 263 StPO, 194–197 GVG iVm § 2 Abs. 2). Diese
Gruppenprozesse überlagern und verändern die sachbezogene Positionierung der einzelnen Gruppenmitglieder (n. dazu die Auswertung ethnogra-
fischer Interviews bei Stegmaier, Wissen, was Recht ist, 2009, 327 ff.). Dabei
scheint es, als fielen die Entscheidungen in der Tendenz oft eindeutiger aus
und als seien sie weniger an mittleren Bereichen eines Möglichkeitsspek-
trums orientiert (Rennig, Die Entscheidungsfindung durch Schöffen und
Berufsrichter in rechtlicher und psychologischer Sicht, 1993, 399 ff.). Möglicherweise hängt dies auch damit zusammen, dass die individuelle Verantwortlichkeit (und deren Erkennbarkeit) bei Gruppenentscheidungen weniger
stark empfunden wird als beim einzelrichterlichen Handeln.

Der generelle und fallbezogene Einfluss der Kammermitglieder variiert in 4
vielerlei Hinsicht mit deren Status, Kompetenz, Informiertheit, ihrer argumentativen Performance und verbalen Aktivität (zus. Rennig, Die Entscheidungsfindung durch Schöffen und Berufsrichter in rechtlicher und psychologischer Sicht, 1993, 405 ff.). Die Vertrautheit mit den konkreten Problemen gibt den Positionierungen der **Berichterstatter** bei der
Kammerentscheidung regelmäßig ein besonderes Gewicht (dazu für Revisionsgerichte die Daten bei Fischer NStZ 2013, 425 (430 f.)). Außerdem ist
die Stellung des **Vorsitzenden** generell stark. Das beruht auf seiner funktionellen Kommunikationsherrschaft (s. nur §§ 141, 238 Abs. 1, 240 StPO,

§§ 176–178, 194 GVG iVm § 2 Abs. 2) und seiner Leitungsstellung, die ihm die dienstliche Beurteilung der beisitzenden Richter, die kammerinterne Geschäftsverteilung und die Bestimmung der Berichterstatter in die Hände legt. Ob und inwieweit er dabei als „Vorgesetzter" agiert (vgl. etwa Sowada Richter 418 f. mwN) oder sich ggü. beisitzenden Richtern zurücknimmt, hängt indes von der individuellen Persönlichkeit ab.

III. Erstinstanzliche Zuständigkeit der Jugendkammer

1. Allgemeines

5   Im **ersten Rechtszug** ist die sachliche Zuständigkeit der JKammer im Vergleich zur allg. Strafkammer eingeschränkt. Dies ist die Konsequenz der (sinnvollen) gesetzgeberischen Entscheidung, dem JSchöffG einen breiteren Zuständigkeitsbereich als dem Schöffengericht im allg. StVerf (§ 24 GVG) zuzuweisen (vgl. → § 40 Rn. 4 ff.). Im Ergebnis kann damit ein größerer Teil der JStV als aufwands- und stigmatisierungsärmerer – dh als eher altersgerechter – amtsgerichtlicher Prozess vonstatten gehen, der wegen der Berufungsmöglichkeit iÜ auch rechtsbehelfsfreundlicher als das landgerichtliche Verfahren ist. Erstinstanzlich ist die JKammer als erkennendes Gericht lediglich dann zuständig, wenn sie das Verfahren vom JSchöffG auf dessen Antrag hin übernommen hat (Abs. 1 Nr. 2; n. dazu → § 40 Rn. 10 ff.) oder wenn eine der anderen vier Konstellationen von Abs. 1 vorliegt (vgl. aber auch die **besonderen** Zuständigkeiten gem. §§ 81a, 108 Abs. 3 S. 2 sowie im Rahmen der Rechts- und Vollstreckungshilfe (dazu → § 1 Rn. 42 und 52)).

6   Ob die Einschätzung der JStA, dass eine Sachlage iSv Abs. 1 Nr. 1 oder Nr. 3–5 gegeben und daher vor der JKammer anzuklagen sei, tatsächlich zutrifft, hat die JKammer **von Amts wegen** zu prüfen (→ § 39 Rn. 10; dazu, dass sie bei Unzuständigkeit an die Anklage nicht gebunden ist, vgl. etwa § 209 Abs. 1 StPO iVm § 2 Abs. 2). Bei Abs. 1 Nr. 1, Nr. 3 und Nr. 5 betrifft dies vorwiegend die Beurteilung eines deliktsbezogenen Verdachts und/oder einer Sanktionsprognose der JStA, wohingegen es bei Abs. 1 Nr. 4 („besondere Schutzbedürftigkeit") und teilw. auch Nr. 3 („besondere Bedeutung des Falles") um die Handhabung unbestimmter Rechtsbegriffe geht. Die JKammer hat in allen Varianten jeweils eine **eigene Beurteilung** vorzunehmen – ohne Bindung an die Einschätzung der JStA, die ihre Auffassung zu substantiieren hat (zur Begründungsnotwendigkeit und zur vollständigen Überprüfbarkeit der Zuständigkeitsvoraussetzungen s. bspw. BVerfGE 9, 223 (229) = NJW 1959, 871 (872); BVerfGE 22, 254 (261) = NJW 1967, 2151 (2152); OLG Düsseldorf NStZ 1990, 292 (293); NStZ-RR 1997, 115; OLG Hamburg NStZ 2005, 654 (655); OLG Karlsruhe NStZ 2011, 479; Die Justiz 2017, 30 = BeckRS 2014, 4012; OLG Celle NStZ 2017, 495; LG Ravensburg NStZ-RR 2014, 90; LG Bielefeld ZJJ 2019, 291 (292) = BeckRS 2019, 12890). Die gerichtliche Prüfung muss besonders sorgfältig vorgenommen werden, weil sie nach der Verfahrenseröffnung **nicht** mehr **korrigierbar** ist (§ 269 StPO iVm § 2 Abs. 2), selbst wenn die ursprünglich bejahten, zuständigkeitsbegründenden Umstände (Katalogtatverdacht; Sanktionserwartungen; besondere Schutzbedürftigkeit usw.) während des Hauptverfahrens wegfallen (BGH bei Holtz MDR 1977, 807 (810); KG BeckRS 2001, 16540; Höffler in MüKoStPO Rn. 4, 8).

2. Konstellationen gemäß Abs. 1 Nr. 1

Die JKammer ist gem. Abs. 1 Nr. 1 zuständig, wenn die Sache im allg. **7** StVerf. gem. § 74 Abs. 2 GVG vor das Schwurgericht gehörte. Eine etwaige Überschneidung (namentlich bei Verfahrensverbindung) mit der Zuständigkeit einer anderen (Wirtschafts- oder Staatsschutz-)Kammer wäre hierbei, wie die Einbeziehung von § 74e GVG in Abs. 1 Nr. 1 klarstellt (BT-Drs. 8/976, 69), unbeachtlich. Maßgeblich ist deshalb, dass hinsichtlich einer **Katalogtat** iSv **§ 74 Abs. 2 GVG** zum Zeitpunkt der Anklageerhebung zumindest ein hinreichender Verdacht besteht (Schatz in Diemer/Schatz/Sonnen Rn. 6; Schady in NK-JGG Rn. 3; Herz in Nix Rn. 5). Die Problematik, die einer LG-Zuständigkeit im JStV innewohnt (→ Rn. 5), spricht dabei für eine **strenge Verdachtsprüfung** (etwa iS eines ernsthaften Verdachts). Angesichts der vielfach vorliegenden rechtstatsächlichen Befunde, denen zufolge der von Polizei und auch StA erhobene Tatvorwurf im weiteren Verfahrensverlauf oftmals durch das Gericht „herabgestuft" bzw. „umdefiniert" wird (vgl. Eisenberg/Kölbel Kriminologie § 27 Rn. 41, § 45 Rn. 19 f. mwN), könnte sich das JKammer-Verfahren (samt seiner Mehrbelastungswirkungen) sonst am Ende allzu oft als unnötig erweisen. Da abschließende Verfügungen des JStA in potenziellen Schwurgerichtssachen besonders geprüft werden sollen und deshalb in vielen Bundesländern vorlege- bzw. zeichnungspflichtig sind (vgl. bspw. OrgStA Bayern v. 16.3.2011 (JMBl. S. 53)), kann (und sollte) dieser strenge Maßstab allerdings bereits bei der Anklageerhebung dezidiert berücksichtigt werden.

3. Konstellationen gemäß Abs. 1 Nr. 2

Nach Abs. 1 Nr. 2 erwirbt bzw. begründet die JKammer ihre erstinstanz- **8** liche Zuständigkeit, wenn und indem sie (durch unanfechtbaren Übernahmebeschluss) **nach Vorlage** durch das **JSchöffG** (§ 40 Abs. 2) die Sache wegen ihres „besonderen Umfangs" übernimmt (zum Verfahren und zu den Voraussetzungen vgl. im Einzelnen → § 40 Rn. 10 ff.). Für die Anklagezuständigkeit und die Entscheidung der JStA hat Abs. 1 Nr. 2 (anders als die anderen Varianten von Abs. 1) keine Bedeutung.

4. Konstellationen gemäß Abs. 1 Nr. 3

Die JKammer ist gem. Abs. 1 Nr. 3 erstinstanzlich als erkennendes Ge- **9** richt ferner zuständig, wenn eine Sache gegen Jugendliche und/oder Heranwachsende mit einer Strafsache gegen Erwachsene unter den Voraussetzungen von **§§ 103 Abs. 1, 112 S. 1** (zum besonderen Ausnahmecharakter vgl. → § 103 Rn. 7, 10 ff.) nach den hierfür geltenden allg. Regelungen (§§ 2 ff., 13, 237 StPO) **verbunden** ist und für die Erwachsenen nach § 74 Abs. 1 GVG eine große Strafkammer (§ 76 Abs. 1 S. 1 Hs. 1 GVG) zuständig wäre. Dies ist bspw. bei Erwartung einer mehr als vierjährigen Freiheitsstrafe gegeben (vgl. zB OLG Köln NStZ-RR 2000, 314; s. erg. → § 39 Rn. 9). Nach hM soll es dabei auf die oberste, fallkonkret denkbare (und nicht auf die fallkonkret wahrscheinlichste) Strafe ankommen (so etwa Höffner in MüKoStPO Rn. 7; Schatz in Diemer/Schatz/Sonnen Rn. 10). Gehört die angeklagte Sache in das Ressort der Wirtschafts- oder Staatsschutzstrafkammer, geht deren Zuständigkeit allerdings vor, sodass die verbundenen Verfahren vor diesem allg. Strafgericht verhandelt werden (§ 103 Abs. 2 S. 2

und 3, § 112 S. 1)). Wenn sich indes die Zuständigkeit der Wirtschafts- oder Staatsschutzstrafkammer mit derjenigen des Schwurgerichts überschneidet und gem. § 74e GVG verdrängt wird, gehört die Sache dann doch wieder – allerdings nach Abs. 1 Nr. 1 und nicht Nr. 3 – vor die JKammer (vgl. BT-Drs. 8/976, 69 (70)).

10   Mit diesem Regelungsgefüge soll für die mitangeklagten Erwachsenen ein landgerichtlicher Spruchkörper sichergestellt werden – und dies auch dann, wenn für ihr Verfahren infolge der Verbindung ein JGericht zuständig ist und dabei nach den Maßstäben des JStR (§ 39 Abs. 1 S. 2) die erweiterte Zuständigkeit des JSchöffG (→ § 40 Rn. 4 ff.) zum Tragen käme (BT-Drs. 8/976, 69). Da die gemeinsame landgerichtliche Verhandlung aber gleichsam „auf Kosten" des jugendlichen oder heranwachsenden Mitangeklagten geht (zu den Nachteilen → Rn. 5), ist (am besten schon durch die StA) idR eine **Verfahrenstrennung** vorzunehmen und der praktische Anwendungsbereich von Abs. 1 Nr. 3 dadurch stark einzugrenzen (n. → § 103 Rn. 10b, 12, 18 ff.).

5. Konstellationen gemäß Abs. 1 Nr. 4

11   **a) Einordnung.** Abs. 1 Nr. 4 begründet eine erstinstanzliche Zuständigkeit der JKammer, die „beweglich" ist, weil sie auf der einzelfallbezogenen Beurteilung eines Sachverhalts („besondere Schutzbedürftigkeit") beruht. Eingeführt wurde die Vorschrift – nach dem Vorbild des später durch das StORMG v. 26.6.2013 (BGBl. 1805) noch weiter konkretisierten § 24 Abs. 1 S. 1 Nr. 3 GVG – mit dem 2. JuMoG v. 22.12.2006 (BGBl. 2006 I 3416). Der Regelungszweck besteht darin, das Verfahren vom Amts- auf das Landgericht verschieben zu können, um die Möglichkeit einer Berufungsverhandlung auszuschalten und damit die dort ggf. erforderlich werdende, neuerliche Vernehmung **vulnerabler Zeugen** zu vermeiden (vgl. BR-Drs. 550/1/06, 10; zu diesem Ziel bspw. auch BGHSt 47, 16 (19) = NJW 2001, 2984 (2984 f.); OLG Zweibrücken NStZ 1995, 357). Eine Evaluierung oder Erforderlichkeitsprüfung, die sich angesichts der vielen anderen (opfer-) zeugenschützenden Instrumente (→ §§ 33–33b Rn. 55 ff.) aufgedrängt hatte, war vor der Normimplementierung indes nicht vorgenommen worden (krit. etwa Degener in SK-StPO GVG § 24 Rn. 36). Darin liegt auch deshalb ein **schwerwiegendes legislatorisches Manko,** weil den JGerichten allg. eine erhöhte Kompetenz in der Vernehmung junger Zeugen zuerkannt wird (s. nur § 26 GVG) und die HV im JStV nur selten konfrontativ und belastungsintensiv verläuft.

12   Trotz der äußerst zw. Notwendigkeit erweitert Abs. 1 Nr. 4 die für den Jugendlichen oder Heranwachsenden nachteilige (→ Rn. 5) JKammer-Zuständigkeit. Obendrein **beeinträchtigt** die Vorschrift das Recht auf den **gesetzlichen Richter** gem. Art. 101 Abs. 1 S. 2 GG (krit. daher zB Degener in SK-StPO GVG § 24 Rn. 21 ff.; Eschelbach in BeckOK GVG § 24 Rn. 12 f.; Sowada Richter 589; Rohde, Die Rechte und Befugnisse des Verletzten im Strafverfahren gegen Jugendliche, 2009, 189 ff.), da sich das zuständige Gericht nicht einzelfallunabhängig nach abstrakt generellen Normen bestimmen lässt (Heghmanns DRiZ 2005, 288 (291)). Auch wird bei Anwendung von Abs. 1 Nr. 4 nicht nur zwangsläufig die Opferrolle des Zeugen antizipiert (und de facto präjudiziert), sondern auch die Prüfung seiner Aussage erschwert (→ §§ 33–33b Rn. 66). Die norm-affirmativen

Haltungen in Lehre (etwa Czerner/Habetha in HK-JGG Rn. 10) und Praxis (vgl. die Befragung bei Arnold, Die Wahlbefugnis der StA bei Anklageerhebung, 2007, 185) blenden all dies konsequent aus.

b) Voraussetzungen und Entscheidung. Die **besondere Schutz-** 13 **bedürftigkeit** des Zeugen ist schon in allg. StVerf wegen des Regel-Ausnahme-Verhältnisses von amts- und landgerichtlicher Zuständigkeit nur selten gegeben. So muss erstens mit einer Berufung samt erneuter Befragung und zweitens bei der zweit- und ggf. schon erstinstanzlichen Vernehmung mit solchen Folgen zu rechnen sein, die deutlich über die normalen aussagebegleitenden Belastungen hinausgehen (Eschelbach in BeckOK GVG § 24 Rn. 12; Meyer-Goßner/Schmitt GVG § 24 Rn. 6; Heghmanns DRiZ 2005, 288 (291)). Dieser Maßstab gilt grds. auch für die erforderliche Einzelfallprüfung im JStV (LG Koblenz ZJJ 2012, 208 (209); n. Schatz in Diemer/Schatz/Sonnen Rn. 14). Die Geständnishäufigkeit, insbes. aber die eben erwähnten kommunikativen Bedingungen in der jugendstrafrechtlichen HV, die für die allseitige Wahrung der Persönlichkeitsrechte gemeinhin eher zuträglich sind, lassen solche Vernehmungsfolgen dabei aber **ausgesprochen selten** befürchten. Die zeugenseitige Vorlage eines psychotherapeutischen Attestes erbringt, solange es an einer drittseitigen unabhängigen Validierung der Prognose fehlt, den Beleg des besonderen Schutzbedürfnisses nicht, jedenfalls nicht „ohne weiteres" (so aber OLG Karlsruhe BeckRS 2014, 4012 = Die Justiz 2017, 30). Eigens geprüft und dargelegt werden muss iÜ auch, dass und warum die zahlreichen gesetzlichen Schutzmöglichkeiten keine ausreichend belastungsarme Zeugenvernehmung ermöglichen können. Mit Blick auf die erforderliche Begrenzung der Zuständigkeitsverschiebung kommen außerdem nur Verletzte iSv § 373b Abs. 1 StPO in Betracht (nicht etwa die ihnen nach § 373b Abs. 2 gleichgestellten Personen).

Dem JStA steht hinsichtlich Abs. 1 Nr. 4 **kein** (Auswahl-)**Ermessen** zu. 14 Er hat die Bejahung der besonderen Schutzbedürftigkeit in der Anklageschrift zu begründen (Wenske in MüKoStPO StPO § 200 Rn. 59; in zw. Weise aber Ausnahmen zulassend RiStBV Nr. 113 Abs. 2 S. 1; OLG Hamburg NStZ 2005, 654 (655); OLG Karlsruhe BeckRS 2014, 4012 = Die Justiz 2017, 30). Diese Einschätzung unterliegt in vollem Umfang der **gerichtlichen Überprüfung** (n. dazu → Rn. 6) und ist deshalb von der JKammer an den eben genannten Kriterien zu messen (Schady in NK-JGG Rn. 6). Gelangt sie zu dem Schluss, dass keine besondere Schutzbedürftigkeit gegeben ist, eröffnet sie das Hauptverfahren gem. § 209 Abs. 1 StPO iVm § 2 Abs. 2 vor dem zuständigen JRichter oder JSchöffG (s. auch BT-Drs. 550/1/06, 11; zur Beschwerdemöglichkeit der JStA s. § 210 Abs. 2 StPO iVm § 2 Abs. 2). Indes liegen empirische Anhaltspunkte dafür vor, dass die StA mitunter das Gericht gezielt nach dessen vermuteter Akzeptanz ihres „Anliegens" aussucht (Arnold, Die Wahlbefugnis der StA bei Anklageerhebung, 2007, 189, 203 f.).

6. Konstellationen gemäß Abs. 1 Nr. 5

Nach Abs. 1 Nr. 5, eingeführt gemeinsam mit der nachträglichen Siche- 15 rungsverwahrung durch Gesetz v. 8.7.2008 (BGBl. I 1212), besteht die Zuständigkeit der JKammer bei Erwartbarkeit besonders schwerwiegender Rechtsfolgen. Die zuletzt erkennbare legislatorische Tendenz zu einer problematischen Verfahrenshöherstufung (zu Nr. 4 s. → Rn. 11 f.) ist hier indes grds. begründet. Die **außerordentliche Eingriffsintensität** der sich abzeichnenden Anordnungen macht die gesteigerte Formalisierung des JKammer-Verfahrens erforderlich und lässt die sonst bestehenden erzieherischen Vorteile einer Verhandlung vor dem JSchöffG in den Hintergrund treten (s. dazu auch → § 40 Rn. 7). Im Übrigen ergibt sich die JKammer-Zuständigkeit hier nicht selten zugleich auch aus Abs. 1 Nr. 1 (vgl. etwa OLG Saarbrücken NStZ 1985, 93; OLG Düsseldorf JMBl. NRW 1992, 69) oder Abs. 1 Nr. 4 (BGH BeckRS 2021, 4256).

16 Konkret ist die JKammer nach Abs. 1 Nr. 5 zuständig, wenn mit einer über fünfjährigen JStrafe oder einer Unterbringung in einem psychiatrischen Krankenhaus zu rechnen ist. Als Grundlage dafür muss jeweils der hinreichende Tatverdacht hinsichtlich einer Anlasstat iSv § 7 Abs. 2 Nr. 1 bestehen, wobei das absehbare Rechtsfolgengewicht allerdings auch auf dem Zusammentreffen (§ 31) dieser Katalog- mit sonstigen Straftaten beruhen kann (→ § 7 Rn. 39; Schatz in Diemer/Schatz/Sonnen Rn. 19; abw. Schady in NK-JGG Rn. 7). Konstellationen, in denen absehbar die Sicherungsverwahrung vorbehalten werden soll, sind darin zwangsläufig eingeschlossen (zur diesbzgl. Regelungsintention BT-Drs. 16/6562, 10). Deren weitergehender Voraussetzungen (siebenjährigen JStrafe und Prognose iSv § 7 Abs. 2 Nr. 2) bedarf es für die JKammer-Zuständigkeit zwar nicht. Gleichwohl wird aber der Großteil der formellen Bedingungen einer Sicherungsverwahrung so bereits im Ermittlungs- und Zwischenverfahren zur Entscheidungsgrundlage gemacht – nämlich das Vorliegen der in → § 7 Rn. 40 erörterten Delikte und deren opferseitige Folgen (ebenso skeptisch zu dieser Vorverlagerung Schady in NK-JGG Rn. 7).

7. Verfahren bei Unzuständigkeit

17 **a) Verhältnis zu anderen Jugendgerichten bzw. zu Erwachsenengerichten.** Für das Verfahren bei sachlicher Unzuständigkeit der angegangenen JKammer im Verhältnis zu anderen JGerichten gelten die Erl. bei → § 40 Rn. 8 f. entspr.; bei sachlicher Unzuständigkeit der JKammer im Verhältnis zu den allg. Strafgerichten gelten die Erl. bei → §§ 33–33b Rn. 16 ff. sowie bei → § 47a Rn. 2 ff. (zu Ausnahmen s. → § 102 Rn. 1 ff., → § 103 Rn. 13 ff.).

18 **b) Jugendschutzkammer.** Nach Eröffnung des Hauptverfahrens darf die JKammer als Jugendschutzkammer (vgl. → Rn. 2) ihre Zuständigkeit nicht mehr mit der Begründung verneinen (und das Verfahren einstellen), das Schwurgericht sei gem. § 74 Abs. 2 GVG zuständig, da nach Zulassung der Anklage die JKammer als JSchutzgericht im Verhältnis zur Schwurgerichtskammer als ranggleich gilt. Das ergibt sich daraus, dass § 225a Abs. 1 StPO bzw. § 270 Abs. 1 S. 1 Hs. 2 StPO nur auf § 209a Nr. 2a StPO und nicht auch auf Nr. 2b verweisen (BGHSt 42, 39 = NStZ 1996, 346 mAnm Katholnigg NStZ 1996, 34 und Brunner JR 1996, 390 bzw. OLG Saarbrücken NStZ-RR 2003, 377).

IV. Die Jugendkammer als Rechtsmittelgericht

1. Berufung

a) Zuständigkeit. Abs. 2 regelt − nicht abschließend − die sachliche 19
Zuständigkeit der JKammer als Rechtsmittelgericht. Die JKammer verhandelt und entscheidet über die Berufung gegen amtsgerichtliche Urteile
(Abs. 2 S. 1) − und zwar gegen Urteile des JRichters als **kleine** Jugendkammer (§ 33b Abs. 1 Hs. 2) und gegen Urteile des JSchöffG als **große**
Jugendkammer (zur Besetzung vgl. § 33b Abs. 2 und Abs. 4 sowie → §§ 33–
33b Rn. 30). Für die Zuständigkeit als Berufungsgericht ist es ohne Bedeutung, wenn erstinstanzlich das allg. StR gegen einen Heranwachsenden
angewandt wurde. Das gilt auch für die Berufung eines erwachsenen Angeklagten, der irrtümlich von einem JGericht verurteilt worden war (BGHSt
22, 48 = NJW 1968, 952) oder der das Rechtsmittel in einem verbundenen
Verfahren (anders als der jugendliche bzw. heranwachsende Mitangeklagte)
allein eingelegt hat (Schatz in Diemer/Schatz/Sonnen Rn. 23; Brunner/
Dölling Rn. 49 mwN).

b) Optionen. Die JKammer kann das Berufungsverfahren mit einem erst- 20
instanzlichen Verfahren, für das eine JKammer desselben Gerichts ebenfalls
zuständig ist, **verbinden** (BGHSt 26, 271 = NJW 1976, 720), sofern eine
einheitliche Besetzungsentscheidung gewährleistet ist oder gem. § 33b
Abs. 2, Abs. 4 und Abs. 5 (noch) hergestellt werden kann (Höffler in Mü-
KoStPO Rn. 14; Schatz in Diemer/Schatz/Sonnen Rn. 27). Sofern die
JKammer dabei nach § 4 StPO iVm § 2 Abs. 2 und nicht nach § 237 StPO
iVm § 2 Abs. 2 verfährt, wird das verbundene Verfahren als erstinstanzliches
Verfahren weitergeführt (BGHSt 36, 348 = NJW 1990, 1490). Die Verbindung mit einem Verfahren vor einer allg. oder besonderen Strafkammer
des Erwachsenengerichts scheidet dagegen aus, weil das bislang vor den
Jugendgerichten laufende Verfahren dadurch der jugendgerichtlichen Überprüfung bzw. Berufung entzogen würde (BGH BeckRS 2019, 35791).
Verneint die JKammer die von ihr **von Amts wegen** zu prüfende sachli- 21
che Zuständigkeit des JGerichts des ersten Rechtszuges, hebt sie dessen
Urteil auf und verweist die Sache durch Urteil (BGHSt 26, 106 = NJW
1975, 1236) an das zuständige Gericht (§ 328 Abs. 2 StPO iVm § 2 Abs. 2).
Das gilt auch, wenn sich im Berufungsverfahren zeigt, dass erstinstanzlich
statt des JRichters oder JSchöffG der Strafrichter oder das Schöffengericht
zuständig war (dazu für die umgekehrte Konstellation, in der irrtümlich das
allg. Strafgericht entschieden hatte, etwa BayObLGSt 61, 121 (123); OLG
Oldenburg NJW 1981, 1384; OLG Celle NStZ 1994, 298; OLG Karlsruhe
Die Justiz 1999, 142; KG StV 2019, 438 = BeckRS 2019, 9343).
Die JKammer ist als Berufungsgericht an die **Rechtsfolgenkompetenz** 22
des JGerichts der ersten Instanz gebunden und darf in ihrer eigenen Rechtsfolgenentscheidung nicht darüber hinausgehen (allgA). Hatte das JGericht
der ersten Instanz seine Aburteilungszuständigkeit überschritten, muss die
JKammer die Sache nach § 328 Abs. 2 StPO iVm § 2 Abs. 2 aufheben und
zurückverweisen (OLG Jena NStZ-RR 2003,139). Nach hM soll sie das
Verfahren aber stattdessen auch − formlos oder nach Verweisung an sich
selbst − als Gericht des ersten Rechtszuges übernehmen und hierüber ver-

handeln dürfen (vgl. BGH NStZ-RR 1997, 22; zum allg. StVerf vormals etwa BGHSt 21, 229 = NJW 1967, 1239; BGHSt 31, 63 = NJW 1982, 2674 zum allg. StR). In den Grenzen des Verschlechterungsverbots könnte die JKammer dabei eine höhere Strafe verhängen, als das JGericht nach seiner Rechtsfolgenkompetenz hätte aussprechen dürfen (dazu schon Pentz GA 1958, 299 (303)).

23   Diese sog. **Überleitung** setze indes voraus, dass der JKammer die Zuständigkeit für die erstinstanzliche Verhandlung nach Abs. 1 (→ Rn. 7 ff.) tatsächlich zusteht – was nur in Verfahren denkbar ist, die ein JSchöffG irrig verhandelt hatte. Bei entspr. Fällen vor dem JRichter wird dagegen die kleine JKammer als Berufungsgericht tätig, die aber gem. § 33b Abs. 1 nie über eine erstinstanzliche Zuständigkeit verfügt. Für das allg. StR gilt das sogar generell, da das Berufungsgericht dort nach Neufassung von § 76 Abs. 1 S. 1 GVG immer die kleine Strafkammer ist. Schon deshalb sollte die Überleitungs-Konstruktion auch im jugendgerichtlichen Verfahren aufgegeben werden (ebenso Paul in KK-StPO StPO § 328 Rn. 12; Frisch in SK-StPO StPO § 328 Rn. 30; Degener in SK-StPO GVG § 24 Rn. 45; ferner unter Hinweis auf den Konflikt mit § 33b Abs. 2 S. 2 StPO auch Höffler in MüKoStPO Rn. 13; anders aber Schatz in Diemer/Schatz/Sonnen Rn. 25). Daher ist es als noch weiter gehende „Abkürzung" ebenfalls bedenklich, dass das RevisionsG ein Berufungsurteil der JKammer (das die Strafgewalt des Ausgangsgerichts überschreitet) nachträglich in ein **erstinstanzliches Urteil umdeuten** könne, wenn eine Überleitung möglich gewesen wäre und die tatgerichtlichen Vorschriften in der HV eingehalten wurden (so BGH NStZ-RR 1997, 22 (23); BeckRS 2005, 07044; NStZ 2010, 94).

2. Beschwerde und andere Rechtsbehelfe

24   Die JKammer hat im Bereich der JGerichtsbarkeit alle Aufgaben wahrzunehmen, die in der allg. Strafgerichtsbarkeit der Strafkammer zugewiesen sind (Dallinger/Lackner Rn. 17; Beulke/Swoboda JugendStrafR Rn. 613). Deshalb fungiert sie nicht nur als gemeinschaftliches oberes Gericht ihres Landgerichtsbezirks (etwa iSv § 42 Abs. 3), sondern gem. **Abs. 2 S. 2** iVm § 73 Abs. 1 GVG va als Beschwerdegericht im Hinblick auf die sonstigen Verfügungen und Entscheidungen. Diese Zuständigkeit knüpft rein **formal** daran an, dass die fragliche Entscheidung von einem **JRichter** (auch als Jugendermittlungsrichter) oder einem **JSchöffG** getroffen wurde. Sie hängt also nicht davon ab, dass die getroffene Entscheidung materiell dem Jugend- oder Jugendschutzrecht zuzuordnen ist (OLG Brandenburg BeckRS 2019, 11045; abw. offenbar OLG Jena NStZ-RR 2007, 217 (218)). Umgekehrt ist gem. § 73 GVG die allg. Strafkammer (statt der JKammer) zur Entscheidung über die (sofortige) Beschwerde gegen amtsgerichtliche Entscheidungen zuständig, selbst wenn es sich in der Sache ggf. (etwa nach Auffassung der Beschwerdeführer oder der Strafkammer) um einen jugendgerichtlichen Sachverhalt handelt (OLG Zweibrücken NStZ 1994, 48).

25   Daneben bestehen noch weitere besondere Beschwerde- und Rechtsbehelfszuständigkeiten: Im **Vollstreckungsverfahren** entscheidet die JKammer sowohl über die vom Vollstreckungsleiter getroffenen Anordnungen nach § 83 Abs. 2 als auch als Beschwerdegericht gem. § 83 Abs. 3 (vgl. n. → § 83 Rn. 4 und 11). Ferner entscheidet die JKammer über Rechtsbehelfe im **Vollzug** des JA, der JStrafe und der Maßregeln iSv § 7 (§ 92)

sowie iR der strafvollzugsbegleitenden Kontrolle iSv § 119a StVollzG iVm § 92 Abs. 2 S. 2 (→ § 92 Rn. 166 ff., 176 ff.). Im **Ordnungswidrigkeitenverfahren** trifft die JKammer die beschwerdegerichtlichen Entscheidung nach §§ 70 Abs. 2, 100 Abs. 2 S. 2, §§ 104 Abs. 3 Nr. 1, 108 Abs. 1 S. 2 Hs. 2, ferner § 110 Abs. 2 S. 2 OWiG.

V. Revision

Verfahrensrügen nach § 338 Nr. 4 StPO, mit denen die Unzuständigkeit **26** der urteilenden JKammer angegriffen werden soll, haben ebenso selten Erfolgsaussichten, wie die dahingehende, von Amts wegen erfolgende Prüfung zu Konsequenzen im Revisionsverfahren führt. Denn nach der problematischen hM gilt der Verurteilte wegen § 269 StPO iVm § 2 Abs. 2 nicht als beschwert, wenn die JKammer statt des JRichters oder des JSchöffG entschieden hat. Ausnahmen werden allein bei **objektiv willkürlicher** Zuständigkeitsbegründung anerkannt (n. → § 40 Rn. 16). Das gilt auch für die Entscheidung der JKammer (anstelle des JSchöffG) in Jugendschutzsachen (BGHSt 57, 165 = NJW 2012, 2455).

Örtliche Zuständigkeit

42 (1) **Neben dem Richter, der nach dem allgemeinen Verfahrensrecht oder nach besonderen Vorschriften zuständig ist, sind zuständig**

1. **der Richter, dem die familiengerichtlichen Erziehungsaufgaben für den Beschuldigten obliegen,**
2. **der Richter, in dessen Bezirk sich der auf freiem Fuß befindliche Beschuldigte zur Zeit der Erhebung der Anklage aufhält,**
3. **solange der Beschuldigte eine Jugendstrafe noch nicht vollständig verbüßt hat, der Richter, dem die Aufgaben des Vollstreckungsleiters obliegen.**

(2) **Der Staatsanwalt soll die Anklage nach Möglichkeit vor dem Richter erheben, dem die familiengerichtlichen Erziehungsaufgaben obliegen, solange aber der Beschuldigte eine Jugendstrafe noch nicht vollständig verbüßt hat, vor dem Richter, dem die Aufgaben des Vollstreckungsleiters obliegen.**

(3) ¹**Wechselt der Angeklagte seinen Aufenthalt, so kann der Richter das Verfahren mit Zustimmung des Staatsanwalts an den Richter abgeben, in dessen Bezirk sich der Angeklagte aufhält.** ²**Hat der Richter, an den das Verfahren abgegeben worden ist, gegen die Übernahme Bedenken, so entscheidet das gemeinschaftliche obere Gericht.**

Übersicht

I. Anwendungsbereich

1. Jugendgerichtliches Verfahren

1   Vor den **JGerichten** gilt die Vorschrift sowohl in Verfahren gegen Jugendliche wie auch gegen Heranwachsende, wenngleich bei diesen eine Ausnahme zu berücksichtigen ist (dazu auch → § 108 Rn. 17 ff.): Da familiengerichtliche Maßnahmen bei Volljährigen (abgesehen von §§ 1896 ff. BGB) nicht in Betracht kommen, entfällt bei ihnen (ungeachtet der einschränkungslosen Fassung des § 108 Abs. 1) der Gerichtsstand iSv Abs. 1 Nr. 1 nebst der diesbzgl. Auswahloption des JStA (Abs. 2). – In Verfahren gegen Jugendliche bzw. Heranwachsende vor den **Erwachsenengerichten** gilt § 42 **nicht** (so zu Abs. 3 auch BGHSt 18, 173 (176) = NJW 1963, 500 (501); vgl. auch → § 104 Rn. 31).

2   Die jugendgerichtliche Geltung der Vorschrift ist nach verbreiteter Ansicht auf das **Zwischen- und Hauptverfahren** beschränkt (LG Köln ZJJ 2008, 391 = BeckRS 2009, 4598; Schatz in Diemer/Schatz/Sonnen Rn. 3; Bezjak/Sommerfeld ZJJ 2008, 251 (253 ff.)). Dem muss für Vollstreckungs- und Vollzugsentscheidungen angesichts der hierfür vorhandenen Spezialregelung (§§ 84, 92 Abs. 2, 93) zugestimmt werden, nicht aber für das **Ermittlungsverfahren.** Normtextlich ausgeschlossen ist in dieser Prozessphase nur Abs. 1 Nr. 2 („zur Zeit der Erhebung der Anklage"). Der hinter § 42 stehende Normzweck, im JStV die erzieherischen Vorteile einer örtlichen und funktionalen **Zuständigkeitskonzentration** zu eröffnen (diff. dazu → § 34 Rn. 13), spricht bei Abs. 1 Nr. 1 und Nr. 3 hingegen für die Anwendbarkeit auch im Vorverfahren (AG Kiel ZJJ 2008, 392; Brunner/Dölling Rn. 2; Schady in NK-JGG Rn. 2; wohl auch Neubacher ZJJ 2010, 378 (384); de lege lata offenlassend Höffler in MüKoStPO Rn. 2). Das gilt ungeachtet des scheinbar divergierenden § 162 StPO, da der Gesetzgeber bei dessen Neuregelung keine entspr. Erwägungen erkennen lassen hat (denn BT-Drs.16/5846, 65 verhält sich vielmehr nicht zum JStV). Die allg. Vorgaben zur örtlichen ermittlungsrichterlichen Zuständigkeit (§ 162 Abs. 1 StPO bzw. etwa §§ 81a Abs. 3, 100e Abs. 2, 125 Abs. 1, 126a Abs. 2 StPO) erfahren insofern eine Ergänzung und unterliegen den in → Rn. 10 ff. erörterten und in ihrem Sinngehalt übertragbaren Auswahlregeln. – Zur Geltung des § 42 für die **örtliche Zuständigkeit der JStA** selbst vgl. iÜ § 143 GVG iVm § 2 Abs. 2 (n. → § 36 Rn. 10).

2. Ordnungswidrigkeitenverfahren

Nach § 46 Abs. 1 OWiG gilt § 42 (gleichberechtigt neben der Zuständig- **3** keitsregelung in § 68 OWiG) auch in Verfahren wegen OWi sowohl gegen Jugendliche als auch (iSv → Rn. 1 eingeschränkt) gegen Heranwachsende (vgl. BGHSt 23, 79 (80) = NJW 1969, 1820; BGHSt 25, 263 = NJW 1974, 708; LG Cottbus NStZ-RR 1998, 285; LG Hamburg BeckRS 2021, 22372; n. dazu Ellbogen in KK-OWiG OWiG § 68 Rn. 30; Schatz in Diemer/Schatz/Sonnen Rn. 6 f.).

II. Die Gerichtsstände des Jugendstrafverfahrens

1. Ergänzung der allgemeinen Gerichtsstände

Nach der Fassung von Abs. 1 Hs. 1 („Neben …") treten die drei Ge- **4** richtsstände des JStV zu denjenigen des allg. StVerf (§§ 7 ff. StPO iVm § 2 Abs. 2) hinzu. Die Einfügung der Wendung „oder nach besonderen Vorschriften" in Abs. 1 verdeutlicht, dass die Abs. 1 Nr. 1–3 auch dann zum Zuge kommen, wenn ein Gerichtsstand nach Konzentrationsvorschriften für bestimmte Verfahren und Delikte begründet ist. Bei all dem gelten die örtlichen Zuständigkeiten des § 42 trotz des Wortlauts („Richter") für **jedes** (sachlich zuständige erstinstanzliche) **JGericht,** also auch für das JSchöffG und die JKammer (vgl. Dallinger/Lackner Rn. 3; BGHSt 18, 1 = NJW 1962, 2116).

2. Besonderer Gerichtsstand gem. Abs. 1 Nr. 1

Der allein in Verfahren gegen Jugendliche relevante (→ Rn. 1) Gerichts- **5** stand der **familiengerichtlichen Zuständigkeit** bestimmt sich nicht – wie der Wortlaut des Abs. 1 Nr. 1 nahelegen könnte – in Abhängigkeit von der sachlichen Zuständigkeit, sondern danach, in welchem Gerichtsbezirk die familiengerichtlichen Erziehungsaufgaben (zum Begriff → § 34 Rn. 10 f.) wahrzunehmen sind bzw. wären (s. hierzu §§ 111 Nr. 2, 151 Nr. 8, 152 Abs. 2 FamFG sowie BGH NStZ 2012, 575 unter Hinweis auf § 86 SGB VIII). Die Zuständigkeit nach Abs. 1 besteht unabhängig davon, ob das FamG bereits in einer Familiensache mit dem betr. Jugendlichen befasst war oder ist (vgl. Dallinger/Lackner Rn. 5; Schady in NK-JGG Rn. 5). Unerheblich ist auch, ob dem Gericht die familienrichterlichen Erziehungsaufgaben übertragen wurden und ob von den Möglichkeiten nach § 34 Abs. 2 Gebrauch gemacht worden ist.

3. Besonderer Gerichtsstand gem. Abs. 1 Nr. 2

6   Der Gerichtsstand des **freiwilligen Aufenthalts** ist (abw. von § 8 Abs. 2 StPO kein subsidiärer, sondern Hauptgerichtsstand und) dort begründet, wo sich der Beschuldigte zum Zeitpunkt der Anklageerhebung wenigstens vorübergehend aufhält (für die Zeit danach vgl. Abs. 3 sowie → Rn. 15 ff.). Hierfür ist weder ein fester Wohnsitz noch eine Meldeanschrift vorausgesetzt, wohl aber, dass sich der Jugendliche oder Heranwachsende auf freiem Fuß befindet. Dass die aufenthaltsgebundene Zuständigkeit bei entzogener Bewegungsfreiheit also nicht zum Tragen kommt, erklärt sich mit der anderenfalls bestehenden Möglichkeit, durch hoheitliche Maßnahmen (bspw. Verlegungen) zugleich Zuständigkeitsveränderungen bewirken zu können. Dies wäre im Hinblick auf Art. 101 Abs. 1 S. 2 GG bedenklich (vgl. n. Dallinger/Lackner Rn. 8 mN).

7   **Nicht auf freiem** Fuß iSd Abs. 1 Nr. 2 befindet sich der Beschuldigte, wenn er „durch eine behördliche Anordnung in seiner Freiheit und in der Wahl seines Aufenthaltsortes beschränkt" wird (BGHSt 13, 209 (212) = NJW 1959, 1834 (1835)). Maßgeblich ist eine Freiheitsentziehung iSv Art. 104 GG durch staatlichen Hoheitsakt, namentlich durch vorläufige Festnahme (§ 127 StPO iVm § 2 Abs. 2), einstweilige Unterbringung (§ 126a StPO iVm § 2 Abs. 2, §§ 71 Abs. 2, 72 Abs. 4 S. 1), Sicherungs- und U-Haft (§§ 453c iVm § 2 Abs. 2, 112 ff. StPO, § 72), Unterbringung zur Beobachtung (§ 81 StPO, § 73), JA (§§ 16, 16a) sowie Jugendstrafe und Unterbringung im Maßregelvollzug. Das Gleiche gilt für freiheitsentziehende Anordnungen nach den Polizei- und Unterbringungsgesetzen der Länder sowie für jugendrichterliche Anordnungen nach § 12 Nr. 2, wenn der Jugendliche hierdurch auch nur vorläufig untergebracht ist (BGHSt 13, 209 = NJW 1959, 1834; BGH NJW 1954, 1775; Höffler in MüKoStPO Rn. 7; krit. Brunner/Dölling Rn. 6; n. zur diesbzgl. Debatte va in der älteren Literatur und Judikatur s. 22. Aufl. Rn. 11). Bei Fremdunterbringungen, die allein auf jugendhilferechtlicher Grundlage erfolgen, hängt das Nicht-/Bestehen einer relevanten freiheitsentziehenden Wirkung – ebenso wie iÜ bei Aufenthaltsgeboten oder -verboten gem. § 10 Abs. 1 S. 3 Nr. 1 – von der konkreten Ausgestaltung ab (ähnlich Schady in NK-JGG Rn. 8).

4. Besonderer Gerichtsstand gem. Abs. 1 Nr. 3

8   Der Gerichtsstand des Vollstreckungsleiters bestimmt sich ähnlich wie bei Abs. 1 Nr. 1 (→ Rn. 5) nach dem Bezirk, in dem die Aufgaben des Vollstreckungsleiters durchzuführen sind (n. dazu anhand der JKammer als Gericht des ersten Rechtszuges BGHSt 18, 1 (3) = NJW 1962, 2116 (2117)). Dabei geht es speziell um die Aufgaben, die iZm einer JStrafe bestehen, die zum Beurteilungszeitpunkt noch **nicht vollständig vollstreckt** ist. Welches Gericht für diese Aufgaben in Betracht kommt, regeln die § 85 Abs. 3–5. Die Vorschrift in Abs. 1 Nr. 3 – sie geht zurück auf § 27 Abs. 1 Nr. 3 RJGG 1943 – trägt damit nicht nur praktischen Erwägungen (vgl. Beulke/Swoboda JugendStrafR Rn. 621: Vermeidung von Gefangenentransporten), sondern auch dem Umstand Rechnung, dass bei Vollstr von JStrafe die Verwirklichung des mit der Verhängung verfolgten Ziele in der Verantwortung des **Vollstreckungsleiters** liegt. Da der JRichter den Jugendlichen bzw. Heranwachsenden dank dieser Funktion (§ 82) also bereits kennt und da er über enge Arbeitskontakte zu dessen Vollzugsanstalt verfügt, soll auch die Zuständigkeit für Folgeverfahren in seinem Gerichtsbezirk liegen, und dies ggü. den übrigen Gerichtsständen nach Abs. 2 sogar vorzugsweise (BGHSt 18, 1 (3) = NJW 1962, 2116 (2117)).

Die Vorschrift des Abs. 1 Nr. 3 greift nach ihrem Wortlaut („JStrafe … **9** verbüßt") nicht ein, wenn **JA** vollzogen wird oder wenn eine **Bewährungszeit** im Falle einer Aussetzung der Vollstr zBew nach §§ 21, 22 läuft (OLG Jena OLGSt StPO § 8 Nr. 1 = BeckRS 2009, 11626). – Mit einer Entscheidung, die gem. **§ 88 Abs.** 1 den JStrafrest zBew aussetzt, tritt noch keine vollständige Vollstreckung und kein Ende der örtliche Zuständigkeit nach Abs. 1 Nr. 3 ein. Dies ist erst mit dem Erlass der JStrafe oder mit der vollständigen Vollstr nach Bewährungswiderruf der Fall (§ 88 Abs. 6). – War nach **§ 85 Abs.** 5 die Vollstr widerruflich abgegeben worden, soll die örtliche Zuständigkeit iSv Abs. 1 Nr. 3 nicht nur bei dem JRichter, an den abgegeben worden ist, sondern auch bei dem abgebenden Vollstreckungsleiter begründet sein (Dallinger/Lackner Rn. 14; Schatz in Diemer/Schatz/Sonnen Rn. 18). Dies ist mit Blick auf den Normzweck zw., weil die Abgabe idR gerade wegen fehlender Vollzugsnähe erfolgt (Höffler in MüKoStPO Rn. 8; Brunner/Dölling Rn. 6; Schady in NK-JGG Rn. 9).

III. Auswahl unter verschiedenen Gerichtsständen

1. Einordnung von Abs. 2 als Vorrangregel

Besteht im allg. StVerf gem. §§ 7–9 StPO die örtliche Zuständigkeit **10** mehrerer Gerichte, kann die StA nach hM auswählen, vor welchem Gericht sie die Anklage erhebt. Da dies vom Gericht nur auf sachfremde Erwägungen hin überprüfbar sein soll, erlangt die Anklagebehörde hierdurch eine zuständigkeitsbestimmende Rechtsmacht, die in einem Spannungsverhältnis mit **Art. 101 Abs. 1 S. 2 GG** steht (für Unvereinbarkeit etwa Weßlau/Weißer in SK-StPO StPO Vor §§ 7–21 Rn. 8 f.; Heghmanns StV 2000, 277; ohne Erörterung aber anders BGHSt 21, 247 (249) = NJW 1967, 1720 (1721); BGHSt 26, 374 (375) = NJW 1976, 2172; Meyer-Goßner/Schmitt StPO Vor § 7 Rn. 10; Erb in Löwe/Rosenberg StPO Vor § 7 Rn. 19). Im JStV wird die Problematik, dass der Richter auf Grundlage der hM durch staatsanwaltliches Dafürhalten und gerade nicht durch das Gesetz bestimmt wird, mit Abs. 2 etwas entschärft. Allerdings ist die Reichweite dieser Vorschrift, die nicht nur im Verhältnis der Gerichtsstände des Abs. 1 Nr. 1–3, sondern nach allgA auch ggü. den Gerichtsständen des allg. StVR gilt, im Einzelnen strittig: Nach BGH NStZ 2008, 695 seien die Maßgaben von Abs. 2 nur eine „Richtlinie" für das Auswahlermessen der StA, die „keinen Zuständigkeitsvorrang" begründe (ebenso BGH NStZ 2012, 575; OLG Hamm BeckRS 2015, 8301; Brunner/Dölling Rn. 8; Streng JugendStrafR Rn. 97). Dagegen ist mit Blick auf die Gewährleistung des gesetzlichen Richters aber vorzugswürdig, der Vorschrift eine **ermessensbindende** Wirkung zuzuweisen (ebenso OLG Jena OLGSt StPO § 8 Nr. 1 = BeckRS 2009, 11626; LG Verden StV 2008, 118 = LSK 2008, 170207; AG Kassel BeckRS 2020, 13066), sodass in diesem Sinne durchaus von einer Vorrangbeziehung (wenn auch keiner formalen Vorrangzuständigkeit) auszugehen ist (ebenso Schatz in Diemer/Schatz/Sonnen Rn. 4; Wellershoff in BeckOK JGG

Rn. 5; Beulke/Swoboda JugendStrafR Rn. 622; Laubenthal/Baier/Nestler JugendStrafR Rn. 141).

11   Konkret bindet die Vorschrift die pflichtgemäße Ermessensentscheidung des **JStA** bei der Ausübung seines Wahlrechts unter mehreren Gerichtsständen an folgende **regelmäßige Abstufung:** Innerhalb des Abs. 1 hat die Zuständigkeit iSv Nr. 3 den Vorrang vor derjenigen gem. Nr. 1, gefolgt von derjenigen gem. Nr. 2, woraufhin schließlich die Gerichtsstände des allg. StVR (erst) im vierten Rang folgen. Bei Einschlägigkeit von Abs. 1 Nr. 1 wird dies für den Fall, dass familiengerichtliche Maßnahmen nicht erforderlich sind, durch RL 1 dahin präzisiert, dass dann bei Verfehlungen geringeren Ausmaßes im Gerichtsstand des Abs. 1 Nr. 2 bzw. (nachrangig) im Gerichtsstand des Ergreifungsortes (§ 9 StPO iVm § 2 Abs. 2) angeklagt werden soll (vgl. auch RL zu § 108). Daher wäre eine gleichsam standardisierte Praxis, die etwa in Verkehrsstrafsachen den Gerichtsstand des Tatorts (§ 7 StPO iVm § 2 Abs. 2) nahezu regelhaft präferiert, nicht angängig. Eine **Abweichung** von der genannten Rangfolge ist nämlich allein bei fallkonkret gegebenen **sachlichen Gesichtspunkten** (Interessen des Beschuldigten, Verfahrensbeschleunigung, Vermeidung aufwändiger Reisen von Verfahrensbeteiligten und Zeugen) gerechtfertigt (ebenso Lange NStZ 1995, 110 (111)).

2. Begründung und Prüfung der Entscheidung

12   Da die Entscheidung der StA, bei welchem Gericht sie Anklage erhebt, nach hM im allg. StVR nicht selbstständig angreifbar ist (Meyer-Goßner/Schmitt StPO Vor § 7 Rn. 10), wird eine Begründungspflicht überwiegend verneint (OLG Jena OLGSt StPO § 8 Nr. 1 = BeckRS 2009, 11626 Rn. 30; OLG Hamm BeckRS 2015, 8301). Im JStV spricht hiergegen aber nicht nur der Umstand, dass die gerichtliche Prüfung hierdurch erschwert wird, sondern auch die notwendige **Transparenz,** derer es für eine erzieherische Glaubwürdigkeit des justiziellen Prozessierens bedarf. Eine Begründung (in der Anklageschrift) ist daher unbedingt zu empfehlen.

13   Das **Gericht** darf die getroffene Auswahlentscheidung der JStA nur darauf hin kontrollieren, dass die Ermessensausübung fehlerfrei erfolgt ist (vgl. OLG Hamm NStZ-RR 1999, 16 (17): strenger Maßstab). Dazu gehört die Frage, ob die JStA die gesetzlichen Wertungen – auch die ermessensleitende Wirkung von Abs. 2 (→ Rn. 10 f.) – berücksichtigt hat. Abweichungen von der spezifischen Gerichtsstand-Rangfolge im JStV kann und muss das Gericht also nicht nur mit Blick auf einen objektiv willkürlichen Charakter überprüfen (so OLG Hamm BeckRS 2015, 8301; LG Hamburg BeckRS 2021, 22372; Schatz in Diemer/Schatz/Sonnen Rn. 21; Wellershoff in BeckOK JGG Rn. 15.1), sondern auf das tatsächliche Vorliegen sachlicher Gründe hin. – Der **Beschuldigte** kann ein zu berücksichtigendes Ersuchen an die StA richten (Schady in NK-JGG Rn. 10), doch richtiggehenden Einfluss auf die Auswahl des Gerichtsstandes durch die JStA hat er nicht. Er hat aber ebenso wie die Berechtigten iSv § 67 die Möglichkeit, schon im Zwischenverfahren und bis zum Beginn seiner Vernehmung zur Sache in der HV (§ 16 Abs. 1 S. 3 StPO iVm § 2 Abs. 2) den Einwand der örtlichen Unzuständigkeit zu erheben (vgl. n. etwa Scheuten in KK-StPO StPO § 6a Rn. 5 und 7).

3. Vorgehen bei örtlicher Unzuständigkeit

Ergibt die im Zwischenverfahren **von Amts wegen** vorzunehmende **14** Prüfung (§ 16 Abs. 1 S. 1 StPO iVm § 2 Abs. 2), dass bei dem ausgewählten Gericht kein Gerichtsstand begründet ist, erklärt das Gericht durch Beschluss seine Unzuständigkeit. Eine Abgabe an ein anderes Gericht kommt mangels gesetzlicher Grundlage – auch § 209 StPO ist keine solche – nicht in Betracht (Ellbogen in MüKoStPO StPO § 16 Rn. 8; Brunner/Dölling §§ 33–33b Rn. 25). Sie gilt jedoch als unschädlich, soweit die JStA nachträglich zustimmt und ein ausdrücklicher Eröffnungsbeschluss des angegangenen Gerichts vorliegt (OLG Braunschweig GA 1962, 284; OLG Karlsruhe GA 1977, 58). **Nach Eröffnung des Hauptverfahrens** bis zur Vernehmung des Angeklagten zur Sache ist eine Unzuständigkeitserklärung durch das Gericht (verbunden mit einer Entscheidung nach §§ 206a, 260 Abs. 3 StPO) nur noch auf Einwand des Angeklagten (→ Rn. 13) zulässig. Diese Option entfällt indes mit dem Beginn von dessen Vernehmung zur Sache (§ 16 Abs. 1 S. 2 und 3 StPO iVm § 2 Abs. 2). Das (bis dahin unerkannt unzuständige) Gericht wird dann zum zuständigen Gericht.

IV. Abgabe des Verfahrens gem. Abs. 3

1. Systematische Einordnung und Funktion

Im Zwischen- und Hauptverfahren kann für das Gericht ein Anlass be- **15** stehen, das Verfahren wegen sachlicher Unzuständigkeit abzugeben. Dafür sind einige Verfahrensweisen gesetzlich vorgesehen (n. → § 39 Rn. 13 ff., → § 40 Rn. 8 f., → § 41 Rn. 17; speziell für die Abgabe zwischen JGerichten und allg. Strafgerichten → §§ 33–33b Rn. 16 ff.). Bei **örtlicher** Unzuständigkeit bestehen, wenn auch zeitlich begrenzt, ebenfalls entspr. Möglichkeiten (dazu eben → Rn. 14). Verändern sich Umstände, die für die Zuständigkeitsfrage von Bedeutung sind, allerdings erst nach den in § 16 StPO benannten Zeitpunkten, bleibt die einmal begründete örtliche Zuständigkeit nach dem Prinzip der perpetuatio fori davon indes unberührt. Der **nachträgliche Wegfall** zuständigkeitsbestimmender Grundlagen erlaubt daher grds. auch keine Verfahrensabgabe (s. etwa OLG Hamm BeckRS 2009, 12078). Das JGG sieht jedoch bei entspr. sachlichen Gründen eine Übertragung einzelner prozessualer (§ 72 Abs. 6) und nachgelagerter Rechtsfolgenentscheidungen (§§ 58 Abs. 3 S. 2, 65 Abs. 1 S. 4, 88 Abs. 6 S. 3) auf andere Gerichte vor.

Zwischen der Eröffnung des Hauptverfahrens und dem erstinstanzlichem **16** Urteilserlass eröffnet **§ 12 Abs. 2 StPO** iVm § 2 Abs. 2 obendrein dem gemeinschaftlichen oberen Gericht die Möglichkeit, die Sache auf Antrag oder von Amts wegen an ein anderes Gericht zu übertragen, soweit dieses schon **von Beginn an zuständig** gewesen wäre (BGHSt 13, 209 = NJW 1959, 1834). Dafür bedarf es sachlicher Gründe von Gewicht (Scheuten in KK-StPO StPO § 12 Rn. 10). Für eine Konstellation, in der ein solches Vorgehen uU zweckmäßig sein kann – nämlich den nachträglichen Aufenthaltswechsel des Angeklagten –, sieht das JStR sogar eine **vereinfachte Verfahrensweise** vor. Die in **Abs. 3** geregelte Option schafft „eine Erleichterung insofern, als sie ohne Inanspruchnahme des oberen Gerichts die

Abgabe an ein anderes Gericht gestattet, um ohne Verzögerung die notwendig erscheinende Weiterführung des Verfahrens durch das für den Aufenthalt des Angeklagten zuständige Gericht zu ermöglichen" (BGHSt 10, 391 (393) = NJW 1957, 1809 (1810)). Dem liegt das Anliegen zugrunde, dass ein wohnortnahes und mit regionalen Bedingungen vertrautes Gericht über den Jugendlichen bzw. Heranwachsenden entscheiden soll. Dabei wird es sich vielfach um ein Gericht handeln, das bei Anklageerhebung noch nicht zuständig war.

2. Formale Voraussetzungen

17 **a) Im Hauptverfahren.** Nach Abs. 3 kann das Verfahren an dasjenige JGericht abgegeben werden, in dessen Bezirk der Jugendliche oder Heranwachsende seinen Aufenthalt verlagert hat. Das abgebende Gericht benötigt hierfür allerdings die **Zustimmung der JStA** (vgl. auch BGH StV 2022, 44 (Ls.) = BeckRS 2021, 27267). Auch ist die Abgabe dem Gesetzeswortlaut zufolge ("der Angeklagte …") erst **nach Eröffnung** des Hauptverfahrens erlaubt (vgl. BGHSt 13, 209 (217) = NJW 1959, 1834 (1836)). Bei verbundenen Verfahren müssen alle eröffnet worden sein (BGHR JGG § 42 Abs. 3, Abgabe 1 = BeckRS 1993, 31105935; BGH NStZ-RR 1997, 380; BGH BeckRS 2014, 1645). Die Abgabemöglichkeit **endet** mit Erlass des Urteils des ersten Rechtszuges. Danach geht der Instanzenzug vor (BGHSt 10, 177 = NJW 1957, 838; BGHSt 19, 177 (179) = NJW 1964, 506 (506 f.)). Das hat zur Folge, dass auch nach Zurückweisung durch das Rechtsmittelgericht eine Änderung der örtlichen Zuständigkeit durch Abgabe nach Abs. 3 nicht mehr zulässig ist (BGHSt 18, 261 = NJW 1963, 965). Dasselbe gilt nach einer Aussetzung der JStrafe gem. § 27 für das Verfahren gem. § 62, in dem die Entscheidung iSv § 30 zu treffen ist (BGHSt 8, 346 (348) = NJW 1956, 520; BGH NStZ 2011, 524).

18 **b) In besonderen Verfahrensarten.** Im **vereinfachten Jugendverfahren** scheidet das Vorgehen nach Abs. 3 aus, weil es hier am Eröffnungsbeschluss fehlt und weil die Bindung der Übernahme (→ Rn. 26) mit der Flexibilität des vereinfachten JVerfahrens (vgl. § 77) unverträglich ist (BGHSt 12, 180 (182); BGH NStZ 2019, 679 mzustAnm Kaspar NStZ 2020, 305; Brunner/Dölling Rn. 26; aA AG Villingen-Schwenningen BeckRS 2019, 3497; Schnitzerling DRiZ 1958, 315; Sommerfeld in NK-JGG §§ 76–78 Rn. 17; Nix-Herz Rn. 15; vgl. auch § 77). Dies gilt aus denselben Gründen auch für das bei Heranwachsenden zulässige (→ § 109 Rn. 45 f.) **beschleunigte Verfahren** gem. §§ 417 ff. StPO (vgl. BGHSt 15, 314 = NJW 1961, 789 zu § 12 StPO). Soweit gegen Heranwachsende unter Anwendung des allg. StR (→ § 109 Rn. 57) ein **Strafbefehl**sverfahren durchgeführt wird, ist die Abgabe erst nach Beginn der auf rechtzeitigen Einspruch hin anberaumten HV (§ 411 Abs. 1 S. 2 StPO) zulässig (BGHSt 13, 186 (188) = NJW 1959, 1695 (1696); BGH StraFo 2011, 218 = BeckRS 2011, 12152; BeckRS 2014, 17820). Das gilt ebenso für das **Ordnungswidrigkeitenverfahren** (BGH NJW 1974, 708). Die Abgabe wird sich dann aber jeweils im Hinblick auf eine etwaige Verfahrensverzögerung nur selten empfehlen.

3. Materielle Voraussetzungen

a) Aufenthaltswechsel. Maßgeblich ist der **tatsächliche** Aufenthaltsort, **19** der sich geändert haben muss. Ohne Belang hierfür sind die Meldeanschrift (BGH ZJJ 2007, 82 = BeckRS 2007, 2349) oder der Wohnsitz (§ 8 StPO) bzw. das Fehlen eines solchen (BGH NStZ-RR 2015, 353). Der Aufenthalt am neuen Ort muss nach Einschätzung des Gerichts feststehen (BGH BeckRS 2019, 4237) und darf nicht nur zum Schein gegeben sein (BGH BeckRS 2018, 27570). Zudem muss er zum Zeitpunkt der Abgabeentscheidung auch **noch fortdauern** (BGH BeckRS 2020, 7737). Wird der Aufenthaltsort **mehrfach** gewechselt, ist nach allgA eine wiederholte Abgabe zwar nicht unbedingt zweckmäßig (→ Rn. 23), aber grds. möglich (s. etwa BGHSt 13, 284 (286) = NJW 1960, 59; BGH BeckRS 2019, 2219).

Da die Zuständigkeit nach Abs. 3 im Gegensatz zur Begründung des **20** Gerichtsstandes nach Abs. 1 Nr. 2 nicht durch eine staatsanwaltliche, sondern durch eine richterliche Entscheidung bestimmt wird, soll es auf die **Freiwilligkeit** des Aufenthaltswechsels für die Abgabe nach ganz hM **nicht** ankommen. Eine Verlegung von bspw. untergebrachten oder in Haft befindlichen Angeklagten eröffnet so die Anwendbarkeit von Abs. 2 (vgl. BGH BeckRS 2019, 4238; s. schon BGH NJW 1954, 1775; BGHSt 13, 209 (214) = NJW 1959, 1834 (1835) sowie die Nachw. zur älteren Lit. in der 22. Aufl. Rn. 22). Dies kommt vielfach den Interessen des Jugendlichen oder Heranwachsenden entgegen, ist aber mit Blick auf den Normwortlaut („Wechselt der Angeklagte seinen …") und denkbare Missbrauchsmöglichkeiten (etwa im Sinne einer „Verschiebung") auch nicht unbedenklich.

b) Zeitpunkt des Aufenthaltswechsels. Ändert der Jugendliche oder **21** Heranwachsende während des Ermittlungsverfahrens und vor der Anklageerhebung seinen Aufenthalt, kann die JStA das Verfahren – falls der Wechsel iSv § 143 GVG iVm § 2 Abs. 2 für sie zuständigkeitsverschiebend wirkt (Brocke in MüKoStPO GVG § 143 Rn. 5 – formlos an die Anklagebehörde des neuen Aufenthaltsorts abgeben (vgl. auch § 143 Abs. 1 S. 4 GVG). Erhebt sie stattdessen Anklage, ist Abs. 3 nicht anwendbar (s. zB BGH BeckRS 2003, 06213; BeckRS 2011, 13556; BeckRS 2011, 15362; BeckRS 2013, 13046; NStZ-RR 2014, 229 (Ls.); BeckRS 2017, 132092; BeckRS 2018, 3566). Die Vorschrift kommt nur bei einem späteren Aufenthaltswechsel zum Tragen. Maßgeblich ist hierfür die **Erhebung der Anklage** (BGHR JGG § 42 Abs. 3, Abgabe 2 = BeckRS 1995, 5267; BGH BeckRS 2010, 28815; BeckRS 2016, 11728; BeckRS 2020, 7737). Käme es, wie der Normwortlaut („wechselt der Angeklagte") nahelegt, auf den Eröffnungsbeschluss an, könnte auf Aufenthaltsänderungen zwischen Anklageerhebung und -zulassung idR weder mit Abs. 3 noch mit § 12 Abs. 2 StPO iVm § 2 Abs. 2 reagiert werden (BGHSt 13, 209 = NJW 1959, 1834; BeckRS 2010, 14143; OLG Stuttgart Die Justiz 1991, 94 = BeckRS 1990, 08072; OLG Hamm BeckRS 2013, 11364 = NStZ-RR 2013, 357 (Ls.)). Entscheidend ist also, dass der Angeklagte seinen Aufenthalt erst nach Anklageerhebung in den Bezirk des übernehmenden Gerichts verlagert hat. Ob sein Aufenthaltsort bis dahin im Bezirk des abgebenden Gerichts oder (vorübergehend) in einem dritten Bezirk lag, ist dagegen unerheblich (BGHSt 10, 323 = NJW 1957, 1370; BeckRS BeckRS 2000, 4677; BeckRS 2014, 14289).

4. Aspekte der Ermessensentscheidung

22   Das abgebende Gericht bleibt trotz des Aufenthaltswechsels zuständig und ist deshalb nicht zur Abgabe verpflichtet. Es entscheidet hierüber nach pflichtgemäßem Ermessen, wobei es seine Erwägungen im Abgabebeschluss darlegen muss (BGH StV 2022, 44 (Ls.) = BeckRS 2021, 27267). Zu berücksichtigen sind neben der gesetzlich erwünschten Entscheidungsnähe, die bei einer Abgabe idR eintritt, auch die damit uU verbundenen Nachteile. Dabei **spricht für** die Abgabe, wenn eine **längerfristige Verweildauer** am neuen Aufenthaltsort zu erwarten ist. Dann kann nämlich die dortige JGH ihren Aufgaben hinsichtlich des Jugendlichen oder Heranwachsenden nachkommen und zugleich angemessen in das Verfahren eingebunden werden (BGH ZJJ 2007, 82 = BeckRS 2007, 2349; BeckRS 2010, 28816; BeckRS 2012, 17663; BeckRS 2014, 14289). Für eine Abgabe spricht auch, wenn am neuen Aufenthaltsort bereits ein weiteres Verfahren anhängig ist. Die Vermutung, dass das Gericht des Aufenthaltsorts die größere Sachnähe aufweist, wird dann zusätzlich verstärkt.

23   Hinsichtlich etwaiger Nachteile ist es wesentlich, ob die Abgabe zu einer erheblichen **Verlängerung oder Aufwandserhöhung** des Verfahrens führen könnte. Eine dahingehende Gefahr besteht uU, wenn der Angeklagte seinen Aufenthalt zuletzt mehrfach gewechselt hat, sodass bei absehbar erneutem Wechsel eine weitere Abgabe erforderlich werden kann (vgl. etwa BGH BeckRS 2005, 10202; StraFo 2015, 163 = BeckRS 2015, 3928; BeckRS 2016, 114210; OLG Hamm BeckRS 2013, 11364). Anders mag es sich, abhängig vom Einzelfall, bei längerer Verfahrensdauer verhalten. Hier ist dann bisweilen auch eine mehrfache Abgabe nach Abs. 3 zulässig und angezeigt, einschließlich einer Rückübertragung an das ursprünglich zuständige Gericht (BGH BeckRS 2019, 2219). In Verfahren, die wegen der Geringfügigkeit des Vorwurfs oder eines Geständnisses ohnehin eher aufwandsarm verlaufen, sind zwar die verfahrensökonomischen Risiken einer Abgabe tendenziell geringer (etwa OLG Celle BeckRS 2008, 9893), zugleich aber auch die Vorzüge der Übertragung kaum von Belang (BGHSt 13, 186 (190) = NJW 1959, 1695; BGH bei Böhm NStZ-RR 1999, 289 (290 f.)).

24   Sofern eine ggf. bereits **erfolgte Einarbeitung** des abgebenden Gerichts (vgl. BGH BeckRS 2010, 13915; BeckRS 2017, 116408; BeckRS 2017, 132092; BGH StV 2022, 44 = BeckRS 2021, 17150) oder der dortigen JGH (BGH BeckRS 2010, 6677; BeckRS 2013, 15923) infolge der Abgabe ungenutzt bliebe, läge darin eine abträgliche Verfahrensverzögerung. Ein relevanter Mehraufwand kann entstehen, falls der Verteidiger am bisherigen Gerichtsbezirk ansässig ist (s. etwa BGH BeckRS 2014, 7287) oder das neue Gericht zu einer problematischen tatortfernen Beweisaufnahme gezwungen wäre. Ebenso liegt es, wenn die Zeugen (BGH StraFo 2004, 280 = BeckRS 2004, 4883; BeckRS 2013, 7376; BeckRS 2016, 5139; BeckRS 2017, 102892; ZJJ 2020, 399 = BeckRS 2020, 8580; NStZ-RR 2021, 294) bzw. Mitangeklagten (BGH BeckRS 2003, 06213; BeckRS 2013, 1509) in der Nähe des abgebenden Gerichts leben. Solche Umstände **sprechen** jeweils **gegen** die Abgabe, weil sonst der Verfahrensaufwand sowie das Kostenrisiko des Angeklagten steigen würden. Befinden sich das abgebende JGericht und das JGericht des neuen Aufenthaltsortes räumlich nahe beieinander, gewinnen diese Aspekte ggü. dem Anliegen der Entscheidungsnähe sogar besonders stark an Gewicht (vgl. etwa BGH BeckRS 2020, 17022; OLG Düssel-

dorf NJW 1993, 1150; NStZ-RR 1996, 348; OLG Zweibrücken BeckRS 2015, 6197). Die Abgabe kann iÜ auch deshalb **unzweckmäßig** sein, weil gegen den Angeklagten am bisherigen Aufenthaltsort ein weiteres (noch) nicht abgabefähiges JStV anhängig ist (BGH BeckRS 2014, 1753; BeckRS 2015, 14731).

5. Übernahme und Entscheidung gem. Abs. 3 S. 2

Das **JGericht** des neuen Aufenthaltsortes ist nicht zur Übernahme ge- **25** zwungen. Es muss seinerseits die materiellen und formellen Voraussetzungen sowie die Zweckmäßigkeit iSv Abs. 3 S. 1 prüfen. **Lehnt** es die Übernahme **ab,** liegt keine wirksame Abgabe vor, sodass die Sache bei dem um Übernahme ersuchenden Gericht anhängig bleibt. Auf Betreiben eines der beiden JGerichte geht das Verfahren in diesem Fall gem. Abs. 3 S. 2 an das gemeinschaftliche **obere Gericht** – also an den BGH, wenn beide Gerichte zu den Bezirken verschiedener Oberlandesgerichte gehören, und sonst an das gemeinsame OLG, nicht aber das BayObLG (BayObLGSt 57, 165; BayObLG NStZ 2020, 48). Dieses Gericht trifft sodann anhand der in → Rn. 17 ff. genannten Kriterien die abschließende Entscheidung über die Zuständigkeit. Außerdem kann es bei Vorliegen der Voraussetzungen auch eine Übertragung nach § 12 Abs. 2 StPO iVm § 2 Abs. 2 vornehmen (OLG Hamm BeckRS 2009, 12078).

Entschließt sich das JGericht des neuen Aufenthaltsortes hingegen zur **26** Übernahme, ist deren **nachträgliche Aufhebung ausgeschlossen** und das abgebende Gericht ist nicht mehr zuständig. Allerdings hat eine Übernahme, die trotz **nicht vorliegender Voraussetzungen** des Abs. 3 S. 1 (bspw. irrtümlich) erfolgt, **keine bindende** Wirkung. Das übernehmende Gericht kann die Entscheidung sowie die Eröffnung des Hauptverfahrens wieder aufheben und das Verfahren zurückgeben (BGHR § 42 Abs. 3, Abgabe 1 = BeckRS 1993, 31105935; BGH BeckRS 2012, 15955; BeckRS 2018, 27570). Verweigert das JGericht des früheren Aufenthaltsortes die Rücknahme, kann es das gemeinschaftliche obere Gericht gem. Abs. 3 S. 2 um eine Klärung ersuchen (dazu, dass dieses die Sache dann ggf. nach § 12 Abs. 2 StPO iVm § 2 Abs. 2 auch einem dritten JGericht übertragen kann, vgl. BGHR JGG § 42 Abs. 3 Abgabe 2 = BeckRS 1995, 5267).

V. Revision

Gegen ein Urteil des (von Anbeginn oder infolge fehlerhafter Abgabe **27** nach Abs. 3) örtlich unzuständigen Gerichts ist der absolute Revisionsgrund nach **§ 338 Nr. 4 StPO iVm § 2 Abs. 2** gegeben. Abweichungen von der Zuständigkeitsrangfolge gem. Abs. 2 (→ Rn. 10 f.) sind allein bei Ermessensfehlern revisibel (→ Rn. 13). Die Revision setzt aber stets voraus, dass ein zulässig erhobener Zuständigkeitseinwand (§ 16 Abs. 1 S. 2 und 3 StPO iVm § 2 Abs. 2) geltend gemacht und als unbegründet verworfen wurde. Ob die anderenfalls eingreifende **Rügepräklusion** im JStV aufrechterhalten werden kann oder (zumindest bei unverteidigten Angeklagten) durch jugendgemäße Auslegung (→ § 2 Rn. 15 ff.) eingeschränkt werden muss, bedarf der noch ausstehenden Klärung.

Dritter Abschnitt. Jugendstrafverfahren

Erster Unterabschnitt. Das Vorverfahren

Umfang der Ermittlungen

43 (1) [1]Nach Einleitung des Verfahrens sollen so bald wie möglich die Lebens- und Familienverhältnisse, der Werdegang, das bisherige Verhalten des Beschuldigten und alle übrigen Umstände ermittelt werden, die zur Beurteilung seiner seelischen, geistigen und charakterlichen Eigenart dienen können. [2]Der Erziehungsberechtigte und der gesetzliche Vertreter, die Schule und der Ausbildende sollen, soweit möglich, gehört werden. [3]Die Anhörung der Schule oder des Ausbildenden unterbleibt, wenn der Jugendliche davon unerwünschte Nachteile, namentlich den Verlust seines Ausbildungs- oder Arbeitsplatzes, zu besorgen hätte. [4]§ 38 Absatz 6 und § 70 Absatz 2 sind zu beachten.

(2) [1]Soweit erforderlich, ist eine Untersuchung des Beschuldigten, namentlich zur Feststellung seines Entwicklungsstandes oder anderer für das Verfahren wesentlicher Eigenschaften, herbeizuführen. [2]Nach Möglichkeit soll ein zur Untersuchung von Jugendlichen befähigter Sachverständiger mit der Durchführung der Anordnung beauftragt werden.

Schrifttum: Du Bois (Hrsg.), Praxis und Umfeld der Kinder- und Jugendpsychiatrie, 1989; Häßler/Kinze/Nedopil (Hrsg.), Praxishandbuch Forensische Psychiatrie, 2. Aufl. 2015; Kern, Jugendliche und heranwachsende Tötungsdelinquente (1950–1979), 2010; Konrad/Huchzermeier/Rasch, Forensische Psychiatrie, 5. Aufl. 2019; Remschmidt, Tötungs- und Gewaltdelikte junger Menschen, 2012; Schepker, Zur Indikationsstellung jugendpsychiatrischer Gerichtsgutachten, 1998; Warnke/Trott/Remschmidt (Hrsg.), Forensische Kinder- und Jugendpsychiatrie, 1997; Zwiehoff, Das Recht auf den Sachverständigen, 2000.

Übersicht

I. Anwendungsbereich

1. Persönlicher Anwendungsbereich

a) Jugendliche. Die Vorschrift gilt in Verfahren gegen Jugendliche nicht **1** nur vor JGerichten, sondern auch vor den für allg. Strafsachen zuständigen Gerichten (§ 104 Abs. 1 Nr. 3) – dort jedoch mit der Einschränkung, dass unter den engen Ausnahmevoraussetzungen von § 104 Abs. 3 (n. → § 104 Rn. 7a) die Heranziehung der JGH nach dem pflichtgemäßen Ermessen des Richters unterbleiben kann (vgl. auch RL 9).

b) Heranwachsende. Die Vorschrift ist gem. § 109 Abs. 1 S. 1 in Ver- **2** fahren gegen Heranwachsende vor den JGerichten entspr. anzuwenden (n. → § 109 Rn. 4). Das gilt – da es auf das Tatzeitalter ankommt (§ 1 Abs. 2) – auch noch nach Vollendung des 21. Lbj. Vor den für allg. Strafsachen zuständigen Gerichten ist die Heranziehung der JGH unter den Voraussetzungen von § 104 Abs. 3 ausnahmsweise einschränkbar (§§ 104 Abs. 1 Nr. 3 und Abs. 3, 112 S. 1).

3   **c) Soldatinnen und Soldaten.** Wegen der Besonderheiten in der Anwendung der Vorschrift, insbes. der Anhörung des Disziplinarvorgesetzten
zusätzlich zu den in Abs. 1 S. 2 aufgeführten Personen, vgl. → § 112d Rn. 6,
7 (s. ferner § 112e).

2. Besondere Verfahrensarten

4   Zur Anwendbarkeit im **vereinfachten JVerfahren** vgl. → §§ 76–78
Rn. 22 ff.

5   Im **Bußgeldverfahren** nach dem OWiG gilt die Vorschrift sinngemäß.
Jedoch kann von der Heranziehung der JGH gem. § 46 Abs. 6 OWiG nach
pflichtgemäßem Ermessen abgesehen werden, wenn ihre Mitwirkung für die
sachgemäße Durchführung des Verfahrens entbehrlich ist (n. → § 38 Rn. 74;
s. auch → § 70 Rn. 2). An dieser Entbehrlichkeit fehlt es indes in einer
Reihe typischer Konstellationen (Lampe in KK-OWiG OWiG § 46 Rn. 48;
Lemke/Mosbacher, Ordnungswidrigkeitengesetz, 2. Aufl. 2005, § 46
Rn. 45; Seitz/Bauer in Göhler OWiG § 46 Rn. 34): beim Vorliegen tatsächlicher Anhaltspunkte für das Fehlen strafrechtlicher Verantwortlichkeit
(§ 12 OWiG), für nicht unerhebliche Schulversäumnisse (vgl. aber → § 11
Rn. 28) und für nicht nur vorübergehende oder gar situativ bedingte deliktische Tendenzen. Ebenso liegt es bei absehbaren Geldbußen, die der Betroffene nicht aufbringen kann (vgl. → § 82 Rn. 33), und ohnehin bei
anstehenden Vollstreckungsmaßnahmen nach § 98 OWiG (→ § 82 Rn. 29).
In den meisten anderen Fällen wird dagegen schon der Grundsatz der **Verhältnismäßigkeit** gegen eine Anwendung von § 43 sprechen (zust. Laubenthal Jugendgerichtshilfe 146). Eine Unterbringung zur Beobachtung (iRv
Abs. 2) ist gem. § 46 Abs. 3 S. 1 OWiG allerdings ohnehin unzulässig (s.
auch → § 73 Rn. 8b).

II. Grundlagen

1. Einordnung der Vorschrift

6   Die Vorschrift begründet für das jugendstrafprozessuale Vorverfahren eine
besondere **Aufklärungspflicht der JStA** (n. → Rn. 10), die auf Informationen zur Person und den Lebenszusammenhänge des jugendlichen oder
heranwachsenden Beschuldigten bezogen ist. Damit stellt sie zugleich eine
Befugnisnorm für die Vornahme besonderer Eingriffe in das Allgemeine
Persönlichkeitsrecht und die Informationelle Selbstbestimmung des Beschuldigten dar – nämlich solcher Grundrechtseingriffe, derer es für die bloße
Tataufklärung nicht bedarf und die bei erwachsenen Beschuldigten im allg.
StVerf deshalb idR auch nicht (jedenfalls nicht im gleichen Umfang) erfolgen. Allerdings wird diese **besondere Grundrechtseingriffsbefugnis** va
durch den Verhältnismäßigkeitsgrundsatz begrenzt, was die Vornahme der
von § 43 verlangten Ermittlungen von einer einzelfallbezogenen Legitimitätsprüfung abhängig macht (n. → Rn. 12).

2. Normentwicklung

7   Die **heutige** Normfassung beruht in ihrer Grundstruktur auf dem **JGG
1953,** wobei es aber 1990 zu gewissen Veränderungen gekommen war. Das

1. JGGÄndG nahm sprachliche Modifizierungen vor und stellte klar, dass sich die Befähigung des Sachverständigen iSv Abs. 2 S. 2 auf die Untersuchung von Jugendlichen beziehen muss (zur früher vorgesehenen „kriminalbiologischen Untersuchung" n. → 3. Aufl. Rn. 7 f.). Wenige Monate später wurden im Zuge der Einführung des SGB VIII die bis dahin noch enthaltenen Vorgaben zur Anhörung in Fällen einer laufenden Fürsorgeerziehung gestrichen (s. aber zur heutigen Lage → Rn. 23). Abs. 1 S. 4 geht schließlich auf das Gesetz zur Stärkung der Verfahrensrechte von Beschuldigten im Jugendstrafverfahren von 2019 zurück.

Besonders aufschlussreich sind indes die älteren **Vorgängervorschriften.** 8 Die in § 31 Abs. 1 S. 1 **JGG 1923** sowie § 28 Abs. 1 S. 1 **RJGG 1943** jeweils benannten Erforschungsgegenstände decken sich mit **Abs. 1 S. 1** nämlich nur bedingt. Im JGG 1923 wurden neben Umständen, die für die körperliche und geistige Eigenart potenziell beurteilungsrelevant sind, allein noch die Lebensverhältnisse erwähnt. Das JGG 1943 hatte hier jedoch erhebliche, ideologisch geprägte Erweiterungen vorgenommen (Volkszugehörigkeit, Sippenverhältnisse, Lebensgeschichte, Haltung in der Volks- und Jugendgemeinschaft, seelische Eigenart). Darin wird das – begrenzungsbedürftige (→ Rn. 11 f.) – **Gefahrenpotenzial einer überschießenden Diagnostik** überaus deutlich. Immerhin bezog aber keine der Vorgängernormen – anders als die derzeitige Fassung – die besonders wertungsbeeinflussten Aspekte des Vorverhaltens und der charakterlichen Eigenart ein. Im Übrigen sollte nach § 31 Abs. 1 S. 2 JGG 1923 (als Vorläufer von **Abs. 2**) in „geeigneten Fällen" eine ärztliche Untersuchung des Beschuldigten herbeigeführt werden. Demgegenüber sah § 28 Abs. 3 RJGG 1943 die mögliche Untersuchung durch einen „kriminalbiologisch vorgebildeten Jugendarzt" und ggf. die Unterbringung zur Beobachtung vor (beides va zur Klärung der Frage, ob der Beschuldigte ein „jugendlicher Schwerverbrecher" iSd VO v. 4.10.1939 (RGBl. I 2000) sei).

3. Zweck und Grenzen

a) Notwendigkeit besonderer Ermittlungen. Dass die Vorgaben des 9 § 43 bereits seit 1923 vorgesehen sind (zumindest teilw.), kann nicht verwundern. Wenn ein Strafrechtssystem auf Reaktionen setzt, die dem jeweils individuellen Entwicklungsstand und Interventionsbedürfnis gerecht werden sollen, liegt es in dessen **innerer Logik,** auch die hierfür erforderliche Diagnose- und Prognoseleistung durch entspr. prozessuale Instrumente bereitstellen zu müssen (→ Einl. Rn. 10). Demgemäß folgt aus dem Erziehungsauftrag (§ 2 Abs. 1), dass die prognostisch relevanten tatsächlichen Gegebenheiten (→ § 5 Rn. 43 ff., 67 ff.) fallkonkret zu erheben sind – und dass deshalb **personenbezogene Ermittlungen** zur Entwicklung und zu Merkmalen des jeweiligen Jugendlichen sowie zu dessen psychosozialen Bedingungen durchgeführt werden müssen. Ohne die hierbei zu schaffende Erkenntnisgrundlage lassen sich die differenzierten Voraussetzungen der verschiedenen Rechtsfolgen gar nicht ausreichend prüfen (und iU auch die Entscheidungen nach § 3 und § 105 Abs. 1 nicht angemessen treffen).

Die dahingehenden Erforschungsnotwendigkeiten bestehen nicht nur für 10 das Gericht in der HV (dort als Bestandteil der JGG-spezifischen Aufklärungspflicht), sondern nach § 43 bereits im **Vorverfahren** und in Vorbereitung der HV (ggf. auch zur Vorbereitung einer Diversionsentscheidung (s.

aber einschr. → Rn. 12)). Deshalb müssen die personenbezogenen Nachforschungen im Ermittlungsverfahren einem deutlich höheren Anforderungsniveau als im allg. StVerf gerecht werden. Die dort geltenden Maßgaben (§ 160 Abs. 3 StPO) werden durch diejenigen des § 43 verdrängt (§ 2
Abs. 2). Dies gilt aber allein für den individuellen Lebenszusammenhang, in
dem die vorgeworfene Tat des Jugendlichen steht. Soweit es um die Aufklärung des vorgeworfenen **Tatgeschehens** geht, muss sich das Vorgehen
dagegen auch im jugendstrafrechtlichen Ermittlungsverfahren an den allg.
Ermittlungspflichten (152 Abs. 2, 160, 163 StPO) und deren allg. verfas-
sungs- und einfachrechtlichen Grenzen orientieren (zu zusätzlichen jugendstrafprozessualen Einschränkungen s. aber zB § 70c sowie → § 2 Rn. 40 ff.).
Beide Bereiche, dh die personen- wie die tatbezogenen Erforschungen, sind
iÜ „gleichberechtigt" (Beulke/Swoboda JugendStrafR Rn. 710) – ohne dass
sie in ihrem **Nebeneinander** vermengt werden sollten (→ Rn. 17; s. aber
zur Gefahr unguter Vermischungen → § 44 Rn. 4 ff.).

11   **b) Kollidierende Belange.** Die Erfordernisse der Vorschrift stehen in
einem gewissen Spannungsverhältnis zum **jugendstrafrechtlichen Beschleunigungsprinzip**, dessen erzieherische Berechtigung va auf der Verkürzung verfahrensbedingter Belastungen für den Beschuldigten beruht
(→ Einl. Rn. 42 f.). Das macht eine zügige Vornahme der notwendigen
Informations-, Ermittlungs- und Berichtshandlungen notwendig (vgl. RL 6;
n. → § 38 Rn. 34 ff.). Auch kann auf besonders zeitraubende Nachforschungen, deren Erkenntnisgewinn nicht absehbar substanziell ist, ggf. verzichtet
werden. Unter Berücksichtigung des Grades bestehender **Verfahrensbelas-
tungen** (zB U-Haft ja oder nein), muss hierbei stets ein angemessenes
Verhältnis von absehbarem (Zeit-)Aufwand und (Informations-)Nutzen gefunden werden. Dabei spricht der sich abzeichnende Bedarf an einer **per-
sönlichkeitsadäquaten Intervention** durch eine besonders geeignete
Rechtsfolge für die Informationserhebung und gegen eine abgekürzte Ermittlung. Aus diesem Grund ist eine Anklageerhebung vor Abschluss der
personenbezogenen Ermittlungen nicht unbedenklich (eher anders Brun-
ner/Dölling Rn. 22) und an die in § 46a geregelten Bedingungen geknüpft.

12   Informationserhebungen, die gem. § 43 in Umsetzung der besonderen
Aufklärungspflicht erfolgen, finden im **Grundsatz der Verhältnismäßigkeit** eine übergreifende Zulässigkeitsgrenze. Speziell für die Untersuchung
des Jugendlichen wird diese verfassungsrechtliche Eingriffsbeschränkung sogar in Abs. 2 S. 1 knapp repliziert („soweit erforderlich"). Ausmaß und
Intensität der Ermittlungen dürfen aber auch iRv Abs. 1 nicht über das
hinausgehen, was bezogen auf den Ermittlungszweck notwendig und angemessen ist. Kommt es auf die personenbezogenen Informationen für die
Rechtsfolge ausnahmsweise einmal nicht an oder liegen diese Informationen
schon vor, ist zumindest auf eingriffsinvasive Nachforschungen zu verzichten. Insbes. dürfen die Ermittlungen nur so lange geführt werden, wie
angesichts der Tat überhaupt mit einer Maßnahme und (noch) nicht mit
einer **Einstellung** gem. § 45 oder gem. §§ 153, 170 Abs. 2 StPO zu
rechnen ist. Unabhängig von der grundrechtlichen Zwangsläufigkeit solcher
Konsequenzen entsprechen diese auch dem erzieherischen Anliegen, da
Jugendliche für die Proportionalität staatlicher Reaktionen auf ihr Verhalten
durchaus sensibel sein dürften.

III. Ermittlungen zur Person

1. Möglicher Umfang und nötige Ausrichtung

a) Gegenstände der Ermittlung. Die Gruppe der in **Abs. 1 S. 1** aus- 13
drücklich benannten Gegenstände der Erforschung ist nicht überzeugend.
Angesichts der Notwendigkeit, die Persönlichkeit des Jugendlichen in ihrer
bisherigen und laufenden psychosozialen Entwicklung ebenso wie in ihren
sozialen Beziehungen zu erforschen, bedürfte es dynamischer und interaktionistischer Konzepte, während das Gesetz eher von einem statischen Eigen-
schaftsbündel auszugehen scheint. Allerdings ist die normtextliche Aufzählung nach allgA ohnehin nicht als abschließendes und verbindliches Spektrum von Untersuchungsgegenständen zu verstehen. Die in Abs. 1 S. 1
genannten Persönlichkeitsdimensionen bieten lediglich Anhaltspunkte, sodass die Ermittlungen auf **sämtliche Merkmale** der Persönlichkeit, Sozialisation und Lebenswelt des Beschuldigten gerichtet werden können, soweit
diese für eine jugendstrafrechtliche Entscheidung möglicherweise relevant
sind. Zu den zu erhebenden Merkmalsausprägungen zählen deshalb bspw.
auch Normen- und Wertvorstellungen des Jugendlichen und der für ihn
relevanten Bezugspersonen und Gleichaltrigen-Gruppen, das Verhältnis zwischen dem Jugendlichen und dem (mutmaßlichen) Opfer, aber auch Hintergründe der (ihm vorgeworfenen) Tat (n. → § 5 Rn. 61 ff.). Bisweilen findet
sich in der **Praxis** allerdings eine gewisse inhaltlich standardisierende Verengung (etwa auf den Leistungsbereich (Schule, Berufsausbildung und -tätig-
keit) und die Gegebenheiten in der Herkunftsfamilie).

b) Methodische Orientierung. Bei den kriminologischen Forschungs- 14
ergebnissen über Zusammenhänge zwischen delinquentem Verhalten und
personalen oder sozialen „Umständen" (n. → § 5 Rn. 47 ff.) ist deren **pro-
babilistisch**-statistischer Charakter zu berücksichtigen. Es handelt sich also
allein um Risikofaktoren, die sich zudem nur in komplexen Wechselwir-
kungs- und Verstärkungszusammenhängen bemerkbar machen. Selbst wenn
die personenbezogenen Nachforschungen die fallbezogene Einschlägigkeit
solcher Faktoren aufzeigen, ergibt sich aus ihrer (möglichen) kriminogenen
Relevanz iÜ auch nicht ohne weiteres, welche interventionsbezogenen
Konsequenzen daraus folgen (dazu aber auch → § 5 Rn. 67 ff.). Insgesamt
bedarf es also **vorsichtiger** Interpretationen. Um den Wirkungen (auch
unbewusst) vorgefasster Annahmen entgegenzusteuern, ist iÜ nicht nur die
fortlaufende Aktualisierung, sondern ebenso eine Überprüfung und ggf. korrigierende Ersetzung der zusammengetragenen Angaben erforderlich. Anderenfalls werden einzelne Informationen leicht als gegeben akzeptiert und
vorschnell anerkannt oder verallgemeinert. Zu einer **problembewussten
methodischen Haltung** zählt ferner das selbstreflektierende Bemühen um
eine Eingrenzung abträglicher Heuristiken. Das betrifft etwa die tendenzielle
Überschätzung solcher neuen Informationen, die sich zu einer etwaigen
früheren Entscheidung oder einem bereits entstandenen „inneren Bild" von
der Persönlichkeit des Angeklagten konsonant verhalten (wohingegen die
insoweit dissonanten Informationen systematisch abgewertet werden).

2. Pflichtenadressat und durchführende Institutionen

15   **a) JStA und Polizei.** Durch § 43 verpflichtet wird der JStA (für das JGericht s. → Rn. 10). Das geht zwar nicht explizit aus dem Normtext hervor, ergibt sich aber aus deren **Verfahrensherrschaft** im Vorverfahren (diese ebenfalls bej. Laubenthal Jugendgerichtshilfe 64; Beulke FS Kreuzer, 2008, 66). Da die Vorschrift die allg. Aufklärungspflichten, die in der Ermittlungsphase bestehen, für das JStV sachlich erweitert und da diese Aufklärungspflichten im allg. StVR an die StA gerichtet sind (vgl. etwa Kölbel in MüKoStPO StPO § 160 Rn. 76), muss dies entspr. auch für § 43 gelten. Zur Umsetzung dieser Verpflichtung kann sich die JStA der **Polizei** bedienen, die dann hierbei (ebenso wie bei den tatbezogenen Ermittlungen) iR eines **gesetzlichen Auftragsverhältnisses** (§ 161 Abs. 1 StPO iVm § 2 Abs. 2) tätig wird. Zugleich kann die JStA die Persönlichkeitserforschung aber auch **eigenständig** durchführen, etwa durch Anforderung von Akten und Berichten anderer Stellen (Brunner/Dölling Rn. 14). Wünschenswert ist dies im Interesse der Ergebnisqualität aber allenfalls als ein ergänzendes Vorgehen. In der **Praxis** findet dergleichen wohl ohnehin nur höchst selten statt. Auch auf die Vernehmung durch den JStA (oder JRichter), die § 44 bei absehbarer JStrafe vorsieht, wird meist verzichtet (n. → § 44 Rn. 6 f.)

16   **b) Einbindung der JGH.** Auf der Grundlage **jugendhilferechtlicher** Pflichten gem. § 52 SGB VIII (s. → § 38 Rn. 2) wird ferner die JGH ermittelnd tätig (→ § 38 Rn. 18 ff.). Um im JStV sozialpädagogische Gesichtspunkte zur Geltung zu bringen, unterstützt sie die diese Weise der Strafverfolgungsbehörden (§ 38 Abs. 2), wozu sie ggü. der JStA (sofern diese hierauf nicht verzichtet) gem. § 38 Abs. 3 S. 1 und Abs. 7 S. 1 auch verpflichtet ist (→ n. § 38 Rn. 9 f.). Durch ihre Zuarbeit ermöglicht die JGH dem JStA, seinen Pflichten aus Abs. 1 S. 1 nachzukommen. Ein eigener **Adressat** von § 43 ist sie aber **nicht**. Die JGH untersteht auch in keiner Weise der Leitung oder Überwachung durch die JStA, ist in deren Verfahrensherrschaft also nicht integriert (abw. Brunner/Dölling Rn. 3).

17   **c) Aufgabenverteilung.** Eine abgestimmte arbeitsteilige, personenbezogene Ermittlung von Polizei und JGH stieße von vornherein an enge Grenzen, weil die JHilfe dem Wohl des Jugendlichen und dem Prinzip des langfristig wirksamen Angebots, die Polizei dagegen der Tataufklärung und dem Legalitätsprinzip verpflichtet ist (zu einigen Formen der einzelfallbezogenen Kooperation, in denen diese Rollendifferenz in problematischer Weise ignoriert wird, s. → § 37a Rn. 15 ff.). Angesichts der deutlichen Unterschiede in den Aufträgen und Selbstverständnissen (n. etwa Möller in Dollinger/Schmidt-Semisch Jugendkriminalität-Hdb, 428 ff.) ist grds. eine klare **Aufgabenteilung und -trennung** vorzugswürdig (vgl. auch Sonnen in Diemer/Schatz/Sonnen Rn. 4; erg. Zieger/Nöding Verteidigung Rn. 187 ff.). Danach erfolgt die gezielte Persönlichkeits- und Umfelderforschung von Anbeginn und soweit als möglich **allein** durch den Vertreter der **JGH** (ohne dass dabei dessen Betreuungsfunktion (vgl. → § 38 Rn. 14 ff.) vernachlässigt werden darf (ebenso Riekenbrauk GS Walter, 2014, 387)). Die JGH ist deshalb gem. **Abs. 1 S. 4** iVm § 38 Abs. 6 S. 2 und § 70 Abs. 2 – durch den JStA oder in dessen Auftrag durch die Polizei – so früh wie möglich über die Aufnahme von Ermittlungen gegen den fraglichen Jugendlichen zu informieren (→ n. § 38 Rn. 59). Daraufhin müssen die Erhebungen der

JGH mit der notwendigen Zügigkeit und fallangepassten Intensität **zeitgleich** mit der polizeilichen Verdachtsaufklärung erfolgen (→ § 38 Rn. 34 ff.). Die **Polizei** steuert (ggü. der JStA) hingegen im Wesentlichen nur solche Erkenntnisse zum Beschuldigten und seinen Lebenszusammenhängen bei, die im Zuge der deliktsbezogenen Sachermittlungen anfallen (s. aber auch → § 45 Rn. 43 ff.). Dazu gehört etwa der in der Vernehmung gewonnene „persönliche Eindruck" (dazu PDV 382 Nr. 3.6.14), aber auch jeder andere „bei Gelegenheit" gemachte Befund (dazu und zur Dokumentation im sog. Eindrucksvermerk s. Lemme/Körner/Schrader ZJJ 2021, 337 (341)).

d) Besonderheiten bei U-Haft. Befindet sich der Jugendliche in U- **18** Haft, sind der Anstaltsleiter und die von ihm beauftragten Bediensteten verpflichtet, va mit Blick auf schulische und Ausbildungsmaßnahmen in der Haft (→ § 89c Rn. 82) den individuellen Förder- und Erziehungsbedarf zu ermitteln und sich dabei auch mit der Persönlichkeit des Betroffenen zu befassen (dies sogar explizit vorschreibend § 72 Abs. 1 S. 1 und 2 BWJVollzGB II: „soll sich mit der Erforschung der Persönlichkeit junger Untersuchungsgefangener befassen. (…) dient der Gestaltung des Untersuchungshaftvollzugs"). Dafür ist es (neben einem etwa geeigneten Ausbildungshintergrund) erforderlich, dass die beauftragten Personen von ihrer zeitlichen und organisatorischen Beanspruchung her in der Lage sind, diese Aufgabe angemessen zu erfüllen. Daher empfiehlt es sich, den Vertreter der JGH an dieser Aufgabe zu beteiligen (besonders deutlich § 72 Abs. 1 S. 3 BWJVollzGB II: „in Zusammenarbeit"), gerade auch im Hinblick auf seine Betreuungsfunktion. Soweit von der Vollzugsanstalt ein **Bericht** über deren **Persönlichkeitserforschung** angefordert wird (vgl. RL 3), ist darin indes dafür Sorge zu tragen, dass keine Informationen über die in Frage stehende strafbare Handlung selbst mitgeteilt werden. Denn die Haftanstalt hat kein Mandat für nicht-personenbezogene Ermittlungen (s. bereits Dallinger/Lackner Rn. 38; vgl. erg. → § 38 Rn. 27).

3. Erkenntnisquellen

a) Der Beschuldigte und sein familiäres Umfeld. Der wichtigste **19** Ermittlungsteil liegt im Kontakt mit dem Jugendlichen und in dessen Äußerungsformen, idR dem Gespräch (s. dazu im Einzelnen → § 38 Rn. 25 ff.). Im Vordergrund sollten dabei die Mitteilungsinhalte stehen. Die darüber hinaus gemachten **Begleitbeobachtungen** (im Verhalten des Beschuldigten, in Gestik und Mimik, ggf. der Kleidung usw.) sind für Fehlinterpretationen im höchsten Maße anfällig und daher nach Möglichkeit nicht einzubeziehen.

Abs. 1 S. 2 sieht für den Normalfall („… sollen, soweit möglich …") die **20** Anhörung der **Erziehungsberechtigten** und gesetzlichen Vertreter vor. Auf diesem Weg werden Informationen über die Familienverhältnisse und die familiäre Sozialisation des Jugendlichen erhoben (zur sozialrechtlichen Grundlage bei entspr. Erhebungen durch die JGH → § 38 Rn. 28 f.). Zudem kann dieser Kontakt die Grundlage schaffen, um die Eltern in die Vorbereitung und Durchführung einer erzieherischen Maßnahme einzubeziehen – sei es iRv § 45 Abs. 2 S. 1 bzw. § 47 Abs. 1 Nr. 2 (n. → § 45 Rn. 32) oder bei einer förmlichen Rechtsfolge. Deshalb kann eine Anhörung nur in besonderen Ausnahmefällen unterbleiben. Das ist etwa in Anlehnung an Abs. 1 S. 3 bei Absehbarkeit von Uneinsichtigkeit und unangemessenen Reaktionen der Eltern ggü. dem Jugendlichen oder in den (Ausschluss-)Konstellationen iSv §§ 51 Abs. 2, 67 Abs. 4, 67a Abs. 3 der Fall (aA Sommerfeld in NK-JGG Rn. 18 (nur bei „faktischen Hindernissen"); s. auch Schwer Stellung 64, 84). Dass die Eltern ihre Erziehungskompetenz allein schon durch die Anhörung in Frage gestellt sehen könnten, stellt keinen Verzichtsgrund dar. Vielmehr kann diese Haltung und der daraus hervorgehende Umgang mit den Kindern gerade näheren Aufschluss über die tatsächlichen innerfamiliären Prozesse geben.

21   **b) Schule und Ausbildende.** Prinzipiell kann im Rahmen der personenbezogenen Ermittlungen auch das Gespräch mit Dritten außerhalb des familiären Bereichs geführt werden (de lege lata für Untersagung dieser Möglichkeit Albrecht DJT 2002, D 129; dagegen Laubenthal JZ 2002, 807 (815)). Abs. 1 S. 2 erwähnt insofern die Einrichtungen, in denen der Jugendliche eine (Schul-)Ausbildung erhält. Hier sind zunächst einmal Informationen über das **Leistungsverhalten** des Beschuldigten zu erlangen. Darüber hinaus sollte trotz der damit verbundenen Schwierigkeiten versucht werden, Einsichten auch in dessen **Sozialverhalten** zu gewinnen. Dieses wird gerade auch in den Bildungseinrichtungen oft sichtbar, da der Beschuldigte dort idR erhebliche Zeitanteile im Kontakt mit Gleichaltrigen und Lehrpersonal verbringt. Diese können daher (vorbehaltlich ggf. verzerrender Mechanismen sozialer Wahrnehmung) nicht selten mehr und/oder anderes über den Jugendlichen berichten als zB die Eltern.

22   Die Anhörung der Bildungseinrichtung „soll", soweit keine faktischen Hindernisse bestehen, gem. Abs. 1 S. 2 erfolgen. Allerdings **muss** sie **unterbleiben,** wenn es zu **unerwünschten Nachteilen** für den Jugendlichen kommen könnte **(Abs. 1 S. 3).** Der explizit genannte Verlust des Ausbildungs- oder Arbeitsplatzes stellt hierfür ein Beispiel dar – ohne die Relevanz anderer Nachteilsformen auszuschließen oder ein erforderliches Nachteilsniveau vorzugeben. Die Anhörung scheidet also nicht erst bei schweren Folgen aus (Ablehnung eines Ausbildungsplatzes, Nichtübernahme nach Abschluss der Berufsausbildung usw.), sondern auch bei anderweitigen Beeinträchtigungen. Diese sind durchaus häufig zu erwarten, weil das Wissen um die Verdachtsbetroffenheit des Jugendlichen fast zwangsläufig die Einstellung und Erwartungshaltung diesem ggü. beeinflusst (zu Folgen → § 5 Rn. 52 aE). Allerdings mag der Beschuldigten-Status nicht in allen schulischen Kontexten als Makel wahrgenommen werden (abhängig bspw. von der sozio-ökonomischen Herkunftsstruktur der Mitschüler, einem ggf. erhöhten schulischen Gewaltklima usw.). Ungeachtet dessen sollte die Polizei die personenbezogenen Ermittlungen in Bildungseinrichtungen der JGH überlassen und nur als äußerste Ausnahme selbst durchführen, dann aber stets in Zivilkleidung (vgl. auch PDV 382 Nr. 3.6.16).

23   **c) Sonstige Personen.** Die Anhörung sonstiger Personen wird durch die Aufzählung in Abs. 1 S. 2 nicht ausgeschlossen (zur entspr. Befugnis der JGH → § 38 Rn. 28 f.). In Betracht kommt hier etwa: der Erziehungsbeistand (§ 12 Nr. 1), der **Betreuungshelfer** (§ 10 Abs. 1 S. 3 Nr. 5), der BewHelfer (§§ 24 f., 29, 88 Abs. 6) oder auch Mitarbeiter aus Einrichtungen der Kinder- und Jugendarbeit. Verschiedentlich kommt ferner die Leitung des **Heimes** oder einer vergleichbaren Einrichtung, in welcher der Jugendliche sich aufhält, in Betracht – auch wenn deren dezidierte Erwähnung in

Abs. 2 aF seit dem 1.1.1991 weggefallen ist (→ Rn. 7). Sollten mit der Anhörung indes Nachteile für den Jugendlichen verbunden sein, kommt sie nach dem Schutzgedanken des Abs. 1 S. 3 nicht in Betracht. Besonderheiten gelten iÜ für den **Sachverständigen,** der den Jugendlichen iRv Abs. 2 untersucht (vgl. → Rn. 27 ff.), und für die Anhörung des **Disziplinarvorgesetzten** in Verfahren gegen eine Soldatin oder einen Soldaten (vgl. → § 112d Rn. 5).

d) Dokumentationen. Im Rahmen ihrer allg. Befugnis (§ 161 Abs. 1 **24** S. 1 StPO iVm § 2 Abs. 2) und in den jeweils zu berücksichtigenden datenschutzrechtlichen Grenzen kann die **JStA** auch für die personenbezogene Ermittlung von anderen Behörden (schriftliche) **Auskünfte** zum Beschuldigten anfordern. Im Umfang der §§ 41, 61 BZRG ist ferner das Ersuchen um unbeschränkte Auskunft aus dem **BZR** und dem Erziehungsregister zulässig.

Der **JGH** ist die Zuziehung und Verwertung von **Akten** der JHilfe und **25** anderen Behörden nur eingeschränkt erlaubt (zu den datenschutzrechtlichen Beschränkungen → § 38 Rn. 30 f.). Ohnehin sind solche Akten sachlich nur begrenzt für die personenbezogenen Ermittlungen geeignet (→ § 38 Rn. 32 f.). Nur unter diesem doppelten Vorbehalt kommt eine ganze Reihe aktenförmiger Quellen als Informationsgrundlage in Betracht (Akten über vorausgegangene Verurteilungen, etwaige familiengerichtliche Akten bzw. Personalakten von Heimen und/oder von Vollzugsanstalten)

Erhebliche Bedenken bestehen dagegen, Polizeiakten heranzuziehen, die **26** Informationen über **Verfehlungen** des Jugendlichen **im strafunmündigen Kindesalter** beinhalten (zur Problematik iZm der Erfassung, Speicherung und Löschung → § 1 Rn. 20 f.). Ihre spätere Berücksichtigung bei personenbezogenen Ermittlungen unterläuft die zeitlichen Verwertbarkeitsgrenzen des BZRG (weil für das damalige Verfahren gar keine Eintragung erfolgt) und die Unschuldsvermutung (weil die damaligen Verdachtsfeststellungen nie verifiziert worden sind (→ Einl. Rn. 23)). Aus kriminologischer Warte wäre – selbst wenn sich mit Hilfe der fraglichen Akteninformationen zuverlässig von einer ausgeprägten frühen Delinquenz im Kindesalter ausgehen ließe – der prognostische Wert der fraglichen Informationen ohnehin nur gering (n. → § 5 Rn. 59), was bei deren Berücksichtigung für die Persönlichkeitsbeurteilung leicht verkannt werden kann.

IV. Untersuchung durch einen Sachverständigen (Abs. 2)

1. Hinreichender Anlass zur Beauftragung

a) Anforderungen. Nach Abs. 2 S. 1 kann durch die justizielle Aufklä- **27** rungspflicht im Rahmen der personenbezogenen Ermittlungen auch eine Untersuchung durch einen Sachverständigen veranlasst werden. Dabei darf es insbes. um die Klärung des **Entwicklungsstandes** (etwa für die Fragen iZm § 3 und § 105 Abs. 1) oder um andere individuelle **Eigenschaften des Beschuldigten** gehen, sofern diese für Entscheidungen im konkreten Verfahren von Bedeutung („wesentlich") sind. Falls die besagten Fragen im Wege der regulären Ermittlungen iSv Abs. 1 und durch justizielle Einschätzung beantwortet werden können, scheidet eine Untersuchung hingegen aus. Der Gutachtenauftrag ist also grds. **subsidiär.** Dies ergibt sich bereits aus dem Normtext, denn die Begutachtung muss hiernach (auch im Vergleich mit anderen Aufklärungsmöglichkeiten) notwendig sein, um den Erfordernissen der Aufklärungspflicht zu entsprechen („soweit erforderlich").

28   Auch nach dem **Verhältnismäßigkeitsgrundsatz** ist eine Untersuchung samt der mit ihr verbundenen Einzeleingriffe nur dann zu rechtfertigen, wenn die relevanten Feststellungen nicht ebenso gut in der oben (→ Rn. 19 ff.) erörterten Weise zu treffen sind. Außerdem müssen die untersuchungsabhängigen Rechtsfragen hiernach von solchem Gewicht sein, dass dies zur Schwere der Untersuchungseingriffe – einschließlich der damit einhergehenden Kostenfolgen (→ § 74 Rn. 14) – nicht in einem Missverhältnis steht (→ Rn. 12). Die Begutachtung kommt deshalb allein bei schwierigen und zugleich hoch relevanten Sachverhalten in Betracht. Dies ist umso eher gegeben, je mehr die zu prüfende Frage dem **gesetzlichen Modell** der strafprozessual obligatorischen Begutachtungsfälle (→ § 7 Rn. 9, 20, 44) entspricht und sich den für §§ 81, 246a StPO iVm § 2 Abs. 2 maßgeblichen Konstellationen annähert: Es muss also im Hinblick auf stationäre oder ähnlich **gewichtige** Rechtsfolgen auf solche Umstände in der Person des Beschuldigten ankommen, die in ihrer **Komplexität** hinter psychischen Krankheiten, Abhängigkeiten und der individuellen „Gefährlichkeit" jedenfalls nicht weit zurückbleiben. – Skeptisch zu sehen ist die deutlich weitergehende Erwägung, in Fällen mit absehbar stationären Rechtsfolgen die Persönlichkeitsbeurteilung durch einen Sachverständigen stets obligatorisch werden zu lassen (zu entspr. Vorschlägen s. 22. Aufl. Rn. 27). Die darin liegende (verstärkte) Delegation von Entscheidungsverantwortung wäre – auch weil Sachverständige nicht frei von Stereotypen und kognitiven Verzerrungen sind (vgl. etwa Neal/Brodsky Psychology, Public Policy, and Law 22 (2016), 58) – ohne eine hinreichende rechtliche Nachprüfungsmöglichkeit schwerlich ausbalanciert (grdl. schon Krauss ZStW 1985 (1973), 320 (334 ff.)).

29   **b) Einzelfälle.** Nach den vorgenannten Kriterien ist hinsichtlich der Voraussetzungen von **§ 17 Abs. 2 Alt. 1** eine Untersuchung häufig veranlasst (n. → § 17 Rn. 38). Umgekehrt kommt die Beauftragung eines Sachverständigen **nicht** in Betracht, wenn dem Ermittlungsverfahren ein **bagatellarisches** Delikt zugrunde liegt und/oder wenn die zu erwartende Rechtsfolge zu den mit einer Gutachtenerstellung zusammenhängenden Folgen außer Verhältnis stünde (Einstellung, Ermahnung, Verkehrsunterricht). Hinweise auf psychopathologische Einschränkungen iSv **§§ 20, 21 StGB** sind immer ein Anlass, wobei die Begehung eines besonders schweren Delikts schon für sich genommen ein entspr. Hinweis sein kann (BGH NStZ 2008, 644; n. Basdorf HRRS 2008, 275). Bestehen Unklarheiten bzgl. des Vorliegens subjektiver Tatbestandsmerkmale (→ § 2 Rn. 28 ff.) oder liegen bzgl. des Entwicklungsstandes iSv **§§ 3, 105 Abs. 1 Nr. 1** widersprüchliche oder atypische Informationen vor (→ § 3 Rn. 32, → § 105 Rn. 19) oder ist die Zweckmäßigkeit iSv **§ 31 Abs. 3** zweifelhaft (BGH NStZ 2000, 263), ist eine Untersuchung angezeigt, wenn dies auch durch die Schwere der sich abzeichnenden Rechtsfolge gerechtfertigt wird. Muss die Untersuchung aus Verhältnismäßigkeitsgründen unterbleiben, hat das Gericht den Unklarheiten ggf. in dubio pro reo Rechnung zu tragen.

2. Beauftragung

a) JGericht und JStA als Berechtigte. Neben dem **JGericht** (§ 73 **30**
Abs. 1 StPO iVm § 2 Abs. 2) ist allein noch der **JStA** (im Vorverfahren)
berechtigt, eine sachverständige Untersuchung iSv Abs. 2 auszulösen (§ 161a
Abs. 1 S. 1 iVm § 2 Abs. 2). Diese Möglichkeit scheint häufig in Anspruch
genommen zu werden (Barton StV 1983, 73 (74); Hörner/Liebau/Foerster
MschKrim 1988, 395 (397); Schepker, Zur Indikationsstellung jugendpsy-
chiatrischer Gerichtsgutachten, 1998, 145). Eine dahingehende Befugnis der
Polizei, die wegen der fehlenden Rechtsgrundlage schon im allg. StVR
bezweifelt werden muss (vgl. mwN Kölbel in MüKoStPO StPO § 163
Rn. 13), ist jedenfalls im JStV abzulehnen (ebenso Czerner/Habetha in HK-
JGG Rn. 42). Sie kann (wie die JGH) eine Untersuchung nicht veranlassen,
sondern nur anregen.

b) Prozessuale Lage. Über die Herbeiführung einer Untersuchung sollte **31**
idR der für die **Eröffnung des Hauptverfahrens** zuständige JRichter entscheiden, da die Erforderlichkeit aus der Sicht einer zu erwartenden HV zu
prüfen ist und teilw. erst beurteilt werden kann, wenn die Ergebnisse der
anderweitigen Persönlichkeitserforschung vorliegen. Beauftragt der JStA einen Sachverständigen im **Vorverfahren,** empfiehlt sich eine Abstimmung
mit dem JRichter, um über den konkreten Gegenstand des Auftrages eine
Übereinkunft zu erzielen. Dem Verteidiger ist Gelegenheit zur Stellungnahme zu geben (Nr. 70 Abs. 1 RiStBV). Ist ein solcher noch nicht eingebunden, ist es vielfach angezeigt, zunächst erst noch die Beiordnung eines
Verteidigers zu beantragen. Wenn es zur Vorbereitung des Gutachtens einer
Unterbringung des Jugendlichen nach § 73 bedarf, ergibt sich das aus § 68
Nr. 4, und sonst oftmals aus § 68 Nr. 1 iVm § 140 Abs. 2 StPO (→ § 68
Rn. 26). Dadurch kann auch der Gefahr eines Dissenses über die Geeignetheit des Sachverständigen und sich daran anknüpfender Folgen (§ 74 StPO
iVm § 2 Abs. 2) vorgebeugt werden (zust. Hartman-Hilter Verteidigung
161).

3. Bestimmung der Untersuchungsmodalitäten

Auch betr. die anzuordnende **Art und Form** der Untersuchung, die für **32**
die Begutachtung erforderlich wird, ist, soweit es nicht die allein die vom
Sachverständigen zu bestimmenden Untersuchungsmethoden im engeren
Sinne betrifft, nach dem Grundsatz der **Verhältnismäßigkeit** stets dasjenige
Vorgehen zu wählen, das den Jugendlichen am wenigsten belastet und ihn
insbes. nicht aus seinem gewohnten Lebensumkreis herausreißt (zutr. bereits
Dallinger/Lackner Rn. 47). Ggf. muss sich der JRichter bzw. der JStA deshalb iRd Auftragserteilung über den erforderlich werdenden Unter-
suchungsumfang in Kenntnis setzen lassen und ggf. seiner Leitungspflicht
nachkommen (vgl. § 78 StPO iVm § 2 Abs. 2). Angesichts der deutlich
geringeren Eingriffsintensität ist die **ambulante** Form der Untersuchung
stets vorrangig. Nur wenn die Untersuchung in dieser Weise nicht durchgeführt werden kann (weil sie eine **längere Beobachtung** unerlässlich
erfordert), kann unter den Voraussetzungen von § 73 Abs. 1 durch jugendrichterliche Anordnung die Unterbringung in einer geeigneten Anstalt erfolgen. An deren Erforderlichkeit fehlt es, wenn sich die Untersuchung gelegentlich einer einstweiligen Unterbringung in einem Erziehungsheim (§§ 71

Abs. 2, 72 Abs. 4) bzw. einer angeordneten U-Haft (§ 72 Abs. 1) vornehmen lässt. Sind **körperliche Eingriffe** für die Untersuchungsfrage erforderlich, bestimmt sich deren Zulässigkeit nach allgA allein durch §§ 81a, 81b
StPO iVm § 2 Abs. 2 (s. → § 73 Rn. 5).

33   Zur ambulanten Untersuchung wird der Jugendliche durch den JRichter
(bzw. den JStA) schriftlich geladen. Kommt er dem nicht nach, muss der
Sachverständige auf verschiedenen Kontaktwegen versuchen, ihn zum **Erscheinen** zu bewegen (Eisenberg BeweisR StPO Rn. 1797a). Eine Vorführung scheidet aus (Czerner/Habetha in HK-JGG Rn. 55). Unabhängig
davon, dass diese sich kaum mit einer jugendgemäßen Verfahrensgestaltung
vertrüge, ist das Verhalten des Jugendlichen als zulässige Mitwirkungsverweigerung zu akzeptieren. Es kommt allenfalls eine Ladung vor den JStA
und ein Vorgehen nach § 80 Abs. 2 StPO iVm § 2 Abs. 2 in Betracht.
Findet der Untersuchungstermin statt, haben die gem. § 67 Abs. 1 Berechtigten hier, sofern der Betroffene einverstanden ist, ein **Anwesenheitsrecht.**
Auch der Verteidiger ist zur Exploration zuzulassen (Czerner/Habetha in
HK-JGG Rn. 58; Dreßing/Foerster in VFDH Psych. Begutachtung-HdB
17). Da das Gesetz aber keinen dahingehenden Anspruch vorsieht, steht dies
unter dem Vorbehalt, dass der Sachverständige hiergegen keine Einwände
hat (so zum allg. StR BGH NStZ 2003, 101; NStZ 2008, 229 (betr. § 80
StPO)). Den Schutzbelangen des Jugendlichen wird mit dieser Rechtslage
zwar nur unzureichend Rechnung getragen. Durch eine entspr. konditio-
nierte Mitwirkungsbereitschaft kann die Anwesenheit des Verteidigers aber
vielfach erzwungen werden.

4. Geeignetheit des Sachverständigen

34   a) **Jugendspezifische Kompetenzen.** Zu fachlichen Qualifikationen
und der fachlich-disziplinären Zugehörigkeit des Sachverständigen macht
das Gesetz keine Vorgaben. Allerdings lässt die Entstehungsgeschichte der
Vorschrift (vgl. → Rn. 6) erkennen, dass mit der Ersetzung des Begriffs
„Jugendarzt" (§ 28 Abs. 3 RJGG 1943) der Kreis der in Betracht kommenden Gutachter über den Bereich medizinischer Sachverständiger hinaus
erweitert worden ist (ebenso Hauber Funktionsverteilung 156, 160). Unterstrichen wurde diese disziplinäre Offenheit im Gesetzgebungsverlauf zudem
durch die Streichung des Begriffs „kriminalbiologisch" (→ Rn. 7). Eindeutig
ist das Gesetz aber darin, für den Regelfall („nach Möglichkeit soll") die
Bestellung von Personen mit einer **altersgruppenspezifischen** Expertise
einzufordern („zur Untersuchung von Jugendlichen befähigt"). Diese Befähigung ist ein **maßgebendes Kriterium der Geeignetheit** der zu beauftragenden Person (tendenziell zust. Schneider in BeckOK JGG Rn. 23).

35   Die Notwendigkeit einer jugendspezifischen Expertise ist durch die **Eigenständigkeit** der im JStV zu beurteilenden Problemlagen bestimmt. So
ist im psychiatrisch-psychologischen Zusammenhang bspw. anerkannt, dass
bei noch im Entwicklungsprozess stehenden Jugendlichen und Heranwachsenden die Zuschreibung einer Persönlichkeitsstörung unzulässig ist. Da die
zeitliche Konstanz der Symptome eine wesentliche Bedingung für das Konzept der Persönlichkeitsstörung darstellt, kann das Vorliegen einer entspr.
Ausprägung grds. erst bei Erwachsenen, zumindest aber nicht vor der Adoleszenz bejaht werden. Dies ist auch den vielfältigen und mitunter dramati-
schen, aber fluktuierenden und in ihrer Symptomatik instabilen Pubertäts-,

Reifungs- oder Identitätskrisen geschuldet. Auch deshalb wird teilw. empfohlen, die gängigen psychiatrischen Klassifikationsschemata allenfalls in Ausnahmefällen schon bei 16- oder 17-Jährigen anzuwenden (vgl. auch Tölle/ Windgassen Psychiatrie 109; zur teilw. abw. Gutachterpraxis Kern, Jugendliche und heranwachsende Tötungsdelinquente (1950–1979), 2010, 103 f.; s. auch Remschmidt, Tötungs- und Gewaltdelikte junger Menschen, 2012, 204). Das spezielle jugendbezogene Anforderungsniveau wird in der Rspr. allerdings dadurch nivelliert, dass bspw. eine jugendpsychiatrische Kompetenz auch durch einen allg. (forensischen) Psychiater abgedeckt sein soll (etwa BGHR § 244 Abs. 4 S. 2 Zweitgutachter 4 = BeckRS 1996, 31090910; abl. Eisenberg HRRS 2012, 466 (467)).

b) Gegenstandsspezifische Kompetenzen. Die disziplinäre Offenheit **36** von Abs. 2 (→ Rn. 34) überlässt die Festlegung des jeweils notwendigen Fachs der beauftragenden Institution. In dieser Hinsicht wird von ihnen traditionell für die Beantwortung von Fragen zu krankhaften Verhaltens- und Erlebensweisen (nebst deren körperlichen Befunden) die Beauftragung eines psychiatrischen Gutachters und für die Beurteilung nicht-pathologischer Zustände und Prozesse die Bestellung va von psychologischen oder kriminologischen Sachverständigen gefordert (s. etwa schon Peters in Undeutsch Psych-HdB 768, 780). Die **Rspr.** bleibt dahinter seit jeher zurück und lässt die Begutachtung nicht-krankhafter Zustände auch durch einen Fachvertreter der Psychiatrie zu (BGHSt 34, 357 = NJW 1987, 2593). Der fortschreitenden Diversifizierung, Differenzierung und Spezialisierung in den Wissenschaften wird allerdings nur eine genauere **Entsprechung von Gegenstand und Expertise** gerecht.

Wohl entgegen der Praxis (exemplarisch LG Berlin nach BGH NStZ **37** 2007, 522) ist eine **Reifebeurteilung** iRv § 3 S. 1 idR durch einen (Entwicklungs- bzw. Kinder- und Jugend-)Psychologen vorzunehmen (Zieger/ Nöding Verteidigung Rn. 42; s. schon Hauber Funktionsverteilung 167; Blau Jura 1982, 393 (399)). Ebenso liegt es bei der Beurteilung Heranwachsender nach **§ 105 Abs. 1 Nr. 1** (eingehend und mwN Lederer StV 2017, 748; zur jugendpsychiatrischen Sicht Schmidt in Warnke/Trott/Remschmidt (Hrsg.), Forensische Kinder- und Jugendpsychiatrie, 1997, 227). Bestehen Anhaltspunkte für psychopathologische Auffälligkeiten, kann aber daneben auch ein Jugendpsychiater, bei entwicklungsuntypisch auffälligem Sozialverhalten uU ein Sozialpädagoge bzw. Psychotherapeut mit forensischer Qualifikation heranzuziehen sein. Die Begutachtung ist von einer ggf. erforderlichen psychiatrischen Untersuchung der Schuldfähigkeit iSv §§ 20, 21 StGB iÜ regelmäßig zu trennen.

Bisweilen kann als Sachverständiger nur berufen werden, wer fallkonkret **38** relevante, **besondere sachgebietliche** Kenntnisse aufweist, bspw. bei Sexualdelikten ein Psychiater mit speziellen Qualifikationen zur Psychopathologie der Sexualität. Bei Fragestellungen zu entspr. Entstehungszusammenhängen kann ein Kriminalsoziologe oder Sozialpsychologe mit dezidierten Kenntnissen über Sozialisationsverläufe in jugendlichen Subkulturen erforderlich sein oder, wenn es um Fragen zur prognostizierbaren Wirksamkeit erzieherischer Maßnahmen geht, ein heilerzieherisch arbeitender Therapeut oder Psychologe bzw. Sozialpädagoge mit praktischer Erfahrung in der Jugendarbeit. Zur Vorbereitung von Entscheidungen gem. § 7 iVm **§§ 63, 64 StGB** (und meist damit im Zusammenhang stehend zu Fragen der §§ 20,

21 StGB iVm § 2 Abs. 2) ist idR ein Jugendpsychiater berufen (vgl. auch Brettel/Höffler medstra 2016, 67). Bei Entscheidungen iZm einer Sicherungsverwahrung kommen Psychologen, Kriminologen, empirisch tätige Straf- bzw. Maßregelvollzugswissenschaftler oder, obgleich das Gesetz nicht von psychopathologischen oder körperlich bedingten Auffälligkeiten ausgeht, auch Psychiater als Sachverständige in Betracht (s. aber Eschelbach/ Wasserburg FS Wolter, 2013, 878: „fachlich unzuständig") – auch hier aber nur bei einer Qualifikation für die Altersgruppe Jugendlicher bzw. Heranwachsender (vgl. exemplarisch Eisenberg FS Kerner, 2013, 577).

5. Auswahl des Sachverständigen

39   **a) Vornahme.** Die Bestimmung des Sachverständigen erfolgt durch die beauftragende Stelle (→ Rn. 30). Ausgewählt und mit der Untersuchung beauftragt werden dürfen nur Personen, die nach den vorgenannten Kriterien der gegenstands- und jugendspezifischen Befähigung hierfür **geeignet** sind. Vorauszusetzen sind ferner ihre Objektivität und **Neutralität.** Das sind Kriterien, die angesichts der empirischen Befunde zu Abhängigkeitsbeziehungen ggü. dem Gericht, zur hohen Übereinstimmung von Gutachten und richterlichen Entscheidungen sowie zur Berücksichtigung richterlicher Erwartungen und Tendenzsignale durch die Sachverständigen (s. Eisenberg/ Kölbel Kriminologie § 30 Rn. 53 ff. mwN) nicht unterstellt werden können. Bei Jugendlichen mit einem noch ausgeprägt vorhandenen Migrationshintergrund und sprachlichen Verständigungsproblemen sollte der Sachverständige die Sprache und die soziokulturellen Umstände der Entwicklung verstehen. Insbes. für Explorationen muss mit der Person des Sachverständigen zudem die Aussicht verbunden sein, dass beim Jugendlichen ein gewisses Vertrauen entsteht (dazu Wasserburg FS Paeffgen, 2015, 691). Zustimmung verdient daher die Empfehlung, dem Beschuldigten vor der Auswahl zwingend eine Gelegenheit zur **Stellungnahme** zu geben (so der Bericht der Expertenkommission zur effektiveren praxistauglicheren Ausgestaltung des allgemeinen Strafverfahrens und des jugendgerichtlichen Verfahrens, 2015, 37 f.; s. bereits Zwiehoff, Das Recht auf den Sachverständigen, 2000, 222 ff., 232 ff.).

40   Der Auswahl des Sachverständigen kommt weithin eine wesentliche, mitunter gar substantiell „vorentscheidende" Bedeutung zu (für ein insofern klar defizitäres Verfahren vgl. zB LG Berlin bei BGH NStZ 2007, 522 mkritAnm Eisenberg/Schmitz NStZ 2008, 94). Dies beruht va auf unterschiedlichen Perspektiven von Sachverständigen bei der Interpretation von Befunden, letztlich aber auch schon bei der – ggf. das Ergebnis beeinflussenden – Wahl zwischen den verschiedenen in Betracht kommenden Erhebungsmethoden. Deshalb müssen die Eignungsmaßstäbe streng gehandhabt werden. Soweit dies zu **Konflikten mit dem Beschleunigungsgebot** führt, weil die wenigen „passenden" Personen die Untersuchung erst später durchführen können, sind moderate Verzögerungen eher als ungeeignete Sachverständige in Kauf zu nehmen, insbes. bei Zustimmung des Beschuldigten zur Verzögerung.

41   **b) Angreifbarkeit.** Der Sachverständige kann gem. § 74 iVm § 2 Abs. 2 wegen Besorgnis der Befangenheit abgelehnt werden (n. Eisenberg BeweisR StPO Rn. 1549 ff.). Eine Möglichkeit, die Auswahl wegen der vielen sonst noch möglichen Eignungsmängeln anzugreifen, besteht nach **hM** aber **nicht** (so im allg. StVR etwa OLG Schleswig StV 2000, 543 = BeckRS 1999, 14403; Trück in MüKoStPO StPO § 73 Rn. 28 unter Verweis auf §§ 202 S. 2, 305 S. 1 StPO; abw. aber zB Beukelmann in Radtke/Hohmann StPO § 73 Rn. 18). Angesichts der weichenstellenden Wirkung, die einem Gutachten zukommen kann, ist es indes kaum überzeugend, dass der Beschuldigte (außer der Gegenvorstellung und dem nur bedingt hilfreichen Selbststellungsrecht) über gar keine Handhabe verfügen soll. Der Eindruck des Jugendlichen, im Verfahren prozedurale Gerechtigkeit zu erfahren (zu dessen Bedeutung für die Entscheidungsakzeptanz und -wirksamkeit vgl. den Forschungsstand bei Kölbel FS Schild, 2018, 60 ff.), wird so jedenfalls unterminiert. Das spricht besonders im JStR für die Anerkennung einer **Beschwerdeoption**.

6. Aspekte der Gutachtenserstellung

Für die Stellung von Sachverständigen, die Funktion von Gutachten und die Rahmenbedingungen ihrer Anfertigung gelten die Grundsätze des allg. StVR entsprechend. Wie sonst auch fungiert der Sachverständige daher iRv Abs. 2 als zu Neutralität und Objektivität verpflichtetes **Wahrnehmungsorgan** des Gerichts (s. BGHSt 9, 292 (293) = NJW 1956, 1526 (1527)). Dem wohnt die Gefahr der Über-Identifikation mit dieser Rolle inne, sodass die Übernahme eines Selbstverständnisses droht, als Teil der Strafverfolgung tätig zu werden. Demgegenüber hat der Sachverständige seine institutionenfremde **Unabhängigkeit** zu wahren. **42**

Im Rahmen der Untersuchung und insbes. des Untersuchungsgesprächs (ggf. der Exploration) wird der Sachverständige darum bemüht sein, eine Kommunikationsgrundlage zu schaffen und dafür dem Jugendlichen bzw. Heranwachsenden verständlich zu machen, dass es nicht primär um Tataufklärung im engeren Sinne, sondern um Umstände seiner Persönlichkeit und seiner Umgebung geht (Kinze in Häßler/Kinze/Nedopil (Hrsg.), Praxishandbuch Forensische Psychiatrie, 2. Aufl. 2015, 42). Ungeachtet dessen kann das nicht „formalitätenfrei" gehalten werden. Vielmehr ist der Sachverständige verpflichtet, den Betroffenen alsbald in geeigneter Weise (§ 70b Abs. 1 entspr.) davon in Kenntnis zu setzen (zu **„belehren"**), dass er sich keinesfalls äußern oder der Untersuchung mitwirken oder gar selbst belasten muss (str., wie hier BGHSt 35, 32 (35) = NJW 1988, 1223 (1224); Eisenberg BeweisR StPO Rn. 1580 mwN). Diese Pflicht besteht auch, wenn eine solche Belehrung schon durch den JStA oder das JGericht erfolgt ist. Dies gilt umso mehr deshalb, weil der Sachverständige einer Informationspflicht ggü. den Justizorganen unterliegt und das, was der Beschuldigte ihm freiwillig offenbart, uU zu dessen Lasten berücksichtigt werden könnte (s. BGHSt 13, 1 = NJW 1959, 828). **43**

Die **Dokumentation** der Untersuchung erfolgt üblicherweise dadurch, dass der Sachverständige alsbald nach Abschluss des Untersuchungsgesprächs oder der Untersuchungshandlungen ein Protokoll erstellt, wofür ggf. untersuchungsbegleitend schon Notizen gemacht werden. Vorzugswürdig wäre indes eine Audio- und ggf. Videoaufnahme, und zwar auch der Exploration, ua zur Vermeidung von Erinnerungslücken oder gar -verzerrungen. Zugleich schützt diese Art der Dokumentation iErg am ehesten die Belange des Jugendlichen, da von der Aufzeichnung eine steuernde Wirkung hin zu **44** einem korrekten Untersuchungsverhalten ausgehen könnte. Es bestehen hier ähnliche Beschuldigteninteressen wie bei der Vernehmungsaufzeichnung (→ § 70c Rn. 18). Die Gegenauffassung, der es um den verstehenden Zugang zum Beschuldigten zu tun ist und die daher jede juristisch-formale Aufladung der Exploration ablehnt (so etwa Kröber FPPK 2015, 192: Denaturierung der Untersuchung), unterschlägt den Strafverfolgungszweck des Geschehens, um dessentwegen dieses der Kontrolle nicht entzogen sein sollte.

45   Von der gesetzlich nur als Möglichkeit vorgesehenen **Akteneinsicht** durch den Sachverständigen (§ 80 StPO iVm § 2 Abs. 2) sollte wegen der verschiedenen Gefahren einer Beeinflussung durch unbewusste Vorurteilsbildung und diverse Einschränkungen in der sozialen Wahrnehmung (vgl. auch → Rn. 26) – entgegen der ganz und gar gängigen Praxis – nur in unerlässlichem Umfang Gebrauch gemacht werden. – Wegen **Registereintragungen** gelten für den Sachverständigen die allg. Vorschriften (vgl. → § 5 Rn. 78 ff.; relativierende Erwägungen bei Lederer/Dittmann/Graf MschKrim 2010, 442).

7. Vermittlung des Gutachtens

46   Für die **Gestaltung des Gutachtens** werden – bei Vermeidung einer Schematisierung – bestimmte Aufbauprinzipien empfohlen, die den Prozess einer Beurteilung erkennbar machen sollten (s. n. zum forensisch-psychologischen Gutachten Thomae in Undeutsch Psych-HdB 743; zum forensisch-psychiatrischen Gutachten Konrad/Huchzermeier/Rasch, Forensische Psychiatrie, 2019, 342 ff., 354 ff.; Kinze in Häßler/Kinze/Nedopil (Hrsg.), Praxishandbuch Forensische Psychologie, 2. Aufl. 2015, 45 ff.; Eisenberg BeweisR StPO Rn. 1801 ff.; s. n. auch 22. Auf. Rn. 54a ff.).

47   Der Sachverständige trägt das Ergebnisse der Untersuchung in der **HV** mündlich vor, womit das Gutachten eingeführt wird. Dabei ist eine sprachliche Fassung geboten, die allen Verfahrensbeteiligten einen Zugang vermittelt und erforderlich werdende Erörterungen im Anschluss an den Vortrag erleichtert. Inhaltlich sind relevante Ergebnisse der Beweisaufnahme zu berücksichtigen, und zwar besonders auch soweit sich Abweichungen von dem Kenntnisstand des Sachverständigen zum Zeitpunkt der Untersuchung und der Textanfertigung ergeben haben. Daher sind solche Teile der vorläufigen schriftlichen Ausführungen, deren Präsentation im Hinblick auf die veränderte Verfahrenslage als überholt oder zumindest unangemessen (belastend) erschienen, nicht vorzutragen und ggf. durch mündliche Ergänzungen zu ersetzen. Gerade im JStV ist eine den Betroffenen herabsetzende bzw. ihn belastende **Wortwahl** – vor allem durch solche Begriffe, die sich in ihrem Bedeutungsumfang nicht eindeutig eingrenzen lassen – zu vermeiden. Dies ergibt sich aus dem Erziehungsauftrag (§ 2 Abs. 1), aber auch dem Erfordernis, Fehlinterpretationen durch die Verfahrensbeteiligten zu vermeiden und den Raum für etwa erforderliche Nachbesprechungen nicht zu verengen.

48   Die **schriftliche Fassung** stellt lediglich das vorläufige Gutachten dar. Sie ist gleichwohl erforderlich, schon um dem Jugendlichen bzw. Heranwachsenden und insbes. seinem Verteidiger Gelegenheit zu einer Vorbesprechung zu geben (iErg. ebenso, jedoch auf die richterliche Amtsaufklärung gestützt Trüg/Habetha in MüKoStPO StPO § 246a Rn. 24; abw. BGHSt 54, 177 = NJW 2010, 544). Die Präsentation in der HV kann dies nicht ersetzen, weil

die dortige angespannte Atmosphäre sowie iÜ auch die Kommunikationsstruktur (s. → Einl. Rn. 51 f.) und die Flüchtigkeit des gesprochenen Wortes
die zureichende Erfassung der Gutachtensinhalte durch den Beschuldigten
unwahrscheinlich werden lassen. Die Bedeutung einer sorgfältigen **Erörterung** des Gutachtens und seiner Grundlagen **vor** einer jugendgerichtlichen
Verhandlung und insb. der HV ergibt sich auch daraus, dass sich ein erheblicher Anteil der Probanden durch das Gutachten − ohne, dass dies den
Sachverständigen immer bewusst ist − verunsichert fühlt (Schepker/Eggers/
Bunk in Du Bois (Hrsg.), Praxis und Umfeld der Kinder- und Jugendpsychiatrie, 1989, 126 ff.).

V. Revision

1. Verstoß gegen § 43 im Allgemeinen

Dass die Erfordernisse der Vorschrift nicht befolgt werden, stellt keinen **49**
eigenständigen Revisionsgrund dar (vgl. vormals BGHSt 6, 327 = NJW
1954, 1855). Abgesehen von der relativierten Verbindlichkeit („soll“) bezieht sich die Norm allein auf die Ermittlungspflicht der JStA im Vorverfahren (→ Rn. 15). Bleibt diese hinter den Anforderungen zurück, kann und
muss dieser Ermittlungsmangel durch das JGericht ausgeglichen werden,
sodass das Urteil nicht auf ihm beruht. Unterbleibt diese Kompensation, weil
das JGericht ggf. nicht über die zuvor nur unzulänglich geleisteten Ermittlungen hinausgelangt, ist indes die spezielle jugendgerichtliche **Aufklärungspflicht** (§ 244 Abs. 2 StPO iVm § 2 Abs. 2) verletzt (s. auch
→ Rn. 10). Das gilt jedenfalls dann, wenn ein Beweismittel, das iRv § 43
hätte in Betracht kommen können, nicht herangezogen wird und dadurch
die Ermittlungsmöglichkeiten so beeinträchtigt sind, dass das Urteil hierauf
beruhen kann (vgl. BGHSt 6, 326 = NJW 1954, 1855; BGH RdJB 1961,
313 = BeckRS 2016, 15971). Die Aufklärungsrüge führt regelmäßig zur
Aufhebung, wenn überhaupt keine der in § 43 angeordneten Ermittlungen
vorgenommen worden sind (BGHSt 6, 326 (329) = NJW 1954, 1855).

2. Untersuchung iSv Abs. 2

a) Aufklärungsrüge. Treten bei der Untersuchung iSv Abs. 2 verschie- **50**
dene Unzulänglichkeiten auf, kann dies ebenfalls die Aufklärungsrüge begründen. Dies ist bspw. der Fall, wenn der Gutachtenauftrag nicht ergebnis-
offen gehalten wurde (vgl. OLG Naumburg NStZ 2013, 183 zum allg. StR).
Auch Fehler bei der **Auswahl des Sachverständigen** stellen, wenn sie sich
in den (vom Gericht berücksichtigten) Untersuchungsergebnissen ausgewirkt haben können, eine entspr. Verletzung der Aufklärungspflicht dar
(BGH BeckRS 2006, 02824). Das kommt namentlich bei zw. Sachkunde in
Betracht, also auch dort, wo die erforderliche **jugendspezifische Qualifikation** (→ Rn. 34 f.) fehlt. Die Rspr. geht hierauf zwar selten ein, weil sie
Sachverständigen, die sich mit der fraglichen Materie bei Erwachsenen
befassen (bspw. allg. Psychiatrie), erörterungslos auch die Expertise für Minderjährige zuweist (dazu die krit. Fallstudien bei Eisenberg HRRS 2012,
466; Eisenberg GS Weßlau, 2016, 67). Doch damit wird ignoriert, dass sich
die dahingehende Sonderqualifikation (im Bsp.: Kinder- und Jugendpsychia-

trie) nicht zufällig, sondern gerade wegen der Notwendigkeit besonderen altersgruppenbezogenen Wissens herausgebildet hat. Wird – obwohl eine entspr. „Möglichkeit" (Abs. 2 S. 2) bestand – dennoch kein Gutachter, der diese Zusatzvoraussetzungen erfüllt, sondern ein „Generalist" bestellt, begründet dies (zumindest bei schwierigeren Fragen) daher immer die Gefahr, dass das Gutachten die Ereignisse und Persönlichkeitsentwicklungen während Kindheit, Jugend und Heranwachsendenalter nicht „spezialistengerecht" beurteilt.

51   Unter dem Gesichtspunkt der Nichtausschöpfung eines genutzten Beweismittels (Krehl in KK-StPO StPO § 244 Rn. 221 f.) wäre eine Aufklärungsrüge auch dort zu erwägen, wo die gerichtliche **Befragung** des Sachverständigen zu den Untersuchungsergebnissen als **unvollständig** erachtet wird. Da im Rahmen des Revisionsverfahrens aber keine Rekonstruktion der tatrichterlichen Beweiserhebung erfolgen kann, muss dieser Nachforschungsmangel unmittelbar aus dem Urteil oder Protokoll hervorgehen (vgl. bereits BGHSt 17, 351 = NJW 1962, 1832 für das Parallelproblem beim Zeugenbeweis). Falls das JGericht das **Fragerecht** des Beschwerdeführers (§ 240 Abs. 2 S. 1 StPO iVm § 2 Abs. 2) eingeschränkt oder eine bestimmte Frage an den Sachverständigen abgelehnt hat, kann dies die Aufklärungsrüge ebenfalls begründen (n. Gaede in MüKoStPO StPO § 241 Rn. 40 f.). Die hM macht das jedoch davon abhängig, dass in der HV gem. § 238 Abs. 2 StPO iVm § 2 Abs. 2 ein ablehnender Beschluss des JGerichts zur beabsichtigten Befragung herbeigeführt wurde (vgl. BGH NStZ 2005, 222). Wird mit der Revision die Ablehnung eines Antrags auf Zuziehung eines **weiteren Sachverständigen** (§ 244 Abs. 4 S. 2 StPO iVm § 2 Abs. 2) gerügt, setzt das eine eingehende Darstellung der Mängel des Erstgutachtens voraus (Trüg/Habetha in MüKoStPO StPO § 244 Rn. 409 mwN). Nach § 244 Abs. 4 S. 1 StPO iVm § 2 Abs. 2 kann das Tatgericht den Antrag allerdings auch dann ablehnen, wenn es dem ersten Gutachten nicht gefolgt ist, hierdurch aber eine ausreichende eigene Sachkunde erlangt hat (hierzu § 105 Abs. 1 BGH NStZ 1984, 467 mzustAnm Eisenberg NStZ 1985, 84).

52   **b) Sonstige Fehler.** Eine Verletzung der Regeln über die Beweiswürdigung kann nach allgA vorliegen, wenn das Gericht die Ausführungen des Sachverständigen **umwertet** (vgl. etwa BVerfG BeckRS 2013, 49764), wenn es von dessen Einschätzung **ohne hinreichenden Anlass** und/oder Begründung **abweicht** (vgl. betr. Glaubhaftigkeit BGH NStZ-RR 2016, 380; n. Eisenberg BeweisR StPO Rn. 1609) oder wenn es das Gutachten in einer schematischen Weise übernimmt, ohne es erschöpfend zu würdigen und dabei auch alternative Interpretationsmöglichkeiten zu berücksichtigen (vgl. Eisenberg BeweisR StPO Rn. 97 ff.). Mit verbreiteten Standardformeln wird das Gericht dem nicht gerecht. Bemerkungen, wonach das JGericht den Sachverständigen „aus einer Vielzahl von Verfahren als geeignet" (bzw. beliebig austauschbar: als „kompetent", „umsichtig", „erfahren" usw.) kenne und sich ihm „nach eigener Überzeugungsbildung" anschließe, zumal „entgegenstehende Anhaltspunkte nicht ersichtlich" seien, stellen **wertlose Leerformeln** dar. Hierbei wird bestenfalls auf das Vertrautsein mit dem Sachverständigen verwiesen, ansonsten aber gerade keine Auseinandersetzung dokumentiert, sondern allein deren Anschein vorgespiegelt.

53   Soll die gutachterliche Äußerung eines Sachverständigen über den Zustand des Jugendlichen und die Behandlungsaussichten im Hinblick auf eine

beabsichtigte **Maßregelunterbringung** in einem psychiatrischen Krankenhaus oder einer Entziehungsanstalt erfolgen und wird gar kein Sachverständiger einbezogen oder nur sein schriftliches Gutachten verlesen, so stellt dieser
Verstoß gegen § 246a StPO (als ggü. Abs. 2 speziellere Vorschrift) nach hM
einen gem. § 337 StPO revisiblen Mangel dar, bei dem nie ausgeschlossen
werden kann, dass das Urteil auf ihm beruht (Trüg/Habetha in MüKoStPO
StPO § 246a Rn. 29 mwN). Nicht angreifbar ist es dagegen, wenn allein die
JStA eine Beauftragung des Sachverständigen im Vorverfahren (entgegen
§ 80a StPO iVm § 2 Abs. 2) unterlassen hatte. Gem. § 337 StPO ist die
Revision zB auch dann begründet, wenn der Sachverständige über die für
seine gutachterliche Stellungnahme bedeutsamen tatsächlichen Gesichtspunkte nicht ausreichend unterrichtet war (vgl. BGHSt 27, 166 = NJW
1977, 1498) oder ihm benötigte Unterlagen vorenthalten wurden (vgl.
BGHSt 59, 1 = BGH NJW 2013, 3318).

Vernehmung des Beschuldigten bei zu erwartender Jugendstrafe

44 Ist Jugendstrafe zu erwarten, so soll der Staatsanwalt oder der
Vorsitzende des Jugendgerichts den Beschuldigten vernehmen, ehe die Anklage erhoben wird.

I. Anwendungsbereich

Die Vorschrift gilt in Verfahren gegen **Jugendliche** vor den JGerichten. **1**
In Verfahren vor den für allg. Strafsachen zuständigen Gerichten ist eine
Vernehmung nach § 44 zwar nicht vorgeschrieben, aber gem. § 104 Abs. 2
zulässig (vgl. auch RL Nr. 1 S. 2 Hs. 1). In Verfahren gegen **Heranwachsende** ist die Vorschrift unanwendbar, auch bei Anwendung des materiellen
JStR (vgl. § 109 Abs. 2). Ist mit der Bejahung der Voraussetzungen von
§ 105 Abs. 1 zu rechnen (oder ist diese Frage ersichtlich klärungsbedürftig),
soll sich nach RL Nr. 1 S. 2 Hs. 2 eine Vernehmung iSv § 44 gleichwohl
empfehlen (s. aber auch → Rn. 6 f.).

II. Dys-/Funktionalität der Vorschrift

1. Normzweck

Die Vorschrift wurde durch § 29 RJGG 1943 eingeführt. Ungeachtet des **2**
durch die NS-Ideologie geprägten Normzwecks (Schneider in BeckOK
JGG Rn. 6 ff. mwN: Identifizierung und Selektion jugendstrafrechtlich
nicht erreichbarer Jugendlicher) wurde die Norm durch das JGG 1953 ohne
inhaltliche Änderungen beibehalten. Ihr wird heute primär der Zweck
zugewiesen, dem (verfahrenszuständigen) JRichter oder JStA bereits im Vorverfahren einen persönlichen „Eindruck" von dem Beschuldigten zu vermitteln. Dies sei im Rahmen einer einfachen Vernehmungsinteraktion besser möglich als in der HV, deren Förmlichkeit ein unbefangenes Auftreten
des Jugendlichen erfahrungsgemäß hindern könne (vgl. auch RL Nr. 1 S. 1).
Die unmittelbare richterliche oder staatsanwaltliche Vernehmung fungiert
damit als ein Instrument der **an § 43 orientierten personenbezogenen**

Ermittlung. Da sie in einer vergleichsweise entspannten Atmosphäre stattfinden könne, erlaube sie Wahrnehmungen, die für die Prüfung der strafrechtlichen Verantwortlichkeit des Jugendlichen (§ 3 S. 1) oder der Voraussetzungen von § 105 sowie für mögliche Entschließungen nach § 43 Abs. 2 oder § 73 Abs. 1 dienlich sein könnten.

3   Zudem werde es dem Jugendlichen erleichtert, die eigene Sicht auf den Vorwurf und die subjektive Ereigniswahrnehmung darzustellen. Zwar sieht auch § 163a Abs. 1 S. 1 StPO iVm § 2 Abs. 2 zur Gewährleistung rechtlichen Gehörs eine Vernehmungspflicht vor, ohne dies aber mit einem Anspruch auf eine bestimmte Verhörsperson zu verbinden (Kölbel in Mü-KoStPO StPO § 163a Rn. 13 und 16). Meist bleibt es daher bei einer vorwurfs- und aufklärungsorientiert gestalteten Polizeivernehmung, in der die Perspektive und Selbsteinschätzung des Beschuldigten oft nur gebrochen wahrnehmbar wird. Eine Akzentsetzung, die auch diese Aspekte zur Geltung bringt, werde in der (durch § 44 vorgesehenen) richterlichen oder staatsanwaltlichen Vernehmung eher möglich gemacht. Ihr komme damit ein **erweiterter Schutzzweck** zu, insofern sie ggf. einen gewissen Kontrapunkt zur vorherrschenden Überführungstendenz in den sonstigen (polizeilichen) Befragungen setze (20. Aufl. Rn. 3; ähnlich Laubenthal/Baier/Nestler JugendStrafR Rn. 278; vgl. auch schon Lempp in Eschweiler, Psychoanalyse und Strafrechtspraxis, 1979, 82 f.).

2. Verhältnis zum Aufklärungs- und Überführungszweck

4   Nach allgA kann die von § 44 geregelte Vernehmung (zugleich) der Tataufklärung dienen (vgl. bspw. Brunner/Dölling Rn. 2). Dies bedeutet aber nicht, dass sich eine richterliche oder staatsanwaltliche Vernehmung (oder Vernehmungsphase), die auf diese tatbezogene Zweckrichtung explizit verzichtet, hiervon auch tatsächlich kategorial unterschiede (so statt vieler aber zB Sommerfeld in NK-JGG Rn. 5 f.). Dass sich die Interaktionsinhalte (und die Befragungsabsichten) ausschließlich auf persönlichkeitsbezogene Fragen beziehen, ist nämlich nie garantiert. Es kann niemals ausgeschlossen werden, dass tatbezogene Inhalte (oder doch Aussagen mit sich erst nachträglich zeigender diesbzgl. Bedeutung) zur Sprache kommen. Auch wenn es „eigentlich" allein um Merkmale des Jugendlichen gehen soll, weist die Interaktion stets eine hinter- oder gar vordergründige **Vorwurfsrelevanz** und eine tatsächliche oder potenzielle Überführungstendenz auf, weshalb es sich hierbei nicht etwa um eine besondere Vernehmungsspielart handelt, sondern **immer** um eine ganz **normale Vernehmung** (die den üblichen Rechtmäßigkeitsanforderungen unterliegt).

5   § 44 erlaubt also keineswegs eine besondere Interaktion, die inhaltlich auf persönliche Aspekte beschränkt wird und dann mit herabgesetzter Förmlichkeit erfolgt (sog. Vernehmungsgespräch). Vielmehr knüpft die Vorschrift ausnahmslos an den allg. Vernehmungsbegriff (→ § 70c Rn. 4) an (so seit dem Gesetz zur Stärkung der Verfahrensrechte von Beschuldigten im Jugendstrafverfahren auch die Normüberschrift). Ihr **Regelungsgehalt** besteht dabei darin, dass es in gewichtigen Ermittlungsverfahren nicht bei einer polizeilichen Vernehmung bleiben soll. Für den Regelfall verlangt hier § 44 – gleichgültig, ob der Vorwurfssachverhalt bereits als aufgeklärt gilt oder nicht (vgl. schon Dallinger/Lackner Rn. 1) – eine **förmliche Vernehmung,** die anstelle der polizeilichen Vernehmung oder zusätzlich zu dieser

durchgeführt wird, und zwar durch einen (an der absehbaren HV beteiligten) **Justizakteur.** In dieser Vernehmung muss (allein oder neben der Tataufklärung) der physische, psychische und intellektuelle Entwicklungsstand des Jugendlichen und seine Einstellung zu dem Geschehnis im Vordergrund stehen, damit der in → Rn. 2 f. genannte Zweck realisiert werden kann.

Im Ergebnis liegt die Regelungswirkung von § 44 darin, bzgl. der Ermitt- **6** lungsführung der StA auf eine **spezifische Nutzung** der sich aus **§ 163a Abs. 3 StPO iVm § 2 Abs.** 2 ergebenden Möglichkeit hinzuwirken und diese Vernehmungsoption auch auf den JRichter auszudehnen. Allerdings wird der „zuständige" JRichter (anders als der JStA) **vor** Anklageerhebung nicht immer eindeutig festzustellen sein (vgl. auch Blessing/Weik in HK-JGG Rn. 3). Führt er dann eine Vernehmung iSv § 44 durch, muss dabei allerdings die Verurteilung des Beschuldigten von ihm de facto antizipiert und subjektiv immer schon mitgedacht werden (vgl. auch die normtextliche Voraussetzung: „ist JStrafe zu erwarten"). Die darin liegende, problematische Unterminierung der richterlichen **Unvoreingenommenheit** unterstreicht die Fragwürdigkeit von § 44.

3. Anwendungsbreite

Die hier angesprochenen Bedenken legen eine Streichung der Vorschrift **7** nahe. Dass eine Vernehmung iSv § 44 nicht nur bei zu erwartender un-/bedingter JStrafe, sondern auch **in anderen bedeutsamen** Fällen „dringend erwünscht" sei (Beulke/Swoboda JugendStrafR Rn. 715; ähnlich Sonnen in Diemer/Schatz/Sonnen Rn. 3; Sommerfeld in NK-JGG Rn. 2), ist jedenfalls schon wegen einer drohenden Verfahrensverzögerung zurückzuweisen. Angesichts der (mindestens verdeckten) **Überführungstendenz,** die gerade einer informell und vertrauenserweckend gestalteten Vernehmung innewohnt, sollte gegenüber einer verstärkten Anwendung sogar dezidierte Zurückhaltung angezeigt sein. Ohnehin ist der Mehrwert, den man sich von der Vernehmung gegenüber dem Bericht der JGH (vgl. § 38) verspricht, keineswegs selbstverständlich − zumal die Subjektivität jedes vernehmungsbasierten „Eindrucks" nicht verkannt werden darf. Nach älteren **Praxisberichten** wird von der Vernehmung nach § 44 außerordentlich selten Gebrauch gemacht (krit. bereits Bertram MschrKrim 1968, 285 (287); H. W. Schünemann Kriminologische Gegenwartsfragen 1976, 191; Breymann MschrKrim 1983, 300). Rechtstatsächlich ist diese (wohl bis heute anhaltende) eingeschränkte Nutzung ja dadurch bedingt, dass die Vorschrift als Soll-Bestimmung ausgestaltet wurde (für eine gesetzliche Änderung Rieke Vernehmung 194). Eine Änderung der Praxis ist aus den vorgenannten Gründen (→ Rn. 4 ff.) aber nicht angezeigt (ähnlich Schneider in BeckOK JGG Rn. 17).

III. Einzelne Anforderungen

1. Vernehmende Person

Ob der JStA oder der Vorsitzende des JGerichts die Vernehmung durch- **8** führt, bestimmt sich nach dem **Einzelfall.** Bei Auslegung der Norm ergeben sich weder Anhaltspunkte für einen richterlichen Vorrang (so aber RL Nr. 2

S. 1 zu § 29 RJGG 1943) noch für die Annahme, dass die umgekehrte Reihenfolge der Nennung in § 44 beim Wort zu nehmen sei. Berücksichtigt man indes, dass bei den hier regelmäßig gegebenen schwereren Vorwürfen typischerweise eine Anklage im Raum steht, ist die Vernehmung durch den JStA oftmals vorzugswürdig, weil dann die Abschlussentscheidung durch die Vernehmungsergebnisse ggf. noch (stärker) beeinflusst werden kann. Im Übrigen sollte die größere jugenderzieherische Befähigung und Erfahrung den Ausschlag geben (zu Fehlern bei Vernehmung und Aussagebeurteilung s. Eisenberg BeweisR StPO Rn. 726 ff., 739 ff.). Dagegen sind diverse verfahrenstaktische Aspekte bei normzweckorientierter Anwendung der Vorschrift für die hier erörterte Frage irrelevant (so etwa die verjährungsunterbrechende Wirkung jeder richterlichen Vernehmung auch noch nach der ersten Vernehmung (§ 78c Abs. 1 S. 1 Nr. 2 StGB iVm § 2 Abs. 2) oder die erleichterte Verwertbarkeit eines etwaigen, im (förmlichen) richterlichen Vernehmungsprotokoll enthaltenen Geständnisses (§ 254 Abs. 1 StPO iVm § 2 Abs. 2)).

9   § 162 StPO bleibt von der Vorschrift unberührt. Da § 44 zwar keine Vernehmung eigener oder besonderer Art (→ Rn. 4 f.), aber (bzgl. Vernehmungszweck und -person) ganz **andere** Vernehmungskonstellationen als **§ 162 StPO** regelt (ähnlich Blessing/Weik in HK-JGG Rn. 6), weisen die beiden Normen keine Überschneidung und kein Konkurrenz- oder Spezialitätsverhältnis auf (je nach Vernehmungszweck differenzierend dagegen 20. Aufl. Rn. 9; Höffler in MüKoStPO Rn. 2). Sie sind vielmehr nebeneinander anwendbar. Somit kann die JStA auf Grundlage von § 162 StPO iVm § 2 Abs. 2 zwar eine ermittlungsrichterliche Vernehmung, aber keine Vernehmung des zuständigen JRichters erreichen (abw. Brunner/Dölling Rn. 5; Schneider in BeckOK JGG Rn. 10). Umgekehrt wird der in § 44 formulierte Auftrag durch eine ermittlungsrichterliche Vernehmung nicht erfüllt. Das gilt iÜ gleichermaßen für haftrichterliche Vernehmungen (§ 115 StPO iVm § 2 Abs. 2).

2. Allgemeine Vernehmungsregelungen

10   **a) Schutzbelange.** Da die Erfordernisse eines **rechtsstaatlichen Verfahrens** auch bei Vernehmungen, in denen primär der Reifestand und/oder die erzieherische Indikation festgestellt werden soll, uneingeschränkt zu berücksichtigen sind, ist eine Entformalisierung nur in begrenzter Weise möglich (→ Rn. 4 f.). Die allg. Vorschriften (insb. §§ 136 Abs. 1, 136a, 168c Abs. 1 und 5 S. 1 bzw. § 163a Abs. 2 und 3 S. 2 und 3 StPO jeweils iVm § 2 Abs. 2) erfahren hier keine Ausnahme (ebenso Sonnen in Diemer/Schatz/Sonnen Rn. 5). Daher muss der Jugendliche **stets** über den Tatvorwurf und sein Recht, Beweiserhebungen zu seiner Entlastung zu beantragen, ebenso in verständlicher und altersangemessener Weise (§ 70b nF) in Kenntnis gesetzt (**„belehrt"**) werden wie über seine Rechte, sich zum Tatvorwurf zu äußern oder nicht zur Sache auszusagen sowie sich schon vor dem Vernehmungsgespräch von einem **Verteidiger** beraten zu lassen (der nötigenfalls für die Vernehmung gem. § 44 für ihn eigens bestellt werden muss). Außerdem ist er auf uU erforderliche Übersetzungsleistungen und ggf. auf die Möglichkeit eines Täter-Opfer-Ausgleichs hinzuweisen (zum Ganzen → § 70c Rn. 14). Ferner sind auch die Regelungen zur **Protokollierung** (§§ 168 ff. StPO iVm § 2 Abs. 2) und zur audiovisuellen Aufzeichnung

(→ § 70c Rn. 22) zu beachten (abw. Sommerfeld in NK-JGG Rn. 5). Das (ambivalente) Anliegen, eine zwanglose und formfreie Aussprache durchführen und diese gerade dadurch auch auf höchst persönliche Fragen erstrecken zu können, lässt sich nicht durch eine Suspendierung von Schutzvorschriften, sondern allein durch ein entspr. Auftreten der vernehmenden Personen realisieren. Eine jugendorientierte Vernehmungsform wird indes durch § 70c Abs. 1 ohnehin zur Regel gemacht (→ § 70c Rn. 16).

b) Anwesenheitsberechtigte. Soll das Gespräch, wie es insb. bei als **11** aufgeklärt geltenden Tatvorwürfen in Betracht kommt, allein den in → Rn. 2 f. genannten Zwecken dienen, wird ein Anwesenheitsrecht anderer Personen teilw. verneint (vgl. → 20. Aufl. Rn. 9; s. auch Höffler in Mü-KoStPO Rn. 3 f.). Das Zugegensein Dritter könne die Begegnung mit dem Beschuldigten nämlich möglicherweise beeinflussen und die an § 2 Abs. 1 orientierte Erkenntnisfindung erschweren. Aus den in → Rn. 4 genannten Gründen gelten die allg. Anwesenheitsrechte (§§ 168c Abs. 1, 163a Abs. 3 und 4 StPO iVm § 2 Abs. 2) dagegen nach hier vertretener Auffassung im Rahmen von § 44 uneingeschränkt (ebenso Brunner/Dölling Rn. 5; Dallinger/Lackner Rn. 5; Schneider in BeckOK JGG Rn. 10). Dies betrifft besonders den ggf. bestehenden Anspruch auf Bestellung einer anwaltlichen Begleitung (→ § 68a Rn. 8 ff., → § 70c Rn. 24 ff.) sowie die Rechte auf elterliche Anwesenheit und Konsultation nebst der diesbzgl. Hinweis- und Benachrichtigungspflichten (→ § 67 Rn. 11 ff.) und der sich aus § 67 Abs. 1 iVm § 166 StPO ergebenden Rechte. Besteht Anlass, diese Rechtspositionen einzuschränken, kann dies (nur) nach §§ 67 Abs. 3 und 4, 67a Abs. 3 und 4 erfolgen.

IV. Revision

Da § 44 eine Vernehmung durch den JStA oder Vorsitzenden des JGe- **12** richts nicht zwingend vorschreibt, kann eine Revisionsrüge nicht allein darauf gestützt werden, dass eine entsprechende Vernehmung unterlassen worden ist (allgA). Bestehen allerdings zusätzliche Anhaltspunkte für Mängel hinsichtlich der Persönlichkeitserforschung (§ 43) und/oder der Sachaufklärung (§ 2 Abs. 2, § 244 Abs. 2 StPO) in der HV, kann uU die **Aufklärungsrüge** begründet sein (s. schon Dallinger/Lackner Rn. 3; Peters Strafprozess 602). Vorstellbar ist dies indes nur unter ganz außergewöhnlichen Umständen.

Absehen von der Verfolgung

45 (1) **Der Staatsanwalt kann ohne Zustimmung des Richters von der Verfolgung absehen, wenn die Voraussetzungen des § 153 der Strafprozeßordnung vorliegen.**

(2) [1]**Der Staatsanwalt sieht von der Verfolgung ab, wenn eine erzieherische Maßnahme bereits durchgeführt oder eingeleitet ist und er weder eine Beteiligung des Richters nach Absatz 3 noch die Erhebung der Anklage für erforderlich hält.** [2]**Einer erzieherischen Maßnahme steht das Bemühen des Jugendlichen gleich, einen Ausgleich mit dem Verletzten zu erreichen.**

(3) [1]**Der Staatsanwalt regt die Erteilung einer Ermahnung, von Weisungen nach § 10 Abs. 1 Satz 3 Nr. 4, 7 und 9 oder von Auflagen durch den Jugendrichter an, wenn der Beschuldigte geständig ist und der Staatsanwalt die Anordnung einer solchen richterlichen Maßnahme für erforderlich, die Erhebung der Anklage aber nicht für geboten hält.** [2]**Entspricht der Jugendrichter der Anregung, so sieht der Staatsanwalt von der Verfolgung ab, bei Erteilung von Weisungen oder Auflagen jedoch nur, nachdem der Jugendliche ihnen nachgekommen ist.** [3]**§ 11 Abs. 3 und § 15 Abs. 3 Satz 2 sind nicht anzuwenden.** [4]**§ 47 Abs. 3 findet entsprechende Anwendung.**

Schrifttum: Albrecht (Hrsg.), Informalisierung des Rechts, 1990; Bareinske, Sanktion und Legalbewährung im Jugendstrafverfahren in Baden-Württemberg, 2004; BMJ (Hrsg.), Erzieherische Maßnahmen im deutschen Jugendstrafrecht, 1986; BMJ (Hrsg.), Diversion im Jugendstrafverfahren der Bundesrepublik Deutschland, 1992; Dirnaichner, Der nordamerikanische Diversionsansatz und rechtliche Grenzen seiner Rezeption (…), 1990; Englmann, Kriminalpädagogische Schülerprojekte in Bayern, 2009; Gräf, Die Diversion im Jugendstrafrecht im Lichte der Angewandten Kriminologie, 2015; Grote, Diversion im Jugendstrafrecht, 2006; Grundies, Verfahrenseinstellungen nach §§ 45, 47 JGG, 2004; Kleinbrahm, Divergente Diversion im Jugendstrafverfahren, 2015; Kolberg, Das Jüngste Gericht: Ein Sturm im Wasserglas?, 2011; Kuhlen, Diversion im Jugendstrafverfahren, 1988; Lehmann, Das formlose Erziehungsverfahren und seine rechtlichen Grenzen, 1991; Linke, Diversionstage in Nordrhein-Westfalen, 2011; Ludwig, Diversion: Strafe im neuen Gewand, 1989; Mann, Beschleunigungspotential im Jugendstrafverfahren, 2004; Paul, Drogenkonsumenten im Jugendstrafverfahren, 2005; Pitz, Robe versus Brief im Diversionsverfahren, 2020; Rosenkötter, Die Sperrwirkung des jugendrichterlichen Beschlusses nach § 45 Abs. 1 S. 1 JGG, 1969; Schäfer/Paoli, Drogenkonsum und Strafverfolgungspraxis, 2006; Schimmel, Täter-Opfer-Ausgleich als Alternative?, 2000; Untersteller, Der Begriff „öffentliches Interesse" in den §§ 153 StPO und 45 JGG, 2015; Wölffel, Diversion im Hamburger Jugendstrafverfahren, 1993; van den Woldenberg, Diversion im Spannungsfeld zwischen „Betreuungsjustiz" und Rechtsstaatlichkeit, 1993.

Übersicht

I. Anwendungsbereich

Die Vorschrift gilt bei **Jugendlichen** wie bei **Heranwachsenden,** und **1** das auch in Verfahren vor den für allg. Strafsachen zuständigen Gerichten (§§ 112 S. 1, 104 Abs. 1 Nr. 4). Bei Heranwachsenden hängt dies aber davon ab, dass das materielle JStR zur Anwendung kommt (§§ 105 Abs. 1, 109 Abs. 2 S. 1, 112 S. 2; vgl. auch RL 5). Für Konstellationen mit Vorwürfen, die sowohl nach allg. StR als auch JStR behandelt werden, vgl. → Rn. 58.

Im Verfahren wegen **Ordnungswidrigkeiten** hat die Vorschrift **keine 2 Bedeutung.** Die Verwaltungsbehörde kann hier das Verfahren einstellen, wenn und solange sie für die Verfolgung zuständig ist (§§ 35, 47 Abs. 1 S. 2 OWiG; vgl. auch BVerfGE 8, 197 = NJW 1958, 1963; BVerfG 27, 18 = NJW 1969, 1619). Dabei bestimmen sich die Voraussetzungen einer solchen Einstellung jedoch allein nach § 47 OWiG (und das iÜ auch für eine etwaige gerichtliche Einstellung gem. § 47 Abs. 2 OWiG). Dort wird iSv § 46 Abs. 1 OWiG etwas „anderes bestimmt" als in den hierdurch verdrängten

§§ 45, 47 (Mitsch in KK-OWiG OWiG § 47 Rn. 78; Eisenberg NStZ 1991, 450 (451 f.)).

II. Entwicklung der Vorschrift

3   International haben sich im JStR schon früh verschiedene Diversionsformen herausgebildet (vgl. Smith, Diversion in Youth Justice, 2018, 25 ff.).
So gab auch in Deutschland bereits § 32 Abs. 2 S. 1 JGG 1923 der JStA die
Möglichkeit, mit Zustimmung des JGerichts auf eine Anklageerhebung zu
verzichten, sofern ein richterliches Absehen von Strafe absehbar oder eine
ausreichende Erziehungsmaßregel schon angeordnet worden war (ähnlich
§ 30 RJGG 1943). **§ 45 Abs. 2 JGG 1953** sah dann das staatsanwaltliche
Absehen von der Verfolgung unter Voraussetzungen vor, die dem Abs. 1 der
heutigen Fassung entsprachen bzw. dem aktuellen Abs. 2 stark ähnelten. In
Abs. 1 der damaligen Vorschrift wurde ein (dem nunmehrigen Abs. 3
entspr.) jugendrichterliches Erziehungsverfahren geregelt und dafür die Voraussetzung eines Geständnisses eingeführt. In diesem Zusammenhang erfolgte durch Art. 24 Nr. 20 des EGStGB von 1974 hinsichtlich der richterlichen Maßnahmen eine Angleichung des Abs. 1 JGG 1953 an Änderungen
der § 11 (Weisungen) und § 15 (Auflagen).

4   Das **Erste JGGÄndG von 1990** überführte § 45 in die gegenwärtige
Struktur. Die Einstellungsvoraussetzungen wurden auf drei Absätze verteilt
und in ihrer Regelungsreihenfolge an die Steigerungsstufen der tatsächlichen
Interventionsintensität angepasst. Ein Ermessen der JStA besteht seither allein
noch für die Erledigung gem. Abs. 1 (vgl. aber zur Handhabung Untersteller, Der Begriff „öffentliches Interesse" in den §§ 153 StPO und 45 JGG,
2015, 277 ff.), während die Einstellung unter den Voraussetzungen von
Abs. 2 (anders als noch bei § 45 Abs. 2 Nr. 1 JGG 1953) zwingend geworden ist. Zudem wurden einzelne sprachliche Änderungen vorgenommen
und ua der (zuchtmittelspezifische) Begriff einer entbehrlichen richterlichen
„Ahndung" durch den der „Beteiligung" ersetzt (zum Ganzen statt vieler
Eisenberg Bestrebungen 31 f.).

5   In den Diskussionen um eine **Weiterentwicklung** von § 45 (die in den
letzten Jahren indes merklich abgeflaut sind) ging es ua um eine kritische
Überprüfung des Geständniskriteriums (dazu → Rn. 47) und der Möglichkeiten einer Polizeidiversion (→ Rn. 43 ff.). Mit Blick auf Abs. 1 wird erwogen, die Bezugnahme auf § 153 StPO durch das Merkmal der „Nichterforderlichkeit einer weiteren Reaktion" zu ersetzen und die Entscheidungen
auch nicht ins Erziehungsregister einzutragen (→ Rn. 61; ferner Ostendorf
FS Böhm, 1999, 635). Vor dem Hintergrund von Nr. 11.3 der Mindest-
grundsätze der VN für die Jugendgerichtsbarkeit (abgedruckt ZStW 99
(1987), 253 (266)) steht weiterhin auch die Möglichkeit einer Anfechtung
zur Debatte (s. dazu Schüler-Springorum ZStW 99 (1987), 809 (839 f.); krit.
daher zur Praxis van den Woldenberg, Diversion im Spannungsfeld zwischen
„Betreuungsjustiz" und Rechtsstaatlichkeit, 1993, 159 ff.; von Galen/Beth
FS Eisenberg II, 2019, 201 (206 ff.)), zumal der Einstellung iSv § 45 eine
implizite Zwangswirkung ggü. dem Jugendlichen innewohnt (→ Rn. 41).

III. Rechtssystematische Einordnung

1. Verhältnis zu § 170 Abs. 2 StPO

Ein Absehen von der Verfolgung nach § 45 erfordert neben dem Vor- **6** liegen der allg. Prozessvoraussetzungen die strafrechtliche **Verantwortlichkeit** für das Verhalten und den Nachweis **hinreichenden Tatverdachts.** Die Begründetheit des Vorwurfs muss wahrscheinlicher als die Unbegründetheit sein. Das geht zwar nicht aus dem Normtext hervor, ergibt sich aber aus den registerrechtlichen Folgen (→ Rn. 61), die anderenfalls nicht zu rechtfertigen wären. Fehlt es an Prozessvoraussetzungen, an der strafrechtlichen Verantwortlichkeit (§ 3) oder (aus anderen Gründen) am hinreichenden Tatverdacht, kommt das Vorgehen nach § 45 demzufolge nicht in Betracht. Vielmehr ist dann nach § 170 Abs. 2 StPO iVm § 2 Abs. 2 einzustellen (Diemer in Diemer/Schatz/Sonnen Rn. 7). Die Mitteilungen nach §§ 170 Abs. 2 S. 2, 171 StPO iVm § 2 Abs. 2 sind so zu fassen, dass erzieherisch abträgliche Wirkungen dabei vermieden werden. Beruht die Einstellung allein auf einem Reifemangel iSv § 3 S. 1, kann die JStA familiengerichtliche Erziehungsmaßnahmen beim FamG anregen oder beim JGericht beantragen (→ § 3 Rn. 41).

2. Verhältnis zu §§ 153 ff. StPO

a) Eingeschränkter Vorrang. Nach hM (Dallinger/Lackner Rn. 6; **7** Beulke/Swoboda JugendStrafR Rn. 723; Gloss FS Eisenberg II, 2019, 213 (220 ff.)) ist das Legalitätsprinzip (§ 152 Abs. 2 StPO) im JStV nicht aufgehoben, sondern lediglich nach dem Grundsatz einer erzieherisch ausgerichteten Verfahrensgestaltung eingeschränkt. Wegen § 2 Abs. 1 und aus Verhältnismäßigkeitsgründen ist eine formelle Ereignisbearbeitung danach nur angezeigt, wenn eine informelle Vorgehensweise iSv §§ 45, 47 als spezialpräventiv nicht ausreichend gilt. Die Einschränkungen des Legalitätsprinzips, die das allg. Verfahrensrecht in §§ 153 f. StPO vorsieht, beruhen dagegen auf hiervon abw. Gesichtspunkten des Opportunitätsprinzips, denn sie basieren auf der Geringfügigkeit des Tatvorwurfs und dem Fehlen eines öffentlichen Verfolgungsinteresses (vgl. etwa Sonnen in Dollinger/Schmidt-Semisch Jugendkriminalität-HdB 503). Diese **Zweckdivergenz** spricht gegen eine Vorrangbeziehung zwischen §§ 45, 47 und § 153 f. StPO. Besonders eindeutig ist dies bei den besonderen Einstellungsgründen gem. §§ 153b ff. StPO (→ Rn. 13 f.).

Allerdings kann sich die Vorrangigkeit der §§ 45, 47 aus **§ 2 Abs. 2** **8** ergeben. Dies ist aber nur dort der Fall, wo sich deren Anwendungsbereich mit demjenigen der §§ 153 ff. StPO deckt oder darüber hinausreicht. Dagegen können die §§ 153 ff. StPO in jenen Anwendungsbereichen auch im JStV herangezogen werden, die in ihrer Reichweite und in ihren Wirkungen über diejenigen der §§ 45, 47 hinausgehen. Denn die §§ 45, 47 haben **keinen abschließenden** Charakter, der dies ausschließen würde. Soweit sich aus den §§ 153 ff. StPO extensivere Einstellungsmöglichkeiten oder -effekte (ggü. §§ 45, 47) ergeben, stellt das nämlich eine für den Beschuldigten **vorteilhafte Regelung** dar. Da die Handhabung des JStR nach dem Schlechterstellungsverbot nicht zu Benachteiligungen ggü. vergleichbaren

Verfahrenslagen im allg. StR führen darf (→ § 2 Rn. 23 ff.), können die
§§ 45, 47 nur so interpretiert werden, dass die §§ 153 ff. in diesen „überschießenden" Einstellungsoptionen unberührt bleiben und insoweit im JStV
subsidiär anwendbar sind. Anderenfalls wäre die Ablehnung der Voraussetzungen von § 105 Abs. 1 (ebenso wie die Vollendung des 21. Lbj.) im
Beschuldigteninteresse. Die Einstellungsvoraussetzungen der §§ 153 ff. StPO
(„geringe Schuld", „öffentliches Interesse" usw.) müssen bei all dem im JStV
allerdings nach dem Prinzip der jugendgemäßen Auslegung (→ § 2
Rn. 39 ff.) anhand der in § 2 Abs. 1 geregelten Leitlinie interpretiert werden
(n. dazu, wenngleich teilw. einschr. Untersteller, Der Begriff „öffentliches
Interesse" in den §§ 153 StPO und 45 JGG, 2015, 291 ff., 385 ff.).

9   **b) § 153 StPO.** § 45 Abs. 1 scheint ggü. der Einstellung nach § 153
Abs. 1 StPO die weitergehende und daher vorrangige Regelung zu sein.
Indem der JStA nach Abs. 1 aufgrund eigener Entscheidung von der Verfolgung absehen kann, wird das Legalitätsprinzip stärker als im allg. StVR
eingeschränkt, denn dort ist die Zustimmung des Gerichts nur unter den
besonderen Voraussetzungen von § 153 Abs. 1 S. 2 StPO entbehrlich. Dennoch ist die Option des § 153 Abs. 1 StPO für den Beschuldigten günstiger
und deshalb auch im JStV **anwendbar.** Das beruht darauf, dass gem. § 60
Abs. 1 Nr. 7 BZRG eine Entscheidung des JStA nach § 45 Abs. 1 **in** das
Erziehungsregister eingetragen wird (→ Rn. 61). Zwar mag sich die Re-
gistererfassung für den Beschuldigten gelegentlich günstig auswirken können, wenn er aufgrund dieser Information in einem etwaigen späteren Verfahren möglicherweise mit einer hilfreichen Maßnahme bedacht werden
sollte. Doch im Regelfall liegt der Nachteil ggü. der registrierungsfreien
Einstellung nach § 153 Abs. 1 StPO auf der Hand: Die bis Vollendung des
24. Lbj. (§ 63 Abs. 1 BZRG) dokumentierte Einstellungsentscheidung wirkt
sich in späteren außer-/strafrechtlichen Verfahren ungünstig und belastungs-
erhöhend aus (vgl. dazu Eisenberg/Kölbel Kriminologie § 27 Rn. 76, § 31
Rn. 36 f., 59 f.). Seit Einführung des zentralen staatsanwaltlichen Verfahrensregisters (§§ 492 ff. StPO) hinterlässt zwar auch die Einstellung nach § 153
Abs. 1 StPO gewisse Registerspuren (vgl. etwa Verrel/Linke in HK-JGG
§ 109 Rn. 11; Streng JugendStrafR Rn. 602), aber nicht in der gleichen
Weise wie Abs. 1 (vgl. auch Goeckenjan Diversion 40 ff.) – insbes. nicht in
außerstrafrechtlichen Verfahren (→ Rn. 63).

10   Soweit eine Zustimmung des Gerichts vorliegt oder iSv § 153 Abs. 1 S. 2
StPO entbehrlich ist (und die übrigen Voraussetzungen erfüllt sind), **muss**
daher auf der Grundlage von **§§ 153 StPO iVm § 2 Abs. 2** anstatt auf der
Basis von Abs. 1 (folgenlos) eingestellt werden (im Wesentlichen ebenso oder
doch ähnlich auch LG Itzehoe StV 1993, 537 = LSK 1994, 070360; RL
SchlH v. 24.6.1998 (SchlHA 1998, 205) unter 2.2.; RL Nds. v. 5.10.2020
(VORIS 33310) unter 1.2.4; Bohnert NJW 1980, 1927 (1930); Sommerfeld
in NK-JGG Rn. 5; Schäfer/Sander/van Gemmeren Strafzumessung 68;
Hanft Jura 2008, 368 (370); DVJJ-BAG 2017, 15; **aA** Brunner/Dölling
Rn. 3 f.; Diemer in Diemer/Schatz/Sonnen Rn. 9; Blessing/Weik in HK-
JGG Rn. 10; Schneider in BeckOK JGG Rn. 17 ff.; Beulke/Swoboda Ju-
gendStrafR Rn. 725; Burscheidt Verbot 66 ff.; Weßlau/Deiters in SK-StPO
StPO § 153 Rn. 11; iErg auch Untersteller, Der Begriff „öffentliches Inte-
resse" in den §§ 153 StPO und 45 JGG, 2015, 286 ff.). In diesen Fällen kann
die Einstellung auch nicht etwa mit der Begründung, die Erfassung im

Erziehungsregister sei erzieherisch geboten, auf Abs. 1 gestützt werden. Hiermit würde nämlich die Notwendigkeit der registergestützten Persönlichkeitserforschung in einem hypothetischen neuen Verfahren vorwegnehmend unterstellt, obwohl dies zum Einstellungszeitpunkt (im aktuellen Verfahren) in keiner Weise beurteilt werden kann.

c) § 153a Abs. 1 StPO. Eine vorläufige Einstellung nach dieser Norm **11** kommt nur in Betracht, wenn die Voraussetzungen für eine sofortige folgenlose Einstellung (§ 153 Abs. 1 StPO iVm § 2 Abs. 2 oder § 45 Abs. 1) wegen eines (zunächst) bestehenden öffentlichen Interesse an der Strafverfolgung nicht vorliegen (Meyer-Goßner/Schmitt StPO § 153a Rn. 3). Ist eine erzieherische Maßnahme bereits angeordnet, die den JStA veranlasst, unter den Voraussetzungen von **Abs. 2** von der Verfolgung abzusehen, bleibt für § 153a Abs. 1 StPO ebenfalls **kein Raum.** Ein öffentliches Interesse an der Strafverfolgung, das durch die Erfüllung von Auflagen oder Weisungen beseitigt werden müsste, kann nämlich gar nicht mehr bestehen, wenn irgendeine richterliche Beteiligung oder Reaktion durch das erfolgte erzieherische Geschehen bereits entbehrlich (gemacht worden) ist.

Fehlt es an den Voraussetzungen von Abs. 2, stellt sich die Frage, ob dann **12** im JStV nur die Möglichkeit von Abs. 3 besteht und § 153a Abs. 1 StPO hierdurch ausgeschlossen wird (so bspw. Brunner/Dölling Rn. 3 f.; Diemer in KK-StPO StPO § 153a Rn. 7). Das hätte zur Konsequenz, dass bei nicht geständigen Beschuldigten eine Einstellung ausscheidet, wohingegen sie im allg. StVerf nach § 153a StPO möglich wäre. Unabhängig davon ist § 153a StPO auch deshalb beschuldigtenfreundlicher als Abs. 3, weil die Eintragung ins Erziehungsregister unterbleibt und das Gericht lediglich zustimmen (nicht aber die Anordnung treffen) muss. Nach dem Schlechterstellungsverbot kann diese Option dem Jugendlichen oder Heranwachsenden aber nicht genommen werden. Abs. 3 ist also anzuwenden, wenn der JStA die stärkere Beteiligung des JRichters (dh dessen Anordnung anstelle der bloßen Zustimmung) für erforderlich hält. Ist das nicht der Fall oder scheitert das Vorgehen nach Abs. 3 am **Fehlen eines Geständnisses,** ist auf Grundlage von § 153a StPO iVm § 2 Abs. 2 einzustellen (im Wesentlichen ebenso Laubenthal/Baier/Nestler JugendStrafR Rn. 311; Meyer-Goßner/Schmitt StPO § 153a Rn. 4; Bottke ZStW 95 (1983), 69 (93 f.); RL Nds. v. 5.10.2020 (VORIS 33310) unter 1.2.4; Hanft Jura 2008, 368 (370); DVJJ-BAG 2017, 15; **aA** Mavany in Löwe/Rosenberg StPO § 153a Rn. 22; Böhm/Feuerhelm JugendStrafR 104 f.; Dölling in BMJ 1989, 255 f.; Burscheidt Verbot 76 ff.; Untersteller, Der Begriff „öffentliches Interesse" in den §§ 153 StPO und 45 JGG, 2015, 281 ff.). Vorausgesetzt ist dafür allerdings, dass es um den Vorwurf eines Vergehens geht (anderenfalls scheidet § 153a StPO aus). Eine Umgehung von Abs. 3 (Blessing/Weik in HK-JGG Rn. 11) liegt darin nicht, sondern allein eine Nachteilsvermeidung. Mit Blick auf diesen Zweck sind die nach § 153a StPO iVm § 2 Abs. 2 **anordnungsfähigen Auflagen und Weisungen** in ihrer Eingriffsstärke durch den Katalog in Abs. 3 (→ Rn. 49 ff.) **begrenzt.**

d) Besondere Einstellungsgründe. Die Konstellationen, in denen das **13** materielle StR ein „Absehen von Strafe vorsieht", sind im JStR ungeachtet der hier nur bedingt passenden Kategorie „Strafe" ebenfalls zu berücksichtigen, so dass dann auch die Anordnung von Erziehungsmaßregeln und Zuchtmittel ausscheidet (vgl. → § 2 Rn. 19; einschr. Meyer-Goßner/

Schmitt StPO § 153b Rn. 5; Weßlau/Deiters in SK-StPO StPO § 153b
Rn. 8). Da es hierbei um Sachlagen geht, die von §§ 45, 47 überhaupt nicht
erfasst werden – etwa schwere Folgen beim Tatverantwortlichen, tätige
Reue usw (Zusammenstellung bei Diemer in KK-StPO StPO § 153b
Rn. 2) –, besteht kein Konkurrenzverhältnis zu **§ 153b StPO.** Die Vorschrift ist im JStV also richtigerweise **uneingeschränkt anwendbar** (vgl.
auch Diemer in KK-StPO StPO § 153b Rn. 13; Bohnert NJW 1980, 1927
(1931); Altermann Vorverurteilung 268 ff.).

14   Da die Einstellungsmöglichkeiten nach **§§ 153c ff.** StPO ebenfalls jeweils
Sonderregelungen für spezifische, durch §§ 45, 47 nicht abgedeckte Sach-
verhalte vorsehen, spricht bei ihnen nichts für eine Anwendungssperre im
JStV. Das gilt besonders auch für die **§§ 154 Abs. 1, 154a Abs. 1 StPO**
(RL Nds. v. 5.10.2020 (VORIS 33310) unter 1.2.4; Diemer in KK-StPO
StPO § 154 Rn. 3 und § 154a Rn. 1; Seiser NStZ 1997, 374 (375)). Die
hierbei angestrebte Verfahrensbeschleunigung ist wegen ihrer belastungs-
reduzierenden Wirkung iÜ auch iSv § 2 Abs. 1 funktional (→ Einl.
Rn. 42 f., → § 55 Rn. 60). Soweit es im Rahmen der Anwendungsvoraussetzungen auf das relativ geringe Gewicht einer „zu erwartenden Strafe"
ankommt, betrifft das im JStV die dort absehbaren Rechtsfolgen des JStR.
Falls die Teileinstellung die Vorwurfsmehrheit in einer Weise reduziert, dass
die an sich gegebene Einschlägigkeit von § 32 entfällt, kann das für die dort
vorgesehene Schwergewichtsprüfung unbeachtlich sein (n. → § 32 Rn. 24).

3. Verhältnis zu Regelungen im BtMG

15   **§ 31a Abs. 1 BtMG** sieht einen speziellen Einstellungsgrund für Drogen-
besitz-, Drogenerwerbs- und Drogenvertriebsdelikte vor, soweit es sich um
Eigenverbrauchs- bzw. Konsumentensachverhalte handelt (S. 1). Die hier
bestehenden Voraussetzungen werden durch Länder-RL konkretisiert und
in S. 2 um einen besonderen Einstellungsgrund im Kontext von Drogen-
konsumräumen ergänzt. Eine BZRG-Eintragung erfolgt bei einer Einstellung nach § 31a Abs. 1 BtMG nicht. Hinsichtlich des geregelten Lebens-
sachverhalts wie auch der vorgesehenen Einstellungsbedingungen betrifft die
Vorschrift daher eine abgegrenzte **Sondermaterie,** der gegenüber die
§§ 45, 47 bzw. §§ 153 ff. StPO iVm § 2 Abs. 2 subsidiär sind und nur zur
Anwendung gelangen können, wenn die Anforderungen von § 31a Abs. 1
BtMG nicht erfüllt sind, bspw. bei eigenbedarfs-übersteigenden Mengen. De
facto scheiden so va Abs. 1 und § 153 StPO iVm § 2 Abs. 2 aus (im
Wesentlichen ebenso Brunner/Dölling Rn. 5; Sommerfeld in NK-JGG
Rn. 8; Schimmel in Kotz/Rahlf BtMStrafR Kap. 9 Rn. 45; für einen Vorrang von §§ 45, 47 aber BT-Drs. 12/934, 8; OLG Hamm BeckRS 2009,
12921; Blessing/Weik in HK-JGG Rn. 14; Weber in Weber BtMG § 31a
Rn. 19; Patzak in Körner/Patzak/Volkmer BtMG § 31a Rn. 15; Aulinger,
Rechtsgleichheit und Rechtswirklichkeit bei Drogenkonsumenten, 1997,
58 ff.; Paul, Drogenkonsumenten im Jugendstrafverfahren, 2005, 165). In
den **Richtlinien** der Bundesländer ist die Vorrangfrage allerdings unterschiedlich geregelt (vgl. dazu n. Schäfer/Paoli, Drogenkonsum und Strafverfolgungspraxis, 2006, 67; wie hier bspw. RL Nds. v. 5.10.2020 (VORIS
33310) unter 1.2.4; Zusammenarbeits- und Diversionsrichtlinien BW v.
18.12.2018 (Die Justiz 2019, 18) unter Vorbemerkung zu 2.).

Nach **§ 38 Abs. 2 iVm § 37 Abs.** 1 BtMG kann der JStA unter be- **16** sonderen Voraussetzungen und mit richterlicher Zustimmung vorläufig von der Verfolgung absehen, wenn der Beschuldigte eine Behandlung seiner Drogenabhängigkeit nachweist. Die Regelung hat den Nachteil, nicht an differenzierte, jugendspezifische Therapieangebote anzuknüpfen, obwohl Besonderheiten der altersmäßigen Entwicklung für die Abhängigkeit und deren Behandlung durchaus relevant sind (vgl. auch → § 10 Rn. 52 ff.). Im Unterschied zu § 31a BtMG (→ Rn. 15) sieht sie wesentlich strengere Einstellungsvoraussetzungen als § 45 vor. Ungeachtet der bei § 38 Abs. 2 BtMG nicht erfolgenden Eintragung ins BZRG ist die JGG-Option also deutlich einfacher und belastungsärmer, sodass sie nicht verdrängt wird (ebenso etwa Diemer in Diemer/Schatz/Sonnen Rn. 11; Brunner/Dölling Rn. 5; Weber in Weber BtMG § 38 Rn. 10; Volkmer in Körner/Patzak/Volkmer BtMG § 38 Rn. 7; abw. → 22. Aufl. Rn. 29b; Paul, Drogenkonsumenten im Jugendstrafverfahren, 2005, 166, 273). Vielmehr kommt die Einstellung nach § 38 Abs. 2 BtMG aus Verhältnismäßigkeitsgründen nur subsidiär in Betracht, wenn ein Vorgehen nach § 45 Abs. 1 und 2 ausscheidet. Für die Forderung, bei einer Einstellung nach Abs. 2 das Erfordernis der richterlichen Zustimmung aus § 37 Abs. 1 BtMG zu übernehmen (Diemer in Diemer/Schatz/Sonnen Rn. 11; Höffler in MüKoStPO Rn. 11), ist keine Grundlage ersichtlich.

IV. Priorität, Funktion und Tragweite der Diversion

1. Subsidiarität formaler Reaktionsformen

Die Vorschriften der §§ 45, 47 eröffnen die Möglichkeit, ein **förmliches** **17** **Verfahren** zu **vermeiden** („Diversion"), wenn dies erzieherisch angezeigt ist. Dieser Weg steht nicht zur Disposition der JStA; seine Nutzung kann nicht nach Gutdünken erfolgen, sondern wird von Rechts wegen festgelegt. Dafür ist maßgeblich, dass sich die Verfahrenseinstellung meist als **eingriffs-ärmer** erweist: Sie führt zu einer Verfahrensverkürzung und damit zu einer Reduzierung verfahrensbedingter Begleitbelastungen. Sie verringert die soziale Auffälligkeit des staatlichen Vorgehens und vermindert damit das Risiko abträglicher gesellschaftlicher Reaktionen. Und sie hat häufig auch eine weniger intensive Rechtsfolgenanordnung zur Konsequenz. Genau darin – dh in der Begrenzung der abträglichen Entwicklungsfolgen, die das Zusammentreffen mit Strafverfolgungsinstitutionen nachweislich hervorrufen kann (→ Einl. Rn. 8, → § 5 Rn. 67 f.: reduzierte Lebensführungschancen, ungünstige soziale Kontakte usw.) – liegen ihre **spezialpräventiven Vorzüge.** Sie erlauben insbes. eine Herausleitung aus dem drohenden Verlauf zukünftiger Sanktionseskalation (vgl. → § 5 Rn. 8).

Sowohl aus erzieherischen als auch aus Verhältnismäßigkeitsgründen ha- **18** ben Einstellungen nach §§ 45, 47 daher **Vorrang.** Die Wahl des förmlichen Verfahrens ist erst notwendig, wenn ein Bedarf an dem besteht, was nur dort geleistet werden kann: ein Bedarf an der weitergehenden Aufklärungsleistung des Verfahrens, an der Symbolik der Prozedur und/oder an Rechtsfolgen, die informell nicht zu veranlassen sind (zu dieser Subsidiarität n. auch → § 5 Rn. 21 f.). Deshalb geht das Verfahren nach § 45 auch dem vereinfachten JVerfahren vor (vgl. zutr. RL Nr. 1 zu § 76). Angesichts des passageren Charakters des weit überwiegenden Teils von Jugenddelinquenz, die sich im Sinne einer „Spontanbewährung" von selbst verliert (→ Einl. Rn. 5 ff.), wird für einen sozial verträglichen Entwicklungsverlauf idR gar keine oder jedenfalls keine gravierende staatliche (gar strafrechtliche) Intervention benötigt. Stattdessen ist **in den meisten JStV** ein informelles Vorgehen mit (weitgehendem) Sanktionsverzicht ausreichend und vorzugswürdig. – Daher ist es ebenso erklärlich wie richtig und begrüßenswert, wenn das jugendstrafrechtliche Verfahrensaufkommen idR im Wege der Diversion bearbeitet wird (dazu → Rn. 20 ff.). Ähnliche – rechtliche und quantitativ-verfahrenstatsächliche – Vorrangstrukturen bestehen international iÜ in zahlreiche Rechtsordnungen (vgl. bspw. Dünkel/Pruin/Grzywa in DGHP Juvenile 1623 ff.).

2. Beschränkte Umsetzung in Diversionsrichtlinien

19   Die Voraussetzungen des Vorrangs informeller Verfahrensabschlüsse werden in den Diversionsrichtlinien der Bundesländer (sehr uneinheitlich) konkretisiert, insbes. durch Vorgaben zum erforderlichen Tatnachweis, zum Grad der einstellungsausschließenden Vorbelastung und zu den diversionsfähigen Delikten (für systematische Auswertungen zu den Vorgaben und Unterschieden s. bspw. Linke NStZ 2010, 609; Heinemann, Diversionsrichtlinien im Jugendstrafrecht, 2010, 16 ff.; Gräf, Die Diversion im Jugendstrafrecht im Lichte der Angewandten Kriminologie, 2015, 132 ff.; Pitz, Robe versus Brief im Diversionsverfahren, 2020, 88 ff.). Hiernach ist der **Deliktscharakter** vielfach nicht maßgeblich, dh es kann – abgesehen von den Varianten nach Abs. 1 und § 47 Abs. 1 S. 1 Nr. 1 – grds. auch bei einem Verbrechen von der Erhebung einer Anklage abgesehen werden. Damit wird in den Richtlinien also anerkannt, dass die erzieherische Indikation und Eignung für die Vornahme einer Einstellung wichtiger als die Frage der Tatschwere sind (vgl. etwa Zusammenarbeits- und Diversionsrichtlinien BW v. 18.12.2018 (Die Justiz 2019, 18) unter 2.2.; einschr. aber zB RL Nds. v. 5.10.2020 (VORIS 33310) unter 1.3.1.: „mindere Schwere der Verfehlung"). In der staatsanwaltlichen Erledigungspraxis wird diesem Aspekt allerdings ein erhebliches Gewicht eingeräumt, ebenso wie der Legalbiografie des Beschuldigten (→ Rn. 21). Hinsichtlich einer Einstellung bei **mehrfach oder wiederholt** jugendstrafrechtlich erfassten Personen ist jedoch nicht nur die Praxis, sondern auch die Regelungslage in den VVen teilw. restriktiv (so etwa für LSA die Richtlinien und Empfehlungen v. 13.12.2002 (JMBl. 345 ff.) bzw. 21.4.2008 (JMBl. 93) unter B. II.1. und B. II.6.: selbst für Abs. 2 und 3 „regelmäßig nicht"). Mit Blick auf die Dynamik der Reifeentwicklung, die gegen die Zwangsläufigkeit von „Karrieren" spricht (→ Einl. Rn. 6; → § 5 Rn. 45), muss eine informelle Erledigung richtigerweise hier aber ebenfalls (oft) möglich sein (so etwa auch RL Nds. v. 5.10.2020 (VORIS 33310) unter 1.3.2).

3. Handhabung in der Rechtspraxis

20   **a) Häufigkeit informeller Verfahrensabschlüsse.** Ungeachtet regionaler Unterschiede ist der **Anteil** der Beschuldigten in einem JStV, bei denen von der Verfolgung nach §§ 45, 47 abgesehen wurde, nach den amtlichen Daten bundesweit seit Jahrzehnten auf ein inzwischen relativ stabiles Niveau von klar über zwei Dritteln **gestiegen** (StA-Statistik Tab. 2.4.1; StrafSt Tab. 2.2). Dies ist umso bemerkenswerter, als in manchen LG–Bezirken hierzu auch noch ein beträchtlicher Anteil an Opportunitätseinstellungen nach den §§ 153 ff. StPO iVm § 2 Abs. 2 (→ Rn. 7 ff.) hinzukommt. Dabei entfallen innerhalb der verschiedenen Einstellungsformen die größten Anteile auf die Varianten von § 45 Abs. 1 und 2 (vgl. Heinz ZJJ 2012, 129 (134); ferner Eisenberg/Kölbel Kriminologie § 27 Rn. 70 f., § 31 Rn. 45; am Bsp. des LG-Bezirks Flensburg vertiefend Çaglar, Neue ambulante Maßnahmen in der Reform, 2005, 51 ff.). Die früher bisweilen noch zurückhaltende Nutzung von Abs. 2 (bzw. Abs. 2 Nr. 1 aF), die wohl auch mit der hier gegebenen zeitlichen **Inanspruchnahme** der **JStA** zusammenhing (vgl. Albrecht Kriminalistik 1988, 427 (429 f.)), ist nicht mehr feststellbar. In den Jahren 2016 und 2020 verteilten sich die Einstellungen gem. § 45 zu 57,0 % und 54,9 % auf Abs. 1, zu 40,4 % und 42,7 % auf Abs. 2 sowie zu jeweils 2,4 % auf Abs. 3 (StA-Statistik Tab. 2.2.1.1). Dies bedeutet allerdings, dass zwar in der Summe im JStR zu einem deutlich höheren Grad von den verschiedenen Einstellungsmöglichkeiten Gebrauch gemacht wird, als es im allg. StR nach den Opportunitätsvorschriften geschieht. Doch dieses Plus basiert va auf der Popularität der intervenierenden Diversion (Abs. 2), wohingegen folgenlose Einstellungen zumind. der StA (Abs. 1) im allg. StVerf sogar häufiger als im JStV sind (Spiess FS Albrecht, 2021, 1038 f.).

Durch BZR–Auswertungen ergeben sich sehr ähnliche Befunde (JAHT **21** Legalbewährung, 2021, 124 f.). Hierdurch sowie durch (regionale) Aktenuntersuchungen ist iÜ belegt, dass die Praxis mit den Verfahrensabschlüssen nach § 45 vorwiegend bei jüngeren, wenig vorbestraften Personen operiert, die minder schwere Delikte verübt haben (dazu etwa Grundies, Verfahrenseinstellungen nach §§ 45, 47 JGG, 2004, 37 ff., 64 ff.; ferner mwN im Detail Heinz Sekundäranalyse 760 ff.). Das spricht dafür, dass ein **standardisiertes** Vorgehen anstelle der programmorientierten Individualisierung überwiegt. – Kaum zuverlässig zu beantworten ist die Frage, ob bzw. inwieweit die vermehrte Anwendung der §§ 45, 47 zur „Umgehung" von Freisprüchen geführt (vern. Heinz in BMJ (Hrsg.), Diversion im Jugendstrafverfahren der Bundesrepublik Deutschland, 1992, 93) oder Einstellungen nach § 170 Abs. 2 StPO ersetzt hat (vern. Sessar/Hering in Kury (Hrsg.), Entwicklungstendenzen kriminologischer Forschung, 1986, 85, 387 f.; tendenziell anders Deichsel MschKrim 1991, 224 (232); für einen geringen Verfahrensanteil in Bln. bej. Schimmel, Täter-Opfer-Ausgleich als Alternative?, 2000, 84). Allerdings scheint mit der Ausdehnung der Einstellungspraxis bei der Gruppe, bei der dann noch eine HV mit Verurteilung erfolgt, insg. eine gewisse Anhebung der Sanktionshärte einherzugehen, jedenfalls bei den relativ schweren Rechtsfolgen (vgl. dazu → § 18 Rn. 10; Deichsel MschKrim 1991, 224 (232)).

b) Regionale Unterschiede. Nach den Zahlen der StA-Statistik (Tab. **22** 2.2.1.1.) bestehen erhebliche Unterschiede zwischen den **Bundesländern** hinsichtlich der Anwendungshäufigkeit von § 45 und hinsichtlich der Anteile von Abs. 1 und 2 (vgl. dazu n. Spiess Bewährungshilfe 2012, 17 (30 ff.); Spiess FS Heinz, 2012, 300). Zwischen den einzelnen **JGerichts-Bezirken** eines Bundeslandes oder verschiedener Bundesländer wurden in vielen (verschieden vorgehenden) Untersuchungen ebenfalls entspr. Unterschiede festgestellt, teilw. auch nach Beschuldigtengruppen (vgl. etwa Gleumes, Die

Praxis der „Erziehung in Freiheit", 1961; Albrecht Kriminalistik 1988, 427 (429); Libuda-Köster in Albrecht (Hrsg.), Informalisierung des Rechts, 1990, 309; Ludwig-Mayerhofer ZRechtssoziologie 1992, 205 (221); Herbort, Wer kommt vor Gericht?, 1992, 186 ff.; Grundies, Verfahrenseinstellungen nach §§ 45, 47 JGG, 2004, 102 ff., 137 ff.; Feigen ZJJ 2008, 349 (354 f.); Verrel FS Schöch, 2010, 233; Linke, Diversionstage in Nordrhein-Westfalen, 2011, 100 ff.; Kleinbrahm, Divergente Diversion im Jugendstrafverfahren, 2015, 219 ff.).

23   Solche Beobachtungen lassen sich nur in engen Grenzen durch Verfahrensunterschiede (etwa im Verhältnis von Jugendlichen und Heranwachsenden oder iZm der jeweiligen Deliktsstruktur) erklären (vgl. n. etwa Spieß DVJJ 2012, 450 f.). Sie resultieren vielmehr aus divergierenden regionalen Handhabungen, die teilw. beeinflusst werden durch die jeweiligen VVen (→ Rn. 19), dh durch die Unterschiede in deren Maßgaben und Detaildichte (zu diesen Zusammenhängen n. Kleinbrahm, Divergente Diversion im Jugendstrafverfahren, 2015, 143 ff.; überblicksartig Verrel ZIS 2015, 614 (616 f.)). Zu berücksichtigen sind daneben aber zB auch unterschiedliche interne Dienstanweisungen (etwa zur Schadenshöhe) und ggf. auch die Regelungen der pensenmäßigen Berücksichtigung (dazu mwN → 22. Aufl. Rn. 17d). Außerdem ist davon auszugehen, dass sich die regional variierenden Handhabungen bei anderen Einstellungsgründen (für § 31a BtMG vgl. Schäfer/Paoli, Drogenkonsum und Strafverfolgungspraxis, 2006, 264 ff.; für §§ 153 ff. StPO vgl. Kleinbrahm, Divergente Diversion im Jugendstrafverfahren, 2015, 342 ff.) in der Nutzungshäufigkeit von § 45 bemerkbar machen. Diese Situation ist kaum akzeptabel. Zwar läge in einer überregionalen Überstandardisierung ein problematisches Hindernis für den bedarfsangepasst-flexiblen Einsatz zukunftsorientierter Einstellungsformen, doch stellt die **Disparität** in der Handhabung von § 45 eine problematische Ungleichheit der Gesetzesanwendung dar.

4. Empirische Befunde zur Funktionalität

24   Nach der auf BZR-Eintragungen basierenden, bundesweiten **„Rückfall"-Statistik** sind die Legalbewährungsquoten nach Einstellungen gem. §§ 45, 47 JGG im Vergleich mit anderen Sanktionen außerordentlich günstig. Nach drei Jahren waren 63 % der im Jahr 2004 entspr. Sanktionierten, nach sechs Jahren 54 %, nach neun Jahren 51 % und nach zwölf Jahren immer noch 50 % ohne Folgeeintragung im BZR. Selbst wenn eine Folgesanktion vorlag, war diese meist ambulanter Art. Freiheits- oder JStrafen (mit/ohne Bewährung) waren nach zwölf Jahren nur bei 12 % registriert worden (JAHT Legalbewährung 2021, 144; vgl. für BW Bareinske, Sanktion und Legalbewährung im Jugendstrafverfahren in Baden-Württemberg, 2004, 115 ff.). Der Vergleich dieser Daten mit den (klar ungünstigeren) Legalbewährungsverläufen nach jugendgerichtlicher Verurteilung lässt freilich nicht ohne weiteres den Schluss auf eine bestimmte (hier: besonders hohe) spezialpräventive Wirkung zu, sondern unterliegt den allg. Problemen der Effektivitätsmessung (vgl. Eisenberg/Kölbel Kriminologie § 20 Rn. 16 ff., § 42 Rn. 3 ff., 56 ff.: keine Vergleichbarkeit der unterschiedlich sanktionierten Personengruppen).

25   Unter den vorliegenden Einzelstudien (umfassende Zusammenstellung bei Pitz, Robe versus Brief im Diversionsverfahren, 2020, 105 ff.; Heinz Sekun-

däranalyse 1869 ff.) ergaben Vergleiche von Personen, bei denen das Verfahren nach §§ 45, 47 beendet worden war, mit Verurteilten (Rechtsfolgen zB nach §§ 10, 14 oder 15) jeweils etwas geringere Wiederregistrierungswerte in der Einstellungsgruppe, und das nicht nur bei „Ersttätern", sondern auch bei (jugend-)strafrechtlich vorbelasteten Personen (vgl. Hügel in BMJ (Hrsg.), Erzieherische Maßnahmen im deutschen Jugendstrafrecht, 1986, 64 ff.; ähnlich Storz in BMJ (Hrsg.), Diversion im Jugendstrafverfahren der Bundesrepublik Deutschland, 1992, 164). So war bei einem Vergleich von zwei Untergruppen, die hinsichtlich Alter, Vorbelastung und Deliktskategorie übereinstimmten (erstmals wegen „einfachen Diebstahls" bzw. „Fahrens ohne Fahrerlaubnis" strafverfolgt), die „Rückfall"-Quote nach formeller Sanktion insges. statistisch signifikant höher (Storz in BMJ (Hrsg.), Diversion im Jugendstrafverfahren der Bundesrepublik Deutschland, 1992, 166). Da es sich hierbei um eine **Vergleichsgruppenauswertung** handelt, kann der Befund durchaus als Hinweis auf einen vergleichsweise günstigen Einwirkungseffekt von Diversionsentscheidungen interpretiert werden (zu weiteren entspr. Studien eingehend → § 5 Rn. 73). Mit Blick auf die verschiedenen Diversionsvarianten hat die (auf München und Kempten bezogene) Auswertung von Pitz (Robe versus Brief im Diversionsverfahren, 2020, 176 ff.) nach durchschnittlich etwas über vier Jahren eine Rückfallquote von knapp 27 % aufgezeigt, wobei die Werte bei der richterlichen Diversion (§ 47) etwas besser und bei der staatsanwaltlichen Diversion im Falle von Abs. 1 (36,6 %) etwas schlechter als im Falle von Abs. 2 (23,9 %) waren. Die Übertragbarkeit auf den Einzelfall ist bei all dem allerdings stets einschränkt (s. allg. Bock GA 1997, 1 (11 f., 15 f.)).

V. Absehen von der Verfolgung nach Abs. 1

1. Gemeinsamkeiten mit Abs. 2

Über eine Einstellung nach Abs. 1 und Abs. 2 entscheidet die JStA allein **26** und ohne Zustimmung des JRichters. Der sich abzeichnende Sachverhalt wird von ihr dabei nur daraufhin überprüft, ob er die Strafbarkeitsvoraussetzungen **hypothetisch** (dh bei einer gedachten Verdachtsbestätigung in einer gedachten HV) erfüllen, dabei aber eine geringe Vorwerfbarkeit aufweisen würde (BVerfG NJW 2017, 1539 (1540); BGH NStZ 2019, 400). Ein Schuldspruch wird hiermit nicht verbunden, sondern nur für die Prüfung der Einstellungsvoraussetzungen unterstellt (n. auch → Rn. 62). Daher kann ein **Geständnis** des Beschuldigten für diese Abschlussformen also nicht erforderlich sein, was iÜ auch der Rückschluss aus Abs. 3 unterstreicht (s. aber für Abs. 2 n. → Rn. 31). Da jedoch eine BZRG-Eintragung erfolgt, kommt eine Einstellung nach Abs. 1 und Abs. 2 nur bei hinreichendem **Tatverdacht** in Betracht (n. → Rn. 6). Fehlt es daran, was auch bei einem substantiierten oder ernsthaften Bestreiten idR der Fall ist, muss das Verfahren fortgeführt oder nach § 170 Abs. 2 StPO eingestellt werden (so etwa auch RL Nds. v. 5.10.2020 (VORIS 33310) unter 1.2.2. und 1.2.5.; Zusammenarbeits- und Diversionsrichtlinien BW v. 18.12.2018 (Die Justiz 2019, 18) unter Vorbemerkung zu 2.). Die Ausübung des **Schweigerechts** darf der Anwendung von Abs. 1 und Abs. 2 nicht entgegenstehen und ist auch bei der Wahl zwischen beiden Varianten auszublenden (für Hinweise,

dass dieser Aspekt für prozessuale Entscheidungen gleichwohl leicht eine
Rolle spielen kann, vgl. die Daten bei Fine/Donley/Cavanagh ua Psychology, Public Policy & Law 23 (2017), 105).

2. Voraussetzungen

27 **a) Allgemeine Bedingungen.** Aus dem **Verweis auf § 153 StPO** folgt,
dass sich der Verdacht auf ein **Vergehen** (§ 12 Abs. 2 StGB) beziehen muss,
dessen hypothetische Begehung lediglich einen Vorwurf geringeren Grades
(„geringe Schuld") und kein Strafverfolgungsanliegen der Allgemeinheit
(„öffentliches Interesse") begründet (vgl. etwa Goeckenjan Diversion 82 ff.).
Danach kommt eine Einstellung nach Abs. 1 bei einer Vielzahl von Delikten
in Betracht, sofern das Erfolgs- und/oder Handlungs**unrecht begrenzt** ist
und sich die Vorwerfbarkeit – unter Berücksichtigung ihrer **altersspezifischen** Absenkung (n. → § 17 Rn. 46, 54) – daher im Rahmen hält (vgl.
auch BT-Drs. 11/5829, 23; speziell zu Straßenverkehrsdelikten zusf. Reiff,
Straßenverkehrsdelinquenz in Deutschland, 2015, 205 f., 457). Grds. kann
das – jugendorientiert zu interpretierende (→ Rn. 8; ebenso Brunner/Döl-
ling Rn. 23) – Strafverfolgungsinteresse auch bei **mehrfacher** Deliktsbegehung fehlen (vgl. etwa UK II DVJJ-J 1992, 19: ggf. „auch bei der dritten").
Das gilt zumindest dann, wenn die Taten klar bagatellarisch oder ihrer Art
nach ganz unterschiedlich oder mit größeren zeitlichen Zwischenräumen
begangen worden sind (BT-Drs. 11/5829, 23 f.). Die VVen der Bundesländer sind nicht nur in dieser Hinsicht teilw. restriktiver (→ Rn. 19), sondern sehen idR auch relativ (bzw. zu) niedrige Schadenshöchstwerte vor (vgl.
etwa die Diversionsrichtlinie für Bln. v. 24.8.2009 (ABl. 2249 ff.) unter
B. I.2.: Schaden von bis zu 50 EUR). Insofern besteht vielfach Anlass, die
meist ebenfalls vorgesehenen Öffnungsklauseln für besondere Einzelfälle zu
nutzen.

28 **b) Vorrang vor Abs. 2.** Aus dem systematischen Stufenverhältnis von
Abs. 1 und Abs. 2 ergibt sich, dass das Vorgehen nach Abs. 1 dann erzieherisch angezeigt (§ 2 Abs. 1) und aus Verhältnismäßigkeitsgründen geboten
ist, wenn nach Einschätzung der JStA keine spezialpräventive Notwendigkeit
für eine erzieherische Maßnahme iSv Abs. 2 besteht (zur strikten **Subsidiarität** zwischen den Varianten des § 45 ebenso bspw. Swoboda FS Beulke,
2015, 1239 f.). Insofern wird dem JStA bei der Diversionsentscheidung eine
prognostische Abschätzung der erforderlichen Intervention abverlangt
(allg. dazu → § 5 Rn. 16 ff., 31 ff.). Angesichts eingeschränkter Prognosemöglichkeiten, durch die eine Identifizierung der individuell passenden Vorgehensweise deutlich erschwert ist, sollte dabei im Zweifel die weniger
eingriffsintensive Option des § 45 gewählt werden (infolge Überschätzung
von Prognosemöglichkeiten teilw. abw. Bock NK 2014, 301 (304); Gräf,
Die Diversion im Jugendstrafrecht im Lichte der Angewandten Kriminologie, 2015, 160 ff.; n. zu dieser Frage aber → § 5 Rn. 42). Auch ist hierbei zu
berücksichtigen, dass die Konfrontation des Beschuldigten mit einem Ermittlungsverfahren bereits eine erzieherische Wirkung haben kann, zumindest jedoch eine negativ sanktionierende Reaktion mit Auswirkungen auf
das soziale Umfeld (zB Eltern, Ausbildende, Bezugspersonen) darstellt (vgl.
auch Grote, Diversion im Jugendstrafrecht, 2006, 46: „Ermittlungsverfahren
hinterlässt Spuren").

3. Verschiedene Konsequenzen für das Verfahren

Ist eine Verfahrenseinstellung nach Abs. 1 zu erwarten, muss der Ermitt- **29** lungsaufwand – aus Verhältnismäßigkeitsgründen, aber auch aus verfahrensökonomischen Erwägungen – auf das Maß beschränkt werden, das für die Feststellung der Einstellungsvoraussetzungen (Verdachtsgrad, Vorwurfsbegrenztheit, Fehlen einer weitergehenden Einwirkungsnotwendigkeit) erforderlich ist (n. Kölbel in MüKoStPO StPO § 160 Rn. 41 ff.). Auch der Erziehungsgedanke spricht hier für eine **reduzierte polizeiliche Ermittlungstiefe.** Insofern entwickelt die erwartbare Einstellung eine – das Legalitätsprinzip einschränkende – Vorwirkung auch ggü. der Polizei (Gloss in FS Eisenberg, 2019, 222 f.). Weitergehende Ermittlungseingriffe können und müssen deshalb unterbleiben. Damit es von Seiten der Polizei aber **nicht** zu einem **eigenmächtigen** Absehen von solchen (unnötigen) Nachforschungen kommt, sind ihr die abgestuften Einschränkungen des Ermittlungsaufwands **durch die JStA** in fallübergreifender Form vorzugeben. – Das Fairnessgebot verlangt zudem einen Hinweis auf die registerrechtlichen Folgen, falls die JStA ohne Durchführung einer amtlichen Vernehmung ein Einstellungsschreiben versendet (Müller DRiZ 1996, 443 (444)). In der **Mitteilung** über das Absehen darf keine Bemerkung gemacht werden, die gegen die Unschuldsvermutung verstößt (vgl. BVerfG NJW 2017, 1539 bzgl.: Der Jugendliche habe „sich durch sein Verhalten einer Straftat schuldig gemacht").

VI. Absehen von der Verfolgung nach Abs. 2

1. Voraussetzungen

Nach Abs. 2 ist eine Einstellung auch unabhängig von den Kriterien des **30** § 153 StPO zulässig (und bei Vorliegen der Voraussetzungen auch obligatorisch). Es kommt hierfür also nicht auf die dortigen Geringfügigkeitsanforderungen an. Ferner erstreckt sich der Anwendungsbereich des Abs. 2 auch auf **Verbrechen.** Erforderlich sind indes die erfolgte oder bevorstehende Durchführung einer erzieherischen Maßnahme (→ Rn. 32 ff.) und die **fehlende Erforderlichkeit** einer hinzukommenden richterlichen Beteiligung oder Anklage. Eine entspr. – den Weg über Abs. 2 versperrende – Erforderlichkeit liegt vor, wenn es aus Sicht der JStA der Veranlassung von Rechtsfolgen bedarf, die allein iRv Abs. 3 oder in einer HV bzw. einem vereinfachten JVerfahren veranlasst werden können. Umgekehrt ist die Einstellung gem. Abs. 2 geboten, wenn sich die Kombination aus Einstellung und Intervention spezialpräventiv als zielführend und ausreichend erweist.

Hinsichtlich des Anlassgeschehens bedarf es des hinreichenden Tatver- **31** dachts (n. → Rn. 6), nicht aber eines Geständnisses (n. → Rn. 26; tabellarischer Vgl. der hier nicht ganz einheitlichen VVen der Bundesländer bei Pitz, Robe versus Brief im Diversionsverfahren, 2020, 90 f.). Vielmehr ist das Verfahren nach Abs. 2 von Gesetzes wegen selbst ggü. einem den Tatvorwurf bestreitenden Beschuldigten zulässig (s. dazu bereits Bohnert NJW 1980, 1927 (1931); abw. Brunner/Dölling Rn. 34) und in bestimmten Konstellationen empfehlenswert (n. Zieger/Nöding Verteidigung Rn. 159: zB bei Versöhnung zwischen den Beteiligten nach Auseinandersetzung mit

unklaren Anteilen). Allerdings ist ggü. Beschuldigten, die den Vorwurf
zurückweisen, die erzieherische Eignung besonders kritisch zu prüfen. Nicht
akzeptierte und nur unwillig umgesetzte erzieherische Maßnahmen dürften
dann spezialpräventiv selten sinnvoll sein (vgl. auch Streng JugendStrafR
Rn. 174, 181: bei Staatsanwaltsintervention (→ Rn. 40) auch rechtsstaatlich
problematisch).

2. „Erzieherische Maßnahme"

32   **a) Allgemeine Bestimmung.** Der Begriff der erzieherischen Maßnahme
iSv Abs. 2 geht über den der „Erziehungsmaßregel" hinaus (vgl. → § 9
Rn. 4). Es sind **alle Maßnahmen** erfasst, die zur Erziehung des Beschuldigten von privater oder öffentlicher Seite im Rahmen bestehender Erziehungsaufgaben durchgeführt oder eingeleitet worden sind (ohne dass dies unbedingt aus Anlass des Tatverdachts erfolgt sein muss). So können eine vorläufige Anordnung zur Erziehung gem. § 71 (KG NStZ 2010, 284 (285);
Smok, Vorläufige Anordnungen über die Erziehung nach § 71 JGG, 2008,
77 ff., 106 f.) oder U-Haft (Eisenberg/Reuther ZKJ 2006, 490 (492); s. aber
→ § 72 Rn. 9) oder Bewährungsmaßnahmen im Rahmen einer Aussetzung
zBew in anderer Sache als erzieherische Maßnahme eingeordnet werden. Im
Vordergrund stehen indes sozialpädagogisch ausgerichtete Sachverhalte, etwa
iRv Angeboten freier Träger. Ferner kommen Leistungen der **öffentlichen
JHilfe** gem. §§ 27 ff. SGB VIII in Betracht, auch indem die JGH solche
Erziehungsmaßnahmen vorbereitet oder einleitet (n. hierzu → § 38 Rn. 24;
Brunner/Dölling Rn. 29; zu entspr. Aktivitäten von BewHelfern etwa
Wölffel, Diversion im Hamburger Jugendstrafverfahren, 1993, 65 ff.). Prinzipiell haben geeignete und ausreichende erzieherische Maßnahmen im **privaten Lebenskreis** des Jugendlichen dem Eingriff staatlicher Organe allerdings vor (va also das Vorgehen seitens der Eltern, der Schule, der Ausbildenden usw.).

33   **b) Begrenzungswirkung von Abs. 3.** In Fällen, in denen der JStA
nicht auf eine drittseitig veranlasste Maßnahme mit der Einstellung nach
Abs. 2 reagiert, sondern entspr. Maßnahmen **selbst initiiert** (→ Rn. 40), ist
die zulässige Einwirkungsintensität allerdings beschränkt. Mit Blick auf die
Abgrenzung zu Abs. 3 muss berücksichtigt werden, dass die dort bezeichneten Maßnahmen an die Beteiligung des Richters und dessen Anordnung
gebunden sind. Diese prozedurale und kompetenzbezogene Bedingung würde unterlaufen, wenn es iRv Abs. 2 zu denselben Interventionen (so aber zB
Brunner/Dölling Rn. 66; Höffler in MüKoStPO Rn. 20; Beulke/Swoboda
JugendStrafR Rn. 757) oder gar weitergehenden Einwirkungen kommen
dürfte. Die fraglichen Weisungen und Auflagen könnten auf Anregung des
JStA ausgelöst werden, ohne dass dieser den aufwändigeren Weg des Abs. 3
wählen muss. Zur Vermeidung dieser unstimmigen Konsequenz müssen die
staatsanwaltlich initiierten erzieherischen Maßnahmen iSv Abs. 2 **unterhalb**
der **Eingriffsintensität** der nach **Abs. 3** möglichen Anordnungen liegen
(vgl. zB auch Ostendorf in NK-JGG Rn. 13; Schimmel, Täter-Opfer-Ausgleich als Alternative?, 2000, 27; Goerdeler ZJJ 2005, 77 (78); iErg auch LG
Osnabrück StraFo 2015, 301). Der TOA, der hierbei die einzige zulässige
Ausnahme darstellt (Abs. 2 S. 2 bzw. Abs. 3 iVm § 10 Abs. 1 S. 3 Nr. 7),

war bei seiner ad hoc-Einführung nicht als legislatorische Widerlegung der hier vertretenen Abstufung gedacht.

Das Argument der aA, die **Abstufung zwischen den verschiedenen** **Diversionsvarianten** ergebe sich bereits aus der richterlichen Beteiligung bei Abs. 3, sodass iRv Abs. 2 (mindestens) gleichintensive Maßnahmen initiiert werden dürften (Streng JugendStrafR Rn. 181), überzeugt angesichts der Parallelvorschriften in § 47 Abs. 1 Nr. 2 und Nr. 3 iÜ nicht. Denn dort kann das Stufenverhältnis angesichts der jeweils gegebenen richterlichen Beteiligung allein dadurch hergestellt werden, dass die erzieherische Maßnahme unter dem Eingriffsniveau der in Abs. 3 bezeichneten Maßnahmen bleibt. Dies muss dann auch für Abs. 2 und Abs. 3 gelten. Auf der Grundlage dieser Auffassung scheiden iRv Abs. 2 auch solche Maßnahmen aus, die auf eine **Umgehung der besagten Obergrenze** hinauslaufen, weil sie zwar nicht nominell, aber de facto einer Anordnung iSv Abs. 3 entsprechen. Unzulässig wäre daher zB die „Vereinbarung" einer „freiwillig" zu erbringenden Geldzahlung oder Arbeitsleistung (Eisenberg NStZ 1987, 561 (562); zust. Mann, Beschleunigungspotential im Jugendstrafverfahren, 2004, 123; anders bspw. die Diversionsrichtlinie für Bln. v. 24.8.2009 (ABl. 2249 ff.) unter B. II.2.b)cc)). Soweit behauptet wird, die hier vertretene Ansicht dränge die JStA in den eingriffsintensiveren Antrag gem. Abs. 3 hinein (etwa Schneider in BeckOK JGG Rn. 65; Linke, Diversionstage in Nordrhein-Westfalen, 2011, 48), bleibt das höchst spekulativ, gerade auch mit Blick auf die Differenziertheit der verbleibenden Einwirkungsmöglichkeiten iRv Abs. 2. 34

3. Ausgewählte spezielle Maßnahmeformen

a) Formen der Ermahnung. Als erzieherische Maßnahmen iRv Abs. 2 kommen vielfach normverdeutlichende oder erzieherische Gespräche mit dem Beschuldigten in Betracht. Diese können vom **JStA geführt** werden (vgl. auch RL 3 S. 3). Die hiergegen früher vorgebrachten Bedenken – sei es mit Blick auf Art. 92 GG (Dirnaichner, Der nordamerikanische Diversionsansatz und rechtliche Grenzen seiner Rezeption …, 1990, 371, 376; van den Woldenberg, Diversion im Spannungsfeld zwischen „Betreuungsjustiz" und Rechtsstaatlichkeit, 1993, 147 ff.) oder auf die Unschuldsvermutung (vgl. Kondziela MschrKrim 1989, 177) – richten sich letztlich gegen die Diversion im Ganzen, ohne angesichts der Vorteile informeller Erledigungsformen durchdringen zu können. Für die Durchführung des staatsanwaltlichen Ermahnungsverfahrens wurden in der Vergangenheit iÜ immer wieder verschiedene Modelle und Praktiken entwickelt (dazu die in der 22. Aufl. Rn. 20e zitierte ältere Literatur). Vielfach sehen die Diversionsrichtlinien der Bundesländer hierzu nähere Vorgaben zu den Abläufen und Inhalten vor (vgl. bspw. RL Nds. v. 5.10.2020 (VORIS 33310) unter 2.2.4.). Je nach Eignung kommen aber auch erzieherische Gespräche durch andere Akteure in Betracht. Das betrifft namentlich den Vertreter der **JGH** (vgl. dazu etwa Breymann/Fischer DVJJ-J 2000, 291 (294) sowie die Projektberichte in DVJJ-J 2000, 299 ff. oder die Zusammenarbeits- und Diversionsrichtlinien BW v. 18.12.2018 (Die Justiz 2019, 18) unter 3.1.3.). Grds. ist in dieser Hinsicht jedoch ebenso an **Erziehungsbeistände,** Betreuer und selbst den Verteidiger zu denken. 35

36   **b) Täter-Opfer-Ausgleich.** Als Bsp. für eine erzieherische Maßnahme nennt Abs. 2 S. 2 ausdrücklich das Bemühen um einen TOA. Dessen aus dem Strafrecht hinausweisender Grundgedanke lässt es grds. als begrüßenswert erscheinen, entspr. Ausgleichsbemühungen mit einem Verzicht auf die formale Strafverfolgung zu verknüpfen (tendenziell krit. aber Noltenius GA 2007, 518 (521 ff.)). Bedenken, die im Falle einer TOA-Weisung auf deren (konzeptionswidrigem) Verpflichtungsgrad basieren (→ § 10 Rn. 28 f.), ergeben sich bei einer Initiative iRv Abs. 2 nur begrenzt. Allerdings besteht hier die Gefahr, dass es zu einer Anwendung in Fällen kommt, die sonst ohnehin folgenlos eingestellt worden wären (AK 1.4 in DVJJ 2004, 561; Eisenberg/Kölbel Kriminologie § 30 Rn. 17). Insofern sind die Anwendungsvoraussetzungen von Abs. 2 und das Stufenverhältnis ggü. Abs. 1 zu betonen (→ Rn. 28, 30). Unter diesen Bedingungen gelten für die **Eignung** des TOA dann iÜ prinzipiell dieselben Erwägungen wie iRv § 10 Abs. 1 S. 3 Nr. 7 (→ § 10 Rn. 29 f.). Die Diversionsrichtlinien der Bundesländer halten sich bei dahingehenden Vorgaben idR zurück (zu Kriterien in der staatsanwaltlichen Praxis siehe etwa für Bln Schimmel, Täter-Opfer-Ausgleich als Alternative?, 2000, 70 ff., 153 ff.). Ein Einverständnis muss nur seitens des Beschuldigten vorliegen (→ Rn. 41), während die Mitwirkungsbereitschaft des mutmaßlich Geschädigten lediglich eine faktische Bedingung des TOA-Gelingens darstellt (Daten zur Akzeptanzhäufigkeit etwa bei Voß MschrKrim 1989, 34 (39 ff.)); Herz MschrKrim 1991, 80 (84 f.); Kondziela, Opferrechte im Jugendstrafverfahren, 1991, 222 f., 225 ff.; vgl. altersgruppenübergreifend auch Hartmann/Schmidt/Kerner, Täter-Opfer-Ausgleich in Deutschland, 2020, 48 ff.). Für die Einstellungsfähigkeit kommt es iÜ allein auf das **Ausgleichsbemühen** des Beschuldigten an.

37   Im Verlauf der Bemühungen um einen TOA ist stets zu berücksichtigen, dass der fragliche Schädigungsvorgang noch **nicht belegt** worden ist und in seinen Details daher auch ein Gegenstand des Ausgleichsprozesses sein kann. Bei Jugendlichen ist eine Einbindung der **Eltern** erforderlich und nach dem Rechtsgedanken des § 67 auch deren Anwesenheit. Im Einzelgespräch mit dem Vermittler kann der Beschuldigte ggf. überfordert sein, gerade auch mit Blick auf die für ihn schwer vorhersehbaren Folgen des Verfahrens (vgl. Kunz MschrKrim 2007, 466 (474 f., 478)). Die Herstellung einer gelingenden **Kommunikation** ist ausgesprochen voraussetzungsreich (s. → § 10 Rn. 32). Die Mediationsbeziehung wird von den jungen Beschuldigten leicht als soziale Zwangssituation wahrgenommen, die Ablehnung fördert und Einsicht verhindert (Taubner MschrKrim 2008, 281 (287 ff.), sodass es am Ende lediglich zur bloßen Schadensregulierung nebst „Zwangsreue" kommt (Wandrey DVJJ-J 1999, 274 (284); Tränkle MschrKrim 2003, 299 (308); Bleckmann/Tränkle Zeitschrift für Rechtssoziologie 2004, 79 (99 ff.)). Auch wenn der Anteil der Verfahren mit erzieherischer TOA-Maßnahme anders als vor einiger Zeit (dazu 22. Aufl. Rn. 22g mwN) zwar nicht mehr zu vernachlässigen ist (dazu Kerner/Belakouzova ZJJ 2020, 232 (236 ff.)), hält er sich doch in Grenzen, was mit diesen Schwierigkeiten zusammenhängen dürfte (zu Wirksamkeitsfragen vgl. iÜ n. → § 10 Rn. 33).

38   **c) Schüler-„Gerichte".** Bei sog. „Kriminalpädagogischen Schülerprojekten" werden Jugendliche an ein mehrköpfiges Gremium Gleichaltriger verwiesen, das den Sachverhalt mit dem Beschuldigten erörtert und gemeinsam mit ihm eine Rechtsfolge vorschlägt, die als erzieherische Maßnahme iRv Abs. 2 anerkannt wird (zur darin liegenden Übernahme des Konzeptes US-amerikanischer Teen-Courts s. Kolberg, Das Jüngste Gericht: Ein Sturm im Wasserglas?, 2011, 5 ff.). Damit ist die Erwartung verknüpft, dass die Ereignisbearbeitung durch Peers eine gesteigerte Eindrücklichkeit entwickeln und in eine individuell besonders geeignete Intervention münden könnte (BT-Drs. 16/13142, 86: „sinnvolle Alternative"). Die hierzu vorliegenden Wirksamkeitsstudien (vgl. etwa Englmann, Kriminalpädagogische Schülerprojekte in Bayern, 2009, 158 ff.; Schöch/Traulsen GA 2009, 19 (25 ff.); Traulsen RdJB 2015, 349 (351 ff.)) können (auch wegen methodischer Schwächen) allerdings kaum als ein Effektivitätsbeleg gelten (ausführlich zu methodischen Mängeln Spiess DVJJ 2012, 459 ff.; s. auch Heinz Sekundäranalyse 1901 ff.).

Dies ist allerdings nicht der einzige Grund, warum die Einführung solcher **39** Schüler-„Gerichte" nur in Form einiger regionaler Projekte erfolgt ist (zu deren Beschreibung s. etwa Sabaß, Schülergremien in der Jugendstrafrechtspflege, 2004, 18 ff.; Löffelmann ZJJ 2004, 171; Traulsen FS Schöch, 2010, 267; Kolberg, Das Jüngste Gericht: Ein Sturm im Wasserglas?, 2011, 87 ff.). Vielmehr haben auch **begründete Bedenken** für die dringend erforderliche Zurückhaltung gesorgt: Dass den Peer-„Richtern" Informationen über den Vorwurf und die Beschuldigtenperson zugänglich werden, widerspricht den Belangen des (auch in §§ 474 ff. StPO geregelten) Schutzes von Verfahrensdaten (Landesbeauftragter für Datenschutz LSA ZJJ 2007, 329; Heinz FS Rössner, 2015, 152; abwägend Englmann, Kriminalpädagogische Schülerprojekte in Bayern, 2009, 106 ff.), steht in einem Spannungsverhältnis zum Prinzip der Nichtöffentlichkeit (§ 48) und begründet ein erhebliches Beschämungs- und Stigmatisierungspotenzial. Dafür, dass schülergerichtlich nur solche Konsequenzen vereinbart werden, die auch das JGericht veranlassen oder der JStA anregen könnte, gibt es keine Gewähr (Spiess FS Albrecht, 2021, 1039). Überhaupt stimuliert diese **missliche Institution** allzu leicht unkontrollierte Prozesse der sozialen Kontrolle und Tendenzen des net-widenings (aus der daher krit. Lit. vgl. bspw. Blessing/Weik in HK-JGG Rn. 36; Schneider in BeckOK JGG Rn. 98; Laubenthal/Baier/Nestler JugendStrafR Rn. 312; Heinz Sekundäranalyse 858 f.; Breymann ZJJ 2007, 4 (5 ff.); Block/Kolberg ZJJ 2007, 8 (16 f.); Plewig ZJJ 2008, 237 (243); Plewig ZJJ 2009, 376 (377); Esser JuS 2010, 142 (148 f.)).

4. Kompetenz- und Verfahrensfragen

a) Anregung und „freiwillige" Zustimmung. Soweit die erzieheri- **40** schen Maßnahmen nicht vom privaten, schulischen usw. Umfeld oder dem JAmt ggü. dem Jugendlichen angestoßen (RL 3 S. 2) und ggf. auch vorgenommen werden (s. auch → Rn. 32), kann der JStA die Initiative ergreifen und dem Beschuldigten entspr. Vorschläge machen (RL 3 S. 3). Ungeachtet des insofern unspezifischen Normtextes ist der JStA nicht darauf beschränkt, auf drittseitiges Vorgehen zu reagieren. Vielmehr kann er **subsidiär,** dh bei Fehlen anderweitiger Interventionen auf die Herbeiführung der Voraussetzungen von Abs. 2 selbst hinwirken und dem Beschuldigten die Durchführung einer erzieherischen Maßnahme (dh eines normverdeutlichenden Gesprächs oder einer anderen Form) **empfehlen** (Brunner/Dölling Rn. 31; Schneider in BeckOK JGG Rn. 61; Streng JugendStrafR Rn. 178 ff. mwN; abl. aber bspw. Diemer in Diemer/Schatz/Sonnen Rn. 16; Trenczek ZJJ

2004, 57). Diese „Staatsanwaltsintervention" muss den Charakter einer Anregung haben, denn eine Kompetenz zur Maßnahmenanordnung ist in
Abs. 2 nach allgA nicht vorgesehen.

41   Aus dem Anregungscharakter der Intervention folgt, dass vor der Durchführung oder Einleitung einer **staatlichen** erzieherischen Maßnahme die
(nicht notwendig ausdrückliche) **Zustimmung** des Beschuldigten und bei
Jugendlichen auch der sorgeberechtigten Personen bzw. gesetzlichen Vertreter eingeholt bzw. festgestellt werden muss (ebenso etwa Streng Jugend-
StrafR Rn. 181). Hierüber besteht im Grundsatz, nicht aber in den Feinhei-
ten auch Einigkeit (vgl. RL Nr. 3 S. 4: der Beschuldigte „das Anerbieten der
StA annimmt" und die Eltern „nicht widersprechen"; Laubenthal/Baier/
Nestler JugendStrafR Rn. 297; Brunner/Dölling Rn. 55: der Beschuldigte
nicht widerspricht und die anderen Genannten zustimmen; n. Schwer Stellung 100). Dabei ist indes nicht zu verkennen, dass die Anregung des JStA
stets ein konditioniertes Angebot darstellt, dessen Annahme daher weder
zwangsfrei noch wirklich freiwillig zustande kommt. IdR wird der Jugendliche den Eindruck haben, es werde ihm – durch die Aussicht auf eine
Anklage bei „Uneinsichtigkeit" – die Akzeptanz der vorgeschlagenen Maßnahme **„abgenötigt"** (zust. Heiland Wiederaufnahme 150; krit. auch Beulke DVJJ 2003, 320 f.; Diemer in Diemer/Schatz/Sonnen Rn. 16: „gesetzlich
nicht vorgesehener Zwang"). Dieser Effekt wird (lediglich) gemildert, weil
eine tatsächliche Weigerung des Beschuldigten in einem dann erfolgenden
formellen Verfahren bei Rechtsfolgenauswahl und -bemessung nicht negativ
berücksichtigt werden darf (OLG Hamm NStZ 2006, 520 (520 f.) mzustAnm Goerdeler ZJJ 2006, 77) – was dem Jugendlichen bei der Anregung
des JStA **mitzuteilen** ist.

42   **b) Entscheidung.** Die Entscheidung darüber, ob die durchgeführte erzieherische Maßnahme oder deren Einleitung ausreicht, um ein Absehen
von der (weiteren) Verfolgung (einschließlich eines Antrages nach § 76 S. 2)
zu rechtfertigen, obliegt **allein** dem **JStA** (n. etwa Goeckenjan Diversion
124 ff.; zur Problematik polizeilicher Mitentscheidung sogleich → Rn. 43),
der dabei idR aber die **Stellungnahme der JGH** berücksichtigen soll
(→ § 38 Rn. 24, 34; → § 43 Rn. 17). Es liegt auch in der Verfahrensherrschaft des JStA, einen bestimmten Zeitraum zu verfügen, in dem die Anklage
unterbleibt. Im Interesse einer erzieherisch angezeigten **Reaktionsbeweglichkeit** kann er also die Entscheidung über eine Anklageerhebung oder ein
Absehen von der Verfolgung aufschieben (bzw. „aussetzen"), um die Durchführung und den Verlauf der eingeleiteten Maßnahmen abzuwarten und
zusätzliche Erkenntnisse zur Persönlichkeit und/oder dem Verhalten des
Beschuldigten zu erlangen (s. auch → Rn. 54). Daneben besteht die Möglichkeit, bei Maßnahmeeinleitung sofort einzustellen und das Verfahren bei
Maßnahmeabbruch wiederaufzunehmen. Teilweise wird nur diese Handhabung für zulässig gehalten (so etwa von Diemer in Diemer/Schatz/Sonnen
Rn 19; Schneider in BeckOK JGG Rn. 71 ff.).

5. Unzulässigkeit der sog. Polizeidiversion

43   Grds. ist im JStV eine **Arbeitsteilung** angezeigt, wonach die tatbezogenen Ermittlungen durch die Polizei (für die JStA) erfolgen, während die
JGH die personenbezogenen Nachforschungen übernimmt (→ § 43 Rn. 17)

und den JStA bei dessen Abschlussentscheidung berät (→ Rn. 42). Die Diversionsregeln der Bundesländer sehen indes teilw. eine **weitergehende** Beteiligung der Polizei bei der informellen Verfahrenserledigung vor (für einen ländervergleichenden Überblick s. Pruin RdJB 2010, 353 (355 ff.); Feltes/Ruch FS Ostendorf, 2015, 309 ff.; Heinz Sekundäranalyse 815 ff.). So eröffnen, um ein Bsp. zu nennen, in SchlH die dortigen RL v. 24.6.1998 (SchlHA 1998, 205 unter 3.1.1.) der Polizei die Möglichkeit, in Fällen ohne ernstliches Bestreiten faktisch eine unmittelbare Sanktionierung vorzunehmen – nämlich ein sog. „erzieherisches Gespräch" durchzuführen oder auf eine „sofortige Entschuldigung" bzw. „sofortige Wiedergutmachung" hinzuwirken, um so eine anschließende Einstellung nach Abs. 2 durch den JStA vorzubereiten. Auch kann die Polizei hier dem Beschuldigten stärker einschneidende Maßnahmen (zB Arbeitsleistungen, Geldzahlungen, TOA, Verkehrsunterricht) vorschlagen und bei (nur) telefonischer Zustimmung des JStA auch umsetzen lassen (zur begrenzten Akzeptanz seitens der StA Grote, Diversion im Jugendstrafrecht, 2006, 233 ff.). In Berlin führt die Polizei in solchen Konstellationen nach der Diversionsrichtlinie v. 24.8.2009 (ABl. 2249 ff., unter C. I.2.) ein „normverdeutlichendes Gespräch" und schließt, falls Maßnahmen veranlasst werden sollen, mit dem Beschuldigten eine Diversionsvereinbarung, zu deren Realisierung ein „Diversionsmittler" eingeschaltet wird (krit. Goeckenjan Diversion 96 ff.; Mann, Beschleunigungspotential im Jugendstrafverfahren, 2004, 83).

Solche Modelle sind spätestens seit Umsetzung der RL (EU) 2016/80 **44** schon deshalb höchst fragwürdig, weil sie in einem Spannungsverhältnis zur dort gestärkten **Beratungsfunktion der JGH** stehen. Entgegen der Regelfallvorgabe, dass die JStA gerade auch bei Entscheidungen nach Abs. 2 die Stellungnahme der JGH berücksichtigen (können) soll (→ § 38 Rn. 51), wird dem bei der Polizeidiversion durch polizeiliche Anregungen und Vorstöße vorgegriffen und der Prozess der Verfahrenseinstellung hierdurch gesteuert. Die Polizeidiversion drängt aber nicht nur die JHilfe aus dem JStV heraus (zu dieser Tendenz ferner → § 37a Rn. 10), sondern lässt auch keinen Raum für eine systematische Beteiligung der Eltern oder Verteidigung. Die „Entlastung" der StA und die Bündelung des Geschehens in den Händen der Polizei bringen diese überdies in eine Position, die ermittelnde, sanktionsinitiierende und -umsetzende Aufgaben in einem Maße vereint, dass dies die Prinzipien der Unschuldsvermutung und **Gewaltenteilung** in problematischer Weise strapaziert.

Ein iSv § 2 Abs. 1 geeignetes Gespräch als persönliche Reaktion eines **45** Vertreters der Polizei mag – bei Tatvorwürfen von eher geringem Gewicht und nach der Fallüberprüfung durch den JStA (Heinz Sekundäranalyse 833) der Wirkung eines staatsanwaltschaftlichen Einstellungsbescheids (per Formblatt oder Textbaustein) überlegen und zulässig sein (vgl. konzeptionell Dietsch/Gloss, Handbuch der polizeilichen Jugendarbeit, 2005, Rn. 133 ff.). Darüber hinausgehen darf die Polizei aber nicht. Es vertrüge sich nicht mit der **Kompetenzstruktur** des deutschen StVR, wenn die StA nur noch formal die Abschlussentscheidung übernähme, während die Polizei sanktionsähnlich agierte und/oder die weitere Vorgehensweise mit ihren Vorschlägen faktisch präjudizierte (aus der krit. Lit. etwa Sommerfeld in NK-JGG Rn. 16; Schneider in BeckOK JGG Rn. 56 ff.; Laubenthal/Baier/Nestler JugendStrafR Rn. 159; Zieger/Nöding Verteidigung Rn. 161; Goeckenjan Diversion 128 ff.; Feltes/Ruch FS Ostendorf, 2015, 311 ff.; Heinz

DVJJ-J 1999, 131 (137 f.); Beulke in DVJJ 2003, 320 ff.; s. aber auch Pruin
RdJB 2010, 353 (359 ff.) zur teilw. noch weitergehenden Polizeidiversion in
einigen anderen europäischen Ländern).

VII. Jugendrichterliches Erziehungsverfahren gem. Abs. 3

1. Voraussetzungen

46   **a) Subsidiäre Indikation.** Das als „formlos" bezeichnete Verfahren nach
Abs. 3 kommt nur zur Anwendung, wenn der JStA zwar nicht die Erhebung
der Anklage (und auch keinen Antrag nach § 76 S. 2), gleichwohl aber die
Einschaltung des JRichters für erzieherisch geboten hält (zu Bedenken hinsichtlich der Voraussehbarkeit sowie des Gleichheitsgrundsatzes s. Lehmann,
Das formlose Erziehungsverfahren und seine rechtlichen Grenzen, 1991,
258 ff., 287). Bestehen beim JStA Zweifel an der Notwendigkeit einer
richterlichen Beteiligung, ist nach Abs. 1 oder 2 zu verfahren. Durch Rücksprache mit dem JRichter kann aber auch eine Behebung der Zweifel versucht werden. Ein etwaiges Bedürfnis des JStA, sich durch den JRichter
abzusichern, wäre jedoch ebenso wenig ein Grund für den Übergang zu
Abs. 3 wie die vage Ansicht, „irgendetwas Formelles" müsse zur Einwirkung
auf den Jugendlichen geschehen. Es muss klar sein, dass es mit Blick auf den
Beschuldigten **sowohl einer richterlichen Mitwirkung als auch** einer
nach Abs. 3 möglichen (über die erzieherischen Maßnahmen iSv Abs. 2
hinausgehenden) **Intervention** bedarf.

47   **b) Geständnis.** Auch das Verfahren nach Abs. 3 setzt **hinreichenden
Tatverdacht** voraus (bei geringeren Verdachtsgraden sind die Ermittlungen
fortzusetzen oder nach § 170 Abs. 2 StPO iVm § 2 Abs. 2 abzuschließen).
In diesem Zusammenhang muss zudem ein Geständnis des Beschuldigten
vorliegen. Unabhängig von der keineswegs eindeutigen Frage, ob dieses
Erfordernis erzieherisch begrüßenswert ist, weckt die Festlegung verfassungs-
und verfahrensrechtliche **Zweifel** (aus der krit. Lit. s. etwa Kuhlen, Diversion im Jugendstrafverfahren, 1988, 30 ff., 40 f., 56; Grote, Diversion im
Jugendstrafrecht, 2006, 74 f.; Goeckenjan Diversion, 48 ff.). Dass die ankla-
gelose Verfahrenserledigung unter der Bedingung steht, den Vorwurf einräumen zu müssen, erzeugt eine spezifische Form des Selbstbezichtigungs-
zwangs (n. Kölbel, Selbstbelastungsfreiheiten, 2006, 342 ff.) und ist obendrein auch zur Verhinderung falscher Geständnisse (hierzu n. → § 70c
Rn. 9 f.) kaum funktional (zust. Mann, Beschleunigungspotential im Jugendstrafverfahren, 2004, 60). Zudem bedeutet diese Voraussetzung eine
Schlechterstellung ggü. Erwachsenen (dazu n. → § 2 Rn. 23 ff.), denen bei
einer Einstellung gem. § 153a StPO allein eine Zustimmung, nicht aber ein
Geständnis abverlangt wird (zu den Konsequenzen → Rn. 12). Hinzuweisen
ist in diesem Zusammenhang auch darauf, dass das eingeforderte Geständnis
durchaus negative Folgen bei einer eventuellen Fortsetzung des Verfahrens
haben und **zivilrechtliche** Konsequenzen präjudizieren kann (s. dazu Müller DRiZ 1996, 443 (444); vgl. auch Schmitz-Justen in DVJJ 1987, 342;
Albrecht JugendStrafR 183). Ungeachtet seiner Dysfunktionalität ist das
Kriterium aber zu prüfen. Bestehen gewichtige Zweifel an der Richtigkeit
des Geständnisses, kommt Abs. 3 nicht in Betracht, sondern nur eine An-

klage oder § 170 Abs. 2 StPO iVm § 2 Abs. 2 (Höffler in MüKoStPO Rn. 27).

c) Zustimmung. Anders als bei Abs. 2 (→ Rn. 41) setzt Abs. 3, wie auch **48** die Kategorie der „Erteilung" deutlich macht, keine Zustimmung der Betroffenen voraus. Da aufgezwungene Interventionen jedoch erzieherisch oft fragwürdig sind (vgl. auch → § 5 Rn. 20) und eine Schlechterstellung ggü. dem Vorgehen (§ 153a StPO) bei Erwachsenen darstellen, ist ein Einverständnis zumindest anzustreben. Manche Rechtsfolgen sind ohne Zustimmung des **Beschuldigten** ohnehin nicht umsetzbar, insbes. der TOA (vgl. auch Eisenberg/Zötsch GA 2003, 226 (230)). Um die Eignung der Anordnung einschätzen zu können, kann die mündliche **Anhörung** des Jugendlichen oder Heranwachsenden genutzt und die Haltung zur Rechtsfolge geprüft werden (Streng JugendStrafR Rn. 187; ferner → Rn. 53). Eine Zustimmung der **Eltern** ist zwar rechtlich entbehrlich (→ § 10 Rn. 8), doch wäre die Veranlassung von Rechtsfolgen, die der Beschuldigte gegen den elterlichen Willen umsetzen müsste, ein spezialpräventiv ungeeignetes und daher unzulässiges staatliches Vorgehen.

2. Mögliche Rechtsfolgen

a) Varianten. Das Spektrum der Rechtsfolgen, die der JStA anregen und **49** der JRichter erteilen kann, wird in Abs. 3 S. 1 abschließend aufgeführt. Die dort genannte **Ermahnung,** die wohl recht oft eingesetzt wird (so vormals Hügel in BMJ (Hrsg.), Erzieherische Maßnahmen im deutschen Jugendstrafrecht, 1986, 31), ist eine – im Unterschied zur Verwarnung gem. § 14 – formlos ausgesprochene Zurechtweisung, die nach Möglichkeit **mündlich** erfolgen sollte. Bei weit entfernt lebenden Beschuldigten ist die mündliche Ermahnung, die der örtliche JRichter im Wege der Rechtshilfe vornimmt (zur Vereinbarkeit mit Art. 101 Abs. 1 S. 2 GG, § 16 S. 2 GVG s. OLG Hamm GA 1969, 251), der (zulässigen) schriftlichen Vornahme vorzuziehen. Eine Verbindung mit einer der übrigen Rechtsfolgen des Abs. 3 wäre idR problematisch (zu den Gründen → § 13 Rn. 11) sowie meist nicht erforderlich (n. bereits Eisenberg JR 1987, 485 (487)), doch wird sie durch das Gesetz ohnehin nicht erlaubt (→ Rn. 52).

Zulässig ist ferner die Erteilung von Arbeits-, TOA- und Verkehrsunter- **50** richts-**Weisungen.** Dabei gelten dieselben Maßgaben wie iRv § 10. Insbes. ist auf eine stigmatisierungsfreie Durchführung und eine verhältnismäßige sowie zumutbare Bemessung zu achten (speziell betr. die Dauer Feuerhelm Gemeinnützige Arbeit 244 f.). Bei Nichtbefolgung ist gem. **Abs. 3 S. 3** kein Nichtbefolgungsarrest möglich. Dagegen kann, dies ergibt sich im Rückschluss aus dieser Vorschrift, die Weisung **abgeändert** werden (§ 11 Abs. 2; einschr. Streng JugendStrafR Rn. 188: nur mit Zustimmung des JStA).

Ferner kann der JRichter von sämtlichen **Auflagen** Gebrauch machen. **51** Die nach § 15 bestehenden Anordnungsvoraussetzungen, etwa bzgl. der Schadensfeststellung bei § 15 Abs. 1 S. 1 Nr. 1 (→ § 15 Rn. 5 ff.) oder die bei der Geldauflage bestehenden Bedingungen des § 15 Abs. 2 (→ § 15 Rn. 22 ff.), sind hierbei ebenso zu beachten wie die dortigen Maßgaben zur Bemessung, Ausgestaltung und Umsetzung. Ausnahmen bestehen dabei nur insofern, als iRv Abs. 3 kein Tatnachweis erfolgt ist und Auflagen nach dem Grundsatz „nulla poena sine culpa" deshalb allein in ausschließlich erzieherischer Funktion (nicht also auch vergeltend (vgl. § 13 Abs. 1)) angeordnet werden dürfen (vgl. zudem Ludwig, Diversion: Strafe im neuen Gewand, 1989, 97 ff., 107 ff.). Mit ihrer Anordnung und Ausgestaltung darf also **kein Ahndungszweck** verfolgt werden. Die in dieser Hinsicht nur-redaktionelle Neufassung von § 45 durch das 1. JGGÄndG (→ Rn. 4: Entbehrlichkeit der Anklageerhebung (Abs. 3 S. 1 nF aE) statt einer „Ahndung" (Abs. 1 S. 1 aF)) hat daran nichts geändert (aA Feuerhelm Gemeinnützige Arbeit 45 f.). Zu den Nichterfüllungsfolgen und Änderungsmöglichkeiten s. → Rn. 50.

52   **b) Entscheidung.** Die Rechtsfolgen iSv Abs. 3 S. 1 können nach dem eindeutigen Normwortlaut („Anordnung einer ...") **nicht kombiniert** werden (aA etwa Diemer in Diemer/Schatz/Sonnen Rn. 25). Doch auch für sich genommen erlauben die insges. acht Anordnungsvarianten eine individualisierte Intervention. Sie unterscheiden sich dabei aber erheblich in ihrer Eingriffsintensität. Deswegen ist zu fordern, dass die Einzelfallreaktion erst nach angemessener **Persönlichkeitserforschung** festgelegt wird. Gleichwohl hatte sich (älteren Studien zufolge) eine Diversionspraxis einge-spielt, bei der ein JGH-Bericht bei Einstellungsentscheidungen nur selten vorlag und sich noch seltener zu einer Rechtsfolge äußerte (Greus, Das Absehen von der Verfolgung (...), 1978, 177, 183, 269; Hügel in BMJ (Hrsg.), Erzieherische Maßnahmen im deutschen Jugendstrafrecht, 1986, 48 ff.). Dies ist indes nicht (mehr) zulässig. Auch iRv Abs. 3 ist die JGH vor Erteilung einer Weisung nach § 38 Abs. 6 S. 3 stets zu hören. Außerdem muss die JStA seit dem Gesetz zur Stärkung der Verfahrensrechte von Beschuldigten im Jugendstrafverfahren bei einer Anregung iSv Abs. 3 ohne-hin eine **Stellungnahme der JGH** berücksichtigen können (n. → § 38 Rn. 24, 34, 51).

3. Verfahren

53   Der JRichter entscheidet nach **Anhörung** (→ Rn. 48) des Jugendlichen (Art. 103 Abs. 1 GG) und seiner Eltern, ggf. auch der JGH (zu dieser auch soeben → Rn. 52). Folgt er der Anregung des **JStA**, ist dieser **gebunden.** Wird die Ermahnung erteilt oder die erteilte Weisung bzw. Auflage vom Beschuldigten befolgt, muss der JStA danach also von der Verfolgung ab-sehen. In diesem Zusammenhang wird empfohlen, dass idR nicht der JStA, sondern der JRichter (wegen seiner Ortsnähe) die Erfüllung der Anordnun-gen (ggf. mit Hilfe der JGH) **überwachen** soll (BT-Drs. 11/5829, 25). Dabei kann er eine Umsetzungsfrist bestimmen (sofern dies nicht schon bei der Erteilung erfolgt ist). Ungeklärt ist die Verfahrensweise, falls dabei bekannt wird, dass bei einer vermögensbezogenen Auflage die Zahlung nicht mit eigenen Mitteln des Beschuldigten geleistet wurde (s. auch → § 15 Rn. 32).

54   Denkbar wäre, dass der JStA das Verfahren, schon nachdem der JRichter seiner Anregung gefolgt ist, **vorläufig einstellt** und dabei eine Frist für die Umsetzung der Weisungen oder Auflagen bestimmt. Geschieht dies, wird von der Verfolgung abgesehen, andernfalls wird über den Verfahrensfortgang neu entschieden. Diese Verfahrensweise ist indes dem JRichter vorbehalten und dem JStA – wie der Rückschluss aus § 47 Abs. 1 S. 2 ergibt – ver-schlossen. Der JStA muss vielmehr die Entscheidung schlicht **auf Frist setzen,** um danach (abhängig von der die Erfüllung der Weisungen oder Auflagen) weiter zu verfahren (Sommerfeld in NK-JGG Rn. 19). Zulässig ist es ferner, wenn der JStA **vor der Anregung** ggü. dem JRichter mit dem Verfahren (in den Grenzen des Beschleunigungsgebots) innehält, um weitere Erkenntnisse **abzuwarten,** die für die Wahl zwischen Abs. 2 und Abs. 3 von Bedeutung sind (Brunner/Dölling Rn. 45; s. auch → Rn. 42).

Der JRichter braucht der Anregung der JStA allerdings nicht zu folgen. **55** Vielmehr kann er ein Verfahren nach Abs. 3 **ablehnen.** Bevorzugt der JRichter eine andere zulässige Maßnahme, sollte er sich für deren Anordnung um ein entspr. Einvernehmen mit der JStA bemühen. Würde ohne diese Abstimmung eine abw. Maßnahme erteilt und vom Beschuldigten umgesetzt, wäre der JStA nämlich nicht gebunden und nicht zur Einstellung verpflichtet (vgl. auch Sommerfeld in NK-JGG Rn. 18; Diemer in Diemer/ Schatz/Sonnen Rn. 26; Rzepka in Nix Rn. 47; abw. Schneider in BeckOK JGG Rn. 95; Pentz NJW 1954, 1351 (1352): Vertrauensschutz). Kommt die Einigung nicht zustande, muss der JRichter die Einstellung ablehnen. Dieselben Folgen hat es, wenn der Beschuldigte den anregungsgemäß erteilten Weisungen oder Auflagen **nicht nachkommt.** In beiden Konstellationen kann der JStA die **Strafverfolgung wieder** aufnehmen (allgA; n. auch Heiland Wiederaufnahme 134 ff.). Sofern dabei eine Rückerstattung bereits erbrachter Teil-/Leistungen nicht in Betracht kommt (vgl. zum allg. StVR § 153a Abs. 1 S. 6 StPO), sind diese in der späteren Entscheidung zu berücksichtigen.

VIII. Folgen der Entscheidung nach § 45

1. Rechtskraftwirkung

Ebenso wie bei der (vorrangigen) Einstellung nach § 170 Abs. 2 S. 1 StPO **56** iVm § 2 Abs. 2 tritt durch das Absehen von der Verfolgung seitens der StA nach **§ 45 Abs. 1 und Abs. 2 kein Verbrauch der Strafklage** ein. Der Verfügung kommt auch keine beschränkte Rechtskraftwirkung zu, sodass die Verfolgung insoweit jederzeit wieder aufgenommen werden könnte (BGH NStZ-RR 2020, 179 (180); Dallinger/Lackner Rn. 21; erg. Heiland Wiederaufnahme 155 ff.). Allerdings sprechen neben den Gesichtspunkten des Vertrauensschutzes (Art. 20 Abs. 3 GG) auch erzieherische Erwägungen dafür, die Verlässlichkeit staatlichen Agierens zu wahren und der Einstellung eine eingeschränkte **selbstbindende** Wirkung zuzuerkennen (vgl. auch Rechenbach JA 2019, 64 (65): „faktisch beschränkter Strafklageverbrauch"). Andernfalls müsste sich der Beschuldigte auf eine permanente Möglichkeit der Verfahrensreaktivierung einstellen. Diese ist deshalb nur bei erheblichen – dh die Einstellungsfähigkeit aufhebenden – neuen Tatsachen oder Beweismitteln legitim (ähnlich Diemer in Diemer/Schatz/Sonnen 29; Apfel/Piel in FAHdB StrafR 24. Kapitel Rn. 117; vgl. zum Maßnahmeabbruch bei Abs. 2 auch → Rn. 42).

Bei einer Einstellung nach Abs. 3 liegt dagegen, wenn der JRichter der **57** Anregung des JStA entspricht (oder diese einvernehmlich abgeändert wurde) und der Beschuldigte die Anordnung erfüllt, gem. **Abs. 3 S. 4 ein Verfahrenshindernis** vor. Diese Klärung ist mit dem 1. JGG-ÄndG erfolgt (zur vorherigen Debatte s. etwa Rosenkötter, Die Sperrwirkung des jugendrichterlichen Beschlusses nach § 45 Abs. 1 S. 1 JGG, 1969, 21 f., 81). Wie bei § 47 Abs. 3 bedarf es infolge einer beschränkten Rechtskraftwirkung für eine Anklageerhebung einer besonderen Prozessvoraussetzung, nämlich erheblicher (BGHSt 7, 64 = NJW 1955, 232 zu § 211 StPO) neuer Tatsachen oder Beweismittel. Im Hinblick auf den gebotenen Vertrauensschutz (Art. 20 Abs. 3 GG) ist ferner zu verlangen, dass diese Tatsachen oder Beweismittel auf der Grundlage des vor der Einstellung bestehenden „Aufklärungspotentials" (BGHSt 48, 331 = NJW 2004, 375) nicht zu erlangen waren (vgl. auch → § 47 Rn. 25; Heiland Wiederaufnahme 130 ff.).

2. Keine Einbeziehung nach § 31

58   Eine formlose Maßnahme nach Abs. 3 kann **nicht** gem. § 31 in eine andere Entscheidung einbezogen werden. Kriminalpolitisch ist dies nicht unbedenklich (vgl. → § 31 Rn. 6). Laufen wegen mehrerer Verfehlungen verschiedene JStV, die allesamt durch Einstellung abgeschlossen werden sollen, ist dem Einheitsprinzip iSv § 31 möglichst dadurch Rechnung zu tragen, dass diese Verfahren **verbunden** und daher ggf. mit koordinierten Maßnahmen eingestellt werden (ebenso Schatz in Diemer/Schatz/Sonnen § 31 Rn. 12). Bei **Heranwachsenden,** denen mehrere, sowohl nach JStR als auch allg. StR zu beurteilende Taten vorgeworfen werden, sollte ferner dem **Rechtsgedanken von** § 32 auch im Falle der gemeinsamen Einstellung entsprochen werden (Schneider in BeckOK JGG Rn. 10).

3. Selbstständige Einziehung

59   Gemäß § 76a StGB und § 435 StPO iVm § 2 Abs. 2 ist ungeachtet (und neben) einer Verfahrenseinstellung eine Vermögensabschöpfung im Wege der selbstständigen Einziehung zulässig (s. auch → § 47 Rn. 27). Vorausgesetzt ist das Vorliegen der jeweiligen Einziehungsvoraussetzungen (zur Diskussion um die hier erforderlichen Einschränkungen bei der Wertersatzeinziehung → § 6 Rn. 9 ff.). In der Regel wird davon jedoch wegen **Unverhältnismäßigkeit** des Einziehungsaufwandes abzusehen sein (§ 435 Abs. 1 S. 2 StPO; vgl. auch Reitemeier ZJJ 2017, 354 (359, 363 f.)). Sind dagegen nennenswerte Einziehungsobjekte/-werte vorhanden, ist das Verfahren oft gar nicht einstellungsfähig. Die selbstständige Einziehungs-Option dürfte rechtspraktisch also eher selten genutzt werden. Im Übrigen muss bei der Ermessensentscheidung über die Initiierung des Anordnungsverfahrens berücksichtigt werden, dass das Gesetz in Abs. 3 iVm Auflagen gem. **§ 15 Abs. 1 S. 1 Nr. 1 und Nr. 4** bereits Reaktionsmöglichkeiten vorsieht, die zu denselben oder zumindest ähnlichen Ergebnissen führen und die Abschöpfung gegenstandslos machen (§ 73e StGB). Diese Option ist wegen ihrer besseren jugendstrafrechtlichen Verträglichkeit vorzugswürdig.

4. Unterrichtung von Behörden und Personen

60   Wie bei der Einstellung nach § 170 Abs. 2 StPO ist im Falle eines Absehens von der Verfolgung dem **Beschuldigten** in entspr. Anwendung von § 170 Abs. 2 S. 2 StPO iVm § 2 Abs. 2 ein **Bescheid** zu erteilen (zur auf §§ 45, 47 übertragbaren hM zu §§ 153 ff. StPO vgl. Kölbel in MüKoStPO StPO § 170 Rn. 28 mwN). Gem. § 67a Abs. 1 muss diese Mitteilung auch an die **Personensorgeberechtigten** und gesetzlichen Vertreter gehen. Die obligatorische Benachrichtigung des **Antragstellers** folgt aus § 171

StPO iVm § 2 Abs. 2. Eine förmliche Verbescheidung des Antragstellers, der zugleich Verletzter ist (§ 171 S. 2 StPO iVm § 2 Abs. 2), kommt nur bei Zulässigkeit des Klageerzwingungsverfahrens, nicht also bei §§ 45, 47 in Betracht. Die nicht unproblematische hM bejaht aber eine Unterrichtung (auf Antrag) des mutmaßlich Verletzten nach § 406d Abs. 1 StPO iVm § 2 Abs. 2 (Brunner/Dölling Rn. 49). Die Pflicht zu Mitteilungen an die **JGH** sowie in „geeigneten" bzw. Ausnahmefällen auch an das FamG und an die **Schule** ergibt sich aus §§ 70 Abs. 1, 109 Abs. 1 S. 3 sowie erg. auch Nr. 31 –33 MiStra (vgl. → § 70 Rn. 5 ff.). Eine Information der Schule kommt an sich nur dann in Betracht, wenn in deren Bereich infolge besonderer Umstände andere Personen gefährdet sein könnten. Für eine Anhörung von **Behörden** (Nr. 90 RiStBV) besteht bei § 45 idR kein Anlass (ebenso Brunner/Dölling Rn. 50). Auch eine Einstellungsmitteilung an Behörden ist nur ausnahmsweise vorgesehen (für Nichtdeutsche vgl. → § 70 Rn. 15).

5. Registrierung und Berücksichtigung in Folgeverfahren

Die Mitteilung einer Entscheidung nach § 45 zur Eintragung in das **61** **Erziehungsregister** ist nach § 60 Abs. 1 Nr. 7 und Abs. 2 BZRG gesetzlich vorgeschrieben (BGH StV 1991, 425 (Ls.) = BeckRS 1991, 6742; dazu zB auch von Galen/Beth FS Eisenberg II, 2019, 201 (204 f.); Hanft Jura 2008, 368 (370)). Darüber ist der Beschuldigte in der Einstellungsmitteilung in einer geeigneten Form (§ 70b Abs. 1) **aufzuklären** (vgl. auch Müller DRiZ 1996, 443 (444)). Ob der Mitteilungspflicht in der Praxis ausnahmslos nachgekommen wird, ist unklar (so Schneider in BeckOK JGG Rn. 21; nach Libuda/Köster in Albrecht (Hrsg.), Informalisierung des Rechts, 1990, 248 gaben 1/4 der befragten JStA an, bei Bagatellverfehlungen auf die Mitteilung an das BZR zu verzichten). Falls und wo dies unterbliebe, müsste das als Ausdruck eines allzu begreiflichen Unbehagens gedeutet werden. Denn die Eintragungspflicht stellt eine **praktisch höchst relevante Benachteiligung** des Beschuldigten dar (vgl. dazu auch → Rn. 9 ff.).

De jure wird der Tatvorwurf bei einer Einstellung nach § 45 nicht fest-, **62** sondern allein zur Prüfung der Einstellungsvoraussetzungen unterstellt (BVerfG NJW 2017, 1539 (1540)). Nach Verfahrensabschluss kann deshalb niemand behaupten, die betreffende Person sei „bereits strafrechtlich in Erscheinung getreten" (OLG Hamm ZJJ 2017, 282 (283) = BeckRS 2017, 106830). Als eine **„Vorstrafe"** darf hier die Entscheidung erst recht **nicht verwertet** werden (BGH NStZ 2019, 400; BayObLG StV 2021, 257 = BeckRS 2020, 35557). Diese Einschränkung wird indes durch die außerordentlich kritikwürdige Rspr. konterkariert, der zufolge ein nach § 45 eingestelltes Verfahren grds. eine Warnwirkung entwickeln könne. Komme es zu einem weiteren Verfahren, dürfe deren „Missachtung" in die dortigen Erwägungen einbezogen werden (BGHSt 25, 64, 65 = NJW 1973, 289 (290); BGH NJW 1987, 2243 (2244); NStZ 2019, 400; skeptisch aber BGH NStZ 2006, 620).

Im Übrigen können, selbst wenn der Betroffene gem. § 64 Abs. 1 BZRG **63** eine (registrierte) Verfahrenseinstellung iSv § 45 nicht zu offenbaren braucht (VG Göttingen BeckRS 2019, 18942), auch andere Institutionen durch eine Registerauskunft (§ 61 BZRG) oder auf andere Weise von der Einstellung erfahren und diese in ihren **außerstrafrechtlichen behördlichen Entscheidungen** berücksichtigen. Dies sei der Rspr. zufolge erlaubt (wie etwa

OVG Berlin-Brandenburg NVwZ-RR 2018, 863; VGH Kassel BeckRS 2020, 3243; VG Aachen ZJJ 2019, 296 = BeckRS 2019, 13108 mzustAnm Jasch ZJJ 2019, 298: verweigerte Einstellung in den Polizeidienst, da registrierte Einstellung nach § 45 bei Prüfung der charakterlichen Eignung relevant). Angesichts der justiziell ungeprüften (Verdachts-)Grundlagen einer Einstellung nach § 45 kann deren verurteilungsgleiche Verwertung jedoch nur als **inakzeptabel** bewertet werden. Anders verhält es sich nur, wenn die Behörde den Vorwurf, der Gegenstand des eingestellten Ermittlungsverfahrens war, eigenständig erhoben und festgestellt hat (ebenso in der Sache OVG Magdeburg BeckRS 2021, 17640).

IX. Rechtsbehelfe

64   Erfolgt eine Einstellung nach § 170 Abs. 2 StPO iVm § 2 Abs. 2 oder beruht sie auf §§ 153 ff. StPO iVm § 2 Abs. 2, gelten für die Rechtsschutzmöglichkeiten die Maßgaben des **allg. StVR** (zur vereinzelt vertretenen aA in der älteren Lit. s. 22. Aufl. Rn. 41). Für den Beschuldigten und die JStA besteht danach idR keine Beschwer und keine Rechtsmitteloption (zu seltenen Ausnahmefällen, in denen die Beschwerde zulässig ist, vgl. Peters in MüKoStPO StPO § 153 Rn. 65). Dagegen kann der Verletzte bei einer Einstellung nach § 170 Abs. 2 StPO iVm § 2 Abs. 2 das Klageerzwingungsverfahren anstrengen (Brunner/Dölling Rn. 2). Soweit dieses für ihn erfolgreich verläuft, ohne aber in einem Anklageerhebungsbeschluss (§ 175 StPO iVm § 2 Abs. 2) zu enden – also in Fällen wiederaufzunehmender Ermittlungen (zu den verschiedenen Konstellationen Kölbel in MüKoStPO StPO § 172 Rn. 43, 45, § 173 Rn. 6 f.) –, kann der JStA dann allerdings noch nach § 45 verfahren (Dallinger/Lackner Rn. 45).

65   Bei einer **Einstellung** des Verfahrens **nach § 45** sieht das Gesetz gar keinen Rechtsbehelf vor. Auch das Klageerzwingungsverfahren ist dem Verletzten nach allgA verschlossen (§ 172 Abs. 2 S. 3 StPO iVm § 2 Abs. 2). Für den Beschuldigten ist die Entscheidung ebenfalls unangreifbar. Wie bei §§ 153 ff. StPO iVm § 2 Abs. 2 (→ Rn. 64) kann durch die einfache Beschwerde nur überprüft werden, ob die prozessualen Voraussetzungen der Einstellungsvorschrift vorlagen, etwa die Prozessvoraussetzungen wie die Strafmündigkeit (LG Krefeld NJW 1976, 815; Schneider in BeckOK JGG Rn. 109; s. auch → § 47 Rn. 28). Ansonsten bleibt allenfalls die **Dienstaufsichtsbeschwerde**. Das ist besonders beim Beschuldigten misslich, der nicht nur durch die Interventionen iSv Abs. 2 und Abs. 3 beschwert sein kann, sondern insbes. auch durch die Registrierung (→ Rn. 61), die in sein informationelles Selbstbestimmungsrecht eingreift (vgl. etwa auch Schimmel in Kotz/Rahlf BtMStrafR Kap. 9 Rn. 43; von Galen/Beth FS Eisenberg II, 2019, 201 (211)). Dies wird aber nicht als ausreichende Grundlage anerkannt, um eine Analogie zu den §§ 359 ff. StPO oder eine Möglichkeit zur Beschwerde annehmen zu können (LG Baden-Baden NStZ 2004, 513; Schneider in BeckOK JGG Rn. 108; vgl. auch Heiland Wiederaufnahme 81 ff.). Daher empfiehlt man die Einführung der Beschwerde **de lege ferenda** für den Fall, dass der Betroffene die Tatbegehung bestreitet (UK III DVJJ-J 1992, 24). Mit Blick auf Dauer und Umfang des dann eröffneten Beschwerdeverfahrens dürfte eine Lösung, die das Zustimmungserfordernis (→ Rn. 41 und → Rn. 48) bei Abs. 2 und Abs. 3 positiviert (von Galen/

Beth FS Eisenberg II, 2019, 201 (211)) bzw. eine Widerspruchsmöglichkeit einführt (Goeckenjan Diversion 152 ff.), mit dem entformalisierenden Grundanliegen der Diversion jedoch deutlich verträglicher sein.

Wesentliches Ergebnis der Ermittlungen

46 Der Staatsanwalt soll das wesentliche Ergebnis der Ermittlungen in der Anklageschrift (§ 200 Abs. 2 der Strafprozeßordnung) so darstellen, daß die Kenntnisnahme durch den Beschuldigten möglichst keine Nachteile für seine Erziehung verursacht.

I. Anwendungsbereich

Die Bestimmung gilt in Verfahren gegen **Jugendliche** vor den JGerich- **1** ten. In Verfahren gegen Jugendliche vor den für allg. Strafsachen zuständigen Gerichten und in Verfahren gegen **Heranwachsende** (vor den JGerichten und allg. Strafgerichten) kommt sie zwar nicht unmittelbar zur Anwendung (§§ 104, 109, 112), jedoch ist auch dort auf eine Darstellung zu achten, die negative Wirkungen, die nach dem Entwicklungsstand zu befürchten sind, vermeidet (RL 2).

Das Anliegen der Vorschrift, auf altersangepasste Formen der prozessualen **2** Schriftkommunikation hinzuwirken, erklärt sich aus dem erzieherischen Grundanliegen des gesamten JStV und hat daher eine **über** die Anklageschrift **hinausgehende Bedeutung.** Letztlich ist § 46 Ausdruck eines allg. Verfahrensprinzips (vgl. auch § 54 Abs. 2 bzgl. der Urteilsgründe). Deshalb sind die Anforderungen, die sich aus der Vorschrift ergeben, auch beim (anklageäquivalenten) **Antrag** auf Entscheidung im **vereinfachten JVerfahren** (§ 76) zu beachten und bei der Formulierung des jugendstaatsanwaltlichen **Schlussvortrags** (§ 258 Abs. 1 StPO iVm § 2 Abs. 2) zu berücksichtigen (vgl. → § 36 Rn. 6).

Ferner gelten die Maßgaben der Vorschrift für die stets (auch) mündlich **3** vorzutragende Erhebung einer nach § 2 Abs. 2 im JStV zulässigen (ebenso Brunner/Dölling Rn. 9) **Nachtragsanklage** (§ 266 StPO). Allerdings ist dann den Schutzbedürfnissen des Angeklagten aus anderen Gründen nicht ausreichend Rechnung getragen. Denn unverteidigte Jugendliche sind noch weniger als Erwachsene in der Lage, sich auf den erweiterten Tatvorwurf einzustellen (s. auch Rzepka in Nix Rn. 7) und zu verstehen, worum es rechtlich geht. Die formal vorliegende Zustimmung des Betroffenen kann in dieser Hinsicht einen falschen Eindruck vermitteln. Unabhängig von ihrer an § 46 zu orientierenden Form sollte eine Nachtragsanklage daher nur erhoben und vom JGericht einbezogen werden, wenn der Jugendliche einen Verteidiger hat.

II. Bestandteile und Darstellung der Anklageschrift

1. Inhalt

Für den notwendigen Inhalt der Anklageschrift hat § 46 keine Bedeutung. **4** Daher gelten hierfür im JStV die **allg. Regeln** (§ 200 StPO iVm § 2 Abs. 2;

vgl. n. auch Nr. 110 ff. RiStBV sowie Schneider in BeckOK JGG Rn. 4 ff.). Es sind der Angeschuldigte, die ihm zur Last gelegte Tat unter Angabe von Zeit und Ort und der konkreten Tatumstände, ihre gesetzlichen Merkmale und die anzuwendenden Strafvorschriften zu bezeichnen. Zudem müssen die Beweismittel, das Gericht, vor dem die HV stattfinden soll, und der Verteidiger angegeben werden. Als anzuwendende Strafvorschriften gehören in den Anklagesatz bei Jugendlichen auch § 3 S. 1 (als Schuldvoraussetzung) und bei Heranwachsenden – sofern mit der Anwendung materiellen JStR zu rechnen ist – § 105 Abs. 1. Die Umstände, die für diese Vorschriften jeweils maßgeblich sind, müssen im wesentlichen Ergebnis der Ermittlungen (vgl. → Rn. 5 ff.) aufgeführt werden (allgA).

2. Obligatorische Abfassung der wesentlichen Ermittlungen

5   Im Falle der Anklage vor dem JSchöffG oder einem höherrangigen Gericht ist die Darstellung der wesentlichen Ermittlungsergebnisse zwingend vorgeschrieben (§ 200 Abs. 2 S. 1 StPO iVm § 2 Abs. 2). Der formelhafte Hinweis auf ein ggf. vorliegendes Geständnis genügt dafür nicht (vgl. nur Stuckenberg in Löwe/Rosenberg StPO § 200 Rn. 54). Dass dieses Darstellungserfordernis bei der Anklage vor dem Einzelrichter dagegen nicht besteht (vgl. aber auch Nr. 112 RiStBV), erklärt sich mit dessen eigener Aktenkenntnis. Auf den JRichter (§§ 33 Abs. 2, 39 Abs. 1 S. 1) trifft dieser Gesichtspunkt ebenfalls zu. Wird vor ihm eine Anklage mit entspr. verkürzten Ausführungen erhoben, muss diese aber um Ausführungen zum wesentlichen Ergebnis der Ermittlungen **ergänzt** werden, wenn es zur Eröffnung des Hauptverfahrens vor dem JSchöffG kommt (§ 39 Abs. 1 S. 3, § 209 Abs. 2 StPO) oder das JSchöffG das Verfahren nach Eröffnung vom JRichter gem. §§ 225a Abs. 1, 270 Abs. 1 iVm StPO § 2 Abs. 2 übernimmt (vgl. LG Cottbus StV 2014, 332 = BeckRS 2013, 14624 mAnm Eisenberg StV 2014, 724; Höffler in MüKoStPO Rn. 6; Sommerfeld in NK-JGG Rn. 4). Ob und ggf. in welcher Weise und bis zu welchem Zeitpunkt das JSchöffG die Minderinformation beheben (lassen) muss, ist allerdings umstritten (eine Pflicht abl. etwa Brunner/Dölling Rn. 5; Schneider in KK-StPO StPO § 200 Rn. 36).

6   Genau genommen bestehen jedoch gewichtige Bedenken, einen Verzicht auf die Abfassung des wesentlichen Ergebnisses überhaupt zuzulassen (so grds. zB auch LG Cottbus StV 2014, 332 = BeckRS 2013, 14624 („nicht unproblematisch"); Schneider in KK-StPO StPO § 200 Rn. 25; Höffler in MüKoStPO Rn. 5). Bei jugendgemäßer Auslegung (→ § 2 Rn. 19 ff.) darf von **§ 200 Abs. 2 S. 2 StPO** im JStV vielmehr **kein Gebrauch** gemacht werden (abw. AG Eilenburg ZJJ 2015, 328 (330)). Zu den wesentlichen Ermittlungsergebnissen gehören nämlich immer auch Feststellungen zur Reifebeurteilung (n. → § 3 Rn. 14 ff., 22 ff., → § 105 Rn. 12 ff.) und (für den Fall der Verurteilung) zur Angemessenheit und Indikation der Rechtsfolgen. Im JStR sind solche persönlichen sowie Lebens- und Entwicklungsbedingungen des Beschuldigten für verschiedene Fragen von so erheblichem Belang, dass auf ihre Abfassung nicht verzichtet werden kann, wenn die Anklageschrift ihre Funktion als informatorische Zwischenbilanz nicht einbüßen soll. Konkret betrifft dies va die Nachforschungen der JGH, deren Ergebnisse auch bei Anklageerhebung vor dem JRichter in die Darstellung einzubeziehen sind – und das umso ausführlicher, je gewichtiger der Vor-

wurf und/oder der Interventionsbedarf ist. Anderenfalls wäre die Vorbereitung und Umsetzung der Verteidigung im Zwischen- und Hauptverfahren (§§ 201 Abs. 2, 219 StPO iVm § 2 Abs. 2) dadurch erschwert, dass dem Beschuldigten maßgebliche Ermittlungsergebnisse (Tatsachen und Beweisgrundlagen) vorenthalten blieben.

3. Altersgerechte Ausführungen zu den Ermittlungsergebnissen

Die Anklageschrift ist vom JGericht nicht nur dem Verteidiger (§ 145 **7** StPO iVm § 2 Abs. 2), sondern nach § 201 Abs. 1 StPO iVm § 2 Abs. 2 in vollständiger Form auch dem **Angeschuldigten mitzuteilen** (bzgl. der Eltern s. § 67a Abs. 1; s. ferner → § 70 Rn. 5 ff.). Aus diesem Grund muss die Anklage erzieherisch verträglich gestaltet sein und die von § 46 gestellten Anforderungen umfassend berücksichtigen. Nochmals gesteigerter Anlass hierfür besteht, wenn die Anklage einem Mitangeschuldigten ebenfalls zugestellt werden muss (LG Berlin DVJJ-J 2000, 86; Schneider in BeckOK JGG Rn. 20). Mangels einer entspr. Rechtsgrundlage wäre das Anliegen, erzieherische Nachteile vermeiden zu wollen, nicht durch eine selektive Weitergabe einzelner Anklageteile umsetzbar.

Bei der Abfassung der Anklageschrift ist folglich auf die dem Alter und **8** dem Entwicklungsstand des Angeschuldigten angemessene **Verständlichkeit** der Anklageschrift besonderes Gewicht zu legen (RL 1 S. 1). Ein klarer und übersichtlicher Aufbau trägt hierzu ebenso bei wie die Verwendung kurzer Hauptsätze (so bereits RL 1 vor § 31 RJGG 1943). Auf Bezeichnungen und Beschreibungen des Angeschuldigten oder seiner Angehörigen, die von ihm als herabsetzend empfunden werden könnten, ist zu verzichten (vgl. bereits RL 1 vor § 31 RJGG 1943). Auch sollten keine Ausführungen über angenommene elterliche Erziehungsfehler aufgenommen werden (RL 1). Einzelheiten bzgl. „sog. krimineller Methoden" oder dgl. sind nur darzustellen, soweit dies unerlässlich ist. Das Gleiche gilt speziell bei Delikten gegen die sexuelle Selbstbestimmung auch für Einzelheiten zu den vorgeworfenen Vorgängen. Entspr. Einschränkungen dürfen indes nur soweit vorgenommen werden, dass die **Informationsfunktion** der Anklageschrift darunter nicht leidet (allgA).

4. Mängel in der Anklageschrift

Wird eine Anklage ihrer Umgrenzungsfunktion nicht gerecht, sind sie **9** und der Eröffnungsbeschluss ggf. unwirksam (vgl. etwa BGH NJW 2010, 308); es besteht dann ein Verfahrenshindernis (n. Schneider in KK-StPO StPO § 200 Rn. 31 ff.). Anders liegt es bei mangelhafter Darstellung der wesentlichen Ermittlungsergebnisse (BGHSt 40, 390 = NJW 1996, 1221) und/oder einer hierbei erfolgten Missachtung von § 46. Unzulängliche Darstellungen der wesentlichen Ergebnisse sind durch nachholende Informationen im Verfahren auszugleichen. Wird die Anklageschrift nicht altersgerecht abgefasst, hat die JStA dies nach Rückgabe der Anklage **nachzubessern.** Erzwungen werden kann dies durch das JGericht aber nicht (Schneider in BeckOK JGG Rn. 25).

Anklage vor Berichterstattung der Jugendgerichtshilfe

46a [1] Abgesehen von Fällen des § 38 Absatz 7 darf die Anklage auch dann vor einer Berichterstattung der Jugendgerichtshilfe nach § 38 Absatz 3 erhoben werden, wenn dies dem Wohl des Jugendlichen dient und zu erwarten ist, dass das Ergebnis der Nachforschungen spätestens zu Beginn der Hauptverhandlung zur Verfügung stehen wird. [2] Nach Erhebung der Anklage ist der Jugendstaatsanwaltschaft und dem Jugendgericht zu berichten.

I. Allgemeines

1. Persönlicher Anwendungsbereich

1   Die Bestimmung gilt in Verfahren gegen Jugendliche wie auch gegen Heranwachsende – und dies sowohl vor den JGerichten wie auch vor den für allg. Strafsachen zuständigen Gerichten (§§ 104 Abs. 1 Nr. 2, 109 Abs. 1, 112).

2. Einordnung in die Vorgehensmöglichkeiten der JStA

2   Im **Regelfall** befindet die StA über eine Anklageerhebung oder eine andere Erledigungsform unter Berücksichtigung einer ihr zuvor zugeleiteten Stellungnahme der JGH. Deshalb wird die JGH bereits im Vorverfahren eingebunden (**§ 38 Abs. 3 S. 1**) und frühzeitig über den Verdachtsfall informiert (→ § 38 Rn. 59). Damit ihr Bericht (→ § 38 Rn. 18 ff.) bereits im Ermittlungsstadium und bei der Abschlussentscheidung der JStA berücksichtigt werden kann (zu diesem Ziel s. Art. 7 Abs. 5 RL (EU) 2016/800 mit Erwgr. 39), muss er möglichst schnell erstattet werden. Aus Gründen der Beschleunigung ist es allerdings zulässig, der JStA keinen umfassenden, sondern erst einmal nur einen vorläufigen und formlosen Vorbericht vorzulegen (n. dazu → § 38 Rn. 34 f.). **§ 46a** ermöglicht es der JStA (in Umsetzung von Art 7 Abs. 6 RL (EU) 2016/800) darüber hinaus, den JGH-Bericht **ausnahmsweise** nicht abzuwarten. Voraussetzung dafür ist, dass die Abschlussentscheidung auf eine Anklage – oder bei Heranwachsenden auf einen anklagekomplementären Strafbefehl (s. AG Eilenburg ZJJ 2020, 402 sowie → § 107 Rn. 12 ff.) – lautet und die weiteren, in S. 1 genannten Bedingungen erfüllt sind (zum Regel-Ausnahme-Verhältnis auch RegE BT-Drs. 19/13837, 51; Diemer in Diemer/Schatz/Sonnen Rn. 2; Sommerfeld ZJJ 2018, 296 (308)).

3   Eine **weitere** Option, vom Regelfall abzuweichen, wird durch **§ 38 Abs. 7** eröffnet, wonach die JStA auf den Bericht der JGH auch ganz verzichten darf. Fraglich ist indes, ob sich die Anwendungsbereiche der beiden prozessualen Ausnahmeverfahren in dem Sinne überschneiden können, dass die JStA grds. auch bei einer beabsichtigten Anklage nach § 38 Abs. 7 vorgehen darf. Teilw. wird dies unter Hinweis auf den Normtext für seltene Fälle bejaht (so RegE BT-Drs. 19/13837, 51: „ausnahmsweise"; ebenso Sommerfeld in NK-JGG Rn. 2 ff. und § 38 Rn. 15b; Höynck/Ernst ZJJ 2020, 245 (254) sowie wohl auch Diemer in Diemer/Schatz/Sonnen Rn. 2; Gertler in BeckOK-JGG Rn. 5). Diese Auffassung unterstellt dem

Gesetz allerdings die widersprüchliche Struktur, einen gesetzlichen Normal-fall zu bestimmen (Anklage nach Erhalt des JGH-Berichts) und für die gravierendere Abweichung geringere Voraussetzungen als für die weniger gravierende Abweichung vorzusehen: Eine Anklage ohne jeden JGH-Be-richt wäre hiernach nämlich bereits zulässig, wenn dies mit dem Wohl des Jugendlichen nur „vereinbar" ist (§ 38 Abs. 7 S. 1 JGG), während die Anklage mit nachträglichem, aber immerhin später noch erfolgendem JGH-Bericht darüber hinaus dem Beschuldigtenwohl „dienen" muss (→ Rn. 5). Diese Unstimmigkeit wird bei der hier vertretenen Lesart vermieden, der zufolge ein Berichtsverzicht bei einer Anklageerhebung unerlaubt ist. Die JGH kann von der JStA also **nur bei bzw. vor Einstellungen** nach § 45 von der Berichtspflicht **befreit** werden (→ § 38 Rn. 51). Mit der Formulie-rung von S. 1 („abgesehen von Fällen des § 38 Abs. 7") ist das durchaus vereinbar, weil diese sich hiernach auf den Mitwirkungsverzicht gerade bei Diversionsentscheidungen bezieht (Kölbel NStZ 2021, 524 (528 f.)).

Im Ergebnis besteht daher ein Exklusivitätsverhältnis zwischen § 46a und **4** § 38 Abs. 7, sodass Anklagen allein nach einem Bericht der JGH (Regelfall) oder in der von S. 1 geregelten Weise (Ausnahmefall) erhoben werden dürfen. Dagegen werden **Einstellungen der JStA** und Anträge auf Ent-scheidung im **vereinfachten JVerfahren** von **S. 1** wegen des dortigen Anklageerfordernisses **nicht erfasst.** In Konstellationen, in denen diese Erledigungsformen ohnehin (dh unabhängig vom noch ausstehenden Be-richt der JGH) offensichtlich vorzugswürdig sind, muss gleichwohl die Stellungnahme der JGH abgewartet werden (rechtspraktisch wohl die Aus-nahme, aber normsystematisch der Regelfall gem. § 38 Abs. 3 S. 1) − es sei denn mit oder vor der Einstellung bzw. dem Antrag iSv § 76 wird der Berichtsverzicht gem. § 38 Abs. 7 erklärt (rechtspraktisch wohl der Regel-fall, aber normsystematisch die Ausnahme).

II. Voraussetzungen der vorgezogenen Anklageerhebung

1. Wohl des Jugendlichen

Da die Vorschrift der Umsetzung der RL (EU) 2016/800 dient und diese **5** RL die Gewährleistung von Schutzbelangen und von Entwicklungs- bzw. Reintegrationserfordernissen bezweckt (→ Einl. Rn. 32), sind mit dem „Wohl" des Jugendlichen entspr. spezialpräventive Notwendigkeiten ge-meint. Hierfür muss das von S. 1 geregelte Vorgehen **förderlich** (bzw. ein Abwarten muss damit verglichen hierfür ungünstiger) sein. Die Anforderun-gen sind, wie der Normtext („dient") deutlich macht, also strenger als beim Verzicht iSv § 38 Abs. 7 S. 1 („vereinbar"), der bereits bei Verträglichkeit mit dem Wohl des Jugendlichen zulässig ist (→ Rn. 3 und → § 38 Rn. 50).

Für die Frage, ob die etwaige vorgezogene Anklageerhebung den spezial- **6** präventiven Belangen dient, kommt es einerseits auf die Auswirkungen der mit ihr verbundenen Verfahrensbeschleunigung an, andererseits aber auch auf den Umstand, dass die JStA bei ihrer Anklageentscheidung die Feststel-lungen der JGH nicht berücksichtigen kann. Ausgeprägte **Belastungseffek-te** des Verfahrens − insbesondere eine laufende U-Haft (vgl. RL (EU) 2016/ 800 mit Erwgr. 39), aber bspw. auch etwaige Beeinträchtigungen in Sozial- oder Ausbildungsbeziehungen −, die durch ein Abwarten der JStA gleichsam verlängert würden, sprechen stark für die fragliche Förderlichkeit (ähnlich Gertler in BeckOK JGG Rn. 7 ff.). Dagegen scheidet diese dort von vornherein aus, wo es für die Wahl zwischen einer Anklage oder einer anderen Erledigungsart (va einer Diversionsform) auf die noch ausstehenden Ausführungen der JGH **ankommen kann.** Der Beschleunigungsnutzen hat hier für das Wohl des Jugendlichen ein geringeres Gewicht als die Chance der Anklagevermeidung. Aber auch in jenen Verfahren, in denen alles für eine Anklage spricht, wird das Vorgehen nach § 46a oft daran scheitern, dass es der StA (außerhalb der erwähnten offensichtlichen Sonderbelastungen) de facto an fallkonkreten Informationen fehlt, die einen spezialpräventiven Eilbedarf anzeigen und rechtfertigen können. – Ohne Bedeutung für die Beurteilung der Beschleunigungsvorteile sind bspw. die erwarteten Sanktionen (abw. Diemer in Diemer/Schatz/Sonnen Rn. 5; RegE BT-Drs. 19/ 13837, 52) und besondere Nachforschungsprobleme der JGH (etwa eine Verweigerung des Beschuldigten).

2. Erwartung eines Berichts

7   Es muss absehbar sein, dass die JGH ihre Nachforschungen bis zum Beginn der HV abschließen und sich dort zum Ergebnis äußern kann. Darauf, ob die JGH zwischen Anklageerhebung und HV auch einen schriftlichen Bericht zu den Akten geben wird, kommt es nicht an (zur Üblich-, aber auch Entbehrlichkeit der schriftlichen Berichtsfassung → § 38 Rn. 43). Für die Erwartbarkeit der Berichtsfähigkeit der JStA muss sich die JStA auf eine Prognose stützen können, die durch Tatsachen und **Anhaltspunkte** getragen wird. Es bedarf also entspr. Auskünfte und Zusicherungen der JGH; ggf. kann sich die JStA hier auch auf die Erfahrungen berufen, die sie in der Vergangenheit mit den Abläufen und Bearbeitungszeiten der zuständigen JGH-Mitarbeiter gemacht hat.

3. Ermessen

8   Eine schematische Annahme der beiden Anforderungen von S. 1 wird deren Funktion, eine Abweichung vom regelmäßig einzuhaltenden Verfahren an bestimmte Bedingungen zu knüpfen (→ Rn. 2), nicht gerecht. Eine verfahrenspraktische Handhabung der JStA, bei beabsichtigter Anklageerhebung nach § 46a vorzugehen und einen Vorbericht der JGH nur im Einzelfall anzufordern, wäre eine unzulässige Umkehrung des gesetzlichen Regel-Ausnahme-Verhältnisses. Das Vorgehen nach § 46a ist vielmehr im Einzelfall **begründungsbedürftig** (ebenso Höynck/Ernst ZJJ 2020, 245 (254)). Allerdings räumt S. 1 der JStA mit einem unbestimmten Rechtsbegriff (→ Rn. 5) und einem Prognoseerfordernis (→ Rn. 7) gewisse **Einschätzungsspielräume** ein. Außerdem handelt es sich um eine Ermessensnorm. Die StA muss eine beabsichtigte Anklage bei Bejahung der genannten Voraussetzungen also nicht zwingend schon vor Eintreffen des JGH-Berichts erheben. Nach Bejahung der spezialpräventiven Dienlichkeit wird ein (damit als dysfunktional beurteiltes) Zuwarten aber idR ermessens**fehlerhaft** sein.

III. Berichterstattung gem. S. 2

Adressat des nachgeholten Berichts der JGH ist nach Anklageerhebung **9** und Übergang der Verfahrensherrschaft an sich das JGericht (das dann eine Weitergabe an die JStA zu veranlassen hätte). Nach S. 2 muss die JGH jedoch den Bericht **beiden** Institutionen zuleiten. Dass auch gegenüber der JStA zu berichten ist, sorgt für deren ohne Zeitverzug eintretende Informiertheit. Dies soll sicherstellen, dass diese noch „nach Anhängigkeit bei Gericht die für sie nützlichen bzw. notwendigen Informationen der JGH erhalten" und bei ihrer weiteren „Sachbehandlung, (…) insbesondere angemessenen Antragstellungen" berücksichtigen kann (RegE BT-Drs. 19/13837, 52).

IV. Fehleinschätzungsfolgen

War die Prognose der JStA (→ Rn. 7) falsch und trifft bis zu Beginn der **10** HV kein (schriftlicher) Bericht ein, hat dies keine Konsequenz. Da die JGH gem. § 38 Abs. 4 S. 1 in der HV zu erscheinen hat (ein Verzicht wäre hier nur ausnahmsweise gerechtfertigt (→ § 38 Rn. 52, 62 f.)), können und müssen ihre Ausführungen dort dennoch erfolgen. Das Erfordernis von Art. 7 Abs. 6 RL (EU) 2016/800, wonach die nachträgliche Begutachtung in der HV zur Verfügung stehen muss, ist so jedenfalls erfüllt (RegE BT-Drs. 19/13837, 52). Im Hinblick auf diesen Modus muss das JGericht, wenn es bei Eingang der Anklage die **Prognose** der JStA hinsichtlich des Berichterstattungszeitpunktes nicht teilt, nicht unbedingt besondere Maßnahmen ggü. der JGH ergreifen (abgesehen von einer gewissen Berücksichtigung bei der Terminierung).

Schätzt das JGericht die Frage des **Beschuldigtenwohls** anders als die **11** JStA ein, rechtfertigt dies keine Nichteröffnung gem. § 204 StPO iVm § 2 Abs. 2. Das Gericht kann aber die angestrebte Beschleunigung gewissermaßen ausbremsen, indem es mit dem Eröffnungsbeschluss oder der HV bis zum Eintreffen des nachgeholten Berichts (→ Rn. 9) wartet und dessen Inhalte ggf. zum Anlass für eine Einstellung nach § 47 nimmt. Generell bietet **§ 47** eine Möglichkeit, die **Anklageentscheidung** des JStA, die dieser in Kenntnis der JGH-Stellungnahme womöglich nicht getroffen hätte, noch außerhalb der HV zu **korrigieren**. – Gegen die Entscheidung der JStA, die Möglichkeit des S. 1 aus ggf. unzutreffenden Gründen nicht zu ergreifen und das Ermittlungsverfahren **andauern** zu lassen, sieht die hM keinen Rechtsbehelf vor (n. und kritisch dazu Kölbel in MüKoStPO StPO § 160 Rn. 54 ff. und § 170 Rn. 34).

Zweiter Unterabschnitt. Das Hauptverfahren

Einstellung des Verfahrens durch den Richter

47 (1) [1]Ist die Anklage eingereicht, so kann der Richter das Verfahren einstellen, wenn

1. die Voraussetzungen des § 153 der Strafprozeßordnung vorliegen,
2. eine erzieherische Maßnahme im Sinne des § 45 Abs. 2, die eine Entscheidung durch Urteil entbehrlich macht, bereits durchgeführt oder eingeleitet ist,
3. der Richter eine Entscheidung durch Urteil für entbehrlich hält und gegen den geständigen Jugendlichen eine in § 45 Abs. 3 Satz 1 bezeichnete Maßnahme anordnet oder
4. der Angeklagte mangels Reife strafrechtlich nicht verantwortlich ist.

[2]In den Fällen von Satz 1 Nr. 2 und 3 kann der Richter mit Zustimmung des Staatsanwalts das Verfahren vorläufig einstellen und dem Jugendlichen eine Frist von höchstens sechs Monaten setzen, binnen der er den Auflagen, Weisungen oder erzieherischen Maßnahmen nachzukommen hat. [3]Die Entscheidung ergeht durch Beschluß. [4]Der Beschluß ist nicht anfechtbar. [5]Kommt der Jugendliche den Auflagen, Weisungen oder erzieherischen Maßnahmen nach, so stellt der Richter das Verfahren ein. [6]§ 11 Abs. 3 und § 15 Abs. 3 Satz 2 sind nicht anzuwenden.

(2) [1]Die Einstellung bedarf der Zustimmung des Staatsanwalts, soweit er nicht bereits der vorläufigen Einstellung zugestimmt hat. [2]Der Einstellungsbeschluß kann auch in der Hauptverhandlung ergehen. [3]Er wird mit Gründen versehen und ist nicht anfechtbar. [4]Die Gründe werden dem Angeklagten nicht mitgeteilt, soweit davon Nachteile für die Erziehung zu befürchten sind.

(3) Wegen derselben Tat kann nur auf Grund neuer Tatsachen oder Beweismittel von neuem Anklage erhoben werden.

Schrifttum: Bareinske, Sanktion und Legalbewährung im Jugendstrafverfahren in Baden-Württemberg, 2004; Hock-Leydecker, Die Praxis der Verfahrenseinstellung im Jugendstrafverfahren, 1994; Kleinbrahm, Divergente Diversion im Jugendstrafverfahren, 2015; Löhr-Müller, Diversion durch den Jugendrichter. Der Rüsselsheimer Versuch, 2001.

Übersicht

I. Anwendungsbereich

Die Vorschrift gilt bei **Jugendlichen** wie bei **Heranwachsenden,** und **1** das auch in Verfahren vor den für allg. Strafsachen zuständigen Gerichten (§§ 112 S. 1, § 104 Abs. 1 Nr. 4). Bei Heranwachsenden hängt dies aber davon ab, dass die Voraussetzungen des § 105 Abs. 1 bejaht werden (§§ 109 Abs. 2 S. 1, 112 S. 2; vgl. auch RL 3 S. 2). Auch ist Abs. 1 S. 1 Nr. 4 bei ihnen – gem. § 109 Abs. 2 S. 1 – ausgenommen (zu Abs. 2 S. 4 vgl. → Rn. 20).

Im **vereinfachten JVerfahren** kommt § 47 zur Anwendung, denn ein **2** Antrag iSv § 76 Abs. 1 S. 1 steht der Einreichung der Anklage gleich (§ 76 Abs. 1 S. 2).

Im Verfahren wegen **Ordnungswidrigkeiten** kann der JRichter das Ver- **3** fahren in jeder Lage, also auch noch im Rechtsbeschwerdeverfahren (vgl. Seitz/Bauer in Göhler OWiG § 47 Rn. 41), gem. § 47 Abs. 2 OWiG einstellen. Die vorliegende Vorschrift ist dagegen nicht anwendbar → § 45 Rn. 2).

II. Einordnung der Norm

1. Entwicklung der Vorschrift

Die Regelungen in Abs. 1 bauen auf § 32 Abs. 2 S. 2 JGG 1923 und § 31 **4** Abs. 1 RJGG 1943 auf und differenzieren die einstellungsfähigen Fallgruppen stärker aus. So sah § 31 Abs. 1 RJGG 1943 noch keine folgenlose Einstellung wegen Geringfügigkeit (→ Rn. 10) vor. Die Unanfechtbarkeit des jugendrichterlichen Einstellungsbeschlusses (→ Rn. 28) wurde mit § 31 Abs. 2 S. 3 RJGG 1943 eingeführt, während § 32 Abs. 3 S. 2 JGG 1923 dem Beschuldigten und dem verletzten Antragsteller noch die sofortige

Beschwerde eröffnet hatte. Die beschränkte Rechtskraft (→ Rn. 24) war von Anbeginn vorgesehen, wobei allerdings § 32 Abs. 4 JGG 1923 bei Bekanntwerden neuer Tatsachen oder Beweismittel die Fortführung des alten Verfahrens und erst § 31 Abs. 3 RJGG 1943 (wie heute Abs. 3) stattdessen ggf. eine neue Anklage erlaubte. – Ihre aktuelle Struktur erhielt die Vorschrift im Wesentlichen mit § 47 JGG 1953. Dabei kam es auch zu Ergänzungen bei den Vorgaben zur prozessualen Handhabung, die dem Umstand gerecht werden sollen, dass die Einstellung in einem fortgeschrittenen Verfahrensstadium erfolgt. Die Anwendungsfälle in Abs. 1 sind sodann durch das 1. JGG-ÄndG in Abstimmung mit und als Parallelvorschrift zu § 45 umgestellt worden.

2. Verhältnis zu Verfahrenseinstellungen nach allgemeinem Strafverfahrensrecht

5   Hinsichtlich der Einstellungsmöglichkeiten aufgrund des Opportunitätsprinzips nach allg. StVR gelten dieselben Maßgaben wie bei § 45 (→ § 45 Rn. 7 ff.). Soweit die dortigen Optionen auf ganz andere Umstände als § 47 reagieren (§§ 153b ff. StPO) oder weiter reichen bzw. für den Beschuldigten günstiger sind (§§ 153 Abs. 2, 153a Abs. 2 StPO), können sie **auch im JStV herangezogen** werden (ebenso zB Frehsee, Schadenswiedergutmachung als Instrument strafrechtlicher Sozialkontrolle, 1987, 208; Laubenthal/Baier/ Nestler JugendStrafR Rn. 311; Schady in NK-JGG Rn. 7; aA bzgl. §§ 153, 153a StPO Brunner/Dölling Rn. 4; Diemer in Diemer/Schatz/Sonnen Rn. 6 f.; Schneider in BeckOK JGG Rn. 7; Mavany in Löwe/Rosenberg StPO § 153 Rn. 15). § 47 kommt neben §§ 37 Abs. 2, 38 Abs. 2 BtMG zur Anwendung, ist aber ggü. § 31a Abs. 2 BtMG subsidiär (→ § 45 Rn. 15 ff.).

3. Anwendungshäufigkeit

6   Die tatsächliche Bedeutung der Einstellung nach § 47 in der Praxis ist groß (dazu n. auch → § 45 Rn. 20 ff.). Nach den amtlichen statistischen Angaben erfolgten in den Jahren 1995, 2000 und 2005 (jeweils in den „alten" Bundesländern) sowie in den Jahren 2010, 2015 und 2019 (im gesamten Bundesgebiet) von den insgesamt jeweils 44.262, 47.449 und 45.910 sowie 50.609, 35.994 und 26.473 gerichtlichen Einstellungen im JStR die allermeisten – konkret 86,27 %, 87,26 % und 85,32 % sowie 89,10 %, 90,56 % und 91,22 % – nach § 47 (zu langfristigen Trends in der Anwendungshäufigkeit n. Heinz Sekundäranalyse 753 f., 813 f.). Diese Einstellungen nach § 47 machen zugleich einen **erheblichen Anteil** an der Gesamtheit der jugendrichterlichen Entscheidungen aus. 2019 waren dies bspw. 33,48 % aller Aburteilungen im JStR (StrafSt Tabelle 2.2). Allerdings bestehen große regionale Unterschiede in der Anwendungsfrequenz, und dies auch im Verhältnis zu § 45 (vgl. Kleinbrahm, Divergente Diversion im Jugendstrafverfahren, 2015, 247, 334; Heinz Sekundäranalyse 877). Bestimmend scheint vielfach das Angeklagtenalter und die Deliktsart zu sein (Heinz Sekundäranalyse 807 f.; zu den Entscheidungskriterien der Praxis auch Hock-Leydecker, Die Praxis der Verfahrenseinstellung im Jugendstrafverfahren, 1994, 94 ff. betr. Einschlägigkeit (nicht Schwere) der Vorbelastungen; vgl. auch Löhr-Müller, Diversion durch den Jugendrichter. Der Rüsselsheimer Versuch, 2001, 25 ff., 32 ff., 45 f.; Hügel in BMJ (Hrsg.), Erzieheri-

sche Maßnahmen im deutschen Jugendstrafrecht, 44 ff., 74 ff.; Ludwig-May-erhofer/Rzepka MschKrim 1998, 17 (23 ff.)).

4. Funktionalität

Die vorliegenden Befunde zur Wiedererfassung nach Diversionsentschei- 7
dungen (→ § 5 Rn. 73, → § 45 Rn. 24 f.) erlauben die Aussage, dass die
spezialpräventive Wirksamkeit von jugendrichterlichen Einstellungen wahrscheinlich gut und (bei den meisten Adressaten) tendenziell höher als die von
formellen Interventionen ist. Allerdings werden die Erledigungen nach
§§ 45, 47 in den dahingehenden BZR-Auswertungen häufig zusammengefasst und nicht differenziert, sodass in dieser Hinsicht keine Vergleiche und
Unterscheidungen möglich sind. Die vereinzelt erfolgten Spezialauswertun-
gen zu § 47 (etwa Löhr-Müller, Diversion durch den Jugendrichter. Der
Rüsselsheimer Versuch, 2001, 45 f., 110 ff.) lassen wegen ihres lokalen Be-
zugs nur eingeschränkt generalisierende Angaben zu. IdR zeigt sich aber
eine deliktische Entwicklung, die nach einer jugendrichterlichen Einstellung
weniger günstig als nach einer Entscheidung gem. § 45 ist (deutlich Prein/
Schumann in Schumann (Hrsg.), Berufsbildung, Arbeit und Delinquenz,
2003, 204 f., 208; tendenziell ebenso bei Bareinske, Sanktion und Legalbewährung im Jugendstrafverfahren in Baden-Württemberg, 2004, 164; Spiess,
Bewährungshilfe 2012, 17 (33); Spiess in FS Heinz, 2012, 301). Vermutlich
liegt dies daran, dass die abträglichen Seiten der Strafverfolgung (→ Einl.
Rn. 8, → § 5 Rn. 67 f.) vor einer jugendrichterlichen Einstellung noch
stärker zum Tragen kommen können als bei der deutlich früheren Einstellung durch die JStA. Insofern ist davon auszugehen, dass die verschiedenen
Diversionsvarianten **nicht beliebig austauschbar,** sondern in ihrer Stufen-
folge ernst zu nehmen sind (ebenso Heinz Sekundäranalyse 1924).

III. Anwendungsfälle

1. Einstellung wegen fehlender Verantwortlichkeit

Bei **Abs. 1 S. 1 Nr. 4** handelt es sich um die einzige Konstellation in 8
Abs. 1, die nicht mit § 45 korrespondiert. Die Einstellung des Verfahrens
kommt hier in Betracht, wenn sich **nach Eröffnung** des Hauptverfahrens
herausstellt, dass der angeklagte Jugendliche **mangels Reife** nicht iSv § 3
verantwortlich war. Mangels Schuldfähigkeit durfte in diesen Fällen an sich
gar keine strafrechtliche Verfolgung geschehen. Vielmehr wäre das Verfahren bereits im Ermittlungs- oder Zwischenverfahren nach § 170 Abs. 2
StPO iVm § 2 Abs. 2 (→ § 45 Rn. 6) bzw. § 204 StPO iVm § 2 Abs. 2
(→ Rn. 19) einzustellen gewesen. Insofern ist es in den Konstellationen des
spät erkannten Reifemangels zu einem unbegründeten Prozessfortschritt
(Anklage und Eröffnung des Hauptverfahrens) gekommen, der nunmehr der
eingriffsreduzierenden Korrekturen bedarf. Die Einstellung gem. Abs. 1
S. 1 Nr. 4 soll in diesem Sinne nicht nur die zwingende strafrechtliche
Folgenlosigkeit gewährleisten, sondern den Betroffenen auch die Belastun-
gen der HV ersparen (was iÜ einen positiven verfahrensökonomischen
Begleiteffekt hat). Dass damit zugleich der sonst zwingende Freispruch in der
HV vermieden wird, den der Angeklagte falsch interpretieren könnte (Zie-

ger/Nöding Verteidigung Rn. 42: „missversteht als Freibrief für ähnliche
Taten"), tritt demgegenüber in den Hintergrund (zumal über die Gefahr
solcher Fehlschlüsse nur spekuliert werden kann).

9   Aus den eben genannten Normzwecken folgt, dass die Einstellung nach
Abs. 1 S. 1 Nr. 4 (nach Eröffnung des Hauptverfahrens → Rn. 19) va **vor
oder zu Beginn der HV** angezeigt ist. Wurde die HV durchgeführt, kann
die Einstellung die bezweckte Schonung kaum noch erbringen, sodass dann
durchaus die gleiche Vorgehensweise wie bei Erwachsenen (Freispruch) in
Betracht kommt oder ggf. auch den Vorzug verdient (ebenso Schneider in
BeckOK JGG Rn. 27; s. auch → § 3 Rn. 31). Da die Regelung in Abs. 1
S. 1 Nr. 4 **nicht** auf dem **Grundgedanken von Diversion** (dh der Vorrangigkeit von idR ausreichenden informellen Interventionen (→ § 45
Rn. 17 f.)) beruht, besteht hier auch keine Möglichkeit zur Verknüpfung
mit einem erzieherischen Vorgehen. Die Einstellung kann allein mit der
Anordnung **familiengerichtlicher Maßnahmen** iSv § 3 S. 2 verbunden
werden, wobei es hierbei auf die Erforderlichkeit solcher Schritte ankommt
(→ § 3 Rn. 34 ff.). Dass sich die fehlende Reife erst in der HV ergeben hat,
kann sich auf die Frage der Notwendigkeit ggf. auswirken (n. → § 3 Rn. 40),
aber die Anordnung nicht allein tragen.

2. Einstellung aus Subsidiaritätsgründen

10   **a) Abs. 1 S. 1 Nr. 1.** Wie bei § 45 Abs. 1 kommt die Einstellung unter
den Voraussetzungen des **§ 153 StPO** in Betracht, wenn sich der Verdacht
auf ein **Vergehen** (§ 12 Abs. 2 StGB) bezieht, dessen hypothetische Begehung lediglich einen Vorwurf geringeren Grades („geringe Schuld") und
kein Strafverfolgungsanliegen der Allgemeinheit („öffentliches Interesse")
begründet, weil das Erfolgs- und/oder Handlungs**unrecht begrenzt** ist und
sich die Vorwerfbarkeit (unter Berücksichtigung ihrer **altersspezifischen**
Absenkung) daher im Rahmen hält (n. → § 45 Rn. 27; vgl. auch BGH
BeckRS 2006, 03045 betr. „geringfügige Tatbeiträge" im Gruppenkontext).
Für die Einstellung bedarf es keines Geständnisses (vgl. → § 45 Rn. 26). Mit
der richterlichen Festlegung einer Rechtsfolge kann die Einstellung nicht
verbunden werden.

11   **b) Abs. 1 S. 1 Nr. 2.** In Konstellationen, in denen eine Einstellung nach
§ 45 Abs. 2 möglich gewesen wäre (→ § 45 Rn. 30 f.), erlaubt die Durchführung oder Einleitung einer **„erzieherischen Maßnahme"** die Einstellung nach Abs. 1 S. 1 Nr. 2. Das Spektrum der hierfür in Betracht kommenden Interventionen ist ebenso breit wie bei der staatsanwaltlichen Einstellung. Dabei spielt es keine Rolle, ob sie **vor oder nach** der
Anklageerhebung eingeleitet bzw. durchgeführt worden sind. Deshalb ist uU
auch die Ladung zur HV und deren teilweise Durchführung als erzieherische
Maßnahme iSv § 45 Abs. 2 S. 1 anerkennungsfähig (Apfel/Piel in FAHdB
StrafR 24. Kapitel Rn. 148). Soweit die erzieherische Maßnahme nicht von
privater Seite oder der JHilfe bzw. JGH usw initiiert worden ist, kann sie
durch den JRichter (ebenso wie durch den JStA im Vorverfahren) selbst
angeregt werden (BT-Drs. 11/5829, 26; aA LG Berlin NStZ 1987, 560
mablAnm Eisenberg NStZ 1987, 561). IdR bedarf es, auch wenn das
BVerfG (Beschluss v. 27.1.1983 – 2 BvR 92/83 (juris)) dies verfassungsrechtlich nicht für zwingend hält, einer Zustimmung des Angeklagten und der

Erziehungsberechtigten (vgl. → § 45 Rn. 41; n. Eisenberg/Zötsch GA 2003, 226 (229)).

c) Abs. 1 S. 1 Nr. 3. Die Einstellung kommt ebenfalls in Betracht, wenn **12** der JRichter nach Eröffnung des Hauptverfahrens eine Entscheidung durch Urteil für entbehrlich hält und eine – nicht aber mehrere (→ § 45 Rn. 52) – jener Maßnahmen, die im (sog. „formlosen") **jugendrichterlichen Erziehungsverfahren** möglich sind (→ § 45 Rn. 49 ff.), gegen den geständigen (→ § 45 Rn. 47) Angeklagten anordnet (zur anzustrebenden bzw. ggf. erforderlichen **Zustimmung** des Beschuldigten bzw. der Erziehungsberechtigten vgl. → § 45 Rn. 48). Die Festlegung muss, anders als im Fall von Abs. 1 S. 1 Nr. 2 iVm § 45 Abs. 2 S. 1, durch das Gericht selbst erfolgen. Durch Nichtbefolgungsarrest auf die Umsetzung der Anordnungen hinwirken kann der JRichter nicht **(Abs. 2 S. 6).** Es besteht aber die Möglichkeit zur Änderung der angeordneten Weisungen und Auflagen (→ § 45 Rn. 50).

d) Subsidiarität. Das JGericht entscheidet (sofern keine Einstellung nach **13** allg. Regeln der StPO oder Abs. 1 S. 1 Nr. 4 einschlägig ist) zwischen den sich steigernden Varianten von Abs. 1 S. 1 Nr. 1–3 nach dem **Subsidiaritätsprinzip** (→ § 45 Rn. 17 f.). Dabei ist die jeweils mildeste ausreichende Form zu wählen. Stets muss dafür aber im Entscheidungszeitpunkt ein **hinreichender Tatverdacht** vorliegen (→ § 45 Rn. 6; s. aber auch VerfGH Berlin BeckRS 2003, 154005: Schuldspruchreife). Fehlt es daran, ist nach § 204 StPO iVm § 2 Abs. 2 zu verfahren (→ Rn. 19) oder in der HV (etwa bei weggefallenem Verdacht) nach § 170 Abs. 2 StPO iVm § 2 Abs. 2 einzustellen.

IV. Abstimmung zwischen Gericht und Staatsanwaltschaft

1. Endgültige und vorläufige Einstellung

Das Verfahren kann vom Gericht bei Vorliegen der genannten Voraus- **14** setzungen **endgültig** eingestellt werden. Dafür genügt es, dass die erzieherische Maßnahme bei Abs. 1 S. 1 Nr. 2 eingeleitet bzw. die jeweilige Anordnung bei Abs. 1 S. 1 Nr. 3 getroffen wurde. Die jeweilige **Umsetzung** durch den Angeklagten darf, aber **muss** hier nicht **abgewartet** werden. In den beiden Konstellationen von Abs. 1 S. 1 Nr. 2 und 3 besteht allerdings auch die Möglichkeit, das Verfahren **vorläufig** einzustellen und dem Angeklagten dabei eine höchstens **sechsmonatige Frist** zur Realisierung der Maßnahmen zu setzen (Abs. 1 S. 2). Abhängig von deren Nicht-/Vornahme kommt es dann entweder zur endgültigen Einstellung (Abs. 1 S. 5) oder zur Fortsetzung des Verfahrens. Hierin liegt ein Druckmittel, weil darauf reagiert werden kann, wenn der Angeklagte dem eingeleiteten oder angeordneten Maßnahmen nicht nachkommt (was gem. Abs. 3 bei einer sofortigen Einstellung iSv Abs. 2 S. 1 nicht möglich ist (→ n. 23)). Für Heranwachsende, auf die JStR angewandt wird, gelten Abs. 1 S. 2–6 iÜ trotz der Nichterwähnung in § 109 Abs. 2 S. 1 ebenso (n. Diemer in Diemer/Schatz/Sonnen Rn. 2: Redaktionsversehen). – Besteht hinsichtlich der Voraussetzung iSv Abs. 1 noch Klärungsbedarf (etwa bzgl. der Reifebeurteilung oder bei der Vorbereitung angeordneter oder freiwillig durchgeführter erzieherischer Maßnahmen), kann das JGericht darauf allerdings nicht mit der vorläufigen Einstellung, sondern nur mit den normalen Instrumenten der Verfahrensgestaltung (Terminierung usw.) reagieren.

2. Billigung der Jugendstaatsanwaltschaft

15   Wie bei den Einstellungen nach der StPO und dem BtMG (→ Rn. 5; für § 31a BtMG im JStV s. LG Oldenburg NStZ-RR 2002, 119 mzustAnm Aulinger JR 2002, 302) bedarf das JGericht gem. **Abs. 2 S. 1** für sämtliche Formen der Einstellung nach § 47 der **Zustimmung des JStA.** Eine Ausnahme gilt nur im vereinfachten JVerfahren, sofern der JStA dort an der mündlichen Verhandlung nicht teilnimmt (§ 78 Abs. 2 S. 2; vgl. auch RL 2). Dass ansonsten mit der JStA ein Einvernehmen hergestellt werden muss, erklärt sich mit der Unanfechtbarkeit (Abs. 2 S. 3) und Rechtskraftwirkung der Einstellungsentscheidung (Abs. 3). Die daraus resultierende Veto-Macht der JStA ist indes insofern eingeschränkt, als sie ihre Zustimmung zur Einstellung gem. Abs. 2 S. 1 in den Fällen des **Abs. 1 S. 1 Nr. 3 nicht verweigern** darf, sofern der Angeklagte den richterlich angeordneten Maßnahmen bereits nachgekommen ist. Das ergibt sich aus dem notwendigen Schutz des Betroffenenvertrauens und entspricht der Bindung iSv § 45 Abs. 3 S. 2 (→ § 45 Rn. 53).

16   Im Falle einer **vorläufigen Einstellung** (→ Rn. 14) bezieht sich das Zustimmungserfordernis auf diese Entscheidung (Abs. 1 S. 2) und nicht auf den endgültigen Einstellungsbeschluss (Abs. 2 S. 1 Hs. 2). Der Grundsatz, dass die Zustimmung an sich eine grds. bedingungsfeindliche Prozesshandlung darstellt, wird hier durch das Gesetz gewissermaßen gelockert. Hat sich die JStA mit der vorläufigen Einstellung einverstanden gezeigt, befindet folglich allein der JRichter über die später vorzunehmende abschließende Einstellung und über die Vorfrage, ob der Jugendliche der erzieherischen Maßnahme, Weisung oder Auflage „nachgekommen" ist (Abs. 1 S. 5). Soweit der JRichter die erzieherischen Maßnahmen iSv Abs. 1 S. 1 Nr. 2 bzw. Anordnungen iSv Abs. 1 S. 1 Nr. 3 bei der vorläufigen Einstellung konkretisiert, stellen diese allerdings die Zustimmungsgrundlage dar, sodass die Veranlassung und/oder Umsetzung anderer Interventionen (etwa bei nachträglicher Weisungs- oder Auflagenänderung) von der Zustimmung nicht notwendig umfasst ist (vgl. OLG Hamm MDR 1977, 949 (950)). Die nachträglichen **Modifikationen** müssen dann mit der JStA noch abgesprochen werden, um eine endgültige Einstellung zu ermöglichen. Das gilt ebenso wie in Fällen, in denen die Zustimmung von vornherein auf bestimmte Maßnahmen beschränkt wurde.

3. Form und Zeitpunkt der Einstellungsentscheidung

17   **a) Nach Eröffnung des Hauptverfahrens.** Die Entscheidung sowohl über die endgültige wie über die vorläufige Einstellung ergeht stets durch **nicht anfechtbaren Beschluss** (Abs. 1 S. 3 und S. 4, Abs. 2 S. 2 und 3). Der Beschluss kann **innerhalb und außerhalb der HV** erlassen werden. Das ist für die endgültige Einstellung in Abs. 2 S. 2 klargestellt, gilt aber gleichermaßen für die vorläufige Einstellung (wobei den beiden Einstellungsformen außerhalb der HV aber gem. § 33 Abs. 3 StPO iVm § 2 Abs. 2 eine **Anhörung** des Angeklagten vorausgehen muss (s. auch Höffler in

MüKoStPO Rn. 17)). Möglich sind beide Varianten vor und während der HV erster Instanz, aber auch noch nach zulässiger Anfechtung des Urteils – dh bis zur Verkündung des Urteils im Berufungsverfahren und einschränkungslos selbst noch durch das Revisionsgericht (BGH BeckRS 2006, 03045; Schneider in BeckOK JGG Rn. 13; aA und einschr. Diemer in Diemer/Schatz/Sonnen Rn. 8). Für die Einstellung im Stadium des **Rechtsmittelverfahrens** kommt es nicht darauf an, ob das Urteil abzuändern wäre. Auch dass sie regelmäßig aus Gründen erfolgt, auf die die Anfechtung der vorinstanzlichen Entscheidung (wegen der Beschränkung in § 55 Abs. 1) nicht gestützt werden konnte (deshalb abl. Pentz RdJB 1956, 44 (46 f.); Schnitzerling NJW 1956, 33), ist ohne Belang (Beulke/Swoboda JugendStrafR Rn. 770).

b) Vor Eröffnung des Hauptverfahrens. Mit Zustimmung des JStA **18** ergehende endgültige oder vorläufige Einstellungsbeschlüsse gem. § 47 sind **auch im Zwischenverfahren** möglich (vgl. auch Abs. 1 S. 1: „ist die Anklage eingereicht…"). Wegen der Verfahrensverkürzung, mit der eine Verminderung der prozessbedingten Belastungen einhergehen kann, muss eine alsbald nach Eingang der Anklage erfolgende Einstellung sogar als **vorzugswürdig** gelten. Hierfür entfällt allerdings die Grundlage, wenn die Anklage durch den JStA vor dem Eröffnungsbeschluss zurückgenommen wird (§ 156 StPO iVm § 2 Abs. 2). Eine solche **Zurücknahme** verbunden mit einer Einstellung nach § 45 Abs. 2 S. 1 kann insbes. dann angezeigt – wenn auch nicht im engeren Sinne vorrangig (zutr. Schneider in BeckOK JGG Rn. 17) – sein, wenn nach Anklageerhebung eine erzieherische Maßnahme im außerjustiziellen Bereich initiiert (vgl. → § 45 Rn. 32) und eine jugendrichterliche Anordnung dadurch entbehrlich wurde (ähnlich Schady in NK-JGG Rn. 5; Diemer in Diemer/Schatz/Sonnen Rn. 3; Höffler in MüKoStPO Rn. 4; Laubenthal/Baier/Nestler JugendStrafR Rn. 303).

Eine Einstellung nach § 47 im Zwischenverfahren setzt allerdings voraus, **19** dass das Hauptverfahren gem. § 203 StPO iVm § 2 Abs. 2 eröffnet werden könnte, weil ein **hinreichender Tatverdacht** besteht (→ Rn. 13). Fehlt es daran, kann **allein ein Nichteröffnungsbeschluss** (§ 204 StPO iVm § 2 Abs. 2) ergehen. An dessen Stelle nach § 47 vorzugehen, scheidet aus, weil dies den Angeschuldigten durch die Eintragung in das Erziehungsregister (§ 60 Abs. 1 Nr. 7 BZRG) schlechter stellen würde (vgl. auch → § 45 Rn. 7 ff.). Selbst wenn der Nichteröffnungsbeschluss in Fällen, in denen mangels Reife eine fehlende strafrechtliche Verantwortlichkeit angenommen und die Eröffnung des Hauptverfahrens daher abgelehnt werden muss, diesen registerrechtlichen Vorteil nicht aufweist (s. § 60 Abs. 1 Nr. 7 BZRG), kommt die Verfahrenseinstellung nach Abs. 1 S. 1 Nr. 4 hier ebenfalls nicht in Betracht. Das geht bereits aus dem Wortlaut der Vorschrift hervor, die ausdrücklich auf einen „Angeklagten" abstellt. Dies und iÜ auch der Zweck dieser Norm, wonach die unnötigen Belastungen speziell einer HV sowie ggf. auch die Missverständlichkeit eines dort erfolgenden Freispruchs vermieden werden sollen (→ Rn. 8), sprechen letztlich sogar dafür, die Anwendbarkeit von **Abs. 1 S. 1 Nr. 4** (anders als die von Nr. 1–3) generell **nur auf das Hauptverfahren** (und die sich dort ergebende Reifeverzögerung) zu beschränken (ebenso zB Diemer in Diemer/Schatz/Sonnen Rn. 14; Rössner in HK-JGG § 3 Rn. 49).

V. Weitere prozessuale Fragen

1. Sonstige Inhalte und Aspekte des Einstellungsbeschlusses

20 **a) Begründung.** Der Beschluss über die endgültige (nicht die vorläufige) Einstellung ist – auch zur Feststellung des Rechtskraftumfangs – zu begründen (Abs. 2 S. 3) und dem Angeklagten mitzuteilen (→ § 45 Rn. 60). Geben konkrete Anhaltspunkte zu der Befürchtung Anlass, dass Teile („… soweit …") der Beschlussbegründung erzieherisch **nachteilige Wirkungen** hervorrufen könnten, unterbleibt in diesem Umfang deren Mitteilung an den jugendlichen Angeklagten (Abs. 2 S. 4). Bei **Heranwachsenden** gilt dies, wie sich aus § 109 Abs. 2 S. 1 ergibt, dagegen **nicht**. Hiernach ist zwar die grds. Anwendbarkeit von Abs. 2 bei Heranwachsenden vorgesehen, nicht aber die von § 54 Abs. 2. Daraus ist zu schließen, dass etwaige Nachteile für die Erziehung eines (volljährigen) Heranwachsenden dem Gesetz zufolge kein Anlass sind, bei ihm von der Mitteilung der Entscheidungsgründe abzusehen. Das gilt dann nicht nur für das Urteil, sondern ebenso für den Einstellungsbeschluss.

21 **b) Kosten.** Der Beschluss muss eine Entscheidung über die Verfahrenskosten (§ 464 StPO iVm § 2 Abs. 2) enthalten (zur Nicht-/Anfechtbarkeit → Rn. 28), selbst wenn keine Gerichtsgebühren anfallen (allgA). Die Kosten sind hierbei – gem. § 467 Abs. 1 StPO iVm § 2 Abs. 2 und unabhängig von § 74 – regelmäßig der **Staatskasse** aufzuerlegen (s. bereits Dallinger/Lackner Rn. 2; Potrykus NJW 1957, 1135 (1136); zur Verteidigergebühr bei bloßer Zustimmung zur Einstellung s. LG Hagen StraFo 2003, 436).

22 Allerdings geht man teilw. davon aus, dass es sich bei einem Verfahrensabschluss nach § 47 Abs. 1 S. 1 Nr. 1–3 jeweils um eine Ermessenseinstellung handele, sodass das Gericht gem. § 467 Abs. 4 StPO iVm § 2 Abs. 2 die **notwendigen Auslagen des Angeklagten** bei diesem belassen dürfe (vgl. etwa AG Tiergarten StV 2020, 656 = LSK 2017, 162378 mablAnm Eisenberg StV 2020, 656; Diemer in Diemer/Schatz/Sonnen Rn. 22; Grommes in MüKoStPO StPO § 467 Rn. 26). Da eine Einstellung gem. § 47 aber streng genommen nicht im Ermessen des JGerichts liegt, sondern nach dem Verhältnismäßigkeits- und Subsidiaritätsprinzip erfolgen muss, wenn es keiner formellen Strafverfolgung bedarf (→ § 5 Rn. 21 f., → § 45 Rn. 17 f.), ist diese Auffassung zurückzuweisen (einschr. auch Brunner/Dölling Rn. 18). Außerdem steht sie im Widerspruch zu dem in § 74 positivierten Prinzip (→ § 74 Rn. 8 ff.). Ohnehin wird das JGericht durch die obergerichtliche Rspr., der zufolge es über die Zuweisung der Auslagen gem. § 467 Abs. 4 StPO iVm § 2 Abs. 2 zwar nicht anhand einer expliziten oder verdeckten Schuldannahme, sehr wohl aber orientiert am Grad und Gegenstand des Tatverdachts befinden dürfe, mit einer kaum handhabbaren Leitlinie konfrontiert (zur Problematik mwN etwa Gieg in KK-StPO StPO § 467 Rn. 11).

23 **c) Verschiedenes.** Für die Eintragung in das Erziehungsregister (§ 60 Abs. 1 Nr. 6 und 7 BZRG) und für Fragen zu Mitteilungspflichten gelten die Ausführungen zu → § 45 Rn. 60 ff. entsprechend. – Zur Problematik einer Entschädigung bei U-Haft im Ermittlungsverfahren vgl. → § 2 Rn. 61 f. (va mit Blick auf § 6 Abs. 2 StrEG). – Die nach Abs. 1 S. 1 Nr. 3

iVm § 45 Abs. 3 S. 1 angeordneten erzieherischen Maßnahmen dürfen nicht gem. § 31 in eine andere Entscheidung einbezogen werden (n. → § 31 Rn. 6).

2. Beschränkte Rechtskraft

Die Einstellung nach § 47 ist als eine verfahrensbeendende jugendgericht- **24** liche Entscheidung der beschränkten Rechtskraft (**Abs. 3**) fähig. Insoweit entspricht sie dem Beschluss über die Nichteröffnung des Hauptverfahrens, sodass für sie die Grundsätze zu dessen Wirkung (§ 211 StPO) entspr. gelten. Hiernach ist bei Einstellungen gem. Abs. 1 S. 1 Nr. 1–3 nicht etwa die Fortsetzung des eingestellten Verfahrens (→ Rn. 4), sondern allenfalls eine **erneute Anklage**erhebung wegen derselben Tat (iSv § 264 StPO) zulässig, dies aber − selbst bei einer inzwischen als falsch erkannten Auffassung, die der früheren Einstellung zugrunde gelegen hatte (BGHSt 18, 225 = NJW 1963, 1019 zu § 211 StPO) − nur unter engen Voraussetzungen. Selbst wenn von Neuem eine Anklage erhoben und das Hauptverfahren eröffnet worden ist, kann das Verfahren dann aber iÜ wieder nach § 47 eingestellt werden (vgl. auch Dallinger/Lackner Rn. 26 aE).

Für eine neue Anklage müssen erhebliche, zumindest für das JGericht **25** **neue** (BGHSt 7, 64 (66) zu § 211 StPO) **Tatsachen** oder **Beweismittel** vorliegen, die zu einer Änderung der Beurteilung der Tat führen und dadurch deren gegebene bzw. fehlende Einstellungsfähigkeit in einem ande-ren Licht erscheinen lassen (Diemer in Diemer/Schatz/Sonnen Rn. 21; Heiland Wiederaufnahme 84 f., 80 ff., 90). Wenn sich die Nova allein in den für die Entscheidung maßgeblichen spezialpräventiven Aspekten auswirken, reicht dies nicht aus (ebenso Höffler in MüKoStPO Rn. 21). Es kommt vielmehr darauf an, dass eine andere rechtliche Beurteilung der Tat angezeigt ist und die Einstellungsvoraussetzungen deshalb anders bewertet werden müssen. Wegen der besonderen Rechtsfolgenregeln des JStR ist das aber keineswegs bei allen neuen Informationen, die im allg. StR allein für die Strafhöhe bedeutsam wären, der Fall (nur bedingt etwa bei strafschärfenden Regelbeispielen; vgl. erg. auch BayObLGSt 64, 173; Meyer-Goßner/ Schmitt StPO § 153 Rn. 38). Wegen des gebotenen Vertrauensschutzes (Art. 20 Abs. 3 GG) können auch nur solche Tatsachen oder Beweismittel als „neu" gelten, die nicht auch auf der Grundlage des vor der Einstellung bestehenden „Aufklärungspotentials" hätten erlangt werden können (BGHSt 48, 331 = NJW 2004, 375). − Prinzipiell **keine neue Tatsache** iSv Abs. 3 wäre es, wenn der Jugendliche nach ergangenem Einstellungsbeschluss den angeordneten erzieherischen Maßnahmen nicht nachkommt oder sich nach-träglich „schlecht führt". Hier fehlt es jeweils an einem neuen rechtlichen Gesichtspunkt, der die Tatbeurteilung verändern könnte.

Besonderheiten gelten für die Einstellung gem. **Abs. 1 S. 1 Nr. 4,** da es **26** sich hier um ein Surrogat eines Freispruchs (wegen Schuldunfähigkeit) handelt, also anders als bei Nr. 1–3 nicht um ein informelles Vorgehen aus rechtsfolgenorientierten Erwägungen. Eine erneute Anklageerhebung kann dementspr. allein in **engeren,** freispruchsanalogen Grenzen zulässig sein, namentlich nur unter den Voraussetzungen von § 362 Nr. 1–3 StPO iVm § 2 Abs. 2 (zutr. Heiland Wiederaufnahme 99 ff., 104 ff.).

3. Selbstständige Einziehung

27   Die selbstständige Einziehung, die gem. § 76a StGB und § 435 StPO iVm § 2 Abs. 2 ungeachtet der richterlichen Verfahrenseinstellung zulässig ist, wird bei Anordnung von Maßnahmen gem. § 15 Abs. 1 S. 1 Nr. 1 obsolet. Geldförmig vorhandene Tatvorteile können über § 15 Abs. 1 S. 1 Nr. 4 abgeschöpft werden (dazu jeweils → § 45 Rn. 59). Bei den verbleibenden Fällen dürfte die Durchführung eines selbstständigen Einziehungsverfahrens idR **unverhältnismäßig** und daher verzichtbar sein (§ 435 Abs. 1 S. 2 StPO iVm § 2 Abs. 2). Bzgl. vorläufig gesicherter Vermögenswerte (§§ 111b ff. StPO) kann ein (aufwändiges) selbstständiges Einziehungsverfahren vermieden werden, wenn der Jugendliche eine Verzichtserklärung abgibt (teilw. abw. Reitemeier ZJJ 2017, 354 (363 f.)).

VI. Beschwerde

28   Ebenso wie bei den allg. Opportunitätseinstellungen der StPO (dort etwa BGHSt 47, 270 = NJW 2002, 2401) ist auch der jugendgerichtliche Beschluss iSv § 47 grds. **unanfechtbar** (**Abs. 2 S. 4;** für die Einführung einer Beschwerde, falls der Betroffene die Tatbegehung bestreitet, aber bspw. UK III DVJJ-J 1992, 24). Dies betrifft – neben der Kostenentscheidung (dazu § 464 Abs. 3 S. 1 StPO iVm §§ 2 Abs. 2, 47 Abs. 2 S. 3 sowie LG Hamburg NStZ-RR 1996, 217) – aber nur die Entscheidung des JGerichts, die Möglichkeiten zur Durchbrechung des Legalitätsprinzips und zur informellen Erledigung wahrzunehmen. Mit dem Einwand, die wesentlichen prozessrechtlichen Grundlagen hätten gefehlt oder die gesetzlichen **Entscheidungsmöglichkeiten** seien **überschritten** worden, kann die Einstellung mit der Beschwerde durchaus angegriffen werden (zus. Mavany in Löwe/Rosenberg StPO § 153 Rn. 86). Für den Angeklagten und dessen Eltern (§ 67 Abs. 2) besteht diese Möglichkeit bspw. dann, wenn eine Entscheidung nach Abs. 1 S. 1 Nr. 3 mangels eines Geständnisses gar nicht ergehen durfte oder darin eine in § 45 Abs. 3 nicht bezeichnete Maßnahme angeordnet wurde (LG Krefeld NJW 1976, 815; LG Koblenz NJW 1983, 2458; LG Osnabrück StraFo 2015, 301). Die Beschwer ergibt sich hier auch aus § 60 Abs. 1 Nr. 7 bzw. Abs. 2 BZRG.

29   Dem JStA steht darüber hinaus ein Beschwerderecht zu, wenn eine Einstellung ohne seine nach Abs. 2 S. 1 erforderliche **Zustimmung** erfolgte bzw. dieselbe **nicht wirksam** erteilt worden war (BGH NJW 2002, 2401) oder eine andere prozessuale Voraussetzung für die Einstellung fehlte (LG Krefeld NJW 1976, 815; Meyer-Goßner/Schmitt StPO § 153 Rn. 34; Bspe. bei Diemer in Diemer/Schatz/Sonnen Rn. 20). Grds. gilt dies auch dann, wenn das Verfahren trotz Nichtvorliegens der Voraussetzungen von Abs. 1 S. 5 (zB irrtümlich) eingestellt worden war und der Angeklagte auch nicht in schutzwürdiger Weise auf die Haltbarkeit dieser Entscheidung vertrauen durfte (AG Eggenfelden NStZ-RR 2011, 357). Selbst wenn ihm hier bewusst war, dass er die eingeleiteten oder angeordneten Maßnahmen nicht umgesetzt hatte, entsteht nämlich mit voranschreitendem Fortbestand der gleichwohl erfolgten Abschlussentscheidung ein Vertrauensschutztatbestand.

Vorrang der Jugendgerichte

47a [1] Ein Jugendgericht darf sich nach Eröffnung des Hauptverfahrens nicht für unzuständig erklären, weil die Sache vor ein für allgemeine Strafsachen zuständiges Gericht gleicher oder niedrigerer Ordnung gehöre. [2] § 103 Abs. 2 Satz 2, 3 bleibt unberührt.

I. Die Vorschrift gilt in Verfahren gegen **Jugendliche** wie gegen **Heran-** 1 **wachsende** (§ 109 Abs. 1 S. 1), sobald das Hauptverfahren eröffnet worden ist (nicht aber vor oder in dem Eröffnungsbeschluss (vgl. KG StV 1985, 408; LG Hamburg BeckRS 2016, 112925)). Im vereinfachten JVerfahren hat die Vorschrift allerdings keine Bedeutung, weil hier nicht über die Eröffnung des Hauptverfahrens entschieden wird (Schatz in Diemer/Schatz/Sonnen Rn. 1).

II. Die Vorschrift ist durch Art. 3 Nr. 4 des StVÄG 1979 eingefügt 2 worden (vgl. BT-Drs. 8/976, 12). Sie folgt im Verhältnis des JGerichts zum allg. Strafgericht **niedrigerer** Ordnung der bis dahin entspr. geltenden Bestimmung des § 269 StPO. Gegenüber dieser allg. Vorschrift stellt S. 1 für den Verfahrensabschnitt nach Eröffnung des Hauptverfahrens eine regelungsanaloge Spezialnorm für das Verhältnis des JGerichts zu einem Erwachsenengericht niedrigerer Ordnung dar. Eine Verweisung vom JGericht an ein solches allg. Strafgericht scheidet hiernach im Interesse der Prozessökonomie aus.

Im Verhältnis des JGerichts zum allg. Strafgericht gleicher Ordnung hat die 3 Einführung von § 47a – auf der Fiktion des § 209a Nr. 2 StPO aufbauend – eine neue Rechtslage geschaffen (vgl. zur davor hM BGHSt 18, 173 = NJW 1963, 500; Dallinger/Lackner § 33 Rn. 26 mwN). Die Vorschrift übernimmt den **Rechtsgedanken** des **§ 269 StPO** und überträgt ihn auch auf das Verhältnis des JGerichts zum **gleichrangigen** allg. Strafgericht. Grundlage für diese Festlegung ist die Annahme, dass die JGerichte für die Verhandlung von Strafsachen gegen Erwachsene ebenso gut in der Lage sind wie die allg. Strafgerichte (BT-Drs. 8/976, 69). Demgemäß sollen sie im Interesse der zügigen Erledigung von anhängigen Verfahren auch dann zuständig bleiben, wenn sich erst nach Eröffnung des Hauptverfahrens ergibt, dass die Strafsache an sich vor ein Erwachsenengericht gehört hätte – und zwar unabhängig davon, ob dieses zur gleichen oder einer niedrigeren Ordnung zählt (vgl. → §§ 33–33b Rn. 19 sowie BGH StraFo 2004, 103 = BeckRS 2004, 869; OLG Brandenburg BeckRS 2008, 20924; vgl. auch Rieß NJW 1978, 2265 (2267)). Das betrifft idR die verspätete Aufklärung des wahren Tatzeitalters und gilt auch für Fälle, in denen die Problematik erst im **Nachverfahren** iSv § 30 bekannt wird (OLG Hamm NStZ 2011, 527).

Für die Möglichkeiten der Abgabe zwischen JGerichten hat § 47a keine 4 Bedeutung (s. zB → § 39 Rn. 16 f.). Im Verhältnis von JGerichten verschiedener Ordnung ist allerdings § 269 StPO iVm § 2 Abs. 2 zu berücksichtigen. Die Vorlage bzw. Verweisung an ein **allg. Strafgericht höherer Ordnung** wird durch die Vorschrift ebenfalls nicht eingeschränkt (BGH StraFo 2004, 103 = BeckRS 2004, 869; n. → §§ 33–33b Rn. 19).

III. Eine **Verbindung** zusammenhängender oder eine **Trennung** ver- 5 bundener Strafsachen nach Eröffnung des Hauptverfahrens erfolgt grds. nach

Maßgabe von §§ 4 StPO iVm § 2 Abs. 2 (systematisch dazu → § 103 Rn. 25 ff.). Handelt es sich um verbundene Verfahren sowohl gegen Erwachsene als auch Jugendliche und/oder Heranwachsende (§ 103 Abs. 1 und 2 S. 1, § 112 S. 1), kommen indes die spezielleren Regelungen in § 103 Abs. 1 und 3 (iVm § 112 S. 1) zum Tragen. Die Entscheidung über die Verbindung oder Trennung trifft hier regelmäßig das JGericht, auch wenn die beteiligten Gerichte der gleichen Ordnung angehören (vgl. §§ 4 Abs. 2 S. 1, 209a Nr. 2a StPO). Trennt das JGericht nach Eröffnung des Hauptverfahrens die verbundenen Strafsachen gegen Jugendliche (bzw. Heranwachsende) und Erwachsene, so bleibt es für das (selbstständig gewordene) Verfahren gegen die erwachsenen Angeklagten zuständig, da wegen S. 1 eine Abgabe an das für allg. Strafsachen zuständige Gericht nicht in Betracht kommt (BGHSt 30, 260 = NJW 1982, 454; BayObLGSt 1980, 46). Für die Zeit nach Abschluss des Zwischenverfahrens stellt § 47a nämlich eine ggü. § 103 Abs. 3 speziellere Vorschrift dar (vgl. auch → § 103 Rn. 19 ff.). Eine Abgabe an das allg. Strafgericht wird durch S. 1 auch dort gehindert, wo in verbundenen Verfahren nur die Strafsache gegen die Erwachsenen übrig bleibt, weil beim Jugendlichen bereits **Rechtskraft** eingetreten ist (Brunner/Dölling Rn. 6). Im Revisionsverfahren (dh bei der Zurückverweisung durch das Revisionsgericht) kommt die Vorschrift dann allerdings nicht mehr zum Tragen (→ § 103 Rn. 22; s. auch Schatz in Diemer/Schatz/Sonnen Rn. 9).

6   **Besonderheiten** gelten indes in den Konstellationen von **§ 103 Abs. 2 S. 2 und 3.** Dies betrifft verbundene Verfahren sowohl gegen Erwachsene als auch Jugendliche und/oder Heranwachsende, in denen der Strafsache gegen die Erwachsenen solche Tatvorwürfe zugrunde liegen, durch die die Zuständigkeit der Wirtschafts- oder der Staatsschutzstrafkammer (§§ 74c, 74a GVG), nicht aber die vorrangige Zuständigkeit des Schwurgerichts gegeben ist (§ 74e GVG). Hierfür stellt **S. 2** klar (BT-Drs. 8/976, 69 aE), dass anstelle von S. 1 allein die sich aus § 103 Abs. 2 ergebenden Sonderregelungen heranzuziehen sind (zu diesen Regelungen im Einzelnen → § 103 Rn. 13 ff.; speziell zur jugendgerichtlichen Vorlage an diese Spezialkammern → § 103 Rn. 16).

7   **IV.** Erwächst aus S. 1 die Zuständigkeit des JGerichts für die Strafsache gegen einen Erwachsenen (→ Rn. 2 f. und 5), kommt die Revision naturgemäß nicht in Betracht (Brunner/Dölling Rn. 2). Verweist ein JGericht dagegen nach Eröffnung des Hauptverfahrens, abgesehen vom Fall des S. 2, unter **Verstoß gegen S. 1** an ein Erwachsenengericht, so hat dies keine Bindungswirkung (OLG Koblenz v. 24.9.1982 – 1 Ss 441/82 (juris)). Bei einer solchen unzulässigen Verweisung an ein allg. Strafgericht **niedrigerer Ordnung,** bedarf es für die Revision gegen dessen Urteil nicht der Unzuständigkeitsrüge nach § 338 Nr. 4 StPO iVm § 2 Abs. 2. Es liegt vielmehr ein Verfahrenshindernis vor, das gem. § 6 StPO von Amts wegen in jeder Lage des Verfahrens zu berücksichtigen ist (vgl. → §§ 33–33b Rn. 20; abw. Schatz in Diemer/Schatz/Sonnen Rn. 11). Anders verhält es sich bei einer Verweisung, die unter Verstoß gegen S. 1 an ein **gleichrangiges** allg. Strafgericht erfolgt. Gegen dessen Urteil ist – legt man die hM zugrunde, wonach JGerichte in einem besonderen sachlichen Geschäftskreis tätig sind (→ §§ 33–33b Rn. 6 ff.) – die Erhebung einer zulässigen Revisionsrüge nach § 338 Nr. 4 StPO iVm § 2 Abs. 2 erforderlich (→ §§ 33–33b Rn. 21 f.). Die Vorrangsfiktion in § 209a Nr. 2 StPO ist für diese Frage ohne Bedeutung.

Nichtöffentlichkeit

48 (1) **Die Verhandlung vor dem erkennenden Gericht einschließlich der Verkündung der Entscheidungen ist nicht öffentlich.**

(2) [1]**Neben den am Verfahren Beteiligten ist dem Verletzten, seinem Erziehungsberechtigten und seinem gesetzlichen Vertreter und, falls der Angeklagte der Aufsicht und Leitung eines Bewährungshelfers oder der Betreuung und Aufsicht eines Betreuungshelfers untersteht oder für ihn ein Erziehungsbeistand bestellt ist, dem Helfer und dem Erziehungsbeistand die Anwesenheit gestattet. [2]Das gleiche gilt in den Fällen, in denen dem Jugendlichen Hilfe zur Erziehung in einem Heim oder einer vergleichbaren Einrichtung gewährt wird, für den Leiter der Einrichtung. [3]Andere Personen kann der Vorsitzende aus besonderen Gründen, namentlich zu Ausbildungszwecken, zulassen.**

(3) [1]**Sind in dem Verfahren auch Heranwachsende oder Erwachsene angeklagt, so ist die Verhandlung öffentlich. [2]Die Öffentlichkeit kann ausgeschlossen werden, wenn dies im Interesse der Erziehung jugendlicher Angeklagter geboten ist.**

Übersicht

I. Anwendungsbereich

1. Alter des Angeklagten

1   **a) Jugendliche und Heranwachsende.** Die Vorschrift gilt in Verfahren gegen Jugendliche vor den JGerichten. Nach Ermessen des Richters ist sie gem. § 104 Abs. 2 auch vor den allg. Strafgerichten anwendbar (allgA). Richtet sich ein dort laufendes Verfahren sowohl gegen jugendliche wie auch gegen ältere Angeklagte, kann die Öffentlichkeit nach Abs. 3 S. 2 ausgeschlossen werden (§ 104 Abs. 1 Nr. 4a). In Verfahren gegen Heranwachsende hat § 48, wie aus der fehlenden Einbeziehung in § 109 Abs. 1 und 2 folgt, dagegen keine Bedeutung. Allerdings kann die Öffentlichkeit im Interesse des Heranwachsenden durch Ermessensentscheidung ausgeschlossen werden (§ 109 Abs. 1 S. 5). Vor den allg. Strafgerichten besteht iErg dieselbe Option (n. zum Ganzen → Rn. 15 f.).

2   Angesichts dieser Regelungsunterschiede ist die Frage, ob nach den Vorgaben für Jugendliche oder Heranwachsende zu verfahren ist, nicht selten von Belang. Hierbei kommt es auf das **Tatzeitalter** des Angeklagten an. Deshalb ist auch bei einer HV, die wegen lange zurück liegender Jugendstraftaten durchgeführt wird, Abs. 1 einschlägig – obwohl die jugendspezifische Normfunktion (→ Rn. 8 ff.) wegen des zwischenzeitlich erreichten Angeklagtenalters (vgl. etwa OLG Hamburg NStZ 2020, 694: 93jähriger Angeklagter) entfallen sein kann (rechtspolitisch krit. daher Streng FS Wolter, 2013, 1235 (1242); Höffler in MüKoStPO Rn. 29).

3   Wurden mehrere angeklagte Delikte teilw. in der Altersstufe des Jugendlichen und teilw. in der des Heranwachsenden begangen, ist Abs. 1 für die HV anwendbar (BGHSt 22, 21 = NJW 1968, 457; BGHSt 23, 176 (178) = NJW 523 (524); Brunner/Dölling Rn. 12). Hierfür kommt es nicht darauf an, dass das Schwergewicht des Verfahrens bei der Tat liegt, die im Jugendalter begangen wurde (BGHSt 22, 21 (25) = NJW 1968, 457 (458): eine entspr. Anwendung von § 32 scheidet aus). Wird die prozessuale **Verbindung** der verschiedenen Taten indes ohne bestehenden sachlichen Zusammenhang vorgenommen, nur um einheitlich nach Abs. 1 verfahren zu können, soll dies rechtsmissbräuchlich sein (so jedenfalls (ohne Benennung von Konsequenzen) die Ansicht von Pielow, Öffentliches Strafverfahren – Öffentliches Strafen, 2018, 63 (zw.)). Im Übrigen bleibt Abs. 1 bei altersmäßig unterschiedlich einzuordnenden Vorwürfen gegen einen Angeklagten auch noch **nach Teileinstellung** hinsichtlich der Jugendtat/-en verbindlich (BGHSt 44, 43 = NJW 1998, 2066 mablAnm Wölfl JR 1999, 172; Schatz in Diemer/Schatz/Sonnen Rn. 6). Die hiervon abw. Ansicht (unter Hinweis auf Art. 6 Abs. 1 EMRK va Streng JugendStrafR Rn. 212 f.; Streng FS Wolter, 2013, 1240 f.; Höffler in MüKoStPO Rn. 9) berücksichtigt nicht hinreichend, dass die Einstellung zurückgenommen werden könnte und der Schutz vor der Öffentlichkeit dann nicht zwischenzeitlich entfallen sein darf (vgl. ferner → § 109 Rn. 56 f.).

4   **b) Mehrere Angeklagte verschiedenen Alters.** Sofern das Verfahren nicht nur gegen (einen/mehrere) Jugendliche/-n geführt wird, sondern daneben auch gegen Heranwachsende oder Erwachsene (bzw. trotz der Formulierung „oder" in Abs. 3 S. 1 neben dem/den Jugendlichen gegen

Heranwachsende wie auch Erwachsene), ist die Vorschrift zwar grds. anwendbar, nicht aber Abs. 1. Stattdessen kommt **Abs.** 3 zum Tragen (zu den Einzelheiten → Rn. 15 ff.).

Fällt in den zunächst verbunden gewesenen Verfahren jedoch der Teil 5 **weg,** der gegen den/die Jugendlichen gerichtet war (zB nach Abtrennung oder Einstellung gem. § 47 oder rechtskräftigem Urteil), hat § 48 überhaupt keine Bedeutung mehr. Soweit dann noch weiter gegen einen oder mehrere Heranwachsende/-n verhandelt wird, gelten hierfür allein die in → Rn. 15 f. erörterten Regeln. In der HV eines ausschließlich gegen **Erwachsene** fortgeführten Verfahrens gilt § 48 ebenfalls nicht, auch nicht vor dem JGericht (BGH MDR 1955, 246 = BeckRS 1955, 31193027 betr. Jugendschutzsachen). Vielmehr ist hier nach Maßgabe der §§ 169 ff. GVG öffentlich zu verhandeln. Ebenso verhält es sich iÜ, wenn der Beschuldigte (versehentlich) als Jugendlicher angeklagt wird, bei Tatbegehung aber bereits erwachsen war (OLG Hamm NStZ 2011, 527 (528 f.)).

2. Geltung für alle Rechtszüge

Die Vorschrift gilt für die HV aller Rechtszüge. Dies entspricht der seit 6 langem hM (vgl. RG 59, 374 (375); Kümmerlein RJGG § 32 Anm. 1; Peters RJGG § 32 Anm. 2; s. auch Dallinger/Lackner Rn. 4; vgl. erg. Francke, Kommentar zum JGG v. 16.2.1923, 2. Aufl. 1926, Anm. I zu § 23 JGG 1923). Erkennendes Gericht iSv Abs. 1 ist also – obgleich es sich nicht um ein JGericht handelt (→ §§ 33–33b Rn. 2) – auch das Revisionsgericht (BGH BeckRS 2004, 2479; Wickern in Löwe/Rosenberg GVG § 169 Rn. 1; Schady in NK-JGG Rn. 6; aA Meyer-Goßner/Schmitt GVG § 169 Rn. 2; ferner Schatz in Diemer/Schatz/Sonnen Rn. 3; Höffler in MüKoStPO Rn. 10: Nichtöffentlichkeit hier nur iRv § 104 Abs. 2). Daran ändert sich nichts, wenn der Angeklagte im Verlauf des Verfahrens inzwischen das 18. oder gar das 21. Lbj. überschritten haben sollte. Maßgeblich bleibt für alle Instanzen das Tatzeitalter (Brunner/Dölling Rn. 12).

3. Ordnungswidrigkeitenverfahren

In Verfahren wegen Ordnungswidrigkeiten gegen Jugendliche bzw. He- 7 ranwachsende gelten § 48 bzw. § 109 Abs. 1 S. 5 gem. § 46 Abs. 1 OWiG sinngemäß (vgl. auch Seitz/Bauer in Göhler OWiG § 71 Rn. 61).

II. Funktion der Vorschrift

Die Öffentlichkeit der HV im allg. StVR soll den Informationsbedürfnissen 8 der Allgemeinheit und den Erfordernissen der Justizkontrolle Rechnung tragen (vgl. zB BVerfGE 133, 168 (218) = NJW 2013, 1058 (1066); Wickern in Löwe/Rosenberg GVG Vor § 169 Rn. 2 ff.; Pielow, Öffentliches Strafverfahren – Öffentliches Strafen, 2018, 35 ff.; Gierhake JZ 2013, 1030). Dass sie in der HV gegen Jugendliche gleichwohl ausgeschlossen ist (eingehend zur historischen Entwicklung Gerbig Öffentlichkeit 7 ff.), beruht auf kollidierenden und **vorrangigen** Gründen, insbes. auf **entwicklungspsychologischen** und **jugendpädagogischen** Erwägungen, die einen deutlich geringeren Publizitätsgrad als im allg. StVerf erforderlich machen (OLG Hamburg

BeckRS 2011, 8057; OLG Saarbrücken NJW-R 2019, 296 (300); einschr. aber Scholz ZJJ 2012, 190 (194); deplatzierte Kritik bei Hinz ZRP 2005, 192 (195)). Dieser Vorrang wird – auch mit Blick auf Art. 6 Abs. 1 EMRK – vom EGMR ausdrücklich anerkannt (NJW 2013, 521 (522)).

9   Die Nichtöffentlichkeit stellt nämlich eine wesentliche **Bedingung der altersgerechten Prozessgestaltung** dar, mit der verhindert werden soll, dass es durch die Anwesenheit unbeteiligter Beobachter zur Einschüchterung und Verlegenheit oder einer anderweitigen Gehemmtheit beim jugendlichen Angeklagten kommt. Denn solche unerwünschten atmosphärischen Störungen stehen einer möglichst barrierefreien Kommunikation im Wege. Auf die Möglichkeit zu einem solchen ungehinderten Austausch kommt es aber an, weil dies dem Angeklagten die beste Gelegenheit zu einem **uneingeschränkten rechtlichen Gehör** (dh zur unbefangenen Wiedergabe seiner eigenen vorwurfsbezogenen Sichtweise) gibt. Berücksichtigt man, dass die Gerichtsinteraktion ohnehin immer in zwangskommunikativer Weise beeinträchtigt ist (n. → § 50 Rn. 10 ff.), besteht jeder Anlass, nicht noch zusätzlich erschwerende Publikumseffekte hinzutreten zu lassen.

10   Unbedingt erforderlich ist der Ausschluss von Öffentlichkeit auch, um den Schutz der Privatsphäre zur Förderung der Integration (Art. 14 RL 800/ 2016 mit Erwgr. 56) zu gewährleisten. Es sollen also Bloßstellungen, Beschämungen und damit verbundene **stigmatisierende Folgen,** die über die HV hinausreichen können, vermieden werden. Bei Publizität der Verhandlungen, bei der eine Beschränkung auf „unproblematische" Beobachter nicht sichergestellt werden kann, sind Effekte im Sinne einer negativen Verstärkung zu befürchten – sowohl in Form ungünstiger Selbstbildentwicklungen als auch durch anhaltende abträgliche Reaktionen im sozialen Umfeld des Jugendlichen. Die potenziell kriminogenen Interventionswirkungen, die vom JStV ohnehin oftmals ausgehen (→ Einl. Rn. 8, → § 5 Rn. 67 f.), würden durch eine öffentliche HV also verstärkt (statt vieler etwa OLG Hamburg BeckRS 2011, 8057; Schatz in Diemer/Schatz/Sonnen Rn. 2; in diese Richtung bereits Francke, Kommentar zum JGG v. 16.2.1923, 2. Aufl. 1926, Anm. I zu § 23 JGG 1923; Peters RJGG § 32 Anm. 1).

11   Eine begrüßenswerte Nebenwirkung von Abs. 1 liegt iU darin, das JGericht vom etwaigen punitiven Erwartungsdruck der anwesenden Öffentlichkeit zu entlasten (Streng JugendStrafR Rn. 210). Unabhängig davon wird die Regelung seit jeher auch auf Erfordernisse der **Wahrheitsermittlung** zurückgeführt. Dabei geht es nicht in erster Linie um eine möglichst weitgehende Aufklärung des angeklagten Tatgeschehens, sondern darum, dem Gericht den für die richtige Rechtsfolgenwahl erforderlichen Eindruck vom Jugendlichen zu verschaffen (vgl. dazu bereits den „Entwurf eines Gesetzes über das Verfahren gegen Jugendliche" (Deutscher Reichstag, 13. Legislaturperiode, I. Session 1912, Drs. Nr. 576, 21: „Einen befangenen Angeklagten schüchtert sie derart ein, dass das Gericht nicht in die Lage kommt, sich über seine sittliche und geistige Reife ein zutreffendes Bild zu machen." (zitiert nach Hellwig JGG § 23 Anm. 1))). Allerdings muss der hier mitschwingenden Vorstellung, dass eine HV jemals als diagnostisches Setting fungieren und ein Angeklagter anhand seines dortigen Verhaltens von Justizjuristen überhaupt angemessen eingeschätzt werden kann, mit Zurückhaltung begegnet werden. Deshalb trägt der aufklärungsförderliche Aspekt der Nichtöffentlichkeit zu deren Legitimierung nur beiläufig bei (krit. auch Pelster MschrKrim 2007, 420 (426 f.)).

III. Regelungswirkung und normsystematische Zusammenhänge

1. Nichtöffentlichkeit der Hauptverhandlung bei Jugendlichen

a) Vorrangigkeit gegenüber den Regelungen des GVG. Die Haupt- **12** verhandlung bei jugendlichen Angeklagten erfolgt – von Gesetzes wegen und ohne dass es eines entspr. Beschlusses bedürfte – **immer nichtöffentlich.** Mit dieser Festlegung stellt Abs. 1 im Verhältnis zu den allg. Öffentlichkeitsvorschriften eine **Spezialregelung** dar (BVerfG AfP 2009, 581 = BeckRS 2009, 27650; dazu eingehend Gerbig Öffentlichkeit 161 ff.). Normsystematisch ebenso vorrangig sind die darauf aufbauenden Vorgaben zur Anwesenheitsberechtigung und zur Zulassung anderer Personen in Abs. 2. Gem. § 2 Abs. 2 hat dies die Unanwendbarkeit der allg. Vorschriften zum Öffentlichkeitsausschluss und zur Anwesenheitszulassung zur Folge. Dies gilt jedenfalls, soweit diese Normen (§§ 169 ff. GVG) von Abs. 1 und 2 abweichen oder sachlich gegenstandslos gemacht werden.

Nach diesen Kriterien ist § 175 Abs. 1 und 3 GVG anwendbar, wohin- **13** gegen § 175 Abs. 2 S. 1 und S. 2 GVG durch die spezielleren Vorschriften in Abs. 2 S. 3 (Zulassung durch Vorsitzenden) bzw. Abs. 2 S. 1 (Anwesenheitsberechtigung des Verletzten) verdrängt wird. Auch für §§ 169, 173 GVG ist im JStV kein Raum. Die Ausschlussgründe gem. **§§ 171a–172 GVG** haben wegen Abs. 1 kaum einen Anwendungsbereich. Sie ermöglichen es allerdings, den nach Abs. 2 S. 1 anwesenheitsberechtigten Personen – soweit keine Sondervorschriften bestehen (vgl. § 51) und es sich nicht um die Prozessbeteiligten handelt – das Recht auf Anwesenheit zu entziehen (Schatz in Diemer/Schatz/Sonnen Rn. 16; Schaal/Eisenberg NStZ 1988, 49 (53); vgl. bereits Dallinger/Lackner Rn. 13; Grethlein Anm. 4a). Außerdem sind die dort aufgegriffenen Sachverhalte bei der Entscheidung, ob eine Zulassung nach Abs. 2 S. 3 erfolgen soll, als mögliche Gegengründe zu berücksichtigen.

b) Reichweite der Nichtöffentlichkeit. Nach Abs. 1 erstreckt sich die **14** Nichtöffentlichkeit auf die **gesamte HV.** Anders als bei einem Ausschluss nach allg. StVR (vgl. § 173 Abs. 1 GVG) betrifft dies stets auch die **Verkündung** des Urteils bzw. der abschließenden Entscheidung. Insbes. das Anliegen der Stigmatisierungsminderung (→ Rn. 10) spricht allerdings dafür, schon bei der **Vorbereitung** der HV einer jugendgemäßen – dh hier: diskreten oder gesteigert dezenten – Vorgehensweise den Vorzug zu geben (ebenso Schatz in Diemer/Schatz/Sonnen Rn. 12 f.). So ist eine öffentliche Ladung zur HV unzulässig (vgl. n. → § 2 Rn. 46). Es muss darauf verzichtet werden, vor dem Sitzungssaal einen Terminzettel mit dem Namen des Jugendlichen und der vorgeworfenen Tat anzubringen. Bei Zeugenladungen wie im Schriftverkehr des Gerichts mit Behörden sollte nach Möglichkeit auf die Angabe der vorgeworfenen Tat verzichtet werden (vgl. auch Nr. 4a und Nr. 64 Abs. 1 S. 2 RiStBV; Schady in NK-JGG Rn. 6).

2. Öffentlichkeitsausschluss bei älteren (Mit-)Angeklagten

15   **a) Voraussetzungen und Konstellationen.** Bei mehreren Angeklagten **verschiedenen,** dh sowohl jugendlichen wie auch heranwachsenden und/ oder erwachsenen **Alters,** ist die HV vor dem JGericht nach **Abs. 3 S. 1 grds. öffentlich** (für Streichung DVJJ-Kommission DVJJ-J 2002, 243). Allerdings kann die Öffentlichkeit unter der Voraussetzung, dass entspr. spezialpräventive Gründe hinsichtlich des Jugendlichen bestehen, ausgeschlossen werden **(Abs. 3 S. 2).** Dies ist stets **von Amts wegen** zu prüfen. Das JGericht muss hierfür untersuchen, inwiefern die in → Rn. 8 ff. genannten Gesichtspunkte bei der fraglichen Person zum Tragen kommen und dadurch eine Einschränkung der Öffentlichkeit rechtfertigen. Das Anliegen, bei jungen Angeklagten eine zukunftsorientierte Verfahrensgestaltung sicherzustellen, hat dabei regelmäßig größeres Gewicht als die gegenläufigen Interessen. Den bisweilen erhobenen Forderungen, die Ausschlussoption umgekehrt restriktiv zu handhaben (etwa Kröber FPPK 2008, 207 (208)), liegt die Neigung zugrunde, der Verfahrensöffentlichkeit eine idealisierte und daher überhöhte gesellschaftliche Bedeutung beizumessen (n. Kölbel JZ 2018, 877 (878)). Deren Priorisierung ist mit Blick auf § 2 Abs. 1 im JStR aber nicht haltbar. – Unabhängig hiervon kann ein Ausschluss iÜ auch nach den allg. Vorschriften erfolgen. Die **§§ 171a ff. GVG** knüpfen an andere Gründe als Abs. 3 S. 2 an und sind deshalb nach § 2 Abs. 2 anwendbar.

16   In **jugendgerichtlichen** Verfahren gegen **Heranwachsende** (dh gegen diese allein oder gemeinsam mit älteren Angeklagten) gilt § 48 nicht (→ Rn. 1). Deshalb ist die HV hier öffentlich (§ 169 GVG). Ebenso wie in den eben erörterten Konstellationen iSv Abs. 3 kann jedoch ein Ausschluss sowohl nach den allg. Vorschriften (§§ 171a ff. GVG iVm § 2 Abs. 2) als auch im Interesse des heranwachsenden Angeklagten erfolgen (§ 109 Abs. 1 S. 5). Für die Aufhebung der Verfahrensöffentlichkeit auf Basis dieser zusätzlichen Rechtsgrundlage gelten die Erwägungen aus → Rn. 15 entspr. (n. auch → § 109 Rn. 52 ff.). – Ganz ähnlich verhält es sich schließlich vor dem **allg. Strafgericht,** das bei Heranwachsenden grds. öffentlich verhandelt. Wie bei Jugendlichen (für diese s. → Rn. 1) kann indes Abs. 1 angewandt (§§ 112 S. 1 104 Abs. 2) und in verbundenen Verfahren, in denen auch Erwachsene angeklagt sind, die Öffentlichkeit nach Abs. 3 S. 2 ausgeschlossen werden (§§ 112 S. 1, 104 Abs. 1 Nr. 4a). Für die entspr. Ermessensausübung ist (nach dem Gedanken des § 109 Abs. 1 S. 5) abermals maßgeblich, ob das Interesse des Heranwachsenden die Nichtöffentlichkeit gebietet.

17   **b) Einzelheiten.** Soweit das Gericht auf der Grundlage von Abs. 3 S. 2 oder § 104 Abs. 2 oder § 109 Abs. 1 S. 5 eine entspr. Ermessensentscheidung trifft und die Öffentlichkeit im Interesse des jugendlichen der heranwachsenden Angeklagten ausschließt (→ Rn. 1 und 15 f.), kann dies auch nur für einen **Teil der HV** erfolgen (§ 172 GVG iVm § 2 Abs. 2). Wird eine solche Beschränkung nicht vorgenommen, bezieht sich der Ausschluss der Öffentlichkeit auf die gesamte Verhandlung einschl. der **Urteilsverkündung** (BGHSt 42, 294 = NJW 1997, 471 mablAnm Eisenberg NStZ 1998, 53; OLG Oldenburg NJW 1959, 1506; OLG Düsseldorf NJW 1961, 1547; Brunner/Dölling Rn. 25; Schatz in Diemer/Schatz/Sonnen Rn. 11; Verrel/Linke in HK-JGG § 109 Rn. 7; abw. → 22. Aufl. Rn. 22; Pielow, Öffentliches Strafverfahren – Öffentliches Strafen, 2018, 64). Durch einen Ausschluss, der sich auf die gesamte HV erstreckt, wird eine mit Abs. 1 vergleichbare Situation hergestellt. Deshalb ist in all diesen Konstellationen auch **Abs. 2 entspr.** anwendbar (Dallinger/Lackner § 109 Rn. 4 und 34).

Der Ausschluss erfolgt nach den bei §§ 171a ff. GVG iVm § 2 Abs. 2 **18** direkt anwendbaren und bei Abs. 3 S. 2, § 104 Abs. 2, § 109 Abs. 1 S. 5 entspr. heranzuziehenden Maßgaben von § 174 Abs. 1 S. 2 und 3 GVG in Form eines **zu begründenden Beschlusses** des JGerichts (OLG Hamm StraFo 2000, 195 = BeckRS 2000, 30100623, vgl. zu den Anforderungen an die Begründung BGHSt 27, 117 = NJW 1977, 964; BGHSt 27, 187 = NJW 1977, 1643). Eine formlose, aber verbindlich wirkende Aufforderung, den Raum zu verlassen, kommt einem Ausschluss iSv Abs. 3 S. 2 gleich, ohne aber die formellen Anforderungen zu wahren (OLG Braunschweig StV 1994, 474 = BeckRS 1994, 31160927). Über den Beschluss wird (unter dem Vorbehalt von § 174 Abs. 1 S. 1 StPO iVm § 2 Abs. 2) öffentlich verhandelt; den Beteiligten ist Gelegenheit zur Äußerung zu geben (Johann to Settel/Putzke in BeckOK JGG Rn. 19). Wurde der ausschließende Beschluss verkündet, können anschließende Gegenvorstellungen hingegen nichtöffentlich behandelt werden, denn das Verfahren läuft dann insges. nichtöffentlich ab (BGH NStZ 2015, 230).

IV. Zulässige Anwesenheit bei Nichtöffentlichkeit

1. Anwesenheitsberechtigte gem. Abs. 2 S. 1 und 2

a) Beteiligte des Verfahrens. Soweit ein Recht auf Anwesenheit be **19** steht, darf diese **nicht verhindert** oder mit **wesentlichen Hindernissen versehen** werden. Aus diesem Grund – und nicht nur wegen der Religionsfreiheit und des Persönlichkeitsrechts (hierzu Mitsch KriPoZ 2020, 99 (101 f.)) – ist bspw. das Verhüllungsverbot (**§ 176 Abs. 1 S. 1 GVG** iVm § 2 Abs. 2) auf die Phasen zu beschränken, in denen es prozessual notwendig ist (Identitätsfeststellung; Zeugenaussage). Das betrifft alle Berechtigten iSv Abs. 2 (speziell zu den Eltern auch → § 51 Rn. 16). Hinsichtlich ihres Kreises gibt Abs. 2 S. 1 zunächst einen klarstellenden Hinweis auf das Anwesenheitsrecht der Verfahrensbeteiligten, das sich regelmäßig aus besonderen gesetzlichen Vorschriften ergibt (vgl. § 226 Abs. 1 StPO iVm § 2 Abs. 2). Hierzu zählen auch der Verteidiger (§§ 218, 227 StPO iVm § 2 Abs. 2) und der Beistand (§ 69) sowie in den Fällen des § 80 Abs. 3 der Nebenkläger und dessen Beistand (§ 397 Abs. 1 und 2 StPO iVm § 2 Abs. 2). Von der (selbstverständlichen) Anwesenheit des **Angeklagten** in der HV kann nur unter engen Voraussetzungen ganz oder teilw. abgesehen werden (vgl. n. → § 50 Rn. 21 ff., → § 51 Rn. 4 ff.).

Dagegen haben **Zeugen**, deren Anwesenheitspflicht nach Maßgabe von **20** §§ 48 Abs. 1, 51 StPO iVm § 2 Abs. 2 besteht, **kein** Anwesenheitsrecht. Ihre Anwesenheit kann allenfalls – nach Beendigung ihrer Verfahrensbeteiligung durch ihre Entlassung – iRv Abs. 2 S. 3 gestattet werden (allgA), nicht aber vorher (§§ 58 Abs. 1, 243 Abs. 2 StPO iVm § 2 Abs. 2). Bei den meisten Personen mit einem Anwesenheitsrecht iSv Abs. 2 geht dieses allerdings, auch wenn sie als Zeuge in Betracht kommen, ohnehin idR vor. Das ergibt sich aus ihrer Funktion (n. Frister in SK-StPO StPO § 243

Rn. 18 ff.; Becker in Löwe/Rosenberg StPO § 243 Rn. 23) oder von Gesetzes wegen (§§ 397 Abs. 1 S. 2, 406h Abs. 1 S. 2 StPO). Soweit sie die
HV dagegen verlassen müssen und ihr Anwesenheitsrecht erst nach Abschluss
ihrer Vernehmung ausüben können, wird ihr Anspruch auf Anwesenheit
verletzt, wenn sie ohne sachlich zwingenden Grund erst zum Schluss der
Beweisaufnahme vernommen würden (BGHSt 4, 205 (206 f.) = NJW 1953,
1233).

21 **b) Sonstige Anwesenheitsberechtigte.** Zu den Anwesenheitsberechtigten (vgl. auch die Zusammenstellung bei Gerbig Öffentlichkeit 185 ff.)
gehören neben dem Vertreter der **JGH** (§§ 38 Abs. 4, 50 Abs. 3) einige
Personen, die prinzipiell dem **Kreis des Angeklagten** zuzuordnen sind.
Nach Abs. 2 S. 1 betrifft dies die ggf. bestellten Unterstützungspersonen
(Erziehungsbeistand, Bewährungs- oder Betreuungshelfer) und nach Abs. 2
S. 2 den Leiter einer stationären Einrichtung der JHilfe, in der der Angeklagte uU untergebracht ist (bzw. vertretungsweise den dortigen Betreuer).
Ohnehin anwesenheitsberechtigt sind die Erziehungsberechtigten und gesetzlichen Vertreter (was indirekt in §§ 50 Abs. 2, 51 Abs. 2, 67 Abs. 1 und
5 geregelt ist) sowie die ggf. erforderliche geeignete erwachsene Person (§ 51
Abs. 6) und der ggf. vorhandene Pfleger (§ 67 Abs. 4 S. 3).

22 Von Gesetzes wegen anwesenheitsberechtigt sind nach Abs. 2 S. 1 ferner
der (mutmaßliche) **Verletzte** sowie dessen Erziehungsberechtigter und gesetzlicher Vertreter. Durch den Normtext („seinem" Erziehungsberechtigter)
wird angezeigt, das mit dem „Verletzten" allein die in § 373b Abs. 1 StPO
genannten Personen gemeint sind (unklar BT-Drs. 19/27654, 105). Dabei
kann es durchaus um (mutmaßlich) verletzte Kinder gehen (BT-Drs. 16/
3038, 59; vgl. auch Ell ZfJ 1992, 189 (192 f.)). **Nicht** eingeschlossen ist der
Personenkreis iSv **§ 373b Abs. 2 StPO,** da die hier zugehörigen Eltern
sonst in Abs. 2 S. 1 nicht erwähnt werden müssten. Trotz dieser Begrenzung
ist diese Festlegung nicht unproblematisch. Sie kann dazu führen, dass die
von Abs. 1 angestrebte Unbefangenheit des Angeklagten (→ Rn. 9) unterlaufen wird (etwa bei Näheverhältnissen oder emotional aufgeladenen Beziehungen) und/oder die Zuverlässigkeit der verschiedenen Einlassungen bzw.
Aussagen leidet (etwa bei unklarer Täter-/Opferrollen-Verteilung oder sozialer Macht des Anwesenheitsberechtigten).

23 Für den Zeitraum, in dem der Verletzte als Zeuge gehört wird, kann er
aus Verfassungsgründen (BVerfGE 38, 105 = NJW 1975, 1039) seinen Beistand mitbringen (Brunner/Dölling § 48 Rn. 16). Ansonsten besteht aber
kein Anwesenheitsrecht für den **Verletztenbeistand** iSv § 406h Abs. 1
StPO (s. dazu auch → § 80 Rn. 14), den **Psychosozialen Begleiter** iSv
§ 406g Abs. 1 StPO (s. auch → § 2 Rn. 55) und den anwaltlichen oder
anderweitigen Beistand iSv § 406f StPO (teilw. ebenso KG NStZ-RR 2007,
28; Schatz in Diemer/Schatz/Sonnen Rn. 21; Höffler in MüKoStPO
Rn. 15; Schaal/Eisenberg NStZ 1988, 49 (52); aA etwa Brunner/Dölling
§ 48 Rn. 17 f.; Zapf, Opferschutz und Erziehungsgedanke im Jugendstrafverfahren, 2012, 84 ff., 98 ff. mwN). Dies ergibt sich aus deren Nichtaufnahme in die Aufzählung von Abs. 2 S. 1, die als Spezialnorm iSv § 2 Abs. 2
gegenüber den §§ 406 ff. StPO eine **Sperrwirkung** entwickelt. Anders als
bei den Berechtigten iSv → Rn. 20, die nicht in Abs. 2 aufgeführt sind,
ergibt sich der Anwesenheitsanspruch hier auch nicht aus Sondernormen im
JGG. Falls der Angeklagte über einen Verteidiger verfügt (s. dazu auch § 140

Abs. 1 Nr. 9 StPO), können Belange des Verletzten- und Zeugenschutzes allerdings einen besonderen sachlichen Grund für eine Zulassung des Beistands bzw. Begleiters gem. Abs. 2 S. 3 darstellen (vgl. → Rn. 23 f.).

2. Zulassung wegen besonderer sachlicher Gründe (Abs. 2 S. 3)

a) Entscheidungsgesichtspunkte. Nach Abs. 2 S. 3 kann der Vorsitzen- **24** de nach **pflichtgemäßem Ermessen** sonstigen Personen bei Vorliegen eines besonderen sachlichen Grundes (widerruflich) die Anwesenheit gestatten. Als gesetzliches Bsp. ist der Ausbildungszweck benannt, der bei Personen im juristischen Studium und Referendaren sowie bei Personen in der Ausbildung bei der Polizei oder für soziale Dienste in Betracht kommen kann. Besondere Gründe können aber auch die Zulassung von **weiteren erwachsenen** Angehörigen des Angeklagten oder Verletzten bzw. von deren Vertrauenspersonen rechtfertigen. Möglich ist dies ferner bei Vertretern von Jugendverbänden oder Forschungsinstituten bzw. Fachzeitschriften (BGH BeckRS 2021, 35333). Maßgeblich ist stets ein **angehobenes Teilnahmeinteresse**, das über das normale Informationsbedürfnis deutlich („besonders") hinausgeht.

Dieses Interesse muss stets in ein Verhältnis zu den in → Rn. 8 ff. genann- **25** ten Gesichtspunkten gesetzt werden. Wenn diese individuell stark ausgeprägt sind, scheidet eine Zulassung aus – wie bspw. idR bei Schulklassen, deren Anwesenheit für den gleichaltrigen Angeklagten besonders belastend ist (ähnlich Schatz in Diemer/Schatz/Sonnen Rn. 24; systematisch Gerbig Öffentlichkeit 200 ff.). Es können aber auch andere **Gegengründe** berücksichtigt werden (wie bspw. pandemiebedingte Gesundheitsgefahren bei Anwesenheit vieler Zuschauer (vgl. den Fall bei OLG Hamburg NStZ 2020, 694). Bei der Entscheidung hat der Vorsitzende iÜ zu berücksichtigen, ob der Angeklagte mit der Zulassung einverstanden ist. Während dies de facto dessen Anhörung erforderlich macht (Gerbig ZJJ 2020, 259 (261)), kann darauf bei den übrigen Verfahrensbeteiligten verzichtet werden (§ 175 Abs. 2 S. 3 GVG entspr.).

b) Medien. Das Erfordernis fallkonkret besonderer Gründe gilt grds. auch **26** für die Frage, ob Medienvertretern die Anwesenheit zu gestatten ist. Da das Gesetz für Journalisten an sich keinen Zugang zur HV im JStV vorsieht und da die in → Rn. 8 ff. genannten Belange durch eine öffentliche und damit gesteigert stigmatisierende Berichterstattung idR deutlich stärker als durch Einzelpersonen beeinträchtigt werden, kann die Zulassung lediglich in **ganz außergewöhnlichen Ausnahmefällen** und bei besonders gesteigerten öffentlichen Informationsinteressen in Betracht kommen (zur restriktiven Gewährung auch BGH BeckRS 2021, 35333; Höffler in MüKoStPO Rn. 18; Gerbig Öffentlichkeit 253 ff.; dagegen für eine offenere Abwägung Schatz in Diemer/Schatz/Sonnen Rn. 29 ff.). Die erweiterten Zugänge, die Medienvertreter seit dem Gesetz v. 8.10.2017 (BGBl. I 3546) erhalten haben (§ 169 Abs. 1–3 GVG), sind auf strafprozessuale Sonderbereiche beschränkt und ändern an diesen Grundsätzen nichts.

In den äußerst seltenen Fällen, in denen Journalisten hiernach zugelassen **27** werden können, ist ihre **zahlenmäßige Beschränkung** möglich (BVerfG NJW 2010, 1739) und dringend angezeigt (dazu und zur Zulässigkeit eines dann einzusetzenden Losverfahrens EGMR NJW 2013, 521). Auch darf sich das JGericht **nicht darauf verlassen,** dass die presserechtlichen Grenzen

gewahrt werden (für das JStV systematisch zur Unzulässigkeit der identifizie-
renden Berichterstattung Gerbig Öffentlichkeit 261 ff.). Stattdessen muss es
der medialen Schädigung des Angeklagten **proaktiv vorbeugen.** Dabei
genügt es nicht, nur darauf hinzuwirken, dass in den Berichten alle Angaben
zur Identifikation des jugendlichen Angeklagten unterbleiben, Abbildungen
nicht veröffentlicht und auch andere Hinweise, die auf die Person des
Jugendlichen hindeuten, vermieden werden. Vielmehr ist sitzungspolizeilich
(§ 176 GVG iVm § 2 Abs. 2) idR eine **Anonymisierungsanordnung**
angezeigt (OLG Düsseldorf StV 2013, 200 = LSK 2013, 150242 bei einem
Heranwachsenden; vgl. auch BVerfG NJW 2017, 798 zum allg. StR). Bei
Missachtung der Schutzbelange des Angeklagten (für ein Bsp. s. den Fall bei
BVerfG StraFo 2015, 375 = BeckRS 2015, 50921) ist die Zulassung des betr.
Journalisten zu widerrufen (BGH NStZ-RR 2016, 25; anders bei (nur)
abfälliger Berichterstattung über die Verhandlungsführung des Gerichts vgl.
BVerfG NJW 1979, 1400). Ggf. kommt ein Hausverbot in Betracht (VGH
Mannheim NJW 2017, 3543). Außerdem sind entwicklungsabträgliche Me-
dienberichte bei der Rechtsfolgenentscheidung sanktionsmildernd zu be-
rücksichtigen (→ § 18 Rn. 32).

3. Beschwerde gegen Nichtzulassung

28   Wird ein gesetzliches **Anwesenheitsrecht** (→ Rn. 19 ff.) geltend gemacht, vom JGericht aber nicht eingeräumt, ist hiergegen die Beschwerde
nach § 304 StPO iVm § 2 Abs. 2 zulässig (KG NStZ-RR 2007, 28; Schatz
in Diemer/Schatz/Sonnen Rn. 39). Die Teilnahme an der HV hat für die
Betroffenen eine eigenständige Bedeutung, sodass § 305 StPO nicht zum
Tragen kommt.

29   Lehnt der Vorsitzende eine Zulassung aus **besonderen Gründen**
(→ Rn. 23 ff.) ab, kann dies zwar prinzipiell ebenfalls mit der Beschwerde
angefochten werden (BVerfG AfP 2009, 581 = BeckRS 2009, 27650). Da in
den Fällen von Abs. 2 S. 3 aber kein Anspruch auf eine Zulassung besteht
und diese nur im Rahmen einer Ermessensentscheidung erfolgt, mangelt es
idR an der **Beschwerdebefugnis** (vgl. etwa KG StraFo 2015, 122 =
BeckRS 2015, 436; betr. Widerruf der Akkreditierung ebenso BGH NJW
2015, 3671). Das gilt auch für die Anfechtung einer zulassenden Ermessensentscheidung (vgl. etwa schon BGH BeckRS 1975, 00122). Eine Beschwerdebefugnis besteht allein ggü. ermessensfehlerhaften bzw. rechtsmissbräuchli-
chen Nicht-/Zulassungsentscheidungen. Deshalb kann die Gleichbehandlung iSv Art. 3 GG geltend gemacht werden, wenn nur ein Teil der
Interessenten zugelassen wird (dazu BGH BeckRS 1975, 00122; s. dazu auch
BVerfG AfP 2009, 581 = BeckRS 2009, 27650, wo eine auf Art. 5 GG
gestützte Befugnis dagegen skeptisch gesehen wird). – Für die Anfechtung
des Nicht-/Ausschließungsbeschlusses iSv Abs. 3 S. 2 gelten dieselben Maßgaben (Schatz in Diemer/Schatz/Sonnen Rn. 39).

V. Revision

30   Die Verletzung der Öffentlichkeit der HV einschließlich der Urteilsverkündung ist in § 338 Nr. 6 StPO iVm § 2 Abs. 2 auch für das JStV als
absoluter Revisionsgrund ausgestaltet (vgl. bspw. OLG Hamm NStZ 2011,

527). Das betrifft jedenfalls die rechtswidrige Einschränkung der Öffentlichkeit. Ein nach Abs. 2 S. 1 Anwesenheitsberechtigter (vgl. → Rn. 19 ff.), der aus der HV entfernt oder dem das **Erscheinen verwehrt** wurde, kann diese Rüge allerdings nicht erheben, weil die Öffentlichkeit ohnehin nach Abs. 1 in rechtmäßiger Weise ausgeschlossen ist (Schatz in Diemer/Schatz/Sonnen Rn. 41). § 338 Nr. 6 StPO iVm § 2 Abs. 2 kommt aber in Betracht, wenn anwesenheitsbereiten Personen der Zutritt zu einer nach Abs. 3 S. 1 öffentlichen HV verweigert wird. Dass der BGH (NStZ 2013, 608) die Rüge hier von einer Beanstandung gem. § 238 Abs. 2 StPO iVm § 2 Abs. 2 abhängig macht, ist nicht unproblematisch. Unter Umständen kann die Revision – sofern dies den Anforderungen des § 344 Abs. 2 S. 2 StPO entspr. dargelegt wird – iÜ auch darauf gestützt werden, dass die unzulässig verhinderte Anwesenheit eines zur Anwesenheit Berechtigten die Wahrheitserforschung nach § 244 Abs. 2 StPO eingeschränkt hat und das Urteil darauf beruhen kann.

Wird die Öffentlichkeit in verbundenen Verfahren gem. **Abs. 3 S. 2 31 ausgeschlossen,** kann dies, sofern die Entscheidung ganz ohne Erforderlichkeitsprüfung oder aus objektiv willkürlichen Gründen (→ Rn. 28) getroffen wurde, die Revision des mitangeklagten Heranwachsenden bzw. Erwachsenen (nach § 338 Nr. 6 StPO) begründen. Dagegen sind jugendliche Mitangeklagte in diesen Fällen nicht beschwert, weil gegen sie gem. Abs. 1 ohnehin grds. nichtöffentlich verhandelt wird (BGHSt 10, 119 (120) = BeckRS 1957, 31193182; BGH NJW 2003, 2036 (2037); BGH NJW 2006, 1220 mzustAnm Humberg JR 2006, 391). Eine Beschwer des Jugendlichen ist indes denkbar, wenn ein Ausschluss iSv **Abs. 3 S. 2 unterblieben** ist – dies aber nur bei fehlerhaftem Gebrauch des Ermessens (BGH BeckRS 2000, 30149944; s. auch → Rn. 28).

Da die Judikatur die Geltung von § 338 Nr. 6 StPO allein auf ungesetzli- 32 che Beschränkungen und nicht auch auf unzulässige Erweiterungen der Öffentlichkeit erstreckt (vgl. die Rspr.-Übersicht bei Knauer/Kudlich in MüKoStPO StPO § 338 Rn. 133), sieht sie darin allenfalls eine Gesetzesverletzung, die lediglich unter den Voraussetzungen des **§ 337 StPO iVm § 2 Abs. 2** revisibel ist. Dies gilt besonders auch für die Anwesenheit von Personen unter Verstoß gegen Abs. 1 (BGHSt 23, 176 = NJW 1970, 523 (524)). Eine solche Angreifbarkeit ist hiernach dort gegeben, wo das Urteil auf Angaben des jugendlichen Angeklagten beruht, die durch die Anwesenheit von hierzu nicht berechtigten Personen beeinflusst worden sind (Frisch in SK-StPO StPO § 338 Rn. 129). Richtigerweise wird man bei der **unberechtigten Anwesenheit** (mit oder ohne ausdrückliche Entscheidung iSv Abs. 2 S. 3) aber stets § 338 Nr. 6 StPO iVm § 2 Abs. 2 anwenden müssen (in diesem Sinne bereits Eb Schmidt NJW 1968, 804 (805); Roxin JZ 1968, 803 (806); Roxin FS Peters, 1974, 393 (402 f.)). Nur diese Lösung wird dem im JStV geltenden Regel-Ausnahme-Verhältnis der Nicht-/Öffentlichkeit und den schwer nachweisbaren, aber zumindest latent immer vorhandenen Auswirkungen einer unzulässigen Präsenz gerecht.

49 [aufgehoben]

Anwesenheit in der Hauptverhandlung

50 (1) Die Hauptverhandlung kann nur dann ohne den Angeklagten stattfinden, wenn dies im allgemeinen Verfahren zulässig
wäre, besondere Gründe dafür vorliegen und die Jugendstaatsanwaltschaft zustimmt.

(2) [1]Der Vorsitzende soll auch die Ladung der Erziehungsberechtigten und der gesetzlichen Vertreter anordnen. [2]Die Vorschriften
über die Ladung, die Folgen des Ausbleibens und die Entschädigung
von Zeugen gelten entsprechend.

(3) [1]Der Jugendgerichtshilfe sind Ort und Zeit der Hauptverhandlung in angemessener Frist vor dem vorgesehenen Termin mitzuteilen. [2]Der Vertreter der Jugendgerichtshilfe erhält in der Hauptverhandlung auf Verlangen das Wort. [3]Ist kein Vertreter der Jugendgerichtshilfe anwesend, kann unter den Voraussetzungen des § 38
Absatz 7 Satz 1 ein schriftlicher Bericht der Jugendgerichtshilfe in
der Hauptverhandlung verlesen werden.

(4) [1]Nimmt ein bestellter Bewährungshelfer an der Hauptverhandlung teil, so soll er zu der Entwicklung des Jugendlichen in der
Bewährungszeit gehört werden. [2]Satz 1 gilt für einen bestellten Betreuungshelfer und den Leiter eines sozialen Trainingskurses, an
dem der Jugendliche teilnimmt, entsprechend.

Schrifttum: Brachold, Der Beitrag der Jugendgerichtshilfe zur strafprozessualen
Sachverhaltsermittlung und -bewertung, 1999; Gramm, Jugendrichter und Staatsanwälte im mehrsprachigen Gerichtssaal, 2019; Kranjčić, „,…dass er treu und gewissenhaft
übertragen werde": zum Dolmetscher im Strafverfahren, 2009; Kremer, Der Einfluß
des Elternrechts auf die Rechtmäßigkeit der Maßnahmen des JGG, 1984; Leodolter,
Das Sprachverhalten von Angeklagten vor Gericht, 1975; Ludwig-Mayerhofer, Das
Strafrecht und seine administrative Rationalisierung, 1998; Reichertz (Hrsg.), Sozialwissenschaftliche Analyse jugendgerichtlicher Interaktion, 1984.

Übersicht

I. Anwendungsbereich

1. Persönlicher Anwendungsbereich

Abs. 1 gilt in Verfahren gegen **Jugendliche** vor den JGerichten. Die **1**
Vorschrift sollte aber in Verfahren vor den Erwachsenengerichten, wo ihre
Anwendung im gerichtlichen Ermessen steht, ebenfalls herangezogen werden (allgA). In Verfahren gegen **Heranwachsende** ist Abs. 1 dagegen nicht
anwendbar (s. § 109 Abs. 1 S. 1). Der Grundgedanke der Norm, eine HV
ohne Anwesenheit des Angeklagten möglichst zu vermeiden, muss indes
berücksichtigt werden. Eine andere Vorgehensweise kommt ohnehin kaum
in Betracht, weil die Frage, ob materielles JStR oder aber allg. StR anzuwenden ist, bei Abwesenheit der fraglichen Person selten in ausreichender Weise
geklärt werden kann (allgA; vgl. etwa OLG Hamburg NJW 1963, 67 (67 f.)).

Abs. 2 gilt in Verfahren gegen Jugendliche – bis zum Eintritt ihrer **Voll-** **2**
jährigkeit (BGH NJW 1956, 1607 (Ls.); Schatz in Diemer/Schatz/Sonnen
n. 8; s. auch → § 67 Rn. 2) – sowohl vor den JGerichten wie auch vor den
Erwachsenengerichten (§ 104 Abs. 1 Nr. 9; dazu → § 104 Rn. 14). In Verfahren gegen (zur Tatzeit) Heranwachsende ist die Norm nicht anwendbar
(§ 109 Abs. 1 S. 1, § 112).

Abs. 3 ist in Verfahren gegen Jugendliche vor den JGerichten und den **3**
Erwachsenengerichten anzuwenden (§ 104 Abs. 1 Nr. 2; dazu und zu den
Ausnahmen gem. § 104 Abs. 3 vgl. n. → § 104 Rn. 7). Dies betrifft glei-
chermaßen Verfahren gegen Heranwachsende (§ 109 Abs. 1 S. 1, § 112
S. 1), selbst noch nach Vollendung des 21. Lbj. (vgl. bereits auf der früheren

Rechtsgrundlage BGHSt 6, 354 = NJW 1954, 1855; BGH StV 1982, 336;
NStZ-RR 2001, 27). Auch **Abs. 4** gilt in Verfahren gegen Jugendliche und
Heranwachsende (§ 109 Abs. 1 S. 1) vor den JGerichten und sollte in Verfahren vor den Erwachsenengerichten gem. § 104 Abs. 2 entspr. (§ 112 S. 1)
angewandt werden.

2. Sachlicher Anwendungsbereich im Jugendstrafverfahren

4   § 50 greift auch in der **Berufungsinstanz** ein (n. Schatz in Diemer/
Schatz/Sonnen Rn. 9). Nach allgA haben Abs. 3 und 4 für die HV vor dem
Revisionsgericht aber keine Bedeutung. Für die dortige, nur in rechtlicher
Hinsicht erfolgende Überprüfung der tatgerichtlichen Entscheidung bedarf
es keiner Hinzuziehung der JGH (vgl. etwa auch Brunner/Dölling Rn. 13;
Frisch in SK-StPO § 350 Rn. 7; s. aber Schady in NK-JGG Rn. 6). Anstelle
von Abs. 1 und 2 gilt dort § 350 StPO iVm § 2 Abs. 2 (Höffler in MüKoSt-
PO Rn. 6).

5   Im **vereinfachten JVerfahren** ist Abs. 1 mit der Erweiterung zu berücksichtigen, dass es der Zustimmung des JStA nur bedarf, wenn er selbst an der
mündlichen Verhandlung teilnimmt (§ 78 Abs. 2 S. 2 und Abs. 3 S. 2).
Abs. 2 findet im vereinfachten JVerfahren Anwendung (vgl. § 78 Abs. 3
S. 2). Dies gilt auch für Abs. 3 (dazu n. → § 38 Rn. 73 und → § 78 Rn. 26)
und Abs. 4 (ebenso bspw. Höffler in MüKoStPO Rn. 5).

3. Ordnungswidrigkeitenverfahren

6   Auch im Bußgeldverfahren nach dem **OWiG** ist der **Betroffene** zur Teilnahme an der HV verpflichtet (§ 73 Abs. 1 OWiG). **Abs. 1** hat daher an sich
keine Bedeutung. Das dort verankerte Prinzip des persönlichen Erscheinens
ist aber iRv Abs. 2 zu berücksichtigen, sodass der Jugendliche aus erzieherischen Gründen idR nicht von der obligatorischen Anwesenheit entbunden
werden kann (ebenso zB Krumm NZV 2010, 68 (69); vgl. auch Seitz/Bauer
in Göhler OWiG § 71 Rn. 62). Anders verhält es sich im Allgemeinen bei
zur Tatzeit Heranwachsenden (vgl. nur OLG Frankfurt a. M. NZV 2012,
307 (308); OLG Jena BeckRS 2019, 19687; aA Schatz in Diemer/Schatz/
Sonnen Rn. 12). Bei ihnen kommt es auf die Bedeutung der Sache und
deren Einfluss auf die Entwicklung des Jugendlichen an (Senge in KK-OWiG
OWiG § 71 Rn. 50).

7   Im OWi-Verfahren ist grds. nach der Soll-Vorschrift des **Abs. 2,** auf den
§ 46 Abs. 1 OWiG verweist, zu laden (Schady in NK-JGG Rn. 8). Dies
kann (muss aber nicht) mit dem Hinweis verbunden werden, dass dem
Erziehungsberechtigten bzw. gesetzlichen Vertreter das Erscheinen in der
HV freistehe. Die **Anordnung** ihres persönlichen Erscheinens ist allerdings
dann angezeigt, wenn der Jugendliche davon nicht entbunden wurde. Von
der Benachrichtigung der JGH gem. **Abs. 3** kann unter den Voraussetzungen des § 46 Abs. 6 OWiG abgesehen werden.

II. Jugendliche Angeklagte in der Hauptverhandlung

1. Anwesenheit des Angeklagten: Grundsatz und Zweck

Der im allg. StVR festgelegte Grundsatz, dass die HV der Tatsachen- **8** instanzen nicht ohne den Angeklagten stattfinden darf (§§ 230 Abs. 1, 285 Abs. 1 S. 1, 332 StPO), gilt im JStV gem. Abs. 1 prinzipiell ebenfalls (zur Ladung s. § 216 StPO iVm § 2 Abs. 2). Insofern bestehen für den Jugendlichen eine **Anwesenheitspflicht** und mit Blick auf Art. 103 Abs. 1 GG ein **Anwesenheitsrecht** (BGHSt 55, 87 (88) = NJW 2010, 2450 (2451); BGH NJW 2019, 692). Allerdings sieht das JGG dabei Besonderheiten vor. Einerseits werden hier die nach allg. StVR zulässigen Ausnahmen eingeschränkt, um eine Verhandlung in Abwesenheit des Angeklagten auf ganz wenige Sonderfälle zu beschränken (→ Rn. 21 ff.). Andererseits sind die Möglichkeiten der vorübergehenden Ausschließung des Angeklagten, die nach dem allg. StVR bestehen (§ 247 StPO, § 177 GVG), erweitert. § 51 Abs. 1 sieht diese Option auch für solche Konstellationen vor, in denen aus einzelnen Erörterungen in der HV ggf. Nachteile für die Erziehung des jugendlichen Angeklagten entstehen können (vgl. → § 51 Rn. 4 ff.).

Indem Abs. 1 den Angeklagten zur Anwesenheit in der HV **berechtigt** **9** und **verpflichtet,** geht die Vorschrift über die Vorgaben des europäischen Rechts hinaus, denn Art. 16 RL (EU) 2016/800 sieht lediglich das Recht des Jugendlichen auf Verhandlungsteilnahme vor (ebenso Art. 14 Abs. 3 Nr. d IPBPR). Damit korrespondierend sind auch die Normzwecke nicht deckungsgleich: Während es der EU-Richtlinie allein darum zu tun ist, Äußerungs- und Verteidigungsoptionen zu gewährleisten („wirksame Teilnahme an der Verhandlung (...), einschließlich der Möglichkeit, gehört zu werden und ihre Meinung zu äußern"), verfolgt Abs. 1 nach traditioneller Auffassung auch noch weitere Anliegen. Die Präsenzpflicht des Angeklagten erklärt sich mit den zusätzlichen Zielen, eine **erzieherisch** sinnvolle **Begegnung** mit dem Jugendlichen zu ermöglichen. Ferner soll durch dessen Anwesenheit die Fallaufklärung erleichtert und den JRichtern die Gelegenheit für einen **persönlichen Eindruck** gegeben werden, was für die Rechtsfolgenentscheidung bedeutsam sein kann (vgl. etwa Schady in NK-JGG Vor §§ 48–51 Rn. 3; s. auch RL Nr. 1 S. 1). Vor dem Hintergrund von Art. 103 Abs. 1 GG steht aber auch bei Abs. 1 die **Sicherstellung des rechtlichen Gehörs im Vordergrund.**

2. Kommunikationsbedingungen vor dem Jugendgericht

a) Asymmetrische Interaktion. Diese hier vertretene **Funktionsrang-** **10** **folge** erklärt sich nicht nur mit normativen, sondern auch mit faktischen Gesichtspunkten, weil die Kommunikationsbedingungen in der HV eine Verwirklichung der genannten Zwecke nur mit erheblichen Einschränkungen erlauben, besonders aber den Anspruch des erzieherischen Beurteilens und Einwirkens ganz wesentlich begrenzen (s. dazu auch → Einl. Rn. 51 f.). Dass die HV eine erzieherische Funktionalität entwickeln kann, ist nämlich schon deswegen fraglich, weil die Beteiligten hierbei über einen punktuellen, kurzzeitigen Kontakt nicht hinauskommen können. Insbes. aber findet die Verhandlung vor einem Sanktions- und Zwangshintergrund statt, sodass die Kommunikation **notwendigerweise** eine rechtsstaatlich-**formale Prozeduralität** aufweisen muss (schon im Interesse der Verteidigungsrechte).

11   Eine funktionsgebundene institutionelle Kommunikation ist also gar nicht vermeidbar – wobei diese wiederum immer auch asymmetrisch und im Vergleich zum Privatbereich gestört verlaufen muss (vgl. etwa Schultz ZJJ 2014, 206 (210 f.)). Mit der für eine HV charakteristischen Rollenverteilung geht ein **kommunikatives Machtgefälle** einher, bei dem die größten Kommunikationsanteile, die Sprech- und Fragerechte sowie die Entscheidung, wer wann spricht, allein beim JRichter liegen, der obendrein die zulässigen Gesprächsinhalte definiert und die Angeklagtenaussagen in seiner Perspektive paraphrasieren und deuten kann (vgl. dazu auch die Verhandlungsbeobachtungen bei Muth in Reichertz (Hrsg.), Sozialwissenschaftliche Analysen jugendgerichtlicher Interaktion, 1984, 58 ff.; Messmer in Bussmann/Kreissl (Hrsg.) Kritische Kriminologie in der Diskussion, 1996, 211 ff.; Ludwig-Mayerhofer, Das Strafrecht und seine administrative Rationalisierung, 1998, 159 ff.). Den Angeklagten unter diesen Bedingungen „erkennen" und positiv auf ihn einwirken zu können, ist von vornherein nur auf der Basis von eher autoritären Erziehungskonzepten vorstellbar.

12   Die interaktionale Dominanz vor Gericht beruht iÜ auch darauf, dass das Verfahren für die JRichter zum professionellen Alltag gehört, während es für den Jugendlichen eine prekäre Konfrontation mit Sanktionsdrohungen und alltagsfremder Formalität darstellt (hierzu auch → § 70c Rn. 8 für Vernehmungskommunikationen außerhalb der HV). Demgemäß haben Dollinger/Fröschle/Gilde/Vietig (MschKrim 99 (2016), 325) auf Basis von offenen Interviews und Verhandlungsbeobachtungen gezeigt, dass die HV für junge Angeklagten einen abstrakten und **fremden Kontext** bildet, in dem ihr (durchaus ergebnisorientierter) Versuch, sich daran mit authentischen Selbstpräsentationen und glaubhaft wirkenden, eigenen Fallversionen anzupassen, nur teilw. gelingt und nur bedingt auf als positiv erlebte Reaktionen stößt. In älteren Untersuchungen (mit jedoch hoch selektiven Untersuchungsgruppen) haben sich nicht wenige Jugendliche vor Gericht sogar unangemessen behandelt und kaum verstanden gefühlt (Eilsberger MschrKrim 1969, 304; Kühling MschrKrim 1970, 270; Bönitz MschrKrim 1990, 82; Hauser Jugendrichter 41 ff.; Haller/Machura/Bierhoff in Bierbrauer/Gottwald/Birnbreier-Stahlberger Verfahrensgerechtigkeit 122; s. zuletzt auch Artkämper, Verfahren vor Jugendgerichten, 2020, 121 ff.).

13   **b) Verständigungsbarrieren.** Die **lebensweltliche Distanz,** die schon durch die alters- und soziokulturell unterschiedlichen Hintergründe der JRichter und Jugendlichen entsteht, führt außerdem dazu, dass wechselseitiges Verstehen fraglich wird und oft misslingt (zur Abhängigkeit der Verständigungschancen vom schichtspezifischen Sprechstil der Angeklagten vgl. die klassische Studie von Leodolter, Das Sprachverhalten von Angeklagten vor Gericht, 1975, 217 ff., 252 ff.; erg. Eisenberg BeweisR StPO Rn. 844 ff.). Bei Jugendlichen mit Migrationshintergrund kann dies besonders virulent sein (zu entspr. älteren Befunden s. → 22. Aufl. Rn. 13a mwN; zum sog. „Kiezdeutsch" Pohle/Schumann ZJJ 2014, 216). Die Verstehens-Problematik ist auch daran beobachtbar, dass äußerliches wie verbales Ausdrucksverhalten der jungen Angeklagten gelegentlich Anlass zu einseitigen oder gar verfehlten Interpretationen gibt (charakteristisch die Herleitung niedriger Beweggründe allein aus der Wendung „geil" bei BGH BeckRS

2011, 26153 mablAnm Eisenberg HRRS 2012, 23 (26) sowie JA 2013, 34 (38)). So kann „völlig cooles und überheblich-arrogantes Verhalten" tatsächlich ein Ausdruck fehlender Reife und gruppendynamischen Drucks sein (zutr. BGH BeckRS 2005, 01760). Feixen oder „mehrfaches Lachen und Grinsen" (LG Berlin BeckRS 2007, 17912) muss keineswegs auf Missachtung oder Dreistigkeit beruhen (Scholz DVJJ-J 1999, 232 (239)).

3. Bemühen um eine jugendgemäße Verhandlungsführung

a) Allgemeine Anforderungen. Dass die Kommunikation in der HV 14 also zwangsläufig und unvermeidbar auch unter erzieherisch dysfunktionalen Bedingungen verläuft, mindert nicht die auf § 2 Abs. 1 beruhende **Pflicht des JGerichts,** dem **entgegenzuwirken.** Grds. ist der JRichter daher zu einer möglichst offenen Kommunikationsgestaltung gehalten, die dem Angeklagten eine Darstellung der Eigensicht „auf Augenhöhe" und den Strafverfolgungsakteuren den Versuch erlaubt, diese Fremdperspektive einzunehmen und zu verstehen. Verhaltensweisen, die **zusätzliche Störungen** oder gar einen Abbruch der Kommunikation zur Folge hätten, sind zu **unterlassen** (AK IV/2 in DVJJ 1993, 729). Das betrifft bspw. den Austausch zu juristischen Fragen „über den Kopf des Angeklagten hinweg", eine sprachlich überformale Verhandlungsleitung sowie ironische oder abwertende Bemerkungen zur Person und Biografie des Jugendlichen. Alles, was als Zeichen für Ablenkung oder Unaufmerksamkeit verstanden werden könnte, sollte vermieden werden (zum Bedienen eines Mobiltelefons zu privaten Zwecken in der HV vgl. BGH NJW 2015, 2986).

Soweit der strafprozessuale Kontext dies zulässt, können **Formalitäten** in 15 der HV auf einem niedrigen Niveau umgesetzt werden. In begründeten Einzelfällen (und das nicht nur im vereinfachten JVerfahren) kann der JRichter auch auf das Tragen der **Robe,** das sich ggf. einschüchternd und kommunikationshemmend auswirken mag, verzichten (OLG Frankfurt a. M. NJW 1987, 1208). Eine nicht nur informelle, sondern hemdsärmelige Atmosphäre darf in der HV jedoch nicht zugelassen werden, schon weil diese Vertraulichkeit den Angeklagten irreführen und über die Ernsthaftigkeit drohender Rechtsfolgen hinwegtäuschen könnte. Soweit ein kommunikativer Verhandlungsstil den Jugendlichen veranlasst, für ihn belastende Erklärungen abzugeben, ist dies (auch wenn es erzieherisch erwünscht sein mag), unter Fairness-Gesichtspunkten fragwürdig. – Umgekehrt müssen **sitzungsleitende Maßnahmen** mit äußerster Zurückhaltung gewählt werden, um das kommunikative Gefälle nicht zu vertiefen. Bestehen ausnahmsweise Anzeichen für eine Fluchtbereitschaft, ist dem in anderer Weise als durch eine (kommunikationsaufhebende) Fesselung zu begegnen (zur diesbzgl. Handhabung im allg. StVerf Arnoldi in MüKoStPO StPO § 231 Rn. 6 mwN; aus der jugendstrafrechtliche Praxis zB LG Verden v. 24.10.2014 – 3 KLs 1/14 mAnm Eisenberg NK 2016, 389; generell krit. wegen Fehlens einer „eingriffsspezifischen" gesetzlichen Grundlage Esser GS Weßlau, 2016, 99).

Die **Ladung** ist an den jugendlichen Angeklagten persönlich zu richten 16 (ebenso Schatz in Diemer/Schatz/Sonnen Rn. 19). Über die erste Unterrichtung iSv § 70a hinaus sollte der Jugendliche soweit über den **Ablauf der HV ins Bild** gesetzt werden, dass ihm dies das Gefühl eines mündigen Handlungssubjektes verschafft und ihm das Geschehen nicht nur als Formalie

erscheint (vgl. Böhm/Feuerhelm JugendStrafR 71 f.). Das geschieht am
besten durch das JGericht zu Beginn der HV, wobei eine vorherige Aufklärung durch die JGH (→ § 38 Rn. 14) oder die Verteidigung (Fuchs, Der
Verteidiger im Jugendstrafverfahren, 1992, 63) ggf. zusätzlich auch schon
Vorfeldängste abzubauen vermag. Auch während der HV sollte sich das
JGericht vergewissern, dass seine Aktivitäten und die gesamten **Vorgänge
für den Angeklagten verständlich** sind (Riekenbrauk ZJJ 2014, 200). So
hat der JRichter durch konstruktiv gehaltene Rückfragen sicherzustellen,
dass der Angeklagte dem Verlauf der Verhandlung folgen sowie die ausgesprochene Rechtsfolge und deren Begründung verstehen kann. Auch mag
darauf hingewirkt werden, dass sich Sinn und Zweck des verletzten Straftatbestandes für den Jugendlichen erschließt. In geeigneten Fällen sollte der
JRichter darauf bedacht sein, dass (zB durch die JGH) eine Nachbespre-
chung erfolgt (n. Ohder FS Eisenberg, 2009, 435 f.).

17   **b) Anforderungen speziell an die Vernehmungsgestaltung.** Für die
Vernehmung des Angeklagten zur Sache (§ 243 Abs. 5 S. 1 und 2 iVm § 2
Abs. 2; zur Berufungsinstanz s. § 324 Abs. 2 StPO iVm § 2 Abs. 2) sind
grds. dieselben Vorgaben zu beachten wie für die Vernehmung im Ermittlungsverfahren. Das betrifft sowohl die Anforderungen an die **Belehrung**
(§ 70b Abs. 1), mit denen den dahingehenden Verständnisproblemen junger
Angeklagter Rechnung getragen werden soll (→ § 70b Rn. 3, → § 70c
Rn. 14), wie auch die Voraussetzungen einer **jugendgemäßen** Durchführung der Vernehmung (→ § 70c Rn. 12 f., 16 f.), die wegen der alters-
typisch-situativen Überforderung (dazu und zur Problematik der Geständnisse → § 70c Rn. 6 ff.) bestehen. Die dahingehenden Pflichten des JGerichts beruhen auf den **§§ 70b, 70c Abs. 1,** die als Teil der „gemeinsamen
Verfahrensvorschriften" (§§ 67 ff.) auch in der HV unmittelbar und nicht
nur analog anwendbar sind. Im Übrigen soll dem jugendlichen Angeklagten
stets Gelegenheit gegeben werden, sich zusammenhängend zu äußern.

18   Wenngleich **Sachäußerungen** des Angeklagten grds. mündlich geschehen müssen (wobei Notizen oder ein Manuskript verwendet werden dürfen
(BGH NStZ-RR 2015, 81 zum allg. StVR)), sind schriftliche Äußerungen
auch im JStV nicht nur zur Kenntnis zu nehmen (BGHSt 52, 178 = NJW
2008, 2356; BGH NStZ 2013, 59 zum allg. StVR), sondern wegen der
richterlichen Aufklärungspflicht (§ 244 Abs. 2 StPO iVm § 2 Abs. 2) unter
den Voraussetzungen des § 245 Abs. 2 S. 1 StPO (OLG Zweibrücken StV
2001, 549 = BeckRS 2000, 30148817) vom Gericht zu verlesen. Das gilt –
§ 250 S. 2 StPO ist nicht einschlägig – jedenfalls bei sonstigem Schweigen
oder bei Abweichungen von früheren mündlichen Äußerungen (so grds.
auch BGH NStZ 2000, 439; n. Eisenberg BeweisR StPO Rn. 831, 908b,
2024; Eisenberg/Pincu JZ 2003, 397 (399, 401)).

19   **c) Dolmetscher.** Hinsichtlich Angeklagter, die die deutsche Sprache
nicht oder nur teilw. beherrschen, kommt der Befähigung des Dolmetschers
zur sprachlichen und ggf. auch kulturellen (vgl. AK 10 in DVJJ 2015, 767)
Vermittlung des Verhandlungsgeschehens eine zentrale Bedeutung zu (zum
Anspruch auf Hinzuziehung und zu Hinweispflichten § 187 Abs. 1 GVG
iVm § 2 Abs. 2). Dies beginnt schon bei der Belehrung und setzt sich bei
der Aussage und bei Fragen des Gerichts bzw. anderer Verfahrensbeteiligter
fort (zur Urteilsverkündung und den schriftlichen Urteilsgründen s. → Rn.
§ 54 Rn. 34). Bei der richterlichen **Ermessensentscheidung,** ob die

Sprachkenntnisse des Angeklagten die Zuziehung eines Dolmetschers erforderlich machen, ist zu berücksichtigen, dass bei Jugendlichen mit Migrationshintergrund die sprachlichen mit den alterstypischen und kulturellen Problembereichen zusammentreffen, sodass ein unterstützungsbedürftiger **Überforderungsgrad** eher besteht als bei Erwachsenen. Ob die schon im allg. StVerf nur zurückhaltend in Betracht kommende (vgl. etwa Oğlakcıoğlu in MüKoStPO GVG § 185 Rn. 64) audiovisuelle Zuschaltung des Dolmetschers (§ 185 Abs. 1a GVG) im JStV überhaupt angewandt werden kann (§ 2 Abs. 2), wurde im Gesetzgebungsverfahren nicht erörtert (vgl. BT-Drs. 17/1224). Da die Videokonferenztechnik zu einer zusätzlichen kommunikativen Entfremdung beiträgt, ist jedenfalls nur eine erhöht restriktive Handhabung vertretbar (n. zum Ganzen Eisenberg JR 2013, 442 (450 f.)).

Auch die **Auswahl** des Dolmetschers liegt im pflichtgemäßen Ermessen **20** des Gerichts (vgl. n. Eisenberg BeweisR StPO Rn. 528 ff.). Zur Vermeidung von Interessenkonflikten ist spätestens in der HV auf sog. Vertrauensdolmetscher aus dem persönlichen Umfeld des Jugendlichen zu verzichten und ein professioneller Dolmetscher heranzuziehen (zur Verschwiegenheit s. § 189 Abs. 4 GVG iVm § 2 Abs. 2). Einer Orientierung des Dolmetschers an Erwartungen (sei es des Auftraggebers, des Angeklagten oder Dritter) ist von Amts wegen zu begegnen. Mit Blick auf die **fachliche** Kompetenz wird eine wörtliche Übersetzung nur dann verzichtbar sein, wenn andernfalls der Inhalt nicht wiedergegeben werden könnte (vgl. zu einem „sprachlichen Äquivalent" Kranjčić Dolmetscher 89 ff., 115 ff., 138 f.; zur Problematik n. auch Oğlakcıoğlu in MüKoStPO GVG § 185 Rn. 17 ff.). Andererseits ist zu berücksichtigen, dass eine durchgehend wörtliche Übertragung kaum möglich und die Übersetzungstätigkeit geradezu notwendigerweise interpretative Elemente aufweist sowie Inhalts- und Kontrollverluste mit sich bringt (Gramm, Jugendrichter und Staatsanwälte im mehrsprachigen Gerichtssaal, 2019, 139 ff.; s. aber zur Problematik minderwertiger Übersetzungsleistungen n. Oğlakcıoğlu in MüKoStPO GVG § 185 Rn. 10 f., 45 ff.).

III. Hauptverhandlung in Abwesenheit des jugendlichen Angeklagten

1. Europarechtliche Vorgaben

Die HV kann nach Abs. 1 nur unter engen Ausnahmevoraussetzungen **21** ohne anwesenden Angeklagten stattfinden. Erforderlich ist das Zusammentreffen von besonderen Gründen mit solchen Umständen, unter denen die Durchführung der HV ohne den Angeklagten nach allg. StVR zulässig ist. Insofern knüpft Abs. 1 an die §§ 231–233 StPO an (zur Nichtanwendbarkeit der §§ 276 ff., 286 ff. StPO s. Schady in NK-JGG Rn. 5 und 9; Trüg in HK-JGG Rn. 10). Die Anforderungen, die Art. 8 Abs. 2 RL (EU) 2016/343 an die Verhandlung gegen Abwesende stellt (rechtzeitige Ladung und Information über Folgen des Nichterscheinens oder anwaltliche Vertretung des Abwesenden), sind in all diesen prozessualen Konstellationen gewahrt. Das gilt jedenfalls nach den punktuellen Anpassungen in §§ 231 Abs. 2, 329 Abs. 7, 350 Abs. 2, 356a StPO, die durch das Gesetz zur Stärkung des

Rechts des Angeklagten auf Anwesenheit in der Verhandlung v. 17.12.2018 (BGBl. 47) vorgenommen worden sind (dazu Sommerfeld ZJJ 2018, 296 (302)). Es darf somit keine HV ohne den Jugendlichen stattfinden, wenn dabei nicht die Voraussetzungen iSv Abs. 1 gegeben sind. Geschieht dies doch, hat der Angeklagte ein Recht auf eine **neue Verhandlung** (vgl. Art. 16 Abs. 2 RL (EU) 2016/800 iVm Art. 9 RL (EU) 2016/343), das mit der Revision (→ Rn. 45) realisiert werden kann (BT-Drs. 19/13837, 39). Bei **fehlender Teilnahmebereitschaft** muss seine Anwesenheit deshalb mit sozialpädagogischen und notfalls auch strafprozessualen Mitteln durchgesetzt werden. Eine (womöglich sogar sanktionsbewehrte) elterliche Pflicht, das Erscheinen des Jugendlichen zu erzwingen, gibt es dagegen nicht (OLG Brandenburg BeckRS 2021, 2104).

2. Voraussetzungen der Durchführung ohne Anwesenheit

22   **a) Zulässigkeit im Allgemeinen Strafverfahren.** Die **von § 231 Abs. 2 StPO** iVm § 2 Abs. 2 erfasste Konstellation, in der sich der Angeklagte seiner Anwesenheitspflicht entzieht, kommt im JStV nur bedingt in Betracht. Das JGericht ist oftmals daran gehindert, die „fernere Anwesenheit nicht für erforderlich" zu erachten, weil es den Jugendlichen nur in dessen Gegenwart einschätzen kann (→ Rn. 9). Die dahingehenden, zu Beginn der HV gemachten Beobachtungen werden dafür nicht ausreichen und vielfach durch das spätere Fernbleiben hinfällig geworden sein (zumal die Entwicklung Jugendlicher ohnehin sehr rasch und dynamisch verläuft). Bei jugendgemäßer Interpretation (→ § 2 Rn. 39 ff.) sind die Möglichkeiten des § 231 Abs. 2 StPO also in diesem Sinne **restriktiv** zu handhaben (weniger einschr. Schatz in Diemer/Schatz/Sonnen Rn. 15; Streng JugendStrafR Rn. 218: „schon einen ausreichenden Eindruck gewonnen"; s. auch Trüg in HK-JGG Rn. 13). Dies gilt entspr. für **§§ 231a f. StPO** iVm § 2 Abs. 2.

23   **§§ 232, 233 StPO** können im allg. StVerf angewandt werden, wenn nur minderschwere Sanktionen absehbar sind. An die Stelle der dort genannten Rechtsfolgen des StGB tritt im JStV die Erwartung von Erziehungsmaßregeln oder von Zuchtmitteln (so zB Schatz in Diemer/Schatz/Sonnen Rn. 14; Streng JugendStrafR Rn. 217), außer einer Verpflichtung nach § 12 Nr. 2 und von JA (ähnlich Schady in NK-JGG Rn. 10; Trüg in HK-JGG Rn. 12). Andere Rechtsfolgen dürften, wenn die HV in diesen Fällen ohne Angeklagten durchgeführt wird, selbst dann nicht verhängt werden, wenn sich die ursprüngliche Sanktionserwartung als unzureichend erweist (§§ 232 Abs. 1 S. 2, 233 Abs. 1 S. 2 StPO iVm § 2 Abs. 2). Allerdings kommen die §§ 232, 233 StPO im JStV aus den in → Rn. 22 genannten Gründen **kaum** zum Tragen.

24   **b) „Besondere Gründe".** Abs. 1 setzt neben den Bedingungen, die in §§ 231 ff. StPO erfasst sind, zusätzlich noch das Vorliegen von besonderen Gründen voraus. Von RL Nr. 1 S. 2 werden insofern zwei Sachverhalte genannt (weit entfernter Wohnort des Jugendlichen; drohende Verdoppelung einer aufwändigen Beweisaufnahme bei Abtrennung des gegen den Abwesenden gerichteten Verfahrens). Darüber hinaus liegen besondere Gründe ebenfalls vor, wenn die Verhandlungsanwesenheit zu erheblichen zusätzlichen **Belastungen** etwa für Ausbildung, Arbeit oder enge persönliche Beziehungen führen würde (ebenso Johann to Settel/Putzke in BeckOK

JGG Rn. 23). Gleichwohl hat Abs. 1 einen **geringen praktischen Anwendungsbereich:** Soweit besondere Gründe bejaht werden, ist regelmäßig die vorzugswürdige Verfahrensmöglichkeit iSv § 47 Abs. 1 Nr. 3 zu prüfen. Kommt dieses Vorgehen nicht in Betracht, weil der Vorwurf zu viel Gewicht hat, fehlt es wiederum an den Voraussetzungen der § 231 Abs. 2 bis § 233 StPO (→ Rn. 22 f.). Hier ist dann nämlich die Anwesenheit des Angeklagten kaum verzichtbar, weil das JGericht sonst schwerlich eine angemessene Rechtsfolge bestimmen kann (ebenso etwa Höffler in MüKoStPO Rn. 11 mwN).

c) Zustimmung der Jugendstaatsanwaltschaft. Die Durchführung **25** ohne Anwesenheit erfordert nach Abs. 1 stets die Zustimmung des JStA. Verzichtbar ist diese allein im vereinfachten JVerfahren (§ 78 Abs. 2 S. 2).

IV. Teilnahme der Erziehungsberechtigten an der Hauptverhandlung

1. Anwesenheitsrecht und -pflicht

Die Erziehungsberechtigten und gesetzlichen Vertreter von jugendlichen **26** Angeklagten haben in der HV gem. Abs. 2 S. 2 eine Anwesenheitspflicht (Beulke/Swoboda Rn. 652), die idR aber nicht durchgesetzt wird (→ Rn. 29; zu teilw. strengeren Vorgaben in ausländischen JStR-Systemen s. Gensing, Jugendgerichtsbarkeit und Jugendstrafverfahren im europäischen Vergleich, 2014, 445 ff.). Im Vordergrund steht ihr Anwesenheitsrecht. Dieser **Anspruch** (hierzu im Ermittlungsverfahren → § 67 Rn. 11) geht unausgesprochen aus **Abs. 2 S. 1,** aber auch aus § 51 Abs. 2 hervor, wo der Ausschluss von der Verhandlung an enge Voraussetzungen geknüpft wird (→ § 51 Rn. 13 ff.). Auf dieser Grundlage zeigt § 51 Abs. 3 obendrein an, dass die Eltern auch zu den „an der Verhandlung beteiligten Personen" zählen (weil § 177 GVG sonst direkt und nicht nur „entsprechend" anwendbar wäre).

Funktional ist das elterliche Anwesenheitsrecht **auf den Jugendlichen 26a bezogen,** dem die erziehungsberechtigte Person in der HV zur Seite stehen soll (→ § 67a Rn. 3). Insofern wird ua durch Abs. 2 die Vorgabe in Art. 15 Abs. 1 RL (EU) 2016/800 (Recht des Kindes auf Begleitung durch den Träger der elterlichen Verantwortung) umgesetzt. Konsequenterweise hat der Angeklagte daher auch einen Anspruch auf elterliche Konsultation (→ § 67 Rn. 11b ff.). Allerdings wird der Anwesenheitsanspruch der Erziehungsberechtigten und gesetzlichen Vertreter nicht nur aus einem „fremden" Recht (dem des Jugendlichen) abgeleitet, sondern erklärt sich auch aus einer eigenen elterlichen Rechtsposition, da er sich zugleich als Konsequenz von Art. 6 Abs. 2 GG darstellt (BVerfGE 107, 104 (122) = NJW 2003, 2004 (2006)).

Das Recht des Angeklagten auf elterliche Begleitung beruht auf der Vor- **27** stellung, dass die Erwachsenen in der herausforderungsreichen Sondersituation einer HV zu einer emotionalen Stabilisierung des Jugendlichen und ggf. auch sachlichen Unterstützung imstande sind. Die Anwesenheit von Erziehungsberechtigten und gesetzlichen Vertretern hat aber auch noch **weitere Vorteile:** Ihre Anwesenheit eröffnet zusätzliche Möglichkeiten der Persön-

lichkeitsbeurteilung. Ferner können die Eltern noch in der HV ihre Zustimmung zur Erteilung von Weisungen erklären. Hierdurch wird die erzieherische Wirkung von Rechtsfolgen und Vereinbarungen, die mit dem jugendlichen Angeklagten über die künftige Lebensführung getroffen werden, oft
stark beeinflusst (vgl. → § 10 Rn. 8). Die Teilnahme an der HV führt
schließlich uU dazu, dass die Eltern auf ihr selbstständiges Anfechtungsrecht
(§ 67 Abs. 2; s. auch → § 55 Rn. 6) unmittelbar verzichten oder es jedenfalls
nicht geltend machen, sodass das Verfahren einen frühzeitigen rechtskräftigen Abschluss finden kann.

2. Ladung

28   Nach Abs. 2 S. 1 soll der Vorsitzende die Ladung der Erziehungsberechtigten und der gesetzlichen Vertreter anordnen (s. auch → § 67a Rn. 3a;
betr. polizeiliche Vernehmungen → § 67 Rn. 11b). Da die Inanspruchnahme des Anwesenheitsrechts nur bei sichergestellten Orts- und Zeitinforma-
tionen vollständig ermöglicht wird, ist die Vorschrift trotz ihres Wortlauts als
Ladungspflicht auszulegen (zust. bspw. Höffler in MüKoStPO Rn. 13:
Ermessensreduzierung auf Null; ähnlich unter Bezug auf Art. 6 Abs. 2 S. 1
GG etwa Kremer, Der Einfluß des Elternrechts auf die Rechtmäßigkeit der
Maßnahmen des JGG, 1984, 172). Ausnahmen bestehen nur, wo das Nichterscheinen von vornherein klar und entschuldigt ist (nicht aber, wo der
Vorsitzende einen sofortigen vollständigen Ausschluss gem. § 51 Abs. 2 ver-
anlassen und die Teilnahme an der HV kurz nach deren Beginn beendet
werden wird (n. → § 51 Rn. 19 f.)). Sind **mehrere** Personen erziehungsberechtigt, genügt zwar die Ladung eines Berechtigten (§ 67 Abs. 5 S. 3),
jedoch empfiehlt sich meist die Ladung aller (vgl. ferner → § 67 Rn. 16).
Dies muss jeweils rechtzeitig (in Anlehnung an § 217 StPO) und nach Abs. 2
S. 2 unter Hinweis auf die gesetzlichen Folgen des Ausbleibens erfolgen (vgl.
§ 48 Abs. 2 StPO). Die Zustellung und Förmlichkeit der Ladung ist empfehlenswert, aber nicht zwingend (OLG Hamm NStZ 2009, 44 (45)).

29   Darüber, ob die HV auch bei **Nichterscheinen** der Eltern − trotz der
damit einhergehenden Nachteile (→ n. 28 f.) − durchgeführt werden kann,
entscheidet das Gericht. Tatsächlich erscheint in einem beachtlichen Anteil
der Verfahren kein Elternteil. Selbst (oder aber gerade) für Verfahren, in
denen die Verhängung von JStrafe in Betracht kommt, wird aus der Praxis
hierfür mitunter ein etwa 50%iger Anteil genannt (persönliche Mitteilungen
aus den 1990er und frühen 2000er Jahren; vgl. auch Schwer Stellung 191;
Pruin ZJJ 2014, 316 (318) mwN). Ob die Stärkung der Elternrechte, zu der
es mit der Umsetzung der RL (EU) 2016/800 gekommen ist (→ Einl.
Rn. 33) daran etwas ändert, ist abzuwarten. Unabhängig davon werden die
bei Nichterscheinen möglichen Zwangsmittel (§ 51 StPO iVm Abs. 2 S. 2)
rechtstatsächlich offenbar nur höchst selten eingesetzt. Der dies rechtfertigenden Erwägung, wonach die abgenötigte Anwesenheit generell keinen
Nutzen verspreche, und zwar weder für die Informationserhebung noch für
die Unterstützung des Angeklagten oder der Rechtsfolgenumsetzung (Pruin
ZJJ 2014, 316 (316, 321)), wird man in dieser Unbedingtheit nicht zustimmen können. Allerdings kommt von vornherein nur ein strafprozessuales
Zwangsmittel in Betracht. Würde man das Nichterscheinen dagegen auch
zum Anlass jugendamtlicher oder familienrichterlicher Maßnahmen nehmen, würden diese als Sanktion des elterlichen Nichterscheinens miss-

braucht, obwohl sie allein im Interesse des Kindeswohls eingesetzt werden dürfen (OLG Brandenburg BeckRS 2021, 2104).

3. Entschädigung

Gemäß Abs. 2 S. 2 finden hinsichtlich der Entschädigung der Erziehungs- **30** berechtigten und gesetzlichen Vertreter die Vorschriften über die Zeugenentschädigung entspr. Anwendung (§ 71 StPO iVm dem JVEG). Eine Beschränkung auf Kosten, die bei einem Wohnsitz im Gerichtsbezirk entstehen können (dafür, wenn auch wohl de lege ferenda Kropp NJ 2007, 299 (300 f.)), ist mit Blick auf die Anwesenheitspflicht und -funktion (→ Rn. 26 ff.) abzulehnen. Zur Vermeidung von Ungleichbehandlung unter den Beschuldigten darf auch bei entfernt lebenden Eltern keine finanzielle Teilnahmebarriere errichtet werden.

V. Teilnahme der Jugendgerichtshilfe an der Hauptverhandlung

1. Gewährleistung der Anwesenheit

a) Terminmitteilung. Für die JGH wurde seit langem ein Anwesen- **31** heitsrecht in der HV anerkannt und aus § 38 Abs. 3 S. 1 aF abgeleitet. Seit dem Gesetz zur Stärkung der Verfahrensrechte von Beschuldigten im Jugendstrafverfahren folgt aus § 38 Abs. 4 S. 1 und Abs. 6 S. 1 neben dem **Teilnahmerecht** auch eine **Teilnahmepflicht,** wobei diese nur bei einem Verzicht nach § 38 Abs. 7 entfällt (n. zum Ganzen → § 38 Rn. 60 ff.). Will die JGH nicht erscheinen, muss sie also die entspr. Befreiung beantragen. Die lange geübte Praxis, wonach sie über ihre (sehr selektive) Teilnahme an der HV (dazu → § 38 Rn. 76) in Wahrnehmung ihres Teilnahmeermessens selbst befand, ist damit ausgeschlossen worden.

Abs. 3 S. 1 dient der Gewährleistung der Anwesenheit eines Vertreters **32** der JGH, da hiernach eine **Mitteilung** von Ort und Zeit der HV erfolgen muss (s. auch RL 7 zu § 43 sowie Nr. 32 Ziffer 5 MiStra). Fälle, in denen dies unterbleiben dürfte, sind – obwohl es sich bei dieser Vorschrift um eine Soll-Norm handelt – kaum vorstellbar. Der Mitteilung bedarf es auch in jenen Verfahren, in denen ein Berichts- oder Anwesenheits**verzicht** iSv § 38 Abs 7 erklärt wurde (zust. Schady in NK-JGG Rn. 12). Das folgt daraus, dass Abs. 3 S. 1 für diese Konstellation keine Ausnahme vorsieht. Die Terminmitteilung stellt hier iÜ auch keinen überflüssigen Formalismus dar, da sich für die JGH aus jugendhilferechtlichen Gründen ein Bedarf ergeben kann, an der HV teilzunehmen (→ § 38 Rn. 64), und sie daher der dafür erforderlichen Informationen bedarf.

Die schon immer kritikwürdige früher hM, wonach die Mitteilung hin- **33** sichtlich des ersten (nicht ausgesetzten) Verhandlungstages einer **über mehrere Tage fortgesetzten HV** genügen soll, auch wenn die JGH von den weiteren vorgesehenen Terminen nicht benachrichtigt wird (BGH bei Martin DAR 1964, 100; aA Schady in NK-JGG Rn. 12), lässt sich mit der zwischenzeitlich va in § 38 Abs. 4 klar gestärkten Rolle der JGH nicht vereinbaren. Eine Mitteilung der Fortsetzungstermine ist nur entbehrlich, wenn diese in der HV in Gegenwart des Vertreters der JGH bestimmt werden (Schatz in Diemer/Schatz/Sonnen Rn. 25). Auch wenn das Verfahren in der ersten HV ausgesetzt worden war, muss die JGH über die zweite HV neu informiert werden (BGH StV 1993, 536 = BeckRS 1993, 30985641).

34   **b) Rechtzeitigkeit.** Die besagte Mitteilung hat, wie die Normtextfassung klarstellt, **beizeiten** zu geschehen: also mindestens eine Woche vorher (s. § 217 Abs. 1 StPO) und so frühzeitig, dass die JGH im Rahmen eines normalen Geschäftsgangs im Stande ist, eine Teilnahme organisatorisch zu gewährleisten und inhaltlich vorzubereiten (vgl. bereits BGH StV 1982, 336). Auch für die ggf. erforderliche Umsetzung der Aktualisierungspflicht (→ § 38 Rn. 40) muss der JGH genügend Zeit bleiben (Schatz in Diemer/Schatz/Sonnen Rn. 24). Erfolgte die Mitteilung derart kurzfristig, dass die JGH nur durch außergewöhnliche Dispositionen zur HV-Teilnahme in der Lage ist, wäre dies weder „rechtzeitig" iSv § 38 Abs. 4 S. 3, noch entspräche es einer „angemessenen Frist" iSv Abs. 3 S. 1, weshalb bei Nichterscheinen in der HV die Auferlegung des Kostensatzes nach § 38 Abs. 4 S. 3 entfiele (zust. Schady in NK-JGG Rn. 12).

2. Äußerung in der HV

35   Das allg. **Äußerungsrecht** der JGH, das nach § 38 Abs. 2 S. 2 Hs. 2 im gesamten JStV gilt (→ § 38 Rn. 58; dazu speziell ggü. dem JStA → § 38 Rn. 24 und 34), wird in **Abs. 3 S. 2** noch einmal eigens für die HV normiert. Ausgeübt wird dieses Recht bspw. mit sozialpädagogischen Stellungnahmen im JGH-Bericht, für die allerdings besondere Maßgaben gelten (→ Rn. 36; → § 38 Rn. 45). Daneben schließt das Äußerungsrecht insbes. die Möglichkeit ein, sich unabhängig von der Berichterstattung mit eigenen Aussagen einbringen zu können. Die Zeitpunkte und Häufigkeit, mit der dem Vertreter der JGH dafür „auf Verlangen" das **Wort erteilt** wird, bestimmt der Vorsitzende als Verhandlungsleiter (§ 238 Abs. 1 StPO iVm § 2 Abs. 2) nach seinem pflichtgemäßen Ermessen. Wird seine Anordnung (oder deren Unterlassung) als unzulässig beanstandet, entscheidet hierüber, da es sich um einen Gegenstand der Sachleitung handelt, das JGericht (§ 238 Abs. 2 StPO iVm § 2 Abs. 2). Ist anzunehmen, dass der Vertreter der JGH zu einem bestimmten Aspekt eine relevante Stellungnahme abgeben kann, entspricht es der richterlichen Aufklärungspflicht, ihn hierzu selbst dann aufzufordern, wenn er kein Äußerungsinteresse signalisiert (ebenso Schatz in Diemer/Schatz/Sonnen Rn. 29). Im Hinblick auf eine ggf. beabsichtigte Erteilung von Weisungen ergibt sich die Anhörungspflicht obendrein aus § 38 Abs. 6 S. 3 Hs. 1 (dazu n. → § 10 Rn. 10). – Ein Recht, **Fragen** an die Prozessbeteiligten zu stellen, hat der Vertreter der JGH iÜ **nicht** (Rückschluss aus §§ 67 Abs. 1, 69 Abs. 3 S. 2 sowie § 240 Abs. 2 S. 1 StPO; ebenso noch ausdrücklich § 31 Abs. 3 S. 3 Hs. 2 JGG 1923). Es steht ihm auch kein formelles Antragsrecht zu. Dies hindert ihn jedoch nach allgA nicht an der Formulierung von Anregungen (vgl. → § 38 Rn. 68).

3. Vortrag des JGH-Berichts

36   **a) Beurteilungen.** Damit die Ergebnisse der Nachforschungen, die die JGH gem. § 38 Abs. 2 S. 2 durchgeführt hat, vom Gericht verwertet werden können, müssen sie nach dem Mündlichkeits- und Unmittelbarkeitsprinzip

(§ 250 StPO iVm § 2 Abs. 2) in die HV eingebracht und im Regelfall dort vorgetragen werden. Soweit dies die Einschätzungen, Wertungen, Hinweise, Anregungen, Vorschläge usw betrifft, handelt es sich um eine fachkundige beratende **Stellungnahme** und nicht um ein Beweismittel (Sommerfeld in NK-JGG § 38 Rn. 9; Gertler/Schwarz in BeckOK JGG § 38 Rn. 122; Brachold, Der Beitrag der Jugendgerichtshilfe zur strafprozessualen Sachverhaltsermittlung und -bewertung, 1999, 109 ff; abw. zB Gundelach StraFo 2019, 45 (46 ff.): Übertragbarkeit des Sachverständigenbeweises). Diese muss vom Vertreter der JGH mündlich **vorgetragen** werden. Prozessrechtlich handelt es sich dabei um eine formlose Anhörung durch das Gericht, das danach nur jene Inhalte berücksichtigen darf, die auf diese Weise zum Gegenstand der HV gemacht worden sind. Anderenfalls wäre nicht gewährleistet, dass sich der Angeklagte hierzu iSv Art. 103 Abs. 1 GG äußern kann (n. dazu → § 38 Rn. 45).

b) Abw. Anforderungen bei Tatsachen. Will das JGericht indes auch **37** schuldfragen- oder rechtsfolgenrelevante Umstände verwerten, über die der Bericht informiert, muss es wegen deren Tatsachencharakters das Strengbeweisverfahren einhalten. Der einfache Vortrag des JGH-Berichts genügt dafür nicht (OLG Oldenburg MDR 1977, 775 = BeckRS 1977, 02123; Brachold, Der Beitrag der Jugendgerichtshilfe zur strafprozessualen Sachverhaltsermittlung und -bewertung, 1999, 55 ff.). Vielmehr bedarf es dann zusätzlich einer Zeugenvernehmung jener Personen, um deren Wahrnehmungen es geht. Das betrifft einmal die **Informanten der JGH.** Da für deren vorherige Befragung durch die JGH vernehmungsanaloge Regeln gelten (→ § 38 Rn. 26 und 29) und die damaligen (wahren oder falschen) Tatsachenangaben im Falle einer Zeugnisverweigerung entspr. § 252 StPO iVm § 2 Abs. 2 nicht verwertet werden könnten (für unmittelbare Anwendung von § 252 StPO BGH NJW 2005, 765; Eisenberg BeweisR StPO Rn. 1276a; Meyer-Goßner/Schmitt/Köhler StPO § 160 Rn. 26), geht die Praxis aber nur selten in dieser Weise vor.

Zum anderen ist die Beweiserhebung zum Tatsachenteil des Berichts **38** durch Vernehmung des **Vertreters** der **JGH** als **Zeuge** zulässig, soweit dessen datenschutzrechtliche Verpflichtungen und sein Zeugnisverweigerungsrecht (dazu → § 38 Rn. 69 ff.) dem nicht entgegenstehen (ebenso bspw. Brunner/Dölling § 38 Rn. 34 f.; Beulke/Swoboda JugendStrafR Rn. 698). Da dies seiner Stellung als Prozessorgan eigener Art (→ § 38 Rn. 56) eher widerspricht und zu Beeinträchtigungen einer erzieherisch wirksamen Hilfeleistung führen kann (→ § 38 Rn. 79), ist es jedoch vorzugswürdig, den Angeklagten zu den fraglichen Umständen zu befragen (Trenczek DVJJ-J 2003, 35 (39)). Im Übrigen kann der Bericht bei den Vernehmungen als **Vernehmungsvorhalt** eingesetzt und in Ausschnitten verlesen werden (dazu allg. etwa BGHSt 11, 159 = NJW 1958, 559; Diemer in KK-StPO StPO § 249 Rn. 41 ff.; einschr. OLG Hamm ZJJ 2004, 298 = BeckRS 2015, 4300: nur bei Verlesbarkeit des JGH-Berichts). Im Urteil verwertbar sind dann die Erklärungen, die die jeweils Vernommenen (Informanten, JGH-Vertreter, Angeklagte) hierzu abgeben. Im Falle einer Bestätigung werden die fraglichen Umstände also aussagegetragen in die HV eingeführt.

c) Richterliche Fürsorgepflichten. Schwierigkeiten können sich je- **39** weils ergeben, wenn der **Angeklagte** die vorgetragenen Angaben (etwa zu

seiner Biographie) als unzutreffend empfindet. In der Praxis scheint entspr.
Einwänden nicht immer hinreichend Rechnung getragen zu werden, etwa
mit der Begründung, es komme auf die bestrittenen Details nicht an, während die auch hierauf gestützten Wertungen des Berichts später durchaus in
die Entscheidung eingehen. Darüber hinaus mag es mancher Angeklagte im
kommunikativen Kontext der HV (→ Rn. 10 ff.) gar nicht wagen, etwaige
Unrichtigkeiten anzumahnen (vgl. empirische Nachw. schon bei Schröer
KrimJ 1987, 98 (101)). Im Übrigen wird er zum Erkennen und Artikulieren
von Fehlern umso weniger in der Lage sein, je rascher der Berichtsinhalt
vorgetragen wird. Selbst bei einem vorhandenen Verteidiger kann nicht
davon ausgegangen werden, dass der Jugendliche im Verhandlungsvorfeld
über die Einzelheiten des Berichts informiert worden ist und sich auf Einwände vorbereiten kann. Es gehört daher zu den richterlichen Anforderungen an eine jugendgemäße Verfahrensgestaltung (→ Rn. 14 ff.), den Angeklagten nicht nur Gelegenheit zu geben, sich zum JGH-Bericht (kritisch) zu
äußern, sondern ihn dabei zur Darstellung seiner **Eigensicht ausdrücklich
zu ermutigen.** Soweit es hierbei ausnahmsweise erforderlich wird, den
Bericht als Vorhalt einzusetzen, hat dies zurückhaltend zu geschehen und
nicht in einer Weise, die den Angeklagten drängt oder gleichsam vor voll-
endete Ergebnisse stellt.

4. Verlesung des JGH-Berichts

40   **a) Kompensatorische Verlesung gem. Abs. 3 S. 3.** Nach Abs. 3 S. 3
kann bei Nichtanwesenheit des Vertreters der JGH ersatzweise der Ermittlungsbericht verlesen werden. Damit wird der Inhalt des Berichts in zulässiger Weise zum (berücksichtigungsfähigen) Gegenstand der HV gemacht.
Dies setzt jedoch voraus, dass er in schriftlicher Form vorliegt und auch
inhaltlich so aussagekräftig ist, dass das JGericht mit der Verlesung seine
Aufklärungspflicht erfüllt (→ § 38 Rn. 46). Außerdem muss die Abwesenheit des Vertreters der JGH durch einen **Verzicht iSv § 38 Abs. 7** gedeckt
sein (anders und problematisch noch RefE v. 11.10.2018). Dies ist allein
dann gegeben, wenn eine Verzichtserklärung vorliegt, formal rechtmäßig ist
(vorheriger Antrag der JGH) und materiell den Anforderungen von § 38
Abs. 7 S. 1 entspricht (durch Fallumstände gerechtfertigt und mit Wohl des
Jugendlichen vereinbar). Die Verzichtsgründe dürfen also nicht in willkürli-
cher oder unvertretbarer Weise angenommen worden sein (zur Kritik der
Verlesungsoption → § 38 Rn. 63). Die Gegenansicht (Schady in NK-JGG
Rn. 14a f.) verkürzt den Verweis in Abs. 3 S. 3 („Voraussetzungen des § 38
Abs. 7 Satz 1") auf § 38 Abs. 7 S. 1 Hs. 2 und verlangt lediglich das Vor-
liegen der materiellen Verzichtsvoraussetzungen. Mit der dies tragenden
Begründung, dass nur bei dieser Auslegung auch bei einem antragslosen
Verzicht (§ 38 Abs. 7 S. 5) eine Verlesung möglich ist, wird ersichtlich
verkannt, dass bei zutr. Interpretation dieser Verzichtsoption für eine Ver-
lesung gar kein Anlass bestehen kann (dazu → § 38 Rn. 64).

41   **b) Keine Verlesungsmöglichkeiten nach allg. StVR.** Die Verlesungs-
optionen des allg. StVR kommen dagegen nicht zum Tragen. So scheidet
etwa § 256 Abs. 1 StPO iVm § 2 Abs. 2 von vornherein aus (ebenso Diemer
in KK-StPO StPO § 256 Rn. 5, Meyer-Goßner/Schmitt/Köhler StPO
§ 160 Rn. 26). Zwar handelt es sich bei der JGH um eine öffentliche

Behörde iSv § 256 Abs. 1 Nr. 1a StPO (ebenso Laubenthal Jugendgerichtshilfe 117), doch stellt der Bericht weder ein Zeugnis noch ein Gutachten
dar; durch seine personenbezogenen Inhalte trägt er am ehesten den Charakter eines Leumundszeugnisses, das gem. § 256 Abs. 1 Nr. 1c StPO von
der Verlesung ausgeschlossen ist. Nach **früher hM** kam allerdings – unter
der Voraussetzung, dass der Angeklagte einen Verteidiger hat und allseitiges
Einverständnis besteht – eine Verlesung gem. **§ 251 Abs. 1 Nr. 1 StPO** in
Betracht (vgl. BGH BeckRS 2006, 14313; Laubenthal Jugendgerichtshilfe
118 f.; Trenczek/Goldberg Jugendkriminalität 281; Trenczek DVJJ-J 2003,
35 (39); einschr. 22. Aufl. Rn. 36). Diese Ansicht ist durch Einführung von
Abs. 3 S. 3 jedoch **hinfällig** geworden, auch was die teilw. (Sommerfeld in
NK-JGG § 38 Rn. 10) befürwortete Anwendbarkeit von **§ 251 Abs. 1
Nr. 2 StPO** betrifft.

Auf Basis der nunmehrigen Gesetzeslage sind die Verlesungsmöglichkeiten **42**
im JGG abschließend geregelt (§ 2 Abs. 2). Die Anwendung des diesbzgl.
allg. StVR kommt in **keiner denkbaren Konstellation** in Betracht: Sofern
der Vertreter der JGH in der HV anwesend ist, besteht der JGH-Bericht
ausschließlich in dessen mündlichen Vortrag. Die vorherige schriftliche
Fassung, die ohnehin nur der Vorab-Information diente, ist dann obsolet
geworden und „gilt" nicht mehr (Trenczek/Goldberg Jugendkriminalität
280), sodass deren **ergänzende Verlesung nicht** in Betracht kommen
kann. Über die im Bericht enthaltenen Tatsachen und Aussagen des Angeklagten ist dann durch Zeugenvernehmung des Vertreters der JGH (und
nicht durch Verlesung) Beweis zu erheben. Ist der Vertreter der JGH
dagegen nicht in der HV anwesend, ohne dass der JGH-Bericht nach Abs. 3
S. 3 verlesen werden kann, muss das auf einem Fehler des Gerichts oder der
JGH beruhen. Es kann dann nämlich nur ein Fall des rechtswidrigen Verzichts oder des eigenmächtigen Ausbleibens der JGH oder ihres Nichterscheinens wegen fehlender Terminmitteilung vorliegen (s. → Rn. 40).
Eine Heranziehung von § 251 StPO scheidet hier aus, liefe sie doch darauf
hinaus, die Regelung in Abs. 3 S. 3 zu **umgehen** und gegenstandslos zu
machen.

VI. Anhörung sonstiger anwesender Personen

Abs. 4 sieht für den Regelfall die Anhörung von Bewährungs- und **43**
Betreuungshelfern sowie Leitern eines sozialen Trainingskurses – soweit
diese in der HV anwesend sind – vor. Es erstaunt, dass der Leiter einer
Einrichtung nach § 34 SGB VIII trotz des Anwesenheitsrechtes (§ 48 Abs. 2
S. 2) nicht ebenfalls genannt ist. Die Anhörung ermöglicht und **bezweckt**
die Vermittlung zusätzlicher und namentlich **neuester** („zu der Entwicklung") persönlicher Umstände, die für die richterliche Entscheidungsfindung
ggf. bedeutsam sein können. Mit Blick auf die richterliche Aufklärungspflicht sind die genannten (sowie ggf. auch weitere) Funktionsträger daher
regelmäßig zu laden (vgl. etwa Brunner/Dölling Rn. 15; Trüg in HK-JGG
Rn. 38; von Ermessensreduzierung auf Null ausgehend Schady in NK-JGG
Rn. 15; Höffler in MüKoStPO Rn. 26). Bei der Anhörung ist sodann darauf
zu achten, dass der Schwerpunkt tatsächlich auf die aktuellen Gegebenheiten
gelegt wird – und nicht etwa auf die Thematisierung früherer jugendstraf-

rechtlicher Sanktionierung, durch die eine Relativierung positiv zu beurteilender Prozesse drohen würde.

44   Da der Betreuungshelfer und der Leiter eines sozialen Trainingskurses mit
Maßnahmen befasst sind, die in Ausführung jugendhilferechtlicher Aufgaben
von den JÄmtern oder freien Träger durchgeführt werden (s. etwa → § 10
Rn. 66 ff.), steht deren Anhörung **datenschutzrechtlich** unter dem Vorbehalt des § 64 Abs. 2 SGB VIII (Vorrangs des Leistungserfolges). Fehlt die
Zustimmung des Jugendlichen zur Informationsweitergabe, ist zudem § 65
Abs. 1 S. 1 Nr. 5 SGB VIII zu beachten (vgl. dazu auch → § 38 Rn. 42 und
70). Bei der Anhörung des Bewährungshelfers spricht der Vorrang erzieherischer Belange dafür, diese Einschränkungen − unabhängig von der organisa-
tionsrechtlichen Zuordnung der BewHilfe (vgl. → § 113 Rn. 2) − durch
eine entspr. sensible Befragung sinngemäß zu berücksichtigen.

VII. Revision

45   Ergeht ein Urteil ohne Beachtung der Voraussetzungen des Abs. 1 in
Abwesenheit des jugendlichen Angeklagten, liegt der absolute Revisionsgrund nach § 338 Nr. 5 StPO iVm § 2 Abs. 2 vor (allgA; vgl. nur
BGHSt 3, 187 (189) = NJW 1952, 1306). − **Unterbleibt die Ladung** nach
Abs. 2 S. 1 und führt dies zur Abwesenheit der Erziehungsberechtigten bzw.
gesetzlichen Vertreter in der HV, ist das Begleitungs- und Konsultationsrecht
des Angeklagten verletzt (s. auch → § 67 Rn. 11e). Soweit Anhaltspunkte
bestehen, dass sich dies auf seine Einlassungen in der HV ausgewirkt hat, ist
die Verteidigung behindert und das Urteil, das dies nicht beachtet, mit der
Revision angreifbar (ähnlich Höffler in MüKoStPO Rn. 29). Unter Umständen wird durch das Unterlassen der elterlichen Ladung oder die Nicht-
durchsetzung ihres Erscheinens auch die richterliche **Aufklärungspflicht**
verletzt, was dann ebenfalls zur Aufhebung des Urteils führt (zum Verstoß
gegen Abs. 2 S. 1 als Wiedereinsetzungsgrund bei Versäumung der Rechtsmittelfrist vgl. → § 67 Rn. 23).

46   Bei Durchführung der HV in Abwesenheit der zuständigen **JGH,** ist das
Urteil revisibel, sofern auf die **Anwesenheit** nicht in rechtmäßiger Weise
verzichtet worden war (dazu im Einzelnen → § 38 Rn. 85 ff.). Wird der
schriftliche Bericht der JGH im Urteil verwertet, kann dies die Revision
begründen. Das ist gegeben, wenn sein Inhalt gar nicht zum Gegenstand der
HV (§ 261 StPO iVm § 2 Abs. 2; Art. 103 Abs. 1 GG) gemacht worden
war (OLG Hamm ZJJ 2004, 298 = BeckRS 2015, 4300). Ebenso verhält es
sich bei einer Berichtsverlesung, ohne dass die Voraussetzungen von Abs. 3
S. 3 vorgelegen hätten (→ Rn. 40 ff.), oder wenn der schriftliche Bericht als
Vernehmungsbehelf (→ Rn. 38) eingesetzt und dann selbst (nicht also die
substantiierte Bestätigung durch die vernommene Person) verwendet wurde
(Diemer in KK-StPO StPO § 249 Rn. 52 mwN).

Zeitweilige Ausschließung von Beteiligten

51 (1) ¹Der Vorsitzende soll den Angeklagten für die Dauer solcher Erörterungen von der Verhandlung ausschließen, aus denen Nachteile für die Erziehung entstehen können. ²Er hat ihn von

dem, was in seiner Abwesenheit verhandelt worden ist, zu unterrichten, soweit es für seine Verteidigung erforderlich ist.

(2) [1] Der Vorsitzende kann auch Erziehungsberechtigte und gesetzliche Vertreter des Angeklagten von der Verhandlung ausschließen, soweit

1. erhebliche erzieherische Nachteile drohen, weil zu befürchten ist, dass durch die Erörterung der persönlichen Verhältnisse des Angeklagten in ihrer Gegenwart eine erforderliche künftige Zusammenarbeit zwischen den genannten Personen und der Jugendgerichtshilfe bei der Umsetzung zu erwartender jugendgerichtlicher Sanktionen in erheblichem Maße erschwert wird,

2. sie verdächtig sind, an der Verfehlung des Angeklagten beteiligt zu sein, oder soweit sie wegen einer Beteiligung verurteilt sind,

3. eine Gefährdung des Lebens, des Leibes oder der Freiheit des Angeklagten, eines Zeugen oder einer anderen Person oder eine sonstige erhebliche Beeinträchtigung des Wohls des Angeklagten zu besorgen ist,

4. zu befürchten ist, dass durch ihre Anwesenheit die Ermittlung der Wahrheit beeinträchtigt wird, oder

5. Umstände aus dem persönlichen Lebensbereich eines Verfahrensbeteiligten, Zeugen oder durch eine rechtswidrige Tat Verletzten zur Sprache kommen, deren Erörterung in ihrer Anwesenheit schutzwürdige Interessen verletzen würde, es sei denn, das Interesse der Erziehungsberechtigten und gesetzlichen Vertreter an der Erörterung dieser Umstände in ihrer Gegenwart überwiegt.

[2] Der Vorsitzende kann in den Fällen des Satzes 1 Nr. 3 bis 5 auch Erziehungsberechtigte und gesetzliche Vertreter des Verletzten von der Verhandlung ausschließen, im Fall der Nummer 3 auch dann, wenn eine sonstige erhebliche Beeinträchtigung des Wohls des Verletzten zu besorgen ist. [3] Erziehungsberechtigte und gesetzliche Vertreter sind auszuschließen, wenn die Voraussetzungen des Satzes 1 Nr. 5 vorliegen und der Ausschluss von der Person, deren Lebensbereich betroffen ist, beantragt wird. [4] Satz 1 Nr. 5 gilt nicht, soweit die Personen, deren Lebensbereiche betroffen sind, in der Hauptverhandlung dem Ausschluss widersprechen.

(3) § 177 des Gerichtsverfassungsgesetzes gilt entsprechend.

(4) [1] In den Fällen des Absatzes 2 ist vor einem Ausschluss auf ein einvernehmliches Verlassen des Sitzungssaales hinzuwirken. [2] Der Vorsitzende hat die Erziehungsberechtigten und gesetzlichen Vertreter des Angeklagten, sobald diese wieder anwesend sind, in geeigneter Weise von dem wesentlichen Inhalt dessen zu unterrichten, was während ihrer Abwesenheit ausgesagt oder sonst verhandelt worden ist.

(5) Der Ausschluss von Erziehungsberechtigten und gesetzlichen Vertretern nach den Absätzen 2 und 3 ist auch zulässig, wenn sie zum Beistand (§ 69) bestellt sind.

(6) [1] Werden die Erziehungsberechtigten und die gesetzlichen Vertreter für einen nicht unerheblichen Teil der Hauptverhandlung ausgeschlossen, so ist für die Dauer ihres Ausschlusses von dem Vor-

sitzenden einer anderen für den Schutz der Interessen des Jugendlichen geeigneten volljährigen Person die Anwesenheit zu gestatten.
[2] Dem Jugendlichen soll Gelegenheit gegeben werden, eine volljährige Person seines Vertrauens zu bezeichnen. [3] Die anwesende andere
geeignete Person erhält in der Hauptverhandlung auf Verlangen das
Wort. [4] Wird keiner sonstigen anderen Person nach Satz 1 die Anwesenheit gestattet, muss ein für die Betreuung des Jugendlichen in
dem Jugendstrafverfahren zuständiger Vertreter der Jugendhilfe anwesend sein.

(7) Sind in der Hauptverhandlung keine Erziehungsberechtigten
und keine gesetzlichen Vertreter anwesend, weil sie binnen angemessener Frist nicht erreicht werden konnten, so gilt Absatz 6
entsprechend.

Übersicht

I. Anwendungsbereich

1. Hauptverhandlungen gegen Jugendliche

Die Vorschrift gilt in HV gegen Jugendliche vor den JGerichten und, **1** soweit dies Abs. 2–7 betrifft, auch vor den für allg. Strafsachen zuständigen Gerichten (§ 104 Abs. 1 Nr. 9). Abs. 1 kann dort nach dem Ermessen des Richters angewendet werden (§ 104 Abs. 2). In Verfahren gegen Heranwachsende hat die Vorschrift keine Bedeutung (§ 109). Hier sind allein die allg. Vorschriften zum (zeitweiligen) Ausschluss von der HV heranziehbar.

§ 51 galt nach hM als generalisierbare Vorschrift, die bei **Unter-** **2** **suchungshandlungen und Vernehmungen** außerhalb der HV, bei denen ein Anwesenheitsrecht besteht, **entsprechend anwendbar** sei (ebenso Brunner/Dölling Rn. 19). Für Abs. 1 kam dies allerdings nie in Betracht, weil damit ein Verlust spezieller Verfahrensrechte einherginge. Dies gilt bzw. galt jedenfalls dort, wo die Anwesenheit des Beschuldigten bei der fraglichen Maßnahme wegen deren Natur (Vernehmung) und/oder wegen des Anspruchs auf rechtliches Gehör unverzichtbar ist (zB § 118 StPO iVm § 2 Abs. 2; s. auch Schady in NK-JGG Rn. 2). Hinsichtlich der Abs. 2–7 ist die Möglichkeit einer entspr. Anwendung durch das Gesetz zur Stärkung der Verfahrensrechte von Beschuldigten im Jugendstrafverfahren entfallen, weil es mit § 67 Abs. 3 seither eine einschlägige Spezialvorschrift gibt. Soweit es im Vorverfahren zu Verhandlungen kommt, die sich nicht direkt als Untersuchungshandlungen einordnen lassen (§§ 117 ff., 223 f. StPO iVm § 2 Abs. 2), ist dafür die sachlich nähere Regelung in § 67 Abs. 3 und nicht § 51 in entspr. Anwendung heranzuziehen (offen lassend Schatz in Diemer/ Schatz/Sonnen Rn. 2).

2. Ordnungswidrigkeitenverfahren

In Bußgeldverfahren nach dem OWiG kann eine sinngemäße Anwendung **3** von § 51 (über § 46 Abs. 1 OWiG) dann in Betracht kommen (vgl. auch → § 50 Rn. 6 f.), wenn Verfahrensbeteiligte an der HV teilnehmen wollen (Seitz/Bauer in Göhler OWiG § 71 Rn. 65).

II. Zeitweilige Ausschließung des Jugendlichen

1. Einordnung

Der jugendliche Angeklagte ist während der gesamten HV zur Anwesen- **4** heit berechtigt und verpflichtet (n. → § 50 Rn. 8 f.). Dies entspricht einem wesentlichen Verfahrensgrundsatz, von dem gerade das JStV nur wenige Ausnahmen erlaubt (hierzu → § 50 Rn. 21 ff.). Vor diesem Hintergrund sollen auch Phasen der **vorübergehenden Abwesenheit** vermieden oder **eingegrenzt** werden. Deshalb ist es dem Jugendlichen gem. § 231 Abs. 1 S. 1 StPO iVm § 2 Abs. 2 untersagt, sich aus der Verhandlung zu entfernen. Von der HV ausgeschlossen werden darf er nur in bestimmten Konstellationen. Das allg. StVR gestattet dies gem. § 177 GVG iVm § 231b StPO, wenn der Angeklagte den zur Aufrechterhaltung der Ordnung während der Ver-

handlung getroffenen Anordnungen keine Folge leistet (einschr. hierzu
→ § 2 Rn. 45, → § 50 Rn. 22). Außerdem ist ein Ausschluss im Interesse
der Wahrheitsfindung, des Zeugen sowie des Angeklagten erlaubt (§ 247
S. 1–3 StPO iVm § 2 Abs. 2). Die letztgenannte Konstellation betrifft indes
allein „Erörterungen über den Zustand des Angeklagten und die Behandlungsaussichten (…), wenn ein erheblicher Nachteil für seine Gesundheit zu
befürchten ist".

5   **Abs. 1 S. 1,** der in Verfahren gegen Jugendliche **neben** diese allg. Optionen tritt (s. BGH NStZ 2002, 216 (217) sowie bereits Peters RJGG § 24
Anm. 1), lässt den zeitweiligen Ausschluss darüber hinaus auch bei anderen
„Erörterungen" (→ Rn. 6) und bei drohenden Nachteilen „für die Erziehung" (→ Rn. 7) zu. Allerdings ist bereits § 247 StPO iVm § 2 Abs. 2
wegen der grundlegenden Bedeutung der Anwesenheit des Angeklagten eng
auszulegen (BGHSt 55, 87 (89) = NJW 2010, 2450 (2451); Cierniak/Nie-
haus in MüKoStPO StPO § 247 Rn. 3). Für Abs. 1 S. 1 gilt dies erst recht
(nachdrücklich Albrecht JugendStrafR 370). Denn allein eine **restriktive**
Interpretation hält die (ggü. Erwachsenen) **zusätzlichen Nachteile,** die
die erweiterte Ausschließung für die Verteidigungsmöglichkeiten mit sich
bringt (→ Rn. 11), in hinnehmbaren Grenzen (zur Problematik allg. → § 2
Rn. 23 ff.). Die sich daraus ergebenden Einschränkungen dürfen nach allgA
(Rückschluss aus Abs. 4 S. 1) **nicht** dadurch **umgangen** werden, dass der
Richter den Jugendlichen um ein „freiwilliges" Verlassen „bittet" (einschr.
für Absprachegespräche „in einer Sitzungspause" aber Schatz in Diemer/
Schatz/Sonnen Rn. 9).

2. Voraussetzungen (Abs. 1 S. 1)

6   **a) Erörterungen.** Unter diesen Begriff fallen nicht nur die Beweisver-
handlung, sondern auch die Ausführungen aller anderen Prozessbeteiligten
einschl. der Verhandlungen zur Vereidigung (BGH NStZ 2002, 216) und
der Schlussvorträge. Die Verkündung des Urteils und dessen Begründung
sind dagegen nach allgA in die Erörterung iSv Abs. 1 S. 1 nicht einbezogen.
Alles andere widerspräche dem allg. Sprachgebrauch und würde iÜ auch
§ 54 Abs. 2 überflüssig machen.

7   **b) Erzieherische Nachteile.** Es müssen Umstände vorliegen, die erzieherisch nachteilige Wirkungen bei dem auszuschließenden Jugendlichen
konkret befürchten lassen. In dieser Hinsicht bedarf es einer individuellen,
fallbezogenen Plausibilität, bei der die Reife und Verständigkeit des Jugendlichen zu berücksichtigen ist (Brunner/Dölling Rn. 2). Das spricht gegen
eine standardisierte Handhabung, die an bestimmte Typen von Sachverständigengutachten anknüpft oder bei der Thematisierung persönlicher oder
elterlicher Defizite die entspr. Nachteilsgefahren regelhaft annimmt (s.
→ 22. Aufl. Rn. 8 f.). Denkbar ist der Ausschluss bspw., wenn innerfamiliäre
Beziehungen, auf deren Aufrechterhaltung es für die Entwicklung des Jugendlichen ankommt, durch deren Problematisierung in seinem Beisein
destabilisiert werden könnten (vgl. n. auch Johann to Settel/Putzke in
BeckOK JGG Rn. 9). Die Anordnung muss ferner, weil sie eine Rechts-
beeinträchtigung und uU ein abträgliches Misstrauen ggü. Maßnahmen des
Gerichts hervorruft, **erforderlich** sein. Sie kommt also nicht in Betracht,
falls sich der fragliche Inhalt in einer geeigneten, sprachlich besonders sensi-

blen Form durchaus ohne Nachteilsgefahren erörtern lässt (ebenso Cierniak/
Niehaus in MüKoStPO StPO § 247 Rn. 4; Molketin, Die Schutzfunktion
des § 140 Abs. 2 StPO zu Gunsten des Beschuldigten im Strafverfahren,
1986, 147 f.; Bex DVJJ-J 1997, 418 (422)).

Einen Ausschluss im Interesse eines **Mitangeklagten** (zB bei der Erörte- 8
rung von dessen persönlichen Verhältnissen) erlaubt Abs. 1 S. 1 **nicht**
(Schatz in Diemer/Schatz/Sonnen Rn. 12; Bex DVJJ-J 1997, 418 (421); aA
Schady in NK-JGG Rn. 6; Ostendorf FS Rieß, 2002, 853). Er kann ebenso
wenig nur deshalb veranlasst werden, weil die Arbeit der **JGH** sonst erschwert würde (Dallinger/Lackner Rn. 7). Selbst wenn die Anwesenheit des
Jugendlichen bei den Ausführungen des Vertreters der JGH dazu führen
könnte, dass die Betreuungsbeziehung beeinträchtigt wird und es dadurch
mittelbar auch zu erzieherischen Nachteilen kommt, rechtfertigt dies keine
Ausschließung. Anders verhält es sich nur, wenn die diesbezüglichen Gefahren so konkret und so erheblich sind, dass dies jene Beziehungsrisiken überwiegt, die gerade dem „Verheimlichen" der JGH-Äußerungen innewohnen
(einschr. schon Eisenberg Bestrebungen 42 f.; vgl. auch Beulke/Swoboda
JugendStrafR Rn. 786; abw. Schatz in Diemer/Schatz/Sonnen Rn. 13).

3. Vornahme des Ausschlusses

Der **Anstoß** zur vorübergehenden Ausschließung des jugendlichen Ange- 9
klagten kann vom Vorsitzenden oder den Prozessbeteiligten ausgehen. Allerdings bestehen Bedenken, wenn der Vorsitzende den sich äußernden
Personen (dh etwa dem Vertreter der JGH, dem Sachverständigen oder dem
Verteidiger) vorab nahelegt, die Frage einer Ausschließung zu bedenken und
diese ggf. anzuregen (so noch die seit 1.8.1994 entfallene RL 3). Hierdurch
kann beim Jugendlichen allzu leicht Misstrauen – weniger ggü. den anregen-
den Prozessbeteiligten als ggü. dem Vorsitzenden – ausgelöst werden.

Abw. von § 247 StPO erfolgt die Ausschließung nicht durch Gerichts- 10
beschluss, sondern auf **Anordnung** des **Vorsitzenden,** gegen deren Zulässigkeit nach § 238 Abs. 2 StPO iVm § 2 Abs. 2 die Entscheidung des
Gerichts angerufen werden kann. Bereits die Anordnung muss nach Anhörung der Prozessbeteiligten verkündet, begründet und in der Sitzungsniederschrift vermerkt werden (vgl. die insoweit zu übertragenden Grundsätze der
Rspr. zu § 247 StPO in BGHSt 15, 194 = NJW 1961, 132).

4. Unterrichtung (Abs. 1 S. 2)

Direkt nach dem Wiedereintritt des Angeklagten in die HV und vor jeder 11
weiterer Verfahrenshandlung muss durch den Vorsitzenden in einer jugendgemäßen Form die in Abs. 1 S. 2 geregelte Unterrichtung erfolgen und in
der Sitzungsniederschrift vermerkt werden (vgl. BGHSt 1, 346 (350) = NJW
1952, 192 (193); BGHSt 3, 384 = NJW 1953, 515 jeweils zu § 247 StPO).
Diese Mitteilungen sollen den Angeklagten über das Geschehen ins Bild
setzen, ihm Gelegenheit zur Reaktion geben und so seinen verfassungsrechtlich garantierten Anspruch auf **rechtliches Gehör** (Art. 103 Abs. 1 GG)
gewährleisten. Eine abbildartige Wiedergabe ist allerdings von vornherein
unmöglich. Zudem wird sich der Vorsitzende zwangsläufig auf das konzentrieren, was auf der Grundlage seiner fallbezogenen Kenntnisse von Belang
ist, und (vermeintlich bzw. aus seiner Sicht) unerhebliche Details unberück-

sichtigt lassen (dazu auch Eisenberg/Schlüter JR 2001, 341 (342); Eisenberg StV 2009, 344 (345)). Daher ist die Information des Angeklagten wesensmäßig eine „selektive" (BGH HRRS 2009 Nr. 759 zu § 247 StPO). Infolge dieses **Filters** vermag „auch die umfangreichste Unterrichtung durch den Vorsitzenden den persönlichen Eindruck des Angeklagten und dessen ständige Anwesenheit nicht zu ersetzen" (OLG Frankfurt a. M. NStZ-RR 2009, 208).

12   Die **Einschränkung** in Abs. 1 S. 2 letzter Hs. ist geeignet, diese Rechtseinschränkung zusätzlich zu verstärken. Dass dies der gesetzgeberischen Absicht entspricht, muss bezweifelt werden (abw. aber BGH NStZ 2002, 216). Ohnehin können erzieherische Gründe allenfalls den Ausschluss aus der HV, nicht jedoch die Vorenthaltung von Informationen legitimieren. Daher bedarf diese Regelung einer ausgesprochen **restriktiven Interpretation,** die die Ermessensgrenzen im Hinblick auf den notwendigen Umfang der Unterrichtung konkretisiert. Darüber, welcher potenziell relevante Aspekt tatsächlich „für seine Verteidigung erforderlich ist", kann und darf allein der Angeklagte bzw. sein Verteidiger befinden – und nicht das (dem Urteil sonst vorgreifende) Gericht. Deshalb ist der Angeklagte nach seiner Rückkehr in die HV nicht nur über die Erörterung be- und entlastender Umstände zu informieren, sondern auch über neutrale Punkte, soweit deren künftige Bedeutsamkeit nicht sicher ausgeschlossen werden kann (ähnlich Schady in NK-JGG Rn. 7).

III. Ausschließung der Erziehungsberechtigten und gesetzlichen Vertreter

1. Systematische Einordnung

13   **a) Ausnahmevorschrift.** Die Erziehungsberechtigten und gesetzlichen Vertreter haben in der HV aus den in → § 50 Rn. 26 f. erörterten Gründen nicht nur eine Pflicht zur Anwesenheit, sondern auch einen darauf gerichteten Anspruch. Dennoch kann ihre Anwesenheit nach Abs. 2 eingeschränkt werden. Die Voraussetzungen, unter denen eine Ausschließung erfolgen darf, waren in der **früheren** Fassung der Vorschrift allerdings zu unbestimmt normiert, sodass die Bestimmung wegen ihrer Verfassungswidrigkeit für nichtig erklärt wurde (BVerfGE 107, 104 = NJW 2003, 2004 mAnm Ostendorf DVJJ-J 2003, 76; Eisenberg/Zötsch GA 2003, 226; Grunewald NJW 2003, 1995). Deshalb hat das 2. JuMoG v. 22.12.2006 (BGBl. I 3416) den **Abs. 2 neu gefasst** sowie die Abs. 3–5 eingefügt. In Umsetzung von Art. 15 Abs. 1 RL (EU) 2016/800 wurde dies durch das Gesetz zur Stärkung der Verfahrensrechte von Beschuldigten im Jugendstrafverfahren noch um die Vorgaben zur kompensatorischen Erwachsenenbegleitung (Abs. 6 und 7) ergänzt (zu den ähnlichen Regelungen für die Untersuchungshandlungen im Ermittlungsverfahren s. → § 67 Rn. 11 ff.).

14   Ungeachtet dessen ist Abs. 2 – als eine Ausnahmevorschrift, die das grds. bestehende Anwesenheitsrecht einschränkt und diese Möglichkeit zudem ggü. dem allg. StVR erweitert – **eng auszulegen.** Das betrifft zunächst die Interpretation der fünf Konstellationen, die für den Ausschluss jeweils eine Einzelfallprüfung und eine hinreichende Begründung voraussetzen. Im Rah-

men des pflichtgemäßen Ausschließungs-**Ermessens,** das durch die vorliegenden Voraussetzungen eröffnet wird, sind die Gesichtspunkte, um derentwegen die Anwesenheit der Erziehungsberechtigten und gesetzlichen Vertreter vorgesehen ist (→ § 50 Rn. 26 f.), sodann eigens zu berücksichtigen
und in ein Verhältnis zu den jeweilig entgegengesetzten Interessen zu stellen
(BR-Drs. 550/06, 131). Insbes. wegen des Rechts des Angeklagten auf
elterliche Begleitung, das durch die Anwesenheit einer erwachsenen Ersatzperson (→ Rn. 31 ff.) nur bedingt ausgeglichen wird, kann es hierbei **keine
Entscheidungsautomatismen** geben.

    b) Anderweitige Ausschlussmöglichkeiten. Die Ausschließung gem. **15**
Abs. 2 besteht neben den Möglichkeiten, die fraglichen Personen nach **allg.
StVR** von der HV auszuschließen, denn nach **Abs. 3** kann eine sitzungspolizeiliche Entfernung gem. **§ 177 GVG** auch ggü. den Genannten erfolgen.
Die Norm nimmt eine Gleichstellung mit anderen an der Verhandlung beteiligten Personen („Parteien, Beschuldigte, Zeugen, Sachverständige") vor
(→ § 50 Rn. 26). Allerdings ist diese Ausschlussbefugnis ebenfalls streng zu
interpretieren, weil der elterliche Anwesenheitsanspruch keineswegs nur auf
einem „eigenen Recht" (Art. 6 Abs. 1 GG) beruht, dass durch das Verhalten
in der HV gleichsam „verwirkt" werden könnte. Mit Blick auf den Anspruch
des Jugendlichen auf elterliche Begleitung ist ein zurückhaltender Gebrauch
auch von § 177 GVG angezeigt (iErg ebenso Johann to Settel/Putzke in
BeckOK JGG Rn. 21). Der beschränkte Verweis in Abs. 3 macht iÜ klar, dass
andere allg. Optionen im JStV keine Bedeutung haben. Das betrifft namentlich
§ 175 GVG (vgl. Dallinger/Lackner § 48 Rn. 13) und § 178 GVG, der iÜ
schon nach seinem Wortlaut gar nicht einschlägig ist (abw. Höffler in Mü-
KoStPO Rn. 20; offen gelassen von OLG Dresden NStZ 2010, 472).

    Unzulässig wäre es, durch die Gestaltung der HV solche Hindernisse zu **16**
schaffen, die den Erziehungsberechtigten oder gesetzlichen Vertretern die
Teilnahme massiv erschweren und daher auf eine **faktische Ausschließung**
hinauslaufen. Deshalb ist bei der **Terminierung** der HV auch Rücksicht
auf solche zeitlichen Belange der Eltern zu nehmen, für die die Zeugenentschädigung (§ 50 Abs. 2 S. 2) keine Lösung enthält (bspw. Krankenhaus-
aufenthalte; zur entspr. anwendbaren Rechtslage bei der Verteidigung s.
Petri NJW 2018, 3344). Bei einer etwaigen **Zeugenstellung** wird vielfach
bestr., dass die Eltern bis zu ihrer Vernehmung die HV gem. § 243 Abs. 2
StPO iVm § 2 Abs. 2 verlassen müssen (vern. bspw. Schatz in Diemer/
Schatz/Sonnen Rn. 31; Becker in Löwe/Rosenberg StPO § 243 Rn. 23;
Frister in SK-StPO § 243 Rn. 20). Wird das Erfordernis hingegen bej.
(BGH NJW 1956, 520; wohl auch Schneider in KK-StPO StPO § 243
Rn. 15; s. dazu auch → Rn. 25), muss die hierin liegende Einschränkung
ihres Anwesenheitsrechts dadurch begrenzt werden, dass ihre Vernehmung
gleich zu Beginn der Beweisaufnahme erfolgt (s. n. auch → § 48 Rn. 20).
Schließlich könnten Eltern mit entspr. religiösen Hintergrund durch das
Verbot der Gesichtsverhüllung (§ 176 Abs. 2 GVG iVm § 2 Abs. 2) von
einer HV-Teilnahme abgehalten werden. Da die Erziehungsberechtigten
bzw. gesetzlichen Vertreter zu den „an der Verhandlung beteiligten Personen" iS der §§ 175 ff. GVG gehören (→ § 50 Rn. 26), ist die Vorschrift
auf sie nämlich grds. anwendbar. Zur Vermeidung von Abschreckungseffek-
ten sind Ausnahmen aber im Regelfall zu gestatten (vgl. auch Mitsch KriPoZ
2020, 99 (102)).

2. Reichweite der Ausschließungsmöglichkeit

17   **a) Persönlich.** Bei **mehreren Erziehungsberechtigten** und gesetzlichen Vertretern können nur die Personen ausgeschlossen werden, bei denen die Gründe iSv Abs. 2 zu bejahen sind. In einer HV gegen **mehrere Angeklagte** und deshalb auch mit mehreren Eltern gilt das entsprechend. Allerdings können sich die jeweiligen Gründe durchaus mit Bezug zu jedem einzelnen Mitangeklagten ergeben; die Beteiligung iSv Abs. 2 S. 1 Nr. 2 oder die Gefährdung iSv Abs. 2 S. 1 Nr. 3 müssen also nicht notwendig hinsichtlich des jeweils eigenen Kindes bestehen. – **Sonstige Angehörige** des Angeklagten, die nicht zu seinen Erziehungsberechtigten oder gesetzlichen Vertretern gehören und daher auch kein Anwesenheitsrecht haben, können nicht nach Abs. 2 ausgeschlossen werden. Soweit sie der HV beiwohnen, beruht das allein auf einer nach § 48 Abs. 2 S. 3 erteilten Zulassung, die widerrufen werden kann (→ Rn. 37).

18   Der Möglichkeit des Ausschlusses steht es nicht im Wege, wenn die fragliche erziehungs- oder vertretungsberechtigte Person **als Beistand** iSv § 69 bestellt worden ist (so ausdrücklich **Abs. 5**). Ggf. hat das Gericht dann allerdings einen anderen Beistand zu bestellen (vgl. BR–Drs. 550/06, 141: nach pflichtgemäßem Ermessen). IdR wird der Bedarf, der während der Ausschließung des Beistands an einer individuell fürsorglichen Unterstützung (→ § 69 Rn. 3) bestehen mag, jedoch durch eine geeignete Ersatzperson gem. Abs. 6 zu gewährleisten sein (zur Frage einer hier ggf. erforderlichen Verteidigerbestellung → § 68 Rn. 29).

19   **b) Zeitlich.** Der Ausschluss ist für die Phase bzw. die Teile der HV zulässig, in der bzw. in denen es dafür Gründe iSv Abs. 2 S. 1 Nr. 1–5 gibt („soweit"). Eine vorherige oder länger während Ausschließung wäre rechtsgrundlos und rechtswidrig. Anders als Abs. 1 („für die Dauer solcher Erörterungen") enthält Abs. 2 aber keine Klausel, der zufolge der Ausschluss zwar länger bemessen sein kann, aber stets ein **zeitweiliger** sein muss. Falls es durch das entspr. anhaltende Vorliegen eines Ausschlussgrundes gerechtfertigt wird, ist daher ausnahmsweise auch eine **vollständige** Ausschließung möglich (Brunner/Dölling Rn. 14). Diese wird zu Beginn der HV angeordnet und reicht bis zu deren Ende (zum dann ggf. zulässigen Verzicht auf die Ladung → § 50 Rn. 28). Wegen der Eingriffsintensität bedarf es hierfür jedoch einer außerordentlich kritischen Voraussetzungsprüfung.

20   Auch eine vollständige Ausschließung setzt aber voraus, dass die Adressaten zumindest kurzzeitig in der HV anwesend sind und diese daraufhin verlassen müssen. Dies wird durch Abs. 4 S. 1 unterstrichen. Das Gesetz sieht **keine** Möglichkeit vor, den Eltern das Anwesenheitsrecht in der HV zu entziehen (→ § 67 Rn. 17) oder ihren Ausschluss gleichsam „präventiv", dh **vor ihrem Erscheinen** vorzunehmen oder ihn gar schon **vor Beginn der HV** zu erklären (so aber ohne Begründung Schady in NK-JGG § 50 Rn. 11, der dann auf eine Ladung verzichten und eine Terminnachricht genügen lassen will). Wegen des besonderen Formalisierungsgrades der HV besteht hier ein Unterschied zu den Untersuchungshandlungen im Ermittlungsverfahren, zu denen den Erziehungsberechtigten und gesetzlichen Vertretern in den Fällen von Abs. 2 S. 1 Nr. 1–5 der Zugang von vornherein verwehrt werden kann (§ 67 Abs. 3 S. 1 und S. 2).

3. Ausschließungsgründe gem. Abs. 2 S. 1 Nr. 1–5

a) Abs. 2 S. 1 Nr. 1. Hiernach kann der Vorsitzende die Erziehungs- **21**
berechtigten und gesetzlichen Vertreter von der Verhandlung ausschließen,
wenn die Befürchtung besteht, dass durch die Erörterung der persönlichen
Verhältnisse in ihrem Beisein erhebliche erzieherische Nachteile bei der
Umsetzung der Sanktion drohen, und zwar aufgrund eines belasteten Verhältnisses zur JGH. Das betrifft Fälle, in denen die Eltern bei der Thematisierung familiärer Bedingungen den Eindruck gewinnen könnten, verletzt,
herabgewürdigt oder vor den Kopf gestoßen zu werden. Allerdings dürfte
ihr Ausschluss dem Vertrauensverhältnis zur JGH ebenso wenig zuträglich
sein. Vielmehr kann der Vorsitzende gerade durch Anwendung der Norm in
einer (zu begründenden) Einzelfallentscheidung elterliches Misstrauen schaffen. Deshalb darf Abs. 2 Nr. 1 keinesfalls dafür herhalten, absehbaren
Schwierigkeiten mit den Eltern bei der künftigen Sanktionsumsetzung aus-
zuweichen (vgl. auch → § 10 Rn. 8). Vor dem Hintergrund des Anspruchs
auf erwachsene Begleitung müssen **erhebliche** erzieherische Nachteile drohen, bloße Erschwerungen reichen nicht aus (→ Rn. 14).

b) Abs. 2 S. 1 Nr. 2. Be- bzw. ensteht der Verdacht oder wurde in einer **22**
Verurteilung festgestellt, dass die Erziehungsberechtigten und gesetzlichen
Vertreter an der Verfehlung des Angeklagten beteiligt waren, können sie
gem. Abs. 2 S. 1 Nr. 2 ausgeschlossen werden (s. auch → § 67 Rn. 17). Dies
ist aber nur rechtmäßig, wenn deshalb auch eine nicht unerhebliche **Gefährdung** des Wohls des Jugendlichen bzw. der effektiven Strafverfolgung vorliegt (vgl. BR-Drs. 550/06, 134). Die angenommene oder verifizierte Beteiligung muss folglich nicht zwingend zu einem Ausschluss führen (insbes.
nicht bei einem nur einfachen Verdacht).

c) Abs. 2 S. 1 Nr. 3. In einer ersten Variante ist nach dieser Vorschrift **23**
ein Ausschluss zulässig, wenn ansonsten Freiheit, Leib oder Leben des Angeklagten, eines Zeugen oder anderer Personen gefährdet wären (etwa
wegen Rache- oder Bestrafungsakten). Psychische Belastungen oder Beeinträchtigungen genügen nicht. Auch muss es sich um eine **konkrete** Gefahr
handeln, wobei sich diese auch in einem anderen zeitlich-räumlichen Zusammenhang als dem der HV realisieren kann. – In einer weiteren Variante
erlaubt Nr. 3 die Entfernung, wenn anderenfalls das **Wohl** (hier auch das
psychische Wohl) des Angeklagten in erheblicher Weise beeinträchtigt wäre.
Das bezieht sich auf Fälle, in denen Eltern bzw. Erziehungsberechtigte bspw.
ihr Sorgerecht missbräuchlich ausüben. Denkbar ist die Einschlägigkeit auch
dort, wo der Jugendliche starke Ängste vor den Anwesenheitsberechtigten
hat. Überhaupt soll die Besorgnis einer sonstigen nachhaltigen **Beeinträchtigung des Eltern-Jugendlichen-Verhältnisses** einen Ausschluss rechtfertigen können (BR-Drs. 550/06, 134). Im Zweifel ist hier für den Jugendlichen (und gegen den Anwesenheitsanspruch) zu entscheiden ist (vgl. Eisen-
berg/Zötsch GA 2003, 226 (231)), weil das Recht auf elterliche Begleitung
sich in erster Linie aus dessen Belangen legitimiert.

d) Abs. 2 S. 1 Nr. 4. Besteht die Befürchtung, dass die Anwesenheit der **24**
in S. 1 genannten Personen zulasten der **Wahrheitsermittlung** gehen wird,
können diese gem. Abs. 2 S. 1 Nr. 4 ausgeschlossen werden. Bei prozess-
ordnungsgemäßem Verhalten der Eltern ist diese Voraussetzung nie erfüllt.

Auch die bloße **Erschwerung** der Wahrheitsermittlung **genügt nicht.** Es reicht ebenso wenig, wenn die HV ohne die Erziehungsberechtigten zügiger durchgeführt werden könnte. Die erforderliche, konkret zu befürchtende Beeinträchtigung der Wahrheitsermittlung kann aber vorliegen, wenn der Jugendliche absehbar falsche Aussagen – sei es aus Angst vor oder wegen eines Versprechens ggü. seinen Eltern oder wegen deren sonstiger Einwirkung – machen wird (BT-Drs. 550/05, 135).

25   Bei der Handhabung von Nr. 4 muss iÜ sichergestellt sein, dass die Aussagefreiheit des Angeklagten gewahrt bleibt und dass nicht etwa auf seine Aussageentscheidung eingewirkt wird. Die Eltern dürfen also nicht deshalb ausgeschlossen werden, weil ein **Geständnis** in ihrer Abwesenheit leichter zu erzielen ist – und das auch nicht in der Intention, um dem Angeklagten so aus erzieherischen Gründen die Möglichkeit zu eröffnen, zu seinen Taten zu stehen und Verantwortung zu übernehmen (so aber BT-Drs. 550/05, 135). Wirken die Erziehungsberechtigten darauf hin, dass sich der jugendliche Angeklagte auf sein Schweigerecht beruft, ist das ein zulässiges und zu akzeptierendes Verhalten. – Dagegen ist Abs. 2 S. 1 Nr. 4 denkbar, wenn die spätere **Zeugenaussage der Eltern** durch ihre vorherige Teilnahme an der HV beeinflusst werden könnte (Brunner/Dölling Rn. 11; Johann to Settel/Putzke BeckOK JGG Rn. 17; s. auch → Rn. 16).

26   **e) Abs. 2 S. 1 Nr. 5.** Die Vorschrift regelt den Fall, in dem bei der Erörterung persönlicher Lebensumstände eines Verfahrensbeteiligten, Zeugen oder mutmaßlich Verletzten (§ 373b Abs. 1 StPO) dessen **schutzwürdige Interessen** dadurch beeinträchtigt werden, dass diese in Gegenwart der Erziehungsberechtigten und gesetzlichen Vertreter zur Sprache kommen (zum Begriff des persönlichen Lebensbereichs zusf. Zimmermann in Mü-KoStPO GVG § 171b Rn. 9). Dann **können** die Anwesenheitsberechtigten ausgeschlossen werden, sofern nicht das Interesse an ihrer Anwesenheit überwiegt. Zwingend ist der Ausschluss unter diesen Voraussetzungen (einschl. des überwiegenden Ausschließungsinteresses) allerdings dann, wenn die so zu schützende Person ihn beantragt **(Abs. 2 S. 3).** Allerdings kann sie der Ausschließung umgekehrt auch widersprechen, wodurch es beim Anwesenheitsrecht der Eltern bleibt **(Abs. 2 S. 4).** – Der Angeklagte selbst ist iÜ Verfahrensbeteiligter, sodass die Vorschrift auch in seinem Interesse einsetzbar ist. Das gilt aber nur ggü. den Erziehungsberechtigten und gesetzlichen Vertretern von Mitangeklagten und nicht auch ggü. den eigenen Eltern (BR-Drs. 550/06, 137).

27   Die Antrags- und Widerspruchsmöglichkeit gibt den von Abs. 2 S. 1 Nr. 5 geschützten Personen eine gewisse Dispositionsmacht über die elterliche Anwesenheit. Relativiert wird das jedoch durch ihre **besondere Schutzbedürftigkeit,** die anhand eines **objektiven Maßstabs** (vgl. Zimmermann in MüKoStPO GVG § 171b Rn. 9) in der fraglichen HV-Kommunikation feststellbar sein muss. Anders als bei § 171b Abs. 1 und Abs. 2 GVG erlaubt es Abs. 2 S. 1 Nr. 5 nicht, hiervon bei bestimmten Zeugen- und Deliktsgruppen Abstriche zu machen. Es gilt also stets derselbe Standard. Eine hierfür relevante Verletzung schutzbedürftiger Interessen kann insbes. bei der Erörterung von Gegebenheiten aus der Intimsphäre der Zeugen und mutmaßlich Verletzten drohen. Bei der vorzunehmenden Abwägung ist zu berücksichtigen, dass die Eltern und gesetzlichen Vertreter nicht der Öffentlichkeit zuzurechnen, sondern Verfahrensbeteiligte sind (BR-Drs. 550/06,

134). Da ihr Anwesenheitsanspruch folglich Gewicht hat (gerade mit Blick auf die bezweckte Unterstützung des Jugendlichen), kann ihre HV-Teilnahme auch während der Behandlung höchst persönlicher Umstände gerechtfertigt sein, va wenn sich die Sachverhaltsermittlung durch das Gericht als schwierig erweist.

Die Ausschließung gem. Abs. 2 S. 1 Nr. 5 muss letztlich **auf Ausnahmen** **28** **beschränkt** werden, weil die dort geregelte Fallkategorie gar nicht zu den Begrenzungsmöglichkeiten zählt, die Art. 15 Abs. 2 RL (EU) 2016/800 für das Begleitungsrecht erlaubt. Streng genommen ist ihre **EU-Rechtskonformität** deshalb sogar **fraglich**, zumal eine Elternausschließung nicht einmal von Art. 23 Abs. 3 RL (EU) 2012/29 (sog. Opferrechtsrichtlinie) gefordert wird (zurückhaltender Bock StV 2019, 508 (512); teilw. abw. BT-Drs. 19/13837, 38).

4. Verfahren

Einen **Anstoß** zur Ausschließung können alle Verfahrensbeteiligten geben. Das Gericht hat dann die jeweiligen Voraussetzungen der Nr. 1–5 zu prüfen. Denkbar ist, dass der Jugendliche nicht nur entspr. Signale, sondern das Anliegen erkennen lässt, lieber ohne seine Eltern verhandeln zu wollen. Bei einer solchen Initiative kann insbes. Abs. 2 S. 1 Nr. 4 einschlägig sein (BR-Drs. 550/06, 135). Für die **Anordnung** gelten dieselben Maßgaben wie für Abs. 1 (vgl. → Rn. 10). Zuständig ist, anders als bei der deutlich eingriffsintensiveren Rechte-Entziehung gem. § 67 Abs. 4, der **Vorsitzende** (vgl. auch → § 67 Rn. 24). Vor der Anordnung hat er die Betroffenen und Prozessbeteiligten nicht nur **anzuhören** (§ 33 Abs. 1 StPO iVm § 2 Abs. 2), sondern gem. **Abs. 4 S. 1** auf deren **einvernehmliches Verlassen** des Sitzungssaales hinzuwirken. Diese kooperative Lösung kann allerdings Nachteile haben, weil für sie weder eine richterliche Unterrichtung (→ Rn. 30) noch ein Anspruch auf eine Ersatzperson (→ Rn. 31 ff.) vorgesehen ist. Dennoch ist sie vorrangig und die Ausschließung nur zulässig, wenn keine Einigung zustande kommt.

Sobald die ausgeschlossenen Personen nach Ende der Maßnahme wieder **30** in den Sitzungssaal zurückkehren, sind sie nach **Abs. 4 S. 2** vom wesentlichen Inhalt des in ihrer Abwesenheit Verhandelten und Vorgetragenen zu unterrichten. In diesem Zusammenhang gelten all jene Tatsachen als „wesentlich", deren Kenntnis zur effektiven Wahrnehmung von Verteidigungsrechten erforderlich ist (BT-Drs. 550/06, 139; krit. dazu 20. Aufl. § 68 Rn. 29a). Die Möglichkeit, dass die Erziehungsberechtigten und gesetzlichen Vertreter zu späteren Teilen der HV ggf. ohnehin nicht mehr erscheinen, lässt sich zum Unterrichtungszeitpunkt nicht hinreichend sicher beurteilen und rechtfertigt es daher nicht, die Informationen einzuschränken. Inhaltliche Verkürzungen sind nur dort zulässig, wo die Unterrichtung sonst den Ausschließungszweck konterkarieren würde. Allerdings ist dann eine Verteidigerbestellung gem. § 68 Nr. 3 zu prüfen (s. → § 68 Rn. 29a).

5. Kompensatorische Anwesenheit von Beistandspersonen

a) Voraussetzungen. Art. 15 Abs. 1 und 2 RL (EU) 2016/800 verfolgt **31** mit dem Recht auf Begleitung in der HV das Anliegen, dass der Jugendliche dort möglichst nicht allein und ohne erwachsene Unterstützer zurechtkommen muss. Ist die Ausschließung der Eltern unvermeidbar, soll dies daher durch die Hinzuziehung einer anderen Begleitperson ausgeglichen werden (s. auch Erwgr. 57 f.). In Umsetzung dieser Vorgaben sieht **Abs. 6 S. 1** daher vor, dass in einer HV, in der es zu einem **Ausschluss nach Abs. 2 oder Abs. 3** kam, die Anwesenheit eines Beistands-Erwachsenen solange zu gestatten ist, wie der Ausschluss dauert. Hiervon ausgenommen sind allein jene Fälle, in denen die Erziehungsberechtigten bzw. gesetzlichen Vertreter die Sitzung nur für einen **unerheblichen Teil** der HV verlassen müssen. Das betrifft kurzzeitige (weniger als einstündige) Verhandlungsphasen, in denen allein solche Materien behandelt werden, die für die prozess- und materiell-rechtlichen Entscheidungen des fraglichen JStV bedeutungsarm sind. Wird von mehreren Erziehungsberechtigten nur einer ausgeschlossen, hängt die Notwendigkeit einer Ersatzperson davon ab, ob ein anderer Erziehungsberechtigter in der HV anwesend ist (Schady in NK-JGG Rn. 14d).

32   Der Situation der nicht nur kurzzeitigen Ausschließung werden durch **Abs. 7** jene HV gleichgestellt, in denen die Erziehungsberechtigten bzw. gesetzlichen Vertreter gänzlich abwesend sind. Der Wortlaut verweist dabei auf Konstellationen der **Unerreichbarkeit** – also entweder auf eine unbekannte Identität oder auf einen unbekannten Aufenthaltsort der Eltern, sodass deren Ladung (§ 50 Abs. 2) trotz ausreichend intensiver und sachangemessen anhaltender Versuche misslungen ist. IdR war in den fraglichen Fällen allerdings auf jugendamtliches Betreiben ein amtlicher gesetzlicher Vertreter schon vor dem JStV bestellt worden, der dann in die HV eingebunden ist. Echte Unerreichbarkeitsfälle dürften deshalb selten sein. Dass nun Jugendliche in den praktisch viel bedeutsameren Konstellationen, in denen die **erreichbaren Eltern nicht erscheinen,** schlechter behandelt und in der HV auf sich allein gestellt sein sollen, ist mit dem Regelungszweck der Norm nicht zu vereinbaren und mit Blick auf Art. 3 Abs. 1 GG auch sachlich in keiner Weise gerechtfertigt. Angesichts der Vergleichbarkeit der Fälle (unbegleitete Konfrontation mit einer HV) erstreckt sich der Anwendungsbereich von Abs. 7 bei verfassungskonformer Auslegung daher auch auf das elterliche Ausbleiben nach gelungener Ladung (abw. RegE BT-Drs. 19/13837, 54; Schatz in Diemer/Schatz/Sonnen Rn. 56; Schady in NK-JGG Rn. 14i). Der nur scheinbar engere Wortlaut („weil sie (…) nicht erreicht werden konnten") bezieht sich bei dieser Lesart also nicht auf das physische Erreichen (im Sinne der Vornahme einer Termininformation), sondern auf das mentale Erreichen (im Sinne des Motivierens zum Kommen).

33   **b) Eignung und Bestimmung der Person.** Die Ersatzperson iSv Abs. 6 muss nicht nur **volljährig** sein, sondern sich auch dafür **eignen,** für die Interessen des Jugendlichen einzutreten. Dies setzt idR ein Nähe- und Vertrauensverhältnis voraus (ebenso Bock StV 2019, 508 (512)). Zumindest muss der Erwachsene in der HV elternähnlich auftreten können, weil er den Jugendlichen kennt und unterstützungskompetent sowie frei von Interessenkonflikten ist – und vom Jugendlichen als Begleitung va auch **akzeptiert** wird. Hinsichtlich dieser Person soll der Jugendliche eine Anregung geben können (Abs. 6 S. 2), von der der Vorsitzende – sonst hätte das **Vorschlagsrecht** kaum einen Sinn – allein bei Vorliegen konkreter Gründe (etwa solchen gem. Abs. 2) abweichen darf (vgl. auch Bock StV 2019, 508 (512)).

Anders als es Abs. 6 S. 1 unterschwellig suggeriert, kann sich der Vor- **34**
sitzende nicht damit **begnügen**, die zufällig anwesenden oder vom Jugendlichen benannten Personen zu prüfen und dann zuzulassen. Vielmehr muss
er den Angeklagten über das Recht auf elternähnliche Begleitung informieren (**§ 70a Abs. 2 Nr. 6),** ihn nach entspr. Wunschkandidaten/innen befragen (Abs. 6 S. 2) sowie sich ggf. um die Anwesenheit des richtigen Vertreters der JGH kümmern (→ Rn. 35). Dem Zweck der Norm, die erwachsene Unterstützung des Jugendlichen in einer herausforderungsreichen
Situation sicherzustellen, wird der Vorsitzende allerdings erst dann gerecht,
wenn er dem Jugendlichen die (oft überfordernde) Beibringung eines geeigneten Begleiters nicht allein überlässt, sondern ihm diese durch eine **weitergehende Unterstützung** (Vorschläge, Kontaktherstellung) erst ermöglicht und ggf. auch selbst nach geeigneten Begleitern sucht. Bei absehbar
vollständiger Ausschließung (→ Rn. 19 f.) muss dies **schon vor der HV**
geschehen, einschl. der Terminmitteilungen an den Begleiter (wohl ebenso
Schady in NK-JGG Rn. 14c). Dieses rechtzeitige Vorgehen ist auch angezeigt, wenn dem Gericht die Unerreichbarkeit der Eltern bekannt ist (wobei
hier aber idR schon aus dem Vorverfahren entspr. Personen vorhanden
sind).

Rechtspraktisch wird eine gerichtliche Gestattung iSv S. 1 häufig unter- **35**
bleiben. Das kann darauf beruhen, dass bspw. ein benannter Erwachsener
nicht erscheint oder nicht als geeignet akzeptiert wird oder dass keine
geeignete Person in Betracht kommt oder nur unter wesentlicher Verfahrensverzögerung hinzugezogen werden kann. Dann übernimmt ein **Vertreter der JGH** die kompensatorische Beistandsaufgabe. Abs. 4 S. 4 zufolge
muss es sich dabei um den fallzuständigen Mitarbeiter (§ 38 Abs. 4 S. 2
sowie § 52 Abs. 3 SGB VIII) handeln, der – da in diesen Konstellationen ein
Anwesenheitsverzicht nicht in Betracht kommt (→ § 38 Rn. 31) – in der
HV ohnehin zugegen ist (vgl. auch Schatz in Diemer/Schatz/Sonnen
Rn. 63). Neben seinen allg. Aufträgen (Berichterstattung, Rechtsfolgenvorschlag usw (dazu → § 38 Rn. 16 ff., 44 ff.)) übt er dann nicht etwa seine
ohnehin bestehende Beistandsaufgabe aus (so BT-Dr. 19/13837, 54), sondern eine dezidiert interessenschützende Funktion, die die Abwesenheit der
hierfür normalerweise einstehenden Personen kompensieren und daher eine
schützende Parteilichkeit aufweisen soll. Hierin liegt das Potenzial eines fallkonkret schwer auflösbaren **Rollenkonflikts** (ebenso Riekenbrauk ZJJ
2020, 50 (52)), sodass das Vorgehen nach Abs. 4 S. 4 auf Notfälle beschränkt
sein sollte. Bei angehobenem Fürsorgebedarf des Jugendlichen, der durch
den Vertreter der JGH dann nicht mehr erfüllt werden kann, ist die Bestellung eines Beistands oder Pflegers zu prüfen (Goldberg, Das Gesetz zur
Stärkung der Verfahrensrechte (…), 2021, Rn. 24).

c) Rechtsstellung. Von den Rechten der ausgeschlossenen Erziehungs- **36**
berechtigten bzw. gesetzlichen Vertreter überträgt Abs. 6 S. 3 den Beistandspersonen lediglich das **Recht auf Gehör** (s. erg. → § 67 Rn. 9), nicht aber
die darüber hinausgehenden Rechte (BT-Dr. 19/13837, 53 f.). Ihre Rechtsstellung entspricht daher auch nicht der eines Verteidigers oder förmlich
bestellten Beistands iSv § 69. Deshalb ist trotz Anwesenheit einer Beistandsperson zu prüfen, ob eine Verteidigerbestellung gem. § 68 Nr. 3 zu erfolgen
hat (s. → § 68 Rn. 29a). Das ist besonders dann erforderlich, wenn der
anwesende Erwachsene seiner Funktion (Stabilisierung und Beratung des

Jugendlichen) letztlich doch nicht hinreichend gerecht werden kann. Wo das hingegen gelingt, kann das gegen die Notwendigkeit der Verteidigermitwirkung sprechen.

IV. Ausschließung von sonstigen Anwesenden

1. Allgemeine Regeln

37 Der Kreis an Personen, bei dem (neben dem Angeklagten und seinen Eltern) ein Ausschluss von der HV in Betracht kommen kann, ist begrenzt, weil § 48 Abs. 2 die Teilnahmeberechtigung von vornherein limitiert. Für die Ausschließung gelten sodann verschiedene Regeln: Der **JStA,** der **Verteidiger,** der Vertreter der **JGH** sowie der Nebenkläger und der (an sich nebenklageberechtigte) **Verletzte** können **nicht** ausgeschlossen werden (bzgl. der Situation einer möglichen Zeugenstellung s. die Nachw. in → Rn. 16, → § 48 Rn. 20). Selbst dort, wo sitzungspolizeiliche Maßnahmen (§ 176 GVG iVm § 2 Abs. 2) gegen sie ergriffen werden müssen, ermöglicht dies bei ihnen keine Entfernung von der Verhandlung gem. § 177 GVG iVm § 2 Abs. 2 (vgl. nur Meyer-Goßner/Schmitt GVG § 176 Rn. 10; Kirch-Heim NStZ 2014, 431). Das verhält sich bei **Zeugen** und **Sachverständigen** anders. Allerdings sind diese ohnehin nach ihrer Vernehmung zu entlassen, womit ihre Stellung als Verfahrensbeteiligte und damit jede Anwesenheitsberechtigung endet. Andere Personen, denen die Anwesenheit nach **§ 48 Abs. 2 S. 3** gestattet wurde, dürfen nach §§ 176, 177 GVG iVm § 2 Abs. 2 oder durch Widerruf der Zulassung ausgeschlossen werden (vgl. auch → § 48 Rn. 27).

2. Rechtskreis des mutmaßlich Verletzten

38 Die Anwesenheitsrechte der Erziehungsberechtigten und gesetzlichen Vertreter des minderjährigen (mutmaßlich) Verletzten iSv § 373b Abs. 1 StPO (→ dazu § 48 Rn. 22) können nicht weiter reichen als die der Eltern des jugendlichen Angeklagten (BT-Drs. 550/06, 138). Deshalb dürfen sie (bei gegebenem Anlass) nicht nur nach §§ 176, 177 GVG iVm § 2 Abs. 2, sondern auch dann, wenn bei ihnen eine der in **Abs. 2 S. 1 Nr. 3–5** geregelten Konstellationen vorliegt, von der HA ausgeschlossen werden. Für den (nicht nebenklageberechtigten) Verletzten selbst gilt dies in entspr. Anwendung (Brunner/Dölling Rn. 17). Nr. 3 wird hierbei durch Abs. 2 S. 2 2. Hs. um eine zusätzliche Variante erweitert, in der die Gegenwart der Eltern oder Vertreter des mutmaßlichen Verletzten dessen Wohl (und nicht das des Angeklagten) erheblich zu beeinträchtigen droht. Kommen **intime Umstände des Angeklagten** oder eines Zeugen zur Sprache, bestehen idR überwiegende Vertraulichkeitsinteressen, sodass der Ausschluss gem. Abs. 2 S. 1 Nr. 5 hier gerechtfertigt ist – und zwar deutlich eher als bei den Eltern des Angeklagten (→ Rn. 27), deren Anwesenheitsrecht mehr wiegt als das des mutmaßlich Verletzten oder seiner Eltern. Im Übrigen haben der Angeklagte und der Zeuge hierbei die **Dispositionsrechte** iSv Abs. 2 S. 3 und S. 4 (→ Rn. 26). Der minderjährige mutmaßlich Verletzte, dessen Erziehungsberechtigte bzw. gesetzliche Vertreter ausgeschlossen wurden, hat keinen Anspruch auf elternähnliche Begleitung gem. Abs. 6. Ungeachtet des

insofern offenen Wortlauts ergibt sich dies unter teleologischen Vorzeichen, da die Vorschrift allein der Umsetzung von EU-rechtlich vorgesehenen Beschuldigtenrechten dient (→ Rn. 13). Auch gilt die richterliche Unterrichtungspflicht iSv Abs. 4 S. 2 ggü. seinen Eltern nicht.

3. Entsprechende Anwendung von Abs. 2 S. 2

Sind am Verfahren auch **BewHelfer, Betreuungshelfer, Erziehungs-** **39** **beistand** oder Leiter einer **Erziehungseinrichtung** beteiligt und anwesend (vgl. § 48 Abs. 2 S. 1 und S. 2), darf bei ihnen ein Ausschluss nach §§ 176, 177 GVG iVm § 2 Abs. 2 oder in entspr. Anwendung von Abs. 2 S. 2 erfolgen. Auch ihr Anwesenheitsrecht kann nicht umfassender sein als dasjenige des Erziehungsberechtigten und des gesetzlichen Vertreters des Angeklagten (s. auch Dallinger/Lackner Rn. 18).

V. Revision

Sind die sachlichen Voraussetzungen oder die zeitlichen Grenzen einer **40** Ausschließung des Angeklagten **(Abs. 1 S. 1)** nicht beachtet worden, liegt der absolute Revisionsgrund des **§ 338 Nr. 5 StPO** iVm § 2 Abs. 2 vor. Dafür ist es unerheblich, ob der Jugendliche bereits in der HV zu erkennen gegeben hat, dass er sich durch die Anordnung des Vorsitzenden beschwert fühlt; eine Entscheidung des Gerichts nach § 238 Abs. 2 StPO muss er also nicht erwirkt haben (ebenso Brunner/Dölling Rn. 4; Höffler in MüKoStPO StPO Rn. 30 mwN; aA Schatz in Diemer/Schatz/Sonnen Rn. 59). § 338 Nr. 5 StPO iVm § 2 Abs. 2 ist bereits dann gegeben, wenn eine förmliche Begründung für die Ausschließung in der Niederschrift fehlt und infolgedessen zweifelhaft bleibt, ob das Gericht von zutreffenden Erwägungen ausgegangen ist (BGHSt 15, 194 (196) = NJW 1961, 132 für § 247 StPO).

Ist die erforderliche nachträgliche Unterrichtung des Angeklagten ganz **41** oder teilw. unterblieben, ohne dass hierfür eine iSv **Abs. 1 S. 2** legitime Erwägung maßgeblich war, kann dies die Verteidigung des Jugendlichen beeinträchtigt haben, was – unabhängig von der Herbeiführung eines Gerichtsbeschlusses gem. § 238 Abs. 2 StPO (BGHSt 38, 260 (261) = NJW 1992, 2241 (2242); aA BGH BeckRS 2000, 3246; BeckRS 2006, 6381 jeweils zu § 247 StPO) – sowohl die Verfahrensrüge (§ 337 StPO iVm § 2 Abs. 2) als auch den absoluten Revisionsgrund des **§ 338 Nr. 8 StPO iVm § 2 Abs. 2** begründen kann (Brunner/Dölling Rn. 5; Höffler in MüKoStPO StPO Rn. 31). Dafür genügt es, wenn die Unterrichtung in der Sitzungsniederschrift nicht enthalten ist, weil dann gem. § 274 S. 1 StPO iVm § 2 Abs. 2 angenommen werden muss, dass eine Unterrichtung unterlassen wurde (vgl. BGHSt 1, 346 (350) = NJW 1952, 192 (193) zu § 247 StPO). Auch eine verspätete Unterrichtung ist ein mit der Revision angreifbarer Fehler (BGH StV 1990, 52 = BeckRS 1989, 31106436). Sofern der Angeklagte die Unterrichtung durch wiederholtes ungebührliches Verhalten unmöglich macht und/oder wenn er durch seinen Verteidiger vollständig unterrichtet wird, soll die Revisibilität jedoch entfallen (BGH NJW 1957, 1326 f. für § 247 StPO).

Wurde der Erziehungsberechtigte oder der gesetzliche Vertreter nach **42** **Abs. 2** von der Verhandlung ausgeschlossen, ohne dass dafür Gründe iSv

Abs. 2 S. 1 Nr. 1–5 ersichtlich gemacht worden sind, wird die Revision erfolgreich sein, wenn das Urteil darauf beruhen kann (§ 337 StPO iVm § 2 Abs. 2). Dies ist aber nur bei entspr. Anhaltspunkten im prozessualen Verhalten des Angeklagten anzunehmen. Ebenso verhält es sich, wenn es an der Anwesenheit einer der in Abs. 6 und 7 vorgesehenen Beistandspersonen vollständig fehlt.

Neubeginn der Hauptverhandlung

51a **Ergibt sich erst während der Hauptverhandlung, dass die Mitwirkung eines Verteidigers nach § 68 Nummer 5 notwendig ist, so ist mit der Hauptverhandlung von neuem zu beginnen, wenn der Jugendliche nicht von Beginn der Hauptverhandlung an verteidigt war.**

I. Anwendungsbereich

1   Die Vorschrift gilt in Verfahren gegen Jugendliche und auch Heranwachsende (§ 109 Abs. 1) vor den JGerichten. In Verfahren vor den für allg. Strafsachen zuständigen Gerichten ist die Norm nicht anwendbar (BT-Drs. 19/13837, 28; Schady in NK-JGG Rn. 1: Normsituation kann wegen der aus anderen Gründen notwendigen und sichergestellten Verteidigung gar nicht eintreten).

II. Regelungswirkung

1. Nachträglich entstehende Verteidigungsnotwendigkeit

2   Die Vorschrift setzt eine **laufende,** dh begonnene und noch nicht abgeschlossene HV voraus, an der nicht von Anbeginn ein Verteidiger mitgewirkt hat.

3   Zudem muss sich im Verlauf dieser HV die Notwendigkeit der Verteidigung ergeben. Relevant ist nach dem eindeutigen Normwortlaut allerdings allein die Entstehung des Beiordnungsgrundes in § 68 Nr. 5 (und nicht auch einer der Beiordnungsgründe iSv § 68 Nr. 2–4). Deshalb ist es erforderlich, dass sich gerade die ursprünglich nicht gegebene **Erwartung einer** der dort genannten **stationären Sanktionen** (zum Spektrum n. → § 68 Rn. 32) **im Verhandlungsverlauf** wegen dort neu hinzukommender Informationen und Beweise herauskristallisiert. Dass dann § 68 Nr. 1 iVm § 140 Abs. 2 StPO ggf. neben § 68 Nr. 5 anwendbar ist (→ § 68 Rn. 32), schließt die Anwendbarkeit von § 51a keineswegs aus (s. auch → Rn. 5).

2. Rechtsfolge

4   Bei Vorliegen der genannten Voraussetzungen verlangt die Vorschrift, die laufende HV (unabhängig davon, wie weit diese bereits vorangeschritten ist) abzubrechen und eine **völlig neue HV** zu beginnen. Anders als im allg. StVerf (vgl. dort § 145 Abs. 2 und 3 StPO) – und anders auch als im jugendstrafrechtlichen Vor- und Zwischenverfahren (→ § 68a Rn. 9 f.) – ist in den

fraglichen Fällen eine Fortsetzung des Verfahrens nicht mehr möglich (Höynck/Ernst ZJJ 2020, 245 (247)). Vielmehr ist dieses zwingend in das Stadium zurückzuversetzen, in dem es sich nach Anklagezulassung und Eröffnung des Hauptverfahrens befand. Dies ist eine Konsequenz von Art. 6 Abs. 6 S. 3 RL (EU) 2016/800. Beginnend mit der Terminbestimmung (§ 213 StPO iVm § 2 Abs. 2) ist die HV – unter Mitwirkung eines beigeordneten (oder ggf. eines gewählten) Verteidigers – hiernach in all ihren Bestandteilen zu wiederholen. Das betrifft auch die komplette **Beweiserhebung.** Speziell die Angaben des Angeklagten sind, da sie zwar ohne die objektiv erforderliche anwaltliche Begleitung, aber gleichwohl auf rechtmäßige Weise gewonnen wurden, nach den herkömmlichen Maßstäben an sich aber verwertbar (dazu für das Ermittlungsverfahren → § 68a Rn. 27). IZm § 51a muss indes beachtet werden, dass es sich hierbei um eine Sondervorschrift handelt, deren Schutz- und Regelungswirkung hierdurch weitgehend obsolet wäre. Daher ist ein **Verwertungsverbot** zu bejahen (zust. Schady in NK-JGG Rn. 7; ebenso wohl auch Mitsch NStZ 2019, 681 (681 f.); abw. offenbar Schatz in Diemer/Schatz/Sonnen Rn. 13). Die Aussage des Jugendlichen kann somit auch bei ihrer Wiederholung in der neuen HV nur bei vorangegangener qualifizierter Belehrung (→ § 70c Rn. 15) berücksichtigt werden.

III. Fehlerformen und Fehlerfolgen

1. Verspätet erkannte Verteidigungsnotwendigkeit

Wird die Sanktionserwartung iSv § 68 Nr. 5 wegen einer tatsächlichen **5** oder rechtlichen Fehleinschätzung **erst in der HV erkannt,** obwohl die korrekte Sanktionsprognose aufgrund der vorhandenen Verdachtslage schon eher möglich und die Verteidigung daher bereits in früheren Verfahrensphasen notwendig war, ist hinsichtlich der bereits begonnenen HV – ebenso wie im Regelfall (→ Rn. 3) – nach § 51a zu verfahren (zust. Schady in NK-JGG Rn. 5). Ohne Bedeutung ist, dass die Notwendigkeit der Verteidigung in diesen Fällen auch auf § 68 Nr. 1 iVm § 140 Abs. 1 Nr. 1 StPO und § 68 Nr. 1 iVm § 140 Abs. 2 StPO gestützt werden konnte (→ § 68 Rn. 32). Es reicht vielmehr aus, dass der Beiordnungsgrund iSv § 68 Nr. 5 grds. anwendbar war und damit auch **§ 51a einschlägig** ist (→ Rn. 3; zur **Unverwertbarkeit** der Aussagen des Angeklagten und sonstigen Beweismaterials aus der ersten HV vgl. → Rn. 4 sowie erg. auch → § 68a Rn. 26). Bei allen anderen Beiordnungsgründen (dh solchen, die nicht auf der absehbaren stationären Sanktion beruhen), führt das erst in der HV erfolgende, verspätete Erkennen hingegen nur zu den allg. Fehlerfolgen (→ § 68a Rn. 26 ff.) und nicht zum Vorgehen nach § 51a.

2. Revisible Fehler

Der absolute Revisionsgrund iSv **§ 338 Nr. 5 StPO iVm § 2 Abs. 2 6** (Nichtanwesenheit des notwendigen Verteidigers in der HV) liegt dagegen vor, wenn das Gericht die Notwendigkeit der Verteidigung auch nicht mit Verspätung erkennt oder wenn es diese irrig verneint (OLG Hamm StV 2008, 120 = BeckRS 2007, 65223) oder wenn es die dafür maßgebliche

Sanktionserwartung iSv § 68 Nr. 5 gewissermaßen erst bei Urteilserlass wahrnimmt bzw. in einer entspr. Sanktionsverhängung realisiert (so für das allg. StVerf OLG Karlsruhe NJW 1999, 3061). Ebenso verhält es sich, wenn die Notwendigkeit der Verteidigung in den Konstellationen von → Rn. 3 und → Rn. 5 zwar in der HV (noch) reflektiert wird, dies aber folgenlos bleibt und keine Beiordnungsentscheidung und/oder keinen vollständigen Neubeginn der HV nach sich zieht (Willnow in KK-StPO § 140 Rn. 27; Schady in NK-JG Rn. 8; Bock/Puschke ZJJ 2019, 224 (232)). Auch die **Wiederholung wesentlicher Teile** der HV ist (anders als das nach hM früher der Fall war (vgl. etwa BGHSt 9, 243 = NJW 1956, 1366; Knauer/Kudlich in MüKoStPO StPO § 338 Rn. 105)) kein genügender und den Revisionsgrund ausschließender Ersatz für die Wiederholung der ganzen HV. Anderenfalls wäre die weitergehend gefasste Anforderung des § 51a (BT-Drs. 19/13837, 27 f., 54 f.) obsolet. Dieses ursprünglich als ausreichend geltende Vorgehen kann die anfängliche Abwesenheit eines Verteidigers allenfalls noch dort heilen, wo sich die Notwendigkeit seiner HV-Anwesenheit aus den Gründen von § 68 Nr. 2 – 4 ergibt.

Berücksichtigung von Untersuchungshaft bei Jugendarrest

52 **Wird auf Jugendarrest erkannt und ist dessen Zweck durch Untersuchungshaft oder eine andere wegen der Tat erlittene Freiheitsentziehung ganz oder teilweise erreicht, so kann der Richter im Urteil aussprechen, dass oder wieweit der Jugendarrest nicht vollstreckt wird.**

Übersicht

I. Anwendungsbereich

1   Die Vorschrift gilt in Verfahren gegen **Jugendliche** vor den JGerichten wie auch vor den für allg. Strafsachen zuständigen Gerichten (§ 104 Abs. 1 Nr. 5). In Verfahren gegen **Heranwachsende** – vor JGerichten und den allg. Strafgerichten (§ 112 S. 1 und 2) – ist sie ebenfalls heranzuziehen, sofern materielles JStR angewandt wird (§ 109 Abs. 2 S. 1).

II. Einordnung

Die Vorschrift entspricht der Fassung des § 52 Abs. 1 JGG 1953 und ist **2** im Wortlaut identisch mit § 36 RJGG 1943. Das JGG 1923 konnte noch keine vergleichbare Regelung enthalten, da der JA erst durch die VO zur Ergänzung des JStR v. 4.10.1940 (RGBl. I 1336) eingeführt worden ist (n. dazu → § 13 Rn. 3 ff.; erg. → Einl. Rn. 16).

In der Regelung kommt die Annahme zum Ausdruck, jeder Freiheits- **3** entziehung sei ein fortwirkender, individualpräventiv potenziell hilfreicher Effekt (Selbstbesinnung, Schockwirkung usw.) immanent. U-Haft und ähnliche Freiheitsentziehungen könnten deshalb den sachnah verhängten JA ganz oder teilw. entbehrlich werden lassen (so Schatz in Diemer/Schatz/Sonnen Rn. 6; Höffler in MüKoStPO Rn. 1; vgl. zu diesen Gedanken iZm § 6 Abs. 2 StrEG n. → § 2 Rn. 61 f.). Damit ist allerdings nicht ohne weiteres vereinbar, dass der JA nach der gesetzgeberischen Vorstellung einen eigenständigen Charakter haben soll, der sich in rechtlicher und tatsächlicher Hinsicht von anderen Formen der Freiheitsentziehung unterscheidet (→ § 16 Rn. 3 ff.). Genau diese Verschiedenartigkeit ist letztlich der Grund, weshalb iRv § 52 keine Anrechnung im technischen Sinne, sondern allein eine Berücksichtigung der erfolgten stationären Maßnahme erfolgen kann. Dann leuchtet aber auch die Möglichkeit einer wechselseitigen **Austauschbarkeit** zur Zielerreichung nicht ohne weiteres ein – insbes. bei Berücksichtigung der erzieherisch dysfunktionalen Ausgestaltung der U-Haft (n. → § 72 Rn. 3 sowie → § 89c Rn. 54 ff., 70 ff., 81 ff.). Dass der JA gleichwohl ersetzt werden kann, gewinnt allein deshalb Plausibilität, weil hierdurch auch eine **Belastungs-Kumulation vermieden** wird (ähnlich BVerfG NStZ 1999, 570; Brunner/Dölling Rn. 1: gerechte und angemessene Sanktionierung).

III. Voraussetzungen

1. Berücksichtigungsfähige Eingriffe

a) JA und vorangegangene Freiheitsentziehung. § 52 setzt voraus, **4** dass in einem Urteil **auf JA (jeglicher Form) erkannt** wird. Entfällt die Verurteilung zu JA im Rechtsmittelverfahren, wird die erfolgte Berücksichtigung iSv § 52 wieder hinfällig (BGH v. 25.1.1995 – 5 StR 664/94 (juris)). Bei dem JA kann es sich grds. um Kopplungsarrest handeln, wobei die vorangegangene Freiheitsentziehung hier vielfach schon gegen dessen Gebotenheit (→ § 16a Rn. 8 f.) sprechen (und nicht dessen Vollstr entbehrlich machen) wird. Die Anordnung des JA muss erfolgen, **nachdem** es bereits zu einer stationären Maßnahme gekommen war. Dagegen sind künftige freiheitsentziehende Maßnahmen, mit denen für die Zeit zwischen Urteilserlass und vor JA-Vollstr gerechnet werden muss, nach dem eindeutigen Normwortlaut ("erlittene", "sind ... erreicht") nicht berücksichtigungsfähig (Schatz in Diemer/Schatz/Sonnen Rn. 2).

Bei der stationären Maßnahme kann es sich um **U-Haft** (§ 72, §§ 112 ff. **5** StPO) oder um **andere** Formen von Freiheitsentziehung handeln. Eine solche ist nicht nur anzunehmen, wenn der Jugendliche mit Zwangsmitteln

physisch festgehalten wird. Es genügt vielmehr, dass er einen bestimmten
Ort infolge einer Anweisung nicht verlassen darf, soweit dies bei gegebenem
Anlass zwangsweise durchgesetzt werden würde (BVerfG NStZ 1999, 570).
Deshalb ist nicht nur eine vollstreckbar angeordnete Unterbringung in einem
Heim der JHilfe (U-Haftvermeidung gem. §§ 71 Abs. 2 und 72 Abs. 4)
berücksichtigungsfähig, sondern auch der scheinbar freiwillige Aufenthalt in
einer sozialtherapeutischen Einrichtung der JHilfe, der gem. § 116 StPO
iVm § 2 Abs. 2 veranlasst wurde (BGH NStZ-RR 2014, 59; s. auch KG
NStZ-RR 2013, 291) – und zwar, ohne dass es jeweils auf den Einschlie-
ßungs- und Sicherungsgrad ankäme (dies offen lassend OLG Brandenburg
NStZ-RR 2003, 344; KG StV 2019, 471 (471 f.) = BeckRS 2018, 16605).

6   Eine iSv § 52 relevante Freiheitsentziehung liegt ferner vor bei der **Unterbringung** zur Beobachtung nach § 73 oder nach § 81 StPO iVm § 2 Abs. 2
(vgl. BGHSt 4, 325 (326) = NJW 1953, 1679) oder nach den PsychKG der
Bundesländer (OLG Düsseldorf MDR 1990, 172 = BeckRS 1989, 07737),
bei der einstweiligen Unterbringung nach § 126a StPO iVm § 2 Abs. 2 (LG
Bielefeld BeckRS 2015, 122393), der vorläufigen Festnahme (§ 127 StPO
iVm § 2 Abs. 2), der Vorführungshaft (§ 230 Abs. 2 StPO iVm § 2 Abs. 2),
dem Arrest gem. § 26 WDO sowie der Auslieferungs- und Zulieferungshaft
(vgl. iÜ § 39 Abs. 3 StrVollstr). Entsprechendes gilt für Festnahmen durch
Behörden des Entsendestaates nach Art. VII Abs. 5 des NATO-Truppen-
statuts v. 19.6.1951 (BGBl. 1961 II 1183 (1190, 1196), sofern der anschließende Gewahrsam über eine Ausgangssperre ("restriction") hinausgeht
(OLG Zweibrücken NJW 1975, 509).

7   **b) Tatsächliche oder funktionale Verfahrensidentität.** Die Freiheitsentziehung muss wegen **jener Tat** erlitten sein, die den Gegenstand der
Urteilsfindung bildet. Im Hinblick auf Art. 2 Abs. 2 GG wird bei § 51
Abs. 1 S. 1 StGB ("aus Anlass einer Tat") jedoch allg. anerkannt, dass auch
eine **verfahrensfremde** U-Haft anzurechnen ist, wenn über die Strafen aus
jenem anderen und dem aktuellen Verfahren einheitlich hätte entschieden
werden können (vgl. nur BVerfG NStZ 2001, 501: "potentielle Gesamtstrafenfähigkeit"). Wenn zwischen der Tat, die Anlass für die U-Haft war,
und der Tat, aufgrund derer verurteilt wird, ein funktionaler Zusammenhang
bestanden hat oder auch nur "ein irgendwie gearteter sachlicher Bezug"
vorliegt bzw. vorlag, begründet dies eine "Verfahrenseinheit", bei der es anzurechnen ist (BVerfG NStZ 1999, 477; n. zur Rspr. auch BGHSt 43, 112
= NJW 1997, 2392). Das betrifft zwar va Fälle, in denen sich die Freiheitsentziehung auf den Verlauf des anderen Verfahrens ausgewirkt hat, gilt grds.
aber ebenso in Fällen, in denen die U-Haft bereits beendet war, als der
Angeklagte die zweite (zum anderen Verfahren und zur aktuellen Verurteilung führende) Tat begangen hat (vgl. BGHSt 28, 29 = NJW 1978, 1636;
OLG Schleswig NJW 1978, 115; LG Offenburg NStZ-RR 2003, 352; zw.
Schatz in Diemer/Schatz/Sonnen Rn. 12). Zur Vermeidung einer jugendstrafrechtlichen Schlechterstellung (vgl. → § 2 Rn. 23 ff.) sind diese Maßgaben **auf § 52 zu übertragen** (vgl. dazu bspw. AG Kassel BeckRS 2019,
49922).

8   Auch bei § 52 muss die Freiheitsentziehung also nicht wegen desjenigen
Delikts veranlasst worden sein, das zur Verhängung des JA geführt hat (BGH
v. 26.7.1983 – 5 StR 462/83 bei Böhm NStZ 1984, 445 (447)). Vielmehr
reicht es aus, dass die beiden Taten grds. zu einer **einheitlichen Rechts-**

folgenentscheidung (§ 31) führen konnten. Dabei ist es unschädlich, wenn das nur hypothetisch gilt, weil das Verfahren, in dem der Jugendliche die (im anderen Verfahren anzurechnende) Freiheitsentziehung erlitten hat, mit einer Einstellung oder einem Freispruch und nicht mit einer Verurteilung endete (OLG Naumburg StraFo 2013, 32 = BeckRS 2012, 21450). Dies ist jedenfalls bei einer gewissen zeitlichen Nähe der Verfahren gerechtfertigt, zumal der Erziehungsauftrag (§ 2 Abs. 1) dann von vornherein eine besondere Verknüpfung der Verfahren begründet hätte (BVerfG NStZ 2000, 277).

2. Ob und Umfang der Berücksichtigung

Eine erlittene Freiheitsentziehung ist immer dann zu berücksichtigen, **9** wenn die dem JA zugeschriebene erzieherische Wirkung durch sie bereits eingetreten ist (BGH BeckRS 2018, 16741; s. aber Rn. 3). Nach hM ist dies im **Regelfall** zu vermuten (so in der Sache Schatz in Diemer/Schatz/Sonnen Rn. 13; Walter NStZ 1983, 367 (368)), weshalb eine Berücksichtigung grds. stattzufinden hat (vgl. dazu auch das Regel-Ausnahme-Verhältnis in § 52a S. 1). Das gilt umso mehr, je länger und intensiver die Freiheitsentziehung war, soweit sich aus der Person und dem Verhalten des Betroffenen keine anderweitigen Gesichtspunkte ergeben (zu diesen Kriterien schon RGSt 75, 279 (284)).

Soweit die Berücksichtigung nicht ausnahmsweise unterbleibt, muss die **10** Entscheidung des Gerichts darauf lauten, dass der JA für jenen **Zeitraum** nicht vollstreckt wird, in dem eine Freiheitsentziehung **tatsächlich erlitten** wurde (einschr. Schatz in Diemer/Schatz/Sonnen Rn. 16: dahinter zurückbleibende Berücksichtigung grds. möglich). Dabei handelt es sich aber nicht ieS um eine Anrechnung. Bei einer Freiheitsentziehung, die kürzer als der angeordnete JA ist, muss das Gericht daher keineswegs bestimmen, dass dessen Vollstreckung exakt für die besagte (kürzere) Dauer unterbleibt. Vielmehr ist auch eine **andere Bemessung möglich** – und dabei durchaus auch die Festlegung, dass der JA überhaupt nicht mehr zu vollstrecken ist (OLG Hamburg NStZ 1983, 78 mAnm Eisenberg JR 1983, 172 und Walter NStZ 1983, 367; vgl. ferner Flöhr, Die Anrechnung der U-Haft auf Jugendarrest und Jugendstrafe, 1995, 103). Übersteigt andererseits die Dauer der Freiheitsentziehung den zeitlichen Umfang des erkannten JA, so kann sie nur in dessen Umfang berücksichtigt werden (vgl. BGH bei Dallinger MDR 1974, 544 zu § 51 StGB).

3. Tatrichterliche Feststellung und Begründung

Die Art der Erwägungen, die zu Ob und Umfang der Berücksichtigung **11** vorzunehmen sind (→ Rn. 8 f.), beziehen sich auf erzieherische rechtsfolgenrelevante Fragen, bei deren Beantwortung ein gewisser Beurteilungsspielraum besteht. Das macht deutlich, dass sich § 52 allein an das Gericht des ersten Rechtszuges sowie an das Berufungsgericht und **nicht** auch an **Revisionsgerichte** wendet (Schatz in Diemer/Schatz/Sonnen Rn. 2; abw. Schady in NK-JGG Rn. 2; Johann to Settel/Putzke in BeckOK JGG Rn. 4; diff. Brunner/Dölling Rn. 5; offen lassend Höffler in MüKoStPO Rn. 3). Die erforderlichen Feststellungen und Abwägungen können nur tatrichterlich vorgenommen werden.

12   Wenn die Voraussetzungen einer Berücksichtigung iSv § 52 tatrichterlich bejaht werden, sind diese positiv **festzustellen.** Doch auch sonst muss das Urteil erkennen lassen, dass § 52 vom Gericht beachtet und eine Berücksichtigung der Freiheitsentziehung geprüft worden ist (BGHSt 3, 327 (330) = NJW 1952, 232 (233)). Sofern es zu einer Freiheitsentziehung gekommen ist und deren Anrechnung nicht ganz ausnahmsweise fernliegt (wie etwa bei sehr kurzzeitigen Eingriffen), muss sich das Gericht in den schriftlichen Urteilsgründen mit der von § 52 geregelten Frage zwingend auseinandersetzen (BGH BeckRS 2018, 16741). Die Notwendigkeit einer ausdrücklichen Entscheidung besteht deshalb idR auch, wenn die Berücksichtigung **abgelehnt** wird. Zur Urteilsformel s. → § 54 Rn. 19.

IV. Freiheitsentziehung nach Erlass des tatrichterlichen Urteils

13   Nach **absoluter** Rechtskraft kann keine potenziell anrechenbare Freiheitsentziehung mehr stattfinden. Eine solche ist vielmehr nur während eines Rechtsmittelverfahrens nach dem erstinstanzlichen Urteil denkbar. Soweit das Rechtsmittel **vom Angeklagten betrieben** wird, gelten hierfür auch sich die normalen Regeln. Eine Nichtberücksichtigung durch das Berufungsgericht ist also in Ausnahmefällen grds. möglich. In der Phase des **Revisionsverfahrens** kommt das allerdings nicht in Betracht, da dem Revisionsgericht entspr. Entscheidungen verschlossen sind (→ Rn. 11). (Fortdauernde oder neue) Freiheitsentziehungen in der Revisions-Phase werden also immer vollständig berücksichtigt, auch wenn das durch die Tatgerichte für die vorangegangenen Phasen anders entschieden worden war (Brunner/Dölling Rn. 6).

14   Soweit das Rechtsmittel **nicht vom Angeklagten betrieben** wird, kommt es gem. § 87 Abs. 2 iÜ zur Anwendung von § 450 StPO. Ab dem Zeitpunkt, zu dem er die relative Rechtskraft herbeiführt und die Fortdauer des Verfahrens nicht mehr beeinflusst, wird die Freiheitsentziehung hiernach von Gesetzes wegen immer tagesgenau auf den JA **angerechnet, ohne** dass § 52 dafür von Bedeutung und die dort vorgesehene Prüfung vorzunehmen wäre. Spätestens mit der Rechtsmittelrücknahme oder dem tatsächlich erklärten oder durch Fristablauf eingetretenen Rechtsmittelverzicht scheidet eine Nichtberücksichtigung also auch im Berufungsverfahren stets aus. Das gilt selbst dann, wenn nur der gesetzliche Vertreter oder Erziehungsberechtigte das Urteil angefochten hat (allgA). Wird dieses Rechtsmittel jedoch vom Angeklagten, der noch als Minderjähriger auf ein eigenes Rechtsmittel verzichtet hatte, mit Eintritt der Volljährigkeit übernommen, ist lediglich die Freiheitsentziehung zwischen seinem Rechtsmittelverzicht und dem Tag vor der wirksamen Übernahme anzurechnen (allgA, vgl. etwa LG Bamberg NJW 1967, 68 mzustAnm Kaiser NJW 1967, 68 (69)).

15   Umstritten ist die Handhabung der (neuen oder fortdauernden) Freiheitsentziehung, die in der Phase **zwischen** der tatrichterlichen Urteilsverkündung und dem in § 450 Abs. 1 StPO genannten Zeitpunkt erlitten wird. Vielfach wird für diese Konstellation die **analoge Anwendung von § 52** bejaht, wobei über die Berücksichtigung in einer gerichtlichen Entscheidung iSv § 458 StPO entschieden werden soll (Schady in NK-JGG Rn. 3; vgl.

auch OLG Frankfurt a. M. NJW 1970, 1140; OLG München NJW 1970, 1141 (Ls.); NJW 1971, 2275). Vorzugswürdig ist jedoch die aA, die eine **sinngemäße** Anwendung von **§ 450 Abs. 1 StPO** vertritt (Schatz in Diemer/Schatz/Sonnen Rn. 4; Dallinger/Lackner Rn. 9). Bei Eintritt der relativen Rechtskraft findet eine automatische Anrechnung nach § 450 Abs. 1 StPO rückwirkend bis zum tatgerichtlichen Urteil statt. Bei der Gegenauffassung wird durch die Möglichkeit einer Nichtberücksichtigungsentscheidung gem. § 52 ein unangemessener Druck zum Rechtsmittelverzicht ausgeübt.

V. Rechtsmittel

Soweit das Urteil keine Berücksichtigungsentscheidung enthält, obwohl **16** eine Konstellation im Sinne der → Rn. 4 ff. vorgelegen hat, ist es mit der Sachrüge in der **Revision** angreifbar (BGH v. 26.7.1983 – 5 StR 462/83 bei Böhm NStZ 1984, 445 (447); BeckRS 2018, 16741). Dagegen soll die erfolgte Entscheidung über die Nicht-/Berücksichtigung einer Freiheitsentziehung gem. § 52 nach hM (LG Tübingen MDR 1961, 170; Brunner/Dölling Rn. 11; Schady in NK-JGG Rn. 12; Johann to Settel/Putzke in BeckOK JGG Rn. 18) von der **Rechtsmittelbeschränkung des § 55 Abs. 1 S. 1** umfasst sein. Zur Auswahl und zum „Umfang" von Zuchtmitteln, die hiernach keine rechtsmittelförmig angreifbaren Gegenstände sind, zähle nämlich nicht nur deren Notwendigkeit, Art und Bemessung, sondern auch die Frage ihrer vollständigen oder teilweisen Vollstreckung. Der Angeklagte kann daher nur die Gesetzwidrigkeit des Urteils angreifen (OLG Hamburg JR 1983, 170 (171) – in NStZ 1983, 78 nicht abgedruckt).

Diese Auffassung dehnt allerdings die (grds. problematische) Regelung in **17** § 55 Abs. 1 über ihren Wortlaut hinaus aus (skeptisch auch Schatz in Diemer/Schatz/Sonnen § 52 Rn. 17 f. und § 55 Rn. 58 („nicht unbedenklich")). Außerdem wird sie dem Umstand schwerlich gerecht, dass es sich bei der Zulässigkeit, Art und Dauer des JA (Bemessungsfrage) und der Berücksichtigung iSv § 52 (Vollstreckungsfrage) um verschiedene, **selbstständige** Entscheidungen handelt (Eisenberg JR 1983, 172; ebenso Kaspar in MüKoStGB § 55 Rn. 57; Flöhr, Die Anrechnung der U-Haft auf Jugendarrest und Jugendstrafe, 1995, 107 ff.). Die sachlich-rechtliche Rechtsmittelbeschränkung darf hier deshalb zumindest dann nicht zum Zuge kommen, wenn der angeordnete JA und die nicht berücksichtigte Freiheitsentziehung zusammen das **Höchstmaß des JA überschreiten.** Die hier erfolgte Nichtberücksichtigung begründet nämlich einen kumulierten Gesamteingriff, der in seiner Intensität den rechtsmittelfreien Bereich des § 55 Abs. 1 übersteigt (s. auch → § 55 Rn. 70).

Anrechnung von Untersuchungshaft bei Jugendstrafe

52a (1) ¹Hat der Angeklagte aus Anlaß einer Tat, die Gegenstand des Verfahrens ist oder gewesen ist, Untersuchungshaft oder eine andere Freiheitsentziehung erlitten, so wird sie auf die Jugendstrafe angerechnet. ²Der Richter kann jedoch anordnen, daß die Anrechnung ganz oder zum Teil unterbleibt, wenn sie im Hinblick auf das Verhalten des Angeklagten nach der Tat oder aus

erzieherischen Gründen nicht gerechtfertigt ist. [3] **Erzieherische Gründe liegen namentlich vor, wenn bei Anrechnung der Freiheitsentziehung die noch erforderliche erzieherische Einwirkung auf den Angeklagten nicht gewährleistet ist.**

(2) *(weggefallen)*

Übersicht

I. Anwendungsbereich

1   Die Vorschrift gilt in Verfahren gegen **Jugendliche** vor den JGerichten wie auch vor den für allg. Strafsachen zuständigen Gerichten (§ 104 Abs. 1 Nr. 5). In Verfahren gegen **Heranwachsende** – vor JGerichten und den allg. Strafgerichten (§ 112 S. 1 und 2) – ist sie ebenfalls heranzuziehen, sofern materielles JStR angewandt wird (§ 109 Abs. 2 S. 1).

II. Einordnung

2   Eine Anrechnung von U-Haft auf JStrafe war erstmals in § 52 Abs. 2 und Abs. 3 JGG 1953 vorgesehen, wobei die Berücksichtigung aber noch von positiv festzustellenden Voraussetzungen abhängig war (günstige Auswirkungen des U-Haftvollzugs oder unbillige Härte bei Nichtanrechnung). Art. 24 Nr. 21b und Nr. 22 EGStGB 1974 hob diese Regelungen auf und ersetzte sie durch § 52a. Seither sieht Abs. 1, der bis heute unverändert geblieben ist, die Anrechnung als den Regelfall vor (und das nicht allein für die U-Haft, sondern auch für andere Formen erlittener Freiheitsentziehung). Der in Abs. 2 vorgeschriebene, besondere Anrechnungsmodus bei unbestimmter JStrafe fiel mit deren Streichung durch das 1. JGGÄndG von 1990 weg.

3   Mit der Einführung von Abs. 1 ist durch den Grundsatz regelmäßiger Anrechnung eine stärkere **Angleichung** an das allg. StR (vgl. § 51 StGB) erfolgt. Dies dient der Vermeidung einer Belastungs-Kumulation (→ § 52 Rn. 3), insbes. der Verhinderung einer erzieherisch nicht legitimierbaren „Brutto"-Dauer mehrerer Freiheitsentziehungen (BVerfG NStZ 1999, 570). Insofern trägt dies (auch) dem Umstand Rechnung, dass die in § 52 Abs. 2 JGG 1953 für eine Anrechnung vorausgesetzte erzieherisch günstige Auswirkung der erlittenen U-Haft regelmäßig nicht gegeben war und ist (vgl. Zirbeck, Die U-Haft bei Jugendlichen und Heranwachsenden, 1973, 44 ff.;

n. → § 72 Rn. 3, → § 89c Rn. 54 ff., 70 ff.; zur Problematik der Entschädigung nach StrEG vgl. → § 2 Rn. 59 ff.). Unterschiede zum allg. StR bestehen indes in der Reichweite der **Ausnahmegründe** gem. S. 2 und S. 3 (zur Kritik s. → Rn. 10).

III. Voraussetzungen der Nicht-/Anrechnung

1. Parallelen von Abs. 1 S. 1 zu § 52

Die Vorschrift richtet sich vorwiegend an die Tatgerichte. Das **Revisions-** 4
gericht kann keine Nichtanrechnungsentscheidung treffen (zur Begründung → § 52 Rn. 11; s. aber erg. auch → Rn. 14), sodass Freiheitsentziehungen während des Revisionsverfahrens stets anzurechnen sind (→ § 52 Rn. 13). § 52a kommt zum Tragen, wenn in einem erstinstanzlichen Verfahren, in dem eine JStrafe verhängt wird, wegen der **fraglichen Tat** auch U-Haft oder eine andere **Freiheitsentziehung** erlitten wurde. Hierfür gelten die Ausführungen in → § 52 Rn. 4 ff. entsprechend. Die Norm ist auch für Fälle relevant, in denen eine aBew ausgesetzte JStrafe nach Bewährungswiderruf doch vollstreckt werden soll (s. auch Schady in NK-JGG Rn. 3), wobei hier aber für einzelne Freiheitsentziehungen − konkret für die Anrechnung von ggf. vollstrecktem Kopplungs- und Nichtbefolgungs**arrest** − besondere Maßgaben gelten (s. → §§ 26, 26a Rn. 25 f.). Wie bei § 52 ist auch iRv § 52a eine Freiheitsentziehung aus einem **fremden** Verfahren uU anrechenbar (vgl. BVerfG NStZ 2000, 277). Es gelten insofern die Grundsätze der funktionellen Verfahrenseinheit (n. dazu → § 52 Rn. 7 f.).

Nach der Verkündung des erstinstanzlichen Urteils behält § 52a seine 5
Bedeutung für das Berufungsverfahren nur dann, wenn das Rechtsmittel (auch) vom Angeklagten betrieben wird. Geht die Berufung allein auf andere Beteiligte zurück, sind die Regeln, die § 450 Abs. 1 StPO bei Teilrechtskraft vorsieht, analog anzuwenden, und zwar auch für die Freiheitsentziehung, die in der Phase zwischen der Urteilsverkündung und dem in § 450 Abs. 1 StPO genannten Zeitpunkt erlitten wird (→ § 52 Rn. 14 f.). Die Anrechnung ist dann immer zwingend und eine abw. Anordnung iSv Abs. 1 S. 2 nicht mehr möglich. − Besteht U-Haft bei Eintritt der **absoluten Rechtskraft** noch fort, ist die dogmatische Handhabung bis zur formellen Einleitung der Vollstr der JStrafe str. (vgl. Nestler in MüKoStPO StPO § 450 Rn. 23: Zwischenhaft oder automatischer Übergang zur JStrafhaft).

2. Nicht-/Anrechnung im Regel-Ausnahme-Verhältnis

Liegt die in → Rn. 4 genannte Konstellation vor, ist die erlittene Freiheits- 6
entziehung auf die angeordnete JStrafe **regelmäßig anzurechnen** (Abs. 1 S. 1). Will das Gericht anders verfahren, handelt es sich dabei um einen begründungsbedürftigen Sonderfall. Die jugendgerichtliche Prüfung beschränkt sich daher darauf, ob es besondere Umstände im Verhalten des Angeklagten nach der Tat oder erzieherische Gründe **ausnahmsweise rechtfertigen,** von der Anrechnung nach pflichtgemäßem **Ermessen** ganz oder teilweise abzusehen (S. 2). Wird dies bejaht, muss diese Entscheidung in die Urteilsformel aufgenommen (→ § 54 Rn. 22) und begründet werden (→ § 54 Rn. 40; relativierend OLG Brandenburg NStZ-RR 2003, 344).

Fehlt es an einer solchen Entscheidung bzw. enthält das auf eine JStrafe erkennende Urteil keinen Hinweis zur Nicht-/Anrechnung erlittener Freiheitsentziehung, erfolgt die Anrechnung nach S. 1 wie im allg. StR (vgl. Kinzig in Schönke/Schröder § 51 Rn. 16) **von Gesetzes wegen** automatisch (BGH BeckRS 1997, 31121305; BGHR JGG § 52a Anrechnung 3 = BeckRS 1998, 30039034). Für die Pflicht der Vollstreckungsbehörde zu ihrer Umsetzung hat eine dahingehende Entscheidung nur deklaratorische Bedeutung.

3. Nichtanrechnungsgründe gem. S. 2 und S. 3

7   a) **Nachtatverhalten.** Abs. 1 S. 2 bestimmt abschließend zwei unabhängig voneinander bestehende und nicht zu vermengende Gründe für eine Nichtanrechnung (BGHSt 37, 75 = NJW 1990, 2698). Das hierzu zählende Verhalten des Angeklagten nach der Tat muss einen verteidigungsfremden verschleppenden **Verfahrensbezug** aufweisen (vgl. BT-Drs. V/4094, 25 zu § 51 Abs. 1 S. 2 StGB). Zulässiges **Verteidigung**sverhalten (zB Bestreiten der Tatbegehung) kann eine Nichtanrechnung regelmäßig aber **nicht** rechtfertigen (vgl. schon BGH NJW 1956, 1845; OLG Bremen NJW 1951, 286; OLG Hamm StV 2007, 2 = BeckRS 2006, 15058). Ebenso verhält es sich, wenn der Angeklagte keine das Verfahren fördernden Handlungen vorgenommen hat, denn hierzu ist er nicht verpflichtet (OLG Hamm StV 2007, 2 = BeckRS 2006, 15058). Vom Nachtatverhalten prinzipiell nicht umfasst sind Tatumstände oder gar tatschuldbezogene Gesichtspunkte. Daher ist insoweit eine neuerliche Tatbegehung unbeachtlich (OLG Stuttgart StV 1987, 308 = LSK 1987, 500146).

8   Auch das Verhalten während des U-Haftvollzugs kann nur dann, wenn es einen Verfahrensbezug aufweist (dh wenn es bspw. auf eine Verschleppung der Ermittlungen oder eine Haftzeitverlagerung vom JStraf- auf den U-Haftvollzug abzielt), berücksichtigt werden (BGHSt 37, 75 = NJW 1990, 2698; s. auch BGH NStZ 1996, 233 sowie LG Freiburg StV 1982, 338 (338 f.): angebliche Misshandlung eines Mitgefangenen nicht berücksichtigungsfähig). Das gilt selbst für eine etwaige Flucht (Johann to Settel/Putzke in BeckOK JGG Rn. 13; relativierend Schatz in Diemer/Schatz/Sonnen Rn. 19 und 22). Selbst wenn sich der Jugendliche erzieherischen Maßnahmen in der U-Haft widersetzt, ist das kein relevantes Nachtatverhalten iSv Abs. 1, weil dieses nicht mit erzieherischen Aspekten vermengt werden darf (Johann to Settel/Putzke in BeckOK JGG Rn. 13).

9   b) **Erzieherische Gründe.** Worum es sich bei den erzieherischen Gründen iSv Abs. 1 S. 2 handeln kann, wird in Abs. 1 S. 3 näher spezifiziert, ohne dass (trotz der weiten Formulierung („namentlich") daneben noch andere Gesichtspunkte anzuerkennen sind (BGH NStZ 2007, 43; BayObLG bei Bär DAR 1993, 369 (372); Schatz in Diemer/Schatz/Sonnen Rn. 23). Eine Nichtanrechnung ist hiernach allein dann möglich, wenn die noch erforderliche erzieherische **Einwirkung im JStVollz** durch die Anrechnung der erlittenen Freiheitsentziehung (dh wegen der so verkürzten Restverbüßungszeit) nicht gewährleistet wäre (BGHSt 37, 75 = NJW 1990, 2698; BGH NStZ 1996, 233). Das Ausbleiben erzieherischer Effekte in der U-Haft oder in der anderen Freiheitsentziehung erfüllt diese Voraussetzungen also nicht (BGH NStZ 2007, 43). Aber auch sonst ist zu bedenken, dass

eine als positiv zu beurteilende Einwirkung des JStVollzugs generell kaum angenommen werden kann (vgl. Erl. bei → § 17 Rn. 16 sowie bei → § 92 Rn. 33 ff.). Oft fehlt es also an einer Grundlage für die Bejahung von Abs. 1 S. 3 (ähnlich Schady in NK-JGG Rn. 7; Walter/Pieplow NStZ 1991, 332).

Es gilt als ein problematischer Effekt der Anrechnung, dass es durch die **10** Anrechnung zu einer Unterschreitung der sechsmonatigen Mindestdauer der JStrafe kommen kann (vgl. etwa Beulke/Swoboda JugendStrafR Rn. 854; ähnlich Flöhr, Die Anrechnung der U-Haft auf Jugendarrest und Jugendstrafe, 1995, 144 ff.; diff. Brunner/Dölling Rn. 15). Darin liegt indes kein tragfähiges Argument, das die Erforderlichkeit weiterer erzieherischer Einwirkung und die Nichtanrechnung per se begründen könnte. Die empirischen Daten zur Legalbewährung bei Kurzstrafenvollzug sind keineswegs so eindeutig (→ § 18 Rn. 13), um eine generelle Notwendigkeit von halbjährlichen Mindest- bzw. längeren Vollzugsdauern zu substantiieren. Es muss vielmehr **konkret dargelegt** werden, dass und warum die anrechnungsbedingt reduzierte Vollzugszeit nicht ausreichend sein soll (so auch BGH StV 1994, 603 = BeckRS 1993, 31091267; BGH NStZ 1996, 233; NStZ-RR 1998, 152; OLG Hamm StV 2007, 2 = BeckRS 2006, 15058; KG StV 2013, 762 (Ls.) = BeckRS 2013, 7704; relativierend OLG Brandenburg NStZ-RR 2003, 344). Das ist keinesfalls bei jeder Vollzugszeitverkürzung anzunehmen (BGH NJW 2018, 2062 (2063)). Um die Erforderlichkeit der erzieherischen Einwirkung aufzuzeigen, sind deshalb neben den **Einwirkungsformen**, die während der nicht angerechneten Vollzugszeit möglich werden, auch deren erwartete Wirkungen zu bezeichnen.

Das allg. StR sieht in § 51 StGB diesen Nichtanrechnungsgrund iÜ **11** (anders als den des Nachtatverhaltens) nicht vor. Insofern handelt es sich hierbei um eine – wenig überzeugende – jugendstrafrechtliche Besonderheit, die de facto zu einer „gespaltenen Strafe" (BGH NStZ-RR 1998, 152) von überzogener, erzieherisch dysfunktionaler Härte (bestehend aus U-Haft und JStrafe) führen kann (zur Unvereinbarkeit mit Nr. 13 ERJOSSM Dünkel ZJJ 2011, 140 (144)). De lege ferenda sollte dies gestrichen werden (ebenso zB AK IV/3 und AK IV/4 in DVJJ 1993, 731 und 734; Dünkel RdJB 2014, 294 (296)) und de lege lata ist eine **restriktive Wahrnehmung** des Nichtanrechnungs-Ermessens (→ Rn. 6) geboten (für eine zurückhaltende Handhabung auch Kreuzer RdJB 1978, 337 (346)). Bei einem Heranwachsenden, bei dem das JStR nach dem Grundsatz „in dubio pro reo" angewendet wird, können gar keine erzieherischen Gründe für die Nichtanrechnung erlittener Freiheitsentziehung herangezogen werden. Anderenfalls würde er durch die Bejahung von § 105 Abs. 1 schlechter als Erwachsene gestellt (LG Münster NJW 1979, 938 vgl. auch → § 2 Rn. 23 ff., → § 109 Rn. 26).

IV. Besonderheiten bei der Anrechnung von Freiheitsentziehung im Ausland

Die Anrechnung einer im Ausland vollzogenen U-Haft oder Freiheits- **12** entziehung erfolgt ebenfalls von Gesetzes wegen, allerdings auf Grundlage von § 51 Abs. 1 und Abs. 3 S. 2 StGB iVm § 2 Abs. 2 (ebenso bspw. Höffler in MüKoStPO Rn. 9). Dabei muss das Gericht – in der Urteilsformel, vgl. jeweils zum allg. StR BGH NStZ-RR 2003, 364; BeckRS 2014, 11010) –

einen Anrechnungsmaßstab bestimmen (BGHR JGG § 52a Anrechnung 3 = BeckRS 1998, 30039034; BGH NStZ-RR 2010, 27). Soweit sich aus den Haftbedingungen, die im fraglichen Staat jeweils gegeben sind (zu deren Prüfung Morgenstern StV 2016, 395), ein stärkerer Belastungsgrad als bei einer entspr. inländischen Freiheitsentziehung ergibt, sollte dies im richterlichen Ermessen (§ 51 Abs. 4 S. 2 StGB iVm § 2 Abs. 2) Berücksichtigung finden und keine tagesgenaue, sondern eine höhere Anrechnung begründen.

13   Dieses Prinzip hat (überwiegend im allg. StR) zu einer ausdifferenzierten Kasuistik mit länderspezifischen Anrechnungsfaktoren geführt (zu einer ausführlichen Übersicht vgl. Kett-Straub in NK-StGB § 51 Rn. 40; Lagodny NK 2014, 211 (219 ff.)). Teilw. erfolgt die Anrechnung hiernach wie beim Inlandsvollzug (insbes. bei Haft in der EU), teilw. aber auch bis zum Verhältnis von 1:3 (so LG Zweibrücken NStZ-RR 1997, 206 für Auslieferungshaft in Kenia und (früher) LG Berlin StV 1998, 347 = LSK 1998, 350493 für Haft in Bulgarien 1:3 auf JStrafe). In entspr. Anwendung von § 354 Abs. 1 StPO kann auch das Revisionsgericht den Maßstab bestimmen, wenn das Tatgericht der diesbzgl. Pflicht nicht entsprochen hat und wenn aufgrund der Urteilsfeststellungen nur ein bestimmter Anrechnungsmaßstab in Betracht kommt (zB BGH NStZ-RR 2003, 364; BeckRS 2015, 13840). Dann erstreckt sich die Entscheidung gem. § 357 StPO iVm § 2 Abs. 2 auch auf nichtrevidierende Mitangeklagte (BGH NStZ-RR 2010, 27).

V. Rechtsmittel

14   Zur grundsätzlich gegebenen Zulässigkeit eines auf die Frage der Anrechnung von U-Haft beschränkten Rechtsmittels vgl. mwN → § 55 Rn. 22. Ist dieses erfolgreich, muss im Rahmen der Revision zur Neubeantwortung der Anrechnungsfrage zurückverwiesen werden (→ § 52 Rn. 11). Hat das Tatgericht die Anrechnung fehlerhaft unterlassen, zugleich aber die JStrafe nicht so bemessen, dass sie allein bei nicht reduzierter Dauer die erforderliche erzieherische Wirkung erwarten lässt, kann das **Revisionsgericht** (sofern nicht aus sonstigen Gründen noch weitere Feststellungen zu erwarten sind) den Wegfall der Nichtanrechnungsentscheidung selbst veranlassen (BGHSt 37, 75 (79) = NJW 1990, 2698 (2699); Schatz in Diemer/Schatz/Sonnen Rn. 2; Höffler in MüKoStPO Rn. 4; zu uU weitergehenden Bestimmungsmöglichkeiten des Revisionsgerichts bei der ausländischen Freiheitsentziehung → Rn. 13).

15   Die Anrechnung iSv Abs. 1 S. 1 ist vom JRichter als Vollstreckungsleiter (unabhängig von ihrer Aufnahme in den Tenor (→ Rn. 6)) von Amts wegen zu berücksichtigen. Bedarf es hierbei einer Entscheidung über die Auslegung des Urteils oder über **Einwendungen** hinsichtlich der Anrechnung, ist, sofern die Vollstr bereits begonnen hat, der Jugendrichter als Vollstreckungsleiter (vgl. § 82 Abs. 1 S. 2 sowie §§ 458 Abs. 1, 462 Abs. 1 S. 1, 462a Abs. 1 S. 1 StPO iVm § 2 Abs. 2), nicht also das Gericht des 1. Rechtszuges zuständig (KG StV 2019, 471 (471 f.) = BeckRS 2018, 16605; AG Pirmasens BeckRS 2018, 20141; abw. OLG Oldenburg NJW 1982, 2741 sowie → 20. Aufl.). Dessen Zuständigkeit besteht nur bis zum Beginn der Vollstr (§ 462a Abs. 2 S. 1 StPO iVm § 2 Abs. 2).

Überweisung an das Familiengericht

53 [1] Der Richter kann dem Familiengericht im Urteil die Auswahl und Anordnung von Erziehungsmaßregeln überlassen, wenn er nicht auf Jugendstrafe erkennt. [2] Das Familiengericht muß dann eine Erziehungsmaßregel anordnen, soweit sich nicht die Umstände, die für das Urteil maßgebend waren, verändert haben.

I. Anwendungsbereich

In Verfahren gegen **Jugendliche** gilt die Vorschrift vor den JGerichten, **1** während vor den für allg. Strafsachen zuständigen Gerichten die weitergehende Bestimmung des § 104 Abs. 4 anzuwenden ist. Diese schreibt die Überlassung der Auswahl und Anordnung von Erziehungsmaßregeln an das FamG zwingend vor (und zwar – anders als S. 2 – selbst dann, wenn das Gericht zugleich auf JStrafe erkennt). In Verfahren gegen **Heranwachsende**, bei denen wegen ihrer Volljährigkeit keine Zuständigkeit des FamG möglich ist, gilt § 53 nicht. Für Verfahren vor einem allg. Strafgericht, in denen sachliches JStR (§ 105 Abs. 1) angewandt wird, besteht in § 112 S. 3 jedoch eine ähnliche Regelung (Überlassung der Auswahl und Anordnung von Weisungen an den JRichter). Bei **Soldaten/-innen** ist § 112d zu berücksichtigen.

II. Einordnung

Bei einer Überweisung gem. § 53 werden die Anordnungs**befugnisse** des **2** **FamG** um Maßnahmen erweitert, die allein im JGG vorgesehen sind. Es kann also neben jenen familiengerichtlichen Maßnahmen, deren besondere Voraussetzungen fallkonkret vorliegen, auch Erziehungsmaßregeln iSv § 9 veranlassen – sich aber auch auf diese jugendstrafrechtlichen oder auf die besagten familiengerichtlichen Schritte beschränken (→ Rn. 9). Insofern wird das Vorgehen in die Hände eines Gerichtes gelegt, das einige Optionen beider Rechtsgebiete kombinieren oder zwischen diesen wählen und damit eine koordinierte Intervention gewährleisten kann. Die rechtstatsächliche **Bedeutung** von § 53 ist allerdings äußerst **gering** (vgl. auch Höffler in MüKoStGB Rn. 3; Hügel FS Brudermüller, 2014, 354 f.). In der Verfahrenspraxis bestehen offenbar Vorbehalte ggü. einer Überlassung, weil diese idR eine nicht unerhebliche Verzögerung der Rechtsfolgenfestlegung mit sich bringt. Die erzieherisch **erforderliche Koordination** zwischen dem familiengerichtlichen und dem jugendstrafrechtlichen Vorgehen muss deshalb (bei Bedarf) von den beteiligten Gerichten – soweit der JRichter nicht ohnehin gem. § 34 Abs. 2 S. 1 die familiengerichtlichen Erziehungsaufgaben übernimmt (→ § 34 Rn. 9 ff.) – im Wege der wechselseitigen Berücksichtigung sichergestellt werden (→ § 9 Rn. 8). Ordnet bspw. das FamG iZm (mutmaßlicher) Delinquenz diverse familiengerichtliche Erziehungsmaßnahmen an, ist das JGericht dringend gehalten, widersprechende Maßnahmen zu vermeiden. Vielfach wird hier eine Einstellung nach § 47 Abs. 1 S. 1 Nr. 2 (ggf. schon im Vorverfahren nach § 45 Abs. 2 S. 1) geeignet sein. Die Notwendigkeit derartiger Abstimmungen entfiele bspw., wenn § 34 Abs. 2

S. 1 obligatorisch würde (dafür Schady in NK-JGG Grdl. zu § 53 Rn. 5)
oder wenn sich beide Verfahrensarten ausschlössen (vgl. hierzu Bohnert JZ
1983, 517 (523), der eine Vorabentscheidungsprozedur anregt, die im Falle
eines Jugenddeliktes die Weiche zwischen einem nur-familiengerichtlichen
und einem nur-jugendstrafrechtlichen Verfahren stellt).

III. Voraussetzungen der Überweisung

3   Das Vorgehen setzt einen Schuldspruch und eine Entscheidung über zu
erteilende Erziehungsmaßregeln voraus (zur Urteilsfassung → § 54 Rn. 10).
Denn gem. **S. 1 Hs. 1** können dem FamG nur bestimmte **Rechtsfolgen**
überlassen werden. Unzulässig ist die Überlassung hinsichtlich der Anordnung von Zuchtmitteln und JStrafe (mit oder ohne Aussetzung der Vollstr
zBew). Soweit das JGericht auf JStrafe erkennt und daneben auch Erziehungsmaßregeln für notwendig erachtet (vgl. § 8 Abs. 2 S. 1), muss es diese
folglich selbst anordnen. Eine Überlassung scheidet hier gem. **S. 1 Hs. 2**
aus. Sie kommt allein für Erziehungsmaßregeln in Betracht, die als einzige
Rechtsfolge oder neben − vom JGericht selbst festgelegten − Zuchtmitteln,
Nebenfolgen (§ 6) und Maßregeln (§ 7) veranlasst werden. Bei Sanktionskombinationen stellt sich die Frage nach der Zweckmäßigkeit einer Überweisung indes besonders. Ein Vorgehen, bei dem das JGericht einen Teil der
Erziehungsmaßregeln selbst anordnet und einen anderen Teil dem FamG
überlässt, ist in Abs. 1 nicht vorgesehen.

4   Das Gesetz konzipiert die Überlassung, wie allein schon der Standort von
§ 53 zeigt, als **Ausnahme.** Da es somit die Entscheidung über jugendstrafrechtliche Interventionen grds. dem JGericht überträgt, muss dieses die
Erziehungsmaßregeln im Regelfall selbst auswählen und anordnen. Es bedarf
eines Grundes oder Anlasses für eine Überlassung, damit das JGericht hierüber nach seinem pflichtgemäßen Ermessen zu befinden hat. Eine solche
Situation wird regelmäßig (nur) dann gegeben sein, wenn das FamG zur
Beurteilung der fallkonkreten Rechtsfolgenfrage **besser imstande** ist (Schady in NK-JGG Rn. 5). Das kann bei einer früheren Befassung mit dem
Jugendlichen und seiner Familie gegeben sein. Auch wenn die Mitglieder
des JSchöffG oder der JKammer keine Einigung über die am ehesten geeignete Erziehungsmaßregel erzielen können, ist das hierfür ggf. ein Indikator
(vgl. auch Brunner/Dölling Rn. 1; Schatz in Diemer/Schatz/Sonnen
Rn. 10). Die in der Lit. diskutierte Frage, ob das JGericht für das FamG (mit
welchen Folgen) Anregungen formulieren könne (Höffler in MüKoStPO
Rn. 11 mwN), erübrigt sich in diesen Fällen.

5   Zu berücksichtigen ist, dass die Rechtsfolgenbestimmung nach einer
Überlassung im Verfahren der freiwilligen Gerichtsbarkeit (→ Rn. 10) und
damit in einem **weniger formengebundenen** Kontext erfolgt. Deshalb
läge in der „Selbst-Überweisung" durch einen JRichter, der zugleich zuständiger Familienrichter ist (§ 34 Abs. 2 S. 1), ein unzulässiges Umgehungs-
verhalten (aA Schatz in Diemer/Schatz/Sonnen Rn. 10). Aus demselben
Grund wäre eine Überweisung, nur um eine eingriffsinvasive Anordnung
von Hilfe zur Erziehung nach § 12 Nr. 2 durch das FamG zu erreichen,
höchst zw. (n. → § 12 Rn. 30; abw. Brunner/Dölling Rn. 1; Höffler in
MüKoStPO Rn. 12). Obendrein unterstreicht der Umstand, dass sich der
Gesamtprozess der Entscheidungsfindung durch eine Überweisung in die

Länge zieht – einschließlich der damit einhergehenden Belastungen für den Jugendlichen (→ Einl. Rn. 42 f.) –, die Notwendigkeit einer grds. restriktiven Handhabung. Mit Blick auf den besonderen Beschleunigungszweck des **vereinfachten JVerfahrens** ist dort iÜ eine Überweisung zwar grds. zulässig (vgl. → §§ 76–78 Rn. 30), aber besonders klar kontraindiziert. Bei von vornherein absehbarer Überweisung wäre ein Antrag nach § 76 sogar unzulässig (s. → §§ 76–78 Rn. 9).

IV. Entscheidung des Familiengerichts

1. Anordnungskompetenz und -pflicht

Durch die Überweisung wird das FamG zur Anordnung einer Erziehungs- **6** maßregel ermächtigt und grds. auch verpflichtet (S. 2). Die **Auswahl** unter den Rechtsfolgen iSv § 9 liegt in seinem pflichtgemäßen **Ermessen.** In der Schuldfrage erfolgt dabei durch das FamG keine neuerliche Prüfung. Die Überweisung bewirkt vielmehr nur einen Transfer der fallkonkreten, auf Erziehungsmaßregeln beschränkten Rechtsfolgenkompetenz.

Die Rechtsfolgenkompetenz, die das FamG durch die Überweisung er- **7** langt, kann die Rechtsfolgenkompetenz des übertragenden JGerichts nicht übersteigen. **Einschränkungen,** denen das JGericht bei der **Auswahl** der Erziehungsmaßregeln unterliegt, werden gleichsam „mittransferiert" und bestehen daher auch für das FamG. Das ist indes nur in wenigen **Sonderkonstellationen** von Belang: Einmal betrifft dies die Überweisung im vereinfachten JVerfahren (→ Rn. 5), bei der das FamG keine Heimerziehung (§ 12 Nr. 2) anordnen darf, weil schon das JGericht daran gehindert ist (§ 78 Abs. 1 S. 2) und eine dahingehende Kompetenz daher auch nicht weitergeben kann (iE ebenso Schady in NK-JG Rn. 5; abw. zB Schatz in Diemer/ Schatz/Sonnen § 78 Rn. 7; Streng JugendStrafR Rn. 239). Zum anderen betrifft dies die (grds. mögliche) Überweisung durch das Berufungsgericht. Soweit dieses das Verbot der reformatio in peius zu beachten hat, wird die Rechtsfolgenkompetenz von ihm mit den fraglichen Beschränkungen transferiert, sodass das Verschlechterungsverbot auch vom FamG zu berücksichtigen ist. Dieses ist in der Auswahl der Erziehungsmaßregeln deshalb nur frei, wenn im ersten jugendgerichtlichen Urteil mindestens ein Zuchtmittel (aber nicht nur eine Verwarnung (→ § 55 Rn. 78)) festgelegt worden war. Bei erstinstanzlicher Anordnung einer Erziehungsmaßregel darf das FamG dagegen keine eingriffsintensivere Erziehungsmaßregel bestimmen.

2. Gründe des Absehens

Gem. S. 2 Hs. 2 ist das FamG nicht zur Anordnung einer Erziehungs- **8** maßregel verpflichtet, falls sich die für das Urteil maßgeblichen **Umstände nach** dessen **Verkündung** (allgA) wesentlich **geändert** haben. Dies betrifft va den Wegfall von Gegebenheiten in der Lebensführung oder im persönlichen Umfeld sowie im schulischen bzw. beruflichen Bereich, die zunächst (aus Sicht des JGerichts) die Indikation einer Erziehungsmaßregel begründet hatten. Um dies festzustellen, kann ggf. eine Rücksprache mit dem erkennenden JGericht und eine Anhörung der JGH angezeigt sein. Dagegen fällt die Bindung des FamG **nicht** dadurch weg, dass es die unveränderte Sachlage lediglich **anders beurteilt,** als es das JGericht im Entscheidungszeitpunkt getan hat. Ebenso verhält es sich bei einer abw. Einschätzung der Schuldfrage (solange nicht erhebliche Tatsachen erkennbar geworden sind, die dem JGericht bei Urteilserlass unbekannt waren).

9   Neue Umstände iSv S. 2 Hs. 2 können grds. auch durch das jugendgerichtliche Urteil eingetreten sein, falls die dort (neben der Überweisung) getroffenen Entscheidungen bereits erkennbare und ausreichende **erzieherische Wirkungen erbracht** haben (vgl. bereits Dallinger/Lackner Rn. 17). Ebenso verhält es sich bei positiven Effekten von familiengerichtlichen Maßnahmen, die das FamG in Reaktion auf das Anlassdelikt ggf. schon früher veranlasst hatte. Darüber hinaus können auch die familiengerichtlichen **Maßnahmen,** die das FamG erst **iZm mit der Überweisung trifft,** die „Umstände, die für das Urteil maßgebend waren", verändern. Die neue Situation besteht dann in der (vorher nicht gegebenen) Existenz dieser Anordnungen (iE ähnlich Brunner/Dölling Rn. 7; Höffler in MüKoStPO Rn. 18). Eine hiervon abw. und engere Lesart von S. 2 Hs. 2 hätte erzieherisch ungünstige Folgen. Das FamG, das mit Blick auf die Lage eines Jugendlichen ganz konkrete Vorstellungen von geeigneten familiengerichtlichen Interventionen hat (ggf. und gerade auch solche, die mit den Eltern abgesprochen sind), wäre dann nämlich zur Anordnung ergänzender oder alternativer Erziehungsmaßregeln gezwungen, die es für funktionslos oder gar dysfunktional hält.

3. Verfahren

10   Nach Überlassung bestimmt sich das Verfahren vor dem FamG nach dem **FamFG** (vgl. etwa zum Amtsermittlungsgrundsatz § 26 FamFG, zur Anfechtung von Entscheidungen §§ 58 ff., 70 ff. FamFG, zur funktionellen Zuständigkeit § 14 Abs. 1 Nr. 13 RPflG). Die Zuständigkeit des FamG und die Maßgeblichkeit des FamFG erstrecken sich auch auf Fälle, in denen eine **nachträgliche Änderung,** Verlängerung oder Befreiung von einer gem. §§ 53, 10 erteilten Weisung in Betracht kommt. Die allg. Regelung in § 65 Abs. 1 findet in der Sonderkonstellation der Überweisung keine Anwendung (Dallinger/Lackner Rn. 22). Eine Ausnahme besteht hier für die **Verhängung von JA** bei schuldhafter Zuwiderhandlung des Jugendlichen gegen angeordnete Weisungen. Hierfür bleibt der überlassende JRichter des ersten Rechtszuges nach § 65 Abs. 1 zuständig, da das FamG zur Verhängung von JA generell nicht befugt ist. Der Transfer der Rechtsfolgenkompetenz (Rn. 6 f.) bezieht allein die Entscheidungen gem. § 11 Abs. 2, nicht aber die Entscheidungen gem. § 11 Abs. 3 ein (vgl. zur Anfechtung § 65 Abs. 2 S. 2).

V. Rechtsmittel

1. Keine Anfechtbarkeit des Urteils des JGerichts

11   Das Urteil, das die Überweisung an das FamG ausspricht, ist gem. § 55 Abs. 1 S. 1 regelmäßig unanfechtbar. Mit Eintritt seiner Rechtskraft und damit schon vor der Rechtsfolgen-Entscheidung des FamG ist das JStV – vorbehaltlich einer etwaigen Anordnung von Nichtbefolgungsarrest (vgl.

→ Rn. 10) – beendet (Dallinger/Lackner Rn. 19). Einem neuen JStV wegen derselben Tat steht der Grundsatz „ne bis in idem" (Art. 103 Abs. 3 GG) entgegen (allgA).

2. Beschwerde gegen Entscheidungen des FamG

Ordnet das FamG entgegen S. 2 keine Erziehungsmaßregel an, sind das **12** **JAmt** und das **JGericht** nach dem FamFG zur Beschwerde berechtigt (allgA). Das Beschwerdegericht hat dann zu prüfen, ob die Entscheidung des FamG durch veränderte Umstände iSv → Rn. 8 f. gerechtfertigt wird.

Ist eine „Auswahl und Anordnung" der Erziehungsmaßregel erfolgt, be- **13** steht eine Beschwerdeberechtigung für den **Jugendlichen** und nicht für das JGericht. Die Beschwerde kann bspw. darauf gestützt werden, dass das FamG trotz veränderter Umstände iSv S. 2 Hs. 2 eine Anordnung getroffen hat. Da § 55 für die Anfechtung von Entscheidungen des FamG nicht gilt, ist die Beschwerde auch mit dem Ziel zulässig, eine andere Erziehungsmaßregel zu verhängen (Hügel FS Brudermüller, 2014, 354).

Die vorgenannte Beschwerdemöglichkeit gilt auch bei einer **nachträgli-** **14** **chen** Änderung oder Verlängerung der Weisung (→ Rn. 10) durch das FamG. Ebenso verhält es sich, wenn das FamG die beantragte Abänderung einer Weisung ablehnt (und ihm bspw. eine Verkennung seines Beurteilungs- spielraums in § 11 Abs. 2 vorgeworfen wird). Ebenso wenig wie § 55 steht dem § 65 Abs. 2 S. 1 im Wege, weil das Verfahren nach Beendigung des JStV durch die rechtskräftige Überweisung an das FamG ausschließlich zur freiwilligen Gerichtsbarkeit gehört.

Urteilsgründe

54 (1) ¹Wird der Angeklagte schuldig gesprochen, so wird in den Urteilsgründen auch ausgeführt, welche Umstände für seine Bestrafung, für die angeordneten Maßnahmen, für die Überlassung ihrer Auswahl und Anordnung an das Familiengericht oder für das Absehen von Zuchtmitteln und Strafe bestimmend waren. ²Dabei soll namentlich die seelische, geistige und körperliche Eigenart des Angeklagten berücksichtigt werden.

(2) **Die Urteilsgründe werden dem Angeklagten nicht mitgeteilt, soweit davon Nachteile für die Erziehung zu befürchten sind.**

Schrifttum: Meyer-Goßner/Appl, Die Urteile in Strafsachen, 30. Aufl. 2021; Neus, Der Erziehungsgedanke im Jugendstrafrecht, 1997; Noster, Die abgekürzte Urteils- begründung im Strafprozess, 2010; Wolff/Marek (Hrsg.), Erziehung und Strafe, 1990.

Übersicht

I. Anwendungsbereich

1   Die Vorschrift gilt in Verfahren gegen **Jugendliche** sowohl vor den JGerichten wie auch vor den für allg. Strafsachen zuständigen Gerichten (§ 104
Abs. 1 Nr. 6; vgl. aber → § 104 Rn. 11). Soweit bei **Heranwachsenden**
materielles JStR angewandt wird, ist Abs. 1 sowohl von den JGerichten als
auch von den allg. Strafgerichten heranzuziehen (§ 109 Abs. 2 S. 1, § 112
S. 1, 2, § 104 Abs. 1 Nr. 6). Abs. 2 hat bei ihnen dagegen keine Relevanz.
Heranwachsenden werden die Urteilsgründe in vollem Umfang mitgeteilt.

2   Im Bußgeldverfahren ist § 54 bei der Entscheidung im gerichtlichen Verfahren nach Einspruch gem. § 46 Abs. 1 **OWiG** entspr. anwendbar. Das gilt
auch für Abs. 2, wobei die Voraussetzung der zu befürchtenden erzieherischen Nachteile selten vorliegen und ein Verzicht auf die Mitteilung der
Entscheidungsgründe nur ausnahmsweise gerechtfertigt sein dürfte (ebenso
Seitz/Bauer in Göhler OWiG § 71 Rn. 66). Der in Abs. 1 enthaltene
Rechtsgedanke einer persönlichkeitsbezogenen Begründung ist auch im
Rahmen einer Beschlussbegründung nach § 72 Abs. 4 S. 5 OWiG und insb.
im Fall einer Vollstreckungsanordnung nach §§ 78 Abs. 4, 98 Abs. 1 OWiG
zu berücksichtigen. Wegen der standardisierten und formalisierten Sanktionierung im OWiR haben die Maßgaben des § 54 in der Praxis aber nur
geringe Bedeutung (Schady in NK-JGG 3; Buhr in HK-JGG Rn. 4).

II. Überblick

Während für den Inhalt der **Urteilsformel** die allg. Vorschriften gelten **3** (§ 260 Abs. 4 und Abs. 5 StPO iVm § 2 Abs. 2), enthält Abs. 1 eine Sonderregelung für die Abfassung der **Urteilsgründe,** von der die allg. Maßgaben (§ 267 StPO iVm § 2 Abs. 2) für den Fall der Verurteilung (nicht bei Einstellung oder Freispruch) ergänzt werden. Die Vorschrift regelt insofern „den Mindestinhalt der Urteilsgründe in Jugendstrafsachen" (BT-Drs. I/ 4437, 9). Sie ist identisch mit § 39 RJGG 1943, während das JGG 1923 noch keine vergleichbare Sonderbestimmung kannte (n. zur Entstehungsgeschichte Wolff in Wolff/Marek (Hrsg.), Erziehung und Strafe, 1990, 95). Mit diesen Anforderungen soll eine persönlichkeitsbezogene Darstellung der Gründe erreicht werden, damit die gerichtliche Entscheidung (neben dem Verurteilten und dem Rechtsmittelgericht va auch) jenen Personen und Institutionen, die mit der Durchführung der angeordneten Rechtsfolgen befasst sind, verständlich wird (Beulke/Swoboda JugendStrafR Rn. 793). Demgemäß bezieht sich die Berücksichtigung der individuellen „Eigenart des Angeklagten" (Abs. 1 S. 2) nicht nur auf den in S. 1 umschriebenen Mindestinhalt, sondern – im Sinne einer weiten Auslegung des Wortes „Dabei" – auf den Inhalt der Urteilsgründe insges. (vgl. auch Dallinger/ Lackner Rn. 3).

Die **Verkündung** des Urteils richtet sich grds. nach § 268 StPO iVm § 2 **4** Abs. 2 (einschließlich der ggf. zu berücksichtigenden Soll-Vorschrift des § 268 Abs. 2 S. 3 iVm § 2 Abs. 2). Mit Blick auf die mündliche Mitteilung der zu eröffnenden Urteilsgründe sieht Abs. 2 eine Einschränkung ggü. § 268 Abs. 2 S. 2 StPO vor. Zur Abschrift des Urteils (§ 35 Abs. 1 S. 2 StPO) bzw. Zustellung der schriftlichen Urteilsausfertigung (§ 35 Abs. 2 S. 1, §§ 232 Abs. 4, 316 Abs. 2, 343 Abs. 2 StPO) s. RL Nr. 3 und → Rn. 37. Eine **Bekanntgabe** der Verurteilung darf nicht angeordnet werden (§ 6 Abs. 1 S. 2).

III. Urteilsformel

1. Fassung des Urteilstenors

a) Inhalt. Da der Urteil**tenor** nach den allg. Maßgaben zu fassen ist **5** (→ Rn. 3), wird in der Urteilsformel zunächst die rechtliche Bezeichnung der Tat – ggf. mit Nennung der (gesetzlichen) Überschriften – angegeben und sodann die Reihe der angewendeten Vorschriften in Form einer Paragrafenliste genannt (zu Einzelfragen s. Ott in KK-StPO StPO § 260 Rn. 18 ff.). Hierbei sind auch die Konkurrenzvorschriften des allg. StR anzugeben (vgl. auch → § 31 Rn. 4 f.; aA Foth JR 2014, 390). Anderenfalls bestünde die Gefahr, den Jugendlichen (bspw. bei der Beurteilung strafrechtlicher Vorbelastungen) schlechter zu stellen (vgl. → § 2 Rn. 23 ff.), wenn das Verhältnis der festgestellten Taten im BZR- bzw. Erziehungsregisterauszug nicht deutlich würde.

Besonders und minder schwere Fälle gehören nicht zur rechtlichen Be- **6** zeichnung der Tat und werden deshalb nicht in die Urteilsformel aufgenommen (vgl. für das allg. StVerf Ott in KK-StPO StPO § 260 Rn. 31 mwN;

teilw. abw. 22. Aufl. Rn. 8a). Dies folgt ferner daraus, dass es sich hierbei um Gesichtspunkte der allg. Strafzumessung handelt, die in dieser unmittelbaren Bedeutung gem. § 18 Abs. 1 S. 3 im Bereich des JGG „nicht gelten" (vgl. bspw. BGH MDR 1976, 769 = BeckRS 1976, 31113899; BGH bei Böhm NStZ 1991, 522 (523); OLG Hamm StV 2014, 747 = BeckRS 2014, 108922; ZJJ 2017, 282 = BeckRS 2017, 106830; Schatz in Diemer/Schatz/Sonnen Rn. 10). Besonders bzw. minder schwere Fälle sind allerdings in den Urteilsgründen zu thematisieren (§ 267 Abs. 3 S. 2 und S. 3 StPO iVm § 2 Abs. 2; s. ferner → § 18 Rn. 24). Auch im Falle einer Strafmilderung ggü. einem Heranwachsenden, auf den allg. StR angewendet wird (§ 106 Abs. 1), ist im Rechtsfolgenausspruch nur auf die gemilderte Strafe zu erkennen, während die Tatsache der Milderung in den Gründen ausgeführt wird (ebenso Brunner/Dölling § 106 Rn. 6).

7   **b) Sprachliche Gestaltung.** Ein Urteil muss keine Verurteilung sein und auch nicht so formuliert werden. Trotzdem hält es die hM für ehrlich und geboten, im Tenor das Wort **„verurteilt"** zu nutzen (Schady in NK-JGG Rn. 4; Brunner/Dölling Rn. 2; Höffler in MüKoStPO Rn. 4; Reisenhofer, Jugendstrafrecht in der anwaltlichen Praxis, 2. Aufl. 2012, § 4 Rn. 237). Dies ist aber nicht zwingend. Das Gericht kann stattdessen für „schuldig" erklären und sodann die Rechtsfolge aussprechen (Buhr in HK-JGG Rn. 9). Dabei geht es nicht darum, die Schärfe des Eingriffs zu neutralisieren (oder gar zu beschönigen), sondern um die respektbekundende Vermeidung von verbaler Degradierung und entbehrlicher Machtdemonstration. Zumindest bei Jugendlichen, die für solche Nuancen ersichtlich ansprechbar sind, ist das mit Blick auf § 2 Abs. 1 angezeigt.

8   Bei vielen Rechtsfolgen wäre es terminologisch ohnehin verfehlt, den Angeklagten „hierzu zu verurteilen". Erziehungsmaßregeln werden vielmehr „aus Anlass" der Straftat „angeordnet" (§ 5 Abs. 1). Bei der Veranlassung von Zuchtmitteln, denen ebenfalls nicht die Rechtswirkungen einer Strafe zukommen (§ 13 Abs. 3), kann es anstelle des repressiven „Ahndens" (§ 13 Abs. 1) besser heißen, dass diese – je nach der konkreten Rechtsfolge – „angeordnet" (§ 15 Abs. 2), „verhängt" (§ 16 Abs. 2) oder dem Jugendlichen „auferlegt" (§ 15 Abs. 1) werden. Nicht einmal zur JStrafe muss „verurteilt" werden. Auf sie ist vielmehr zu „erkennen" (vgl. § 30 Abs. 1 S. 1; ebenso Meyer-Goßner/Appl, Die Urteile in Strafsachen, 2021, Rn. 145).

2. Details bei einzelnen Rechtsfolgen

9   **a) Erziehungsmaßregeln.** Besonders bei den gesetzlich nur beispielhaft angeführten Weisungen ist eine genaue Bezeichnung der Anordnung im Tenor unverzichtbar. Das betrifft insbes. auch den Umfang der auferlegten Verpflichtung. Die Laufzeit jeder Weisung (§ 11 Abs. 1) ist ebenfalls anzugeben (→ § 10 Rn. 58). Dagegen ist bei Anordnung von Erziehungsmaßregeln nicht in den Tenor aufzunehmen, dass von Zuchtmitteln und JStrafe abgesehen wurde (dazu und zu einem Formulierungs-Bsp. etwa Meyer-Goßner/Appl, Die Urteile in Strafsachen, 2021, Rn. 146). Denn diese beiden Rechtsfolgenkategorien kommen gem. § 5 Abs. 2 ohnehin nur dann zur Anwendung, wenn Erziehungsmaßregeln nicht ausreichen (→ § 5 Rn. 24 ff.).

Will das JGericht die Auswahl und Anordnung der von ihm für erforder- **10** lich erachteten Erziehungsmaßregeln dem FamG gem. § 53 überlassen, empfiehlt sich folgende Urteilsformel: „Der Angeklagte ist einer/es ... schuldig. Erziehungsmaßregeln sind erforderlich. Ihre Auswahl und Anord- nung wird dem Familiengericht überlassen." (Meyer-Goßner/Appl, Die Urteile in Strafsachen, 2021, Rn. 146).

b) Zuchtmittel. Lautet der Urteilsausspruch auf Zuchtmittel, wird der **11** Umstand, dass JStrafe nicht geboten ist (§ 13 Abs. 1), nicht in die Urteils- formel aufgenommen (→ § 5 Rn. 77). Bei der Verwarnung darf der Tenor nicht lauten, der Angeklagte werde verwarnt (hierzu auch → § 14 Rn. 8). Vielmehr empfiehlt sich die Formulierung: „Dem Angeklagten ist eine Ver- warnung zu erteilen" (Meyer-Goßner/Appl, Die Urteile in Strafsachen, 2021, Rn. 147). Für Auflagen und JA sind, abhängig von deren konkreter Festlegung, die jeweiligen gesetzlichen Bezeichnungen (§§ 15 Abs. 1 S. 1, 16 Abs. 1) zu verwenden. Arbeitsleistungen und die JA-Dauer sind zu beziffern; bei der Schadenswiedergutmachung und der Geldbetragszahlung müssen die Höhe des zu zahlenden Betrages und der Zahlungsempfänger sowie eventuelle Ratenzahlungen angegeben werden.

c) JStrafe. Bei Verhängung einer JStrafe ist die **Dauer** der JStrafe (§ 18 **12** Abs. 1) in der Urteilsformel auszusprechen. Dagegen geht in den Tenor weder die jeweils bejahte Variante von § 17 Abs. 2 („schädliche Neigungen" oder „Schwere der Schuld") noch die Feststellung ein, dass Erziehungsmaß- regeln und/oder Zuchtmittel zur Erziehung nicht ausgereicht haben. Auch die Bejahung der besonderen Schuldschwere (§ 105 Abs. 3 S. 2) erfolgt allein in den Urteilsgründen (vgl. BGH NStZ 2017, 218 (219)).

Wird die **Verhängung** der JStrafe **zBew ausgesetzt** (§ 27), empfiehlt **13** sich die folgende Fassung des Ausspruchs: „Der Angeklagte ist einer/es ... schuldig. Die Entscheidung über die Verhängung einer Jugendstrafe wird zur Bewährung ausgesetzt." Die weiteren Entscheidungen, insb. die Fest- legung von Dauer und Modalitäten der BewZeit (§§ 28 f.), erfolgen durch einen eigenen Beschluss (§§ 62 Abs. 4, 58 Abs. 1). – Wird nachträglich unter den Voraussetzungen von § 30 Abs. 1 S. 1 eine JStrafe als erforderlich erachtet, muss die Aussetzung in der Urteilsformel nicht eigens widerrufen werden (ebenso Meyer-Goßner/Appl, Die Urteile in Strafsachen, 2021, Rn. 151). Vielmehr empfiehlt sich folgender Tenor: „Aufgrund des Urteils vom ... wird gegen den Angeklagten auf eine Jugendstrafe von ... erkannt" ((Meyer-Goßner/Appl, Die Urteile in Strafsachen, 2021, Rn. 151; abw. Schady in NK-JGG Rn. 8: „In Ergänzung des Urteils ..."). Eine Entschei- dung nach § 30 Abs. 2 kann lauten: „Der im Urteil vom ... gegen den Angeklagten getroffene Schuldspruch ist zu tilgen" (s. auch Brunner/Dölling Rn. 6). Während der BewZeit kommt § 62 Abs. 3 zur Anwendung.

Ergeht eine **Bewährungsentscheidung nach § 21**, ist gem. § 57 Abs. 4 **14** iVm § 260 Abs. 4 S. 4 StPO in die Urteilsformel aufzunehmen, dass die Vollstr der JStrafe zBew ausgesetzt wird (dazu mit Bsp. Meyer-Goßner/Appl, Die Urteile in Strafsachen, 2021, Rn. 150). Dagegen erfolgen die weiteren Entscheidungen über Dauer und Gestaltung der BewZeit (§§ 22, 23), einen evtl. Widerruf der Aussetzung (§ 26) oder den Erlass der JStrafe nach Ablauf der BewZeit (§ 26a) in einem (zusätzlichen bzw. späteren) Beschluss (§ 58 Abs. 1).

3. Besondere Entscheidungsinhalte

15 **a) § 31 Abs. 2.** Wird eine rechtskräftige Entscheidung nach dieser Vorschrift in eine aktuelle Entscheidung einbezogen, kommt folgende Fassung
im Urteilsspruch in Betracht: „Gegen den Angeklagten wird wegen … und
unter Einbeziehung des Urteils vom … wegen der dort bezeichneten Tat
einheitlich auf eine Jugendstrafe von … erkannt" (bzw „… ein Dauerarrest
von … verhängt" (usw)). Waren in die einzubeziehende Entscheidung
bereits **weitere frühere Entscheidungen** einbezogen worden, sind auch
diese in der Urteilsformel zu bezeichnen (BGH bei Böhm NStZ 1997, 480
(482); BGH StV 1998, 382 (Ls.) = BeckRS 1998, 31357558; BeckRS 2011,
18239; BeckRS 2013, 13618; BeckRS 2020, 6349; s. dazu und zu den
Anforderungen an die Sachverhaltsdarstellung n. → § 31 Rn. 61 ff.). Wurden diese Notwendigkeiten übersehen, zugleich aber alle Taten, die den
früheren Verurteilungen zugrunde lagen, in den Urteilsgründen gewürdigt,
kann das Revisionsgericht den Urteilstenor entspr. ergänzen (BGH NJW
1998, 465 (467); BeckRS 2011, 3956; BeckRS 2014, 18375).

16 Soll eine **Rechtsfolge,** die im einzubeziehenden Urteil enthalten war, im
einbeziehenden Urteil aufrechterhalten werden, ist sie im Urteilstenor erneut auszusprechen. Ist eine Rechtsfolge des einzubeziehenden Urteils schon
erledigt und wird sie deshalb bei der Bemessung der neuen Rechtsfolge (nur)
mitberücksichtigt (vgl. → § 31 Rn. 21 f.), sollte beides zur Klarstellung im
Urteilstenor ausgesprochen (BGHSt 42, 299 = NJW 1997, 472) und in den
Urteilsgründen dargelegt werden. Dies gilt insbes. bei vorausgegangenen
Bewährungsleistungen mit (auch) ahndenden Elementen (offen gelassen in
BGHSt 49, 90 = NJW 2004, 1748 mablAnm Müller JR 2004, 392 und
Eisenberg JZ 2004, 687).

17 Die gem. § 51 Abs. 2 StGB iVm § 2 Abs. 2 **zwingende Anrechnung**
einer bereits aus dem früheren Urteil vollstreckten JStrafe (s. auch → § 31
Rn. 52) muss nicht unbedingt in der Urteilsformel ausgesprochen werden
(BGHSt 41, 315 = NJW 1996, 865 mzustAnm Brunner NStZ 1996, 280).
Allerdings ist ein solcher Ausspruch im JStV zur Schaffung der erforderlichen
Klarheit zweckmäßig, zumal ein nur mündlicher Hinweis bei der Urteilsverkündung allzu leicht untergehen kann. Genauso verhält es sich beim
angeordneten und vollstreckten Kopplungs-JA (§ 16a). Da sich dessen Anrechnung, wenn das betreffende Urteil einbezogen wird, aus dem Gesetz
(§ 31 Abs. 2 S. 3) ergibt, ist die Einbeziehung in die Urteilsformel ebenfalls
nicht obligatorisch (BGH NStZ 2020, 739), wohl aber empfehlenswert.

18 **b) §§ 73 ff. StGB.** Eine vermögensabschöpfende Anordnung ist im Tenor
auszusprechen. Soweit es bei der Wertersatzeinziehung zu einer **gesamt-
schuldnerischen** Haftung kommt (dazu n. und krit. → § 6 Rn. 18), gilt
dies ebenso. Die Namen der mithaftenden Gesamtschuldner anzugeben, ist
allerdings ebenso entbehrlich wie die Bezeichnung der ursprünglich erlangten Gegenstände, auf die sich der Wertersatz bezieht (vgl. BGH BeckRS
2020, 6349).

19 **c) Anrechnung von U-Haft.** Die Berücksichtigung von U-Haft oder
einer anderen wegen der Tat erlittenen Freiheitsentziehung **beim JA** (vgl.
§ 52) erfordert regelmäßig die Angabe, ob bzw. in welchem Umfang die JA
nicht vollstreckt wird. Der entsprechende Teil des Urteilsausspruchs kann
lauten: „Der Jugendarrest wird unter Berücksichtigung der vom Angeklag-

ten erlittenen Untersuchungshaft nicht (bzw. nur noch für die Dauer von ...)
vollstreckt" (ebenso Brunner/Dölling Rn. 9).

Die Anrechnung von U-Haft oder einer anderen wegen der Tat erlittenen **20**
Freiheitsentziehung auf die **JStrafe** wird an sich ebenfalls in die Urteilsformel aufgenommen. Dies ist allerdings nicht zwingend, wenn die Anrechnung kraft Gesetzes – nämlich gem. **§ 52a S. 1** (vgl. n. → § 52a Rn. 6, 12 f.)
– erfolgt (vgl. bspw. BGH StV 1998, 324 = BeckRS 1998, 30039034; Schatz
in Diemer/Schatz/Sonnen Rn. 27; etwas anders Kunkel in BeckOK JGG
Rn. 34; Höffler in MüKoStPO Rn. 13: unterbleibt stets). Aus Klarstellungsgründen ist eine deklaratorische Aufnahme der Anrechnung jedoch empfehlenswert (ähnlich Schady in NK-JGG Rn. 12; Buhr in HK-JGG Rn. 34).
Der Umfang einer etwaigen Nichtanrechnung (§ 52a S. 2) muss im Urteilstenor immer ausgesprochen (und in den Gründen auf die maßgeblichen
Umstände zurückgeführt) werden. Es empfiehlt sich folgende Formulierung:
„Eine Anrechnung der vom Angeklagten zwischen dem ... und dem ...
erlittenen Untersuchungshaft unterbleibt."

4. Kostenentscheidung

Wie im allg. StVR enthält die Urteilsformel einen Kostenausspruch (§ 464 **21**
Abs. 1 und Abs. 2 StPO iVm § 2 Abs. 2; s. etwa auch Kunkel in BeckOK
JGG Rn. 13). Dies gilt ebenso, wenn das JGericht gem. § 74 davon absieht,
dem Jugendlichen bzw. (unter den Voraussetzungen des § 109 Abs. 2 S. 1)
dem Heranwachsenden die Kosten und Auslagen aufzuerlegen (Meyer-Goß-
ner/Appl, Die Urteile in Strafsachen, 2021, Rn. 154 sowie erg. → § 74
Rn. 20; zu einer in der früheren Debatte teilw. vertretenen aA vgl.
→ 22. Aufl. Rn. 23 mwN).

IV. Schriftliche Urteilsbegründung

1. Erweiterte Begründungspflicht

Nach Abs. 1 S. 1 muss in den Urteilsgründen ausgeführt werden, welche **22**
Umstände für das Ob einer Rechtsfolgenanordnung und für die Rechtsfolgenwahl aus Sicht des JGerichts bestimmend waren. Auch wenn dabei die
„Eigenart des Angeklagten" lediglich berücksichtigt werden „soll", wird
damit (über § 267 Abs. 3 S. 1 StPO hinausgehend) eine **sorgfältige** Auseinandersetzung mit der Biographie des Angeklagten, eine Bewertung der
Tat iZm seinen Lebensverhältnissen sowie die Begründung der hiernach als
erforderlich beurteilten Rechtsfolgen zum unbedingten Standard gemacht
(vgl. bspw. auch OLG Jena NStZ-RR 1998; OLG Celle NStZ 2012, 576;
KG NStZ 2013, 291; dazu für das Tatgericht, an das nach Aufhebung des
gesamten vorausgegangenen Urteils verwiesen wurde, auch BGH BeckRS
2017, 126959). Bleibt die Begründung hinter diesen Maßstäben zurück,
leidet das Urteil ggf. an einem relevanten Darstellungsmangel (vgl. zur
Aufhebung auf die Sachrüge hin → Rn. 42 f.). Da die Entscheidungsgründe
eine wesentliche Bedingung für eine erzieherisch ausgerichtete Durchführung der angeordneten Rechtsfolgen sind (→ Rn. 3), nehmen mit deren
Eingriffsniveau auch die Anforderungen an die Begründungstiefe tendenziell
zu (vgl. KG NStZ 2007, 223 (224); StV 2013, 762 (Ls.) = BeckRS 2013,

7704; OLG Hamm StV 2020, 696 (Ls.) = BeckRS 2020, 25558). All diese
Maßgaben gelten auch für Berufungsurteile (OLG München BeckRS 2005,
7608).

23   Zu berücksichtigen ist iÜ, dass die Begründung dem Verurteilten nach
Möglichkeit **produktive Impulse** geben soll. Eine über-selektive Beschränkung auf vorwurfsbezogene Umstände (etwa im Zuge einer restriktiven
Auslegung des Kriteriums „bestimmend") kann ihm dagegen als eine Verzerrung des Sachverhalts erscheinen und deshalb eine etwa vorhandene,
erzieherisch bedeutsame Mitwirkungsbereitschaft bei der Rechtsfolgenumsetzung aufheben. Auch das spricht für eingehende Erläuterungen. Außerdem müssen die Urteilsgründe in sprachlicher Hinsicht so gestaltet werden, dass sie für Jugendliche bzw. Heranwachsende zu erfassen sind (anschaulich dazu Bausch/Feuerhelm ZJJ 2016, 309 (310)).

24   Mit diesen Funktionen kaum vereinbar ist eine **leitende Orientierung**
an einer aufhebungsresistenten Gestaltung der Entscheidungsgründe, wie sie
sich gem. institutionalisierten Effizienzkriterien (auch) in den JGerichten
nicht selten findet (vgl. dazu allg. Eisenberg/Kölbel Kriminologie § 32
Rn. 7; empirisch etwa Mikinovic/Stangl, Strafprozeß und Herrschaft, 1978,
131 f.; Oswald in Steller/Volbert (Hrsg.), Psychologie im Strafverfahren,
1997, 265; Berndt, Richterbilder, 2010, 207 ff.; zu schematischen Urteilsbegründungen s. näher Wolff in Wolff/Marek, Erziehung und Strafe, 1990,
99 f., 103 f.; Neus, Der Erziehungsgedanke im Jugendstrafrecht, 1997, 34 ff.,
72 ff.; für ältere Studien s. die Zitierungen in → 22. Aufl. Rn. 25).

2. Abgekürztes Urteil

25   Unter den Bedingungen von § 267 Abs. 4 und Abs. 5 StPO iVm § 2
Abs. 2 – also bei allseitigem Rechtsmittelverzicht, nicht aber bei fehlender
Rechtsmittelzulässigkeit gem. § 55 Abs. 2 (BVerfG NJW 2004, 209) –,
erlaubt das Gesetz eine abgekürzte Urteilsbegründung. Diese kommt insbes.
bei einem freisprechenden Urteil (vgl. auch Meyer-Goßner/Appl, Die Urteile in Strafsachen, 2021, Rn. 613 ff., 639 ff.; Noster, Die abgekürzte Urteilsbegründung im Strafprozess, 2010, 270 ff.), grds. aber auch bei Verurteilungen in Betracht (vgl. etwa Schady in NK-JGG Rn. 13; abw. Buhr in
HK-JGG § 54 Rn. 41; ähnlich Neus, Der Erziehungsgedanke im Jugendstrafrecht, 1997, 29). Das **Verbot schematischer Urteilsbegründungen**
(vgl. → Rn. 22 ff.) gilt hier aber gleichwohl. Mit Blick auf die Urteilsfunk-
tionen sowie die Relevanz der Entscheidung in etwaigen Folgeverfahren
muss trotz der Kürzungen ersichtlich sein, wie das Verhältnis des Jugendlichen zur Tat beurteilt wird (vgl. Noster, Die abgekürzte Urteilsbegründung im Strafprozess, 2010, 272 f.) und wo Ansatzpunkte für die Erziehungsaufgabe (§ 2 Abs. 1) liegen sollen. Das gilt auch mit Blick auf den Verurteilten, dessen Verzicht auf ein Rechtsmittel nicht mit einem Verzicht auf
eine Urteilsbegründung gleichgesetzt werden kann (Kunkel in BeckOK
JGG Rn. 60). Angesichts dieser grundlegenden Aufgaben haben die arbeitsökonomischen Belange zurückzutreten. – Zur Urteilsbegründung im vereinfachten JVerfahren vgl. iÜ → §§ 76–78 Rn. 31.

3. Aufbau und einzelne Inhalte

a) Entwicklung des Angeklagten. Beim **Aufbau** der Urteilsgründe 26
wird mit der Darstellung der familiären und sozialen Situation sowie un-
streitiger Entwicklungsbedingungen des Angeklagten begonnen (abw. Schady in NK-JGG Rn. 14). Dies muss sich auf die Fragen erstrecken, die für die
Beurteilung der Strafmündigkeit relevant sind (Buhr in HK-JGG Rn. 43;
Schatz in Diemer/Schatz/Sonnen Rn. 31). Hiermit zu verbinden ist eine
angemessene und nach dem Ergebnis der Persönlichkeitserforschung methodisch verantwortbare Interpretation der psychischen, intellektuellen und
physischen Eigenschaften des Angeklagten, soweit diese für die Tat und die
erzieherische Einflussnahme bedeutsam sind (allgA). Auf folgende **Gesichts-**
punkte ist idR einzugehen: „die Herkunft, der familiäre Hintergrund, die
sonstigen Bindungen und Beziehungen, das soziale Umfeld, die schulische
bzw. ausbildungsmäßige Entwicklung, die konkreten gegenwärtigen Lebensumstände wie beispielsweise die Wohnsituation, das Erleiden von Krankheiten oder Unfällen, der Konsum von Alkohol und illegalen Drogen" (OLG
Hamm StV 2020, 696 (Ls.) = BeckRS 2020, 25558). Bei deren Darstellung
sind herablassende, ächtende oder exkludierende Wendungen (vgl. Frehsee
MschKrim 1997, 354 (357): „gerichtsamtliche Degradierung") unbedingt zu
vermeiden.

b) Tathergang nach Überzeugung des Gerichts. Es schließt sich die 27
(Re-)Konstruktion des vorgeworfenen Geschehensablaufs auf der Grundlage
der gerichtlichen Würdigung des Ergebnisses aus der HV an (vgl. § 267
Abs. 1 StPO iVm § 2 Abs. 2). Die Merkmale der Strafmündigkeit als Teil
der inneren Tatseite können allerdings vorerst ausgeklammert werden. Hiervon abgesehen ist eine in sich geschlossene und vollständige Darstellung aller
äußeren und inneren Tatsachen gefordert, deren Vorliegen für die gerichtlich herangezogene Strafnorm vorausgesetzt ist (OLG Hamm NStZ 2013,
347). Danach ist das **Vorbringen** des **Angeklagten** zusammenhängend zu
referieren, bevor die Beweismittel angeführt werden. Darauf folgt eine Darstellung jener Gesichtspunkte, die für die Überzeugungsbildung des Gerichts
maßgebend sind. Dabei sollte der Auseinandersetzung mit dem Vorbringen
des Angeklagten und der korrekten Verarbeitung des HV-Ergebnisses besonderes Gewicht beigemessen werden. Eine bspw. vom Inhalt einer Zeugenaussage abweichende Darstellung ließe das JGericht für den Jugendlichen
als unfähig oder „unredlich" (Bockemühl FS von Heintschel-Heinegg, 2015,
51 ff.) erscheinen. Gelangt das Gericht zu einem **Freispruch,** verbietet es
sich, vorausgegangene Ermittlungs- oder Verfahrensfehler zu verdecken
(verfehlt LG Berlin BeckRS 2010, 2511 mablAnm Eisenberg Kriminalistik
2010, 444), weil andernfalls ein Vertrauen in die Strafjustiz als eine Voraussetzung zur Verinnerlichung von Strafrechtsnormen erschwert oder gar verhindert wird.

c) Reifeentwicklung und Schuldfähigkeit. Der folgende Abschnitt 28
enthält die **rechtliche Würdigung.** Dazu gehört bei Jugendlichen immer
auch die Erörterung der Strafmündigkeit (§ 3 S. 1). Anders als nach § 267
Abs. 2 StPO ist dies unabhängig von entspr. Ausführungen von Prozessbeteiligten erforderlich, weil die Voraussetzungen des **§ 3 S. 1** stets der
positiven Feststellung bedürfen (vgl. n. → § 3 Rn. 11). Entgegen einer
verbreiteten Praxis (vgl. → § 3 Rn. 9) genügt es nur ausnahmsweise, dh

wenn ernstliche Zweifel an der Verantwortlichkeit von vornherein ausgeschlossen sind, den gesetzlichen Wortlaut wiederzugeben (→ § 3 Rn. 11). Auch der kurze Hinweis auf die „altersmäßige Entwicklung" des Angeklagten reicht idR nicht aus, um das Bestehen der strafrechtlichen Verantwortlichkeit begründen zu können. Bei Heranwachsenden sind iÜ entspr. positive Feststellungen zur Anwendbarkeit materiellen JStR **(§ 105 Abs. 1)** zu treffen (ebenso Neus, Der Erziehungsgedanke im Jugendstrafrecht, 1997, 27; vgl. zum Umfang der Begründung → § 105 Rn. 67). Fragen iZm der Schuldfähigkeit nach allg. StR **(§§ 20, 21 StGB)** sind bei beiden Altersgruppen dagegen nur zu erörtern, wenn erkennbare Anhaltspunkte oder begründete Bedenken hierzu einen Anlass geben (etwa iZm Alkoholeinfluss).

29   **d) Rechtsfolgen.** Im anschließenden Teil werden die Folgerungen aus dem Schuldspruch im Hinblick auf die konkret festgelegten Rechtsfolgen erörtert (wobei auch ein Berufungsurteil dafür nicht einfach auf das erstinstanzliche Urteil Bezug nehmen darf (OLG München BeckRS 2005, 7608)). Stets sind hier **im Einzelnen** die Umstände anzuführen, die für Auswahl und Bemessung bzw. Ausgestaltung maßgeblich waren (zur Abwägung im Einzelnen vgl. → § 5 Rn. 16 ff., 75; → § 9 Rn. 7 f.; → § 13 Rn. 10 ff.; → § 17 Rn. 20 ff.; → § 18 Rn. 14 ff.). Dieser Teil der Begründung bedarf auch deshalb besonderer Beachtung, weil die angeordneten Rechtsfolgen nicht selten von dem abweichen, was von den Betroffenen vorhergesehen und/oder als angemessen empfunden wird. Den deshalb bestehenden Erklärungsbedarf zeigt etwa eine Befragung von 120 heranwachsenden Gefangenen, von denen nur 7 % die von ihnen selbst erwartete Strafhöhe erhalten hatten, wohingegen die Bemessung für 43 % niedriger und für 50 % höher als angenommen war. 68 % empfanden das Urteil als sehr oder eher ungerecht, ohne dass ein signifikanter Zusammenhang mit der absoluten Höhe der JStrafe bestand (Haller ua in Bierbrauer/Gottwald/Birnbreier-Stahlberger Verfahrensgerechtigkeit 121 ff.).

30   Was **Einzelheiten** zur Begründung der Rechtsfolgen betrifft, so bedarf keiner Feststellung, dass die jeweils schwerere Rechtsfolge nicht notwendig sei, wohl aber einer Erläuterung, warum mildere Sanktionen nicht ausreichen und warum ggf. von Zuchtmitteln bzw. JStrafe nicht iSv § 5 Abs. 3 abgesehen wird (→ § 5 Rn. 76). − Speziell bei **Erziehungsmaßregeln** ist deren Indiziertheit auszuführen. Im Falle von § 10 Abs. 2 muss die elterliche Zustimmung mitgeteilt werden (BGH BeckRS 2000, 30125932). Bei der Verhängung von **JA** hat das JGericht gem. § 267 Abs. 3 S. 1 StPO iVm § 2 Abs. 2 Ausführungen zur gewählten Form und seiner Bemessung zu machen. Hinsichtlich eines etwaigen Kopplungsarrests **(§ 16a)** sind die Voraussetzungen konkret zu erörtern (vgl. Sonnen in Diemer/Schatz/Sonnen Rn. 40; Buhr in HK-JGG Rn. 59; vgl. aber zur Praxis → § 16a Rn. 17). Auch die Nicht-/Berücksichtigungsentscheidung iSv **§ 52** ist zu begründen.

31   Wird auf **JStrafe** erkannt, bestehen gesteigerte Begründungsanforderungen sowohl hinsichtlich der Voraussetzungen iSv § 17 Abs. 2 (n. → § 17 Rn. 20 ff. und → § 17 Rn. 45 ff.) als auch der festgelegten Dauer (n. → § 18 Rn. 16 ff.). Es muss hiernach deutlich werden, dass alle relevanten Bemessungsaspekte berücksichtigt und insbes. auch die bestehenden strafmildernden Umstände in die Entscheidung einbezogen worden sind. Auch schwerwiegende außerstrafrechtliche Konsequenzen einer JStrafe müssen wegen

ihrer Bedeutung für die JStrafbemessung (→ § 18 Rn. 34) erörtert werden
(OLG Frankfurt a. M. StV 2003, 459 = LSK 2003, 421002). War es im
Verfahren zur Vollstr von **U-Haft** gekommen, ist deren vollständige oder
teilw. Nichtanrechnung (§ 52a S. 2 und S. 3), nicht aber deren Anrechnung
begründungsbedürftig ((BGH bei Böhm NStZ 1997, 480 (484); s. auch
→ § 52a Rn. 6). Einzugehen ist dann auch darauf, ob und wie diese Freiheitsentziehung bei der Bemessung der JStraf-Dauer berücksichtigt wurde
(BGH NStZ 2011, 524 sowie → § 18 Rn. 18 f.). Zu den Begründungsanforderungen bei einer EinheitsJStrafe gem. **§ 31 Abs. 2** vgl. → § 31
Rn. 39 ff.

Wird die **Verhängung** einer JStrafe zBew **ausgesetzt** (§ 27), ist gem. **32**
§ 62 Abs. 1 S. 2 iVm § 267 Abs. 3 S. 4 StPO die dem zugrunde liegende
Ungewissheit über die Erforderlichkeit einer JStrafe eingehend zu erklären.
Erfolgt entgegen einem in der HV gestellten Antrag keine Aussetzung der
Verhängung zBew, ist das gleichermaßen zu begründen (dazu jeweils → § 27
Rn. 20). – Bei **Aussetzung** der **Vollstr** der JStrafe zBew ist die nach § 21
Abs. 1 und Abs. 2 erforderliche positive prognostische Beurteilung zu be-
gründen. Sieht das JGericht von der (in der HV ggf. sogar beantragten)
Aussetzung einer bewährungsfähigen JStrafe ab, bedarf es nach § 57 Abs. 4
iVm § 267 Abs. 3 S. 4 StPO der Darlegung, weshalb die Entwicklung des
Jugendlichen die Vollstr gebiete (BGHSt 10, 233 (235) = NJW 1957, 1040
(1041); OLG Hamm StV 2001, 176 = BeckRS 1999, 30085899; zu den
Folgen einer unterbliebenen Erörterung der Aussetzungsfrage n. → § 57
Rn. 11). – Zu den Anforderungen an die Begründung der Nicht-/Anord-
nung einer **Maßregel** der Besserung und Sicherung s. → § 7 Rn. 1 ff. sowie
§ 267 Abs. 6 StPO iVm § 2 Abs. 2.

e) Kostenentscheidung. Das Urteil muss abschließend eine Prüfung von **33**
§ 74 erkennen lassen. Insofern bedarf es zumindest einer knappen Begründung, die dem Rechtsmittelgericht eine Überprüfung der erfolgten Kosten-
und Ermessensentscheidung ermöglicht. Der bloße Hinweis auf §§ 465, 467
StPO genügt wegen der jugendstrafrechtlichen Sonderregelung des § 74
nicht (BGHSt 16, 261 (263 f.) = NJW 1961, 2359 (2360); LG Potsdam
BeckRS 2021, 20594; Sommerfeld in NK-JGG § 74 Rn. 14; aus den
gelegentlichen, nicht n. begründeten Entscheidungen etwa BGH
BeckRS 2004, 3399; OLG Düsseldorf MDR 1993, 1113 = LSK 1994,
070363; zu den Folgen einer fehlenden Behandlung der Kostenfrage s.
→ § 74 Rn. 27).

V. Mitteilung des Urteils

1. Mündliche Verkündung und schriftliche Mitteilung

Die Verkündung des Urteils erfolgt grds. in derselben Weise **wie im allg.** **34**
StVerf (s. § 268 StPO iVm § 2 Abs. 2). Auch für die ausnahmsweise
mögliche Zustellung der schriftlichen Urteilsausfertigung (§ 35 Abs. 2 S. 1,
§§ 232 Abs. 4, 316 Abs. 2, 343 Abs. 2 StPO) gibt es im JStV prinzipiell
keine Besonderheiten. Eine **Abschrift** des Urteils ist allerdings entgegen
§ 35 Abs. 1 S. 2 StPO zwecks erzieherischer Auseinandersetzung regelmäßig
ohne Aufforderung zu erteilen. Bei Notwendigkeit ist diese nach Maßgabe
von § 187 Abs. 2 S. 1 GVG iVm § 2 Abs. 2 zu **übersetzen.** Die nicht

unproblematische Rspr. (BGHSt 64, 283 = NJW 2020, 2041) macht das (unter Berufung auf § 187 Abs. 2 S. 4 und 5) allerdings von einem besonderen rechtlichen Interesse abhängig, sofern der verteidigte Angeklagte mit seinem Verteidiger bei der Urteilsverkündung anwesend war und ihm die Urteilsgründe dort durch einen Dolmetscher bereits mündlich übersetzt worden sind (aus der krit. und diff. Lit. n. etwa Oğlakcıoğlu in MüKoStPO GVG § 187 Rn. 45 ff.).

35   Soweit verschiedentlich eine vorgetragene und/oder schriftlich niedergelegte **Urteilsformel** bevorzugt wird, die im Unterschied zu § 268 Abs. 2 S. 1 StPO unter direkter Ansprache an den jugendlichen Angeklagten persönlich gefasst ist (Höffler in MüKoStPO Rn. 15; Beulke/Swoboda Jugend-StrafR Rn. 794; krit. Buhr in HK-JGG Rn. 67; Schady in NK-JGG Rn. 20), verspricht man sich davon eine erhöhte Eindrücklichkeit. Diese Annahme bleibt aber spekulativ. Auch kann dem Reifezustand des Jugendlichen bei angepasster sprachlicher Gestaltung ebenso mit einem regulär formulierten Tenor hinreichend Rechnung getragen werden. Keine erfahrungswissenschaftlichen Grundlagen sind iU auch für die früher gemachte Anregung ersichtlich, der Urteilsformel (in Umkehrung von § 268 Abs. 2 S. 3 StPO) die Mitteilung der Gründe voranzustellen (ebenfalls abl. Kunkel in BeckOK JGG Rn. 63).

2. Einschränkungen zum Schutz des Jugendlichen gem. Abs. 2

36   Eine Abweichung vom allg. StVR ist indes in Abs. 2 vorgesehen. Danach kann zur Vermeidung erzieherischer Nachteile von der **mündlichen** Mitteilung der Urteilsgründe (§ 268 Abs. 2 StPO iVm § 2 Abs. 2) ganz oder teilw. abgesehen werden. In der Urteilsverkündung erfolgt der Schutz des Angeklagten also (anders als in den vorherigen Phasen) nicht mehr durch einen zeitweiligen Ausschluss (vgl. → § 51 Rn. 6), sondern durch Auslassung „heikler" Begründungsbestandteile. Allerdings ist idR kaum vorherzusehen, ob die Darstellung bestimmter Umstände für die künftige Entwicklung des Angeklagten ungünstig (und umgekehrt ihr Wegfall von Nutzen) sein kann (etwas anders aber Hauber/Mayer-Rosa Zbl 1983, 484 (487)). Da außerdem eine entspr. Kürzung der Urteilsverkündung durchaus auch Misstrauen zu wecken und die Ereignisschilderung zu verzerren droht (vgl. → Rn. 23), sollte die Option der eingeschränkten Eröffnung der Urteilsgründe nur überaus **zurückhaltend** genutzt werden (für Streichung von Abs. 2 Albrecht DJT 2002, D 139 und D 170). Das gilt ungeachtet ihrer arbeitsökonomischen Vorteile, die iRv Abs. 2 bedeutungslos sind.

37   Die Regelung in Abs. 2 gilt auch für die Mitteilung der **schriftlichen** Urteilsgründe an den Angeklagten. Der Vorsitzende des erkennenden Gerichts (allgA) trifft die Verfügung, in welchem Umfang in einer Ausfertigung oder Abschrift des Urteils jene Gründe ausgespart bleiben, deren Kenntnisnahme für den Jugendlichen erzieherisch ungünstig wäre. Dabei sollte auf den Unterlagen vermerkt werden, wenn der Angeklagte nur einen Auszug der Gründe erhält (RL Nr. 3 S. 2). Da die Unwägbarkeiten und möglichen Nachteile der Kürzung (dazu eben → Rn. 36) hier aber abermals gelten, bedarf es dafür **substanzieller Gründe.** Die Erwägung, der Verurteilte könnte mit den schriftlichen Urteilsgründen „unter Gleichaltrigen renommieren" (Temming in BeckOK StPO RiStBV 140 Rn. 2), bleibt bspw. rein spekulativ und genügt hierfür kaum. Anders verhält es sich ggf. bei daten-

schutzrechtlichen Belangen von Mitangeklagten (s. etwa schon Grotenbeck unsere jugend 1989, 370). Ein völliges Absehen von der Übermittlung der Urteilsgründe wird aber höchst selten gerechtfertigt sein.

Der Anspruch der **Erziehungsberechtigten und gesetzlichen Vertre-** 38 **ter** auf Mitteilung der mit Gründen versehenen Entscheidung (§ 67a Abs. 1) bleibt von den Beschränkungsmöglichkeiten nach Abs. 2 unberührt. Gleichwohl sind sie durch eine gekürzte mündliche Verkündung (→ Rn. 36) mitbetroffen, was die Notwendigkeit einer restriktiven Handhabung unterstreicht (s. auch Streng JugendStrafR Rn. 228). Soweit ein möglicher Missbrauch des Urteils durch die Eltern einen Anlass für Einschränkungen gibt, kann dies allein iRv § 67a Abs. 3 geschehen.

3. Rechtsmittelbelehrung

Der Mitteilung der Urteilsgründe schließt sich die Belehrung über 39 Rechtsmittel an (§ 35a StPO iVm § 2 Abs. 2; zum Vermerk in der Niederschrift über die HV s. Nr. 142 Abs. 2 S. 4 RiStBV entspr.). Das JGG bietet keine Grundlage und das JStR keinen (etwa erzieherischen) Anlass, hiervon abzusehen. Praktische Schwierigkeiten, die Entscheidungsgründe (iRv Nr. 142 RiStBV) in überzeugender und für den jugendlichen Angeklagten zu verstehender Weise (§ 70b Abs. 1) mit den Rechtsmittelhinweisen zu verbinden, hatten in Teilen der älteren Lit. allerdings noch zu der Forderung geführt, auf die Belehrung de lege ferenda im JStV zu verzichten (vgl. Middendorff, Jugendkriminologie, 1956, 190; zust. Hauber/Mayer-Rosa Zbl 1983, 484 ff. (493)). Indes würde eine solche, den Rechtsschutz verkürzende Regelung die kommunikativen Hürden nicht überwinden, sondern lediglich verdecken. Dies gilt umso mehr, als auch die Aufnahme der Rechtsmittelbelehrung durch den jugendlichen Angeklagten als ein Gradmesser für die erzieherische Geeignetheit des Urteils und seiner Begründung zu betrachten ist. Demzufolge sollte versucht werden, mit der Eröffnung der Urteilsgründe und der folgenden Vermittlung des Anfechtungsrechts zugleich die Fähigkeit des jugendlichen Angeklagten zu fördern, die richterliche Entscheidung selbstständig zu bewerten und darauf zu reagieren (s. auch → § 70b Rn. 3). Dies setzt allerdings voraus, dass dem Angeklagten durch den bisherigen Verfahrensverlauf der Eindruck vermittelt wurde, als Gesprächspartner auf Augenhöhe akzeptiert worden zu sein (vgl. aber → Einl. Rn. 51 f. sowie → § 50 Rn. 10 f.). – Für die Rechtsmittelbelehrung des Erziehungsberechtigten und gesetzlichen Vertreters gilt § 70b Abs. 1 S. 2 (→ § 70b Rn. 6 f.). Zur Wiedereinsetzung in den vorigen Stand in Fällen unzutreffender Rechtsmittelbelehrung vgl. → § 55 Rn. 87.

VI. Revision

1. Allgemeine und JGG-spezifische Rügemöglichkeiten

Grds. ist die Frage, ob Mängel der schriftlichen Urteilsgründe revisibel 40 sind, nach denselben **Kriterien wie im allg. StVR** zu beantworten. Das betrifft insbes. die Ausführungen zur (Re-)Konstruktion des Ereignisses, zur Beweiswürdigung sowie zur Anwendung des materiellen Rechts. Die Pflicht zur Angabe der Straftatbestände (§ 267 Abs. 1 S. 1 StPO) besteht im JStV gem. § 2 Abs. 2 uneingeschränkt (mehr als bedenklich BGH BeckRS 2007, 01327: Fehlen „ausnahmsweise hinnehmbar").

41   Besondere Begründungsanforderungen – dh im Mangelfall: **besondere Möglichkeiten der Sachrüge** – bestehen im JStV hinsichtlich der **altersspezifischen** Prüfungspunkte. Fehlen in den schriftlichen Urteilsgründen die notwendigen Feststellungen zur Strafmündigkeit eines Jugendlichen (dazu → Rn. 28), wird die Revision oft erfolgreich sein, da die Voraussetzungen des **§ 3 S. 1** in Verfahren gegen Jugendliche positiv festgestellt werden müssen (vgl. hierzu → § 3 Rn. 11). Die Ausführlichkeit der diesbezüglichen Feststellungen richtet sich jedoch nach der Lage des Einzelfalles und dem jeweiligen Problematisierungsbedarf. – Bei der Frage, ob im Verfahren gegen einen Heranwachsenden JStR anzuwenden ist **(§ 105 Abs. 1),** bedarf es ebenfalls einer detaillierten Darlegung der Entscheidungsgründe. Da dem Revisionsgericht der persönliche Eindruck vom Angeklagten, der für die Entscheidung iRv § 105 Abs. 1 Nr. 1 und auch Nr. 2 erforderlich ist, naturgemäß fehlt, kommt der Tatsacheninstanz zwar ein erheblicher Beurteilungsspielraum zu (→ § 105 Rn. 18, → § 105 Rn. 43). Jedoch muss das Urteil erkennen lassen, ob dieser Spielraum pflichtgemäß genutzt worden ist. Es muss also ausgeführt werden, dass sowohl die äußeren Tatumstände wie auch die Persönlichkeit des Täters im geforderten erschöpfenden Maße geprüft und umfassend gewürdigt worden sind (n. → § 105 Rn. 67). Bei Begründungsmängeln unterliegt das Urteil der Aufhebung im Strafausspruch.

42   Die schriftlichen Urteilsgründe zur Auswahl und Bemessung der **Rechtsfolge** sollen dem Revisionsgericht generell die Nachprüfung der sachlichrechtlichen Richtigkeit der Entscheidung ermöglichen. Diesen Kontrollzwecken kommt es entgegen, dass **Abs. 1** va an die Begründung der Rechtsfolgenwahl sogar noch höhere Anforderungen als § 267 Abs. 3 S. 1 StPO stellt (→ Rn. 22). Deshalb ist – wiewohl das Gesetz mit Abs. 1 durchaus auch andere Zwecke verfolgt (→ Rn. 3, 23) – das sachliche Recht durch einen Darstellungsmangel verletzt, wenn eine Urteilsbegründung nicht den Anforderungen von Abs. 1 entspricht und deshalb die Überprüfbarkeit des fraglichen Urteils eingeschränkt ist (OLG Celle StV 2017, 722 = BeckRS 2016, 20007). Ausnahmen bestehen nur, wo ausgeschlossen werden kann, dass das Urteil auf dem Begründungsmangel beruht (Kuckein/Bartel in KK-StPO StPO § 267 Rn. 47).

43   Konkret ist die **allg. Sachrüge** eröffnet, wenn die Erforderlichkeit, Verhältnismäßigkeit und Zumutbarkeit der jeweils gewählten Rechtsfolge nicht ausreichend dargelegt worden ist oder das Urteil die jeweils sanktionsspezifischen Voraussetzungen unzulänglich belegt (dazu n. bei den Erläuterungen zu §§ 9 ff.). **Offensichtliche** (versehentliche) **Diskrepanzen** zwischen Tenor und Gründen sind durch Urteilsberichtigung zu korrigieren. Ist nicht festzustellen, welche der beiden Rechtsfolgen vom Tatgericht für angemessen gehalten wurde, soll das Revisionsgericht entspr. § 354 Abs. 1 StPO die dem Angeklagten günstigere der beiden Rechtsfolge festsetzen dürfen (BGH BeckRS 2000, 30135733; BeckRS 2010, 6483; NStZ-RR 2012, 179; BeckRS 2012, 22969; BeckRS 2014, 20741; s. auch BeckRS 2012, 13118: Einbeziehung nach §§ 105 Abs. 2, 31 Abs. 2 S. 1 ohne Erhöhung der Dauer der JStrafe).

2. Eigene Rechtsfolgenentscheidung des Revisionsgerichts?

Liegt allein ein Rechtsfehler bei der Rechtsfolgenfestlegung bzw. ihrer **44** Begründung vor, kann das Revisionsgericht nach § 354 Abs. 1a StPO von der Aufhebung des Strafausspruchs absehen, wenn das neue Tatsachengericht nach der Zurückverweisung mit Sicherheit dieselbe Rechtsfolge wie in der angegriffenen Entscheidung anordnen würde. Stellt das Revisionsgericht eine solche Prognose und geht es deshalb nach § 354 Abs. 1a StPO iVm § 2 Abs. 2 vor, trifft es damit eine **eigene Rechtsfolgenentscheidung** (vgl. etwa Knauer/Kudlich in MüKoStPO StPO § 354 Rn. 35 f.). Soweit es (auch) den Schuldspruch korrigiert, hat es diese Möglichkeit nicht. Zudem wird durch das BVerfG verlangt, dass sich das Revisionsgericht einer vollständigen und verlässlichen Entscheidungsgrundlage vergewissert hat, dass es dem Angeklagten eine Gelegenheit zur Stellungnahme eingeräumt hat und dass es sich mit dieser Äußerung (auch in einer Entscheidungsbegründung) auseinandersetzt (BVerfGE 118, 212 (226 ff.) = NJW 2007, 2977 (2979 ff.)). Auch wenn der Angeklagte neue Tatsachen vorgetragen hat, soll das Revisionsgericht grds. nach § 354 Abs. 1a StPO iVm § 2 Abs. 2 verfahren dürfen (BGH StV 2011, 136 = BeckRS BeckRS 2009, 29108; StV 2016, 542 (Ls.) = BeckRS 2015, 16313).

Dass das Revisionsgericht die Einschätzung, dass bei Zurückweisung keine **45** andere Rechtsfolge in Betracht komme, treffen und damit – ohne Kontakt mit dem Angeklagten – ein eigenes Rechtsfolgenermessen ausüben kann (besonders deutlich zB bei BGH NStZ 2006, 587; NStZ-RR 2014, 92), lässt sich schon mit den Grundsätzen des allg. StVR nicht vereinbaren (statt vieler Meyer-Goßner/Schmitt StPO § 354 Rn. 28 ff.; s. auch Gaede GA 2008, 394 (403 ff.)). Im JStV ist die Vorschrift indes besonders fragwürdig und – entgegen der revisionsgerichtlichen Praxis (→ § 18 Rn. 48 und 53) – letztlich unanwendbar (vgl. zum Ganzen Eisenberg/Haeseler StraFo 2005, 221 (224 f.); wie hier auch Wohlers in SK-StPO StPO § 354 Rn. 56; Dehne-Niemann ZIS 2008, 239 (254); einschr. auch Lohse in AnwK StPO StPO § 354 Rn. 13 sowie wohl Schatz in Diemer/Schatz/Sonnen Rn. 58). Dies folgt aus der **jugendgemäßen Auslegung** (→ § 2 Rn. 15 ff.) der Norm:

§ 354 Abs. 1a StPO kann in der Sache im JStR gar nicht anwendbar sein, **46** denn die das JGG bestimmende täterstrafrechtliche Konzeption geht ganz dezidiert von einer persönlichen Begegnung zwischen Gericht und Angeklagten aus (→ § 50 Rn. 8 f., 21 ff.). Wenn ein Gericht – noch dazu eines, das kein JGericht ist und den Anforderungen des § 37 nicht entspricht – die Rechtsfolgen auf bloßer Aktenbasis festsetzen dürfte, müsste das deshalb als **systemfremd** gelten (kennzeichnend dafür § 79 Abs. 1). Eine solche Entscheidung wäre obendrein nur ex ante möglich, was der **alterstypischen Dynamik** der individuellen Entwicklung der Angeklagten nicht gerecht würde. Vielmehr könnte das Revisionsgericht sich nie sicher sein, dass nicht neue (dh in der Zwischenzeit eingetretene) rechtsfolgenrelevante Bedingungen vom Tatgericht bei einer Zurückweisung zu berücksichtigen wären und eine ganz andere Rechtsfolge als in der angegriffenen Entscheidung begründen würden (dies konzedierend BGH BeckRS 2005, 04927; deswegen immerhin für „Zurückhaltung" ggü. § 354 Abs. 1a StPO BGH NStZ-RR 2010, 56 (57); Gericke in KK-StPO StPO § 354 Rn. 26g).

Dritter Unterabschnitt. Rechtsmittelverfahren

Anfechtung von Entscheidungen

55 (1) [1] Eine Entscheidung, in der lediglich Erziehungsmaßregeln oder Zuchtmittel angeordnet oder die Auswahl und Anordnung von Erziehungsmaßregeln dem Familiengericht überlassen sind, kann nicht wegen des Umfangs der Maßnahmen und nicht deshalb angefochten werden, weil andere oder weitere Erziehungsmaßregeln oder Zuchtmittel hätten angeordnet werden sollen oder weil die Auswahl und Anordnung der Erziehungsmaßregeln dem Familiengericht überlassen worden sind. [2] Diese Vorschrift gilt nicht, wenn der Richter angeordnet hat, Hilfe zur Erziehung nach § 12 Nr. 2 in Anspruch zu nehmen.

(2) [1] Wer eine zulässige Berufung eingelegt hat, kann gegen das Berufungsurteil nicht mehr Revision einlegen. [2] Hat der Angeklagte, der Erziehungsberechtigte oder der gesetzliche Vertreter eine zulässige Berufung eingelegt, so steht gegen das Berufungsurteil keinem von ihnen das Rechtsmittel der Revision zu.

(3) Der Erziehungsberechtigte oder der gesetzliche Vertreter kann das von ihm eingelegte Rechtsmittel nur mit Zustimmung des Angeklagten zurücknehmen.

(4) Soweit ein Beteiligter nach Absatz 1 Satz 1 an der Anfechtung einer Entscheidung gehindert ist oder nach Absatz 2 kein Rechtsmittel gegen die Berufungsentscheidung einlegen kann, gilt § 356a der Strafprozessordnung entsprechend.

Schrifttum: Baumann, Das strafprozessuale Verbot der reformatio in peius und seine Besonderheiten im Jugendstrafrecht, 1999; Berenbrink, Der übereilte Rechtsmittelverzicht des Angeklagten, 2005; Block, Fehlerquellen im Jugendstrafprozess, 2005; Bode, Das Wahlrechtsmittel im Strafverfahren, 2000; Kleinbauer, Rechtsmittelverzicht und Rechtsmittelzurücknahme des Beschuldigten im Strafprozeß, 2006; Kretschmann, Das Verbot der reformatio in peius im Jugendstrafverfahren, 1968; Schaumann, Die Rechtsmittelbeschränkung des § 55 JGG, 2001; Sindl, Die Abschaffung der Rechtsmittelbeschränkung im Jugendstrafrecht, 2021.

Übersicht

I. Anwendungsbereich

1   Die Vorschrift findet auf **Jugendliche** auch in Verfahren vor den für allg. Strafsachen zuständigen Gerichten Anwendung (§ 104 Abs. 1 Nr. 7). Für **Heranwachsende** gilt sie – vor JGerichten wie vor den allg. Strafgerichten – dort, wo materielles JStR heranzuziehen ist (§§ 105 Abs. 1, 109 Abs. 2 S. 1, § 112 S. 1 und 2 sowie n. → § 109 Rn. 37 ff.). In der von § 109 Abs. 2 S. 3 erfassten Konstellation kommt sie nicht zum Tragen (vgl. → § 109 Rn. 45). Auf **Erwachsene** ist die Vorschrift nach allgA auch dann nicht anzuwenden, wenn in deren Verfahren ausnahmsweise (§ 103 Abs. 1 und Abs. 2 S. 1) ein JGericht zuständig ist.

II. Ausgewählte allgemeine Maßgaben im jugendstrafprozessualen Rechtsmittelrecht

1. Systematik

2   Grds. sind die allg. Rechtsmittelvorschriften des StVR auch im JStV bestimmend. Dies wird aber eingeschränkt, soweit das JGG **abw. Sonderbestimmungen** enthält (§ 2 Abs. 2). Wichtige Abweichungen werden insofern in Abs. 1–3 geregelt. Darüber hinaus enthält das JGG einige weitere Sondervorschriften zum Rechtsmittelrecht in § 47 Abs. 2 S. 3, § 56 Abs. 2, §§ 59, 63, § 65 Abs. 2, § 66 Abs. 2 S. 3 iVm § 462 Abs. 3 StPO, § 71 Abs. 2 S. 2 iVm § 117 Abs. 2 StPO, §§ 73 Abs. 2, 77 Abs. 1 S. 3, § 83 Abs. 3 S. 1, § 88 Abs. 6 S. 3 und 4 iVm § 59 Abs. 2–5, § 99 Abs. 3. In diesem Regelungsgefüge kommen einige rechtsmittelbezogene Maßgaben des allg. StVR im JStV unmittelbar oder geringfügig modifiziert zur Anwendung.

2. Anfechtungsberechtigung

a) Jugendliche bzw. Heranwachsende. Die Anfechtungsberechtigung 3
des Beschuldigten bzw. Verurteilten (§ 296 StPO iVm § 2 Abs.
2) besteht unabhängig von Alter und zivilrechtlicher Geschäftsfähigkeit. Sie setzt jedoch voraus, dass die Person nach allg. StVR **verhandlungsfähig** ist (vgl.
BGH NStZ 1995, 391; Eisenberg BeweisR StPO Rn. 757a f., 759). Die
Anfechtungsberechtigung des Jugendlichen bzw. Heranwachsenden ist eine
eigene Rechtsposition, die unabhängig von einer Anfechtung seitens des
Erziehungsberechtigten oder des gesetzlichen Vertreters besteht und deren
Inanspruchnahme daher auch selbstständig zu bewerten ist. Deshalb handelt
es sich zB um eine in vollem Umfang eingelegte Berufung des Jugendlichen,
wenn dessen unbeschränkte Rechtsmittelerklärung zeitlich nach einer elterlichen Berufung, die auf den Rechtsfolgenausspruch beschränkt ist, bei
Gericht eingeht. Andererseits muss der Jugendliche deshalb auch für das
Vorliegen der Voraussetzungen seines Rechtsmittels selbst Sorge tragen (zB
für eine Revisionsbegründung). Das wirkt sich besonders dann aus, wenn er
zwischenzeitlich volljährig wird und das Rechtsmittel der Erziehungsberechtigten oder gesetzlichen Vertreter wegen des Erlöschens ihrer Rechtsmittelbefugnisse unzulässig wird, sodass er allein oder dieses von ihm übernehmbare
(→ Rn. 6) oder sein eigenes, bereits eingelegtes Rechtsmittel allein betreiben
muss (vgl. BGHSt 10, 174 = BeckRS 1957, 31193085; zust. Schady in NK-JGG Rn. 4).

b) Verteidiger. Er ist für den **Beschuldigten** anfechtungsberechtigt. Der 4
Verteidiger sollte von dieser Anfechtungsberechtigung insbes. auch dann
Gebrauch machen, wenn das Urteil erkennbar auf Tatsachen beruht, die
nicht dem Sachverhalt entsprechen, wie der Jugendliche ihn sieht. Das gilt
selbst bei einer geringen Aussicht auf eine andere Rechtsfolgenanordnung,
denn die Durchführung der Rechtsfolge ohne zutreffende bzw. hinreichend
sicher festgestellte Tatsachengrundlage wäre erzieherisch höchst problematisch.
   Gegen den ausdrücklichen Willen des Beschuldigten kann der **Ver-** 5
teidiger kein Rechtsmittel einlegen (§ 297 StPO iVm § 2 Abs. 2) – und das
auch dann nicht, wenn er vom Erziehungsberechtigten oder gesetzlichen
Vertreter ausdrücklich mit der Anfechtung beauftragt wird (n. → § 68
Rn. 18a; ebenso Kunkel in BeckOK JGG Rn. 11). Diesen bleibt dann nur
ihr eigenes Rechtsmittel (aA wohl Brunner/Dölling Rn. 4). Hat der Jugendliche auf Rechtsmittel verzichtet, und legt der Verteidiger im Auftrag der
Erziehungsberechtigten, aber förmlich namens des (nicht explizit widersprechenden) Jugendlichen ein Rechtsmittel ein, hat das Gericht diese Einlegung
als namens der Erziehungsberechtigten zu deuten (OLG Düsseldorf
NStE Nr 1 zu § 300 StPO). – Da die Rechtsmittelwahl des Verteidigers
unmittelbar für den Beschuldigten wirkt, entscheidet in Fällen, in denen
zwar kein Konflikt iSv § 297 StPO vorliegt, aber verschiedene Rechtsmittel
durch den Beschuldigten und seinen Verteidiger eingelegt werden, die zuerst
bei Gericht eingegangene Rechtsmittelerklärung.

c) Erziehungsberechtigte, gesetzliche Vertreter. Bei Entscheidungen 6
gegen Jugendliche sind (zu deren Gunsten und uU auch gegen deren Willen)
die gesetzlichen Vertreter (§ 298 StPO iVm § 2 Abs. 2) und die Erziehungsberechtigten (§ 67 Abs. 2) selbstständig anfechtungsberechtigt – jedenfalls

bis zum Eintritt der Volljährigkeit des Jugendlichen und innerhalb der für diesen laufenden Rechtsmittelfristen (vgl. → § 67 Rn. 13; zu Einschränkungen vgl. → Rn. 95 f.). Nach Eintritt seiner Volljährigkeit kann der Angeklagte ein zuvor eingelegtes Rechtsmittel des vormals Erziehungsberechtigten oder gesetzlichen Vertreters selbst weiter betreiben, und dies nach dem Schutzzweck der Vorschrift auch dann, wenn er zuvor auf ein eigenes Rechtsmittel verzichtet hatte (BGHSt 10, 174 = BeckRS 1957, 31193085).

7 **d) Jugendstaatsanwalt.** Dessen Anfechtungsberechtigung folgt aus § 296 StPO iVm § 2 Abs. 2. Der JStA kann die Berechtigung nicht nur **zuungunsten,** sondern auch **zugunsten** des Angeklagten ausüben. Anlass dafür besteht bspw. bei einer verfehlten Rechtsfolgenbemessung (vgl. BGH BeckRS 2015, 14381; NStZ 2016, 105) oder bei einem Verstoß gegen das (in → Rn. 31 ff. erörterte) Verschlechterungsverbot (Nr. 147 Abs. 3 S. 1 RiStBV entspr.). Ein bloßes „Mitgehen" mit dem Rechtsmittel des Angeklagten, gar um das Verbot der reformatio in peius auszuschalten (sog. „Sperrberufung", vgl. Krumdiek StRR 2010, 84 zum allg. StVR), widerspricht den in Nr. 147 Abs. 1 RiStBV geregelten Entscheidungskriterien (zum ggf. wiederauflebenden Verschlechterungsverbot bei Verwerfung des Rechtsmittels der JStA als unbegründet s. → Rn. 32).

8 **e) Nicht zur Anfechtung Berechtigte.** Ohne Anfechtungsrecht sind der Vertreter der **JGH,** der Erziehungsbeistand nach § 12 Nr. 1 (OLG Hamburg NJW 1964, 605), der Betreuungshelfer (§ 10 Abs. 1 S. 3 Nr. 5) sowie die für die Hilfe zur Erziehung nach § 12 Nr. 2 zuständige Behörde (dazu bereits Dallinger/Lackner Vor § 55 Rn. 3; Potrykus RdJB 1956, 279 (280)). Ebenso verhält es sich beim (jugendgerichtlichen) **Beistand** (§ 69), dem Verteidigerrechte gem. § 69 Abs. 3 S. 2 nur in der HV zustehen (→ § 69 Rn. 8c; s. bspw. auch Laubenthal Jugendgerichtshilfe 115 Fn. 602). Dies gilt gleichermaßen für den Ehegatten des Angeklagten, der gem. § 149 StPO iVm § 2 Abs. 2 als Beistand bestellt ist.

3. Rechtsmittelverzicht und -rücknahme (einschließlich Abs. 3)

9 **a) Rechtsmittelrücknahme durch den Angeklagten.** Grds. gelten für die Rücknahme eines Rechtsmittels die Grundsätze des allg. StVR. Teilw. führen die Grundsätze des JGG indes zu gewissen Modifizierungen (dazu generell → § 2 Rn. 15 ff., 39 ff.). So kann der (verhandlungsfähige) Jugendliche zwar sein von ihm oder vom Verteidiger eingelegtes Rechtsmittel allein zurückziehen. Geschieht dies indes ohne Wissen bzw. Einverständnis der Eltern und/oder des Verteidigers, der das Rechtsmittel zuvor auf Wunsch des Jugendlichen und der Eltern veranlasst hatte, ist dies – abw. vom allg. StVR (vgl. aber dazu Kleinbauer, Rechtsmittelverzicht und Rechtsmittelzurücknahme des Beschuldigten im Strafprozeß, 2006, 193 ff., 231 ff.) – uU **unwirksam.** Das betrifft Fälle, in denen nach einer einzelfallbezogenen Würdigung und Beurteilung des prozessualen Geschehens von der Beeinträchtigung jugendrechtlicher Schutzbelange (wie sie zB in § 72 Abs. 1, Abs. 2 und 5 zum Ausdruck kommen) auszugehen ist und Zweifel an der vollständigen situativen Entscheidungskompetenz bestehen. Die Wirksamkeit der Rechtsmittelrücknahme widerspräche dann der jugendstrafprozessualen **Fürsorgepflicht** (dazu am Bsp. einer Rücknahme aus der Haft heraus Eisenberg/Müller Jura 2006, 54; unklar OLG Koblenz NStZ 2007, 55; trotz gegebener Anlässe keine dahingehende Erörterung zB bei BGH NStZ-RR 1998, 60; StraFo 2005, 161 = BeckRS 2005, 1412; BeckRS 2005, 05666).

b) Rechtsmittelrücknahme durch Dritte. Besonderheiten ergeben **10** sich auch daraus, dass **Erziehungsberechtigte** und gesetzliche Vertreter zwar ein Rechtsmittel selbstständig einlegen können (→ Rn. 6), dies aber, sofern dies zugunsten des Angeklagten erfolgte, nur mit dessen ausdrücklicher **Zustimmung** zurückzunehmen vermögen. Diese Einschränkung **(Abs. 3)** wurde durch Art. 24 Nr. 23 EGStGB angefügt, um zu verhindern, dass eine Verfahrensposition des Angeklagten, auf die dieser möglicherweise vertraut, ohne seinen Willen verschlechtert werden kann (s. BT-Drs. 7/550, 330). Abs. 3 greift unabhängig davon ein, ob der Angeklagte seinerseits auf Rechtsmittel ggf. schon verzichtet hatte (was möglicherweise gerade im Vertrauen auf das vom Erziehungsberechtigten oder gesetzlichen Vertreter eingelegte Rechtsmittel erfolgt war). – Auch das vom Angeklagten selbst oder vom Verteidiger für diesen eingelegte Rechtsmittel kann vom Erziehungsberechtigten oder gesetzlichen Vertreter nur dann zurückgenommen werden, wenn eine **Einwilligung des Angeklagten** vorliegt (Dallinger/Lackner Vor § 55 Rn. 4). Die Ermächtigung des Verteidigers, das Rechtsmittel zurückzunehmen, ist ansonsten ebenso unwirksam wie die daraufhin erfolgende Rücknahme (BGHSt 61, 218 = NJW 2016, 2675).

Die Rücknahme des Rechtsmittels durch den **Verteidiger** stellt, sofern **11** dieser mit einer Vertretungsvollmacht ausgestattet ist, eine Rücknahme durch den (vertretenen) Beschuldigten dar (n. OLG Frankfurt a. M. NStZ-RR 2021, 83). Dagegen handelt der Verteidiger auf der Grundlage einer bloßen Prozessvollmacht „aus eigenem Recht" (wenn auch in einer Beistandsfunktion). Für die Rechtsmittelrücknahme bedarf er hier der **ausdrücklichen Ermächtigung** des Jugendlichen (§ 302 Abs. 2 StPO iVm § 2 Abs. 2). Fehlt es an der Ermächtigung des Angeklagten oder (bei dessen Zustimmung) an seiner hinreichenden Beurteilungskompetenz (zur Problematik BGH NStZ 2017, 487 mablAnm Eisenberg NStZ 2017, 489), ist die Rücknahme unwirksam (OLG Hamm GA 1973, 380; für die Rücknahme eines Rechtsmittels der StA s. § 302 Abs. 1 S. 3 StPO iVm § 2 Abs. 2). Zudem erlischt die Ermächtigung des Verteidigers zur Rechtsmittelrücknahme, wenn der Angeklagte seine Zustimmung (auch mündlich) ggü. dem Verteidiger oder dem Gericht widerruft (OLG Düsseldorf NStZ 1989, 289). Damit eine gleichwohl bei Gericht eingehende Rücknahmeerklärung des Verteidigers keine Rücknahme des Rechtsmittels bewirkt, muss der vorherige Widerruf der Ermächtigung allerdings feststehen (BGHSt 10, 245 = NJW 1957, 1040).

Beschränken die Eltern oder der Verteidiger das Rechtsmittel (§§ 318 S. 1 **12** StPO, 344 Abs. 1 StPO iVm § 2 Abs. 2) nachträglich, liegt darin eine **Teilrücknahme** (vgl. etwa Meyer-Goßner/Schmitt StPO § 302 Rn. 29, § 318 Rn. 1). Die vorgenannten Maßgaben zum Zustimmungserfordernis und zu dessen Wirksamkeitsvoraussetzungen (→ Rn. 10f.) gelten hierfür gleichermaßen – bei den Erziehungsberechtigten auf Grundlage von Abs. 3 und beim Verteidiger auf Basis von § 302 Abs. 2 StPO iVm § 2 Abs. 2 (ebenso OLG Nürnberg StraFo 2016, 113; Kunkel in BeckOK JGG Rn. 12; Meyer-Goßner/Schmitt StPO § 302 Rn. 2).

c) Rechtsmittelverzicht. aa) Ein vollständiger oder teilweiser Rechts- **13** mittelverzicht kann durch den Verteidiger erklärt werden. Allerdings sind die in → Rn. 11 erläuterten Maßgaben zur ggf. notwendigen Ermächtigung (§ 302 Abs. 2 StPO iVm § 2 Abs. 2) hierbei ebenfalls zu beachten (BGH NStZ-RR 2007, 151; OLG Düsseldorf NStZ 1989, 289). Legt der **Verteidiger** ein beschränktes Rechtsmittel ein (→ Rn. 16 ff.), liegt darin indes kein Teilverzicht und es bedarf keiner Zustimmung des Angeklagten (BGHSt 38, 366 = NJW 1993, 476). Auch bleibt hier eine Erweiterung (ebenso wie nach einer Teilrücknahme) möglich. Dies gilt aber allein während der Rechtsmittelfrist. Nach deren Ablauf kommt es für die Zulässigkeit und Begründetheit allein auf die Beurteilung der Teilanfechtung an (dazu anhand einer verspäteten Korrektur einer auf den Strafspruch beschränkten und dabei nach Abs. 1 unzulässigen Berufung OLG Hamm NStZ 2016, 106 mAnm Laue NStZ 2016, 107).

14   **bb)** Verzichtet ein Jugendlicher oder Heranwachsender in Anwesenheit des Verteidigers uneingeschränkt auf sein Rechtsmittel, ist diese Erklärung grds. unwiderruflich und unanfechtbar (vgl. nur BGH BeckRS 2016, 112924). Wird der Rechtsmittelverzicht durch den **Angeklagten** allein erklärt, sind die allg. Wirksamkeitsbedingungen (Verhandlungsfähigkeit, eindeutige und zweifelsfreie Erklärung, Schriftform oder zu Protokoll) indes gründlich zu prüfen (zur Unzulässigkeit des Verzichts nach einer vorausgegangenen **Verständigung** vgl. § 302 Abs. 1 S. 2 StPO iVm § 2 Abs. 2). Das betrifft gerade auch das **Zustandekommen** der Erklärung. Bestanden – unter Berücksichtigung altersspezifischer Besonderheiten – schwerwiegende Willensmängel oder lag ein prozessualer Kontext vor, der eine verständige Entscheidung erheblich erschwerte, kann der Verzicht **unwirksam** sein. Dies ist stets der Fall, wenn dem Angeklagten in der Konstellation der notwendigen Verteidigung kein Verteidiger zur Seite stand (Kaspar in MüKoStPO Rn. 22) oder es keine Möglichkeit für ihn gab, sich vor dem Verzicht anwaltlich beraten zu lassen (OLG Stuttgart Justiz 1985, 175; OLG Frankfurt a. M. NStZ 1993, 507; OLG Hamm StV 2010, 67 = BeckRS 2009, 16012; n. Kleinbauer, Rechtsmittelverzicht und Rechtsmittelzurücknahme des Beschuldigten im Strafprozeß, 2006, 278 ff.). Der Rechtsmittelverzicht ist ebenfalls unwirksam, wenn der Wahlverteidiger versehentlich nicht geladen wurde und beim Verzicht in der HV abwesend war (so bei einem der deutschen Sprache unkundigen Ausländer OLG Hamm NJW 1983, 530).

15   Im Übrigen kann der Rechtsmittelverzicht eines Jugendlichen ausnahmsweise dann unwirksam sein, wenn ihm im Hinblick auf seine geistige Entwicklung oder auch wegen der fachsprachlichen Formulierung des JRichters die genügende Einsichtsfähigkeit für die Tragweite der Entscheidung fehlt (OLG Düsseldorf JZ 1985, 960). Ebenso verhält es sich bei Angeklagten, die sich in der Verzichtssituation in einer psychischen Ausnahme- oder **Überforderungslage** befinden (hierzu schon im allg. StVR etwa Berenbrink, Der übereilte Rechtsmittelverzicht des Angeklagten, 2005, 161 ff., 210 ff., 229). Ähnliches ist möglich, wenn der Angeklagte irrig davon ausgeht, eine weniger eingriffsintensive Rechtsfolge sei schwerlich zu erlangen, weil ihm vom JRichter die Strafrahmen des StGB vorgehalten wurden, um die sodann ausgesprochene Rechtsfolge als besonders mild erscheinen zu lassen (zu solchen Praktiken Zieger/Nöding Verteidigung Rn. 183). Insgesamt bedarf es in dieser Frage einer konkreten Einzelfallbeurteilung, zumal sich der **Autonomiemangel** auch erst aus der Kumulation von Umständen ergeben kann (d'Alquen/Daxhammer/Kudlich StV 2006, 220 (221); beim unverteidigten Angeklagten gleichwohl für ein generelles Verbot des Rechtsmittel-

verzichts „sofort im Anschluss an die Urteilsverkündung" aber UK III DVJJ-J 1992, 24 sowie AK IV/3 in DVJJ 1993, 730).

4. Konstellationen der Teilanfechtung

a) Allgemeines. Jeder Rechtsmittelführer kann seinen Rechtsmittel- **16** angriff auf bestimmte Teilaspekte der angegriffenen Entscheidung beschränken (zur Antragsauslegung bei dahingehenden **Widersprüchen** zwischen Antrag und Begründung s. etwa BGH NStZ-RR 2018, 86). Die Zulässigkeit einer solchen Teilanfechtung ergibt sich – im JStV eingeschränkt durch Abs. 1 (→ Rn. 65 ff.) – aus §§ 318 S. 1, 344 Abs. 1 StPO iVm § 2 Abs. 2 und besteht nach Maßgabe der zu diesen Vorschriften entwickelten Grundsätze (eingehend Knauer/Kudlich in MüKoStPO StPO § 344 Rn. 29 ff.). Hiernach ist eine teilw. Anfechtung möglich, soweit der angefochtene Entscheidungsteil einer **selbstständigen rechtlichen Prüfung** und Beurteilung durch das Rechtsmittelgericht, losgelöst vom verbleibenden Urteilsinhalt, zugänglich ist (BGHSt 27, 70 (72) = NJW 1977, 442). Neben der Trennbarkeit setzt dies voraus, dass der rechtskräftig werdende Teil dem angegriffenen Teil nicht logisch vorgeordnet ist und diesen auch nicht infolge anderweitiger Wechselwirkungen mitbeeinflusst (OLG Schleswig NJW 1979, 2057 (2058)). Diese Voraussetzungen sind im Verhältnis von Schuld- und Rechtsfolgenausspruch gegeben. Aber auch innerhalb des Schuldspruchs sind isolierte Anfechtungen möglich. Im JStV ergeben sich insoweit **keine Abweichungen** vom allg. StVR, da hier sowohl der prozessuale Begriff der Tat (iSv § 264 StPO) als auch die Konkurrenzformen der Tateinheit und Tatmehrheit (→ § 31 Rn. 4 f.) als Anknüpfungspunkte für eine Beschränkung des Rechtsmittels zum Tragen kommen können.

b) Mehrere Taten (§ 31). Besonderheiten bestehen ua im Hinblick auf **17** den Grundsatz des **einheitlichen Rechtsfolgenausspruchs** bei mehreren Taten. Nach allgA ist es – wie die Teilvollstreckbarkeit im Rechtsmittelverfahren gem. § 56 belegt – bei Bildung einer auf § 31 gestützten Entscheidung zwar zulässig, den **Schuldspruch** nur teilw., dh wegen einer von mehreren Taten anzufechten (jedoch niemals bei Tateinheit). Ist der Teilanfechtung erfolgreich und wegen der diesbzgl. Tat freizusprechen, muss das Berufungsgericht jedoch auf eine neue (ggf. einheitliche) Rechtsfolge wegen der verbliebenen Tat/-en erkennen (vgl. etwa Schatz in Diemer/Schatz/Sonnen § 31 Rn. 73). Anders als der angegriffene Schuldspruch bleibt hierbei der Schuldspruch bzgl. dieser anderen Tat/-en (einschl. der tatsächlichen Feststellungen, auf denen er beruht) bestehen (zur deshalb erforderlichen Darlegung dieser Tatsachengrundlage im vorinstanzlichen Urteil vgl. → § 31 Rn. 63). Insoweit besteht eine Bindung, die jedoch die Einführung der Schuldfeststellungen in die neue Verhandlung, in der die nunmehrige Rechtsfolge festgelegt wird, nicht entbehrlich macht (BGH NJW 1962, 59 (60)). – Soll indes die **fehlende Einbeziehung** einer noch nicht vollzogenen JStrafe angegriffen werden, ist der Rechtsfolgenausspruch insges. anzufechten, weil die Entscheidung nach § 31 Abs. 2 bzw. Abs. 3 in untrennbarem Zusammenhang mit den übrigen Zumessungserwägungen steht (→ § 31 Rn. 64).

c) Mehrere Taten in verschiedenen Altersstufen. Wurden mehrere **18** Taten, über die nach § 32 nur einheitlich entschieden werden darf, sowohl nach JStR als auch nach allg. StR abgeurteilt, ist bei einer Anfechtung hinsichtlich einer Tat der gesamte Strafausspruch als angefochten zu behandeln (BGH NStZ 2000, 483). War § 32 S. 1 dagegen angewandt und gem. § 31 eine Einheitssanktion angeordnet worden, gelten die in → Rn. 17 genannten Maßgaben. Auch dort, wo bei mehreren Taten in verschiedenen Altersstufen gem. § 32 S. 2 das allg. StR herangezogen wurde, kann die Anfechtung auf eine Tat (und den dazugehörigen Rechtsfolgenausspruch) **beschränkt** werden. Im Erfolgsfalle muss die Gesamtstrafe dann anhand der nicht angegriffenen Taten und der dafür verhängten Einzelstrafen **angepasst** werden. Ist wegen der Beschränkung eines Rechtsmittels die Verurteilung wegen einer Tat in Teilrechtskraft erwachsen und werden die anderen Taten erst in der Rechtsmittel- oder Zurückverweisungsinstanz abgeurteilt, greift § 32 dort – obwohl eine gleichzeitige Aburteilung an sich nicht vorliegt – sinngemäß ein (dazu n. → § 32 Rn. 6).

19   **d) § 105 Abs. 1.** Die Entscheidung über das Vorliegen der Voraussetzungen dieser Vorschrift ist kein isoliert anfechtbarer Beschwerdepunkt, weil die (fehlerhafte) Anwendung des allg. StR oder JStR stets einen der Rechtsfolge vorgeordneten Gesichtspunkt betrifft, da die Änderung dieser Einordnung auch zu einem Wechsel des zur Verfügung stehenden Rechtsmittelsystems führt (vgl. nur BGH v. 2.4.1963 – 5 StR 83/63 bei Herlan GA 1964, 135; OLG Celle NStZ-RR 2014, 229). Soll die bei § 105 Abs. 1 vorgenommene „Weichenstellung" angegriffen werden, ist der Rechtsfolgenausspruch daher **insgesamt anzufechten** (→ § 105 Rn. 68). Richtet sich das Rechtsmittel allein auf abtrennbare Teile des Rechtsfolgenausspruchs (→ Rn. 20 ff.), über den unabhängig von bzw. erst nach der Entscheidung zu § 105 zu befinden ist (va die Aussetzung zBew), erwächst die vorgelagerte Entscheidung zu § 105 Abs. 1 jedoch in Teilrechtskraft (vgl. OLG Frankfurt a. M. NJW 1956, 233; BayObLGSt 56, 7). Anders liegt es, wenn mit dem Rechtsmittel generell und unspezifisch eine günstigere Strafbemessung oder eine Aussetzung zBew erreicht werden soll. Da das JStR hierfür die weitergehenden rechtlichen Möglichkeiten eröffnet, ist dessen Nicht-/Anwendung von der nachgeordneten Rechtsfolgenkonkretisierung nicht abzulösen und deshalb in ein solches Rechtsmittel eingeschlossen (BGH 29.2.1984 – 2 StR 604/83 bei Böhm NStZ 1984, 445 (447); OLG Celle NStZ-RR 2014, 229; Brunner/Dölling § 105 Rn. 43; Schatz in Diemer/Schatz/Sonnen Rn. 18).

20   **e) Beschränkung im Rechtsfolgenausspruch. aa)** Wird der Schuldspruch vollständig oder teilw. angegriffen, ist idR der gesamte Rechtsfolgenausspruch von der Anfechtung erfasst, auch bei Verurteilung mit einheitlicher Rechtsfolgenanordnung (BGH NStZ 2000, 483). Eine diesbzgl. Beschränkung des Rechtsmittels hat keine Wirksamkeit. Auch eine Teilanfechtung innerhalb des **Rechtsfolgenausspruchs ist idR nicht zulässig.** Ungeachtet einer erklärten Beschränkung wird dann also der vollständige Rechtsfolgenausspruch vom Rechtsmittel erfasst. Das Berufungsgericht hat deshalb auf eine Rechtsfolge insges. neu zu erkennen. Hebt das Revisionsgericht das angefochtene Urteil im Rechtsfolgenausspruch auf, können auch die tatsächlichen Feststellungen zur Rechtsfolge, soweit sie nicht beanstandete selbstständige Taten betreffen, nicht aufrechterhalten werden. Der Tatrichter muss vielmehr für alle Taten neue Feststellungen zur Rechtsfolgenbemessung treffen (ebenso schon Dallinger/Lackner Vor § 55 Rn. 20).

bb) In Abweichung von diesen Grundsätzen besteht bei bestimmten **Aus- 21 nahmen** die Möglichkeit zur selbstständigen, vom übrigen Rechtsfolgenausspruch unabhängigen Anfechtung, insbes. bei der Nicht-/Anordnung von **Maßregeln der Besserung und Sicherung** (vgl. BGHSt 6, 183 = NJW 1954, 1167; BGHSt 10, 379 = NJW 1957, 1726; abw. Schady in NK-JGG Rn. 9; Kunkel in BeckOK JGG Rn. 21). Soweit dies die Unterbringung iSv §§ 63, 64 StGB betrifft, gilt dies in Konstellationen, in denen auch ein Zuchtmittel oder eine JStrafe festgelegt wurde, wegen der tatsächlichen oder potenziellen Rechtsfolgenverknüpfung gem. **§ 5 Abs. 3** aber nur mit Einschränkungen – nämlich allein dort, wo die Anwendung von § 5 Abs. 3 erwogen und eigens abgelehnt wurde (n. dazu → § 5 Rn. 30a sowie → § 7 Rn. 17 und 28). Außerdem kann die **unterbliebene Anordnung** einer Maßregel nach § 63 bzw. § 64 StGB regelmäßig vom Rechtsmittelangriff ausgenommen werden, weil diese Rechtslage im Fall ihres Rechtskräftig-Werdens die Anwendbarkeit von § 5 Abs. 3 gerade ausschließen würde, sodass über die übrigen Rechtsfolgen selbstständig entschieden werden könnte (BVerfG NStZ-RR 2007, 187; BGH NStZ-RR 2019, 32; OLG Düsseldorf StV 2007, 520 = BeckRS 2006, 15106; offen gelassen noch in BGH NStZ-RR 2003, 18).

Zutr. bejaht wurde die Zulässigkeit einer Teilanfechtung ferner bei der **22** Beschränkung auf die Anordnung vermögensabschöpfender Maßnahmen (für den **Verfall** nach § 73 StGB aF vgl. BGH NStZ 2011, 270 mAnm Eisenberg StV 2010, 580; für die **Wertsatzeinziehung** nach § 73c StGB vgl. OLG Frankfurt a. M. BeckRS 2019, 5748). Eine Beschränkung auf die Frage der **Anrechnung** von **U-Haft** wird richtigerweise ebenfalls als zulässig erachtet (BGHSt 7, 214 = NJW 1955, 557). – Hat das JGericht bei Heranwachsenden eine Entschädigungsentscheidung nach **§ 406 Abs. 1 StPO** getroffen, kann der zivilrechtliche Entscheidungsteil mit den strafprozessualen Rechtsmitteln selbstständig angegriffen werden (§ 406a Abs. 2 StPO iVm § 2 Abs. 2). Umgekehrt kann die Adhäsionsentscheidung aus dem Rechtsmittel aber auch ausgenommen werden, wenngleich sie bei Aufhebung und Nichtverurteilung im strafrechtlichen Entscheidungsteil dann aber (trotz Rechtskraft) nach § 406a Abs. 3 StPO iVm § 2 Abs. 2 aufgehoben wird (BGH StV 2019, 437 = BeckRS 2018, 40288).

5. Erweiterte Rechtsmittelbegründungslasten

Eine Begründung der Berufung ist im allg. StVR weder erforderlich noch **23** zwingend vorgeschrieben. Bei der Begründung der Revision bestehen dagegen gewisse Klarstellungspflichten (§§ 352 Abs. 1, 344 StPO iVm § 2 Abs. 2). Während eine Verfahrensrüge in tatsächlicher Hinsicht eingehend substantiiert werden muss, ist bei der Sachrüge auch ein allgemeines unspezifiziertes Monitum zulässig. Im JStR sind die Anforderungen an die Berufungs- und Revisionsbegründung etwas strenger. Hier ist es auch bei einer angestrebten Überprüfung in materiell-rechtlicher Hinsicht angezeigt, das Rechtsschutzziel vorsorglich anzugeben und (vor dem Hintergrund von Abs. 1) dessen Zulässigkeit klarzustellen – auch, um dem Vorwurf einer Umgehung der sachlichen Rechtsmittelbeschränkung entgegenzuwirken (n. → Rn. 77 ff.). Dass insofern eine Notwendigkeit der eindeutigen Angabe eines zulässigen Angriffsziels besteht bzw. dass sich dieses sonst wenigstens aus den Umständen außerhalb der Rechtsmittelschrift ergeben muss, stellt

eine Schlechterstellung ggü. den Begründungserfordernissen im allg. StVR
dar (daran keinen Anstoß nehmend BVerfGK 11, 383 = NStZ-RR 2007,
385).

6. Anwesenheit vor dem Rechtsmittelgericht

24   In der Revision besteht für den Jugendlichen und seine Eltern keine
Anwesenheitspflicht (§ 350 Abs. 2 StPO iVm § 2 Abs. 2). Anders verhält es
sich in der Berufung (→ § 50 Rn. 4). Die Vorschriften des allg. StVR, wie
mit der Berufung zu verfahren ist, wenn der Angeklagte und/oder sein
gesetzlicher Vertreter **in der HV ausbleiben** (§§ 329 f. StPO), gelten grds.
auch im JStV (§ 2 Abs. 2). Handelt es sich um eine Berufung, die vom
Angeklagten (oder seinem Verteidiger für diesen) eingelegt wurde, führt die
Abwesenheit des **Angeklagten** in der HV zur Verwerfung nach § 329
Abs. 1 StPO (zur ggf. möglichen Wiedereinsetzung etwa KG BeckRS 2002,
16292). Hat die **JStA** Berufung eingelegt, darf jedoch wegen § 50 Abs. 1
nicht ohne den Jugendlichen verhandelt werden, sodass § 329 Abs. 2 S. 1
Hs. 2 StPO ausgeschlossen ist. Ggf. kann, sofern der Jugendliche bereits
einmal unentschuldigt ferngeblieben war, nach § 329 Abs. 3 StPO verfahren
werden.

25   Auch bei einer Berufung allein des **Erziehungsberechtigten** (§ 67
Abs. 2 JGG) oder gesetzlichen Vertreters verwirft das JGericht das Rechtsmittel ohne Sachverhandlung, falls weder der Jugendliche noch ein Verteidiger mit schriftlicher Vertretungsvollmacht noch der Berufungsführer
erscheint und auch keine genügende Entschuldigung vorliegt (§ 330 Abs. 2
S. 2 Hs. 1 StPO, § 329 Abs. 1 S. 1 StPO; zur Zulässigkeit eines Rechtsmittels gegen das Verwerfungsurteil vgl. → Rn. 88 bzw. → § 109 Rn. 44).
Ist allein der Jugendliche anwesend, muss die Verhandlung dagegen stattfinden (§ 330 Abs. 2 S. 1 StPO iVm § 2 Abs. 2). Kommt nur der Berufungsführer oder sein bevollmächtigter Verteidiger, nicht aber der Jugendliche in die HV, darf das Berufungsgericht die Berufung ebenfalls nicht
verwerfen − schon, weil es sich um ein selbstständiges Rechtsmittel des
gesetzlichen Vertreters bzw. Erziehungsberechtigten handelt. Wegen der
Anwesenheitspflicht des Jugendlichen (→ § 50 Rn. 8) kann idR aber auch
nicht gem. § 330 Abs. 2 S. 2 Hs. 2 iVm § 329 Abs. 2 StPO ohne ihn
verhandelt werden. Sofern keine besonderen Gründe für eine Verhandlung
in Abwesenheit vorliegen (→ § 50 Rn. 22 ff.), ist nach § 330 Abs. 2 S. 2
Hs. 2 iVm § 329 Abs. 3 StPO ggf. die **Vorführung** des Angeklagten zu
veranlassen (ähnlich Schady in NK-JGG Rn. 10; Kunkel in BeckOK JGG
Rn. 29).

7. Einzelheiten zur Wiederaufnahme des Verfahrens

26   **a) Zuständigkeit.** Mangels besonderer Regelungen des JGG gelten auch
im JStV die Vorschriften, die das allg. StVR für den Antrag auf Wiederaufnahme eines durch rechtskräftiges Urteil abgeschlossenen Verfahrens vorsieht (§§ 359 ff. StPO iVm § 2 Abs. 2). Unabhängig vom zwischenzeitlich
erreichten Lebensalter des Verurteilten bleiben die **JGerichte** für die Entscheidung über einen solchen Antrag zuständig (ebenso Kaspar in MüKoSt-
PO Rn. 50; Gössel in Löwe/Rosenberg StPO § 367 Rn. 17; Schmidt in
KK-StPO GVG § 140a Rn. 9; Cirener und Hohmann in Miebach/Hoh-

mann, Wiederaufnahme in Strafsachen, 2016, H/26 und K/2). Das gilt auch für die ggf. neu durchzuführende HV. Es darf also nicht im Wiederaufnahmebeschluss (§ 370 Abs. 2) an ein allg. Strafgericht verwiesen werden (aA Meyer-Goßner/Schmitt GVG § 140a Rn. 11; Alexander in Miebach/Hohmann, Wiederaufnahme in Strafsachen, 2016, F/96).

b) Einzelfragen zur Zulässigkeit. aa) Ein Antrag, der den Zweck ver- **27** folgt, eine andere Rechtsfolge „aufgrund desselben Strafgesetzes" herbeizuführen, ist gem. § 363 Abs. 1 StPO iVm § 2 Abs. 2 **unzulässig.** Nach hM sei dies der Fall, wenn der Wechsel von einer JStrafe zu Erziehungsmaßregeln oder Zuchtmittel angestrebt wird (vgl. Gössel in Löwe/Rosenberg StPO § 363 Rn. 6; Schmidt in KK-StPO StPO § 363 Rn. 4). Dies ist aber nicht zweifelsfrei, da bei jeder Vorschrift, die von der ursprünglich herangezogenen Rechtsnorm abweicht und bei deren Einschlägigkeit die Strafbarkeit erhöht oder vermindert wird, ein anderes statt „desselben Strafgesetzes" vorliegt (allgA) und in der Ersetzung von § 17 Abs. 2 Alt. 2 durch §§ 9 ff., 13 ff. daher durchaus eine solche Konstellation gesehen werden kann. Zielt der Antrag dagegen auf eine bloße Abänderung von Erziehungsmaßregeln oder Zuchtmitteln, folgt die Unzulässigkeit aus § 365 StPO iVm § 55 Abs. 1. Dagegen ist unstr. kein Unzulässigkeitsgrund iSv § 363 Abs. 1 StPO gegeben, wenn JStR statt des allg. StR (oder umgekehrt) angewandt werden soll (vgl. OLG Hamburg NJW 1952, 1150; s. auch LG Landau NStZ-RR 2003, 28).

bb) Von der grds. Unzulässigkeit einer Wiederaufnahme **gegen Be- 28 schlüsse** wird von der hM im allg. StVR (trotz des abw. Normwortlauts) eine Ausnahme gemacht, wenn der Beschluss verfahrensbeendigend an die Stelle eines Urteils tritt (vgl. statt vieler Schmidt in KK-StPO StPO Vor § 359 Rn. 14). Unter Berücksichtigung dieser Grundsätze muss auch bei **urteilsgleichen Beschlüssen** im JStR – also bei Beschlüssen gem. § 57 Abs. 1 und 2, § 58 Abs. 1 sowie gem. § 62 Abs. 2 und § 66 Abs. 2 S. 2 – eine Wiederaufnahme zulässig sein (ebenso Brunner/Dölling Rn. 67). Auch bei Beschlüssen, durch die ein Nichtbefolgungsarrest angeordnet wird (§§ 11 Abs. 3, 15 Abs. 3 S. 2) sprechen die besseren Gründe für die Möglichkeit eines Wiederaufnahmeverfahrens (n. → § 65 Rn. 18 ff.; zur entspr. Frage bzgl. des Verschlechterungsverbotes vgl. → Rn. 40).

c) Sonstige Einzelfragen. aa) Antragsberechtigt sind zunächst einmal **29** die JStA und der verurteilte Jugendliche bzw. Heranwachsende (§§ 365, 296 StPO iVm § 2 Abs. 2). „Verurteilt" isd Wiederaufnahmebestimmungen ist auch derjenige, gegen den auf Erziehungsmaßregeln und/oder Zuchtmittel erkannt wurde sowie derjenige, bei dem das Gericht eine Aussetzung der Verhängung der JStrafe zBew (§ 27) ausgesprochen hatte. Für den Verurteilten kann der Verteidiger den Wiederaufnahmeantrag stellen (§§ 365, 297 StPO iVm § 2 Abs. 2). Erziehungsberechtigte und gesetzliche Vertreter sind selbstständig antragsberechtigt (§§ 365, 298 Abs. 1 StPO iVm § 2 Abs. 2 und § 67 Abs. 2).

bb) Der Antrag auf Wiederaufnahme des Verfahrens hat keine vollstre- **30** ckungshemmende Wirkung. Vom JGericht kann aber ein Aufschub oder eine Unterbrechung der Vollstr angeordnet werden (§ 360 StPO iVm § 2 Abs. 2). Falls sich der Wiederaufnahmeantrag nur **auf einzelne von mehreren Taten** erstreckt, soll eine Parallele zu den für § 56 geltenden Kriterien zu ziehen sein (Dallinger/Lackner Vor § 55 Rn. 31), und dies auch dann noch, wenn das JGericht für den fraglichen Teil der abgeurteilten Taten bereits die Wiederaufnahme des Verfahrens und eine neuerliche HV (unter Beseitigung der Vollstreckbarkeit des Urteils) angeordnet hat (Brunner/ Dölling Rn. 65; Schatz in Diemer/Schatz/Sonnen Rn. 51). Diese Lösung ist ungeachtet des dahinterstehenden praktischen Bedürfnisses allerdings fragwürdig, da § 56 eine Ausnahmeregelung darstellt und somit keinen generalisierbaren Rechtsgedanken enthält (vgl. → § 56 Rn. 3 f.). Im Übrigen muss das Wiederaufnahmegericht bei mehreren Taten auch dort, wo die Wiederaufnahme nur hinsichtlich einzelner dieser Taten begehrt wird, mit Blick auf § 31 den **gesamten Rechtsfolgenausspruch** prüfen und im Falle einer erneuten HV ggf. auch eine neue einheitliche Rechtsfolge festsetzen (ebenso schon Dallinger/Lackner Vor § 55 Rn. 30; vgl. iÜ die sinngemäß geltenden Ausführungen bei → Rn. 17 f.).

III. Das Verschlechterungsverbot bei den jugendstrafrechtlichen Rechtsmitteln

1. Grundlagen

31　　Das Verbot der reformatio in peius, wonach bei Einlegung eines Rechtsmittels zugunsten des Angeklagten eine Verschlechterung hinsichtlich Art und Höhe der **Rechtsfolgen** ausgeschlossen ist, **gilt auch im JStV** (§§ 331, 358 Abs. 2 S. 1 StPO iVm § 2 Abs. 2; dazu schon Grethlein Verschlechterungsverbot 33 ff.; Kretschmann, Das Verbot der reformatio in peius im Jugendstrafverfahren, 1968, 3 ff.; s. auch BGHSt 10, 198 (202) = NJW 1957, 998 (1000); BGH LM Nr. 16 zu § 358 Abs. 2 StPO; OLG Düsseldorf NJW 1964, 216). Darin eingeschlossen sind das Wiederaufnahmeverfahren, das vereinfachte JVerfahren sowie die urteilsgleichen Beschlussverfahren (s. auch OLG München MDR 1980, 517; s. auch → Rn. 28 und → Rn. 40). Keine Bedeutung hat das Verbot dagegen für die (generell unanfechtbaren) informellen Entscheidungen nach §§ 45, 47, für die vorläufigen Anordnungen nach § 71 (Grethlein Verschlechterungsverbot 135) und für das Kostenfestsetzungsverfahren (s. etwa KG MDR 1982, 251 mAnm Schmidt MDR 1982, 252; LG Lübeck SchlHA 1982, 62 für die allg. StVR). – Zur eingeschränkten Geltung des Verschlechterungsverbots im Ordnungswidrigkeitenverfahren gegen Jugendliche s. Seitz/Bauer in Göhler OWiG § 62 Rn. 28; Kurz in KK-OWiG OWiG § 62 Rn. 27; Meyer-Goßner/Schmitt StPO Vor § 304 Rn. 5.

32　　Durch das Verbot soll verhindert werden, dass die Anfechtungsberechtigten von der Einlegung eines Rechtsmittels absehen, weil sie für den Fall seiner Erfolglosigkeit eine erhöht beeinträchtigende Rechtsfolge befürchten (vgl. etwa BGHSt 7, 86 (87) = NJW 1955, 600). Es greift deshalb ein, wenn der Angeklagte selbst oder ein anderer anfechtungsberechtigter Beteiligter (→ Rn. 4 ff.) einen (am Ende erfolglosen) Rechtsbehelf **zugunsten** des Entscheidungsadressaten ergriffen haben – nicht aber bei einem zugleich eingelegten Rechtsmittel zu dessen Ungunsten. Allerdings **lebt** das Verschlechterungsverbot dann **wieder auf,** wenn das Rechtsmittel der JStA zurückgenommen oder verworfen wird (vgl. jeweils zum allg. StR OLG Brandenburg BeckRS 2009, 5969; BayObLG BeckRS 2001, 29872; OLG

Bamberg NStZ-RR 2015, 149; NStZ-RR 2017, 369 (Ls.) = BeckRS 2017, 127410).

Im Anwendungsbereich des Verschlechterungsverbots stellt die frühere **33** Anordnung eine Obergrenze für den neuen Rechtsfolgenausspruch dar, weshalb die jeweiligen Anordnungsinhalte miteinander zu vergleichen sind. Nach der von der Rspr. praktizierten „Gesamtschau" (BGHSt 24, 11 (14) = NJW 1971, 105 (106)) werden die Rechtsfolgen sowohl nach einem **generell-objektiven Maßstab** (iSd gesetzlichen Wertungen) beurteilt als auch in ihrer **konkreten Einzelfallausgestaltung** verglichen, wobei ausschlaggebend für die Entscheidung ist, welcher Rechtsfolgenausspruch den Angeklagten in seinen rechtlichen und tatsächlichen Wirkungen im konkreten Fall stärker belastet (vgl. BayObLGSt 70, 159 (161); OLG Hamm NJW 1971, 1666). Mit Blick auf den Schutzzweck kommt es speziell im JStV in dieser Hinsicht aber wesentlich auch auf eine ggf. erkennbare subjektive Rechtsfolgen- und Situationsbeurteilung durch den Angeklagten an. Der objektivierende Belastungsvergleich dominiert hier allein dort, wo keine davon abw. **persönliche Belastungseinstufung** ersichtlich ist (Schatz in Diemer/Schatz/Sonnen Rn. 32). Typisierende Aussagen zu den abstrakten Verhältnissen zwischen verschiedenen Rechtsfolgen (→ Rn. 34 ff.) stehen in ihrer Verbindlichkeit insofern unter Vorbehalt. Bei gem. § 8 kombinierten Rechtsfolgen gilt dies besonders (n. Kunkel in BeckOK JGG Rn. 50 f.).

2. Verhältnis der besonderen Rechtsfolgen des JGG zueinander

a) Erziehungsmaßregeln. Für den Vergleich der Eingriffsintensität un- **34** ter den verschiedenen, gesetzlich nicht abschließend geregelten (Bewährungs-)**Weisungen** (§ 10 bzw. §§ 23, 29, 61b) kommt es ungeachtet der formalen Austauschbarkeit (§ 11 Abs. 2) auf den Weisungsinhalt und den damit verbundenen Belastungsgrad an (NK-JGG/Schady Rn. 61). Das gilt gleichermaßen bei einer Anordnung durch das FamG (§ 53 S. 2), wobei die vorangegangene Verweisung gem. § 53 S. 1 für sich genommen nicht vergleichsfähig ist. Auch im Verhältnis zu Auflagen (§ 15) sind die jeweiligen Pflichteninhalte maßgeblich (vgl. statt vieler auch Brunner/Dölling Rn. 38).

Die **Erziehungsbeistandschaft** (§ 12 Nr. 1) ist allein ggü. einer Ver- **35** warnung eine härtere Sanktion, sonst aber idR (auch ggü. Weisungen) eingriffsmilder. Dagegen entwickelt eine **Verpflichtung** nach **§ 12 Nr. 2** eine intensivere freiheitseinschränkende bzw. Belastungswirkung als fast alle übrigen Rechtsfolgen des JGG (kennzeichnend Abs. 1 S. 2, § 78 Abs. 1 S. 2). Wegen der längeren Maßnahme-Dauer gilt dies auch im Vergleich zum JA. Anders verhält es sich allein bei der vollstreckbaren JStrafe, wie sich aus deren Vollzugsbedingungen (§§ 89b, 92) ergibt. Bei der Aussetzung der Vollstr der JStrafe zBew (§ 21) sowie bei der Aussetzung der Verhängung der JStrafe zBew (§ 27) ist die Eingriffsintensität wegen der Möglichkeit späterer (Verhängung und) Vollstr (§ 26 Abs. 1 bzw. § 30 Abs. 1 S. 1) ebenfalls höher, soweit nicht mit der Durchführung der Hilfe zur Erziehung nach § 12 Nr. 2 in einem geschlossenen Heim konkret zu rechnen ist (ebenso Schatz in Diemer/Schatz/Sonnen Rn. 36).

b) Zuchtmittel. Anders als bei der **Verwarnung** (§ 14), die nach allgA **36** die eingriffsmildeste förmliche Rechtsfolge des JGG darstellt, ist das Verhältnis zwischen den verschiedenen **Auflagen** nicht vollständig geklärt. Obwohl hier teilw. von der Gleichwertigkeit aller Varianten des § 15 Abs. 1 S. 1 ausgegangen wird (vgl. etwa Brunner/Dölling Rn. 23), scheint es treffender zu sein, eine Differenzierung vorzunehmen und die fallkonkrete Wirkung sowie die subjektive Eingriffsbewertung dafür maßgeblich sein zu lassen (ebenso schon Bender JGG Anm. 20; wohl auch Dallinger/Lackner Vor § 55 Rn. 26; vgl. ferner Beulke/Swoboda JugendStrafR Rn. 821; Baumann, Das strafprozessuale Verbot der reformatio in peius und seine Besonderheiten im Jugendstrafrecht, 1999, 127; vgl. auch → Rn. 33). Ggü. dem JA und sämtlichen Entscheidungsformen, die iZm der JStrafe zulässig sind, weisen alle Auflagevarianten einen geringeren Belastungsgrad auf.

37   Unter den verschiedenen Ausgestaltungen des **Jugendarrests** (§ 16) ergeben sich allein aus der Gesamtdauer der Freiheitsentziehung abgestufte Härtegrade. Dagegen ist ein zweitägiger Kurzarrest einem Freizeitarrest ebenso gleichwertig (§ 16 Abs. 3 S. 2), wie dies bei zwei Dauerarresten der Fall sein kann, bei denen einmal eine förmliche U-Haftanrechnung (§ 52) und im anderen Fall eine tagesgleich reduzierte Bemessung erfolgt (vgl. Grethlein Verschlechterungsverbot 106). Im Spektrum der anderen JGG-Rechtsfolgen ist JA härter als alle ambulanten und milder als alle übrigen stationären Reaktionsformen (§ 12 Nr. 2 und JStrafe). Als schwerwiegender gelten teilw. auch die gem. § 21 zBew ausgesetzte JStrafe (OLG Düsseldorf NJW 1961, 891; OLG Oldenburg RdJ 1966, 241 (242); OLG Schleswig Urt. v. 21.5.1984 – 1 Ss 679/83 (juris); abw. LG Nürnberg-Fürth NJW 1968, 120) und die zBew ausgesetzte JStrafverhängung gem. § 27 (OLG Hamm NJW 1971, 1666; Beulke/Swoboda JugendStrafR Rn. 821; Baumann, Das strafprozessuale Verbot der reformatio in peius und seine Besonderheiten im Jugendstrafrecht, 1999, 148 ff., 151 ff.; Kretschmann, Das Verbot der reformatio in peius im Jugendstrafverfahren, 1968, 127, 129). Dafür verweist man auf § 13 Abs. 3, wonach der JA keine Strafwirkungen habe, und rückt die faktischen Eingriffseffekte (sofortiger ./. potenzieller Freiheitsentzug) in den Hintergrund. Das kann jedenfalls bei einem langen (maximalen, ggf. sogar mehrfachen) Dauerarrest nicht überzeugen.

38   **c) JStrafe mit Aussetzungsentscheidungen.** Die **Aussetzung** der **Verhängung** der JStrafe zBew (§ 27) ist eingriffsinvasiver als sämtliche Erziehungsmaßregeln und Zuchtmitteln, weil hier nach § 30 Abs. 1 S. 1 die Möglichkeit einer schwerwiegenden Freiheitsentziehung bestehen bleibt (s. aber differenzierend zum JA → Rn. 37). Eine größere Strafhärte als diese Entscheidungsform entwickeln aber nicht nur die vollstreckbare Verhängung von JStrafe, sondern idR auch die JStrafanordnung, deren **Vollstr** gem. § 21 **zBew ausgesetzt** wird (s. näher Grethlein Verschlechterungsverbot 92 ff.; zust. Schatz in Diemer/Schatz/Sonnen Rn. 40; abw. BGHSt 9, 104 (106) = NJW 1956, 960 (961); vgl. auch Kretschmann, Das Verbot der reformatio in peius im Jugendstrafverfahren, 1968, 128 f.). Die bedingte JStrafe wird in ihrem Belastungsgrad demzufolge allein durch die unbedingte JStrafe übertroffen.

39   **Lehnt** das Rechtsmittelgericht die von der Vorinstanz angeordnete **Aussetzung der Vollstr ab,** stellt dies eine Rechtsfolgenverschlechterung dar (BGH NJW 1954, 39 (40); BGH 2.12.1954 – 3 StR 120/54; Beulke/Swoboda JugendStrafR Rn. 821). Ebenso verhält es sich nach allgA, wenn die ursprüngliche Aussetzung nunmehr vorbehalten bleibt (§§ 61 ff.) und die Frage der Nicht-/Vollstreckung damit ungewiss wird. Der Übergang von

der Aussetzung zur vorbehaltenen oder Nicht-Aussetzung begründet auch dann eine härtere Sanktion, wenn zugleich auf eine niedrigere JStrafe oder eine zusätzliche U-Haftanrechnung erkannt wird (vgl. BayObLG NJW 1959, 1838; OLG Frankfurt a. M. NJW 1964, 368; Meyer-Goßner/Schmitt StPO § 331 Rn. 17). Hatte sich das erstinstanzliche Gericht zur Frage der Aussetzung der Vollstr zBew nicht festgelegt und/oder diese Entscheidung ausdrücklich vorbehalten, bewirkt das Rechtsmittelgericht, das diese Entscheidung trifft und die Strafaussetzung versagt, eine Intensivierung der Rechtsfolge (abw. Brunner/Dölling Rn. 47) – nämlich die Möglichkeit der sofortigen Vollstreckung und den Wegfall der Chance, diese durch konformes Verhalten noch verhindern zu können (Schady in NK-JGG Rn. 17; Kunkel in BeckOK JGG Rn. 49).

d) Bewährungszeit ausgestaltende Anordnungen. Trifft das Rechts- **40** mittelgericht iZm dem neuen Urteil, das eine Aussetzung bestätigt, eine Entscheidung, in der andere **Bewährungsauflagen** und **–weisungen** (§ 23 Abs. 1 S. 3, § 29) als in der vorangegangenen Entscheidung angeordnet werden, sind die sich auf Urteile beziehenden §§ 331, 358 Abs. 2 S. 1 StPO iVm § 2 Abs. 2 nicht unmittelbar anwendbar (OLG Düsseldorf NStZ 1994, 198 (199)). Unabhängig davon ist auch die sachliche Einschlägigkeit des Verschlechterungsverbotes umstritten. Die hM verneint dies und verweist darauf, dass die fraglichen Maßnahmen bei Vorlage der gesetzlichen Voraussetzungen unanfechtbar abänderbar (§ 23 Abs. 1 S. 3, § 59 Abs. 2 S. 2) sind. Bei deren Intensivierung handele es sich daher um keine relevanten Nachteile, auch wenn das Gericht der vorherigen Instanz eine solche Änderung nicht in Betracht gezogen hatte (OLG Düsseldorf NStZ 1994, 198 (199); Kunkel in BeckOK JGG Rn. 36 f.; für das allg. StR BGH NJW 1964, 2213; NJW 1982, 1544; BayObLGSt 56, 253; OLG Frankfurt a. M. NJW 1978, 959; OLG Oldenburg NStZ-RR 1997, 9; KG StraFo 2010, 426 = BeckRS 2010, 18962).

Die Funktion des Verschlechterungsverbotes, das einen **Vertrauens- und** **41** **keinen Bestandsschutz** gewährleisten sowie einen „freien" Rechtsmittelentschluss ermöglichen soll, spricht allerdings für die Unzulässigkeit nachteilig geänderter Bewährungsanordnungen. Müsste der Angeklagte erwarten, dass das Rechtsmittelgericht die Bewährungsphase (auf derselben Tatsachengrundlage und nur wegen deren abweichender Bewertung) für ihn belastungsreicher als bislang gestaltet, hätte dies eine ebenso abschreckende Wirkung wie der Übergang zu härteren Sanktionen ieS. Deshalb ist hier das Verschlechterungsverbot auch ohne eine spezielle Regelung in den §§ 304 ff. StPO **analog** anwendbar (Schady in NK-JGG Rn. 14: Vertrauensprinzip: vgl. zum allg. StR OLG Koblenz NJW 1977, 1074; Groß/Kett-Straub in MüKoStGB StGB § 56b Rn. 38; Frisch in SK-StPO StPO § 331 Rn. 16). Das gilt auch für eine etwaige **Verlängerung** der **BewZeit** (§ 22 Abs. 2 S. 2) durch das Rechtsmittelgericht (ebenso Grethlein Verschlechterungsverbot 56 f.; aA OLG Hamburg NJW 1981, 470 (zum allg. StVR)). Nachteilige neue Festlegungen sind jeweils nur bei neuen Tatsachen, die auch zu einer entspr. Verschärfung durch das Gericht der vorherigen Instanz führen könnten, angängig (ähnlich Kaspar in MüKoStPO Rn. 32a; vgl. auch BGH NJW 1982, 1544).

e) Vollstreckbare JStrafe. Die (vollstreckbare) **JStrafe** (§§ 17 ff.) ist **42** nach allgA nachteiliger als jede andere Rechtsfolge des JGG. Für einen

Vergleich von JStrafen untereinander kommt es sodann auf deren Bemessung an. Wenn die Dauer der JStrafe in der neuen Entscheidung erhöht wird, liegt darin ein Nachteil. Nach ganz hM gilt dies – wegen der Widerrufsmöglichkeit – unabhängig davon, ob das Rechtsmittelgericht die Vollstr der JStrafe anders als das frühere Gericht zBew aussetzt oder nicht (s. etwa BGH JZ 1956, 101 = BeckRS 1955, 31191871; vgl. auch OLG Düsseldorf NJW 1964, 216; OLG Brandenburg NStZ-RR 2008, 388).

43 Unterbleibt in der Rechtsmittelinstanz die erstinstanzlich erfolgte **Anrechnung** von **U-Haft** (§ 52a), ohne dass die Dauer der JStrafe entsprechend verringert wird, liegt darin nach allgA ein Nachteil. Wird dies durch eine Herabsetzung der festgelegten JStrafdauer kompensiert, ist wiederum zu beachten, dass sich die berücksichtigungsfähige Vollstreckungszeit durch den Wegfall der erstinstanzlich noch vorgenommenen Anrechnung vermindert oder ganz verliert. Sofern dadurch der Zeitpunkt, zu dem gem. § 88 Abs. 2 die Vollstr des JStrafrestes ausgesetzt werden kann, nach hinten rückt, wird der Angeklagte (ungeachtet der verkürzten JStrafdauer) in dieser Hinsicht also in unzulässiger Weise schlechter gestellt (n. Grethlein Verschlechterungsverbot 47 f.; ferner Ganske, Der Begriff des Nachteils bei den strafprozessualen Verschärfungsverboten, 1960, 96 f. für das allg. StVR; abw. BGH JZ 1956, 101 = BeckRS 1955, 31191871; wohl auch BGHSt 7, 214 (217) = NJW 1955, 557). Das bedeutet aber nicht, dass die JStrafe erhöht werden dürfte, wenn dies durch die erstmalige Anrechnung der bis zum erstinstanzlichen Urteil erlittenen U-Haft ausgeglichen wird (so aber Brunner/Dölling Rn. 30; Grethlein Verschlechterungsverbot 47 f.). Zwar tritt dann ein früherer Drittelvollzug (§ 88 Abs. 2) ein, ohne dass bei Nichtaussetzung des JStrafrestes eine längere Vollzugsdauer drohte. Aber formal und registertechnisch wird der Angeklagte mit einer härteren Sanktion belastet.

44 Hatte das frühere Gericht gem. § 31 Abs. 2 eine **Einheits-JStrafe** festgesetzt, wird der Grenzmaßstab durch deren Länge markiert (dazu und zu einer Ausnahmekonstellation → § 31 Rn. 66). Wurde die früher angeordnete JStrafe, die in der angegriffenen Entscheidung einbezogen worden war, zwischenzeitlich vollstreckt, sodass das Rechtsmittelgericht gar keine Einheits-JStrafe mehr bilden kann, darf die neue, einzeln zu verhängende JStrafe nur so hoch bemessen werden, dass ihre Dauer zusammen mit der vollstreckten JStrafe die Dauer der Einheits-JStrafe nicht übersteigt (n. → § 31 Rn. 27 f.). Die Erwägungen zu § 358 Abs. 2 S. 1 StPO im allg. StR (BGHSt 12, 94 = NJW 1959, 56) gelten hier gleichermaßen (BGH NStZ 1986, 423). Auch wenn das Rechtsmittelgericht gem. § 31 Abs. 3 S. 1 von der Einziehung einer früher getroffenen Rechtsmittelentscheidung absehen will, darf die Summe aus den Einzelsanktionen in ihrer Eingriffsintensität nicht über die der ursprünglich angeordneten Einheitssanktion hinausgehen (OLG Celle NStZ-RR 2001, 90; vgl. auch OLG Brandenburg NStZ-RR 2008, 388).

3. Verhältnis zwischen Rechtsfolgen des JGG und des StGB

45 **a) Freiheitsstrafe.** Dass eine Rechtsfolge nach allg. StR anstatt nach JStR ausgesprochen wird, begründet nicht automatisch einen Nachteil iSd Verschlechterungsverbotes (OLG Köln NJW 1964, 1684; s. auch → § 105 Rn. 69). Vielmehr kommt es auf den Vergleich der Rechtsfolgen **im Einzelnen** an. Danach ist die (vollstreckbare) Freiheitsstrafe (§§ 38 f. StGB) eingriffsintensiver als jede Rechtsfolge des JGG (vgl. aber sogleich

→ Rn. 46). Dies gilt auch bei **Aussetzung** der Vollstr **zBew** (§§ 56 StGB). Wegen der Widerrufsmöglichkeit stellt sie auch im Verhältnis zum JA, obwohl dessen Vollstr nicht zBew ausgesetzt werden darf (§ 87 Abs. 1), eine höhere Belastung dar.

Hinsichtlich der **JStrafe** sind die vorgenannten Maßgaben indes ein- **46** zuschränken. Diese jugendstrafrechtliche Reaktionsform ist nur insoweit milder, wie ihre Dauer die der Freiheitsstrafe nicht übersteigt. Eine **kürzere Freiheitsstrafe** stellt also **keine** größere Belastung als eine längere JStrafe dar (BGHSt 10, 100 = NJW 1956, 680) – zumindest, soweit die Aussetzung des Strafrestes zBew nach demselben Vollzugszeitraum (oder gar früher) möglich ist (BGHSt 29, 269 = NJW 1980, 1967). Für das Verhältnis zwischen JStrafe und Freiheitsstrafe, die jeweils zBew ausgesetzt werden, gilt all dies entsprechend. Die JStrafe darf aber nicht durch eine **längere** unbedingte oder bedingte Freiheitsstrafe ersetzt werden.

Auch eine **gleich hohe Freiheitsstrafe** ist ggü. der erstinstanzlich aus- **47** gesprochenen JStrafe ein **Nachteil** (BGHSt 29, 269 = NJW 1980, 1967; Brunner/Dölling Rn. 55). Der niedrigere Belastungsgrad der JStrafe zeigt sich in den geringeren Anforderungen einer Strafrestaussetzung (n. → § 88 Rn. 14 ff.), in der Möglichkeit der Strafmakelbeseitigung (§§ 97 ff.) und in günstigeren Registerfolgen (vgl. §§ 32 Abs. 2, 34 Abs. 1, 46 Abs. 1 BZRG). Auch hinsichtlich der Vollzugsbedingungen weist die JStrafe eine geringere Härte als die Freiheitsstrafe auf (Beulke/Swoboda JugendStrafR Rn. 167; abw. und wegen §§ 89b Abs. 2, 114 in dieser Hinsicht von Gleichwertigkeit ausgehend aber BGHSt 5, 366 (369) = NJW 1954, 847 (848); BGHSt 10, 100 (103) = NJW 1956, 680 (681); OLG Düsseldorf NJW 1964, 216; Grethlein Verschlechterungsverbot 150; Kretschmann, Das Verbot der reformatio in peius im Jugendstrafverfahren, 1968, 133; Baumann, Das strafprozessuale Verbot der reformatio in peius und seine Besonderheiten im Jugendstrafrecht, 1999, 163).

Vor diesem Hintergrund kann die Rechtsmittelinstanz eine verhängte **48** Freiheitsstrafe stets durch eine (kürzere oder maximal gleich lange) JStrafe ersetzen. Lag die Dauer der Freiheitsstrafe unter dem **Mindestmaß** der JStrafe (§ 18 Abs. 1 S. 1), muss dieses **unterschritten** werden (s. auch → § 18 Rn. 5). Sofern hier das Rechtsmittelgericht eine JStrafe für erforderlich hält und nicht (wie dies idR der Fall sein wird) eine andere jugendstrafrechtliche Rechtsfolge in Betracht kommt, führt das Schlechterstellungsverbot zu einer Durchbrechung der sachlich-rechtlichen Vorschrift in § 18 Abs. 1 (OLG Oldenburg NJW 1956, 1730 (1731); OLG Düsseldorf NJW 1964, 216; Schatz in Diemer/Schatz/Sonnen Rn. 46; Eschelbach in Beck-OK StPO § 331 Rn. 26; Grethlein Verschlechterungsverbot 151; Müller FS Eisenberg, 2009, 417; **aA** Schady in NK-JGG Rn. 20; Kaspar in MüKo StPO Rn. 44a; Kunkel in BeckOK JGG Rn. 64; Sonnen in Diemer/Schatz/Sonnen § 18 Rn. 4).

b) Geldstrafe. Diese Rechtsfolge (§§ 40 ff. StGB) ist grds. von geringerer **49** Eingriffsintensität als die stationären Rechtsfolgen des JGG, auch als die Hilfe zur Erziehung nach § 12 Nr. 2 (Brunner/Dölling Rn. 59) und der JA (aA LG Kassel 7.2.1992 – 424 Js 17538.3/91 bei Böhm NStZ 1992, 528 (529)). Die Bedingungen des Einzelfalls – etwa die drohende Uneinbringlichkeit der Geldstrafe (vgl. Böhm/Feuerhelm JugendStrafR 64) oder deren besondere Höhe – können indes eine abw. Bewertung begründen (→ Rn. 33;

zust. Baumann, Das strafprozessuale Verbot der reformatio in peius und seine Besonderheiten im Jugendstrafrecht, 1999, 175 f.). Wegen der Notwendigkeit einer fallindividuellen Beurteilung sind standardisierende Vergleichsmethoden problematisch. Dass die Geldstrafe nur/immer dann härter als JStrafe oder JA sei, wenn die Tagessatzzahl höher als der nach Tagen berechnete Umfang der jugendstrafrechtlichen Freiheitsentziehung ist (so mit Blick auf § 43 S. 2 StGB BayObLGSt 70, 159 (163); Grethlein Verschlechterungsverbot 158 f.; Kretschmann, Das Verbot der reformatio in peius im Jugendstrafverfahren, 1968, 135 f.), hat also allein Orientierungswirkung.

4. Nebenstrafen und Nebenfolgen

50   Soweit im JStR auf die im allg. StR zulässigen Nebenstrafen und Nebenfolgen erkannt werden darf (n. → § 6 Rn. 4 ff.) und deren Wirkung nicht kraft Gesetzes eintritt, liegt ein Nachteil iSd Verschlechterungsverbots vor, wenn durch das Rechtsmittelgericht die **erstmalige** Anordnung oder eine **Erhöhung** erfolgt (wohl ebenso Brunner/Dölling Rn. 52). Deshalb darf bspw. eine Einziehungsentscheidung nicht erst im (allein vom Angeklagten veranlassten) Rechtsmittelverfahren angeordnet werden – und dies unabhängig davon, ob die Anordnung in der Vorinstanz versehentlich unterlassen wurde und ein selbstständiges Anordnungsverfahren (§ 76a StGB) zulässig wäre (BGHSt 64, 48 = NJW 2019, 1008; OLG Zweibrücken ZInsO 2018, 728 = BeckRS 2017, 144006).

51   Zu berücksichtigen ist hierbei indes auch der **Zusammenhang mit den anderen** Sanktionen. So soll bei Aufhebung eines erstinstanzlich angeordneten Fahrverbots die (Haupt-)Rechtsfolge angehoben werden können, wenn bei einer Gesamtbetrachtung (vgl. → Rn. 33) dadurch keine Mehrbelastung eintritt (LG Köln NStZ-RR 1997, 370 für das allg. StR) bzw. der Wegfall des Fahrverbots dabei nicht überkompensiert wird (BGHSt 24, 11 = NJW 1971, 105 mablAnm Peters JR 1971, 251; BayObLGSt 72, 242; OLG Hamm NStE Nr 4 zu § 344 StPO; OLG Düsseldorf NStZ-RR 2007, 318). Ebenso kann eine erstmalige Anordnung des Fahrverbots im Rechtsmittelverfahren durch eine (ausgleichende) Absenkung der anderen Sanktion ermöglicht werden (OLG Schleswig NStZ 1984, 90; Schady in NK-JGG Rn. 21).

5. Maßregeln der Besserung und Sicherung

52   **a) Unterbringung.** Das Verschlechterungsverbot ist nach §§ 331 Abs. 2, 358 Abs. 2 S. 3 StPO, § 373 Abs. 2 S. 2 StPO iVm. § 2 Abs. 2 kein Hindernis für die Anordnung der Unterbringung in einem psychiatrischen Krankenhaus oder einer Entziehungsanstalt, deren Notwendigkeit erst **im Rechtsmittelverfahren festgestellt** wurde (BGHSt 37, 5 (9) = NJW 1990, 2143; BGH NStZ-RR 1998, 188; NStZ-RR 2008, 107; StV 2021, 3 = BeckRS 2020, 30631). Anders liegt es nur, wenn die ursprüngliche Nichtanordnung vom Rechtsmittelangriff ausgenommen worden war (→ Rn. 21).

53   Eine zunächst angeordnete und dann **aufgehobene** Unterbringung darf vom Rechtsmittelgericht durch Erziehungsmaßregeln (einschließlich Hilfe zur Erziehung nach § 12 Nr. 2) und Zuchtmittel ersetzt werden (Brunner/Dölling Rn. 51), nicht aber durch eine JStrafe (v. OLG Köln 14.3.2017 – 1 RVs 295/16 (juris); für das allg. StR vgl. BGHSt 11, 319 = NJW 1958,

1050; BeckRS 2001, 30195547; aA Schady in NK-JGG Rn. 22 für Wechsel zu JStrafe von § 64 StGB bei Einhaltung der Unterbringungshöchstdauer). Speziell für das Revisionsverfahren und den Fall von § 63 StGB ist in **§ 358 Abs. 2 S. 2 StPO** iVm § 2 Abs. 2 indes eine Ausnahme geregelt. Hiernach ist, wenn die in der ersten Entscheidung bejahte Schuldunfähigkeit nicht mehr aufrechterhalten wird, die Verhängung von Strafe (ohne neuerliche Unterbringung) zulässig (vgl. etwa BGH StraFo 2011, 55 = BeckRS 2010, 23434).

Dass dies aber uneingeschränkt auch im JStR gilt (so etwa BGH NStZ- **54** RR 2013, 309 (311); Schatz in Diemer/Schatz/Sonnen Rn. 49), ist bei Schaffung der Vorschrift nicht erörtert worden (BT-Drs. 16/1344, 17) und gem. § 2 Abs. 2 auch nicht zweifelsfrei. Das betrifft namentlich die Fälle, in denen das frühere Gericht bei Bejahung verminderter Schuldfähigkeit von der Verhängung der JStrafe gem. § 5 Abs. 3 abgesehen hat. Hier liegt eine gerichtliche Entscheidung vor, in der die JStrafenanordnung für möglich, aber entbehrlich gehalten wurde – also anders als in den Anwendungsfällen des allg. StrafR, auf die § 358 Abs. 2 S. 2 StGB zugeschnitten ist, keine Entscheidung, bei der das Gericht die Freiheits- bzw. JStrafe für ausgeschlossen hielt. Angesichts des gesetzgeberischen Schweigens kann nicht davon ausgegangen werden, dass sich die Einschränkung des Verschlechterungsverbotes auch auf solche strukturdivergenten Konstellationen erstreckt (abw. BGH NStZ-RR 2013, 309 (311) mkritAnm Eisenberg StraFo 2013, 167; BGH BeckRS 2015, 17661). Hiervon grds. abw. will LG Köln NStZ 2021, 380 die im Gesetz ausdrücklich ausgenommene, unterbringungsersetzende Anordnung von JStrafe (in analoger Anwendung von § 358 Abs. 2 S. 2 StPO iVm § 2 Abs. 2) aber sogar im Berufungsverfahren erlauben (anders bspw. Schatz in Diemer/Schatz/Sonnen Rn. 49).

b) Entziehung der Fahrerlaubnis. Bei einer erstinstanzlichen Entzie- **55** hung der Fahrerlaubnis (→ § 7 Rn. 63 ff.) stellt es keinen Nachteil dar, wenn diese Maßregel in der Rechtsmittelentscheidung durch ein zeitlich kürzeres Fahrverbot ersetzt wird (OLG Frankfurt a. M. VRS 34, 35; OLG Hamm Z 1978, 656; Schatz in Diemer/Schatz/Sonnen Rn. 49; NK-JGG/Schady Rn. 22). – Die Entziehung der Fahrerlaubnis durch das Rechtsmittelgericht ist hingegen nachteilig, wenn in der Vorinstanz auf eine Weisung, den Führerschein zu hinterlegen, erkannt worden war (allgA).

6. Kostenentscheidung

Nach oft vertretener Auffassung erstrecke sich das Verschlechterungsver- **56** bot nicht auf die Kostenentscheidung zum angefochtenen Urteil (Brunner/ Dölling Rn. 53; Kunkel in BeckOK JGG Rn. 66). Die dem zugrunde liegende Auslegung von §§ 331 Abs. 1, 358 Abs. 2 StPO, wonach die Kostenentscheidung nicht zu den für die Verschlechterungsprüfung relevanten „Rechtsfolgen" zählt, wird den Anforderungen einer jugendorientierten Lesart (→ § 2 Rn. 15 ff., 39 ff.) nicht gerecht. Berücksichtigt man in diesem Zusammenhang, dass der Schutz vor erzieherisch abträglichen finanziellen Belastungen im JGG auch außerhalb von § 74 verankert ist (Verbot der Geldstrafe, Voraussetzungen des § 15 Abs. 2), ist es angezeigt, die Kostenentscheidung im JStV in das Verschlechterungsverbot einzubeziehen (vgl. schon Grethlein Verschlechterungsverbot 135 f.; ebenso Schatz in Diemer/

Schatz/Sonnen Rn. 50; Kaspar in MüKoStPO Rn. 31; Schady in NK-JGG Rn. 23; Laue in HK-JGG Rn. 64).

IV. Grundlagen der Rechtsmittelbeschränkungen im Jugendstrafverfahren

1. Entwicklung der Regelung

57   Abs. 1 begrenzt die zulässigen Gegenstände bzw. Ziele jugendstrafrechtlicher Rechtsmittel **(sachliche Rechtsmittelbeschränkung).** Die Vorschrift wurde mit dem JGG 1953 eingeführt. Nachdem § 40 JGG 1943 zwischenzeitlich die Anordnung von Zuchtmitteln und Erziehungsmaßregeln (mit Ausnahme der Fürsorgeerziehung) für unanfechtbar erklärt hatte (zumindest zugunsten des Angeklagten), kehrte der Gesetzgeber hiermit aus rechtsstaatlichen Erwägungen zu den Vorgaben des § 35 Abs. 1 JGG 1923 zurück (BT-Drs. I/3264, 46; BT-Drs. I/4437, 9). Allerdings geht die Einschränkungswirkung in Abs. 1 in einigen Punkten weiter als die der Vorgängerregelung. So schloss § 35 Abs. 1 JGG 1923 die Anfechtung wegen des Umfangs der angeordneten Maßnahmen nicht aus. Zudem bezog sich die Vorschrift nach ihrem Wortlaut nur auf Urteile. Ferner betraf die Rechtsmittelbeschränkung des JGG 1923 allein Erziehungsmaßregeln (einschließlich der damals noch entspr. eingeordneten Verwarnung und Auflagen), nicht aber den erst 1940 eingeführten JA (→ § 13 Rn. 3 und Rn. 6).

58   Abs. 2 begrenzt die Anzahl der Anfechtungsmöglichkeiten, die einem Rechtsmittelführer im Rechtsmittelzug zur Verfügung stehen **(instanzielle Rechtsmittelbeschränkung).** Die 1953 eingeführte Norm hat in den früheren jugendstrafrechtlichen Kodifikationen kein Vorbild. Sie knüpft aber an die VO des Reichspräsidenten über Maßnahmen auf dem Gebiet der Rechtspflege und Verwaltung v. 14.6.1932 (RGBl. I 285) an (BT-Drs. I/3264, 46). Dort war die Revision für denjenigen, der bereits eine zulässige Berufung eingelegt hatte, generell ausgeschlossen worden (was für den Bereich des allg. StVR durch das VereinheitlichungsG v. 12.9.1950 (BGBl. 455) aufgehoben worden war).

2. Zweck und Kritik

59   **a) Ambivalenz von Beschleunigungszielen.** Die ggü. dem allg. StVR weitergehende Beschränkung der Rechtsmittel beruht auf der Vorstellung, gerade im JStV müsse man schnell zu einer rechtskräftigen Entscheidung gelangen, weil der angeordneten Maßnahme nur dann, wenn sie der Tat **so bald wie möglich** folge, die notwendige spezialpräventive Wirkung zukomme (BT-Drs. I/3264, 46; BT-Drs. I/4437, 9; BVerfG NJW 1988, 477; BVerfGK 11, 383 = NStZ-RR 2007, 385; zust. Beulke/Swoboda Jugend-StrafR Rn. 805). Durch Abs. 1 und Abs. 2 würden somit erzieherisch dysfunktionale Verzögerungen verhindert. Im Hinblick auf den erheblichen Zeitraum, der zwischen Tatbegehung und rechtskräftiger Verurteilung notwendigerweise (auch bei abgeschmolzenen Verfahrensschritten und Rechtsbehelfen) liegt, ist diese Auffassung aber von vornherein gar **nicht plausibel** (zust. etwa Bottke ZStW 95 (1983), 69 (102); Meyer-Goßner FS Eisenberg, 2009, 409). Im Übrigen sind die erwarteten Wirksamkeitsvorsprünge schneller Reaktionen in der empirischen Forschung **alles andere als empirisch belegt** (n. → Einl. Rn. 42).

Die Befürchtung, ohne § 55 käme es zu häufigen, voneinander abw. **60** (Rechtsmittel-)Entscheidungen und damit zu einer abträglichen Minderung der gerichtlichen Autorität (vgl. Beulke/Swoboda JugendStrafR Rn. 805; ebenso bereits Peters, Werdendes Jugendstrafrecht, 1947, 50; OLG München MDR 1948, 429), könnte wiederum nur auf der Grundlage eines autoritär verstandenen Erziehungskonzepts überzeugen (ähnlich Schady in NK-JGG Rn. 24). Wenn es akzeptable Gründe für eine beschleunigte Verfahrensbeendigung gibt, bestehen diese allein in der Reduzierung prozessbegleitender und -bedingter **Belastungen** bei der jungen und besonders vulnerablen Beschuldigtengruppe (→ Einl. Rn. 43).

Abs. 1 und Abs. 2 kommen allerdings verfahrensökonomischen Interessen **61** ersichtlich entgegen. So verhindert Abs. 2 bei der erweiterten Zuständigkeit des JSchöffG auch für jene Verfahren, für die nach allg. Gerichtsverfassungsrecht die (große) Strafkammer erstinstanzlich zuständig (→ § 41 Rn. 5) und daher nur die Revision zulässig wäre (§§ 312, 333 StPO), einen dreistufigen Instanzenzug (Dallinger/Lackner Rn. 30; krit. Nothacker GA 1982, 451 (467 f.)). Ohnehin bedingt die für die JStrafjustiz de facto maßgebliche Handlungsnorm, effektiv zu arbeiten, eine auf **Erledigung** abzielende Arbeits**organisation** – wobei diese Orientierung bei der Anwendung von Verfahrensvorschriften umso dominanter zu werden vermag, je reduzierter die Anfechtungsmöglichkeiten (auch durch Abs. 1) bei einem Verstoß gegen die entspr. Vorschriften sind. Dass diese (latenten) verfahrensökonomischen Funktionen die Verminderung rechtsstaatlicher Kontrolloptionen durch Abs. 1 und 2 wirklich überzeugend legitimieren, erscheint indes als zw. (ähnlich Kaspar in MüKoStPO Rn. 5 ff.).

b) Rechtspolitische Folgerungen. Jugendliche und Heranwachsende **62** werden durch Abs. 1 und 2 ggü. Erwachsenen **ersichtlich benachteiligt,** was bei Vorwürfen gemeinsamer Tatbegehung und gleichwohl meist getrennter Verfahrensdurchführung (→ § 103 Rn. 9) besonders deutlich wird. Zugleich ist die Rechtfertigungsbasis für diese rechtsmittelbezogene Schlechterstellung nach den vorgenannten Erwägungen außerordentlich schwach (sich der verfassungsrechtlichen Beanstandung dennoch verschließend BVerfG NJW 1988, 477; BVerfGK 11, 383 = NStZ-RR 2007, 385; abw. und für Verfassungswidrigkeit von Abs. 2 bei JStrafe aber bspw. Bode, Das Wahlrechtsmittel im Strafverfahren, 2000, 119 ff.). Denn für den beschleunigten Rechtskrafteintritt spricht letztlich allein die Belastungsreduktion beim Angeklagten, was einen Ausschluss von Verzögerungen, die allein aus seiner eigenen (Rechtsbehelfs-)Entscheidung hervorgehen, kaum zu begründen vermag. In den Vordergrund treten daher der Bewertung der Rechtslage daher die klare Ungleichbehandlung (dazu iZm Art. 3 GG n. Meyer-Goßner FS Eisenberg, 2009, 408; Sindl, Die Abschaffung der Rechtsmittelbeschränkung im Jugendstrafrecht, 2021, 142 ff., 157 f.) und – namentlich bei Abs. 1 – auch die Abweichung von völkerrechtlichen Standards (Art. 40 Abs. 2 Buchst. b) v) Kinderrechtskonvention; Art. 7.1 Rahmenbestimmungen der VN für die Jugendgerichtsbarkeit („Beijing-Regeln"); Art. 14 Abs. 5 IPBPR; zu weiteren, ähnlich ausgerichteten Erwägungen Penkuhn ZJJ 2014, 371 (373)).

63   Die Pflicht zur Rechtsmittelwahl in Abs. 2 ist deshalb zumindest bei Rechtsfolgen von **hoher Eingriffsintensität** (Verpflichtung nach § 12 Nr. 2; JStrafe) aufzuheben. Die Rechtsmittelversagung des Abs. 1 sollte gestrichen oder zumindest auf **Ausnahmefälle** begrenzt werden (ebenso mit Unterschieden im Einzelnen der Bericht der Expertenkommission zur effektiveren und praxistauglicheren Ausgestaltung des allgemeinen Strafverfahrens und des jugendgerichtlichen Verfahrens, 2015, 173 f. sowie bspw. Schady in NK-JGG Grdl. z. §§ 55 und 56 Rn. 6; Bode, Das Wahlrechtsmittel im Strafverfahren, 2000, 142, 157; Meyer-Goßner FS Eisenberg, 2009, 410; Penkuhn ZJJ 2014, 371 ff.); Bartsch ZJJ 2016, 112 (115 ff.); Ostendorf ZJJ 2016, 120 (123 f.); für ein „Einheitsrechtsmittel" Momsen ZJJ 2004, 49). Dabei kommt es auch auf die konkrete Ausgestaltung an. So hätte zB eine sofortige Beschwerde, wie sie (in Abwendung von Abs. 1) für die Überprüfung von Erziehungsmaßregeln und Zuchtmitteln bisweilen vorgeschlagen wird (etwa durch einen RefE des BMJ aus dem Jahre 2011 und auch wieder durch einen RefE des BMJV vom 11.10.2018) den Vorzug der einfachen und zügigen Klärung, doch trüge sie wegen der allein aktengetragenen Entscheidungsform problematische Züge.

3. Rechtsmittelverfahren in der jugendstrafrechtlichen Praxis

64   Im JStV werden idR Berufungen und nur wenige Revisionen eingelegt. Verglichen mit dem allg. StR sind Rechtsmittel im JStV aber generell deutlich **seltener** (vgl. die Analysen von Becker/Kinzig, Rechtsmittel im Strafrecht, 2000, 165 ff.: nicht durch Verfahrensverläufe, sondern durch eine insges. andere Verhandlungsstruktur erklärbar). So wendeten sich im Jahr 2020 nur 4,2 % aller erledigten **Berufungsverfahren** in Strafsachen vor den LG gegen Urteile des JRichters und 7,0 % gegen Urteile des JSchöffenG (Statistisches Bundesamt, Strafgerichte Tabelle 5.1). Bei den erledigten **Revisions**verfahren in Strafsachen vor den OLG waren insges. 2,8 % gegen Urteile des JRichters, des JSchöffG oder einer JKammer gerichtet (Statistisches Bundesamt, Strafgerichte Tabelle 8.1). Bezogen auf alle Abgeurteilten (einschließlich gerichtlicher Einstellungen) nahmen Jugendliche und Heranwachsende aber immerhin einen Anteil von 23,7 % ein (StrafSt Tab. 1.1 (für 2019); für Werte zu den zurückliegenden Jahren s. 22. Aufl. Rn. 38). Dagegen dürften hinsichtlich der typischen Anfechtungsgründe jedenfalls in den Revisionsverfahren nur geringe Unterschiede zum allg. StR bestehen. Dafür spricht die Verteilung der dort korrigierten Fehler (Block, Fehlerquellen im Jugendstrafprozess, 2005, 162 ff.: am ehesten Sachrüge erfolgreich; bei Verfahrensrügen eher solche bzgl. StPO-Vorgaben).

V. Sachliche Rechtsmittelbeschränkung (Abs. 1)

1. Unzulässige Anfechtungsgründe

65   **a) Anwendungsbereich.** Abs. 1 S. 1 („Entscheidung … angefochten") hat nach allgA einen weiten Anwendungsbereich. Die Rechtsmittelbeschränkung gilt hiernach nicht nur bei Urteilen, sondern bei sämtlichen in Betracht kommenden Entscheidungen jeder Instanz, in denen eine Rechtsfolge iSv → Rn. 66 ff. angeordnet wird (vgl. zB → § 65 Rn. 15 ff., → § 66

Rn. 32, → § 71 Rn. 15). Auch. bezieht sich Abs. 1 S. 1 auf jegliche Anfechtungsformen, dh auf sämtliche Rechtsmittel und Rechtsbehelfe.

b) Angriffsgegenstand. Die Einschränkungen des Abs. 1 kommen bei 66 Entscheidungen zum Tragen, die entweder eine **Erziehungsmaßregel** – wegen Abs. 1 S. 2 mit Ausnahme der Verpflichtung nach § 12 Nr. 2 – oder ein **Zuchtmittel** veranlasst haben. Darin eingeschlossen sind zum einen Anordnungen von mehreren Erziehungsmaßregeln oder/und mehreren Zuchtmitteln (§ 8 Abs. 1 S. 1) sowie zum anderen Entscheidungen, die dem FamG die Auswahl und Anordnung von Erziehungsmaßregeln – einschl. der Hilfe zur Erziehung nach § 12 Nr. 2 (vgl. den Wortlaut von Abs. 1 S. 2) – gem. § 53 überlassen. Eine andere Reaktionsform darf dagegen nicht (auch nicht daneben) festgelegt worden sein (vgl. Abs. 1 S. 1: „lediglich")

Keine Bedeutung haben die Einschränkungen des Abs. 1 S. 1 folglich, 67 wenn in der fraglichen Entscheidung – allein oder (gem. § 8 Abs. 2 S. 1, Abs. 3) gemeinsam mit den vorgenannten Rechtsfolgen – eine anderweitige Rechtsfolge (oder gar mehrere) ausgesprochen worden ist. Das betrifft namentlich die JStrafe (einschließlich deren Aussetzung der Vollstr zBew), die Aussetzung der Verhängung von JStrafe, die Verpflichtung nach § 12 Nr. 2, eine gem. § 7 zulässige Maßregel der Besserung und Sicherung (BGH 26.7.1983 – 5 StR 462/83 bei Böhm NStZ 1984, 447; OLG Zweibrücken MDR 1983, 1046) oder eine gem. § 6 zulässige Nebenstrafe oder Nebenfolge (für die Einziehungsentscheidung BGH BeckRS 2020, 8055). Unanwendbar ist Abs. 1 S. 1 ferner bei familiengerichtlichen Maßnahmen nach § 3 S. 2 und bei Entscheidungen, in denen die ausdrücklich vorgesehene Möglichkeit, von einer Rechtsfolge abzusehen (etwa § 29 Abs. 5 BtMG; weitere Bsp. bei Eisenberg NStZ 1984, 122 (123)), explizit oder implizit abgelehnt wird (n. Eisenberg NStZ 2003, 124 (128 f.); Eisenberg FS Weber, 2004, 505 ff.; zust. Kaspar in MüKoStPO Rn. 56; **aA die hM,** etwa OLG Stuttgart Die Justiz 2002, 515 = BeckRS 2002, 30247831; LG Mainz NStZ 1984, 121; Brunner/Dölling Rn. 19; Schaumann, Die Rechtsmittelbeschränkung des § 55 JGG, 2001, 129).

Abs. 1 S. 2 sowie die Einschränkung in Abs. 1 S. 1 lassen erkennen, dass 68 die sachliche Rechtsmittelbeschränkung (ungeachtet der Einbeziehung des JA) auf Rechtsfolgen von moderater Eingriffsschwere begrenzt sein und nicht auch für intensivere Reaktionsformen gelten soll. Dies wird in jenen Sachlagen konterkariert, in denen die gerichtliche Abschlussentscheidung zwar „nur" auf Erziehungsmaßregeln oder Zuchtmittel lautet, aber gemeinsam mit einem belastungsintensiven vorherigen Verfahrensverlauf einen **erheblichen Gesamteingriff** darstellt (namentlich bei JA nach Vollstr von U-Haft). In solchen atypischen Fällen, in denen das Gewicht der von Abs. 1 S. 1 erfassten Eingriffe deutlich übertroffen wird, spricht die **teleologische Auslegung** der Norm für eine Gegenausnahme, so dass die gerichtliche Anordnung (idR die des JA) doch angefochten werden kann (vgl. schon Eisenberg JR 1983, 172; n. Eisenberg StraFo 2013, 430 (431)). Dass die Anordnung und Vollstr von U-Haft keine Erkenntnis über die Rechtsfolge darstellt und im Übrigen bereits vollzogen und/oder nicht mehr durch Rechtsmittel angreifbar ist, erscheint ggü. der sachlichen Gesamtbetrachtung als ein nachrangiger formaler (bzw. nur-technischer) Aspekt (vgl. in ähnlichem Zusammenhang auch die Figur des „Gesamtstrafübels" bei BVerfG NStZ 2001, 501).

69 **c) Anfechtungsziel.** Die Beschränkung nach **Abs. 1 S.** 1 greift **nur** ein, **wenn** mit der Anfechtung eine Änderung der nach → Rn. 66 ff. relevanten Rechtsfolgen, deren vollständiger oder teilw. Wegfall, deren Ersetzung durch andere oder deren Ergänzung um weitere erstrebt wird bzw. die Anfechtung sich gegen die Überlassung der Rechtsfolgenauswahl und -anordnung an das FamG wendet (vgl. bspw. OLG Celle NStZ-RR 2001, 121). Sofern nicht eine Verpflichtung nach § 12 Nr. 2 angeordnet ist, **scheidet** daher die Anfechtung mit dem Ziel **aus,** eine Erziehungsmaßregel oder ein Zuchtmittel durch eine Rechtsfolge der gleichen oder der jeweils anderen Kategorie zu ersetzen bzw. Änderungen in der Ausgestaltung der jeweiligen Rechtsfolgen zu erreichen (etwa Freizeit- anstatt Dauerarrest).

70 Ohne dass sich dies dem Wortlaut des Abs. 1 S. 1 unmittelbar entnehmen ließe, kommt nach hM die Rechtsmittelbeschränkung **auch** dann zum Zuge, **wenn** sich die Anfechtung dagegen richtet, dass die Auswahl und Anordnung von Erziehungsmaßregeln vom erkennenden Gericht vorgenommen und die Entscheidung nicht dem FamG überlassen wurde (Dallinger/Lackner Rn. 22; Schatz in Diemer/Schatz/Sonnen Rn. 55; dagegen aber Nothacker GA 1982, 451 (459)). – **Anders** verhält es sich dagegen, wenn die Anfechtung (lediglich) die **Berücksichtigung erlittener Freiheitsentziehung** bei erkanntem JA (§ 52) betrifft, denn der „Umfang" einer Maßnahme in Abs. 1 S. 1 bezieht sich allein auf das Erkenntnis zur Rechtsfolge selbst, nicht aber auf ihr Vollstreckbarkeitsmaß (n. → § 52 Rn. 16 f.).

2. Zulässige Anfechtungsgründe

71 **a) Schuld- bzw. Freispruch.** Der Schuldspruch der Entscheidung kann nach allgA stets angefochten werden. Die JStA – idR aber nicht der Angeklagte (BGHSt 16, 374 = NJW 1962, 404 für das allg. StVR) – kann auch einen Freispruch angreifen. Dies gilt ebenso, wenn die Freisprechung wegen fehlender jugendstrafrechtlicher Verantwortlichkeit (§ 3 S. 1) erfolgte. Sind hierbei gleichzeitig Maßnahmen nach § 3 S. 2 angeordnet worden, so beschwert die Entscheidung nach § 3 S. 1 jedoch auch den Jugendlichen. Dieser kann dann geltend machen, dass der Tatvorwurf in tatsächlicher oder rechtlicher Hinsicht unzutreffend und/oder dass die angeordnete Maßnahme selbst bei Verneinung der jugendstrafrechtlichen Verantwortlichkeit nicht erforderlich sei (zur Nichteinschlägigkeit von Abs. 1 S. 1 vgl. → Rn. 67).

72 **b) Rechtsfolgenausspruch.** Ferner kann – bei gegebener Beschwer – die Anordnung einer von S. 1 erfassten Rechtsfolge nach ganz hM (vgl. stellvertretend BGH NStZ 2013, 659; OLG Celle NStZ-RR 2001, 121; Schady in NK-JGG Rn. 24; Schatz in Diemer/Schatz/Sonnen Rn. 62) dann angegriffen werden, wenn dies nicht mit dem in Rn. 69 genannten Ziel, sondern mit der Begründung erfolgt, die fragliche **Rechtsfolgenentscheidung** sei **gesetzwidrig** gewesen (vgl. allg. § 337 StPO iVm § 2 Abs. 2, s. auch § 59 Abs. 2 S. 2, § 63 Abs. 2). Dies ist bspw. bei den folgenden Anfechtungsanlässen der Fall: bei zu Unrecht unterlassener Bildung einer einheitlichen Rechtsfolge; bei Anordnung einer gegen Grundrechte verstoßenden Weisung (n. → § 10 Rn. 7 f., 19); bei einer Wiedergutmachungsauflage ohne zivilrechtliche Grundlage (vgl. → § 15 Rn. 6); bei rechtswidriger Bejahung der Voraussetzungen von § 105 Abs. 1 (Schatz in

Diemer/Schatz/Sonnen Rn. 61); bei Anordnung der Maßnahme unter
Überschreitung der Rechtsfolgenkompetenz (etwa durch Verstoß gegen
§ 104 Abs. 4); bei Aussetzung der Vollstr eines JA zBew (entgegen § 87
Abs. 1) oder ggf. bei Verstoß des Berufungsurteils gegen das Verschlechterungsverbot (n. → Rn. 31 ff.).

Die Zulässigkeit einer Anfechtung von Entscheidungen, die Erziehungs-   **73**
maßregeln oder Zuchtmittel **neben anderen Rechtsfolgen** anordnen, wird
durch Abs. 1 S. 1 ohnehin nicht beschränkt (→ Rn. 67). Hier im Rechtsfolgenausspruch mitenthaltene Erziehungsmaßregeln und Zuchtmittel können deshalb auch wegen ihres Umfanges oder deswegen angegriffen werden,
weil andere oder weitere Rechtsfolgen dieser Kategorien hätten angeordnet
werden sollen. Im Übrigen kann die JStA die Anfechtung einer Entscheidung auch mit dem Ziel betreiben, anstelle der angeordneten Rechtsfolgen
iSv Abs. 1 S. 1 (oder zusätzlich zu diesen noch) anderweitige, **nicht von
S. 1 erfasste** Reaktionsformen (§§ 6, 7, 17 ff.) **zu erreichen** (vgl. bspw.
BayObLGSt 73, 220; OLG Zweibrücken NStZ-RR 1998, 118). Für die
teilw. vertretene Auffassung, dass dies (wegen einer entspr. Schutzfunktion
von Abs. 1) für die Anordnung einer Verpflichtung nach § 12 Nr. 2 nicht
gelten solle (22. Aufl. Rn. 49; Brunner/Dölling Rn. 22), bietet § 55 keinen
Anknüpfungspunkt (Schatz in Diemer/Schatz/Sonnen Rn. 61; Laubenthal/
Baier/Nestler JugendStrafR Rn. 405).

3. Entscheidung des Rechtsmittelgerichts

a) Unzulässige Berufungen. Eine Berufung, die der sachlichen Rechts-   **74**
mittelbeschränkung in Abs. 1 S. 1 unterfällt, kann das mit der Sache befasste
Berufungsgericht durch **Beschluss** gem. § 322 Abs. 1 S. 1 Hs. 1 StPO iVm
§ 2 Abs. 2 **als unzulässig verwerfen** (s. aber → Rn. 105 ff.). Gegen eine
solche Verwerfungsentscheidung besteht für den Jugendlichen die Möglichkeit der sofortigen Beschwerde (§ 322 Abs. 2 StPO iVm § 2 Abs. 2). Dies
gilt nach allgA auch dann, wenn die verworfene Berufung durch den
Erziehungsberechtigten oder gesetzlichen Vertreter eingelegt worden war
und der Jugendliche auf ein eigenes Rechtsmittel gegen das Urteil verzichtet
hatte (vgl. nur OLG Celle NJW 1964, 417 (418); Schatz in Diemer/Schatz/
Sonnen Rn. 69).

Außerhalb der von Abs. 1 S. 1 geregelten Anfechtungskonstellationen (dh   **75**
bei Angriffen gegen den Schuldspruch oder gegen die Gesetzmäßigkeit der
Anordnung von in Abs. 1 S. 1 erfassten Rechtsfolgen) scheidet eine Verwerfung (soweit sich die Unzulässigkeit der Berufung nicht aus anderen
Gründen ergibt) aus. Das gilt ebenso, wenn auch **anderweitige Rechtsfolgen** mitangeordnet worden waren (→ Rn. 67 und → Rn. 73), denn
(mangels einer anderweitigen Erklärung) gilt dann gem. § 318 S. 2 StPO
iVm § 2 Abs. 2 der gesamte Inhalt des Urteils und nicht nur die Anordnung
der von Abs. 1 S. 1 erfassten Rechtsfolgen als angefochten. War hier jeweils
eine Beschränkung auf den Rechtsfolgenausspruch iSv Abs. 1 S. 1 erfolgt,
wird durch deren Widerruf innerhalb der Einlegungsfrist (§ 314 Abs. 1
StPO iVm § 2 Abs. 2) die Zulässigkeit der Berufung aufrechterhalten (OLG
Oldenburg NStZ 2009, 450 (451)).

Maßgeblich für die Beurteilung, ob ein zulässiges oder ein unzulässiges   **76**
Rechtsmittelziel verfolgt wird, ist die Berufung und deren pflichtgemäß
auszulegende Begründung − nicht also das, was das Berufungsgericht als

„eigentliche Absicht" dahinter vermutet (BayObLGSt 73, 220). Eine Pflicht zur Anfechtungsbegründung besteht im Berufungsverfahren – anders als gem. § 344 StPO iVm § 2 Abs. 2 in der Revision (→ Rn. 77 f.) – allerdings nicht (§ 317 StPO iVm § 2 Abs. 2). Deshalb kommt eine Verwerfung bei einer nicht substantiierten bzw. **nicht erläuterten Berufung** idR nicht in Betracht, weil hier ein iSv → Rn. 71 ff. zulässig eingelegtes Rechtsmittel gegeben sein kann. Wird der Rechtsmittelführer daraufhin zum Zweck der Anfechtung befragt (was nach BGHSt 10, 198 (201) = NJW 1957, 998 (1000); Schäfer NStZ 1998, 330 (331) in der anzuberaumenden Berufungs-HV regelmäßig erfolgen soll) und beschränkt er hierbei sein Rechtsmittel wirksam auf den Rechtsfolgenausspruch iSv Abs. 1 S. 1, ist die Berufung – unter der Voraussetzung, dass sich der Angeklagte nach richterlicher Aufklärung über die Tragweite der Beschränkungserklärung im Klaren war – durch Urteil als unzulässig zu verwerfen (Schäfer NStZ 1998, 330 (331)). Eine Revision hiergegen scheidet, da die Berufung zunächst zulässig war, wegen Abs. 2 aus (so Schady in NK-JGG Rn. 29; Kaspar in MüKoStPO Rn. 71).

77   **b) Unzulässige Revisionen.** Auch eine Revision, die sich allein gegen die in Abs. 1 S. 1 bezeichneten Rechtsfolgen richtet, kann gem. § 349 Abs. 1 StPO iVm § 2 Abs. 2 durch Beschluss als unzulässig verworfen werden (vgl. etwa BGH BeckRS 1998, 30026837; NStZ 2013, 659). Anders als bei der Berufung (→ Rn. 76) soll dies ebenfalls für die nicht näher begründete Revision gelten. Um einer Umgehung der sachlichen Rechtsmittelbeschränkung entgegenzuwirken und die Verfolgung unzulässiger Regelungsziele erkennen und ausschließen zu können, verlangt die Rechtsprechung nämlich eine **eindeutige Bezeichnung des Rechtsschutzziels.** Fehlt es daran, sei gem. § 344 Abs. 1 StPO iVm § 2 Abs. 2 von der **Unzulässigkeit** der Revision auszugehen.

78   Eine Verfahrensrüge genüge den Begründungsanforderungen also ebenso wenig wie eine allg. Sachrüge (BGH BeckRS 2021, 21349; OLG Celle NStZ-RR 2001, 121). Vielmehr müsse der Rechtsmittelführer entweder das Anliegen, den Ausspruch der von Abs. 1 S. 1 erfassten Rechtsfolgen wegen deren Gesetzwidrigkeit anzugreifen (→ Rn. 72), oder die Absicht, sich auch gegen eine von Abs. 1 S. 1 nicht erfasste Reaktionsform zu wenden (→ Rn. 67, → Rn. 73), deutlich machen (OLG Hamm NStZ 2020, 748 (749)). Bei einer anderweitigen Sachrüge müsse er mit konkreten **Ausführungen erkennen lassen,** dass und warum die Schuldfrage aus seiner Sicht in tatsächlicher oder rechtlicher Hinsicht falsch beurteilt worden sei (BGH NStZ 2013, 659; BGH BeckRS 2013, 19682; BGH BeckRS 2017, 127773; OLG Dresden BeckRS 2003, 30304374; OLG Hamm BeckRS 2021, 39506). Soweit ein zulässiges Angriffsziel nicht hinreichend expliziert wurde, müsse es sich wenigstens aus den Umständen der Revision ergeben (vgl. etwa BGH BeckRS 2018, 17355; OLG Hamm ZJJ 2017, 283 (283 f.) = BeckRS 2017, 107728: bisheriges Bestreiten der Tat). Umgekehrt reiche die verbal umfassende Sachrüge aber nicht, wenn sich aus der Begründung ergibt, dass allein die Rechtsfolgenbemessung angegriffen wird (OLG Nürnberg BeckRS 2016, 9474). Vor diesem Hintergrund ist die besagte Klarstellung der Praxis dringend zu empfehlen – auch wenn die Rspr. **nicht zu überzeugen** vermag:

79   So geht der Hinweis, dass die (wegen § 400 StPO iVm § 2 Abs. 2) bestehenden Klarstellungsanforderungen an den revidierenden Nebenkläger (dazu krit. Frisch in SK-StPO StPO § 344 Rn. 7) vergleichbar und auf Abs. 1 S. 1 übertragbar seien (so bereits OLG Celle NStZ-RR 2001, 121), über den verfahrensstrukturellen Unterschied hinweg, wonach es dort idR um ein Rechtsmittel in malam partem, hier aber idR um die Befreiung bzw. Reduzierung von Schuld- und Rechtsfolgenaussprüchen geht. Entscheidend ist stattdessen die **Schlechterstellung,** die von der Judikatur ggü. den Revisionsbegründungserfordernissen im allg. StVR hergestellt wird (daran keinen Anstoß nehmend BVerfGK 11, 383 = NStZ-RR 2007, 385). Zwar ist diese auch darin begründet, dass sich aus der Existenz von Abs. 1 ein dahingehender Prüfungsbedarf ergibt, doch rechtfertigt das nicht die judikativ behauptete Verteilung der Klarstellungslast. Ebenso vereinbar mit Abs. 1 und wegen Art. 20 Abs. 3 iVm Art. 19 Abs. 4 GG vorzuziehen ist eine Auslegung von § 344 Abs. 1 StPO iVm § 2 Abs. 2, die allein dort von einem unzulässigen Rechtsmittel ausgeht, wo sich der Revisionsbegründung oder der Vorgeschichte des Verfahrens **sicher** entnehmen lässt, dass die Revision **allein ein unzulässiges** Angriffsziel verfolgt (ähnlich BGH BeckRS 2020, 21883; Frisch in SK-StPO StPO § 344 Rn. 7). Dabei ist bspw. ein vorliegendes Geständnis aber nicht ohne weiteres ein eindeutiger Beleg dafür, dass keine zulässige Überprüfung der Schuldfrage, sondern eine unzulässige Überprüfung von Rechtsfolgen angestrebt wird (abw. bspw. BGH NStZ 2013, 659 mablAnm Eisenberg StraFo 2013, 430).

c) Abänderungsmöglichkeiten des Rechtsmittelgerichts. Ist die An- **80** fechtung (auch unter Berücksichtigung von Abs. 1) zulässig, kann das Berufungsgericht, wenn es dies nach seiner Beurteilung der Sache aufgrund der Ergebnisse der HV für erforderlich hält, die angegriffene Entscheidung selbst bei Aufrechterhaltung des Schuldspruches (in den Grenzen des Verschlechterungsverbots) ändern. Das gilt auch für Maßnahmen, die für sich genommen wegen Abs. 1 anfechtbar gewesen wären. Denn Abs. 1 schränkt allein die erlaubten Anfechtungsziele ein, begründet nach ganz hM aber keine **Bindung** des **Rechtsmittelgerichts.** Dem Revisionsgericht ist es deshalb möglich, die erfolgte Anordnung von Erziehungsmaßregeln und Zuchtmitteln auf Rechtsfehler zu prüfen (BGH NJW 2020, 1009 (1010); BayObLGSt 91, 88 = NJW 1992, 1520), und das Berufungsgericht kann diese ersetzen oder modifizieren (vgl. BGHSt 10, 198 = NJW 1957, 998). Dass es dort, wo das Rechtsmittelgericht den geltend gemachten Anfechtungsgrund nicht für durchgreifend erachtet und keine erheblichen Unterschiede zur Erstentscheidung in der tatsächlichen und rechtlichen Beurteilung des Sachverhaltes auftreten, spezialpräventiv auch sinnvoll ist, das **eigene Rechtsfolgenermessen** an die Stelle der vorinstanzlichen Festlegung treten zu lassen, muss allerdings als **fraglich** gelten; letztlich hängt dies von besonderen fallindividuellen Bedingungen ab (zutr. zB LG Augsburg BeckRS 2015, 15024: „bei unverändertem Sachverhalt (…) äußerste Zurückhaltung bei der Abänderung vom Erstgericht getroffener Maßnahmen").

VI. Instanzielle Rechtsmittelbeschränkung (Abs. 2)

1. Grundsätze

a) Zwang zur Rechtsmittelwahl. Abs. 2 S. 1 reduziert die Anfech- **81** tungsmöglichkeiten, die den anfechtungsberechtigten Verfahrensbeteiligten hinsichtlich der Urteile des JRichters und des JSchöffG zustehen, auf nur ein Rechtsmittel (s. aber → Rn. 105 ff.). Dies verkürzt den Rechtszug auf zwei – anstatt wie nach allg. StVR drei – Instanzen. Mit der Wahl eines der beiden Rechtsmittel wird das **jeweils andere unzulässig,** es sei denn, der Rechtsmittelführer nimmt das Rechtsmittel vor Ablauf der Revisionsbegründungsfrist wieder zurück (BGHSt 25, 321 = NJW 1974, 1148; BayObLGSt 71, 72). Nach eingelegter Berufung betrifft dies die Revision, unabhängig davon, dass dadurch ggf. eine fehlerhafte und uU sogar mit einem absoluten Revisionsgrund behaftete Entscheidung (vgl. OLG Düsseldorf MDR 1992, 71: Urteil ohne Gründe) rechtskräftig wird. Im Falle einer Revision gegen ein erstinstanzliches Urteil führt Abs. 2 dazu, dass diese den Charakter einer Sprungrevision (§ 335 StPO) verliert und zur Wahlrevision wird. Allerdings hindert die Vorschrift den Angeklagten, der Revision eingelegt hat, nicht daran, nach Aufhebung der Entscheidung nunmehr gegen das neue Urteil mit einer Berufung vorzugehen (OLG Celle MDR 1992, 286 = BeckRS 1991, 07802). Denn durch die revisionsgerichtliche **Zurückverweisung** wurde das Verfahren wieder in den Ausgangszustand versetzt.

82   Die Revision ist nach Abs. 2 S. 1 auch dann ausgeschlossen, wenn die **Berufung nur beschränkt** eingelegt (allg. zur Teilanfechtung → Rn. 14 ff.) oder nachträglich beschränkt worden ist (OLG Karlsruhe Die Justiz 1986, 28). Das gilt der Rspr. zufolge selbst dort, wo sich die Berufung lediglich auf einzelne Nebenpunkte erstreckt (so etwa bei Beschränkung auf die Einziehung BayObLG NJW 1964, 1084). Richtet sich die Berufung bei Verurteilungen wegen **mehrerer selbstständiger Taten** allein gegen einen Teil, so ist die Revision gegen das Berufungsurteil auch hinsichtlich der nicht angefochtenen Verurteilungen idR verwehrt. Im Hinblick auf das Prinzip des § 31 erstreckt sich die Anfechtung eines selbstständigen Teils des Schuldspruchs (oder des Rechtsfolgenausspruchs) auf den gesamten Rechtsfolgenausspruch (Dallinger/Lackner Rn. 48). Dagegen ist die Revision gegen ein Berufungsurteil zulässig, wenn zwei **verschiedene erstinstanzliche Urteile** zu gemeinsamer Verhandlung verbunden worden sind und einheitlich auf eine Rechtsfolge erkannt worden ist, nachdem der Angeklagte gegen die eine und der JStA gegen das andere Urteil eine Berufung eingelegt hatten (OLG Hamm NStZ 1990, 140 (Ls.); vgl. auch OLG Brandenburg NStZ-RR 2005, 49).

83   **b) Wahlrechtsausübung.** Für die **Ausübung des Wahlrechts** gelten die Maßgaben, die das allg. StVR zur Wahl zwischen Berufung und Sprungrevision vorsieht (§§ 335, 345 StPO), gem. § 2 Abs. 2 entsprechend. So ist eine zunächst unbestimmte Anfechtung des Urteils zulässig, wobei die Wahl zwischen Berufung und Revision jedoch bis zum Ende der Revisionsbegründungsfrist nachzuholen ist (BGHSt 2, 63 = BeckRS 1951, 31193548; OLG München NStZ-RR 2007, 56). Bis zu diesem Zeitpunkt kann auch das zunächst gewählte **Rechtsmittel** noch **geändert** werden (BGHSt 5, 338 (343) = NJW 1954, 687; BGHSt 17, 44 = NJW 1962, 820; BGHSt 25, 321 = NJW 1974, 1148). Anders liegt es nur bei einer ausnahmsweise endgültig getroffenen Wahl (BGHSt 13, 388 (392) = NJW 1960, 494), wobei die dahingehende Erklärung vor Zustellung der schriftlichen Urteilsgründe regelmäßig nicht als eine solche Festlegung interpretiert werden kann.

Die Anfechtungserklärung ist iÜ **als Berufung zu behandeln,** falls **84** innerhalb der Revisionsbegründungsfrist **keine eindeutige** Rechtsmittel- wahl erfolgt (OLG Köln MDR 1980, 690; OLG Stuttgart StV 2020, 688 = LSK 2019, 48944; vgl. auch BGHSt 33, 183 (189) = NJW 1985, 2960; krit. Dehne-Niemann/Brandt StV 2020, 711 (712)) oder **kein formgerechter Revisionsantrag** und/oder keine **Revisionsbegründung** angebracht wird (BGHSt 2, 63 (70) = BeckRS 1951, 31193548). Wird in solchen Fällen das Verfahren fälschlich dem Revisionsgericht zugeleitet, entscheidet dieses (wie bei allen Zweifelsfällen) über die Einordnung des Rechtsmittels. Es kann mit bindender Wirkung für das Berufungsgericht beschließen, dass es sich nicht um eine Revision, sondern um eine Berufung handelt (vgl. etwa Bay- ObLGSt 62, 166; n. zur hier entspr. Anwendung von § 348 StPO Knauer/ Kudlich in MüKoStPO StPO § 348 Rn. 10 ff.).

c) Wiedereinsetzung. Ist die **Anfechtung** eines Urteils **nicht recht- 85 zeitig** bei Gericht eingegangen, so kommt ggf. eine Wiedereinsetzung in den vorigen Stand in Betracht (§§ 44 ff. StPO iVm § 2 Abs. 2). Handelt es sich um eine verspätete unbestimmte Rechtsmittelerklärung, entscheidet darüber (infolge der in → Rn. 84 genannten Regel) das Berufungsgericht (BayObLGSt 62, 156). Dass der Angeklagte ohne eigenes Verschulden an der Einhaltung der Rechtsmittelfrist gehindert war (sodass gem. § 44 S. 1 StPO iVm § 2 Abs. 2 eine Wiedereinsetzung zu gewähren ist, kann gerade im JStV auch auf persönlichen Umständen beruhen. Es kommt hier etwa bei ersichtlicher Überforderung in Betracht, insbes. bei zudem fehlender anwalt- licher Begleitung (vgl. für Defizitlagen isV §§ 20, 21 StGB etwa BGH NStZ-RR 2017, 381; OLG Schleswig StV 2010, 62 = BeckRS 2010, 3736). Zu den anerkannten Wiedereinsetzungsfällen zählt es auch, dass dem beauf- tragten Verteidiger ein entspr. Fehler unterläuft oder aufgrund eines Kanzlei- versehens die Frist verkannt wird (eingehend mwN Valerius in MüKoStPO StPO § 44 Rn. 55; für eine enge Handhabung aber OLG Hamm BeckRS 2021, 316).

Soweit die Frist zur Ausübung des **Wahlrechts** bei unbestimmter Anfech- 86 tung (→ Rn. 84) **versäumt** wurde, soll nach allg. StVR keine Wiedereinset- zung in Betracht kommen, weil das eingelegte Rechtsmittel nach Fristablauf als Berufung gelte und damit die Wahlmöglichkeit untergegangen sei (OLG Hamm NJW 1956, 1168; OLG Düsseldorf MDR 1991, 78; BayObLG wistra 2001, 279 = BeckRS 2001 30166328). Bei einer Übertragung dieser Rspr. auf das JStV würde indes verkannt, dass hier mit dieser Lösung (anders als im allg. StVR) die Revision ausgeschlossen wird – und zwar ohne, dass es (bei einer berechtigten Wiedereinsetzungslage) einen legitimen Grund für diese Beeinträchtigung der Rechtsmittelwahl gäbe. Daher ist im JStV auch in dieser Konstellation eine Wiedereinsetzung zuzulassen (Dallinger/Lackner Rn. 38; vgl. auch Schady in NK-JGG Rn. 35; Laue in HK-JGG Rn. 33).

Denkbar ist eine Wiedereinsetzung ebenso, um das gewählte Rechtsmittel **87** noch nach Fristablauf zu ändern. So ist dem Angeklagten, der **nur** über das Rechtsmittel der **Revision belehrt** wurde, obwohl auch die Berufung zulässig ist, der nachträgliche Übergang zur Berufung – wie auch im umge- kehrten Fall (aA KG JR 1977, 81 = BeckRS 1976, 00783) – durch Gewäh- rung der Wiedereinsetzung in den vorigen Stand zu ermöglichen (LG München I NJW 1956, 1368). – Wurde nach Wahl der Revision und **Ver- säumung der Revisionsbegründung**sfrist die Wiedereinsetzung gewährt, kann der Anfechtende noch zur Berufung übergehen (OLG Zweibrücken MDR 1979, 957 = BeckRS 1979, 01788; OLG Köln NStZ 1994, 199).

2. Ausnahmen von der Rechtsmittelbeschränkung

88 **a) Fehlende Sachprüfung des Berufungsgerichts.** Abs. 2 beschränkt den Rechtsmittelführer darauf, nur **eine sachliche Überprüfung** einer erstinstanzlichen Entscheidung veranlassen zu können, ohne aber diese überprüfungsfrei stellen zu wollen. Auf dieser Grundlage entfällt die Ausschlusswirkung von Abs. 2 S. 1 in einer Reihe von Konstellationen, in denen das Berufungsgericht gar keine Sachprüfung vorgenommen hat. So bleibt die Revisionsmöglichkeit durch Abs. 2 S. 1 schon ausweislich des Normtextes („zulässige Berufung") unberührt, wenn das Berufungsgericht die Berufung korrekt **als unzulässig verworfen** hat. Aus Gleichbehandlungsgründen kann nichts anderes gelten, wenn diese Entscheidung (angesichts der Zulässigkeit der Berufung) fehlerhaft war (BayObLGSt 1973, 220 mzustAnm Brunner JR 1974, 524) oder wenn das Berufungsgericht die zulässige Berufung übersehen und (ausweislich der Urteilsformel) allein über andere Berufungen entschieden hat (allgA). **Anders** verhält es sich dagegen dort, wo der Angeklagte eine zulässige Berufung durch eine nachträgliche Beschränkung auf den Rechtsfolgenausspruch iSv Abs. 1 unzulässig macht (OLG Karlsruhe Justiz 1986, 28; Schatz in Diemer/Schatz/Sonnen Rn. 70) oder wo er es durch sein Ausbleiben in der HV selbst verschuldet, dass das Gericht die Berufung gem. § 329 Abs. 1 StPO iVm § 2 Abs. 2 sachprüfungslos verwirft (BGHSt 30, 98 = NJW 1981, 2422; OLG Düsseldorf MDR 1994, 1141 = LSK 1995, 100294; OLG Hamm StV 1999, 657 (Ls.) = BeckRS 1998, 31399916; KG BeckRS 2002, 16292; OLG Dresden NStZ-RR 2010, 186 (Ls.); OLG Hamm NStZ 2020, 304 (305); s. aber auch OLG Celle JR 1980, 38 = BeckRS 9998, 59165; Schmitt NJW 1968, 1841; → § 109 Rn. 44).

89 **b) „Originäre" Entscheidungen des Berufungsgerichts.** In einige Sachlagen trifft das Berufungsgericht eine Entscheidung, die eigenständigen Charakter hat und gleichsam als „originär" gelten kann. Hierbei handelt es sich um Abänderungen der erstinstanzlichen Entscheidung, die sich nicht auf einen Modifizierungsgrad beschränken, der (auch bei Verschlechterung für den Rechtsmittelführer) nach Abs. 2 hingenommen werden muss, sondern um atypische Änderungen, in denen das Berufungsgericht über eine „normale" Überprüfung und Korrektur der erstinstanzlichen Entscheidung qualitativ hinausgeht (für dahingehende Sonderkonstellationen bei **Heranwachsenden** s. → § 109 Rn. 39 ff.). Bei solchen „originären" Entscheidungen wäre es (auch mit Blick auf § 2 Abs. 1) unangemessen, sie vollständig überprüfungsfrei zu stellen. Vielmehr ist es hier gerechtfertigt, bei Auslegung von Abs. 2 S. 1 die fraglichen Berufungsurteile **wertungsmäßig wie ein Urteil der ersten** Instanz zu behandeln und dem Rechtsmittelführer dadurch ein Rechtsmittel (die Revision) zu belassen.

90 Zulässig ist eine Revision des Angeklagten daher, wenn das Berufungsgericht mit seiner Entscheidung das **Verschlechterungsverbot verletzt** (OLG Oldenburg RdJ 1966, 241 (242); Schady in NK-JGG Rn. 38; Laubenthal/Baier/Nestler JugendStrafR Rn. 400; Bode, Das Wahlrechtsmittel im Strafverfahren, 2000, 140; Schaumann, Die Rechtsmittelbeschränkung des § 55 JGG, 2001, 173; Ostendorf NStZ 1989, 194 (195); aA BayObLG

NStZ 1989, 194; Brunner/Dölling Rn. 28; Kunkel in BeckOK JGG Rn. 105) oder ihm ein anderer **außerordentlich gravierender** Gesetzesverstoß unterlaufen ist (Schatz in Diemer/Schatz/Sonnen Rn. 83; Kudlich JuS 1999, 877 (881)).

Eine originäre Entscheidung der Berufungsinstanz, gegen die (unter Ein- 91 schränkung von Abs. 2) ein Rechtsmittel (dh die Revision) eröffnet sein muss, liegt ferner dort vor, wo erst die JKammer eine Adhäsionsentscheidung gegen einen Heranwachsenden trifft (Brunner/Dölling Rn. 31) oder wo sie das Verfahren nach der Berufung als Gericht des ersten Rechtszuges übernimmt (sog. **Überleitung** → § 41 Rn. 22 f.) und eine Rechtsfolge ausspricht, die die Rechtsfolgenkompetenz des Ausgangsgerichts (dessen Urteil angefochten wurde) übersteigt. – Ebenso verhält es sich, falls eine rechtskräftig (ausgesetzte) JStrafe erst durch das Berufungsgericht **in** eine **neue JStrafe einbezogen** wurde (§ 31 Abs. 2). Dies betrifft hier allerdings nur Rechtmäßigkeit und Umfang der einheitlichen Rechtsfolgenentscheidung, die insoweit als erstinstanzliche Entscheidung iSv Abs. 2 zu beurteilen ist. Das dahingehende Bedürfnis besteht besonders, wenn für die einbezogene JStrafe die seitherige Aussetzung der Vollstr zBew entfällt (zum Ganzen und zur abw. hM vgl. n. → § 31 Rn. 67). Dabei ist es unerheblich, wenn eine Berufung zugleich auch durch die JStA zuungunsten des Angekl eingelegt worden war (allg. dazu → Rn. 92 ff.).

3. Konstellationen bei gleichzeitiger Berufung des Jugendstaatsanwalts

Bei einer Berufung der JStA und gleichzeitiger **Revision** des Angeklagten 92 gelten § 335 Abs. 3 S. 1 StPO iVm § 2 Abs. 2 und das in → Rn. 96 Ausgeführte entspr. (BayObLG NStZ-RR 2001, 49; OLG Koblenz StV 2008, 117 = BeckRS 2008, 4326; StV 2014, 749 = BeckRS 2014, 19568; Schatz in Diemer/Schatz/Sonnen Rn. 74). Haben sowohl der Angeklagte als auch (zu dessen Ungunsten) die JStA eine Berufung eingelegt, besteht dagegen für beide Seiten wegen Abs. 2 S. 1 keine Revisionsmöglichkeit mehr. Dies betrifft auch die Fälle, in denen der Angeklagte wegen des nicht eingreifenden Verschlechterungsverbotes (sonst → Rn. 90) mit einer ggü. dem erstinstanzlichen Urteil **nachteiligeren Berufungsentscheidung** konfrontiert ist (OLG Hamm NJW 1955, 1609; BayObLG BeckRS 2005, 2693; OLG Oldenburg NStZ 2009, 451), und das selbst dann, wenn er die Berufung in der HV zurückgenommen hatte (KG StV 2007, 6 = BeckRS 2007, 3366). Der Rspr. zufolge greifen diese Grundsätze ebenfalls ein, wenn das Rechtsmittel des Angeklagten nur deshalb als Berufung zu behandeln ist, weil es von ihm nicht rechtzeitig (→ Rn. 82) als Revision gekennzeichnet wurde (OLG Stuttgart StV 2020, 688 = LSK 2019, 48944; vgl. aber auch die Kritik bei Dehne-Niemann/Brandt StV 2020, 711).

Wird die Berufung des Angeklagten bei gleichzeitiger Berufung der JStA, 93 welche zu einer Sachentscheidung führt, indes als unzulässig verworfen, kommen die Ausführungen in → Rn. 88 zum Tragen. Die Revision des Angeklagten gegen das Berufungsurteil ist dann nicht etwa deswegen unzulässig, weil das Revisionsgericht der Auffassung ist, dass die Berufung des Angeklagten zulässig war (ebenso Dallinger/Lackner Rn. 51; Bode, Das Wahlrechtsmittel im Strafverfahren, 2000, 127).

94   Erfolgt nach **erstinstanzlichem Freispruch** des Angeklagten wegen **einer von mehreren Taten** auf die gleichzeitige Berufung des JStA (oder des Nebenklägers) hin eine Verurteilung durch das Berufungsgericht, so ist die Revision zu diesem Gegenstand zulässig. Denn die Berufung des Angeklagten konnte sich mangels erstinstanzlicher Beschwer nur auf die anderen Taten beziehen (BayObLGSt 72, 274; OLG Karlsruhe Justiz 1974, 137; KG StV 2007, 5 = BeckRS 2007, 3366; zu Freispruchkonstellationen bei Heranwachsenden → § 109 Rn. 43).

4. Zweck und Reichweite von Abs. 2 S. 2

95   Die instanzielle Rechtsmittelbeschränkung in Abs. 2 S. 1 könnte dadurch umgangen werden, dass Berufung und Revision durch verschiedene Anfechtungsberechtigte aus der **Sphäre des Angeklagten** eingelegt werden. Dies soll durch Abs. 2 S. 2 verhindert werden, indem die Revisionsberechtigung des Angeklagten, des Erziehungsberechtigten und des gesetzlichen Vertreters gegen das Berufungsurteil bereits dann entfällt, wenn einer der Genannten (also nicht der JStA, wohl aber der Verteidiger für den Angeklagten) eine zulässige Berufung eingelegt hat.

96   Haben die in Abs. 2 S. 2 bezeichneten Verfahrensbeteiligten **zugleich verschiedene Rechtsmittel** eingelegt – dh wurde durch einen die Berufung und durch einen anderen die Revision gewählt –, ist die Revision in entspr. Anwendung von § 335 Abs. 3 S. 1 StPO iVm § 2 Abs. 2 ebenfalls als Berufung zu behandeln, solange die Berufung des anderen Verfahrensbeteiligten nicht zurückgenommen oder als unzulässig verworfen worden ist. Wird über diese („explizite") Berufung sachlich-rechtlich entschieden, scheidet zwar für diesen Rechtsmittelführer nach Abs. 2 S. 1 die Revision gegen das Berufungsurteil aus. Jedoch kann derjenige Verfahrensbeteiligte, der gegen das erstinstanzliche Urteil ausdrücklich Revision eingelegt hatte (die nur wegen der parallelen expliziten Berufung zu einer Entscheidung der Berufungsinstanz führte), sein Revisionsrecht gleichwohl noch ausüben (vgl. auch Schady in NK-JGG Rn. 38: durch neuerliche Einlegung). Wollte man Abs. 2 S. 2 nicht entspr. **einschränkend auslegen,** höbe dies die Rechtsmittelwahl, die von Abs. 2 nicht beeinträchtigt werden soll, für ihn de facto vollständig auf (s. auch Kaspar in MüKoStPO Rn. 75 f.; Schatz in Diemer/ Schatz/Sonnen Rn. 74; Streng JugendStrafR Rn. 577; aA Brunner/Dölling Rn. 35).

5. Fragen zur revisionsgerichtlichen Entscheidung

97   **a) Verwerfungsbeschluss.** Ist die eingelegte **Revision unzulässig,** so entscheidet hierüber das Revisionsgericht nach § 349 Abs. 1 StPO iVm § 2 Abs. 2 (abl. bei gem. Abs. 2 fehlender Statthaftigkeit der Revision Franke in Löwe/Rosenberg StPO § 343 Rn. 1; Frisch in SK-StPO StPO § 343 Rn. 4; zur Entscheidung bei zw. Einordnung als Berufung oder Revision → Rn. 84). Soweit kein Rechtsmittelverzicht oder kein Ablauf der Rechtsmittelfrist vorliegen, ist der Eintritt der Rechtskraft des Berufungsurteils bis zur revisionsgerichtlichen Verwerfung gehemmt (OLG Stuttgart MDR 1980, 518; Brunner/Dölling Rn. 36; Kunkel in BeckOK JGG Rn. 119).

98   Eine Verwerfung durch das Berufungsgericht scheidet aus. Die Voraussetzungen, unter denen es eine solche Entscheidung entspr. § 346 Abs. 1

StPO iVm § 2 Abs. 2 treffen kann, sind hier nicht gegeben (BGH MDR 1959, 507 = BeckRS 1959, 31192877; BayObLGSt 62, 207; OLG Dresden BeckRS 2010, 3682). Hat es dennoch so entschieden, ist dies wirksam, unterliegt aber dem Rechtsbehelf des Antrags auf Entscheidung des Revisionsgerichts gem. § 346 Abs. 2 StPO iVm § 2 Abs. 2 (BayObLGSt 62, 207 (208)). Dieses wird den fraglichen Beschluss des Berufungsgerichts aufheben und die Revision dann verwerfen.

b) Erstreckung auf den Mitangeklagten. Erfolgt die Aufhebung des 99 Urteils durch das Revisionsgericht zugunsten eines Angeklagten, so ist das Erkenntnis nach Maßgabe von **§ 357 StPO** iVm § 2 Abs. 2 auch auf den insoweit betroffenen mitangeklagten Jugendlichen oder Heranwachsenden zu erstrecken. Dafür kommt es allein darauf an, dass dieser keine Revision eingelegt hatte – unabhängig davon, ob diese zulässig oder wegen Abs. 2 S. 1 **unzulässig** gewesen wäre (OLG Karlsruhe ZJJ 2006, 74 = BeckRS 2006, 2270 (Vorlagebeschluss); Brunner/Dölling Rn. 16a; Kaspar in MüKoStPO Rn. 94; Schady in NK-JGG Rn. 41; Beulke/Swoboda JugendStrafR Rn. 814; Streng JugendStrafR Rn. 579; Dallinger MDR 1963, 539; Mohr JR 2006, 499 500 ff.; Prittwitz StV 2007, 52; Satzger FS Böttcher, 2007, 181 ff.).

Die **abw. Judikatur** anerkennt § 357 StPO im JStV (anders als im allg. 100 StVR) dagegen nur, wenn der Mitangeklagte keine Berufung eingelegt hatte (OLG Koblenz StV 2009, 90 = BeckRS 2008, 2436). War dies aber erfolgt (oder war die Berufung erst nach Ablauf der Revisionsbegründungsfrist zurückgenommen worden (OLG Hamm BeckRS 2009, 89367; ZJJ 2017, 282 (283) = BeckRS 2017, 106830) und scheidet eine Revision für ihn daher aus, sei für die Rechtskrafterstreckung dagegen kein Raum (BGHSt 51, 34 = NJW 2006, 2275 mablAnm Swoboda HRRS 2006, 376 und Altenhain NStZ 2007, 283; OLG Oldenburg NJW 1957, 1450; zust. Schatz in Diemer/Schatz/Sonnen Rn. 90; Franke in Löwe/Rosenberg StPO § 357 Rn. 12). Dies aber lässt ersichtlich Fälle zu, in denen der nicht mehr revisionsberechtigte Angeklagte eine Rechtsfolge akzeptieren muss, deren fehlende Berechtigung positiv festgestellt worden ist – und das nicht als Konsequenz der Rechtskraft, sondern allein wegen der Formalität einer instanziellen Rechtsmittelbeschränkung (Abs. 2 S. 1), die ohnehin eine Benachteiligung Jugendlicher und Heranwachsender darstellt. Da diese offenkundige Ungerechtigkeit (vgl. auch Meyer-Goßner FS Eisenberg, 2009, 404) auf keine legislatorische Entscheidung gestützt werden kann (denn der Gesetzgeber hat sich bei Einführung von Abs. 2 mit dem bereits existierenden § 357 StPO nicht auseinandergesetzt), besteht kein Anlass für die judikativ präferierte enge Interpretation der Rechtskrafterstreckung.

6. Keine revisionsübersteigende Anwendbarkeit

a) Aussetzung der JStrafe. Mit der Begründung, die Rechtsmittel im 101 Verfahren bei Aussetzung der Vollstr der JStrafe zBew ersetzten die sonst zulässige Berufung oder Revision, wird Abs. 2 vielfach auch bei der Nicht-/ Aussetzungsentscheidung gem. **§ 59 Abs. 1** (sowie ggf. der Aussetzungswiderrufsentscheidung gem. **§ 59 Abs. 3**) für anwendbar gehalten (zu dieser **hM** s. die Nachw. bei → § 59 Rn. 8). Hierdurch wäre den in Abs. 2 S. 2 bezeichneten Verfahrensbeteiligten (bzw. dem JStA) die sofortige Beschwerde bspw. bereits dann verwehrt, wenn die angefochtene Entscheidung über die Aussetzung (erst) durch das Berufungsgericht erging, das mit der Sache durch (uU auch entspr. beschränkte) **Berufung** eines dieser Verfahrensbeteiligten (bzw. des JStA) befasst worden war. Hiergegen sprechen allerdings sowohl der Wortlaut von Abs. 2 („Revision", nicht „sofortige Beschwerde") als auch das Verhältnis systematischer Unabhängigkeit von § 55 und § 59. Angesichts des Umstandes, dass es schon für Abs. 2 in dessen direktem Anwendungsbereich keine überzeugende Zweck-Grundlage gibt (→ Rn. 59 ff.), ist eine extensive („wortlautüberschreitende") Auslegung erst recht nicht zu rechtfertigen (iErg ebenso Schady in NK-JGG § 59 Rn. 2 unter Hinweis auf die Beschleunigungswirkung von § 311 Abs. 2 S. 1 StPO bei der sofortigen Beschwerde; zust. etwa auch Kaspar in MüKoStPO Rn. 85a; Laue in HK-JGG Rn. 41; Beulke/Swoboda JugendStrafR Rn. 808; Zieger/Nöding Verteidigung Rn. 85).

102   **b) Kostenentscheidung.** Spätestens seit Einführung des § 464 Abs. 3 S. 1 Hs. 2 StPO durch das StVÄG 1987 (BGBl. I 475) bejaht die hM in der Judikatur einen Ausschluss der Kostenbeschwerde, sofern in der Hauptsache gem. Abs. 2 keine Revision mehr zulässig ist. Hiernach hat der Verurteilte also nicht nur dort **keinen kostenbezogenen Rechtsbehelf,** wo ihm die Verfahrenskosten erstinstanzlich auferlegt wurden und das Berufungsgericht dies nicht korrigiert hat, sondern auch in Fällen, in denen diese Kostenentscheidung erst im Berufungsverfahren erfolgte oder (bspw. um die Nebenklagekosten) erweitert wurde (vgl. OLG Oldenburg NStZ-RR 2006, 191; OLG Rostock BeckRS 2010, 27384; OLG Hamm NStZ-RR 2014, 96 mablAnm Eisenberg NStZ 2014, 410 sowie ZJJ 2014, 391; OLG Koblenz BeckRS 2016, 3112; Laue in HK-JGG Rn. 42; Kaspar in MüKoStPO Rn. 87; Schatz in Diemer/Schatz/Sonnen Rn. 95; Schady in NK-JGG Rn. 33; Schaumann, Die Rechtsmittelbeschränkung des § 55 JGG, 2001, 189 f.; für die Fälle der Berufungsrücknahme OLG Hamm NStZ 2014, 412 und der Revisionsrücknahme OLG Dresden NStZ-RR 2000, 224; KG NStZ-RR 2008, 263).

103   Mit der einschränkungslosen Anwendbarkeit von § 464 Abs. 3 S. 1 Hs. 2 StPO im JStV, die hierbei unterstellt wird, hat sich der Gesetzgeber (ungeachtet der beiläufigen und mehrdeutigen Passage in BT-Drs. 10/1313, 40) aber überhaupt nicht auseinandergesetzt. Insofern besteht Raum für eine **jugendgemäße Auslegung** (→ § 2 Rn. 15 ff., 39 ff.), bei der die problematischen Folgen der Kostenlast (→ § 74 Rn. 8 ff.) zu berücksichtigen sind. Außerdem ist in Rechnung zu stellen, dass die hM eine Benachteiligung jugendlicher und heranwachsender Verurteilter befürwortet, die jene Schlechterstellung, die von Abs. 2 ohnehin erzeugt wird (→ Rn. 62), noch übersteigt – ohne dass deren (vermeintliche) Legitimation (→ Rn. 59 ff.: Beschleunigungswirkung) hier überhaupt zum Tragen kommen kann. Denn die Vollstr bzw. Erfüllung der Rechtsfolgen, die in der Hauptsache angeordnet wurden, bleibt von der Kostenbeschwerde unberührt.

104   **c) Der Berufungsentscheidung vorausgehende Entscheidungen.** Gem. § 305 S. 1 StPO iVm § 2 Abs. 2 können Entscheidungen, die der Urteilsfällung vorausgehen, nicht mit der Beschwerde angefochten werden, weil sie gem. § 336 StPO iVm § 2 Abs. 2 gemeinsam mit der Hauptsache durch das übergeordnete Gericht überprüft werden. Da eine berufungsgerichtliche Entscheidung vom Angeklagten unter den Voraussetzungen von

Abs. 2 aber keiner weiteren revisionsgerichtlichen Überprüfung zugeführt werden kann, muss **§ 305 S. 1 StPO** iVm § 2 Abs. 2 **einschr. ausgelegt** werden. Denn es „kann nicht Sinn des Abs. 2 sein, dem jugendlichen oder heranwachsenden Angeklagten – im Gegensatz zu einem erwachsenen Angeklagten – außer dem Recht der Revision gegen das Urteil in der Hauptsache und somit dem Recht auf eine weitere Überprüfung des Urteils selbst auch zusätzlich noch jegliche Beschwerdemöglichkeit gegen Entscheidungen, die der Urteilsfällung vorausgehen, zu nehmen" (OLG Hamm NStZ 1986, 328 (329) mit Blick auf vor Beginn der Berufungs-HV getroffene Entscheidungen des Vorsitzenden der Berufungskammer iZm der Bestellung oder Abberufung eines **Verteidigers**). Die Beschwerde bleibt aus demselben Grund ebenfalls zulässig gegen die Ablehnung eines Antrags auf Terminverlegung (OLG Koblenz NStZ-RR 2012, 21). Aus diesen Erwägungen heraus ist ferner **§ 28 Abs. 2 S. 2 StPO** iVm § 2 Abs. 2 im JStV in der Weise restriktiv auszulegen, dass der Beschluss, durch den ein Befangenheitsantrag gegen den Vorsitzenden des Berufungsgerichts als unbegründet zurückgewiesen worden ist, bei (auf Abs. 2 beruhender) Unanfechtbarkeit des Berufungsurteils anfechtbar bleibt (ebenso Schady in NK-JGG Rn. 33; abw. OLG Köln Zbl 1976, 308 = BeckRS 1976, 31206511; Schatz in Diemer/Schatz/Sonnen Rn. 93; Burscheidt Verbot 152).

VII. Anhörungsrüge (Abs. 4)

Die Vorschrift reagiert auf die Problematik, dass bei unanfechtbaren Ent- **105** scheidungen eine entscheidungserhebliche Verletzung des Anspruchs auf rechtliches Gehör (Art. 103 Abs. 1 GG) nicht mehr im normalen Rechtsmittelweg, sondern allein über eine Verfassungsbeschwerde geltend gemacht werden kann. Um seine damit drohende Überlastung abzuwenden, leitet das BVerfG daher aus dem Rechtsstaatsprinzip die Notwendigkeit ab, eine uneingeschränkte – und zum vorrangigen Rechtsweg zählende (BbgVerfG BeckRS 2015, 56548) – **fachgerichtliche** Abhilfemöglichkeit für **Gehörsverstöße** vorzusehen (BVerfGE 107, 395 = NJW 2003, 1924). Für das JStV richtet so Abs. 4 (eingeführt durch das Anhörungsrügengesetz v. 9.12.2004 (BGBl. I S. 3220)) für jene Konstellationen, in denen ein Rechtsmittel gem. Abs. 1 und Abs. 2 an sich nicht zulässig ist, die Ausnahme der statthaften Gehörsrüge ein.

Die Einführung von Abs. 4 bedeutet folglich, dass die isolierte Anfechtung **106** einer Anordnung von Rechtsfolgen, die von **Abs. 1 S. 1** erfasst sind, ausnahmsweise doch zulässig ist, wenn dies auf die Verletzung rechtlichen Gehörs gestützt wird (dazu auch Schatz in Diemer/Schatz/Sonnen Rn. 103). Ferner besteht im **Berufungsverfahren** die Möglichkeit einer Anhörungsrüge, und dies trotz Abs. 2 auch für den Berufungsführer. Speziellere Vorschriften für besondere Konstellationen (§§ 33a, 329 Abs. 7 StPO iVm § 2 Abs. 2) gehen hierbei indes vor. Praktisch relevant kann die Option des Abs. 4 bei der Verletzung von Hinweispflichten oder der Nichtberücksichtigung eines Erörterungspunktes im Berufungsurteil sein (n. dazu und zu den Nachweisproblemen Eschelbach/Geipel/Weiler StV 2010, 325 (329)). Im **Revisionsverfahren** gilt § 356a StPO über § 2 Abs. 2 iÜ unmittelbar (ebenso Kaspar in MüKoStPO StPO Rn. 96).

107 Wird ein (begründeter) Antrag iSv Abs. 4 form- und fristgerecht gestellt (dazu etwa OLG Zweibrücken BeckRS 2015, 20354), ist das rechtliche Gehör nachträglich noch zu gewähren. Dafür wird das Verfahren vom Gericht (iudex a quo) in das Stadium **zurückversetzt,** in dem es vor der fraglichen Entscheidung war (§ 356a S. 1 StPO iVm § 2 Abs. 2). Die dafür notwendige Entscheidungserheblichkeit der Gehörsverletzung scheidet indes aus, wenn dem Angeklagten kein neues, über den bisherigen Vortrag hinausgehendes Verteidigungsvorbringen möglich gewesen wäre oder wenn das Gericht bei ordnungsgemäßer Anhörung nicht anders entschieden hätte (BGH BeckRS 2005, 5656; BeckRS 2010, 21232; zur Anwendbarkeit von § 74 in solchen Fällen s. BGH BeckRS 2009, 88311). Eine ggf. bereits mögliche Vollstr der Rechtsfolgen wird hierdurch allerdings nicht gehemmt (§ 356a S. 4 StPO iVm § 2 Abs. 2).

Teilvollstreckung einer Einheitsstrafe

56 (1) ¹**Ist ein Angeklagter wegen mehrerer Straftaten zu einer Einheitsstrafe verurteilt worden, so kann das Rechtsmittelgericht vor der Hauptverhandlung das Urteil für einen Teil der Strafe als vollstreckbar erklären, wenn die Schuldfeststellungen bei einer Straftat oder bei mehreren Straftaten nicht beanstandet worden sind.** ²**Die Anordnung ist nur zulässig, wenn sie dem wohlverstandenen Interesse des Angeklagten entspricht.** ³**Der Teil der Strafe darf nicht über die Strafe hinausgehen, die einer Verurteilung wegen der Straftaten entspricht, bei denen die Schuldfeststellungen nicht beanstandet worden sind.**

(2) **Gegen den Beschluß ist sofortige Beschwerde zulässig.**

Übersicht

I. Anwendungsbereich

Es gelten die Ausführungen zu → § 55 Rn. 1 (vgl. auch RL 2). Zur umstr. **1**
sinngemäßen Anwendung der Vorschrift im Wiederaufnahmeverfahren
vgl. → § 55 Rn. 30.

II. Allgemeines

1. Entwicklung der Vorschrift

Das JGG 1923 sah keine Regelung vor, die § 56 entspricht. Dagegen war **2**
es nach RL Nr. 7 S. 1 zu § 40 **RJGG 1943** – unter Durchbrechung von
Grundsätzen des allg. StVR (→ Rn. 3) – zulässig, einen Teil der im angefochtenen Urteil ausgesprochenen Jugend-(Gefängnis-)Strafe durch Beschluss des Rechtsmittelgerichts vor der HV für vollstreckbar zu erklären,
soweit das Rechtsmittel offensichtlich keinen Erfolg versprach. Daran knüpfte § 40a RegE-JGG 1953 ausdrücklich an (BT-Drs. I/3264, 46). Allerdings
wurde die Teilvollstreckung auf die Einheits-JStrafe beschränkt und von den
in Abs. 1 S. 1 und 3 geregelten Voraussetzungen abhängig gemacht. Obwohl der BR damals **rechtsstaatliche Bedenken** geltend machte und die
Streichung der gesamten Bestimmung empfahl (BReg BT-Drs. I/3264, 57),
ging dieser Entwurf nach Aufnahme einer dem geltenden Abs. 1 S. 2 entspr.
Bestimmung durch den Ausschuss für Rechtswesen und Verfassungsrecht
(BT-Drs. I/4437, 9 f.) in das Gesetz ein. Zu Änderungen ist es seither nicht
gekommen.

2. Regelungssinn und -zweck der Vorschrift

Im **allg. StVR** setzt die Vollstreckbarkeit eines Urteils stets Rechtskraft **3**
voraus (§ 449 StPO). Für das JStV ermöglicht § 56 indes eine **Ausnahme
von diesem Grundsatz.** Läuft nach Verurteilung zu einer Einheits-JStrafe
wegen mehrerer selbstständiger Taten ein Rechtsmittelverfahren, ist hiernach eine (endgültige) Teilvollstr (s. Dallinger/Lackner Rn. 1: keine vorläufige Vollstr) möglich, wenn die Schuldfeststellungen wenigstens hinsichtlich einer Tat nicht angegriffen worden sind. Dies wird einerseits mit als
erzieherisch verstandenen Zwecken legitimiert. So ermögliche die Vorschrift einen verzögerungsfreien Vollzug der jugendstrafrechtlichen Rechtsfolge nach der Verurteilung (zum Beschleunigungsprinzip → Einl. Rn. 42,
→ § 55 Rn. 59), zumal anderenfalls die Anordnung oder Fortsetzung von –
spezialpräventiv höchst fragwürdiger (n. → § 89c Rn. 11 f., 30 ff.) – U-Haft
drohen könnte (so etwa Brunner/Dölling Rn. 4; Beulke/Swoboda Jugend-
StrafR Rn. 824; Streng JugendStrafR Rn. 591). Unabhängig davon wird
die Regelung als ein „notwendiges Korrelat zur Einheitsstrafe" verstanden,
da hiernach „die Anfechtung in der Straffrage bei mehreren selbstständigen
Taten grds. nicht beschränkt werden kann" (Dallinger/Lackner Rn. 3; vgl.
auch die Stellungnahme der BReg zu den Einwänden des BR in BT-Drs. I/
3264, 65).

3. Kritik

4 Allerdings weckt die Teilvollstr iSv § 56 vielmehr **rechtsstaatliche Zweifel** (Paeffgen/Greco in SK-StPO StPO § 449 Rn. 12: Verstoß gegen Unschuldsvermutung, da Gefahr der unzulässigen antizipierten Strafe). Ferner stellen sich **erzieherische Fragen.** So kann die Beurteilung des Rechtsmittelgerichts, das über einen Teil von mehreren abgeurteilten Taten zu entscheiden hat, in der Rechtsfolgenfrage eine völlig andere als die der Vorinstanz sein. Dies wird dann die Entscheidung über die Einheitssanktion hinsichtlich ihrer Art und ihres Ausmaßes völlig verändern, insbes. wenn sich bei Wegfall einzelner Schuldfeststellungen eine andere Würdigung der Persönlichkeit des Jugendlichen ergibt und hierdurch die Verhängung von JStrafe als entbehrlich erscheint. Die Teilvollstr kann dann aber schon (Sanktions-)Tatsachen geschaffen haben, die eine solche Neubestimmung der Rechtsfolgen-Gesamtheit nicht mehr erlauben (dazu bspw. auch Kunkel in BeckOK JGG Rn. 7; Bohlander NStZ 1998, 236 (237)). Ohnehin ist nicht auszuschließen, dass die Nutzung der Teilvollstr-Option weniger durch jugendstrafrechtliche Zwecksetzungen als durch verfahrenspraktische und institutionseigene Effizienzbelange (vgl. auch → § 55 Rn. 61) geleitet wird (etwa, um Zeitdruck aus dem Rechtsmittelverfahren zu nehmen). Von der Möglichkeit einer Teilvollstr der Einheits-JStrafe ist daher **nur äußerst zurückhaltend** Gebrauch zu machen.

III. Voraussetzungen der Teilvollstreckung

1. Entscheidung der Vorinstanz

5 **a) Verurteilung zu einer Einheits-JStrafe.** Die Zulässigkeit einer Teilvollstr ist von einigen Voraussetzungen abhängig. Zunächst muss gem. Abs. 1 S. 1 wegen **mehrerer selbstständiger Taten** nach § 31 (ggf. iVm § 32) eine Verurteilung zu einer **Einheits-JStrafe** (ohne Aussetzung der Vollstr zBew) erfolgt sein. Möglich ist auch eine dahingehende nachträgliche Entscheidung gem. § 66 (Schady in NK-JGG Rn. 2).

6 **b) Rechtskräftige Schuldfeststellungen.** Sodann müssen die **Schuldfeststellungen** bei einer oder bei mehreren, aber eben **nicht bei allen** Taten (s. auch → Rn. 10) beanstandungsfrei geblieben und **rechtskräftig** geworden sein. Erforderlich ist also die Situation, in der nur ein Teil der Tatvorwürfe endgültig bestätigt worden ist und die einheitliche Rechtsfolge (allein oder auch) deshalb noch offen ist (zur Konstellation, in der sich die Rechtskraft des Schuldspruchs auf die gem. § 31 Abs. 1 S. 1 einbezogene Verurteilung bezieht, s. → Rn. 11).

2. Wohlverstandenes Interesse des Angeklagten

7 In der von Abs. 1 S. 1 geregelten Situation ist eine Teilvollstr der (nicht rechtskräftigen) Einheits-JStrafe möglich, wenn dies nach Auffassung des Gerichts im Interesse des Jugendlichen liegt **(Abs. 1 S. 2).** Hierfür sind die absehbaren Folgen einer Teilvollstr mit ihrer Nichtvornahme zu vergleichen, wobei allein spezialpräventive Aspekte und individuelle Belastungen zu berücksichtigen sind. Mit Blick auf die gebotene restriktive Handhabung der

Norm (→ Rn. 4) dürfen dem Jugendlichen in dieser Hinsicht durch die Teilvollstr (bei hypothetischer Bewertung) **keine Nachteile** erwachsen (Brunner/Dölling Rn. 4); vielmehr müssen die Vorteile der Teilvollstr eindeutig überwiegen (Schady in NK-JGG Rn. 8).

Obwohl die subjektiven Vorstellungen des Jugendlichen vor dem Hinter- **8** grund seiner anzustrebenden aktiven Mitwirkung im Vollzug der JStrafe einzubeziehen sind, geht es bei der hier erforderlichen Prüfung um eine **objektive** Bewertung („wohlverstanden"). Befindet sich der Jugendliche in Freiheit, kommt eine Teilvollstr bei laufenden Ausbildungsmaßnahmen usw nie in Betracht. Anders liegt es, wenn die Möglichkeit des Wegfalls der (angegriffenen unbedingten) JStrafe im Beurteilungszeitpunkt als sehr unrealistisch erscheint (Kaspar in MüKoStPO Rn. 10). Für eine Entscheidung gem. Abs. 1 kann es ggf. auch sprechen, wenn beim Jugendlichen bereits eine andere JStrafe oder U-Haft vollstreckt wird und er bei Anordnung der Teilvollstr in eine Anstalt verlegt würde, die im konkreten Fall am besten geeignet ist (→ Rn. 3).

3. Tatbezogene Anknüpfung

Die Anordnung der Teilvollstreckung darf **allein** an **diejenigen Taten** **9** anknüpfen, hinsichtlich derer die Schuldfeststellungen **rechtskräftig** sind (ebenso Dallinger/Lackner Rn. 8). So darf es nach **Abs. 1 S. 3** nur zu einer beschränkten Teilvollstr der (nicht rechtskräftigen) Einheits-JStrafe kommen: Die JStrafe, die allein wegen der feststehenden Taten (bei Wegfall der vor dem Rechtsmittelgericht noch anhängigen Vorwürfe) angeordnet werden könnte, darf keinesfalls überschritten werden. Endet der insofern zulässige Vollstr-Zeitraum vor dem voraussichtlichen Ende des Rechtsmittelverfahrens, kommt eine Teilvollstr allerdings nicht in Betracht, weil dies dann womöglich auf eine Zwischenentlassung hinausliefe und kaum im Angeklagteninteresse (→ Rn. 8) wäre.

4. Keine den Anwendungsbereich erweiternde Normauslegung

a) Unanfechtbarkeit des gesamten Schuldspruchs. Trotz des insofern **10** eindeutigen Wortlauts von Abs. 1 S. 1 und S. 3 lässt eine Ansicht die Teilvollstr. unter teleologischen Aspekten ebenfalls bzw. „erst recht" dann zu, wenn sich der Rechtsmittelangriff nicht auf einen Teil der Vorwürfe (→ Rn. 6), sondern **allein** auf die einheitliche **Rechtsfolgenentscheidung** (und überhaupt nicht auf den Schuldspruch) bezieht (so Dallinger/Lackner Rn. 5; Potrykus Anm. 3; Paeffgen/Greco in SK-StPO StPO § 449 Rn. 12; Kunkel in BeckOK JGG Rn. 15; Kaspar in MüKoStPO Rn. 8a; Streng JugendStrafR Rn. 592; ferner Schady in NK-JGG Rn. 4 f.; Schatz in Diemer/Schatz/Sonnen Rn. 11 f.: soweit nicht die Verhängung der JStrafe als solche angefochten wurde). Diese Auffassung ist abzulehnen (ebenso Grethlein JGG Anm. 1b; Bender JGG Rn. 4; Brunner/Dölling Rn. 3; Laue in HK-JGG Rn. 7; Laubenthal/Baier/Nestler JugendStrafR Rn. 412). § 56 ist spezifisch auf die Besonderheit der Einheitsstrafe zugeschnitten, der mehrere selbstständige Taten zugrunde liegen. Da diese Taten in unterschiedlicher Weise strittig sein können, normiert die Vorschrift eine Lösung, die sich an die allg. Vollstreckbarkeit bei vertikaler Rechtskraft anlehnt. Konstellationen der horizontalen Teilrechtskraft liegen außerhalb ihres Normbereichs.

11　　**b) Einheitsrechtsfolge gem. § 31 Abs. 2 S. 1.** Soweit eine **frühere** rechtskräftige Verurteilung zu JStrafe einbezogen worden ist (§ 31 Abs. 2 S. 1) und der neue Schuldspruch aus diesem einbeziehenden Urteil angefochten worden ist, liegen die in → Rn. 5 f. genannten Voraussetzungen an sich vor (Schady in NK-JGG Rn. 6). Dies gilt auch in der bei → § 32 Rn. 7 f. erläuterten Konstellation. Allerdings besteht hier jeweils die selbstständige Vollstreckbarkeit der früheren Verurteilung bis zur Rechtskraft des neuen Urteils (und der Vollstreckbarkeit der Einheits-JStrafe) ohnehin grds. fort (→ § 31 Rn. 46). Angesichts der diesbzgl. bestehenden Entscheidungskompetenz des JRichters ist für die Heranziehung von § 56 (und die Teilvollstr-Erklärung des Rechtsmittelgerichts) **kein Raum** (aA Schady in NK-JGG Rn. 7). Da aber das Rechtsmittelgericht, das ebenso wie das einbeziehende Gericht nicht an Art und Höhe des einbezogenen Rechtsfolgenausspruchs gebunden ist (vgl. näher → § 31 Rn. 43 ff.), durch den Vorwegvollzug der früheren Rechtsfolge nicht (bewusst) in seinem Rechtsfolgenermessen beschränkt werden darf (s. auch → Rn. 4), muss der JRichter indes die Entscheidungskriterien von **Abs. 1 S. 2 berücksichtigen** (n. Bohlander NStZ 1998, 236 (237); ebenso Schatz in Diemer/Schatz/Sonnen Rn. 8) und deshalb von einer Vollstreckung idR absehen. War eine JStrafe zBew einbezogen worden, scheidet die Vollstreckung sogar vollständig aus (abw. OLG Karlsruhe MDR 1981, 519; Brunner/Dölling Rn. 2; Laue in HK-JGG Rn. 6; Kunkel in BeckOK JGG Rn. 11). Hierin läge nämlich ein Widerruf der Aussetzung, obwohl der Vorwurf aus dem einbezogenen Urteil mangels Rechtskraft noch keinen Widerrufsgrund (→ § 26a Rn. 8 ff.) darstellen kann (hierzu und zum Ganzen Schady in NK-JGG Rn. 7 und 9).

IV. Sonstige verfahrensrechtliche Aspekte

1. Beschluss des Rechtsmittelgerichts

12　　Die JKammer als Berufungsgericht gem. § 41 Abs. 2 S. 1 bzw. das OLG oder der BGH als Revisionsgericht (§ 102 S. 1 iVm § 121 Abs. 1 Nr. 1 GVG oder § 135 Abs. 1 GVG) trifft die Entscheidung über die Teilvollstr nach seinem – durch Abs. 1 S. 2 gebundenen (ebenso Dallinger/Lackner Rn. 12) – **pflichtgemäßen Ermessen.** Der dahingehende Beschluss ist zu begründen und nach Maßgabe von § 35a StPO iVm § 2 Abs. 2 ggf. mit einer Rechtsmittelbelehrung zu versehen (zur Art der Belehrung s. § 70b Abs. 1). Er kann nur in der Phase bis zur HV vor dem Rechtsmittelgericht ergehen. Kommt es nicht zu einer HV, weil die Revision als unbegründet verworfen wird (§ 349 Abs. 2 StPO iVm § 2 Abs. 2), erübrigt sich das Vorgehen nach Abs. 1 S. 1 (ebenso Schady in NK-JGG Rn. 10).

13　　Gegen die Anordnung der Teilvollstr durch das LG als Berufungsgericht ist die **sofortige Beschwerde** zulässig (§§ 304, 311 StPO iVm § 2 Abs. 2), wohingegen iU die allg. Rechtsmittelbeschränkungen iSv §§ 304 Abs. 4, 310 Abs. 2 StPO zum Tragen kommen (§ 2 Abs. 2).

2. Beginn der Teilvollstreckung

14　　Das LG als Berufungsgericht kann aus Klarstellungsgründen die Vollziehung der angefochtenen Entscheidung aussetzen (§ 307 Abs. 2 StPO iVm

§ 2 Abs. 2). Allerdings ist der Beschluss – abw. von § 307 Abs. 1 StPO – ohnehin erst nach Rechtskraft als **vollstreckbar** anzusehen (ebenso Schady in NK-JGG Rn. 11; Laubenthal/Baier/Nestler JugendStrafR Rn. 415), denn seine Umsetzbarkeit hängt letztlich vom Ergebnis der sofortigen Beschwerde ab (vgl. zu dieser Ausnahme von § 307 Abs. 1 StPO allg. Matt in Löwe/Rosenberg StPO § 307 Rn. 2; Meyer-Goßner/Schmitt StPO § 307 Rn. 1). – Zu der für die Teilvollstr maßgeblichen **urkundlichen** Grundlage s. → § 82 Rn. 41 sowie RL II Nr. 3 zu §§ 82–85.

Jede Freiheitsentziehung in dem Verfahren zählt ab Rechtskraft des Beschlusses (§ 34a StPO iVm § 2 Abs. 2) als Zeit der Jugendstrafhaft (vgl. iÜ § 52a und zur Strafzeitberechnung §§ 37 ff. StrVollstrO entspr.). **15**

Vierter Unterabschnitt. Verfahren bei Aussetzung der Jugendstrafe zur Bewährung

Entscheidung über die Aussetzung

57 (1) [1]Die Aussetzung der Jugendstrafe zur Bewährung wird im Urteil oder, solange der Strafvollzug noch nicht begonnen hat, nachträglich durch Beschluß angeordnet. [2]Ist die Entscheidung über die Aussetzung nicht im Urteil vorbehalten worden, so ist für den nachträglichen Beschluß das Gericht zuständig, das in der Sache im ersten Rechtszug erkannt hat; die Staatsanwaltschaft und der Jugendliche sind zu hören.

(2) Hat das Gericht die Entscheidung über die Aussetzung nicht einem nachträglichen Beschluss vorbehalten oder die Aussetzung im Urteil oder in einem nachträglichen Beschluss abgelehnt, so ist ihre nachträgliche Anordnung nur zulässig, wenn seit Erlaß des Urteils oder des Beschlusses Umstände hervorgetreten sind, die allein oder in Verbindung mit den bereits bekannten Umständen eine Aussetzung der Jugendstrafe zur Bewährung rechtfertigen.

(3) [1]Kommen Weisungen oder Auflagen (§ 23) in Betracht, so ist der Jugendliche in geeigneten Fällen zu befragen, ob er Zusagen für seine künftige Lebensführung macht oder sich zu Leistungen erbietet, die der Genugtuung für das begangene Unrecht dienen. [2]Kommt die Weisung in Betracht, sich einer heilerzieherischen Behandlung oder einer Entziehungskur zu unterziehen, so ist der Jugendliche, der das sechzehnte Lebensjahr vollendet hat, zu befragen, ob er hierzu seine Einwilligung gibt.

(4) § 260 Abs. 4 Satz 4 und § 267 Abs. 3 Satz 4 der Strafprozeßordnung gelten entsprechend.

Übersicht

I. Anwendungsbereich

1. Jugendliche

Die Vorschrift findet in Verfahren gegen Jugendliche auch vor den für **1** allg. Strafsachen zuständigen Gerichten Anwendung (§ 104 Abs. 1 Nr. 8).

2. Heranwachsende

In Verfahren gegen Heranwachsende kommt die Vorschrift – vor JGe- **2** richten wie vor den für allg. Strafsachen zuständigen Gerichten – nur zur Anwendung, wenn materielles JStR angewandt wird (§ 109 Abs. 2 S. 1, §§ 105 Abs. 1, 112 S. 1, 2).

II. Allgemeines

Im Gegensatz zum RJGG 1943, das eine bedingte Strafaussetzung nicht **3** vorsah (lediglich eine bedingte Aussetzung des Strafrestes kannte es, vgl. §§ 58, 59 RJGG 1943), knüpfte der Gesetzgeber 1953 an die im JGG 1923 (§§ 10 ff.) geregelte Strafaussetzung zur Probe an. – Der geltende Abs. 3 wurde durch Art. 11 Nr. 15 des 1. StRG eingefügt.

1. Zeitpunkt der Entscheidung über die Frage der Aussetzung

Hierüber befindet das Gericht unabhängig davon, ob Aussetzung der **4** Vollstr zBew beantragt ist, nach seinem pflichtgemäßen Ermessen (BGHSt 14, 74). Maßgebendes Kriterium zur Bestimmung des Zeitpunktes ist die nach dem Ergebnis der HV zu beurteilende Spruchreife der Aussetzungsentscheidung (entspr. betr. sog. „Vorbewährung" OLG Hamburg NStZ 2009, 451)). Sind die tatsächlichen Voraussetzungen für die nach § 21 zu erstellende Prognose noch nicht erschöpfend ermittelt, so kann das Gericht entweder die HV aussetzen oder die Entscheidung über die Aussetzung vorbehalten (zu den Voraussetzungen ausdrücklichen Vorbehalts § 61 Abs. 1 und 2). Falls diesbezüglich keine weiteren Ermittlungen erforderlich sind, ist über die Aussetzung bereits im Urteil zu entscheiden (§ 21 Abs. 1, 2; näher Anm. Eisenberg/Wolski NStZ 1986, 220 zu OLG Stuttgart NStZ 1986, 219). – Soweit die Zulässigkeit einer Vorbehaltserklärung verneint und kriminalpolitisch für unpraktikabel gehalten wurde (Walter/Pieplow NStZ 1988, 166 f. (168)), blieb unberücksichtigt, dass für eine Vorabentscheidung über den Schuldausspruch gerade auch das Anliegen der prozessualen Wahrheitsermittlung streitet und andererseits die Anwendung des (auch) diesem Bestreben korrespondierenden Grundsatzes der Verfahrensbeschleunigung zu einer Versagung der Aussetzung (ohne zureichende Ermittlung der eine Aussetzung eventuell rechtfertigenden Tatsachen) führen müsste.

2. (Unzulässiges) Hinausschieben der Entscheidung

4a   **a) Eher günstige Prognose.** Ermessensfehlerhaft und daher unzulässig wäre es, die Frage der Aussetzung bei hinreichend ermittelter Tatsachengrundlage, die die **Erwartung** der **Legalbewährung** als **begründet** ausweist, aus als „erzieherisch" bezeichneten Gründen in der Schwebe zu belassen (vgl. auch → §§ 61, 61a Rn. 4; zust. Werner-Eschenbach, Jugendstrafrecht, 2005, 32; aA Dallinger/Lackner Rn. 3). Die Unzulässigkeit ergibt sich zum einen gem. verfahrensrechtlichen Grundsätzen insofern, als bei nachträglicher Beschlussentscheidung gerade in Fällen, in denen im Hinblick auf die Rechtsfolgenerwartung die Zuständigkeit eines Kollegialgerichts begründet worden ist, die Laienbeteiligung eingeschränkt wird. Zum anderen verbieten es erziehungspsychologische Gründe, die Aussetzung nur deshalb noch nicht im Urteil auszusprechen, um dem Jugendlichen eine zusätzliche Warnung zu vermitteln oder ihn wegen einer zu befürchtenden Missdeutung der Aussetzung (zB gleichsam als Freispruch) hinsichtlich der Frage der Aussetzung zunächst im Unklaren zu lassen (vgl. auch Beulke/Swoboda JugendStrafR Rn. 876: fehlt eine gesetzliche Grundlage; teilweise aA Brunner/Dölling Rn. 3; vormals Dallinger/Lackner Rn. 3; Potrykus Anm. 1). Ansonsten jedoch könnte eine zu erwartende Missdeutung der angeordneten Rechtsfolge durch den Jugendlichen Anzeichen sein für eine Störung der Kommunikation, insb. der erzieherisch angezeigten Vermittlung der die Entscheidung tragenden Gesichtspunkte (vgl. → Einl. Rn. 51 f., → § 50 Rn. 10 ff.). Ein entsprechender Mangel sollte – sofern er nicht noch behoben werden kann – Anlass zu der Prüfung geben, ob die erzieherisch angemessene Rechtsfolge in Betracht gezogen wurde.

5   **b) Eher ungünstige Prognose.** Lässt die Tatsachengrundlage die **Erwartung** der **Legalbewährung** zwar als **nicht begründet** erscheinen, so kann es bei Konstellationen mit **besonderen** Schwierigkeiten einer **Prognose**stellung ggf. dennoch vertretbar sein, (auch in Ansehung einer gerade in solchen Fällen der Legalbewährung idR nicht förderlichen Einweisung) weitere Ermittlungen für erforderlich zu halten.

3. Nachträgliche Entscheidung tendenziell als Ausnahme

6   Nach allg. Auffassung darf die nachträgliche Beschlussentscheidung eher nur den Ausnahmefall darstellen (vgl. auch → §§ 61, 61a Rn. 4), zumal schon der Schuld- und Rechtsfolgenausspruch umfangreiche Ermittlungen voraussetzt. Andererseits ist sie nicht etwa in Fällen des § 21 Abs. 2 ausgeschlossen oder auch nur seltener angezeigt, zumal gerade die dort vorausgesetzten besonderen Umstände zusätzliche Ermittlungen erfordern können (zB bei vergleichsweise jungen Angeklagten).

III. Entscheidungen im Urteil

1. Anordnung der Aussetzung der Vollstr zBew

Wird diese Entscheidung getroffen, so ist dies in der Urteilsformel zum **7**
Ausdruck zu bringen (**Abs. 4** iVm § 260 Abs. 4 S. 4 StPO; vgl. → § 54
Rn. 14; wegen der Einwilligung des Angeklagten s. Abs. 3; vgl. auch
→ Rn. 16). In den Gründen ist eine rechtliche Würdigung des Tatsachen-
stoffes vorzunehmen, die dem Rechtsmittelgericht die Prüfung gestattet, ob
das JGericht unter Wahrung der Ermessensgrenzen von zutreffenden Erwägungen ausgegangen ist (vgl. näher → § 54 Rn. 32).

2. Andere Entscheidungen

a) Vorbehalt der Aussetzung. Hält das JGericht es für angezeigt, über **8**
die Frage der Aussetzung nachträglich im Beschlussverfahren zu entscheiden
(vgl. → Rn. 20 ff.), und macht es von einer der Kann-Vorschriften des § 61
Abs. 1 bzw. Abs. 2 Gebrauch (vgl. → § 61 Rn. 5, 6), so ist in der Urteilsformel zum Ausdruck zu bringen, dass die Entscheidung über die Aussetzung
vorbehalten bleibt (§ 61 Abs. 3 S. 2), und in den Gründen ist dies zu
erörtern (§ 61 Abs. 3 S. 3 (vormals BGHSt 14, 74)). Ein Antrag nach Abs. 4
iVm § 267 Abs. 3 S. 4 StPO erfordert zwar keine weitergehende Begründung für den Ausspruch des Vorbehalts (BGHSt 14, 74); sie ist aber im
Hinblick auf die **Anfechtbarkeit** des Vorbehalts (vgl. → § 59 Rn. 6) zu
empfehlen (ebenso Dallinger/Lackner Rn. 9).

b) Ablehnung der Aussetzung. aa) Wird die Aussetzung der Vollstr **9**
zBew abgelehnt, so ist dies nicht in die Urteilsformel, sondern nur in die
Gründe aufzunehmen (vgl. → § 54 Rn. 32). Soweit kein Antrag auf Aussetzung gestellt ist, besteht zwar in diesem Fall keine gesetzliche Pflicht zur
Darlegung der für die abl. Entscheidung maßgeblichen Gesichtspunkte.
Jedoch ist zu berücksichtigen, dass die Nicht-Begründung dann einen sachlich-rechtlichen Fehler darstellt, wenn die Gewährung von Aussetzung nahe-
lag oder Anhaltspunkte dafür gegeben sind, dass die Möglichkeit einer
Aussetzung übersehen worden ist (vgl. BGHSt 6, 68 (zum allg. StR)).
bb) Wurde die Aussetzung der Vollstr zBew **beantragt** (Abs. 4 iVm **10**
§ 267 Abs. 3 S. 4 StPO), bedarf es auch dann, wenn nach dem übrigen
Urteilsinhalt eine Aussetzung als unzulässig oder fernliegend erkennbar gemacht ist, einer ausdrücklichen Begründung der Ablehnung. Hierfür genügt
die nur formelhafte Wiedergabe des Gesetzeswortlauts nicht (KG GA 1955,
219 (zum allg. StR)). Vielmehr ist insb. **darzulegen,** ob wegen Fehlens der
gesetzlichen Voraussetzungen nach § 21 Abs. 1 bzw. Abs. 2 oder in Beurteilung des ganz ausnahmsweisen (vgl. → § 21 Rn. 29 f.) Gebotenseins nach
§ 21 Abs. 2 eine abl. Entscheidung erfolgte.

3. Fehlen einer Entscheidung über die Aussetzung

Anders als im allg. StVR, das stets eine Entscheidung im Urteil verlangt **11**
(§ 260 Abs. 4 S. 4 StPO, vgl. auch § 268a Abs. 1 Hs. 2 StPO), kann das
Fehlen einer Entscheidung über die Aussetzung der Vollstr zBew nicht als
eine stillschweigende Ablehnung der Aussetzung (OLG Braunschweig NJW

1954, 284) behandelt werden. Wegen der Möglichkeit eines eigenständigen nachträglichen Beschlussverfahrens über die Aussetzung wird das Schweigen in den Urteilsgründen dann nicht als Ablehnung, sondern als Vorbehalt der Entscheidung über die Aussetzung ausgelegt werden müssen, wenn kein Antrag auf Aussetzung gestellt war (vgl. BGHSt 14, 74; ebenso Dallinger/Lackner Rn. 10; Kaspar in MüKoStPO §§ 61 ff. Rn. 16; Kilian in BeckOK JGG Rn. 12; aA Meier in HK-JGG Rn. 2; Brunner/Dölling Rn. 1; Schatz in Diemer/Schatz/Sonnen Rn. 27 und § 61 Rn. 12). Der aus Abs. 2 hergeleiteten aA steht die übergordnete Norm des § 2 Abs. 1 entgegen (vgl. auch → §§ 61, 61a Rn. 4a; zur Legalbewährung → § 17 Rn. 16; Eisenberg/Kölbel Kriminologie § 42 Rn. 35 ff.), der gem. ein Vorbehalt auf das jugendrichterliche Judiz unabhängig davon gestützt sein darf, ob es gegenwärtig begründet werden kann.

IV. Nachträgliches Beschlussverfahren

12   Eine Anordnung der Aussetzung der Vollstr zBew nach § 21 Abs. 1 oder § 21 Abs. 2 durch Beschluss kommt besonders dann vor, wenn nach dem Ergebnis der HV nur noch Ermittlungen im Hinblick auf die Frage der Aussetzung bzw. der angezeigten Ausgestaltung der BewZeit erforderlich waren und eine Aussetzung der HV sich wegen Entscheidungsreife der Sache im Übrigen schon aus prozessökonomischen Gründen nicht anbot (vgl. auch → Rn. 4f).

12a   Eine nachträgliche Aussetzung kann ferner unter den Voraussetzungen des **Abs. 2** (vgl. näher → Rn. 23–27) erfolgen. Schließlich muss eine Entscheidung über die Aussetzung dann nachträglich getroffen werden, wenn sie im Urteil fehlte (vgl. → Rn. 11).

13   Die nachträgliche Aussetzung durch Beschluss ist **verwehrt,** wenn eine bereits angeordnete Aussetzung gem. § 26 widerrufen worden ist (LG Hamburg 1.11.1988 – (34) 41/83 Kls, das auch eine analoge Anwendung von Abs. 2 mit dem Argument ablehnte, andernfalls „würde faktisch eine Erweiterung des Rechtsmittelweges" praktiziert). Die nachträgliche Ablehnung der Aussetzung ist ausgeschlossen, wenn der Zeitraum des ausdrücklich erklärten Vorbehalts der nachträglichen Entscheidung (vgl. § 61a Abs. 1) überschritten wurde, weil es sich dann um „eine der Sache nach bereits" gewährte Aussetzung handelt und also nur ein Widerruf in Betracht kommt (OLG Dresden NStZ-RR 1998, 318).

13a   Über das Verhältnis zur Aussetzung im **Gnadenwege** vgl. → § 21 Rn. 34.

1. Verfahrensfragen

14   a) **Zuständigkeit.** Gemäß **Abs. 1 S. 2 Hs. 1** ist für die nachträgliche Entscheidung durch Beschluss das erkennende Gericht des ersten Rechtszuges **zuständig** (zur Besetzung vgl. → §§ 33–33b Rn. 26). Ist jedoch die Entscheidung über die Aussetzung im Urteil vorbehalten worden, so ist gem. **Abs. 1 S. 2 Hs. 2** (geändert iZm Einführung der §§ 61–61b) für die Entscheidung über eine nachträgliche Aussetzung der Vollstr der JStrafe zBew durch Beschluss das **Gericht** der **letzten Tatsacheninstanz** – also ggf. das BerufungsG – zuständig (aA vormals OLG Frankfurt a. M. NStZ-RR 1996,

252; OLG Rostock OLGSt § 57 Nr. 3, wenngleich mit sachlichen Bedenken Rn. 6; diff. OLG Hamburg NStZ 2009, 451 Rn. 20 ff., unter Hinweis auf Sachnähe und Beschleunigungsgrundsatz).

Hat sich das Urteil zur Frage der Aussetzung nicht verhalten (§ 2 Abs. 2 **14a** iVm § 267 Abs. 3 S. 4 StPO) oder hat es eine Aussetzung der Vollstr der JStrafe zBew abgelehnt, bleibt die bisherige Zuständigkeit unberührt (Abs. 1 S. 2 Hs. 1). Denn in diesen Fällen kann (nach dem Urteil der letzten Tatsacheninstanz) eine nachträgliche Aussetzung gem. Abs. 2 nur auf **neue Erkenntnisse** gestützt werden, und da solche am ehesten im Dienstbereich des erstinstanzlichen Gerichts bzw. des Vollstreckungsleiters zu gewärtigen sind (und zwar auch in Fällen einer Rechtsmittelentscheidung), ist die Beibehaltung der bisherigen Zuständigkeitsregelung **zweckmäßig.**

b) Zur Frage einer mündlichen Verhandlung. Der Beschluss darf **15 ohne** mündliche Verhandlung erlassen werden (OLG Hamburg VRS 124, 335 (betr. schriftliche Anhörung)). Jedoch wird es sich wegen der nach Abs. 1 S. 2 Hs. 2 ohnehin **zwingend** erforderlichen (wenngleich nicht zwingend mündlichen) **Anhörung** des Jugendlichen und des JStA (vgl. ggf. auch § 10 EUStAG) sowie des Erziehungsberechtigten und gesetzlichen Vertreters (§ 67 Abs. 1) und ggf. des Verteidigers (§ 68; betr. Termingebühr (nicht VollstrGebühr) LG Mannheim StRR 2008, 120) **empfehlen,** mündliche Verhandlung anzuberaumen (n. dazu OLG Hamm BeckRS 2015, 21047), insb. wenn eine weitere Klärung des Sachstandes notwendig scheint, der Jugendliche – zB betr. den schriftlichen Bericht der JGH oder des BewHelfers – noch zu ihm nachteiligen Tatsachen oder Beweisergebnissen zu hören ist (§ 2 Abs. 2, § 33 Abs. 3 StPO) oder die Erstellung des BewPlans (§ 60) erfolgen soll.

Zudem sollte in mündlicher Erörterung die Beteiligung des Jugendlichen **16** betr. die Vorbereitung der Entscheidung zur Ausgestaltung der BewZeit auch insoweit angestrebt werden, als etwa durch die Berücksichtigung eigener Vorschläge des Jugendlichen, sofern er hierdurch nicht erkennbar überfordert ist, dessen Verantwortungsgefühl für den positiven Verlauf der BewZeit unterstützt werden könnte. Diese Erwägung gilt in erhöhtem Maße, soweit eine Erteilung von Weisungen oder Auflagen in Betracht gezogen wird **(Abs. 3: ist „zu befragen"),** wenngleich die zwingend vorausgesetzte (einschr. Meier in HK-JGG Rn. 10) Einwilligung nur in bestimmten Fällen erforderlich ist (Abs. 3 S. 2 iVm § 10 Abs. 2 S. 2). Regelmäßig sieht der JRichter von Weisungen oder Auflagen vorläufig ab, wenn der Jugendliche Zusagen für seine künftige Lebensführung macht oder sich zu Leistungen erbietet, die der Genugtuung für die wegen der Verfehlung entstandene Beeinträchtigung dienen und die Erfüllung dieser Leistungen zu erwarten ist (§ 23 Abs. 2; enger Brunner/Dölling Rn. 6).

c) Vorläufige Maßnahmen. aa) Das Gericht kann vorläufige Maßnah- **17** men treffen und notfalls (vgl. auch → § 58 Rn. 23) einen Haftbefehl (§ 453c StPO) erlassen, um sich der Person des Jugendlichen zu versichern (bis zum Zeitpunkt des Rechtskrafteintritts der die Aussetzung abl. Entscheidung), wenn die Aussetzung im Urteil vorbehalten war und nunmehr hinreichende Gründe für die Annahme sprechen, dass die Aussetzung abgelehnt werden wird (§ 61b Abs. 2, → §§ 61, 61a Rn. 16, 17; vgl. vormals zu entspr. Anwendung OLG Karlsruhe NStZ 1983, 92 f. = JR 1983, 517 mAnm Brunner; Brunner/Dölling § 62 Rn. 3; LG Freiburg NStZ 1989, 387 mkrit-

Anm Fuchs; aA Burmann Sicherungshaft 74; Meier in HK-JGG § 62
Rn. 8). Die Anwendbarkeit des § 453c StPO ist systematisch stimmig, weil
eine Rechtsfolge rechtskräftig verhängt ist, was den maßgeblichen Anknüpfungspunkt der Vorschrift ausmacht. Zwar stünde ein Urteil im Falle der
Aussetzung der HV (vgl. dazu → Rn. 4) noch aus, für die Anwendung der
Vorschrift spricht aber, dass sie im Unterschied zur Ablehnung der Aussetzung außerhalb des Bereichs der Sachentscheidungen bleibt. – Gegen die
Zulässigkeit eines Haftbefehls nach § 72, §§ 112 ff. StPO (so Grethlein Anm.
2d) spricht, dass er nur bis zur Rechtskraft des Urteils in Betracht kommt,
ein rechtskräftiges Urteil aber Voraussetzung für die nachträgliche Beschlussentscheidung ist (vgl. → Rn. 22).

17a   **bb)** Eine erlittene **Haft** (die Vollstr leitet der JRichter, § 58 Abs. 2
entspr.) wird gem. § 2 Abs. 2, § 453c Abs. 2 S. 1 StPO, § 450 StPO in
entsprechender Anwendung **anzurechnen** sein (so auch Brunner/Dölling
Rn. 10 aE).

18   **d) Einzelfragen.** Der Beschluss ist zu verkünden (§ 2 Abs. 2, § 35 Abs. 1
S. 1 StPO), anderenfalls zuzustellen (§ 2 Abs. 2, § 35 Abs. 2 StPO). Er
bedarf einer **Begründung** (§ 2 Abs. 2, § 34 StPO) und einer geeigneten
(§ 70a Abs. 1 aF bzw. § 70b Abs. 1 nF) **Belehrung** über das Recht, gem.
§ 59 Abs. 1 sofortige Beschwerde zu erheben (§ 2 Abs. 2, § 35a StPO; zur
Rechtsmittelbelehrung vgl. auch → § 54 Rn. 39 entspr.).

19   **e) Anfechtbarkeit.** Betreffend den Beschluss s. § 59.

2. (Negativ-)Voraussetzungen nachträglicher Aussetzung

20   **a) Abs. 1 S. 1.** Eine nachträgliche Aussetzung der Vollstr zBew durch
Beschluss ist nur zulässig, „solange der Strafvollzug noch nicht begonnen
hat" (Abs. 1 S. 1). Da die Vorbehaltserklärung dafür steht, dass die Sachprüfung bezüglich der Voraussetzungen der Aussetzung der Vollstr zBew als
eine neben der Rechtskraft des Schuld- und Strafausspruchs unverzichtbare
Bedingung der Vollstreckbarkeit noch nicht abgeschlossen ist, hemmt sie
unbeschadet der Rechtskraft des Urteils dessen Vollstreckbarkeit (§ 89 S. 1;
so auch schon KG NStZ 1988, 182; OLG Frankfurt a. M. NStZ-RR 1997,
250; vormals aA OLG Stuttgart NStZ 1986, 219 mablAnm Eisenberg/
Wolski). Als **Beginn des Vollzugs** bestimmt sich der Zeitpunkt, in welchem
der Jugendliche nach Ablehnung der Aussetzung in die zuständige JStrafvollzugsanstalt (nicht U-Haftanstalt) aufgenommen und dem Vollzug der JStrafe
(nicht dem Vollzug von U-Haft) unterworfen wird (Dallinger/Lackner
Rn. 11; Potrykus Anm. 1; vgl. auch LG Würzburg RdJB 1958, 111 mzustAnm Müller).

21   Ausnahmsweise muss die nachträgliche Entscheidung über die Aussetzung
auch nach Beginn des Vollzugs noch erfolgen, wenn nämlich über die
Aussetzung im Urteil nicht entschieden und entgegen des (die Vollstreckbarkeit hemmenden) Vorbehalts unzulässigerweise die Vollstr eingeleitet
worden ist. Andernfalls könnte der JRichter unter Verkürzung der materiellen Rechtsposition des Angeklagten eine erstmalige Prüfung der Frage der
Aussetzung vereiteln, indem er den Beginn der Vollstr (§§ 82 ff.) veranlasst
(so zutr. Dallinger/Lackner Rn. 12). Es ist deshalb zur Vermeidung einer
solchen rechtsbeeinträchtigenden und erzieherisch abträglichen Verfahrenslage stets dafür Sorge zu tragen, dass eine Vollstr nicht vor der notwendig

gewordenen nachträglichen Beschlussentscheidung erfolgt (KG NStZ 1988, 182; OLG Frankfurt a. M. NStZ-RR 1997, 250; aA OLG Stuttgart NStZ 1986, 219 mablAnm Eisenberg/Wolski, wonach die JStA – notfalls im Wege der Dienstaufsichtsbeschwerde – auf die Einleitung der Vollstr einer unter Vorbehalt der Aussetzungsentscheidung stehenden rechtskräftigen Verurteilung hinwirken könne, da die Rechtskraft des Urteils unmittelbar seine Vollstreckbarkeit bedeute).

b) Rechtskraft des Urteils. Der nachträgliche Beschluss darf erst ergehen, wenn das Urteil über die Verhängung der JStrafe rechtskräftig geworden ist (ebenso Brunner/Dölling Rn. 9; Kilian in BeckOK JGG Rn. 13; aA Meier in HK-JGG Rn. 5; Ostendorf/Drenkhahn in NK-JGG Rn. 6; Kaspar in MüKoStPO Rn. 9). Denn die nachträgliche Entscheidung über die Aussetzung ist vom Bestand der im Urteil ausgesprochenen JStrafe abhängig und nur auf dieser Grundlage dem Verurteilten sinnvoll vermittelbar.   **22**

3. Abs. 2

Wurde die Aussetzung der Vollstr zBew im Urteil oder in einem Beschluss bereits abgelehnt, richtet sich ihre nachträgliche Anordnung neben den allg. Voraussetzungen (vgl. → Rn. 20–22) nicht nur nach den maßgeblichen materiell-rechtlichen Bestimmungen (§§ 21 ff.). Vielmehr müssen seit Erlass des Urteils **Umstände hervorgetreten** sein, die allein oder in Verbindung mit den bereits bekannten Umständen eine Aussetzung rechtfertigen (Abs. 2).   **23**

Die insoweit einbezogene Ablehnung in einem Beschluss (vgl. Begr. RegE, BT-Drs. 17/9389) ist stimmig zu der methodischen Erkenntnis, dass die prognostische Bedeutung der Ablehnung in einem Beschluss nicht zwangsläufig gewichtiger ist als diejenige einer solchen schon im Urteil. Bereits vor der ausdrücklichen gesetzlichen Einbeziehung war aus systematischen Gründen und zur Vermeidung tendenziell abträglicher Folgen eines – entbehrlich gewordenen – Freiheitsentzugs teilweise im Schrifttum eine entsprechende Anwendung von Abs. 2 aF bei Beschlüssen befürwortet worden (Dallinger/Lackner Rn. 22; Brunner/Dölling Rn. 5).   **24**

a) Umstände. Hierunter fallen Tatsachen und Beweismittel, die für die Aussetzung bestimmend sein könnten (zB Verhalten des Jugendlichen nach der Tat, das eine günstigere Prognose begründen kann; für die Bewertung der Tat bedeutsame Begleitumstände, etc).   **25**

b) Nach Erlass des Urteils. Die Umstände müssen zeitlich nach Erlass des abl. Urteils zur **Kenntnis** des **JGerichts** (vgl. BGH 7, 64 f. zu § 211 StPO) gelangt sein, dh es kommt nicht darauf an, ob sie schon bestanden haben (vgl. LG Berlin 11.4.2013 – 518 Qs 19/13 bei Fricke StRR 2014, 478 (betr. Altersangabe in der HV, die sich später als falsch herausstellte)). Sie müssen dem JGericht, das letztmalig diese Umstände rechtlich und tatsächlich berücksichtigen durfte (bis zur Verkündung in letzter Tatsacheninstanz oder ausnahmsweise Entscheidungen durch das Revisionsgericht nach § 354 Abs. 1 StPO), unbekannt gewesen oder geblieben sein (allg. Auffassung).   **26**

c) Modifizierte Beurteilungsgrundlage. Die hervorgetretenen Umstände müssen dem bekannten Sachverhalt ein so **bedeutsames Teilstück**   **27**

hinzufügen, dass die Entscheidung über die Aussetzung nicht als Korrektur bei gleich bleibendem Sachverhalt erscheint, sondern einer modifizierten Beurteilungsgrundlage Rechnung trägt (vgl. schon Dallinger/Lackner Rn. 21; auch Brunner/Dölling Rn. 5; nicht unbedenklich KG 26.6.2013 – 4 Ws 32/13 – 141 AR 76/13 bei Fricke StRR 2014, 478).

Weitere Entscheidungen

58 (1) [1]Entscheidungen, die infolge der Aussetzung erforderlich werden (§§ 22, 23, 24, 26, 26a), trifft der Richter durch Beschluß. [2]Der Staatsanwalt, der Jugendliche und der Bewährungshelfer sind zu hören. [3]Wenn eine Entscheidung nach § 26 oder die Verhängung von Jugendarrest in Betracht kommt, ist dem Jugendlichen Gelegenheit zur mündlichen Äußerung vor dem Richter zu geben. [4]Der Beschluß ist zu begründen.

(2) Der Richter leitet auch die Vollstreckung der vorläufigen Maßnahmen nach § 453c der Strafprozeßordnung.

(3) [1]Zuständig ist der Richter, der die Aussetzung angeordnet hat. [2]Er kann die Entscheidungen ganz oder teilweise dem Jugendrichter übertragen, in dessen Bezirk sich der Jugendliche aufhält. [3]§ 42 Abs. 3 Satz 2 gilt entsprechend.

Übersicht

I. Anwendungsbereich

1. Jugendliche

Die Vorschrift findet in Verfahren gegen Jugendliche auch vor den für **1**
allg. Strafsachen zuständigen Gerichten Anwendung (§ 104 Abs. 1 Nr. 8),
wobei nach § 104 Abs. 5 Nr. 1 die nach einer Aussetzung der Vollstr der
JStrafe zBew erforderlich werdenden Entscheidungen dem JRichter des Auf-
enthaltortes zu übertragen sind.

2. Heranwachsende

Die Vorschrift gilt in Verfahren gegen Heranwachsende – vor den JGe- **2**
richten wie vor den für allg. Strafsachen zuständigen Gerichten – nur (BGH
StraFo 2007, 87) dann, wenn materielles JStR angewendet worden ist (§ 109
Abs. 2 S. 1, §§ 105, 112 S. 1 und 2, § 104 Abs. 1 Nr. 8, Abs. 5 S. 1).

3. Soldatinnen, Soldaten

Hier wird die Anwendung von Abs. 3 S. 2 betr. eine Übertragung an den **3**
JRichter des Stationierungsortes regelmäßig dann ausscheiden, wenn die
Taten in der Zivilzeit begangen wurden (vgl. vormals BGH NJW 1959,
1503 mAnm Grethlein; OLG Köln EJF C I Nr. 66; weitergehend Osten-
dorf/Drenkhahn in NK-JGG Rn. 6).

II. Abs. 1

1. Entscheidungen iSv Abs. 1 S. 1

a) Allgemeines. Es handelt sich um die Festsetzung (einschließlich der **4**
Bemessung) sowie die nachträgliche zeitliche Änderung der BewZeit (§ 22),
die (auch nachträgliche) Anordnung, Änderung und Aufhebung von Bew-
Weisungen bzw. -Auflagen (§ 23; zur Frage der Geltung des Verschlechterungsverbots vgl. → § 55 Rn. 34), die Aufhebung bzw. Änderung der Unterstellung unter BewHilfe oder die erneute Unterstellung (§ 24), den Widerruf der Aussetzung der Vollstr zBew (§ 26) und den Erlass der JStrafe
nach Ablauf der BewZeit (§ 26a). – Abs. 1 S. 1 – ebenso wie Abs. 1 S. 2

und 4 sowie Abs. 3 S. 1 – gelten gem. § 61b Abs. 1 S. 6 auch betr. entsprechende Entscheidungen der „Vorbewährung" (§ 61b).

5   **b) Entsprechende Anwendung.** Zwar scheidet eine unmittelbare Geltung des § 58 für die übrigen infolge der Aussetzung der Vollstr zBew zu treffenden jugendgerichtlichen Maßnahmen (zB Erstellung des BewPlanes) angesichts des eindeutigen Wortlauts der Vorschrift aus. Es wird jedoch im Hinblick auf die geforderte Einheitlichkeit der erzieherischen Entscheidung in weitem Maße eine entsprechende Anwendung in Betracht gezogen werden können (ebenso Kilian in BeckOK JGG Rn. 14). Zur Wahrung einer sachnahen Entscheidung ist § 58 entsprechend auf die Zuständigkeit zur Aufstellung eines Bewährungsplans (§ 60) anzuwenden (vgl. schon BGHSt 19, 170 (179)). Eine entsprechende Anwendung kommt jedoch nicht in Betracht, wenn Spezialregelungen bestehen (vgl. betr. § 36 Abs. 5 S. 1 BtMG BGHR JGG § 58 Abs. 3 S. 2, Übertragung 2 (Gründe)).

2. Entscheidungszeitpunkt

6   Dieser bestimmt sich grundsätzlich nach dem Eintritt der sachlichen Voraussetzung. – Als Besonderheit ist zu berücksichtigen, dass bei einer im Urteil ausgesprochenen Aussetzung der Vollstr zBew ein Widerruf erst zulässig ist, wenn die Anordnung rechtskräftig geworden ist. Denn zuvor liegt eine wirksame und demzufolge widerrufsfähige Aussetzungsentscheidung noch nicht vor (vgl. auch schon Dallinger/Lackner Rn. 2 mN).

3. Rechtliches Gehör

7   **a) Allgemeines.** Vor den Entscheidungen sind gem. Abs. 1 S. 2 der Jugendliche, der JStA (vgl. ggf. auch § 10 EUStAG) und der BewHelfer (anders als die Unterrichtung nach § 453 Abs. 1 S. 5 StPO; vgl. auch OLG Hamm NStZ 2017, 543) und gem. § 67 Abs. 1 der Erziehungsberechtigte und der gesetzliche Vertreter zu hören sowie gem. § 38 Abs. 6die JGH heranzuziehen (OLG Koblenz BeckRS 2016, 9647; OLG Celle NStZ 2021, 866). Das rechtliche Gehör sollte insb. im Rahmen einer anberaumten mündlichen Verhandlung auch zur Verwirklichung erzieherischer Zwecke beitragen, indem in gemeinsamer Erörterung der Voraussetzungen der Entscheidung auf eine Beteiligung des Jugendlichen (vgl. → § 57 Rn. 16) und der zur Anhörung Berechtigten hingewirkt werden kann. Dabei könnten zugleich etwaige unterschiedliche Auffassungen über Zweck und Durchführung der Maßnahmen geklärt werden, wodurch möglicherweise zu erwartende Resistenzen ggü. der erzieherischen Verwirklichung gemildert oder behoben werden mögen. Kommt ein Widerruf der Aussetzung oder die Verhängung von JA in Betracht, ist dem Jugendlichen ohnehin **zwingend** eine Gelegenheit zur **mündlichen** Äußerung vor dem JRichter zu geben (so seit 1. JGG-ÄndG Abs. 1 S. 3). Zu diesem Termin ist er zu laden (Kilian in BeckOK JGG Rn. 19). Der schriftliche Hinweis, es werde Gelegenheit zur Stellungnahme gegeben, erfüllt den Anspruch auf mündliche Anhörung nicht (vgl. zum Ganzen auch OLG Hamm NStZ 2017, 543; LG Zweibrücken ZJJ 2012, 209; LG Landshut 19.1.2012 – JQs 397/11; LG Bonn BeckRS 2018, 44696; LG München StV 2020, 696 (697) = LSK 2019, 48946). Unerheblich ist es deshalb auch, wenn das Gericht anlässlich einer vorausgegangenen Verhandlung angekündigt hat, im Falle der Nichterfüllung von Auflagen werde unmittelbar widerrufen (vgl. zum allg. StR LG Saarbrücken StV 2011, 169; vgl. auch OLG Jena BeckRS 2006, 10189: kein Verzicht und keine Verwirkung bei früherem Nichterscheinen zu Anhörungen). All das gilt auch bei einem Heranwachsenden und selbst bei zwischenzeitlich erreichtem 24. Lbj. (n. und zur aA LG Saarbrücken ZJJ 2020, 311 (312) mzustAnm Möller ZJJ 2020, 312) – Gemäß Abs. 1 S. 3 iVm § 67 Abs. 1 sind zudem der Erziehungsberechtigte und der gesetzliche Vertreter mündlich anzuhören. Im Falle der Nichterreichbarkeit muss ein von dem FamG zu bestellender, die Personensorge umfassender Ergänzungspfleger (§ 1909 BGB; → § 67 Rn. 5) zur mündlichen Anhörung des Jugendlichen geladen werden (OLG Koblenz BeckRS 2016, 9647 = StV 2017, 723 (Ls.); Schatz in Diemer/Schatz/Sonnen Rn. 22).

Schon nach allg. Grundsätzen ist bei Verletzung dieser Vorschrift zumindest in Fällen sofortiger Beschwerde zurückzuverweisen, da die Betroffene andernfalls eine Instanz verlöre (vgl. OLG Hamm NStZ 2017, 543; OLG Koblenz BeckRS 2016, 9647 = StV 2017, 723 (Ls.); LG Heidelberg ZJJ 2007, 312 (betr. inzwischen 26-Jährigen, §§ 104 Abs. 1 Nr. 8, 112); LG Arnsberg ZJJ 2006, 84 sowie BeckRS 2010, 371; LG Zweibrücken ZJJ 2012, 209; vgl. auch LG Saarbrücken NStZ-RR 2000, 245 (zum allg. StR); LG Landshut 19.1.2012 – JQs 397/11; Meyer-Goßner/Schmitt § 453 Rn. 15; **aA** OLG Hamm ZJJ 2008, 389 f., das – ohne Hinweis auf die gesetzliche (Soll-)Voraussetzung erzieherischer Befähigung iSv § 37 – die Anhörung selbst nachgeholt hat; LG Offenburg NStZ-RR 2004, 58). **7a**

b) Einzelfragen. aa) Das umfassende Äußerungsrecht erfordert, dass **8** **dem Jugendlichen** wie auch dem **gesetzlichen Vertreter** und **Erziehungsberechtigten** (vgl. → Rn. 7) die bisher nicht bekannten Tatsachen und Beweisergebnisse **mitzuteilen** sind, die zu seinem Nachteil verwertet werden können (§ 2 Abs. 2, § 33 Abs. 3 StPO). Dies wird schon betr. eine etwaige nachträgliche Änderung von BewWeisungen und -Auflagen und besonders betr. einen etwaigen Widerruf der Aussetzung (nach UK III DVJJ-Journal 1992, 25 handle es sich idR um einen Fall notwendiger Verteidigung (§ 68)) auch im Hinblick auf die Verwertung von Inhalten der Berichte des BewHelfers zu berücksichtigen sein (vgl. auch schon Dallinger/Lackner Rn. 5).

Macht der Jugendliche in der Anhörung hinsichtlich eines neuen Delikts, **8a** dass ggf. zu einem Widerruf führt, **selbstbelastende Angaben,** sind diese im Verfahren wegen dieses Deliktes nicht verwertbar, es sei denn, sie würden nach Belehrung wiederholt (AG Landau NStZ 2020, 631 mzustAnm Ventzke NStZ 2020, 631)

bb) Äußerste **Zurückhaltung** sollte wegen des Grundsatzes des Abs. 1 **9** S. 3 (vgl. → Rn. 7) wie auch wegen der erzieherischen Bedeutung einer Anhörung des Jugendlichen hinsichtlich derjenigen im allg. StVR (§ 453 Abs. 1 S. 2 StPO) von der Rspr. (OLG Köln NJW 1963, 875) gebilligten Verfahrensweise geboten sein, wonach die Anhörung zunächst **unterbleiben** kann (und nach Zurückversetzung gem. § 33a StPO nachzuholen ist; BGHSt 26, 127), wenn der Aufenthalt des Angeklagten nicht festgestellt werden kann, weil dieser trotz entsprechender Auflage einen Wechsel seiner Anschrift nicht mitgeteilt hat (weitergehend Potrykus NJW 1967, 1790; für das allg. StVR ist str., ob den Maßnahmen nach § 453c StPO ggü. einer Entscheidung ohne Anhörung bei Unerreichbarkeit des Verurteilten zwin-

gender Vorrang zukommt, vgl. zu Nachw. Meyer-Goßner/Schmitt StPO
§ 453c Rn. 11).

4. Verfahren im Übrigen

10   **a) Beschluss. aa)** Aus der Regelung in Abs. 1 S. 1, wonach die weiteren
Entscheidungen durch Beschluss ergehen, wird ersichtlich, dass sie auch bei
gleichzeitiger Verkündung **nicht im Urteil** selbst erscheinen dürfen (allg.
Auffassung; vgl. betr. allg. StR BGH NJW 1954, 522; anders Potrykus Anm.
1). Besteht Entscheidungsreife, so kann der Beschluss aber in unmittelbarem
Anschluss an das Urteil – und in der Besetzung des JGerichts wie in der HV
– ergehen (Dallinger/Lackner Rn. 3). Soweit die weiteren Entscheidungen
nicht nach dem Urteil in der HV getroffen werden, ist eine Entscheidung
nach mündlicher Verhandlung zwar nicht gesetzlich gefordert, jedoch mitunter schon aus erzieherischen Gründen angezeigt (vgl. → § 57 Rn. 16).

11   **bb)** Nach Abs. 1 S. 4 ist der Beschluss **zu begründen.** Hierdurch wird
(über § 2 Abs. 2, § 34 StPO hinaus) auch die Begründung unanfechtbarer
Beschlüsse (etwa über den Straferlass, vgl. § 59 Abs. 4) zwingend erforderlich.

12   **b) Sonstiges.** Die **Bekanntmachung** einer einschlägigen Entscheidung
durch Verkündung ist auch im Falle mündlicher Anhörung schon wegen des
Verbots der Schlechterstellung im Vergleich zu Erwachsenen (vgl. näher
→ § 45 Rn. 7 ff.) ebenso wie nach überwiegender Meinung im allg. StVR
(Meyer-Goßner/Schmitt StPO § 454 Rn. 40; aA OLG Hamm OLGSt
§ 453 StPO) unzulässig (§ 2 Abs. 2, §§ 453, 454 StPO; KG ZJJ 2003, 303).
– Zur **Rechtsmittelbelehrung** s. § 2 Abs. 2, § 35a StPO sowie die Erl. bei
→ § 54 Rn. 39 entsprechend (vgl. konkret KG ZJJ 2003, 304, auch betr.
Wiedereinsetzung).

12a   **c) Anfechtbarkeit.** Wegen der Anfechtbarkeit der weiteren Entscheidungen vgl. → § 59 Rn. 1 ff.

III. Abs. 2

13   Die Regelung ist durch Art. 3 Nr. 5a des StVÄG 1979 eingefügt worden
(der vorherige Abs. 2 wurde zu Abs. 3), begründet mit dem Grundsatz der
Einheitlichkeit der Erziehung im JStrafverfahren (vgl. BT-Drs. 8/976, 69).
Dem war (durch Art. 3 Nr. 6 des 1. StVRG v. 9.12.1974 (BGBl. I 3393))
die Aufhebung des früheren § 61 und die Einführung des (diesem nachgebil-
deten, sodann durch das StVÄG 79 erweiterten) § 453c StPO vorausgegangen, der gem. § 2 Abs. 2 (§ 2 aF) im JStrafverfahren anwendbar ist.

1. Geltungsbereich

14   **a) Unmittelbare Anwendung.** Diese ist dann gegeben, wenn eine Entscheidung nach § 26 bevorsteht. Die vorläufigen Maßnahmen dürfen nur
getroffen werden, um sich der Person des verurteilten Jugendlichen oder
Heranwachsenden zu versichern.

15   **b) Entsprechende Anwendung. aa)** (1) Gemäß § 61b Abs. 2 gilt
§ 453c StPO entsprechend, wenn – neben den sonstigen Voraussetzungen –

eine Aussetzung der Vollstr zBew im Urteil vorbehalten wurde und vor
Ablauf der maßgeblichen Frist (§ 61a Abs. 1) nunmehr hinreichende Gründe
für die Annahme bestehen, dass die Aussetzung abgelehnt werden wird (vgl.
vormals auch OLG Karlsruhe NStZ 1983, 92 f. = JR 1983, 517 mAnm
Brunner; LG Freiburg NStZ 1989, 387 mzustAnm Fischer NStZ 1990, 52 f.;
aA Burmann Sicherungshaft 74).

(2) Nach § 2 Abs. 2, § 463 Abs. 1 StPO gilt § 453c StPO sinngemäß **16**
(auch) dann, wenn der Widerruf der Aussetzung der Vollstr zBew einer nach
§ 7 zulässig angeordneten Maßregel der Besserung und Sicherung (§ 2
Abs. 2, §§ 67b, 67g StGB) bevorsteht.

bb) Hingegen wird eine entsprechende Anwendung von § 453c StPO **17**
ausscheiden, wenn nach der Aussetzung der Verhängung einer JStrafe
zBew (§ 27) nunmehr hinreichende Gründe für die Annahme bestehen, dass
unter den Voraussetzungen von § 30 Abs. 1 S. 1 eine JStrafe verhängt
werden wird. Soweit sich die Bejahung der Voraussetzungen des § 30 Abs. 1
S. 1 iSe Indizes (vgl. → § 30 Rn. 12) aus dem Verdacht neuerlicher Straftatbegehung ergibt, darf unter den Voraussetzungen von § 72, §§ 112 ff. StPO
ein Haftbefehl erlassen werden. – Kriminalpolitisch wird teilweise eine
Erweiterung des § 453c StPO iRv § 27 zum Zwecke der „Krisenintervention" empfohlen (vgl. aber auch Art. 3 Nr. 6 StVÄG 79 und Begründung zur
Änderung des § 62 (BT-Drs. 8/976, 70), die eine entspr. Anwendung von
§ 58 Abs. 2 für die Entscheidung über die Aussetzung der Verhängung der
JStrafe zBew ausdrücklich ablehnte).

2. Zulässigkeitsvoraussetzungen

a) Zuständigkeit. Gemäß **Abs. 3 S. 1** ist für den Erlass der vorläufigen **18**
Sicherungsmaßnahmen und notfalls eines Sicherungshaftbefehls der JRichter
zuständig, der die Aussetzung angeordnet hat und sie regelmäßig auch
widerruft, sofern keine Zuständigkeitsübertragung nach Abs. 3 **S. 2** (bzw.
§ 104 Abs. 5 Nr. 1) stattgefunden hat. Zwar lässt sich aus der Wendung
„auch" in Abs. 2 im Hinblick auf dessen Entstehungsgeschichte (vgl. BT-
Drs. 8/976, 69) nur bedingt herleiten, der nach Abs. 3 zuständige JRichter
sei nicht nur für die Vollstr, sondern erst recht für die Anordnung der
vorläufigen Sicherungsmaßnahme zuständig; zudem spricht die systematische
Stellung der Zuständigkeitsregelung im Verhältnis von Abs. 3 zu Abs. 2
nicht für eine solche Auslegung. Hingegen handelt es sich bei der Zuständigkeit zur Anordnung der vorläufigen Sicherungsmaßnahmen um eine Annex-
zuständigkeit in Abhängigkeit von der in Abs. 3 geregelten Zuständigkeit
zur Entscheidung über den Widerruf (vgl. § 58 Abs. 1); es verhält sich
insoweit ebenso wie bei der Zuständigkeit zu den Entscheidungen nach § 24
oder § 60 (vgl. BGHSt 19, 170; vgl. → Rn. 5). – Der JRichter als Vollstreckungsleiter (§ 82 Abs. 1) tritt lediglich an die Stelle der StrafvollstrKammer
(§§ 462a, 463 StPO), wogegen sich ansonsten aus § 82 Abs. 1 die Zuständigkeit zum Erlass der vorläufigen Sicherungsmaßnahmen nicht herleiten
lässt (zust. Brunner/Dölling § 61 Rn. 15; Appl in KK-StPO StPO § 453c
Rn. 8, Meyer-Goßner/Schmitt StPO § 453c Rn. 12).

b) Konkrete Tatsachen. Der Gebrauch von vorläufigen Maßnahmen **19**
nach § 453c StPO kann erst ab dem Zeitpunkt in Betracht kommen, in dem
hinreichende Gründe dafür **festgestellt worden** sind, dass die Aussetzung

widerrufen wird (vgl. auch → Rn. 20), wozu auch die Prüfung der Voraussetzungen des zwingenden **Absehens** von dem Widerruf gehört (§ 26
Abs. 2, vgl. → §§ 26, 26a Rn. 16 ff.). Solche Gründe sind objektive Tatsa-
chen, die bei vorläufiger Bewertung mit **hoher Wahrscheinlichkeit** den
Widerruf erwarten lassen (Graalmann-Scheerer in Löwe/Rosenberg StPO
§ 453c Rn. 5; Meyer-Goßner/Schmitt StPO § 453c Rn. 3). Unzureichend
wäre eine Orientierung an Informationen der Ermittlungsbehörden, da zB
Ermittlungsbeamte im Allg. von anderen Erfolgskriterien geleitet sind als das
Gericht (vgl. näher etwa Eisenberg/Kölbel Kriminologie § 27 Rn. 42; zur
Höherstufungstendenz etwa → § 72 Rn. 9b).

19a   Die Zulässigkeit der Anordnung vorläufiger Maßnahmen endet mit der
„Rechtskraft des Widerrufsbeschlusses" (§ 453c Abs. 1 StPO) bzw. demjeni-
gen Zeitpunkt, in dem geklärt ist, dass die gegebenen Tatsachen für einen
Widerruf nicht ausreichen.

20   **c) Vorläufige Maßnahmen.** Was die vorläufigen Maßnahmen (betr. den
Sicherungshaftbefehl vgl. → Rn. 23) angeht, so ist ein begründeter **Anlass,**
schon vor Erlass des Widerrufsbeschlusses sicherzustellen, dass der Jugendliche oder Heranwachsende bei der späteren Vollstr erreichbar ist, **nur** dann
gegeben, wenn **konkrete Tatsachen** den Schluss begründen (vgl. auch
→ Rn. 19), der Jugendliche oder Heranwachsende werde sich der Vollstr
entziehen (so auch schon Dallinger/Lackner § 61 Rn. 3).

21   **aa) Art der Maßnahmen.** (1) Systematisch gilt Sicherungshaft als ultima
ratio, zu deren Vermeidung die verschiedensten Möglichkeiten zu prüfen
sind. So kann in Betracht kommen, im Rahmen einer Unterredung des
JRichters mit dem Verurteilten dessen **Zusage** zu erreichen, er werde sich
weder dem Kontakt mit dem BewHelfer oder dem Vertreter der JGH noch
der Anordnung seines Erscheinens entziehen, sofern eine Vollstr erfolgen
sollte (vgl. aber auch § 453c Abs. 2 S. 2 StPO iVm § 33 Abs. 4 S. 1 StPO).
Auch kann im Benehmen mit der JGH (§ 38 Abs. 3 S. 1 aF bzw. § 38 Abs. 6
nF) zu prüfen sein, ob Maßnahmen der **JHilfe** wie zB Formen der Unterbringung geeignet sind. Des weiteren sind die Zusicherung des Erziehungsberechtigten oder des gesetzlichen Vertreters zu nennen, dafür Sorge zu
tragen, dass der Jugendliche im Falle einer Vollstr erreichbar ist.

21a   Andere mögliche vorläufige Maßnahmen sind die **Anordnung** ggü. dem
Jugendlichen, sich zu regelmäßigen Zeitpunkten zu melden und/oder seinen
Wohnort (uU sogar die Wohnung) nicht zu verlassen und/oder bei einer
Familie oder in einem Heim zu wohnen. Das Gleiche gilt für die **Anwei-
sung** an den BewHelfer (vgl. § 25 S. 2), die Einhaltung einer Zusage des
Jugendlichen bzw. die Erfüllung anderer vorläufiger Maßnahmen und/oder
den Aufenthalt des Jugendlichen (erforderlichenfalls unter Einschaltung der
JGH, vgl. § 38 Abs. 2 S. 8 aF bzw. § 38 Abs. 5 S. 4 nF) zu überwachen.

22   (2) Die Auswahl ist **abhängig** von der **Erforderlichkeit** der Maßnahme
im Hinblick auf die vorhandenen konkreten Tatsachen, die die Gefahr
begründen, dass sich der Verurteilte der Vollstr entziehen werde. Die Maßnahmen haben reinen Sicherungscharakter (auch insoweit unterscheiden sie
sich von den vorläufigen Anordnungen über die Erziehung, vgl. näher Erl.
zu § 71), dh die Vorschrift erlaubt keinen sonstigen Zweck (vgl. auch
→ Rn. 17). Sie sollen ausschließlich für den kurzen Zeitraum bis zur Entscheidung gem. § 26 gewährleisten, dass im Falle eines Widerrufs der Vollzug durchgeführt werden kann (vgl. Dallinger/Lackner § 61 Rn. 4).

bb) Haftbefehl. Ein solcher darf nur erlassen werden, wenn durch vor- 23
läufige Maßnahmen der Sicherungszweck nicht (mehr) erreicht werden
kann. Diese **Subsidiarität** des Haftbefehls ergibt sich nicht nur aus dem
Gesetzeswortlaut des § 453c Abs. 1 StPO („notfalls"), sondern schon aus
dem jugendstrafrechtlichen Grundsatz der Vermeidung erzieherisch nicht
angezeigter Maßnahmen (vgl. § 72 Abs. 1 und 2; zur Unterrichtungs- bzw.
Mitteilungspflicht der JGH s. § 72a S. 2, S. 1 Hs. 2). Erscheint der Haftbefehl im Hinblick auf den Sicherungszweck des gem. § 2 Abs. 2 unter
Wahrung der im **JStVR** bestehenden **Auslegungsgrundsätze** (vgl. → § 2
Rn. 20 ff.) anwendbaren **§ 453c Abs. 1 StPO** unumgänglich, ist sein Erlass
alternativ zum einen nur zulässig, wenn (aufgrund bestimmter Tatsachen) die
Voraussetzungen des § 112 Abs. 2 Nr. 1 oder 2 erfüllt sind, wozu Einschränkungen der Bejahung gem. Besonderheiten der Altersgruppen Jugendlicher und auch Heranwachsenden bestehen (vgl. näher → § 72 Rn. 6b
–6f). Altenativ zum anderen müssen bestimmte Tatsachen die Gefahr begründen, dass der Verurteilte erhebliche Straftaten begehen werde (§ 453c
Abs. 1 StPO), wobei es zwar (im Unterschied zu § 112a Abs. 1 StPO) nicht
auf die Art der Straftaten ankommt, jedoch sind bei der Subsumtion unter
die Voraussetzung der Erheblichkeit Unterschiede im Handlungsunrecht
Jugendlicher im Vergleich zu Erwachsenen zu berücksichtigen (vgl. näher
→ § 72 Rn. 7a–7d).

3. Entscheidungsform

Die vorläufigen Maßnahmen (wie der Haftbefehl) werden regelmäßig 24
ohne mündliche Verhandlung durch begründeten (§ 2 Abs. 2, § 34 StPO)
Beschluss angeordnet, wenn sie von dem Jugendlichen ein bestimmtes Verhalten verlangen oder ihm ggü. zu vollziehen sind. Dagegen können vorläufige Maßnahmen iZm dritten Personen (Anweisung an den BewHelfer,
Vereinbarung mit dem Erziehungsberechtigten; vgl. → Rn. 21) **formlos**
ergehen, da sie keine richterlichen Entscheidungen im strafverfahrensrechtlichen Sinne darstellen (so auch Dallinger/Lackner § 61 Rn. 6).

4. Anfechtbarkeit

Der Beschluss, durch den vorläufige Maßnahmen (wie ein Haftbefehl) 25
angeordnet wurden, ist mit der **einfachen Beschwerde** (§ 2 Abs. 2, § 304
StPO) ohne aufschiebende Wirkung (§ 2 Abs. 2, § 307 Abs. 1 StPO, vgl.
aber auch Abs. 2) anfechtbar. Gegen den Erlass eines Sicherungshaftbefehls
ist auch **weitere Beschwerde** (§ 2 Abs. 2, § 310 Abs. 1 StPO) zulässig
(ebenso Ostendorf/Drenkhahn in NK-JGG Rn. 24; aA die hM; OLG
Hamburg NJW 1964, 605; OLG Stuttgart MDR 1975, 951; OLG Bamberg
NJW 1975, 1526; OLG Düsseldorf NStZ 1990, 251; OLG Frankfurt a. M.
NStZ-RR 2002, 15; Appl in KK-StPO StPO § 453c Rn. 10; vgl. Meier in
HK-JGG Rn. 16; Dallinger/Lackner § 61 Rn. 7), da in Gleichstellung zu
den Regeln der U-Haft zu verfahren ist (vgl. näher OLG Braunschweig
NStZ 1993, 604; Burmann Sicherungshaft 117 ff.; Amelung JZ 1987, 736
(739); Fischer NStZ 1990, 54; Paeffgen NStZ 1990, 536) und der Schutz vor
falschen Verdachtsmomenten sich – zumal iZm § 26 Abs. 1 Nr. 1 (vgl.
näher → §§ 26, 26a Rn. 8 ff.) – auch auf solche bezieht, die mit der erkannten JStrafe nichts zu tun haben.

25a   Gegen die Entscheidung, einen Sicherungshaftbefehl nicht zu erlassen, steht der JStA keine Beschwerde zu (vgl. auch → § 59 Rn. 27).

5. Vollstreckung (§ 453c Abs. 2 StPO)

26   **a) Zuständigkeit. aa)** Für die **Vollstr** der vorläufigen **Maßnahme** ist in funktioneller Hinsicht der JRichter zuständig (Abs. 2). Im Einzelnen bestimmt sich die Zuständigkeit nach Abs. 3.

27   **bb)** Auch die Vollstr eines **Sicherungshaftbefehls** liegt in der Zuständigkeit des JGerichts. Zwar wird sich auf die Formulierung „auch" in Abs. 2 eine entsprechende Anwendung wohl nicht stützen lassen, da sich diese Bestimmung auf Abs. 1 bezieht (vgl. ergänzend auch → Rn. 18). Gleichwohl wird ein arg. a maiore ad minus – zu Gunsten einer entsprechenden Geltung des Abs. 2 für den Sicherungshaftbefehl – insofern gerechtfertigt sein, als die Nichterwähnung des Sicherungshaftbefehls innerhalb des Abs. 2 darauf zurückzuführen sein wird, dass der Gesetzgeber für das JStR in besonderem Maße den nur subsidiären Charakter des Sicherungshaftbefehls ggü. vorläufigen Maßnahmen (vgl. → Rn. 23) zum Ausdruck bringen wollte (zur – nicht ganz eindeutigen – Begründung vgl. BT-Drs. 8/976, 69). – Die VollstrZuständigkeit betr. den Sicherungshaftbefehl ergibt sich hingegen nicht aus der allg. sachlichen Zuständigkeitsbestimmung des JRichters als VollstrBehörde zur Vollstr von Rechtsfolgen (§ 82 Abs. 1). Für die dieser Vorschrift entsprechende Bestimmung der VollstrBehörde nach allg. StVR (§ 451 StPO) ist ohnehin anerkannt, dass es sich bei der Vollstr des Sicherungshaftbefehls nicht um eine Vollstr im eigentlichen Sinne der Vorschrift, nämlich um die eines rechtskräftigen Urteils handelt, weshalb insoweit die Vollstr des Sicherungshaftbefehls auf § 36 Abs. 2 StPO gestützt wird (vgl. Meyer-Goßner/Schmitt StPO § 453c Rn. 13).

28   **b) Verfahren nach Erlass des Sicherungshaftbefehls.** Hierzu und zum Vollzug (betr. die JGH s. § 72a S. 1 Hs. 1) ergeben sich Besonderheiten aus **§ 453c Abs. 2 StPO.**

29   **aa)** § 453c Abs. 2 S. 2 StPO erklärt die (für den U-Haftbefehl geltenden) Vorschriften der §§ 114–115a, 119 und 119a StPO sowie § 33 Abs. 4 S. 1 StPO für entsprechend anwendbar (vgl. ergänzend → § 72 Rn. 15). Hiernach bedarf es zur Anordnung der Sicherungshaft eines schriftlichen richterlichen Haftbefehls (§ 114 Abs. 1 StPO), der inhaltlich einem U-Haftbefehl zu entsprechen hat (§ 114 Abs. 2, 3 StPO) und unabhängig von vorheriger Anhörung des Verurteilten (vgl. § 33 Abs. 4 S. 1 StPO) ihm bei der Verhaftung unter Aushändigung einer Abschrift, ggf. zudem der Übersetzung in einer ihm verständlichen Sprache, bekanntzugeben ist (§ 114a S. 1 StPO; vgl. aber auch § 114a S. 2, 3 StPO; vgl. auch Nr. 48 Abs. 1 RiStVB: bereit zu halten). Außerdem ist der Verurteilte in geeigneter Weise (§ 70a Abs. 1 aF bzw. § 70b Abs. 1 nF) über seine Rechte zu belehren (§ 114b StPO), und es ist ihm grds. Gelegenheit zu einer Benachrichtigung eines Angehörigen oder einer Vertrauensperson zu geben (vgl. § 114c Abs. 1 StPO, anders bei erheblicher (eingef. durch Gesetz v. 27.8.2017 (BGBl. I 3295) Gefährdung); ferner hat bei Haftvollzug nach der Vorführung vor das Gericht durch dessen Anordnung eine Benachrichtigung eines seiner Angehörigen oder einer Vertrauensperson zu erfolgen (§ 114c Abs. 2 StPO; vgl. auch § 67 Abs. 2 aF bzw. § 67a Abs. 1 nF). Entsprechend gelten auch die Bestimmungen über die Vorführung vor das Gericht (§§ 115 Abs. 1, 115a Abs. 2, Abs. 3 S. 1 StPO) und die Rechtsmittelbelehrung (§§ 115 Abs. 4, 115a Abs. 3 S. 2 StPO).

Hingegen widerspräche der Erlass einer **Ausschreibung** zur **Festnahme** 29a aufgrund des Sicherungshaftbefehls entsprechend § 131 StPO **nicht** nur erzieherischen Belangen und damit Grundsätzen des JGG (vgl. → § 2 Rn. 14), sondern er wäre auch im Übrigen unzulässig (allg. Auffassung; abw. noch Potrykus § 61 Anm. 1), weil § 453c Abs. 2 StPO eine entsprechende Anwendung des § 131 StPO gerade nicht vorsieht (ebenso Schatz in Diemer/Schatz/Sonnen Rn. 32; ähnlich Dallinger/Lackner § 61 Rn. 7 zum früheren Recht).

(1) Da § 453c Abs. 2 S. 2 StPO auf 115 Abs. 4 StPO verweist und dieser 30 die Belehrung (s. § 70a Abs. 1 aF bzw. § 70b Abs. 1 nF) über den Rechtsbehelf des Antrags auf gerichtliche **Haftprüfung** mit umfasst, findet zumindest im JStrafverfahren (vgl. den Rechtsgedanken der Regelungen des § 72 sowie zu Auslegungsgrundsäzen → § 2 Rn. 20 ff.) nach Maßgabe von § 2 Abs. 2, §§ 117 Abs. 1, 118 Abs. 1 StPO ein Haftprüfungsverfahren statt (ebenso Brunner/Dölling § 61 Rn. 10; einschränkend betr. praktische Relevanz Kilian in BeckOK JGG Rn. 41; **aA** Dallinger/Lackner § 61 Rn. 10; Lind in Löwe/Rosenberg StPO § 117 Rn. 6; LG Freiburg NStZ 1989, 387 mablAnm Fuchs, aber mzustAnm Fischer NStZ 1990, 53 f. sowie die überwiegende Auffassung zum allg. StVerfahren, vgl. nur Appl in KK-StPO StPO § 453c Rn. 10). Zudem ist im JStrafverfahren eine Haftprüfung **von Amts wegen** nach **sechsmonatiger Haft** (§ 2 Abs. 2, §§ 121 f. StPO) unbeschadet der Nichterwähnung der Vorschriften in § 453c Abs. 2 S. 2 StPO vorzunehmen (zust. Schatz in Diemer/Schatz/Sonnen Rn. 31; **aA** Brunner/Dölling § 61 Rn. 12 sowie die hM zum allg. StVerfahren, vgl. nur Meyer-Goßner/Schmitt StPO § 453c Rn. 16), zumal eine entsprechende Verweisung auch deshalb unterblieben sein mag, weil bei der als kurzfristig und vorläufig charakterisierten Sicherungshaft eine §§ 121 f. StPO gemäße Haftdauer nicht in Erwägung gezogen wurde (aA Burmann Sicherungshaft 125 f.).

(2) Eine **Aussetzung** des **Vollzugs** des Sicherungshaftbefehls entspre- 31 chend §§ 116, 116a StPO ist nicht zulässig. Es bedarf ihrer auch nicht, weil bei entsprechender Sachlage die Aufhebung des Sicherungshaftbefehls verbunden mit der Anordnung vorläufiger Maßnahmen in Betracht zu ziehen ist (allg. Auffassung).

(3) Beim **Vollzug** der Sicherungshaft ist neben den entsprechend gelten- 32 den §§ 119, 119a StPO die Regelung in § 89c zu berücksichtigen. Soweit der Vollzug Wirkungen erkennen lässt, die die Vermeidung des Widerrufs und die Fortsetzung der BewZeit doch noch ermöglichen, wird eine günstige Beurteilung (vgl. vormals Abel Bewährungshilfe 1964, 129) vertretbar sein (vgl. aber auch → § 72 Rn. 9a).

bb) Mit Eintritt der **Rechtskraft** (hM, vgl. nur Appl in KK-StPO StPO 33 § 453c Rn. 6 (nicht dem Erlass; so noch Dallinger/Lackner § 61 Rn. 11 zum früheren Recht)) des Widerrufsbeschlusses geht die Sicherungshaft in den Vollzug der Strafe über. Gemäß § 2 Abs. 2, § 453c Abs. 2 S. 1 StPO ist jede Freiheitsentziehung ab der Ergreifung aufgrund des Haftbefehls bis zur Entlassung oder der Rechtskraft des Widerrufsbeschlusses in der Weise **anzurechnen,** dass der Beginn der Strafzeit um den Zeitraum, den der Verurteilte aufgrund des Haftbefehls unter Entzug seiner Freiheit verbracht hat, vorverlegt wird.

34   **cc)** Wird der Widerruf der Aussetzung der Vollstr zBew (uU erst in der Rechtsmittelinstanz) abgelehnt, weil das Gericht dessen Voraussetzungen als von vornherein nicht erfüllt ansieht, so entsteht im Hinblick auf die vollzogene Sicherungshaft zumindest im JStV (vgl. näher → § 2 Rn. 59 ff.) ein **Entschädigungs**anspruch, da konsequenterweise auch hier (vgl. → Rn. 25) eine Gleichstellung zu den Regeln der U-Haft angezeigt ist (§ 2 StrEG entspr.; näher Eisenberg GA 2004, 386; Meier in HK-JGG Rn. 17; zw. Schatz in Diemer/Schatz/Sonnen Rn. 33; **aA,** weil ein anderes Verfahren betr., Brunner/Dölling StPO § 453c Rn. 16; sodann Ostendorf/Drenkhahn in NK-JGG Rn. 26 – ebenso die hM zum allg. StVerfahren, vgl. nur OLG Karlsruhe MDR 1977, 600; OLG Schleswig SchlHA 2004, 272; Kunz StrEG § 2 Rn. 13a).

IV. Abs. 3

1. Eingeschränkte Zuständigkeit des JRichters (S. 1)

35   Es besteht keine grundsätzliche **Zuständigkeit** des JRichters (BGH 19, 170), wie der Wortlaut des Abs. 3 S. 1 und der Umstand zeigt, dass das für allg. Strafsachen zuständige Gericht erst durch (allerdings zwingende) Übertragung (§ 104 Abs. 5 Nr. 1) die Zuständigkeit des JRichters begründet. Während nach allg. StVR mit Eintritt der Rechtskraft des die Aussetzung anordnenden Urteils (bis zu etwaiger Strafvollstr, vgl. § 462a Abs. 1 S. 1 StPO) das Gericht des **ersten Rechtszuges** zuständig ist (§ 462a Abs. 2 S. 1 StPO; vgl. auch § 462a Abs. 3 S. 1 StPO), gilt im JStrafverfahren – nicht im JSchutzverfahren gegen zur Tatzeit Erwachsenen (OLG Hamm JMBl. 2001, 230) – das **BerufungsG** als zuständig, **wenn** es erstmals die Aussetzung der Vollstr zBew angeordnet, also nicht nur die Aussetzungsentscheidung des erstinstanzlichen Gerichts bestätigt hat (allg. Auffassung, vgl. nur BGH NStZ 1987, 87; OLG Hamm ZJJ 2008, 388; LG Passau BeckRS 2018, 18538; anders zum früheren Recht noch Potrykus Anm. 2: stets das erstinstanzliche Gericht). Hierfür spricht, dass zumindest das JGericht, das sich aufgrund eigener Prüfung zur Aussetzung der JStrafe zur Bewährung entschlossen hat, nach dem Grundsatz der Einheitlichkeit (vgl. → § 31 Rn. 3, → § 34 Rn. 8) erzieherischer Entscheidungen auch für die damit verbundenen weiteren Entscheidungen zuständig sein sollte (§ 104 Abs. 5 Nr. 1 normiert für das Erwachsenengericht nur insofern eine Ausnahme, als der größeren Erfahrung des JRichters mit den weiteren Entscheidungen Rechnung getragen wird, vgl. BGHSt 25, 85 (88); zum Zweck der Ausnahme in Abs. 3 S. 2 vgl. → Rn. 39 ff.). Das Berufungsgericht kann die Zuständigkeit indes nach Abs. 3 S. 2 übertragen (LG Passau BeckRS 2018, 18538).

36   **a) § 31 Abs. 3 S. 1.** Soweit nach dieser Vorschrift (s. auch § 66 Abs. 1 S. 2) eine **Ausnahme** von dem Grundsatz der Einheitlichkeit als erzieherisch zweckmäßig beurteilt worden ist (zu den Voraussetzungen vgl. → § 31 Rn. 29 ff.) und nunmehr mehrere Verurteilungen zu JStrafe unter Aussetzung der Vollstr zBew nebeneinander bestehen, kommt Abs. 3 S. 1 der **Vorrang** vor der allg. Zuständigkeitskonzentration iSv § 462a Abs. 4 S. 1, 2 iVm Abs. 3 S. 2 StPO zu (iE ebenso wie bei konkurrierender VollstrZu-

ständigkeit nach Jugend- und Erwachsenenrecht (vgl. BGHSt 28, 351 (354)). Dies steht im Einklang damit, dass die den Verurteilten in seiner Lebensführung unmittelbar betreffenden Entscheidungen nach § 58 überwiegend eine möglichst nahe Kenntnis der Persönlichkeit des Verurteilten (sowie der zugrundeliegenden Tat und ihrer Umstände) voraussetzen.

b) Maßregel. § 31 Abs. 3 S. 1 gilt entsprechend auch für die Aussetzung **37** zBew der Vollstr einer Maßregel der Besserung und Sicherung (§ 7; OLG Jena NStZ 2010, 283).

2. Übertragung (S. 2)

Das JGericht, welches die Aussetzung der Vollstr zBew iSv Abs. 1 (nicht **38** also die Aussetzung zBew gem. § 27 (BGH StV 1998, 348; vgl. aber auch → Rn. 17) und auch nicht diejenige im Gnadenweg (BGHSt 32, 330) bzw. gem. § 36 Abs. 1 BtMG) angeordnet hat, **kann** (Abs. 3 **S. 2**), das entsprechende Erwachsenengericht **muss (§ 104 Abs. 5 Nr. 1)** die infolge der Aussetzung notwendig werdenden Entscheidungen dem JRichter des (nicht notwendig freiwilligen; OLG Schleswig EJF C I Nr. 26 = SchlHA 1957, 106) Aufenthaltsortes übertragen (und zwar nach der Aussetzungsentscheidung in jeder Lage des Verfahrens (vgl. näher Dallinger/Lackner Rn. 14)).

a) Entscheidungsnähe. Der Regelung des Abs. 3 S. 2 liegt der Gesichts- **39** punkt der Entscheidungsnähe zugrunde. Das JGericht entscheidet über die Abgabe nach pflichtgemäßen Ermessen. Angesichts des in Abs. 3 S. 1 zum Ausdruck kommenden Grundsatzes der Einheitlichkeit erzieherischer Entscheidungen bedarf es jedoch **besonderer Gründe,** die eine Übertragung angezeigt bzw. **zweckmäßig** erscheinen lassen (vgl. OLG Nürnberg NStE Nr. 3 zu § 58 JGG; vgl. zur Abwägung OLG Köln NJW 1955, 603; OLG Frankfurt a. M. NStZ-RR 2005, 60; OLG Dresden NStZ-RR 2005, 219 (vern., ua weil die JKammer „ihn zuletzt gesehen" hat); anders OLG Frankfurt a. M. NStZ 1989, 199 mkritAnm Eisenberg/Krauth; vern. bei Nichtgewissheit des Aufenthaltsorts BGH NStZ 1996, 327 bei Kusch bzw. bei eher kürzerem Zeitraum BGH NStZ-RR 2005, 280 = ZJJ 2005, 445 (jeweils Ls.)).

Insbesondere bei dauerndem Aufenthalt des Jugendlichen in erheblicher **40** Entfernung (nicht zB zwischen den AG Bottrop und Oberhausen, BGH 5.5.1993 – 2 ARs 131/93 bei Kusch NStZ 1994, 27; vgl. auch BGH NStZ 1994, 204 f.) vom Bezirk des erkennenden Gerichts wird eine Übertragung in Betracht kommen (BGH 5.3.1997 – 2 ARs 81/97 bei Böhm NStZ 1997, 483: Kontakt des Verurteilten zum dortigen BewHelfer; vgl. auch BGH BeckRS 2000, 10167: Rückkehr an den Heimatort nach Haftentlassung (in anderer Sache), ähnlich BGH BeckRS 2013, 10321; vgl. auch Dallinger/ Lackner Rn. 12; zur Besonderheit einer Übertragung bei Wehrpflichtigen vgl. → Rn. 3). Abw. von §§ 42 Abs. 3 S. 1, 65 Abs. 1 S. 4 ist allerdings nicht erforderlich, dass dieser Zustand erst aufgrund eines nachträglichen Aufenthaltswechsels eingetreten ist (vgl. OLG Köln NJW 1955, 603). Auch kommt es auf den tatsächlichen Aufenthalt und nicht auf eine entspr. Meldeanschrift an. Allerdings ist eine Übertragung unzweckmäßig, wenn bereits zum Zeitpunkt ihrer Vornahme abzusehen ist, dass sich der Verurteilte nur kurzzeitig im Zuständigkeitsbereich des Amtsgerichts, an das die Bewährungsüberwachung übertragen werden soll, aufhalten wird (vgl. etwa BGH BeckRS 2021, 3349).

41   **aa)** Hat die **JKammer** die Aussetzung angeordnet, kann sie diese nach hM (OLG Stuttgart NStZ 1990, 358 mAnm Brunner; aA Ostendorf/Drenkhahn in NK-JGG Rn. 5) ggf. auch dann dem JRichter (nach dem eindeutigen Wortlaut des Abs. 3 S. 2 jedoch nicht dem JSchöffenG, auch wenn es erstinstanzlich entschieden hat (vgl. BGHSt 19, 170)) übertragen, wenn der Jugendliche sich (gleichzeitig) im Bezirk der JKammer aufhält (iE ebenso, aber mit weiterer Begründung schon Dallinger/Lackner Rn. 11). Allerdings sind die Zuständigkeit der anordnenden JKammer und die Abgabe gleichrangige Alternativen (OLG Düsseldorf NStE Nr. 4 zu § 58 JGG), und die Zweckmäßigkeit einer Abgabe nach Abs. 3 S. 2 ist anhand der jeweiligen Besonderheiten des Einzelfalles zu beurteilen (OLG Zweibrücken NStZ 2002, 499). Eine solche Übertragung bedarf daher – schon zwecks Überprüfbarkeit im Falle der Vorlage an das gemeinschaftliche obere Gericht – näherer (wenngleich nicht förmlicher, Abs. 1 S. 4 argumentum e contrario) Begründung (OLG Stuttgart NStZ 1990, 358 mAnm Brunner).

42   **bb)** Das JGericht, dem eine **teilweise Übertragung** gestattet ist (Abs. 3 S. 2), kann sich einzelne Entscheidungen vorbehalten (vgl. BGHSt 7, 318). Äußert sich der Abgabebeschluss jedoch nicht zum Umfang der Übertragung, so sind alle noch zu treffenden Entscheidungen übertragen (allg. Auffassung). – Nach OLG Nürnberg (StraFo 2011, 334) ist Abs. 3 S. 2 entsprechend bei Maßregeln nach § 7, §§ 63, 64 StGB anzuwenden, deren Vollstr zBew ausgesetzt ist.

43   **b) Folgen der Übertragung. aa)** Soweit das erkennende JGericht die weiteren Entscheidungen übertragen hat, kann es ohne grundlegende Veränderung der hierfür maßgeblichen Umstände die Übertragung nicht widerrufen (abw. von der Abgabe im Vollstreckungsverfahren, vgl. § 85 Abs. 5). Er bleibt jedoch (ohne Beschränkung durch die Übertragung) für die Einleitung und Durchführung der Vollstr selbst zuständig, sofern keine Abgabe der Vollstr nach § 85 Abs. 5 erfolgt ist (vgl. BGHSt 27, 25; BGH MDR 1986, 952). Tritt aber eine grundlegende **Änderung** in den für die Übertragung bestimmend gewesenen **Verhältnissen** ein (zB wegen Aufenthaltswechsels), so soll das abgebende Gericht zur Überprüfung und Abänderung (einschließlich der Rückgängigmachung oder Übertragung an einen anderen JRichter) seiner Entscheidung befugt sein (vgl. BGHSt 24, 332 (335); Bedenken bei Ostendorf/Drenkhahn in NK-JGG Rn. 9).

44   **bb)** (1) Da zwar nicht das abgebende (BGHSt 26, 204 für das allg. StVR), wohl aber das **übernehmende Gericht** an die wirksame Übertragung **gebunden** ist (vgl. weitergehend § 462a Abs. 2 S. 2 letzter Hs. StPO), kann dieses Gericht nach hM **nur** eine **Abänderung** der Entscheidung **anregen,** jedoch keine weitere Übertragung vornehmen (BGH MDR 1986, 952; NStZ 2018, 664; Dallinger/Lackner Rn. 16; vgl. auch Meyer-Goßner/Schmitt StPO § 462a Rn. 23). Dies ist mit Blick auf den Grundsatz der Einheitlichkeit erzieherischer Entscheidungen angezeigt (BGH NStZ 2018, 664). Dem erkennenden JGericht wird hierdurch nämlich die Verantwortung darüber belassen, wann die Vorteile der Ortsnähe eine Übertragung geboten sein lassen, wohingegen durch eine etwaige Weiterübertragungsmöglichkeit des übernehmenden JRichters eine entsprechende Einflussnahme des erkennenden JGerichts weitgehend vereitelt werden könnte.

(2) Eine **Ausnahme** ist nur gerechtfertigt für den Fall einer Übertragung 45
durch das für allg. Strafsachen zuständige Gericht nach § 104 Abs. 5 Nr. 1.
Hier ist der übernehmende JRichter auch für die Weiterübertragung zuständig, weil das Gesetz davon ausgeht, dass JRichter die größere Erfahrung bei
der Durchführung jugendstrafrechtlicher Rechtsfolgen aufbringen (BGH
MDR 1978, 329; BGHSt 28, 353; Schatz in Diemer/Schatz/Sonnen
Rn. 20; aA Ostendorf/Drenkhahn in NK-JGG Rn. 10). Insofern ist auch
der Auffassung zuzustimmen, wonach mit der Übernahme durch den JRichter (ohne Ablehnungsbefugnis, da die Verweisung in § 58 Abs. 3 S. 3 nicht
entspr. gilt) das für allg. Strafsachen zuständige Gericht nicht mehr mit dem
Verfahren befasst ist, sodass eine Rücknahmebefugnis ausscheidet (vgl.
BGHSt 25, 85 (89)).

cc) Mit der wirksamen Übertragung ist auch ein Wechsel in der Zustän- 46
digkeit der **JStA** verbunden (vgl. → § 36 Rn. 10). – Zu den Folgen einer
Übertragung der Zuständigkeit betr. Entscheidungen nach § 60 vgl.
→ Rn. 5. Betreffend die nachträgliche Festsetzung einer EinheitsJStrafe vgl.
→ § 66 Rn. 11.

3. Zuständigkeitskonflikt (S. 3)

a) Allgemeines. Lehnt der JRichter des Aufenthaltsortes die Übernahme 47
von dem abgebenden JGericht (nicht Erwachsenengericht, vgl. → Rn. 38)
ab, bleibt die Sache bei dem erkennenden Gericht anhängig, da eine wirksame Übertragung nicht vorliegt. Über den damit gegebenen Zuständig-
keitskonflikt – er ist verfahrensrechtlich nur zu entscheiden, wenn das Gericht, das abgegeben hat, zur Übertragungsentscheidung zuständig ist (BGH
NStZ 1987, 87; 2018, 664 (665) – entscheidet das gemeinschaftliche obere
Gericht (**Abs. 3 S. 3**, § 42 Abs. 3 S. 2 entspr.). Erst mit dem Zugang des
die Übernahme anordnenden Beschlusses dieses Gerichts wird das Verfahren
beim JRichter des Aufenthaltsortes anhängig.

b) Rückübertragung. Ist eine Übernahme erfolgt, kann der JRichter des 48
Aufenthaltsortes bei einem Aufenthaltswechsel des Jugendlichen eine Änderung des Abgabebeschlusses zum Zweck der Rückübertragung beim erkennenden JGericht anregen (vgl. → Rn. 38). Grundsätzlich ist bei Wegfall der
Gründe für die vorherige Übertragung diese rückgängig zu machen (OLG
Nürnberg NStE Nr. 3 zu § 58 JGG). Führt die Geltendmachung der Bedenken nicht zu einer Rückübertragung, entscheidet auch dann das gemeinschaftliche obere Gericht (BGH 22.5.1991 – 2 ARs 125/91 bei Kusch NStZ
1992, 30). – Im Einzelnen wurde entschieden, dass der Vermerk „mit unbekanntem Aufenthalt verzogen" noch keine Rückübertragung verlangt, weil
es sein könne, dass der Verurteilte innerhalb des letzten Aufenthaltsorts mit
unbekanntem Aufenthalt wohne (BGH 22.5.1991 – 2 ARs 125/91 bei
Kusch NStZ 1992, 30).

Anfechtung

59 (1) [1]**Gegen eine Entscheidung, durch welche die Aussetzung
der Jugendstrafe angeordnet oder abgelehnt wird, ist, wenn sie
für sich allein oder nur gemeinsam mit der Entscheidung über die
Anordnung eines Jugendarrests nach § 16a angefochten wird, sofor-**

tige Beschwerde zulässig. ²Das gleiche gilt, wenn ein Urteil nur deshalb angefochten wird, weil die Strafe nicht ausgesetzt worden ist.

(2) ¹Gegen eine Entscheidung über die Dauer der Bewährungszeit (§ 22), die Dauer der Unterstellungszeit (§ 24), die erneute Anordnung der Unterstellung in der Bewährungszeit (§ 24 Abs. 2) und über Weisungen oder Auflagen (§ 23) ist Beschwerde zulässig. ²Sie kann nur darauf gestützt werden, daß die Bewährungs- oder die Unterstellungszeit nachträglich verlängert, die Unterstellung erneut angeordnet worden oder daß eine getroffene Anordnung gesetzwidrig ist.

(3) Gegen den Widerruf der Aussetzung der Jugendstrafe (§ 26 Abs. 1) ist sofortige Beschwerde zulässig.

(4) Der Beschluß über den Straferlaß (§ 26a) ist nicht anfechtbar.

(5) Wird gegen ein Urteil eine zulässige Revision und gegen eine Entscheidung, die sich auf eine in dem Urteil angeordnete Aussetzung der Jugendstrafe zur Bewährung bezieht, Beschwerde eingelegt, so ist das Revisionsgericht auch zur Entscheidung über die Beschwerde zuständig.

Übersicht

I. Anwendungsbereich

Die Vorschrift gilt in Verfahren gegen **Jugendliche** auch vor den für allg. **1**
Strafsachen zuständigen Gerichten (§ 104 Abs. 1 Nr. 8).

In Verfahren gegen **Heranwachsende** gilt die Vorschrift – vor JGerich- **2**
ten wie vor den für allg. Strafsachen zuständigen Gerichten – dann, wenn
materielles JStR angewendet worden ist (§ 109 Abs. 2 S. 1, §§ 105 Abs. 1,
112 S. 1 und 2).

II. Allgemeines

Ausgangspunkt des Gesetzgebers für eine Sonderregelung betr. die **3**
Rechtsmittel gegen eine Aussetzung der Vollstr zBew und die damit zusammenhängenden Entscheidungen ist die Annahme, es bestehe „ein besonders
dringendes Bedürfnis, schnell zu einer rechtskräftigen Entscheidung zu gelangen", weil die JStrafe „nur dann die notwendige erzieherische Wirkung
(habe), wenn sie der Tat sobald wie möglich folge" (Amtl. Begr. 46, vgl.
hierzu n. → Einl. Rn. 42, → § 55 Rn. 59). Dabei regelt § 59 **Abweichun-**
gen von § 55 und von dem **allg. Rechtsmittelsystem** lediglich bezüglich
der alleinigen Anfechtung von Entscheidungen, die die Aussetzung der
Vollstr einer JStrafe zBew betreffen. Die Vorschrift enthält demgemäß keine
ausschließliche Regelung über die Zulässigkeit von Rechtsmitteln in dem
bezeichneten Bereich (hM; vgl. Dallinger/Lackner Rn. 1; aA noch LG
München II NJW 1960, 1216 mablAnm Potrykus). Das Gesetz stellt die
Anfechtung nur der Entscheidung über die **Aussetzung** denjenigen Fällen
gleich (geänd. iZm der Einführung der §§ 61–61b), in denen die Anfechtung sich „gemeinsam" auch gegen die Verhängung eines Kopplungs-JA
(§ 16a) iVm der Aussetzung der Vollstr der JStrafe zBew richtet. Denn in
solchen Fällen wäre eine Beschränkung der Anfechtung einer Entscheidung
ausschließlich auf die darin enthaltene Anordnung der Aussetzung der Vollstr
der JStrafe zBew wegen der inhaltlichen Verbindung dieser Anordnung mit
dem Kopplungs-JA (§ 16a) verkürzt, und zwar erhöht in solchen Konstellationen, in denen es ohne Kopplungs-JA nicht zur Aussetzung gekommen wäre. – Für die Anfechtung eines nach § 61 Abs. 3 S. 1 iVm § 16a verhängten JA sah ein RefE des BMJV vom 11.10.2018 die sofortige Beschwerde vor.

Regelmäßig wird ein Urteil, das eine Entscheidung über die Aussetzung **4**
der Vollstr zBew (bzw. den ausdrücklichen oder konkludenten Vorbehalt
einer Entscheidung) enthält, entweder in vollem Umfang oder unter Beschränkung auf den Rechtsfolgenausspruch insgesamt angefochten. Die für
die Anfechtung insoweit allein in Betracht kommenden Rechtsmittel der
Berufung oder der Revision (vgl. § 55) erfassen dann die Entscheidung über
eine Aussetzung als einen **Teil** des **Rechtsfolgenausspruchs.** Falls das
Rechtsmittelgericht prozessual dazu befugt ist (vgl. für das Revisionsgericht
§ 354 Abs. 1 StPO), kann es deshalb über die Aussetzung selbst entscheiden
oder eine Entscheidung gem. § 57 vorbehalten, ohne dass es darauf ankäme,
ob sich die Vorinstanz zur Frage der Aussetzung der Vollstr zBew geäußert
hat (zur Berücksichtigung des Verbots der reformatio in peius in diesem
Zusammenhang vgl. Dallinger/Lackner Rn. 3–6; vgl. → § 55 Rn. 40).

III. Anfechtung von Urteilen unter Beschränkung auf die Entscheidung über eine Aussetzung zur Bewährung (Abs. 1)

1. Zulässiges Rechtsmittel

5   **a) Verfahrenskonstellationen. aa)** Richtet sich die **Anfechtung** allein (bzw. „gemeinsam", vgl. → Rn. 3) gegen die Entscheidung über die Aussetzung der Vollstr zBew oder dagegen, dass hierzu im Urteil nicht entschieden wurde, so ist nach Abs. 1 ausnahmsweise die **sofortige Beschwerde** das zulässige Rechtsmittel, und zwar auch dann, wenn die Entscheidung nach allg. Grundsätzen (vgl. BGH Dallinger MDR 1955, 394; BGHSt 24, 164; OLG Hamm MDR 1979, 253 mwN) von den verbleibenden Teilen des Rechtsfolgenausspruches nicht zu trennen wäre, weil anderenfalls dem Beschwerdeführer eine nicht zumutbare rechtliche Würdigung abverlangt würde (OLG Schleswig bei Ernesti/Jürgensen SchlHA 1973, 180 (193); OLG Hamm MDR 1979, 253; OLG Düsseldorf NStE Nr. 2 zu § 59 JGG). Die Bezeichnung eines entsprechend beschränkten Rechtsmittels als „Berufung" oder „Revision" ist gem. § 300 StPO unschädlich (vgl. auch OLG Koblenz OLGSt § 59 Nr. 1).

6   **bb)** Die logische Gesetzesauslegung ergibt, dass Abs. 1 **auch** die Anfechtung des **Vorbehalts** einer Aussetzungsentscheidung erfasst. Andernfalls wäre Abs. 1 S. 2 überflüssig, da Abs. 1 S. 1 die alleinige Anfechtung der Anordnung wie Ablehnung der Aussetzung bereits einschließt (ähnlich Dallinger/Lackner Rn. 10; zur abw. Rechtslage im Geltungsbereich des § 35 Abs. 2 JGG 1923 vgl. Kiesow JGG § 35 Anm. III. 2a). Jedoch wird diesbezüglich (OLG Schleswig 20.6.1977 – OLGSt zu § 59) dem **JStA** eine **Beschwerdebefugnis** zur Erwirkung einer abl. Entscheidung **nicht** zustehen (ebenso OLG Stuttgart NStZ 1986, 219, allerdings mit zw. Begründung hinsichtlich mangelnder Beschwer der JStA (vgl. dazu → § 57 Rn. 21 sowie Anm. Eisenberg/Wolski NStZ 1986, 220); aA OLG München NStZ-RR 2005, 153; Dallinger/Lackner Rn. 10; Walter/Pieplow NStZ 1988, 169 entgegen dem Wortlaut des Abs. 1 S. 2). Dies ergibt sich, da Gesetzeswortlaut und -systematik nichts anderes besagen (s. OLG Schleswig OLGSt zu § 59, Rn. 2f), aus Sinn und Zweck des Vorbehalts (vgl. → Rn. 4), demzufolge während des Laufs der Frist die Entwicklung des Verurteilten unbeeinträchtigt von Maßnahmen der Strafvollstreckung zu bleiben hat. Wegen der nach tatrichterlicher Überzeugung noch fehlenden Spruchreife der Aussetzungsentscheidung vermag ein Unterbleiben der Ablehnung der Aussetzung eine Beschwer der JStA nicht zu begründen (und zwar auch nicht im Hinblick auf die Grundsätze der Rechtsstaatlichkeit und Rechtssicherheit, LG Berlin 23.4.1986 – 523 Qs 30/86; aA Walter/Pieplow NStZ 1988, 169 Fn. 35 (ohne Differenzierung zwischen Rechtskraft und Vollstreckbarkeit); vgl. auch → § 57 Rn. 4). Anderes könnte nur dann gelten, wenn wegen der erkennbar umfassenden Ausschöpfung aller Ermittlungsmöglichkeiten die Vorbehaltserklärung auf einem offensichtlichen Ermessensfehler beruht. Eine Beschränkung der Abänderbarkeit folgt aus der entsprechenden Anwendbarkeit des Verbots der reformatio in peius.

cc) Eine entsprechende Anwendung der Vorschrift und damit eine Eröff- 7
nung des Beschwerderechtszuges in Fällen, in denen das erstinstanzliche
Gericht unter Verstoß gegen § 87 Abs. 1 die Vollstr von Jugendarrest zBew
ausgesetzt hat, verbietet sich infolge des Ausnahmecharakters des § 59 (OLG
Frankfurt a. M. NJW 1963, 969).

b) § 55 Abs. 2 S. 1. Die sofortige Beschwerde ersetzt nach ihrem gesetz- 8
geberischen Zweck einer Verfahrensbeschleunigung (vgl. → Rn. 3) eine an
sich zulässige Berufung oder Revision. Demgemäß soll sie **nicht** zu einer
Erweiterung des **Rechtsmittelzuges** führen. Hieraus folgert die hM, dass
eine Entscheidung des Revisionsgerichts (nach § 354 Abs. 1 StPO) über die
Aussetzung der Vollstr zBew oder deren Vorbehalt der Anfechtung entsprechend § 304 Abs. 4 S. 1 und 2 Hs. 1 StPO entzogen ist (Dallinger/
Lackner Rn. 12 und bereits Kiesow JGG § 35 Anm. III. 2b). Hiernach soll
die Möglichkeit einer **sofortigen Beschwerde** gem. Abs. 1 gegen ein
Berufungsurteil für denjenigen Verfahrensbeteiligten **entfallen,** der von
dem ihm zustehenden Rechtsmittel durch Wahl der Berufung bereits Gebrauch gemacht hat, sodass ihm nach § 55 Abs. 2 S. 1 das an sich in Betracht
kommende weitere Rechtsmittel der Revision nicht eröffnet ist (OLG
Hamm JMBl. NW 1955, 10; OLG Stuttgart Justiz 1964, 172; OLG Düsseldorf NStE Nr. 2 zu § 59 JGG; OLG Celle MDR 1993, 266 = NStZ 1993,
400 mAnm Nix; OLG Düsseldorf NStZ 1994, 198 f.; OLG Frankfurt a. M.
NStZ-RR 2003, 27; OLG Saarbrücken StraFo 2003, 431; OLG Hamm ZJJ
2007, 416; OLG Oldenburg NStZ 2009, 451; OLG Bamberg NStZ 2012,
166; OLG Zweibrücken BeckRS 2015, 20354; OLG Köln BeckRS 2020,
30158; Brunner/Dölling Rn. 3; Böhm/Feuerhelm JugendStrafR 96; Schatz
in Diemer/Schatz/Sonnen Rn. 92; Burscheidt Verbot 141 ff.). Mit Blick auf
den Normwortlaut von § 55 Abs. 2 und dessen systematische Einordnung ist
diese Auffassung indes **zurückzuweisen** (n. dazu mwN → § 55 Rn. 101).

2. Verfahren

a) Zuständigkeit. Funktionell zuständig für die Entscheidung über die 9
sofortige Beschwerde ist das dem erkennenden Gericht unmittelbar übergeordnete Gericht (§ 41 Abs. 2 S. 2 iVm §§ 73 Abs. 1, 121 Abs. 1 Nr. 2
GVG), und zwar selbst dann, wenn ein als „Revision" bezeichnetes Rechtsmittel sich erst nach Anhängigkeit beim Revisionsgericht als ausschließlich
gegen die im Urteil enthaltene oder vorbehaltene Entscheidung über die
Aussetzung der Vollstr zBew gerichtet erweist und demgemäß nach § 300
StPO als sofortige Beschwerde zu behandeln ist (vgl. → Rn. 5), bzw. wenn
der Verfahrensbeteiligte, der das Urteil in vollem Umfang oder beschränkt
auf den gesamten Rechtsfolgenausspruch mit der Revision angefochten hat,
innerhalb der Begründungsfrist unter Beschränkung seines Rechtsmittels auf
die Frage der Aussetzung zur sofortigen Beschwerde übergeht (vgl. BGHSt
6, 206 ff.; OLG Koblenz 2.6.1981 – 1 Ws 284/81 bei Böhm NStZ 1982,
415). Das Revisionsgericht, dem in diesen Fällen regelmäßig die funktionelle
Zuständigkeit fehlt (Abs. 5 ist hierfür nicht einschlägig, vgl. → Rn. 31 ff.; s.
auch Dallinger/Lackner Rn. 13), hat die Sache dem zuständigen Beschwerdegericht zuzuleiten. – Soweit ein OLG erstinstanzlich entschieden hat
(§ 102 S. 1, § 120 Abs. 1, 2 GVG), ist für eine Entscheidung über die

sofortige Beschwerde im Fall des Abs. 1 der BGH zuständig (§ 102 S. 2; vgl.
→ § 102 Rn. 6).

10   **b) Beschluss. aa)** Über die sofortige Beschwerde wird, obwohl sie sich
gegen ein Urteil richtet, **ohne mündliche Verhandlung** oder gar HV
durch Beschluss entschieden.

10a   Hierbei soll das Beschwerdegericht nicht nur eigene Feststellungen treffen
können, sondern es soll ihm − abw. vom Revisionsverfahren − auch die
Ausübung eigenen Ermessens gestattet sein (s. bereits BGH LM Nr. 1 zu
§ 59 mAnm Sarstedt; OLG Schleswig Ernesti/Jürgensen SchlHA 1973, 180
(193); OLG Hamm OLGSt zu § 59, 5, 7; OLG Düsseldorf Zbl 1981, 449 =
NStZ 1982, 119 f.).

11   **bb)** Eine **weitere Beschwerde** ist **nicht zulässig** (§ 2 Abs. 2, § 310
StPO). Die Beschränkung der Anfechtbarkeit betrifft auch Entscheidungen
über die sofortige Beschwerde (zur Unbeachtlichkeit einer unzutreffenden
Bezeichnung vgl. → Rn. 5) durch „Urteil", da sich das zulässige Rechtsmittel nicht nach der Bezeichnung der angefochtenen Entscheidung, sondern nach ihrem sachlichen Inhalt bestimmt (OLG Koblenz OLGSt Nr. 1
zu § 59; OLG Hamm MDR 1979, 253). − Hat der Angeklagte im Vertrauen
auf eine Aussetzung der Vollstr zBew das Urteil nicht angefochten, wird aber
auf sofortige Beschwerde der JStA die zunächst im Urteil angeordnete Aussetzung versagt, so soll ihm keine Wiedereinsetzung in den vorigen Stand im
Hinblick auf die versäumte Revisionsfrist zukommen (so BayObLG JZ 1978,
204; zw.; s. aber auch § 311a iVm § 308 StPO).

12   **cc)** Ob im Falle des Beistandes durch einen Rechtsanwalt in Verfahren
nach Abs. 1 eine besondere Gebühr entsteht, war umstritten (vern. OLG
Koblenz MDR 1973, 957 (betr. § 87 vormalige BRAGO); zust. Brunner/
Dölling Rn. 3 aE; aA noch LG Lübeck NJW 1963, 2336). Auf der Grundlage des RVG wird die Bejahung schwerlich begründbar sein.

13   **dd)** Zur Frage des Verbots der reformatio in peius vgl. → § 55 Rn. 40 f.

3. Einlegung verschiedener Rechtsmittel durch die Verfahrensbeteiligten

14   Besonderheiten ergeben sich, wenn gegen das Urteil von einem Verfahrensbeteiligten Berufung oder Revision und von einem anderen unter
Beschränkung auf die Entscheidung über eine Aussetzung der Vollstr zBew
sofortige Beschwerde eingelegt wird.

15   **a) Sofortige Beschwerde neben Berufung.** Bei dieser Verfahrensgestaltung ist regelmäßig die JKammer nach § 41 Abs. 2 für beide Rechtsmittel zuständig. Es wird über beide Rechtsmittel einheitlich aufgrund
derselben HV durch Urteil zu entscheiden sein (allg. Auffassung). Dadurch
ist eine volle Nachprüfung des erstinstanzlichen Urteils einschließlich der
Aussetzungsentscheidung unter Vermeidung der Gefahr widersprüchlicher
Entscheidungen gewährleistet, wobei die einheitliche Entscheidung zudem
dem gesetzgeberischen Zweck einer mit der sofortigen Beschwerde erstreb-
ten Verfahrensbeschleunigung (vgl. → Rn. 3) entspricht.

16   **b) Revision neben sofortiger Beschwerde. aa)** Eine vergleichbare
Verfahrenslage besteht in dem seltenen Fall, dass **gegen** ein **Berufungsurteil** Revision und durch einen anderen Verfahrensbeteiligten sofortige

Beschwerde eingelegt worden ist. Denn auch dann ist regelmäßig dasselbe Gericht (OLG; § 102 S. 1, § 121 Abs. 1 Nr. 1b) und Nr. 2 GVG) zuständig. Eine einheitliche Entscheidung ggü. allen Verfahrensbeteiligten gilt als zulässig und wird sich empfehlen, wenn das Revisionsgericht zunächst die im Umfang der sofortigen Beschwerde notwendige tatsächliche Prüfung und erst anschließend die rechtliche Prüfung des Berufungsurteils vornimmt (Dallinger/Lackner Rn. 16).

bb) Verschiedene Gerichte sind dagegen regelmäßig zuständig, wenn **17 gegen** das **erstinstanzliche Urteil** (Wahl-)Revision und durch einen anderen Verfahrensbeteiligten sofortige Beschwerde eingelegt ist (iE ebenso Ostendorf/Drenkhahn in NK-JGG Rn. 7).

(1) Nach teilweise vertretener Auffassung (Grethlein JGG Anm. 1c; Brunner/Dölling Rn. 3; Ostendorf/Drenkhahn in NK-JGG Rn. 7) soll das Revisionsgericht – unter sinngemäßer Berücksichtigung des in § 335 Abs. 3 StPO enthaltenen Grundgedankens, dh des Vorrangs der weitergehenden tatsächlichen Überprüfung des Urteils – die Entscheidung des Beschwerdegerichts abwarten müssen. Dabei stehe die Regelung des § 310 StPO der sich anschließenden rechtlichen Nachprüfung der Beschwerdeentscheidung über die Aussetzung nicht entgegen, da die sofortige Beschwerde nur aus Gründen der Verfahrensbeschleunigung (vgl. → Rn. 3) an die Stelle der Berufung getreten sei, das Berufungsurteil aber grundsätzlich einer Überprüfung unterliege.

(2) Demgegenüber hielt die vormals hM (Bender JGG Rn. 8; Dallinger/ **19** Lackner Rn. 15; Potrykus JZ 1954, 538; bereits Kiesow JGG § 35 Anm. III. 2.) die eingelegte sofortige Beschwerde vom Zeitpunkt der Einlegung der Revision an für unwirksam. Denn es bestehe andernfalls die Gefahr widersprechender Entscheidungen, weil beiden Gerichten an sich die volle Entscheidungsbefugnis hinsichtlich der Frage der Aussetzung zukomme, das Revisionsgericht zur Abänderung der Entscheidung des Beschwerdegerichts aber gesetzlich nicht zuständig sei. Eine Verwerfung der Beschwerde als unzulässig scheide dagegen wegen der grundsätzlichen Kostenfolgen (§ 473 Abs. 1 StPO; Ausnahme allerdings § 74) aus, denn der Beschwerdeführer dürfe nicht durch die von ihm unabhängige und nicht voraussehbare spätere Rechtsmitteleinlegung eines Dritten kostenmäßig belastet werden (vgl. Dallinger/Lackner Rn. 15). – Die sofortige Beschwerde lebe nur wieder auf, wenn die Revision zulässig zurückgenommen werde, dagegen nicht, wenn das Revisionsgericht unter Verwerfung des weitergehenden Rechtsmittels das angefochtene Urteil bestätigt habe (Dallinger/ Lackner Rn. 17 im Anschluss an Kiesow JGG § 35 Anm. III.).

IV. Anfechtung anderer Entscheidungen zur Frage einer Aussetzung zur Bewährung (Abs. 1 S. 1)

Nach Abs. 1 S. 1 ist neben einer Entscheidung über die Aussetzung der **20** Vollstr zBew im Urteil auch die Beschlussentscheidung im nachträglichen Verfahren (vgl. § 57), durch welche eine Aussetzung angeordnet oder abgelehnt wird, mit sofortiger Beschwerde anfechtbar. Im Übrigen gelten die Ausführungen zu → Rn. 5–19 entsprechend.

V. Abs. 2–4

1. Anfechtung der Entscheidungen nach Abs. 2

21   Gemäß Abs. 2 S. 1 ist gegen Entscheidungen über die Dauer der Bewäh-
rungs- (§ 22) oder der Unterstellungszeit (§ 24) bzw. die erneute Unterstellung in der Bewährungszeit (§ 24 Abs. 2) und über BewWeisungen oder
-Auflagen (§ 23) die (einfache) Beschwerde (§ 2 Abs. 2, § 304 StPO) zulässig. Die Anfechtungsmöglichkeiten sind jedoch durch Abs. 2 S. 2 weitgehend eingeschränkt. Dies wird sowohl mit der Notwendigkeit richterlichen Ermessensumfangs des tatsachennäheren erstinstanzlichen Gerichts als
auch mit erzieherischen Belangen einer schnellen und endgültigen Entscheidung gerechtfertigt (vgl. etwa Dallinger/Lackner Rn. 21; zur Kritik → § 55
Rn. 59 ff.).

22   **a) Entscheidungen nach § 23 sowie nach § 24 Abs. 1 und 2.** Die
zulässige **nachträgliche Verlängerung** der **Bewährungs-** (§ 22 Abs. 2
S. 2) oder der Unterstellungs**zeit** sowie die zulässige **erneute** Anordnung
der **Unterstellung** (§ 24 Abs. 2 S. 1) kann stets (auch noch nach Rechtskraft des die Aussetzung anordnenden Urteils; OLG Braunschweig GA 1969,
530) angefochten werden (Abs. 2 S. 2 Fall 1). War die Verlängerung bzw.
die erneute Unterstellung unzulässig (zB Verlängerung nach Ablauf der
Bewährungszeit, Überschreitung des zeitlichen Höchstmaßes der Verlängerung), ist die Anfechtung auf den Beschwerdegrund der Gesetzwidrigkeit
der Anordnung (Abs. 2 S. 2 Fall 2) zu stützen (so zutr. Dallinger/Lackner
Rn. 23; aA Potrykus Anm. 3).

23   **b) Gesetzwidrigkeit einer getroffenen Anordnung (Abs. 2 S. 2
letzte Alt.).** Hierunter fallen Anordnungen, die vom sachlichen Recht
(§§ 22–24, 10, 15) nicht zugelassen, unverhältnismäßig oder unzumutbar
sind oder sonst die Grenzen des eingeräumten Ermessens überschreiten (zur
Frage der Geltung des Verschlechterungsverbots vgl. → § 55 Rn. 40 f.).

24   **c) „Vorbewährung".** Weisungen oder Auflagen, die neben dem Vorbehalt einer nachträglichen Entscheidung über die Aussetzung der Vollstr
einer verhängten JStrafe zBew zum Zwecke einer „Vorbewährung" (§ 61b)
erteilt werden, unterfallen gem. dem Verweis in § 61b Abs. 1 S. 5 (vgl.
Begr. BT-Drs. 17/9389) **gleichfalls Abs. 2 S. 1.** – Schon vor Schaffung
der genannten Verweisungsnorm war wegen der Vergleichbarkeit von Ausgestaltung und Interessenlage derartiger Maßnahmen mit BewAuflagen oder
-Weisungen nach § 23 – auch unter Würdigung der Rechtsweggarantie
gem. Art. 19 Abs. 4 GG – eine analoge Anwendung des Abs. 2 S. 1 zu
bejahen (vgl. bis → 15. Aufl.).

25   **d) Entsprechende Anwendung.** Im Hinblick auf den einschränkenden
Charakter von Abs. 2 scheidet – abw. etwa von der Zuständigkeitsbestim-
mung in § 58 Abs. 3 (vgl. § 58) – eine entsprechende Anwendung der
Rechtsmittelregelung auf die weiteren iZm der Bewährungszeit getroffenen
Anordnungen (insb. Bestellung des BewHelfers) aus. Da diese Rechtsmittel-
regelung nicht als abschließend angesehen werden kann, kommt eine An-
fechtung der bezeichneten Maßnahmen nach § 2 Abs. 2, §§ 304 ff. StPO in
Betracht. – Bestehen etwa Bedenken gegen die Person eines BewHelfers, so

unterliegt dessen Bestellung als eine jgerichtliche Maßnahme (§ 25 S. 1) der Beschwerde (ebenso Brunner/Dölling Rn. 7; Schatz in Diemer/Schatz/Sonnen Rn. 20), und zwar unabhängig davon, ob es sich um einen hauptamtlichen (§ 24 Abs. 1 S. 1) oder ehrenamtlichen (§ 24 Abs. 1 S. 2) BewHelfer handelt. Die Gegenansicht (Dallinger/Lackner Rn. 28), die die Unterstellung unter einen hauptamtlichen BewHelfer nicht als jgerichtliche Entscheidung erachtete, stützte sich auf die vor der Änderung durch das 1. StRG v. 25.6.1969 (BGBl. I 645) geltende Fassung des § 25 und wird angesichts des eindeutigen Wortlauts des nunmehr geltenden § 25 S. 1 nicht mehr aufrecht zu erhalten sein.

e) Kein Begründungszwang. Die in Abs. 2 S. 2 geregelten Einschrän- **26** kungen führen nicht zu einem gesetzlichen Begründungszwang des Beschwerdeführers (allg. Auffassung). Die ausdrückliche Geltendmachung der in Abs. 2 S. 2 genannten Gründe ist keine Zulässigkeitsvoraussetzung für die Beschwerde (aA OLG Nürnberg NJW 1959, 1451), sondern beschränkt nur den Umfang der Nachprüfung durch das Beschwerdegericht (Dallinger/Lackner Rn. 22).

Die Beschwerde ist ohne weitere sachliche Nachprüfung als unbegründet **26a** zu verwerfen (aA Schatz in Diemer/Schatz/Sonnen Rn. 23: als unzulässig), wenn keiner der beiden Beschwerdegründe vorliegt. Ist dagegen nach Ansicht des Beschwerdegerichts ein Beschwerdegrund gegeben, findet eine umfassende Prüfung der Sach- und Rechtslage statt (vgl. auch → Rn. 10), die etwa auch die Verhältnismäßigkeit und Zumutbarkeit der erstinstanzlich angeordneten BewAuflagen einzubeziehen hat (so OLG Hamm MDR 1975, 1041 zu § 56b StGB). Eine Abänderung der erstinstanzlich angeordneten Maßnahmen ohne Zurückverweisung (§ 309 Abs. 2 StPO entspr.) wird nur insoweit in Betracht zu ziehen sein (§ 2 Abs. 2), als – im Hinblick auf die jederzeitige Abänderungsbefugnis des die BewMaßnahmen anordnenden Richters (§ 23 Abs. 1 S. 3) – gewährleistet ist, dass erzieherisch abträgliche Widersprüche hinsichtlich der BewMaßnahmen vermieden werden.

2. Widerruf der Aussetzung der JStrafe (Abs. 3)

a) Unterschiedliche Anfechtungsziele. aa) Abs. 3 erklärt den **Wider-** **27** **ruf** der **Aussetzung** der Vollstr einer JStrafe zBew (§ 26 Abs. 1) als mit der **sofortigen Beschwerde** anfechtbar. Rechtsmittelberechtigt ist auch die JStA zugunsten des Jugendlichen.

bb) (1) Dagegen besteht nach hM **kein Anfechtungsrecht,** wenn ein **27a** **Antrag der JStA** auf **Widerruf** der Aussetzung abgelehnt wird. Die Zulässigkeit einer (hier gesetzlich nicht ausdrücklich ausgeschlossenen) Beschwerde nach § 304 StPO **widerspräche** besonderen Zwecken und Bewertungen des jugendstrafrechtlichen Rechtsmittelrechts, wie sie sich bezüglich der Unanfechtbarkeit – entgegen § 453 Abs. 2 S. 3 StPO – aus Abs. 4 (betr. den Straferlass) und aus § 63 Abs. 1 (betr. den Beschluss über die Fortdauer der Aussetzung der Verhängung einer JStrafe) ergeben (hM; OLG Celle NJW 1971, 1665; KG JR 1998, 389; LG Krefeld NJW 1974, 1476; LG München II NJW 1960, 1216 mAnm Potrykus; LG Potsdam NStZ-RR 1996, 285; LG Magdeburg StraFo 2013, 84 = StV 2013, 777; Kaspar in MüKoStPO Rn. 39; Paeffgen/Greco in SK-StPO StPO § 453 Rn. 4; aA, bei differenzierter Begründung, LG Osnabrück NStZ 1991, 533 mAnm

Brunner, der erwägt, die JStA würde andernfalls Aussetzungsentscheidungen möglicherweise weniger mittragen; LG Hamburg StV 1995, 480; LG Bückeburg NStZ-RR 2003, 155; LG Aurich ZJJ 2020, 205 = BeckRS 2019, 32016; offen gelassen von OLG Nürnberg NStZ-RR 1998, 242). Im Übrigen ist im Falle eines Widerrufs wegen einer neuen Straftat als **Besonderheit** des JStR ggü. dem allg. StR **§ 31** zu berücksichtigen. Ebenso hat Gewicht, dass der Jugendliche mit Gewährung der Aussetzung der Vollstr zBew eine Vertrauensposition gewinnt, die durch die jgerichtliche Ablehnung des Widerrufs bestätigt wird, sodass ein nachträglicher Eingriff in diese Position – zumal aufgrund einer nicht rechtskräftig festgestellten Tat – auch erzieherisch abträglich wäre (s. näher Conen JuS 1997, 529 (Eisenberg); zust. KG JR 1998, 389). Der Versagung einer Anfechtung steht nicht entgegen, dass die zeitlich vorhergehenden Entscheidungen iZm der Bewährung anfechtbar sind (Abs. 1, 2), denn § 59 setzt die Anfechtungsmöglichkeiten der jggerichtlichen Entscheidungen dem jeweiligen Kenntnisstand des JGerichts entsprechend fest (Anm. Sieveking/Eisenberg NStZ 1996, 251 f.). – § 65 Abs. 2 S. 1 berührt diesen Aufbau nicht, sondern trägt lediglich Besonderheiten im Bereich jugendstrafrechtlicher Weisungen Rechnung.

27b (2) Entsprechendes gilt bei Ablehnung des Widerrufsantrags der JStA bezüglich einer zBew ausgesetzten Anordnung der Unterbringung gem. § 63 StGB (aA OLG Nürnberg NStZ-RR 1998, 242) bzw. § 64 StGB (zur erzieherischen Zwecksetzung der Maßregeln im JStR vgl. → § 7 Rn. 4 f.).

28 **cc)** Die **sofortige Beschwerde** gegen die Widerrufsentscheidung (§ 59 Abs. 3) hat zwar nach dem Wortlaut des § 307 StPO keine aufschiebende Wirkung. Da der Widerrufsbeschluss jedoch als urteilsvertretender Beschluss gilt (Meyer-Goßner/Schmitt StPO § 307 Rn. 1; Matt in Löwe/Rosenberg StPO § 307 Rn. 3), darf bei sofortiger Beschwerde die Vollstr nicht eingeleitet werden. Allerdings lässt § 453c StPO bis zur Rechtskraft des Widerrufsbeschlusses einen Sicherungshaftbefehl zu (vgl. ebenso Brunner/Dölling §§ 26, 26a Rn. 13; vgl. auch → §§ 26, 26a Rn. 30, → § 58 Rn. 26 ff.; aA Dallinger/Lackner Vor § 82 Rn. 18).

29 **b) Aufhebung des Widerrufsbeschlusses.** Nach Eintritt der formellen Rechtskraft kann der Widerrufsbeschluss dann aufgehoben werden, wenn hinsichtlich der **Umstände,** auf die der Widerruf gestützt wurde, die Voraussetzungen für eine **Wiederaufnahme** des Verfahrens vorlägen (OLG Oldenburg NJW 1962, 1169; Schmidt SchlHA 1963, 109; vgl. Dallinger/Lackner Rn. 26).

3. Abs. 4

30 Die in dieser Vorschrift ausdrücklich geregelte **Unanfechtbarkeit** des Beschlusses über den **Straferlass** (§ 26a) soll gewährleisten, dass der mit dem Verfahren gegen den Jugendlichen und dem Verlauf der Bewährungszeit befasst gewesene JRichter unmittelbar nach Ablauf der Bewährungszeit aufgrund einmaliger abschließender Prüfung den Straferlass aussprechen kann, um der – auch erziehungspsychologisch – bedenklichen Situation vorzubeugen, dass der Jugendliche, der sich bewährt hat, während eines längeren Zeitraums über seine Zukunftsaussichten im Unklaren gelassen und überflüssigen Befürchtungen ausgesetzt wird.

VI. Zuständigkeit des Revisionsgerichts gem. Abs. 5

1. Sonderzuständigkeit

Abs. 5 begründet ausnahmsweise eine Sonderzuständigkeit des Revisions- **31** gerichts für die Entscheidung über die Beschwerde gegen Entscheidungen iSv § 58 Abs. 1 (vgl. zudem § 61b Abs. 1 S. 5) für den Fall, dass gegen das Urteil selbst zugleich zulässig (vgl. BGHSt 10, 19 (zum allg. StVR)) Revision eingelegt ist (vgl. § 305a Abs. 2 StPO). Die Vorschrift gibt dem Gesichtspunkt der **Verfahrensbeschleunigung** den Vorrang vor der größeren Sachnähe des Beschwerdegerichts. Sie wird aber insoweit wohl weniger zu einer verbesserten Einheitlichkeit der Entscheidungen unter erzieherischen Gesichtspunkten beitragen, als immer dann, wenn die rechtliche Nachprüfung (etwa iSd Abs. 2 S. 2) einen Beschwerdegrund ergibt, der – in Widerstreit zu den eigentlichen Aufgaben eines Revisionsgerichts – zu einer Änderung der angeordneten Maßnahme aufgrund neuerlicher Sachprüfung Anlass geben könnte, die Zurückverweisung an das erstinstanzliche Gericht schon im Hinblick auf § 23 Abs. 1 S. 3 (vgl. → Rn. 26 aE) eher sachgerecht erscheint.

2. Restriktive Auslegung

Als Ausnahmebestimmung ist Abs. 5 eng auszulegen. Bereits aus dem **32** Wortlaut ist zu folgern, dass eine sofortige Beschwerde nach Abs. 1 gegen die Entscheidung über die Anordnung oder Ablehnung der Aussetzung der Vollstr zBew selbst oder gegen den Vorbehalt einer diesbezüglichen Entscheidung dem Anwendungsbereich des Abs. 5 nicht unterfällt. Auch würde die dem Revisionsgericht anderenfalls eingeräumte – dem Beschwerdeverfahren gemäße – umfassende Sachprüfungskompetenz mit dessen Aufgabe einer rechtlichen Nachprüfung weniger verträglich sein (vgl. näher BGHSt 6, 206).

Eine **entsprechende Anwendung** von Abs. 5 für den Fall einer mit der **33** Beschwerde gegen eine Entscheidung nach § 58 zusammentreffenden Berufung gegen das Urteil **verbietet** nicht nur der Ausnahmecharakter der Regelung, sondern auch die wegen der gleichzeitigen Zuständigkeit der JKammer als Berufungs- und Beschwerdegericht unterschiedliche Sachlage (vgl. Dallinger/Lackner Rn. 30 mwN).

Bewährungsplan

60 (1) ¹**Der Vorsitzende stellt die erteilten Weisungen und Auflagen in einem Bewährungsplan zusammen.** ²**Er händigt ihn dem Jugendlichen aus und belehrt ihn zugleich über die Bedeutung der Aussetzung, die Bewährungs- und Unterstellungszeit, die Weisungen und Auflagen sowie über die Möglichkeit des Widerrufs der Aussetzung.** ³**Zugleich ist ihm aufzugeben, jeden Wechsel seines Aufenthalts, Ausbildungs- oder Arbeitsplatzes während der Bewährungszeit anzuzeigen.** ⁴**Auch bei nachträglichen Änderungen des Bewährungsplans ist der Jugendliche über den wesentlichen Inhalt zu belehren.**

§ 60 Zweiter Teil. Jugendliche

(2) **Der Name des Bewährungshelfers wird in den Bewährungsplan eingetragen.**

(3) [1] **Der Jugendliche soll durch seine Unterschrift bestätigen, daß er den Bewährungsplan gelesen hat, und versprechen, daß er den Weisungen und Auflagen nachkommen will.** [2] **Auch der Erziehungsberechtigte und der gesetzliche Vertreter sollen den Bewährungsplan unterzeichnen.**

Übersicht

I. Anwendungsbereich

1. Jugendliche

1   Die Vorschrift gilt in Verfahren gegen Jugendliche auch vor den für allg. Strafsachen zuständigen Gerichten (§ 104 Abs. 1 Nr. 8), jedoch mit der Maßgabe, dass der JRichter zuständig ist, in dessen Bezirk sich der Jugendliche aufhält (§ 104 Abs. 5 Nr. 1 (entspr., da der BewPlan keine gerichtliche „Entscheidung" darstellt, vgl. → Rn. 4)).

2. Heranwachsende

2   Die Vorschrift gilt in Verfahren gegen Heranwachsende – vor JGerichten wie vor den für allg. Strafsachen zuständigen Gerichten – nur dann, wenn materielles JStR angewendet worden ist (§ 109 Abs. 2 S. 1, §§ 105 Abs. 1, 112 S. 1 und 2), jedoch betr. Verfahren vor den für allg. Strafsachen zuständigen Gerichten nur mit der Maßgabe wie bei Jugendlichen (§ 112 S. 1, § 104 Abs. 5 Nr. 1 entspr., vgl. → Rn. 1).

II. Allgemeines

Die Bestimmung hatte keine Entsprechung im JGG 1923 (und ohnehin 3
nicht im RJGG 1943). Sie geht auf § 13e RegE-JGG 1953 zurück, der an
Ausgestaltungen im angelsächsischen Recht anknüpfte (vgl. Amtl. Begr. 42).

1. Rechtsnatur des BewPlans

Diese Unterlage stellt **keine jugendgerichtliche Entscheidung** dar und 4
ist auch keine Ausfertigung der in dem Plan bezeichneten Entscheidung (zu
Folgerungen für seine Anfechtbarkeit vgl. → Rn. 20). Vielmehr ist er als
Urkunde zu verstehen, in der bereits getroffene Anordnungen zu dem
Zweck zusammengestellt werden, in erster Linie dem verurteilten Jugend-
lichen die Bedeutung der BewZeit sowie die erteilten Weisungen, Auflagen
und weiterer Pflichten und ferner die Folgen von Verstößen gegen die
Anordnung in einem Gesamtüberblick ersichtlich zu machen. Dieser Ziel-
setzung gem. wird die Erstellung eines BewPlans mitunter auch dann ange-
zeigt sein, wenn der JRichter nach Maßgabe von § 23 keine Weisungen und
Auflagen angeordnet hat (weitergehend Ostendorf/Drenkhahn in NK-JGG
Rn. 3).

Allerdings begegnet die Institution eines BewPlans im Hinblick auf den 5
statischen Charakter wie auch auf das Gebot erzieherischer Klarheit prinzipiellen Bedenken (vgl. auch → Rn. 6f). – Soweit ersichtlich, wurde bzw.
wird die Bestimmung in der Praxis teilweise (regional) durchaus **unterschiedlich** gehandhabt. Dies gilt insb. hinsichtlich der Empfehlung (s. RL)
eines gesondert anberaumten Termins (vgl. vormals Denkschrift 1964, 1
(21 f.); These 3. 9. des AK VII des 18. DJGT (DVJJ 1981); näher → Rn. 14).

2. Inhalt des BewPlans

Im Einzelnen sind in die Zusammenstellung von **Gesetzes** wegen die 6
erteilten Weisungen und Auflagen (Abs. 1 S. 1) sowie der Name des
BewHelfers (Abs. 2) einzutragen, wobei jedoch die mit einem Rechtsmittel
angefochtenen Weisungen und Auflagen ebenso wenig aufzunehmen sein
werden, wie nur vorläufige Anordnungen (Kaspar in MüKoStPO Rn. 4;
weitergehend Potrykus Anm. 1, der trotz § 23 Abs. 1 S. 3 zwischen endgültigen und vorläufigen Anordnungen differenzieren will und nur die endgültigen für eintragungsfähig hält). Andererseits wird es für die Frage der
Eintragung auf den Eintritt einer formellen Rechtskraft der angeordneten
Weisungen und Auflagen nicht ankommen können, da sie mit unbefristeter
Beschwerde anfechtbar (vgl. § 59 Abs. 2) und ohnehin durch den JRichter
änder- und aufhebbar sind (§ 23 Abs. 1 S. 3; vgl. zu S. 1 aF Dallinger/
Lackner Rn. 1).

Ferner wird es sich im Hinblick auf den Zweck des BewPlanes empfehlen, 7
die **Dauer** der Bewährungs- und der Unterstellungszeit, die Grundzüge der
nach Abs. 1 S. 2 erteilten Belehrung (s. § 70a Abs. 1 aF bzw. § 70b Abs. 1
nF entspr.) und die Pflicht nach Abs. 1 S. 3 (soweit sie nicht ohnehin als
Weisung ausgestaltet ist) in den BewPlan aufzunehmen. Auch wird die
Angabe zweckmäßig sein, dass der Wechsel des Aufenthalts, Ausbildungs-
oder Arbeitsplatzes während der BewZeit dem BewHelfer mitzuteilen ist

(Schnitzerling RdJB 1958, 28). Ebenso sollte die Erreichbarkeit des BewHelfers zB durch die Angabe von dessen Anschrift, eines Telefonanschlusses oder anderweit (zB E-Mail-Adresse) erleichtert oder gewährleistet werden (allg. Auffassung; weitergehend Potrykus Anm. 5). – Zudem sollte der BewPlan Hinweise auf solche Stellen enthalten, die für etwa notwendig erscheinende Rückfragen zuständig sind.

III. Verfahren

1. Zuständigkeit

8   Die **Erstellung** des BewPlans geschieht durch den **Vorsitzenden** des **JGerichts.** Die nach § 60 vorgesehenen Handlungen sind rein prozessuale Maßnahmen, die unmittelbar an die Entscheidung nach § 58 Abs. 1 S. 1 anknüpfen, weshalb eine einheitliche Zuständigkeit unabdingbar ist (vgl. Dallinger/Lackner Rn. 16). Demgemäß wird mit einer Übertragung nach § 58 Abs. 3 S. 2 zugleich ein **Übergang** der Zuständigkeit für die nach § 60 vorzunehmenden Handlungen bewirkt (BGHSt 19, 170 (173)). – Rechtlich zulässig wird es sein, einen JRichter im Wege der Rechtshilfe (§§ 156 f. GVG) um die Aushändigung des BewPlanes und die Belehrung (zur Geeignetheit § 70a Abs. 1 aF bzw. § 70b Abs. 1 nF) zu ersuchen, wenn sich der Jugendliche nicht im Bezirk des zuständigen JRichters aufhält. Dies wird jedoch angesichts der Übertragungsmöglichkeit nach § 58 Abs. 3 S. 2 nur eine seltene Ausnahme sein (vgl. Dallinger/Lackner Rn. 17).

9   Stets **unzulässig** ist die Übertragung der Handlungen nach § 60 auf den **Rechtspfleger** (allg. Auffassung).

2. Zeitpunkt und Erörterungstermin

10   **a) Zeitpunkt der Erstellung.** Das Gesetz verhält sich zu dieser Frage nicht. Der Zeitpunkt bestimmt sich danach, wann eine Klärung hinsichtlich der gebotenen Maßnahmen und ihrer Ausgestaltung erreicht ist, was idR mit Eintritt der Rechtskraft des Urteils angenommen wird (s. auch § 22 Abs. 2 S. 1; vgl. Ostendorf/Drenkhahn in NK-JGG Rn. 2; Sonnen in Diemer/Schatz/Sonnen Rn. 3). In unmittelbarem zeitlichen Zusammenhang mit der Entscheidung über die Aussetzung der Vollstr der JStrafe zBew wird dies nur selten möglich und aus (erziehungs-)psychologischen Gründen auch kaum empfehlenswert sein, weil solchenfalls die Bedeutung der im BewPlan getroffenen Bestimmungen eher vermindert erscheinen könnte und die Aufnahmefähigkeit des Jugendlichen insb. nach einer Urteilsverkündung ohnehin eingeschränkt sein wird (so bereits Denkschrift 1964, 1 (22)).

11   Kommt es zu einer **nachträglichen Änderung** hinsichtlich der dem BewPlan zu Grunde liegenden Entscheidung (§ 23 Abs. 1 S. 3), so ist auch der BewPlan grundsätzlich neu zu fassen, es sei denn, die Veränderung ist so geringfügig, dass eine Wiederholung des Verfahrens nach § 60 als unvertretbarer Formalismus erschiene (vgl. auch → Rn. 19).

12   **b) Besonderer Termin.** Ein solcher (mitunter missverständlich als „Belehrungstermin" bezeichnet) sollte regelmäßig anberaumt werden (Ostendorf/Drenkhahn in NK-JGG Rn. 4 halten dies wohl bereits de lege lata für zwingend; Kilian in BeckOK JGG Rn. 6), in welchem mit allen Verfahrens-

beteiligten (vgl. RL) die Weisungen, Auflagen und weiteren Pflichten erörtert (und uU erst dann endgültig angeordnet, vgl. § 58 Abs. 1) werden sowie anschließend sämtliche nach § 60 vorzunehmenden Handlungen erfolgen.

Kriminalpolitisch wird verschiedentlich eine Gesetzesergänzung iSe zwin- **13** genden Anberaumung und Ausgestaltung eines besonderen Termins empfohlen (bereits Denkschrift 1964, 21: Einführung einer entspr. Soll-Bestimmung), und zwar zur Vereinheitlichung der Praxis (vgl. etwa These 3. 9. des AK VII des 8. DJGT (DVJJ 1981)) ebenso wie im Interesse einer erzieherischen Zusammenarbeit der Beteiligten ohne den psychologischen Druck iZm der HV (ähnlich bereits Rahn RdJB 1963, 322 (323 f.)).

3. Übermittlung des BewPlans

a) Persönliche Aushändigung. Der JRichter bzw. der Vorsitzende hän- **14** digt den BewPlan idR in Gegenwart des BewHelfers und (bei Jugendlichen) zusätzlich in Gegenwart des Erziehungsberechtigten und des gesetzlichen Vertreters (s. RL) dem Verurteilten persönlich aus, dh eine schriftliche Mitteilung oder Zustellung scheidet insoweit aus. Das Erscheinen des Verurteilten zum Zwecke der Aushändigung des BewPlans kann aber **nicht erzwungen** werden (auch nicht zum Zwecke der Belehrung, OLG Celle MDR 1963, 523 zu § 453a StPO), da es – abgesehen von erzieherischen Bedenken – für eine Vorführung an der für eine Grundrechtseinschränkung erforderlichen ausdrücklichen gesetzlichen Ermächtigung fehlt (ebenso Dallinger/Lackner Rn. 8). – Eine Verpflichtung der Erziehungsberechtigten zum Erscheinen besteht nicht.

b) Belehrung. Diese geschieht „zugleich" (Wortlaut in Abs. 1 S. 2, 3; zur **15** Geeignetheit § 70a Abs. 1 aF bzw. § 70b Abs. 1 nF) mit der Aushändigung des BewPlanes und der Erläuterung der Anzeigepflicht betr. einen Wechsel des Aufenthalts, des Ausbildungs- oder Arbeitsplatzes während der BewZeit ebenfalls idR in Anwesenheit der Verfahrensbeteiligten (vgl. RL). Aus der gesetzlich bestimmten Verbindung der bezeichneten Handlungen ist zu folgern, dass die Belehrung nach Abs. 1 S. 2 und die Erläuterung der Anzeigepflicht nach Abs. 1 S. 3 ebenso unmittelbar zu geschehen haben wie die Aushändigung (vgl. → Rn. 14). Die Handlungen sind demgemäß stets (aA Potrykus Anm. 2) **mündlich** vorzunehmen (vgl. nur OLG Hamm ZJJ 2017, 76 f. = StV 2017, 619). Mit der Belehrung wird insb. auch anzustreben sein, die Bereitschaft des Jugendlichen zur aktiven Mitarbeit zu fördern (vgl. auch → Rn. 16f sowie → § 57 Rn. 16 und → § 54 Rn. 39; Dallinger/Lackner Rn. 10), und der Mangel einer ordnungsgemäßen Belehrung kann dem Widerruf der Aussetzung zBew entgegenstehen (vgl. OLG Hamm ZJJ 2017, 76 f. = StV 2017, 619). Zugleich wird es – auch im Hinblick auf datenschutzrechtliche Belange bezüglich § 24 Abs. 3 S. 2, § 25 S. 4 (vgl. → §§ 24, 25 Rn. 17) – aus besonderen Gründen rechtlich zulässig sein und sich mitunter ggf. empfehlen, den Jugendlichen auf die Pflicht hinzuweisen, dem BewHelfer (gar unter Vorlage eines Leistungsnachweises, vgl. zum allg. StR Groß/Kett-Straub in MüKoStGB StGB § 56d Rn. 16) von der Erfüllung von Weisungen und Auflagen Mitteilung zu machen. Bei konkret begründetem Verdacht einer Manipulation des Nachweises und bei nicht auf Leistungserbringung gerichteten Weisungen bzw. Auflagen (zB Mitteilung von vorgenommener AAK-Kontrolle oder von der Anmeldung beim Einwohnermeldeamt) können andere Nachweisformen in Betracht kommen. Eine unmittelbare Nachfrage durch den BewHelfer kommt jedoch (aus datenschutzrechtlichen Gründen) nur äußerstenfalls und nur mit (darauf zu begrenzendem, bereits in der Verhandlung anzuregendem) freiwilligem Einverständnis des Probanden in Betracht.

16 **c) Bestätigung durch Unterschrift (Abs. 3). aa)** Nach Abs. 3 S. 1 soll der Jugendliche mit seiner Unterschrift bestätigen, dass er den BewPlan **gelesen** hat. Hierdurch soll zusätzlich zur mündlichen Vermittlung eine schriftliche Kenntnisnahme sichergestellt sowie die Bedeutung der Anordnung nochmals unterstrichen werden. Die Unterschrift sollte aus Gründen der Klarheit auf einer bei dem JGericht verbleibenden Durchschrift des BewPlans und nicht in der Verhandlungsniederschrift erfolgen (vgl. aber Dallinger/Lackner Rn. 13). – Ferner soll der Jugendliche nach Abs. 3 S. 1 das **Versprechen** abgeben, dass er die Weisungen und Auflagen erfüllen wolle. Die Regelung erstrebt die selbstverantwortliche Mitarbeit des Jugendlichen für den Verlauf der BewZeit.

17 Weder die Unterschrift noch das Versprechen des Jugendlichen können rechtlich erzwungen werden (Dallinger/Lackner Rn. 13, 15), von Gesetzes wegen (§ 2 Abs. 1) wäre solches, weil erziehungspsychologisch untragbar, ohnehin unzulässig. – Wie die spätere Nichtbefolgung der Pflicht nach Abs. 1 S. 3 bildet auch das Absehen von der Unterschriftsleistung keinen Widerrufsgrund (Dallinger/Lackner Rn. 10, 13; Schnitzerling RdJB 1958, 28 (29)). Dasselbe gilt (seit Aufhebung des § 26 Abs. 2 Nr. 2 aF) auch für die Ablehnung des Versprechens.

18 **bb)** Gemäß Abs. 3 **S. 2** sollen auch der Erziehungsberechtigte und der gesetzliche Vertreter den BewPlan unterzeichnen, damit ihre Unterrichtung sichergestellt ist. Wird die Unterschrift nicht oder nicht auf dem BewPlan geleistet, so ist dies rechtlich folgenlos (vgl. Dallinger/Lackner Rn. 14).

19 **d) Nachträgliche Änderung.** Tritt nachträglich eine eher nur geringfügige Änderung hinsichtlich der dem BewPlan zu Grunde liegenden Entscheidung ein (vgl. § 23 Abs. 1 S. 3; vgl. ansonsten → Rn. 11), die eine Abänderung bzw. Ergänzung des BewPlanes ohne Verlust an dessen Klarheit erlaubt, so soll nach hM (vgl. schon Schnitzerling RdJB 1958, 28 (29)) insoweit die Übersendung des geänderten BewPlans ausreichen und auch die nach Abs. 1 S. 4 gesetzlich zwingende Belehrung über den wesentlichen Inhalt der nachträglichen Änderungen schriftlich erfolgen dürfen. Insofern können Bedenken bestehen im Hinblick auf etwaige Verständnisschwierigkeiten (statt „Klarheit") bei dem Betroffenen (s. auch § 70a Abs. 1 aF bzw. § 70b Abs. 1 nF), zumal soweit ungewiss ist, ob dieser die Beurteilung der Änderung als „geringfügige" teilt.

IV. (Keine) Anfechtbarkeit

20 Da es sich bei dem BewPlan selbst nicht um eine gerichtliche Entscheidung handelt (vgl. → Rn. 4), ist er unanfechtbar (allg. Auffassung). Einer Anfechtung unterliegen dagegen nach Maßgabe von § 59 die dem BewPlan zu Grunde liegenden Entscheidungen.

Vorbehalt der nachträglichen Entscheidung über die Aussetzung

61 (1) Das Gericht kann im Urteil die Entscheidung über die Aussetzung der Jugendstrafe zur Bewährung ausdrücklich einem nachträglichen Beschluss vorbehalten, wenn

1. nach Erschöpfung der Ermittlungsmöglichkeiten die getroffenen Feststellungen noch nicht die in § 21 Absatz 1 Satz 1 vorausgesetzte Erwartung begründen können und
2. auf Grund von Ansätzen in der Lebensführung des Jugendlichen oder sonstiger bestimmter Umstände die Aussicht besteht, dass eine solche Erwartung in absehbarer Zeit (§ 61a Absatz 1) begründet sein wird.

(2) Ein entsprechender Vorbehalt kann auch ausgesprochen werden, wenn

1. in der Hauptverhandlung Umstände der in Absatz 1 Nummer 2 genannten Art hervorgetreten sind, die allein oder in Verbindung mit weiteren Umständen die in § 21 Absatz 1 Satz 1 vorausgesetzte Erwartung begründen könnten,
2. die Feststellungen, die sich auf die nach Nummer 1 bedeutsamen Umstände beziehen, aber weitere Ermittlungen verlangen und
3. die Unterbrechung oder Aussetzung der Hauptverhandlung zu erzieherisch nachteiligen oder unverhältnismäßigen Verzögerungen führen würde.

(3) [1] Wird im Urteil der Vorbehalt ausgesprochen, gilt § 16a entsprechend. [2] Der Vorbehalt ist in die Urteilsformel aufzunehmen. [3] Die Urteilsgründe müssen die dafür bestimmenden Umstände anführen. [4] Bei der Verkündung des Urteils ist der Jugendliche über die Bedeutung des Vorbehalts und seines Verhaltens in der Zeit bis zu der nachträglichen Entscheidung zu belehren.

Frist und Zuständigkeit für die vorbehaltene Entscheidung

61a (1) [1] Die vorbehaltene Entscheidung ergeht spätestens sechs Monate nach Eintritt der Rechtskraft des Urteils. [2] Das Gericht kann mit dem Vorbehalt eine kürzere Höchstfrist festsetzen. [3] Aus besonderen Gründen und mit dem Einverständnis des Verurteilten kann die Frist nach Satz 1 oder 2 durch Beschluss auf höchstens neun Monate seit Eintritt der Rechtskraft des Urteils verlängert werden.

(2) Zuständig für die vorbehaltene Entscheidung ist das Gericht, in dessen Urteil die zugrunde liegenden tatsächlichen Feststellungen letztmalig geprüft werden konnten.

Schrifttum: Baier, Die Bedeutung der Aussetzung der Verhängung der Jugendstrafe nach § 27 JGG und der Vorbewährung in der jugendgerichtlichen Praxis in Bayern, 2015; Flümann, Die Vorbewährung nach § 57 JGG, 1983; Sommerfeld, Vorbewährung nach § 57 JGG in Dogmatik und Praxis, 2007.

Übersicht

I. Anwendungsbereich

1   §§ 61, 61a finden bei **Jugendlichen** auch vor den für allg. Strafsachen zuständigen Gerichten Anwendung (§ 104 Abs. 1 Nr. 8).

2   Bei **Heranwachsenden** gelten die Vorschriften nur, wenn materielles JStR angewendet wird (§ 109 Abs. 2).

II. Allgemeines

1. Grundgedanke

3   Anders als im allg. StR besteht im JStR im Einklang mit dem Erziehungsauftrag (§ 2 Abs. 1) die Möglichkeit, über die Aussetzung einer verhängten JStrafe zBew erst nachträglich durch Beschluss zu entscheiden, vor allem in der Erwartung, dass zu dem späteren Zeitpunkt eine Aussetzung zBew eher als vertretbar erscheint. Denn die Vollstr der JStrafe ist prognostisch im Sinne zukünftiger Legalbewährung tendenziell ungünstiger als eine Aussetzung der Vollstr zBew, schon wegen auch abträglicher Nebenwirkungen der Freiheitsentziehung (zB Desintegration, Konfrontation mit der Insassen-Subkultur, als negativ beuteilte Einflüsse von Mitinsassen, weiterhin Stigmatisierung als entlassener JStrafgefangener). Maßgebend ist die Sach- und Rechtslage zum Zeitpunkt dieser Entscheidung (OLG Hamburg VRS 124, 355; näher → Rn. 12a).

Liegen erkennbar in der Person des Jugendlichen solche Ansätze vor, **3a** aufgrund derer in absehbarer Zeit eine positive Legalprognose als möglich erscheint und eine Zurückstellung der Aussetzungsentscheidung daher angebracht ist, muss es mit Blick auf den in → Rn. 3 genannten Zweck unerheblich sein, wenn neben der JStrafe auch noch eine Unterbringung (jedenfalls eine solche nach § 64 StGB) angeordnet wird. Unabhängig von dem Zusammenhang, der durch § 5 Abs. 3 zwischen beiden Rechtsfolgen hergestellt wird, kann in solchen Konstellationen über Bewährungsfragen – also auch solche iSv §§ 61 ff. – nur einheitlich entschieden werden. Anderenfalls würde eine auf die JStrafe beschränkte Zurückstellung durch gleichzeitigen den Vollzug der Maßregel konterkariert. Deshalb muss sich die nach § 61 erfolgte Vorbehaltsentscheidung über die JStrafe hinaus auch auf die damit zusammentreffende Unterbringung erstrecken (so für § 64 StGB zutr. BGH NStZ 2020, 740).

2. Entscheidung im Urteil oder nachträglich durch Beschluss

Nach allg. Auffassung liege es im pflichtgemäßen Ermessen des JGerichts, **4** ob es über die Aussetzung schon im Urteil oder nachträglich durch Beschluss entscheidet (§ 57 Abs. 1 S. 1), jedoch setzt ein Hinausschieben sachliche Gründe voraus, dh im Falle von Spruchreife ist die Entscheidung grundsätzlich im Urteil zu treffen (BGHSt 14, 74; → § 57 Rn. 6f). Rechtswidrig – weil ohne gesetzliche Grundlage faktisch sanktionierend – wäre ein Hinausschieben mit der (verborgen bleibenden) Begründung (zu ggf. apokryphen Verstößen Baier Aussetzung 201 ff.), durch die aufrecht erhaltene Ungewissheit, ob die JStrafe vollstreckt wird oder nicht, einen (zusätzlichen) Anpassungsdruck zu erzielen (Beulke GS 2014, 263; Swoboda FS Beulke, 2015, 1233; vgl. auch → § 57 Rn. 4a).

Ob hingegen die im Bewusstsein der vorgegebenen Grenzen jeder Prog- **4a** nose angestellte Erwägung, dem Verurteilten trotz entgegenstehender tatsächlicher Feststellungen noch eine „letzte Chance" zu geben, von vornherein unzulässig ist, hängt von der Würdigung der empirischen Erkenntnis ab (zur Berücksichtigungspflicht gem. § 2 Abs. 1 vgl. → § 2 Rn. 2), dass mitunter eine nicht erwartete Wende iSv Legalverhalten sich einstellt (vgl. zu Nachw. → § 5 Rn. 59, eher restriktivere Begr. RegE (BT-Drs. 17/9389), 15 f.; ebenso Meier in HK-JGG § 61 Rn. 4) – welcher Befund indes auch die Möglichkeit verdeutlicht, dass die im konkreten Verfahren getroffenen tatsächlichen Feststellungen und Interpretationen (teilweise) fehlerhaft sind. Daher dient die Orientierung auch des § 61 Abs. 1 und Abs. 2, wonach grundsätzlich bereits im Urteil zu entscheiden ist, zwar den erzieherischen Grundsätzen der Transparenz und der Konsequenz, beschneidet jedoch in den gemeinten Fallgruppen die Chancen auf (unerwartete) Legalbewährung. Dem vermag die Neufassung des § 57 Abs. 2, wonach eine Änderung der Entscheidung nur noch bei Hervortreten neuer Umstände nach dem Urteil möglich ist, nicht hinreichend abzuhelfen.

III. § 61

1. § 61 Abs. 1, Abs. 2

5   a) Abs. 1 der Vorschrift betrifft diejenigen Fälle der Möglichkeit (Kann-Vorschrift) eines im Urteil ausdrücklich erklärten Vorbehalts einer nachträglichen Entscheidung, in denen im Zeitpunkt des Urteils zwar umfassende Ermittlungen zu verzeichnen sind, diese jedoch iErg (noch) keine zureichenden Gründe für eine günstige Prognose iSv § 21 erbracht haben **(Nr. 1).** In Fällen, in denen die Voraussetzungen des § 21 Abs. 1 S. 1 eindeutig bejaht werden können, darf dagegen nicht nach Abs. 1 vorgegangen werden – insb. nicht, um auf den Jugendlichen zusätzlichen Anpassungsdruck auszuüben (dazu → Rn. 4).

5a   **Nr. 2** des § 61 Abs. 1 trägt solchen Anhaltspunkten Rechnung, die die Aussicht begründen, dass „in absehbarer Zeit" (§ 61a Abs. 1) eine günstige Prognose gestellt werden kann. Die konkreten Umstände für solche Anhaltspunkte, die sich zB im Bereich der Lebensführung oder der Freizeitgestaltung ergeben können, müssen iZm den für den Vorbehalt maßgeblichen Erwägungen in den Urteilsgründen angeführt werden (§ 61 Abs. 3 S. 3). Diese Niederlegung ist Grundlage einer Entscheidung über die Anfechtung des Urteils mit dem Ziel einer sofortigen Anordnung der Aussetzung (§ 59 Abs. 1 S. 2, vgl. auch → § 59 Rn. 6) ebenso wie insb. der späteren Überprüfung (vgl. → Rn. 12a), ob sich die „mit dem Vorbehalt verbundenen Erwartungen verwirklicht haben" (BT-Drs. 17/9389, 16).

6   b) **§ 61 Abs. 2** regelt (gleichfalls als Kann-Vorschrift) Fälle des im Urteil ausdrücklich erklärten Vorbehalts, in denen sich im Zeitpunkt des Urteils – etwa iZm Ergebnissen der HV – ergibt, dass weitere Ermittlungen durchzuführen sind **(Nr. 2),** deren Ergebnisse nicht ausschließbar eine günstige Prognose bereits aktuell, dh nicht erst durch eine weitere Entwicklung, begründen könnten **(Nr. 1).** Soweit die allg. strafverfahrensrechtlichen Strategien iSe Unterbrechung oder Aussetzung der HV dem Erziehungsauftrag (§ 2 Abs. 1) insofern zuwiderliefen, als sie den Verurteilten (zB durch unverhältnismäßige Verzögerungen oder in anderer Weise) benachteiligten **(Nr. 3),** kann das JGericht die Entscheidung über die Aussetzung einem nachträglichen Beschluss vorbehalten.

2. § 61 Abs. 3

7   a) **§ 61 Abs. 3 S. 1.** Hiernach darf neben dem Vorbehalt einer späteren Entscheidung über die Aussetzung der verhängten JStrafe zBew entsprechend § 16a **JA** verhängt werden. Die nur entsprechende Anwendung des § 16a folgt daraus, dass iRd § 61 Abs. 3 noch keine Aussetzungsentscheidung vorliegt. Neben den grundsätzlichen Einwänden gegen diese Arrestform (vgl. näher → § 8 Rn. 14, ergänzend → § 16a Rn. 7 ff.; nicht erörtert von AG Bonn ZJJ 2016, 77 mAnm Eisenberg) muss hier darauf verwiesen werden, dass sie sich gerade mit der sog. „Vorbewährung" ganz und gar nicht verträgt. Den Anforderungen an eine Erprobung, die mit dem Vorgehen nach §§ 61, 61a verbunden ist, kann der Betroffene im Arrest schwerlich entsprechen (vgl. auch Swoboda FS Beulke, 2015, 1234: Arrestanordnung als demotivierendes Misstrauenssignal). Angesichts dieser offenkundi-

gen Dysfunktionalität sollte davon Abstand genommen werden, auf die Option des Abs. 3 S. 1 zurückzugreifen.

Ohnehin darf dieser JA **nur in** dem **Urteil** verhängt werden, nicht aber in einem nachträglichen Beschluss (allg. Auffassung). Eine Anordnung des JA entsprechend § 16a in dem nachträglichen Aussetzungsbeschluss ist deshalb nicht vorgesehen, weil schwerlich davon ausgegangen werden kann, dass die Voraussetzungen des § 16a im Zeitpunkt des nachträglichen Beschlusses erfüllt wären bzw. dass nach einem als erfolgreich beurteilten Abschluss des Zeitraums des Vorbehalts die Vollstr eines JA vor der nachfolgenden Bewährungszeit angezeigt sein könnte, um deren erfolgreiches Bewältigen zu fördern, vielmehr eine eher nachteilige Auswirkung auf eine als positiv beurteilte Entwicklung zu besorgen sein könnte. **7a**

b) Zur Frage einer mündlichen Anhörung. Ob es einer vorherigen **mündlichen** Anhörung bedarf oder § 57 Abs. 1 S. 2 Hs. 2 entsprechend gilt (so OLG Hamburg VRS 124, 355) bzw. ob eine mündliche Anhörung und ggf. die Anwesenheit des Verteidigers zu empfehlen ist (so OLG Hamm BeckRS 2015, 21047), dazu wird auf die Erl. → § 57 Rn. 15f verwiesen (nach OLG Hamm ZJJ 2016, 302 ist die Anwesenheit eines Verteidigers bei der Anhörung „nicht zwingend"). **8**

c) § 61 Abs. 3 S. 2 und S. 3. Die Vorschrift bestimmt, dass der Vorbehalt einer nachträglichen Entscheidung aus Gründen der Klarstellung (zu den Folgen des Vorbehalts § 57 Abs. 2, § 61b Abs. 1, speziell zum Verbot der Vollstr der JStrafe § 89) in die **Urteilsformel** aufzunehmen ist. **9**

Nach Abs. 3 S. 3 der Vorschrift müssen die **Urteilsgründe** die für den Vorbehalt maßgeblichen Erwägungen erkennen lassen. Dies entspricht zum einen einer **Dokumentation**sfunktion im Hinblick auf die Transparenz der nachfolgenden Überprüfung dessen, ob die mit dem Vorbehalt verbundenen Erwartungen eingetreten sind. Zudem ist es der Überprüfungsmöglichkeit im Falle der Anfechtung des Urteils mit dem Ziel einer sofortigen Anordnung der Aussetzung (§ 59 Abs. 1 S. 2) geschuldet (wogegen eine Anfechtung nur des Vorbehalts allein mit dem Ziel einer sofortigen Vollstr nicht zulässig ist). **9a**

d) § 61 Abs. 3 S. 4. Der Verurteilte muss anlässlich der Urteilsverkündung in geeigneter Weise (§ 70a Abs. 1 aF bzw. § 70b Abs. 1 nF), also nicht gleichsam nur formelhaft, über die Bedeutung seines nachfolgenden Verhaltens vor dem Hintergrund des Vorbehalts **belehrt** werden. Dies gilt unabhängig von sonstigen Belehrungspflichten in diesem Bereich (betr. Aushändigung des Bewährungsplans für die „Vorbewährungszeit" § 61b Abs. 1 S. 7 iVm § 60 Abs. 1 S. 2 bzw. anlässlich nachfolgender Entscheidung zur Aussetzung der JStrafe), weil der inhaltliche und zeitliche Zusammenhang mit der HV eine speziellere Wirkung ermöglichen könnte. **10**

e) Registerrechtliches. Einzutragen ist neben der JStrafe (vgl. Gierschik Stellungnahme Rechtsausschuss 23.5.2012 (BT-Drs. 17/9389); vgl. aber auch → Rn. 9) gem. § 7 Abs. 1 S. 1, 2 BZRG (eingef. durch Gesetz v. 18.7.2017 (BGBl. I 2732)) auch der Vorbehalt eines nachträglichen Beschlusses hinsichtlich der Entscheidung über die Aussetzung zBew nach § 61 Abs. 1 oder Abs. 2 sowie das Ende einer gerichtlich bestimmten Frist (§ 61a Abs. 1 S. 2, 3). Prognostisch ist grds. relevant, dass – notwendigerweise aufgrund konkreter Anhaltspunkte – eine Aussetzung als möglich erachtet **11**

wurde, wobei dieser Umstand für die Auskunft erhaltende Stelle nicht nur zwecks etwaiger eigener Entscheidung, sondern auch zwecks etwaiger Mitteilung an das für die vorbehaltene Entscheidung zuständige Gericht (§ 61a Abs. 2) zur Geltung kommen kann (vgl. BT-Drs. 18/11933, 21). – Eine nachträgliche Entscheidung der Aussetzung wird gleichfalls eingetragen (§ 13 Abs. 1 Nr. 1 BZRG).

IV. § 61a

1. § 61a Abs. 1

12   **a) Zur Systematik der Vorschrift. aa)** Die Vorschrift befristet die **Dauer** des Vorbehalts im Allg. auf höchstens 6 Monate, und zwar im Einklang mit einer bislang verbreiteten Handhabung in der Praxis und einer gemäßigten Auffassung im Schrifttum (vgl. nur Böhm/Feuerhelm Jugend-StrafR 240; Laubenthal/Baier/Nestler JugendStrafR Rn. 363 f.). Diese einheitliche Befristung begrenzt die Belastungen aufgrund der Ungewissheit über die Frage, ob die JStrafe vollstreckt wird, und sie dient, sofern vorbehaltsbegleitende Weisungen und Auflagen (§ 61b Abs. 1) etwa erforderlich und geeignet sein sollten (vgl. näher → § 61b Rn. 3, 4), als Vorgabe für diese. Allerdings verlangen auch hier der **Verhältnismäßigkeits-** und der **Beschleunigungsgrundsatz,** dass die vorbehaltene Entscheidung – wenn nach den Umständen des Einzelfalls vertretbar – früher ergeht, und deshalb sieht § 61a Abs. 1 **S.** 2 die Möglichkeit vor, eine **kürzere** Höchstfrist zu bestimmen (wohl ebenso Swoboda FS Beulke, 2015, 1233). Für Fälle indes, in denen der im Allg. bestimmte zeitliche Rahmen (sechs Monate) als zu kurz erachtet wird (etwa iZm ergebnisoffenen therapeutischen Interventionen), ermöglicht es § 61a Abs. 1 **S.** 3 dem JGericht, einen **Verlängerungs**-beschluss (bis zu höchstens neun Monaten) zu fassen (krit. wegen der Gefahr zusätzlicher Sanktionierung Beulke GS Walter, 2014, 268 f.). – Die gesetzliche Frist entspricht etwa der bisherigen Praxis, die allerdings teilweise einen Zeitraum von drei bis vier Monaten zugrunde legte (nach OLG Dresden NStZ-RR 1998, 319; sechs Monate noch hinnehmbar (ebenso DVJJ-Kommission v. 15.8.2002, DVJJ-Journal 2002, 258); OLG Hamm NStZ-RR 2002, 251: ausnahmsweise auch Monate); die tatsächliche Dauer der von Flümann einbezogenen Fälle betrug demgegenüber durchschnittlich sechs, sieben Monate (Die Vorbewährung nach § 57 JGG, 1983, 148; ähnlich, wenngleich teilweise mit deutlichen Überhöhungen, waren die Ergebnisse von Sommerfeld 147, 166 f. (179 f.)).

12a   **bb)** In Fällen des Aufschubs gem. § 61 sind Ausgangspunkt der **Prüfung** vor Entscheidung gem. § 61a Abs. 1 S. 1 die im Urteil angeführten Gründe, und maßgebender Zeitpunkt für die Beurteilung ist derjenige der Entscheidung (vgl. auch → § 21 Rn. 18). Hingegen darf sich die Prüfung gem. dem zentralen, im Einklang mit dem Gesetzesauftrag der Zukunftsorientierung (§ 2 Abs. 1) stehenden systematischen Unterschied der §§ 61–61b zum allg. StR nicht formalisiert allein auf die in der Aufschubentscheidung niedergelegten Gründe beschränken. Dies entspricht auch den insb. bezüglich jugendlicher und heranwachsender Verurteilter bestehenden Grenzen der Möglichkeiten eines JGerichts, zu prognostisch geeigneten Festlegungen zu gelangen (vgl. auch → Rn. 4).

Zwar wird es speziell hinsichtlich der konkreten Umstände nach § 61 **12b**
Abs. 1 Nr. 2 (vgl. auch → Rn. 5) idR dann nicht erforderlich oder gar
verfehlt sein, erneut in eine Gesamtwürdigung einzutreten, wenn die vormalige Aussicht nicht mehr besteht. Jedoch widerspräche es der vorgenannten gesetzlichen Konzeption, wenn in der Zwischenzeit (dh seit der Aufschubentscheidung bis zur Entscheidung gem. § 61a Abs. 1 S. 1) hervor-
getretene (vgl. → § 57 Rn. 26), für eine günstige Prognose relevante
Umstände in verengender Gesetzesauslegung nicht gewürdigt würden (so
auch OLG Hamburg, 2. Strafsenat, 25.2.2013 – 2 Ws 19/13 Rn. 21f, VRS
124, 355 (358) = BeckRS 2013, 6271: „erst recht mit Rücksicht auf den
Erziehungsgedanken"; offen lassend BGH NStZ -RR 2020, 261; aA OLG
Hamburg, 1. Strafsenat, BeckRS 2014, 18081 Rn. 15: nur einer Entscheidung nach § 57 Abs. 2 zugänglich, StraFo 2014, 434 (436) = ZJJ 2015, 71
(abl. mit ausf. Begr. Schatz in Diemer/Schatz/Sonnen Rn. 15: „konterkariert" das gesetzgeberische Anliegen); ebenso KG ZJJ 2016, 175), zumal das
Gesetz solches sogar in der Nachfolge zu einer vorausgegangenen Ablehnung
der Aussetzung anerkennt (§ 57 Abs. 2), wobei ein etwaiger Umkehrschluss
hinter der teleologischen Auslegung zurücktreten müsste (vgl. aber auch
BT-Drs. 17/9389, 16: „andernfalls"). Hiernach sind nach Abschluss der sog.
Vorbewährungszeit die Voraussetzungen aktuell umfassend zu prüfen, ohne
dass – anders als bei der vorausgegangenen Vorbehaltsentscheidung – eine
rechtliche Beschränkung im Sinne gesetzlicher Vorgaben bestünde (vgl. auch
Schatz in Diemer/Schatz/Sonnen § 61a Rn. 16).

Ein wichtiger, in der vorbehaltenen Entscheidung zu berücksichtigender **12c**
Aspekt ist Nicht-/Erfüllung der dem Jugendlichen auferlegten Weisungen.
Darüber hinaus ist aber auch seine sonstige Entwicklung berücksichtigungs-
fähig (BGH NStZ 2020, 261). Ist die dem Verurteilten nach § 61b Abs. 1
S. 1 erteilte **Weisung rechtswidrig,** vermag ein Verstoß hiergegen die
Ablehnung der Aussetzung nicht zu rechtfertigen (OLG Hamm
BeckRS 2015, 21047). Es verstößt gegen den Grundsatz des **Vertrauens-**
schutzes, wenn nach vorbehaltener Entscheidung die Ablehnung der Aussetzung ausschließlich auf Umstände gestützt wird, die dem JGericht bei
Erstellung des BewPlanes für die Vorbewährungszeit (§ 60 Abs. 1 S. 1,
§ 61b Abs. 1 S. 7) bekannt waren, sich seitdem keine weiteren Gründe
ereignet haben und der verurteilte Jugendliche zu dem Wegfall des Vor-
behaltes nicht angehört worden ist (OLG Hamm BeckRS 2015, 21047).

b) Keine Entscheidung innerhalb der Frist. Trifft das Gericht (aus **13**
welchen Gründen auch immer) bis zu dem Ablauf der von ihm für den
nachträglichen Beschluss gesetzten Frist keine Entscheidung, so bietet das
Gesetz zwar keinen Anhalt dafür, dies als Ablehnung bzw. als Anordnung der
Aussetzung interpretieren zu dürfen. In der Praxis wird die Jugendstrafjustiz
in Vorbehalts-Fällen iRd Wiedervorlage der Akten auf einen solchen Mangel aufmerksam werden – ist es die JStA, wird sie gerichtliche Entscheidung
beantragen (vgl. auch BT-Drs. 17/9389, 17; OLG Hamburg VRS 124, 355;
Beulke/Swoboda JugendStrafR Rn. 523). – Zwar bestünde nach Fristablauf
die Gefahr einer Vollstr der JStrafe (§ 89), jedoch würde dies in der Praxis
voraussetzen, dass das Verfahren an den Vollstreckungsleiter abgegeben
worden wäre. Ungeachtet dessen dürfte eine Nicht-Entscheidung auf den
Betroffenen als erzieherisch abträgliche, justizielle Unzuverlässigkeit wirken
(Beulke GS Walter, 2014, 268 f.).

2. § 61a Abs. 2

14   **a) Zuständigkeit.** Nach Abs. 2 ist für die vorbehaltene nachträgliche Entscheidung über die Aussetzung einheitlich das Gericht der **letzten Tatsacheninstanz** vorgesehen, denn (anders als in den Fällen ohne Vorbehalt, § 57 Abs. 1 S. 2) ist die Entscheidung über die Aussetzung von dem erkennenden Gericht noch offen gelassen worden. – Wurde der Vorbehalt erst vom **BerufungsG** erklärt, ist es konsequent, dass auch dieses die nachfolgende Entscheidung über die Aussetzung trifft. Im Falle der Bestätigung eines erstinstanzlich erklärten Vorbehalts durch Verwerfung einer Berufung spricht für die Zuständigkeit des BerufungsG (vgl. auch → § 61b Rn. 10), dass dieses zeitlich später und insofern aktueller als das erstinstanzliche Gericht die einschlägig relevanten Umstände geprüft hat bzw. prüfen konnte.

15   **b) Sonstige Entscheidungen.** Für iRd Vorbehalts etwa notwendige sonstige Entscheidungen (insb. betr. Weisungen und/oder Auflagen) erklärt das Gesetz dasjenige Gericht als zuständig, das im Urteil die Entscheidung über die Aussetzung einem nachträglichen Beschluss **vorbehalten** hat (§ 61b Abs. 1 S. 6 bzw. Abs. 2 iVm § 58 Abs. 3 S. 1).

V. Sicherung der Vollstreckung

1. § 61b Abs. 2

16   Die Vorschrift sieht Maßnahmen zur Sicherung der Vollstr der JStrafe in Fällen vor, in denen die mit dem Vorbehalt verbundenen Erwartungen (gar durch eine als negativ beurteilte Entwicklung) verletzt werden, und zwar durch Bestimmung der Anwendbarkeit des **§ 453c StPO.** Voraussetzung ist, dass sich während des Zeitraums des Vorbehalts **Tatsachen** ergeben haben, aufgrund deren eine **Aussetzung abgelehnt** werden muss.

2. Zuständigkeit

17   Auch diese Maßnahmen trifft dasjenige Gericht, das die Entscheidung über die Aussetzung der Vollstr der JStrafe zBew einem nachträglichen Beschluss **vorbehalten** hat (Verweis auf § 58 Abs. 2, Abs. 3 S. 1).

VI. Anrechnungen

1. § 61b Abs. 3

18   Gemäß dieser Vorschrift ist in Fällen der Aussetzung der Vollstr der JStrafe zBew der Zeitraum ab Rechtskraft des Urteils, in dem die Aussetzung einer nachträglichen Entscheidung ausdrücklich vorbehalten wurde, bis zum Rechtskrafteintritt der aussetzenden Entscheidung auf die Bewährungszeit (§ 22) anzurechnen (vgl. demgegenüber vormals Flümann, Die Vorbewährung nach § 57 JGG, 1983, 272 (278): lediglich in vier von 98 Fällen). Wenngleich das JGericht dies bei der Bestimmung desjenigen Bewährungszeitraums, der als noch erforderlich erachtet wird, berücksichtigen wird (vgl. Begr. RegE, BT-Drs. 17/9389, 30), bestehen gegen eine deshalb erhöhte Bemessung der BewZeit Einwände. **Ausgeschlossen** ist, dass die Höchstdauer der Bewährungszeit (§ 22) durch eine Kumulation der Zeiträume des Vorbehalts (Vorbewährungszeit) und der Bewährungszeit **überschritten** wird (zust. Meier in HK-JGG § 61b Rn. 7).

2. § 61b Abs. 4 S. 1 und S. 2

Nach S. 1 **können,** wenn die Aussetzung der Vollstr zBew abgelehnt **19** wird, erbrachte **Leistungen** auf die Dauer der JStrafe angerechnet werden (vgl. auch § 26 Abs. 3 S. 2). Eine Versagung wird nur in Ausnahmefällen ermessensfehlerfrei sein (vgl. auch Ostendorf/Drenkhahn in NK-JGG § 61b Rn. 6: Ermessen verdichte sich idR hin zur Verpflichtung). Ähnlich wie es § 52a S. 2 vorsieht (vgl. → § 52a Rn. 9 ff.), wären Feststellungen dazu erforderlich, dass die Verkürzung aufgrund einer Anrechnung eine positive erzieherische Wirkung verhindern würde.

Hingegen **muss angerechnet** werden, wenn andernfalls das Maß der **19a** Schuld überschritten würde **(S. 2).** Der klarstellenden Vorschrift kommt deshalb besondere Bedeutung zu, weil – im Vergleich zu der Ermessensentscheidung iZm dem Widerruf einer Aussetzung aufgrund eines vorwerfbaren Fehlverhaltens in der Bewährungszeit (§ 26 Abs. 3 S. 2) – in Fällen des Entscheidungsaufschubs über die Frage der Aussetzung der Vollstr zBew die Gefahr einer Überschreitung der noch schuldangemessenen Sanktionierung rechtstatsächlich deutlich näher liegt.

Die Entscheidung zur Anrechnung, die im Verhältnis zur Aussetzungs **19b** entscheidung unselbstständig ist, unterliegt in entsprechender Anwendung des § 59 Abs. 1 S. 1 der **sofortigen Beschwerde** (vgl. auch Schatz in Diemer/Schatz/Sonnen § 61b Rn. 19). Eine Beschwer ist auch dann gegeben, wenn das Gericht die Frage der Anrechnung nicht erörtert hat.

3. Jugendarrest gem. § 16a

Ein nach dieser Vorschrift angeordneter JA ist **stets anzurechnen,** einer- **20** lei ob gem. § 61b Abs. 4 S. 3 oder in anderen Anwendungsfällen.

Weitere Entscheidungen bei Vorbehalt der Entscheidung über die Aussetzung

61b (1) ¹**Das Gericht kann dem Jugendlichen für die Zeit zwischen Eintritt der Rechtskraft des Urteils und dem Ablauf der nach § 61a Absatz 1 maßgeblichen Frist Weisungen und Auflagen erteilen; die §§ 10, 15 Absatz 1 und 2, § 23 Absatz 1 Satz 1 bis 3, Absatz 2 gelten entsprechend. ²Das Gericht soll den Jugendlichen für diese Zeit der Aufsicht und Betreuung eines Bewährungshelfers unterstellen; darauf soll nur verzichtet werden, wenn ausreichende Betreuung und Überwachung durch die Jugendgerichtshilfe gewährleistet sind. ³Im Übrigen sind die §§ 24 und 25 entsprechend anzuwenden. ⁴Bewährungshilfe und Jugendgerichtshilfe arbeiten eng zusammen. ⁵Dabei dürfen sie wechselseitig auch personenbezogene Daten über den Verurteilten übermitteln, soweit dies für eine sachgemäße Erfüllung der Betreuungs- und Überwachungsaufgaben der jeweils anderen Stelle erforderlich ist. ⁶Für die Entscheidungen nach diesem Absatz gelten § 58 Absatz 1 Satz 1, 2 und 4, Absatz 3 Satz 1**

und § 59 Absatz 2 und 5 entsprechend. [7]Die Vorschriften des § 60 sind sinngemäß anzuwenden.

(2) **Ergeben sich vor Ablauf der nach § 61a Absatz 1 maßgeblichen Frist hinreichende Gründe für die Annahme, dass eine Aussetzung der Jugendstrafe zur Bewährung abgelehnt wird, so gelten § 453c der Strafprozessordnung und § 58 Absatz 2 und 3 Satz 1 entsprechend.**

(3) **Wird die Jugendstrafe zur Bewährung ausgesetzt, so wird die Zeit vom Eintritt der Rechtskraft des Urteils, in dem die Aussetzung einer nachträglichen Entscheidung vorbehalten wurde, bis zum Eintritt der Rechtskraft der Entscheidung über die Aussetzung auf die nach § 22 bestimmte Bewährungszeit angerechnet.**

(4) **[1]Wird die Aussetzung abgelehnt, so kann das Gericht Leistungen, die der Jugendliche zur Erfüllung von Weisungen, Auflagen, Zusagen oder Anerbieten erbracht hat, auf die Jugendstrafe anrechnen. [2]Das Gericht hat die Leistungen anzurechnen, wenn die Rechtsfolgen der Tat andernfalls das Maß der Schuld übersteigen würden. [3]Im Hinblick auf Jugendarrest, der nach § 16a verhängt wurde (§ 61 Absatz 3 Satz 1), gilt § 26 Absatz 3 Satz 3 entsprechend.**

Schrifttum: Baier, Die Bedeutung der Aussetzung der Verhängung der Jugendstrafe nach § 27 JGG und der Vorbewährung in der jugendgerichtlichen Praxis in Bayern, 2015; Flümann, Die Vorbewährung nach § 57 JGG, 1983; Sommerfeld, Vorbewährung nach § 57 JGG in Dogmatik und Praxis, 2007; Westphal, Die Aussetzung der Jugendstrafe zur Bewährung gem. § 21 JGG, 1995.

Übersicht

I. Anwendungsbereich

1   Die Vorschrift findet bei **Jugendlichen** auch vor den für allg. Strafsachen zuständigen Gerichten Anwendung (§ 104 Abs. 1 Nr. 8).

2   Bei **Heranwachsenden** gilt die Vorschrift nur, wenn materielles JStR angewendet wird (§ 109 Abs. 2).

II. Allgemeines

1. Bedeutung der Vorschrift

Der im Urteil ausdrücklich erklärte Vorbehalt einer nachträglichen Ent- **3** scheidung über die Aussetzung der Vollstr der JStrafe zBew (§ 61) kann **ohne begleitende Maßnahmen** geschehen (vgl. auch § 23 Abs. 1 S. 1: soll). Insbesondere betrifft die Soll-Vorschrift des Abs. 1 S. 2 nur das Verhältnis zwischen BewHilfe und JGH, bedeutet aber nicht etwa, dass eine begleitende Maßnahme erteilt werden soll.

Jedoch sind, wie die Vorschrift ergibt, unter den allg. **erzieherischen** **4** **Voraussetzungen** (vgl. → § 5 Rn. 16 ff.) und in den Grenzen des **Verhältnismäßigkeitsgrundsatzes** begleitende Maßnahmen **zulässig** (sog. „Vorbewährung"). **Abs. 1 S. 1** (näher → Rn. 7) schafft die Eingriffsgrundlage für solche Erteilungen bzw. Anordnungen des JGerichts und begrenzt deren Laufzeit auf die (mit der Rechtskraft des Urteils beginnende) nach § 61a Abs. 1 maßgebliche Frist. – Die Frage einer materiell-rechtlichen Begründung und systematischen Einordnung der sog. „Vorbewährung" (gar iSe selbstständigen Rechtsfolge) ist indes (auch in der Begr. des RegE, BT-Drs. 17/9389) nicht abschließend geklärt.

2. Rechtstatsächliches

a) Vorausgegangene Entwicklung. Bereits seit geraumer Zeit vor Ein- **5** führung der (§§ 61–61b und speziell) des § 61b galt es nach überwiegender Meinung als zulässig, in Fällen, in denen die zur Entscheidung notwendigen Informationen noch nicht vorliegen, neben der verhängten JStrafe zum Zwecke einer Art „Vorbewährung" Weisungen bzw. Auflagen zu erteilen bzw. anzuordnen, um die Entscheidung vorzubereiten (OLG Hamm NStZ-RR 2002, 251; Kübel/Wollentin Bewährungshilfe 1970, 215; Dölling BJM 1989, 264; Kreuzer NJW 2002, 2351; Werner-Eschenbach Jugendstrafrecht, 2005, 36; aA Wollny Bewährungshilfe 1970, 17). Als Rechtsgrundlage wurden §§ 8 Abs. 2 S. 1, 10, 15 in entsprechender Anwendung angeführt, nicht dagegen § 23 oder § 24, weil es an einer Aussetzungsentscheidung gerade fehlt (eine analoge Anwendung des § 26 Abs. 1 S. 1 Nr. 1 schied aus, OLG Stuttgart Die Justiz 1995, 416). So wurde eine Weisung an den Jugendlichen, mit einem BewHelfer Kontakt aufzunehmen, nur bei Unterstellung aus einem anderen Verfahren als zulässig beurteilt (OLG Hamm NStZ-RR 2002, 251; vgl. auch OLG Hamburg NStZ 2009, 451; Meier in HK-JGG Rn. 2f; aA OLG Dresden NStZ-RR 1998, 318 Rn. 20; vgl. ferner DVJJ-Kommission (15.8.2002), DVJJ-Journal 2002, 258; Kruse ZRP 1993, 221: analoge Anwendung des § 24 mangels Regelungslücke unzulässig) – andernfalls wäre ein Erziehungsbeistand (§ 12 Nr. 1 (und als solcher ggf. ein BewHelfer, vgl. aber krit. → § 12 Rn. 11)) bzw. die JGH (§ 38 Abs. 2 S. 5 aF bzw. § 38 Abs. 5 S. 1 nF) zu benennen gewesen. – Indes hatte die Gegenauffassung gewichtige Argumente für sich (vgl. Flümann, Die Vorbewährung nach § 57 JGG, 1983, insb. 23 ff., der de lege lata einen Verstoß gegen Art. 2 Abs. 1 GG annahm; vern. auch Westphal, Die Aussetzung der Jugendstrafe zur Bewährung gem. § 21 JGG, 1995, 270 ff.; Weidinger Strafaussetzung 137 ff.: contra legem).

6   **b) Regionale Unterschiede.** Rechtstatsächlich wurde ein „Vorbewährungs"-Verfahren vor Einführung (der §§ 61–61b und speziell) des § 61b keineswegs selten gewählt (vgl. BT-Drs. 16/13142, 77: bei bis zu 10 % der verhängten Jugendstrafen). Allerdings wurde dieser Weg (und insb. auch eine Unterstellung unter BewH) regional unterschiedlich oft angewandt (vgl. betr. Bay. Baier Aussetzung 182 ff.). – Im Einzelnen ging die jugendgerichtliche Praxis in SchlH von einer Anwendbarkeit auf sämtliche **Deliktsarten** aus (vgl. Sommerfeld, Vorbewährung nach § 57 JGG in Dogmatik und Praxis, 2007, 91). Sie wendete das Verfahren überwiegend dann an, wenn bei einem drogenabhängigen Jugendlichen eine beabsichtigte Aussetzung der Vollstr zBew mit der Weisung verbunden werden sollte, sich einer Entziehungskur zu unterziehen, der erforderliche Therapieplatz aber noch nicht zur Verfügung stand (vgl. Sommerfeld, Vorbewährung nach § 57 JGG in Dogmatik und Praxis, 2007, 98).

6a   Für die LG-Bezirke in SchlH wurde ermittelt, dass in Fällen der Anwendung des Verfahrens ganz überwiegend auch unterstellt wurde (vgl. Sommerfeld, Vorbewährung nach § 57 JGG in Dogmatik und Praxis, 2007, 148, 168, 180). – Gemäß einer Untersuchung betr. eine Stichprobe aus BW von U-Haftgefangenen mit nachfolgender Aussetzungsentscheidung ergaben sich Quoten einer Zuteilung von BewHelfern im Wege der „Vorbewährung" in den LG-Bezirken Karlsruhe (n=65), Freiburg (n=74) und Mannheim (n=22) – in dieser Reihenfolge – von 65 %, 26 % und 9 % der jeweiligen BewFälle (Flümann, Die Vorbewährung nach § 57 JGG, 1983, 105), wobei die unterschiedliche Anwendungshäufigkeit weniger auf unterschiedlicher Kenntnis, eher vielmehr auf unterschiedlicher Bewertung der „Vorbewährung" beruhte (Flümann, Die Vorbewährung nach § 57 JGG, 1983, 156 ff., 270).

III. Regelungen des Abs. 1

1. Abs. 1 S. 1

7   Aus dem Bereich der Erziehungsmaßregeln ist eine Verpflichtung gem. § 12 unzulässig (Umkehrschluss aus Abs. 1 S. 1 **Hs. 1,** vgl. OLG Hamm BeckRS 2015, 21047).

7a   Nach Abs. 1 S. 1 Hs. 2 ist ein Nichtbefolgungsarrest (§ 11 Abs. 3) ausgeschlossen (Umkehrschluss aus Abs. 1 S. 1 **Hs. 2;** krit. Scherrer Stellungnahme Rechtsausschuss 23.5.2012 (BT-Drs. 17/9389)), zumal unter entsprechenden Voraussetzungen zu gewärtigen ist, dass die Vollstr der JStrafe nicht zBew ausgesetzt wird.

2. Abs. 1 S. 2

8   Diese Soll-Vorschrift betrifft die nur subsidiäre Unterstützung des Verurteilten durch die BewHilfe (krit. Beulke GS Walter, 2014, 270) für den Fall, dass die JGH keine ausreichende Betreuung und Überwachung leistet. Vorrangig sind die JGH bzw. die JHilfe zur Betreuung auch iZm einem ausdrücklich im Urteil erklärten Vorbehalt (§§ 61, 61a) verpflichtet (§ 52 Abs. 3 KJHG, § 38 Abs. 2 S. 8, 9; vgl. auch BT-Drs. 17/9389, 18), und das Gleiche gilt für die JGH betr. die Überwachung der Erfüllung von Weisungen und Auflagen (§ 38 Abs. 2 S. 5 und 6 aF bzw. § 38 Abs. 5 S. 4 und 5 nF). Diesen gesetzlichen Pflichten darf die JGH nicht dadurch enthoben werden, dass sie sich in manchen Gebieten aus JStV faktisch „zurückzieht" oder gar eine spezielle Qualifikation nicht mehr aufweist. – Der etwa erhöhte Personalbedarf der BewHilfe wurde im Gesetzgebungsverfahren anerkannt (BT-Drs. 17/9389, 3), jedoch scheint dies mitunter nicht oder nicht im Sinne hinreichender Qulifikation umgesetzt worden zu sein (zur Beschwerde gegen die Auswahl der Person des BewHelfers vgl. → § 59 Rn. 25). Solchenfalls wird das Gericht – was bei Ermittlungsaufgaben iZm der Person des Verurteilten idR ohnehin der Amtspflicht entspricht – ggf. im Freibeweis um Tatsachenermittlung bemühen sein (vgl. auch Schatz in Diemer/Schatz/Sonnen Rn. 3). Eine Heranziehung der Polizei – statt JGH bzw. BewHilfe – sieht das Gesetz nicht vor, auch bestünden sachlich-funktionale Bedenken (praktiziert aber von KG ZJJ 2016, 175).

Die Unterstellung unter BewHilfe ist in das Zentralregister einzutragen **8a** (§ 7 Abs. 2 BZRG (gem. ÄndG v. 18.7.2017, BGBl. I 2732)).

3. Abs. 1 S. 3 und 4

Wird trotz der einschränkenden Voraussetzungen (vgl. → Rn. 3) die **9** **BewHilfe** beauftragt (zur Beschwerde → § 59 Rn. 25), so finden nach **Abs. 1 S. 3** die §§ 24, 25 entsprechende Anwendung. Ausgenommen (Gesetzeswortlaut „im Übrigen") ist die Regelung zur Höchstfrist in (§ 24 Abs. 1 S. 1 und) § 24 Abs. 1 S. 3, Abs. 2 S. 2, da für die „Vorbewährungszeit" eine eigene Fristenregelung gilt.

Abs. 1 S. **4** verlangt in Entsprechung zu § 38 Abs. 2 S. 8 aF bzw. § 38 **9a** Abs. 5 S. 4 nF eine enge Zusammenarbeit von JGH und BewHilfe auch in diesem Bereich des JStVerfahrens. Insoweit ergeben sich indes Abgrenzungsschwierigkeiten gem. des von Gesetzes wegen (Soll-Vorschrift) geltenden Vorrangs der JGH und im Speziellen betr. den **Datenschutz** (Abs. 1 **S. 5**).

4. Abs. 1 S. 6

Die Bestimmung besagt, dass die Vorschriften über das Verfahren und die **10** Anfechtung bei der Aussetzung der Vollstr der JStrafe zBewährung auch auf die iRd Verfahrens der sog. „Vorbewährung" anfallenden Folgeentscheidungen Anwendung finden.

Im Einzelnen bestimmt der Verweis auf § 58 Abs. 3 S. 1 die **Zuständig-** **10a** **keit** des Gerichts, das die Entscheidung über die Aussetzung der Vollstr der JStrafe zBew einem nachträglichen Beschluss vorbehalten hat. Gemäß gesetzessystematischer Auslegung wird dies für das Berufungsgericht auch dann gelten, wenn es den erstinstanzlich erklärten Vorbehalt („zumindest inzident", Meier in HK-JGG Rn. 5) nur bestätigt hat (Verwerfung der Berufung), denn wegen der die nachträgliche Entscheidung betr. Zuständigkeitsregelung des § 61a Abs. 2 wären andernfalls widersprüchliche Beurteilungen nicht auszuschließen (vgl. auch → Rn. 14 zu §§ 61, 61a).

5. Abs. 1 S. 7

Hiernach sind auch die Vorschriften über den Bewährungsplan (§ 60) **10b** entsprechend anzuwenden. Zuständig ist der Vorsitzende (Verweis auf § 60 Abs. 1 S. 1; zu „durchgreifenden Bedenken" ggü. einer (nicht vertretungsbedingten) Übertragung auf den Berichterstatter als beauftragten Richter OLG Hamm BeckRS 2015, 21047).

IV. Ergänzendes

11   Wegen Abs. 3 und Abs. 4 vgl. → §§ 61, 61a Rn. 16–18.

Fünfter Unterabschnitt. Verfahren bei Aussetzung der Verhängung der Jugendstrafe

Entscheidungen

62 (1) ¹Entscheidungen nach den §§ 27 und 30 ergehen auf Grund einer Hauptverhandlung durch Urteil. ²Für die Entscheidung über die Aussetzung der Verhängung der Jugendstrafe gilt § 267 Abs. 3 Satz 4 der Strafprozeßordnung sinngemäß.

(2) Mit Zustimmung des Staatsanwalts kann die Tilgung des Schuldspruchs nach Ablauf der Bewährungszeit auch ohne Hauptverhandlung durch Beschluß angeordnet werden.

(3) Ergibt eine während der Bewährungszeit durchgeführte Hauptverhandlung nicht, daß eine Jugendstrafe erforderlich ist (§ 30 Abs. 1), so ergeht der Beschluß, daß die Entscheidung über die Verhängung der Strafe ausgesetzt bleibt.

(4) Für die übrigen Entscheidungen, die infolge einer Aussetzung der Verhängung der Jugendstrafe erforderlich werden, gilt § 58 Abs. 1 Satz 1, 2 und 4 und Abs. 3 Satz 1 sinngemäß.

Übersicht

I. Anwendungsbereich

1. Jugendliche

1   Die Vorschrift gilt in Verfahren gegen Jugendliche auch vor den für allg. Strafsachen zuständigen Gerichten (§ 104 Abs. 1 Nr. 8), jedoch mit der Maßgabe, dass diese Gerichte nur für die Entscheidungen nach § 30 zuständig sind, während die Entscheidungen nach Abs. 4 dem JRichter des Aufenthaltsortes des Jugendlichen zu übertragen sind (§ 104 Abs. 5 Nr. 2).

2. Heranwachsende

2   In Verfahren gegen Heranwachsende – vor JGerichten wie vor den für allg. Strafsachen zuständigen Gerichten – gilt die Vorschrift dann, wenn sachliches JStR (§ 109 Abs. 2 S. 1, §§ 105 Abs. 1, 112 S. 1 und 2) angewandt wird, jedoch betr. Verfahren vor den für allg. Strafsachen zuständigen Gerichten nur mit der Maßgabe wie bei Jugendlichen (§ 112 S. 1, § 104 Abs. 5 Nr. 2; vgl. → Rn. 1).

II. Entscheidung gem. § 27 (Abs. 1)

1. Abs. 1 S. 1

3   **a) Zwischenurteil.** Nach dieser Regelung wird eine Entscheidung, durch die der JRichter die Schuld feststellt und die Entscheidung über die Verhängung der JStrafe aussetzt (§ 27), ausschließlich aufgrund einer HV durch Urteil getroffen. Abw. von der Rechtslage bei der Aussetzung der Vollstr der JStrafe zBew ist ein nachträgliches Beschlussverfahren nicht vorgesehen. Die Entscheidung hat den Charakter eines Zwischenurteils (Dallinger/Lackner Rn. 2) ohne verfahrensbeendigende Wirkung. Die Rechtshängigkeit der Jugendsache endet erst mit Rechtskraft einer der in § 30 vorgesehenen Entscheidungen.

4   **b) Abstimmungsmehrheit.** Die Feststellung der Schuld durch das JGericht bedarf einer Zweidrittelmehrheit (§ 263 Abs. 1 StPO). Dies wird auch zu gelten haben, wenn die Aussetzung der Verhängung der JStrafe zBew versagt wird (s. aber auch Ostendorf/Drenkhahn in NK-JGG Rn. 1; aA Brunner/Dölling Rn. 1). Denn sachliche Gesichtspunkte, die eine Differenzierung rechtfertigen könnten, sind nicht ersichtlich (vgl. BT-Drs. 7/550, 302 f.).

2. Einbeziehung (§ 31 Abs. 2)

Wegen Fragen der Einbeziehung einer rechtskräftigen Entscheidung nach 5
§ 27 in eine neue Entscheidung vgl. → § 31 Rn. 12.

3. Abs. 1 S. 2

Hiernach ist in sinngemäßer Anwendung von § 267 Abs. 3 S. 4 StPO zu 6
begründen, weshalb entgegen einem in der HV gestellten Antrag die Verhängung der JStrafe nicht zBew ausgesetzt wurde (vgl. im Übrigen zu den
Erfordernissen einer Urteilsbegründung → § 54 Rn. 32).

4. Anfechtbarkeit

Vgl. hierzu → § 63 Rn. 3 und ferner die Ausführungen in → § 55 7
Rn. 1 ff.

III. Erforderliche Anschlussentscheidungen nach
Aussetzung der Verhängung der Jugendstrafe (Abs. 4)

1. Entscheidung durch Beschluss

Alle übrigen Entscheidungen, die infolge einer Aussetzung der Verhän- 8
gung der JStrafe zBew erforderlich werden, trifft das JGericht nach Anhörung des Jugendlichen, der JStA und des BewHelfers durch Beschluss (Abs. 4
iVm § 58 Abs. 1 S. 1, 2 und 4; vgl. im Übrigen → § 58 Rn. 1 ff. Auch
sämtliche Entscheidungen iZm der BewZeit sind dem Beschlussverfahren
zugewiesen (vgl. → § 58 Rn. 4; näher schon Dallinger/Lackner Rn. 7).

2. Einzelfragen

a) Zuständigkeit. Sie liegt bei demjenigen JGericht, das die Entschei- 9
dung nach § 27 getroffen hat (Abs. 4 iVm § 58 Abs. 3 S. 1; BGH NStZ
2011, 524). Anders als im Verfahren bei Aussetzung der Vollstr zBew (§ 58
Abs. 3 S. 2) kommt eine Übertragung an das JGericht des Aufenthaltsortes
des Jugendlichen nicht in Betracht (vgl. aber → § 104 Rn. 13). Die vom
Verfahren bei Aussetzung der Vollstr zBew abw. Regelung beruht auf dem
Umstand, dass im Verfahren nach § 27 die Erforderlichkeit einer Verhängung von JStrafe in der Beurteilung des erkennenden JGerichts ungewiss ist
(vgl. → § 27 Rn. 10) und sich dasselbe JGericht nähere Erkenntnisse über
das Verhalten und die Entwicklung des Jugendlichen während der BewZeit
verschaffen soll, um sich über die Fragen der Erforderlichkeit einer Verhängung von JStrafe schlüssig zu werden. Diesem Zweck würde es widersprechen, wenn das Verfahren nach § 42 Abs. 3 S. 1 abgegeben werden
könnte (BGHSt 8, 346; NStZ 2011, 524; OLG Zweibrücken JBl. RhPf.
1990, 42; Dallinger/Lackner Rn. 8; Potrykus Anm. 4; Schnitzerling DRiZ
1958, 317; aA Lackner GA 1956, 379 (381) sowie UK III DVJJ-Journal
1992, 24).

Hingegen wird das JGericht gem. § 2 Abs. 2, § 270 Abs. 1 S. 1 StPO 10
verweisen müssen, wenn sich in der HV hinreichend sicher ergibt, dass seine
Rechtsfolgenkompetenz nicht ausreicht (vgl. schon Potrykus NJW 1956,

655; Brunner/Dölling Rn. 6; Schatz in Diemer/Schatz/Sonnen Rn. 8; aA
Pentz NJW 1954, 1353; Neubacher/Bachmann NStZ 2013, 386 (388)). Da
die Frage, ob die Rechtsfolgenkompetenz für den Fall einer JStrafenverhängung bereits vor der Entscheidung gem. § 27 zu prüfen ist, dürfte diese
Konstellation gar nicht auftreten.

11   **b) Keine Maßnahmen nach § 453c StPO.** Die Nichterwähnung von
§ 58 Abs. 2 (in Abs. 4) trägt dem Umstand Rechnung, dass bei der Aussetzung der Verhängung der JStrafe zBew vorläufige Maßnahmen nach § 453c
StPO **nicht** in Betracht kommen (vgl. BT-Drs. 8/976, 70; vgl. näher → § 58
Rn. 17). Es bestanden jedoch Erwägungen, § 58 Abs. 2 und § 453c StPO in
einem Abs. 5 für entsprechend anwendbar zu erklären (Art. 1 Nr. 22b RE-
1. JGGÄndG 83 sowie Art. 1 Nr. 21b RE-1. JGGÄndG 87; krit. hierzu
Eisenberg MschKrim 1988, 131).

3. Anfechtbarkeit der Entscheidung

12   Vgl. dazu → § 63 Rn. 7 f.

IV. Beschluss, durch den die Entscheidung über die Aussetzung der Verhängung der Jugendstrafe ausgesetzt bleibt (Abs. 3)

1. Inhalt

13   Soweit in der BewZeit eine HV anberaumt wurde (§ 30 Abs. 1 S. 1), sich
in der HV jedoch nicht die für die Verhängung erforderlichen Voraussetzungen ergeben, so ergeht ein (unanfechtbarer, vgl. → § 63 Rn. 5) Beschluss
des Inhalts, dass die Entscheidung über die Verhängung der JStrafe zBew
ausgesetzt bleibt. – Eine Tilgung des Schuldspruches soll nach wohl hM
(Brunner/Dölling § 30 Rn. 5; Dallinger/Lackner Rn. 19, § 30 Rn. 17;
Nehring in BeckOK JGG § 30 Rn. 1; s. auch LG Hamburg 25.7.1988 – 34
Qs 50/88 bei Böhm NStZ 1989, 521 (523); aA OLG Schleswig NJW 1958,
34; Potrykus § 30 Anm. 1c) nicht an die Stelle dieser Entscheidung treten
dürfen, wenn nicht ausnahmsweise im Entscheidungszeitpunkt inzwischen
die BewZeit abgelaufen oder ihr Ablauf durch Verkürzung herbeigeführt ist.
Hiergegen bestehen Bedenken zumindest insofern, als der Jugendliche mit
erzieherischer Unklarheit konfrontiert und durch die erneute HV belastet
worden ist, ohne dass versucht würde, diese zusätzliche Beeinträchtigung
erzieherisch wirksam auszugleichen (zust. Kaspar in MüKoStPO Rn. 8; vgl.
auch → § 30 Rn. 4).

2. Nichtanfechtbarkeit

14   S. § 63 Abs. 1. (→ § 61 Rn. 1 ff.)

V. Entscheidung gem. § 30 Abs. 1 (Abs. 1 S. 1)

1. Urteil

Auf die Verhängung der JStrafe nach § 30 Abs. 1 S. 1 kann nur aufgrund **15** einer HV durch Urteil erkannt werden (speziell zur Nicht-Öffentlichkeit betr. zur Tatzeit Erwachsenen OLG Hamm NStZ 2011, 527 Rn. 20). Zuständig hierfür ist das JGericht, das die Entscheidung nach § 27 getroffen hat (wobei nach Neubacher/Bachmann NStZ 2013, 386 (387 f.) nur eine Personenidentität von Schuld- und Strafrichter sinnvoll und vom Gesetz gemeint sein kann; vgl. zudem → Rn. 9 f.).

Die Einleitung des Verfahrens unter den Voraussetzungen nach § 30 **16** Abs. 1 S. 1 ist erst zulässig, wenn das Urteil, in dem die Schuld festgestellt worden ist, **Rechtskraft** erlangt hat. Da das Verfahren nach § 30 Abs. 1 S. 1 von dem Bestand des Schuldspruches abhängig ist und das rechtskräftige Urteil nach § 27 die Grundlage des Verfahrens bildet, ist es grundsätzlich in der HV zu **verlesen** (§ 2 Abs. 2, § 324 Abs. 1 S. 2 StPO entspr.).

2. Einleitung des Verfahrens

Hierüber entscheidet das JGericht nach pflichtgemäßem Ermessen von **17–19** Amts wegen oder auf Antrag der JStA durch **Beschluss.** Bestehen hinreichende Gründe für die Annahme, dass die Voraussetzungen des § 30 Abs. 1 S. 1 vorliegen, wird während der BewZeit Termin zur HV anberaumt (§ 2 Abs. 2, § 203 StPO entspr.). Anderenfalls wird entsprechend § 2 Abs. 2, § 204 StPO die Anberaumung eines Termins zur HV abgelehnt (zur Anfechtbarkeit bei Ablehnung eines diesbezüglichen Antrages der JStA vgl. → § 63 Rn. 6).

Die für die Einleitung des Verfahrens nach § 30 Abs. 1 S. 1 maßgeblichen **20** **Tatsachen** und **Beweismittel** sind in dem Beschluss anzugeben und dem Angeklagten **mitzuteilen.**

Zur Problematik der Einführung und Verwertung der Berichte des **21** **BewHelfers** gelten ggf. die Ausführungen zu den Berichten des Vertreters der JGH entsprechend (→ § 38 Rn. 62 ff., → § 50 Rn. 36 ff.).

3. Zeitpunkt

Nach Ablauf der BewZeit ist die Entscheidung gem. § 30 Abs. 1 S. 1 **22** (oder Abs. 2) stets unverzüglich **von Amts wegen** herbeizuführen.

4. Anfechtbarkeit des Urteils

Diese richtet sich nach den allg. Vorschriften über die Rechtsmittel gegen **23** jugendgerichtliche Urteile (vgl. die Erl. zu § 55).

VI. Tilgung des Schuldspruchs
(Abs. 1 S. 1, Abs. 2; § 30 Abs. 2)

1. Art der Entscheidung

24   Nach Rechtskraft der Schuldfeststellung und Ablauf der BewZeit (dagegen nicht während der BewZeit; hM; LG Hamburg 25.7.1988 – 34 Qs 50/88 bei Böhm NStZ 1989, 521 (523), wonach gegen einen Tilgungsbeschluss vor Ablauf der BewZeit sofortige Beschwerde zulässig ist; Dallinger/Lackner Rn. 10; vgl. → Rn. 13, 22) muss nach § 30 Abs. 2 die Tilgung des Schuldspruchs entweder aufgrund einer HV durch Urteil (Abs. 1 S. 1) oder bei Zustimmung des JStA ohne HV durch Beschluss (Abs. 2) erfolgen. Die Einleitung des Verfahrens findet **von Amts wegen** unverzüglich nach Ablauf der BewZeit statt.

2. Zustimmungsverweigerung der Jugendstaatsanwaltschaft

25   Solchenfalls ist aufgrund einer HV durch **Urteil** darüber zu entscheiden, ob der Schuldspruch getilgt werden kann (oder aber eine Verhängung der JStrafe erforderlich ist).

26   Jedoch ist zur Entscheidung der Frage, ob die Voraussetzungen für die Tilgung des Schuldspruches nur aufgrund einer HV geklärt werden können, eine jgerichtliche **Ermessens**prüfung erforderlich. Stehen dem JGericht umfangreiche Tatsachenangaben über das Verhalten des Jugendlichen und seine Entwicklung während der BewZeit zur Verfügung, die eindeutige Schlüsse auf seine Bewährung zulassen, so wird die Tilgung des Schuldspruchs ohne HV **durch Beschluss** angeordnet werden können (vgl. Dallinger/Lackner Rn. 11). Der unanfechtbare (vgl. § 63 Abs. 1) Beschluss bedarf von Gesetzes wegen keiner Begründung (§ 2 Abs. 2, § 34 StPO); erziehungspsychologische Erwägungen können es im Einzelfall jedoch nahelegen, dem Jugendlichen die Gründe seiner Bewährung darzulegen und sein erwartungsgemäßes Verhalten zu würdigen.

3. Anfechtbarkeit des Urteils

27   Vgl. hierzu → § 63 Rn. 3 und ferner die Erl. zu § 55. Zur ausnahmsweisen (vgl. § 63 Abs. 1) Anfechtbarkeit des Beschlusses vgl. → § 63 Rn. 4.

Anfechtung

63 (1) **Ein Beschluß, durch den der Schuldspruch nach Ablauf der Bewährungszeit getilgt wird (§ 62 Abs. 2) oder die Entscheidung über die Verhängung der Jugendstrafe ausgesetzt bleibt (§ 62 Abs. 3), ist nicht anfechtbar.**

(2) **Im übrigen gilt § 59 Abs. 2 und 5 sinngemäß.**

I. Anwendungsbereich

Die Vorschrift gilt in Verfahren gegen **Jugendliche** auch vor den für allg. 1
Strafsachen zuständigen Gerichten (§ 104 Abs. 1 Nr. 8).

In Verfahren gegen **Heranwachsende** – vor JGerichten wie vor den für 2
allg. Strafsachen zuständigen Gerichten – gilt die Vorschrift dann, wenn
sachliches JStR angewandt wurde (§ 109 Abs. 2 S. 1, §§ 105 Abs. 1, 112
S. 1, 2).

II. Allgemeines

Die Anfechtbarkeit von Entscheidungen iZm der Aussetzung der Ver- 3
hängung der JStrafe zBew ist durch die Vorschrift nicht abschließend bestimmt, sondern lediglich teilweise abw. von § 55 und dem allg. Rechtsmittelrecht geregelt. Die Vorschrift befasst sich nur mit der Anfechtbarkeit
der **Beschluss**entscheidung. Urteile, die die Schuldfeststellung (§ 27), die
nachträgliche Verhängung der JStrafe (§ 30 Abs. 1 S. 1) oder die Tilgung
des Schuldspruches nach Ablauf der BewZeit (§ 30 Abs. 2 S. 1) aussprechen,
sind nach den allg. Vorschriften über die Rechtsmittel gegen jugendgerichtliche Urteile anfechtbar (vgl. näher die Erl. zu § 55). – Ein RefE des BMJV
vom 11.10.2018 sah in einem neuen Abs. 1 S. 1 die Möglichkeit vor, mit
der sofortigen Beschwerde die Verhängung eines JA anzugreifen, der nach
§§ 8 Abs. 2 S. 2, 16a bei einer Entscheidung nach § 27 verhängt wird.

III. Abs. 1

1. Nichtanfechtbarkeit der Tilgung des Schuldspruchs

Die Vorschrift bestimmt, dass die genannte Tilgung nach Ablauf der 4
BewZeit im Beschlussverfahren (§ 62 Abs. 2) nicht anfechtbar ist. Dies hat
seinen Grund darin, dass einerseits der Jugendliche durch die Tilgung des
Schuldspruchs nicht beschwert sein kann und andererseits der Beschluss nur
mit Zustimmung der JStA erlassen werden darf (vgl. Dallinger/Lackner
Rn. 3).

Umgekehrt unterliegt der Beschluss über die Tilgung des Schuldspruchs 4a
dann der Anfechtung, wenn er ohne die erforderliche Zustimmung der JStA
ergangen ist und der Mangel im Verfahren nach § 33a StPO (bei gleichzeitig
– entgegen § 33 Abs. 2 StPO – unterbliebener Anhörung der JStA) nicht
nachträglich behoben werden kann. Zulässiges Rechtsmittel wird in diesem
Fall die sofortige Beschwerde sein müssen, weil die Tilgung des Schuldspruchs als eine der materiellen Rechtskraft fähige Entscheidung gem. der
Systematik des allg. Rechtsmittelrechts nicht durch unbefristete Anfechtbarkeit auf unabsehbare Zeit in der Schwebe gehalten werden darf (so zutr.
schon Dallinger/Lackner Rn. 4; vgl. auch Meier in HK-JGG Rn. 1).

2. Nichtanfechtbarkeit der Aufrechterhaltung der Aussetzung

5   Die Vorschrift regelt zudem, dass auch der **Beschluss** nach § 62 Abs. 3,
durch den die Entscheidung über die Verhängung der JStrafe zBew ausgesetzt bleibt, unanfechtbar ist. Diese Unanfechtbarkeit beruht darauf, dass
keiner der Verfahrensbeteiligten durch den Beschluss beschwert wird. So
kann der Jugendliche vor Ablauf der Bewährungszeit ohnehin keine günstigere Entscheidung verlangen (hM; vgl. näher → § 62 Rn. 13), während
sich für die JStA die Verfahrenslage so darstellt, dass die Entscheidung über
die Verhängung der JStrafe zBew lediglich auf den Zeitpunkt verschoben
wird, der bei der Entscheidung nach § 27 ohnehin von vornherein vorgesehen war (Dallinger/Lackner Rn. 5; s. zudem ebenso für den Fall, dass erst
die 2. Instanz den Beschluss nach § 62 Abs. 3 getroffen hat, OLG Schleswig
bei Lorenzen/Görl SchlHA 1989, 121).

3. Keine entsprechende Anwendung

6   Wird ein Antrag der **JStA** auf Durchführung des Verfahrens nach § 30
Abs. 1 S. 1 während der BewZeit abgelehnt, kommt eine entsprechende
Anwendung von Abs. 1 nicht in Betracht, weil die Verfahrenslagen unter-
schiedlich sind. Der Beschluss über den Fortbestand der Aussetzung der
Verhängung nach § 62 Abs. 3 stellt bereits das Ergebnis einer Prüfung der
Sach- und Rechtslage nach § 30 Abs. 1 S. 1 dar, hingegen erstrebt der
jugendstaatsanwaltschaftliche Antrag erst die Prüfung. Es ist daher insoweit
die einfache **Beschwerde** gegeben (allg. Auffassung, vgl. bereits Grethlein
JGG Anm. 2b); § 305 S. 1 StPO steht nicht entgegen, weil die Ablehnung
als eine dem Urteil vorausgehende Entscheidung nicht dazu bestimmt ist, die
Urteilsfällung vorzubereiten (vgl. allg. Meyer-Goßner/Schmitt StPO § 305
Rn. 1).

IV. Abs. 2

7   Nach dieser Vorschrift ist gegen die Entscheidungen über die Dauer der
BewZeit (§ 28) und über Weisungen oder Auflagen (§ 29 S. 2 iVm § 23) in
sinngemäßer Anwendung von § 59 Abs. 2 die (unbefristete) **Beschwerde**
(§§ 304 f. StPO) zulässig, soweit sie darauf gestützt wird, dass die BewZeit
nachträglich verlängert worden oder eine getroffene Anordnung gesetzwidrig sei (vgl. näher → § 59 Rn. 21f entspr.).
8   Wird ausnahmsweise gegen das die Schuld feststellende Urteil Revision
und gegen eine Anschlussentscheidung (etwa betr. die Dauer der BewZeit
oder Weisungen und Auflagen) Beschwerde eingelegt, so ist in sinngemäßer
Anwendung von § 59 Abs. 5 das **Revisionsgericht** auch zur Entscheidung
über die Beschwerde zuständig (Abs. 2; vgl. näher → § 59 Rn. 31 ff.).

Bewährungsplan

64 [1]§ 60 gilt sinngemäß. [2]Der Jugendliche ist über die Bedeutung
der Aussetzung, die Bewährungs- und Unterstellungszeit, die
Weisungen und Auflagen sowie darüber zu belehren, daß er die Fest-

setzung einer Jugendstrafe zu erwarten habe, wenn er sich während der Bewährungs- und Unterstellungszeit schlecht führe.

I. Anwendungsbereich

1. Jugendliche

Die Vorschrift gilt in Verfahren gegen Jugendliche auch vor den für allg. **1** Strafsachen zuständigen Gerichten (§ 104 Abs. 1 Nr. 8), jedoch mit der Maßgabe, dass der JRichter zuständig ist, in dessen Bezirk sich der Jugendliche aufhält (§ 104 Abs. 5 Nr. 2 entspr. (vgl. → § 60 Rn. 1)).

2. Heranwachsende

Die Vorschrift gilt in Verfahren gegen Heranwachsende – vor JGerichten **2** wie vor den für allg. Strafsachen zuständigen Gerichten – dann, wenn materielles JStR angewandt wird (§ 109 Abs. 2 S. 1, §§ 105 Abs. 1, 112 S. 1 und 2), jedoch betr. Verfahren vor den für allg. Strafsachen zuständigen Gerichten nur mit der Maßgabe wie bei Jugendlichen (§ 112 S. 1, § 104 Abs. 5 Nr. 2 entspr.; vgl. → Rn. 1).

II. Allgemeines

Nach **S. 1** sind die Regelungen in § 60 über den BewPlan, der nach einer **3** Aussetzung der Vollstr zBew zu erstellen ist, sinngemäß anwendbar. Über die Einzelheiten betr. Inhalt, Zweck und Verfahren wird daher auf die Erl. zu § 60 verwiesen (→ § 60 Rn. 4–19), mit Ausnahme der Besonderheiten im Hinblick auf die Belehrung (vgl. → Rn. 4f).

III. Besonderheiten gegenüber dem Bewährungsplan nach § 60

1. Belehrung über die Voraussetzungen der Verhängung der JStrafe

Im Rahmen der Belehrung wird der Jugendliche darüber aufzuklären sein **4** (zur Geeignetheit § 70a Abs. 1 aF bzw. § 70b Abs. 1 nF), welches Verhalten während der Bewährungs- und Unterstellungszeit die Verhängung der JStrafe erforderlich machen kann. Dabei wird der – im Hinblick auf seine Unbestimmtheit bedenkliche – Begriff der „schlechten Führung" dem Jugendlichen inhaltlich zu veranschaulichen und hinsichtlich seiner rechtlichen Grenzen zu konkretisieren sein (vgl. auch → § 5 Rn. 4).

2. Belehrung über die Rechtsstellung

Es empfiehlt sich nicht minder, darzulegen, dass bewährungsgemäßes Ver- **5** halten des Jugendlichen zur Tilgung des Schuldspruchs nach Ablauf der BewZeit (§ 31 Abs. 2) und damit zur Beseitigung aller gesetzlich bezweckten Rechtsfolgen der Tat führen werde. – Um iRd Belehrung die Bereit-

schaft des Jugendlichen zur aktiven Mitarbeit (auch) durch erzieherische
Offenheit anzuregen oder zu fördern (vgl. → § 60 Rn. 15 aE), könnte es ggf.
auch angebracht sein, den Jugendlichen davon in Kenntnis zu setzen, dass
seine eventuelle Ablehnung des Versprechens, den erteilten Weisungen und
Auflagen nachzukommen (S. 1 iVm § 60 Abs. 3 S. 1), die Verhängung der
JStrafe unter den Voraussetzungen von § 30 Abs. 1 S. 1 nicht rechtfertigen
kann.

Sechster Unterabschnitt. Ergänzende Entscheidungen

Nachträgliche Entscheidungen über Weisungen und Auflagen

65 (1) [1]Nachträgliche Entscheidungen, die sich auf Weisungen (§ 11 Abs. 2, 3) oder Auflagen (§ 15 Abs. 3) beziehen, trifft der Richter des ersten Rechtszuges nach Anhören des Staatsanwalts und des Jugendlichen durch Beschluß. [2]Soweit erforderlich, sind der Vertreter der Jugendgerichtshilfe, der nach § 10 Abs. 1 Satz 3 Nr. 5 bestellte Betreuungshelfer und der nach § 10 Abs. 1 Satz 3 Nr. 6 tätige Leiter eines sozialen Trainingskurses zu hören. [3]Wenn die Verhängung von Jugendarrest in Betracht kommt, ist dem Jugendlichen Gelegenheit zur mündlichen Äußerung vor dem Richter zu geben. [4]Der Richter kann das Verfahren an den Jugendrichter abgeben, in dessen Bezirk sich der Jugendliche aufhält, wenn dieser seinen Aufenthalt gewechselt hat. [5]§ 42 Abs. 3 Satz 2 gilt entsprechend.

(2) [1]Hat der Richter die Änderung von Weisungen abgelehnt, so ist der Beschluß nicht anfechtbar. [2]Hat er Jugendarrest verhängt, so ist gegen den Beschluß sofortige Beschwerde zulässig. [3]Diese hat aufschiebende Wirkung.

Schrifttum: Wasserburg, Die Wiederaufnahme des Strafverfahrens, 1983.

Übersicht

I. Anwendungsbereich

1. Vor den Jugendgerichten

1   Die Vorschrift gilt in Verfahren vor den JGerichten (gegen Jugendliche
ohnehin und) gegen Heranwachsende dann, wenn sachliches JStR angewandt wurde (§ 109 Abs. 2 S. 1, § 105 Abs. 1).

2. Vor den für allg. Strafsachen zuständigen Gerichten

2   In Verfahren vor diesen Gerichten gegen Jugendliche wie gegen Heranwachsende gelten Abs. 1, Abs. 2 S. 2, 3 entsprechend, da insoweit eine
Regelungslücke besteht (§§ 104, 112; in der Begründung anders Ostendorf/
Drenkhahn in NK-JGG Rn. 1), während Abs. 2 S. 1 im Hinblick auf § 104
Abs. 4 S. 1 nicht zur Anwendung kommen kann (ähnlich Dallinger/Lackner
§ 104 Rn. 18, allerdings mit der Einschränkung, auch Abs. 1 S. 5 könne
nicht entspr. herangezogen werden).

3   **a) Sonstige Erwägungen.** Nach vormals vertretener aA (Potrykus § 104
Anm. 3) sei die Vorschrift über § 104 Abs. 2 anzuwenden. Demgegenüber
darf die Entscheidung über die Anwendung der Vorschrift – soweit sie eine
Zuständigkeitsregelung beinhaltet – nicht dem jrichterlichen Ermessen überlassen bleiben (so zutr. Brunner/Dölling Rn. 4). – Ferner wird vorgeschlagen, über die verbleibenden (wegen § 104 Abs. 4) nachträglichen Entscheidungen den nach § 42 örtlich zuständigen JRichter befinden zu lassen
(Brunner/Dölling Rn. 4). Hiergegen spricht, dass § 42 als neben den allg.
Vorschriften geltende Sonderregelung (systematisch stimmig) ebenfalls nicht
in § 104 Abs. 1 aufgeführt ist. Auch bestehen gegen die Anwendung von
§ 42 Bedenken insofern, als die Vorschrift keine Lösung für die hier zunächst
in Rede stehende Frage einer sachlichen Zuständigkeit des Erwachsenengerichts oder JGerichts (vgl. dazu → §§ 33–33b Rn. 6 ff., 20 ff.) bietet.
Zudem würde die Neubegründung eines Gerichtsstandes für die (verbleibenden) nachträglichen Entscheidungen der ausdrücklichen Abgaberegelung
in § 42 Abs. 3 S. 1 (wie § 65 Abs. 1 S. 4) widerstreben.

4   **b) Praktische Bedeutung.** Die Streitfrage betr. **Abs. 1** kann relevant
werden, wenn eine nachträgliche Befreiung von der Erfüllung von Auflagen
in Betracht kommt (§ 15 Abs. 3 S. 1). **Abs. 1 und Abs. 2** können dann
anzuwenden sein, wenn der Betroffene einer Auflage des Erwachsenengerichts (§ 104 Abs. 1 Nr. 1 iVm § 15) nicht erfüllt oder einer vom FamG
erteilten Weisung (§§ 104 Abs. 4, 53 S. 2 iVm § 10) nicht nachkommt und
deshalb nach §§ 11 Abs. 3, 15 Abs. 3 S. 2 über die Verhängung von JA
entschieden werden soll (darüber, dass die „Auswahl und Anordnung" von
Erziehungsmaßregeln aufgrund § 104 Abs. 4 zwar auch die Entscheidungen
nach § 11 Abs. 2, nicht dagegen diejenigen nach § 11 Abs. 3 umfasst, vgl.
→ § 53 Rn. 10).

II. Zuständigkeit

1. Abs. 1 S. 1

Nach dieser Regelung ist für die nachträgliche Entscheidung der erken- 5
nende **JRichter** des **ersten Rechtszuges zuständig** (s. auch § 33a Abs. 2).
Da es sich um keine VollstrTätigkeit handelt, beschränkt sich die Zuständigkeit des JRichters als Vollstreckungsleiter neben den ihm zur Ausführung des
Urteils obliegenden Maßnahmen (§§ 82 ff.; einschließlich etwa der Unterrichtung der JGH, vgl. RL III. Nr. 1, IV. Nr. 2 zu §§ 82–85) auf die
Aufgabe der Überwachung der Durchführung der Weisungen und Auflagen
und der Prüfung, ob eine Änderung der Weisung, Verlängerung ihrer Laufzeit oder eine Befreiung von ihr oder (gänzlich bzw. zum Teil) von der
Auflage geboten ist oder ob wegen (schuldhafter) Zuwiderhandlungen gegen
Weisungen oder wegen (schuldhafter) Nichterfüllung von Auflagen JA erforderlich ist.

Soweit der Vollstreckungsleiter nicht zugleich erkennender JRichter in 6
der Sache ist, muss er unter Anregung der Einleitung des Verfahrens nach
§ 65 die Sache dem JRichter des ersten Rechtszuges vorlegen (vgl. BGHSt
48, 1 = JR 2003, 215 mAnm Eisenberg). Bei Zuwiderhandlungen gegen
Weisungen oder Nichterfüllung von Auflagen gilt dies jedoch erst dann,
wenn eine eindringliche Ermahnung des Jugendlichen nicht genügt (vgl.
auch RL Nr. 2 S. 1 zu § 11; ebenso Dallinger/Lackner Rn. 2).

2. Verhältnis zwischen FamG und JGericht

Hat das FamG, dem die Auswahl und Anordnung von Erziehungsmaß- 7
regeln überlassen worden ist (§ 53), eine Anordnung getroffen, so ist es –
abw. von Abs. 1 S. 1 – auch für die Ausführung zuständig (vgl. näher → § 53
Rn. 10). Es hat aber dem erkennenden JRichter die Sache vorzulegen, wenn
nach § 11 Abs. 3 die Verhängung von JA geboten erscheint (vgl. → § 53
Rn. 10).

3. Abs. 1 S. 4

Nach dieser Vorschrift kann bei einem **Aufenthaltswechsel** des Jugend- 8
lichen eine **Abgabe** des Verfahrens an den JRichter des Aufenthaltsortes
erfolgen. Die Voraussetzungen entsprechen denjenigen bei § 42 Abs. 3 S. 1
(vgl. dort → § 42 Rn. 15 ff.) – insb. kommt Abs. 1 S. 4 nicht zur Anwendung, wenn der Wechsel bereits vor der Verurteilung geschah (vgl. BGH
BeckRS 2006, 11442; BGH BeckRS 2020, 20801) –, allerdings mit dem
Unterschied, dass es einer Zustimmung des JStA nicht bedarf. – Im Einzelnen wurde eine Abgabe mit der Begründung bejaht, sie sei schon zur Überwachung der Auflagenerfüllung zweckmäßig (BGHR JGG § 65 Zuständigkeit 1 (Gründe); BeckRS 2015, 17201; ebenso betr. mögliche Anhörungspflichten im Vollstreckungsverfahren BGH BeckRS 2015, 14729) bzw. auch
wegen in räumlicher Entfernung liegender (ggf. unzumutbarer) Erschwerung
der Wahrnehmung des rechtlichen Gehörs gem. Abs. 1 S. 3 angezeigt (BGH
StraFo 2009, 436); jedoch wurde die Zweckmäßigkeit verneint bei einer
Verfahrenseinstellung gem. § 47 Abs. 1 Nr. 3 (unter der Auflage, Sozial-

stunden nach näherer Weisung des JAmts abzuleisten), vgl. BGH BeckRS 2017, 115305 unter Hinweis auf § 47 Abs. 1 S. 6.

8a Bei Bedenken des übernehmenden JRichters entscheidet entsprechend § 42 Abs. 3 S. 2 das gemeinschaftliche obere Gericht über die Übernahme (Abs. 1 S. 5). Vgl. zu Einzelheiten → § 42 Rn. 25 f. sinngemäß.

III. (Sonstiges) Verfahrensrechtliches

9 Die Einleitung des Verfahrens zur nachträglichen Entscheidung kann von Amts wegen, auf Anregung des Vollstreckungsleiters bzw. des FamG sowie der JGH bzw. uU des BewHelfers (s. RL III. Nr. 1 zu §§ 82–85 sinngemäß), aber auch auf Antrag des Jugendlichen, des JStA sowie des gesetzlichen Vertreters und des Erziehungsberechtigten (§ 67 Abs. 1) erfolgen.

1. Anhörung der Antragsberechtigten

10 **a) Abs. 1 S. 1.** Nach dieser Vorschrift (uU iVm § 67 Abs. 1) sind der Jugendliche und die StA (vgl. ggf. auch § 10 EUStAG) vor der Entscheidung anzuhören. Hierbei sind dem Jugendlichen die möglicherweise zu seinem Nachteil bei der Entscheidung verwertbaren **Tatsachen** und **Beweisergebnisse** mitzuteilen (§ 2 Abs. 2, § 33 Abs. 3 StPO).

10a **b) Abs. 1 S. 3. aa)** Hiernach muss dem Jugendlichen im Hinblick auf die Bedeutung der Entscheidung stets Gelegenheit (für notfalls polizeiliche Vorführung DVJJ 1987, 418 (Thesen AK Xc) sowie DVJJ 1990 (Thesen AK VI: „als letzte Möglichkeit"); zw.) zur mündlichen Äußerung gegeben werden, wenn die Anordnung von JA in Betracht kommt (LG Arnsberg ZJJ 2006, 84; vgl. schon Dallinger/Lackner Rn. 6 mit weiterer Begründung). Wird dem Jugendlichen in einer Anhörung die Gelegenheit gegeben, die ihm auferlegten Verpflichtungen doch noch zu erfüllen, bedarf es, bevor aufgrund neuerlicher Nichterfüllung ein JA angeordnet werden kann, einer nochmaligen Anhörung, um die Gründe der Erfüllungsverweigerung untersuchen zu können (LG Koblenz ZJJ 2018, 166).

10b Wird die Muss-Vorschrift in Abs. 1 S. 3 verletzt (vgl. auch → § 58 Rn. 7), so kommt nach allg. Grundsätzen (entgegen OLG Hamm ZJJ 2008, 387 ff.) eine Nachholung im Beschwerdeverfahren nicht in Betracht (vgl. auch Meier in HK-JGG § 58 Rn. 7; Kilian in BeckOK JGG Rn. 23). Ein Schweigen des Betroffenen auf die schriftliche Anfrage, ob er eine Anhörung wünsche, darf (auch wenn es sich um einen Wiederholungsfall handelt) nicht als Verzicht ausgelegt werden (LG Arnsberg BeckRS 2010, 371). Um eine mündliche Anhörung zu erreichen, hat der JRichter daher (iRd Zulässigkeit) alle geeigneten Kontaktmöglichkeiten zu versuchen (zB neben Zustellungsurkunde auch formlose Ladung; ebenso Kilian in BeckOK JGG Rn. 14). – Hinsichtlich justizinterner Kontrolle werde laut einer Befragung (s. Hinrichs DVJJ-Journal 1995, 97) nur bei etwa 60 % der JA-Anstalten die Einhaltung dieser Vorschrift überprüft.

10c **bb)** Was die zeitliche Abfolge innerhalb der JStrafjustiz angeht, so wurde entschieden, die JStA könne durch Untätigkeitsbeschwerde erreichen, dass der JRichter den Verurteilten gem. Abs. 1 S. 3 zuerst anhört, bevor sie eine Stellungnahme nach Abs. 1 S. 1 abgibt, da bei der Anhörung Tatsachen zutage treten können, die für die Beurteilung der JStA von Bedeutung sind

(LG Freiburg 16.3.1993 – VI Qs 8/93). – Nach dem Rechtsgedanken, der § 38 Abs. 6 S. 3 zugrunde liegt, wird auch der Vertreter der JGH idR vor dieser Stellungnahme zu hören sein (weitergehend Ostendorf/Drenkhahn in NK-JGG Rn. 5).

2. Sonstige Anhörungen

Gemäß **Abs. 1 S.** 2 sind **vor** der **Entscheidung,** soweit erforderlich, der **10d** Vertreter der JGH (vgl. auch → § 11 Rn. 8, 25), der Betreuungshelfer (vgl. → § 10 Rn. 19 ff.) bzw. der Leiter eines sozialen Trainingskurses (§ 10 Abs. 1 S. 3 Nr. 6) zu hören.

3. Entscheidung

a) Beschluss (Abs. 1 S. 1). Eine mündliche Verhandlung ist zwar nicht **11** vorgeschrieben, wird sich jedoch häufig empfehlen (vgl. näher → § 57 Rn. 15f).

Wegen der Begründung und Bekanntmachung des Beschlusses s. § 2 **12** Abs. 2, § 35 StPO (betr. Zustellung vgl. KG ZJJ 2003, 303), § 67 Abs. 2 aF bzw. § 67a nF. Zur geeigneten (§ 70a Abs. 1 aF bzw. § 70b Abs. 1 nF) Rechtsmittelbelehrung s. § 2 Abs. 2, § 35a StPO (vgl. ergänzend → § 54 Rn. 39).

b) Unterrichtung und Mitteilung. Ist die nachträgliche Entscheidung **13** ergangen, wird – neben den Verfahrensbeteiligten – insb. bei Änderung einer Weisung, Verlängerung ihrer Laufzeit oder der Befreiung von ihr der JRichter als Vollstreckungsleiter die JGH unterrichten (vgl. RL III. Nr. 1 und RL IV. Nr. 2 S. 1 je zu §§ 82–85 sinngemäß).

Eine Mitteilung von der nachträglichen Entscheidung an das Erziehungs- **14** register muss nach allg. Auffassung stets erfolgen (§§ 60 Abs. 1 Nr. 2, 59, 20 BZRG; zur Handhabung im Register vgl. etwa Ostendorf/Drenkhahn in NK-JGG Rn. 5). Aufgrund Wegfalls des Verweises (nur) auf Nr. 2 des § 13 Abs. 2 S. 2 in § 60 Abs. 1 Nr. 3 BZRG (gem. 7. BZRGÄndG v. 18.7.2017 (BGBl. I 2732); krit. dazu → § 30 Rn. 19) gilt dies auch bei einem Nicht-befolgungsarrest (§ 11 Abs. 3; vgl. näher und krit. → § 11 Rn. 26).

IV. (Nicht-)Anfechtbarkeit; Wiederaufnahme des Verfahrens

1. (Nicht-)Anfechtbarkeit

a) Ablehnung des Antrags auf Änderung von Weisungen. Wird ein **15** solcher Antrag durch den JRichter abgelehnt, so ist der Beschluss **un-anfechtbar (Abs. 2 S. 1).** Der Ausschluss eines Rechtsmittels knüpft an die Erwägungen an, die § 55 Abs. 1 zugrunde liegen (vgl. Dallinger/Lackner Rn. 10). Zu einer Abänderung der Entscheidung kann es nur unter den Voraussetzungen von § 2 Abs. 2, § 33a StPO dann kommen, wenn der betroffene Beteiligte vor der Entscheidung nicht gehört worden ist (vgl. im Übrigen aber zur Nichtanwendbarkeit des § 33a OLG Hamburg NJW 2017, 2360).

16   **b) Modifizierung von Weisungen und Auflagen.** Hat der JRichter
Weisungen geändert, ihre Laufzeit verlängert, von ihnen befreit, von Auflagen ganz oder teilweise befreit, die Befreiung von Weisungen oder (ganz
bzw. teilweise) von Auflagen abgelehnt oder einem Antrag auf Verhängung
von JA nicht stattgegeben, so kann der Beschluss nach Maßgabe der Einschränkung in § 55 Abs. 1 mit der **einfachen Beschwerde** (§ 304 StPO)
angefochten werden (hM, vgl. nur LG Freiburg JR 1988, 523 mAnm Eisenberg). Denn die bezeichneten Entscheidungen sind in der besonderen Regelung in Abs. 2 nicht erfasst, sodass die allg. Bestimmungen zur Anwendung kommen (§ 2 Abs. 2). Die vormalige Gegenmeinung (Grethlein JGG
Anm. 4c), die Abs. 2 S. 1 auch auf die Ablehnung der Befreiung von
Weisungen und Auflagen anwenden will, trägt dem eindeutigen Wortlaut in
Abs. 2 S. 1 (s. dazu die in §§ 11 Abs. 2, 15 Abs. 3 S. 1 getroffenen Unterscheidungen) nicht hinreichend Rechnung.

17   **c) Verhängung von Jugendarrest durch Beschluss.** Nach **Abs. 2 S. 2**
ist gegen eine solche Entscheidung des JRichters (iRd § 55 Abs. 1 (hM;
Brunner/Dölling Rn. 9; Dallinger/Lackner Rn. 12; zw.) die **sofortige Beschwerde** (§ 311 StPO) zulässig. Im Hinblick auf die Intensität des Eingriffs
hat das Rechtsmittel abw. von § 307 Abs. 1 StPO von Gesetzes wegen
aufschiebende Wirkung (Abs. 2 S. 3).

2. Zur Frage einer Wiederaufnahme des Verfahrens

18   Umstritten ist, ob eine solche bei Beschlüssen zulässig ist, durch die nach
§ 11 Abs. 3 S. 2 JA verhängt wurde.

19   **a) Allgemeines Strafverfahrensrecht.** Insoweit lehnt die hM die Wiederaufnahme bei Beschlüssen grundsätzlich ab (vgl. → § 55 Rn. 28). – Allerdings werden Ausnahmen für urteilsgleiche Beschlüsse dann zugelassen,
wenn die Änderung eines rechtskräftigen Beschlusses auf Gründen beruht,
die bei einem Urteil die Wiederaufnahme rechtfertigen würden (BayObLG
NJW 1955, 1644; Matt in Löwe/Rosenberg StPO Vor § 304 Rn. 58; Eisenberg JR 2007, 360), zumal sich aus den Vorschriften der §§ 359, 373a StPO,
§ 85 OWiG nicht etwa im Wege eines Umkehrarguments folgern lässt, ihr
Ausnahmecharakter bedinge einen abschließend geregelten Bereich, der
auch aus rechtsstaatlichen Gründen keine entsprechende Anwendung gestatte.

20   **b) Intensität des Eingriffs.** Im JStV wird zumindest diejenige Meinung
abzulehnen sein, nach der eine Wiederaufnahme unter Hinweis auf einen
(bloßen sog.) „Beugecharakter" des JA nach §§ 11 Abs. 3, 15 Abs. 3 S. 2
(vgl. aber → § 11 Rn. 10) für unzulässig gehalten wird (so aber vormals LG
Stuttgart NJW 1957, 1686; aA bereits Grethlein § 55 Anm. 5d; Brunner/
Dölling Rn. 9, § 55 Rn. 49 und Fn. 12). Vielmehr wird die Wiederaufnahme schon deshalb in Betracht zu ziehen sein, weil andernfalls der Jugendliche
unter Zurückstellung der Einzelfallgerechtigkeit einem möglicherweise zu
Unrecht ergangenen Eingriff von solcher Intensität ausgesetzt wäre, wie sie
einem Erwachsenen in derselben Verfahrenssituation nicht zugemutet wird
(vgl. grds. → § 45 Rn. 7 ff.). Zudem besteht im JStR für eine ausnahmsweise
Anwendung deshalb Anlass, weil es erzieherisch auch darum gehen könnte,
(etwa vorhandenes) Vertrauen des Jugendlichen in die Rechtsordnung nicht

zu erschüttern, sondern ggf. zu fördern (vgl. dazu etwa Wasserburg, Die Wiederaufnahme des Strafverfahrens, 1983, 227 f.).

Ergänzung rechtskräftiger Entscheidungen bei mehrfacher Verurteilung

66 (1) [1]**Ist die einheitliche Festsetzung von Maßnahmen oder Jugendstrafe (§ 31) unterblieben und sind die durch die rechtskräftigen Entscheidungen erkannten Erziehungsmaßregeln, Zuchtmittel und Strafen noch nicht vollständig ausgeführt, verbüßt oder sonst erledigt, so trifft der Richter eine solche Entscheidung nachträglich.** [2]**Dies gilt nicht, soweit der Richter nach § 31 Abs. 3 von der Einbeziehung rechtskräftig abgeurteilter Straftaten abgesehen hatte.**

(2) [1]**Die Entscheidung ergeht auf Grund einer Hauptverhandlung durch Urteil, wenn der Staatsanwalt es beantragt oder der Vorsitzende es für angemessen hält.** [2]**Wird keine Hauptverhandlung durchgeführt, so entscheidet der Richter durch Beschluß.** [3]**Für die Zuständigkeit und das Beschlußverfahren gilt dasselbe wie für die nachträgliche Bildung einer Gesamtstrafe nach den allgemeinen Vorschriften.** [4]**Ist eine Jugendstrafe teilweise verbüßt, so ist der Richter zuständig, dem die Aufgaben des Vollstreckungsleiters obliegen.**

Übersicht

I. Anwendungsbereich

1. Jugendliche

1   Die Vorschrift gilt in Verfahren gegen Jugendliche vor den JGerichten
und wird nach pflichtgemäßem richterlichen Ermessen auch vor den für allg.
Strafsachen zuständigen Gerichten zur Anwendung kommen (§ 104 Abs. 2;
ebenso Brunner/Dölling Rn. 13; wohl aA noch Dallinger/Lackner § 104
Rn. 26; Potrykus § 104 Anm. 3; vgl. → § 104 Rn. 25).

2. Heranwachsende

2   In Verfahren gegen Heranwachsende gilt die Bestimmung – vor JGerichten wie ggf. vor den für allg. Strafsachen zuständigen Gerichten – dann,
wenn sachliches JStR angewandt wurde (§ 109 Abs. 2 S. 1, §§ 105 Abs. 1,
112 S. 1 und 2).

3   Dies gilt auch, wenn die einheitliche Festsetzung von Maßnahmen oder
JStrafe unter Einbeziehung einer rechtskräftigen Verurteilung nach allg. StR
wegen eines Teils der noch nicht erledigten Rechtsfolgen unterblieben ist
(§ 109 Abs. 2 S. 2). Allerdings ergeht keine nachträgliche Entscheidung,
wenn das Gericht von der Einbeziehung der nach allg. StR rechtskräftig
abgeurteilten Straftaten abgesehen hatte (§ 66 Abs. 1 S. 2 iVm §§ 105
Abs. 2, 31 Abs. 3 (näher → Rn. 18)).

II. Allgemeines

1. Abs. 1 S. 1

4   Die Vorschrift sichert den in § 31 enthaltenen Grundsatz einer **einheitlichen** erzieherischen **Entscheidung** (teilweise anders noch Peters RJGG
§ 55 Anm. 1: Zusammenfassung mehrerer rechtskräftiger Entscheidungen
als Ausdruck der Reaktionsbeweglichkeit) durch das Erfordernis einer auch
noch nachträglichen Entscheidung für den Fall, dass eine einheitliche Festsetzung von Rechtsfolgen zunächst unterblieben ist und diese auch noch
nicht erledigt sind. Auch dann wird die in der früheren Entscheidung ausgesprochene Rechtsfolge durch die neue Entscheidung rückwirkend beseitigt (vgl. aber §§ 31 Abs. 3, 66 Abs. 1 S. 2). Der damit verbundene Ausschluss der allg. Vorschriften über die nachträgliche Gesamtstrafenbildung
(§ 55 StGB, § 460 StPO) bewirkt zwar, dass das erzieherische Prinzip der
Einheitlichkeit von Entscheidungen auch dann gewahrt wird, wenn Aburteilungen vorliegen, die durch verschiedene Gerichte vorgenommen wurden
(vgl. § 31 Abs. 2, auch § 105 Abs. 2); jedoch wird dieses Prinzip iRd
Zuständigkeitsregelungen nach Abs. 2 S. 3 und 4 mitunter nicht durchgehalten.

2. Entscheidung

Sind die Voraussetzungen des Abs. 1 gegeben (vgl. → Rn. 14 ff.), so muss 5
eine Entscheidung getroffen werden (vgl. RL 1 S. 1).

a) Grundsätze des § 31. Bei Festsetzung der einheitlichen Rechtsfolge 6
tritt, entsprechend den Grundsätzen des § 31, die festzusetzende Rechtsfolge
an die Stelle der bisherigen Rechtsfolgenaussprüche, als ob sämtliche Verfehlungen in einer Verhandlung abgeurteilt würden (vgl. näher → § 31
Rn. 46 ff.). Ebenso entfallen grds. die Feststellungen, die zum Rechtsfolgenausspruch getroffen wurden (vgl. → § 31 Rn. 39 ff.).

Nach wohl überwiegender Auffassung (vgl. bereits Dallinger/Lackner 7
Rn. 9; Brunner/Dölling Rn. 5; sodann Schatz in Diemer/Schatz/Sonnen
Rn. 15; abl. Ostendorf/Drenkhahn in NK-JGG Rn. 11: Analogie zu § 54
Abs. 2 S. 1 StGB) soll das **Verschlechterungsverbot** insoweit nicht gelten,
sodass das JGericht die Summe der in den bisherigen Entscheidungen getrof-
fenen Maßnahmen (ausnahmsweise gar) zum Nachteil des Betroffenen überschreiten dürfte (zw.). Zumindest grds. ist das JGericht an die tatsächlichen
Feststellungen gebunden, auf denen die Schuldsprüche der rechtskräftigen
Entscheidungen beruhen (vgl. → § 31 Rn. 39). – Betreffend vorausgegangene Fehlentscheidungen zulasten des Betroffenen kann ausnahmsweise ein
Unterschreiten in Betracht kommen (vgl. etwa AG Tiergarten 20.8.2015 –
(418 VRJs) 265 Js 289/14 (27/15); dazu Anm. Eisenberg zu KG ZJJ 2015,
421 f.; vgl. auch → § 31 Rn. 43 ff.).

b) Ergänzungsentscheidung. Unter den Voraussetzungen von § 31 8
Abs. 3 *kann* das JGericht auch davon absehen, die Rechtsfolgen aus den
bereits rechtskräftigen Entscheidungen im Wege einer einheitlichen Maßnahme zusammenzufassen (vgl. auch RL Nr. 1 S. 2). Die Sperrwirkung
gem. **Abs. 1 S. 2** besteht nicht, wenn das vorausgegangene Urteil zwar von
einer Einbeziehung abgesehen hat, jedoch dafür keinen Grund angegeben
hat (OLG Celle NStZ-RR 2010, 27 (Ls.) = BeckRS 2009, 27559; vgl. auch
→ Rn. 18). Die Entscheidung ist ausdrücklich auszusprechen (allg. Auffassung, vgl. nur BGH NJW 2007, 447; OLG Celle NStZ-RR 2010, 27 (Ls.)
= BeckRS 2009, 27559: „stillschweigende" Ablehnung der Einbeziehung
unzulässig).

III. Zuständigkeit

1. Abs. 2 S. 4

Ist in einer der rechtskräftigen Entscheidungen eine JStrafe verhängt wor- 9
den und diese teilweise vollstreckt, so richtet sich die Zuständigkeit nach
Abs. 2 S. 4. Für die ergänzende Entscheidung ist der JRichter, dem die
Aufgaben des Vollstreckungsleiters (§§ 82, 84, 85) obliegen, ausschließlich
zuständig.

„Teilweise" Vollstr der JStrafe (iSd Abs. 2 S. 4) liegt vor, wenn mit der 10
Vollstr zwar begonnen, sie aber noch nicht beendet ist. Dabei kann *angerechnete U-Haft* – abw. vom Fall der Strafzeitberechnung (vgl. § 88) – *nicht* als
„teilweise" Vollstr gelten, denn die durch Abs. 2 S. 4 begründete besondere
Zuständigkeit des Vollstreckungsleiters beruht darauf, dass sich der Vollstre-

ckungsleiter iRd Vollstreckungsverfahrens bereits mit dem Jugendlichen befasst hat und ihm daher am ehesten die Beurteilungsgrundlagen für einen einheitlichen Rechtsfolgenausspruch zur Verfügung stehen. – Ist die JStrafe erlassen, liegt die Voraussetzung einer nur „teilweisen" Vollstr (iSd Abs. 2 S. 4) nicht mehr vor.

11 **a) Sachliche Zuständigkeit.** Aus der Ausschließlichkeit der Regelung in Abs. 2 S. 4 folgt bezüglich der sachlichen Zuständigkeit, dass der JRichter als Vollstreckungsleiter bei Festsetzung der einheitlichen Maßnahme **nicht** an die Beschränkungen der Rechtsfolgenkompetenz nach § 39 Abs. 2 **gebunden** ist (allg. Auffassung; vgl. auch KG ZJJ 2015, 420, zugleich zum Verstoß der JKammer gegen Art. 101 GG).

11a **b) Örtliche Zuständigkeit.** Diese ist in vollem Umfang von der VollstrZuständigkeit abhängig. Wechselt die örtliche Zuständigkeit infolge Abgabe der Vollstr durch den zunächst zuständigen Vollstreckungsleiter (§ 85 Abs. 1, 5) – aufgrund gesetzlichen Übergangs auf einen anderen Vollstreckungsleiter (§ 85 Abs. 2, 3) oder durch Übertragung der weiteren Entscheidungen nach Entlassung unter Aussetzung der Vollstr des Strafrestes zBew auf den JRichter des Aufenthaltsortes des Jugendlichen (§ 88 Abs. 6 S. 2, § 58 Abs. 3 S. 2) –, so tritt ein Wechsel der örtlichen Zuständigkeit auch hinsichtlich der nach § 66 zu treffenden Entscheidungen ein (vgl. auch BGH BeckRS 2011, 20244).

11b **aa)** Im Falle nur *teilweiser Übertragung* (vgl. § 58 Abs. 3 S. 2) wird es sich infolge der Widerrufsmöglichkeit durch den abgebenden Vollstreckungsleiter (§ 85 Abs. 5) empfehlen, dass die Entscheidungen diesem überlassen bleiben (nicht also dem JRichter, dem die weitere Vollstr nur teilweise übertragen ist), wohl hM.

11c **bb)** Soweit *mehrere Vollstreckungsleiter* mit der Vollstr verschiedener teilweise vollstreckter JStrafen befasst sein sollten, so ist grundsätzlich jeder von ihnen zuständig. Der Vorrang wird demjenigen Vollstreckungsleiter zukommen, der das Verfahren zur Ergänzung der rechtskräftigen Entscheidungen zuerst einleitet (allg. Auffassung).

12 **c) Keine entsprechende Anwendung.** Als Ausnahmevorschrift ist Abs. 2 S. 4 zur Begründung der Zuständigkeit im Falle teilweise vollzogenen JA nicht entsprechend anwendbar (hM; Nachw. 17. Aufl.).

2. Abs. 2 S. 3

13 Liegen die Voraussetzungen nach Abs. 2 S. 4 nicht vor, bestimmt sich die Zuständigkeit gem. Abs. 2 S. 3 nach den Regelungen, die im Verfahren der **nachträglichen Gesamtstrafenbildung** nach allg. StVR gelten. Nach § 462a Abs. 3 S. 1 StPO entsprechend entscheidet das erkennende erstinstanzlich zuständige Gericht. Soweit die verschiedenen Urteile von verschiedenen Gerichten erlassen wurden, bedarf es bei der sinngemäßen Anwendung von § 462a Abs. 3 S. 2 StPO einer **Abstufung** von Art und Maß **der Rechtsfolgen** gem. den Grundsätzen, die für die gesetzliche Bewertung verschiedener Rechtsfolgen iRd Beurteilung unter dem Gesichtspunkt des Verschlechterungsverbotes gelten (vgl. dazu → § 55 Rn. 45 ff.). Denn – abw. vom allg. StR – sieht das **JGG keine einheitliche** Abstufung der einzelnen

Rechtsfolgen nach ihrer Schwere vor (vgl. näher → § 5 Rn. 21 f.; zust. Graalmann-Scheerer in Löwe/Rosenberg StPO § 460 Rn. 61).

IV. Voraussetzungen

Die nachträgliche Festsetzung einer einheitlichen Rechtsfolge geschieht **14** unter folgenden Voraussetzungen:

1. Fehlen einheitlicher Festsetzung (Abs. 1 S. 1, Voraussetzung 1)

Wegen mehrerer Straftaten müssen eine oder mehrere selbstständige ge- **15** richtliche Entscheidungen ergangen sein, bei welchen die einheitliche Festsetzung von Maßnahmen oder JStrafe unterblieben ist, obwohl sie nach § 31 möglich (geworden) war.

Da es auf eine für alle Entscheidungen insgesamt einheitliche Festsetzung **16** ankommt, ist es unerheblich, ob in den einzelnen Entscheidungen lediglich die Verurteilung wegen einer Straftat oder bereits die einheitliche Festsetzung wegen mehrerer Straftaten (§ 31 Abs. 1, 2) enthalten ist (Dallinger/ Lackner Rn. 2).

a) Gründe des Fehlens. Weshalb die einheitliche Festsetzung einer **17** Rechtsfolge nicht geschehen ist, ist grundsätzlich – abgesehen von der in Abs. 1 S. 2 geregelten Gestaltung (vgl. näher → Rn. 8, 18) – **ohne Bedeutung.** – Dies wird auch für den Fall zu gelten haben, dass das zuvor befasste Gericht aus *rechtlich unzutreffenden* Erwägungen heraus die Einbeziehung und einheitliche Festsetzung einer Rechtsfolge *abgelehnt* hat. Zwar hat in einem vergleichbaren Fall des allg. StVR (§ 460 StPO) die Korrektur nach hM nicht im nachträglichen Beschlussverfahren, sondern im Revisionsverfahren zu geschehen (BGHSt (GS) 12, 1; aA noch BGHSt 2, 388), jedoch wird sich diese Rechtsauffassung aus zwei Gründen nicht (schematisch) auf das Verfahren nach § 66 übertragen lassen. Zum einen kann nach Abs. 2 in allen problematischen Fällen eine HV durchgeführt werden, sodass derjenige für die Einschränkung der Zulässigkeit des nachträglichen Verfahrens im allg. StVR maßgebliche Gesichtspunkt entfällt, dass nämlich durch das ausschließlich zulässige Beschlussverfahren die Rechtsposition des Betroffenen verschlechtert ist. Zum anderen gebietet der zukunftsorientierte **Auftrag** (§ 2 Abs. 1 S. 1) iSd Vorrangs eine *Abweichung* von den für das *allg. StVR* maßgeblichen Erwägungen, weil eine einheitliche Reaktion auf mehrere Verfehlungen ua nach erziehungspsychologischen Grundsätzen (§ 2 Abs. 1 S. 2) erforderlich erscheint (vgl. auch Amtl. Begr. 64).

b) Abs. 1 S. 2. Diese Vorschrift **schließt** die nachträgliche Bildung einer **18** einheitlichen Maßnahme oder JStrafe **aus,** wenn der zuvor zuständige JRichter nach § 31 Abs. 3 von der Einbeziehung bereits rechtskräftig abgeurteilter Straftaten abgesehen hatte. Für diese Ausnahmeregelung gilt als Begründung, dass eine – von der Ermessensentscheidung des erkennenden JRichters nach § 31 Abs. 3 abweichende – Ermessensausübung des für das nachträgliche Verfahren zuständigen JRichters erzieherisch nicht zu rechtfertigen sei (zw.), wozu ua auf den Grundsatz der Konsequenz Bezug genommen wird. Dieser Begründung entsprechend tritt die *Sperrwirkung* des

Abs. 1 S. 2 aber *nur* dann ein, *wenn* der JRichter in der früheren Entscheidung aus erzieherischen Gründen auf die Einbeziehung der rechtskräftig
abgeurteilten Straftaten verzichtet hat, nicht dagegen, wenn nach den Urteilsgründen nicht auszuschließen ist, dass die Möglichkeit der einheitlichen
Festsetzung einer Rechtsfolge nur übersehen worden ist (vgl. näher
→ Rn. 8; vgl. auch schon Dallinger/Lackner Rn. 4 mit weiterer Begründung).

2. Rechtskraft

19 Die dem nachträglichen Verfahren zu Grunde liegenden früheren Entscheidungen **bedürfen** sämtlich der Rechtskraft. Ebenso müssen Zweifel
über die Berechnung der Dauer der verhängten Maßnahme oder JStrafe wie
über die Auslegung des Urteils insgesamt bereits behoben sein (BayObLG
NJW 1955, 601). – Jedoch kann, auch wenn die Rechtskraft einer Entscheidung **noch nicht** eingetreten ist, das nachträgliche Verfahren wegen
der übrigen bereits rechtskräftigen Entscheidungen **dennoch** durchgeführt
werden, sofern dies iSd Einheitlichkeit notwendig erscheint, was regelmäßig
der Fall sein wird. Es ist jedoch auch zulässig, die Rechtskraft sämtlicher
Entscheidungen abzuwarten, sofern der Jugendliche bei der Vollstr hierdurch
nicht benachteiligt wird (so auch Dallinger/Lackner Rn. 6; vgl. ergänzend
→ Rn. 23).

3. Abs. 1 S. 1, Voraussetzung 2

20 Die rechtskräftigen Entscheidungen müssen Maßnahmen oder JStrafen
enthalten, die noch **nicht vollständig ausgeführt, vollstreckt** oder sonst
erledigt sind (Abs. 1 S. 1; vgl. näher → § 31 Rn. 21 ff.).

21 **a) Verhältnis zu § 460 StPO.** Anders als nach der im Übrigen vergleichbaren allg. Vorschrift des § 460 StPO kommt es nicht darauf an, ob im
Zeitpunkt des Erlasses der letzten rechtskräftigen Entscheidung die Voraussetzungen einer Einbeziehung noch vorgelegen haben (vgl. auch schon
Dallinger/Lackner Rn. 7; Grethlein Anm. 1a; aA Potrykus Anm. 1). Vielmehr ist maßgebend allein der Zeitpunkt der nachträglichen Entscheidung,
dh eine solche ist unzulässig, wenn der gesamte Rechtsfolgenausspruch
erledigt ist (Abs. 1 S. 1).

22 **b) Schuldfeststellung im Rahmen von § 27.** Umstritten ist, ob diese
Feststellung als eine iSv Abs. 1 noch nicht vollständig erledigte Entscheidung
anzusehen ist.

22a **aa) Die Frage** wird zu verneinen sein (BGH NJW 2007, 448 mablAnm
Dölling NStZ 2008, 694; Dallinger/Lackner Rn. 8; Meier in HK-JGG
Rn. 4; Kilian in BeckOK JGG Rn. 6; Potrykus RdJB 1956, 209 (210);
Laubenthal/Baier/Nestler JugendStrafR Rn. 520; Streng JugendStrafR
Rn. 282; aA Brunner/Dölling Rn. 2; bereits Grethlein JGG Anm. 1a;
Ostendorf/Drenkhahn in NK-JGG Rn. 7), weil Abs. 1 nur die einheitliche
Festsetzung von Maßnahmen oder JStrafe – allerdings unter Hinweis auf
§ 31 – erwähnt, während im Gegensatz hierzu in der Fassung des § 31
Abs. 2 auch die Schuldfeststellung nach § 27 aufgeführt ist. Hierfür könnte
auch sprechen, dass in § 14 Abs. 2 RegE-JGG 53, der als § 31 Abs. 2 Gesetz
wurde, bei Übereinstimmung mit der Fassung des RJGG 1943 im Übrigen

die neu eingeführte selbstständige Schuldfeststellung ausdrücklich aufgenommen wurde (vgl. Amtl. Begr. 43), während eine solche Einfügung bei § 66 – der mit § 55 RJGG 1943 übereinstimmt – unterblieb.

bb) Hinzu kommt, dass Abs. 2 nur fakultativ eine HV vorsieht, sodass der **22b** Betroffene bei Zusammenfassung einer Schuldfeststellung mit einer anderen rechtskräftigen Entscheidung insofern schlechter gestellt wäre, weil ihm für den Fall der Verhängung einer JStrafe nach § 30 eine obligatorische HV zusteht (§ 62 Abs. 1 S. 1). Ist das Zusammentreffen einer Schuldfeststellung und einer anderen rechtskräftigen Entscheidung ersichtlich, so wird der im Verfahren nach § 30 zuständige JRichter deshalb zu prüfen haben, ob die Voraussetzungen für den Ausspruch einer JStrafe vorliegen. Bejahendenfalls wird er HV anberaumen und die andere rechtskräftige Entscheidung nach § 31 Abs. 2 einbeziehen können (ebenso BGH NJW 2007, 448 mablAnm Dölling NStZ 2008, 695 unter Hinweis auf Streng, der indes (nunmehr Rn. 282) die gegenteilige Auffassung vertritt).

V. Einleitung des Verfahrens und Entscheidung

1. Einleitung

Das nachträgliche Verfahren hat **von Amts wegen** (oder auf Anregung **23** eines Verfahrensbeteiligten) dann zu erfolgen (OLG Celle NStZ-RR 2010, 27 (Ls.) = BeckRS 2009, 27559), wenn das Vorliegen der **Voraussetzung** für eine einheitliche Rechtsfolgenfestsetzung **ersichtlich** wird. Zwar wird – sofern damit keine Beeinträchtigung des Verurteilten verbunden ist – nach sorgsamer Prüfung ggf. die Rechtskraft einer weiteren Entscheidung abzuwarten sein, um zu vermeiden, dass – entgegen dem Grundsatz der einheitlichen Maßnahme – innerhalb eines kurzen Zeitraums untereinander widerstrebende nachträgliche Entscheidungen ergehen (vgl. → Rn. 19). Ferner wird dann, wenn ersichtlich im Zeitpunkt der späteren Entscheidungsreife eine Ergänzung nicht mehr zulässig sein wird, von der Einleitung des Verfahrens abgesehen werden können (vgl. auch Schatz in Diemer/Schatz/ Sonnen Rn. 12). Im Übrigen aber ist der JRichter **nicht befugt,** den Fortgang der Vollstr abzuwarten, um das Verfahren dadurch entbehrlich zu machen, dass die Möglichkeit der Einbeziehung entfällt (n. schon Dallinger/ Lackner Rn. 12; Potrykus Anm. 1).

2. Entscheidung

a) Urteil. Die Entscheidung ergeht dann aufgrund einer **HV** durch Ur- **24** teil, wenn entweder der Vorsitzende diese Verfahrensweise für angemessen hält oder der JStA es beantragt **(Abs. 2 S. 1).**

aa) Die Durchführung einer HV wird sich oftmals schon im Interesse **25** einer besseren Rechtsposition des Betroffenen sowie insb. in denjenigen Fällen empfehlen, in denen eine verstärkte Beteiligung des Jugendlichen an der ergänzenden Rechtsfolgenentscheidung aus Gründen des gesetzlichen Auftrags (§ 2 Abs. 1) angezeigt erscheint (speziell nach Aufhebung erstinstanzlicher, den Betroffenen benachteiligender Entscheidungen etwa AG Tiergarten 20.8.2015 – (418 VRJs) 265 Js 289/14 (27/15); vgl. Anm. Eisenberg zu KG ZJJ 2015, 421 f.). Häufig wird schon die jugendkriminologische

Würdigung der den einzelnen Entscheidungen zu Grunde liegenden Verfehlungen solche Hinweise auf die Persönlichkeit des Jugendlichen bzw. ggf. Heranwachsenden (§ 109 Abs. 2 S. 1, 2) ergeben, die bisher unberücksichtigt geblieben waren, wegen ihres Gewichts jedoch nunmehr eine umfangreiche Beweisaufnahme erforderlich machen (vgl. Dallinger/Lackner Rn. 14). Gerade auch in solchen Fallgestaltungen können erhebliche *Abweichungen* der ergänzenden Entscheidung von den früheren Entscheidungen zu erwarten sein, sodass ggf. bereits ein Antrag auf Durchführung der HV seitens des JStA angezeigt ist (vgl. RL 2). – Obwohl dem Jugendlichen, seinem Erziehungsberechtigten und dem gesetzlichen Vertreter ein Antragsrecht zur Herbeiführung der HV nicht zukommt (wohl hM, krit. Schatz in Diemer/Schatz/Sonnen Rn. 22) und die *Ermessensentscheidung* des Vorsitzenden selbstständig nicht angreifbar ist (LG Zweibrücken MDR 1993, 679; vgl. auch Dallinger/Lackner Rn. 15), wird der Vorsitzende – auch ohne einen entsprechenden Antrag des JStA – nach der von Amts wegen vorzunehmenden Prüfung dann zu der Entschließung kommen, dass sich die Durchführung einer HV empfiehlt, wenn begründete Anregungen der genannten Verfahrensbeteiligten oder des Vertreters der JGH vorgetragen sind.

26   Mit der Entschließung, die HV durchzuführen, tritt nach hM (vgl. schon Bender JGG Rn. 15; Dallinger/Lackner Rn. 16; aA Brunner/Dölling Rn. 7; bereits Grethlein Anm. 3a) eine **Bindung** des Vorsitzenden und des Gerichts **nicht** ein.

27   **bb)** Für die Vorbereitung und Durchführung der HV gelten die Vorschriften des allg. StVR (§ 2 Abs. 2, §§ 213 ff., 226 ff. StPO), jedoch mit der Einschränkung, dass Bezugnahmen auf einen Eröffnungsbeschluss (zB in § 215 S. 1 StPO) gegenstandslos sind, weil das Verfahren zur Ergänzung rechtskräftiger Entscheidungen nach seinem Zweck und Inhalt einen Eröffnungsbeschluss nicht voraussetzt (allg. Auffassung).

28   **b) Beschluss. aa)** Ist ein Antrag der JStA nicht gestellt und führt auch die Prüfung des Vorsitzenden nicht zu der Entschließung, eine HV durchzuführen, ergeht die Entscheidung **ohne mündliche Verhandlung** durch **Beschluss** (Abs. 2 S. 2 und S. 3 iVm § 462 Abs. 1 S. 1 StPO). **Vor** der **Entscheidung** sind der Jugendliche und die JStA (S. 3 iVm § 462 Abs. 2 S. 1 StPO) sowie der Erziehungsberechtigte und der gesetzliche Vertreter (§ 67 Abs. 1) **zu hören** (vgl. § 2 Abs. 2, § 33 Abs. 3 StPO); auch der JGH ist Gelegenheit zur Äußerung zu geben (s. § 38 Abs. 3 S. 1 aF bzw. § 38 Abs. 6 nF; zust. Graalmann-Scheerer in Löwe/Rosenberg StPO § 460 Rn. 61).

29   **bb)** Der Beschluss ist stets zu **begründen** (§ 2 Abs. 2, § 34 StPO; vgl. schon BGH NJW 1953, 1360 mwN; OLG Bremen HESt 2, 232). Soweit für den nachträglichen Gesamtstrafenbeschluss nach allg. StVR Einschränkungen in der Begründung als zulässig erachtet werden (OLG Hamm JMBl. NW 1968, 100), wird dies im Umfang der sich aus § 54 Abs. 1 S. 1, § 267 Abs. 3 S. 1 StPO ergebenden Begründungspflicht den Anforderungen für einen Beschluss iRv § 66 (vgl. auch Schatz in Diemer/Schatz/Sonnen Rn. 24: urteilsgleicher Charakter) nicht gerecht. – Zur Bekanntmachung des Beschlusses und der (geeigneten, § 70a Abs. 1 aF bzw. § 70b Abs. 1 nF) Rechtsmittelbelehrung vgl. § 2 Abs. 2, §§ 35, 35a StPO, § 67 Abs. 2 aF bzw. § 67a Abs. 1 nF, sowie grundsätzlich → § 54 Rn. 39.

30   **c) Kosten.** Vgl. → § 74 Rn. 10 sowie RL Nr. 2, 3 S. 2 zu § 74.

VI. Anfechtbarkeit

1. Urteil

Es ist unter den Voraussetzungen des § 55 (vgl. näher → § 55 Rn. 1 ff.) **31** mit Berufung bzw. Revision anfechtbar. Die Nachprüfung beschränkt sich auf den einheitlichen Rechtsfolgenausspruch, da hinsichtlich der den früheren Entscheidungen zu Grunde liegenden Schuldsprüche deren Teilrechtskraft bindet (allg. Auffassung).

2. Beschluss

Es ist sofortige Beschwerde zulässig (Abs. 2 S. 3 iVm § 462 Abs. 3 StPO; **32** Ausnahme: § 2 Abs. 2, § 304 Abs. 4 StPO), jedoch sind die nach § 55 Abs. 1 gegebenen Rechtsmittelbeschränkungen zu berücksichtigen (hM). Zur entsprechenden Geltung des Verbots der reformatio in peius vgl. → § 55 Rn. 41.

Siebenter Unterabschnitt. Gemeinsame Verfahrensvorschriften

Stellung der Erziehungsberechtigten und der gesetzlichen Vertreter

67 (1) Soweit der Beschuldigte ein Recht darauf hat, gehört zu werden oder Fragen und Anträge zu stellen, steht dieses Recht auch den Erziehungsberechtigten und den gesetzlichen Vertretern zu.

(2) Die Rechte der gesetzlichen Vertreter zur Wahl eines Verteidigers und zur Einlegung von Rechtsbehelfen stehen auch den Erziehungsberechtigten zu.

(3) [1] Bei Untersuchungshandlungen, bei denen der Jugendliche ein Recht darauf hat, anwesend zu sein, namentlich bei seiner Vernehmung, ist den Erziehungsberechtigten und den gesetzlichen Vertretern die Anwesenheit gestattet, soweit

1. dies dem Wohl des Jugendlichen dient und
2. ihre Anwesenheit das Strafverfahren nicht beeinträchtigt.

[2] Die Voraussetzungen des Satzes 1 Nummer 1 und 2 sind in der Regel erfüllt, wenn keiner der in § 51 Absatz 2 genannten Ausschlussgründe und keine entsprechend § 177 des Gerichtsverfassungsgesetzes zu behandelnde Missachtung einer zur Aufrechterhaltung der Ordnung getroffenen Anordnung vorliegt. [3] Ist kein Erziehungsberechtigter und kein gesetzlicher Vertreter anwesend, weil diesen die Anwesenheit versagt wird oder weil binnen angemessener Frist kein Erziehungsberechtigter und kein gesetzlicher Vertreter erreicht werden konnte, so ist einer anderen für den Schutz der Interessen des Jugendlichen geeigneten volljährigen Person die Anwesenheit zu gestatten, wenn die Voraussetzungen des Satzes 1 Nummer 1 und 2 im Hinblick auf diese Person erfüllt sind.

(4) [1] Das Jugendgericht kann die Rechte nach den Absätzen 1 bis 3 Erziehungsberechtigten und gesetzlichen Vertretern entziehen, soweit sie verdächtig sind, an der Verfehlung des Beschuldigten beteiligt zu sein, oder soweit sie wegen einer Beteiligung verurteilt sind. [2] Liegen die Voraussetzungen des Satzes 1 bei einem Erziehungsberechtigten oder einem gesetzlichen Vertreter vor, so kann der Richter die Entziehung gegen beide aussprechen, wenn ein Mißbrauch der Rechte zu befürchten ist. [3] Stehen den Erziehungsberechtigten und den gesetzlichen Vertretern ihre Rechte nicht mehr zu, so bestellt das Familiengericht einen Pfleger zur Wahrnehmung der Interessen des Beschuldigten im anhängigen Strafverfahren. [4] Die Hauptverhandlung wird bis zur Bestellung des Pflegers ausgesetzt.

(5) [1] Sind mehrere erziehungsberechtigt, so kann jeder von ihnen die in diesem Gesetz bestimmten Rechte der Erziehungsberechtigten ausüben. [2] In der Hauptverhandlung oder in einer sonstigen gerichtlichen Verhandlung werden abwesende Erziehungsberechtigte als durch anwesende vertreten angesehen. [3] Sind Mitteilungen oder

Ladungen vorgeschrieben, so genügt es, wenn sie an eine erziehungsberechtigte Person gerichtet werden.

Schrifttum: Kremer, Der Einfluss des Elternrechts auf die Rechtmäßigkeit der Maßnahmen des JGG, 1984; Richmann, Die Beteiligung des Erziehungsberechtigten und des gesetzlichen Vertreters am Jugendstrafverfahren, 2002.

Übersicht

I. Anwendungsbereich

1   Die Vorschrift gilt für **Jugendliche,** und zwar auch in Verfahren vor den für allg. Strafsachen zuständigen Gerichten (§ 104 Abs. 1 Nr. 9; s. aber die Möglichkeit des Ruhens gem. § 104 Abs. 3). Sie findet bei Jugendlichen auch im vereinfachten JVerfahren (§ 78 Abs. 3 S. 2) sowie im Vollstreckungsverfahren (§ 83 Abs. 3 S. 2) Anwendung. – Betreffend OWi-Verfahren vgl. → Rn. 24–31.

2   Im Verfahren gegen **Heranwachsende** ist die Vorschrift ohne Bedeutung (§ 109 Abs. 1). War der Heranwachsende zur Tatzeit über 18 Jahren, ergibt sich dies bereits aus § 109 Abs. 1. War er zur Tatzeit dagegen noch Jugendlicher, beruht dies darauf, dass er **in der Prozessphase,** in der die Anwendung der Norm zur Debatte steht, durch seine zwischenzeitlich erreichte Volljährigkeit weder Erziehungsberechtigte noch gesetzliche Vertreter hat (vgl. n. auch Poell in BeckOK JGG Rn. 6; s. betr. „letztes Wort" BGH BeckRS 2009, 20289; OLG Hamm ZJJ 2006, 202; wegen vor Eintritt der Volljährigkeit getroffener Prozesshandlungen vgl. → Rn. 33, betr. eingelegte Rechtsmittel → § 55 Rn. 5). – Anders als bei familienrechtlichen Fragen (etwa Beendigung der Vormundschaft), für die bei (zugewanderten) Personen **ausländischer** Herkunft teilw. auf das Recht ihres Herkunftsstaates und das dort ggf. höhere Volljährigkeitsalter abgestellt wird (so bei Geltung des Art. 12 Genfer Flüchtlingskonvention etwa OLG Karlsruhe NJW-RR 2015, 1284; vgl. auch OLG Bremen FamRZ 2017, 1277 = BeckRS 2017, 101891), ist im JGG für die Einbeziehung der Eltern iÜ allein die abschließende (und keine Ausnahmen kennende) Spezialregelung in § 1 Abs. 2 bestimmend.

II. Allgemeines

1. Bedeutung der Vorschrift

3   Durch die Bestimmung werden zum einen die dem **gesetzlichen Vertreter** zustehenden **Rechte erweitert,** und zum anderen wird für den **Erziehungsberechtigten** eine entsprechende Rechtsstellung **begründet,** die die Pflicht zur *Belehrung,* und zwar in geeigneter Weise, umfasst (§ 70b Abs. 1 S. 2). Die Rechtsstellung des Jugendlichen wird dadurch nicht geschmälert, vielmehr hat er im Verfahren die gleiche Stellung wie ein Volljähriger (vgl. OLG Schleswig MDR 1981, 72). So hat er zB das Recht der selbstständigen Verteidigerwahl (→ § 68 Rn. 18a), der Entbindung des Arztes von der Schweigepflicht – hierfür ist nicht Geschäftsfähigkeit, sondern nur natürliche Beurteilungsfähigkeit erforderlich (vgl. näher Eisenberg BeweisR StPO Rn. 1256) – sowie der selbstständigen Einlegung und Zurücknahme eines Rechtsmittels (→ § 55 Rn. 6, → § 55 Rn. 10).

3a   *Rechtstatsächlich indes* treten Eltern bzw. Erziehungsberechtigte in der Praxis des JStV keineswegs regelmäßig in Erscheinung, und sie nehmen ihre Rechte (auch) in der HV eher selten wahr (vgl. auch → § 50 Rn. 29). Nicht selten scheint ihre Haltung ggü. dem JStV von Distanz und Skepsis geprägt zu sein (internationale Befunde dazu bei Pennington Law & Policy 2017, 27). Ob sich zB der Verteidiger gleichwohl um ihre Beteiligung bemühen sollte oder gerade nicht, wird davon abhängen, ob deren Erscheinen und etwaige Äußerungen dem Jugendlichen (etwa hinsichtlich der Rechtsfolgen-entscheidung) voraussichtlich eher schaden oder nützen würden (vgl. Zie-ger/Nöding Verteidigung Rn. 123; vgl. auch → Rn. 7). Jedoch sind Erziehungsberechtigte und gesetzliche Vertreter in bestimmte, die Rechtsfolgen betr. Belehrungen des Jugendlichen hilfsweise durch *schriftliche Erteilung* ein-zubeziehen (§ 70b Abs. 1 S. 3).

a) Verhältnis zu Rechten des Beschuldigten. Aus § 67 ergeben sich **4** eigene prozessuale Rechte für Erziehungsberechtigte und gesetzliche Ver-treter, so dass diese **wie selbstständige Prozessbeteiligte** agieren können (vgl. etwa Ludwig NStZ 2019, 123 (123)). Damit ist jedoch nicht gesagt, in welchem Verhältnis diese Rechtsposition zu den Rechten des Beschuldigten steht. Zutreffend ist, dass die angestrebte Wirkung einer jugendstrafrecht-lichen Maßnahme wie auch das Erziehungsrecht aus Art. 6 Abs. 2 GG es gebieten, die erziehungsberechtigten Personen in das JStV einzubeziehen (vgl. BGHSt 18, 25). Hingegen folgt daraus nicht notwendig auch, den Erzie-hungsberechtigten uneingeschränkt eine von den Interessen des Jugendlichen unabhängige Rechtsposition im Verfahren einzuräumen (zust. aus der Praxis der StA Jakobs StRR 2007, 171; aA wohl Brunner/Dölling Rn. 5). Vielmehr erklärt sich die Norm auch aus dem Bedarf an (elterlicher) Unterstützung, den der Jugendliche in der Konfrontation mit den Strafverfolgungsbehörden hat. Insofern sind die Rechtspositionen in § 67 von denen des Beschuldigten **abgeleitet** (Ostendorf FS Heinz, 2012, 475; s. auch → Rn. 11, → § 67a Rn. 3). Dies unterstreicht den **Vorrang,** den die **Schutzbelange** des Ju-gendlichen notfalls haben (zust. Kemme in BMJV 2017, 105; vgl. aber auch Trüg in HK-JGG Rn. 1: Gleichwertigkeit der Interessenlagen).

b) Erziehungsberechtigte als Zeugen. Soweit Erziehungsberechtigte **4a** an der Aufklärung von (Tat und) Tatumständen beteiligt werden, sind sie Zeugen. Demgemäß gelten die allg. Vorschriften des Zeugenrechts, insb. das Recht auf Zeugnisverweigerung und die diesbezügliche Belehrungspflicht (§ 52 Abs. 1 Nr. 3, Abs. 3 StPO; s. näher Richmann, Die Beteiligung des Erziehungsberechtigten (…), 2002, 143 ff.; vgl. auch Bohnert ZfJ 1989, 234; aA Beulke/Swoboda JugendStrafR Rn. 656 unter Hinweis auf die indes insoweit unergiebige Vorschrift des § 50 Abs. 2 S. 2) ebenso wie die Regeln des Strengbeweises (einschr. aber Laubenthal/Baier/Nestler JugendStrafR Rn. 240) entsprechend. Demgegenüber birgt ein freibeweisliches „Ge-spräch" des JGerichts mit den Eltern „vor der HV" die – ggf. von dem JGericht nicht erkennbare – Gefahr eines Unterlaufens des in → Rn. 4 genannten Vorrangs.

c) Erziehungsberechtigte und gesetzliche Vertreter als Beistand. **4b** Zu deren Stellung s. § 69 Abs. 2 (vgl. → § 69 Rn. 5 ff., 11) und im Übrigen § 149 Abs. 2 StPO.

2. Gesetzliche Definition der Erziehungsberechtigten und der gesetzlichen Vertreter

a) BGB. Die Definition ergibt sich aus dem BGB (betr. leibliche Eltern **5** §§ 1626 ff. BGB (speziell § 1626a), zur Alleinübertragung bzw. -vertretung § 1671 bzw. 1680; betr. Adoptiveltern § 1754 und Ergänzungspfleger § 1909). Hinzu kommt der Vormund (§§ 1773 ff. BGB (vgl. zu § 1793

Abs. 1 BGB BGH NStZ 2017, 539 mAnm Eisenberg), dessen Bestellung und prozessuale Einbindung etwa bei unbegleitet eingereisten Kindern und Jugendlichen ausländischer Herkunft praktisch bedeutsam ist. Den Charakter einer abschließenden Bestimmung haben die zivilrechtlichen Regelungen für das JStV allerdings nicht. Ggf. hat das Gericht so zB auch einen zur gesetzlichen Vertretung **nicht berechtigten Elternteil** zu hören, sofern dies zur Ermittlung entscheidungsrelevanter Umstände angezeigt erscheint (§ 2 Abs. 2 iVm § 244 Abs. 2 StPO; zur Frage des ggf. eher vorhandenen Vertrauens zum nicht sorgeberechtigten Elternteil vgl. etwa Wolski ZfJ 1987, 500). Die Erziehungsberechtigten sind regelmäßig zugleich die gesetzlichen Vertreter, da die elterliche Sorge die Vertretungsmacht mitumfasst (§ 1629 Abs. 1 BGB). Von Bedeutung ist die zusätzliche Nennung des gesetzlichen Vertreters (zumindest) in den Fällen der §§ 1633, 1673 Abs. 2 S. 2 BGB, §§ 1678 Abs. 1, 1680 BGB. – Zum Fall, dass **mehrere** Personen erziehungsberechtigt sind **(Abs. 5),** vgl. → Rn. 16, 23.

6   **b) Keine Erziehungsberechtigten iSv § 67.** Unter die gesetzliche Definition fallen nicht Pflegeeltern (s. aber § 1630 Abs. 3 S. 1 BGB), Ausbildende und andere Personen, die kraft Vertrages zur Erziehung verpflichtet sind (OLG Stuttgart OLGSt zu § 67, 3). Auch Erziehungsbeistand und Betreuungshelfer (§ 30 SGB VIII) oder die mit der Durchführung der Hilfe nach §§ 33, 34 SGB VIII befassten Personen oder Institutionen haben die Rechte gem. § 67 nicht (OLG Hamburg NJW 1964, 605; Richmann, Die Beteiligung des Erziehungsberechtigten (…), 2002, 65 f.; aA Sommerfeld in NK-JGG § 67 Rn. 4; Herz in Nix Rn. 3). Insbesondere ermächtigt § 1688 Abs. 1, 2 BGB (als Regelung zur Vertretung der Personensorgeberechtigten) nicht zur Vertretung des Minderjährigen (vgl. auch § 48 Abs. 2 S. 2 argumentum e contrario; Schmid-Oberkirchner in Wiesner SGB VIII § 38 Rn. 18; s. ergänzend RL 4 zu § 43). Soweit die Rolle von Pflegeeltern und Erziehungsbeiständen für die erzieherischen Belange des Jugendlichen derjenigen von Personen iSd Abs. 1 im konkreten Fall gleichkommt oder gar überlegen ist, so wird de lege lata anzustreben sein, deren Stellung in anderer Weise im Interesse des Jugendlichen zur Geltung zu bringen.

7   **c) Keine Vertretung.** Das Gesetz sieht eine Vertretung der Erziehungsberechtigten und gesetzlichen Vertreter in ihren Rechten durch Dritte **nicht** vor (allgA, vgl. schon BGH RdJB 1961, 313 = GA 1961, 358 (bei Herlan) für gesetzlichen Vertreter), soweit es sich nicht um eine im gesetzlichen Rahmen zulässige Tätigkeit eines beauftragten Verteidigers handelt (zB bei Einlegung und Begründung von Rechtsmitteln). Denn das Gesetz räumt den Erziehungsberechtigten und gesetzlichen Vertretern die Rechte in der Annahme ein, es bestehe eine enge Verbindung zu dem Jugendlichen, die einer persönlichen Betreuung dienlich sei. – Jedoch kann es sich ggf. empfehlen, (nach Möglichkeit mit Einverständnis des Jugendlichen) einer von den gem. § 67 Berechtigten beauftragten Person die Anwesenheit zu gestatten (vgl. auch → § 48 Rn. 22 f.) und sie anzuhören, ohne dass dieser Person allerdings die Rechte gem. § 67 zustehen (unerheblich ist hierfür, ob die Verhandlung ohne die gem. § 67 Berechtigten stattfindet). Fehlt es zB dauerhaft oder zumindest aktuell an der vorgenannten Voraussetzung einer engen Verbindung und/oder persönlichen Betreuung und/oder beruht speziell das Fernbleiben auf einem sachlich begründeten Wunsch des Jugendlichen (vgl. dazu auch → Rn. 11g sowie → § 89c Rn. 12, 103, → § 90

Rn. 46b, → § 92 Rn. 61a, 88, 91a), so können gem. § 2 Abs. 1 die Schutzbelange für einen gewissen *Ausgleich* streiten. Der Kreis in Betracht kommender anderer Personen ist nicht etwa auf nahe Verwandte oder Erziehungsberechtigte iSv § 7 Abs. 1 Nr. 6 SGB VIII beschränkt, sondern es
kann sich auch um sonstige Vertrauenspersonen des Jugendlichen wie etwa
einen Rechtsanwalt handeln (nicht aber zB einen Rechtsbeistand der gem.
§ 67 Berechtigten, zumal wenn diese selbst in der HV nicht erscheinen). Der
Antrag ist iSd Belange der gem. § 67 Berechtigten und der im Vordergrund
stehenden Schutzbelange des Jugendlichen auszulegen (abl. aber bei ver-
bleibender Unklarheit KG StV 2016, 712 (Ls.) = StRR 2014, 478 (bei
Fricke) (juris): Rn. 2 „als Vertreter", Rn. 4 „eines anwaltlichen Beistands",
Rn. 5 „Rat und Beistand" sowie „die begehrte Anwesenheit").

Nach Erlass des Gesetzes zur Stärkung der Verfahrensrechte von Beschul- **7a**
digten im Jugendstrafverfahren ist die vorgenannte Problematik zumindest
teilw. in der in Abs. 3 S. 3 vorgesehenen Weise zu bewältigen
(→ Rn. 11h ff.). Außerdem können, wenn die gem. § 67 berechtigten Personen aus tatsächlichen Gründen verhindert sind, mitunter die Voraussetzungen notwendiger Verteidigung (§ 68) zu prüfen sein (vgl. etwa Schatz in
Diemer/Schatz/Sonnen Rn. 18; Trüg in HK-JGG Rn. 7).

III. Rechte der Erziehungsberechtigten und gesetzlichen Vertreter

1. Beschuldigtengleiche Rechte gem. Abs. 1

Jeder Erziehungsberechtigte und gesetzliche Vertreter hat in gleichem **8**
Umfang wie der Beschuldigte die in Abs. 1 genannten Rechte (zum Verhältnis der Rechte des Erziehungsberechtigten zu denen des Jugendlichen
vgl. → Rn. 4). Das betrifft insbes. die HV, darüber hinaus aber das gesamte
Erkenntnis- und Vollstreckungsverfahren (ebenso Schatz in Diemer/Schatz/
Sonnen Rn. 1). Zu berücksichtigen ist dies gerade auch bei **Untersuchungshandlungen**.

a) Äußerungsrecht. Hinsichtlich des **Rechts auf Gehör** (vgl. Art. 103 **9**
Abs. 1 GG sowie insb. §§ 57 Abs. 1, 58 Abs. 1, 65 Abs. 1, 88 Abs. 4 JGG,
und §§ 33 Abs. 3, 4, 33a, 118a Abs. 3, 258, 265, 308, 311a, 326, 351 StPO)
ist Erziehungsberechtigten und gesetzlichen Vertretern immer dann eine
Gelegenheit zur Äußerung zu geben, wenn der Beschuldigte ein Recht
darauf hat (nicht aber, wenn der Beschuldigte im Zeitpunkt der HV bereits
volljährig ist (BGH NStZ-RR 2009, 354)). In der HV gilt das auch für die
Befragung nach jeder einzelnen Beweiserhebung (§ 257 StPO; Stuckenberg
in Löwe/Rosenberg StPO § 257 Rn. 7; Kaspar in MüKoStPO Rn. 13;
Cierniak/Niehaus in MüKoStPO StPO § 257 Rn. 4; Sommerfeld in NK-
JGG Rn. 11; Schatz in Diemer/Schatz/Sonnen Rn. 23; vgl. auch Eisenberg
BeweisR StPO Rn. 803; anders BGH bei Spiegel DAR 1977, 176; Brun-
ner/Dölling Rn. 6; Meyer-Goßner/Schmitt StPO § 257 Rn. 3).

b) Letztes Wort. In der HV ist auch dem Erziehungsberechtigten oder **9a**
gesetzlichen Vertreter stets **von Amts wegen** das letzte Wort (§ 258 Abs. 2,
3 StPO) zu erteilen (vgl. etwa BGH BeckRS 2020, 23516). Es handelt sich
um eine wesentliche Förmlichkeit (§ 2 Abs. 2 iVm § 273 StPO; betr. nach-

trägliche „Berichtigung" s. aber BGH BeckRS 2008, 6936 (in Anlehnung an BGH (GS) NStZ 2007, 661; krit. Eisenberg BeweisR StPO Rn. 111)). Die Pflicht zur Erteilung des letzten Worts besteht **auch** dann, wenn die betr. Person in einem früheren Verfahrensabschnitt als **Zeuge** gehört worden ist (BGHSt 21, 288 (290) = NJW 1967, 2070 (2071); BGH StV 2019, 471 (Ls.) = BeckRS 2018, 5340) oder wenn sie während der Verhandlung von ihrem Zeugnisverweigerungsrecht Gebrauch gemacht hat (BGH NStZ-RR 2008, 291). Das Gleiche gilt, wenn das Gericht nach dem letzten Wort des Jugendlichen erneut in die Beweisaufnahme eintritt (BGH NStZ 2013, 289).

9b   Die Erziehungsberechtigten bzw. gesetzlichen Vertreter müssen unmittelbar vor dem Angeklagten das letzte Wort erhalten (Schwer Stellung 151; Laubenthal/Baier/Nestler JugendStrafR Rn. 236; Poell in BeckOK JGG Rn. 14; Ott in KK–StPO StPO § 258 Rn. 20; vertiefend Schlothauer FS Eisenberg II, 2019, 278 ff.; abw. BGH NStZ 2003, 382; ZJJ 2017, 385: Reihenfolge im Ermessen des Vorsitzenden). Nur diese **Reihenfolge** entspricht der Funktion des letzten Wortes sowie den Schutzbelangen des Jugendlichen (§ 2 Abs. 1 S. 2) und dem Verhältnis zwischen der allgemeineren Vorschrift des Abs. 1 und der Spezialnorm des § 258 Abs. 2 Hs. 2 StPO. Im Übrigen wird es zur Vermeidung abträglicher Folgen für den Angeklagten unerlässlich sein, dass dieser bei seinem letzten Wort die Form und den Inhalt des letzten Wortes der gem. Abs. 1 Berechtigten kennt (dies gilt auch für Mitangeklagte (eher verkürzt BGH NStZ 2003, 382 – obiter dictum)). – Wird dagegen gem. der abw. Auffassung in umgekehrter Reihenfolge verfahren, so ist ein Ermessensfehlgebrauch schwerlich zu verneinen (anders BGH ZJJ 2017, 385 mablAnm Eisenberg), wenn während des letzten Wortes des Angeklagten keiner der gem. Abs. 1 das letzte Wort Ausübenden anwesend war. Entsprechendes gilt, wenn die gem. Abs. 1 Berechtigten nur teilweise an der HV teilgenommen haben, weil das letzte Wort mit der Erläuterung zu erteilen ist, sich umfassend zum gesamten Verfahren persönlich äußern zu können (allgA).

9c   Bei Missachtung der vorgenannten Maßgaben ist die **Revision** begründet (§ 337 StPO), falls und soweit das Urteil in der Schuld- (BGH NStZ 2000, 553; 17, 539 mAnm Eisenberg (betr. Vormund); BayObLG StV 2001, 173; OLG Köln StV 2008, 119; OLG Braunschweig StraFo 2009, 208; vern. BGH StV 2006, 228; BGH BeckRS 2009, 14905) oder Rechtsfolgenfrage auf diesem Fehler **beruhen** kann (BGHSt 21, 288 (290); BGH StV 1985, 155; StraFo 2002, 290; ZJJ 2003, 200; OLG Hamm NJW 1958, 34). In Fällen, in denen ein Geständnis des Angeklagten vorliegt und die genannten Personen keine tatbezogenen Angaben machen können, führt der Fehler deshalb allein zur Aufhebung des Straf- und nicht auch des Schuldausspruchs (BGH NStZ 1999, 426 (427); NStZ-RR 2002, 346; StV 2019, 471 (Ls.) = BeckRS 2018, 2018, 534; BeckRS 2020, 23516). Dagegen ist auch im Falle einer vorherigen Anhörung im Verlauf der HV (zB betr. eine Stellungnahme zu dem Schlussvortrag der JStA, BGH BeckRS 2000, 30112418 bei Böhm NStZ-RR 2001, 321 (325)) nur sehr selten auszuschließen, dass das Erteilen des letzten Wortes sich zumindest **hinsichtlich des Rechtsfolgenausspruchs** ausgewirkt haben könnte (BGH NJW 1969, 473; NStZ 1999, 426; 2000, 435; OLG Schleswig SchlHA 2001, 154; OLG Frankfurt a. M. bei Böhm NStZ 1996, 583 ff.; OLG Hamm NStZ-RR 2007, 123; OLG Köln StV 2008, 119; OLG Braunschweig StraFo 2009, 208; vern. aber BGH JR

1997, 79 mAnm Eisenberg/Düffer). – Die Revisionsrüge muss sich **nicht dazu** äußern, was im letzten Wort, wäre es erteilt worden, **ausgeführt worden wäre** (OLG Schleswig SchlHA 2001, 153; OLG Zweibrücken StV 2003, 455; OLG Hamm NStZ-RR 2007, 123).

c) **Frage- und Antragsrecht.** Das Fragerecht betrifft insb. § 240 StPO. **10** Das Recht, Anträge zu stellen, umfasst zB solche auf Haftprüfung, auf mündliche Verhandlung bei der Haftprüfung, auf Bestellung eines Verteidigers und nicht zuletzt Beweisanträge (s. etwa §§ 117, 118, 118b, 140 Abs. 2, 219, 244, 350 Abs. 3 StPO). – Im *Selbstleseverfahren* (§ 249 Abs. 2 StPO) steht den Erziehungsberechtigten und gesetzlichen Vertretern ein *Widerspruchsrecht* zu (ebenso Schwer Stellung 125; aA Diemer in KK-StPO StPO § 249 Rn. 35; Mosbacher in Löwe/Rosenberg StPO § 249 Rn. 73), denn ihnen ist durch Abs. 3 das Recht auf Veranlassung einer Beweiserhebung ausdrücklich gegeben, so dass es inkonsequent wäre, ihnen den Einfluss auf die Art der Erhebung zu versagen. Für eine *Urkundenverlesung* gem. § 251 Abs. 2 Nr. 3 StPO wird ihre Zustimmung dann erforderlich sein, wenn eine durch die Ladung nach § 50 Abs. 2 begründete Pflicht zum Erscheinen besteht.

2. Anwesenheitsrecht

a) **Grundsatz.** Erziehungsberechtigte und gesetzliche Vertreter haben **11** nicht nur in der HV (→ § 50 Rn. 26), sondern nach der ausdrücklichen Regelung in Abs. 3 auch bei **Untersuchungshandlungen** grds. in gleichem Umfang wie der Beschuldigte ein eigenes – vom Begleitungsanspruch des Kindes (Art. 15 RL (EU) 2016/800) abgeleitetes – Recht auf Anwesenheit (so bereits bei Abs. 1 aF die hM (dazu mwN auch Kemme in BMJV 2017, 111)). Dieses Recht, das nicht zur Disposition einer (ohnehin kaum kontrollfähigen) Einzelfallbeurteilung steht (in dieser bei Abs. 1 aF noch str. Frage wie hier Richmann, Die Beteiligung der Erziehungsberechtigten (…), 2002, 69; aA Brunner/Dölling Rn. 20), ist gerade im Vorverfahren von Bedeutung (VfG Brandenburg JR 2003, 192). Es besteht dort in den Konstellationen der §§ 224 f., 168c Abs. 2, 168d Abs. 1 StPO sowie zB auch bei Maßnahmen nach § 81b StPO (vgl. AG Bielefeld StraFo 2014, 208 mAnm Eisenberg). (Zeitweilige) Einschränkungen des Anwesenheitsrechts sind nach Abs. 3 S. 2 bzw. § 51 Abs. 2 unter den dort genannten Voraussetzungen zulässig (→ Rn. 11f). Im Übrigen ist die Abwesenheit der berechtigten Personen für die Wirksamkeit der jeweiligen Prozesshandlungen nicht maßgeblich.

Das Anwesenheitsrecht der Erziehungsberechtigten und gesetzlichen Vertre- **11a** ter besteht insb. auch in jeder **Beschuldigtenvernehmung** während des Ermittlungsverfahrens (vgl. auch Sommerfeld in NK-JGG Rn. 11; zur Abgrenzung von der „informatorischen Befragung" n. Eisenberg BeweisR StPO Rn. 527; vgl. auch Schatz in Diemer/Schatz/Sonnen Rn. 32). Damit ist eine Vernehmungsbegleitung garantiert, die der Maßgabe von Art. 15 Abs. 4 RL (EU) 2016/800 einschl. Erwgr. 59 entspricht und den Erkenntnissen zur reduzierten Überführungsresistenz oder aber Geständnisfreudigkeit jugendlicher Beschuldigter Rechnung trägt (vgl. → § 70c Rn. 9 ff.). Es besteht nämlich Anlass zur Annahme, dass Jugendliche selbst ein etwaiges Wissen um die Aussagefreiheit keinesfalls regelhaft umsetzen und das Schweigerecht ggü. der vernehmenden Person kaum wirksam ausüben können (→ § 70c Rn. 26; s. auch LG Saarbrücken NStZ 2012, 167 und LG Köln NJW-RR 2016, 544 (545) jeweils: „kriminologisch gesicherte Erkenntnis"). Aus diesem Grund ist eine Stärkung ihrer Rechtsposition durch Anwesenheit ihrer Erziehungsberechtigten bzw. gesetzlichen Vertreter – ungeachtet möglicher problematischer Nebenwirkungen (→ Rn. 11g) – unerlässlich (daher auch bzgl. des weniger eindeutigen Abs. 1 aF bereits für ein Konsultations- und Anwesenheitsrecht bei Vernehmungen etwa 20. Aufl. Rn. 11; Richmann, Die Beteiligung des Erziehungsberechtigten (…), 2002, 98 f.; offenlassend noch BGH NStZ 2019, 680; StV 2020, 693 = BeckRS 2019, 15626). Der **Ort der Vernehmung** – in der Polizeidienststelle, in der Haft, in der Wohnung des Jugendlichen oder am Ort seines Antreffens – spielt hierfür **keine Rolle.**

11b   **b) Funktional verknüpfte Rechte.** Bei bestehendem Anwesenheitsrecht folgt hieraus – soweit sich das nicht ohnehin aus § 67a Abs. 1 (→ § 67a Rn. 3a) ergibt – die Pflicht, die **Erziehungsberechtigten** bzw. gesetzlichen Vertreter über die beabsichtigte Vernehmung bzw. Untersuchungshandlung zu informieren (ebenso etwa Sommerfeld in NK-JGG Rn. 11). Unabhängig davon, wo die Maßnahme stattfindet (auch bei einer Vernehmung in Haft), müssen die Eltern eine reale, insbes. auch zeitlich zu gewährleistende Erscheinensmöglichkeit haben. Anderenfalls liefe das Anwesenheitsrecht oftmals leer (vgl. etwa auch Ostendorf FS Heinz, 2012, 476; zur demgemäß für die HV bestehenden Ladungspflicht s. § 50 Abs. 2). Adressaten dieser implizit auch aus Abs. 3 S. 3 hervorgehenden **Benachrichtigungspflicht** sind (abhängig von der jeweiligen Ermittlungsverantwortung) die Polizei, der JRichter (§ 168c Abs. 5 StPO; abw. BGH StV 2006, 228 mablAnm Wohlers) oder der JStA (§ 163a iVm § 168c Abs. 5 StPO; ebenso bspw. Richmann, Die Beteiligung des Erziehungsberechtigten (…), 2002, 101; Schatz in Diemer/Schatz/Sonnen Rn. 31 f.; Wohlers in SK-StPO § 168c Rn. 15; Rieke Vernehmung 265; Ludwig NStZ 2019, 123 (123)). Anforderungen an die Form der Benachrichtigung stellt das Gesetz nicht; maßgeblich ist daher die fallkonkrete Eignung für eine rechtzeitige Information (zur Revision bei unterbliebener Mitteilung an die Erziehungsberechtigten bzw. gesetzlichen Vertreter → § 67a Rn. 3c).

11c   Mit dem Anwesenheitsrecht der Erziehungsberechtigten korrespondiert ferner ein **Konsultationsrecht des Jugendlichen** (Sommerfeld in NK-JGG Rn. 11; Schuhr in MüKoStPO StPO § 136 Rn. 42; Eschelbach in Satzger/Schluckebier/Widmaier, StPO, 4. Aufl. 2020, § 136 Rn. 139; Epik StV 2020, 703 (704 ff.); aA Eckel StV 2020, 691 (693)). Der Beschuldigte hat einen Anspruch darauf, sich jederzeit – dh auch schon vor seiner (polizeilichen) Vernehmung und vor seiner Entscheidung darüber, ob er sich zur Sache äußern will – durch Erziehungsberechtigte beraten zu lassen. Dass diese Möglichkeit zur Beratung des Beschuldigten gewährleistet sein soll, ergibt sich daraus, dass die Anwesenheitsgarantie anderenfalls weitgehend funktionslos wäre (Ostendorf FS Heinz, 2012, 475). Da sich die Rechte der Erziehungsberechtigten und gesetzlichen Vertreter aus den geschützten Interessen des Jugendlichen ableiten (→ Rn. 4), handelt es sich bei dessen Konsultationsrecht um eine eigene Rechtsposition, also nicht nur um einen Aspekt des elterlichen Erziehungsrechts (dies in den Mittelpunkt rückend aber zB Epik StV 2020, 703 (706 f.)). Im Übrigen muss die Vernehmungsperson die elterliche Beratung auch dadurch ermöglichen, dass mit der Vernehmung entspr. abgewartet wird. Dies ist ein dem Konsultationsrecht immanentes Element, selbst wenn es an einer entspr. Positivierung der **Wartepflicht** (s. für den Verteidiger § 70c Abs. 4) fehlt (zu deren Dauer → Rn. 11i).

Schließlich ist der **Jugendliche** auf das Elternkonsultationsrecht – mit **11d** Blick auf den systematischen Zusammenhang und die altersbezogenen besonderen Schutzbelange – eigens **hinzuweisen** (ebenso zB Schatz in Diemer/Schatz/Sonnen Rn. 33; Sommerfeld in NK-JGG Rn. 11; Möller NStZ 2012, 113 (166); Ostendorf FS Heinz, 2012, 474; Kemme in BMJV 2017, 111 f.; Ludwig NStZ 2019, 123 (125); Epik StV 2020, 703 (709); begründungslos einschr. aber Paul NStZ 2013, 492 (497)). Auch wenn die allg. Verfahrensinformationen, die dem Jugendlichen zu geben sind, allein eine Unterrichtung über das Anwesenheitsrecht enthalten müssen (§ 70a Abs. 1 S. 3 Nr. 5), bedarf es im Vernehmungskontext einer darüber hinausgehenden Belehrung hinsichtlich der Begleitungs- und Beratungsmöglichkeit (→ s. auch § 70a Rn. 17). Diese Pflicht ergibt sich (vergleichbar dem Hinweis auf das Verteidigerkonsultationsrecht gem. 136 Abs. 1 S. 2–4 StPO) daraus, dass nur so die tatsächliche (Wissens-)Grundlage für die Inanspruchnahme des Elternkonsultationsrechts vollständig sichergestellt werden kann. Im Einzelnen darf dem Jugendlichen zB nach überraschender Festnahme keinesfalls nahegelegt werden, ohne elterlichen Beistand sofort Angaben zur Sache zu machen, auch nicht etwa durch den Hinweis auf eine Diversionsaussicht, weil daraus ggf. ein Geständnisdruck resultieren könnte. Dem Jugendlichen ist spätestens bei entspr. Anlass zu verdeutlichen, dass es eine sog. „verspätete" Einlassung nicht gibt und er bei anfänglichem Schweigen keine nachteiligen Folgen zu besorgen hat. Für den **Verzicht** auf das Elternkonsultationsrecht gilt insofern das Gleiche wie beim Verzicht auf das Verteidigerkonsultationsrecht (n. → § 70c Rn. 28; s. erg. noch zur Art der Belehrung vgl. § 70b Abs. 1; dazu, dass die Belehrung bei Anwesenheit der Eltern auch an diese zu richten ist, s. § 70b Abs. 1 S. 2).

Wird die Konsultationsmöglichkeit nicht eingeräumt und/oder die Hin- **11e** weispflicht gegenüber dem Jugendlichen verletzt, unterliegt seine Aussage idR einem **Verwertungsverbot** (vgl. OLG Celle StraFo 2010, 114 (bzgl. Nichtbelehrung durch die Polizei); vgl. auch LG Köln (ZivilK) NJW-RR 2016, 544; Sommerfeld in NK-JGG Rn. 11; Schuhr in MüKoStPO StPO § 136 Rn. Rn. 65; Schlothauer/Wieder/Wollschläger, Verteidigung im Revisionsverfahren, 3. Aufl. 2018, 2097 ff.; Zieger/Nöding Verteidigung Rn. 117; Ostendorf FS Heinz, 2012, 476; Bock/Puschke ZJJ 2019, 224 (233); Jahn/Zink StraFo 2019, 318 (328); Epik StV 2020, 703 (710); auf Basis der Abwägungslösung einschr. BGH NStZ 2019, 680 (681) mkritAnm Mitsch NStZ 2019, 681 und mzustAnm Eckel StV 2020, 691; Schatz in Diemer/Schatz/Sonnen Rn. 35 f.; Ludwig NStZ 2019, 123 (126 f.); s. erg. AG Westerstede ZJJ 2021, 153 = BeckRS 2020, 42524 mzustAnm Eisenberg ZJJ 2021, 154; ferner Jakobs StRR 2007, 172). Entscheidend dafür ist, dass die Nichtgewährleistung einer (gewünschten) elterlichen Unterstützung angesichts der herausgehobenen verfassungsrechtlichen und verfahrenstatsächlichen Bedeutung, die dieser Begleitung im JStV zukommt (dazu auch Güler StraFo 2019, 191 (193 f.)), nicht folgenlos sein kann. Die gleiche Konsequenz hat iÜ auch eine unverständliche Belehrung (→ § 70b Rn. 3a). Soweit nach hM im allg. StVR eine Folgevernehmung unter Einhaltung der Benachrichtigungspflicht eine Verwertung dann ermöglicht, wenn der Beschuldigte dabei **qualifiziert belehrt** worden ist (LG Saarbrücken NStZ 2012, 167), gelten die dortigen, allg. Einwände bei Jugendlichen und auch bei Heranwachsenden (§ 109 Abs. 1 S. 1) ganz besonders (→ § 70c Rn. 15). – Die Unverwertbarkeit kann ferner aus § 2 Abs. 2 iVm **§ 136a StPO** folgen, da nach allgA eine Täuschung im Sinne dieser Vorschrift auch dann vorliegt, wenn die Vernehmungsperson einen ihr erkennbaren Irrtum des Beschuldigten über sein Schweigerecht fortbestehen lässt (Gleß in Löwe/Rosenberg StPO § 136a Rn. 46; Eisenberg BeweisR StPO Rn. 671). Dies ist auf das Konsultationsrecht übertragbar. Auch liegt es bei einer jugendorientierten Auslegung der §§ 136, 136a StPO nahe, die Vernehmung ohne diesbzgl. Belehrung mit einer bewussten Ausnutzung einer Fehlvorstellung des Beschuldigten über sein Schweigerecht gleichzusetzen (s. auch Ostendorf FS Heinz, 2012, 478 mwN: Verwertungsverbot aus § 136 StPO).

11f   **c) Beschränkungen.** Bis zur Neuregelung von § 67 verwies die hM auf die entspr. Anwendbarkeit von § 51 Abs. 2 (vgl. etwa BGH StV 2020, 693 = BeckRS 2019, 15626; n. dazu 20. Aufl. Rn. 11b). Seit Umsetzung der RL (EU) 2016/800 sieht Abs. 3 S. 1 hierfür indes eine spezielle Regelung vor, der zufolge das Bestehen des Anwesenheitsrechts und der flankierenden Rechtspositionen in zweifacher Weise bedingt ist: Das Erscheinen der Erziehungsberechtigten bzw. gesetzlichen Vertreter bei der Untersuchungshandlung bzw. in der Beschuldigtenvernehmung muss für das Wohl des Jugendlichen förderlich sein und darf das Strafverfahren (dh Ermittlungsinteressen) nicht beeinträchtigen. Allerdings wird das Vorliegen dieser Voraussetzungen nach Abs. 3 S. 2 **vermutet** (ebenso Poell in BeckOK JGG Rn. 29; s. auch RegE BT-Drs. 19/13837, 56: „davon (…) im Lichte von Art. 6 Abs. 2 GG im Regelfall auszugehen"). An ihnen fehlt es nämlich korrespondierend zur Rechtslage für die HV lediglich in Konstellationen, die für die HV entweder von **§ 51 Abs. 2 S. 2 Nr. 1–5** erfasst werden (zu diesen s. → § 51 Rn. 13 ff.) oder die dem Fall des § 177 GVG (Missachtung einer sitzungspolizeilichen Anordnung) entsprechen.

11g   Praktisch relevante Problemlagen – etwa dass sich die anwesenden Eltern in die Vernehmung einmischen (n. Lemme/Körner/Schrader ZJJ 2021, 337 (340)) oder dass der Beschuldigte (zB aus Angst vor einem gesetzlichen Vertreter) ausdrücklich keine Anwesenheit wünscht (dazu auch Richmann, Die Beteiligung des Erziehungsberechtigten (…), 2002, 102) oder dass der gesetzliche Vertreter vermutlich an eigene Belange und Interessen geltend machen wird (dazu etwa Schwer Stellung 57) – sind durch Abs. 3 S. 2 iVm § 51 Abs. 2 zumindest teilw. abgedeckt. In den von der Norm erfassten Konstellationen kann die Anwesenheit versagt werden und deshalb schon die Benachrichtigung unterbleiben. Aus **anderen Gründen** (dh solchen, die nicht in Abs. 3 S. 2 iVm § 51 Abs. 2 bzw. § 177 GVG erfasst sind) ist dies nur selten zulässig, weil es an den beiden Bedingungen iSv Abs. 3 S. 1 hier nur ganz ausnahmsweise fehlt („in der Regel"). Eine gewisse Aussagegehemmtheit des Jugendlichen bei Anwesenheit des Erziehungsberechtigten bzw. des gesetzlichen Vertreters genügt dafür jedenfalls nicht, weil dieser Umstand keinesfalls atypisch ist (und weil sich das Anwesenheitsrecht sonst auch durch bloße dahingehende Behauptungen allzu leicht ausschließen ließe). Die Rechte auf Benachrichtigung und Zugegensein entfallen hier allenfalls, wenn der Jugendliche dies zudem auch ausdrücklich will (vgl. zum Ganzen schon Eisenberg NJW 1988, 1250; ebenso Richmann, Die Beteiligung des Erziehungsberechtigten (…), 2002, 102; vgl. aber auch Eckel/Körner NStZ 2019, 433 (435)).

d) Kompensation. Abs. 3 S. 3 macht deutlich, dass ein beschuldigter **11h** Jugendlicher „während anderer Phasen des Verfahrens als den Gerichtsverhandlungen" (Art. 15 Abs. 4 RL (EU) 2016/800) – also auch bei seinen Vernehmungen und den in seiner Anwesenheit vorgenommenen Untersuchungshandlungen im Ermittlungsverfahren – prinzipiell nicht allein und ohne erwachsene Begleitung sein soll. Dies äußert sich darin, dass ersatzweise einer volljährigen **Beistandsperson** die Anwesenheit zu gestatten ist. Diese Person darf vom Jugendlichen iSv → Rn. 11c konsultiert werden (Poell in BeckOK JGG Rn. 40). Ihr ist, damit korrespondierend, Gelegenheit zur Äußerung zu geben (Sommerfeld in NK-JGG Rn. 12). Die Rechte iSv Abs. 1 und 2 hat sie allerdings nicht. Auch besteht ihr Anwesenheitsanspruch nur, wenn sie sich (wie bei § 51 Abs. 6 S. 1) für den Schutz der Beschuldigteninteressen eignet (n. zu diesen Anforderungen, den Ausschlussgründen und zum Vorschlagsrecht des Jugendlichen → § 51 Rn. 33; → § 67a Rn. 13). Nach S. 3 ist hierfür darüber hinaus das Vorliegen der in Rn. 11e erörterten Bedingungen erforderlich (was – anders als bei den Erziehungsberechtigten – bei der Beistandsperson nicht vermutet wird). Es muss also positiv feststellbar sein, dass die erwachsene Begleitung des Jugendlichen für diesen förderlich ist, ohne Strafverfolgungsbelange zu beeinträchtigen (s. auch Schatz in Diemer/Schatz/Sonnen Rn. 38; zur Anhörung des Jugendlichen s. § 67a Abs. 4 S. 2 sowie Sommerfeld in NK-JGG Rn. 12). – Bei dieser Begleitperson kann es sich, wenngleich dies abw. von § 51 Abs. 6 S. 4 und § 67a Abs. 4 S. 3 nicht eigens erwähnt ist, durchaus auch um einen Vertreter der **JGH** handeln, was aus fachlich-sozialpädagogischer Perspektive aber wegen einer drohenden problematischen Rollenkonfusion zu vermeiden ist (Goldberg, Das Gesetz zur Stärkung der Verfahrensrechte (…), 2021, Rn. 25). Der **Verteidiger** des Beschuldigten kommt für diese Rolle ohnehin nicht in Betracht, da das Recht auf erwachsene Begleitung (Art. 15 RL (EU) 2016/800) unabhängig vom und neben dem Recht auf einen Rechtsbeistand (Art. 6 RL (EU) 2016/800) besteht – beides demnach nicht zusammenfallen darf. Bei Anwesenheit eines Verteidigers kann es im Einzelfall aber zw. sein, ob die Gegenwart eines weiteren, nicht-elterlichen Erwachsenen tatsächlich die Bedingungen von S. 1 (Wohl des Jugendlichen fördern) noch erfüllt (RegE BT-Drs. 19/13837, 56).

Anlass für die zwingende Gestattung der Anwesenheit eines anderen **11i** geeigneten Erwachsenen sieht das Gesetz (nur), wenn die Erziehungsberechtigten bzw. gesetzlichen Vertreter aus den in → Rn. 11f genannten Gründen ausgeschlossen wurden oder mangels Erreichbarkeit nicht iSv → Rn. 11b benachrichtigt werden konnten oder wenn mit der Vernehmung bzw. Untersuchungshandlung begründeterweise nicht bis zur Benachrichtigung (oder dem Erscheinen) ausgeharrt werden konnte (vgl. erg. auch die in → § 51 Rn. 32 genannten Konstellationen). Die **„angemessene Frist"**, innerhalb derer die Kontaktaufnahme mit den Eltern versucht und deren Kommen abgewartet werden muss, bestimmt sich einerseits nach der Bedeutung der elterlichen Konsultation und andererseits danach, wie lange ein Aufschieben und ein damit ggf. verbundenes Wartenmüssen oder Festhalten des Jugendlichen mit Blick auf den konkreten Vorwurf noch verhältnismäßig ist (vgl. auch RegE BT-Drs. 19/13837, 56). Bei Fehlen von Haftgründen handelt es sich hier um einen stark begrenzten Zeitraum (s. auch Schatz in Diemer/Schatz/Sonnen Rn. 37). Ggf. kann auch die ermittlerische Dringlichkeit der Vernehmung für eine kürzere Wartezeit sprechen. Allerdings enthält das

Gesetz für die Zulässigkeit eines Verzichts auf jegliches Warten (Sofortvernehmung) in § 68b S. 1 ein übertragbares, außerordentlich strenges Maßstabsmodell (Kölbel NStZ 2021, 524 (529 f.); vgl. auch (→ § 70c Rn. 29). – Nicht ausreichend ist die Anwesenheit einer Beistandsperson iÜ, wenn nicht nur die Anwesenheit iSv S. 2 versagt, sondern nach Abs. 4 ua das Anwesenheitsrecht in Situationen der Vorwurfsverstrickung dauerhaft entzogen wird (→ Rn. 17 ff.). Dann bedarf es der kompensatorischen Bestellung eines Pflegers.

11j **e) Handhabung praktischer Vernehmungskonstellationen.** Der Regelungszusammenhang aus den vorgenannten Vorgaben in Abs. 3 und den Maßgaben in § 67a Abs. 1, 3 und 4 ergibt folgende Grundsätze: Um das Anwesenheitsrecht der Eltern (Abs. 3 S. 1) zu gewährleisten, sind diese § 67a Abs. 1 vom Vernehmungstermin zu informieren (→ Rn. 11b). In den Fällen des § 67a Abs. 3 geht diese Information stattdessen an die (dafür rechtzeitig festzulegende) erwachsene Ersatzperson (→ § 67a Rn. 15). Machen Ermittlungsgründe oder der Beschuldigtenschutz (→ Rn. 11i) **ausnahmsweise** eine **schnelle Vernehmung** erforderlich, können die Bemühungen um eine Kontaktherstellung und Information der Eltern (bzw. bei § 67a Abs. 3 der Ersatzperson) auf eine „angemessene" verkürzte Zeit beschränkt werden (Abs. 3 S. 3). Nehmen die Eltern nicht an der Vernehmung teil – wegen ihres Verzichts oder dem des Beschuldigten (→ Rn. 11d) oder aus den in → Rn. 11i genannten Gründen –, muss einer Ersatzperson die Mitwirkung gestattet werden (Abs. 3 S. 3). Zwar ist für diese Konstellation weder eine nochmalige Wartezeit noch eine Information vorgesehen (denn § 67a Abs. 4 ist hier idR nicht einschlägig). Doch mit Blick auf das Regelungsziel, eine unbegleitete Vernehmung Minderjähriger zu vermeiden, sind die Ermittlungsbehörden zu entspr. **Bemühungen** – dh zu einem nochmaligen Aufschieben der Vernehmung und einer Information des festzulegenden Erwachsenen – gehalten. Nur dort, wo das wegen der Unaufschiebbarkeit der Vernehmung ausnahmsweise nicht möglich ist, kann die Hinzuziehung eines geeigneten Erwachsenen davon abhängig gemacht werden, dass ein solcher schon anwesend ist oder kurzfristig erscheint.

3. Wahl eines Verteidigers und Anfechtungsrecht

12 Gemäß Abs. 2 hat (neben dem gesetzlichen Vertreter, §§ 137 Abs. 2, 298 Abs. 1 StPO) auch der Erziehungsberechtigte das Recht zur **selbstständigen** Wahl eines Verteidigers (betr. notwendige Auslagen vgl. → § 74 Rn. 15a).

13 Ferner hat der Erziehungsberechtigte das Recht, innerhalb der für den Jugendlichen laufenden Fristen (BayObLGSt 54, 51) und unter den Beschränkungen des § 55 zu seinen Gunsten selbstständig **alle Rechtsbehelfe** (nicht nur Rechtsmittel) einzulegen. Das Anfechtungsrecht darf **nur im Interesse** des Jugendlichen ausgeübt werden (OLG Celle NJW 1964, 417; s. aber auch Sommerfeld in NK-JGG Rn. 10). Dabei kann es mitunter va aus erzieherischen bzw. entwicklungspsychologischen Gründen (ggf. auch aufgrund finanzieller Umstände) für den Jugendlichen insgesamt eher schonend sein, von einer Anfechtung abzusehen. Wennngleich im Einzelfall zw. sein mag, ob das Gericht besser als die in Rede stehenden Personen zur Beurteilung des Interesses des Jugendlichen in der Lage ist, wird ein solches

Bedenken bei deutlich werdenden Interesseverletzungen nicht bestehen. Daher wird eine Überprüfung des genannten Interesses durch das Rechtsmittelgericht aus Gründen des Schutzes des Jugendlichen nicht grundsätzlich versagt sein dürfen (vgl. dazu Poell in BeckOK JGG Rn. 19).

Der Erziehungsberechtigte bzw. der gesetzliche Vertreter kann das von **14** ihm eingelegte Rechtsmittel nur mit Zustimmung des Angeklagten **zurücknehmen** (§ 55 Abs. 3; zum Fall des Verzichts vgl. → § 55 Rn. 13 ff.). – Haben der Jugendliche und eine der genannten Personen jeweils selbstständig ein Rechtsmittel eingelegt, so **bleibt** das Rechtsmittel dieser Personen auch dann **bestehen,** falls der Jugendliche sein Rechtsmittel zurücknimmt (allgA).

Für die **Kosten** eines vom Erziehungsberechtigten oder gesetzlichen Vertreter **15** eingelegten Rechtsmittels (vgl. auch → § 74 Rn. 19) haften die genannten Personen nur mit dem Vermögen des Jugendlichen, soweit es ihrer Verwaltung untersteht (vgl. schon BGH NJW 1956, 520; Dallinger/Lackner Rn. 20).

4. Mehrheit von Erziehungsberechtigten

Soweit mehrere Personen erziehungsberechtigt sind (zB während der Ehe **16** beide Elternteile, §§ 1626 f. BGB; BVerfGE 10, 59; BGHSt 22, 103), werden sie gem. **Abs. 5** gleichbehandelt (vgl. auch → Rn. 23). Die Frage, ob die formlose Ermächtigung oder Zustimmung des einen Elternteils zu dem Handeln des anderen genügt, ist im Hinblick auf die Ungewissheit hinsichtlich familieninterner Kommunikations- und Machtverhältnisse und etwaiger Interessenkonflikte zu verneinen (zust. Schwer Stellung 142). Ähnliche Einwände lassen sich mit Blick auf Abs. 5 S. 2 erheben, wonach der abwesende Berechtigte an die abgegebenen Erklärungen des anwesenden Berechtigten gebunden ist, zumal dies zB auch bzgl. eines nach der Urteilsverkündung abgegebenen Rechtsmittelverzichts gelten soll (vgl. Brunner/Dölling Rn. 3; Kaspar in MüKoStPO Rn. 29). Ohnehin handelt es sich hier um eine Regelung, die die in der RL (EU) 2016/80 (Erwgr. 37) formulierte Erwartung, dass Kinder ein Recht auf Prozessbegleitung durch sämtliche Erziehungsberechtigten haben sollten, eher unterläuft als fördert (krit. auch Kemme in BMJV 2017, 108). Auch deshalb ist das JGericht berechtigt, unter Ausschluss der Vertretung entweder beide Elternteile oder einen bestimmten Elternteil zu laden und das Erscheinen ggf. zu erzwingen (Dallinger/Lackner Rn. 24; s. auch → Rn. 23).

Im **OWi**-Recht kann jeder Erziehungsberechtigte jeweils selbstständig **16a** und aus eigenem Recht den **Einspruch** nach § 67 OWiG einlegen, dh ein Verzicht auf Einspruch oder ein (etwa als Verzicht zu wertendes) Widersprechen ggü. dem Einspruch des anderen Erziehungsberechtigten berührt stets nur das eigene Einspruchsrecht (Ellbogen in KK-OWiG OWiG § 67 Rn. 32).

IV. Entziehung der Rechte

1. Abs. 4

17   Liegen die Voraussetzungen dieser Vorschrift vor, so **können** die in → Rn. 8 ff. erörterten Rechte dem Erziehungsberechtigten und dem gesetzlichen Vertreter entzogen werden. Dies gilt nicht für Rechte der Eltern, die sich nicht aus Abs. 1 bis Abs. 3, sondern aus anderen Rechtsgrundlagen ergeben, insbes. also nicht für das Anwesenheitsrecht in der HV (dazu, dass dieses auf §§ 50 Abs. 2 S. 1, 51 Abs. 2 beruht, vgl. → § 50 Rn. 26). Hier besteht allein die Möglichkeit des reaktiven Ausschlusses (→ § 51 Rn. 19 f.).

17a   a) **„Beteiligt sein", „Beteiligung" (Abs. 4 S. 1).** Solche Verbindungen zu der Verfehlung (= „Tat" iSd § 264 StPO), die Gegenstand des Verfahrens ist, umfassen **jedes strafrechtlich relevante Verhalten,** also neben jeder Form der Täterschaft und neben Anstiftung und Beihilfe auch Begünstigung, Strafvereitelung oder Hehlerei (vgl. § 60 Nr. 2 StPO; zust. Poell in BeckOK JGG Rn. 42; enger Sommerfeld in NK-JGG Rn. 15; Trüg in HK-JGG Rn. 18). Der **Verdacht** (iSd Abs. 4 S. 1), über dessen Vorliegen das Gericht nach pflichtgemäßem Ermessen entscheidet, braucht nicht das Ausmaß eines hinreichenden oder eines dringenden Verdachts zu haben. In diesen Grenzen aber ist eine **sorgfältige Prüfung** unerlässlich, ua weil es davon abhängt, ob in Fällen, in denen der zur Zeit der Entziehung angenommene Verdacht sich später als unbegründet erweist, die Entziehung als **nicht prozessordnungswidrig** beurteilt werden darf.

18   b) **Befürchtung des Missbrauchs der Rechte (Abs. 4 S. 2).** Die in Rede stehende Befürchtung hinsichtlich einer der berechtigten Personen erlaubt die Entziehung ihrer Rechte nur, wenn bei einer **anderen** berechtigten **Person** die Voraussetzungen des Abs. 4 S. 1 vorliegen. Die Befürchtung muss sich auf eine nahe liegende und ernsthafte, durch **tatsächliche Anhaltspunkte** begründete Gefahr beziehen (vgl. dazu LG Essen StV 2013, 39 (Ls.); Laubenthal/Baier/Nestler JugendStrafR Rn. 242). – Außerhalb der Voraussetzungen des Abs. 4 S. 2 reicht die Gefahr des Missbrauchs der Rechte etwa durch Beeinträchtigung der Ermittlungen (zB durch Verdunkelung des Sachverhalts (zust. Richmann, Die Beteiligung des Erziehungsberechtigten (…), 2002, 45)) zur Entziehung nicht aus (Dallinger/Lackner Rn. 28).

19   c) **Ermessensentscheidung.** Die Entscheidung über die Entziehung unterliegt pflichtgemäßem Ermessen. Tendenziell sollte nur **zurückhaltend** von dem Entziehungsrecht Gebrauch gemacht werden (vgl. bereits Peters RJGG 1943 Anm. 4; für Aufhebung von Abs. 4 S. 1 und 2 Rieke Vernehmung 277 ff.). – Die Rechte können sowohl vollständig als auch nur teilweise entzogen werden (allgA). Die Wirkung der Entziehung ist auf das konkrete, gegen den Jugendlichen anhängige Verfahren beschränkt.

20   **Zuständig** zur Entscheidung nach Abs. 4 ist stets – anders als gem. § 51 Abs. 2 – das Gericht (allgA; aA noch Potrykus Anm. 7: der Vorsitzende).

2. Ausschluss sämtlicher Berechtigter

Kommt es zu einem (zumindest teilweisen) Ausschluss aller Berechtigter,   21
so muss das FamG einen **Prozesspfleger** (§§ 1693, 1909, 1915, 1918 f.
BGB) bestellen **(Abs. 4 S. 3, 4).** Diesem stehen dann – beschränkt auf das
konkrete Verfahren – die Rechte des Erziehungsberechtigten bzw. des
gesetzlichen Vertreters zu (einschließlich des Beweisantragsrechts, Güntge in
Alsberg Beweisantrag Rn. 708), wobei es sich im Falle der vollständigen
Entziehung auch um das Anfechtungsrecht gem. Abs. 3, § 298 Abs. 1 StPO
handelt. – Zudem muss der Vorsitzende einen **Verteidiger** bestellen **(§ 68
Nr. 2).**

3. Beschluss, Anfechtbarkeit

Die Entscheidung über die Entziehung ergeht durch **Beschluss.** Dieser ist   22
zu begründen (§ 2 Abs. 2, § 34 StPO) und mit einfacher Beschwerde ohne
aufschiebende Wirkung anfechtbar (§ 2 Abs. 2, §§ 304, 305 S. 2 StPO,
§ 307 StPO).

V. Sonstige verfahrensrechtliche Fragen

1. Abs. 5 S. 3

Sind mehrere Personen erziehungsberechtigt (vgl. auch → Rn. 16), so   23
genügt es nach dieser Vorschrift, wenn die vorgeschriebenen **Mitteilungen**
oder **Ladungen** nur an eine dieser Personen gerichtet werden. Da aber idR
die Begleitung durch alle Erziehungsberechtigten vorzugswürdig ist (so RL
(EU) 2016/80 in Erwgr. 37), ist das JGericht regelmäßig gehalten, die
Mitteilung und Ladung (wenn möglich) *an alle* ergehen zu lassen (in der
Tendenz ebenso Poell in BeckOK JGG Rn. 51; generell dafür Albrecht
JugendStrafR 354; weitergehend Sommerfeld in NK-JGG Rn. 14; aA Brun-
ner/Dölling Rn. 3). Wenn eine Entscheidung in Anwesenheit des einen
Erziehungsberechtigten verkündet worden ist (§ 2 Abs. 2 iVm § 35 Abs. 1
StPO), ist das Gericht zwar nicht zur Mitteilung an den anderen Erziehungs-
berechtigten verpflichtet. Jedoch wird auch in solchen Fällen oftmals eine
Mitteilung ratsam sein.

2. Mitteilungspflicht im OWi-Verfahren

Unterlässt die Verwaltungsbehörde die nach § 51 Abs. 2 OWiG erforder-   24–31
liche Mitteilung des Bescheides an den gesetzlichen Vertreter des Jugendlichen, so berührt dies nicht die Wirksamkeit des dem Jugendlichen ordnungsgemäß zugestellten Bescheides, verhindert allerdings den Beginn des
Laufs der Rechtsmittelfrist (vgl. Seitz/Bauer in Göhler OWiG § 51 Rn. 51;
OLG Karlsruhe MDR 1974, 955; OLG Düsseldorf Zbl 1982, 758 f. = NJW
1982, 2833). Ein entsprechender Verfahrensmangel führt im Falle rechtzeitigen Einspruchs auch nicht zum Fehlen einer Verfahrensvoraussetzung
für das gerichtliche Verfahren, da Verfahrensmängel der Verwaltungsbehörde, sofern sie nicht eine Unwirksamkeit oder Nichtigkeit des Bescheides
begründen, im gerichtlichen Verfahren unbeachtlich sind (OLG Düsseldorf
Zbl 1982, 758 f. = NJW 1982, 2833).

3. Wiedereinsetzung wegen Versäumung von Rechtsmittelfristen

32   Eine Wiedereinsetzung kommt nach den allg. Regelungen (§ 2 Abs. 2 iVm §§ 44 ff. StPO) nur dann in Betracht, wenn der gesetzliche Vertreter oder Erziehungsberechtigte von der Entscheidung weder rechtzeitig Kenntnis hatte, noch haben konnte (s. OLG Düsseldorf HRR 1941, Nr. 749). Da der Lauf der Rechtsmittelfristen nicht von der Mitteilung an den Erziehungsberechtigten oder gesetzlichen Vertreter abhängt (vgl. schon LG Würzburg RdJB 1962, 42), kann eine Nichtbefolgung der Soll-Vorschrift des § 50 Abs. 2 S. 1 die Wiedereinsetzung bei Versäumung der Rechtsmittelfristen begründen. Hingegen wird Wiedereinsetzung unbeschadet dessen gegeben sein, dass zur HV ordnungsgemäß geladen wurde (vgl. → § 50 Rn. 28; nach OLG Hamm NStZ 2009, 45 sei ein „einfacher Brief" zureichend), weil in diesem Fall zwar mit dem Erlass eines Urteils zu rechnen sein mag, sich daraus jedoch schon gem. der Soll-Vorschrift nebst Hinweispflicht betr. die Frist keine Erkundigungspflicht der gesetzlichen Vertreter oder Erziehungsberechtigten über den Ausgang der HV herleiten lässt, deren Versäumen den Vorwurf eines Verschuldens tragen könnte (OLG Stuttgart NJW 1960, 2353; BayObLGSt 54, 51; aA BGHSt 18, 21; OLG Hamm NStZ 2009, 45; Schatz in Diemer/Schatz/Sonnen § 50 Rn. 40; s. zum Ganzen aber auch Dallinger/Lackner Rn. 19; Potrykus Anm. 5).

4. Eintritt der Volljährigkeit während des Verfahrens

33   In einem solchen Fall bleiben (zuvor vorgenommene) Prozesshandlungen des Erziehungsberechtigten oder gesetzlichen Vertreters wirksam (zust. Richmann, Die Beteiligung des Erziehungsberechtigten (…), 2002, 207). Dabei kann der Beschuldigte ein Rechtsmittelverfahren auch dann fortführen, wenn er selbst zuvor auf Rechtsmittel verzichtet hatte (BGHSt 10, 174; vgl. → § 55 Rn. 6). Hingegen können die zuvor berechtigten Personen eine bereits eingelegte Revision nicht mehr rechtswirksam begründen (vgl. RGSt 42, 342), es sei denn, der Beschuldigte beauftragt sie zivilrechtlich dazu (vgl. Schady in NK-JGG § 55 Rn. 4).

Unterrichtung der Erziehungsberechtigten und der gesetzlichen Vertreter

67a (1) **Ist eine Mitteilung an den Beschuldigten vorgeschrieben, so soll die entsprechende Mitteilung an die Erziehungsberechtigten und die gesetzlichen Vertreter gerichtet werden.**

(2) **¹Die Informationen, die der Jugendliche nach § 70a zu erhalten hat, sind jeweils so bald wie möglich auch den Erziehungsberechtigten und den gesetzlichen Vertretern zu erteilen. ²Wird dem Jugendlichen einstweilig die Freiheit entzogen, sind die Erziehungsberechtigten und die gesetzlichen Vertreter so bald wie möglich über den Freiheitsentzug und die Gründe hierfür zu unterrichten.**

(3) **Mitteilungen und Informationen nach den Absätzen 1 und 2 an Erziehungsberechtigte und gesetzliche Vertreter unterbleiben, soweit**

1. auf Grund der Unterrichtung eine erhebliche Beeinträchtigung des Wohls des Jugendlichen zu besorgen wäre, insbesondere bei einer Gefährdung des Lebens, des Leibes oder der Freiheit des Jugendlichen oder bei Vorliegen der Voraussetzungen des § 67 Absatz 4 Satz 1 oder 2,

2. auf Grund der Unterrichtung der Zweck der Untersuchung erheblich gefährdet würde oder

3. Erziehungsberechtigte oder gesetzliche Vertreter binnen angemessener Frist nicht erreicht werden können

(4) [1] Werden nach Absatz 3 weder Erziehungsberechtigte noch gesetzliche Vertreter unterrichtet, so ist eine andere für den Schutz der Interessen des Jugendlichen geeignete volljährige Person zu unterrichten. [2] Dem Jugendlichen soll zuvor Gelegenheit gegeben werden, eine volljährige Person seines Vertrauens zu bezeichnen. [3] Eine andere geeignete volljährige Person kann auch der für die Betreuung des Jugendlichen in dem Jugendstrafverfahren zuständige Vertreter der Jugendgerichtshilfe sein.

(5) [1] Liegen Gründe, aus denen Mitteilungen und Informationen nach Absatz 3 unterbleiben können, nicht mehr vor, so sind im weiteren Verfahren vorgeschriebene Mitteilungen und Informationen auch wieder an die betroffenen Erziehungsberechtigten und gesetzlichen Vertreter zu richten. [2] Außerdem erhalten sie in diesem Fall nachträglich auch solche Mitteilungen und Informationen, die der Jugendliche nach § 70a bereits erhalten hat, soweit diese im Laufe des Verfahrens von Bedeutung bleiben oder sobald sie Bedeutung erlangen.

(6) Für den dauerhaften Entzug der Rechte nach den Absätzen 1 und 2 findet das Verfahren nach § 67 Absatz 4 entsprechende Anwendung.

Übersicht

I. Allgemeines

1. Anwendungsbereich

1   Die Vorschrift gilt – auch in Verfahren vor den für allg. Strafsachen zuständigen Gerichten (§ 104 Abs. 1 Nr. 9) – für Jugendliche, nicht aber für Heranwachsende (zur Maßgeblichkeit des Alters im jeweiligen prozessualen Stadium und nicht der Tat s. → § 67 Rn. 2). – Die Vorschrift findet ebenfalls im vereinfachten JVerfahren (§ 78 Abs. 3 S. 2) und gem. § 83 Abs. 3 S. 2 im Vollstreckungsverfahren Anwendung.

2. Entstehung, Struktur und Zweck der Norm

2   Das elterliche Wissen über die Verfahrensrechte ihres beschuldigten Kindes sind idR gering (internationale Befunde dazu bei Cleary/Warner Psychology, Crime & Law 2017, 777). Dennoch bedurften die in der Norm vorgesehenen Unterrichtungsregeln des Anstoßes durch das EU-Recht. Eingeführt durch das 2. Gesetz zur Stärkung der Verfahrensrechte von Beschuldigten im Strafverfahren und zur Änderung des Schöffenrechts v. 27.8.2017 (BGBl. I 3295) diente sie zunächst der Umsetzung von Art. 5 Abs. 2 – 4 R (EU) 2013/48. Schon kurz darauf kam es mit dem Gesetz zur Stärkung der Verfahrensrechte von Beschuldigten im Jugendstrafverfahren zu einer ganz erheblichen Umgestaltung der Norm. Hatte § 67a zunächst nur für den Fall, dass gegen den Jugendlichen ein Freiheitsentzug im JStV angeordnet wird, diverse Vorgaben für die Information seiner Erziehungsberechtigten und gesetzlichen Vertreter gemacht, stellt die Vorschrift nunmehr durch Einfügung des Abs. 1 (= § 67 Abs. 2 aF) und durch eine Erweiterung der übrigen Absätze eine **umfassende** Ausgestaltung der **elterlichen Unterrichtung** dar (s. auch → § 70b Rn. 6). Anlass hierfür war der dahingehende Umsetzungsbedarf, den die Anerkennung eines Rechts des Jugendlichen auf Information des Trägers der elterlichen Verantwortung in Art. 5 RL (EU) 2016/800 mit sich gebracht hatte, und zwar auch hinsichtlich der insofern zu berücksichtigenden Einschränkungen (RegE BT-Drs. 19/13837, 22).

3   Dem Normtext nach legt § 67a allein amtliche Pflichten und deren Durchbrechungen fest. Diese beziehen sich auf Unterrichtungen, die (wie Abs. 4 S. 1 anzeigt) den **Oberbegriff** für Mitteilungen (Abs. 1) und Informationen (Abs. 2) darstellen. Die jeweilige Verpflichtung impliziert allerdings unausgesprochen auch einen (Unterrichtungs-)Anspruch. Dessen Inhaber sind die Eltern, was sich etwa in Abs. 6 iVm § 67 Abs. 4 zeigt, wonach man die Unterrichtungsrechte den „Erziehungsberechtigten und gesetzlichen Vertretern entziehen" kann. Bei dieser **formalen** elterlichen **Berechtigung** handelt es sich aber lediglich um eine rechtstechnische Lösung, die das erwähnte und eigentlich zentrale **Beschuldigten**recht auf elterliche Information einlösen soll. § 67a ist insofern von den Rechten des Jugendlichen **abgeleitet** (allg. dazu → § 67 Rn. 4). Dass die zu gewährleistende Informiertheit (entweder der Erziehungsberechtigten bzw. gesetzlichen Vertreter oder einer sonstigen Beistandsperson (Abs. 4)) die Wahrnehmung der in § 67 vorgesehenen Prozessrechte (jedenfalls durch die Eltern) erleichtert, ist demzufolge auch nur ein Reflex und nicht die **Funktion** der Norm. Diese besteht vielmehr darin, „eine wirksame Ausübung der Rechte des

Kindes" durch entspr. Hilfestellungen der ins Bild gesetzten Erwachsenen zu ermöglichen (RL (EU) 2016/800 Erwgr. 22).

II. Unterrichtungspflichten

1. Akzessorische Mitteilungspflichten

Sofern bzw. sobald gegen einen konkreten, identifizierten Jugendlichen **3a** ermittelt wird, müssen **alle** Mitteilungen, die dieser im JStV zu erhalten hat, gem. Abs. 1 zugleich auch an seinen Erziehungsberechtigten und gesetzlichen Vertreter gehen. Dies betrifft vorwiegend Entscheidungen, die das Verfahren oder einzelne Verfahrensphasen abschließen (etwa §§ 35, 170 Abs. 2 S. 2, 201 Abs. 1 S. 1, 204, 215, 232 Abs. 4 StPO), aber etwa auch diverse Benachrichtigungen (§§ 118a Abs. 1, 222 Abs. 1, 224 Abs. 1 StPO). Vor-/Ladungen zählen ebenfalls zu den Mitteilungen (s. → Rn. 15 sowie → § 67 Rn. 11b; vgl. aber § 50 Abs. 2 als speziellere Vorschrift bei der HV). Zur **Mitteilungsform** macht Abs. 1 keine Vorgaben. Ungeachtet der normtextlichen Ausgestaltung als Sollvorschrift (darauf insistierend Schatz in Diemer/Schatz/Sonnen Rn. 14) ist die Norm iÜ als ein Muss zu lesen, denn im Geltungsbereich des Art. 6 Abs. 2 S. 1 GG, der vor einer Verletzung der Rechtsposition des Jugendlichen wie auch der Eltern schützt, ist eine **Unterrichtung zwingend** geboten (LG Saarbrücken NStZ 2012, 167 mzustAnm Möller NStZ 2012, 114 ff.; Noak in BeckOK Rn. 6; Trüg in HK-JGG Rn. 15; Kremer, Der Einfluß des Elternrechts auf die Rechtmäßigkeit der Maßnahmen des JGG, 1984, 172; vgl. → § 50 Rn. 26 ff.; weitergehend Sommerfeld in NK-JGG Rn. 5). Dies gilt auch mit Blick auf Art. 5 Abs. 1 RL (EU) 2016/800, der hinsichtlich der Mitteilung keine Entscheidungsspielräume einräumt. Bei sich im Ausland aufhaltenden Erziehungsberechtigten (→ Rn. 6) sieht die Vorschrift keine Ausnahme vor, sodass es hier allenfalls durch Abs. 3 Nr. 3 (→ Rn. 12a) zu einer Einschränkung kommen kann.

Keiner eigenen Mitteilung bedarf es bei Entscheidungen, bei deren **Ver-** **3b** **kündung** der Erziehungsberechtigte bzw. gesetzliche Vertreter zugegen ist (Schatz in Diemer/Schatz/Sonnen Rn. 16; vgl. aber § 2 Abs. 2 iVm § 35 Abs. 1 S. 2 StPO). Erfolgt die Verkündung zwar in Anwesenheit des Angeklagten (s. § 35 Abs. 1 StPO), aber in Abwesenheit des gesetzlichen Vertreters und des Erziehungsberechtigten, muss diesen folglich jene Mitteilung gemacht werden, die dem Jugendlichen im Falle seiner (hypothetischen) Abwesenheit zu machen wäre. Soweit dies eine Rechtsmittelbelehrung betrifft (§ 35a StPO), gilt Abs. 1 gleichfalls (ergänzt allerdings um § 70b Abs. 1 S. 2 und 3). Dabei muss der Hinweis enthalten sein, dass das Anfechtungsrecht (§ 67 Abs. 2) nur innerhalb der für den Angeklagten laufenden Frist ausgeübt werden kann (BayObLGSt 54, 51; Dallinger/Lackner Rn. 13; aA OLG Hamm NStZ 2009, 45). Allerdings ist nach oft vertretener Ansicht die Vorschrift des § 35a StPO nicht durchgreifend (Potrykus NJW 1954, 1836; Trüg in HK-JGG Rn. 16; aA Sommerfeld in NK-JGG Rn. 5; Schatz in Diemer/Schatz/Sonnen Rn. 17), dh das Gericht soll auch in Fällen zulässiger Rechtsmitteleinlegung zu einer **Zustellung** des mit Gründen versehenen Urteils oder zu einer Mitteilung des Urteilsausspruchs nebst Rechtsmittelbelehrung (BGHSt 18, 21 (24 ff.); OLG Hamm NStZ 2009, 45; aA OLG Stuttgart NJW 1960, 2353) nicht verpflichtet sein.

3c   Bei Unterbleiben einer Mitteilung iSv Abs. 1 kann ggf. eine Verletzung der Aufklärungspflicht vorliegen. Davon abgesehen sei, so eine vormals vertretene Ansicht, kein **Revisionsgrund** gegeben (BGH MDR 1952, 564; JR 1997, 79 mkritAnm Eisenberg/Düffer: bloße Ordnungsvorschrift, deren Missachtung den Fortgang des Verfahrens nicht in Frage stellen solle, wenn eine Mitteilung ausnahmsweise aus tatsächlichen Gründen nicht möglich ist). Dies wird der hier vertretenen Einordnung als Mitteilungspflicht (→ Rn. 3a) aber nicht gerecht. Das gilt auch für die Verletzung der Benachrichtigungspflicht bei richterlichen und staatsanwaltschaftlichen bzw. polizeilichen Vernehmungen im **Vorverfahren,** deren Folgen sich nach allg. Grundsätzen richten (vgl. etwa Griesbaum in KK-StPO StPO § 168c Rn. 22 ff.; Rieke Vernehmung 266; BGHSt 26, 332). – Dabei haben die Einwände ggü. dem von der Judikatur entwickelten sog. **Widerspruchsverlangen** (vgl. zu Nachw. nur Eisenberg BeweisR StPO Rn. 426 ff.) wegen der Schutzbelange Jugendlicher und auch Heranwachsender (§ 2 Abs. 1) erhöhtes Gewicht (vgl. dagegen aber BGH BeckRS 2009, 29967 sowie auch BGH BeckRS 2016, 18316, wo betr. Rügepräklusion pauschal auf das allg. StVR verwiesen wird).

2. Aufklärungspflichten

3d   **a) Allgemeine Informationen.** Nach **Abs. 2 S. 1** erstreckt sich die allg. Informationspflicht, die § 70a hinsichtlich des Jugendlichen statuiert, auch auf die Erziehungsberechtigten bzw. gesetzlichen Vertreter. Diese sollen ebenfalls einen allg. Überblick über das JStV (insb. über bestehende Rechte des Jugendlichen sowie prozessuale Abläufe und Standards) erhalten. Praktisch umgesetzt werden kann dies in der gleichen Art und Form wie beim Beschuldigten (→ § 70a Rn. 6). Zeitlich muss dies „so bald wie möglich" erfolgen, dh sobald (durch sofort einsetzende Bemühungen) der Kreis der Berechtigten identifiziert und deren Erreichbarkeit festgestellt worden ist. Bei einer kurzfristig durchgeführten Erstvernehmung, bei der die Eltern anwesend sind, kann die Unterrichtung dort erfolgen, sonst muss dies idR schon früher geschehen. Die Unterrichtungen gem. § 70a Abs. 2–4 erfolgen wie beim Beschuldigten unmittelbar nach Eintritt des Anlasses.

4   **b) Informationen bei Freiheitsentziehungen.** Bei einer freiheitsentziehenden Maßnahme im Verlauf des JStV sind den Erziehungsberechtigten bzw. gesetzlichen Vertretern gem. Abs. 2 iVm § 70a Abs. 2–4 spezielle, darauf bezogene Rechtsinformationen zu geben (→ § 70a Rn. 15). Darüber hinaus verlangt **Abs. 2 S. 2,** den Anforderungen von Art. 5 Abs. 2 RL (EU) 2013/48 folgend, für diesen Fall zwingend eine eigene elterliche Benachrichtigung unter Anführung der **Maßnahmegründe.** Auf einen entspr. Wunsch oder auch nur ein Einverständnis des Jugendlichen kommt es hierfür nicht an. Zwar bestand nach weithin vertretener Auffassung im Falle einer Verhaftung schon vor Einführung von § 67a infolge von § 67 Abs. 2 aF eine Mitteilungspflicht, doch blieb dieser Rechtszustand hinter einer ausdrücklichen Verpflichtung iSd RL zurück. Die daher eingeführte Regelung führt hier zu einer Festlegung, die zu § 114c Abs. 2 StPO iVm § 2 Abs. 2 hinzutritt (s. aber → Rn. 12c f.). In diesem Nebeneinander der beiden Benachrichtigungspflichten schlägt sich die Differenzierung von Art. 5 Abs. 1 und 2 RL (EU) 2013/48 nieder – wobei eine Information an die Erziehungsberechtigten idR beide Vorgaben zugleich erfüllt (s. auch Noak in BeckOK JGG Rn. 11).

Unter den Begriff der **einstweiligen Freiheitsentziehung** fallen hierbei 5
Verhaftung (§ 2 Abs. 2 iVm § 114 Abs. 1 StPO), vorläufige Festnahme (§ 2
Abs. 2 iVm § 126a Abs. 2 S. 1 StPO, §§ 127 Abs. 4, 127b Abs. 1 S. 2 StPO)
sowie das Festhalten (§ 163c Abs. 1 S. 3 StPO). Ob auch sonstige Abläufe,
die mit vergleichsweise kurzem Freiheitsentzug einhergehen, trotz des idR
knappen Zeitraums von der Vorschrift erfasst sind, wird sich nicht einheitlich
beantworten lassen (für Untersuchung gem. § 2 Abs. 2 iVm § 81a StPO
vern. Sommerfeld ZJJ 2016, 36 (37); Kaspar in MüKoStPO Rn. 8). Dafür
sind mit Blick auf den Regelungszweck der Vorschrift die konkreten Bedingungen der Maßnahme und die Schutz- bzw. Beistandsbedürftigkeit des
Jugendlichen (abhängig von Alter bzw. Reifeentwicklung) maßgeblich.

c) Zeitpunkt. Abs. 2 S. 1 und S. 2 verlangen, dass die Benachrichtigung 6
„**so bald wie möglich**" geschehen muss. Diese Fassung bleibt hinter dem
Text der Richtlinie (Art. 5 Abs. 1 und 2: „unverzüglich" bzw. „möglichst
rasch") nur deshalb zurück, um die Vorschrift auch für solche Fallkonstellationen handhabbar zu machen, in denen es zunächst der erforderlichen Feststellungen bedarf (zB dazu, wer die Rechtsstellung innehat, wo die Person
wohnt etc). Falls diese Informationen bereits vorliegen, muss deshalb unverzüglich benachrichtigt werden (zust. Kaspar in MüKoStPO Rn. 6). Da das
Gesetz keine **Form** der Mitteilung vorschreibt, kann und muss diese auf
einem zügig realisierbaren Weg erfolgen (idR telefonisch). – Bei **unbegleitet zugewanderten** Minderjährigen und anderen Jugendlichen, bei
denen die Erziehungsberechtigten im Ausland leben und (ohne aufwändige
Ermittlungen) keine Informationen über den Aufenthalt verfügbar sind, ist
die Kurzfristigkeit der Mitteilung kaum sicherzustellen. In solchen Fällen
muss, sofern nicht ohnehin schon ein Vormund bestellt worden war, dies
(mit nachfolgender Information gem. Abs. 2) kurzfristig erfolgen (s. zudem
Abs. 3 Nr. 3 und Abs. 4).

3. Mehrheit von Erziehungsberechtigten

Eine (unmittelbare oder entsprechende) Anwendung von § 67 **Abs. 5** 7
S. 3 (so bzgl. Abs. 1 aF 20. Aufl. Rn. 6) ist ausgeschlossen (abw. Sommerfeld ZJJ 2018, 296 (299); Sommerfeld in NK-JGG Rn. 11). Ohnehin wäre
eine Übertragung der Vorschrift wegen ihrer Problematik (→ § 67 Rn. 16)
nicht angezeigt. Abs. 1 sowie Abs. 2 S. 1 und 2 stellen durch die jeweils im
Plural formulierte Bezeichnung der Informationsadressaten nunmehr allerdings ausdrücklich klar, dass **alle** Berechtigten zu unterrichten sind.

4. Adressaten der Verpflichtungen

Abs. 6 überträgt iVm § 67 Abs. 4 den Entzug der Informationsrechte dem 8
JGericht. Abgesehen von dieser besonderen Maßnahme findet sich eine
weitere vergleichbare Zuweisung in § 67a aber nicht. Daher sprechen normsystematische und -textliche Aspekte dafür, dass die Vorschrift generell
(abgesehen von Abs. 6) jene Strafverfolgungsinstitution verpflichtet, die jeweils das Verfahren **aktuell gerade führt** (RegE BT-Dr. 19/13837, 56; s.
auch → § 67 Rn. 11b) und deshalb ohnehin auch den Jugendlichen unterrichten muss. Diese Auslegung entspricht auch am besten der Vorgabe in
Art. 5 Abs. 1 RL (EU) 2016/800, wonach die Informationen „möglichst
rasch" gegeben werden sollen (Sommerfeld ZJJ 2018, 296 (300)). Verfahren-

spraktisch führt dies dazu, dass auch schon die **Polizei** informatorisch gegenüber den Eltern tätig werden muss (va mit Blick auf Abs. 2). Dass in diesem Zusammenhang dann auch die mit Abs. 3 und 4 verbundenen Fragen zu klären sind (→ Rn. 9 ff., → Rn. 13 ff.), begründet eine nicht unerhebliche rechtliche Entscheidungsnotwendigkeit bei der Polizei, damit zugleich aber auch polizeiliche Entscheidungsmacht (s. etwa hier → Rn. 15 zur frühen Festlegung der Beistandsperson).

III. Unterbleiben einer Unterrichtung (Abs. 3)

1. Unterrichtungshindernde Gründe

9   **a) Allgemeines.** Ein rechtswirksamer **Verzicht** auf die Unterrichtung ist **nicht** möglich. Da die Informationspflichten und -rechte letztlich auf einen Anspruch des Jugendlichen zurückgehen (→ Rn. 4), käme eine solche Option ohnehin nur für diesen (nicht für die Mitteilungsempfänger) in Betracht. Doch eine entspr. Disponibilität ist in Art. 5 RL (EU) 2016/800 nicht vorgesehen (nur iErg. ebenso Schatz in Diemer/Schatz/Sonnen Rn. 31: kein Verzicht durch Jugendlichen, da es auch um Realisierung eigener elterlicher Prozessrechte gehe). Die Vorgabe kennt lediglich die **ersatzweise** Informierung einer anderen Person. Dabei kann es sich nach Abs. 4 bzw. Abs. 6 iVm § 67 Abs. 4 um den anderen geeigneten Erwachsenen oder den bestellten Pfleger handeln. Deren Einbeziehung ist wiederum gekoppelt an zwei verschiedene Tatbestände, denen zufolge eine Unterrichtung der Erziehungsberechtigten bzw. gesetzlichen Vertreter unterbleibt: Unter den Voraussetzungen von § 67 Abs. 4 (dazu die Erl. in → § 67 Rn. 17 ff.) **kann** den Erziehungsberechtigten und gesetzlichen Vertretern nicht nur der Bestand ihrer prozessualen Aktivrechte (§ 67 Abs. 1–3) dauerhaft entzogen werden, sondern gem. **Abs. 6** auch das gesamte Spektrum der sich aus Abs. 1 und 2 ergebenden Unterrichtungsrechte. Außerdem **muss** eine Mitteilung und Aufklärung der Erziehungsberechtigten bzw. gesetzlichen Vertreter in den durch **Abs. 3** geregelten Konstellationen unterbleiben. Der Unterrichtungsanspruch wird hier aber nicht endgültig aufgehoben, sondern gleichsam suspendiert. Faktisch mag diese Suspendierung zwar nicht selten über das ganze Verfahren hinweg anhalten, aber rechtlich ist die in Abs. 3 angeordnete Folge als **vorübergehende** Einschränkung konzipiert (Abs. 5). Denkbar ist zudem, dass sie sich nur auf einen **Teil** der Unterrichtungen bezieht („soweit"), falls Nr. 1 oder Nr. 2 allein bei manchen Informationen gegeben ist (RegE BT-Dr. 19/13837, 57).

10   **b) Beeinträchtigung des Wohls des Jugendlichen.** Zu den von Abs. 3 erfassten Gründen zählen gem. Nr. 1 jene Fälle, in denen begründeter Anlass für die Annahme besteht, dass das Wohl des Beschuldigten infolge der Unterrichtung beeinträchtigt würde (ähnlich bereits die Umsetzung von Art. 5 Abs. 2 S. 1 RL (EU) 2013/48 durch die Ermessensnorm in Abs. 2 S. 1 aF). Dabei geht es nach der Klarstellung in Abs. 3 Nr. 1 einmal um Sachverhalte iSv § 51 Abs. 2 S. 1 Nr. 3, in denen die Berechtigten nach ihrem Informiertwerden **gefährdende Reaktionen** gegenüber dem Jugendlichen zeigen könnten (n. dazu → § 51 Rn. 23 sowie auch Sommerfeld ZJJ 2016, 37 f.). Eine derartige Lage wird einer „erheblichen Kindeswohlgefährdung" in ihrer familienrechtlichen Auslegung (etwa BGH NJW 2005,

672 (673)) regelmäßig entsprechen oder jedenfalls sehr nahe kommen. Dass das Merkmal der „erheblichen Beeinträchtigung des Wohls" daran gemessen jedoch weiter und offener zu interpretieren sein soll (RegE BT-Dr. 19/13837, 57 f.), erklärt den Verweis auf § 67 Abs. 4 S. 1 und S. 2. Hiernach darf auch bei elterlicher **Tatverstrickung** (dazu → § 67 Rn. 17a) und/oder einer drohenden **missbräuchlichen** Prozessrechtswahrnehmung zu Lasten des Beschuldigten (dazu → § 67 Rn. 18) keine Mitteilung erfolgen. Dabei handelt es sich um Fälle, in denen der Entzug des Unterrichtungsrechts möglich wäre (Abs. 6), aber in Wahrnehmung des zurückhaltend (→ § 67 Rn. 19) auszuübenden Ermessens unterbleibt.

Im Übrigen können ausweislich des Normtextes („insbesondere") grds. **11** auch sonstige, dem Wohl des Jugendlichen erheblich abträgliche Aktivitäten der Berechtigten unter Nr. 1 fallen (abw. Kaspar in MüKoStPO Rn. 10 bzgl. Abs. 2 S. 1 aF, wobei aber die dort vertretene enge Auslegung der RL-Vorgabe nicht hinreichend Rechnung trug). Normsystematisch genügt dafür jedoch nur eine hinreichend substantiierte Besorgnis hinsichtlich einer gewichtigen Interessenverletzung, weil die **unbenannte** Beeinträchtigung iSv Nr. 1 ähnlich schwer wiegen muss wie die beiden benannten Fälle.

c) Erhebliche Gefährdung des Zwecks der Untersuchung. Abs. 3 **12** Nr. 2 (s. auch die Umsetzung von Art. 5 Abs. 3 Buchst. b RL (EU) 2013/48 durch die Ermessensnorm Abs. 3 S. 1 aF) regelt die Konstellation der erheblichen Gefährdung des Untersuchungszwecks (vgl. hier – für das allg. StVR – zu einem verfassungsrechtlichen Gebot effektiver Strafverfolgung BVerfG NJW 2012, 833 ff.). Ausmaß, Konkretisierung und Dringlichkeit der Gefährdung müssen einen Grad haben, durch den eine ähnliche Relevanz wie bei den Fällen von Nr. 1 erreicht wird, so dass die mit der Mitteilung an sich zu realisierenden Belange dahinter in ihrem **Gewicht zurückstehen** (ähnlich Noak in BeckOK JGG Rn. 15). Mit Blick auf die Möglichkeiten der Zeugenbeeinflussung, der Beweismittelmanipulation oder des verzögerungsbedingten Beweismittelverlustes (RegE BT-Dr. 19/13837, 58) genügen vage Befürchtungen oder geringfügige Ausprägungen deshalb nicht. Dies gilt erst recht für die Annahme, infolge der Unterrichtungen könnten die Erziehungsberechtigten bzw. gesetzlichen Vertreter ihre prozessualen Möglichkeiten nutzen oder den Jugendlichen zur Wahrnehmung seiner Rechte bewegen. Selbst wenn dies die Aktivitäten der Strafverfolgungsinstitutionen erschweren sollte, handelt es sich dabei von vornherein jedoch nicht um eine „Gefährdung" iS der Norm.

d) Unerreichbarkeit. Abs. 3 Nr. 3 betrifft Konstellationen, in denen die **12a** Identität oder der Aufenthalt der Berechtigten unbekannt ist oder die Unterrichtung aus anderen Gründen unmöglich wäre (s. auch → § 51 Rn. 32). Gewisse Erschwerungen oder ein absehbar erhöhter Aufwand genügen für die Unerreichbarkeit nicht oder jedenfalls nur, wenn sich auf diese Weise allein eine **unverhältnismäßig späte** Unterrichtung erreichen ließe. Wie lang eine in diesem Sinne „angemessene Frist" ist, hängt von der Bedeutung der Information, den Konsequenzen der Nicht-/Unterrichtung und dem etwaigen prozessualen Eilbedarf ab (dazu n. → § 67 Rn. 11i).

2. Wegfall der unterrichtungshindernden Gründe

12b   Das Unterrichtungsverbot besteht nur, solange die Gründe iSv Abs. 3 bestehen (so bereits 20. Aufl. Rn. 12 f. zu Abs. 3 S. 1 aF). Nach deren Wegfall leben die Unterrichtungspflichten (→ Rn. 3a ff.) wieder ohne Einschränkungen auf (Abs. 4 S. 1). Die allg. Informationen (→ Rn. 3d) sind zudem nachzuholen, sofern der Instruktionszweck nicht wegen des zwischenzeitlichen prozessualen Fortgangs obsolet geworden ist (Abs. 4 S. 2).

3. Keine Besonderheiten bei Haftsachen

12c   Die neben Abs. 2 S. 2 bestehenden Pflichten gem. § 114c StPO sehen in Haftsachen deutlich geringere Einschränkungen der Benachrichtigungsrechte und -pflichten als Abs. 3 vor. Nach § 114c Abs. 1 StPO darf dem Verhafteten die Möglichkeit, eine verwandte oder Vertrauensperson selbst zu benachrichtigen, allein aus den in (→ Rn. 12) erörterten Gründen verweigert werden, nicht aber in den von Abs. 3 Nr. 1 und 3 erfassten Konstellationen (→ Rn. 10 f., → Rn. 12a). Daher würden diese Einschränkungen im JStV leer laufen, falls der Jugendliche sich auf § 114c Abs. 1 StPO berufen kann und auch beruft (so in der Tat Schatz in Diemer/Schatz/Sonnen Rn. 5). Auch angesichts dieser unplausiblen Konsequenz wird man in Abs. 3 jedoch richtigerweise eine **Sonderregelung** (§ 2 Abs. 2) sehen müssen, die für ihren Geltungsbereich die Benachrichtigungsfragen speziell für Jugendliche und deren Bezugspersonen umfassend und abschließend austariert. Deshalb ist die Benachrichtigung gem. § 114c Abs. 1 StPO im JStV nur vorbehaltlich der dortigen (dh der in Abs. 3 geregelten) Einschränkungen zulässig (vgl. dazu auch Sommerfeld ZJJ 2016, 36 (38); tendenziell auch Noak in BeckOK JGG Rn. 4). Dass es sich bei Haftsachen um eine eigene Materie handelt, die sich vom allgemeineren Regelungsbereich des § 67a abhebt, widerspricht dem nicht. Es ist kaum anzunehmen, dass der Gesetzgeber bei Erlass von Abs. 3 und in Kenntnis des bereits existierenden § 114c StPO davon ausging, dass bspw. das dem Kindeswohl dienende Verbot in Abs. 3 Nr. 1 bei U-Haft de facto bedeutungslos sein könne.

12d   Das besagte Vorrangverhältnis besteht auch bzgl. **§ 114c Abs. 2 StPO** (aA Schatz in Diemer/Schatz/Sonnen Rn. 5). Diese Vorschrift verpflichtet das Gericht, nach der Vorführung des verhafteten Beschuldigten eine angehörige oder Vertrauensperson zu benachrichtigen – und zwar ohne dass Einschränkungen vorgesehen wären. Die Unterrichtung kann hiernach also nicht länger als bis zur Vorführung, die nach der Festnahme unverzüglich zu veranlassen ist (§§ 115, 128 StPO), und der dort erfolgenden Haftanordnung unterbleiben. Faktisch wäre das in Abs. 3 geregelte Verbot ab diesem Zeitpunkt also gänzlich folgenlos (so bei Abs. 3 aF 20. Aufl. Rn. 13). Auch an diesem Punkt ist indes davon auszugehen, dass in Form von Abs. 5 eine jugendstrafrechtliche Sonderbestimmung besteht. Von deren Maßgaben (→ Rn. 12b) wird die Frage, ab wann eine unzulässige Benachrichtigung wieder erfolgen muss, abschließend normiert.

IV. Kompensatorische Unterrichtung

Unterbleibt eine Benachrichtigung der Erziehungsberechtigten und des **13**
gesetzlichen Vertreters gem. Abs. 3, hat die Unterrichtung gem. Abs. 4 stattdessen bei einem anderen geeigneten Erwachsenen zu erfolgen (ebenso in
Umsetzung von Art. 5 Abs. 2 S. 1 RL (EU) 2013/48 bereits Abs. 2 S. 2 aF).
Ob eine volljährige Person in diesem Sinne **geeignet** ist, bestimmt sich – wie
bei den insofern gleichgelagerten Regelungen in §§ 51 Abs. 6, 67 Abs. 3 –
nach ihrer Bereitschaft und Fähigkeit, die Interessen des Jugendlichen sachgerecht zu schützen und so an der Gewährleistung seiner Belange sowie an seiner
Förderung und Integration mitzuwirken (n. auch → § 51 Rn. 33).

Bei der Beistandsperson kann, aber muss es sich nicht unbedingt um einen **14**
Angehörigen handeln (Erwgr. 55 der RL (EU) 2013/48 nennt Verwandte
nur als Beispiel). In Betracht kommt gem. Abs. 4 S. 3 auch der für das
konkrete Verfahren zuständige **Vertreter der JGH** (→ § 51 Rn. 35), wodurch die gegenüber der JGH ohnehin bestehenden Mitteilungspflichten
(→ § 70 Rn. 17 ff.) erweitert würden. In Übereinstimmung mit den Schutzbelangen des Jugendlichen sieht Abs. 4 S. 2 iÜ vor, dem Jugendlichen
Gelegenheit zu geben, eine volljährige Person seines Vertrauens zu bezeichnen. Die Ausgestaltung als Soll-Vorschrift wird nach allg. Grundsätzen
dahingehend zu interpretieren sein, dass von der Einholung des **Vorschlags**
gar nicht und von dessen Realisierung nur bei Nachweis von Tatsachen, die
eine Nichteignung belegen, abgesehen werden darf (erg. → § 51 Rn. 33;
zust. Kaspar in MüKoStPO Rn. 12).

Eine **praktische** Konsequenz besteht darin, dass die Beistandsperson in **15**
Fällen, in denen die Notwendigkeit ihrer Einbeziehung (bzw. das Vorliegen
von Abs. 3) frühzeitig klar wird, **alsbald** (in Abstimmung mit dem Jugendlichen) **festzulegen** ist. Unter dieser Voraussetzung kann (und sollte) sie den
Beschuldigten nämlich unterstützend bei Vernehmungen und Untersuchungshandlungen (§ 67 Abs. 3) sowie in der HV (dort mit Äußerungsrecht) begleiten (§ 50 Abs. 6 und 7). Die dafür vorausgesetzten (Termins-)
Benachrichtigungen können (und müssen) dann gem. Abs. 4 S. 1 auch ihr
gegenüber – rechtzeitig vor der Vernehmung – erfolgen (weil bspw. eine
Vor-/Ladung zu den Mitteilungen iSv Abs. 1 zählt). Sofern es sich bei der
Beistandsperson um einen Vertreter der JGH handelt, kann die Benachrichtigung mit der Mitteilung iSv § 70 Abs. 2 zusammenfallen. Die Festlegung und Information des geeigneten Erwachsenen darf nur in den in
→ § 67 Rn. 11 i f. erörterten Eilfällen erst nach der Vernehmung erfolgen.

Notwendige Verteidigung

68 Ein Fall der notwendigen Verteidigung liegt vor, wenn

1. **im Verfahren gegen einen Erwachsenen ein Fall der notwendigen
   Verteidigung vorliegen würde,**
2. **den Erziehungsberechtigten und den gesetzlichen Vertretern ihre
   Rechte nach diesem Gesetz entzogen sind,**
3. **die Erziehungsberechtigten und die gesetzlichen Vertreter nach
   § 51 Abs. 2 von der Verhandlung ausgeschlossen worden sind und**

die Beeinträchtigung in der Wahrnehmung ihrer Rechte durch eine nachträgliche Unterrichtung (§ 51 Abs. 4 Satz 2) oder die Anwesenheit einer anderen geeigneten volljährigen Person nicht hinreichend ausgeglichen werden kann,

4. zur Vorbereitung eines Gutachtens über den Entwicklungsstand des Beschuldigten (§ 73) seine Unterbringung in einer Anstalt in Frage kommt oder

5. die Verhängung einer Jugendstrafe, die Aussetzung der Verhängung einer Jugendstrafe oder die Anordnung der Unterbringung in einem psychiatrischen Krankenhaus oder in einer Entziehungsanstalt zu erwarten ist.

Schrifttum: Augustin, Das Recht des Beschuldigten auf effektive Verteidigung, 2013; Baumhöfener, Jugendstrafverteidiger – eine Untersuchung im Hinblick auf § 74 JGG, 2007; Bessler, Zur Verteidigung und Beistandschaft von straffällig gewordenen Jugendlichen, 2000; Cohnitz, Der Verteidiger in Jugendsachen, 1957; Fuchs, Der Verteidiger im Jugendstrafverfahren, 1992; Gersch, Jugendstrafverteidigung, 1988; Hahn, Die notwendige Verteidigung, 1975; Hartmann, Die Anordnung von U-Haft, 1988; Kunz, Die Erscheinungsformen der Konfliktverteidigung und die Reaktionsmöglichkeiten der Justiz, 2013; Peters, Fehlerquellen im Strafprozess, Bd. 2, 1972; Pies (Hrsg.), Strafvollzug an Jugendlichen, 1982; Schmidt-Hieber, Verständigung im Strafverfahren, 1986; Walter (Hrsg.), Strafverteidigung für junge Beschuldigte, 1997; Walter ua, Täter-Opfer-Ausgleich aus der Sicht von Rechtsanwälten, 1999.

Übersicht

I. Anwendungsbereich

1. Persönlicher Anwendungsbereich

Die Vorschrift gilt für **Jugendliche** auch in Verfahren vor den für allg.   **1**
Strafsachen zuständigen Gerichten (§ 104 Abs. 1 Nr. 10).

Auf **Heranwachsende** finden – vor JGerichten wie vor den für allg.   **2**
Strafsachen zuständigen Gerichten – (nur) Nr. 1, 4 und 5 Anwendung
(§§ 109 Abs. 1, 112 S. 1, 2; RL).

2. Verfahrensbezogener Anwendungsbereich

a) Vereinfachtes JVerfahren. Auch in diesem Verfahren (näher   **3**
→ §§ 76–78 Rn. 24) ist von einer grundsätzlichen Geltung der Regeln über
die notwendige Verteidigung auszugehen (vgl. schon Potrykus NJW 1965,
1950; Bottke ZStW 1983, 69 ff. (98 f.) sowie Bottke BMJ 1987, 80; Sommerfeld in NK-JGG Rn. 2; einschr. Grethlein NJW 1956, 1365 und NJW
1966, 143). Die Gegenstände dieser Regeln betreffen allerdings nahezu ausschließlich Fallgestaltungen, die eine Verhandlung und Entscheidung im
vereinfachten JVerfahren als ungeeignet (§ 77 Abs. 1 S. 1) oder für die
Wahrheitsfindung als abträglich erscheinen lassen (insb. bei eingeschränkter
Verteidigungsfähigkeit oder -möglichkeit (vgl. zB → § 68 Nr. 1 iVm § 140
Abs. 2 StPO)). Wird hier dennoch ein vereinfachtes JVerfahren betrieben,
ist dem Angeklagten beim Vorliegen einer der in § 68 genannten Voraussetzungen ein Verteidiger **beizuordnen** (OLG Düsseldorf OLGSt JGG § 76
Nr. 1 = NStZ 1999, 211) und ggf. gleichzeitig ein Beschluss nach § 77
Abs. 1 zu erlassen (vgl. auch Sommerfeld in NK-JGG Rn. 2). Der Verteidiger wird dann bevorzugt um eine Einstellung gem. §§ 45, 47 bemüht
sein (vgl. RL 1 zu § 76 sowie zu § 77). – Ein Wahlverteidiger darf im
vereinfachten JVerfahren nicht zurückgewiesen werden.

b) Vollstreckungsverfahren. Die Vorschrift des § 68 gilt für dieses Ver-   **4**
fahren entsprechend (§ 83 Abs. 3 S. 2; hierzu auch Diemer in Diemer/
Schatz/Sonnen Rn. 2).

c) OWi-Verfahren. Im Verfahren vor der Verwaltungsbehörde verfährt   **5**
diese nach Nr. 1 iVm § 140 Abs. 2 S. 1 StPO (vgl. § 60 S. 1 OWiG; vgl.
Seitz/Bauer in Göhler OWiG § 60 Rn. 36) – Nr. 2 entfällt schon deshalb,

weil allein das Gericht die dort genannten Rechte entziehen kann (§ 67 Abs. 4). Nr. 3 gilt ohnehin nur für die HV, Nr. 4 scheidet wegen § 46 Abs. 3 S. 1 OWiG aus. Die Rechtsfolgenerwartung iSv Nr. 5 kommt bei Ordnungswidrigkeiten nicht in Betracht. Auch im gerichtlichen Verfahren kann im Wesentlichen nur § 68 Nr. 1 und Nr. 2 iVm § 46 Abs. 1 OWiG einschlägig sein.

II. Allgemeines zur Verteidigung

1. Aufgaben

6   **a) Beistand.** Der Verteidiger steht in einem Beistandsverhältnis zu dem jugendlichen bzw. heranwachsenden Beschuldigten (zur diesbzgl. Kontroverse im allg. StVerf etwa Wohlers in SK-StPO Vor § 137 Rn. 4 ff.). Daher ist es ihm weder erlaubt, Verteidigungshandlungen ohne oder gar gegen den Willen des Beschuldigten vorzunehmen (zu seltenen Ausnahmen aufgrund der psychischen Verfassung des Beschuldigten (dazu Eisenberg NJW 1991, 1258)), noch sich etwaigen Vorgaben des Beschuldigten zu unterstellen. Er muss sich hinsichtlich seines Vorgehens vielmehr stets um einen Konsens mit dem Jugendlichen bemühen (wegen eines im Einzelfall (möglicherweise zu respektierenden) etwa geäußerten Willens des Beschuldigten zu dessen Nachteil s. BGH BeckRS 2015, 12159 mAnm Eisenberg StV 2016, 709). Eine **vordringliche Aufgabe** besteht darin, den (zumal unerfahrenen, vgl. auch Semrau ua MschKrim 1995, 40; s. zudem Köpcke-Duttler ZfJ 2001, 244 (247)) Beschuldigten von (zusätzlichen) Beeinträchtigungen durch das JStV einschließlich von Rechtsfolgen zu verschonen (zur Frage, ob dabei der Erziehungsauftrag (§ 2 Abs. 1) einschränkende Wirkungen entfaltet, näher → Rn. 9 ff.).

6a   **b) Verfahrensabschnitte. aa) Vorverfahren.** Schon im **Ermittlungsverfahren** als dem oft ergebnisprägenden Verfahrensstadium kommt dieser Funktion des Verteidigers – nicht nur, aber besonders bei U-Haft (vgl. VerfG Bbg JR 2003, 192; zum Kostenvorschuss Schmitz NJW 2009, 41) – eine wesentliche Bedeutung zu (zur notwendigen Verteidigung in dieser Phase → § 68a Rn. 8 ff.). Nahezu jeder Beschuldigte ist hier, besonders bei überraschender Konfrontation mit dem Vorwurf, situativ überfordert – weil kaum eine hinreichende Kenntnis über die eigenen Handlungsmöglichkeiten besteht, weil die affektive Verwicklung ein rationales Entscheiden erschwert, weil der Wissensstand der Behörden und die Tragweite des eigenen Vorgehens kaum zu beurteilen sind. Die darauf beruhende Unterstützungsbedürftigkeit (dazu und zur situativen Vulnerabilität der Betroffenen allg. EGMR NJW 2009, 3707 (3708)) zeigt sich bei Jugendlichen besonders, und das gerade im Zusammenhang mit der Vernehmung (vgl. zum Anspruch auf Anwesenheit § 163a Abs. 4 S. 3 StPO iVm § 2 Abs. 2; zur Dokumentation § 168b Abs. 2 S. 2 und Abs. 3 S. 2 iVm § 2 Abs. 2; zum Fragerecht §§ 163a Abs. 4 S. 3, 168c Abs. 1 S. 2 StPO iVm § 2 Abs. 2). Dort geht es ua um die Beratung des Jugendlichen, ob dieser von seinem Schweigerecht Gebrauch machen sollte. Noch mehr als im allg. StVerf wird ein möglichst frühzeitiges erstes Gespräch (auch ohne Aktenkenntnis) anzustreben sein (vgl. auch Reisenhofer, Jugendstrafrecht in der anwaltlichen Praxis, 2. Aufl. 2012, § 4 Rn. 88; gegen überhöhte Beschleunigung aber Mertens/Murges-Kemper

ZJJ 2008, 256 (259)). Es sollte, unter Erläuterung der Schweigepflicht des Verteidigers ggü. jedem Dritten, mit dem Jugendlichen allein geführt werden. Dies gilt stets (auch dann, wenn von diesem oder den Erziehungsberechtigten ein gutes internes Einvernehmen dargetan wird), weil eine wie auch immer geartete Beeinflussung durch die Anwesenheit der Erwachsenen kaum einmal auszuschließen sein wird (n. Zieger/Nöding Verteidigung Rn. 185: „unter vier Augen").

Im Einzelnen hat der Verteidiger seinen Mandanten zB darüber zu infor- **6b** mieren, dass dieser weder ggü. der JGH noch ggü. einem etwa befassten Sachverständigen (n. → § 43 Rn. 43) verpflichtet ist, sich selbst zu belasten, und dass ihm vielmehr ein **Schweigerecht** zusteht (§ 136 Abs. 1 S. 2 StPO iVm § 2 Abs. 2). Das Gleiche gilt bzgl. der (polizeilichen) Vernehmung zum Tatvorwurf. Der Jugendliche ist darüber ins Bild zu setzen, dass es eine sog. „verspätete" Einlassung nicht gibt und er insb. im Falle eines vorläufigen Absehens von einer Aussage keine nachteiligen Folgen zu besorgen hat (vgl. schon Eisenberg NJW 1988, 1250 f. mN).

Die mit der anwaltlichen Verteidigung einhergehende Formalisierung des **6c** Ermittlungsverfahrens kann allerdings zu **Nebenwirkungen** führen, die als **problematisch** gelten müssen. Erste Erfahrungen mit der Vorverlagerung des Bestellungszeitpunktes durch § 68a weisen darauf hin, dass der frühe Rechtsrat nicht nur die Mitwirkungsbereitschaft von Beschuldigten ggü. der JGH, sondern ebenso ggü. den Ermittlungsbehörden reduziert. Das Ausbleiben geständiger Einlassungen kann indes auch bei diversionsfähigen Vorwürfen andere und stärker belastende Ermittlungseingriffe provozieren und die Aussicht auf eine informelle Erledigung (§ 45 Abs. 1 und Abs. 2) verringern. Diese Gefahren bestehen va bei **schematischen** Verteidigungsstrategien – was die Notwendigkeit einer jugendstrafrechtlich qualifizierten Verteidigung unterstreicht.

bb) Zwischen- und Hauptverfahren. Im **Zwischenverfahren** hat der **6d** Verteidiger, insb. falls das Hauptverfahren vor der JKammer oder dem Erwachsenengericht stattfinden soll, die Zuständigkeit zu prüfen und etwa veranlasste Rügen unverzüglich (wegen §§ 40 Abs. 4, 47a) geltend zu machen (vgl. näher Zieger/Nöding Verteidigung Rn. 200 f.). Ansonsten wird er ggf. prüfen, ob ein Antrag auf Abtrennung (zwecks Eröffnung des Verfahrens bei dem JRichter oder JSchöffG) begründet erscheint (vgl. auch → § 47a Rn. 5, → § 103 Rn. 12 ff., 18). Das kann zB auch bei Bindungen an oder Druck durch eine Gruppe mehrerer Angeklagter angezeigt sein (n. auch → § 103 Rn. 10), zumal bei Anwendung des § 247 StPO ohnehin alsbald eine Unterrichtung über den „wesentlichen" Inhalt der Vernehmung zu geschehen hat (wenngleich dies nur in den Grenzen der fallbezogenen Kenntnisse des Vorsitzenden (auch betr. seither nicht in die Verhandlung eingebrachter Details) geeignet sein kann (vgl. Eisenberg/Schlüter JR 2001, 342)).

In Vorbereitung auf die **HV** wird der Verteidiger dem Jugendlichen **6e** zuzusichern haben, dass dieser stets das Recht hat, sich mit ihm bei für ihn unverständlichen oder gar ihn verwirrenden Fragen zu beraten. Weist der Beschuldigte altersuntypisch ausgeprägte Defizite in der Beteiligungsfähigkeit auf (vgl. etwa Johnston ua JForensPsychiatPsych 27 (2016), 802 ff.), hat der Verteidiger dem nachzugehen. Hinsichtlich der Verteidigungsstrategie speziell in der HV gelten im JStV grds. keine Besonderheiten. Absprachen (eingeführt in das allg. StVR durch Gesetz v. 29.7.2009 (BGBl. I 2353)) haben, abgesehen von gesetzlich vorgegebenen Einschränkungen (vgl. zusf. Eisenberg BeweisR StPO Rn. 42 ff.), in der Praxis auch des JStV iU recht-statsächlich eine gewisse Bedeutung, wogegen grundsätzliche Einwände bestehen (→ § 2 Rn. 47 ff.). – Eine Verletzung der (auch) aus Fürsorge um Belange der Verteidigung des Jugendlichen oder Heranwachsenden beste-henden Pflicht, die **HV auszusetzen** (§ 265 Abs. 4 StPO) kann – unbe-schadet von § 228 Abs. 2 StPO – zu bejahen sein, wenn der rechtzeitig gewählte und geladene Verteidiger eines jugendlichen Angeklagten plötzlich ausbleibt (dazu OLG Köln Zbl 1981, 34 f.).

7   **c) Beschleunigung.** Im Allg. hat der Verteidiger auf möglichst beschleu-nigte Erledigung des Verfahrens (Breymann BMJ 1987, 111) bzw. Möglich-keiten „vorbereitender Schlichtung" (Schüler-Springorum BMJ 1987, 192) Bedacht zu nehmen und insofern ggf. eine Einstellung etwa gem. §§ 45, 47 anzustreben (unabhängig von den persönlichen vergütungsrechtlichen Kon-sequenzen). Im Einzelnen wird er in geeigneten Fällen zB aus erzieherischen Gründen ebenso wie im Hinblick auf die Voraussetzungen ua der §§ 45, 47 ggf. bei dem Jugendlichen die Erbringung von Wiedergutmachungsleistun-gen anregen (Viehmann BMJ 1987, 104 ff.; teilweise einschr. Sessar BMJ 1987, 113 ff.; Schreckling BMJ 1987, 141 f. sowie deutlicher aus Verteidi-gersicht schon Zieger StV 1982, 305 (308), zw.). Dies gilt ggf. auch für die Bereitschaft zu einem **TOA** (zu dessen Bewertung durch Verteidiger s. Kreutz/Walter in Walter ua, Täter-Opfer-Ausgleich aus der Sicht von Rechtsanwälten, 1999, 32 ff.) und für besondere erzieherische Maßnahmen durch Erziehungsberechtigte bzw. andere Personen oder Institutionen.

7a   Zudem wird der Verteidiger – unter der Voraussetzung des Einverständ-nisses des Jugendlichen – idR und ohnehin in Fällen einstweiliger Unter-bringung bzw. von U-Haft (vgl. dazu → § 72a Rn. 5) mit der **JGH** das Gespräch suchen (nach Gersch, Jugendstrafverteidigung, 1988, 122 f. selten), zumal diese oftmals Informationen über die Verhandlungs- und Entschei-dungspraxis des zuständigen JRichters hat und ggf. bereit ist, nach Fertig-stellung ihres Berichts eine Kopie direkt dem Verteidiger zuzusenden (vgl. zum Ganzen Zieger StV 1982, 305). Auch bedarf der Verteidiger der Kennt-nis der zu einer etwaigen **Rechtsfolgen**durchführung (regional) als geeignet geltenden Einrichtungen (zum Vollstreckungsverfahren → § 83 Rn. 9, zu Vollzugsangelegenheiten → § 92 Rn. 159).

7b   **d) Rechtsmittel.** Zu den erzieherischen Gründen, die zur Einlegung eines Rechtsmittels Anlass geben könnten, vgl. etwa → § 55 Rn. 4.

8   **e) Häufigkeit.** Tatsächlich ist der Anteil von JStV unter Mitwirkung eines Verteidigers – unbeschadet einer eingeschränkten Vergleichbarkeit – deutlich niedriger als der entsprechende Anteil im allg. StVerf (s. zu früheren Jahren die Tabelle sowie betr. LG-Bezirk Bielefeld Bandilla, DVJJ Rundbrief 131, Juni 1990, 25: 8 %; für NRW Walter in Walter, Täter-Opfer-Ausgleich aus der Sicht von Rechtsanwälten, 1999, 24 ff.). Allerdings hängt der Grad der damit verbundenen faktischen Schlechterstellung davon ab, ob die Ver-teidigereinbindung überhaupt (zwangsläufig) zu Vorteilen bzw. günstigeren Prozessergebnissen für die Beschuldigten führt. Die wenigen Befunde zur Effektivität der Verteidigertätigkeit sind indes widersprüchlich und eher unergiebig (n. und mwN dazu Eisenberg/Kölbel Kriminologie § 30

Rn. 36 ff. sowie § 29 Rn. 21, § 31 Rn. 62 f. speziell zu Effekten bei der U-Haft und Strafzumessung). Für BtM-Delikte ergaben sich bei Bandilla DVJJ Rundbrief 131, Juni 1990, 26 Hinweise auf eine erhöhte Wahrscheinlichkeit einer Einstellung unter Auflagen (bei strafrechtlich vorbelasteten Angeklagten). Allerdings liegen hierzu auch abw. Daten vor (vgl. Ludwig-Mayerhofer/Rzepka Zeitschrift für Rechtssoziologie 1993, 115 (129); Hock-Leydecker, Die Praxis der Verfahrenseinstellung im Jugendstrafverfahren, 1994, 98 ff.).

Prozentualer Anteil der HV mit Verteidigern an der Gesamtzahl der Verfahren **8a** *mit HV (nach Berechnungen des BMJ (Rieß), FS Sarstedt, 1981, 261 (303) bzw. StV 1985, 211, sowie ab 1984 BT-Drs. 10/6739, 11 (neuere Zahlen nicht verfügbar))*

Jahr	JRi	Strafri	JSchöffenG	SchöffenG
1971	18,3	54,6	46,1	54,4
1972	19,2	54,1	45,3	52,4
1973	20,2	54,9	46,5	53,9
1974	20,0	54,8	44,8	52,7
1975	21,7	56,8	44,9	54,4
1976	22,0	57,8	45,7	56,1
1977	22,3	58,6	47,2	56,8
1978	24,0	57,4	47,7	59,6
1979	23,1	60,8	47,5	58,1
1980	23,1	61,2	48,7	59,9
1981	23,0	60,9	48,6	59,5
1982	21,6	58,4	47,9	59,2
1983	20,9	57,7	47,2	60,8
1984	22,0	–	48,2	–
1985	23,8	–	47,8	–
1986	25,7	59,1	–	–

Nach einer Zusammenstellung der Bundesregierung für das Jahr 2006 (BT-Drs. 16/13142, Anlage 35 Tabelle 39) betrugen die Anteile der Mitwirkung von Verteidigern in erstinstanzlichen Strafverfahren bei AG und LG mit HV bei dem JRichter 19,1 %, bei dem JSchöffG 79,8 %, bei der JKammer 99,2 % und in JStrafverfahren zusammen 30,3 % ggü. 55,4 % in Verfahren nach allg. StVR (wegen der Unterschiede zwischen den Ländern vgl. die vorgenannte Tabelle).

2. Verhältnis zum Erziehungsauftrag (§ 2 Abs. 1)

Ob von einer Bindung bzw. **Einschränkung** der Verteidigertätigkeit **9** durch den das JGG beherrschenden Erziehungsauftrag (§ 2 Abs. 1) ausgegangen werden muss, ist teilw. **umstritten.** Die Frage hat vorrangig bei Kriterien zur Auswahl eines notwendigen Verteidigers (vgl. n. → § 68a Rn. 25) praktische Relevanz.

a) Allg. Befähigung. Das Prozessverhalten von Verteidigern jugend- **9a** licher Beschuldigter unterscheidet sich insg. wohl wenig von dem im allg.

StVerf (Befragungsdaten bei Semrau ua MschKrim 1995, 34 ff.). Rechtstatsächlich ist ferner davon auszugehen, dass mitunter Verteidiger in JStV weder einschlägige Spezialkenntnisse aufweisen noch sich hinreichend auf das konkrete Verfahren vorbereiten. Insofern verlangen die besonderen Schutzbelange des Beschuldigten (§ 2 Abs. 1) eine Kompensation seitens der Strafjustiz (nicht erörtert zB in BGH BeckRS 2017, 136083 betr. Nichteinhaltung der RevBegründungsfrist; näher Augustin, Das Recht des Beschuldigten auf effektive Verteidigung, 2013, 149 ff. (zum allg. StR)). Auch sind mitunter Honorarabsprachen zu beanstanden.

9b   **b) Erzieherische Kriterien.** Die Auffassung, der Verteidiger unterliege einer Bindung an das Erziehungsprinzip (vgl. vormals § 42 Abs. 2 RJGG), gründet im Wesentlichen auf der Annahme, das JStV werde ausschließlich oder doch ganz überwiegend im Interesse des Angeklagten durchgeführt. Hiervon ausgehend wurde für den Verteidiger vereinzelt eine gesetzliche Pflicht postuliert, auf die Verhängung der erzieherisch am ehesten geeigneten Maßnahme auch dann hinzuwirken, wenn im Einzelfall mildere, aber weniger geeignete Rechtsfolgen erreichbar erscheinen (Potrykus RdJB 1956, 202; Cohnitz, Der Verteidiger in Jugendsachen, 1957, 65). Mitunter wird in Abwandlung dieser Grundauffassung der Versuch einer Trennung zwischen eher strafenden und vorwiegend erzieherisch geprägten Rechtsfolgen des JGG unternommen: nur bei den zweitgenannten, zu denen insb. die sog. „nicht-stationären" Maßnahmen gehörten, könne eine – allerdings nicht überprüfbare – Bindung der Verteidigertätigkeit an das Erziehungsprinzip bejaht werden. Der Verteidiger solle hier nicht das pädagogisch Sinnlose, aber weniger Belastende anstreben (Beulke StV 1987, 458; Beulke/Swoboda JugendStrafR Rn. 663; Schlüchter BMJ 1987, 29).

10   Demgegenüber sind derartige Bindungen des Verteidigers abzulehnen (ebenso bspw. Kaspar in MüKoStPO Rn. 6; Jahn in Löwe/Rosenberg StPO § 137 Rn. 41 ff.; Laubenthal/Baier/Nestler JugendStrafR Rn. 256; Pieplow in BMJV 2017, 95 ff.; Mager Bonner Rechtsjournal 2009, 14 (18); offen geblieben bei OLG Hamburg NJW 1998, 621 f.). Denn ebenso wie im allg. StVerf umfasst auch bei Anwendung von JStR der **Anspruch** des Beschuldigten **auf effektive Verteidigung** (Art. 6 Abs. 3c EMRK) den Rechtsfolgenausspruch (Bottke BMJ 1987, 53; Bessler, Zur Verteidigung und Beistandschaft von straffällig gewordenen Jugendlichen, 2000, 24; ähnlich Zieger/Nöding Verteidigung Rn. 149). Dies ergibt sich daraus, dass wegen des Zusammenhangs mit Tatvorwurf und Strafverfolgung grundsätzlich keine jugendstrafrechtliche Rechtsfolge von vornherein als von strafenden Elementen gänzlich frei gelten kann (vgl. allg. zum Verhältnis von Strafe und Erziehung Albrecht JugendStrafR 67 ff.; vgl. auch → Einl. Rn. 40). – Zudem scheitern Abgrenzungsbemühungen nach dem überwiegenden Charakter der Rechtsfolge bereits am Fehlen allgemeingültiger Bemessungskriterien für die Schwere der jeweils drohenden Sanktionen. So kann für den Jugendlichen (sowohl subjektiv als auch objektiv) selbst die Erteilung einer Weisung tatsächlich mit der Zufügung eines nicht unerheblichen Übels verbunden sein. Aus dem gleichen Grund ist auch die Annahme einer Verpflichtung, sich bei mehreren alternativ in Frage kommenden Rechtsfolgen mit jeweils gleicher Eingriffsintensität für die erzieherisch sinnvollste einzusetzen (Hartman-Hilter Verteidigung 24 f.), kaum weiterführend. Eine einheitliche Beurteilung hinsichtlich der erzieherischen Wirksamkeit von Maßnahmen wird sich zudem ohnehin selbst im konkreten Einzelfall nicht erreichen lassen (Fuchs, Der Verteidiger im Jugendstrafverfahren, 1992, 52; Beulke/Swoboda JugendStrafR Rn. 663).

Im Übrigen würde die mit einer erzieherischen Bindung der Verteidiger- 11 tätigkeit uU einhergehende Verletzung der Erwartung des jugendlichen Beschuldigten, gegen jeden – wodurch auch immer motivierten – staatlichen Eingriff verteidigt zu werden, einen erzieherisch eher abträglichen Vertrauensbruch darstellen (zust. Bessler, Zur Verteidigung und Beistandschaft von straffällig gewordenen Jugendlichen, 2000, 58; vgl. auch Zieger/Nöding Verteidigung Rn. 152). Insofern ist die Akzeptanz ggü. dem JStV (Fuchs, Der Verteidiger im Jugendstrafverfahren, 1992, 41 ff.) eine wünschenswerte Folge der Tätigkeit als einseitiger, mögliche staatliche Eingriffe abwehrender Interessenvertreter, soweit die prozessualen Vorgänge für den Jugendlichen transparent werden und für ihn der Eindruck eines fairen Verfahrens entsteht, an dem er uU mitzuwirken bereit ist (dazu auch → Rn. 13). – Im Einzelnen ist demnach zB der Verteidiger, der die Tatschuld des Jugendlichen kennt, nicht etwa aus erzieherischen Gründen verpflichtet, dessen Überführung zu fördern (vgl. BGHSt 2, 375 (377); Cohnitz, Der Verteidiger in Jugendsachen, 1957, 59, 65 f.) oder von einem Antrag auf Freispruch mangels Beweises abzusehen.

Innerhalb dieses vorgegebenen funktionalen Rahmens ist eine erzieheri- 12 sche Ausgestaltung der Verteidigertätigkeit durchaus angebracht. Soweit der Verteidiger zB bzgl. bestimmter Ausführungen der Meinung ist, der Jugendliche sollte zur Vermeidung erzieherischer Nachteile keine Kenntnis davon erlangen, kann er im Ausnahmefall eine vorübergehende Ausschließung des Jugendlichen von der HV anregen. Auch dabei ist jedoch äußerste Zurückhaltung angezeigt, weil eine etwa vorhandene Vertrauensgrundlage zwischen Verteidiger und Jugendlichem beeinträchtigt werden könnte (s. aus der Sicht des Verteidigers krit. Zieger StV 1982, 305 (310); vgl. betr. erzieherisch eher abträgliche Wirkungen → § 51 Rn. 7 f.).

Seitens der beteiligten Behörden- und **Justizakteure** wird dem Verteidi- 13 ger bisweilen eine gewisse **Skepsis** entgegengebracht, etwa mit Blick auf dessen Eigeninteressen oder seine Wirkung auf erzieherische Belange (vgl. schon Cohnitz, Der Verteidiger in Jugendsachen, 1957, 57; s. auch Luther NJ 1986, 334). Er scheint gelegentlich als „Störgröße" wahrgenommen zu werden, die nicht nur die „Überführung" des Beschuldigten erschwere, sondern auch die erzieherische Einflussnahme durch die Ausschöpfung von Rechten konterkariere (vgl. die entspr. Anhaltspunkte bei Rieke 2003, 99). Nahe gelegt wird dies auch durch empirische Hinweise auf die Gefahr, bei und wegen Hinzuziehung eines Verteidigers im JStV mit einer im Vergleich härteren Sanktion rechnen zu müssen (Ludwig-Mayerhofer/Rzepka in Walter, Strafverteidigung für junge Beschuldigte, 1997, 112 ff.; für die USA Armstrong/Kim Crime & Delinquency 2011, 827). Derartige Haltungen mögen auf der Verkennung des Umstandes beruhen, dass aufgrund eines ggf. entstandenen Vertrauensverhältnisses zum Jugendlichen die Rolle des Verteidigers für die Wahrheitsfindung und somit auch für die Rechtsfolgenbestimmung eine außerordentlich bedeutsame sein kann. Dies dient dann nicht nur der **Aufklärungspflicht** (§ 2 Abs. 2, § 244 Abs. 2 StPO), sondern ggf. auch der Vermeidung des **erzieherisch** höchst abträglichen oder gar zerstörerischen Unrechtsempfindens, das sich bei Jugendlichen einstellt, wenn die gerichtliche Überzeugungsbildung nach deren Wissen die wahren

Geschehensabläufe verfehlt. Auch wird der (für die Urteilsakzeptanz wichtige) Eindruck, den die Jugendlichen von der **prozeduralen Gerechtigkeit** gewinnen, durch eine als engagiert erlebte Verteidigung offenbar merklich gestärkt (Casper/Typer/Fisher Law & Society Review 1988, 483 (497 f.); zum Forschungsstand Kölbel FS Schild, 2018, 60 ff.).

3. Wichtige prozessuale Rechte

14 **a) Akteneinsichtsrecht.** Auch der **Verteidiger** im JStV hat das Recht auf umfassende – also zB die JGH-Berichte oder das VollstrHeft (LG Ulm StraFo 2012, 378 betr. allg. StR) einschließende – Akteneinsicht (s. § 147 StPO iVm § 2 Abs. 2; speziell betr. U-Haft § 147 Abs. 2 S. 2 Hs. 2 StPO iVm § 2 Abs. 2 („idR"; krit. dazu Michalke NJW 2010, 18)). Zweifelhaft ist die Bejahung von § 147 Abs. 2 S. 1 StPO iVm § 2 Abs. 2, wenn sich die Gefährdung auf ein anderes StVerf bezieht (zu zumindest konkreter Gefahr Groh DRiZ 1985, 52; Eisenberg NJW 1991, 1260). Schwerlich vertretbar zumal im JStV wäre die Verneinung der Alt. 3 des § 147 Abs. 5 S. 2 StPO bei Haft in anderer Sache (vgl. LG München StV 2006, 11; Lüderssen/Jahn in Löwe/Rosenberg StPO § 147 Rn. 160b; aA BGH StV 2012, 321 mablAnm Tsambikakis; Meyer-Goßner/Schmitt StPO § 147 Rn. 39). – Inwieweit der Verteidiger dem Jugendlichen – bzw. dem Erziehungsberechtigten oder gesetzlichen Vertreter – Kenntnis vom Akteninhalt geben darf oder muss, richtet sich wie im allg. StR in erster Linie nach den Erfordernissen der Verteidigung. Erzieherische Belange sind hierbei soweit als möglich zu beachten (vgl. die Intention der §§ 46, 51, 54 Abs. 2; s. auch schon Tröndle Zbl 1953, 190 (195)), doch treten sie im Konfliktfall zurück (Lüttger NJW 1951, 744; Radbruch StV 1993, 554; vgl. → Rn. 12). Belange der JGH dürfen das Verhältnis des Verteidigers zum Jugendlichen nicht berühren (tendenziell anders Brunner/Dölling Rn. 6).

14a Unter den Voraussetzungen des § 147 Abs. 4 StPO (zur Tragweite im allg. StVR Kempf StV 2001, 206 f.; Dedy StraFo 2001, 153) steht der Anspruch auf ermessensfehlerfreie Prüfung der Erteilung des Akteneinsichtsrechts **auch** dem **Jugendlichen** ebenso wie dessen Erziehungsberechtigtem und gesetzlichem Vertreter (§ 67) zu (vgl. aber BT-Drs. 18/12203, 74: „kein uneingeschränktes Akteneinsichtsrecht" (zum allg. StVR)), und zwar einschließlich des (zu einem Teil der Strafverfahrensakten gewordenen) JGH-Berichts (ebenso Wohlers in SK-StPO § 147 Rn. 53). Bei der Prüfung ist in engen Grenzen (vgl. → § 54 Rn. 36 f.) der Schutzgedanke des § 54 Abs. 2 zu berücksichtigen.

15 **b) Verkehrsrecht.** Der Verteidiger hat das Recht, **mit** dem jugendlichen **Beschuldigten,** auch wenn dieser sich in U-Haft oder im JStVollzug befindet (vgl. auch betr. „Anbahnungsgespräche" → § 72 Rn. 16, → § 92 Rn. 92a), mündlich und schriftlich zu verkehren (§ 148 StPO; näher → § 89c Rn. 54, 57, → § 92 Rn. 89, 174). – Ist der Beschuldigte der deutschen Sprache nicht mächtig, steht ihm ein kostenfreier Dolmetscher zu (vgl. § 187 Abs. 1 StPO iVm § 2 Abs. 2; s. auch § 163a Abs. 5 StPO; Art. 6 Abs. 3 Buchst. e EMRK; betr. Korrespondenz im Einzelfall bejahend OLG Celle StraFo 2011, 186; LG Freiburg NStZ-RR 2012, 292 (betr. allg. StVR)). Dies gilt auch für ein Erstgespräch mit einem Wahlverteidiger (vgl. zum allg. StVerf LG Bielefeld StraFo 2011, 217: auch dann, wenn ihm

bereits ein seine Herkunftssprache beherrschender Pflichtverteidiger zugewiesen ist). Zur Geeignetheit gehört ggf. auch, dass eine gewisse Sachkunde
bzgl. Rechtsverständnis und -wirklichkeit im Herkunftsland des Beschuldigten besteht (n. Eisenberg BeweisR StPO Rn. 1517; Eisenberg JR 2013,
447 f.; zur funktionellen Bedeutung für das Verhältnis zum Verteidiger
Schlothauer/Wieder/Nobis U-Haft Rn. 24 ff.).

c) Gebühren und Auslagen. Vgl. hierzu → § 74 Rn. 17 f.   **16**

III. Wahlverteidigung

1. Allgemeines

Nach europarechtlichen Vorgaben (Art. 6 Abs. 1 RL (EU) 2016/800   **17**
iVm Art. 3 Abs. 1 und 2 RL (EU) 2013/48) muss dem Beschuldigten im
JStV „rechtzeitig" bzw. „unverzüglich" ein Zugang zu einem Rechtsanwalt
ermöglicht werden (dazu auch 20. Aufl. Einl. Rn. 12i). In Übereinstim-
mung hiermit ist ebenso wie im allg. StVerf auch in jeder Lage des JStV (zum
Vollstreckungsverfahren → § 83 Rn. 9, zu Vollzugsangelegenheiten → § 92
Rn. 174) die Wahl eines Verteidigers (s. hierzu §§ 137 f. StPO) zulässig (§ 2
Abs. 2; zur Belehrung § 70b Abs. 1). Eine erzieherische Qualifikation des
(Wahl-)Verteidigers ist nicht vorausgesetzt (aber auch → Rn. 9b ff.). Für eine
Versagung der Genehmigung gem. § 138 Abs. 2 StPO iVm § 2 Abs. 2 sind
die Anforderungen wegen altersbezogen engerer Möglichkeiten zur Ver-
trauensbildung ggf. eher höher als im allg. StVR, zumal die Belange der
Strafrechtspflege im JStV hinter dem Erziehungsauftrag zurückstehen (§ 2
Abs. 1) und täterorientiert zu würdigen sind. – Ob der gelegentlich geäußerte Vorschlag (vgl. schon Potrykus Anm. 3; zust. Kreuzer StV 1982, 438
(440)), zur Qualitätssicherung bei den Rechtsanwaltskammern diverse Listen
von im JStR erfahrenen Verteidigern zu führen und ggf. zugänglich zu
machen, den erzieherischen Belangen auch mit Blick auf die erforderliche
Innovation und altersspezifische Variabilität zugutekommt, ist offen (iE
ebenso Beulke BMJ 1987, 187).

2. Beauftragung

a) Durch den Jugendlichen. Die Entscheidung, einen Verteidiger zu   **18**
wählen, ebenso wie die Wahl desselben, kann der Jugendliche **selbstständig**
treffen (vgl. → § 67 Rn. 3). Allerdings wird dieses Recht durch die allg.
Hürden, die bei der Verteidigermobilisierung generell wirksam werden
(Eisenberg/Kölbel Kriminologie § 30 Rn. 31: fehlende Mittel und kulturelle Distanz bei bestimmten gesellschaftlichen Gruppen) und die bei jungen
Menschen besonders ausgeprägt sein dürften, faktisch beschränkt. So besteht
zwar hinsichtlich der zivilrechtlichen Verpflichtung ein unterhaltsrechtlicher
Anspruch des Jugendlichen auf elterliche Übernahme der Verteidigerkosten
(vgl. auch Zieger/Nöding Verteidigung Rn. 172: Honorar nach RVG ist
sog. Sonderbedarf). Doch zugleich können sich praktische Schwierigkeiten
insofern ergeben, als die nach §§ 107 ff. BGB mangelnde Berechtigung zum
Abschluss einer (Honorar-)Vereinbarung (allgA; vgl. nur OLG Schleswig
NJW 1981, 1681) die Befugnis zur Verteidigerwahl faktisch unterläuft (vgl.
Zieger StV 1982, 306 Fn. 11).

18a   **b) Durch gesetzliche Vertreter und Erziehungsberechtigte.** Die Beauftragung eines Verteidigers können für den Jugendlichen auch die gesetzlichen Vertreter (§ 137 Abs. 2 StPO) und Erziehungsberechtigten (§ 67 Abs. 2) aus **eigenem Recht** vornehmen (zu Divergenzen bzgl. Einlegung und Rücknahme von Rechtsmitteln durch den Verteidiger vgl. → § 55 Rn. 5 ff.; zu den Kosten vgl. → § 74 Rn. 17 ff.). Auch dann wird der Verteidiger von Anfang an klarzustellen haben, dass deren Eigeninteressen (zB Verbergen familiärer tatrelevanter Missstände) nur dann berücksichtigt werden, wenn sie mit den Interessen des Jugendlichen übereinstimmen (zur Frage der Respektierung eines (etwa geäußerten) Willens des Jugendlichen zu dessen Nachteil → Rn. 6).

19   **c) Durch mehrere Beteiligte.** Soweit ausnahmsweise der Jugendliche und die gesetzlichen Vertreter bzw. Erziehungsberechtigten **verschiedene** Verteidiger mit unterschiedlicher Zielsetzung beauftragt haben (n. → § 67 Rn. 12 ff.), gebührt bei kollidierenden Interessen denjenigen des Jugendlichen der Vorrang, dh der von den Erwachsenen beauftragte Verteidiger hat insoweit im Allg. von einer Einflussnahme auf die Verteidigung abzusehen (Zieger StV 1982, 305). – Wird dagegen von verschiedenen Verfahrensbeteiligten ein und derselbe Verteidiger mit **unterschiedlichen Aufträgen** bevollmächtigt, soll dies nach Dallinger/Lackner Rn. 4 „nicht ohne weiteres" eine Interessenkollision darstellen (zw.; aA unter Hinweis auf § 356 StGB Sommerfeld in NK-JGG Rn. 6); bei Abgabe der (den Aufträgen entspr.) unterschiedlichen Erklärungen müsse der Verteidiger aber deutlich machen, in wessen Auftrag er sie abgebe. In jedem Fall **unzulässig** ist die Erfüllung eines Auftrages der gesetzlichen Vertreter und der Erziehungsberechtigten **gegen** den unmissverständlichen Willen des **Angeklagten**, sofern der Verteidiger dessen Vertretung übernommen hatte. Andernfalls würden die Wahrung der Belange des Angeklagten sowie die Voraussetzungen eines Vertrauensverhältnisses zwischen Angeklagtem und Verteidiger beeinträchtigt (zust. Böttcher/Schütrumpf in MAH Strafverteidigung § 53 Rn. 119; von einer entspr. Gefahr ausgehend Zieger StV 1982, 305 (306); sodann Ostendorf StV 1986, 309). Hat der Verteidiger die Vollmachten des Jugendlichen und des gesetzlichen Vertreters oder Erziehungsberechtigten eingereicht und legt er Rechtsmittel nicht ausdrücklich nur für eine der bevollmächtigenden Personen ein, so soll dies nach BGH BeckRS 2016, 15971 dahingehend ausgelegt werden können, dass das Rechtsmittel für beide eingelegt worden sei.

IV. Notwendige Verteidigung

1. Allgemeines

20   Das Recht auf Hinzuziehung eines Verteidigers wird rechtstatsächlich oftmals nicht in Anspruch genommen. Die daraus resultierenden Unterstützungsdefizite sind indes va auf den (großen) Bereich der minder- und teilw. auch mittelschweren Vorwürfe konzentriert (→ Rn. 8 f.). In Konstellationen der notwendigen Verteidigung **(Nr. 1–5)** ist die Mitwirkung eines Verteidigers dagegen obligatorisch. Das bedeutet, dass dem Beschuldigten in diesen Fällen ab dem in § 68a bezeichneten Zeitpunkt ein Verteidiger zur Seite stehen muss. Damit wird gewährleistet, dass die Beistandsfunktion

(→ Rn. 6) ausgeübt werden kann und der Jugendliche nicht auf sich selbst gestellt bleibt. In bestimmten Verfahrenslagen ist die Prozessführung hier sogar nur bei Anwesenheit des Verteidigers erlaubt, insb. in der HV (vgl. § 145 Abs. 1 StPO iVm § 2 Abs. 2; § 51a; s. dagegen zu Vernehmungen im Ermittlungsverfahren → § 70c Rn. 26 ff.). Deswegen wird für den Beschuldigten rechtzeitig ein sog. **Pflichtverteidiger** bestellt. Hierauf kann der Jugendliche nicht wirksam verzichten (vgl. bspw. Meyer-Mews ZRP 2019, 5 (6)). Für eine Beiordnung besteht in den Konstellationen der notwendigen Verteidigung nur dann kein Anlass, wenn **bereits** ein Verteidiger (bspw. durch die Eltern) **beauftragt** worden ist (OLG Hamm NJW 1958, 641; LG Würzburg NStZ 2021, 255 (256); vgl. auch § 141 Abs. 1 S. 1 StPO iVm § 2 Abs. 2; s. indes auch → § 68a Rn. 14 zum Übergang von der Wahl- zur Pflichtverteidigung). Nach § 144 StPO iVm § 2 Abs. 2 kann hier aber (ganz) ausnahmsweise ein zusätzlicher Pflichtverteidiger bestellt werden (zu den fraglichen Ausnahmefällen BGHSt 65, 129 = NJW 2020, 3736 (3777) mwN).

Das Recht der notwendigen Verteidigung transformiert das **allg. europa-** **20a** **rechtliche** Konzept, wonach der Anspruch auf Zugang zu einem Verteidiger (→ Rn. 17) durch einen flankierenden Anspruch auf Prozesskostenhilfe (Art. 4 RL (EU) 2016/1919) finanziell realisierbar zu machen ist, in das deutsche StVR. Gemessen an den EU-Vorgaben verkörpert die unmittelbare Bereitstellung einer anwaltlichen Unterstützung grds. ein funktionales Äquivalent (Schlothauer ua HRRS 2018, 55 (56)) und eine mindestens gleichwertige Normkonstruktion (zutr. RegE BT-Drs. 19/13829, 20; skeptisch aber Schoeller StV 2019, 190 (192); gänzlich abw. Spitzer ZRP 2019, 183: Verteidigerbeiordnung bleibt hinter Mittelgewährung zur Bezahlung eines Wahlverteidigers zurück). Jedenfalls ist sie im JStV EU-rechtskonform, weil sie den hier geltenden, speziell kinderbezogenen Vorgaben entspricht, wonach die „Unterstützung" durch einen Rechtsbeistand staatlich – also ohne Tätigwerden des Beschuldigten (s. § 68a) – „sicherzustellen" ist (Art. 6 Abs. 2 RL 2016/800; dazu n. etwa → 20. Aufl. Einl. Rn. 12i). Die Begrenzung der notwendigen Verteidigung auf die in → Rn. 21 ff. erörterten Konstellationen wird iSv Art. 6 Abs. 6 RL 2016/800 dadurch gerechtfertigt, dass es in den nicht eingeschlossenen Fällen mit Blick auf die geringe Komplexität und/oder Schwere des Vorwurfs bzw. der drohenden Rechtsfolge unverhältnismäßig wäre, eine anwaltliche Unterstützung als zwingend vorzusehen (RegE BT-Drs. 19/13837, 24; vgl. auch Sommerfeld ZJJ 2018, 296 (304 f.)). Dass das deutsche Recht diese Sachlagen dabei (anders als im Vorschlag von Schlothauer ua HRRS 2018, 55 (59)) als Regel- und nicht iSv Art. 6 RL 2016/800 als Ausnahmefall konstruiert, ist jedoch nicht unbedenklich (krit. auch Bock StV 2019, 508 (513)).

Rechtsatsächlich zeigen sich ohnehin **Defizite** der Pflichtverteidigung **20b** (vgl. hierzu bzgl. der Auswahl der Verteidiger → § 68a Rn. 20, 24). So weisen manche Studien (wenn auch nicht iS abschließend gesicherter Befunde) auf ein tendenziell bestehendes Gefälle zwischen Wahl- bzw. Pflichtverteidigern hin, wonach die Kontakthäufigkeit, -dauer und -dichte bei der zweitgenannten Gruppe geringer ist (vgl. etwa aufgrund von Angaben JStrafgefangener Gersch, Jugendstrafverteidigung, 1988, 110 f. bzw. 169 ff.; Fuchs Der Verteidiger im Jugendstrafverfahren, 1992, 78, 138 f.; vgl. auch Baumhöfener Jugendstrafverteidiger – eine Untersuchung im Hinblick auf § 74 JGG, 2007, 170 ff.; erg. Jahn/Zink StraFo 2019, 318 (320 f.) sowie Eisen-

berg/Kölbel Kriminologie § 30 Rn. 39 mwN). Auch liegen Anhaltspunkte
dafür vor, dass die Sanktionen bei Hinzuziehung eines Wahlverteidigers
etwas milder als bei einem Pflichtverteidiger ausfallen (Rattner/Turjeman/
Fishman Journal of Criminal Justice 2008, 43; diff. Befunde bei Brady/Peck
Youth Violence and Juvenile Justice 2021, 359; vage Hinweise zB auch bei
Barton MschrKrim 1988, 93 (101 ff.) jeweils allg. StR).

2. Konstellationen nach angepasstem allg. StVR

21   Nach § 68 Nr. 1 ist im JStV dann ein Fall der notwendigen Verteidigung
gegeben, wenn entweder eine der in § 140 Abs. 1 StPO aufgeführten
Einzelkonstellationen oder eine der in § 140 Abs. 2 generalklauselartig geregelten Situationen vorliegt. Hinsichtlich der diesbzgl. Einzelheiten (auch
mit Blick auf § 140 Abs. 1 und 2 StPO (s. dazu RegE BT-Drs. 19/13829))
wird hier auf die Erläuterungen zur StPO verwiesen und iÜ allein auf einige
Besonderheiten hingewiesen. Verglichen mit dem allg. StVerf erweitert
das JStR den Katalog der Beiordnungskonstellationen nämlich nicht nur um
einige Sonderfälle (Nr. 2 bis 5), sondern verlangt auch hinsichtlich der allg.
Beiordnungsbedingungen (s. insb. → Rn. 23 ff.) eine extensive **jugendgemäße Interpretation** (→ § 2 Rn. 39).

21a   **a) Nr. 1 iVm § 140 Abs. 1 StPO.** § 140 Abs. 1 **Nr. 1** StPO aF erfasste
die Voraussetzungen erstinstanzl HV, die nicht vor dem AG stattfinden.
Dazu zählen insb. die Fälle des Verfahrens vor der JKammer nach § 41
Abs. 1 oder § 108 Abs. 3 (BGH GA 1959, 178) sowie infolge Zusammenhangs (§§ 2 ff. StPO). Im JStV lief diese Regelung allerdings „weitgehend
leer" (Rieß BMJ 1987, 41), weil das JSchöffG einen Teil des Zuständigkeits-
bereiches einnimmt, der im allg. StVerf bei der Strafkammer liegt (vgl.
→ § 40 Rn. 4 ff.). Daher wurde verschiedentlich angenommen, vor dem
JSchöffG sei genau. Nr. 1 iVm § 140 Abs. 2 StPO die Verteidigung entweder
stets eine notwendige (vgl. etwa Oellerich StV 1981, 439; Lüderssen NJW
1986, 27 (46); Radbruch StV 1993, 556 sowie Viehmann/Walter BMJ 1987,
196; s. auch Arbeitsgruppe DVJJ NJW 1989, 1025 ff.; UK III DVJJ-Journal
1992, 25; de lege ferenda Höynck StraFo 2017, 267 (273)) oder jedenfalls
dann, wenn das Verfahren im allg. StR vor der Strafkammer stattfinden
würde (Rieß BMJ 1987, 41; weitergehend Hartman-Hilter Verteidigung
76 ff.). Durch die seit Ende 2019 geltende Fassung des § 140 Abs. 1 Nr. 1
StPO wird nunmehr iErg die erstgenannte Ansicht positiviert. Die hierfür
gegebene Begründung (BT-Drs. 19/13829, 31: bei Zuständigkeit des Schöffengerichts wurde wegen Straferwartung gem. §§ 24, 25 Nr. 2 GVG bislang
ohnehin § 140 Abs. 2 StPO bejaht), trifft zwar nur die Gegebenheiten des
allg. StVerf und nicht die des JStV (→ Rn. 24b). Doch unabhängig davon ist
eine Verteidigung vor dem JSchöffG angesichts des klaren Wortlauts von
Nr. 1 stets erforderlich (s. auch LG Saarbrücken StV 2020, 694 = BeckRS
2020, 2274; LG Münster StV 2021, 166 = BeckRS 2020, 25129; Höynck/
Ernst ZJJ 2020, 245 (247); verkannt von Diemer in Diemer/Schatz/Sonnen
Rn. 9). Während des Ermittlungsverfahrens kommt es für die frühe Bestellung gem. § 68a darauf an, dass (bzw. ob und ab wann) hier die entspr.
Zuständigkeit aufgrund des Ermittlungsstandes zu erwarten ist. Es muss also
in diesem Zeitpunkt wegen eines Vorwurfs ermittelt werden, der bei Anklageerhebung zu dieser Gerichtszuständigkeit führen würde. Dies betrifft die

meisten Fälle mit Verbrechensvorwurf und/oder absehbarer stationärer Rechtsfolgenanordnung. Angesichts der Parallelität der dann vorliegenden Beiordnungsgründe (→ Rn. 22 und 32) sind eigenständige Anwendungsfälle von Nr. 1 iVm § 140 Abs. 1 Nr. 1 StPO selten und am ehesten bei Mitangeklagten ohne eigene Beiordnungsgründe gegeben (Höynck/Ernst ZJJ 2020, 245 (248)).

Bei den Konstellationen iSv § 140 Abs. 1 Nr. 2, 4 und 5 StPO wird **22** daneben oftmals (aber nicht immer) schon § 140 Abs. 1 Nr. 1 StPO einschlägig sein. § 140 Abs. 1 **Nr.** 2 StPO kommt allerdings auch zum Tragen, wenn sich der Vorwurf nur formal auf ein Verbrechen bezieht, ohne dass es dabei notwendigerweise auch um gewichtige Ereignisse geht (dazu anhand des sog. Abziehens unter Gleichaltrigen etwa BR-Stellungnahme BT-Drs. 19/13837, 86; zur Bedeutung dieser Variante mit Blick auf die Registerfolgen n. aber Eisenberg DRiZ 2006, 123 f.; abw. Geisler NStZ 2002, 450 f.). Deshalb ist hier gem. § 68a Abs. 1 S. 2 (→ § 68a Rn. 11) bei absehbarer Verfahrenseinstellung eine Verteidigerbeiordnung im Ermittlungsverfahren nicht erforderlich (ähnlich schon § 68a Abs. 1 Nr. 2 des RefE vom 11.10.2018; abw. aber § 68a Abs. 1 des RegE vom 12.6.2019; n. zur Problematik auch → § 70c Rn. 29).

Vergleichsweise häufig kommt die Vorschrift des § 140 Abs. 1 **Nr. 4** **22a** StPO zur Anwendung, und zwar rechtstatsächlich oft auch mit Bezug zu Verfahrensabsprachen (→ § 2 Rn. 47 ff.; zur Zuständigkeit s. → § 68a Rn. 16; zum Zeitpunkt der Bestellung auf der Grundlage von §§ 140, 141 aF s. 20. Aufl. Rn. 22b). Durch Nennung der Vorführung im. §§ 115, 115b StPO verweist die Vorschrift dabei konkret auf die Konstellationen der Haft- oder Unterbringungsbefehle gem. §§ 114, 126 Abs. 1, 127b Abs. 2, 275a StPO iVm § 2 Abs. 2 StPO oder gem. §§ 230 Abs. 2, 329 Abs. 3 StPO iVm § 2 Abs. 2 (speziell zu dieser sog. Sistierhaft s. Sommerfeld ZJJ 2018, 296 (305); früher schon für das allg. StVerf Morgenstern JR 2016, 237). Hier ist bei der darauffolgenden Vorführung des ergriffenen Beschuldigten stets eine Verteidigung notwendig (s. zur aus § 68a Abs. 2 folgenden Nichterforderlichkeit eines Antrags → § 68a Rn. 9). Im Zusammenhang mit der Vorführung gem. §§ 128, 129 StPO verweist die Vorschrift allerdings zudem auch auf die vorläufige Festnahme gem. §§ 127 Abs. 1 und 2, 127b Abs. 1 StPO iVm § 2 Abs. 2. Hier liegt der Bestellungsgrund iSv Nr. 4 dagegen erst vor, wenn ein Haftbefehl gegen den Beschuldigten beantragt und dieser deshalb tatsächlich vorgeführt wird. Bei der vorherigen Abklärung der diesbzgl. Notwendigkeit (etwa einer Vernehmung des Festgenommenen) ist die Verteidigung nur bei Vorliegen eines anderen Grundes (etwa einer entspr. Straferwartung iSv § 68 Nr. 5) notwendig (BT-Drs. 19/13829, 32). Stets ist schon vor der Vorführung auch § 70c Abs. 4 zu beachten. Im Übrigen soll die Beiordnung immer dann, wenn sie allein auf Nr. 4 beruht, auf die Vorführung begrenzt sein, falls es anschließend nicht zum Haft- bzw. Unterbringungsvollzug kommt (§ 143 Abs. 2 S. 4 StPO iVm § 2 Abs. 2).

Alle Freiheitseinschränkungen, die nicht von Nr. 4 erfasst werden, unter- **22b** fallen § 140 Abs. 1 **Nr.** 5 StPO. Damit soll ausgeglichen werden, dass in diesen Situationen die eigenen Verteidigungsmöglichkeiten des Beschuldigten stark eingeschränkt sind (Thomas/Kämpfer in MüKoStPO StPO § 140 Rn. 20). Der Beiordnungsgrund ist daher bei jeder richterlich angeordneten oder genehmigten stationären Unterbringung im Ermittlungsverfahren einschlägig, auch im Falle der §§ 38, 35 BtMG (AG Kleve StV 1984, 507 (zum

allg. StVR)) oder bei Aufenthalten in Haftvermeidungseinrichtungen bzw.
Erziehungsheimen (LG Braunschweig StV 1986, 472). Häufig liegt er auch
beim Vollzug von JStrafe, Unterbringung oder U-Haft vor – und zwar
typischerweise bei einem vom aktuellen Verfahren unabhängigen Rechtsgrund („Vollzug in anderer Sache"). Kaum noch relevant ist dabei die früher
diskutierte Frage, ob für ein anhängiges Parallelverfahren, in dem U-Haft
(bspw. wegen eines bagatellarischen Vorwurfs) nicht vollstreckt wird, zudem
auch § 140 Abs. 1 Nr. 4 StPO gilt (so zutr. OLG Frankfurt a. M. NStZ-
RR 2011, 19; LG Itzehoe StV 2010, 562 mzustAnm Tachau; aA LG
Oldenburg ZJJ 2011, 461 mAnm Sommerfeld sowie (zum allg. StVR) LG
Saarbrücken StRR 2010, 308; AG Wuppertal NStZ 2011, 720; Busch NStZ
2011, 663). Nach Streichung der Dreimonatsfrist in § 140 Abs. 1 Nr. 5
StPO nF bleibt der Bereich von Nr. 5 hinter dem von Nr. 4 nämlich kaum
noch zurück (RegE BT-Drs. 19/13837, 26; Schlothauer StV 2018, 169
(171); Schoeller StV 2019, 190 (194)). Der Unterschied beschränkt sich
lediglich darauf, dass § 141 Abs. 2 S. 1 Nr. 2 und S. 3 StPO nF iVm § 2
Abs. 2 bei Nr. 5 die amtsseitige Bestellung – in Abweichung von § 68a
Abs. 1 S. 1 – davon abhängig macht, dass keine Einstellung (§ 154f. StPO,
§ 45) beabsichtigt und dem Beschuldigten der Tatvorwurf eröffnet wird (n.
dazu RegE BT-Drs. 19/13837, 26f. sowie → § 68a Rn. 11).

22c   Die Regelung des § 140 Abs. 1 **Nr. 9** StPO liegt nicht allein vor, wenn
der Verletzte durch einen beigeordneten Rechtsanwalt (§§ 397a und 406h
Abs. 3 und 4 StPO) vertreten wird. Vielmehr ist die Vorschrift weit zu
interpretieren und auch auf ähnliche, die Waffengleichheit ebenfalls beeinträchtigende Konstellationen anzuwenden (oder es ist hier, wenn man dem
nicht folgen will, von einem Fall der Verteidigungsunfähigkeit iSv Nr. 1
iVm § 140 Abs. 2 StPO (→ Rn. 27ff.) auszugehen). Das betrifft namentlich
die Fälle, in denen der mutmaßlich Verletzte in der HV mit einem Zeugenbeistand (OLG Celle BeckRS 2000, 1767) oder mit einem Beistand gem.
§ 406f Abs. 1, 2 StPO erscheint (OLG Hamm ZJJ 2004, 301; ebenso zum
allg. StR OLG Zweibrücken StraFo 2005, 28; vgl. auch Meyer-Goßner/
Schmitt StPO § 140 Rn. 32). Ebenso verhält es sich, wenn der Nebenkläger
einen selbst beauftragten Rechtsanwalt (§§ 397a und 406h Abs. 3 und 4
StPO) zur Seite hat (OLG Hamm ZJJ 2004, 197; LG Essen StV 1987, 310;
im allg. StVR dazu etwa LG Köln StraFo 2011, 49; Thomas/Kämpfer in
MüKoStPO StPO § 140 Rn. 25a; Schlothauer KriPoZ 2019, 3 (16);
einschr. aber etwa KG StV 2012, 714 mablAnm Meyer-Goßner; KG NStZ-
RR 2016, 53; OLG Hamburg StV 2017, 149 mablAnm Beulke/Sander).

22d   § 140 Abs. 1 **Nr. 10** StPO bezieht sich auf alle richterlichen Vernehmungen von Zeugen, Sachverständigen und Beschuldigten in und außerhalb des
Ermittlungsverfahrens. Allerdings werden Konstellationen, in denen solche
Maßnahmen bedeutsam sind, oft auch von anderen und spezielleren Bestimmungen in § 140 Abs. 1 StPO abgedeckt und dann in speziellerer sowie
vorrangiger Weise normiert (so etwa bei den haftrichterlichen Vorführungen
→ Rn. 22b). Der eigenständige Anwendungsbereich der in Nr. 10 geregelten Variante liegt va bei richterlichen Vernehmungen von Belastungszeugen,
bei denen der Beschuldigte gem. § 168c Abs. 3 StPO iVm § 2 Abs. 2 ausgeschlossen wird und die Aussage in der HV (ggf. ohne dortige Vernehmung) gem. § 251 Abs. 2 StPO iVm § 2 Abs. 2 eingeführt werden soll (zur
etwaigen Vorrangigkeit von Nr. 9 s. aber → Rn. 22c). Hier kann durch den
zu bestellenden Verteidiger während der Vernehmung das Konfrontations-

recht gewahrt werden (BT-Drs. 18/11277, 28 f.; vgl. früher bereits BGHSt 46, 93 = NJW 2000, 3505). Die Bestellung ist dabei regelmäßig geboten, da Zeugenvernehmungen idR nur bei einer gesteigerten Wichtigkeit durch Ermittlungsrichter erfolgen (sei es wegen ihres Inhalts oder weil der Zeuge in der Hauptverhandlung möglicherweise nicht zur Verfügung stehen wird (BT-Drs. 18/11277, 29)).

Nach § 140 Abs. 1 **Nr. 11** StPO muss ein seh-, hör- oder sprachbehin- **22e** derter Beschuldigter, wenn er es beantragt, einen Pflichtverteidiger erhalten. Ohne Antrag ist von Amts wegen zu prüfen, ob die Verteidigungsfähigkeit infolge des Handicaps iSv Abs. 2 eingeschränkt ist (s. auch OLG Düsseldorf StraFo 1997, 335).

b) Nr. 1 iVm § 140 Abs. 2 StPO. aa) Grundsatz. Grds. ist im JStV **23** eine „extensive und großzügige Auslegung" (OLG Hamm StraFo 2002, 293 f.) der Generalklausel in § 140 Abs. 2 S. 1 StPO geboten (ebenso zB OLG Brandenburg NStZ-RR 2002, 184; OLG Saarbrücken StV 2007, 10; OLG Schleswig StV 2009, 86 = BeckRS 2009, 9756; LG Bremen NJW 2003, 3646; Jahn in Löwe/Rosenberg StPO § 140 Rn. 108; Bottke BMJ 1987, 79; Rieß BMJ 1987, 41; Viehmann/Walter BMJ 1987, 199 f.). Dies gilt va auch deshalb, weil junge Beschuldigte zur eigenen Verteidigung nur begrenzt in der Lage sind (zus. Feld in Bishop/Feld (Hrsg.) The Oxford Handbook of Juvenile Crime and Juvenile Justice, 2012, 664 ff. mwN). Auch enthält das JGG ua im Bereich der strafrechtlichen Verantwortlichkeit (§ 3 S. 1), der Rechtsfolgenspanne sowie speziell der Rechtsmittelbeschränkung (§ 55) durchaus komplizierte Sonderregelungen. Prinzipiell ist ein Verteidiger daher eher notwendig, je jünger der Beschuldigte ist (insoweit für eine unwiderlegliche Vermutung Schüler-Springorum BMJ 1987, 193; vgl. auch OLG Celle StV 1991, 151; s. aber zu unterschiedlichen Fallkonstellationen Arbeitsgruppe DVJJ NJW 1989, 1025 ff.). In gleicher Weise ist die Anforderungsschwelle auch bei elterlichem Desinteresse und ausbleibender prozessualer Unterstützung oder innerfamiliären Interessenkonflikten (Dehne-Niemann/Bühler, wistra 2022, 5 (9)) zu senken (s. auch → Rn. 29 f.).

bb) Schwere-Varianten. Ob die **„Schwere der Tat"** die Bestellung **24** eines Verteidigers notwendig macht, wird seit jeher danach bemessen, wie **einschneidend** die konkret absehbare **Sanktion** ist (s. auch OLG Celle MDR 1986, 164; OLG Zweibrücken StV 1986, 306 = NStZ 1987, 89 mzustAnm Molketin; Thomas/Kämpfer in MüKoStPO StPO § 140 Rn. 55 mwN). Dass die „Schwere der zu erwartenden Rechtsfolge" in § 140 Abs. 2 als eigenständiges Kriterium (neben der Tatschwere) genannt wird, zeigt allerdings an, dass das Gewicht des vorgeworfenen Delikts durchaus die notwendige Verteidigung für sich genommen auch dort begründen kann, wo bspw. wegen Schuld- und Sanktionsmilderungsgründen oder den Prinzipien der jugendstrafrechtlichen Sanktionsbemessung eine moderate Reaktion vorhersehbar ist (s. auch Noak in BeckOK JGG Rn. 13).

Hinreichend schwer ist die drohende Sanktion besonders in allen Fällen **24a** der **JStrafe,** und zwar unabhängig von deren Höhe (OLG Hamm StV 2008, 120; StV 2009, 85; StV 2010, 67 (JStrafe von sieben Monaten); ähnlich OLG Schleswig StV 2009, 86 mAnm Gubitz; OLG Bremen StV 2017, 724 (JStrafe von acht Monaten und Zweifel an der Verteidigungsfähigkeit (betr. Berufungsverfahren eines Heranwachsenden); bejahend LG Gera DVJJ-Journal 1998, 189 sowie 279; Beulke/Swoboda JugendStrafR Rn. 666; Oellerich

StV 1981, 417; Hartman-Hilter Verteidigung 47 ff.; DVJJ 1993, AK IV/1; aA OLG Hamm NJW 2004, 1338; KG StRR 2013, 98 mit krit. Bspr. Deutscher sowie KG StraFo 2013, 357 = StRR 2014, 141 mablAnm Deutscher). Keine Rolle spielt es dabei, ob die Vollstr der erwarteten JStrafe uU zBew ausgesetzt oder eine Aussetzung der Verhängung zBew gem. § 27 erfolgen wird (OLG Hamm NStZ 1982, 298; OLG Stuttgart NStZ 1982, 49; einschr. OLG Hamm StraFo 2002, 297). Auch ist die Notwendigkeit der Verteidigung im Berufungsverfahren stets zu bejahen, wenn die Staatsanwaltschaft die Aussetzung der Vollstr zBew angreift (vgl. KG StrFo 2013, 425 (zu allg. StR)). Die vorstehende Position wurde inzwischen insofern positiviert, als die absehbare JStrafe zur Zuständigkeit des JSchöffG und damit auch zur Einschlägigkeit von Nr. 1 iVm § 140 Abs. 1 Nr. 1 StPO führt (→ Rn. 21a). Außerdem liegt dann stets § 68 Nr. 5 vor (→ Rn. 31 f.). Damit wurden jene Teile der bisherigen Rspr. **obsolet**, die Nr. 1 iVm § 140 Abs. 2 (im nunmehrigen Widerspruch zu Art. 6 Abs. 6 S. 3 RL 2016/800) von der Höhe der prognostizierten JStrafe abhängig machen wollten (bejahend erst bei in Betracht kommender JStrafe von einem Jahr KG StV 1998, 325; OLG Brandenburg NStZ-RR 2002, 184; vormals abw. OLG Stuttgart StV 1987, 8; vgl. erg. LG Essen ZJJ 2018, 242 (243) = BeckRS 2018, 3955: „Straferwartung von etwa neun Monaten" JStrafe; ferner BayObLG ZfJ 1995, 280 betr. Freiheitsstrafe von insgesamt zehn Monaten und Geldstrafe ggü. Heranwachsendem; s. auch OLG Zweibrücken NStZ 1987, 89; OLG Hamm ZJJ 2004, 299 f. mAnm Spahn; Hartman-Hilter Verteidigung 47 ff. mwN).

24b   Verfehlt wäre es, § 68 Nr. 5 als Maßstab für die erforderliche Rechtsfolgen-Schwere heranzuziehen (so aber Noak in BeckOK JGG Rn. 14; offen lassend Höynck/Ernst ZJJ 2020, 245 (248)), da die verschiedenen gesetzlichen Beiordnungskonstellationen auf jeweils eigenständigen Gründen beruhen. Da es bei § 140 Abs. 2 zu einer notwendigen Verteidigung kommen soll, wenn die Auswirkungen einer drohenden Verurteilung im individuellen Fall so gewichtig sind, dass es unter Fairnessgesichtspunkten einer anwaltlichen Unterstützung bedarf (BT-Drs. 19/13829, 35), kann die schematisierende Anknüpfung an Nr. 5 nicht tragfähig sein (zumal diese dann auch nur im JStV und nicht auch im allg. StVerf gelten würde). Deshalb kommt die „Schwere-Variante" in Nr. 1 iVm § 140 Abs. 2 StPO zwar nicht bei sämtlichen Arten eines zu erwartenden Zuchtmittels (AG Wiesbaden bei Molketin AnwBl 1994, 18), wohl aber bei **Dauerarrest** unbedingt in Betracht (→ Rn. 32; bei JA schlechthin bejahend Trüg in HK-JGG Rn. 8; ebenso wohl Höynck StraFo 2017, 267 (273) mit Blick auf Art. 6 Abs. 6 S. 3 RL 2016/800; aA etwa KG v. 13.8.2020 – (4) 161 Ss 58/20 (92/20)).

25   Im Übrigen entscheidet der Gesamtumfang der insg. an den Verfahrensgegenstand geknüpften jugendstrafrechtlichen Rechtsfolgen – auch wenn er durch die **Einbeziehung** anderer verhängter Rechtsfolgen gem. **§ 31 Abs. 2** bedingt ist (s. dazu KG StV 1998, 325; OLG Rostock StV 1998, 325 (Ls.); OLG Düsseldorf StV 2002, 236; OLG Hamm StraFo 2002, 297; LG Frankfurt a. M. StV 1998, 326 (Teileinstellung gem. § 154 Abs. 2 StPO insoweit unerheblich); OLG Hamm ZJJ 2004, 302 f.; LG Saarbrücken ZJJ 2010, 427; LG Stendal StV 2022, 51 (Ls.) = BeckRS 2021, 16549). Bei der diesbzgl. Bewertung der **Rechtsfolgengesamterwartung** bedarf es ebenfalls der einer individualisierenden Betrachtung. Hiernach ist der Widerruf einer Aussetzung der Vollstr zBew, der wegen des aktuellen Verfahrens in einer anderen Strafsache droht (dazu OLG Hamm OLGSt § 109 Nr. 1; LG Dessau-Roßlau StraFo 2015, 515; LG Kleve NStZ-RR 2015, 51 (betr. allg. StR, iErg verneinend)), als ein die erforderliche Schwere idR begründender Umstand zu berücksichtigen. In die Bewertung einzubeziehen ist gleichermaßen, wenn Hilfeleistungen nach § 34 SGB VIII (Hartman-Hilter Verteidigung 51 ff.) zu erwarten sind. Ebenso verhält es sich bei einer individuell folgenschweren Fahrerlaubnisentziehung (BT-Drs. 19/13829, 34) oder bei einer zu erwartenden Einziehung in erheblichem Umfang (und ohne absehbare Anwendung von § 421 StPO iVm § 2 Abs. 2). An sich muss eine sich abzeichnende freiheitsentziehende Maßregel iSv § 7 ebenfalls mitberücksichtigt und idR als ausreichend schwere Rechtsfolge betrachtet werden. Dies wirkt sich allerdings nicht aus, weil hier ohnehin Nr. 5 (→ Rn. 32) und – da die Anordnung stationärer Maßregeln nicht in der Zuständigkeit des JRichters liegt (vgl. nur Schatz in Diemer/Schatz/Sonnen § 39 Rn. 8 – auch Nr. 1 iVm § 140 Abs. 1 Nr. 1 StPO (→ Rn. 21) einschlägig sind.

Für das Gewicht der Rechtsfolgengesamterwartung sind iÜ auch etwaige, **25a** im Einzelfall absehbare **außerstrafrechtliche Tatfolgen** von Belang. Das betrifft etwa zivilrechtliche Schadenersatzforderungen (OLG Celle MDR 1988, 1075; AG Saalfeld DVJJ-Journal 1994, 360; Spahn StraFo 2004, 84) oder berufliche Nachteile (Albrecht JugendStrafR 348; Oellerich StV 1981, 439; s. auch Arbeitsgruppe DVJJ NJW 1989, 1025 ff.). Ähnliches gilt bei Nichtdeutschen hinsichtlich der Gefahr drohender Ausweisung bzw. Nichtverlängerung der Aufenthaltserlaubnis (vgl. etwa BayVGH openjur 2015, 3238; speziell zu § 95 Abs. 5 AufenthG sowie Art. 31 Abs. 1 Genfer Flüchtlingskonvention LG Lüneburg StV 2016, 105 (zum allg. StR)) oder etwaiger asylrechtlicher Folgen (vgl. dazu OLG Stuttgart StV 1987, 8; OLG Frankfurt a. M. StV 1993, 537; AG Hamburg StV 1998, 326 (einschr. LG Hamburg StV 1998, 327) mAnm Sättele; zum allg. StR LG Osnabrück StV 1984, 56 (auch bei „einfachem" Sachverhalt); OLG Zweibrücken StV 1989, 379; LG Heilbronn StV 1984, 506; LG Oldenburg StraFo 2013, 22; Höfer RdJB 1979, 368; Schmoll ZJJ 2020, 279 (292)).

cc) Schwierigkeits-Variante. Wegen der „Schwierigkeit der Sach- oder **26** Rechtslage" wird sich hinsichtlich **tatsächlicher Umstände** die Notwendigkeit der Mitwirkung eines Verteidigers zB bei absehbar erheblicher Dauer des Verfahrens mit einer Vielzahl von Zeugenvernehmungen (OLG Stuttgart StV 1987, 8; LG Tübingen DVJJ-Journal 1996, 197; LG Düsseldorf StraFo 1997, 307 mzustAnm Schmitz-Justen; LG Saarbrücken ZJJ 2020, 64; ebenso speziell, wenn sämtliche Zeugen Polizeibeamte sind, LG Bielefeld StraFo 2016, 512 (zum allg. StR)) oder daraus ergeben, dass die Beurteilung der Frage der Tatschuld wesentlich von der Führung eines Indizienbeweises abhängt (allgA, vgl. nur Hartman-Hilter Verteidigung 70 f.). Das Gleiche gilt, wenn eine Verständigung angestrebt wird (→ § 2 Rn. 49) oder eine effektive Verteidigung nur nach vorheriger Akteneinsicht (§ 147 Abs. 1 StPO) als gewährleistet gelten kann (OLG Hamm StrFo 2002, 293; LG Essen StV 1987, 310; LG Düsseldorf StraFo 1997, 308 mzustAnm Schmitz-Justen; LG Saarbrücken StraFo 2016, 513 (zum allg. StVR)), speziell zB bei „Aussage gegen Aussage"-Konstellationen ohne sonstige Beweismittel (OLG Celle NStZ 2009, 175; OLG Frankfurt a. M. NStZ-RR 2009, 207 (jeweils zum allg. StR)).

26a Nicht anders liegt es bei komplizierten und für den Jugendlichen schwer zu verstehenden Beweiserhebungen (für ein DNA-Gutachten LG Amberg StV 2022, 4 = BeckRS 2021, 3097) sowie – und das unabhängig von Nr. 4 bzw. § 140 Abs. 1 Nr. 5 StPO – in Konstellationen, in denen zum Zwecke der Persönlichkeitserforschung (zB aus Gründen der Beurteilung der Schuldfähigkeit oder der Reife) oder vor Anordnung freiheitsentziehender Maßregeln (§ 7, § 246a Abs. 1 StPO) ein Sachverständiger hinzugezogen wird (OLG Düsseldorf AnwBl 1978, 355; OLG Schleswig SchlHA 1997, 153; → § 43 Rn. 33) bzw. wenn ein herangezogener Sachverständiger das einzige Beweismittel für den Tatvorwurf ist (vgl. LG Braunschweig BeckRS 2017, 109130: müsste „die Qualifikation des Sachverständigen oder die diesem zur Verfügung stehenden Untersuchungsmethoden" beurteilen können). Ebenso kann es sich verhalten, wenn eine – bei Jugendlichen und Heranwachsenden idR methodisch nur erschwert mögliche – Prognose nach § 81g StPO ansteht (s. auch BVerfG StV 2001, 145; Eisenberg BeweisR StPO Rn. 1690). – Eine tatsächliche Schwierigkeit liegt (auch für Heranwachsende) ggf. dann vor, wenn die JGH zum Termin nicht erscheint und der Angeklagte dadurch in der geeigneten Geltendmachung seiner Belange überfordert ist (LG Hamburg NJW 2003, 3646; Molketin AnwBl 1998, 179; anders BayObLG ZfJ 1995, 280). Im Hinblick auf die Anwesenheitspflicht der JGH (§ 38 Abs. 4 S. 1) können solche Fälle aber kaum auftreten. Bei einem pflichtwidrigen Ausbleiben der JGH ist die HV nämlich zu wiederholen (§ 38 Abs. 3) und ein restriktiv zu erklärender Anwesenheitsverzicht (§ 38 Abs. 7) scheidet bei drohender Überforderung des Beschuldigten aus (s. auch → § 38 Rn. 63).

26b Anlässe für die Bestellung eines notwendigen Verteidigers ergeben sich durch **rechtliche Schwierigkeiten** zB dann, wenn es auf die Entscheidung von bislang nicht abschließend geklärten Rechtsfragen ankommt. Fallbezogen ist die Notwendigkeit regelmäßig zu bejahen, wo das Vorliegen von Rechtfertigungs- bzw. Schuldausschließungsgründen oder einer nur eingeschränkten Schuldfähigkeit (§ 21 StGB, LG Düsseldorf StraFo 2015, 163) ernsthaft in Betracht kommt (LG Essen NStZ 1987, 184 mzustAnm Molketin NStZ 1987, 476; LG Aachen BeckRS 2019, 5125; Hartman-Hilter Verteidigung 84 f. mwN; Beulke BMJ 1987, 175–177; betr. Straßenverkehrsdelikte s. Molketin NZV 1989, 97). Das Gleiche gilt bei Fragen nach der Geeignetheit von Beweismitteln (betr. Videoaufnahme vern. aber zum allg. StVR KG StRR 2013, 99 mit krit. Bspr. Deutscher) sowie iZm bestehenden Verwertungs- oder Verwendungsverboten (vgl. OLG Brandenburg NJW 2009, 1287; OLG Bremen BeckRS 2009, 21683; LG Köln StraFo 2016, 341 (jeweils zum allg. StR); BVerwG StraFo 2012, 413 = BeckRS 2013, 50765 (zur WDO)). Ferner bedarf es bei sich mitunter ergebenden Meinungsverschiedenheiten über die strafjustizielle Amtsführung eines notwendigen Verteidigers (vgl. betr. die etwaige Notwendigkeit, einen Befangenheitsantrag stellen zu müssen, LG Bremen StV 2005, 81 (betr. allg. StR)). Ist der Jugendliche zur Anfechtung des Urteils entschlossen, so kann er eines notwendigen Verteidigers wegen der Notwendigkeit bedürfen, sich gem. § 55 zwischen den Rechtsmitteln der Berufung und der Revision zu entscheiden (n. LG Gera DVJJ-Journal 1999, 24; Hartman-Hilter Verteidigung 90 ff. für den Fall, dass der Verlust einer zweiten Tatsacheninstanz drohe).

27 **dd) Variante der Verteidigungsunfähigkeit.** Konstellationen, in denen sich der Jugendliche iSv Nr. 1 iVm § 140 Abs. 2 StPO „nicht selbst verteidigen" kann, können aus verschiedenen Gründen auftreten (vgl. etwa BGH MDR 1952, 564; OLG Karlsruhe ZJJ 2006, 323; allg. schon Hauber RdJB 1979, 355; Molketin Zbl 1981, 199). Im Allg. gelten etwaige Anhaltspunkte als relevant, die auf eine **Unterlegenheit** im **psychischen Bereich** hinweisen, etwa eine ggf. (verdeckte) Schüchternheit oder das ausgeprägte Empfinden des Ausgeliefertseins bzw. der psychischen Schwäche (vgl. etwa OLG Hamm StV 2009, 85). Noch deutlicher ist dies bei etwaigen **Defiziten** im **Leistungsbereich** wie zB im Elementarbildungsniveau (OLG Köln StV 1991, 151; LG Gera DVJJ-Journal 1998, 189), bei Lernbehinderung (LG Dessau bei Molketin AnwBl 2001, 93), bei verminderter Intelligenz (KG StV 1998, 325; OLG Schleswig SchlHA 1997, 153; OLG Köln StraFo 2003, 420) oder bei Schreib-/Leseschwäche (und damit zB der Unfähigkeit, sich in der HV zur Gedächtnisunterstützung Notizen zu machen (LG Hildesheim NJW 2008, 454; LG Schweinfurt StraFo 2009, 106, jeweils zum allg. StR)). Auch können etwaige Beeinträchtigungen im (sonstigen) **Sozialverhalten** relevant sein (vgl. OLG Celle StV 1991, 151; OLG Karlsruhe StraFo 2006, 496), und zwar (ggf. in Kombination mit gesundheitlich belastenden Umständen) gerade bei Vorwürfen im Zusammenhang mit Alkohol- oder BtM-Einfluss (vgl. betr. Zurückstellung nach §§ 35, 36 BtMG OLG Jena StraFo 2009, 83; zu BtM-Abhängigkeit schon OLG Düsseldorf StV 2002, 237 (auch zum Zeitpunkt der HV)).

In solchen Fällen ist die Notwendigkeit der Verteidigung **unabhängig** 27a davon zu beurteilen, ob der Beschuldigte **„gerichtserfahren"** ist (vgl. OLG Hamm StV 1986, 305: schon „einige Male vor Gericht gestanden"; dazu auch Albrecht JugendStrafR 347). Eine eingeschränkte Verteidigungsmöglichkeit wird − ggf. über den Anwendungsbereich von Nr. 1 iVm § 140 Abs. 1 Nr. 4 und 5 hinausgehend − auch dann zu bejahen sein, wenn **vor** der **HV** ein **Freiheitsentzug** von nicht unerheblicher Dauer stattgefunden hat (OLG Hamm ZJJ 2004, 300 mAnm Spahn; AG Kleve StV 1984, 507; Hartman-Hilter Verteidigung 31 ff.). Zudem kann die Notwendigkeit zB bei Interesselosigkeit der Sorgeberechtigten am Ausgang des Verfahrens bestehen (vgl. Molketin, Die Schutzfunktion des § 140 Abs. 2 StPO zu Gunsten des Beschuldigten im Strafverfahren, 1986, 148 f.; zur Übersicht s. Beulke BMJ 1987, 178–180).

Bei **Mitangeklagten** bzw. mutmaßlichen **Gruppentätern** kann einer der 27b Angeklagten (ua wegen des Verbots unmittelbarer Befragung (§ 240 Abs. 2 S. 2 StPO iVm § 2 Abs. 2)) benachteiligt sein, wenn andere einen Verteidiger haben (OLG Brandenburg NStZ-RR 2002, 185; OLG Hamm ZJJ 2008, 296; LG Düsseldorf StraFo 2015, 163 (wechselseitig die Verantwortung „zuschieben"); einschränkend OLG Stuttgart StraFo 2013, 72 (zum allg. StVR)). Auch mag ihm solchenfalls seine selbstständige Verteidigung subjektiv erheblich erschwert sein (BGH 17.12.1954 − 5 StR 413/54; vgl. auch LG Frankfurt a. M. StV 1983, 69 f.; LG Düsseldorf StraFo 1997, 307 mzustAnm Schmitz-Justen; Höfer RdJB 1979, 368). Besteht ein Interessengegensatz zu einem − gar erwachsenen (s. dazu AG Saalfeld StV 1994, 604 mkritAnm Bärens NStZ 1996, 52; weitergehend AG Saalfeld NStZ-RR 2002, 119) − Mitangeklagten, der einen Verteidiger hat, so wird sich die Notwendigkeit einer Verteidigerbestellung ggf. daraus ergeben, dass er sich uU wechselseitiger Angriffe des/der anderen Angeklagten erwehren muss (vgl. betr. Tatbeteiligung etwa LG Itzehoe StV 2013, 206 zum allg. StR; s. auch Molketin Zbl 1981, 201). Nicht überzeugend ist es, dass durch eine Abtrennung des Verfahrens gegen den Mitangeklagten die ursprünglich bestehende Notwendigkeit der Pflichtverteidigerbestellung wegfallen soll (so aber LG Essen ZJJ 2018, 242 = BeckRS 2018, 3955 mkritAnm Pieplow ZJJ 2018, 244: dass die bisherige Einlassung nunmehr als Zeugenaussage wiederholt werden kann, genüge nicht).

28   Bei **Nichtdeutschen** leidet die Verteidigungsfähigkeit unter ggf. mangelnden Sprachkenntnissen (vgl. ua OLG Stuttgart StV 1987, 8; OLG Frankfurt a. M. StV 1993, 537; OLG Düsseldorf StV 1992, 363 mkritAnm Wolf; LG Bremen NJW 2003, 3646; AG Hamburg StV 1998, 326; anders LG Hamburg StV 1998, 327 mAnm Sättele; LG Stade StV 2019, 186; Beulke FS Böhm, 1999, 657 f.). Jedoch handelt es sich insoweit – auch im Hinblick auf die (unentgeltliche) Heranziehung eines Dolmetschers (§ 187 Abs. 1 GVG (vgl. auch § 2 Abs. 2, § 163a Abs. 5 StPO), Art. 6 Abs. 3e EMRK) – nicht von vornherein um einen Fall notwendiger Verteidigung (vgl. schon BGH NStZ 2001, 107; vgl. auch OLG Nürnberg NStZ-RR 2014, 183 f. (betr. allg. StR)). Umgekehrt können allerdings gewisse kulturell bedingte Kommunikationshindernisse (etwa iSv „Ungeschicklichkeit" bzw. Nichtkonventionalität) bei Personen mit **Migrationshintergrund** ggf. auch unabhängig von Sprachkenntnissen die Erörterung der Sachlage im Sinne hinreichender Verteidigungsfähigkeit in Frage stellen (ebenso Beulke/Swoboda Jugend-StrafR Rn. 671).

3. Konstellationen nach JStR

29   **a) Nr. 2.** Hierfür ist Voraussetzung, dass sämtlichen gesetzlichen Vertretern und Erziehungsberechtigten ihre Rechte im JStV nach **§ 67 Abs. 4** – vollständig oder in nicht unerheblichen Teilen (Dallinger/Lackner Rn. 12 mN) – entzogen wurden (vgl. → § 67 Rn. 20). Entsprechendes gilt, wenn die Beteiligungsrechte dieser Personen aus Gründen der Staatssicherheit gem. § 104 Abs. 3 ausgeschlossen sind (aF) bzw. ruhen (nF; vgl. dazu bereits Dallinger/Lackner § 104 Rn. 20; Potrykus § 104 Anm. 4). Sind die Erziehungsberechtigten aus tatsächlichen Gründen an der Wahrnehmung ihrer Rechte gem. § 67 gehindert (zB wegen Wohnortes im Ausland, unbekannten Aufenthaltes, etc) oder wird ihnen die notwendige Anwesenheit nicht gestattet, hat man darin teilw. – und zwar unabhängig von der Schwere der Tatvorwürfe – einen Fall der notwendigen Verteidigung in entsprechender Anwendung von Nr. 2 gesehen (dafür bei § 67 aF etwa LG Braunschweig StV 1998, 325 (Ls.); LG Lüneburg StV 1998, 326; einschr. LG Rottweil NStZ-RR 2005, 220 betr. nicht schwerwiegende Vorwürfe). Nach § 67 Abs. 3 S. 3 soll diese Problemlage nun allerdings primär durch die ersatzweise Hinzuziehung einer anderen erwachsenen Beistandsperson bewältigt werden (→ § 67 Rn. 11h). Wenn dies die elterliche Abwesenheit nicht ausreichend kompensiert, sei es weil die Ersatzperson bspw. nicht über die Rechte iSv § 67 Abs. 1 und 2 oder nicht über eine elternähnliche Beziehung zum Jugendlichen verfügt, begründet dies keine Einschlägigkeit mit Nr. 2 (Gegenschluss zu Nr. 3; zust. Noak in BeckOK JGG Rn. 22). Es liegt dann aber regelmäßig ein Fall von Nr. 1 iVm § 140 Abs. 2 (Verteidigungsunfähigkeit) vor.

29a   **b) Nr. 3.** Auch der Ausschluss der Erziehungsberechtigten und gesetzlichen Vertreter von der HV soll in erster Linie in **anderweitiger Weise**

ausgeglichen werden (→ § 51 Rn. 30 ff.). Diese Maßnahmen sind dazu aber nicht immer geeignet. Hinsichtlich der ersatzweise hinzuzuziehenden Beistandsperson beruht die eingeschränkte Eignung oftmals darauf, dass sie in ihrer Rechtsstellung auf ein Anwesenheits- und Äußerungsrecht beschränkt wird (§ 51 Abs. 6 S. 3) und ihre individuelle Eignung nur zu prüfen, aber kaum zu garantieren ist. Hinsichtlich der kompensatorischen Eignung der elterlichen „Unterrichtung" von dem „wesentlichen Inhalt" (§ 51 Abs. 4 S. 2) kann es mit Blick auf die Auffassungsgabe, die Merkfähigkeit und die psychische Situation (sowohl des Jugendlichen als auch) der ausgeschlossenen Personen zu Einschränkungen kommen. Zum anderen kann das Gericht wegen seines stets nur ausschnitthaften Informationsstandes immer nur eingeschränkt würdigen, was „wesentlicher Inhalt" ist. Wird der elterliche Ausschluss von der HV in Ansehung dieser Schwächen nicht vollständig kompensiert, ist nach Nr. 3 ein Verteidiger zu bestellen. − Nicht anwendbar ist Nr. 3 in den Fällen des einvernehmlichen Verlassens (§ 51 Abs. 4 S. 1) und der Entfernung gem. § 51 Abs. 3 (vgl. BT-Drs. 16/3038, 65: die Verteidigerbestellung wäre sonst für die Eltern durch enstpr. Verhalten disponierbar). Hier wird aber häufig eine Bestellung nach allg. Voraussetzungen der Nr. 1 iVm § 140 Abs. 2 StPO vorzunehmen sein (etwa wegen eines in der HV vorausgegangenen konflikthaften und daher belastenden Geschehens).

c) Nr. 4. Die Bestimmung gilt zumindest dann (vgl. §§ 81, 140 Abs. 1 **30** Nr. 6 StPO; für eine gesetzliche Erweiterung Viehmann BMJ 1987, 108), wenn ein ernstlicher Antrag auf Unterbringung gestellt worden ist (BGH NJW 1952, 797). Die Verteidigerbestellung ist nicht nur für das Beschlussverfahren gem. § 73 eine notwendige, sondern wirkt für das gesamte Verfahren (BGH NJW 1952, 797), und zwar unabhängig davon, ob die Unterbringung angeordnet wird oder nicht.

d) Nr. 5. Nr. 5 aF erfasste die Fälle der an Jugendlichen vollstreckten U- **31** Haft oder Unterbringung gem. § 126a StPO iVm § 2 Abs. 2, wobei man unter der Vollstreckung in diesem Zusammenhang teilw. schon die Festnahme verstand (vgl. zum allg. StVR nur Graf in KK-StPO § 115 Rn. 11a; Deckers StraFo 2009, 443; Schlothauer/Wieder/Nobis U-Haft Rn. 334; abw. BGH StV 2015, 144 mkritAnm Eisenberg StV 2015, 180). Der Verteidiger war daher „unverzüglich", dh grds. noch am gleichen Tage und, wenn irgend möglich, vor der Entscheidung des Haftrichters (vgl. auch Trüg in HK-JGG Rn. 14; Villmow/Savinsky ZJJ 2013, 388 (392 f.)) zu bestellen (Begr. BT-Drs. 11/5829, 28). Für die einstweilige Unterbringung gem. §§ 71 Abs. 2, 72 Abs. 3 wurde die entspr. Anwendung von Nr. 5 aF befürwortet (dazu und zum Ganzen mwN 20. Aufl. Rn. 31 ff.). Da all diese Konstellationen inzwischen aber durch Nr. 1 iVm § 140 Abs. 1 Nr. 4 StPO abgedeckt werden, ersetzte das Gesetz zur Stärkung der Verfahrensrechte von Beschuldigten im Jugendstrafverfahren die überflüssig gewordene Vorschrift (RegE BT-Drs. 19/13837, 24) durch Nr. 5. Notwendig wird die Verteidigung hiernach bei **Erwartung** einer **stationären** Rechtsfolge, wobei hier eine objektivierte Betrachtung maßgeblich sein muss und eine Sanktionsprognose mit dem Grad der überwiegenden Wahrscheinlichkeit notwendig sein soll (RegE BT-Drs. 19/13837, 60).

Einschlägig ist Nr. 5 zunächst einmal bei **Absehbarkeit von JStrafe,** **32** wobei die anzuordnende oder vorzubehaltene Aussetzung zBew (§§ 21 ff.,

61 ff.) hier unerheblich ist (vgl. RegE BT-Drs. 19/13837, 59: JStrafe dann ebenfalls verhängt). **Gleichgestellt** werden dem ausdrücklich die sich abzeichnende Entscheidung nach § 27 und die Anordnung einer Unterbringung gem. §§ 63, 64 StGB iVm § 7 Abs. 1. Ob eine Tat für sich genommen oder erst durch Bildung einer Einheitssanktion (§ 31 Abs. 1 und Abs. 2) zu einer dieser stationären Rechtsfolgen führen wird, ist dabei ohne Belang (LG Stendal StV 2022, 51 (Ls.) = BeckRS 2021, 16549; Noak in BeckOK JGG Rn. 27 mwN). In Nr. 5 nicht einbezogen ist jedoch die erwartbare **Anordnung von JA,** weil dann keine JStrafe vorliegt (§ 13 Abs. 3). Solange bzw. wo es sich beim JA infolge der Vollzugswirklichkeit de facto um eine kurze JStrafe handelt, ist die abw. rechtliche Konstruktion und Bezeichnung allerdings eine sehr dürftige Grundlage für die unterschiedliche Behandlung iRv § 68. Dies unterstreicht die Notwendigkeit, hier ggf. von einem Fall der Nr. 1 iVm § 140 Abs. 2 StPO („Schwere der zu erwartenden Rechtsfolge") auszugehen (→ Rn. 24b).

33   Einen **eigenständigen Anwendungsbereich** hat Nr. 5 an sich kaum – am ehesten noch dort, wo kein anderer Beiordnungsgrund vorliegt und die Erwartung einer JStrafe oder einer Anordnung gem. § 64 erst nach Eröffnung des Hauptverfahrens vor dem JRichter entsteht (zu diesen Sachlagen → § 39 Rn. 4). Selbst dann liegt aber oftmals auch Nr. 1 iVm § 140 Abs. 2 StPO (→ Rn. 24a f.) vor. Ist die stationäre Sanktion schon früher erwartbar, kommt eine durchgehende Überschneidung von Nr. 5 mit Nr. 1 iVm § 140 Abs. 1 Nr. 1 StPO (→ Rn. 21a) hinzu (vgl. dazu auch RegE BT-Drs. 19/ 13837, 28, 45; LG Saarbrücken StV 2020, 694 = BeckRS 2020, 2274). Eine davon abw. Ansicht (so ohne Begründung offenbar Diemer in Diemer/ Schatz/Sonnen Rn. 21: Vorrang anderer speziell geregelter Fälle der notwendigen Verteidigung) kann nicht zutr. sein, weil sie – ohne dass eine dahingehende Regelungsabsicht oder ein dies rechtfertigender Grund ersichtlich ist – den Anwendungsbereich von § 51a beinahe „auf Null" reduziert (zur dazu hier vertr. Ansicht n. → § 51a Rn. 3, 5).

Zeitpunkt der Bestellung eines Pflichtverteidigers

68a (1) ¹In den Fällen, der notwendigen Verteidigung wird dem Jugendlichen, der noch keinen Verteidiger hat, ein Pflichtverteidiger spätestens bestellt, bevor eine Vernehmung des Jugendlichen oder eine Gegenüberstellung mit ihm durchgeführt wird. ²Dies gilt nicht, wenn ein Fall der notwendigen Verteidigung allein deshalb vorliegt, weil dem Jugendlichen ein Verbrechen zur Last gelegt wird, ein Absehen von der Strafverfolgung nach § 45 Absatz 2 oder 3 zu erwarten ist und die Bestellung eines Pflichtverteidigers zu dem in Satz 1 genannten Zeitpunkt auch unter Berücksichtigung des Wohls des Jugendlichen und der Umstände des Einzelfalls unverhältnismäßig wäre.

(2) § 141 Absatz 2 Satz 2 der Strafprozeßordung ist nicht anzuwenden.

I. Anwendungsbereich

Die Ausführungen in → § 68 Rn. 1–5 gelten entsprechend. **1**

II. Wirkung der Bestellung

1. Notwendigkeit und Dauer

Die Situation einer notwendigen Verteidigung hat keine selbstexekutive **2** Wirkung. Ihr Vorliegen **erlaubt** aber, sofern kein Verteidiger gewählt worden ist, die Bestimmung und förmlichen Bestellung eines Pflichtverteidigers (zur Frage der konkludenten Bestellung s. Thomas/Kämpfer MüKoStPO StPO § 141 Rn. 8). Sobald zudem noch einer der in Abs. 1 geregelten **Beiordnungsanlässe** eintritt (→ Rn. 8 ff.), darf mit der Bestellung nicht mehr länger gewartet werden. Spätestens zu diesem Zeitpunkt **muss** die Beiordnung zwingend erfolgen

Der Akt der Bestellung bindet die fragliche Person (§ 49 BRAO). Diese **3** rückt **sofort** in die Rechtsstellung des Verteidigers ein. Die Wirkung der Bestellung **endet** gem. § 143 Abs. 1 StPO iVm § 2 Abs. 2 erst mit **Verfahrenseinstellung** oder **Rechtskraft** des Urteils. Sie umfasst also nicht nur

ein etwaiges Adhäsionsverfahren (BGH NJW 2021, 2901), sondern das
Berufungsverfahren sowie die Revision (zum hierfür möglichen Verteidiger-
wechsel s. § 143a Abs. 3 StPO iVm § 2 Abs. 2). Angesichts der bereits mit
Wirkung vom 21.12.2018 durch Gesetz v. 17.12.2018 (BGBl. I 2571)
erfolgten Aufhebung von § 350 Abs. 3 StPO aF schließt dies die Revisions-
HV ein (zur dazu früher geführten Debatte etwa Thomas/Kämpfer in Mü-
KoStPO StPO § 141 Rn. 16).

3a   Soweit **nach Rechtskraft** eine Verteidigung notwendig wird (vgl. für das
Vollstreckungsverfahren → § 83 Rn. 9a; speziell für den Widerruf der Straf-
und Strafrestaussetzung → §§ 26, 26a Rn. 29), bedarf es einer eigenen neuen
Beiordnung. Das gilt auch für das Wiederaufnahmeverfahren (OLG Celle
BeckRS 2021, 12613). Wurden in dem Urteil indes Entscheidungen **aus-
gelagert,** die nach dessen Rechtskraft zu treffen sind und dessen Inhalt zu
ändern oder zu ergänzen vermögen, bleibt die Bestellung für jene Phase
dagegen noch wirksam (vgl. für das abgetrennte Einziehungsverfahren gem.
§ 423 StPO klarstellend § 143 Abs. 1 Hs. 2 StPO). Das betrifft im JStV va
die Entscheidung gem. § 61a (OLG Zweibrücken BeckRS 2015, 20354)
bzw. den Beschluss gem. § 57 (OLG Karlsruhe StV 1998, 348 = BeckRS
1998, 2588).

2. Vorzeitige Beendigung

4   Bei Hinzutreten eines Wahlverteidigers ist die Bestellung des Pflichtverteidigers aufzuheben (§ 143a Abs. 1 StPO iVm § 2 Abs. 2). Außerdem kann
es nach Maßgabe von § 143 Abs. 2 StPO iVm § 2 Abs. 2 bei **Wegfall der
Voraussetzungen** einer notwendigen Verteidigung zu einer vorzeitigen
Beendigung der Bestellung durch Aufhebung kommen. Dabei verfügt das
Gericht idR über **Entscheidungsermessen,** wobei es insbes. berücksichtigen muss, ob die früheren Einschränkungen der Verteidigungsfähigkeit
durch die neue Situation tatsächlich weggefallen sind oder zumindest partiell
noch fortbestehen (KG StV Spezial 2021, 107 = BeckRS 2020, 36749). Mit
Rücksicht auf die Schutzbedürfnisse junger Beschuldigter ist die Beendi-
gungsoption generell sehr **zurückhaltend** wahrzunehmen. Vielfach wird
sich der Jugendliche nämlich auf die anwaltliche Unterstützung eingestellt
haben und deren Entziehung nicht ohne weiteres kompensieren können.
Wo sich eine solche Problematik abzeichnet, ist dies auch bei Wegfall der
Haftgründe von § 68 Nr. 1 iVm § 140 Abs. 1 Nr. 4 und Nr. 5 StPO, der
gem. § 143 Abs. 2 S. 3 und S. 4 StPO iVm § 2 Abs. 2 zur Aufhebung der
Bestellung führen soll, ein ausreichender Anlass für die Bejahung eines abw.
Ausnahmefalls.

3. Verteidigerwechsel

5   In einer Reihe von Konstellationen ist die Rspr. seit jeher bereit, den
Pflichtverteidiger abzuberufen und durch einen anderen, neu zu bestellenden
Verteidiger zu **ersetzen.** Dies gilt einmal für die **einvernehmliche** Auswechslung, die von den Gerichten aber nur anerkannt wird, wenn damit
wegen der Zustimmung der Beteiligten keine Verfahrensverzögerungen und
keine Mehrbelastung für die Staatskasse verbunden sind (vgl. OLG Stuttgart
Die Justiz 2018, 555 = BeckRS 2017, 130397; KG NStZ 2017, 305 (306):
am ehesten bei Instanzenübergang). Zum anderen betrifft dies Umstände, in

denen das **Vertrauensverhältnis zerstört** ist (zur diesbzgl. früheren Judikatur Fromm ZJJ 2009, 26; im allg. StVerf n. bspw. Lam/Meyer-Mews NJW 2012, 177). Das Vertrauen des Jugendlichen kann etwa durch Untätigkeit des Verteidigers (vgl. BGH NStZ-RR 2018, 84) oder durch das verspätete Aufsuchen im U-Haftvollzug (so LG Paderborn StV 2016, 157 = LSK 2016, 100646 bei Erstbesuch fünf Wochen nach Inhaftierung) oder durch Nichterscheinen beim Haftprüfungstermin (AG Ottweiler ZJJ 2007, 312 mAnm Möller ZJJ 2007, 313) geschwunden sein oder im Einzelfall durchaus auch von Anfang an fehlen (vgl. Fromm ZJJ 2009, 26 (28); Zieger/Nöding Verteidigung Rn. 150: „Verurteilungsbegleiter"). Diese Judikatur erhielt mit **§ 143a Abs. 2 Nr. 3 StPO** iVm **§** 2 Abs. 2 eine spezielle, positiv-rechtliche Grundlage (n. zu den hiervon erfassten Fallgruppen Wohlers JR 2020, 649 (652 ff.)). Dem ist es gleichgestellt, wenn aus einem **sonstigen Grund keine angemessene Verteidigung** des Beschuldigten gewährleistet ist – etwa bei fortwährender terminlicher Verhinderung des Verteidigers (OLG Zweibrücken BeckRS 2021, 13580) oder bei dessen dauerhafter Erkrankung (OLG Hamm NStZ 2021, 190).

Außerdem sehen **§ 143a Abs. 2 Nr. 1 und 2 sowie Abs. 3 StPO** iVm 5a § 2 Abs. 2 die Auswechslung des Pflichtverteidigers in anderen „schwierigen" Verteidigungsbeziehungen vor (Unzumutbarkeit für Verteidiger; aufgezwungener Verteidiger (→ Rn. 25); Erforderlichkeit revisionsrechtlicher Kompetenzen). Ein etwaiger Konflikt zwischen Gericht und Verteidiger ist dagegen kein Aufhebungsgrund (s. zum „Konfliktverteidiger" ieS etwa Kunz, Die Erscheinungsformen der Konfliktverteidigung und die Reaktionsmöglichkeiten der Justiz, 2013, 48 ff.). In solchen Fällen kommt es darauf an, ob der Angeklagte – ggf. nach Beratung auch durch das Gericht – an dem Verteidiger festhält (zum allg. StR eher verfehlt daher KG NStZ-RR 2009, 209 mkritAnm Weigend StV 2009, 573). Da es sich um eine (zentrale) Rechtsfrage des JStV handelt, bleiben fiskalische Erwägungen außer Betracht.

Die **Wahl eines anderen Verteidigers** führt idR zur Aufhebung der 6 Bestellung (§ 143a Abs. 1 StPO iVm § 2 Abs. 2). Dafür kommt es nicht auf das Einverständnis des Pflichtverteidigers an (LG Koblenz ZJJ 2012, 321 (322) = BeckRS 2012, 14160). Eine Aufhebung ist indes abzulehnen, wenn der bisherige notwendige Verteidiger erwiesenermaßen in unzulässiger Weise verdrängt werden soll und der (neue) Wahlverteidiger nur bezweckt, alsbald selbst als notwendiger Verteidiger bestellt zu werden (vgl. dazu im allg. StR etwa OLG Frankfurt a. M. StV 2001, 610 = BeckRS 2000, 14210; OLG Oldenburg NStZ-RR 2009, 115 (Ls.)). Ebenso verhält es sich gem. § 143a Abs. 1 S. 2 StPO iVm § 2 Abs. 2, wenn die zügige Verfahrensdurchführung beeinträchtigt wäre.

III. Vornahme der Bestellung

1. Problematik des Zeitpunktes

Bis zur Neugestaltung des Rechts der notwendigen Verteidigung durch 7 die Gesetze zur Stärkung der Verfahrensrechte von Beschuldigten im Jugendstrafverfahren und zur Neuregelung des Rechts der notwendigen Verteidigung war – außerhalb der insofern eindeutigen Konstellation von § 68

Nr. 5 – umstritten, ob eine Mitwirkung des Verteidigers unmittelbar nach bzw. **zu Beginn** der **strafverfolgungsbehördlichen** Tätigkeit zwingend vorgeschrieben ist (bej. unter Hinweis auf § 141 Abs. 3 S. 2 StPO aF etwa schon Ostendorf StV 1986, 308 (309); Viehmann BMJ 1987, 97 (99 ff.); Bottke BMJ 1987, 79 f.; Beulke BMJ 1987, 183; DVJJ 1993, AK IV/1; Radbruch StV 1993, 553 (554 f.); Rieke Vernehmung 67 ff.). Unter Berücksichtigung der zentralen Bedeutung, die eine frühe Verteidigung für die Verfahrensergebnisse erlangen kann, und unter Beachtung der Bedeutung, die Art. 6 Abs. 3c EMRK für situativ vulnerable Beschuldigte hat (→ § 68 Rn. 6a), sprachen damals die besseren Gründe dafür, die **Notwendigkeit** der Beiordnung eines Verteidigers iSv § 68 bereits während des Ermittlungsverfahrens, und zwar ggf. wiederholt, zu **prüfen** und die Bestellung bejahendenfalls durch die StA zu beantragen (n. → 20. Aufl. § 68 Rn. 37). Mit der Neuregelung wurde diese Diskussion weitgehend obsolet (zu ggf. eintretenden problematischen Nebenwirkungen → § 68 Rn. 6c).

2. Bestellung von Amts wegen

8   **a) Entstehung der Bestellungspflicht. aa) Normprogramm.** Liegen die **Bestellungsbedingungen** des § 68 (unter Berücksichtigung von → Rn. 11) vor, kann die Beiordnung erfolgen. Zwingend ist ihre Vornahme dagegen erst, wenn darüber hinaus auch ein **Bestellungsanlass** eintritt. Der insofern maßgebliche Zeitpunkt, zu dem der Pflichtverteidiger in den Konstellationen der notwendigen Verteidigung spätestens (→ Rn. 2) beizuordnen ist, folgt – in Umsetzung von Art. 6 Abs. 3 RL 2016/800 – an sich aus § 141 StPO, dessen prinzipielle Anwendbarkeit sich aus § 2 Abs. 2 sowie im Rückschluss auch aus Abs. 2 ergibt. Im JStV hat die speziellere Regelung in Abs. 1 allerdings zur Folge, dass § 141 Abs. 2 StPO nur subsidiär gilt (→ Rn. 9 f.) und die Bestellung **spätestens** vor Beginn einer Gegenüberstellung (§ 58 Abs. 2 StPO iVm § 2 Abs. 2) oder vor Durchführung der ersten Vernehmung des Beschuldigten (§§ 44, 70c, ggf. auch nach Festnahme bzw. Verhaftung) von Amts wegen erfolgt sein muss.

8a   **bb) Konsequenzen.** Auch die **Befragung durch die JGH** darf in den Konstellationen des § 68 also, jedenfalls wenn man darin eine Vernehmung sieht (n. zu dieser Problematik → § 38 Rn. 26), nicht vor der Beiordnung erfolgen (Nöding StV 2022, 52 (55)). Außerdem hat, da der Beschuldigte im Vorfeld der Beiordnung nach der Benennung eines auszuwählenden Verteidigers gefragt werden muss (→ Rn. 19), die Regelung de facto zur Folge, dass er in den fraglichen Fällen (von § 136 Abs. 1 S. 1 StPO iVm § 2 Abs. 2 abw.) durch das Gericht und weit vor der Vernehmung über den gegen ihn gerichteten **Vorwurf ins Bild** gesetzt werden muss.

8b   Wird der Jugendliche erst im Verlauf einer (Zeugen-)Vernehmung zum Beschuldigten, muss er im fraglichen Zeitpunkt nicht nur belehrt und über den Tatvorwurf ins Bild gesetzt werden (§ 136 Abs. 1 S. 1 StPO iVm § 2 Abs. 2). Vielmehr ist ihm in den Konstellationen des § 68 auch unverzüglich ein Verteidiger zu bestellen. Dies gilt gleichermaßen, wenn erst in der Beschuldigtenvernehmung ein Bestellungsgrund entsteht, va bei Änderung und Aufwertung des Verdachts (zur notwendigen **Unterbrechung** solcher Vernehmungen s. § 70c Rn. 24 ff. sowie RL 2016/800 Erwgr. 29).

cc) Amtsseitige Initiative. Die Beiordnung hat in sämtlichen Fallvari- 9
anten wegen der Schutzbedürftigkeit junger Beschuldigter **von Amts we-**
gen zu geschehen (s. auch RegE BT-Drs. 19/13837, 24). Abs. 1 bestimmt
nämlich für das JStV, dass anders als im allg. StVerf das Vorliegen eines
Antrags nicht erforderlich ist. Der Jugendliche kann auf die Beiordnung
deshalb nicht verzichten (→ § 68 Rn. 17), auch nicht durch Nichtausübung
seines Antragsrechts (zu den sonst, dh bei Verzichtszulässigkeit drohenden
rechtstatsächlichen Problemen Jahn/Zink StraFo 2019, 318 (326 f.) sowie n.
→ § 70c Rn. 27). Die Beiordnung durch die zuständige Institution
(→ Rn. 16) muss durch die jeweils verfahrensführende Stelle (→ Rn. 17)
deshalb rechtzeitig ausgelöst werden, und das idR auch bei ggf. absehbarer
Verfahrenseinstellung (zu Ausnahmen → Rn. 11 f.).

Vorausgesetzt hierfür ist allerdings, dass bei pflichtgemäßer Situationsbeur- 9a
teilung **bereits** vor bzw. während der besagten Vernehmung bzw. Gegenüberstellung ein Fall der notwendigen Verteidigung **vorliegt** (zur diesbzgl.
amtsseitigen Prüfpflicht → Rn. 17). Nicht selten tritt eine Konstellation iSv
§ 68 jedoch erst **nach der ersten Vernehmung** bzw. Gegenüberstellung
ein – sei es, weil hinterher bspw. der Vorwurf und/oder die Straferwartung
gewichtiger wird (dazu RegE BT-Drs. 19/13837, 60) oder weil später noch
diverse für § 140 StPO und § 68 einschlägige Maßnahmen angeordnet
werden. In solchen Verfahren erfolgt die Beiordnung zu dem Zeitpunkt, in
dem zum nunmehrigen Beiordnungsgrund noch ein Beiordnungsanlass hinzutritt und die Bestellungspflicht nach Notwendigwerden der Verteidigung
durch eines der in Abs. 1 bzw. § 141 Abs. 2 S. 1 Nr. 1 und 2 StPO iVm § 2
Abs. 2 geregelten Ereignisse ausgelöst wird (ebenso Noak in BeckOK JGG
Rn. 7; zur Un-/Verwertbarkeit des zwischenzeitlich erlangten Beweismaterials s. → Rn. 26 f.). Die diesbzgl. in § 141 Abs. 2 S. 2 StPO vorgesehenen
Einschränkungen gelten gem. **Abs. 2** im JStV nicht (s. dazu BT-Drs. 19/
15162, 7 sowie → § 68 Rn. 22a). Zu den besagten Auslösern zählt gem.
Abs. 1 S. 1 namentlich die Durchführung einer **erneuten Vernehmung,**
ggf. anlässlich einer **Vorführung** (bspw. gem. §§ 115, 115a, 128 Abs. 1 und
129 StPO). Wird nach der ersten Vernehmung, in der dem Beschuldigten
der Tatvorwurf eröffnet worden war, ein (meist neuer) Anstaltsaufenthalts
„in anderer Sache" bekannt, muss gem. § 141 Abs. 2 S. 1 Nr. 2 StPO iVm
§ 2 Abs. 2 sofort eine Beiordnung erfolgen (also auch, wenn keine Vernehmung oder Gegenüberstellung geplant ist).

b) Verfahrensstadien. Die Konstellation von § 141 Abs. 2 S. 1 Nr. 3 10
StPO hat im JStV wegen der Vorrangigkeit von Abs. 1 (→ Rn. 8) gar keine
Bedeutung (ebenso BT-Drs. 19/15162, 7; LG Mannheim BeckRS 2020,
4792) und die Relevanz des in § 141 Abs. 2 S. 1 Nr. 4 StPO geregelten Falls
ist gering. **In aller Regel** wird die Bestellung des Pflichtverteidigers bereits
im Ermittlungsverfahren erfolgen müssen, schon weil die von Abs. 1
gesetzte „Deadline" in dieser Phase längst zum Tragen kommt. Die hierfür
maßgebliche Beschuldigtenvernehmung ist nämlich, sofern das Verfahren
nicht eingestellt wird, zwingend noch in dieser Verfahrensphase durchzuführen (§ 163a Abs. 1 S. 1 StPO iVm § 2 Abs. 2) und dort idR auch zu
wiederholen, falls das Vorwurfsgewicht erst nach der Erstvernehmung den
für § 68 Nr. 1 iVm § 140 Abs. 1 Nr. 1 und 2 StPO oder § 68 Nr. 5
relevanten Grad erlangt (Kölbel in MüKoStPO StPO § 163a Rn. 15). Insofern begründet Abs. 1 ggü. dem früheren Recht eine wesentliche **Vorver-**

lagerung des Zeitpunktes, zu dem die notwendige Verteidigung in vielen Fällen wirksam wird (→ Rn. 7).

10a   Nur vergleichsweise selten wird sich die Notwendigkeit der Verteidigung unabhängig von und nach der (letzten) Vernehmung bis zur Anklage (dann § 141 Abs. 2 S. 1 Nr. 4 Var. 1 StPO) oder gar erst im **Zwischen- oder Hauptverfahren** ergeben (§ 141 Abs. 2 S. 1 Nr. 4 Var. 2 StPO). Denkbar ist dies bei einer dann erfolgenden U-Haft bzw. Maßnahme iSv § 68 Nr. 2 bis 4 oder auch bei einer späten Aufwertung des Vorwurfs und/oder der Straferwartung. Dann kann ggf. ein Neubeginn der HV erforderlich sein (§ 51a), dh die Fortsetzung des Verfahrens, ohne dabei die bisherigen Verfahrenshandlungen wiederholen zu müssen, ist in diesem Stadium nicht mehr möglich (Höynck/Ernst ZJJ 2020, 245 (247)).

11   **c) Ausnahmen bei absehbarer Verfahrenseinstellung.** Unterbleiben kann die amtsseitige Bestellung lediglich in zwei Konstellationen: Erstens löst das Bekanntwerden eines **Anstaltsaufenthalts** „in anderer Sache" (§ 68 Nr. 1 iVm § 140 Abs. 1 Nr. 5 StPO) keine Pflicht zur sofortigen amtsseitigen Verteidigerbeiordnung aus, sofern eine Einstellung des aktuellen Verfahrens (§§ 154 f., 170 Abs. 2 StPO, § 45) absehbar ist und keine Ermittlungsmaßnahmen mit Außenwirkung erfolgen sollen (s. auch → § 68 Rn. 22b). Dies ergibt sich aus der Regelung in **§ 141 Abs. 2 S. 3 iVm S. 1 Nr. 2 StPO,** die (wie der Vergleich mit der auf § 141 Abs. 2 S. 2 StPO beschränkten Festlegung in Abs. 2 zeigt) nach § 2 Abs. 2 im JStV anwendbar sein soll (zu § 141 Abs. 2 S. 3 iVm S. 1 Nr. 2 StPO s. → Rn. 10). Und zweitens muss, wenn die Notwendigkeit der Verteidigung auf dem Vorwurf eines **Verbrechens** beruht (§ 68 Nr. 1 iVm § 140 Abs. 1 Nr. 2 StPO), gem. **Abs. 1 S. 2** vor der Vernehmung oder Gegenüberstellung ebenfalls kein Verteidiger von Amts wegen bestellt werden, wenn zu diesem Zeitpunkt von einer bevorstehenden Einstellung (§ 45 Abs. 2 und 3) auszugehen ist und die amtsförmige Verteidigerbestellung angesichts von fallkonkret nur geringen Schutz- und Verteidigungsnotwendigkeiten unverhältnismäßig wäre (s. auch → § 68 Rn. 22). Dies soll bspw. bei sog. „Abziehdelikten", die trotz formaler Einordnung als Raub oder räuberische Erpressung von geringem Unrechtsgehalt sind (BT-Drs. 19/13837, 86), eine Überformalisierung und Verfahrensverzögerung vermeiden (BT-Drs. 19/15162, 7). Vergleichbare Konstellationen können sich bspw. bei § 176 StGB ergeben. Verfahren, in denen sich eine Einstellung nach § 170 Abs. 2 StPO abzeichnet, sind von der Einschränkung des Abs. 1 S. 2 angesichts des hier sehr klaren Normwortlauts allerdings nicht erfasst (LG Hechingen BeckRS 2020, 14359).

12   Der Anwendungsbereich beider Ausnahmevorschriften ist jedoch auf Konstellationen begrenzt, in denen die Notwendigkeit der Verteidigung **ausschließlich** auf den beiden genannten Gründen (Bekanntwerden des Anstaltsaufenthaltes; Verbrechensvorwurf) beruht und nicht zugleich auch weitere Beiordnungsgründe vorliegen. Außerdem ergibt sich aus der systematischen Stellung von Abs. 1 S. 2 und § 141 Abs. 2 S. 3 StPO, dass allein die Amtspflicht zur Bestellung, **nicht** aber auch der **Bestellungsanspruch** eingeschränkt wird. Falls hier nach obligatorischer Belehrung (→ Rn. 13) ein Beiordnungsantrag gestellt wird, muss die Bestellung daher trotz absehbarer Verfahrenseinstellung grds. erfolgen (vgl. auch → Rn. 13). Insb. aber hat dies Folgen für die Notwendigkeit der audiovisuellen Aufzeichnung gem. § 70c Abs. 2 S. 2 (→ § 70c Rn. 20). Im Übrigen ist, falls die Einstellungserwartung in den

beiden Fällen später wegfallen sollte, die Beiordnung nach der Korrektur der dahingehenden Prognose von Amts wegen **nachzuholen** (s. dazu → Rn. 9), so dass sich der Verlauf „nur" als eine Verschiebung der an sich zum früheren Zeitpunkt erforderlichen Bestellung erweist (BT-Drs. 19/13837, 27; BT-Drs. 19/15162, 7). Für die Verwertbarkeit des zwischenzeitlich erlangten Beweismaterials kommt es dann nach den allg. Regelungen darauf an, ob die anfängliche Einstellungsprognose vertretbar war oder fehlerhaft bzw. sogar missbräuchlich getroffen wurde (dazu eingehend → Rn. 26 ff.).

3. Beiordnungsantrag

a) Zulässigkeit. Dass die Beiordnung im JStV von Amts wegen zu 13 erfolgen hat, weil Abs. 1 im Unterschied zu § 141 StPO keinen entspr. Antrag verlangt (→ Rn. 8), bedeutet keineswegs, dass entspr. Anträge nicht gestellt werden dürften (zust. LG Hechingen BeckRS 2020, 14359; Noak in BeckOK JGG Rn. 4). Vielmehr wird die **Zulässigkeit** des Beiordnungs-antrags bereits durch die dahingehende **Belehrungspflicht** angezeigt. Der Beschuldigte ist nämlich unabhängig davon, ob ein Fall der notwendigen Verteidigung tatsächlich vorliegt oder nicht (Schuhr in MüKoStPO StPO § 136 Rn. 37), gem. §§ 114b Abs. 1 Nr. 4a, 136 Abs. 1 S. 5, 163a Abs. 3 S. 1 und Abs. 4 S. 2 StPO iVm § 2 Abs. 2 über seinen Anspruch auf Bestellung eines Verteidigers ins Bild zu setzen. Das gilt auch in Konstella-tionen, in denen die Bestellung nicht von Amts wegen erfolgt (→ Rn. 11 f.; zust. Höynck/Ernst ZJJ 2020, 245 (249)). Im Zuge der Belehrung ist erg. darauf hinzuweisen, dass es bei der Beiordnung nicht um eine Honorarver-einbarung geht und der Verteidiger auch bei einer Verurteilung zumindest nicht kurzfristig und oft auch überhaupt nicht „aus eigener Tasche bezahlt" werden muss (zur möglichen Kostenbefreiung n. → § 74 Rn. 15f, 17 ff.; zum Vollstreckungsschutz bei Mittellosigkeit Meyer-Goßner/Schmitt EMRK Art. 6 Rn. 21). Hinzu kommen noch die explizit vorgesehenen Pflichten zur einschlägigen Unterrichtung gem. § 70a Abs. 1 Nr. 2 und zur Belehrung/Unterrichtung der Erziehungsberechtigten bzw. gesetzlichen Vertreter (§ 67a Abs. 1 und 2) bzgl. des auch ihnen zustehenden Antrags-rechts (§ 67 Abs. 1).

b) Bedeutung. Zeitpunkt, Adressaten und die verfahrensförmige **Be-** 14 **handlung** des mündlich oder schriftlich möglichen Bestellungsantrags er-geben sich aus §§ 141 Abs. 1, 142 Abs. 1 StPO iVm § 2 Abs. 2. Auch wenn der Jugendliche idR nicht beurteilen kann, ob die Bestellungsvoraussetzun-gen vorliegen, liegt der praktische Sinn eines solchen Begehrens grds. einmal darin, bei (noch) ausbleibender Beiordnung auf deren Vornahme zu drän-gen. So kann der Beschuldigte die Voraussetzungen des § 68 gerichtlich überprüfen lassen und, auch wenn Polizei und/oder StA in dieser Hinsicht nicht aktiv werden (dazu → Rn. 17), ggf. eine Bestellung bewirken (dazu etwa auch BT-Drs. 19/13829, 30; Schoeller StV 2019, 190 (193) für das allg. StVerf). Zum anderen bedarf es bei gegebener Wahlverteidigung, die der amtsseitig betriebenen Pflichtverteidigerbestellung idR entgegensteht (→ § 68 Rn. 20), eines entspr. Antrags (mit zumindest konkludenter Ankün-digung der Mandatsniederlegung), um dank des Benennungsrechts (→ Rn. 19 ff.) eine Bestellung des (ehemals gewählten) Verteidigers zu errei-chen (dazu im allg. StVerf etwa OLG Oldenburg NJW 2009, 3044 (3045);

LG Würzburg NStZ 2021, 255 (256); Lüderssen/Jahn in Löwe/Rosenberg StPO § 142 Rn. 17). Das ist im JStR sogar von besonderer Relevanz, weil hier hinsichtlich der Kosten der notwendigen Verteidigung (nach hM nicht aber jener der Wahlverteidigung (→ § 74 Rn. 15 ff.)) gem. § 74 selbst im Falle eines Schuldspruchs eine Befreiung möglich ist (zur abw. Lage im allg. StVerf Meyer-Goßner/Schmitt EMRK Art. 6 Rn. 21). Angesichts dieser Vorteilhaftigkeit der Pflichtverteidigung ist der Beschuldigte iU **auch durch** den (kontaktierten oder bereits gewählten) **Verteidiger** auf seinen Beiordnungsanspruch **hinzuweisen** (vgl. auch Zieger/Nöding Verteidigung Rn. 178a: Regress bei Unterlassen möglich).

15   **c) Rückwirkende Entscheidung.** Bestellungen infolge eines Beiordnungsantrags sind nicht nur während des Verfahrens möglich, sondern (ebenso wie unter der Geltung des § 141 StPO aF) gelegentlich auch **rückwirkend** nach dessen Ende. Dies betrifft bspw. (aber nicht nur) Sachverhalte, in denen über die Beiordnung (oder über die gegen deren Versagung gerichtete Beschwerde) nicht vor Verfahrensabschluss entschieden wird – und das, obwohl mit Blick auf einen bestehenden Bestellungsgrund ein rechtzeitiger Antrag gestellt worden war und der Verteidiger ggf. auch schon (erfolgreich) auf eine Einstellung vor der Beschuldigtenvernehmung hingewirkt hatte (zum Streitstand im allg. StVerf vgl. etwa Thomas/Kämpfer in MüKoStPO StPO § 141 Rn. 9). Das praktische Interesse liegt hier nicht nur beim Verteidiger, sondern auch beim Beschuldigten, da mit der nachträglichen Bestellung (dh mit einem rückwirkenden Übergang von der Wahl- zur Pflichtverteidigung) die eben erwähnte Befreiung von den Verteidigerkosten einhergehen kann. Dabei handelt es sich nicht um ein missbräuchliches oder verfahrensfremdes Ziel. Vielmehr folgt die Kostenbefreiung dem Grundgedanken des § 2 Abs. 1 und dem Anliegen, erhebliche finanzielle Belastungen wegen ihrer spezialpräventiv abträglichen Implikationen zu vermeiden (ähnlich Nöding StV 2022, 52 (56)). Dies spricht dafür, zumindest im JStV über eine Bestellung auch noch nach Abschluss des Verfahrens zu entscheiden (so LG Neubrandenburg StV 2018, 157 = BeckRS 2016, 20411). Gleichermaßen gilt das für eine diesbzgl. **Beschwerde** und zwar besonders, wenn die nicht rechtzeitige Bestellung „durch gerichtsinterne Vorgänge" unterblieben ist oder unzutr. begründet wurde (gegen die hM im allg. StVR (etwa OLG Brandenburg NStZ 2020, 625; Jahn in Löwe/Rosenberg StPO § 141 Rn. 2 f.) jedenfalls **im JStV** in diesem Sinne etwa OLG Bamberg NStZ-RR 2021, 315 (Ls.) = BeckRS 2021, 14711; LG Magdeburg StraFo 2003, 420 = LSK 2005, 120496; LG Mannheim BeckRS 2020, 4792; LG Hechingen BeckRS 2020, 14359; n. dazu auch Wohlers StV 2007, 376 (379); Möller ZJJ 2008, 10 (11 ff.); s. ferner → 20. Aufl. § 68 Rn. 41a).

4. Zuständigkeit und Initiierung

16   **a) Normalfälle.** Die §§ 68 ff. enthalten keine Zuständigkeitsregelung (abw. noch § 68 aF: „der Vorsitzende"), so dass es gem. § 2 Abs. 2 allein auf die diesbzgl. Vorschriften in **§ 142 Abs. 3 und 4 StPO** ankommt. Zuständig ist hiernach im Zwischen- und Hauptverfahren immer der Vorsitzende des Gerichts, an dem das Verfahren anhängig ist (§ 142 Abs. 3 Nr. 3 StPO). Im Ermittlungsverfahren liegt die Zuständigkeit in den Fällen der freiheitsentziehenden Maßnahmen iSv § 140 Abs. 1 Nr. 4 StPO (→ § 68 Rn. 22) beim Gericht, dem der Beschuldigte vorzuführen ist (§ 142 Abs. 3 Nr. 2 StPO), und ansonsten bei dem AG des Gerichtsbezirks, in dem die ermittelnde StA ihren Sitz hat oder in dem eine (für die notwendige Verteidigung relevante) Vernehmung durchzuführen ist (§ 142 Abs. 3 Nr. 1 StPO). Dabei entscheidet in diesen Fällen jeweils der JRichter (§§ 33a Abs. 2, 34 Abs. 1). Für die **Aufhebung** einer Bestellung (→ Rn. 4 ff.) ist stets das Gericht zuständig, das zum Zeitpunkt der Aufhebung für die Prüfung der notwendigen Verteidigung zuständig wäre.

Die im Regelfall während des Ermittlungsverfahrens erfolgende gericht- **17** liche Bestellung wird durch einen **Antrag der StA ausgelöst** (§ 142 Abs. 2 StPO iVm § 2 Abs. 2). Die Anklagebehörde muss deshalb permanent prüfen, ob ein Beiordnungsanlass entsteht und von ihr entspr. umzusetzen ist. In der Prozesswirklichkeit bedeutet dies, dass idR die **Polizei** die Notwendigkeit der Verteidigung (etwa anhand von Sanktionsprognosen) von Amts wegen erkennen und sodann die StA einschalten muss (dazu bspw. auch Schlothauer KriPoZ 2019, 3 (9)). Insofern besteht eine Pflicht der Ermittlungsbehörden, das Vorliegen von Bestellungsgründen (aber auch der in Abs. 1 S. 2 geregelten Ausnahme) permanent zu erwägen und dafür bspw. vorsorgliche Sanktionsprognosen vorzunehmen, insbes. bzgl. der möglichen Annahme schädlicher Neigungen. Darin kann eine ganz erhebliche **praktische Herausforderung** liegen, zumal für die polizeilichen Sachbearbeiter einige der hierfür relevanten Informationen (Registerauszüge, Verfahrensakten) oft gar nicht kurzfristig verfügbar sind (hierzu bspw. auch Höynck/Ernst ZJJ 2020, 245 (252); Laustetter/Voigt Kriminalistik 2021, 227 (228); Nöding, StV 2022, 52 (52 f.); s. dazu erg. § 70 Rn. 14). Nach Anklageerhebung obliegt es dem JGericht, eine gebotene Verteidigerbestellung auch ohne äußeren Anstoß vorzunehmen. Werden die Ermittlungsbehörden oder das Gericht nicht von sich aus in dieser Weise aktiv, kann dies durch einen Antrag des Beschuldigten initiiert werden (→ Rn. 14). Um die **pflichtgemäße Situationsbeurteilung** zu dokumentieren und anderenfalls eingreifende Beweisverwertungsverbote (→ Rn. 26 ff.) zu vermeiden, ist die für die Initiierung jeweils zuständige Institution angehalten, ihre Entscheidung und deren Gründe zu **dokumentieren.**

b) Eilfälle. Für Fälle, in denen die Beiordnung sehr kurzfristig erfolgen **18** muss, sieht § 142 Abs. 4 StPO eine **Notzuständigkeit** der StA vor. Raum dafür ist nur, wenn die Sofortentscheidung der StA durch den Zeitbedarf einer richterlichen Einbindung erforderlich gemacht wird. Solche Situationen werden angesichts richterlicher Bereitschaftsdienste und verfügbarer Kommunikationstechnologien selten sein (vgl. auch Schlothauer KriPoZ 2019, 3 (9): kein diesbzgl. Bedarf). Tritt ein derartiger Fall auf, schließt sich dem ein gerichtliches Überprüfungsverfahren an. Diese gerichtliche Nachprüfung bezieht sich allerdings allein auf das staatsanwaltlich entschiedene Ob einer Nicht-/Bestellung. Für einen etwaigen Verteidigeraustausch gilt § 143a Abs. 2 Nr. 1 StPO entsprechend. Obwohl das Benennungsrecht des Beschuldigten und die allg. Auswahlkriterien (→ Rn. 19 ff.) auch im Eilverfahren zu berücksichtigen sind, dürften die bei der Verteidigerauswahl generell bestehenden Probleme (→ Rn. 24) bei einer Eilbeiordnung durch die StA besonders bedeutsam sein. Daher machen sich hier auch die Schwächen des Verteidigerwechselverfahrens (zur Fristproblematik → Rn. 29) gesteigert bemerkbar.

IV. Auswahl

1. Vertrauensprinzip, Benennungsrecht und Benennungsfrist

19   Als Pflichtverteidiger bestellbar sind insb. Rechtsanwälte (zu Rechtsleh-
rern und den nach § 142 Abs. 2 StPO aF theoretisch noch denkbaren
Rechtsreferendaren s. Thomas/Kämpfer in MüKoStPO StPO § 142
Rn. 20). Dabei darf die Auswahl unter ihnen nicht beliebig sein. Sie muss
vielmehr nach bestimmten **Kriterien** erfolgen. Mangels spezieller Vorgaben
im JGG gelten hierfür die entspr. Regelungen des allg. StVR, bei denen
indes eine jugendgemäße Auslegung (→ § 2 Rn. 39) angezeigt ist. Danach
hat die Bestimmung des Pflichtverteidigers vorrangig nach dem Vertrauensprinzip (s. allg. BVerfGE 9, 36 (38) = NJW 1959, 571 (572); BVerfGE 39,
238 (243) = NJW 1975, 1015 (1016)) zu erfolgen: Der Beschuldigte muss
danach **gefragt** werden, ob er einen Verteidiger benennen will. Ihm müssen
Informationen zu Kontaktwegen und dem anwaltlichen Notdienst gegeben
werden. Und wenn er einen Verteidiger benennt, ist dieser idR auch zu
bestellen (§ 142 Abs. 5 iVm § 2 Abs. 2). Dies alles muss, damit die Bestellung gem. Abs. 1 S. 1 vor der Vernehmung oder Gegenüberstellung erfolgen
kann, mit **ausreichendem zeitlichem Vorlauf** in deren Vorfeld geschehen

20   Nach den vorliegenden Hinweisen werden Pflichtverteidiger in der Praxis
nur selten von den Jugendlichen bestimmt. Die Frage, ob die Beschuldigten
ihr Benennungsrecht nicht wahrnehmen oder ob sie nicht gehört werden
oder ob über ihre Köpfe hinweggeschieden wird, ist empirisch zwar noch
nicht widerspruchsfrei geklärt (s. zu Aktenuntersuchungen Schoeller StV
2017, 194 (199); zu Praktikerbefragungen Jahn Zur Rechtswirklichkeit der
Pflichtverteidigerbestellung, 2014, 49 ff.). Doch unabhängig davon dürfte
nicht zw. sein, dass junge Beschuldigte bei der Frage der Vertrauenswürdigkeit eines Verteidigers „häufig schlicht überfordert" sind (vgl. Böttcher/
Schütrumpf in MAH Strafverteidigung § 53 Rn. 117). Dies gilt insb., wenn
ihnen für die Benennung zu wenig Zeit gegeben wird. In einer jugendgemäßen Lesart von § 142 Abs. 5 S. 1 iVm § 2 Abs. 2 ist dies daher zu
vermeiden. Eine sehr enge Frist oder gar eine „kurze Bedenkzeit" (BT-Drs.
19/13829, 41) darf nur gesetzt werden, wo ausnahmsweise eine umgehende
Bestellung unumgänglich ist – sei es, weil dies der fraglichen Konstellation
innewohnt (wie bei § 140 Abs. 1 Nr. 4 StPO mit Blick auf die Vorführfrist)
oder weil für eine konkrete Vernehmung bzw. Ermittlungshandlung nachweislich besonderer Eilbedarf besteht (OLG Dresden OLG-NL 2005, 188;
zur dann möglichen Auswechslung → Rn. 29). Im Regelfall muss die **Be-
nennungsfrist** daher mindestens eine Woche betragen bzw. **so lang** bemessen sein, dass der Jugendliche sich beraten und Erkundigungen einholen
(lassen) sowie ggf. auch mehrere Rechtsanwälte kontaktieren kann. Werden
ohne rechtfertigenden Grund lediglich drei Tage gewährt, wird das Benennungsrecht jedenfalls „gesetzwidrig beschnitten" (LG Berlin StV 2009, 405
= BeckRS 2009, 7590). Soweit möglich, ist iÜ auch eine verfristete Benennung noch zu berücksichtigen (denn es geht hier nicht um eine Ausschlussfrist (vgl. OLG Köln StV 2015, 20 = BeckRS 2015, 968; OLG Stuttgart
NJOZ 2016, 32)).

2. Abweichung von der Benennung

Nimmt der Beschuldigte das Benennungsrecht wahr, kann gem. § 142 **21** Abs. 5 S. 3 iVm § 2 Abs. 2 nur dann ein anderer Verteidiger beigeordnet werden, wenn **wichtige Gründe** gegen die Bestellung der benannten Person sprechen (zum dann später möglichen Auswechslungsverfahren s. → Rn. 29; für eine dahingehende Belehrungspflicht Willumat NStZ 2021, 583). Zu diesen wichtigen Gründen zählt die vom Gesetz genannte Verhinderung (n. Wohlers in SK-StPO StPO § 142 Rn. 20), wobei die Frage, ob bzw. wann der gewünschte Verteidiger nicht rechtzeitig verfügbar ist, von der objektiven Dringlichkeit der von ihm zu begleitenden Maßnahme (Vernehmung, Vorführung usw) abhängen kann (BT-Drs. 19/13829, 42; n. zum Spannungsverhältnis von Verfahrensbeschleunigung und Benennungsrecht Wohlers JR 2020, 615 (618 ff.)). Geht es um eine Beiordnung mit Blick auf eine bevorstehende Vernehmung oder Gegenüberstellung, ist die Frage, ob der Verteidiger noch **rechtzeitig verfügbar** ist, anhand der iSv § 70c Abs. 4 S. 1 „angemessenen" Wartezeit zu entscheiden (dazu → § 70c Rn. 25). Daneben ist iÜ auch ein drohender Verstoß gegen § 146 StPO iVm § 2 Abs. 2 ein wichtiger Grund. Für den Umstand, dass mehrere Mitglieder einer Anwaltskanzlei verschiedene Mitbeschuldigte derselben Tat verteidigen, gilt dies dagegen nur, wenn ein konkreter Anlass zu der Besorgnis besteht, der Verteidiger würde seiner Aufgabe nicht mit vollem Einsatz nachkommen (BVerfGE 43, 89 = NJW 1977, 99 (zum allg. StR); vgl. bspw. auch OLG Stuttgart StV 2011, 661 = BeckRS 2011, 13902; LG Essen StV 2013, 39 = BeckRS 2013, 143). Überhaupt greift die Rspr. bei sich abzeichnenden Interessenkonflikten eher zurückhaltend ein und überlässt die Situationsbewältigung den Beteiligten (vgl. zum allg. StR etwa BGH NStZ 2017, 59 mkritAnm Barton StV 2016, 475; strenger dagegen OLG Bremen StV 2019, 175 = BeckRS 2018, 2523; n. Pfordte/Horvat StV 2019, 200).

Dort, wo der Verteidiger früher ein Verhalten gezeigt hatte, das seine **22** Abberufung als Pflichtverteidiger aus wichtigem Grund rechtfertigen würde, und wo ein konkreter Anlass besteht, mit einer Wiederholung dieses Verhaltens zu rechnen, kann ein wichtiger Grund vorliegen (OLG Köln StV 2007, 288 (289) = BeckRS 2006, 6154; Eisenberg NJW 1991, 1257 (1262)). Insgesamt bedarf es hier indes einer äußerst zurückhaltenden Handhabung (n. dazu und zu den ggf. erforderlichen Anhörungen Thomas/Kämpfer in MüKoStPO StPO § 142 Rn. 11 ff.). Anderenfalls bestünde die Gefahr, dass sich die Gerichte der ihnen unbequemen Verteidiger allzu leicht entledigen könnten (für ein Bsp. „vorgeschobener Gründe" s. BGH NJW 2016, 884 (zum allg. StR)). **Kein** wichtiger Grund liegt – sofern die Bestellung nicht besonders eilbedürftig ist (Schlothauer StV 2018, 169 (174)) – jedenfalls bei fehlender Ortsnähe vor (OLG Hamm StraFo 2002, 293 (294) = BeckRS 2002, 3624; OLG Jena NStZ 2009, 175; aA OLG Naumburg NStZ-RR 2009, 114). Ebenso verhält es sich, wenn das Gericht in der Vergangenheit mit dem fraglichen Verteidiger in Konflikt geraten war (OLG Köln StraFo 2006, 328 f. = BeckRS 2006, 6154) oder diesen als wenig überzeugend oder inkompetent empfunden hat. Erst wenn ein Verteidiger **nicht hinreichend gesetzeskundig** aufgetreten ist, darf er nicht herangezogen werden (vgl. für ein Bsp. die Schilderung bei VG Stuttgart BeckRS 2010, 48200). Dies ist im JStV wegen der besonderen richterlichen Verantwortung (§ 2 Abs. 1) noch eindeutiger als im allg. StVR (enger Schoeller StV 2019, 190 (197 f.);

darüber hinausgehend Schlothauer StV 2018, 169 (173 f.): Fehlen der Fach-
anwaltsqualifikation als wichtiger Grund).

3. Auswahlkriterien bei der richterlichen Auswahl

23   Wird bis Fristablauf kein Verteidiger benannt (oder auf das Benennungs-
recht verzichtet), bestimmt das Gericht die Person nach **pflichtgemäßem
Ermessen.** Diese soll nach § 142 Abs. 6 S. 2 StPO iVm § 2 Abs. 2 zur
Gruppe der Fachanwälte für Strafrecht oder jener Anwälte gehören, die zur
Übernahme von Pflichtverteidigungen bereit sind (krit. zur zweiten Variante
Schoeller StV 2019, 190 (198); Nöding StV 2022, 52 (57)). Innerhalb dieses
Kreises ist die (dem Gericht bekannte) **Sachkenntnis** des Verteidigers ein
höchst relevanter Auswahlaspekt. Nach Möglichkeit sind Verteidiger vor-
zuziehen, die jugendstrafrechtliche Erfahrungen bzw. eine dahingehende
Spezialisierung vorweisen können. Bei nichtdeutschen Beschuldigten kann
ggf. auch das Beherrschen von deren Muttersprache bedeutsam sein. Im
Übrigen sprechen frühere Mandatsverhältnisse für eine Beiordnung, soweit
die damalige Vertrauensbeziehung zwischenzeitlich nicht gestört worden ist
(n. zum Ganzen mwN Thomas/Kämpfer in MüKoStPO StPO § 142
Rn. 17 ff.). Verteidiger, denen der Beschuldigte misstraut oder zu denen er
in einem gespannten Verhältnis steht, dürfen nicht gewählt werden.

24   Dass die Auswahl des Pflichtverteidigers dem JRichter überantwortet
wird, begründet einen **institutionalisierten Interessenkonflikt** (dazu im
Ermittlungsverfahren auch → § 34 Rn. 4). De facto beeinflussen denn auch
gerichtliche Eigeninteressen und Belange die Beiordnung. So liegen Hinweise darauf vor, dass oftmals Faktoren der beruflichen und privaten Be-
kanntschaft oder auch der advokatorischen Anpassungsbereitschaft ausschlaggebend sind (vgl. für das allg. StR. eine Praktikerbefragung bei Jahn, Zur
Rechtswirklichkeit der Pflichtverteidigerbestellung, 2014, 117, 125; s. ferner
die Aktenanalysen bei Schoeller StV 2017, 194 (302)). Bestimmend sind
ferner Praktikabilitätskriterien wie die Ortsnähe, die bei der Beurteilung,
durch welchen Anwalt eine **wirksame Verteidigung** gewährleistet wird,
an sich aber nur einen Gesichtspunkt unter mehreren darstellen darf (OLG
Köln NStZ-RR 2011, 49 (zum allg. StR); vgl. auch Lehmann NStZ 2012,
188 sowie → Rn. 22). Dass § 142 Abs. 6 S. 1 StPO iVm § 2 Abs. 2 auf das
deutschlandweite Gesamtverzeichnis iSv § 31 BRAO verweist, zeigt vielmehr an, dass der Ortsbezug eher nachrangig ist.

25   Kein Auswahlkriterium ist die **erzieherische Kompetenz.** Die Tätigkeit
des Verteidigers im JStV besteht in der Verteidigung, wohingegen sie an
erzieherischen Belangen oder einer spezialpräventiven Funktionalität gar
nicht bzw. nur in nachrangiger Weise auszurichten ist (→ § 68 Rn. 9b ff.).
Deshalb müssen diese Gesichtspunkte für die Beiordnungsentscheidung bedeutungslos sein. Erzieherisch vermeintlich ungeeignete Personen dürfen bei
der Pflichtverteidigerbestellung folglich nicht unberücksichtigt gelassen werden (vgl. bereits Schlickum StV 1981, 359; Diehl ZRP 1984, 296 sowie
Arbeitsgruppe DVJJ NJW 1989, 1024 (1025 ff.)). Dafür spricht auch, dass es
an hinreichend bestimmten Kriterien für die Feststellung einer erzieherischen (Nicht-)Eignung fehlt (zust. Mager Bonner Rechtsjournal 2009, 14
(19)) und dass iÜ die hier erforderliche qualifizierte Einschätzungsfähigkeit
des die Auswahl treffenden Gerichts keineswegs vorausgesetzt werden kann
(vgl. allg. → § 37 Rn. 5 ff.). Auch ist bereits im Hinblick auf Art. 3 Abs. 1

GG kein sachlicher Grund erkennbar, der es rechtfertigen könnte, dem Pflichtverteidiger eine weitergehende Qualifikation als dem Wahlverteidiger abzuverlangen.

V. Fehlerfolgen und Anfechtbarkeit

1. Verwertungsverbot

Unterbleibt im Ermittlungsverfahren die Verteidigerbeiordnung, obwohl **26** diese nach § 68 notwendig (→ § 68 Rn. 21 ff.) und nach § 68a vorzunehmen war (→ Rn. 8 ff.), besteht die Bestellungspflicht (soweit sie nicht gem. § 143 Abs. 2 iVm § 2 Abs. 2 weggefallen ist) weiterhin fort. Die Beiordnung ist daher nach Bekanntwerden dieses Fehlers **unverzüglich nachzuholen** (zum Vorgehen in der HV → § 51a Rn. 4). Anders als beim nachträglichen Entstehen eines Beiordnungsgrundes (→ Rn. 9 f.) bedarf es hierfür keines auslösenden Anlasses (abw. offenbar AG Freiburg BeckRS 2019, 19711: Beiordnung nicht mehr veranlasst, wenn eine erste Beschuldigtenvernehmung bereits erfolgt und keine neue Vernehmung zu erwarten). Außerdem muss die (ohne Verteidiger durchgeführte) Vernehmung oder Gegenüberstellung (bei Vornahme einer qualifizierten Belehrung (→ § 70c Rn. 15)) **wiederholt** werden. Eine Nutzung des bereits rechtswidrig erlangten Beweismaterials kann angesichts der Unbedingtheit, mit der insb. Art. 6 Abs. 6 S. 2 und 3 RL (EU) 2016/800 das Bestehen einer anwaltlichen Unterstützung bei den zentralen Beweiserhebungsschritten verlangt (vgl. auch Erwgr. 27 zur Vernehmung), nicht zulässig sein – und dies auch nicht unter besonders strengen Beweis- und Begründungsanforderungen (so aber zur vormaligen Rechtslage noch BGHSt 46, 93 (103 ff.) = NJW 2000, 3505 (3509)). Vielmehr besteht hier ein Verwertungsverbot für alle Aussagen, die nach dem in → Rn. 8 bezeichneten Zeitpunkt gemacht wurden (vgl. allg. auch Wohlers in SK-StPO StPO § 141 Rn. 36; Thomas/Kämpfer in Mü-KoStPO StPO § 140 Rn. 10; Bock/Puschke ZJJ 2019, 224 (232)). Angesichts der Aufwertung, die die frühe Strafverteidigung durch § 68a erfahren hat, muss selbst die sog. Abwägungslehre (dazu im vorliegenden Zusammenhang BGH NStZ 2006, 236 (237)) zu diesem Ergebnis gelangen (zust. Noak in BeckOK JGG Rn. 26).

Anders ist die Verwertbarkeit in jenen Sachlagen zu beurteilen, in denen **27** der Beiordnungsgrund bei **pflichtgemäßer** Ermittlungsführung noch nicht zu erkennen und die Bestellung deshalb erst nach dessen Bekanntwerden vorzunehmen war (→ Rn. 9). Das kann insb. dort gegeben sein, wo sich die für § 68 Nr. 1 und Nr. 5 relevante Sanktionserwartung erst durch eine veränderte Verdachtslage oder durch Erhalt weiterer Informationen (bzgl. früherer Verurteilungen oder laufender Parallelverfahren) ergab. Angesichts der Schwierigkeiten, den maßgeblichen Umschlagszeitpunkt ex post zu bestimmen, ist hierfür insbes. auch die **Dokumentation** aufschlussreich, mit der die Institution, deren Beiordnungsinitiative jeweils zur Debatte steht, ihre Situationseinschätzung festgehalten hat (→ Rn. 17). Hieran ist idR zu erkennen, ob der Beiordnungsanlass hätte erkannt werden müssen (ähnlich Nöding StV 2022, 52 (54)). Liegt eine solche Dokumentation nicht vor, spricht dies für eine pflichtwidrige Situationsbeurteilung. Weist die Dokumentation dagegen auf eine ex ante korrekt vorgenommene Einschätzung hin, unterliegt das **bis zur Bestellungspflicht** (und damit: rechtmäßig) erlangte Beweismaterial den in → Rn. 26 genannten Verwertungseinschränkungen **nicht**. Allerdings bedarf es mit Blick auf das Verteidigungsdefizit einer besonders kritischen (Aussage-)Würdigung. Gerade hier ist außerdem stets zu prüfen, ob die sich aus § 136 Abs. 1 S. 5 StPO iVm § 2 Abs. 2 ergebende Pflicht, zu den (Antrags-)Möglichkeiten der notwendigen Verteidigung zu **belehren** (→ Rn. 13), erfüllt wurde oder ob wegen eines dahingehenden Verstoßes ein Verwertungsverbot in Betracht kommt (für die Fortgeltung der hierfür maßgeblichen bisherigen Regeln (s. → § 70c Rn. 14) etwa Laustetter/Voigt Kriminalistik 2021, 227 (230)).

28   Die genannten Regeln gelten iÜ auch, wenn sich eine Einstellungsprognose, bei der von einer an sich gebotenen Verteidigerbeiordnung abgesehen werden darf (→ Rn. 11 f.), nachträglich als falsch erweist und das Verfahren weitergeführt wird (ggf. bis zur Anklage und HV). Damit diese Anfangseinschätzung als pflichtgemäß gelten kann, muss der fragliche Amtsträger (idR der vernehmende Polizeibeamte) **verlässliche Anhaltspunkte** für die vorgesehene Einstellung gehabt (und dokumentiert) haben. Dies setzt erstens die Kenntnis der (lokalen) justizeigenen Einstellungskriterien voraus (was zumindest bei einer auf § 45 Abs. 3 gerichteten Erwartung selten anzunehmen ist). Zudem muss sich der konkrete Verdacht zum Prognosezeitpunkt auf einen Tatvorwurf richten, dessen Gewicht diesen Maßstäben entspricht und das der üblicherweise eingestellten Vergleichsfälle nicht übersteigt. Und schließlich muss der Amtsträger begründeterweise davon ausgehen können, dass der fragliche Jugendliche frei von solchen strafrechtlichen Vorbelastungen oder Parallelverfahren ist, bei denen eine Diversion in der Justizpraxis entfällt. Wird die Einstellungsprognose ohne (oder gar gegen) eine solche Wissensbasis getroffen, erfolgt sie pflichtwidrig, so dass für das danach erlangte Beweismaterial im Fall der späteren Nichteinstellung die in → Rn. 26 erörterten Maßgaben gelten.

2. Rechtsbehelfe

29   Speziell für die Konstellationen, in denen das Gericht nicht die vom Beschuldigten benannte, sondern eine andere Person bestellt (→ Rn. 21 f.), ist in §§ 142 Abs. 7 S. 2, 143a Abs. 2 S. 1 Nr. 1 StPO iVm § 2 Abs. 2 allein ein (einfaches) **Verfahren des Verteidigeraustauschs** vorgesehen (zur fehlenden Statthaftigkeit der Beschwerde, solange der Antrag nach § 143a Abs. 2 S. 1 StPO nicht offensichtlich aussichtslos ist, vgl. OLG Köln NStZ 2021, 637 (638)). Das Austauschverfahren kommt ebenfalls zum Zuge, wenn der Jugendliche keinen Verteidiger benannt hat, weil ihm hierfür un-/berechtigterweise eine Frist gesetzt wurde, die kürzer als die unter normalen Umständen angemessene Frist (→ Rn. 20) war. Wurde ihm vor der Bestellung gar keine Gelegenheit zur Äußerung gegeben, gilt dies (über den Normwortlaut hinaus) gleichermaßen (abw. vormals OLG Stuttgart StV 2014, 11 = BeckRS 2014, 451; LG München I StV 2015, 26 = LSK 2015, 040795: Aufhebung der Bestellung auf Beschwerde hin und dann Bestellung des gewünschten Verteidigers). Die Dreiwochenfrist, innerhalb derer der Verteidigerwechsel beantragt werden muss, kann im Einzelfall allerdings allzu kurz sein (etwa, wenn sich die Vertrauensproblematik erst später herausstellt). Dass das Gesetz auch dann keine Beschwerde erlaubt, ist hoch problematisch.

Ansonsten ist die **sofortige Beschwerde** idR zulässig. Dies gilt einmal **30** für die Anfechtung gerichtlicher Entscheidungen, die beim Verteidigerwechsel sowie bei der Nicht-/Aufhebung der Bestellung (→ Rn. 4 ff.) ergehen (§§ 143 Abs. 3, 143a Abs. 4 StPO iVm § 2 Abs. 2; ebenso schon KG NStZ-RR 2009, 209; n. Wohlers JR 2020, 649 (656 ff.)). Abgesehen von der eben in → Rn. 29 erörterten Konstellation gilt dies aber gem. § 142 Abs. 7 S. 1 StPO iVm § 2 Abs. 2 auch für die im Zusammenhang mit der Beiordnung zu treffenden Entscheidungen. Wenn das Gericht bspw. einen Verteidiger bestellt, nachdem der Beschuldigte nach Benennungsverzicht oder Ablauf einer angemessenen Frist niemanden bezeichnet hatte (→ Rn. 23), kann im Beschwerdeweg überprüft werden, ob das Auswahlermessen pflichtgemäß ausgeübt wurde. Die sofortige Beschwerde ist (neben den Fällen des § 142 Abs. 4 S. 2 und 3 StPO iVm § 2 Abs. 2) ferner möglich, falls das Gericht eine (von StA oder Beschuldigtem) beantragte Bestellung verweigert (ebenso vormals schon OLG Zweibrücken StV 1984, 193; LG Saarbrücken ZJJ 2007, 417 mAnm Möller ZJJ 2008, 11; OLG Naumburg NStZ-RR 2013, 49; LG Neubrandenburg StV 2018, 157 = BeckRS 2016, 20411; Brunner/Dölling § 68 Rn. 7; s. näher bereits Oellerich StV 1981, 434 (440 f.); speziell zur Zuständigkeit bei erstinstanzlich nicht erledigter Beschwerde und Nichtabhilfe durch das Berufungsgericht OLG Stuttgart NStZ-RR 2008, 21; zum Beschwerdeverfahren in der Revisionsinstanz OLG Karlsruhe StraFo 2006, 497 = BeckRS 2006, 19857). Dass in den genannten Konstellationen die Möglichkeit der sofortigen Beschwerde besteht, hat allerdings zur Konsequenz, dass die so überprüfbaren Entscheidungen der **revisionsgerichtlichen Kontrolle** (mit Ausnahme von Willkürfällen) gem. § 336 S. 2 StPO iVm § 2 Abs. 2 **entzogen** sind (beiläufig BT-Drs. 19/13829, 49; eingehend und mit zutr. Kritik dazu Krawczyk in BeckOK StPO § 142 Rn. 56 ff.).

Vernehmung und Gegenüberstellung vor der Bestellung eines Pflichtverteidigers

68b [1] **Abweichend von § 68a Absatz 1 dürfen im Vorverfahren Vernehmungen des Jugendlichen oder Gegenüberstellungen mit ihm vor der Bestellung eines Pflichtverteidigers durchgeführt werden, soweit dies auch unter Berücksichtigung des Wohls des Jugendlichen**

1. zur Abwehr schwerwiegender nachteiliger Auswirkungen auf Leib oder Leben oder die Freiheit einer Person dringend erforderlich ist oder

2. ein sofortiges Handeln der Strafverfolgungsbehörden zwingend geboten ist, um eine erhebliche Gefährdung eines sich auf eine schwere Straftat beziehenden Strafverfahrens abzuwenden.

[2] **Das Recht des Jugendlichen, jederzeit, auch schon vor der Vernehmung, einen von ihm zu wählenden Verteidiger zu befragen, bleibt unberührt.**

I. Allgemeines

1. Anwendungsbereich

1   Die Ausführungen in → § 68 Rn. 1–5 gelten mit einer Einschränkung entsprechend: In den äußerst seltenen Ermittlungsverfahren, bei denen ausnahmsweise für den Fall der Anklage absehbar nach §§ 102, 103 Abs. 2 S. 2 die für allg. Strafsachen bestehende Gerichtszuständigkeit bestehen wird, ist anstelle der nicht anwendbaren Vorschrift (vgl. § 104 Abs. 1 Nr. 10) nur § 141a StPO heranzuziehen (dies aus unzutr. Gründen (→ § 104 Rn. 5) bestreitend Noak in BeckOK JGG Rn. 2).

2. Strikte Nachrangigkeit der Norm

2   Die Norm bezieht sich allein auf das Ermittlungsverfahren in Fällen, in denen eine Verteidigung iSv § 68 notwendig und eine Bestellung iSv § 68a an sich vorzunehmen ist. Für diese Sachlagen stellt sie eine von Art. 6 Abs. 8 RL 2016/800 fakultativ ermöglichte Einschränkung dar (krit. Bock StV 2019, 508 (513)). Ihre Regelungswirkung besteht darin, die notwendige Verteidigung in den Eilfällen von Nr. 1 und Nr. 2 vorübergehend zu suspendieren. In den besagten Konstellationen (→ Rn. 4 f.) darf (nicht: muss) die Beiordnung **vorerst unterbleiben** und eine Vernehmung oder Gegenüberstellung des Beschuldigten (§ 58 Abs. 2 StPO iVm § 2 Abs. 2) **ausnahmsweise ohne** Pflichtverteidiger und ohne Einhaltung der Warte-/ Unterbrechungspflicht gem. § 70c Abs. 4 durchgeführt werden.

3   Diese Option wird allerdings mehrfach begrenzt. So sind ihre Voraussetzungen **streng** auszulegen, weil es sich hier um ein Vorgehen handelt, das lediglich „unter außergewöhnlichen Umständen" (RegE BT-Drs. 19/ 13837, 60) eingesetzt werden darf. Es ist ferner nur zulässig, wenn sich selbst durch eine **staatsanwaltliche Verteidigerbeiordnung** (zur Eilzuständigkeit → § 68a Rn. 18) keine ausreichende Beschleunigung der Vernehmung bzw. Gegenüberstellung erreichen lässt (vgl. BT-Drs. 19/13829, 38: § 142 Abs. 4 StPO ist vorrangig). Schließlich muss, sofern nicht nach der bzw. durch die Vernehmung die vorher bestehende Notwendigkeit der Verteidigung weggefallen ist (etwa wegen einer veränderten Verdachtslage), die Bestellung unverzüglich **nachgeholt** werden (vgl. S. 1 „soweit"; vgl. auch RL (EU) 2016/800 Erwgr. 32: „zeitlich streng begrenzt"). Sobald sich während der Vernehmung zeigt, dass die besondere Eilbedürftigkeit iSv Nr. 1 oder Nr. 2 nicht (mehr) besteht, muss diese abgebrochen und/oder nach § 70c Abs. 4 verfahren werden.

II. Voraussetzungen einer Vernehmung vor Bestellung

1. Eilfall-Varianten

4   **a) Nr. 1.** Die von Nr. 1 geregelte Konstellation setzt voraus, dass schwerwiegende Beeinträchtigungen der Gesundheit oder Bewegungsfreiheit (des Beschuldigten oder eines Dritten) **nur** mittels bestimmter Informationen zu verhindern sind. Ferner müssen diese Informationen durch eine Verneh-

mung oder Gegenüberstellung des Beschuldigten **wahrscheinlich erlangt** werden können. Damit sind etwa laufende Entführungs- oder drohende Unglücksfälle usw gemeint, zu denen der Beschuldigte über polizeilich nutzbares Sonderwissen verfügt. Insofern kann Nr. 1 idR nur für doppel-funktionale Vernehmungen in repressiv-/präventiv-polizeilichen Gemengelagen bedeutsam werden.

b) Nr. 2. Nr. 2 fordert die Konstellation, in der ein Strafverfahren im 5 Hinblick auf die Nachweisführung und andere Aspekte seiner erfolgreichen Durchführung massiv beeinträchtigt zu werden droht. Dies setzt typischerweise voraus, dass etwa die Flucht anderer Beschuldigter oder der Verlust zentraler Beweise (Zeugenbeeinflussung, Beweismittelvernichtung usw) unmittelbar bevorsteht (s. auch BT-Drs. 19/13829, 38). Jene **konkrete Gefahr** muss sich darüber hinaus mit solchen Informationen abwenden lassen, die von der Vernehmung bzw. Gegenüberstellung mit hoher Wahrscheinlichkeit zu erwarten sind. Außerdem verlangt Nr. 2, dass das fragliche Strafverfahren auf dem Verdacht einer **schweren Straftat** beruht. Ein solches Delikt liegt nur bei Katalogtaten iSv § 100a Abs. 2 StPO vor (RegE BT-Drs. 19/13837, 61), wobei es sich aber im fraglichen Einzelfall um eine **besonders gewichtige Verwirklichungsform** handeln muss (zust. Noak in BeckOK JGG Rn. 7; wohl auch Keller Kriminalistik 2020, 257 (261)). Anderenfalls wäre der von RL (EU) 2016/800 (Erwgr. 32) geforderte „restriktive" Zuschnitt des Ausnahmetatbestandes nicht gewahrt.

2. Wohl des Jugendlichen

Im allg. StVerf sieht § 141a S. 1 StPO vor, dass der Beschuldigte sich in 6 den vorgenannten Eilfallkonstellationen mit einer Vernehmung vor einer (von ihm bereits beantragten) Bestellung eines Verteidigers ausdrücklich einverstanden erklären muss. Im JStV gilt dies nicht. Hier soll stattdessen das Wohl des Jugendlichen berücksichtigt werden (RegE BT-Drs. 19/13837, 61). Damit wurde indes eine höchst schwache Ersatzkonstruktion gewählt. Das Wohl des Jugendlichen kann nämlich kein eigenständiges Tatbestandsmerkmal des § 68b sein, weil die Vorenthaltung eines Anspruchs die Schutz- und Zukunftsbelange des Beschuldigten schwerlich zu fördern vermag (ausgenommen bei Abwehr einer ihm selbst drohenden Gefahr). Die Formel darf aber angesichts ihrer kompensatorischen Funktion für die Interpretation der Vorschrift auch nicht bedeutungslos sein. Wenn S. 1 die Mitberücksichtigung von (Verteidigungs-)Interessen verlangt, meint dies daher, dass das Beschuldigtenwohl auch bei einer vorgezogenen Maßnahmedurchführung immer noch in einem ausreichenden Maße eingelöst werden muss. Letzten Endes ist dies als Hinweis auf die Notwendigkeit zu verstehen, die Eilfall-Konstellationen **restriktiv** zu interpretieren (→ Rn. 4 f.) und an die Dringlichkeit der Maßnahme (→ Rn. 7 ff.) **strenge** Maßstäbe anzulegen (zust. Noak in BeckOK JGG Rn. 8).

3. Unentbehrlichkeit des Beiordnungsverzichts

a) Konkretisierung. Nach S. 1 muss es zur Vermeidung der in 7 → Rn. 4 f. bezeichneten Schäden jeweils unumgänglich sein, die Vernehmung oder Gegenüberstellung vor der Pflichtverteidigerbestellung durchzuführen („dringend erforderlich" (Nr. 1) bzw. „zwingend geboten"

(Nr. 2)). Bei diesem Merkmal kann es nicht um das Erfordernis einer „ungestörten" Maßnahme gehen. Bei einer solchen Deutung würde der Umstand, dass der beigeordnete Anwalt dem Jugendlichen zu einem bestimmten Prozess- bzw. Vernehmungsverhalten raten könnte, gleichsam als „Gefahr" eingestuft, was für die legitime Inanspruchnahme von Verfahrensrechten schwerlich angemessen ist. Die situative Notwendigkeit des Beiordnungsverzichts kann daher ausschließlich auf dem **Zeitbedarf** beruhen, der mit der **Bestellung und Hinzuziehung** des Pflichtverteidigers ansonsten verbunden wäre (ähnlich Schoeller StV 2019, 190 (194)). Der in Nr. 1 und Nr. 2 jeweils bestehende spezifische Informationsgewinnungsbedarf muss also so dringend sein, dass es einer sofortigen Vernehmung bzw. Gegenüberstellung bedarf und nicht einmal eine kurzfristig erfolgende Verteidigerbeiordnung durch die StA (→ Rn. 3) abgewartet werden kann.

8   **b) Tatsächliche Gegenstandslosigkeit.** Die Voraussetzung, dass eine unmittelbare Durchführung notwendig sein muss, steht in einem Spannungsverhältnis zu den **sonstigen** und **nicht-suspendierten** Anforderungen an die fragliche Maßnahme. So sind bei einer Vernehmung ohne vorherige Beiordnung die Vorgaben zur audiovisuellen Aufzeichnung (§ 70c Abs. 2 S. 2) zu beachten. § 68b befreit nicht von der Pflicht, über das Recht auf einen Pflichtverteidiger zu informieren (§ 70a Abs. 1 Satz 3 Nr. 2 JGG), und erlaubt es iÜ keineswegs, Abstriche bei der Belehrung oder den jugendgemäßen Vernehmungsmodi oder der Protokollierung (→ § 70c Rn. 12 ff., 23) zu machen. Auch das Elternkonsultationsrecht ist keineswegs zwangsläufig eingeschränkt (dazu n. → § 67 Rn. 11a ff., → § 67a Rn. 12a, 13 ff.). Dass nun diese Beschuldigtenrechte auch in den Konstellationen von Nr. 1 oder Nr. 2 einschränkungslos zu berücksichtigen sind, macht automatisch einen Vernehmungsvorlauf erforderlich, in dem auch eine kurzfristige Pflichtverteidigerbestellung zeitlich ohne weiteres noch realisierbar ist. De facto kann das in → Rn. 7 benannte Erfordernis daher an sich **niemals** vorliegen.

9   Unterstrichen wird dies durch den Umstand, dass der Anspruch des Beschuldigten, einen (gem. §§ 163a Abs. 3 S. 2 und Abs. 4 S. 3, 168c Abs. 1 StPO iVm. § 2 Abs. 2 anwesenheitsberechtigten) Wahlverteidiger zu konsultieren, unberührt bleibt (S. 2). Aus Gleichbehandlungsgründen muss dies auch für einen ggf. schon früher bestellten Pflichtverteidiger gelten (Kölbel NStZ 2021, 524 (530 Fn. 78)). Der Normtext („von ihm zu wählenden") stellt übrigens klar, dass mit der Vernehmung auch noch gewartet werden muss, bis ein gewünschter, aber noch nicht vorhandener **Wahlverteidiger** gefunden und verpflichtet worden ist (n. zu den Anforderungen an die Unterstützung bei der Kontaktherstellung s. etwa mwN Kölbel in MüKoStPO StPO § 163a Rn. 40a f.). Durch all dies wird die Reichweite von S. 1 weiter verengt. Letztlich liegt ein **außerordentlich schmaler Anwendungsbereich** dieser Norm allenfalls in jenen Situationen, in denen erstens der gesteigerte Eilbedarf von Nr. 1 und Nr. 2 besteht und zweitens der Beschuldigte nicht nur aussagebereit ist, sondern erklärtermaßen auch keinen Wert auf die Anwesenheit von Wahlverteidigern legt. Damit hier dann noch von der amtsseitig obligatorischen Verteidigerbeiordnung abgesehen werden darf, muss der Beschuldigte allerdings auf die besagten prozessualen Rechte **verzichten** (n. zu Wirksamkeitsvoraussetzungen eines solchen Verzichts → § 70c Rn. 27 f.) – womit die Ausnahmeregelung in § 68b bei genauerem Hinsehen letztlich **funktionslos** ist.

III. Fehlerfolgen

De facto führt § 68b S. 1 zu einer Vernehmung ohne die an sich gebotene 10
und amtsseitig sicherzustellende anwaltliche Begleitung. Deshalb entspricht
die fehlerhafte Annahme oder gar die bewusst-missbräuchliche Behauptung
einer dies rechtfertigenden Problemlage (→ Rn. 4 f., → Rn. 7) letztlich der
Vorenthaltung einer Pflichtverteidigung in der Situation ihrer Notwendigkeit. Das gilt insb. auch für Fälle eines unzulänglichen Verzichts (→ Rn. 9).
Deshalb unterliegt das Ergebnis, das in einer Vernehmung oder Gegenüberstellung unter solchen Bedingungen zustande kommt, einem **Verwertungsverbot** (→ § 68a Rn. 26; → § 70c Rn. 25; einschr. RegE BT-Drs. 19/
13837, 61; Diemer in Diemer/Schatz/Sonnen Rn. 3: Einzelfallabwägung).

Beistand

69 (1) **Der Vorsitzende kann dem Beschuldigten in jeder Lage des
Verfahrens einen Beistand bestellen, wenn kein Fall der notwendigen Verteidigung vorliegt.**

(2) **Der Erziehungsberechtigte und der gesetzliche Vertreter dürfen nicht zum Beistand bestellt werden, wenn hierdurch ein Nachteil
für die Erziehung zu erwarten wäre.**

(3) ¹**Dem Beistand kann Akteneinsicht gewährt werden.** ²**Im übrigen hat er in der Hauptverhandlung die Rechte eines Verteidigers.**
³**Zu einer Vertretung des Angeklagten ist er nicht befugt.**

I. Anwendungsbereich

Die Vorschrift gilt für **Jugendliche** in Verfahren vor den JGerichten, 1
nicht aber notwendig auch in Verfahren vor den allg. Strafgerichten (§ 104
Abs. 1). Sie kann (und sollte) dort jedoch auf Grundlage einer entspr.
Ermessensentscheidung zur Anwendung kommen (§ 104 Abs. 2). In Ver-
fahren gegen **Heranwachsende** hat die Regelung keine Bedeutung (§ 109
Abs. 1 S. 1), auch nicht bei Anwendung des JStR (§ 109 Abs. 2). Mit dem
Eintritt der Volljährigkeit endet eine bis dahin bestehende Beistandschaft
(vgl. → § 109 Rn. 17).

II. Funktion und Einordnung

2   Der Beistand iSv § 69 soll (anders als der Betreuungshelfer iSv § 10 Abs. 1
S. 3 Nr. 5 und die Beistandschaft iSv § 12 Nr. 1) keine erzieherischen, dh
keine zukunftsorientiert fördenden Aufgaben erfüllen (abw. Brunner/Döl-
ling Rn. 1). Vielmehr obliegt ihm die **Unterstützung und Betreuung** des
Jugendlichen **im aktuell laufenden Verfahren** (zur historischen Entwicklung Kaspar in MüKoStPO Rn. 2; Hauber Zbl 1982, 215 (216 f.)). Insofern
besteht eine Parallele zum Verteidiger. Während dieser als juristischer Berater
fungiert, besteht die Aufgabe des Beistandes im JStV primär darin, dem
Jugendlichen in anderer Weise zu helfen: ihm erster Linie mit Rat und
Zuspruch zur Seite zu stehen, ihn mit verfahrensbezogenen Anregungen zu
begleiten und ihm so ein relativ autonomes Prozessverhalten zu ermöglichen
(ebenso in der Sache etwa Diemer in Diemer/Schatz/Sonnen Rn. 2; Hauber RdJB 1988, 399 (406)). Er kann aber auch fürsprechend tätig werden
und **prozessuale Rechte** des Jugendlichen wahrnehmen **(Abs. 3 S. 2).**
Mit dem Beistand nach § 149 StPO ist der jugendstrafrechtliche Beistand
jedenfalls nicht in eins zu setzen (BGHSt 47, 62 (66) = NJW 2001, 3349
(3351); Diemer in Diemer/Schatz/Sonnen Rn. 3; aA Sommerfeld in NK-
JGG Rn. 2; Bohnert ZfJ 1989, 232 (235)). Der Unterschied beruht auf
seinen deutlich weitergehenden Rechten (vgl. auch BayObLGSt 97, 165
(167); LG Offenburg RPfleger 2007, 625 = BeckRS 2007, 10814).

3   Trotz des eben festgehaltenen Unterschieds besteht eine funktionale Nähe
zwischen Beistand und Verteidiger. Das hat erstens zur Folge, dass der
Beistand als Verfahrensbeteiligter mit einer prozessualen Stellung eigener Art
über diejenigen Tatsachen, die ihm in seiner Eigenschaft als Beistand bekannt geworden sind, gem. § 53 Abs. 1 Nr. 2 StPO (analog) iVm § 2 Abs. 2
das **Zeugnis verweigern** darf (Dallinger/Lackner Rn. 21; Sommerfeld in
NK-JGG Rn. 7). In Fällen eines Konflikts mit Fürsorgepflichten muss er
dies sogar. Die zweite Konsequenz besteht darin, dass das Gesetz (Abs. 1) ein
Nebeneinander von Verteidigung und Beistand zu **unterbinden** versucht,
um Divergenzen in der Wahrnehmung der Beschuldigteninteressen zu vermeiden. Dass dies außerhalb der Verfahren mit notwendiger Verteidigung
nicht zum Tragen kommt (→ Rn. 10), ist insofern aber **unschlüssig.** Ohnehin lassen die Kompetenzdifferenzen von Verteidigung und Beistand
(→ Rn. 2) durchaus auch ein Ergänzungs- und nicht nur ein Konfliktver-
hältnis als möglich erscheinen.

4   Während die psychosoziale Prozessbegleitung nach § 406g StPO, die beim
strafprozessual involvierten Verletzten bzw. (mutmaßlich) Geschädigten bei-
standsähnliche Aufgaben übernehmen soll, zunehmend an Bedeutung gewinnt, führt die Beistandschaft auf Seiten des Beschuldigten in der **Ver-
fahrenswirklichkeit** vielfach nur (noch) ein Schattendasein (zu diesem
Ungleichgewicht auch → § 2 Rn. 55). Trotz gegenteiligen Werbens in der
Lit. (Hauber RdJB 1988, 399 (402)) wird für eine Bestellung augenscheinlich kein Bedürfnis gesehen und stattdessen auf die Unterstützungsleistungen
von gesetzlichen Vertretern, Erziehungsberechtigten und Vertretern der
JGH oder von BewHelfern gesetzt. Zumindest mit Blick auf diese institutionellen Akteure fehlt es indes an Gleichwertigkeit, da sie keineswegs in einer
nur-beistehenden Rolle handeln und ihnen vom Jugendlichen nicht zwangs-

läufig auch Vertrauen entgegengebracht wird. Berücksichtigt man ferner die bei ihnen nicht zu vernachlässigende Relevanz behördeninterner Handlungsnormen, muss diese Prozesspraxis als **bedenklich** gelten. De facto bietet sie für den Beistand, der sich iSv § 69 allein an den Belangen des Jugendlichen orientiert, kein ausreichendes Substitut.

III. Rechtsstellung des Beistands (Abs. 3)

1. Akteneinsicht

Grds. ist der JStA bzw. der JRichter befugt, den Beistand mündlich über 5 den Verfahrensstand und (wesentliche) Teile des Akteninhalts zu unterrichten. Darüber, ob dem Beistand darüber hinaus Akteneinsicht gewährt wird, ist gem. Abs. 3 S. 1 nach pflichtgemäßem **Ermessen** zu befinden (vgl. auch Wohlers in SK-StPO StPO § 147 Rn. 16; für Ermessensreduzierung auf Null offenbar Sommerfeld in NK-JGG Rn. 6). § 147 StPO findet, wie sich aus dem Vergleich von Abs. 3 S. 1 und S. 2 ergibt, keine Anwendung. Bei der Entscheidung muss berücksichtigt werden, inwieweit hierdurch einerseits die Aufgabenumsetzung des Beistandes gefördert wird und andererseits die Gefahr einer missbräuchlichen Nutzung des Aktenwissens besteht. Ferner sind die Belange der Personen zu beachten, zu denen sich Informationen in den Akten befinden (vgl. auch Diemer in Diemer/Schatz/Sonnen Rn. 10: Orientierung an § 475 StPO). Für die Entscheidung **zuständig** ist gem. § 147 Abs. 5 S. 1 StPO (analog) iVm § 2 Abs. 2 im Vorverfahren die JStA und ansonsten der Vorsitzende des befassten Gerichts (vgl. auch Kaspar in MüKoStPO Rn. 6). Gegen die Ablehnung der Akteneinsicht durch den JRichter ist Beschwerde zulässig (§ 304 StPO).

2. Rechte in der HV

Die Rechte, über die ein Verteidiger in der HV (sämtlicher Rechtszüge) 6 verfügt – gem. der weiten hM auch in deren vorweggenommenen Teilen (§§ 223, 225, 233 StPO) –, kann gem. Abs. 3 S. 2 auch der Beistand in Anspruch nehmen. Er hat als Verfahrensbeteiligter gem. § 48 Abs. 2 S. 1 ein **Anwesenheitsrecht** (→ § 48 Rn. 19) und muss deshalb geladen werden (Abs. 3 S. 2 iVm § 218 Abs. 1 StPO). Ihm **ist** in der HV auf sein Verlangen **das Wort zu erteilen** (§ 257 Abs. 2 StPO iVm § 2 Abs. 2) und die Möglichkeit zu geben, sich mit dem Angeklagten zu besprechen. Er hat die **Rechte** gem. §§ 239, 240 Abs. 2, 258 StPO iVm § 2 Abs. 2 sowie das Widerspruchsrecht nach § 249 Abs. 2 S. 2 StPO iVm § 2 Abs. 2 (allgA) und es kommt auf sein Einverständnis gem. § 251 Abs. 1 Nr. 1 und Abs. 2 Nr. 3 StPO iVm § 2 Abs. 2 an. Auch kann er **Beweisanträge** stellen (§ 244 StPO iVm § 2 Abs. 2), die verfahrensrechtlich wie solche des Verteidigers zu behandeln und zu bescheiden sind (Güntge in Alsberg Beweisantrag Rn. 709; Eisenberg BeweisR StPO Rn. 168).

Ob dem Beistand die Anwesenheit bei Untersuchungshandlungen oder 7 bei der mündlichen Verhandlung iRd Haftprüfung (§§ 118 f. StPO iVm § 2 Abs. 2) gestattet wird, unterliegt pflichtgemäßem **Ermessen** (weitergehend Sommerfeld in NK-JGG Rn. 6). Unterschiedlich geregelt ist die Möglichkeit, wie ein Verteidiger (§ 148 StPO) mit dem Beschuldigten zu verkehren, wenn dieser sich in **U–Haft** (vgl. → § 89c Rn. 54) oder im **JStVollzug** (vgl. → § 92 Rn. 95) befindet.

3. Einschränkungen

8   Trotz seines Anwesenheitsrechts darf der Beistand ggf. von der HV **ausgeschlossen** werden. Das betrifft zumind. nach umstr. Rspr. einmal jene ganz außergewöhnlichen Ausnahmesituationen, in denen dies auf der Grundlage von §§ 177, 178 GVG iVm § 2 Abs. 2 auch bei Verteidigern zulässig ist (BGH NJW 1974, 437 (438); n. zur Problematik Kulhanek in MüKo StPO GVG § 177 Rn. 5 ff.; Kirch–Heim NStZ 2014, 431). Handelt es sich beim Beistand um einen gesetzlichen Vertreter oder Erziehungsberechtigten, ist ein zeitweiliger Ausschluss gem. § 51 Abs. 5 zudem unter den engen Voraussetzungen von § 51 Abs. 2 und 3 möglich (iErg ebenso Sommerfeld in NK-JGG Rn. 7; Diemer in Diemer/Schatz/Sonnen Rn. 11; abw. offenbar Laubenthal/Baier/Nestler JugendStrafR Rn. 262; Bohnert ZfJ 1989, 232 (236)). Ggf. muss dann aber eine andere Beistandsperson hinzugezogen (n. → § 51 Rn. 18 und § 51 Rn. 31 ff.) oder der Beistand ausgetauscht werden (→ Rn. 15). § 247 StPO iVm § 2 Abs. 2 kommt beim Beistand wegen Abs. 3 S. 2 aber nicht zum Tragen (Brunner/Dölling Rn. 9; Noak in BeckOK JGG Rn. 8). Soll der Beistand als **Zeuge** vernommen werden, ist seine Entfernung überdies bis zu seiner Vernehmung zulässig (§§ 58 Abs. 1, 243 Abs. 2 StPO iVm § 2 Abs. 2), wobei diese allerdings zu Beginn der Beweisaufnahme vorzunehmen ist (vgl. → § 51 Rn. 16).

9   **Rechtsmittel** kann der Beistand **nicht** einlegen (vgl. → § 55 Rn. 8). Auch zu einer Vertretung des Angeklagten ist er nicht befugt **(Abs. 3 S. 3)**. Er darf deshalb (etwa im Falle des § 50 Abs. 1) nicht bevollmächtigt werden, den Angeklagten in der HV bzw. der Berufungs-HV (§ 329 Abs. 2 StPO iVm § 2 Abs. 2) zu vertreten (vgl. BT-Drs. 18/3562, 67 und 93). Soweit man **Verfahrensabsprachen** im JStR für zulässig hält (dazu → § 2 Rn. 47 ff.), ist der Beistand daran nicht zu beteiligen, weil ein originäres Mitwirkungsrecht des Verteidigers, das iRv Abs. 3 S. 2 bedeutsam wäre, hier nicht vorgesehen ist (vgl. auch Jahn/Kudlich in MüKoStPO StPO § 257c Rn. 71: Beteiligung des Verteidigers nur über § 137 Abs. 1 StPO).

IV. Bedingungen und Vornahme der Bestellung

1. Negativ-/Voraussetzungen

10   Darüber, ob ein Beistand zu bestellen ist, befindet das Gericht nach pflichtgemäßem **Ermessen**. Anlass hierfür besteht, wenn ein entsprechender Unterstützungsbedarf (vom Jugendlichen oder einem Dritten) artikuliert oder auf andere Weise erkennbar wird. Das Gesetz regelt ansonsten allein eine Ausschlussbedingung. Hiernach kommt die Bestellung eines Beistandes nicht in Betracht, sobald ein Fall der notwendigen Verteidigung (iSv § 68) vorliegt **(Abs. 1 Hs. 2)**. Das schließt jene Konstellationen ein, in denen die Bestellung eines Pflichtverteidigers allein wegen der bereits erfolgten Beauftragung eines Wahlverteidigers unterblieben ist (Diemer in Diemer/Schatz/ Sonnen Rn. 6; abw. Sommerfeld in NK-JGG Rn. 3). Dass ein Beistand bestellt wurde, lässt – insbes. mit Blick auf die ausgeprägtere (jugend-)

strafrechtliche Befähigung des Verteidigers – die allg. Anforderungen an einen Fall von § 68 unberührt und steht daher der Bejahung von § 68 Nr. 1 iVm § 140 Abs. 2 StPO (→ § 68 Rn. 23) nicht entgegen (vgl. auch Sommerfeld in NK-JGG Rn. 5; abw. Brunner/Dölling Rn. 5; zur dann anstehenden Rücknahme der Beistandsbestellung → Rn. 15).

2. Auswahl der in Betracht kommenden Person

Rechtlich kann jede Person bestellt werden, die das notwendige **Vertrauen** 11 **des Jugendlichen** besitzt oder voraussichtlich erwerben kann oder von ihm zumindest nicht ausdrücklich und ernsthaft abgelehnt wird (vgl. Hauber Zbl 1982, 215 (220)). Der Vorsitzende hat nach Möglichkeit eine Vertrauensperson des Jugendlichen aus dessen Verwandtschaft, Freundes- oder Bekanntenkreis oder Ausbildungs- bzw. Arbeitsbereich auszuwählen. **Erziehungsberechtigte** oder gesetzliche Vertreter kommen ebenfalls in Betracht – es sei denn, es lägen die Voraussetzungen von § 67 Abs. 4 vor (Bohnert ZfJ 1989, 232 (235)) oder die Bestellung ließe iSv **Abs. 2** verfahrensmäßige oder erzieherische Nachteile für den Jugendlichen erwarten. Vom Vorliegen dieses eng zu handhabenden Ausschlussmerkmals (s. auch → § 51 Rn. 7 f.) kann im Falle der **Eltern** des Beschuldigten mit Blick auf Art. 6 Abs. 2 GG indes nur ausnahmsweise ausgegangen werden (BVerfGE 107, 104 (130 f.) = NJW 2003, 2004 (2008 f.); s. auch Eisenberg/Zötsch GA 2003, 226 (228)).

Im Übrigen kann sich ein Rechtsanwalt oder ausnahmsweise auch ein 12 Vertreter eines freien Trägers der JHilfe, des JAmtes oder der JGH eignen. Allerdings darf diese Person nicht in anderer Funktion in das Verfahren eingebunden sein, also bspw. nicht zugleich die JGH vertreten (ebenso für den BewHelfer OLG Düsseldorf NStZ 1987, 340 zum allg. StR). Eine Bestellung scheidet ferner aus, wenn eine Pflichtenkollision (etwa bei Angehörigen des öffentlichen Dienstes) oder gar ein Missbrauch der Stellung zu befürchten ist (zust. Hauber RdJB 1988, 399 (407 f.)).

Die Auswahl der zu bestellenden Person liegt im pflichtgemäßen **Ermes-** 13 **sen** des **Vorsitzenden** (für die gerichtliche Zuständigkeit gilt § 141 Abs. 4 StPO analog iVm § 2 Abs. 2). Ungeeignete Personen – etwa solche, bei denen ein Ausschlussgrund iSv → Rn. 8 absehbar ist – sind nicht auszuwählen. Kein Verfahrensbeteiligter hat einen Anspruch auf Bestellung eines bestimmten Beistandes. Allerdings können Anregungen gegeben werden. Besonderes Gewicht haben die stets zu berücksichtigenden Vorstellungen des Beschuldigten (→ Rn. 11), der daher vor der Auswahlentscheidung **anzuhören** ist.

Aus der Subjektstellung des Beschuldigten folgt, dass die richterliche Aus- 14 wahl des Beistands **anfechtbar** ist (§ 304 StPO iVm § 2 Abs. 2). Das gilt gleichermaßen, wenn eine vorgeschlagene oder erwünschte Bestellung vom Vorsitzenden ganz verweigert wird (OLG Stuttgart Justiz 1976, 267; Sommerfeld in NK-JGG Rn. 10; diff. Trüg in HK-JGG Rn. 8; aA Diemer in Diemer/Schatz/Sonnen Rn. 13; Brunner/Dölling Rn. 7).

3. Bestellungszeit

Möglich ist die Bestellung **in jeder Lage** des Verfahrens, also zB auch 15 noch im Rechtsmittelverfahren sowie im Vollstreckungsverfahren (§ 83 Abs. 3 S. 2). Die Bestellung kann ggf. auch **zurückgenommen** werden.

Dies muss geschehen, wenn im Laufe des Verfahrens eine Zulässigkeitsvoraussetzung entfällt (zB wenn sich herausstellt, dass ein Fall notwendiger
Verteidigung vorliegt). Im Übrigen kann ein Beistand, der sich als ungeeignet erweist (s. etwa → Rn. 8), durch einen anderen **ersetzt** werden (Dallin-
ger/Lackner Rn. 24). Dabei muss es sich aber um eine Ausnahmelage
handeln, weil die Belange des Jugendlichen durch einen Wechsel beeinträchtigt werden könnten und es an eindeutigen Kritierien der (Un-)Geeig-
netheit ohnehin fehlt.

Mitteilungen an amtliche Stellen

70 (1) ¹**Die Jugendgerichtshilfe, in geeigneten Fällen auch das
Familiengericht und die Schule werden von der Einleitung
und dem Ausgang des Verfahrens unterrichtet. ²Sie benachrichtigen
die Jugendstaatsanwaltschaft, wenn ihnen bekannt wird, daß gegen
den Beschuldigten noch ein anderes Strafverfahren anhängig ist.
³Das Familiengericht teilt der Jugendstaatsanwaltschaft ferner familiengerichtliche Maßnahmen sowie ihre Änderung und Aufhebung
mit, soweit nicht für das Familiengericht erkennbar ist, daß schutzwürdige Interessen des Beschuldigten oder einer sonst von der Mitteilung betroffenen Person oder Stelle an dem Ausschluß der Übermittlung überwiegen.**

(2) ¹**Von der Einleitung des Verfahrens ist die Jugendgerichtshilfe
spätestens zum Zeitpunkt der Ladung des Jugendlichen zu seiner
ersten Vernehmung als Beschuldigter zu unterrichten. ²Im Fall einer
ersten Beschuldigtenvernehmung ohne vorherige Ladung muss die
Unterrichtung spätestens unverzüglich nach der Vernehmung erfolgen.**

(3) ¹**Im Fall des einstweiligen Entzugs der Freiheit des Jugendlichen teilen die den Freiheitsentzug durchführenden Stellen der
Jugendstaatsanwaltschaft und dem Jugendgericht von Amts wegen
Erkenntnisse mit, die sie auf Grund einer medizinischen Untersuchung erlangt haben, soweit diese Anlass zu Zweifeln geben, ob
der Jugendliche verhandlungsfähig oder bestimmten Untersuchungshandlungen oder Maßnahmen gewachsen ist. ²Im Übrigen
bleibt § 114e der Strafprozessordnung unberührt.**

Übersicht

I. Anwendungsbereich

Die sich aus der Vorschrift ergebenden Mitteilungspflichten bestehen bei **1** **Jugendlichen** in StVerf sowohl vor den JGerichten – dort gem. § 78 Abs. 3 S. 2 auch im vereinfachten JVerfahren (OLG Düsseldorf NStZ 1999, 211) – als auch vor den allg. Strafgerichten (§ 104 Abs. 1 Nr. 11), wobei es dort aber hinsichtlich der JGH zu Einschränkungen aus Gründen der Staatssicherheit kommen kann (§ 104 Abs. 3). In Strafverfahren gegen **Heranwachsende** vor den JGerichten sind allein Abs. 2 und Abs. 3 anwendbar, während Abs. 1 durch die Vorgaben in § 109 Abs. 1 S. 3 und S. 4 ersetzt wird. Gem. § 112 S. 1 und S. 2 gilt dies in Verfahren vor den allg. Strafgerichten gleichermaßen (bei ggf. möglicher Einschränkbarkeit gem. § 104 Abs. 3).

Im **OWi-Verfahren** kann die Verwaltungsbehörde von der Hinzuziehung der JGH absehen, wenn (wie in den allermeisten Fällen) anzunehmen **2** ist, dass sie für deren Aufgaben ohne Bedeutung ist (n. → § 38 Rn. 74, → § 43 Rn. 5). Naturgemäß darf sie dann gem. § 46 Abs. 1, 6 OWiG auch auf eine Mitteilung iSv § 70 Abs. 1 verzichten (Seitz/Bauer in Göhler OWiG Vor § 67 Rn. 28; Schatz in Diemer/Schatz/Sonnen Rn. 2).

II. Mitteilung durch Strafverfolgungsinstitutionen

1. Gesetzesvorbehalt und -konkretisierung

Da Ermittlungsergebnisse und Entscheidungen innerhalb eines StVerf **3** häufig Anlass für behördliches oder gerichtliches Handeln im außerstrafrechtlichen Bereich geben, sehen zahlreiche Rechtsvorschriften für die verschiedensten Konstellationen eine **Mitteilungsbefugnis** (und bisweilen auch Mitteilungspflicht) vor (zur Frage des hier bestehenden Gesetzesvorbehalts vgl. bspw. von Wedel/Eisenberg NStZ 1989, 505 (507)). Das betrifft namentlich §§ 12 ff. EGGVG sowie eine Reihe besonderer Normen, zu denen auch Abs. 1 und die dort geregelten, erzieherisch begründeten Mitteilungen zählen (für weitere gesetzliche Mitteilungsregelungen s. → Rn. 12 ff.). Dies wird durch die besonderen Datenübermittlungs- bzw. Mitteilungsbefugnisse in §§ 474 ff. StPO (für die Justiz) und in den Landespolizeigesetzen (vgl. etwa für Bay Art. 56 ff. PAG für die Polizei) weiter ergänzt. Mitteilungen aus StVerf heraus, die über den Regelungsbereich dieser Rechtsgrundlagen hinausgehen, sind demgegenüber unzulässig (vgl. dazu etwa Ostendorf ZJJ 2007, 300 (300) anhand von „tagesaktuellen Intensivtäterlisten").

Die **Mistra,** bei der es sich letztlich um 17, nahezu wortgleiche Ver- **4** waltungsvorschriften des BMJV und der Landesjustizverwaltungen handelt (Anhang 3), hat hieran gemessen **normausfüllenden** Charakter. In ihr wird

näher bestimmt, wann eine Mitteilung zu erfolgen hat. Die Mistra begründet
für die Strafverfolgungsinstitutionen (StA und Gerichte) nämlich ggf. auch
dort eine Pflicht, wo die besagten Gesetze allein Mitteilungsermächtigungen
regeln; außerdem geht sie in der inhaltlichen Konkretheit über viele formal-
gesetzliche Vorgaben hinaus. Unabhängig davon fungiert sie als **Arbeits-
hilfe,** insofern sie die verschiedenen, gesetzlich bestimmten Mitteilungskon-
stellationen zusammenstellt, systematisiert und koordiniert. Auch werden die
Mitteilungsinhalte näher spezifiziert (vgl. Nr. 6 MiStra).

2. Mitteilungen gem. Abs. 1 S. 1

5   **a) Adressaten. aa) Schule.** Der vom Jugendlichen besuchten Schule
sind ggf. die Einleitung und der Ausgang des Verfahrens mitzuteilen (s. auch
§ 109 Abs. 1 S. 3). Für die Mitteilung spricht, dass das Interesse an diesen
Informationen mit Blick auf die schulische Aufgabenerfüllung (etwa Schutz
von Mitschülern) berechtigt sein kann (vgl. auch → § 5 Rn. 52). Gegen die
Mitteilung spricht (insbes. bei (noch) nicht abschließend aufgeklärtem Sachverhalt) die Gefahr, dass es womöglich zu **stigmatisierenden** informellen
oder formellen Reaktionen der Schule kommt und/oder dass die Schule als
Informationsquelle iSv § 43 Abs. 1 S. 1 und 2 ggf. an Zuverlässigkeit verliert
(vgl. n. auch → § 43 Rn. 21 f.). Deshalb ist die Begrenzung in Nr. 33 MiStra
(Mitteilung idR nur des Verfahrensausgangs) begrüßenswert. Aber auch
insofern bedarf es einer vorrangig am „Wohl" des Beschuldigten auszurich-
tenden **Abwägung** (BT-Drs. 11/5829, 29 und 43). Nur, wenn die erwartbaren Wirkungen für den Jugendlichen überwiegend günstig sein werden,
handelt es sich iSv Abs. 1 S. 1 um einen „geeigneten Fall", in dem die
Mitteilung zulässig ist (abw. Schatz in Diemer/Schatz/Sonnen Rn. 41: bei
Tatvorwürfen iZm Schulkontext regelmäßige Information der Schule). Im
Übrigen wird lediglich in Ausnahmefällen ein Anlass bestehen, bei Privat-
schulen zu anderen Bewertungen zu gelangen als bei öffentlichen Schulen
(ebenso Coen in BeckOK StPO MiStra 1 Rn. 36).

6   **bb) Familiengericht.** § 22a Abs. 1 FamFG verpflichtet das JGericht zur
Mitteilung an das FamG, wenn dessen Tätigkeit erforderlich ist. Für den JStA
sieht § 22a Abs. 2 FamFG dies ebenfalls vor, allerdings unter dem Vorbehalt
der Ermessensausübung und entgegenstehender schutzwürdiger Beschuldigteninteressen. Diese Vorgaben stehen neben der Bestimmung in Abs. 1 S. 1,
wobei durch die dortige Regelungsoffenheit eine **koordinierte** gleichartige
Interpretation möglich ist (so denn auch Nr. 31 MiStra). Bei der Mittei-
lungsentscheidung ist nicht nur zu berücksichtigen, ob das FamG Anlass für
die Einleitung erzieherischer Maßnahmen sehen könnte. Vielmehr ist auch
die Möglichkeit abträglicher Effekte kumulativer Interventionen in Rechnung zu stellen, die bei einer „multi-institutionellen" Aufmerksamkeit bestehen kann. Am ehesten kommt eine Mitteilung bei Notwendigkeit des
sofortigen familiengerichtlichen Einschreitens in Betracht (die Mitteilung
hierauf sogar beschränkend Sommerfeld in NK-JGG Rn. 3). Das kann bei
minderjährigen Zuwanderern, die unbegleitet eingereist sind, gegeben sein,
weil das FamG dank der Unterrichtung dann kurzfristig die Erforderlichkeit
einer Vormundschaft bzw. Pflegschaft prüfen kann (LG Rottweil NStZ-RR
2005, 220; Pawlischta in BeckOK JGG Rn. 12).

cc) JGH. Anders als bei Schule und FamG ist die JGH gem. Abs. 1 S. 1 **7** ausnahmslos immer über die Einleitung und den Ausgang des Verfahrens zu unterrichten (s. auch § 109 Abs. 1 S. 3). Hiervon kann auch bei einem sich abzeichnenden **Berichtsverzicht** iSv § 38 Abs. 7 nicht abgesehen werden (vgl. auch RegE BT-Dr. 19/13837, 62). Oft werden sich die Voraussetzungen eines Verzichts zum Mitteilungszeitpunkt iSv Abs. 2 (→ Rn. 10) noch gar nicht beurteilen lassen. Aber auch dort, wo der Verzicht bereits erklärt oder erwogen (und später erklärt) wird, bedarf es einer Information der JGH über die Verfahrenseinleitung – schon, um dem JAmt die Prüfung jugendhilferechtlicher Schritte zu ermöglichen (s. auch → § 38 Rn. 57). Abs. 1 S. 1 und Abs. 2 sehen auch gar keine Ausnahmen von der Mitteilungspflicht vor.

Das Spektrum der nach Nr. 32 MiStra **mitteilungsbedürftigen Um-** **8** **stände** geht über die Sachverhalte, die in Abs. 1 S. 1 genannt werden (vgl. erg. auch RL 2 zu § 1 und RL 2 zu § 42), deutlich hinaus. Die hierfür erforderlichen Befugnisnormen (→ Rn. 3 f.) finden sich in §§ 38, 50 und 72a. Die JGH ist bspw. nach **Nr. 32 Ziffer 5** MiStra über Ort und Zeit der HV zu informieren (§ 50 Abs. 3 S. 1; s. erg. RL 7 zu § 43). Unter **Nr. 32 Ziffer 3** MiStra fallen die vorläufige Unterbringung und der Haftbefehl (§§ 114, 126a Abs. 2 S. 1 StPO iVm § 2 Abs. 2) sowie die Unterbringungen gem. § 81 StPO iVm § 2 Abs. 2 sowie gem. § 73. Vorläufige Festnahmen sind unter den Voraussetzungen von § 72a Abs. 2 mitteilungspflichtig (Gertler in BeckOK StPO MiStra 32 Rn. 8). Sonstige Abläufe, die mit vergleichsweise kurzem Freiheitsentzug einhergehen, sind nicht von der Vorschrift erfasst (und für Fragen der JHilfe oft auch nur eingeschr. relevant). **Nr. 32 Ziffer 9** MiStra schließt im Hinblick auf § 38 Abs. 5 S. 5, Abs. 6 S. 1 auch Entscheidungen nach §§ 89a, 89b ein. – Agiert der Vertreter der JGH als Beistandsperson (§ 51 Abs. 6 und 7, § 67 Abs. 3, § 67a Abs. 4), können damit iÜ erweiterte Unterrichtungspflichten (§ 67a Abs. 2) einhergehen (→ § 67a Rn. 14).

b) Prozessuale Einzelheiten. aa) Allgemeine Vorgaben. Die Erfül- **9** lung von Mitteilungspflichten obliegt grds. dem **JGericht** und der **JStA.** Diese **Zuständigkeit** folgt aus ihrer Verfahrensherrschaft in den jeweiligen Verfahrensabschnitten und ergibt sich aus Nr. 4 MiStra und RL II. Nr. 4 zu §§ 82–85 sowie aus § 12 Abs. 1 EGGVG iVm § 2 Abs. 2. Manche Mitteilungen muss auch die **Polizei** vornehmen (→ Rn. 3), so va ggü. der JGH (→ Rn. 10 f.). Die Vorgaben zum Zeitpunkt der Mitteilungen variieren gem. den jeweiligen Einzelnormen und Nr. 6 MiStra.

bb) Einzelheiten bei Mitteilungen an die JGH. Aus § 38 Abs. 6 S. 2 **10** ergibt sich die Notwendigkeit einer weiteren, deutlich früheren Mitteilung, um eine rechtzeitige Stellungnahme der JGH zu ermöglichen (n. dazu → § 38 Rn. 34). Mit Blick auf die dahingehenden Anforderungen legt **Abs. 2** den **spätestmöglichen** Mitteilungs**zeitpunkt** fest. Dies ist die Ladung des Jugendlichen zur ersten Vernehmung als Beschuldigter (zur Forderung nach einem Beweisverwertungsverbot bzgl. der Vernehmung, falls eine vom Jugendlichen gewünschte Unterstützung durch die JGH durch Nichtmitteilung verhindert wird, s. Nix MschrKrim 1993, 183 (188)). Bei einer Sofortvernehmung (→ § 70c Rn. 29), der keine Ladung vorangehen konnte (Bsp.: spontaner Beginn nach Antreffen; direkter Übergang aus Zeugenvernehmung), muss die Mitteilung auf die schnellste organisierbare Weise **nachgeholt** werden (Abs. 2 S. 2). Im Einzelfall kann die Mitteilungspflicht iÜ auch **schon früher** einsetzen (→ § 38 Rn. 59), falls nämlich für die Polizei bereits davor „erkennbar wird, dass Leistungen der JHilfe infrage kommen" (PDV 382, 3.2.7), oder falls es zu einer vorläufigen Festnahme bzw. dem Erlass eines Haftbefehls kommt (§ 72a). Die Auffassung, der zufolge eine Mitteilung in gem. § 45 abgeschlossenen Verfahren ausscheide (Sommerfeld in NK-JGG Rn. 2), ist durch diese Vorgaben ersichtlich jede Grundlage entzogen.

11   Zuständig für die Mitteilung ist während des Ermittlungsverfahrens die **JStA** (vgl. § 160 StPO iVm § 2 Abs. 2 und Nr. 4 Abs. 1 Ziffer 1 MiStra). Praktisch erfolgt die Information der JGH idR aber durch die hiermit betraute **Polizei.** Inhaltlich werden die Angaben in der sehr frühen Phase dabei oft nur sparsam und formularmäßig erfolgen können. Mitteilungsbedürftige Umstände und Verfahrensereignisse iSv Nr. 32 MiStra, die danach eintreten, machen eine neuerliche Nachricht erforderlich. Die von der Polizei weitergegebenen Daten scheinen den vorgesehenen **Umfang** (→ Rn. 8) allerdings oft zu übersteigen (Gertler in BeckOK StPO MiStra 32 Rn. 5: Übersendung von Aktendoppel oder Aktenauszug). Diese Praxis kann sich nicht nur auf die Arbeit der JGH ungünstig auswirken (→ § 38 Rn. 32 f.), sondern ist auch mit Blick auf eine zw. Rechtsgrundlage bedenklich (unter Berufung auf § 13 Abs. 1 Nr. 1 EGGVG und Nr. 6 Abs. 2 MiStra dagegen befürwortend Kirchhoff NJW 2020, 1993 (1996)).

3. Mitteilungen gem. anderer Regelungen

12   **a) Innerstrafprozessuale Information.** Eine „abschließende gesetzliche Grundlage für Mitteilungs- und Benachrichtigungspflichten der StA und des JGerichts" (so Pawlischta in BeckOK Rn. 3) stellt Abs. 1 S. 1 nicht dar. Neben den in → Rn. 5 ff. erörterten Pflichten enthalten das JGG sowie das allg. StVR vielmehr noch weitere gesetzliche Mitteilungsregelungen im innerstrafprozessualen Kontext. **Während** des Verfahrens betrifft das namentlich die Notwendigkeit, gesetzliche Vertreter und **Erziehungsberechtigte** ins Bild zu setzen. Die dahingehenden Mitteilungen sind in §§ 67 Abs. 3 S. 3, 67a Abs. 1, Abs. 2 S. 2 und Abs. 5 sowie in § 109 Abs. 1 S. 3 und S. 4 geregelt (s. auch Nr. 34 MiStra). Unter den Voraussetzungen von § 67a Abs. 3 wird eine geeignete erwachsene Ersatzperson zum Mitteilungsempfänger (§ 67 Abs. 4 S. 1).

13   **Nach Abschluss** des Verfahrens bestehen Mitteilungspflichten gem. § 477 Abs. 2 StPO iVm § 2 Abs. 2 und Nr. 13 MiStra ggü. den in **Vollstr-** und Vollzugsfragen eingebundenen Institutionen (s. auch RL III. Nr. 1, IV. Nr. 2, V. Nr. 6, VI. Nr. 4 zu §§ 82–85). Auch in StVerf gegen Jugendliche oder Heranwachsende ergeben sich aus § 406d Abs. 1 und Abs. 2 Nr. 1 und 3 StPO iVm § 2 Abs. 2 zusätzliche Informationspflichten ggü. dem dabei beantragenden **Verletzten** (§ 373b StPO). Dagegen steht bei einer jugendorientierten Betrachtung (→ § 2 Rn. 15 ff., 51 ff.) den Anträgen gem. § 406d Abs. 2 Nr. 2 und 4 StPO idR ein überwiegendes schutzwürdiges Interesse entgegen. Ohnehin ist hier in Verfahren gegen Jugendliche vom Verletzten stets ein berechtigtes Interesse darzulegen, ohne dass ein Verzicht hierauf („ersichtlich ist") zulässig wäre (für Nr. 2 Hs. 2 ähnlich Schatz in Diemer/Schatz/Sonnen Rn. 15: nur in Fällen von § 80 Abs. 3).

14   Über den Verfahrensausgangs muss schließlich auch die **Polizei** informiert werden (§ 482 StPO iVm § 2 Abs. 2; s. auch Nr. 11 MiStra), und zwar seitens der JStA (vgl. auch Orschitt in BeckOK StPO MiStra 11 Rn. 6). Im JStV bestehen entgegen der ganz gängigen Praxis hierbei jedoch ganz erhebliche Einschränkungen, weil alle Informationen, die an das **Erziehungsregister** gemeldet werden, streng genommen aus der Mitteilung **herauszuhalten** wären (insbes. die Rechtsfolgen). Die Polizei soll über diese Informationen nicht verfügen – was daran zu erkennen ist, dass sie (anders als im allg. StR (s. § 41 Abs. 1 Nr. 5 BZRG)) diesbzgl. kein Auskunftsrecht hat (vgl. § 61 BZRG). Aus § 477 Abs. 2 StPO oder § 17 Nr. 1 EGGVG jeweils iVm § 2 Abs. 2 ergibt sich nur ausnahmsweise etwas anderes (abw. Schatz in Diemer/Schatz/Sonnen Rn. 12), weil es sowohl für die Vollstr bzw. Durchführung von Rechtsfolgen als auch für die polizeiliche Verfolgung anderer Straftaten lediglich in begründungsbedürftigen Einzelfällen erforderlich ist, dass die Polizei über die im Erziehungsregister enthaltenen Informationen zu anderen Taten verfügt.

b) Mitteilungen an außer-strafprozessuale Institutionen. Strafverfolgungsbehörden unterliegen iÜ einigen **sektoralen** Mitteilungspflichten ggü. nicht-strafprozessualen Behörden (wie bspw. gem. § 27 Abs. 3 und 4 BtMG oder mit Blick auf Soldatinnen und Soldaten gem. § 89 SG iVm § 115 BBG, s. auch Nr. 19 MiStra). Bzgl. **Nichtdeutscher,** die keine EU-Bürger sind, müssen die Einleitung eines JStV sowie die Anklageerhebung und der Erlass eines Haftbefehls der Ausländerbehörde mitgeteilt werden (§ 87 Abs. 4 AufenthG; vgl. auch § 32 Abs. 1 S. 3 und 4 StAG, §§ 74 AufenthV und § 11 FreizügG/EU). Die ausdifferenzierte Umsetzung dieser Vorgaben in **Nr. 42 MiStra** ist datenschutzrechtlich nicht unumstritten (Wußler in BeckOK StPO MiStra 42 Rn. 5). Ähnliche Verpflichtungen bestehen ggü. dem Bundesamt für Migration und Flüchtlinge (§ 8 Abs. 1a AsylG; s. auch Nr. 42a MiStra). **15**

§ 5 KKG sieht eine Pflicht der Strafverfolgungsbehörden vor, ermittlungsbedingt erlangte Hinweise auf eine **Kindeswohlgefährdung** dem JAmt mitzuteilen. Die Vorschrift betrifft zwar in erster Linie jene Fälle, in denen es um eine (sexuelle) Viktimisierung des Minderjährigen geht (BT-Drs. 19/26107, 122 ff.), doch erstreckt sie sich durch ihren weiten Wortlaut auch auf Gefährdungen, die sich in jugendlicher Delinquenz äußern. Wegen der ohnehin bestehenden Mitteilungspflichten ggü. der JGH (→ Rn. 7 f., 10 f., → § 38 Rn. 59) kommt die Vorschrift (samt der angehobenen Zuständigkeitsanforderungen in § 5 Abs. 1 S. 2 KKG) hier aber kaum zum Tragen. **16**

III. Mitteilung an Strafverfolgungsinstitutionen

1. Benachrichtigungspflichten gem. Abs. 1

Wird der JGH, dem FamG oder der Schule, denen die Einleitung eines JStV mitgeteilt wurde (→ Rn. 5 ff.), in der Folge ein **weiteres StVerf** gegen denselben Beschuldigten bekannt, haben sie diese Information weiterzugeben **(Abs. 1 S. 2).** Der richtige Empfänger ist stets der JStA, auch wenn sie selbst durch das JGericht ins Bild gesetzt worden waren (s. aber Pawlischta in BeckOK JGG Rn. 17: Doppel der Nachricht ans JGericht). Dadurch soll die Möglichkeit einer Verfahrensverbindung und einheitlichen Rechtsfolge (§§ 31, 32) sichergestellt werden. Ein diesbzgl. Bedarf besteht angesichts des länderübergreifenden Verfahrensregisters der StA (§§ 492 ff. StPO) aller- **17** dings nicht. Im Übrigen wird, da sich die geforderte Benachrichtigung auf Verfahren und nicht auf Straftaten bezieht, durch die Norm keine Strafanzeigepflicht begründet.

18   Das FamG muss gem. **Abs. 1 S.** 3 der JStA darüber hinaus auch die Interventionen mitteilen, die es ggü. dem besagten Beschuldigten angeordnet hat. Hierdurch soll im Interesse des Erziehungsauftrags (§ 2 Abs. 1) die Koordinierung jugendgerichtlicher und **familiengerichtlicher Maßnahmen** unterstützt werden (→ § 9 Rn. 8 f.). Eine Mitteilung bzgl. Jugendlicher, gegen die kein Verfahren anhängig ist, kommt nicht in Betracht (Schatz in Diemer/Schatz/Sonnen Rn. 47; Brunner/Dölling Rn. 8). Auch muss das FamG auf eine Benachrichtigung verzichten, wenn dies wegen überwiegender Gründe erforderlich ist. Diese können sowohl in der Person des Beschuldigten als auch anderer mitteilungsbetroffener Dritter liegen. Allerdings hat das FamG bei seiner Entscheidung neben der Verhältnismäßigkeit einer Mitteilung insbes. den erzieherischen Belangen des Jugendlichen Rechnung zu tragen.

2. Benachrichtigungspflichten gem. Abs. 3

19   Die Regelung in **Abs. 3 S.** 1 betrifft alle Varianten der „einstweiligen" Freiheitsentziehung – dh sämtliche Formen, die im JStV vor dessen rechtskräftigem Abschluss veranlasst werden können (s. BT-Dr. 19/13837, 31 f.: Polizeigewahrsam; U-Haft; Vollstreckung eines Europäischen Haftbefehls sowie Unterbringungen gem. § 126a StPO iVm § 2 Abs. 2, gem. § 73, gem. §§ 71 Abs. 2, 72 Abs. 4 oder gem. § 81 StPO iVm § 2 Abs. 2). Kommt es in deren Verlauf (ggf. infolge der entspr. landesrechtlichen Vollzugsvorschriften) zu einer **medizinischen** Untersuchung des Jugendlichen, sind die dabei ggf. anfallenden Informationen zur psychischen und physischen Verfassung des Jugendlichen von den Leitungen der jeweiligen Vollzugseinrichtungen unaufgefordert an die JStA und an das JGericht (da dieses in die Freiheitsentziehung eingebunden ist) weiterzugeben.

20   Mit Blick auf Art. 8 Abs. 2 RL (EU) 2016/800, dessen Umsetzung mit Abs. 3 ausdrücklich bezweckt wurde (BT-Dr. 19/13837, 62), existiert diese Pflicht allerdings nur bei bestimmten Feststellungen. Bei diesen muss die Möglichkeit bestehen, dass sie entweder für die (beständig und von Amts wegen vorzunehmende) Beurteilung der **Vernehmungs- und Verhandlungsfähigkeit** bedeutsam sind oder dass sie ggf. prozessuale Schutzvorkehrungen bei konkret absehbaren Ermittlungsmaßnahmen erfordern werden. Diese Relevanz muss jedenfalls bei **objektiver** Betrachtung denkbar sein („Anlass zu Zweifeln geben"). Die Pflicht entsteht also nicht erst, wenn die verpflichtete Stelle die jeweiligen Befunde für „durchschlagend" hält (zust. Sommerfeld in NK-JGG Rn. 13). Sind Untersuchungsergebnisse ggf. für andere jugendstrafrechtliche Fragen aufschlussreich (Reifeentwicklung usw) und/oder haben sie keinen medizinischen Charakter, kann sich die Befugnis (und womöglich auch Pflicht) zur Weitergabe allein aus anderweitigen Rechtsnormen ergeben (s. etwa → Rn. 21).

21   Von all dem unberührt bleibt die auf § 114e StPO iVm § 2 Abs. 2 beruhende und ähnlich strukturierte Mitteilungspflicht hinsichtlich der im U-**Haftvollzug** anfallenden Erkenntnisse (**Abs. 3 S. 2**). Die dort normierte Verpflichtung geht über die in Abs. 3 S. 1 geregelten Pflichten hinaus, da sie sich auch auf untersuchungsunabhängig entstehende und/oder **außermedi-**

zinische Erkenntnisse erstreckt (s. auch → § 89c Rn. 4 f.). Außerdem setzt sie lediglich voraus, dass diese Befunde „für die Aufgaben der Empfänger von Bedeutung" (ebenso auch bzgl. Abs. 3 S. 1 iÜ noch der RefE vom 11.10.2018) und der JStA oder dem JGericht nicht ohnehin schon bekannt sind. Dies ist typischerweise auch bei Informationen der Fall, die für die Einschätzung des Reifestandes oder der erzieherischen Indikation aussagekräftig sein können. Allerdings kommt es insofern auf die subjektive Einschätzung der Vollzugsanstalt an. – Aus Ländergesetzen können sich iÜ weitergehende Informationspflichten ergeben (§ 114e S. 2 StPO iVm § 2 Abs. 2).

IV. Rechtsschutz

Mitteilungen seitens der JStA sowie der JGerichte und Familiengerichte 22 stellen Justizverwaltungsakte dar, die nach §§ 23 ff. EGGVG einer gerichtlichen Überprüfung zugänglich sind. Erhalten Strafverfolgungsinstitutionen eine Mitteilung von öffentlichen Einrichtungen (JAmt/JGH, Schulen, Behörden), handelt es sich dagegen um Verwaltungsakte, für deren Anfechtung die Regelungen der VwGO maßgeblich sind (ebenso bspw. Kaspar in MüKoStPO Rn. 4).

Unterrichtung des Jugendlichen

70a (1) [1] Wenn der Jugendliche davon in Kenntnis gesetzt wird, dass er Beschuldigter ist, so ist er unverzüglich über die Grundzüge eines Jugendstrafverfahrens zu informieren. [2] Über die nächsten anstehenden Schritte in dem gegen ihn gerichteten Verfahren wird er ebenfalls unverzüglich informiert, sofern der Zweck der Untersuchung dadurch nicht gefährdet wird. [3] Außerdem ist der Jugendliche unverzüglich darüber zu unterrichten, dass

1. nach Maßgabe des § 67a die Erziehungsberechtigten und die gesetzlichen Vertreter oder eine andere geeignete volljährige Person zu informieren sind,
2. er in den Fällen notwendiger Verteidigung (§ 68) nach Maßgabe des § 141 der Strafprozessordnung und des § 68a die Mitwirkung eines Verteidigers und nach Maßgabe des § 70c Absatz 4 die Verschiebung oder Unterbrechung seiner Vernehmung für eine angemessene Zeit verlangen kann,
3. nach Maßgabe des § 48 die Verhandlung vor dem erkennenden Gericht grundsätzlich nicht öffentlich ist und dass er bei einer ausnahmsweise öffentlichen Hauptverhandlung unter bestimmten Voraussetzungen den Ausschluss der Öffentlichkeit oder einzelner Personen beantragen kann,
4. er nach § 70c Absatz 2 Satz 4 dieses Gesetzes in Verbindung mit § 58a Absatz 2 Satz 6 und Absatz 3 Satz 1 der Strafprozessordnung der Überlassung einer Kopie der Aufzeichnung seiner Vernehmung in Bild und Ton an die zur Akteneinsicht Berechtigten widersprechen kann und dass die Überlassung der Aufzeichnung oder die Herausgabe von Kopien an andere Stellen seiner Einwilligung bedarf,

5. er nach Maßgabe des § 67 Absatz 3 bei Untersuchungshandlungen von seinen Erziehungsberechtigten und seinen gesetzlichen Vertretern oder einer anderen geeigneten volljährigen Person begleitet werden kann,

6. er wegen einer mutmaßlichen Verletzung seiner Rechte durch eine der beteiligten Behörden oder durch das Gericht eine Überprüfung der betroffenen Maßnahmen und Entscheidungen verlangen kann.

(2) Soweit dies im Verfahren von Bedeutung ist oder sobald dies im Verfahren Bedeutung erlangt, ist der Jugendliche außerdem so früh wie möglich über Folgendes zu informieren:

1. die Berücksichtigung seiner persönlichen Verhältnisse und Bedürfnisse im Verfahren nach Maßgabe der §§ 38, 43 und 46a,

2. das Recht auf medizinische Untersuchung, das ihm nach Maßgabe des Landesrechts oder des Rechts der Polizeien des Bundes im Fall des einstweiligen Entzugs der Freiheit zusteht, sowie über das Recht auf medizinische Unterstützung, sofern sich ergibt, dass eine solche während dieses Freiheitsentzugs erforderlich ist,

3. die Geltung des Verhältnismäßigkeitsgrundsatzes im Fall des einstweiligen Entzugs der Freiheit, namentlich

   a) des Vorrangs anderer Maßnahmen, durch die der Zweck des Freiheitsentzugs erreicht werden kann,

   b) der Begrenzung des Freiheitsentzugs auf den kürzesten angemessenen Zeitraum und

   c) der Berücksichtigung der besonderen Belastungen durch den Freiheitsentzug im Hinblick auf sein Alter und seinen Entwicklungsstand sowie der Berücksichtigung einer anderen besonderen Schutzwürdigkeit,

4. die zur Haftvermeidung in geeigneten Fällen generell in Betracht kommenden anderen Maßnahmen,

5. die vorgeschriebenen Überprüfungen von Amts wegen in Haftsachen,

6. das Recht auf Anwesenheit der Erziehungsberechtigten und der gesetzlichen Vertreter oder einer anderen geeigneten volljährigen Person in der Hauptverhandlung,

7. sein Recht auf und seine Pflicht zur Anwesenheit in der Hauptverhandlung nach Maßgabe des § 50 Absatz 1 und des § 51 Absatz 1.

(3) Wird Untersuchungshaft gegen den Jugendlichen vollstreckt, so ist er außerdem darüber zu informieren, dass

1. nach Maßgabe des § 89c seine Unterbringung getrennt von Erwachsenen zu erfolgen hat,

2. nach Maßgabe der Vollzugsgesetze der Länder

   a) Fürsorge für seine gesundheitliche, körperliche und geistige Entwicklung zu leisten ist,

   b) sein Recht auf Erziehung und Ausbildung zu gewährleisten ist,

   c) sein Recht auf Familienleben und dabei die Möglichkeit, seine Erziehungsberechtigten und seine gesetzlichen Vertreter zu treffen, zu gewährleisten ist,

d) ihm der Zugang zu Programmen und Maßnahmen zu gewährleisten ist, die seine Entwicklung und Wiedereingliederung fördern, und

e) ihm die Religions- und Weltanschauungsfreiheit zu gewährleisten ist.

(4) Im Fall eines anderen einstweiligen Entzugs der Freiheit als der
Untersuchungshaft ist der Jugendliche über seine dafür geltenden
Rechte entsprechend Absatz 3 Nummer 2 zu informieren, im Fall
einer polizeilichen Ingewahrsamnahme auch über sein Recht auf die
von Erwachsenen getrennte Unterbringung nach den dafür maßgeblichen Vorschriften.

(5) § 70b dieses Gesetzes und § 168b Absatz 3 der Strafprozessordnung gelten entsprechend.

(6) Sofern einem verhafteten Jugendlichen eine schriftliche Belehrung nach § 114b der Strafprozessordnung ausgehändigt wird, muss
diese auch die zusätzlichen Informationen nach diesem Paragrafen
enthalten.

(7) Sonstige Informations- und Belehrungspflichten bleiben von
den Bestimmungen dieses Paragrafen unberührt.

Übersicht

I. Anwendungsbereich

Die Bestimmung gilt in Verfahren, die vor den JGerichten und allg. **1**
Strafgerichten (§ 104 Abs. 1 Nr. 11a) gegen **Jugendliche** oder **Heranwachsende** geführt werden, bei diesen allerdings beschränkt auf jene Informationen, die auch für 18- bis 21-Jährige im JStV von Bedeutung sind
(§§ 109 Abs. 1 S. 2, 112 S. 2). Für diese Einschränkung kommt es auf den

Zeitpunkt der Unterrichtung an (Schatz in Diemer/Schatz/Sonnen Rn. 3). Im vereinfachten Verfahren (§ 78 Abs. 3) ist die Vorschrift gleichermaßen anwendbar.

II. Grundlagen der gesetzlichen Unterrichtungspflichten

1. Entstehung und Funktion der Norm

2   Es muss davon ausgegangen werden, dass das Wissens- und Erfahrungs-defizit juristischer Laien (gemeinsam mit dem Bewusstsein der Vorwurfs-betroffenheit) für erhebliche Verunsicherungen im strafprozessualen Kontext sorgen kann und den Beschuldigten die Wahrnehmung der ihren Interessen dienenden Rechte erschwert (differenzierend Eisenberg/Kölbel Kriminolo-gie § 31 Rn. 26 ff. mwN). Bei Jugendlichen dürfte dieses Problem oftmals in gesteigertem Maße bestehen (ebenso RegE BT-Dr. 19/13837, 62). Die Bereitstellung von Informationen gilt daher (neben Fürsorgepflichten, an-waltlicher Unterstützung usw) traditionell als ein Mittel, um dem zu begeg-nen und den Beschuldigten ein möglichst situationsangemessenes Prozess- und Verteidigungsverhalten zu ermöglichen. So sieht auch **Art. 4 RL (EU) 2016/800** ein außerordentlich umfangreiches „Auskunftsrecht" der Jugend-lichen vor, das eine deutlich breitere Unterrichtung als die in Art. 3 RL (EU) 2012/13 geregelten Belehrungen umfasst. Zur Umsetzung dieser Vor-gaben bedurfte es folglich einer weitergehenden Normierung, die durch das Gesetz zur Stärkung der Verfahrensrechte von Beschuldigten im Jugendstraf-verfahren in Form von § 70a implementiert worden ist. Eine zentrale oder gar **abschließende** Regelung der prozessualen Aufklärung war damit aber **nicht** intendiert. Abs. 7 weist vielmehr ausdrücklich auf die Möglichkeit unberührt bleibender zusätzlicher Hinweis- und Informationspflichten hin.

2. Konzeption und Problematik der Norm

3   **a) Abgestufte Struktur der Rechtsinformation.** § 70a unterscheidet zwischen der **anlassabhängig** zu gewährleistenden Information **(Abs. 2–4),** die nur iZm mit bestimmten prozessualen Situationen oder Entscheidun-gen bereitgestellt werden muss, und einer stets erforderlichen allg. Unter-richtung **(Abs. 1),** die dem Beschuldigten in einer frühen Verfahrensphase eine **Grundorientierung** über prozessuale Abläufe und wesentliche Aspekte seiner Rechtsstellung verschaffen soll. Beides – sowohl die immer obliga-torische Basisaufklärung als auch die ereignisbezogene Instruktion – muss iÜ gleichermaßen ggü. den **Erziehungsberechtigten** bzw. gesetzlichen Ver-tretern erfolgen, damit der Jugendliche möglichst durch ein informiertes Umfeld unterstützt werden kann (→ § 67a Rn. 3 d f.).

4   **b) Verhältnis von Unterrichtung und Belehrung.** Belehrungen sind informatorische Akte mit **gesteigertem Relevanz**- bzw. Dringlichkeits-grad, weil sie unter Bezug auf **konkrete** Ermittlungsakte oder prozessuale Lagen erfolgen und jene Rechtskenntnis sicherstellen sollen, die für die **Nutzung** der dort jeweils bestehenden Rechte erforderlich ist. Die davon zu unterscheidenden „anderweitigen Informationen" klären dagegen über prozessuale Verläufe oder potenziell relevant werdende Verfahrensrechte auf und sorgen so für ein allgemeineres Orientierungsvermögen. Teilw. machen

sie auch mit Rechtspositionen bekannt, die von den Inhabern nicht durch eigenes Verhalten aktiviert werden müssen. Obwohl § 70a sowohl Belehrungen als auch „bloße" Informationen zu regeln scheint (die erste Kategorie etwa bei Abs. 1 S. 3 Nr. 4 und die zweite bspw. bei Abs. 1 S. 3 Nr. 3), bleibt in der Norm weitgehend offen, ob mit dem, was nach den genannten Kriterien wie eine Belehrung wirkt, tatsächlich eine solche im engeren (technischen) Sinne normiert werden soll (dies bspw. bei Abs. 1 Nr. 6 ausdrücklich vern. RegE BT-Dr. 19/13837, 63). Der Funktion von § 70a (Sicherstellung von Entscheidungskompetenz) am besten gerecht wird indes eine systematische Norminterpretation, der zufolge es bei Abs. 1 bis 4 **nicht um Belehrungspflichten** geht, sondern um ausnahmslos hinzutretende allgemeinere Aufklärungspflichten (dazu auch Kölbel NStZ 2021, 524 (525); zust. Sommerfeld in NK-JGG Rn. 1c; Höynck/Ernst StV 2022, 58 (61)). Dies signalisiert das Gesetz durch die Überschriften von § 70a und § 70b sowie durch die Klausel in Abs. 7. Insbes. aber wäre § 70b anderenfalls auf die Unterrichtung direkt anwendbar, was mit der Anordnung der lediglich entspr. Geltung (Abs. 5) nicht zu vereinbaren ist. Belehrungspflichten ergeben sich deswegen stets unabhängig von § 70a aus einer eigenen un-/geschriebenen Rechtsgrundlage. Ist der jeweilige Informationsgegenstand zusätzlich auch in Abs. 1–4 erfasst, besteht folglich eine **zweifache Aufklärungspflicht:** hierüber abstrakt zu unterrichten und konkret zu belehren (n. → Rn. 17).

c) Dysfunktionales informatorisches Übermaß. Dass § 70a auch dann 5 eine Unterrichtung einfordert, wenn über den Gegenstand darüber hinaus auch belehrt werden muss, wird vielen Beschuldigten als Überformalisierung erscheinen. Doch auch unabhängig von dieser Verdoppelung verpflichtet die Norm zu einer **übermäßig ausgreifenden Rechtsaufklärung** (bzw. sie hat dies wegen Art. 4 Abs. 1 RL (EU) 2016/800 vorzuschreiben). Während die in Abs. 2 – 4 geregelte Unterrichtung durch ihre Anlassbindung noch relativ überschaubar bleibt (→ Rn. 13 f.), ist der Informationskatalog, der gem. Abs. 1 jedem Beschuldigten zur Verfügung gestellt werden muss, außerordentlich umfangreich (→ Rn. 6 f.). Dass dies tatsächlich dazu beiträgt, Entfremdung, Verunsicherung und Desorientierung im JStV entgegenzuwirken, hat von Anbeginn berechtigte Zweifel geweckt. Wegen ihres Umfangs sind die Pflichtinformationen vielmehr geeignet, die **Distanz** zwischen formalisiertem Strafverfahren und jugendlicher Lebenswelt eher zu erweitern, als zu überbrücken (ebenso Sommerfeld ZJJ 2018, 296 (298 Fn. 21): kontraproduktiv wirkende Überfrachtung; Bock StV 2019, 508 (511): Gefahr der Überforderung; Schatz in Diemer/Schatz/Sonnen Rn. 6: „lebensfremde, nahezu groteske Überregulierung"). Angesichts dessen kommt es ganz wesentlich auf die Form des Informierens an, da die missliche Übermaß-Problematik durch die Präsentationsmodi etwas **gemildert,** bei ungünstiger Gestaltung aber eben umgekehrt auch noch verstärkt werden kann (n. dazu → Rn. 10 ff.). Außerdem liegt es in dieser Situation auch an der JGH, dem Jugendlichen bei der Bewältigung der Informationsflut zur Seite zu stehen (→ § 38 Rn. 15).

III. Allgemeine obligatorische Unterrichtung (Abs. 1)

1. Informationsinhalte

6   **a) Überblicksinformationen.** In Umsetzung von Art. 4 Abs. 1 S. 1 RL
(EU) 2016/800 muss der Jugendliche nach **Abs. 1 S. 1 und 2** zum in
→ Rn. 8 bezeichneten Zeitpunkt mit dem strafprozessualen Kontext vertraut
gemacht werden. Dies betrifft einmal die **Grundzüge des JStV,** dh die
wichtigsten Beteiligten, die einzelnen Verfahrensstadien und die verschiedenen Entscheidungsmöglichkeiten. Zum anderen ist er über „die nächsten
anstehenden Schritte" aufzuklären. Damit sind die den prozessualen Fortgang bewirkenden Entscheidungen und nicht etwa bevorstehende Ermittlungsmaßnahmen gemeint. Der hier in Abs. 1 S. 2 vorgesehene Vorbehalt
(keine oder erst später erfolgende Mitteilung, wenn eine Beeinträchtigung
der Ermittlungen zu befürchten ist) dürfte bei diesen Hinweisen verfahrenspraktisch kaum bedeutsam werden (abw. offenbar RegE BT-Dr. 19/13837,
62 unter Hinweis auf § 33 Abs. 4 StPO).

7   **b) Unbedingte Rechte-Informationen.** Art. 4 Abs. 1 RL (EU) 2016/
800 verlangt nicht nur hinsichtlich der genannten allg. Aspekte der Verfahrensdurchführung, sondern auch bzgl. der Beschuldigtenrechte eine Unterrichtung. Dies soll, anders als bei Belehrungen im engeren und technischen Sinne (→ Rn. 4), nicht (nur/erst) dann geschehen, wenn die
Rechtswahrnehmung virulent werden kann, sondern stets und „umgehend".
Deswegen schreibt **Abs. 1 S. 3 Nr. 1–6** vor, den Jugendlichen im Zuge der
Erstunterrichtung immer auch über die ihm nach Art. 5 ff. RL (EU) 2016/
800 zustehenden, besonderen Rechte ins Bild zu setzen. Das konkret geforderte Informationsspektrum wird in der Regelung selbsterklärend aufgeführt. Insofern handelt es sich um eine **Direkttransformation** von Art. 4
Abs. 1 Buchst. a) i)–iv) sowie b) vi RL (EU) 2016/800, wobei der in Art. 4
Abs. 1 Buchst. a) v) RL (EU) 2016/800 vorgesehene Hinweis auf die Prozesskostenhilfe durch Abs. 1 S. 3 Nr. 2 abgedeckt wird (zum Ganzen auch
RegE BT-Dr. 19/13837, 63 f.).

2. Zeitpunkt und Zuständigkeit

8   Die allg. Unterrichtung iSv Abs. 1 muss zu dem (meist) sehr **frühen
Verfahrenszeitpunkt** erfolgen, in dem der Beschuldigtenstatus zu eröffnen
ist – also typischerweise zu Beginn der Erstvernehmung oder vor einer
anderen belehrungspflichtigen Ermittlungsmaßnahme. **Ausnahmen** von
dieser Unterrichtungspflicht sind **nicht** vorgesehen (Schatz in Diemer/
Schatz/Sonnen Rn. 4). Auch bei geringfügigen Verdachtsgegenständen
und/oder in Verfahren mit zu erwartender alsbaldiger Einstellung kann
hierauf also nur verzichtet werden, wenn das Verfahren ohne Beschuldigten-
kontakt (dh idR ohne Vernehmung) eingestellt wird (weitergehend Sommerfeld in NK-JGG Rn. 1e: auch, falls Information dem Kindeswohl zu-
widerlaufend). Dass der Informationspflicht entsprochen wurde, ist iÜ in
den Akten zu **dokumentieren (Abs. 5** iVm § 168b Abs. 3 StPO).

9   **Verantwortlich und zuständig** ist die das Verfahren zum fraglichen
Zeitpunkt jeweils durchführende Strafverfolgungsinstitution – konkret also

jene Amtsperson, die die pflichtenauslösende Vernehmung oder Ermittlungsmaßnahme durchführt. Dabei handelt es sich nur selten um den JStA, sondern meist um Sachbearbeiter der Polizei, teilw. sogar um den Streifendienst vor Ort (va bei vorläufigen Festnahmen und/oder Sofortvernehmungen). In Fällen der notwendigen Verteidigung, in denen das JGericht wegen der Bestellung eines Pflichtverteidigers bereits im Vorfeld der Erstvernehmung beim Beschuldigten wegen der **Verteidigerwahl anfragen** muss (→ § 68a Rn. 8, 19 ff.), setzt dagegen der zuständige JRichter damit den Jugendlichen faktisch auch über die Beschuldigung in Kenntnis. Dann obliegt ihm zugleich die Unterrichtungspflicht.

3. Form des Informierens

Abs. 5 stellt durch den Verweis auf § 70b klar, dass die Unterrichtung iSv **10** Abs. 1 sprachlich so gestaltet sein muss, dass sie den altersgruppentypischen und individuellen **Verständnisfähigkeiten** des jeweiligen Adressaten entspricht (vgl. auch Art. 4 Abs. 2 RL (EU) 2016/800). Darüber hinaus gehende Vorgaben macht die Vorschrift nicht. Insbes. gibt sie weder eine verschriftete noch eine mündliche Darstellung vor (zu Ausnahmen in Festnahmefällen s. → Rn. 15). Angesichts des Informationsumfangs drängt sich für die Praxis allerdings generell (zumindest für große Teile) ein **schriftliches** Vorgehen auf (vgl. RegE BT-Dr. 19/13837, 45: Merkblätter und Informationsmaterial). Bei Bedarf müssen die entspr. Informationsblätter allerdings auch in fremdsprachigen Varianten übergeben werden (§ 114b Abs. 1 S. 1 StPO analog iVm § 2 Abs. 2).

Diese Informationsweise darf nicht allein durch institutionelle Praktikabi- **11** litätsbelange geleitet sein. Vielmehr sind die erheblichen Schwierigkeiten von (gerade auch jungen) Beschuldigten, die ihnen erteilten Rechtsaufklärungen zu begreifen und zur Handlungsgrundlage machen zu können (n. dazu → § 70b Rn. 3), eigens zu berücksichtigen. Wenn Rechtsinformationen in Formularen oder in anderer Schriftform vorgelegt werden, erweisen diese sich **sprachlich und inhaltlich oft als zu komplex,** um von den meisten Jugendlichen vollständig verstanden zu werden (empirisch etwa Freedman/Eastwood/Snook/Luther Applied Cognitive Psychology 2014, 427; Eastwood/Snook/Luther Crime & Delinquency 2015, 798). Allerdings können die Aussichten, dass sich Belehrungen und Rechtsinformationen den adressierten Jugendlichen erschließen, mit altersgerechten Textfassungen durchaus gesteigert werden (empirisch dazu Rogers/Blackwood/Fiduccia ua Criminal Justice and Behavior 2012, 229). Gem. Abs. 5 iVm § 70b sind die informierenden Strafverfolgungsbehörden verpflichtet, diese Möglichkeiten auszuschöpfen und sprachliche Fassungen zu wählen, die an die **Kommunikationsgewohnheiten** Jugendlicher angepasst sind.

Schriftliche Unterrichtungen iSv Abs. 1 stoßen jedoch auch unter dieser **12** Voraussetzung an Grenzen. So lassen sich zwar die Grundzüge des JStV und die in Abs. 1 S. 3 genannten Rechte in Merkblätter fassen, nicht aber die Darstellungen der „nächsten anstehenden Schritte" (→ Rn. 6), die wegen ihrer Einzelfallabhängigkeit nur mündlich erläutert werden können (Sommerfeld ZJJ 2018, 296 (298)). Zeigt der Beschuldigte erkennbar Schwierigkeiten beim Verständnis der schriftlich erteilten Information, müssen diese ohnehin durch **weitergehende** individualisierte **Erläuterungen** behoben werden (vgl. ähnlich auch § 114b Abs. 1 S. 2 StPO). Mit Blick auf den

Zweck der Unterrichtung und die Prinzipien des JStV (§ 2 Abs. 1) steht eine kaum oder gar unverständliche Aufklärung in ihrer Rechtswidrigkeit einer unterbliebenen Aufklärung nämlich gleich.

IV. Anlassabhängige Unterrichtung (Abs. 2–4)

1. Bedingte Rechte-Informationen

13　Art. 4 Abs. 1 RL (EU) 2016/800 verlangt relativ umfangreiche Allgemeininformationen (→ Rn. 6 f.), was der sinnvollen und naheliegenden Maßgabe, dass der Unterrichtungsumfang (va in Bagatellsachen) „von den Umständen des Falles abhängen" soll (RL (EU) 2016/800 Erwgr. 19 S. 3), letztlich nur eingeschränkt folgt (krit. → Rn. 5). Umgesetzt wird dieser Gedanke allein durch die Abschichtung einer Kategorie von Hinweisen, derer es (erst) in „der frühestmöglichen geeigneten Phase des Verfahrens" bedarf. In § 70a ist dies in Form einer **differenzierten Bedingtheit** umgesetzt worden: Informationen, die sich auf eine Freiheitsentziehung beziehen, sind dem Jugendlichen (erst) bei Vornahme einer solchen zu geben (→ Rn. 15). Über einige andere Rechtspositionen – namentlich die in Abs. 2 Nr. 1, 6 und 7 genannten – ist er dagegen (erst) bei deren „Bedeutsamwerden" aufzuklären. Mit Blick auf den Normzweck von § 70a bedeutet dies, dass die Informationspflicht entsteht, **sobald** die (sich beim Beschuldigten ergebende) **potenzielle Handlungsrelevanz** des fraglichen Wissens für die jeweils tätig werdende Strafverfolgungsinstitution erkennbar wird.

14　Bei den Rechtspositionen, die sich aus § 50 Abs. 1 und 2 sowie aus § 51 ergeben (Abs. 2 **Nr. 6** und **Nr. 7**), ist dies der Zeitpunkt, zu dem ggü. dem Jugendlichen das Bevorstehen einer HV bekanntgemacht wird – also mit Mitteilung der Anklageschrift gem. § 201 StPO iVm § 2 Abs. 2 (Sommerfeld in NK-JGG Rn. 5b) oder spätestens mit der Ladung (in die die Information eingebunden werden kann). Der Hinweis iSv Abs. 2 **Nr. 1** muss dagegen erfolgen, sobald tatsächlich eine Ermittlung persönlicher Umstände gem. § 43 erfolgen soll – dh also sobald die JGH über das Verfahren informiert wird, ohne dass die StA wegen einer absehbaren Einstellung zugleich einen Berichtsverzicht (→ § 38 Rn. 79, → § 46a Rn. 3 f.) erklärt. Im Hinblick darauf, dass die Einbindung der JGH sehr früh erfolgen muss (→ § 38 Rn. 36, → § 70 Rn. 10 f.) und eigentlich immer eine Berücksichtigung der persönlichen Verhältnisse zu erfolgen hat, ist es angängig (oder gar angezeigt), die dahingehende Unterrichtung in die allg. Rechte-Information (→ Rn. 7) aufzunehmen (zust. Sommerfeld in NK-JGG Rn. 5b).

2. Informationen bei Freiheitsentziehungen

15　Mit Anordnung von U-Haft, die auch vollstreckt werden soll (RegE BT-Dr. 19/13837, 64), ist der Jugendliche gem. **Abs. 3** vom Trennungsgrundsatz und einigen zentralen vollzugsrelevanten Rechtspositionen in Kenntnis zu setzen (dies jeweils an den einschlägigen Regelungen der VollzG der Länder ausgerichtet). Zu ergänzen ist dies um die in **Abs. 2 Nr. 2–5** genannten Informationen, die sich auf weitere Rechte beim Vollzug vorläufiger Freiheitsentziehungen sowie auf anordnungs- bzw. überprüfungsrelevante Prinzipien und Vorgaben beziehen. Das Bedeutsamwerden als dafür vorgesehener **Informationszeitpunkt** liegt nach dem in → Rn. 13 genannten Kriterium nämlich ebenfalls (erst) bei Anordnung des Vollzugs – also nicht bei einem außer Vollzug gesetzten Haftbefehl – vor (ebenso Sommerfeld in NK-JGG Rn. 5b). Im Falle der Anordnung einer zu vollstreckenden anderen Form der vorläufigen Freiheitsentziehung (RegE BT-Dr. 19/13837, 31 f.: Polizeigewahrsam; Vollstreckung eines Europäischen Haftbefehls; Unterbringung gem. § 126a StPO iVm § 2 Abs. 2, gem. § 73, gem. §§ 71 Abs. 2, 72 Abs. 4 oder gem. § 81 StPO iVm § 2 Abs. 2) gelten nach **Abs. 4** die gleichen, aber entspr. anzupassenden Unterrichtungspflichten (abgesehen vom Trennungsgrundsatz (Hinweis nur bei Polizeigewahrsam obligatorisch) und von Abs. 2 Nr. 4 und 5 (nur bei Europäischem Haftbefehl)).

3. Unterrichtungsmodalitäten

Aus den in → Rn. 14 f. genannten Informationsanlässen ergibt sich, dass **16** die Unterrichtung idR durch das Gericht, dh den **JRichter** erfolgen muss (s. auch → Rn. 9). Ihm obliegt dann auch die Dokumentation (Abs. 5 iVm § 168b Abs. 3 StPO). Hinsichtlich der – notwendig jugendgemäß zu gestaltenden – Unterrichtungsform gelten sodann die Erläuterungen in → Rn. 10 ff. entsprechend. Erneut darf die Unterrichtung also in anlassbezogen gefassten **Informationsblättern** erfolgen. Soweit gem. § 114b Abs. 1 S. 1 StPO iVm § 2 Abs. 2 ohnehin eine schriftliche Belehrung zu erfolgen hat (bei **U-Haft,** anderen Haftbefehlen, vorläufiger Festnahme und Festhalten zur Identitätsfeststellung), ist dies sogar zwingend, denn dann muss die Unterrichtung in diese Belehrung integriert werden **(Abs. 6).** Inhaltlich betrifft dies alle Informationen nach Abs. 2–4 (bei Erstkontakt mit dem Beschuldigten auch nach Abs. 1). Soweit über jene Inhalte nicht ohnehin schon gem. § 114b Abs. 2 StPO iVm § 2 Abs. 2 zu belehren ist, sind sie in den auszuhändigenden „Letter of Rights" aufzunehmen (weshalb dieser im JStV umfangreicher als im allg. StVerf sein muss).

V. Parallele Belehrungen (Abs. 7)

Dass es sich bei den Informationen gem. § 70a nicht um Belehrungen **17** handelt (→ Rn. 4) und Belehrungspflichten von der Unterrichtungspflicht unberührt bleiben (Abs. 7), macht bei einer Reihe von Gegenständen eine doppelte Aufklärung erforderlich. Nach Abs. 1–4 müssen die Strafverfolgungsinstitutionen den Jugendlichen zu den jeweils bezeichneten Zeitpunkten gleichsam **abstrakt** über die jeweils benannten Rechtslagen und subjektiven Rechte ins Bild setzen (idR durch eine schriftliche Übersicht oder Zusammenstellung). Auch wenn dies pflichtgemäß erfolgt, bedarf es **obendrein** aber ggf. noch einer konkret anlassbezogenen (meist mündlichen) Belehrung. Dies ist dann der Fall, wenn erstens eine Belehrungspflicht besteht, zweitens die betr. Rechte einschlägig werden und drittens der jeweils vorgegebene Belehrungszeitpunkt eintritt (ebenso wohl auch Sommerfeld ZJJ 2018, 296 (298)). So ist der Jugendliche bspw. über die Widerspruchsmöglichkeit iSv § 58a Abs. 3 S. 1 zunächst (beim Erstkontakt) allg. zu informieren (Abs. 1 S. 3 Nr. 4) und später noch einmal eigens zu belehren, sofern und sobald es tatsächlich zu einer audiovisuellen Aufzeichnung kommt (§ 70c Abs. 2 S. 4 iVm § 58a Abs. 3 S. 4 StPO). Allerdings kann der Belehrungszeitpunkt durchaus früher liegen und bei manchen Rechten mit den Informationszeitpunkten iSv Abs. 1–4 sogar **zusammenfallen,** etwa bei Rechtsbehelfsbelehrungen (zur Unterrichtung s. Abs. 1 S. 3 Nr. 6) oder beim elterlichen Konsultationsrecht im Falle einer Erstvernehmung (zur Belehrung s. → § 67 Rn. 11d; zur Unterrichtung s. Abs. 1 S. 3 Nr. 5). Dann müssen in der fraglichen Situation beide gegenstandsgleichen Aufklärungspflichten sinnvoll verbunden und gemeinsam (in der förmlichen Belehrung) umgesetzt werden (so wohl auch Sommerfeld in NK-JGG Rn. 9b; für ein gesetzliches Bsp. s. → Rn. 16). Belehrungskonstellationen, die im Rahmen der von Abs. 1–4 geforderten Aufklärung gar nicht zu thematisieren sind (vgl. etwa § 136 Abs. 1 StPO iVm § 2 Abs. 2), werden von § 70a dagegen überhaupt nicht tangiert.

VI. Fehlerfolgen

18 Die Unterscheidung von allgemeinen Informationen und Belehrungen im engeren Sinne (→ Rn. 4) hat Konsequenzen bei auftretenden Fehlern: Unterbleibt eine erforderliche Belehrung, wird dies durch die allg. (und sich ggf. deckenden) Informationen iSv § 70a **nicht kompensiert.** Ob dies weitergehende Folgen hat (va ein Beweisverwertungsverbot), bestimmt sich daher nach den jeweiligen Regeln des fraglichen Belehrungsmangels. Ebenso verhält es sich, wenn neben der Belehrung auch die Unterrichtung nach § 70a versäumt wurde. Dagegen wird eine Verletzung von Abs. 1–4 in ausreichender Weise korrigiert, falls es anschließend zu einer Belehrung hinsichtlich der fraglichen Rechtsposition kommt und deren Kenntnis beim Beschuldigten so doch noch informatorisch gewährleistet wird (zur Heilung bei ähnlich gelagerten Verstößen gegen § 114b Abs. 2 StPO s. Böhm/Werner in MüKoStPO StPO § 114b Rn. 23 und 25). Eigenständige Bedeutung hat ein Verstoß gegen Abs. 1–4 nur bei Hinweisen, die nicht zugleich auch Gegenstand einer später oder parallel erforderlichen Belehrung sind. Dabei geht es aber um Informationen allgemeiner Art, die sich nur selten in der Nicht-/Wahrnehmung konkreter Rechte niederschlagen. Ein Verwertungsverbot ist hier allein in Ausnahmefällen denkbar, in denen eine Desorientierung aufrechterhalten wird, die sich (einem **Belehrungsmangel gleichend**) in irrtumsgetragenem Prozessverhalten niederschlägt.

Belehrungen

70b (1) [1]**Vorgeschriebene Belehrungen des Jugendlichen müssen in einer Weise erfolgen, die seinem Alter und seinem Entwicklungs- und Bildungsstand entspricht.** [2]**Sie sind auch an seine anwesenden Erziehungsberechtigten und gesetzlichen Vertreter zu richten und müssen dabei in einer Weise erfolgen, die es diesen ermöglicht, ihrer Verantwortung im Hinblick auf den Gegenstand der Belehrung gerecht zu werden.** [3]**Sind Erziehungsberechtigte und gesetzliche Vertreter bei der Belehrung des Jugendlichen über die Bedeutung vom Gericht angeordneter Rechtsfolgen nicht anwesend, muss ihnen die Belehrung darüber schriftlich erteilt werden.**

(2) **Sind bei einer Belehrung über die Bedeutung der Aussetzung einer Jugendstrafe zur Bewährung oder über die Bedeutung des Vorbehalts einer diesbezüglichen nachträglichen Entscheidung auch jugendliche oder heranwachsende Mitangeklagte anwesend, die nur zu Erziehungsmaßregeln oder Zuchtmitteln verurteilt werden, soll die Belehrung auch ihnen ein Verständnis von der Bedeutung der Entscheidung vermitteln.**

I. Anwendungsbereich

Die Vorschrift gilt für **Jugendliche** in Verfahren sowohl vor den JGe-   1
richten wie auch vor den für allg. Strafsachen zuständigen Gerichten (§ 104
Abs. 1 Nr. 11b). Auf **Heranwachsende** findet sie zumindest teilw. – nämlich auf Abs. 1 S. 1 und Abs. 2 beschränkt – Anwendung (§ 109 Abs. 1).
Ausweislich des gesetzessystematischen Normstandortes (Unterabschnitt
„Gemeinsame Verfahrensvorschriften") handelt es sich (besonders in Abs. 1)
um eine allg. jugendstrafverfahrensrechtliche Regelung. Sie ist also im **gesamten Erkenntnisverfahren** zu berücksichtigen (vgl. aber § 83 Abs. 3
S. 2 für das Vollstr-Verfahren).

II. Die Regelung in Abs. 1 S. 1

1. Bedeutung und Zweck

Abs. 1 S. 1 hebt die „natürliche" Voraussetzung einer Belehrung hervor,   2
dass jeder Adressat deren Inhalt, Bedeutung und Tragweite **erfassen kann**
(s. RL 2016/800 Erwgr. 13a S. 2). Das Gebot, die Aufklärung entspr. zu
gestalten, ist funktionsimmanent und im Grunde so selbstverständlich, dass es
(ohne eigene Positivierung) auch bei Erwachsenen (Kölbel in MüKoStPO
StPO § 163a Rn. 37) und bei Zeugen (Schatz in Diemer/Schatz/Sonnen
Rn. 3) zu berücksichtigen ist. De facto wird es aber nur bedingt eingelöst.
Die internationale, vorwiegend experimentell vorgehende Forschung zeigt
mit großer Klarheit, das strafprozessuale Belehrungen von ganz erheblichen
Anteilen ihrer Adressaten lediglich **ausschnittsweise verstanden** werden
(Fenner/Gudjonsson/Clare J of Community & Applied Social Psychology
2002, 83; Eastwood/Snook Behavioral Sciences & Law 2009, 366). Dies ist
keinesfalls allein mit Erfahrungsdefiziten oder kognitiven Einschränkungen
der Belehrten zu erklären, sondern beruht wesentlich auch auf den Bedingungen dieses spezifischen Informationstransfers (Chaulk/Eastwood/Snook
Canadian Journal of Criminology and Criminal Justice 2014, 323; Rendall/
MacMahon Psychiatry, Psychology and Law 2021, 70). Durch eine Präsentation in Schriftform verbessert sich zwar die Verstehensrate. Auch wirken sich
Vereinfachungen der grammatischen Struktur und andere verständlichkeits-
steigernde Maßnahmen (Wiederholungen, Aufmerksamkeitsmarker, Text-
strukturierung usw.) bei mündlichen und/oder schriftlichen Belehrungen
durchaus positiv aus. Jedoch werden hierdurch allein begrenzte und keineswegs umfassende Verstehens-Wirkungen erreicht (Eastwood/Snook/Chaulk
Criminal Justice and Behavior 2010, 453; Hughes/Bain/Gilchrist/Boyle

Psychology, Crime & Law 2013, 549; Snook/Luther/Eastwood Legal and Criminological Psychology 2016, 174).

3   Diese für die prozedurale Fairness abträgliche Situation scheint bei **jugendlichen** Beschuldigten **noch stärker** als bei Erwachsenen ausgeprägt zu sein. Sie haben den professionellen Strafverfolgungsakteuren nicht nur weniger entgegenzusetzen (→ Einl. Rn. 48, → § 68 Rn. 23, → § 70c Rn. 8, 10). Vielmehr sind sie auch über ihre Rechte kaum im Bild, da sich ihnen der Inhalt und die Relevanz strafprozessualer Rechtsbelehrungen nur ausschnittsweise erschließt (Feld in Bishop/Feld (Hrsg.) The Oxford Handbook of Juvenile Crime and Juvenile Justice, 2012, 669 f.; Panzavolta ua in Vanderhallen ua (Hrsg.) Interrogating Young Suspects, 2016, 323 f.; Sharf/Rogers/Williams/Drogin Psychological Assessment 2017, 556; Goldstein/Kelley/Peterson ua in APA Handbook, 467 ff.; Sim/Lamb Psychology, Crime & Law 2018, 851; Kemp/Watkins Youth Justice 2021 (Online First); speziell zu schriftlichen Aufklärungen und Informationen → § 70a Rn. 11). In der Praxis werden diese Schwierigkeiten durch die Neigung zu einer routinierten, formalisierten und **standardisierten Belehrungsform** (s. für die Polizei Capus/Stoll/Studer MschrKrim 2016, 42 (47 ff.); mwN auch Eisenberg/Kölbel Kriminologie § 28 Rn. 27; speziell für das JStV international etwa Sim/Lamb Psychology, Crime & Law 2018, 851; McCardle/Luther/Snook Youth Justice 2021, 299) weiter verstärkt. Dieser grundlegenden Problemlage soll Abs. 1 S. 1 entgegenwirken.

2. Vorgaben von Abs. 1 S. 1

4   Vor diesem Hintergrund verlangt die Norm ausdrücklich, dass sich die Art und Weise jeder Belehrung im JStV an den für die Altersgruppe typischen Kommunikationsformen und Verständnispotenzialen ausrichtet („Alter") sowie an dem individuellen Entwicklungs- und Bildungsstand orientiert (für Beschuldigte, die der deutschen Sprache nicht mächtig sind, s. erg. auch § 163a Abs. 5 StPO iVm § 2 Abs. 2). Die belehrende Person muss sicherstellen, dass die Belehrung für den Jugendlichen **konkret begreifbar** ist (n. dazu auch Riekenbrauk ZJJ 2014, 200 (201 ff.); zur redaktionellen Anpassung von Abs. 1 S. 1 an Art. 13 Abs. 2 RL (EU) 2016/800 und Erwgr. 44 s. RegE BT-Dr. 19/13837, 66). Das setzt Kompetenzen voraus, die in den Strafverfolgungsinstitutionen ohne entspr. Schulung nicht vorausgesetzt werden können (s. daher → § 37 Rn. 3 ff.). Die Frage, ob die Belehrung in mündlicher oder schriftlicher Form erfolgen soll, wird von der Vorschrift offengelassen. Da sich der Vernehmende allerdings idR vergewissern muss, dass der Belehrungsinhalt vom Belehrungsempfänger verstanden worden ist, bedarf es in beiden Varianten ggf. einer mündlichen Zusatzerläuterung.

5   Eine Belehrung, die entweder allg. missverständlich formuliert ist oder den genannten, altersbezogenen Anforderungen nicht genügt, ist **unwirksam** und steht daher einer unterlassenen Belehrung gleich. Die Konsequenzen hängen vom jeweiligen Zusammenhang ab. Erfolgt bspw. die nach § 60 Abs. 1 S. 2 erforderliche Belehrung in unzulänglicher Weise, kann dies gegen die Beharrlichkeit eines Weisungs- oder Auflagenverstoßes sprechen und den Bewährungswiderruf ausschließen (→ §§ 26, 26a Rn. 13; → § 60 Rn. 15). Ist eine Belehrung in einer polizeilichen Vernehmung mangelhaft, weil der Beschuldigte einem gesteigerten vorwurfsbedingten Stress unterliegt (zu Auswirkungen s. Scherr/Madon Law & Human Behavior 2012, 275)

und die Belehrungsperson dem in ihrem Belehrungsverhalten keine Rechnung trägt, kommt hinsichtlich der Aussagen ein Verwertungsverbot in Betracht (ebenso unter Hinweis auf die Beweisproblematik Schatz in Diemer/Schatz/Sonnen Rn. 14). Verwertbar ist die betr. Beschuldigtenaussage nach entspr. mangelhafter Belehrung nur dann, wenn der Jugendliche den Belehrungsinhalt trotz seines Zustandes zweifelsfrei kannte (BGHR StPO § 136 Belehrung 17 = BGH BeckRS 2010, 14686 mAnm Petzolt/Englert StRR 2015, 404; dazu und zur ggf. bestehenden Notwendigkeit einer qualifizierten Folgebelehrung bspw. auch Kölbel in MüKoStPO StPO § 163a Rn. 52 f.; Eisenberg StV 2013, 44 (44); s. ferner → § 70c Rn. 15).

III. Die übrigen Regelungen

1. Abs. 1 S. 2 und 3

Die Vorschriften stehen in einem Funktionszusammenhang mit dem um- **6** fassenden Unterrichtungsrecht der Erziehungsberechtigten und gesetzlichen Vertreter (→ § 67a Rn. 2) und verfolgen daher eine gemeinsame Zweckrichtung: In erster Linie sollen die Eltern durch die Rechtsaufklärung in den Stand versetzt werden, dem Jugendlichen in der Konfrontation mit den Strafverfolgungsinstitutionen **unterstützend** zur Seite zu stehen (→ § 67 Rn. 4, → § 67a Rn. 4). Daneben ergibt sich ihr Belehrungsanspruch aber auch aus ihrem Erziehungsrecht (Art. 6 Abs. 2 GG). Außerdem soll speziell bei Belehrungen mit Rechtsfolgenbezug ihre kooperative Haltung gewährleistet werden, aus der heraus die Umsetzung der später verhängten Rechtsfolgen von ihnen gefördert wird und ein ablehnendes Agieren ggü. der BewHilfe oder JGH bei der Maßnahmendurchführung unterbleibt.

Angesichts dieser Ziele sind Erziehungsberechtigte und gesetzliche Ver- **7** treter im Falle ihrer Anwesenheit (§ 67 Abs. 3) über die Rechte des Beschuldigten (oder andere rechtliche Gegebenheiten) **im gleichen Maße zu belehren wie dieser selbst.** Dem Belehrungszweck entspr. muss dies in einer für sie verständlichen Art und Weise geschehen (→ Rn. 4; für Nichtdeutsche s. ggf. § 185 Abs. 1 S. 1 GVG iVm § 2 Abs. 2). Handelt es sich um Belehrungen über gerichtlich angeordnete Rechtsfolgen und sind die Erziehungsberechtigten und gesetzlichen Vertreter abwesend, muss ihnen eine entspr. Belehrung gem. Abs. 1 S. 3 schriftlich erteilt werden (zu § 67 Abs. 5 S. 2 und S. 3 s. → § 67 Rn. 23). Inwiefern sich eine solche (notwendig formalisierte) elterliche Aufklärung tatsächlich noch günstig auswirken kann, ist aber fraglich (sehr krit. Sommerfeld in NK-JGG Rn. 8).

2. Abs. 2

Die nach dieser Vorschrift vorzunehmende Aufklärung bezieht sich spe- **8** ziell auf die Bedeutung der erfolgten oder vorbehaltenen Aussetzung einer JStrafe zBew sowie in entspr. Anwendung auch auf die vorbehaltene JStrafe gem. § 27 (Schatz in Diemer/Schatz/Sonnen Rn. 13). Die hier vorzunehmende Belehrung des betroffenen Jugendlichen oder Heranwachsenden (§ 60 Abs. 1 S. 2, §§ 61 Abs. 3 S. 4, 61b Abs. 1 S. 7) muss sich auch an die ggf. anwesenden jugendlichen oder heranwachsenden Mitangeklagten wenden, sofern bei diesen eine weniger intensive Rechtsfolge angeordnet worden ist. Dies soll ihnen eine **adäquate Einordnung der Sanktionierung** (auch in Relation zu ihrer eigenen) ermöglichen. Relevant ist das insbes. in Fallkonstellationen, in denen für einen Angeklagten eine vorbehaltene JStrafe oder eine JStrafe mBew (oder Vorbewährung) und für den anderen ein (nicht aussetzungsfähiger) JA festgelegt wird. Hier besteht Anlass, dem etwaigen **Gefühl einer ungerechten Schlechterstellung** durch den unmittelbar spürbaren Arrestvollzug entgegenzuwirken. Es muss aufgezeigt werden, dass Bewährungssanktionen keine faktischen Freisprüche sind, sondern ein „Damoklesschwert" darstellen und durch Weisungen und Auflagen auch erhebliche Belastungen für den zu JStrafe Verurteilten mit sich bringen. Das setzt eine jugendgemäße und adressatenorientierte Belehrungsform iSv Abs. 1 S. 1 voraus. Verzichtbar ist dieses Vorgehen nur in atypischen Ausnahmefällen („soll").

Vernehmung des Beschuldigten

70c (1) **Die Vernehmung des Beschuldigten ist in einer Art und Weise durchzuführen, die seinem Alter und seinem Entwicklungs- und Bildungsstand Rechnung trägt.**

(2) [1]**Außerhalb der Hauptverhandlung kann die Vernehmung in Bild und Ton aufgezeichnet werden.** [2]**Andere als richterliche Vernehmungen sind in Bild und Ton aufzuzeichnen, wenn zum Zeitpunkt der Vernehmung die Mitwirkung eines Verteidigers notwendig ist, ein Verteidiger aber nicht anwesend ist.** [3]**Im Übrigen bleibt § 136 Absatz 4 Satz 2 der Strafprozessordnung, auch in Verbindung mit § 163a Absatz 3 Satz 2 oder Absatz 4 Satz 2 der Strafprozessordnung, unberührt.** [4]**Wird die Vernehmung in Bild und Ton aufgezeichnet, gilt § 58a Absatz 2 und 3 der Strafprozessordnung entsprechend.**

(3) [1]**Eine Aufzeichnung in Bild und Ton nach Absatz 2 lässt die Vorschriften der Strafprozessordnung über die Protokollierung von Untersuchungshandlungen unberührt.** [2]**Wird eine Vernehmung des Beschuldigten außerhalb der Hauptverhandlung nicht in Bild und Ton aufgezeichnet, ist über sie stets ein Protokoll aufzunehmen.**

(4) [1]**Ist oder wird die Mitwirkung eines Verteidigers zum Zeitpunkt einer Vernehmung des Beschuldigten oder einer Gegenüberstellung (§ 58 Absatz 2 der Strafprozessordnung) notwendig, ist diese für eine angemessene Zeit zu verschieben oder zu unterbrechen, wenn ein Verteidiger nicht anwesend ist und kein Fall des § 68b vorliegt.** [2]**Satz 1 gilt nicht, wenn der Verteidiger ausdrücklich auf seine Anwesenheit verzichtet hat.**

Schrifttum: Bley, Vernehmer und Beschuldigte in Interaktion, 2012; Lassiter/ Meissner (Hrsg.), Police Interrogations and False Confessions, 2010; Michel, Die audiovisuelle Aufzeichnung von Beschuldigtenvernehmungen im Ermittlungsverfahren, 2019; Rommerskirchen, Prekäre Kommunikation, 2011; Schröer, Verfehlte Verständigung, 2002; Vanderhallen/van Oosterhout/Panzavolta/de Vocht (Hrsg.), Interrogating Young Suspects. Procedural Safeguards from an Empirical Perspective, 2016.

Übersicht

I. Allgemeines

1. Anwendungsbereich

In **persönlicher** Hinsicht ist die Bestimmung in Verfahren gegen Jugend- 1
liche wie gegen Heranwachsende (§ 109 Abs. 1 S. 1) anwendbar, und dies
auch vor den für allg. Strafsachen zuständigen Gerichten (§§ 104 Abs. 1
Nr. 11c, 112 S. 1 und 2).

2. Entstehung und Reichweite der Norm

Die Einführung der Vorschrift durch das Gesetz zur Stärkung der Ver- 2
fahrensrechte von Beschuldigten im Jugendstrafverfahren verdankt sich dem
Umstand, dass aus den verschiedenen Regelungen in Art. 6, 9 und 13 der
RL (EU) 2016/800 diverse umsetzungsbedürftige Vorgaben resultieren, die
ganz unterschiedliche Aspekte der Beschuldigtenvernehmung betreffen. Diese wurden daher – da das JGG davor (abgesehen von dem spezifischen
Ermittlungsauftrag in § 44) keine Vernehmungsvorschrift enthielt – in einer
neuen Regelung zusammengeführt. Das erklärt, weshalb sich § 70c auf recht
heterogene Materien bezieht, nämlich auf das Vernehmungsverhalten
(Abs. 1), die audiovisuelle und sonstige Vernehmungsdokumentation (Abs. 2
und 3) sowie die Gewährleistung einer ggf. notwendigen Verteidigeranwesenheit.

§ 70c zählt als Teil des Siebenten Unterabschnitts zu den „gemeinsamen 3
Verfahrensvorschriften" und bezieht daher (anders als § 44) in **sachlicher**
Hinsicht grds. das gesamte JStV in seinen Regelungsbereich ein (RegE BT-

Dr. 19/13837, 66). Allerdings kommen die Bestimmungen in Abs. 2–4 wegen ihres Sachzusammenhangs und auch ausweislich der Normtextformulierungen lediglich im Ermittlungsverfahren zum Tragen. Eine tatsächlich übergreifende Anwendungsrelevanz hat daher vorwiegend nur Abs. 1. Diese erstreckt sich mit Blick auf § 78 Abs. 3 S. 1 auch auf die mündliche Verhandlung im **vereinfachten** JVerfahren.

II. Vernehmung Jugendlicher

1. Vernehmungsbegriff

4   Ungeachtet der allg. Anwendbarkeit (→ Rn. 3) hat Abs. 1 eine besondere Bedeutung für Vernehmungen im Ermittlungsverfahren. Eine Vernehmung liegt hier bei jeder in amtlicher Funktion erfolgenden, als solche nach außen erkennbaren Befragung durch eine Auskunftsperson vor (vgl. etwa BGHSt 42, 139 (145 f.) = NJW 1996, 2940 (2941); BGHSt 52, 11 (15) = NJW 2007, 3138 (3139); BGH NJW 2018, 1986 (1987); Rogall in SK-StPO § 136 Rn. 14). Dass die StPO und damit gem. § 2 Abs. 2 auch das JGG von diesem **formellen** Vernehmungsbegriff ausgehen, ergibt sich aus § 163a Abs. 3 und 4 StPO (zu den Konsequenzen für verdeckt durchgeführte Befragungen s. etwa Kölbel in MüKoStPO StPO § 163a Rn. 7 f. mwN).

5   Bei Erkundigungen, mit denen die Ermittlungsperson herauszufinden versucht, ob überhaupt eine Anfangsverdachtslage besteht und/oder wer als Auskunftsperson in Betracht kommen könnte (sog. **informatorische Befragung**), handelt es sich aus der Warte der Praxis dagegen um erlaubte, formlose Informationserhebungen (BGHSt 38, 214 (227) = NJW 1992, 1463 (1466)). Da aber eine solche Befragung alle Merkmale des Vernehmungsbegriffs aufweist, findet mit ihr eine polizeiliche Zeugenvernehmung statt (aA etwa Rogall in SK-StPO Vor § 133 ff. Rn 43 f.). Die entspr. Belehrungspflicht (§ 52 StPO) setzt hier jedoch erst ein, wenn eingeschätzt werden kann, ob der Befragte tatsächlich als Zeuge befragt werden soll (vgl. etwa Erb in Löwe/Rosenberg § 163a Rn. 19 f.). Ergeben sich indes erste Verdachtshinweise gegen die informatorisch befragte Person, muss die Befragung beendet werden oder in eine Beschuldigtenvernehmung unter den dazu gehörigen Formanforderungen (einschließlich der Abs. 1–4) übergehen (s. auch zur **Sofortvernehmung** unten → Rn. 29). Doch selbst wenn die Befragung ohne diesen förmlichen Schritt fortgesetzt wird, kommt in ihr idR eine Überführungsabsicht zum Ausdruck, durch die das Geschehen prozessual als eine (dann: regelwidrig durchgeführte) Beschuldigtenvernehmung gilt (weshalb die dort belehrungslos entstandenen Aussagen unverwertbar sind (n. etwa Kölbel in MüKoStPO StPO § 163a Rn. 10 f.)). Zum Schutz Jugendlicher ist die diesbzgl. Grenzlinie dabei vorverlagert, dh bei informatorisch befragten Jugendlichen ist die Beschuldigtenbelehrung vorsichtshalber **früher** als bei Erwachsenen vorzunehmen (vgl. Rieke Vernehmung 32 f.; nicht erörtert bei BGH NStZ 2004, 389).

2. Altersbedingte Besonderheiten

6   **a) Vernehmungsinteraktion.** In der (va polizeilichen) Vernehmungswirklichkeit (zur Kommunikation in der HV → Einl. Rn. 51 f., → § 50

Rn. 10 ff.) dominieren **Befragungsverfahren,** die in jeweils unterschiedlicher Weise darauf abzielen, das Zurückhalten von Wissen kommunikativ zu überwinden und dessen Preisgabe sicherzustellen. Das kommunikative Vorgehen ist idR weniger auf eine frei entwickelte Ereignisversion der Befragten ausgelegt, sondern von einer impliziten oder gar expliziten Schuldvermutung der Vernehmenden getragen (May/Stein/Gundlach/Volbert MschKrim 2021, 81) und daher – in unterschiedlichem Grad – auf das „Hervorholen" der vom Vernehmer jeweils erwarteten bzw. gesuchten Angaben gerichtet. Dabei verbreitet eingesetzte Gesprächstechniken (umfassende Systematisierung bei Kelly/Miller/Redlich/Kleinman Psychology, Public Policy, and Law 2013, 165) kommen zwar weitgehend ohne massive Bedrohungen oder Zwangsformen aus (s. international aber King/Snook Criminal Justive & Behavior 2009, 674 (688 f.)), enthalten jedoch durchaus gewisse auf Täuschung, Verführung und Druck setzende Elemente (dazu international Leo JCLC 1996, 266 (277 ff.); bei Jugendlichen Feld JCLC 2006, 219 (261 ff.); Feld Law & Society Review 2013, 1 (13 ff.); Panzavolta/de Vocht/Hodgson ua in Vanderhallen/van Oosterhout/Panzavolta/de Vocht (Hrsg.), Interrogating Young Suspects, 2016, 359 ff.: Konfrontation mit angeblicher Beweislage, Lügevorwürfe, offensives Herausarbeiten und Betonen von Inkonsistenzen, Betonung negativer Bestreitensfolgen, exzessive Ausdehnung der Vernehmung usw).

Befunde aus neueren deutschen Vernehmungsstudien setzen noch einen **7** etwas anderen Akzent und zeigen, wie Vernehmungspersonen durch Vorteilsangebote und den Hinweis auf strafrechtsspezifische Kosten-Nutzen-Kalküle auf die Kooperationsbereitschaft hinwirken (Stock/Kreuzer, Drogen und Polizei, 1996, 369 ff.; Klein/Berresheim/Weber Polizei & Wissenschaft 2005, 2; Niehaus/Schöer Sozialer Sinn 2004, 71 (74 ff.); zu Zwangselementen Bley, Vernehmer und Beschuldigte in Interaktion, 2012, 237 ff.). Entscheidend scheint zudem zu sein, dass bzw. ob sie soziokulturell verankerte und sozialisatorisch erworbene alltagskulturelle „Geständnismuster" aktivieren (Reichertz, Aufklärungsarbeit, 1991, 248 ff.; Schröer, Verfehlte Verständigung, 2002, 19 ff., 245; Niehaus/Schöer Sozialer Sinn 2004, 71 (88 ff.); Rommerskirchen, Prekäre Kommunikation, 2011, 91 ff., 223 ff.; Bley, Vernehmer und Beschuldigte in Interaktion, 2012, 230 ff.; zu nicht unproblematischen Verfahren des Beziehungsaufbaus s. Lemme/Körner/Schrader ZJJ 2021, 337 (338 f.)).

Ob dieses Vernehmungsverhalten zum institutionell erwünschten Erfolg **8** führt, hängt nicht zuletzt von der Verteidigungsmacht der befragten Person ab, wobei hierfür wiederum deren kommunikative Widerständigkeit (neben einer ggf. anwesenden anwaltlichen Vertretung) maßgeblich ist. Bei Jugendlichen sind indes die (interaktionalen) **Verteidigungskompetenzen** oft noch gering entwickelt (vgl. etwa Grisso/Steinberg/Woolard ua Law and Human Behavior 2003, 333; Feld JCLC 2006, 219 (228 ff., 244 ff.; Lamb/ Sim Youth Justice 2013, 131 (134 ff.)). Autoritäten kann häufig wenig entgegengesetzt und die kurz- wie langfristige Konsequenz des Aussageverhaltens kaum überblickt werden. Daher fällt es Jugendlichen auch bei formal korrekter Belehrung schwer, ihr **Schweigerecht** gegenüber der Vernehmungsperson „durchzuhalten" (Zieger/Nöding Verteidigung Rn. 117). Sie zeigen sich insgesamt **geständnisbereiter** als erwachsene Beschuldigte (vgl. bereits Steffen, Analyse polizeilicher Ermittlungtätigkeit (…), 1976, 219 ff.; s. ferner Wernitznig, Strafverfolgung und Sanktionierung (…), 2002, 117 f.; näher dazu und zu entwicklungspsychologischen Hintergründen Cleary Law & Human Behavior 2014, 271). In den meisten Verfahren wird der Vorwurf von ihnen eingeräumt (aus der älteren Forschung s. Hauser Jugendrichter 221; Momberg MschKrim 1982, 65 (79 Fn. 51); zu neueren Studien Panzavolta/de Vocht/Hodgson ua in Vanderhallen/van Oosterhout/Panzavolta/de Vocht (Hrsg.), Interrogating Young Suspects, 2016, 357 f.; Eisenberg/Kölbel Kriminologie § 28 Rn. 46).

9   **b) Die Problematik von Geständnissen.** Geständnisse können teilw. oder gänzlich **falsch** sein. Dies ist nicht nur mit theoretisch, sondern auch verfahrenspraktisch relevanter Häufigkeit der Fall (zum diesbzgl. Forschungsstand Kassin/Drizin/Grisso ua Law & Human Behavior 2010, 3 (5); Gudjonson in Lassiter/Meissner (Hrsg.), Police Interrogations and False Confessions, 2010, 31 (35, 38)). Die Problematik hat auch deshalb Gewicht, weil die betr. Aussagen von den vernehmenden Personen nicht zuverlässig zu identifizieren sind (vgl. bspw. Kassin/Meissner/Norwick Law & Human Behavior 2005, 211 ff.; Vrij/Fisher/Mann/Leal in Lassiter/Meissner (Hrsg.), Police Interrogations and False Confessions, 2010, 97). Immerhin wird in der einschlägigen Forschung ein breites Spektrum an Risikofaktoren, Motivationslagen und typischen Entstehungsverläufen differenziert (dazu die Bilanz des Forschungsstandes bei Gudjonsson Frontiers in Psychology 2021, 12:633936 (doi: 10.3389/fpsyg.2021.633936); zusf. und mwN auch 20. Aufl. § 70c Rn. 9 ff.; Eisenberg BeweisR Rn. 730 ff.: bspw. Gefühl der Aussichtslosigkeit, Schutz Dritter, taktische Erwägungen, übermäßiger Geständnisdruck, täuschungsgetragene Vernehmung, innerliche Übernahme durch manipulative Befragung).

10   In diesem Zusammenhang sind auch bestimmte Merkmale der Beschuldigten von Belang, bei denen die Anfälligkeit für den Vernehmungsdruck angehoben sein kann (Überblick bei Kassin/Drizin/Grisso ua Law & Human Behavior 2010, 3 (19 ff.); Volbert FPPK 2013, 230 (231 f.)). Dass hierzu anerkanntermaßen auch das **jugendliche Alter** der vernommenen Person zählt (Gudjonsson, The Psychology of Interrogations and Confessions, 2003, 141 ff., 381; Redlich/Goodman Law & Human Behavior 2003, 141; Drizen/Colgan in Lassiter (Hrsg.), Interrogations, Confessions, and Entrapment, 2004, 127 ff.; Volbert/Böhm in Volbert/Steller (Hrsg.), Handbuch der Rechtspsychologie, 2008, 260 f.; Redlich/Shteynberg Law & Human Behavior 2016, 611), verschafft der Problematik im JStV eine erhöhte Bedeutung. Besonders gravierend scheint die Falschgeständnisrate bei Jugendlichen zu sein, die unter hohem Vernehmungsdruck (Drohungen, lange pausenfreie Vernehmungsdauer) stehen (Malloy/Shulman/Cauffman Law & Human Behavior 2014, 181).

11   All dies weist zugleich auf die Notwendigkeiten einer insofern präventiven Vernehmungsführung (→ Rn. 16) und einer kritischen Geständniswürdigung hin. Unstreitig kann ein Geständnis den **Tatnachweis** hiernach **nicht ersetzen.** Auch wenn eine Verurteilung ggf. allein darauf gestützt werden darf, ist dies nach allgA nur nach sorgfältiger und umfassender Würdigung des Beweiswertes zulässig (vgl. auch BT-Drs. 16/13142, 88: genaue Prüfung durch JStA und JGericht erforderlich). Selbst Geständnisse mehrerer als tatbeteiligt beschuldigter Personen stellen – schon, weil nach dem ersten (ggf. falschen) Geständnis der Vernehmungsdruck auf die Mitbeschuldigten steigt – für sich genommen keinen ausreichenden Beleg für die Richtigkeit dar (empirisch dazu Volbert FS Eisenberg, 2009, 96). Die – sofern objektive Beweise fehlen – stets erforderliche **Überprüfung** eines (vor der Polizei

abgelegten) Geständnisses setzt die Analyse der originären Vernehmungssituation voraus, wozu deren möglichst vollständige, dh alle Vor- und
Nebengespräche usw enthaltende Dokumentation (vgl. n. Eisenberg BeweisR StPO Rn. 616 ff., 732a) vorhanden sein muss. Grundsätzlich ist eine
audiovisuelle Aufzeichnung (→ Rn. 18 ff.) – bei für Beschuldigten und Vernehmenden gleichgewichteter Kameraperspektive (vgl. Lassiter/Geers/
Handley JApplPsychol. 2002, 867; Lassiter/Ware/Lindberg/Ratcliff in Lassi-
ter/Meissner (Hrsg.), Police Interrogations and False Confessions, 2010,
144 ff.; Park/Pyo Law & Human Behavior 2012, 184) – dafür am ehesten
geeignet. Eine bloße Tonaufnahme kann zwar ggf. vor Irreführungen durch
äußerlich wahrnehmbare Begleiterscheinungen der Aussage schützen. Andererseits lässt sie aber weniger gut erkennen, ob anlässlich der polizeilichen
Vernehmung zB „nicht passende Angaben" ignoriert oder fehlinterpretiert
wurden und ob diverse Einzelheiten durch Befragungsvorgaben „in die
Aussage gelangt sein können" (vgl. zu einer Fallstudie Eschelbach FS Rissing-van Saan, 2011, 136 ff.; n. Volbert FS Eisenberg, 2009, 211 f.; Leo/
Drizin in Lassiter/Meissner (Hrsg.), Police Interrogations and False Confessions, 2010, 27).

3. Anforderungen an die Vernehmungsdurchführung

a) Grundbedingungen. Vernehmungen Jugendlicher sind unmittelbar **12**
und mündlich durchzuführen. Eine Ersetzung durch Versenden eines Anhö-
rungsbogens (§ 163a Abs. 1 S. 3 StPO) ist in sehr einfach gelagerten Fällen
(schon wegen des Verbots der Schlechterstellung gegenüber Erwachsenen)
zwar nicht ganz ausgeschlossen, wegen der Schwierigkeiten einer erschöpfenden schriftlichen Darstellung aber nur in äußersten Ausnahmen angängig.
Die erforderlichen Ausdrucksfähigkeiten, bei denen die Schriftform ggf. eine
vernehmungsäquivalente Äußerungschance bietet (dazu Kölbel in MüKoSt-
PO StPO § 163a Rn. 21), können bei Heranwachsenden teilw. eher angenommen werden (zum Ganzen auch Czerner/Habetha in HK-JGG § 43
Rn. 11 f.). Dennoch sollte vom Modus der **Direktinteraktion grds. nicht
abgewichen** werden. Den damit unter Umständen verbundenen gesundheitlichen Risiken (wie in der SARS-CoV-2-Pandemie) ist durch räumlichen Abstand und Schutzvorrichtungen vorzubeugen. Ob im JStV eine
polizeiliche Vernehmung des Beschuldigten durch **Videokonferenz** zulässig ist, wurde bei Einführung von § 163a Abs. 1 S. 2 iVm § 58b StPO nicht
erörtert (vgl. BT-Drs. 17/1224). So lange es zu den Auswirkungen, die der
Modus einer Distanzvernehmung auf das Aussagegeschehen (gerade bei
Jugendlichen) haben kann, an Erfahrungswerten und wissenschaftlichen Befunden fehlt, sollte von dieser Möglichkeit lediglich restriktiv Gebrauch
gemacht werden (dh nur, wenn dem Beschuldigten damit übermäßiger
Aufwand erspart wird).

Die Durchführbarkeit einer Vernehmung setzt das Vorliegen der für eine **13**
entspr. Interaktion notwendigen Bedingungen voraus. So muss die **Ver-
nehmungsfähigkeit** (vgl. Schneider/Frister/Olzen, Begutachtung psychischer Störungen, 4. Aufl. 2020, 213 ff.) bzw. die Verhandlungsfähigkeit
des Jugendlichen stets gewährleistet sein (zu Begutachtungsdaten für Hmb.
Schulz/Lach/Gehl ua Rechtsmedizin 2012, 441). Auch muss bei Beschuldigten, die der deutschen Sprache nicht ausreichend mächtig sind, eine
Übersetzungsleistung in gleicher Weise wie in der HV (n. → § 50

Rn. 19 f.) zur Verfügung stehen (zu den hier gleichwohl auftretenden Interaktionsproblemen aber Donk in Reichertz/Schröer (Hrsg.), Hermeneutische Polizeiforschung, 2003, 101 ff.; s. bspw. auch Schröer, Verfehlte Verständigung, 2002, 150 ff., 206 ff.; Rommerskirchen, Prekäre Kommunikation, 2011, 247 ff.).

14   **b) Belehrungen.** Die allg. Belehrungspflichten (§§ 163a Abs. 3 und 4, 136 Abs. 1 StPO iVm § 2 Abs. 2) werden bei Beschuldigten im JStV in zweifacher Hinsicht **gesteigert** (eher einschr. früher aber BGHSt 47, 233 = NJW 2002, 1279): Zum einen sind die Belehrungsinhalte um das Elternkonsultationsrecht (→ § 67 Rn. 11d) bzw. das Recht auf Beratung mit einem anderen geeigneten Erwachsenen (→ § 67 Rn. 11h ff.) erweitert. Zum anderen ist hier auf die Verständlichkeit der Rechtsinformationen besonders zu achten (§ 70b) und die Vernehmung notfalls, falls die Belehrungsgegenstände ersichtlich nicht begreifbar gemacht werden können, abzubrechen (ebenso Ostendorf FS Heinz, 2012, 474). Bei lückenhafter, miss- oder unverständlicher Belehrung kommt ein Verwertungsverbot nach den allg., für die Verletzung von §§ 163a Abs. 3 und 4, 136 Abs. 1 StPO iVm § 2 Abs. 2 geltenden Regeln (s. etwa BGHSt 58, 301 = NStZ 2013, 604; Schuhr in MüKoStPO StPO § 136 Rn. 55 ff.) in Betracht (s. auch → § 67 Rn. 11e; → § 70b Rn. 5). Zur Vermeidung hier ggf. aufkommender beweisrechtlicher Streitfragen, aber auch zum Schutz des Beschuldigten sollte die von § 168b Abs. 3 iVm § 2 Abs. 2 geforderte **Dokumentation** der Belehrung in eine ggf. erfolgende audiovisuelle Aufzeichnung (dazu → Rn. 18 ff.) eingeschlossen werden, da die schriftliche Protokollierung die Art der Belehrung und die dabei stattfindende Interaktion zwischen Belehrendem und Beschuldigten nicht erkennen lässt (zu empirischen Befunden → Rn. 18).

15   Liegt einer der genannten Belehrungsmängel vor, ist eine neuerliche Aussage, mit der die gemachten Angaben freiwillig wiederholt und bestätigt werden, als Folgewirkung des Fehlers ebenfalls unverwertbar. Anders verhält es sich nur bei einer vorangegangenen **„qualifizierten"** Belehrung, die zusätzlich zu den normalen Inhalten auch über die Untersagung der Erstaussagennutzung informiert (vgl. etwa Schuhr in MüKoStPO StPO § 136 Rn. 39 und 68 f.). Die Wiederholung einer einfachen, ohne diesen Zusatz bleibenden Belehrung restituiert die Verwertbarkeit selbst dann nicht, wenn der Beschuldigte zutreffend davon ausging, dass er von der zuvor getätigten Aussage noch „abrücken" könne (abw. BGHSt 53, 112 = NJW 2009, 1427; BGH NStZ 2016, 721: Abwägung mit Strafverfolgungsinteresse). Die Annahme, der Beschuldigte sei sich der nicht bestehenden Bindung an die Erstaussage wirklich bewusst, ist nämlich sogar bei erfolgter „qualifizierter Belehrung" zw. (vgl. nur Roxin HRRS 2009, 188: „Mutmaßungen"; s. auch Grasnick NStZ 2010, 158), zumal die damaligen Angaben die zwischenzeitlichen polizeilichen Ermittlungen oftmals geprägt haben dürften. Gerade bei Jugendlichen und Heranwachsenden bedarf es hierfür also nicht nur des formalen „qualifizierten" Hinweises, sondern einer eingehenden, altersangepasst vorgetragenen Erläuterung (vgl. auch § 70b).

16   **c) Spezielle Anforderungen gem. Abs. 1.** Über die vorgenannten Anforderungen hinaus müssen nach Abs. 1 die Organisation der Vernehmung, das allg. Auftreten der Vernehmungspersonen sowie deren Sprachgebrauch auf die Besonderheiten jugendlicher und heranwachsender Beschuldigter (→ Rn. 8) ausgerichtet werden (vgl. auch RL (EU) 2016/800 Erwgr. 44).

Das betrifft einmal die für die **Altersgruppe typischen** Kommunikationsformen und Verständnispotenziale, aber auch die geringere Abwehrfähigkeit
gegenüber älteren und professionell erfahrenen Personen ("Alter"). Darüber
hinaus fordert Abs. 1 eine Anpassung an die ganz **individuellen** Gegebenheiten ("Entwicklungs- und Bildungsstand") des jeweiligen Beschuldigten,
sodass das Geschehen für ihn begreifbar und mitgestaltbar wird (näher dazu
auch Riekenbrauk ZJJ 2014, 200 (201 ff.)).

Gegen eine Art der Vernehmungsführung, die diesen Anforderungen 17
nicht gerecht wird, sind allerdings kaum Handhaben möglich. Da das Prozessrecht vernehmungsbedingte Belastungs-, Störungs- und Eingriffswirkungen weitgehend toleriert (kennzeichnend BGH BeckRS 1979, 31113328;
Schuhr in MüKoStPO StPO § 136a Rn. 20 ff.), begründet erst die Verletzung eines der in **§ 136a StPO** geregelten Methodenverbote ein Verwertungsverbot. Dabei sind jedoch die Unzulässigkeitsschwellen teilw. (zB für
Übermüdung) bei hier vulnerableren Jugendlichen eher als bei Erwachsenen
erreicht (für eine einschlägige Ergänzung der PDV Rieke Vernehmung 158).
Ungeachtet ihrer schwachen Absicherung ist indes zu berücksichtigen, dass
die von Abs. 1 eingeforderte Vernehmungsart nicht nur der Verfahrensfairness und dem Schutz des Beschuldigten dient. Sie liegt vielmehr auch im
Strafverfolgungsinteresse. So hat die meta-analytische Auswertung der international vorhandenen Feld- und Experimentalstudien gezeigt, dass offene
und adressatenorientierte "Information-Gathering-Methods" insgesamt zu
zuverlässigeren Aussageergebnissen gelangen als geständnisorientierte Ver-
nehmungsmethoden mit manipulativen und Druck entwickelnden Anteilen
(vgl. Meissner/Redlich/Michael ua Journal of Experimental Criminology
2014, 459).

III. Dokumentation der Vernehmung

1. Audiovisuelle Aufzeichnung

a) Regelfall. Schriftliche Protokolle sind zur Überprüfung und zum 18
Nachvollzug des Vernehmungsgeschehens wenig geeignet (zu den Differen-
zen zwischen Interaktions- und Protokollwirklichkeit vgl. empirisch etwa
Lamb/Orbach/Sternberg u a Law & Human Behavior 2000, 699; Hee,
Polizeivernehmungen von Migranten, 2012, 142 ff.; Bley, Vernehmer und
Beschuldigte in Interaktion, 2012, 275 ff.; Capus/Stoll/Vieth Zeitschrift für
Rechtssoziologie 2014, 231 ff.; Capus/Stoll/Studer MschKrim 2016, 42).
Eine Bild-Ton-Aufzeichnung der Vernehmung ist hier deutlich überlegen.
Sie kann für die Beschuldigten (daher) erhebliche **Schutzwirkungen** entfal-
ten (Kontrolle des Vernehmerverhaltens; Verhinderung einer verzeichnen-
den Protokollierung von Aussagen usw (vgl. hierzu n. etwa Eisenberg/
Kölbel Kriminologie § 28 Rn. 25; Neubacher/Bachmann ZRP 2017, 140
(141) jeweils mwN). Nicht zu verkennen ist aber gerade bei jungen Beschuldigten das Risiko, dass ihr Vernehmungsverhalten durch die Aufzeichnung
in ungünstiger Weise beeinflusst wird (Gehemmtheit oder – umgekehrt –
Anreiz zu (dann eben auch dokumentierten) "Posen", Prahlereien usw.).

Vor diesem Hintergrund sieht **Abs. 2 S. 1** die relativ weitgehende, ver- 18a
fahrenspraktisch aber kaum genutzte Option der audiovisuellen Aufzeichnung einer nicht-/richterlichen Beschuldigtenvernehmung im jugendstraf-

rechtlichen Ermittlungsverfahren (nicht in der HV) vor. Die regelungsgleiche Rechtsgrundlage in § 163a Abs. 1 S. 2 StPO iVm § 2 Abs. 2 wird davon verdrängt. Über die Vornahme einer Aufzeichnung entscheidet wie bei der Zeugenvernehmung (s. dafür Maier in MüKoStPO StPO § 58a Rn. 62) die vernehmungsführende Person, und zwar nach **pflichtgemäßem Ermessen.** Umstände, die das Erfordernis einer späteren Aussagerekonstruktion wahrscheinlich machen (RegE BT-Dr. 19/13837, 34: sehr geringes Alter, Entwicklungsverzögerungen, sonstige Benachteiligungen), sprechen für die Aufzeichnung, die Geringfügigkeit des Vorwurfs oder eine absehbare Diversionsentscheidung dagegen. Vorrangiges Kriterium muss wegen Art. 9 Abs. 1 R (EU) 2016/800 das **Kindeswohl** sein, für das es auf die etwaigen Belastungs- bzw. Verunsicherungseffekte der Aufzeichnung, aber auch auf deren zentralen Vorteil (die Rekonstruierbarkeit der Aussageentstehung) ankommt (ebenso Schatz in Diemer/Schatz/Sonnen Rn. 3; Borg/Swoboda in FS Feltes 2021, 431, 433; Rodenbeck/Sommerfeld ZJJ 2021, 188 (189)).

19   **b) Ausnahmefall.** Unter Umständen erstarkt die Aufzeichnungsbefugnis zu einer dahingehenden **Pflicht.** Im allg. StVerf ist dies auf die von **§ 136 Abs. 4 S. 2 Nr. 1** und 2 StPO erfassten Fälle beschränkt. Es handelt sich hier um Konstellationen, in denen den Vorteilen, die audiovisuelle Aufzeichnungen für die Tatrekonstruktion und den Beschuldigtenschutz haben, eine besondere Relevanz zugesprochen wird – einmal (bei Nr. 1) wegen des Vorwurfsgewichts und zum anderen (bei Nr. 2) wegen des besonderen Überprüfungsbedarfs, der bei Aussagen psychisch beeinträchtigter Personen (infolge von Wahrnehmungsdefiziten, Motivirrtümern, Einschätzungsfehlern, Grenzen der Ausdrucksfähigkeit usw) leicht entstehen kann (BT-Drs. 18/11277, 27). Liegen die Bedingungen von § 136 Abs. 4 S. 2 StPO bei nicht-/richterlichen Vernehmungen im Ermittlungsverfahren eines JStV vor, muss gem. **Abs. 2 S. 3** auch hier eine Aufzeichnung erfolgen. Sind die individuellen (emotionalen oder kognitiven) Ressourcen des Beschuldigten entwicklungsbedingt reduziert, stellt dies allerdings einen Fall von Abs. 2 S. 1 und nicht von Abs. 2 S. 3 dar (Höynck/Ernst ZJJ 2020, 245 (255)).

20   Darüber hinaus ist die audiovisuelle Aufzeichnung gem. **Abs. 2 S. 2** im JStV noch in einigen weiteren Sachlagen obligatorisch (de lege ferenda für eine Widerspruchsmöglichkeit Michel, Die audiovisuelle Aufzeichnung von Beschuldigtenvernehmungen im Ermittlungsverfahren, 2019, 215 ff.). Dies gilt für nichtrichterliche Vernehmungen im Ermittlungsverfahren, bei denen ein Fall der **notwendigen Verteidigung** (§ 68) gegeben und ein Verteidiger – aus welchen Gründen auch immer – **nicht anwesend** ist. Es betrifft also namentlich die unten in → Rn. 26 ff. erörterten Konstellationen (Anwesenheitsverzicht, Ablauf der Wartefrist, Fälle des § 68b). Ebenso erfasst sind die von § 68a Abs. 1 S. 2 geregelten Sachlagen, weil die dortige Durchbrechung der amtsseitigen Beiordnungspflicht nichts daran ändert, dass die Voraussetzungen von § 68 vorliegen (→ § 68a Rn. 12) und deshalb iSv Abs. 2 S. 2 „die Mitwirkung eines Verteidigers notwendig" ist (begründungslos aA Rodenbeck/Sommerfeld ZJJ 2021, 188 (189)). Stets ist es für die sich aus Abs. 2 S. 2 ergebende Pflicht (anders als für die aus § 136 Abs. 4 Nr. 1 StPO folgende) irrelevant, ob bzw. wenn „die äußeren Umstände" oder „die besondere Dringlichkeit der Vernehmung" die Vornahme einer Aufzeichnung unter Umständen erschweren. Auch kann der Beschuldigte auf eine obligatorische Aufzeichnung **nicht verzichten.** Das ergibt sich in beiden Fällen aus dem einschränkungslos gefassten Normtext in Abs. 2 S. 2 sowie der übergreifenden Schutzfunktion einer Aufzeichnung, die ua im überindividuellen Interesse steht und daher weder durch organisatorische Schwierigkeiten noch durch persönliche Entscheidungen aufhebbar sein kann.

Die Beurteilung, ob die pflichtbegründenden Umstände iSv Abs. 2 und/ **20a** oder S. 3 vorliegen, obliegt wie bei Abs. 2 S. 1 (→ Rn. 18) der jeweiligen Vernehmungsperson, häufig also der Polizei. Kommt es dabei zu einem **Fehler** und in der Folge zu einer rechtswidrigen Nicht-Aufzeichnung, lässt dies die Verwertbarkeit der (ansonsten regulär zustande gekommenen) Aussage zunächst einmal unberührt (abw. Eckel/Körner NStZ 2019, 433 (435)). Angesichts der Schutzfunktion, die die audiovisuelle Aufzeichnung hier hätte ausfüllen sollen, muss das Versäumnis allerdings dann, wenn über das Vernehmungsgeschehen (dh bspw. über etwaige Belehrungsmängel oder über konkrete Aussageinhalte) gestritten wird, in der entspr. Beweiswürdigung zugunsten der Beschuldigtenversion berücksichtigt werden.

c) Kritik. In der Lit. wird gegen Abs. 2 S. 2 eingewandt, dass die audiovi- **21** suelle Vernehmung hiernach selbst dann vorgenommen werden müsse, wenn die Aufzeichnung dem Kindeswohl widerspricht (darin eine Verletzung von Art. 9 Abs. 1 RL (EU) 2016/800 ausmachend Borg/Swoboda in FS Feltes 435 f.). Die Möglichkeit, die Aufzeichnung dann durch eine Aussageverweigerung zu verhindern (krit. dazu aber zB Michel, Die audiovisuelle Aufzeichnung von Beschuldigtenvernehmungen im Ermittlungsverfahren, 2019, 196 ff.), dürfte bei den fraglichen Beschuldigten eine nur theoretisch bestehende sein. Virulent wird die Problematik allerdings nur bei einem sehr kleinen Kreis an Ausnahmefällen, bei denen die Bedrohung des Kindeswohls dann iÜ schon gegen die Zulässigkeit der Vernehmung als solcher spricht. Anlass zur Kritik gibt die in Abs. 2 S. 2 getroffene Festlegung daher eher umgekehrt wegen ihrer **Einschränkungen** (so wohl auch Schatz in Diemer/ Schatz/Sonnen Rn. 4). Sie stellt zwar gemessen am allg. StVerf eine Pflichtenerweiterung dar, doch bei haft- und ermittlungsrichterlichen Vernehmungen sowie den Vernehmungen durch den zuständigen Richter (§ 44) bleibt die audiovisuelle Dokumentation ebenso fakultativ wie bei nichtrichterlichen Vernehmungen, und dies selbst in Fällen von § 68 zumindest bei anwesendem Verteidiger (dazu auch RL (EU) 2016/800 Erwgr. 42 S. 2 und 3). Diesen restriktiven Pflichtenzuschnitt erklärt man mit dem organisatorisch-technischen Aufwand und den in → Rn. 18 erwähnten Aufzeichnungsrisiken (kennzeichnend Sommerfeld ZJJ 2018, 296 (309 f.)). Zugleich aber wird die Schutz- und Kontrollfunktion hierdurch in problematischer Weise an die hierfür nicht unbedingt gerüsteten Richter und Verteidiger **delegiert** (krit. bereits 20. Aufl. Einl. Rn. 12j; abw. RegE BT-Dr. 19/13837, 33 f.).

Aus dieser Warte ist auch darauf hinzuweisen, dass § 136 Abs. 4 S. 2 **21a** Nr. 2a StPO in der durch Gesetz v. 17.8.2017 (BGBl. I 3202) für die Zeit ab 1.1.2020 an sich vorgeschriebenen Form durch Abs. 2 obsolet wurde. Hiernach sollte eine Aufzeichnung erfolgen, wenn damit die schutzwürdigen Interessen des vernommenen Jugendlichen (nicht Heranwachsenden) besser gewahrt werden können (krit. zu dieser vorgesehenen Regelung etwa Höynck StraFo 2017, 267 (274)). Anders als § 70c Abs. 2 S. 2 in der Fassung des RefE vom 11.10.2018, der sich damit noch deckte, beschränkt Abs. 2 S. 2 demgegenüber die Aufzeichnungspflicht auf einen engeren Kreis an

Konstellationen, die gewissermaßen als Fälle der Interessenwahrung vermutet werden. Dies entspricht zwar Art. 9 Abs. 1 RL (EU) 2016/800 und der dort erlaubten Begrenzung der Aufzeichnungspflicht auf Fälle mit gewichtigem Vorwurf und fehlender anwaltlicher Begleitung (RegE BT-Dr. 19/13837, 67; Sommerfeld ZJJ 2018, 296 (309)). Unabhängig davon bleibt die Regelung aber (trotz der nunmehrigen Einbeziehung Heranwachsender gem. § 109 Abs. 1) hinter der umfassenderen, bereits erlassenen Verpflichtung in § 136 Abs. 4 S. 2 StPO zurück. Das kommt einem Verstoß gegen das **Regressionsverbot** (Art. 23 RL (EU) 2016/800) nahe (aA Rodenbeck/ Sommerfeld ZJJ 2021, 188 (189)).

22   **d) Schutz der Privatheit.** Immer, wenn eine audiovisuelle Aufzeichnung angefertigt wird, sind die allg. Verwendungs-, Einsichts- und Schutzregelungen in § 58a Abs. 2 und 3 zu beachten. Der Beschuldigte im JStV hat in dieser Hinsicht die **gleichen Rechte** wie der nach § 58a StPO vernommene Zeuge (s. dazu im Einzelnen etwa Maier in MüKoStPO StPO § 58a Rn. 69 ff.). Daher kann er der Überlassung einer Aufzeichnungskopie an Akteneinsichtsberechtigte widersprechen (mit der Folge, dass lediglich eine Transkription zu überlassen ist). Der Herausgabe an andere dritte Stellen – etwa der JGH (DIJuF 2021, 151 (154)) – muss er zustimmen. Auf diese Widerspruchs- und Vorbehaltsrechte ist er zwar im Rahmen der allg. Informationen, die er bei Eröffnung der gegen ihn gerichteten Beschuldigung erhalten muss, eigens **hinzuweisen** (§ 70a Abs. 1 Nr. 4), doch muss dies dann im Zusammenhang mit einer tatsächlich stattfindenden Vernehmungsaufzeichnung noch einmal konkretisiert und aktualisiert werden (→ § 70a Rn. 17).

2. Protokollierung

23   Unabhängig davon, ob eine audiovisuelle Aufzeichnung angefertigt wird oder nicht, bleiben die §§ 168–168b StPO sowie spezielle Protokollierungsregeln (§§ 118a Abs. 3 S. 3, 138d Abs. 4 S. 3) gem. **Abs. 3 S. 1** anwendbar. Dies betrifft zunächst die Vorgaben über die Art der Protokollierung, die notwendigen Inhalte, eine etwaige Hinzuziehung von Protokollierungspersonen, die Autorisierung und Unterzeichnung. Ferner folgt aus diesem Verweis, dass bei richterlichen Vernehmungen ein richterliches Protokoll stets und zwingend anzufertigen ist (§ 168 S. 1 StPO). Bei polizeilichen und staatsanwaltlichen Vernehmungen lässt die Soll-Vorschrift in § 168b Abs. 2 insofern zwar enge Ausnahmen zu (vgl. Kölbel in MüKoStPO StPO § 163a Rn. 42 und § 168b Rn. 5: insb. bei verweigerten oder ganz nebensächlichen Aussagen). Dies gilt im JStV aber allein bei einer zugleich erfolgten audiovisuellen Aufzeichnung, wohingegen die Protokollierung anderenfalls zwingend ist (so **Abs. 3 S. 2** in Umsetzung von Art. 9 Abs. 2 RL (EU) 2016/ 800). Dies führt dazu, dass Beschuldigtenvernehmungen im JStV ausnahmslos (entweder schriftlich oder audiovisuell) dokumentiert werden. Es hält aber auch den in der Praxis als misslich empfundenen Doppelaufwand aufrecht, wonach trotz einer erfolgten und transkribierten audiovisuellen Aufzeichnung idR zusätzlich noch ein Protokoll anzufertigen ist, wenngleich reduzierbar auf ein sog. Inhaltsprotokoll (n. dazu Neubacher/Bachmann ZRP 2017, 140 (141)).

IV. Sicherstellung der Verteidigeranwesenheit

1. Verschiebung oder Unterbrechung

Der Verteidiger des Jugendlichen hat, wie iÜ auch Abs. 4 S. 2 unter- **24** streicht, in der Beschuldigtenvernehmung und bei der Gegenüberstellung ein **Anwesenheitsrecht** (§§ 58 Abs. 2 S. 2, 163a Abs. 3 S. 2 und Abs. 4 S. 3, 168c Abs. 1 StPO iVm. § 2 Abs. 2). Abs. 4 S. 1 sichert (in Umsetzung von Art. 6 Abs. 7 RL (EU) 2016/800) das damit einhergehende **Verteidigerkonsultationsrecht** in den Konstellationen der **notwendigen Verteidigung** zusätzlich ab. Liegt ein Fall iSv § 68 vor (oder stellt sich dies im Laufe einer Vernehmung heraus), muss mit dem Beginn (bzw. der Fortsetzung) der Vernehmung gewartet werden, bis der Verteidiger nach entspr. **Terminbenachrichtigung** (§ 168c Abs. 5 S. 1 StPO iVm § 2 Abs. 2) erschienen ist und der Beschuldigte sich mit ihm beraten konnte (so bereits früher 20. Aufl. § 68 Rn. 40; dafür auch im allg. StVerf etwa Schuhr in MüKoStPO StPO § 136 Rn. 33; Kölbel in MüKoStPO StPO § 163a Rn. 41). Solange keine Terminnachricht an den Verteidiger erfolgt, fängt die angemessene Wartefrist nicht zu laufen an (s. dazu BT-Drs. 19/27654 unter Hinweis auf die Nichteinschlägigkeit von § 168c Abs. Abs. 5 S. 2 StPO). In der Konsequenz begründet Abs. 4 S. 1 eine Ausnahme von der in § 168c Abs. 5 S. 3 StPO vorgesehenen Regelung, der zufolge bei anwaltlicher Terminkollision kein Anspruch auf Verlegung des Vernehmungstermins besteht. Über all dies ist der Beschuldigte im Zuge der allg. Verfahrensinformationen ins Bild zu setzen (§ 70a Abs. 1 Nr. 2).

Von der Verschiebung bzw. Unterbrechung darf ausnahmsweise abge- **25** sehen werden (zu den betr. Konstellationen s. → Rn. 26 ff.). Jenseits dieser Sonderfälle ist jedoch stets eine „angemessene Zeit" zu warten, wobei sich die insofern geforderte Dauer nach der **Zeitspanne** bemisst, derer es für die Information des Verteidigers (zu deren Notwendigkeit auch BR-Drs. 57/ 21, 105) und dessen Erscheinen (sowie ggf. auch für dessen Auswahl, Bestellung und Akteneinsicht) unter normalen Umständen und ohne außergewöhnliche Beeilung bedarf. Nur innerhalb der hier regelmäßig bestehenden Einschätzungsspielräume können die etwaige Dringlichkeit der Vernehmung oder gesetzliche Zeitvorgaben (§§ 115, 115a) dazu führen, dass die „angemessene Dauer" etwas enger oder weiter bemessen wird (vgl. erg. RegE BT-Dr. 19/13837, 68). Wird gar nicht oder zu kurz gewartet und die Verteidigeranwesenheit deshalb nicht gewährleistet, ist das, was der Beschuldigte nach Entstehung der Bestellungsvoraussetzungen iSv § 68 (bspw. ab dem Zeitpunkt eines vorliegenden entspr. Verdachts) aussagt, **unverwertbar** (vgl. → § 68a Rn. 26 sowie allg. auch Wohlers in SK-StPO StPO § 141 Rn. 36; Thomas/Kämpfer in MüKoStPO StPO § 140 Rn. 10; Bock/ Puschke ZJJ 2019, 224 (232); zur vormaligen Rechtslage abw. BGHSt 46, 93 (103 ff.) = NJW 2000, 3505 (3509): nur geminderter Beweiswert der Aussage). – Die Maßgaben zu den Warte- und Aufklärungspflichten bestehen iÜ in gleicher Weise auch bei **Gegenüberstellungen** iSv § 58 Abs. 2, nicht aber bei sonstigen Untersuchungshandlungen (etwa Augenscheinseinnahmen).

2. Einschränkungen

26   Ohne eine (an sich erforderliche) Verteidigerbeiordnung ist eine Vernehmung erlaubt, wenn im Sonderfall des **§ 68a Abs. 1 S.** 2 eine Einstellung absehbar ist (n. → 68a Rn. 11 f., 28). Auch in den **Eilfällen des § 68b**
(→ § 68b Rn. 4 ff.) bedarf es keiner Verschiebung oder Unterbrechung
(Abs. 4 S. 1 aE), da die Vernehmung hier schon vor der Bestellung durchgeführt werden darf. Im Übrigen sieht Art. 9 RL (EU) 2013/48 die Möglichkeit des Verzichts auf einen Rechtsbeistand vor. In einem solchen Fall
sollen die Vorgaben, die die RL (EU) 2016/1919 für die notwendige Verteidigung macht, nicht anwendbar sein (Erwgr. 9). Dies gilt zwar „unbeschadet des Art. 6 der Richtlinie (EU) 2016/800", doch folgt dort aus Art. 6
Abs. 4 Buchst. b S. 1 und Abs. 7 RL (EU) 2016/800 lediglich, dass in Fällen
der notwendigen Verteidigung die Anwesenheit des Anwalts bei Beschuldigtenvernehmungen im Ermittlungsverfahren beansprucht werden kann. Ein
Teilnahmezwang ist dagegen nicht vorgesehen. Deshalb darf die Vernehmung auch in den Fällen von Abs. 4 S. 1 in Abwesenheit des **innerhalb der
Wartefrist nicht erschienenen** Verteidigers durchgeführt werden (RegE
BT-Dr. 19/13837, 68 f.; s. aber → Rn. 27 f.). Aus dem gleichen Grund
besteht schon gar keine Wartepflicht, wenn der Verteidiger einen **Anwesenheitsverzicht** ausdrücklich (mündlich oder schriftlich) erklärt hat (Abs. 4
S. 2). Ein solcher Verzicht kann jedoch nicht pauschal abgegeben werden,
sondern erst nachdem der Verteidiger von der Vernehmung oder Gegenüberstellung konkret informiert worden ist.

27   Es liegt in der Konsequenz dieser Disponibilität, dass die Vernehmung
oder Gegenüberstellung auch dann ohne das von Abs. 4 S. 1 geforderte
Zuwarten durch- oder fortgeführt werden darf, wenn der **Beschuldigte**
hierzu bereit ist und ohne anwaltliche Konsultation und Begleitung mitwirken will (für das allg. StVerf Tully/Wenske NStZ 2019, 183 (186); dazu
schon früher tendierend BGHSt 47, 172 (178 f.) = NJW 2002, 975 (977);
zur diesbzgl. EGMR-Judikatur s. Rap/Zlotnik EJCCLCJ 2018, 110
(121 f.)). Ein Verzicht auf das Konsultationsrecht (nicht aber auf die Pflichtverteidigerbestellung (→ § 68 Rn. 20)) ist also grds. möglich. Allerdings
kann es gerade bei Jugendlichen **nicht ausreichend** sein, wenn sie bei
dessen Ausübung bei geistiger Gesundheit und ordnungsgemäß belehrt worden sind (so aber im allg. StVerf BGHSt 42, 170 (171 f.) = NJW 1996, 2242
(2243); Tully/Wenske NStZ 2019, 183 (186)). Dass derartige Minimalauf-
forderungen letztlich auf eine vollständige **Entwertung** der in Abs. 4 S. 1
getroffenen Vorkehrung hinausliefen, wird durch eine umfangreiche internationale Forschung belegt. Hiernach ist nämlich empirisch gesichert, dass
bereits der einschüchternde Kontext einer Vernehmungssituation und die
vergleichsweise geringe Verteidigungskompetenz junger Menschen
(→ Rn. 8) nicht nur deren Aussagebereitschaft prägen, sondern auch zu einer
angehobenen Bereitwilligkeit führen, auf (Konsultations-)Ansprüche zu verzichten (vgl. etwa Peterson-Badali/Abramovitch/Koegl/Ruck Behavioral
Sciences and the Law 1999, 455; Viljoen/Klaver/Roesch Law & Human
Behavior 2005, 253; Panzavolta/de Vocht/Hodgson ua in Vanderhallen/van
Oosterhout/Panzavolta/de Vocht (Hrsg.), Interrogating Young Suspects,
2016, 335 ff.; zusf. zum Forschungsstand Feld in Bishop/Feld (Hrsg.), The
Oxford Handbook of Juvenile Crime and Juvenile Justice, 2012, 675 mwN;
s. auch zum allg. StVerf Jahn/Zink StraFo 2019, 318 (327)).

Die Vernehmung oder Gegenüberstellung darf deswegen nur fortgesetzt **28** werden, wenn sichergestellt ist, dass der Beschuldigte dies tatsächlich will und die **Tragweite** der Entscheidung korrekt eingeschätzt hat. Es bedarf der freiwilligen und **unmissverständlichen** Abgabe einer Verzichtserklärung, nachdem vorher eine eindeutige ausreichende und verständlich formulierte Information nicht nur zum Konsultationsrecht, sondern auch „zu den möglichen Folgen eines Verzichts" gegeben worden ist (so ausdrücklich RL (EU) 2016/1919 Erwgr. 9). Schlüssiges Verhalten des Beschuldigten (etwa einfaches Äußern) reicht demnach nicht – weshalb ohne klar formulierten Verzicht auch keine Spontanäußerungen entgegengenommen werden dürfen (abw. aus polizeilicher Sicht Keller Kriminalistik 2020, 257 (264)) und darauf bezogene Nachfragen erst recht unzulässig sind (BGHSt 58, 301 (304) = NStZ 2013, 604 (605 f.)). Der Jugendliche oder Heranwachsende darf in keiner Weise nur ansatzweise zur Fortsetzung der Vernehmung gedrängt werden (BGH NJW 2006, 1008 (1009 f.)). Scheitert ein Versuch, Kontakt zu seinem Verteidiger aufzunehmen, ist er darüber aufzuklären, dass er weitere Versuche unternehmen kann (s. auch BGH StV 2019, 798 (Ls.) = BeckRS 2019, 14505). An einem freiwilligen Verzicht fehlt es, wenn er sich mit seiner unbegleiteten Vernehmung nur deshalb abfindet, weil ihm der Zugang zu einem Verteidiger als zu schwierig erscheint (s. auch BGHSt 42, 15 (19) = NJW 1996, 1547 (1548)). Verfehlt der Verzicht die vorgenannten Kriterien, ist die Aussage **unverwertbar** (s. auch BGH StV 2019, 798 (Ls.) = BeckRS 2019, 14505).

V. Konsequenzen für Sofortvernehmungen

Die Vorgaben der Abs. 1–4 sind auf Vernehmungen zugeschnitten, die in **29** einem behördlichen Kontext (ggf. nach Vorladung) erfolgen. Sie gelten aber auch für Sofortvernehmungen. Zu solchen Vernehmungsformen (ohne Vorladung) kommt es bspw., wenn va die Polizei den Beschuldigten **im Zuge einer anderen Maßnahme** (etwa während einer Hausdurchsuchung oder Festnahme) oder unmittelbar nach dem Antreffen und ggf. noch am Tatort befragt. In Ermangelung einer anwaltlichen Beratung und dank der Überraschungs- und „Überrumpelungs"-Effekte sind dabei oftmals anknüpfungsfähige Aussagen mit erheblicher Bedeutung für die Nachweisführung zu erzielen (empirische Hinweise bei Kapitaldelikten im allg. StR hierfür bei Marquardt/Bettels Kriminalistik 2019, 376 (377 ff.)). Im JStV finden Sofortvernehmungen in manchen Bagatellfällen aber auch in einer erzieherischen bzw. normverdeutlichenden und eine absehbare Einstellung (§ 45 Abs. 2) vorbereitenden Weise statt (dazu → § 45 Rn. 43 und 45; Stellungnahme BR BT-Dr. 19/13837, 86 f.).

Genau genommen werden durch das JGG aber sämtliche Variante der **30** Sofortvernehmung weitgehend beschränkt. Dies folgt weniger aus den Maßgaben zu den Durchführungsmodalitäten (→ Rn. 12 ff.) als aus ihrer limitierten Durchführbarkeit. In Fällen der **notwendigen Verteidigung** sind sie sogar teilw. **ausgeschlossen** (vgl. auch Schoeller StV 2019, 190 (195 f.); Höynck/Ernst StV 2022, 58 (60)). Das beruht darauf, dass hier die Beiordnung eines Verteidigers erst zeitaufwändig vorzunehmen und/oder dessen Mitwirkung abzuwarten und zu gewährleisten ist (Abs. 4). Soweit insofern Ausnahmen bestehen (→ Rn. 26 ff.), muss dort ausnahmslos eine „ersatz-

weise" realisierte **audiovisuelle Aufzeichnung** gewährleistet sein (n.
→ Rn. 20). In sämtlichen Konstellationen (auch solchen ohne Notwendigkeit der Verteidigung) kann (neben den allg. Belehrungen) eine Erstinforma-
tion gem. **§ 70a Abs. 1** erforderlich sein (→ § 70a Rn. 6 ff.). Zudem ist
grds. zu gewährleisten, dass der Beschuldigte seine **Erziehungsberechtig-**
ten oder gesetzlichen Vertreter (bzw. an deren Stelle einen anderen geeigneten Erwachsenen) konsultieren kann (dazu n. → § 67 Rn. 11a ff.). Anders
verhält es sich idR nur, wenn die Hinzuziehung und das Kommen der
Beistandsperson länger als eine „angemessene Frist" dauern würde. Durch
die Kombination dieser Anforderungen wird die Zulässigkeit der Sofortvernehmung jedenfalls an voraussetzungsreiche Bedingungen geknüpft (Kölbel
NStZ 2021, 524 (530); aus polizeilicher Perspektive kritisch zB Keller
Kriminalistik 2020, 257 (262)).

Vorläufige Anordnungen über die Erziehung

71 (1) **Bis zur Rechtskraft des Urteils kann der Richter vorläufige**
Anordnungen über die Erziehung des Jugendlichen treffen
oder die Gewährung von Leistungen nach dem Achten Buch Sozial-
gesetzbuch anregen.

(2) [1]**Der Richter kann die einstweilige Unterbringung in einem**
geeigneten Heim der Jugendhilfe anordnen, wenn dies auch im Hin-
blick auf die zu erwartenden Maßnahmen geboten ist, um den
Jugendlichen vor einer weiteren Gefährdung seiner Entwicklung,
insbesondere vor der Begehung neuer Straftaten, zu bewahren. [2]**Für**
die einstweilige Unterbringung gelten die §§ 114 bis 115a, 117 bis
118b, 120, 125 und 126 der Strafprozeßordnung sinngemäß. [3]**Die**
Ausführung der einstweiligen Unterbringung richtet sich nach den
für das Heim der Jugendhilfe geltenden Regelungen.

Schrifttum: Blumenberg ua, Jugendhilfe für junge Straffällige, 1987; Bohnert,
Unterbringungsrecht, 2000; Czerner, Vorläufige Freiheitsentziehung bei delinquenten
Jugendlichen zwischen Repression und Prävention, 2008; Ernst, Die Rechtswirklichkeit der einstweiligen Unterbringung nach § 126a StPO, 2011; Hartmann, Die Anordnung der U-Haft …, 1988; Haustein/Thiem-Schräder, Die Unterbringung Jugendlicher nach §§ 71, 72 JGG, 1992; Landeswohlfahrtsverband Baden (Hrsg.), Erziehungshilfe statt U-Haft, 1991; Smok, Vorläufige Anordnungen über die Erziehung
nach § 71 JGG – Eine vernachlässigte Vorschrift, 2009; Steinhilper, U-Haft bei 14-
und 15-Jährigen in Niedersachsen, 1985; Weinknecht, Die Situation der U-Haft und
der Unterbringung von Jugendlichen und Heranwachsenden, 1988; von Wolffersdorff/
Sprau-Kuhlen, Geschlossene Unterbringung in Heimen, 1990.

Übersicht

I. Anwendungsbereich

Die Vorschrift gilt für **Jugendliche** in Verfahren vor den für allg. Strafsa- **1** chen zuständigen Gerichten nicht notwendig, kann jedoch als Ermessens-entscheidung zur Anwendung kommen (§ 104 Abs. 2; vgl. RL zu § 104, RL 5 S. 1).

Die Vorschrift findet auf **Heranwachsende** keine Anwendung (§ 109 **2** Abs. 1 S. 1 (vgl. RL 5 S. 2); zu kriminalpolitischen Erwägungen → § 109 Rn. 10.

II. Voraussetzungen und Ausgestaltungen

1. Die – in der Praxis selten genutzte (Smok, Vorläufige Anordnungen **3** über die Erziehung nach § 71 JGG – Eine vernachlässigte Vorschrift, 2009, 92 f.) – Vorschrift wird mit **erzieherischen Belangen** begründet, schon während des Verfahrens und vor Rechtskraft eines Urteils und ohne die Voraussetzungen und sozialen Auswirkungen von U-Haft (s. § 72 Abs. 1) intervenieren zu können. Daneben wird als Zweck angegeben, aus Gründen der Durchführung des Verfahrens den Jugendlichen abzusondern (vgl. Dallinger/Lackner Rn. 1, 5; s. auch Becker Zbl 1981, 355). **Keinesfalls** darf es sich um eine **ahndende Reaktion** handeln (ebenso Böttcher/Schütrumpf in MAH Strafverteidigung § 53 Rn. 99; zust. Königschulte Kompetenz 32, 46: „kein Sanktionscharakter"). So ist auch eine Unterbringung in einer JStrafvollzAnstalt **weder** nach **Abs. 1 noch** nach **Abs. 2** zulässig (s. hingegen noch RL Nr. 1 S. 1 zu § 45 RJGG 1943 idF v. 18.12.1944 (Deutsche Justiz 1945, 15); aA Potrykus Anm. 1). Auch ist als Anordnung nach Abs. 1 oder Abs. 2 dieser Vorschrift nicht etwa eine Unterbringung zur Untersuchung und Beobachtung hinsichtlich des Geistes- und Entwicklungszustandes zulässig, da andernfalls die besonderen Voraussetzungen von § 73, § 81 StPO umgangen würden. Jedoch darf im Rahmen einer zulässigen Anordnung zugleich eine Persönlichkeitsuntersuchung iSv § 43 vorgenommen werden (s. auch Philipp Zbl 1979, 429 sowie → § 43 Rn. 32).

2. a) aa) (1) **Voraussetzung** für eine **jugendrichterliche Anordnung 4** nach **Abs. 1 Alt. 1** ist zum einen die Erwartung eines Urteils, und im Einzelnen der (iSv § 203 StPO) hinreichende (Trenczek DVJJ-Journal 2000, 131; Sommerfeld in NK-JGG Rn. 2; Blessing/Weik in HK-JGG Rn. 2; aA Diemer in Diemer/Schatz/Sonnen Rn. 4 mit der formellen Begr., dass die

Vorschrift gerade auch vor Anklageerhebung angewandt wird; Pawlischta in BeckOK JGG Rn. 4; Czerner, Vorläufige Freiheitsentziehung bei delinquenten Jugendlichen zwischen Repression und Prävention, 2008, 88) **Verdacht** einer Verfehlung (§ 1 Abs. 1), wozu es nach dem eindeutigen Wortlaut des Gesetzes allerdings nicht etwa erforderlich ist, dass bereits Anklage erhoben worden ist. Umgekehrt steht ein Urteilsspruch der Anordnung so lange nicht entgegen, als er – etwa auch aufgrund eines Berufungs- oder Revisionsverfahrens – noch nicht rechtskräftig ist. Es bedarf vielmehr in dem Sinne einer Urteilserwartung, als Anordnungen nach Abs. 1 S. 1 nicht nur bei unzulänglichen Verdachtsgraden ausscheiden, sondern auch solange die Möglichkeit einer (vorrangigen) Einstellung nach §§ 45, 47 noch nicht ausgeschlossen ist (Czerner, Vorläufige Freiheitsentziehung bei delinquenten Jugendlichen zwischen Repression und Prävention, 2008, 88; n. Smok, Vorläufige Anordnungen über die Erziehung nach § 71 JGG – Eine vernachlässigte Vorschrift, 2009, 55, 66 ff.).

4a   Im Übrigen rechtfertigen **erzieherische Belange** die Anordnung nur dann, wenn andauernde Beeinträchtigungen auszuschalten sind. Diese Voraussetzung ist nicht gegeben, wenn lediglich ein punktuelles – strafrechtlich relevantes – Fehlverhalten des Jugendlichen vorliegt.

4b   (2) Nicht zuletzt bedarf die Anordnung gem. dem jugend(straf)rechtlichen Schutzprinzip bzw. iRd verfassungsrechtlichen Vorrangs des Elternrechts (Art. 6 Abs. 2 und 3 GG) einerseits und der Mängel an Bestimmtheit der Eingriffsvoraussetzungen andererseits neben dem Bemühen um Einverständnis des minderjährigen Betroffenen grundsätzlich der – nur unter engen Voraussetzungen verzichtbaren – **Zustimmung** der **elterlichen** Erziehungsberechtigten (iErg ähnlich Brunner/Dölling Rn. 9a; Smok, Vorläufige Anordnungen über die Erziehung nach § 71 JGG – Eine vernachlässigte Vorschrift, 2009, 310 ff.; aA Diemer in Diemer/Schatz/Sonnen Rn. 4; Blessing/Weik in HK-JGG Rn. 6; Kaspar in MüKoStPO StPO Rn. 9: nur Frage der Zweckmäßigkeit).

5   **bb)** Vorläufige Anordnungen gem. Abs. 1 Alt. 1 entsprechen tendenziell den Weisungen, sind jedoch **nicht erzwingbar** (auch nicht durch JA iSv § 11 Abs. 3). Demgemäß muss es sich um vorläufig überbrückende Maßnahmen (uU auch iSv § 3 S. 2) mit Einfluss auf die Lebensführung handeln, sodass zB ein TOA oder Arbeitsleistungen ausscheiden werden. Es darf damit nicht zwangsweiser Freiheitsentzug – wie bei U-Haft (§ 72) oder bei Anordnungen gem. Abs. 2 – verbunden sein.

5a   Im Einzelnen kommen in Betracht eine Betreuungsweisung (vgl. → § 10 Rn. 19 ff.) sowie – die Einwilligung des Jugendlichen vorausgesetzt – die Aufnahme in eine Wohngemeinschaft oder eine Familie (Sommerfeld in NK-JGG Rn. 6), die Annahme oder der Wechsel eines Arbeitsplatzes oder einer Ausbildungsstelle, die Herausnahme aus als negativ beeinflussend beurteilten Gruppen, das Verbot der Benutzung eines Kfz, usw.

6   **b)** Soweit der JRichter nach **Abs. 1 Alt. 2** nur „**anregen**" kann, bedeutet dies keinen Autoritätsverlust (s. aber BT-Drs. 11/5948, 148). Es trägt vielmehr dem Umstand Rechnung, dass das JAmt ohnehin die Voraussetzungen von Hilfen nach dem KJHG prüfen muss.

7   **3. a) aa)** Gemäß **Abs. 2** muss aus Gründen der Verhältnismäßigkeit im Hinblick auf die Eingriffsschwere der Anordnung – **zusätzlich** zu den allg. **Voraussetzungen** einer Anordnung nach Abs. 1 – der Verdacht noch gesteigert sein und eine erzieherische Notwendigkeit bestehen, den Jugendlichen vor „weiterer Gefährdung seiner Entwicklung" zu bewahren. Eine solche Notwendigkeit kann sich insb. aus einer durch hinreichende Anhaltspunkte belegten (Wiederholungs-)Gefahr der Begehung neuer Straftaten ergeben. Zudem muss die Anordnung auch im Hinblick auf Art und Dauer der zu erwartenden Maßnahmen **geboten sein,** dh sie wird idR ausscheiden, wenn JStrafe nicht zu erwarten ist (ohnehin ebenso betr. U-Haft → § 72 Rn. 5; Trenczek DVJJ-Journal 1994, 293 sowie Trenczek Zbl 2000, 131; ähnlich Sommerfeld in NK-JGG Rn. 4; aA Diemer in Diemer/Schatz/Sonnen Rn. 15: „auch Jugendarrest"; Blessing/Weik in HK-JGG Rn. 16 („mindestens Dauerarrest")) oder die zu erwartende Dauer bereits überschritten ist (Abs. 2 S. 2, § 120 Abs. 1 S. 1 StPO; aA OLG Brandenburg NStZ-RR 2003, 344). Für die Anordnung nach Abs. 2 ist das Vorhandensein eines **geeigneten** Heims der JHilfe vorausgesetzt.

(1) (a) Im Einzelnen fällt betr. die Beurteilung „weiterer Gefährdung **7a** seiner Entwicklung" eine Diskrepanz zu der Fassung der §§ 30, 34 KJHG auf. Hinsichtlich der genannten (Wiederholungs-)Gefahr ist bedenklich, dass – im Unterschied zu §§ 112, 112a StPO – *weder bestimmte Tatsachen* vorliegen *noch* es sich um *bestimmte* – zB gleichartige – Straftaten handeln muss, ganz abgesehen davon, dass die Wendung „neue Straftaten" ggf. die Unschuldsvermutung (Art. 6 Abs. 2 EMRK) berührt. Bei dieser Voraussetzung des Abs. 2 stehen *Interessen* der *Allgemeinheit* im Vordergrund (krit. auch Hartmann 107 ff.), während das Ziel einer „Kriseninterventon" die Bedenken hinsichtlich der Rechtssicherheit (vgl. krit. → § 72 Rn. 9a) zumindest solange nicht abzuschwächen vermag, als es an geeigneten Heimen fehlt (s. aber etwa Busch Zbl 1985, 399).

(b) Die rechtsstaatlich gebotene (und nach BT-Drs. 11/5829, 29 beabsich- **7b** tigte) restriktive Konkretisierung der Vorschrift verlangt zumindest die Prognose, dass die etwa mit gewisser Wahrscheinlichkeit zu erwartenden (neuen) Straftaten **nicht** von **situativ-jugendtypischer Art** sind, sondern eine weitergehende „Gefährdung der Entwicklung" zu erweisen geeignet sind. Dabei erfordert das vorausgesetzte Verhältnis zwischen solchen Straftaten und solcher „Gefährdung" auch die Prognose einer gewissen Deliktsschwere (ebenso Trenczek Zbl 2000, 131; zu einem Einzelfall aber Thomsen ZJJ 2009, 52 f.). – Jedenfalls darf gem. dem **Subsidiaritätsprinzip** („wenn dies geboten ist") die Unterbringung **nur** als **äußerstes, zeitlich begrenztes** Mittel angeordnet werden (zu Hilfen zur Erziehung nach §§ 27 ff. KJHG s. Riekenbrauk DVJJ-Journal 1993, 175); andererseits darf U-Haft schon dann angeordnet werden, wenn die Unterbringung in einem Heim der JHilfe genügt (§ 72 Abs. 1).

(2) Wegen der Eingriffsschwere gelten die Ausführungen zum Bemühen **7c** um **Einverständnis** des Betroffenen sowie bezüglich der **Zustimmung** der elterlichen Erziehungsberechtigten entsprechend verstärkt (anders Diemer in Diemer/Schatz/Sonnen Rn. 4; vgl. aber auch Lobinger Kostentragung 137).

bb) Ein anderer – von dem (Nicht-)Vorliegen der Voraussetzungen des **8** **Abs. 2** unabhängiger – selbstständiger Grund zur vorläufigen Anordnung der Unterbringung besteht dann, wenn die Voraussetzungen zum Erlass eines Haftbefehls vorliegen (§ 72 Abs. 4; näher → § 72 Rn. 3b). Allerdings wird (zumindest) hiernach eine entsprechende Anordnung kaum angebracht sein, wenn zB nur JA zu erwarten ist (vgl. auch → Rn. 7; s. schon Dallinger/Lackner Rn. 13).

cc) Die Unterbringung „in einem geeigneten Heim der JHilfe" (Abs. 2 **9** S. 1; aA OLG Hamm NJW 1999, 230 = DVJJ-Journal 1999, 94 mkritAnm

Eickelkamp bzw. abl. Bspr. Scholz DVJJ-Journal 2000, 237) steht der U-Haft hinsichtlich **Entschädigung** für unschuldig erlittene Freiheitsentziehung gleich (§ 2 Abs. 2 Nr. 1 StrEG; KG NStZ 2010, 284; s. auch Eisenberg GA 2004, 386).

10   **b)** Die Anwendung des Abs. 2 wird teilweise durch **organisatorische** Belange des **Heimbereichs** erschwert (s. dazu vormals OLG Koblenz GA 1981, 230; zur Ersetzung eines Unterbringungsbefehls durch einen Haftbefehl s. RL 4; vgl. aber → § 72 Rn. 3–4a). Während *„Langzeit"*-Heime in ihrer pädagogischen Arbeit auf die vergleichsweise kurzzeitigen Aufenthalte von nach Abs. 2 Eingewiesenen ggf. nicht eingerichtet sind, fehlt bei Kurzzeitheimen wohl meist ua die Möglichkeit, „notfalls" auch die Funktion eines geschlossenen Heimes übernehmen zu können (zu Bsp. für abl. Stellungnahmen s. vormals Steinhilper, U-Haft bei 14- und 15-Jährigen in Niedersachsen, 1985, 52 ff.). Hinzu kommt die zusätzliche Inanspruchnahme der Erzieher, ggf. wiederholt „Erfolgsberichte" abliefern zu müssen. Andererseits wurde seitens der Heime mitunter angegeben, gem. Abs. 2, § 72 Abs. 4 untergebrachte Personen seien insgesamt (seither) eher weniger umfassend belastet gewesen als im Rahmen bestimmter anderer Vorschriften untergebrachte Personen (s. auch v. Wolffersdorff/Sprau-Kuhlen, Geschlossene Unterbringung in Heimen, 1990, 81, 85; vgl. aber zur – im Vergleich zu U-Haft – eher längeren Dauer der Unterbringung Weinknecht, Die Situation der U-Haft und der Unterbringung von Jugendlichen und Heranwachsenden, 1988, 263). Soweit die demographische Entwicklung verschiedentlich dazu führt, dass Heime Plätze anbieten (zumal sie iSv Kriterien der Wirtschaftlichkeit möglichst belegt sein müssen), kann hieraus zugleich die Gefahr einer Ausdehnung stationärer Kontrolle erwachsen, sofern U-Haft nicht jeweils entsprechend weniger angewandt wird (s. zum Ganzen vormals Eisenberg Zbl 1987, 326, nebst Übersicht zu den Ländern; speziell zum St. Severin-Haus (Glonn) s. etwa Kronen/Pretzer DVJJ-Journal 1992, 336 ff.; zum Heinrich-Wetzler-Haus s. Blumenberg ua, Jugendhilfe für junge Straffällige, 1987, 7 ff.; Blumenberg/Wetzstein in Landeswohlfahrtsverband Baden (Hrsg.), Erziehungshilfe statt U-Haft, 1991; sodann Weiß ZJJ 2011, 263 ff.; für Bremen zu einem Betreuten Wohnprojekt Maul-Backer NK 1994, 44; zu einem Projekt in Lüneburg Peterich DVJJ-Journal 1997, 145 f.; betr. Suchtgefährdete Vater ZJJ 2008, 282 ff. (Leimbach)). – Hinreichend verallgemeinerungsfähige Befunde zu der Frage, welche Rechtsfolgen sich zum Abschluss des Verfahrens bei vorausgegangener Unterbringung nach Abs. 2, § 72 Abs. 4 ergeben, liegen seither nicht vor (zu „apokryphen" Gründen freiheitsentziehender Intervention vgl. → § 72 Rn. 9).

10a   **aa)** (1) Seit Neufassung des Abs. 2 ist **nicht generell erforderlich,** dass das Heim **fluchtsicher** ist (ebenso Brunner/Dölling Rn. 5), und zwar auch nicht für die Anordnung nach § 72 Abs. 4 (vgl. schon interministerielle Übereinkunft RhPf. JBl. 1988, 96 (Nr. 2.2); für Hess. MdJ Nr. 2 Erl. v. 13.4.1993, MBl. 1993, 418 für Bln. Vereinbarung DVJJ-Journal 1999, 293; Dünkel Freiheitsentzug 387 Fn. 77; grds. IGfH unsere jugend 1987, 468 (474 f.); s. auch Wapler in Wiesner SGB VIII § 52 Rn. 41f), und auch nicht in Fällen zu erwartender JStrafe. Entschließt sich der JRichter zu einer Maßnahme nach §§ 71, 72, so erwartet er die Sicherung des Verfahrens als Ergebnis pädagogischer Betreuung, und zwar unter Einkalkulierung eines gewissen Risikos (ebenso Kaspar in MüKoStPO Rn. 6a; vgl. auch Pawlischta in BeckOK JGG Rn. 13: Risiko zur Flucht „erfahrungsgemäß viel zu hoch angesetzt wird und regelmäßig vernachlässigbar ist"; zur Unterbringung in offenen Einrichtungen s. näher Lüthke Zbl 1982, 125). Allerdings würde eine vollständige Abschaffung geschlossener Heimunterbringung (vgl. auch → § 12 Rn. 25 ff.) ggf. zu einem vorübergehenden Anstieg der Anordnung von U-Haft – bzw. gar von freiheitsentziehenden psychiatrischen Maßnahmen (gem. BGB oder Unterbringungsgesetzen; vgl. auch → Rn. 14 aE) – führen können (vgl. zu den Erfahrungen in Hmb. Anfang der 80er Jahre des 20. Jahrhunderts betr. U-Haft ggü. 14- und 15-Jährigen Bittscheidt-Peters/Koch Zbl 1983, 81 (84) sowie in den Jahren 1985–1987 ggü. 14- und 15-Jährigen und 16- und 17-Jährigen Deichsel ua Bewährungshilfe 1990, 149 (sodann aber Senatsverwaltung DVJJ-Journal 2002, 335) bzw. betr. psychiatrische Unterbringung Kowerk ZKiJPsychiatr 1990, 198 ff.; zur Streitfrage in Bln. schon Weber RdJB 1999, 315 ff.; Bindel-Kögel/Heßler DVJJ-Journal 1999, 293 (299 f.)).

(2) Zur **Umwandlung** eines Haftbefehls in einen Unterbringungsbefehl **10b** s. RL 3. Unterlässt es das Beschwerdegericht, beim Umwandlungsbeschluss das Heim zu bezeichnen, so ist der Beschluss fehlerhaft (nach OLG Koblenz OLGSt Nr. 3 zu § 71 mit der Konsequenz, dass die U-Haft fortbesteht, zw.).

bb) (1) Die **Ausführung** der einstweiligen Unterbringung einschließlich **10c** des Erziehungskonzepts bestimmt sich nach den für das jeweilige **Heim** bestehenden **Regelungen** (**Abs. 2 S. 3,** eingeführt durch 1. JGG-ÄndG; s. schon zu NRW JMBl. 1995, 134, zu NdsRpfl 1996, 302), dh Sicherungsbelange gehen pädagogischen Bedürfnissen nicht vor (Trenczek RdJB 1993, 322 (327); vgl. für Bln. etwa Vereinbarung DVJJ-Journal 1999, 298 f. (Anlage)). Solche Regelungen sind insb. § 34 KJHG, im Übrigen VV der jeweiligen Aufsichtsbehörde für das Heim sowie ggf. Hausordnungen (vgl. aber Haustein/Thiem-Schräder, Die Unterbringung Jugendlicher nach §§ 71, 72 JGG, 1992, 117, wonach alle befragten Erzieher für Beibehaltung einer geschlossenen Anfangsphase waren). – Zu Sanktionsinteraktionen und Binnenhierarchien vgl. (aufgrund teilnehmender Beobachtung) Schäfer KrimJ 2013, 103 ff.

(2) Hiernach kommt es darauf an, nach Möglichkeit mit Einverständnis **10d** des Jugendlichen sowie in **Abstimmung** mit dem Träger und der Heimleitung das für den jeweiligen Jugendlichen am ehesten hilfe- bzw. erziehungsfähige Heim zu bestimmen (vgl. zu möglichen Absprachen zwischen JRichter und Heimleitung bereits interministerielle Übereinkunft RhPf, JBl. 1988, 97 (Nr. 3.8); sodann zu Nds. Gemeinsames Grundkonzept (3.) NdsRpfl 1996, 302). Aus der eigenverantwortlichen Gestaltungsbefugnis des JHilfeträgers bzw. des Heims folgt zugleich, dass die Aufnahme eines aufgrund jugendrichterlicher Entscheidung unterzubringenden Jugendlichen abgelehnt werden darf (zB wenn der Jugendliche die pädagogische Konzeption des Heimes beeinträchtigen würde; vgl. etwa schon Erl. Nr. 4 Hess. MdJ (MBl. 1993, 418); zust. Heßler ua ZfJ 1997, 45).

III. Verfahrensrechtliches

1. Abs. 1

a) Zuständigkeit. Vorläufige Anordnungen iSd **Abs. 1** darf **nur** der **11** **JRichter** treffen. Wegen der Zuständigkeit gelten die §§ 125, 126 StPO entsprechend (§ 2 Abs. 2). – Auch die Vollstr der vorläufigen Anordnungen untersteht – teilweise entsprechend §§ 82 ff. – grundsätzlich dem erkennenden JRichter (anders § 36 StPO).

12   **b) Entscheidung und deren Vorbereitung. aa)** Es empfiehlt sich, vor der Anordnung nach Möglichkeit den Beschuldigten sowie – über § 67 Abs. 1 hinausgehend – den **Erziehungsberechtigten** und den **gesetzlichen Vertreter** zu **hören** (vgl. § 33 StPO; enger – und ohne Differenzierung nach Eltern (Art. 6 Abs. 2, 3 GG), vgl. dazu → Rn. 4 – RL 1 S. 1–3). Die **JGH** ist **heranzuziehen** (RL 2 S. 4).

13   **bb)** (1) Die Anordnung ergeht durch **Beschluss,** der zu begründen ist (§ 2 Abs. 2, § 34 StPO; vgl. RL 1 S. 4).

13a   (2) Wegen der – formlos zureichenden – **Mitteilung** bzw. **Bekanntmachung** s. § 67 Abs. 2 aF bzw. § 67a Abs. 1 nF, § 35 Abs. 1, Abs. 2 S. 2 StPO, § 41 StPO und Nr. 34 Abs. 2 MiStra sowie – betr. die JGH – RL Nr. 2 S. 4, RL zu § 72a und iÜ § 70 S. 1, Nr. 32 MiStra (vgl. auch Erl. zu → § 70 Rn. 5 ff.)

2. Abs. 2

14   **a) Geltung von Vorschriften der StPO. aa)** Bei Anordnung der **Unterbringung** sind gem. Abs. 2 S. 2 die meisten Vorschriften der StPO über das Verfahren nach Verhängung von U-Haft anwendbar, nicht jedoch § 116, dh eine Außervollzugsetzung ist unzulässig (OLG Zweibrücken NStZ-RR 2004, 348). **Vollzugs**fragen sind teilw. auch Gegenstand des Landesrechts (hierzu anhand des Anspruchs auf medizinische Untersuchung BT-Drs. 19/13837,32). Der Unterbringungsbefehl, in dem ein bestimmtes Heim benannt sein muss, wird schon hinsichtlich der Verbringung des Betroffenen im Einklang mit der Regelung über die Ausführung (vgl. → Rn. 10c) *durch* die *JHilfe umgesetzt* (zur Vorgabe an diese, „möglichst unverzüglich eine andere Wohneinrichtung zu finden", AG Ludwigsburg ZJJ 2013, 78). Im Übrigen *entspricht* der Unterbringungsbefehl dem *Haftbefehl* bezüglich der Vorführung (etwa bei geschlossener Heimunterbringung) vor den JRichter, der Benachrichtigung der Angehörigen, der mündlichen Verhandlung auf Antrag, des Haftprüfungsverfahrens und der Aufhebung.

14a   Für die Frage der *notwendigen Verteidigung* (§ 68) steht die Unterbringung nach Abs. 2 im Rahmen von § 68 Nr. 1 iVm § 140 Abs. 1 Nr. 5 der U-Haft (vgl. → § 68 Rn. 22b); außerdem werden die Voraussetzungen gem. § 68 Nr. 1 iVm § 140 Abs. 2 StPO grds. zu bejahen sein (vgl. → § 68 Rn. 23 ff.). Entsprechendes gilt für die Unterrichtungspflicht ggü. der *JGH* (§ 72a entspr.) sowie für die Berichtspflicht seitens der JGH (§ 38 Abs. 2 S. 3 aF bzw. § 38 Abs. 3 S. 2 nF).

14b   **bb)** Die einstweilige Unterbringung nach **§ 126a StPO** (vgl. näher zur Rechtswirklichkeit *Ernst* 107 ff., 159 ff.) wird durch Abs. 2 (bzw. § 73 Abs. 1) nicht ausgeschlossen (§ 2 Abs. 2; OLG Düsseldorf MDR 1984, 603; OLG Jena NStZ-RR 2007, 218; aA *Paeffgen* in SK-StPO StPO § 126a Rn. 2), wenngleich die **Zielsetzung des Abs. 2 S. 1** derjenigen des § 126a StPO (vgl. betr. Fesselung LG Kiel ZfStrVo 2004, 375 mAnm *Pollähne* (zum allg. StR)) eher nur mittelbar entspricht (krit. auch *Bohnert,* Unterbringungsrecht, 2000, 297). Indes kommt auch dann nur ein Heim der JHilfe in Betracht (anders OLG Jena NStZ-RR 2007, 218).

b) Anhörung. Vgl. die Erl. zu → Rn. 12. 14c

c) §§ 52, 52a. Die Unterbringung nach Abs. 2 steht hinsichtlich Berück- 14d
sichtigung bzw. Anrechnung iSd genannten Vorschriften der **U-Haft gleich**
(vgl. BGH NStZ-RR 2014, 59; RL 1 zu §§ 52, 52a; vgl. auch → § 72
Rn. 13). Wegen der Frage einer entspr. Anwendung des § 450 StPO vgl.
→ § 52 Rn. 13 ff..

3. Rechtsmittel

a) Gegen die Anordnung nach Abs. 1. Es ist die einfache Beschwerde 15
ohne aufschiebende Wirkung (§ 2 Abs. 2, §§ 304, 305 S. 2 StPO, § 307
StPO entspr.) gegeben (vgl. Amtl. Begr. 47). Die Rechtsmittelbeschränkungen des § 55 Abs. 1 gelten schon vom Gesetzeswortlaut her nicht (ebenso
Kaspar in MüKoStPO Rn. 10; Böttcher/Schütrumpf in MAH Strafverteidigung § 53 Rn. 99; aA Brunner/Dölling Rn. 11; Dallinger/Lackner
Rn. 21).

b) Gegen die Anordnung nach Abs. 2. aa) Es ist gleichfalls einfache 16
Beschwerde zulässig, jedoch ohne die Rechtsmittelbeschränkung des § 55
Abs. 1. Zudem ist weitere Beschwerde zulässig (§ 2 Abs. 2, § 310 Abs. 1
StPO entspr.; OLG Hamburg NJW 1963, 1167).

bb) Ob die für das U-Haftverfahren geltenden Vorschriften über die 16a
Nachprüfung durch das OLG (**§§ 121 ff. StPO**) anwendbar sind, ist **umstritten** (vgl. auch → § 72 Rn. 13).

(1) Eine enge Gesetzesauslegung steht dagegen (Abs. 2 S. 2, argumentum 16b
e contrario; OLG Celle NJW 1965, 2069), dh soweit ein Haftbefehl in eine
Anordnung nach Abs. 2 oder eine solche in einen Haftbefehl umgewandelt
wird, würde hiernach für die Nachprüfung durch das OLG allein die VollstrDauer aufgrund des Haftbefehls maßgeblich sein. Indes würde dadurch
zum einen eine Schlechterstellung ggü. dem U-Haftvollzug eintreten, welche Konsequenz sich mit dem Zweck von Abs. 2 schwerlich vereinbaren
ließe. Zum anderen ist das Argument, dass sich die Unterbringung gem.
Abs. 2 nach anderen Voraussetzungen (vgl. → Rn. 7) richtet und andere
Zwecke (vgl. → Rn. 3) verfolgt als die U-Haft (allg. Auffassung, vgl. etwa
KG JR 1990, 216; OLG Bamberg StraFo 2015, 329; betr. zuvor vollzogene
einstweilige Unterbringung gem. § 126a StPO (nach allg. StVR) OLG
Schleswig MDR 1983, 70 gegen KG JR 1976, 163), *nur begrenzt tragfähig*.
Denn es greift nur dann, wenn tatsächlich auch Voraussetzungen und
Zweckverfolgung im Sinne einer Anordnung von U-Haft gegeben sind, dh
wenn die Unterbringung (auch) aus den Gründen iSd Voraussetzungen von
U-Haft geschieht.

(2) Einer derart funktionsbezogenen, weiten Gesetzesauslegung steht es 16c
(unter Berücksichtigung auch der Kriterien gem. §§ 52, 52a) weder entgegen, wenn *Außenkontakte* ermöglicht werden, noch wenn der U-Haftvollzug *förmlich ausgesetzt* wurde (§ 116 StPO; vgl. zum allg. StVR etwa KG
NStZ 1997, 148 (unterbrochen); nicht verneint auch von OLG Dresden
NStZ-RR 2002, 60 („öffentliches psychiatrisches Krankenhaus"); aA OLG
Köln ZJJ 2011, 204 mablAnm Eisenberg; Meyer-Goßner/Schmitt StPO
§ 121 Rn. 5, Wankel in KMR StPO § 121 Rn. 3). Entscheidend ist hiernach, ob die Freiheitsentziehung vom JGericht – und also in Abhängigkeit
von dem konkreten JStrafverfahren stehend – (auch) an Stelle und *in der*

Funktion sowie aus den Gründen wie eine *U-Haft* (dh nicht iSd Abs. 1) angeordnet und vollzogen wird (vgl. ergänzend Paeffgen in SK-StPO StPO § 121 Rn. 5; Gärtner in Löwe/Rosenberg StPO § 121 Rn. 29). Dies gilt zumindest dann, wenn eine U-Haftvollstr im engeren Sinne sich anschließt.

17 **c) Nichtgeltung des Verschlechterungsverbots.** Auch bei Anfechtung zu Gunsten des Beschuldigten wird das Verschlechterungsverbot nicht zum Tragen kommen können (Grethlein Verschlechterungsverbot 135; s. § 72 Abs. 4 S. 2; vgl. auch RL 4).

4. Aufhebung

18 Der JRichter hebt die vorläufige Anordnung auf, soweit diese wegen ihrer Dauer, die dem das gesamte JStV kennzeichnende besondere *Beschleunigungsprinzip* zuwiderläuft, unverhältnismäßig geworden ist (vgl. KG StV 2016, 712). Das Gleiche gilt, wenn die Anordnung entbehrlich oder unzweckmäßig geworden ist oder wenn eine andere Maßnahme angeordnet wird (vgl. RL 4).

IV. Kosten

1. Maßnahmen auch zur Sicherung des Verfahrens

19 Die Kosten der Maßnahmen (zur Erl. OLG Dresden DVJJ-Journal 1998, 278) sind Auslagen des Verfahrens (→ § 74 Rn. 13 sowie RL 4 zu § 74), dh sie werden von der **Justiz** getragen (vgl. schon Erl. Nr. 8 Hess. MdJ v. 13.4.1993 (MBl. 1993, 418); RdErl. NRW v. 29.6.1995, Nr. 9 (MBl. 1995, 814); Gemeinsames Grundkonzept Nds. (8), NdsRpfl 1996, 302; Vereinbarung Bln. DVJJ-Journal 1999, 292) – zumindest dann, wenn die Maßnahmen jedenfalls auch der Sicherung des Verfahrens gedient haben (Abs. 2, § 72 Abs. 4; s. auch JuM SchlH v. 1.7.1990, DVJJ Rundbrief Juni 1990, 73; vgl. auch Böttcher/Schütrumpf in MAH Strafverteidigung § 53 Rn. 100; Höynck/Goerdeler JAmt 2006, 172; FK KJHG § 36a Rn. 26). Sie werden also **nicht** dem **Jugendlichen** aufzuerlegen sein (ebenso speziell zu ambulanten Maßnahmen Mayer DVJJ-Journal 1993, 404). Dies gilt auch, wenn der Jugendliche gem. jugendgerichtlicher Entscheidung in einer Einrichtung eines freien Trägers untergebracht wird (OLG Dresden 25.4.1997 – 1 VAs 3/97).

2. Hilfe zur Erziehung

20 Anders verhält es sich bei der (im Rahmen eines JStrafverfahrens getroffenen) Anweisung durch das JGericht, Hilfe zur Erziehung in einem Heim gem. *§ 12 Nr. 2* in Anspruch zu nehmen, da diese Weisung (mangels Vollstreckbarkeit) einem Unterbringungsbefehl nicht gleichsteht (OLG Frankfurt a. M. NStZ-RR 1996, 183 sowie OLG Jena NStZ-RR 1997, 320 und OLG Koblenz NStZ-RR 2009, 160 (Ls.) – jeweils betr. gleichzeitige Außervollzugsetzung eines Haftbefehls; auch → § 74 Rn. 12 sowie → § 10 Rn. 64 ff.). – Hier – wie auch bei sonstigen *Hilfemaßnahmen* – ist jedoch zwischen der Leistungs- und Finanzierungsverantwortung des Trägers der öffentlichen JHilfe einerseits und den Kostenbeiträgen durch den Jugend-

lichen andererseits zu unterscheiden. Während der Träger der öffentlichen JHilfe die Kosten grundsätzlich nur übernimmt, wenn er selbst über das Ob und Wie der Maßnahme entschieden hat (§ 36a Abs. 1 S. 1 KJHG), kann der **Jugendliche nur** iRd § 36a Abs. 1 S. 2 iVm §§ 91 ff., insb. §§ 91 Abs. 1 Nr. 5b, 92 Abs. 1 Nr. 1, 94 Abs. 3, 4 KJHG, zu den Kosten herangezogen werden (FK KJHG § 36a Rn. 32).

Untersuchungshaft

72 (1) [1]Untersuchungshaft darf nur verhängt und vollstreckt werden, wenn ihr Zweck nicht durch eine vorläufige Anordnung über die Erziehung oder durch andere Maßnahmen erreicht werden kann. [2]Bei der Prüfung der Verhältnismäßigkeit (§ 112 Abs. 1 Satz 2 der Strafprozeßordnung) sind auch die besonderen Belastungen des Vollzuges für Jugendliche zu berücksichtigen. [3]Wird Untersuchungshaft verhängt, so sind im Haftbefehl die Gründe anzuführen, aus denen sich ergibt, daß andere Maßnahmen, insbesondere die einstweilige Unterbringung in einem Heim der Jugendhilfe, nicht ausreichen und die Untersuchungshaft nicht unverhältnismäßig ist.

(2) Solange der Jugendliche das sechzehnte Lebensjahr noch nicht vollendet hat, ist die Verhängung von Untersuchungshaft wegen Fluchtgefahr nur zulässig, wenn er

1. sich dem Verfahren bereits entzogen hatte oder Anstalten zur Flucht getroffen hat oder
2. im Geltungsbereich dieses Gesetzes keinen festen Wohnsitz oder Aufenthalt hat.

(3) Über die Vollstreckung eines Haftbefehls und über die Maßnahmen zur Abwendung seiner Vollstreckung entscheidet der Richter, der den Haftbefehl erlassen hat, in dringenden Fällen der Jugendrichter, in dessen Bezirk die Untersuchungshaft vollzogen werden müßte.

(4) [1]Unter denselben Voraussetzungen, unter denen ein Haftbefehl erlassen werden kann, kann auch die einstweilige Unterbringung in einem Heim der Jugendhilfe (§ 71 Abs. 2) angeordnet werden. [2]In diesem Falle kann der Richter den Unterbringungsbefehl nachträglich durch einen Haftbefehl ersetzen, wenn sich dies als notwendig erweist.

(5) Befindet sich ein Jugendlicher in Untersuchungshaft, so ist das Verfahren mit besonderer Beschleunigung durchzuführen.

(6) Die richterlichen Entscheidungen, welche die Untersuchungshaft betreffen, kann der zuständige Richter aus wichtigen Gründen sämtlich oder zum Teil einem anderen Jugendrichter übertragen.

Schrifttum: Bayerisches Landesjugendamt (Hrsg.), Empfehlungen für die JGH, 1993; *Dorenburg,* Untersuchungshaft und Untersuchungshaftvermeidung bei Jugendlichen und Heranwachsenden in Deutschland und Europa, 2017; DVJJ Baden-Württemberg, Integrieren statt Ausgrenzen, 1999; *Gebauer,* Die Rechtswirklichkeit der U-Haft in der Bundesrepublik Deutschland, 1987; *Hartmann,* Die Anordnung von U-Haft …, 1988; *Hermanns,* Sozialisationsbiographie und jugendrichterliche Entscheidungspraxis, 1983; *Hess,* Erscheinungsformen und Strafverfolgung von Tötungsdelik-

ten in Mecklenburg-Vorpommern, 2010; Heßler, Vermeidung von U-Haft bei Jugendlichen, 2001; Hotter, U-Haftvermeidung für Jugendliche und Heranwachsende in
Baden-Württemberg, 2004; Jabel, Die Rechtswirklichkeit der U-Haft in Niedersachsen, 1989; Jehle, U-Haft zwischen Unschuldsvermutung und Wiedereingliederung,
1985; Jehle, Entwicklung der U-Haft bei Jugendlichen und Heranwachsenden vor und
nach der Wiedervereinigung, 1995 (Hrsg. BMJ); Kowalzyck, U-Haft, U-Haftvermeidung und geschlossene Unterbringung ... in Mecklenburg-Vorpommern, 2008; Krause, Anordnung und Vollzug der U-Haft bei Jugendlichen, 1971; Kury (Hrsg.), Prävention abweichenden Verhaltens – Maßnahmen der Vorbeugung und Nachbetreuung,
1982; Nordhues, Untersuchungshaft im Spannungsverhältnis von Recht und Praxis,
2013; Pfeiffer, Die Anordnung von U-Haft gegenüber 14/15-Jährigen bzw. 14–21-
Jährigen ..., 1988 (KFN); Seebode, Der Vollzug der U-Haft, 1985; Seiser, Untersuchungshaft als Erziehungshaft im Jugendstrafrecht, 1987; Staudinger, U-Haft bei
jungen Ausländern, 2001; Steinhilper, U-Haft bei 14- und 15-Jährigen in Niedersachsen, 1985; Swientek, Autoaggressivität bei Gefangenen ..., 1982; Tinkhauser,
Untersuchungshaftvermeidung, 2016; Wagler, Probleme der Verteidigung im JStV,
1988; Weinknecht, Die Situation der U-Haft und der Unterbringung zu Jugendlichen
und Heranwachsenden, 1988; Zender, U-Haft an weiblichen und männlichen Jugendlichen und Heranwachsenden, 1998; Zirbeck, Die U-Haft bei Jugendlichen und
Heranwachsenden, 1973.

Übersicht

I. Anwendungsbereich

1. Persönlicher Anwendungsbereich

a) Jugendliche. Die Vorschrift gilt für Jugendliche auch in Verfahren vor **1** den für allg. Strafsachen zuständigen Gerichten (§ 104 Abs. 1 Nr. 5; vgl. RL 5). Teilweise wird jedoch angenommen (RL zu § 104), hinsichtlich Abs. 4 könne die Vorschrift nur als Ermessensentscheidung (§ 104 Abs. 2) zur Anwendung kommen (vgl. auch → § 104 Rn. 10).

b) Heranwachsende. Auf diese findet die Vorschrift keine Anwendung **2** (§ 109 Abs. 1 S. 1; zu kriminalpolitischen Erwägungen vgl. → § 109 Rn. 10).

2. Verfahrensbezogener Anwendungsbereich

a) Vorläufige Festnahme (§ 2 Abs. 2, § 127 Abs. 2 StPO). aa) Hier- **2a** für gilt die Vorschrift bei formeller Betrachtungsweise **nicht** (und auch nicht entspr.), weil sich Abs. 1 erst auf den richterlichen Zuständigkeitsbereich bezieht (aA Keiser JuS 2002, 983). Allerdings wäre de lege ferenda eine erweiterte Regelung (etwa im 1. oder im 9. Unterabschnitt) zu empfehlen.

2b   **bb)** Entsprechendes gilt für **Polizeigewahrsam.** Eine Umgehung liegt vor, wenn der Zweck ist, Haftbefehlsgründe zu erlangen (vgl. zu § 55 Abs. 1 SOG M-V LG Rostock NJ 2017, 420 (zum allg. StR)).

2c   **b) Haft zur Erzwingung der Anwesenheit in der HV (§ 2 Abs. 2, §§ 230 Abs. 2, 236, 329 Abs. 3 StPO, § 412 S. 1 StPO).** Insoweit ist die Vorschrift entsprechend **anzuwenden,** weil es sich bei dieser um eine der Sicherung und Weiterführung des Verfahrens dienende und insofern der U-Haft vergleichbare Zwangsmaßnahme handelt (und nicht etwa um eine Sanktionierung eigener Art; ebenso Villmow/Savinksy ZJJ 2013, 388 (392); Anm. Bausch/Feuerhelm ZJJ 2016, 309 (310); aA Diemer in Diemer/ Schatz/Sonnen Rn. 1; Pawlischta in BeckOK JGG Rn. 3). Bei der Prüfung der Frage genügender Entschuldigung ist der Entwicklungsstand des Jugendlichen zu berücksichtigen, sodass ggf. ein anderes Ergebnis gefunden wird als bei einem Erwachsenen.

2d   **c) Abgrenzung zu Einstweiliger Unterbringung (§ 2 Abs. 2, § 126a StPO).** § 126a StPO dient nicht der Verfahrenssicherung, sondern es handelt sich um eine vorbeugende Maßnahme zum Schutz „öffentlichen Sicherheit" (zu den Voraussetzungen gem. §§ 63, 64 StGB vgl. → § 7 Rn. 7 ff., 19 ff.; im Übrigen wird auf die Spezialliteratur verwiesen). Jedoch hat die (Jugend-)Strafjustiz gem. der von Verfassungs wegen bestehenden Schutzpflicht gegenüber U-Haftgefangenen dafür Sorge zu tragen, dass etwa neu hinzutretende Anhaltspunkte oder Befunde seitens Sachverständiger mit Relevanz für die Prüfung von „Gefährlichkeit" iSd Voraussetzungen des § 126a StPO unverzüglich auch der Leitung der U-Vollzugsanstalt zur Kenntnis gegeben werden (vgl. näher BVerfG StV 2016, 175 = NJW 2016, 1081 mit Bspr. Eisenberg FS Schlothauer, 2018, 213 ff. = ZJJ 2016, 408 mAnm Goerdeler; vgl. auch → § 89c Rn. 22).

3. Europäischer Haftbefehl

2e   Vgl. hierzu → § 1 Rn. 38 ff.

II. Voraussetzungen der Anordnung

1. Subsidiaritäts- und Verhältnismäßigkeitsprinzip (Abs. 1)

3   **a) Subsidiaritätsprinzip (Abs. 1 S. 1, Abs. 4). aa)** Es handelt sich um eine spezielle Ausgestaltung des allg. Grundsatzes der Verhältnismäßigkeit (vgl. auch → Rn. 5). Sie beruht auf erzieherischen Bedenken im Hinblick auf empirische Befunde über psychische **Beeinträchtigungen** und **negative Auswirkungen** (vgl. BR-Drs. 464/89: stehen „außer Streit") im Sozialsowie im Ausbildungs- bzw. Arbeitsbereich aufgrund der U-Haft (n. etwa Villmow FS Schwind, 2006, 473 ff.; zu kriminalpolitisch weitergehenden Einschränkungsvorschlägen vgl. Nachw. → 7. Aufl.). So konnten, wie eine (frühere) empirische Untersuchung ergab, etwa 50 % derjenigen Betroffenen, die zur Tatzeit noch in einem Arbeits- oder Ausbildungsverhältnis standen, nach U-Haft nicht mehr an diese Stelle zurückkehren (Spieß in Kury, Prävention abweichenden Verhaltens – Maßnahmen der Vorbeugung und Nachbetreuung, 1982, 591; vgl. auch Will DVJJ-Journal 1999, 49 (61); vgl. vormals

Kreuzer RdJB 1978, 337 mN; Schütze MschKrim 1980, 148; Busch unsere jugend 1987, 385). Der Vollzug von U-Haft wirkt sich ungünstig auf die **Rückfallwahrscheinlichkeit** nach dem Verfahrensabschluss aus (Walker/Herting Crime & Delinquency 2020, 1865). Zudem ist die Selbsttötungs-häufigkeit gerade bei Jugendlichen und Heranwachsenden und besonders zu Beginn der Haftzeit zu beachten (vgl. etwa Schneider/Gloza Kriminalistik 1984, 184 f.; Swientek, Autoaggressivität bei Gefangenen …, 1982; zu methodischen Schwierigkeiten der Vergleichbarkeit (mit der Außengesellschaft) Schmitt Bewährungshilfe 2011, 117 ff.; ferner mwN Eisenberg/Kölbel Kriminologie § 29 Rn. 39 f.), zumal konkrete Vorbeugungsmaßnahmen nur eingeschränkt geeignet, Selbsttötungsversuche offenbar seltener als in Strafhaft und Kenntnisse über etwaige frühere Selbsttötungsversuche nur begrenzt vorhanden bzw. gefahrenindizierend sind. Jeweils ist speziell die **besondere Belastung** des **Vollzuges für Jugendliche** zu berücksichtigen **(Abs. 1 S. 2)** und zu prüfen, ob der im Einzelfall bestehenden Gefahr, die nach allg. StVR ggf. einen Haftgrund darstellt, auf andere Weise begegnet werden kann (s. auch Schenker Zbl 1989, 389). Die Anführung der **Gründe,** warum es dennoch der U-Haftanordnung bedarf **(Abs. 1 S. 3),** verlangt die Darlegung von **Tatsachen** (OLG Karlsruhe StraFo 2010, 206; vgl. auch → Rn. 11b).

(1) Auch nach Art. 10 Abs. 2, Art 11 RL (EU) 800/2016 sind nach **3a** Möglichkeit alternative Maßnahmen zu ergreifen, wohingegen U-Haft als „letztes Mittel" zu gelten hat (s. auch Erwägungsgründe 54 f.). Vor diesem Hintergrund finden sich im europäischen Vergleich zahlreiche verschiedene Instrumente zur Umsetzung dieser Subsidiarität, keineswegs immer oder nur alternative Unterbringungsformen (vgl. n. Dorenburg, Untersuchungshaft und Untersuchungshaftvermeidung (…), 2017, 166 ff., 288 ff.). Auch in Deutschland kommen diverse Varianten in Betracht. Neben vorläufigen Anordnungen über die Erziehung gem. § 71 Abs. 1 und 2 (vgl. → § 71 Rn. 4 ff., 7 ff.; s. auch Lüthke Zbl 1982, 125) kommen als **andere Maßnahmen** in Betracht zB eine geeignete mündliche Zusage des Jugendlichen ggü. dem Richter, bestimmte Meldepflichten, regelmäßiges Zusammentreffen mit einer Vertrauensperson sowohl des Jugendlichen als auch des Gerichts wie ggf. auch mit Vertretern des JAmtes oder der JGH (zu den Hilfen zur Erziehung nach §§ 27 ff. KJHG s. Riekenbrauk DVJJ-Journal 1993, 175; Bayerisches Landesjugendamt, Empfehlungen für die JGH, 1993, 17). Weil diese Maßnahmen ähnlich denjenigen des § 116 StPO den „Zweck" der U-Haft übernehmen, sind sie geeignet, eine Entschädigungspflicht nach Abs. 2 S. 2 Nr. 3 StrEG zu begründen (KG NStZ 2010, 284; ebenso Meyer StrEG § 2 Rn. 50; s. auch Eisenberg GA 2004, 386; aA Meyer-Goßner/Schmitt StrEG § 2 Rn. 6; Pawlischta in BeckOK JGG Rn. 17).

(2) (a) Bei Vorliegen der Voraussetzungen für einen Haftbefehl **geht** als **3b** mildere Maßnahme ein **Unterbringungsbefehl** (zunächst) **vor** (vgl. **Abs. 4 S. 1,** § 71 Abs. 2; OLG Hamm StV 2002, 432; RL 2 S. 1, 2 zu § 71; RL 3 zu § 72; zust. Heßler ua ZfJ 1997, 42). Prinzipiell ist dies entspr. Unterbringung von deutlich besseren pädagogischen Potenzialen als in der U-Haft und von grundsätzlich erfüllten strafprozessualen Aspekten auszugehend (vgl. dazu die vergleichende Untersuchung bei Tinkhauser, Untersuchungshaft-vermeidung, 2016, 163 ff.). Für die Entscheidung zugunsten der Unterbrin-gung hat im Allg. nur *untergeordnete* Bedeutung, *welcher Straftat* der Jugend-liche verdächtigt wird (vgl. aber BGH BeckRS 2017, 100841 Rn. 22; OLG Köln OLGSt StGB § 226 Nr. 1), und speziell bei jüngeren Beschuldigten

stehen „besondere Schwere" oder „öffentliches Aufsehen" nicht etwa von vornherein entgegen (vgl. schon Interministerielle Übereinkunft RhPf (JBl. 1988, 97, Nr. 2.2.4); krit. zur Handhabung in Thür. Will DVJJ-Journal 1999, 51; für Hmb. Villmow/Savinsky FS Heinz, 2012, 362 ff.; Villmow/ Savinsky ZJJ 2013, 388 f.; Villmow/Savinsky FS Kerner, 2013, 766 f. (770 ff.)). Auch läuft es dem Vorrang des Unterbringungsbefehls zuwider, wenn eine *sachfremd* überhöht günstige Prognose *verlangt* und diese zudem entgegen § 2 Abs. 1 S. 2 weder mit zukunftsbezogenen Tatsachen begründet noch kontrollierbar ist (so aber KG ZJJ 2010, 74 mAnm Eisenberg/ Huck): „Gewissheit des Senats" erforderlich, „sich auf den Beschwerdeführer verlassen zu können" (bei Verurteilung zu einem Jahr JStrafe ua wegen „Beleidigung in zwei Fällen")). – Das Verfahren nach Abs. 4 iVm § 71 Abs. 2 begründet einen erhöhten *Gebührenanspruch* des *Pflichtverteidigers* (§ 2 Abs. 2 S. 1 RVG iVm Vorb. 4 Abs. 4 RVG-VVerz; vgl. OLG Jena NStZ-RR 2003, 160; LG Düsseldorf 19.12.2013 – 7 Ks 25/12).

3c   (b) Im Interesse der Beschleunigung und der unmittelbaren Unterbringung ist es angezeigt, dass die in Betracht kommenden Heime (vgl. auch → § 71 Rn. 10) eine gewisse Anzahl von Plätzen bereit halten (s. für Bln. Bindel-Kögel/Heßler DVJJ-Journal 1997, 302 (allerdings mit Selektionswirkung zum Nachteil kurzfristig eingereister Nichtdeutscher, DVJJ-Journal 1997, 305) sowie Vereinbarung DVJJ-Journal 1999, 293 f.; vgl. näher Heßler, Vermeidung von U-Haft bei Jugendlichen, 2001, 159 ff. sowie den bundesweiten Überblick bei Tinkhauser, Untersuchungshaftvermeidung, 2016, 199 ff.). Indes wird im Allg. davon ausgegangen, dass nicht genug Plätze zur Verfügung stehen (vgl. etwa zu einer Umfrage bei JRichtern und JStA Höynck/ Leuschner Jugendgerichtsbarometer 122). Seitens der Strafjustiz wird dabei auch eine geschlossene Unterbringung (näher → § 12 Rn. 25 f.) als zulässig erachtet (OLG Köln StRR 2008, 35; aber auch OLG Köln StRR 2009, 155 (mit Bspr. Artkämper): „steht ein Platz derzeit nicht zur Verfügung"), weil Abs. 4 – im Gegensatz zu Abs. 2 – eine „den Jugendlichen begünstigende Norm" sei (Weber RdJB 1999, 317; krit. dazu Trenczek Zbl 2000, 131; Heßler, Vermeidung von U-Haft bei Jugendlichen, 2001, 129 ff.; vgl. auch → § 71 Rn. 10a). Indes kann zB die mediale Vermarktung, mitunter gefördert durch unzulässige Vorab-Stigmatisierung seitens (J)Staatsanwaltschaft und/oder Polizei (vgl. betr. „Fall Kassandra" etwa Focus Online v. 5.10.2009), zu ablehnender Tendenz seitens der Heime führen.

3d   (3) Die Umwandlung gem. **Abs. 4 S. 2** (vgl. auch RL 4 zu § 71) ist nach überwiegender Meinung auch dann zulässig, wenn sich die *tatsächlichen Verhältnisse* nicht geändert haben, jedoch inzwischen anders beurteilt werden (Dallinger/Lackner Rn. 12; Sommerfeld in NK-JGG Rn. 6; aA Potrykus Anm. 4). Hiergegen können aus erzieherischen Gründen Bedenken bestehen (vgl. auch Brunner/Dölling Rn. 6).

3e   Ist ein Haftbefehl bereits erlassen und stellt sich nachträglich heraus, dass die Unterbringung möglich ist, so kann der Haftbefehl durch einen Unterbringungsbefehl ersetzt werden (RL 3 zu § 71).

4   **bb)** Von Entwicklungen der absoluten Zahlen der Anordnung von U-Haft zu unterscheiden sind Besonderheiten der **Handhabung** im **JStrafverfahren** im Einzelnen. Deren Bedeutung wird nicht grundsätzlich geschmälert zB durch das Sinken der Anordnung von U-Haft im allg. Strafverfahren (seit Mitte der 90er Jahre des 20. Jahrhunderts) und im JStrafverfahren (seit Anfang des 21. Jahrhunderts), welche Entwicklung ua iZm dem sog. „Asylkompromiss" (Gesetz v. 30.6.1993, BGBl. I 1062) und Folgegesetzen, der Häufigkeit von Absprachen (vgl. aber → § 2 Rn. 47 ff.), der demographischen Entwicklung, etc steht.

(1) Während der Gesetzeswortlaut die Subsidiarität dergestalt betont, dass **4a** eine Anwendung als nur ausnahmsweise zulässig erscheint, ist in der Praxis in den Jahren 1970–1979 (für die Folgezeit unten stehende Tab), bezogen auf den **Bestand** an Jugendlichen unter allen U-Haftgefangenen jeweils am 31.12. (ab 2003 am 30.11), ein **Anteil** von zwischen 4,1 % und 6,3 % zu verzeichnen gewesen (StVollzSt Tabelle 2 (allerdings wohl unter teilweiser Einbeziehung von Fällen zB gem. § 230 Abs. 2 StPO, vgl. Eisenberg/Kölbel Kriminologie § 29 Rn. 17, 25)). Seit dem Jahr 1985 bis zum Jahr 1993 lag der Anteil unter 4 %, ist sodann jedoch wieder angestiegen (vgl. auch Angaben betr. die JVA Wuppertal bei Funk ZfStrVo 2005, 277), ab dem Jahr 2009 indes gesunken (2016: 2,9 %, 2017 (31.8.): 2,8 %). Die U-Haftrate (errechnet pro 100.000 der Bevölkerung) ist zuletzt ebenfalls deutlich gesunken (n. Dünkel ua RdJB 2016, 437 (440 f.). – Auch bezüglich Heranwachsender zeigte sich im Jahr 1984 ein deutlicher Rückgang (=11,4 %) und im Jahr 1989 ein Tiefstand von 8,6 %, für die Folgejahre indes ein erheblicher Anstieg (vgl. zum Ganzen schon Eisenberg/Tóth GA 1993, 295 ff.; Gebauer KrimPäd 1993, 21; ausführlich Jehle 18 ff., 38 ff.), wogegen sich die Anteile für die Jahre 2014–2017 auf 8,1 %, 8,2 %, 7,8 % und (31.8.) 9,0 % beliefen.

(2) Der stichtagsmäßige **Anteil** jugendlicher U-Gefangener an sämtlichen **4b** **inhaftierten Jugendlichen** (U-Haft plus JStrafe) ist sehr hoch. Allerdings wurde er, nachdem er noch Ende des 20. Jahrhunderts teilweise deutlich und, wenn auch abgeschwächt, mehrfach auch noch in den ersten Jahren des 21. Jahrhunderts überwogen hatte (vgl. dazu frühere Aufl.), sodann (zunächst) niedriger. Am 31.3. der Jahre 2005–2018 betrugen die Anteile 46,1 %, 48,0 %, 43,2 %, 45,7 %, 40,5 %, 42,2 %, 40,8 %, 38,1 %, 40,2 %, 40,3 %, 43,5 %, 50,5 %, 50,0 % und 49,4 % (StVollzSt Tabelle 3.1, StBest-St; zum Überwiegen dieses Anteils im Verhältnis zu demjenigen heranwachsender und erwachsener U-Gefangener an sämtlichen inhaftierten Heranwachsenden und Erwachsenen (U-Haft plus JStrafe bzw. Freiheitsstrafe) vgl. näher bis zur 13. Aufl., wobei es sich – mehr als bei Jugendlichen – um eine rechnerische Folge der insgesamt vergleichsweise längeren Dauer der JStrafe und insb. der Freiheitsstrafe handelt). Im europäischen Vergleich liegt die deutsche U-Haftpraxis im JStV tendenziell im oberen Teil des Spektrums (Dorenburg, Untersuchungshaft und Untersuchungshaftvermeidung (…), 2017, 246 ff.; zur absoluten Zahl der Jugendlichen, an denen U-Haft vollstreckt wird, vgl. Tab.). Einzelanalysen haben indes gezeigt, dass die U-Hafthäufigkeit bei Personen, die mehrfach vorerfasst sind, teilw. sehr hoch liegt. Namentlich bei Heranwachsenden scheint sie über die Häufigkeit bei älteren Personen bzw. bei Anwendung des allg. StR zu liegen (vgl. die Berechnungen bei Pfeiffer StV 1991, 363 (365); Kemme/Stoll MschKrim 2012, 32 (42)).

Jugendliche U-Haftgefangene im Bundesgebiet (bis 1991 in den „alten" Bundesländern; ab 1992 im gesamten Bundesgebiet (1991 ohne Hmb.; 1992 ohne Hmb. und Bbg.); StVollzSt Tabelle 2 (bis 1983), Tabelle 1.4 (bis 2002); StBest-St, Untersuchungshaft- und sonstiger Vollzug (ab 2003))

| Jahr jeweils | Absolute Anzahl | | | Prozentanteil |
| | insgesamt | davon | | an allen U-Haft-gefangenen |
am 31.12., ab 2003 am 30.11.	insgesamt	männl	weibl	
1981	622	583	39	4,16
1982	752	713	39	4,80
1983	861	821	40	5,20
1984	617	584	33	4,22
1985	477	452	25	3,59
1986	462	443	19	3,77
1987	367	353	14	3,23
1988	417	397	20	3,62
1989	379	355	24	3,24
1990	324	298	26	2,65
1991	346	324	22	2,60
1992	523	510	13	3,32
1993	750	725	25	3,83
1994	912	875	7	4,19
1995	834	810	24	4,13
1996	892	871	21	4,60
1997	934	900	34	4,57
1998	933	905	28	4,68
1999	854	815	39	4,48
2000	903	861	42	5,15
2001	923	876	47	5,30
2002	814	770	44	4,83
2003	742	694	48	4,42
2004	685	655	30	4,43
2005	652	624	28	4,28
2006	597	563	34	4,47
2007	544	513	31	4,40
2008	496	461	35	4,28
2009	415	382	33	3,72
2010	374	351	23	3,46
2011	349	330	19	3,23
2012	347	318	29	3,16
2013	321	291	30	2,84
2014	339	294	45	2,94
2015	339	302	37	2,78
2016	381	380	41	2,93
2017	414	388	26	2,96

(3) **Regional** sind erhebliche **Unterschiede** zu verzeichnen (Pfeiffer/ **4c**
Strobl DVJJ-Journal 1992, 250 ff.; Villmow/Savinsky FS Heinz, 2012,
346 ff.; zugleich krit. zur einschlägigen Zuverlässigkeit von Zahlen der
StrafSt; Jehle 46 ff.; speziell zu MV Kowalzyck DVJJ-Journal 2002, 302;
näher Kowalzyck, U-Haft, U-Haftvermeidung und geschlossene Unterbringung ... in Mecklenburg-Vorpommern, 2008; zu Thür. Will DVJJ-Journal
1999, 52). Diese Unterschiede scheinen ua mit Divergenzen hinsichtlich
Strafmentalität und (Nicht-)Zuständigkeit von JRichtern als Haftrichter in
Zusammenhang zu stehen (s. zu 14- und 15-Jährigen Steinhilper, U-Haft
bei 14- und 15-Jährigen in Niedersachsen, 1985, 11; zur U-Haft insgesamt
Gebauer, Die Rechtswirklichkeit der U-Haft in der Bundesrepublik
Deutschland, 1987, 166 f., 303 ff.). – Auch für das Verhältnis von U-Haft
und anschließendem Freispruch ist ausweislich von Zahlen der StrafSt von
(erheblichen) regionalen Unterschieden auszugehen (vgl. nur Kinzig/Vester
StV 2015, 263).

Im Übrigen werden auch **zeitlich** mitunter deutliche Schwankungen ver- **4d**
zeichnet (vgl. zu einem erheblichen Sinken in Hmb. zwischen 2003 und
2008 Villmow ua NK 2010, 18 f.).

b) Verhältnismäßigkeit. Schon gem. dem in Art. 2 Abs. 2 S. 2 GG **5**
verankerten **Beschleunigungsgebot** (BVerfG, 2. K. des 2. S., StV 2008,
421 (betr. allg. StVR)), insb. aber gem. dem Grundsatz der Verhältnismäßigkeit (§ 2 Abs. 2, § 112 Abs. 1 S. 2 StPO) darf – auch wegen erzieherischer
Bedenken (vgl. → Rn. 3) – U-Haft **nur** angeordnet und vollstreckt werden,
wenn sie im Hinblick auf die **Bedeutung der Sache** (s. aber zur Häufigkeit
der Anordnung von U-Haft insgesamt bei eher weniger schweren Delikten
Gebauer, Die Rechtswirklichkeit der U-Haft in der Bundesrepublik
Deutschland, 1987, 175 f.; vgl. auch Jehle 64 ff.) *und* der zu **erwartenden
Rechtsfolgen** angemessen erscheint (LG Zweibrücken StV 1996, 158;
extensiv betr. sog. „Kleindealer" OLG Hamburg NStZ 2016, 433 (bezeich-
nend häufig affirmativ „hochwahrscheinlich"), zum allg. StR; zur Nicht-
erörterung in der Begründung von Haftbefehlen s. Weinknecht, Die Situation der U-Haft und der Unterbringung von Jugendlichen und Heranwachsenden, 1988, 145; Villmow/Savinsky FS Kerner, 2013, 767). Wurde das
Verfahren rechtsstaatswidrig verzögert, kann es an der Verhältnismäßigkeit
fehlen (vgl. zum allg. StR etwa BGH BeckRS 2016, 14380 Rn. 15; OLG
Hamm NStZ-RR 2015, 78 (Nichtförderung des Verfahrens während Strafhaft in anderer Sache)). **Generalpräventive** Erwägungen sind **unzulässig**
(s. LG Hamburg MDR 1994, 822; LG Zweibrücken StV 1999, 161; teilweise aA OLG Hamburg StV 1994, 590 mit insoweit abl. Anm. Rzepka).
Dabei ist eine – bezogen auf die zu erwartende Dauer eines etwaigen JStrafvollzugs, dh unter Berücksichtigung einer etwa in Betracht kommenden
Entscheidung gem. § 88 – gar überwiegende Dauer des U-Haftvollzugs
nicht gerechtfertigt (BVerfG, 2. K. des 2. S., StV 2008, 421 (betr. allg. StR)).
– Ohnehin bedeutet Abs. 1 (vgl. → Rn. 3, 4), dass entgegen § 113 StPO
und im Hinblick auch darauf, dass das Gesetz einen Fall notwendiger Verteidigung anerkennt (§ 68 Nr. 1 iVm § 140 Abs. 1 Nr. 4 und 5 nF), U-Haft
idR **allenfalls** dann vertretbar sein wird, wenn **JStrafe** zu erwarten ist
(ähnlich OLG Zweibrücken StV 2002, 434 (konkret gegen Empfehlung des
JAmts); näher Eisenberg/Tóth GA 1993, 296; ferner AK I/3 B, DVJJ 1993);

abw. LG Landshut StV 2016, 813 mablAnm Kulhanek bei unbekanntem Aufenthalt).

5a   **aa)** Demgegenüber begründet (schon) das Ausmaß des Anteils von JStrafe als anschließend verhängter Rechtsfolge, bei der die *Vollstr zBew ausgesetzt* wird, die Annahme, dass der U-Haft rechtstatsächlich eine – (auch) mit dem Erziehungsauftrag (§ 2 Abs. 1) kaum zu vereinbarende – *Komplementärfunktion* (vgl. auch → Rn. 9) zukommt.

5b   (1) Nach früheren Angaben zB für Nds. (für die Jahre 1982 bis 1985 (JuM Nds Zbl 1987, 351 f.)) betr. Jugendliche bzw. Heranwachsende betrugen die Anteile an den gem. § 21 aussetzungsfähigen JStrafen 53,7 % bzw. 52,3 %, 57,9 % bzw. 54,1 %, 61,5 % bzw. 57,8 % und 67,2 % bzw. 52,7 %). Für das Jahr 1990 in Bln. wurde als anschließende Rechtsfolgenentscheidung zu 77,5 % eine solche nichtstationärer Art ermittelt (Sonnen DVJJ 1997, 492); für MV wurde berechnet, dass in der HV 40 % der Jugendlichen und Heranwachsenden zu einer (Freiheits- oder) JStrafe ohne Aussetzung der Vollstr zur Bewährung verurteilt wurden, bei Jugendlichen (ohne Heranwachsende) waren es 2/3 (Kowalzyck DVJJ-Journal 2002, 304, näher Kowalzyck, U-Haft, U-Haftvermeidung und geschlossene Unterbringung ... in Mecklenburg-Vorpommern, 2008). – Gemäß einer anderen früheren Untersuchung über U-Haft bei *14- und 15-Jährigen* (Pfeiffer, Die Anordnung von U-Haft gegenüber 14/15-Jährigen bzw. 14–21-Jährigen ..., 1988) wurde nur ggü. etwa einem Drittel der Betroffenen im Nachhinein eine JStrafe vollstreckt; ähnlich war für Nds. zuvor ein Anteil von 30 % errechnet worden, wobei zum Erlass des U-Haftbefehls in 65 % der Fälle Diebstahlsdelikte geführt und nach Ansicht der Verfasserin etwa jeder Vierte der Betroffenen für eine einstweilige Unterbringung in einem Erziehungsheim geeignet gewesen wäre (Steinhilper, U-Haft bei 14- und 15-Jährigen in Niedersachsen, 1985, 22 f., 37 ff., 70).

5c   (2) Der Anteil von Verurteilten, die nach U-Haft wegen einer Bewährungsentscheidung nach § 21 der BewHilfe unterstellt wurden, betrug in den Jahren 1992–2006 (gem. StBA jew. in den „alten" Bundesländern) sowie in den Jahren 2007–2017 (im gesamten Bundesgebiet) 23,4 %, 22,1 %, 20,8 %, (erneut) 20,8 %, 17,9 %, 17,7 %, 16,6 %, 15,9 %, 15,2 %, 14,3 %, 14,1 %, 13,2 %, 12,8 %, 10,53 %, 8,64 %, 8,07 %, 9,51 %, 9,60 %, 10,34 %, 10,21 %, 11,10 %, 11,67 %, 12,65 %, 13,41 %, 15,79 % und 15,3 % (berechnet nach StrafSt Tabelle 4.1, 6.2; s. ergänzend betr. MV Dünkel ZfStrVo 2002, 68 (72); betr. Freiburg/Breisgau Hotter, U-Haftvermeidung für Jugendliche und Heranwachsende in Baden-Württemberg, 2004, 62 f.).

5d   **bb)** Insgesamt kommt es also bei einem beträchtlichen Anteil der U-Haftfälle nicht zu einer anschließenden JStrafenvollziehung, weil gar keine Sanktion verhängt wird oder diese ambulanter Art ist oder sich durch Anrechnung der U-Haftzeiten erledigt hat (Eisenberg/Kölbel Kriminologie § 29 Rn. 14, 18, 29 f.). Dies verweist nicht nur auf Strafzumessungserwägungen, die die erlittene U-Haft als „bereits verbüßten Strafteil" einberechnen, sondern auch auf U-Haftpraxis von teilw. *zweifelhafter Verhältnismäßigkeit.*

5e   Gegenüber dem Kriterium einer **konkreten Straferwartung** als „Haftschwelle" bestehen iÜ **Bedenken.** Zum einen sind Unsicherheiten hinsichtlich einer Straferwartungsprognose nicht zu verkennen (vgl. dazu zB das Verfahren BVerfG, 3. K. des 2. S., StraFo 2013, 160: entgegen den fachgerichtlichen Begründungen lautete die Verurteilung auf Dauerarrest (LG

Stuttgart 25.6.2012 – 4 KLs 211 Js 28184/12 Hw.)), zumal sich nicht selten im Urteilstenor ein anderes Delikt findet als im Haft- oder Unterbringungsbefehl (vgl. etwa Jabel, Die Rechtswirklichkeit der U-Haft in Niedersachsen, 1989, 108: in 15,6 % der Fälle). Zum anderen ist eine Präjudizwirkung (zB im Sinne einer sich selbst erfüllenden Voraussage) nicht auszuschließen (zust. Albrecht DJT 2002, 131).

2. Besonderheiten betr. Haftgründe sowie der Prüfung gem. § 116 StPO

a) Haftgründe. aa) (1) Ungeachtet der prinzipiellen Relevanz allg. Haft- **6** gründe auch im JStV bestehen etliche Besonderheiten (rechtsvergleichend in dieser Dorenburg, Untersuchungshaft und Untersuchungshaftvermeidung (…), 2017, 114 ff.). Was die Voraussetzungen der (grds. gem. § 2 Abs. 2 anwendbaren) §§ 112 Abs. 1 und Abs. 2, 112a, 113 StPO anbelangt, so ergeben sich jeweils unterschiedliche Einwände. Betreffend § 112 Abs. 2 Nr. 3 StPO bestehen sowohl aufgrund der Unschuldsvermutung als auch des Verhältnismäßigkeitsgrundsatzes Zweifel an der Verfassungsmäßigkeit (zur Begründung wird auf die Spezialliteratur verwiesen). **§ 112a StPO** – die Vorschrift geht ebenso wie § 112 Abs. 3 StPO (dazu näher → Rn. 9b) auf die NS-Rechtspolitik zurück (Gesetz v. 28.6.1935, RGBl. I 844 (847)) – ist unstreitig *systemwidrig* (vgl. nur Seebode, Der Vollzug der U-Haft, 1985, 75 ff.; zu § 112a StPO Lind in Löwe/Rosenberg StPO § 112a Rn. 12, Vor § 112 Rn. 36: „präventiv-polizeilicher Charakter"; Eisenberg/Kölbel Kriminologie § 34 Rn. 12f, § 38 Rn. 64 f.), dennoch steht eine grundsätzliche Überprüfung der Vereinbarkeit gem. **§ 2 Abs. 2** noch aus. – Hinsichtlich der Voraussetzung, „dringend verdächtig" zu sein, ist gerade auch im JStV der Grundsatz relevant, dass „voraussichtlich" *nicht verwertbare* (OLG Dresden StraFo 2012, 185 (zum allg. StVR)) Beweismittel zur Begründung ausscheiden.

(2) Unabhängig davon sind im JStrafverfahren generell **altersbezogene** **6a** Besonderheiten zu würdigen. Dies gilt zB schon insoweit, als sich der *dringende Tatverdacht* auch auf die jugendstrafrechtliche Verantwortlichkeit (§ 3 S. 1) beziehen und die Haftbefehlsbegründung sich hierzu verhalten muss (vgl. betr. besonders schweren Tatvorwurf nur, wenngleich bei knapper Erörterung, BGH ZJJ 2016, 410 Rn. 21 (juris) mAnm Eisenberg/Wolf); BGH BeckRS 2017, 100841 Rn. 16; 2017, 108091 Rn. 2 und BeckRS 2017, 109884 Rn. 21, 22, 24; Eisenberg NStZ 2018, 667 (668 f.); ebenso Laubenthal/Baier/Nestler JugendStrafR Rn. 328; vgl. aber Kurzberg Jugendstrafe 144: in keinem Fall geschehen (betr. BW)). Der Vorwurf ist deshalb hinsichtlich der Tathandlung bzw. des Tatbeitrags und der übrigen Strafbarkeitsmerkmale hinreichend zu substantiieren (BVerfG EuGRZ 2020, 365 = BeckRS 2020, 3196). Im Übrigen setzt die Bejahung dringenden Tatverdachts (mehr noch als im allg. StVR) voraus, dass vernünftigerweise in Betracht zu ziehende *alternative Abläufe widerlegt* sind (verfehlt LG Berlin StraFo 2010, 420 mAnm Eisenberg). Zudem ist bei Prüfung der Voraussetzungen der einzelnen *Haftgründe* stets etwaigen *jugendgemäßen Umständen* Rechnung zu tragen, die dem Vorliegen dieses oder jenes Faktors eine andere Bedeutung verleihen, als es bei Erwachsenen üblicherweise der Fall ist (vgl. auch → § 2 Rn. 20 ff.; zust. Wagler, Probleme der Verteidigung im JStV, 1988, 111 f.; gänzlich unerörtert in OLG Hamburg BeckRS 2017, 110062).

6b   **bb)** Hinsichtlich der tatsächlichen Voraussetzungen der Feststellung, „dass der Beschuldigte **flüchtig** ist oder **sich verborgen** hält" (**§ 112 Abs. 2 Nr. 1 StPO**), lässt sich nicht ausschließen, dass bestimmte Formen der Ablehnung oder Scheu des Jugendlichen ggü. den zuständigen Verwaltungs- und Justizbehörden zu der **Unterstellung** führen, der Beschuldigte sei wegen des JStrafverfahrens bemüht, nicht erreichbar zu sein.

6c   **cc)** (1) Zur Feststellung der – innerhalb der verschiedenen Haftgründe rechtspraktisch dominierenden – „**Fluchtgefahr**" (**§ 112 Abs. 2 Nr. 2 StPO**) bedarf es stets der Darlegung von **Tatsachen.** Demgegenüber sind Vermutungen nicht geeignet (OLG Karlsruhe StraFo 2010, 206; LG Frankfurt (Oder) StV 2015, 302 (vern. betr. im Ausland lebenden, auf Ladung zur HV nicht erscheinenden Angeklagten); abw. KG ZJJ 2010, 74 mAnm Eisenberg/Huck), und das Gericht hat zu prüfen, inwieweit der Vorführungsbefehl den Sachverhalt unzulänglich oder unzutreffend (vgl. OLG München StraFo 2016, 291: „an den Haaren herbei gezogen" (betr. allg. StVR); KG StraFo 2015, 109 = ZJJ 2015, 204: „verfälscht" (mAnm Eisenberg)) darstellt (zu verfehlter vorinstanzlicher Interpretation iSv „Fluchtgefahr" OLG Frankfurt a. M. StV 2016, 163 (zum allg. StR); zu empirischen Befunden näher Wolf, Die Fluchtprognose im Untersuchungshaftrecht, 2017). Rechtstatsächlich sind die Voraussetzungen „nur selten erfüllt" (OLG Hamm JMBl. 1996, 66), und zwar schon deshalb, weil Beschuldigte infolge geringer Handlungskompetenz regelmäßig und rasch wieder ergriffen werden könnten (OLG Hamm JMBl. 1996, 66 (allerdings betr. 14- und 15-Jährige); krit. zur Begründung in 2/3 der Fälle mit zu erwartender JStrafe Weinknecht, Die Situation der U-Haft und der Unterbringung von Jugendlichen und Heranwachsenden, 1988, 214 f.). Deshalb kommt es ua auf die Prüfung an, ob konkrete Chancen für eine unbemerkte Änderung des Aufenthaltsortes bestehen (vern. (bei festem Wohnsitz in Polen) OLG Dresden StV 2005, 225; verfehlt LG Berlin StraFo 2010, 420 mAnm Eisenberg). – Bezüglich der Voraussetzungen der **Verhältnismäßigkeit** ist kritisch zu würdigen, dass dieser Haftgrund, insgesamt betrachtet, gerade für Fälle mit weniger schweren Anlassdelikten und ggü. Personen mit besonders niedrigem sozioökonomischen Status bzw. ggü. Arbeitslosen eingesetzt wurde oder wird (s. vormals Gebauer, Die Rechtswirklichkeit der U-Haft in der Bundesrepublik Deutschland, 1987, 234 f., 188 ff.; betr. geschlechtsbezogen ungleiche Begründungspraxis Zender, U-Haft an weiblichen und männlichen Jugendlichen und Heranwachsenden, 1998, 114 ff., 121 ff. (zur Probanden-Auswahl S. 63 f.)). Als aufschlussreich stellt sich insofern zB eine solche auf räumlich besonders beengte Lebensumstände bezogene polizeiliche Wertung dar, wonach „das Wohnverhältnis daher als leicht lösbar anzusehen ist" ((aus dem Verfahren KG ZJJ 2015, 204 mAnm Eisenberg) Polizeipräsident in Berlin, Dir 6 VB III 2, Vorführungsbericht v. 27.2.2014, 5 f.). Zwar sei nach der Judikatur der Haftgrund auch zur *VollstrSicherung* anwendbar (aA etwa Paeffgen in SK-StPO StPO Vor § 112 Rn. 5 ff., 11), jedoch nur unter strengeren Anforderungen (vgl. KG StraFo 2016, 510).

6d   Im Einzelnen scheinen neben *Mangel*erscheinungen an *Geborgenheit* (vgl. empirische Daten bei Echtler ZfStrV 1982, 150) solche Arbeits- und Wohnverhältnisse zu selektivem Vorgehen zu führen, die als der Stabilität ermangelnd beurteilt werden (zu empirischen Anhaltspunkten Hermanns, Sozialisationsbiographie und jugendrichterliche Entscheidungspraxis, 1983, 118; Weinknecht, Die Situation der U-Haft und der Unterbringung von Jugend-

lichen und Heranwachsenden, 1988, 64 ff., 214 f., unter Hinweis auch auf
falsche Tatsachenangaben; vgl. ferner Kallien KrimJ 1980, 116 mN). Entsprechendes gilt, wenn soziale Bindungen als weniger „fest" eingeschätzt
oder unterstellt werden (zu empirischen Anhaltspunkten Bruckmeier/
Thiem-Schräder Bewährungshilfe 1982, 262 (265)). Hiernach ist es erwartungsgemäß, dass ggü. *Nichtdeutschen* – und nach früheren Befunden auch
ggü. Aussiedlern (vgl. J. Walter/Grübl DVJJ BW 57) – überproportional
häufig U-Haft angeordnet wird. – Ausweislich einer früheren bundesweiten
Untersuchung lag der Anteil der 14/15-jährigen *Nichtdeutschen* mit 43,3 %
etwa dreimal so hoch wie der Nichtdeutschen-Anteil an den gleichaltrigen
Angeklagten, und bei den 16/17-Jährigen und den Heranwachsenden über-
stieg der Anteil die Quote der insgesamt abgeurteilten Nichtdeutschen um
das Zwei- bis Dreifache (Pfeiffer, Die Anordnung von U-Haft gegenüber
14/15-Jährigen bzw. 14–21-Jährigen …, 1988; s. ergänzend Gebauer Krim-
Päd 1993, 22 f.; Walter, J. DVJJ-Journal 1993, 247; Schütze DVJJ-Journal
1993, 382 f.; näher Jehle 50 ff.; für Bln. Sonnen DVJJ 1997, 492 sowie Emig
DVJJ 1997, 501). Nach einer jüngeren überregionalen Befragung waren ca.
ein Drittel der von U-Haft betroffenen keine Deutschen (Villmow ua DVJJ
2012).

Bei reisenden Nichtdeutschen wird danach zu unterscheiden sein, ob sie **6e**
alsbald wieder ausreisen (und zB bald darauf (gar nur für einen Tag) erneut
ein- und ausreisen) oder sich längerfristig in Deutschland aufhalten wollen
(vgl. näher die empirische Aktenanalyse von Staudinger, U-Haft bei jungen
Ausländern, 2001, 35 ff., 65 ff.). Bei Asylbewerbenden kommt es besonders
auf Umstände im Einzelfall an (vgl. OLG Stuttgart StV 2016, 815 (zum allg.
StVR)). Sofern sich aus der Straferwartung ein gewisser Fluchtanreiz begründet, ergibt sich für die Rspr. aus dem Fehlen von inländischen familiären Bindungen und/oder dem Leben in Asylbewerbereinrichtungen oft
gleichsam zwangsläufig Fluchtgefahr (bspw. BGH BeckRS 2018, 608;
BeckRS 2018, 10257; weitere Hinweise bei Eisenberg/Kölbel Kriminologie
§ 29 Rn. 23). Entspr. Automatismen bei der Haftgrundprüfung sind indes
abzulehnen.

(2) Entgegen einer vielfach dokumentierten Begründungspraxis (Eisen- **6f**
berg/Kölbel Kriminologie § 29 Rn. 15 f. mwN) lässt sich Fluchtgefahr iÜ
auch **nicht pauschal** und **vorab** nach der Schwere der zu erwartenden
jugendstrafrechtlichen **Rechtsfolge** (betr. Heranwachsende s. OLG Köln
StraFo 1997, 279 mAnm Hiebl) unterstellen oder gar bestimmen. Dem steht
schon entgegen, dass die Strafrahmen des **allg. StR nicht** gelten (§ 18
Abs. 1 S. 3) und weniger die Tatschwere als nicht zuletzt in der HV ermittelte **erzieherische Belange** bestimmend für Auswahl und Bemessung
der Rechtsfolgen sind. Aus verfassungsrechtlichen Gründen bedarf es jedoch
(auch bei voraussichtlich langer Dauer der JStrafe) einer konkreten prognostischen Erörterung, und zwar unter Berücksichtigung auch einer etwaigen
Aussetzung der Restvollstreckung (§ 88 JGG; vgl. zur Judikatur Mayer/
Hunsmann NStZ 2015, 325 (327)). Handelt es sich um einen Heranwachsenden, so ist schon zur Prüfung der auf Tatsachen zu stützenden (vgl.
→ Rn. 6c) Voraussetzungen von U-Haft wegen der unterschiedlichen
Rechtsfolgensysteme – und speziell zB der jeweiligen Verhängungs- und
Bemessungsvoraussetzungen von JStrafe bzw. Freiheitsstrafe – eine (vorläu-
fige) Würdigung dahingehend vorzunehmen, ob voraussichtlich JStR oder
aber allg. StR zur Anwendung kommen wird (KG StraFo 2015, 108 = ZJJ

2015, 204 mAnm Eisenberg). Demgemäß kann Fluchtgefahr auch bei (zunächst) besonders gewichtigem Tatvorwurf verneint werden (s. nur LG Koblenz StV 2011, 290: vern. bei Anklage wegen versuchten Mordes). – Zu Besonderheiten voraussichtlicher Sanktionshöhe iZm einem Absprachevorschlag (krit. → § 2 Rn. 47 ff.) vgl. KG StraFo 2015, 201 (zum allg. StR).

6g   (3) Das Gesetz knüpft in **Abs. 2** die Verhängung wegen Fluchtgefahr ggü. **14- und 15-Jährigen** (zur Empfehlung, die Vorschrift auf 16- und 17-Jährige auszudehnen, DVJJ 2012, AK 15/I 3a) an **einschränkende Voraussetzungen.** Zur Bestimmung des Alters kommt es auf den **Zeitpunkt** der **Entscheidung** zur Frage des Erlasses des U-Haftbefehls und nicht auf denjenigen der mutmaßlichen Tatbegehung an. Soweit Nr. 2 allg. Umstände von Instabilität anführt, wird der Gesetzestext – trotz Fehlens einer ausdrücklichen Einschränkung – restriktiv auszulegen sein (s. dazu etwa Begr. BT-Drs. 11/5829, 33: „herumreisende … Banden- und Serientäter"). Auch genügt zB der Umstand nicht, dass ein Jugendlicher sich mehrere Tage nächtlich „herumgetrieben" hat (OLG Hamm JMBl. NW 1996, 66).

7/7a   **dd) Verdunkelungsgefahr** (§ 2 Abs. 2, § 112 Abs. 2 Nr. 3 StPO) wird bei Jugendlichen vergleichsweise selten anzunehmen sein, soweit sie nicht als Mitglieder von fest strukturierten delinquenten Gruppen oder gar Banden (vgl. Eisenberg/Kölbel Kriminologie § 58 Rn. 21 ff.) handeln. Voraussetzung sind Tatsachen, die zumindest das Bevorstehen eines aktiven Einwirkens auf sachliche oder persönliche Beweismittel belegen, dh Vermutungen etwa wegen des persönlichen Bekanntseins mit Zeugenpersonen reichen nicht aus (OLG Hamm StraFo 2004, 134). – Im Einzelnen ist „unlauter" iSv § 2 Abs. 2, § 112 Abs. 2 Nr. 3b) nicht bereits gegeben, wenn einem Zeugen bzw. einem Mitbeschuldigten nahegelegt wird, von seinem Zeugnisverweigerungsrecht bzw. von seinem Schweigerecht Gebrauch zu machen (OLG Frankfurt a. M. StV 2010, 583).

7b   **ee)** (1) Die Haftgründe einer Wiederholungsgefahr nach § 112a StPO (krit. → Rn. 6) kommen auch bei Anwendung *materiellen JStR* zur Anwendung. Bei § 112a Abs. 1 S. 1 Nr. 1 StPO ist dies unstrittig, anders als bei Nr. 2 (bejahend OLG Braunschweig StraFo 2008, 330; OLG Celle NdsRpfl 2014, 127 („zumindest sinngemäß"); OLG Frankfurt a. M. BeckRS 2018, 37065; Lind in Löwe/Rosenberg StPO § 112a Rn. 67, Graf in KK-StPO StPO § 112a Rn. 21, Meyer-Goßner/Schmitt StPO § 112a Rn. 10; gegen die Anwendbarkeit aber die 20. Aufl.). Obwohl *Nr. 2* die Erwartung einer Freiheitsstrafe zur Voraussetzung hat und sich JStrafe hiervon unterscheidet (n. → § 17 Rn. 3), bedarf es mit Blick auf den Normzweck einer Gleichstellung (n. → § 17 Rn. 60).

7c   Die Voraussetzungen einer Wiederholungsgefahr gem. § 112a StPO verlangen indes eine **„hohe Wahrscheinlichkeit"** (OLG Karlsruhe StraFo 2010, 199 (zum allg. StR)), dh sie sind enger als für den mit Wiederholungsgefahr begründeten Unterbringungsbefehl gem. § 71 Abs. 2 (Dallinger/Lackner Rn. 7; Lind in Löwe/Rosenberg StPO § 112a Rn. 54 ff.; daher konkret vern. LG Magdeburg DVJJ-Journal 1993, 413 mzustAnm Breymann/Staufenbiel), und die Prognose erfordert eine *verlässliche Tatsachengrundlage* (vgl. betr. § 112a Abs. 1 S. 1 Nr. 1 OLG Koblenz StraFo 2014, 295 (zum allg. StR); betr. Körperverletzung ua wegen Zeitablaufs vern. OLG Jena Strafo 2009, 22 (zum allg. StR); spekulativ bzw. unzulässig KG StV 2009, 83 (Nichtdenunzierung mutmaßlicher „Mittäter" bzw. „nur teilgeständig")). Sie haben tendenziell selektive Bedeutung im Sinne erhöhter

Verfolgungsintensität ggü. Angehörigen sozio-ökonomisch unterer und altersmäßig jüngerer Gruppen. Hinsichtlich der vorausgesetzten **Erheblichkeit** der prognostizierten Straftaten ist unstreitig, dass sich – unbeschadet desselben Tatvorwurfs – das Handlungsunrecht bei einem Jugendlichen von dem eines Erwachsenen deutlich **unterscheiden** kann (zust. Humberg Jura 2005, 382; vgl. aber betr. Wohnungseinbruchsdiebstahls ohne Differenzierung OLG Celle NdsRpfl 2014, 127).

(2) (a) Speziell bei § 112a Abs. **1 S. 1 Nr. 2** StPO muss bei tatmehrheitli- **7d** cher Begehung die jeweilige Einzeltat als „schwerwiegend" zu beurteilen sein (vgl. (konkret vern.) OLG Braunschweig StV 2012, 352, LG Regensburg StV 2015, 103 (jeweils zum allg. StR)). Im Übrigen ist die besonders ausgestaltete **Subsidiarität** und **Verhältnismäßigkeit** des Abs. 1 zu berücksichtigen (OLG Hamm ZJJ 2004, 435: räuberische Erpressung in Tateinheit mit gefährlicher Körperverletzung keine einschlägig „schwerwiegende" Straftat; ebenso OLG Oldenburg StV 2010, 139 f. (schwere räuberische Erpressung in Tateinheit mit gefährlicher Körperverletzung, aber Ahndung mit Dauerarrest), vgl. auch LG Berlin StV 2009, 653: Einbruchsdiebstahl bei geringem Schaden bzw. LG Bremen StV 2010, 141: Vorwurf räuberischen Diebstahls in zwei Fällen; verfehlt KG StV 2009, 93 (trotz bereits mehr als neunmonatiger U-Dauer)). War die Vortat nicht schwerer als mit einem Zuchtmittel sanktioniert worden, so wird „schwerwiegend" nicht oder doch nur ausnahmsweise bejaht werden können (OLG Oldenburg StV 2012, 352; vern. bei Schaden je Tat bis zu 1.000 EUR OLG Karlsruhe StV 2017, 456 (allg. StR); iErg aber bejahend OLG Bremen StV 2013, 773 (nach bisherigen Ermittlungen betr. 89-jährigen massiv körperlich Verletzten) mit abl. Bspr. Rentzel-Rothe StV 2013, 786). Von der hier vertretenen Ansicht abw. soll es nach OLG Frankfurt a. M. BeckRS 2018, 37065 möglich sein, die Vortaten anders als die Vorgerichte zu bewerten und auch bei verhängten Zuchtmitteln als „schwerwiegend" iSv Nr. 2 einzustufen. – Die prinzipiellen Bedenken ggü. dem Haftgrund nach § 112a Abs. 1 S. 1 Nr. 2 StPO (dessen Voraussetzungen ab 1.12.1994 durch Wegfall von § 112a Abs. 1 S. 2 StPO aF zusätzlich gesenkt wurden; zutr. restriktiv deshalb OLG Frankfurt a. M. StV 2010, 584; vgl. auch schon OLG Dresden StV 2006, 534 (betr. allg. StR)), sind gem. jugendstrafrechtlichen Grundsätzen (vgl. → Rn. 3, § 2 Abs. 1) und jugendkriminologischen Erkenntnissen (vgl. nur → § 5 Rn. 59) noch erhöht (vgl. aber zur Praxis für Hmb. Villmow/Savinsky ZJJ 2013, 388 (391)).

(b) Ob **§ 112a Abs. 1 S. 2 StPO** (eingef. durch 2. OpferRRG) im **7e** JStrafverfahren angewandt werden darf (§ 2 Abs. 2), ist zw., da schon die Gesetzesbegründung sich nur zum allg. StVR verhielt und auch ansonsten nicht ersichtlich ist, dass der Gesetzgeber die Norm – trotz der vom allg. StVR abw. Bestimmungen in § 72 – auf das JStrafverfahren erstrecken wollte (vgl. inhaltlich vern. schon vor Einführung OLG Frankfurt a. M. StraFo 2008, 240; zust. Paeffgen NStZ 2009, 136). – Unabhängig davon wurde schon frühzeitig auf mit dieser Vorschrift ggf. verbundene Gefahren eines Verstoßes gegen die Unschuldsvermutung (Art. 6 Abs. 2 EMRK) aufmerksam gemacht (vgl. Arenhövel Stellungnahme Rechtsausschuss v. 13.5.2009, 4; abl. auch Jahn 19).

§ 112a Abs. 1 S. 2 StPO setzt indes voraus, dass die andere mutmaßliche **7f** Tat ihrerseits den erforderlichen Schweregrad aufweist und die Rechtsordnung schwerwiegend beeinträchtigt (vgl. OLG Frankfurt a. M. StV 2010,

31 (betr. allg. StVR); zur Berücksichtigung von Einstellungen gem. § 154 StPO vgl. BT-Drs. 16/12098, 30 (vgl. auch → § 45 Rn. 14)). Hinsichtlich der erwarteten Sanktion muss jede einzelne Tat mindestens in der oberen Hälfte „mittelschwerer Taten" liegen (vgl. OLG Frankfurt a. M. StV 2000, 209; s. auch OLG Braunschweig StraFo 2008, 331; OLG Jena NStZ-RR 2009, 143; OLG Hamm StV 2011, 291; LG Kiel StV 2002, 433).

7g   In Fällen einer einheitlichen Rechtsfolgenentscheidung *(§ 31 Abs. 2)* muss auch ohne Einbeziehung eine JStrafe der genannten Höhe zu erwarten sein (vgl. LG Kiel StV 2002, 433; LG Itzehoe StV 2007, 587; vgl. auch LG Zweibrücken StV 1996, 158; Scholz DVJJ-Journal 2000, 236; Böhm in MüKoStPO StPO § 112a Rn. 41; Lind in Löwe/Rosenberg StPO § 112a Rn. 10; Graf in KK-StPO StPO § 112a Rn. 21; Wankel in KMR StPO § 112a Rn. 14; Meyer-Goßner/Schmitt StPO § 112a Rn. 10; contra legem und in unzulässigem Eingriff in die tatgerichtliche, iSv § 37 geeignete Würdigung aber OLG Hamburg BeckRS 2017, 110062). Im Übrigen darf das Prinzip des § 18 Abs. 2 (vgl. → § 18 Rn. 14) nicht zu einer Verletzung des Verbots der Schlechterstellung im Vergleich zu Erwachsenen führen (vgl. → § 45 Rn. 7 ff.; näher Hartmann, Die Anordnung von U-Haft ..., 1988; Hermanns, Sozialisationsbiographie und jugendrichterliche Entscheidungspraxis, 1983, 113 ff.; s. aber die nicht ganz unerheblichen Zahlen bei Steinhilper, U-Haft bei 14- und 15-Jährigen in Niedersachsen, 1985, 19 sowie Nds. LT-Drs. 11/519 und JuM Nds. Zbl 1987, 350; für Bln. Sonnen DVJJ 1997, 490; für Thür. deutlich höher Will DVJJ-Journal 1999, 55, besonders hoch auch in MV (Kowalzyck DVJJ-Journal 2002, 303 sowie, betr. regionale Unterschiede, DVJJ-Journal 2002, 304; näher Kowalzyck, U-Haft, U-Haftvermeidung und geschlossene Unterbringung ... in Mecklenburg-Vorpommern, 2008); Villmow ua DVJJ 2012).

8   **b) Prüfung gem. § 116 StPO. aa)** (1) Da nach Abs. 1 **auch** die **Vollstr** des Haftbefehls dem **Subsidiaritätsprinzip** (vgl. → Rn. 3) unterliegt, ist **stets** zugleich zu prüfen, ob der Haftbefehl nicht *aufzuheben* (§ 120 Abs. 1 StPO; bejahend OLG Hamm NStZ-RR 2004, 152) bzw. der Vollzug des Haftbefehls nicht *auszusetzen* ist bzw. ausgesetzt werden kann (§ 116 StPO, sog. *Haftverschonung;* zum RB EuÜA vgl. → § 1 Rn. 39). So wurde eine Aussetzung bejaht zB unbeschadet gleichzeitiger BewZeit in anderer Sache (OLG Karlsruhe ZJJ 2005, 322 mAnm Allgeier) bzw. (betr. § 112 Abs. 3 StPO) trotz Mordverdachts (OLG Oldenburg StV 2008, 84 (zum allg. StR); sachfremd überhöhte Erwartungen bei KG ZJJ 2010, 74 mAnm Eisenberg/ Huck (vgl. auch → Rn. 3b)). Nicht nur polizeiliche Meldeauflagen – zumal bei Integriertsein in Herkunftsfamilie und Schule (abw. LG Berlin StraFo 2010, 420 mAnm Eisenberg) –, sondern vorrangig zB auch die Weisung, sich regelmäßig bei der JGH oder einer bestimmten Einrichtung der JHilfe zu melden, können die **Aussetzung**sentscheidung ggf. **erleichtern** (unzulässig ist eine Weisung, den Ladungen eines Sachverständigen Folge zu leisten (OLG Celle R&P 1988, 32)); ggf. kann auch der Einsatz einer elektronischen Fußfessel in Betracht kommen (vgl. zur Praxis in Hess. betr. allg. StR Fünfsinn FS Beulke, 2015, 1133 ff. (erg. zur elektronischen Aufenthaltsüberwachung FS Beulke, 2015, 1135 ff.; Fünfsinn/Kolz StV 2016, 191 ff.)). – Desgleichen steht die Prüfung der Aussetzung gem. dem Grundsatz der Verhältnismäßigkeit dann an, wenn sich **zwischenzeitlich** (wie insb. bei laufender HV) ergibt, dass U-Haft im Hinblick auf die Bedeutung der Sache und die zu erwartenden

Rechtsfolgen nicht (mehr) angemessen erscheint, wogegen die **Haftfortdauer** eine vertiefte aktuelle Begründung verlangt (vgl. BVerfG, 3. K. des 2. S., StraFo 2013, 160, auch zur „Verhandlungsdichte"; BGH NStZ 2013, 16 = JR 2013, 419 mAnm Breidling (zum allg. StVR)).

Im Übrigen wird zB die nach allg. StVR mögliche Sicherheitsleistung zur **8a** Abwendung des Vollzugs der U-Haft im JStrafverfahren nur vergleichsweise selten praktische Bedeutung haben (zur Unzulässigkeit der Änderung von Auflagen (hier betr. § 116 Abs. 4 Nr. 3 StPO) bei Haftverschonung BVerfG, 3. K. des 2. S., NJW 2013, 40 = StV 2013, 94 (zum allg. StVR)). Die *Kosten* der Unterbringung als Auflage der Aussetzungsentscheidung trägt die Justiz (LG Osnabrück NdsRpfl 2001, 23; vgl. auch → § 74 Rn. 13, → § 71 Rn. 19).

(2) Ein **Widerruf** der Haftverschonung (§ 2 Abs. 2, § 116 Abs. 4 StPO) **8b** ist gem. Art. 2 Abs. 2 iVm Art. 104 Abs. 1 S. 1 GG nur in engen Grenzen zulässig und setzt nachträglich bekannt gewordene schwerwiegende Tatsachen voraus. Im Einzelnen ist eine Verurteilung und Rechtsfolgenentscheidung, die im Rahmen dessen liegt, was zu erwarten war, kein Umstand iSv § 116 Abs. 4 Nr. 3 StPO (BVerfG, 3. K. des 2. S., NStZ-RR 2007, 381; OLG Nürnberg StraFo 2011, 224 (jeweils zum allg. StR)). Wurde die Haftverschonung ua mit einem vorausgegangenen Geständnis des Angeklagten und einer darauf gestützten, als eher milde beurteilten Erwartung der Rechtsfolgenauswahl und -bemessung (einen solchen Zusammenhang in Frage stellend Wolf, Die Fluchtprognose im Untersuchungshaftrecht, 2017) begründet, so ist die Abkehr des Angeklagten von dem Geständnis per se nicht geeignet, die auf den Haftgrund zu beziehenden Erwägungen (vgl. nur Lind in Löwe/Rosenberg StPO § 116 Rn. 51) der Haftverschonung zu erschüttern bzw. eine vom Ausmaß her nicht zu erwartende **Erhöhung** des Strafmaßes zu begründen (vgl. schon BVerfG, 3. K. des 2. S., EuGRZ 2006, 98 = StV 2006, 139 (unter Aufhebung von BGH NStZ 2006, 297); OLG Stuttgart StraFo 2009, 104 mAnm Schlothauer); das Gleiche gilt bei Schweigen (bzw. Ausbleiben eines Geständnisses) in der HV (LG Hamburg StV 2015, 649 (zum allg. StR)). – Eine etwaige Androhung des Widerrufs verstößt ggf. gegen § 2 Abs. 2, § 136a Abs. 1 S. 3 Alt. 1 StPO (vgl., jeweils zum allg. StR, BGH StraFo 2004, 417, JR 2013, 232 (hier Nicht-Bewiesensein bejahend) mkritAnm Eisenberg). Beweisrechtlich wird bei dienstlichen Äußerungen des Gerichts zu würdigen sein, dass es sich idR um eine Gruppenaussage (vgl. dazu Eisenberg BeweisR StPO Rn. 1381, 1456, 1886) handelt, zudem abseits von Voraussetzungen iSv § 58 Abs. 1.

bb) Nach einer früheren Auswertung für die Jahre 1979–1984 bezogen **8c** auf die Bundesrepublik einschließlich Bln. (West), aber ohne SchlH und Hmb., lässt sich erkennen, dass die Anteile der abgeurteilten Jugendlichen mit einer **Dauer** der U-Haft von bis zu sechs Monaten bzw. bis zu einem Jahr nicht unerheblich waren bzw. wohl auch sind (vgl. zur Empfehlung einer grundsätzlichen Begrenzung auf höchstens drei Monate DVJJ 2008, AK 14) und dass selbst die Fälle der von einer Dauer von mehr als einem Jahr Betroffenen nicht als bloße extreme Ausnahmen bezeichnet werden können (BT-Drs. 10/6739, Anlage 8; zur durchschnittlichen Dauer von U-Haft ggü. 14- bis 21-Jährigen bzw. 14/15-Jährigen sowie regionalen Unterschieden s. Gebauer, Die Rechtswirklichkeit der U-Haft in der Bundesrepublik Deutschland, 1987, 158 ff., 166 f.; Eisenberg/Kölbel Kriminologie § 29 Rn. 33–35).

8d Gemäß vorliegenden Einzeluntersuchungen vorzugsweise zum JStrafverfahren betrug bzw. beträgt die Dauer der U-Haft im Allg. zwischen zwei
und vier Monaten (vgl. etwa Zirbeck, Die U-Haft bei Jugendlichen und
Heranwachsenden, 1973, 27 f.; Franke, Tagungsbericht der JStrafvollzugs-
kommission (Hrsg.: BJM), IX, 79, S. 27, 32; Kallien KrimJ 1980, 116 f.;
Kury DVJJ 1981, 421 ff. (435); Jehle 130 f. sowie näher Jehle 95, 71 ff.;
Weinknecht, Die Situation der U-Haft und der Unterbringung von Jugendlichen und Heranwachsenden, 1988, 263 ff. unter Hinweis auf das zeitauf-
wändige Bestreben der Polizei, Unbekanntsachen zuzuordnen, sowie speziell
zum Rechtsmittelverfahren S. 265 f.; für Bln. (bei deutlich kürzerer Dauer)
Sonnen DVJJ 1997, 492; s. auch Nds. LT-Drs. 11/519, Tabelle 10, sowie
JuM Nds. Zbl 1987, 351 f.; zu einer überregionalen Befragung Villmow/
Savinsky FS Heinz, 2012, 361 f.; Villmow ua DVJJ 2012: 46 % länger als
drei Monate; zu 14- und 15-Jährigen Steinhilper, U-Haft bei 14- und 15-
Jährigen in Niedersachsen, 1985, 29).

9   **c) „Geheime Haftgründe".** Ungeachtet gelegentlichen Bestreitens
(Pawlischta in BeckOK JGG Rn. 15) findet sich in der Praxis nicht selten –
unter bewusster Umgehung der gesetzlichen Voraussetzungen (vgl. Nobis
StraFo 2012, 47 f.; zum allg. StR Schlothauer StraFo 2009, 104) – die
unzulässige Strategie, zunächst U-Haft anzuordnen und diese für einige
Wochen zu vollstrecken, und sodann in der HV zu JStrafe zu verurteilen (abl.
OLG Köln StraFo 2003, 62) und deren Vollstr zBew auszusetzen (vgl. auch
→ Rn. 5a, 5b; s. ergänzend Sommerfeld in NK-JGG Rn. 4; vgl. auch
Europarat Empfehlung 20 (v. 24.9.2003) Nr. 17). Dabei wird U-Haft außer-
dem iSd Funktion eines – zudem massiv verschärften – Dauerarrestes einge-
setzt, sodass das Vorgehen sich ua auch im Hinblick auf § 8 Abs. 2 S. 1 als
gesetzwidrig darstellt (krit. zur Effizienz Schumann ZRP 1984, 332 f.; zum
Schockelement als „Bindeglied" s. Seiser, Untersuchungshaft als Erziehungs-
haft im Jugendstrafrecht, 1987, 162, auch 258 f.). Unzulässig als „geheimer
Haftgrund" sind Sanktionsbelange (s. aber KG ZJJ 2010, 74 (in ungeeigneter
Begr. mit § 112 Abs. 2 Nr. 2 StPO) mAnm Eisenberg/Huck).

9a Unvereinbar mit der Unschuldsvermutung, der Bedeutung der HV
(→ § 50 Rn. 11 ff.) und Befunden betr. Abträglichkeit von U-Haftvollzug
(vgl. → Rn. 3) sind auch die anderen nicht-explizierten (sog. apokryphen)
Haftgründe, die für die Praxis von Bedeutung sind (Zusammenstellung bei
Nordhues, Untersuchungshaft im Spannungsverhältnis von Recht und Praxis, 2013, 50 ff.; vgl. auch mwN Eisenberg/Kölbel Kriminologie § 29
Rn. 27; für die internationale Forschung s. mwN van den Brink Youth
Justice 2019, 238 (242)). Dies betrifft etwa den Einsatz als sog. **Krisenintervention** zB zur Unterbrechung einer etwa „ungünstigen Entwicklung"
durch einen alsbald bewirkten „Schock" (vgl. Dünkel Freiheitsentzug
373 ff.; Zimmer DVJJ-Journal 1997, 322; Sonnen DVJJ 1997, 495; Kunkat
in Egg 184, 186), wozu ua Angaben gem. Richterbefragungen vorliegen
(vgl. Will DVJJ-Journal 1999, 61 bzw. Hotter, U-Haftvermeidung für Jugendliche und Heranwachsende in Baden-Württemberg, 2004, 262 ff.) und
verteidigungstaktisch im Nachhinein gelegentlich Befürwortung signalisiert
wird (krit. Schlothauer/Wieder/Nobis U-Haft Rn. 700). Die Unzulässigkeit
wird auch nicht dadurch überwunden, dass – bei BtM-Abhängigen – eine
Zwangsentziehung oder Überbrückung der Wartezeit für einen Therapieplatz beabsichtigt wird (s. näher Weinknecht, Die Situation der U-Haft und

der Unterbringung von Jugendlichen und Heranwachsenden, 1988, 215 f.,
264; Seiser, Untersuchungshaft als Erziehungshaft im Jugendstrafrecht, 1987,
162, auch 258 f.). – Bezüglich Nichtdeutscher wird von Anhaltspunkten
dafür berichtet, U-Haft werde ggf. statt einer aus Rechtsgründen nicht –
bzw. aus zeitlichen Gründen noch nicht – zulässigen bzw. möglichen Ab-
schiebeanordnung der Ausländerbehörde angeordnet (vgl. schon Gebauer
KrimPäd 1993, 21 (23); vgl. auch Villmow/Savinsky ZJJ 2013, 388 (391); zu
Anteilen Abgeschobener in Freiburg/Breisgau Hotter, U-Haftvermeidung
für Jugendliche und Heranwachsende in Baden-Württemberg, 2004, 65 f.,
ergänzend 263).

3. § 112 Abs. 3 StPO

Die Vorschrift ist Ausdruck von **Tatstraf(verfahrens)recht,** nicht also **9b**
von Täterstraf(verfahrens)recht. Nur dieses aber entspricht dem Wesen des
von Gesetzes wegen zukunftsorientierten, am Erziehungsgedanken ausgerichteten Jugendstrafrechts (§ 2 Abs. 1 JGG). Zudem ist die Vorschrift,
eklatanter noch als § 112a StPO (vgl. → Rn. 6), **systemwidrig.** Aus beiden
Gründen ist § 112 Abs. 3 StPO nach § 2 Abs. 2, entgegen Teilen der Rspr.,
nach hier vertretener Auffassung im JStR **nicht anwendbar.** Da **verfassungsrechtlich** zur Anwendung der Vorschrift (auch im allg. StR) **zusätzlich** Flucht oder Fluchtgefahr oder Verdunkelungsgefahr vorausgesetzt ist
(vgl. BVerfGE 19, 342 (350): wenngleich in nur *geringerer Intensität* als
ansonsten), scheidet die Anordnung für Beschuldigte im Alter von *14 oder
15 Jahren* insoweit nach Abs. 2 *ohnehin* aus (ebenso Voigt FS Eisenberg II,
2019, 283 ff.; aA, ohne JGG-bezogene Begr., Weik/Blessing in HK-JGG
Rn. 17). Dem steht nicht entgegen, dass bislang einfachgesetzlich von einer
ausdrücklichen Einbeziehung Beschuldigter dieses Alters bei Tatvorwürfen
gem. § 112 Abs. 3 abgesehen wurde, zumal schon damals eindeutige empirische Befunde für eine Einbeziehung sprachen, für die Nichteinbeziehung
hingegen keine Argumente vorgebracht wurden (BT-Drs. 11/5829, 33) und
es sich daher in beweisrechtlicher Terminologie um eine widersprüchliche
bzw. lückenhafte Gesetzesbegründung handelt (nicht erörtert in OLG Celle
1.8.2017 – 1 Ws 398/17, wonach es gar „nahe liege", § 112 Abs. 3 ebenso
wie die anderen beiden – nicht tatbezogenen – Haftgründe von der Einbeziehung auszunehmen).

Auch ist speziell bei der hier erörterten Vorschrift zum einen zu besorgen, **9c**
dass geringere Anforderungen an die Verhältnismäßigkeit gestellt werden
(vgl. BVerfGE 19, 342 ff.; OLG Jena StV 2011, 735 mablAnm Tsambikakis
(zum allg. StVR)), und im Übrigen ist die – ua in den ermittlungserleich-
ternden und daher angestrebten U-Haftbedingungen begründete – polizeiliche *Höherstufungspraxis* (zB bei Todesverursachung vorsätzliches Tötungsdelikt gar unter mordqualifizierenden Merkmalen) mit nicht seltener Herab-
stufung im gerichtlichen Urteil zu berücksichtigen (nicht erörtert von OLG
Köln StRR 2009, 155 mBspr Artkämper). So liegen empirische Nachw. zB
dafür vor, dass es mitunter zu gezielter Umdefinition zB von gefährlicher
Körperverletzung zu (versuchtem) Tötungsdelikt und anschließender Herun-
terstufung kommt (vgl. Hess, Erscheinungsformen und Strafverfolgung von
Tötungsdelikten in Mecklenburg-Vorpommern, 2010, 113: zu 95 % (betr.
MV, wobei ca. ein Drittel der Betroffenen dem JGG unterfielen, Hess,

Erscheinungsformen und Strafverfolgung von Tötungsdelikten in Mecklenburg-Vorpommern, 2010, 64)).

III. Verfahrensrechtliches

1. Besonderheiten in der Anwendung von Vorschriften des allg. StVR

10   Aufgrund spezieller Bestimmungen ergeben sich in Anwendung von § 2
Abs. 2, §§ 112 ff. StPO (vgl. einschr. → Rn. 6 ff.) mehrere Besonderheiten
(zur rechtzeitigen Zuziehung eines Verteidigers VfG Bbg JR 2003, 192
sowie Erl. zu → § 68a Rn. 1 ff.). Die Anforderungen an die Verweigerung
des *Akteneinsichts*rechts (vgl., jeweils zum allg. StR, nur EGMR StV 2001,
204 bzw. 206; 2008, 475; zur Aufhebung des Haftbefehls etwa AG Halle StV
2013, 166) sind wegen des Auftrags gem. § 2 Abs. 1 und der im Vergleich
zum allg. StVR eher größeren Gefahr von Kommunikationsschwierigkeiten
(s. nur § 70a Abs. 1 aF bzw. § 70b Abs. 1 nF) eher erhöht.

11   **a) Gerichtliche Zuständigkeit, Übertragung (Abs. 6). aa)** Dies gilt
teilweise schon hinsichtlich der genannten Zuständigkeit (s. § 34 Abs. 1,
§§ 125, 126, 207 Abs. 4, 268b StPO; aber zu Abweichungen → § 34
Rn. 2 ff.; speziell betr. Beschlagnahme eines Briefes zur Zuständigkeit der
JSchutzkammer (§ 98 Abs. 1 S. 1 StPO) OLG Jena NStZ-RR 2011, 28),
und zwar **auch** iSd besonderen **örtlichen** Zuständigkeit (§ 42; vgl. auch RL
2 S. 1; wegen BezirksJRichtern → §§ 33–33b Rn. 14), wobei § 126 StPO
durch Abs. 3 und 6, § 34 Abs. 1 **modifiziert** wird. Nach Stellung des
Antrages auf Entscheidung im vereinfachten **JVerfahren** ist der mit der
Sache befasste JRichter zuständig, jedoch wird es dazu idR nicht kommen,
sofern der JStA, zumindest sofern er an dem vereinfachten JVerfahren nicht
teilnimmt (§ 78 Abs. 2), vorab bei dem Ermittlungsrichter auf Aufhebung
des Haftbefehls anträgt.

11a   **bb)** Die Zulässigkeit eines Beschlusses zur **Übertragung** der die U-Haft
betr. Entscheidungen **(Abs. 6)** – etwa an den **JRichter** des **Haftortes** (vgl.
auch RL 2 S. 2) – soll der Verfahrensbeschleunigung und -ökonomie dienen. Die Übertragung setzt keinen Antrag des JStA voraus; auch kommt es
nicht darauf an, ob der JRichter, dem übertragen wird, zum Erlass des
Haftbefehls nach § 125 StPO zuständig gewesen wäre. Der Beschluss hat
keine bindende Wirkung für den anderen JRichter, vielmehr entscheidet bei
entgegenstehender Auffassung das gemeinsame obere Gericht entsprechend
§ 42 Abs. 3 S. 2 (vgl. → § 42 Rn. 25 f.; OLG Hamm JMBl. NW 1961, 224;
aA Diemer in Diemer/Schatz/Sonnen Rn. 18; Pawlischta in BeckOK JGG
Rn. 20). Die Vorschrift des § 126 Abs. 1 S. 3 StPO, bezüglich deren überwiegend eine bindende Wirkung angenommen wird, ist im Hinblick auf die
engeren und spezielleren Voraussetzungen des Abs. 6 im JStrafverfahren
nicht anwendbar (§ 2 Abs. 2; vgl. Brunner/Dölling Rn. 11; Dallinger/Lack-
ner Rn. 20; aA Sommerfeld in NK-JGG Rn. 12). Allerdings ist stets zu
beachten, dass ein das Verfahren verzögernder Zuständigkeitsstreit gerade
(auch) erzieherischen Belangen der Beschleunigung des Verfahrens zuwiderlaufen würde, und dass Abs. 5 eine erhöhte Beschleunigung verlangt.

b) Begründung der U-Haftanordnung; Beschwerde. aa) Wesentli- **11b**
che Besonderheiten im JStrafverfahren gelten auch bezüglich der in Rede
stehenden Begründung, zumal im allg. StVR ausweislich vielfältiger Anhaltspunkte zur U-Haft insgesamt (vgl. etwa schon Parigger NStZ 1986, 211;
Gebauer, Die Rechtswirklichkeit der U-Haft in der Bundesrepublik
Deutschland, 1987, 233 ff.; Jabel, Die Rechtswirklichkeit der U-Haft in
Niedersachsen, 1989, 134 ff.) die Begründung häufig formelhaft und, bei
Vorliegen eines schriftlichen Antrags der StA, ganz überwiegend in (wörtlicher oder) weitgehender Übereinstimmung mit diesem geschieht. So wurde
betr. die **erweiterte** Begründungspflicht gem. **Abs. 1 S. 3** (eingeführt
durch das 1. JGG-ÄndG) die Absicht bekundet, dass „subjektive Vermutungen und Befürchtungen ebenso wenig ausreichen wie formelhafte Wendungen", dh die „Auswertung eines bereits mit Haftgründen versehenen Vordrucks bzw Faksimiles … erscheint grundsätzlich ungeeignet" (Begr. BT-
Drs. 11/5829, 31), da sie eine einzelfallbezogene Beurteilung nicht hinreichend erkennen lässt. Inwieweit die Praxis dem Rechnung trägt, ist rechtstatsächlich wenig untersucht (vgl. aber Kurzberg Jugendstrafe 144: ganz
überwiegend ohne Begr. (betr. BW); ähnlich (für Hmb.) Villmow/Savinsky
ZJJ 2013, 388 (391 f.). Bei Nichtbeachtung von Abs. 1 S. 3 ist der Haftbefehl aufzuheben – jedenfalls dann, wenn das OLG die Verhältnismäßigkeit
und das Fehlen von Alternativen zur U-Haft nicht ohne weiteres erkennen
anhand der Akten erkennen und beurteilen kann (OLG Frankfurt a. M.
BeckRS 2019, 15451; s. auch OLG Koblenz JBl. RhPf. 2003, 47; OLG
Hamm NStZ 2010, 282; OLG Karlsruhe StraFo 2010, 206; zur Versagung
nachträglicher Feststellung der Rechtswidrigkeit OLG Brandenburg NStZ-
RR 2003, 378 (zw.)).

bb) Gegen den Haftbefehl können der Jugendliche und sein gesetzlicher **11c**
Vertreter oder Erziehungsberechtigter (§ 67 Abs. 1) Haft**beschwerde** einlegen (§ 2 Abs. 2, §§ 304, 305 StPO).

Zudem ist grds. auch die **weitere** Haftbeschwerde zulässig (§ 2 Abs. 2, **11d**
§§ 304 Abs. 1, 310 Abs. 1 Nr. 1 StPO). Dies kann wegen der Eingriffstiefe
(Art. 2 Abs. 2 S. 2 iVm Art. 104 Abs. 1 S. 1 GG) auch dann der Fall sein,
wenn zwischenzeitlich der Haftbefehl aufgehoben wurde und der Betroffene
freigelassen wurde, dh insoweit darf eine Rechtmäßigkeitprüfung im fachgerichtlichen Instanzenzug nicht verwehrt werden (BVerfG, 1. des 2. S., StraFo
2017, 415 = NJW 2017, 3586, Red-Anm. (zum allg. StVR); vgl. auch
BVerfG StraFo 2006, 20 (betr. Belange der Rehabilitierung); KG StraFo
2017, 29).

c) Rechte des gesetzlichen Vertreters und des Erziehungsberech- **12**
tigten sowie der JGH. aa) Ferner sind die besonderen Rechte dieser
Personen zu beachten (**§ 67 Abs. 1 und 3** aF bzw. Abs. 1 und 2 nF). Wegen
der Benachrichtigung dieser Personen und eines etwaigen Prozesspflegers im
Falle der Verhaftung eines Jugendlichen s. Nr. 34 MiStra (vgl. auch § 114a
StPO).

bb) Zudem ist die **JGH** einzubeziehen (**§ 38 Abs. 3 S. 1 aF bzw. § 38** **12a**
Abs. 6 S. 1 nF zur Benachrichtigung s. § 72a; vgl. auch § 70 S. 1, Nr. 32
Nr. 3 MiStra; anders indes OLG Zweibrücken JBl. RhPf. 2000, 157).

d) Haftprüfung durch das OLG bzw. den BGH. Bei Jugendlichen **13**
wäre wegen der besonderen spezialpräventiven Dysfunktionalität der U-Haft
an sich eine regelmäßig (im Monatsrhythmus) von Amts wegen erfolgende

Überprüfung der Haftvoraussetzungen angezeigt (Eberitzsch/Eichenauer/
Kundt ZJJ 2015, 310 (311). De lege lata ist dies nicht vorgesehen. Vielmehr
gilt im JStVerf die Regelung einer besonderen Haftprüfung bei U-Haft von
sechs Monaten Dauer an (§ 2 Abs. 2, §§ 121, 122, 126 Abs. 4 StPO; dieser
Prüfung unterliegt **auch** die Anwendung der Vorschriften des **§ 72,** vgl.
BVerfG, 3. K. 2. S., StraFo 2013, 160; OLG Hamm ZJJ 2004, 435 (betr.
Subsidiarität); vgl. auch → Rn. 18; näher betr. Verfahren gem. § 102 S. 1
BGH ZJJ 2016, 410 mAnm Eisenberg/Wolf; BeckRS 2017, 100841; 2017,
108091; 2017, 114339; 2017, 131925; 2018, 608; vgl. auch → § 109
Rn. 19). – Für die Frage der **Anrechnung** der **einstweiligen Unterbrin-
gung** gem. § 2 Abs. 2, § 121 Abs. 1 StPO kommt es zentral nicht auf die
Ermöglichung von Außenkontakten oder eine förmliche Aussetzung des U-
Haftvollzugs an (vgl. näher → § 71 Rn. 16, → § 109 Rn. 26), sondern vorrangig darauf, ob die Freiheitsentziehung (jugend-)strafgerichtlich – und also
in Abhängigkeit von dem konkreten (J-)Strafverfahren stehend – (auch) an
Stelle und in der Funktion sowie aus den Gründen der U-Haft vollzogen
wird (so wohl auch AG Aachen, hier zitiert nach OLG Köln ZJJ 2011, 204
(aA) mAnm Eisenberg). Ohnehin ist die einstweilige Unterbringung eines
Jugendlichen in einem Heim der JHilfe bei der Fristberechnung dann zu
berücksichtigen, wenn sie inhaltlich (vgl. OLG Karlsruhe NStZ 1997, 452:
„in Wirklichkeit", dh trotz Zitierens von § 71 Abs. 2) gem. **Abs. 4 S. 1**
erfolgt ist, also die Voraussetzungen eines Haftbefehls vorlagen (OLG Dresden JR 1994, 377 mablAnm Brunner; OLG Dresden NStZ 1997, 452;
Diemer in Diemer/Schatz/Sonnen Rn. 15; Sommerfeld in NK-JGG
Rn. 14; Schultheis in KK-StPO StPO § 121 Rn. 7; Paeffgen NStZ 1996,
72 (74); s. auch schon Starke StV 1988, 223 (225); **aA** OLG Naumburg
JMBl. LSA 2001, 277; OLG Bamberg StraFo 2015, 329; OLG Hamm
BeckRS 2017, 122502; OLG Stuttgart OLGSt JGG § 72 Nr 1 = BeckRS
2018, 35353) – nach diesem sei die Nichtberücksichtigung entgegen der
ganz hM (vgl. nur OLG Karlsruhe NStZ 1997, 452; OLG Dresden JR 1994,
377; Diemer in Diemer/Schatz/Sonnen Rn. 15; Brunner/Dölling Rn. 9b;
Gärtner in Löwe/Rosenberg StPO § 121 Rn. 29; Böhm in MüKoStPO
StPO § 121 Rn. 24; Paeffgen in SK-StPO StPO § 121 Rn. 4a; Meyer-
Goßner/Schmitt StPO § 121 Rn. 6a) gar auch dann zulässig, wenn ein
Unterbringungsbefehl nachträglich gem. **Abs. 4 S. 2** durch einen Haftbefehl ersetzt und dieser in unmittelbarem Anschluss an eine (nicht
geschlossenen Einrichtung erfolgten Unterbringung vollzogen wird); denn
es kommt auf den Eingriffsgrund (vgl. auch Schlothauer/Wieder/Nobis U-
Haft Rn. 935: Sonderopfer für Verfahrenszwecke) bzw. das Gewicht der
Unschuldsvermutung an, wogegen die Art der Ausgestaltung der Unterbringung bzw. die insassenbezogen unterschiedliche justitielle Kontrolle zurücktreten. – Hinsichtlich der Frage nach der Anrechnung einer (einstweiligen)
Unterbringung nach § 71 Abs. 2 bzw. § 73 vgl. Erl. zu → § 71 Rn. 16 bzw.
→ § 73 Rn. 27.

2. Rechte des Jugendlichen

14   Dieser hat zumindest nicht geringere Rechte als Beschuldigte gem. allg.
StVR. Jedoch **setzt** die Möglichkeit zur Wahrnehmung **voraus,** dass die
jeweiligen Rechte dem Jugendlichen **alters-** bzw. **reifegerecht verständlich** gemacht werden (§ 70a Abs. 1 aF bzw. § 70b Abs. 1 nF).

a) Verhaftung. Der Jugendliche ist „bei der Verhaftung" (§ 2 Abs. 2, **14a** § 114a S. 1 StPO (vgl. betr. Fremdsprache Hs. 2 sowie Nr. 48 Abs. 1 RiStBV: bereit zu halten)) durch Aushändigung der Abschrift des Haftbefehls über den Grund zu informieren – nur unter engen Voraussetzungen sind Abweichungen (etwa im Sinne anders gestalteter Mitteilung, nachzuholender Aushändigung) zulässig. Zudem ist der Jugendliche „unverzüglich" in geeigneter Weise (§ 70a Abs. 1 aF bzw. § 70b Abs. 1 nF) über seine Rechte zu belehren (§ 2 Abs. 2, § 114b StPO; s. aber § 114b Abs. 2 Nr. 4 mit von § 136 Abs. 1 S. 2 StPO abw. Platzierung der Verteidigerkonsultation; speziell betr. Fälle nach § 68 Nr. 1 iVm § 140 Abs. 1 und 2 StPO zum Anspruch auf Bestellung eines Verteidigers § 114b Abs. 1 Nr. 4a). Weiterhin hat der Jugendliche das Recht, nahestehende Personen „unverzüglich" zu benachrichtigen (§ 2 Abs. 2, § 114c Abs. 1 StPO; vgl. für Verwendung moderner Kommunikationstechnologie Michalke NJW 2010, 19).

Bei der **richterlichen Vernehmung** ist dem Jugendlichen die Ausübung **14b** des (gem. § 2 Abs. 2, § 115 Abs. 3 StPO ausdrücklich geregelten) rechtlichen Gehörs in einer seinem Entwicklungsstatus iVm den Umständen des Verfahrens angemessenen Weise zu ermöglichen. Wie im allg. StVR auch (vgl. nur OLG Celle StraFo 2017, 67), gilt dies nicht minder (erneut) bei wesentlicher Änderung oder Ersetzung eines Haftbefehls.

b) Antrag auf Haftprüfung. Der Jugendliche hat – ebenso wie der **15** Erziehungsberechtigte und der gesetzliche Vertreter (§ 67 Abs. 1, §§ 118b, 298 StPO) – das **Recht, selbstständig** Haftprüfung (nebst mündlicher Verhandlung) zu beantragen (§ 2 Abs. 2, §§ 117, 118 StPO) oder Haftbeschwerde einzulegen. Da jedoch neben dem Antrag auf Haftprüfung eine Haftbeschwerde unzulässig ist (§ 117 Abs. 2 S. 1 StPO), wird bei Meinungsverschiedenheiten zwischen den genannten Personen die Selbstständigkeit von deren Rechten idS eingeschränkt, dass der von einer berechtigten Person gestellte Antrag auf Haftprüfung zur Unzulässigkeit einer Haftbeschwerde einer oder mehrerer anderer berechtigter Personen führt (Dallinger/Lackner Rn. 22). Hierauf, sowie auf die Antragsberechtigung gem. § 2 Abs. 2, § 119 Abs. 1 StPO bzw. § 119a Abs. 1 StPO ist der Beschuldigte hinzuweisen (§ 2 Abs. 2, § 114b Abs. 2 Nr. 7, 8 StPO). – Gemäß § 2 Abs. 2, § 114b Abs. 2 S. 2 ist der Beschuldigte auf das Akteneinsichtsrecht des Verteidigers (§ 147 StPO) hinzuweisen, und nach § 2 Abs. 2, § 114b Abs. 2 S. 3 StPO ist ein der deutschen Sprache nicht hinreichend mächtiger oder hör- oder sprachbehinderter Beschuldigter in einer ihm verständl Sprache darauf hinzuweisen, dass er nach Maßgabe von § 2 Abs. 2, § 187 Abs. 1 –3 GVG für das gesamte Strafverfahren die unentgeltliche Hinzuziehung eines **Dolmetschers** oder Übersetzers beanspruchen kann (zu Unzuträglichkeiten Eisenberg JR 2013, 442 ff.).

Der Erziehungsberechtigte und der gesetzliche Vertreter sollen von Ort **15a** und Zeit der mündlichen Verhandlung *benachrichtigt* werden (§ 67 Abs. 2 aF bzw. § 67a Abs. 1 nF, §§ 118a, 122 Abs. 2 StPO).

Ob die Verhandlung durch *Video*zuschaltung (§ 118a Abs. 2 S. 2 StPO) **15b** im JStV zulässig ist (§ 2 Abs. 2), wurde im Gesetzgebungsverfahren nicht erörtert (vgl. BT-Drs. 17/1224). Mangels Erfahrungswerten schon im allg. StVR (vgl. etwa Buckow ZIS 2012, 555 f.; Schlothauer StV 2014, 55 ff.) wird von der Kann-Vorschrift allenfalls restriktiv Gebrauch gemacht werden.

16 **c) Recht auf Verkehr mit dem Verteidiger. aa)** Hinsichtlich dieses
Rechts (§ 2 Abs. 2, § 148 Abs. 1 StPO; vgl. näher betr. Nichtdeutsche
Staudinger, U-Haft bei jungen Ausländern, 2001, 165 ff.) ist schon zur Ver-
meidung von Benachteiligungen solcher U-Gefangener, die nicht ohnehin
in Verbindung zu einem Rechtsanwalt stehen, bei verfassungskonformer
Auslegung davon auszugehen, dass eine Einschränkung dieses Rechts durch
Überwachung auch bei einem vom Beschuldigten erbetenen „**Anbah-
nungsgespräch**" unzulässig ist (vgl. schon OLG Düsseldorf StV 1984, 106;
KG StV 1991, 307 und StV 1991, 524; Hanack JR 1986, 36; Willnow in
KK-StPO StPO § 148 Rn. 5; Schmitz NJW 2009, 41; aA KG StV
1985, 405 mablAnm Hassemer; OLG Stuttgart StV 1993, 255 mablAnm
Fezer). Denn dem Wesen eines solchen Gesprächs gem. findet es noch ohne
bzw. vor Erteilung einer Vollmacht statt, und zwar zwecks Prüfung der
Frage, ob die Verteidigung übernommen bzw. eine Vollmacht erteilt wird.
Das Bedürfnis für die Gesetzesauslegung im genannten Sinne besteht erhöht
seit Einführung von § 140 Abs. 1 Nr. 4 StPO sowie – betr. das Akten-
einsichtsrecht – von § 147 Abs. 2 S. 2 StPO (UHaftÄndG v. 29.7.2009
(BGBl. I 2274); vgl. auch → § 68 Rn. 14 f.).

16a **bb)** Im Allg. wird Entsprechendes zu gelten haben, wenn eine *Vertrauensperson* (zB Angehörige) das Gespräch *anregt* (vgl. zum allg. StVR Anm. *Bung*
StV 2010, 587 ff. (unter Hinweis auf Art. 104 Abs. 4 GG sowie § 114c
StPO); anders OLG Hamm StV 2010, 586: Beauftragung durch die Eltern
(zw., zumal der Betroffene bis zur Inhaftierung im Alter von 18 Jahren und
2½ Monaten bei ihnen gelebt hatte); vgl. ergänzend → § 109 Rn. 18f)).

3. Abs. 5

17 Die in dieser Bestimmung geregelte **Pflicht zur Beschleunigung** (recht-
statsächlich zur Nichteinhaltung *Kurzberg* Jugendstrafe 144, 136 f. (betr.
BW)) geht wegen der erzieherisch besonders abträglichen U-Haft (vgl.
→ Rn. 3) über das in Jugendstrafverfahren ohnehin erhöht geltende allg.
Beschleunigungsprinzip (vgl. nur Einl. 22) hinaus, und gem. Abs. 5 gehen
Jugendstrafsachen grundsätzlich Erwachsenenstrafsachen vor (OLG Karlsruhe
NStZ-RR 2017, 59).

17a Schon im allg. StVR aber ist ein „anderer wichtiger Grund" (§ 2 Abs. 2,
§ 121 Abs. 1 StPO) dann nicht anzuerkennen, wenn eine Verzögerung auf
Rechtsfehler seitens des Staates zurückgeht (vgl. etwa BVerfG, 2. K. des 2.
S., StV 2009, 479; betr. Zeitspanne zwischen Eröffnungsreife und -entschei-
dung OLG Nürnberg StV 2011, 40 (zum allg. StVR)). Allerdings ist im
Hinblick auch auf allg. Bedenken ggü. diesem Prinzip im JStV (vgl. → Einl.
Rn. 42 f.) zu besorgen, dass in Fällen mit U-Haft die Ermittlungen zur
Schuld- wie zur Rechtsfolgenfrage verkürzt werden könnten (vgl. auch
→ § 43 Rn. 12). – Falls die gesetzlichen Voraussetzungen vorliegen, kann
gerade auch im JStrafverfahren ggf. die Einstellung streitiger Anklagekom-
plexe gem. § 2 Abs. 2, §§ 154, 154a StPO (vgl. auch → § 45 Rn. 14)
empfehlenswert sein.

4. Missachtung der Beschleunigungsgebots, Aufhebung des Haftbefehls

Prinzipiell zeigen rechtstatsächliche Erhebungen, dass Haftsachen idR **17b** zügiger durchgeführt werden als Nichthaftsachen (so jedenfalls für das Zwischen- und Hauptverfahren vor JKammern die Daten bei Ferber, Strafkammerbericht, 2017, 48 ff.: halb so lang). Dies besagt aber noch nichts für den konkreten Einzelfall. Werden im JStrafverfahren die zur Beschleunigung notwendigen (vgl. → Rn. 5 sowie erhöht → Rn. 17) **organisatorischen** Möglichkeiten (zB Abtrennung von Verfahren gegen inhaftierte Beschuldigte, Anlegen von Kopie-Bänden zur Erleichterung der Akteneinsicht von Verteidigern mehrerer Beschuldigter, Maßnahmen zu Nachermittlungen) **nicht genutzt,** kann dies iRd Prüfung nach § 2 Abs. 2, §§ 121, 122 StPO **ggf.** zur Aufhebung des Haftbefehls führen (OLG Hamburg StV 1983, 289; OLG Zweibrücken StV 2002, 434; OLG Koblenz JBl. RhPf. 2003, 47 f.; vgl. auch OLG Celle StV 1984, 340 (betr. Verbindung mehrerer gleichzeitig laufender Verfahren); KG StraFo 2013, 502 (Aufhebung bei Tatvorwurf bandenmäßiger Heroinhandel); s. aber OLG Zweibrücken JBl. RhPf. 2000, 157 f.; verfehlt KG NStZ 2006, 524: Anlasstat war „rasch ermittelt" (zur Wertung „Intensivtäter" → § 5 Rn. 60, → § 36 Rn. 16, → § 79 Rn. 3a sowie Schendel DVJJ 2008, 396: Hilfeversagung aufgrund Vorab-Definition der StA)). Das Gleiche kann bei terminierungsbedingter Dauer der U-Haft gelten (OLG Hamm ZJJ 2004, 435). Beruht eine nicht übermäßige Verzögerung auf (gar nur angeblichen) **Terminschwierigkeiten** des Wahlverteidigers, so wird der Angeklagte dazu zu hören sein, ob ihm der Erhalt dieses Verteidigers wichtiger ist als die Beschleunigung (vgl. Anm. Schlothauer zu OLG Bremen StV 2016, 508); Entsprechendes wird hinsichtlich eines – mit Zustimmung des Angeklagten bzw. seines Verteidigers ausgewählten – Psycho-Sachverständigen gelten (vgl. näher → § 43 Rn. 30a, 50 –50b; eher apodiktisch aber OLG Bremen StV 2016, 508: hätte gar nicht erst beauftragt werden dürfen).

5. Berücksichtigung bzw. Anrechnung (§§ 52, 52a)

Hierzu wird auf die Erl. zu §§ 52, 52a verwiesen (wegen etwaiger entspr. **18** Anwendung des § 450 StPO bei Unterbringung nach Abs. 3 vgl. → § 52 Rn. 13 ff.).

IV. Vollstreckung (U-Haft im Verhältnis zu anderen Entscheidungen)

1. Nach Art des Eingriffs unterschiedliche Regelung

Die Frage des Verhältnisses der **Vollstr** der **U-Haft** (einschließlich HV- **19** Haft gem. § 2 Abs. 2, § 127b StPO, Haft aufgrund Haftbefehlen gem. § 2 Abs. 2, §§ 230 Abs. 2, 236, 329 Abs. 3 StPO, § 412 S. 1 StPO) und insb. von deren *Unterbrechung* zur Vollstr anderer Entscheidungen ist gem. § 2 Abs. 2, § 116b StPO nach der Art des Eingriffs unterschiedlich geregelt. So **geht** die Vollstr der U-Haft sowohl der Auslieferungshaft bzw. der vorläufigen Auslieferungshaft (§§ 15, 16 IRG), der Abschiebungshaft (§ 62 AufenthG, auch iVm § 57 Abs. 3 AufenthG) und der Zurückweisungshaft (§ 15 Abs. 5 AufenthG) **vor** (§ 2 Abs. 2, § 116b S. 1 StPO (nach BGH NStZ 2017, 418 wird die Rechtmäßigkeit der U-Haft durch Förderung der Abschiebung seitens der StA nicht berührt, zum allg. StVR)). Hingegen **tritt** die Vollstr der U-Haft **ggü.** anderen freiheitsentziehenden Eingriffen – insb. **JA** und **JStrafe** (im Übrigen Freiheits- und Ersatzfreiheitsstrafe nach §§ 38, 43 StGB, Ordnungs- oder Sicherungshaft nach der StPO bzw. dem GVG oder der ZPO, Unterbringung nach §§ 63 ff. StGB oder nach §§ 81, 126a oder 275a StPO, Haft gem. § 4 ÜAG) – **zurück,** sofern der Zweck der U-Haft nicht „unabdingbar" (Begr. BT-Drs. 16/11644, 22) ist, dh ganz ausnahmsweise eine – der gerichtlichen Entscheidung (§ 126 StPO) vorbehaltene (§ 116b StPO ist lex specialis ggü. § 455a StPO) – Abweichung erfordert (§ 2 Abs. 2, § 116b S. 2 StPO; vgl. zuvor die partiell einschlägige Regelung des § 122 Abs. 1 StVollzG bzw. der Nr. 92 Abs. 1 und 5 der vormaligen UVollzO). Diese Vorrangigkeit beruht darauf, dass der andere Eingriff ohnehin zu vollstrecken ist, wogegen offen ist, ob es in dem der U-Haftanordnung zugrundeliegenden Verfahren zu einer Verurteilung oder gar zu einer solchen zu JStrafe ohne Aussetzung der Vollstr zBew kommt.

2. Unterschiedliche Beschränkungen

20 Hiernach wird eine im Zeitpunkt der Anordnung der U-Haft laufende Vollstr eines **anderen** freiheitsentziehenden **Eingriffs** in aller Regel **fortgesetzt,** und umgekehrt wird die während laufender Vollstr der U-Haft anstehende Vollstr eines anderen freiheitsentziehenden Eingriffs **aufgenommen.** Jeweils geschieht dies erforderlichenfalls unter Auferlegung zusätzlicher, aus dem Zweck der U-Haft sich ergebender *Beschränkungen.* Soweit die Vollstr im Bereich des *JA-Vollzugs* (vgl. auch → § 90 Rn. 13) bzw. des *JStrafvollzugs abgelehnt* wird, da dort eine Kontrolle iSd Beschränkungen der U-Haft nicht stattfinden könne, ist als mildere Verfahrensweise stets zu prüfen, *ob* die Möglichkeit der Vollstr des anderen Eingriffs *in* einer *U-VollzAnstalt* besteht (vgl. auch Begr. RefE, BR-Drs. 829/08, 30). Allerdings wird solchenfalls dem Betroffenen der Anspruch auf die jeweilige Vollzugsgestaltung iSv § 90 Abs. 1 bzw. der JStVollzGe der Länder (vgl. näher → § 92 Rn. 1 ff.) versagt (krit. für Bln. schon Cronenberg/Frenzel, Die Vollstreckung von Jugendstrafen im Bezirk des Amtsgerichts Tiergarten, 1998, 58).

V. Beschränkungen im Vollzug aufgrund Haftzwecks

1. Allgemeines; Einwände gem. der Verfassung bzw. dem Erziehungsauftrag (§ 2 Abs. 1)

21 **a) Überschneidungen.** Für den **Vollzug** der U-Haft besteht die (konkurrierende) Gesetzgebungskompetenz des Bundes (Art. 74 Abs. 1 Nr. 1 GG) seit der sog. „Föderalismusreform" (Gesetz v. 28.8.2006 (BGBl. I 2863)) nur noch für das gerichtliche Verfahren, aber nicht mehr für das U-Vollzugsrecht selbst, dh erhebliche Teile des vormals den **Vollzug** der U-Haft regelnden § 119 StPO aF (und ohnehin die vormaligen VV UVollzO) sind Gegenstand der UVollzGe der Länder geworden (vgl. → § 89c

Rn. 1 ff.; zu Widersprüchen Kirschke in AnwK U-Haft UVollzG Bln ua § 66 Rn. 12, 13; zu Übergangsregelungen § 13 EGStPO § 121 Abs. 2). Weiterhin unterliegt die Regelung betr. die Anordnung solcher über die Freiheitsentziehung hinausgehender **Beschränkungen,** die zur Erreichung des **Zwecks** der **U-Haft** erforderlich sind (§ 119 Abs. 3 Alt. 1 StPO aF), der Gesetzgebung des Bundes, da es sich um einen Bestandteil des **gerichtlichen Verfahrens** handelt (vgl. BGH NJW 2012, 1158 (zum allg. StVR); OLG Oldenburg StraFo 2013, 337; Paeffgen StV 2009, 48; aA OLG Celle NStZ-RR 2010, 159; näher OLG Celle StV 2010, 194; 2012, 417 (jeweils betr. allg. StVR), abl. dazu Kazele StV 2010, 259; Nestler HRRS 2010, 546 ff. (nur eingeschränkte Zuweisung der Gesetzgebungskompetenz)). Dem entspricht die Bundeskompetenz auch betr. den Informationsaustausch zwischen JGericht, JStA und VollzAnstalt (vgl. § 2 Abs. 2, §§ 114d, 114e StPO; vormals Nr. 7, 8, 15 UVollzO). – Allerdings ist zu besorgen, dass die VollzAnstalten wegen der Ungenauigkeit der Aufgabenumschreibung (vgl. etwa „von Bedeutung sind", „nicht bereits anderweitig bekannt" (§ 114e)) gleichsam ausforschend tätig werden, schon um eine Pflichtverletzung durch Unterlassen zu vermeiden (vgl. näher → Rn. 44–46 sowie → § 89c Rn. 14, 94).

aa) Bei den Sachfragen (insb. bzgl. der Beschränkung von Außenkontak- **21a** ten) im Einzelnen sind jedoch Überschneidungen zwischen Belangen des gerichtlichen Verfahrens und solchen des U-Vollzugs zu verzeichnen. – Ordnet das Gericht zB aufgrund § 2 Abs. 2, § 119 Abs. 1 S. 1 StPO gar die Fesselung (iZm „Fluchtgefahr"; vgl. näher → § 89c Rn. 97) an, so hat die VollzAnstalt diese zu beachten, jedoch kann sie äußerstenfalls ihrerseits eine Fesselung auch dann, wenn das Gericht eine solche Anordnung nicht trifft, aufgrund der Voraussetzungen des jeweiligen (Landes-)UVollzG anordnen. Etwa dergestalt in den Gerichtssaal vorgeführte Beschuldigte kann das Gericht gem. seiner sitzungspolizeilichen Befugnisse von den Fesseln befreien lassen (§ 2 Abs. 2, § 176 GVG; näher zum Rechtsschutz sowie die Art der Fesselung BVerfG, 3. K. des 2. S., BeckRS 2011, 54015 Rn. 23; sowie krit. zum Mangel einer eingriffsspezifischen gesetzlichen Regelung Esser GS Weßlau, 2016, 97 ff. (jeweils betr. allg. StVR)).

bb) Gemäß § 2 Abs. 2, **§ 119 Abs. 6** gelten § 119 Abs. 1–5 StPO nicht **22** nur für die U-Haft aufgrund eines nach den §§ 112, 112a StPO erlassenen Haftbefehls, sondern **auch für** die HV-Haft nach § 127 StPO sowie für die Haft aufgrund von Haftbefehlen nach § 230 Abs. 2, §§ 236, 329 Abs. 3 und 412 S. 1 StPO. Für die vorläufige Unterbringung ergibt sich die Anwendbarkeit aus § 126a Abs. 2 S. 1 StPO (vgl. aber auch → Rn. 2c), für die Sicherungshaft aus § 453c Abs. 2 S. 2 StPO und für die Haft bei erwarteter Unterbringung in Sicherungsverwahrung aus § 275a Abs. 6 S. 4 StPO.

cc) § 2 Abs. 2, § 119 StPO ist auch dann anzuwenden, wenn *mehrere* **22a** *Haftbefehle* erlassen worden sind und aus diesem Grund solche Beschränkungen geboten sind, die über das Erforderliche hinsichtlich des tatsächlich vollzogenen Haftbefehls hinausgehen.

b) Einwände gem. Verfassungsrecht bzw. Erziehungsauftrag (§ 2 **23** **Abs. 1). aa)** § 2 Abs. 2, § 119 Abs. 1 StPO bestimmen, dass den in U-Haft befindlichen Beschuldigten solche über die Freiheitsentziehung selbst hinausgehende Beschränkungen auferlegt werden dürfen, die der **Zweck** der **U-Haft erfordert.** Das Gesetz führt zwar (anders als § 119 Abs. 3 Alt. 1

StPO aF) die zulässigen Zwecke ausdrücklich an, **bestimmt** jedoch **nich**t, dass die Anordnung von Beschränkungen **nur** auf den im Haftbefehl ausdrücklich **genannten Haftgrund** oder die darin ausdrücklich genannten Haftgründe gestützt werden darf (vgl., jeweils zum allg. StVR, OLG Karlsruhe StV 2010, 198; OLG Celle NStZ-RR 2010, 159 (vgl. aber → Rn. 21); zur Aufhebung, soweit die Voraussetzungen nicht (mehr) vorliegen, OLG Rostock StV 2010, 197). Indes begegnet § 119 Abs. 1 S. 1 StPO als allg. Grundlage für Beschränkungen („zur Abwehr einer Flucht-, Verdunkelungs- oder Wiederholungsgefahr, §§ 112, 112 a") **verfassungsrechtlichen Einwänden** gem. der Unschuldsvermutung (Art. 6 Abs. 2 EMRK) und den sich daraus ergebenden schutzwürdigen Belangen des Beschuldigten (Art. 2 Abs. 1 iVm Art. 1 Abs. 1 GG) wie auch gem. dem Bestimmtheits- und dem Verhältnismäßigkeitsgrundsatz (vgl. aber (wenig vertieft) Begr. BT-Drs. 16/11644, 24: weder erforderlich noch praktikabel, den Haftbefehl bei jeder Veränderung neu zu fassen).

23a   So darf im Einzelnen zB betr. Wiederholungsgefahr der Haftbefehl nur dann auf § 2 Abs. 2, § 112a Abs. 1 StPO gestützt werden, wenn ein Haftgrund nach § 112 StPO nicht vorliegt (§ 112a Abs. 2), wozu es nicht stimmig ist, Beschränkungen auch auf die Aspekte der Flucht- oder Verdunkelungsgefahr zu stützen, wenn sich solche Gesichtspunkte „später herausstellen" (Begr. BT-Drs. 16/11644, 24). Entsprechende Einwände bestehen ggü. der Argumentation, im Haftbefehl sei deshalb (nur) einer der in § 112 Abs. 2 StPO enthaltenen Haftgründe genannt, weil Zweifel bestanden, ob auch die Voraussetzungen eines anderen Haftgrundes gegeben waren, diese Voraussetzungen sich jedoch im Laufe des Verfahrens ergeben hätten.

24   **bb)** Selbst wenn nicht auf den im Haftbefehl bezeichneten Haftgrund bezogene Beschränkungen im allg. StVR verfassungsrechtlich Bestand haben sollten, verlangen die gem. **§ 2 Abs. 1** zu berücksichtigenden **erzieherischen Grundsätze** der Klarheit und Transparenz sowie der Konsequenz bei jugendlichen und auch heranwachsenden U-Gefangenen jeweils eine *Neufassung* des *Haftbefehls* (§ 2 Abs. 2). Allenfalls äußerst *restriktiv* darf von solchen ausdehnenden Anwendungen der Kann-Vorschrift im JStrafverfahren *Gebrauch* gemacht werden, zumal eher selten auszuschließen ist, dass Anhaltspunkte für zusätzliche Haftgründe *haftbedingt* und also nicht ohne staatliche Verursachung entstanden sind.

2. Anordnung von Beschränkungen; Mitteilungspflicht

25   **a) Konkrete Erforderlichkeit.** Aufgrund der Unschuldsvermutung bedarf jede über die Freiheitsentziehung hinausgehende **Beschränkung** einer besonderen, im **Einzelfall** darzulegenden **Begründung,** die tendenziell umso detaillierter vorzunehmen ist, je tiefer die etwa anzuordnenden Eingriffe in die Grundrechte des Beschuldigten sind. Dies ist iZm Überwachungsmaßnahmen zudem insofern veranlasst, als die Neuregelung des § 119 Abs. 2 S. 2 Hs. 2 StPO dazu führen könnte (vgl. näher → Rn. 45), dass U-Gefangene – trotz der für die U-Haftsituation besonderen Bedeutung (vgl. auch → § 89c Rn. 54) – von Kommunikationsmöglichkeiten nach außerhalb der VollzAnstalt Abstand nehmen.

25a   § 2 Abs. 2, § 119 Abs. 1 S. 1 StPO legt fest, dass jede Beschränkung ausdrücklich angeordnet werden muss und deshalb in jedem Einzelfall die konkrete Erforderlichkeit zu prüfen und zu begründen ist (§ 34 StPO), wozu die zur Anordnung von U-Haft eingestellten Gründe schon deshalb nicht zureichen, weil mit der Inhaftierung die Möglichkeiten einer Verwirklichung iSd Haftgründe zumindest verändert (und idR erschwert) sind (VerfGH Bln NStZ-RR 2011, 94 f.: „konkrete Anhaltspunkte für eine reale Gefährdung" erforderlich; ebenso OLG Köln StraFo 2013, 71 (iVm § 116b StPO, zum allg. StVR); betr. Telekommunikation mit der Familie LG Bonn StV 2011, 745). Dies gilt insb. für die Überwachung der *Kommunikation* (Telekommunikation, Schriftwechsel, Besuche (akustische Kontrolle vern. – keine Verdunkelungsgefahr wegen Nichtpreisgabe des Verstecks der Beute – OLG Düsseldorf StraFo 2014, 248 (zum allg. StVR)) der U-Gefangenen *nach außen* (dazu OLG Hamm StV 2014, 28; KG StV 2015, 306: „konkrete Gefahr" nicht belegt (zum allg. StVR); vgl. näher betr. Stellungnahmen der Länder Begr. BT-Drs. 16/11644, 25), zumal diese Kommunikation wegen der idR psychischen Belastung gerade durch U-Haft wesentlich ist. Demgegenüber wäre eine (nach der vormaligen UVollzO nicht selten praktizierte) standardmäßige Anordnung unzulässig.

b) Zulässige Beschränkungen. Der **Katalog** zulässiger Beschränkungen 26 (§ 2 Abs. 2, **§ 119 Abs. 1 S. 2 StPO**) ist *nicht abschließend* („insb."). Diese Gestaltung dient einerseits dem Zweck, auf die „Vielschichtigkeit denkbarer Gefahren flexibel reagieren" (Begr. BT-Drs. 16/11644, 25) zu können. Andererseits jedoch verlangt der *Verhältnismäßigkeits*grundsatz, unter Wahrung der Erforderlichkeit wenn irgend möglich nur solche Beschränkungen anzuordnen, die *weniger einschneidend* sind als die gesetzlich genannten Bsp. Dies gilt gem. dem *jugendstrafrechtlichen Schutzprinzip* als einem zentralen Element des Erziehungsauftrags (§ 2 Abs. 1) umso mehr bei Jugendlichen und Heranwachsenden (vgl. auch → § 89c Rn. 55).

aa) Nach § 2 Abs. 2, § 119 Abs. 1 S. 2 **Nr. 1** StPO kann angeordnet 26a werden, dass der **Empfang** von Besuchen und die Telekommunikation der U-Gefangenen einer **Erlaubnis** bedürfen (sog. Erlaubnisvorbehalt). Zur Begründung wurde angeführt, gem. begrenzter Überwachungskapazitäten der VollzAnstalt könne es notwendig sein, solche Kontakte von vorneherein auf ein bestimmtes Ausmaß zu beschränken (Begr. BT-Drs. 16/11644, 25). Diese an der *Rechtsstellung* des Betroffenen vorbei gehende Konzeption ist schon im allg. StVR gewichtigen Einwänden ausgesetzt. Bzgl. **Jugendlichen** und auch **Heranwachsenden** ist diese Konzeption auch deshalb schwerlich vertretbar, weil sie wegen der – in dem Umstand der Reifeentwicklung begründet liegenden – (idR) erhöhten Prägbarkeit wie Vulnerabilität dazu beitragen kann, eine negative Einstellung zur Legalordnung zu verursachen oder zu fördern (vgl. ergänzend → § 89c Rn. 56 ff., 66 ff.).

Zumindest ist in Wahrung des Verhältnismäßigkeitsgrundsatzes zu berück- 26b sichtigen, dass *Erlaubnisse* mit *Weisungen* kombiniert werden können.

bb) (1) Gemäß § 119 Abs. 1 S. 2 **Nr. 2** StPO kann angeordnet werden, 27 dass die *Telekommunikation* (nicht indes deren Aufzeichnung, vgl. spezieller insb. §§ 100a, 100b StPO), der *Schrift- und Paketverkehr* sowie die *Besuche* des U-Gefangenen **überwacht** werden (betr. akustische Besuchsüberwachung nur bei konkreten Anhaltspunkten OLG Hamm NStZ-RR 2009, 124; StV 2010, 368; zur Erstattung der Kosten eines zwecks Überwachung erforderlichen Dolmetschers nach § 1 JVEG entspr. auch dann, wenn der U-Gefangene diesen hinzugezogen hat, LG Düsseldorf StV 2012, 357 (auch dann, wenn der U-Gefangene diesen hinzugezogen hat) sowie OLG Celle StaFo 2016, 23 (jeweils zum allg. StVollzR)). Nach der Gesetzesbegründung werde die Überwachung dieser Außenkontakte gem. dem Haftzweck (auch im Sinne einer Ausdehnung, vgl. → Rn. 23) „häufiger geboten sein" (RegE BR-Drs. 829/08, 33; vgl. auch die Muss-Vorschriften Nr. 27 Abs. 1, Nr. 32, 33, 38 Abs. 1, 39 Abs. 1 der vormaligen UVollzO). Dem stehen bzgl. **jugendlicher** und auch **heranwachsender** Betroffener wiederum (vgl. → Rn. 26) die Pflicht zur Einhaltung erzieherischer Belange gegenüber, woraus das Gebot einer möglichst restriktiven Handhabung folgt (vgl. auch → § 89c Rn. 61). – Nach § 2 Abs. 2, § 119 Abs. 1 S. 7 StPO umfasst die Überwachung von Besuchen, Telekommunikation und Schriftwechsel unter den genannten Voraussetzungen auch die Befugnis dazu, Besuche und Telekommunikation abzubrechen (vgl. zur Verhältnismäßigkeit betr. Besuch aber → § 89c Rn. 58) sowie Schreiben und Pakete anzuhalten. Angehaltene Schreiben und Pakete sind an den Absender zurückzuleiten, soweit dies nicht den Zweck der U-Haft gefährdet.

28   (2) Gemäß § 2 Abs. 2, § 119 **Abs. 3 StPO** ist die beabsichtigte Überwachung einer Telekommunikation nach § 119 Abs. 1 S. 2 Nr. 2 StPO dem **Gesprächspartner** des jugendlichen oder heranwachsenden U-Gefangenen zu Beginn des Telefonats **mitzuteilen** (vgl. entspr. § 32 S. 3 und 4 StVollzG). Die Bestimmung dient dem Schutz des Rechts des Gesprächspartners auf informationelle Selbstbestimmung (Art. 2 Abs. 1 iVm Art. 1 Abs. 1 GG), das sich als solches nicht danach unterscheidet, ob mit einem Straf- oder mit einem U-Gefangenen kommuniziert wird (vgl. auch Begr. BT-Drs. 16/11644, 27). Indes steht dem ggf. die Unschuldsvermutung dergestalt gegenüber, dass die Inhaftierung dem bzw. einem bestimmten Gesprächspartner nicht bekannt gemacht werden darf. Insbesondere bzgl. jugendlichen und heranwachsenden U-Gefangenen kann zumindest im Einzelfall **zw. ob** ein solches **Informationsinteresse** des Gesprächspartners ohne weiteres den im staatlichen Erziehungsauftrag verankerten Schutzbelangen (§ 2 Abs. 1) **vorgehen** darf. – Eine Beschränkung der Telefonerlaubnis wird durch die bloße Möglichkeit eines Missbrauchs nicht gerechtfertigt (OLG Frankfurt a. M. StV 2016, 443: betr. deutsche Sprache sowie Überwachung (zum allg. StR)).

29   cc) Nach § 2 Abs. 2, § 119 Abs. 1 S. 2 **Nr. 3** StPO kann angeordnet werden, dass die Übergabe von **Gegenständen** bei Besuchen der Erlaubnis bedarf (sog. Erlaubnisvorbehalt, inhaltlich Nr. 27 Abs. 2 der vormaligen UVollzO entspr.; vgl. auch → § 89c Rn. 60). Auch diese Erlaubnisse können, für *jugendliche* und *heranwachsende* U-Gefangene iRd Verhältnismäßigkeitsgrundsatzes erhöht bedeutsam, mit *Weisungen* kombiniert werden.

30   dd) (1) Aufgrund von § 2 Abs. 2, § 119 Abs. **1** S. 2 StPO kann ferner ein begrenztes **Kontaktverbot** angeordnet werden, und zwar gem. **Nr. 4** die Trennung von einzelnen oder allen anderen Inhaftierten bzw. gem. **Nr. 5** die Einschränkung oder der Ausschluss der gemeinsamen Unterbringung oder des Aufenthalts zusammen mit anderen Inhaftierten. Jedoch ist ein (aus Nr. 22 Abs. 2 der vormaligen UVollzO abgeleitetes) Regel-Ausnahme-Verhältnis im Sinne einer *Trennung* des U-Gefangenen von allen anderen U-Gefangenen, die *als Beschuldigte oder Zeugen* mit demselben Verfahren in Verbindung stehen, schon im allg. StVR nicht vertretbar. Vielmehr bedarf es einer *Einzelfallprüfung* darauf hin, ob Anhaltspunkte einer Gefährdung der Wahrheitsermittlung bestehen, zumal Haftbefehle nur vergleichsweise selten

auf den Haftgrund der Verdunkelungsgefahr gestützt werden (vgl. auch
→ Rn. 7). Speziell betr. jugendliche und heranwachsende U-Gefangene
widerstreiten Kontaktverbot bzw. Trennung von anderen Inhaftierten vollzuglichen Grundsätzen für diese Altersgruppen (vgl. auch → § 92 Rn. 82,
→ § 89c Rn. 48), dh solches darf nur in seltenen Fällen in Betracht gezogen
werden. – Eher anders mag es sich verhalten, wenn es um die Anordnung
von Beschränkungen nach § 2 Abs. 2, § 119 Abs. 1 S. 2 Nr. 4 oder 5 StPO
(ausnahmsweise) zur Abwehr von Fluchtgefahr geht (zB betr. den Versuch,
gemeinsam ein Entweichen vorzubereiten).

(2) Im Einzelnen ist zw., ob es ggf. schon aufgrund der *„Einschätzung"*, **30a**
einer bestimmten Delikts- oder Beschuldigtengruppe zuzugehören (zB „ter-
roristische" oder „organisierte" Tätergemeinschaft), angezeigt sein kann,
mehrere Beschränkungen der genannten Art anzuordnen und solche ggf. auch
auf den Kontakt zu bestimmten Personengruppen zu erstrecken. Vielmehr
muss eine gewisse Verlässlichkeit diesbezüglicher Erkenntnisse gegeben sein,
dh kumulierende Beschränkungen aufgrund einer „Einschätzung", die ihrerseits auf (idR nicht validierten) „allg. Erfahrungen und Erkenntnissen" betr.
Tat- oder Tätergruppen beruht (so aber Begr. BT-Drs. 16/11644, 26), sind
nicht verhältnismäßig.

c) Mitteilungspflicht. Gemäß § 2 Abs. 2, § 119 Abs. **1** S. **6 StPO** sind **31**
nach § 119 Abs. 1 S. 1 und 2 StPO getroffene Anordnungen den U-Gefangenen mitzuteilen. Dadurch hebt das Gesetz hervor, dass § 119 Abs. 1
StPO nicht etwa eine Befugnisnorm für die Anordnung einer einschlägigen
verdeckten Überwachung ist.

3. Freier Verkehr

a) Verteidiger. § 2 Abs. 2, § 119 Abs. **4** S. **1 StPO** verbieten Beschrän- **32**
kungen nach § 119 Abs. 1 StPO, soweit sie den durch **§ 148 Abs. 1 StPO**
garantierten freien Verkehr des U-Gefangenen mit seinem Verteidiger (vgl.
bzgl. Telefonat zum „Vertrauensvorschuss" BVerfG, 3. K. des 2. S., StraFo
2012, 129 Rn. 35 (betr. allg. StVR)) beeinträchtigen (so Ausnahmen vgl.
§ 148 Abs. 2 iVm § 148a StPO; krit. dazu Birkhoff/Hawickhorst StV 2013,
540 ff. (zum allg. StR)). So ist ggf. auch ein *gemeinsames* Gespräch *mehrerer*
Verteidiger mit mehreren einsitzenden Beschuldigten zu ermöglichen (LG
Gießen StV 2012, 363 (zum allg. StR)).

b) Sonstige Personen bzw. Einrichtungen. § 2 Abs. 2, § 119 Abs. 4 **33**
S. 2 StPO stellt den Verkehr des Gefangenen mit bestimmten Personen und
Einrichtungen der (besonders geschützten) Kommunikation mit dem Ver-
teidiger gleich. – Die Überwachung bei Verdacht von Straftaten nach § 129a
StGB (ggf. iVm § 129b Abs. 1 StGB) „soll" gem. § 148 Abs. 2 S. 1 StPO
im Einzelfall angeordnet werden, wobei betr. die im Gesetz genannten
Einrichtungen auch bei solchem Verdacht oftmals von vornherein kein
Anlass für eine Überwachung bestehen wird (vgl. auch Begr. BT-Drs. 16/
11644, 28).

aa) Unüberwacht bleibt nach § 2 Abs. 2, **§ 119 Abs. 4 S. 2 Nr. 1–3** **34**
StPO grundsätzlich der Kontakt des U-Gefangenen mit den für ihn zuständigen Bediensteten der **BewHilfe** und der FA-Stelle. Diese Auflistung
umfasst zwar die Gerichtshilfe (vgl. schon Nr. 37a der vormaligen UVollzO), nicht aber die **JGH** und die anderen in **§ 72b** genannten **Funktions-**

träger. Jedoch wird diesen gem. den gegenüber der StPO spezielleren Normen des JGG (vgl. § 2 Abs. 2) zur Erfüllung ihrer Aufgaben (vgl. betr. die JGH § 38 Abs. 2 S. 3 aF bzw. § 38 Abs. 3 S. 2 nF) grds. uneingeschränkter, dh auch unüberwachter Zugang zu gestatten sein, weil die zur Erfüllung der Aufgaben essentielle Offenheit des Betroffenen kaum zu erwarten wäre, wenn der Kontakt (zB betr. Schreiben des Betroffenen) überwacht würde. Da die JGH ebenso wie die vorerwähnten anderen Funktionsträger staatlicherseits eingesetzt tätig werden, sind Missbrauchsgefahren eher als gering einzustufen.

35   **bb)** § 2 Abs. 2, § 119 Abs. 4 S. 2 **Nr. 4 StPO** (vgl. auch BGH StV 2015, 341) betrifft die Kommunikation mit den *Volksvertretungen* in Bund und Ländern und entspricht dem Petitionsrecht (vgl. Art. 17 GG) sowie der Beschlagnahmefreiheit von Abgeordnetenpost (Art. 47 S. 2 GG; vgl. auch schon Nr. 30 Abs. 2 der vormaligen UVollzO).

35a   **cc)** Gemäß § 2 Abs. 2, § 119 Abs. 4 S. 2 **Nr. 5 StPO** ist ein unüberwachter Verkehr von U-Gefangenen mit dem *BVerfG* und dem jeweiligen Landes-VerfG garantiert (Ausnahme § 148 Abs. 2 StPO), zumal sie selbst Verfassungsbeschwerde erheben können. Empfehlenswert bleibt es weiterhin, den Verkehr auch mit *anderen* inländischen *öffentlichen Stellen* von der Überwachung auszunehmen (vgl. aber zu Widerständen aus der Praxis wegen etwaiger kollusiven Zusammenwirkens von Behördenmitarbeitern und Betroffenen Begr. BT-Drs. 16/11644, 28).

35b   **dd)** Nach § 2 Abs. 2, § 119 Abs. 4 S. 2 **Nr. 6 StPO** gilt das Verbot auch für den Verkehr mit einem in dem Land etwa bestellten *Bürgerbeauftragten,* wozu abermals Art. 17 GG Bedeutung hat.

36   **ee)** Gemäß § 2 Abs. 2, § 119 Abs. 4 S. 2 **Nr. 7 StPO** besteht ungehinderter Verkehr auch mit den *Datenschutzbeauftragten* in Bund und Ländern (vgl. ebenso § 29 Abs. 2 S. 2 aE StVollzG), und zwar im Einklang mit der (deren Zeugnisverweigerungsrecht entspr.) Beschlagnahmefreiheit von Schriftstücken (vgl. § 23 Abs. 4, § 12 Abs. 3 BDSG).

37   **ff)** § 2 Abs. 2, § 119 Abs. 4 S. 2 **Nr. 8–14 StPO** schließen in den ungehinderten Verkehr Institutionen auf *europäischer* Ebene ein (was sich teilweise aus dem Grundsatz der Gleichbehandlung von nationalen und europäischen Institutionen ergibt; vgl. auch § 29 Abs. 2 S. 2 StVollzG).

38   **gg)** Gleichfalls verboten ist die Überwachung des Verkehrs mit verschiedenen Institutionen der *Vereinten Nationen* (vgl. § 2 Abs. 2, § 119 Abs. 4 S. 2 **Nr. 14–17 StPO**).

39   **hh)** Nach § 2 Abs. 2, § 119 Abs. 4 S. 2 **Nr. 18 StPO** bleibt auch der Verkehr der U-Gefangenen mit **Geistlichen** und **Abgeordneten** (als Berufsgeheimnisträgern gem. § 53 Abs. 1 S. 1 Nr. 1 und 4 StPO) grundsätzlich unüberwacht. Die Nichteinbeziehung der übrigen Berufsgeheimnisträger, deren Funktion iRd Kann-Vorschrift des § 2 Abs. 2, § 119 Abs. 1 StPO gebührend zu berücksichtigen ist, entspricht § 160a StPO.

40   **c) Eingeschränkte Nichtüberwachung.** § 2 Abs. 2, § 119 Abs. 4 S. 2 **Nr. 19a)** und **19b) StPO** regeln eine nur eingeschränkte Nichtüberwachung des Verkehrs von **Anstaltsbeiräten** (vgl. auch § 164 Abs. 2 S. 2 StVollzG) mit U-Gefangenen ebenso wie – betr. nichtdeutsche U-Gefangene – von **konsularischen Vertretungen** (vgl. auch Art. 36 Abs. 1a und Abs. 1c WÜK (Recht des Konsularbeamten, mit einem in U-Haft befindlichen Angehörigen des Entsendestaates Kontakt zu unterhalten)). Die Ein-

schränkung besteht darin, dass das Gericht eine Überwachung anordnen darf (hierbei kommt es nicht etwa auf die Voraussetzungen des § 148 Abs. 2 StPO an).

4. Zuständigkeit

a) Anordnung. aa) (1) Nach § 2 Abs. 2, **§ 119 Abs. 1 S. 3 StPO** sind **41** die nach § 119 Abs. 1 S. 1 und S. 2 StPO zulässigen Anordnungen von dem gem. §§ 34 Abs. 1, 72 Abs. 3 und 6 (vgl. → Rn. 11) bzw. gem. § 126 StPO zuständigen **Gericht** zu treffen, ggf. von dem Vorsitzenden (§ 126 Abs. 1, Abs. 2 S. 3 StPO; vgl. entspr. § 119 Abs. 6 S. 2 StPO). Indes ist der Richtervorbehalt gem. § 2 Abs. 2, § 119 Abs. 1 S. 4 StPO zugunsten einer **Eilkompetenz** der JStA und der *VollzAnstalt* eingeschränkt, dh unter der Voraussetzung, dass eine gerichtliche Entscheidung nicht rechtzeitig herbeigeführt werden kann, ohne dass eine Gefährdung des Zwecks der U-Haft einträte (vgl. schon § 119 Abs. 6 S. 2 aF StPO). Solchenfalls ist die vorläufige Anordnung binnen drei Werktagen dem zuständigen **Gericht** zur Entscheidung über die Aufrechterhaltung oder Aufhebung **vorzulegen** (§ 119 Abs. 1 S. 5 StPO (enger als § 119 Abs. 6 S. 3 StPO aF)), es sei denn, die Eilanordnung hat sich (wegen nur kurzfristigen Wirkens (zB betr. Überwachung nur einer bestimmten Telekommunikation)) bereits erledigt. – Auch im Falle der Erledigung, und zwar auch dann, wenn sie erst nach erfolgter Vorlage bei dem Gericht eintritt, ist eine gerichtliche Entscheidung zu treffen, wenn der U-Gefangene dies **nachträglich beantragt** und ein berechtigtes Interesse an der gerichtlichen Feststellung besteht (vgl. zu § 119 Abs. 6 StPO aF nur Schultheis in KK-StPO StPO § 119 Rn. 82).

(2) Eine **ausschließliche** Zuständigkeit des **Gerichts** besteht für die aus- **42** nahmsweise Überwachung des Verkehrs des U-Gefangenen mit dem Verteidiger (§ 2 Abs. 2, § 119 Abs. 4 S. 1 StPO; krit. Birkhoff/Hawickhorst StV 2013, 540 ff. (zum allg. StR)) bzw. mit den in § 2 Abs. 2, § 119 Abs. 4 S. 2 Nr. 1–19 StPO genannten Einrichtungen (betr. Nr. 19 unter Vorbehalt).

bb) Die **Prüfung** der **Voraussetzungen** für einen unüberwachten Ver- **43** kehr nach § 2 Abs. 2, § 119 Abs. 4 S. 1 und 2 StPO (zB tatsächliche Herkunft eines Schreibens oder (betr. § 119 Abs. 4 S. 2 Nr. 18 StPO) etwaige Relevanz des Inhalts) nimmt die gem. § 2 Abs. 2, § 119 Abs. 2 StPO **zuständige Stelle** vor (§ 2 Abs. 2, § 119 Abs. 4 S. 3 StPO), dh ggf. die JStA bzw. – ihr helfend – ihre Ermittlungspersonen (krit. dazu → Rn. 45) oder die VollzAnstalt.

b) Ausführung der Anordnung. aa) Gemäß § 2 Abs. 2, **§ 119 Abs. 2** **44** **S. 1 StPO** obliegt die Ausführung der Anordnung nach § 119 Abs. 1 StPO der Stelle, die die Anordnung getroffen hat, dh grundsätzlich dem **Gericht**. Dies müsste – entgegen verbreiteter Praxis – im **JStrafverfahren** ohne Einschränkungen zu gelten haben, und zwar im Allg. gem. Grundsätzen des JGG ebenso wie im Besonderen aufgrund der vom JGG dem JGericht im Vergleich zum allg. StVR zugewiesenen herausgehobeneren Funktion zwecks *unmittelbaren Zusammenwirkens* mit dem Jugendlichen bzw. Heranwachsenden. Hiernach wäre § 119 Abs. 2 S. 2 StPO, wonach das JGericht die Ausführung – widerruflich – auf die JStA übertragen kann (jederzeit sowie ganz oder teilweise, vgl. auch Begr. BT-Drs. 16/11644, 27), im JStrafverfahren nicht oder allenfalls mit Bedenken anwendbar (grds. krit. auch für das allg. StVR Paeffgen in SK-StPO StPO § 119 Rn. 61 ff.; Bedenken auch bei Schlothauer/Wieder/Nobis U-Haft Rn. 1048–1050).

45   (1) Falls der gegenteiligen Auffassung gefolgt wird, so ergibt sich eine zusätzliche Schwierigkeit speziell für das JStrafverfahren (vgl. auch § 36) daraus, dass der Gesetzgeber – begründet ua mit Kapazitätsgründen auch iZm der räumlichen Nähe – gem. § 119 Abs. 2 S. 2 **Hs. 2 StPO** der JStA gestattet, sich der Hilfe nicht nur der VollzAnstalt (vgl. ebenso vormals bzgl. Überwachung des Besuchs Nr. 27 Abs. 1 S. 2 UVollzO bzw. der Telekommunikation Nr. 38 Abs. 1 S. 2, 3 UVollzO), sondern auch ihrer **Ermittlungspersonen** zu bedienen (krit. wegen Gewaltenteilung Tsambikakis in Radtke/Hohmann StPO § 119 Rn. 14). Dabei kann es rechtstatsächlich relevant sein, dass die Verantwortung für die ihr vom Gericht übertragene Ausführung bei der JStA verbleibt und diese deshalb, bevor sie die Hilfe in Anspruch nimmt, eine Prüfung dazu vorzunehmen hat, ob die beauftragte Stelle oder Person ihrer Aufgabe nach strafprozessualer wie praktischer Befähigung in der erforderlichen Weise nachzukommen in der Lage ist.

45a   (a) Triftig ist zwar die Begründung, dass idR nur oder doch am ehesten die Ermittlungspersonen den Inhalt der Ermittlungsakte kennen (Begr. BT-Drs. 16/11644, 27, unter Hinweis auch auf etwaige „milieuspezifische Zusammenhänge" sowie „szenetypische Äußerungen") bzw. selbst zu verantworten haben, nicht oder doch seltener hingegen die Anstaltsbediensteten. Jedoch ist eine *Vermischung* mit dem Ermittlungsauftrag und ein *Unterlaufen* des allein legitimierenden Zwecks (§ 119 Abs. 1 S. 1 StPO) kaum zu verhindern, und nicht auszuschließen ist, dass mittelbar (speziell etwa in Anwendung von § 119 Abs. 1 S. 7 StPO) bereits bei der Anordnung apokryphe Gründe relevant werden (pointiert DRiB-NRW RiStA 2009, 17: Herrschaft der Polizei über die Haftbedingungen; instruktiv zum allg. StR LG Augsburg R&P 2014, 80 ff. mit Bspr. Eisenberg). Bereits deshalb ist § 119 Abs. 2 S. 2 Hs. 2 StPO im **JStV nicht** anwendbar (§ 2 Abs. 1 steht entgegen (im Gesetzgebungsverfahren nicht erörtert, ebenso wenig bei Pawlischta in Beck-OK JGG Rn. 42), weil die Kommunikation mit der Außenwelt nur funktional ist, wenn der Jugendliche oder Heranwachsende sich „frei von der Seele" mitteilen kann, dh ohne die Befürchtung, sich ggf. durch unbedachte Artikulierung (scheinbar) selbst zu belasten. So ist zumindest im JStrafverfahren ein durch die Ermittlungspersonen ggf. vermitteltes Empfinden einer *permanenten Vernehmungsphase* zu gewärtigen, das womöglich dazu führen könnte, dass – für die Haftsituation höchst abträglich – von vornherein auf eine für die Überwachung in Betracht kommende Kommunikation verzichtet wird. Dem Vernehmen nach werden diese Umstände von Ermittlungsbeamten mitunter auch durch aktives Einwirken auf die Kommunikation gezielt genutzt, um Aussagen zu erlangen.

45b   (b) Im Übrigen ist im Hinblick auf die *Selbstbelastungsfreiheit* (vgl. auch § 2 Abs. 2, § 119 Abs. 1 S. 6 StPO (dazu → Rn. 31); vgl. auch → § 89c Rn. 2, 14) bei selten auszuschließender etwaiger inhaltlicher Doppelrelevanz erlangter Informationen (vgl. näher → § 89c Rn. 15) zu besorgen, dass die Ermittlungspersonen – unter den mit der Außengesellschaft nicht vergleichbaren Bedingungen des U-Vollzugs – alsbald nach Ausführung einer Überwachung den U-Gefangenen mit Inhalten der Kommunikation konfrontieren. Zumindest müsste neben *neuerlicher Belehrung* gem. § 2 Abs. 2, § 136 Abs. 1 S. 2–4 StPO, und zwar in geeigneter Weise (§ 70a Abs. 1 aF bzw. § 70b

Abs. 1 nF), mit einer solchen Konfrontation zugewartet werden, bis ein *Verteidiger anwesend* ist. Dabei ist auch zu berücksichtigen, dass die polizeilichen Effizienzkriterien mit denen der Strafjustiz nicht vergleichbar sind (vgl. etwa Singelnstein MschKrim 2003, 10 ff. (16, 19 ff.)) und dass – im Falle bisherigen maßgeblichen Befasstsein mit den Ermittlungen – Mängel an Objektivität (vgl. etwa Rasch/Hinz Kriminalistik 1980, 371 ff.; Eisenberg BeweisR StPO Rn. 598) zugunsten selektiver Tendenzen erwartungsgemäß sind. Die Bedenken sind erhöht deshalb, weil das Gesetz (im Unterschied zu Vorschriften der vormaligen UVollzO) *nicht* nach der Art der zu überwachenden Kommunikation *unterscheidet,* dh es bleibt der JStA unbenommen, zB auch die Brieflektüre zu delegieren.

(2) Weniger systematisch bedingt sind Einwände betr. die Delegierung der **46** Überwachung auf die *VollzAnstalt,* wenngleich auch deren Tätigkeit von behördeninternen Handlungsnormen getragen ist. Dies betrifft schon, wie es am ehesten hinsichtlich des Haftgrundes Fluchtgefahr als angezeigt gilt, deren Überwachung der Telekommunikation oder von Besuchen (eine Delegierung der Briefkontrolle wegen Nichtkenntnis der Ermittlungsakten abl. Tsambikakis in Radtke/Hohmann StPO § 119 Rn. 14). – Ob die Überwachung in den vergleichsweise weniger häufigen Fällen des Haftgrundes Verdunkelungsgefahr namentlich bei eher komplexen Verfahren (stets) ohne weiteres auf die VollzAnstalt übertragen werden sollte, ist umstritten (vgl. ergänzend BT-Drs. 16/11644, 27 re. Sp.).

bb) (1) Eine Begründung für die **Nichtanfechtbarkeit** der **Übertra-** **47** **gung** der Ausführung von Anordnungen (§ 2 Abs. 2, **§ 119 Abs. 2 S. 3 StPO**) hat der Gesetzgeber nicht gegeben (vgl. BT-Drs. 16/11644, 27). Ob diese Lücke des Rechtsschutzes – auch im Hinblick auf die evtl. anschließende Delegation durch die JStA – mit rechtsstaatlichen Grundsätzen und speziell mit der Unschuldsvermutung vereinbar ist (und vor einer verfassungsrechtlichen Prüfung Bestand hätte), bleibt einstweilen ungeklärt.

(2) Die **Übertragung** der **Ausführung** von Anordnungen nach **§ 119** **47a** **Abs. 2 S. 2 StPO** ist, sofern sie entgegen der hier vertretenen Auffassung im JStrafverfahren vorgenommen wird (→ Rn. 44, 46), **nicht anfechtbar** (§ 119 Abs. 2 S. 3 StPO). Dieser Ausschluss ist nach hier vertretener Auffassung im Bereich des Jugend(straf)verfahrensrechts aus den dargelegten Gründen mit § 2 Abs. 2 nicht vereinbar, zumindest soweit er auch die Delegierung gem. § 119 Abs. 2 S. 2 Hs. 2 StPO betrifft.

Ansonsten kann gem. § 2 Abs. 2, § 119 Abs. 5 StPO gegen nach § 119 **47b** StPO ergangene Entscheidungen oder sonstige Maßnahmen **Antrag** auf **gerichtliche Entscheidung** gestellt werden, und zwar „vor allem gegen" von der Staatsanwaltschaft nach § 119 Abs. 2 S. 2 StPO „angeordnete Maßnahmen" (Meyer-Goßner/Schmitt StPO § 119 Rn. 37).

5. Rechtsschutz

a) Antrag auf gerichtliche Entscheidung. aa) Auf der Grundlage von **48** Art. 19 Abs. 4 S. 1 GG können U-Gefangene gem. § 2 Abs. 2, **§ 119 Abs. 5 StPO** (zur Belehrungspflicht vgl. § 115 Abs. 4 StPO, zur Geeignetheit § 70a Abs. 1 aF bzw. § 70b Abs. 1 nF) bei allen sie beschwerenden Entscheidungen oder (faktischen) sonstigen Maßnahmen der JStA, ihrer Ermittlungspersonen und der VollzAnstalt einen Antrag auf gerichtliche Entscheidung stellen (betr. die Zuständigkeit gelten §§ 34 Abs. 1, 72 Abs. 3

und 6 bzw. § 126 StPO (vgl. → Rn. 11)). Der Antrag ist gleichfalls zulässig, wenn ein OLG oder der Ermittlungsrichter beim BGH eine Entscheidung nach § 119 Abs. 1 und 2 StPO getroffen hat, gegen die das Rechtsmittel der Beschwerde (§§ 304 ff. StPO) nach der Judikatur nicht zulässig ist (Begriff der „Verhaftung" in § 304 Abs. 4 S. 2 Nr. 1, Abs. 5 StPO betreffe nur die Haftanordnung, also nicht Haftbeschränkungen (vgl. nur BGHSt 26, 270; krit. Paeffgen in SK-StPO StPO § 116 Rn. 22)). Dies gilt gem. § 2 Abs. 2, § 119 Abs. 5 S. 1 StPO analog auch für Entscheidungen nach § 148 Abs. 2 (BGH NStZ 2018, 154). – Hingegen ist der Antrag gem. § 119 Abs. 5 S. 1 StPO gegen Entscheidungen der AGe und LGe **ausgeschlossen, soweit** gegen deren Entscheidungen zu § 119 Abs. 1 und 2 StPO die **Beschwerde** (§§ 304 ff. StPO) **zulässig** ist (bejahend die hM, vgl. nur OLG Karlsruhe StV 1997, 312; ebenso Matt in Löwe/Rosenberg StPO § 305 Rn. 31: Begriff der „Verhaftung" sei in § 305 S. 2 StPO nicht einschr. auszulegen), und zwar auch dann, wenn es sich um solche des erkennenden Gerichts (iSv § 305 StPO) handelt.

49   **bb)** Mit beiden in Rede stehenden Rechtsbehelfen kann nicht nur geltend gemacht werden, dass für eine bestimmte Beschränkung oder ihre konkrete Ausführung von Anfang an die gesetzlichen *Voraussetzungen* (§ 119 Abs. 1 und 2 StPO) *nicht vorgelegen* haben, sondern jeweils kann auch eingewandt werden, dass eine bestimmte Beschränkung *nicht mehr erforderlich* sei (etwa Wegfall von Verdunkelungsgefahr nach einem Geständnis). – Das *Rechtsschutzinteresse* entfällt nicht schon aufgrund einer (für den Beschwerdeführer mit Nachteilen verbundenen) Ersatzbeschaffung. Betreffend eine Verfassungsbeschwerde besteht es bei gewichtigen Grundrechtsverstößen fort, wenn die unmittelbare Belastung durch den angegriffenen Hoheitsakt sich typischerweise auf eine Zeitspanne beschränkt, in welcher der Betroffene nach dem regelmäßigen Geschäftsgang eine Entscheidung des BVerfG kaum erlangen kann (stRspr des BVerfG).

50   **cc)** Die Wahrung *rechtlichen Gehörs* (Art. 103 Abs. 1 GG) verlangt, dass dem U-Gefangenen vor der gerichtlichen Entscheidung die Stellungnahmen der JVA bzw. der JStA zur Kenntnis gegeben und die Möglichkeit zu einer Entgegnung eingeräumt wird (BVerfG, 3. K. des 2. S., BeckRS 2010, 56335 (zum allg. StVR)).

51   **b) Keine aufschiebende Wirkung.** Gemäß § 2 Abs. 2, **§ 119 Abs. 5 S. 2 StPO** hat der Antrag auf gerichtliche Entscheidung keine aufschiebende Wirkung (vgl. entspr. § 29 Abs. 2 EGGVG iVm § 307 Abs. 1 StPO bzw. § 114 Abs. 1 StVollzG). Das Gleiche gilt für die Beschwerde (§ 307 Abs. 1 StPO). – Indes kann das Gericht **vorläufige Anordnungen** treffen (vgl. § 2 Abs. 2, § 119 Abs. 5 S. 3 StPO).

Heranziehung der Jugendgerichtshilfe in Haftsachen

72a [1] **Die Jugendgerichtshilfe ist unverzüglich von der Vollstreckung eines Haftbefehls zu unterrichten; ihr soll bereits der Erlaß eines Haftbefehls mitgeteilt werden.** [2] **Von der vorläufigen Festnahme eines Jugendlichen ist die Jugendgerichtshilfe zu unterrichten, wenn nach dem Stand der Ermittlungen zu erwarten ist, daß der Jugendliche gemäß § 128 der Strafprozeßordnung dem Richter vorgeführt wird.**

Schrifttum: Heßler, Vermeidung von U-Haft bei Jugendlichen, 2001; Villmow/ Robertz, U-Haftvermeidung bei Jugendlichen, 2004.

I. Anwendungsbereich

1. Jugendliche und Heranwachsende

a) Die Vorschrift wird auf Jugendliche auch im Verfahren vor den für allg. **1** Strafsachen zuständigen Gerichten anzuwenden sein (§ 104 Abs. 2).

b) Auf Heranwachsende findet die Vorschrift (seit Gesetz v. 29.7.2009 **2** (BGBl. I 2274)) entsprechend Anwendung (§ 109 Abs. 1 S. 1; vgl. schon RdErl. NRW v. 3.5.1995 = DVJJ-Journal 1995, 356 f.). Vor der Gesetzesänderung ließ sich die Vorschrift ggf. als Spezialregelung der Unterrichtungspflicht nach § 109 Abs. 1 S. 2 ansehen, zumal andernfalls die Voraussetzungen von Ermittlungspflicht (§ 43) und Berichtsbefugnis (§ 50 Abs. 3) bei U-Haft nicht gegeben gewesen wären.

2. Haft zur Erzwingung der Anwesenheit in der Hauptverhandlung

Die Vorschrift betrifft auch diese Haft (§§ 230 Abs. 2, 236, 329 Abs. 3 **3** StPO, § 412 S. 1 StPO; vgl. → § 72 Rn. 2c).

II. Bedeutung

Nach § 38 Abs. 2 S. 3 aF bzw. § 38 Abs. 3 S. 2 nF hat die JGH zwecks **4** **Haftentscheidungshilfe** beschleunigt zu berichten (vgl. auch DVJJ-BAG 2017, 16: oberste Priorität), wobei die Nachforschungen über die nach § 43 Abs. 1 vorzunehmenden Ermittlungen hinaus Möglichkeiten alternativer Unterbringung umfassen (OLG Köln StRR 2008, 35) und dem Richter ggf. solche (wahren) Tatsachenangaben zu vermitteln sind, die U-Haft vermeidbar werden lassen. Die nach Soll- bzw. Muss-Vorschrift und nach vorheriger Festnahme sowie Haftbefehlserlass bzw. -vollstreckung abgestufte Regelung des § 72a gewährleistet **lediglich** die Möglichkeit einer **Verkürzung,** nicht aber einer Vermeidung von U-Haft in hinreichender Weise (vgl. näher Villmow ZJJ 2009, 226 ff. (234 ff.); s. auch die strikte Einhaltung in RdErl. NRW v. 3.5.1995 = DVJJ-Journal 1995, 356 f.).

1. Zur Umsetzung in der Praxis

Rechtstatsächlich liegen Anhaltspunkte dafür vor, dass die Vorschrift nicht **5** einheitlich befolgt wird (vgl. etwa Villmow/Savinsky FS Kerner, 2013, 763 f.), und zwar zunächst schon seitens der Strafverfolgungsbehörden (vgl. anschaulich etwa KG StraFo 2015, 108 = ZJJ 2015, 204 mAnm Eisenberg (betr. Heranwachsenden, zur Gesetzesänderung → Rn. 2): seitens der StA lediglich Zuleitung der Anklageschrift, auch nach mehreren Monaten U-Haftvollstr kein JGH-Bericht). Immerhin (war oder) ist auf der Ebene von **VV** verschiedentlich bestimmt, dass die Haftentscheidungshilfe anzuhören ist, **bevor** die Staatsanwaltschaft den **Erlass** eines Haftbefehls beantragt (vgl. JuM SchlH v. 1.7.1990 (SchlHA 1990, 82 = DVJJ Rundbrief 131, Juni

1990, 72); sinngleich RdErl. NRW v. 3.5.1995, Nr. 2.3 = DVJJ-Journal
1995, 357 sowie Gemeinsames Rundschreiben RhPf. (JBl. 1997, 313 f.)).
Auch die wesentliche Voraussetzung der **ständigen Bereitschaft** eines Vertreters der JGH (vgl. für Bln. s. Bindel-Kögel/Heßler DVJJ-Journal 1997,
305 bzw. zum Standard(-Vorschlag) einer Rund-um-die-Uhr-Betreuung
DVJJ-Journal 1999, 296; Heßler, Vermeidung von U-Haft bei Jugendlichen,
2001, 83 ff., 88 ff.; vgl. auch Eberitzsch/Eichenauer/Kundt ZJJ 2015, 310
(311): entspr. Bereitschaftsdienst iSv § 8a KJHG (Jugendwohlgefährdung); s.
zu Erfahrungsberichten schon Matenaer DVJJ 1990, 121; Reinecke Bewährungshilfe 1987, 41; Weyel Zbl 1992, 29; Hubert ZfJ 1995, 443) ist regional
unterschiedlich beschaffen (vgl. Trenczek DVJJ-Journal 2000, 224; zu Ko-
operationsprojekten Holthusen KJuG 2000, 77), weithin aber nicht erfüllt
(zu Zahlen für Hmb. Villmow/Savinksy ZJJ 2013, 388 (390); vgl. auch
→ Rn. 6).

6 Im Einzelnen bestanden bzw. bestehen vielfältige Projekte (auch sonstiger
Trägerschaft) mit dem Ziel der Haftvermeidung bzw. -verkürzung (s. vormals etwa Cornel ZfStrVo 1986, 345 sowie Cornel MschKrim 1987, 75 f.
betr. Projekte in Frankfurt a. M. und Stuttgart; Bühler DVJJ-Journal 1995,
235 sowie ZfStrVo 1995, 278 betr. JA Mühlheim; Stapke Bewährungshilfe
1995, 192 betr. ein Wohnprojekt für Kurden in Bremen; zu „intensiv
betreuten Wohngruppen" in Hmb. s. detailliert Villmow/Robertz (U-Haftvermeidung bei Jugendlichen, 2004, 143 ff. speziell betr. die Probanden); zu
LSA krit. Bußmann/England ZJJ 2004, 287 f.; betr. Köln Banike ZJJ 2004,
291 f.; zur Unterbringung in JA-Anstalten → § 90 Rn. 13). Da die Polizei
die Pflicht zur unverzüglichen Vorführung vor den Haftrichter hat, sind
Hilfen allerdings schon insoweit Grenzen gesetzt (s. aber zur „Polizeihaft"
betr. Hmb. Deichsel ua Bewährungshilfe 1990, 151 ff.; krit. für Bbg. Kreichelt DVJJ-Journal 1999, 65; für BW Kurzberg Jugendstrafe 144). Nach
interministeriellem Rundschreiben RhPf. (JBl. 1997, 313 f.) hat die Polizei
bei zu erwartender Vorführung vor dem Haftrichter unverzüglich das JAmt
zu informieren (vgl. aber zu Defiziten betr. Hmb. Villmow/Savinsky ZJJ
2013, 388 (390)), „das eine ständige Erreichbarkeit sicherstellt"; die Informierung „ist in den Akten zu vermerken, wobei Datum, Uhrzeit sowie
Name und Telefonnummer des Gesprächspartners festzuhalten sind" (vgl.
auch zu Nds. Leitlinien für die polizeiliche Bearbeitung von Jugendsachen v.
28.7.2005, IV, Nr. 2, wonach bei Haftsachen bereits die Polizei die JGH
frühestmöglich zu informieren hat).

2. Ermittlungsaufgabe

7 Ergänzende Bedeutung haben die Ermittlungen der JGH zur **Vorbereitung** geeigneter, gem. dem Subsidiaritätsprinzip (vgl. → § 72 Rn. 3–3b)
ohnehin vorrangiger **Voraussetzungen,** um eine frühzeitige Haftüberprü-
fung aussichtsreich werden zu lassen (auch JuM SchlH v. 1.7.1990, SchlHA
1990, 82 = DVJJ Rundbrief 131, Juni 1990, 73 hat die StA der Haftentscheidungshilfe Ort und Zeit von Haftprüfungsterminen mitzuteilen).

7a Der JGH kommt bei der Erfüllung ihrer Aufgaben iSd Vorschrift zwangsläufig eine **Selektion**sfunktion zu, soweit sie – und sei es nur implizit – die
Frage nach der (Nicht-)Geeignetheit eines Probanden für diese oder jene
Vermeidemaßnahme beantwortet. Aus diesem Grunde bedarf es einer Of-
fenlegung und Kontrolle der Zuordnungskriterien (vgl. auch Riekenbrauk

DVJJ-Journal 1993, 176; s. zu Gefahren der (vorverlegten) Ausdehnung sozialer Kontrolle schon Hochgesand/Grabenhorst DVJJ-Rundbrief 132, 428).

3. Einfluss auf Haftentscheidungen

Ein Kriterium für den der Haftentscheidungshilfe rechtstatsächlich zu- **8** kommenden Stellenwert ergibt sich daraus, dass sie bei den Haftentscheidungsterminen überwiegend nicht anwesend zu sein scheint (vgl. aber → Rn. 5, 6; vgl. zum Bereitschaftsdienst betr. NRW Eberitzsch ZJJ 2012, 299 f.: ganz überwiegend kein Vorhalten; ähnlich für Hmb. Villmow/Savinsky ZJJ 2013, 388 (393 ff.)). Die Anwesenheit aber wäre auch deshalb relevant, damit konkrete Fragen nach der Leistungsfähigkeit von Angeboten zur Haftvermeidung beantwortet werden könnten (vgl. zu Anhaltspunkten einer Befragung gerichtlich Amtierender Eberitzsch ZJJ 2013, 296 ff.).

III. Folgen der Nichtheranziehung

Wird die JGH entgegen den Muss-Vorschriften des § 72a S. 2 S. 1 Hs. 1, **9** bei Heranwachsenden iVm § 109 Abs. 1 S. 1, nicht vor der vorläufigen Festnahme (bei zu erwartender Vorführung gem. § 2 Abs. 2, § 128 Abs. 1 S. 1 StPO) und der Vollstr des Haftbefehls informiert und ist ihr entgegen der Soll-Vorschrift des § 72a S. 1 Hs. 2 auch nicht der Erlass eines Haftbefehls mitgeteilt worden, so ist sie entgegen § 38 Abs. 3 S. 1 und 2 aF bzw. § 38 Abs. 6 S. 1 und 2 nF, bei Heranwachsenden iVm § 107, nicht herangezogen worden. Die Nichtheranziehung der JGH in der HV führt auf die Verfahrensrüge hin in der Regel zur Urteilsaufhebung (vgl. n. → § 38 Rn. 85 ff.).

Da aber der Eingriff in die Freiheitsrechte bei U-Haft in vielfältiger **9a** Hinsicht einschneidender sein kann als bei verhängter JStrafe, stellt sich die Frage, wie eine dergestalt mangelbehaftete (Anordnung, zumindest aber) Aufrechterhaltung der U-Haft rechtlich zu beurteilen ist. So ist zu erwägen, daraus „Folgen für die Fortdauer" der U-Haft herzuleiten (vgl., wenngleich nicht näher konkretisiert und iErg offenlassend, OLG Hamm NStZ 2010, 281; KG ZJJ 2015, 204 mAnm Eisenberg). So könnte die (Anordnung, zumindest aber die) Aufrechterhaltung von U-Haft dann als nicht rechtmäßig zu beurteilen sein (zu Rechtswirkungen ua gem. Art. 1 Abs. 1 S. 2 Buchst. c, Abs. 5 EMRK vgl. näher → § 2 Rn. 59 ff.) und ohne Einschränkung unverzüglich **aufzuheben** sein (implizit für eine Einschränkung aber Diemer in Diemer/Schatz/Sonnen Rn. 7: nur bei Verletzung von S. 1 Hs. 1 (obwohl S. 2 am ehesten eine U-Haftvermeidung ermöglichen könnte); zu evtl. Ausnahmen (wohl etwa betr. S. 1 Hs. 2) Brunner/Dölling Rn. 3), wenn die Verantwortung für die Nichtmitwirkung der JGH (wegen Nichtheranziehung) bei der Strafjustiz liegt. Eine solche Erwägung ist iZm mit dem Haftgrund „Fluchtgefahr" stimmig dazu, dass durch die „Nichtheranziehung" die Erfüllung der gesetzlichen Verpflichtung der JGH (§ 38 Abs. 2 S. 3 aF bzw. § 38 Abs. 3 S. 2 nF (s. speziell auch § 72 Abs. 1 S. 3), bei Heranwachsenden iVm § 107) *verhindert* wird, ua Umstände (zu erforsch⸝ und) zu vermitteln, die den Haftgrund zu verneinen geeignet sein kön⸝ Dagegen will hier der BGH die Anordnung der Fortdauer einer U-H⸝

dann ausschließen, wenn sich die Nichteinbindung der JGH in der Fortdauerentscheidung auswirken kann (BGH NStZ 2018, 665 (666) mkritAnm
Eisenberg NStZ 2018, 667).

**Verkehr mit Vertretern der Jugendgerichtshilfe, dem Betreu-
ungshelfer und dem Erziehungsbeistand**

72b [1] Befindet sich ein Jugendlicher in Untersuchungshaft, so ist auch den Vertretern der Jugendgerichtshilfe der Verkehr mit dem Beschuldigten in demselben Umfang wie einem Verteidiger gestattet. [2] Entsprechendes gilt, wenn der Beschuldigte der Betreuung und Aufsicht eines Betreuungshelfers untersteht oder für ihn ein Erziehungsbeistand bestellt ist, für den Helfer oder den Erziehungsbeistand.

I. Allgemeines

1. Anwendungsbereich

1   Die Vorschrift dient Unterstützungs- und Schutzbelangen des **jugendlichen** U-Gefangenen. Sie gilt entspr. für **Heranwachsende** (§ 109 Abs. 1
S. 1).

2. Entstehung

2   Durch das U-HaftRÄndG v. 29.7.2009 (BGBl. I 2274) wurde der vormalige § 93 Abs. 3 (aus systematischen Gründen) als neuer § 72b zu den das
U-Haftrecht betr. Verfahrensvorschriften verschoben (eine inhaltliche Änderung ist nur insofern vorgenommen worden, als der BewHelfer nicht mehr
angeführt ist, da dieser gem. § 2 Abs. 2, § 119 Abs. 4 S. 2 Nr. 1 StPO
berücksichtigt wird).

II. Verkehr

1. JGH, Betreuungshelfer

3   Die in der Vorschrift genannten Personen dürfen **ohne besondere Er-
laubnis** oder **Beschränkungen** und Überwachung **mündlich** und **schrift-
lich** mit dem U-Gefangenen verkehren (vgl. auch → § 72 Rn. 34; → § 89c
Rn. 1, 54). Die Vorschrift erleichtert insb. die Erfüllung der Pflichten der
JGH gem. § 38 Abs. 2 S. 3, Abs. 3 S. 2 (vgl. aber krit. → § 89c Rn. 35). Im
Hinblick auf diesen Normzweck sind die Beschränkungen des § 148 Abs. 2
hier nicht anwendbar (Sommerfeld in NK-JGG Rn. 3; abw. Kaspar in
MüKoStPO Rn. 2 mwN).

3a   Die ausdrückliche Bezeichnung des Betreuungshelfers (§ 10 Abs. 1 S. 3
Nr. 5; näher → § 10 Rn. 19 ff.) hat eigenständige Bedeutung nur insoweit,
als es sich nicht um einen Vertreter der JGH handelt (§ 38 Abs. 2 S. 7).

2. Erziehungsbeistand

Dieser als die einzige nicht mit förmlichen Sanktionskompetenzen aus- **4**
gestattete und daher insoweit am ehesten zum Entgegenbringen von Vertrauen geeignete Person (vgl. → § 12 Rn. 6) hat gerade während der U-
Haftvollstr besondere Bedeutung.

Unterbringung zur Beobachtung

73 (1) [1]Zur Vorbereitung eines Gutachtens über den Entwicklungsstand des Beschuldigten kann der Richter nach Anhören
eines Sachverständigen und des Verteidigers anordnen, daß der Beschuldigte in eine zur Untersuchung Jugendlicher geeignete Anstalt
gebracht und dort beobachtet wird. [2]Im vorbereitenden Verfahren
entscheidet der Richter, der für die Eröffnung des Hauptverfahrens
zuständig wäre.

(2) [1]Gegen den Beschluß ist sofortige Beschwerde zulässig. [2]Sie
hat aufschiebende Wirkung.

(3) Die Verwahrung in der Anstalt darf die Dauer von sechs Wochen nicht überschreiten.

Übersicht

I. Anwendungsbereich

1   Die Vorschrift gilt für **Jugendliche** auch in Verfahren vor den für allg.
Strafsachen zuständigen Gerichten (§ 104 Abs. 1 Nr. 12).
2   Die Vorschrift findet auch in Verfahren gegen **Heranwachsende** – vor
JGerichten wie vor den für allg. Strafsachen zuständigen Gerichten – Anwendung (§ 109 Abs. 1 S. 1, § 112 S. 1).

II. Allgemeines

1. Untersuchungsgegenstand und -geeignetheit

3   **a) Entwicklungsstand.** Von diesem hängt bei Jugendlichen die besondere jugendstrafrechtliche Verantwortlichkeit (§ 3 S. 1, zur Abgrenzung zu
§§ 20 f. StGB vgl. → § 3 Rn. 46 ff.), und bei Heranwachsenden die Anwendung des JStR oder aber des allg. StR (§ 105 Abs. 1) ab; im Übrigen hat der
Entwicklungsstand Bedeutung für die zu wählende Verfahrensart, für die
Beurteilung des Schuldmaßes und für Auswahl und Umfang der Rechtsfolgen. Die Ermittlungen zum Entwicklungsstand sind ein Teil der Persönlichkeitsuntersuchung (§ 43).

4   **b) Geeignetheit.** Wegen der Eignung eines **Sachverständigen** zur Untersuchung gelten die Erl. zu → § 43 Rn. 34 ff. entsprechend. Herkömm-
licherweise werden als **geeignete Anstalten** psychiatrische Krankenhäuser
mit abgetrennter Unterbringung der Jugendlichen genannt. Geeignete entwicklungspsychologisch ausgerichtete Einrichtungen stehen bisher weniger
zur Verfügung. Der **Vollzug** ist duch Landesrecht zu regeln (dazu bzgl. des
Anspruchs auf medizinische Untersuchung Bt-Drs. 19/13837, 32).

2. Umfang der Untersuchung

5   **a) Verbote.** Die Anordnung der Unterbringung berechtigt **nicht zu körperlichen Untersuchungen** und **Eingriffen** (s. hierzu die Voraussetzungen der §§ 81a, 81b StPO), auch wenn diese der Feststellung des Entwicklungsstandes dienen können (BGHSt 8, 144; vgl. → § 43 Rn. 32).

6   **b) Geisteszustand.** Sofern neben dem Entwicklungsstand auch der Geisteszustand (§ 2 Abs. 2, § 81 StPO) untersucht werden soll, so wird dies idR
aufgrund derselben Unterbringung von insgesamt sechs Wochen Dauer
geschehen müssen. Umstritten ist, ob in entsprechenden Fällen auch zwei
Unterbringungen *nacheinander jeweils* bis zur Höchstdauer von sechs Wochen
vorgenommen werden dürfen (bejahend Brunner/Dölling Rn. 4; Krause in
Löwe/Rosenberg StPO § 81 Rn. 11; vgl. aber abl. Sommerfeld in NK-JGG
Rn. 4; offener Kaspar in MüKoStPO Rn. 3: möglichst zu vermeiden). Die
Frage ist zu *verneinen*, weil anderenfalls eine erzieherisch kaum begründbare
zusätzliche Beeinträchtigung im Verhältnis zu einem Erwachsenen in ver-
gleichbarer Verfahrenssituation möglich wäre (vgl. dazu allg. → § 45
Rn. 7 ff.; formell enger Burscheidt Verbot 57 f.).

6a   **c) § 2 Abs. 2, § 126a StPO.** Da Abs. 1 nicht abschließend regelt, unter
welchen Voraussetzungen eine einstweilige Unterbringung Jugendlicher zu-

lässig ist, würde insofern auch eine solche nach § 126a StPO zulässig sein (OLG Düsseldorf MDR 1984, 603; OLG Jena NStZ-RR 2007, 218; vgl. aber zur Problematik → § 3 Rn. 46 ff.).

3. Verwertbarkeit

Wenngleich die Unterbringung gem. § 73 nur die Untersuchung des **7** Entwicklungsstandes, nicht hingegen die Aufklärung des **Tat**herganges erlaubt, so dürfen **nur** im strengen Sinne und **nachweisbar freiwillige** Angaben des Beschuldigten entsprechend allg. Verfahrensgrundsätzen, dh insb. unter der Voraussetzung geeigneter **Belehrung** (§ 70a Abs. 1 aF bzw. § 70b Abs. 1 nF), verwertet werden (s. hierzu aber → § 43 Rn. 43). Der **Sachverständige** hat diesbezüglich **kein Zeugnisverweigerungsrecht** nach § 2 Abs. 2, § 53 Abs. 1 Nr. 3 StPO, da er infolge gerichtlicher Beauftragung und nicht auf der Grundlage eines Vertrauensverhältnisses zum Beschuldigten tätig wird.

III. Voraussetzungen und Dauer der Unterbringung

1. Voraussetzungen

a) Art des Tatverdachts; Verhältnismäßigkeit. aa) Die Anordnung **8** ist nur zulässig, wenn zumindest **ausreichende Anhaltspunkte** dafür vorliegen, dass der Beschuldigte der **Tatbegehung** überführt werden kann (so OLG Düsseldorf JMBl. NW 1958, 213), und wenn **konkrete** Anhaltspunkte dafür gegeben sind, dass − für die (jugend-)strafrechtliche Beurteilung wie für die Verfahrensart relevante (vgl. → Rn. 3) − **Abweichungen** vom **Entwicklungsstand** bestehen. Demgegenüber wird entsprechend dem in § 81 Abs. 2 S. 1 StPO enthaltenen Rechtsgedanken (vgl. auch § 112 Abs. 1 StPO) ein „**dringender Tatverdacht**" für **erforderlich** gehalten werden müssen (§ 2 Abs. 2), der sich allerdings nicht auf die strafrechtliche Verantwortlichkeit (§ 3 S. 1) zu erstrecken braucht, weil deren Klärung uU gerade den Zweck der Anordnung bildet.

bb) Es ist weiterhin Voraussetzung, dass eine **ambulante Untersuchung** **8a** (§ 43 Abs. 2) zur Erstellung des Gutachtens über den Entwicklungsstand **nicht ausreicht** (OLG Düsseldorf JMBl. NW 1961, 46; vgl. näher → § 43 Rn. 32). Dies hängt vom Einzelfall ab, wobei zu berücksichtigen ist, dass ggf. auch eine Beobachtung und ggf. Befragung während der HV möglich ist und die einschätzungsnotwendigen Beobachtungen erlaubt (vgl. Eisenberg BeweisR StPO Rn. 1695, 1797, auch 1661, 1846: eher selten zureichender Ersatz). Die Erforderlichkeit einer stationären Beobachtung kann jedenfalls nicht darauf gestützt werden, dass der Beschuldigte seine Mitwirkung an der ambulanten Untersuchung verweigert hat und deshalb im stationären Kontext beobachtet werden soll (Verletzung der Mitwirkungsfreiheit; mit anderer Begründung iE ebenso BVerfG NStZ 2002, 98; abw. bei § 81 StPO iVm § 2 Abs. 2 aber AG Tiergarten v. 6.9.2019 − 287 Js 1945/19). Die konkrete Beobachtungsbedürftigkeit muss hiervon unabhängig bestehen und in den Bedingungen der Person begründet sein.

cc) Schließlich gebietet es der Verhältnismäßigkeitsgrundsatz, diese ein- **8b** greifende Maßnahme nur dann zuzulassen, wenn es sich um eine vergleichsweise **gewichtige** Tat handelt (vgl. RL 1; s. auch § 46 Abs. 3 S. 1 OWiG; vgl. → § 43 Rn. 28) und wenn JStrafe (bzw. eine vergleichsweise längere Freiheitsstrafe), ggf. auch eine Verpflichtung nach § 12 Nr. 2 (eher vern. Blessing/Weik in HK-JGG Rn. 6) oder, im Falle eher kurzzeitig bemessener Unterbringung, ein JA zu erwarten ist.

9   **b) Ermessensentscheidung.** Die Entscheidung geschieht nach pflichtgemäßem Ermessen, wobei auch die allg. Grundsätze zu § 244 Abs. 2, 4 StPO gelten. Sind durch die Unterbringung zur Beobachtung *besondere Beeinträchtigungen* des Beschuldigten zu besorgen, so ist entsprechende Zurückhaltung angezeigt, wobei Belange der Ermittlungen ggf. zurückstehen müssen und Zweifel zu Gunsten des Beschuldigten wirken.

2. Dauer

10   **a) Höchstmaß sechs Wochen.** Die Unterbringung darf die Dauer von bis zu sechs Wochen (länger nur bei U-Haft, RG 34, 306 (308 ff.)) **nicht überschreiten** (Abs. 3). Das Gericht hat stets zu **prüfen, ob** nicht ein **geringeres Höchstmaß** genügt (OLG Oldenburg NJW 1961, 981; s. auch RiStBV Nr. 62 Abs. 1).

10a   Die Untersuchung ist in jedem Fall zu **beschleunigen.** Nach Abschluss der notwendigen Untersuchung ist der Untergebrachte sofort zu entlassen.

11   **b) Neuerliche Anordnung nach Unterschreiten des Höchstmaßes.** Innerhalb dieses zeitlichen Gesamtrahmens gilt, sofern das Gericht zunächst eine kürzere Frist bestimmt hat, deren **Verlängerung** oder eine spätere **ergänzende Unterbringung** (vgl. aber → Rn. 6) als **zulässig** (vgl. schon Potrykus Anm. 5; hM auch zu § 81 StPO). Zweifelhaft könnte sein, ob dies auch dann zu bejahen ist, wenn der Jugendliche vor Ablauf des Zeitraums von sechs Wochen aus der Anstalt entlassen wurde (bejahend Dallinger/Lackner Rn. 8; krit. Sommerfeld in NK-JGG Rn. 4).

IV. Verfahrensrechtliches

12   Die Anordnung kann auf Antrag der JStA (vgl. RL 1), auf Anregung (zB der JGH, des JAmtes oder eines gem. § 43 befassten Sachverständigen) oder von Amts wegen ergehen. – In der **HV** kann ein auf Untersuchung im Rahmen entsprechender Unterbringung gerichteter Beweisantrag gestellt werden. Betreffend die verfahrensmäßige Behandlung (§ 244 Abs. 3, 4 StPO) kommt es bei der Abgrenzung zu einem Beweisermittlungsantrag insb. darauf an, ob dem Antrag eine konkrete Tatsachenbehauptung zu Grunde liegt (wegen der Einzelheiten wird auf die Spezialliteratur verwiesen).

1. Zuständigkeit

13   Sie liegt bei dem Gericht, das nach dem bisherigen Stand der Ermittlungen für die Eröffnung des Hauptverfahrens zuständig wäre (Abs. 1 S. 2) bzw. bei dem das Verfahren anhängig ist.

2. Anhörungen; Entscheidung

a) Anhörungen vor der Entscheidung. aa) Bei Entscheidungen, sei es **14** im vorbereitenden Verfahren bzw. in oder außerhalb der HV, sind der **Jugendliche** sowie die **Erziehungsberechtigten** und die **gesetzlichen Vertreter** (§ 67 Abs. 1) zu hören (Art. 103 Abs. 1 GG; vgl. auch Sommerfeld in NK-JGG Rn. 8). Bei Entscheidungen iRd HV gilt dies ohnehin (§ 67 Abs. 1, § 33 StPO).

bb) Auch der **Verteidiger** (s. § 68 Nr. 4; RL 2) ist zu hören **(Abs. 1** **15** **S. 1),** und zwar nach Gewährung von Akteneinsicht (§ 147 StPO) und zweckmäßigerweise (jedenfalls auch) nachdem ihm die Ausführungen des Sachverständigen (näher → Rn. 16) zugänglich gemacht wurden.

cc) Desgleichen ist ein **Sachverständiger** zu hören **(Abs. 1 S. 1;** wegen **16** der Auswahl vgl. → § 43 Rn. 34 ff.). Hierbei ist ausnahmslos Voraussetzung, dass dieser den Beschuldigten **persönlich untersucht** hat, und zwar grundsätzlich unbeschadet zeitlicher und inhaltlicher Verknüpfung mit einem anderen Verfahren (s. jeweils zu § 81 StPO, OLG Karlsruhe NJW 1973, 573; OLG Düsseldorf StV 1993, 571; s. aber auch KG JR 1965, 69 (zu § 81 StPO), wonach eine frühere Untersuchung in einem anderen Verfahren genügen sollte; Brunner/Dölling Rn. 8). Auch bei sog. evidenten Fällen reicht es nicht aus, wenn der Sachverständige nur schriftliche Unterlagen und Akten eingesehen hat (Potrykus Anm. 2; vgl. (zu § 81 StPO) OLG Oldenburg NJW 1961, 981 sowie Eisenberg BeweisR StPO Rn. 1695; aA Dallinger/Lackner Rn. 11; (zu § 81 StPO) OLG Hamburg MDR 1964, 434; OLG Karlsruhe MDR 1984, 72: nur in besonderen Ausnahmefällen), zumal der Wahrheitsgehalt aktenmäßiger Unterlagen (auch) im Bereich des JStR Einschränkungen unterliegt (vgl. etwa → § 43 Rn. 24 ff.).

dd) Im Übrigen sind die **JStA** (§ 2 Abs. 2, § 33 Abs. 2 StPO) und grund- **17** sätzlich auch die **JGH** (§ 38 Abs. 3; vgl. zudem schon Fachausschuss der BAG der LJÄer DVJJ-Journal 1991, 453) zu hören.

b) Entscheidung. aa) Sie ergeht **durch Beschluss,** der zu begründen ist **18** (§ 2 Abs. 2, § 34 StPO).

bb) Es obliegt dem Gericht, festzulegen, auf welche Weise der Eingriff in **18a** die Freiheitsrechte des Betroffenen zwecks Aufklärung erfolgen soll (vgl. Dallinger/Lackner Rn. 14). Diese Ausgestaltung darf weder dem Sachverständigen (aA OLG Hamm NJW 1953, 1237; Potrykus Anm. 2) noch der JStA überlassen werden. Daher sind **in** dem **Beschluss** die **Dauer** und die **Anstalt** (OLG Schleswig SchlHA 1959, 81) sowie den **Sachverständige** zu **bestimmen,** der die Beobachtung und Untersuchung durchführt.

cc) Der **Anordnung**sbeschluss bedarf der **Rechtsmittelbelehrung** (s. **19** § 2 Abs. 2, § 35a StPO; zur Geeignetheit § 70a Abs. 1 aF bzw. § 70b Abs. 1 nF). Er ist zuzustellen (§ 67 Abs. 2 aF bzw. § 67a Abs. 1 nF; § 35 Abs. 1, 2 S. 1 StPO), falls die Entscheidung in Abwesenheit der betroffenen Person ergeht. – Der **Ablehnung**sbeschluss wird formlos mitgeteilt (§ 67 Abs. 2 aF bzw. § 67a nF; **35 Abs. 1, 2 S. 1 StPO**).

Wegen Mitteilungen an die JGH und andere Prozessbeteiligte s. allg. § 70 **19a** S. 1 sowie Nr. 32 Nr. 3 (vgl. → § 70 Rn. 8), Nr. 34 MiStra.

3. Beschwerde

20   **a) Anordnungsbeschluss. aa)** Dieser kann mit der sofortigen **Be-schwerde angefochten** werden, die (abw. von §§ 311, 307 Abs. 1 StPO) aufschiebende Wirkung hat **(Abs. 2).** Dies gilt auch dann, wenn das erken-nende Gericht ihn erlassen hat, und zwar schon deshalb, weil Abs. 2 S. 1 als Sonderbestimmung (§ 2 Abs. 2) die Regelung des § 305 S. 1 StPO aus-schließt (allg. Auffassung); im Übrigen entspricht es der hM auch für § 81 Abs. 4 StPO (vgl. etwa OLG Düsseldorf StV 2001, 157; vgl. aber näher Eisenberg BeweisR StPO Rn. 1705).

21   (1) Hinsichtlich der **Anfechtungsberechtigten** vgl. Erl. zu → § 55 Rn. 3 ff.

22   (2) Im Gegensatz zu § 81 StPO darf der **Verteidiger** (für ihn gilt allg. § 297 StPO) nicht gegen den Willen des Beschuldigten (vgl. → § 55 Rn. 5) Beschwerde einlegen, da hier nicht der Geisteszustand in Rede steht.

23   **bb)** Das **Beschwerdegericht** überprüft nicht nur die Zulässigkeit des Unterbringungsbeschlusses, sondern (gem. dem (nicht einschränkenden) Wortlaut des Abs. 2 S. 1) die gesamte Entscheidung einschließlich der Zweckmäßigkeit und der Ausübung des Ermessens (OLG Schleswig MDR 1959, 415; Dallinger/Lackner Rn. 19; ebenso hM zu § 81 StPO; aA Potry-kus Anm. 3, 4).

24   **Weitere** Beschwerde gilt als **ausgeschlossen** (§ 310 Abs. 2 StPO), zumal „einstweilige Unterbringung" in § 310 Abs. 1 sich auf § 126a StPO bezieht (Dallinger/Lackner Rn. 20; entspr. hM auch für § 81 StPO). Diese Auf-fassung ist indes wegen des Gewichts des Eingriffs nicht bedenkenfrei. So wird zB die Zeit der Unterbringung entsprechend U-Haft angerechnet (vgl. → Rn. 27).

25   **b) Ablehnungsbeschluss.** Dieser ist **unanfechtbar** (hM, auch zu § 81 StPO).

25a   Jedoch kann das Unterlassen der Unterbringung ggf. eine Verletzung der Aufklärungspflicht (§ 43, § 244 Abs. 2 StPO) darstellen und somit einen Angriff gegen das Urteil begründet sein lassen (vgl. schon BGH RdJB 1961, 313).

4. Durchführung der Anordnung

26   Dies obliegt der **JStA** (s. aber § 36 StPO). Die Durchführung darf erst nach Rechtskraft beginnen (Abs. 2 S. 2; s. im Übrigen RiStBV Nr. 61 entspr.).

5. Anrechnung

27   Der Zeitraum der (zwischenzeitlichen) Unterbringung **wird** – ebenso wie einer solchen gem. § 81 StPO – bei Berechnung der (sechsmonatigen) **Frist** zur Überprüfung von **U-Haft** (§ 2 Abs. 2, § 121 StPO) **grundsätzlich** angerechnet (vgl. entspr. → § 71 Rn. 16, → § 72 Rn. 13, → § 109 Rn. 26), und zwar unabhängig davon, ob während dieser Zeit die U-Haftvollstr ausgesetzt war oder nicht (aA Starke StV 1988, 223 (225)).

28   Wegen der **Berücksichtigung** bzw. **Anrechnung** bei JA und JStrafe vgl. → § 52 Rn. 4 ff., → § 52a Rn. 4 (s. schon BGHSt 4, 325 (betr. die Anrech-nung der Unterbringung nach § 81 StPO auf Rechtsfolgen nach allg. StR)).

6. Kosten

Die in Durchführung der Anordnung nach § 73 entstehenden Kosten sind 29
Auslagen des Verfahrens. Sie werden dem Jugendlichen nur ausnahmsweise
aufzuerlegen sein (vgl. → § 74 Rn. 13, 8, 8a; s. RL 4 zu § 74).

Kosten und Auslagen

74 Im Verfahren gegen einen Jugendlichen kann davon abgesehen
werden, dem Angeklagten Kosten und Auslagen aufzuerlegen.

Schrifttum: Baumhöfener, Jugendstrafverteidiger – eine Untersuchung im Hinblick
auf § 74 JGG, 2007; Beste, Die Kostenlast im Strafverfahren, 1988; Fuchs, Der Verteidiger im Jugendstrafverfahren, 1992; Geraedts, Zur Tötungsdelinquenz bei jugendlichen und heranwachsenden Straftätern, 1998; Gerold/Schmidt (Hrsg.), Rechtsanwaltsvergütungsgesetz. Kommentar, 25. Aufl. 2021; Körner, Die Kostentragung im
Jugendstrafverfahren, 2004; Matzke, Der Leistungsbereich bei Jugendstrafgefangenen,
1982.

Übersicht

I. Anwendungsbereich

1. Persönlicher Anwendungsbereich

1   Die Vorschrift gilt für **Jugendliche** auch in Verfahren vor den für allg. Strafsachen zuständigen Gerichten (§ 104 Abs. 1 Nr. 13).

2   Die Vorschrift gilt für **Heranwachsende** – in Verfahren vor JGerichten wie vor den für allg. Strafsachen zuständigen Gerichten – nur dann, wenn auf sie materielles JStR angewandt wird (§ 109 Abs. 2 S. 1, § 112 S. 1, 2, § 104 Abs. 1 Nr. 13).

2a   Die Vorschrift ist von der Geltung für im Zeitpunkt der HV **Erwachsene,** die nach materiellem JStR verurteilt werden, nicht ausgenommen (aA AG Memmingen ZJJ 2014, 397 mAnm Eisenberg).

2. Verfahrensbezogener Anwendungsbereich

3   **a) Entsprechende Anwendung.** Die Regelung des § 74 kann auch bei sonstigen Kostenentscheidungen Bedeutung haben (für die Anhörungsrüge gem. § 356a StPO iVm § 55 Abs. 4 s. BGH BeckRS 2009, 88311).

3a   Bei der im Falle einer **Widerklage gegen** einen **Jugendlichen** (§ 80 Abs. 2) etwa zu treffenden Kostenentscheidung (§ 2 Abs. 2, § 471 Abs. 3 Nr. 3 StPO) kann § 74 entsprechend angewandt werden; zumindest können dessen Intentionen bei Ausübung des richterlichen Ermessens bezüglich der Kostenverteilung berücksichtigt werden. Im Hinblick auf die besondere Verfahrensstellung mag es hier ggf. allerdings erzieherisch bedenklich sein, dem unterlegenen Jugendlichen die Kosten nicht aufzuerlegen. – Gemäß dem Wortlaut des § 74 („gegen") lässt sich die Vorschrift nicht für den jugendlichen Privatkläger heranziehen, gegen den keine Widerklage erhoben ist (dh ggf. kommt es zu der Belastung gem. § 2 Abs. 2, § 471 Abs. 2 StPO).

3b   Ferner kann eine entsprechende Anwendung des § 74 (betr. Heranwachsende zudem in entspr. Anwendung des § 109 Abs. 2 S. 1) im Einzelfall in Betracht kommen (aA Schatz in Diemer/Schatz/Sonnen Rn. 5), sofern einem Jugendlichen **nach allg. StVR** die Kosten **aufzuerlegen** wären (zB § 470, eingeschränkt auch § 469 StPO (vern. zu letztgenannter Vorschrift OLG Stuttgart MDR 1982, 518 (Ls.), das allerdings bereits wegen mangeln-

der Prozessfähigkeit des minderjährigen Anzeigeerstatters eine Kostenhaftung abgelehnt hatte); nach UK III DVJJ-Journal 1992, 26 sollte § 470 S. 2
Alt. 2 StPO im JStrafverfahren „zum Regelfall werden").

b) OWi-Verfahren. In diesem Verfahren kann die Verwaltungsbehörde 4
bzw. auf Einspruch das Gericht ganz oder teilweise (s. auch RL 1 S.
2 zu § 74) davon absehen, dem Jugendlichen und Heranwachsenden die Kosten
des Bußgeldverfahrens sowie Auslagen, die einem anderen Verfahrensbeteiligten (vgl. § 472b Abs. 1 S. 2 StPO) entstanden sind, aufzuerlegen (§§ 74,
109 Abs. 2 iVm § 105 Abs. 1 OWiG; AG München ZfSch 2009, 596 (betr.
Kosten eines Gutachtens); Hadamitzky in KK-OWiG OWiG § 105
Rn. 142).

II. Allgemeines

1. Zur Gesetzessystematik

a) Vorschriften des allgemeinen Strafverfahrensrechts. Nach hM 5
gelten die Vorschriften des allg. StVR über Kosten und Auslagen (§§ 464 ff.
StPO; zu Bedenken s. etwa Hassemer ZStW 1985 (1973), 671; Beste, Die
Kostenlast im Strafverfahren, 1988) – ggf. modifiziert – auch im JStrafverfahren (§ 2 Abs. 2). Dabei wird eine Verurteilung iSv § 465 Abs. 1 S. 1
StPO (und nicht ein Fall des Absehens von Strafe iSv § 465 Abs. 1 S. 2
StPO) unabhängig davon angenommen, ob **Erziehungsmaßregeln**
(§§ 9 ff.) angeordnet wurden, auf **Zuchtmittel** (§§ 13 ff.) erkannt oder die
Entscheidung über die **Verhängung** der **JStrafe** zBew **ausgesetzt** (§ 27)
wurde (hM; aA Potrykus RdJB 1956, 281). Entsprechend soll der Begriff
„Strafe" in § 466 StPO iSv Verurteilung auszulegen sein (KG JR 1962, 271;
Dallinger/Lackner Rn. 3). Wegen der Kostenentscheidung im Falle der
Einstellung nach § 47 vgl. → § 47 Rn. 21 f.

Auch bei **Verurteilung** wegen nur eines **Teiles** des Anklagevorwurfs 5a
gelten nach hM die allg. Vorschriften (zu § 465 Abs. 2 S. 2 und 3 StPO,
§ 464d StPO vgl. BGH StV 1996, 276; vern. betr. „fiktiven Freispruch"
OLG Oldenburg NStZ-RR 2008, 649).

b) Freispruch. Im Falle dieser Entscheidung sind – ebenso wie im allg. 6
StVR (§ 2 Abs. 2, **§ 467 StPO**) – die Verfahrenskosten und die notwendigen Auslagen des Jugendlichen, vorbehaltlich der obligatorischen (§ 467
Abs. 2 S. 1, Abs. 5 StPO) und fakultativen (§ 467 Abs. 3 S. 2 Nr. 1 und 2,
Abs. 4) **Ausnahmen,** der Staatskasse aufzuerlegen. Dies gilt auch dann,
wenn der Freispruch auf erwiesener oder wahrscheinlicher Altersunreife (§ 3
S. 1) beruht (iErg ebenso Sommerfeld in NK-JGG Rn. 4; wegen eines
speziellen Versagungsgrundes s. BGHSt 7, 276).

aa) Hinsichtlich der fakultativen Ausnahmen wäre es mit § 2 Abs. 2 und 6a
speziell dem Grundsatz des Verbots der Schlechterstellung im Vergleich zu
Erwachsenen (vgl. → § 2 Rn. 23 ff.) unvereinbar, bei der Ermessensentscheidung zum Nachteil des Jugendlichen (bzw. Heranwachsenden) erzieherische
Erwägungen gar vorrangig heranzuziehen. Betreffend § 2 Abs. 2, § 467
Abs. 3 S. 2 Nr. 1 StPO sind die Besonderheiten altersbegründeter Umstände
(einschließlich Gefahren von Missverständnissen wie auch von Fehlinterpre

tationen) und Belastungen des (Jugend-)Stafverfahrens zu berücksichtigen (vgl. zur Vernehmung → § 50 Rn. 10 ff.).

6b   **bb)** Im Einzelnen kann betr. § 2 Abs. 2, § 467 Abs. 3 S. 2 Nr. 2 StPO bei einem durch einen Verfahrensfehler der Strafjustiz eingetretenen *Verfahrenshindernis* das Absehen der Billigkeit entsprechen (vgl. bejahend BVerfG, 3. K. des 2. S., NJW 2017, 2459 (zum allg. StVR)), im JStV wird dies auch gem. den erzieherischen Prinzipien der Klarheit und Konsequenz und der Akzeptanzvoraussetzung der Fairness tendenziell ohnehin zu bejahen sein. Betreffend § 2 Abs. 2, § 467 Abs. 4 ist *umstritten* (vgl. näher krit. zu Entscheidungen von EGMR und BVerfG NJW 1988, 3233), ob trotz Art. 6 Abs. 2 EMRK auf den Grad des Tatverdachts abgestellt werden darf (bejahend (jeweils zum allg. StR) etwa BVerfG NStZ 1990, 598 mablAnm Paulus; BGH NStZ 2000, 330 mkritAnm Hilger).

7   **c) Kosten für einen Wahlverteidiger.** Diese sind auch dann **notwendige Auslagen** des Jugendlichen, wenn der Verteidiger allein vom gesetzlichen Vertreter oder Erziehungsberechtigten ausgewählt und bevollmächtigt wurde (LG Bückeburg NJW 1960, 1026). Anders verhält es sich, wenn gesetzliche Vertreter oder Erziehungsberechtigte mit dem Verteidiger (ausdrücklich) vereinbarten, dass sie – nur mit eigenem Vermögen – haften (Vertrag zugunsten Dritter; zust. Schatz in Diemer/Schatz/Sonnen Rn. 30; Schwer Stellung 189 f.; aA Sommerfeld in NK-JGG Rn. 5).

2. Sachliche Gründe der Vorschrift des § 74

8   **a) Normative Benachteiligung Jugendlicher und Heranwachsender. aa)** Eine Mehrbelastung ergibt sich im Allg. daraus, dass bestimmte **Straftatbestände** von der legislatorischen Definition her eine **Tatsituation** zur Voraussetzung haben, die bevorzugt bei bestimmten Adressatengruppen vorkommt, und zwar aufgrund außerpersonaler Umstände, dass dies **überhöht** auf Jugendliche und Heranwachsende zutrifft (vgl. auch → § 2 Rn. 26). Ähnliches gilt tendenziell bzgl. der Zugangsmöglichkeiten zu **Objekten,** die typischerweise bei der Verwirklichung bestimmter Straftatbestände eine Rolle spielen. Entsprechende Diskrepanzen liegen auch bei **quantitativ gewichtigen Delikten** wie zB Diebstahl vor. – Auf diesem Hintergrund gewinnt zudem der Umstand an Bedeutung, dass im Bereich Jugendlicher und Heranwachsender noch mehr als bei Erwachsenen Delikte in der überwiegenden Zahl **ohne** vorherige **Planung** geschehen und sich gleichsam als „gedankenlose" Handlungen darstellen (selbst bei Tötungsdelikten, s. etwa Littmann ua MschKrim 1993, 22 ff.; Geraedts, Zur Tötungsdelinquenz bei jugendlichen und heranwachsenden Straftätern, 1998, 26 f.; speziell betr. „fremdenfeindliche" Brandanschläge Neubacher MschKrim 1999, 7).

8a   **bb)** Dem entspricht es, dass § 74 dem JGericht die Möglichkeit gibt, den Jugendlichen aus erzieherischen Gründen **von Kosten** und **Auslagen** zu **entlasten,** und zwar *ganz* (vgl. betr. die *Revision* etwa BGHSt 48, 34 = NJW 2003, 150 Nr. 6; BeckRS 2012, 5301 Rn. 10; 2012, 4847 Rn. 6) oder *teilweise* (zB Auferlegen nur einer bestimmten Auslage oder Summe, eines prozentualen Anteils oä; vgl. OLG Hamm NJW 1963, 1168; RL 1 S. 2; vgl. auch → Rn. 11; s. aber UK III DVJJ-Journal 1992, 25 für Änderung dergestalt, dass „alle Kosten und Auslagen die Staat trägt"; sinngleich

DVJJ 1993, AK IV/1; dazu bei der Nebenklage → Rn. 16a). **Zweck** der Regelung ist, den Jugendlichen **vor** einer **zusätzlichen** und oftmals besonders schädlichen **Beeinträchtigung** zu **schützen** (vgl. nur OLG Hamm NJW 1963, 1163; vgl. auch Grotenbeck Zbl 1980, 439).

Soweit es hiernach zur Freistellung kommt, hat die Staatskasse die Kosten **8b** zu tragen (s. auch OLG Koblenz JBl. RhPf. 1999, 25). Dies gilt auch für – etwa gem. § 2 Abs. 2, § 246a Abs. 1 StPO entstandene – Gutachterkosten im Hauptverfahren (vgl. im Übrigen aber auch → § 81a Rn. 8; vgl. aber auch betr. das Vollstreckungsverfahren → Rn. 14).

b) Erzieherische Belange. aa) (1) Regelmäßig wird zu besorgen sein, **8c** dass die Auferlegung von Kosten und Auslagen ihrerseits **Folgewirkungen** einer negativen Sanktionierung im Sinne einer – im JStR unzulässigen – **Geldstrafe** hat (s. auch BGH 25.7.1956 – 2 StR 283/56; BGH NStZ-RR 2006, 224: als „Unterstützung von Strafzwecken" unzulässig; LG Saarbrücken ZJJ 2010, 428 sowie ZJJ 2013, 418 mAnm Möller; s. zudem Beste, Die Kostenlast im Strafverfahren, 1988, 61 ff. sowie Mellinghoff NStZ 1982, 408 und Hartman-Hilter Verteidigung 182: „Zusatzstrafe"; abw. betr. zur Tatzeit 17-Jährigen KG BeckRS 2008, 10468 (betr. ua „nicht unbeträchtliche Vergütungen von zwei Pflichtverteidigerinnen")), und deshalb wird bei der nach **pflichtgemäßem Ermessen** zu treffenden Entscheidung die Möglichkeit gem. § 74 tendenziell ausgedehnt zu nutzen sein (vgl. näher → Rn. 9). Erzieherischen Belangen (vgl. RL 1 S. 1) kommt auch bei der Würdigung der wirtschaftlichen Verhältnisse (vgl. BGH BeckRS 2017, 118927), der Chance zukünftiger Berufsausübung (BGH NStZ-RR 2006, 224: „Neuanfang"; OLG Jena NStZ-RR 1998, 153) und der Gefahr der Abwälzung der Leistungserbringung (OLG Düsseldorf NStZ-RR 2011, 293 f., auch zur Berücksichtigung freiwilliger Wiedergutmachungszahlung) wesentliche Bedeutung zu.

(2) **Weniger Gewicht** hat demgegenüber die Art der **Tat** (s. BGH **8d** BeckRS 2016, 15975 betr. Totschlag; BGH StV 1994, 598; NStZ 2013, 280 jeweils betr. Mord; OLG Jena NStZ-RR 1998, 153 betr. Mord: „kein geeignetes Beurteilungskriterium"; aA Brunner/Dölling Rn. 4 sowie BGH BeckRS 2021, 5492: Berücksichtigung nicht „rechtlich unvertretbar"), auch wenn hinzu kommende Umstände berücksichtigt werden können (vgl. betr. Tötung aus Habgier und „Verkauf" des Geständnisses an eine Zeitung BGHR § 74 JGG, Kosten 2; OLG Hamm ZJJ 2008, 193 betr. notwendige Auslagen der Nebenkläger (näher → § 109 Rn. 31f)). Das **Verhalten** im **Verfahren** (zB Verzögerung) darf eher **nicht** (vgl. Degener in SK-StPO StPO § 465 Rn. 7) oder allenfalls nachrangig berücksichtigt werden, zumal es regelmäßig auch von **Verteidigung**sbelangen getragen sein wird (vgl. betr. anhaltenden Kampf gegen einen U-Haftbefehl OLG Saarbrücken ZJJ 2009, 263 mAnm Möller ZJJ 2009, 262, re. Sp.), insb. bei sog. „hartnäckigen Leugnen" oder Veranlassen einer umfangreichen Beweisaufnahme (n. dazu (und zumindest konkret vern.) OLG Köln OLGSt § 74 Nr. 3; s. auch Dallinger/Lackner Rn. 13) bzw. Ausschöpfung des Instanzenzugs (verfehlt OLG Hamm NStZ-RR 2014, 96 mAnm Eisenberg NStZ 2014, 410; vgl. näher auch → Rn. 24) oder auch nur der Beschwerdeeinlegung (vgl. aber, zudem in Kontrast zu dem beanstandeten Leistungsverhalten, KG 26.6.2013 – 4 Ws 32/13 – 141 AR 76/13 bei Fricke StRR 2014, 478). – Eine Auferlegung scheidet – zumindest teilweise – auch aus, wenn die Höhe der

Kosten „die eigentliche" Rechtsfolge in den Hintergrund treten ließe (LG
Freiburg NStZ-RR 2000, 183).

8e   **bb)** Ausschlaggebend ist die **zukunftsorientierte Betrachtungsweise**
(OLG Düsseldorf NStZ-RR 1996, 24; OLG Saarbrücken ZJJ 2009, 262
mAnm Möller; OLG Köln OLGSt § 74 Nr. 3; OLG Düsseldorf NStZ-RR
2011, 294: Motivation zur Berufsausbildung; LG Köln DVJJ-Journal 1997,
89; iErg vern. bei inzwischen im fünften Lebensjahrzehnt befindlichen Verurteilten KG NStZ-RR 1999, 121). Dies gilt auch iSd Vermeidung zusätzlicher Belastung nach Entlassung aus dem JStVollzug (BGHR JGG § 74,
Ablehnung 1; LG Saarbrücken ZJJ 2009, 263 mAnm Möller; s. partiell anders
aber auch BGH (Kostenbeschluss) NStZ-RR 2001, 326 bei Böhm: trotz
„derzeitiger Mittellosigkeit"; KG NStZ-RR 2007, 64 („bislang … ausschwei-
fender Lebensstil"); s. aber zu Angaben über eine zurückhaltende Anwendung
vormals Matzke, Leistungsbereich bei Jugendstrafgefangenen, 1982, 77 f.).

9   **c) Erziehungsauftrag (§ 2 Abs. 1).** Die Wahrung von **Schutz, För-**
derung und **Integration** als vorrangigen Elementen des Erziehungsauftrags
wird auch dann ein Absehen von der Kostenauferlegung gebieten, wenn der
Jugendliche oder der Heranwachsende die Kosten aus eigenen Mitteln
begleichen kann (RL 1), es sei denn, es läge fern, dass die Auferlegung die
Chancen der (Eingliederung bzw.) **Legalbewährung** beeinträchtigen
könnte (BGH StV 2001, 172). Ähnliches gilt auch dann, wenn es dem
Jugendlichen zwar möglich und zumutbar ist, die Kosten durch Arbeit auf-
zubringen, jedoch gerade durch eine solche Belastung die Motivation zur
Arbeitsaufnahme beeinträchtigt werden kann (LG Gera StV 1999, 667).
Desgleichen ist der (berufliche) Werdegang im Allg. kein geeignetes Zumut-
barkeitskriterium (aA OLG Düsseldorf MDR 1993, 1113). Wenn der Verurteilte zum Urteilszeitpunkt das **Heranwachsendenalter bereits deutlich**
überschritten hat, verlieren die hinter § 74 stehenden erzieherischen Aspekte indes an Gewicht (BGH BeckRS 2021, 5492). Von solchen Fällen
abgesehen wird es **nur ausnahmsweise** erzieherisch angemessen sein, dem
Verurteilten die Kosten **aufzuerlegen** (ebenso Hilger in Löwe/Rosenberg
StPO § 465 Rn. 9; Degener in SK-StPO StPO § 465 Rn. 7). Die Feststellung allein, er verdiene, reicht hierzu ohnehin nicht aus (BGH Herlan
GA 1964, 135; vern. bei Sozialhilfe LG Osnabrück JurBüro 1990, 1031
(betr. Asylbeantragenden); verfehlt KG ZJJ 2010, 74 mAnm Eisenberg/
Huck).

III. Gerichtskosten

1. Allgemeines

10   Bezüglich **Gerichtsgebühren** sind **Erziehungsmaßregeln** und **Zucht-**
mittel in Vorb. 3.1. (1) zu Kostenverzeichnis 3110 ff. nicht als Grundlage für
eine Gebührenbemessung genannt (zust. OLG Hamm BeckRS 2020,
38665); wie auch die **Aussetzung** der **Verhängung** der JStrafe zBew (§ 27)
unterfallen sie nicht dem Begriff der „Strafe", sodass bei Entscheidungen
dieser Art keine Gerichtsgebühren entstehen (vgl. auch RL 3 S. 1; OLG
Koblenz JurBüro 1990, 382). Jedoch wird **JStrafe** insoweit als „Strafe" beurteilt, wobei sich die Gebührensätze nach der Dauer der erkannten JStrafe
richten. In Fällen nachträglicher Bildung einer einheitlichen Rechtsfolge

(§ 31 Abs. 2 oder § 66 (s. RL Nr. 2 S. 1) ist bei der Berechnung Vorb. 3.1 (5) zu Kostenverzeichnis 3110 ff. zu beachten (vgl. RL Nr. 2, 3 S. 2). – Gerichtsgebühren bei Anordnung einer **Maßregel** der **Besserung** und **Sicherung** (§ 7) bestimmen sich nach Vorb. 3.1 (4) zu Kostenverzeichnis 3110 ff.

Unter besonderen Umständen können auch in Fällen gerichtsgebühren- **10a** freier Entscheidungen etwa entstandene gerichtliche Auslagen auferlegt wer- den (vgl. OLG Oldenburg NJW 1964, 2439 (zum allg. StR): Freispruch wegen Unzurechnungsfähigkeit, aber Entzug der Fahrerlaubnis).

2. Rechtsfolgen

a) Weisung, Auflage. Ungeachtet spezialpräventiv abträglicher Folgewir- **11** kungen (empirische Hinweise darauf bei Neßeler ZJJ 2019, 359 (361 f.) gehören die dem Jugendlichen durch Befolgung einer Weisung (§ 10; OLG Frankfurt a. M. NStZ-RR 1996, 184) oder Auflage (§ 15) **entstehenden Kosten** nach hM nicht zu den Kosten und Auslagen iSv § 74 (vgl. auch RL Nr. 5 S. 1; Nds. Landesregierung DVJJ-Journal 1992, 156; Bizer ZfJ 1992, 618; Ostendorf ZRP 1988, 432 ff.; betr. § 10 Abs. 1 S. 3 Nr. 2, 5 und 7 aA Körner, Die Kostentragung im Jugendstrafverfahren, 2004; Matzke, Der Leistungsbereich bei Jugendstrafgefangenen, 1982, 158, 170 ff.; vgl. aber auch → § 10 Rn. 64 ff.). Hingegen gilt dies nicht für im Anschluss an eine Nichtbefolgung entstandene Kosten (vgl. LG Flensburg StraFo 2007, 482 (betr. Beschwerde gegen Sicherungshaftbefehl)). **Haftkosten** in **JA-Anstal-ten** werden nicht erhoben.

b) U-Haft, Unterbringung. Zu den **Auslagen** zählen hingegen **12** (s. Nr. 9011 Kostenverzeichnis zu § 3 Abs. 2 GKG iVm § 14 S. 2 KostVfg (Neufassung v. 6.3.2014)) die Kosten für die U-Haft (§ 72 Abs. 1; s. aber näher Körner, Die Kostentragung im Jugendstrafverfahren, 2004; Matzke, Der Leistungsbereich bei Jugendstrafgefangenen, 1982, 209 ff.), für die einst- weilige Unterbringung (§§ 71 Abs. 2, 72 Abs. 4 (zust. OLG Dresden DVJJ- Journal 1998, 278 f.); s. RL Nr. 4; vgl. aber → § 71 Rn. 19) und für die Unterbringung zur Beobachtung (§ 73). Desgleichen zählen zu den Aus- lagen die Kosten des Pflichtverteidigers (vgl. Nachw. bei Meyer-Goßner/ Schmitt StPO § 464a Rn. 1).

c) JStrafe. Auslagen für die **Vollstr** bzw. den **Vollzug** der JStrafe ent- **13** stehen JStrafgefangenen nicht, soweit sie Einkünfte nach dem jeweiligen Landes-JStVollzG erhalten, unverschuldet arbeitsunfähig oder zur Arbeit nicht verpflichtet sind. Hingegen wird bei Bestehen eines freien Beschäfti- gungsverhältnisses (und teilweise auch bei Selbstbeschäftigung) ein Haftkos- tenbeitrag erhoben (vgl. → § 92 Rn. 112b), auf dessen Grundlage die Gel- tendmachung von Auslagen für den Vollzug der JStrafe in Betracht kommt.

d) Sachverständigengutachten im Rahmen der Vollstreckung. So- **14** weit eine **JStrafe** bzw. eine freiheitsentziehende **Maßregel** der Besserung und Sicherung vollstreckt wird (§ 7 iVm §§ 63, 64 StGB, ggf. SV), ist schon im allg. StVR fraglich, ob es sich bei den im Falle der Beauftragung eines Sachverständigen zur Vorbereitung der Entscheidung zur Frage vorzeitiger Entlassung (vgl. → § 88 Rn. 32) bzw. bei dessen Heranziehung nach § 463 Abs. 3 S. 3 StPO iVm §§ 67d Abs. 2 StGB anfallenden Kosten gem. der

überwiegenden Auffassung der Judikatur zum allg. StVR um Auslagen der
Vollstr handelt (zu § 57 StGB OLG Frankfurt a. M. NStZ-RR 2010, 359).
Denn bei dieser Auffassung handelt es sich um einen Wertungswiderspruch
zwischen der ursprünglichen Konzeption der § 465 Abs. 1 S. 1 StPO, § 463
Abs. 1 StPO einerseits und Maßregeln als „Sonderopfer für die Gemeinschaft" andererseits (vgl. auch → Rn. 8, → § 106 Rn. 11; dazu Eisenberg JR
2006, 57 (59)). Daher wäre eine selbstständige Kostenentscheidung gem.
§§ 464, 465, 467 StPO vorzugswürdig (vgl. Hilger in Löwe/Rosenberg
StPO § 464a Rn. 18a).

14a   **e) Vollzug von Maßregeln der Besserung und Sicherung.** Im JStraf-
verfahren gelten schon die Voraussetzungen zur Anordnung der in Rede
stehenden Maßregeln wegen des **Erziehungsauftrags** (§ 2 Abs. 1) nur
modifiziert (dazu Erl. zu § 7), und die allg. Kostenvorschriften sind nur
insoweit anwendbar, als sie diesem Auftrag sowie den sonstigen Grundsätzen
des JGG nicht widersprechen (§ 2 Abs. 2; vgl. Erl. zu → § 2 Rn. 20 ff.). Auf
dieser Grundlage bestünden die aus dem Wesen dieser Maßregeln als eines
Sonderopfers sich ergebenden Einwände gegenüber einer Kostentragung
nach allg. Vollzugsrecht (§ 465 Abs. 1 S. 1 StPO, § 464a Abs. 1 S. 2 StPO
iVm spezialgesetzlicher Grundlage (vgl. dazu etwa OLG Dresden StV 2016,
310)), sofern die Frage im Bereich des JGG relevant sein sollte, in erhöhtem
Maße.

IV. Auslagen

1. Notwendige Auslagen

15   **a) Meinungsstreit zur Frage der Freistellung. aa)** Die Bezeichnung
„notwendige" Auslagen hat nichts gemein mit dem Begriff notwendige Verteidigung (§ 68 bzw. §§ 140, 350 Abs. 3 StPO), denn für die Anerkennung
als notwendige Auslagen kommt es nur darauf an, dass sie aufgrund *zulässiger
Verteidigungs*maßnahmen entstanden sind (vgl. zusf. nur Meyer-Goßner/
Schmitt StPO § 464a Rn. 9, 10). Ob die notwendigen Auslagen des Jugendlichen solche iSv § 74 sind, dh ob sie − unabhängig von den Voraussetzungen von § 2 Abs. 2, §§ 467, 467a StPO (zur Antragsberechtigung vgl.
auch § 467a Abs. 1 S. 1 StPO iVm § 67 Abs. 1) − ggf. von einer allg.
Freistellung mitumfasst (und also von der Staatskasse zu tragen) sind, ist
umstritten. Dabei fällt auf, dass seit einer die Frage verneinenden BGH-
Entscheidung (BGHSt 36, 27 = NStZ 1989, 239 mablAnm Brunner = StV
1989, 309 mablAnm Ostendorf = JR 1990, 40 mablAnm Eisenberg; ebenso
BGH NStZ 2006, 503 = StV 2007, 12 (obiter dictum), BGH BeckRS 2017,
118927), dh eines Nicht-JGerichts (vgl. → §§ 33–33b Rn. 2), in den veröffentlichten jugendgerichtlichen Entscheidungen (soweit ersichtlich) eher
häufiger idS entschieden wird (vgl. nur OLG Frankfurt a. M. GA 1994, 286;
ergänzend schon Böhm NStZ 1991, 524: „haben sich …angeschlossen"; vgl.
zu weiteren Nachw. 17. Aufl.). Indes begegnet die Begründung der Verneinung Bedenken (vgl. näher dazu → Rn. 15a), und so erachtet auch
weiterhin ein Teil der Rspr. die Freistellung nicht als unzulässig (vgl. nur
OLG Hamm ZJJ 2014, 391 mAnm Eisenberg, das sich davor hütet, in die
Entscheidung des JGerichts einzugreifen, ganz im Unterschied zu OLG
Brandenburg OLGSt JGG § 74 Nr. 4 = NStZ-RR 2012, 19; LG Frankfurt

(Oder) 3.6.2011 – 21 KLs 7/10); OLG Hamm BeckRS 2020, 38665; im Schrifttum wird die Zulässigkeit ohnehin überwiegend bejaht (Brunner/ Dölling Rn. 7, 7a; Sommerfeld in NK-JGG Rn. 10; Kaspar in MüKoStPO Rn. 3 und 5a; grds. ebenso Blessing/Weik in HK-JGG Rn. 15 f. (allerdings unter Akzeptanz der Gegenauffassung); Beulke/Swoboda JugendStrafR 798; Laubenthal/Baier/Nestler JugendStrafR Rn. 379; aA aber Schatz in Diemer/Schatz/Sonnen Rn. 29; Pawlischta in BeckOK JGG Rn. 14).

In BGHSt 36, 27 ist ausgeführt, „eine Kostenvorschrift, nach der es gestattet **15a** wäre, den Angeklagten auch im Fall seiner Verurteilung von der Tragung seiner notwendigen Auslagen zu befreien, kennt die StPO nicht" (Ausnahme § 465 Abs. 2), und § 74 scheide aus, weil darin nicht bestimmt ist, dass die Staatskasse die Kosten zu tragen habe, sodass „die Grenzen zulässiger Gesetzesauslegung" überschritten würden (aA aus der Praxis Stöckel in KMR StPO Vor § 464 Rn. 3). Diese Argumentation geht daran vorbei, dass die notwendigen Auslagen ebenso repressiv sind **wie** eine **Geldstrafe** (vgl. nur Beulke/ Swoboda JugendStrafR 797), das **Gesetz** aber die Geldstrafe im JStR **nicht zulässt** (und zudem die Anordnung einer Geldauflage an enge Voraussetzungen knüpft, § 15 Abs. 2), weil andernfalls die Zielsetzung jugendstrafrechtlicher Rechtsfolgen konterkariert und ggf. von vornherein zunichte gemacht würde. Hiernach verlangt die *gesetzessystematische Auslegung* eine Erstreckung des § 74 auch auf die notwendigen Auslagen der Verurteilten. Im Verhältnis zu dieser Rechtsfrage steht das Bemerken des BGH hinsichtlich der Kostentragung durch die Staatskasse hintan, zumal es mittelbar den Akzent auf fiskalische Belange legt (gar unmittelbar OLG München NStZ 1984, 138), wogegen sich die jugendgerichtliche Praxis weithin dezidiert verwahrt (vgl. nur Blessing/Weik in HK-JGG Rn. 15; Sommerfeld in NK-JGG Rn. 10), weil solches dem Gebot möglichst qualifizierter Verteidigung widerspricht (herabsetzend aber etwa OLG München NStZ 1984, 138) und ohnehin den Erziehungsauftrag (§ 2 Abs. 1) „in die entgegengesetzte Richtung kehrt" (Degener in SK-StPO StPO § 465 Rn. 10).

bb) Die verneinende Auslegung darf, auch wenn wegen der im Vergleich **15b** zu den gerichtlichen Verfahrenskosten nicht selten erheblich höheren Wahlverteidigergebühren eine dahingehende Motivation sich ggf. einschleichen könnte, **nicht** (auch nicht verborgen) **fiskalpolitisch** motiviert sein (dezidiert Blessing/Weik in HK-JGG Rn. 15; Sommerfeld in NK-JGG Rn. 10; s. aber etwa OLG München JurBüro 1983, 1852 mzustAnm Mümmler = NStZ 1984, 138 mAnm Waldschmidt). Sie **widerspricht** ggf. dem **jugendrechtlichen Gebot** möglichst qualifizierter, dh intensiv vorbereiteter (Wahl-)Verteidigung (vgl. zu einer überregionalen schriftlichen Befragung von Verteidigern in JStrafsachen (Rücklaufquote 50,3 %) Baumhöfener, Jugendstrafverteidiger – eine Untersuchung im Hinblick auf § 74 JGG, 2007, 96 ff.; zur Effizienz von Wahl- bzw. Pflichtverteidigung Eisenberg/ Kölbel Kriminologie § 30 Rn. 40 ff.) und „kehrt" den auch in § 74 zum Ausdruck kommenden Erziehungsauftrag (§ 2 Abs. 1) „in die entgegengesetzte Richtung" (Degener in SK-StPO StPO § 465 Rn. 10).

Wird die Frage verneint und hat ein **Rechtsmittel** teilweise Erfolg, so **15c** wäre eine faktische Sanktionierung bei der Entscheidung gem. § 2, § 473 Abs. 4 StPO unzulässig (OLG Düsseldorf NStZ-RR 2011, 294).

b) Bedürfnisse Jugendlicher und Heranwachsender. Bei erzieheri- **15d** scher Orientierung an den Bedürfnissen und Interessen Jugendlicher wird zumindest im Falle vorhandener und hinsichtlich der **Legalbewährung** beachtlicher relativer Armut oder gar finanzieller Notlage (vgl. zu Nachw. Eisenberg/Kölbel Kriminologie § 54 Rn. 13, § 52 Rn. 2, 14 ff.), im Übrigen aber auch aus sonstigen tatsächlichen Gründen **idR** eine **bejahende Auslegung** angezeigt sein (zust. Beulke/Swoboda JugendStrafR 798; ebenso Degener in SK-StPO StPO § 465 Rn. 9).

15e   Das Argument, im Unterschied zur Geldstrafe liege ein „freiwilliges" Eingehen der Honorarverpflichtung und damit der oftmals langfristigen **Belastung** vor (vgl. aber → Rn. 17b), übersieht die Notwendigkeit **zukunftsorientierter** Betrachtungsweise (vgl. näher → Rn. 8, 8d), die auch nicht davon abhängig gemacht werden darf, ob bzw. in welcher Höhe ein – etwa seitens Dritter nur vorgestreckter (vgl. auch § 15 Abs. 2) – Vorschuss geleistet wurde.

15f   c) „Beteiligter". Dieser Begriff in § 464a Abs. 2 StPO meint auch den Angeklagten (vgl. Hilger in Löwe/Rosenberg StPO § 464a Rn. 22; Stöckel in KMR StPO Vor § 464 Rn. 3). Dabei sind grundsätzlich auch diejenigen notwendigen Auslagen einbezogen, die darauf beruhen, dass der **gesetzliche Vertreter** (vgl. → § 67 Rn. 12) einen Verteidiger beauftragt hat (LG Bückeburg NJW 1960, 1026; Hilger in Löwe/Rosenberg StPO § 464a Rn. 23). – Besonderheiten ergeben sich bei gleichzeitiger Beauftragung auch durch den jugendlichen Angeklagten hinsichtlich der Frage, ob sich der Gebührenrahmen erhöht (vgl. vormals bejahend Meyer JurBüro 1989, 6 f.; aA LG Passau JurBüro 1988, 1380, wonach unter entspr. Anwendung von § 91 Abs. 2 S. 3 ZPO idR so zu verfahren sei, als wäre der Verteidiger nur für einen Auftraggeber tätig gewesen.

2. Auslagen der Nebenklage

16   Nach hM können die Auslagen der Nebenklage gem. §§ 472, 473 Abs. 1 S. 2, 3 StPO iVm § 2 Abs. 2 (zu Gebührenfragen OLG Nürnberg BeckRS 2014, 60046) dem Jugendlichen auferlegt werden (so ausdrücklich bspw. BGH BeckRS 2013, 2880; KG JR 1996, 216 = LSK 1996, 340192; OLG Hamm ZJJ 2008, 193 = BeckRS 2008, 02250; OLG Köln BeckRS 2010, 00435; vgl. auch BGH BeckRS 2000, 30152492; 2004, 00039; 2010, 15452; 2010, 15489; 2012, 04847; 2016, 5080; 2019, 15071; OLG Düsseldorf NStZ-RR 2011, 293; LG Koblenz StRR 2010, 269 = BeckRS 2010, 4668; LG Hamburg BeckRS 2021, 31361; Sommerfeld in NK-JGG Rn. 12; Brunner/Dölling Rn. 9). Dies gelte auch dort, wo das Gericht gem. § 74 von der Auferlegung der sonstigen Verfahrenskosten absieht. Dass darin eine pädagogische Maßnahme liege, die dem Verurteilten die Konsequenzen seiner Tat vor Augen führe (stellvertretend BGH StraFo 2019, 75 = BeckRS 2018, 29443; Sommerfeld/Schady ZJJ 2021, 102 (103)), stellt jedoch eine höchst zweifelhafte Wirkungsannahme dar (n. Kölbel/Eisenberg StraFo 2019, 75 ff.). Es ist stattdessen zu berücksichtigen, dass das Gesetz finanzielle Belastungen des Jugendlichen wegen ihrer spezialpräventiven Dysfunktionalität (→ Rn. 8 ff., → Rn. 15a) im Wesentlichen auf die Abschöpfung vorhandener Tatvorteile begrenzt (§ 15 Abs. 2; s. auch → § 6 Rn. 9 ff.). Dies spricht gesetzessystematisch für eine jugendstrafrechtlich-teleologische Begrenzung von § 472 Abs. 1 StPO iVm § 2 Abs. 2 JGG auf jene Sondersituationen (vgl. bereits Schaal/Eisenberg NStZ 1988, 49 (53)), in denen eine

erzieherische Eignung der Kostenzuweisung ausnahmsweise tatsächlich konkret und verlässlich gegeben ist. Bei *Einstellung* des Verfahrens oder *Freispruch*
hinsichtlich des nebenklagerelevanten Tatvorwurfs (vgl. LG Nürnberg-Fürth
BeckRS 2014, 60046) darf der Angeklagte mit Auslagen des Nebenklägers
idR erst recht nicht belastet werden (teilw. abw. Brunner/Dölling Rn. 8;
Blessing/Weik in HK-JGG Rn. 17; anders noch LG Frankfurt a. M. NStZ
1981, 451).

Das OpferschutzG kann diese Maßstäbe des § 74 schon deshalb nicht   **16a**
eingeschränkt haben, weil bei Schaffung dieses Gesetzes das JGG überhaupt
nicht berücksichtigt wurde (dazu näher schon Schaal/Eisenberg NStZ 1988,
53; vgl. auch Eisenberg/Schimmel JR 1996, 216). Die der Zukunftsorientierung des Verurteilten geschuldete Grundtendenz des § 74 und dessen Auslegung (→ Rn. 8b ff.) dürfen gegenüber den Belangen von Nebenklägern
also nicht in den Hintergrund treten. Daher lässt sich die Auferlegung der
Nebenklagekosten weder mit der Unterstellung begründen, dass andernfalls
bei dem Verurteilten der Eindruck einer partiellen Rechtfertigung entstehen
könnte, noch mit der Bewertung des deliktischen Verhaltens als „verwerflich" (ebenso Sommerfeld/Schady ZJJ 2021, 102 (103); abw. aber OLG
Hamm NJW 1963, 1168 (1169); BeckRS 2017, 140643; Schatz in Diemer/
Schatz/Sonnen § 74 Rn. 26). Anlässe für eine Ausnahme von der Kostenbefreiung können sich nur in der erwähnten Weise mit Blick auf den erzieherischen Auftrag (§ 2 Abs. 1) ergeben. Ob das Gericht die Nebenklage für
begreiflich (OLG Hamm BeckRS 2008, 02250) hält, ist demgegenüber
weitgehend unerheblich (zur Handhabung bei Heranwachsenden → § 109
Rn. 32 ff.). Dieser Aspekt hat allein in den Ausnahmefällen, in denen dem
Verurteilten die Nebenklagekosten auferlegt werden dürfen, für die Frage
nach dem Umfang bzw. die Begrenzung auf einen Teil der Auslagen eine
gewisse Bedeutung.

Wird der Jugendliche von der Ersetzung der Aufwendungen der Neben-   **16b**
klage freigestellt, liegt darin auch **keine finanzielle Belastung für den
Nebenkläger,** die gegen eine Anwendung von § 74 spräche. Zum einen
kann der Nebenkläger sein Kostenrisiko durch einen rechtzeitigen Antrag
auf Beiordnung eines Beistands in vielen Fällen (vgl. §§ 397a Abs. 1, 406h
Abs. 3 Satz 1 Nr. 1 StPO) ganz erheblich reduzieren (eingehend Sommer-
feld/Schady ZJJ 2021, 102 (104 ff.)). Zum anderen können die Auslagen des
Nebenklägers durch Beschluss (zur Notwendigkeit vgl. Fromm ZJJ 2010,
387 (388)) auch der Staatskasse auferlegt werden (LG Darmstadt NJW 1964,
1736; NStZ 1983, 235; offenlassend OLG Saarbrücken NJW 1973, 1943 ff.;
vgl. ferner Schaal/Eisenberg NStZ 1988, 49 (53)). Die abw. Ansicht (abw.
OLG Celle MDR 1975, 338; OLG Saarbrücken NJW 1973, 1943; LG
Koblenz BeckRS 2010, 04668; Pawlischta in BeckOK JGG Rn. 16) lässt die
Tragweite von § 2 Abs. 1 unberücksichtigt. Denn die Anerkennung der
Kostentragung durch den Staat stellt in den in Betracht kommenden Konstellationen die notwendige Voraussetzung der gem. § 2 Abs. 1 unumgäng-
lichen teleologischen Einschränkung von § 472 Abs. 1 StPO dar (Kölbel/
Eisenberg StraFo 2019, 75 (77)).

V. Verteidigerkosten

1. Rechtliche Ausgestaltung

17   Hinsichtlich **Gebühren** und **Auslagen** des Verteidigers im JStrafverfahren gelten keine Besonderheiten (§ 2 Abs. 2 S. 1 RVG iVm Nr. 4100 ff. RVG-VVerz; betr. Verfahren vor der JKammer s. Nr. 4114 iVm 4112 sowie 4120 iVm 4118; zur zivilrechtlichen Verpflichtung des Jugendlichen vgl. → § 68 Rn. 18). Dies widerspricht den einschlägigen speziellen und aufwändigen Aufgaben des Verteidigers im JStrafverfahren (vgl. näher → § 68 Rn. 6 ff.; krit. daher Fuchs, Der Verteidiger im Jugendstrafverfahren, 1992, 71 ff.). Unzulässig wäre es, die Bedeutung der Angelegenheit wegen im Vergleich zum allg. StR niedrigerer oder weniger hoher Strafandrohung als unterdurchschnittlich zu bewerten, zumal die Belange des **Erziehungsauftrags** (§ 2 Abs. 1) wesentlich zu berücksichtigen sind (LG Essen StV 2008, 375 (betr. § 14 Abs. 1 S. 1 RVG)).

17a   **a) Einzelfragen zum notwendigen Verteidiger. aa)** Auch der (gerichtlich bestellte) notwendige Verteidiger soll Ansprüche gegen den leistungsfähigen Beschuldigten (§ 52 RVG) geltend machen können (vgl. vormals OLG Hamm NJW 1961, 1640 (allerdings unter Abweichung von der in → Rn. 15–15b vertretenen Auffassung betr. notwendige Auslagen); zust. Ostendorf StV 1986, 311; vgl. auch → Rn. 17c). Dies ist zw., sofern dessen Bestellung eher im Interesse des Beschuldigten aus Gründen des Schutzes (vgl. dazu etwa → § 68 Rn. 20a) – und im Unterschied zur hM für den Pflichtverteidiger nach allg. StVR – und nur zusätzlich im staatlichen Interesse eines geordneten Verfahrensablaufs durch Wahrung der Verteidigungsbelange geschieht.

17b   **bb)** Bedenken bestehen ggü. der gelegentlich berichteten Praxis seitens einzelner Verteidiger, dem Jugendlichen oder den Erziehungsberechtigten mit dem Ziel, sich „freiwillig" als **Vorschuss** ein Honorar zahlen zu lassen, vor Augen zu führen, die Gebühren als notwendiger Verteidiger deckten wegen der allg. Bürokosten kaum eine intensive Verteidigungsaktivität. Folgt man der hier vertretenen Auffassung zur Frage der Einbeziehung notwendiger Auslagen des Jugendlichen (vgl. → Rn. 15–15b), und zwar ohne dass bei vermögenden Beschuldigten die Erstattung der Höhe nach durch die Pflichtverteidigergebühren begrenzt wird, so wären Beschuldigte im Falle einer notwendigen Verteidigung dann ungerechtfertigt benachteiligt, falls sie (bei gerichtlicher Bestellung) wegen des Differenzbetrages von Pflicht- und Wahlverteidigerkosten in Anspruch genommen werden können (vgl. näher zu Wahl- bzw. Pflichtverteidigergebühren Baumhöfener, Jugendstrafverteidiger – eine Untersuchung im Hinblick auf § 74 JGG, 2007, 61 ff., 115 f. bzw. 77 ff., 116 ff.). Hält man § 74 hingegen nicht auf den Gebührenanspruch des Verteidigers für anwendbar, so kann sich ein Interessenkonflikt des Verteidigers verstärkt daraus ergeben, dass bei einer den Interessen des Jugendlichen dienenden erfolgreich beantragten Abtrennung die Verteidigung uU nicht mehr notwendig iSv § 68 wäre, die Kosten für eine Wahlverteidigung aber nicht aufgebracht werden können.

17c   **b) Einzelfragen zur Leistungsfähigkeit des Angeklagten.** Im Falle des Freispruchs iSv § 52 Abs. 2 RVG seien nach wohl hM Erstattungsansprüche gegen die Staatskasse gem. § 2 Abs. 2, § 467 Abs. 1 StPO zu berücksichtigen. Dies gilt jedoch nicht für Erstattungsansprüche gem. der Ausnahmeregelung des § 74, deren Sinn und Zweck darauf gerichtet ist, das Fortkommen des Jugendlichen bzw. Heranwachsenden nicht durch finanzielle Belastungen zu beeinträchtigen (vgl. vormals LG Heidelberg MDR 1985, 697 = ZfJ 1985, 469). – Der Unterhaltsanspruch des minderjährigen Angeklagten gegen seine Eltern umfasst nicht die Übernahme der in einem bereits abgeschlossenen Strafverfahren entstandenen Kosten und bleibt daher bei Beurteilung des Leistungsfähigkeit außer Betracht (OLG Düsseldorf MDR 1982, 342 = JurBüro 1982, 248).

c) **Einzelfragen zur Vergütung.** Zur Gebühr bei Zustimmung zur **18** Einstellung gem. § 47 Abs. 1 Nr. 1 vgl. → § 47 Rn. 21. – Betreffend **Beistandsleistung** (vgl. aber auch → § 69 Rn. 2 ff., 10 ff.) s. VV 4301 Nr. 4 (zur Anwendbarkeit auf den Zeugenbeistand gem. § 68b StPO betr. einzelnen Vernehmungstermin Burhoff in Gerold/Schmidt (Hrsg.), Rechtsanwaltsvergütungsgesetz, 2021, VV 4301 Rn. 14 ff. (betr. § 57), Einl. Teil 4 Rn. 36 (betr. §§ 27, 30)). – Wegen der Erhöhung von Betragsrahmen bzw. Festgebühren, wenn der Jugendliche bzw. Heranwachsende sich **nicht auf freiem Fuß** befindet (s. VV 4101 ff., 4201 ff. RVG), vgl. → § 72 Rn. 3b. Darunter fallen ebenso die Unterbringung in einer geschlossenen Anstalt (vgl. betr. Betreuung AG Lippstadt JurBüro 2000, 640; betr. freiwillige geschlossene Unterbringung zwecks Therapie LG Duisburg StraFo 1999, 286; iRv § 35 BtMG AG Bochum StV 2001, 125 („letztlich zwangsweise durchgeführte Therapie")) und hierbei auch bei vom JRichter bestimmtem Aufenthaltsort (§ 71 Abs. 1).

Durch Einlegung der sofortigen Beschwerde nach **§ 59 Abs. 1 S. 2** ent- **18a** steht für den Verteidiger kein Anspruch auf besondere Vergütung (OLG Koblenz MDR 1973, 957 vgl. → § 59 Rn. 12). Die Tätigkeit iRd Anhörung vor der Entscheidung gem. **§ 57** (Aussetzung zBew) begründet eine Termingebühr nach Nr. 4102 RVG-VV, jedoch keine Gebühren nach Nr. 4200 ff., weil es sich nicht um eine StrafvollstrSache handelt (vgl. LG Mannheim 2.10.2007 – 7 Qs 37/07). Wegen Versagung einer Erstattung der notwendigen Auslagen bei erfolgreicher **Beschwerde** gegen eine abl. Entscheidung gem. **§ 88** (Aussetzung der Reststvollstr) vgl. zu § 26 Abs. 1 StGB aF (allg. StR) OLG Hamburg NJW 1974, 325.

Eine **Pauschgebühr** für den Pflichtverteidiger anstelle der Grund- sowie **18b** der Verfahrensgebühr (Nr. 4100 RVG-VV sowie Nr. 4106 RVG-VV) wurde für den ersten Rechtszug bezüglich des Aufwands außerhalb der HV-Termine in Höhe der jeweiligen Wahlanwaltshöchstgebühr anerkannt (vgl. OLG Saarbrücken BeckRS 2011, 17427). – Betreffend **verbundene** Verfahren zu den Voraussetzungen des § 48 Abs. 6 S. 3 RVG vgl. LG Bielefeld 27.3.2008 – Qs 652/06 III).

2. Haftung

Für die Kosten haftet an sich **nur das Vermögen** des **Jugendlichen** oder **19** **Heranwachsenden,** da der gesetzliche Vertreter wie der Erziehungsberechtigte nur das Recht des Jugendlichen wahrt. In Betracht kommt aber die Abrede, dass gesetzliche Vertreter bzw. Erziehungsberechtigte mit deren Vermögen haften (vgl. auch → Rn. 7).

19a   Wird die Berufung des gesetzlichen Vertreters deshalb verworfen, weil es ihm an der Vertretungsvollmacht fehlt, so steht er einem vollmachtslosen Vertreter gleich und haftet mit seinem eigenen Vermögen (LG Lüneburg NdsRpfl 1966, 274).

VI. Verfahrensrechtliches

1. Form der Entscheidung

20   Soweit dem Jugendlichen Verfahrenskosten auferlegt werden, ist dies in der **Urteilsformel** auszusprechen (vgl. → § 54 Rn. 21) und zu **begründen** (vgl. → § 54 Rn. 33). Sieht das Gericht von einer Auferlegung von Kosten oder Auslagen ab, so wurde teilweise vertreten, es genüge, dies in den Gründen des Urteils auszuführen (vgl. 22. Aufl. § 54 Rn. 23 mwN). Zutreffend ist es hingegen (§ 2 Abs. 2, § 464 Abs. 1 und 2 StPO), auch dann einen diesbezüglichen Ausspruch im Urteilstenor vorzunehmen (vgl. Schatz in Diemer/Schatz/Sonnen Rn. 44; Blessing/Weik in HK-JGG Rn. 19; Sommerfeld in NK-JGG Rn. 13).

21   **a) Freistellung von notwendigen Auslagen.** Soll der Jugendliche von seinen notwendigen Auslagen freigestellt werden, so wird dies in der Entscheidung ausdrücklich zu **bestimmen** sein (exemplarisch KG – 4 Ws 49/15 – 141 AR 239/15; zum allg. StVR § 464 Abs. 2 StPO), weil die Erstattung notwendiger Auslagen eines Verfahrensbeteiligten ohne förmlichen Ausspruch des Gerichts idR nicht durchsetzbar ist. Entbehrt die Entscheidung diesbezüglicher Ausführungen, so wird gem. allgemeinen Grundsätzen angenommen, der Jugendliche habe die genannten Auslagen selbst zu tragen (OLG Zweibrücken Rpfleger 1979, 110; Schatz in Diemer/Schatz/Sonnen Rn. 33; nach BGHSt 36, 27 hingegen (krit. → Rn. 15–15b) soll eine – ausdrückliche – Kostenentscheidung bzgl. der notwendigen Auslagen „nicht nur überflüssig, sondern sogar unrichtig" sein; zur nachträglichen Ergänzung einer insoweit unvollständigen Entscheidung s. OLG Düsseldorf MDR 1986, 76). – Zwar genügt für die **Begründung** einer Freistellung die Wiedergabe des *Wortlauts von* § 74, ohne dass ausdrücklich klargestellt sein müsste, dass die notwendigen Auslagen des Jugendlichen der Staatskasse auferlegt werden (OLG Hamm ZJJ 2014, 391 mAnm Eisenberg; LG Darmstadt MDR 1982, 603 f. (entgegen OLG Frankfurt a. M. JurBüro 1981, 1857); LG Regensburg JurBüro 1978, 86 f. mablAnm Mümmler JurBüro 1978, 87 f.; LG Münster 14.4.1982 – (zitiert nach Mellinghoff NStZ 1982, 406 Fn. 16); Bottke BMJ 1987, 85; aA LG Bonn JurBüro 1984, 1053 mit – insoweit zust. – Anm. Mümmler; noch einschränkender LG Hof JurBüro 1985, 907 mzustAnm Mümmler (zw.); Degener in SK-StPO StPO § 465 Rn. 11). Jedoch empfiehlt sich eine solche Klarstellung aus pragmatischen Gründen (vgl. auch Mellinghoff NStZ 1982, 406; Sommerfeld in NK-JGG Rn. 13).

22   **b) Einheitliche Rechtsfolgenverhängung.** Wegen der **Kostenentscheidung** bei Einbeziehung einer früheren Verurteilung in eine einheitliche Rechtsfolgenverhängung s. RL 2 S. 2 (vgl. auch → Rn. 10).

2. Einzelfragen

a) Verschlechterungsverbot. Nach hier vertretener Auffassung gilt das 23
Verbot auch für die Kostenentscheidung (vgl. n. → § 55 Rn. 56).

b) Rechtsmittelkosten. Eine verschiedentlich geübte Praxis, den Ju- 24
gendlichen von den Kosten für das Verfahren nach von ihm eingelegter
Berufung mit der Begründung von „Uneinsichtigkeit" nicht zu entlasten,
verstößt gegen das Verbot faktischer Sanktionierung von Verteidigerverhal-
ten und ist mit der Garantie des Rechtmittelzuges unvereinbar (verfehlt LG
Augsburg BeckRS 2015, 15024: „in ständiger Rspr …erzieherisch notwendig"). Für die **Revision** (vgl. auch → Rn. 8a) besteht verschiedentlich eine
Tendenz, sich im Allg. an der Kostenentscheidung des Tatgerichts zu orien-
tieren, indes bleiben mitunter gewichtige Fragen offen (vgl. etwa BGH
NStZ-RR 2017, 349 = StraFo 2017, 456 = ZJJ 2017, 385: Auferlegung der
Rechtsmittelkosten und der dem Nebenkläger im Revisionsverfahren ent-
standenen notwendigen Auslagen ggü. „im Zeitraum der HV 15 Jahre alten"
Angeklagten; vgl. auch betr. Heranwachsende näher → § 109 Rn. 30–30c).

Da der **gesetzliche Vertreter** wie der **Erziehungsberechtigte** für die 24a
Kosten eines von ihm eingelegten Rechtsmittels nur mit dem Vermögen des
von ihm Vertretenen haftet, soweit es seiner Verwaltung unterliegt (zu
Nachw. bei → § 67 Rn. 15), dürfen ihm die Rechtsmittelkosten **nicht** auferlegt werden, sofern andernfalls **erzieherisch abträgliche** Auswirkungen
für den Jugendlichen (vgl. → Rn. 8–9) zu besorgen wären (OLG Düsseldorf
MDR 1985, 77; OLG Hamburg MDR 1969, 73; OLG Schleswig SchlHA
1998, 196; aA Brunner/Dölling Rn. 12).

3. Sonstiges

a) Beschwerde- bzw. Revisionsverfahren. aa) Beanstandet die Re- 25
vision zugleich (und unabhängig von Erfolg oder Unterliegen hinsichtlich
der Hauptentscheidung) die tatgerichtliche **Kostenentscheidung,** so ist das
Rechtsmittel insoweit gleichwohl als sofortige (Kosten-)**Beschwerde** nach
§ 464 Abs. 3 StPO zu behandeln (vgl. etwa BGH BeckRS 2014, 7396). Für
deren Zulässigkeit muss die Frist des § 311 Abs. 2 StPO eingehalten worden
sein (BGH BeckRS 2011, 4179; BeckRS 2021, 35319). Wird hingegen nur
die Kostenentscheidung angegriffen, das Vorgehen aber unzutreffend als
Revision bezeichnet, so ist das Revisionsgericht nicht „befasst" iSv § 464
Abs. 3 S. 3 StPO (OLG Düsseldorf NStZ-RR 1999, 252). Die damit einhergehende Unzulässigkeit soll auch bei Rücknahme der Revision eintreten
(so BGH BeckRS 2021, 5492). – Zu speziellen Fragen der Statthaftigkeit
(§ 464 Abs. 3 S. 1 StPO) vgl. → § 55 Rn. 102 f.

bb) Die (Ermessens-)Entscheidung nach § 74 ist gem. allg. Grundsätzen 26
nur **eingeschränkt überprüfbar** (vgl. BGH Herlan GA 1964, 135; BGHR
§ 74 JGG, Kosten 2; OLG Schleswig RdJB 1957, 94; OLG Hamm NJW
1963, 1168; ZJJ 2008, 193; KG NStZ-RR 2008, 291 (Ls.); LG Hamburg
BeckRS 2021, 31361; aA OLG Köln OLGSt § 74 Nr. 3), dh im Wesentlichen nur darauf, ob das Tatgericht das Ermessen rechtlich fehlerhaft ausgeübt
hat (vgl. BGH BeckRS 2016, 05080; OLG Jena NStZ-RR 1998, 153; OLG
Hamm BeckRS 2020, 38665). Indes ist die Begründung dafür, das Tatgericht habe in der HV einen unmittelbaren „Eindruck" ua von der Persönlichkeit, den wirtschaftlichen Verhältnissen (zur Bindung im allg. StVR s.

§ 464 Abs. 3 S. 2) und den Auswirkungen der Kostenauferlegung auf die
weitere Entwicklung des Jugendlichen bzw. (§ 109 Abs. 2) des Heranwachsenden gewinnen können, ggf. eher nur hypothetischer Natur und hinsichtlich der Verlässlichkeit eines etwaigen „Eindrucks" ohnehin nicht bedenkenfrei (vgl. aber auch Meyer-Goßner/Schmitt StPO § 309 Rn. 4; Zabeck in
KK-StPO StPO § 309 Rn. 6). Als fehlerhafte Ermessensausübung gilt iSd
gesetzlichen Auftrags gem. § 2 Abs. 1 eine unzureichende Berücksichtigung
zukunftsorientierter erzieherischer Umstände, die einer Auferlegung der
Kosten eher entgegenstehen (vgl. BGH BeckRS 2016, 05080 (betr. Heranwachsenden); speziell zur Gefährdung der „wirtschaftlichen Existenz" KG
BeckRS 2008, 10468).

27   **b) Tatgerichtliches Übergehen.** Ergibt sich aus Urteilsformel oder
-gründen nicht, dass die Möglichkeit des § 74 zumindest bedacht wurde, so
kann eine Urteilsaufhebung erforderlich sein (vgl. BGH StV 2017, 717; betr.
mehrere Angeklagten schon BGHSt 16, 261 (263 f.); vgl. näher Dallinger/
Lackner Rn. 16). Erlauben die tatgerichtlichen Feststellungen eine nach-
gereichte Entscheidung, so soll das RevGericht diese nachholen dürfen (vgl.
BGH StV 2017, 717).

Achter Unterabschnitt. Vereinfachtes Jugendverfahren

75 *(weggefallen)*

Voraussetzungen des vereinfachten Jugendverfahrens

76 [1]Der Staatsanwalt kann bei dem Jugendrichter schriftlich oder mündlich beantragen, im vereinfachten Jugendverfahren zu entscheiden, wenn zu erwarten ist, daß der Jugendrichter ausschließlich Weisungen erteilen, Hilfe zur Erziehung im Sinne des § 12 Nr. 1 anordnen, Zuchtmittel verhängen, auf ein Fahrverbot erkennen, die Fahrerlaubnis entziehen und eine Sperre von nicht mehr als zwei Jahren festsetzen oder die Einziehung aussprechen wird. [2]Der Antrag des Staatsanwalts steht der Anklage gleich.

Ablehnung des Antrags

77 (1) [1]Der Jugendrichter lehnt die Entscheidung im vereinfachten Verfahren ab, wenn sich die Sache hierzu nicht eignet, namentlich wenn die Anordnung von Hilfe zur Erziehung im Sinne des § 12 Nr. 2 oder die Verhängung von Jugendstrafe wahrscheinlich oder eine umfangreiche Beweisaufnahme erforderlich ist. [2]Der Beschluß kann bis zur Verkündung des Urteils ergehen. [3]Er ist nicht anfechtbar.

(2) Lehnt der Jugendrichter die Entscheidung im vereinfachten Verfahren ab, so reicht der Staatsanwalt eine Anklageschrift ein.

Verfahren und Entscheidung

78 (1) [1]Der Jugendrichter entscheidet im vereinfachten Jugendverfahren auf Grund einer mündlichen Verhandlung durch Urteil. [2]Er darf auf Hilfe zur Erziehung im Sinne des § 12 Nr. 2, Jugendstrafe oder Unterbringung in einer Entziehungsanstalt nicht erkennen.

(2) [1]Der Staatsanwalt ist nicht verpflichtet, an der Verhandlung teilzunehmen. [2]Nimmt er nicht teil, so bedarf es seiner Zustimmung zu einer Einstellung des Verfahrens in der Verhandlung oder zur Durchführung der Verhandlung in Abwesenheit des Angeklagten nicht.

(3) [1]Zur Vereinfachung, Beschleunigung und jugendgemäßen Gestaltung des Verfahrens darf von Verfahrensvorschriften abgewichen werden, soweit dadurch die Erforschung der Wahrheit nicht beeinträchtigt wird. [2]Die Vorschriften über die Anwesenheit des Angeklagten (§ 50), die Stellung des Erziehungsberechtigten und der gesetzlichen Vertreter und deren Unterrichtung (§§ 67, 67a), die Mitteilungen an amtliche Stellen (§ 70) und die Unterrichtung des Jugendlichen (§ 70a) müssen beachtet werden. [3]Bleibt der Beschul-

digte der mündlichen Verhandlung fern und ist sein Fernbleiben nicht genügend entschuldigt, so kann die Vorführung angeordnet werden, wenn dies mit der Ladung angedroht worden ist.

Schrifttum: Ben Miled, Das vereinfachte Jugendverfahren und das Neuköllner Modell, 2017; Bohnert, Ordnungswidrigkeiten und Jugendstrafrecht, 1989; Tamm, Diversion und vereinfachtes Verfahren im Jugendstrafrecht: eine vergleichende Betrachtung, 2007; Tausendteufel/Ohder, Das besonders beschleunigte vereinfachte Jugendverfahren in Berlin. Eine Evaluationsstudie des Neuköllner Modells, 2014 (online abrufbar).

Übersicht

I. Anwendungsbereich

Die §§ 76–78 finden auf **Jugendliche** in Verfahren vor den für allg. 1
Strafsachen zuständigen Gerichten keine Anwendung (§ 104 Abs. 1 Nr. 14
JGG).
Die §§ 76–78 gelten nicht in Verfahren gegen **Heranwachsende** 2
(§ 109).

II. Allgemeines

1. Verhältnis zu anderen Verfahrensarten

Das (nur vor dem JRichter als Einzelrichter zulässige (§ 76 Abs. 1)) **ver-** 3
einfachte JVerfahren unterscheidet sich von dem **formlosen** jugendrichterlichen **Erziehungsverfahren** (§§ 45, 47) dadurch, dass **nur nach**
mündlicher Verhandlung **durch Urteil** entschieden werden darf und dass
die Auswahl zulässiger **Rechtsfolgen** größer ist (vgl. näher → Rn. 30).
Unzulässig wäre es, über die **Einschränkungen** im allg. förmlichen JStrafverfahren (vgl. → Einl. Rn. 50) hinausgehend im vereinfachten JVerfahren
von einzelnen **rechtsstaatlichen Prinzipien** abzusehen, sofern die Bedeutung der Sache nicht entgegensteht. Dies ließe sich auch kaum mit erzieherischen Belangen der Beschleunigung und der jugendgemäßen Verfahrensgestaltung begründen (krit. schon Roestel NJW 1966, 1952; zu „gebotener
Sorgfalt" s. Art. 13 Abs. 1 RL (EU) 2016/800). Im Übrigen dient die vereinfachte Vorgehensweise auch verfahrensökonomischen Interessen der Ver-
waltungs- und Justizbehörden (ebenso Rose NStZ 2013, 317; diese Erwartung für unrealistisch haltend Gertler in BeckOK JGG § 76 Rn. 18 ff.; grds.
zur Ambivalenz des Beschleunigungsgebots → Einl. Rn. 42 f.).
Nach den Angaben der StA-Statistik (Tabelle 2.2.1.1) ergaben sich für die 3a
Jahre ab 1995 in Fünfjahresabständen absolute Zahlen von 17.831, 20.517,
18.650, 13.433, 9.346 und 6.691 Anträgen auf Durchführung des vereinfachten JVerfahrens. Die Anteile sind schon seit geraumer Zeit ua zu Gunsten der Einstellungen nach § 45 Abs. 2 aF bzw. § 45 Abs. 1 und Abs. 2 (vgl.
→ § 45 Rn. 20 ff.) außerordentlich gesunken.
Lokale Modelle, bei denen in interinstitutionellen Arrangements **syste-** 3b
matisch angestrebt wird, möglichst viele geeignete Verfahren im Wege von
§§ 76 ff. zu bearbeiten (Beispiele bei Gertler in BeckOK JGG § 76
Rn. 6 ff.), führen zu einem Kompetenzgewinn der Polizei (die die geeigneten Fälle auswählt bzw. für das vereinfachte JVerfahren empfiehlt (vgl.
Frenzel ZJJ 2011, 71 f.) und einem beschleunigungsbedingten Abbau des
Tätigkeitsbereichs der JHilfe (so zB für das „Modell Bamberg" Schmidt ZJJ
2014, 35: die Fälle ohne Gespräch mit der JGH betrafen sämtlich „besonders
problembelastete" Beschuldigte). Sie müssen daher skeptisch betrachtet werden (→ Einl. Rn. 42 f. sowie Eisenberg/Kölbel Kriminologie § 29 Rn. 55;
vgl. aber für die primär effizienzorientierte Perspektive Ben Miled, Das Vereinfachte Jugendverfahren und das Neuköllner Modell, 2017, 88 ff.). Dies
gilt auch für das sog. „Neuköllner Modell" (vgl. betr. die wenig tragfähige
Funktion der JGH Tausendteufel/Ohder, Das besonders beschleunigte vereinfachte Jugendverfahren in Berlin. Eine Evaluationsstudie des Neuköllner

Modells, 2014, 51, betr. sog. „Konkurrenz" zu Diversion 101, betr. Ablehnung polizeilicher Vorschläge durch die StA 74 f.; vgl. auch Tausendteufel/ Ohder ZJJ 2015, 38 ff.).

2. In Betracht kommende Fälle

4   **a) Eher nicht geeignete Fälle. aa)** Für vorgeworfene sog. **„Bagatelldelikte"** ist das vereinfachte JVerfahren idR nicht geeignet, da insoweit eine **mündliche Verhandlung** ein unverhältnismäßig aufwändiges, erzieherisch **möglicherweise beeinträchtigendes Vorgehen** darstellte (vgl. → Einl. Rn. 51 f., → § 50 Rn. 10 ff.; diff. Buhr in HK-JGG § 76 Rn. 3; gegen ein institutionelles Fehlverständnis (hier betr. einseitig-überhöhende Interpretation der gesetzlichen Funktion der Anklage) etwa Sommerfeld in NK-JGG § 80 Rn. 8); in solchen Fällen sollte der JStA das formlose Erziehungsverfahren gem. § 45 anstreben (RL 1 zu § 76; vgl. aber zur Nichtbefolgung im „Bamberger Modell" Schmidt ZJJ 2014, 36 f.; vgl. ergänzend → Rn. 6), sofern die danach zulässigen Maßnahmen ausreichen. Jedoch mag auch bei als „leichter" beurteilten Verfehlungen eine mündliche Verhandlung ausnahmsweise ggf. dann zu empfehlen oder gar notwendig sein, wenn Bezugspersonen oder -gruppen des Jugendlichen die vorgeworfene Tat billigen oder dergleichen (Brunner/Dölling Rn. 6), nicht allerdings, wenn dies nur situativ der Fall ist bzw. wenn es sich nicht um eine dauerhafte Bindung an solche Personen oder Gruppen handelt.

5   **bb)** Andererseits ist das vereinfachte JVerfahren **nicht geeignet,** wenn der Tatvorwurf ein **beweisrechtlich „kompliziertes"** Geschehen betrifft (§ 77 Abs. 1 S. 1). Dies gilt etwa dann, wenn eine umfangreiche Beweisaufnahme hinsichtlich Zeugenaussagen zu erwarten ist (§ 77 Abs. 1; speziell zu Gruppenaussagen Eisenberg BeweisR StPO Rn. 1381, 1456 (1486) sowie Eisenberg DRiZ 2006, 122 f.) oder wenn die Persönlichkeitsuntersuchung besondere Schwierigkeiten bereitet.

5a   **cc)** Hingegen steht das **Bestreiten** des Tatvorwurfs seitens des Beschuldigten dem vereinfachten JVerfahren schon wegen des nemo tenetur-Grundsatzes **nicht entgegen** (Dallinger/Lackner § 76 Rn. 7).

5b   Eine Unterstellung des Inhalts, die Beeindruckung durch eine förmliche HV verspreche erzieherische Vorteile, vermag ein Absehen von der Durchführung des vereinfachten JVerfahrens nicht zu begründen (vgl. auch → Einl. Rn. 51 f., → § 50 Rn. 10 ff.; ebenso Rzepka in Nix Rn. 7; krit. zu seltenerer Anwendung ggü. Nichtdeutschen DVJJ 1984, AK X; aA Brunner/ Dölling Rn. 5).

6   **b) Eher geeignete Fälle.** Hiernach gilt das vereinfachte JVerfahren als **angebracht bei** nicht ganz unbedeutenden Fällen „leichterer Jugendkriminalität" und bei „mittlerer Jugendkriminalität" (nicht aber von vornherein in Fällen des „Abziehens" von Sachen geringen Wertes (wegen § 140 Abs. 1 Nr. 2 StPO sowie der Registerfolgen), vgl. näher Eisenberg DRiZ 2006, 122). Anstelle des formlosen jugendrichterlichen Erziehungsverfahrens wird es namentlich dann durchzuführen sein, wenn aufgrund vorläufiger Würdigung die andernfalls nicht zulässige Anordnung einer bestimmten Weisung oder Auflage bzw. von JA erwogen wird. Im Übrigen ersetzt das vereinfachte JVerfahren funktionell nicht selten das beschleunigte Verfahren und das

Strafbefehlsverfahren des allg. StVR (§§ 417 ff., 407 ff. StPO), die das JStR nicht kennt (§ 79).

c) Regional unterschiedliche Anwendungshäufigkeit. Die Häufig- **6a** keit von Verfahren nach §§ 76–78 (vgl. auch → Rn. 3) ist regional unterschiedlich (vgl. auch schon Schaffstein MschKrim 1978, 313, insb. 320). Nach einer empirischen Untersuchung in Bremen (von Minden in Gerken/ Schumann Rechtsstaat 88) ergab sich indes eine häufige Anwendung ua bei vorgeworfenen „Bagatelldelikten" (vgl. aber → Rn. 4), und insgesamt kam es in 98 % der einschlägigen Verfahren zur Einstellung (von Minden in Gerken/Schumann Rechtsstaat 43); zugleich wurde eine überproportional häufige Anwendung dieses Verfahrens ggü. weiblichen Betroffenen (von Minden in Gerken/Schumann Rechtsstaat 44 f.) sowie ggü. Personen von vergleichsweise höherem (Aus-)Bildungsniveau bzw. sozio-ökonomischem Herkunftsstatus festgestellt (von Minden in Gerken/Schumann Rechtsstaat 47 ff.). – Laut einer Auswertung für das Jahr 2001 in SchlH wurden die eingeleiteten Verfahren zu einem Anteil von knapp 50 % gem. § 47 Abs. 1 Nr. 1 und Nr. 3 eingestellt (vgl. Tamm, Diversion und vereinfachtes Verfahren im Jugendstrafrecht: eine vergleichende Betrachtung, 2007, 135, 150).

III. Antrag der Jugendstaatsanwaltschaft

1. Bedeutung

Das vereinfachte JVerfahren ist an einen **Antrag** des **JStA** (§ 76 Abs. 1 **7** S. 1) gebunden, der seinerseits voraussetzt, dass die Sache **anklagereif** ist (§ 76 S. 2; zur Erforderlichkeit eines hinreichenden Tatverdachts s. Lüttger GA 1957, 193 ff. (208); Schatz in Diemer/Schatz/Sonnen § 77 Rn. 6; Kaspar in MüKoStPO § 77 Rn. 5; vgl. aber auch Brunner/Dölling Rn. 11, 13; zum Aktenvermerk über den Abschluss der Ermittlungen § 169a StPO). Der JRichter kann die Stellung des Antrags allenfalls anregen.

Ob der JStA den Antrag stellt (oder diesen wieder zurücknimmt, vgl. **8** → Rn. 13), steht in seinem **Ermessen,** das iErg vielfältiger jugendrichterlicher Kontrolle unterliegt (vgl. → Rn. 15). Soweit die sachlichen Voraussetzungen gegeben sind, wird der Antrag **grundsätzlich** zu **stellen** sein (RL 1 zu § 76).

2. Unzulässigkeit

Der Antrag auf Entscheidung im vereinfachten JVerfahren ist unzulässig, **9** wenn als Rechtsfolge Hilfe zur Erziehung nach § 12 Nr. 2, JStrafe oder Schuldspruch gem. § 27 (BayObLGSt 70, 213), Unterbringung in einer Entziehungsanstalt (§ 78 Abs. 1 S. 2) oder Unterbringung in einem psychiatrischen Krankenhaus (§ 7; § 63 StGB; § 39 Abs. 2), andere Nebenstrafen und Nebenfolgen als Fahrverbot, Einziehung (vgl. zur Neufassung bzw. zur Streichung der Kategorie Verfall → § 6 Rn. 9 ff.) zu erwarten sind **(§ 76 Abs. 1 S. 1, § 77 Abs. 1 S. 1).** – Kommt (gem. § 53) die Überlassung der Auswahl und Anordnung von Erziehungsmaßregeln an das **FamG** in Betracht, wird die JStA iSd Beschleunigungsprinzips die Anordnung entsprechender Maßnahmen unmittelbar beim FamG anregen und sodann gem. § 45 verfahren.

10   Der Antrag ist ferner dann unzulässig, wenn der Fall sich für das vereinfachte JVerfahren **nicht eignet** (vgl. → Rn. 4f), da andernfalls eine Ablehnung nach § 77 Abs. 1 die Folge ist.

3. Form

11   Der Antrag bedarf **keiner besonderen** Form (**§ 76 S. 1;** zur Auslegung einer Erklärung der Nichtteilnahme iSv § 78 Abs. 2 S. 1 als Antrag nach § 76 S. 1 s. LG Tübingen Deutsche Rechtszeitschrift 1948, 217 f.) und kann ausnahmsweise auch fernmündlich gestellt werden (s. aber RL 2 zu § 76). Aus Gründen der verfahrensrechtlichen Transparenz und der Begrenzung des Gegenstandes des Verfahrens (s. auch § 264 StPO) ist im Allg. allerdings die **Schriftform geboten,** besonders „wenn der JStA an der mündlichen Verhandlung nicht teilnehmen will" (RL 2 S. 2 zu § 76).

12   In dem Antrag müssen als gesetzliche **Mindestanforderungen** gem. § 2 Abs. 2, § 200 Abs. 1 StPO ua der Angeschuldigte, die vorgeworfene Tat iSv § 264 StPO sowie das anzuwendende Strafgesetz bezeichnet (s. auch RL 2 S. 3 zu § 76 (für die JStA bindend)) und die Beweismittel angegeben werden (einschr. Schatz in Diemer/Schatz/Sonnen § 76 Rn. 13). Im Hinblick auf § 76 S. 1 kann die Anregung einer bestimmten Rechtsfolge zweckmäßig sein. – Der Antrag kann zB in Form einer Anklage gehalten werden mit dem Zusatz, dass im vereinfachten JVerfahren entschieden werden soll. Dieser Zusatzantrag kann auch noch nach Einreichung einer förmlichen Anklage gestellt werden, **so lange** noch **kein Eröffnungsbeschluss** (§ 156 StPO) ergangen ist (Dallinger/Lackner § 76 Rn. 12; aA Potrykus § 76 Anm. 3 (bis zum ersten Termin der HV)).

4. Rücknahme

13   Der Antrag kann bis zum Beginn der Vernehmung des Angeklagten zur Sache zurückgenommen werden (OLG Oldenburg NJW 1961, 1127; Dallinger/Lackner § 76 Rn. 11; aA Mavany in Löwe/Rosenberg StPO § 156 Rn. 3: bis zum Beginn der Urteilsverkündung; wieder anders Potrykus § 76 Anm. 3: Bekanntgabe des Antrags durch den JRichter in der Verhandlung); s. aber auch Sommerfeld in NK-JGG Rn. 3: Rücknahme nur bis zur Terminsanberaumung (zw.)).

13a   Mit der Rücknahme ist (ebenso wie mit der Ablehnung gem. § 77 Abs. 1) das gerichtliche Verfahren beendet.

IV. Ablehnung des Antrags; Einzelfragen

1. Verfahrensvoraussetzungen

14   **a) Allgemeines.** Ist ein Antrag auf Entscheidung im vereinfachten JVerfahren gestellt, so prüft der JRichter neben den **besonderen Voraussetzungen** für dieses Verfahren das Vorliegen der **allg. Verfahrensvoraussetzungen.** Fehlt die Zuständigkeit oder bestehen allg. Verfahrenshindernisse, so lehnt der JRichter die Eröffnung des Verfahrens ab (§ 77 Abs. 1; Schatz in Diemer/Schatz/Sonnen § 77 Rn. 5), oder er stellt das Verfahren

ggf. nach § 2 Abs. 2, § 206a StPO entsprechend ein. Eine Ablehnung der Eröffnung entsprechend § 204 StPO wird auszuscheiden haben (vgl. Buhr in HK-JGG § 77 Rn. 2; zu Erwägungen vgl. bis 14. Aufl.; s. auch Sommerfeld in NK-JGG Rn. 9).

b) Besondere Verfahrensvoraussetzungen. aa) Hält der **JRichter** die 15 besonderen Voraussetzungen für eine Entscheidung im vereinfachten JVer-fahren (vgl. → Rn. 4f, 9f) nicht für gegeben, so **lehnt** er eine Entscheidung in diesem Verfahren **ab** (§ 77 Abs. 1 S. 1). Der Beschluss kann bis zur Verkündung des (erstinstanzlichen) Urteils (§ 77 Abs. 1 S. 2) ergehen, weil Fälle vorkommen, deren Ungeeignetheit für das vereinfachte JVerfahren sich erst während der Verhandlung erkennen lässt. Allerdings ist eine Ablehnung zu diesem Zeitpunkt verfahrensökonomisch wie insb. im Hinblick auf das Beschleunigungsprinzip nach Möglichkeit zu vermeiden. Aus diesem Grun-de hat das Gesetz betr. die Rechtsfolgen dem JRichter – im Unterschied zum Antrag der JStA (vgl. → Rn. 9) – eine erweiterte Befugnis verliehen (vgl. → Rn. 30).

Der **Beschluss** ist **unanfechtbar** (§ 77 Abs. 1 S. 3). Eine Begründung ist 16 nicht vorgeschrieben, jedoch wird sich eine Unterrichtung des JStA emp-fehlen.

c) Ablehnender Beschluss. Mit dem ablehnenden Beschluss wird das 17 Verfahren in den Stand des Ermittlungsverfahrens zurückversetzt (vgl. auch BGHSt 12, 184). Ein erneuter Antrag gem. § 76 ist ausgeschlossen.

aa) Will der **JStA,** wie es idR der Fall sein wird, eine gerichtliche Ent- 17a scheidung inhaltlicher Art herbeiführen, so muss er **Anklage** erheben (§ 77 Abs. 2). Sofern schon der Antrag nach § 76 mit einem entsprechenden Zusatz eingereicht wurde (vgl. → Rn. 12 aE), genügt eine Bezugnahme darauf.

bb) Andererseits ist der JStA durch § 77 Abs. 2 nicht verpflichtet, in 17b jedem Fall anzuklagen, sondern er kann das Verfahren **einstellen** oder auch **abgeben** (BGHSt 12, 184).

(1) Entgegen dem strengen Wortlaut des § 77 Abs. 2 darf der JStA **auch** 17c **dann einstellen,** wenn das Gericht den Antrag erst zu einem solchen Ver-fahrenszeitpunkt abgelehnt hat, zu dem der JStA ihn nicht mehr hätte zurücknehmen können (Dallinger/Lackner § 77 Rn. 9; hM zu § 212b StPO; aA Potrykus § 77 Anm. 2).

(2) Eine Einstellung ist schon aus Gründen des allg. StVR zulässig, etwa 17d wenn **kein hinreichender Tatverdacht** mehr besteht (§ 2 Abs. 2, § 170 StPO) oder ein **Verfahrenshindernis** vorliegt (zB Rücknahme des Straf-antrages).

Auch kann der JStA nach **§ 45** verfahren. – Dies kommt etwa dann in 17e Betracht, wenn der Antrag gem. § 76 deshalb abgelehnt wurde, weil dem Gericht eine im vereinfachten JVerfahren unzulässige Rechtsfolge geboten erschien, und das FamG zwischenzeitlich – ggf. auf Anregung des JStA hin (vgl. → Rn. 9 aE) – eine dergestaltige Maßnahme eingeleitet hat.

2. Einstellung nach § 47

Wäre nach Auffassung des JRichters ein Vorgehen des JStA nach § 45 18 zwar eher angezeigt gewesen, ohne dass jedoch die besonderen Vorausset-zungen für eine Entscheidung im vereinfachten JVerfahren zu verneinen wären, so ist eine Ablehnung des Antrags gem. § 77 Abs. 1 nicht zulässig. Der **JRichter** kann in entsprechenden Fällen aber nach Einreichung der Anklageschrift **selbst** gem. § **47** verfahren. Dem kann die JStA allerdings dadurch entgegentreten, dass sie die Zustimmung verweigert (§ 47 Abs. 2 S. 1), und zwar auch dann, wenn sie schon ausdrücklich auf die Teilnahme an der Sitzung verzichtet hatte (Dallinger/Lackner Rn. 18). – Nimmt der **JStA** an der **Sitzung nicht** teil, so kann der JRichter ohne dessen Zustimmung bis zum Schluss der mündlichen Verhandlung nach § 47 (bzw. § 153 StPO (aA LG Aachen NStZ 1991, 450 mablAnm Eisenberg)) verfahren (§ 78 Abs. 2 S. 2; RL zu § 77); dies gilt auch dann, wenn der JStA zuvor widersprochen hat (Dallinger/Lackner Rn. 18; Potrykus NJW 1956, 657), und auch dann ist diese Entscheidung nicht anfechtbar (§ 47 Abs. 2 S. 3; vgl. im Übrigen → § 47 Rn. 28 f.).

3. Abgabe des Verfahrens

19   Eine Abgabe des vereinfachten JVerfahrens durch den JRichter wegen **Fehlens örtlicher** Zuständigkeit (§ 42 Abs. 3) ist **nicht zulässig** (BGHSt 12, 180; vgl. → § 42 Rn. 14). In entsprechenden Fällen besteht nur die Möglichkeit der Ablehnung der Entscheidung im vereinfachten JVerfahren.

V. Mündliche Verhandlung

1. Vorfragen

20   **a) Eröffnungsentscheidung entbehrlich; Verfahrensverbindung. aa)** Liegen die Voraussetzungen für die Entscheidung im vereinfachten JVerfahren vor und ist eine Einstellung des Verfahrens nach § 47 nicht angezeigt oder nicht möglich, so bestimmt der JRichter Termin zur mündlichen Verhandlung. Einer Entscheidung über die Eröffnung des Hauptverfahrens bedarf es nicht (BGHSt 12, 182; RL zu § 77). – Der Sinn dieser Verfahrensart gebietet eine kurzfristige Terminbestimmung.

20a   **bb)** Die Verbindung mit einem *anderen Verfahren* ist zulässig, ein einschlägiger Antrag der JStA kann iSv § 266 StPO behandelt werden (Buhr in HK-JGG § 76 Rn. 14).

21   **b) Fernbleiben des Jugendlichen.** Bleibt der Jugendliche dem **Termin** zur mündlichen Verhandlung ohne genügende Entschuldigung fern, so *kann* (seit 2. JuMoG v. 30.12.2006, BGBl. I 3416), wenn mit der Ladung angedroht, das (freiheitsbeschränkende) Zwangsmittel des **§ 78 Abs. 3 S. 3** angewendet werden; die mündliche Verhandlung stellt keine HV iSv §§ 226, 230 Abs. 2 StPO dar. – Für die Rechtmäßigkeit der Vorführung kommt es nicht etwa darauf an, ob der Jugendliche sich entschuldigt hat, sondern nur darauf, ob er genügend *entschuldigt ist,* dh ob ihm wegen des Fernbleibens ein Vorwurf gemacht werden darf. Insofern ist nach allg. Grundsätzen des JGG (vgl. → § 2 Rn. 14) eine dem *Entwicklungsstand* entsprechende Würdigung unerlässlich. Im Falle der Anordnung, die zudem stets dem *Verhältnismäßigkeitsgrundsatz* standhalten muss, werden die mit dem Vollzug befassten Bediensteten betr. Art und Weise der Durchführung zur Wahrung dieser Grundsätze zu verpflichten sein.

Wegen der prozessualen Voraussetzungen im Einzelnen wird auf die **21a** Erläuterungswerke zur StPO verwiesen.

2. Durchführung

Von dem Zeitpunkt an, in dem die Sache sich im vereinfachten JVerfah- **22** ren befindet, insb. bei Durchführung der mündlichen Verhandlung, sind ggf. **Abweichungen** von dem **allg. JStrafverfahrensrecht** zulässig. Sie finden ihre **Grenzen** aber in der **Wahrheitsermittlung**spflicht (§ 78 Abs. 3 S. 1). Dabei liegt es in erheblichem Maße im pflichtgemäßen Ermessen des JRichters, zu entscheiden, ob ein Absehen von einer förmlichen Verfahrensvorschrift zu Lasten der Wahrheitsermittlung gehen könnte.

a) Wahrheitsermittlung. aa) Der Pflicht hierzu (§ 43, § 2 Abs. 2, § 244 **23** Abs. 2 StPO) dienen insb. die notwendige Erörterung des **gesamten Prozessstoffes** als Gegenstand der mündlichen Verhandlung (§ 261 StPO) und die Unmittelbarkeit der Beweisaufnahme (§§ 250 ff. StPO); dies gilt auch für die Berichte der JGH (vgl. → § 38 Rn. 43 ff.; § 43 Abs. 1; s. aber auch Tröndle Zbl 1953, 190 (196)). Das JGericht hat von Amts wegen alle Beweise zu erheben, deren Ausschöpfung der Sachverhalt mindestens nahelegt (BGH LM Nr. 1 zu § 244 Abs. 2 StPO), wobei wesentlich *auch* die Aufklärung *zu Gunsten* des mutmaßlichen Täters nicht unterbleiben darf. § 78 Abs. 3 S. 1 befreit regelmäßig nicht von der Anwendung der **§§ 244 Abs. 3–5, 245 StPO**, da die Bedingung des „Absehen-Dürfens" praktisch kaum einmal feststellbar ist, zumal ua die besonderen Beeinträchtigungen des Jugendlichen im Falle eines (auch nur partiellen) Fehlurteils gem. dem Auftrag des § 2 Abs. 1 zu würdigen sind. Daher ist der JRichter bei der Behandlung von *Beweisanträgen* (unbeschadet der systematisch in Betracht kommenden Freistellung, § 78 Abs. 3 S. 1) praktisch weithin ebenso gebunden ist wie im allg. StVR (vgl. wohl auch Buhr in HK-JGG Rn. 10), und ohnehin darf er nicht etwa über die in § 244 Abs. 3 StPO genannten Fälle hinaus einen Beweisantrag ablehnen (ebenso Sommerfeld in NK-JGG Rn. 15; Buhr in HK-JGG Rn. 10; Gertler in BeckOK JGG Rn. 20; Tamm, Diversion und vereinfachtes Verfahren im Jugendstrafrecht: eine vergleichende Betrachtung, 2007, 73; zum Ganzen Eisenberg BeweisR StPO Rn. 142, 192, 197 ff.; **aA** Brunner/Dölling Rn. 20; Schatz in Diemer/ Schatz/Sonnen Rn. 11; offenlassend Kaspar in MüKoStPO Rn. 6). Wie im allg. StVR auch darf die Ablehnung eines Beweisantrages nicht die Aufklärungspflicht verletzen. – Die **Ablehnung** eines Beweisantrages ist zu **begründen** (§§ 244 Abs. 6, 34 StPO; ebenso Tsambikakis in Alsberg Beweisantrag Rn. 1576).

bb) Da die gesetzlichen Ablehnungsgründe (§§ 244 Abs. 3–5, 245 StPO) **23a** abschließend normiert sind und eine **Beweisantizipation unzulässig** ist, können Ausführungen allg. Inhalts (zB die behauptete Tatsache sei unwahrscheinlich bzw. erdichtet oder der Zeuge werde in bestimmter Weise aussagen) ebenso wenig zureichen wie die Begründung, die Erhebung des Beweises sei zur Erforschung der Wahrheit nicht erforderlich (vgl. aber Dallinger/Lackner Rn. 15; Schatz in Diemer/Schatz/Sonnen Rn. 11). Ausnahmen sind auch im vereinfachten JVerfahren schon wegen der Begrenztheit jeder – also auch jugendrichterlicher – Wahrnehmung kaum einmal vertretbar (s. aber Dallinger/Lackner Rn. 16: „nur ganz ausnahmsweise"; anders Brunner/Dölling Rn. 20: „unzulässig"; s. auch § 79 Abs. 2).

23b   Da auch § 245 StPO gilt (aA Tsambikakis in Alsberg Beweisantrag Rn. 1576; Becker in Löwe/Rosenberg StPO § 245 Rn. 9), muss Beweis erhoben werden, wenn eine Beweiserhebung beantragt und ein Zeuge geladen und erschienen ist.

24   **b) Rechtsstellung des Jugendlichen und des gesetzlichen Vertreters sowie des Verteidigers.** Gem. Abs. 3 S. 2 sind die Vorschriften zur **Anwesenheit** des Jugendlichen (§ 50 Abs. 1) und zur (Rechts-)Stellung der Erziehungsberechtigten bzw. gesetzlichen Vertreter (§ 67), zu der (notwendigerweise) auch deren Anwesenheitsrecht (→ § 50 Rn. 26) gehört, zu beachten. Dies gilt gleichermaßen für die jeweilige **Unterrichtungspflichten** (§§ 67a, 70a). Die Gewährleistungen der Art. 4 f., 15 f. RL (EU) 2016/800 gelten auch für Verhandlungen mit herabgesetzter Förmlichkeit und ließen daher keine Ausnahmen im vereinfachten JVerfahren zu.

24a   Der **Jugendliche** darf folglich in seiner Verteidigung – auch hinsichtlich ausreichender Zeit und Gelegenheit zu seiner diesbzgl. **Vorbereitung** – einschließlich des uneingeschränkten Rechts auf Gehör (Art. 103 Abs. 1 GG) nicht beeinträchtigt werden. Im Einzelnen soll ihm Gelegenheit gegeben werden, sich **im Zusammenhang** zu dem gesamten Verfahrensgegenstand zu **äußern** (vgl. auch → § 50 Rn. 17 f., → § 70c Rn. 12 f., 16 f.). Im Falle der zeitweiligen Ausschließung von der Verhandlung muss er gem. § 51 Abs. 1 S. 2 (krit. zu bedenklichen Einschränkungen ggü. § 247 S. 4 StPO → § 51 Rn. 11 f.) nachträglich **unterrichtet werden** etc, und endlich ist ihm das **letzte Wort** (§ 258 StPO) zu gewähren.

24b   Zudem hat ein **Verteidiger** das **unbeschränkte Mitwirkungsrecht** (zum Wahlverteidiger § 2 Abs. 2, § 137 StPO (Tröndle Zbl 1953, 197; Tamm, Diversion und vereinfachtes Verfahren im Jugendstrafrecht: eine vergleichende Betrachtung, 2007, 186); s. auch Art. 6 Abs. 3c EMRK; hierzu Bottke ZStW 1995 (1983), 69 ff. (98 und Fn. 248); zum notwendigen Verteidiger vgl. → § 68 Rn. 3) einschließlich des Rechts auf **Akteneinsicht** (§ 147 StPO, unbeschränkt spätestens vom (Zeitpunkt des Aktenvermerks über den) Abschluss der Ermittlungen an, § 169a StPO) und auf **Verkehr** mit dem Beschuldigten (§ 148 StPO).

25   **c) Einbeziehung von Jugendstaatsanwaltschaft und JGH. aa)** Der Termin zur mündlichen Verhandlung ist dem **JStA mitzuteilen.** Was die Frage der **Teilnahme** des JStA an der Verhandlung angeht, so wird § 78 Abs. 2 S. 1 üblicherweise dahingehend verstanden, es entspreche dem Wesen des vereinfachten JVerfahrens, dass der JStA (bzw. ein Referendar) idR nicht an der Sitzung teilnimmt (zur Häufigkeit s. aber zB in Bremen von Minden in Gerken/Schumann Rechtsstaat 43; für SchlH Tamm, Diversion und vereinfachtes Verfahren im Jugendstrafrecht: eine vergleichende Betrachtung, 2007, 112: in 27% ohne (jedoch nahezu nur *einen* LG-Bezirk betr.)). Ungeachtet dessen ist er jedenfalls vom Verhandlungstermin zu unterrichten (Kaspar in MüKoStPO Rn. 2). Erklärt der JStA, auf die Teilnahme an der mündlichen Verhandlung zu verzichten und nimmt er auch nicht an dieser teil, so verliert er einzelne Rechte (§ 78 Abs. 2 S. 2), nicht jedoch das Recht, das in seiner Abwesenheit ergangene Urteil anzufechten; ein Verzicht kann erst erklärt werden, nachdem die Entscheidung ergangen ist (vgl. auch → Rn. 33).

bb) Die **JGH** ist gem. § 78 Abs. 3 S. 2 in jedem Fall von der Einleitung **26** und dem Ausgang des Verfahrens zu **benachrichtigen,** und zwar spätestens im Zusammenhang mit dessen erster Vernehmung (§ 70 Abs. 1 und 2). Bis zum Erlass des Gesetzes zur Stärkung der Verfahrensrechte von Beschuldigten im Jugendstrafverfahren bestand für die JGH aber keine Teilnahmepflicht. Sie sollte jedoch grundsätzlich (zumindest fernmündlich) vom Termin unterrichtet und auch gehört werden, ua wegen des (im Einzelfall dem JGericht möglicherweise nicht erkennbaren) Vorliegens von Besonderheiten (zur Frage der Häufigkeit der Nichtteilnahme der JGH vgl. JuMiKo ZJJ 2007, 442: „typischerweise" nicht; anders aber für SchlH Tamm, Diversion und vereinfachtes Verfahren im Jugendstrafrecht: eine vergleichende Betrachtung, 2007, 182). An dieser Rechtslage wurde zwar durch § 38 Abs. 4 und § 50 Abs. 3 nF nichts geändert, da sich diese Regelungen allein auf die Hauptverhandlung und nicht auch auf die mündliche Verhandlung iSv Abs. 1 S. 1 beziehen beziehen. Da aber § 38 Abs. 3 diese Einschränkung nicht kennt und die Berichtspflicht der JGH daher auch im vereinfachten JVerfahren besteht, ergeben sich hieraus implizit eine Anwesenheitspflicht und die Notwendigkeit einer Benachrichtigung – sofern nicht durch JStA oder JGericht auf den Bericht nach § 38 Abs. 7 verzichtet worden ist (s. dazu auch → § 38 Rn. 62 ff., 73).

d) Form. Die Gestaltung der mündlichen Verhandlung liegt weitgehend **27** im Ermessen des Gerichts, wobei von allen denjenigen Vorschriften abgewichen werden kann, die das (J)Strafverfahren nicht substantiell entwerten.

aa) Unstreitig müssen diejenigen **Vorschriften eingehalten** werden, die **27a** gerade der Vereinfachung oder der jugendgemäßen Gestaltung (zB Ausschluss der Öffentlichkeit, § 48) oder der Beschleunigung dienen. Auch ist der Jugendliche in geeigneter Weise (§ 70b Abs. 1) darüber zu **belehren,** dass es ihm frei steht, sich zur Anklage zu äußern oder nicht (§ 243 Abs. 5 StPO). Die besondere **Fragepflicht** nach § 257 StPO wird gleichfalls zu beachten sein, zumal § 258 Abs. 1 StPO keinen Ausgleich ermöglicht.

bb) Verschiedentlich wird angenommen, es brauchten Fristen (zB für die **27b** Ladung, § 217 StPO) nicht beachtet zu werden (zw.; aA Sommerfeld in NK-JGG Rn. 14 (Ladungsfrist entspr. § 418 Abs. 2 StPO); Bohnert, Ordnungswidrigkeiten und Jugendstrafrecht, 1989, 84), die mündliche Verhandlung könne ohne Protokollführer (aber durch Selbstprotokoll des JRichters), ohne Amtskleidung (vgl. darüber hinausgehend Hess. Dienstgerichtshof 7.11.1985 – 5/84), außerhalb des Sitzungssaals, in Form einer Aussprache und ohne strenge Abfolge des § 243 StPO durchgeführt werden (s. Brunner/Dölling Rn. 18; vgl. aber etwa von Minden in Gerken/Schumann Rechtsstaat 52, auch zur Kürze des gesamten Verfahrens; zu regelmäßiger Nichtabweichung vom allg. JStrafverfahren für SchlH Tamm, Diversion und vereinfachtes Verfahren im Jugendstrafrecht: eine vergleichende Betrachtung, 2007, 104, 107, 110).

e) OWi-Verfahren. In diesem Verfahren gilt nach zulässigem Einspruch **28** gegen den Bußgeldbescheid der Verwaltungsbehörde (§ 71 Abs. 1 OWiG) für das Verfahren vor dem JRichter gegen Jugendliche stets die Vorschrift des **§ 78 Abs. 3,** ohne dass es auf die Voraussetzungen des § 76 für das vereinfachte JVerfahren ankommt (vgl. §§ 46 Abs. 1, 78 Abs. 3, 4 OWiG; vgl. auch Seitz/Bauer in Göhler OWiG § 78 Rn. 3 ff.; Senge in KK-OWiG OWiG § 78 Rn. 15).

3. Einstellung nach § 47

29　Wegen der Möglichkeit der Einstellung des Verfahrens gem. § 47 während der mündlichen Verhandlung vgl. → Rn. 18.

VI. Urteil, Rechtsmittel, OWi-Verfahren

1. Urteil

30　**a) Rechtsfolgen. aa)** Im Unterschied zu den Voraussetzungen des Antrags auf Entscheidung im vereinfachten JVerfahren kann im Urteil dieses Verfahrens – mit **Ausnahme** der in § 78 Abs. 1 S. 2 genannten Rechtsfolgen, wozu betr. JStrafe auch der Schuldspruch nach § 27 gehört (str., dazu Gertler in BeckOK JGG Rn. 27 mwN; vgl. auch → Rn. 9) – auf sämtliche im Allg. zulässigen Rechtsfolgen erkannt werden, alle Nebenstrafen und Nebenfolgen sowie Entzug der Fahrerlaubnis (s. §§ 7, 39 Abs. 2, 78 Abs. 1 S. 2). Das Gleiche gilt für die Überlassung an das **FamG** (gem. § 53), sofern dies im Einzelfall nicht gegen die besondere Beschleunigungspflicht des vereinfachten JVerfahrens verstößt (vgl. → Rn. 9).

30a　**bb)** Die Anordnung einer **unzulässigen Rechtsfolge** begründet (auch hier) idR nur die Anfechtung, ohne zur Nichtigkeit zu führen (Potrykus Anm. 1; vgl. näher → § 1 Rn. 35 ff.).

31　**b) Gründe.** Die Ausführungen dürfen zwar im Vergleich zum sonstigen Verfahren kürzer sein, sie müssen aber regelmäßig eine Tatschilderung sowie eine Persönlichkeitsbeurteilung enthalten (s. auch schon Müller RdJB 1958, 338).

32　**c) Mitteilungspflichten.** Soweit anzuwendende Mitteilungspflichten sich auf die Erhebung der öffentlichen Klage beziehen, steht dieser der Antrag auf Entscheidung im vereinfachten JVerfahren insoweit gleich (s. MiStra Nr. 6 Abs. 4, besonders auch S. 2).

2. Rechtsmittel

33　**a) Frist.** Sie beginnt für einen bei der Urteilsverkündung nicht anwesenden Verfahrensbeteiligten – in diesem Verfahren häufig der JStA – erst mit **Zustellung** des begründeten Urteils (§ 2 Abs. 2, § 35 Abs. 2 S. 1 StPO, § 41 StPO; OLG Neustadt NJW 1963, 1074; Frisch in SK-StPO StPO § 314 Rn. 32). Rechtskraft tritt wie im allg. Strafverfahren nach allseitigem Rechtsmittelverzicht (s. betr. die JStA im Falle des § 78 Abs. 2 S. 1 → Rn. 25) oder nach Ablauf der Rechtsmittelfrist ein.

34　**b) Verfahren.** Hierbei ist im Hinblick auf die Sonderstellung des nur dem JRichter vorbehaltenen vereinfachten JVerfahrens stets zu berücksichtigen, dass die Rechte des Angeklagten nicht verkürzt werden dürfen.

34a　**aa)** Das Rechtsmittelgericht hat Verfahren und Entscheidungen gem. den Vorschriften über das vereinfachte JVerfahren zu überprüfen. Es darf nicht in das förmliche Verfahren übergehen. Auch darf es nur auf die im vereinfachten JVerfahren zulässigen Rechtsfolgen erkennen. Im Übrigen gelten die allg. Verfahrensvorschriften (vgl. → § 55 Rn. 1 ff.).

bb) Falls das Rechtsmittelgericht der Auffassung ist, die Sache eigne sich 35 nicht für das vereinfachte JVerfahren, so muss es das Verfahren einstellen (BayObLGSt 70, 213 (218)), weil eine Prozessvoraussetzung fehlt. Diese Einstellung (§ 260 Abs. 3 StPO) versetzt das Verfahren, ebenso wie die – nur dem JRichter zustehende – Ablehnung gem. § 77 Abs. 1 (vgl. → Rn. 15 ff.), in den Stand des Ermittlungsverfahrens zurück (dazu → Rn. 17–17b). – Die JKammer kann auch einen Beschluss nach § 47 erlassen (→ § 47 Rn. 2, 17).

3. OWi-Verfahren

Entscheidet der JRichter in diesem Verfahren nach Einspruch durch 36 Urteil, so gilt das Verschlechterungsverbot nicht (§ 71 Abs. 1 OWiG iVm § 411 Abs. 4 StPO; Seitz/Bauer in Göhler OWiG Vor § 67 Rn. 5). Entscheidet er jedoch – gem. § 72 Abs. 1 OWiG – durch Beschluss, so darf er von der im Bußgeldbescheid getroffenen Entscheidung nicht zum Nachteil des Betroffenen abweichen (§ 72 Abs. 3 S. 2 OWiG; vgl. auch → § 55 Rn. 31). Im Rechtsbeschwerdeverfahren (§§ 79 ff. OWiG; OLG Schleswig bei Lorenzen/Görl SchlHA 1989, 121) gilt das Verschlechterungsverbot (§ 79 Abs. 3 OWiG iVm § 358 Abs. 2 StPO; vgl. Seitz/Bauer in Göhler OWiG § 79 Rn. 37; näher aber Hadamitzky in KK-OWiG OWiG § 79 Rn. 164).

**Neunter Unterabschnitt. Ausschluß von Vorschriften des
allgemeinen Verfahrensrechts**

Strafbefehl und beschleunigtes Verfahren

79 (1) **Gegen einen Jugendlichen darf kein Strafbefehl erlassen
werden.**

(2) **Das beschleunigte Verfahren des allgemeinen Verfahrensrechts
ist unzulässig.**

I. Anwendungsbereich

1   Die Vorschrift gilt für **Jugendliche** auch in Verfahren vor den für allg.
Strafsachen zuständigen Gerichten (§ 104 Abs. 1 Nr. 14).

1a   Für **Heranwachsende** gilt Abs. 2 der Vorschrift nicht (zur Möglichkeit
des beschleunigten Verfahrens vgl. → § 109 Rn. 45); Abs. 1 der Vorschrift
gilt für Heranwachsende − vor JGerichten wie vor den für allg. Strafsachen
zuständigen Gerichten − dann, wenn auf sie materielles JStR angewandt wird
(§ 109 Abs. 2 S. 1, § 112 S. 1 und 2, § 104 Abs. 1 Nr. 14).

II. Bedeutung der Vorschriften

1. Strafbefehlsverfahren

2   Die Durchführung dieses Verfahrens, bei die Zurichtung des Entscheidungssachverhalts in besonderer Weise durch inner-justizielle Effektivitäts-
routinen getrieben und geprägt wird (instruktive Fallanalysen bei Stoll, Be-
schleunigungsstrategien der Strafjustiz, 2018, 112 ff.), ist ggü. Jugendlichen
aus vielfältigen erzieherischen Gründen ausgeschlossen **(Abs. 1).** Zu berücksichtigen ist auch, dass bei einer summarischen aktengetragenen Erledigung ein erhöhtes Fehlerrisiko besteht (zu gehäuften Fehlurteilen bei Strafbefehlen vgl. Gilliéron in Barton/Dubelaar/Kölbel/Lindemann (Hrsg.),
‚Vom hochgemuthen, voreiligen Griff nach der Wahrheit', 2018, 65 ff.; erg.
Kemme/Dunkel StV 2020, 52). Dies ist bei Jugendlichen besonders untragbar, zumal diese seltener als Erwachsene einen Einspruch einlegen und eine
Überprüfung ungerechtfertigter Strafbefehle bewirken dürften (zust. Noak
in BeckOK JGG Rn. 2.1; Albrecht DJT 2002, 133; vgl. auch BayObLG
NJW 1957, 838). − Umso bedenklicher ist es vor diesem Hintergrund, dass
ggü. Jugendlichen nicht nur ein Verwarnungsgeld erhoben (§ 56 OWiG)
und ein Bußgeldbescheid erlassen (vgl. → § 2 Rn. 64 ff.) werden darf und
auch erlassen wird (wesentliche Anwendungsbereiche sind Normverletzun-
gen im Straßenverkehr sowie ggü. der Schulpflicht; vgl. auch → § 11 Rn. 28
sowie bereits Schenker Zbl 1983, 524 ff.), sondern dass iÜ Verwaltungsbehörden gegen Verfehlungen von Jugendlichen diese Sanktionen auferlegen
dürfen, wenn und soweit dies in bestimmten Vorschriften für zulässig erklärt
ist (RL 3 zu § 79, wonach Strafbescheide von Verwaltungsbehörden ggü.
Jugendlichen ausgeschlossen waren, ist seit 1.5.1970 entfallen).

2. Beschleunigtes Verfahren

a) Allgemeines. Auch die Durchführung dieses Verfahrens (§§ 417 ff. **3** StPO) ist ggü. Jugendlichen unzulässig **(Abs. 2).** Dies gilt auch für die sog. Hauptverhandlungshaft (§ 127b StPO).

Soweit *kriminalpolitisch* eine Streichung von Abs. 2 angeregt und ua mit **3a** Belangen einheitlicher Reaktion betr. Tatvorwürfe begründet wird, die sich auf mutmaßliche, von Jugendlichen und Heranwachsenden (für diese gilt Abs. 2 nicht, vgl. § 109 Abs. 1 und 2) gemeinsam begangene (gar rechtsradikal motivierte) Gewaltdelikte beziehen (vgl. Gesetzentwurf BR v. 10.11.2000 (BT-Drs. 14/5014)), wäre dies unvereinbar mit dem System des JStrafverfahrens, das lediglich im Bereich der §§ 76–78 eine Einschränkung der Ermittlungspflicht gestattet und eine Haft gem. § 72 nur unter erschwerten Voraussetzungen erlaubt (abl. auch AGJ ZfJ 2001, 263 ff.; Scheffler NJ 2001, 464). Dass eine Verfahrensbeschleunigung spezialpräventive Vorteile bringt, ist ohnehin zweifelhaft (→ Einl. Rn. 42 f.).

b) Sog. „Vorgezogenes Jugendverfahren". aa) Bedenken bestehen **3b** ggü. Formen eines sog. „vorgezogenen" bzw. „vorrangigen" Jugendverfahrens außerhalb bzw. in Umgehung der gesetzlichen Vorschriften aufgrund von ad hoc – **Absprachen** der Verfahrensbeteiligten (vgl. etwa betr. einzelne Amtsgerichte in Hess. NJW 2000, Heft 39, XVIII; betr. Bbg. S. die Rundverfügung GenStA v. 27.2.2001, XI; vgl. ferner zum „Flensburger Modell" in SchlH Bezjak/Sommerfeld ZJJ 2008, 256 f.; Laue, Das vorrangige Jugendverfahren (...), 2011, 93 ff.), und zwar schon unter dem Aspekt des Gesetzesvorbehaltes als auch des Vorrangs des JGG (n. zur Verfahrensbeschleunigung → Einl. Rn. 42 f.). Unabhängig davon, dass die Voraussetzungen tatbezogen sind und die Anwendbarkeit erheblich begrenzt ist (vgl. etwa DVJJ-J 2000, 414), bezieht sich die Zweifelhaftigkeit auch auf die täterbezogenen Voraussetzungen, die sich in – empirisch unergiebigen – Floskeln wie „kriminelle Energie" (vgl. dazu Schäfer/Sander/van Gemmeren Strafzumessung 619: „Leerformel"; abl. auch Walter GA 1985, 197 ff.) oder „Intensivtäter" (vgl. dazu etwa AV Bln. v. 31.3.2005 (ABl. 1378); krit. → § 5 Rn. 60) erschöpfen (so aber etwa Rundverfügung GenStA Brandenburg v. 27.2.2001, XI).

bb) Die Bedenken sind im Übrigen hinsichtlich des **Gewaltenteilungs- 3c prinzips** darauf gegründet, dass die Vorbereitung oder gar Steuerung der Abläufe weithin auf die Polizei übertragen ist (vgl. zu *„Fallkonferenzen"* Müller-Rackow ZJJ 2008, 277 f. („Einstufung" durch die Polizei bzw. „ausgesuchte Einzelfälle"); krit. aus deren Praxis Gloss ZJJ 2007, 280 f. bzw. gem. empirischer Analyse (betr. Hmb.) näher Sturzenhecker ua ZJJ 2011, 305 ff.). Jeweils geht es zumindest auch um die Durchsetzung von Belangen polizeilicher Gefahrenabwehr oder gar – ohnehin unzulässigerweise (vgl. → § 17 Rn. 6 f., → § 18 Rn. 43) – solcher der Generalprävention (vgl. etwa JuM Hess., Modellvorhaben (2.9.1998): „Signalwirkung ggü. ... Umfeld") bei Tatvorwürfen, bezüglich deren die Sanktionen des vereinfachten JVerfahrens (§§ 76–78) als unzureichend eingeschätzt werden. Neben der Einschränkung der speziellen Ermittlungspflichten gem. § 43 sowie der Fundiertheit der Rechtsfolgenentscheidung (vgl. zu Nachteilen überhöhter Beschleunigung Mertens/Murges-Kemper ZJJ 2008, 356 ff.) ist die Beeinträchtigung von Rechten des Beschuldigten zu besorgen (etwa durch Hinwirken auf den

Verzicht auf Einlassungs- und Ladungsfristen), wogegen zumindest die gesetzlichen Rahmenbedingungen einzuhalten sind (vgl. auch DVJJ 2015, AK 2).

III. Verfahrensrechtliches

1. Heranwachsendenalter als Prozessvoraussetzung

4　Für den Erlass eines Strafbefehls (gem. §§ 407 ff. StPO) ebenso wie für das beschleunigte Verfahren ist ein Alter von mindestens 18 Jahren **zur Zeit** der (mutmaßlichen) **Tat** (§ 1 Abs. 2) Prozessvoraussetzung.

5　Einzelne Funktionen dieser Verfahrensarten werden in Verfahren gegen Jugendliche – und (bzgl. des Strafbefehls) ggf. auch gegen Heranwachsende (§ 109 Abs. 2) – durch das formlose Erziehungsverfahren nach §§ 45, 47 (das auch vor den für allg. Strafsachen zuständigen Gerichten gilt (§§ 104 Abs. 1 Nr. 4, 112, 109 Abs. 2)), und in Verfahren gegen Jugendliche ferner durch das vereinfachte JVerfahren nach §§ 76–78 (das nicht vor den für allg. Strafsachen zuständigen Gerichten gilt (§§ 104, 109)) ersetzt.

2. Unzulässiger Strafbefehl

6　**a) Abhilfe.** Ein Strafbefehl gegen einen Jugendlichen bzw. gegen einen Heranwachsenden, auf den materielles JStR anzuwenden ist, ist **nur** unter besonderen **Ausnahmeumständen nichtig** (BayObLG NJW 1957, 59; vgl. allg. → § 1 Rn. 35 ff., speziell → § 80 Rn. 4; krit. und generell für Nichtigkeit Sommerfeld in NK-JGG Rn. 3; Kaspar in MüKoStPO Rn. 4; zwischen Rechts- und Tatsachenfehler diff. Noak in BeckOK JGG Rn. 4 ff.), und zwar wenn die konkrete Sanktion im JStR nicht zulässig ist. Im Übrigen erlangt auch ein solcher Strafbefehl, der (anders als bei Verletzung von § 407 Abs. 2 StPO) nicht zum Absehen von der Vollstreckbarkeit (§ 458 Abs. 1 StPO) berechtigt, idR formelle und materielle Rechtskraft (s. § 410 Abs. 3 StPO), sofern nicht rechtzeitig Einspruch eingelegt wird. In Betracht kommt ggf. Abhilfe im Gnadenwege (Maur in KK-StPO StPO § 407 Rn. 27) oder eine Wiederaufnahme des Verfahrens (KreisG Saalfeld DVJJ-Journal 1993, 305), wobei eine neue Tatsache iSv § 2 Abs. 2, § 359 Nr. 5 StPO ggf. tatzeitbezogen die zutreffende Altersfeststellung bzw. altersstufenrelevant die zutreffende Tatzeitfeststellung sein kann (LG Landau NStZ-RR 2003, 28 (konkret bejahend wegen akteninhaltswidriger Feststellung des Tatzeitraums) mBspr Noak JA 2005, 539 ff.) und die Anwendung des JGG als milderes Gesetz iSv § 359 Nr. 5 StPO gilt.

7　**b) Heilung.** Sofern rechtzeitig **Einspruch** eingelegt ist, so wird angenommen (BayObLG NJW 1957, 838; zurückhaltend Dallinger/Lackner Rn. 5; aA Ostendorf in NK-JGG Rn. 5), der Mangel werde dadurch geheilt, dass eine HV anberaumt wird (Meyer-Großner/Schmitt StPO § 407 Rn. 3), wobei der Strafbefehlsantrag die Anklage und der Strafbefehl den Eröffnungsbeschluss ersetze (vgl. Maur in KK-StPO StPO § 407 Rn. 26; Weßlau in SK-StPO StPO Vor §§ 407 ff. Rn. 9).

Privatklage und Nebenklage

80 (1) [1]Gegen einen Jugendlichen kann Privatklage nicht erhoben werden. [2]Eine Verfehlung, die nach den allgemeinen Vorschriften durch Privatklage verfolgt werden kann, verfolgt der Staatsanwalt auch dann, wenn Gründe der Erziehung oder ein berechtigtes Interesse des Verletzten, das dem Erziehungszweck nicht entgegensteht, es erfordern.

(2) [1]Gegen einen jugendlichen Privatkläger ist Widerklage zulässig. [2]Auf Jugendstrafe darf nicht erkannt werden.

(3) [1]Der erhobenen öffentlichen Klage kann sich als Nebenkläger nur anschließen, wer verletzt worden ist

1. durch ein Verbrechen gegen das Leben, die körperliche Unversehrtheit oder die sexuelle Selbstbestimmung oder nach § 239 Absatz 3, § 239a oder § 239b des Strafgesetzbuches, durch welches das Opfer seelisch oder körperlich schwer geschädigt oder einer solchen Gefahr ausgesetzt worden ist,
2. durch einen besonders schweren Fall eines Vergehens nach § 177 Absatz 6 des Strafgesetzbuches, durch welches das Opfer seelisch oder körperlich schwer geschädigt oder einer solchen Gefahr ausgesetzt worden ist, oder
3. durch ein Verbrechen nach § 251 des Strafgesetzbuches, auch in Verbindung mit § 252 oder § 255 des Strafgesetzbuches.

[2]Im Übrigen gelten § 395 Absatz 2 Nummer 1, Absatz 4 und 5 und §§ 396 bis 402 der Strafprozessordnung entsprechend.

Schrifttum: BMJ (Hrsg.), Neue ambulante Maßnahmen nach dem JGG, 1986; Hering/Sessar, Praktizierte Diversion, 1990; Niedling, Strafprozessualer Opferschutz am Beispiel der Nebenklage, 2005; Rohde, Die Rechte und Befugnisse des Verletzten im Strafverfahren gegen Jugendliche, 2009; Weißer Ring (Hrsg.), Täterrechte – Opferrechte, 1996; Zapf, Opferschutz und Erziehungsgedanke im Jugendstrafverfahren, 2012.

Übersicht

I. Anwendungsbereich

1. Jugendliche

1   Die Vorschrift gilt für Jugendliche auch in Verfahren vor den für allg. Strafsachen zuständigen Gerichten (§ 104 Abs. 1 Nr. 14).

2. Heranwachsende

2   Die Vorschrift findet auf Heranwachsende keine Anwendung (§§ 109, 112 S. 2; für Aufhebung von Abs. 3 Albrecht DJT 2002, Thesen II. 4. c) sowie einschr. Hinz ZRP 2002, 475 ff., für Beibehaltung DVJJ-Kommission (15.8.2002), DVJJ-Journal 2002, 245), dh gegen Heranwachsende ist Privat- und – ohne die Einschränkung gem. Abs. 3 S. 1 – Nebenklage zulässig, wobei es unbeachtlich ist, ob die Anwendung von JStR oder von allg. StR zu erwarten ist.

3. Kriminalpolitische Erwägungen

2a   Nicht ohne Einwand ist der Vorschlag, Abs. 1 S. 1 in sein Gegenteil zu verkehren (so aber DVJJ Rundbrief 131, Juni 1990, 22). Vielmehr wird teilweise angeregt, Abs. 1 S. 2 zu streichen (UK I DVJJ-Journal 1992, 11; AK II/1, DVJJ 1993).

II. Privatklage

1. Heranwachsendenalter als Prozessvoraussetzung

3   War der Beschuldigte **zur Zeit** der vorgeworfenen **Tat** (§ 1 Abs. 2) nicht mindestens 18 Jahre alt, so fehlt es einer Privatklage **ihm ggü.** an einer Prozessvoraussetzung **(Abs. 1 S. 1).** Auch ist solchenfalls schon ein Sühneversuch gem. § 380 StPO unzulässig (hM; vgl. etwa Kaspar in MüKoStPO Rn. 6). – Ausgleichsbemühungen im privaten Bereich bleiben hiervon unberührt.

4   Ist gegen einen Jugendlichen Privatklage erhoben worden, so ist sie zurückzuweisen (§ 383 Abs. 1 S. 1 StPO); ein etwa bereits eröffnetes Hauptverfahren ist einzustellen (§§ 206a, 260 Abs. 3, 389 StPO; wegen der Kostenfolge s. § 471 Abs. 2 StPO). Ergeht auf die Privatklage hin ein Urteil gegen einen Jugendlichen, so ist dieses idR nur anfechtbar, nicht aber nichtig (hM, vgl. → § 1 Rn. 35 ff.; abw. etwa Kaspar in MüKoStPO Rn. 5).

2. Verfolgung durch die Jugendstaatsanwaltschaft

Sie verfolgt **Privatklagedelikte** (§ 374 Abs. 1 StPO; zum Begriff Verfehlung vgl. → § 1 Rn. 33) **Jugendlicher** im Offizialverfahren (zB §§ 45 ff., 76 ff.) dann, wenn neben den allg. Voraussetzungen – zB bei Antragsdelikten der Strafantrag – das öffentliche Interesse an der Strafverfolgung (§ 376 StPO; vgl. RiStBV Nr. 86 Abs. 2) und/oder eine der zusätzlichen Voraussetzungen des Abs. 1 S. 2 vorliegen. Diese Regelung stellt im Vergleich zum allg. StVR eine Erweiterung staatlicher Eingriffmöglichkeiten im JStrafverfahren dar, sodass in besonderem Maße die jugendrechtlichen Ziele von Schutz, Förderung und Integration zu berücksichtigen sind (zur Häufigkeit vgl. vormals Schüler-Springorum in BMJ, Neue ambulante Maßnahmen nach dem JGG, 1986, 213; Hering/Sessar, Praktizierte Diversion, 1990, 84, 89). – Der JStA entscheidet nach pflichtgemäßem Ermessen. **5**

a) Voraussetzungen. aa) Was die Voraussetzung „**Gründe der Erziehung**" angeht, so sind weniger die Schwere und Häufigkeit der vorgeworfenen Straftaten als vielmehr deren Entstehungszusammenhänge (vgl. → § 5 Rn. 43 ff.) einschließlich des Alters und der Erziehungsverhältnisse (ggf. Zustimmung der Eltern zu der Straftat) zu berücksichtigen. Zumindest hinsichtlich des zuletzt genannten Bereichs kann es insoweit bedenklicherweise zu einem selektiven Vorgehen kommen, nämlich je nach elternbezogenen Gegebenheiten. **6**

bb) Als „**berechtigtes Interesse des Verletzten**" gilt ein vernünftiger Anlass für den Wunsch nach Verfolgung und Ahndung der Tat (nicht also zB Vergeltung, zivilrechtliche Interessen, etc). Der Begriff mutmaßlicher „Verletzter" ist – ähnlich wie in § 48 (vgl. → § 48 Rn. 22) bzw. in § 172 StPO – weit auszulegen. Das gesetzlich bezeichnete Interesse ist jedoch nur dann beachtlich, wenn der Erziehungszweck nicht entgegensteht (§ 2 Abs. 1). Dabei findet die Auffassung, „geringfügige" erzieherische Bedenken könnten ggü. einem deutlich überwiegenden Interesse des Verletzten zurückstehen müssen (vgl. Brunner/Dölling Rn. 2; Schatz in Diemer/Schatz/Sonnen Rn. 8), im Gesetz keine Stütze (vgl. auch Sommerfeld in NK-JGG Rn. 10; Kaspar in MüKoStPO Rn. 10). **7**

b) Ablehnung der Verfolgung. Solchenfalls ist hinsichtlich der Frage nach der Zulässigkeit des **Klageerzwingungsverfahrens** zu **differenzieren**. Im Falle der Einstellung nach § 170 Abs. 2 StPO ist das Klageerzwingungsverfahren **zulässig** (hM, vgl. nur OLG Hamburg MDR 1971, 596; OLG Stuttgart NStZ 1989, 136 mablAnm Brunner; Graalmann-Scheerer in Löwe/Rosenberg StPO § 172 Rn. 31; Kaspar in MüKoStPO Rn. 14; aA noch OLG Frankfurt a. M. MDR 1959, 415). Bedenken begegnet dies deshalb nicht, weil Abs. 1 S. 1 das Legalitätsprinzip betr. die Katalogtaten des § 374 StPO nicht generell durchbricht (zum Regelungszweck vgl. Potrykus Anm. 1). Beruht die Einstellung hingegen (auf § 45 bzw.) auf Mängeln der Voraussetzungen (des § 376 StPO (OLG Hamburg MDR 1971, 596) oder) des Abs. 1 S. 2, so ist (zwar Dienstaufsichtsbeschwerde möglich, jedoch) nach überwiegender Auffassung das Klageerzwingungsverfahren **unzulässig** (OLG Hamburg MDR 1971, 596; OLG Stuttgart NStZ 1989, 136 ma- **8**

blAnm Brunner; Brunner/Dölling Rn. 3; Potrykus Anm. 1–3; Graalmann-Scheerer in Löwe/Rosenberg StPO § 172 Rn. 31; aA teilweise Dallinger/Lackner Rn. 13 betr. das Interesse des (mutmaßlichen) Verletzten gem. Abs. 1 S. 2), da Abs. 1 das Legalitätsprinzip insoweit durchbricht (vgl. Meyer-Goßner/Schmitt StPO § 172 Rn. 2, 3).

9   **c) Einzelfragen. aa) Bejaht** der **JStA** das Vorliegen der **Voraussetzungen** des öffentlichen Interesses und/oder der Voraussetzungen des Abs. 1 S. 2, so unterliegt dies nicht der jugendrichterlichen Nachprüfbarkeit. Der JRichter kann jedoch gem. § 47 vorgehen (s. aber § 47 Abs. 2 S. 1).

9a   **bb)** Im förmlichen Verfahren kann der JRichter auch JStrafe verhängen (Abs. 2 S. 2 betrifft nur den Widerbeklagten), wenngleich dies in der Praxis kaum vorkommen wird, weil bei Privatklagedelikten idR die Voraussetzungen des § 17 Abs. 2 nicht erfüllt sind.

III. Widerklage

1. Allgemeines

10   Nach allg. StVR können **Jugendliche** – wie alle Minderjährigen – **Privatkläger** sein, wobei die Privatklage von dem gesetzlichen Vertreter erhoben werden muss (§ 374 Abs. 3 StPO). Ob dies vor einem JGericht oder einem für allg. Strafsachen zuständigen Gericht zu geschehen hat, bestimmt sich nach dem Alter des Privatbeklagten zur Zeit der vorgeworfenen Tat.

10a   **a) Gesetzesbegründung.** Erhebt ein Jugendlicher Privatklage, so enthält **Abs. 2 S. 1** mit der Möglichkeit der Widerklage (es gelten zunächst die allg. Voraussetzungen des § 388 StPO) aus Zweckmäßigkeitsgesichtspunkten eine Ausnahme von Abs. 1. – Soweit dies mit dem Argument zu rechtfertigen versucht wird, es könnte erzieherisch abträglich sein, wenn der jugendliche Privatkläger zwar die Strafverfolgung betreiben könne, seinerseits aber vor Verfolgung geschützt sei, so vermag dies jedenfalls im Verhältnis zu einem Erwachsenen nicht ohne weiteres zu überzeugen (vgl. aber Dallinger/Lackner Rn. 18).

10b   **b) Zuständigkeit.** Für die Widerklage bleibt das mit der Privatklage befasste Gericht zuständig (vgl. RL 2 S. 1; vgl. auch § 388 Abs. 3 StPO). Handelt es sich hierbei um ein für allg. Strafsachen zuständiges Gericht, so gilt für den jugendlichen Widerbeklagten § 104, dh gegen ihn ist insoweit JStR anzuwenden.

11   **c) Wegfall der Privatklage.** Bei dieser Gegebenheit ist das Verfahren wegen eines Verfahrenshindernisses einzustellen (§ 206a StPO bzw. § 260 Abs. 3 StPO). Dies folgt daraus, dass die Widerklage nur gegen einen jugendlichen Privatkläger zulässig ist (Abs. 2 S. 1), diese Voraussetzung aber nach Wegfall der Privatklage nicht mehr gegeben ist (anders § 388 Abs. 4 StPO). Dabei macht es keinen Unterschied, ob das Verfahren gerichtshängig geworden ist (vgl. Sommerfeld in NK-JGG Rn. 16; Schatz in Diemer/Schatz/Sonnen Rn. 13; aA Brunner/Dölling Rn. 6).

2. Rechtsfolgen

Es darf – im Unterschied zum Verfahren nach Abs. 1 S. 2 – **JStrafe nicht** 12
verhängt werden (Abs. 2 S. 2; zur praktisch geringen Bedeutung vgl.
→ Rn. 9 aE).

Ein für allg. Strafsachen zuständiges Gericht muss, sofern es Erziehungs- 12a
maßregeln für erforderlich hält, deren Auswahl und Anordnung dem **FamG**
überlassen (§ 104 Abs. 4 S. 1; s. RL 2 S. 2).

3. Kosten

Vgl. hierzu → § 74 Rn. 3. – Übernimmt die Staatsanwaltschaft gem. § 2 12b
Abs. 2, § 377 Abs. 2 StPO die Verfolgung, so kann § 2 Abs. 2, § 472 Abs. 3
S. 2 StPO zur Anwendung kommen.

IV. Nebenklage

1. Grundsätzliche Unzulässigkeit (einschließlich Streitfragen zu Verletztenbefugnissen)

a) Gesetzessystematischer Zusammenhang. aa) Nebenklage 13
(§§ 395 ff. StPO), die als Institution eine „strukturelle Benachteiligung des
Beschuldigten" (Bung/Jahn StV 2012, 757 f.) vermöge „umfassender Hand-
lungsmacht" (Stolp, Die geschichtliche Entwicklung des Jugendstrafrechts
von 1923 bis heute, 2015, 198) und zumindest eine „konfrontative Stim-
mung" (Velten in SK-StPO StPO Vor §§ 395 ff. Rn. 26 f.; zu empirischen
Hinweisen Niedling, Strafprozessualer Opferschutz am Beispiel der Nebenklage, 2005, 210 ff., 243 ff.; Kölbel ZJJ 2015, 62; Kölbel BMJV 2017, 16) in
sich trägt (abl. betr. „bestimmenden Einfluss" Weigend in Barton/Kölbel 49;
Zöller FS Paeffgen, 2015, 732 (jeweils zum allg. StR); zu verfassungsrechtlichen Bedenken vgl. etwa Eisenberg/Schimmel JR 1996, 218 f.; zur Empfehlung, im Falle berechtigter Inanspruchnahme eines außerstrafrechtlichen
Entschädigungsverfahrens die Nebenklagebefugnis abzuschaffen von Galen
StV 2013, 176 (178)), ist in Verfahren gegen einen Beschuldigten, der zur
Zeit der Tat Jugendlicher war (§ 1 Abs. 2), grundsätzlich **nicht zulässig** (zu
Ausnahmen gem. Abs. 3 vgl. → Rn. 16–18; krit. Höynck/Ernst KJ 2014,
249 ff.; rechtsvergleichend Kölbel BMJV 2017, 22 ff.).

(1) Richtet sich das Verfahren gegen *mehrere Beschuldigte,* von denen einer 13a
Jugendlicher ist, so ist Nebenklage auch gegen die anderen nicht zulässig,
seien sie zur Tatzeit Heranwachsende oder Erwachsene gewesen (OLG Köln
NStZ 1994, 298 mzustAnm Eisenberg; LG Aachen MDR 1993, 679; LG
Köln StraFo 1996, 23 (mit ausführlicher Begründung); LG Zweibrücken
StRR 2009, 2 (Ls., zumindest bei Vergehen); AG Berlin-Tiergarten
13.9.1988 – (413) 3 Ju Js 371/88 (76/88); und 18.4.1994 – (409) 18 Ju Js
547/93 Ls (69/94); AG Zweibrücken 5.10.2008 – 4393 Js 11962/07; Beul-
ke/Swoboda JugendStrafR 859; Kurth/Weißer in LJKKRT § 395 Rn. 27;
eingehend Franze StV 1996, 289; **aA** BGHSt 41, 288 (mablAnm Graul
NStZ 1996, 402) in einseitiger Bevorzugung von Belangen der Nebenklage;
BGH StV 2003, 23; OLG Düsseldorf StV 1994, 605 mAnm Ostendorf;
OLG Saarbrücken ZJJ 2006, 324; OLG Frankfurt a. M. BeckRS 2016,
110994; LG Duisburg MDR 1994, 1033; LG Berlin 26.5.1994 – 518 Qs

26/74; LG Saarbrücken StraFo 2003, 172 mablAnm Möller; Brunner/Dölling § 109 Rn. 6; Kaspar in MüKoStPO Rn. 25; Walther in KK-StPO StPO § 395 Rn. 9; Siegismund FS Rieß, 2002, 866 f. (ohne Berücksichtigung der Dynamik im Täter-Opfer-Verhältnis)).

13b Dies ergibt formell ein Umkehrschluss aus § 48 Abs. 3 S. 1, zumal diese Gegenstande ebenso wie die Nebenklage den Tatvorwurf betreffen (vgl. auch § 397 StPO; aA Dölling in Weißer Ring, Täterrechte – Opferrechte, 1996, 73 f. mit der Annahme, die Nebenklage weise einen spezifischen Bezug zur Person des Mitangeklagten auf) und die Nebenklage sich faktisch – als Nebenfolge oder gar, da Wahrheitsfindung nicht teilbar ist, in gleicher Weise (OLG Düsseldorf NJW 1995, 543 (dazu eher abl. Kurth NStZ 1996, 6)) – auch ggü. dem Jugendlichen auswirkt, dh das gesamte Verfahren beeinflusst (vgl. AG Ebersberg ZJJ 2014, 297: „nicht aufspaltbar"; aA Mitsch GA 1998, 165 f.: „Spaltung").

13c (2) Inhaltlich ist es unausweichlich, die – dem Erziehungsauftrag (§ 2 Abs. 1) immanente – Pflicht zum **Schutz** Jugendlicher, die wegen der besonderen Schutzbedürftigkeit zB gerade auch im Sicherungsverfahren verlangt ist (vgl. dazu Abs. 3 S. 1 argumentum e contrario zu § 395 Abs. 1 Hs. 1 StPO; anders BGH NJW 2001, 3489 (zum allg. StR); KG JR 1995, 259 mit abl. Anm. Eisenberg/Schönberger JR 1995, 391; Kurth/Weißer in LJKKRT StPO § 395 Rn. 28; Walther in KK-StPO StPO § 395 Rn. 8 f.), nicht mittelbar durchbrechen zu lassen (zB durch Ausübung von Rechten gem. § 397 Abs. 1 StPO (vgl. aber OLG Düsseldorf NJW 1995, 343; dazu krit. Kurth NStZ 1997, 6 sowie Lempp MschKrim 1998, 127, wonach die Nebenklage die gesamte Verhandlung nachhaltig prägte und „kein Verhandlungsklima" zuließ, „wie es dem Sinn des JGG entsprochen hätte"); ähnlich (zu LG Saarbrücken StraFo 2003, 172) Anm. Möller: „Verhandlungsklima vergiftete"; aA Rössner in HK-JGG Rn. 19). Die Möglichkeit hingegen, wegen der „im Zweifel vorrangigen" Berücksichtigung der Position des Jugendlichen „die Ausübung des Frage- oder des Beweisantragsrechts zu versagen" (BGH StV 2003, 23), schränkt nur einen Teil der Unzuträglichkeiten ein und eröffnet im Übrigen zusätzliche Rechtsunsicherheit (so auch AG Ebersberg ZJJ 2014, 297) hinsichtlich einschlägiger Belange.

13d Demgegenüber sind etwaige Belastungen im Falle einer *Abtrennung* der Verfahren nachrangig, und verfahrensökonomische oder fiskalische Belange haben insoweit ohnehin auszuscheiden. – Jedoch hat der (mutmaßlich) Verletzte ein Anwesenheitsrecht in der HV (§ 48 Abs. 2).

13e (3) Wird indes der gegenteiligen Ansicht gefolgt, so verlangen die gesetzlich verpflichtenden Schutzbelange Jugendlicher (vgl. nur § 2 Abs. 1 S. 2, Abs. 2 sowie die Spezialvorschrift des § 36) danach, die Voraussetzungen des § 395 StPO **weniger ausgedehnt** zu bejahen (nicht erörtert in OLG Frankfurt a. M. BeckRS 2016, 110994) als es in sonstigen Verfahren geschieht (vgl. zur bloßen rechtlichen Möglichkeit einer Verurteilung etwa BGH NStZ-RR 2002, 340; 2008, 352; krit. etwa Altenhain JZ 2001, 794), dh eine über die Anklage hinausgehende Prüfung der Zulassung wird hier auszuscheiden haben (vgl. ergänzend → Rn. 17).

13f (bb) Sofern gegen *ein* und *denselben Beschuldigten* in einem Verfahren wegen mehrerer vorgeworfener Taten verhandelt wird, von denen einzelne im Alter *als Jugendlicher,* andere als *Heranwachsender* begangen wurden, so ist die *Nebenklage* hinsichtlich der zweitgenannten Taten grundsätzlich *unzulässig,* da sich eine Aufspaltung in der Praxis nicht durchhalten lässt (OLG

Schleswig SchlHA 2002, 175; OLG Düsseldorf StV 2003, 455; OLG Koblenz StV 2003, 455 (Ls.); OLG Hamm ZJJ 2005, 446; OLG Oldenburg NStZ 2006, 521; OLG Hamburg StraFo 2006, 117; KG NStZ 2007, 44; LG Hamburg 8.6.1988 – (34) 70/87 KLs bei Böhm NStZ 1989, 523; aus der „opferpolitisch" motivierten, für eine weite Anwendbarkeit der Nebenklage eintretenden aA s. etwa Brocke NStZ 2007, 9; Kaspar in MüKoStPO Rn. 23). Allenfalls dann, wenn sich eine Einwirkung auch auf die Verhandlung hinsichtlich der erstgenannten Taten ausschließen ließe, könnte anderes gelten (aA Mitsch GA 1998, 169 ff.: stets „Spaltung").

b) Streitfragen zu sonstigen Verletztenbefugnissen. aa) Entspre- **14** chend dem Vorrang jugendrechtlicher Ziele, deren Wahrung das Gesetz gerade nicht einer – rechtstatsächlich ohnehin weithin unterschiedlichen – Kontrollausübung des Vorsitzenden überlässt (anders OLG Koblenz NJW 2000, 2437), stehen dem Verletzten nach hier vertretener Auffassung auch die Befugnisse nach **§ 406e Abs. 1 S. 2 StPO, § 406h StPO** in Verfahren gegen einen Jugendlichen **nicht** zu (BVerfG ZfJ 2001, 112; BGH StraFo 2003, 58; OLG Stuttgart Die Justiz 2001, 173; OLG Stuttgart NStZ-RR 2003, 29 (Ls.); OLG Zweibrücken NStZ 2002, 496 mkritAnm Sack (indes ohne Berücksichtigung des Umstandes, dass das Alter des Beschuldigten feststeht, die Frage nach der Opfereigenschaft jedoch erst Ergebnis der HV sein darf); OLG Düsseldorf StV 2003, 455; KG StraFo 2006, 460; NStZ 2007, 44; AG Eggenfelden NStZ 2005, 120 (Ls.); Schaal/Eisenberg NStZ 1988, 50–52 sowie ergänzend Eisenberg NStZ 2003, 132; Laubenthal/Baier/Nestler JugendStrafR Rn. 394; s. auch Rieß/Hilger NStZ 1987, 153 Fn. 193). Für die Gegenansicht ist die Anwendbarkeit der allgemeinen Verletztenrechte nur dort beschränkt, wo die fragliche Rechtsposition technisch an die Nebenklagebefugnis gekoppelt und jene fallkonkret nicht gegeben ist (so in der Sache OLG Koblenz NJW 2000, 2437 entgegen dem systematischen Verhältnis von § 406g aF zu §§ 406d ff. StPO); OLG München NJW 2003, 1543; AG Saalfeld StV 2005, 261 (aber konkret vern. gem. § 406e Abs. 2 S. 2 StPO); Stock MschKrim 1987, 358 f.; Wölfl ZfJ 2002, 96 f.; Koudmani ZfJ 2003, 12; DJT 02 (Abt. StR) „Abstimmung" IX. 5. a; Hüls ZJJ 2005, 28; Rössner in HK-JGG Rn. 18; Schatz in Diemer/Schatz/ Sonnen Rn. 32; Laubenthal/Baier/Nestler Rn. 375 ff.; Schöch ZJJ 2012, 246 (253); s. auch Hilger in Löwe/Rosenberg StPO Vor § 406d Rn. 6: „soweit in engem Zusammenhang mit der Nebenklage", im Übrigen aber § 406e Abs. 2 hervorhebend). Hierfür spricht zudem der Wortlaut des § 406h Abs. 1 StPO, der wegen der in Rede stehenden Befugnisse auf die Zulässigkeit der Nebenklage abstellt; ferner knüpfen § 472 Abs. 3 StPO bzw. §§ 406h Abs. 3, 397a StPO an die Kostenregelung für den Nebenkläger an (s. aber auch RefE-BMJ 2. JGG-ÄndG April 04).

bb) Wenngleich die Verletztenbefugnisse vor allem in Gestalt der erwei- **15** terten Informationsrechte bereits im Vorverfahren (s. insb. §§ 406e Abs. 1, 406h Abs. 2 S. 3 StPO) auch die Wahrnehmung von Kontrollbelangen des Verletzten gewährleisten, ist entscheidend, dass sie zugleich geeignet sind, eine offensive, der prozessualen **Wahrheitsermittlung** schon deshalb ggf. **abträgliche** Prozessstrategie vorzubereiten (was – zB schon wegen finanzieller Interessen – die Verfahrensdauer nicht beeinflussen muss (s. jedoch Siegismund FS Rieß, 2002, 868)), weil mit ihnen ein Ausbau der Beschuldigtenrechte nicht korrespondiert (vgl. aus der Praxis (jeweils schon zum allg. StR) etwa Fischer NStZ 2007, 435: „Opfer"-Orientierung als gravierende Verschiebung zu Lasten von Beschuldigten, bzw. Schroth NJW 2009, 2918 f.: „Ruinierung" der Zeugenrolle für die Wahrheitsfindung; Kölbel StV 2014, 701 f.; vgl. zum Ganzen auch Zöller FS Paeffgen, 2015, 719 ff. (732); aA Zapf, Opferschutz und Erziehungsgedanke im Jugendstrafverfahren, 2012, 146 ff., 185 ff., teilweise entgegen Tendenzen einer Praxis-Befragung, Opferschutz und Erziehungsgedanke im Jugendstrafverfahren, 2012, 344 f., 347). Diese Gefahr, die mit der Definition des **Verletztenbegriffs in § 373b StPO** noch weiter ausgedehnt worden ist (kennzeichnend BT-Drs. 19/27654, 102 ff.), gilt nicht zuletzt für das Recht auf Anwesenheit eines Rechtsanwalts als Beistand schon bei der polizeilichen Vernehmung (§ 406f Abs. 1 S. 2 StPO (eingef. durch 2. OpferRRG, abl. Stellungnahme DRiB v. März 2009), in Erweiterung ggü. § 406f Abs. 2 S. 1 aF: nur bei Gericht (vgl. betr. die HV → § 48 Rn. 23) oder der StA) im Unterschied zu der lange unzulänglichen Regelung einer Verteidigerbestellung im Vorverfahren (vgl. 20. Aufl. § 68 Rn. 34, 34a; vgl. auch OLG Oldenburg StV 2009, 403: „Änderung des Kräfteverhältnisses"; s. jetzt aber § 68a). Praktische Schwierigkeiten, die sich ergeben können, falls sich erst nach Beiordnung des Verletztenbeistandes herausstellt, dass der Beschuldigte Jugendlicher war, treten demgegenüber zurück.

2. Ausnahmen gem. Abs. 3

16 a) **Entstehungsgeschichte. aa)** (1) Unter den Voraussetzungen des **Abs. 3 S. 1** hat das 2. JuMoG (v. 30.12.2006, BGBl. I 3416) entgegen nachdrücklicher Ablehnung aus der jugendstrafrechtlichen Praxis (vgl. etwa Sieveking ua ZRP 2005, 188 f.; Stuppi ZJJ 2007, 19) und Forschung (vgl. etwa Höynck ZJJ 2005, 38–40 bzw. 2007, 76) und auch **entgegen** den noch im September bzw. Oktober 2006 vorgelegten Stellungnahmen und Gesetzentwürfen nebst Begründungen der **BR** (v. 22.9.2006, BR-Drs. 550/06) bzw. der **BReg** (v. 19.10.2006, BT-Drs. 16/3038) – sowie dem **empirischen Kenntnisstand** zu Auswirkungen der Nebenklage (zB erheblich längere Verfahrensdauer, höhere Sanktionsbemessung sowie Kostenerhöhung (betr. „Nebenklageanwälte")) im allg. StVR (vgl. Barton JA 2009, 758) – den Schutz und die erzieherischen Pflichten ggü. dem jugendlichen Beschuldigten zugunsten von Belangen mutmaßlicher Verletzter (vgl. aber zur Einschränkung betr. Minderjährige → §§ 33–33b Rn. 35 ff.) preisgegeben (zum „Befremden" aus staatsanwaltlicher Sicht Sommerfeld ZJJ 2011, 93) und die Nebenklage ggü. Jugendlichen zugelassen (vgl. zur Gefahr erheblicher Beeinträchtigung erzieherischer Zielsetzung noch BR-Drs. 550/06, 143; ausdrücklich anders aber ein Teil des Schrifttums (etwa Kaspar in MüKoStPO Rn. 19 f. mwN sowie Rechtsausschuss des BT v. 29.11.2006, BT-Drs. 16/3640, 78: „unabhängig von erzieherischen Erwägungen"; zu Eigenbelangen verschiedener Berufsgruppen und „Opferschutzverbänden" vgl. etwa Barton in Barton/Kölbel 121–124, 130; eingehend zu der ebenso empiriefernen wie rechtspolitisch einseitigen „Opferschutzgesetzgebung" im JStV Kölbel BMJV 2017, 18 ff.; Kölbel in Strafverteidigertag 2018, 327 ff.).

16a (2) Im Einzelnen sah zB die **Stellungnahme** des **BR** v. 22.9.2006 (BR-Drs. 550/06, 12) noch vor, dass „Gründe der Erziehung nicht entgegenstehen dürfen" und dass „der Richter nach Anhörung des Angeschuldigten und dessen Erziehungsberechtigten und gesetzlichen Vertreters sowie der

JGH" über den Anschluss zu entscheiden habe, und dass ein solcher deshalb „nicht häufig" Anwendung finden werde – just diese Intention wurde von dem **Rechtsausschuss** sodann als ein Grund für die **Kehrtwendung** angegeben (Beschlussempfehlung v. 29.11.2006, BT-Drs. 16/3640, 77), allerdings unter gleichzeitiger deliktsbezogener Einschränkung.

Insbesondere hat der (dem Rechtsausschuss folgende) Gesetzgeber hierbei **16b** in die Rechte des jugendlichen Beschuldigten eingegriffen, indem ohne vorausgegangenes jugendrichterliches Gehör oder gar jugendrichterliche Schuldfeststellung eine **Opferrolle unterstellt** wird (insoweit verfehlt auch schon BR-Drs. 550/06, 145; zum legislatorischen Stereotyp eines idealen Opfers näher Kölbel in Barton/Kölbel 226). Zudem kann die Anwesenheit von Nebenklägern gem. sozialpsychologischen Erkenntnissen die Aussagefreiheit des Angeklagten ggf. faktisch blockieren (vgl. zu Verfahren wegen Mordes im Rahmen innerfamiliären Dauerkonflikts LG Berlin 2.10.2014 – 539 KLs 234 Js 368/13 (2/14); Bspr. Eisenberg StV 2016, 709 (zur Revisionsverwerfung BGH BeckRS 2015, 12159 bzw. BGH NStZ 2017, 539 mAnm Eisenberg). – Zusätzlich gefördert werden diese Eingriffe aufgrund der (durch das 2. OpferRRG eingeführten) *Hinweispflicht* (§ 406i Abs. 1 Nr. 2 StPO (s. auch §§ 406i Abs. 1 Nr. 3, 406j Nr. 1 StPO); Nr. 174a RiStBV).

bb) Dass ein Anschluss auch mit dem **Ziel** des **Freispruchs** zulässig ist, **16c** wurde von BGHSt 65, 145 = NJW 2020, 3398 für den Fall klargestellt, dass vom Nebenkläger das Fehlen von Schuldfähigkeit (§ 20 StGB) oder strafrechtlicher Verantwortlichkeit (§ 3) geltend gemacht wird. Dies gilt aber auch, wenn er (die Strafverfolgung eines Dritten erreichen und) die Tatbegehung des Angeklagten in Abrede stellt (sog. verteidigende Nebenklage; vgl. Altenhain JZ 2001, 791 (797 f.); Bock JR 2013, 428; Noak ZIS 2014, 189). Die insofern abw. Ansicht (OLG Schleswig NStZ-RR 2000, 270; OLG Rostock NStZ 2013, 126; Ufer in Gerst I 393) verträgt sich kaum mit dem Umstand, dass die Nebenklage bei sich erst in der HV herausstellender Unschuld des Angeklagten anerkanntermaßen zulässig bleibt (OLG Düsseldorf NStZ 1997, 204). Hiernach käme es darauf an, ob der Nebenkläger sein Verteidigungsziel von Anbeginn oder erst später offen artikuliert (so aber in der Tat Kulhanek NJW 2020, 3400; Schöch JZ 2021, 382 (384 f.)). Abgesehen von dieser merkwürdigen Konsequenz der aA ist das Freispruchsziel auch deshalb kein Ausschlussgrund, weil der Nebenklägeranschluss im Einzelfall die Möglichkeit eröffnen kann, einem Aufklärungsstau abzuhelfen bzw. eine etwaige Fehlverurteilung zu verhindern.

cc) Unzulässig ist nach hier vertretener Auffassung (Abs. 3 S. 1 Hs. 1, **16d** argumentum e contrario zu § 395 Abs. 1 Hs. 1 StPO) ein Antrag im *Sicherungsverfahren* (Kaspar in MüKoStPO Rn. 32), ohne dass hiergegen argumentiert werden könnte, Abs. 3 verweise deswegen nicht auf § 395 Abs. 1 StPO, weil diese Vorschrift durch Abs. 3 S. 1 einschränkend modifiziert werde, denn dieser S. 1 ist zeitlich später eingefügt worden (vgl. oben). Teleologisch folgt die Unzulässigkeit aus dem Erziehungsauftrag (§ 2 Abs. 1; vgl. auch → Rn. 20). Wenngleich ein Genugtuungsbedürfnis in Verfahren gegen Schuld- oder Verhandlungsunfähige trotz deren besonderer Schutzbedürftigkeit von Gesetzes wegen nicht mehr verneint werden darf (vgl. die Neufassung des § 395 Abs. 1 Hs. 1 StPO durch OpferRRG v. 24.6.2004 (BGBl. I 1354)), ist es auch weiterhin nur weniger ausgeprägt anzuerkennen (aA Schatz in Diemer/Schatz/Sonnen Rn. 24; Rössner in HK-JGG Rn. 14).

17   **b) Voraussetzungen.** Da die Vorschrift dem Willen und den Begründungen von BReg und BR entgegensteht und ihrerseits ohne Begründung
geblieben ist (vgl. → Rn. 16), kommt gem. systematischer, historischer und
teleologischer Auslegung (vgl. zusf. etwa Anm. Eisenberg StraFo 2017, 283)
nur eine stark eingeschränkte Anwendung in Betracht (vgl. auch LG Köln
ZJJ 2014, 175: „äußerst restriktiv"), wobei die *rechtstatsächliche* Erkenntnis
einer regelmäßigen *Höherstufung* des Tatvorwurfs im Ermittlungsverfahren
(vgl. etwa → § 72 Rn. 9b) zusätzlich einschränkend zu berücksichtigen ist
(vgl. aber BGH NJW 2008, 3446 mAnm Eisenberg ZIS 2008, 469 sowie
Fezer HRRS 2008, 457). Das bedeutet schon hinsichtlich der *Zulassung*
(zum Widerruf → Rn. 20b), dass die im allg. StVR außerordentlich ausgedehnte Handhabung (vgl. etwa BGH NStZ-RR 2002, 340; 2008, 352;
OLG Celle StraFo 2017, 183 = ZJJ 2017, 278 mablAnm Kölbel; einschr.
BGH BeckRS 2011, 16369) im JStVR ausscheidet (vgl. auch → Rn. 13).
Dass hinsichtlich der vom Gesetz genannten Katalogdelikte bereits eine
geringe Verurteilungsaussicht für die Zulassung ausreiche, ohne dass die
fraglichen Delikte auch angeklagt sein müssten (OLG Celle StraFo 2017,
183 = ZJJ 2017, 278; KG BeckRS 2021, 38527), trifft daher nicht zu.
Vielmehr müssen diese Voraussetzungen „mit einer gewissen Sicherheit vorliegen" und der Tatverdacht bzgl. einer Katalogtat muss „zumindest institutionell bejaht und deklariert" worden sein (Kölbel ZJJ 2017, 279 (281);
ähnlich auch zum allg. StR Velten in SK-StPO StPO § 395 Rn. 13).

17a   Der nach Abs. 3 S. 1 vorauszusetzende **Tatvorwurf** muss sich bei Nr. 1
nF und Nr. 3 nF auf ein Verbrechen beziehen (zur hier schon deshalb
notwendigen Verteidigung § 68 Nr. 1 iVm § 140 Abs. 1 Nr. 2 StPO, vgl.
→ § 68 Rn. 22), dh ein Anschluss ist zB bei fahrlässiger Tötung unzulässig
(AG Brake ZJJ 2012, 90). Nur ausnahmsweise genügt nach Nr. 2 nF mit
§ 177 Abs. 6 StGB der besonders schwere Fall eines Vergehens (§ 12 Abs. 3
StGB). Bei den von Nr. 1 nF und Nr. 2 nF genannten Vorwurfsvarianten –
und zwar bei allen (so auch die hM, vgl. nur OLG Oldenburg ZJJ 2011, 92;
OLG Celle StraFo 2017, 183 = ZJJ 2017, 278 f. mit insoweit zust. Anm.
Kölbel; Sommerfeld in NK-JGG Rn. 2; Kaspar in MüKoStPO Rn. 27; abw.
Noak in BeckOK JGG Rn. 23: nur §§ 239 Abs. 3, 239a, 239b StGB) – ist
ausdrücklich Bedingung, dass der mutmaßlich Verletzte durch die Tat der
Gefahr einer schweren Schädigung seelischer oder körperlicher Art ausgesetzt wurde oder dass diese Gefahr sich in einer solchen Schädigung
realisiert hat. Hinsichtlich eines der in Nr. 3 nF abschließend genannten
Tatvorwürfe muss die konkrete Schwere nach gesetzessystematischer Auslegung derjenigen der sonstigen vorgeworfenen Taten gem. Abs. 3 S. 1 entsprechen. Soweit in Fällen von § 251 StGB bzw. § 251 StGB iVm § 252
oder § 255 StGB (ausnahmsweise) keine Verletzung auf Seiten des etwaigen
Nebenklägers eingetreten ist, wird diese Gewichtsäquivalenz fraglich (vgl.
auch LG Köln ZJJ 2014, 175: Zulassung der Nebenklage vern.).

18   **aa) (1)** Bezüglich der **Schwere** ist davon auszugehen, dass (körperliche
und) psychische Beeinträchtigungen regelmäßig mit den in Rede stehenden
Taten einhergehen und daher für sich genommen das geforderte besondere
Gewicht noch nicht begründen. Im Sinne einer engen Auslegung (vgl. etwa
zum allg. StR Fischer StGB § 176a Rn. 11; vgl. auch Renzikowski in
MüKoStGB StGB § 176a Rn. 26 f. und allg. Empfehlungen der Ausschüsse
bzw. BR-Stellungnahme BR-Drs. 550/1/06, 13 bzw. 550/06, 12; verfehlt
Hinz JR 2007, 144) muss die Schädigung erheblicher sein. Allg. verlangt der

Begriff der Schwere mehr als eine „nicht nur unerhebliche" Beeinträchtigung, vielmehr muss diese schon von *besonderem Gewicht* sein (vgl. LG Saarbrücken NStZ 2015, 231). Eingegrenzt sind deshalb auch die relevanten Schädigungsarten, wobei Entwicklungsschäden nicht ausreichen, wie schon der Vergleich der Gesetzesfassung mit dem Wortlaut etwa der §§ 176a Abs. 1 Nr. 3, 177 StGB deutlich macht.

(2) **Gefahr** bedeutet die konkrete Möglichkeit des Eintritts einer Schädi- **18a** gung durch die Tat (vgl. auch Noak ZRP 2009, 16). Bloße Vermutungen oder auch Anhaltspunkte genügen insoweit nicht, es muss vielmehr eine erhebliche Wahrscheinlichkeit betr. einer Realisierung der Gefahr bestehen (LG Oldenburg ZJJ 2011, 92 mAnm Sommerfeld; vgl. ähnlich LG Köln ZJJ 2014, 176). Sie muss sich aus den Umständen der einzelnen vorgeworfenen Tat bzw. den entsprechenden Tatelementen ergeben, dh es müssen Umstände gegeben sein, die zur Verwirklichung des Staftatbestandes erforderlich sind. Ein sonstiger Zusammenhang reicht nicht aus (vgl. LG Saarbrücken NStZ 2015, 231; schon zum allg. StR etwa Eisele in Schönke/Schröder StGB § 176a Rn. 10; aA Fischer StGB § 176a Rn. 12).

bb) Wird in der **Revision** die Anschlussbefugnis zutreffend gerügt, so ist **18b** schon wegen der der Nebenklage eingeräumten Befugnisse (vgl. → Rn. 20) zumal betr. einen im Vergleich zu Erwachsenen idR weniger abwehrfähigen Jugendlichen oder auch Heranwachsenden ein Beruhen schwerlich auszuschließen (vgl., jeweils schon zum allg. StR, vormals etwa OLG Frankfurt a. M. NJW 1966, 1669; sodann Walther in KK-StPO StPO § 396 Rn. 14; Velten in SK-StPO StPO § 396 Rn. 18; tendenziell anders BGH 21.7.1993 – 3 StR 102/93 Rn. 3, BeckRS 1993, 08275; Meyer-Goßner/ Schmitt StPO § 396 Rn. 21).

c) Abs. 3 S. 2. aa) Nach dieser Vorschrift erstreckt sich die Befugnis zur **19** Nebenklage bei Tötungsdelikten auf die in § 395 Abs. 2 Nr. 1 StPO genannten Personen (und also wohl gar trotz Fehlens der besonderen Voraussetzungen (vgl. → Rn. 17, 18) bei diesen). Deren Kreis wird durch § 373b StPO aber nicht ausgedehnt (BT-Drs. 19/27654, 101). Durch das 2. OpferRRG (in Kraft seit 1.10.2009) ist der Anschluss auch im JStVerf in jeder Lage des Verfahrens zulässig geworden (Abs. 3 S. 2, § 395 Abs. 4 StPO). Ist der Anschluss vor Erhebung der öffentlichen Klage erklärt, wird er erst mit deren Erhebung wirksam (§ 396 Abs. 1 S. 2, 3 StPO). Der Anschluss kann im allg. StVR noch nach ergangenem Urteil erklärt werden (betr. Einlegung von Rechtsmitteln), wozu Bedenken hinsichtlich einer Bejahung auch im JStVerf aus den Gründen bestehen, die für die restriktive Regelung des § 55 angeführt werden. Auch bei bereits anhängigem Rechtsmittelverfahren soll der Anschluss im allg. StVR zulässig sein, und zwar unabhängig davon, ob noch eine Rechtsmittelbefugnis des Nebenklägers besteht (BGH NStZ-RR 2002, 261 bei Becker; BGH StraFo 2003, 198). Diese Auffassung wird mit den für das JStVerf gem. dem Erziehungsauftrag (§ 2 Abs. 1) wesentlichen Belangen des Schutzes Jugendlicher und Heranwachsender schwerlich zu vereinbaren sein. – Die Einbeziehung des § 395 Abs. 5 StPO (vormals § 397 Abs. 2 aF StPO) in Abs. 3 S. 2 – gleichfalls durch das 2. OpferRRG – ist demgegenüber nur redaktioneller Natur.

bb) (1) Abs. 3 S. 2 hat eine verfestigende Bedeutung, indem die sonstigen **20** Nebenklagevorschriften für anwendbar erklärt werden. Jedoch wird es gem. § 2 Abs. 2 iVm § 2 Abs. 1 und Art. 103 Abs. 1 GG zumindest vertretbar sein, vor der Entscheidung über die Berechtigung zum Anschluss im JStV (entgegen der wohl hM im allg. StVR (vgl. nur Meyer-Goßner/Schmitt StPO § 396 Rn. 11; zw. aber Hilger in Löwe/Rosenberg StPO § 396 Rn. 9; aA Velten in SK-StPO StPO § 396 Rn. 6)) stets – und nicht nur gem. § 396 Abs. 2 S. 1 – die **vorherige Anhörung** des Beschuldigten zu verlangen. Ansonsten räumt das Gesetz der Nebenklage ggü. einem jugendlichen Beschuldigten auch die sog. **Offensivbefugnisse** ein, dh insb. das Frage-, das Äußerungs- und das Beweisantragsrecht (zu weniger restriktiver Anwendung der Ablehnungsgründe schon im allg. StVR BGH NStZ 2010, 714 (mit abl. Bspr. Bock HRRS 2011, 119 f.), da die Relevanz weniger ausgeprägt ist; aA BGH NStZ 2011, 713) sowie die Rechtsmittelbefugnis. Nach § 400 StPO steht der *Nebenklage* eine Anfechtung des Urteils nicht zu, wenn das Ziel in der Feststellung der besonderen Schwere der Schuld besteht (§ 400 Abs. 1 StPO; vgl. schon BGH BeckRS 2013, 9514) oder bei Heranwachsenden die Anwendung von allg. StR erreicht werden soll (stRspr, vgl. nur BGH StraFo 2007, 245; BGH BeckRS 2007, 18505; 2013, 9514).

20a   (2) Zugleich **enthebt** die Wahrnehmung dieser Rechte, wenngleich bereits deren Einräumung erzieherisch abträglich sein kann (vgl. näher → Rn. 16), **nicht** von der Wahrung des das JGG beherrschenden **Erziehungsauftrags** (§ 2 Abs. 1). – Im Einzelfall kann die Bestellung eines Vormunds für den jugendlichen Angeklagten notwendig sein, jedoch vermag dies die gesetzgeberische Fehlentscheidung (vgl. → Rn. 16, 16a) kaum zu kompensieren, vielmehr könnte es je nach den Umständen die abträglichen Auswirkungen ggf. sogar erhöhen (vgl. BGH NStZ 2017, 539 mAnm Eisenberg).

20b   Zum einen haben der JRichter (§ 37) und sämtliche anderen Verfahrensbeteiligte, und zwar auch der Nebenkläger und dessen anwaltlicher Vertreter, während der gesamten Verfahrensdurchführung nach Form und Diktion solche Abläufe zu unterlassen, die den jugend(straf)rechtlichen Zielen von **Schutz, Förderung** und **Integration** des Jugendlichen zuwiderlaufen, andernfalls sind sie vom Vorsitzenden zu unterbinden. Zum anderen ist gem. allg. Grundsätzen (vgl. → § 2 Rn. 20 ff.) der Erziehungsauftrag bei der **Auslegung** der einschlägigen **Nebenklagevorschriften** zu berücksichtigen, wie sich zB hinsichtlich der Rechtsmitteleinlegung wegen des besonderen jugendstrafrechtlichen Beschleunigungsprinzips oder bezüglich des Akteneinsichtsrechts (jenseits von § 406e Abs. 2 StPO, vgl. dazu betr. Nebenkläger bzw. Nebenklagebefugten auch nach Abschluss der Ermittlungen schon im allg. StVR Rechtsausschuss BT-Drs. 16/13671, 11; grds. auch BVerfG, 3. K. des 1. S., NJW 2017, 1164 (betr. erwachsenen Angeklagten)) wegen einschlägiger Schutzbelange auch gem. dem Rechtsgedanken des § 54 Abs. 2 (etwa durch Entheftung von Teilen der Akte; vgl. auch → § 2 Rn. 54) als unverzichtbar ergibt (vgl. auch Nepomuk in KMR StPO Vor § 406d Rn. 7; nachdrücklich auch Velten/Greco/Werkmeister in SK-StPO StPO Vor §§ 406d–406h aF Rn. 9; vgl. auch Beulke/Swoboda JugendStrafR 867; eher unkritisch Rohde, Die Rechte und Befugnisse des Verletzten im Strafverfahren gegen Jugendliche, 2009, 172 ff.).

20c   (3) Im Einklang mit den Auslegungsregeln (→ Rn. 17) muss im JStVerfahren die Zulassung der Nebenklage **widerrufen** werden, sobald die Beweislage nach dem erreichten Stand der Hauptverhandlung keinen Tatvorwurf gem. Abs. 3 S. 1 mehr begründen kann (ebenso LG Verden 30.11.2016 – 3 KLs 7/16, hier zitiert nach OLG Celle StraFo 2017, 195 – zu

dessen (in Übertragung der Handhabung des allg. StVR) aA näher abl. Anm.
Kölbel ZJJ 2017, 279 (281); Eisenberg StraFo 2017, 283).

d) Beweiswürdigung. Bei der sachlich-rechtlichen Beweiswürdigung **21**
haben die allg. **Grundsätze,** wie sie im Strafverfahren gegen Erwachsene
wegen der Informationsrechte und Offensivbefugnisse des mutmaßlich Verletzten in erhöhtem Maße anerkannt sind, im JStrafverfahren gem. dem
Erziehungsauftrag (**§ 2 Abs. 1**) einen noch **ausgeprägteren Stellenwert.**
Denn die psychisch und ggf. auch hinsichtlich der Einhaltung der Legalordnung zerstörerische Wirkung einer partiellen oder gar vollständigen
Falschbeurteilung oder sogar Falschverurteilung erreicht ggü. Jugendlichen
noch stärkere Wirkungen, als es im allg. ggü. Erwachsenen der Fall ist – wie
auch minderjährige Nebenkläger, sofern es sich tatsächlich um Opfer handelt, besonderen Schutzes vor Bloßstellung bedürfen (vgl. speziell → §§ 33–
33b Rn. 35 ff.). Stets ist von der sog. Nullhypothese (BGHSt 45, 164 f.
mAnm Müller JZ 2000, 262) auszugehen und bei jedem Schritt der Beweisaufnahme wie -würdigung in Erwägung zu ziehen, ob die Jugendstrafjustiz
von der Nebenklage (bzw. Aktivitäten in deren Hintergrund) manipuliert
und/oder instrumentalisiert wird (vgl. aus der Praxis etwa auch Schroth
NJW 2009, 2918 f. (schon betr. allg. StR)). Solches ist grundsätzlich bei
keinem Tatvorwurf auszuschließen, zumal den Amtierenden etwaige Moti-
vationen idR allenfalls ausschnittweise erkennbar sind.

e) Kosten. Es wird auf → Rn. 8 sowie die Erl. zu → § 74 Rn. 16, **22**
→ § 109 Rn. 32 ff. verwiesen, deren Einschränkungen bei Jugendlichen
noch deutlicher zu gelten haben.

3. Jugendliche als Nebenkläger

Wie alle Minderjährigen können auch Jugendliche – in Verfahren gegen **23**
Heranwachsende oder gegen Erwachsene – Nebenkläger sein (s. aber auch
§§ 395, 374 Abs. 3 StPO entspr.; vgl. ergänzend etwa → §§ 33–33b
Rn. 39 f.). Abs. 3 bezieht sich nur auf Nebenklagen gegen Jugendliche,
nicht aber auf solche von Jugendlichen (zur Bestellung eines Dolmetschers
§ 187 Abs. 4 GVG).

Adhäsionsverfahren

81 Die Vorschriften der Strafprozeßordnung über das Adhäsionsverfahren (§§ 403 bis 406c der Strafprozeßordnung) werden
im Verfahren gegen einen Jugendlichen nicht angewendet.

I. Anwendungsbereich

Die Vorschrift findet für **Jugendliche** auch in Verfahren vor den für allg. **1**
Strafsachen zuständigen Gerichten Anwendung (§ 104 Abs. 1 Nr. 14; vgl.
auch RL 2 S. 1).

Hingegen gilt die Vorschrift für **Heranwachsende** – vor den JGerichten **2**
wie vor den für allg. Strafsachen zuständigen Gerichten – auch dann **nicht,**
wenn auf sie materielles JStR angewandt wird (§ 109 Abs. 2 S. 1, § 112
S. 2; vgl. aber auch → § 109 Rn. 51).

II. Voraussetzung und Bedeutung der Vorschrift

3   Der Beschuldigte muss zur Zeit der vorgeworfenen Tat (§ 1 Abs. 2) Jugendlicher gewesen sein (BGH BeckRS 2012, 15073). Dann ist ein Adhäsionsantrag (ggf. auch im Revisionsverfahren, BGH StraFo 2016, 435 = BeckRS 2016, 134198) **stets als unzulässig** (unter Auferlegung der Kosten, § 472a Abs. 2 S. 1 StPO iVm § 2 Abs. 2) zurückzuweisen. Soweit es erzieherisch geboten erscheint, kommt in einem Verfahren gegen Jugendliche ggf. aber **adhäsionsähnliche** Vorgehensweisen in Betracht. Möglich ist die Veranlassung eines TOA oder der Wiedergutmachung des Schadens (vgl. RL Nr. 1). Dies gilt zB auch für Maßnahmen iRd Aussetzungsentscheidungen, § 23 Abs. 1 bzw. § 29 S. 2.

4   Durch die Regelung werden die Vermögensinteressen des Verletzten (§ 373b StPO) – und die der anderen, in § 403 StPO genannten Antragsteller im Rahmen eines Adhäsionsverfahrens (BT-Drs. 19/27654, 131) – hinter dem **Erziehungsauftrag** des JGG (§ 2 Abs. 1) zurückgestellt. Das geschieht in der Absicht, das Verfahren und die Rechtsfolgenanordnung im JStR von spezial-präventiv kontraproduktiven Auseinandersetzungen und Anordnungen freizuhalten, die allein Restitutionsinteressen verpflichtet sind. Solche untunlichen „Nebenschauplätze" wären zu erwarten, wenn sich Antragsteller iSv § 403 StPO in das JStVerf einschalten könnten (lediglich auf damit verbundene Verzögerungen abstellend BGH NStZ 2021, 679 (682)). Kritik an dieser begrüßenswerten Maßgabe wird idR aus einer reinen „Opferrechts"-fokussierten Orientierung heraus formuliert (dazu und zur Erwägung einer einschränkungslosen Anwendung des Adhäsionsverfahrens im JGG etwa Kaspar in MüKoStPO Rn. 3 f.; Hinz ZRP 2002, 475 (477 ff.)).

5   Die gesetzliche Festlegung verliert indes durch die erheblichen Änderungen, zu denen es 2017 im Recht der **Vermögensabschöpfung** gekommen ist, deutlich an Gewicht, weil die Strafverfolgungsbehörden seitdem für die Durchsetzung und Befriedigung von Rückgabe- und teilweise auch von Entschädigungsansprüchen sorgen sollen (→ § 6 Rn. 9). Der Ausschluss des Adhäsionsverfahrens im JGG wirkt sich deshalb für die Geschädigten **nur noch ausschnittsweise** als Einschränkung aus – allenfalls bei manchen Geringfügigkeits- und Entreicherungsfällen (→ § 6 Rn. 12 ff.) oder bei Verletztenansprüchen, die nicht auf die „Kehrseite des Erlangten" gerichtet sind (bspw. bei Schadensersatz wegen einbruchsbedingten Beschädigungen). Dieser Effekt ist – unabhängig von seiner etwaigen Inkonsistenz (eine solche bej. BGH ZJJ 2020, 306 (310) = BeckRS 2020, 18436; Schady/Sommerfeld, ZJJ 2019, 235 (237); abw. BGH NStZ 2021, 679 (682)) – zumindest deshalb problematisch, weil er legislatorisch gar nicht bedacht worden war (Kölbel/Eisenberg/Sonnen NStZ 2021, 683 (685); s. auch → § 6 Rn. 12 ff. zu Einwänden gegen die Wertersatzeinziehung).

Zehnter Unterabschnitt. Anordnung der Sicherungsverwahrung

Verfahren und Entscheidung

81a Für das Verfahren und die Entscheidung über die Anordnung der Unterbringung in der Sicherungsverwahrung gelten § 275a der Strafprozessordnung und die §§ 74f und 120a des Gerichtsverfassungsgesetzes sinngemäß.

[Fassung bis 31.5.2013:]

(2) ¹Ist über die nachträgliche Anordnung der Sicherungsverwahrung nach § 7 Absatz 2 zu entscheiden, übersendet die Vollstreckungsbehörde die Akten rechtzeitig an die Staatsanwaltschaft des zuständigen Gerichts. ²Prüft die Staatsanwaltschaft, ob eine nachträgliche Anordnung der Sicherungsverwahrung in Betracht kommt, teilt sie dies dem Betroffenen mit. ³Die Staatsanwaltschaft soll den Antrag auf nachträgliche Anordnung der Sicherungsverwahrung spätestens sechs Monate vor dem Zeitpunkt stellen, zu dem der Vollzug der Jugendstrafe oder der freiheitsentziehenden Maßregel der Besserung und Sicherung gegen den Betroffenen endet. ⁴Sie übergibt die Akten mit ihrem Antrag unverzüglich dem Vorsitzenden des Gerichts.

Schrifttum: Ortmann, Sozialtherapie im Strafvollzug, 2002.

I. Anwendungsbereich

Die Vorschrift findet auf **Jugendliche** auch in Verfahren vor den für allg. 1 Strafsachen zuständigen Gerichten Anwendung (§ 104 Abs. 1 Nr. 15).

Die Regelung gilt für **Heranwachsende** vor den JGerichten wie vor den 2 für allg. Strafsachen zuständigen Gerichten (§§ 109 Abs. 1, 112 S. 1).

II. Allgemeines

Die Vorschrift wurde durch Gesetz v. 20.12.2010 (BGBl. I 2300) einge- 3 fügt, und zwar statt des in § 7 Abs. 4 S. 1 aF enthaltenen Verweises auf § 275a StPO sowie auf §§ 74f, 120a GVG. Indes ging damit eine nicht unerhebliche Abweichung vom allg. StVR einher, da infolge der Aufhebung von Vorschriften zur nachträglichen Anordnung der Sicherungsverwahrung im allg. StR (§ 66b Abs. 1 und 2 StGB aF) für sog. „Neufälle", dh Verfahren wegen einer Tatbegehung nach Inkrafttreten des vorgenannten Gesetzes, die darauf bezogene bisherige Verfahrensregelung in § 275a Abs. 1 StPO aF entfallen ist, wogegen im JStR die Zulässigkeit nachträglicher Anordnung von Sicherungsverwahrung „insgesamt, auch für diese Neufälle, bestehen" (Begr. BT-Drs. 17/3403, 77 f.) blieb. Zuvor wurde die für das allg. StVR überwundene Regelung „für die Fälle des § 7 Abs. 2 (und des § 106 Abs. 5) inhaltlich in § 81a Abs. 2 überführt" (Begr. BT-Drs. 17/3403, 77 f.).

Gemäß BVerfGE 128, 326 ff. kam die Vorschrift noch insoweit zur 4 Anwendung, als § 7 Abs. 2 und 3, § 106 Abs. 3, 5 und 6 jeweils aF nur bis zu einer Neuregelung, längstens bis **31.5.2013,** fortgalten, zudem betr. § 7

Abs. 2 aF nur unter **äußerst eingeschränkten** Voraussetzungen (vgl. näher dazu → § 7 Rn. 31; zum Vorschlag der Aufhebung der Vorschrift vgl. BT-Drs. 17/4593). Auch nach der gesetzlichen Neuregelung durch das Abstandsgebots G (v. 5.12.2012 (BGBl. I 2425)) **bleibt** es für sog. „**Altfälle**" bei dem bisherigen Recht (Art. 316e, 316f EGStGB; vgl. BGH BeckRS 2016, 21436; → § 7 Rn. 33, näher 16. Aufl.). Indes hat sich im Zuge der Abschaffung der bisherigen ausdrücklichen Regelungen nachträglicher Sicherungsverwahrung für „**Neufälle**" auch die bisherige Verfahrensregelung in § 81a Abs. 2 erübrigt.

III. Verfahrensrechtliches

5   Die Vorschrift trägt zur Nivellierung altersbezogener Besonderheiten durch Anpassung an das allg. StR bei (vgl. auch → § 2 Rn. 15). Sie ist Ausdruck der formalisierten Unterstellung des JStR bzw. speziell des JStrafverfahrens unter das Erwachsenenrecht und daher geeignet, die altersgruppenbezogenen inhaltlichen Einwände zu verdecken (zust. Ullenbruch in Radtke/Hohmann StPO § 275a Rn. 202; übergangen von BVerfGE 128, 326). Wegen der **inhaltlichen Voraussetzungen** der Entscheidung wird auf die Erl. zu → § 7 Rn. 1 ff. sowie → § 106 Rn. 1 ff. verwiesen (zu Bindungswirkungen diff. Lange, Die Kriminalprognose im Recht der Sicherungsverwahrung, 2012, 215 ff., 243 ff. (267 ff.)).

1. Bescheidung des Antrags auf Eröffnung des Verfahrens

6   Das JGericht kann bei Nichtvorliegen der Voraussetzungen die Eröffnung des Verfahrens ablehnen (LG Zweibrücken ZJJ 2011, 453 (Verneinung negativer Prognose) mAnm Möller) oder den Antrag durch Prozessurteil als unzulässig verwerfen (BGH ZJJ 2011, 448). An geeigneten Gründen fehlt es zB dann, wenn der Verurteilte wegen während des JStrafvollzugs begangenen Verbrechens nach allg. StR verurteilt wurde, ohne dass die Anordnung von Sicherungsverwahrung (nach § 66 Abs. 3 S. 1 StGB) erörtert wurde (KG StraFo 2009, 393; LG Berlin NStZ 2010, 97).

2. Unterbringungsbefehl

7   Es müssen dringende Gründe (Abs. 1, § 275a Abs. 6 S. 1 StPO) im Sinne eines hohen Grades von Wahrscheinlichkeit auf im **Zeitpunkt** des Erlasses vorliegenden Tatsachen beruhen (verfehlt LG Regensburg 6.5.2011 – 121 Js 17270/1998 jug, S. 6 f., das konkrete Umstände aufgrund eines vormaligen Gutachtens bejahte, das von neueren Gutachten insoweit nicht bestätigt wurde (vgl. auch BGH JR 2010, 306 ff. mAnm Eisenberg sowie schon Eisenberg DRiZ 2009, 219 ff.)). Nicht etwa darf die Unterbringung zu dem Zweck geschehen, solche Tatsachen ermitteln zu können (vgl. nur OLG Schleswig NStZ-RR 2009, 76 (zum allg. StR); LG München 10.12.2010 – 10 NSV 122 Js 10353/97; Voll in KMR StPO § 275a Rn. 27 ff.; aA, systematisch verfehlt der HV vorgreifend, OLG München StV 2011, 596 mablAnm Eisenberg: Anknüpfungstatsachen seien gem. § 244 Abs. 2 StPO aufzuklären).

3. Zuständigkeit

Gemäß Abs. 1 iVm § 74f GVG ist die **JKammer** als erstinstanzliches 8
Gericht zuständig (und zwar auch dann, wenn ggf. das JSchöffG entschieden
hatte, § 74f Abs. 2, 3 GVG (betr. Straferwartung vgl. § 41 Abs. 1 Nr. 5,
dazu aber auch → § 41 Rn. 15 f.); vgl. → § 40 Rn. 5 ff.). Andererseits bleibt
die etwaige erstinstanzliche Zuständigkeit eines OLG (§ 102; vgl. aber
→ § 102 Rn. 2, 4) unberührt (Abs. 1, § 120a GVG).

4. Nebenklage

Sie ist **unzulässig** (vgl. auch BGH BeckRS 2006, 04955 Rn. 18; OLG 9
Brandenburg NStZ 2006, 183).

IV. Sachverständige

1. Einzuholende Gutachten

a) § 275a Abs. 4 S. 2 und 3. Hiernach ist verlangt (ggf. iVm § 109 Abs. 1 10
S. 1) die Einholung der Gutachten von **zwei Sachverständigen** unterschiedlicher Fachrichtungen (vgl. BGH NJW 2005, 2024 f.), die iRd JStraf-
oder des Maßregelvollzugs nicht mit der Behandlung des Verurteilten befasst
gewesen sein dürfen. Die Verwertbarkeit der Gutachten setzt voraus, dass der
Verurteilte (auch) von jedem Sachverständigen in geeigneter Weise (§ 70a
Abs. 1 aF bzw. § 70b Abs. 1 nF entspr.) **belehrt worden** ist (§ 136 Abs. 1
S. 2 StPO entspr.; vgl. allg. → § 43 Rn. 43; BGH NJW 2007, 1149 = JZ
2007, 1004 (mit iErg krit. Anm. Kinzig sowie abl. Anm. Eisenberg JR 2008,
146) hat sich hierzu (mangels Verfahrensrüge) nicht verhalten), weil die
Untersuchung funktional dem Ermittlungen zum Tatvorwurf entspricht (vgl.
auch Eisenberg DRiZ 2009, 219 ff.; JR 2010, 315 ff.; tendenziell wohl eher
zust. Ullenbruch in Radtke/Hohmann StPO § 275a Rn. 62). – Vollzugsbedienstete iSv § 182 Abs. 2 S. 1 StVollzG unterliegen hinsichtlich personenbezogener Daten der Schweigepflicht (n. dazu die verschiedenen (J)StVollzGe
der Länder (vgl. auch → § 92 Rn. 142); für eine Übermittlungspflicht in den
Grenzen von § 182 Abs. 2 S. 2 Alt. 2 StVollzG Harrendorf JR 2007, 18 ff.).

Getilgte oder zu tilgende Registereintragungen über eine Verurteilung 11
dürfen **nicht** berücksichtigt werden (§ 51 Abs. 1 BZRG, OLG Celle StraFo
2011, 373 (zum allg. StR)).

b) Akteneinsicht des Verteidigers. Soweit dem Sachverständigen (Per- 12
sonal-)Akten zur Kenntnis gegeben werden, ist auch dem Verteidiger Einsicht zu ermöglichen. Andernfalls wäre der Grundsatz des fairen Verfahrens
verletzt (OLG Nürnberg StV 2012, 168). Dies wird auch für informell
geführte Akteninhalte zu gelten haben.

2. Keine Mitwirkungspflicht

Der Betroffene kann selbst entscheiden, ob er sich an der Untersuchung 13
beteiligen will oder nicht.

a) Ermittlungen ohne Beteiligung. Sieht der Verurteilte von einer Be- 14
teiligung an der Untersuchung durch einen Sachverständigen ab (vgl. zur

„fachlichen Unzuständigkeit" der Psychiatrie Eschelbach/Wasserburg FS Wolter, 2013, 878; zu methodischen Gründen etwa → § 106 Rn. 16 ff., 27f; sachfremd Kröber FPPK 2013, Oktober: „verweigern"), so verbleiben die **beweisrechtlich** begrenzten und nicht selten irreführenden Möglichkeiten eines Vorgehens gem. § 2 Abs. 2, § 80 Abs. 2 StPO (insb. Gutachten nach Aktenlage bzw. punktuelle Eindrücke während der Extremsituation einer strafjustiziellen Verhandlung bei anhaltender Langzeitinhaftierung). Soweit das Gericht anstrebt, anhand von Aussagen von Bediensteten der JStVollzAnstalt als Zeugen ermitteln zu können, wie es um den *psychischen Zustand* des Verurteilten steht (vgl. dazu LG München I – 10 NSV 122 Js 10353/97 auf Veranlassung von OLG München StV 2011, 596 mAnm Eisenberg), ist aussagepsychologisch einschränkend zu besorgen, dass es zu institutionell-hierachisch relevanten Lagerbildungen bzw. „Gruppenaussagen" kommen kann.

15 **b) Zur Frage prognostischer Relevanz der aktuellen Befindlichkeit.** Empirisch anerkannt ist, dass die prognostische Relevanz von Angaben zum aktuellen psychischen Zustand – im Unterschied etwa zur Würdigung des *biographischen* Längsschnittverlaufs und phasenbedingter Einwirkungen – eher gering ist, zumal Zusammenhänge zwischen persönlichkeitsbezogenen Veränderungen und „Rückfälligkeit" nach Entlassung nicht festgestellt werden konnten (vgl., jeweils betr. Erwachsene, etwa Rasch/Kühl Bewährungshilfe 1978, 44 (55); Ortmann, Sozialtherapie im Strafvollzug, 2002, 263 ff., 276) und therapeutische Maßnahmen ggf. gar negative Auswirkungen für die zukünftige Legalbewährung haben können (vgl. zum Ausland vormals etwa Whitehead/Lab JRCD 1926 (89), 289 (betr. „juvenile correctional treatment"); Seto/Barbaree Journal of Interpersonal Violence 1999, 1235 (1243 f.) (betr. „psychopathy" bei Sexualdelikten)).

V. Kosten

16 Die für gem. § 463 Abs. 3 S. 3 StPO iVm § 67d Abs. 2 StGB sowie gem. §§ 67d Abs. 3, 67c Abs. 1, 72 Abs. 3 S. 2 StGB und §§ 68, 68f Abs. 2 StGB einzuholende **Gutachten** entstehenden Kosten trägt nach hier vertretener Auffassung die Staatskasse. Dies gilt – entgegen der hM (zum allg. StR), vgl. nur OLG Koblenz JR 2006, 83 mit abl. Bspr. Eisenberg JR 2006, 57 (59 f.); vgl. ergänzend BVerfG (3. Kammer des 2. Senats) JR 2006, 480 mablAnm Eisenberg) – auch für Heranwachsende, auf die allg. StR angewandt wird (vgl. jeweils zum allg. StR OLG Hamm NStZ 2001, 168; n. Hilger in Löwe/Rosenberg StPO § 464a Rn. 18a; zu Jugendlichen und Heranwachsenden, auf die JGG angewandt wird, s. → § 74 Rn. 14). Einer Herleitung aus §§ 465 Abs. 1 S. 1, 454 iVm 463 Abs. 1 StPO steht die ursprüngliche Konzeption der Kostenvorschrift insoweit entgegen, als Maßregeln „Sonderopfer für die Gemeinschaft" sind. Im Übrigen entstehen die Gutachterkosten in Fällen des § 463 Abs. 3 S. 3, 4 StPO im Rahmen einer selbstständigen inhaltlichen Prüfung eines anderen als des erkennenden Gerichts (§§ 463 Abs. 3, 454, 462a Abs. 1 StPO). Endlich verhielte sich die Kostenaufbürdung, erhöht ggü. Jugendlichen und Heranwachsenden, geradezu konträr zur staatlichen Pflicht, eine (Wieder-)Eingliederung zumindest nicht zu erschweren (§ 2 Abs. 1).

Drittes Hauptstück. Vollstreckung und Vollzug

Erster Abschnitt. Vollstreckung

Erster Unterabschnitt. Verfassung der Vollstreckung und Zuständigkeit

Vollstreckungsleiter

82 (1) ¹Vollstreckungsleiter ist der Jugendrichter. ²Er nimmt auch die Aufgaben wahr, welche die Strafprozeßordnung der Strafvollstreckungskammer zuweist.

(2) Soweit der Richter Hilfe zur Erziehung im Sinne des § 12 angeordnet hat, richtet sich die weitere Zuständigkeit nach den Vorschriften des Achten Buches Sozialgesetzbuch.

(3) In den Fällen des § 7 Abs. 2 und 4 richten sich die Vollstreckung der Unterbringung und die Zuständigkeit hierfür nach den Vorschriften der Strafprozessordnung, wenn der Betroffene das einundzwanzigste Lebensjahr vollendet hat.

Schrifttum: Baumgart, Illegale Drogen-Strafjustiz-Therapie, 1994; Cronenberg/ Frenzel, Die Vollstreckung von Jugendstrafen im Bezirk des Amtsgerichts Tiergarten, 1998; Egg (Hrsg.), Die Therapieregelungen des BtM-Rechts, 1992; Joachimski/ Haumer, BtM-Gesetz, 7. Aufl. 2002; Kurze, Strafrechtspraxis und Drogentherapie, 1993; Possin, Heimerziehung gem. §§ 27, 34 SGB VIII als jugendstrafrechtliche Intervention, 1995.

Übersicht

I. Anwendungsbereich

1. Persönlicher Anwendungsbereich

1   Die Vorschrift findet auf **Jugendliche** auch dann Anwendung, wenn die Entscheidung durch ein für allg. Strafsachen zuständiges Gericht ergangen ist (näher → § 104 Rn. 29).

2   Abs. 1 gilt für **Heranwachsende** dann, wenn das JGericht oder das für allg. Strafsachen zuständige Gericht, das die Entscheidung getroffen hat, materielles JStR angewendet hat (§§ 110 Abs. 1, 105 Abs. 1; vgl. ferner RL I. Nr. 3 zu §§ 82–85).

2. Zuständigkeit des JRichters als Vollstreckungsleiter

3   Die Regelung des **Abs. 1 S. 1** steht im Gegensatz zum allg. StVR, nach dem für die Vollstr grundsätzlich die Staatsanwaltschaft zuständig ist (§ 451 StPO).

3a   Zur *örtlichen* Zuständigkeit des JRichters als Vollstreckungsleiter s. §§ 84 und 85, zum sog. *besonderen Gerichtsstand* des Vollstreckungsleiters vgl. § 42 Abs. 1 Nr. 3.

4   **a) Aufgaben. Abs. 1 S. 1.** Nach dieser Vorschrift betrifft die Zuständigkeit des JRichters als Vollstreckungsleiter zunächst Entscheidungen, die durch ihn selbst oder unter seinem Vorsitz durch das *JSchöffenG ergangen* sind (§ 84 Abs. 1, 3); zudem hat er die Entscheidung eines anderen JRichters oder eines anderen JSchöffenG zu vollstrecken. Darüber hinaus vollstreckt er solche Entscheidungen, die von der *JKammer* im ersten Rechtszug oder von einem für *allg. Strafsachen* zuständigen Gericht getroffen worden sind; dies gilt auch, wenn gem. § 102 ein OLG in erster Instanz entschieden hat (krit. → § 102 Rn. 2, 4), weil § 462a Abs. 5 S. 1 StPO wegen § 83 Abs. 1 nicht zur Anwendung kommt (OLG Düsseldorf OLGSt § 82 Nr. 2; vgl. auch → § 102 Rn. 3). – Im Einzelnen wird zB auch betr. die Nachtragsentscheidung gem. *§ 69a Abs. 7 StGB* bei Entziehung der Fahrerlaubnis (entgegen

OLG Düsseldorf NZV 1990, 237) im Interesse eingehender Persönlichkeitserforschung im Sinne einer Gesamtbetrachtung von der Zuständigkeit des
JRichters als Vollstreckungsleiter – und nicht der JKammer als Gericht des 1.
Rechtszugs – gem. Abs. 1 S. 2, § 83 Abs. 1, §§ 463 Abs. 1, 6, 462 Abs. 1,
462a Abs. 1 S. 2 StPO auszugehen sein (OLG Frankfurt a. M. NStZ-RR
1996, 286), zumal gerade die Zuständigkeitskonzentration – also die Vermeidung paralleler Zuständigkeit funktionell differierender Spruchkörper –
Sinn und Zweck der gesetzlichen Bestimmungen ist.

Der JRichter ist auch dann noch zuständig, wenn für einen *Mitverurteilten* **5**
eine *andere* VollstrBehörde zuständig ist. Ein Auseinanderfallen der Zuständigkeit zur Vollstr bei ein und derselben Entscheidung wird in diesen Fällen
in Kauf genommen.

Abs. 1 S. 2. Der JRichter ist als Vollstreckungsleiter ebenfalls für die **6**
Entscheidungen zuständig, die die StPO der **StrVollstrKammer** zuweist (s.
§§ 462a, 463 StPO, §§ 78a, 78b GVG; s. auch OLG Stuttgart MDR 1976,
78; im Falle einer vorausgegangenen Aussetzung der Entscheidung durch
eine (unzuständige) StVollstrKammer wird deren Zuständigkeit nicht etwa
durch § 462a Abs. 1 S. 2 StPO begründet, OLG Zweibrücken OLGSt zu
§ 462a StPO; zur Zuständigkeit der JKammer als erstinstanzliches Gericht
für nachträgliche Entscheidungen, nachdem die StrVollstrKammmer eine
neue Gesamtstrafe gebildet hatte, OLG Schleswig NStZ 1983, 480).

b) Hilfe zur Erziehung (§ 12 Nr. 1, Nr. 2). Die Vorbereitung der **7**
Durchführung dieser Maßnahmen wird ebenfalls vom JRichter veranlasst.
Die Aufgaben betreffen hier im Wesentlichen die Mitteilungen sowie die
Übersendung der erforderlichen Unterlagen (vgl. RL III. Nr. 2 zu §§ 82–
85). – Die **Durchführung** und Aufhebung von Hilfe zur Erziehung nach
§ 12 Nr. 1 und Nr. 2 richtet sich nach dem **KJHG** (Abs. 2), wogegen eine
gar zwangsweise Durchsetzung ohne **familiengerichtliche** Anordnung
nicht zulässig ist (s. dazu etwa § 53 sowie ua § 1631b Abs. 2 S. 1 BGB; vgl.
auch AG Hamburg ZJJ 2005, 451 sowie zu empirischen Daten schon
Hoops/Permien ZJJ 2005, 46 f.). Speziell betr. § 12 Nr. 2 ordnet der Richter die Durchführung an (zur historischen Gesetzesauslegung Lobinger Kostentragung 241 ff.; aA Possin, Heimerziehung gem. §§ 27, 34 SGB VIII als
Jugendstrafrechtliche Intervention, 1995, 63 ff., 72 ff. sowie S. 127 zur „Anordnung" durch das FamG (vormals Vormundschaftsgericht) gem. § 53).
Der JRichter hat ggü. dem Jugendlichen keine rechtliche Handhabe zur
Durchsetzung von dessen Mitwirkung in dem (anschließenden) Sozialver-
waltungsverfahren, und im Falle der abl. Entscheidung des JAmts ist er auf
formlose Rechtsbehelfe beschränkt (nach Possin, Heimerziehung gem.
§§ 27, 34 SGB VIII als Jugendstrafrechtliche Intervention, 1995, 95 ff.,
106 ff. sei der Beurteilungsspielraum des JAmts jedoch derart eingeschränkt,
dass die Ablehnung nur wegen nach dem Zeitpunkt der Verurteilung eingetretener Umstände begründet sein könne).

Die Ersetzung der richterlichen Zuständigkeit durch diejenige des JAmtes **8**
(§ 85 KJHG) überbürdet diesem die Beurteilung ua der **Verhältnismäßigkeit** der Fortdauer der Verpflichtung und damit einer spezifisch juristischen
Fragestellung. Dabei ist nicht auszuschließen, dass das JAmt schon infolge
seiner tatsächlichen Beteiligung den **Eingriffscharakter** weniger gewichtet
(vgl. speziell zu § 12 Nr. 2 aber → § 55 Rn. 35) als die – ihre Tätigkeit
legitimierende – erzieherische Zielsetzung, oder aber dass (gleichsam umge-

kehrt) Kostenerwägungen betr. den einzelnen Jugendlichen die Wahrnehmung erzieherischer Aufgaben tatsächlich einschränken.

9   **c) Gnadenbehörde.** Der JRichter als Vollstreckungsleiter sollte auch
zuständige Gnadenbehörde für Jugendliche und (nach JStR abgeurteilte)
Heranwachsende sein (so zB GnO BW Die Justiz 2001, 506 (§ 5 Abs. 2,
§ 7); BayGnO, GVBl. 2006, 321 (§ 8 Abs. 2)). Soweit nach den Gnaden-
ordnungen der Länder die Staatsanwaltschaft Gnadenbehörde in JStrafsachen
ist (vgl. etwa betr. RhPf JBl. 1995, 255 bzw. 2004, 261, s. auch VO RhPf v.
11.5.1998, § 1 (GVBl. 162); betr. Nds. §§ 1 Abs. 1, 4 (NdsRpfl 1999, 53);
krit. dazu Böhm/Feuerhelm JugendStrafR 86), sollte der JRichter als Vollstreckungsleiter zumindest gehört werden (vgl. § 11 Abs. 4 GnO Bln. (ABl.
2004, 2625; 2009, 1778), § 16 Abs. 1 GnO Nds (NdsRpfl 1999, 53), § 15
Abs. 1 Nr. 8 GnO LSA (vgl. schon AV MBl. 1994, 1476); Birkhoff/Lemke
GnadenR 183; s. aber auch BGHSt 32, 330). – Im Rahmen grundsätzlicher
Erwägungen bei Gnadenentscheidungen wird im JStR auch dem Erziehungsauftrag (**§ 2 Abs. 1**) und also den allg. jugendrechtlichen Zielen von
Schutz, Förderung und Integration Rechnung zu tragen sein (s. ausf. Dallin-
ger/Lackner Vor § 82 Rn. 23 ff., 27 f).

3. Entscheidungen nach §§ 35, 36, 38 BtMG

10   **a) Zurückstellung der Vollstreckung.** Der JRichter ist als Vollstreckungsleiter ferner zuständig (s. §§ 82, 84, aber auch 85 (vgl. dazu → § 85
Rn. 14)) für Entscheidungen zur Frage der Zurückstellung der Vollstr gem.
§§ 38, 35 BtMG (vgl. auch BGH bei Katholnigg NJW 1990, 2296), die er
nach pflichtgemäßem Ermessen (auch → § 83 Rn. 2) unter den sonstigen
gesetzlichen Voraussetzungen trifft (zur Registrierung s. § 17 Abs. 1, aber
auch § 32 Abs. 2 Nr. 3 BZRG). Die JStA ist gem. gesetzlicher Systematik
weder am Zurückstellungs- noch an einem Widerrufsverfahren förmlich
beteiligt (LG Offenburg NStZ-RR 2002, 347). Nach Aufnahme in den
Strafvollzug bestimmt sich die Zuständigkeit des JRichters als Vollstreckungsleiter nach § 85 Abs. 2, 3 (zur Ausgangsentscheidung sowie zur
Antragsbearbeitung s. Kurze, Strafrechtspraxis und Drogentherapie, 1993,
109 ff., 130 ff. bzw. 176 f.). – Der *Zeitraum* zwischen Beantragung der Zurückstellung und der Entscheidung über den Antrag ist möglichst kurz zu
halten, dh eine Erstreckung über Monate (s. Kurze, Strafrechtspraxis und
Drogentherapie, 1993, 167 ff.) ist aus **therapeutischer** Sicht *abträglich.*

11   Die Zurückstellung setzt eine unmittelbare Kausalität zwischen Sucht und
Straftat idS voraus, dass der Drogenkonsum der „eigentliche Grund bzw. der
Auslöser" (OLG Rostock 23.4.2013 – VAs 2/13 Rn. 9, BeckRS 2013, 9506
= NStZ-RR 2013, 250 (Ls.) (zum allg. StR); Fabricius in Körner/Patzak/
Volkmer BtMG § 35 Rn. 96; Weber in Weber BtMG § 35 Rn. 33 ff.) für
die Tat war. Die physische oder psychische **Betäubungsmittelabhängigkeit** muss noch im **Zeitpunkt** der **Bewilligung** bestehen (OLG Frankfurt a. M. NStZ-RR 2009, 215 (betr. allg. StR)), ohne dass Urteilsgründe,
die keine Ursächlichkeit zwischen Betäubungsmittelabhängigkeit und Tat
festgestellt haben, für die VollstrBehörde bindend wären (OLG Karlsruhe
StraFo 2009, 470 mzustAnm Malek) – schon gar nicht, wenn die Nichtfest-
stellung auf Angaben des Verurteilten beruht. Sie kann nicht nur zu Gunsten
einer stationären, sondern *auch* einer *ambulanten* Behandlung erfolgen (KG

NStZ-RR 2009, 322; LG Berlin NStZ 2009, 396 (jeweils betr. allg. StR); s. aber zur Anrechnung § 36 Abs. 1 BtMG; vgl. rechtstatsächlich allg. Kurze, Strafrechtspraxis und Drogentherapie, 1993, 180 betr. besondere Auflagen); das Gleiche gilt ggf. für *Substitutions*therapie (Polamidon; OLG Oldenburg NdsRpfl 1994, 124 betr. allg. StR). – De lege ferenda wird verschiedentlich eine Einbeziehung Alkoholabhängiger empfohlen (vgl. zu Expertenbefragungen Heimerdinger, Alkoholabhängige Täter, Justizielle Praxis und Strafvollzug, 2006, 189 f.).

b) Einzelfragen. Ob die Unterbrechung der Vollstr gem. § 454b Abs. 2 StPO (vgl. näher → Rn. 19) nach Vollstr einer einschlägig relevanten Dauer der Zurückstellung der Vollstr einer **anderen JStrafe** entgegensteht, ist umstritten, jedoch iSd Ziels einer einheitlichen Entscheidung über die Aussetzung der Vollstr der Reststrafe zBew zu verneinen (vgl. näher OLG Stuttgart NStZ-RR 2009, 28; aA gem. § 36 Abs. 6 Nr. 2 BtMG BGHSt 55, 243 ff.; KG NStZ-RR 2009, 255 (Ls.) (jeweils zum allg. StR)). Um iErg ähnlich eine Zurückstellung suchtbedingter Freiheitsstrafen unter den Voraussetzungen des § 35 BtMG zu ermöglichen, bestimmt § 2 Abs. 2, § 454b Abs. 3 StPO (eingef. durch Gesetz v. 17.8.2017 (BGBl. I 3202)), dass nicht suchtbedingte Freiheitsstrafen vor Zurückstellung der Vollstr und vor Antritt der Therapie vollständig vollstreckt werden können; im Verfahren nach dieser Vorschrift ist dem Verurteilten (entspr. § 68 Nr. 5 nF sowie § 68 Nr. 1 iVm § 140 Abs. 2 StPO) ein Verteidiger beizuordnen (LG Mannheim BeckRS 2017, 131693 zum allg. StR; vgl. auch BT-Drs. 18/11272, 35). Die Zurückstellung der Vollstr gem. § 35 BtMG ist nicht deshalb ausgeschlossen, weil aus einer oder mehreren JStrafe(n) sowie einer Gesamtfreiheitsstrafe insgesamt *mehr* als *zwei* Jahre *nicht vollstreckt* sind (BGHSt 33, 94). – Bei *§ 35 Abs. 3 Nr. 2 BtMG* ist unter Beachtung einer etwaigen Anrechnung nach § 52a nur auf die noch zur Vollstr anstehende *Reststrafe* abzustellen. Bzgl. der einheitlichen JStrafe nach § 31 Abs. 2 folgt aus dem Verbot der Schlechterstellung Jugendlicher im Vergleich zu Erwachsenen (dazu → § 2 Rn. 23 ff.), dass eine Entscheidung des *Überwiegens* nach § 35 Abs. 3 Nr. 2 BtMG nur zu treffen ist, wenn Gesamtstrafenfähigkeit (gem. §§ 53, 54 StGB) gegeben wäre (ZfB-Bescheid GenStA Frankfurt a. M. 31.3.1995 – Zs 619/95 bei Körner NStZ 1998, 227 (230); vgl. n. auch Patzak in Körner/Patzak/Volkmer BtMG § 35 Rn. 120 f.).

Eine **Anrechnung** der Therapiezeit aufgrund einer **BewWeisung** ist **13** (unbeschadet § 26 Abs. 3 S. 2) im – dem Erziehungsauftrag verpflichteten (§ 2 Abs. 1) und also zukunftsorientierten – JStR gem. § 2 Abs. 2, §§ 38, 36 Abs. 3 BtMG zulässig. Für die Anrechnung spricht, dass Verurteilte mit zunächst günstiger Prognose nicht schlechter gestellt werden dürfen als solche mit zunächst ungünstiger Prognose. Da die Anrechnung nur möglich ist, besteht auch ein „Anreiz" für den Verurteilten (LG Offenburg NStZ-RR 2004, 58; zur Frage einer Motivation gem. An- und Verrechnung des Strafausspruchs näher Kurze, Strafrechtspraxis und Drogentherapie, 1993, 202 ff.). – Für die Aussetzungsentscheidung gem. § 36 BtMG kommt es nicht auf einen Mindestvollstreckungszeitraum an (vgl. auch → § 88 Rn. 6), sodass die Reststrafe ggf. bereits *vor Vollstr* der *Hälfte* der JStrafe zBew ausgesetzt werden kann (allg. Auffassung, vgl. nur OLG Stuttgart StV 1998, 671 Rn. 14; zum allg. StR OLG Stuttgart NStZ 1986, 187; OLG Celle StV

1986, 113; LG Bückeburg StraFo 2004, 145; Fabricius in Körner/Patzak/
Volkmer BtMG § 36 Rn. 67).

14   **c) Ermessensentscheidung gem. § 35 Abs. 1 S. 1 BtMG.** Die Entscheidung hat sich allein an dem **Zweck** zu orientieren, zu einer notwendigen **Therapie** zu **motivieren,** dh ein Anknüpfen an Tatschuld oder Deliktsschwere ist unzulässig (vgl. OLG Karlsruhe Justiz 1983, 123 sowie NStZ
2008, 576); das Gleiche gilt für eine ungünstige (Kriminal-)Prognose (vgl.
OLG Naumburg StraFo 2012, 424 (zum allg. StR)). Eine von den Urteilsfeststellungen zum Verhältnis von Sucht und (Straf-)Tat (vgl. → Rn. 11)
abw. Begründung der Ablehnung ist unzulässig, dh es besteht darin grds. eine
Bindung (vgl. OLG München StV 2017, 306 (zum allg. StR)). Die in § 35
Abs. 1 S. 1 BtMG aufgestellten Voraussetzungen sind unter Berücksichtigung des Umstandes zu prüfen, dass eine von vornherein feststehende Therapiebereitschaft nur bei einem Teil der Betroffenen (gar „Elitebeschuldig-
ten") angenommen werden kann. So traten nach früheren Beobachtungen
in Bln. (20. Aufl. Rn. 14) 46% die Therapie nicht an und weitere 36%
brachen sie ab (N=74). Nach (zeitlich späteren und regional) anderen Untersuchungen wurde zwar eine deutlich niedrigere Nichtantrittsquote (10%),
jedoch eine höhere Abbruchsquote (ca. 45%) ermittelt (vgl. Kurze
MschKrim 1995, 139: 45%; s. auch Baumgart, Illegale Drogen-Strafjustiz-
Therapie, 1994, 349). Insofern dürfen Anforderungen an Therapiewilligkeit
und -fähigkeit nur begrenzt gestellt werden (vgl. OLG Hamm MDR 1982,
1044; OLG Karlsruhe Justiz 1983, 123; OLG Frankfurt a. M. StraFo 2013,
351 (Zweifel an der Motivation rechtfertigen die Ablehnung nicht; zum allg.
StR); OLG Dresden StV 2006, 586: bei Drogen- und Alkoholabhängigkeit
unzulässig, nur auf diese abzustellen; einen Therapiewillen betr. Methadon-
programm vern. ZfB-Bescheid GenStA Frankfurt a. M. 4.4.1995 − Zs 348/
95 und Zs 562/95 bei Körner NStZ 1998, 232, weil ua Urinkontrolle und
Begleitprogramm verweigert wurden). Eine Ablehnung etwa mit der Begründung iSe angeblich „generell vorhandenen kriminellen Anlage" ist ungeeignet (vgl. OLG Karlsruhe NStZ 2008, 576).

15   Lehnen Erziehungsberechtigte und gesetzliche Vertreter die **Einwilligung** ab (§ 38 Abs. 1 S. 2 BtMG), und steht dies den Interessen des
Beschuldigten entgegen, so kann sie notfalls durch das FamG ersetzt werden
(§ 1666 BGB; ebenso Rose in NK-JGG Rn. 12; Kornprobst in MüKoStGB
BtMG § 38 Rn. 9; Volkmer in Körner/Patzak/Volkmer BtMG § 38
Rn. 4). Allerdings lässt sich die Frage, danach, ob die Ablehnung den Belangen des Beschuldigten entgegensteht, mitunter nur erschwert verlässlich
beantworten.

16   **d) Therapieeinrichtung.** Es wird zB zwischen eher medizinisch bzw.
psychotherapeutisch ausgerichteten Institutionen einerseits und therapeutischen Wohngemeinschaften bzw. Selbsthilfe- (oder Nachsorge-)einrichtun-
gen andererseits unterschieden. An den Prinzipien einer „therapeutischen
Gemeinschaft" sind die beiden erstgenannten Institutionen nur teilweise
orientiert, die beiden anderen Formen hingegen idR. Da Therapieerfolge
von den verschiedensten, prognostisch nur teilweise erfassbaren Umständen
abhängen (vgl. auch → § 10 Rn. 53), verbieten sich pauschale Abqualifizie-
rungen (OLG Karlsruhe NStZ 2008, 576). − Für Einrichtungen nach § 35
Abs. 1 S. 2 BtMG haben die Länder Anerkennungsverfahren entwickelt und
Listen der anerkannten Einrichtungen veröffentlicht, ohne dass die Nicht-

anerkennung per se die Geeignetheit in Frage stellen darf (OLG Karlsruhe NStZ 2008, 576). Die Anerkennung kann ggf. zurückgenommen werden (krit. zum Grundrechtsschutz innerhalb privater Therapieeinrichtungen etwa schon Scheerer Kriminalsoz Bibl 1985, Heft 49, 4 (7)).

Vor der Entscheidung ist eine Zusage und die Klärung der **Kostenfrage** 17 zu prüfen. Das Verlangen einer Kostenzusage ist jedoch kein tragendes Kriterium für die Geeignetheit (OLG Karlsruhe NStZ-RR 2011, 260 (zum allg. StR)).

Schwierigkeiten bereitet die **Rückmeldeverpflichtung** gem. § 35 Abs. 4 18 BtMG, weil sie die Akzeptanz der Therapie durch die Betroffenen (be-) hindert oder zumindest beeinträchtigen kann. Auch lässt schon die etwaige Pflicht, regelmäßig Therapiebescheinigungen zu erbringen, Therapeuten aus der Sicht Betroffener gleichsam in die Nähe von Bediensteten etwa einer JStVollzAnstalt geraten.

e) Zurückstellungsverfahren. Liegen bezogen auf dieses Verfahren die 19 Voraussetzungen des § 68 – insbes. Nr. 1 – vor (vgl. → § 68 Rn. 21 ff.), so kann analog zu dieser Vorschrift ein notwendiger **Verteidiger** zu bestellen sein (vgl. zum allg. StR OLG Jena NStZ 2010, 525; LG Hamburg StV 1999, 421; AG Erfurt StraFo 2016, 305; Patzak in Körner/Patzak/Volkmer BtMG § 35 Rn. 313).

Die **Ablehnung** der Zurückstellung, die gem. § 35 Abs. 2 S. 2 BtMG 19a den Rechtsweg nach §§ 23 ff. EGGVG eröffnet (nach OLG Köln NStZ-RR 2010, 157 gilt dies auch für eine zwecks Möglichkeit der Zurückstellung beantragte Änderung der VollstrReihenfolge (zum allg. StR)), muss hinreichend mit **Tatsachen begründet** werden (OLG Frankfurt a. M. NStZ-RR 2009, 215: Bezug auf „lapidare Auskunft" des Anstaltsarztes unzureichend (betr. allg. StR); OLG Naumburg StraFo 2012, 424 (zum allg. StR)), schon um die nach § 28 Abs. 3 EGGVG ggf. vorzunehmende Prüfung zu ermöglichen. DieAblehnung wegen Fehlens von Therapiewilligkeit hat Ausnahmecharakter, wenn die Motivation Ziel der Bemühungen ist (vgl. OLG Saarbrücken StraFo 2016, 263). – Eine Stellungnahme des *Gerichts* des *1. Rechtszuges* ist auch dann einzuholen, wenn eine Ablehnung beabsichtigt ist, und zwar zwecks möglichst umfassender Tatsachengrundlage (vgl. auch § 43) sowie aus prozessökonomischen Gründen (OLG Karlsruhe NStZ 1986, 288; 2013, 552; aA OLG Hamm NStZ-RR 1998, 315, ohne Erörterung der jugendstrafrechtlichen Besonderheiten).

Gemäß § 24 Abs. 2 EGGVG, § 21 StrVollstrO ist ein **Vorschaltverfah-** 20 **ren** durchzuführen, dh über die Einwendungen entscheidet zunächst der GenStA bei dem OLG (hM, vgl. OLG München JR 1994, 296 mzustAnm Katholnigg; OLG Stuttgart MDR 1994, 297; Patzak in Körner/Patzak/ Volkmer BtMG § 35 Rn. 345 ff. sowie näher zur Vorschaltbeschwerde schon Körner/Sagebiel NStZ 1992, 216 f. und Körner NStZ 1995, 63; ZfB-Bescheid GenStA Frankfurt a. M. 6.3.1996 –Zs 419/96 bei Körner NStZ 1998, 227 (228); aA noch OLG Hamm NStZ 1982, 485). Dabei kommt im Vergleich zum allg. StR spezielleren jugendstrafrechtlichen Einwänden Bedeutung zu (vgl. etwa schon Tilmann-Reinking Suchtgefahren 1983, 71 (73)).

Treffen Vollstreckungsleiter und Gericht des 1. Rechtszuges in einer 21 Person zusammen, so bedarf es keiner Zustimmung eines anderen Gerichts (OLG Stuttgart StV 1998, 671 Rn. 13) oder gar der JStA (ebenso Patzak in

Körner/Patzak/Volkmer BtMG § 35 Rn. 345, 384). Nach einer vormaligen rechtstatsächlichen Untersuchung scheint indes in fast allen Entscheidungen nach JGG die JStA gleichwohl um Zustimmung gebeten und deren Äußerung abgewartet worden zu sein (vgl. Kurze in Egg, Die Therapieregelungen des BtM-Rechts, 1992, 63 f.)). Jedoch lässt das Zusammentreffen das Zustimmungserfordernis (§§ 38, 35 Abs. 1 BtMG) des Gerichts des 1. Rechtszuges unberührt (OLG Stuttgart NStZ 1986, 141; OLG Hamm StV 1988, 112).

22   Die **Verweigerung** der **Zustimmung** durch das **Gericht** ist gem. § 35 Abs. 2 S. 1 BtMG von der VollstrBehörde nach §§ 304 ff. StPO anfechtbar. Beim Zusammentreffen von Vollstreckungsleiter und Gericht des 1. Rechtszuges ist das Beschwerderecht vom GenStA wahrzunehmen (Patzak in Körner/Patzak/Volkmer BtMG § 35 Rn. 349; weitergehend OLG München NStZ 1993, 456). Der Verurteilte kann die „gerichtliche Verweigerung der Zustimmung nur zusammen" mit der Entscheidung der VollstrBehörde anfechten (§ 35 Abs. 2 S. 2 BtMG; vgl. im Übrigen → Rn. 17, 18).

23   Auch betr. **Weisungen** oder **Auflagen** (§ 35 Abs. 4 BtMG) kann gem. §§ 23 ff. EGGVG eine Prüfung der Gesetzmäßigkeit beantragt werden. Insbesondere liegt schon im Hinblick auf § 35 Abs. 5 BtMG eine Beschwer vor (zur Frage der Zulässigkeit einer Auflage, Ärzte und Therapeuten von der Schweigepflicht zu entbinden, s. – kaum vertretbar – OLG Hamm NStZ 1986, 333 mablAnm Kreuzer).

24   **f) Widerruf.** Zu den Voraussetzungen s. § 35 Abs. 5 und 6 BtMG (darüber hinausgehend ggf. analog § 37 Abs. 1 S. 3 Nr. 3 BtMG, vgl. LG Hildesheim StV 2010, 150: rechtskräftig verurteilt oder zumindest glaubhaftes Geständnis erforderlich). Aus empirischer Sicht ist davon auszugehen, dass der „Rückfall" im Sinne erneuten Drogenkonsums (mit einer höheren Frequenz als bei anderen Delikten) ebenso zur Sucht gehört wie ein Therapieabbruch Teil des therapeutischen Prozesses sein kann (und daher insoweit ggf. ein zurückhaltendes Meldeverfahren als vertretbar erscheinen lässt), sodass auch *mehrere* Therapieabbrüche einer erneuten Zurückstellung nicht (unbedingt) entgegen stehen (vgl. auch Sonnen in Diemer/Schatz/Sonnen Rn. 16; Sengbusch in BeckOK JGG Rn. 22 (nicht zwingend entgegen); näher schon Körner/Sagebiel NStZ 1992, 219). Ohnehin sind nach einem Abbruch nicht ganz selten drogenfreie Intervalle festzustellen. Im Übrigen ist stets zu prüfen, inwieweit Umstände der konkreten Therapieeinrichtung oder -methode – und nicht die Therapiebereitschaft des Betroffenen – ausschlaggebend für den Abbruch waren, sodass sich ggf. ein Wechsel hinsichtlich der Therapiebedingungen anbietet.

25   Im Einzelnen steht ein mehrmonatiger Zeitraum ohne Therapie nicht entgegen, wenn der Betroffene sich alsbald nach Abbruch um Fortsetzung bemüht hat (vgl. OLG Karlsruhe NStZ-RR 2003, 311). Ein Nicht-Fortführen der Behandlung iSv § 35 Abs. 5 S. 1 BtMG liegt unbeschadet eines Abbruchs dann nicht vor, wenn der Verurteilte drogenfrei lebt (vgl. LG Köln StV 1987, 210). Auch kann trotz einer auf Drogenabhängigkeit beruhenden neuen Straftat von einem Widerruf abgesehen werden, falls durch die Strafvollstr eine Langzeittherapie unterbrochen würde (vgl. AG Krefeld StV 1983, 250; zu Phasen ohne therapeutische Beeinflussbarkeit Römer DVJJ-Journal 1993, 123). – Nach einer Berechnung betr. im Jahre 1984 zu JStrafe Verurteilte (vgl. Kurze MschKrim 1995, 137) zeigte sich, dass innerhalb des

Zeitraums von fünf Jahren nach Beginn einer Therapie gem. § 35 BtMG 78 % erneut strafgerichtlich verurteilt wurden und es in diesem Rahmen bei 47 % zur Vollstr einer JStrafe bzw. Freiheitsstrafe kam. Von denjenigen indes, bei denen die Therapie regulär beendet wurde, wurden nur etwa 25 % (erneut) zu einer vollstreckbaren JStrafe bzw. Freiheitsstrafe verurteilt (Kurze MschKrim 1995, 142 ff.).

Nach § 38 Abs. 1 S. 1 BtMG gilt § 35 Abs. 3 BtMG für die **EinheitsJ-** 26 **Strafe** entsprechend. Im Falle der Bildung einer EinheitsJStrafe nach einer neuerlichen Deliktsbegehung aufgrund Drogenabhängigkeit und Zurückstellung der Vollstr (§ 35 Abs. 1, 3 BtMG) muss eine vorausgegangene Zurückstellung auch dann **nicht** nach § 35 Abs. 6 Nr. 1 BtMG **widerrufen** werden, wenn die EinheitsJStrafe der Voraussetzungen einer Gesamtstrafe des allg. StR entbehrt (ebenso Rose in NK-JGG Rn. 12; Brunner/Dölling § 17 Rn. 31; Schatz in Diemer/Schatz/Sonnen § 31 Rn. 33; vgl. auch Patzak in Körner/Patzak/Volkmer BtMG § 35 Rn. 120f). Ferner kann § 35 Abs. 6 Nr. 2 BtMG den Widerruf der neuen EinheitsJStrafe nicht begründen (OLG Karlsruhe JR 1983, 432; vgl. auch KG StV 1983, 291), da diese schon vom Gesetzeswortlaut her einer **„weiteren (J)Strafe"** gerade **nicht gleichsteht,** vielmehr die früher ausgesprochene Rechtsfolge durch die neue Entscheidung rückwirkend beseitigt wird. Dem entspricht die teleologische Auslegung, denn andernfalls würde die Funktion der EinheitsJStrafe in einem Bereich eingeschränkt, der in besonderem Maße den Schutz Jugendlicher erfordert; auch wird der Zweck des § 35 Abs. 6 Nr. 2 BtMG, zu verhindern, dass eine Therapie „in eine noch ausstehende Strafvollstr einmündet" (KG StV 1983, 291 mN), nicht beeinträchtigt.

Gegen den **Widerruf** kann der Verurteilte gem. § 35 Abs. 7 S. 2 BtMG 27 vorgehen. Dabei ist zur Entscheidung die JKammer dann zuständig, wenn der Vollstreckungsleiter erkennender Richter war (vgl. → § 83 Rn. 4). – Lehnt das Gericht einen Widerruf ab, so steht der JStA mangels Beteiligung am Verfahren (vgl. → Rn. 8) weder die Beschwerde zu, noch ist sie für einen Antrag auf gerichtliche Entscheidung legitimiert (LG Offenburg NStZ-RR 2002, 347 f.). – Geschieht kein Widerruf, so wird die Verurteilung nicht in das Führungszeugnis eingetragen (§ 32 Abs. 2 Nr. 3 BZRG). Entsprechendes gilt bei Aussetzung der Vollstr zBew (ggf. nach Anrechnung) gem. § 36 Abs. 1, 2 BtMG.

g) Anrechnung und Aussetzung der Vollstreckung der JStrafe 28 **zBew.** Nach §§ 38 Abs. 1 S. 1, 36 BtMG ist (unter den dort genannten Voraussetzungen und in bestimmtem zeitlichen Ausmaß) die Anrechnung der in einer Entziehungsanstalt (vgl. zur Anerkennung → Rn. 14) verbrachten Zeit auf die JStrafe zulässig. – Bzgl. der **Aussetzung** der Vollstr **zBew** (§ 36 BtMG; vgl. speziell auch KG StV 2013, 778) gelten gem. § 38 Abs. 1 S. 5 und 6 BtMG (teilweise ergänzend) die Spezialvorschriften des JGG.

Vor der Entscheidung sind der Verurteilte – nach Möglichkeit mündlich, 28a wenngleich nicht zwingend – **zu hören** (§§ 38, 36 Abs. 5 S. 2; zum Anspruch auf rechtliches Gehör Art. 103 Abs. 1 GG), und ebenso der (zuletzt) für die Behandlung Verantwortliche. Fehlt es daran, kommt eine Zurückverweisung in Betracht (§ 308 Abs. 2 Alt. 1 StPO; KG NStZ-RR 2013, 377; vgl. auch OLG Dresden NStZ 2006, 458 (zum allg. StR)).

4. Entscheidungen nach OWiG

29   **a) Allgemeines.** Der JRichter (und zwar im Sinne eines Organs der Justizverwaltung, vgl. näher → § 83 Rn. 2) ist ebenfalls Vollstreckungsleiter von Entscheidungen gegen Jugendliche und Heranwachsende nach dem OWiG (vgl. auch BGH BeckRS 2014, 4347). Vor der für die Vollstr notwendigen jugendrichterlichen Entscheidung ist den Beteiligten **Gelegenheit** zur **Äußerung** zu geben (§ 104 Abs. 2 S. 2 OWiG); geschieht dies nicht, so verlangen § 46 Abs. 1 OWiG, § 33a StPO die Nachholung. Vor Anordnung einer Auflage gem. § 98 Abs. 1 bzw. einer Verhängung von Nichtbefolgungsarrest gem. § 98 Abs. 2 (und ohnehin vor Anordnung von Erzwingungshaft, vgl. aber → Rn. 32) ist die **JGH** zu hören (vgl. auch § 38 Abs. 2 S. 2).

30   **b) Einzelfragen.** Bußgeldentscheidungen der *Verwaltungsbehörde* gegen Jugendliche und Heranwachsende werden zwar – wie bei Erwachsenen auch – durch die Verwaltungsbehörden vollstreckt. Die hierbei etwa notwendig werdenden jugendrichterlichen Entscheidungen (§ 104 Abs. 1 Hs. 1 OWiG) werden jedoch von dem JRichter getroffen (der im Falle einer gerichtlichen Bußgeldentscheidung zu deren Vollstr zuständig ist, § 104 Abs. 1 Nr. 3 OWiG). Dazu gehört auch die Vollstr einer – von der Verwaltungsbehörde zu beantragenden und von ihm anzuordnenden – Erzwingungshaft (§§ 96, 104, 97 Abs. 1 OWiG; BGH NStZ-RR 2002, 347; LG Arnsberg NZV 2006, 446; vgl. aber → Rn. 32).

31   Die Vollstr einer *gerichtlichen* Bußgeldentscheidung wie auch einer von Amts wegen angeordneten Erzwingungshaft gegen Jugendliche und Heranwachsende obliegt ausschließlich dem JRichter als Vollstreckungsleiter (§§ 92, 91 OWiG bzw. §§ 96, 97 OWiG).

32   Die Anordnung von *Erzwingungshaft* wird ggü. *Jugendlichen* aus erzieherischen Gründen eher *auszuscheiden* haben. Das Gleiche gilt idR bezüglich Heranwachsenden (vgl. auch Mitsch in KK-OWiG OWiG § 96 Rn. 38: nur selten; zur Frage der Doppelbestrafung durch – fortbestehende – Geldbuße plus Erzwingungshaft vern. BVerfG RPfl. 1977, 53). Diese Grundsätze gelten (auch aus speziellen Gründen) ohnehin dann, wenn der Betroffene sich in Freiheitsentzug befindet (betr. allg. StR nicht berücksichtigt von LG Arnsberg NZV 2006, 446 mablAnm Eisenberg NZV 2007, 102).

33   **c) Besondere Vollstreckungsmöglichkeiten gem. § 98 OWiG.** Diese sollen erzieherisch beeinträchtigende allg. Vollstreckungsformen (zB Beitreibung, Erzwingungshaft) ersetzen, dh eine etwa anzuordnende Maßnahme tritt an die Stelle der Geldbuße (vgl. aber → Rn. 12 aE). Weist der Betroffene seine Zahlungsunfähigkeit nach, muss eine Vollstr unterbleiben und die Verjährung abgewartet werden (insb. kommt weder die Anordnung der Erzwingungshaft noch die Beitreibung oder die Bewilligung von Zahlungserleichterungen in Betracht, während ansonsten § 95 Abs. 2 auch für jugendliche und heranwachsende Betroffene gilt). Maßgebend für das **Alter** ist der **Zeitpunkt** der Festsetzung der Geldbuße, nicht also der Zeitpunkt der Begehung der OWi (Seitz/Bauer in Göhler OWiG § 98 Rn. 2; Mitsch in KK-OWiG OWiG § 98 Rn. 5; s. auch OLG Köln Zbl 1984, 378). – Unabhängig davon gelten § 98 Abs. 1–3 OWiG auch für (im Zeitpunkt der Festsetzung der Geldbuße, vgl. AG Düsseldorf StraFo 2017, 377) **Heranwachsende** (§ 98 Abs. 4), ohne dass es einer Prüfung iSv § 105 Abs. 1

bedarf. Jedoch wird das Gericht (schon) bei der Frage einer Zahlungsver-
günstigung bzw. der Reaktion auf eine Nichtzahlung schlechthin die Entwicklung und den Reifegrad des Heranwachsenden zu berücksichtigen
haben (vgl. BT-Drs. 5/1269, 122; vgl. auch Mitsch in KK-OWiG OWiG
§ 98 Rn. 41: kann). – Zuständig ist der JRichter als Vollstreckungsleiter
auch dann, wenn die entsprechende Entscheidung bereits im Erkenntnisverfahren getroffen wurde (§ 78 Abs. 4 OWiG; zum Verfahren s. § 104
OWiG).

Wegen der **Weisungen** bzw. **Auflagen** gem. § 98 Abs. 1 Nr. 1 und 2 **34**
OWiG gelten die Erl. zu § 10 Abs. 1 S. 3 Nr. 4 bzw. § 15 Abs. 1 S. 1 Nr. 1
entsprechend. Jedoch ist hier gem. dem Normzweck eine Wiedergutmachung durch Geldleistung idR ausgeschlossen (vgl. aber nur einschr. Seitz/
Bauer in Göhler OWiG § 98 Rn. 11; Mitsch in KK-OWiG OWiG § 98
Rn. 14). Betreffend § 98 Abs. 1 Nr. 4 OWiG bieten sich andere Weisungen
iSv § 10 Abs. 1 an, wobei speziell betr. vorausgegangenes mehrfach unentschuldigtes Fernbleiben vom *Schulbesuch* ein Erlassenwerden aus dem Bußgeldbescheid in Betracht kommen kann, wenn der Betroffene die Schule
wieder besucht (vgl. näher Buck DRiZ 2013, 134 (136)).

Die Maßnahmen sind zeitlich zu **befristen.** Sie können ggf. nebeneinan- **35**
der angeordnet und nachträglich geändert werden (§ 98 Abs. 1 S. 2 OWiG).
Im Übrigen gelten die allg. Grundsätze jugendstrafrechtlicher Rechtsfolgenverhängung und -bemessung, insb. also das **Subsidiaritätsprinzip** und
ohnehin das Verhältnismäßigkeitsprinzip (vgl. auch schon Hinrichs DVJJ-
Journal 1991, 271).

Die **Überwachung** der Befolgung liegt (auch aus Zweckmäßigkeitsgrün- **35a**
den wegen der Zuständigkeit zur Änderung bzw. zur Verhängung von Arrest
(dazu → Rn. 36)) bei dem JRichter, der sie indes der JGH übertragen kann
(§ 46 Abs. 6 OWiG iVm § 38 Abs. 2 S. 3 aF bzw. § 38 Abs. 3 S. 2 nF; vgl.
auch → § 10 Rn. 61 ff., → § 15 Rn. 29, → § 38 Rn. 11 ff.); zur Frage etwaigen Überlassens an die VollstrBehörde vgl. Mitsch in KK-OWiG OWiG
§ 98 Rn. 26). Allerdings kann der Betroffene die Anordnung gem. § 98
Abs. 1 OWiG jederzeit durch Bezahlung der Geldbuße erledigen (vgl. schon
OLG Köln Zbl 1984, 378; Mitsch in KK-OWiG OWiG § 98 Rn. 22) – in
diesem Zusammenhang wird erneut die erzieherische Problematik der Ab-
wälzbarkeit der Leistungserbringung (vgl. näher → § 15 Rn. 22) deutlich.

Während die Erfüllung der Weisungen bzw. Auflagen nicht erzwungen **36**
werden kann (vgl. auch Mitsch in KK-OWiG OWiG § 98 Rn. 26), ist nach
§ 98 Abs. 2–4 OWiG unter den dort genannten Voraussetzungen, insb. also
der Gele1enheit zur mündlichen Äußerung vor dem Richter (§ 98 Abs. 2
S. 3 OWiG), die Verhängung von **(Nichtbefolgungs-)JA** zulässig (zur
Dysfunktionalität bei Schulpflichtverletzung Höynck/Klausmann ZJJ 2012,
408 f.; vgl. im Übrigen zu Bedenken → § 11 Rn. 11). Vor allem müssen die
objektiven Voraussetzungen der Bestimmtheit der Anordnung und der Er-
füllbarkeit gegeben sein (vern. LG Kaiserslautern ZJJ 2010, 54: Denn Auflage
ist die Anordnung unzureichend, der Betroffene habe sich selbst um eine
Stelle zur Ableistung zu kümmern (wobei es nicht darauf ankommt, dass die
JGH eine Vermittlung wegen angeblichen vorausgegangenen Fehlverhaltens
ablehnt)). – Eine wiederholte Verhängung wegen „desselben Betrages" ist
unzulässig (§ 98 Abs. 3 S. 1 OWiG; vgl. aber → § 11 Rn. 22). – Die Vollstr
und der Vollzug dieses JA bestimmen sich nach §§ 85 Abs. 1, 86, 87, 90.
Wird die *Geldbuße* gem. § 98 Abs. 3 S. 3 OWiG (aus erzieherischen Grün-

den) ganz oder teilweise für *erledigt* erklärt, so entfällt damit auch die Maßnahme (zu deren Rechtsnatur → § 11 Rn. 10; iErg ähnlich Mitsch in KK-
OWiG OWiG § 98 Rn. 37; aA Sengbusch in BeckOK JGG Rn. 27.1).

37 **d) Beschwerde.** Gegen die Anordnung von Erzwingungshaft und
(Nichtbefolgungs-) JA ist **sofortige** Beschwerde zulässig (§ 104 Abs. 3 S. 1
Nr. 1 OWiG), über die die JKammer zu entscheiden hat (§ 46 Abs. 1
OWiG iVm § 41 Abs. 2 S. 2, § 73 Abs. 1 GVG; LG Kaiserslautern ZJJ
2010, 431); weitere Beschwerde ist nicht zulässig (§ 46 Abs. 1 OWiG iVm
§ 310 Abs. 2 StPO). Wird eine Anordnung nach § 104 Abs. 3 S. 1 Nr. 1
oder Nr. 2 abgelehnt, so ist sofortige Beschwerde nicht gegeben, da das
Gesetz insoweit eine solche nur „gegen" eine Anordnung gewährt.

37a Bei Ablehnung der Anordnung allein aus formellen Erwägungen (zB
Unzuständigkeit), dh wenn keine Sachentscheidung getroffen wird, kommt
einfache Beschwerde in Betracht (vgl. Mitsch in KK-OWiG OWiG § 104
Rn. 13; ergänzend Appl in KK-StPO StPO § 462 Rn. 4).

II. Vollstreckung

1. Begriffliches

38 **a) Abgrenzung ggü. Vollzug.** Der umfassende strafprozessuale Begriff
der **Vollstr** bezeichnet die Gesamtheit derjenigen teils richterlichen, teils
verwaltungsmäßigen Tätigkeiten, die erforderlich sind, damit die in der Entscheidung angeordneten Rechtsfolgen durchgeführt werden können. Demgegenüber ist der **Vollzug** das verwaltungsmäßige Geschehen, das der Verwirklichung der Rechtsfolge selbst dient. Insofern ist der Vollzug ein Teil
der Vollstr; allerdings wird der Begriff der Vollstr in der Praxis meist als vom
Vollzug getrennt verstanden, dh als die mittelbar auf die Herbeiführung des
Vollzuges gerichtete Tätigkeit. – Wegen des sog. *Strafausstandes* aufgrund
Nichttauglichkeit für den Vollzug (§ 2 Abs. 2, § 455 StPO) wird auf die
Spezialliteratur zur StPO Bezug verwiesen (vgl. speziell betr. vorherigen
Suizidversuch vern. OLG Koblenz StRR 2015, 387 (zum allg. StR); zur
ärztlichen Haftfähigkeitsprüfung (in NRW) Hupe/Huckenbeck Bewäh-
rungshilfe 2011, 66 ff.; betr. Hmb. Lach ua AKrim 232 (13), 1 ff.), jedoch
sind auch hier die Grundsätze des JGG zu wahren (dazu § 13 Abs. 3
HmbJStVollzG; vgl. auch → § 2 Rn. 20 ff.).

39 **b) Jugendstrafrechtliche Vorschriften.** Diese die Vollstr betr. Vorschriften gelten für alle Urteile und ihnen gleichstehenden Entscheidungen,
die auf eine **Strafe, Nebenstrafe, Nebenfolge oder Maßregel** der Besserung und Sicherung lauten (vgl. auch § 1 StrVollstrO) und erfassen die
Umsetzung all dieser Entscheidungsinhalte (BGH ZJJ 2019, 397 = BeckRS
2018, 46722).

39a Dies schließt die **Einziehung** gem. §§ 73 ff. StGB ein (zur Vollstr s.
§ 459g StPO sowie das Entschädigungsverfahren gem. §§ 459h ff. StPO;
ferner § 111i StPO). Eine Übertragung dieser Vollstreckungsaufgaben auf
die StA (vgl. auch § 31 Abs. 1 und 2 RPflG) ist bei der Neuregelung der
Vorteilsabschöpfung nicht erfolgt. Dies hätte auch dem Regelungssinn von
§ 82 widersprochen, weil weil die Vollstr im JStV hiernach aus der administrativ strukturierten Verfahrensweise des allg. StR herausgenommen und

(beim im JStR erzieherisch als besonders geeignet geltenden) JRichter konzentriert werden soll (s. auch → Rn. 45). Angesichts der oft schwierigen
Entscheidungen iRv § 459g StPO iVm § 2 Abs. 2 (n. dazu → § 6 Rn. 19)
ist das besonders dringlich (vgl. auch BGH NStZ 2021, 679 (682).

2. Voraussetzungen und Einzelregelungen

a) Rechtskraft. Die Vollstr setzt – abgesehen von § 56 (s. RL II. Nr. 3 zu **40**
§§ 82–85) – grundsätzlich Rechtskraft der Entscheidung voraus (§ 2 Abs. 2,
§ 449 StPO).

Unverzichtbare urkundliche Grundlage der Vollstr ist die Urschrift oder **41**
eine beglaubigte Abschrift der Entscheidung mit **Rechtskraftbescheinigung** (§ 13 Abs. 2 StrVollstrO). Dem speziellen jugendstrafrechtlichen Beschleunigungsgrundsatz (vgl. auch → Rn. 43) entspricht es, dass mit Eintritt
der Rechtskraft umgehend (in Haftsachen binnen 3 Tagen (§ 13 Abs. 3 S. 2
StrVollstrO)) – und also auch vor Urteilsabsetzung (RL VI. Nr. 1 S. 3) – die
Rechtskraftbescheinigung erteilt wird und die Akten unmittelbar (vgl. RL
II. 2 zu §§ 82–85) dem zuständigen Vollstreckungsleiter übersandt werden,
damit die Vollstr eingeleitet werden kann (vgl. zur JStrafe Cronenberg/
Frenzel, Die Vollstreckung von Jugendstrafen im Bezirk des Amtsgerichts
Tiergarten, 1998, 6, 18 f., 33 f., 59 (sowie krit. zu sog. „vorläufigen Aufnahmeersuchen", 27 f.)). Dies gilt auch dann, wenn die Gestaltung zB speziell des Vollzugs der JStrafe (entgegen RL VI. Nr. 1 S. 5) zunächst ohne
Berücksichtigung der Urteilsgründe auskommen muss, zumal andernfalls
eine Verzögerung des Aussetzungsverfahrens nach § 88 nicht auszuschließen
wäre. Insbesondere gilt die in § 275 Abs. 1 S. 1 StPO geregelte Eilbedürftigkeit der Urteilsabsetzung, zumindest in Haftsachen, im JStrafverfahren verstärkt, dh grundsätzlich sollte der Rahmen des § 275 Abs. 1 S. 2 StPO hier
unterschritten werden. – Ob sich die „Beobachtung" (Cronenberg/Frenzel,
Die Vollstreckung von Jugendstrafen im Bezirk des Amtsgerichts Tiergarten,
1998, 17 Fn. 1), dass anders als auf Schuldausgleich abstellende JRichter „die
beschleunigte VollstrEinleitung nicht mit dem Nachdruck betreiben" wie
JRichter, „die den Erziehungsauftrag betonen", verallgemeinern lässt, bleibt
einstweilen offen (vgl. aber instruktiv bei Einschaltung der allg. StA (dazu
→ § 36 Rn. 15 f.; Frenzel KJ 2013, 419 f.).

Für den Fall des **Widerrufs** der Aussetzung der Vollstr der JStrafe zBew **42**
oder einer bedingten Entlassung gilt § 14 StrVollstrO entsprechend, dh es
bedarf der Widerrufsentscheidung. Bezüglich der Entscheidung nach § 57
Abs. 1 ist eine mit Rechtskraftbescheinigung versehene Ausfertigung des
Ablehnungsbeschlusses weitere VollstrGrundlage, in Fällen nach § 57 Abs. 2
eine VollstrAnordnung nebst der Feststellung, dass seit Urteilserlass keine
Umstände im Sinne dieser Vorschrift hervorgetreten sind. In Fällen des
Vorbehalts der nachträglichen Entscheidung ist – zusätzlich zu Rechtskraft
und Rechtskraftbescheinigung – die eine Aussetzung ablehnende Entscheidung Vollstreckungsvoraussetzung (vgl. § 89 S. 2, → § 57 Rn. 20, → §§ 61–
61b Rn. 11, 16).

b) Erziehungsgedanke. Das jugendstrafrechtliche Leitkriterium in § 2 **43**
Abs. 1 ist auch für die Gestaltung des Vollstr-Verfahrens maßgeblich (BGH
NStZ 2021, 679 (682)). Wegen der besonderen Ausgestaltungen des Be-
schleunigungsprinzips (vgl. zur Problematik → Einl. Rn. 42 f., → § 55

Rn. 59 ff.) in der Vollstr s. ergänzend RL II. Nr. 1, V. Nr. 4, VI. Nr. 1 zu
§§ 82–85.

43a   **c) Vollstreckung mehrerer JStrafen nacheinander.** Gemäß dem Verbot der Schlechterstellung in vergleichbarer Verfahrenssituation (vgl. → § 45
Rn. 7 ff.) gilt betr. die Aussetzung des Strafrestes § 2 Abs. 2, **§ 454b Abs. 2,
4 StPO** – hinsichtlich der Dauer der bereits vollstreckten Strafe modifiziert
durch § 88 – **entsprechend.** Hiernach darf durch VV weder die zwingende
Vorschrift des § 454b Abs. 2 StPO (vgl. auch → Rn. 5b) unterlaufen noch
zB für den Fall „schlechter Führung" § 88 Abs. 1, 2 tangiert werden. –
Werden **Jugend-** und **Freiheitsstrafe** nacheinander vollstreckt, so gilt
§ 89a.

43b   Handelt es sich bei der zunächst zu vollstreckenden JStrafe um einen Rest
gem. Widerruf einer Aussetzung der Vollstr zBew nach vorheriger Teilvollstr, so verlangt § 454b Abs. 2 S. 2 StPO nicht etwa eine Endvollstr,
sondern erlaubt eine Unterbrechung der Vollstr des Restes (zur Prognose
sowie zu Benachteiligungen insofern, als die JStrafe unter erzieherischen
Gesichtspunkten bemessen worden war, vgl. Böhm Info DVJJ Hess. 2/88,
15; s. zur Problematik auch DBH Bewährungshilfe 1988, 247).

44   **d) Nebengeschäfte der Vollstreckung.** Vgl. RL II. Nr. 4 zu §§ 82–85.

3. Rechtspfleger

45   Bei der Vollstr im JStV sind auf den Rechtspfleger gem. § 31 Abs. 5 S. 2
RPflG **nur** die Geschäfte übertragen, durch die eine **richterliche Vollstr-
Anordnung** oder eine die Leitung der Vollstr nicht betr. allgemeine VV
ausgeführt wird (Lissner StraFo 2013, 486). Durch VO können ihm nichtrichterliche Geschäfte übertragen werden, soweit die jugendrichterliche Leitung der Vollstr nicht beeinträchtigt wird oder das Vollstr-Geschäft wegen
seiner rechtlichen Schwierigkeit, wegen der Bedeutung für den Betroffenen
(insb. aus erzieherischen Gründen) oder zur Sicherung einer einheitlichen
Rechtsanwendung nicht dem Vollstreckungsleiter vorbehalten bleiben muss
(§ 31 Abs. 5 S. 3 RPflG). Bis zum Erlass einer solchen VO gelten gem.
§ 33a RPflG die „Bekanntmachungen der Landesjustizverwaltung über die
Entlastung des JRichters bei den Vollstr-Geschäften" weiter (s. auch RL
II. Nr. 6 S. 3 zu §§ 82–85). Auf der Grundlage dieses Regelungsgefüges liegt
die funktionelle Zuständigkeit für Vollstr-Entscheidungen stets in den Händen des JRichters, der den Rechtspfleger allein für deren Realisierung
einsetzen kann. Bei der Vollstr von Einziehungsentscheidungen (→ Rn. 39a)
gilt dies ebenfalls (so auch Rose in NK-JGG Rn. 4; abw. aber offenbar Rose
NStZ 2019, 648 (648 f.)).

46   Nimmt der Rechtspfleger selbstständig ein Vollstr-Geschäft wahr, das ihm
nicht übertragen worden ist, ist dieses VollstrGeschäft unwirksam (Pohl-
mann/Jabel/Wolf, Strafvollstreckungsordnung, 9. Aufl. 2016, StrVollstrO
§ 1 Rn. 16). Es kann auch nicht etwa durch richterliche Genehmigung
nachträglich wirksam werden, weil der Mangel einer gesetzlichen Ermächtigung nicht durch richterliches Verhalten geheilt werden kann (allg. Auffassung). Andernfalls entstünden ggf. zudem Probleme der Rechtsunklarheit
und gewisser Interdependenzen, und zwar im Hinblick auf die Folgen einer
Nicht-Genehmigung.

In Verfahren nach dem **OWiG** erfolgt die Übertragung der Vollstr-Ge- 47
schäfte, die dem JRichter obliegen, auf den Rechtspfleger nach § 31 Abs. 2
S. 2 RPflG. Zweifelhaft ist indes, ob dem Erziehungsauftrag (§ 2 Abs. 1)
und der jugendrichterlichen Spezialisierung (vgl. § 37) dadurch hinreichend
Rechnung getragen ist, dass Regeln über die Erteilung von Weisungen (§ 31
Abs. 6 S. 2 RPflG) ebenso wie die Zuständigkeit des JRichters bei Einwendungen gegen Maßnahmen des Rechtspflegers (§ 31 Abs. 6 S. 1 RPflG)
bestehen und auch die Möglichkeit gegeben ist, schon im Erkenntnisverfahren jugendgemäße Anordnungen zu treffen (§ 78 Abs. 3 OWiG). Ohnehin setzt eine den vorgenannten Wertungen des JGG entsprechende Anwendung dieser Vorschriften eine ständige und enge Zusammenarbeit zwischen
JRichter und Rechtspfleger voraus.

III. Sicherungsverwahrung (Abs. 3)

Die durch Gesetz v. 8.7.2008 (BGBl. I 1212) eingeführte Vorschrift wur- 48
de in ihrer Bedeutung dadurch eingeschränkt, dass Abs. 2 und 3 des § 7
bisherige Fassung als verfassungswidrig und nur bis längstens 31.5.2013
anwendbar erklärt wurden, zudem nur unter deutlich erhöhten Anforderungen (BVerfGE 128, 326; näher dazu → § 7 Rn. 30 ff.). Gemäß AbstandsgebotsG (v. 5.12.2012, BGBl. I 2425) ist die Weitergeltung für sog. „Altfälle" (nur) in diesen Grenzen zulässig (Art. 316f EGStGB). – Die durch das
AbstandsgebotsG eingeführten Vorschriften zur Prüfung, ob die Vollstr zulässig ist (insb. **§§ 66c, 67d Abs. 2 StGB, § 119a StVollzG**), sind ausweislich mehrfacher Erwähnung in der Begründung (v. 6.6.2012 (BR-Drs.
17/9874)) nach dem Willen des Gesetzgebers grundsätzlich auch in Verfahren nach JStR anwendbar (vgl. auch **§ 2 Abs. 2**). Jedoch wird auch in
diesem Zusammenhang der rechtssystematische und rechtstatsächliche **Unterschied** zwischen JStR und allg. StR **nivelliert**.

1. Prüfung der Erforderlichkeit

a) Beauftragung eines Sachverständigen. Das AbstandsgebotsG hat 49
die gerichtliche Verpflichtung eingeführt (§ 2 Abs. 2, **§ 463 Abs. 3 S. 3
StPO** iVm § 454 Abs. 2 S. 1 und S. 2 StPO), vor der gem. § 67c Abs. 1
StGB zu treffenden Entscheidung zur der Frage, ob die bei ihrer Anordnung
vom erkennenden Gericht prognostizierte „Gefährlichkeit" des Verurteilten
nach Einwirkung des (Jugend-)StVollzugs (§ 66c Abs. 2 StGB) die Unterbringung in Sicherungsverwahrung noch erfordert und die Unterbringung
verhältnismäßig wäre (vgl. auch → § 92 Rn. 179), **stets** das **Gutachten**
eines Sachverständigen einzuholen (dh auch dann, wenn das Gericht eine
Aussetzung zBew nach § 67c Abs. 1 S. 1 StGB nicht in Betracht zieht). Bei
der Auswahl des Sachverständigen ist die Soll-Vorschrift des **§ 43 Abs. 2
S. 2** zu berücksichtigen (vgl. → § 43 Rn. 34 ff.). Dies gilt wegen der anhaltend zentralen Bedeutung früherer Delikte unabhängig von dem zwischenzeitlich erreichten Lebensalter des Verurteilten, und zwar auch dann, wenn
das Gericht nach pflichtgemäßem Ermessen zur Beurteilung des Betreuungs-
angebots und zur Vorbereitung der Gesamtwürdigung (unter Berücksichtigung der vollzugsbegleitend ergangenen bindenden Entscheidungen, § 119a
Abs. 7 StVollzG) den Gutachtenauftrag erweitert oder zusätzlich einen ande-

ren Sachverständigen heranzieht (vgl. Begr. RegE v. 6.6.2012, BR-Drs. 17/
9874, 36).

50   **b) Mitwirkung eines Verteidigers.** Zugleich hat das AbstandsgebotsG
§ 463 Abs. 3 S. 5 und **Abs.** 8 StPO dahingehend neu gefasst, dass die
Mitwirkung eines Verteidigers in sämtlichen gerichtlichen Verfahren vorgeschrieben ist, in denen nach Rechtskraft des anordnenden Urteils über die
Vollstr der Unterbringung in Sicherungsverwahrung entschieden wird (vgl.
zum Rechtsschutz- und Unterstützungsgebot BVerfGE 128, 326 Rn. 17).
Eine solche Bestimmung hat, wie schon die Sonderregelung des § 68 erkennen lässt, im Verfahren nach JStR erhöhte Bedeutung. Daher ist das Wort
„rechtzeitig" zumindest nicht weniger sorgfältig zu beachten wie im allg.
StVollstrR, dh bei der Ermöglichung einer geeigneten Interessenwahrneh-
mung sind jugendstrafverfahrensrechtliche Umstände zu würdigen, und unerlässlich ist gerade auch hier die Bestellung *vor* der *Beauftragung* eines *Sachverständigen* (generell bejahend Begr. RegE v. 6.6.2012, BR-Drs. 17/
9874, 37).

2. Zuständigkeit

51   Gemäß Abs. 3 sind hinsichtlich der Vollstr der Unterbringung nach den
Abs. 2, 4 (bisher Abs. 3) des § 7 und der VollstrZuständigkeit nicht die
§§ 82 ff. (JRichter als Vollstreckungsleiter), sondern die Vorschriften des allg.
StVR anzuwenden, es sei denn, der Betroffene ist noch nicht 21 Jahre alt.
Diese Ausgrenzung und Überlassung der Vollstr an die allg. Staatsanwaltschaft bzw. die StrVollstrKammer, die – wie schon § 85 Abs. 6 ergibt –
systemwidrig ist (ebenso Rose in NK-JGG Rn. 14), ist in den Gesetzes-
begründungen nicht erörtert worden (vgl. nur Rechtsausschuss, BT-Drs.
16/9643).

3. 21. Lebensjahr

52   Betroffene gem. Abs. 2 und 4 (bisher Abs. 3) des § 7 haben von den
gesetzlichen Voraussetzungen her – selbst wenn die Verurteilung schon im
Alter von 14 Jahren stattfand, nach sieben Jahren vollstreckter JStrafe – das in
Abs. 3 genannte Alter erreicht. Hingegen kann das Alter Betroffener gem.
§ 7 Abs. 4 (bisher Abs. 3) des § 7 darunter liegen, jedoch wird es sich von
den erforderlichen sonstigen Voraussetzungen her um äußerst seltene Fälle
handeln.

Entscheidungen im Vollstreckungsverfahren

83 (1) **Die Entscheidungen des Vollstreckungsleiters nach den
§§ 86 bis 89a und 89b Abs. 2 sowie nach den §§ 462a und 463
der Strafprozeßordnung sind jugendrichterliche Entscheidungen.**

(2) **Für die bei der Vollstreckung notwendig werdenden gerichtlichen Entscheidungen gegen eine vom Vollstreckungsleiter getroffene Anordnung ist die Jugendkammer in den Fällen zuständig, in
denen**

**1. der Vollstreckungsleiter selbst oder unter seinem Vorsitz das Ju-
gendschöffengericht im ersten Rechtszug erkannt hat,**

2. der **Vollstreckungsleiter** in Wahrnehmung der Aufgaben der Strafvollstreckungskammer über seine eigene Anordnung zu entscheiden hätte.

(3) [1] Die Entscheidungen nach den Absätzen 1 und 2 können, soweit nichts anderes bestimmt ist, mit sofortiger Beschwerde angefochten werden. [2] Die §§ 67 bis 69 gelten sinngemäß.

I. Anwendungsbereich

Betreffend den persönlichen Anwendungsbereich gelten die Erl. zu **1**
→ § 82 Rn. 1, 2 entsprechend. – Betreffend Soldatinnen und Soldaten s.
§ 112c Abs. 2 (vgl. → Rn. 7 aE).

II. Vollstreckungsentscheidungen als
Justizverwaltungsakte

1. Funktion des Vollstreckungsleiters und Rechtsschutz

a) Funktion. Die Vollstr ist, auch soweit sie der JRichter wahrnimmt, **2**
grundsätzlich eine Angelegenheit der Justizverwaltung. Der JRichter wird
somit als Organ der Justizverwaltung tätig, seine Entscheidungen sind Justizverwaltungsakte (s. RL II. Nr. 5 zu §§ 82–85). Soweit der JRichter als Vollstreckungsleiter nicht iRv Abs. 1 in richterlicher Unabhängigkeit entscheidet, unterliegt er mithin der Dienstaufsicht des GenStA (OLG Hamm
NStZ-RR 2002, 21; Graalmann-Scheerer in Löwe/Rosenberg StPO § 451
Rn. 6: § 147 Nr. 3 GVG; Pohlmann/Jabel/Wolf, Strafvollstreckungsordnung, 9. Aufl. 2016, StrVollStrO § 21 Rn. 6; Kornprobst in MüKoStGB
BtMG § 38 Rn. 3; einschr. Rose in NK-JGG Rn. 2, 7). – Ist hinsichtlich
(nur) der förmlichen Einleitung der Vollstr (als einer Aufgabe der Justizverwaltung) streitig, welches Gericht zuständig ist, so handelt es sich nicht
um einen Fall des § 2 Abs. 2, § 14 StPO (vgl. BGH StraFo 2014, 523;
BeckRS 2018, 1758; NStZ 2020, 744; s. auch OLG Hamm NStZ-RR
2008, 79 (zum allg. StVR); vgl. aber OLG Jena BeckRS 2009, 86283,
wonach mit der Einleitung der Vollstr der JStrafe die in RL VI. zu §§ 82–85
angeführten „weiteren Aufgaben verbunden" sind).

Hat der JRichter in seiner Funktion als Vollstreckungsleiter *Zweifel* (iSv **2a**
§ 2 Abs. 2, § 458 Abs. 1 Alt. 1 StPO), so entscheidet das erkennende
Gericht, es sei denn, die Vollstr hat bereits begonnen (§ 2 Abs. 2, § 462a
Abs. 1, 2 StPO; s. aber BVerfG NJW 1994, 2750). – Hingegen wird
hinsichtlich *Einwendungen* (iSv § 2 Abs. 2, § 458 Abs. 1 Alt. 3 StPO; vgl.
ergänzend → § 87 Rn. 6) unter Ableitung aus dem Prinzip der Gewaltenteilung davon ausgegangen, dass nicht die VollstrBehörde als Exekutive und
also auch nicht der JRichter als Vollstreckungsleiter sie erheben kann (vgl.
nur OLG Hamm NStZ-RR 2002, 21), sondern nur derjenige, gegen den
vollstreckt wird, dh der Verurteilte bzw. sein Verteidiger oder Bevollmächtigter und sein gesetzlicher Vertreter (vgl. im Übrigen Appl in KK-StPO
§ 458 Rn. 9). Dabei ist nach allg. Auffassung gem. der Fürsorgepflicht dem
Verurteilten ggf. ein Antrag zumindest nahe zu legen (weitergehend etwa
Wolf in Pohlmann/Jabel/Wolf, Strafvollstreckungsordnung, 9. Aufl. 2016,

StrVollstrO § 42 Rn. 8: ihn „anzuhalten"), was im JStR (gem. dem Auftrag
des § 2 Abs. 1) tendenziell noch ausgeprägter gilt als im allg. StR.

3   **b) Rechtsschutz.** Soweit der JRichter Entscheidungen als Organ der
Justizverwaltung trifft, steht der Rechtsweg nach **§§ 23 ff. EGGVG** offen.
Somit ist zunächst gem. § 24 Abs. 2 EGGVG, § 21 Abs. 1 Nr. 1 StrVollstrO
Beschwerde bei dem GenStA beim OLG einzulegen (nicht bei der obersten
Justizbehörde, vgl. BVerfG 11.12.2013 – 2 BvR 1373/12 Rn. 11 (juris),
BeckRS 2014, 46309). Danach ist Antrag auf Entscheidung des zuständigen
Senats des übergeordneten OLG zu beantragen (§ 25 Abs. 1 S. 2 EGGVG;
s. auch Brunner/Dölling Rn. 3; Rose in NK-JGG Rn. 6; zur Elternbetei-
ligung Reuther Elternrecht 203 f.).

2. Abs. 2

4   In diesen Fällen ist die **JKammer** (zu § 458 Abs. 1 StPO s. OLG Koblenz
MDR 1984, 691) zuständig (n. etwa BGH StV 2022, 44 = BeckRS 2021,
19322; OLG Saarbrücken BeckRS 2017, 119038). Dies gilt auch in den
Fällen der §§ 455, 456, 458 Abs. 2 und 462 Abs. 1 StPO, soweit der
JRichter als Vollstreckungsleiter und erkennender Richter (vgl. auch → § 82
Rn. 21) personenidentisch ist und eine Interessenkollision gegeben ist. Soweit keine Ausnahmekonstellationen iSv Abs. 2 vorliegen, entscheidet über
Einwendungen gegen die Entscheidungen des JRichters als Vollstreckungsleiter in den Fällen der §§ 455, 456 StPO, das **Gericht des ersten Rechtszuges,** das das Urteil gesprochen hat (BGH StV 2022, 44 = BeckRS 2021,
19322; Nestler in MüKoStPO StPO § 456 Rn. 16).

3. VollstrAufschub

5   Gemäß § 2 Abs. 1 kommt bei zukunftsorientierter Würdigung insb. der
Möglichkeit des VollstrAufschubs (§ 2 Abs. 2, § 456 StPO) Bedeutung zu,
um außerhalb des Zwecks der JStrafe liegende, ggf. irreparable Nachteile für
den Verurteilten zu vermeiden. Dies betrifft zB den bevorstehenden Ausbildungsabschluss (vgl. LG Stralsund ZJJ 2010, 81, zudem zur Fortsetzung
der Ausbildung im offenen Vollzug), ggf. auch Schwangerschaft (vgl. Linn-
artz/Sütterlin-Müsse ZJJ 2013, 407 ff.). – Auch kommt ggf. ein VollstrAufschub gem. § 2 Abs. 2, § 455a StPO in Betracht, wenn die Vollzugsorgani-
sation eine Alt. anbietet, um eine Trennung der Verurteilten von ihren
Kleinkindern zu vermeiden (LG Leipzig StV 2013, 39 (betr. beide am selben
Tag geborene „Säuglinge"); vgl. auch → § 89b Rn. 13).

III. Vollstreckungsentscheidungen als jugendrichterliche Entscheidungen (Abs. 1)

6   Bei den in Abs. 1 genannten Entscheidungen handelt es sich kraft gesetzlicher Anordnung um jugendrichterliche Entscheidungen, die vom JRichter
als Vollstreckungsleiter im Rahmen eines gerichtlichen Verfahrens und in
richterlicher Unabhängigkeit getroffen werden (s. etwa BGH StV 2022,
44 = BeckRS 2021, 19322) – also ohne an die Weisungen der Justizverwaltung gebunden zu sein (und ohne dass die StA insoweit Dienstaufsichts-
behörde wäre, s. dazu Döring DRiZ 1987, 277).

1. Darunter fallende Entscheidungen

Als jugendrichterliche Entscheidungen sind ausgestaltet die Umwandlung 7
von Freizeitarrest in Kurzarrest (§ 86), das (vollständige oder teilweise) Absehen von der Vollstr des JA (§ 87 Abs. 3), die Aussetzung des Restes einer
JStrafe zBew (§ 88), die Unterbrechung und Vollstr der JStrafe neben Freiheitsstrafe (§ 89a) einschließlich der infolge der Entlassung notwendig werdenden Entscheidungen über BewZeit und -weisungen bzw. -auflagen,
Widerruf der Entlassung und Straferlass, die Herausnahme aus dem JStVollzug (§ 89b Abs. 2) sowie diejenigen Entscheidungen, die der Vollstreckungsleiter in Wahrnehmung der Aufgaben der StVollstrKammer gem.
§§ 462a und *463 StPO* trifft (wegen der Zuständigkeit der JKammer s.
Abs. 2 Nr. 2 (speziell betr. Unterbrechung der Vollstr der JStrafe zwecks
„freier" psychiatrischer Behandlung OLG Karlsruhe NStZ 1993, 104); zur
umfassenden Überprüfung der Aussetzung der Vollstr einer Maßregel gem.
§ 7, § 63 StGB, wenn sie an eine gesetzwidrige Weisung gekoppelt ist (und
Deutung des Rechtsmittels als sofortige Beschwerde) LG Stralsund NStZ-RR 2008, 59). Hinzu treten die Entscheidungen nach § 112c.

Nicht in diese Kategorie der jugendrichterlichen Entscheidungen fallen 8
die förmliche Einleitung der Vollstreckung einer JStrafe (BGH NStZ-RR
2020, 290: Aufgabe der Justizverwaltung) und die **Anrechnung** von **U-Haft auf JA** gem. § 87 Abs. 2 (bloße Anweisung für die Strafzeitberechnung
handelt). Für den Fall von Zweifeln vgl. → Rn. 2. – Ebenso wenig kommt
eine Erweiterung um die gerichtliche Anordnung von *Maßnahmen* in Betracht, die zwecks *Festnahme* des Verurteilten beantragt werden (zur Anwendung des § 2 Abs. 2, § 457 Abs. 3 StPO OLG Celle StraFo 2014, 172 (hier
TKÜ nach Widerruf einer Zurückstellung der Vollstr einer JStrafe, vgl.
→ § 82 Rn. 10 ff.)).

2. Beteiligungen

Für die gerichtlichen Verfahren zur Vorbereitung der jugendrichterlichen 9
Entscheidung bestehen weitreichende **Anhörungspflichten** (§ 87 Abs. 3
S. 4, § 88 Abs. 4; s. auch § 2 Abs. 2, § 33 Abs. 2 und 3 StPO). – Wegen der
Stellung des **Erziehungsberechtigten** und des **gesetzlichen Vertreters**
sowie der Bestellung eines **Beistandes** s. **Abs. 3 S. 2** (betr. das vollzugsrechtliche Verfahren (vgl. → § 92 Rn. 161 ff.)) unter Verweis auf §§ 67–69.

3. Verteidiger

Nicht nur die (fortdauernde) Wahl-, sondern auch die notwendige Ver- 9a
teidigung ist in **Abs. 3 S. 2** ausdrücklich vorgesehen (betr. Gebühren s.
Anlage 1.4.2 RVG, VV 4200 ff.). Die Bestellung eines Pflichtverteidigers für
das Vollstreckungsverfahren (zur Notwendigkeit einer eigenen Anordnung
vgl. → § 68a Rn. 3) kann sich insbes. aus **§ 68 Nr. 1 iVm § 140 Abs. 2
StPO** ergeben (vgl. etwa Rose in NK-JGG Rn. 3; Zieger/Nöding Verteidigung Rn. 245; Beulke in BMJ 1987, 188; Hartman-Hilter StV 1988,
312 ff.). Ein charakteristischer Beispielsfall für die Erforderlichkeit einer Verteidigerbestellung ist der **Widerruf** einer zBew ausgesetzten JStrafe (→ § 88
Rn. 28 f. sowie Arbeitsgruppe DVJJ NJW 1989, 1025 ff.; für weitere verteidigungsbedürftige Entscheidungen s. → § 82 Rn. 19, → §§ 26, 26a
Rn. 29). Kommt bei einer Vorteils-/**Wertersatzeinziehung** eine Entschei-

dung nach § 459g Abs. 5 StPO iVm § 2 Abs. 2 in Betracht, ohne dass die notwendigen Feststellungen bereits im (die Einziehung anordnenden) Urteil enthalten sind, bedarf es ebenfalls einer Beiordnung (ähnlich wohl Rose NStZ 2019, 648 (650)). – Für den **Sicherungshaftbefehl** (§ 453c StPO) gilt das zur U-Haft Ausgeführte (→ § 68 Rn. 22a f.).

4. Beschluss

10 Die Entscheidungen werden ohne HV oder mündliche Verhandlung durch Beschluss getroffen. Der Beschluss, der stets mit einem Rechtsmittel **anfechtbar** ist, ist in allen Fällen mit Gründen zu versehen (§ 2 Abs. 2, § 34 StPO), die erkennen lassen müssen, auf welchen tatsächlichen und rechtlichen Erwägungen die Entscheidung beruht. Der Beschluss ist gem. § 67 Abs. 2 aF bzw. § 67a Abs. 1 nF, § 35 StPO **bekanntzumachen** und, soweit die Entscheidung mit der **sofortigen Beschwerde** angefochten werden kann (Abs. 3 S. 1), mit einer Rechtsmittelbelehrung zu versehen (§ 2 Abs. 2, § 35a StPO).

5. Beschwerde

11 Die sofortige Beschwerde (Abs. 3 S. 1) ist auch zulässig, wenn die angegriffene gerichtliche Entscheidung mangels sachlicher Zuständigkeit des Gerichts *keine Beschwerdeentscheidung* ist (OLG Saarbrücken StV 2017, 724 (Ls.) = BeckRS 2017, 119038, betr. VollstrAufschub für JA als eines Verwaltungsakts). – Die Einlegung der einfachen oder sofortigen Beschwerde hat keine aufschiebende Wirkung (§ 2 Abs. 2, §§ 307, 311a Abs. 2 StPO), es sei denn, sie richtet sich gegen die Aussetzung der Vollstr des Strafrestes (§ 88 Abs. 6 S. 4).

Örtliche Zuständigkeit

84 (1) **Der Jugendrichter leitet die Vollstreckung in allen Verfahren ein, in denen er selbst oder unter seinem Vorsitz das Jugendschöffengericht im ersten Rechtszuge erkannt hat.**

(2) **¹Soweit, abgesehen von den Fällen des Absatzes 1, die Entscheidung eines anderen Richters zu vollstrecken ist, steht die Einleitung der Vollstreckung dem Jugendrichter des Amtsgerichts zu, dem die familiengerichtlichen Erziehungsaufgaben obliegen. ²Ist in diesen Fällen der Verurteilte volljährig, steht die Einleitung der Vollstreckung dem Jugendrichter des Amtsgerichts zu, dem die familiengerichtlichen Erziehungsaufgaben bei noch fehlender Volljährigkeit oblägen.**

(3) **In den Fällen der Absätze 1 und 2 führt der Jugendrichter die Vollstreckung durch, soweit § 85 nichts anderes bestimmt.**

I. Anwendungsbereich

1. Persönlicher Anwendungsbereich

Es gelten die Erl. zu → § 82 Rn. 1, 2 entsprechend, soweit nicht – falls **1**
nämlich die Entscheidung durch ein für allg. Strafsachen zuständiges Gericht
ergangen ist – Abs. 1 entgegensteht.

2. OWi-Verfahren

Die Vorschrift gilt auch für die Vollstr von Bußgeldentscheidungen nach **2**
dem OWiG (vgl. etwa Brunner/Dölling Rn. 5, § 82 Rn. 7f).

II. Zum Ablauf der Vollstreckung

1. Zuständigkeit für die Einleitung

Die Einleitung der Vollstr obliegt idR dem ursprünglich zuständigen **3**
Vollstreckungsleiter (vgl. aber betr. JA → § 85 Rn. 5–7).

a) Ursprünglich zuständiger Vollstreckungsleiter. Es ist der JRichter **4**
zunächst in allen Verfahren, in denen er selbst oder in denen unter seinem
Vorsitz das JSchöffenG die zu vollstreckenden Entscheidungen getroffen hat
(bei einheitlichen Rechtsfolgenentscheidungen (§§ 31 Abs. 2, 66) derjenige,
der sie getroffen hat (vgl. Dallinger/Lackner Rn. 4, § 66 Rn. 20 ff.)). Ihm
obliegt ebenso die Vollstr der Entscheidungen eines übergeordneten Rechtsmittelgerichts, wenn er selbst oder unter seinem Vorsitz das JSchöffenG die
Sache im 1. Rechtszug entschieden hat (Abs. 1).

b) Entscheidung der JKammer oder eines Erwachsenengericht. **5**
Hat einer dieser Spruchkörper im ersten Rechtszug entschieden, so ist für
die Vollstr der JRichter des AG zuständig, dem die familiengerichtlichen
Erziehungsaufgaben obliegen (**Abs. 2;** s. aber auch RL I. Nr. 1b) Hs. 2 zu
§§ 82–85). Dabei ist unerheblich, wenn das hiernach zuständige AG zu
einem *anderen Bundesland* gehört als das Gericht, das die zu vollstreckende
Entscheidung erlassen hat (Grundsatz der Einheit der deutschen Gerichtsbarkeit (Dallinger/Lackner Rn. 6); nach OLG Zweibrücken 27.6.1991 – 1
AR 62/91-1 bei Böhm NStZ 1991, 524 ist jedoch bei Verurteilten, die im
Inland weder Wohnsitz noch Aufenthalt hatten, derjenige JRichter zur
Einleitung zuständig, in dessen Bezirk sich die Verurteilten aufhalten). Soweit *kein gewöhnlicher Aufenthalt* im Inland besteht, bestimmt sich die Zu-
ständigkeit des JRichters danach, in wessen Bezirk „das Bedürfnis der Fürsorge bekannt wird" (Abs. 2 S. 1 iVm §§ 151 Nr. 8, 152 Abs. 3 FamFG
(vgl. im Einzelfall BGH StraFo 2014, 523: der JRichter, in dessen Bezirk die
HV vor der JKammer stattfand; vgl. auch Rose in NK-JGG Rn. 3).
Die durch das KindRG neu eingefügte Regelung des **Abs. 2 S. 2** weist – **6**
in Anlehnung an die bisher hM (vgl. 7. Aufl.) – in Fällen, in denen der
Verurteilte volljährig ist (BGH 15.9.1999 – 2 ARs 372/99, BeckRS 1999,
30072927 bei Böhm NStZ-RR 2000, 324), die Zuständigkeit für die Vollstr

dem JRichter am AG zu, dem die familiengerichtlichen Erziehungsaufgaben
bei noch nicht erreichter Volljährigkeit oblägen.

2. Durchführung der Vollstreckung und Zuständigkeitskonflikt

7   Es bleibt bei der ursprünglichen VollstrZuständigkeit (Abs.
1, 2), soweit diese nicht von der nachfolgenden VollstrZuständigkeit (§ 85) abgelöst wird
(Abs. 3; BGHR JGG § 84 Abs. 2, Zuständigkeit 2: nicht maßgebend, ob
der Aufenthaltsort frei gewählt ist). Wegen der Abgrenzung zwischen Einleitung und Durchführung der Vollstr s. betr. die JStrafe RL VI. Nr. 3 zu
§§ 82–85, betr. JA RL V. Nr. 1 zu §§ 82, 85.

8   Besteht **Streit** über die örtliche Zuständigkeit, so entscheidet entsprechend § 14 StPO das gemeinschaftliche obere Gericht (BGHSt 16, 78 (80);
BeckRS 2011, 19229; BayObLG NJW 1955, 601; vgl. auch BGH NJW
1981, 1745). – Die Übertragung der Zuständigkeit für solche Entscheidungen, die die Aussetzung der Vollstr zBew betreffen (§ 58 Abs. 3 S. 2),
berührt für sich genommen nicht die Zuständigkeit zur Einleitung der
Vollstr (BGH BeckRS 2014, 13311; 15.5.2014 – ARs 73/14).

3. Nebengeschäfte der Vollstreckung

9   Vgl. hierzu RL II. Nr. 4 zu §§ 82–85.

Abgabe und Übergang der Vollstreckung

85 (1) **Ist Jugendarrest zu vollstrecken, so gibt der zunächst zuständige Jugendrichter die Vollstreckung an den Jugendrichter
ab, der nach § 90 Abs. 2 Satz 2 als Vollzugsleiter zuständig ist.**

(2) [1] **Ist Jugendstrafe zu vollstrecken, so geht nach der Aufnahme
des Verurteilten in die Einrichtung für den Vollzug der Jugendstrafe
die Vollstreckung auf den Jugendrichter des Amtsgerichts über, in
dessen Bezirk die Einrichtung für den Vollzug der Jugendstrafe liegt.
[2] Die Landesregierungen werden ermächtigt, durch Rechtsverordnung zu bestimmen, daß die Vollstreckung auf den Jugendrichter
eines anderen Amtsgerichts übergeht, wenn dies aus verkehrsmäßigen Gründen günstiger erscheint. [3] Die Landesregierungen können
die Ermächtigung durch Rechtsverordnung auf die Landesjustizverwaltungen übertragen.**

(3) [1] **Unterhält ein Land eine Einrichtung für den Vollzug der
Jugendstrafe auf dem Gebiet eines anderen Landes, so können die
beteiligten Länder vereinbaren, daß der Jugendrichter eines Amtsgerichts des Landes, das die Einrichtung für den Vollzug der Jugendstrafe unterhält, zuständig sein soll. [2] Wird eine solche Vereinbarung
getroffen, so geht die Vollstreckung auf den Jugendrichter des Amtsgerichts über, in dessen Bezirk die für die Einrichtung für den Vollzug der Jugendstrafe zuständige Aufsichtsbehörde ihren Sitz hat.
[3] Die Regierung des Landes, das die Einrichtung für den Vollzug der
Jugendstrafe unterhält, wird ermächtigt, durch Rechtsverordnung
zu bestimmen, daß der Jugendrichter eines anderen Amtsgerichts
zuständig wird, wenn dies aus verkehrsmäßigen Gründen günstiger**

erscheint. [4]Die Landesregierung kann die Ermächtigung durch Rechtsverordnung auf die Landesjustizverwaltung übertragen.

(4) Absatz 2 gilt entsprechend bei der Vollstreckung einer Maßregel der Besserung und Sicherung nach § 61 Nr. 1 oder 2 des Strafgesetzbuches.

(5) Aus wichtigen Gründen kann der Vollstreckungsleiter die Vollstreckung widerruflich an einen sonst nicht oder nicht mehr zuständigen Jugendrichter abgeben.

(6) [1]Hat der Verurteilte das vierundzwanzigste Lebensjahr vollendet, so kann der nach den Absätzen 2 bis 4 zuständige Vollstreckungsleiter die Vollstreckung einer nach den Vorschriften des Strafvollzugs für Erwachsene vollzogenen Jugendstrafe oder einer Maßregel der Besserung und Sicherung an die nach den allgemeinen Vorschriften zuständige Vollstreckungsbehörde abgeben, wenn der Straf- oder Maßregelvollzug voraussichtlich noch länger dauern wird und die besonderen Grundgedanken des Jugendstrafrechts unter Berücksichtigung der Persönlichkeit des Verurteilten für die weiteren Entscheidungen nicht mehr maßgebend sind; die Abgabe ist bindend. [2]Mit der Abgabe sind die Vorschriften der Strafprozeßordnung und des Gerichtsverfassungsgesetzes über die Strafvollstreckung anzuwenden.

(7) Für die Zuständigkeit der Staatsanwaltschaft im Vollstreckungsverfahren gilt § 451 Abs. 3 der Strafprozeßordnung entsprechend.

Übersicht

I. Anwendungsbereich

1. Persönlicher Anwendungsbereich

1   Es gelten die Erl. zu → § 82 Rn. 1, 2 entsprechend. – Bei Soldatinnen und Soldaten gelten Besonderheiten hinsichtlich Abs. 1 (vgl. → Rn. 6, 7 sowie die Erl. zu → § 112c Rn. 1 ff.).

2. OWi-Verfahren

2   Abs. 3 gilt auch für die Vollstr von Bußgeldentscheidungen nach dem OWiG (vgl. § 91 OWiG); Abs. 1 gilt auch für die Vollstr des JA gem. § 98 Abs. 2–4 OWiG.

II. Allgemeines

3   Die Vorschrift regelt die **nachfolgende** (sekundäre) **VollstrZuständigkeit** des JRichters. Die Ablösung des ursprünglich zuständigen durch den nachfolgenden Vollstreckungsleiter erfolgt entweder durch einen Zuständigkeitsübergang kraft Gesetzes (Abs. 2 und 4) bzw. landesbezogene Vereinbarung (Abs. 3) oder durch die Abgabe der Vollstr (Abs. 1, 5 und 6). Ohne Einfluss auf den Wechsel der VollstrZuständigkeit ist es, wenn das nachfolgend zuständige Gericht zu einem anderen Bundesland gehört als das ursprünglich zuständige Gericht.

4   Es gilt der Grundsatz der einheitlichen Entscheidungskompetenz. Mit der Ablösung **geht** hiernach die **gesamte** Verantwortlichkeit des VollstrOrgans (für sämtliche der Vollstreckung bedürfende Anordnungen des JGerichts) auf den nachfolgenden Vollstreckungsleiter **über** (ebenso BGH ZJJ 2019, 397 = BeckRS 2018, 46722). Dies gilt auch für die Strafzeitberechnung (Dallinger/Lackner Rn. 1).

III. Abgabe gem. Abs. 1

1. Vollstreckung von JA

Ist JA zu vollstrecken, so muss der ursprünglich zuständige JRichter gem. 5
Abs. 1 abgeben, es sei denn, ursprüngliche und nachfolgende Zuständigkeit
fallen zusammen.

a) Einzelfragen. Der **Zeitpunkt** der **Abgabe** ist gesetzlich nicht aus- 5a
drücklich bestimmt, wird jedoch grundsätzlich unmittelbar nach Eintritt der
Rechtskraft liegen (wegen der Frage, ob der ursprünglich zuständige Voll-
streckungsleiter noch die Ladung zum Antritt des JA vornehmen darf, s. RL
V. Nr. 1 S. 2, Nr. 4 zu §§ 82–85; wegen der Aufteilung der Aufgaben
zwischen ursprünglichem und nachfolgendem Vollstreckungsleiter vgl. RL
V. Nr. 2 zu §§ 82–85). – Wegen der **Durchführung** im Einzelnen s. RL
V. Nr. 1–8 zu §§ 82–85 (speziell zur Ladung und der ggf. erforderlichen
Zuführung vgl. Willsch FS Ostendorf, 2015, 933 ff.). Die Entscheidung über
einen **Zuständigkeitsstreit** ist eine Angelegenheit der Justizverwaltung
(BGH 4.12.1981 – 2 ARs 328/81 und 8.5.1981 – 2 ARs 61/81 bei Böhm
NStZ 1982, 415 f.)).

b) Jugendrichterliche Entscheidungen. Der neue Vollstreckungsleiter, 6
der gleichzeitig Vollzugsleiter ist, trifft auch die jugendrichterlichen Entscheidungen über die Umwandlung von Freizeitarrest in Kurzarrest (§ 86)
und über das Absehen von der Vollstr des JA bzw. von dessen Restes (§ 87
Abs. 3).

2. Behörden der Bundeswehr

Eine **Abgabe** nach Abs. 1 findet **nicht** statt, wenn der JA von den 7
Behörden der Bundeswehr vollzogen wird (vgl. → § 112c Rn. 4; Dallinger/
Lackner Rn. 4).

IV. Abgabe gem. Abs. 2 bzw. Abs. 3

1. Abs. 2

a) Vollstreckung von JStrafe. Ist JStrafe zu vollstrecken, so leitet der 8
(ursprünglich zuständige) Vollstreckungsleiter – gem. § 31 Abs. 5 S. 2
RPflG ist es der zuständige Rechtspfleger – die Vollstr ein (vgl. RL V. Nr. 3
zu §§ 82–85). Der **Zuständigkeitsübergang** kraft Gesetzes (Abs. 2) findet
mit Abschluss der *Aufnahme* („nach") des Verurteilten in die JStVollzAnstalt
statt (nicht also betr. JVA des Erwachsenenstrafvollzuges, BGH 11.4.2017 –
2 ARs 436/16; OLG Frankfurt a. M. NStZ-RR 2002, 380 f.). Die Verpflichtung zur Übersendung der Akten (s. RL VI Nr. 6 zu §§ 82–85) ist
Folge des Übergangs der Vollstr (vgl. auch BGH StV 2017, 618). Die nach
Abs. 2 S. 1 begründete Zuständigkeit erstreckt sich auch auf die Vollstreckung anderer, neben der JStrafe verhängter Sanktionen, soweit dies mit
Blick auf den Grundsatz der Vollzugsnähe angezeigt ist (s. auch → Rn. 4,

→ § 82 Rn. 39 f.; bej. für die Einziehung des Wertersatzes BGH BeckRS 2020, 16685; OLG Hamm BeckRS 2019, 17336).

8a   Als den Zuständigkeitsübergang auslösende „Aufnahme" zählt auch die *Verlegung* in eine andere JStVollzAnstalt, sofern diese auf Dauer erfolgt (BGHSt 26, 278; OLG Düsseldorf MDR 1975, 863), sodass in solchen Fällen ein erneuter Zuständigkeitsübergang eintritt. – Unterhält die JStVollzAnstalt *Außenstellen*, so ist der Sitz der Hauptanstalt nur insoweit maßgeblich (generell aber BGH NStZ 1994, 204 f. (mit nicht unbedenklichem Hinweis ua auf das allg. StrafvollstrRecht); vgl. auch Sonnen in Diemer/Schatz/Sonnen Rn. 12), als das Ziel der *Vollzugsnähe*, für das die organisatorische Einheit einer JStVollzAnstalt unerheblich ist, nicht beeinträchtigt wird. Steht jedoch bereits im Zeitpunkt der Verlegung fest, dass der Gefangene alsbald unter **Herausnahme** aus dem JStVollzug in eine andere JVA weitergeleitet wird (vgl. aber einschr. → § 89b Rn. 3–8), so ist **Abs. 2** nicht erfüllt (BGH 22.4.1994 – 2 ARs 93/94 bei Böhm NStZ 1994, 528 (532): Verweildauer fünf Tage; vgl. ergänzend → Rn. 10). Im Übrigen kann auf der Grundlage einer Rechtsverordnung (Art. 80 Abs. 1 GG) aus „verkehrsmäßigen Gründen" eine andere Zuständigkeit bestimmt werden (Abs. 2 **S. 2, 3**).

9   **b) Grundsatz der Vollzugsnähe.** Der Regelung des Abs. 2 liegt der Grundsatz der Vollzugsnähe (vgl. auch → § 42 Rn. 16, → § 58 Rn. 35) zugrunde, demzufolge der Vollstreckungsleiter – im Hinblick auf die enge Berührung der Aufgaben der Vollstr und derjenigen des Vollzuges – dem Vollzug möglichst nahe zu bringen ist (vgl. BGHSt 16, 78 (81 f.)). Durch Abs. 2 soll gewährleistet werden, dass Entscheidungen über bedingte und endgültige Entlassung aus dem JStVollzug für sämtliche Insassen der jeweiligen JStVollzAnstalt von **demselben JRichter** in unmittelbarer Verbindung mit der JStVollzAnstalt und in enger Zusammenarbeit mit dem Vollzugsleiter getroffen werden (Dallinger/Lackner Rn. 8; Gottwald DRiZ 1954, 118). Diese Zuständigkeit besteht betr. die iRd Bewährung erforderlichen jugendrichterlichen Aufgaben (nach BGH 4.9.1990 – 2 ARs 317/90 bei Böhm NStZ 1991, 524) auch dann, wenn die Aussetzungsentscheidung von einem anderen – „möglicherweise" nicht zuständigen – Gericht getroffen wurde. Die genannte **Zusammenarbeit** setzt einen engen persönlichen Kontakt sowie mündliche Erörterungen zwischen dem **Vollstr- und** dem **Vollzugsleiter** über die jeweiligen entscheidungsrelevanten Fragen voraus. – Zwar bezieht sich die Bezeichnung des JRichters in Abs. 2 allg. auf den Amtsträger, nicht auf eine Person (Gottwald DRiZ 1954, 118). Jedoch verlangt es die Funktion der gesetzlichen Regelung, dass die Besetzung des Amtes des Vollstreckungsleiters nicht ständig wechselt, wie es zB bei Richtern auf Probe meist der Fall sein würde (vgl. ähnlich auch Beulke/Swoboda JugendStrafR 909).

9a   Wird wegen beabsichtigter *Auslieferung* oder *Ausweisung* von der weiteren Vollstr abgesehen (§ 2 Abs. 2, § 456a StPO; vgl. → § 1 Rn. 54) und seien Entscheidungen der vorbezeichneten Art nicht mehr zu erwarten, so widerspreche es dem Grundsatz der Vollzugsnähe nicht, dass der mit der bisherigen Vollstr befasste JRichter zuständig bleibt, sodass eine von diesem nach Abs. 2 vorgenommene Abgabe unwirksam ist (OLG Hamm MDR 1983, 602 (Ls.); zw.).

10   **c) Verhältnis von Regelungen des Erwachsenen- zu solchen des Jugendstrafrechts.** Ein **Übergang** der VollstrZuständigkeit nach Abs. 2

findet **nicht** statt, wenn der Verurteilte in einer JVA des Erwachsenenvollzugs aufgenommen oder sogleich nach § 89b Abs. 1 in eine allg. StVollzAnstalt eingewiesen wird (Wohlfahrt StraFo 2020, 272 (273); einschr. aber → § 89b Rn. 3–8; RL VI. Nr. 2 S. 1). Es bleibt dann bei der ursprünglichen Zuständigkeit (§ 84 Abs. 1; vgl. BGH 27, 25; BGHR JGG § 85 Abs. 2, Übergang 1; BGH 11.4.2017 – 2 ARs 436/16; OLG Zweibrücken BeckRS 1988, 07508) des JRichters, und zwar auch für die nachträgliche Entscheidung. Der Konzentrationsgrundsatz des § 462a Abs. 4 StPO tritt ggü. der Regelung in §§ 82 ff. zurück (BGHSt 28, 351 (354) gegen BGHSt 26, 375; vgl. auch → Rn. 11, 13). Ist aber ein Teil der JStrafe in einer JStVollzAnstalt vollstreckt worden und wird der Verurteilte erst später nach § 89b Abs. 2 aus dem JStrafvollzug ausgenommen und in eine allg. StVollzAnstalt eingewiesen, so fällt die Zuständigkeit dadurch nicht von selbst wieder an den ursprünglichen Vollstreckungsleiter zurück, sondern der nachfolgende Vollstreckungsleiter bleibt zuständig (vgl. OLG Karlsruhe Justiz 1983, 162; OLG Hamm MDR 1984, 166 (Ls.); s. aber OLG Düsseldorf JMBl. NW 1989, 274).

10a Der Übergang gem. Abs. 2 begründet aber nicht etwa „automatisch" eine Zuständigkeit für die Entscheidung auch darüber, ob die Aussetzung der Vollstr zBew hinsichtlich einer anderen JStrafe widerrufen werden soll (§ 462a Abs. 4 StPO kommt nicht zur Anwendung; BGH 1.6.1984 – 2 ARs 152/84 bei Böhm NStZ 1985, 448, auch zu § 58 Abs. 3 S. 2).

11 Bestehen **nebeneinander JStrafe** und **Freiheitsstrafe** (vgl. auch → § 82 Rn. 43), so ist für die Vollstr der JStrafe der JRichter als Vollstreckungsleiter (auch im Falle der Vollstr im allg. StVollzug, BGH NStZ 1985, 92; OLG Celle ZJJ 2019, 402 = BeckRS 2019, 22110) und für die Vollstr der Freiheitsstrafe die Staatsanwaltschaft (und die StVollstrKammer) zuständig (BGH NStZ-RR 2007, 190; vgl. auch schon BGHSt 28, 351 im Anschluss an BGHSt 27, 329 gegen BGHSt 26, 375). Denn einer Anwendung von § 462a Abs. 4 (iVm Abs. 3 S. 2, 3) StPO steht entgegen, dass eine JStrafe in ihrer Schwere, Bedeutung und Zielrichtung mit einer Freiheitsstrafe insoweit nicht zu vergleichen ist und daher eine Zuständigkeitsfestsetzung lediglich nach der Höhe der jeweiligen Strafen dem Erziehungsauftrag (§ 2 Abs. 1) widerspräche (so BGHSt 28, 351 (354); s. ferner OLG Karlsruhe MDR 1980, 1037; zur Möglichkeit der Abgabe nach Vollendung des 21. Lbj. vgl. § 89a Abs. 3 iVm § 85 Abs. 6).

2. Abs. 3

11a Die Bestimmung des Abs. 2 ist für diejenigen Verhältnisse nicht zureichend, in denen die JStVollzAnstalt eines Landes auf dem Gebiet eines anderen Landes liegt (zB die Anstalt Hahnöfersand). Daher sieht Abs. 3 die Möglichkeit einer Ländervereinbarung (vgl. § 121) über die Vollstreckungsleitungs-Zuständigkeit vor, wobei nach Abs. 3 **S. 2** der JRichter am Ort der Aufsichtsbehörde zuständig wird (§ 78a Abs. 3 GVG), sofern nicht auf der Grundlage einer Rechtsverordnung (Art. 80 Abs. 1 GG) aus „verkehrsmäßigen Gründen" eine andere Zuständigkeit bestimmt wird (Abs. 3 **S. 3, 4**).

V. Maßregelvollzug

12   Für die nachträglichen Entscheidungen, die infolge der Anordnung der
Unterbringung eines Jugendlichen in einem **psychiatrischen Kranken-
haus** oder einer **Entziehungsanstalt** erforderlich werden (vgl. auch
→ Rn. 14), ist der JRichter als Vollstreckungsleiter zuständig (s. §§ 82
Abs. 1, 84, §§ 462a, 463 Abs. 1 StPO; BGHSt 26, 162). Ein Übergang der
Zuständigkeit entsprechend Abs. 2 findet statt (**Abs. 4** (seit 1. JGG-ÄndG);
vgl. aber auch Abs. 6), dh es gelten die diesbzgl. Erl. (→ Rn. 8 ff.) auch hier
(nicht jedoch nach Aufhebung einer Anordnung gem. § 2 Abs. 2, § 67h
StGB, OLG Jena NStZ 2010, 283; ergänzend BGH StraFo 2012, 514; vgl.
näher → § 58 Rn. 35a). Kommt es zwischen Rechtskraft der Verurteilung
und dem Maßregelvollzug zu einer **Organisationshaft** in einer Strafvoll-
zugsanstalt, hat dies für diese Zwischenphase eine zuständigkeitsbegründende
Wirkung iSv Abs. 2 und 4 (BGH NStZ-RR 2021, 226 (Ls.) = BeckRS
2021, 12066). Handelt es sich um einen Heranwachsenden und ist allein auf
Unterbringung erkannt worden, setzt gem. § 110 Abs. 1 die Verweisung auf
Abs. 2 Anhaltspunkte im Urteil dafür voraus, dass sachliches JStR angewandt
worden wäre, andernfalls richtet sich die Zuständigkeit nach Erwachsenenrecht (OLG Hamm BeckRS 2008, 7694). – Entsprechendes gilt, wenn bei
einem nach JStR Verurteilten **Führungsaufsicht** kraft Gesetzes eintritt (vgl.
aber zu Abs. 5 → Rn. 14), weil auch insoweit der JRichter als Vollstreckungsleiter gem. § 82 Abs. 1 S. 2 die nach der StPO der StVollstrKammer
zugewiesene Aufgabe wahrnimmt (OLG Koblenz GA 1975, 285; zust. Appl
in KK-StPO StPO § 463 Rn. 8).

VI. Abgabe gem. Abs. 5

1. Einzelfragen

13   a) **Befugnis nur des Vollstreckungsleiters.** Nach Abs. 5 kann jeder
Vollstreckungsleiter die Vollstr unter besonderen Voraussetzungen **widerruflich abgeben** (ohne dass hierzu die Zustimmung der StA erforderlich
wäre, BGH 26.2.1992 – 2 ARs 63/92 bei Böhm NStZ 1992, 528 (529);
näher zu den Bedingungen der Abgabe Wohlfahrt StraFo 2020, 272 (273 f.)).
Dieses Recht steht nur dem Vollstreckungsleiter selbst zu, nicht aber einem
gem. Abs. 5 eingeschalteten Richter (BGHSt 24, 332; 27, 25; BGH NStZ
1983, 139; NStZ-RR 2003, 29; StraFo 2007, 258; OLG Karlsruhe Justiz
1983, 162 (163); aA noch Dallinger/Lackner Rn. 15; BGH Zbl 1963, 264),
und zwar auch dann, wenn dieser Richter als ursprünglich zuständiger allg.
Vollstreckungsleiter (§§ 82, 84) seine Zuständigkeit gem. § 85 Abs. 2 verloren hat (OLG Hamm MDR 1984, 166). Denn der (nunmehrige) Vollstreckungsleiter selbst **bleibt** unbeschadet der (widerruflichen) VollstrAbgabe
Herr des Verfahrens (BGH NStZ 1983, 139; BGHR JGG § 85 Abs. 2,
Übergang 1; BGH ZJJ 2005, 207; NStZ-RR 2005, 246; StV 2017, 718 =
BeckRS 2017, 115315; OLG Düsseldorf JMBl. NW 1989, 274; OLG
Frankfurt a. M. NStZ-RR 1996, 88).

b) Ermessensentscheidung. Der Vollstreckungsleiter trifft seine Ent- **14** scheidung nach pflichtgemäßem Ermessen, für dessen Ausübung im wesentlichen **Zweckmäßigkeits**gesichtspunkte maßgebend sind, bei denen es stets auf die **Umstände** des Einzelfalles ankommt. Besondere Rücksicht wird auf den Grundsatz der **Vollzugsnähe** zu nehmen sein (BGH NStZ 2005, 167; Dallinger/Lackner Rn. 15, 16), aber nur, sofern er sich konkret als stichhaltig erweist (SchlHA 1993, 243; OLG Frankfurt a. M. NStZ-RR 2002, 380; s. etwa BGH BeckRS 2019, 20309: nicht bei immer Vorbefassung des abgebenden Gerichts im Erkenntnis- und Vollstreckungsverfahren).

Dies gilt namentlich im Falle der **Aussetzung** der Vollstr des Strafrestes **15** **zBew,** etwa wenn der Verurteilte im Bezirk eines anderen JRichters wohnt oder wenn der Vollstreckungsleiter mit dem Verurteilten oder dem BewHelfer wegen weiter Entfernung nicht mehr Kontakt halten kann (RL VI. Nr. 8 zu §§ 82–85), aber auch zB dann, wenn nach der Entlassung weitere Entscheidungen über eine Führungsaufsicht notwendig werden (BGH 4.12.1981 – 2 ARs 238/81 bei Böhm NStZ 1982, 415; BGH 5.2.1997 – 2 ARs 41/97 bei Böhm NStZ 1997, 483; aber → Rn. 12). Auch eine Aussetzung der weiteren Vollstr einer Maßregel kann hinsichtlich der nachträglich erforderlich werdenden Entscheidung aus den genannten Gesichtspunkten die widerrufliche Abgabe nahelegen (BGHSt 30, 78 = JR 1981, 481 mzustAnm Brunner; einschr. OLG Düsseldorf MDR 1990, 1037). Für nachträgliche Entscheidungen betr. eine Arbeitsauflage (nebst Androhung von JA) **anstelle** einer **Geldbuße** (§ 98 Abs. 1 S. 1 Nr. 1 OWiG) ist im Falle des Wohnortwechsels der JRichter am nunmehrigen Wohnort zuständig (BGH BeckRS 2011, 19229); ebenso wurde für die Vollstr einer (Betreuungs-)Weisung (§ 10 Abs. 1 Nr. 5) entschieden (vgl. BGH StV 2017, 619). Zur vorübergehenden Übertragung der Zuständigkeit für Fragen einer laufenden Führungsaufsicht auf das Gericht, in dessen Bezirk eine weitere JStrafe des Verurteilten vollstreckt wird, s. BGH NStZ-RR 2018, 227.

Die **Rückgabe** an das Gericht des 1. Rechtszuges ist idR (aber) geboten, **16** wenn die Vollstr gem. § 35 (iVm § 38 Abs. 1 S. 1) BtMG zurückgestellt ist und Entscheidungen nach **§ 36 Abs. 1** (iVm § 38 Abs. 1 S. 1) **BtMG** zu treffen sind (BGHSt 32, 58; BGH bei Katholnigg NJW 1990, 2296), da der Gesetzgeber bei der Strafvollstr an BtM-Abhängigen dem Gericht des 1. Rechtszuges ggü. der VollstrBehörde uneingeschränkten Vorrang hat einräumen wollen (vgl. § 35 Abs. 1, Abs. 7 S. 2 BtMG, §§ 36 Abs. 5, 38 BtMG; vgl. auch → § 82 Rn. 10 f.).

Nach einem Teil der Judikatur (BGHSt 30, 9; BGH NStZ-RR 2004, 58 **17** (Ls.); ebenso OLG Zweibrücken BeckRS 1988, 07508; OLG Frankfurt a. M. NStZ-RR 2002, 380 (aber konkret vern.)) ist unter Hinweis auf die Vollzugsnähe auch die Abgabe an den **JRichter** zulässig, in dessen Bezirk die *allg. StVollzAnstalt* liegt, in der JStrafe nach § 89 Abs. 1, 2 vollzogen wird (vgl. aber zu Bedenken → § 89b Rn. 3–8). Entsprechendes soll gelten, wenn in einer solchen Anstalt Freiheitsstrafe vollstreckt wird und sodann eine *(Rest-)JStrafe,* deren Aussetzung zBew widerrufen wurde, in dieser Anstalt vollstreckt werden soll (OLG Frankfurt a. M. 18.4.1986 – 3 Ws 356/86 bei Böhm NStZ 1987, 443 f.). – In Fällen des **Absehens** von der weiteren Vollstr gem. § 2 Abs. 2, § 456a StPO kann eine Rückgabe an den Vollstreckungsleiter iSd Abs. 2 in Betracht kommen (BGH ZJJ 2005, 207).

2. Keine Pflicht zur Übernahme

18   Der angegangene Richter ist zur Übernahme nicht verpflichtet (vgl. auch Abs. 6 S. 1 Hs. 2 argumentum e contrario; zust. Sonnen in Diemer/Schatz/Sonnen Rn. 15; aA Rose in NK-JGG Rn. 14). Hat er gegen die Übernahme Bedenken, so entscheidet notfalls das **gemeinschaftliche obere Gericht** (§ 14 StPO bzw. § 42 Abs. 3 S. 2 entspr.; BGHSt 30, 79; BGH bei Herlan GA 1961, 358; BGH ZJJ 2019, 397 = 2018, 46722; BeckRS 2019, 20309; OLG Schleswig SchlHA 1993, 243; OLG Frankfurt a. M. NStZ-RR 2002, 380; Dallinger/Lackner Rn. 18; vgl. auch → § 84 Rn. 8).

18a   Eine Regelung des Zuständigkeitsstreits auf dem *Verwaltungswege* darf *nur* vorgenommen werden, falls jugendrichterliche Entscheidungen im engeren Sinne nicht mehr in Betracht kommen. Diese negative Voraussetzung ist indes in aller Regel nicht gegeben. – Ist jedoch betr. die Vollstr einer etwaigen *Erzwingungshaft* gem. Abs. 3 iVm § 97 Abs. 1 OWiG Gegenstand des Zuständigkeitsstreits nur die Frage des VollstrOrtes, so entscheidet die Landesjustizverwaltung. Erst wenn der für den so ermittelten VollstrOrt zuständige JRichter die Übernahme ablehnt, kommt eine gerichtliche Entscheidung in Betracht (s. BGH 16.7.1986 – 2 ARs 147/86, auszugsweise Böhm NStZ 1987, 444).

3. Widerrufliche Abgabe

19   Die Abgabe ist (mit Ausnahme derjenigen nach Abs. 6) auch dann **widerruflich,** wenn ein entsprechender Vorbehalt nicht ausdrücklich gemacht worden ist (BGHSt 7, 318). Der abgebende Richter hat einen Anspruch auf angemessene Unterrichtung über den weiteren Verlauf, jedoch unter gebührender Beachtung der Selbstständigkeit des ersuchten JRichters (BGHSt 7, 318).

VII. Abgabe gem. Abs. 6

1. Abs. 6 S. 1

20   **a) Bedeutung der Vorschrift.** Das 1. JGG-ÄndG hat durch Einführung dieser Vorschrift betr. die Zuständigkeit des JRichters als Vollstreckungsleiter in denjenigen Fällen die Möglichkeit der Abgabe geregelt (zur Zuständigkeit auch des allg. Vollstreckungsleiters Maaß NStZ 2008, 130 f. (zu weitgehend für Muss-Vorschrift de lege ferenda)), in denen eine JStrafe gem. § 89b Abs. 1 nach allg. StVollzugsrecht ggü. einem inzwischen 24 Jahre alt (Abs. 6; anders in Fällen gem. § 89a Abs. 3) gewordenen Verurteilten **vollstreckt** wird; das Gleiche gilt für Maßregeln, insb. also wenn eine nach JStR in ein psychiatrisches Krankenhaus bzw. in eine Entziehungsanstalt eingewiesene Person inzwischen dieses Alter erreicht hat, und auch für Führungsaufsicht (§ 68 StGB, OLG Hamm 18.12.2013 – 3 Ws 389/13 Rn. 4, BeckRS 2014, 13010). Dabei sind die im Einzelnen bezeichneten Bedingungen **ausführlich zu prüfen,** zumal die Abgabe – sofern es nicht an den gesetzlichen Voraussetzungen fehlt (OLG Dresden NStZ-RR 1998, 60: Unwirksamkeit der nachfolgenden Entscheidungen bzw. OLG Jena NStZ-RR 2000, 221: Abgabe der Vollstr an die StA; OLG Koblenz StraFo 2004, 179: Alter ungewiss) – bindend ist (hierzu aA LG Koblenz NStZ-RR 1997, 53; n. zum Ganzen Wohlfahrt StraFo 2020, 272 (277 f.)).

b) Aussetzung der Vollstreckung zBew. Wurde dergestalt ausgesetzt 21
und befand oder befindet sich der Verurteilte deshalb weder im Vollzug der
JStrafe noch der Maßregel, so **bleibt** es für die BewÜberwachung und die
insoweit erforderlichen nachträglichen Entscheidungen bei der Zuständigkeit
des **Gerichts,** das die **Aussetzungsentscheidung** getroffen hat (BGH
NStZ 1997, 100 mzustAnm Brunner).

2. Abs. 6 S. 2

a) Folgen der Abgabe. aa) Anwendbarkeit nur von § 88. Mit der 22
Abgabe der Vollstr (nicht aber schon durch eine Verfügung, mit der die
Absicht der Abgabe angekündigt wird, BGH BeckRS 2008, 15245) durch
den JRichter als Vollstreckungsleiter an die Staatsanwaltschaft geht gem.
Abs. 6 S. 2 auch dessen Zuständigkeit für die Entscheidung über die Rest-
aussetzung der Vollstr auf die StrafvollstrKammer über (OLG Düsseldorf
MDR 1992, 896; 1992, 1078; 1993, 171), die nach den speziellen Regelun-
gen des JStR (**§ 88,** ggf. auch § 26) zu verfahren hat (n. BGHSt 64, 273 =
NJW 2020, 1152 mAnm Eisenberg ZJJ 2020, 200; Dehne-Niemann StraFo
2020, 267; Laue NStZ 2021, 377; ebenfalls eingehend OLG Hamm StV
1996, 277; OLG Frankfurt a. M. NStZ-RR 1999, 91; OLG Hamm NStZ-
RR 2000, 92 f.; OLG Schleswig SchlHA 2000, 149; OLG Dresden NStZ-
RR 2000, 381 (ausdrücklich anders NStZ 2016, 111)); OLG Düsseldorf
JMBl. NRW 2003, 179 = OLGSt StGB § 57 Nr. 35 = ZJJ 2003, 306 f.;
OLG Brandenburg OLG-NL 2006, 189; OLG Dresden 28.7.2006 – 2 Ws
364/06; OLG Hamburg OLGSt JGG § 88 Nr. 5 = StraFo 2013, 349; OLG
Jena OLGSt JGG § 88 Nr. 4 = NStZ-RR 2012, 187; OLG Hamm openjur
2015, 7043; LG Karlsruhe NStZ-RR 2011, 155; OLG Karlsruhe NStZ-RR
2018, 30; OLG Jena StV 2022, 51 (Ls.) = BeckRS 2020, 43488; Kühn NStZ
1992, 527; Dehne-Niemann StV 2019, 473 (474 f.); **aA,** dh für eine Prüfung
nach § 57 StGB – also entgegen dem Wesen der JStrafe – OLG Düsseldorf JMBl. NRW 1995, 258 = JR 1997, 212 mablAnm Böhm = StV 1998,
348 mAnm Rzepka; zust. aber Bspr. Heinrich NStZ 2002, 187 f.; OLG
Düsseldorf StraFo 2012, 470; KG OLGSt StGB § 57 Nr. 55 = StraFo 2011,
373; OLG München StraFo 2009, 125; BeckRS 2019, 38396; OLG Nürnberg OLGSt § 57 StGB Nr. 51; Graalmann/Scheerer in Löwe/Rosenberg
StPO § 454 Rn. 105). Die Gegenauffassung unterstellt, nach Abgabe der
Vollstr gem. Abs. 6 hätten die im JStVollzug zu berücksichtigenden entwicklungsbedingten Aspekte Jugendlicher und Heranwachsender keine Bedeutung mehr und mit der Abgabe der Vollstr werde die erzieherische Ein-
wirkungsmöglichkeit auf den Verurteilten verneint (vgl. nur OLG Nürnberg
OLGSt StGB § 57 Nr. 51). Dies verkennt, dass aus Gründen der Vollzugs-
gestaltung die Entscheidung des erkennenden Gerichts nicht „unterlaufen
werden" (Rose in NK-JGG § 88 Rn. 1) und der Status eines nach JStR
Abgeurteilten nicht aufgehoben werden darf. Vielmehr bleibt die Sanktion
„ihrer Art nach JStrafe" (Laubenthal/Baier/Nestler JugendStrafR
Rn. 894),an deren „Rechtsnatur" sich „nichts ändert" (Streng JugendStrafR
Rn. 536). Aus kriminologischer Sicht tritt hinzu, dass bei den anstehenden
Entscheidungen und darin enthaltenen prognostischen Beurteilungen die
Entwicklung nicht nur des Abgeurteilten, sondern auch der Verfahren zu
würdigen ist, wozu es der Wahrung materiell-jugendstrafrechtlicher Vor-
schriften und deren gesetzgeberischer Intentionen bedarf. Im Übrigen

spricht auch Abs. 6 S. 2 (Anwendbarkeit von StPO und GVG, nicht aber des StGB) für die hier vertretene Ansicht (OLG Karlsruhe NStZ-RR 2018, 30).

22a   **bb) Unanwendbarkeit von § 454 Abs. 2 S. 1 Nr. 2 StPO.** Ungeachtet der Fortgeltung des JStR in materiellrechtlicher Hinsicht soll sich neben der Zuständigkeit auch das **Verfahren** (nach der Abgabe) nach dem allg. StVR (§ 453 StPO) bestimmen (OLG Jena StV 2022, 51 (Ls.) = BeckRS 2020, 43488). Nach hier vertretener Auffassung ist aber jedenfalls § 454 Abs. 2 S. 1 Nr. 2 StPO schon wegen des eindeutigen Wortlauts (Gutachten bei beabsichtigter Aussetzung einer „Freiheitsstrafe") nicht anwendbar (OLG Frankfurt a. M. NStZ-RR 1999, 91; vertiefend Dehne-Niemann StV 2019, 473 (475 ff.); aA OLG Celle StraFo 2008, 310 mablAnm Rose NStZ 2010, 95; OLG Dresden NStZ-RR 2010, 156 (Ls.); OLG Hamm openjur 2015, 7043 mablAnm Laue jurisPR-StrafR 10/15; OLG Karlsruhe NStZ-RR 2018, 30; LG Kleve ZJJ 2015, 76 mablAnm Eisenberg), zumal diese Vorschrift materiell-rechtlich an der **Freiheitsstrafe** orientiert ist (vgl. Neubacher GA 2006, 737 ff.). – Gemäß § 89a Abs. 1 S. 5 gilt der **Grundsatz der Einheitlichkeit** der Entscheidung auch im Verhältnis zur Freiheitsstrafe (OLG Zweibrücken JBl. RhPf. 1995, 227; vgl. auch OLG Karlsruhe Die Justiz 1998, 602).

22b   **cc) Sonstiges.** Für die Führungsaufsicht gem. § 7 Abs. 1, §§ 68f, 68c StGB bestimmt sich die Zuständigkeit nach § 462a StPO (OLG Hamm BeckRS 2019, 43478). Hinsichtlich der Festsetzung der Dauer prüft das Beschwerdegericht nur die Frage der **Gesetzwidrigkeit** (Abs. 6 S. 2, §§ 463 Abs. 2, 453 Abs. 2 S. 2 StPO). Diese ist ua dann zu bejahen, wenn schon die Voraussetzungen des § 181b StGB nicht vorlagen (OLG Saarbrücken BeckRS 2016, 111323 = StV 2017, 719 (Ls.): Verurteilung auch wegen einer Fahrlässigkeitstat (gegen GenStA)).

23   **Zuständig** zur Entscheidung über die *Unterbrechung* der *Vollstr* der JStrafe oder eines Strafrestes derselben ist die **Staatsanwaltschaft,** die nach den speziellen materiellen Regelungen des § 89a Abs. 1 zu entscheiden und dabei (vorläufig) auch iSd nach § 89a Abs. 1 S. 3 erforderlichen prognostischen Erwägungen Stellung zu nehmen hat (OLG Dresden NStZ-RR 2000, 381; OLG Karlsruhe ZJJ 2008, 194; OLG Schleswig ZJJ 2009, 59 f.; aA OLG Schleswig SchlHA 2004, 262). Bei Ablehnung der Unterbrechung kann der Verurteilte, worauf er hinzuweisen ist, gem. § 458 Abs. 2 StPO die Entscheidung des Gerichts herbeiführen (s. näher Kühn NStZ 1992, 526 f.).

24   **b) Verbleibende Möglichkeit nach Abs. 5.** Solange der Vollstreckungsleiter von dieser Möglichkeit der Abgabe keinen Gebrauch macht, besteht die Möglichkeit der widerruflichen Abgabe nach **Abs. 5** (zB bei bevorstehender Aussetzung der Vollstr, wenn die weiteren Entscheidungen zweckmäßigerweise durch einen JRichter am Wohnsitz des Verurteilten getroffen werden (vgl. auch → Rn. 14)).

VIII. Zuständigkeit der Staatsanwaltschaft

25   Um die Frage der Zuständigkeit der Staatsanwaltschaft im Falle des Wechsels des Vollstreckungsleiters zu regeln, hat das 1. JGG-ÄndG **§ 451 Abs. 3 StPO** für **entsprechend** anwendbar erklärt (**Abs. 7;** s. Begr. BR in BT-Drs. 11/5829, 45). Diese Einfügung widerspricht für die Vollstr von JA wie von JStrafe dem besonderen Bedürfnis nach einer einheitlichen und gleichmäßigen, vollzugsnahen und zukunftsorientierten sowie zügigen Praxis iRd dem Erziehungsauftrag (§ 2 Abs. 1) verpflichteten Vollstr, das ggü. den der Regelung des § 451 Abs. 3 StPO zugrundeliegenden Erwägungen vorrangig ist (vgl. näher Eisenberg DVJJ-Journal 1991, 151 f.; für Streichung des Abs. 7 UK III DVJJ-Journal 1992, 26). Dies gilt erhöht bezüglich des JA, zumal dabei gem. § 87 Abs. 3 S. 4 (nach Möglichkeit) ohnehin der erkennende Richter zu hören ist (die Erstreckung des Abs. 7 auf JA bejahend AG Wiesloch DVJJ-Journal 1996, 86; vern. AG Müllheim DVJJ-Journal 1991, 434).

Zweiter Unterabschnitt. Jugendarrest

Umwandlung des Freizeitarrestes

86 Der Vollstreckungsleiter kann Freizeitarrest in Kurzarrest umwandeln, wenn die Voraussetzungen des § 16 Abs. 3 nachträglich eingetreten sind.

I. Anwendungsbereich

1   Es gelten die Erl. zu → § 82 Rn. 1, 2 entsprechend, sofern eine auf Freizeitarrest lautende Entscheidung ergangen ist.

II. Voraussetzungen der Umwandlung

1. Art der vorausgegangenen Entscheidung

2   Was die Zulässigkeit der Umwandlung angeht, so kann die zu Grunde liegende Entscheidung sowohl ein Urteil als auch ein Beschluss (nach §§ 65, 66) sein.

2. Eintritt der Umstände iSv § 16 Abs. 3 S. 1

3   Die genannten Voraussetzungen, dh Zweckmäßigkeit des zusammenhängenden Vollzuges aus Gründen der Erziehung sowie Nicht-Beeinträchtigung der Ausbildung oder Arbeit, müssen **nachträglich** eingetreten sein (abw. Rose in NK-JGG Rn. 4 f.; Pütz in BeckOK JGG Rn. 15). Es ist danach zum einen nicht zulässig, die Umwandlung (nur) aus vollzugstechnischen Gründen vorzunehmen, etwa weil die mehrfache Aufnahme des Jugendlichen eine zusätzliche Belastung des Vollzugspersonals mit sich bringen würde (Potrykus Anm. 1). Soweit jedoch vollzugstechnische Schwierigkeiten zugleich eine Gefährdung der Erziehung zur Folge hätten, soll die erstgenannte Voraussetzung innerhalb des § 16 Abs. 3 S. 1 gegeben sein können (so Dallinger/Lackner Rn. 3; zw.). Zum anderen dürfen die Voraussetzungen **noch nicht** in dem Zeitpunkt **vorgelegen** haben, in dem ihre Berücksichtigung durch den erkennenden Richter tatsächlich oder rechtlich noch möglich war; denn sonst könnte der Vollstreckungsleiter sein Ermessen an die Stelle des Ermessens des erkennenden Richters treten lassen. Ob die besonderen Verhältnisse damals bereits gegeben, aber dem Gericht unbekannt waren, soll ohne Bedeutung sein (so Brunner/Dölling Rn. 1, zw.; vgl. aber § 16 Abs. 3 S. 1: „erscheint").

3. Kriminalpolitische Erwägungen

3a   Teilweise wird angeregt, § 86 dahingehend zu ergänzen, dass umgekehrt auch Kurzarrest nachträglich in Freizeitarrest umgewandelt werden kann, falls durch den Vollzug des Kurzarrestes Ausbildung oder Arbeit des Jugendlichen beeinträchtigt würden.

III. Umwandlungsmaßstab

Es ist *§ 16 Abs. 3 S. 2* zu beachten (vgl. → § 16 Rn. 29). Im Unterschied **4** zu der Handhabung bei unmittelbarer Anwendung des § 16 Abs. 3 darf der Vollstreckungsleiter nach überwiegender Meinung jedoch nicht *auf 1 oder 3 Tage* Kurzarrest erkennen, da dies einen übermäßigen Eingriff in die Entscheidung des erkennenden Gerichts bedeutete (so Dallinger/Lackner Rn. 8; Brunner/Dölling Rn. 1; aA Potrykus Anm. 2). – Auch eine *Teilumwandlung* ist zulässig, allerdings nur zu empfehlen, wenn besondere Gründe dafür sprechen. *Unzweckmäßig* ist idR die Umwandlung eines Restes nach bereits erfolgter Teilvollstr von Freizeitarrest.

IV. Verfahrensrechtliches

1. Zuständigkeit

Die Umwandlung gehört zu den Aufgaben des nach §§ 84, 85 Abs. 1 **5** bestimmten Vollstreckungsleiters. Die Entscheidung nach § 86 ist eine **jugendrichterliche** Entscheidung (§ 83 Abs. 1), dh es sind die Verfahrensgrundsätze des § 83 zu beachten.

2. Keine Mitteilungspflicht

Einer Mitteilung des Umwandlungsbeschlusses an das *Erziehungsregister* **6** bedarf es *nicht,* da § 60 Abs. 1 Nr. 2 BZRG nur vorsieht, dass die „Anordnung" von Zuchtmitteln eingetragen wird.

3. Sofortige Beschwerde

Im Hinblick auf § 55 Abs. 1 kann mit der sofortigen Beschwerde nur **7** gerügt werden, dass die Voraussetzungen der Umwandlung nicht vorgelegen hätten. Da die sofortige Beschwerde keine aufschiebende Wirkung hat (§§ 311, 311a Abs. 2, 307 Abs. 1 StPO), kann die Vollstr sofort nach Erlass des Umwandlungsbeschlusses erfolgen. Nimmt jedoch der Vollstreckungsleiter die Umwandlung gegen den Willen des Verurteilten vor und ist von beachtlichen Einwänden gegen diese Maßnahme auszugehen, so empfiehlt es sich aus Gründen der Rechtsstaatlichkeit ohnehin, mit der Vollstr solange zuzuwarten, bis die formelle Rechtskraft des Beschlusses eingetreten ist (ebenso Pütz in BeckOK JGG Rn. 25) oder wenigstens das Beschwerdegericht den Erlass einer Anordnung nach § 307 Abs. 2 StPO abgelehnt hat (vgl. schon Dallinger/Lackner Rn. 13).

Vollstreckung des Jugendarrestes

87 (1) **Die Vollstreckung des Jugendarrestes wird nicht zur Bewährung ausgesetzt.**

(2) **Für die Anrechnung von Untersuchungshaft auf Jugendarrest gilt § 450 der Strafprozeßordnung sinngemäß.**

(3) [1]Der Vollstreckungsleiter sieht von der Vollstreckung des Jugendarrestes ganz oder, ist Jugendarrest teilweise verbüßt, von der Vollstreckung des Restes ab, wenn seit Erlaß des Urteils Umstände hervorgetreten sind, die allein oder in Verbindung mit den bereits bekannten Umständen ein Absehen von der Vollstreckung aus Gründen der Erziehung rechtfertigen. [2]Sind seit Eintritt der Rechtskraft sechs Monate verstrichen, sieht er von der Vollstreckung ganz ab, wenn dies aus Gründen der Erziehung geboten ist. [3]Von der Vollstreckung des Jugendarrestes kann er ganz absehen, wenn zu erwarten ist, daß der Jugendarrest neben einer Strafe, die gegen den Verurteilten wegen einer anderen Tat verhängt worden ist oder die er wegen einer anderen Tat zu erwarten hat, seinen erzieherischen Zweck nicht mehr erfüllen wird. [4]Vor der Entscheidung hört der Vollstreckungsleiter nach Möglichkeit das erkennende Gericht, die Staatsanwaltschaft und die Vertretung der Jugendgerichtshilfe.

(4) [1]Die Vollstreckung des Jugendarrestes ist unzulässig, wenn seit Eintritt der Rechtskraft ein Jahr verstrichen ist. [2]Im Falle des § 16a darf nach Ablauf von drei Monaten seit Eintritt der Rechtskraft der Vollzug nicht mehr begonnen werden. [3]Jugendarrest, der nach § 16a verhängt wurde und noch nicht verbüßt ist, wird nicht mehr vollstreckt, wenn das Gericht

1. die Aussetzung der Jugendstrafe widerruft (§ 26 Absatz 1),
2. auf eine Jugendstrafe erkennt, deren Verhängung zur Bewährung ausgesetzt worden war (§ 30 Absatz 1 Satz 1), oder
3. die Aussetzung der Jugendstrafe in einem nachträglichen Beschluss ablehnt (§ 61a Absatz 1).

Schrifttum: DVJJ Baden-Württemberg (Hrsg: Dölling), Jugendkriminalität – Prävention und Reaktionen, 2015.

Übersicht

I. Anwendungsbereich

Es gelten die Erl. zu → § 82 Rn. 1, 2 entsprechend, sofern auf JA erkannt **1** worden ist. – Betreffend Soldatinnen und Soldaten s. § 112c Abs. 2 (vgl. Erl. zu → § 112c Rn. 4 ff.).

II. Keine Aussetzung der Vollstreckung zBew (Abs. 1); Aufschub bzw. Unterbrechung der Vollstreckung

1. Abs. 1

Die Vorschrift **verbietet** eine Aussetzung der Vollstr des JA zBew, welches **2** Verbot nach überwiegender Auffassung aus dem Wesen und der kriminal-politischen Zielsetzung des JA folge (vgl. → § 13 Rn. 4 → § 16 Rn. 5, → § 90 Rn. 5; aA etwa BR BT-Drs., 1. Wahlperiode Nr. 3264, 55, 64; s. auch Rose in NK-JGG Grdl. zu §§ 86, 87 Rn. 5; Domzalski ZJJ 2012, 51 ff.). Demgegenüber ist die Aussetzung der Vollstr des Strafarrestes zBew zulässig (§ 14a WStG). – Das Verbot des Abs. 1 gilt auch dann, wenn auf Berufung des Angeklagten eine zBew ausgesetzte JStrafe in einen Dauerarrest umgewandelt wird, dh unbeeinflusst vom Verschlechterungsverbot (OLG Düsseldorf NJW 1961, 891; OLG Hamm JR 1972, 73; NJW 1971, 1666; Grethlein Verschlechterungsverbot 120; aA Potrykus NJW 1961, 863).

Wird die Vollstr des JA gleichwohl – *gesetzeswidrig* – zBew ausgesetzt, so **2a** ist die Entscheidung zwar nicht unwirksam, kann aber mit den zulässigen Rechtsmitteln *ohne* die *Beschränkung* des *§ 55* angefochten werden (OLG Düsseldorf NJW 1961, 891; OLG Frankfurt a. M. NJW 1963, 969). § 59 Abs. 1 ist nicht anwendbar, dh Rechtsmittel sind die Berufung oder die Revision; dabei ist die Beschränkung auf die Aussetzung der Vollstr des JA zBew zulässig (OLG Düsseldorf NJW 1961, 891; OLG Frankfurt a. M. NJW 1963, 969).

2. Aufschub bzw. Unterbrechung

a) Anlässe für Aufschub. Jedoch kann die **Vollstr** des JA im **Verwal- 3 tungswege** aufgeschoben (vgl. auch OLG Saarbrücken BeckRS 2017, 119038; vgl. allg. → § 83 Rn. 5) oder unterbrochen werden (vgl. § 5 Abs. 3 JAVollzO, §§ 455, 456 StPO entspr.). Von dieser Möglichkeit sollte nicht nur verengt (zB aus gesundheitlichen Gründen des Betroffenen) Gebrauch gemacht werden, sondern – auch gem. der Tendenz der im Jahre 1976 eingeführten Änderungen der JAVollzO und entgegen der ursprünglichen Konzeption des JA – innerhalb vorgegebener zeitlicher Grenzen (zB Abs. 4) ua zur **Vermeidung** von **Beeinträchtigung**en im **Leistungsbereich** (etwa betr. Schulbesuch, Lehr- oder Arbeitsverhältnis; vgl. dazu § 4 Abs. 1 S. 2 JAVollzG NRW) und ggf. auch wegen besonderer Anlässe im **Sozial-bereich** (zB Familienfeier). Bei Nichtbefolgungs-JA wird Aufschub bzw.

Unterbrechung zwecks Erfüllung der zu Grunde liegenden Weisung oder Auflage in angemessenen Grenzen zulässig und ggf. erzieherisch angezeigt sein (vgl. dazu Eisenberg Zbl 1989, 19; vgl. auch → Rn. 7 sowie ergänzend → § 11 Rn. 20).

4   **b) Gnadenweg.** Darüber hinaus besteht die Möglichkeit, Vergünstigungen im Gnadenwege zu gewähren (eher einschr. Birkhoff/Lemke GnadenR 279). Hierbei kann ggf. zusätzlich berücksichtigt werden, wenn schon die Entscheidung fehlerhaft oder zumindest einwandbehaftet war (vgl. etwa auch → Rn. 10 aE; bejahend im Falle fehlerhaft rückwirkender Anwendung des § 16a Holste ZJJ 2013, 289 = StV 2013, 660, vern. Gernbeck/Höffler/Verrel NK 2013, 307 (314); allg. einschr. Dallinger/Lackner Rn. 2). – § 26 Abs. 1 S. 1 GnO LSA erlaubt unter besonderen, allerdings wohl – ebenso wie § 87 Abs. 3 S. 1 – auf die Lebensführung des Verurteilten bezogenen Umständen die Aussetzung der Vollstr von JA zBew, S. 3 der Vorschrift darüber hinaus, „wenn dadurch öffentliche Erziehungsmaßnahmen ermöglicht oder gefördert werden und keine dringenden Gründe die Vollstr gebieten".

III. Anrechnung von U-Haft (Abs. 2)

5   Die Vorschrift betrifft lediglich eine Frage der Berechnung, ohne dass die Regelung über die Berücksichtigung von U-Haft (§ 52) davon berührt würde. Die entsprechende Anwendung von § 450 StPO auch für JA bedeutet, dass diejenige U-Haftzeit auf den JA angerechnet wird, die nach Eintritt der relativen Rechtskraft der auf JA erkennenden Entscheidung vollstreckt wurde. Insoweit wird die U-Haft dem JAVollzug im Sinne einer Fiktion des Inhalts gleichgestellt, in dem in § 450 StPO bestimmten Zeitpunkt wäre die formelle Rechtskraft eingetreten.

IV. Absehen von der Vollstreckung (Abs. 3)

1. Voraussetzungen

6   **a) Abs. 3 S. 1.** Der Vollstreckungsleiter (wegen der Zuständigkeit s. § 85 Abs. 1) **sieht** von der Vollstr eines JA **ganz** (zur Eintragung vgl. § 60 Abs. 3 BZRG) oder, im Falle bereits teilweise erledigter Vollstr, hinsichtlich des **Restes ab,** wenn dies aufgrund von Umständen, die seit Erlass des Urteils hervorgetreten sind – ggf. iVm bereits bekannt gewesenen Umständen (nach AG Wiesloch DVJJ-Journal 1991, 282 auch dann, wenn solche nachträglich „genügend deutlich" geworden sind; zw.) – gerechtfertigt ist (Abs. 3 S. 1). Die Praxis nutzt diese Option kaum (s. die Befragung von Hinrichs DVJJ-Journal 1999, 268; näher zur Anstalt Moltsfelde aber Rose/Friese ZJJ 2016, 10 (16); krit. zur seltenen Anwendung Thalmann FS 2011, 82 f.; für systematische Prüfung der Absehensmöglichkeit Franzke RdJB 2018, 428 443 f.). – Nicht hierunter fällt die (ggf. erst nachträglich erkannte, jedoch bereits im Zeitpunkt der Entscheidung bestehende) Gesetzwidrigkeit der Verhängung (vgl. dazu ergänzend → § 83 Rn. 2), und zwar auch nicht in analoger Anwendung (LG München I ZJJ 2014, 398 mit insoweit zust. Anm. Eisenberg (aber 402: Verfahrenshindernis); aA Holste ZJJ 2013, 291; Wulf in

HK-JGG Rn. 2), indes kann es ein (Vollstr-)Verfahrenshindernis darstellen
(so auch im Fall AG München ZJJ 2016, 83).

Ein Absehen aufgrund „Umständen" (Abs. 3 S. 1) ist regelmäßig ge- **6a**
rechtfertigt, wenn die Vollstr dem Betroffenen bei – dem Erziehungsauftrag (§ 2 Abs. 1; → § 82 Rn. 43) immanenter – zukunftsorientierter Betrachtungsweise **eher schadete** als ihm im Interesse zukünftiger Legalbewährung förderlich wäre (zust. LG Berlin BeckRS 2017, 133031), was zB
bei Unterbrechung schulischer oder beruflicher Ausbildung bzw. Berufstätigkeit der Fall sein kann (zum Nachweis können entsprechende Unterlagen geeignet sein, ggf. kann gem. Abs. 3 S. 4, § 38 Abs. 2 S. 9 aF bzw.
§ 38 Abs. 5 S. 5 nF die JGH um Äußerung gebeten werden). Aber auch
zu besorgende sonstige sich negativ auswirkende „Umstände" wie zB
etwaige Stigmatisierungseffekte, deren Bejahung ggf. eine besonders sorgfältige Prüfung vorussetzt, können relevant sein (Fachkommission JA ZJJ
2009, 276; speziell gem. MuSchuG (hier Versorgung von zwei Kleinkindern) AG Wiesloch DVJJ-Journal 1991, 282 sowie LG Heidelberg
DVJJ-Journal 1992, 147; Rose in NK-JGG Rn. 9). Dabei kann unbeschadet der zwingenden Regelung des S. 2 im Einzelfall auch ein Zeitraum unterhalb der Sechs-Monats-Grenze als „Umstand" iSd Abs. 3 S. 1
zu einem vollständigen Absehen von der Vollstr Anlass geben. – Die
Entlassung kann am Tag des Ablaufs vorzeitig, bei Freizeitarrest auch
schon am Abend zuvor geschehen, wenn dies zB aus schulischen oder
berflichen Gründen (vgl. auch → Rn. 3) iSv § 2 Abs. 1 angezeigt ist (vgl.
nur § 33 Abs. 1 RefE-JAVollzG Bbg.).

Ein Absehen von der Restvollstr liegt regelmäßig nahe, wenn der Zweck **6b**
des Arrestvollzuges **bereits** vor der im Urteil vorgesehenen Zeit **erreicht** ist
(nach Rose/Friese ZJJ 2016, 10 (11) könne das zB bejaht werden, wenn der
Insasse Angebote der Anstalt annimmt). – Umstritten ist, ob dies gleichsam
umgekehrt auch dann der Fall ist, wenn sich dieser Zweck als **unerreichbar**
herausstellt (vgl. dazu Höynck/Klausmann ZJJ 2012, 405). Bleibt als Grund
des Nicht-Absehens lediglich, anderen Insassen zu demonstrieren, dass „Stören" etc sich „nicht lohnt", so wird abzusehen sein (vgl. LG Hamburg
26.2.1988 – (34) Qs 8/88 bei Böhm NStZ 1989, 521 (524) (betr. Unterdrü-
ckung und Hervorrufen von Angst ggü. anderen Insassen); AG Wiesloch
DVJJ-Journal 1996, 86 (betr. 22-Jährigen): Gefährdung des Erziehungsziels
bei den übrigen Insassen; abw. Pütz in BeckOK JGG Rn. 15). Hingegen
wird, sofern der als „unerreichbar" Beurteilte einer therapeutischen Intervention zugänglich ist (und insofern ein VollstrAufschub hinsichtlich des
Restes nebst anschließender Prüfung nach Abs. 3 S. 2 letzter Hs. in Betracht
kommen könnte, vgl. → Rn. 6b), eine Unterbrechung der Vollstr befürwortet (vgl. Rose/Friese ZJJ 2016, 10 (13)); indes könnten demgegenüber je
nach deren Dauer und Gestaltung Bedenken hinsichtlich der anschließenden
Fortsetzung der Vollstr bestehen (und zwar iSd Schutzes vor einer Ausdehnung des Zeitraums der Kontrolle), bzw. es könnte ein Absehen wegen
erzieherischer Abträglichkeit angezeigt sein (vgl. → Rn. 6).

Soweit ansonsten die Auffassung vertreten wird, die Arrestanstalt müsse **6c**
einen „unerreichbaren" Insassen „aushalten" und einem negativen Einfluss
auf die Mitinsassen zuvorkommen (vgl. Pütz in BeckOK JGG Rn. 15; vgl.
etwa auch Brunner/Dölling Rn. 7), so geht eine solche Perspektive damit
möglicherweise an der erzieherischen Pflicht auch diesem Insassen gegenüber vorbei. – Ein Absehen soll nicht allein damit begründet werden dürfen,

es handle sich um einen als „arrestungeeignet" beurteilten Insassen (vgl. zur Problematik → § 16 Rn. 26, → § 90 Rn. 6).

6d   **b) Abs. 3 S. 2.** Darüber hinaus **sieht** der JRichter von der Vollstr dann ganz **ab**, wenn der Eintritt der **Rechtskraft** bereits **6 Monate** zurückliegt (Hs. 1) und wenn **erzieherische Gründe** es gebieten (letzter Hs.; vgl. zur Praxis in Hmb. bei Nichtbefolgungs-JA vormals Hinrichs DVJJ-Journal 1996, 60 f.). Diese Bestimmung folgt der pädagogisch gedachten Zielsetzung, eine Einwirkung alsbald eintreten zu lassen, da der zeitliche Abstand, sofern er nicht ohnehin erzieherisch abträglich wäre (vgl. → Rn. 6), einen Bezug zur Tat und damit eine realistische Chance erzieherischer Einwirkung schwinden lässt. Dabei ist auch zu berücksichtigen, dass ein Zeitraum von Monaten bei Jugendlichen im Allg. eine wesentlich dynamischere Bedeutung hat als bei Erwachsenen.

6e   War aus zukunftsorientierten Gründen zwecks Wahrnehmung einer bestimmten Maßnahme ein VollstrAufschub erteilt worden, so wird betr. Abs. 3 S. 2 letzter Hs. der Verlauf zu prüfen sein (zur etwaigen Beteiligung der JGH auch hier Abs. 3 S. 4, § 38 Abs. 2 S. 9 aF bzw. § 38 Abs. 5 S. 5 nF). Liegt der Grund des Zeitablaufs im „Untertauchen" des Verurteilten, so wird Abs. 3 S. 2 letzter Hs. nicht zu bejahen sein (vgl. auch Rose/Friese ZJJ 2016, 10 (15)). Gegebenenfalls gilt dies auch für Strategien der „Verschleppung" der Vollstr, grds. aber nicht bei Ausschöpfung zustehender (Vollstreckungs-)Verfahrensrechte (diff. zum Ganzen Pütz in BeckOK JGG Rn. 25 ff.).

7   **c) Abs. 3 S. 3.** Nach dieser Ermessens-Vorschrift (vgl. auch Schatz in Diemer/Schatz/Sonnen Rn. 7) eines Absehens ist die Prognose vorausgesetzt, dass die Vollstr des JA neben einer **wegen** einer **anderen Tat** verhängten oder zu erwartenden **„Strafe"** ihren erzieherischen Zweck „nicht mehr erfüllen wird" (vgl. rechtstatsächlich zur vormalige Praxis-Befragung von Hinrichs DVJJ-Journal 1999, 268). Unter den Begriff „Strafe" fallen auch Zuchtmittel, dh der Anwendungsbereich des § 13 Abs. 3 ist nicht eröffnet (vgl. etwa auch Wohlfahrt StraFo 2017, 438 (444)). Anzuwenden wird die Vorschrift zudem idR sein, wenn der Verurteilte wegen einer anderen (mutmaßlichen) Tat sich im U-Haftvollzug befindet bzw. im Falle der Verurteilung eine vergleichsweise hohe JStrafe oder eine Freiheitsstrafe zu erwarten hat, und ohnehin, wenn er bereits zu solcher verurteilt ist. Besonders sorgfältiger Abwägung bedürfen Fälle der *Aussetzung* einer JStrafe *zBew,* wobei die Gründe für die Aussetzung ebenso zu berücksichtigen sind wie die Frage, ob das erkennende Gericht sich in diesem Zusammenhang zu einem vor dem Urteil verhängten (und noch nicht vollstreckten) JA verhalten hat. – Hingegen *scheidet* die Anwendbarkeit der Vorschrift bei einem Nichtbefolgungs-Arrest *aus,* der wegen Verletzung von Bewährungsmaßnahmen betr. *dieselbe Tat* angeordnet wurde; wird aber vor VollstrBeginn wegen zusätzlicher Gründe die Aussetzungsentscheidung widerrufen, so entfällt mit dem Widerruf der zu dessen Abwendung gedachte Zweck der Anordnung von Nichtbefolgungs-JA (vgl. aber krit. → §§ 26, 26a Rn. 21), zumal eine Vollstr des JA auch dem Grundsatz der einheitlichen erzieherischen Beeinflussung zuwiderliefe (vgl. → Rn. 6).

7a   Im Übrigen wird es sich im Allg. empfehlen, vor Vollstr eines *Nichtbefolgungs*-JA dann, wenn seit Anordnung der zu Grunde liegenden Rechtsfolge ein längerer Zeitraum (zB zwei Jahre) verstrichen ist (vgl. dazu → § 11

Rn. 19), dem verhängenden JRichter den Vorgang zur Überprüfung vorzulegen; Entsprechendes gilt für Fälle, in denen die angeordnete Rechtsfolge
erfüllt wurde (vgl. → Rn. 3 und ergänzend → § 11 Rn. 24) sowie bei Vollendung zumindest des 24. Lbj. bis zum Arrestantritt.

2. Jugendrichterliche Entscheidungen

Da es sich betr. das Absehen von der Vollstr um jugendrichterliche Ent-   **8**
scheidungen (§ 83 Abs. 1) handelt, sind die **Verfahrensgrundsätze** des
§ 83 zu beachten (gegen eine Anfechtbarkeit der Entscheidung nach Abs. 3
DVJJ 1987, 418 (Thesen AK X c)).

Gemäß **Abs. 3 S. 4** sind „**nach Möglichkeit**" der erkennende JRichter   **8a**
(dh nicht das Revisionsgericht, vgl. auch Rose in NK-JGG Rn. 12) und der
JStA (Einschränkung im Vergleich zu der zwingenden Vorschrift des § 33
Abs. 2 StPO), dessen Zuständigkeit sich nach § 85 Abs. 7, § 451 Abs. 3
StPO (vgl. ggf. auch § 10 EUStAG) bestimmt aA AG Müllheim DVJJ-
Journal 1991, 434, wonach § 143 Abs. 1 GVG vorgehe, da JA keine Sanktion iSv § 85 Abs. 7 sei; aber → § 85 Rn. 18), sowie der Vertreter der JGH
(namentlich zur Darlegung von Umständen gem. Abs. 3 S. 3) **zu hören.**
Ein Einvernehmen mit dem erkennenden JRichter ist anzustreben (beson-
ders dann, wenn dieser weder gem. § 31 Abs. 3 S. 1 noch S. 2 verfahren ist),
wobei es idR nicht um eine „Korrektur" von dessen Entscheidung, sondern
um die Würdigung einer **Änderung** in den **Lebensumständen** geht (vgl.
Thalmann FS 2011, 82 f.: „verhandeln").

Die Zulässigkeit der **sofortigen Beschwerde** (§ 83 Abs. 3) gegen die   **8b**
Entscheidung des Vollstreckungsleiters hängt von dem Vorliegen einer Beschwer ab. **Lehnt** der Vollstreckungsleiter ein Absehen von der Vollstr **ab,**
so sind regelmäßig der Verurteilte ebenso wie der Erziehungsberechtigte
und der gesetzliche Vertreter beschwert, im Falle der auf **Absehen** getroffenen **Entscheidung** regelmäßig nur die JStA.

3. Häufigkeiten

Nach der (nicht veröffentlichten) behördeninternen Übersicht (→ § 16   **9**
Rn. 10) über die Abgänge aus den JA-Anstalten nach Absehen von der
Vollstr des Restes (Abs. 3) beliefen sich die Zahlen in den Jahren 2009,
2012, 2015 und 2017 auf 6.469, 5.662, 4.160 und 4.458. Dies entspricht
Anteilen von 20,56 %, 19,86 % und (für 2017) 22,61 % aller Abgänge. Jedoch
ergeben sich nach der genannten Registrierungsquelle – und vorbehaltlich
diesbezüglicher Verzerrungsfaktoren – erhebliche regionale Unterschiede
(für die genannten Jahre zB Anteile von 52,14 %, 55,52 %, 57,96 % und
61,88 % für RhPf, von 32,86 %, 35,27 %, 27,63 % und 31,83 % für BW,
hingegen solche von 0,11 %, 0,21 %, 0,47 % und 8,80 % für Nds.

V. Vollstreckungs- bzw. Vollzugsverbote (Abs. 4)

Die Vorschrift beinhaltet Vollstreckungsverbote (zur Eintragung der   **10**
Nichtvollstr vgl. § 60 Abs. 3 BZRG) bzw. Vollzugsverbote, regelt also nicht
die Vollstreckungsverjährung, dh die **§§ 79 ff. StGB** sind **nicht** anwendbar.

1. JA im Allgemeinen (Abs. 4 S. 1)

10a   a) **Begründung der Vorschrift.** Das Verbot gem. Abs. 4 S. 1 beruht auf
der Überlegung, der Arrestvollzug sei dann erzieherisch verfehlt, wenn seit
der Verurteilung geraume Zeit vergangen ist und eine unmittelbare Auseinandersetzung des Jugendlichen mit seiner Verfehlung nicht mehr erwartet
werden könne (vgl. auch Dallinger/Lackner Rn. 12; vgl. aber auch → § 90
Rn. 5). Deshalb ist teilw. die **kurzfristige Vollstr** des JA in ministeriellen
Allgemeinverfügungen eigens vorgeschrieben (vgl. etwa NdsRpfl 2018
Nr. 8, 225). Ferner sieht Abs. 4 S. 1 ein Vollstreckungsverbot nach Ablauf
eines Jahres vor. Dieses greift auch bei Fristablauf während eines interjusti-
tiellen Zuständigkeitsstreits (OLG Saarbrücken BeckRS 2017, 119038 = StV
2017, 724 (Ls.)) oder des – inzwischen laufenden – JAVollzugs. – Entspre-
chend ist Abs. 4 S. 1 auf den Nichtbefolgungs-Arrest anwendbar (vgl. auch
→ Rn. 7 sowie → § 4 Rn. 8; ebenso Diemer in Diemer/Schatz/Sonnen
Rn. 10).

10b   Der Vollstreckungsleiter darf aber nicht mit Hilfe dieser Vorschrift durch
Verstreichenlassen der Frist die Vollstr eines erzieherisch nicht mehr sinn-
vollen JA vermeiden. In einem solchen Fall kann durch Abs. 3 S. 2 oder im
Gnadenwege Abhilfe geschaffen werden (allg. Auffassung). – Kriminalpolitisch zumindest vertretbar wäre aber auch eine generelle Herabsetzung der in
Rede stehenden Frist auf neun oder gar sechs Monate (aA Pütz in BeckOK
JGG Rn. 70 unter Hinweis auf etwaige praktische Hindernisse (oder auch
Vermeidungsstrategien des Verurteilten)), zumal die geltende Frist aus erzieherischer Sicht ohnehin zu lang erscheint. Desgleichen lässt sich eine Pflicht
zur Anhörung erforderlichenfalls des BewHelfers und des mit einer Betreuungsweisung Befassten empfehlen.

11   b) **Einjahresfrist.** Die **Frist** (zur Berechnung s. §§ 186 ff. BGB) **beginnt**
in dem Zeitpunkt, in dem die Entscheidung (Urteil oder Beschluss) formelle
Rechtskraft erlangt hat (nach allg. Auffassung ist § 79 Abs. 6 StGB entspr.
anzuwenden). Wird nach § 86 Freizeitarrest in Kurzarrest umgewandelt, so
gilt für den Beginn der Frist der Zeitpunkt der ursprünglichen Entscheidung,
die auf Freizeitarrest erkannt hat, nicht also der Zeitpunkt der Umwand-
lungsentscheidung, da diese keine selbstständige Entscheidung ist (vgl. Dal-
linger/Lackner Rn. 13). – Die Frist wird nach §§ 187 ff. BGB berechnet.

2. Kopplungs-JA

11a   a) **Abs. 4 S. 2.** Die Regelung bestimmt für den Beginn des Vollzugs
(Rechtsausschusses v. 13.6.2012 (BT-Drs. 17/9990), RegE (BT-Drs. 17/
9389): Beginn der Vollstr) des Kopplungs-JA ein **Verbot** nach Ablauf von
3 Monaten seit Rechtskraft (Abs. 4 S. 2). Dies entspricht der gem. dem
Erziehungsauftrag (§ 2 Abs. 1) zu berücksichtigenden entwicklungspsychologischen Erkenntnis, dass ein und derselbe Zeitraum für Jugendliche und
auch Heranwachsende eine andere Qualität hat als für Erwachsene und
dieser Umstand bei der Kluft zwischen den Zeitpunkten der Tatbegehung
und des Beginns des Rechtsfolgenvollzugs zu berücksichtigen ist, damit der
Zweck der Rechtsfolge nicht von vornherein verfehlt oder gar in sein
Gegenteil gekehrt wird, welches Ergebnis bei dem *Vollzug* des Kopplungs-
JA (§ 16a) *erhöht abträglich* wäre. Denn dessen Zweck liegt darin, eine erfolgreiche Bewältigung der Bewährungszeit zu fördern, wogegen bei einem

erheblich zeitversetzten Beginn die Gefahr besteht, dass eine nach dem Tatzeitpunkt sich abzeichnende, als legalbewährungsförderlich zu beurteilende
Entwicklung (zB im Sozial- und/oder im Leistungsbereich) durch die Vollstr
erheblich beeinträchtigt würde. Deshalb ist eine prioritäre Vollstr angezeigt
(so denn auch NdsRpfl 2018 Nr. 8, 225). Abs. 4 S. 2 zielt auf eine Einheitlichkeit in der Wahrung der genannten Belange ab, zumal die Praxis der
Vollstreckungsleiter, auf entsprechende Umstände gem. § 87 Abs. 3 S. 1 zu
reagieren, zum Teil unterschiedlich ausfällt. Für Bay. wird (betr. 2015/16)
eine durchschnittliche Wartezeit von 44 Tagen (Kopplungsarrest) bzw.
68 Tagen (sonstiger Arrest) berichtet (Endres/Lauchs Bewährungshilfe 2018,
284 (391 f.)).

Die allg. Handhabung bereits begonnener Vollstreckungen beim Vollstre- **11b**
ckungsverbot gem. Abs. 4 S. 1 (vgl. → Rn. 10; Rose in NK-JGG Rn. 14)
wird durch die genannte Sonderregelung nicht berührt.

b) Abs. 4 S. 3. Die Vorschrift schließt die Vollstr eines Kopplungs-JA **11c**
aus, wenn er den besonderen Zweck der Förderung einer erfolgreichen
Bewältigung der Bewährungszeit nicht mehr erreichen kann, weil sich
zwischenzeitlich ergeben hat, dass JStrafe zu vollstrecken ist (nähere Voraussetzungen enthalten § 16a Nr. 1–3).

VI. Nichtantritt zur Vollstreckung

Die *Ladung* zum Arrestantritt (vgl. auch → § 85 Rn. 5) geschieht im **12**
Einklang mit dem Erziehungsauftrag (§ 2 Abs. 1; vgl. auch → § 90 Rn. 3)
grundsätzlich unter Einhaltung einer angemessenen Frist (LG Oldenburg
StV 2008, 121; zu Besonderheiten RL zu §§ 82–85, V. 4., 7.). Tritt der
Verurteilte die Vollstr des JA nicht an, so wird bei einem erzwungenen
Erscheinen der JA von vornherein nur als Zwangsmaßnahme erlebt und
Übelszufügung erlebt werden, schwerlich aber eine positive Einwirkung
entwickeln können (offenbar abw. Willssch FS Ostendorf, 2015, 944 ff.).
Dennoch sehen RL V. Nr. 7 zu §§ 82–85 (zum Formular „Vorführungs-
befehl" JAGO BW Die Justiz 2016, 307) eine *Zwangszuführung* vor (nach
Sonnen in Diemer/Schatz/Sonnen § 16 Rn. 26 unzulässig; aA Diemer in
Diemer/Schatz/Sonnen § 90 Rn. 8; Pütz in BeckOK JGG Rn. 54 ff. unter
Hinweis auf mögliche erzieherisch abträgliche Auswirkungen eines Verzichts; ferner Rinio ZfJ 2000, 302; Wohlfahrt StraFo 2017, 438 (442)), ohne
dass sie jedoch eine Rechtsgrundlage für den damit verbundenen Eingriff
darstellten. Eine solche ist bspw. in § 10 S. 1 JAVollzG SchlH vorgesehen,
wonach die Vollstreckungsleitung die Zuführung durch die Polizei anordnen
kann (Willsch FS Ostendorf, 2015, 943 f. bejaht dabei die Zulässigkeit des
Aufbrechens der Wohnung ebenso wie unmittelbaren Zwang). Außerhalb
solcher Spezialnormen wäre allerdings auch eine Analogie zu § 457 StPO
unzulässig (vgl. auch Wohlfahrt StraFo 2017, 438 (442); zur Problematik
schon Hinrichs DVJJ-Journal 1991, 67 sowie DVJJ-Journal 1999, 268).

Unbedingt muss vor Zwangsmaßnahmen nach anderen Möglichkeiten **13**
gesucht werden, um den Arrestantritt zu erreichen. Zumindest muss *zuvor*
die Anschrift des Betroffenen sowie *überprüft* werden, ob der Betroffene die
Ladung überhaupt *erhalten hat* (vgl. auch Thalmann FS 2011, 80) bzw.,
soweit irgend möglich, ob er trotz formaler Wirksamkeit der Zustellung

tatsächlich Kenntnis von ihr hatte (nach Hinrichs StV 1990, 381 sowie Hinrichs DVJJ-Journal 1991, 68: „in vielen Fällen" nicht). – Ohnehin tritt der Erlass eines Haftbefehls ggü. einem polizeilichen *Vorführungsersuchen* zurück (vgl. auch Mitarbeiter-Resolution DVJJ-Journal 2002, 445; anders nach U. Müller ZJJ 2010, 83 die Praxis zB in Nürnberg).

Dritter Unterabschnitt. Jugendstrafe

Aussetzung des Restes der Jugendstrafe

88 (1) Der Vollstreckungsleiter kann die Vollstreckung des Restes der Jugendstrafe zur Bewährung aussetzen, wenn der Verurteilte einen Teil der Strafe verbüßt hat und dies im Hinblick auf die Entwicklung des Jugendlichen, auch unter Berücksichtigung des Sicherheitsinteresses der Allgemeinheit, verantwortet werden kann.

(2) [1]Vor Verbüßung von sechs Monaten darf die Aussetzung der Vollstreckung des Restes nur aus besonders wichtigen Gründen angeordnet werden. [2]Sie ist bei einer Jugendstrafe von mehr als einem Jahr nur zulässig, wenn der Verurteilte mindestens ein Drittel der Strafe verbüßt hat.

(3) [1]Der Vollstreckungsleiter soll in den Fällen der Absätze 1 und 2 seine Entscheidung so frühzeitig treffen, daß die erforderlichen Maßnahmen zur Vorbereitung des Verurteilten auf sein Leben nach der Entlassung durchgeführt werden können. [2]Er kann seine Entscheidung bis zur Entlassung des Verurteilten wieder aufheben, wenn die Aussetzung aufgrund neu eingetretener oder bekanntgewordener Tatsachen im Hinblick auf die Entwicklung des Jugendlichen, auch unter Berücksichtigung des Sicherheitsinteresses der Allgemeinheit, nicht mehr verantwortet werden kann.

(4) [1]Der Vollstreckungsleiter entscheidet nach Anhören des Staatsanwalts und des Vollzugsleiters. [2]Dem Verurteilten ist Gelegenheit zur mündlichen Äußerung zu geben.

(5) Der Vollstreckungsleiter kann Fristen von höchstens sechs Monaten festsetzen, vor deren Ablauf ein Antrag des Verurteilten, den Strafrest zur Bewährung auszusetzen, unzulässig ist.

(6) [1]Ordnet der Vollstreckungsleiter die Aussetzung der Vollstreckung des Restes der Jugendstrafe an, so gelten § 22 Abs. 1, 2 Satz 1 und 2 sowie die §§ 23 bis 26a sinngemäß. [2]An die Stelle des erkennenden Richters tritt der Vollstreckungsleiter. [3]Auf das Verfahren und die Anfechtung von Entscheidungen sind die §§ 58, 59 Abs. 2 bis 4 und § 60 entsprechend anzuwenden. [4]Die Beschwerde der Staatsanwaltschaft gegen den Beschluß, der die Aussetzung des Strafrestes anordnet, hat aufschiebende Wirkung.

Schrifttum: Böhm/Erhard, Strafaussetzung und Legalbewährung, 1988; Brettel, Tatverleugnung und Strafrestaussetzung, 2007; Eichinger, Videokonferenz in der Strafvollstreckung. Eine rechtliche und empirische Analyse, 2015; Eisenberg/Ohder, Aussetzung des Strafrests zur Bewährung, 1987; von Moers, Die vorzeitige Entlassung aus dem Jugendstrafvollzug, 1992; Munkwitz, Die Prognose der Frühkriminalität, 1967; Röthel, Vorzeitige Entlassung aus dem Jugendstrafvollzug, 2007; Tauss, Die Veränderung von Selbstkonzeptkomponenten im Inhaftierungsverlauf jugendlicher Strafgefangener, 1992; Trenczek (Hrsg.), Freiheitsentzug bei jungen Straffälligen, 1993; Walter/Rotthaus/Geiter (Hrsg.), Bruchstücke: Strafvollzugsprobleme aus der Sicht der Beteiligten, 1992.

Übersicht

I. Anwendungsbereich

1   Es gelten die Erl. zu → § 82 Rn. 1, 2 entsprechend.

II. Voraussetzungen

1. Absatz 2

Die Vollstr des **Restes** einer JStrafe darf nur dann zBew ausgesetzt wer- 2
den, wenn **ein Teil** der Strafe **vollstreckt** ist (Abs. 2; zur Unterbrechung
bei Vollstr mehrerer JStrafen → § 82 Rn. 43 sowie betr. JStrafe und Freiheitsstrafe → § 89a Rn. 4f).

a) Vollstreckungszeit. Berechnung der VollstrZeit. Es gelten die allg. 3
Grundsätze. Dabei stellt angerechnete U-Haft, auch wenn diese Anrechnung
gnadenweise erfolgte, eine vollstreckte Strafzeit dar (BGHSt 6, 215; OLG
Köln NJW 1954, 205; OLG Hamburg MDR 1977, 771). Dies betrifft
jedoch nicht gnadenweise angerechnete Strafunterbrechungszeiten (OLG
Hamburg MDR 1977, 771).

Eine gem. **§ 26 Abs. 3 S. 2 angerechnete Leistung** gilt als vollstreckte 4
Strafe iSd Abs. 1 (vgl. auch OLG Köln VRS 100, 66), zumal andernfalls eine
Schlechterstellung ggü. Erwachsenen in vergleichbarer Verfahrenssituation
(vgl. → § 45 Rn. 7 ff.) zu besorgen wäre (zust. Sonnen in Diemer/Schatz/
Sonnen Rn. 6 mwN; s. §§ 57 Abs. 4, 56f Abs. 3 S. 2 StGB; s. auch BGHSt
33, 326, BGH BeckRS 2012, 15527, jeweils betr. nachträgliche Gesamtstrafenbildung). Auch aus Gründen erzieherischer Klarheit und Konsequenz
war dies schon vor Neufassung des § 57 Abs. 4 StGB zu bejahen.

b) Abs. 2 S. 1. Hiernach soll der Verurteilte idR mindestens **sechs Mo-** 5
nate im Vollzug verbracht haben, da davon ausgegangen wird, dass eine
erzieherische Einwirkung in kürzerer Zeit nicht möglich ist (vgl. aber krit.
→ § 18 Rn. 3 f.; mehrheitlich für Streichung UK IV DVJJ-Journal 1992,
37). Nur **besonders wichtige Gründe** – die aber nach der aktuellen
Fassung von Abs. 2 S. 1 nicht mehr nur „ausnahmsweise" (so auch OLG
Schleswig SchlHA 2004, 262) in Betracht kommen können – rechtfertigen
die Aussetzung der Vollstr des Restes zBew **vor Ablauf** von sechs Monaten.
Hierfür können in Betracht kommen zB unverkennbar negative Auswirkungen des Vollzugs auf die Persönlichkeitsentwicklung ebenso wie (gleichsam
umgekehrt) hervorragende erzieherische Erfolge bzw. Leistungen während
des Vollzuges, indes etwa auch, unabhängig von den vorgenannten Gründen, eine voraussichtlich nicht wiederkehrende günstige Gelegenheit, den
Verurteilten in eine Umgebung zu entlassen, die erzieherisch besonders vorteilhaft ist (vgl. Dallinger/Lackner Rn. 10). Aber auch sonstige Gründe
können die Befürwortung veranlassen, zB wenn Zweifel an der Richtigkeit
des Urteils entstehen und diese eine weitere Vollstr als Verletzung des
Gerechtigkeitsempfindens erscheinen lassen, oder wenn etwa besondere
schicksalhafte Umstände einem erzieherisch geeigneten Vollzug entgegenstehen oder im Interesse Dritter die Entlassung gebieten.

c) Abs. 2 S. 2. Wenn JStrafe von **mehr** als **einem Jahr** verhängt wurde, 6
ist die Aussetzung der Vollstr des Restes erst nach Vollstr von **einem Drittel**
der Strafe zulässig (Abs. 2 S. 2; mehrheitlich für Streichung UK IV DVJJ-
Journal 1992, 37). Diese Grenze kann auch nicht aus besonders wichtigen
Gründen unterschritten werden (ebenso Beulke FS Schurig, 2012, 22).
Demgemäß muss bei JStrafe von mehr als einem Jahr bis zu 18 Monaten

immer erst ein Drittel der Strafe vollstreckt sein, bevor der Verurteilte in der darauf folgenden Zeit, solange nicht sechs Monate vollstreckt sind, ggf. aus wichtigen Gründen entlassen werden kann (Abs. 2 S. 1); bei JStrafe von mehr als 18 Monaten ist die Sechsmonatsgrenze des Abs. 2 S. 1 iZm der Regelung des Abs. 2 S. 2 ohne Bedeutung. – Bei Anrechnung einer Drogentherapiezeit auf die JStrafe (§ 36 Abs. 1 S. 1 BtMG) geht **§ 36 Abs. 1 S. 3 BtMG** als Spezialvorschrift dem Abs. 2 vor. Die Aussetzung der Vollstr des Strafrestes zBew ist daher auch schon **vor** Vollstr **eines Drittels** der JStrafe zulässig, wenn eine weitere Therapie nicht erforderlich ist (vgl. auch → § 82 Rn. 13).

7   **d) Entscheidung unabhängig vom Aufenthalt.** Die Aussetzung der Vollstr zBew gem. § 88 ist **nicht** davon abhängig, ob der Verurteilte sich **im Strafvollzug** befindet (BVerfG, 1. Kammer des 2. Senats, ZJJ 2013, 317). Dies kann gem. dem Freiheitsgrundrecht (Art. 2 Abs. 2 S. 2 GG) bei Strafunterbrechung oder aber auch ohne Strafantritt bei angerechneter U-Haft von entsprechender Dauer (vgl. BVerfG, 1. Kammer des 2. Senats, ZJJ 2013, 317: 18 Monate ggü. JStrafe von 2 ½ Jahren; BGHSt 6, 215; s. auch § 57) relevant sein, ohne dass der Erziehungsauftrag (§ 2 Abs. 1) dem entgegensteht, dieser vielmehr die Aussetzung verlangen kann (BVerfG, 1. Kammer des 2. Senats, ZJJ 2013, 317). – Auch bei Aufenthalt im **Ausland** nach Ausweisung (§ 2 Abs. 2, § 456a StPO; vgl. auch → § 1 Rn. 54) ist eine Entscheidung zu treffen (KG StraFo 2009, 219), zumal dieser betr. die Befristung der Auslieferung oder Ausweisung (§ 11 Abs. 2 S. 3 AufenthG) bzw. die Betretenserlaubnis (§ 11 Abs. 8 AufenthG) Bedeutung zukommt.

2. Aussetzung muss „verantwortet werden" können (Abs. 1)

8   Diese weitere Voraussetzung für die Aussetzung des Strafrestes zBew verlangt eine **Prognose,** wobei keine gesteigerte Wahrscheinlichkeit der künftigen Legalbewährung verlangt werden kann, die diesbzgl. Erwartbarkeit aber umso höher liegen muss, je gewichtiger die in Betracht zu ziehende Delinquenz ist (so für die hM stellvertretend BGH NStZ-RR 2018, 126 mwN). Für die Beurteilung dieser Richtlinie und die Einzelheiten der Prognosestellung gelten – trotz einer negativen Formulierung des Gesetzeswortlauts im Unterschied zu § 21 Abs. 1 – die **Grundsätze** für die Aussetzung der Vollstr der JStrafe zBew nach **§ 21** entsprechend (ebenso Beulke FS Schurig, 2012, 22; vgl. → § 21 Rn. 15 ff.; wegen der Methoden vgl. → § 5 Rn. 31 ff. und speziell zu sog. *„Risikoinstrumenten"* → Rn. 31, 77; näher zum Ganzen Eisenberg/Kölbel Kriminologie § 21 und § 32 Rn. 21 ff.). Demgemäß steht zB der Widerruf einer vorausgegangenen Aussetzung des Strafrestes einer erneuten Aussetzung nicht entgegen (vgl. auch Böhm Info DVJJ Hess. 2/88, 15).

9   **a) Vollzugssituation; Selbstbelastungsfreiheit.** Besonderheiten für die Prognosestellung ergeben sich insofern, als es sich hier um Verurteilte handelt, die sich in der Vollzugssituation (vgl. → § 92 Rn. 22 ff., 61) befinden, sodass *aktuelle Ermittlungsergebnisse* im Hinblick auf den Zeitraum nach der Entlassung vielfach nur von *eingeschränkter* Aussagekraft sein werden. Dies gilt auch für solche zusätzlichen Prognosefaktoren wie Verhalten bzw. Entwicklung des Verurteilten im Vollzug (zur Häufigkeit in der Praxis krit. aber

schon von Moers, Die vorzeitige Entlassung aus dem Jugendstrafvollzug, 1992, 269). So kann zB *„gute Führung"*, also anstaltsangepasstes Verhalten, prognostisch besonders positiv zu bewerten sein, es muss es aber nicht (vgl. vormals etwa Munkwitz, Die Prognose der Frühkriminalität, 1967, 104; s. auch Meyer MschKrim 1982, 287), und Entsprechendes kann für verschiedene Streitigkeiten gelten, zumal die Befähigung zur *Selbstbehauptung* leicht zu Konflikten im Vollzug führt, in Freiheit aber „zu erfolgreicher Lebensbewährung" gehört (vgl. aus der Vollzugspraxis Walter ZfStrVo 1988, 197; ergänzend krit. für Bremen Claasen in Gerken/Schumann Rechtsstaat 132 f.). Wesentlich kommt es nicht oder weniger auf (wertende) Bedenken hinsichtlich „charakterlicher Mängel" als vielmehr auf die Fähigkeit des Verurteilten an, ein „nach außen angepasstes und straffreies Leben zu führen" (LG Berlin 17.12.1986 – 507 Qs 79/86; vgl. auch → § 92 Rn. 22–42; zu Tendenzen in der Praxis Dünkel Freiheitsentzug 249 ff.). Jedoch kann es für die Prüfung dieser Fähigkeit während des Vollzuges nur *Anhaltspunkte* geben.

Das *Bestreiten* der Tatbegehung und demgemäß ein *Fehlen* von *„Reue"* **10** oder *Unrechtseinsicht scheiden* wegen des Grundsatzes der Selbstbelastungsfreiheit (und ggf. nicht auszuschließender Möglichkeit eines Fehlurteils) als Prognosekriterien *aus* (vgl. zum allg. StR etwa OLG Schleswig StraFo 2007, 430; OLG Karlsruhe VRS 114 (2008) 238; ferner auch betr. Bestreben eines Wiederaufnahmeverfahrens OLG Zweibrücken StraFo 2017, 475; n. hierzu Eisenberg/Kölbel Kriminologie § 35 Rn. 52). Für die Frage der Verantwortbarkeit kommt es allein auf die Entwicklungsprognose an, bei der das Nichtvorhandensein eines „schlechten Gewissens" nicht berücksichtigt werden darf (Kölbel FS Roxin, 2011, 1918 ff. (1924 f.); tendenziell anders aber BGH NStZ-RR 2018, 126 (127)). Ohnehin ist das Bestehen oder Fehlen von „Reue" und Unrechtseinsicht ein nur bedingt geeigneter Prädiktor für die Einschätzung der künftigen Legalbewährung (vgl. Endres/Breuer FPPK 2014, 263; Eisenberg/Kölbel Kriminologie § 35 Fn. 59 und 99 jeweils mwN). Dies kann darauf beruhen, dass die bei der Tat abgelaufenen Motivationsprozesse dem Verurteilten aufgrund seiner geistig-seelischen Möglichkeiten nicht verständlich sind. Auch können Konflikte im Vollzug (vgl. exemplarisch etwa OLG Frankfurt a. M. BeckRS 2015, 7901) die Motivation zu „Reue" oder Unrechtseinsicht untergraben haben (vgl. betr. das allg. StR dazu OLG Schleswig StraFo 2007, 430: „durch Formulierungen des Urteils verhindert wird, die den Verurteilten persönlich angreifen"). Ohnehin sind aus grundrechtlicher Sicht (vgl. etwa Art. 4 Abs. 1 GG) diverse entgegenstehende Schutzbelange des Ich zu respektieren (vgl. etwa auch Brettel, Tatverleugnung und Strafrestaussetzung, 2007, 201 ff.; Eisenberg NStZ 1989, 366 (jeweils zum allg. StR)).

Vor dem Hintergrund dieser Grundsätze stellt auch der Umstand, dass der **10a** Strafgefangene adäquate Wiedergutmachungsbemühungen im Vollzug vermissen lassen hat, für sich genommen kein erlaubtes Prognosekriterium dar. Schon gar nicht zulässig ist es, eine günstige Prognose davon abhängig zu machen, dass der Verurteilte „an einem abstrakten Schuldanerkenntnis oder einem Anwaltsvergleich und damit an den Voraussetzungen für die vereinfachte Schaffung eines zivilrechtlichen Titels mitwirkt" (so aber AG Berlin Tiergarten StV 2019, 482 (483) = BeckRS 2017, 145009 mablAnm Kölbel/ Eisenberg StV 2019, 484 (485): Kompetenzüberschreitung des Vollstreckungsgerichts).

11   **b) Verhaltensanpassung.** Im Einzelnen ist die Vorstellung, ein Erzieher und/oder ein Anstalts- sowie der Vollstreckungsleiter seien aufgrund ihrer Ausbildung und Erfahrung in der Lage, einen tatsächlichen *Integrationsprozess* des JStrafgefangenen von einer *Scheinanpassung* zu unterscheiden, nur eingeschränkt vertretbar. Das Erkenntnisproblem wird zusätzlich dadurch verschärft, dass ein Integrations- oder Desintegrationsprozess betr. formeller Anstaltsnormen nicht mit einem solchen betr. allg. einschließlich strafrechtlicher Normen und Wertvorstellungen in der Außengesellschaft identisch zu sein braucht (ebenso Bottenberg/Gareis ZfStrVo 1987, 77). Aus methodischen Gründen muss es sich in Fällen des Irrtums nicht um eine mangelnde Qualifikation der genannten (Vollzugs-)Bediensteten handeln. – Soweit zB Zusammenhänge zwischen intensiverer „Rückfälligkeit" bei Entlassenen mit (vorausgegangener) intensiverer anstaltsinterner Negativ-Registrierung berechnet wurden, ist nicht auszuschließen, dass solche (zumindest teilweise) auf Auswirkungen dieser vorherigen Registrierung auf Entlassungsentscheidungen und -vorbereitungen und also auf eine zusätzliche Schlechterstellung zurückzuführen sind (vgl. dazu Tauss, Die Veränderung von Selbstkonzeptkomponenten im Inhaftierungsverlauf jugendlicher Strafgefangener, 1992).

12   **c) Mutmaßliche bzw. getilgte Straftaten.** Soweit der Verurteilte wegen des Vorwurfs **anderer** (etwa während eines Urlaubs/Langzeitausgangs begangener) **Straftaten verfolgt** wird, darf das Gericht dies nach hM (zumindest bei eigenen Ermittlungen) auch ohne rechtskräftige Aburteilung zum Nachteil des Verurteilten berücksichtigen (OLG Karlsruhe Justiz 1987, 192; OLG Hamm NStZ 1992, 350; weitergehend LG Hamburg NStZ 1992, 455 (Ls.): „hinreichender Verdacht" genüge; jeweils zum allg. StR; vgl. zudem → Rn. 25). Wegen der **Unschuldsvermutung** (Art. 6 Abs. 2 EMRK) wird es darauf ankommen, dass das Gericht eigene Ermittlungen in einer Weise vornimmt, die eine Überzeugungsbildung erlauben (vgl. zur ähnlichen Problematik näher → §§ 26, 26a Rn. 8 ff.; s. auch Rose in NK-JGG Rn. 7).

13   **Getilgte** oder zu tilgende Eintragungen über eine Verurteilung dürfen **nicht** berücksichtigt werden (§ 51 Abs. 1 BZRG, OLG Celle StraFo 2011, 373 = StV 2012, 171 (zum allg. StR)).

3. Ermessensentscheidung

14   Die Entscheidung über die Aussetzung der Vollstr des Restes einer JStrafe zBew steht im pflichtgemäßen Ermessen des JRichters. Eine Versagung unterliegt wegen des Grundrechts der Freiheit der Person erhöhten Begründungsvoraussetzungen (vgl. schon zu § 57 StGB VerfGH Berlin StrFo 2017, 369; vgl. auch → Rn. 16).

15   **a) Gesetzliche Vorgaben.** Sind die **zeitlichen** gesetzlichen Voraussetzungen gegeben (vgl. auch → Rn. 6; betr. Anschlussvollstr vgl. zum frühestmöglichen Unterbrechungszeitpunkt OLG Dresden ZJJ 2006, 323), so gebietet schon der Erziehungsauftrag (§ 2 Abs. 1) eine rechtzeitige (dh den zeitlichen Grenzen vorausgehende) **Prüfungspflicht** (und entspr. Gestaltung der in der Praxis verwandten Formulare).

16   Die **Sachentscheidung** wird nicht nur bei *günstiger* Prognose, sondern im Allg. *auch bei Zweifeln* gerade aus erzieherischen Gründen („im Hinblick auf die Entwicklung") das Ergebnis einer Aussetzung zBew haben (vgl. ergänzend → § 17 Rn. 12, → § 92 Rn. 22 ff.). *Anders* ist zu entscheiden, wenn – etwa verlässlich festgestellte (vgl. aber → Rn. 10, 11) – *konkrete Tatsachen* bzgl. zu befürchtender besonders schwerer Delikte (*"Sicherheitsinteresse der Allgemeinheit"* (Abs. 1, eingeführt durch Gesetz v. 26.1.1998 (BGBl. I 160); krit. zum Begriff Erdmann-Degenhardt SchlHA 1999, 295) entgegenstehen (OLG Düsseldorf StV 2001, 183 (jedoch iErg vern.) mBspr Hoffmann StV 2002, 449 ff.; OLG Karlsruhe StV 2007, 13 f. (ebenfalls iErg vern.)). Da jedoch die auf das Rechtsgut abstellende Wendung des § 57 Abs. 1 S. 2 StGB in § 88 nicht enthalten ist, darf – anders als im allg. StR (vgl. etwa BGH NStZ-RR 2003, 201; OLG Karlsruhe NStZ-RR 2005, 172) – bei der Prognose nicht ein je nach dem Gewicht potentieller zukünftiger Straftaten unterschiedlicher Maßstab zugrunde gelegt werden (betr. *Drogendelikte* ohne Differenzierung ggü. dem allg. StR sowie OLG Frankfurt a. M. BeckRS 2015, 7901), wenngleich das im Rede stehende Sicherheitsinteresse auch im JStR grds. zu veranschlagen sein wird. Der gesetzlich vorgegebene Unterschied rechtfertigt sich aus empirischer Sicht daraus, dass Prognosen bei Jugendlichen und Heranwachsenden tendenziell mit noch höherer Unsicherheit behaftet sind als bei Erwachsenen, zumal ein "Abbruch" der Delinquenz häufiger und eine etwaige "Perseveranz im Delikt" seltener ist (vgl. näher → § 5 Rn. 59 mN). Ohnehin stellt die auf Sicherheitsinteressen bezogene Einschränkung von Gesetzes wegen nicht etwa den Vorrang des Erziehungsauftrags ("Entwicklung des Jugendlichen"; s. auch § 2 Abs. 1) in Frage.

Im Unterschied zu vergleichbaren Entscheidungen im allg. StR (§§ 57 **17** Abs. 1 Nr. 3, 57a Abs. 1 Nr. 3 StGB) setzt die Entlassung *keine Einwilligung* voraus (OLG Dresden ZJJ 2006, 322). Daher hat der Verurteilte kein Recht darauf, dass die JStrafe vollständig vollstreckt wird, woran ihm zB zwecks Fortsetzung einer begonnenen Ausbildung oder Vermeidung aussetzungsbegleitender Maßnahmen gelegen sein könnte (vgl. dazu Röthel, Vorzeitige Entlassung aus dem Jugendstrafvollzug, 2007, 137 ff.: betr. zwei Anstalten 9 % bzw. 22 %; s. aber auch Ohle in Walter ua (Hrsg.), Bruchstücke, 1992, 125: "in wenigen Fällen" nicht zur vorzeitigen Entlassung bereit; betr. allg. StR Böhm/Erhard MschKrim 1984, 365 ff.; Böhm/Erhard, Strafaussetzung und Legalbewährung, 1988; Eisenberg/Ohder, Aussetzung des Strafrests zur Bewährung, 1987). Indes werden nachvollziehbare Gründe iRd Ermessensentscheidung nicht unberücksichtigt bleiben dürfen (anders – und gegen GenStA – bei einem Widerruf des vom Jugendstrafgefangenen selbst gestellten Antrags OLG Jena BeckRS 2016, 17241).

b) Zur Streitfrage nach partieller Anwendbarkeit des § 57 StGB. **18**
Teilweise wird erwogen, in Fällen von JStrafe wegen **"Schwere der Schuld"** (§ 17 Abs. 2 Alt. 2) – unter Hervorkehrung der Tat und Hintanstellung des Alters des Verurteilten zur Tatzeit (LG Berlin NStZ 1999, 102 mablAnm Schönberger) – das Ermessen **in Anlehnung an** die Grundsätze des § 57 StGB auszuüben. Danach würde eine Aussetzung des Strafrestes zBew vor Ablauf von zwei Dritteln der Strafzeit trotz günstiger Sozialprognose nur erfolgen, wenn – wie entsprechend § 57 Abs. 2 Nr. 2 StGB aF (modifiziert durch 23. StRÄndG v. 13.4.1986, BGBl. I 393) ausgeführt wurde – besondere Umstände in der Tat und in der Persönlichkeit des Verurteilten vorliegen oder wenn diese Anordnung ausnahmsweise aus beson-

ders wichtigen Gründen geboten erscheint (LG Bonn NJW 1977, 2226; StV 1984, 255 mablAnm Tondorf sowie mkritBspr Hoffmann StV 2002, 450 f.).

19   **Gegen** diese Art der Ermessensausübung ist zunächst einzuwenden, dass die entsprechenden besonderen Voraussetzungen des § 57 StGB nicht in Abs. 2 übernommen wurden. Vielmehr ist die Regelung in **§ 88** bewusst **offen ausgestaltet** worden, damit die Aufgabe des JRichters, bei günstiger Prognose ausnahmsweise hier etwa vertretbare Belange des Vergeltungsgedankens mit den stets vorrangig zu berücksichtigenden Erfordernissen der Erziehung zu einem Ausgleich zu bringen (vgl. hierzu OLG Schleswig SchHA 1998, 196 f.; näher Neubacher GA 2006, 740–746), nicht durch eine generelle Orientierung an der Regelung des § 57 StGB behindert wird (OLG Hamm openjur 2015, 7043; Böhm NJW 1977, 2198; Schönberger NStZ 1999, 103 f.; Brunner/Dölling Rn. 1, 2; Weidinger Strafaussetzung 150: gem. § 2 Abs. 2 nicht anwendbar). Die Akzentuierung auf eine ggf. vorliegende „Schwere der Schuld" könnte – entgegen der ratio des § 88 im Vergleich zu § 57 StGB – ggf. gar die Folge einer unzulässigen Schlechterstellung im Vergleich zu nach allg. StR Verurteilten haben, weil „Schwere der Schuld" in § 57 StGB nicht vorkommt (OLG Hamm BeckRS 2015, 6744; Sonnen in Diemer/Schatz/Sonnen Rn. 12). Im Übrigen entspricht es, im Einklang mit der Unzulässigkeit generalpräventiver Erwägung im JStR (vgl. → § 17 Rn. 6 f., → § 18 Rn. 43), der Fassung des § 88, dass etwaige Belange des Schuldausgleichs durch die Berücksichtigung im Erkenntnisverfahren gewissermaßen verbraucht sind.

19a   Ähnlich verhält es sich bei der Frage, ob in Fällen, in denen die Jugendstrafe gem. § 89b nach den Vorschriften des Strafvollzugs für Erwachsene vollzogen wird und ihre Vollstreckung gem. § 85 Abs. 6 an die nach den allgemeinen Vorschriften zuständige Vollstreckungsbehörde abgegeben worden ist, im Rahmen der nach materiellem JStR erfolgenden Entscheidung (OLG Jena StV 2022, 51 (Ls.) = BeckRS 2020, 43488; n. → § 85 Rn. 22) bei § 88 eine Anlehnung an § 57 StGB erfolgen könne (so wohl bej. BGHSt 64, 273 = NJW 2020, 1152 mkritAnm Eisenberg ZJJ 2020, 200; Dehne-Niemann StraFo 2020, 267 sowie mzustAnm Laue NStZ 2021, 377). Dagegen sprechen nicht nur die vorgenannten Gründe, sondern auch der durch die Rspr. eingeführte Bruch in der an sich vorgesehenen jugendstrafrechtlichen Kontinuität des Verfahrens (ganz abgesehen von der problematischen Ungleichbehandlung).

20   **c) Rechtstatsächliches.** Ausweislich der BZR-Daten sind die **Rückfallraten** bei vollständig und teilweise vollstreckten JStrafen – anders als im allg. StR, wo für die Strafrestaussetzung günstigere Werte dokumentiert werden – sehr ähnlich (JAHT Legalbewährung 2016, 202 ff., 213 ff.; JAHT Legalbewährung 2021, 172; vertiefend Kerner ua, Systematische Rückfalluntersuchung im Hessischen Jugendvollzug, 2011, 138 ff.; vgl. bspw. auch die Daten bei Endres ua MschKrim 2016, 342 (348)). Ob dies auf Problemen bei der Auswahl der vorzeitig zu Entlassenden, auf den Wirkungen des Weitervollzugs bei den Nichtentlassenen oder auf den jeweiligen Bedingungen des Übergangs in Freiheit beruht, ist unklar. Die Datenlage zeigt aber immerhin an, dass vorzeitige Entlassungen insges. jedenfalls nur schwach risikoerhöhend wirken. Sie gibt also keinen Anlass zu einer restriktiven Handhabung von § 88 (s. auch → Rn. 46).

20a   Die Praxis vorzeitiger Entlassung ist schwer abschätzbar, da die amtliche Vollzugsstatistik keine Quantifizierung der Anteile vorzeitiger Entlassungen erlaubt (Eisenberg/Kölbel Kriminologie § 36 Rn. 46). Die verfügbaren Länder- bzw. Regionalanalysen machen sehr unterschiedliche Angaben, die zwischen ca. 22 % und etwas über 60 % liegen (Kerner ua, Systematische Rückfalluntersuchung im Hessischen Jugendvollzug, 2011, 88 f.; Lobitz/Giebel/Suhling FS 2013, 340 (342); Cornel FS Ostendorf, 2015, 174). Dabei sprechen manche Anhaltspunkte dafür, dass sich – den restriktiveren Neufassungen des § 88 Abs. 1 und 3 (Gesetz v. 26.1.1998, BGBl. I 160) entspr. – sowohl der Anteil vorzeitiger Entlassungen als auch, soweit es dazu kam, der ausgesetzte Strafrest verkleinert haben (vgl. näher etwa Röthel, Vorzeitige Entlassung aus dem Jugendstrafvollzug, 2007, betr. die Anstalten Adelsheim (117 ff., 136 ff., 143 ff.), Hameln (123 ff., 139 ff., 148 ff.) und – eingeschränkt – Hahnöfersand (129 ff., 142 f., 153 ff.)). Im Zusammenhang mit variablen Zahlen von Neueinweisungen ist allerdings nicht auszuschließen, dass bei prognostisch relevanten Beurteilungen auch (verdeckt bleibende) Eigenbelange der befassten Institutionen (oder gar Amtierender selbst) einfließen (vgl. detailliert etwa Villmov/Savinsky ZJJ 2015, 179 ff.).

Mitunter wird indes auf die Tendenz eines **Hinausschiebens** und einer **21** Orientierung an den anders gestalteten Voraussetzungen im allg. StR (2/3 Zeitpunkt bzw. hälftige Vollstr) hingewiesen (Claasen in Gerken/Schumann Rechtsstaat 129–131 betr. Bremen; Ohle in Walter ua (Hrsg.) Bruchstücke, 1992, 124 betr. Hahnöfersand; von Moers, Die vorzeitige Entlassung aus dem Jugendstrafvollzug, 1992, 163 f., 166 ff. betr. JVAen Siegburg und Heinsberg, wonach nur 20,3 % bzw. 9,9 % der in die Untersuchung einbezogenen Probanden vor Ablauf der Zweidrittelfrist entlassen wurden; vgl. ergänzend betr. MV Dünkel ZfStrVo 2002, 72). Im Übrigen liegen oder lagen Anhaltspunkte dafür vor, dass sich (meist mehrere) *Vorverurteilungen* (auch) dann, wenn es sich (einschließlich der der Einweisung zu Grunde liegenden Delikte) um eher weniger schwere Straftaten handelt (zB Diebstahl), entlassungshinderlich auswirken (krit. zu dieser Form des Eskalationsprinzips (vgl. → § 5 Rn. 8, → § 31 Rn. 45) von Moers, Die vorzeitige Entlassung aus dem Jugendstrafvollzug, 1992, 179). Die Praxis soll dazu tendieren, bei *Erstverbüßern* eine Entlassung frühestens bei 7/12 der Jugendstrafe und ansonsten erst zum 2/3-Termin von Amts wegen zu prüfen (Kilian in BeckOK JGG Rn. 10; dazu ferner – affirmierend –Kern in HK-JGG Rn. 22). Tatsächlich betrug in den hess. Entlassungsjahrgängen 2003 und 2006 der ausgesetzte Strafrest ca. 60 % der vorzeitig Entlassenen (dh bei jenen, die nicht nur weniger als eine Woche oder gar nicht vorfristig freikamen) weniger als ein Strafdrittel (Kerner ua, Systematische Rückfalluntersuchung im Hessischen Jugendvollzug, 2011, 86 f.). Darin deutet sich eine repressive Korrektur der offeneren Gesetzesvorgabe an (ähnlich Beulke FS Schurig, 2012, 22 f.; weitergehend Weidinger Strafaussetzung 149: unzulässig).

Ferner wird von (gar unzulässigen) Verhinderungen wegen nicht abge- **21a** schlossener *Ausweisung*verfahren (vgl. § 456a StPO; vgl. näher → § 1 Rn. 54) berichtet (s. etwa DVJJ 1987, 378; zum allg. StR OLG Nürnberg StraFo 2007, 431; OLG Karlsruhe StraFo 2008, 180 (mzustAnm Trurnit): „Strafhaft zur Abschiebehaft umzufunktionieren").

Zur **Häufigkeit des Widerrufs** von Bewährungsaussetzungen (sowie **21b** zum anteilsmäßigen Verhältnis der Widerrufsanlässe) vgl. → §§ 26, 26a Rn. 3, → § 113 Rn. 10 f. sowie Holleis Bewährungshilfe 1981, 56 ff.

4. Gnadenweg

22   Die Aussetzung des Strafrestes zBew ist auch im Gnadenwege möglich (zu rechtstatsächlichen Angaben vgl. etwa Sonnen ZJJJ 2016, 125 ff.). Allerdings darf dieses Verfahren nicht dazu dienen, der jugendrichterlichen Entscheidung vorzugreifen oder ihr zu widersprechen (vgl. auch Birkhoff/Lemke GnadenR 288). Die Möglichkeit der gnadenweisen Aussetzung wird ggf. etwa dann in Betracht kommen, wenn die zeitlichen Schranken des Abs. 2 ein gerichtliches Verfahren unmöglich machen (vgl. § 20 ThürGnO). – Wegen der Voraussetzungen des Widerrufs und insb. vorheriger Hinweispflicht vgl. BVerfG NJW 2013, 2414 (zum allg. StR).

III. Verfahren

1. Einzelne Regelungen

23   **a) Jugendrichterliche Entscheidung.** Zuständig für die Entscheidung ist der – zur Zeit der Entscheidung – amtierende Vollstreckungsleiter (§ 85 Abs. 2, 3 oder § 84 Abs. 1, 2). Es handelt sich um eine jugendrichterliche Entscheidung (§ 83 Abs. 1), dh es gelten die zu § 83 dargelegten Verfahrensgrundsätze.

24   **b) Abs. 3 S. 1.** Nach dieser (durch das 1. JGG–ÄndG eingeführten) Vorschrift soll die Entscheidung in den Fällen der **Abs. 1** *und* 2 im Interesse der Entlassungsvorbereitung so **frühzeitig** getroffen werden, dass die erforderlichen (Eingliederungs-)Maßnahmen durchgeführt werden können. Die Vorschrift hat im Sinne zukünftiger Legalbewährung deshalb besondere Bedeutung, weil gerade in der ersten Zeit nach Entlassung erneute Deliktsbegehungen iZm mangelnder Integration vorkommen (zu Nachw. Eisenberg/Kölbel Kriminologie § 37 Rn. 31–46).

25   **c) Abs. 3 S. 2.** Was die in dieser (gleichfalls durch das 1. JGG–ÄndG eingeführten) Bestimmung getroffene Wiederaufhebungsmöglichkeit (Abs. 3 S. 2) angeht, so hat der Gesetzgeber es versäumt, die in Rede stehenden (wahren) Tatsachenangaben einzugrenzen und zu konkretisieren (vgl. dazu Eisenberg MschrKrim 1988, 136; vgl. auch DVJJ v. 1.2.1988, S. 36, unveröffentl. Manuskript). Es geht zum einen um vollzugssituativ bedingte Implikationen prognostischer Aussagen, zum anderen um die Gefahr einer Verfestigung erzieherisch abträglicher Elemente im Sinne eines Stufenstrafvollzuges (vgl. → § 92 Rn. 77), zumal die (in der Aufhebungsmöglichkeit angelegte) Rechtsunsicherheit ihrerseits erzieherisch hemmende Wirkung zeitigen könnte. Wegen des Verhältnisses der Begriffe „Entwicklung" bzw. „Sicherheitsinteresse der Allgemeinheit" zueinander vgl. → Rn. 17.

2. Besondere Anhörungspflichten (Abs. 4)

26   Diese Regelung der Pflichten in diesem Verfahren ist (nach sämtlichen Methoden der Gesetzesauslegung) abschließend, dh Vorschriften der StPO betr. die Reststrafenaussetzung im allg. StR sind nicht entsprechend anwendbar (OLG Frankfurt a. M. NStZ-RR 1999, 91; Dessecker StV 1999, 682; Ostendorf NJW 2000, 109; anders Erdmann-Degenhardt SchlHA 1999, 296). Das Verfahren steht schon im allg. StR (vgl. BVerfG, 3. Kammer des 2. Senats,

BeckRS 2014, 59304), noch erhöht aber im JStR, unter einer besonderen *Beschleunigungspflicht* (OLG Frankfurt a. M. NStZ-RR 1999, 91).

a) Verurteilter, Verteidiger. Der Verurteilte ist grundsätzlich vom Voll- **27** streckungsleiter selbst **mündlich** zu hören (Abs. 4 S. 2; nur ausnahmsweise durch einen anderen JRichter im Wege der Rechtshilfe). Diese Anhörung dient dazu (zu Auswirkungen bei Nichtanhörung OLG Schleswig SchlHA 1998, 197 f.), sich persönlich und unmittelbar die wesentlichen Gründe erläutern zu lassen, die nach Auffassung des Verurteilten für seine Entlassung sprechen (zum Nichterfordernis einer Einwilligung in die Entlassung vgl. → Rn. 14). Insbesondere ist dem Verurteilten Gelegenheit zu geben, zu den Ausführungen der gem. Abs. 4 S. 1 gehörten Personen Stellung zu nehmen (anschaulich zur „Konferenz" Gottschalk/Röttiger in Trenczek, Freiheitsentzug bei jungen Straffälligen, 1993, 186). Daher müssen ihm grundsätzlich sämtliche Tatsachen mitgeteilt werden, die vom Vollzugsleiter und/oder von der JStA gegen eine Entlassung angeführt wurden. – Zugleich kann der JRichter seine bisherigen Anhaltspunkte für eine Entscheidung bzgl. des Verurteilten wie der Sachlage überprüfen und ggf. durch Fragen an den Verurteilten vertiefen (vgl. schon Dallinger/Lackner Rn. 35). – Eine *Video*konferenz ist – anders als ggf. partiell betr. Freiheitsstrafen – unzulässig, insb. wird die mündliche Anhörung wegen des Grundsatzes des § 2 Abs. 1 idR unverzichtbar sein (vgl. einschr. OLG Stuttgart StraFo 2012, 287 (zum allg. StR), e contr. abl. Gesetz v. 25.4.2013 (BGBl. I 935); näher zum Ganzen Eichinger, Videokonferenz in der Strafvollstreckung. Eine rechtliche und empirische Analyse, 2015, 105 ff., 113 ff.; zur Bedeutung des „persönlichen Eindrucks" in entspr. Verfahren nach allg. StR OLG Hamm NStZ-RR 2011, 325). – Die Mitwirkung eines Dolmetschers oder Übersetzers bei nicht deutschsprachigen Verurteilten ist unabhängig davon notwendig, ob der Vollstreckungsleiter die fremde Sprache „hinreichend spricht" (vgl. Kern in HK-JGG Rn. 13).

Der Verurteilte darf einen Rechtsbeistand seines Vertrauens hinzuziehen. **28** Dem **Verteidiger** ist es stets erlaubt, an der mündlichen Anhörung teilzunehmen (LG Bielefeld ZJJ 2020, 401; vgl. schon BVerfG MDR 1993, 678 (betr. das allg. StR), unter Bezugnahme auf die Grundsätze eines fairen Verfahrens). Wird hierzu keine Gelegenheit gegeben, so muss die Verhandlung ggf. wiederholt werden (OLG Naumburg StraFo 2008, 522 (zum allg. StR)).

Zumindest für Fälle nicht unerheblicher Reststrafe (nach Beulke BMJ **29** 1987, 188 f. bei Jugendlichen etwa sechs Monate; nach Hartman-Hilter StV 1988, 316 unabhängig von der Höhe; nach UK III DVJJ-Journal 1992, 25: ab JStrafe von einem Jahr) und solche, in denen der Verurteilte seine Verfahrensrechte (besonders gem. Abs. 4 S. 2) nicht wahrnehmen kann (vgl. betr. Einreise- und Aufenthaltsverbot LG Saarbrücken ZJJ 2015, 423 mAnm Möller) wird entsprechend § 83 Abs. 3 S. 2, § 68 Nr. 1 iVm § 140 Abs. 2 StPO eine **Pflichtverteidiger**-Bestellung (vgl. auch LG Saarbrücken ZJJ 2015, 426 mAnm Möller (speziell zu § 6 Abs. 1 FreizügG/EU S. 430)) zu prüfen sein (zur Analogie betr. die dem Vollstreckungsverfahren zugehörige Vorschrift LG Saarbrücken ZJJ 2015, 423 mAnm Möller). Nach weitergehender Auffassung sei die Ablehnung eines Antrages nach Abs. 2 nur vertretbar, wenn ein Verteidiger mitgewirkt hat (Arbeitsgruppe DVJJ NJW 1989, 1025 ff.: regelmäßig Schwierigkeit der Sach- und Rechtslage; vgl. auch

→ § 83 Rn. 9). Ob der Verurteilte seine Belange selbst hinreichend vertreten kann, wird wegen der Bedeutung der Aktenkenntnis idR nicht von
vornherein bejaht werden können (vgl. zum allg. StR etwa Eisenberg/
Ohder, Aussetzung des Strafrests zur Bewährung, 1987). Ohnehin bedarf es
eines notwendigen Verteidigers, wenn ein Sachverständiger zur Beurteilung
der Prognose beauftragt wird (OLG Frankfurt a. M. StV 2015, 229 (Überforderung der Verständnismöglichkeiten; betr. allg. StR), LG Saarbrücken
ZJJ 2010, 80 (gem. dem Grundsatz des fairen Verfahrens) mBspr Möller ZJJ
2010, 20 ff.), und zwar unbeschadet günstiger Prognose, sofern im Gutachten
zB eine aussetzungsbegleitende Weisung empfohlen wird (OLG Frankfurt a. M. StV 2015, 229). – Liegen die Voraussetzungen notwendiger Verteidigung vor, so ist die mündliche Anhörung (Abs. 4 S. 2) ohne Pflichtverteidiger **auch** dann **unzulässig,** wenn der Verurteilte auf dessen Anwesenheit **verzichtet** (OLG Hamm StV 2016, 513 (zum allg. StR, § 454
Abs. 1 S. 3 StPO)).

30   Gemäß § 83 Abs. 3 S. 2, § 67 Abs. 1 stehen den **Erziehungsberechtigten** und dem **gesetzlichen Vertreter** die gleichen **Anhörungsrechte** zu
wie dem Verurteilten, jedoch muss deren Anhörung nicht mündlich erfolgen.

31   **b) Vollzugsleiter.** Dessen Anhörung ist von besonderer Bedeutung. Er
sollte seine (schriftliche) Stellungnahme möglichst nach einer seinerseits vorzunehmenden Anhörung oder Aussprache mit denjenigen Bediensteten abgeben, die mit der Erziehung des Verurteilten befasst waren oder ansonsten
mit ihm in Kontakt standen (einschr. betr. Prognosen der „Vollzugsbediensteten", die diese für treffsicherer hielten als diejenigen von Sozialarbeitern
und von Psychologen, Bottenberg/Gareis ZfStrVo 1987, 77 f.). Der Vollzugsleiter ist aber für seine Entscheidung allein verantwortlich.
31a   In der Praxis kommt es, zumal bei getrennt kategorisierten Gefangenengruppen (zB betr. den Drogenbereich oder betr. „islamistischen Terrorismus"), nicht selten zu einer Auflistung von Negativa (unkritisch etwa BGH
NStZ-RR 2018, 126; OLG Frankfurt a. M. BeckRS 2015, 7901), soweit
positive Umstände während des Vollzugsablaufs etwa nicht dokumentiert
werden und die Fluktuation der Gruppenleiter dazu führt, dass der jeweils
neu zuständig gewordene Gruppenleiter den Probanden nicht kennt.

32   **c) Jugendstaatsanwalt.** Die Anhörung des – nach § 143 Abs. 1 GVG
bzw. (im Falle eines Wechsels des Vollstreckungsleiters) nach § 85 Abs. 7
(vgl. aber krit. → § 85 Rn. 18) zuständigen – JStA (vgl. ggf. auch § 10
EUStAG) soll entgegen verbreiteter Auffassung nicht dazu dienen, in Abwägung der für oder gegen eine Entlassung sprechenden Umstände diejenigen
Gesichtspunkte besonders zu betonen, die im Hinblick auf die Allgemein-
interessen bestehen (so Dallinger/Lackner Rn. 33). Vielmehr wird der JStA
sich nicht anders als das JGericht zumindest auch an dem Erziehungsauftrag
(**§ 2 Abs. 1**) orientieren. Allerdings nimmt er üblicherweise nach Abschluss
der Ermittlungen schriftlich Stellung, dh er stützt sich betr. tatsächliche
Anhaltspunkte überwiegend auf das Aktenstudium. Dabei ist zu bedenken,
dass hierdurch primär die Tat(en) in Erinnerung gebracht werden, ohne eine
gegenwärtige Anhörung und einen (erneuten) „persönlichen Eindruck" von
dem Verurteilten ersetzen oder vermitteln zu können.

d) Sachverständiger. Holt der Vollstreckungsleiter ein (Sachverständi- 32a
gen-)Gutachten ein, so ist bei der *Auswahl* kein Fachgebiet von vornherein
vorzugswürdig (vgl. zu Vorteilen bei Psychologen Kury/Adams FS 2010, 83
(betr. allg. StR); vgl. ergänzend → § 43 Rn. 27 ff.). Im Falle des *Bestreitens*
der Tatbegehung (vgl. → Rn. 10), die in der Anlassverurteilung bejaht
wurde, hat der Sachverständige dies in Beziehung zu dem Urteil zu setzen,
zB zur Tatsituation, zum Täter-Opfer-Verhältnis etc (vgl. OLG Zweibrücken StraFo 2017, 475). Es bedarf grundsätzlich auch der *mündlichen* Anhörung des Gutachters (einschr. LG Zweibrücken StV 2002, 434 (Ls.): bei
Anlass zu Zw.). Davon unabhängig sind ggf. auch bestimmte *VollzBedienstete*
mündlich anzuhören (zum allg. StR BVerfG, 3. K. des 2. S., BeckRS 2009,
41468).

3. JStrafe neben anderen freiheitsentziehenden Rechtsfolgen

Die StrafvollstrKammer kann über die Aussetzung der *Freiheitsstrafe* ent- 33
scheiden, auch wenn noch eine JStrafe (als Anschlussstrafe) zu vollstrecken ist
(OLG Karlsruhe MDR 1980, 1037; vgl. im Übrigen → § 82 Rn. 43).

Bei einem Nebeneinander von JStrafe und *Maßregel* nach § 7, § 64 StGB 33a
kann die Entscheidung über die Aussetzung nur *einheitlich* ausfallen (s. zum
allg. StR gem. der hM schon OLG Frankfurt a. M. GA 1981, 40 ff.).

IV. Sperrfristen

1. Ausgestaltung

Der Vollstreckungsleiter kann – ggf. mehrfach – (Sperr-)Fristen von 34
höchstens sechs Monaten festsetzen, vor deren Ablauf ein Antrag des Verurteilten, die Vollstr des Strafrestes zBew auszusetzen, unzulässig ist (Abs. 5;
vgl. auch § 57 Abs. 6 StGB). Hiervon wird vielfach im Anschluss an die
Ablehnung eines Entlassungsantrags Gebrauch gemacht, ohne dass dies der
einzige mögliche Anlass für eine Sperrfrist wäre (zust. OLG Hamm NStZ
1983, 265 (obiter dictum)). Gemäß den erzieherischen Prinzipien (zum
Erziehungsauftrag § 2 Abs. 1) der Flexibilität und Zukunftsorientierung
sollte die Festsetzung von Sperrfristen die **Ausnahme** sein. Bedenklich ist
allerdings, wenn ganz überwiegend ein Gespräch außerhalb des förmlichen
Verfahrens mit dem Ergebnis der Rücknahme des Antrages geführt wird
(Claasen in Gerken/Schumann Rechtsstaat 143): im Einzelnen wäre andernfalls zB zu besorgen, dass günstige Voraussetzungen zur (Wieder-) Eingle-
derung (etwa Arbeitsplatz) ungenutzt verstreichen, ohne dass es zu einer
erneuten Abwägung kommt. Die Dauer der Sperrfrist richtet sich nach der
Höhe des zu vollstreckenden Strafrestes. – Zur Anfechtbarkeit vgl. → § 83
Rn. 1 ff.

2. Tragweite

Die Sperrfrist **gilt für** den Verurteilten, nicht für die JStA (allg. Auffas- 35
sung). Ein während der Sperrfrist gestellter – und daher unzulässiger – Antrag
kann als Anregung zur Einleitung eines Verfahrens von Amts wegen dienen.

V. Eingliederungsziel; Folgeentscheidungen (Abs. 6)

1. Eingliederungsziel

36   **a) Verhältnis zur Entscheidung nach § 21; Beschwerde der Staats-anwaltschaft.** Für die nach Abs. 6 zu treffenden Entscheidungen gelten dieselben **Grundsätze** wie bei der **Aussetzung** der Vollstr zBew gem. § 21. Inhaltlich ergeben sich jedoch Unterschiede insofern, als BewWeisungen und -Auflagen hier vorrangig dazu dienen sollen, dem Entlassenen die erste Zeit in der **Freiheit** zu erleichtern, **existentielle** Probleme zu überwinden (vgl. → Rn. 38 ff.; vgl. auch Dallinger/Lackner Rn. 45) und sich in Freiheit im Sinne zukünftiger Legalbewährung fortzuentwickeln (eine Weisung etwa, das Internet nicht zu nutzen, könnte allenfalls in enger Beschränkung auf bestimmte Inhalte geeignet sein (vgl. aber zum allg. StR OLG Hamm NJW 2015, 582 mkritAnm Cornelius)). Indes wird mitunter betr. die BewHilfe von einem zeitlichen „Betreuungsloch" (Stelly/Thomas Bewährungshilfe 2003, 63) gerade für die erste Phase nach Entlassung berichtet.

37   Indem das Gesetz bestimmt, dass die **Beschwerde** der JStA **gegen** den die **Aussetzung** anordnenden Beschluss aufschiebende Wirkung hat (entspr. § 454 Abs. 3 S. 2 StPO), wird gleichfalls ein Bedürfnis nach frühzeitiger Entscheidung (s. weitreichender Abs. 3) deutlich. Um auszuschließen, dass der Jugendliche zunächst entlassen und sodann auf Beschwerde der JStA hin erneut eingewiesen wird, muss die Entscheidung nach Möglichkeit (einschr. betr. eher kurze JStrafen Kern in HK-JGG Rn. 58) so rechtzeitig getroffen werden, dass über eine etwaige Beschwerde der JStA noch vor dem beabsichtigten Entlassungstermin entschieden werden kann.

38   **b) Eingliederungsbemühungen.** Als zentrale Aufgabe der **Betreuung** gilt die Beschaffung von Wohnung und Arbeitsstelle einschließlich sonstiger konkreter Lebenshilfe für die erste Zeit nach der Entlassung (vgl. dazu etwa Höynck FS 2008, 230 f.; speziell zu einem Wohngemeinschafts-Konzept s. Knöbl ZfStrVo 1997, 352 ff.). Im Einzelnen zählen hierzu Mittel für Miet- oder Versicherungsverträge wie auch Arbeitskleidung oder -geräte; während als Voraussetzung für diese Leistungen regelmäßige Arbeit gilt, wird Bargeld nur für den dringendsten Bedarf ausgehändigt. – Speziell den **finanziellen** Bereich betr. geht es darum, die Entlassenen bei Verhandlungen über Tilgungspläne ggü. Gläubigern zu vertreten. Entsprechende Bemühungen sind deshalb von wesentlicher Bedeutung, weil in der ganz überwiegenden Zahl der Fälle finanzielle Belastungen im Vordergrund der Schwierigkeiten einer Legalbewährung von Entlassenen stehen. Vielfach wird ein Kompro-miss zwischen Gläubiger und Entlassenem in Gestalt von Tilgungsplänen angestrebt, bei welchem ein Teil der **Schulden** aufgrund eines Vergleichs erlassen wird (vgl. auch → § 92 Rn. 61).

39   Im Bereich **immaterieller Unterstützung** handelt es sich um Ausspra-che, Beratung und Betreuung. Gerade hier soll die Tätigkeit *freiwilliger* Helfer wirksam sein. Ob dies allerdings bevorzugt dann gilt, wenn ein Kontakt mit dem Probanden bereits während des Vollzugszeitraums begonnen und nach der Entlassung weiterverfolgt wird, lässt sich generell nicht beantworten (vgl. → § 92 Rn. 62–65). – Wegen der Nachbetreuungsaufgabe der *JGH* s. § 38

Abs. 2 S. 8 und 9 aF bzw. § 38 Abs. 5 S. 4 und 5 nF (vgl. auch → § 38 Rn. 14 ff.; ergänzend Mollik FS 2010, 272 ff.).

Gemäß allg. Primärerfahrung lassen sich Schwierigkeiten für eine **Sozial-** 40 und **Legalbewährung** des Entlassenen am meisten in solchen Bereichen vermuten, bzgl. derer negative Auffälligkeiten über ihn behauptet oder ihm nachgewiesen worden sind. Dabei wirkt sich **erschwerend** aus, dass ggü. Entlassenen eine erhöhte private wie auch behördliche Kontrolle (vgl. näher etwa Boers/Herlth MschKrim 1999 (16), 115 ff.; vgl. auch → § 92 Rn. 63) bei Unregelmäßigkeiten jedweder Art stattfindet. Die Chancen auf soziale Anerkennung (außerhalb negativ sanktionierter Randgruppen) werden nur mit Zeitablauf und bei geringerem Ausmaß allg. sozialer Kontrolle innerhalb zentraler Lebensbereiche des Entlassenen ansteigen, kaum jedoch zu einer Gewissheit der Überwindung der sozialen Missachtung führen. – Bei Verurteilungen wegen *massenmedial* besonders attraktiven Delikten besteht eine besondere *Gefahr* der Integration darin, dass sog. „sog. Krawallmedien" dem Entlassenen bzw. Angehörigen etc sozusagen „ständig auf den Fersen" sind (vegleichbar Abläufen betr. manche aus Sicherungsverwahrung Entlassene).

Methodisch schwer festzustellen ist, in welchem Umfang das Verhalten 40a von Bezugspersonen zB aus dem Sozial- und Leistungsbereich auslösender Anlass einer etwa gescheiterten sozialen Anpassung und von erneuter Straftatbegehung nach der Entlassung ist (vgl. auch Stelly/Thomas Bewährungshilfe 2003, 58 ff.). Dabei kommt es insb. darauf an, zu überprüfen, inwieweit berichtete und als **negativ beurteilte Geschehnisse** im Arbeits-, Freizeit- und Sozialbereich untereinander im Verhältnis von unabhängigen zu abhängigen Variablen stehen.

c) Ausländerrechtliche Implikationen. Konterkariert wird die Zweck- 41 richtung der Aussetzungsoption und ihrer Ausgestaltung durch die ausländerrechtliche Judikatur, die auch bei Aussetzung des Restes der JStrafe eine **Ausweisung** gem. § 53 Abs. 1 AufenthG erlaubt. Die damit verbundene positive Prognose im strafrechtlichen Vollstreckungsverfahren sei im ausländerrechtlichen Kontext zwar indiziell bedeutsam, aber ohne Bindungswirkung. Dass hierbei unterschiedliche Prognosen möglich seien und dass bei der Ausweisungsentscheidung dezidiert auch generalpräventive Aspekte berücksichtigt werden dürften (VGH München BeckRS 2020, 14543, VG Saarlouis BeckRS 2020, 19470 und VG Magdeburg BeckRS 2020, 18510), überzeugt nicht. Durch den damit einhergehenden Verlust der Bleibeperspektive wird der erzieherischen Einwirkung im JStVollz die Grundlage entzogen und die Haftzeit de facto – entgegen § 2 Abs. 1 – in einen reinen Verwahrvollzug überführt.

d) Sonstiges. Wegen der besonderen Anordnung betr. Strafmakel im 41a Falle der Entlassung s. § 100 (vgl. → § 100 Rn. 5f).

Betreffend erforderliche Mitteilungen s. § 13 Abs. 1 Nr. 2 BZRG sowie 42 § 479 Abs. 2 StPO.

2. Widerruf

a) Abs. 6 S. 1, § 26 Abs. 1 Nr. 1, Nr. 2. Eine erneute Straftat in der 43 BewZeit, die zu einer *Verurteilung* unter *Aussetzung der Vollstr zBew* geführt hat, kann den Widerruf der Aussetzung des Strafrestes (zur Häufigkeit s. → § 113 Rn. 10 ff.; erg. → §§ 26, 26a Rn. 3) bei günstiger Sozialprognose zumindest dann nicht rechtfertigen, wenn das Delikt als Ausdruck einer inzwischen überwundenen Krise erscheint (LG Hamburg StV 1984, 32).

44   Der Widerrufsgrund der „Besorgnis" iSd Abs. 6 S. 1, § 26 Abs. 1 Nr. 2 setzt tatsächliche Anhaltspunkte voraus, die sich gerade aus dem Verhalten nach der Entlassung ergeben (LG Hamburg MDR 1976, 946, speziell zu Drogenabhängigen vgl. → § 82 Rn. 10 ff. entspr.).

45   **b) § 26 Abs. 1 S. 3.** Aufgrund des Verweises in Abs. 6 S. 1 betrifft die Erfassung gem. § 26 Abs. 1 S. 3 auch die Frage des Widerrufs nach Restaussetzung.

46   **c) Notwendige Verteidigung.** Wegen der Frage notwendiger Verteidigung analog § 83 Abs. 3 S. 2, § 68 Nr. 1 iVm § 140 Abs. 2 StPO vgl. → Rn. 29 sowie → §§ 26, 26a Rn. 29.

3. Abgabe bzw. Einschränkung der Zuständigkeit

47   **a) § 85 Abs. 5, § 88 Abs. 6 S. 3.** Der JRichter kann die Vollstreckungszuständigkeit nach der Entlassung des Jugendlichen an einen anderen JRichter abgeben. Zulässig ist dies zum einen gem. § 85 Abs. 5, da die Restaussetzung der Vollstr zBew regelmäßig einen wichtigen Grund iSd Vorschrift darstellt. Ebenso kann der JRichter gem. Abs. 6 S. 3 iVm § 58 Abs. 3 S. 2 die notwendig werdenden Entscheidungen an den JRichter übertragen, in dessen Bezirk sich der Jugendliche aufhält; dies gilt ggf. nicht bei Entlassung im Gnadenweg (BGHSt 32, 330; vgl. → Rn. 10, aber auch → § 82 Rn. 9). Beide Abgaben sind jederzeit widerruflich (BGHSt 7, 318), dh der abgebende Vollstreckungsleiter kann die Entscheidung (zB über den Widerruf der Restaussetzung der Vollstr zBew oder den endgültigen Erlass der JStrafe) jederzeit wieder an sich ziehen. Hat der andere JRichter die Restaussetzung der Vollstr zBew widerrufen, ist seine (begrenzte) Zuständigkeit beendet, weil keine „infolge der Aussetzung" erforderlich werdenden Entscheidungen (s. Abs. 3 S. 3 iVm § 58 Abs. 1 S. 1) mehr anstehen (OLG Karlsruhe Justiz 1983, 161 (163)).

48   **b) Entscheidung über den Widerruf.** Der Vollstreckungsleiter ist dafür auch dann zuständig, wenn sich der Verurteilte in anderer Sache in Strafhaft befindet und (ansonsten) die StrafvollstrKammer zuständig geworden ist (OLG Stuttgart MDR 1976, 75).

Jugendstrafe bei Vorbehalt der Entscheidung über die Aussetzung

89 [1] **Hat das Gericht die Entscheidung über die Aussetzung der Jugendstrafe einem nachträglichen Beschluss vorbehalten, darf die Jugendstrafe vor Ablauf der nach § 61a Absatz 1 maßgeblichen Frist nicht vollstreckt werden.** [2] **Dies gilt nicht, wenn die Aussetzung zuvor in einem auf Grund des Vorbehalts ergangenen Beschluss abgelehnt wurde.**

I. S. 1

Gemäß dieser Vorschrift stellt der **Vorbehalt** der Entscheidung über die 1
Aussetzung der Vollstr der JStrafe zBew zumindest bis zum Ablauf der nach
§ 61a Abs. 1 maßgeblichen Frist ein **VollstrHindernis** dar. Dieses entfällt
nicht, wenn ein dem Urteil nachfolgender Beschluss zwar eine sofortige
Aussetzung ablehnt (etwa nach sofortiger Beschwerde gem. § 59 Abs. 1
S. 2), der Vorbehalt einer nachträglichen Entscheidung hiervon aber nicht
berührt wird.

II. S. 2

Hat das Gericht allerdings vor diesem Zeitpunkt die **Ablehnung** der 2
Aussetzung der Vollstr zBew beschlossen, weil sich ergeben hat, dass eine
solche Aussetzung nicht mehr in Betracht kommen wird, so kann nach
Rechtskraft dieses Beschlusses (zur Anfechtbarkeit § 59 Abs. 1 S. 1) die
Vollstr beginnen (S. 2).

Unterbrechung und Vollstreckung der Jugendstrafe neben Freiheitsstrafe

89a (1) ¹**Ist gegen den zu Jugendstrafe Verurteilten auch Freiheitsstrafe zu vollstrecken, so wird die Jugendstrafe in der Regel zuerst vollstreckt. ²Der Vollstreckungsleiter unterbricht die Vollstreckung der Jugendstrafe, wenn die Hälfte, mindestens jedoch sechs Monate, der Jugendstrafe verbüßt sind. ³Er kann die Vollstreckung zu einem früheren Zeitpunkt unterbrechen, wenn die Aussetzung des Strafrestes in Betracht kommt. ⁴Ein Strafrest, der auf Grund des Widerrufs seiner Aussetzung vollstreckt wird, kann unterbrochen werden, wenn die Hälfte, mindestens jedoch sechs Monate, des Strafrestes verbüßt sind und eine erneute Aussetzung in Betracht kommt. ⁵§ 454b Absatz 4 der Strafprozeßordnung gilt entsprechend.**

(2) ¹Ist gegen einen Verurteilten außer lebenslanger Freiheitsstrafe auch Jugendstrafe zu vollstrecken, so wird, wenn die letzte Verurteilung eine Straftat betrifft, die der Verurteilte vor der früheren Verurteilung begangen hat, nur die lebenslange Freiheitsstrafe vollstreckt; als Verurteilung gilt das Urteil in dem Verfahren, in dem die zugrundeliegenden tatsächlichen Feststellungen letztmals geprüft werden konnten. ²Wird die Vollstreckung des Restes der lebenslangen Freiheitsstrafe durch das Gericht zur Bewährung ausgesetzt, so erklärt das Gericht die Vollstreckung der Jugendstrafe für erledigt.

(3) In den Fällen des Absatzes 1 gilt § 85 Abs. 6 entsprechend mit der Maßgabe, daß der Vollstreckungsleiter die Vollstreckung der Jugendstrafe abgeben kann, wenn der Verurteilte das einundzwanzigste Lebensjahr vollendet hat.

I. Anwendungsbereich

1   Betreffend Abs. 1 und 3 gelten die Erl. zu → § 82 Rn. 1, 2 entsprechend.
In den Fällen des Abs. 2 richtet sich die VollstrZuständigkeit nach allg.
Recht.

II. Reihenfolge der Vollstreckung

1. Abs. 1 S. 1

2   Die Vorschrift bestimmt für den Fall des Zusammentreffens von **JStrafe**
mit **Freiheitsstrafe** (bei der Vollstr), dass idR **zuerst** die **JStrafe** zu vollstrecken ist. Ausnahmen kommen insb. dann in Betracht, wenn zugunsten eines
kürzeren Strafrestes der JStrafe die Unterbrechung der Vollstr der Freiheitsstrafe erforderlich wird.

2. Abs. 2 S. 1

3   Unter den Voraussetzungen dieser Vorschrift wird beim Zusammentreffen
von JStrafe mit *lebenslanger* Freiheitsstrafe allein die lebenslange Freiheitsstrafe
(als dem Übergewicht der Strafe und entsprechend dem Grundgedanken des
§ 55 Abs. 1 StGB) vollstreckt. Dieser Regelung folgt die Klarstellung des
Abs. 2 S. 2.

III. Unterbrechung der Vollstreckung

1. Abs. 1 S. 2

4   Die Vorschrift betrifft die Unterbrechung der Vollstr beim Zusammentreffen von **JStrafe** und **Freiheitsstrafe** (zu den Konsequenzen der Nichtbefolgung s. OLG Zweibrücken 20.1.1994 – 1 Ws 4–5/94 bei Böhm NStZ
1994, 532; LG München StV 1999, 664).

5   **a) Unterbrechungszeitpunkt.** Nach dem Willen des Gesetzgebers sollte
der Unterbrechungszeitpunkt mit der Regelung des § 88 in Einklang stehen,
wogegen § 57 Abs. 1, 2 StGB nicht maßgebend sein sollten (vgl. Begr. BT-
Drs. 11/5829, 37). Dieses Bestreben steht – bezogen allein auf S. 2 – iZm
der ggü. § 88 Abs. 2 ungünstigeren „Halbstrafen"-Regelung des § 57 Abs. 2
StGB zwar in einer gewissen Diskrepanz zum Gesetzeswortlaut. Das bekun-
dete Anliegen des Gesetzgebers erfordert indes, den Regelzeitpunkt der
Unterbrechung nach § 88 Abs. 2 im Sinne einer Ermessensbindung iRd
Abs. 1 S. 3 nach der Drittelregelung zu berechnen (vgl. auch BT-Drs. 11/
5829: Der Vollstreckungsleiter „hat" unter den gegebenen Voraussetzungen
den VollstrZeitpunkt vorzuverlegen). Der Zeitraum kann sodann (unter den
gegebenen Voraussetzungen) nach § 88 Abs. 2 S. 1 unterschritten und nur
bis zur Höchstdauer gem. Abs. 1 S. 2 (bis zur Vollstr der Hälfte, mindestens
sechs Monaten) überschritten werden. Entsprechendes gilt – unbeschadet
des Verzichts auf eine ausdrückliche Regelung – bei Vollstr mehrerer JStrafen (vgl. hierzu → § 82 Rn. 43), da dem Verurteilten die Anwendung des

§ 31 Abs. 3 nicht zum Nachteil gereichen darf (s. auch Begr. BT-Drs. 11/
5829, 37).

b) Abs. 1 S. 3. Nach dieser Vorschrift kann der Vollstreckungsleiter die 6
Vollstr bereits zu enem früheren Zeitpunkt unterbrechen, wenn vorzeitige
Entlassung zu einem früheren Zeitpunkt in Betracht kommt.

2. Abs. 1 S. 4

a) Verhältnis zu § 88 Abs. 2. Die Vorschrift übernimmt ohne Abstim- 7
mungsmöglichkeit mit den Besonderheiten der Regelung des § 88 Abs. 2
den Grundsatz der Unterbrechung nach mindestens **sechs Monaten** – ansonsten der Hälfte – auch für die Kann-Vorschrift der **Unterbrechung** bei
Vollstr eines **Strafrestes** nach Widerruf einer vorausgegangenen Aussetzung
(dass die Mindestverbüßungszeit vor erneuter Strafrestaussetzung zwingend
ist, bestreitet indes OLG Stuttgart StV 2020, 701 (703) = BeckRS 2019,
35832). Ebenso wie der Widerruf einer vorausgegangenen Aussetzung der
Vollstr des Strafrestes zBew einer erneuten Entscheidung nach § 88 nicht
entgegensteht (vgl. → § 88 Rn. 8), wird eine sachgerechte Ermessensausübung ggf. zur Unterbrechung führen. Damit könnten im Einzelfall möglicherweise auch Benachteiligungen (s. Böhm Info DVJJ Hess. 2/88, 15)
abgeschwächt werden, die daraus folgen, dass – begründet mit dem Erziehungsgedanken – mitunter vergleichsweise überhöht lange Strafzeiten bemessen werden (vgl. auch schon DBH Bewährungshilfe 1988, 247)). –
Allerdings scheidet die Übernahme der Mindestdauer für Fälle mit einem
nur noch unter sechs Monate betragenden Strafrest aus (s. ferner OLG Celle
NdsRpfl 1992, 95, wonach bei fehlender Aussetzbarkeit des Restes der
JStrafe auch die Entscheidung über die Aussetzung des Restes einer unter-
brochenen Freiheitsstrafe erst getroffen werden kann, wenn der Zeitpunkt
möglicher Entlassung für die Beurteilung der Entlassungssituation nahe genug bevorsteht).

b) Nichtanwendbarkeit. Die Vorschrift (des Abs. 1 S. 4) gilt nicht für 8
Fälle, in denen ein Rest der **JStrafe** entgegen Abs. 1 S. 1 erst **nach** dem
Rest einer Freiheitsstrafe vollstreckt wird (LG Karlsruhe NStZ-RR 2011,
155), weil andernfalls (der Zweck des Abs. 1 S. 4 verfehlt würde und) eine
Schlechterstellung des nach JStR Verurteilten einträte (aA OLG Dresden
NStZ 2016, 109 (111) unter geänderter Auslegung des § 85 Abs. 6 S. 2, vgl.
→ § 85 Rn. 22). Denn für das allg. StR hat eine Entscheidung gem. § 57
StGB im Falle des Vorliegens von dessen formalen Voraussetzungen in
Bezug auf eine neuere Verurteilung dann zu ergehen, wenn ein Strafrest
(entgegen § 43 Abs. 2 Nr. 1 StrVollstrO) nach der neuerlich verhängten
Freiheitsstrafe vollstreckt wird, deren Ergebnis eine neuerliche Aussetzung
der Vollstr zBew sein kann.

IV. Vollstreckungszuständigkeit

1. Offene Regelung

Das **Gesetz** enthält **keine besondere Regelung** über die Zuständigkeit 9
für die Aussetzung der Restvollstr der JStrafe zBew im Falle ihres Zusam-

mentreffens mit Freiheitsstrafe, sodass (vorbehaltlich eines Vorgehens nach Abs. 3) für die Vollstr der JStrafe die Vorschriften des JGG und für die Vollstr der Freiheitsstrafe die des allg. StR anzuwenden sind. Da bei Personen unter 21 Jahren vergleichsweise selten über die Aussetzung der Restvollstr von JStrafe und Freiheitsstrafe zBew zu entscheiden ist, hat der Gesetzgeber es der **Praxis überlassen,** die Entscheidungen entweder unabhängig voneinander oder aufgrund formlosen Einvernehmens zu treffen (Begr. BT-Drs. 11/5829, 37; s. näher OLG Frankfurt a. M. NStZ-RR 2000, 95 f.; OLG Jena NStZ 2005, 167). Dabei verlangt der Verweis des **Abs. 1 S. 5** auf § **454b Abs. 4 StPO** (vormals Abs. 3, geänd. durch Gesetz v. 17.8.2017 (BGBl. I 3202)) entsprechend nicht, dass zur gleichen Zeit (s. dazu OLG Zweibrücken JBl. RhPf. 1995, 227), sondern lediglich, dass in einem gewissen zeitlichen Zusammenhang entschieden wird (ebenso OLG Jena 24.8.2005 – 1 Ws 314/05 Rn. 20 (juris), BeckRS 2006, 1028; Kilian in BeckOK JGG Rn. 8; s. aber auch OLG Frankfurt a. M. NStZ-RR 2012, 189 f.).

10   Aus der Praxis wird mitunter berichtet, es komme zu Verzögerungen bei den „koordinierten Aussetzungsentscheidungen" aufgrund verspäteter Überhaftnotierung einer Freiheitsstrafe infolge verspäteter VollstrEinleitung seitens der Staatsanwaltschaft, die idR wiederum auf verspäteter Übersendung der Rechtskraftbescheinigung und der Strafakten seitens der Gerichte beruhte oder beruhe.

2. Abs. 3

11   Die Vorschrift ermöglicht für den Fall des Zusammentreffens der Vollstr von **JStrafe** und **Freiheitsstrafe** (Abs. 1) die Abgabe der Vollstreckungsleitung an die allg. VollstrBehörden unter den Voraussetzungen des § 85 Abs. 6 bereits dann (vgl. näher → § 85 Rn. 20), wenn der Verurteilte 21 Jahre alt geworden ist.

12   Im Falle einer Zurückstellung der Vollstr gem. *§ 35 BtMG* und einer Anrechnung gem. § 36 Abs. 1 S. 1 BtMG bleibt für die Entscheidung über die Aussetzung des Restes einer JStrafe zBew jedoch das Gericht des ersten Rechtszuges zuständig (§§ 38, 36 Abs. 1 S. 3, Abs. 5 S. 1 BtMG; KG StV 2013, 778 betr. JKammer; Fabricius in Körner/Patzak/Volkmer BtMG § 35 Rn. 316; vgl. ergänzend → § 82 Rn. 6, 10, 28).

Ausnahme vom Jugendstrafvollzug

89b (1) ¹An einem Verurteilten, der das 18. Lebensjahr vollendet hat und sich nicht für den Jugendstrafvollzug eignet, kann die Jugendstrafe statt nach den Vorschriften für den Jugendstrafvollzug nach den Vorschriften des Strafvollzuges für Erwachsene vollzogen werden. ²Hat der Verurteilte das 24. Lebensjahr vollendet, so soll Jugendstrafe nach den Vorschriften des Strafvollzuges für Erwachsene vollzogen werden.

(2) Über die Ausnahme vom Jugendstrafvollzug entscheidet der Vollstreckungsleiter.

Schrifttum: Barisch, Die Privatisierung im deutschen Strafvollzug, 2010; Borchert, Schule und Sozialarbeit im sächsischen Strafvollzug, 2007; Fröhmcke, Muslime im

Strafvollzug, 2005; Jansen, Mädchen in Haft. Devianzpädagogische Konzepte, 1999; Koervers, Jugendkriminalität und Religiosität, 1988; Kreideweiß, Die Reform des Jugendstrafvollzugs, 1993; Nickolai ua, Sozialpädagogik im Strafvollzug, 1985; Reindl, Offener Jugendstrafvollzug als Sozialisationsorganisation, 1990; Rollny, Pastoraler Dienst am straffälligen jungen Menschen, 1986; Trenczek (Hrsg.), Freiheitsentzug bei jungen Straffälligen, 1993; Wegener ua (Hrsg.), Criminal Behavior and the Justice System, 1988; Werner, Jugendstrafvollzug in Deutschland, 2012.

Übersicht

I. Anwendungsbereich

Die Vorschrift gilt für **Jugendliche** auch dann, wenn die JStrafe von 1
einem für allg. Strafsachen zuständigen Gericht verhängt wurde.

Die Vorschrift gilt für **Heranwachsende** nach Verhängung von JStrafe 2
durch ein JGericht wie durch ein für allg. Strafsachen zuständiges Gericht,
dh wenn materielles JStR angewandt wurde (§§ 110 Abs. 1, 105 Abs. 1).

II. Voraussetzungen der Ausnahme; Verfahrensrechtliches

1. Abs. 1

3   **a) Nichtgeeignetheit.** Entgegen dem in Einklang mit dem Gesetzes-wortlaut des § 17 Abs. 1 stehenden Grundsatz, dass jede JStrafe in einer JStVollzEinrichtung zu vollstrecken ist, können **Verurteilte,** die das **18., nicht** aber das **24. Lbj.** vollendet haben (wegen der Berechnung vgl. → § 1 Rn. 2), aus dem JStVollzug ausgenommen werden, wenn sie sich für diesen nicht eignen (Abs. 1 S. 1), wobei es sich um eine vollstreckungsrechtliche Entscheidung handelt. Ein Verurteilter eignet sich dann nicht, wenn die erzieherische Einwirkung in der JStVollzEinrichtung keinen Erfolg ver-spricht oder wenn von seiner Anwesenheit erhebliche Nachteile (ebenso Franze Jura 1997, 73 f.) für die Erziehung der anderen JStrafgefangenen zu befürchten sind (krit. zur Vagheit des Begriffs Dünkel Neue KPol 2008, 3: restriktiv, begrenzt auf bessere Chancen der (Wieder-)Eingliederung an-zuwenden). Diese Kriterien sind **eng auszulegen** (LG Berlin StraFo 2003, 102, betr. „schwierigen" Verurteilten), da im Falle der Ausnahme vom JStVollzug die tatgerichtliche Entscheidung in ihren Grundlagen und Ziel-setzungen verändert wird (zust. Franze Jura 1997, 73) und für den weiteren Haftverlauf der Verlust der **institutionellen Besonderheiten** der JStVoll-zEinrichtungen (vgl. → Rn. 6–16) die Folge wäre.

4   Unerlässlich ist die Zugrundelegung von feststehenden **Tatsachen,** dh Mutmaßungen, Verdachtslage etc reichen nicht aus. Zudem wäre eine Vorab-Prognose hinsichtlich der Nichteignung besonders schwierig (vgl. auch → Rn. 5b) – sie ist im Übrigen prinzipiell von der Prognose zukünfti-ger Legalbewährung zu unterscheiden (s. Walter ZfStrVo 1988, 195 (197)). Auch ist durch das Verbleiben des Verurteilten im JStrafvollzug für diesen idR kein Schaden zu befürchten. Wirtschaftliche oder andere mit der Eig-nung des Verurteilten nicht zusammenhängende vollzugstechnische Gründe für die Verlegung in den Erwachsenenvollzug (zur Vollzugsgestaltung ggü. Gefangenen im Übergangsalter s. Walter ZfStrVo 1991, 276; vgl. aber auch → Rn. 11, 12) oder etwa eigene Interessen der Vollzugsbehörde an dieser Verlegung (gar Sanktionierung eines sog. „Störers") dürfen nicht berück-sichtigt werden. Insofern mag im Einzelfall zu prüfen sein, inwieweit zu-lässige Gründe mitunter vorgeschoben werden.

5   **b) Vollendung des 24. Lbj.** Liegt diese Voraussetzung bei dem Ver-urteilten vor, so soll JStrafe nach den Vorschriften des allg. Strafvollzugsrechts vollzogen werden (Abs. 1 S. **2**). Man geht davon aus, dass ein über 24 Jahre alter Verurteilter mit den Methoden des JStVollzugs nicht mehr erreicht werden kann. Die Ausnahme vom JStrafvollzug ist daher idR anzuordnen. – Vor einer Entscheidung iSd Abs. 2 ist auch eine Ausnahme nach Abs. 1 S. 2 unzulässig (LG Rottweil StV 2001, 185 (Ls.)). Dies gilt umso mehr, als unter verschiedenen Voraussetzungen (vgl. auch § 85 Abs. 6) von einer Entschei-dung iSd Soll-Vorschrift abzusehen sein wird. Dies kann zB der Fall sein bei nur noch geringem Strafrest oder uU dann, wenn sonst eine als erfolgreich beurteilte Ausbildung oder Therapie abgebrochen werden müsste. – Von den am 31.3.1999, 2003, 2007, 2011 und 2015 im JStrafvollzug (einschließ-

lich Freiheitsstrafenvollzug nach § 114) einsitzenden 7.150, 7.276, 6.995, 6.099 und 4.397 Gefangenen waren 115, 114, 78, 60 und 53 im Alter von 25 Jahren oder darüber (StVollzSt Reihe Tabelle 3.1; vgl. im Übrigen → § 92 Rn. 14).

2. Verfahrensrechtliches

a) Zuständigkeit (Abs. 2). Dem **Vollstreckungsleiter** obliegt die Ent- **6** scheidung über die Ausnahme vom JStVollzug, keinesfalls dem Vollzugsleiter (s. auch RL). Es handelt sich um eine **jugendrichterliche Ermessensentscheidung** (§ 83 Abs. 1). Hinsichtlich des Verfahrens gelten daher die zu § 83 dargelegten Grundsätze (zur sofortigen Beschwerde s. § 83 Abs. 3 S. 1).

b) Verfahren. Bei der erforderlichen **Anhörung** des Verurteilten darf er **7** in keiner Weise zu einem Einverständnis mit der Herausnahme gedrängt werden. Ein von ihm etwa geäußerter Wunsch oder gestellter *Antrag* darf nur berücksichtigt werden, wenn eine geeignete (§ 70a Abs. 1 aF bzw. § 70b Abs. 1 nF) **Belehrung** vorausgegangen ist und die Äußerung freiwillig geschieht, und im Übrigen ist eine Abwägung mit anderen Umständen (zB akuter Konflikt) erforderlich (vgl. auch BGH ZJJ 2011, 201 mAnm Eisenberg). So ist stets eine sorgfältige Vorbereitung der Entscheidung geboten, wozu eine Beobachtung und ein Gutachten der JStVollzEinrichtung, die Anhörung der JGH sowie – im Falle des Wunsches bzw. Einverständnisses des Verurteilten – ggf. des vormaligen gesetzlichen Vertreters und Erziehungsberechtigten gehören.

c) Gesetzlicher Richter. Grundsätzlich sind auch 18- bis 24-jährige **8** Verurteilte zur Vollstr der JStrafe **zunächst** in die **JStVollzEinrichtung** einzuweisen (RL S. 1 zu § 92 aF). Auch begegnet die in RL S. 3 zu § 92 aF vorgesehene Ausnahme, bei „offensichtlichen" Eignungsmängeln den über 18 Jahre alten Verurteilten „sogleich" in den allg. Strafvollzug einzuweisen, Bedenken in Hinsicht auf die Gewährleistung des gesetzlichen Richters **(Art. 101 Abs. 1 S. 2 GG)**, deren Zweck es ist, Beeinflussungen seitens der Justizverwaltung nach Möglichkeit auszuschließen. Zudem ist sie geeignet, die klaren gesetzlichen Regelungen der Zuständigkeitsabgrenzung (s. Abs. 2) gem. § 82 Abs. 1 einerseits, § 85 Abs. 2, 3 andererseits mittels eines Rechtsbegriffs zu unterlaufen, dessen Gehalt vor Einweisung in den JStrafvollzug konkret methodisch kaum zu ermitteln ist (zust. Kreideweiß, Die Reform des Jugendstrafvollzugs, 1993, 92: „zu einem Zeitpunkt ... Erfahrungswissen über das Vollzugsverhalten des Gefangenen noch gar nicht" vorliegen kann; zur Prognose → Rn. 3a).

III. Verpflichtungen des Jugendstrafvollzugs gem. dem Erziehungsauftrag (§ 2 Abs. 1)

1. Organisatorisches

a) Vollstreckungsplan. Die Verteilung auf die JStVollzEinrichtungen **9** des jeweiligen Bundeslandes bestimmt sich nach dem von diesem erstellten Vollstreckungsplan. Dieser wiederum entspricht ua Vereinbarungen zwischen verschiedenen Bundesländern (zur Rechtswidrigkeit bei Nichtberück-

sichtigung familiärer Bindungen KG StRR 2009, 74 (betr. allg. StVollzR)
mzustAnm Dünkel FS 2010, 61). – Beantragt ein JStrafgefangener abw. vom
Vollstreckungsplan die *Verlegung* in eine VollzEinrichtung eines anderen
Bundeslandes, so ist eine Entscheidung einerseits über die Verlegung und
andererseits über die Übernahme zu treffen, wobei der zweitgenannten Entscheidung eine selbstständige Aufklärung des Sachverhalts vorauszugehen hat
(OLG Jena NStZ-RR 2009, 156 (betr. allg. StR)).

10   **b) Vollzugseinrichtungen. aa) Trennungsgebot.** Bei dem Vollzug
der JStrafe handelt sich um eine dem Erziehungsauftrag **(§ 2 Abs. 1)** verpflichtete und daher **privilegierte Form** (zur Entwicklung vgl. → § 92
Rn. 2), der grundsätzlich jede JStrafe unterliegt (ausnahmslos gilt es für
Verurteilte, die zur Zeit des Vollzugs das 18. Lbj. noch nicht vollendet
haben; vgl. im Übrigen → Rn. 3; s. ferner § 114).

10a   Es darf sich iSd verfassungsrechtlichen Vorgaben (BVerfGE 116, 69 ff.) –
und also noch weniger als schon nach § 92 Abs. 1 aF – **nicht** um eine
Abteilung (getrenntes Gebäude oder gar nur Gebäudetrakt) auf dem **Gelän-
de** einer JVA für **Erwachsene** handeln, sondern es muss eine selbstständige
Einrichtung sein (vgl. Art. 166 Abs. 1 BayStVollzG, § 59 Abs. 1 S. 1
JStVollzG NRW und § 93 Abs. 2 HmbJStVollzG („in getrennten Anstal-
ten")). Dies ist verschiedentlich nicht entsprechend klar gestellt (vgl. § 3
Abs. 4 JVollzGB BW I, § 68 Abs. 1 S. 1 HessJStVollzG, § 107 Abs. 1 S. 1
JVollzG Bbg (anders hingegen noch § 98 Abs. 1 JStVollzG Bbg aF), § 17
Abs. 1 S. 2, Abs. 3 JVollzGB LSA und – teilweise nicht vertretbar – §§ 71
Abs. 2, 72 Abs. 2 S. 2 JVollzG Nds) bzw. nur einschränkend umgesetzt (vgl.
– mit teilweise unterschiedlichen Fassungen – § 98 Abs. 1 S. 2 JStVollzG
Bln. ua (speziell § 101 Abs. 1 S. 1 JStVollzG Bremen); zw. § 16 Abs. 2 S. 3
und (als Ausnahme) Abs. 3 JVollzG Bbg). – Die Vollstr der JStrafe in einer
U-Haftanstalt oder in einer **Aufnahmeanstalt** des allg. Strafvollzugs ist,
auch bei Unterbrechung von U-Haft, **rechtswidrig** (vgl. schon KG NJW
1978, 284).

11   Die gesetzlich angeordnete **Trennung** der von den Vorschriften über den
JStVollzug erfassten jungen Gefangenen von den dem **allg. Strafvollzugsrecht** unterliegenden Gefangenen ist der Einhaltung der rechtlichen Unterschiede zwischen JStrafe und Freiheitsstrafe geschuldet. Dies umfasst auch
die Entwicklung eigenständiger Methoden (vgl. schon Dallinger/Lackner
Rn. 1). Vor diesem Hintergrund sehen die Gesetze der Länder unterschiedliche Regelungen zur Trennung wie auch zur Differenzierung vor (dazu
und zu einer Aufstellung der für den Vollzug von JStrafe zuständigen
Anstalten in den Bundesländern vgl. Werner, Jugendstrafvollzug in Deutschland, 2012, 14 f., 29 f.). – Soweit eine jeweils getrennte Unterbringung nicht
nur von Jugendlichen und Heranwachsenden, sondern auch von „jungen
Erwachsenen" geregelt ist (s. etwa §§ 170–172 JVollzG Nds, Art. 166f
BayStVollzG sowie § 4 Abs. 4 S. 1 JVollzGB BW I), scheint dies zumindest
für Bay. und BW mit einer der Pflicht zu enger Auslegung der Vorausset-
zungen von Abs. 1 S. 1 (vgl. → Rn. 3) nicht ohne weiteres entsprechenden
Praxis der Herausnahme (Abs. 1 S. 1) einherzugehen (vgl. dazu Stelzel/
Kerner ZJJ 2014, 248 f. (für BW war bereits iZm § 4 Abs. 1 des vormaligen
JVollzG vorgesehen, Heranwachsende zusammen mit jungen Erwachsenen
unterzubringen)).

Überwiegend erklären die Landesgesetze Ausnahmen hinsichtlich gemeinsam durchführbarer Maßnahmen als zulässig (s. § 98 Abs. 1 S. 4 bzw. S. 3 JStVollzG Bln ua; § 17 Abs. 5 JVollzGB LSA; näher zum Ganzen Laubenthal FS Eisenberg, 2009, 743 ff.).

bb) Weibliche Personen. Rechtswidrig war schon nach § 92 aF die **12** Unterbringung von zu JStrafe verurteilten **weiblichen Personen** in Abteilungen innerhalb allg. StVollzAnstalten für Frauen (nach ArbE-JStVollzG v. 1.6.1984 (§ 111 Abs. 2) sollte dies dennoch weiterhin auch ohne Abtrennung zugelassen werden (vgl. auch die Begriffsdifferenzierung in § 140 Abs. 2 StVollzG); krit. DVJJ 1987, 395). Die Beurteilung als rechtswidrig gilt iSd verfassungsrechtlichen Vorgaben (BVerfGE 116, 69 ff.) umso mehr (s. aber eingeschränkt anders § 4 Abs. 4 S. 3 JVollzGB BW I; vgl. auch Hinweis in ZfStrVo 1988, 356 betr. Saarl., in ZfStrVo 1991, 371 betr. Hess. (speziell zu der JVA Vechta ausführlich aber Jansen, Mädchen in Haft. Devianzpädagogische Konzepte, 1999) sowie Schott DVJJ-Journal 2000, 362 betr. MV). Grundsätzlich sind eigene selbstständige JStVollzAnstalten oder zumindest solche eigene Vollzugseinheiten einzurichten (zu den vorhandenen Einrichtungen Werner, Jugendstrafvollzug in Deutschland, 2012, 203 ff.; vgl. aber zu unterschiedlich hohen Anteilen der Herausnahme (Abs. 1 S. 1) etwa in Bay. und RhPf Stelzel/Kerner ZJJ 2014, 248 (251)), die uU einer (ggf. länderübergreifend gemeinsamen, vgl. (betr. LSA, Sachs. und Thür.) FS 2009, 3: Chemnitz bzw. (betr. Hahnöfersand) GVBl. Hmb. 2009, 211)) JVA für Frauen lediglich angegliedert sein können (vgl. JStVollzKomm 50 ff.; BMJ E-JStVollzG v. 24.9.1991 (§ 128 Abs. 2); Walter in Ostendorf § 13 Rn. 5 unter Hinweis auf MV; Funk NK 2009, 50; s. aber einschr. KG StRR 2009, 74 (betr. allg. StVollzR)). In diesem Rahmen können partiell integrierte Abläufe aus sachlichen Erwägungen heraus dem Erziehungsauftrag mitunter ihrerseits Genüge leisten (vgl. dazu vormals Bulczak Zbl 1980, 403 ff.). – Eine sachlich nicht begründete Besserstellung weiblicher Gefangener im Vergleich zu männlichen ist verfassungswidrig (vgl. BVerfG, 3. Kammer des 2. Senats, NJW 2009, 661 (betr. Telefonkontakte sowie Einkauf von Kosmetika) mzustBspr Muckel JA 2009, 398 (zum allg. StVollzR)).

Besondere organisatorische Vorkehrungen verlangt die gemeinsame Unterbringung mit unter drei Jahre alten **Kindern** bei den Müttern (s. bspw. § 27 JStVollzG Bln ua, Art. 168 BayStVollzG (zur JVA Aichach Völkl-Fischer/Pfalzer FS 2009, 335 ff.); zu „Mutter-Baby-Therapiegruppen" in einer englischen Anstalt vgl. Windham Stewart FPPK und Psychother 17 Heft 3), nach § 21 Abs. 1 HmbJStVollzG mit unter fünf Jahre alten, nach §§ 132, 73 JVollzG Nds bis zur Schulpflicht. Nach verschiedenen Landesgesetzen gilt dies auch bei den Vätern (§ 21 Abs. 1 RhPfJVollzG, § 21 Abs. 1 BbgJVollzG, § 21 iVm § 1 ThürJVollzGB, § 27 Abs. 1 SächsJStVollzG (gem. S. 2 bis zu 3 ½ Jahren; zu „Vater-Kind-Gruppen" in Sachs. Doltze Bewährungshilfe 2008, 67 f.)) und bis zur Schulpflicht (§ 70 Abs. 1 HessJStVollzG, § 18 Abs. 1 S. 1 JStVollzG NRW).

cc) Abschiebungshaft. Die entsprechende Anwendung der Vollzugsvorschriften (vgl. § 422 Abs. 4 FamFG (Art. 1 des FGG-ReformG v. 17.12.2008, BGBl. I 2586)) auf den Vollzug von Zurückweisungshaft (§ 15 Abs. 5 AufenthG) bzw. von Abschiebungshaft (auf der Grundlage von § 62 AufenthG) ist insofern für den JStVollzug relevant, als gem. § 80 Abs. 1–3 AufenthG unter bestimmten Voraussetzungen Minderjährige mit Erwachsenen gleichgestellt sind (wegen Zweifeln über das Alter vgl. → § 1 Rn. 28 ff.). Dies verlangt zum einen Vollzugseinrichtungen, die von denen des JStVollzugs räumlich getrennt sind (§ 62a Abs. 1 S. 1 AufenthG), und zudem die Trennung jugendlicher (vgl. auch Art. 1, 37 Buchst. d VN-Kinderrechtsübereinkommen (BGBl. 1992 II 122)) von erwachsenen Betroffenen innerhalb dieser Einrichtungen. Soweit solche von dem JStVollzug getrennte Vollzugseinrichtungen ausnahmsweise nicht vorhanden sind, ist zumindest eine besondere Ausgestaltung der Vollzugsbedingungen in Einrichtungen des JStVollzugs vonnöten; die von JStrafgefangenen getrennte Unterbringung ist auch dann unerlässlich (§ 62a Abs. 1 S. 2 Hs. 2 AufenthG; vgl. auch EuGH BeckRS 2014, 81208 betr. Erwachsene).

15   Indes ist schon nicht abschließend geklärt, ob § 80 Abs. 1–3 AufenthG nicht hinter der Vorschrift des § 42 Abs. 1 S. 1 Nr. 3 SGB VIII zurückzutreten hat (bejahend Jöhnk FS 2009, 189 ff.; speziell zu einem besonderen Abschiebungsschutz s. § 58 Abs. 1a AufenthG), zumindest aber ist gem. dem **Verhältnismäßigkeits**grundsatz stets vorab zu klären, ob nicht weniger tiefgreifende Maßnahmen (zB Meldeauflage, räumliche Beschränkung oder jugendhilferechtliche Betreuung bzw. Unterbringung) zureichend sind bzw. die „kürzeste angemessene Zeit" (vgl. auch Art. 1, 37 Buchst. b VN-Kinderrechtsübereinkommen (BGBl. 1992 II 122)) eingehalten ist (zur zeitlichen Begrenzung ggü. einem 16-Jährigen s. OLG Frankfurt a. M. (20. ZS) JMBl. Hess. 1994, 51).

16   **Verfahrensrechtlich** ist die Verbindung zu einem für Belange des Rechtsschutzes geeigneten **Beistand** herzustellen (vgl. auch Art. 1, 37 Buchst. d VN-Kinderrechtsübereinkommen (BGBl. 1992 II 122)). Nicht auszuschließen ist, dass durch die Ersetzung der vormaligen weiteren Beschwerde durch die Rechtsbeschwerde zum BGH (§§ 70 ff. FamFG) rechtstatsächlich eine Einschränkung im Rechtszug stattfinden könnte, weil die Betroffenen auf die wenigen bei dem BGH zugelassenen Rechtsanwälte angewiesen sind (vgl. aber § 70 Abs. 3 S. 2 FamFG (eingef. durch Gesetz v. 27.7.2015, BGBl. I 1386)).

2. Ausstattung und Ausgestaltung der Vollzugseinrichtungen

17   Diese Kriterien haben sich am Vollzugsziel und den besonderen Bedürfnissen junger Gefangener auszurichten (s. § 3 Abs. 2 JStVollzG Bln ua, § 114 Abs. 1 S. 4 JVollzG Nds, Art. 124 BayStVollzG). – Hinsichtlich der etwaigen Zulässigkeit einer *Privatisierung* bestehen enge Grenzen (vgl. dazu Gusy JZ 2006, 651 ff.; Sterzel Bewährungshilfe 2007, 183; tendenziell für größere Spielräume als im allg. StVollzug Barisch, Die Privatisierung im deutschen Strafvollzug: Unter Einbeziehung des Jugendstrafvollzuges...., 2010, 291 ff., ua bei spezifischer Betreuung (vgl. zB S. 262–264); vgl. ergänzend → § 89c Rn. 81).

18   **a) Eigenverantwortlichkeit.** Was die Binnenorganisation im Allg. angeht, so wird eine Dezentralisierung mit dem Ziel weitgehender Eigenverantwortlichkeit selbstständiger kleinerer Einheiten und (innerhalb derselben) von deren jeweiligen **Wohngruppen** (mit bis zu acht Haftplätzen) angestrebt (vgl. schon Böhm in Elster/Lingemann/Sieverts KrimHdWB 524 f.; JStVollzKomm 11; ferner etwa Bulczak Zbl 1980, 402 (auch zur Ausstattung des Individualraumes)); aus psychologischer Sicht etwa schon Claßen

ZfStrVo 1983, 139 (143)). Realisiert wird der Wohngruppenbezug bei ca. zwei Dritteln der Gefangenen (Werner, Jugendstrafvollzug in Deutschland, 2012, 98 f.). Empirische Erhebungen lassen allerdings erkennen, dass (auch) der Wohngruppenvollzug seinerseits **Beeinträchtigungen** bestimmter Gefangenengruppen bedingen kann, zumindest bei mangelnder Differenziertheit (vgl. Nachw. bei Heilemann ZfStrVo 1986, 3 ff.; Michelitsch-Traeger ZfStrVo 1991, 285; aus Betroffenensicht Dronski in vorgänge 1986 (allerdings wohl zum allg. Strafvollzug)). – Zu berücksichtigen ist ua, dass besondere Schwierigkeiten teilweise im Verhältnis zwischen deutschen und nichtdeutschen Gefangenen bzw. zwischen Gefangenen mit *ethnisch-kulturellen Unterschieden* bestehen (vgl. dazu etwa Heber FS 2017, 104; vgl. auch → § 92 Rn. 50).

b) Baulich-räumliche Voraussetzungen. Die eingeschränkte Umset- **19** zung der Vorgabe eines privilegierten Vollzugs (vgl. → Rn. 10) begegnet (bzw. begegnete) gewichtigen Bedenken hinsichtlich des Gebots menschenwürdiger Unterbringung bei Überbelegung (vgl. VerfGH Bln StraFo 2010, 65 zum allg. StVollzR (gegen KG StraFo 2007, 521); näher etwa OLG Schleswig NStZ 1985, 475 mAnm Schüler-Springorum; s. im Übrigen OLG Frankfurt a. M. NStZ 1985, 572 betr. Art. 3 EMRK; OLG Hamm StV 2009, 262 (betr. allg. StVollzR); zum zivilrechtlichen Entschädigungsanspruch OLG Zweibrücken OLGSt GG Art. 1 Abs. 1 (betr. allg. StVollzR); LG Braunschweig NStZ 1984, 286; betr. MV s. Hoff/Fleck DVJJ-Journal 1998, 180 bzw. Schott DVJJ-Journal 2000, 354 ff. (362); ergänzend Barisch KJ 2008, 428 ff.). Demgemäß ist teilweise ein grundsätzliches **Verbot** der **Überbelegung** vorgesehen (vgl. § 99 JStVollzG Bln ua, §§ 7, 8 JVollzGB BW I, Art. 170 ff. BayStVollzG).

Einschränkungen bestehen weiterhin (auch) hinsichtlich der Verwirk- **20** lichung **offener** und weitestmöglich freier Vollzugsformen (vgl. dazu → § 92 Rn. 53 ff.), der Unterbringung während der **Ruhezeit** sowie des **Wohngruppen**vollzugs (s. § 98 Abs. 3 JStVollzG Bln ua, Art. 169 Abs. 2 BayStVollzG, § 68 Abs. 4 S. 2–4 JStVollzG Hess., § 120 Abs. 1 JVollzG Nds; § 20 Abs. 2 S. 1 JVollzGB LSA; zu baulicher Umgestaltung schon Laubenthal ZfStrVo 1984, 71).

Inwieweit im Übrigen ein Mindeststandard für die Ausgestaltung der **21** Hafträume verlangt werden kann, ergibt sich aus den zur Erreichung des **Erziehungsziels** (vgl. → § 92 Rn. 22 ff.) erforderlichen Voraussetzungen (s. aber, wohl betr. Abs. 1 S. 2 (§ 92 Abs. 2 S. 2 aF), vormals OLG Hamm BlfStVK 93 Heft 1, 10 (betr. Hafträume ohne Steckdosen)).

Was das Erfordernis von Anstalten mit **geringer Außensicherung** und **22** **Übergangshäusern** angeht (vgl. zB § 19 Abs. 3 SächsJStVollzGen; vgl. auch schon JStVollzKomm 47 f.), so bestehen in einigen Bundesländern – abgesehen von Vorgaben für den Vollzug in freien Formen (vgl. → § 92 Rn. 52a) – offene oder halboffene Einrichtungen für Gefangene mit günstiger Sozialprognose (s. § 3 Abs. 4 JVollzGB BW I; vgl. vormals zB JMBl. NRW 1982, 230; für Hmb. s. Hinweis in ZfStrVo 1987, 237; vgl. betr. eine Abteilung der JVA Hameln sowie das Fliedner-Haus Groß-Gerau schon Reindl (Offener Jugendstrafvollzug als Sozialisationsorganisation, 1990, 176 ff., 225)).

Nach § 105 JStVollzG Bln ua (betr. Sachs. und SchlH Soll-Vorschrift, vgl. **23** aber auch § 104 Abs. 2 S. 2 JVollzGB LSA), § 107 Abs. 1 S. 2 JVollzG Bbg,

§§ 132 Abs. 1, 103 JVollzG Nds und wohl auch § 24 iVm § 1 ThürJVollzGB ist eine **sozialtherapeutische Abteilung** einzurichten (ebenso § 104 Abs. 2 S. 2 JVollzGB LSA), gem. § 68 Abs. 5 HessJStVollzG „nach Bedarf" (vgl. im Übrigen näher → § 92 Rn. 57 ff.).

24   Zur Einrichtung von **Ausbildungs-** und **Arbeitsmöglichkeiten** s. etwa § 100 JStVollzG Bln ua, § 11 JVollzGB BW I, § 104 Abs. 3 S. 1 JVollzGB LSA (vgl. zur verfassungsrechtlichen Verpflichtung → § 92 Rn. 111f).

25   **c) Vollzug bei Drogenabhängigen.** Die Unterbringung (vgl. auch → § 17 Rn. 42 ff., → § 92 Rn. 105–107) im JStVollzug gilt als möglich in den Zentralkrankenhäusern der Haftanstalten, durch Integration in die übrige Anstaltspopulation (vormals vern. Leschhorn ZfStrVo 1981, 29 f.; Leschhorn Suchtgefahren 1983, 105; bejahend Claßen ZfStrVo 1982, 27; vgl. Claßen Suchtgefahren 1983, 97), durch Isolierung in einer besonderen Gruppe oder durch Unterbringung in besonderen Haftanstalten (vgl. etwa schon Kreuzer Zbl 1974, 219; Apitzsch ZfStrVo 1980, 95).

26   Für die Isolierung in einer besonderen Gruppe spricht, dass dadurch die „Ansteckungsgefahr" für nicht abhängige Gefangene geringer wird und die Kontrollmaßnahmen betr. Drogen eingegrenzt werden können (vgl. zur „Drogenabteilung" in der JVA Hameln vormals Bulczak Zbl 1986, 330; betr. die JVA Crailsheim Grübl ZfStrVo 1992, 296 ff.). Allerdings wird eine solche Abschirmung, dh auch das Bemühen um Verhinderung möglichen Drogennachschubs, mangels baulicher und personeller Voraussetzungen nicht gänzlich gelingen (nach KG 16.7.1987 – 4 VAs 9/87 erfordert in diesem Bereich der Verdacht, dass ein Vollzugshelfer „selbst Haschisch konsumiere und auch in entsprechenden Kreisen verkehre", dessen Ablehnung; zw.). Andererseits bringt eine solche Isolierung die Gefahr der Überbeanspruchung des Anstaltspersonals und der Beeinträchtigung von Bestrebungen der Auflockerung des Vollzugs ebenso mit sich wie diejenige einer subkulturellen Verfestigung der Drogenabhängigen (vgl. J. Walter DVJJ-Journal 1992, 118 ff. (betr. JVA Adelsheim), unter Hinweis auch auf das Verhältnis zu Repression).

27   Bei der Abwägung ist regelmäßig auch zu berücksichtigen, inwieweit **sonstige Belange** (zB betr. Ausbildungs- oder Arbeitsangebote) gewahrt werden.

3. Personal

28   **a) Unterschiedliche Funktionen und Konflikte.** Das Personal einer JStVollzEinrichtung, dessen Qualifikation steter Fortbildung bedarf (vgl. auch → § 92 Rn. 29), setzt sich aus verschiedenen Gruppen zusammen (s. §§ 101 ff. JStVollzG Bln ua, § 62 JStVollzG NRW, § 12 JVollzGB BW I, §§ 175 ff. JVollzG Nds, Art. 175 ff. BayStVollzG, §§ 71–73 HessJStVollzG), sodass Konflikte schon aufgrund von deren unterschiedlichen Funktionen und Subkulturen (vgl. Walkenhorst KrimPäd 1943 (15), 67) erwartungsgemäß sind (vgl. besonders krit. bereits Kersten/v. Wolffersdorff-Ehlert KrimJ 1982, 95; s. aber auch Gehlhaar/Hennings ZfStrVo 1983, 29; betr. Widersprüche zwischen der Tätigkeit von Sozialarbeitern und Lehrern (gem. qualitativer Interviews in den JVAen Bautzen, Torgau und Waldheim) Borchert, Schule und Sozialarbeit im sächsischen Strafvollzug, 2007, 234 ff.).

Die **Leitung** der Einrichtung obliegt meist einer Person mit juristischer, 29
mitunter mit psychologischer Ausbildung. Erzieherische Aufgaben werden
vorzugsweise von Personen mit Ausbildung auf dem Gebiet der **Pädagogik**
und/oder der **Sozialarbeit** wahrgenommen (zur geringeren Fallbelastung
als im Freiheitsstrafenvollzug vgl. Dünkel ZfStrVo 2002, 70; zu zeitlichen
Anteilen der sonstigen Aufgaben Nickolai Bewährungshilfe 1992, 291).
Psychologen sind ua für die Persönlichkeitserforschung, die Erstellung des
Vollzugsplans und ggf. für die Betreuung der JStrafgefangenen zuständig
(vgl. im Allg. zu fachlichen Standards Goderbauer ua FS 2007, 277–279). –
Nach einer Fragebogenuntersuchung (Gehlhaar/Hennings ZfStrVo 1983,
29 (32 ff.)) wird die Rolle des Psychologen im JStVollzug von den Aufsichtsbeamten – im Vergleich zum allg. Strafvollzug – als bedeutsamer eingestuft.
Andererseits scheinen Psychologen mit sozialpsychologischen gruppen- und
institutionsspezifischen Untersuchungen kaum befasst zu sein (s. hierzu vormals Rieländer/E. Quensel MschKrim 1983, 84; 1983, 94; zur Diskrepanz
näher Lösel/Bliesener in Wegener ua, Criminal Behavior and the Justice
System, 1988).

Handwerksmeister, ggf. auch Ingenieure oder Informatiker, leiten **Aus-** 30
bildungsbetriebe, Lehrer den **schulischen Unterricht** (vgl. auch → § 92
Rn. 113 ff.). Einem **Geistlichen** obliegt die seelsorgerische Betreuung (zu
seltener „Annahme" vgl. Hoff/Fleck DVJJ-Journal 1998, 180 (betr. JVA
Neustrelitz)) mit einer tatsächlich häufig erweiterten sozialen Funktion (s.
dazu Wasielewski ZfStrVo 1984, 290; Sperle in Nickolai ua, Sozialpädagogik
im Strafvollzug, 1985; Rollny, Pastoraler Dienst am straffälligen jungen
Menschen, 1986, besonders 7. Teil; Koervers, Jugendkriminalität und Religiosität, 1988, 204 ff.; betr. Muslime vgl. Fröhmcke, Muslime im Strafvollzug, 2005, 211 ff., 233 ff.; mit teilweise kritBspr Jahn Religion, Staat, Gesellschaft 2011, 425), wobei ggf. kein Zeugnisverweigerungsrecht (§ 53 Abs. 1
Nr. 3 StPO) anerkannt wird (BVerfG, 1. Kammer des 2. Senats, NJW 2007,
1865; BGH NJW 2007, 308 (zum allg. StR)). **Aufsichtsbeamte** bewachen
und versorgen die Gefangenen; sie sind zugleich deren häufigste Gesprächspartner (betr. Qualifikation vgl. → § 92 Rn. 29; vgl. aber auch Walkenhorst
KrimPäd 1943 (15), 68: „typischer Zweitberuf" mit Motivation Arbeitsplatz-
sicherheit).

b) Kompetenzverteilung. Die personelle Organisationsstruktur der 31
JStVollzEinrichtung ist meist **hierarchisch** ausgerichtet. Entgegen der alleinigen Entscheidungsverantwortlichkeit der Leitung der Einrichtung wird
verschiedentlich ein wesentlicher Teil der Entscheidungen über die einzelnen JStrafgefangenen und die Erziehungs- bzw. Wohngruppen einem **Kolle-**
gium übertragen, in dem ggf. neben Fachvertretern aus den Gebieten der
Sozialarbeit und der Psychologie auch Aufsichtsbeamte unmittelbar mitwirken. Fragen, die für die gesamte Anstalt einheitlich entschieden werden
müssen, sollten in Sitzungen erörtert werden, in denen jede Personalgruppe
und jedes erzieherisch tätige Team vertreten ist (vgl. schon Denkschrift
1977, 41 ff.; Böhm in Elster/Lingemann/Sieverts KrimHdWB 531).

Nach allg. Primärerfahrung betr. Zusammenhänge etwaiger Bewährungs- 32
erfolge ist davon auszugehen, dass mitunter aufgrund *zwischenmenschlicher*
Begegnungen bzw. individuellen Bemühens einzelner Bediensteter der Vollzugseinrichtungen eine einschlägige Wirkung erreichbar ist. Dies würde,
abgesehen von dem Feld der (ehrenamtlichen) Vollzugshelfenden, nicht nur

zu einer gewissen Durchlässigkeit des personalrechtlichen Systems von Einstellungsvoraussetzungen anregen müssen, sondern – im Rahmen methodischer Grundvoraussetzungen (vgl. etwa → § 92 Rn. 33) – auch eine
Nicht-Reglementierung hinsichtlich der anzuwendenden erzieherischen
Methoden als empfehlenswert erscheinen lassen.

IV. Zuständigkeit nach Entscheidungen iSd Ausnahme

1. Besonderer Vollstreckungsleiter, Abgabe der Vollstreckung

33   Zuständig für die Entscheidung über die Ausnahme vom JStVollz ist der
allg. Vollstreckungsleiter (§ 82 Abs. 1, § 84 Abs. 1) oder, wenn sich der
Verurteilte bereits in einer Jugendstrafanstalt befindet, der besondere Vollstreckungsleiter gem. § 85 Abs. 2 (vgl. Wohlfahrt StraFo 2020, 272 (275)).
Die Ausnahme vom JStrafvollzug bewirkt in den Fällen, in denen der besondere Vollstreckungsleiter nach § 85 Abs. 2, 3 zuständig ist, nicht, dass die
VollstrZuständigkeit ohne weiteres wieder an den allg. Vollstreckungsleiter
nach § 84 zurückfällt (BGHSt 24, 232; 28, 351; NStZ 1997, 255). Denn
trotz Wegfalls der Vollzugsnähe bleiben immer noch beachtliche **Gründe
für** die **weitere Zuständigkeit** des besonderen Vollstreckungsleiters bestehen. Zunächst wird dieser sich zur Vorbereitung der Entscheidung eingehend mit der Persönlichkeit des Betroffenen befassen müssen, sodass er damit
schon wesentliche Voraussetzungen für die weiteren Entscheidungen im
Vollstreckungsverfahren geschaffen hat. Auch liegt ein Bedürfnis für den
unbedingten Übergang der VollstrZuständigkeit nicht vor, denn es besteht
weiterhin die Möglichkeit der Abgabe der Vollstr nach § 85 Abs. 5 (BGH
NStZ 1995, 567; Dallinger/Lackner Rn. 26; s. zudem BGH NStZ 1985,
92; vgl. auch → § 85 Rn. 13 ff.). Im Allg. bedarf es für den Zuständigkeitsübergang vielmehr der Abgabe der Vollstr gem. **§ 85 Abs. 6** (OLG Jena
BeckRS 2006, 1028).

34   Die StVollstrKammer ist auch dann nicht ohne weiteres zuständig, wenn
gegen den Verurteilten *auch Freiheitsstrafe* zu vollstrecken ist (BGHSt 28, 351;
BGH NStZ 1985, 92).

2. Antrag auf gerichtliche Entscheidung

35   Ist iSd Ausnahme gem. Abs. 2 entschieden worden, so ist für einen Antrag
auf gerichtliche Entscheidung gegen eine **Vollzugsmaßnahme** (dazu § 92
Abs. 6) die StVollstrKammer zuständig (BGHSt 29, 33; LG Kassel BeckRS
2019, 10948: ua um eine einheitliche Beurteilung gleichartiger Maßnahmen
in der JVA zu gewährleisten). Dies ist nicht ohne Probleme (vgl. vormals
krit. etwa Scheschonka NStZ 1985, 286) und kann deshalb abträglich sein,
weil dadurch dem VollstrRichter eine Mitteilung etwa bzgl. Vollzugslockerungen versagt ist.

I. Anwendungsbereich

1   Die Vorschrift gilt für **Jugendliche** wie für **Heranwachsende** (§ 110 Abs. 1 bzw. Abs. 2) auch dann, wenn die U-Haft von einem für allg. Strafsachen zuständigen Gericht angeordnet wurde (§ 104 Abs. 1 Nr. 5 nF). Rechte der **JGH** können iRd §§ 104 Abs. 3, 112 S. 1 eingeschränkt werden.

II. Bundes- bzw. landesgesetzliche Regelungen

2   Der Vollzug der U-Haft (zu Verhängung und Vollstr vgl. § 72) **greift** in **Grundrechte** der nach JStVR verfolgten U-Gefangenen **ein** und steht daher unter dem Vorbehalt des Gesetzes. Diese Voraussetzung war bis Ende 2009 nur eingeschränkt erfüllt, da nur einzelne Regelungen in diesem Gesetz (vormals § 93) bzw. – gem. § 2 Abs. 2 anwendbar – in der StPO sowie im StVollzG bestanden. Stattdessen geschah die Ausgestaltung des Vollzuges idR gem. der UVollzO (von den Ländern bundeseinheitlich erlassene VV). Von Gesetzes wegen galt für Eingriffe, die neben den Entzug der Bewegungsfreiheit traten, die – auch nach der sog. Föderalismusreform (näher → Rn. 3) gem. Art. 125a Abs. 1 S. 1 GG zunächst in Geltung gebliebene – Generalklausel des § 119 Abs. 3 StPO aF (zulässig nur, soweit es „der Zweck der U-Haft oder die Ordnung in der VollzAnstalt erfordert"). Jedoch war das *Gericht* nicht nur für verfahrensrechtliche, sondern weitgehend auch für vollzugsrechtliche Anordnungen zuständig (§ 2 Abs. 2, § 119 Abs. 6 StPO aF), wogegen durch die im Jahre 2009 verabschiedeten Landesgesetze (näher → Rn. 6) selbst bei schwerwiegenderen Eingriffen (zB Ausnahmen vom sog. Trennungsgrundsatz (n. → Rn. 44 ff.), Einzelhaft (n. → Rn. 96), besondere Sicherungsmaßnahmen (n. → Rn. 94 ff.), Arrest (n. → Rn. 100), Beschränkungen aufgrund Generalklausel (n. → Rn. 5), akustische Besuchsüberwachung (n. → Rn. 58)) der sog. Richtervorbehalt aufgegeben und – aufgrund der Unschuldsvermutung verfassungsrechtlich zumindest zw. (n. → Rn. 10) – die Entscheidungskompetenz auf die *Exekutive* übertragen wurde (vgl. zum „deutlichen Gewinn" der Anstalten Schneider FS 2009, 25). Die Landesgesetze entbehren zudem eines Schutzes der *Selbstbelastungsfreiheit* durch Verankerung gerichtlicher Belehrung vor allen Maßnahmen, die die Gefahr des Verstoßes dagegen in sich tragen (zum Bundesrecht ergänzend → § 72 Rn. 45).

2a   Im internationalen Vergleich erweisen sich die Regelungslage und -inhalte des U-Haftvollzugs bei Jugendlichen als sehr heterogen (Überblick bei Dorenburg, Untersuchungshaft und Untersuchungshaftvermeidung (...), 2017, 204 ff.).

ligen Normen der StPO vom Gericht, im Eilverfahren auch von der Staatsanwaltschaft, getroffen werden. Insofern ergibt sich besonders hinsichtlich Beschränkungen von Außenkontakten eine *doppelte* Zuständigkeit.

5a Die *Umsetzung* (vgl. etwa § 3 Abs. 2 UVollzG Bln. ua) gerichtlicher Anordnungen erfordert ggf. vollzugliche Einzelentscheidungen der Anstalt, die ihrerseits einer Ermächtigungsgrundlage bedürfen (vgl. zB §§ 8 Abs. 1 Nr. 1, 11 Abs. 1 S. 2 Nr. 2 und 12 Abs. 3 Hs. 1 UVollzG Bln ua) und für die im Übrigen (vorsorglich) die Gesetzestechnik der – erhöhten Anforderungen im Sinne einer qualifizierten Verhältnismäßigkeitsprüfung unterliegenden – Generalklausel für Anlässe bemüht wird, in denen das Gesetz eine besondere Regelung nicht vorsieht, Beschränkungen aber als unerlässlich beurteilt werden (vgl. zB § 4 Abs. 2 UVollzG Bln ua; § 2 Abs. 2 JVollzGB BW II, § 1 Abs. 3 UVollzG NRW). Bei der Umsetzung ist der VollzAnstalt meist ein *Gestaltungsspielraum* eröffnet, sofern nicht eine spezielle (zB Fesselung, näher dazu → Rn. 96a) oder eine entgegenstehende Anordnung (zB § 7 Abs. 4 UVollzG Bln ua betr. Verbot der Benachrichtigung einer bestimmten Person) vorliegt. Zentrales Kriterium für die Ermessensausübung ist die Verhältnismäßigkeit bezogen auf den Zweck der Anordnung.

2. Konzeption der Landesgesetze

6 **a) Gesetzgebungsstrategie.   aa) Regelungsstrukturen.** Gesetzgebungsstrategisch sind die U-Vollzugsgesetze der Länder zum einen dadurch gekennzeichnet, dass sie in mehreren Ländern auf einen gemeinsamen Entwurf zurückgehen und zunächst nur mit gewissen Abweichungen hiervon untereinander verabschiedet wurden (Bln. v. 3.12.2009 (GVBl. 686) nebst ÄndG (GVBl. 2011, 287), sodann aber Art. 3 des Gesetzes zur Weiterentwicklung des Berliner Justizvollzugs v. 4.4.2016 (GVBl. 2016, 152); Bbg. v. 8.7.2009 (GVBl. I 271), sodann JVollzG (GVBl. 2013 I Nr. 14), ÄndG GVBl. 2014 I Nr. 34; Bremen v. 2.3.2010 (GBl. 191); Hess. v. 28.6.2010 (GVBl. 2010 I 185 (208)) nebst ÄndGe GVBl. 2013, 46 sowie 2015, 498 und 2017, 294 als auch 2018, 82; Hmb. v. 15.12.2009 (GVBl. 473), ÄndGeGVBl. 2013, 211, ber. 310 und 2018, 158 sowie 2018, 265; LSA v. 22.3.2010 (GVBl. 157) nebst Ergänzung (GVBl. 2010, 510) und ÄndG GVBl. 2015, 314 sodann aber JVollzGB v. 18.12.2015 (GVBl. 666); MV v. 17.12.2009 (GVOBl. 763), ÄndG GVOBl. 2016, 302; RhPf v. 15.9.2009 (GVBl. 317), sodann LJVollzG v. 8.5.2013 (GVBl. 79), geänd. GVBl. 2015, 487 und 2018, 276; Saarl. v. 1.7.2009 (ABl. 1219) nebst ÄndG ABl. 2013, 116 sowie ABl. 2015, 790); Sachs. v. 14.12.2010 (GVBl. 414) nebst ÄndG (GVBl. 2013, 250); SchlH v. 16.12.2011 (GVOBl. 322), geänd. GVOBl.2016, 618; Thür. v. 8.7.2009 (GVBl. 553), sodann JVollzGB (GVBl. 2014, 13)), und zwar, ebenso wie das UVollzG NRW v. 27.10.2009 (UVollzG (Art. 1 GVUVS), GV. 2009, 540 mit 2016, 310 sodann Art. 2 des Gesetzes v. 7.4.2017, GV. 511 und 2018, 555), als selbstständige Gesetze.

6a Innerhalb der (zusammen mit den Regelungen zum Vollzug von Jugend- bzw. Freiheitsstrafe und teilweise auch von Sicherungsverwahrung verabschiedeten) sog. Verbundgesetze bestehen konzeptionell gewichtige Unterschiede. So verzichtet das HessUVollzG weithin auf Verweisungen, wogegen rechtssystematisch wie auch iZm Verweisungen eher einwandbehaftet (krit. zu Nds. Höflich NK 2009, 135 f.) die Fassungen der Länder BW (JVollzGB II v. 10.11.2009 (GBl. 545 (563)) mit GBl. 2012, 65, sodann

1. U-Haftvollzug als Teil des Jugendstrafverfahrens

a) Wahrung des Erziehungsauftrags. Die – eine verfehlte Überschrift 3
tragend („Vollstreckung", vgl. nur Apfel/Piel in FAHdB StrafR 24. Kapitel
Rn. 101) – Vorschrift (eingef. durch Gesetz v. 29.7.2009 (BGBl. I 2274))
betrifft Grundvoraussetzungen des U-Vollzuges (zu Übergangsregelungen
§ 13 EGStPO, § 121 Abs. 2) zwecks jugendgemäßer Ausgestaltung des
JStrafverfahrens (§ 2 Abs. 1) und also das **U-Haftrecht,** sodass unbeschadet
der sog. „Föderalismusreform" (Gesetz v. 28.8.2006 (BGBl. I 2863); krit.
etwa Paeffgen StV 2009, 47) die Gesetzgebungskompetenz des Bundes fortbesteht (Art. 74 Abs. 1 Nr. 1 GG; aA Firchau, Das fachgerichtliche Rechtsbehelfssystem der U-Haft sowie die Regelung des Vollzugs, 2013, 87).
Wegen Gefahren der Legalbewährung abträglicher Einflüsse während des U-
Vollzugs darf nicht allein auf den Zweck der Verfahrenssicherung abgestellt
werden, sondern es sind wesentlich die erzieherischen **(§ 2 Abs. 1),** dh
zukunftsorientierten Belange zu wahren. Also bestehen qualitative Unterschiede zwischen den Anforderungen an U-Haft ggü. jungen Gefangenen
(vgl. betr. JStVollzug BVerfGE 116, 69 ff. (85 ff.)) und U-Haft schlechthin,
prinzipiell nicht anders als zwischen Freiheits- und JStrafe (zum erzieherischen Auftrag einheitlicher staatlicher Reaktion vgl. etwa BT-Drs. 16/
11644, 36; näher bereits JStVollzKomm 21 ff., 59; aA BR-Drs. 829/08, 7).

Die Regelung des **S. 1** bzw. Abs. 1 S. 1 nF (vgl. auch vormals § 93 Abs. 1 4
und 2 sowie § 110 Abs. 2 aF) stellt klar, dass zur (mutmaßlichen) Tatzeit
Jugendliche, die nunmehr 18, aber noch nicht 21 bzw. 24 Jahre alt sind, bei
den Vorgaben für den U-Vollzug im Verhältnis zu solchen U-Gefangenen,
die zur (mutmaßlichen) Tatzeit Heranwachsende waren (s. § 110 Abs. 2),
zumindest nicht zurückstehen. Es handelt sich für 21- bis unter 24-jährige
U-Gefangene um eine Kann-Vorschrift (**S. 2** bzw. Abs. 1 S. 2 (vgl. auch
etwa § 34 Abs. 2 UVollzG NRW). Die betr. Entscheidung, die die Belange
des Jungerwachsenen mit denen der anderen Jugendlichen und Heranwachsenden in Beziehung zu setzen hat (RegE BT-Drs. 13837, 69), wird durch
das Gericht (nach Anhörung der fraglichen Einrichtung und der JGH)
getroffen (Abs. 3 nF). Für **unter 21-jährige** U-Gefangene ist die Regelung
dagegen grundsätzlich **zwingend.** Abs. 2 nF enthält insofern zusätzliche
und klarstellende Unterbringungsvorgaben zum Schutz Minderjähriger
(→ Rn. 45). Die auch für diese Altersgruppe vorgesehene Ausnahme („nach
Möglichkeit"; vgl. schon § 119 Abs. 1 S. 2 StPO aF: „soweit möglich"),
derzufolge es sich nicht zwingend und stets um eine für den Vollzug an
jungen Gefangenen vorgesehene Einrichtung handeln muss, wird ua damit
begründet, dass anderes vor allem kleineren Ländern faktisch nicht immer
möglich sein werde bzw. dass die geringe Anzahl Betroffener (zB bei jungen
weiblichen U-Gefangenen), vollzugliche Belange (zB „Trennung" bestimmter Beschuldigter voneinander) oder Angebotsbelange (zB bestimmte Bildungsmaßnahmen nur in einer VollzEinrichtung für Erwachsene) eine gewisse Flexibilität verlangten.

b) Konkurrierende Gesetzgebung. Der konkurrierenden **Gesetz-** 5
gebungskompetenz des **Bundes** (Art. 74 Abs. 1 Nr. 1 GG) unterfallen
(auch weiterhin), neben den Regelungen zum **gerichtlichen Rechts-**
schutz ggü. Maßnahmen in Durchführung des U-Vollzugs (vgl.
→ Rn. 112 ff.), **verfahrenssichernde Anordnungen,** die gem. den jewei-

auch für das (J-)Strafverfahren selbst von Bedeutung sein, denn deren Auswirkungen auf das (J-)Strafverfahren lassen sich oftmals nicht (oder zumin-
dest nicht eindeutig) trennen. Zudem *untergräbt* die Regelung das Prinzip der *Unschuldsvermutung* inso- **10a**
weit, als es eine faktisch dem Vollzug nach rechtskräftiger Verurteilung
vergleichbare Praxis einführt – Grundrechtseingriffe sind aber nicht weniger
einschneidend, wenn sie nicht zur Sicherung eines Haftzwecks, sondern aus
Gründen der Sicherheit und Ordnung der Anstalt angeordnet werden (krit.
betr. Ordnung Paeffgen GA 2009, 467). Auch macht es die Weisungsgebundenheit der Anstalt bzw. des Anstaltsleiters weithin schwerlich möglich,
solche tatsächliche Gegebenheiten zu schaffen, die verschiedene Beschränkungen überflüssig werden ließen (vgl. zum Ganzen auch BVerfG NStZ
2008, 521). – Soweit in der Praxis vor der in Rede stehenden landesgesetzlichen Zuständigkeitsverschiebung vielfach eher nur eine Transformation der
vormaligen UVollzO in eine richterliche Anordnung stattzufinden schien,
wobei abw. Entscheidungen insoweit selten blieben (Zirbeck, Die U-Haft
bei Jugendlichen und Heranwachsenden, 1973, 28 ff.; Eisenberg/Tóth GA
1993, 309 f.; vgl. auch Nr. 2 Abs. 2 der (vormaligen) UVollzO), lässt sich
hieraus ein rechtliches Argument gegen die aufgezeigten Einwände nicht
herleiten.

 c) Vollzugsgestaltung. Die Vorgaben der Landesgesetze für die *Voll-* **11**
zugsgestaltung (vgl. näher → Rn. 30–43) sind an dem Erziehungsauftrag (§ 2
Abs. 1) orientiert, wenngleich unterschiedlich ausgeprägt (§ 67 Abs. 1
UVollzG Bln ua: Muss-Vorschrift, Art. 30 Abs. 1 BayUVollzG, § 35 Abs. 1
UVollzG NRW und § 158 Abs. 1 S. 1 JVollzG Nds: Soll-Vorschrift). Jedoch
dürfen Bemühungen aufgrund der Unschuldsvermutung (und im Gegensatz
zum JStVollzG) nicht die Auseinandersetzung mit den Tatvorwürfen umfassen (oder gar auf eine solche gerichtet sein), die der Inhaftierung zugrunde
liegen. Hingegen kommt Angeboten zu Bildungs-, Beschäftigungs- und
Freizeitmöglichkeiten auch und gerade im U-Vollzug wesentliche Bedeutung zu, und das Gleiche gilt für Angebote sonstiger entwicklungsfördernder
Hilfestellungen, die auf einen (ggf. vorhandenen) Erziehungsbedarf Rücksicht nehmen (bedenklich daher die bloße Soll-Vorschrift des § 67 Abs. 2
S. 1 UVollzG Bln ua; § 72 Abs. 2 JVollzGB BW II; Art. 30 Abs. 2 S. 1
BayUVollzG; § 35 Abs. 2 S. 1 UVollzG NRW). Allerdings sind die Angebote dergestalt vorzusehen, dass sie auch innerhalb der idR vergleichsweise
kurzen Zeit des U-Vollzugs durchgeführt werden können. Wegen der Un-
schuldsvermutung ist nicht unbedenklich, dass „die Bereitschaft zur Annah-
me der Angebote zu wecken ist" (§ 67 Abs. 2 S. 2 UVollzG Bln ua; § 72
Abs. 2 S. 3 JVollzGB BW II; Art. 30 Abs. 2 S. 2 BayUVollzG; § 35 Abs. 2
S. 2 UVollzG NRW; § 158 Abs. 1 S. 4 JVollzG Nds; vgl. auch Begr. RefE
BbgUVollzG, 46: „darauf hinzuwirken hat", Begr. RegE Bln (Drs. 16/2491,
97); „sie lernen, … Anderen Respekt entgegenzubringen"; vgl. auch § 73
Abs. 4 JVollzGB BW II: „eingeübt" (Soll-Vorschrift) bzw. § 75 Abs. 3
JVollzGB BW II: können verpflichtet werden; verfehlt § 158 Abs. 2 VollzG
Nds: ohne Altersbeschränkung „aus erzieherischen Gründen"). Nur in den
Grenzen noch bestehender Schulpflicht ist eine Teilnahmeverpflichtung
Jugendlicher zulässig (vgl. etwa § 71 Abs. 2 UVollzG Bln ua; § 75 Abs. 1
JVollzGB BW II; Art. 33 Abs. 1 BayUVollzG; § 35 Abs. 3 UVollzG
NRW).

12   Soweit unter Hinweis auf den Erziehungsauftrag (§ 2 Abs. 1) *rechtliche* Einschränkungen bzw. *Zurücksetzungen* junger U-Gefangener vorgesehen sind, begegnet dies Einwänden gem. dem Verbot der Schlechterstellung (vgl. → § 2 Rn. 23 ff.) zumindest insoweit, als ernste Gefahren für den U-Gefangenen nicht nachweisbar sind. Vielmehr kann es zu Konflikten kommen, wenn mögliche und als „dringend geboten" beurteilte Beschränkungen minderjährigen U-Gefangenen im Hinblick auf eine „Gefährdung ihrer Entwicklung" auferlegt werden dürfen (vgl. etwa § 67 Abs. 3 UVollzG Bln ua; § 72 Abs. 3 JVollzGB BW II, Art. 30 Abs. 3 S. 2 BayUVollzG; § 35 Abs. 5 UVollzG NRW), dh wenn es – im Unterschied zu Heranwachsenden und Erwachsenen – um die Einschränkung von Rechten mit der Begründung geht, es seien Gefahren für eine positive Persönlichkeitsentwicklung abzuwehren. Zumindest wird hier die Verhältnismäßigkeitsprüfung besonders sorgfältig vorzunehmen sein (ähnlich, wenn auch weniger deutlich, Begr. RefE BbgUVollzG, 47). – Ebenso abträglich kann es für Jugendliche sein, wenn *Personensorgeberechtigten* ein uneingeschränktes Veto-Recht eingeräumt wird (so aber etwa § 75 Abs. 3 JVollzGB BW II). Die Ausübung des Rechts wird als unbeachtlich zu beurteilen sein (vgl. auch Kirschke in AnwK U-Haft UVollzG Bln § 71 Rn. 15 ua: missbräuchlich), wenn der Minderjährige deren Auffassung aus zukunftsorientiert vertretbaren Gründen nicht teilt (vgl. näher aus der Vollzugspraxis Fiedler DVJJ 2008, 112) und seitens der Widersprechenden keine vertretbaren Gründe angegeben werden (vgl. zum Datenschutz auch → Rn. 103).

III. U-Haftvollzugsanstalt

1. Anstaltsleitung

13   Die Kompetenzzuweisung an die U-Vollzugsanstalt gilt für jede JVA, in der U-Haft vollzogen wird (vgl. § 3 Abs. 1 S. 1 UVollzG Bln ua). Eigenständige U-Vollzugsanstalten bestehen in gewissem Widerspruch zu der Unschuldsvermutung auch bei nach JStVR Strafverfolgten (weiterhin) nicht.

13a   Die mit der Anstaltsleitung betraute Person vertritt die Anstalt nach außen (vgl. etwa § 79 Abs. 1 S. 1 UVollzG Bln. § 42 Abs. 2 UVollzG NRW). Sie ist für die Organisation und dabei insb. für Führung und Aufsicht der Bediensteten ebenso verantwortlich wie für die Vollzugsgestaltung. Indes kann sie Aufgaben, auch der Vertretung der Anstalt nach außen, auf andere Bedienstete übertragen, die dann im Auftrag der mit der Leitung befassten Person tätig werden. Weist das Gesetz bestimmte Aufgaben ausdrücklich der mit der Leitung betrauten Person zu, so steht dies einer Übertragung nicht entgegen, jedoch hat solchenfalls eine besonders sorgfältige Prüfung vorauszugehen.

2. Informationsaustausch und Selbstbelastungsfreiheit

14   **a) Kooperationsgebot.** Der Zweck der U-Haft ebenso wie Belange des Vollzugsablaufs gebieten einen **Informationsaustausch,** falls das Gericht oder die Staatsanwaltschaft Informationen erlangt, die für den U-Haftvollzug relevant sind. Regelungen über eine Kooperation des Gerichts und der Staatsanwaltschaft mit der VollzAnstalt können sich aus Gründen der Gesetzgebungskompetenz nur aus dem Bundesrecht ergeben (vgl. dazu §§ 114d, 114e StPO), dh die Landesgesetze dürfen eine Verpflichtung des Gerichts und der Staatsanwaltschaft nicht regeln, da solches dem Bereich des Strafverfahrens unterfällt. Hingegen unterliegt die Regelung über eine Kooperation der **VollzAnstalt** mit Gericht und Staatsanwaltschaft der Kompetenz des Landesgesetzgebers (vgl. aber auch → § 72 Rn. 21 sowie → § 70 Rn. 19 ff. zu § 70 Abs. 3). Komplementär zu dem Zuständigkeitszuwachs (vgl. → Rn. 2) besteht für die VollzAnstalt insoweit ein weitgehendes Kooperationsgebot (vgl. nur § 3 Abs. 2 S. 2 RhPfLJVollzG, § 3 Abs. 1 S. 2 UVollzG Bln: „arbeitet eng mit Gericht und StA zusammen"; ähnlich Art. 7 Abs. 2 S. 2 BayUVollzG; vgl. aber auch schon Nr. 8 UVollzO), das jedoch nicht die **Selbstbelastungsfreiheit** tangieren darf (vgl. näher → Rn. 15; vgl. zum Bundesrecht auch → § 72 Rn. 45).

b) Ausmaß und Grenzen des Kooperationsgebots. Indes haben die 15 Landesgesetze die Ausgestaltung dieses Kooperationsgebots (zB auch betr. ein sonstiges Strafverfahren) nur teilweise näher bestimmt. Während § 3 Abs. 1 S. 2 UVollzG Bln ua (außer MV) sich auf den Zweck beschränkt, die „Aufgabe des U-Vollzuges zu erfüllen und die Sicherheit und Ordnung der Anstalt zu gewährleisten", verlangt § 4 Abs. 2 S. 2 UVollzG NRW, „während des Vollzugs gewonnene Erkenntnisse", die für das Strafverfahren „von Bedeutung sein können", unverzüglich dem Gericht oder der StA zu übermitteln (vgl. speziell betr. angeordnete Überwachung des Schriftwechsels § 18 Abs. 2 S. 1 UVollzG NRW), und § 134b Abs. 1 S. 2 JVollzG Nds nennt auch „Umstände, die das … Strafverfahren betreffen können" (vgl. auch Art. 7 Abs. 2 S. 1 BayUVollzG: „unterrichtet … über Erkenntnisse oder Maßnahmen, die aus Sicht der Anstalt für das Verfahren von Bedeutung sein können"; ähnlich § 3 Abs. 1 S. 3 Nr. 3 UVollzG M-V: „Erkenntnisse … von Bedeutung für ein Strafverfahren sind"). Insoweit wird eine Trennung der Erkenntnisse danach, ob sie (nur) betr. das U-Vollzugsrecht oder (auch) **betr. das Strafverfahren** von Gewicht sind, faktisch nicht immer möglich sein, dh die VollzAnstalt erlangt schon wegen der unvermeidbaren **Selektivität** bei Wahrnehmung und Übermittlung von „Erkenntnissen" eine Machtposition, die ggf. zu einer mit der Unschuldsvermutung nicht mehr verträglichen Abhängigkeit des U-Gefangenen führen könnte. Je weitreichender die Übermittlungspflicht bzw. -bereitschaft, umso höher ist zudem die Gefahr, dass auch Daten übermittelt werden, die nicht unmittelbar relevant sind, und zudem, dass es zu einer Totalüberwachung bzw. einer faktischen Umgehung der Selbstbelastungsfreiheit kommt. Zumindest müsste einschränkend die Erforderlichkeit der Erkenntnisse und, für den Fall der Verneinung, die Pflicht zu unverzüglicher Löschung normiert sein.

Zusätzlich ist teilweise eine Verpflichtung der VollzAnstalt vorgesehen, 15a U-Gefangene hinsichtlich ihres Verhaltens ggü. dem **mutmaßlichen Tatopfer** zu unterstützen (vgl. § 6 Abs. 4 S. 2 UVollzG Bln ua: „Tatopfer", „Wiedergutmachung" (RhPf, Saarl.: „Ausgleich"); ähnlich § 11 Abs. 3 S. 2 JVollzG Bbg, Art. 26 Abs. 3 S. 2 BayUVollzG („Ausgleich mit dem Tatopfer"), jeweils allerdings nur „auf Wunsch" des U-Gefangenen; gem. § 4 Abs. 3 S. 1 UVollzG NRW „fördert" die Anstalt „auf Antrag der die Tatvorwürfe einräumenden" Insassen die Durchführung eines TOA, wobei indes die Vielfalt möglicher Falschgeständnisse zu berücksichtigen ist); nicht Thür. JVollzGB, Umkehrschluss aus § 8 Abs. 1 S. 2 iVm § 1). Demgegen-

über ist schon die Verwendung des Begriffs „Opfer" ein – zudem kom-
petenzüberschreitender – Verstoß gegen die Unschuldsvermutung, und das
Gleiche gilt hinsichtlich der Generalisierung „*die* U-Gefangenen" bei „*ihrem
Bestreben*"; soweit der Begriff „Opfer" durch den formell-strafverfahrens-
rechtlichen Begriff „Verletzter" ausgetauscht ist (vgl. etwa § 6 Abs. 4 S. 2
UVollzG Bln), ändert dies nichts an dem genannten Verstoß. Zum anderen
vermag die verbale Einkleidung zB als „Hilfe" nicht darüber hinweg zu
täuschen, dass die Selbstbelastungsfreiheit berührt ist (oder zumindest sein
kann), wovor ein zu vermerkender „Wunsch" des U-Gefangenen insofern
wenig schützt, als er besorgen mag, dass die Ablehnung ggf. mittelbar
sanktioniert wird. Soweit von der Voraussetzung eines Geständnisses ausgegangen wird, ist aufschlussreich für die Herabwürdigung der Aussagefreiheit die (auffordernde) Wendung, „bei schweigenden Beschuldigten kann
der Wunsch hingegen noch geweckt werden" (vormals Begr. RefE
NRW, 131).

16   **c) Beendigung des Vollzugs.** Wenngleich der Vollzug auf Anordnung
des Gerichts oder der Staatsanwaltschaft unverzüglich zu beenden ist (vgl.
etwa § 10 Abs. 1 UVollzG Bln ua; Art. 10 Abs. 1 BayUVollzG; zur elektronischen Anordnung bei Verwendung einer qualifizierten Signatur (gem.
SignaturG) vgl. § 9 Abs. 1 S. 2 UVollzG NRW; vgl. auch schon Nr. 17
UVollzO), darf die Anstalt den Betroffenen nicht entlassen, wenn eine
andere gerichtlich angeordnete Freiheitsentziehung zu vollziehen ist (zB U-
Haft in anderer Sache oder Strafhaft).

3. Anlässe der Einholung von Stellungnahmen

17   **a) Verlegung und Überstellung.** Diese Vorgänge können während der
U-Haft vom Gericht oder (im Falle ihrer Zuständigkeit) der Staatsanwalt-
schaft ggf. bereits durch verfahrenssichernde Anordnungen verhindert wer-
den. Ist dies nicht gegeben, so unterliegen sie gem. den meisten der Landes-
gesetze der Entscheidung der VollzAnstalt, jedoch ist *zuvor* (unbeschadet des
Fehlens einer gesetzlichen Pflicht) dem U-Gefangenen, und im Übrigen von
Gesetzes wegen dem Gericht und der Staatsanwaltschaft Gelegenheit zur
Äußerung zu geben (vgl. etwa § 8 Abs. 1 S. 2 UVollzG Bln ua; Art. 9
Abs. 3 S. 1 BayUVollzG; § 7 Abs. 1 S. 2, 3 UVollzG NRW; betr. medizinische Gründe → Rn. 18, 80), nach § 8 Abs. 1 S. 3 UVollzG Bln (Soll-
Vorschrift) unter einschränkenden Voraussetzungen auch dem Verteidiger
(vgl. § 8 Abs. 3 S. 2 UVollzG Bln: soweit dies die Aufgabe des U-Vollzugs
und die Sicherheit der Anstalt nicht gefährdet; anders Art. 9 Abs. 4 S. 1
BayUVollzG: „unverzüglich zu unterrichten"). Hiervon darf nur ausnahms-
weise, dh bei – von der VollzAnstalt gebührend zu würdigender – Eilbedürftigkeit (§ 23 Abs. 3 S. 1 UVollzG Bln ua (Hmb. § 45 Abs. 3 HmbUVollzG):
„nach Möglichkeit"; Art. 9 Abs. 3 S. 2 BayUVollzG) abgesehen werden. –
Personensorgeberechtigte sind unverzüglich zu unterrichten (vgl. nur Art. 30
Abs. 4 S. 1 BayUVollzG). Dem U-Gefangenen ist Gelegenheit zu geben,
eine angehörige Person oder Vertrauensperson zu benachrichtigen (§ 7
Abs. 4 UVollzG Bln ua; Art. 9 Abs. 4 S. 2 BayUVollzG). – Wegen der
Zuständigkeit betr. Arbeitsentgelt und Ausbildungsbeihilfe vgl. ausdrücklich
§ 8 Abs. 2 S. 2 BremUVollzG (ohne Regelung bzgl. – in manchen Landesgesetzen nicht vorgesehenen – Taschengelds, vgl. → Rn. 87).

Die *Voraussetzungen* für Verlegung und Überstellung sind in den U-Voll- **18** zugsgesetzen deshalb gleich (vgl. § 8 UVollzG Bln ua; § 5 Abs. 1, 2 JVollzG BW II; Art. 9 BayUVollzG; § 7 UVollzG NRW), weil die jeweiligen Auswirkungen weniger voneinander abweichen, als es im Vollzug der (Freiheits-strafe bzw. der) JStrafe der Fall ist (vgl. → § 92 Rn. 131), und insb. weil es – anders als bei diesen – zumindest faktisch weniger zu Unterbrechungen von (Behandlungs- bzw.) erzieherischen Maßnahmen kommt (vgl. auch Begr. RefE BbgUVollzG, 13; betr. (vorgehende) Verlegung und Überstellung und Ausführung zu medizinischer Behandlung vgl. etwa § 23 UVollzG Bln. ua (Hmb. § 45); § 27 JVollzGB BW II; § 24 Abs. 2 UVollzG NRW).

b) Verbringungen. Dem entspricht auch die Rechtslage bei **kurzzeiti-** **19** **gen** Verbringungen von U-Gefangenen aus der Anstalt. Zum einen ist die Anstalt verpflichtet, jedem **Vorführung**ersuchen nachzukommen. Falls ein solches sich auf ein anderes als das der U-Anordnung zugrunde liegende Verfahren bezieht, sind Gericht und Staatsanwaltschaft, deren Zuständigkeit gem. diesem Verfahren besteht, unverzüglich zu unterrichten (vgl. etwa § 9 Abs. 1 S. 2 UVollzG Bln ua).

c) Ausführung. Das Gericht oder (im Falle der Zuständigkeit) die Staats- **20** anwaltschaft können eine Ausführung ggf. durch verfahrenssichernde Anordnungen verhindern oder zumindest erschweren. Besteht eine solche nicht, so hat die VollzAnstalt grundsätzlich *vor* einer beabsichtigten Entscheidung über eine Ausführung dem Gericht und der Staatsanwaltschaft Gelegenheit zur Stellungnahme zu geben (vgl. etwa § 9 Abs. 2 S. 3 UVollzG Bln ua; Art. 24 Abs. 6 BayUVollzG; gem. § 6 Abs. 4 JVollzG BW II betr. Ausführung: Unterrichtungspflicht). Hinsichtlich des Verteidigers besteht nach § 9 Abs. 2 S. 4 UVollzG Bln (außer Sachs.: Mitteilung nach Anordnung der Ausantwortung, § 9 Abs. 3 S. 3 SächsUVollzG) nur eine Soll-Vorschrift (anders § 9 Abs. 2 S. 3 UVollzG Bln), sofern dies die Aufgabe des U-Vollzugs und die Sicherheit (§ 9 Abs. 2 S. 3 UVollzG Bln) der Anstalt nicht gefährdet.

Falls die beantragte Ausführung ausschließlich im Interesse des U-Gefan- **20a** genen liegt, können deren **Kosten** diesem auferlegt werden (vgl. etwa § 9 Abs. 2 S. 4 UVollzG Bln ua; § 8 Abs. 2 S. 3 HessUVollzG; enger § 6 Abs. 2 S. 1 JVollzGB BW II: auf eigene Kosten; Art. 24 Abs. 4 S. 1 BayUVollzG: „idR"), wobei eine Nicht-Leistungsfähigkeit iRd Ermessensentscheidung zu berücksichtigen sein wird (vgl. etwa Begr. RefE BbgUVollzG, 14; enger § 6 Abs. 2 S. 2 JVollzGB BW II). Diese Kostenauferlegung verstößt gegen die Unschuldsvermutung. – Hingegen ist die Anstalt (vorbehaltlich einer entgegenstehenden verfahrenssichernden Anordnung) dann zur Ausführung verpflichtet, wenn das *persönliche Erscheinen* angeordnet ist (vgl. etwa § 9 Abs. 2 S. 2 UVollzG Bln ua; Art. 24 Abs. 2 S. 2 BayUVollzG). Diese Einschränkung begegnet im Hinblick auf Art. 103 GG Bedenken.

d) Ausantwortung. Auch vor der Entscheidung über eine Ausantwor- **21** tung ist Gericht und Staatsanwaltschaft Gelegenheit zur Stellungnahme zu geben (vgl. etwa § 9 Abs. 3 UVollzG Bln ua (Hmb. § 8 Abs. 3 HmbU-VollzG); Art. 24 Abs. 6 BayUVollzG).

IV. Grundsätze des U-Haftvollzugs im Jugendstrafverfahren

1. Bezug zu Haftgründen; Selbstbelastungsfreiheit

22   Maßgebend für die Art und Weise, in der gem. der **Aufgabe** des U-Vollzuges (vgl. konsequent § 2 HmbUVollzG, Art. 2 BayUVollzG; § 3 SächsUVollzG; anders die meisten anderen Ländergesetze, vgl. etwa § 2 UVollzG Bln ua (außer Sachs.); § 2 Abs. 1 JVollzGB BW I) die konkret bejahten Haftgründe umgesetzt werden, ist die **Unschuldsvermutung** (Art. 6 Abs. 2 EMRK). Dem entspricht eine besondere **Fürsorgepflicht** des Staates bzgl. der psychischen und körperlichen Befindlichkeit des U-Gefangenen, um die Auswirkungen dieser ggf. mit extremer Intensität in deren Lebensführung eingreifenden Haft möglichst begrenzt zu halten (vgl. auch Apfel/Piel in FAHdB StrafR 24. Kapitel Rn. 102). Dies gilt wegen der besonderen, ua dem Erziehungsauftrag (§ 2 Abs. 1) geschuldeten jugendstrafrechtlichen **Schutz**pflicht jeweils in erhöhtem Maße für **Jugendliche** und **Heranwachsende** (zur Amtspflichtverletzung BVerfG, 3. K. des 2. S., StV 2016, 175 = NJW 2016, 1081 (unbeaufsichtigtes Zusammentreffen eines einen Hammer führenden, als Psychotiker beurteilten Insassen mit anderen) mBspr Eisenberg FS Schlothauer, 2018, 213 ff. = ZJJ 2016, 406 mAnm Goerdeler; vgl. betr. Abgrenzung zu § 126a StPO auch → § 72 Rn. 2c).– Das **Personal** muss von der Persönlichkeit wie vom Fachwissen her qualifiziert sein (vgl. § 67 Abs. 4 HessUVollzG (vgl. auch § 67 Abs. 2 S. 2, erweitert um „Praxisberatung und Begleitung" durch Gesetz v. 30.11.2015) und SächsUVollzG).

23   **a) Haftgründe.** Hinsichtlich der rechtssystematisch **stimmigen** Haftgründe (vgl. → § 72 Rn. 6 ff.) hat die VollzAnstalt durch sichere Unterbringung der U-Gefangenen die Durchführung eines geordneten JStrafverfahrens zu gewährleisten. So sind die U-Gefangenen verpflichtet, die – notfalls (und unbeschadet der Rechte Peronensorgeberechtigter, § 74 Abs. 1 SächsUVollzG) **zwangsweise** durchsetzbaren (vgl. § 21 SächsUVollzG, § 18 HessUVollzG (jeweils neu gefasst GVBl. 2013, 250 bzw. GVBl. 2013, 46); vgl. speziell näher → § 92 Rn. 135) – Anordnungen zum Gesundheitsschutz und zur Hygiene zu befolgen (vgl. etwa § 20 Abs. 1 S. 2 UVollzG Bln ua, diff. § 63 Abs. 1–4 HmbUVollzG (außer bei Gefahr im Verzug, Abs. 5)), und über schwere Erkrankungen (oder den Tod) von U-Gefangenen hat die VollzAnstalt unverzüglich – neben Angehörigen (vgl. etwa § 20 Abs. 3 S. 1 UVollzG Bln ua; einschr. gem. § 20 Abs. 4 S. 1 SächsUVollzG: nahen Angehörigen; nach § 20 Abs. 3 S. 1 BremUVollzG nur, wenn die U-Gefangenen dem nicht widersprochen haben, nach § 20 Abs. 3 S. 2 UVollzG Bln nur bei Einwilligung)) – Gericht und Staatsanwaltschaft zu informieren (vgl. etwa § 25 UVollzG NRW (Verweis auf das StVollzG NRW); zum Ganzen auch Art. 25 Abs. 1, Art. 38 BayUVollzG (Verweis auf BaySt-VollzG)), gem. § 20 Abs. 4 S. 1 SächsUVollzG auch den Verteidiger. Besonderer Differenzierungen bedarf es betr. zwangsweiser Ernährung (vgl. etwa § 77 Abs. 2–6 RhPfLJVollzG, § 21 Abs. 2–5 UVollzG Bln, § 79 BbgJVollzG).

Bzgl. derjenigen Haftgründe, die **polizeirechtlichen** Zwecken dienen 24
(vgl. → § 72 Rn. 7, 7a) geht es darum, der angenommenen Gefahr weiterer
Straftaten zu begegnen. – Bei U-Gefangenen, die von – unzulässigen –
„**apokryphen** Haftgründen" (vgl. → § 72 Rn. 9) betroffen sind, steht die
VollzAnstalt in der Pflicht, das Fehlverhalten der Strafjustiz durch möglichst
schonende VollzGestaltung zu mildern.

Im Einzelnen darf bei **Einschränkungen** grundsätzlich nur der im Haft- 25
befehl angeführte **Haftgrund** umgesetzt werden, dh eine – von den Landesgesetzen nicht ausdrücklich untersagte – Praxis, ohne vorherige Erweiterung
des Haftbefehls (Paeffgen StV 2009, 50) iSe abstrakten Gefahrenabwehr auch
die konkret nicht angeführten Haftgründe heranzuziehen, ist insoweit unzulässig (zB darf bei Anführung von Fluchtgefahr nicht dergestalt überwacht
werden, als ob der Haftbefehl auch mit Verdunkelungsgefahr begründet
wäre). Denn es gibt keinen „allg" Haftgrund oder -zweck. Anders kann es
sich verhalten, wenn eine konkrete Gefahr iSe anderen Haftgrundes belegt
ist, jedoch ist insoweit restriktiv zu verfahren (vgl. auch → § 72 Rn. 23, 24;
allg. indes § 135 Abs. 2 JVollzG Nds; s. aber vormals Begr. RefE UVollzG
NRW, 95: Zweck bestimmt sich nicht nur nach dem im Haftbefehl genannten Haftgrund, sondern es ist allg. „den Gefahren zu begegnen, die in den
Haftgründen der §§ 112 ff. StPO" ihren Ausdruck gefunden haben).

b) Selbstbelastungsfreiheit. Aus der Unschuldsvermutung (Art. 6 26
Abs. 2 EMRK) iVm dem Grundsatz der Selbstbelastungsfreiheit ergibt sich
für die VollzAnstalt umgekehrt die Pflicht, alles zu **unterlassen** bzw. zu
unterbinden, was den Betroffenen zu einer Äußerung betr. den Tatvorwurf
veranlassen oder motivieren könnte. Insbesondere hat die VollzAnstalt iRd
staatlichen **Fürsorgepflicht** Gefährdungen des Betroffenen durch falsche
Geständnisse (vgl. dazu Nachw. bei → § 70c Rn. 9 ff.) entgegenzuwirken.

2. Rechtsstellung des U-Haftgefangenen

Sie ist von der **Unschuldsvermutung** (Art. 6 Abs. 2 EMRK; § 1 Abs. 1 27
UVollzG NRW) gekennzeichnet (vgl. auch § 5 S. 2 BbgUVollzG: anderen
„Anschein vermeiden"). Demgemäß ist der U-Vollzug einzelfallbezogen an
den Grundrechten des als unschuldig zu behandelnden Gefangenen auszurichten (BVerfG StV 2009, 253) und, mehr noch als bei Verurteilten, auf
Förderung (vgl. § 10 Abs. 1 BbgJVollzG). Zu Grundrechtseingriffen bedarf
es konkreter Anhaltspunkte für die Annahme einer Gefährdung des Haft-
zwecks oder, diesem dienend und daher subsidiär, der Sicherheit und Ord-
nung der Anstalt – Verwaltungsbelange hingegen sind hierfür nicht geeignet
(BVerfG NStZ 2008, 521). Vollzugliche Maßnahme sind, mehr noch als im
JStVollzug auch, dem Betroffenen regelmäßig zu erläutern (vgl. § 4 Abs. 2
S. 2 BbgUVollzG). Ohne besondere gesetzliche Regelung dürfen dem U-
Gefangenen nur solche Beschränkungen auferlegt werden, die zur Umsetzung einer verfahrenssichernden Anordnung bzw. zur Aufrechterhaltung der
Sicherheit oder zur Abwehr einer schwerwiegenden Störung der Ordnung
der VollzAnstalt unerlässlich sind (§ 4 Abs. 2 S. 1 UVollzG Bln ua (ggf. iVm
§ 66 Abs. 1, Hmb. § 72 Abs. 1 HmbUVollzG); § 2 Abs. 2 JVollzGB BW II;
Art. 3 Abs. 3 BayUVollzG; § 1 Abs. 3 UVollzG NRW; § 4 Abs. 2 S. 2
HessUVollzG); mit der Unschuldsvermutung und dem Verhältnismäßigkeitsgrundsatz nicht vereinbar und zudem unbestimmt ist demgegenüber die

Fassung des § 3 S. 2 JVollzG Nds („Ordnung der Anstalt"). – Im Einzelnen ist zB bei Aufnahme die Untersuchung von *Körperöffnungen* ohne konkrete Anhaltspunkte für die Gefahr des Hereinschmuggelns (etwa von Drogen) unzulässig, und das Gleiche gilt für diesbzgl. pauschale Anordnungen ohne Ausnahmen (BVerfG, 3. Kammer des 2. Senats, StV 2009, 253 (betr. allg. StR)). Hinsichtlich des Ausmaßes der *Einschlusszeiten* ist eine Wahrung der Grundrechte des U-Gefangenen unerlässlich (BVerfG, 3. Kammer des 2. Senats, StV 2013, 521 mBspr Morgenstern StV 2013, 529 ff.).

28   **a) Schutzbelange.** Gemäß der Unschuldsvermutung sollen Betroffenen zB externe Hilfsangebote (etwa betr. Vermittlung nicht nur vorübergehender Unterkunft) genannt werden, die zu einer möglichst baldigen **Aufhebung** der U-Anordnung oder doch der Aussetzung deren Vollzugs führen könnten (vgl. etwa § 6 Abs. 4 S. 1 UVollzG Bln ua (anders SchlH); Art. 26 Abs. 3 S. 1 BayUVollzG), in anderen Ländern ist dies sachgerecht als Muss-Vorschrift ausgestaltet (vgl. etwa § 5 Abs. 1 S. 3 UVollzG NRW: Bemühen um Vermeidung weiterer U-Haft; vgl. auch § 6 Abs. 2 S. 2, 3 SchlHU-VollzG: „sind zu beraten", Stellen und Einrichtungen „sind zu benennen"). Zudem müssen U-Gefangene über die notwendigen Maßnahmen zur Aufrechterhaltung etwaiger sozialversicherungsrechtlicher Ansprüche beraten werden (vgl. etwa § 6 Abs. 3 UVollzG Bln ua; Art. 26 Abs. 2 S. 2 BayU-VollzG (Verweis auf BayStVollzG)).

28a   In Übereinstimmung mit Art. 12 Abs. 5 Unterab. 1 lit. a) RL (EU) 2016/800 sehen iÜ die meisten der Landesgesetze eine Verpflichtung der Voll-zAnstalt vor, zum einen den U-Gefangenen (umgehend, dh) von der Aufnahme an durch **Hilfsangebote** der VollzAnstalt zu unterstützen (vgl. etwa § 6 Abs. 1 S. 1 UVollzG Bln ua; §§ 1 Abs. 3 S. 2, 32 JVollzG BW II; § 5 Abs. 1 UVollzG NRW; Art. 26 Abs. 1 S. 1 BayUVollzG: „nach Möglichkeit"), zum anderen, mit Einrichtungen und Organisationen sowie ggf. Personen (zB ehrenamtlich Tätige) und Vereinen **außerhalb** zusammen zu arbeiten (§ 6 Abs. 2 UVollzG Bln ua; Art. 26 Abs. 4, 30 Abs. 6 BayU-VollzG), um vollzugsexterne Hilfen – auch im Hinblick auf den Zeitpunkt der Entlassung – aufzuzeigen (als solche können in Betracht kommen zB Einrichtungen für berufliche Bildung bzw. Agenturen für Arbeit, Gesundheits- und Ausländerbehörden, Suchtberatungsstellen und Schuldnerberatungen, Träger der Sozialversicherung, Träger der Freien Wohlfahrtspflege, BewHilfe (vgl. § 11 Abs. 2 BbgJVollzG, auch schon Begr. RefE BbgU-VollzG, 11)). Indes fehlt weithin zB eine Klarstellung, dass die JHilfe idR auch bei der Vollzugsplanung anzuhören ist. Immerhin ist die Verpflichtung gem. § 68 Abs. 1 UVollzG Bln ua (Hmb. § 74 Abs. 1 HmbUVollzG) dahingehend konkretisiert, dass namentlich auch mit solchen Einrichtungen (wie Schulen, beruflichen Bildungsträgern, freien Trägern der JHilfe, sowie JAmt) zusammen zu arbeiten ist, die für **junge U-Gefangene** besonders wichtig sind (nach Begr. RefE BbgVollzG, 47, um Erfahrungswissen auszutauschen und Hilfen gemeinsam zu organisieren).

28b   Zudem verlangt Art. 6 Abs. 2 GG die Einbeziehung der *Personensorgeberechtigten* (§ 68 Abs. 2 UVollzG Bln ua) – ggf. bei Heranwachsenden auf ihren Antrag die Einbeziehung der Eltern (§ 10 Abs. 2 BbgJVollzG) – soweit „möglich" (zB Erreichbarkeit), wenn keine verfahrenssichernde Anordnung entgegen steht. Gemäß allg. erzieherischen Grundsätzen wohl auch nicht,

wenn der U-Gefangene deren Einbeziehung begründet ablehnt (vgl. auch
→ § 92 Rn. 88).

b) Fürsorge. Ausdruck der Unschuldsvermutung waren und sind ferner **29**
zB sog. „Bequemlichkeiten und Beschäftigungen" (vgl. § 1 Abs. 2 UVollzG
NRW, entspr. § 119 Abs. 4 StPO aF) bzw. *„Annehmlichkeiten"* (vgl. etwa
§ 19 UVollzG Bln ua; Art. 3 Abs. 2 BayUVollzG) zB iSd Benutzung grds.
eigener Kleidung, Bettwäsche etc (vgl. näher → Rn. 53). – Bei Entlassung in
Freiheit kann, zumal am Wochenende oder wenn eine andere Möglichkeit
der Unterkunft und Verpflegung nicht gegeben ist, ggf. eine Überbrü-
ckungs- (vgl. § 9 Abs. 3 UVollzG NRW) bzw. Entlassungsbeihilfe (vgl. § 10
Abs. 3 UVollzG Bln ua, §§ 53 Abs. 3, 50 Abs. 4 JVollzGB LSA) einschließlich sonstiger notwendiger Unterstützung – zB ausreichende (§ 9 Abs. 3 S. 1
UVollzG NRW) oder angemessene (§ 10 Abs. 3 UVollzG Bln ua) Kleidung
– geleistet werden (vgl. auch § 53 Abs. 2 S. 1, Abs. 3 JVollzGB LSA). Im
Übrigen kann der Betroffene auf seinen Wunsch kurzfristig in der VollzAnstalt bleiben (vgl. näher § 9 Abs. 2 UVollzG NRW (wegen der Kostenauferlegung Verweis auf das StVollzG NRW); § 10 Abs. 2 S. 1 UVollzG Bln
ua; Art. 10 Abs. 2 S. 1 BayUVollzG, § 7 Abs. 2 JVollzG BW II: jeweils „auf
Kosten der VollzAnstalt").

3. Erzieherische Gestaltung

a) Verfassungsrechtliche Bedenken. Diesbezügliche Bedenken sind **30**
deshalb von erhöhter praktischer Bedeutung, weil der Begriff Erziehung zur
Legitimation von (zusätzlichen) Reglementierungen und Beschränkungen
des Haftvollzuges geeignet ist (vgl. näher → § 2 Rn. 12 ff.). Konkret wird
betr. **Jugendliche** (betr. Heranwachsende s. § 110 Abs. 2; vgl. auch
→ § 110 Rn. 7) teilweise die Ansicht vertreten, Erziehung in der U-Haft
stelle einen Verstoß gegen **Art. 6 GG** dar, da ein Eingriff in das **elterliche
Erziehungsrecht** nur bei drohender „Verwahrlosung" bzw. bei Vorliegen
von Bedürfnissen iSv § 34 KJHG zulässig sei, diese Voraussetzungen bei
einem Straftatverdacht aber nicht zwangsläufig gegeben seien. Auch der
staatliche Strafanspruch könne das elterliche Erziehungsrecht nicht verdrängen, da noch kein rechtskräftiges Urteil vorliegt (zu nur begrenzter Einbeziehung der Sorgeberechtigten aber etwa § 158 Abs. 3 JVollzG Nds); vielmehr
gestatte Art. 6 Abs. 2 S. 2 GG nur Eingriffe um der staatlichen Gemeinschaft
willen, also allenfalls die Vollstr des Haftbefehls, nicht aber die Einwirkung
auf die Person (Mrozynski RdJB 1973, 326).

Allerdings ist davon auszugehen (vgl. auch Dallinger/Lackner Rn. 11), **30a**
dass während der U-Haft zumindest eine erzieherische Verantwortung des
Staates besteht (vgl. auch § 1 KJHG sowie Art. 12 Abs. 5 Unterab. 1 lit. a),
b) und d) RL (EU) 2016/800, zumal der Staat selbst haftbedingte erzieherische Gefahren gesetzt hat (zu Folgerungen betr. Verfahrensbelange Eisen-
berg/Müller Jura 2006, 54 ff.); dem entspricht es, dass sonstige bisherige
erzieherische Bemühungen weitgehend unterbrochen sind. Da der Staat nur
ein subsidiäres Erziehungsrecht hat (s. Art. 6 Abs. 2 S. 1 GG), wäre eine
völlige Ausschaltung des elterlichen Erziehungsrechts verfassungsrechtlich
bedenklich. Soweit die Eltern keine missbräuchliche Erziehung verlangen
oder nachgewiesenermaßen ihre Erziehungspflicht vernachlässigen, wird
man eine Einschränkung ihres Erziehungsrechts **nur insoweit** annehmen

können, wie es der Haftvollzug (dh der Zweck der U-Haft und die Sicherheit und Ordnung in der Anstalt) **unvermeidlich** sein lässt (zust. Laubenthal/Baier/Nestler JugendStrafR Rn. 339). Daher sollte in den wesentlichen Fragen der Erziehung eine Abstimmung mit den Erziehungsberechtigten zulässig und rechtlich geboten sein (vgl. auch schon Linck ZRP 1971, 57 ff.; Kreuzer RdJB 1978, 351).

31   Indessen erscheint es selbst bei Anerkennung einer besonderen Grundrechtsmündigkeit unabhängig vom Vorhandensein einer elterlichen Einverständniserklärung oder dem Nachweis einer Vernachlässigung oder des Missbrauchs elterlicher Pflichten und Rechte **fraglich,** ob erzieherische **Zwangsmaßnahmen,** auch soweit es sich um staatliche Leistungen handelt, gemessen an den aus Art. 2 Abs. 1 iVm Art. 1 Abs. 1 GG (betr. das Selbstbestimmungsrecht des Jugendlichen) sich ergebenden Anforderungen als noch verhältnismäßig anzusehen sind. Denn im Unterschied zur Relevanz der Grundrechtsmündigkeit bei der Bestimmung des Umfangs der Rechte der Eltern ggü. dem Minderjährigen besteht hinsichtlich staatlicher Maßnahmen ggü. dem Bürger Einigkeit darin, dass Staffelungen (oder Graduierungen) betr. die Grundrechtsregelung nicht in Betracht kommen.

32   **b) Pflichten der Vollzugseinrichtung. aa) Aufnahme.** Als Ausdruck erzieherischer Gestaltung kommt schon dem **Zugangsgespräch** wesentliche Bedeutung zu. Es ist gerade mit jungen U-Gefangenen wegen deren im Allg. kürzeren *Zeitempfindens* und höherer *Haftempfindlichkeit* schnellstmöglich zu führen, dh die für Erwachsene geltende Bestimmung „unverzüglich" (vgl. etwa § 7 Abs. 1 S. 1 UVollzG Bln ua (vgl. aber Begr. RefE BbgUVollzG, 12: gar nur „innerhalb der ersten 24 Std"); § 6 Abs. 1 S. 1 HessUVollzG; § 4 Abs. 1 S. 1 JVollzGB BW II: „bei der Aufnahme"; § 6 Abs. 3 UVollzG NRW: „alsbald" (ähnlich Art. 26 Abs. 2 S. 1 BayUVollzG)) ist hier grundsätzlich zu weit. Dies gilt auch deshalb, weil bei jungen U-Gefangenen iRd Fürsorgepflicht hinsichtlich des etwa erforderlichen Tätigwerdens betr. akute Konflikte, Pflichten oder sonstige Belange erhöhte Eilbedürftigkeit bestehen kann. Dies ist schon insoweit einsichtig, als es sogar bei erwachsenen U-Gefangenen hinsichtlich Maßnahmen für hilfsbedürftige Angehörige, zur Erhaltung des Arbeitsplatzes und der Wohnung sowie zur Sicherung der Habe außerhalb der Anstalt (vgl. etwa § 7 Abs. 5 UVollzG Bln ua, § 12 Abs. 4 iVm § 1 ThürJVollzGB: „werden dabei unterstützt" (nur Soll-Vorschrift in Bremen, RhPf, Saarl., SchlH); Art. 26 Abs. 2 S. 2 BayUVollzG (Verweis auf StVollzG: „Bei der Aufnahme wird … geholfen")) ggf. auf sofortiges Handeln ankommt. Insbesondere ist dem jungen U-Gefangenen – unter dem Vorbehalt einer einschränkenden verfahrenssichernden Anordnung – möglichst bald Gelegenheit zu geben, bestimmte Personen außerhalb der Anstalt darüber zu informieren, in welcher Anstalt er sich befindet (vgl. etwa § 7 Abs. 4 UVollzG Bln).

33   Auch soweit das Zugangsgespräch der Vermittlung eines **Orientierungs**rahmens hinsichtlich der Haftsituation (bei gleichzeitiger Aushändigung der Hausordnung) sowie – auf Verlangen, worüber in geeigneter Weise (§ 70a Abs. 1 aF bzw. § 70b Abs. 1 nF) zu belehren ist – der Zugänglichmachung des UVollzG (nebst der darin in Bezug genommenen Gesetze und ferner einschlägiger Rechtsverordnungen und VVen (vgl. § 7 Abs. 1 S. 3 UVollzG Bln ua, nicht Hmb.; § 7 Abs. 1 S. 2, 3 SächsUVollzG; § 12 Abs. 1 S. 3 JVollzGB LSA); speziell betr. Auslesen von Datenspeichern § 47a Abs. 1 S. 2 SächsU-

VollzG, § 142 Abs. 4 JVollzGB LSA) dient, bedarf es einer dem Erziehungsauftrag gerecht werdenden Gestaltung. Dies gilt ebenso für die Informierung
über die Rechtsschutzmöglichkeiten (entspr. § 114b StPO (betr. U-Recht)).
– Aus Gründen des Datenschutzes dürfen, wie bei erwachsenen U-Gefangenen auch, während des Aufnahmeverfahrens andere Gefangene nicht anwesend sein (vgl. § 12 Abs. 2 BbgJVollzG; einschr. § 7 Abs. 2 UVollzG Bln ua:
„idR" (ohne diese Einschränkung Bln., MV)). Hiervon soll ausnahmsweise
(zB bei unüberwindbaren sprachlichen Verständigungsschwierigkeiten (so § 7
Abs. 2 UVollzG M–V: „nur wenn anders eine sprachliche Verständigung nicht
möglich ist") ggf. gar durch Hinzuziehung eines als „zuverlässig" beurteilten
Gefangenen (so noch Begr. RefE BbgUVollzG, 12)) abgewichen werden
dürfen, jedoch wird es hierfür der Zustimmung (vgl. aber → Rn. 46, 47) des
Betroffenen (so auch § 6 Abs. 4 S. 2 UVollzG NRW: Einwilligung; § 4 S. 3
JVollzGB BW II; § 7 Abs. 3 HmbUVollzG) und einer mit erzieherischer
Sorgfalt vorgenommenen Prüfung der Voraussetzungen einer solchen Aus-
nahme bedürfen. Sachgerecht ist demgegenüber eine Regelung, derzufolge
ein Dolmetscher oder Übersetzer hinzuziehen ist, wenn der Gefangene der
deutschen Sprache nicht mächtig ist (nicht § 12 JVollzGB LSA; § 12 Abs. 1
S. 2 BbgJVollzG (Sprachmittler, Gebärdendolmetscher); § 7 Abs. 1 S. 2
UVollzG Bln: Sprachmittler; RL EU v. 20.10.2010 (ABl. 2010 L 280, 1) Art. 3
Abs. 3, 4 nebst Art. 9 Abs. 1; vgl. näher Sagel-Grande FS 2010, 100 ff. (104)).

Zumindest wie bei erwachsenen U-Gefangenen auch (vgl. aber **33a**
→ Rn. 32) muss die zwingend vorzunehmende gründliche **ärztliche** Unter-
suchung „unverzüglich" (§ 7 Abs. 4 SächsUVollzG), „alsbald" (§ 7 Abs. 3
UVollzG Bln ua; § 12 Abs. 3 BbgJVollzG (erg. Begr. RefE BbgUVollzG, 12:
„ggf. sofort"); § 4 S. 2 JVollzGB BW II; Art. 8 Abs. 3 S. 3 BayUVollzG;
§ 6 Abs. 3 UVollzG NRW (vgl. Begr., 103: „so bald wie möglich"); § 6
Abs. 2 HessUVollzG; § 12 Abs. 3 JVollzGB LSA; § 7 Abs. 1 S. 2 HmbU-
VollzG: „umgehend") geschehen.

bb) Bedarfserhebung. Nach der Aufnahme ist der „**Förder-** und **Erzie-** **34**
hungsbedarf" der jungen U-Gefangenen unter Berücksichtigung ihrer Persönlichkeit und ihrer Lebensverhältnisse zu ermitteln (vgl. etwa § 69
UVollzG Bln ua; § 16 Abs. 1 BbgJVollzG; enger § 46 HessUVollzG: nur
Förderbedarf; anders § 72 Abs. 1 S. 1, 2 VollzGB BW II: „Erforschung der
Persönlichkeit" (Soll-Vorschrift); zur Verwendung als Grundlage des Vollzugsplans krit. → § 92 Rn. 46 sowie schon Eisenberg ZRP 1987, 239 f.),
wobei ggw. der Unschuldsvermutung der Tatvorwurf außer Betracht bleiben muss. Neben bedeutsamen äußeren Umständen soll sich das Bemühen
um Erkenntnisse insb. auf „Stärken und Schwächen" bzw. „Ressourcen und
Defizite" der Betroffenen richten sowie darauf, wie sie selbst ihre Entwicklung und Perspektiven sehen. Auch Erkenntnisse zur schulischen und beruflichen Situation, zur Intelligenz, zum emotional-affektiven Zustand und
zum „sozialen Umfeld" sind wesentlich.

Methodisch kommen in Betracht, und zwar *jeweils* bei gebotener Zurück- **34a**
haltung ggü. dem *Wahrheitsgehalt,* eine Lebenslaufanalyse, Durchsicht aktenmäßiger Unterlagen, Kommunikation mit etwaigen Bezugs- oder Kontaktpersonen (zB Eltern), laufende aufmerksame Beobachtung, Tests (Zirbeck,
Die U-Haft bei Jugendlichen und Heranwachsenden, 1973, 42 f.; zu Bemühungen der Messung psychischer Belastung gem. Selbstbeurteilung Köhler
ua R&P 2004, 138 ff.).

34b   Von Gesetzes wegen dürfen personenbezogene Daten auch *ohne Mitwir-kung* der Betroffenen bei Personen und Stellen erhoben werden, die entweder bereits Kenntnis von der Inhaftierung haben oder Aufgaben der JHilfe oder der JGH wahrnehmen (§ 69 Abs. 3 UVollzG Bln ua (Hmb. § 75 Abs. 3 HmbUVollzG)). Hierzu kann Anlass bestehen, wenn die Betroffenen nicht selbst über die erforderlichen Informationen verfügen oder begründete Zweifeln an der Richtigkeit und Vollständigkeit der Angaben bestehen, jedoch sind solche Zweifel weithin auch ggü. den Angaben der genannten Personen oder Stellen angebracht. Indes ist eine solche Datenerhebung ohne oder gar gegen den Willen des Betroffenen rechtlich wie rechtstatsächlich nicht *unbedenklich* (vgl. → § 38 Rn. 28 f.), bei bereits Heranwachsenden, dh Volljährigen, wird sie ohnehin als unzulässig zu beurteilen sein.

35   Soweit die U-Haft als eine günstige Ausgangsposition zur „Persönlichkeitsuntersuchung" erachtet wird, da der „Leidensdruck" gerade in der ersten Zeit eine Bereitschaft des Jugendlichen zur Mitarbeit herbeiführe, bestehen allerdings erhebliche Bedenken (vgl. → § 5 Rn. 5). Im Übrigen findet eine Betreuung durch die **JGH** (§§ 38, 72b) ohnehin wohl nur eingeschränkt statt (vgl. vormals etwa Zirbeck, Die U-Haft bei Jugendlichen und Heranwachsenden, 1973, 105 ff.; Weinknecht, Die Situation der U-Haft und der Unterbringung von Jugendlichen und Heranwachsenden, 1988, 250 ff., unter Hinweis ua auf das Interesse eher an leichteren Fällen; s. aber DVJJ 1987, 207). Auch wenn im Sinne eines Auswahlverfahrens zur etwaigen späteren Einweisung in eine geeignete JVA zB Gespräche, Persönlichkeits- und Leistungstests durchgeführt werden, handelt es sich um eine schon wegen der Unschuldsvermutung nicht unbedenkliche Praxis, zumal im Allg. kaum zu klären sein wird, ob die erforderliche Zustimmung (nach dem Empfinden des U-Gefangenen) gleichsam „abgenötigt" wurde (vgl. auch → Rn. 46, 47).

36   **cc) Beteiligte.** An dem **Verfahren** zur Entscheidung über Erziehungs- und Förder**maßnahmen** müssen an der Erziehung maßgeblich beteiligte Bedienstete im Rahmen einer **Konferenz** teilnehmen. Die beabsichtigten Maßnahmen werden – nach Möglichkeit vor der Entscheidung – mit den jungen U-Gefangenen besprochen (vgl. § 69 Abs. 2 S. 1 und 2 UVollzG Bln ua (Hmb. § 75 Abs. 2 S. 1 und 2 HmbUVollzG)), um die Geeignetheit und Mitwirkungsbereitschaft in Erfahrung zu bringen. Es empfiehlt sich, dem Betroffenen einen bestimmten, im Falle von Kommunikations- oder Vertrauensmängeln ggf. auswechselbaren Bediensteten als Ansprechpartner anzubieten (ausdrücklich § 16 Abs. 3 BbgJVollzG („besondere Vertrauensperson", allerdings mit der Wendung „zuzuordnen") und § 37 Abs. 1 UVollzG NRW); nach § 73 Abs. 1 JVollzGB BW II ist vorgesehen, dass jeder U-Gefangene eine ständige Betreuungsperson hat.

37   **c) Allgemeine Gestaltungsgrundsätze.** Zur Gestaltung des U-Vollzugs im Übrigen haben mehrere der Landesgesetze den sog. **Angleichungs**grundsatz aus dem Straf- bzw. JStrafvollzugsrecht übernommen (vgl. etwa § 5 Abs. 1 S. 1 UVollzG Bln ua; Art. 4 Abs. 1 BayUVollzG; § 2 Abs. 1 S. 1 UVollzG NRW), der besagt, dass das Leben im Vollzug den allg. Lebensverhältnissen außerhalb der Mauern so weit wie möglich anzugleichen ist. Dazu vorgenommene Einschränkungen sind zumal ggü. jungen U-Gefangenen nur zulässig, soweit es die Aufgabe des U-Vollzugs oder die Erfordernisse eines geordneten Zusammenlebens in der Anstalt verlangen. Aufgrund der Unschuldsvermutung müsste die Angleichung weitreichender sein als im allg. Vollzugsrecht.

Auch der sog. **Gegensteuerung**sgrundsatz des (J)Strafvollzugsrechts, **38** demzufolge schädlichen Folgen des Freiheitsentzugs entgegenzuwirken ist („nil nocere"), ist in den Landesgesetzen enthalten (vgl. etwa § 5 Abs. 1 S. 2 UVollzG Bln ua; § 1 Abs. 2 JVollzGB BW II; Art. 4 Abs. 2 S. 1 BayU-VollzG; § 2 Abs. 1 S. 2 UVollzG NRW), teilweise ausdrücklich auch als Schutz „vor Übergriffen" (vgl. JVollzGB BW II; nicht § 7 JVollzGB LSA; vgl. auch → Rn. 22; zu einem Praxisprojekt (JVA Freiburg) des Schutzes vor Mobbing Volk-Eisemann ZJJ 2010, 202 ff.). Er ist im U-Vollzugsrecht deshalb besonders wichtig, weil der Freiheitsentzug hier – im Unterschied zum (J)Strafvollzug – nicht selten für den Betroffenen unerwartet einsetzt und schon insofern ein sog. „kritisches Lebensereignis" darstellt, das des Öfteren zB auch die Gefahr eines falschen Geständnisses (vgl. näher → § 70c Rn. 9 ff.) oder gar des Suizids (vgl. daher § 5 Abs. 1 S. 3 UVollzG Bln. und Hmb. (vgl. auch vormals § 119 Abs. 3 StPO aF), § 7 Abs. 3 BbgJVollzG) verursacht. Dies gilt bzgl. Suizids erhöht für die erste Haftwoche, wobei aufgrund extrem gesteigerter Vulnerabilität die Unterschiede hinsichtlich Bewältigungschancen im Vergleich zu kritischen Lebensereignissen in der Außengesellschaft besonders hervortreten (vgl. näher Bennefeld-Kersten, Ausgeschieden durch Suizid – Selbsttötung im Gefängnis, 2009, 118 ff.). – Hinzukommen bei jungen U-Gefangenen die speziellen Schutzbelange als Elemente des Erziehungsauftrags, die nicht zuletzt auf der – im Vergleich zu Erwachsenen – im Allg. größeren Prägbarkeit, Beeinflussbarkeit und Anfälligkeit für körperliche und seelische Schäden beruhen (vgl. zur Einschätzung der Suizidgefahr etwa KrimDienst Sachs Nr. 8/Sept 16).

d) Berücksichtigung alters- und geschlechtsbezogener Lebens- **39** **umstände. aa) Erzieherische Gestaltung.** Der Pflicht hierzu (gerade auch bei jungen U-Gefangenen) ist nachdrücklich nachzukommen (vgl. § 2 Abs. 3 UVollzG NRW; ergänzend betr. Behinderung § 7 Abs. 3 RhPflJVollzG, § 5 Abs. 2 UVollzG Bln), zumal sofern eine Ausgestaltung iSd statistisch bei weitem überwiegenden männlichen U-Gefangenen ggf. benachteilige (vgl. auch BVerfG, 3. K. des 2. S., NJW 2009, 661 (betr. allg. StVollzR)).

Was die gebotene **inhaltliche erzieherische Gestaltung** im Allg. an- **39a** geht, so gilt sie in den Bereichen Arbeit, Unterricht und Freizeit nach allg. Auffassung als **nur ansatzweise verwirklicht** (vgl. schon Krause, Anordnung und Vollzug der U-Haft bei Jugendlichen, 1971, 132 ff.; Zirbeck, Die U-Haft bei Jugendlichen und Heranwachsenden, 1973, 55–64; s. demgegenüber zu Defiziten der Betroffenen im Ausbildungsbereich etwa Hermanns, Sozialisationsbiographie und jugendrichterliche Entscheidungspraxis, 1983, 80 ff.). Im Übrigen erfordern die durch die Inhaftierung und die bisherige individuelle Entwicklung aufgetretenen Probleme in der Konflikt- und Lebensbewältigung solche Angebote, die auf die Bedingungen der U-Haft abgestellt und möglichst in sich geschlossen sind (zB sachkundige Beratung (vgl. dazu etwa schon den Bericht von Beil/Janssen,, Soziales Training: Recht, 1987), allg.-bildende Angebote, soziale Trainingskurse (betr. die JVA Braunschweig vgl. schon Rittner-Strenzke Kriminalpäd Praxis 1988, 39), Entspannungs- sowie Konfliktbewältigungstraining, Rechtskundekurse, spezielle Sport- und Freizeitangebote (betr. Judo „als Mittel zur Persönlichkeitserforschung" vgl. Kramer ZfStrVo 1991, 223), Angebote für kreatives Tun (JStVollzKomm 63); s. näher auch Möller ZfStrVo 1989, 25 betr. die JVA Wuppertal (zur „Bildungsdimension" 28)).

40   Soweit entsprechende Angebote in der U-Haft idR nur in sehr abge-schwächter und eingeschränkter Form verwirklicht werden (können), wird es schon als Erfolg gelten können, wenn zB Depressionen abgefangen und Anregungen zu sozial akzeptierten Initiativen (vor allem im Arbeits- und Freizeitbereich) sowie **praktische Hilfestellungen**, deren Bedarf sich aus der plötzlichen Haftsituation ergibt, vermittelt werden. Wichtig erscheint auch die psychologische **Vorbereitung** auf die **HV** (vgl. näher → § 38 Rn. 14 ff., → § 68 Rn. 6b), nicht zuletzt im Hinblick auf nicht selten be-stehende Sprechangst bzw. Sprachlosigkeit der jugendlichen U-Gefangenen vor Gericht. Insofern kommt ggf. auch die sprachliche Hilfestellung bei der Abfassung einer schriftlichen Sachäußerung in Betracht (vgl. etwa Eisen-berg/Pincus JZ 2003, 397 (401)).

41   **bb) Spezielle Programme und Problemlagen.** Möglichkeiten **erzie-herischer Programme** in U-Haft (in Entsprechung zu Art. 12 Abs. 5 Unterab. 1 lit. d) RL (EU) 2016/800) zeigen Modellversuche, in denen überwiegend Gesprächspsychotherapie und verhaltenstherapeutisches Trai-ning durchgeführt werden. Dabei wird versucht, zu erreichen, dass Betroffe-ne zunächst ermutigt werden, aus sozialer Isolation herauszutreten, Hilfs-angebote anzunehmen, sich mit persönlichen Problemen und Konflikten auseinanderzusetzen, selbstsicherer zu werden sowie mehr (etwa begründ-bares) Vertrauen und Offenheit in soziale Beziehungen einzubringen (Blum-berg/Müller in Kury, Prognose und Behandlung bei jungen Rechtsbrechern, 1986, 203 ff. sowie 212 ff.; s. dazu aber auch die Analyse bei Kury in Kury, Prognose und Behandlung bei jungen Rechtsbrechern, 1986 (Evaluations-studie); vgl. zur Anstalt Hameln Bulczak Zbl 1986, 327; zu Bemühungen sozialpädagogisch-psychologischer Ausgestaltung s. Wetzstein AFET Heft 8 (1980), 53 ff.). Ebenso seien Bemühungen erwähnt, bei denen gemeinsame Arbeit, Unterricht und Freizeitbeschäftigung im Vordergrund stehen (Kal-lien KrimJ 1980, 116). Desgleichen können zumindest in Einzelfällen Be-rufsfindungskurse relevant sein (dazu etwa schon ZfStrVo 1980, 239 f.).

42   Der U-Haft kommt in der gegenwärtigen Praxis eine besondere Bedeu-tung hinsichtlich der Unterbringung jugendlicher und heranwachsender **Drogenabhängiger** zu. Dabei haben die U-Haftanstalten im Rahmen einer Zwangsentziehung (und Therapiemotivation) eine zusätzliche Funktion er-langt (betr. Erzwingung einer Urinprobe abl. OLG Saarbrücken NStZ 1992, 350; OLG Jena ZfStrVo 2006, 118; bejahend bei konkreten Anhaltspunkten BVerfG, 2. K. des 2. S., NStZ 2008, 293 (betr. Selbstbelastungsfreiheit die Frage einer Verwertbarkeit im Disziplinarverfahren offenlassend; vern. Geri-cke StV 2003, 307) = StRR 2008, 75 mAnm Herrmann; OLG Oldenburg StV 2007, 88 mkritAnm Pollähne (jeweils zum allg. StR); vgl. aber auch → § 92 Rn. 107); deren Wahrnehmung ist wesentlich für eine anschließende ambulante oder klinische Betreuung zB im Rahmen einer Aussetzung der Vollstr der JStrafe zBew. Auch liegen Anhaltspunkte dafür vor, dass mitunter die U-Haftdauer (contra legem) ausgedehnt wird, bis ein Therapieplatz für den Abhängigen zur Verfügung steht. – Die U-Haft dient insoweit nicht nur der Verfahrenssicherung, sondern sie ersetzt – in unzulässiger Weise – zu-gleich den angezeigten Aufenthalt in therapeutisch ausgerichteten Anstalten (vgl. ähnlich → § 72 Rn. 9). – Zur Betreuung **alkoholgefährdeter** Beschuldigter (vgl. → § 5 Rn. 56) s. etwa Fehrs (Suchtgefahren 1985, 83 ff.). Hinsichtlich (extremer) **politischer** Einflussnahme zwischen Insassen wird **43** auf die Erl. zu → § 92 Rn. 51, 51a verwiesen (instruktiv Frenzel KJ 2013, 417 ff.). – Bezüglich **Nichtdeutscher** bzw. Zugewanderter (vgl. auch → § 92 Rn. 16, 51) bestehen ggf. Sperren der (sprachlichen oder sonstigen) Kommunikation (s. anschaulich Fiedler sowie Schütze in Trenczek, Freiheitsentzug bei jungen Straffälligen, 1993, 135 sowie 142). Im Übrigen wird auf die Erl. zu → § 72 Rn. 6b und → § 92 Rn. 16, 50 verwiesen.

V. Unterbringung, Haftraum, Einkauf, Kleidung

1. Unterbringung

a) Trennung nach Haftart sowie Alter. Der sich aus der Unschulds- **44** vermutung zwingend ergebende Grundsatz, dass (gerade auch) **junge U-Gefangene** von **JStrafgefangenen getrennt** unterzubringen sind, ist in den Gesetzen der Länder nur mit gewichtigen Einschränkungen verwirklicht (vgl. etwa § 11 Abs. 2 S. 2 UVollzG Bln ua (noch stärker einschr. § 70 Abs. 1 SchlHUVollzG); vgl. erheblich einschr. § 16 Abs. 2 S. 3 und (ausnahmsweise) Abs. 3 BbgJVollzG; § 70 JVollzGB BW II; Art. 34 BayU-VollzG; § 36 Abs. 4 UVollzG NRW; § 17 Abs. 2 RhPfLJVollzG). Soweit jedoch junge U-Gefangene in besonderen Abteilungen der Anstalten oder sonstiger Einrichtungen des JStVollz (vgl. nur § 36 Abs. 1 UVollzG NRW) von JStrafgefangenen getrennt (vgl. dazu schon JStVollzKomm 80; zu Bsp. differenzierter Vollzugsgestaltung vgl. Eisenberg/Tóth GA 1993, 311 f.), dh innerhalb größerer Vollzugseinrichtungen untergebracht sind (hierauf könne nach vormaliger Begr. RefE UVollzG NRW S. 154 „am ehesten" verzichtet werden), ist schon insoweit ein Mangel an erzieherischer Ausgestaltung zu verzeichnen, als zur Verfügung stehendes erzieherisches Personal für Bemühungen bei JStrafgefangenen eingesetzt wird. Im Übrigen ist besonders bei dieser Organisationsform eine Hintanstellung der Unschuldsvermutung mit etwaigen Auswirkungen auf die Verteidigungsbereitschaft des U-Gefangenen nicht auszuschließen. – Zulässig ist darüber hinaus unter engen Voraussetzungen die Unterbringung junger U-Gefangener in **getrennten Abteilungen** des Erwachsenen-StVollz, wenn dies „ihrem Wohl nicht widerspricht" (§ 36 Abs. 1 S. 2 UVollzG NRW, speziell betr. Minderjährige Abs. 3 UVollzG NRW; vgl. bereits vormals Begr. RefE UVollzG NRW, 155).

Zumindest nicht weniger gravierend sind die Einschränkungen betr. die **45** Trennung **junger U-Gefangener** von U-Gefangenen **anderer Altersgruppen** (vgl. etwa § 11 Abs. 2 UVollzG Bln ua (s. aber § 70 SchlHU-VollzG); § 16 Abs. 2 S. 3 BbgJVollzG; Art. 34 BayUVollzG; § 36 Abs. 3 (betr. volljährige junge U-Gefangene) und Abs. 4 S. 3 (betr. minderjährige U-Gefangene) UVollzG NRW), zumal die Regelungen hinter dem vormaligen § 93 Abs. 1 zurückbleiben. Diese Vorschrift sah an erster Stelle eine eigenständige U-Haftanstalt vor (hiervon ist zB in § 76 Abs. 1 UVollzG Bln ua (§ 84 HmbUVollzG), § 36 UVollzG NRW nicht mehr die Rede), sodann, sofern der Vollzug in einer solchen Anstalt nicht möglich war, „wenigstens" eine besondere Abteilung (Teilanstalt) einer Haftanstalt für alle

Altersgruppen, und als dritte Unterbringung eine JA-VollzAnstalt (nach
Hinrichs DVJJ-Journal 1999, 270 nur noch in vier Anstalten; vgl. auch, nach
Umfrage bei allen Ländern, Sommerfeld ZJJ 2011, 431 f.: kaum praxisrele-
vant). – § 89c Abs. 2 nF schreibt indes nunmehr vor, dass unter 18-Jährige
nicht mit älteren Personen gemeinsam untergebracht werden dürfen (zum
gemeinsamen Vollzug → Rn. 4). Eine abw. Handhabung ist bzgl. 18- bis 24-
Jähriger begründungsbedürftig und setzt voraus, dass die gemeinsame Unterbringung mit dem Wohl des Minderjährigen verträglich ist. Es muss also im
Einzelfall und mit Blick auf die in Betracht kommenden Personen sichergestellt sein, dass keine Bedenken hinsichtlich der Sicherheit wie auch der
„haftsozialisatorischen" Beeinflussung bestehen. Bei gemeinsamer Unterbringung mit noch älteren Mitgefangenen setzt die Vorschrift voraus, dass
von diesen ein positiver Effekt (bzgl. Sicherheit oder persönlicher Entwicklung) ausgeht. Dies folgt den Vorgaben von Art. 12 RL (EU) 2016/800 (zu
einschlägigen EU-Grundsätzen auch Morgenstern NK 2009, 141).

45a   Maßgebend für den Vollzug der U-Haft an (jungen und zumal an)
jugendlichen Betroffenen sind die jugendrechtlichen Ziele von Schutz, Förderung und Integration, und demzufolge die **Trennung** von **Erwachsenen**
(vgl. auch Art. 10 Abs. 2 IPBPR), um einen wesentlichen Teil der im Allg.
schädlichen Einflüsse der U-Haft insb. iZm als ungünstig beurteilten Beeinflussungen durch erwachsene U-Gefangene eher fernhalten zu können (vgl.
aber zu einer gewissen Aufweichung hier. Fälle gem. § 2 Abs. 2, § 116
Abs. 1 StPO (unbeschadet der Aufhebung des vormaligen § 93 Abs. 1, der
ausdrücklich den Vollzug in JA-Anstalten vorsah) Begr. zu § 3 E-JVollzGB
BW I, 70; vgl. betr. JA-Anstalten auch § 23 Abs. 1 JVollzGB BW I e contr);
vgl. vormals CSU „Leitsätze zum JStR und JStVollzug", Zbl 1982, 821
(827)). Zugleich handelt es sich bei der in Rede stehenden Trennung um
eine der wichtigsten Voraussetzungen für positive erzieherische Tätigkeit,
dass nämlich die Anstalten ihrer **Einrichtung** nach auf **erzieherische** Bemühungen eingestellt sind (s. schon Dallinger/Lackner Rn. 17f zu dem vormaligen § 93; vgl. auch Nr. 78 der (vormaligen) UVollzO).

45b   Jedoch ist dies bei der Organisation in besonderen Abteilungen nicht
hinreichend gewährleistet; gleichwohl scheint gerade diese Ausgestaltung in
der Praxis zu dominieren (nach der überregionalen schriftlichen Befragung
(außer Bay., Bln., Thür.) von Villmow ua DVJJ 2012, waren 25 der Abteilungen solche von VollzAnstalten „zumindest auch" für Erwachsene). –
Namentlich für weibliche junge U-Gefangene steht der Vollzug in einer
Abteilung innerhalb einer Erwachsenenstrafanstalt im Vordergrund (vgl.
auch Steinhilper in Trenczek, Freiheitsentzug bei jungen Straffälligen, 1993,
146, s. auch Laubenthal FS Eisenberg, 2009, 749 (751)).

46   Soweit **Ausnahmen** mit *Zustimmung* des U-Gefangenen zulässig sind (vgl.
§ 69 Abs. 1 S. 1 JVollzGB BW II, § 4 Abs. 2 S. 2 JVollzGB BW I), bestehen
Bedenken. Schon wegen der Ungewissheit betr. den Verfahrensausgang und
wegen etwaiger Folgewirkungen (zB betr. die Strafzumessung) dieser oder
jener – iRd Kooperationsgebots (vgl. → Rn. 14, 15) übermittelter – „Bekundungen" Bediensteter über Verhalten während des U-Vollzugs wird
methodisch kaum überprüfbar sein, ob eine Zustimmung unbeeinflusst zustande gekommen ist.

46a   Was Ausnahmen mit der Begründung angeht, eine strikte Trennung von
U-Gefangenen und (J)Strafgefangenen sei in der *Praxis nicht* immer *möglich*
(zB bei geringer Anzahl (vgl. etwa § 11 Abs. 1 S. 3 UVollzG Bln ua; nicht

§ 70 SchlHUVollzG) oder beschränkt auf die Wahrnehmung von Arbeits-
oder (Aus-)Bildungsangeboten (vgl. etwa § 11 Abs. 4 UVollzG Bln ua; § 4
Abs. 7 JVollzGB BW I), oder aber ein Absehen sei zur Umsetzung einer
verfahrenssichernden Anordnung oder aus Gründen der *Sicherheit* oder *Ordnung*
der Anstalt erforderlich (vgl. dazu etwa § 36 Abs. 2 UVollzG NRW; § 11
Abs. 1 S. 1 Nr. 2, Nr. 3 UVollzG Bln ua (nicht § 70 SchlHUVollzG); § 4
Abs. 7 S. 2 Nr. 2 JVollzGB BW I), so birgt diese Palette an zulässigen
Ausnahmen ihrerseits gewisse Gefahren: Zum einen betrifft das Argument,
eine strenge Trennung könnte auch für junge U-Gefangene Nachteile mit
sich bringen, etwa in (belegungsbezogen) kleinen Abteilungen ohne Angebot entwicklungsfördernder Maßnahmen, die Schaffung der dem Erziehungsauftrag entsprechenden Voraussetzungen, nicht aber ist es von der
Rechtsstellung der Betroffenen her begründbar. Zum anderen wird durch
die Breite zulässiger Ausnahmen ua die Möglichkeit vermittelt, mitunter ggf.
auftretenden Schwierigkeiten hinsichtlich einer Vereinzelung von U-Gefangenen oder bzgl. der Bereitstellung ausreichender vollzuglicher Angebote zu
begegnen, sofern nicht insoweit eine verfahrenssichernde Anordnung entgegensteht. Zwar stehen die Einschränkungen unter dem Vorbehalt, dass die
jungen U-Gefangenen keinen schädlichen Einflüssen ausgesetzt werden dürfen (vgl. etwa § 4 Abs. 6 S. 2 JVollzGB BW I), jedoch lässt sich solches bei
Durchbrechung des Trennungsgrundsatzes schwerlich unterbinden.

b) Einzel- bzw. gemeinsame Unterbringung. Außerhalb der Ein- **47**
schlusszeiten können sich die Insassen in Gemeinschaft aufhalten (vgl. nur
§ 13 Abs. 1 S. 1 UVollz Bln). Während der Einschlusszeiten halten sich die
Insassen einzeln in ihrem Haftraum auf (vgl. § 12 Abs. 1 S. 1 UVollzG Bln).
Jedoch erlauben mehrere Landesgesetze eine gemeinsame Unterbringung –
(angestrebt bzw. nur zulässig ist, eine solche) mit höchstens zwei Personen –,
wenn die U-Gefangenen **zustimmen** (vgl. etwa § 11 Abs. 1 S. 2 Nr. 1
UVollzG Bln ua (§ 70 Abs. 3 S. 2 SchlHUVollzG; gem. § 113 Abs. 2
HmbUVollzG nur bis Ende 2014); § 73 Abs. 5 JVollzGB BW II; vgl. auch
§ 159 iVm § 120 Abs. 2 JVollzG Nds; § 18 Abs. 2 RhPfLJVollzG), dh ohne
(in § 119 Abs. 2 S. 1 StPO aF vorausgesetzten) **schriftlichen Antrag** (so
aber, indes ohne das Wort „schriftlich", § 10 Abs. 2 Nr. 5 UVollzG NRW).
Insofern bestehen Einwände ggü. der Tragfähigkeit (vgl. → Rn. 35, 46), und
zwar auch dann, wenn die jederzeitige Widerrufsmöglichkeit garantiert ist
(so noch § 10 Abs. 1 S. 3 RefE UVollzG NRW). Unabhängig davon verbietet sich eine solche – regelmäßig besonders gründlich vorzubereitende –
Ermessensentscheidung, wenn von der gemeinsamen Unterbringung schädliche Auswirkungen auf den U-Haftgefangenen ausgehen bzw. zu befürchten sind (vgl. § 18 Abs. 1 Nr. 1 BbgJVollzG; § 70 Abs. 3 S. 2 Hs. 2
SchlHUVollzG; § 70 Abs. 2 SächsUVollzG). – Hinzu kommen verschiedentlich zusätzliche Regelungen für *Minderjährige* (vgl. etwa § 70 Abs. 3
JVollzGB BW II).

Von einer **Zustimmung abgesehen** wird zum einen bei Unterbringung **47a**
in Krankenabteilungen und Vollzugskrankenhäusern (vgl. § 13 Abs. 1 S. 4
UVollzG Bln ua; Bln. § 12 Abs. 2 S. 1 UVollzG Bln), zum anderen aus
„zwingenden Gründen" und nur „vorübergehend" (zB bei plötzlich auftretenden Wasserschäden oder dergleichen, § 13 Abs. 2 UVollzG Bln ua, § 12
Abs. 3 SächsUVollzG (vgl. im Übrigen, angefügt GVBl. 2013, 250, § 91
Abs. 2). Bei als suizidgefährdet oder hilfsbedürftig beurteilten U-Gefangenen

ist deren Zustimmung entbehrlich (vgl. § 13 Abs. 1 S. 3 UVollzG Bln ua, § 70 Abs. 3 S. 3 SchlHUVollzG); insoweit – bedenklich – auf Zustimmung auch des nicht dergestalt Beurteilten verzichtend jedoch §§ 73 Abs. 5, 8 Abs. 1 S. 3 JVollzGB BW II, § 172 Abs. 2 S. 2 Nr. 1 JVollzG Nds; krit. → Rn. 38, vgl. auch → § 92 Rn. 49), indes wird solchenfalls eine Befristung vonnöten sein. So ist unstreitig, dass auch gemeinschaftliche Unterbringung Suizid zwar zu reduzieren, aber nicht zu verhindern vermag (vgl. nur Benne-feld-Kersten, Ausgeschieden durch Suizid – Selbsttötung im Gefängnis, 2009, 161, 180). Eher vage gehalten ist die Umschreibung der Zulässigkeit mit „aus Gründen der Förderung oder Erziehung erforderlich" (§ 39 UVollzG NRW iVm § 17 Abs. 1 S. 2 Nr. 3 JStVollzG NRW). – Eine *Grundrechtsverletzung* (Art. 2 Abs. 2 S. 1 GG) liegt zB vor, wenn ohne hinreichende Begründung der Unterbringung zu mehreren kein Schutz vor Passivrauchen besteht (BVerfG, 3. Kammer des 2. Senats, NJW 2013, 1941 Rn. 16 ff.).

48 c) **Wohngruppen.** Von Gesetzes wegen ist (ganz überwiegend als Kann-Vorschrift) die Unterbringung der jungen U-Gefangenen in *Wohngruppen* vorgesehen (§ 70 Abs. 1 UVollzG Bln ua; nicht § 20 JVollzGB LSA; § 70 Abs. 3 S. 4 SchlHUVollzG: mit ihrer Zustimmung; nicht Sachs.; Art. 35 S. 1 BayUVollzG; vgl. auch § 159 iVm § 120 Abs. 1 S. 2 NJVollzG; § 73 Abs. 2 JVollzGB BW II („nach Möglichkeit"); zu laut schriftlicher Befra-gung (Dez 2009–April 2010) nur eingeschränktem Vorhandensein aber Vill-mow ua DVJJ 2012), wozu es geeigneter und zweckentsprechend ausgestat-teter Räumlichkeiten bedarf (vgl. Begr. RefE BbgUVollzG, 48). Indes kann die gemeinschaftliche Unterbringung während Bildung, Arbeit und Freizeit **eingeschränkt** werden, wenn es im Einzelfall als zur Umsetzung einer verfahrenssichernden Anordnung (vgl. auch → § 72 Rn. 30) oder aus Grün-den der Sicherheit oder Ordnung der Anstalt als „erforderlich" (§ 12 Abs. 3 UVollzG Bln ua; § 13 Abs. 2 UVollzG Bln und § 13 Abs. 2 SächsUVollzG; § 73 Abs. 3 S. 1 JVollzGB BW II; Art. 35 S. 2, 11 Abs. 3 BayUVollzG) beurteilt wird. Zusätzlich kann die in Rede stehende gemeinschaftliche Unterbringung auch aus erzieherischen Gründen eingeschränkt oder gar ausgeschlossen werden (vgl. nur § 68 Abs. 2 Bln), und das Gleiche gilt aus Gründen des Erfahrung-Erlangens binnen der ersten zwei Wochen der Unterbringung (vgl. etwa § 70 Abs. 2 letzter Hs. UVollzG Bln ua (vgl. Begr. Bln., Drs. 16/2491, 70: der Anstalt ermöglichen, „sich ein Bild von der Persönlichkeit … zu machen", zw.; nicht Sachs.)).

48a Aufgrund des Erziehungsauftrags (vgl. auch § 2 Abs. 1) darf von diesen Formen der **Ausgrenzung** (vgl. näher → § 92 Rn. 82) nur restriktiv Ge-brauch gemacht werden, zumal nicht auszuschließen ist, dass die gesetzlichen Gründe auch hergenommen werden, um Platzmangel in den Wohngruppen zu kaschieren. – Für die **zahlenmäßige** Größe der Wohngruppe empfiehlt sich idR eine Anzahl von nicht mehr als 8 bzw. 12 Personen (vgl. auch HmbUVollzG § 76 Abs. 2: mehr als 15 unzulässig; § 47 Abs. 1 S. 2, 3 HessUVollzG: 8, ausnahmsweise 10; vgl. zu überwiegend durchaus höheren Belegungszahlen aber die schriftliche Befragung von Villmow ua (DVJJ 2012)).

49 d) **Gemeinsame Unterbringung mit Kindern.** Eine Unterbringung eines inhaftierten Elternteils mit Kindern bis zur Vollendung des **3.** (Hmb.: bis zum 5.) **Lbj.** ist von den meisten Ländern nur für Mütter vorgesehen (vgl. etwa § 14 UVollzG Bln ua (nach § 14 Abs. 1 S. 1 UVollzG M-V nur, wenn „es dem Kindeswohl dienlich ist"); Art. 42 S. 1 BayUVollzG (Verweis auf Art. 86 BayStVollzG)), von anderen auch für Väter (vgl. § 21 JVollzG Bbg (nach Abs. 2 S. 2 ggf. Absehen von der Kostentragung), § 14 SächsU-VollzG (gem. Abs. 1 S. 2 ggf. bis zum Alter von 3 ½ Jahren); § 65 Abs. 1 HessUVollzG (nicht schulpflichtige Kinder); vgl. im Übrigen → § 89b Rn. 13).

2. Haftraum

a) Größe. Die Haftraumgröße und, zumindest bei gemeinsamer Unter- 50 bringung, die Abtrennung und Entlüftung der Toilette, sind in den Landesgesetzen nicht einheitlich geregelt (vgl. aber European Prison Rules (Recommendation R (2006) 2) v. 11.1.2006, Nr. 18.3 („Specific minimum requirements in respect of the matters referred to in paragraphs 1 and 2 shall be set in national law"); zu Flächenangaben § 7 Abs. 2 und 3 JVollzGB BW I). Zumindest sind die von der Rspr. festgelegten Voraussetzungen einer menschenwürdigen Unterbringung einzuhalten (vgl. BVerfG NJW 2018, 686; OLG Hamm StV 2009, 262 (jeweils betr. allg. StrafvollzR); ergänzend → § 89b Rn. 19).

b) Sachen. Die Be- bzw. Überlassung von Sachen in den Haftraum ist 51 von der **Zustimmung** der **Anstaltsleitung** abhängig (§ 11 Abs. 2 S. 2 UVollzG NRW (zu Negativvoraussetzungen S. 3)) und im Einzelnen gem. der Art der Sachen an unterschiedliche Voraussetzungen geknüpft (zB Nahrungsmittel, „Annehmlichkeiten", zwecks Informationserlangung oder zum religiösen Gebrauch). Bei der **Entscheidung** muss zunächst geprüft werden, ob eine verfahrenssichernde Anordnung als Ausschlusstatbestand vorliegt, und sodann ua, ob die Sachen den Haftraum unübersichtlich machen ua nach Beschaffenheit oder Größe bzw. – nur mit unverhältnismäßig hohem Aufwand kontrollierbarer – Anzahl der Sachen (vgl. etwa § 16 UVollzG Bln ua (§ 18 Abs. 4 UVollzG Bln: ggf. Gegenstände „mengenmäßig" beschränken),; vgl. auch § 40 JVollzGB BW II; Art. 42 S. 1 BayUVollzG (Verweis auf Art. 90 BayStVollzG); § 11 Abs. 2 S. 3 UVollzG NRW; zu Punktwerten nach dem REFA-System OLG Jena StV 2011, 38 (betr. Erwachsenenrecht)).

Die Zustimmung kann unter bestimmten Voraussetzungen **widerrufen** 51a werden (vgl. etwa § 15 Abs. 5 UVollzG Bln ua (anders Hmb.); § 40 Abs. 4 JVollzGB BW II; als Ausnahme enger § 29 Abs. 2 S. 2 UVollzG Bln ua, generell § 40 UVollzG NRW iVm § 83 StVollzG NRW).

3. Einkauf

Bei Vermittlung der Anstalt ist der Einkauf von Nahrungs- (vgl. zum 52 ärztlichen Verbot krit. → Rn. 77), Genuss- und Körperpflegemitteln (vgl. betr. Kosmetika BVerfG, 3. K. des 2. S., NJW 2009, 661 (betr. allg. StR) mzustBspr Muckel JA 2009, 398) ebenso wie zB vom Briefpapier, Lernmitteln oder technischen Geräten zu gestatten, es sei denn, deren Überlassung steht eine verfahrenssichernde Anordnung entgegen oder sie sind ihrer Art nach geeignet, die Sicherheit oder Ordnung der Anstalt zu gefährden (vgl. etwa § 18 Abs. 2, 4 UVollzG Bln ua; § 142 Abs. 3, 4 JVollzG Nds; vgl. auch Art. 14 Abs. 3–5 BayUVollzG) – hierbei handelt es sich um eine mit der Unschuldsvermutung kaum zu vereinbarende Gleichstellung oder doch Annäherung an die Regelungen zum JStVollzug (zur Argumentation mit „Subkultur" vgl. → Rn. 8). Bezüglich des Einkaufs im Wege des Versandhandels bleiben Zulassung und Verfahren der Regelung (ggf. zB Bestimmung der Anbieter und zugelassener Sachen) durch die Anstaltsleitung überlassen (vgl. etwa § 18 Abs. 3 UVollzG Bln ua; vgl. auch § 63 Abs. 2 S. 3 BbgJVollzG). Die landesrechtlichen Vorschriften zur erlaubten Höhe der verwendeten Gelder stellen sich als teilweise nicht einheitlich dar (vgl. einschr. etwa § 14 Abs. 2 S. 1 ÄndG Hess. v. 30.11.2015 (GVBl. 498)); zu seitherigen Unterschieden schriftliche Befragung von Villmow ua DVJJ 2012).

4. Kleidung

53 **a) Grundsatz.** Vorbehaltlich anderer Vorgaben dürfen U-Gefangene grds. **eigene** Kleidung tragen sowie eigene **Bettwäsche, Hand- und Körperpflegetücher** benutzen, wenn sie für Reinigung, Instandhaltung und regelmäßigen Wechsel (auf ihre Kosten, § 17 Abs. 1 S. 1 UVollzG Bln, § 61 Abs. 3 S. 1 RhPfLJVollzG) sorgen (n. Höflich NK 2009, 134 f.), wobei die Anstaltsleitung (zur Reduzierung des Kontrollaufwandes) anordnen kann, dass Reinigung und Instandhaltung nur durch Vermittlung der Anstalt erfolgen dürfen (vgl. § 17 Abs. 1 UVollzG Bln ua; § 62 Abs. 2 BbgJVollzG; § 10 Abs. 1 S. 3 JVollzGB BW II; Art. 14 Abs. 1 BayUVollzG; §§ 46 Abs. 4, 13 Abs. 1 S. 2, Abs. 2 HessUVollzG). Jedoch dürfen verschiedentlich Kleidungsstücke und Bettwäsche in der VollzAnstalt „abgegeben und von dort abgeholt" oder von den U-Gefangenen versandt werden (§ 10 Abs. 1 S. 2 JVollzGB BW II; auf „im Einzelfall" beschränkt § 11 Abs. 1 S. 2 UVollzG NRW). Sind U-Gefangene nicht bereit oder in der Lage, für Instandhaltung, Reinigung und regelmäßigen Wechsel zu sorgen, werden sie mit Kleidung und/oder Wäsche der Anstalt ausgestattet.

53a **b) Einschränkung oder Ausschluss.** Das Recht zum Tragen eigener Kleidung kann eingeschränkt oder ausgeschlossen werden, soweit es zur Umsetzung einer verfahrenssichernden Anordnung oder zur Gewährleistung der Sicherheit oder Ordnung der Anstalt erforderlich ist (§ 17 Abs. 2 UVollzG Bln ua, § 60 Abs. 2 S. 2 JVollzGB LSA; nach Begr. RefE BbgU-VollzG, 21 zB, wenn Kleidung mit provozierenden Aufschriften getragen wird); Art. 14 Abs. 5 BayUVollzG).

VI. Kontakte mit der Außenwelt

1. Allgemeines

54 Das Recht auf **Kontakte nach außerhalb** der Anstalt durch Besuche, Schriftwechsel, Telefongespräche und Pakete hat besondere Bedeutung, weil diese Kontakte im Allg. geeignet sind, schädlichen Folgen der Freiheitsentziehung entgegenzuwirken (vgl. dazu → Rn. 38; krit. zu Grundrechtseinschränkungen Meyer-Mews NJ 2009, 96 (98 f.)). Sie werden daher auch normativ gefordert (Art. 12 Abs. 5 Unterab. 1 lit. c) und Abs. 6 RL (EU) 2016/800). Der mündliche und schriftliche Verkehr zumindest mit der **Verteidigung** (vgl. ergänzend → Rn. 57) ist grundsätzlich ohne Beschränkung und Überwachung zulässig (vgl. nur § 22 S. 1 UVollzG NRW iVm § 26

StVollzG NRW). In einzelnen Landesgesetzen ist der Verteidigung gleichgestellt der Verkehr mit der BewHilfe, der FA und der Gerichtshilfe (Art. 22
Abs. 2 BayUVollzG, § 21 S. 2 UVollzG NRW; vgl. auch § 2 Abs. 2, § 119
Abs. 4 Nr. 1–3 StPO). Für junge U-Gefangene gilt dies auch für **Beistände**
(§ 69 JGG; § 72 Abs. 6 UVollzG Bln ua, § 74 Abs. 3 JVollzGB BW II)
sowie weithin zudem für die **JGH** sowie die Personen der **Betreuungshilfe**
und der **EB** (vgl. Art. 32 Abs. 3 BayUVollzG; § 38 Abs. 2 UVollzG NRW;
§ 72 Abs. 6 SchlHUVollzG (außer EB); nicht zB § 70 Abs. 5 UVollzG Bln;
s. dazu auch Goerdeler StV 2005, 103 ff.; ergänzend → § 72 Rn. 34).

a) Vorbehalt; Wahrung des Erziehungsauftrags (§ 2 Abs. 1). Im 55
Übrigen steht das Kontaktrecht zum einen durchweg unter dem **Vorbehalt**,
dass keine dieses Recht unterbindende **verfahrenssichernde Anordnung**
vorliegt (vgl. etwa § 32 UVollzG Bln ua), worüber die Vollzugsanstalt indes
nicht ohne weiteres allein entscheiden darf, vielmehr ggf. verpflichtet ist,
eine richterliche Zustimmung einzuholen (§ 32 Abs. 2 SchlHUVollzG));
zum anderen können die Kontakte aus bestimmten Gründen verboten oder
überwacht bzw. Schreiben angehalten werden. – Soweit der Verkehr mit der
Außenwelt nach den allg. Vorschriften überwacht werden darf, gilt dies für
(junge und zumal für) jugendliche U-Gefangene nur in Modifizierung iSd
Erziehungsauftrags und unter Würdigung des elterlichen Erziehungsrechts
(Art. 6 GG) bzw. des **entwicklungsphasisch** elementaren Stellenwerts von
Gleichaltrigenkontakten (vgl. etwa auch BVerfG (3. Kammer des 2. Senats)
StV 2010, 142 Rn. 19: Clique). Dies entspricht gesetzessystematisch der
Abwägung innerhalb des § 72 und gebietet, dass tendenziell in größerem
Ausmaß als bei Erwachsenen soziale Beziehungen aufrechterhalten und ge-
fördert werden (vgl. schon Dallinger/Lackner Rn. 33 zum vormaligen § 93);
eine Förderung von Außenkontakten betr. Nichtangehörige nur bei „güns-
tigem Einfluss" (vgl. § 69 Abs. 1 iVm § 12 Abs. 1 S. 2 JVollzGB BW II)
kann die Gefahr einer – benachteiligenden – Bevormundung in sich tragen.

b) Ausnahmen. Andererseits können in besonderen Ausnahmefällen 55a
(krit. zur Unbestimmtheit des Begriffspaars „schädlicher Einfluss" in § 72
Abs. 4, 5 UVollzG Bln ua; Ostendorf/Rose SchlHA 2009, 209) auch Ver-
sagungen aus erzieherischen Gründen in Betracht kommen (zB wenn Tatsachen dazu vorliegen, dass der Kontaktpartner den U-Gefangenen persönlich,
wirtschaftlich oder körperlich missbraucht). Auch dann ist jedoch ein vor-
heriges gesprächsweises Bemühen geboten, um dem Betroffenen die Abträglichkeit des Kontakts zu bedeuten, sodass er ggf. auf den Verkehr verzichtet.
– Umgekehrt ist teilweise eine Versagung mit der (ggf. vorgeschobenen)
Begründung des Schutzes der besuchswilligen Person vor etwaigen – prognostisch unterstellten – „schädlichen Auswirkungen" vorgesehen (vgl. § 25
Abs. 2 Nr. 3 HessUVollzG (seit ÄndG GVBl. 2013, 46), entgegen der
Unschuldsvermutung „Opfer der Straftat"); die Ausdehnung der Ver-
sagungsmöglichkeit auf Fälle, in denen „der Kontakt geeignet ist, auf eine
extremistische Verhaltensweise hinzuwirken" (Abs. 2 Nr. 2 HessUVollzG
(seit ÄndG GVBl. 2015, 498)) birgt ggf. Beweisschwierigkeiten und geht
Gefahren gesteigerter Desintegration nicht konstruktiv an.

2. Besuch

56 **a) Dauer.** Die **Mindestbesuchszeit** für junge U-Gefangene beträgt gem. § 72 Abs. 1 S. 1 UVollzG Bln ua (§ 74 Abs. 1 JVollzGB BW II; Art. 32 Abs. 1 BayUVollzG; § 49 Abs. 2 S. 1 HessUVollzG) vier Stunden im Monat (nach § 160 Abs. 1 UVollzG Nds allerdings sechs Stunden (seit Gesetz v. 15.6.2017)), eine – auch gem. der Unschuldsvermutung – schwerlich mit dem Grundsatz der Verhältnismäßigkeit zu vereinbarende Einschränkung (dies gilt umso mehr betr. § 17 Abs. 1 S. 2 UVollzG NRW, § 33 Abs. 1 S. 2 SchlHUVollzG: nur zwei Stunden, zugleich unzulässige Schlechterstellung ggü. JStrafgefangenen (§ 23 Abs. 1 S. 1 JStVollzG NRW, § 39 UVollzG NRW argumentum e contrario; § 47 Abs. 1 S. 2 SchlHJStVollzG)), die zumindest hinsichtlich Angehöriger (s. betr. Kinder von Insassen § 17 Abs. 2 S. 1 UVollzG NRW: zwei weitere Stunden (Soll-Vorschrift)) oder bestimmter Bezugspersonen weniger eng gestaltet werden und im Übrigen die (für den Strafvollzug nicht selten vorgesehene) Möglichkeit zu Intimkontakten einbeziehen sollte (vgl. zu Langzeitbesuchen § 33 Abs. 4 SächsUVollzG). Hingegen sehen § 72 Abs. 3 und 4 UVollzG Bln ua Möglichkeiten der **Einschränkung** vor; dabei wird zumindest ein Untersagen wegen Einwänden Personensorgeberechtigter (vgl. § 70 Abs. 2 UVollzG Bln) eher restriktiv zu handhaben sein (vgl. auch → Rn. 12 sowie → § 92 Rn. 88; aus der Vollzugspraxis Fiedler DVJJ 2008, 112).

56a Andererseits sind Kontakte des U-Gefangenen zu *Angehörigen* besonders zu fördern (vgl. etwa § 33 Abs. 2 UVollzG Bln ua (§ 33 Abs. 1 S. 3 SchlHUVollzG, § 21 Abs. 2 HmbUVollzG). So sehen mehrere Länder bei Besuchen von Kindern die Nichtanrechnung auf die Regelbesuchszeit vor (vgl. § 72 Abs. 2 UVollzG Bln ua (§ 72 Abs. 1 SächsUVollzG; § 78 Abs. 2 HmbUVollzG), Art. 32 Abs. 1 S. 3 BayUVollzG (Verweisung); enger § 70 Abs. 1 S. 3 UVollzG Bln: erhöht sich die Gesamtdauer um zwei Stunden; nicht aber § 72 VollzGB BW II (vgl. indes zum JStVollzug Zwönitzer ua MschKrim 2013, 325 (328)); § 160 JVollzG Nds), und das Gleiche gilt ggf. auch für Besuche von Personensorgeberechtigten (Art. 32 Abs. 1 S. 2 BayU-VollzG); teilweise ist ein aktives Hinwirken auf die Aufrechterhaltung und Entwicklung der Kontakte genannt (vgl. vormals zu § 72 BbgUVollzG Begr. RefE BbgUVollzG, 29), wogegen ein Absehen angezeigt ist, wenn der U-Gefangene diesen Kontakt (nach erzieherischen Kriterien) begründet nicht will.

56b Unabhängig von der Mindestbesuchszeit sollen (§ 23 Abs. 3 UVollzG NRW; § 12 Abs. 3 JVollzGB BW II; § 21 Abs. 2 HmbUVollzG; § 33 Abs. 3 UVollzG Bln, § 33 Abs. 2 SchlHUVollzG) Besuche zur (nicht in anderer Weise erledigungsfähigen) Regelung von **persönlichen, recht-lichen** oder **geschäftlichen Angelegenheiten** gestattet werden, dh es besteht hierauf kein Rechtsanspruch, sodass zu besorgen ist, dass von den Ablehnungsgründen (zB Erledigung schriftlich oder durch Dritte) dergestalt Gebrauch gemacht wird, dass nur eingeschränkt gestattet wird.

57 **b) Ab- und Durchsuchen.** Nach allg. Auffassung ist die Anstalt ermächtigt, Besucher abzusuchen und zu durchsuchen bzw. Besuche zu untersagen, wenn die Sicherheit oder Ordnung der Anstalt gefährdet würde (§ 33 Abs. 4 bzw. Abs. 5 UVollzG Bln ua (§ 33 Abs. 3 und 4 SchlHUVollzG, § 21 Abs. 4 bzw. 5 HmbUVollzG), § 12 Abs. 4 S. 1 JVollzGB BW II, Art. 16 Abs. 1

S. 1, Abs. 2 BayUVollzG); auch kann die Anstalt von vollzugsfremden Personen ggf. – zeitnah zu löschende – Identikationsmerkmale erfassen (vgl. § 24 JVollzDSG Bln), und zwar, wenngleich eingeschränkt (§ 24 Abs. 2 S. 2 JVollzDSG Bln), auch von Verteidigern, RAen und Notaren. Hinsichtlich der mit *Entkleidung* verbundenen körperlichen Durchsuchung der U-Gefangenen (zur geschlechtsbezogenen Bestimmung der durchsuchenden Person vgl. § 44 Abs. 2 S. 5 UVollzG Bln), bevor und/oder nachdem sie Besuch hatten, sind die Regelungen in den Landesgesetzen unterschiedlich (ausdehnend etwa § 31 Abs. 3 HessUVollzG (durch Gesetz v. 30.11.2015); zur Begründungspflicht vgl. § 44 Abs. 4 S. 1 SächsUVollzG), jedoch sind stets konkrete Anhaltspunkte einer Gefahr erforderlich (vgl. auch BVerfG StV 2009, 253). Demgegenüber wird die Anstaltsleitung teilweise gar zu einer – ausdrücklich oder doch tendenziell das Regel/Ausnahmeverhältnis umkehrenden – allg. Anordnung ermächtigt (vgl. § 46 Abs. 3 JVollzGB BW II; Art. 42 S. 1 iVm Art. 91 Abs. 3 BayUVollzG; § 44 Abs. 3 S. 1 SächsUVollzG; § 44 Abs. 3 U-VollzG Bln ua (außer Sachs.; enger § 50 Abs. 3 HmbUVollzG: zulässig nur bei konkreten Anhaltspunkten; einschr. § 44 Abs. 3 S. 2 BremUVollzG); § 23 Abs. 5 UVollzG NRW (im RefE noch Soll-Vorschrift); § 84 Abs. 5 JVollzGB LSA).

Verteidiger, Rechtsanwälte und **Notare** haben zwar **ungehindert** **57a** **Zugang** zu U-Gefangenen zur Erledigung der ihren Aufgaben entsprechenden Angelegenheiten (§ 34 S. 1 UVollzG Bln ua (weitergehend SchlH: alle Berufsgeheimnisträger iSv § 53 Abs. 1 Nr. 1–5 StPO); § 25 Abs. 3 S. 3 HessUVollzG; § 15 Abs. 1 S. 1 JVollzGB BW II), dh die Anstalt hat deren Besuche iRd ihr organisatorisch Zumutbaren (vgl. Begr. RefE BbgU-VollzG, 30) ohne Einschränkung in Bezug auf Zeit und Häufigkeit zu gestatten. Indes können deren Besuche aus **Gründen der Sicherheit** davon abhängig gemacht werden, dass sich die Besucher ab- oder durchsuchen lassen (§§ 34 S. 2, 33 Abs. 4 UVollzG Bln ua (§§ 23 Abs. 1, 21 Abs. 4 HmbUVollzG); weiter § 15 Abs. 1 S. 3 JVollzGB BW II, Art. 16 Abs. 1 S. 1 BayUVollzG: „oder Ordnung").

Eine **inhaltliche** Überprüfung oder Kenntnisnahme der vom **Verteidiger** **57b** mitgeführten Schriftstücke und sonstigen Unterlagen ist **ausgeschlossen** (§ 34 S. 3 UVollzG Bln ua; § 15 Abs. 1 S. 4 JVollzGB BW II; Art. 22 Abs. 1 S. 5 BayUVollzG), und das Gleiche gilt in mehreren Ländern für die beiden anderen Berufsgruppen (§ 34 S. 3 UVollzG Bln, § 34 S. 4 SchlHU-VollzG, § 23 Abs. 3 HmbUVollzG, § 34 Abs. 6 S. 1 SächsUVollzG) – an einer durchgreifenden Begründung für die ansonsten bestehende Nicht-gleichstellung fehlt es (vgl. auch → Rn. 59).

c) Überwachung. Eine Beaufsichtigung im Sinne **optischer** Über- **58** wachung ist für Besuche vorgesehen (vgl. §§ 166, 144 Abs. 1 S. 1 VollzG Nds: offen überwacht (nach Barkemeyer FS 2009, 29 „Regelfall" und Rückgang der Zahl der Einzelbesuche)), wobei die Anstalt sich unter bestimmten Voraussetzungen technischer Hilfsmittel bedienen kann (vgl. § 35 Abs. 1 UVollzG Bln ua (Hmb. § 22 Abs. 1 HmbUVollzG; nicht Saarl.); § 14 Abs. 2 S. 1, 2 JVollzG BW II; Art. 17 Abs. 1 S. 1, 2 BayUVollzG; § 26 Abs. 5 S. 1–3 HessUVollzG), sofern sie die zu überwachenden Personen vorab darauf hinweist. Die erhobenen personenbezogenen Daten dürfen nur unter engen Voraussetzungen – gem. § 35 Abs. 3 S. 2 BremUVollzG, § 34 Abs. 2 S. 4 SächsUVollzG ist eine Aufzeichnung ausgeschlossen – verarbeitet

und genutzt werden (vgl. § 89 Abs. 9 UVollzG Bln ua (enger Bln.
§§ 65, 23 Abs. 1 bzw. Abs. 3–5 JVollzDSG Bln; § 103 Abs. 9 HmbUVollzG)).

58a   Im Einzelfall ist eine **akustische** Überwachung unter engen Vorausset-
zungen zulässig (vgl. § 35 Abs. 2 UVollzG Bln ua (§ 22 Abs. 2 HmbU-
VollzG)), und zwar muss sie im Einzelfall aus Gründen der *Sicherheit* (so § 35
Abs. 2 UVollzG Bln) oder zur Abwendung einer *schwerwiegenden* Störung
der Ordnung der Anstalt erforderlich sein (auf „schwerwiegend" verzichten
§ 17 Abs. 9 S. 1 UVollzG NRW iVm § 20 Abs. 2 S. 1 StVollzG NRW, § 14
Abs. 1 S. 2 JVollzGB BW II, Art. 17 Abs. 2 S. 1 BayUVollzG; § 144 Abs. 1
S. 2 JVollzG Nds, die erstgenannte Vorschrift verlangt aber „konkrete"
Anhaltspunkte (vgl. auch OLG Hamm NStZ-RR 2009, 124, betr. allg.
StVollzR), das JVollzG Nds versagt betr. die Entscheidung zur Abwehr einer
Verdunkelungsgefahr die Zuständigkeit der VollzAnstalt (§ 144 Abs. 2 S. 1,
abw. von § 134 Abs. 5 S. 1)). Eine Differenzierung schon nach dem Haftgrund findet sich in den Landesgesetzen nicht (vgl. auch → Rn. 23–26),
obgleich einer etwaigen Gefahr des „Sich-Versorgens" Betroffener untereinander durch sog. „Pendeln" im Wege räumlicher Trennung begegnet
werden könnte. Da hier keine Vorab-Unterrichtung des U-Gefangenen
vorgesehen ist, wird nicht nur das Besuchsrecht entwertet, sondern es ist
auch zu besorgen, dass personenbezogene Daten, die dem Kernbereich der
persönlichen Lebensgestaltung zuzuordnen sind, erfasst werden.

58b   Im Übrigen darf die Anstalt Besuche **abbrechen,** wenn Besucher oder U-
Gefangene gegen gesetzliche Bestimmungen oder gegen Anordnungen verstoßen, die aufgrund des Gesetzes getroffen wurden, und zwar einschließlich
verfahrenssichernder Anordnungen (vgl. § 35 Abs. 3 UVollzG Bln ua (Bremen § 35 Abs. 3 BremUVollzG, § 22 Abs. 3 HmbUVollzG); § 14 Abs. 4
JVollzGB BW II; Art. 17 Abs. 4 BayUVollzG). Dem wird „eine Abmahnung in aller Regel" (vormals Begr. RefE UVollzG NRW, 119) vorauszugehen haben (§ 17 Abs. 9 S. 1 UVollzG NRW iVm § 20 Abs. 3 StVollzG
NRW).

59   Besuche von **Verteidigern** dürfen **nicht überwacht** werden (allg. Auffassung); in mehreren Ländern gilt dies auch für Besuche von Rechtsanwälten und Notaren in einer den U-Gefangenen betreffenden Rechtssache
(§ 35 Abs. 4 UVollzG Bln und Sachs., § 35 Abs. 5 BremUVollzG, § 23
Abs. 2 HmbUVollzG; § 15 Abs. 1 S. 2 JVollzGB BW II). Soweit hinsichtlich von Besuchen von Rechtsanwälten und Notaren hingegen die allg.
Vorschriften gelten, bestehen schon wegen ggf. fließender Übergänge zwischen den Funktionen des Verteidigers bzw. des Rechtsanwalts und ohnehin
wegen der Einschränkung ggü. der Vertraulichkeit erhebliche Bedenken.
Insbesondere fehlt es an einer rechtlich tragfähigen Begründung (die Nichtüberwachung betr. Verteidiger beruht auf dem Recht auf effektive Verteidigung, nicht aber auf geringerer Vertrauenswürdigkeit von Rechtsanwälten und Notaren), dh eine Kontrolle ist nur vertretbar, wenn konkrete
Anhaltspunkte für einen Missbrauch der Kommunikation bestehen.

60   **d) Übergabe von Gegenständen.** § 35 Abs. 5 S. 1 UVollzG Bln ua
(§ 35 Abs. 6 S. 1 BremUVollzG, § 22 Abs. 4 HmbUVollzG) **verbietet**
grundsätzlich die Übergabe von Gegenständen beim Besuch an Besuchte,
um zu verhindern, dass verbotene Sachen (zB Betäubungsmittel) oder Nah-
rungs- und Genussmittel, die nicht zugesandt werden dürfen (vgl. § 41
Abs. 1 UVollzG Bln ua (Hmb. § 28 Abs. 1 S. 3 HmbUVollzG); diff. § 14

Abs. 3 S. 1–3 JVollzGB BW II; nach § 41 Abs. 1 S. 1 SächsUVollzG auch
keine Körperpflegemittel), in die Anstalt gelangen. Eine im Einzelfall zulässige Trennscheibe bedarf der Erforderlichkeit (vgl. § 34 Abs. 7 SächsU-
VollzG; vgl. aber zu bloßem Verdacht § 26 Abs. 5 S. 5 HessUVollzG; betr.
einen „Trennscheibentisch" bei Besuch von Familienangehörigen (Art. 6
Abs. 1 GG) sind konkrete Anhaltspunkte für einen Missbrauch vorausgesetzt, KG NStZ-RR 2011, 388 (betr. allg. StVollzR)). Das Verbot gilt
auch für die Übergabe an Besuchende, wozu die vorgenannte Begründung
nur teilweise zu tragen vermag.

Von dem Verbot der Übergabe sind berufsbezogene Schriftstücke und **60a**
Unterlagen der **Verteidiger** sowie Rechtsanwälte und Notare zur Erledi-
gung einer den U-Gefangenen betreffenden Rechtssache **ausgenommen,**
jedoch kann die Übergabe bei Rechtsanwälten oder Notaren aus Gründen
der Sicherheit und Ordnung der Anstalt von einer Erlaubnis abhängig
gemacht werden (vgl. § 35 Abs. 5 S. 2, 3 UVollzG Bln ua (§ 35 Abs. 6
BremUVollzG; nicht § 23 Abs. 3 HmbUVollzG); § 34 Abs. 6 S. 3 SächsU-
VollzG; § 15 Abs. 2 S. 3 UVollzG BW II; Art. 22 Abs. 3 BayUVollzO
(Verweisung); § 26 Abs. 4 S. 7 HessUVollzG e contr). Solchenfalls setzt eine
Versagung indes konkrete Anhaltspunkte für Missbrauch voraus.

3. Schriftwechsel, Pakete

a) Allgemeines. Die Ausübung des Rechts auf **Schriftwechsel** geschieht **61**
durch Vermittlung der Anstalt (vgl. § 38 Abs. 1 UVollzG Bln ua (§ 24
Abs. 1 HmbUVollzG); § 18 Abs. 1 JVollzGB BW II; Art. 19 Abs. 4 BayU-
VollzG (Verweisung); § 18 Abs. 1 UVollzG NRW iVm § 21 StVollzG
NRW). Soweit sie unter bestimmten Voraussetzungen Schreiben anhalten
(vgl. etwa § 18 Abs. 1 UVollzG NRW iVm § 23 StVollzG NRW,§ 39
Abs. 1 UVollzG Bln ua (§ 26 HmbUVollzG); § 40 SächsUVollzG; § 19
JVollzGB BW II; Art. 20 Abs. 1 BayUVollzG; näher → Rn. 65) oder den
Schriftwechsel mit bestimmten Personen untersagen (vgl. etwa § 36 Abs. 2
UVollzG Bln ua (§ 24 Abs. 2 HmbUVollzG); § 16 Abs. 2 JVollzG BW II)
kann (vgl. auch → § 72 Rn. 27), wird dies – auch gem. der Unschuldsver-
mutung – nur dann mit dem Verhältnismäßigkeitsgrundsatz zu vereinbaren
sein, wenn konkrete Anhaltspunkte für eine Gefährdung von Sicherheit oder
Ordnung der Anstalt vorliegen (einschr. § 36 Abs. 2 UVollzG M-V: „soweit"; betr. Briefverkehr s. zum Vorrang von Art. 2 Abs. 1 iVm Art. 6
Abs. 1 GG ggü. den Belangen der Ordnung in der VollzAnstalt BVerfG
NJW 1981, 1943 f. bzw. von Art. 2 Abs. 1 iVm Art. 1 Abs. 1 GG im
Rahmen eines Vertrauensverhältnisses zu einer Freundin BVerfG (3. K. des
2. S.) StV 2010, 142). Entsprechendes gilt hinsichtlich des Kontrollaufwandes betr. Häufigkeit und Umfang von Briefen (vgl. OLG Celle StraFo 2009,
516: ein Brief von knapp 10 Seiten durchschnittlich jeden Tag nicht von
vornherein unverhältnismäßig (betr. allg. StVollzR)).

Die **Kosten** des Schriftverkehrs hat der U-Gefangene selbst zu tragen **61a**
(§ 36 Abs. 1 UVollzG Bln ua (ohne Ausnahme); anders § 24 Abs. 3 HmbU-
VollzG), bei „bedürftigen" U-Gefangenen (§ 16 Abs. 4 S. 2 UVollzG
NRW; s. auch § 16 Abs. 3 S. 2 JVollzGB BW II; Art. 18 Abs. 2 S. 2
BayUVollzG; § 36 Abs. 1 S. 3 UVollzG Bln) bzw. nur „in besonderen
Härtefällen" kann die VollzAnstalt gem. dem Sozialstaatsgebot die Kosten in
angemessenem Umfang übernehmen (vgl. Begr. RefE BbgUVollzG, 32).

Zu Kosten für Schreibgeräte in vollzugsrechtlichen Belangen BVerfG BeckRS 2017, 130794 (betr. allg. StVollz).

61b   Teilweise ist Kommunikation auf **elektronischem** Wege mit der Begründung nicht zugelassen bzw. zumindest ohne Rechtsanspruch (vgl. Art. 21 Abs. 3 BayUVollzG), Missbrauchsmöglichkeiten und Kontrollaufwand seien zu hoch. Ob dies ggü. der zunehmend gewachsenen und mitunter dominierenden Bedeutung dieser Art des Kontakts in der Außengesellschaft mit der Unschuldsvermutung und dem Angleichungsgrundsatz (vgl. → Rn. 37) vereinbar ist, ist nicht abschließend geklärt. – Einschlägigen Angeboten der VollzAnstalten, die unter Aufsicht iRd Vollzugsgestaltung durchgeführt werden, kommt weiterführende Bedeutung zu (vgl. etwa § 28 Abs. 1 S. 2 HessUVollzG), wogegen die Kann-Vorschrift, die Teilnahme von der Einwilligung in „stichprobenartige Überwachung" abhängig zu machen (§ 28 Abs. 3 HessUVollzG (eingef. durch Gesetz v. 30.11.2015)), faktisch eine Einschränkung darstellt.

62   Der *Empfang* von **Paketen** ist nur mit Erlaubnis der Anstalt gestattet, Pakete mit Nahrungs- und Genussmitteln (nach § 41 Abs. 1 S. 1 SächsU-VollzG auch mit Körperpflegemitteln, nach § 41 Abs. 1 S. 1 UVollzG Bln auch mit Arzneimitteln) sind – mit Ausnahme von Bbg. (§ 45 Abs. 1 S. 1 BbgJVollzG) und Hmb. (§ 78 Abs. 7 S. 1 iVm § 28 Abs. 1 S. 3 HmbU-VollzG) – ausgeschlossen (vgl. § 41 Abs. 1 S. 1 UVollzG Bln ua; § 45 Abs. 1 iVm § 1 ThürJVollzG; § 20 UVollzG NRW iVm § 28 Abs. 1 S. 2 StVollzG NRW; § 21 Abs. 1 S. 3 JVollzGB BW II; Art. 23 Abs. 1 S. 2 BayUVollzG (Verweisung); § 29 Abs. 1 S. 3 HessUVollzG; vgl. aber → § 92 Rn. 92), und zwar auch betr. Pakete von wohltätigen Organisationen – hierbei handelt es sich um eine mit der Unschuldsvermutung kaum zu vereinbarende, eine Gleichstellung mit dem JStVollzug schaffende Regelung (zur Argumentation mit „Subkultur" vgl. → Rn. 8). Neben der Befugnis der Anstaltsleitung, Pakete zu kontrollieren, kann der Empfang – allerdings nur vorübergehend – untersagt werden, wenn dies wegen Gefährdung der Sicherheit oder Ordnung der Anstalt unerlässlich ist (vgl. § 41 Abs. 3 UVollzG Bln ua). – Eine *Versendung* von Paketen kann dem U-Gefangenen gestattet werden (zur ggf. teilweisen Kostenübernahme § 41 Abs. 5 S. 2 UVollzG Bln, § 16 Abs. 4 S. 2 UVollzG NRW), jedoch kann die Anstalt aus Gründen der Sicherheit oder Ordnung den Inhalt überprüfen (vgl. § 41 Abs. 4 UVollzG Bln ua (§ 28 Abs. 3 HmbUVollzG); § 21 Abs. 3 S. 2 JVollzGB BW II). Unbestimmt und mit der Unschuldsvermutung schwerlich vereinbar ist § 41 Abs. 3 S. 3 SächsUVollzG, wonach der Versand untersagt werden kann, wenn schädlicher Einfluss „auf Opfer der Straftaten zu befürchten" ist.

63   **b) Einzelne Regelungen.** Das grundrechtlich geschützte Briefgeheimnisses (Art. 10 Abs. 1 GG) einschränkend gilt – ähnlich wie betr. die optische Besuchsüberwachung – der Grundsatz der **Sichtkontrolle** ein- und ausgehender Schreiben, und zwar zwecks Überwachung betr. verbotene Gegenstände (vgl. etwa § 37 Abs. 1 S. 1 UVollzG Bln ua (§ 25 Abs. 1 S. 1 HmbUVollzG); § 146 Abs. 1 JVollzG Nds). Zudem erlauben die Landesgesetze der Anstaltsleitung, eine **inhaltliche** (Text-)Kontrolle anzuordnen (§ 37 Abs. 1 S. 2 UVollzG Bln ua (§ 25 Abs. 1 S. 2 HmbUVollzG); vgl. auch § 18 Abs. 1 UVollzG NRW iVm § 22 Abs. 2 StVollzG NRW; § 146 Abs. 2 S. 2, Abs. 3 JVollzG Nds: zuständig nur das Gericht), wenn dies aus

Gründen der *Sicherheit* oder zur Abwendung einer *schwerwiegenden* Störung der Ordnung der VollzAnstalt erforderlich ist (einschr. § 37 Abs. 1 S. 2 UVollzG M-V: „soweit"; anders Art. 19 Abs. 2 BayUVollzG: „wird abgesehen, wenn eine Gefährdung der Sicherheit und Ordnung nicht zu befürchten ist"). – Eine Differenzierung nach den Haftgründen (vgl. → Rn. 23 –26) sehen die Landesgesetze nicht vor (krit. betr. Besuch → Rn. 58).

Wegen des Grundrechtseingriffs stellt sich eine **Dokumentations-** und **63a** **Begründungspflicht** indes als unerlässlich dar, um eine effektive nachträgliche gerichtliche Kontrolle zu ermöglichen. – Tritt diese Briefkontrolle neben eine gerichtlich zur Sicherung des Haftzwecks angeordnete, so findet ein *doppelter* Grundrechtseingriff statt, der als unzumutbar erscheint, dh die Anordnung dieser Briefkontrolle ist *unzulässig,* wenn bereits eine gerichtliche vorliegt.

Werden zwecks Überwachung **Übersetzungen** erforderlich, so habe die **63b** VollzAnstalt solche nach § 144 Abs. 3 JVollzG Nds nur „in angemessenem Umfang" zu tragen (vgl. auch → § 92 Rn. 94) – eine mit Art. 6 Buchst. e EMRK kaum zu vereinbarende Restriktion (vgl. BVerfG NJW 2004, 1095). Eher wird äußerstenfalls eine Beschränkung des Schriftverkehrs zulässig sein.

Zudem müssen U-Gefangene eingehende Schreiben, sofern sie diese nicht **63c** verschlossen zu ihrer Habe geben, grundsätzlich **unverschlossen verwahren,** damit sie bei einer Durchsuchung aus Gründen der Sicherheit oder Ordnung der Anstalt überprüft werden können (vgl. § 38 Abs. 3 UVollzG Bln ua außer Hmb.); § 18 Abs. 3 JVollzGB BW II; Art. 19 Abs. 4 BayU-VollzG (Verweisung)). Diese Regelung ist mit **datenschutzrechtlichen** Grundsätzen wie auch mit der **Unschuldsvermutung** nicht ohne weiteres vereinbar.

Der Schriftwechsel des U-Gefangenen mit **Verteidigern** (vgl. näher **64** BGH StV 2015, 341 (zum allg. StR); speziell betr. Bußgeldbescheid (§ 115 Abs. 1 OWiG) trotz Befugnis zur Weitergabe OLG Karlsruhe NStZ-RR 2014, 224 (Freispruch, betr. allg. U-Haftvollz)) sowie mit Rechtsanwälten und Notaren in einer den Gefangenen betreffenden Rechtssache darf **nicht überwacht** werden (vgl. § 37 Abs. 2 UVollzG Bln., Sachs. und SchlH, Hmb. § 25 Abs. 2 HmbUVollzG); soweit Rechtsanwälte und Notare ausgenommen sind (vgl. etwa § 37 Abs. 2 UVollzG Bln ua (außer den vorgenannten Ländern), § 22 S. 1 UVollzG NRW iVm § 26 Abs. 3 StVollzG NRW; § 17 Abs. 2 JVollzGB BW II (Einschränkungen)), wird auf → Rn. 59 verwiesen. Betreffend Regelungen, denen zufolge sich eine (gar auch heimliche) Haftraumkontrolle zwar auf die „Sichtkontrolle" von Schreiben der vorgenannten Personen erstrecken darf, ohne dass dabei aber vom Inhalt Kenntnis genommen werden darf (so § 44 Abs. 5 SächsU-VollzG, § 44 Abs. 4 SchlHUVollzG; anders § 44 Abs. 1 S. 5 UVollzG Bln: „in Gegenwart"), lässt sich die zweitgenannte Voraussetzung schwerlich verlässlich einhalten (vgl. zu Nachw. → § 92 Rn. 59). – Auch der Schriftverkehr des U-Gefangenen mit bestimmten **öffentlichen Stellen** (zB Petitionsausschuss, Ausschuss für Menschenrechte bzw. Ausschuss gegen Folter und andere grausame, unmenschliche oder erniedrigende Behandlung oder Strafe (jeweils Vereinte Nationen), Europäische Kommission gegen Rassismus und Intoleranz) einschließlich von deren Antworten, sofern die Identität des Absenders zweifelsfrei feststeht, wird nicht überwacht (vgl. § 37 Abs. 3 S. 1–4 UVollzG Bln ua (§ 25 Abs. 3 HmbUVollzG; zur subsidiären Sichtkontrolle § 37 Abs. 3 S. 3 UVollzG Bln); § 17 Abs. 3

JVollzGB BW II; Art. 19 Abs. 3 BayUVollzG (Verweisung); vgl. im Übrigen → § 72 Rn. 35 ff.).

65   **c) Anhalten von Schreiben.** Bzgl. der Befugnis, aus bestimmten, **abschließend** genannten **Gründen,** Schreiben anzuhalten (vgl. → Rn. 61), sieht Nds. eine ausschließliche Zuständigkeit des Gerichts vor (vgl. § 147 Abs. 1 S. 1 JVollzG Nds (Hs. 2 erst durch ÄndG v. 20.2.2009 eingefügt, GVBl. 32)), allerdings reicht hiernach bereits, dass es „die Ordnung" der VollzAnstalt erfordert. Hinsichtlich des mit „Aufgaben des U-Vollzugs" umschriebenen Grundes (§ 39 Abs. 1 Nr. 1 UVollzG Bln ua (Hmb. § 26 Abs. 1 Nr. 1)) geht es um die Kooperation mit der Strafjustiz (vgl. dazu aber → Rn. 14, 15) und betrifft etwaige Erkenntnisse zu den Haftgründen, über die Gericht oder Staatsanwaltschaft noch nicht verfügen; dies könnte zB auch für die Soll-Vorschrift gelten, „wenn der Kontakt geeignet ist, auf eine extremistische Verhaltensweise hinzuwirken" (§ 27 Abs. 3 Nr. 1 UVollzG Hess. (eingef. durch Gesetz v. 30.11.2015)). Gemäß § 39 Abs. 1 Nr. 3 UVollzG Bln ua (§ 26 Abs. 1 Nr. 4 HmbUVollzG), § 19 Abs. 1 Nr. 4 JVollzGB BW II gilt – die Unschuldsvermutung tangierend – als Grund „grobe Beleidigungen", obwohl dies im sonstigen privaten Schriftverkehr (innerhalb enger Sphäre) rechtlich neutral ist und gerade während der U-Phase das psychische Bedürfnis nach einschlägigen Formulierungen oftmals anwächst, und zwar tendenziell erhöht bei jungen U-Gefangenen (vgl. ergänzend → § 92 Rn. 94). Zumindest Briefe an nahe Angehörige dürfen grundsätzlich nicht wegen als „unsachlich" oder „beleidigend" beurteilter Passagen angehalten werden (vgl. schon BVerfGE 42, 237; näher Arloth ZIS 2010, 263 ff.).

65a   Immerhin ist die Möglichkeit eingeräumt, ein Begleitschreiben zur **Gegendarstellung** (nach Begr. RefE BbgUVollzG, 34: „Richtigstellung") beizufügen (vgl. § 39 Abs. 2 UVollzG Bln, § 26 Abs. 2 HmbUVollzG, § 19 Abs. 2 JVollzGB BW II; Art. 20 Abs. 4 BayUVollzG (Verweisung)), wenn Schreiben des U-Gefangenen (nach der Version der Anstaltsleitung) falsche Darstellungen von den Anstaltsverhältnissen aufweisen.

65b   Wird ein Schreiben angehalten, so ist der U-Gefangene davon zu **unterrichten,** indes kann hiervon (vorübergehend) abgesehen werden, „wenn und solange" es die Aufgabe des U-Vollzugs erfordert (§ 39 Abs. 3 S. 2 UVollzG Bln, § 26 Abs. 3 HmbUVollzG, § 19 Abs. 3 S. 2 JVollzGB BW II; § 42 Abs. 3 S. 2 JVollzGB LSA; ohne Einschränkung, aber auch ohne Zeitangabe, Art. 20 Abs. 2 BayUVollzG). – Um eine nachträgliche gerichtliche Überprüfung der Rechtmäßigkeit des Anhaltens zu ermöglichen, bedarf es einer **Dokumentation** und **Begründung.**

4. Telefonischer bzw. elektronischer Kontakt

66   **a) Telefongespräche.** Diesbezüglich räumen die gesetzlichen Regelungen nur einen Anspruch auf fehlerfreie Ermessensausübung ggü. der Anstalt ein (vgl. § 19 S. 1 UVollzG NRW iVm § 24 Abs. 1 StVollzG NRW; § 40 S. 1, 2 UVollzG Bln ua (MV Abs. 1 S. 1, 2 UVollzG M-V; als Soll-Vorschrift aber Hmb. § 27 Abs. 1 S. 1 HmbUVollzG); § 69 Abs. 1 iVm § 20 Abs. 1 JVollzGB BW II; s. zu § 148 VollzG Nds Barkemeyer FS 2009, 29 (Zunahme der Erteilung allg. Telefonerlaubnisse, Mithören weniger häufig); modifiziert Art. 21 Abs. 1 BayUVollzG). Generell wird eine Versagung oder eine für den Außenkontakt wesentliche Beschränkung – auch im Lichte der Unschuldsvermutung – nur dann mit dem Grundsatz der Verhältnismäßigkeit zu vereinbaren sein, wenn konkrete Anhaltspunkte für eine Gefährdung von Sicherheit und Ordnung der Anstalt vorliegen. – Eher unbestimmt und mit der Unschuldsvermutung schwerlich vereinbar verhält sich die Kann-Vorschrift des § 36 Abs. 1 S. 3 SächsUVollzG betr. ein Untersagen von Gesprächen mit Personen, die „Opfer der Straftaten" waren.

Ist die **Überwachung** angeordnet, so teilt die VollzAnstalt oder der U- **67** Gefangene dies dem Gesprächspartner unmittelbar nach Herstellung der Verbindung mit, den U-Gefangenen informiert die VollzAnstalt „rechtzeitig vor Beginn" des Telefonats über Überwachung und bevorstehende Mitteilung an den Dritten (vgl. § 40 S. 3, 4 UVollzG Bln, § 40 Abs. 1 S. 3 UVollzG M-V, § 27 Abs. 1 S. 4 HmbUVollzG, § 36 Abs. 1 S. 4 SächsU-VollzG; § 20 Abs. 2 S. 2 JVollzGB BW II; Art. 21 Abs. 2 S. 2 BayUVollzG (Verweisung); § 19 S. 1 UVollzG NRW iVm § 24 Abs. 2 S. 2 StVollzG NRW). Indes ist die Mitteilungspflicht ggü. dem Gesprächspartner, die mit dessen Interessen begründet wird, im Hinblick auf Schutzinteressen des U-Gefangenen einwandbehaftet (grds. zu datenschutzgerechter Insassen-Telefonie *Körffer* FS 2015, 323 ff.; vgl. auch → § 72 Rn. 28). – Hingegen hat der U-Gefangene ein Recht auf **unüberwachte** Telefongespräche mit dem **Verteidiger** (zur Unzulässigkeit der Versagung wegen mutmaßlichen Missbrauchs BGH NStZ 2011, 592; zu etwa zulässiger Anwesenheit Bediensteter (nur) in extremer Fallkonstellation BGH StV 1999, 39 mablAnm *Lüderssen* StV 1999, 490).

Die Kosten hat der U-Gefangene selbst zu tragen (§ 40 S. 1 UVollzG Bln, **68** § 40 Abs. 1 S. 1 UVollzG M-V, § 27 Abs. 1 S. 1 HmbUVollzG (jeweils ohne Ausnahme)). Wie betr. den Schriftverkehr (vgl. → Rn. 61, 63) kann die Anstalt nur in begründeten Ausnahmefällen die Kosten in angemessenem Umfang übernehmen (vgl. § 40 Abs. 2 UVollzG Bln, § 16 Abs. 4 S. 2 UVollzG NRW; § 20 Abs. 3 JVollzGB BW II; ähnlich Begr. RefE BbgU-VollzG, 35).

b) Mobilfunkgeräte. Diese werden seither nur eingeschränkt (vgl. § 22 **69** Abs. 1 JVollzGB BW I; § 40 Abs. 2 UVollzG M-V (als Ausnahmen); vgl. aber zur Höhe BVerfG NJW 2018, 144, betr. allg. StVollz) bzw. gar nicht (§ 40 Abs. 2 BremUVollzG und § 40 SächsUVollzG, § 28 Abs. 4 S. 1 HessUVollzG, § 36 Abs. 4 SächsUVollzG) zugelassen, da eine Überwachung zumindest erschwert wäre. Tatsächlich lässt sich das Verbot nur begrenzt durchsetzen. Disziplinarrechtliche Reaktionen berühren den Angleichungsgrundsatz (vgl. → Rn. 37).

Zur Regelung der **Störung** von **Frequenzen** vgl. § 27 Abs. 2 S. 1 **69a** HmbUVollzG, § 40 Abs. 3 S. 1 Nr. 3 BremUVollzG, § 40 Abs. 3 S. 1 Nr. 3 UVollzG M-V; § 36 Abs. 5 SächsUVollzG; § 28 Abs. 4 S. 2 HessU-VollzG; Art. 21 Abs. 4 BayUVollzG (Verweisung).

VII. Freizeit, Religionsausübung, Gesundheit

1. Freizeit

Im Bereich der Freizeitgestaltung haben Angebote für sportliche Betäti- **70** gung ebenso wie für die Beschäftigung in kulturellen Bereichen zentrale

Bedeutung (vgl. auch → § 92 Rn. 96 ff.), damit die jungen U-Gefangenen (eigene, als positiv beurteilte) Neigungen und Begabungen entwickeln können. Wegen der Unschuldsvermutung dürfen die jungen U-Gefangenen aber nicht zur Teilnahme an den Freizeitangeboten verpflichtet werden (anders § 128 Abs. 2 S. 1 JVollzG Nds), hingegen verlangen § 73 Abs. 1 S. 2 UVollzG Bln ua, § 79 Abs. 1 S. 2 HmbUVollzG, § 76 S. 1 JVollzGB BW II, Art. 30 Abs. 2 S. 2 BayUVollzG, sie zur Teilnahme und Mitwirkung zu motivieren.

71   **a) Angebote.** Die VollzEinrichtungen sind verpflichtet, „geeignete Angebote" vorzuhalten (vgl. § 73 Abs. 1 S. 1 UVollzG Bln, § 79 Abs. 1 S. 1 HmbUVollzG, § 76 S. 2 JVollzGB BW II; vgl. aber § 14 Abs. 1 S. 2 UVollzG NRW: Soll-Vorschrift; eher unbestimmt Art. 31 BayUVollzG). Gemäß § 73 Abs. 3 S. 2 UVollzG Bln, § 79 Abs. 3 S. 2 HmbUVollzG, § 76 S. 2 JVollzGB BW II, § 51 S. 2 HessUVollzG muss Gelegenheit zu **sportlicher** Betätigung (wohl mit Sportgeräten ausgestattete Räume bzw. Außenspielfelder) in einem Mindestangebot von zwei (nach § 39 UVollzG NRW iVm § 38 S. 2 JStVollzG NRW: drei, gem. § 73 Abs. 3 SächsUVollzG vier) Stunden wöchentlich bereitgestellt werden. Nach § 67 Abs. 2 UVollzG Bln ua (spezieller § 77 Abs. 2 HmbUVollzG), § 35 Abs. 2 UVollzG NRW sollen altersgemäße Beschäftigungs-, Bildungs- und Freizeitmöglichkeiten angeboten werden. Im Einzelnen kommt eine Vielzahl von Beschäftigungen in Betracht (zB Lesen, Diskussions- und Arbeitsgruppen, musische Aktivitäten, Basteln, etc (vgl. etwa schon Zirbeck, Die U-Haft bei Jugendlichen und Heranwachsenden, 1973, 60 ff.)). Nach § 78 Abs. 1 S. 2 UVollzG Bln ua (nicht Bremen, MV, Saarl., Sachs., SchlH; vgl. demgegenüber noch Nr. 45 Abs. 1 UVollzO), § 22 Abs. 2 S. 1 HessUVollzG muss eine Bibliothek vorgehalten werden, nach § 65 Abs. 1 S. 2 BbgJVollzG (ebenso § 63 Abs. 1 S. 2 JVollzGB LSA) eine Mediathek. – Verschiedentlich wird die Förderung der „sittlichen und geistigen Entwicklung" empfohlen (vgl. vormals etwa Dallinger/Lackner § 93 Rn. 30), wobei indes zumindest die Unschuldsvermutung zu wahren ist.

72   **b) Zeitungen, Zeitschriften.** Die U-Gefangenen können – vorbehaltlich der Erforderlichkeit einer Vorenthaltung aufgrund verfahrenssichernder Anordnungen – in Ausübung des Grundrechts der Informationsfreiheit **(Art. 5 Abs. 1 GG)** frei darüber entscheiden, welche Zeitungen und Zeitschriften sie auf eigene Kosten beziehen wollen, soweit deren Verbreitung nicht mit Strafe oder Geldbuße bedroht ist (vgl. § 27 Abs. 1, Abs. 2 S. 1 UVollzG Bln ua; § 22 Abs. 2 S. 4 HessUVollzG). Teilweise ist ein Vorenthalten auch zulässig, wenn die Sicherheit oder Ordnung der Anstalt erheblich gefährdet würde (§ 37 Abs. 2 S. 2 HmbUVollzG; Art. 36 BayUVollzG (Verweisungen); nicht nach §§ 42, 40 Abs. 2 JVollzGB BW II gar bei bloßer Gefährdung). – Streitig ist, ob gefährdende Postsendungen in weiterem Umfang angehalten werden dürfen als bei Erwachsenen (bejahend OLG Stuttgart NJW 1974, 759 betr. pornographische Zusendungen an Heranwachsende mit abl. Bespr. Schneider NJW 1974, 1207; vgl. aber auch Diemer in Diemer/Schatz/Sonnen Rn. 23: Frage des Einzelfalls).

72a   Soweit ein oder mehrere Artikel als die Sicherheit oder Ordnung der Anstalt erheblich gefährdend beurteilt werden, gilt eine Vorenthaltung der gesamten Ausgabe – dh nicht nur dieser Artikel – (aus arbeitsökonomischen

Gründen) als zulässig (vgl. etwa § 27 Abs. 2 S. 2 UVollzG Bln, § 37 Abs. 2 S. 2 HmbUVollzG; vgl. aber auch § 22 Abs. 2 S. 5 HessUVollzG).

c) Geräte. Die Erlaubnis, ein eigenes (es kann sich auch um gemietete 73 oder geliehene Geräte handeln, vgl. nur Begr. RefE UVollzG NRW, 112) **Radio–** oder **Fernseh**gerät in dem Haftraum zu besitzen und zu nutzen, ist gem. dem Grundrecht auf Informationsfreiheit **(Art. 5 Abs. 1 S. 1 GG)** idR zu erteilen (vgl. nur § 14 Abs. 2 UVollzG NRW; betr. Fernsehgerät LG Offenburg NStZ 2007, 229; vern. aber zu Flachbildschirmgerät wegen Multimediafunktionen OLG Hamm NStZ 2009, 578 (betr. allg. StR); vgl. auch (vormals) Nr. 40 Abs. 2, 85 S. 2 UVollzO). Eine vorübergehende Aussetzung oder Untersagung des Empfangs ist zulässig, wenn dies zur Umsetzung einer verfahrenssichernden Anordnung oder aus Gründen der Sicherheit oder Ordnung der Anstalt unerlässlich ist (vgl. § 28 S. 2 UVollzG Bln ua (nach Begr. RefE BbgUVollzG, 27 „nur in seltenen Ausnahmesituationen"); §§ 41 Abs. 1, 40 Abs. 2 JVollzGB BW II).

Hinsichtlich **elektronischer Medien** (vgl. zur Erlaubnis nach Maßgabe 74 der Anstalt etwa § 14 Abs. 3 S. 1 UVollzG NRW (vgl. betr. CD-Player und Lernprogramme in elektronischer Form schon Begr. RefE, 112); zur Voraussetzung, dass verfahrenssichernde Anordnungen oder Gründe der Sicherheit oder Ordnung der Anstalt nicht entgegenstehen vgl. abstufend § 59 Abs. 2 S. 1 bzw. 4, Abs. 4 S. 1 JVollzGB LSA) macht § 73 Abs. 2 UVollzG Bln die Zulassung auch davon abhängig, dass „erzieherische Gründe" nicht „entgegenstehen" (vgl. nur Bln. § 71 Abs. 2 UVollzG Bln; vgl. aber → § 92 Rn. 99), und nach Art. 36 BayUVollzG (Verweisung) sind nur solche elektronischen Unterhaltungsmedien zugelassen, die „pädagogischen Wert" haben. Zwar wohnt der Regelung teilweise eine sachliche Begründung inne, jedoch steht sie wegen der begrifflichen Unbestimmtheit dem Grundsatz erzieherischer Klarheit und Transparenz entgegen, zumal die Gefahr des Einsatzes als verdeckte Disziplinarmaßnahme (vgl. § 75 Abs. 5 iVm § 61 Abs. 1 Nr. 5 UVollzG Bln, § 83 Abs. 4 iVm § 65 Abs. 1 Nr. 5 HmbUVollzG) nicht zu verkennen ist.

Die **Kann-Vorschrift** der **Beteiligung** an den Betriebs**kosten** (vgl. § 14 74a Abs. 5 UVollzG NRW; § 15 Abs. 6 UVollzG Bln (vgl. auch § 38 Abs. 1 S. 2 HmbUVollzG Umkehrschluss); wohl auch § 21a Abs. 2 HessUVollzG) trägt teilweise eine sachliche Begründetheit in sich, ist jedoch wegen ihrer Unbestimmtheit nicht geeignet, ein Verhältnis der Verlässlichkeit entstehen zu lassen (krit. im Übrigen Ostendorf/Rose SchlHA 2009, 207).

2. Religionsausübung

Hinsichtlich **Seelsorge, Religiöser Veranstaltungen** und **Welt-** 75 **anschauungsgemeinschaften** (vgl. Art. 12 Abs. 5 Unterab. 1 lit. e) RL (EU) 2016/800) entsprechen §§ 29–31 UVollzG Bln, §§ 22–24 JVollzGB BW, Art. 42 BayUVollzG, § 15 UVollzG NRW (jeweils Verweisung) den Regelungen der §§ 53–55 StVollzG bzw. der StVollzGe der Länder, wenngleich abw. hiervon der Ausschluss von der Teilnahme am Gottesdienst oder anderen religiösen Veranstaltungen auch zur Umsetzung einer verfahrenssichernden Anordnung zulässig ist.

3. Gesundheit

76   **a) Aufenthalt im Freien.** Zur Gesundheitsvorsorge ist den U-Gefangenen der Aufenthalt im Freien von **mindestens einer Stunde** täglich zu
ermöglichen (vgl. § 20 Abs. 2 UVollzG Bln, § 16 Abs. 3 HessUVollzG,
§ 23 Abs. 2 UVollzG NRW), gem. § 77 JVollzGB BW II, Art. 38 BayU-
VollzG iVm Art. 151 Abs. 4 BayStVollzG an arbeitsfreien Tagen zwei Stunden. Zudem ist, zumindest soweit die Haftträume nicht über warmes Wasser
verfügen, auch ohne gesetzliche Regelung die Möglichkeit zu mehrfach
wöchentlichem Duschen angezeigt.

77   **b) Ärztliche Kontrolle.** Für die medizinische Versorgung (zu *Zwangs*-
maßnahmen → Rn. 23) gilt das aus dem Sozialstaatsgebot **(gem. Art. 20
Abs. 1 GG)** abgeleitete „Äquivalenzprinzip", wonach die **medizinischen
Leistungen** im vollzuglichen Gesundheitswesen grundsätzlich *gleichwertig*
mit den Leistungen an die gesetzlich Krankenversicherten sein müssen (vgl.
§ 22 Abs. 1 S. 2 UVollzG Bln, § 24 Abs. 1 UVollzG NRW iVm § 45
StVollzG NRW, § 26 Abs. 1 S. 3 JVollzGB BW II). Die landesgesetzlichen
Vorschriften erstrecken diesen Anspruch der U-Gefangenen auf Vorsor-
geuntersuchungen und die Versorgung mit Hilfsmitteln (vgl. etwa § 22
Abs. 2, Abs. 3 UVollzG Bln; einschr. Art. 38 BayUVollzG iVm Art. 151
Abs. 2, zugunsten Minderjähriger aber iVm § 151 Abs. 1 S. 2 BayStVollzG;
anders § 26 Abs. 2 JVollzGB BW II). Mit Blick auf Art. 8 Abs. 1 RL (EU)
2016/800 ist dabei sicherzustellen, dass **unverzüglich** nach Beginn der
Freiheitsentziehung eine erste vorsorgliche medizinische Untersuchung erfolgt.

77a   Dem Äquivalenzprinzip entspr. soll sich die **Kostenbeteiligung** oder
-übernahme grds. an den Regelungen für gesetzlich Versicherte außerhalb
des Vollzugs orientieren (§ 22 Abs. 4, 5 UVollzG Bln ua (zu teilweiser
Freistellung § 80 HmbUVollzG); vgl. auch § 24 Abs. 1 UVollzG NRW
iVm § 45 StVollzG NRW (§ 39 UVollzG NRW e contr: abw. von § 36
Abs. 1 S. 2 JStVollzG NRW keine Ausnahme bei Minderjährigen); § 26
Abs. 3 S. 1 JVollzGB BW II), es sei denn, die besonderen Umstände der
Inhaftierung (zB quartalsweise Erhebung einer „Praxisgebühr") verlangen
nach einer abw. Erledigung. – Im Einzelnen kann von diesen Standards
allerdings abgewichen werden (vgl. § 45 Abs. 2 S. 2 UVollzG NRW (wie
§ 65 Abs. 2 S. 2 JStVollzG NRW): Bedienstete des allg. Vollzdienstes als
Pfleger).

77b   Hinsichtlich *Verköstigung* (zur Selbstverpflegung noch Nr. 50 Abs. 2
UVollzO) ist die Einhaltung ärztlich angeordneter, medizinisch erforderlicher Besonderheiten (§ 18 Abs. 1 S. 2 UVollzG Bln ua, § 12 S. 2 UVollzG
NRW) ebenso zu beachten wie die Ermöglichung dessen, religiöse Speisevorschriften derjenigen Religionsgemeinschaft zu befolgen, der der U-Gefangene angehört (vgl. § 18 Abs. 1 S. 3 UVollzG Bln, § 12 S. 3 UVollzG
NRW; § 11 Abs. 1 JVollzGB BW II (Soll-Vorschrift)); nach § 18 Abs. 1 S. 4
UVollzG Bln. sind zudem „geschlechtsspezifische Unterschiede in der Er-
nährungsweise" zu berücksichtigen. Soweit in der Praxis ein **ärztliches
Einkaufsverbot** von Nahrungs- und Genussmitteln (vgl. auch → Rn. 62)
wegen der Befürchtung, der U-Gefangene könnte seine Gesundheit ernsthaft gefährden, verhängt wird, bereitet eine Rechtfertigung mitunter
Schwierigkeiten (s. etwa Seebode, Der Vollzug der U-Haft, 1985, 159 f.).

In der Regel als Soll-Vorschrift ist vorgesehen, U-Gefangenen auf Antrag **78** und – zur Vermeidung nicht auszuschließenden Missbrauchs – nach Anhörung des ärztlichen Dienstes der Anstalt Gelegenheit zu geben, sich von einer externen Ärztin oder einem externen **Arzt eigener Wahl** auf eigene Kosten beraten zu lassen (vgl. § 22 Abs. 6 UVollzG Bln, § 30 Abs. 1 JVollzGB BW, § 17 Abs. 5 S. 1 HessUVollzG; s. aber § 22 Abs. 5 S. 1 SächsUVollzG: Muss-Vorschrift, hingegen § 23 Abs. 3 UVollzG NRW, Art. 25 Abs. 2 S. 1 BayUVollzG: nur Kann-Vorschrift; vgl. auch § 154 Abs. 2 JVollzG Nds). Allerdings soll die Konsultation in der Anstalt stattfinden, da (allein) der Wunsch nach wahlärztlicher Beratung kein wichtiger Anlass für eine Ausführung sei (zw.).

Zudem *kann* in den meisten Ländern die Erlaubnis versagt werden, wenn **78a** der U-Gefangene den anstaltsärztlichen Dienst und die Wahlärztin oder den Wahlarzt nicht wechselseitig von der *Schweigepflicht entbindet* (vgl. etwa § 22 Abs. 6 S. 2 UVollzG Bln ua (außer Hmb. und Sachs.); § 30 Abs. 2 JVollzGB BW II; Art. 25 Abs. 2 S. 3 BayUVollzG; als Muss-Vorschrift aber § 23 Abs. 3 S. 2 UVollzG NRW, ebenso § 17 Abs. 5 S. 2 HessUVollzG), womit „ein mögliches Ausspielen" (vormals Begr. RefE UVollzG NRW, 125) des ärztlichen Anstaltsdienstes gegen eine Ärztin oder einen Arzt eigener Wahl verhindert bzw. eine uneingeschränkte Abstimmung zwischen Wahl- und Anstaltsarzt ermöglicht werden soll. Demgegenüber steht die Entscheidungsbefugnis über *personenbezogene Daten* grundsätzlich dem Betroffenen zu, und demgemäß hat er ein Recht darauf, dass die dem Arzt bekannt gewordenen Daten geheim bleiben (vgl. zu Art. 8 EMRK auch EGMR 2.6.2009 – 36936/05 Rn. 48 ff.: Überwachung der Korrespondenz eines schwerkranken Gefangenen mit einem externen Arzt unzulässig). Daher darf die Wahl zB dann nicht versagt werden, wenn eine spezialärztliche Behandlung erforderlich ist oder wenn kein ungestörtes Vertrauensverhältnis zu dem ärztlichen Dienst vorliegt bzw. zu erwarten ist.

Grundsätzlich besteht – wenn auch ggf. unter Abwägung ggü. Belangen **79** der ärztlichen Aufgaben – ein Recht auf **Einsicht** in die **Krankenakten** einschließlich ärztlicher Wertungen (vgl. auch zu Krankenblättern § 156 Abs. 7 JVollzG LSA; zur Rspr. OLG Brandenburg StraFo 2008, 154 f. (betr. allg. StR); vgl. im Übrigen zum allg. StVollz BVerfG, 2. K. des 2. S., NJW 2017, 1014 = FS 2017, 143 mAnm Goerdeler; zum Maßregelvollzug BVerfG NJW 2006, 1116).

c) Versorgung anderenorts. Ist eine fachgerechte Behandlung oder **80** Versorgung des U-Gefangenen innerhalb der VollzAnstalt nicht möglich, so kann die Anstaltsleitung ersatzweise ein geeignetes anderes Vorgehen anordnen, allerdings – abgesehen von Fällen mit aus medizinischen Gründen bestehender Eilbedürftigkeit – erst, nachdem sie dem Gericht und der Staatsanwaltschaft nach Möglichkeit Gelegenheit zur Stellungnahme gegeben hat (vgl. § 23 Abs. 3 S. 1 UVollzG Bln ua; anders § 27 Abs. 3 JVollzGB BW II, § 24 Abs. 2 UVollzG NRW: zu unterrichten). Zum einen ist die Ausführung des U-Gefangenen oder seine Verbringung in ein **Krankenhaus außerhalb** des Vollzugs zulässig (vgl. etwa § 23 Abs. 2 UVollzG Bln, § 27 Abs. 2 JVollzGB BW II; Art. 9 Abs. 2 BayUVollzG (Verweisung); § 24 Abs. 1 UVollzG NRW iVm § 46 Abs. 2 StVollzG NRW). Zum anderen ist eine vollzugsinterne **Verlegung** oder **Überstellung** in eine andere, etwa aus personellen oder baulichen Gründen eher geeignete Anstalt oder in ein

Vollzugskrankenhaus zulässig (vgl. § 23 Abs. 1 UVollzG Bln, § 27 Abs. 1 JVollzGB BW II; § 24 Abs. 1 UVollzG NRW iVm § 46 Abs. 1 StVollzG NRW); solchenfalls ist bei längerem Aufenthalt dem U-Gefangenen Gelegenheit zu geben, Angehörige oder eine Vertrauensperson über die Maßnahme zu informieren, soweit keine verfahrenssichernde Anordnung entgegensteht (vgl. § 23 Abs. 3 S. 2, § 7 Abs. 4 UVollzG Bln).

VIII. Unterricht und Ausbildung, Arbeit, Gelder

1. Schul- und Berufsausbildung

81   Für U-Gefangene *sollen* Einrichtungen zur schulischen und beruflichen Bildung sowie Arbeitsbetriebe vorgehalten werden (vgl. § 78 Abs. 1 UVollzG Bln, § 75 Abs. 2 JVollzGB BW II). – Die auch in Art. 12 Abs. 5 Unterab. 1 lit. b) RL (EU) 2016/800 eingeforderte Bereitstellung der Angebote bezüglich Bildung, Arbeit und Freizeitbeschäftigung ist organisatorisch wegen der im Vergleich zum Vollzug der JStrafe unbestimmten und meist kürzeren Dauer des U-Vollzugs eher kompliziert. Die meisten Landesgesetze sehen vor, dass die Beschäftigung sowie die Bildungsangebote unter bestimmten Voraussetzungen auf *private* Einrichtungen und Betriebe (vgl. etwa § 78 Abs. 2 UVollzG Bln ua (insoweit nicht Hmb.); vgl. auch Art. 30 Abs. 6 BayUVollzG) bzw. auf vertraglich verpflichtete Personen (§ 43 Abs. 1 S. 2 UVollzG NRW) übertragen werden können, wobei die notwendige Aufsicht über U-Gefangenen bei der VollzAnstalt verbleibt.

82   **a) Allgemeines.** Sämtliche Landesgesetze gewährleisten für **schulpflichtige** U-Gefangene allg.- oder berufsbildenden Unterricht in Anlehnung an die für öffentliche Schulen geltenden Bestimmungen (vgl. § 71 Abs. 1 UVollzG Bln ua (einschr. § 77 Abs. 1 HmbUVollzG: „nach Möglichkeit"); § 35 Abs. 3 UVollzG NRW; § 75 Abs. 1 JVollzGB BW II; einschr. Art. 33 Abs. 1 BayUVollzG; vgl. aber zum Anteil Nichtbeschulter schriftliche Befragung von Villmow ua DVJJ 2012). Nach mehreren Landesgesetzen können *nicht mehr* schulpflichtige, aber noch minderjährige U-Gefangene – was nicht unbedenklich ist (vgl. etwa → Rn. 30, 85, 100) – zur Teilnahme an Bildungs- oder Fördermaßnahmen *verpflichtet werden* (vgl. § 71 Abs. 2 UVollzG Bln ua (außer Hmb.); § 75 Abs. 3 JVollzGB BW II; Art. 33 Abs. 2 BayUVollzG). Volljährigen jungen U-Gefangenen soll die Teilnahme an Bildungs- oder Fördermaßnahmen angeboten werden (§ 71 Abs. 3 UVollzG Bln ua (einschr. Bremen, MV, RhPf, Saarl.: „nach Möglichkeit"); § 75 Abs. 2 JVollzGB BW II), eine Regelung, die besonders für U-Gefangene mit erheblichen Bildungsdefiziten förderlich sein kann. Gleichfalls gebietet es die Fürsorgepflicht, U-Gefangenen die Teilnahme an erforderlichen *Deutschkursen* zu ermöglichen. – Jungen U-Gefangenen, die weder Bildungs- noch Förderangebote wahrnehmen, soll nach Möglichkeit Arbeit oder sonstige Beschäftigung angeboten werden (§§ 71 Abs. 4, 24 Abs. 2 UVollzG Bln ua), nicht jedoch dürfen sie (vgl. näher → Rn. 84) „aus erzieherischen Gründen" zur Arbeit verpflichtet werden (so aber § 161 Abs. 1 S. 1 JVollzG Nds, Art. 33 Abs. 3 BayUVollzG).

83   **b) Einschränkungen.** Insgesamt sind die Möglichkeiten wegen der Kürze der Zeit und der Fluktuation der Betroffenen im U-Vollzug begrenzt (vgl. ergänzend Lang ZStrVo 2001, 152; näher zur Handhabung auch Güttler FS 2016, 95). Längerdauernde Bildungsmaßnahmen können hier idR nicht durchgeführt werden (für den Unterrichtsinhalt „Werte" vormals Dallinger/Lackner § 93 Rn. 29). Es kann aber die Notwendigkeit für weitere Bildungsmaßnahmen festgestellt werden, der Jugendliche kann informiert, beraten und motiviert, und die Durchführung dieser Maßnahmen kann organisatorisch vorbereitet werden (s. dazu schon JStVollzKomm 63; vgl. auch Bernhardt ZfStrVo 1984, 82).

2. Arbeit

a) Unzulässigkeit einer Verpflichtung. Entgegen Nr. 80 Abs. 2 S. 1 **84** der (vormaligen) UVollzO, die eine Arbeitspflicht aus erzieherischen Gründen vorsah, ist sie aus **verfassungsrechtlichen** Gründen im Hinblick auf die Unschuldsvermutung (Art. 6 Abs. 2 EMRK) und auf Art. 12 GG (vgl. etwa schon AG Zweibrücken NJW 1979, 1557; AG Hamburg NStZ 1985, 288; Paeffgen NStZ 1989, 422; Laubenthal/Baier/Nestler JugendStrafR Rn. 340; Molketin/Jakobs ZfStrVo 1982, 325; Bottke BMJ 1987, 75) unzulässig (ausdrücklich §§ 48 Abs. 4, 20 Abs. 1 HessUVollzG; anders aber Art. 33 Abs. 3 BayUVollzG, § 161 Abs. 1 S. 1 NdsVollzG (jeweils bei erzieherischer Begr.)). Im Übrigen ist selbst eine erzieherische Begründung nicht realistisch, weil pädagogisch sinnvolle Arbeit im U-Vollzug in größerem Umfang nicht eingeführt ist (Ansätze zB betr. JVA Bln. bei Fiedler in Trenczek, Freiheitsentzug bei jungen Straffälligen, 1993, 133) bzw. werden kann (JStVollzKomm 64; Eisenberg/Tóth GA 1993, 315 f.; s. aber zu „Arbeitstherapie" Seebode ZfStrVo 1990, 208). Auch würde eine Arbeitspflicht nicht allein unter der Annahme gerechtfertigt werden können, dass eine anspruchslose Tätigkeit ohne erzieherischen Wert (für U-Haft im Allg. berichtete Jehle, U-Haft zwischen Unschuldsvermutung und Wiedereingliederung, 1985, 203 f. von einfachen oder einfachsten Tätigkeiten) immerhin besser als völlige Untätigkeit sei (so aber Zirbeck, Die U-Haft bei Jugendlichen und Heranwachsenden, 1973, 59).

b) Arbeitsangebote. Jedoch gebietet es die Fürsorgepflicht, arbeitswil- **85** ligen U-Gefangenen nach Möglichkeit die Gelegenheit zur Arbeit oder Beschäftigung anzubieten, allerdings unter von der Anstalt festgelegten Bedingungen (vgl. etwa § 24 Abs. 2 S. 1–3 UVollzG Bln, § 34 Abs. 2 S. 1 JVollzGB BW II), ohne dass zweifelsfrei wäre, ob die VollzAnstalt den Betroffenen dazu motivieren darf (so aber § 35 Abs. 2 S. 2 UVollzG NRW: „ist zu wecken und zu fördern", nebst Begr. RefE, 152), die Angebote anzunehmen. Indes ist wohl davon auszugehen, dass (bezahlte bzw. nicht bezahlte) *Selbstbeschäftigung,* die von Nr. 44 UVollzO (vgl. auch § 119 Abs. 4 StPO aF: „Beschäftigungen sich verschaffen") grundsätzlich vorgesehen war, unbeschadet der Nichterwähnung in den meisten der Landesgesetze – anders § 161 Abs. 1 S. 2 JVollzG Nds, § 34 Abs. 5 JVollzGB BW II – zuzulassen ist, und zwar schon um eine erhebliche Schlechterstellung ggü. JStrafgefangenen zu vermeiden, soweit es mit dem Zweck der U-Haft vereinbar ist und insb. Sicherheit und Ordnung nicht beeinträchtigt.

3. Gelder

86   **a) Arbeitsentgelt.** Arbeitende U-Gefangene erhalten ein Arbeitsentgelt, und sie sind über dessen Höhe schriftlich zu informieren (vgl. etwa § 25 Abs. 4 UVollzG Bln, § 35 Abs. 3 JVollzGB BW II). Das Arbeitsentgelt bestimmt sich (unter Anhebung des Betrags gem. § 177 S. 1 StVollzG aF) in den meisten Ländern in gleichem Maße wie bei JStrafgefangenen (vgl. → § 92 Rn. 123; vgl. auch Art. 12 Abs. 3 BayUVollzG; § 64 Abs. 3 JVollzGB LSA; vgl. für BW ab 1.1.2018 (Die Justiz 2018, 107): 9 % der Eckvergütung, Tagessatz 13,15 EUR; anders §§ 13 Abs. 3 S. 1 UVollzG NRW, § 25 Abs. 2 SchlHUVollzG: 5 % der einschlägigen Bezugsgröße), und je nach Leistung des U-Gefangenen und der Art der Arbeit kann es gestuft werden (§ 25 Abs. 2 S. 1, Abs. 3 S. 1 UVollzG Bln ua; § 75 Abs. 4 S. 1 JVollzGB BW II, § 35 Abs. 2 JVollzGB BW II; § 25 Abs. 3 S. 2 SächsUVollzG bzw. § 25 Abs. 3 S. 2 SUVollzG: mindestens 60 % bzw. grds. 75 % der Eckvergütung); nach keinem Landesgesetz liegt das Arbeitsentgelt in einer Höhe, die Verhältnissen in der Außengesellschaft entspricht, obgleich solches eher mit der Unschuldsvermutung verträglich wäre. – Hinsichtlich der Einbehaltung von **Beitragsanteilen** gelten § 25 Abs. 5 UVollzG Bln ua (nicht Sachs.), § 38 JVollzGB BW II – entsprechend § 195 StVollzG.

86a   U-Gefangene, die während der Arbeitszeit an einer **Bildungsmaßnahme** teilnehmen, haben gem. § 25 Abs. 6 UVollzG Bln ua, § 75 Abs. 5 S. 1 JVollzGB BW II einen Anspruch auf Ausbildungsbeihilfe, die sich nach den für das Arbeitsentgelt bestehenden Regelungen (§ 25 Abs. 2–5 UVollzG Bln ua (Hmb. § 32 Abs. 2 HmbUVollzG); Art. 33 Abs. 4 BayUVollzG (Verweisungen)) bestimmt (anders (und reduzierend) aber § 75 Abs. 5 S. 3 JVollzGB BW II, vgl. ab 1.1.2018 (Die Justiz 2018, 107): 5 % der Eckvergütung, Tagessatz 7, 31 EUR).

86b   Soweit einzelne Landesgesetze ein erzwungenes Ansparen (Überbrückungsgeld) vorsehen (vgl. § 48 Abs. 4 HessUVollzG, § 161 Abs. 2 VollzG Nds), ist dies mit der Unschuldsvermutung schwerlich vereinbar (vgl. auch Kirschke in AnwK U-Haft UVollzG Bln ua § 71 Rn. 13, 20).

87   **b) Taschengeld.** In mehreren Ländern besteht ein Taschengeld**anspruch** in Höhe von 14 % der Eckvergütung für schuldlos mittellose U-Gefangene (vgl. § 25 Abs. 7 UVollzG Bln ua (nur Kann-Vorschrift MV); § 25 Abs. 6 S. 4 SächsUVollzG; § 68 Abs. 3 BbgJVollzG; § 65 Abs. 3, 4 JVollzGB LSA; nur Kann-Vorschrift § 13 Abs. 5 S. 2 UVollzG NRW: „in Ausnahmefällen“; nur darlehensweise SchlHUVollzG § 25 Abs. 7; verneint gem. § 161 Abs. 1 S. 4 JVollzG Nds, §§ 35 ff., 69 JVollzGB BW II, § 21 HessUVollzG, Art. 33 Abs. 4 BayUVollzG (jeweils Umkehrschluss)), dh wenn ihnen weder Arbeit noch die Teilnahme an einer Beschäftigungsmaßnahme angeboten werden kann und – vom U-Gefangenen darzulegende – „Bedürftigkeit“ (§ 25 Abs. 7 S. 1, 2 UVollzG Bln ua) vorliegt. Zwar ist ein vergleichbarer Anspruch (auch) gegen den Träger der Sozialhilfe (vgl. dazu SG Düsseldorf StraFo 2008, 527; SG Köln StV 2016, 822; vgl. auch Hammel ZJJ 2015, 155) geregelt, der aber wegen der oftmals insoweit eher kurzen Dauer des U-Vollzuges (nach Begr. RefE BbgUVollzG, 26 auch dann, wenn er sich „über Monate“ erstreckt) bei unzumutbar langwierigem Schriftwechsel weithin nicht erreichbar ist. – Wegen der Höhe des Taschengeldes

(vgl. auch → § 92 Rn. 124) können sich Einwände gem. der Unschuldsvermutung ergeben.

IX. Sicherheit und Ordnung

Es gilt der **Verhältnismäßigkeitsgrundsatz** (vgl. § 42 UVollzG Bln ua, **88** § 43 Abs. 2 JVollzGB BW II; Art. 42 S. 2 iVm Art. 3 Abs. 4 BayUVollzG – entspr. § 81 Abs. 2 StVollzG).

1. Kontrollbereiche

a) Einzelne Regelungen. Die Landesgesetze sehen (unbeschadet speziel- **88a** ler Verhaltenspflichten) allg. Verhaltensregeln (nach vormaliger Begr. RefE NRW, 132: „allg. Gehorsamspflicht") vor, so insb. das Verbot, das geordnete Zusammenleben in der Anstalt zu stören (vgl. § 43 Abs. 1 S. 1 UVollzG Bln ua, Art. 42 S. 1 BayUVollzG iVm Art. 88 Abs. 1 S. 2 BayStVollzG). – Auch ist ausdrücklich bestimmt, dass U-Gefangene **Anordnungen** der **Bediensteten** auch dann zu befolgen haben, wenn sie sich durch diese „beschwert fühlen" (§ 43 Abs. 2 S. 1 UVollzG Bln ua, § 44 Abs. 2 S. 1 JVollzGB BW II; Art. 42 S. 1 BayUVollzG iVm Art. 88 Abs. 2 S. 1 BayStVollzG; vgl. auch § 26 Abs. 3 S. 1 UVollzG NRW); dies betreffe nur rechtmäßige Anordnungen (vormalige Begr. RefE UVollzG NRW, 132), aber unabhängig davon, ob die Betroffenen mit diesen einverstanden sind (vgl. Begr. RefE Bbg., 36). Diese Regelung könnte deshalb nicht konfliktfrei sein, weil U-Gefangene als unschuldig gelten (vgl. Art. 6 Abs. 2 EMRK) und ohne den Anschein zu behandeln sind, sie seien strafrechtlich Verurteilte (§ 4 Abs. 1 S. 2 UVollzG Bln ua, § 1 Abs. 1 UVollzG NRW).

Ferner sind eine Sorgfalts- und Reinigungspflicht des U-Gefangenen **88b** hinsichtlich der Hafträume und der von der Anstalt überlassenen Sachen sowie eine Pflicht vorgegeben, bestimmte Umstände zu melden (vgl. § 43 Abs. 3, 4 UVollzG Bln ua, § 44 Abs. 3, 4 JVollzGB BW II; Art. 42 S. 1 BayUVollzG iVm Art. 88 Abs. 3, 4 BayStVollzG).

In mehreren Ländern ist die Beobachtung des Gebäudes und des Geländes **89** der Anstalt durch **Videokameras** unter der Voraussetzung zulässig, dass dies für die Sicherheit und Ordnung der Anstalt erforderlich ist und die Beobachtung durch Videotechnik zuvor erkennbar gemacht worden ist (vgl. § 46 Abs. 1, 2 UVollzG Bln. ua (Bln. §§ 65, 18 Abs. 3 JVollzDSG Bln; §§ 22, 23 JVollzDSG SH; § 102 Abs. 2 HmbUVollzG im Einzelfall auch durch „versteckt angebrachte" Einrichtungen; nicht Saarl.); § 27 S. 1 UVollzG NRW iVm § 66 StVollzG NRW; § 54 Abs. 6 S. 1 HessUVollzG; vgl. aber auch § 23 JVollzGB BW I (hier ohne Erkennbarmachung)). Hiernach dürfen ggf. auch Gemeinschaftsräume und Flure videoüberwacht werden. Die Videoüberwachung wird nicht deshalb unzulässig, weil Dritte (zB Bedienstete, Verteidiger, Besucher, Passanten) „unvermeidbar" betroffen werden können (vgl. § 46 Abs. 2 S. 2 UVollzG Bln ua (§ 102 Abs. 4 HmbUVollzG; vgl. auch §§ 65, 19 JVollzDSG Bln); § 32 Abs. 3 S. 1 JVollzGB BW I), jedoch bleibt eine Aufzeichnung hinsichtlich Besuchen unzulässig (vgl. § 46 Abs. 2 S. 3 SächsUVollzG).

Die Videoüberwachung von **Haft räumen** ist ausgeschlossen (§ 46 Abs. 1 **89a** S. 2 UVollzG Bln ua; Bln. §§ 65, 21 JVollzDSG Bln; einschr. § 32 Abs. 1

S. 1 JVollzG BW I; bei „Beobachtung" § 24 Abs. 2–5 JVollzDSG SH).
Besonders gesicherte Haftträume hingegen dürfen (nur) gem. speziellerer
Vorschriften videoüberwacht werden (vgl. § 49 Abs. 2 Nr. 2 UVollzG Bln
(Bln. aber §§ 65, 21 Abs. 2, 23 Abs. 2 JVollzDSG Bln; Hmb. § 54 Abs. 2
Nr. 2 HmbUVollzG; SchlH § 49 Abs. 2 Nr. 5 SchlHUVollzG); § 28
UVollzG NRW iVm § 69 Abs. 4 StVollzG NRW (nach S. 3 im Ausnahme-
fall zusätzlich akustische Überwachung, abw. von dem verfassungsrechtlichen
Verbot einer Totalüberwachung, § 32 Abs. 1 S. 2, 3 JVollzGB BW I –
Videoüberwachung bzw. Haftraum nicht genannt in MV, RhPf, Saarl. bzw.
Sachs., anders aber Art. 27 BayUVollzG iVm Art. 96 Abs. 2 Nr. 2 BaySt-
VollzG, § 35 Abs. 2 Nr. 2 HessUVollzG). Jedoch bestehen hiergegen Be-
denken wegen des besonderen Eingriffs in den Kernbereich des Grundrecht-
schutzes (vgl. auch → Rn. 94), sodass zumindest Voraussetzungen entsprechend der § 100c StPO nebst Verfahrensvorschriften erfüllt sein müssten
(vgl. aber §§ 65, 23 Abs. 3–5 JVollzDSG Bln).

90 **b) Durchsuchung; erkennungsdienstliche Maßnahmen. aa) Durchsuchung.** Die Anstaltleitung ist zur Durchsuchung, dh zum Suchen nach
Sachen oder Spuren (in oder unter der Kleidung sowie auf der Körperober-
fläche und in Körperhöhlen und Körperöffnungen, die ohne Eingriff mit
medizinischen Hilfsmitteln wahrzunehmen sind) ermächtigt. Ferner ist sie
zum *Absuchen* mit technischen Mitteln (zB Detektorrahmen, Handdetektor-
sonde) befugt, wobei es sich um eine allg. Überwachungsmaßnahme ohne
Eingriff in den Intimbereich handelt, die daher auch von Bediensteten des
jeweils anderen Geschlechts vorgenommen werden darf (vgl. Umkehrschluss
aus § 44 Abs. 1 S. 2 UVollzG Bln ua; § 46 Abs. 1 S. 2 Hs. 2 JVollzGB BW
II).

90a Im Übrigen ist (nur) bei Gefahr im Verzug oder auf Anordnung der
Anstaltleitung im Einzelfall (einschr. Hmb. § 50 Abs. 2 S. 1: konkrete
Anhaltspunkte) eine mit einer *Entkleidung* verbundene körperliche Durch-
suchung zulässig (vgl. etwa § 44 Abs. 2 UVollzG Bln ua; § 46 Abs. 2
JVollzGB BW II; Art. 42 S. 1 BayUVollzG iVm Art. 91 Abs. 2 BaySt-
VollzG – zwar entsprechend § 84 Abs. 2 StVollzG (aber dazu BVerfG, 2. K.
des 2. S., NJW 2015, 3158: bereits Entkleidung unter „expliziter visueller
Kontrolle des Körpers" stellt eine Durchsuchung iSd Vorschrift dar, ohnehin
zumindest dann, wenn die Genitalien entblößt werden müssen (betr. allg.
StVollz)), jedoch im Hinblick auf die Unschuldsvermutung nicht unbedenk-
lich. Zumindest wird hier eine Dokumentationspflicht zu Anlass, Art und
Umfang der Maßnahme bestehen, um eine gerichtliche Überprüfung zu
ermöglichen. – Wesentlich gewichtiger sind die Bedenken ggü. der Kann-
Vorschrift zu allg. Anordnung betr. Aufnahme sowie Kontakte mit Besuchern (→ Rn. 57w; vgl. auch BVerfG StV 2009, 253).

91 **bb) Erkennungsdienstliche Maßnahmen.** Als erkennungsdienstliche
Maßnahmen zwecks Sicherung des Vollzugs, insb. der Erleichterung der
Fahndung und des Wiederergreifens flüchtiger oder sich sonst ohne Erlaubnis außerhalb der Anstalt aufhaltender U-Gefangener, der Aufrechterhaltung
der Sicherheit und Ordnung der Anstalt oder der Identitätsfeststellung sind
unter bestimmten Voraussetzungen die Erhebung und Speicherung von
Daten gestattet, und zwar überwiegend auch mittels elektronischer Erfassung
biometrischer Merkmale (vgl. etwa § 45 Abs. 1 UVollzG Bln ua, speziell
Nr. 4 (Bln. §§ 65, 17 Abs. 1 Nr. 5 JVollzDSG Bln; § 51 Abs. 1 Nr. 2

HmbUVollzG, § 27 UVollzG NRW iVm § 68 StVollzG NRW; § 31 Abs. 1
S. 2 Nr. 5 JVollzGB BW I; Art. 42 S. 1 BayUVollzG iVm Art. 93 Abs. 1
BayStVollzG). Hiergegen könnten sich deshalb Bedenken ergeben, weil die
erkennungsdienstliche Behandlung bundesgesetzlich (Art. 74 Abs. 1 GG)
abschließend geregelt ist (§§ 81b, 81a, 163b StPO) und im Übrigen soweit
schon aufgrund § 114d StPO ein Bedürfnis im Allg. nicht besteht.

Zudem ist die vorgesehene Übermittlung solcher Daten an die Polizei **91a**
(vgl. § 45 Abs. 2 S. 2 UVollzG Bln ua (Bln. aber §§ 65, 17 Abs. 4
JVollzDSG Bln; § 51 Abs. 2 S. 2 HmbUVollzG, § 34 Abs. 2 S. 2 JVollzGB
BW I; Art. 42 S. 1 BayUVollzG iVm Art. 93 Abs. 2 S. 2 BayStVollzG; § 27
UVollzG NRW iVm § 68 Abs. 3 S. 2, 3 StVollzG NRW) über die Befug-
nisse des § 114e StPO bzw. der §§ 485, 486 StPO hinaus und ohne hinreichende Regelung hinsichtlich Grund und Notwendigkeit unzulässig, und im
Übrigen ist sie zumindest insoweit mit der Unschuldsvermutung nicht ver-
einbar. – Die praktische Relevanz dieser Regelung besteht vor allem in
Anstalten mit vergleichsweise hohen Belegungs- und Fluktuationszahlen.
Die Daten dürfen auch zur Verhinderung oder Verfolgung von Straftaten
bzw. gar von Ordnungswidrigkeiten, durch welche die Sicherheit oder Ord-
nung der Anstalt gefährdet wird, genutzt und verarbeitet werden (vgl. §§ 45
Abs. 2 S. 3, 89 Abs. 2 Nr. 4 UVollzG Bln ua (enger Bln. §§ 65, 17 Abs. 4
JVollzDSG Bln; §§ 51 Abs. 2 S. 3, 103 Abs. 2 Nr. 4 HmbUVollzG, Art. 42
S. 1 BayUVollzG iVm Art. 197 Abs. 2 Nr. 4 BayStVollzG, teilweise anders
§ 27 UVollzG NRW iVm §§ 68 Abs. 3 S. 1, 109 Abs. 2 Nr. 4 StVollzG
NRW).

Die besondere Sensibilität dieser Daten verlangt bei Entlassung eine unver- **92**
zügliche **Löschung** (so grds. §§ 65, 17 Abs. 5 JVollzDSG Bln; § 45 Abs. 3
S. 1 SUVollzG; einschr. § 27 UVollzG NRW iVm § 68 Abs. 4 StVollzG),
zumindest aber erscheint die in § 45 Abs. 3 S. 1 UVollzG Bln ua (außer
Saarl. und §§ 65, 17 Abs. 5 JVollzDSG Bln) vorgesehene Frist („spätestens
nach drei Monaten"), die ohne Begründung der Erforderlichkeit geblieben
ist, als unverhältnismäßig (vgl. auch Art. 41 Nr. 3 BayUVollzG: ein Monat).

Weiterhin sind die Voraussetzungen geregelt, unter denen Betroffene nach **92a**
ihrer Entlassung die unverzügliche **Vernichtung** der sie betreffenden erkennungsdienstlichen Unterlagen verlangen können (vgl. § 45 Abs. 4 S. 1
UVollzG Bln ua (für Bln. anders §§ 65, 17 Abs. 5 JVollzDSG Bln; § 51
Abs. 4 S. 1 HmbUVollzG, § 27 UVollzG NRW iVm § 68 Abs. 4 S. 1
StVollzG NRW: mit Ausnahme der Lichtbilder und der Beschreibung körperlicher Merkmale). Über dieses Recht ist der U-Gefangene sowohl bei der
erkennungsdienstlichen Behandlung als auch bei der Entlassung „aufzuklären" (§ 45 Abs. 4 S. 2 UVollzG Bln, § 27 UVollzG NRW iVm § 68 Abs. 4
S. 2 StVollzG NRW). – Soweit der Gesetzgeber die Vernichtung von Amts
wegen (vgl. als Muss-Vorschrift § 45 Abs. 4 SächsUVollzG) mit der –
schwerlich überzeugenden – Begründung versagt hat, die Anstalt habe vom
Ausgang des Verfahrens regelmäßig keine Kenntnis (vgl. Begr. RefE BbgU-
VollzG, 38), ließe sich dem durch die Festlegung einer Mitteilungspflicht
begegnen.

cc) Urinproben. Die Anstaltsleitung ist im Speziellen befugt, zur Auf- **93**
rechterhaltung der Sicherheit oder Ordnung der Anstalt geeignete Maßnahmen ohne körperlichen Eingriff zur **Feststellung** von **Suchtmittelmissbrauch** (vor allem Urinproben) anzuordnen (vgl. § 47 Abs. 1 UVollzG

Bln, § 27 UVollzG NRW iVm § 65 Abs. 1 StVollzG NRW, § 46 Abs. 4
S. 1, 2 JVollzGB BW II; Art. 27 BayUVollzG (Verweisung); §§ 46 Abs. 4,
32 Abs. 2 S. 1 HessUVollzG; vgl. aber → § 92 Rn. 130a), und zwar unabhängig von der Möglichkeit, Drogentests aus medizinischen Gründen
anzuordnen (vgl. § 20 Abs. 1 S. 2 UVollzG Bln ua). Wird Suchtmittelmissbrauch festgestellt, wird davon ausgegangen, die Kosten der Maßnahmen
dürften (im Sinne eines öffentlich-rechtlichen Erstattungsanspruchs) dem U-
Gefangenen auferlegt werden (§ 47 Abs. 2 UVollzG Bln, § 47 Abs. 3 Sächs-
sUVollzG, § 27 UVollzG NRW iVm § 65 Abs. 2 StVollzG NRW, Art. 27
BayUVollzG (Verweisung); näher auch § 32 Abs. 4 HessUVollzG (eingef.
durch Gesetz v. 30.11.2015); vgl. aber zum Ganzen auch → § 92 Rn. 130b).

94   **c) Besondere Sicherungsmaßnahmen.** Diese sind gem. § 49 UVollzG
Bln, § 47 JVollzGB BW II, Art. 27 BayUVollzG (Verweisung) geregelt,
wobei hier betr. die sog. äußere Sicherheit der Anstalt aus Gründen der
inhaltlichen Abgrenzung statt „Fluchtgefahr" (vgl. § 112 Abs. 2 Nr. 2 StPO)
der Begriff „Gefahr der Entweichung" eingesetzt ist. Im Einzelnen bestehen
Bedenken ggü. der Beobachtung des U-Gefangenen (in einem Haftraum)
auch mittels Videoüberwachung (§ 54 Abs. 2 Nr. 2 HmbUVollzG; nicht
§ 47 Abs. 2 S. 1 Nr. 2 UVollzG Bln), abw. von § 88 Abs. 2 Nr. 2 StVollzG
– außer Kraft gesetzt in Thür. durch Art. 2 § 2 des (inzwischen gleichfalls
außer Kraft gesetzten) Gesetzes v. 8.7.2009 (GVBl. 553 (573)), vgl. sodann
§ 89 Abs. 2 Nr. 2 iVm § 1 ThürJVollzGB) wegen der Gefahr der Dauer-
überwachung iSe Totalausforschung (vgl. auch schon BGH NJW 1998,
3286; vgl. aber → Rn. 89). Ansonsten dürfen ggü. jungen U-Gefangenen
der Entzug (nach § 49 Abs. 2 S. 3 SächsUVollzG (GVBl. 2013, 250) unzulässig) oder die Beschränkung des Aufenthalts im Freien, die als erhöht
erzieherisch abträglich beurteilt werden (vgl. ergänzend → § 92 Rn. 133a),
nicht (vgl. § 74 Abs. 2 SächsUVollzG) oder nur eingeschränkt angeordnet
werden (§ 74 iVm § 49 Abs. 3 UVollzG Bln; vgl. aber § 69 Abs. 1 iVm
§ 47 Abs. 2 Nr. 4 JVollzGB BW II; Art. 27 BayUVollzG (Verweisung)).

95   Bei Anordnung besonderer Sicherungsmaßnahmen hat die Anstalt be-
stimmte **Verfahrensvorschriften** einzuhalten (vgl. § 52 UVollzG Bln, § 50
Abs. 1 JVollzGB BW II (entspr. § 91 StVollzG)). Die Entscheidung über die
Anordnung ist indes, abgesehen von der Mitteilung an den Betroffenen (§ 52
Abs. 3 UVollzG Bln ua), auch zur Ermöglichung gerichtlicher Überprüfung,
mit Gründen zu dokumentieren. Im Übrigen besteht betr. jeweils bestimmte
Maßnahmen eine Mitteilungspflicht ggü. der Aufsichtsbehörde bzw. – we-
gen der etwaigen Bedeutung für das JStrafverfahren – auch ggü. Gericht und
Staatsanwaltschaft (vgl. § 52 Abs. 5 UVollzG Bln ua), wenn sie länger als drei
Tage anhalten (vgl. speziell → Rn. 96). Zudem werden aus Gründen des
jugendstrafrechtlichen Schutzprinzips und ohnehin der Fürsorgepflicht besondere Sicherungsmaßnahmen unverzüglich der **Verteidigung mitzuteilen** sein (besonders betr. Maßnahmen gem. § 49 Abs. 2 Nr. 2, 5 und 6
UVollzG Bln ua), wenngleich dies im Gesetz nur teilweise (vgl. § 52 Abs. 5
SächsUVollzG (beschränkt auf § 49 Abs. 2 Nr. 5 und 6): Muss-Vorschrift)
ausdrücklich festgelegt ist. – Die bei bestimmten Maßnahmen angezeigte
ärztliche Überwachung ist näher geregelt (vgl. § 53 UVollzG Bln ua, § 50
Abs. 2 JVollzGB BW II (entspr. § 92 StVollzG)); Art. 27 BayUVollzG (Verweisung), speziell Art. 39 BayUVollzG).

Absonderung (iSv Einzelhaft) als dauernde vollständige Isolierung von **96** allen Mitgefangenen während des gesamten Tagesablaufs (Arbeits-, Freizeit- und Ruhezeit) über 24 Stunden hinaus steht unter der – wegen der Unschuldsvermutung besonders sorgfältig zu prüfenden – Voraussetzung ihrer Unerlässlichkeit. Überschreitet sie mehr als eine Woche (§ 78 JVollzGB BW II) oder gar einen Monat Gesamtdauer im (Kalender-)Jahr (vgl. § 52 Abs. 5 S. 2 SächsUVollzG: jeweils mehr als 20 Tage Gesamtdauer innerhalb von 12 Monaten; § 50 UVollzG Bln ua (§ 54 Abs. 3 HmbUVollzG; Saarl. zwei Monate; Art. 27 BayUVollzG iVm Artr 97 Abs. 2 BayStVollzG: drei Monate); § 35 Abs. 8 S. 3 HessUVollzG: mehr als 30 Tage Dauer oder drei Monate innerhalb 12 Monaten), darf sie nur mit Zustimmung der Aufsichtsbehörde vollzogen werden. Der Anstalt obliegt ggü. Gericht und Staatsanwaltschaft eine Mitteilungspflicht, da die Maßnahme für das JStrafverfahren bedeutsam sein kann. Zum anderen veranlasst die Fürsorgepflicht eine Betreuung während des Vollzugs. Demgegenüber bedürfte es einer originären gerichtlichen Anordnungszuständigkeit (Art. 104 Abs. 2 GG), da § 119 Abs. 1 S. 4 (bzw. Abs. 4 S. 4) hierzu nicht genügt.

Im Falle der Unterbringung in einem **besonders gesicherten** Haftraum **96a** ohne gefährdende Gegenstände (zum Vorenthalten von Kleidung wegen angeblicher Suizidgefahr EGMR NJW 2012, 2173: Verstoß gegen Art. 3 EMRK (ggf. Zurverfügungstellung „reißfester" Kleidung, → Rn. 56); BVerfG, 2. K. des 2. S., NJW 2015, 2100 (zum allg. StVollz, mzustBspr Muckel JA 2015, 794): Vorenthalten auch von „Papierbekleidung" nebst Videoüberwachung Verstoß gegen Art. 2 Abs. 1 iVm Art. 1 Abs. 1 GG; Fesselung auf Fixierliege § 35 Abs. 8 S. 2 HessUVollzG: „Sitzwache") hat die Mitteilung an das Gericht und die Staatsanwaltschaft unverzüglich zu geschehen, wenn die Maßnahme mehr als drei Tage anhält (§§ 49 Abs. 2 Nr. 5 und 6, 52 Abs. 5 UVollzG Bln ua, § 36 Abs. 5 S. 1, 2 HessUVollG), gem. § 50 Abs. 5 S. 2 UVollzG Bln im Falle der Fixierung nach Ablauf von 24 Stunden. Diese (bisherigen) Maßgaben sind nach BVerfG NJW 2018, 2619 verfassungswidrig. Bei Fesselungs- und Fixierungsmaßnahmen, die freiheitsentziehende Wirkungen haben, bedarf es einer richterlichen Anordnung oder (in Eilfällen) einer richterlichen Genehmigung (zur Zuständigkeit s. → § 93 Rn. 1 ff.).

Im Einzelnen ist bei etwa als unumgänglich beurteilter *Fesselung* (zB **96b** anlässlich einer Ausführung; vgl. aber auch → § 92 Rn. 133; krit. betr. HV wegen Fehlens einer „eingriffsspezifischen" gesetzlichen Regelung Esser GS Weßlau, 2016, 97 ff.) eine möglichst wenig diskriminierende Art anzuwenden (vgl. etwa § 28 UVollzG NRW iVm § 69 Abs. 2 Nr. 6, Abs. 7 StVollzG NRW; § 51 UVollzG Bln ua; Bln. § 49 Abs. 3 S. 1 UVollzG Bln: Betroffene sind zu „schonen"; Art. 27 BayUVollzG (Verweisung)).

2. Unmittelbarer Zwang

Die Bestimmungen der UVollzGe der Länder zur Anwendung unmittel- **97** baren Zwangs (vgl. §§ 54 ff. UVollzG Bln ua; §§ 54 ff. JVollzGB BW II; § 29 Abs. 1 UVollzG NRW (Verweis)) entsprechen in unterschiedlichem Ausmaß (vgl. näher etwa § 29 Abs. 2, 3 UVollzG NRW) den §§ 95–100 StVollzG (vgl. näher → § 92 Rn. 135).

97a   **a) Schusswaffen.** Sie dürfen grundsätzlich innerhalb der Anstalt nicht gebraucht werden (§ 57 Abs. 1 S. 1 SächsUVollzG; § 74 Abs. 2 BremU-VollzG). Gemäß § 79 JVollzGB BW II ist der Schusswaffengebrauch zur Vermeidung von Flucht oder Entweichung aus Anstalten, in denen „überwiegend Jugendliche" untergebracht sind, unzulässig. Nach § 163 JVollzG Nds ist Schusswaffengebrauch ggü. jungen U-Gefangenen nur zur Abwehr einer von diesen durch Benutzung einer Waffe oder eines anderen gefährlichen Werkzeugs verursachten gegenwärtigen Gefahr für Leib oder Leben zulässig, zudem nur nach wiederholter erfolgloser Aufforderung, den in Rede stehenden Gegenstand abzulegen (ähnlich § 52 HessUVollzG; s. aber Art. 42 S. 1 BayUVollzG (Verweisung)). Gemäß § 59 Abs. 2, 3 UVollzG Bln ua jedoch dürfen Schusswaffen auch ggü. jungen U-Gefangenen eingesetzt werden, um angriffs- oder fluchtunfähig zu machen (§ 82 HmbU-VollzG: nur angriffsunfähig), allerdings ist der Gebrauch grundsätzlich vorher anzudrohen (zB durch Warnschuss), es sei denn, er ist zur Abwehr einer gegenwärtigen Gefahr für Leib oder Leben erforderlich. – Befinden sich junge U-Haftgefangene in JStVollzAnstalten, gelten die Vorschriften der U-Haftgesetze nicht (vgl. § 74 Abs. 3 SächsUVollzG).

97b   **b) Remonstrationspflicht.** Bzgl. des Handelns auf Anordnung (vgl. § 57 UVollzG Bln ua, § 29 Abs. 2, 3 UVollzG NRW (vgl. Art. 17 DienstRÄndG v. 21.4.2009, GV 224) sehen die Landesgesetze eine (eher entspr. dem Polizeirecht) nur eingeschränkte Remonstrationspflicht vor bzw. sie haben nur in engen Grenzen festgelegt, wann eine Pflicht entfällt. Insbes. sind nicht Fälle einbezogen, in denen die Anordnung aus anderen Gründen rechtswidrig ist (dazu schon Eisenberg ZRP 1987, 241 mN).

3. (Erzieherische) Disziplinarmaßnahmen

98   **a) Voraussetzungen.** Es muss ein **rechtswidriges** und **schuldhaftes Verhalten** vorliegen. Die Maßnahmen gelten als zur Aufrechterhaltung der Sicherheit und des geordneten Zusammenlebens in der Anstalt erforderlich – eine Voraussetzung, die bei der Sanktionierung eines Verstoßes gegen verfahrenssichernde Anordnungen nicht ohne weiteres erfüllt ist (dazu etwa Firchau, Das fachgerichtliche Rechtsbehelfssystem der U-Haft sowie die Regelung des Vollzugs, 2013, 238 ff., 275 ff.; vgl. aber § 60 Abs. 1 Nr. 2 UVollzG Bln ua, Art. 40 iVm Art. 28 Abs. 1 S. 1, 2 BayUVollzG). Im Allg. wird davon ausgegangen, dass die Unschuldsvermutung kein grundsätzliches Verbot begründet. Zum Wesen dieser Maßnahmen gehört es, dass sie möglichst zeitnah verwandt werden, und die Einleitung eines JStraf- oder Bußgeldverfahrens steht (ua deshalb) nicht entgegen (vgl. § 60 Abs. 3 UVollzG Bln ua, § 62 Abs. 3 JVollzGB BW II; Art. 40 BayUVollzG iVm Art. 156 Abs. 2 BayStVollzG; § 31 Abs. 1 S. 2 UVollzG NRW).

98a   Die Anordnung und der Vollzug einer Disziplinarmaßnahme dürfen die Durchführung des Ermittlungs- bzw. Strafverfahrens nicht behindern und insb. keine Auswirkungen auf die **Dauer** der U-Haft haben, die U-Gefangenen nicht bei der Vorbereitung ihrer **Verteidigung** beeinträchtigen oder das Verfahren behindern (vgl. § 61 Abs. 4 S. 2 UVollzG Bln ua, § 62 Abs. 4 S. 1 JVollzGB BW II). Daher ist die Anordnung dem Gericht, der Staatsanwaltschaft und der Verteidigung unverzüglich **mitzuteilen** (§ 61 Abs. 7 UVollzG Bln).

Als Vorstufe sind erzieherische Maßnahmen genannt (vgl. § 75 Abs. 1, 4 **98b**
UVollzG Bln ua, § 75 Abs. 1–3 SächsUVollzG, § 80 Abs. 1 JVollzGB BW
II, § 164 Abs. 1 iVm § 130 Abs. 1 JVollzG Nds; ähnlich § 31 Abs. 2, 3
UVollzG NRW), und zwar im Sinne möglichst zeitnaher Reaktion (zum
Zusammenhang zwischen Verfehlung und Maßnahme § 75 Abs. 3 UVollzG
Bln ua (Soll-Vorschrift)). Diese Regelungen gelten als ein Verstoß gegen das
Verbot der Schlechterstellung im Vergleich zum U-Vollzug nach allg. StVR
und zudem als einwandbehaftet darin, dass weder eine vorherige Erörterung
noch eine Mitwirkung vorausgesetzt sind, dass inhaltlich eine Nähe zu
Disziplinarmaßnahmen besteht (vgl. etwa § 75 Abs. 1 S. 3 SächsUVollzG)
und dass es für (Handlungsan-)Weisungen an einer Rechtsgrundlage fehlt
(wenig vertieft RegE Bln UVollzG (Drs. 16/2491), 110: der Vollzug darf
„Entwicklungsschädigungen nicht zulassen").

b) Verstöße als Anlass. In § 60 UVollzG Bln ua werden die Verstöße **99**
abschließend genannt, die eine Disziplinarmaßnahme nach sich ziehen
können, sofern sie *verhältnismäßig* ist und also eine Verwarnung als nicht
genügend zu beurteilen ist (§ 60 Abs. 2 UVollzG Bln ua). Darunter soll § 60
Abs. 1 Nr. 4 UVollzG Bln ua auch Fälle umfassen, in denen U-Gefangene
das Anstaltsgelände verschmutzen, indem sie Lebensmittel oder andere Gegenstände aus Haftraumfenstern werfen und damit die Ordnung der Anstalt
stören (vgl. Begr. RefE BbgUVollzG, 42 sowie RegE UVollzG Bln (Drs.
16/2491), 94). Die Sanktionierung des Entweichens und des Versuchs des
Entweichens (Nr. 7; § 59 Abs. 1 Nr. 6 SächsUVollzG) begegnet Bedenken
(vgl. auch → § 92 Rn. 138), zumal eine strafrechtliche Ahndung von Gesetzes wegen nicht zulässig ist (für Streichung Ostendorf/Rose SchlHA
2009, 308).

c) Art der Disziplinarmaßnahmen. Der Arrest ist, sofern überhaupt **100**
noch zulässig (nicht zB gem. § 59 Abs. 2 SächsUVollzG), nur unter erhöh-
ten Voraussetzungen erlaubt – gegen junge U-Gefangene nur bis zu einer
Dauer von zwei Wochen (vgl. § 75 Abs. 5 S. 2 iVm § 61 UVollzG Bln ua,
Art. 40 BayUVollzG iVm 156 Abs. 3 Nr. 7 BayStVollzG; § 39 UVollzG
NRW iVm § 54 Abs. 3 JStVollzG NRW; § 40 Abs. 2 Nr. 8 HessUVollzG)
und erzieherisch auszugestalten (§ 164 Abs. 3 S. 2 JVollzG Nds; § 80 Abs. 2
Nr. 7 JVollzGB BW II). Zwischen den sonstigen Maßnahmen besteht keine
Rangfolge. Gegenüber der Anordnung (insb. von Arrest) ohne gerichtliche
Entscheidung ergeben sich Bedenken im Hinblick auf die Unschuldsver-
mutung. – Gemäß allg. jstr Grundsätzen ist bei mehreren Anlässen zu
Disziplinarmaßnahmen eine einheitliche Anordnung zu treffen (vgl. aber
§ 59 Abs. 5 SächsUVollzG: können verbunden werden).

Im Unterschied zur Regelung in der UVollzO ist in mehreren Landes- **100a**
gesetzen (vgl. aber § 39 UVollzG NRW iVm § 54 Abs. 3 JStVollzG NRW)
die Beschränkung oder der Entzug des Lesestoffs und der verlängerten
Haftraumbeleuchtung ebenso entfallen wie die Beschränkung von Außenkontakten (vgl. § 61 UVollzG Bln ua) – vielmehr sind solche Kontakte,
sofern sie nicht aus verfahrenssichernden Gründen eingeschränkt sind, gem.
dem Zweck der Aufrechterhaltung sozialer Bindungen zu fördern (vgl. auch
→ Rn. 54). Jedoch tangiert die Möglichkeit des gleichzeitigen Entzugs von
Rundfunk *und* Fernsehen das Grundrecht auf Informationsfreiheit (zumal
soweit Tageszeitungen nicht zur Verfügung stehen oder zB eine Leseschwä-
che vorliegt), sodass allenfalls ein knapp befristeter Zeitraum vertretbar ist

(vgl. indes zB Art. 40 BayUVollzG iVm Art. 156 Abs. 3 Nr. 2 BayStVollzG: bis zu drei Monaten). Betreffend „Annehmlichkeiten" (vgl. §§ 75 Abs. 5, 19 UVollzG Bln ua) ist als zusätzliche Sanktionsart die Beschränkung oder der Entzug bis zur Dauer von zwei Monaten vorgesehen.

100b Nach § 75 Abs. 5 UVollzG Bln ua darf gegen **junge U-Gefangene** als Disziplinarmaßnahme die zugewiesene Arbeit oder Beschäftigung nicht entzogen werden (anders etwa Art. 40 BayUVollzG iVm Art. 156 Abs. 3 Nr. 5 BayStVollzG: bis zu vier Wochen). − Bei der **Auswahl** der Disziplinarmaßnahmen sind Grund und Zweck sowie die psychischen Auswirkungen der U-Haft und des Strafverfahrens auf die U-Gefangenen zu berücksichtigen.

101 **d) Disziplinarverfahren.** Bevor es zu einer Anordnung von Sanktionen kommt, sind − jenseits erzieherischer Maßnahmen (vgl. → Rn. 98b) − Möglichkeiten der Abwendung durch einvernehmliche Beilegung zu bemühen (vgl. § 63 Abs. 2 SächsUVollzG: sollen). Mehrere Verfehlungen werden in einem Verfahren und einer Entscheidung zusammengefasst (§ 63 Abs. 3 SächsUVollzG).

101a Die Regelungen zur Disziplinarbefugnis und zum Disziplinarverfahren (speziell zum Verteidiger vgl. → § 92 Rn. 142; zur Geltung der Unschuldsvermutung auch in diesem Verfahren LG Bremen StraFo 2013, 21 (zum allg. StR); zur Selbstbelastungsfreiheit (§ 136 Abs. 1 S. 2 StPO) im Disziplinarverfahren LG Detmold StRR 2017 Nr. 9, 16 f.: wegen Nichtbelehrung Verwertungverbot der VollzBeamtin als Zeugin im Strafverfahren) entsprechen denjenigen zum JStrafvollzug (vgl. §§ 63 und 64 UVollzG Bln ua (§§ 67, 83 Abs. 2 HmbUVollzG, Sachs. §§ 62, 63 SächsUVollzG); §§ 65, 66 JVollzGB BW II bzw. §§ 105−107 StVollzG). Hiergegen bestehen Bedenken wiederum wegen der Unschuldsvermutung, die − entgegen den Landesgesetzen − eine gerichtliche Anordnung, zumindest aber Zustimmung vor Vollstr verlangt (eher verfehlt Begr. RegE UVollzG Bln (Drs. 16/2491), 109: „auch im Strafvollzug"). − Der Betroffene hat das Recht, sich vor der Entscheidung mit einem Verteidiger zu beraten und sich dessen Beistand bei der Anhörung zu bedienen (vgl., jeweils zum allg. StR, OLG Nürnberg StraFo 2011, 367 (betr. Strafhaft) = StV 2012, 169; aA (betr. U-Haft) OLG Bamberg NStZ-RR 2015, 93). Die Entscheidung ist dem Betroffenen mitzuteilen (vgl. zu gerichtlichen Entscheidungen § 2 Abs. 2, § 35 Abs. 2 StPO, idR durch Aushändigung eines Entscheidungsabdrucks, BVerfG, 2. K. des 2. S., NStZ 2008, 292 Rn. 33 (zum allg. StR)), und zwar unverzüglich auch dem Verteidiger (§ 63 Abs. 7 SächsUVollzG).

102 Disziplinarmaßnahmen werden idR sofort **vollstreckt,** jedoch kann die Vollstr „zur Gewährung eines effektiven Rechtsschutzes" (Soll-Vorschrift, § 61 Abs. 1 S. 2 SächsUVollzG) ganz oder teilweise ausgesetzt bzw. bis zu sechs Monaten (Art. 40 BayUVollzG iVm Art. 156 Abs. 4 BayStVollzG: drei Monate) zur Bewährung ausgesetzt werden (§ 62 Abs. 1, 2 UVollzG Bln ua, § 64 Abs. 2 JVollzGB BW II). − Grund für die Unterbrechung oder das Unterbleiben des Vollzugs eines angeordneten **Arrests** kann auch die Gefährdung des Fortgangs des JStrafverfahrens sein (vgl. § 64 Abs. 5 S. 3 UVollzG Bln ua (§ 69 Abs. 2 HmbUVollzG)).

102a Vorbehaltlich besonderer Anordnung ruhen während des Arrestvollzuges verschiedene Befugnisse, wobei zwischen mehreren Landesgesetzen Unterschiede bestehen. Nach § 62 Abs. 3 S. 3 UVollzG Bln ua sind es die Befugnisse zur Ausstattung des Haftraums mit eigenen Sachen, zum Tragen eigener Kleidung, zum Einkauf und Bezug durch Versandhandel, zur Verschaffung von „Annehmlichkeiten", zur Teilnahme an Arbeit und Bildung sowie an Freizeit- und Sportangeboten, zum Zeitungsbezug sowie zum Rundfunkempfang (ähnlich § 64 Abs. 5 S. 3 JVollzGB BW II; teilweise anders § 39 UVollzG NRW iVm § 54 Abs. 3 JStVollzG NRW bzw. Art. 40 BayUVollzG iVm Art. 156 Abs. 4 iVm Art. 111 Abs. 5 S. 3 BayStVollzG). Demgegenüber bestehen zumindest betr. das Informationsrecht sowie das Tragen eigener Kleidung Bedenken.

X. Datenschutz

1. Allgemeines

a) Allgemeines. Hinsichtlich der Regelung zum Datenschutz eröffnet **103** § 3 S. 1 JVollzDSG iSe Generalklausel die Anwendung des DSG Bln (ähnlich SchlH, Gesetz v. 21.7.2016 (GVOBl. 618), während andere der auf einen gemeinsamen Entwurf zurückgehenden (→ Rn. 6) Landesgesetze nur betr. bestimmte Sachverhalte auf das jeweilige **LDSG** verweisen (vgl. etwa § 121 BbgJVollzG; § 97 BremUVollzG, § 97 UVollzG M-V, § 97 SUVollzG sowie §§ 119 ff. iVm § 1 ThürJVollzGB). Im Übrigen lehnen sich die meisten der Landesgesetze an die Vorschriften zum (J)Strafvollzug an (vgl. etwa §§ 88–96 UVollzG Bln ua (JVollzDSG Bln, §§ 101–111 HmbUVollzG; Art. 41 BayUVollzG; im Verbund §§ 27 ff. JVollzGB BW I; näher → § 92 Rn. 143). Speziell hinsichtlich der Frage einer Offenbarungspflicht (so § 92 Abs. 2 S. 2–4 UVollzG Bln ua (Bln. §§ 65, 52 JVollzDSG Bln); § 53 Abs. 1 UVollzG NRW iVm § 112 Abs. 2 S. 2 StVollzG NRW; § 57 Abs. 2 S. 2 HessVollzG) oder aber -befugnis von *Ärzten, Psychologen* und *Sozialarbeitern* bestehen auch hier (vgl. → § 92 Rn. 143) unterschiedliche Regelungen. – Gemäß den Grundsätzen des § 67 sind *Personensorgeberechtigte* jugendlichen U-Gefangenen gleichgestellt, jedoch unter Vorbehalten (§§ 65, 70 Abs. 3–5, 7 JVollzDSG Bln; vgl. aber auch § 42 Abs. 2 JVollzGB BW I).

Datenschutzrechtlich nicht unumstritten ist es, Anstalt und *Aufsichtsbehörde* **103a** in einheitlicher Weise die Erhebung bzw. die Verarbeitung und Nutzung personenbezogener Daten zu gestatten (so §§ 88 Abs. 1, 89 Abs. 1 UVollzG Bln ua (Bln. §§ 65, 52, 53 JVollzDSG Bln: „Anstaltsleitung"; nicht Hmb.); zutr. § 53 Abs. 1 UVollzG NRW iVm §§ 108 ff. StVollzG NRW: die Vollzugsbehörde; ebenso § 101 HmbUVollzG), da die Aufsichtsbehörde keine unmittelbaren Aufgaben des Vollzugs wahrnimmt und für sie deshalb insoweit keine oder zumindest nur weniger Daten erforderlich sind. Der Einwand gilt auch insoweit, als eine Speicherung, Verarbeitung und Nutzung von Daten grundsätzlich nur bei der erhebenden Stelle zulässig ist. – Was die Zulässigkeit der Datenerhebung ohne Zustimmung *bei Dritten* angeht (§ 88 Abs. 2 S. 2 Nr. 2 UVollzG Bln ua (Bln. §§ 65, 15 JVollzDSG Bln; anders § 101 Abs. 2 S. 2 HmbUVollzG: Verweis auf das LDSG); § 31 Abs. 3 S. 3 JVollzGB BW I), so wäre es – ein Interesse des Betroffenen an Vertraulichkeit und Geheimhaltung unterstellt – stimmig, wenn die Anstalt ihrerseits das Ausmaß ihres Interesses konkret darlegen müsste.

b) Zentrale Vollzugsdatei. Zumindest im Bereich der U-Haft bestehen **104** **Bedenken** ggü. der Einrichtung einer solchen landesweiten Datei (§ 90

Abs. 1 UVollzG Bln ua (anders Bln. §§ 65, 48 JVollzDSG Bln, § 104 Abs. 1
HmbUVollzG; § 53 Abs. 1 UVollzG NRW iVm § 110 StVollzG NRW), da
eine *Erforderlichkeit* nicht nachgewiesen ist, eine unzulässige *Totalüberwachung*
(vgl. nur BVerfG NJW 2002, 283) begünstigt wird und erhöhte Missbrauchsgefahren nahe liegend sind. Ohnehin als einwandbehaftet stellt sich
ein *anlassunabhängiges* automatisiertes Übermittlungsverfahren (ausdrücklich
genannt in § 90 Abs. 2 S. 2 UVollzG Bln ua (MV § 90 Abs. 1 S. 2 UVollzG
M-V, Hmb. § 104 Abs. 2 S. 2 HmbUVollzG), nicht JVollzDSG Bln, Bremen § 90 Abs. 2 S. 2 BremUVollzG) dar, da ein solcher Eingriff in das
informationelle Selbstbestimmungsrecht näherer Rechtfertigung bedarf. Dies
gilt erhöht deshalb, weil der Kreis der Empfänger vergleichsweise weit und
zudem unbestimmt ist.

2. Besonderheiten

105   **a) Schutzwürdige Interessen.** Aufgrund der Unschuldsvermutung steht
zum einen die *Übermittlung* personenbezogener Daten an zuständige öffentliche Stellen unter dem Vorbehalt der „Erkennbarkeit" eines schutzwürdigen
Interesses der Betroffenen an dem Ausschluss der Übermittlung (§ 89 Abs. 4
S. 3 UVollzG Bln ua (Bln. §§ 65, 67 Abs. 1 S. 1 JVollzDSG Bln), § 88
Nr. 1 SächsUVollzG). Zum anderen sind Auskünfte über die Vermögens-
verhältnisse des betroffenen U-Gefangenen zur Durchsetzung von Ansprüchen iZm dem Tatvorwurf untersagt (anders als im JStrafvollzug, vgl. nur
§ 89 Abs. 5 S. 1 UVollzG Bln ua (Bln. §§ 65, 67 Abs. 1 S. 2 UVollzG Bln
und – speziell betr. mutmaßlich Verletzte – § 71 JVollzDSG Bln), näher
§ 88 Nr. 2 SächsUVollzG; abw. aber § 41 Abs. 2 JVollzGB BW I). – Eine
Datenverwendung zum Zwecke wissenschaftlicher Forschung setzt die Einwilligung des U-Gefangenen voraus (vgl. jeweils elektronisch gespeicherte
personenbezogene Daten einbeziehend § 96 UVollzG Bln ua (Bln. §§ 65,
34 JVollzDSG Bln; Hmb. § 110 HmbUVollzG). Zumindest ist sie bei ent-
gegenstehendem schutzwürdigem Interesse der Betroffenen auszuschließen.

106   **b) Einsicht bzw. Auskunftserteilung.** Diesbezüglich können sich betr.
Gefangenenpersonalakten und sonstige Unterlagen der Vollzugsbehörde an
den **Betroffenen,** sofern diese Datenträger ausnahmsweise Informationen
enthalten, die den Zweck der U-Haft gefährden könnten, **Einschränkungen** aufgrund **verfahrenssichernder Zwecke** ergeben (vgl. § 95 Abs. 4
Nr. 5 UVollzG Bln ua (anders Bremen mit Verweis auf LDSG; Bln. §§ 65,
68 Abs. 1, 2 JVollzDSG Bln, jedoch ohne Darlegungspflicht eines berechtigten Interesses, §§ 30, 31); § 109 HmbUVollzG; SchlH § 40 Abs. 5
SchlHJVollzDSG; vgl. auch § 135 Abs. 2 iVm § 1 ThürJVollzGB). **Einwandbehaftet** ist die Regelung, derzufolge Auskunft grundsätzlich Vorrang
ggü. dem Akteneinsichtsrecht eingeräumt wird (§ 95 Abs. 8 UVollzG Bln
ua (§ 95 Abs. 7 UVollzG M-V; Bln. §§ 65, 28 Abs. 2 JVollzDSG Bln); § 49
Abs. 1 JVollzGB BW I; anders § 135 Abs. 1 iVm § 1 ThürJVollzGB).

106a Wegen der Regelung, dass der U-Gefangene zwecks Kenntniserlangung
von Akteninhalten entstehende *Dolmetscherkosten* selbst zu tragen hat, sofern
sie nicht Belange der Verteidigung im Strafverfahren betreffen (vgl. §§ 65,
28 Abs. 1 S. 2 Nr. 2 bzw. § 68 Abs. 3 JVollzDSG Bln), besteht (zur Vermeidung des darin begründeten Risikos, dass er nicht wissen kann, ob die
zweitgenannte Voraussetzung gegeben ist) eine Pflicht zur „Unterstützung

bei notwendigen Übersetzungen" (§ 28 Abs. 1 S. 3 JVollzDSG Bln; vgl. „wesentlich" gem. RL EU v. 20.10.2010 (ABl. 2010 L 280, 1) Art. 3 Abs. 3, 4 nebst Art. 9 Abs. 1).

Soweit gem. § 93 Abs. 2 S. 2 UVollzG Bln ua (Bln. §§ 65, 13 Abs. 2 **106b** JVollzDSG Bln), § 53 Abs. 1 UVollzG NRW iVm § 113 Abs. 2 S. 2 StVollzG NRW **Gesundheitsakten** und **Krankenblätter** getrennt von anderen Unterlagen zu führen sind, entspricht dies allg. Datenschutzstandards. Indes wird es das jugendstrafrechtliche Schutzprinzip gebieten, die Regelung auf **andere** besonders sensible **Daten** zu **erstrecken** (zB (entwicklungs-)psychologische Gutachten, angehaltene Briefe, Auflistung von Telefonverbindungsdaten wie auch von etwaigen Brief- und Telefonüberwachungen).

c) Personenbezogene Daten betr. Besuch oder sonstige Kommuni- **107** **kation.** Daten, die bei der Überwachung der Besuche oder des **Schriftwechsels** bzw. des Inhalts von **Sendungen** sowie der **Telekommunikation** bekannt geworden sind, dürfen nur in eng bestimmten Grenzen verwendet werden (vgl. § 89 Abs. 9 Nr. 2–5 bzw. Nr. 1 UVollzG Bln ua (Bln. §§ 65, 69, 49 JVollzDSG Bln; Hmb. § 103 Abs. 9 HmbUVollzG); § 53 Abs. 1 UVollzG NRW iVm § 109 Abs. 10 StVollzG NRW; § 44 JVollzGB BW I). Nicht darunter fallen Zwecke der Behandlung (zum § 44 Abs. 1 letzte Alt. JVollzGB BW I (nach Anhörung)) bzw. – datenschutzrechtlich gewürdigt – erzieherischer Einwirkung (dazu → Rn. 30 ff.).

3. Benachrichtigung

a) Restriktive Ausgestaltung. Nur eingeschränkt sind *Gründe* geregelt, **108** die es erlauben, (einstweilen) von der Pflicht zur Auskunfterteilung Betroffener über eine Datenerhebung abzusehen, weil ua *unbestimmt* ist, wann eine Gefährdung vorliegt. Zumindest ist von einer Dokumentationspflicht bzgl. der Unterlassung der Auskunfterteilung auszugehen, um eine geeignete gerichtliche Überprüfung der Rechtmäßigkeit zu ermöglichen. Auch wird der Betroffene über das Recht zu dieser Überprüfung in geeigneter Weise (§ 70a Abs. 1 bzw. § 70b Abs. 1 nF) zu belehren sein.

Unzureichend ist die Pflicht zur Benachrichtigung über die Verarbeitung **108a** und Nutzung personenbezogener Daten durch *Videoüberwachung* ausgestaltet (vgl. § 46 Abs. 4 UVollzG Bln ua (Bln. §§ 65, 27 JVollzDSG Bln; Bremen; SchlH § 40 Abs. 4 und 5, § 41 (speziell Abs. 1 S. 3) SchlHJVollzDSG; §§ 102 Abs. 7, 101 Abs. 4 HmbUVollzG; nicht Saarl., vgl. → Rn. 89); § 32 Abs. 4 JVollzGB BW I). Soweit die Pflicht entfällt, wenn die Daten innerhalb der Anstalt verbleiben und binnen eines Monats gelöscht werden, ist offen, wie der Betroffene kontrollieren kann, ob gelöscht wurde. Hinsichtlich des Entfallens, wenn die Betroffenen anderweit Kenntnis erlangt haben oder die Unterrichtung einen unverhältnismäßigen Aufwand erfordern würde, fehlt es an einer Bestimmung des Unverhältnismäßigen. Zu vermeiden ist, dass die Betroffenen über das Ausmaß der Verarbeitung und Nutzung ihrer Daten im Unklaren gelassen werden.

b) Antrag des Betroffenen. Diejenigen **Stellen,** die von der Inhaftie- **109** rung Kenntnis erhalten haben, sind im Falle einer nicht nur vorläufigen Einstellung des Verfahrens, einer unanfechtbaren Ablehnung der Eröffnung des Hauptverfahrens oder einem rechtskräftigen Freispruch zu benachrichtigen, sofern der Betroffene, der auf dieses Recht **hinzuweisen** ist, es beantragt (vgl. § 89 Abs. 6 UVollzG Bln ua (Bln. §§ 65, 67 Abs. 2 JVollzDSG Bln; Sachs. § 88 Nr. 3 S. 2, 3 SächsUVollzG); § 53 Abs. 3 UVollzG NRW).

4. Löschung

110   **a) Fristen.** Bzgl. der Löschung bzw. der Übermittlungs- und Nutzungsbefugnis von Daten sind die Fristen (§ 94 Abs. 1 bzw. Abs. 2 UVollzG Bln ua (Hmb. § 108 Abs. 1, 3 HmbUVollzG; außer Bln. § 61 JVollzDSG Bln: spätestens nach fünf Jahren, jedoch zur Sperrung nach spätestens zwei Jahren §§ 65, 62 JVollzDSG Bln); § 48 Abs. 1, 3 JVollzGB BW I; § 61 Abs. 4, 5 S. 1 HessUVollzG; teilweise anders § 53 Abs. 1 UVollzG NRW iVm § 114 Abs. 2–4 StVollzG NRW) gem. der Funktion zur Verfahrenssicherung kaum als noch verhältnismäßig zu erachten), zumal die Daten tendenziell mit zunehmender Dauer unrichtiger werden (vgl. auch zu einer 2-Jahresfrist § 184 StVollzG Abs. 1 S. 1 StVollzG). Die Begründung mit „vermeidbarem Verwaltungsaufwand" bzw. Belangen kriminologischer Forschung (vgl. etwa MV (Drs. 5/2764), 109) ist schwerlich tragfähig.

111   **b) Videoüberwachung.** Soweit in den Landesgesetzen eine Videoüberwachung zugelassen ist, sind dadurch erhobene und gespeicherte personenbezogene Daten unverzüglich, dh ohne schuldhaftes Zögern zu löschen, wenn schutzwürdige Belange des Betroffenen einer weiteren Speicherung entgegenstehen (vgl. § 94 Abs. 2 S. 2 UVollzG Bln ua (§ 46 Abs. 4 S. 2 SächsUVollzG; nicht, Saarl., vgl. → Rn. 89); § 48 Abs. 2 S. 2 JVollzGB BW I; vgl. auch § 17 Abs. 9 S. 1 UVollzG NRW iVm §§ 20 Abs. 1 S. 2, 66 Abs. 3 StVollzG NRW: Bildaufzeichnungen). Im Übrigen gebietet der Verhältnismäßigkeitsgrundsatz eine vergleichsweise kurz bemessene Löschungsfrist (in mehreren Landesgesetzen sind zwei Wochen bestimmt, vgl. vormals § 95 Abs. 2 S. 1 UVollzG Bln (demgegenüber vier Wochen nach § 48 Abs. 2 S. 1 JVollzGB BW I; ein Monat nach § § 94 Abs. 2 S. 1 Bln ua, außer Bln.; nicht Saarl., vgl. → Rn. 89)), die nur dann nicht eingehalten werden muss, wenn eine weitere Speicherung unter engen Voraussetzungen der Erforderlichkeit zu den in § 89 Abs. 2 Nr. 1, 2 oder 4 UVollzG Bln ua (vormals Bln § 90 Abs. 2 Nr. 1, 2 oder 4 UVollzG Bln (anders § 102 Abs. 8 S. 2 HmbUVollzG); § 53 UVollzG NRW iVm § 114 StVollzG NRW) genannten Zwecken als zulässig erachtet wird.

111a   Gemäß **JVollzDSG** Bln sind mittels optischer oder akustischer Vorrichtungen erhobene Daten grundsätzlich nach 48 Stunden zu löschen (§§ 65, 23 Abs. 1), wogegen betr. den Kernbereich der privaten Lebensgestaltung restriktivere Regelung bestehen (§§ 65, 23 Abs. 3–5).

XI. Rechtsschutz

1. Allgemeines

112   Die *Aufhebung* von Maßnahmen bestimmt sich nach allg. Grundsätzen (vgl. §§ 63, 64 SächsUVollzG). Rechtswidrige Maßnahmen können ganz oder teilweise mit Wirkung für die Vergangenheit oder die Zukunft zurückgenommen werden, für rechtmäßige Maßnahmen gilt dies nur unter bestimmten Voraussetzungen (§ 101 Abs. 2, 3 RhPfLJVollzG, § 62 Abs. 2, 3

UVollzG Bln). Hingegen dürfen begünstigende Maßnahmen nur bei Über-
wiegen der Vollzugsbelange ggü. dem „schutzwürdigen Vertrauen der Be-
troffenen" (§ 101 Abs. 4 RhPflJVollzG, § 62 Abs. 3 UVollzG Bln) auf-
gehoben werden, wovon insb. auszugehen sei, wenn die Aufhebung als zur
Gewährleistung der Sicherheit der Anstalt unerlässlich beurteilt wird. – Die
Bestimmungen betr. das *Beschwerderecht* (§ 65 UVollzG Bln ua (§ 70 HmbU-
VollzG), § 41 UVollzG NRW, § 167 Abs. 1 S. 1 JVollzG Nds; § 68
JVollzGB BW II) entsprechen im Wesentlichen § 108 StVollzG.

2. Gerichtliches Verfahren

a) § 2 Abs. 2, § 119a StPO. Wenngleich die Länder die Befugnis zur   **113**
Entscheidung über Beschränkungen, die dem U-Gefangenen aus Zwecken
der Sicherheit und Ordnung in der VollzAnstalt auferlegt werden können,
weithin auf die VollzAnstalt übertragen haben (vgl. → Rn. 10), verlangt
Art. 19 Abs. 4 S. 1 GG, dass gegen deren Entscheidung das gerichtliche
Verfahren offen steht. Es ist (gem. der Gesetzgebungsbefugnis des Bundes)
dergestalt geregelt (§ 2 Abs. 2, § 119a StPO), dass vormalige Bestimmungen
über einen Antrag auf gerichtliche Entscheidung (§§ 23, 24 Abs. 1 EGGVG
iVm Nr. 75 Abs. 3 UVollzO) oder aber (nach Wegfall der UVollzO) der
Zuständigkeit eines Strafsenats des OLG (in dessen Bezirk die Vollzugsbehörde ihren Sitz hat) zur Entscheidung über die Rechtmäßigkeit einer
vollzuglichen Anordnung (§ 23 Abs. 1 S. 2 iVm § 25 Abs. 1 EGGVG)
zurücktreten. Zur Begründung dieser gesetzgeberischen Änderung wurde ua
angeführt, das Verfahren nach den §§ 23 ff. EGGVG sei aufwändig und die
Zuständigkeit des OLG stehe oftmals in keinem angemessenen Verhältnis zu
der Bedeutung der Sache; beides gelte umso mehr, als – nach landesgesetzlicher Verlagerung der originären Zuständigkeit auf die VollzAnstalten –
zukünftig vermutlich erheblich häufiger von diesem Rechtsweg Gebrauch
gemacht werde.

§ 119a StPO **gilt** neben der U-Haft aufgrund eines nach den §§ 112, 112a   **114**
StPO erlassenen Haftbefehls **auch** für die HV-Haft nach § 127b StPO sowie
für die Haft aufgrund von Haftbefehlen nach § 230 Abs. 2 StPO, §§ 236,
329 Abs. 3 StPO und § 412 S. 1 StPO. Für die vorläufige Unterbringung
folgt die Anwendbarkeit aus § 126 Abs. 2 S. 1 StPO, für die Sicherungshaft
aus § 453c Abs. 2 S. 2 StPO und für die Haft bei erwarteter Unterbringung
in der Sicherungsverwahrung aus § 275 Abs. 5 S. 4 StPO.

b) Einzelne Bestimmungen. Gemäß § 2 Abs. 2, **§ 119a Abs. 1 S. 1**   **115**
StPO kann derjenige, der durch behördliche Entscheidungen und sonstige
Maßnahmen (Realakte) im U-Vollzug – idR handelt es sich um solche der
VollzAnstalt (s. ausdrücklich auch betr. die StA § 167 Abs. 1 S. 1 JVollzG
Nds) – **beschwert** ist, einen Antrag auf gerichtliche Entscheidung stellen
(systematisch § 119 Abs. 5 StPO vergleichbar). Zulässigkeitsvoraussetzung ist
demgemäß eine Beschwer.

Im Übrigen ist ein Antrag nach allg. Grundsätzen nur zulässig, wenn ein   **115a**
Rechtsschutzbedürfnis vorliegt. Dieses Erfordernis kann zB dann nicht
gegeben sein, wenn die zuständige Stelle über den Antrag schon einmal
entschieden hat und weder der Antrag noch die tatsächlichen Umstände (zu
diesen kann auch ein gewisser Zeitablauf gehören) sich als verändert darstellen. Jedoch werden diese Grundsätze betr. **Jugendliche** und **Heran-**

wachsende gem. dem Erziehungsauftrag (§ 2 Abs. 1) nur **weniger restriktiv** gelten dürfen (vgl. auch § 2 Abs. 2). Zumindest ist der Beschwerdeführer über die Gründe, warum in der Sache nicht entschieden wird, zu unterrichten (vgl. § 42 Abs. 1 S. 3 HessUVollzG). – Soweit sich die außergerichtliche Entscheidung oder Maßnahme entweder bereits vor dem Antrag auf gerichtliche Entscheidung oder (nach Antragstellung, jedoch) vor der gerichtlichen Entscheidung **erledigt** hat, gelten die allg. Grundsätze des Rechtsschutzes im Erledigungsfall (vgl. BVerfGE 96, 27). Betreffend Widerruf oder Rücknahme von Maßnahmen finden (subsidiär) die einschlägigen Vorschriften des VwVfG Anwendung (vgl. § 64 SächsUVollzG).

116   Für die **gerichtliche Zuständigkeit** sind § 126 Abs. 1 S. 1 StPO, §§ 34 Abs. 1, 72 Abs. 3 und 6 maßgebend. Diese Regelung hat den Vorteil, dass dem hiernach zuständigen Gericht der Sachverhalt aus der Ermittlungsakte bekannt ist, im Unterschied zu einem Gericht am Ort der VollzAnstalt. Soweit das hiernach zuständige Gericht (eher ausnahmsweise) in einem anderen Land als dem der VollzAnstalt gelegen ist, muss das Gericht das Vollzugsrecht eines – ggf. von dem des Landes des zuständigen Gerichts abw. – anderen Landes anwenden. Für solche Fälle eine Zuständigkeit auch eines Gerichts des anderen Landes vorzusehen, hat der RegE zwar erwogen (BR-Drs. 829/08, 45), jedoch ua wegen der Gefahr positiver wie negativer Kompetenzkonflikte (etwa bei Anlässen sowohl iSd U-Haftrechts als auch des U-Haftvollzugsrechts) abgelehnt, zumal auch nach § 119 Abs. 3 iVm Abs. 6 StPO aF die gem. § 126 StPO zuständigen Gerichte sowohl über Anordnungen aus Zwecken der U-Haft als auch aus solchen der Ordnung in der VollzAnstalt zu entscheiden hatten.

117   Gemäß § 72 Abs. 6 ist die **Übertragung** richterlicher Entscheidungen auf einen anderen Richter zulässig. Dies erscheint insofern als sinnvoll, als es Beeinträchtigungen des Vollzugsablaufs gibt, die in Zusammenhang damit stehen, dass für die in einer Anstalt untergebrachten U-Gefangenen häufig eine größere Zahl von Haftrichtern zuständig ist (vgl. schon Dallinger/Lackner § 93 Rn. 6).

118   Die vormalige Regelung des § 134 Abs. 1 Nr. 1 JVollzG **Nds** aF, derzufolge das AG am Sitz der VollzBehörde auch nach Erhebung der Anklage bei einem anderen Gericht zuständig blieb (zur Vorlage an das BVerfG im Hinblick auf § 2 Abs. 2, § 119 StPO aF OLG Oldenburg StV 2008, 195 mBspr Seebode HRRS 2008, 236 ff. (nach BVerfGE 121, 233 = DRiZ 2008, 321 unzulässig, weil ggf. das AG hätte vorlegen müssen)), wurde – unbeschadet mancher praktischer Vorteile – wegen des arbeitsökonomischen Nachteils, dass dieses Gericht mit dem Stand der Ermittlungen weniger vertraut ist, mit ÄndG NJVollzG v. 20.2.2009 (Nds. GVBl. 32) aufgegeben (§ 134a Abs. 1 S. 1 NJVollzG), und zugleich wurde die Möglichkeit der Übertragung bis zur Anklageerhebung auf die mit den Ermittlungen befasste Staatsanwaltschaft eingeführt (§ 134 Abs. 3 S. 1 JVollzG Nds). – In „dringenden Fällen" kann die Staatsanwaltschaft oder der VollzBehörde vorläufige Entscheidungen oder sonstige Maßnahmen treffen (§ 134 Abs. 6 S. 1, 2 JVollzG Nds (idF gem. ÄndG v. 20.2.2009, GBl. 32)), die der „unverzüglichen Genehmigung" der zuständigen Stelle bedürfen. Diese Regelung ist, unbeschadet eines in bestimmten Fällen bestehenden Bedürfnisses, bezogen auf Belange der Rechtssicherheit wegen der wenig bestimmten und vergleichsweise offen gehaltenen Fassung nicht bedenkenfrei (vgl. aber → § 72 Rn. 41).

c) Zum Verfahrensablauf. Aufgrund der Unschuldsvermutung und **119** dem ihr folgenden Grundsatz, dass nur zwingend notwendige Beschränkungen auferlegt werden dürfen, sind gem. § 2 Abs. 2, § **119a Abs. 1 S. 2 StPO** während des U-Vollzugs gestellte **Anträge,** über die von der für den Vollzug zuständigen Stelle zu entscheiden ist, innerhalb einer Frist von **drei Wochen** zu bearbeiten (zumal diese Entscheidung die Voraussetzung dafür ist, den Rechtsweg gem. § 2 Abs. 2, § 119a Abs. 1 S. 1 StPO beschreiten zu können), dh die Frist muss deutlich kürzer sein als die für den Strafvollzug vorgesehene von drei Monaten (vgl. § 92 Abs. 6 S. 2, § 113 Abs. 1 StVollzG). Andererseits gilt eine stärkere Verkürzung – etwa um Betroffenen der auf höchstens eine Woche begrenzten Hauptverhandlungshaft (§ 2 Abs. 2, § 127b Abs. 2 StPO) Rechnung zu tragen – als arbeitsökonomisch nicht ohne weiteres vertretbar, wenngleich die in Rede stehenden Entscheidungen meist keine umfangreichen Ermittlungen oder die Einbeziehung anderer Stellen voraussetzen.

Gemäß § 2 Abs. 2, § 119a Abs. 2 S. 1 StPO entfaltet der Antrag auf **120** gerichtliche Entscheidung **keine aufschiebende Wirkung** (vgl. entspr. § 29 Abs. 2 EGGVG iVm § 307 Abs. 1 StPO bzw. § 114 Abs. 1 StVollzG). Demgegenüber mag ein nicht unerheblicher Zeitraum vergehen, bis die durch das Gericht zu veranlassende Aufklärung des Sachverhalts und die den Beteiligten zustehende Gewährung der Möglichkeit zur Stellungnahme erledigt sind, ein Zeitraum, während dessen der U-Gefangene ggf. daran gehindert ist, seine Rechte zu verwirklichen (zB wenn der Verhältnismäßigkeitsgrundsatz für ihn streitet, weil Sicherheitsbelange der VollzAnstalt auch durch mildere Maßnahmen gewahrt werden). Daher kann das Gericht eine **vorläufige Anordnung** treffen (§ 2 Abs. 2, § 119a Abs. 2 S. 2 StPO), und zwar sowohl bei einem gegen eine außergerichtliche Entscheidung oder Maßnahme gerichteten Antrag (§ 2 Abs. 2, § 119a Abs. 1 S. 1 StPO) als auch bei einem Vornahmeantrag (§ 2 Abs. 2, § 119a Abs. 1 S. 2 StPO).

d) Beschwerde. Gegen die gerichtliche Entscheidung ist die **Beschwer- 121 de** zulässig (§ 2 Abs. 2, § **119a Abs. 3 StPO;** vgl. auch § 116 StVollzG). Für das Beschwerdeverfahren gelten § 2 Abs. 2, §§ 304 ff. StPO.

Vor allem dann, wenn eine gerichtliche Entscheidung gem. § 2 Abs. 2, **122** § 119a Abs. 1 StPO eine von der VollzAnstalt als notwendig erachtete Beschränkung für unzulässig erklärt, betrifft dies die Art der Aufgabenerfüllung der **VollzAnstalt** ggf. in erheblichem Ausmaß (vgl. auch Sengbusch in BeckOK JGG Rn. 21). Daher stellt das Gesetz klar, dass auch sie (nach § 168 Abs. 1 S. 2 NJVollzG ebenso die StA (eingef. durch ÄndG v. 20.2.2009, GBl. 32)) gem. § 2 Abs. 2, **§ 119a Abs. 3 StPO** – bei der für die vollzugliche Entscheidung oder Maßnahme zuständigen Stelle handelt es sich idR um die VollzAnstalt – gegen die gerichtliche Entscheidung Beschwerde einlegen kann.

Zweiter Abschnitt. Vollzug

Jugendarrest

90 (1) [1]Der Vollzug des Jugendarrestes soll das Ehrgefühl des Jugendlichen wecken und ihm eindringlich zum Bewußtsein bringen, daß er für das von ihm begangene Unrecht einzustehen hat. [2]Der Vollzug des Jugendarrestes soll erzieherisch gestaltet werden. [3]Er soll dem Jugendlichen helfen, die Schwierigkeiten zu bewältigen, die zur Begehung der Straftat beigetragen haben.

(2) [1]Der Jugendarrest wird in Jugendarrestanstalten oder Freizeitarresträumen der Landesjustizverwaltung vollzogen. [2]Vollzugsleiter ist der Jugendrichter am Ort des Vollzugs.

Schrifttum: Arndt, Kriminologische Untersuchungen zum Jugendarrest, 1970; Bihs, Grundlegung, Bestandsaufnahme und pädagogische Weiterentwicklung des Jugendarrests ..., 2013 (online abrufbar); Eisenhardt, Gutachten über den Jugendarrest, 1989; Gernbeck, Stationäres soziales Training im (Warnschuss-)Arrest. Implementation und Evaluation eines Modellprojekts in Baden-Württemberg, 2017; Klatt/Bliesener, Evaluierung des Jugendarrestes in Schleswig-Holstein, 2018; Klatt/Ernst/Höynck ua, Evaluation des neu eingeführten Jugendarrestes neben zur Bewährung ausgesetzter Jugendstrafe (§ 16a JGG), 2016; Redmann/Hußmann (Hrsg.), Soziale Arbeit im Jugendarrest, 2015; Schneemann, Beobachtungen zum Jugendarrestvollzug und der Bewährung entlassener Dauerarrestanten, 1970.

Übersicht

I. (Persönlicher) Anwendungsbereich; Ersetzung

1. (Persönlicher) Anwendungsbereich

Die Vorschrift findet auch auf **Heranwachsende** Anwendung (§§ 110 **1** Abs. 1, 105 Abs. 1), sofern eine auf JA erkennende Entscheidung vorliegt. Dies gilt auch für die JAVollzGe der Länder (vgl. nur § 52 HmbJAVollzG,

§ 35 JAVollzG NRW, Art. 1 Abs. 2 RegE BayJAVollzG, § 1 Abs. 2 RefE
SächsJAVollzG).

2   Bei **Soldatinnen** und **Soldaten** wird JA auf Ersuchen des Vollstreckungsleiters durch Einrichtungen der Bundeswehr vollzogen (Art. 5 Abs. 2
EGWStG; vgl. auch → § 112c Rn. 4, 5).

2. Ersetzung

2a   Mehrere Landesgesetze zum JAVollzug (vgl. → Rn. 5) erklären § 90 als
ersetzt (§ 55 HmbJAVollzG, § 43 Abs. 1 JAVollzG M-V, § 41 Nr. 1
RhPflJAVollzG, § 55 Abs. 1 SJAVollzG, § 44 Abs. 1 ThürJAVollzG; mit
Ausnahme von Abs. 2 S. 2 auch § 44 Abs. 2 HessJAVollzG).

II. Grundlagen des JA-Vollzugs

1. Entstehungsgeschichte

3   Entsprechend der Einführung des JA als jstr Rechtsfolge (→ § 13 Rn. 3–6,
→ § 16 Rn. 3) wurde im Jahre 1943 die JAVollzO als eine Rechtsverordnung geschaffen und im Jahre 1966 beibehalten (BGBl. I 505), in der Folgezeit allerdings erheblich umgestaltet (s. Anh. 5; näher bis 19. Aufl.). Mehrere
Landesgesetze zum JAVollzug (vgl. → Rn. 5) erklären die JAVollzO als
ersetzt (§ 55 HmbJAVollzG, § 43 JAVollzG M-V, § 41 Nr. 2 RhPflJA-
VollzG, § 53 Abs. 2 SJAVollzG, § 44 HessJAVollzG wie RegE Thür.),
jeweils mit Ausnahme von § 17 Abs. 4, § 25 Abs. 1, 3, 4 (MV, Hess. und
RegE Thür. zudem von § 5 Abs. 3).

2. Verfassungsrechtliche Vorgaben

4   Das BVerfG hat mit Entscheidungen aus den Jahren 1972 (BVerfGE 33,
1 ff.) und 2006 (BVerfGE 116, 69) deutlich gemacht, dass die JAVollzO den
Vorgaben des GG nicht (mehr) entspricht. Zugleich hat es eine gesetzliche
Legitimation der freiheitsentziehenden Grundrechtseingriffe auch gegenüber
Jugendlichen – wie sie durch den JAVollzug geschehen – verlangt (Gern-
beck, Stationäres soziales Training (…), 2017, 112).

3. Rechtsgrundlagen

5   Der Vollzug des JA hat bzw. hatte (vgl. → Rn. 3f) als Rechtsgrundlage
iRd § 90 die JAVollzO. Geltende Landesgesetze sind das JAVollzG NRW v.
13.5.2013 (GV 201, geänd. durch Art. 5 des Gesetzes v. 7.4.2017, GV 511),
das BbgJAVollzG v. 10.7.2014 (GVBl. I 14/Nr. 34), das BWJArrG v.
25.11.2014 (GBl. 582), das SchlHJAVollzG v. 2.12.2014 (GVBl. 356; vgl.
auch Goerdeler FS 2013, 231 ff.), das HmbJAVollzG v. 29.12.2014 (GVBl.
2014, 542), das HessJAVollzG v. 27.5.2015 (GVBl. 2015, 223), das NdsJA-
VollzG v. 17.2.2016 (GVBl. 2016, 38, geändert durch Gesetz v. 15.6.2017
(GVBl. 172, ber. 319)), das RhPflJAVollzG v. 6.10.2015 (GVBl. 354), das
(saarländische) SJAVollzG v. 20.1.2016 (ABl. I 132), das JAVollzG M-V v.
27.5.2016 (GVOBl. 302), das BayJAVollzG v. 26.6.2018 (GVBl. 438), Thür-
JAVollzG v. 19.3.2019 (GVBl. 9), das SächsJAVollzG v. 5.3.2019 (GVBl.
158) und das JVollzGB III LSA v. 11.11.2020 (GVBl. 644). In Bln. wird JA

in einer gemeinsam mit Bbg. betriebenen Einrichtung auf Grundlage des BbgJAVollzG vollzogen (vgl. dazu Pervelz in DVJJ 2019, 245 ff.). Bremen hat kein JAVollzG, da es keine JAVollz-Einrichtung unterhält; für Verurteilte gilt (gem. enger Vollzugskooperation mit Nds.) das NdsJAVollzG (für einen Überblick zu bundesweiten Regelungslage vgl. auch Kaplan NK 2018, 77 (83 f.); Knauer in DVJJ 2019, 201 ff.; zu einem vormaligen Musterentwurf (Stand Mai 2014) der Länder Bln., Bremen, Hess., MV, RhPf, Saarl., Sachs., LSA und Thür. vgl. Kunze/Decker FS 2014, 262 ff.; zuvor zu Gesetzesentwürfen vgl. Kolberg/Wetzels PraxRPsych 2012, 113 (130 ff.)).

4. Organisation (Abs. 2)

a) Vollzugsanstalten bzw. -arresträume. Die Einrichtung der JA-Voll- 6 zAnstalten und der Freizeitarresträume – letztere dienen auch dem Vollzug von Kurzarrest bis zu zwei Tagen, ermöglichen jedoch nur eingeschränkt erzieherische Hilfen – obliegt den **Landesjustizverwaltungen** (Abs. 2 S. 1). Der JA-Vollzug darf nicht in Straf- oder U-Haftanstalten, auch nicht in Teilbereichen dieser Anstalten, stattfinden (§ 39 Abs. 1 BbgJAVollzG: „in einer selbstständigen Anstalt"; § 32 Abs. 1 BWJArrG: vom Strafvollzug und sonstigen Haftarten „getrennt", ebenso Art. 27 Abs. 1 S. 1 RegE BayJA-VollzG; s. aber § 32 Abs. 1 RegE ThürJAVollzG: in Anstalten der Justizverwaltung; § 1 RefE SächsJAVollzG: den allg. VollzAnstalten „angegliederte Bereiche" (s. auch §§ 21 Abs. 3 S. 3, 54 Abs. 1, 56 Abs. 1), bereits zuvor krit. Thalmann FS 2011, 79: mehrere Länder mit einer „Station" für JA „in demselben Gebäude"; speziell betr. die Anstalt in Regis-Breitingen Fichtner, nach ZJJ 2009, 160 (vgl. auch schon betr. Leipzig Kobes/Pohlmann ZJJ 2003, 374) sowie betr. die Anstalt Hof Pürner nach ZJJ 2009, 160: „Knastatmosphäre" bewusst als „pädagogisches Mittel" eingesetzt). – Gemäß § 26 Abs. 1 JAVollzG NRW werden Dauerarrest und Kurzarrest von mehr als zwei Tagen nur in **JA-VollzAnstalten** (gem. § 26 Abs. 3 „soll" die Belegungskapazität nicht unter 10 Plätzen liegen), Freizeitarrest und Kurzarrest von bis zu zwei Tagen aber auch in **Freizeitarresträumen** vollzogen. Ansonsten besteht ein **Trennungsgebot** dahingehend, dass diese VollzEinrichtungen nicht in Anstalten eingerichtet werden dürfen, in denen Straf- oder U-Haft oder Maßregeln der Besserung und Sicherung vollzogen werden (§ 26 Abs. 2 S. 1 JAVollzG NRW). Mehrere Landesgesetze sehen Vollz-Gemeinschaften vor. Jedoch waren rechtstatsächlich seither Ausnahmen zu verzeichnen, wonach JA-VollzAnstalten auch dem Vollzug von U-Haft an Jugendlichen oder Heranwachsenden (nicht aber Erwachsenen) dienen (vgl. vormals § 93 Abs. 1; betr. JA-Anstalten vgl. auch § 23 Abs. 1 JVollzGB BW I e contr; für eine Zusammenstellung der bundesweiten JA-Einrichtungen s. Kaplan FS 2018, 313 (313, 318 f.)).

Andererseits ist der Vollzug von JA in *Heimen* iSv § 12 Nr. 2, § 34 KJHG 7 *unzulässig,* da die Vollzugsinhalte nicht miteinander vereinbar sind (vgl. aber → Rn. 19). Im Übrigen ist es allerdings gleichermaßen bedenklich, den Vollzug einer Hilfe zur Erziehung nach § 12 Nr. 2 für die Dauer des Vollzugs des JA zu unterbrechen. – Jedoch kann es sich im Einzelfall empfehlen, den zu JA Verurteilten, ohne den Vollzug des JA zu unterbrechen (§ 14 Abs. 4 BbgJAVollzG), in besonderen Erziehungseinrichtungen aufzunehmen (vgl. auch → Rn. 20).

8   **b) Personal. aa) Vollzugsleiter.** Es ist der **JRichter** am **Ort** des **Vollzugs** (Abs. 2 **S. 2**) oder, wenn dort kein JRichter tätig ist oder wenn dort mehrere JRichter tätig sind, derjenige JRichter, den die oberste Behörde der Landesjustizverwaltung dazu bestimmt (vgl. § 29 JAVollzG NRW; § 63 Abs. 2 SchlHJAVollzG, § 41 Abs. 1 BbgJAVollzG (indes gem. Abs. 4 ausnahmsweise jeweils mit der Möglichkeit zur Bestimmung eines Beamten, ebenso § 33 Abs. 3 RegE ThürJAVollzG, § 28 Abs. 2 S. 2, 3 RegE BayJAVollzG; abl. DRiB SchlH, Stellungnahme Nr. 10/2012, 6)). Der JRichter nimmt als Vollzugsleiter Verwaltungsaufgaben wahr; er ist insoweit dem Leiter einer JStVollzAnstalt vergleichbar. Er ist für den gesamten Vollzug verantwortlich (vgl. aber zur Delegierung → Rn. 9; wegen Nachw. zu Fragen einer Privatisierung vgl. → § 89b Rn. 9). – Da dieser JRichter gleichzeitig Vollstreckungsleiter ist (§ 85 Abs. 1), bestimmt er das gesamte Verfahren, das der Durchführung des JA dient.

9   **bb) Fachkräfte.** Bereits § 3 Abs. 3 JAVollzO sieht bzw. sah zwar vor, dass das Personal der JA-VollzAnstalten nicht (mehr) nur aus Mitarbeitern des allg. Vollzugsdienstes, sondern ggf. auch aus Psychologen, Sozialpädagogen, Sozialarbeitern, Lehrern und anderen Fachkräften besteht, jedoch scheint dies in der Praxs seither nur eingeschränkt umgesetzt worden zu sein (vgl. Thalmann FS 2011, 81; Befragung von Hinrichs DVJJ-Journal 1999, 268 f.), obgleich ein nicht unerheblicher Anteil der Insassen auch psychische Belastungen aufweist (zu personellen Defiziten vgl. näher Köhler/Bauchowitz ZJJ 2012, 273 ff.). Entsprechendes gilt daher auch für Regelungen, denenzufolge der VollzLeiter bestimmte Aufgaben auf diese Fachkräfte übertragen kann, um sie in eigenverantwortlicher Tätigkeit stärker in Entscheidungsprozesse der Anstalt einzubeziehen. Regelmäßige Besprechungen (vgl. schon § 2 Abs. 3 JA VollzO) sollen den Informationsfluss und die Koordinierung der erzieherischen Tätigkeit fördern. – Was den allg. VollzDienst angeht, so wird berichtet, mitunter fehle es solchen JA-Anstalten, die räumlich an eine JStVollz Einrichtung gekoppelt sind (vgl. → Rn. 6), an „eigenem Personal", und sie seien bei der Zuteilung „auf das Wohlwollen der Mutteranstalt" angewiesen (Thalmann FS 2011, 81).

9a   Gemäß § 30 Abs. 1 JAVollzG NRW werden für die JA-VollzEinrichtungen Bedienstete „mit der für die Arbeit im JA-Vollzug notwendigen Qualifikation" eingesetzt (vgl. krit. Bihs, Grundlegung, Bestandsaufnahme und pädagogische Weiterentwicklung des Jugendarrests …, 2013, 354 ff.; s. auch § 42 Abs. 1 S. 1 BbgJAVollzG: „müssen für die pädagogische Gestaltung des Arrests geeignet und qualifiziert sein" (n. Walkenhorst, Stellungnahme für den Rechtsausschuss v. 1.5.2014, 26: „kurzzeitpädagogisch und jugendpädagogisch"), ebenso § 47 S. 1 HmbJAVollzG), deren Teilnahme an Fortbildungsveranstaltungen „sicherzustellen ist" (s. ergänzend Kaplan NK 2018, 77 (86 f.)). – Nach § 32 Abs. 3 S. 3 BWJArrG können „nicht hoheitliche" Aufgaben „privaten Dienstleistern" übertragen werden (zw.).

10   **c) Personen außerhalb der JA-Anstalten.** Dem Pflichtenkreis der *JGH* und (im Falle einer Aussetzung der Vollstr der JStrafe zBew) der *BewHilfe* entspricht es, dass die jeweiligen Verantwortungsträger auch während des Arrestvollzugs Verbindung zu dem Insassen halten (vgl. nur BbgJAVollzG zur JGH § 7 Abs. 1 S. 3, zur BewHilfe § 13 Abs. 1). Nicht minder bedeutsam aber, im Einzelfall sogar eher zielführend, sind Formen der Mitwirkung ua *freier Träger* (vgl. etwa §§ 5 Abs. 2 S. 2, 6 S. 2 BbgJAVollzG; vgl. auch § 4 Abs. 3 BWJArrG: die Beteiligung Ehrenamtlicher ist besonders zu fördern).

5. Zusammensetzung der Insassen

a) „Alter, Geeignetheit". Wegen der altersmäßigen Zusammensetzung **11** der Insassen und der Häufigkeit der unterschiedlichen Arrestarten wird auf die Erl. zu → § 16 Rn. 7, 11 verwiesen. Rechtstatsächlich ist, relevant ua im Hinblick auf Vollzugsbeeinträchtigungen gerade der Jugendlichen, eine gewisse faktische Dominanz Heranwachsender im Vollzugsalltag zu verzeichnen. – Um die Ziele des JA erreichen zu können, wurde (oder wird) vielfach darauf abgestellt, dass nur sog. „Arrestgeeignete" in die JA-VollzAnstalten gelangen sollten (vgl. vormals statt vieler Dallinger/Lackner Rn. 4). Allerdings fragt sich, inwieweit dieses Kriterium der Geeignetheit eher den VollzEinrichtungen und weniger den Erziehungsbedürfnissen der Jugendlichen bzw. Heranwachsenden dient (vgl. → § 16 Rn. 26; krit. schon Plewig MschKrim 1980, 20 ff.).

b) Verhängung gem. § 16a. Durch Einfügung von § 8 Abs. 2 S. 2 **12** (Gesetz v. 4.9.2012) ist die Notwendigkeit zusätzlicher (vgl. → Rn. 3) Differenzierung entstanden (vgl. → § 11 Rn. 9 ff.), da ein Erziehungsbedürfnis bei Betroffenen eines *Kopplungs-JA* im Vergleich zu den gem. § 13 Abs. 1, 2 Nr. 3 zu JA Verurteilten im Allg. ausgeprägter, hingegen im Vergleich insb. zu denjenigen Insassen des JA-Vollzugs, bei denen eine Restaussetzung der Vollstr einer JStrafe zBew vorausgegangen ist, im Allg. weniger ausgeprägt ist (vgl. näher → § 16 Rn. 23 ff.). Daher wird der Vollzug eines Kopplungs-JA voraussetzen, dass für die davon Betroffenen anhand erzieherischer Konzepte (zu einzelnen Maßnahmen etwa Endres/Breuer ZJJ 2014, 127 ff.; zur Einbeziehung in Programme Sozialen Trainings einschr. Höffler/Gernbeck in Neubacher/Bögelein, Krise – Kriminalität – Kriminologie, 2016, 169 ff.) bauliche oder zumindest räumliche und ohnehin personelle Vorkehrungen getroffen werden (vgl. auch Begr. RegE v. 24.4.2012 (BT-Drs. 17/9389), 34). – Nach mehreren Landesverbänden sind bei Verhängung unter den Voraussetzungen des § 16a Abs. 1 Nr. 2 bzw. Nr. 3 Kontakte zu Personen des „sozialen Umfeldes nur zulässig, wenn schädliche Einflüsse nicht zu befürchten sind" (vgl. § 13 Abs. 2 bzw. Abs. 3 BbgJAVollzG, zu Nr. 2 ebenso § 40 Abs. 3 RhPflJAVollzG sowie § 52 Abs. 3 SJAVollzG, § 43 Abs. 3 RegE ThürJAVollzG, § 9 Abs. 2 und 3 RefE SächsJAVollzG; ähnlich § 42 Abs. 3 HessJAVollzG; § 40 Abs. 3 JAVollzG M-V) bzw. es hat eine auf „die individuelle Problematik besonders zugeschnittene pädagogische Einwirkung auf die Arrestierten" zu geschehen (weniger differenziert § 29 Abs. 1 BWJArrG BW, § 2 Abs. 2 HmbJAVollzG; § 12 NdsJAVollzG). Ein Schlussbericht soll erstellt werden (Art. 37 Abs. 2 S. 2 RegE BayJAVollzG).

6. Fragen der „Rückfälligkeit"

Wegen Untersuchungsergebnissen zur Frage der „Rückfälligkeit" nach **13** Entlassung wird auf die Erl. zu → § 16 Rn. 17 f. verwiesen.

III. Grundsätze des JA-Vollzugs

1. Vollzugsziel

14 **a) Gefahr von Widersprüchen.** Das VollzZiel auch des JA untersteht
vorrangig demjenigen des **§ 2 Abs. 1,** und demgemäß ist jedwede Beeinträchtigung, wenn sie denn unvermeidbar ist, so gering wie möglich zu
halten (vgl. nur § 4 NdsJAVollzG). Das zB in § 1 Abs. 1 S. **2** JAVollzG
NRW nachrangig erklärte VollzZiel entspricht inhaltlich teilweise den Voraussetzungen für die gerichtliche Anordnung von Zuchtmitteln (§ 13), dh
es richtet sich zentral auf die Förderung von Selbstwertempfinden und
sozialer Verantwortung (krit. zu überhöhten Verbalisierungen Goeckenjan
Rechtsausschuss NRW (Drs. 16/746) v. 21.2.2012, 5 = ZJJ 2013, 67 ff.);
krit. zum Begriff „Ehrgefühl" (Abs. 1 S. 1 Hs. 1) Frehsee DVJJ 1990, 320).
Bei solchen Postulaten wird allerdings das Ausmaß der **nicht geplanten**
Delikte (vgl. dazu Eisenberg/Kölbel Kriminologie § 59 Rn. 4) ebenso verkannt wie die entwicklungsbedingt weit größere Bedeutung des Zeitablaufs
bei Jugendlichen und auch Heranwachsenden im Vergleich zum Altersstadium zB des JStA und des JRichters. Zudem wird der Erziehungsauftrag (§ 2
Abs. 1) insofern missachtet, als (erhöht bei Dauerarrest) **zusätzlich belastende** Wirkungen verursacht werden (vgl. näher Eisenhardt, Gutachten über
den Jugendarrest, 1989, 137 ff., 141).

15 **b) Zielbestimmungen.** Nach § 1 Abs. 1 S. 1 JAVollzG NRW dient der
JA-Vollzug dazu, Insassen „zu befähigen, künftig eigenverantwortlich und
ohne weitere Straftaten zu leben", wozu neben der Vermittlung der Pflicht
zur Verantwortung (S. 2) auch gehören „soll", dabei zu „helfen, die Schwierigkeiten zu bewältigen, die zu der Begehung der Straftat beigetragen haben"
(S. 3; vgl. neutraler § 2 SchlHJAVollzG). § 2 BbgJAVollzG (teilweise ähnlich
§ 3 Abs. 1 HessJAVollzG) zielt darauf ab, den Insassen das „begangene
Unrecht und ihre Verantwortung hierfür bewusst zu machen und ihnen
Hilfen für eine Lebensführung ohne Straftaten aufzuzeigen und zu vermitteln" (krit. Walkenhorst, Stellungnahme für den RAusschuss v. 1.5.2014, 8:
„rückwärtsgerichtet" (ausgeprägt § 2 Abs. 1 S. 1 RefE SächsJAVollzG); vgl.
aber § 2 RegE ThürJAVollzG: ihnen „die Potentiale" aufzeigen). Strikt
zukunftsorientiert verhält sich § 2 NdsJAVollzG, dh es wird hier auf einen
Bezug auf vorausgegangenes deliktisches Unrecht verzichtet (so aber dann in
§ 6 Abs. 1 S. 2 NdsJAVollzG).

2. Erzieherische Gestaltung

16 **a) Einzelne Ausprägungen.** Nach empirischem Kenntnisstand ist anzunehmen, dass – von Ausnahmen abgesehen – weniger eine mit dem
Erziehungsauftrag (§ 2 Abs. 1) im Allg. nicht zu vereinbarende Isolierung
und eher eine Interaktion zu anhaltender, als **positiv** beurteilter **erzieherischer** Beeinflussung geeignet ist (vgl. etwa § 4 Abs. 1 SchlHJAVollzG: „Die
Selbstachtung der Jugendlichen … und Kompetenzen, die vor erneuter
Straffälligkeit schützen, sind zu fördern" (abw. Änderungsantrag CDU-Frak-
tion aaO unter Überfrachtung mit Belangen Geschädigter bzw. „mitbetrof-
fener Dritter", Abs. 3); zu Lernchancen Bihs/Walkenhorst ZJJ 2009, 17 f.;

betr. kurzzeitpädagogische Jugendbildungsarbeit Bihs/Schneider/Tölle/
Zimmermann RPsych 2015, 303 (307 ff.); Kaplan/Schneider ZJJ 2016,
384 ff. (speziell zur Asymmetrie der Machtverteilung); zum Konzept von
Unterstützung, Individualität und Klarheit der Angebote McKendry/Otte
ZJJ 2014, 138 (betr. die Anstalt in Regis-Breitingen); speziell etwa zu
„Aufsätze schreiben" Pürner nach ZJJ 2009, 160 (betr. die Anstalt in Hof),
vgl. aber auch → § 10 Rn. 40; zu kurzzeitpädagogischen Projekten in der
Anstalt Halle Borchert ZJJ 2016, 291 ff.). Es müsste sich insoweit also um
einen tendenziell sozialpädagogisch orientierten JA-Vollzug handeln (für
Erwägungen zu diesbzgl. **Mindeststandards** vgl. Ostendorf ZRP 2010, 20
(21 f.); Kaplan NK 2018, 77 (81 f.); vgl. zur Frage der Belastung durch
polizeiliche Zuführung vgl. → § 87 Rn. 12). Mit Blick auf das Umsetzungs-
niveau ist von beträchtlichen Unterschieden auszugehen (positive Beurteilung für Anstalt Moltsfelde (SchlH) bei Klatt/Bliesener, Evaluierung des
Jugendarrestes in Schleswig-Holstein, 2018, 41 ff.).

So ist bspw. nach § 2 Abs. 3 JAVollzG NRW (lediglich) als Soll-Vorschrift **16a**
geregelt, die „belastende Wirkung des Freiheitsentzuges zu mildern". Jedenfalls ist „das Recht der Jugendlichen auf Privatsphäre zu wahren", und es sind
„Fähigkeiten und Begabungen der Jugendlichen zu wecken und zu fördern"
(§ 3 Abs. 2 S. 1 JAVollzG NRW) bzw. zunächst „zu ergründen" und sodann
„zu fördern" (§ 4 Abs. 2 SchlHJAVollzG) bzw. „zu stärken" (§ 5 Abs. 2 S. 1
RhPflJAVollzG). Gemäß § 4 Abs. 2 BbgJAVollzG ist der Arrest „auf die
Förderung der Arrestierten auszurichten" und sozialpädagogisch auszugestal-
ten. Nach dem BWJArrG (vgl. auch § 3 Abs. 2 S. 1) ist tragendes Element
Soziales Training (§ 5 Abs. 1; vgl. krit. etwa → Rn. 44, 45 sowie → § 16
Rn. 3).

Ähnlich wie § 18 Abs. 1 S. 3 JAVollzO kann die Teilnahme an gemein- **17**
schaftlichen Veranstaltungen bzw. sonstigen *Angeboten* angeordnet werden,
jedoch besteht eine Pflicht zur Teilnahme nicht (mehr), wohl aber eine
Verpflichtung der VollzEinrichtung, die Insassen anzuleiten, ihre *Freizeit*
sinnvoll zu gestalten (§ 7 Abs. 1 S. 1 JAVollzG NRW, § 9 Abs. 1 S. 1
BWJArrG) – wobei der Begriff „sinnvoll" deshalb zu Bedenken Anlass gibt,
weil die diesbezügliche Wertung nicht selten je nach Alters- bzw. Entwicklungsstatus unterschiedlich ausfällt. Es bieten sich handwerkliche, kreative
und künstlerische Aktivitäten an, nicht zuletzt deswegen, weil sie durch ihre
Verläufe den Insassen bislang verborgene, ggf. kurzfristig bzw. gar iSe zufälligen Kontakts erfahrbare eigene Talente und zudem gar bereits erzielbare
Erfolgserlebnisse vermitteln könnten (zum Spektrum der Maßnahmen und
ihrer Wahrnehmung im NRW-Vollzug s. Lobitz/Wirth FS 2018, 326
(328 f.)).

Als Muss-Vorschrift bestimmen zB § 4 Abs. 3 RhPflJAVollzG sowie **18**
SJAVollzG die Berücksichtigung ua von *Behinderungen* von Insassen und die
§ 2 Abs. 4 JAVollzG NRW, § 3 Abs. 3 SchlHJAVollzG (vgl. auch § 3 Abs. 4
BWJArrG), dass die *geschlechtsbezogen* unterschiedlichen *Lebenslagen* und *Bedürfnisse* im Vollzug insgesamt „und bei allen Einzelmaßnahmen zu berücksichtigen" sind. – Soweit eine Einbeziehung von Belangen des durch die
Anlasstat Verletzten (iSv „Unterstützung Hilfsbedürftiger oder Geschädigter")
empfohlen und von Insassen die Bereitschaft zur Annahme auch diesbezüglicher Einwirkungen „erwartet" wird (zurückhaltender § 2 Abs. 1 S. 4
HmbJAVollzG: „Perspektive des Opfers" ist „ nahe zu bringen" (zu „fördernden Angeboten" § 3 Abs. 2 Nr. 2 und 3 iVm § 4 Abs. 1 S. 1 und 2, zu

faktischer Sanktionierungsgefahr zB § 22 Abs. 2 S. 2, Abs. 3 S. 2) bzw. § 4 Abs. 1 S. 2 BbgJAVollzG: Bewusstsein für zugefügte Schäden „soll geweckt werden", ähnlich § 5 Abs. 1 S. 2 RhPfLJAVollzG sowie SJAVollzG; § 5 Abs. 2 BWJArrG: „in geeigneten Fällen soll...gefördert werden"), steht solches einer erzieherischen Öffnung des Insassen eher entgegen (krit. auch Goeckenjan Rechtsausschuss NRW (Drs. 16/746) v. 21.2.2012, 16, 20 = ZJJ 2013, 67 ff.) sowie zu Art. 3 Abs. 2 S. 5 RegE BayJAVollzG krit. DVJJ-Südbay. v. 6.3.2018: „resozialisierungsfeindliche Elemente"), und Entsprechendes gilt für die Soll-Vorschrift (vgl. § 5 Abs. 5 S. 2 SJAVollzG, § 4 Abs. 5 S. 2 HessJAVollzG, § 5 Abs. 2 S. 2 RegE ThürJAVollzG), Insassen anzuhalten, materielle und immaterielle Wiedergutmachung zu leisten (vgl. näher → § 92 Rn. 23).

19   **b) Einbeziehung auch im Freizeit- oder Kurzarrest.** Eine bevorzugte Orientierung der Vollzugsgestaltung zugunsten von Dauerarrest dient primär organisatorischen und fiskalischen Belangen, lässt sich indes wegen der von § 2 Abs. 1 verlangten Orientierung an den jeweiligen Umständen des *einzelnen* Betroffenen mit der Begründung, eine erzieherisch nachhaltige Einwirkung erfordere idR „Zeiträume von mindestens einer Woche" (so Begr. RegE NRW v. 29.8.2012 (Drs. 16/746); krit. Goeckenjan Rechtsausschuss NRW (Drs. 16/746) v. 21.2.2012, 5 = ZJJ 2013, 67 ff.), nicht rechtfertigen. Es bestehen keine empirisch verlässlichen Erkenntnisse dafür, ab welchem Zeitraum eine erzieherische Einwirkung möglich sein kann (vgl. auch Bihs, Grundlegung, Bestandsaufnahme und pädagogische Weiterentwicklung des Jugendarrests ..., 2013, 396: „Kurz- und Freizeitarrestierte müssen zumindest Teile des Kerncurriculums belegen". Zwar ist es tatsächlich kaum vermeidbar, dass bestimmte Maßnahmen aus zeitlichen Gründen den Vollzug von Freizeit- und Kurzarrest nicht betreffen (vgl. etwa § 30 Abs. 1 BWJArrG; § 7 Abs. 3, § 8, § 11 Abs. 1 und 2 HmbJAVollzG (insgesamt eher ausdehnend); § 36 S. 1 JAVollzG NRW) – ob dies allerdings auch für die Muss-Vorschrift ärztlicher Untersuchung anlässlich der Aufnahme (n. dazu → Rn. 25) anzuerkennen ist (§ 36 S. 1 JAVollzG NRW, § 62 Abs. 2 S. 1 NdsJAVollzG; vgl. aber § 8 Abs. 4 S. 2 BbgJAVollzG: „soll" nur bei „ Anhaltspunkten für VollzUntauglichkeit" (vgl. auch § 40 Abs. 2 S. 1 Hess-JAVollzG, § 7 Abs. 4 S. 3 RegE ThürJAVollzG, § 48 Abs. 2 RefE Sächs-JAVollzG), ähnlich § 38 Abs. 2 Nr. 3 RhPfLJAVollzG sowie § 50 Abs. 3 S. 3 SJAVollzG und tendenziell ähnlich § 30 Abs. 2 BWJArrG, § 38 Abs. 2 S. 3 JAVollzG M-V; ohne Einschränkung hingegen §§ 11 Abs. 4, 16 S. 1 iVm § 66 SchlHJAVollzG, § 7 Abs. 1 S. 2 iVm § 53 HmbJAVollzG), ist zumindest zweifelhaft. Jedoch liegt gleichsam eine Freistellung der JA-VollzEinrichtung darin, dass auch im Übrigen Vorschriften *nur insoweit* gelten, als die *Dauer* des JAVollzuges die Anwendung *zulässt* (vgl. nur § 53 S. 4 HmbJAVollzG; § 36 S. 2 JAVollzG NRW). Insgesamt weniger restriktiv verhält sich demgegenüber § 16 S. 1–3 SchlHJAVollzG (wonach die Arrestplanung (§ 12) und der Schlussbericht (§ 15) „in vereinfachter Form" zulässig sind).

3. Zur Rechtsstellung der Insassen

20   **a) Rechte und Pflichten.** Die Regelungen ua betr. Aufnahme (→ Rn. 23–26) und Rechtsschutz (→ Rn. 53, 54) einerseits sowie zu Kontroll- (→ Rn. 48–51) und Sanktionierungsbefugnissen (→ Rn. 21) der JA-VollzEinrichtung umgrenzen die Rechte und Pflichten des Insassen. Von der JA-VollzEinrichtung vorrangig einzuhalten sind die *Schutzbelange* (vgl. ausdrücklich § 3 Abs. 3 S. 3 BWJArrG; § 7 Abs. 3 S. 2 NdsJAVollzG; § 3 Abs. 1 S. 1 RefE SächsJAVollzG; ergänzend → Rn. 16; auch → § 92 Rn. 3b). Diese Verpflichtung des Staates ist umso gewichtiger, als in den JA-VollzEinrichtungen Personen mit untereinander erheblich unterschiedlichen (auch strafrechtlichen) Vorbelastungen (vgl. → § 16 Rn. 23 ff.) zusammentreffen (vgl. → Rn. 3, 11, 12). – Ein Konflikt kann sich insoweit hinsichtlich bestimmter *Meldepflichten* (vgl. § 18 Abs. 4 JAVollzG NRW; wortgleich § 36 Abs. 4 SchlHJAVollzG; vgl. auch § 25 Abs. 4 BbgJAVollzG) ergeben, und zwar aufgrund von Binnennormen der Insassen (vgl. teilweise entspr. → § 92 Rn. 40 ff.).

Massive Beeinträchtigungen der Insassen können sich im *Grenzbereich* sog. **20a** sozialer (Nicht-)Verträglichkeit ergeben, wobei absondernde Maßnahmen jedoch nur äußerstenfalls vertretbar sind, weil sie ihrerseits stets auch eine „Brandmarkung" (Begr. BT-Drs. 11/5829, 38) darstellen. § 22 Abs. 2 Nr. 3 JAVollzG NRW sieht eine regelmäßig nur kurzzeitige *Absonderung* vor, um eine *Deeskalation* und „Beruhigung aufgeheizter Situationen" (Begr. BT-Drs. 11/5829, 42) zu erreichen. Nach § 27 Abs. 2 Nr. 2 BbgJAVollzG ist dies bis zu 24 Stunden vorgesehen (vgl. zu beschränkenden Maßnahmen § 38 Abs. 3 S. 2 SchlHJAVollzG: maximal zwei Tage; vgl. aber auch § 24 Abs. 3 S. 2 BWJArrG: nach einer Woche bedarf es der Zustimmung der Aufsichtsbehörde). Ist auch durch derartige Eingriffe eine Integration in den JAVollzug nicht möglich, wird die VollzLeitung die Frage der Nichtgeeignetheit der Verhängung von JA prüfen und andere Maßnahmen (etwa nach SGB VIII, zB intensive sozialpädagogische Einzelbetreuung oder Eingliederungshilfe für seelisch behinderte Jugendliche) anregen (vgl. Begr. RegE JAVollzG NRW, 42; § 14 Abs. 1 Nr. 2 BbgJAVollzG (nach Anhörung des Richters, der JA verhängt hat)).

b) Sanktionierende Maßnahmen. Für die Insassen bestehen sanktions- **21** bewehrte Verhaltenspflichten (vgl. § 18 JAVollzG NRW, § 22 BWJArrG, Art. 22 Abs. 1 S. 2, 3 RegE BayJAVollzG; vgl. auch § 36 SchlHJAVollzG; zu Einwänden etwa → § 92 Rn. 127 entspr.). Zur sanktionierenden Maßnahme kommt es, falls eine „Aufarbeitung" in Gesprächen (vgl. § 31 Abs. 1 BbgJAVollzG, § 40 Abs. 2 HmbJAVollzG, § 20 Abs. 1, 2 JAVollzG NRW) bzw. eine einvernehmliche Streitbeilegung (zB § 32 BbgJAVollzG) nicht gelingt. Diese Maßnahmen umfassen, wenngleich unterschiedlich ausgeprägt, faktisch auch ahndende Auflagen (vgl. nur § 40 Abs. 3 Nr. 1 HmbJAVollzG, also zB Entschuldigung, Schadenswiedergutmachung) und im eher unmittelbar „erzieherischen" Sinne Weisungen, aber auch Beschränkungen (vgl. zum Entzug einzelner Gegenstände, den zeitweiligen *Ausschluss* von gemeinsamer Freizeit bzw. von einzelnen Freizeitveranstaltungen oder von der Gruppenarbeit (§ 22 Abs. 3 Nr. 3 BWJArrG, § 31 Abs. 2 S. 2 BbgJAVollzG, § 40 Abs. 3 Nr. 2, 3 HmbJAVollzG, § 38 Abs. 3 Nr. 2, 4, 7 SchlHJAVollzG, § 31 Abs. 2 S. 2 BbgJAVollzG, § 23 Abs. 2 bzw. Abs. 4 HessJAVollzG, Art. 23 Abs. 2 Nr. 4 RegE BayJAVollzG: Verbleib im Arrestraum). Der Untersuchung von Klatt/Bliesener (Evaluation des Jugendarrestes in Schleswig-Holstein, 2018, 81 ff.) ist ein nicht zu vernachlässigender

Anteil der Insassen von solchen Konfliktlösungsmaßnahmen betroffen (ca. 10 %).

21a   Nach allg. rechtlichen Grundsätzen nicht unbedenklich ist, dass die Maßnahmen (trotz Gestattung von Zwangsmaßnahmen zur Durchsetzung von „Arrestmaßnahmen", § 44 Abs. 1 SchlHJAVollzG) *ohne förmliches Verfahren* angeordnet werden dürfen (§ 38 Abs. 1 SchlHJAVollzG bezieht sich auf „Ursachen und Auswirkungen", nicht aber auf die Feststellung eines Verstoßes; näher Art. 22 Abs. 3 S. 2, 3 RegE BayJAVollzG: Anhörungs- und Dokumentationspflicht). Immerhin dürfen solche Maßnahmen wegen ihres belastenden Charakters nur von Bediensteten angeordnet werden, die hierzu von der VollzLeitung bestimmt worden sind (§ 31 Abs. 3 BbgJAVollzG, § 40 Abs. 4 HmbJAVollzG, § 38 Abs. 4 SchlHJAVollzG). – Gemäß §§ 51 ff. NdsJAVollzG sind (auch förmlich) *Disziplinarmaßnahmen* vorgesehen (zum Verfahren § 55, zur Nichtvollstreckung § 53 Abs. 2, 3).

22   **c) Verhältnis zur Stellung Personensorgeberechtigter.** Wegen möglicher Konflikte zwischen Personenberechtigten und Insassen (vgl. etwa → Rn. 30, 31, 39, 40) wird auf die Erl. zu → § 92 Rn. 31, 46b, 61a, 143 verwiesen. Gemäß § 1 Abs. 2 JAVollzG NRW sind auch die Personensorgeberechtigten, „soweit möglich, in angemessener Weise" in die Bemühungen „einzubeziehen" (eher allg. §§ 2 Abs. 2, 11 Abs. 4 S. 1 BWJArrG). Nach § 8 Abs. 1 SchlHJAVollzG hingegen bestehen ihnen ggü. nur Informationspflichten (gem. Abs. 2 soll die Anstalt aber Kontakt zu ihnen aufnehmen und sie kann sie zu Gesprächen einladen, „wenn dies dem Arrestziel dient", gem. Abs. 3 können sie – ebenso wie „andere Personen" – an der Arrestgestaltung beteiligt werden (dazu, dass dies sehr selten erfolgt, vgl. Klatt/Bliesener, Evaluation des Jugendarrestes in Schleswig-Holstein, 2018, 91 ff.). Nach § 5 Abs. 5 BbgJAVollzG sind Personensorgeberechtigte – bei Volljährigen mit ihrem Einverständnis die Eltern – bei der Erörterung von Fördermaßnahmen und Programmen einzubeziehen, „soweit dies möglich" ist und dem Arrestziel „nicht zuwiderläuft" (ähnlich RhPflJAVollzG sowie SJAVollzG, vgl. auch § 5 Abs. 2 HmbJAVollzG: „die Erziehung hierdurch nicht beeinträchtigt wird"), ggf. ist ihnen der Förderplan zK zu geben (§ 10 Abs. 4 S. 4 BbgJAVollzG; zum Schlussbericht vgl. → Rn. 30a). – Zur Erstreckung auf Betreuer ua s. § 7 Abs. 3 RefE SächsJAVollzG.

IV. Planung des JA-Vollzugs

1. Aufnahme, Gespräche

23   **a) Aufnahme.** Ein Aufnahmeverbot besteht bei Personen, „die über den fünften Monat hinaus *schwanger* sind, vor weniger als drei Monaten entbunden haben oder ihr Kind selbst nähren" (§ 4 Abs. 4 JAVollzG NRW, vgl. schon § 5 Abs. 3 JAVollzO, ergänzend § 6 MutterschutzG; ähnlich § 7 Abs. 6 HmbJAVollzG, § 9 S. 2 SchlHJAVollzG, Art. 6 Abs. 3 S. 2 RegE BayJAVollzG: nach 20. Woche Gravidität). Dies wird ua damit begründet, dass drei Monate nach der Geburt bei einer Höchstdauer des JA Vollzugs von vier Wochen eine Betreuung des Kindes durch weitere Bezugspersonen idR „sichergestellt" werden könne und im Übrigen geeignete Besuchsregelungen getroffen werden könnten (Begr. RegE JAVollzG NRW, 28) – eine

Auffassung, die mit den iZm Hafträumen für Elternteil und Kind im JStVollzug geläufigen Argumenten schwerlich vereinbar ist.

Das Aufnahme**verfahren** umfasst die Erhebung von Tatsachen betr. den 24 Jugendlichen bzw. Heranwachsenden (§ 7 JAVollzO). Dies ermöglicht eine *Planung* (vgl. § 12 Abs. 2 S. 1 SchlHJAVollzG: „Förderplan") erzieherischer Hilfen, und es soll insb. auch Voraussetzungen für eine notwendige *Nachbetreuung* schaffen. Anlässlich der Aufnahme in den Vollzug haben die „VollzLeitung oder von ihr bestimmte Bedienstete alsbald ein Zugangsgespräch" zu führen (§ 4 Abs. 2 S. 1 JAVollzG NRW, § 8 Abs. 1 S. 1 BbgJAVollzG, nach § 13 Abs. 1 S. 1 NdsJAVollzG, § 6 Abs. 1 S. 1 RhPfLJAVollzG, § 7 Abs. 1 S. 1 SJAVollzG: „unverzüglich"; § 7 Abs. 3 HmbJAVollzG: „Perspektivgespräch"; anschaulich aus der Praxis, auch zur Dokumentation, McKendry/Otte ZJJ 2014, 138 f.), in dem der Insasse in einer ihm verständlichen Sprache ua über seine Rechte einschließlich solcher des *Rechtsschutzes* und seine Pflichten zu informieren ist. In Ergänzung hierzu ist dem neu aufgenommenen Insassen ein Exemplar der Hausordnung (§ 19 JAVollzG NRW: Hausregeln; § 8 Abs. 1 S. 2 BbgJAVollzG (zur Anregung, diese zwecks Akzeptanz mündlich zu erläutern, Walkenhorst, Stellungnahme für den Rechtsausschuss v. 1.5.2014, 26)) auszuhändigen. − *Ausländische* Insassen haben das Recht auf konsularischen Beistand, worüber sie zu belehren sind (vgl. JAGO BW Die Justiz 2016, 307 Nr. 12). Bei Mangel an Deutschkenntnissen ist alsbald für Möglichkeiten der Kommunikation zu sorgen (s. § 5 Abs. 2 S. 1, 2 RefE SächsJAVollzG).

Die *eigene Beurteilung* des *Insassen* zum Förderplan wird zu würdigen und, 25 soweit sie dem Arrestziel entspricht, auch zu berücksichtigen sein (Art. 7 S. 2 RegE BayJAVollzG; § 10 Abs. 2 S. 3 BBgJAVollzG: „Vorstellungen … sollen"). Demgegenüber könnte verschiedentlich eine Unterschätzung der *Gefahren verfehlter Erstbeurteilung* darin zum Ausdruck kommen, dass „das Gespräch Aufschluss über die gegenwärtige Situation und persönliche Verfassung des Jugendlichen geben soll" (§ 4 Abs. 2 S. 4 JAVollzG NRW; vgl. gar Begr. 27: „beleuchtet wird"; vgl. sachlich eher angemessen noch § 7 JAVollzO). Entsprechende Bedenken bestehen betr. einen „Überblick", der „im Anschluss an das Zugangsgespräch" zu gewinnen ist (§ 5 S. 1 JAVollzG NRW (nicht anzuwenden bei Freizeit- und Kurzarrest, § 36 S. 1), § 11 Abs. 1 S. 1 BWJArrG), zumal die JHilfe nur einbezogen werden „soll" (§ 5 S. 3 JAVollzG NRW; betr. S. 4 (JGH-Bericht); vgl. zu Gefahren der Fehlinterpretation schriftlicher Unterlagen → § 43 Rn. 26) und die (sich erzieherisch ggf. gar negativ auswirkende) Rolle der Sorgeberechtigten eher offen ist (vgl. § 5 S. 5 JAVollzG NRW).

Der Zeitpunkt, zu dem der neu aufgenommene Insasse **ärztlich unter-** 25a **sucht** werden muss, ist in den Landesgesetzen unterschiedlich umschrieben. So heißt es zB „bei der Aufnahme oder alsbald danach" (§ 14 Abs. 3 S. 1 JAVollzG NRW (vgl. auch Begr. RegE JAVollzG NRW, 43: zumindest aber zeitnah); ähnlich § 10 Abs. 3 S. 1 BWJArrG) oder „unverzüglich" (§ 10 Abs. 3 RefE SächsJAVollzG; ergänzend um „wenn möglich am Tag der Aufnahme" (§ 7 Abs. 1 S. 2 HmbJAVollzG) bzw. nur „alsbald" (§ 13 Abs. 2 S. 2 NdsJAVollzG, § 7 Abs. 4 RhPfLJAVollzG sowie SJAVollzG, § 7 Abs. 4 RegE ThürJAVollzG, Art. 6 Abs. 1 S. 5 RegE BayJAVollzG).

b) Gespräche. Die Aussprache mit der VollzLeitung wird herkömm- 26 licherweise bereits als Teil der „Erziehungsarbeit" (so schon § 10 Abs. 2

JAVollzO) – neben sozialer Einzelhilfe, Gruppenarbeit und Unterricht durch Fachkräfte – verstanden. Praxisuntersuchungen zeigen, dass bei den (Aufnahme-)Gesprächen die alltagsbezogenen Defizit- und Problemlagen der Jugendlichen nur teilw. zur Sprache kommen (Klatt/Bliesener, Evaluation des Jugendarrestes in Schleswig-Holstein, 2018, 45 ff.). Vom zeitlichen Ablauf her könnte bei gedrängter Aufeinanderfolge eine Überforderung – zumal weniger redegewandter oder gesprächsgeübter Insassen – zu besorgen sein. Solchenfalls kann die Aussprache auch an dem auf die Aufnahme folgenden Tag stattfinden (Begr. RegE-JAVollzG NRW, 29).

2. Vollzug in freien Formen

27 **a) Allgemeines.** Der JA-Vollzug „kann auch in freien Formen" stattfinden, aber nur in wenigen Bundesländern (vgl. § 26 Abs. 4 JAVollzG NRW, § 14 BbgJAVollzG, § 61 Abs. 4 SchlHJAVollzG; kritisch daher Kaplan NK 2018, 77 (87 f.)). Dem kommt iZm der Einbeziehung ua von JHilfe (einschließlich derjenigen freier Träger), Schule und/oder Berufsberatung bzw. anderen Förderinitiativen sowie ggf. Drogenberatung besondere Bedeutung zu (vgl. auch DVJJ 2015, AK 5). Bislang liegen hierzu keine Evaluationen, aber erste (positive) Erfahrungsberichte vor (vgl. zu einem Dresdener Projekt Redmann in Redmann/Hußmann (Hrsg.), Soziale Arbeit im Jugendarrest, 2015, 207 ff.).

28 **b) Erfüllung von Weisungen oder Auflagen.** Für den Vollzug wegen **Nichtbefolgungs-Arrest** wird es zulässig und ggf. erzieherisch empfehlenswert sein (vgl. etwa schon Thalmann FS 2011, 82 f.; Schmidt FS 2011, 90; Wulf FS 2011, 106: konsequent), von der JA-Anstalt aus Gelegenheit zur Erfüllung der zugrundeliegenden Rechtsfolge (vgl. § 31 Abs. 2 S. 3 BWJArrG BW, § 34 JAVollzG NRW, § 6 Abs. 1 S. 1 HmbJAVollzG („nach Möglichkeit")) durch Ausgang oder ggf. auch durch Ausführung zu geben (vgl. § 14 Abs. 1 Nr. 1 BbgJAVollzG und § 39 Abs. 1 JAVollzG M-V, § 49 Abs. 1 S. 3, 4 RefE SächsJAVollzG; AV Bln. v. 9.3.2005, ABl. 980). Dies gilt auch deshalb, weil solchenfalls die Vollstr vorzeitig beendet wird (§ 11 Abs. 3; zur Mitteilungspflicht der Anstalt § 6 Abs. 2 S. 2 HmbJAVollzG, § 39 Abs. 3 RhPfLJAVollzG, § 51 Abs. 3 SJAVollzG). – Nach § 12 Abs. 2 BbgJAVollzG sowie Art. 36 Abs. 1 S. 2 RegE BayJAVollzG „sollen" die Insassen zur Abwendung des weiteren Vollzuges „angehalten und motiviert" werden (vgl. enger § 34 S. 1 und 2 JAVollzG NRW) – gem. § 17 Abs. 1 S. 1, Abs. 2 SchlHJAVollzG „sind" sie „anzuhalten". Entsprechendes gilt für die Nichterfüllung von Anordnungen gem. § 98 Abs. 2 OWiG.

28a Neben Fällen des Vollzugs eines Nichtbefolgungs-Arrests empfiehlt es sich auch bei **Verurteilung** zu JA und **zusätzlich** erteilten Weisungen oder angeordneten Auflagen, dem Insassen eine solche Gelegenheit zu geben. Ob dies grundsätzlich die Zustimmung des erkennenden Gerichts voraussetzt (vgl. § 6 Abs. 1 S. 2 HmbJAVollzG (Soll-Vorschrift)), ist nicht abschließend geklärt.

3. Speziellere Interventionsbemühungen

29 Besondere Aufgaben bestehen bei **speziellen Umständen** bzw. Belastungen der Insassen. Dies gilt zB iZm **Drogenkonsum** (zur Häufigkeit solchen Konsums vor VollzBeginn vgl. die Befragungsdaten bei Köhler ua PraxR-

Psych 2012, 96 ff.)). Auch für rechtsextremistisch orientierte und gewalt-
bereite Insassen bietet sich die Entwicklung spezieller Angebote an (für ein
diesbzgl. Aggressionsschwellentraining vgl. Speer/Menger/Jende unsere jugend 2012, 242). – Die Berücksichtigung der jeweiligen speziellen Umstände betrifft ggf. auch Fragen der räumlichen Unterbringung (vgl. ergänzend
→ Rn. 13).

4. Entlassungsvorbereitung

a) Kontinuität der Fürsorge. Der JA-Anstalt kommt Verantwortung 30
auch für die Fortführung als erforderlich erachteter Maßnahmen nach Entlassung zu (vgl. nur § 6 S. 1 BbgJAVollzG, § 15 Abs. 3 RefE SächsJAVollzG
(betr. JAmt); zu Fragen der Kostentragung des Wohnbedarfs während des
Vollzugs LSG LSA ZFSH/SGB 2013, 285; vgl. auch Hammel ZJJ 2015, 157
sowie im Übrigen betr. nach dem Vollzug Hammel ZJJ 2015, 265 ff.). Dies
umfasst ggf. auch den – ebenso aus anderen Gründen in Betracht kommenden – Verbleib bzw. die (freiwillige) Neuaufnahme des Insassen (vgl. § 28
BWJArrG, § 16 Abs. 1 RefE SächsJAVollzG; § 35 Abs. 1 S. 2 BbgJAVollzG:
soll eine Woche nicht überschreiten).

b) Schlussbericht. Gemäß § 24 Abs. 1 JAVollzG NRW hat die Vollz- 30a
Leitung zum Ende des Vollzugs von Dauerarrest – nach § 16 S. 2 SchlHJA-
VollzG auch von Freizeit- und Kurzarrest, jedoch „kann" dies „in verein-
fachter Form" geschehen – einen Schlussbericht abzufassen, der sich an den
„Fähigkeiten und Entwicklungsmöglichkeiten" des Insassen auszurichten hat
und dessen wesentlicher Inhalt mit dem Insassen zu besprechen ist (§ 24
Abs. 1 S. 2, 3 JAVollzG NRW). Bei gem. § 11 Abs. 3 verhängtem Arrest ist
auch zur Frage der Befolgung bzw. Erfüllung Stellung zu nehmen (§ 34
Abs. 2 BbgJAVollzG, Art. 36 Abs. 2 RegE BayJAVollzG). – Dem (vormaligen) Insassen und den Personensorgeberechtigten ist eine Abschrift auszuhändigen (§ 24 Abs. 2 S. 2 JAVollzG NRW; nach 15 Abs. 2 S. 2, 3
SchlHJAVollzG (betr. den Insassen nur Soll-Vorschrift), nach § 34 Abs. 4
BbgJAVollzG, § 11 Abs. 3 S. 3 HmbJAVollzG betr. Insassen wie Personensorgeberechtigte „auf Wunsch", vgl. auch § 26 Abs. 2 S. 3 BWJArrG,
Art. 25 Abs. 3 S. 3 RegE BayJAVollzG: „auf Verlangen", vorbehaltlich
„drohender erzieherischer Nachteile").

V. Unterbringung. Kleidung

1. Unterbringung

a) Einzel- und gemeinschaftliche Unterbringung. Die Insassen müs- 31
sen während der **Ruhezeiten/Einschlusszeiten** grundsätzlich **allein untergebracht** sein (§ 12 Abs. 1 JAVollzG NRW, §§ 15 Abs. 1, 40 Abs. 2
BbgJAVollzG, § 19 Abs. 1 S. 1 SchlHJAVollzG, gem. Abs. 2 „höchstens" zu
zweit und nur dann, wenn es „zumindest für einen förderlich ist, dem Wohl
des anderen nicht entgegensteht" *und* beide zustimmen; nur auf Letzteres
abstellend § 12 Abs. 1 BWJArrG; vgl. aber auch § 12 Abs. 1 S. 2 HmbJA-
VollzG bzw. § 18 S. 2 NdsJAVollzG, § 9 Abs. 2 S. 2 RegE ThürJAVollzG:
„zum Zweck der Resozialisierung" (zw.)). Jedoch gestattet § 12 Abs. 2
JAVollzG NRW (ähnlich § 10 Abs. 1 SJAVollzG, § 9 Abs. 1 RhPfJAVollzG)

die „gemeinsame" Unterbringung, wenn ihr „körperlicher oder seelischer
Zustand dies erfordert" (vgl. schon § 6 Abs. 1 JAVollzO; vgl. aber → § 92
Rn. 49) *oder,* ohne dass erzieherische Gründe entgegenstehen, sie eine gemeinsame Unterbringung „ausdrücklich wünschen" (vgl. zu Bedenken
→ § 92 Rn. 83 entspr.). In der Praxis ist diese Vorgabe bislang indes „nur in
wenigen Anstalten" (Thalmann FS 2011, 79) vorbildlich, in anderen nicht
oder eher nur eingeschränkt verwirklicht (vgl. zu Mehrfachbelegungen
speziell etwa für die JA-Anstalt Leipzig Kobes/Pohlmann ZJJ 2003, 374).

32   **Außerhalb** der Ruhezeiten/Einschlusszeiten halten sich die Insassen in
Gemeinschaft auf (zB bei Beschäftigung oder Veranstaltungen), nach Art. 10
Abs. 1 S. 1 RegE JAVollzG nicht gleich der Aufnahme („innere Reflekti-
on"). – Hinsichtlich der Effizienz der VollzAusgestaltung als intervenierende
Variable bestehen diesbezüglich Ungewissheiten. Es wurde zB von einer JA-
VollzAnstalt mit Gemeinschaftshaft und vielfältigem Freizeitangebot berichtet, deren Entlassene zu 63,3 % „rückfällig" geworden seien (Arndt, Kriminologische Untersuchungen zum Jugendarrest, 1970, 114), während die entsprechende Quote bei zwei JA-VollzAnstalten mit Einzelhaft mit 62,3 %
nahezu gleich gewesen sei (Schneemann, Beobachtungen zum Jugendarrestvollzug und der Bewährung entlassener Dauerarrestanten, 1970, 60).

32a   In der Regel dürfte es auch vorzugswürdig sein, die sich in ihren Problemlagen ggf. unterscheidenden Teilgruppen der Urteils–, Ungehorsams-
und Kopplungsarrestanten zu **trennen** (→ Rn. 12). In der Vollzugswirklichkeit überwiegt dagegen der Mischvollzug (vgl. Gernbeck/Höffler/Verrel
NK 2013, 307 (309); Seidl/Holthusen/Hoops ZJJ 2013, 292 (294); Klatt ua,
Evaluation des neu eingeführten Jugendarrestes …, 2016, 160 f.).

33   **Unterscheidung nach dem Geschlecht.** Während der Einschlusszeiten
besteht eine strikte *Trennung* nach dem *Geschlecht* (§ 18 SchlHJAVollzG, § 12
BWJArrG). Ansonsten und insb. für gemeinsame Förderungsangebote ist die
Trennung gelockert (vgl. § 12 Abs. 4 S. 2 JAVollzO NRW sowie schon § 1
Abs. 3 S. 2 JAVollzO; vgl. aber auch Hinrichs DVJJ-Journal 1995, 99 f.
sowie 1999, 271; für koedukative Maßnahmen Wulf FS 2011, 105; speziell
etwa Coerdt FS 2011, 90–92).

34   **b) Haftraum.** Gemäß § 20 SchlHJAVollzG (vgl. auch § 39 Abs. 4
BbgJAVollzG) ist der Haftraum „wohnlich" auszustatten und mit einer
„eigenen abgegrenzten sanitären Einrichtung" zu versehen.

2. Freizeit

35   Nach § 7 Abs. 3 S. 2 JAVollzG NRW ist den Insassen der Zugang zu
tagesaktuellen Informationen zu ermöglichen (vgl. auch § 19 Abs. 3 BbgJA-
VollzG: Hörfunk im Arrestraum gestattet, ebenso § 25 Abs. 1 S. 1 RefE
SächsJAVollzG, nicht aber Art. 16 Abs. 2 S. 2 RegE BayJAVollzG). Gemäß
§ 7 Abs. 3 S. 1 JAVollzG NRW kann die Teilnahme am gemeinschaftlichen
Hörfunk- und Fernsehprogramm gestattet werden, jedoch ist der Besitz eines
eigenen Fernsehgerätes bzw. eigener Geräte der Informations- und Unter-
haltungselektronik nicht zugelassen (zB § 15 Abs. 2 S. 2 RegE ThürJA-
VollzG). Vgl. indes zB § 19 Abs. 1 S. 2 BbgJAVollzG, § 14 Abs. 1 S. 3,
Abs. 3 JAVollzG M-V: stellt Mediathek zur Verfügung, Abs. 3; § 25 Abs. 3
S. 3 HmbJAVollzG: „gemeinschaftliche Nutzung anderer Geräte der Infor-

mations- und Unterhaltungselektronik"; s. demgegenüber etwa § 9 Abs. 1 S. 3 BWJArrG: Bücherei.

Bislang wurde insb. für das Wochenende von VollzDefiziten berichtet (vgl. **35a** betr. eine Anstalt in Düsseldorf Hufschmidt ZJJ 2009, 160: am Wochenende nur eine Freistunde, ansonsten durchgängig Aufenthalt in der Zelle). Demgegenüber ist die Aufrechterhaltung erzieherischer Angebote gerade auch am Wochenende für die Legitimation des freiheitsentziehenden Eingriffs wesentlich (folgerichtig zB § 5 Abs. 3 S. 2 SJAVollzG, Muss-Vorschrift).

3. Kleidung

Der Insasse trägt eigene *Kleidung* und *Wäsche* (vgl. schon § 12 Abs. 1 S. 1 **36** JAVollzO; sodann § 21 Abs. 4 S. 1 SchlHJAVollzG, § 14 Abs. 1 S. 1 HmbJAVollzG, anders § 12 Abs. 1 JAVollzG M–V), „bei Bedarf" (§ 21 Abs. 4 S. 2 SchlHJAVollzG, § 17 Abs. 2 S. 1 BbgJAVollzG, § 14 Abs. 1 S. 1 BWJArrG) oder auf seinen Wunsch (§ 11 Abs. 2 S. 2 JAVollzG NRW) bzw. auf Antrag (§ 19 S. 2 NdsJAVollzG) erhält er Kleidung der Anstalt, wobei darauf zu achten ist, dass ein Anklang von „Anstaltskleidung" vermieden wird, sondern es sich um jugendtypische Kleidung handelt. Bedarf besteht nicht wegen Missfallens Bediensteter (Begr. RegE JAVollzG NRW, 33). Jedoch dürfen solche Kleidungsstücke, die geeignet sind, die Sicherheit und Ordnung der Anstalt zu beeinträchtigen, untersagt werden (OLG Celle NStZ-RR 2013, 262 (zum allg. StR)). – Dabei wird Bedarf insb. iZm bestimmten Formen der Beschäftigung (vgl. aber noch § 12 Abs. 1 S. 1 JAVollzO: „Während der Arbeit tragen sie Anstaltssachen") und speziell zB bei sportlicher Betätigung bestehen (vgl. auch Begr. RegE-JAVollzG NRW, 33).

Rechtstatsächlich wurde indes berichtet, das Regel/Ausnahmeverhältnis **36a** des § 12 S. 3 zu S. 1 JAVollzO sei „in mehreren Anstalten" (Thalmann FS 2011, 79; zu abw. Praxis speziell in der Anstalt Regis-Breitingen Fichtner (nach ZJJ 2009, 161) sowie in der Anstalt Augsburg U. Müller ZJJ 2010, 82) in das Gegenteil verkehrt. Mitunter werde von S. 3 gar auch als Binnensanktionierung Gebrauch gemacht (Thalmann FS 2011, 79).

VI. Kontakte mit der Außenwelt, Freizeit, Gesundheit

1. Kontakte zur Außenwelt

a) Allgemeines. Ein Kontakt zur Außenwelt kann zur Vermeidung von **37** Isolation in mehreren Teilbereichen hergestellt werden, wenn der Vollz-Leiter dies aus erzieherischen Gründen als notwendig erachtet (vgl. befürwortend näher Goeckenjan Rechtsausschuss NRW (Drs. 16/746) v. 21.2.2012, 6 f. = ZJJ 2013, 67 ff.). So können zB Arbeit, Unterricht und andere ausbildende Veranstaltungen außerhalb des Anstaltsbereichs zugelassen werden (vgl. zB Art. 20 Abs. 1 RegE BayJAVollzG; vgl. betr. Nichtbefolgungsarrest → Rn. 28). Allerdings ist solchenfalls zw., ob es überhaupt der Verhängung von JA bedurft hätte bzw. des JA-Vollzugs bedarf (vgl. Thalmann FS 2011, 81 f.); sollte mit der jeweiligen Aktivität erst nach der Verhängung begonnen worden sein, liegt ein Absehen von der Vollstr nahe (§ 87 Abs. 3 S. 1). – Möglichkeiten zu Kontakten mit der Außenwelt

bestehen auch für Freizeitveranstaltungen einschließlich sportlicher Betätigung, falls in der JA-Anstalt keine geeigneten Voraussetzungen vorhanden
sind (vgl. schon §§ 18 Abs. 2, 16 Abs. 2 JAVollzO).

37a   Hinsichtlich des Kontakts iSe *persönlichen Verbindung* nach außerhalb der
JA-VollzAnstalt bestehen rechtstatsächlich bislang, insgesamt betrachtet,
durchaus Beschränkungen, ua aus Kostengründen. – Die VollzLeitung
„kann" dem Insassen unbegleiteten oder, wenn als erforderlich beurteilt,
begleiteten *Ausgang* gewähren (§ 17 Abs. 4 JAVollzG NRW, § 14 Abs. 1
Nr. 1 BbgJAVollzG, § 14 Abs. 1, 2 SchlHJAVollzG).

38   **b) Telefonate.** Gemäß § 20 Abs. 1 S. 1 HmbJAVollzG, § 17 Abs. 1
JAVollzG NRW, § 29 Abs. 1 SchlHJAVollzG „kann" die VollzLeitung Telefonate erlauben. Gemäß § 13 Abs. 3 BWJArrG ist die Nutzung „eigener
Mobilfunkendgeräte" grundsätzlich untersagt; anders § 32 SchlHJAVollzG,
§ 20 Abs. 2 S. 1 HmbJAVollzG, § 27 Abs. 5, 6 NdsJAVollzG. – Entsprechend überwiegender Auffassung dürfen zB nach § 29 Abs. 2 JAVollzG
SchlH die Telefonate – nur unter bestimmten Voraussetzungen (S. 1, 2) und
ohne Aufzeichnung (S. 3) – (akustisch) überwacht werden (nicht gem. § 32
Abs. 1 S. 3 RefE SächsJAVollzG), außer solchen mit Eltern, Personensorgeberechtigten oder Personen der Verteidigung, der Rechtsanwaltschaft bzw.
des Notariats (jeweils in einer den Insassen betreffenden Rechtssache), von
Beiständen nach § 69 oder der JGH und aus den sozialen Diensten der
Justiz.

39   **c) Besuch.** Zum Beispiel nach § 27 Abs. 1 S. 1 SchlHJAVollzG, § 28
Abs. 1 RefE SächsJAVollzG ist – vorbehaltlich des Vorliegens eines bestimmten *Untersagungsgrundes* (Abs. 3) – idR Besuch der Eltern oder Personensorgeberechtigten für eine Stunde pro Woche zu gestatten; Besuch
anderer Personen hingegen kann unter der Voraussetzung der Beurteilung
als „förderlich" gestattet werden. – Besuche von **Verteidiger,** Beistand
(§ 69), des Vertreters der **JGH** und bestimmter anderer Personen (vgl.
→ Rn. 38) sind zu gestatten (§ 27 Abs. 2 S. 1, 2 SchlHJAVollzG, § 22
Abs. 2 BbgJAVollzG, § 19 Abs. 4 BWJArrG), und zwar auch bei Freizeit-
oder Kurzarrest (vgl. nur § 30 Abs. 4 S. 2 BWJArrG).

39a   Indes „kann" der Besuch von der Ab- und Durchsuchung der besuchenden Person abhängig gemacht werden (§ 28 Abs. 1 SchlHJAVollzG, § 28
Abs. 2 RefE SächsJAVollzG), und die VollzLeitung „kann" die – nach außen
offen wahrnehmbar zu gestaltende (Begr. RegE JAVollzG NRW, 38) –
optische Überwachung der Besuche anordnen (§ 17 Abs. 2 S. 2 JAVollzG
NRW; gem. § 28 Abs. 2 RefE SächsJAVollzG: Beaufsichtigung mit technischen Mitteln unzulässig). Gespräche können gem. § 28 Abs. 2 SchlHJA-
VollzG bzw. § 29 RefE SächsJAVollzG überwacht werden (wobei im Falle
des Einsatzes technischer Mittel eine Aufzeichnung unzulässig ist)), nicht
allerdings die. die in → Rn. 38 genannten Personen.

39b   Der Besuch darf „abgebrochen werden", wenn durch den Besuchsverlauf
die Sicherheit oder Ordnung der VollzEinrichtung gefährdet wird (§ 17
Abs. 3 JAVollzG NRW; einschränkend betr. Ordnung § 28 Abs. 4 S. 1
SchlHJAVollzG: in erheblicher Weise; vgl. zu Bedenken → § 92 Rn. 90d
entspr.). Als ein Abbruchsgrund ist auch die Befürchtung einer „schädlichen
Beeinflussung" des Insassen angeführt (§ 17 Abs. 3 JAVollzG NRW, § 28
Abs. 4 S. 2 RefE SächsJAVollzG). – Dem Abbruch wird „in aller Regel" (so
schon Begr. RegE JAVollzG NRW, 38) eine Abmahnung vorausgehen

müssen, sodass es sich empfehlen wird, vor Durchführung des Besuchs die Besuchenden sowie den Insassen zu unterrichten, wie sie sich beim Besuch zu verhalten haben.

d) Schriftverkehr. Gemäß § 16 Abs. 1 JAVollzG NRW, § 30 Abs. 1 **40** SchlHJAVollzG, § 18 Abs. 1 BWJArrG dürfen die Insassen (unbeschränkt) **Schreiben** empfangen und absenden, wobei die VollzEinrichtung die Kosten für abgehende Schreiben „in angemessenem Umfang" übernehmen kann, wenn die Insassen „dazu nicht in der Lage sind". Nach § 30 Abs. 2 Nr. 1–3 SchlHJAVollzG, § 18 Abs. 2 BWJArrG, § 16 Abs. 2 ÄndG NRW (Art. 5 des Gesetzes v. 7.4.2017, GV 511)) darf der Schriftverkehr mit bestimmten Personen und unter bestimmten Voraussetzungen untersagt werden, wobei hinsichtlich des Vetos Personensorgeberechtigter Bedenken bestehen können, da die Relevanz des Kontakts sich (vorrangig) vom Insassen her zu bestimmen hat (vgl. zu Einwänden auch → § 92 Rn. 91a, 92 entspr.).

Im Übrigen kommt, sofern **Ausschlussgründe** nicht vorliegen (vgl. § 31 **40a** Abs. 1 SchlHJAVollzG, § 31 Abs. 2 RefE SächsJAVollzG) – diese betreffen ua **Verteidiger** sowie Beistände (§ 69) und die in § 35 Abs. 2 JStVollzG NRW bezeichneten Personen, Einrichtungen und Institutionen –, unter bestimmten Voraussetzungen (vgl. nur § 31 Abs. 2 S. 1 SchlHJAVollzG) eine **Überwachung** von Schreiben in Betracht (krit. dazu → § 92 Rn. 94). – Gemäß Art. 6 Abs. 1 GG sind Angehörige iSv § 11 Abs. 1 Nr. 1 StGB privilegiert, ihnen ist der Schriftverkehr uneingeschränkt zu gestatten. – Weiterhin sind spezielle Formen der **Kontrolle** geregelt (vgl. etwa § 31 Abs. 2, 3 SchlHJAVollzG).

e) Pakete. Wegen der Untersagung des Empfangs und des Versands von **41** Paketen vgl. § 16 Abs. 3 JAVollzG NRW, § 17 Abs. 3 RegE ThürJAVollzG. Zur (bedingten) Empfangserlaubnis § 18 Abs. 4 S. 1 HmbJAVollzG sowie § 28 Abs. 1 und – betr. Versand – Abs. 4 NdsJAVollzG. Zu ausnahmsweiser Erlaubnis § 30 Abs. 3 S. 2 SchlHJAVollzG (nebst § 31 Abs. 2 S. 2: Inhaltskontrolle), § 22 Abs. 4 S. 1 BbgJAVollzG, § 18 Abs. 4 BWJArrG, § 16 Abs. 3 JAVollzG M-V.

2. Gesundheit

Die Insassen haben einen Anspruch auf medizinische Leistungen (vgl. § 25 **42** SchlHJAVollzG). Statt einer Verlegung bzw. Überstellung wird ggf. eher eine Unterbrechung oder auch Beendigung des JA-Vollzugs angezeigt sein (vgl. auch DRiB SchlH, Stellungnahme Nr. 10/2012).

Auf ärztliche Anordnung wird *besondere Verpflegung* gewährt, auch ist den **42a** Insassen zu ermöglichen, Speisevorschriften ihrer *Religions*gemeinschaft zu befolgen oder vegetarisch ernährt zu werden (vgl. § 18 Abs. 1 S. 3 BbgJAVollzG, § 15 Abs. 1 S. 4 BWJArrG). – Darüberhinaus ist zB nach § 23 Abs. 2 SchlHJAVollzG die Möglichkeit des *Einkaufs* vorgesehen (vgl. auch § 15 Abs. 2 BWJArrG: kann gestattet werden, näher JAGO BW Die Justiz 2016, 307 Nr. 17.2).

Das Recht des Insassen auf einen zeitlich begrenzten Aufenthalt **im 43 Freien** ist anerkannt (vgl. § 24 Abs. 3 SchlHJAVollzG: eine Stunde, ebenso § 20 Abs. 2 BbgJAVollzG, § 16 Abs. 1 S. 2 BWJArrG, § 28 HmbJAVollzG und § 33 NdsJAVollzG sowie § 16 Abs. 2 RegE ThürJAVollzG, Art. 14

Abs. 1 RegE BayJAVollzG (jeweils mindestens), hingegen (mindestens) zwei
Stunden gem. § 14 Abs. 4 JAVollzG NRW). Die Insassen sind anzuhalten,
von diesem Recht Gebrauch zu machen, jedoch sind sie dazu nicht verpflichtet. Während dieser Zeit „soll" den Insassen zusätzlich zu den sonstigen
Sportangeboten (gem. § 35 Abs. 2 NdsJAVollzG vier Stunden wöchentlich)
ermöglicht werden, sich sportlich zu betätigen (vgl. etwa zum Laufen Schu-
bert ZJJ 2014, 377). – Zu einem strikten *Rauchverbot* (Art. 14 Abs. 1 S. 2
RegE BayJAVollzG) krit. DVJJ-Südbayern v. 6.3.2018.

VII. Beschäftigung

1. Vorrang fördernder Angebote gegenüber Arbeit

44   Entsprechend der Zielsetzung (vgl. → Rn. 14) ist der JA-Vollzug vorrangig mit entwicklungsfördernden Angeboten auszugestalten. § 6 Abs. 1
S. 1 JAVollzG NRW definiert die Beschäftigung als erzieherisch geprägte
und „sinnvolle" Tätigkeit (Begr. RegE JAVollzG NRW, 29 f.; zur Gelegenheit, Ideen zu entfalten, etwa Thiel ZJJ 2014, 380 ff.; zur Praxis in NRW
Lobitz/Wirth FS 2018, 326 (328 f.)), zB Unterricht oder andere Ausbildungsmaßnahmen, „soziales Training" (vgl. § 5 Nr. 1 SchlHJAVollzG
(„spezifisches"), § 5 Abs. 1 S. 1 BWJArrG (erg. § 6 Abs. 1 S. 1, 8 Abs. 2),
vgl. zudem → Rn. 45) oder etwa auch Malen von Bildern, die Erledigung
mitgebrachter schulischer Aufgaben oder auch eine der Allgemeinheit innerhalb oder außerhalb der Einrichtung dienende Aktivität; gem. § 8 Abs. 2
und 3 BWJArrG hingegen kann Arbeit zugewiesen werden und die Ver-
richtung ggf. zu einer „Anerkennung" führen. – Wenn jedoch die Insassen
außerhalb der VollzEinrichtung einer wirtschaftlich ergiebigen und von dem
Arbeitgeber adäquat entlohnten Arbeit nachgehen, etwa im Rahmen eines
bestehenden Lern- oder Arbeitsverhältnisses, wird die VollzLeitung deren
Fortführung während des JA-Vollzuges nach Möglichkeit gestatten.

45   Eine Mitwirkungspflicht (vgl. ua § 3 Abs. 3 S. 1 RhPfLJAVollzG sowie
SJAVollzG) ist abzulehnen (vgl. auch Goeckenjan Rechtsausschuss NRW
(Drs. 16/746) v. 21.2.2012, 9 = ZJJ 2013, 67 ff.; gegen eine zu allg. Fassung
DRiB SchlH, Stellungnahme Nr. 10/2012). Speziell betr. „soziales Trai-
ning" sind Bedürfnisse des einzelnen Insassen auch idS zu berücksichtigen,
dass eine Einwirkung nur „ohne Gruppendruck" (Begr. RegE JAVollzG
NRW, 24 f.) eröffnet werden darf (vgl. aber zu Soll-Vorschriften § 5 Abs. 2
BWJArrG).

2. Keine Entlohnung

46   Soweit der Begriff „Beschäftigung" im erzieherischen Sinne definiert wird
und daher Arbeitsleistungen nur restriktiv abverlangt werden dürfen, ist die
Versagung einer Entlohnung stimmig. Soweit indes weiterhin Arbeitsleistung in relevantem Ausmaß abverlangt werden sollte, käme die Versagung
einer Entlohnung einer verkappten zusätzlichen Sanktion (etwa iSe Arbeitsauflage) gleich. Auch deshalb ist bei der Auswahl geeigneter Maßnahmen
regelmäßig lernorientierten Angeboten der Vorrang einzuräumen (vgl. auch
Begr. RegE JAVollzG NRW, 25).

Zum Beispiel nach § 22 Abs. 2 HmbJAVollzG ist bedürftigen Insassen ein **46a**
„angemessenes" **Taschengeld** zu gewähren, dessen Auszahlung allerdings
„gestuft" nach dem Grad der Mitwirkungsbereitschaft (§ 4 HmbJAVollzG)
vorgenommen werden kann.

3. Prüfung der Geeignetheit von Maßnahmen

Teilweise fehlt es an einer Bedarfsprüfung bezüglich dieser oder jener als **47**
fördernd beurteilten Maßnahme. So wird mitunter gewissermaßen pauschal
davon ausgegangen, es bedürfe der Vermittlung zB der *Erkenntnis,* dass
Pflichten innerhalb eines Gemeinwesens von allen zu tragen sind (§ 6 Abs. 1
S. 2 JAVollzG NRW), und Entsprechendes gilt betr. Sportmöglichkeiten
(§ 8 S. 2 JAVollzG NRW) für das unterstellte Lern- bzw. Entwicklungs-
bedürfnis, wie es in dem Akzent auf Begriffen wie „Mannschaftssport",
„Gemeinschaftssinn", Einhaltung von Regeln zum Ausdruck kommt (vgl.
auch zum Verhalten im Vollzug schlechthin § 18 Abs. 1 S. 1 JAVollzG
NRW, § 9 Abs. 2 BWJArrG). Demgegenüber ist eine solche Erkenntnis im
Verhältnis zu Bezugsgruppen und deren als relevant erachteten Normen idR
durchaus *vorhanden,* und ein (altersgruppengemäßer) Konflikt liegt eher im
Bedarf einer Integration dieser Normen mit solchen gesamtgesellschaftlicher
Art (vgl. allg. zu Defiziten in der Vollzugsausgestaltung Seidl ua ZJJ 2013,
292 (294 f.) betr. Nichtbefolgungsarrest).

VIII. Sicherheit und Ordnung

1. Durchsuchung

Nach allg. Auffassung ist, auch ohne Anlässe zu nennen, die Durch- **48**
suchung der Insassen, ihrer Sachen und der Arresträume zulässig (vgl. zu
Spürhunden, deren Einsatz innerhalb der Anstalt in vielerlei Hinsicht abträglich ist, s. § 31 Abs. 1 S. 2 HmbJAVollzG). § 21 Abs. 2 JAVollzG NRW
ermächtigt die VollzLeitung während der *Aufnahme* zu einer Regel-Anord-
nung der mit einer *Entkleidung* verbundenen körperlichen Durchsuchung
(weitergehend, jedoch Grundrechte tangierend (vgl. nur BVerfG EuGRZ
2009, 159 = StV 2009, 253), § 39 Abs. 3 SchlHJAVollzG, § 31 Abs. 3
HmbJAVollzG, § 37 Abs. 3 RefE SächsJAVollzG: auch bei Kontakt mit
Besuchenden sowie nach jeder Abwesenheit), wobei die Entkleidung *im
Einzelfall* nur dann *unterbleibt,* wenn hierdurch die Sicherheit oder Ordnung
der VollzEinrichtung nicht gefährdet wird (betr. Ordnung zur Vorausset-
zung „schwerwiegender Gefahren" zB § 39 Abs. 1 S. 1 SchlHJAVollzG). Im
Übrigen ist, ohne dass inhaltliche Gründe genannt wären, eine mit einer
Entkleidung verbundene Durchsuchung nur bei Gefahr im Verzug oder auf
Anordnung der VollzLeitung im Einzelfall zulässig (§ 39 Abs. 2 S. 1
SchlHJAVollzG; ähnlich § 26 Abs. 2 S. 1 BbgJAVollzG, § 24 Abs. 2 RegE
ThürJAVollzG; vgl. aber auch § 23 Abs. 2 BWJArrG; vgl. ergänzend
BVerfG, 2. K. des 2. S., NJW 2015, 3158: bereits Entkleidung unter „ex-
pliziter visueller Kontrolle des Körpers" (NJW 2015, 3158 Rn. 34) stellt
eine Durchsuchung iSd Vorschrift dar, ohnehin zumindest dann, wenn die
Genitalien entblößt werden müssen (NJW 2015, 3158 Rn. 34), betr. allg.
StVollz). – Zur *Kontrolle* des Missbrauchs von *Suchtmitteln* „können" zur

Aufrechterhaltung der Sicherheit oder Ordnung der VollzEinrichtung allg.
oder im Einzelfall Maßnahmen ohne körperlichen Eingriff angeordnet werden (vgl. nur § 32 Abs. 1 S. 1 HmbJAVollzG, § 21 Abs. 3 JAVollzG NRW,
§ 40 SchlHJAVollzG, § 34 Abs. 3 NdsJAVollzG); der vormals sinngleich
lautende § 21 Abs. 3 S. 2 JAVollzG NRW wurde hingegen dahingehend
umgestaltet, dass die Entnahme von Kapillarblut durch „Punktion der Fin-
gerbeere" zulässig ist, wenn Betroffene „einwilligen" (ÄndG gem. Art. 5 des
Gesetzes v. 7.4.2017 (GV 511); § 53 RefE SächsJAVollzG).

48a Erkennungsdienstliche Maßnahmen gelten als zulässig (vgl. etwa § 32
Abs. 7 ÄndG JAVollzG NRW (Art. 5 des Gesetzes v. 7.4.2017, GV 551);
§ 53 RefE SächsJAVollzG).

2. Besondere Sicherungsmaßnahmen

49 Die VollzLeitung „kann" – nur bei Gefahr im Verzug „können" auch
andere Bedienstete der VollzEinrichtung (s. zB § 22 Abs. 4 S. 2, 3 JAVollzG
NRW) – Besondere Sicherungsmaßnahmen gegen Insassen anordnen, wenn
eine *erhebliche Störung* der Sicherheit oder Ordnung der VollzEinrichtung
nicht auf andere Weise vermieden oder behoben werden kann, und zwar
„insb. zur Abwehr der Gefahr von Gewalttätigkeiten gegen Personen oder
Sachen sowie zur Verhinderung von Selbstverletzungen" (§ 22 Abs. 1 S. 2
JAVollzG NRW), wobei jeweils die Gründe „zu dokumentieren sind" (§ 22
Abs. 4 S. 4 JAVollzG NRW). Die Maßnahmen sind Entzug von Gegenständen, die zu Gewalttätigkeiten missbraucht werden könnten; „Absonderung" von (§ 41 Abs. 2 Nr. 3 SchlHJAVollzG erlaubt eine „Trennung" bis
zu 24 Stunden, ebenso § 26 Abs. 3 HessJAVollzG, § 26 Abs. 4 RegE Thür-
JAVollzG; weiter § 24 Abs. 3 BWJArrG: Ausschluss von Veranstaltungen
und Verbleiben im Arrestraum jeweils bis zu zwei Tagen) oder die Zusammenlegung mit anderen Insassen; Unterbringung in einem besonders gesicherten Arrestraum ohne gefährdende Gegenstände bis zu 24 Stunden (wobei die Insassen von dem ärztlichen Dienst „aufzusuchen" sind, § 22 Abs. 5
JAVollzG NRW, § 26 Abs. 2 HessJAVollzG sowie RegE ThürJAVollzG, vgl.
auch § 41 Abs. 2 Nr. 4 SchlHJAVollzG; nach § 24 Abs. 4 S. 1 BWJArrG ist
bei Überschreiten von 24 Stunden der Aufsichtsbehörde Mitteilung zu
machen, vgl. auch § 45 Abs. 6 NdsJAVollzG). § 43 Abs. 3 SchlHJAVollzG
sieht „insb." Fesseln vor (vgl. auch § 43 Abs. 2 Nr. 4 NdsJAVollzG), § 24
Abs. 4 BWJArrG erlaubt die Unterbringung in einem besonders gesicherten
Arrestraum und die Fesselung nur bei konkreter Gefahr der Selbsttötung
oder erheblicher Selbstverletzung. § 26 ThürJAVollzG kennt dagegen keine
Fesselung.

3. Unmittelbaren Zwang

50 § 22 Abs. 6 JAVollzG NRW erklärt die §§ 72–75 StVollzG NRW für
entsprechend anwendbar, indes mit der klarstellenden Abweichung, dass
„Waffen nicht gebraucht werden dürfen", ebenso RegE ThürJAVollzG,
einschr. auf Schusswaffen aber § 22 Abs. 2 Nr. 4 RegE BayJAVollzG; nach
§ 43 Abs. 4 SchlHJAVollzG dürfen (nur) Hiebwaffen eingesetzt werden.
Grundsätzlich ist die Anwendung vorher anzudrohen (§ 47 Abs. 1 S. 1
SchlHJAVollzO).

4. Videotechnik

Aus Gründen der Sicherheit oder Ordnung der VollzEinrichtung darf zur **51** Beobachtung des Geländes der VollzEinrichtung und des Inneren ihrer Gebäude (zu diesem vern. § 46 Abs. 1 Nr. 2 BbgJAVollzG) Videotechnik eingesetzt werden (§ 52 SchlHJAVollzG; zur Hinweispflicht § 32 Abs. 2 JAVollzG NRW). Dabei sind *Bildaufzeichnungen* gestattet, die bei vorrangigen schutzwürdigen Interessen des Betroffenen „unverzüglich" zu *löschen* sind, ansonsten grundsätzlich – dh vorbehaltlich – spätestens binnen zwei Wochen (s. nur § 32 Abs. 3 S. 1 und S. 2 JAVollzG NRW, ähnlich etwa § 39 RefE SächsJAVollzG).

Unzulässig ist der Einsatz der Videotechnik für die Arrest- und Sanitärräu- **51a** me (§ 32 Abs. 1 JAVollzG NRW). Umstritten ist, ob der Einsatz betr. besonders gesicherte Arresträume ohne gefährdende Gegenstände „im Einzelfall und auf Anordnung der VollzLeitung" zulässig ist (vgl. aber § 33 Abs. 2 Nr. 3 bzw. Nr. 2 HmbJAVollzG, § 52 Abs. 1 S. 2 SchlHJAVollzG, § 43a NdsJAVollzG: „mit technischen Hilfsmitteln nur in dafür vorgesehenen Arresträumen und in besonders gesicherten Arresträumen"), soweit es, was zu dokumentieren ist – und wozu Bildaufzeichnungen unzulässig sind (§ 32 Abs. 4 S. 2 JAVollzG NRW) –, „im Einzelfall zur Abwehr von gegenwärtigen Gefahren für das Leben oder gegenwärtigen erheblichen Gefahren für die Gesundheit" der Insassen oder Dritter „erforderlich" ist (so § 22 Abs. 3 JAVollzG NRW). § 38 BWJArrG verweist pauschal auf Vorschriften zum JStrafvollzug.

IX. Datenschutz

Im Zuge der Schaffung einer gesetzlichen Grundlage des JA-Vollzugs (vgl. **52** → Rn. 3) ist eine gesetzliche Regelung des Datenschutzes durch Verweisung (§ 38 BWJArrG, § 121 Abs. 1 HmbJAVollzG, § 33 JAVollzG NRW) vorgenommen oder spezieller vorgesehen (vgl. §§ 50–58 SchlHJAVollzG, §§ 37 ff. SJAVollzG, § 42 JAVollzG M-V). – Für Bln. wurden schon zuvor die §§ 65, 70–72 JVollzDSG Bln eingeführt, wozu §§ 65, 72 JVollzDSG Bln bestimmen, dass statt der in §§ 65, 6 Abs. 1 Nr. 1 JVollzDSG Bln genannten Zwecke derjenige des Abs. 1 gilt bzw. galt.

X. Rechtsschutz

1. Beschwerde

Wird ein Insasse durch eine **Maßnahme** des **Vollzugs** in unzulässiger **53** Weise beeinträchtigt, so kann er sich an den VollzLeiter wenden (vgl. § 41 Abs. 1, 4 HmbJAVollzG, § 23 Abs. 1 S. 1 JAVollzG NRW), gegen dessen Entscheidung er Dienstaufsichtsbeschwerde erheben kann (allg. Auffassung). Hierdurch wird der unpersönliche *Schriftweg vermieden* (vgl. auch § 49 Abs. 1 S. 2 SchlHJAVollzG). Die Anstaltsleitung ist verpflichtet, „alsbald" das Gespräch mit dem Betroffenen zu suchen (vgl. auch Goeckenjan Rechtsausschuss NRW (Drs. 16/746) v. 21.2.2012, 8 = ZJJ 2013, 67 ff.). Im Übrigen hat die Anstaltsleitung „regelmäßige Sprechstunden einzurichten" (so § 41

Abs. 1 S. 2 HmbJAVollzG, § 23 Abs. 1 S. 3 JAVollzG NRW (nicht betr. Freizeit- und Kurzarrest, § 36 S. 1), § 49 Abs. 1 S. 3 SchlHJAVollzG).

2. Antrag auf gerichtliche Entscheidung

54 Gegen eine **Maßnahme** der **VollzBehörde** stehen dem Betroffenen die Rechtsschutzmöglichkeiten gem. § 92 offen (vgl. → § 92 Rn. 1, 161 ff.). Insofern ist indes schon aufgrund der Verweildauer von einer nur begrenzten Inanspruchnahme auszugehen, sodass insoweit der Beschwerde an den Vollz-Leiter eine erhöhte Bedeutung zukommen wird (vgl. auch Fachkommission JA ZJJ 2009, 278).

91 [aufgehoben]

Rechtsbehelfe im Vollzug

92 (1) [1]Gegen eine Maßnahme zur Regelung einzelner Angelegenheiten auf dem Gebiet des Jugendarrestes, der Jugendstrafe und der Maßregeln der Unterbringung in einem psychiatrischen Krankenhaus oder in einer Entziehungsanstalt (§ 61 Nr. 1 und 2 des Strafgesetzbuches) oder in der Sicherungsverwahrung kann gerichtliche Entscheidung beantragt werden. [2]Für die Überprüfung von Vollzugsmaßnahmen gelten die §§ 109 und 111 bis 120 Abs. 1 des Strafvollzugsgesetzes sowie § 67 Absatz 1, 2 und 5 und § 67a Absatz 1 entsprechend; das Landesrecht kann vorsehen, dass der Antrag erst nach einem Verfahren zur gütlichen Streitbeilegung gestellt werden kann.

(2) [1]Über den Antrag entscheidet die Jugendkammer, in deren Bezirk die beteiligte Vollzugsbehörde ihren Sitz hat. [2]Die Jugendkammer ist auch für Entscheidungen nach § 119a des Strafvollzugsgesetzes zuständig. [3]Unterhält ein Land eine Einrichtung für den Vollzug der Jugendstrafe auf dem Gebiet eines anderen Landes, können die beteiligten Länder vereinbaren, dass die Jugendkammer bei dem Landgericht zuständig ist, in dessen Bezirk die für die Einrichtung zuständige Aufsichtsbehörde ihren Sitz hat.

(3) [1]Die Jugendkammer entscheidet durch Beschluss. [2]Sie bestimmt nach Ermessen, ob eine mündliche Verhandlung durchgeführt wird. [3]Auf Antrag des Jugendlichen ist dieser vor einer Entscheidung persönlich anzuhören. [4]Hierüber ist der Jugendliche zu belehren. [5]Wird eine mündliche Verhandlung nicht durchgeführt, findet die Anhörung in der Regel in der Vollzugseinrichtung statt.

(4) [1]Die Jugendkammer ist außer in den Fällen des Absatzes 2 Satz 2 mit einem Richter besetzt. [2]Ein Richter auf Probe darf dies nur sein, wenn ihm bereits über einen Zeitraum von einem Jahr Rechtsprechungsaufgaben in Strafverfahren übertragen worden sind. [3]Weist die Sache besondere Schwierigkeiten rechtlicher Art auf oder kommt ihr grundsätzliche Bedeutung zu, legt der Richter die Sache der Jugendkammer zur Entscheidung über eine Übernahme vor.

[4] **Liegt eine der Voraussetzungen für eine Übernahme vor, übernimmt die Jugendkammer den Antrag.** [5] **Sie entscheidet hierüber durch Beschluss.** [6] **Eine Rückübertragung ist ausgeschlossen.**

(5) **Für die Kosten des Verfahrens gilt § 121 des Strafvollzugsgesetzes mit der Maßgabe, dass entsprechend § 74 davon abgesehen werden kann, dem Jugendlichen Kosten und Auslagen aufzuerlegen.**

(6) [1] **Wird eine Jugendstrafe gemäß § 89b Abs. 1 nach den Vorschriften des Strafvollzugs für Erwachsene vollzogen oder hat der Jugendliche im Vollzug einer freiheitsentziehenden Maßregel das vierundzwanzigste Lebensjahr vollendet, sind die Absätze 1 bis 5 nicht anzuwenden.** [2] **Für die Überprüfung von Vollzugsmaßnahmen gelten die Vorschriften der §§ 109 bis 121 des Strafvollzugsgesetzes.**

Schrifttum: Albrecht/Schüler-Springorum (Hrsg.), Jugendstrafe an 14- und 15jährigen, 1983; Alt, Das Berliner JStVollzG im Lichte verfassungsrechtlicher Vorgaben sowie europäischer und internationaler Regelungen mit Menschenrechtsbezug, 2014 (online abrufbar); Andris, Rechtliche und tatsächliche Rahmenbedingungen des Täter-Opfer-Ausgleichs in Haft, 2015; Autorengruppe Ausländerforschung (Berlin), Zwischen Getto und Knast, 1981; Baumeister, Gewalt im Jugendstrafvollzug, 2017; Bereswill/Greve (Hrsg.), Forschungsthema Strafvollzug, 2001; Bereswill/Höynck (Hrsg.), Jugendstrafvollzug in Deutschland, 2002; Biendl, Jugendstrafvollzug in freier Form, 2005; Brandenstein, Auswirkungen von Hafterfahrungen auf Selbstbild und Identität rechtsextremer jugendlicher Gewalttäter, 2012; Busch ua (Hrsg.), HIV/AIDS und Straffälligkeit, 1991; Chaidou, Junge Ausländer …, 1984; Cornel, Geschichte des Jugendstrafvollzuges, 1984; Dax, Die Neuregelung des Vollzugs der Sicherungsverwahrung, 2017; Dessecker/Egg (Hrsg.), Die strafrechtliche Unterbringung in einer Entziehungsanstalt, 1995; Dessecker/Egg (Hrsg.), Justizvollzug in Bewegung, 2013; Dölling/Jehle (Hrsg.), Täter, Taten, Opfer, 2013; Dörner, Erziehung durch Strafe. Die Geschichte des Jugendstrafvollzugs von 1871–1945, 1991; Dreßing, Das Anti-Aggressivitätstraining als Maßnahme der Jugendhilfe und Jugendstrafrechtspflege, 2016; Dünkel ua (Hrsg.), Die Wiedereingliederung von Hochrisikostraftätern, 2016; DVJJ Baden-Württemberg, Integrieren statt Ausgrenzen, 1999; Egg (Hrsg.), Brennpunkte der Rechtspsychologie, 1991; Eitzmann, Die Bedeutung der Freiheitsstrafe für die Erziehung junger Rechtsbrecher, 1988; Faber, Länderspezifische Unterschiede bezüglich Disziplinarmaßnahmen und der Aufrechterhaltung von Sicherheit und Ordnung im Jugendstrafvollzug, 2014; Fleck, Neue Verwaltungssteuerung und gesetzliche Regelung des Jugendstrafvollzuges, 2004; Focken/Gley, Junge Ausländer im Strafvollzug, 1987; Franck, Strafverfahren gegen HIV-Infizierte, 2000; Frankenberg, Offener Jugendstrafvollzug, 1999; Fröhmcke, Muslime im Strafvollzug, 2005; Gaßmann (Hrsg.), Suchtprobleme hinter Mauern, 2002; Geissler, Ausbildung und Arbeit im Jugendstrafvollzug, 1991; Glaser, The Effectiveness of the Prison and Parole System, 1969; Goerdeler/Walkenhorst (Hrsg.), Jugendstrafvollzug in Deutschland, 2007; Götte, Jugendstrafvollzug im „Dritten Reich" …, 2003; Grosch, Lockerungen im Jugendstrafvollzug, 1995; Heilemann, Realisierungsbedingungen der Erziehungs- und Behandlungsplanung im Jugendvollzug, 1985; Hein, Rechtliche Grenzen von Anti-Aggressivitätstrainings, 2007; Hürlimann, Führer und Einflussfaktoren in der Subkultur des Strafvollzuges, 1993; JuM SchlH (Hrsg.), Reform des JStrafvollzugs, 1989; Justizvollzugsbeauftragter NRW, Tätigkeitsbericht 2012; Kamann, Vollstreckung und Vollzug der Jugendstrafe. Verteidigung und Rechtsschutz, 2009; Kemter, Schulden und Schuldenregulierung der Gefangenen in sächsischen Justizvollzugsanstalten, 2000; Kersten/v. Wolffersdorff-Ehlert, Jugendstrafe – Innenansichten aus dem Knast, 1980; Klose, Deskriptive Darstellung der subjektiv empfundenen Haftsituation männlicher türkischer Inhaftierter im geschlossenen Jugendstrafvollzug in NRW, 2002; Knapp, AIDS im Strafvollzug, 1996; Koervers, Jugendkriminalität und Religiosität, 1988; Köhler, Psychische Störungen bei jungen Straftätern, 2004; Kreideweiß, Die Reform des Jugendstrafvollzuges, 1993; Kühl, Die gesetzliche Reform des Jugendstrafvollzug in Deutschland im Licht der European Rules for Juvenile Offenders Subject to Sanctions or Measures, 2012; Kury, Sozialstatistik der Zugänge im Jugendvollzug Baden-Württemberg, 1979; Kury (Hrsg.), Prognose und Behandlung bei jungen Rechtsbrechern, 1986; Lambropoulou, Erlebnisbiographie und Aufenthalt im Jugendstrafvollzug, 1987; Lehmkuhl (Hrsg.), Aggressives Verhalten bei Kindern und Jugendlichen, 2003; Maelicke/Plewig (Hrsg.), Erfolgreich, aber gescheitert, 2016 (DBH); Mannheim, The dilemma of penal reform, 1939; Matzke, Der Leistungsbereich bei JStrafgefangenen, 1982; Merzhäuser, Delinquentes Verhalten von inhaftierten Jugendlichen, 1985; Neubacher, Gewalt hinter Gittern, 2008; Nickolai ua, Sozialpädagogik im Jugendstrafvollzug, 1985; Niemz/Lauwitz, Sozialtherapie im Strafvollzug, 2. Aufl. 2012; Nolting, Freigänger im Jugendstrafvollzug, 1985; Özsöz, Rechtsextremistische Gewalttäter im Jugendstrafvollzug: der Einfluss von Jugendhaft auf rechtsextremistische Orientierungsmuster jugendlicher Gewalttäter, 2009; Pfeiffer ua, Ausgrenzung, Gewalt und Kriminalität im Leben junger Menschen, 1998; Prätor, Gewalt im Jugendstrafvollzug, 2017; Prittwitz (Hrsg.), AIDS, Recht und Gesundheitspolitik, 1990; Queloz ua (Hrsg.), Droit pénal et diversités culturelles, 2012; Rau, Lebenslinien und Netzwerke junger Migranten nach Jugendstrafe, 2017; Reindl, Offener Jugendstrafvollzug als Sozialisationsorganisation, 1991; Reinheckel, Bildung im Jugendstrafvollzug, 2013; Rink, Rigidität und Veränderungsmotivation, 1984; Rollny, Pastoraler Dienst am straffälligen jungen Menschen, 1986; Salman (Hrsg.), Soziale Arbeit mit Straffälligen, 1986; Schmalz, Kommunikation und Interaktion weiblicher Inhaftierter in einer Justizvollzugsanstalt, 2016; Schmidt-Esse, Lange Jugendstrafen bei jugendlichen und heranwachsenden Gewalt- und Sexualstraftätern, 2018; Schneider, Strafvollzug und Jugendstrafvollzug im Bayerischen Strafvollzugsgesetz, 2010; Schwirzer, Jugendstrafvollzug für das 21. Jahrhundert, 2008; Sessar-Karpp, Lernvoraussetzungen junger Inhaftierter, 1982; Seitz/Rautenberg, PFI – Persönlichkeitsfragebogen für Inhaftierte, 2010; Steller ua (Hrsg.), Straftäterbehandlung, 2. Aufl. 2003; Stenger, Berufliche Sozialisation ... straffälliger Jugendlicher, 1984; Stentzel, Berufserziehung straffälliger Jugendlicher und Heranwachsender, 1990; Suhling, Lebensziele junger Männer im Strafvollzug, 2005; Supe, Strafgefangene und Schule, 1980; Tauss, Die Veränderung von Selbstkonzeptkomponenten im Inhaftierungsverlauf jugendlicher Strafgefangener, 1992; Tierel, Vergleichende Studie zur Normierung des Jugendstrafvollzugs, 2008; Trenczek (Hrsg.), Freiheitsentzug bei jungen Straffälligen, 1993; Vietor, Sozialtherapie für junge Gefangene im bayerischen Strafvollzug, 2012; Walter, Formelle Disziplinierung im Jugendstrafvollzug, 1998; Walter ua (Hrsg.), Bruchstücke, Strafvollzugsprobleme ..., 1992; Wattenberg, Arbeitstherapie im Jugendstrafvollzug, 1985; Werner, Jugendstrafvollzug in Deutschland, 2012; Wirth, Gewalt unter Gefangenen. Kernbefunde einer empirischen Studie im Strafvollzug des Landes Nordrhein-Westfalen, 2006; Zimmermann, Die Verschuldung der Strafgefangenen, 1981.

Übersicht

I. Anwendungsbereich

Die Vorschrift findet auch auf **Heranwachsende** Anwendung, sofern **1**
gegen sie auf JA oder JStrafe erkannt worden ist (§§ 110 Abs. 1, 105 Abs. 1;
s. aber § 89b Abs. 1 S. 2, Abs. 2; vgl. auch § 1 JStVollzG Bln ua (n.
SächsJStVollzG), § 1 Nr. 3 JVollzGB BW I, § 1 NJVollzG, Art. 1 BaySt-

_G). Anderes gilt gem. Abs. 6, falls der Vollzug der JStrafe auf Grund einer entspr. Entscheidung gem. § 89b Abs. 2 nach den Vorschriften des StVollzG bzw. der StVollzGe der Länder erfolgt (für Disziplinarmaßnahmen LG Kassel BeckRS 2019, 10948). Allerdings ist die gelegentliche Annahme, solchenfalls stünden keine schutzwürdigen Belange dem Wegfall der in Abs. 1–5 geregelten Besonderheiten entgegen, eher undifferenziert (vgl. auch → § 89b Rn. 3, 4). Auch für Untergebrachte des Maßregelvollzuges in einem psychiatrischen Krankenhaus oder in einer Entziehungsanstalt – und (gem. RegE v. 6.6.2012 (BT-Drs. 17/9874)) vorgesehen auch für Betroffene (unter Vorbehalt stehender oder) angeordneter Sicherungsverwahrung – gilt die Vorschrift, es sei denn, sie haben das 24. Lbj. vollendet (Abs. 6). – Die einheitliche Regelung des Rechtsschutzes auch gegen Maßnahmen im JA ist systematisch nicht ganz unbedenklich, zumal JA keine Strafe ist (vgl. nur § 13 Abs. 3). Die auf Vermeidung der Inanspruchnahme „weiterer gerichtlicher Ressourcen" gestützte Begründung des Gesetzgebers auch im Hinblick auf die Erwartung „sehr geringer Fallzahlen" (BT-Drs. 17/9874, 10) ist rechtlich ungeeignet.

1a   Grundlage der Entscheidungen sind die gesetzlichen Vorgaben und die tatsächlichen Verhältnisse des **Vollzuges** der jeweiligen Rechtsfolge, wozu bzgl. des JA auf die Erl. zu § 90 und bzgl. der Maßregeln auf diejenigen zu § 7 verwiesen wird; bzgl. des Vollzuges der JStrafe, der für Rechtsbehelfe besonders relevant ist, finden sich die Erl. in den nachstehenden Abschnitten II.–X.

II. Grundlagen des Jugendstrafvollzugs

1. Zur Entstehungsgeschichte

2   Das RStGB kannte eine Sollvorschrift zur **Trennung** von **jugendlichen** und **erwachsenen Gefangenen,** die aber nicht konsequent durchgeführt wurde. Unter Einfluss der JGerichtsbewegung wurde das erste deutsche Jugendgefängnis 1912 in Wittlich/Mosel gegründet. Bald danach entstanden andere Jugendgefängnisse, sodass schon vor Inkrafttreten des JGG 1923, das die Herauslösung Jugendlicher aus dem allg. Strafvollzug vornahm und den Erziehungszweck als Aufgabe des JStVollzugs benannte, die Trennung von jugendlichen und erwachsenen Gefangenen weitgehend erreicht war (s. zur Entwicklung krit. Cornel, Geschichte des Jugendstrafvollzuges, 1984). Während der NS-Herrschaft, und zwar iZm der Einführung einer partiellen Anwendbarkeit von allg. StR auch ggü. Jugendlichen (vgl. → Einl. Rn. 15 ff.) sowie der Umsetzung des Vernichtungsprogramms gegen „rassisch Minderwertige", wurde das „Ausleseprinzip" (auch) im JStVollzug verwirklicht (vgl. näher Dörner, Erziehung durch Strafe. Die Geschichte des Jugendstrafvollzugs von 1871–1945, 1991, 264 ff.; ferner Kruse unsere jugend 1990, 141; näher zum damaligen Vollzugsablauf betr. die Anstalt Wittlich Götte, Jugendstrafvollzug im „Dritten Reich" …, 2003).

2a   Bzgl. der international vereinbarten Rechtslage s. Art. 10 Abs. 3 S. 2 IPBPR (Neubacher DVJJ 2003, 536), für den europäischen Raum → Einl. Rn. 30 ff.; zur Regelungslage des JStrafvollz in anderen europäischen Ländern s. etwa Albrecht RdJB 2007, 201 (206 ff.).

2. Verfassungsrechtliche Vorgaben, Ausgestaltung, Schlechterstellungsverbot

a) Verfassungsrechtliche Vorgaben. Die vormalige (mangelnde) ge- 3 setzliche Regelung des JStVollzugs war verfassungsrechtlich nicht vertretbar, sachlich unzureichend und benachteiligend (zum seinerzeitigen Diskussionsstand n. Albrecht RdJB 2003, 352 sowie 11. Aufl. Rn. 5). Mit Urteil v. 31.5.2006 (BVerfGE 116, 69 ff. = NJW 2006, 2093 ff.; zur Wegbereitung dieser Entscheidung durch einen JRichter als „politischer Unternehmer" vgl. näher Hagemann ua FS 2010, 230 ff.) hat das BVerfG daher diesen Zustand für verfassungswidrig erklärt und dem Gesetzgeber eine Übergangsfrist bis 31.12.2007 gesetzt, um ausreichende gesetzliche Regelungen zu verabschieden. Diese müssen dem Urteil zufolge besonderen verfassungsrechtlichen Vorgaben für den JStrafvollzug genügen, die für Gesetzgeber und Praxis bindend sind (s. auch Brandt ZJJ 2006, 246 f.). Insbesondere ist die spezielle, sich vom Erwachsenenvollzug (zu dessen verfassungs- und menschenrechtlicher Gestaltung Neubacher Bewährungshilfe 2011, 82 ff.) grundlegend unterscheidende Situation Jugendlicher und Heranwachsender im Hinblick auf (als Vollzugsziel aufgefasste) „soziale Integration" zu berücksichtigen (BVerfGE 116, 69 ff. = NJW 2006, 2094 f.). Als Maßstab können dabei auch internationale Regelungen des Europarates und der Vereinten Nationen dienen (dazu Dünkel NK 2006, 114; Goerdeler/Pollähne ZJJ 2006, 256 ff.; ausführlich Hartmann, Die Jugendstrafvollzugsreform, 2010, 54 ff.; Alt, Das Berliner JStVollzG (…), 2014, 35–55; für einen eingehenden Abgleich mit den Vorgaben der ERJOSSM etwa Kühl, Die gesetzliche Reform des Jugendstrafvollzug in Deutschland (…), 2012, 39 ff.; Verstöße hiergegen indizieren einen auch verfassungsrechtlich einwandbehafteten Zustand (zust. Alt, Das Berliner JStVollzG (…), 2014, 78).

Sowohl die Ausgangsbedingungen als auch die Folgen strafrechtlicher 3a Zurechnung und des Strafvollzugs unterscheiden sich bei jungen Gefangenen angesichts des Entwicklungsstandes grundlegend von denen bei Erwachsenen, da der Vollzug in eine besonders entscheidende Lebensphase eingreift und sich regelmäßig besonders einschneidend auswirkt. Diesen **Besonderheiten** bei **Jugendlichen,** die größtenteils **auch Heranwachsende** betreffen (können), muss der JStVollzug im Hinblick auf die diesbzgl. verfassungsrechtlichen Anforderungen Rechnung tragen (BVerfGE 116, 69 ff. = NJW 2006, 2095 f.). Der ultima ratio-Grundsatz und das Gebot zur Minimierung negativer Folgen des Vollzugs erlangen daher herausragende Bedeutung. Ebenso hat das verfassungsrechtlich durch Art. 1 Abs. 1 GG und das Verhältnismäßigkeitsprinzip garantierte Vollzugsziel einer „sozialen Integration", das gem. der Rspr. des BVerfG unbeschadet der unterschiedlichen Gesetzgebungskompetenz dem (im Allg. in § 2 Abs. 1 festgelegten) Erziehungsauftrag nicht zuwiderlaufen darf, besonders hohes Gewicht. Der Vollzug muss daher einerseits in noch stärkerem Maße als ohnehin bei Erwachsenen auf die Erreichung einer straffreien Zukunft des Betroffenen in Freiheit gerichtet sein. Andererseits sind die Besonderheiten des JStVollzugs auch bei den über die bloße Freiheitsentziehung hinausgehenden Eingriffen zu berücksichtigen und geeignete Rechtsschutzmöglichkeiten zu gewährleisten (s. zur defizitären Praxis Tondorf/Tondorf ZJJ 2006, 243 f.).

Vorrangig sind die JStrafgefangenen soweit wie möglich vor Übergriffen 3b durch andere Insassen oder Bedienstete zu **schützen** (vgl. nur § 3 Abs. 5

BlnJStVollzG; BVerfG NJW 2006, 2096; vgl. auch Eisenberg MschKrim 2004, 353 ff.), und zwar im Einklang auch mit Nr. 28 der Regeln der Vereinten Nationen zum Schutz von Jugendlichen unter Freiheitsentzug (s. auch § 2 Abs. 4 S. 2 JVollzGB BW IV, § 44 Abs. 1 S. 3, Abs. 6 HessJSt-VollzG). Dem stehen in der Praxis die strukturellen Bedingungen in den VollzEinrichtungen tendenziell eher entgegen (zu (mutmaßlichen) Delikten seitens Insassen untereinander → Rn. 40a, 49b bzw. seitens Bediensteter gegenüber Insassen etwa Barth FS 2013, 129 (133); Beck ua US-Bureau of Justice Statistics v. 6.6.2013, 9 (18) (betr. Sexualdelikte)), soweit sie nicht auf einen solchen Schutz ausgerichtet sind oder gar ihm zuwiderlaufen (zB auch durch Belegungsdichte). Umso mehr besteht (auch) gem. Art. 3, 13 EMRK die Pflicht, in Fällen einschlägigen Vorbringens unabhängige Ermittlungen zu gewährleisten (vgl. EGMR 26.1.2006 – 77617/01 Rn. 140–142) und eine Erklärung zu den Ursachen einer im JStVollzug entstandenen Verletzung zu geben (vgl. EGMR 28.7.1999 – 25803/94 Rn. 87; 17.10.2006 – 72000/01 Rn. 53).

3c   Als von justiziellen Rechtsschutzmöglichkeiten unabhängige Beschwerdeinstanz kommt der Einrichtung eines **Bundesbeauftragten** für den Strafvollzug Bedeutung zu, und zwar nicht nur iSd Prävention von Folter (gem. Art. 17–23 des Fakultativprotokolls zur Antifolter-Konvention der VN), sondern auch bzgl. sonstiger Missstände. Zu dessen Wirkungsmöglichkeiten sind eine zureichende Ausstattung sowie eine funktionale Unabhängigkeit und Unabhängigkeit des Personals vonnöten (Art. 18 Nr. 1 des genannten Fakultativprotokolls; vgl. ergänzend Feest ZJJ 2007, 306 ff.).

4   **b) Ausgestaltung.** Die Strukturen des JStrafvollzugs sollen im Einklang mit dem Kenntnisstand in Wissenschaftlicher Pädagogik und Erziehungswissenschaft begründet und durch sozialpädagogische und sozialtherapeutische Formen geprägt sein, dh durch erzieherische Bemühungen, die im Vergleich zum allg. Strafvollzug auf der Grundlage des „miteinander" zwischen Jugendlichen (und Heranwachsenden) und Personal geschehen. Hinsichtlich der *Organisation*sstruktur ist anzustreben, durch gruppen- und milieutherapeutische Arbeit bestehende Informations- und Misstrauensschranken zwischen Bediensteten und Gefangenen abzubauen und zugleich Isolation und „Scheinanpassung" abzumildern (vgl. schon Denkschrift 1977, 22 f. (25)), soweit dies trotz unterschiedlicher Perspektiven zwischen Gefangenen- bzw. Bedienstetengruppen (vgl. Kersten/v. Wolffersdorff-Ehlert, Jugendstrafe – Innenansichten aus dem Knast, 1980; s. aber zu „problemlösender Gemeinschaft" Weiß ZfStrV 1984, 263) möglich erscheint (vgl. auch Bolle in Queloz ua, Droit pénal et diversités culturelles, 2012, 137 ff., 140 f.). Die jeweilige *Intervention*sstrategie muss den Alters-, Entwicklungs- und geschlechts(rollen)spezifischen Sozialisationsbedingungen der Jugendlichen bzw. Heranwachsenden Rechnung tragen.

5   **c) Schlechterstellungsverbot.** Das Verbot der Schlechterstellung Jugendlicher und auch Heranwachsender ggü. Erwachsenen in vergleichbarer Verfahrenssituation (vgl. näher → § 45 Rn. 7 ff.; JuM SchlH (Hrsg.), Reform des JStrafvollzugs, 1989, 12) verlangt, dass die Rechtsstellung des JStrafgefangenen (mindestens) derjenigen von Freiheitsstrafgefangenen entspricht. Demgemäß dürfen nicht etwa die Rechte des JStrafgefangenen aus (angeblich) erzieherischen Gründen stärker beschnitten werden, als es aus Gründen des Vollzugsziels der Freiheitsstrafe (§ 2 S. 1 StVollzG bzw. entspr. Vorschriften der LandesGe) zulässig ist (vgl. näher Erl. zu einzelnen Verboten bzw. Beschränkungen (exemplarisch etwa §§ 36 Abs. 2 Nr. 3, 39 Nr. 4, 41 Abs. 1 S. 3 JVollzG LSA); speziell zu datenschutzrechtlichen Anforderungen vgl. → Rn. 11, 143 ff.).

3. Rechtsgrundlagen

a) Entwicklung und Ausgestaltung. Rechtsgrundlagen für den JStraf- **6** vollzug fanden sich im Sinne förmlichen Gesetzes bis zum Jahre 2007 nur in den §§ 91, 92 aF und 115 Abs. 2 aF sowie in § 176 iVm §§ 43–52 StVollzG. Die vormals von den Landesjustizverwaltungen bundeseinheitlich vereinbarten (seitherigen) VVJug, die am 1.1.1977 in Kraft getreten und in der Folgezeit mehrfach geändert worden sind, brachten iE die Einführung eines erheblichen Teils des StVollzG und der dazu ergangenen VV in den JStVollzug. Unabhängig davon galten bzw. gelten verschiedene AVen bzw. Runderlasse der einzelnen Bundesländer.

Auch bzgl. des JStrafvollzugs ist hingegen der für Grundrechtseingriffe **7** stets geltende **Vorbehalt** des **Gesetzes** bindend, wobei eine analoge Anwendung des StVollzG von vornherein nicht in Betracht kam. Mit der sog. „Föderalismusreform" wurde die Gesetzgebungskompetenz (auch) für den JStrafvollzug zum 1.9.2006 auf die Länder übertragen (Art. 70 Abs. 1 GG), die somit nun verpflichtet waren, Regelungen zu schaffen. Dies betrifft Grundrechtseingriffe iRd Vollzuges und die Ausrichtung des gesamten Vollzugs auf das Vollzugsziel ebenso wie Festlegungen über die personelle und finanzielle Ausstattung von erfolgsnotwendigen Bedingungen und Maßnahmen. Bei der Schaffung dieser Regelungen muss sich der Gesetzgeber an vorhandenen Erkenntnisquellen und am Stand wissenschaftlicher Erkenntnis orientieren (BVerfGE 116, 69 ff. = NJW 2006, 2096 f.), wogegen eine durchsetzbare Verletzung des *Gleichheitsgrundsatzes* unter Hinweis auf günstigere Regelungen in einem anderen Bundesland verneint wurde (vgl. VerfGH RhPf NStZ-RR 2015, 262 (264) betr. allg. StR).

Im Laufe des Jahres 2007 haben sämtliche Bundesländer ein JStVollzG – **8** ganz überwiegend als selbstständiges Gesetz, in Nds. und Bay. sowie nachträglich auch in BW (vormals auch in Hmb.) indes als besonderen Abschnitt im Rahmen eines allg. StVollzG bzw. in Bbg. (formal ähnlich wie vormals Hmb.) in weithin einheitlicher Regelung für Freiheits- und Jugendstrafe (sowie den U-Haftvollzug umfassend) – verkündet, das zum 1.1.2008 (teilweise schon vorher) in Kraft getreten ist: BW (GVBl. 2007, 298 (krit. dazu Wegemund/Dehne-Niemann ZIS 2008, 565 ff.) und sodann GVBl. 2009, 545 sowie 2012, 581), Bay. (GVBl. 2007, 866, ergänzend 2008, 315; 2009, 400; 2011, 689; 2013, 275 sowie 2016, 866), Bln. (GVBl. 2007, 653 nebst ÄndG GVBl. 2009, 305 sowie 2011, 287, sodann aber Art. 2 des Gesetzes zur Weiterentwicklung des Berliner Justizvollzugs v. 16.4.2016 (GVBl. 152), unter Einbeziehung auch des Strafarrestes (§§ 1, 117f)), zunächst auch Bbg. (GVBl. 2007, 348 nebst ÄndG GVBl. 2009, 26, sodann JVollzG v. 24.4.2013 (GVBl. I Nr. 14, ÄndG GVBl. 2014 I Nr. 34)), Bremen (GBl. 2007, 233), Hmb. ((zunächst GVBl. 2007, 471, sodann aber) GVBl. 2009, 280 nebst ÄndG GVBl. 2013, 211, ber. 310), Hess. (GVBl. 2007, 758 nebst ÄndG GVBl. 2010, 185 (226), GVBl. 2013, 46 sowie GVBl. 2015, 498), LSA (GVBl. 2007, 368, sodann JVollzGB v. 18.12.2015 (GVBl. 666)), MV (GVOBl. 2007, 427 sowie GVOBl. 2016, 302), Nds. (GVBl. 2007, 720

ᐧ ÄndG 2009, 32, 2014, 106 und 2017, 172 ber. 319), NRW (GV 2007, ɔ39 (sowie ÄndG GV 2015, 76 und GV 2016, 310), sodann Art. 1 des Gesetzes v. 7.4.2017, GV 511), RhPf (GVBl. 2007, 252 nebst ÄndG GVBl. 2011, 427, sodann LJVollzG v. 8.5.2013 (GVBl. 79)), Saarl. (ABl. 2007, 2370 nebst ÄndG ABl. 2013, 116), Sachs. (GVBl. 2007, 558 nebst ÄndG GVBl. 2010, 414 (431) sowie GVBl. 2013, 250), SchlH (GVOBl. 2007, 563 nebst ÄndG GVOBl. 322 sowie GVOBl. 2013, 169), Thür. (GVBl. 2007, 221 nebst ErgVollzG GVBl. 2013, 121, sodann ThürJVollzGB v. 27.2.2014 (GVBl. 13)). Eine ursprünglich weithin einheitliche, teilweise und zumal in Zuge von Änderungen in den Folgejahren sich deutlich unterscheidende Fassung hatten die Länder Bln., (zunächst auch) Bbg., Bremen, MV, RhPf, Saarl., LSA, Sachs., SchlH und Thür.) verabschiedet (zitiert Bln. ua). – AVen bzw. VVen zum JStVollzG haben alsbald mehrere dieser Länder erlassen (zB BW Die Justiz 2017, 118 ff. (158 ff.) (Neufassung v. 1.3.2017), Bln., LSA, Saarl.).

9 Hinsichtlich der von Nds. und Bay. (nebst VVen) geschaffenen Abschnitte im Rahmen eines allg. StVollzG bestehen Bedenken einerseits insoweit, als die damit notwendig verbundene Verweisungstechnik das Verständnis der Regelungen erheblich erschwert, und zwar besonders für die betroffenen Jugendlichen und Heranwachsenden. Andererseits finden sich dort auch nur vergleichsweise wenige konkrete, die Besonderheiten des JStrafvollzugs berücksichtigende Vorschriften. Hiervon kann eine in der pauschalen Verweisung auf die allg. Regelungen enthaltene Verpflichtung, bei der Anwendung die Besonderheiten des JStrafvollzugs zu beachten (s. etwa § 132 Abs. 2 NJVollzG), nur bedingt Abhilfe schaffen, da eine solche allg. Klausel ohne konkrete Voraussetzungen für einzelne Regelungen in der Praxis nur eine eingeschränkte Wirkung entfalten wird. – Eher nur teilweise gelten diese Bedenken auch für das JVollzGB BW, soweit dessen Buch IV dem vormaligen JVollzG entspricht, jedoch regeln die dortigen VVJStVollzG in erheblichem Ausmaß eine entsprechende Anwendung der vom allg. Strafvollzug (Die Justiz 2010, 153 (159–161)). Hinsichtlich der Konzeption des BbgJVollzG ist, anders als nach dem vormaligen Gesetz in Hmb. (GVBl. 2007, 471) und wohl auch dem RhPfLJVollzG und dem JVollzGB LSA, eine Dominanz der Belange des allg. StVollzugs eher weniger zu erkennen, eher schon in den Änderungen des – obgleich weiterhin als selbstständiges Gesetz gestalteten – JStVollzG NRW (Art. 1 des Gesetzes v. 7.4.2017, GV 511).

10 Kriminalpolitisch bestanden bereits ggü. dem Entwurf des BMJ v. 24.9.1991 insofern Bedenken, als Grundsätze des früheren § 91 partiell eingeschränkt worden wären (krit. Dünkel DVJJ-Journal 1992, 54 ff. (59 f.); IGfH DVJJ-Journal 1992, 63 f., AG JHilfe DVJJ-Journal 1992, 61 f., Kommission der DVJJ in DVJJ-Journal 1992, 41–50, jeweils ua betr. den Erziehungsbegriff („Vermischung von Erziehung und Strafe"); s. indes auch den Entwurf von Kreideweiß, Die Reform des Jugendstrafvollzugs, 1993, 287 ff.). Ähnliches gilt für den JStVollzG-E dem BMJ v. 28.4.2004 (vgl. krit. Eisenberg MschKrim 2004, 353 ff.; vgl. auch Walter ZfJ 2004, 397 ff.). Insofern hätte es sich eher empfohlen, Spezialvorschriften (nach § 92 aF) in das JGG einzufügen und im Übrigen gem. § 2 Abs. 2 das StVollzG zur Anwendung kommen zu lassen (vgl. dazu Eisenberg ZRP 1985, 41 ff.; entspr. verwirklicht im österreichischen JGG v. 20.1.1988 (BGBl. 1988, 3923 (3933–3935)); Dünkel Freiheitsentzug 490 f.).

b) Vollzugsbehörde. Diejenige Person, der die Leitung der JStVollzEin- **11** richtung obliegt, ist Vollzugsbehörde. Sie trägt die Verantwortung für den gesamten Vollzug und vertritt die Anstalt nach außen (§§ 101, 106 Abs. 1 S. 2 Nr. 2 JVollzG Bln (bei im Übrigen ausf. Regelung); § 13 Abs. 2 JVollzGB BW I, § 176 Abs. 1 NJVollzG, Art. 177 BayStVollzG, § 71 Abs. 1 S. 1 HessJStVollzG; zur strafrechtlichen Veranwortlichkeit für Management-entscheidungen Hohmann NJ 2007, 5 ff.). – Höhere Vollzugsbehörde ist – nach Ländern unterschiedlich – entweder der GStA beim OLG, eine Abteilung des Ministeriums oder ein besonderes Vollzugsamt (vgl. auch seitherige Nr. 98 VVJug). Oberste Aufsichtsbehörde ist regelmäßig das Justizministerium bzw. die Senatsverwaltung für Justiz.

4. Zusammensetzung der Gefangenengruppe (Anteile)

a) Allgemeines. Hinsichtlich der am Stichtag des 31.3. des jeweiligen **12** Jahres wegen JStrafe (einschließlich Freiheitsstrafenvollzug gem. § 114) einsitzenden Gefangenen – 2011–2017 waren es 6.099, 5.796, 5.518, 4.910, 4.397, 4.010 und 3.889 (StVollzSt Tabelle 3.1; eingehend zur Belegungsentwicklung Dünkel ua RdJB 2016, 437 (438 ff.); Endres/Maier FS 2016, 45; zu früheren Jahren s. auch Voraufl.; vgl. auch → § 89b Rn. 5) – kann eine Unterteilung in solche, die wegen „Schwere der Schuld" *(§ 17 Abs. 2 Alt. 2)* und andere, die wegen „schädlicher Neigungen" (§ 17 Abs. 2 Alt. 1) verurteilt und eingewiesen wurden, für den Vollzug ua dann bedeutsam sein, wenn bei Verhängung wegen „Schwere der Schuld" erzieherische Belange weniger ausgeprägt sind bzw. die Strafdauer erzieherisch eher ungünstig ist (Extrembeispiel: Höchststrafe). – Rechtstatsächlich ist betreffs der Verhängungsvoraussetzungen und Bemessungskriterien der JStrafe bei Verurteilten iSv § *17 Abs. 2 Alt. 2* historisch zu berücksichtigen, dass seit Herabsetzung des Volljährigenalters auf 18 Jahre (1.1.1975) teilweise solche Personen im Alter ab 17 Jahren betroffen sind, die vormals dem Erfassungsbereich der (auf Minderjährige begrenzten) FE unterfielen, da eine Zweispurigkeit von Hilfe zur Erziehung nach § 12 Nr. 2 (bzw. vormals FE) und JStrafe nunmehr nur noch für (jüngere) Jugendliche besteht (s. jedoch § 41 KJHG) (vgl. zum Ganzen auch → § 12 Rn. 22 und 28).

b) Anlassdelikte. Betreffend die deliktsbezogene Aufteilung sind die **13** statistischen Angaben aus speziellen methodischen Gründen nur eingeschränkt verlässlich (vgl. dazu statt vieler Eisenberg/Kölbel Kriminologie § 36 Rn. 26). In den Jahren 1994, 1999, 2004, 2009, 2014 und 2017 betrug an dem vorgenannten Stichtag, bezogen auf alle Straftaten nach dem StGB außer im Straßenverkehr, der Anteil der wegen Diebstahlsdelikten (§§ 242, 243, 244, 244a StGB) Verurteilten 46,30 % (1992 noch 49,30 %, 1993 noch 49,63 %), 40,96 %, 32,97 %, 25,91 %, 24,09 %, 23,04 %. 22,49 % und 22,46 %, dh der genannte Anteil ist (anders als in früheren Jahren) inzwischen weiterhin nicht mehr höher als bei den wegen Freiheitsstrafe Einsitzenden (2008: 25,53 %, 2010: 20,98 %, 2012: 21,83 %; 2014: 22,72 %; 2017: 29,94 %, StVollzSt Tabelle 5 (für das Jahr 2013: 21,23 % zu 21,25 %); krit. auch Dünkel Freiheitsentzug 176 ff., 190 ff.: im Regelfall „nicht besonders gefährliche" Personen); für Diebstahl (§ 242 StGB) betrugen die Anteile in den Jahren 2015–2017 an dem genannten Stichtag 7,25 %, 7,62 % und 6,59 % (bzw. 12,79 %, 12,91 % und 12,98 %, StVollzSt Tabelle 5).

den Jahren 1994, 1999, 2004, 2009, 2014 und 2017 machten die entsprechenden Anteile der wegen Delikten gegen das Leben (§§ 211–222 StGB) bzw. der wegen Körperverletzung (§§ 223–231 StGB) Verurteilten 7,04 %, 5,13 %, 5,05 %, 4,80 %, 4,18 % und 3,05 % bzw. 7,79 %, 13,10 %, 19,92 %, 25,74 %, 22,96 % und 21,18 % aus, und die Anteile betr. Raub und Erpressung (§§ 249–255, 316a StGB) betrugen 26,33 %, 28,30 %, 27,58 %, 28,96 %, 32,23 % und 33,27 %. Bezogen auf alle Straftaten entfiel in den genannten Jahren auf die wegen Straßenverkehrsdelikten Verurteilten unter den Gefangenen ein Anteil von 2,19 %, 2,76 %, 2,14 %, 1,15 %, 1,13 % und 0,74 % (StVollzSt Tabelle 5). – Die Anteile der wegen BtM-Delikten Verurteilten beliefen sich, bezogen auf alle Straftaten, an dem vorgenannten Stichtag in den Jahren 2015 bis 2017 auf 3,41 %, 3,84 % und 4,49 % (StVollzSt Tabelle 5).

14 **c) Demografische Struktur. aa) Alter.** Was die **altersmäßige** Gefangenenstruktur im JStrafvollzug angeht, so stehen Jugendliche ggü. Heranwachsenden und auch Erwachsenen deutlich zurück. Jedoch wird die Berechnung nur nach *einem* Stichtag von der nach Altersgruppen tendenziell unterschiedlichen Haftdauer beeinflusst. Gleichwohl ging bei einer Stichtagsberechnung die allg. Zunahme der Gefangenenziffer seit den 90er Jahren des 20. Jahrhunderts mit einem außergewöhnlichen Anstieg der Gefangenenziffer bei Jugendlichen und auch bei Heranwachsenden einher (vgl. Eisenberg/Kölbel Kriminologie § 35 Rn. 5, 18; Dünkel/Lang in Bereswill/ Höynck, Jugendstrafvollzug in Deutschland, 2002, 27).

14a Es befanden sich am Stichtag des 31.3.1995, 1999, 2003, 2007, 2011, 2014 und 2017 im JStrafvollzug (einschließlich Freiheitsstrafenvollzug gem. § 114) JStrafgefangene im Alter von 14 Jahren absolut 3, 11, 2, 4, 1, 0 und 1, von 15 Jahren 0,70 %, 0,95 %, 0,59 %, 0,72, 0,47 %, 0,63 % und 0,97 % (absolut 35, 68, 43, 51, 29, 31 und 38), von 16 Jahren 3,33 %, 3,47 %, 3,33 %, 2,96 %, 3,11 %, 2,69 % und 3,49 % (absolut 166, 248, 242, 207, 190, 132 und 136), von 17 Jahren 6,85 %, 8,00 %, 7,35 %, 7,41 %, 6,02 %, 6,66 % und 6,73 %, von 18 Jahren 11,37 %, 12,43 %, 12,07 %, 11,97 %, 11,29 %, 10,71 % und 11,18 %, von 19 Jahren 15,90 %, 16,50 %, 15,89 %, 16,42 %, 15,93 %, 14,35 % und 15,99 %, von 20 Jahren 20,00 %, 19,15 %, 20,30 %, 19,38 %, 20,46 %, 19,28 % und 19,41 % sowie von 21 bis unter 25 Jahren 40,58 %, 37,73 %, 39,32 %, 40,27 %, 41,69 %, 44.25 % und 40,83 % (StVollzSt Tabelle 3.1).

14b Die Vollzugsbedingungen sind insb. für die (vergleichsweise kleine Zahl der) **jüngeren Jugendlichen** kaum adäquat (vgl. schon Böhm KrimGgfr 1974, 142 ff.; s. auch Angaben bei Albrecht/Schüler-Springorum, Jugendstrafe an 14- und 15jährigen, 1983), wenngleich deren Einweisung nach den VollstrPlänen der Länder weithin nur für bestimmte JStVollzEinrichtungen vorgesehen ist. Zudem sind die 14- und 15-jährigen JStrafgefangenen insgesamt mit noch höheren Defiziten belastet (nach Ludwig (in Albrecht/ Schüler-Springorum, Jugendstrafe an 14- und 15jährigen, 1983, 72–74) waren 40 % Sonderschüler, nur 2,5 % hatten einen Schulabschluss, aber 60 % hatten einen oder mehrere Heimaufenthalte durchlebt). Daher ist sowohl die Unterbringung in geeigneten Einrichtungen der JHilfe als auch die Einführung eines „altersgemäßen" Sondervollzugs zu erwägen, dessen wesentliche Schwerpunkte ua. Spiel, Unterricht etc zu bilden hätten. – Wegen der

Dominanz Heranwachsender bzw. Erwachsener sind aber auch für ältere Jugendliche nachhaltige Belastungen unbestreitbar.

bb) Geschlecht. Hinsichtlich der Verteilung nach dem **Geschlecht** ist – **15** entsprechend der Tendenz bei Gefangenen des Freiheitsstrafenvollzugs – auch im JStrafvollzug der Anteil weiblicher Personen außerordentlich gering (vgl. Haverkamp NK 2015, 301 (306 ff.); Eisenberg/Kölbel Kriminologie § 36 Rn. 22; betr. psychische Belastungen vgl. etwa Rothe-Gronotte ZJJ 2007, 264 ff.). Dies darf indes nicht zu einer (negativen) Ungleichbehandlung führen, sei es zum Nachteil von weiblichen oder aber von männlichen (dazu BVerfG, 3. Kammer des 2. Senats NJW 2009, 661 (zum allg. StVollzR)) JStrafgefangenen. – Am Stichtag jeweils des 31.3. beliefen sich die Anteile in den Jahren 1975, 1980, 1985 und 1990 (in den „alten" Bundesländern) auf 2,9 %, 4,2 %, 2,45 %, und 2,62 %, während sie in den Jahren 1992, 1997, 2002, 2007, 2012 und 2017 (im gesamten Bundesgebiet) 2,80 %, 2,31 %, 3,72 %, 4,34 %, 3,65 % und 3,67 % betrugen (StVollzSt Tabelle 1.1).

cc) Ethnie. Der Anteil der **Nichtdeutschen** im JStrafvollzug war (in den **16** „alten" Bundesländern) seit etwa 1970 zunächst erheblich angestiegen (vgl. näher zum Ganzen Eisenberg/Kölbel Kriminologie § 36 Rn. 23 sowie § 51 Rn. 39 ff.). Am Stichtag des 31.3. der Jahre 1995, 1999, 2003, 2007, 2011, 2015 und 2017 betrugen die Anteile (im gesamten Bundesgebiet) 31,47 %, 24,18 %, 17,65 %, 18,71 %, 21,38 %, 23,92 % und 29,26 % (StVollzSt 4.1 Tabelle 2; ergänzend Walter DVJJ 2003, 390). Umfassende Angaben über die Anteile unterschiedlicher Ethnien bzw. (Herkunfts-)Kulturen (vgl. auch → Rn. 50f) liegen nicht vor. – Zum Anteil der Aussiedler vgl. etwa Hosser/ Taefi MschKrim 2008, 131 ff. (betr. fünf norddeutsche Vollzugseinrichtungen); vormals Pfeiffer ua, Ausgrenzung, Gewalt und Kriminalität im Leben junger Menschen, 1998, 24: 10 %, sodann aber Kleimann/Pfeiffer ZJJ 2004, 383; Walter NK 2003, 13: für das Jahr 2000 ca. 55 % der Zugänge junge Nichtdeutsche oder Aussiedler, vgl. aber auch Stelly/Walter NK 2011, 50 f. (jeweils betr. JVA Adelsheim).

Gegenüber **nichtdeutschen** bzw. solchen Gefangenen, die (oder deren **16a** Eltern) **zugewandert** sind, gilt der JStrafvollzug bislang als im Allg. besonders ungünstig. Allerdings kann nicht einheitlich von Benachteiligungen ausgegangen werden (s. etwa Dünkel Freiheitsentzug 203 ff. betr. Hess.). Ohnehin ist das Nichtvorhandensein der deutschen Staatsangehörigkeit als Einteilungsgesichtspunkt im Vergleich etwa zur Zugehörigkeit zu bestimmten gesellschaftlichen Minderheiten (nach ethnischen, kulturellen oder sozio-ökonomischen Merkmalen) nur partiell relevant (vgl. statt vieler Eisenberg/Kölbel Kriminologie § 51 Rn. 23 ff.).

d) Zur tatsächlichen Verweildauer. Gegenüber der bemessenen Dauer **17** der JStrafe (vgl. → § 18 Rn. 10; vgl. auch Lamp/Ganz MschKrim 1985, 245) ergeben sich – insb. im Hinblick auf angerechnete (§ 52a) U-Haft und Formen vorzeitiger Entlassung bzw. etwaigen Widerrufs – erhebliche Verkürzungen. – Instruktiv sind vormalige Einzelangaben für die JStVollzEinrichtung Hahnöfersand, wonach betr. die zwischen 1.12.1989 und 30.11.1990 Entlassenen (N=98) die tatsächliche Vollzugsdauer durchschnittlich 10 Monate betrug, unter Einbeziehung von U-Haft etwa 131/2 Monate (Ohle in Walter ua, Bruchstücke, Strafvollzugsprobleme …, 1992, 122, unter

Hinweis auf eine breite Varianz, dh die Verweildauer im Vollzug habe für etwa 70 % weniger als 12 Monate betragen).

18   **e) Sozio-ökonomischer Status, psychische Belastungen.** Nach empirischen Befunden (vgl. näher → § 5 Rn. 47 ff.) weisen JStrafgefangene durchschnittlich und bezogen auf Gleichaltrige der Gesamtbevölkerung in mehreren Bereichen **Benachteiligungen** auf (eingehend dazu Stelly ua MschKrim 2014, 267 ff.; diff. Boxberg Jugendstrafe 183 ff.). Diese entsprechen einem ganz überwiegend extrem niedrigen sozio-ökonomischen Status schon der Eltern und scheinen durch private wie behördliche **Beeinträchtigungen** (nicht zuletzt gem. institutionalisierter Handlungsnormen (vgl. Eisenberg/Kölbel Kriminologie § 32; vgl. auch schon Eisenberg Minderjährige)) im Sinne selektierender Funktionen als negativ beurteilter Leistungsbiographien (vgl. Stelly ua Kriminalistik 1997 (2014), 271 f.) zumindest gefördert worden zu sein. So ist namentlich die spektakuläre Überrepräsentierung solcher JStrafgefangener zu berücksichtigen, bei denen – zum Teil mit Freiheitsentziehung verbundene – frühere Einwirkungen seitens der verschiedensten Kontrollbehörden vorliegen (Koervers, Jugendkriminalität und Religiosität, 1988, 130 ff.; nach Böhm RdJB 1973, 37 f. war im Hinblick auf registrierte „Rückfälligkeit" frühere FE bedeutungsvoller als eine frühere jugendrichterliche Maßnahme und selbst als JStrafe).

19   Hinsichtlich der **Schul-** und **Berufsausbildung** zeigt sich regelmäßig eine vergleichsweise ungünstige Bilanz (s. empirische Befunde bei Matzke, Leistungsbereich bei Jugendstrafgefangenen, 1982, 82; Koervers, Jugendkriminalität und Religiosität, 1988, 135–137; nach Stenger, Berufliche Sozialisation … straffälliger Jugendlicher, 1984, 51 ff. verfügten nur etwa 40 %– 50 % der Inhaftierten über einen Schulabschluss und nur etwa 10 % über eine abgeschlossene Berufsausbildung (ähnlich Reinheckel, Bildung im Jugendstrafvollzug, 2013: 52 % und 7 %; betr. Berufsausbildung auch Dolde/Grübl ZfStrVo 1988, 33), und der Anteil von Sonderschülern betrug etwa 25 % (ähnl. Supe, Strafgefangene und Schule, 1980, 80 f.; noch ungünstigere Quoten bei Bulczak Zbl 1986, 331)). Speziell betr. Analphabetismus gab Wehrens (ZfStrV 1983, 339 ff.) an, ein solcher habe bei bis zu 5 % der JStrafgefangenen vorgelegen (nach Hinweis in ZfStrVo 1987, 347 für Hmb. bis zu 20 %), im „funktionalen Sinne sogar bei bis zu 30 % (zu speziellen Behandlungsbemühungen s. Rohwedder/Thiel ZfStrVo 1987, 221; zur Notwendigkeit qualifizierter und motivierender Angebote Borchert FS 2009, 325 ff.; zu Beeinträchtigungen wegen zunehmend schriftlicher Kommunikation allg. Colin/Klinger Déviance et Société 2004, 36 f. (40 ff.) (zum Ausland)).

20   Für den **sozialpsychologischen** und **psychologischen** bzw. **psychopathologischen** Bereich wird nahezu einheitlich auf Schwächen hingewiesen, etwa bzgl. emotionaler Bindungsfähigkeit, Über-Ich-Entwicklung, Problemlösungsstrategien, Identitätsfindung (zur Bedeutung der Selbsteinschätzung für die Erziehungsfähigkeit s. Heilemann, Realisierungsbedingungen der Erziehungs- und Behandlungsplanung im Jugendvollzug, 1985; zu subjektivem Belastungsempfinden bzw. depressiver Verstimmung Bossong ua ZfStrVo 2004, 197; zur Verknüpfung von Rigidität, Selbstkonzept und Therapiemotivation s. Rink, Rigidität und Veränderungsmotivation, 1984) sowie Werthierarchie (s. etwa DVJJ 1984, AK I; zu Unterschieden im (sozialen) Selbstbild aufgrund institutioneller Deprivationen s. Rieländer/E.

Quensel MschKrim 1983, 84; Quensel ua MschKrim 1983, 94; krit. zumindest zur Interpretation Schmitt MschKrim 1983, 122–124). Im Übrigen wurden regelmäßig bestimmte Anteile von JStrafgefangenen mit psychopathologischen Belastungen genannt (s. dazu betr. JVA Schleswig etwa Köhler, Psychische Störungen bei jungen Straftätern, 2004, 132 ff., 215 ff.; betr. Nds. Bennefeld-Kersten Bewährungshilfe 2005, 35), im Speziellen etwa betr. ADHS (vgl. zB Rösler ua EuropAPsychiatClinNeur 2004, 365 ff. mit einer Prävalenzrate von ca. 45 % gem. den DMS-IV Kriterien und einer solchen von 21,7 % nach den Kriterien gem. ICD-10; vgl. auch Grieger RPsych 2015, 7–9; vgl. ergänzend → Rn. 58).

5. Zu Fragen der „Rückfälligkeit"

Wegen Untersuchungsergebnissen zur Frage der „Rückfälligkeit" nach **21** Entlassung vgl. (→ Rn. 115 ff. sowie näher → § 17 Rn. 16). Stets ist zu berücksichtigen, dass während des Bezugsintervalls (zumindest nach Entlassung) eine Vielzahl von Einwirkungen zu gewärtigen ist, die mit dem JStVollzug nichts zu tun haben müssen, dh dass iSd Validität von Aussagen „post hoc" nicht mit „propter hoc" gleichgesetzt werden darf (vgl. Eisenberg/Kölbel Kriminologie § 20 Rn. 16 ff., § 42 Rn. 3f, 21 ff.; Obergfell-Fuchs/Wulf FS 2008, 232 ff.).

Bezüglich der **„Rückfälligkeit"** nach Vollstr einer JStrafe im **geschlos- 21a senen Vollzug** wird aufgrund von Aktenanalysen ganz überwiegend von einer „Rückfall"-Quote zwischen 60 % und 80 % ausgegangen (vgl. Schaffstein KrimGgfr 1968, 66 ff. mN; nach Meyer MschKrim 1982, 281 (282): 82,3 %). Demgegenüber beliefen sich die „Rückfälligkeits"-Ziffern nach Entlassung aus dem **offenen** JStVollzug eher auf zwischen 40 % und 65 % (vgl. Wiesbrock, Probleme des offenen Jugendstrafvollzugs, 1971, 106; Schalt, Der Freigang im Jugendstrafvollzug, 1977, 83 f.; ähnlich Frankenberg, Offener Jugendstrafvollzug, 1999, 127 ff.). Dieser Unterschied ist schon aus Gründen der Auswahl der Verurteilten für den offenen Vollzug (→ § 92 Rn. 52–55) und wegen unterschiedlicher sozialer Nachwirkungen erwartungsgemäß.

Unbeschadet höherer Quoten wies auch die Untersuchung von Nolting **21b** (Freigänger im Jugendstrafvollzug, 1985, 146 f., 150) ein entsprechendes Gefälle auf, wonach – innerhalb eines deutlich ausgedehnteren Zeitraums – 72 % der sog. „Freigänger" und 85 % der sonstigen JStrafgefangenen „rückfällig" wurden. Hinsichtlich des „Rückfall"-Intervalls ergab sich für das erste Jahr nach Entlassung zwischen beiden Gruppen sogar eine Differenz von 20,3 %. Indes wurde für diejenigen Probanden innerhalb beider Gruppen, die bereits vor Strafbeginn einen Lehrabschluss aufwiesen, eine Differenz von nur 0,8 % berechnet (Nolting, Freigänger im Jugendstrafvollzug, 1985, 169).

III. Grundsätze des Jugendstrafvollzugs

1. Ziele und Aufgaben

a) Ziele. Im JStrafvollzug kommt neben dem durch Art. 1 Abs. 1 GG **22** und das Verhältnismäßigkeitsprinzip von Verfassung wegen garantierten

Vollzugsziel einer „**sozialen Integration**", das dem Erziehungsziel (§ 2 Abs. 1, vgl. auch → § 2 Rn. 14) nicht zuwider laufen darf, ein **besonders hohes Gewicht** zu (vgl. schon → Rn. 3); die verfassungsrechtliche Verankerung räumt ihm Vorrang vor sonstigen Belangen ein (vgl. BVerfG NJW 2006, 2096), wobei offen bleibt, ob es alleiniges Vollzugsziel ist (vgl. auch DVJJ 2008, AK 1: „Sicherheit … keine eigenständige Bedeutung"). Die vom BVerfG verlangte gesetzliche Ausrichtung des JStVollzuges auf dieses Ziel und die gleichfalls verlangte Entwicklung eines wirksamen diesbzgl. Konzepts sind seither nicht hinreichend geleistet worden.

22a   Zumindest fehlt es auch weiterhin an Regelungen des Verhältnisses der rechtstatsächlich vorhandenen *sonstigen Vollzugsziele* untereinander (vgl. → Rn. 25–30). Im Übrigen kommt bei der Beurteilung von Vollzugszielen der tatsächlichen Haftdauer wesentliche Bedeutung zu (vgl. → Rn. 17), zumal die erheblichen Anteile der U-Haft innerhalb der gesamten Haftzeit die Landesjustizverwaltungen von vornherein in gewissem Ausmaß von dem Unterrichts-, Ausbildungs- und Sozialisationsauftrag der JStVollzAnstalten entlasten.

22b   Dem Verständnis des Vollzugsziels abträglich ist es, dass die Landesgesetze (abw. von § 71 S. 1 StVollzG) keinen Anspruch auf *soziale Hilfe* einräumen, vielmehr die Entscheidungskompetenz auf die Vollzugseinrichtung verlagern (vgl. § 8 JStVollzG Bln ua; § 39 JVollzGB BW IV; § 132 Abs. 1 iVm §§ 68, 69 NJVollzG; § 5 JStVollzG NRW (obgleich die Pflicht besteht, dazu beizutragen, „individuelle Benachteiligungen zu vermeiden oder abzubauen", § 2 S. 2); gem. § 26 HessJStVollzG bzw. Art. 122 iVm Art. 74, 75 BayStVollzG ist gar die abwertende Zuschreibung von „Persönlichkeitsdefiziten" bzw. „Defiziten des Gefangenen" vorangestellt).

23   Im Einzelnen benennt Art. 121 S. 2 BayStVollzG (wie vormals § 91 Abs. 1) als Vollzugsziel ua einen *„rechtschaffenen Lebenswandel …"* des Verurteilten. Hinsichtlich dieser Begriffe (vgl. näher → § 5 Rn. 4) bleibt unbestimmt, nach welchen Wert- und Interesseninhalten welcher gesellschaftlicher Gruppen sie auszufüllen sind (vgl. aber § 5 Abs. 1 S. 2 HessJStVollzG: „an den verfassungsrechtlichen Grundsätzen ausgerichtetes Werteverständnis"; zu – möglicherweise verzerrten – Befragungsergebnissen iSv konformen, normorientierten Zielvorstellungen der Insassen Suhling, Lebensziele junger Männer im Strafvollzug, 2005, 212, 233, 255). Konkreter sind zB die in §§ 22d, 22e SchlHJStVollzG angeführten (Teil-)Ziele. – Einzelne Länder beziehen das Bestreben ein, Einsicht hinsichtlich der Beeinträchtigung der Straf*topfers* zu wecken (vgl. als Soll-Vorschrift § 3 Abs. 1 S. 3 JStVollzG M-V, HmbJStVollzG sowie § 8 Abs. 1 S. 2 iVm § 1 ThürJVollzGB, § 8 Abs. 1 S. 2 JVollzGB LSA, § 8 Abs. 3 JStVollzG Bln (erg. zu Abs. 1 und 2), als Muss-Vorschrift § 3 Abs. 1 S. 3 SächsJStVollzG und SJStVollzG, vgl. auch Art. 122 iVm Art. 5a Abs. 1 RegE BayJAVollzG (gem. Abs. 2 S. 2: „sind zur Schadenswiedergutmachung anzuhalten"), zu NRW FS 2012, 104 f. („symbolische" Geldleistung); Gelber/Walter FS 2012, 171 ff. sowie Gelber MschKrim 2012, 142 ff.; vgl. betr. BW zur fallbezogenen Prüfung der Geeignetheit FS 2013, 228; zum Erlass von Verfahrenskosten (§ 464a StPO) bei geleisteten Wiedergutmachungszahlungen § 40 Abs. 5 HmbJStVollzG). Wenngleich ein solches, auf bestimmte Delikte bezogenes Bestreben aus der Sicht außerhalb des JStVollzugs als naheliegend erscheinen mag, so sind die Möglichkeiten der Verwirklichung aufgrund der Realitäten im JStVollzug – einschließlich der (mutmaßlichen) Opferwerdung der Insassen (vgl. → Rn. 40a, 40b, aber auch 49) – begrenzt (vgl. näher Walter ZJJ 2013, 90 f.; vgl. zu einem Modellprojekt Hartmann ua Bewährungshilfe 2013, 52 f. („Aufwand deutlich höher"), zu Ausschlussgründen nach Befragung Bediensteter Hartmann ua Bewährungshilfe 2013, 39 (51, betr. Methodik 47); zu sonstigen Modellprojekten Kaspar/Mayer FS 2015, 261; ergänzend Kratzer-Ceylan/Kaspar FS 2017, 295 ff. (298 f.); zum Täter-Opfer-Ausgleich Andris, Rechtliche und tatsächliche Rahmenbedingungen des Täter-Opfer-Ausgleichs in Haft, 2015, 120 ff.; krit. zum Ganzen etwa auch Schaerff ZStW 128 (16), 209 ff. (210, 231); Köhne JR 2016, 7 ff.; Eisenberg/Kölbel Kriminologie § 35 Rn. 53 entspr. sowie zu verdeckter Aggressionsableitung Eisenberg/Kölbel Kriminologie § 11 Rn. 8 ff.; vgl. auch → § 89c Rn. 15).

Die Mehrzahl der Landesgesetze formuliert das Vollzugsziel einer „sozialen Integration" bzw. den Erziehungsauftrag demgegenüber als Befähigung, künftig „in sozialer Verantwortung ein **Leben ohne Straftaten** zu führen" (§ 2 S. 1 JStVollzG Bln ua, § 1 JVollzGB BW IV, § 113 S. 1 NJVollzG, § 2 S. 1 HmbJStVollzG, § 2 Abs. 1 HessJStVollzG, § 2 S. 1 JStVollzG NRW) und ergänzt dies durch Vorschriften über eine erzieherische Vollzugsgestaltung (→ Rn. 31 ff.). Die Regelungen knüpfen damit lediglich an § 2 StVollzG an und machen deutlich, dass es verfassungsrechtliche Grenzen für eine Erziehung iRd JStVollzugs gibt. Namentlich ist diese auf die Verhinderung zukünftiger Straftaten begrenzt und muss nicht nur geeignet, sondern hierfür auch notwendig und erforderlich sein (s. Ostendorf NK 2006, 92); eine darüber hinausgehende Einwirkung ist unzulässig. – Einen retrospektiven – dem Wirken „von Beginn an" auf Eingliederung nach Entlassung (§ 3 Abs. 3 JStVollzG Bln) ggf. entgegengesetzten – Akzent enthält § 3 Abs. 2 JStVollzG Bln (zumal iVm § 8 Abs. 2), wonach der Vollzug auf die Auseinandersetzung „mit ihren Straftaten und deren Folgen auszurichten" ist. **24**

Die Durchführung des JStVollzugs ist insofern erschwert, als die Funktion der JStrafe sowohl **Übelzufügung** als auch **Erziehung** sein soll (krit. schon Peters MschrKrim 1966, 49 (56)). Als Kriminalstrafe begründet die JStrafe eine Einstellung ggü. dem Verurteilten, die einem pädagogisch aufgefassten Verständnis von vornherein widerspricht (vgl. → Rn. 4; krit. auch Ludwig Zbl 1986, 333). Die Bedingungen des JStVollzuges können tendenziell eher dazu führen, dass zentrale Grundlagen für eine Erziehung und die Entwicklung des JStrafgefangenen zerstört werden, und sie können dem Erlernen von Eigenverantwortung und Problemlösungskompetenz ggf. entgegen stehen. Der JStVollzug gilt daher als ein für die Erreichung des Vollzugsziels besonders ungeeigneter Ort (vgl. Reuther Elternrecht 174 ff., 184 ff.). – Organisatorisch vermag das Ausmaß an Reglementierung schon bestimmten Voraussetzungen einer Sekundärprävention („Rückfall"-Verhütung) nicht Rechnung zu tragen. Solche Voraussetzungen sind ua der Ausgleich von Benachteiligungen (vgl. nur → Rn. 18 ff.) und die Vermittlung altersgemäßer Bewältigungsstrategien unter Begrenzung des Eingriffs in die individuelle Lebensgestaltung auf das insoweit Unerlässliche (vgl. etwa schon DVJJ 1984, AK I). **24a**

b) Aufgaben. Trotz der verfassungsrechtlich gebotenen Vorrangstellung des Vollzugsziels einer „sozialen Integration" bzw. des Erziehungsauftrags (§ 2 Abs. 1, vgl. auch Sonnen ZJJ 2006, 238) sehen die meisten der vorliegenden Gesetze der Länder als weiteres Ziel bzw. als Aufgabe den **Schutz** **25**

der **Allgemeinheit** vor (vgl. modifiziert § 7 Abs. 1 JStVollzG NRW) und unterscheiden insofern nicht zwischen Jugend- und Erwachsenenstrafvollzug (vgl. § 2 StVollzG). Sie sind angesichts dessen im Bereich der Öffnung des Vollzuges auch insgesamt deutlich restriktiver als der vormalige Entwurf des BMJ, der in § 2 nur die Lebensführung ohne Straftaten als Vollzugsziel nannte (ebenso Alt, Das Berliner JStVollzG im Lichte verfassungsrechtlicher Vorgaben sowie europäischer und internationaler Regelungen mit Menschenrechtsbezug, 2014, 88). Während § 113 S. 2 NJVollzG bereits eine dem § 2 StVollzG vergleichbare Regelung enthält (ähnlich § 2 Abs. 2 S. 1 HessJStVollzG; vgl. krit. Kreuzer/Bartsch FS 2010, 88 f.), lassen § 2 JStVollzG Bln ua sowie § 2 Abs. 1 S. 2 iVm § 1 ThürJVollzGB, § 2 Abs. 1 S. 2 JVollzGB LSA das Verhältnis zu dem Schutz der Allgemeinheit, der als „die Aufgabe" bezeichnet wird, eher offen (für Gleichrangigkeit hingegen § 2 S. 2 BbgJVollzG und HmbJStVollzG (vgl. dazu Dünkel/Kühl NK 2009, 82 ff.: „unzulässige Gleichgewichtung"), MV sowie SchlH: „gleichermaßen"; anders § 2 Abs. 2 S. 2 SächsJStVollzG („auch") und § 2 Abs. 2 S. 2 SJStVollzG („zugleich")). § 2 Abs. 1 JVollzGB BW I und Art. 121 Abs. 1 BayStVollzG stellen den Schutz der Allgemeinheit gesetzessystematisch gar dem Erziehungsziel voran.

26   Eine Gleichberechtigung oder Vorrangstellung von **Ordnungs-** und **Sicherungsbelangen** ggü. dem Vollzugsziel einer „sozialen Integration" kann sich hieraus gleichwohl nach wie vor nicht ergeben (vgl. zur vormaligen Rechtslage 11. Aufl. Rn. 12, 34; zur faktischen Vorrangstellung solcher Belange Eisenberg MschKrim 2004, 356). Dem stehen die verfassungsrechtlichen Vorgaben für den JStVollzug entgegen (so auch Tondorf/Tondorf ZJJ 2006, 244 f. mN). Diese gebietet eine verfassungskonforme Auslegung des Terminus „Schutz der Allgemeinheit" dahingehend, dass dieser nicht im Widerspruch zum Ziel einer „sozialen Integration" steht, sondern gerade durch die Integration erreicht wird (s. BVerfG NJW 2006, 2095). Ordnungs- und Sicherungsbelange sind daher von der Formulierung nur insoweit erfasst – und zwar unabhängig von der Benennung des Schutzes der Allgemeinheit als Aufgabe oder Ziel in den verschiedenen Gesetzen (vgl. Goerdeler/Pollähne ZJJ 2006, 252 f.; anders indes Art. 122 iVm Art. 4 BayStVollzG).

26a   Der Umsetzung des Vorranges des Erziehungsauftrags (§ 2 Abs. 1) ggü. Ordnungs- oder Sicherungsbelangen würde es zB widersprechen, falls zur Erziehung oder Eingliederung notwendige Maßnahmen mit der allg. Begründung zurückgestellt würden, sie begünstigten die Gefahr von Störungen des Anstaltslebens oder strafbarer Handlungen; Entsprechendes gilt für Verlegungen (vgl. aber noch Arloth zu Art. 131 Abs. 1 BayStVollzG Rn. 1 auch betr. jüngere Insassen, ua „um eine kriminelle Infizierung zu unterbinden"; ergänzend zum Eilrechtsschutz BVerfG, 2. K. des 2. S., NStZ-RR 2015, 355 (betr. allg. StVollzR)).

27   **c) Zuwiderlaufende Belange.** Der Verwirklichung des Erziehungsziels stehen im Übrigen andere **rechtliche** oder **tatsächliche** Belange nicht unerheblich entgegen (vgl. vormals auch Arloth zu § 113 NdsJStVollzG, Art. 121 Rn. 1 BayStVollzG: nicht berücksichtigungsfähig).

27a   **aa) Kollidierende Zweckbestimmungen.** Im allg. StVollzugsrecht werden seitens (Teilen) der Praxis neben dem Vollzugsziel nach § 2 S. 1 StVollzG auch **andere zweckorientierte** Belange bei der Gestaltung des

Strafvollzugs im Einzelfall berücksichtigt (vgl. aus vollzugspsychologischer Sicht krit. Bayer ua MschKrim 1987, 171 (173); zum JStVollzug Eyrich ZfStrVo 1985, 237). Diese Auffassung erlaubt zugleich eine moralische Legitimierung für das „principle of less eligibility" (Mannheim, The dilemma of penal reform, 1939), dh für den Grundsatz, dass die Vollzugssituation weniger Vorzüge hat als jede andere Lebenssituation innerhalb der (Außen-) Gesellschaft (der wiederum als tragendes Element **außerstrafrechtlicher** gesellschaftlich positiver **Funktionen** registrierter Kriminalität gilt, näher Eisenberg/Kölbel Kriminologie §§ 10, 11).

Im JStR hingegen sind **generalpräventive** Überlegungen zumindest nach **27b** der herrschenden Rspr. unzulässig (vgl. → § 17 Rn. 6 f., → § 18 Rn. 43). Hinsichtlich der **Schuld** ist zu berücksichtigen, dass für die jugendstrafrechtlichen Rechtsfolgen einschließlich der JStrafe im Gegensatz zum allg. StR nicht Schwere der Tat bzw. der Schuld bestimmend sind, sondern – auch bei JStrafe wegen „Schwere der Schuld" (§ 17 Abs. 2 Alt. 2) – **vorrangig** der **Erziehungsgedanke** zu beachten ist. Demgemäß dürfen erzieherische Überlegungen auch in diesen Fällen nicht zurücktreten, und eine „reine" Schuldstrafe wäre unzulässig (→ § 17 Rn. 55 ff.), zumal andernfalls die Konsequenz wäre, dass JStrafe (nicht nur in Extremfällen, vgl. → § 18 Rn. 37) über einen Zeitraum vollstreckt werden dürfte, der aus erzieherischen Gründen eher ungünstig ist als eine kürzere Dauer. Gemäß diesen Grundsätzen ist die Berücksichtigung der Schuldschwere zB bei der Versagung von Vollzugslockerungen im JStVollzug, wenn überhaupt (s. krit. Anm. Schüler-Springorum und Funck zu OLG Stuttgart NStZ 1987, 430; vgl. auch Schüler-Springorum StV 1989, 265: „den Vollzug zu vergiften" (jeweils betr. Freiheitsstrafe); generell abl. Sonnen in Diemer/Schatz/Sonnen (7. Aufl.) II § 16 Rn. 4) nur in engen Grenzen zulässig (vgl. auch → Rn. 66 ff.), da das Erziehungsziel vorrangig ist. Hinsichtlich der JStrafe wegen **„schädlicher Neigungen"** (§ 17 Abs. 2 Alt. 1) bestehen starke Ähnlichkeiten mit einer Maßregel der Besserung und Sicherung (→ § 17 Rn. 23), sodass insoweit ohnehin nur eingeschränkt Raum für eine Funktion im Sinne allg. Strafzwecke besteht.

bb) Fiskalische Aspekte. Weiterhin stehen trotz der einschlägigen Vorgaben des BVerfG nach wie vor fiskalische Erwägungen einer iSd Vollzugsziels ausreichenden Ausstattung des Vollzugs entgegen (vgl. aber betr. externe Therapie OLG Hamm NStZ 2009, 220; KG NStZ-RR 2013, 189 (jeweils betr. § 58 StVollzG); vgl. speziell zu Bay. aber Schneider, Strafvollzug und Jugendstrafvollzug im Bayerischen Strafvollzugsgesetz, 2010). So sieht zB das JVollzGB BW IV (wie schon das vormalige JStVollzG) nur in Ausnahmefällen als Anspruch ausformulierte subjektive Rechte der Gefangenen vor und weist weitgehend Ermessensvorschriften auf, um den Vollzug „haushaltsverträglich zu gestalten" (Gesetzesbegründung JVollzG v. 16.1.2007, 1).Ebenso läuft eine umfängliche **Kostenbeteiligung** der Gefangenen (s. etwa § 132 Abs. 1 iVm § 52 Abs. 3 NJVollzG; vgl. auch → Rn. 124) angesichts der für die Gefangenen oft ohnehin bestehenden Schuldenbelastung dem Vollzugsziel einer „sozialen Integration" zuwider. **28**

cc) Faktische Bedingungen. Hemmnisse der Verwirklichung eines erzieherisch orientierten JStVollzugs ergeben sich (auch) durch innerhalb der „Gefängnisgesellschaft" – also bei (Teilen der) Bediensteten wie Gefangenen – im Verhältnis der **(faktischen) Vollzugsziele** von Sicherheit und Ord- **29**

nung einerseits und reibungslosem Vollzugsablauf andererseits (vgl. näher Eisenberg/Kölbel Kriminologie § 35 Rn. 62f). Dem kann nur durch eine besondere **Eignung** und **Ausbildung** der **Bediensteten** (zur Bedeutung für die Erreichung des Vollzugsziels Walter ZJJ 2006, 249 ff.) begegnet werden, wie sie § 102 JStVollzG Bln ua (§ 112 JStVollzG LSA; näher § 107 JStVollzG Bln), § 72 Abs. 3 HessJStVollzG und § 101 Abs. 2 S. 3 HmbJStVollzG zwingend verlangen (vgl. auch § 107 Abs. 2 S. 1 JVollzGB LSA); andere Gesetze sehen dies teilweise nur als Sollvorschrift (§ 62 Abs. 2 S. 2 JStVollzG NRW, § 12 Abs. 3 JVollzGB BW I, abgeschwächter § 170 Abs. 2 NJVollzG) oder anderweit eingeschränkt vor (Art. 157 BayStVollzG: „nach Möglichkeit"). Da es weder für die Aufsichtsbeamten noch für das übrige Personal eine spezielle Ausbildung für die Erziehungsaufgabe des JStVollzugs gibt, ist die gesetzliche Forderung nur **unvollkommen erfüllt.** Immerhin finden sich neben Fortbildungsveranstaltungen teilweise Zusatzausbildungsgänge (vgl. Walter/Ostheimer ZfStrVo 1999, 92) und im Übrigen praxisverbundene, von Anstalt zu Anstalt differierende Unterweisungen (s. etwa schon Fleck/Ringelhann ZfStrVo 1986, 300; zur Frage der Verwendung von Persönlichkeitstests s. Steinhilper ZfStrVo 1986, 352).

29a   Im Einzelnen ist anzustreben, dass in den **Wohngruppen** ständig zugeordnete (vgl. betr. feste Zuordnung § 62 Abs. 3 JStVollzG NRW (Soll-Vorschrift), vormals auch § 11 Abs. 4 S. 1 BWJStVollzG), einschlägig geeignete und aus- und weitergebildete **Mitarbeiter** in angemessener Anzahl und je nach den Bedürfnissen der Wohngruppenmitglieder tätig sind (s. betr. Reduzierung von aggressivem Verhalten Voßenkauf ZfStrVo 1998, 140–142; Jesse ZJJ 2015, 123), und dass sich darunter mindestens ein Mitarbeiter mit einer abgeschlossenen Fachhochschul- oder Hochschulausbildung befinden sollte. Im allg. wurden als Mindestdauer der **Ausbildung** für den allg. Vollzugsdienst 24 Monate und als Mindestdauer einer jugendstrafvollzugsspezifischen Weiterbildung im mittleren und gehobenen Vollzugs- und Verwaltungsdienst 6 Monate empfohlen (JStVollzKomm 58 f.).

30   Darüber hinaus begründen die vorgenannten (faktischen) Ziele **Widerstände** gegen tiefgreifende Vollzugs**reformen** (vgl. auch → Rn. 4; konkret Bredlow FS 2013, 159 ff.). Auf der Seite der JStrafgefangenen handelt es sich um mehr oder weniger erwartungsgemäße Abwehrmechanismen, die sich auch als regressiv umschreiben lassen. So erscheint es ihnen sinnvoller, eine Strafe „abzusitzen", als sich Anforderungen dieses oder jenes Erziehungsvollzugs zu stellen (vgl. auch → Rn. 34). Auch bilden in einer gewissen Konstanz nicht Erzieher, sondern Mitgefangene, die subkulturell eingebunden sind, das dominierende Orientierungs- oder gar Lernmodell (vgl. etwa schon Kersten/v. Wolffersdorff-Ehlert, Jugendstrafe – Innenansichten aus dem Knast, 1980).

30a   Ein Widerstand seitens der *Aufsichtsbeamten* ist unmittelbar verständlich, da sie diejenige Gruppe innerhalb der Bediensteten sind, deren Funktion der Aufrechterhaltung des reibungslosen Vollzugsablaufs durch Reformen am ehesten betroffen würde (vgl. auch Walkenhorst KrimPäd 1943 (15), 67). Aber auch die Aufgaben von Sozialarbeitern und Psychologen würden ggf. einer Änderung unterzogen (vgl. etwa → Rn. 129). Innerhalb der Bedienstetengruppen sind bestimmte Techniken der Behinderung von Reformen zu beobachten: Zum einen können Neuerungen nach und nach inhaltlich dergestalt abgeändert werden, dass sie in das bisherige Vollzugsgeschehen passen, wobei bisweilen allein die Bezeichnung der Reform erhalten bleibt; anderer-

seits vermögen abfällige Bemerkungen, deutliche Zurückhaltung oder ein
ausgedehnter Zeit- oder Kräfteaufwand bzgl. einer Reform deren Scheitern
zur Folge habe (vgl. etwa Justizvollzugsbeauftragter S. 118 f., 282 ff.). –
Gelegentlich kommt es zu strategischen Fusionen zwischen Aufsichtsbeamten und JStrafgefangenen mit dem Ziel, Bemühungen um Erziehungsmaßnahmen aufzulösen (vgl. etwa auch Bolle in Queloz ua, Droit pénal et
diversités culturelles, 2012, 140 f.).

2. Erzieherische Gestaltung

a) Landesgesetzliche Regelungen. Hinsichtlich der Gestaltung des **31**
JStVollzugs sehen die Gesetze der Länder Regelungen iSd überkommenen
Grundsätze ebenso vor wie Vorschriften über die besondere erzieherische
Ausgestaltung (zu diesbzgl. Anforderungen Walter ZJJ 2006, 241 ff.). Unterschiedlich wurden hingegen die Rechte der Personensorgeberechtigten gewürdigt (vgl. Begr. zu vormaligem Entwurf Hess., 51 und zum ArbE
Sachs., 104 (der Erziehungsauftrag sei auf die JVA übertragen) ggü. Begr. zu
vormaligem Entwurf NRW, 18 (Schutz von Elternrecht und Familie werde
in ihrem Wesensgehalt nicht aufgehoben)).

Verschiedene Landesgesetze legen ausdrücklich fest, dass der Vollzug **31a**
erzieherisch zu gestalten ist, und zwar im Sinne einer Förderung zur
„eigenverantwortlichen und gemeinschaftsfähigen Lebensführung" (§ 3
Abs. 1 JStVollzG Bln ua, § 114 Abs. 1 NJVollzG, § 3 Abs. 1 S. 2 HessJStVollzG, § 3 Abs. 1 S. 2 JStVollzG NRW; nach § 3 Abs. 3 S. 3
HmbJStVollzG ist „ein gewaltfreies Klima" als Gestaltungsgrundsatz aufgenommen, indes ohne Differenzierung (zB zwischen physischer, psychischer, strukureller Gewalt etc); zur Erfragung des sog. „Gruppen-Klimas"
im JStVollzug vgl. etwa Heynen ua MschKrim 2014, 224 ff. (Auflistung von
nach Skalen unterteilten 36 Fragen)).

Das bay. Gesetz sieht demgegenüber unter der Überschrift „Behandlung" **31b**
neben dem Verweis auf diesbzgl. Formen des Erwachsenenvollzugs (Art. 123
Abs. 1 iVm Art. 3 BayStVollzG) nur eine Ausbildungs- bzw. Arbeitspflicht
vor (Art. 123 Abs. 3). Einzelne in § 2 Abs. 2 JVollzGB BW IV formulierte
Erziehungsziele gehen über das Erziehungs- bzw. Vollzugsziel und das verfassungsrechtlich zulässige Maß hinaus, sie berühren nicht nur die negative
Glaubensfreiheit aus Art. 4 Abs. 1 GG („Ehrfurcht vor Gott", „im Geiste
der christlichen Nächstenliebe"; krit. Alt, Das Berliner JStVollzG im Lichte
verfassungsrechtlicher Vorgaben sowie europäischer und internationaler Regelungen mit Menschenrechtsbezug, 2014, 95), sondern sind in ihrer konkreten positiven Ausformulierung auch darüber hinaus weder geeignet noch
erforderlich („Liebe zu Volk und Heimat", „sittlicher und politischer Verantwortlichkeit"). Eingeschränkt gilt dies für einzelne in § 3 Abs. 1 S. 3
SächsJStVollzG gefasste Ziele („Ehrfurcht vor allem Lebendigen", „Nächstenliebe", „sittliches und politisches Verantwortungsbewusstsein").

Formen und Inhalt erzieherischer Gestaltung werden zB durch § 5 **31c**
JStVollzG Bln ua ((§ 4 SchlHJStVollzG)) und § 4 JStVollzG NRW in Form
von Leitlinien zur Erziehung und Förderung konkretisiert (vgl. indes einschr.
als bloße Sollvorschrift § 5 Abs. 2 JStVollzG Bln ua (Bln. § 6 Abs. 2
JStVollzG Bln; § 5 Abs. 1 S. 2 SächsJStVollzG), nicht hingegen etwa § 4
Abs. 2 JStVollzG NRW, § 2 Abs. 8 JVollzGB BW IV; vgl. im Übrigen zur
mangelnden Bestimmtheit → Rn. 23), wobei eine differenzierende, hinrei-

chend **individuelle** Berücksichtigung der einzelnen JStrafgefangenen **gebo-ten** ist, die sich nicht nur an „Angepasste" richtet (Rehn NK 2006, 122; zu extern angebotenem sozialen Trainingskurs Borchert ZJJ 2016, 164 (etwa gleichaltrige Studierende)). Vielmehr sind es gerade diejenigen, die sich nicht ohne weiteres dem Vollzugsalltag an- und einpassen, die in besonderem Maße spezielle Angebote zur Motivierung benötigen (zur Bedeutung von Beziehung Kraft ZJJ 2011, 378 ff. (speziell betr. weibliche Gefangene)). – Soweit schon bei der Gestaltung ggf. auf eine Entscheidung nach *§ 89b Abs. 1 „hinzuwirken"* ist (§ 3 Abs. 3 S. 2 HessJStVollzG), wird den Voraus-setzungen hierfür (vgl. → § 89b Rn. 3–8) auch methodisch kaum hinrei-chend Genüge geleistet werden können.

32   Die Gesetze enthalten die allg., § 3 StVollzG entsprechenden **Gestal-tungsgrundsätze** betr. Angleichung, Gegensteuerung und Integration (§ 3 Abs. 3 JStVollzG Bln ua (§ 3 Abs. 4 SächsJStVollzG), § 2 Abs. 3, 4 JVollzGB BW IV, Art. 122 iVm Art. 5 BayStVollzG (nur Soll-Vorschrift), § 2 NJVollzG, § 3 Abs. 2 HessJStVollzG, § 3 Abs. 2 HmbJStVollzG (vgl. auch S. 3: von Beginn an)). § 3 Abs. 3 S. 4 JStVollzG Bln ua ordnet in diesem Zusammenhang einschränkend und wiederholend die Beachtung der Belangen von Sicherheit und Ordnung (hierzu ebenso § 3 Abs. 2 S. 2 HessJStVollzG) an, die indes dem Grundsatz der Verhältnismäßigkeit genü-gen muss. Daher sind Risiken in Kauf zu nehmen, wenn ihnen gegenüber-stehende Vorteile überwiegen. Den Insassen ist „sobald wie möglich" die Teilnahme am „Leben in der Freiheit" einzuräumen (§ 3 Abs. 6 S. 2 JStVollzG Bln).

33   **b) Zum Erziehungsziel.** Es bedürfte einer an dem Erkenntnisstand ein-schlägiger Fachdisziplinen ausgerichteten inhaltlichen und methodischen Klarstellung der **Grundvoraussetzungen** erzieherischen Bemühens um JStrafgefangene (ähnlich Scherr neue caritas 2006, 12; s. auch Walter ZJJ 2006, 238 ff.), soll dieses Ziel nicht (weiterhin) der Rechtfertigung vorhan-dener Machtpositionen dienen bzw. das **Gutdünken** dieses oder jenes Voll-zugsbediensteten über die anzuwendenden „Methoden" entscheiden (zu divergierenden Perspektiven zwischen Bedienstetengruppen vgl. etwa Aver-beck/Lösel in Steller ua, Straftäterbehandlung, 2. Aufl. 2003, 215, 217 ff.; vgl. aber auch → § 10 Rn. 46). Diese Notwendigkeit gilt auch für diejenigen Betroffenen, bei denen wegen der Kürze der (verbleibenden) Vollzugsdauer herkömmliche langfristige erzieherische Interventionen nicht durchgeführt werden können und im Übrigen das Verbot der Schädigung (vgl. dazu betr. den allg. Strafvollzug § 3 Abs. 2 StVollzG) erhöhte Bedeutung gewinnt.

34   Hinsichtlich der personalen und sozialen Umstände von JStrafgefangenen ergibt die Vielzahl von Benachteiligungen (vgl. → Rn. 18 ff.) eine kaum überbrückbare Kluft zwischen dem **Verständnis** von **Erziehung** im Sinne eines allg. Begriffs privater und schulischer Förderung von Kindern und Jugendlichen einerseits und den verbleibenden (Rest-)Möglichkeiten einer Erziehung im JStVollzug. So sind zB Methoden der **Strafe** im **pädagogi-schen Sinn,** die eine Ansprechbarkeit voraussetzen, als erzieherisches Mittel des JStVollzugs prinzipiell eher nicht geeignet (zust. Walter, Bruchstücke, Strafvollzugsprobleme …, 1992, 60, 204), da JStrafgefangene idR eine solche Vielzahl von Belehrungen, Ermahnungen und Übelszufügungen erfahren haben, dass sie nur noch iSd **Ablehnung** reagieren (können (vgl. auch Hosser/Greve DVJJ-Journal 2002, 429 ff.)). Dem würde die vorsichtige An-

nahme entsprechen, dass der JStVollzug umso eher erzieherisch geeignete Möglichkeiten bietet, je weniger schwer die Betroffenen in der jeweiligen Lebensphase durch (auch vorausgegangene) Beeinträchtigungen belastet sind (vgl. schon Böhm RdJB 1973, 41). Zielführend und aktivierend wird eher die Orientierung an (ggf. seither verdeckten) Befähigungen als an Defiziten sein (vgl. zu Motivationsbedingungen etwa Zobrist Bewährungshilfe 2015, 336 ff. (betr. inhaftierte Frauen)).

Unabhängig davon findet sich iSd **Schutzes** der (subjektiv empfundenen) **35** höchstpersönlichen Wirklichkeit weithin eine **Abwehr**haltung zum (J) StVollzug und der Tatsache des Eingewiesenseins, sodass schon deshalb ein (emotionales) Interesse an Erziehung nicht bestehen kann. Dies gilt umso mehr, falls tatneutralisierende Elemente eine Erziehungswilligkeit einschränken (zu unterschiedlichen Perspektiven betr. Entstehungszusammenhänge der Straftaten s. Averbeck/Lösel in Steller ua, Straftäterbehandlung, 2. Aufl. 2003, 215, 217 ff., aber auch 226). Es handelt sich dabei im wesentlichen um eine Verfestigung der bei Jugendlichen (wie Erwachsenen) im Falle der Deliktsbegehung festzustellenden Dissonanz zwischen dem (etwa vorhandenen) Bewusstsein, selbst Täter zu sein, und dem Wunsch nach einem davon befreiten Selbstverständnis.

Zu Aus- und **Folgewirkungen** des JStVollzugs auf psychische und zwi- **35a** schenmenschliche Bereiche liegen seither wenig empirische Untersuchungen vor (vgl. betr. Bezüge zur Legalbewährung → Rn. 58 ff., 115 ff.; Eisenberg/Kölbel Kriminologie § 37 Rn. 31, 35, § 55 Rn. 9, 14 ff., 34 f.; s. zudem Greve/Hosser MschKrim 1998, 85 (95); Hosser/Greve DVJJ-Journal 2002, 430 (betr. U-kurvenförmigen Haftverlauf)).

c) Beschränkungen in der Erreichung des Vollzugsziels. aa) Ein- 36 stellungsmuster. Im Einzelnen haben jugendliche und heranwachsende ähnlich wie auch erwachsene Strafgefangene soziale **Normen** und **Wertvorstellungen** bzgl. tragender Rechtsgüter wie Eigentum, Freiheit, persönliche Unversehrtheit idR **verinnerlicht.** Was die Nichteinhaltung einzelner (statistisch vorherrschender) Verhaltensnormen im Leistungs-, Sozial- und Freizeitbereich angeht, so bleibt, unbeschadet einer Plausibilität, die Annahme einer spezifischen Relevanz für die Legalbewährung fraglich (vgl. → § 5 Rn. 47 ff.). – Im Übrigen ist unstreitig, dass innerhalb der Gesellschaft unterschiedliche altersmäßige und sonstige soziale Gruppen mit unterschiedlichen Wert- und Interessensystemen sowie Verhaltensmustern bestehen. So mag es sein, dass ein JStrafgefangener innerhalb seiner Bezugsgruppe sozialisiert ist, er den Bediensteten der JStVollzAnstalt aber als erziehungsbedürftig erscheint und demgemäß eine Änderung von ihm erwartet wird. Demgegenüber kann der Anspruch einer Sozialisierung an Normen altersmäßig oder sozio-ökonomisch anderer Gruppen wohl nur als überhöht verstanden werden (vgl. indes allg. etwa § 9 Abs. 1 JVollzGB LSA: „gemeinschaftsfähige Lebensführung").

Für die ganz überwiegende Mehrheit der JStrafgefangenen lässt sich ledig- **37** lich feststellen, dass die von ihnen gewählten **Methoden** zur Erreichung allg. erstrebter Ziele illegal waren, und dass die Anwendung dieser Methoden strafrechtlich verfolgt wurde. Die erzieherische Strategie hätte sich demgemäß – bei konflikt-orientiertem Verständnis – zum einen darauf zu konzentrieren, die Unergiebigkeit der gewählten Methoden darzulegen; dies allerdings setzte eine tatsächlich hohe Entdeckungswahrscheinlichkeit bei einem

etwaigen „Rückfall" voraus, woraus folgte, dass so verstandene Erziehung
ohne reaktive Kontrollintensität inadäquat wäre. Zum anderen aber wären
Verhaltenstechniken aufzuzeigen, die den Entlassenen nach Möglichkeit vor
solchen Risikofaktoren und -situationen bewahren, die für die Auseinandersetzung mit der bestehenden Gesellschafts- und Rechtsordnung konflikt-
trächtig sind (vgl. zu einem „Problemlösungs-Training" s. Krott ZfStrVo
1985, 138, betr. Legalbewährungseffekte eines sozialen Trainings relativierend Boxberg/Bosold FPPK 2009, 237 ff.; vgl. zu empirischen Daten ferner
Merzhäuser, Delinquentes Verhalten von inhaftierten Jugendlichen, 1985;
zur Auflockerung von Persönlichkeitsrigidität s. etwa Rink, Rigidität und
Veränderungsmotivation, 1984, 445; s. auch Steinhilper KriminalpädPraxis
1988, 28 (betr. die Anstalten in Nds.); Görken ZfStrVo 1987, 83 (betr. JVA
Neumünster)). Hier besteht allerdings die Schwierigkeit zu erkennen, welche Verhaltensweisen eine Bedeutung für die Entstehung des strafrechtlich
erfassten Verhaltens haben und welche (allein) iZm der privaten und behördlichen strafrechtlichen Erfassung bedeutsam sind.

38   Im Übrigen ist davon auszugehen, dass **Verhalten** als Methode zur Erreichung von Zielen oder zur Verwirklichung von Interessen wesentlich auch
von Einstellungen abhängig ist. Einstellungen ihrerseits ändern sich (nur),
wenn sich das **Bewertungssystem** verschiebt oder entwickelt. Solches aber
ist bevorzugt oder gar ausschließlich dann möglich, falls andere **(positive)
soziale Erfahrungen** gemacht werden. – Auch im Allg. ist ein Nachholen
sozialer Lernprozesse, die Weiterentwicklung der emotionalen und geistigen
Fähigkeiten und die Förderung der Gemeinschaftsfähigkeit nur unter ähnlichen Bedürfnissen und Zwängen, Verlockungen und Verführungen möglich, wie sie vorhanden waren, als ein zu behebendes soziales Fehlverhalten
entstanden ist. Dies aber lässt sich im JStVollzug im Hinblick auf Vollzugsbedingungen wie auch Besonderheiten der Sozialstruktur der Gefangenengesellschaft kaum erreichen (vgl. etwa schon Böhm in Elster/Lingemann/
Sieverts KrimHdWB 526; zu empirischen Daten einer eher negativen Ein-
stellungsänderung Eitzmann 88; betr. Grenzen von Mediation oder gar eines
TOA (dazu etwa Rössner ZJJ 2005, 32) vgl. → Rn. 23, näher Nachw. bei
Eisenberg/Kölbel Kriminologie § 35 Rn. 53).

39   Aus diesem Grunde ist eine wirksame Intervention kaum zu erwarten,
solange der JStrafgefangene aus der Gesellschaft genommen wird und Möglichkeiten, soziale Belohnung zu erhalten, auf die Anstaltssituation beschränkt bleiben, zumal **Reglementierung** und **Beschneidung** von
Handlungschancen innerhalb des Vollzugsgeschehens eine soziale Bestrafung bedeuten. Jedoch haben Wissenschaft und Praxis bisher keine Erfolg
versprechenden Alternativen zum stationären Vollzug angeboten, die die
komplexe Schutz- und Erziehungsaufgabe des JStVollzugs erfüllen könnten.
– Betreffend die Bildung von Anstalts**beiräten** (zum allg. Strafvollzug s.
§§ 162 ff. StVollzG) erscheint die Beteiligung der Öffentlichkeit sowie eine
dadurch erhoffte Kontrolle als nur eingeschränkt verwirklicht, soweit die
Landesjustizverwaltungen über (Nicht-)Ernennung, Entlassung oder Suspendierung befinden, und zwar auf der Grundlage von Verwaltungs- bzw.
Ausführungsvorschriften (vgl. etwa schon Wagner ZfStrVo 1986, 340; Felix
ua KrimJ 1979, 296; aber auch Schibol/Senff ZfStrVo 1986, 202); zu ehrenamtlichen Betreuern s. etwa Siebolds ZfStrVo 1986, 269.

bb) Beziehungsformen. Die Rollengestaltung und -verteilung inner- **40** halb der **Gefangenengesellschaft** bestimmt sich auch im JStVollzug vorrangig nach deren informellen Normen, die sich regelmäßig von den formellen Regelungen und Zielvorstellungen der Bediensteten bzw. der offiziellen Anstaltsorganisation unterscheiden und oftmals im Widerspruch hierzu stehen (vgl. zur Rollenverteilung einschließlich körperlicher Kraft Hürlimann, Führer und Einflussfaktoren in der Subkultur des Strafvollzuges, 1993, 139 ff.; speziell betr. Gefangene türkischer Ethnie Klose, Deskriptive Darstellung der subjektiv empfundenen Haftsituation männlicher türkischer Inhaftierter im geschlossenen Jugendstrafvollzug in NRW, 2002, 225 ff.). Dieses informelle Normensystem gilt als vergleichsweise konstant (vgl. auch zur Funktion Schmalz, Kommunikation und Interaktion weiblicher Inhaftierter in einer Justizvollzugsanstalt, 2016, 168 ff. (betr. weibliche Insassen); zu „häufig unmenschlichen Zugangs-, Unterwerfungs- und Bestrafungsritualen" Preusker ZfStrVo 2003, 231), und zwar unabhängig vom Ausmaß der Fluktuations- und Rücklaufquoten der JStrafgefangenen. Verschiedentlich wird angestrebt, durch Übertragung von erzieherischer **Verantwortung** (einschr. vormals Arloth zu Art. 158 BayStVollzG: nur „Vertretung") auf Gleichaltrigengruppen der JStrafgefangenen Widersprüche zum formellen Anstaltssystem einzuschränken (vgl. betr. Glen Mills Walter ZfStrVo 2002, 78; sowie zur Verneinung einer vergleichsweise günstigeren Legalbewährung Walter DVJJ-Journal 2002, 417 ff.; zu demokratischer Mitbestimmung Weyers NK 2003, 106 ff.; zu **Insassenvertretung** Graebsch FS 2016, 22 ff. (betr. allg. StVollz)); personell wird zB die Anwesenheit eines zusätzlichen Erziehers im Spätdienst empfohlen (DVJJ 2015, AK 3).

Im Einzelnen ist zB (auch) für den JStVollzug davon auszugehen, dass die **40a** Insassen sich untereinander eher als **Konkurrenten** bzw. Tauschpartner betr. knappe wie überteuerte Waren oder bzgl. Dienstleistungen ansehen (vgl. Kersten/v. Wolffersdorff-Ehlert, Jugendstrafe − Innenansichten aus dem Knast, 1980) und ggf. untereinander auch **Straftaten** begehen. Darin liegt nicht nur ein erhebliches Problem mit Blick auf den Schutzauftrag des Staates, sondern auch hinsichtlich der spezialpräventiven Funktion von JStrafe: Gewaltförmige Viktimisierung im Vollzug scheint die Rückfälligkeit zu fördern (so international McCuish/Lussier/Corrado Journal of Developmental and Life-Course Criminology 2018, 427 (436 ff.).

Von erheblicher Bedeutung ist daher ua die (im Vergleich zum Erwachse- **40b** nenstrafvollzug wohl deutlich erhöhte) Zahl laut Gefangenenpersonalakten festgestellter Gewalttätigkeiten unter Gefangenen (vgl. Wirth 2006, 14 (16) (veröffentlicht auch Bewährungshilfe 2007, 185 ff.); teilweise ähnlich für Sachs. Hinz/Hartenstein ZJJ 2010, 176 ff.; zu vorsätzlichen Tötungen innerhalb von jeweils mit vier Personen belegten Zellen nach „Meldung" bei Bediensteten (und als eines Verstoßes gegen subkulturelle Normen) LG Erfurt 21.11.2002 − 920 Js 31952/01 − 3 Ks jug bzw. BGHSt 52, 316 = NJW 2008, 2397 mAnm Eisenberg sowie Bspr. Eisenberg ZJJ 2008, 381, wobei das jeweilige Opfer auch ausweislich der jeweils niedrig bemessenen JStrafe ggf. vor dieser Inhaftierung hätte bewahrt werden können (vgl. auch Neubacher NStZ 2008, 365); zu Vergewaltigung BGH NStZ 2011, 524 bzw. sexueller Nötigung etwa Wattenberg ZfStrVo 1990, 38 ff.); Knapp, AIDS im Strafvollzug, 1996, 376 f.; Barth R&P 2013, 129 ff.; zu massiven Körperverletzungen LG Berlin ZJJ 2012, 203 mBspr Eisenberg (zur Tatbegehung in der Vorphase der anstehenden Entlassung ZJJ 2012, 205) sowie

LG Hof 24.5.2011 nach BGH NStZ-RR 2012, 241); nach Dunkelbefragun-
gen liegt die Zahl noch weit höher (vgl. nur Baier/Bergmann FS 2013, 76
(78); Wolter/Häufle MschKrim 1997 (2014), 288 f. (zu den Methoden
MschKrim 1997 (2014), 285 ff.)). Die überwiegende Zahl der Insassen wird
sowohl als Täter als auch als Opfer erfasst (vgl. zur Affinität Hinz/Hartenstein
ZJJ 2010, 176 ff. (179–181); vgl. auch Häufle ua Bewährungshilfe 2013, 20
(25 f.); Boxberg/Bögelein ZJJ 2015, 243 f., zugleich diff. nach „Gewaltklas-
sen"; zu Risikofaktoren auf Opfer- bzw. Täterseite Klatt/Baier ZJJ 2016,
253 ff.). – Nur teilweise liegen Erhebungen zu Bediensteten als Täter vor
(vgl. etwa Barth FS 2013, 129 (133); speziell zur Frage sexuellen Missbrauchs
OLG München StV 2015, 495).

40c   Systematisch ist zwischen *situations*bezogenen – bzw. subkulturell erwar-
tungsgemäßen (vgl. iSv Anpassungsstrategien Boxberg ua MschKrim 1999
(16), 428 ff.; zum Wechsel zu mehr gewaltausübenden Gruppen hin Häufle
ua Bewährungshilfe 2013, 20 (31 f.)) – und personenbezogenen Entstehungszusammenhängen zu unterscheiden (vgl. näher Goeckenjan FS Eisenberg,
2009, 717 ff. (720 ff.)), und dies ist bei präventiven Strategien zu berücksichtigen (vgl. als Gestaltungsnorm § 3 Abs. 3 S. 3 HmbJStVollzG; zu „Ge-
genstrategien" betr. Gewaltdelikte Jesse SF 2007, 23 ff.; Neubacher, Gewalt
hinter Gittern, 2008, 28 ff., 34 ff. bzw. NStZ 2008, 364 ff. sowie näher Boxberg ua in Dessecker/Egg, Justizvollzug in Bewegung, 2013?, 87 ff.; Boxberg
Jugendstrafe 198 ff.; zu Resilienz Pauli in Neubacher/Bögelein, Krise –
Kriminalität – Kriminologie, 2016, 157 ff.; betr. Befunde zu sonstigen Delikten O'Donnell/Edgar HowardJ 1998, 268 ff.; Maitland/Sluder PrisonJ 1998,
55 ff.; Walkenhorst DVJJ-Journal 1999, 248 f.; Kury/Brandenstein ZfStrVo
2002, 29 f. sowie Kury/Smartt ZfStrVo 2003, 332 f. (jeweils betr. JVA
Hameln); zusammenfassend Bieneck PraxRPsych 2010, 279 ff., aber auch
Prätor, Gewalt im Jugendstrafvollzug, 2017, 17). Nach einer schriftlichen
Befragung männlicher, mindestens 18-jähriger Inhaftierter (als „Täter",
„Opfer" und „Informanten") in Bay., Bln., NRW, Sachs. und SchlH bei
einer Rücklaufquote von durchschnittlich ca. 30 % hätten 69,3 % angegeben,
im zurückliegenden Jahr Zeuge von Straftaten verschiedenster Art durch
Inhaftierte ggü. Inhaftierten gewesen zu sein (vgl. Ernst Bewährungshilfe
2008, 357 ff. (360)); verschiedentlich habe sich eine Übereinstimmung zwischen eher positiver Einstellung zu Bediensteten und Meldebereitschaft ergeben (Ernst Bewährungshilfe 2008, 357 (365)). näher zu einer Längsschnitt-
studie zu Gewalt und Suizid Boxberg ua in Dessecker/Egg, Justizvollzug in
Bewegung, 2013, 87 ff.).

41   Zur Frage nach **Zusammenhängen** zwischen dem **Sozialsystem** der
Gefangenen und dem formellen Anstaltssystem bestehen im wesentlichen
zwei Theorien, die zwar vorzugsweise erwachsene Gefangene betreffen, aber
auch für Jugendliche und Heranwachsende relevant sein können. Eine Integration dieser Theorien erscheint schwerlich möglich, da die jeweils als
relevant erachteten Merkmalsgefüge heterogen sind (vgl. näher Tauss, Die
Veränderung von Selbstkonzeptkomponenten im Inhaftierungsverlauf jugendlicher Strafgefangener, 1992, 263 ff.; Greve in Lehmkuhl, Aggressives
Verhalten bei Kindern und Jugendlichen, 2003, 230 ff.; ergänzend zu Habi-
tualisierung Paus/Remel MschKrim 2013, 35 ff.).

41a   Gemäß einer Theorie der **kulturellen Übertragung** wird angenommen,
das Normen-(und Wert-)System der Gefangenen sei in substantiell gleicher
Ausgestaltung auch außerhalb der Strafanstalten als System einer „kriminel-

len" oder „nichtkriminellen" Bezugsgruppe oder Subkultur vorhanden und werde in die Strafanstalt gewissermaßen hineingetragen (vgl. auch Klingemann ua KrimJ 1978, 141). Sollte diese Theorie empirisch (einstweilen) bestätigt werden, so wären erzieherische Maßnahmen im Strafvollzug zusätzlich insofern in Frage gestellt, als eine Änderung der Normen der Subkultur (en) des Gefängnisses teilweise nur durch Änderungen entsprechender Normen außerhalb der Strafanstalt möglich wäre. Demgemäß hat die Frage nach der Richtigkeit dieser Überlegungen unmittelbare Bedeutung auch für Zielsetzung, Strategie sowie Möglichkeiten und Grenzen der Erziehung von JStrafgefangenen.

Nach einer anderen Theorie wird die Gefangenenkultur als **Reaktion** auf 42 die **Deprivationen** des (J)StVollzugs sowie als Ausdruck eines Bindungsbedürfnisses verstanden. Sie sei ein „endemisches" Phänomen der totalen Institution Strafvollzug, dh sie bestehe und entstehe nur unter deren Bedingungen. Dabei sei der Grad der Opposition und Abweichung der Gefangenenkultur vom formellen Anstaltssystem proportional der Betonung der Sicherheitsvorschriften und der Härte der Haftbedingungen (zu einzelnen Anhaltspunkten Lambropoulou, Erlebnisbiographie und Aufenthalt im Jugendstrafvollzug, 1987, 254–260; betr. den Unterschied zu milieutherapeutischer Orientierung Dahle/Steller ZexPsych 1990, 31). Bei einer (gedachten) formellen Anstaltsstruktur ohne entsprechende Merkmale müsse eine informelle Gefangenenkultur nicht bestehen. – Verschiedene empirische Untersuchungen haben (einstweilige) Teilbestätigungen der einen wie der anderen Theorie erbracht (vgl. zu Nachw. Eisenberg/Kölbel Kriminologie § 37 Rn. 4 ff., 18 ff.), vor allem aber deutlich werden lassen, dass eine **Differenzierung** nach der Art der Organisation der jeweiligen JStVollzAnstalt (zur Relevanz für Gewalttaten seitens Insassen (vgl. → Rn. 40a, 40b) etwa Lahm CJB 1935 (08), 120 ff.; Baier ua GS Walter, 2014, 473 ff.) bzw. nach Strafgefangenengruppen etc unerlässlich ist.

3. Zur Rechtsstellung des Jugendstrafgefangenen

§ 6 JStVollzG Bln. ua, § 5 Abs. 3 S. 2 HmbStVollzG, § 3 Abs. 6 43 JStVollzG NRW und § 6 HessJStVollzG sehen eine § 4 Abs. 2 StVollzG entsprechende Regelung vor (vgl. auch § 9 Abs. 1 BbgJVollzG: vollzugliche Maßnahmen sind regelmäßig zu erläutern). Demgegenüber formulieren andere Landesgesetze die vollzugliche **Generalklausel** nicht mehr als eng begrenzte Ausnahme („schwerwiegende Störung der Ordnung", „unerlässlich"), sondern gestatten – insoweit ensprechend der polizeirechtlichen Generalklausel – gesetzlich nicht besonders geregelte Eingriffe bereits, wenn sie für die Aufrechterhaltung von Sicherheit und Ordnung erforderlich sind (§ 132 iVm § 3 S. 2 NJVollzG, Art. 125 Abs. 1 BayStVollzG (s. aber dazu vormals Arloth Rn. 2: Prüfung im Einzelfall erforderlich); eingeschränkt § 3 Abs. 2 JVollzGB BW IV („unerlässlich")). In BW und Bay. ist diese Neuregelung mit einem expliziten Verstoß gegen das **Schlechterstellungsverbot** (vgl. → Rn. 5) verbunden, da für den Erwachsenenvollzug nach wie vor ausdrücklich die eng begrenzte Generalklausel besteht (§ 3 Abs. 2 JVollzGB BW III, Art. 6 Abs. 2 BayStVollzG).

4. Mitwirkungspflicht

44   **a) Begründungsdefizite.** Wie bereits der Gesetzentwurf des BMJ (§ 4) sehen auch die Gesetze der Länder durchgehend und im Gegensatz zur bloßen Möglichkeit in § 4 Abs. 1 StVollzG eine allg. – und damit nicht hinreichend bestimmte – Mitwirkungspflicht des JStrafgefangenen hinsichtlich der Erreichung des Erziehungs- bzw. Vollzugsziels und diesbezüglicher Maßnahmen vor (§ 4 S. 1 JStVollzG Bln ua (§ 5 S. 1 SchlHJStVollzG; in Sachs. „Den Gefangenen obliegt"), § 114 Abs. 2 NJVollzG, § 3 Abs. 1 JVollzGB BW IV, Art. 123 Abs. 2 BayStVollzG, § 4 Abs. 1 HessJStVollzG, § 4 Abs. 4 S. 1 JStVollzG NRW (Soll-Vorschrift); § 5 Abs. 1 HmbJStVollzG (s. auch Abs. 2 sowie § 5 S. 3 UVollzG Bln: „Maßnahmen der Belohnung und Anerkennung", die indes Tendenzen eines „Stufenstrafvollzugs" (vgl. krit. → Rn. 77a) in sich bergen könnten; vgl. auch Schaerff ZStW 128 (16), 205 f.; § 6 Abs. 2 ThürJVollzGB; § 15 Abs. 3 JVollzGB LSA). Sie befinden sich damit im Gegensatz zu § 4 Abs. 1 StVollzG und führen so zu einer unzulässigen Schlechterstellung (→ Rn. 5) von Gefangenen im JStVollzug (zur Unvereinbarkeit mit Nr. 13, 50 ERJOSSM Dünkel ZJJ 2011, 148; Kühl, Die gesetzliche Reform des Jugendstrafvollzug in Deutschland (…), 2012, 103 f.; aA vormals Arloth NJVollzG § 114 Rn. 4, zu vormaligem HmbStVollzG § 5 Rn. 2, BayStVollzG Art. 123 Rn. 2). Zudem steht die Pflicht zur Mitwirkung zum einen in Widerspruch zu den Möglichkeiten partieller oder vollständiger Fehlurteile (bzw. zumindest nachvollziehbar als ungerecht empfundener Urteile; weitergehend Ostendorf in Ostendorf § 1 Rn. 31: dem Insassen müsse es „gestattet sein, die Strafe für sich abzulehnen"), zum anderen verträgt sie sich nicht mit dem Charakter der JStrafe und droht die jungen Gefangenen zum bloßen Objekt der Intervention zu machen (vgl. ergänzend Reuther Elternrecht 184 ff.; Ostendorf DVJJ 2008, 100: „muss es gestattet sein, die Strafe für sich abzulehnen").

45   **b) Einwände.** Darüber hinausgehend begegnet eine Mitwirkungspflicht vor allem aus zwei Gründen **tief greifenden** Bedenken. Zum einen kann eine nur durch gesetzliche Verpflichtung erzwungene Mitwirkung an der eigenen Erziehung kaum tatsächlich Erfolge bringen, sondern wird eher kontraproduktiv wirken (vgl. Walter ZJJ 2006, 240). Erforderlich wäre vielmehr eine freiwillige, dem Erziehungsauftrag entsprechende Mitarbeit. Damit aber kommt einer solchen Regelung zum anderen nur noch die Funktion zu, eine Sanktionierung fehlender Mitwirkung bzw. Motivation hierzu zu ermöglichen, sei es im Wege von Erzieherischen Maßnahmen (krit. betr. § 85 HmbJStVollzG Dünkel/Kühl NK 2009, 82 ff.) oder gar Disziplinarmaßnahmen bzw. der Verweigerung von Vollzugslockerungen (vgl. ausdrücklich § 15 Abs. 2 S. 2 Bln ua (außer Bln.; einschr. Sachs.: nur „im Einzelfall"); § 42 Abs. 1 S. 2 JStVollzG NRW (Ermessenskriterien ua „Mitwirkungsbereitschaft", „sonstiges Vollzugsverhalten"); § 2 Abs. 7 JVollzGB BW II (Soll-Vorschrift); vgl. vormals auch Arloth NJVollzG § 114 Rn. 4, BayStVollzG Art. 123 und 135 Rn. 2; differenzierter § 54 S. 5 bzw. 55 Abs. 1 Nr. 2 HessJStVollzG, teilweise auch § 85 S. 3 HmbJStVollzG), da es sich dabei dann um einen Pflichtenverstoß handelt (s. Ostendorf NK 2006, 92). Die Mitwirkungspflicht droht so zu einem Einfallstor für eine repressive Vollzugspraxis (oder im Einzelfall gar von „Willkür") zu werden, die im Widerspruch zum Erziehungsauftrag steht (vgl. Eisenberg MschKrim

2004, 355). Zudem legitimiert sie (hinsichtlich des Zugangs zu Lockerungs- und Förderungsmaßnahmen) eine Selektion und ist dabei geeignet, den Mangel an vorgehaltenen Kapazitäten zu verdecken (vgl. ähnlich auch Hö-ynck/Hosser Bewährungshilfe 2007, 396) bzw. (bei fehlender Bereitschaft) nur zu verwahren (ähnlich Rose in Ostendorf § 10 Rn. 77).

IV. Planung des Jugendstrafvollzugs

1. Vollzugsplan

a) Aufnahme. Der **JStVollzug beginnt** regelmäßig in der Eingangs- **46** abteilung, in der neben einer unverzüglichen ärztlichen Untersuchung (§ 9 Abs. 4 SächsJStVollzG; „alsbald" hingegen ua nach § 9 Abs. 3 JStVollzG Bln) Tatsachen zu erheben sind, die für eine **erzieherische** Planung und für die **Eingliederung** des JStrafgefangenen nach seiner Entlassung notwendig sind (seither Nr. 2 Abs. 2 VVJug); im Unterschied zu § 6 Abs. 1 S. 2 StVollzG nebst VV ist ein Absehen bei Gefangenen mit kurzer Vollzugs-dauer insoweit nicht zulässig. Diese Untersuchung darf nicht auf ein Akten-studium beschränkt werden, da Akten der Verwaltungs- und Justizbehörden mitunter falsche Tatsachenangaben enthalten und aus einer behördlichen Interessenlage heraus abgefasst sind, die den Belangen des JStrafgefangenen und selbst denjenigen der JStVollzAnstalt widersprechen kann (nicht unbe-denklich § 9 Abs. 2 S. 3 HessJStVollzG: „Erkenntnisse der JGH und der BewHilfe sind einzubeziehen", ähnlich § 10 Abs. 3 S. 3 JStVollzG Bln; vgl. aber § 81 Nr. 2 KJHG sowie → § 38 Rn. 30 f.). Ungeeignet sind negative Zuschreibungen (zB „Intensivtäter", vgl. aus psychologisch-psychiatrischer Sicht Huck/Mielenz ZJJ 2011, 404 ff. (409 f.), aus soziologischer Sicht Dollinger Jugendkriminalität 173 ff., 217; ergänzend → § 5 Rn. 85a, 85b). – Jeweils ist während der Untersuchung und Vollzugsplanung individuell und positiv, dh weniger statisch im Sinne zugeschriebener Defizite als dezidiert zukunftsorientiert an **förderungswürdigen Potenzialen** orientiert (vgl. nur § 9 Abs. 1 BbgJVollzG; aus der Praxis näher Walter ZJJ 2013, 179 f.; näher zu Funktionen der Eingangsuntersuchungen Matthes ZJJ 2015, 127 ff.; zu retrospektiver Akzentuierung („Auseinandersetzung" mit Straftaten) aber etwa § 8 Abs. 1 S. 1, § 9 Abs. 4 JVollzGB LSA) zu entwickeln, welche erzieherischen Ziele der Vollzug anstrebt und welche Methoden angewandt werden.

Entsprechend sehen die Gesetze der Länder – wenngleich unterschiedlich **46a** ausführlich – iRd Aufnahme ein **Zugangsgespräch** nebst Information über Rechte und Pflichten (vgl. speziell betr. Auslesens von Datenspeichern § 69a Abs. 1 S. 2 SächsJStVollzG, § 94 Abs. 3 SJStVollzG, § 142 Abs. 4 JVollzGB LSA) in einer für die Insassen verständlichen Form (§ 6 Abs. 2 Nr. 1 HmbJStVollzG) sowie die Beurteilung (gelegentlich als „diagnostische Fest-stellung" oder „Diagnoseverfahren" bezeichnet, vgl. konkretisiert zB § 22c SchlHJStVollzG, § 13 BbgJVollzG, § 10 SächsJStVollzG) der Frage eines Erziehungs- und Förderbedarfs vor. Dabei ist es einer erzieherischen Atmo-sphäre wenig förderlich, wenn (wie zB in § 7 Abs. 1 HmbJVollzG (ähnlich § 6 Abs. 1 StVollzG)) iSe Über-/Unterordnungsverhältnisses als Beginn eine „fachkundige Erforschung ihrer Persönlichkeit und ihrer Lebensverhältnisse" genannt wird und von vornherein von „Behandlungsuntersuchung" (§ 7

Abs. 1, Abs. 2 S. 1, § 8 Abs. 1 S. 1 HmbJStVollzG (GVBl. 2013, 211 (vormals indes Aufnahme-)) die Rede ist. – Soweit es für die sprachliche *Verständigung* erforderlich ist, muss Abhilfe geschaffen werden (Hinzuziehung zB eines Dolmetschers, Übersetzersoder zumindest eines „Sprachmittler" (§ 9 Abs. 1 S. 2 JStVollzG Bln)). – Soweit Ermittlungen während U-Haft etwa im Rahmen eines Auswahlverfahrens hergenommen werden (vgl. § 12 Abs. 1 S. 4 JStVollzG NRW), bestehen ähnliche Bedenken wie ggü. der vormaligen Nr. 79 UVollzO (vgl. Erl. zu → § 89c Rn. 1 ff.).

46b   Während die §§ 9, 10 JStVollzG Bln ua (detailliert §§ 10–11a SächsJSt-VollzG) bzw. §§ 8, 9 HessJStVollzG vergleichsweise umfangreich bestimmen, wie die Aufnahme zu gestalten ist und dabei die besondere Situation jugendlicher Gefangener berücksichtigen, sind die §§ 116, 117 Abs. 1–3 NJVollzG, § 7 Abs. 2 HmbStVollzG (kriminologisch verfehlt: „Ursachen" und Umstände der Straftat (vgl. nur → § 5 Rn. 40)), Art. 128f BayStVollzG und auch (unbeschadet der Verpflichtung zu methodischer Korrektheit) § 4 Abs. 2 JVollzGB BW IV weniger detailliert gestaltet. – Soweit in den Landesgesetzen (Soll-)Vorschriften über Mitteilungen an Personensorgeberechtigte enthalten sind (vgl. vormals Arloth zu NJVollzG: keine Pflicht zur Ermittlung von deren Aufenthaltsort – diese Auffassung erscheint nicht für jeden Fall vertretbar), stehen sie unter dem Vorbehalt des jugend(straf)rechtlichen Schutzprinzips (vgl. auch § 10 Abs. 6 HessJStVollzG: „wenn dadurch das Erziehungsziel nicht beeinträchtigt wird", bzw. § 5 Abs. 6 JVollzGB BW IV: „soweit … vereinbar"; aus der Vollzugspraxis Fiedler DVJJ 2008, 112).

47   Was im Einzelnen die Anwendung von **Testverfahren** betr. die **schulische** Qualifikation bzw. auf die **Berufsvorbereitung** bezogene Fähigkeiten, Interessen und Neigungen oder aber **psychodiagnostischer Testverfahren** angeht, so ist aus vielfältigen methodischen Gründen Zurückhaltung geboten (vgl. zu den letztgenannten etwa Kury/Beckers MschKrim 1983, 63; ausführlich Kury ZfStrV 1983, 323 ff. (329); Schmitt MschKrim 1983, 121), und zwar auch bei sog. objektiven Testverfahren. Dies gilt speziell auch wegen der besonderen Vollzugssituation, etwaigen in der Anlage der Tests begründeten Benachteiligungen von Personen aus sozio-ökonomisch unteren Gruppen sowie Verfälschungstendenzen zur Vermeidung bestimmter vollzugs- oder entlassungsbezogener Konsequenzen (vgl. Bsp. schon bei Kury MschKrim 1983, 72; s. auch Rieländer MschKrim 1983, 77).

47a   Eher ungeeignet sind „Merkmals"-Auflistungen, die weder im Allg. noch speziell betr. Jugendliche validiert und zudem erzieherisch schon insoweit verfehlt sind, als sie **statischen** Inhalts bzw. mehr retro- als prospektiv orientiert sind (vgl. auch → § 5 Rn. 31, 77, → § 43 Rn. 14, 35), dh die Anwendung ist (zumindest mangels Eignungsnachweis) **schwerlich** mit Art. 2 Abs. 2 S. 2 GG **vereinbar.** Dies gilt etwa für Auflistungen wie static-99/R, SAVRY bzw. SORAG (zu diesen zusf. Klein/Rettenberger in Rettenberger/von Franqué Kriminalprognostische Verf-HdB 66 ff. bzw. 159 ff.), HCR-20 (BGH StV 2015, 216; BeckRS 2015, 17296: allenfalls „geringe Aussagekraft") oder SVR-20 (vgl. zu Nachw. → § 5 Rn. 31a), VRAG (zusf. Rossegger ua in Rettenberger/von Franqué Kriminalprognostische Verf-HdB 141 ff., 149 ff., dt. Fassung Rettenberger ua KrimZ 2017 (online)) und PCL-R (sowie „Kieler Psychopathie-Inventar", dazu Flindt ua RPsych 2015, 73 ff.), auch weil sie den individuellen Besonderheiten des Betroffenen nicht Rechnung tragen (BGH StV 2008, 301 sowie 302; zu grds. methodischen Einwänden (speziell des PCL-R) H. E. Müller NStZ 2011, 565 ff.;

eher krit. auch Eher ua MschKrim 1995 (2012), 235 ff.; gar affirmativ aber Endres Rechtsausschuss (BT-Drs. 17/9874), 4). Bemühungen um Entwicklung eines Persönlichkeitsfragebogens, der die Besonderheiten des Strafvollzugs berücksichtigt, fehlt es seither an (hinreichender) Validität (vgl. Seitz/Rautenberg, PFI – Persönlichkeitsfragebogen für Inhaftierte, 2010; vgl. indes zum LSI-R → § 5 Rn. 31b (n. Grieger RPsych 2015, 11 ff.), zum CAPP-Modell → § 5 Rn. 77). Einer prospektiven Validierung entbehren aber zB auch die Zusammenstellung „MIVEA" (vgl. zu sonstigen Bedenken → § 5 Rn. 84; Graebsch/Burkhardt ZJJ 2006, 140 ff.), zu deren Verwendung von einem ministeriellen Versprechen der „Absicherung" ggü. drohenden Strafverfahren bzw. Regress im Falle schadensverursachender Fehlprognose berichtet wurde (vgl. etwa ZJJ 2006, 152)), und die Auflistung „BB-Just" (vgl. Endres ua FPPK 2014 (März), zumal darin auch Verhaltensformen im Sinne bestehender Abwehrrechte als negativ einbezogen werden und grds. das (erkannte, FPPK 2014, 9 f.) Manko der eher retrospektiven Ausrichtung besteht).

Der aufgrund der genannten Erhebungen für jeden Gefangenen zu erstellende **Vollzugs-** bzw. **Erziehungsplan** (§ 11 JStVollzG Bln ua; § 11 JStVollzG Bln: „Vollzugs- und Eingliederungsplan", § 5 JVollzGB BW IV, § 117 NJVollzG, Art. 130 BayStVollzG, § 10 HessJStVollzG („Förderplan"), § 15 Abs. 1 und (betr. Entlassungsvorbereitung) Abs. 4 BbgJVollzG) wird dem Insassen auszuhändigen sein (ausdrücklich zB § 8 Abs. 4 S. 3 HmbJStVollzG, § 11 Abs. 8 S. 1 SächsJStVollzG) und kann **gerichtlich** auf Ermessensfehler **überprüft werden,** sofern er im Zusammenwirken mit Planungsmaßnahmen eine Einzelfallregelung darstellt (vgl. schon BVerfG StV 1994, 94 (zum allg. StVollzR)); für konkrete Einzelregelungen (innerhalb des Plans) gilt dies ohnehin (vgl. zur Unzulässigkeit der Unterstellung von Missbrauchsgefahr wegen fehlender Mitarbeit an der „Behandlung" OLG Hamburg FS 2008, 139 (betr. allg. StVollz)). Soweit zur Wahrung der Rechte des Betroffenen erforderlich, besteht – in Extremfällen unter Berücksichtigung des Rechtsgedankens gem. § 54 Abs. 2 (vgl. aber einschr. → § 54 Rn. 36 f.) – ein Anspruch auf *Aushändigung* des Vollzugsplans (OLG München NStZ-RR 2008, 391 (betr. allg. StVollzR)). **48**

Der Plan muss Angaben über die wichtigsten **erzieherischen Maßnahmen** enthalten (vgl. vormals Nr. 3 Abs. 2 VVJug) und sollte aufgrund einer **Vollzugskonferenz** erstellt werden (vgl. zu § 159 StVollzG betr. den Begriff „maßgeblich Beteiligter" OLG Frankfurt a. M. NStZ-RR 2007, 191 (auch der Einzeltherapeut, sodass ein therapeutisch begründetes Fehlen gerichtsüberprüfbar dargelegt werden muss); betr. Anstaltsgeistlichen LG Gießen NStZ-RR 2012, 262 (zum allg. StR)), und zwar unter Beteiligung des Insassen und Teilnahme des Verteidigers (§ 11 Abs. 5 S. 3–5 SächsJStVollzG; vgl. auch Abs. 5 S. 3, 4 JStVollzG Bln). Ebenso ist zu berücksichtigen, dass die verfassungsrechtlichen Vorgaben hinsichtlich des Vollzugsziels einer „sozialen Integration" nach einem JStVollzug verlangen, der so weit wie möglich in **freien Formen** stattfindet und den Gefangenen so früh wie möglich schrittweise an ein Leben in Freiheit heranführt. – Die Gesetze der Länder regeln die **Inhalte** des zu erstellenden Vollzugs- bzw. Erziehungsplans unterschiedlich. So zählen zB § 5 Abs. 2 JVollzGB BW IV und auch § 117 Abs. 1 NJVollzG konkrete Angaben auf, die der Plan mindestens enthalten muss. § 11 Abs. 3 JStVollzG Bln ua (besonders § 11a SächsJStVollzG) und § 12 Abs. 2 JStVollzG NRW gehen mit ihren Auf- **48a** listungen eher noch darüber hinaus. Art. 130 und Art. 9 Abs. 1, 2 BaySt-VollzG behalten nähere Festlegungen dazu, welche Angaben der Plan enthalten soll, zu erstellenden VV vor.

48b Als **zeitliche Vorgaben** zur Erstellung sind zwischen vier und acht Wochen vorgesehen (vgl. zB Bln. § 11 Abs. 2 JStVollzG Bln: sechs Wochen), wobei bei einer voraussichtlichen VollzDauer von unter einem Jahr wegen der geringeren Anforderungen eine kürzere Frist bestimmt ist. Soweit diese Phase mit einem Ausschluss von erzieherischen Maßnahmen bzw. Arbeit etc einhergeht, mag dies einer alsbaldigen subkulturellen Vereinnahmung bzw. als negativ beurteilten Einflüssen wehren, jedoch stehen dem Gefahren (zusätzlicher) psychischer Beeinträchtigung und ohnehin ein Unterlassen im Hinblick auf das Vollzugsziel gegenüber, sodass generell vier Wochen nicht überschritten werden sollten (vgl. auch Walter in Ostendorf § 3 Rn. 9). Die Pläne sind nach § 10 Abs. 3 HessJStVollzG mindestens alle drei Monate, nach § 11 Abs. 2 JStVollzG Bln ua (außer Sachs.), § 8 Abs. 3 S. 2 HmbJStVollzG, § 117 Abs. 5 NJVollzG mindestens alle vier Monate, nach § 12 Abs. 3 S. 3 JStVollzG NRW spätestens nach sechs Monaten zu **überprüfen** und **fortzuschreiben.** § 5 Abs. 5 JVollzGB BW IV und § 11 Abs. 2 SächsJStVollzG bestimmen in „regelmäßigen Abständen". In Bay. soll die Frist ein Jahr betragen (Art. 130 Abs. 1 iVm Art. 9 Abs. 2 BayStVollzG).

49 **b) Besondere Fürsorgepflicht.** Eine herausragende Fürsorgepflicht besteht bzgl. **unfall-** sowie **selbsttötungs**gefährdeten JStrafgefangenen (zu jeweils deutlich überhöhten Anteilen s. Dünkel Freiheitsentzug 269 ff.; zu einer Längsschnittuntersuchung Boxberg ua in Dessecker/Egg, Justizvollzug in Bewegung, 2013, 115 ff.; vgl. auch Schmidt KrimJ 2014, 15 ff.; betr. U-Haft → § 72 Rn. 3; vgl. aus der Praxis Jesse FS 2007, 25, wonach Doppelbelegungen zur Suizidprophylaxe „nicht geeignet" sind; ähnlich Neubacher, Gewalt hinter Gittern, 2008, 20; zu empirischen Nachw., und diff. hinsichtlich Bewältigungsmöglichkeiten bzw. Anlassdelikten Bennefeld-Kersten, Ausgeschieden durch Suizid – Selbsttötung im Gefängnis, 2009, etwa 118 f., 161, 180; näher zu Prävention Fehrmann/Bulla ZJJ 2017, 151 ff.). Das Gleiche gilt für die Gefährdung, **Opfer** von **Straftaten** zu werden (eingehend, auch zu Fragen einer Garantenpflicht sowie der Vermeidung von Anzeigen, Walter NStZ 2010, 57 ff.; vgl. aber → Rn. 3 aE, ergänzend auch → Rn. 40–40b).

50 Besondere Aufgaben bestehen oftmals bei (ggf. nichtdeutschen) JStrafgefangenen mit **Migrationshintergrund** und nicht selten auch bei *Aussiedlern* hinsichtlich überwiegend offenbar anhaltender (vgl. dazu Dünkel Freiheitsentzug 202) sozio-ökonomischer Schlechterstellung sowie gem. soziokulturellen Gegebenheiten (vgl. betr. JVA Adelsheim Fritsche FS 2017, 105 ff.: Flüchtlinge; s. etwa auch § 6 Abs. 2 JVollzGB BW II; vormals bereits Schütze DVJJ-Journal 1992, 126 ff. (betr. JVA Hameln); zu Sprachkursen für Deutsch *Willsch* in Ostendorf § 4 Rn. 12; Werner, Jugendstrafvollzug in Deutschland, 2012, 165 ff.; zu psychologischen Befunden s. etwa Focken/Gley, Junge Ausländer im Strafvollzug, 1987; einschr. die Befragungsergebnisse von Bukowski ZfStrVo 1996, 226 ff.). – Nach Art. 122 iVm Art. 40 Abs. 3 und 4, Art. 145 Abs. 5 BayStVollzG sind die Insassen im Falle des Bedarfs verpflichtet, an *Integrationsunterricht* teilzunehmen, der während der Arbeitszeit stattfinden soll.

Hinsichtlich religiös bedingter Konflikte sind Besonderheiten bei Musli- **50a** men zu berücksichtigen (vgl. Fröhmcke, Muslime im Strafvollzug, 2005, 102 ff. (Beten am Arbeitsplatz), 169 ff. (Schriften); mit teilweise kritBspr Jahn Religion, Staat, Gesellschaft 2011, 425 ff.; für Bay. Endres/Nolte ZJJ 2016, 368 ff.; zur Skizze einer Pilot-Studie Bartsch ua FS 2016, 192; aber auch FS 2017, 316). Insgesamt geht es um **Gruppenkonflikte** (zur Deeskalations-Strategie s. Finkbeiner ua ZfStrVo 1993, 347 ff.; vgl. betr. Gewaltanwendung durch Aussiedler etwa Hosser/Taefi MschKrim 2008, 134 ff. (137 f.) (zu fünf norddeutschen VollzEinrichtungen); zu Tendenzen der Überwindung subkultureller Rigidität aber Stelly/Walter NK 2011, 52 (betr. JVA Adelsheim)) insb. **interkultureller** Ausgestaltung (vgl. auch → Rn. 51).

Rechtstatsächlich werden möglicherweise zu erwartende Ausweisung **50b** (§§ 53, 54 AufenthG; zur mehrfachen Erweiterung vgl. auch frühere Aufl.) als Grund für ein Fehlen eines hinreichenden Erziehungsplans sowie für eine – im Vergleich etwa zu deutschen JStrafgefangenen bzw. solchen, die EU-Bürger sind (für diese gilt das FreizügG/EU) – **restriktiven** Handhabung von Vollzugslockerungen verwandt (Chaidou, Junge Ausländer …, 1984, 185; DVJJ 1987, 378; DVJJ 1990, Thesen AK XV; krit. zu den Folgen Walter DVJJ-Journal 1993, 247 f.; Schmülling/Walter StV 1998, 316 ff.; Mey/Wirth FS Böhm, 1999, 611; Spindler/Tekin in Bereswill/Greve, Forschungsthema Strafvollzug, 2001, 302 ff., 308 ff.; Klose, Deskriptive Darstellung der subjektiv empfundenen Haftsituation männlicher türkischer Inhaftierter im geschlossenen Jugendstrafvollzug in NRW, 2002, 282; ergänzend zum allg. StVollzR Pohlreich ZStW 2015 (127), 411 ff.; zur Anwendung des § 456a StPO vgl. → § 1 Rn. 54; vgl. aber betr. Restaussetzung → § 88 Rn. 18).

Spezielle Betreuungsaufgaben bestehen ggü. solchen Personen, die wegen **51** „**politischer**" bzw. „**politisch motivierter Delikte**" verurteilt wurden, zumal die Möglichkeiten zu einer Verständigung im Allg. erschwert und im Einzelnen sehr unterschiedlich sind (s. zur Sicht der JGH etwa Beha Bewährungshilfe 1988, 331; Eisenberg ZfStrVo 1989, 338 f.). – Bemühungen um Unterbindung bzw. Eindämmung des Einflusses von politischem **Extremismus** bzw. von Radikalisierung innerhalb der Vollzugspraxis bedürfen in vielfältiger Weise der Legitimation und Differenzierung (vgl. wenig bestimmt als „extremistische Verhaltensweise" betr. Kontaktkontrolle etwa §§ 32 Abs. 2 Nr. 2 und 34 Abs. 3 Nr. 1 sowie betr. besondere Sicherungsmaßnahmen § 49 Abs. 3 S. 2 HessJSVollzG – vgl. betr. Sicherheitsüberprüfung Externer § 58a HessJStVollzG). Dies gilt umso mehr, als eine schriftliche Institutionenbefragung (betr. sämtliche deutsche JStVollz-Anstalten, vgl. Leuschner ZJJ 2017, 258 f.) zwar das weitgehende Fehlen einheitlicher Definitionen und die Nutzung durchaus unterschiedlicher („Merkmals"-)Auflistungen ergab (Leuschner ZJJ 2017, 258 (259, 261)), gleichwohl aber – bei aller Unterschiedlichkeit von Anstalt zu Anstalt (Leuschner ZJJ 2017, 258 (262)) – den Einsatz schärferer Sicherheitsmaßnahmen, die Erörterung bei Aufnahme und Vollzugsplanung sowie die Verwendung der Begriffe Gefährder bzw. Gefährdeter bestätigte (Leuschner ZJJ 2017, 258 (261)).

Im Einzelnen wird bzgl. als „rechtsradikal" beurteilter JStrafgefangener (s. **51a** etwa Weiß ZfStrVo 1993 sowie Polizei Führungsakademie 1994, 63 ff.; Schütze in Trenczek, Freiheitsentzug bei jungen Straffälligen, 1993, 144; zur „Motivationsbarriere" s. Frövel DVJJ-Journal 1994, 48), auf die zB seitens einschlägiger Organisationen (auch postalisch) Einfluss ausgeübt wird (vgl. OLG Jena ZfStrVo 2003, 242; Beste ZfJ 1993, 535 f. betr. Skinheads; Nickolai/Walter ZfStrVo 1994, 70), von Angepasstheit – und ggf. einer gewissen Affinität in bestimmten Einstellungen zu Aufsichtsbeamten – berichtet (Flügge ZfStrVo 2002, 84; ähnlich aufgrund qualitativer Untersuchung betr. 11 Insassen Özsöz, Rechtsextremistische Gewalttäter im Jugendstrafvollzug, 2009, 168 ff. (vgl. näher, auch betr. Vorauswahl durch die Anstalten, 71 ff.), ergänzend Özsöz MschKrim 2011, 364 ff.; zur Befragung von Insassen in Großbritannien betr. „race matters" Cheliotis/Liebling BJC 2006, 296 (298 ff.)). Zugleich erfährt für sie zB die Auffassung eines zahlenmäßig übermäßigen Anteils Nichtdeutscher bzw. von Personen anderer Ethnien bzw. (Herkunfts-)Kulturen im JStVollzug eine Bestätigung (vgl. auch → Rn. 16), sodass Vorurteile eher verstärkt und Bemühungen seitens Anstaltspädagogen oder Sozialarbeitern eher erschwert werden (vgl. schon Nickolai/Walter ZfStrVo 1994, 70). Jedoch ist zu differenzieren zwischen ideologisch verfestigten Insassen und solchen, für die eher Bedürfnisse des Selbstbildes und der (gruppen-getragenen) Identität tatveranlassend waren (vgl. näher Brandenstein, Auswirkungen von Hafterfahrungen auf Selbstbild und Identität rechtsextremer jugendlicher Gewalttäter, 2012). Andererseits sei von Beeinflussung auch seitens „politischer Djihadisten" (vgl. hierzu auch → § 3 Rn. 17 und 26) auszugehen (vgl. Dienstbühl/Abou-Taam FS 2012, 43 f., indes ohne konkrete Angaben; (aufgrund Befragungen in der JVA Adelsheim) eher einschr. zu Gefahren der Radikalisierung im Vollzug Stelly/Bartsch ZJJ 2017, 68 ff. (72 f.)). Allg. zu pädagogischen Ansätzen bei gewaltorientiertem Islamismus vgl. Nachw. bei Glaser/Figlestahler ZJJ 2016, 259 ff.; zur Uneinheitlichkeit des Vorgehens Leuschner ZJJ 2017, 256 (262).

2. Offener (oder halboffener) Vollzug

52   **a) Bedeutung.** Während § 13 E-Bund 2006 wie im StVollzG den **offenen Vollzug** als Regelfall vorsah, machen die meisten der Landesgesetze die Entscheidung im Anschluss an die Praxis der VVJug von der Beurteilung der Eignung des JStrafgefangenen im Einzelfall abhängig (vgl. § 13 JStVollzG Bln ua (in einigen der Landesgesetze heißt es „offenen oder geschlossenen", in anderen umgekehrt); vgl. klarstellend KG StraFo 2015, 261 (263): „Regelvollzugsform"), wobei im Hinblick auf die Bedeutung für das **Vollzugsziel** gewisse Risiken einzugeben sind. Im Falle der *Geeignetheit* ist die Unterbringung im offenen Vollzug *zwingend* (vgl. § 14 Abs. 1 S. 2 JStVollzG NRW; zum allg. StVollz, auch betr. etwaige Amtshaftung bei Belassen im geschlossenen Vollzug, OLG Naumburg BeckRS 2014, 02884 = NStZ-RR 2013, 124 (Ls.); zur Notwendigkeit überprüfter Tatsachen bei Ablehnung OLG Hamm StraFo 2009, 128 (betr. bloßes Telefonat einer Sozialarbeiterin), zu § 10 StVollzG). – Art. 133 iVm Art. 12 BayStVollzG, § 132 Abs. 1 iVm § 12 NJVollzG und § 13 Abs. 1 HessJStVollzG sehen den geschlossenen Vollzug als Regel vor. Damit entsprechen die Bestimmungen zwar der seitherigen Praxis, stehen aber in Widerspruch zum Erziehungsauftrag (§ 2 Abs. 1), dessen Verwirklichung grundsätzlich in Formen des offenen Vollzugs eher möglich ist (n. Walter ZJJ 2006, 242 f.). Außerdem erscheint eine solche gesetzliche Fassung insgesamt auch als nicht erforderlich iSd Verhältnismäßigkeitsprinzips. Es ist daher zw., ob diese Regelungen den verfassungsrechtlichen Vorgaben für den JStVollzug genügen (aA noch Arloth BaySt-

VollzG Art. 133 Rn. 1). – Eine *Direktladung* in den offenen Vollzug wird, sofern die LandesGe es nicht untersagen, (auch) im JStrafvollzug zulässig sein müssen (vern. OLG Frankfurt a. M. NStZ-RR 2012, 358 unter Hinweis auf § 13 Abs. 1 HessJStVollzG, entgegen dem Verbot der Schlechterstellung im Vergleich zu Erwachsenen (§ 71 Abs. 2 Nr. 2 HessStVollzG)).

Entsprechend § 91 Abs. 3 aF sehen mehrere Landesgesetze – als eine **52a** neben offenem und geschlossenem Vollzug dritte Vollzugsform – die Möglichkeit des Vollzugs in freien Formen im Bereich von Einrichtungen der JHilfe vor (vgl. § 13 Abs. 3 SächsJStVollzG („mit Zustimmung des Gefangenen"), § 98 Abs. 5 SächsJStVollzG; § 13 Abs. 3 Nr. 1 HessJStVollzG; § 14 Abs. 5 JStVollzG NRW). – § 7 JVollzGB BW IV (nebst VV Die Justiz 2017, 158) bestimmt darüber hinaus eine bei Jugendlichen stets noch vorzunehmende Prüfung (vgl. betr. Sachs. aaO §§ 13 Abs. 3, 98 Abs. 5 SächsJStVollzG wie Hess. aaO § 13 Abs. 3 Nr. 1 HessJStVollzG: nach Anhörung des Vollstreckungsleiters), ob der Gefangene in einer Einrichtung des Vollzugs „in freien Formen" untergebracht werden kann (dort gilt die Hausordnung der Einrichtung, VV aaO Die Justiz 2017, 158 Nr. 1.31), wobei die Entscheidung indes in ungebundenem Ermessen steht (vgl. zu dem Projekt „Chance" in Creglingen („Kloster Frauental") bzw. dem Projekt „Prisma" in Leonberg („Jugendhof Seehaus") Goll/Wulf ZfJ 2003, 219 ff. und vertiefend Walter ZJJ 2009, 192 ff.; speziell betr. das Projekt „Chance" AG Mosbach und OLG Karlsruhe ZJJ 2006, 332; dazu rechtstatsächlich bzw. aufgrund von Interviews Dölling ua DVJJ 2008, 119 ff. bzw. 126 ff. sowie zur Begleitforschung Dölling/Stelly ZJJ 2009, 201 ff., Dölling/Kerner GS Walter, 2014, 525 ff. und (methodisch deutlich einschränkend) Stelly ZJJ 2014, 257 ff.; zur Selektion bei der Aufnahme von Manteuffel/Trapper neue caritas 2006, 16 bzw. zu Interviews mit vier „festgelegten" Insassen Biendl, Jugendstrafvollzug in freier Form, 2005, 57 f., 79 ff., 84 ff. sowie Bericht FS 2008, 244 f. (nach fünfjähriger Laufzeit); zur Übersicht von Manteuffel FS 2007, 266 ff.; betr. „Prisma" Merckle FS 2007, 271 ff.). Auffällig ist die akzentuierte Gruppenorientierung, das durch ein starres Binnen-Normensystem gekennzeichnete Beurteilungs- und Stufenmodell (vgl. allg. krit. → Rn. 77) sowie (etwa betr. „Prisma") eine religiöse Ausrichtung, sodass insgesamt eher eine äußerlich bleibende Anpassung vorkommt, verinnerlichte Normakzeptanz und Wertorientierung aber nicht gefördert werden. Im Vergleich zur Unterbringung im offenen JStVollzug ohne Widerruf bzw. zur vorzeitigen Entlassung aus dem JStVollzug wurde die Quote derjenigen, die das jeweilige Programm durchgehalten haben, ebenso wie die Quote vorzeitiger Entlassung als deutlich niedriger berechnet, und zwar trotz erheblicher Selektion bei der Aufnahme (vgl. zum Ganzen J. Walter ZJJ 2009, 197 f., 193; betr. das Projekt „Chance" Dölling/Stelly ZJJ 2009, 202 ff., Stelly ua FS 2010, 291 ff. (Anteil mit „eigener" Wohnung von 18 % auf 39 % gestiegen, Anteil der Wohungslosen von 15 % auf 6 % gesunken)).

Grundsätzlich bietet der offene Vollzug **eher pädagogische Möglich-** **53** **keiten** als der geschlossene, zumal er die JStrafgefangenen nur in geringerem Ausmaß der Freiheit und Eigenverantwortung entwöhnt (ebenso Kreideweiß, Die Reform des Jugendstrafvollzugs, 1993, 100; für Förderung von Selbstständigkeit sowie Selbstaktivität und -kontrolle Reindl, Offener Jugendstrafvollzug als Sozialisationsorganisation, 1990, 225; s. aber zum Verhältnis zur beruflichen Ausbildung Nolting, Freigänger im Jugendstrafvollzug, 1985, 169 f.). Je offener der Vollzug, umso mehr sind tendenziell

Möglichkeiten zu Außenkontakten gegeben (vgl. etwa § 13 Abs. 4 StVollzG; zu einem zweiphasigen Modell (Erlernen von Verhaltensweisen in einem „pädagogischen Schonraum", sodann Erprobung in gesellschaftlich authentischen Feldern) s. Reindl (Offener Jugendstrafvollzug als Sozialisationsorganisation, 1990, 176–223 speziell betr. Abteilung innerhalb der JVA Hameln sowie das Fliedner-Haus Groß-Gerau), umso weniger ausgeprägt werden Gefangene emotionalen Deprivationen unterworfen und mit umso weniger finanziellen Belastungen ist die Vollzugsdurchführung verbunden. – Allerdings ergaben sich in einer Untersuchung betr. das Selbstbild von JStrafgefangenen kaum Unterschiede hinsichtlich des Kriteriums „offener" oder aber „geschlossener" Vollzug; vielmehr bestanden entsprechende Unterschiede beim Vergleich verschiedener Abteilungen innerhalb derselben Vollzugsform aufgrund der Differenzierung nach der Ausbildungssituation (s. Rieländer/Plass MschKrim 1983, 111 (112)).

54   Was die Bediensteten des allg. Vollzugsdienstes angeht, so mag sich deren berufliche Einstellung kaum von derjenigen ihrer Kollegen im geschlossenen Vollzug unterscheiden, und auch die Arbeitssituation mag vorrangig entsprechend den jeweiligen Sicherheitsregelungen, nicht aber im Sinne eines pädagogisch anderen Verständnisses differieren (vgl. zu empirischen Anhaltspunkten Ziegert MschKrim 1982, 230).

55   **b) Geeignetheit.** Wenn auch den Vollzugseinrichtungen ein Beurteilungsspielraum zugestanden wird, erschließen sich Fehlentscheidungen ggf. aus unzureichender oder gesetzeswidriger Begründung. Es ist zB hinsichtlich sog. „Missbrauchsgefahr" anerkannt, dass nicht sämtliche als prognostisch günstig erachteten Umstände bereits erfüllt sein müssen, da der offene Vollzug zur weiteren Förderung von Legalbewährung beitragen soll, und Erwägungen iSv Schuldausgleich bzw. Schuldschwere etc sind hier überholt (vgl. KG StraFo 2015, 261 (zum Allg. StR), zugleich zur Unzulässigkeit der Anlastung einer Verfahrenseinstellung nach § 45). Nur bzgl. einer negativ beurteilten Extremgruppe von Verurteilten wird davon ausgegangen, dass sie sich für den offenenen Vollzug nicht eignen (tendenziell ähnlich DVJJ 1990, Thesen AK XII; zu pauschal AV Hmb. JVBl. 2000, 46 (auch → Rn. 70); eher aA noch Arloth BayStVollzG Art. 133 Rn. 1: erhebliche Anzahl). Eine solche Beurteilung lässt sich jedoch nur eingeschränkt gem. bestimmter Straftatbestände verantworten (zur ggf. einzuholenden Stellungnahme nur einer solchen „psychiatrischen Fachkraft", die mit dem Verurteilten noch nicht therapeutisch befasst war, oder eines psychiatrischen Gutachtens, vgl. § 11 Abs. 3 S. 1, aber auch S. 2 HmbJStVollzG). – Im Einzelnen ist zu berücksichtigen, dass eine etwaige Erfahrung, die *Missbrauchs*gefahr sei umso größer, je länger die verbleibende Vollzugszeit (anders zur Fluchtgefahr OLG Celle ZfStrVo SH 1979, 1 (Ls.); s. auch Thomas ZfStrVo 1985, 228 f.) und/oder je kürzer der Zeitraum zwischen Vollzugsbeginn und -lockerung ist, von vielfältigen anderen Faktoren einschließlich jeweiligen Sicherungsformen abhängig sein wird. Zur „Rückfälligkeit" berechnete Frankenberg (Offener Jugendstrafvollzug, 1999) ein Sinken umso mehr, je größer der Anteil des offenen Vollzuges an der Vollstr insgesamt war (betr. die JStrafvollzugsanstalt Rockenberg).

55a   Entgegen dem Vorrang des *Erziehungsziels* wird (auf fachpsychologischem Hintergrund) eine vielfach nicht sachgemäße Eignungsprüfung (zur empirischen Überprüfung der Auswahlkriterien in einer JVA vormals etwa Ritt-

ner-Strenske/von der Starre ZfStrVo 1984, 201) iSv Abs. 3 beanstandet.
Rechtstatsächlich wird offener Vollzug tendenziell zurückhaltend gehandhabt und eher nur bei einer positiven Extremgruppe durchgeführt (Daten
bei Werner, Jugendstrafvollzug in Deutschland, 2012, 85 ff., 292; Dünkel ua
RdJB 2016, 437 (442 ff.): meist deutlich unter 10 %). Konkret waren nach
statistischer Aufbereitung (vorbehaltlich methodischer Einschränkungen ua
wegen ggf. regional unterschiedlich gehandhabter Definition des Begriffs
„offener" Vollzug) von den am 30.11. der Jahre 2005, 2010, 2015 und 2017
(31.8.) im JStVollzug einsitzenden 6.517, 5.782, 3.945 und 3.613 Gefangenen 581 (8,91 %), 471 (8,14 %), 368 (9,32 %) und 355 (9,27 %) im offenen
Vollzug untergebracht (vgl. StBest-St, Tabelle „Geschlossener und offener
Vollzug" (zu früheren Jahren vgl. Voraufl.); speziell zu den „neuen" Bundesländern Dünkel ZfStrVo 2002, 69 bzw. insgesamt Dünkel/Geng ZJJ 2007,
145 ff. sowie Dünkel ua ZJJ 2015, 233). Dabei handelte es sich um 25, 21,
10 und 14 weibliche Personen, bei insgesamt einsitzenden 274, 226, 149 und
144 (StBest-St Tabelle „Geschlossener und offener Vollzug"; krit. Funk NK
2009, 53). – Der Anteil der Nichtdeutschen im offenen JStrafvollzug ist ggü.
dem Anteil der Gefangenen mit deutscher Staatsangehörigkeit geringer,
hatte sich allerdings zeitweise angenähert (ua aufgrund des sich verringernden
Anteils Deutscher im offenen Vollzug). Jeweils am 31.3. betrug er im Jahre
1982 (in den „alten" Bundesländen) 5,3 % ggü. 10,5 % und in den Jahren
1992, 2006 sowie 2008–2017 (jeweils im gesamten Bundesgebiet) 7,4 % ggü.
14,3 %, 7,82 % ggü. 9,29 % sowie 6,68 % ggü. 7,24 %, 4,43 % ggü. 7,36 %,
5,87 % ggü. 8,90 %, 6,13 % ggü. 8,82 %, 7,80 % ggü. 9,38 %, 7,67 % ggü.
9,84 %, 6,88 % ggü. 10,79 %, 7,50 % ggü. 10,67 %, 6,94 % ggü. 10,05 % und
5,62 % ggü. 10,94 % (StVollzSt Tabelle 2).

c) Rückverlegung, Widerruf. Eine Rückverlegung in den geschlosse- **56**
nen Vollzug bzw. Widerruf ist nur unter engen landesgesetzlichen Voraussetzungen zulässig (vgl. zB §§ 13 Abs. 3, 17 Abs. 2 JStVollzG Bln ua (vgl.
aber auch § 13 Abs. 2 S. 2 SächsJStVollzG); ergänzend → Rn. 73). Die
VollsrLitung und ds JAmt sind umindest unvrzüglich zu benachrifigen (vgl.
§ 19 Abs. 3 S. 3 iVm § 19 Abs. 3 S. 2 JStVollzG Bln – nach S. 3 erhalten
Beistände iSv § 69 und die Verteidigung „auf Antrag" des Betroffenen „eine
Mitteilung").

Im Einzelnen handelt es sich bei den Kriterien für die Berechtigung, **56a**
aufgrund *nachträglich* eingetretener (darauf beschränkt § 14 Abs. 3 Nr. 1
HessJStVollzG) oder bekannt gewordener *Umstände* zu widerrufen, um
unbestimmte Rechtsbegriffe (vgl. auch § 18 Abs. 3 JStVollzG Bln zur Wertung: „genügen den besonderen Anforderungen nicht oder nicht mehr"),
wozu den VollzEinrichtungen von der Rspr. (trotz der Kompetenzzuweisung für die ungleich gewichtigeren Entscheidungen gem. § 88) im Allg. ein
– nur eingeschränkt überprüfbarer – Beurteilungsspielraum zugestanden
wird (vgl. betr. BAK von 0,25 mg/l bei Rückkehr aus dem Urlaub OLG
Karlsruhe FS 2009, 153: Aufhebung des Widerrufs (betr. allg. StVollzR)).

3. Spezielle Interventionsbemühungen

Das verfassungsrechtlich garantierte **Vollzugsziel** der Integration **ver-** **57**
langt, neben der Orientierung auf eine diesem Ziel entsprechende Entwicklung schlechthin (vgl. zur „Messung" Budde FS 2015, 116 ff. (für Hess.)),

nach hinreichenden Angeboten zur Therapie, deren strukturelle, sich aus dem Vollzug ergebenden Schwierigkeiten so weit wie möglich zu reduzieren sind. Zuschreibungen iSv „nicht-therapiegeeignet" verbieten sich gem. allg. methodologischen Erkenntnissen (vgl. etwa *Eisenberg* NStZ 2004, 240 ff. (zum allg. StR)), vielmehr ist solches allenfalls unter dem Vorbehalt bislang bekannter Methoden und des Befähigtseins therapeutisch befasster Personen vertretbar, und zwar selbst hinsichtlich besonders niedriger Intelligenz des Insasssen und ohnehin betr. sonstige Hemmnisse (vgl. zB betr. „autobiographisches Gedächtnis", Instabilität des Wirklichkeitsbezugs sowie (Abwehr-)"Rigidität" *Thalmann* FPPK 2013, 172 ff.). – Im Speziellen muss immer dann, wenn die Anordnung von Sicherungsverwahrung „in Betracht kommt", schon während des (J)Strafvollzugs „gewährleistet sein", dass etwa erforderliche psychiatrische, psycho- oder sozialtherapeutische Behandlungen „zeitig beginnen, mit der gebotenen hohen Intensität durchgeführt und möglichst vor dem Strafende abgeschlossen werden" (BVerfG NJW 2011, 1931 Rn. 112; vgl. näher → Rn. 176 ff.).

57a   **a) Sozialtherapeutische Einrichtung.** Einige der Landesgesetze (diesbzgl. Überblick bei *Dünkel* FS Egg, 2013, 152 ff.) sehen vor, dass JStVollzAnstalten grundsätzlich eine **sozialtherapeutische Einrichtung** erhalten (s. etwa § 107 Abs. 1 S. 2 BbgJVollzG, § 105 JStVollzG Bln ua (als Soll-Vorschrift in Sachs., SchlH und wohl auch § 24 ThürJVollzGB; vgl. aber § 104 Abs. 2 S. 2 JVollzGB LSA); §§ 132 Abs. 1, 103 NJVollzG; § 104 Abs. 2 S. 2 JVollzGB LSA; einschränkend § 59 Abs. 5 S. 1 JStVollzG NRW; näher zu Bay. *Schneider,* Strafvollzug und Jugendstrafvollzug im Bayerischen Strafvollzugsgesetz, 2010). Betreffend die Verlegung in solche Einrichtungen entsprechen die Landesgesetze überwiegend den Regelungen des StVollzG (§ 14 JStVollzG Bln ua, § 138 Abs. 1 iVm § 104 NJVollzG, § 10 HmbJStVollzG, Art. 132 BayStVollzG, § 15 JStVollzG NRW, § 12 HessJSt-VollzG), jedoch wird in mehreren Ländern – zutreffend und zur Vermeidung einer Verengung (vgl. speziell betr. wegen sexuellen Missbrauchs Verurteilte etwa *Hefendehl* MschKrim 2010, 29 (34): „vordergründig leichter zu behandeln") – der Art des Anlassdelikts weniger Bedeutung beigemessen und betr. andere Anlassdelikte für die Verlegung die Zustimmung des Insassen vorausgesetzt (vgl. § 15 Abs. 2 S. 1 UVollzG NRW, § 14 Abs. 2, 3 SächsJStVollzG (vgl. bereits Begr. ArbE Sachs. 2007, 105 bzw. Begr. ArbE Thür. 2007, 89 f.), § 10 Abs. 2 HmbJStVollzG, Art. 132 BayStVollzG bestimmen bei Delikten gegen die sexuelle Selbstbestimmung keine Mindesthöhe), was dem entsprechend eine eher knappe Fassung (ohne Benennung von Anlassdelikten) gefördert hat (so § 20 Abs. 2 S. 2 JStVollzG Bln, § 14 JStVollzG MV, § 14 SJStVollzG § 24 ThürJVollzGB, § 25 BbgJVollzG).

57b   So bildeten zum 31.3.2010 (nach Übersicht *Niemz* KrimZ, 21, sodann *Elz* KrimZ, TabelleJ-5, J-6 (online)) hinsichtlich der – nach der „schwersten Straftat" (Deliktschwerpunkt) berechneten – *Anlassdelikte* (wie vor 2005 idR, erstmals 2010 wieder) Eigentums- und Vermögensdelikte (2009 = 21,3 %; 2010 = 26 %) die zweitstärkste und im Jahre 2014 (= 30 %) sogar die stärkste Deliktgruppe im JStVollzug anstelle der Delikte gegen die sexuelle Selbstbestimmung (2009 = 24,5 %; 2010 = 21,6 %, 2013 = 24,4 %, 2014 = 23,8 %), der bis 2013 (= 31,1 %) größte Anteil entfiel indes auf eine Sammelkategorie „sonstige" (2008 = 20,1 %, 2009 = 33,9 %, 2010 = 35 %, 2014 = 26,5 %), die ihrerseits von Körperverletzungsdelikten dominiert wird

(2009 = 82,9 %, 2010 = 83,1 %, 2014 = 88,6 %). Zum 31.3. hatte der Anteil der „Tötungsdelikte" in den Jahren 1997, 2003 und 2004 mehr als 30 % betragen, seit 2008 lag er nur zweimal (geringfügig) über 20 % (Elz KrimZ, TabelleJ-5 (online)).

Sind die Voraussetzungen erfüllt, ist zu **verlegen,** dh es besteht **kein** 57c **Ermessen** der JVA (OLG Celle StraFo 2007, 436 (zum allg. StR); s. aber zur Praxis, die Subsumtion ggf. auch an der Kapazität vorgehaltener Plätze zu orientieren, Suhling/Wischka MschKrim 2008, 210). Anhaltend umstritten ist, ob der JVA bei Prüfung der Voraussetzungen ein Beurteilungsspielraum zusteht (bejahend OLG Celle NStZ-RR 2007, 284 (zum allg. StR); zur Folge dass das Gericht nicht selbst ein Gutachten in Auftrag geben dürfe, OLG Hamm NStZ 2008, 344). Andererseits sind weiterhin unbestimmt die **Voraussetzungen** hinsichtlich Entscheidungsinhalten und deren Kontrolle bzgl. **Rückverlegung** (vgl. zB § 15 Abs. 5 JStVollzG NRW; zu Fragen der Akzeptanz von Therapeuten vgl. etwa Bereswill ua ZJJ 2007, 48 ff.), obgleich daraus idR mannigfache Schlechterstellungen resultieren. Auf beiden Entscheidungsebenen ist die Wertung einer Nicht-Therapierbarkeit schon betr. Erwachsene – und umsomehr ggü. in der Reifeentwicklung befindlichen Jugendlichen und Heranwachsenden – ein (zwar administrativ funktionales, indes) empirisch kaum zugängliches und rechtlich einwandbehaftetes Konstrukt (zur Aufhebung (im Eilverfahren) mangels Tatsachengrundlage LG Hamburg StraFo 2009, 255 (betr. allg. StVollzR); vgl. näher Eisenberg NStZ 2004, 240 ff. (zum allg. StR)).

In der **Praxis** finden spezielle sozialtherapeutische Bemühungen bislang 58 nur eingeschränkt statt, und zwar bei regional nicht unerheblichem Gefälle (vgl. etwa die Befragung bei 16 Einrichtungen bzw. Abteilungen von Dünkel/Geng Bewährungshilfe 2012, 115 ff. (127); Dünkel FS Egg, 2013, 158 ff.; zu den Behandlungsangeboten in den bay. Sozialtherapien Vietor, Sozialtherapie für junge Gefangene (…), 2012, 182 ff.). Auch bedeutet die Unterbringung in einer sozialtherapeutischen Anstalt nicht von vornherein, dass auch Therapie praktiziert wird, dh der Auswahlprozess folgt mitunter eher allg. funktionalen Belangen des Vollzugsauftrags (vgl. dazu etwa Krott ua MschKrim 2008, 349 f.: keine Therapie, wenn keine Persönlichkeitsstörung diagnostiziert ist). Dabei fällt auf, dass unter den Aufgenommenen 45,5 % keine Vorstrafe aufwiesen und auch aufgrund sonstiger Anhaltspunkte (vgl. zum 31.3.2012 Niemz/Lauwitz, Sozialtherapie im Strafvollzug, 2. Aufl. 2012, 80) anzunehmen ist, dass Verurteilte (allein) wegen „schädlicher Neigungen" (§ 17 Abs. 2 Alt. 1) weniger häufig waren. – Es bestanden (nach Übersicht Elz KrimZ, TabelleJ-1, J-3 (online); vgl. ferner Dünkel FS Egg, 2013, 148 ff.), am 31.3.2014 für den JStVollzug sozialtherapeutische Abteilungen in den JVAen Adelsheim, Bln. (JSA), Crailsheim, Ebrach, Hamburg-Hahnöfersand, Hameln, Herford, Ichtershausen, Neuburg-Herrenwörth (S.), Neuburg-Herrenwörth (G), Neustrelitz, Ottweiler, Raßnitz, Regis-Breitingen, Rockenberg, Schifferstadt, Schleswig, Wittlich, Wriezen und Wuppertal mit 480 Plätzen (2005 = 148, 2009: 350, 2010: 406) und 402 (2013 = 429) Insassen (Belegungsquote 83,8 %), von denen 45,3 % (2009 = 58,1 %) 18- bis unter 21-Jährige, 43,5 % (2009 = 34,2 %) 21- bis unter 25-Jährige und 9,7 % (2009 = 7,1 %, 2013 = 10,0 %) Jugendliche waren (vgl. im Übrigen vormals Hinrichs MschKrim 1991, 17; Hinrichs DVJJ-Journal 1999, 445 ff. und Hinrichs/Werner KrimPäd 1993, 36 (betr. „Gewalttäter" in der JVA Neumünster) sowie Hinrichs/Thiel ZfStrVo 1992, 173 ff. (betr. wegen

Tötungsdelikten Verurteilte); speziell Weiß ZfStrVo 1991, 277 bzw. Seitz/
Specht KrimPäd 2002, 55 (57) zu vergleichsweise hohen Anteilen Rück-
verlegter und deren Besonderheiten „ausgeprägter Vorbelastung" und Defiziten im Schul- bzw. Leistungsbereich (jeweils betr. sozialtherapeutische
Abteilung der JVA Hameln) und Michelitsch-Traeger ZfStrVo 1991, 282 ff.
(betr. sozialtherapeutisch orientierten Wohngruppenvollzug in der Anstalt
Ludwigshafen); betr. Sozialtherapie in Hmb. AV JVerwBl. 2000, 73 f., Tauss,
Die Veränderung von Selbstkonzeptkomponenten im Inhaftierungsverlauf
jugendlicher Strafgefangener, 1992, 187 ff., 210 ff.).

58a   Hinsichtlich „Erfolgen" bestehen auch hier allg. methodische Schwierigkeiten (vgl. betr. Ergebnisse in der JVA Berlin-Plötzensee bzw. Hameln
Clemens ua in Steller ua, Straftäterbehandlung, 2. Aufl. 2003, 22 f. bzw.
Hosser ua R&P 2006, 125 ff.; Gueridon/Suhling ZJJ 2015, 133 f. (136 f.);
systematisch Eisenberg/Kölbel Kriminologie § 20 Rn. 16 ff., § 42). So ist
schon zwischen der Beeinflussung zB allg. Persönlichkeitsmerkmale (zB nach
dem FPI) und einem Bezug zu zukünftiger Legalbewährung zu unterscheiden (vgl. näher Schwedler/Schmucker MschKrim 1995 (2012), 269 ff.; krit.
betr. Sachs. Wößner ua in Dölling/Jehle, Täter, Taten, Opfer, 2013, 665:
systematische Intervention betr. als „kriminogen" beurteilter Faktoren
„nicht erkennbar" (zur Stichprobe 651)); zu Risiken gruppentherapeutischer
Verfahren etwa Bieschke in Neubacher/Bögelein, Krise – Kriminalität –
Kriminologie, 2016, 365 (370)).

59   **b) Sonstige Interventionsbemühungen.** Regelmäßig bedeutsam für
bestimmte JStrafgefangene sind **psychotherapeutische** Angebote (dazu
§ 14a SächsJStVollzG (eingef. GVBl. 2013, 250); vgl. zur JVA Arnstadt
Landgraf/Ptucha FS 2016, 352 ff. (354 f. auch krit. zu dem eingesetzten
„manual"); zur Übersicht betr. die Länder Repp ua ZfStrVo 2004, 199 f.;
zum Bedarf Köhler, Psychische Störungen bei jungen Straftätern, 2004; betr.
JVA Neumünster Müller ua FS 2007, 156 ff.) bzw. vergleichbare Interventionsbemühungen (vgl. betr. ADHS etwa Hosser ua ZJJ 2007, 249 f.; betr.
geringe Wirkungen sog. „psychosozialer Behandlung" vgl. gem. wiederholter Einzelinterviews Bosold ua PraxRPsych 2007, 274). Ohnehin angebracht sind ggf. **sozialpädagogische** Projekte (vgl. dazu etwa Blumenberg unsere jugend 1986, 343; betr. „moralische Entwicklung" Walter DVJJ-
Journal 1998, 236 ff.; zur differenzierten Akzeptanz der Insassen Boxberg
Jugendstrafe 221 ff.). – Über das Ausmaß der Verwendung von **Psycho-
pharmaka** liegen nur vereinzelte Angaben vor (Romkopf ZfStrVo 1982,
143; krit. Brühl R&P 1987, 85; ergänzend Hinrichs ZJJ 2007, 262 f.).

59a   Bzgl. bestimmter Delikte gegen die sexuelle Selbstbestimmung wurde
(vorübergehend) ein sog. **„Geschlechtsrollenseminar"** in der JVA Hameln durchgeführt (vgl. dazu Bulczak Zbl 1986, 331; Heilemann DVJJ 1987;
Gers/von der Starre Bewährungshilfe 1987, 397 (400 ff.)), das gem. der
Auswahlpraxis der „Gesprächspartnerinnen" ein erhebliches Statusgefälle
(auch betr. das Verbalisierungsniveau) aufwies, sodass ua aus diesem Grund
zB auch das – ansonsten geeignete – Ziel des Angebots von Identifizierungs-
angeboten nur begrenzt realistisch erschien (krit. im Übrigen Mey Bewährungshilfe 1988, 378; von Weizsäcker DVJJ 1990). Seit dem Jahr 2000 wird
in der Sozialtherapeutischen Abteilung der JVA Hameln betr. Personen, die
wegen Taten des genannten Deliktsbereichs verurteilt wurden, eine ver-
pflichtende Konzeption von Sozialtherapie praktiziert, wobei allerdings ca.

1/3 der Probanden als ungeeignet „abgelöst" wurden (vgl. Spitczok von Brisinski ua ZfStrVo 2005, 134 ff.; anders betr. die JVA Adelsheim, vgl. Schüßler ua ZfStrVo 2006, 274: mehr als ein Drittel unterdurchschnittliche IQ-Werte). – Zu **sexualpädagogischen** Bildungsangeboten vgl. etwa Kaplan ua FS 2017, 335 ff.

Speziell für wegen (bestimmter Tatgestaltungen der) Körperverletzung **60** Verurteilte wird von **Anti-Gewalttraining** bzw. Anti-Aggressivitätstraining unterschiedlicher Ausgestaltungen (zB körper- oder sprachorientiert) berichtet, wobei einige derselben aus methodischen wie rechtlichen Gründen zu Zweifel Anlass geben, ob eine hinreichende Zulässigkeitsprüfung seitens der Anstaltsleitung vorausgegangen ist (s. betr. die JVA Hameln Weidner ZfStrVo 1989, 295; Wolters Kriminalistik Päd 1990, 26 sowie Weidner/ Wolters MschKrim 1991, 210; Kilb/Weidner KrimJ 2002, 298 (auch betr. „Coolness-Training"=CT); betr. die JVA Neustrelitz Nagler in Egg 99, 152; zur Anwendung auch auf „rechtsorientierte" Gewalttäter Geretshauser ua DVJJ-Journal 1993, 33–36; vgl. betr. die JVA Neuburg-Herrenwörth zur pädagogischen Methodik Bauer-Cleve ua ZfStrVo 1995, 202; s. ferner Röskens ZJJ 2008, 279 ff.). Einwände beziehen sich ua auf eine stigmatisierende, belehrende Art von Pädagogik (vgl. Walkenhorst unsere jugend 1993, 388–391) bzw. auf das Mittel verbaler Gewalt (vgl. Nickolai/Walter ZfStrVo 1994, 71; krit. betr. sog. „konfrontative Pädagogik" Herz ZJJ 2005, 365 ff. (mit Erwiderung Kilb ZJJ 2006, 278 ff.) bzw. Plewig ZJJ 2007, 383 ff.; 2008, 52 ff. sowie 2013, 84 ff. (befürwortend aber Sellinger ua Bewährungshilfe 2008, 388 ff. sowie, modifiziert, Bewährungshilfe 2009, 58 ff.) und Heuer ZJJ 2012, 195 ff. wegen (gar missbräuchlichen) Funktionswandels erzieherischer Hilfe) sowie auf die Ungewissheit hinsichtlich eines Erfolges im Sinne zukünftiger Legalbewährung (vern. Ohlemacher ua in Bereswill/Greve, Forschungsthema Strafvollzug, 2001, 345 (vgl. auch die Übersicht bei Bosold ua ZJJ 2006, 27 ff.), vgl. aber auch Beck/Ptucha ZJJ 2017, 373 (375 ff.) (betr. Thür.); zur Vernachlässigung situations- und gruppenbezogener Tatumstände Scherr KrimJ 2002, 305 (308); vgl. auch Dreßing, Das Anti-Aggressivitätstraining als Maßnahme der Jugendhilfe und Jugendstrafrechtspflege, 2016, 67 ff., 186 ff.) und auf verfassungsrechtliche Schutzbelange (vgl. Rzepka unsere jugend 2004, 126; zu rechtlichen Grenzen Hein, Rechtliche Grenzen von Anti-Aggressivitätstrainings, 2007); als ein anderer Zugang zu „aggressiven" Insassen lassen sich Formen eines „emotionalen Sensitivitätstrainings" verstehen (vgl. dazu Christian/Schönenberg FS 2016, 117 ff.).– Hinzu kommen spezielle Sportprogramme (s. Wolters Bewährungshilfe 1993, 321 ff.; Wolters MschKrim 1998, 136 (betr. Evaluationsbemühen bei 15 Probanden)) – jeweils unter Inaussichtstellung von Vergünstigungen und vorzeitiger Entlassung im Falle der Teilnahme (Wolters MschKrim 1998, 136 (320); s. auch zu Testergebnissen Wolters ZfStrVo 1994, 23; vgl. aber ergänzend van den Boogaart ua DVJJ-Journal 2000, 30 f.).

4. Entlassungsvorbereitung

Diesbezügliche Maßnahmen sind ebenso wie pädagogische und therapeu- **61** tische Betreuung kontinuierlich zu gewährleisten. Hierfür hat der Gesetzgeber angesichts der besonderen Bedeutung des Vollzugsziels im JStVollzug Sorge zu tragen (BVerfG NJW 2006, 2096; zu Risikofaktoren aus empirischer Sicht (anhand jeweils drei standardisierter Interviews während des

Haftverlaufs) Grieger RPsych 2015, 5 ff., 13, 15 f.), was sich in den Gesetzen der Länder niederschlägt (§§ 19 ff. JStVollzG Bln ua, §§ 83 f. JVollzGB BW IV, § 119 NJVollzG, Art. 136 BayStVollzG (krit. zur unzulänglichen Umsetzung in der bay. Praxis Walsh NK 2014, 273 ff.), § 16 HessJStVollzG (Abs. 3 S. 5 verhält sich zu der Möglichkeit, eine Weisung betr. „elektronische Fußfessel" zu erteilen, vgl. dazu näher Fünfsinn FS Eisenberg, 2009, 691 ff. (700 ff.); abl. betr. BW Wößner/Schwedler NK 2013, 60; Ostendorf in Ostendorf § 2 Rn. 55). Indes fehlt es weiterhin an einheitlichen (bundesgesetzlichen) Regelungen betr. eine Verpflichtung der JHilfe sowie der Arbeits- und Sozialverwaltung, grundsätzlich und bevorzugt Maßnahmen (zur Unterstützung der Integration) für Entlassene aus dem JStrafvollzug zu prüfen (vgl. dazu etwa DVJJ 2008, AK 2), obwohl eine solche Verpflichtung gem. den Vorgaben des BVerfG konsequent wäre („Verbleib" nach Entlassung vgl. für Bremen Matt ZJJ 2016, 151 f.).

61a **a) Art der Maßnahmen.** Als derartige Maßnahmen kommen Vollzugslockerungen, ein besonderes Entlassungstraining (s. dazu etwa Naber in Nickolai ua, Sozialpädagogik im Strafvollzug, 1985, 135 ff.), eine Verlegung in den offenen Vollzug sowie verschiedene Formen eines der Entlassung vorgeschalteten Urlaubs/Langzeitausgangs in Betracht (nach § 19 Abs. 2–4 JStVollzG Bln ua, § 83 Abs. 2 JVollzGB BW IV, § 15 Abs. 2 Nr. 3 HmbJStVollzG: bis zu vier Monate, § 119 Abs. 2 NJVollzG: bis zu sechs Monaten; anders Art. 138 Abs. 2–5 BayStVollzG), sofern nicht schon eine vorzeitige Entlassung verantwortet werden kann bzw. angeordnet werden darf (vgl. → § 88 Rn. 14 ff., 23 ff.). Von der Häufigkeit her findet Entlassungsurlaub im geschlossenen Vollzug nur eingeschränkt statt (vgl. zu mehreren Bundesländern etwa Dünkel ua ZJJ 2015, 239: „nur eine untergeordnete Rolle"; Hinweise zur Praxis auch bei Schmidt-Esse, Lange Jugendstrafen bei jugendlichen und heranwachsenden Gewalt- und Sexualstraftätern, 2018, 142).

61b Nach Möglichkeit sind auch Familienangehörige (zu eher hohem Anteil von Elternbesuch speziell türkischer Insassen s. Klose, Deskriptive Darstellung der subjektiv empfundenen Haftsituation männlicher türkischer Inhaftierter im geschlossenen Jugendstrafvollzug in NRW, 2002, 267) oder andere anstaltsfremde Personen oder Gruppen einzubeziehen (speziell zum Einfluss von Netzwerken betr. Migranten nach Entlassung Rau, Lebenslinien und Netzwerke junger Migranten nach Jugendstrafe, 2017, 318 ff., 409 ff.), soweit sie als die Legalbewährung eher fördernd beurteilt werden (zu Aufgaben des Übergangsvollzugs s. Fleck ZfStrVo 1985, 269 ff.; vgl. zu Nachsorge betr. „Projekt Chance" Belz ua FS 2008, 17 ff.); umgekehrt hat gar eine Mitteilung von der Entlassung ggü. den Personensorgeberechtigten zu unterbleiben, wenn dadurch eine Gefährdung des Jugendlichen verursacht würde (vgl. auch VGO BW (Die Justiz 2008, 203) 46.3.3; aus der Vollzugspraxis Fiedler DVJJ 2008, 112). – Mit Ausnahme von NRW (§ 45 Abs. 1 S. 1 JStVollzG) erweisen sich die Landesgesetze insofern als einwandbehaftet, als sie hinsichtlich der verschiedenen Maßnahmen das Einverständnis des JStrafgefangenen nicht verlangen (§ 19 Abs. 1 JStVollzG Bln ua, § 83 Abs. 1 JVollzGB BW IV, § 119 Abs. 1 NJVollzG, Art. 136 Abs. 1 BayStVollzG).

61c Hinzukommen ggf. die unterschiedlichsten entlassungsvorbereitenden und -begleitenden Maßnahmen – wobei hinsichtlich der diesbzgl. Praxis

wohl nicht unerhebliche Unterschiede bestehen (für eine geringe Angebots-
häufigkeit vgl. die Aktenauswertungsdaten bei Schmidt-Esse, Lange Jugendstrafen bei jugendlichen und heranwachsenden Gewalt- und Sexualstraftätern, 2018, 142 f.; anders für ein Projekt in BW die Befragung Betroffener
und Beschäftigter bei Pruin in Dölling/Jehle, Täter, Taten, Opfer, 2013,
699 ff., 705 ff.); zur Praxis des Übergangsmanagements auch Dünkel ua
RdJB 2016, 437 (451 ff.)). In Betracht kommt die Vermittlung von Wohnung bzw. Unterbringung (für eine neue Umgebung Görken ZfStrVo 1987,
83 (86); s. aber nach Zahlen von Nikolai Bewährungshilfe 1992, 294: mehr
als die Hälfte zu Eltern oder einem Elternteil), Ausbildungs- bzw. Arbeitsstelle (so auch § 19 Abs. 1 JStVollzG Bln ua, Art. 138 Abs. 1 BayStVollzG;
weitergehend § 83 Abs. 1 JVollzGB BW IV, wonach auch ein „soziales
Umfeld" „vermittelt" werden soll) und – zusätzliche – Betreuung (vgl. VG
Müchen ZJJ 2013, 79: Bedarf nach §§ 41, 43 KJHG bejahend) sowie Aufgaben der **Schulden**regulierung (s. dazu die allg. Regelungen zur sozialen
Hilfe nach § 8 JStVollzG Bln ua, § 39 Abs. 2 S. 2 JVollzGB BW IV, § 132
Abs. 1 iVm §§ 68 ff. NJVollzG, Art. 122 iVm Art. 74 ff. BayStVollzG). In
der Lebenswirklichkeit kommt diesem zuletzt genannten Bereich gerade
auch iZm Bemühungen zur **Vermeidung** eines **„Rückfalls"** bei einem
erheblichen Anteil der Entlassenen wesentliche Bedeutung zu (vgl. etwa
schon Zimmermann, Die Verschuldung der Strafgefangenen, 1981, 40, 43;
Matzke, Leistungsbereich bei Jugendstrafgefangenen, 1982, 82; Gerstein
DVJJ-Journal 1992, 130 ff. (betr. JVA Siegburg); Nikolai Bewährungshilfe
1992, 296 (betr. BtM-Abhängige der JVA Crailsheim)), wie auch empirische
Angaben zur durchschnittlichen Höhe der Schulden erkennen lassen (nach
Klotz in Salman, Soziale Arbeit mit Straffälligen, 1986, 89 f., je Proband
durchschnittlich etwa 10.000,– DM Schulden; nach Kemter, Schulden und
Schuldenregulierung der Gefangenen in sächsischen Justizvollzugsanstalten,
2000, 140 (betr. Sachs.) durchschnittlich 14.850,– DM bzw. Median
10.000,– DM; nach Daten bei Rau ZJJ 2017, 61 (63 f.) bis 40.000 EUR (n.
auch zur Entstehung ZJJ 2017, 61 (64 f.)); betr. weibliche Gefangene im
offenen Vollzug (ohne Differenzierung nach dem Alter und gem. eigenen
Angaben) s. Bachmann ZfStrVo 1989, 279).

Das **Überbrückungsgeld** wird als oftmals zu gering zu beurteilen sein, **61d**
zumal es (zwar nur, aber immerhin) auf die Dauer von 4 Wochen bezogen
ist (§ 51 StVollzG, vormalige Nr. 43 VVJug; zur Form zinsbringender Anlage OLG Celle StraFo 2013, 172 (zu § 47 NJVollzG, betr. allg. StVollzR),
zw.). Es hat sich zudem auch als Eingliederungshindernis herausgestellt,
soweit dem Gefangenen angesichts dessen nach seiner Entlassung regelmäßig
Sozialleistungen und damit auch sonstige Fördermaßnahmen verweigert
werden (vgl. aber § 61 Abs. 1 SchlHJVollzG: Ansparen als Vermögen, und
so ggf. auch ein Zugang zur gesetzlichen Krankenversicherung unmöglich
ist. Andererseits erlaubt die Schonung des Überbrückungsgeldes nicht ohne
weiteres die Versagung einer (kostentragungspflichtigen) Ausführung (vgl.
OLG Nürnberg StraFo 2016, 351 zu Art. 37 Abs. 3 iVm Art. 51 BaySt-
VollzG (zum allg. StR)). – Mehrere Landesgesetze sehen (stattdessen) jeweils
die Möglichkeit von **Entlassungsbeihilfe** vor (§ 21 JStVollzG Bln ua, § 47
Abs. 6 JStVollzG NRW, § 84 JVollzGB BW IV, § 132 Abs. 1 iVm § 70
NJVollzG, Art. 122 iVm Art. 80 BayStVollzG (erg. Art. 150 Nr. 2), § 17
HessJStVollzG; für die Beibehaltung der Möglichkeit der Bildung von pfän-
dungsfreiem Überbrückungsgeld etwa DVJJ 2008, AK 1).

62   **b) „Koordinierung" mit dem Bewährungshelfer.** Nach überwiegender Auffassung wird eine Koordinierung mit dem BewHelfer (vgl. § 88 Abs. 6 S. 1; s. etwa Lochmann/Berner Bewährungshilfe 1992, 279; wegen der Einbeziehung des Vertreters der JGH s. § 38 Abs. 2 S. 9 aF bzw. § 38 Abs. 5 S. 5 nF nebst Erl. bei → § 38 Rn. 13; vgl. auch Mollik FS 2010, 272 ff.) bereits während (des Restes) des Vollzugszeitraums als sinnvoll beurteilt (weitergehend zB § 8 Abs. 7 HmbJStVollzG, § 14 Abs. 5 S. 2, 3, Abs. 7 BbgJVollzG). So schlug zB die JStVollzKomm (10) vor, es solle ein BewHelfer in Fällen der Verurteilung zu JStrafe bis zu einem Jahr trotz Versagens der Aussetzung der Vollstr zBew schon mit der Verurteilung, und in den anderen Fällen frühestens drei Monate vor dem gesetzlich frühestmöglichen Entlassungszeitraum bestellt werden.

62a   Mitunter finden sich unter räumlich überschaubaren Voraussetzungen Verwirklichungen des Konzepts durchgehender Betreuung im Rahmen eines einheitlichen Sozialdienstes (zu entspr. Weisung AG Berlin-Tiergarten NStZ 1988, 428 mzustAnm Matzke). Während des Vollzugs soll der BewHelfer um die (materiellen wie ideellen) Voraussetzungen zur Entlassung bemüht sein und dazu zB Gespräche und Abreden mit Kontakt- bzw. Bezugspersonen (etwa mit den Eltern) außerhalb der JStVollzAnstalt anstreben, sozialtechnische Hilfen leisten sowie die Vorbereitung der Schadenswiedergutmachung und/oder der Schuldentilgung vornehmen (allg. zur Forderung nach „Vorbetreuung" als Pflichtaufgabe des BewHelfers DVJJ 1990, Thesen AK XV; vgl. im Übrigen → § 88 Rn. 38, 39).

63   Unbeschadet solcher Vorzüge ist nicht zu übersehen, dass eine durchgehende „Betreuung" jedenfalls auch eine durchgehende **Kontrolle** darstellt. Im Übrigen kann es in mancherlei Hinsicht vorteilhaft sein, wenn der BewHelfer dem Entlassenen gewissermaßen unbelastet von Kenntnissen über Geschehnisse des Vollzugszeitraums und ohne die personifizierte Erinnerung an den JStVollzug begegnet.

64   **c) Förderung und institutionelle Belastungen des „Übergangs".** Es sollte in allen Bundesländern die Möglichkeit geschaffen werden, den Entlassenen in einer Krisensituation kurzfristig **wieder** in die JStVollzAnstalt **aufzunehmen** (vgl. schon JStVollzKomm 48; Denkschrift 1977, 39; restriktiv auch § 125 StVollzG). So mag mancher „Rückfall" ua aus dem *unbewussten* Motiv heraus geschehen, wieder in die JVA zurück zu gelangen, weil die Entlassenen Angst vor dem „Draußen" haben bzw. sich dessen Anforderungen nicht gewachsen fühlen (vgl. dazu Lempp DVJJ-Journal 1994, 60 f.). Diesbzgl. Regelungen enthalten eingeschränkt § 85 Abs. 3 S. 3 JVollzGB BW IV, § 18 Abs. 3 S. 1 HmbJStVollzG, § 48 Abs. 2 JStVollzG NRW (gem. Abs. 6 ist bei Minderjährigen die Einwilligung der Personensorgeberechtigten vorausgesetzt; zw.), Art. 137 Abs. 2 S. 2 BayStVollzG (ab 1.1.2011, vgl. Art. 210 Abs. 1). In Extremfällen wird einer etwaigen Gefahr des missbräuchlichen Sich-Einschleusens vorzubeugen sein (soweit etwa die Nutzung der Gesundheitsvorsorge das Motiv sein sollte, könnte dem durch Begrenzungen begegnet werden). – In geeigneten Fällen kann es zur Entschärfung der Konfrontation mit Ungewissheiten nach Entlassung beitragen, wenn die Unterkunft in Freiheit weiter finanziert wird (vgl. betr. Extremfall BSG SozR 4–3500 § 67 Nr. 1 (zur Haftdauer → Rn. 19); näher Hammel ZJJ 2015, 157 f., 265 ff.).

Zum **Übergangsmanagement**, das reintegrationsförderliche Maßnah- 65
men verschiedener Institutionen anhand einer indivuduumsbezogenen Planung koordiniert (zu Empfehlungen aus der Praxis vgl. Befragungsdaten bei
Pruin ua ZJJ 2016, 247 ff.; ferner etwa DVJJ-BAG 2017, 17 f.), gibt es
inzwischen erste spezielle Vorgaben (vgl. §§ 8 ff. HmbResOG; dazu Maeli-
cke ZJJ 2018, 327 (329 f.)). Zur Praxis liegen mehrere empirische Untersuchungen vor (vgl. etwa Pruin in DGHP Juvenile), die ua Konflikte zwischen Freien Trägern (zu deren Bedeutung in der Praxis aber Sehrbrock-
Wernicke ZsozStRpflege 2013, 23 ff.) und öffentlichen Institutionen erkennen lassen (vgl. (betr. sog. „Intensivtäter", dazu krit. → § 5 Rn. 85a, 85b) zu
einem Projekt Freier Träger und der JHilfe Plewig/Kohlschmidt FS 2011,
342 sowie näher Plewig/Kohlschmidt in Maelicke/Plewig, Erfolgreich, aber
gescheitert, 2016, 13 ff. (zuvor Plewig, Endbericht, DVJJ online, 21.11.2012)
und speziell zur „Rückfallquote" (=JStrafe ohne Aussetzung der Vollstr
zBew der N=24 Betreuten nach zwischen zwei und vier Jahren) von nur
13 % Plewig ZJJ 2015, 395 ff., sodann aber Auslaufen des Projekts aufgrund
landespolitischer Ablehnung der Finanzierung, vgl. Maelicke/Plewig, Erfolgreich, aber gescheitert, 2016, 4; vgl. aber auch Becker Bewährungshilfe
2015, 5 ff. betr. ESF-Bundesprogramm „XENOS – Integration und Vielfalt"). – Bedeutsam ist auch, dass ggü. (wiederholt) vorbestraften Personen
eine **erhöhte** strafrechtliche **Verfolgungsintensität** besteht (vgl. zum Ausland betr. sog. Notunterkünfte etwa Grommon CPP 2016 (17), 827 ff.;
LeBel CPP 2016 (17), 891 ff.: „principle of less eligibility"), wobei schon die
private Anzeigebereitschaft gesteigert ist (vgl. auch → § 88 Rn. 40) und im
Übrigen die zuständigen Behörden sich untereinander Mitteilung etwa über
den Zeitpunkt der Entlassung oder über Änderungen des Wohnsitzes machen (vgl. neben §§ 2 Abs. 1, 13 Abs. 1 S. 1 und 2 bzw. § 13 Abs. 1 S. 3
BKAG, die regional durchaus unterschiedlich ausgelegt zu werden scheinen;
vgl. speziell zB VGO BW (Die Justiz 2008, 203) 46.3.1 betr. jede Entlassung
in Freiheit, spezieller betr. Urlaub oder Freistellung aus der Haft 39.2 S. 1
oder S. 2). Diese Sachlage kann in der praktischen Auswirkung zu unmittelbaren Konflikten zwischen der betreuenden Tätigkeit (von BewHelfern und
Privatpersonen) einerseits und den Bemühungen (von anderen Privatpersonen sowie der Polizei wie auch der kontrollierenden Funktionen der
BewHelfer) um strafrechtliche Erfassung von Verhalten andererseits führen
(n. dazu Eisenberg/Kölbel Kriminologie § 37 Rn. 33f). – Hinzukommen
ggf. Beeinträchtigungen durch Mitteilungen an den Verletzten (§ 406d
Abs. 2 StPO; vgl. zur Einschränkung des Datenschutzes zB § 89 Abs. 5 S. 3,
Abs. 6 S. 2 SJStVollzG; vgl. für NRW FS 2012, 104 f. bzw. 134 (Walter,
jeweils wohl betr. allg. StVollz)).

V. Lockerungen (einschließlich Urlaub/Langzeitausgang) im Jugendstrafvollzug

Die Gesetze der Länder sehen als Vollzugslockerungen jeweils Außen- 66
beschäftigung, Freigang, Ausführung und Ausgang (ggf. zusammenhängend
bis zu sechs Monaten § 19 Abs. 3 SächsJStVollzG) vor, teilweise wird auch
Urlaub/Langzeitausgang unter diesen Begriff gefasst (§ 15 JStVollzG Bln ua,
§ 42 Abs. 3 JStVollzG NRW, § 9 JVollzGB BW IV, Art. 134 iVm Art. 13

Abs. 1 BayStVollzG, § 13 Abs. 3 HessJStVollzG; vgl. auch § 119 Abs. 2
NJVollzG), wie sich in der Ersetzung des Begriffs Urlaub durch Langzeit-
ausgang bestätigt (vgl. nur § 46 Abs. 1 S. 1 Nr. 3 BbgJVollzG, § 46 Abs. 1
S. 1 Nr. 3 ThürJVollzGB, § 45 Abs. 1 S. 1 RhPfLJVollzG wie JVollzGB
LSA). Dabei ist die Handhabung regional durchaus unterschiedlich (vgl.
etwa betr. begleiteten Ausgang die Zulassung Externer (vgl. ua § 45 Abs. 1
S. 1 Nr. 1 RhPfLJVollzG und § 45 Abs. 2 Nr. 2 JVollzGB LSA, § 13 Abs. 3
S. 1 Nr. 4 HessJStVollzG; zu (vormals) vergleichsweise niedrigen Zahlen
betr. Ausgang und Freigang in mehreren sog. „neuen" Bundesländern Dün-
kel ua ZJJ 2015, 233 ff. (238 ff.)).

1. Voraussetzungen

67 a) **(Negativ-)Voraussetzungen.** Als zentrale Voraussetzungen machen
die Landesgesetze – nicht anders als das StVollzG – die Gewährung von
Lockerungen davon abhängig, dass **keine Flucht- oder Missbrauchs-
gefahr** besteht (§ 15 Abs. 2 JStVollzG Bln ua (sprachlich modifiziert § 44
Abs. 2 JStVollzG Bln), § 9 Abs. 1 BWJVollzGB, § 132 Abs. 1 iVm § 13
Abs. 2 NJVollzG, Art. 134 Abs. 2 BayStVollzG, § 13 Abs. 2 S. 2 HessJSt-
VollzG). Jedoch würde eine voraussichtliche MindestvollstrZeit (zB 18 Monate oder mehr) dem Förderungsprinzip widersprechen (zutr. daher § 12
HmbJStVollzG (entgegen vormaliger Nr. 8 Abs. 10a VVJug)). Teilweise
bringen die Gesetze dabei mit ihrem Wortlaut („verantwortet werden kann
zu erproben") die auch für den Erwachsenenvollzug allg. vertretene Auffassung zum Ausdruck, dass diese prognostischen Entscheidungen in keinem
Fall sicher zu treffen sind, sondern vielmehr im Hinblick auf die Erreichung
des Vollzugsziels (zur Bedeutung von Lockerungen hierfür Walter ZJJ 2006,
242 f.) ein gewisses Risiko einzugehen ist. Indes ist zu besorgen, dass die
Regelungen ggf. einen weiteren Beurteilungsspielraum begründen als im
allg. StVollzug (vgl. etwa Art. 134 Abs. 2 ggü. Art. 13 Abs. 2 BayStVollzG).
– Auf das **Bestreiten** der **Tatbegehung** darf die Annahme von Flucht- oder
Missbrauchsgefahr *nicht* gestützt werden (OLG Celle NStZ-RR 2009, 64;
OLG Hamm BeckRS 2015, 18004 (jeweils zum allg. StVollzR); vgl. auch
→ § 88 Rn. 12).

67a Abzulehnen sind solche Regelungen, die – anders als das StVollzG und
§ 42 Abs. 1 S. 1 JStVollzG NRW (einschr. betr. Ausführung Abs. 4),
Art. 134 Abs. 2 BayStVollzG – die Zustimmung des Gefangenen nicht zur
Voraussetzung für die Gewährung machen (§ 15 JStVollzG Bln ua, § 9
JVollzGB BW IV), da dies einer Förderung eigenverantwortlichen Handelns
und somit der Erreichung des Vollzugsziels entgegensteht (vgl. schon Eisen-
berg/Singelnstein ZKJ 2007, 186; ähnlich Ostendorf in Ostendorf § 2
Rn. 44).

68 Mitunter sehen die Landesgesetze im Gegensatz zum StVollzG für bestimmte Gefangene ausdrücklich eine **besondere Prüfung** im Vorfeld von
Entscheidungen über Vollzugslockerungen vor. So sind besondere Voraussetzungen, wie sie regelmäßig in (für Gerichte nicht verbindlichen) VV
geregelt werden (vgl. betr. offenen Vollzug etwa VV BW Die Justiz 2017,
159 Nr. 2.13), in § 11 Abs. 3 S. 1 HmbJStVollzG enthalten, und zwar ua
betr. wegen Delikten gegen die sexuelle Selbstbestimmung oder „grober
Gewalttätigkeit" Verurteilte, und zwar teilweise unabhängig von dem Strafmaß (enger vormals AV Hmb. JVBl. 2000, 46 und schon 1997, 51; vgl. auch

Rundschreiben JuM RhPf JBl. 2000, 169 sowie AV Bln. ABl. 2005, 2682).
Eine vertiefte Prüfung verlangt (eher pauschal) etwa Art. 135 Abs. 3 iVm
Art. 15 BayStVollzG für Gefangene, die wegen Tötungsdelikten oder be-
stimmten Delikten gegen die sexuelle Selbstbestimmung verurteilt sind. Die
Einschränkungen gem. VV BW (Die Justiz 2017, 158 ff.; s. aber Stelly/J.
Walter MschKrim 2008, 270 ff.) sind teilweise konkret (zB Verurteilung zu
drei Jahren), teilweise allerdings überhöht. – Eine zusätzliche Einschränkung
von Lockerungen ergibt sich aus der Berücksichtigung etwaiger Belange des
Verletzten der Anlasstat und entsprechender Anwendung des § 406d Abs. 2,
Abs. 4 StPO (vgl. § 12 Abs. 5 HmbJStVollzG (eingef. GVBl. 2013, 211);
zurückhaltend § 17 S. 2 SächsJStVollzG: „nach Möglichkeit", andererseits
aber zum Besuchsverbot § 48 Nr. 3, zur Benachrichtigung § 88 Abs. 5 S. 5
und 6).

Eher unbestimmt wird gem. § 132 Abs. 1 iVm § 16 NJVollzG bei einzel- **68a**
nen Gefangenengruppen sowie bei mutmaßlichen Drogennutzern eine Begutachtung oder körperliche Untersuchung angeordnet (ohne Anordnung
darf der Antrag auf Lockerung nicht wegen Beurteilungsschwierigkeiten
abgelehnt werden (OLG Celle NStZ-RR 2009, 64, betr. allg. StVollzR)),
und im Fall von Weigerungen durch den JStrafgefangenen ist Abs. 3 zufolge
idR der (unzulässige, vgl. → Rn. 130) Schluss zu ziehen, dass die Voraussetzungen der Lockerungsgewährung nicht vorliegen. Mit der Zuweisung an
das unmittelbar der Fachaufsicht des JuM unterstehende „Prognosezentrum"
bei der JVA Hannover, das eine personelle Dominanz der Psychologie
(davon drei weibliche Personen (1 männlich), vgl. aber → Rn. 15) neben
einem Psychiater aufweist (Pädagogik, Kriminologie oder Soziologie etc sind
nicht repräsentiert) und ua der Vermeidung externer Gutachten dient, könnten ggf. ein institutionelles Verhaftetsein ebenso wie eine Minderberück-
sichtigung der (auch methodischen) Besonderheiten (vgl. nur → § 43
Rn. 34 ff.) bei Jugendlichen bzw. Heranwachsenden einhergehen, und zudem werden zB „Mindestanforderungen" (vgl. dazu etwa Eisenberg BeweisR StPO Rn. 1605 Fn. 91) bejaht (s. Steinhilper ua FS 2008, 163 ff.
(165)). – Die Einschränkungen gem. VV BW (Die Justiz 2010, 109 (154 ff.);
s. aber Stelly/Walter MschKrim 2008, 270 ff.) sind teilweise konkreter (zB
Verurteilung zu drei Jahren), teilweise allerdings überhöht (zB aufgrund
Gutachtens entgegenstehender Grund „hinreichend sicher ausgeschlossen").

b) Anspruch auf ermessensfehlerfreie Bescheidung. Auf der **Rechts-** **69**
folgenseite hat der JStrafgefangene seither nach allg. Ansicht **keinen** unmittelbaren **Anspruch** auf Vollzugslockerungen, sondern **nur** auf ermessensfehlerfreie Bescheidung (vgl. etwa OLG Hamm ZfStrVo 1985, 248;
OLG Stuttgart Die Justiz 1987, 76). Dies ist in den Gesetzen der Länder
beibehalten, die – nicht anders als gem. dem StVollzG – die Entscheidung
bei Vorliegen der Voraussetzungen in das Ermessen der Anstalt stellen (§ 15
Abs. 2 JStVollzG Bln ua (in Sachs. Soll-Vorschrift), § 16 Abs. 1 JStVollzG
NRW, § 9 Abs. 1 JVollzGB BW IV, § 132 Abs. 1 iVm § 13 Abs. 2
NJVollzG, Art. 134 Abs. 2 BayStVollzG, § 13 Abs. 2 HessJStVollzG). –
Unabhängig davon kommt der Gewährung von (zumal außengerichteten)
Lockerungen die Funktion eines zentralen **Disziplinierungsmittels** für
anstaltskonformes Verhalten zu (vgl. etwa § 42 Abs. 1 S. 2 JStVollzG NRW:
als Ermessenskriterien ua „Mitwirkungsbereitschaft", „sonstiges Vollzugsver-
halten"; s. näher Grosch, Lockerungen im Jugendstrafvollzug, 1995, 358 ff.).

70   Bei der Ermessensentscheidung sind **Sicherungsbelange** (vgl. vormals Nr. 6 Abs. 2 bzw. Nr. 8 Abs. 9 VVJug) weniger ausgeprägt zu berücksichtigen als im Freiheitsstrafenvollzug, und es kommt dem Erziehungsziel ein höherer Stellenwert zu (**Abs. 1** und **4** ggü. § 2 S. 2 StVollzG; vgl. → Rn. 27). Dies gilt angesichts der verfassungsrechtlichen Vorgaben (vgl. → Rn. 3, 22 ff.) auch zukünftig und unbeschadet der in den Gesetzen der Länder erhöhten Bedeutung des Schutzes der Allgemeinheit (→ Rn. 25f). Eine Beurteilung entgegen den einschlägigen Vorschriften des JGG und der seitherigen VVJug war daher verfehlt (vgl. aber OLG Celle 13.2.1986 – 3 VAs 3/86 bei Böhm NStZ 1987, 444; s. für Bln. AV SenJust ABl. 2005, 2682, wonach die seitherigen Nr. 6 Abs. 12a und c–e sowie Nr. 8 Abs. 10a, b, d und e VVJug keine Anwendung fanden; vgl. für BW zur Zustimmungsbedürftigkeit durch das JuM unter bestimmten Voraussetzungen VV Die Justiz 2010, 109 (154 ff.)). Im Einzelnen widersprachen die vormaligen Nr. 6 Abs. 13, Nr. 8 Abs. 12 sowie Nr. 30 Abs. 4 und 6 tendenziell den vorgenannten Grundsätzen (s. aber auch AV Hmb. JVBl. 2000, 46; Rundschreiben JuM RhPf JBl. 2000, 169), und ohnehin war der jeweilige S. 2 aE wegen der ihm innewohnenden Unbestimmtheit verfehlt (vgl. näher Eisenberg/Kölbel Kriminologie § 58 Rn. 60).

71   Soweit die Lockerungen von der Erfüllung der **Mitwirkungspflicht** abhängig gemacht werden (so § 15 Abs. 2 S. 2 JStVollzG Bln ua (außer Bln.; einschr. Sachs.: nur „im Einzelfall"), § 42 Abs. 1 S. 2 JStVollzG NRW; vgl. auch Dünkel ua ZJJ 2015, 234 (237)), ist dies aus den bereits genannten allg. Gründen **abzulehnen** (vgl. → Rn. 44f; vgl. auch OLG Celle NStZ-RR 2009, 64 (betr. allg. StVollzR)). Die Berücksichtigung der Schwere der Schuld ist bei der Versagung von Vollzugslockerungen nur wesentlich eingeschränkter als (nach herrschender Rspr.) im allg. Strafvollzugsrecht zulässig (vgl. auch → Rn. 27, 70 sowie 79), während generalpräventive Belange ausscheiden (vgl. dazu → Rn. 27; Bedenken begegnet insofern zB die gem. § 9 Abs. 4 JVollzGB BW IV gewahrte, an bestimmte urteilsbezogene Voraussetzungen geknüpfte Zustimmungsbedürftigkeit durch das JuM (Die Justiz 2010, 109 (154 ff.))).

72   Gemäß Nr. 6 Abs. 1 S. 2 der vormaligen VVJug wurden Lockerungen nur zum Aufenthalt innerhalb des Geltungsbereichs des JGG gewährt, und sie waren nach Nr. 6 Abs. 8c bzw. Nr. 8 Abs. 7c der vormaligen VVJug ausgeschlossen bei Gefangenen, gegen die eine vollziehbare **Ausweisungs**verfügung für den Geltungsbereich des JGG besteht *und* die aus der Haft *abgeschoben* werden sollen (vgl. aber näher Zieger/Nöding Verteidigung Rn. 260, speziell auch betr. Freigang). Gemäß Nr. 6 Abs. 11d der vormaligen VVJug waren ungeeignet für Lockerungen nach Nr. 6 Abs. 8 „idR" ua solche Gefangene, gegen die ein Ausweisungsverfahren anhängig ist (weniger restriktiv AV Bln. v. 4.7.2005, ABl. 2682 f.).

73   c) **Weisungen; Widerruf.** Weiterhin sehen die Gesetze der Länder Möglichkeiten vor, Weisungen zu erteilen (vgl. zB § 46 JStVollzG Bln (nach S. 3 sind auch Belange „der Verletzten von Straftaten" zu berücksichtigen)). Indes fehlt es weithin an hinreichender Bestimmtheit betreffs Geeignetheit und Grenzen der Zulässigkeit. – Im Übrigen finden sich Vorschriften dazu, Lockerungen in bestimmten Fällen zu widerrufen (§ 17 Abs. 2 JStVollzG Bln ua (§ 87a SJStVollzG), § 11 JVollzGB BW IV, § 132 Abs. 1 iVm § 15 Abs. 2 NJVollzG, Art. 122 iVm Art. 16 BayStVollzG, § 14 HessJStVollzG (zur Anwendung des HessVerwVerfG im Allg. vgl. § 5 Abs. 5 RegE-JStVollzG-ÄndG)), die im Wesentlichen den Regelungen des § 14 StVollzG entsprechen (vgl. aber auch → Rn. 165).

d) Strafrechtlich relevante Verantwortung Bediensteter. Im Ein- **74** klang mit der ggü. dem allg. Strafvollzug unterschiedlichen Akzentuierung der Vollzugsaufgaben (vgl. → Rn. 22 ff., 27 ff. sowie Abs. 3) sind Fragen einer etwaigen Strafbarkeit von Vollzugsbediensteten bei **fehlgeschlagenen Lockerungen** anders zu beurteilen als betr. den allg. Strafvollzug (vgl. zum Maßregelvollzug LG Göttingen NStZ 1985, 410; s. ergänzend StA Paderborn NStZ 1999, 51 mAnm Pollähne).

2. Lockerungsmaßnahmen

a) Art. Die Maßnahmen umfassen im geschlossenen Vollzug zB den **75** Besuch von bzw. die Mitwirkung bei Sportveranstaltungen (zum Radrennsport s. Weiß ZfStrVo 1988, 211; s. speziell zu „DLRG-Rettungswache" Hucht ZfStrVo 1986, 92; zu sonstigen erlebnispädagogisch orientierten Programmen s. Wagner ZfStrVo 1989, 285), Spaziergänge außerhalb der JStVollzAnstalt auch mit Angehörigen, Besuch „freier" Sportvereine und von Kontakt- bzw. Bezugspersonen außerhalb der JStVollzAnstalt, im Übrigen größere Freizügigkeit im Inneren der JStVollzAnstalt. Lockerungen aus wichtigem Anlass bzw. besonderen Gründen regeln zB §§ 15 Abs. 3, 16 Abs. 2 JStVollzG Bln ua (§ 16 SächsJStVollzG), § 10 JVollzGB BW IV. Eine etwaige Erwartungsverletzung bei diesen Vollzugslockerungen darf **nicht vorrangig repressiv** geahndet werden und erneuten Versuchen nicht entgegenstehen (Böhm in Elster/Lingemann/Sieverts KrimHdWB 529). Das Gleiche gilt betr. vorausgegangenen Therapieabbruch bei Drogengefährdeten, zumal ein „Rückfall" grundsätzlich einzukalkulieren ist (vgl. näher → § 82 Rn. 24).

b) Einzelne Tendenzen in der Praxis. Vorbehaltlich begrenzter Ein- **76** heitlichkeit der Angaben sowie abgesehen von regional erheblichen Unterschieden scheinen indes Freigang und teilweise auch Beurlaubung/Langzeitausgang **restriktiver** gehandhabt zu werden **als im Erwachsenenstrafvollzug** (vgl. auch Dünkel/Geng ZJJ 2007, 149: im geschlossenen JStVollzug „praktisch nicht existent", vgl. sodann auch Dünkel ua ZJJ 2015, 233 ff.; Dünkel ua RdJB 437 (446 ff.)). Im Einzelnen beanstandete Böhm (NStZ 1985, 449) dies auch hinsichtlich der Beurteilung einer noch **verbleibenden VollstrDauer** (betr. KG 9.4.1995 – 4 VAs 8/85, wonach ein JStrafgefangener bei voraussichtlich noch 18 Monaten für Vollzugslockerungen ungeeignet sei) – eine mit § 91 Abs. 1 und 3 aF schwerlich zu vereinbarende Entscheidung (nicht ganz unbedenklich auch OLG Frankfurt a. M. 25.5.1993 – 3 VAs 9/93 bei Böhm NStZ 1993, 529). Hingegen wurde die Versagung eines **Freigangs** zwecks Besuchs der Gewerbeschule zur Erlangung eines höheren Schulabschlusses aufgehoben (und zwar unbeschadet dessen, dass der in Rede stehende Abschluss auch in einem Fernkurs erreicht werden könnte und dass bis zur Vollstr der Hälfte bzw. von zwei Dritteln der 10-jährigen EinheitsJStrafe noch 5 bzw. knapp 25 Monate ausstanden), da **Belange** des **Schuldausgleichs** ggü. solchen der Erziehung (Abs. 1, Abs. 2 S. 1, 2) **zurückzustehen** haben (OLG Stuttgart NStZ 1987, 430 mAnm Schüler-Springorum und Funck).

77   **c) Aufgelockerte und freiere Vollzugsformen.** Solche waren im früheren § 91 Abs. 3 vorgesehen, sind jedoch in den Gesetzen der Länder nur teilweise angeführt (s. etwa § 15 Abs. 1 Nr. 3 JStVollzG Bln ua (§ 44 Abs. 1 Nr. 5 JStVollzG Bln); speziell §§ 13 Abs. 3, 98 Abs. 5 SächsJStVollzG, § 9 Abs. 1 JVollzGB BW IV; vgl. auch → Rn. 52a). Sie können sowohl durch die Öffnung der Anstalten nach innen wie auch nach außen erprobt werden. Beide Möglichkeiten sollen die Fähigkeit des JStrafgefangenen (zur Relevanz für die §§ 120, 121 StGB unbeschadet der Heimaufsicht durch das Landesjugendamt AG Mosbach und OLG Karlsruhe ZJJ 2006, 332), eigene Verantwortung zu übernehmen, fördern bzw. die Bereitschaft dazu wecken. Dabei soll auch die Bewältigung gefährdender Situationen erlernt werden, dh es muss seitens der JStVollzAnstalt auch ein gewisses Risiko eingegangen werden (vgl. ergänzend → Rn. 37, 126). Da die Bemühungen zur Erreichung des Erziehungsziels im JStVollzug ggü. der Sicherungsaufgabe einen weit höheren Rang als das Vollzugsziel ggü. der Sicherungsaufgabe in § 2 StVollzG haben, dürfen im JStVollzug nur ernste Gefahren für die allg. Sicherheit eine aus erzieherischen Gründen erforderliche Lockerung hindern (vgl. schon JStVollzKomm 18).

77a   Tatsächlich ist die Anordnung aufgelockerter und freierer Vollzugsformen mit **Elementen** eines **Stufenstrafvollzugs** verknüpft. Entsprechende Tendenzen werden ua damit zu begründen versucht, es sollten Erziehungsmängel durch ein zeitlich gedrängtes (erneutes oder nachträgliches) Durchlaufen verschiedener Entwicklungsphasen, in denen die Erziehung von deutlicher Führung bis zu möglichst umfangreicher eigener Entscheidungskompetenz reiche, ausgeglichen werden. So erhält der JStrafgefangene Vollzugsvergünstigungen meist erst mit zunehmender Verweildauer und Anpassung an die von der JStVollzAnstalt an ihn gestellten Anforderungen. Indes bestehen insoweit Bedenken sowohl hinsichtlich statischer Elemente als auch dahingehend, dass ein Vergünstigungssystem wegen des (zunächst) meisterwünschten (Grosch, Lockerungen im Jugendstrafvollzug, 1995, 352 ff.) Zieles außengerichteter Vollzugslockerungen zu Manipulation und Scheinanpassung führen und seine Funktion iErg in der (informellen) anstaltsinternen **Disziplinierung** (zust. Kreideweiß, Die Reform des Jugendstrafvollzugs, 1993, 111; s. auch Walter MschKrim 1993, 273 sowie DVJJ 1990, Thesen AK XV) finden kann. Im Einzelnen ergibt sich als erste Stufe der (zu mehreren Wochen dauernde) Eingangsvollzug in einer Aufnahmeabteilung unter Trennung in Einzelhaft und als zweite Stufe die Gemeinschaftshaft mit zur Entlassung hin größer werdenden Möglichkeiten an Vergünstigungen bzw. eines Spektrums an Vollzugslockerungen nach innen und außen.

3. Urlaub/Langzeitausgang

78   **a) Dauer.** Unter den gleichen Voraussetzungen und Bedingungen wie (sonstige) Vollzugslockerungen (→ Rn. 67 ff.) können pro Jahr bis zu 24 (§ 16 JStVollzG Bln ua, § 42 Abs. 3 JStVollzG NRW, § 13 Abs. 3 Nr. 5 HessJStVollzG, § 9 Abs. 2 JVollzGB BW IV) bzw. 21 Tage (§ 132 Abs. 1 iVm § 13 Abs. 1 Nr. 3 NJVollzG, Art. 135 BayStVollzG) **Urlaub** gewährt werden (zum Entlassungsurlaub → Rn. 61a). – Ist eine durch VV bestimmte *Antragsfrist* überschritten, so entbindet dies die VollzEinrichtung nicht von einer Prüfung, da eine VV keine materielle Ausschlussfrist begründet (vgl.

KG StraFo 2013, 216, betr. Antrag kurz vor Ablauf des Urlaubsjahrs (zum allg. StVollz)).

b) Versagung. Betreffend ein (neuerliches) Ermittlungsverfahren als Versagungsgrund gelten als Minima die Grundsätze des allg. Strafvollzugsrechts (vgl. dazu OLG Celle StV 2005, 340), die Anstalt muss sich eigenverantwortlich zumindest zur Frage einer Substantiierung des Tatvorwurfs und zum Ermittungs- bzw. Verfahrensstand verhalten (OLG Hamm NStZ-RR 2017, 327 (zum allg. StVollzR)). − Zweifelhaft ist die Vertretbarkeit solcher Regelungen (vgl. → Rn. 45) bzw. Auslegungen, denen zufolge ein Urlaub/ Langzeitausgang alleine wegen mangelnder Bereitschaft zur Mitarbeit am Vollzugsziel versagt werden dürfe (so vormals KG 23.3.1986 − 2 VAs 2/83 bei Böhm FS Blau, 1985, 200; ähnlich OLG Hamm NStZ 2004, 227). Gemäß § 4 Abs. 1 S. 1 StVollzG wäre dies für den Freiheitsstrafvollzug unzulässig, sodass ua eine Schlechterstellung Jugendlicher ggü. Erwachsenen in vergleichbarer Verfahrenssituation (dazu → § 45 Rn. 7 ff.) bewirkt würde (zust. Grosch, Lockerungen im Jugendstrafvollzug, 1995, 105). Auch können Belange des Schuldausgleichs zumindest dann nicht der Gewährung von Sonderurlaub (zur Entlassungsvorbereitung) entgegenstehen, wenn eine Entlassung schon nach Vollstr der Hälfte der Strafdauer vorgesehen ist (OLG Stuttgart Die Justiz 1987, 114). **79**

VI. Unterbringung, Einkauf, Kleidung

1. Unterbringung

Bezüglich dieser Frage und damit des Kontakts innerhalb des Vollzuges haben gesetzliche Regelungen nach verfassungsrechtlichen Vorgaben einerseits zu berücksichtigen, dass als „positiv" beurteilte Kontakte im Sinne sozialen Lernens nicht unnötig beschränkt, sondern gefördert werden. Andererseits sind die JStrafgefangenen vor Übergriffen und sonstigen schädlichen Einflüssen zu schützen (vgl. nur § 3 Abs. 5 S. 2 3 JStVollzG Bln; BVerfG NJW 2006, 2096; betr. Passiv-Rauchen eine Verletzung des Art. 2 Abs. 2 S. 1 GG bejahend BVerfG, 3. K. des 2. S., NJW 2013, 1943; OLG Hamm NStZ-RR 2017, 328 (jeweils zum allg. StVollzR)). Hierfür ist eine nächtliche Einzelunterbringung in kleineren, differenzierten Wohngruppen die am ehesten geeignete Form. **80**

a) Wohngruppenvollzug. In diesem Sinne sehen § 26 JStVollzG Bln ua, § 18 Abs. 1 HessJStVollzG, § 17 Abs. 4 JStVollzG NRW, § 12 Abs. 1 JVollzGB BW IV den Wohngruppenvollzug für geeignete Gefangene als Regelfall an (ebenso vormals Arloth NJVollzG § 120 Rn. 4; HmbStVollzG § 21 Rn. 2). Nach § 120 Abs. 1 NJVollzG und § 20 Abs. 1 S. 1 HmbJStVollzG *sollen* geeignete Gefangene in Wohngruppen untergebracht werden, die Entscheidung steht also in gebundenem Ermessen. Art. 140 Abs. 1 BayStVollzG schließlich stellt diese Entscheidung gänzlich in das Ermessen der Anstalt („können"). Gleichwohl wird das Ermessen durch die genannten verfassungsrechtlichen Vorgaben erheblich reduziert, sodass der Wohngruppenvollzug auch hier die Regel zu sein haben wird. **81**

Nur vereinzelt finden sich Vorschriften über die − im Allg. zB nach Ausstattung und Aufschlusspraxis eher privilegierte − **Ausgestaltung** der **81a**

Wohngruppen, die für deren positiven Effekt indes von erheblicher Bedeutung ist (vgl. zu Differenzierungen Jesse FS 2009, 294). Dabei ist entgegen der auf acht Insassen lautenden allg. fachkundigen Auffassung (vgl. auch → § 89b Rn. 19 ff.) eine **zahlenmäßige Größe** von bis zu höchstens zwölf Gefangenen (so § 26 S. 2 SächsJStVollzG, § 20 Abs. 2 S. 1 HmbJStVollzG) vorgesehen (überdehnt vormals Arloth NJVollzG § 120 Rn. 3, BayStVollzG Art. 140 Rn. 3; zwischen 10 und 20) – die Unbestimmtheit scheint nicht zuletzt Kostenbelangen zu dienen (vgl. auch Walter in Ostendorf § 3 Rn. 43). – In Art. 140 Abs. 2 BayStVollzG finden sich gewisse Regelungen über eine besondere Ausstattung des Wohngruppenvollzugs, wie sie jedoch auch für den sonstigen JStVollzug angezeigt wäre.

82   Der in den Landesgesetzen durchgehend verwandte Begriff der **Geeignetheit** für den Wohngruppenvollzug sowie der Ausschlussgrund **„mangelnder Gruppenfähigkeit"** (vgl. nur § 23 Abs. 3 S. 2 BbgJVollzG) begegnen erheblichen Bedenken hinsichtlich der **Unbestimmtheit** (s. vormals auch Arloth NJVollzG § 120 Rn. 4, BayStVollzG Art. 140 Rn. 4, zu vormaligem HmbStVollzG § 21 Rn. 2: keine Geeignetheit bei „Rückzugstendenzen"), zumal nach hM nur eingeschränkt eine gerichtliche Kontrolle stattfindet. Angesichts der mit einer solchen Einstufung verbundenen massiven Konsequenzen wäre hier eine Aufzählung konkreter Ausschlussgründe und klarer Kriterien notwendig bzw. werden in der Praxis unter Berücksichtigung des Verhältnismäßigkeitsprinzips hinreichend bestimmbare Fallgruppen herauszubilden sein. Leichte Verstöße iRd Wohngruppenvollzuges oder Gefährdungen allein der Ordnung in der JStVollzAnstalt werden dabei im Hinblick auf die Bedeutung des Wohngruppenvollzugs für die Erreichung des verfassungsrechtlich gebotenen Vollzugsziels nicht ausreichen können (so aber Art. 140 Abs. 3 BayStVollzG; wie hier vormals Arloth Rn. 4, ebenso Rn. 3 zu vormaligem § 21 HmbStVollzG). Im Übrigen sollten altersbezogen Untergruppen gebildet werden (s. aber vormals Arloth NJVollzG § 120 Rn. 3, BayStVollzG Art. 140 Rn. 3: auch die Jüngsten „idR ... bereits „Intensivtäter" mit hoher krimineller Energie" – wozu schon wegen der Begriffe abl. auf → § 5 Rn. 85a, 85b bzw. Schäfer/Sander/van Gemmeren Strafzumessung 619 („Leerformel") zu verweisen ist).

83   **b) Ruhezeit.** Außerhalb der Einschlusszeiten können sich die Insassen in Gemeinschaft aufhalten (vgl. nur § 15 Abs. 1 JStVollzG Bln), jedoch werden sie (im geschlossenen Vollzug) während der Einschlusszeiten einzeln in ihren Haftäumen untergebracht (vgl. § 25 JStVollzG Bln ua (§ 24 SächsSächsJStVollzG), § 120 Abs. 3 NJVollzG, Art. 139 Abs. 1 iVm Art. 20 BayStVollzG, § 19 Abs. 1 HmbJStVollzG, § 18 Abs. 4 HessJStVollzG, § 17 Abs. 1 S. 1 JStVollzG NRW). Indes erlauben mehrere Landesgesetze eine gemeinsame Unterbringung – (angestrebt bzw. nur zulässig ist, eine solche) mit höchstens zwei Personen –, wenn „schädliche Einflüsse" nicht zu besorgen sind und die U-Gefangenen **zustimmen** (vgl. etwa § 11 Abs. 1 S. 2 Nr. 1 UVollzG Bln ua (SchlHUVollzG)).

83a   Die jeweils gestatteten Ausnahmen, die zudem weithin einer einheitlichen zahlenmäßigen Obergrenze entbehren, sind jedoch geeignet, diesen Anspruch der JStrafgefangenen (nach Jesse FS 2007, 25: „unverzichtbar"; nachdrücklich Alt, Das Berliner JStVollzG im Lichte verfassungsrechtlicher Vorgaben sowie europäischer und internationaler Regelungen mit Menschenrechtsbezug, 2014, 185 ff.) in der Praxis erheblich zu entwerten, zumal nicht wenige Anstalten aufwändig umgebaut werden müssten. So steht in Frage, ob die Zusammenlegung mit Zustimmung der Gefangenen regelmäßig in deren Interesse ist bzw. die entsprechende Zustimmung tatsächlich frei erteilt wird (vgl. aber betr. Staffelung des Haftkostenbeitrags → Rn. 112b). Zumindest wäre eine strikte Begrenzung der Mehrfachbelegung auf 2 Personen angezeigt (so § 14 Abs. 1 S. 2 JStVollzG Bln: zu zweit; vormals § 125 Abs. 1 S. 2 ThürJStVollzG, nicht mehr § 18 ThürJVollzGB; vgl. auch DVJJ 2008, AK 1), zumal bei drei oder gar vier Personen sich oftmals eine Mehrheit (von zwei oder drei) gegen einen bildet. – Darüber hinaus ist nach allen Gesetzen eine gemeinsame Unterbringung aus *„zwingenden Gründen"* vorübergehend auch ohne Zustimmung der Gefangenen zulässig. An einer genaueren Bestimmung fehlt es auch hier (betr. Nicht-Entstehen-Lassen von Unzufriedenheit wegen fehlender Arbeitsangebote krit. Walter in Ostendorf § 3 Rn. 13).

c) Arbeit und Ausbildung. Sie finden grds. in Gemeinschaft statt (§ 24 **84** Abs. 1 JStVollzG Bln ua, § 120 Abs. 2 NJVollzG (einschr. ggü. § 19 Abs. 3), Art. 138 Abs. 1 BayStVollzG, § 18 Abs. 1 HessJStVollzG, § 19 Abs. 2 HmbJStVollzG). – Hinsichtlich der Unterbringung in der **Freizeit** sehen Art. 138 Abs. 2 BayStVollzG, § 120 Abs. 2 NJVollzG, § 25 Abs. 2 SächsJSt-VollzG ebenfalls eine gemeinschaftliche Unterbringung als Regelfall an. Hingegen stellen § 24 Abs. 2 JStVollzG Bln ua und § 19 Abs. 3 HmbJStVollzG die gemeinschaftliche Unterbringung in der Freizeit in das Ermessen der Anstalt. Alle Landesgesetze enthalten Regelungen zur Einschränkung der gemeinschaftlichen Unterbringung (nicht unbedenklich etwa Art. 138 Abs. 3 Nr. 4 BayStVollzG: bei Zustimmung des Gefangenen zulässig (vgl. auch → Rn. 82).

2. Haftraum

Gemäß (der vormaligen Nr. 14 Abs. 1 VVJug sowie) den Gesetzen der **85** Länder (§ 29 JStVollzG Bln ua, § 19 Abs. 2 JStVollzG NRW, § 13 JVollzGB BW IV, § 21 NJVollzG, Art. 141 iVm (diesen betr. Belange des „Erziehungsauftrags" einschr.; nach Arloth nicht aber wegen Unordnung) Art. 21 BayStVollzG, § 19 HessJStVollzG) darf der Gefangene den Haftraum in angemessenem Umfang mit eigenen Sachen **ausstatten,** wozu ua Bettwäsche gehört (nach OLG Zweibrücken ZfStrVo 2004, 315 aber nicht Spannbettbezüge). Bei den zur Einschränkung geeigneten Voraussetzungen (vormals gem. Nr. 14 Abs. 2 VVJug) handelt es sich um gerichtlich voll überprüfbare unbestimmte Rechtsbegriffe (OLG Zweibrücken ZfStrVo 2003, 250). – Speziell betr. Auffindung von Unterlagen iSe Tagebuchs vgl. zur Nichtverwertbarkeit KG NStZ-RR 2013, 122 f. (zum allg. StR)).

3. Einkauf

Die Länder sind verpflichtet, von der Anstalt ein Angebot vermitteln zu **85a** lassen (vgl. § 31 Abs. 2 JStVollzG Bln ua; § 61 JStVollzG Bln; zu zusätzlicher Gestattung vgl. etwa § 31 Abs. 5 SächsJStVollzG). Zudem sollen Möglichkeiten des Erwerbs durch den Versandhandel eröffnet werden (vgl. etwa § 31 Abs. 3 JStVollzG Bln ua).

4. Kleidung

86   **a) Zusammenhang mit dem Vollzugsziel.** Diesbezüglich sieht die Mehrzahl der Landesgesetze das – im Widerspruch zu erzieherischer Vollzugsgestaltung stehende – Tragen von Anstaltskleidung vor, wovon – teilweise nur enge (vgl. etwa noch Arloth BayStVollzG Art. 142 Rn. 2) – Ausnahmen zugelassen werden können (§ 30 JStVollzG Bln ua (§ 59 JStVollzG Bln), § 122 NJVollzG, Art. 142 iVm Art. 22 BayStVollzG, § 21 HessJStVollzG, § 19 Abs. 1 S. 1, 2 JStVollzG NRW). Lediglich § 14 JVollzGB BW IV, § 23 Abs. 1 HmbJStVollzG und § 30 Abs. 1 S. 1 BremJStVollzG weisen ein umgekehrtes Verhältnis auf, gestatten den Gefangenen also grundsätzlich das Tragen eigener Kleidung. § 30 Abs. 1 SächsJStVollzG hält beide Möglichkeiten offen.

86a   Die Uniformierung kann zwar partiell geeignet sein, sozio-ökonomische Unterschiede und sonstige Hierarchien im Vollzug (vordergründig) zu verdecken. Indes ist die Art, sich zu kleiden, Ausdruck der Persönlichkeit bzw. entwicklungsbedingter Bedürfnisse und kann wiederum Rückwirkungen auf Befinden und Verhalten des Betroffenen haben. Im Einzelfall kann das Ablegen der eigenen Kleidung gleichbedeutend mit der Aufgabe eines Teils der Individualität sein, im Allg. zudem geschwächter Selbstbestimmung und Eigenverantwortlichkeit (s. auch Walter in Ostendorf § 3 Rn. 53). Zumindest kann die Uniformierung durch einheitliche Anstaltskleidung die **Identitätsfindung** des JStrafgefangenen und damit das Ziel zukünftigen **Legalverhaltens** erschweren. Eine solche Einschränkung aber ist nicht schon wegen etwaiger vollzugstechnischer Vorteile (zB Erschwerung von Entweichungen) vertretbar, sondern es bedürfte zwingender Gründe (zust. Sonnen in Diemer/Schatz/Sonnen, 7. Aufl. 2015, § 30 Rn. 2). Somit wäre es angezeigt, das Regel-Ausnahme-Verhältnis zwischen Zivil- und Anstalts- bzw. Dienstkleidung ländereinheitlich umzukehren (vgl. ähnlich DVJJ 2008, AK 1; aA vormals Arloth zu § 122 NJVollzG: Bewusstmachen, dass „gleichartiges Strafübel erleiden"; kit Schwirzer, Jugendstrafvollzug für das 21. Jahrhundert, 2008, 184).

86b   **b) Personal.** Betreffend desssen Dienstkleidung erscheint es im Interesse einer weniger starren Anstaltsatmosphäre angebracht, diese eher nur ausnahmsweise zuzulassen (vgl. schon JStVollzKomm 12).

VII. Kontakte mit der Außenwelt, Freizeit, Religionsausübung, Gesundheit

1. Kontakte mit der Außenwelt

87   Sie haben im JStVollzug eine ganz besondere Bedeutung für die Entwicklung des JStrafgefangenen im Hinblick auf den Integrationsgrundsatz und die Erreichung des Vollzugsziels (BVerfG NJW 2006, 2096; auch → Rn. 33 ff. sowie näher Walter ZJJ 2006, 241 f.; positive spezialpräventive Effekte zeigen bspw. McCuish/Lussier/Corrado Journal of Developmental and Life-Course Criminology 2018, 427 (436 ff.)). Sie sollten deshalb sorgfältig vorbereitet und gepflegt werden. Hiervon umfasst sind Besuch, Schriftwechsel und Telefongespräche. – Im Übrigen sollte seitens der Vollzugseinrichtung versucht werden, etwaige gegenseitige Beziehungen mit relevanten Kontakt-

bzw. Bezugspersonen außerhalb der Anstalt (ggf. zB Eltern und sonstige Angehörige, vgl. näher Walkenhorst ua in Ostendorf § 7 Rn. 22) zu klären und zu verbessern (vgl. schon Böhm in Elster/Lingemann/Sieverts KrimHdWB 528; näher Reuther Elternrecht 192 ff.).

a) Besuch. Hinsichtlich der Besuchsregelungen kann speziell zB **Famili-** 88 **en**beziehungen ein hoher Stellenwert zukommen. Bei minderjährigen Gefangenen sind dabei Belange des Art. 6 GG allerdings nur in den **Grenzen** solcher Einschränkungen der Rechte von Sorgeberechtigten zu berücksichtigen, wie sie in Vorschriften des JStVR normiert sind (vgl. etwa § 27 Nr. 4 JStVollzG NRW: fehlendes Einverständnis muss „nachvollziehbare Gründe" haben; ohne Einschränkung hingegen zB § 123 Abs. 4 NJVollzG, § 48 Nr. 3 JStVollzG Bln ua (Nr. 4 SächsJStVollzG, § 34 Nr. 4 JVollzGB LSA), Art. 144 Abs. 2 S. 3 BayStVollzG). Idealiter sind diesbzgl. Besuchsmöglichkeiten ggf. „um ein Mehrfaches" über denen im Erwachsenenvollzug anzusetzen (BVerfG NJW 2006, 2096; zur Anerkennung von Reisekosten als Mehrbedarf SG Braunschweig ZJJ 2014, 299, näher zum Ganzen Hammel ZJJ 2015, 153 f.), und es sind kaum Gründe denkbar, die eine weitgehende Beschränkung des familiären Kontakts rechtfertigen könnten (vgl. (jeweils zum allg. StVollzR) etwa OLG Celle StRR 2009, 75: vormals häufige gemeinsame Deliktsbegehung rechtfertigt die Ablehnung von Langzeitbesuchen ohne Darlegung konkreter Gefährdung des VollzZiels nicht bzw. Überstellung bejahend OLG Celle NStZ 2013, 360).

Nach § 47 Abs. 2 JStVollzG Bln ua, § 23 Abs. 2 S. 1 JStVollzG NRW, 88a § 26 Abs. 2 S. 2 HmbJStVollzG, § 33 Abs. 2 JVollzGB LSA werden Besuchszeiten von **Kindern** nicht auf die als Anspruch bestehende Mindestbesuchszeit angerechnet (anders Bln. § 31 Abs. 1 S. 4 JStVollzG Bln: erhöht sich die Gesamtdauer um zwei Stunden; zur Situation der Kinder (auch bei Insassen des JStVollzugs) Zwönitzer ua MschKrim 2013, 325 ff. (328)). Für Kinder von Gefangenen sind teilweise Langzeitbesuche geregelt (zB Art. 144 Abs. 3 BayStVollzG, wozu vormals Arloth Rn. 5 verengend auf die Prognose des (Nicht-)Zusammenlebens nach Entlassung abstellte); § 123 Abs. 3 NJVollzG zB eröffnet darüber hinausgehend die Möglichkeit solcher *Langzeitbesuche* auch für andere Familienangehörige sowie Personen, von denen ein günstiger Einfluss erwartet wird (ähnlich § 23 Abs. 4 JStVollzG NRW). – Ansonsten jedoch sehen die JStVollzGe Bln. ua, Hmb., und Hess. keine Langzeitbesuche vor (zu „inakzeptabler" Schlechterstellung im Vergleich zum allg. Strafvollzug Dünkel/Kühl NeueKrimPol 2009, 82 ff.), und nur vereinzelt finden sich Regelungen zum Feiertags- und Wochenendbesuch (vgl. etwa § 31 Abs. 1 S. 4 JStVollz Bln). Bestimmungen zum Besuch mit Intim- oder Sexualkontakt fehlen – ein mit der biographischen Lebensphase der Insassen und im Hinblick auf das Vollzugsziel abträgliches Defizit (vgl. auch Walkenhorst ua in Ostendorf § 7 Rn. 33).

Im Allg. sehen die Gesetze der Länder eine als Anspruch bestehende 89 **Mindestbesuchszeit** von vier Stunden im Monat vor (§ 23 Abs. 1 S. 1 JStVollzG NRW; 47 Abs. 1 JStVollzG Bln ua (in Sachs. für Angehörige zwei weitere Stunden; betr. Familienorientierung in Sachs. Doltze Bewährungshilfe 2008, 70 ff.); § 123 Abs. 2 NJVollzG: sechs (seit Gesetz v. 15.6.2017); deutlich abw. und systematisch verfehlt § 17 Abs. 2 JVollzGB BW IV, § 33 Abs. 1 S. 2 HessJStVollzG, § 26 Abs. 1 S. 2 HmbJStVollzG, § 33 Abs. 1 S. 2 JVollzG LSA), wenngleich in Bay. Ausgänge und Ausführungen hierauf angerechnet werden können sollen (Art. 144 Abs. 2 BayStVollzG; vgl. dazu noch Arloth Rn. 3: Freiwerden von Besuchskapazitäten). Nicht eingerechnet werden Kontakte zB aus dienstlichem Anlass (etwa Justiz, Polizei, JGH, Bewährungshilfe).

89a   Den meisten der Landesgesetze zufolge sollen förderliche Besuche auch darüber hinaus zugelassen werden (§ 47 Abs. 3 JStVollzG Bln ua (in Sachs. Abs. 2), § 123 Abs. 3 NJVollzG, Art. 144 Abs. 1 iVm Art. 27 Abs. 2 BaySt-VollzG). Es handelt sich also um eine Entscheidung der gebundenen Ermessens, wobei der JStrafgefangene Anspruch auf eine ermessensfehlerfreie Entscheidung hat. – Ohnehin zu gestatten sind Besuche von *Verteidigern, Rechtsanwälten* und *Beiständen* (§ 49 JStVollzG Bln ua (§ 47 Abs. 4 SächsJStVollzG), § 20 Abs. 1 JVollzGB BW IV, § 123 Abs. 6 iVm § 27 NJVollzG, Art. 144 Abs. 1 iVm Art. 29 BayStVollzG, § 32 Abs. 3 S. 2 und 3 HessJStVollzG, § 28 Abs. 1 HmbJStVollzG, § 33 Abs. 6 JVollzG LSA; zur Nichtüberwachung → Rn. 90). Zumindest für Verteidiger wäre ein genereller Ausschluss wegen der Unterbringung in einem besonders gesicherten Haftraum unzulässig (LG Marburg StraFo 2012, 116 (zum allg. StVollzR)).

90   Über die Möglichkeit der Absuchung bzw. Durchsuchung der Besucher sowie der Erfassung von Identifikationsmerkmalen vollzugsfremder Personen (vgl. näher § 24 JVollzDSG Bln) hinaus erlauben alle Landesgesetze die (optische) **Beaufsichtigung** bzw. die (akustische) **Überwachung** von Besuchen. – Besuche von **Verteidigern** und **Beiständen** (§ 69) dürfen weder beaufsichtigt noch überwacht werden (§ 50 Abs. 4 JStVollzG Bln ua (§ 49 Abs. 5 SächsJStVollzG), §§ 123 Abs. 6, 28 Abs. 4 NJVollzG, § 20 Abs. 2 S. 1 JVollzGB BW IV, Art. 144 Abs. 1, 30 Abs. 5 BayStVollzG, § 32 Abs. 3 S. 1 HessJStVollzG, § 36 Abs. 4 JVollzGB LSA). Nach § 28 Abs. 2 HmbJStVollzG, § 50 Abs. 4 S. 1 SächsJStVollzG, §§ 33 Abs. 4, 34 Abs. 2 JStVollzG Bln gilt dies auch für Besuche von Rechtsanwälten und Notaren in einer den JStrafgefangenen betr. Rechtssache.

90a   Gemäß § 50 Abs. 1 JStVollzG Bln ua (§ 49 Abs. 2 SächsJStVollzG), § 23 Abs. 7 JStVollzG NRW iVm § 20 StVollzG NRW, § 19 JVollzGB BW IV, Art. 144 Abs. 1 iVm Art. 30 Abs. 1 BayStVollzG und § 33 Abs. 4 S. 1, Abs. 5 S. 1 HessJStVollzG, § 36 Abs. 1 S. 1 JVollzGB LSA ist (aus Gründen der Erziehung bzw. der Sicherheit oder Ordnung) eine generelle Beaufsichtigung zulässig, es sei denn, es liegen im Einzelfall Erkenntnisse vor, dass es deren nicht bedarf (vgl. zur Frage der Zulässigkeit einer Ablehnung unüberwachten Besuchs vormals OLG Frankfurt a. M. 10.5.1989 – 3 VAs 12/89 bei Böhm NStZ 1990, 531).

90b   In einigen Ländern ist die Beaufsichtigung nach vorherigem Hinweis auch mittels „technischer Hilfsmittel" bzw. **Video** erlaubt (§ 33 Abs. 3 S. 2 JStVollzG Bln: mittels optisch-elektronischer Einrichtung (s. aber §§ 65, 22 JVollzDSG Bln), Sachs., Saarl., SchlH und § 36 Abs. 2 S. 3 ThürJVollzGB, § 33 Abs. 5 S. 1 HessJStVollzG, Art. 122 iVm Art. 30 Abs. 1 S. 2, 3, Art. 197 Abs. 8 BayStVollzG, § 19 Abs. 2 JVollzGB BW IV, § 27 Abs. 1 S. 2, 3 HmbJStVollzG, § 23 Abs. 7 JStVollzG NRW iVm §§ 20 Abs. 1 S. 2, 66 Abs. 2, 3 StVollzG NRW, § 50 Abs. 1 JStVollzG Bremen, MV, § 36 Abs. 2 BbgJVollzG; vgl. aber § 132 Abs. 1 iVm § 28 Abs. 1 S. 1 NJVollzG („offen überwacht") und dazu OLG Celle NStZ 2011, 349)). Dabei ist eine Aufzeichnung zulässig in Bln. (gem. § 23 Abs. 1 JVollzDSG Löschung nach 48 Stunden (restriktiver betr. Kernbereich der privaten Lebensgestaltung, § 23 Abs. 3–5)) sowie in Hmb. (§§ 115 Abs. 1 S. 2, 121 Abs. 2 S. 1

HmbJVollzG), Bay. und NRW (§ 23 Abs. 7 JStVollzG iVm § 20 Abs. 1 S. 2 StVollzG, § 66 Abs. 3 StVollzG: Löschungsfrist von grds. zwei Wochen), zu Ausnahmen § 121 Abs. 2 S. 2 HmbJStVollzG, § 33 Abs. 5 S. 2 HessJSt-VollzG, § 36 Abs. 3 (Begrenzung gem. § 141 JVollzGB LSA); gem. § 50 Abs. 1 S. 3 SächsJStVollzG, § 36 Abs. 2 S. 4 ThürJVollzGB und § 50 Abs. 1 S. 5 SchlHJStVollzG ist eine Aufzeichnung jedoch untersagt. – Nach OLG Celle (FS 2013, 393 = StV 2014, 355 (betr. Speicherung von fünf Tagen zwecks Auswertung, zum allg. StVollzR) mAnm Goerdeler) sei § 191 Abs. 1 NJVollzG eine geeignete Rechtsgrundlage.

Die Unterhaltung darf **akustisch** nur überwacht werden, soweit dies im Einzelfall aus benannten Gründen als erforderlich beurteilt – hierbei handelt es sich um eine begründungsbedürftige Voraussetzung –, **idR** also **nicht** (§ 50 Abs. 1 S. 2 JStVollzG Bln ua (Bln. § 34 Abs. 1 JStVollzG Bln, §§ 65, 22 Abs. 1 JVollzDSG Bln; in einzelnen Ländern S. 3 bzw. 4), § 23 Abs. 7 JStVollzG NRW iVm § 20 Abs. 2 S. 1 StVollzG NRW, § 132 Abs. 1 iVm § 28 Abs. 1 NJVollzG, § 19 Abs. 1 S. 2 JVollzGB BW IV, Art. 144 Abs. 1 iVm Art. 30 Abs. 2 BayStVollzG, § 33 Abs. 4 S. 3 HessJStVollzG, § 36 Abs. 2 JVollzG LSA). **90c**

Ausnahmeregelungen betr. **Trennvorrichtungen** (§ 33 Abs. 7 JStVollzG Bln, § 132 Abs. 1 iVm § 28 Abs. 2 NJVollzG, Art. 144 Abs. 1 iVm Art. 30 Abs. 3 BayStVollzG, § 33 Abs. 5 S. 3 HessJStVollzG, § 50 Abs. 6 SJStVollzG (im Einzelfall)), deren Verwendung nur im Einzelfall zulässig ist (vgl. zum allg. Strafvollzug OLG Frankfurt a. M. NStZ-RR 2007, 62: konkrete Anhaltspunkte für eine Gefährdung erforderlich), können sich im Hinblick auf das Vollzugsziel ggf. abträglich auswirken. Das Gleiche gilt für Vorschriften zum **Abbruch** von Besuchen ohne vorherige Abmahnung (vgl. – wie schon Nr. 22 Abs. 2 S. 3 VVJug – etwa § 50 Abs. 2 S. 2 JStVollzG Bln ua), welches Vorgehen ggf. gar auch wegen „schädlicher" Einflussausübung zulässig ist (vgl. etwa § 50 Abs. 3 JStVollzG Bln ua, Art. 144 Abs. 5 BayStVollzG), wenngleich eine solche nach allg. Auffassung konkret festgestellt sein muss. – Bei Familienangehörigen wird ein Abbruch angesichts des Gewichts von Art. 6 Abs. 1, 2 GG nur höchst selten in Betracht kommen (zust. schon Arloth NJVollzG § 123 Rn. 3; Arloth BayStVollzG Art. 144 Rn. 7; Arloth zu vormaligem HmbStVollzG § 28 Rn. 4). **90d**

Ein umfassendes Verbot der Übergabe von **Gegenständen** ohne Möglichkeit der Erlaubnis im Einzelfall (§ 50 Abs. 5 JStVollzG Bln ua (§ 54 JVollzGB LSA, § 33 Abs. 6 S. 1 JStVollzG Bln: grundsätzlich keine)) verstößt gegen den Grundsatz der Verhältnismäßigkeit (zust. Sonnen in Diemer/Schatz/Sonnen II (7. Aufl.) § 50 Rn. 8). **90e**

Besuchsverbote dürfen zwar ua bei Gefahren für die Sicherheit oder Ordnung der Anstalt sowie einem zu erwartenden „schädlichen Einfluss" verhängt werden. Im Rahmen dieser – konkret zu begründenden (vgl. betr. Presseinterview NStZ 2013, 364 (zum allg. StVollzR)) – Ermessensentscheidung ist indes die besondere, verfassungsrechtlich abgesicherte Bedeutung von Besuchen für die Erreichung des Vollzugsziels zu berücksichtigen und in die Abwägung einzubeziehen, sodass nicht bereits jede Gefahr oder Befürchtung „schädlichen Einflusses" geeignet ist, ein Besuchsverbot zu legitimieren. **91**

Verbote auf Antrag der *Sorgeberechtigten* sind bei volljährigen Gefangenen verfassungswidrig, bei Minderjährigen sind sie nur eingeschränkt zulässig (vgl. aber → Rn. 88), was bei der Ermessensausübung bzgl. einschlägiger **91a**

Kann-Vorschriften (§ 48 Nr. 3 JStVollzG Bln ua (Bln. § 32 Nr. 4 JStVollzG Bln), § 26 Abs. 5 Nr. 3 HmbJStVollzG, § 32 Abs. 2 Nr. 3 HessJStVollzG, Art. 144 Abs. 2 S. 3 BayStVollzG) zu berücksichtigen ist.

92   **b) Schriftwechsel.** Gemäß den verfassungsrechtlichen Vorgaben für den JStVollzug ist das Recht auf Schriftwechsel allseits anerkannt (vgl. ausdrücklich § 51 JStVollzG Bln ua (§ 52 SächsJStVollzG), § 132 Abs. 1 iVm § 29 NJVollzG, § 21 JVollzGB BW IV, Art. 144 Abs. 1 iVm Art. 31 BayStVollzG, § 24 JStVollzG NRW, HessJStVollzG, § 38 Abs. 1 JVollzGB LSA). Indes regeln einzelne dieser Vorschriften dabei sogleich auch die – angesichts der Bedeutung von Schriftwechseln für die Erreichung des Vollzugsziels grundsätzlich nur höchst eingeschränkt zulässige – Möglichkeit, den schriftlichen Verkehr mit bestimmten Personen zu untersagen (vgl. § 53 Nr. 3, Nr. 4 SächsJStVollzG; wegen Fragen eines Verbots nur auf Antrag der Sorgeberechtigten vgl. → Rn. 91a entspr.). Aufgrund der zentralen Bedeutung von zwischenmenschlicher Bindung und Zuwendung wie auch von Außenkontakten für das Erziehungsziel hat im Bedarfsfall die Vollzugseinrichtung die *Kosten* für Aufwendungen, dh neben Schreibmaterial auch das Porto (zur (Teil-)Übernahme § 22 Abs. 3 S. 2 JStVollzG NRW, Art. 122 iVm Art. 31 Abs. 3 BayStVollzG, § 29 Abs. 3 HmbJStVollzG, § 38 Abs. 2 S. 2 JVollzGB LSA, § 36 Abs. 2 S. 2 JStVollzG Bln) zu tragen – entgegenstehende Regelungen (vgl. § 51 Abs. 1 JStVollzG Bln ua) sind mit den Vorgaben des BVerfG schwerlich vereinbar. Speziell betr. Kosten für Schreibgerät in vollzugsrechtlichen Belangen BVerfG BeckRS 2017, 130794 (zum allg. StVollz).

92a   Der Schriftverkehr mit dem **Verteidiger** darf inhaltlich nicht überwacht werden (§ 2 Abs. 2, § 148 Abs. 1 StPO; s. auch § 29 Abs. 2 S. 1 StVollzG; ergänzend aber → Rn. 174), und zwar auch nicht bei Anbahnung eines Mandats (aA OLG München StraFo 2012, 348 mablAnm Barton (zum allg. StVollzR)); dies gilt auch für den Beistand (§ 69) und für Rechtsanwälte und Notare („in einer den Gefangenen betreffenden Rechtssache", vgl. nur §§ 54 Abs. 3, 55 S. 2 SächsJStVollzG). Sind die bei Durchsuchung des Haftraums gefundenen Unterlagen nicht als Verteidigerschriftverkehr gekennzeichnet, hat die Anstalt vor Sichtung gleichwohl rechtlich abzuwägen, ob dem JStrafgefangenen die Ausübung des Beobachtungsrechts einzuräumen ist (OLG Karlsruhe NStZ-RR 2011, 27 (zum allg. StVollzR)). – Vgl. betr. Bußgeldbescheid (§ 115 Abs. 1 OWiG) trotz Befugnis zur Weitergabe OLG Karlsruhe NStZ-RR 2014, 224 (Freispruch, betr. allg. U-Haftvollz).

92b   Die enge Reglementierung des **Empfangs** von **Paketen** (nach OLG Nürnberg NStZ 2009, 217 auch die Zusendung von Internetausdrucken (Art. 36 Abs. 1 S. 1 BayStVollzG, Art. 5 Abs. 1 S. 1 GG), betr. allg. StVollzR), insb. das (auch für wohltätige Organisationen keine Ausnahmen vorsehende) Verbot von solchen mit Nahrungs- und Genussmitteln (s. etwa § 56 JStVollzG Bln ua (in Sachs. zusätzlich nicht Körperpflegemittel, gem. § 43 Abs. 1 S. 1 JStVollzG Bln zusätzlich nicht Arzneimittel), § 132 Abs. 1 S. 1 iVm § 34 Abs. 1 NJVollzG, § 26 JStVollzG NRW iVm § 28 Abs. 1 S. 2 StVollzG NRW, § 36 Abs. 1 HessJStVollzG, § 44 Abs. 1 S. 2 JVollzGB LSA; anders § 45 BbgJStVollzG sowie § 33 Abs. 1 S. 1 (s. aber auch S. 2, 3) HmbJStVollzG), scheint in dieser Form nicht erforderlich und steht im Widerspruch zu einer teilweise vorhandenen Praxis ebenso wie zur Bedeutung von Paketen für den Kontakt mit der Außenwelt (s. aber OLG Saarbrücken ZJJ 2011, 331 mit ausführlicher, zutr. abl. Anm. Schady; vgl. auch Schroven FS 2016 Heft 1; aA Jung-Silberreis in MRTW Anh. A Rn. 208 f.). – Betreffend die Versagung von Genusspaketen ist unbeschadet des Fehlens eines gesetzlich vorgesehenen Auslegungs-, Ermessens- oder Beurteilungsspielraums vor Anrufung des BVerfG eine fachgerichtliche Befassung vorausgesetzt (BVerfG, 2. Kammer des 2. Senats, BeckRS 2008, 32842 = HRRS 2008 Nr. 658 (zum allg. StR)).

Die Kostenlast der Paket**versendung** ist teilweise dahingehend geregelt, **92c** dass der JStrafgefangene sie zu tragen hat (§ 56 Abs. 4 SächsJStVollzG sowie – unter partiellen Ausnahmen – Art. 144 iVm Art. 36 Abs. 4 BayStVollzG bzw. (noch enger) § 33 Abs. 4 HmbJStVollzG, vgl. aber auch § 45 Abs. 6 BbgJVollzG), jedoch wird dies der erzieherischen Bedeutung von (zu unterstützender) zwischenmenschlicher Bindung und Zuwendung nicht gerecht, dh insoweit wäre eine Kostentragung der Vollzugseinrichtung vorzugswürdig.

Die **Überwachung** des allg. Schriftwechsels ist den Gesetzen der Länder **93** zufolge grundsätzlich zulässig, soweit es für die Erziehung (oder Behandlung) bzw. die Sicherheit oder Ordnung in der JStVollzAnstalt erforderlich ist (§ 52 Abs. 3 JStVollzG Bln ua (enger § 39 Abs. 1 JStVollzG Bln: wegen „Gefährdung der Erreichung des Vollzugsziels oder aus Gründen der Sicherheit"); § 24 JStVollzG NRW iVm § 22 StVollzG NRW, § 22 JVollzGB BW IV, § 132 Abs. 1 iVm § 30 Abs. 1 NJVollzG, Art. 144 Abs. 1 iVm Art. 32 Abs. 3 BayStVollzG, § 34 Abs. 2 HessJStVollzG, § 41 Abs. 1 JVollzGB LSA; vgl. auch die seitherige VVJug Nr. 24; speziell AV Bln. ABl. 2006, 1558). Dabei ist – im Unterschied zum allg. Strafvollzug – ggü. jungen Gefangenen mehr Liberalität geboten und mehr Souveränität seitens der JStVollzAnstalt angebracht (s. aber OLG Hamm ZJJ 2005, 77 mkritAnm Pollähne). Vor diesem Hintergrund ist zumindest zw., ob Gründe der Erziehung alleine zur Rechtfertigung einer allg. Postkontrolle zwecks Erlangung von Kenntnissen über das „soziale Umfeld" ausreichend sind (vgl. BVerfG NJW 2006, 2098). Unabhängig davon ist eine Einzelfallprüfung erforderlich.

Ein **Anhalten von Schreiben** ist in den Ländern entsprechend der **94** Regelung des StVollzG zulässig (§ 54 JStVollzG Bln ua (§ 55a Sächs-StVollzG), § 24 JStVollzG NRW (Verweis auf das dortige StVollzG), § 24 JVollzGB BW IV, § 132 iVm § 32 NJVollzG, Art. 144 Abs. 1 iVm Art. 34 BayStVollzG, § 34 Abs. 3 S. 2 HessJStVollzG, § 42 JVollzGB LSA; zur Nichtaushändigung bei rechtsextremistischem Inhalt OLG Jena ZfStrVo 2003, 242). Dabei sollte indes bei JStrafgefangenen eine etwaige Ventilfunktion erhöht respektiert werden, die ein „kräftig formulierter" Brief haben kann (zust. Kreideweiß, Die Reform des Jugendstrafvollzugs, 1993, 161). Ohnehin ist ein „beleidigungsfreier" Kommunikationsbereich anerkannt (vgl. etwa BVerfG NJW 2007, 1194 betr. Strafgefangene untereinander (zum allg. StVollzR)). Hinsichtlich „grob unrichtiger Darstellung" berührt die Befugnis zum Anhalten teilweise allg. methodische Probleme von Selbst- und Fremdeinschätzung, und ohnehin kann auch hier ein grundrechtlich anerkannter Kommunikationsschutz entgegenstehen (vgl. BVerfG, 3. Kammer des 2. Senats, StraFo 2009, 379 (zum allg. StVollzR): Art. 5 Abs. 1 S. 1 iVm Art. 2 Abs. 1 S. 1, Art. 1 Abs. 1 S. 1 GG, Art. 6 Abs. 1 GG (betr. „lassen Gefangene in dieser Gummizelle ... teilweise wochenlang verrotten")). – Die Befugnis zum Anhalten von „ohne zwingenden Grund" in einer *fremden Sprache* abgefassten Schreiben (vgl. nur § 34 Abs. 3 S. 2 Nr. 4

HessJStVollzG, Art. 144 Abs. 1 iVm Art. 34 Abs. 1 Nr. 6 BayStVollzG) kommt ggü. Aussiedlern einer Sanktionierung der „Loyalität zur russischen Sprache" (Klocke Muttersprache 2008, 263) gleich (vgl. ergänzend betr. nur geraffte Übersetzung (AV Hess. JMBl. 2003, 294) Eisenberg ZfStVollz 2004, 95).

95 **c) Telekommunikation.** Die Erlaubnis zu **Telefon-** bzw. **Ferngesprächen** (zur Unzulässigkeit überhöhter Kosten BVerfG, 2. K. des 2. S., NJW 2018, 144 = StraFo 2018, 38; OLG Naumburg StV 2015, 710 (jeweils betr. allg. StVollz); vgl. auchFährmann/Oelbermann FS 2014, 387 ff.) stellen die Gesetze in das Ermessen der Vollzugseinrichtungen (§ 55 JStVollzG Bln ua (§ 35 JStVollzG Bln, § 51), § 25 JStVollzG NRW iVm § 24 und § 27 StVollzG NRW, § 25 JVollzGB BW IV, § 132 Abs. 1 iVm § 33 NJVollzG (vgl. näher zu § 33 Abs. 2 S. 1 bzw. S. 2 iVm § 26 NJVollzG OLG Celle NStZ-RR 2009, 158: „dringender Fall" ist ein gerichtlich uneingeschränkt überprüfbarer unbestimmter Rechtsbegriff), § 35 Abs. 1 HessJStVollzG, § 37 Abs. 2 JVollzGB LSA); in Bay. ist jedoch eine Beschränkung auf dringende Fälle vorgesehen (Art. 144 Abs. 1 iVm Art. 35 BayStVollzG; näher dazu Laubenthal FS Rössner, 2015, 285 f.). Dabei sollen jeweils die Regelungen über den Besuch Anwendung finden (vgl. aber speziell zu datenschutzgerechter Insassen-Telefonie Körffer FS 2015, 323 ff.). – Eine Überwachung von Gesprächen mit **Verteidigern** (vgl. ergänzend → Rn. 159) und **Beiständen** iSv § 69 ist grundsätzlich **unzulässig** (vgl. auch BGH NStZ 2011, 592 = StV 2011, 744, betr. allg. StVollzR: etwa missbräuchlicher Ausübung ist anderweit zu begegnen; zur Unzumutbarkeit von Störungen BVerfG, 2. Kammer des 2. Senats, NStZ-RR 2014, 121, zum allg. StVollzR), in mehreren Ländern gilt dies auch für Rechtsanwälte und Notare in einer den Insassen betreffenden Rechtssache (vgl. etwa § 35 Abs. 1 S. 1 iVm § 34 Abs. 2 JStVollzG Bln).

95a **Mobiltelefone** können nach den Vorschriften über den persönlichen Gewahrsam zugelassen werden, was aber idR im Hinblick auf die Sicherheit und Ordnung untersagt wird bzw. generell untersagt ist (vgl. nur § 22 Abs. 1 JVollzGB BW I; § 1 BlnMFunkVG (GVBl. 2009, 305), § 35 Abs. 4 S. 1 HessJStVollzG, § 55 Abs. 2 SächsJStVollzG (anders betr. offenen Vollzug)). – Das Auslesen von Daten ist wegen Verstoßes gegen Art. 1 Abs. 1 iVm Art. 2 Abs. 1 GG (informationelle Selbstbestimmung) unzulässig (LG Berlin StraFo 2013, 521 (zum allg. StVollz), § 25 JVollzDSG Bln), die Daten sind zur Begründung von VollzMaßnahmen nicht verwertbar. – Zur Regelung über technische Geräte zur Störung von Frequenzen vgl. § 2 BlnMFunkVG (GVBl. 2009, 305), § 32 Abs. 3 S. 1 HmbStVollzG, § 55 Abs. 3 SächsJStVollzG, § 22 Abs. 2 JVollzGB BW I, § 35 Abs. 4 S. 2–4 HessJVollzG), zu einem Testlauf in Bln. vgl. Bericht FS 2012, 282 f.

95b Zu anderen Formen der **Telekommunikation** (zB Internet, näher dazu etwa Esser NStZ 2018, 121 ff. (betr. allg. Vollz)) vgl. § 42 JStVollzG Bln, § 61 BbgJVollzG, § 55b SächsJStVollzG, § 32 Abs. 2 HmbJVollzG, § 55 Abs. 2 SJStVollzG.

2. Freizeit

96 Dieser Bereich und insb. zB sportliche Betätigung haben einen für die Entwicklung des Jugendlichen bzw. Heranwachsenden und damit für das

Vollzugsziel wesentlichen, zeitlich dominanten Stellenwert, der im Allg. als gleichrangig mit beruflicher und schulischer Bildung und Arbeit beurteilt wird und bei der gesetzlichen Regelung insofern speziell zu berücksichtigen ist (BVerfG NJW 2006, 2096). Wann Freizeit beginnt und endet, unterliegt der Regelung in der jeweiligen Hausordnung. – Besonders wichtig sind Freizeitangebote an *Wochenenden* und an Feiertagen (s. zu dieser Verpflichtung ausdrücklich § 39 Abs. 1 S. 2 JStVollzG NRW; ergänzend Dünkel DVJJ 2008, 78). Auch jugendgerichtlich auferlegte Freizeitarbeiten (vgl. AG Tiergarten 22.4.2009 – 47 Js 2276/08 Ls) werden an diesen Tagen abzuleisten sein. – Wegen einschlägiger Bemühungen bzgl. *Spielsüchtiger* s. vormals etwa Burgstaller ZfStrVo 1991, 287; vgl. allg. → § 5 Rn. 81a.

a) Einzelne Regelungen. Die Freizeitgestaltung soll (auch im JStVoll- **97** zug) danach ausgerichtet sein, spontan geäußerte Bedürfnisse und Ideen aufzugreifen, Interessen zu fördern und Neigungen und Begabungen zu wecken (JStVollzKomm 36 f.). Sie dient auch der zweckfreien Entspannung und Erholung. Relevanz für Bemühungen um bestimmte Gefangenengruppen haben differenziertere pädagogische Angebote (vgl. etwa betr. „animati-ve" Freizeitgestaltung Walkenhorst DVJJ-Journal 2000, 267 ff.; ergänzend Pöge Bewährungshilfe 2014, 87 ff.). Daher sollte ein attraktives Angebot verschiedenster Art bestehen (Böhm in Elster/Lingemann/Sieverts KrimHdWB 528; die Gesetze der Länder nennen teilweise zB Weiterbildung, Gruppenaktivitäten, Sport, Bücher, neue Medien). Gleichwohl legen die Gesetze nur teilweise ausdrücklich – indes ohnehin aus den **verfassungs-rechtlichen Vorgaben** folgende – Verpflichtungen der JStVollzAnstalten fest, entsprechende Angebote vorzuhalten (vgl. §§ 39 Abs. 2 S. 1, 40, 41 JStVollzG NRW, § 50 Abs. 1 S. 2 HmbJStVollzG; weniger konkret § 38 S. 2 JStVollzG Bln ua (§ 45 S. 2 JStVollzG LSA), § 128 Abs. 1 NJVollzG), speziell zu einer Bücherei § 62 Abs. 1 S. 2 JStVollzG Bln, zu einer Media-thek § 65 Abs. 1 S. 2 BbgJVollzG, § 63 Abs. 1 S. 2 JVollzGB LSA).

Gemäß allg. erzieherischen Grundsätzen sind Eigenständigkeit und Mit- **97a** spracherecht der JStrafgefangenen sowie freiwillige Teilnahme zu gewähr-leisten, dh eine **Verpflichtung** zur Teilnahme ist insoweit nur ausnahms-weise begründbar (zB wenn Einzelmaßnahmen aus individualtherapeuti-schen Gründen im Erziehungsplan vorgesehen sind), zumal andernfalls auch ein Verstoß gegen das Verbot der Schlechterstellung im Vergleich zum allg. Strafvollzug vorläge (vgl. → § 2 Rn. 23 ff.). Demgegenüber enthalten § 38 S. 3 JStVollzG Bln ua (Bln. § 62 Abs. 2 JStVollzG Bln) – nicht indes Sachs. und § 39 SchlHJStVollzG – sowie § 50 Abs. 2 HmbJStVollzG generell (vgl. dazu Dünkel/Kühl NK 2009, 82 ff.: „restriktiver Rückschritt") und § 128 Abs. 2 S. 1 NJVollzG als Möglichkeit eine spezielle Mitwirkungspflicht (abl. vormals Arloth NJVollzG § 128 Rn. 1; vgl. näher aber → Rn. 44f); vgl. im Sinne mittelbarer Pflicht § 63 Abs. 3 JVollzGB LSA, wonach Sport auch der „Erreichung des Vollzugsziels dient und zur Diagnostik und gezielten Be-handlung eingesetzt werden kann."

b) Sportliche Betätigung. Sie gilt – statistisch betrachtet – als besonders **98** wichtiger Freizeitfaktor. Dem tragen mehrere Landesgesetze besonders Rechnung (vgl. § 39 BremJStVollzG und § 39 SchlHJStVollzG, § 53 JVollzGB BW IV, Art. 153 Abs. 1 S. 2 BayStVollzG, § 30 HessJStVollzG). § 39 S. 3 JStVollzG Bln ua; § 53 Abs. 3 JVollzGB BW IV, § 30 S. 3 HessJStVollzG, § 63 Abs. 2 S. 2 JVollzGB LSA enthalten vor diesem Hintergrund einen Anspruch auf sportliche Betätigung von mindestens zwei Stunden pro Woche, § 38 S. 2 JStVollzG NRW von mindestens drei Stunden, § 39 SächsJStVollzG von mindestens vier Stunden. – Wie auch die Freizeitbeschäftigung im Allg., bieten Sportveranstaltungen zudem ggf. eine Möglichkeit unter mehreren, Kontakte zu Anstaltsfremden zu fördern (JStVollzKomm 36 ff.; Böhm in Elster/Lingemann/Sieverts KrimHdWB 528; s. auch Kruse ZfStrVo 1982, 287; auch Spang ZfStrVo 1982, 279; Nickolai ua in Nickolai ua, Sozialpädagogik im Strafvollzug, 1985, 119 ff.; Nickolai DVJJ-Journal 1995, 124 ff.; s. auch Nickolai/Sperle ZfStrVo 1993, 162 ff.; betr. „Motorrad-Trial" s. Thielicke/Winter ZfStrVo 1991, 229), aber auch zu Elementen von Entspannung (vgl. Asselborn/Lützenkirchen ZfStrVo 1991, 269 (272 f., gem. nicht-direktiver Orientierung des Personals)) bzw. ggf. der Förderung des Selbstbewusstseins (vgl., unter Einschränkungen, zum Boxen Bauer FS 2015, 153 f.).

98a   Andererseits scheidet auch hier ein Zwang aus (vgl. etwa schon Rössner FS Böhm, 1999, 458: Arloth Rn. 1 zum vormaligen § 53 HmbStVollzG; indes auch → § 128 Rn. 4 Abs. 2 S. 3 NJVollzG: „zur Teilnahme anzuhalten").

99   **c) Kulturelle Beschäftigungen.** Diese sind nicht minder bedeutsam (zB handwerkliche Tätigkeiten, Malen, Schreiben, Lektüre, Fremdsprachen wie auch Ausüben bzw. Hören von Musik), worauf daher gleichfalls ein Anspruch auf Mindestzeiten der Ermöglichung anzuerkennen ist (speziell zu Kunsttherapie Hammer Bewährungshilfe 2014, 43; Roggenthin FS 2016, Heft 1; zum Lesen sozusagen als Notlösung Pöge/Haertel ZJJ 2015, 144). Hierfür sowie für sonstige Freizeitgestaltung erforderliche **Gegenstände** dürfen die Gefangenen daher grundsätzlich in angemessenem Umfang besitzen (§ 42 Abs. 1 JStVollzG Bln ua, § 54 JVollzGB BW IV, § 132 Abs. 1 iVm § 67 NJVollzG, § 20 HessJStVollzG, Art. 152 Abs. 2 iVm Art. 72 BayStVollzG).

99a   Hinsichtlich **elektronischer** Geräte finden sich dabei besondere Regelungen. So ist deren Zulassung nach § 42 Abs. 3 JStVollzG Bln ua (Bln. § 58 Abs. 5 JStVollzG Bln) als Ermessensentscheidung ausgestaltet, „wenn erzieherische Gründe nicht entgegenstehen", und ähnlich verhält es sich gem. § 132 Abs. 1 iVm § 67 Abs. 1 NJVollzG, wenn Versagungsgründe nicht vorliegen. Gemäß § 54 Abs. 3 JVollzGB BW IV kann die Zulassung ggf. der Zustimmung der Aufsichtsbehörde „vorbehalten sein". Nach Art. 152 Abs. 2 S. 3 BayStVollzG aE sind Unterhaltungsmedien „ohne pädagogischen Wert" nicht zugelassen; weniger restriktiv § 41 Abs. 1 JStVollzG NRW bzw. § 53 Abs. 3 HmbJStVollzG: wenn die Benutzung dem Vollzugsziel „nicht zuwiderläuft" bzw. „erzieherische Gründe nicht entgegenstehen". Nach § 29 Abs. 4 S. 2 HessJStVollzG muss die „Nutzung dem Erziehungsziel" dienen, was im Einzelnen ggf. in gewissem Widerspruch zu Wesen und Sinn der Freizeit stehen kann (vgl. auch Fiedler/Vogel in Ostendorf § 5 Rn. 88). Die Zulassung kann auf die jeweilige VollzEinrichtung beschränkt werden, dh solchenfalls kann das Gerät mit Verlegung in eine andere VollzEinrichtung (bei ggf. unterschiedlichen Sicherheitsvorgaben) zur Habe genommen werden (vgl. OLG Frankfurt a. M. NStZ-RR 2009, 359 (betr. allg. StR)).

99b   Die Judikatur (auch zum allg. StVollzug) ist entsprechend der technischen Entwicklung differenziert (vgl. etwa vormals OLG Frankfurt a. M. 22.11.1990 – 3 VAs 38/90 bei Böhm NStZ 1991, 525 bzw. OLG Bamberg

BlStVKunde 1995, 9, denen zufolge die Aushändigung eines PC auf den Haftraum aus Gründen der Sicherheit und Ordnung versagt werden darf, was indes zumindest die Feststellung konkreter Gefährlichkeit voraussetzt (ebenso Fiedler/Vogel in Ostendorf § 5 Rn. 89); bejahend betr. Laptop OLG Rostock StV 2016, 168 (zu § 16 UVollzG M-V), vgl. ebenso Walter in Ostendorf § 3 Rn. 28)). Unterschiedlich beurteilt wird auch die Frage der Überlassung eines (einfachen) **DVD-Players** (vgl. KG StV 2006, 259) bzw. von DVDs (bejahend LG Bochum ZfStrVo 2002, 186, gem. überwiegender Auffassung nicht jedoch solche pornografischen Inhalts (OLG Brandenburg NJ 2008, 274: auch betr. offenen Vollzug); zum Kriterium FSK-18-Freigabe OLG Frankfurt a. M. NStZ 2009, 220 sowie einschr. Hmb. FS 2009, 43 (zum allg. StR hingegen eine „generell-abstrakte Gefahr" bejahend OLG Koblenz NStZ 2011, 351)) bzw. von **Telespielgeräten** (s. OLG Nürnberg NStZ-RR 2002, 191; betr. Spielkonsole ‚Nintendo Game Cube' abl. OLG Brandenburg NStZ-RR 2007, 188 (internetfähig und Kontrollaufwand bei Abwägung wegen fehlenden Erziehungszwecks zu hoch), ähnlich betr. ‚Nintendo DS Lite' OLG Celle NStZ-RR 2011, 31 (Ls., zum allg. StVollzR); eher pauschal gegen Spielkonsolen, Mini-Computer sowie MP3-Player noch Arloth zum vormaligen § 56 HmbStVollzG, BayStVollzG Art. 152 Rn. 6; vgl. ergänzend Beyler ZfStrVo 2001, 142); die Spielkonsole **Sony Playstation 2** begründet nach hM eine allg. Gefährlichkeit für die Sicherheit der Anstalt (vgl. nur OLG Karlsruhe StV 2007, 316), da sie unter Verwendung von Zusatzgeräten den Zugang zum Internet ermöglicht (vgl. dazu → Rn. 100b; vgl. zum Ganzen auch Jung-Silberreis in MRTW Anl. A Rn. 182–184). – Ob die **Kosten** einer sicherheitstechnischen Überprüfung dem JStrafgefangenen auferlegt werden dürfen (bejahend OLG Brandenburg NStZ-RR 2005, 284), ist nicht abschließend geklärt (vgl. aber etwa § 58 Abs. 4 JStVollzG Bln).

d) Zugang zu Medien. Der Bezug von *Zeitungen* und *Zeitschriften* ist **100** entsprechend dem StVollzG gestaltet (§ 40 JStVollzG Bln ua, § 56 JVollzGB BW IV, § 132 Abs. 1 iVm § 65 NJVollzG, Art. 152 Abs. 2 iVm Art. 70 BayStVollzG, § 29 Abs. 2 HessJStVollzG, § 58 JVollzGB LSA). – Wenngleich ein Abonnement nur im Falle der Erfüllung eines Straf- oder Bußgeldtatbestandes versagt werde darf, kann ansonsten ein Vorenthalten wegen (erheblicher) Gefährdung von Sicherheit oder Ordnung der Anstalt in Betracht kommen (vgl. betr. U-Haft → § 89c Rn. 72), wobei (schon zur Vermeidung einer Umgehung der vorgenannten Voraussetzung) die Kontrolle nur unter besonderen Umständen auf bloße Stichproben beschränkt werden darf (OLG Celle NdsRPfl 2011, 80 (zum allg. StVollzR)).

Über den gemeinschaftlichen **Radio- und Fernseh**empfang hinaus ist **100a** der Besitz von **Geräten** im **Haftraum** gem. § 41 Abs. 2 JStVollzG Bln ua (Bln. § 58 Abs. 2, 3 JStVollzG Bln), § 52 Abs. 1 S. 3 HmbJStVollzG, § 59 Abs. 2 S. 1 JVollzGB LSA in das Ermessen der Anstalt gestellt, „wenn erzieherische Gründe nicht entgegenstehen" (nach § 41 Abs. 2 S. 2 SächsJStVollzG hingegen nur, „wenn es der Erreichung des Vollzugsziels dient"), während gem. § 41 Abs. 1 JStVollzG NRW, § 55 JVollzGB BW IV, Art. 152 Abs. 2 iVm Art. 71 BayStVollzG die allg. Regelung über den Besitz von Gegenständen Anwendung findet (vgl. iU § 132 Abs. 1 iVm § 66 S. 1 NJVollzG, § 29 Abs. 4 HessJStVollzG), wobei ua die Ausmaße des Gerätes, nicht aber die Bildschirmdiagonale (OLG Celle MMR 2009, 290 (betr. Flachbildgerät)), ein geeignetes Kriterium sein können (zur Unzulässigkeit einer Verpflichtung, eine Anmietung nur bei einem bestimmten externen Anbieter vorzunehmen, OLG Dresden StV 2008, 89 (betr. allg. StVollz)).

100b   Nach hM umfasst das Recht des JStrafgefangenen auf Besitz von Gegenständen zur Fortbildung und Freizeitgestaltung auch die Nutzung des **Internet** (vgl. nur § 52 Abs. 1 S. 4 JStVollzG Hmb) indes nur vermittelt (vgl. etwa schon Arloth NJVollzG § 128 Rn. 3; Arloth BayStVollzG Art. 152 Rn. 4: „Simulationen"; Fiedler/Vogel in Ostendorf § 5 Rn. 78: „Spiegeln" bestimmter Inhalte des Internet auf einen Server; zu Podknast vgl. Schaede/Neubacher FS 2010, 347 ff. (s. auch FS 2012, 4) bzw. Baucks in Dessecker/Egg, Justizvollzug in Bewegung, 2013, 145 ff.; näher zu Art. 10 EMRK EGMR NJOZ 2018, 1158 mBspr Bode ZIS 2017, 348 ff. (zum allg. StVollzR)). Dies betrifft auch **Online-Zeitungen** bzw. -Zeitschriften, die iRd Grundrechts auf Informationsfreiheit (Art. 5 Abs. 1 S. 1 GG) den sonstigen Regelungen unterliegen (vgl. 100), bzw. betr. − nur abstrakt-generell gefährdend − Empfangseinrichtungen für **Videotext** (zu Einschränkungen detailliert OLG Frankfurt a. M. NStZ-RR 2008, 30 (betr. allg. StVollzR)). Der Besitz eines *DVBT-Decoders* zum Empfang digitalen *Fernsehens* kann versagt werden, weil das Gerät (auch) eine unkontrollierte Informationsübermittlung ermöglicht (KG NStZ-RR 2007, 327 (Ls., betr. allg. StR); OLG Celle StraFo 2009, 172), und entsprechend wurde für USB- sowie SD-Memory-Card-Anschlüsse entschieden (OLG Frankfurt a. M. NStZ-RR 2013, 325 (zum allg. VollzR); vgl. auch → Rn. 99b). Zur Versagung von Medien mit der Kennzeichnung FSK-18 bzw. USK-18 auch ohne nähere Einzelfallprüfung OLG Naumburg NStZ 2016, 240 mit ausf. abl. Anm. Müller-Metz; anders OLG Hamburg OLGSt StVollzG § 116 Nr. 4 (jeweils zum allg. StVollz)).

3. Religionsausübung

101   Die hierzu getroffenen Regelungen der Gesetze der Länder entsprechen jeweils den §§ 53 ff. StVollzG. Insoweit wird auf die Erl.-Werke hierzu bzw. zu den Landesgesetzen zum allg. StVollzug verwiesen.

4. Gesundheit

102   **a) Fürsorge; Datenschutz.** In den Landesgesetzen finden sich vergleichsweise detaillierte Vorschriften über die Gesundheitsfürsorge der Gefangenen (§§ 32 ff. JStVollzG Bln ua, §§ 35 ff. JStVollzG NRW, §§ 30 ff. JVollzGB BW IV, § 132 iVm §§ 56 ff. NJVollzG, Art. 151 iVm Art. 58 ff. BayStVollzG, § 23 HessJStVollzG (allerdings einschr. § 24 Abs. 1 S. 1: „unter Beachtung ... der Wirtschaftlichkeit")), und zwar einschließlich solcher mit Relevanz für *soziale Eingliederung* (vgl. betr. anstaltsärztliche Stellungnahme zur Erlangung einer Kostenzusage betr. § 35 BtMG OLG Nürnberg StV 2010, 704: Anspruch auf fehlerfreie Ermessensentscheidung nach § 65 BayStVollzG (betr. allg. StR, s. aber Art. 151 Abs. 1 S. 1 BayStVollzG)). § 35 Abs. 1 JStVollzG NRW kennt einen weiten Gesundheitsbegriff (körperlich, seelisch, geistig, sozial), die Mehrzahl der Landesgesetze nennen indes (nur) körperliche und geistige Gesundheit, § 32 Abs. 1 SchlHJStVollzG jedoch zusätzlich die seelische; hingegen enthalten sich § 32

SächsJVollzG, § 56 NJVollzG und § 23 HessJStVollzG einer Umschreibung. Teilweise erheblich unterschiedlich gestaltet sind auch das *Rauchverbot* (vgl. als besonders ausgeprägt § 26 JVollzGB BW I) und dessen Grenzen (n. dazu Walter in Ostendorf § 3 Rn. 74). Soweit JStrafgefangene verpflichtet sind, Maßnahmen zu *unterstützen* (vgl. Art. 122 iVm Art. 58 Abs. 2 BayStVollzG), sind Einzelheiten in den Hausordnungen geregelt (vgl. betr. Tätowieren oder Piercen AG Rosenheim NStZ 2009, 216 mBspr Rotthaus NStZ 2010, 199).

Betreffend *schuldhafte Verursachung* wie speziell auch hinsichtlich Zahnpro- **102a**
phylaxe geht der Anspruch teilweise über denjenigen im allg. StVollzug hinaus (vgl. etwa § 127 Abs. 1, 2 NJVollzG), und zwar besonders für Minderjährige (vgl. dazu Art. 151 Abs. 1 S. 2, Abs. 2 BayStVollzG). Dabei hat sich der Umfang des Versorgungsanspruchs ggü. den Anstalten am Leistungsumfang der gesetzlichen Krankenkassen zu orientieren (s. auch Tondorf/Tondorf ZJJ 2006, 246). Die Gesundheitsfürsorge umfasst auch einen Anspruch von ein bzw. zwei Stunden Aufenthalt im Freien pro Tag, wofür Gelegenheit zum Sport zu geben ist (vgl. etwa Art. 153 Abs. 3 BayStVollzG). Die Reduzierung (entspr. der vormaligen Nr. 55 VVJug) auf gar nur eine Stunde (vgl. etwa § 62 HmbJStVollzG) beruht weithin auf Personalbelangen (vgl. dazu vormals Arloth BayStVollzG Art. 151 Rn. 4; vgl. ergänzend auch Jesse ZJJ 2015, 125).

Angaben des Gefangenen über seinen Gesundheitszustand unterliegen **102b**
seinem Recht auf *informationelle Selbstbestimmung* ebenso wie der *ärztlichen Schweigepflicht* (zur Nichtüberwachung des Schriftverkehrs mit Ärzten von außerhalb § 30 Abs. 3 Nr. 8 HmbJVollzG; vgl. auch → Rn. 143b). Bittet der Gefangene zB unter Bezeichnung als „Notfall" um ärztliche Untersuchung, so darf diese nicht davon abhängig gemacht werden, ob er unzulässige Fragen einer Person des allg. Vollzugsdienstes betr. den Gesundheitszustand beantwortet (OLG Frankfurt a. M. NStZ 2011, 709, betr. allg. StVollz).

Der Gefangene hat gem. dem informationellen Selbstbestimmungsrecht **102c**
und dem erzieherischen Grundsatz der Transparenz ein Recht nicht nur auf Auskunft, sondern auf *Einsicht* in die *Krankenakten* (bzw. -unterlagen), und zwar – wenn auch ggf. unter Abwägung ggü. Belangen der ärztlichen Aufgaben – einschließlich Wertungen (vgl. (betr. allg. StVollz), unter Hinweis auch auf die Rspr. des EGMR zu Art. 8 EMRK, BVerfG, 2. K. des 2. Senats, NJW 2017, 1014 mit PK Arloth NStZ 2018, 163 f.: § 203 BayStVollzG insoweit mit Art. 19 Abs. 4 GG nicht vereinbar; betr. U-Haft OLG Brandenburg StraFo 2008, 154 f. (zum allg. StR); ergänzend → Rn. 149, → § 89c Rn. 79) sowie von – zur Kontrolle nicht selten zentralen – handschriftlichen Notizen, ohne das Interesse daran näher darlegen zu müssen (§§ 65, 30, 31 JVollzDSG Bln (vorbehaltlich einer Sperrung, § 29); auch betr. Krankenblätter, jeweils zum allg. StVollzR, Bung HRRS 2010, 251; aA KG HRRS 2010 Nr. 370). Zugleich hat er einen Anspruch auf (erforderlichenfalls unter Heranziehung eines Sachverständigen vorzunehmende) *gerichtliche Überprüfung* (Art. 19 Abs. 4 GG) der Geeignetheit und Angemessenheit einer ärztlichen *Behandlung* (Abs. 1 S. 1; BVerfG NStZ 2013, 168 = StV 2013, 578 (zum allg. StVollz)).

b) Körperliche Benachteiligungen. Soweit Gefangene zB wegen Alters **103**
oder geistiger, seelischer (vgl. allg. → § 5 Rn. 69 ff.; speziell betr. eine

Anstalt in SchlH Köhler, Psychische Störungen bei jungen Straftätern, 2004) oder körperlicher Beeinträchtigungen nicht in Schul-, Ausbildungs- oder Arbeitsprogramme integriert werden, finden ua **werkpädagogische** Bemühungen statt (vgl. etwa Müller/Scholz ZfStrVo 1992, 171 f.). – Bestimmte **körperliche Mängel** oder Benachteiligungen, deren ärztliche Behandlung zwar möglich, aber aus medizinischen Gründen nicht erforderlich ist (zB kosmetische Operationen, Zahnersatz), beeinträchtigen regelmäßig das Selbstwertgefühl (vgl. allg. auch → § 5 Rn. 72) und behindern vielfach ein unbefangenes Verhältnis des Gefangenen zur Umwelt; im Sinne multifaktorieller Zusammenhänge von Straftatbegehung können sie insofern relevant sein (vgl. schon Stutte Praxis KiPsych 1974, 161 ff.). Auch in diesen Fällen sollte für die ärztliche Betreuung gesorgt werden (Denkschrift 1977, 38 f.; s. zum Kriterium medizinischer Beurteilung etwa Erlass JuM Hess. JMBl. 1987, 241; vgl. allg. die vormaligen Nr. 49, 52, 53, aber auch Nr. 54 VVJug).

104   **c) Alkohol- bzw. Drogenabhängigkeit oder -gefährdung.** Zur Betreuung alkoholabhängiger bzw. -gefährdeter JStrafgefangener (vgl. auch → § 5 Rn. 43, 47, 80) s. etwa Fehrs (Suchtgefahren 1985, 83; vgl. für Sachs. Wößner/Vogt MschKrim 2010, 382 ff. bzw. Hartenstein ua ZJJ 2016, 19 (22 f.); für NRW Wirth FS 2013, 351 f.). – Nach Angaben anstaltsärztlicher Dienste seien als Anteil Alkoholabhängiger ca. 14 % genannt worden, bzgl. derer überwiegend zugleich Drogenabhängigkeit bejaht worden sei (vgl. Heimerdinger, Alkoholabhängige Täter, Justizielle Praxis und Strafvollzug, 2006, 75 f.; zur Entwicklung (betr. JVA Adelsheim) Stelly/Thomas FS Kerner, 2013, 820 f.).

104a   Einer dergestaltigen stichprobenartigen Ate*malkoholkontrolle,* der auch JStrafgefangene unterzogen werden, bei denen weder aktuell konkrete Anhaltspunkte für Konsum vorliegen noch jemals seither Alkoholkonsum festgestellt wurde, steht nicht nur der Verhältnismäßigkeitsgrundsatz (aA betr. Sicherungsverwahrung OLG Hamm NStZ 2010, 399 (zum allg. StR)), sondern im JStVollzug schon das Erziehungsziel (→ Rn. 22 ff.) entgegen, das ein Minimum an gegenseitiger Vorhersehbarkeit des Verhaltens voraussetzt.

105   Bezüglich Drogenabhängiger besteht grundsätzlich eine Fürsorgepflicht zur Behandlung. Für die Umsetzung dieser Pflicht ist zunächst der zahlenmäßig erhebliche Anteil dieser Personengruppe zu gewärtigen. Die diesbzgl. Angaben schwanken international und regional stark, weisen aber auf eine erhebliche Problemdimension hin (zum Forschungsstand Klatt/Baier Bewährungshilfe 2012, 5 (6 f., 12 ff.). Nach Dolde (in Gaßmann, Suchtprobleme hinter Mauern, 2002, 133) waren in BW gem. einer Befragung Ende der 1990er Jahre etwa 30 % therapiebedürftig (mit besonders hohen Anteilen bei Aussiedlern; dazu betr. fünf norddeutsche VollzEinrichtungen ähnl. Hosser/ Taefi MschKrim 2008, 138 f.; für 2011/12 geringer Werte bei Klatt/Baier Bewährungshilfe 2012, 5 (10); zu rückläufiger Tendenz auch Stelly/Walter NK 2011, 51; s. aber auch Jung-Silberreis in MRTW Anh. A Rn. 229–231; für Sachs. Wößner/Vogt MschKrim 2010, 382 ff. (384) mit sonstigen Nachw., Hartenstein ua ZJJ 2016, 19 (22 f.); zu (vormaliger) Drogenerfahrung bei Insassen der JVA Laufen-Lebenau vgl. Tillack/Hari ZfStrVo 2000, 353 ff.). Die **Therapiemöglichkeiten** unter den Bedingungen einer **Haftanstalt** (vgl. auch → § 89b Rn. 25 ff.) sind deshalb von vornherein **begrenzt,** weil eine psychische Entwöhnung am ehesten in einem freien

Umfeld durchgeführt werden kann (zur Suchtberatung, die personell von repressiver Drogenprävention zu trennen ist, vgl. schon AV NRW JMBl. 1998, 302 (4.4); speziell betr. Nichtdeutsche Schlebusch ZfStrVo 1999, 19 f.; vgl. vormals allg. krit. Scheerer/Kappel StV 1982, 182 (184 ff.)). Zwar bewirkt die bloße Inhaftierung − neben einer Entgiftung −, dass der JStrafgefangene dem gewohnten Milieu (als etwaigem Verstärker des Fehlverhaltens) entzogen wird, jedoch ist auch der Vollzug rechtstatsächlich nicht frei von einschlägigen Einflüssen (vgl. → Rn. 40–42, 109f).

Was die tatsächlich im JStVollzug **durchgeführten Therapieprogram-** **106** **me** angeht (zu erheblichen Anteilen des Abbruchs für Sachs. Hartenstein ua ZJJ 2016, 22), so werden − trotz Einwänden ähnlich denjenigen ggü. dem Stufenstrafvollzug (vgl. → Rn. 77) im Allg. (vgl. etwa schon Hanschmann ua KrimJ 1982, 277 (282 f., 286)) − verschiedene Etappen unterschieden (etwa Aufnahmebereich mit anamnestischen und diagnostischen Aufgaben, Motivationsprüfungsversuche bzw. beschäftigungs-, psycho- und sozialtherapeutische Maßnahmen, Unterbringung in externen Einrichtungen). Als bedeutsam erscheint die verschiedentliche Beschäftigung **externer** Drogenberater, die die Betroffenen in der JVA aufsuchen, ebenso wie Vollzugslockerungen zwecks Orientierungsbesuchen bei Therapieeinrichtungen für den Fall der Zurückstellung oder Aussetzung der (weiteren) Vollstr.

Wenngleich eine abschließende Würdigung nicht möglich ist, vielmehr ua **106a** der Persönlichkeit (einschließlich beruflicher Qualifikation) der Therapierenden und Betreuenden (auch) bei der hier erörterten Streitfrage maßgebliche Bedeutung zukommt, scheinen bisherige Evaluationstendenzen die vorläufige Aussage zuzulassen, dass die Ergebnisse nach Therapie unter Zwang nicht schlechter sein müssen als nach Therapie ohne Zwang (vgl. etwa schon Bühringer in Egg S. 132 ff.; Kurze in Dessecker/Egg S. 82). Bedeutung kommt dabei auch der Frage nach einer (Methadon-)Substitution zu (vgl. aber betr. allg.-ärztliche Qualifikation restriktiv OLG München NStZ-RR 2012, 385 (betr. allg. StVollzR); zur Empirie vormals etwa Althoff/Schmidt-Semisch WienerZSuchtforschung 1992, 23 ff.; ergänzend → § 10 Rn. 52, → § 82 Rn. 11). − Nach einer Analyse von Grübl betr. die JVA Crailsheim (ZfStrVo 1992, 297; s. dazu auch Dolde in Gaßmann, Suchtprobleme hinter Mauern, 2002, 138–140) sind „Rückfälle" in den Drogenkonsum während des Vollzugsprogramms nur begrenzt Grund zur Resignation, vielmehr geschehe die Erreichung oder aber Verfehlung des Vollzugsziels weithin unabhängig davon.

Notwendige Voraussetzung für die Anordnung einer **Urinkontrolle** **107** (bzw. von − wegen des Verbots der Selbstbelastung umstrittenen − Disziplinarmaßnahmen im Falle der Verweigerung) zur Abwehr von Gesundheitsgefahren (vgl. auch → Rn. 130) ist ein hinreichend konkreter Verdacht auf BtM-Missbrauch (zB nachgewiesener vorausgegangener Konsum (BVerfG, 3. K. des 2. S., FS 2011, 192 = HRRS 2009 Nr. 877, betr. allg. StR), zusätzliche Umstände (OLG Rostock StV 2004, 611); vgl. ergänzend und zu sonstigen Konsequenzen OLG Frankfurt a. M. NStZ-RR 2005, 158 (Ls.; betr. allg. StR)); nach aA sollen (als Gesundheitsfürsorge) auch ohne konkreten aktuellen Verdacht Zufallsstichproben zulässig sein (OLG Frankfurt a. M. NStZ-RR 2009, 295; KG NStZ-RR 2018, 30 (jeweils betr. allg. StR)), wogegen im erzieherisch orientierten JStVollzug erhöhte Bedenken bestehen. Soweit in den Vollzugsakten ein Drogenkonsum bestätigender Urintest vermerkt wird, wird diesem kein Regelungscharakter beigemessen, sodass der Gefangene die Streichung nicht verlangen konnte (OLG Frankfurt a. M. 3.6.1992 – 3 VAs 22/92 bei Böhm NStZ 1992, 530; zw., zumal soweit wegen Weigerung der Abgabe von Urinproben Vollzugslockerungen versagt wurden, OLG Frankfurt a. M. 19.5.1993 – 3 VAs 8/93 bei Böhm NStZ 1993, 530; zur freiwilligen Abgabe als verfassungsrechtlich unbedenklich BVerfG NStZ-RR 2006, 189 (Ls.) betr. allg. Strafvollzug).

108   **d) Erkrankung an AIDS.** Besondere Probleme ergeben sich iZm Gefangenen, die diesbezüglich erkrankt bzw. mit dem HI-Virus infiziert sind. Allg. zum Umgang mit HIV-Infizierten bzw. AIDS-Kranken im (J)StVollzug bzw. zu Fragen der **Vollzugsgestaltung** und Behandlung s. betr. die unterschiedliche Handhabung in den einzelnen Bundesländern vormals BT-Drs. 11/7200 = ZfStrVo 1991, 109; vgl. im Übrigen schon Höflich ZfStrVo 1991, 81; Rex ZfStrVo 1991, 345; Hefendehl ZfStrVo 1996, 136; aus Sicht der Bewährungshilfe Klingmann in Busch, HIV/AIDS und Straffälligkeit, 1991, 231 ff.

108a   Die Bundesländer haben (besonders für intravenös Drogenabhängige) Testempfehlungen erlassen, deren Durchführung formalrechtlich als freiwillig gilt (s. aber rechtstatsächlich vormals Knapp, AIDS im Strafvollzug, 1996, 137 f. (wenngleich ohne Zufallsauswahl, 77)), nach Sondervorschriften einzelner Bundesländer ggf. jedoch (zumindest indirekt dadurch, dass bei Weigerung eine vollzugliche Einordnung als HIV-Infizierter angedroht wird) erzwungen werden kann (für auch formalrechtliche Erzwingbarkeit gem. § 36 Abs. 4 S. 7 IfSG – unabhängig von Zugehörigkeit zu sog. Risikogruppe – vgl. VV Bay. zu § 5 StVollzG v. 8.7.2002 (JMBl. 2002, 105 f.); s. allg. Sigel ZfStrVo 1989, 156).

108b   Nach inzwischen fast einhelliger Meinung ist eine **Zwangsuntersuchung aller** JStrafgefangener zur Erkennung einer HIV-Infektion **unzulässig** (s. etwa OLG Koblenz ZfStrVo 1989, 183; LG Bonn NStZ 1987, 140 f.; Bruns StV 1987, 505 f.). Im Übrigen wird die Zulässigkeit eines Zwangstests jedoch unterschiedlich beurteilt (bejahend für sog. Risikogruppen OLG Koblenz StV 1989, 163; LG Bonn NStZ 1987, 140 f.; einschr. Sigel ZfStrVo 1989, 159; Dargel ZfStrVo 1988, 151 f.; **abl.** Loschelder NJW 1987, 1467; Höflich ZfStrVo 1991, 79; Stöver KrimJ 1993, 184; Franck, Strafverfahren gegen HIV-Infizierte, 2000, 181; Böllinger in Prittwitz, AIDS, Recht und Gesundheitspolitik, 1990, 154 ff.).

108c   Betreffend die Frage der **Bekanntgabe** der Infizierung insb. durch den untersuchenden Anstaltsarzt an den Vollzugsleiter s. vormals zum Vergleich der Praxis der einzelnen Justizverwaltungen der Länder BT-Drs. 11/7200 = ZfStrVo 1991, 109; s. auch schon Dargel ZfStrVo 1987, 161; Bruns StV 1987, 506; Sigel ZfStrVo 1989, 162; Höflich ZfStrVo 1991, 80; vgl. im Übrigen Wellbrock StV 1987, 507 ff.; Schmuck ZfStrVo 1989, 170. Zu Grenzen der Offenbarungspflicht vgl. → Rn. 143.

109   Grundsätzlich anerkannt ist, dass JStrafgefangene **nicht** eine **Risikogruppe** eigener Art darstellen, sondern dass die Übertragungswege die gleichen sind wie in der Außengesellschaft (ungeschützter GV, unsterile Fixbestecke, unsterile Nadeln beim Tätowieren). Desgleichen anerkannt ist die Notwendigkeit einer umfassenden und genauen Aufklärung der JStrafgefangenen über die Möglichkeiten der Prävention, wenngleich sich im Hinblick auf das Gewicht sonstiger Einflüsse durch entsprechende Informationen allenfalls das

Tätowieren unterbinden lassen wird, (noch) weniger jedoch sexuelle Kontakte und der intravenöse Drogengebrauch.

Auch für den JStVollzug gilt die Beseitigung der illegalen Drogeninjektion **109a** als eine der wichtigsten Maßnahmen zur einschlägigen Infektionsprävention unter Drogenkonsumenten, wenn auch die Probleme, die sich im allg. Strafvollzug iZm AIDS stellen, im JStVollzug zumindest in quantitativer Hinsicht seither von geringerer Bedeutung zu sein scheinen (vgl. Sigel ZfStrVo 1989, 159; Höflich ZfStrVo 1991, 77). Im Übrigen werden sich jedoch zwischen beiden Vollzugsbereichen weithin Entsprechungen im Umgang mit der AIDS-Problematik ergeben, sodass insoweit auf die Literatur betr. den allg. StVollzug Bezug genommen werden kann.

Umstritten sind Zulässigkeit und Zweckmäßigkeit sonstiger Präventions- **110** maßnahmen, wie zB die Abgabe steriler **Einwegspritzen** (befürwortend Bruns StV 1987, 505; Michels KJ 1988, 424; Höflich ZfStrVo 1991, 79; Stöver KrimJ 1993, 184; näher Frey ua Kriminalistik 2008, 294 ff.; abl. etwa Sigel ZfStrVo 1989, 159), und die Abgabe von **Kondomen** (zu einem Anspruch auf kostenlose Abgabe vgl. OLG Koblenz NStZ 1997, 360; Bruns StV 1987, 505; Michels KJ 1988, 425; abl. speziell betr. JStVollzug Sigel ZfStrVo 1989, 159; betr. unterschiedliche Bereitschaft zur Benutzung vgl. Bryan ua JApplPsych 2004, 918 ff. (922 ff.)).

VIII. Schul- und Berufsausbildung; Arbeit

1. Allgemeines

a) Bedeutung. Vor allem der schulischen und beruflichen **Aus-** und **111** **Weiterbildung,** aber auch der **Arbeit,** kommen im Hinblick auf die Erreichung des Vollzugsziels einer „sozialen Integration" im JStVollzug ganz besondere Bedeutung zu (vgl. nur §§ 22 ff. JStVollzG Bln; auch § 13 KJHG). In diesem Sinne sah bereits der frühere § 91 Abs. 2 als Grundlage der Erziehung an zweiter Stelle Arbeit und Unterricht vor. Das verfassungsrechtlich abgesicherte Gewicht des Vollzugsziels verpflichtet den Gesetzgeber dazu, ausreichende Bildungs-, Arbeits- und Ausbildungsmöglichkeiten bereitzustellen, und zwar auch dann, wenn wegen der Kürze der Haftzeit ein Ausbildungsabschluss (noch) nicht möglich ist (BVerfG NJW 2006, 2096 f.; vgl. auch → § 89b Rn. 30; § 40 Abs. 1 JVollzGB BW IV und § 34 Abs. 1 HmbJStVollzG sehen ein einklagbares Recht vor). Indes regeln die Landesgesetze eine Möglichkeit der Fortsetzung der Ausbildung **über** den **Entlassung**szeitpunkt **hinaus** weithin (vgl. aber § 53 BbgJVollzG, § 35a HmbJVollzG) nur als Ausnahme (vgl. auch schon Arloth NJVollzG § 126 Rn. 1), dh unter weithin erheblichen Einschränkungen (vgl. § 85 Abs. 3 S. 1, 2 JVollzGB BW IV, Art. 137 Abs. 2 S. 2 BayStVollzG, § 22 Abs. 1 S. 1 JStVollzG Bln ua, § 28 Abs. 1 HessJStVollzG, § 126 Abs. 1 NJVollzG, § 48 Abs. 1 JStVollzG NRW; zur erneuten Aufnahme vgl. → Rn. 64) und ggf. finanziellen Belastungen (vgl. aber zur Fortzahlung von Ausbildungsbeihilfe § 22 Abs. 1 S. 3 Saarl. JStVollzG, zur Voraussetzung des Absehens von einer Kostenbeteiligung § 22 Abs. 3 SächsJStVollzG), wobei die Anstalt kein Erziehungsrecht hat (vgl. daher zB § 126 Abs. 2 NJVollzG), zumal der Betroffene nicht mehr JStrafgefangener ist (vgl. auch VGO BW (Die Justiz 2008, 203) 5).

112   **b) Einzelne Regelungen.** Die Gesetze der Länder sehen, auch im Sinne durchgängiger Betreuung (vgl. BVerfGE 116, 69 Rn. 61: verzahnte Entlassungsvorbereitung), eine **Pflicht** zur Teilnahme an **Ausbildung**smaßnahmen bzw. zur **Arbeit** vor (§ 37 Abs. 2 JStVollzG Bln ua, § 29 Abs. 2 S. 1 JStVollzG NRW, § 40 Abs. 2 JVollzGB BW IV, § 124 NJVollzG (erweitert in Abs. 4 S. 2–4 durch Gesetz v. 15.6.2017), Art. 123 Abs. 3 BayStVollzG, § 27 Abs. 2 HessJStVollzG, §§ 26 ff. JVollzGB LSA). Diese Pflicht dient indes auch als „Disziplinierungsinstrument" (Walter Formelle Disziplinierung im Jugendstrafvollzug, 1998, 109), wie schon bislang der Anteil darauf entfallender formeller Disziplinierungen erkennen lässt (vgl. → Rn. 140). – Im Einzelnen gestattet zB § 124 Abs. 2 S. 3 NJVollzG die Zuweisung einer Hilfstätigkeit ohne Zustimmung über drei Monate hinaus, dh es handelt sich zudem ggü. § 35 Abs. 2 S. 2 NJVollzG um eine unzulässige Schlechterstellung.

112a   Aus- und Weiterbildung wie auch Arbeit soll bzw. kann den JStrafgefangenen unter divergierenden Voraussetzungen im Rahmen **freier Beschäftigungsverhältnisse** gestattet werden (§ 37 Abs. 4 JStVollzG Bln ua (Bln. § 28 JStVollzG Bln), § 29 Abs. 4 JStVollzG NRW, § 42 JVollzGB BW IV, § 132 Abs. 1 iVm § 36 (vgl. aber auch § 125) NJVollzG, Art. 147 BayStVollzG, § 27 Abs. 6 HessJStVollzG, § 30 JVollzGB LSA), zumal speziell die Berufsausbildung innerhalb der VollzEinrichtung ggf. weniger „realitätsnah" (Jung-Silberreis in MRTW Anh. A Rn. 96) ist (vgl. aber zur Versagung bei „Lohnwucher" OLG Dresden NStZ 2013, 361 (zum allg. StR)). Auch Selbstbeschäftigung kommt in Betracht (vgl. etwa § 36 Abs. 1 HmbJStVollzG, Art. 147 iVm Art. 42 Abs. 2 BayStVollzG.

112b   Gemäß § 46 JVollzGB BW IV, Art. 150 iVm Art. 49 BayStVollzG, § 132 Abs. 1 iVm § 52 NJVollzG wird von einem in einem freien Beschäftigungsverhältnis stehenden jungen Gefangenen ein **Haftkostenbeitrag** erhoben (eher weitergehend § 42 HessJStVollzG, § 132 Abs. 1 iVm § 52 Abs. 2 NJVollzG), allerdings vorbehaltlich verschiedener Absehenstatbestände (zB betr. (Wieder-)Eingliederung, vgl. näher BVerfG StV 2009, 421 f. (betr. „verschuldeter Arbeitslosigkeit", zum allg. StR); § 33 S. 2 JStVollzG NRW: „soweit" mit Förderung und Erziehung „zu vereinbaren"; zur Begrenzung der Höhe vgl. § 46 Abs. 2 S. 1 JVollzGB BW IV). Grundsätzlich bestimmt sich die Höhe nach dem Betrag, der nach § 17 SGB IV durchschnittlich zur Bewertung der Sachbezüge festgesetzt ist (vgl. zu den monatlichen Beträgen die jährliche Bekanntmachung im BAnz. (für 2018 v. 7.12.2017, BAnz. AT v. 21.12.2017 B1) sowie zum Folgenden ABl. Bln. (für 2018 v. 23.11.2017, ABl. 2017, 5896), unterteilt nach Unterbringung (gestaffelt von Einzel- bis „mehr als drei") und Verpflegung (diese entfallen bei Selbstverpflegung)). Jeweils bezogen auf einen Monat gilt hiernach bei Personen unter 18 Jahren und für Gefangene, die sich in einer Ausbildung befinden: für Einzelunterbringung ein Betrag von 156,10 EUR, für Doppelbelegung von 66,90 EUR, für Dreier-Belegung von 44,60 EUR und für eine Belegung mit mehr als drei Personen von 22,30 EUR festgelegt, bei allen anderen Personen lauten die Beträge in dieser Reihenfolge: 189,55 EUR, 100,35 EUR, 78,05 EUR und 55,75 EUR; für Verpflegung gilt: Frühstück 51,00 EUR, Mittagessen 95,00 EUR, Abendessen 95,00 EUR.

2. Schulische und berufliche Bildungsmaßnahmen

Diesen muss unter den Voraussetzungen der Erziehungsbedürftigkeit, **113** -fähigkeit und -willigkeit (vgl. → § 5 Rn. 13 ff.) des JStrafgefangenen Priorität (ggü. Arbeit) zukommen, wobei besonders eine bestehende Schulpflicht **Vorrang** hat (nach Höynck/Hosser Bewährungshilfe 2007, 395 (betr. Bremen, Hmb. und Nds.) erreichten nur 7 % einen regulären Schulabschluss und nur 18 % einen beruflich weiterqualifizierenden Abschluss; vgl. für NRW FS 2012, 206 betr. nur diejenigen männlichen Insassen, die Teilnehmer beruflicher Bildungsmaßnahmen waren, wonach 59,71 % die Ausbildung erfolgreich abgeschlossen haben). Dies sehen § 37 Abs. 2 JStVollzG Bln ua, § 124 Abs. 2 NJVollzG, § 28 Abs. 2 JVollzGB LSA vor (vgl. auch Art. 145 Abs. 1–3 BayStVollzG, § 40 Abs. 1 JVollzGB BW IV, § 27 Abs. 2 HessJStVollzG; weniger explizit § 29 Abs. 1 S. 1, 2, Abs. 2 S. 1 JStVollzG NRW). Gemäß § 69 Abs. 1 HessJStVollzG müssen für mindestens 75 % der Einsitzenden auch Plätze in Einrichtungen für Schule und Ausbildung und zur arbeitstherapeutischen Beschäftigung zur Verfügung stehen. – Nach Art. 122 iVm Art. 40 Abs. 2 und 4, Art. 145 Abs. 5 BayStVollzG sind die Insassen im Falle des Bedarfs verpflichtet, an Deutschunterricht teilzunehmen, der während der Arbeitszeit stattfinden soll.

Höhere schulische Bildung wird idR nur durch externe Schulträger **113a** ermöglicht, bei als lockerungsgeeignet beurteilten Insassen kommt Ausgang in Betracht.

a) Angebotsbedarf. Bislang **mangelt** es tatsächlich vielfach an erzieheri- **114** scher Fähigkeit seitens der JStVollzAnstalten (konstruktiv aber zu (auch finanziellen) Vorteilen Walkenhorst DVJJ-Journal 1999, 255; vgl. auch Walkenhorst DVJJ-Journal 1998, 134 (137); s. auch Petrau/Weber FS 2008, 210 ff.; speziell zur Geeignetheit Lehrender Walkenhorst DVJJ-Journal 2002, 411 f.; s. im Übrigen zB zu Grundlehrgängen Kruse Jugendwohl 1989, 406 bzw. zu Schulabschlüssen Walkenhorst unsere jugend 1994, 190 ff.; zu „aufsuchender Pädagogik" Henschel ZfStrVo 2001, 156 ff. (betr. weibliche Gefangene); zum zeitlich gestaffelten Berufsbildungsangebot in der JVA Schifferstadt s. Pendon ZfStrVo 1996, 87). Ein erheblicher Anteil der JStrafgefangenen erreicht lediglich einen Ausbildungsstandard, der für eine Hilfstätigkeit in der freien Wirtschaft genügt (vgl. dazu etwa schon Matzke, Leistungsbereich bei Jugendstrafgefangenen, 1982, 109; ähnlich Dünkel Freiheitsentzug 285 ff.; s. ferner Stentzel, Berufserziehung straffälliger Jugendlicher und Heranwachsender, 1990, 65 f. betr. Anlerntätigkeiten; vgl. zusf. auch Bunk/Stentzel ZfStrVo 1995, 73 ff.; Lauterbach ZJJ 2009, 46 (48): abgeschlossene Berufsausbildung nur bei 20 % (betr. vormals *Ersthaftierte* in fünf JStVollzEinrichtungen, zudem *selektiv,* dh ohne solche mit zwischenzeitlich erneuter Inhaftierung wegen als schwer beurteilter „Rückfall"-Delikte)). In jüngerer Zeit hat sich der Vorbildungsstand der Inhaftierten allerdings etwas verbessert (s. die Zusammenstellung bei Gudel NK 2013, 247 (252 ff.); zur Entwicklung ferner Reinheckel FS 2008, 205 ff. sowie ergänzend Stelly/Thomas FS Kerner, 2013, 823 f.; Wößner/Wienhausen-Knevzevic MschKrim 2013, 477 (479 f.)).

Gerade bzgl. schulischer, berufsbildender und berufsfördernder Maßnah- **114a** men sind – unbeschadet gewisser Verbesserungen – die **Angebote** in den verschiedenen Anstalten recht **unterschiedlich** bzw. es fehlt teilweise an solchen (zur Übersicht vgl. die überregionale Befragungserhebung von Steinheckel 13; vormals Stenger MschKrim 1984, 145 ff. (155); betr. JVA Oranienburg als für Bbg. allein zuständig bei Vollzeitschulpflicht Nagler in Egg S. 99, 150; als Umschreibung der Aufgaben des Lehrers vgl. vormals zB JBl. RhPf 1986, 3 f.; Rieger ZfStrVo 1986, 261 unter Trennung in vier Schwerpunkte; zu Bemühungen bei Analphabetismus Rohwedder/Thiel ZStrVo 1987, 221 sowie Budweg/Schinz ZfStrVo 1992, 232 (234 f.) („Leseclub"); zu Schulabschlüssen s. Hinweise in ZfStrVo 1987, 347 f. (für Hmb.) bzw. 357 (für BW); betr. Berufsausbildung in der JVA Bremen-Blockland s. bereits Krause unsere jugend 1991, 172; in der JVA Bln. speziell etwa Cornel KrimPäd 2011, 52; vormals zum Berufsschulunterricht in NRW vgl. JMBl. 1985, 220, zu den Angeboten in RhPf JBl. 1992, 214; vgl. auch → Rn. 121).

114b   Dies gilt nicht zuletzt für den Vollzug an **weiblichen** JStrafgefangenen, bei denen wegen der geringen Anzahl besondere Formen von Kleingruppen- oder auch Einzelunterricht bzw. -ausbildung vorzusehen sein werden (vgl. zu näheren Anhaltspunkten betr. das Angebotsgefälle zwischen verschiedenen Anstalten Beer FS 2014, 358 ff. (Fragebogen-Untersuchung bei Insassen); vgl. auch Haverkamp NK 2015, 301 (311 ff.); für Sachs. Hinz ua ZJJ 2016, 376 ff.; vormals schon StVollzKomm 50 ff.); zur gemeinsamen Nutzung mit männlichen Gefangenen krit. Jansen in Goerdeler/Walkenhorst S. 248 (eher bejahend vormals Arloth BayStVollzG Art. 123 Abs. 4 Rn. 4), zum Umgangsklima untereinander krit. Schmalz, Kommunikation und Interaktion weiblicher Inhaftierter in einer Justizvollzugsanstalt, 2016, 127 ff., 186 ff. – Auch kann nur selten die nötige Kontinuität zwischen Vollzug und Außengesellschaft bei Ausbildung oder Arbeit festgestellt werden (vgl. hierzu Matzke, Leistungsbereich bei Jugendstrafgefangenen, 1982, 124 ff.).

114c   In Orientierung an (Wieder-)Eingliederungschancen nach Entlassung ist regional verschiedentlich die Umsetzung eines auf Bundesebene angelegten Programms („XENOS", vgl. dazu Becker Bewährungshilfe 2015, 5 ff.) während des Vollzugs zu verzeichnen (vgl. etwa zur JVA (Heinsheim-)Pforzheim Oechsle Bewährungshilfe 2015, 35 ff.), das Ausbildungs- und Arbeitserfahrungen bzw. ein berufliches Bildungssystem fördert (zu einer Befragung von Insassen betr. Zukunftsperspektiven Müller/Richter Bewährungshilfe 2015, 43 ff.).

115   **b) Kriminologische Bedeutung. Empirische Untersuchungen** berechtigen zu der Annahme, dass ua eine erfolgreiche schulische und berufliche Ausbildung (zum Verhältnis von Berufsausbildung und Beschäftigung während eines Jahres nach Entlassung Müller ZJJ 2015, 454 ff.) die „Rückfälligkeit" vermindern könnte (s. bereits Böhm in Elster/Lingemann/Sieverts KrimHdWB 527; Berckhauer/Hasenpusch MschKrim 1982, 329; anders betr. Berufsausbildung Meyer Bewährungshilfe 1982, 345 (347) = MschKrim 1982, 287; s. auch Hinweise bei Nolting, Freigänger im Jugendstrafvollzug, 1985, 169 f.; einschr. auch Görken ZfStrVo 1987, 83 (86)). Diesbzgl. ist (mittelbar) zB bedeutsam, dass ein entsprechender Ausbildungsabschluss zu Gunsten künftiger Sozial- oder Legalbewährung zur Förderung des Selbstwertgefühls beitragen kann (vgl. allg. auch → § 5 Rn. 72; s. aber zur Selbsteinschätzung Heilemann, Realisierungsbedingungen der Erziehungs- und Behandlungsplanung im Jugendvollzug, 1985).

Methodisch wird auch bei diesem Problembereich zu berücksichtigen **115a** sein, dass ein – gar punktuell angelegtes (krit. Mey ZfStrVo 1986, 265 (268)) – Defizitkonzept seinerseits eher destruktive Auswirkungen haben kann (vgl. allg. auch → § 5 Rn. 58, → § 3 Rn. 37 ff.). Im Übrigen stehen Befunde über **Zusammenhänge** zwischen **Arbeitsverhalten** und „**Rückfälligkeit**" unter der Einschränkung, dass Geschehnisse zB im Sozial- oder Freizeitbereich bedingend für eine (neuerliche) Deliktsbegehung bzw. die Überführung gewesen sein können (vgl. näher Eisenberg/Kölbel Kriminologie § 37 Rn. 42). Zudem sind einschlägige Befunde im Verhältnis zu der jeweiligen Ausprägung von (Jugend-)Arbeitslosigkeit zu würdigen.

Gemäß einer Untersuchung von 119 Personen, bei denen (nach U-Haft- **116** vollzug) die Vollstr der JStrafe zBew ausgesetzt wurde, und von 51 Personen, bei denen dieses betr. den Strafrest geschah, ergab sich eine Widerrufsquote von mehr als 50 % bei denjenigen, die im ersten Monat arbeitslos waren, hingegen eine solche von weniger als 40 % bei denjenigen, die im ersten Monat in einem Arbeitsverhältnis standen (Spieß in Kury S. 517, 543). Diese Differenzierung bestand, obwohl die erstgenannte Gruppe ansonsten nicht „belasteter" war als die zweitgenannte.

Eine Auszählung bezüglich NRW zeigte, dass 74,5 % der Probanden, die **116a** während des JStVollzugs keinerlei berufliche Qualifikation erwarben, binnen 4 Jahren nach Entlassung erneut wegen einer Straftat inhaftiert wurden, von denjenigen mit einer „beruflichen Teilqualifikation" 47 %, und von Probanden der Gruppe, die einen „Gesellen- oder Facharbeiterbrief" erwarben, 36,2 % (Wirth Bewährungshilfe 2003, 311). Sofern nach Entlassung keine berufliche Beschäftigung bestand, lauteten die entsprechenden Anteile gar 90 %, 80 % und 32,8 % (Wirth Bewährungshilfe 2003, 311 (312)).

Berechnungen bzgl. in BW Entlassener erbrachten, dass bei denjenigen, **117** die während des Vollzugs eine fehlende Berufsausbildung nachgeholt hatten und nach einem Lehrabschluss entlassen wurden, die „Rückfall"-Quote besonders niedrig war (21 %, vgl. Dolde/Grübl ZfStrVo 1988, 33). Demgegenüber ergaben sich gem. einer Analyse des Verhältnisses von Teilnahme an (schulischen und berufl) Bildungsmaßnahmen während des JStVollzugs (gleichfalls in BW) und „Rückfälligkeit" (ausweislich erneuter Eintragung im BZR) nach Entlassung höhere „Rückfall"-Quoten der (vormals) Teilnehmenden im Vergleich zu den Nichtteilnehmenden, und dies gilt sogar für diejenigen, die eine Ausbildung während des Vollzuges erfolgreich abschlossen, im Vergleich zu den „Erfolglosen" (Geissler S. 91; s. auch dies DVJJ-Journal 1991, 214 (217)); als günstigere Variablen erwiesen sich ein Lehrabschluss bereits vor Haftantritt sowie Lockerungs- und Urlaubsgewährung.

In einer Untersuchung bei norddeutschen VollzEinrichtungen (in Bre- **118** men, Hmb., LSA und Nds.) ergab sich 24 Monate nach Entlassung eine Reinhaftierungsquote von 49 % bei den sich in Ausbildung oder Erwerbstätigkeit befindenden Personen, hingegen eine solche von 58 % bei den als arbeitslos erfassten (vgl. Höynck/Hosser Bewährungshilfe 2007, 395; vgl. auch die neueren Daten bei Wößner/Wienhausen-Knevzevic MschKrim 2013, 477 (485 ff.)).

Aus einer vormaligen Forschung in Großbritannien, die sich über einen **118a** Zeitraum von zehn Jahren erstreckte, wurde berichtet, dass von denjenigen Entlassenen, die zumindest ein Jahr lang am Arbeitsplatz blieben, keiner „rückfällig" geworden sei (vgl. Soothill/Holmes Howard Journal 81). –

Nach früheren US-amerikanischen Untersuchungen bei zur Bewährung entlassenen Personen ergab sich, dass innerhalb derjenigen, die drei Monate an ihrem Arbeitsplatz aushielten, 49 % eine Legalbewährung aufwiesen; demgegenüber waren innerhalb derjenigen, die „rückfällig" wurden, nur 23 % während des genannten Zeitraums an ihrer Arbeitsstelle verblieben (vgl. Glaser, The Effectiveness of the Prison and Parole System, 1969, 322).

119 **c) Zum schulischen Unterricht.** Bei einem wohl überwiegenden Anteil der JStrafgefangenen liegen diesbezüglich negative Vorerfahrungen vor. Daher sollte der Unterricht im JStVollzug (zunächst) ohne zu starke Leistungsanforderung gestaltet sein und – dem jeweiligen Alter der JStrafgefangenen angemessen – auf soziale Einordnungsschwierigkeiten und Behinderungen sowie auf die familiäre und schulische Lernbiographie (s. dazu Sessar-Karpp, Lernvoraussetzungen junger Inhaftierter, 1982) Rücksicht nehmen. Wichtig sind zudem, ggf. zeitlich vor der Berufslehre bzw. Kurzausbildung, Berufsfindungskurse und Berufsberatung.

120 **d) Ablehnung des Angebots.** Neuere Daten zeigen, dass ein nicht unbeträchtlicher Anteil der JStrafgefangenen die angebotenen Bildungsmaßnahmen vorzeitig abbricht oder gar nicht antritt (vgl. etwa Schmidt-Esse, Lange Jugendstrafen bei jugendlichen und heranwachsenden Gewalt- und Sexualstraftätern, 2018, 124 ff.; zur Inanspruchnahme der Angebote auch Boxberg Jugendstrafe 218 ff.) **Nimmt** ein JStrafgefangener ein Ausbildungsangebot **nicht an,** so ist zunächst einmal nicht auszuschließen, dass die Voraussetzungen des Angebots aus erzieherischer Sicht ungeeignet waren, dh es wäre verfehlt, den Betreffenden stattdessen ohne weiteres mit Hilfsdiensten zu beauftragen. Andererseits kann der JStrafgefangene mangels eines sachlichen Grundes nicht Befreiung von einer gem. Vorschriften des jeweiligen Landesgesetzes erforderlichen Maßnahme verlangen (s. betr. einen schulischen Förderkurs OLG Frankfurt a. M. bei Böhm NStZ 1984, 448, allerdings nicht unbedenklich, da berufsbildende Maßnahmen (zumindest bei einem von der Schulpflicht befreiten Betroffenen) den Vorzug verdienen), wenngleich das erzieherische Prinzip der Freiwilligkeit Vorrang haben sollte (vgl. aber auch JStVollzKomm 28, die von der Verbindlichkeit der im Erziehungsplan festgelegten Bildungsmaßnahmen ausgeht). Teilweise ist die Annahme entsprechender Angebote ohnehin aus anderen Gründen nicht freiwillig, weil Vollzugslockerungen (vgl. → Rn. 75–79) und insb. die Entlassungsprognose von dem Verhalten des JStrafgefangenen abhängig sind.

120a Hiernach bedarf es bei Nichtaufnahme oder Nichtausübung der Beschäftigung einer am **Erziehungsauftrag** (§ 2 Abs. 1) orientierten, ggf. vom allg. StVollzR abw. Würdigung, **bevor** eine **Ablösung,** gar mit den Folgen der Beurteilung als „verschuldet ohne Beschäftigung" (vgl. § 27a Abs. 2 HessJStVollzG), vorgenommen wird (vgl. auch → Rn. 121b).

3. Arbeit

121 Die (grundsätzlich nachrangige) Möglichkeit bzw. Verpflichtung zur Arbeit wird insb. für diejenigen JStrafgefangenen relevant, bei denen es hinsichtlich einer Ausbildung an den Voraussetzungen der Erziehungsbedürftigkeit, -fähigkeit und -willigkeit (vgl. → § 5 Rn. 13 ff.) fehlt. Die Arbeit soll als zentraler Faktor des sozialen Integrationsprozesses dem Verurteilten auch in Freiheit die Möglichkeit bieten, soziale Bedürfnisse nach Kommunikation und Anerkennung zu befriedigen (JStVollzKomm 26; krit. Kersten/v. Wolffersdorff-Ehlert KrimJ 1982, 95). – Zur Problematik der Einbeziehung in die Rentenversicherung vgl. nur BT-Drs. 18/2606, 7331 (7338) (abl. im Plenum (18.12.2014)).

a) Ausgestaltung; Zuweisung. Die vorgenannte Funktion setzt voraus, **121a** dass die Arbeitsmöglichkeiten den **differenzierten Anlagen, Neigungen, Fähigkeiten** und **Fertigkeiten** des JStrafgefangenen und deren Entwicklung entsprechen (nur eingeschränkt vorgesehen von § 37 Abs. 1 S. 2 JStVollzG Bln ua (eher weitergehend Neufassung § 37 SächsJStVollzG), § 29 Abs. 2 S. 3 JStVollzG NRW, § 40 Abs. 3 JVollzGB BW IV, § 124 Abs. 2 S. 2 NJVollzG, Art. 146 Abs. 3 iVm Art. 39 Abs. 2 BayStVollzG, § 27 Abs. 2, 5 HessJStVollzG) und den Verhältnissen der freien Wirtschaft angepasst sind, und dass bei der Auswahl der Arbeit diese Kriterien Vorrang vor der wirtschaftlichen Ergiebigkeit haben (JStVollzKomm 27 f.; Dallinger/Lackner Rn. 32). Danach sind Regelungen insoweit verfehlt, als sie (entsprechend der vormaligen Nr. 32 Abs. 2, 5 VVJug) eine wirtschaftlich verwertbare und in angemessenem Verhältnis zum Aufwand stehende Arbeit in den Vordergrund rücken (vgl. etwa § 40 Abs. 3 JVollzGB BW IV, Art. 146 Abs. 3 iVm Art. 39 Abs. 2 BayStVollzG, § 29 Abs. 1 JVollzG LSA; zur Arbeitstherapie in der Praxis s. etwa Wattenberg ZfStrVo 1983, 279; Wattenberg, Arbeitstherapie im Jugendstrafvollzug, 1985, 355 sowie ZfStrVo 1988, 199 und ZfStrVo 1992, 181 ff.).

Ein *Widerruf* der Zuweisung eines bestimmten Arbeitsplatzes hat, mehr **121b** noch als im allg. Strafvollzug (verfehlt OLG Hamm NStZ 2010, 396 (ohne Mindestaufklärung des Zwecks, allein wegen Auffindens eines ärztlich nicht verordneten Medikaments mit Nebenwirkstoffen)), dieser Bedeutung Rechnung zu tragen. Eine *Ablösung* (§ 27a HessJStVollzG) von der zugewiesenen Arbeit ist nur unter den gesetzlich bestimmmten Vorausetzungen zulässig, andernfalls ist die Maßnahme rechtswidrig, sodass die Nichtaufnahme der Arbeit an der neu zugewiesenen Stelle keine Arbeitsverweigerung darstellt (vgl. OLG Frankfurt a. M. NStZ-RR 2016, 295 (zum allg. StVollzR)).

b) Auswirkungen auf den Entlassungszeitpunkt. Die Voraussetzun- **122** gen des **Arbeitsurlaubs** sowie der **Anrechnung** der **Freistellung** auf den Entlassungszeitpunkt (zur Verfassungswidrigkeit des Wegfalls der Freistellungstage BVerfG NStZ 2016, 236 (zum allg. StVollzR)) sind in § 58 JStVollzG Bln ua (§ 57 SächsJStVollzG (Neufassung GVBl. 2013, 250)), § 32 JStVollzG NRW, § 41 HmbStVollzG, § 44 JVollzGB BW IV, Art. 149 BayStVollzG, § 132 Abs. 1 iVm § 39 NJVollzG, § 27 Abs. 8 (sowie § 38) HessJStVollzG (mit erheblichen Änderungen durch Gesetz v. 5.3.2013, GVBl. 46)) geregelt (vgl. auch vormals Nr. 38a VVJug), wobei nicht zuletzt Aus- oder Weiterbildungsmaßnahmen Bedeutung zukommt (vgl. aber etwa VerfGH RhPf NStZ-RR 2015, 262 (264), zum allg. StR). Insbesondere hinsichtlich der Haftreduzierung wird eine zu enge Fassung beanstandet (vgl. nur Dünkel NK 2007, 61).

4. Gelder

Wenngleich das **Arbeitsentgelt** eine kostenträchtige Materie darstellt (für **123** das Jahr 2018 beträgt die Eckvergütung als Tagessatz bei 100 % iSv § 1 StVollzVergO gem. vollzugsgesetzlichen Regelungen und § 18 SGB IV

13,15 EUR (vgl. Die Justiz 2018, 107); zur Versagung von Mindestlohn OLG Hamburg StraFo 2015, 395 = NStZ 2016, 239: nur für Arbeitnehmer (zum allg. StVollzR), erscheint es doch erwägenswert, eine den Belangen der Ausbildung gemäße Regelung zu finden und die Arbeitsvergütung an der Ausbildungsvergütung zu orientieren und nicht umgekehrt. Wird die Ausbildungsvergütung als Maßstab genommen, so entspricht dies der zentralen Bedeutung der Ausbildung im JStVollzug, ohne dass eine Kostensteigerung die notwendige Folge wäre (zur Unfallversicherung § 2 Abs. 2 SGB VII).

124   **a) Grundlage.** Die Gesetze der Länder sehen jeweils verschiedene Regelungen bzgl. der Gelder der JStrafgefangenen vor, die neben Überbrückungs-, Eigen-, Haus- und *Taschengeld* (zu diesem statt vieler § 33 S. 1 JStVollzG NRW, § 35 Abs. 1 S. 2 StVollzG NRW: 14 % der Eckvergütung – die Bedürftigkeit ist vom JStrafgefangenen darzulegen (zur Verneinung von Bedürftigkeit bei Ablehnung einer als „erforderlich" erachteten Arbeit § 68 Abs. 2 S. 2 BbgJVollzG); zur Vorschussbewilligung ua wegen subkultureller Anfälligkeit (vgl. dazu → Rn. 40 ff.) OLG Celle NStZ-RR 2014, 389) vor allem die Zahlung von **Ausbildungsbeihilfe und Arbeitsentgelt** betreffen (§§ 57 ff. JStVollzG Bln ua, §§ 30, 33 JStVollzG NRW, §§ 44 f. JVollzGB BW IV, § 132 Abs. 1 iVm §§ 40 ff. NJVollzG, §§ 44 ff. HmbJStVollzG, Art. 149f iVm Art. 46 ff. BayStVollzG, §§ 39 ff. HessJStVollzG, §§ 64 ff. JVollzGB LSA). Die Normen sind im Wesentlichen an die §§ 43 ff. StVollzG angelehnt, teilweise aber auch weitreichender (vgl. etwa Art. 149 Abs. 2 BayStVollzG; § 40 Abs. 4 HmbJStVollzG). Zur Anrechnung von AL-Geld bejahend BSG NZS 2018, 315 (zum allg. StVollz).

124a   Gemäß § 62 Abs. 3 SächsJStVollzG soll (GVBl. 2013, 250, zuvor Kann-Vorschrift) der Anstaltsleiter die Inanspruchnahme des Überbrückungsgeldes zur Opferentschädigung gestatten. – Nach § 59a Abs. 2 S. 1 SächsJStVollzG ist ausdrücklich bestimmt, dass der Besitz von Bargeld in der Anstalt nicht gestattet ist, nach S. 2 entscheidet über Ausnahmen der Anstaltsleiter (nach § 59 Abs. 2 S. 4 SächsJStVollzG wird das Taschengeld dem Hausgeldkonto gutgeschrieben).

124b   **b) Beteiligung an Betriebskosten.** Extensive Bestimmungen zur Kostenbeteiligung der JStrafgefangenen (s. etwa § 132 Abs. 1 iVm § 52 Abs. 3 NJVollzG, aber auch § 42 Abs. 5 S. 2 HessJStVollzG, § 52 Abs. 1 S. 5 HmbJVollzG; zu § 9 Abs. 2 JVollzGB BW I einschr. OLG Stuttgart Die Justiz 2017, 201 (zum allg. StVollzR); vgl. auch → Rn. 28) sind angesichts der regelmäßig bestehenden Schuldenbelastung geeignet, die vorgegebene Gestaltung sowie die Erreichung des Vollzugsziels zu gefährden (vgl. daher – unter Berücksichtigung des Rechtsgedankens des § 74 – § 132 Abs. 2 und schon zum allg. Vollzug § 52 Abs. 5 NJVollzG; Beteiligung (nur) betr. Stromkosten nach § 49 HmbJStVollzG). Die wenig präzisen Umschreibungen (zB „in angemessenem Umfang") stehen den erzieherischen Grundsätzen der Klarheit und Transparenz entgegen. – Unzulässig wäre eine für alle Geräte einheitliche Regelung zumindest dann, wenn sie sich an den verbrauchsintensivsten Geräten orientierte (OLG Naumburg NStZ-RR 2013, 62 (Ls., zum allg. StVollzug)).

IX. Sicherheit und Ordnung

1. Allgemeines

Die verschiedenen Gesetze der Länder sehen jeweils vergleichsweise um- **125**
fangreiche Regelungen über die **Sicherheit** und **Ordnung** und diesbzgl.
Maßnahmen wie auch hinsichtlich des Einsatzes von Unmittelbarem Zwang
und von Disziplinarmaßnahmen vor (eingehender Vergleich der Regelungen
bei Faber, Länderspezifische Unterschiede bzgl. Disziplinarmaßnahmen (…),
2014, 101 ff.).

a) Rahmenbedingung des Erziehungsauftrags. Nach den Vorstellun- **126**
gen mehrerer Landesgesetze sollen (äußere und innere) Sicherheit und Ordnung die *Grundlage des Anstaltslebens* darstellen (§ 62 Abs. 1 JStVollzG Bln ua
(§ 63 SächsJStVollzG); § 49 Abs. 1 S. 1 JStVollzG NRW, § 82 Abs. 1
JVollzGB LSA), während andere die Förderung des Verantwortungsbewusst-
seins für ein geordnetes Zusammenleben als Grundsatz vorsehen (§ 57
Abs. 1 JVollzGB BW IV, § 132 Abs. 1 iVm § 74 NJVollzG, Art. 154 iVm
Art. 87 Abs. 1 BayStVollzG, § 44 Abs. 1 S. 2 HessJStVollzG). Die erstgenannte Vorstellung entspricht einer gewissen Veränderung der vormaligen
Rechtslage gem. dem früheren § 91 Abs. 2, der die Ordnung als Grundlage
der Erziehung an erster Stelle nennt.

Jedoch haben Sicherheit und Ordnung keine isolierte Bedeutung. Sie **126a**
sollen vielmehr im Sinne einer Rahmenbedingung als **Erziehungsgrund-
lage** dazu dienen, Konflikte in möglichst akzeptabler Form auszutragen,
eigene Bedürfnisse in gesetzmäßiger Weise zu befriedigen und fremde Bedürfnisse zu achten. Dazu sind aber gewisse Handlungsspielräume notwendig, dh der Vollzug muss ein gewisses Maß an Unruhe und äußerlicher
Unordnung ertragen können (vgl. auch → Rn. 36–42; vgl. Böhm in Elster/
Lingemann/Sieverts KrimHdWB 527). Demgegenüber nützt ein auf Zwang
errichtetes Ordnungsgefüge im Sinne eines geregelten Tagesablaufs eher
dem reibungslosen Funktionieren des Anstaltsbetriebes (vgl. → Rn. 29) als
der späteren Legalbewährung der JStrafgefangenen, bedingt insoweit also
eine „gute Führung" im erzieherisch negativen Sinne (Dallinger/Lackner
Rn. 27 mN; Böhm in Elster/Lingemann/Sieverts KrimHdWB 527).

Die Gesetze der Länder sehen grundlegende, der Sicherheit und Ordnung **127**
dienende **Verhaltensvorschriften** vor, die denen des § 82 StVollzG entsprechen (§ 49 Abs. 2–5 JStVollzG NRW, § 132 Abs. 1 iVm § 75 NJVollzG,
§ 58 Abs. 1 JVollzGB BW IV, Art. 154 iVm Art. 88 Abs. 1 BayStVollzG,
§ 44 Abs. 3–6 HessJStVollzG); ausdrücklich ist bestimmt, dass sie Anordnungen der Bediensteten auch dann zu befolgen haben, wenn sie sich durch
diese beschwert fühlen (vgl. § 84 Abs. 2 JStVollzG Bln, § 64 Abs. 2 S. 1
SächsJStVollzG, § 63 Abs. 2 S. 1 JVollzGB LSA). – In § 63 Abs. 1 JStVollzG
Bln ua 2007 (§ 64 Abs. 1 SächsJStVollzG) findet sich eine weitergehende
Regelung, die eine (noch) stärkere Verantwortungsübernahme und Forderung ggü. den JStrafgefangenen vorgibt (allerdings sind die Insassen nach
§ 64 Abs. 1 S. 3 JStVollzG „zu einvernehmlicher Streitbeilegung zu befähigen" (ohne dass etwa geeignete Methoden bestimmt wären)). Danach dürfen
diese das Zusammenleben in der JStVollzAnstalt nicht nur nicht stören,
sondern müssen zu diesem beitragen und werden für mitverantwortlich

erklärt. Es handelt sich mithin um eine Pflicht zum aktiven Tun, die durch bloßes Unterlassen verletzt werden kann. Dies begegnet nicht nur angesichts der damit verbundenen Ausweitung von Pflichten sowie der Frage Bedenken, anhand welchen (hinreichend bestimmten) Maßstabs ein Unterlassen festzustellen sein soll. Vielmehr ist, wie bereits bei der allg. Mitwirkungspflicht dargelegt (vgl. → Rn. 44f), zu besorgen, dass die Regelung zu einer Ausweitung von Sanktionierungen führen könnte (zust. Sonnen in Diemer/ Schatz/Sonnen II (7. Aufl.) § 63 Rn. 2). – Spezielle *Meldepflichten* (vgl. nur § 63 Abs. 5 JStVollzG Bln ua) können zu Konflikten mit Schutzbelangen auch derjenigen führen, von denen eine Meldung verlangt wird (vgl. zu Binnennormen der Insassen → Rn. 40 ff.).

127a   Die Regelungen zum *Aufwendungsersatz* und insb. diejenigen betr. Fälle von Selbstverletzungen (§ 75 JStVollzG Bln ua (§ 77 Abs. 1 S. 1 HmbJStVollzG, seit GVBl. 2013, 211 auch Beschädigung fremder Sachen), § 68 JVollzGB BW IV, §§ 132 Abs. 1, 86 NJVollzG iVm § 93 Abs. 1 S. 1 StVollzG, Art. 154 iVm Art. 89 BayStVollzG, § 51 HessJStVollzG) begegnen in erhöhtem Maße den für den Erwachsenenvollzug bestehenden Bedenken (zutr. indes OLG Jena FS 2010, 181: aktiver Drogenkonsum keine Selbstverletzung), wozu auf die Spezialliteratur verwiesen wird. – Eine pauschale Erweiterung betr. Kosten, die iZm der Vorbereitung von *Behandlungsmaßnahmen* entstanden sind, mit denen der Jugendliche sich zuvor einverstanden erklärt hat, die er sodann aber „mutwillig" ablehnt (vgl. § 51 Abs. 1 S. 1 HessJStVollzG), birgt Gefahren der Fehlinterpretation von Gründen für die Meinungsänderung.

128   Für die Auferlegung von Pflichten und Beschränkungen zur Aufrechterhaltung der Sicherheit und Ordnung als Grundrechteingriffen gilt stets der **Grundsatz** der **Verhältnismäßigkeit.** Dies ergibt sich bereits aus dem Wesen der Grundrechte und weiterer Verfassungsgrundsätzen und daher unabhängig davon, ob die Gesetze der Länder eine ausdrückliche Regelung vorsehen (so § 62 Abs. 2 JStVollzG Bln ua (§ 63 Abs. 2 SächsJStVollzG), § 52 Abs. 1 JStVollzG NRW iVm § 74 StVollzG NRW, § 57 Abs. 2 JVollzGB BW IV, Art. 154 iVm Art. 87 Abs. 2 BayStVollzG, § 44 Abs. 2 S. 1 HessJStVollzG).

129   b) Zielkonflikt. Innerhalb der Gefängnisgesellschaft, dh bei Personal wie JStrafgefangenen, besteht ein tatsächlicher Zielkonflikt im Verhältnis von **Sicherheit** und **Ordnung** einerseits und **reibungslosem Vollzugsablauf** andererseits (vgl. auch → Rn. 29f; Klingemann ZfSoziologie 1981, 50 ff.). Trotz der zwischen Bediensteten- und Gefangenengruppen vorhandenen beiderseitigen Zurückhaltung oder auch (gruppengetragenen) Abneigung zwingt der Anstaltsalltag zu einem Arrangement. Ohne eine gewisse Flexibilität der Bediensteten lässt sich die Anstaltsordnung kaum aufrechterhalten (zum zahlenmäßigen Verhältnis von Insassen zu Bediensteten vgl. etwa Lobitz FS 2013, 342). Eine gar zu rigide Reglementierung müsste zwangsläufig die Interessen der JStrafgefangenen übermäßig verletzen und in der weiteren Folge Streitigkeiten vor allem dieser untereinander hervorrufen. Dies wiederum würde die Aufgabe der Bediensteten erschweren, und zwar umso mehr, als die JStrafgefangenen – entsprechend der erzwungenen Unterordnung – das Verhalten der Bediensteten vergleichsweise genau beobachten und Ungerechtigkeiten registrieren (vgl. zu einer Befragung von Insassen über den „idealen" Bediensteten Fehrmann FS 2013, 378 ff.).

Modifiziert wird dieser Zielkonflikt auch iRv administrativen *Steuerungs-* **129a**
kriterien deutlich, wenngleich diese wesentlich das *Kosten*element berücksichtigen (vgl. dazu Fleck, Neue Verwaltungssteuerung und gesetzliche
Regelung des Jugendstrafvollzuges, 2004, 43). Insofern ist Gefahren einer
Zurückdrängung des Vollzugsziels oder gar der Ausgabenkonzentrierung auf
ohnehin weniger belastete, eher „erfolgreiche" JStrafgefangene zu wehren
(Fleck, Neue Verwaltungssteuerung und gesetzliche Regelung des Jugendstrafvollzuges, 2004, 129).

2. Sicherungsmaßnahmen

a) Allgemeine Maßnahmen. Zur Aufrechterhaltung der Sicherheit und **130**
Ordnung ermöglichen die Gesetze der Länder verschiedene Sicherungsmaßnahmen, die in Teilen den Regelungen des StVollzG entsprechen, mitunter
indes lediglich eine allg. Kontrollfunktion haben. Dies gilt zB für die in das
informationelle Selbstbestimmungsrecht eingreifende optische Überwachung
außerhalb der Haft räume mittels *optisch-elektronischer* Vorrichtungen (vgl.
§ 67 Abs. 1 JStVollzG Bln ua (s. auch §§ 65, 20, 22 JVollzDSG Bln; nicht in
Bremen, MV), § 126 Abs. 2 BbgJVollzG, §§ 22, 23 JVollzDSG SH, § 94b
SJStVollzG, § 68a SächsJStVollzG, § 44 Abs. 2 S. 2, 3 HessJStVollzG, § 115
Abs. 2 S. 1 (offen) – bzw. S. 2 (verdeckt) – HmbJStVollzG, §§ 141–143
JVollzGB LSA). Es gilt erhöht, wenn sie gar in Haft räumen zulässig ist (§ 32
Abs. 1 S. 1 JVollzGB BW I, § 2 Abs. 2 – und nach Abs. 3 „zusätzlich"
akustisch – Art. 96 Abs. 2 Nr. 2 iVm Art. 122, 154 BayStVollzG, § 49
Abs. 2 Nr. 2, Abs. 6 HessJStVollzG, § 70 Abs. 2 Nr. 2 JStVollzG M-V,
abstufend § 144 Abs. 2 S. 1 JVollzGB LSA; zu besonders gesichertem Haft-
raum vgl. → Rn. 133b; zur Unzulässigkeit der Totalüberwachung im Allg.
BVerfGE 112, 304 = NJW 2005, 1338 (1341) mN), was die Mehrzahl der
Länder nicht vorsehen (vgl. nur § 21 Abs. 1 JVollzDSG Bln).

So sehen alle Landesgesetze Regelungen zur **Durchsuchung** (oder auch **130a**
Absuchung) von JStrafgefangenen sowie ihrer Sachen und Haft räume vor
(§ 64 JStVollzG Bln ua (§ 65 SächsJStVollzG), § 50 JStVollzG NRW iVm
§ 64 StVollzG NRW, § 70 HmbJStVollzG (Abs. 1 S. 2 betr. Spürhunde,
deren Einsatz innerhalb der Anstalt in vielerlei Hinsicht abträglich ist), § 60
JVollzGB BW IV, § 132 Abs. 1 iVm § 77 NJVollzG, Art. 154 iVm Art. 91
BayStVollzG, § 45 HessJStVollzG (betr. Spürhunde Begr. RegE HessJSt-
VollzG-ÄndG, 211)), § 84 JVollzGB LSA; bei der Durchsuchung von Haft-
räumen ist der Schutz gem. höherrangiger Normen zu wahren (vgl. betr.
Verteidigerpost → Rn. 92, 174 (tatsächlich schwerlich vereinbar § 45 Abs. 4
HessJStVollzG)).

Eine mit *Entkleidung* verbundene körperliche Durchsuchung ist danach **130b**
nur unter besonderen Bedingungen sowie bei Gefahr im Verzug oder auf zu
begründende Anordnung der Anstaltsleitung zulässig. Solche Anordnungen
dürfen grundsätzlich nur im Einzelfall erfolgen (vgl. auch BVerfG, 2. K. des
2. S., NJW 2015, 3158: bereits Entkleidung unter „expliziter visueller Kontrolle des Körpers" (Rn. 34) stellt eine Durchsuchung iSd Vorschrift dar,
ohnehin zumindest dann, wenn die Genitalien entblößt werden müssen
(NJW 2015, 3158 Rn. 34), vgl. auch BVerfG NStZ 2018, 164 mit PK Krä,
jeweils betr. allg. StVollz). Lediglich für die Aufnahme, nach Abwesenheit
(nicht aber, wenn eine Gefahr des „Einschmuggelns" fern liegt, BVerfG, 3.
K. des 2. S., StraFo 2013, 393 = NStZ-RR 2013, 324 (zum allg. StR); dem

restriktiv folgend § 45 Abs. 3 Hs. 2 HessJStVollzG) oder Kontakt mit Besuchern kann eine allg. Anordnung erlassen werden. Jeweils wird eine *Dokumentation* von Durchführung und Ergebnis unerlässlich sein (vgl. § 65 Abs. 4 SächsJStVollzG).

130c   Darüber hinaus sind teilweise **Maßnahmen** zur **Feststellung** von **Suchtmittelkonsum** vorgesehen (§ 68 JStVollzG Bln ua (§ 69 SächsJStVollzG), § 50 JStVollzG NRW iVm § 65 StVollzG NRW, Art. 154 iVm Art. 94 BayStVollzG, § 46 HessJStVollzG, § 72 Abs. 1 HmbJStVollzG, § 86 JVollzGB LSA), die jedoch nicht mit einem (zwangsweisen) körperlichen Eingriff verbunden sein dürfen (insb. Urinproben; vgl. auch → Rn. 107). Die Regelungen begegnen Bedenken angesichts ihrer Unbestimmtheit, sie werden in der Praxis im Hinblick auf den Grundsatz der Verhältnismäßigkeit einschränkend auszulegen sein, sodass entweder die Voraussetzungen oder die ermöglichten Maßnahmen zu begrenzen sind. Die gem. § 68 Abs. 2 JStVollzG Bln ua (seit GVBl. 2013, 250 auch in Sachs., § 69 Abs. 3 SächsJStVollzG), § 77 JStVollzG NRW iVm § 65 Abs. 2 StVollzG NRW sowie Art. 154 iVm Art. 94 Abs. 2 BayStVollzG, § 72 Abs. 2 HmbStVollzG, § 86 Abs. 3 JVollzGB LSA zulässige, den Krankheitswert der Sucht außer Acht lassende *Kosten*abwälzung auf den Gefangenen in Fällen positiver Testung steht angesichts der ohnehin im Vollzug ganz überwiegend gegebenen Schuldenbelastung im Widerspruch zum Vollzugsziel einer „sozialen Integration" (betr. „B-Probe" besteht kein Erstattungsanspruch, OLG Jena NStZ 2011, 224 ff.: Verpflichtungserklärung des Betroffenen nichtig (betr. allg. StVollzR); differenzierter, jedoch iErg gleichfalls zusätzlich belastend, § 46 Abs. 4 HessJStVollzG betr. Fälle des „Nicht-Einräumens", aber anschließender Bestätigung durch „extrenes Fachlabor"). Als eher verfehlt, weil einen mittelbaren Zwang erzeugend und in der Sache nicht ohne weiteres mit der Realität übereinstimmend, stellen sich solche Regelungen dar, die bei Weigerung des Gefangenen davon ausgehen, dass Drogenfreiheit nicht gegeben ist (so § 46 Abs. 3 HessJStVollzG, § 69 Abs. 2 SächsJStVollzG).

131   Gemäß § 65 JStVollzG Bln ua (§ 66 SächsJStVollzG), § 13 Abs. 1 Nr. 2 JStVollzG NRW, § 61 JVollzGB BW IV, Art. 154 iVm Art. 92 BayStVollzG (ähnlich auch § 138 Abs. 1 iVm § 10 Abs. 1 Nr. 3 NJVollzG, § 11 Abs. 1 Nr. 3 HessJStVollzG, § 9 Abs. 2 HmbJStVollzG; s. zur bisherigen Rechtslage Nr. 76 VVJug) ist bei erhöhter Fluchtgefahr oder (sonstigen) Gefahren für die Sicherheit und Ordnung die **Verlegung** in eine andere Anstalt zulässig, die eine sicherere Unterbringung ermöglicht. Im Einzelnen wird eine solche Maßnahme mit der Begründung, es sei in erhöhtem Maße Fluchtgefahr gegeben, dann nicht uneingeschränkt gerechtfertigt zu sein, wenn die Erreichung des Erziehungsziels dadurch erheblich behindert wird (vgl. schon zum allg. StVollzR auch BVerfG, 2. K. des 2. S., BeckRS 2015, 52555 Rn. 28, wonach eine Verlegung gegen den Willen des Insassen in sein Grundrecht aus Art. 2 Abs. 1 GG eingreift und eine „Re-Sozialisierung" gefährden kann). – Betreffend den Verdacht anstaltsinternen Drogenhandels setzt die Verlegung in eine sog. *Abschirmstation* konkrete Anhaltspunkte voraus, wozu das Ergebnis eines polizeilich durchgeführten Drogenschnelltests wegen potentieller Fehlerhaftigkeit nicht ohne weiteres ausreicht (VerfGH Berlin StV 2016, 305 (zum allg. VollzR)).

131a   Im Fall von Entweichungen sehen die § 69 JStVollzG Bln ua (§ 70 SächsJStVollzG), § 52 Abs. 5 JStVollzG NRW, § 62 JVollzGB BW IV, § 132 Abs. 1 iVm § 80 NJVollzG, Art. 154 iVm Art. 95 BayStVollzG, § 48

HessJStVollzG, § 87 JVollzGB LSA weiterhin ein **Festnahmerecht** zugunsten der JStVollzAnstalt bzw. auf deren Veranlassung hin vor.

In unterschiedlichem Maße vorgesehen sind (abschließende) Regelungen 132 über **erkennungsdienstliche Maßnahmen** und die Verwendung der dabei erhobenen Daten (§§ 66 f. JStVollzG Bln ua (Bln. §§ 65, 17 JVollzDSG Bln), § 67f SächsJStVollzG, § 124 Abs. 1 ThürJVollzGB), § 50 JStVollzG NRW iVm § 68 StVollzG NRW, § 71 HmbJStVollzG, § 132 Abs. 1 iVm § 78 NJVollzG, Art. 154 iVm Art. 93 BayStVollzG, §§ 58 ff. HessJStVollzG, § 136 Abs. 1 JVollzGB LSA). Zweck der Erhebung und damit auch der weiteren Verarbeitung ist – soweit keine Regelung zur Zweckumwidmung vorliegt – nur die Sicherung des Vollzugs, vor allem in Form der Identitätsfeststellung. Die Regelungen erfassen jeweils auch die – einen erheblichen Eingriff in das Recht auf informationelle Selbstbestimmung darstellende – Erhebung und Nutzung biometrischer Daten und regeln die Verwendung von Lichtbildausweisen. – Unverhältnismäßig ist eine **Löschung**spflicht erst fünf Jahre nach Entlassung aus dem Vollzug (so § 121 Abs. 1 HmbStVollzG,§ 65 Abs. 4 HessJStVollzG (zur bloßen Sperrung § 65 Abs. 3) – nach § 72 Abs. 3 JStVollzG NRW iVm § 114 Abs. 3 S. 1 StVollzG NRW: 10 Jahre, nach § 197 Abs. 1 NJVollzG: 20 Jahre (seit Gesetz v. 15.6.2017); s. aber auch § 66 Abs. 3 JStVollzG M-V und § 66 Abs. 3 SchlHJStVollzG, § 137 BbgJVollzG, § 94 Abs. 1 S. 1 SJStVollzG, § 93 Abs. 1 S. 1 SächsJSt-VollzG: spätestens nach zwei Jahren; hingegen (abgesehen von speziellen Daten) gem. § 66 Abs. 3 JStVollzG Bln ua (Bln. §§ 65, 61 JVollzDSG Bln; § 67 Abs. 3 SächsJStVollzG) sowie § 38 Abs. 1 S. 1 ThürJVollzGB und § 136 Abs. 5 JVollzGB LSA Löschung mit Ende der Vollstr).

b) Besondere Maßnahmen. Unter **bestimmten Vorraussetzungen** 133 sind darüber hinaus allen Gesetzen zufolge Besondere Sicherungsmaßnahmen allesamt zulässig, deren Regelung denen der §§ 88 ff. StVollzG entspricht (§§ 70 ff. JStVollzG Bln ua (§§ 71 ff. SächsJStVollzG), §§ 63 ff. JVollzGB BW IV (vgl. ergänzend § 33 JVollzGB BW I, wonach der Einsatz von RFID-Respondern gestattet ist, und zwar gem. Abs. 2 S. 1 bei „Einwilligung" auch durch feste Verbindung mit dem Körper, s. auch § 34 Abs. 4 JVollzGB BW I; § 132 Abs. 1 iVm §§ 81 ff. NJVollzG, Art. 154 iVm Art. 96 ff. BayStVollzG, §§ 49, 50 HessJStVollzG). Die Vorgaben des JStVollzugs berücksichtigende Unterschiede, die eine restriktivere Prüfung als im allg. StVollzug verlangen (ebenso schon Arloth BayStVollzG Art. 97 Rn. 1), bestehen in mitunter ausführlicheren Verfahrensregelungen (s. § 73 JStVollzG Bln ua (§ 74 SächsJStVollzG)) sowie teilweise insofern, als bei *Absonderung* die Dauer (vgl. § 49 Abs. 7 S. 2 HessJStVollzG aF: „ununterbrochen nicht mehr als eine Woche", entfallen durch Gesetz v. 5.3.2013, GVBl. 46)) und das *Zustimmung*serfordernis der *Aufsichtsbehörde* fristmäßig unterschiedlich ausgestaltet sind: Während § 51 JStVollzG NRW iVm § 70 Abs. 5 S. 3 StVollzG NRW eine Gesamtdauer von mehr als 30 Tagen im Jahr vorsieht, § 74 Abs. 3 S. 2 HmbStVollzG und auch § 71 S. 2 JStVollzG MV und SchlH eine Gesamtdauer von zwei Monaten im Jahr vorsehen und § 132 Abs. 1 iVm § 82 Abs. 2 S. 1 NJVollzG sowie Art. 97 Abs. 2 BaySt-VollzG es sogar bei drei Monaten bewenden lassen, ist nach § 64 Abs. 2 S. 1 JVollzGB BW IV bzw. § 71 JStVollzG Bln ua die Zustimmung bereits nach einer Woche bzw. nach zwei Wochen (s. auch § 89 Abs. 6 S. 1 JStVollzG Bln: mehr als 14 Tage innerhab von 12 Monaten; § 91 Abs. 5 S. 2

BbgJVollzG, § 74 Abs. 5 S. 2 SächsJStVollzG: mehr als 20 Tage) Gesamtdauer im Jahr erforderlich (vgl. auch § 71 S. 2 SJStVollzG, § 89 Abs. 5 S. 2
JVollzGB LSA: 30 Tage im Jahr, § 49 Abs. 7 S. 3 HessJStVollzG: mehr als
vier Wochen innerhalb von 12 Monaten; vgl. aber auch § 90 Abs. 5 S. 2
ThürJVollzGB: von mehr als 30 Tagen Dauer oder mehr als drei Monaten
innerhalb von 12 Monaten). Unerlässlich ist die vorherige Beurteilung durch
einen Arzt (vgl. § 76 Abs. 3 HmbJStVollzG).

133a Insgesamt betrachtet nehmen die Regelungen damit kaum Rücksicht auf
die besonderen Bedingungen des Strafvollzugs ggü. jungen Gefangenen.
Angesichts dessen ist in der Praxis gem. dem Erziehungsauftrag (§ 2 Abs. 1)
sowie dem Grundsatz der Verhältnismäßigkeit eine **restriktive Anwendung** der Vorschriften angezeigt. Dies gilt besonders auch für den Entzug
des Aufenthalts im Freien (§ 70 Abs. 2 Nr. 4 JStVollzG Bln. ua (§ 71 Abs. 2
Nr. 4 SächsJStVollzG GVBl. 2013, 250: nur noch Beschränkung), § 51
JStVollzG NRW iVm § 69 Abs. 2 Nr. 4 StVollzG NRW, § 49 Abs. 2 Nr. 4
HessJStVollzG, § 74 Abs. 2 Nr. 4 HmbJStVollzG; § 88 Abs. 2 Nr. 4 (einschränkend Abs. 4 Hs. 2) JVollzGB LSA), eine betr. jüngere Menschen verstärkt erniedrigende Behandlung (vgl. ergänzend schon die Aufhebung des
§ 103 Abs. 1 Nr. 6 StVollzG). Es betrifft uU aber auch die Unterbringung
in einem besonders gesicherten Haftraum ohne gefährdende Gegenstände
(vgl. nur § 70 Abs. 2 Nr. 5 JStVollzG Bln ua; § 49 Abs. 2 Nr. 5 HessJSt-
VollzG; § 51 JStVollzG NRW iVm § 69 Abs. 2 Nr. 5 StVollzG NRW; § 88
Abs. 2 Nr. 5 JVollzGB LSA; zum *Vorenthalten* von *Kleidung* wegen angebl
Suizidgefahr EGMR NJW 2012, 2173: Verstoß gegen Art. 3 EMRK (ggf.
Zurverfügungstellung „reißfester" Kleidung, NJW 2012, 2173 Rn. 56);
BVerfG, 2. K. des 2. S., NJW 2015, 2100 Rn. 37 ff. (zum allg. StVollz,
mzustBspr Muckel JA 2015, 794): Vorenthalten auch von „Papierbeklei-
dung" nebst Videoüberwachung mit dem Allg. Persönlichkeitsrecht (Art. 2
Abs. 1 iVm Art. 1 Abs. 1 GG) unvereinbar)

133b Nach § 70 Abs. 2 Nr. 2 JStVollzG Bln ua (einschr. jedoch § 65 Abs. 3
JVollzDSG Bln), § 32 JVollzGB BW I, Art. 122 iVm Art. 96 Abs. 2 Nr. 2
BayStVollzG sowie § 49 Abs. 2 Nr. 2, Abs. 6 HessJStVollzG ist die *„Be-
obachtung"* von JStrafgefangenen unter bestimmten Voraussetzungen nicht
nur bei Nacht, sondern stets (und ständig) zulässig. Eine *Video-Überwachung*
ist teilweise bei „Beobachtung" (§ 24 Abs. 2 JVollzDSG SH), überwiegend
nur für einen besonders gesicherten Haftraum zulässig (vgl. etwa § 21 Abs. 2
S. 1 JVollzDSG Bln (zum Verbot der Speicherung § 23 Abs. 2 JVollzDSG
Bln), nicht benannt in § 71 Abs. 2 Nr. 2 SächsJStVollzG; § 51 JStVollzG
NRW iVm § 69 Abs. 4 S. 1 StVollzG NRW (gem. S. 3 ist „im Ausnahmefall" zusätzlich gar eine akustische Überwachung zulässig; vgl. aber betr. das
Verbot einer Totalüberwachung → Rn. 130); § 32 Abs. 1 S. 2 JVollzGB
BW I iVm § 63 Abs. 2 Nr. 5 JVollzGB BW IV; krit. zu rechtlichen und
präventiven Aspekten Witos ua NK 2014, 363 ff.).

133c Soweit die Gesetze über die Regelungen des StVollzG hinausgehen, liegt
eine **unzulässige Schlechterstellung** der JStrafgefangenen vor (vgl.
→ Rn. 5). So ist im Gegensatz zu § 88 Abs. 4 StVollzG in verschiedenen
LandesGen zur *Fesselung* bei Ausführung, Vorführung und Transport keine
erhöhte, sondern lediglich (einfache) Fluchtgefahr vorausgesetzt (§ 70 Abs. 4
JStVollzG Bln ua (§ 71 Abs. 6 SächsJStVollzG: „die das nach Absatz 1
erforderliche Maß nicht erreicht"); § 49 Abs. 4 HessJStVollzG; noch weiter
gehend § 88 Abs. 7 JVollzGB LSA); anders § 51 JStVollzG NRW iVm § 69

Abs. 1, Abs. 2 Nr. 6 StVollzG NRW: „in erhöhtem Maße", § 63 Abs. 4 JVollzGB BW IV (unbeschadet sprachlicher Abweichung von § 88 Abs. 4 StVollzG; OLG Karlsruhe StV 2013, 302 (zum allg. StVollz)). Bei Fesselungs- und Fixierungsmaßnahmen, die freiheitsentziehende Wirkungen haben (vgl. etwa § 49 Abs. 8 S. 2 Hs. 2 HessJStVollzG: nur mit „Sitzwache"zulässige Fesselung auf Fixierliege), ist die bislang als ausreichend geltende Anordnung durch die Anstaltsleitung unzureichend. Nach BVerfG NJW 2018, 2619 bedarf es einer **richterlichen Anordnung** oder (in Eilfällen) einer richterlichen Genehmigung (zur Zuständigkeit s. § 93).

Die **Häufigkeit** der Anwendung besonderer Sicherungsmaßnahmen 134 übertraf – relativ betrachtet – gem. statistischer Analyse diejenige im Erwachsenenstrafvollzug (nach BMJStVollzSt 8 für 1996 im JStVollzug 4.600 einschlägige Maßnahmen, im Freiheitsstrafenvollzug 25.541 (zur Jahresdurchschnittsbelegung vgl. → Rn. 141); Daten speziell für die Vollzugsdanstalt Neustrelitz bei Faber, Länderspezifische Unterschiede bezüglich Disziplinarmaßnahmen (…), 2014, 146 ff.).

Bei der gerichtlichen Überprüfung des Vorliegens der Tatbestandsvoraus- 134a setzungen für die Anordnung einer besonderen Sicherungsmaßnahme geht die Judikatur davon aus, es handle sich wegen des (auch) prognostischen Inhalts um unbestimmte Rechtsbegriffe, bei deren Anwendung der Vollzugsbehörde – auch wegen der nicht seltenen Notwendigkeit kurzfristig zu treffender Entscheidung – ein *Beurteilungsspielraum* zustehe, der nur einer eingeschränkten gerichtlichen Kontrolle unterliege (vgl. zur Beurteilung von Flucht- und Missbrauchsgefahr → Rn. 67). Insoweit ergibt sich eine Rechtswidrigkeit nicht schon daraus, dass die Gefahrprognose im Nachhinein nicht bestätigt wurde, zumal an die Wahrscheinlichkeit der Gefahrverwirklichung umso geringere Anforderungen zu stellen sind, je größer der möglicherweise eintretende Schaden und je höherrangiger das hierdurch ggf. betroffene Schutzgut sind. Indes bestimmen sich die *freibeweisrechtlichen Mindestvoraussetzungen* nach der Schwere der Maßnahme, sodass zB für eine Absonderung eine lediglich schriftliche Mitteilung eines Vollzugsbediensteten über Angaben eines anonym belassenen Mitinsassen schwerlich zureicht (betr. allg. StVollzR aA OLG Celle BeckRS 2010, 26925 = NdsRpfl 2011, 20 nebst dem Bemerken, es sei keine Aufklärungsrüge erhoben worden).

3. Unmittelbarer Zwang

a) Allgemeines. Die Anwendung (vormals Nr. 85 VVJug) ist in den 135 Gesetzen der Länder ebenso geregelt wie in den §§ 94 ff. StVollzG (§§ 33, 76 ff. JStVollzG Bln ua (§§ 77 ff. SächsJStVollzG, §§ 78 ff. JStVollzG Hmb, § 52 Abs. 1 JStVollzG NRW iVm §§ 72 ff. StVollzG NRW, vorbehaltlich § 52 Abs. 2–6 JStVollzG NRW), §§ 69 ff. JVollzGB BW IV, § 132 iVm §§ 87 ff. NJVollzG, Art. 122 iVm Art. 101 ff. BayStVollzG, § 52 HessJStVollzG). Generell besteht mit der Voraussetzung der Rechtmäßigkeit der Durchführung auch die Voraussetzung einer rechtmäßigen Vollzugs- oder Sicherungsmaßnahme (vgl. ausdrücklich § 87 Abs. 1 JStVollzG Nds, § 78 Abs. 1 S. 1 SächsStVollzG). – Besonderheiten ergeben sich auf dem Gebiet der Gesundheitsfürsorge, wobei Voraussetzungen einer *Zwangsernährung* bzw. deren Zulässigkeit (n. zum Ganzen Koranyi StV 2015, 257 ff.) unterschiedlich geregelt sind (vgl. § 84 Abs. 1 S. 1 HmbJStVollzG: „Ernährung gegen den natürlichen Willen"; ähnlich § 25 Abs. 1 HessJStVollzG; § 68 Abs. 1

S. 1 SächsJStVollzG: „ohne Einwilligung"; modifiziert § 79 BbgJVollzG; vgl. auch § 77 Abs. 2, Abs. 5 S. 3, Abs. 6 JVollzGB LSA und ebenso Bln.; zur Einholung der Einwilligung der Personensorgeberechtigten s. etwa § 52 Abs. 6 S. 2 bzw. S. 3 JStVollzG NRW) und neben Fragen der Zumutbarkeit und der Gefahr für das Leben des Insassen (vgl. etwa § 52 Abs. 6 JStVollzG NRW iVm § 78 Abs. 1 Nr. 3, Nr. 5 StVollzG NRW) sowie den Kriterien Erster Hilfe umstritten ist, ob ärztlicherseits eine zuvor in verlässlicher Form erklärte Ablehnung lebenserhaltender Maßnahmen zu respektieren ist (vgl. etwa § 93 Abs. 2 S. 3 NdsVollzG; Ostendorf in Ostendorf § 9 Rn. 70). Grundsätzlich bedarf es der Anordnung des Anstaltsleiters auf der Grundlage ärztlicher Stellungnahme sowie der ärztlichen Leitung der Durchführung und Überwachung.

135a   **b) Schusswaffengebrauch.** Besondere Vorschriften finden sich indes meist für den Schusswaffengebrauch durch Vollzugsbedienstete, der überwiegend unter bestimmten Voraussetzungen als zulässig verstanden wird (§ 95 Abs. 1 S. 1 JVollzGB LSA: „innerhalb"), um **angriffs-** oder **fluchtunfähig** zu machen (vgl. einschr. § 53 Abs. 1 S. 2 HessJStVollzG, § 83 Abs. 2 S. 1 HmbJStVollzG: nur angriffsunfähig; anders § 52 Abs. 2 S. 1 JStVollzG NRW: nicht zur Vereitelung einer Flucht oder zur Wiederergreifung). Indes ist der Gebrauch durch Bedienstete *innerhalb* der Einrichtungen in einigen Ländern generell untersagt (§ 81 Abs. 1 JStVollzG Bln ua (Bln. § 95 Abs. 1 S. 1 JStVollzG Bln; anders § 81 JStVollzG, § 81 SchlHJStVollzG und § 81 SJStVollzG), § 97 Abs. 1 S. 1 BbgJVollzG; s. aber auch Art. 107 BayStVollzG), § 96 Abs. 1 S. 1 ThürJVollzG, § 77 Abs. 4 SächsJStVollzG erlaubt von vornherein als Waffen nur (dienstlich zugelassene) „Hiebwaffen" (vgl. auch Nr. 92 ERJOSSM, dazu Dünkel ZJJ 2011, 150; ferner Kühl, Die gesetzliche Reform des Jugendstrafvollzugs (…), 2012, 288 ff.). Außerhalb der Einrichtungen ist die Anwendung nur unter engen Voraussetzungen durch dafür bestimmte Bedienstete teilweise zulässig (vgl. § 81 Abs. 5 JStVollzG Bln ua (vgl. insoweit auch § 81 Abs. 2, 4 SchlHJStVollzG und § 81 Abs. 2, 4 SJStVollzG sowie § 96 Abs. 2–6 ThürJVollzG), § 97 Abs. 2 –6 BbgJVollzG, § 129 NJVollzG), gem. § 81 Abs. 5 JStVollzG M-V ggü. minderjährigen (also noch jugendlichen) JStrafgefangenen – enger – nur dann, wenn die JStrafgefangenen eine Waffe oder ein gefährliches Werkzeug trotz wiederholter Aufforderung nicht ablegen. Nach § 75 Abs. 2 JVollzGB BW IV dürfen Schusswaffen bei Flucht aus Einrichtungen mit überwiegend jugendlichen JStrafgefangenen nicht gebraucht werden.

135b   Selbst gegen die vorgesehenen Ausnahmen sprechen im Allg. die damit verbundene **Eskalation**swirkung und Zweifel betr. die Notwendigkeit ebenso wie der darin liegende Konflikt (wenn auch nicht Gegensatz) zu Nr. 65 der Regeln der Vereinten Nationen zum Schutz von Jugendlichen unter Freiheitsentzug (anders aber vormals Arloth BayStVollzG Art. 154 Rn. 2: Einschätzung „ihrer kriminellen Energie und Gefährlichkeit" eher wie im allg. StVollzug (vgl. zu diesen Begriffen indes Schäfer/Sander/van Gemmeren Strafzumessung 619: „Leerformel" bzw. Eisenberg BeweisR StPO Rn. 1814a). Die Anwendung von Schusswaffen wird kaum einmal verhältnismäßig sein (s. bereits Böhm HwKrim 1979, 529 f.).

4. Erzieherische Maßnahmen; Disziplinarmaßnahmen

a) **Allgemeines.** Die Sanktionierung von Pflichtverstößen muss den phy- **136** sischen und psychischen Besonderheiten des Jugend- bzw. Heranwachsendenalters Rechnung tragen (vgl. BVerfG NJW 2006, 2096). Deshalb sehen die Landesgesetze durchgehend ein abgestuftes, der bestehenden Praxis entsprechendes System aus Erzieherischen Maßnahmen und Disziplinarmaßnahmen vor (§§ 82 ff. JStVollzG Bln ua (§§ 81 ff. SächsJStVollzG), §§ 53 ff. JStVollzG NRW und § 96 ff. JVollzGB LSA), §§ 77 ff. JVollzGB BW IV, §§ 85 ff. HbmJVollzG, § 132 iVm §§ 94 ff. NJVollzG, Art. 155f iVm Art. 110 ff. BayStVollzG, §§ 54, 55 HessJStVollzG). Statistisch betrachtet werden im Verhältnis zum allg. StVollzug auch unter Berücksichtigung der begrenzten Vergleichbarkeit schon der Gefangenenstruktur (einschließlich der Strafdauer) teilweise **überdurchschnittlich häufig** Verfehlungen **ggü. Bediensteten registriert** (nach BMJ StVollzSt 8 wurden zB im Jahre 1996 bei einer Jahresdurchschnittsbelegung von 4.613 im JStVollzug Inhaftierten 45 Tätlichkeiten ggü. Bediensteten erfasst, während die entspr. Zahlen für den Freiheitsstrafenvollzug 59.584 und 276 lauteten; vgl. auch betr. Disziplinarmaßnahmen → Rn. 141). Dieses Anzeichen für eine erhöhte Konfliktsituation ua aufgrund Autonomieverlusts (vgl. Walter NStZ 2010, 58) könnte ua darauf hindeuten, dass die Aufsichtsbeamten weiterhin spezieller Fortbildung bedürfen.

Die JStrafgefangenen sollen gem. dem Erziehungsauftrag im Vollzug ler- **137** nen, Probleme und Konflikte zu lösen. Dies kann nur gelingen, wenn das Verhalten der Vollzugsbediensteten insofern ein Vorbild darstellt. Daher ist eine einvernehmliche Konfliktlösung (vgl. dazu nur § 98 Abs. 2 BbgJVollzG) stets vorrangig; Disziplinarmaßnahmen dürfen **nur** als – ggü. Gesprächen, Beruhigungschancen etc **subsidiäre** – „Notlösung" eingesetzt werden (Walter MschKrim 1993, 288) und nur dazu dienen, in einer konkreten Situation eine Gefahr für die Außenwelt und für das Zusammenleben in der Anstalt oder für die Gesundheit und das Leben des Betroffenen zu verringern (vgl. auch Alt, Das Berliner JStVollzG im Lichte verfassungsrechtlicher Vorgaben sowie europäischer und internationaler Regelungen mit Menschenrechtsbezug, 2014, 155). Vor diesem Hintergrund wäre als Vorstufe von Erzieherischen und Disziplinarmaßnahmen notwendig eine offene, konstruktive Strategie zur Bewältigung der bei Jugendlichen und ggf. auch bei Heranwachsenden „normalen" Regelverstöße (vgl. auch Sonnen ZJJ 2006, 239; betr. eine Ombudsperson Tondorf/Tondorf ZJJ 2006, 246 ff.), und zwar ggf. auch betr. situationsgeprägte Verstöße in Gestalt körperlicher Gewalt (vgl. iSv Anpassungsstrategien näher Boxberg ua MschKrim 1999 (16), 428 ff.).

Die Einführung sog. **Erzieherischer Maßnahmen** (zu einer eher weiten **137a** Fassung (auch erzieherisches Gespräch) § 77 Abs. 1 S. 2 JVollzGB BW IV, zur Regelverdeutlichung etwa § 54 HessJStVollzG) als erster Stufe und ohne förmliches, ggf. zeitaufwändiges Disziplinarverfahren (und bei sofortiger „Vollstreckbarkeit") ist grundsätzlich folgerichtig und entspricht dem Erziehungsauftrag, auch wenn eine gewisse Ausdehnung von Kontrolle (im Sinne eines net–widening-Effekts) nicht ausgeschlossen werden kann (zum Ganzen krit. Rose in Ostendorf § 10 Rn. 20 ff.). Unstreitig muss auch hier vor Anordnung der Sachverhalt einschließlich der Entstehungszusammenhänge geklärt und dem Betroffenen rechtliches Gehör eingeräumt worden sein (vgl. insoweit → Rn. 142). – Fehlt es an der Befugniss der anordnenden Person, so löst dies zwar keinen Suspensiveffekt aus, jedoch kann – wenngleich faktisch meist verspätet – Außervollzugsetzung beantragt werden (Abs. 1, § 114 Abs. 2 StVollzG).

137b Indes begegnet die konkrete Ausgestaltung in den Gesetzen der Länder (§ 82 JStVollzG Bln ua (§ 81 SächsJStVollzG), § 77 JVollzGB BW IV, § 130 Abs. 1 NJVollzG, Art. 155 BayStVollzG, § 54 HessJStVollzG) nicht unerheblichen Bedenken (vgl. nur § 85 S. 3 HmbStVollzG: Beschränkung in Bezug auf die Freizeit bzw. gemeinschaftliche Veranstaltungen bis zu einer Woche (abl. zum vormaligen HmbJVollzG schon Arloth Rn. 1; § 54 Abs. 3 Nr. 2 JStVollzG: gar bis zu sechs Wochen). Dies betrifft zunächst die Undifferenziertheit (vgl. aber nunmehr § 81 Abs. 1 Nr. 2 und 3 SächsJStVollzG GVBl. 2013, 250) sowie die Unbestimmtheit der genannten Regelungen, die insb. keine Festlegungen hinsichtlich des Verfahrens und der konkreten Ausgestaltung der einzelnen Maßnahmen enthalten (zB betr. die eher zu verneinende Frage der Zulässigkeit des Fernsehverbots (bejahend aber vormals Arloth NJVollzG § 130 Rn. 2)); in Art. 155 Abs. 1 BayStVollzG findet sich darüber hinaus eine lediglich beispielhafte und daher nicht abschließende Aufzählung möglicher Maßnahmen („insb.").

137c Bei den jeweils genannten Maßnahmen – etwa Verwarnung, Weisung, Auflagen, Beschränkungen der Freizeitgestaltung – handelt es sich um solche, die in ihrer Art eher Disziplinarmaßnahmen entsprechen bzw. auch solche sind. Sie unterscheiden sich daher nicht grundlegend von Disziplinarmaßnahmen iSd StVollzG, weshalb eine besondere erzieherische Geeignetheit kaum gegeben ist. Im Übrigen könnten erzieherische Maßnahmen gar im Sinne apokrypher Disziplinarmaßnahmen, dh als Umgehung von deren Voraussetzungen hergenommen zu werden (vgl. auch Schwirzer, Jugendstrafvollzug für das 21. Jahrhundert, 2008, 257 f.), zumal der Verzicht auf ein förmliches Verfahren auch einen Verlust an Schutz mit sich bringen kann.

138 Die Regelungen betr. **Disziplinarmaßnahmen** in den Landesgesetzen (§§ 83 ff. JStVollzG Bln ua (§§ 82 ff. SächsJStVollzG), §§ 54 ff. JStVollzG NRW, §§ 77 ff. JVollzGB BW IV, § 132 Abs. 1 iVm §§ 94 ff. NJVollzG, Art. 156 iVm Art. 110 ff. BayStVollzG, § 55 HessJStVollzG, § 97 Abs. 3 JVollzGB LSA) entsprechen im Wesentlichen den Regelungen des StVollzG (zur Bewertung der einzelnen Maßnahmen Claßen ZfStrV 1984, 85; zum Problem der Konfliktbelastung der Anstalt s. krit. Walter ZfStrVo 1988, 195; Jansen/Schreiber MschKrim 1994, 139 (143 ff.); krit. zur Praxis der Anordnung Lambropoulou, Erlebnisbiographie und Aufenthalt im Jugendstrafvollzug, 1987, 21 ff., 206). Schon generell bestehen Bedenken, weniger einschlägige Verstöße seitens JStrafgefangener als solche gegen „Ordnung oder Sicherheit" der Anstalt zu bewerten (krit. Böhm FS Blau, 1985, 196 (198) mit Bsp.; krit. betr. Ausschluss vom gemeinschaftlichen Fernsehen Walter MschKrim 1993, 275; zur Interpretation des Erziehungsgedankens als repressive Ahndung Tierel, Vergleichende Studie zur Normierung des Jugendstrafvollzugs, 2008, 244). Ein vollständiges Besuchsverbot widerspricht der R 60.4 European Prison Rules (dazu Feest ZfStrVo 2006, 259 ff.).

138a Auf die Besonderheiten des JStVollzugs, wozu schon die im Allg. höhere Strafempfindlichkeit, das ausgeprägtere Zeitdauer-Empfinden sowie Reifungsverzögerungen gehören, wird weithin lediglich insofern Rücksicht genommen, als die zulässige Anordnungsdauer einzelner Maßnahmen teilweise kürzer ist als im StVollzG, nicht aber durch – dem Vollzugsziel

abträgliche Auswirkungen vermeidende – Vorgaben als unzulässig(vgl. undifferenziert zB § 97 Abs. 3 S. 2 JVollzGB LSA; zu „im Regelfall maßvol-
lerer" Handhabung schon Arloth BayStVollzG Art. 156 Rn. 3). Ansonsten
sind die Bestimmungen kaum besonders auf die physischen und psychischen
Besonderheiten des Jugend- und auch des Heranwachsendenalters zugeschnitten und werden daher den verfassungsrechtlichen Anforderungen
(vgl. → Rn. 3f) nicht gerecht. Soweit als Voraussetzung von Disziplinarmaßnahmen statt bestimmter Verstoßtatbestände lediglich allg. (schuldhafte) Verstöße (so Art. 154 BayStVollzG, § 158 Abs. 1 NJVollzG, § 77 JVollzGB
BW IV, § 86 Abs. 2 S. 1 Nr. 7 HmbJStVollzG, § 54 Abs. 1 iVm § 53
Abs. 1 S. 1 JStVollzG NRW) oder gar „Störungen" (§ 86 Abs. 2 S. 1 Nr. 10
HmbJStVollzG) genannt werden, sind die Vorgaben des BVerfG hinsichtlich
einer den grundrechtlichen Anforderungen entsprechenden Normierung
(BVerfG NJW 2006, 2097) nicht erfüllt.

Eher geeignet sind insofern die §§ 83 ff. JStVollzG Bln ua (§ 82 SächsJSt- **138b**
VollzG, § 86 Abs. 2 HmbJStVollzG (ÄndG GVBl. 2013, 211 um drei
Anlässe erweitert)) und auch §§ 54 ff. HessJStVollzG: Zum einen präzisieren
und begrenzen sie die Voraussetzungen der Verhängung, indem sie die
einschlägigen Pflichtverletzungen enumerativ aufzählen (§ 83 Abs. 2
JStVollzG Bln ua, § 55 Abs. 2 HessJStVollzG, § 97 Abs. 1 JVollzGB LSA),
wobei indes auch die umstrittene Entweichung (vern. bei gewaltloser Selbst-
befreiung Rose in Ostendorf § 10 Rn. 64; Keller StV 1989, 441; zusf.
Ostendorf NStZ 2007, 313 ff. (jeweils zum allg. Vollzug)) sowie die Entziehung aus zugewiesenen Aufgaben genannt sind (dazu Ostendorf NK 2006,
92). Zum anderen ist auch der Kreis zulässiger Disziplinarmaßnahmen deutlich eingegrenzt (diff. ÄndG Sachs. GVBl. 2013, 250 zu § 82 Abs. 3 Nr. 2
und Nr. 3), wobei insb. erzieherisch schädliche Maßnahmen (wie etwa
Beschränkungen bei Ausbildung und Außenkontakten) aus dem Katalog
gestrichen sind (vgl. aber § 55 Abs. 3 Nr. 7 HessJStVollzG), wenngleich der
besonders eingriffsintensive Arrest enthalten bleibt (entfallen jedoch nach
§ 82 Abs. 3 SächsJStVollzG, GVBl. 2013, 250), der im Konflikt (wenn auch
nicht im offenen Gegensatz) mit Nr. 67 der Regeln der Vereinten Nationen
zum Schutz von Jugendlichen unter Freiheitsentzug steht. Im Übrigen enthebt der Arrest nicht von der Pflicht, täglich mindestens eine Stunde Aufenthalt im Freien zu ermöglichen (vgl. → Rn. 102), und auch im Übrigen
ist ein pauschales Ruhen von Rechten (vgl. etwa § 84 Abs. 3 S. 3 JStVollzG
Bln ua) idR erzieherisch nicht vertretbar.

Disziplinarmaßnahmen sind nur unter den – im Unterschied zu § 102 **139**
StVollzG – engeren Voraussetzungen eines **schuldhaften** Verstoßes gegen
die **Ordnung** oder **Sicherheit** der **Anstalt** zulässig, dh sie unterliegen dem
Gesetzesvorbehalt (Art. 103 Abs. 2 GG; konkret vern. bei „verbalen Auseinandersetzungen" mit anderen Insassen OLG Hamm StV 2016, 302 (zum
allg. StVolzR)). Nur in diesen Grenzen dürfen die in der vormaligen Nr. 86
Abs. 1 VVJug (ebenso § 103 E-JStVollzG 1991) als „Erziehungsmaßnah-
men" im Sinne einer Sofortreaktion (andernfalls sind sie aufzuheben, OLG
Hamburg StV 2004, 276 (zum allg. StR)) bei leichteren Pflichtverletzungen
und in der vormaligen Nr. 86 Abs. 2 und 3, Nr. 87 VVJug bei eher schwereren Pflichtverstößen vorgesehenen Maßnahmen angewandt werden (Böhm
FS Blau, 1985, 198 sowie Böhm in Trenczek, Freiheitsentzug bei jungen
Straffälligen, 1993, 204 f., jeweils mit Bsp. verfehlter Judikate; Walter
MschKrim 1993, 274; krit. zu „verdeckter Rache" Walkenhorst DVJJ-Jour-

nal 1999, 258). Ein Großteil der Anlässe bezieht sich auf Verfehlungen ggü. Bediensteten (vgl. auch → Rn. 136) – insofern ist idR ein interaktionistischer Vorlauf zu prüfen – bzw. iZm Drogen oder Alkohol (vgl. auch Preusker in Gassmann).

139a Der Nachweis des schuldhaften Pflichtenverstoßes unterliegt **uneingeschränkter gerichtlicher Kontrolle** (BVerfG, 2. Kammer des 2. Senats, StV 2004, 612 = NStZ-RR 2004, 220; OLG Stuttgart NStZ-RR 2011, 29 f., konkret vern. bei Beleidigung ggü. Bedienstetem (betr. allg. StVollzR)). – Gemäß allg. Grundsätzen des JGG sind allein schuldvergeltende (vgl. → § 17 Rn. 55 ff.) oder gar – bezogen auf Mitgefangene – generalpräventiv (vgl. → § 17 Rn. 6 f., → § 18 Rn. 43, → § 21 Rn. 11) motivierte Disziplinarmaßnahmen unzulässig (vgl. auch Walter MschKrim 1993, 275; Alt, Das Berliner JStVollzG im Lichte verfassungsrechtlicher Vorgaben sowie europäischer und internationaler Regelungen mit Menschenrechtsbezug, 2014, 149), und ohnehin muss die Maßnahme dem Verhältnismäßigkeitsgrundsatz (geeignet, erforderlich und proportional) entsprechen (betr. Arrest konkret vern. OLG Stuttgart NStZ-RR 2011, 29 (zum allg. StVollzR); krit. speziell zum Arrest schon Walter MschKrim 1993, 276 ff. (291 f.); zur geschichtlichen Entwicklung von Disziplinarmaßnahmen s. Walter ZfStrVo 1997, 208 ff.).

140 **b) Defizite von Disziplinarmaßnahmen.** Diese Maßnahmen stellen fast immer eine **Behinderung** der **erzieherischen** Möglichkeiten im Vollzug dar, treffen meist gerade die besonders Erziehungsbedürftigen (s. auch Eckert ZblJR 1982, 151) und sind Anzeichen für Schwierigkeiten, die vorrangig im Einzelgespräch oder in der Gruppe erörtert und aufgearbeitet werden sollten – daher wird empfohlen, insb. Arrest als Disziplinarmaßnahme nur iZm begleitenden pädagogischen Maßnahmen zu verhängen (DVJJ 2015, AK 3). Dem scheint die Praxis bislang nicht immer hinreichend Rechnung zu tragen (s. schon Nachw. bei Böhm FS Blau, 1985, 198), etwa bei Entweichung anlässlich begleiteten Ausgangs (vgl. OLG Hamm ZfStrVo 1986, 120), Arbeitsverweigerung (Walter ZfStrVo 1988, 198 sowie MschKrim 1993, 281; OLG Frankfurt a. M. 29.4.1986 – 3 VAs 19/86 bei Böhm NStZ 1987, 444 bzw. OLG Frankfurt a. M. NStZ 1992, 530: vier Wochen getrennte Unterbringung während der Freizeit; sehr zw.) oder Drogenkonsum (vgl. zu sieben Tagen Arrest wegen Haschisch-Konsums OLG Frankfurt a. M. ZfStrVo 1991, 310 (Ls.)). Als unzulässig galten bislang Disziplinarmaßnahmen wegen der Ablehnung, an der Erreichung des Vollzugsziels mitzuwirken (Eisenberg MschKrim 2004, 355 f.; vgl. aber → Rn. 45).

141 Hingegen lassen sich erzieherisch positive Ergebnisse zur Begründung oder gar Erweiterung von Disziplinarmaßnahmen nicht nennen, und zwar insb. auch nicht bzgl. zukünftiger Legalbewährung (Walter MschKrim 1993, 286; vgl. auch die entspr. Befunde bzgl. erneuter Gewaltanwendung im Vollzug bei Bachmann MschKrim 2015, 1 (11 ff.)). Gleichwohl bestehen aufgrund statistischer Analyse, obwohl diese Disziplinarmaßnahmen nach Nr. 86 Abs. 1 VVJug offenbar nicht oder nicht einheitlich einbezieht (vgl. Walter MschKrim 1993, 278 f.; Walter ZfStrVo 1997, 213), Anhaltspunkte dafür, dass Disziplinarmaßnahmen – auch unter Berücksichtigung der begrenzten Vergleichbarkeit schon der Gefangenenstruktur (einschließlich der Strafdauer) – **häufiger** eingesetzt werden **als** im **allg. Strafvollzug** (ausführlich Walter, Formelle Disziplinierung im Jugendstrafvollzug, 1998, 94 ff.,

131 ff.; für eine Länderabfrage zur Häufigkeit der Anwendung von Disziplinarmaßnahmen vgl. Bachmann MschKrim 2015, 1 (4 ff.)); zudem scheinen tendenziell die jüngeren JStrafgefangenen vergleichsweise stark betroffen zu sein (vgl. etwa Walter MschKrim 1993, 284). – Im Übrigen ist die Häufigkeit von Disziplinarmaßnahmen im gelockerten (halboffenen) Vollzug nach (bisherigen) Auswertungen durchaus geringer als im geschlossenen Vollzug (Dünkel Freiheitsentzug 262; Walter MschKrim 1993, 282; s. zur Reduzierung bei Erhöhung von Urlaubsgewährungen schon Walter ZfStrVo 1988, 196 f.).

Im Jahre 1996 wurden im JStVollzug insgesamt bei einer durchschnitt- **141a** lichen Jahresbelegung von 4.613 Inhaftierten 6.436 Disziplinarmaßnahmen verhängt, während die entsprechenden Zahlen für den Freiheitsstrafenvollzug 59.584 und (nur) 28.340 lauteten (StVollzSt 8 (später keine Aufschlüsselung der Einzeldaten); vgl. auch schon Dünkel Freiheitsentzug 255). Speziell bzgl. der Anteile des Arrestes werden erhebliche *regionale Unterschiede* verzeichnet (vgl. näher Eisenberg/Tóth GA 1993, 313), wobei allerdings Vorbehalte hinsichtlich der statistischen Erfassung bestehen. Insgesamt ist, schon wegen Schwankungen im zeitlichen Längsschnitt auch in ein und derselben Anstalt, ein erhebliches Ausmaß an Wertungsunterschieden der (ggf. fluktuierenden) jeweiligen Bediensteten innerhalb der JStVollzAnstalt bzw. der Aufsichtsbehörden anzunehmen (Dünkel Freiheitsentzug 263; Walter MschKrim 1993, 279 (282–285) sowie näher Walter, Formelle Disziplinierung im Jugendstrafvollzug, 1998, 144 ff. (gem. Umfrage bei den Leitern sämtlicher einschlägiger Anstalten)). – Die regional unterschiedliche Disziplinierungspraxis – nicht nur auf Landesebene, sondern auch von Anstalt zu Anstalt und zudem (nach Wechsel des Anstaltsleiters) innerhalb ein und derselben Anstalt (vgl. Tierel, Vergleichende Studie zur Normierung des Jugendstrafvollzugs, 2008, 245 f.) – ist zudem in einer Befragung (März 2014) bei 10 Bundesländern (außer Bay., Bbg., Bremen, Hmb., Hess., LSA) betr. männliche Insassen bestätigt worden (vgl. Bachmann/Ernst MschKrim 2015 (98), 1 ff.; zur Praxis in der Vollzugsanstalt Neustrelitz vgl. Faber, Länderspezifische Unterschiede bezüglich Disziplinarmaßnahmen (…), 2014, 165 ff.).

Im **Verfahren** steht, in Abwägung von Zeitablauf und (ggf. in Betracht **142** kommender) Sanktionsschwere, die Pflicht zu umfassender Sachverhalts*aufklärung* im Vordergrund, die sich auf die Entstehungszusammenhänge (verkürzt zB § 100 Abs. 1, 3 JStVollzG Bln) eines etwa vorliegenden Verstoßes zu erstrecken hat (ggf. unter Beteiligung von Sorgeberechtigten, vormaligen Schullehrerinnen bzw. -lehrern etc (indes bei besonders sorgfältiger Prüfung des Wahrheitsgehalts von deren Aussagen, vgl. auch → § 5 Rn. 39, 39a, 57–64b)). Im Falle mehrerer und gleichzeitig zu beurteilender Verfehlungen ist eine einheitliche Entscheidung zu treffen (§ 85 Abs. 2 SächsJStVollzG).

Der Betroffene ist vor seiner Aussage über sein Schweigerecht zu **beleh-** **142a** **ren** (§ 136 Abs. 1 S. 2 StPO analog; § 55 Abs. 1 S. 5 JStVollzG NRW), mit der Folge, dass in einem anschließenden Strafverfahren ein Verwertungsverbot hinsichtlich der ohne vorausgegangene Belehrung getätigten Aussage besteht (vgl. zum Ganzen (jeweils betr. allg. StVollzR) BGH NJW 1997, 2893 = StV 1997, 337; LG Detmold StV 2018, 649). Ist der Betroffene *nicht* bereit, zu *erscheinen,* so wird sich zur Vermeidung zusätzlicher Konflikte ein schriftliches Verfahren (vgl. die Vorschriften der Landesgesetze entspr. § 106 Abs. 3 Hs. 2 StVollzG) nebst Erl. durch einen betreuenden Bediensteten

empfehlen (Arloth/Krä § 106 Rn. 4; zur Frage der Erscheinenspflicht sowie
dazu, ob deren Nichtbefolgung durch unmittelbaren Zwang durchgesetzt
werden und ihrerseits einen Disziplinarverstoß darstellen könnte, vgl. (jeweils
zum allg. StVollz) vern. OLG Frankfurt a. M. NStZ-RR 1997, 153; ebenso
Rose in Ostendorf § 10 Rn. 55; bejahend OLG Nürnberg FS 2009, 153
sowie vormals OLG Hamm NStZ 1991, 509). Dies gilt auch deshalb, weil
der Betroffene nach allg. Auffassung einer Aussagepflicht nicht unterliegt
(vgl. nur OLG Frankfurt a. M. NStZ-RR 1997, 152 (zum allg. StVollz); zur
Selbstbelastungsfreiheit näher → § 89c Rn. 101) und er auch seine Gründe
dafür, von einem Erscheinen absehen zu wollen, nicht preisgeben muss.

142b   Dem Betroffenen ist grundsätzlich die Möglichkeit zu geben, sich von
einem (zumindest bei als „schwer" beurteilten Verfehlungen zu benach-
richtigenden, § 85 Abs. 3 S. 2 SächsJStVollzG) **Verteidiger** beraten zu
lassen (vgl. OLG Karlsruhe NStZ-RR 2002, 29, OLG Bamberg StRR
2010, 364 (Aufhebung wegen Verweigerns), jeweils zum allg. StVollz); Rose
in Ostendorf § 10 Rn. 54: vor Arrest andernfalls Verwertungsverbot) und
sich dessen bei der Anhörung zu bedienen (vgl., jeweils zum allg. StR, OLG
Nürnberg StraFo 2011, 367 = StV 2012, 169; aA (betr. U-Haft) OLG
Bamberg NStZ-RR 2015, 93). – Wegen *ärztlicher* Kontrolle enthalten die
Landesgesetze nähere Regelungen.

X. Umgang mit personenbezogenen Daten

1. Einzelne Regelungen

143   Die vorliegenden Gesetze sehen Regelungen für den Umgang mit per-
sonenbezogenen Daten vor (§§ 88 ff. JStVollzG Bln ua (außer Bln. gem.
JVollzDSG), §§ 72 JStVollzG NRW, §§ 34 ff. JVollzGB BW I, §§ 190 ff.
NJVollzG, Art. 196 ff. BayStVollzG, §§ 58 ff. HessJStVollzG, §§ 120 ff.
JVollzGB LSA), die grundsätzlich bei den Betroffenen zu **erheben** sind (s.
etwa § 88 Abs. 2 JStVollzG Bln ua (Bln. § 14 JVollzDSG Bln; § 89 Abs. 1
SächsJStVollzG), § 72 Abs. 3 JStVollzG NRW iVm § 108 Abs. 2 S. 1
StVollzG NRW, § 125 Abs. 1 JVollzGB LSA, § 114 Abs. 2 S. 1
HmbJStVollzG, § 59 Abs. 1 HessJStVollzG, § 190 Abs. 2 NJVollzG,
Art. 196 Abs. 2 BayStVollzG), es sei denn, eine Erhebung bei Dritten ist zu
vollzuglichen Zwecken (einschließlich der „Erziehung" des Insassen, vgl.
§ 89 Abs. 2 SächsJStVollzG) „unerlässlich" (§§ 65, 15, 16 JVollzDSG Bln,
gem. §§ 65 Abs. 2, 70 Abs. 1 und 2 auch bei Personensorgeberechtigten
sowie über diese). – Gemäß den Grundsätzen des § 67 sind *Personensorgeberechtigte* jugendlichen Gefangenen gleichgestellt, jedoch unter Vorbehalten
(§§ 65, 70 Abs. 3–5, 7 JVollzDSG Bln; s. aber auch § 42 Abs. 2 JVollzGB
BW I).

143a   Die *Betroffenen* haben grundsätzlich nur ein Aktenauskunftsrecht, wogegen
ein *Akteneinsichtsrecht* von der Beurteilung als erforderlich abhängig gemacht
ist (vgl. nur § 28 JVollzDSG Bln, § 37 iVm § 1 Abs. 2 RhPfLJVollzDSG;
modifiziert § 72 Abs. 3 JStVollzG NRW iVm § 116 StVollzG NRW: „nicht
ausreicht" *und* „auf die Einsichtnahme angewiesen"; OLG Hamm StV 2014,
351 (zum allg. StR)), wozu zumindest bei fachspezifischen Inhalten ein
Ausdruck bzw. eine Fotokopie auszuhändigen ist (OLG Koblenz NStZ-RR
2016, 246 betr. „Basisdiagnostik" (zum allg. StVollzR)).

a) Einwände betr. die Aufsichtsbehörde. Soweit die Landesgesetze die 143b
Berechtigung zu *Erhebung und Verarbeitung* auch der Aufsichtsbehörde einräumen, bestehen datenschutzrechtliche Einwände (vgl. auch → § 89c
Rn. 103). Folgen die Vorschriften den Regelungen des StVollzG, so erwei-
sen sich hier die gleichen Bereiche als rechtlich umstritten. Dies betrifft etwa
die eingeschränkte Benachrichtigungspflicht bei heimlicher Erhebung (§ 89
Abs. 5 JStVollzG Bln ua (§ 89 Abs. 4 SächsJStVollzG, § 88 Abs. 5 JStVollzG
M-V und § 88 Abs. 5 SchlHJStVollzG), § 125 S. 2 Nr. 1 BbgJVollzG,
§ 114 Abs. 4 HmbJStVollzG, § 190 Abs. 4 NJVollzG, Art. 196 Abs. 4
BayStVollzG; vgl. auch § 125 Abs. 3 JVollzGB LSA).

Die (teilweise an § 182 Abs. 2 S. 2, 3 StVollzG angelehnten) Regelungen 143c
zur Frage einer *Offenbarung*spflicht für Ärzte, Psychologen und Sozialarbeiter
(§ 72 Abs. 3 JStVollzG NRW iVm § 112 Abs. 2 S. 2 StVollzG NRW, § 195
Abs. 2 S. 2, 3 NJVollzG, Art. 200 Abs. 2 S. 2, 3 BayStVollzG sowie § 92
Abs. 2 JStVollzG Bln ua (Bln. §§ 65, 52 JVollzDSG Bln, Bremen, MV und
SchlH), § 90 Abs. 2 S. 2 SächsJStVollzG (ÄndG GVBl. 2013, 250, unter
Aufgabe bisheriger Soll-Vorschrift); teilweise abw. § 119 Abs. 2 S. 3, 4
HmbStVollzG; vgl. auch §§ 150, 151 JVollzGB LSA) stehen einem ver-
trauensanbahnenden Beratungs- und Hilfeverhältnis eher entgegen (vgl. dazu
Goerdeler in Ostendorf § 12 Rn. 95: unverhältnismäßig), ohne dass die
Unterrichtungspflicht dem (stets) abhelfen könnte (vgl. betr. § 7 Abs. 2 etwa
Eisenberg JR 2008, 148 (zum allg. StR)). Demgegenüber sieht § 92 Abs. 2
S. 3 JStVollzG Bremen, MV und Saarl. eine begrenzte *Verpflichtung* des
Arztes auch im Übrigen vor, betr. die Offenbarungsbefugnis von Ärzten zur
Voraussetzung ua der Unerlässlichkeit § 90 Abs. 2 S. 3 SächsJStVollzG, § 92
Abs. 2 S. 2 SchlHJStVollzG, s. aber auch §§ 65, 52 JVollzDSG Bln. Außer-
ordentlich weitgehend nimmt sich § 47 Abs. 2 S. 2 JVollzGB BW I aus (zB
„sonst" für die Aufgabenerfüllung der Anstalt).

Im Übrigen ist in § 92 Abs. 2 S. 2 JStVollzG Bln ua (anders §§ 65, 52, 53 143d
JVollzDSG Bln: „Anstaltsleitung") in Abweichung von § 182 Abs. 2 S. 2
StVollzG Bln der die Fassung „Erfüllung der Aufgaben der Vollzugsbehörde"
(erweiternd) ersetzt durch „der Anstalt oder Aufsichtsbehörde". Hingegen ist
gem. Art. 200 Abs. 2 S. 2 BayStVollzG, § 61 Abs. 2 S. 2 HessJStVollzG und
§ 90 Abs. 2 S. 2 SächsJStVollzG (verengend) lediglich der Begriff Vollzugsbehörde durch das Wort „Anstalt" bzw. „Anstaltsleitung" ausgetauscht.

b) Einschränkende Grundsätze. Treffen die JVollzugsgesetze keine be- 144
sonderen Regelungen, gelten die Landesdatenschutzgesetze und damit der
stets zu beachtende Grundsatz der *Datenvermeidung* bzw. Datensparsam-
keit (s. etwa § 5a JVollzDSG Bln). – Soweit es trotz der besonderen Sensibilität der Daten als zulässig erachtet wird (KG NStZ-RR 2011, 156 (zum allg.
StVollzR)), dass entsprechend § 479 Abs. 2 Nr. 1 StPO (vgl. aber auch
§§ 65, 51 ff. (53) JVollzDSG Bln, § 4 Abs. 2 Nr. 2a BDSG) ein im Vollstreckungsverfahren erstattetes Prognose*gutachten* von der VollzEinrichtung in
die Gefangenenpersonalakte aufgenommen und bei Vollzugsentscheidungen
verwendet wird, steht den Informationsbelangen betr. etwaiger Erkenntnisse
die Gefahr einer Orientierung (oder gar Abhängigkeit) von der – ggf. verfehlten – Sichtweise des Gutachters (zu Fragen der Geeignetheit vgl. → § 43
Rn. 34 ff.) gar iSv „Brandmarkung" ggü., zumal offen ist, ob in einem
neuerlichen Vollstreckungsverfahren ein anderer Gutachter herangezogen
wird, der ggf. eine andere Sichtweise zum Ausdruck bringt.

2. Herausgabe

145   **a) Befugnisnormen.** Was den Schutz von Daten vor der Herausgabe an Empfänger **außerhalb** der Vollzugseinrichtung angeht, so ist er hinsichtlich der betr. Jugendliche und Heranwachsende bestehenden zusätzlichen Befugnisnormen (vgl. § 42 JVollzGB BW I) besonders sorgfältig zu wahren. Ansonsten ist zwischen verschiedenen öffentlichen Stellen bzw. zwischen öffentlichen und nichtöffentlichen Stellen (vgl. etwa §§ 38, 39 JVollzGB BW I sowie VV (Die Justiz 2008, 268 ff.) ua Nr. 3, 5, 6; § 60 Abs. 3 HessJStVollzG enthält eine mit § 2 Abs. 1 kaum zu vereinbarende Ausdehnung) zu unterscheiden. Die Übermittlung personenbezogener Daten an durch die Straftat Verletzte zwecks Wiedergutmachung scheidet wegen der erzieherischen Bedeutung eigenverantwortlicher Regelung persönlicher Angelegenheiten aus, sofern begründet davon auszugehen ist, dass der Verurteilte selbst die Wiedergutmachung „betreibt" (§§ 65, 71 S. 2 JVollzDSG Bln).

145a   Spezielle Regelungen finden sich bzgl. Forschungsvorhaben (vgl. etwa betr. Verpflichtung zur Geheimhaltung Nr. 4 VV BW Die Justiz 2008, 309 ff., in Ergänzung zu § 40 JVollzGB BW I, § 476 StPO). Datenschutzrechtliche Fragen bilden hier regelmäßig einen Aspekt, der neben anderen Fragen (Machbarkeit, Qualitätssicherung, ethische Ebene usw) für die Genehmigung wissenschaftlicher Untersuchungen ausschlaggebend ist. Die Prüfung obliegt vielfach den Kriminologischen Diensten (teilw. in Kooperation mit den Justizministerien). Inwieweit die sich hieraus ergebenden Zugangsschwellen die Freiheit der wissenschaftlichen Forschung beeinträchtigen, wird kontrovers beurteilt (vgl. etwa Fährmann/Knop NK 2017, 251; Breuer/Endres/Häßler ua NK 2018, 92).

145b   **b) Insassen, die nicht EU-Bürger sind.** Besondere Bestimmungen bestehen bzgl. nichtdeutscher JStrafgefangener, die nicht EU-Bürger sind, deren Daten nach § 87 AufenthG, §§ 71 ff. AufenthV der Ausländerbehörde übermittelt werden müssen. Dies gilt nach § 74 AufenthV auch für besondere Ereignisse und Termine bei Strafvollzug und -vollstreckung (wie zB Strafantritt, Verlegung, geplante Entlassung und Bewährungswiderruf). Dabei sind schon wegen des Schlechterstellungsverbotes die Grenzen aus § 180 Abs. 6, 10 StVollzG einzuhalten.

XI. Vollzug von Maßregeln der Besserung und Sicherung

1. Unterbringung in einem psychiatrischen Krankenhaus

146   **a) Organisatorisches.** Der Vollzug dieser Maßregel findet in Anstalten der *Gesundheitsverwaltung* statt. Eine Auslagerung auf private Unternehmen gilt im allg. StR hinsichtlich des Funktionsvorbehalts des Art. 33 Abs. 4 GG als nicht unvertretbar (vgl. BVerfG NJW 2012, 1563 = StV 2012, 294; vgl. auch schon NdsStGH NdsVBl 2009, 77; OLG Schleswig ZJJ 2006, 79 (gegen LG Flensburg ZJJ 2005, 208 (211); zustBspr Willenbruch/Bischoff NJW 2006, 1776); aA OLG Naumburg NStZ 2011, 348). – Der Vollzug richtet sich im Wesentlichen nach anderen landes- oder bundesrechtlichen Bestimmungen als denjenigen des (J)Strafvollzugs (§§ 136, 138 StVollzG bzw. Vorschriften in den JStVollzGen der Länder; zum Datenschutz im

Maßregelvollzug schlechthin vgl. Goerdeler R&P 2014, 129 ff.). Dabei handelt es sich teilweise um UnterbringungsGe der Länder, teilweise um selbstständige MaßregelvollzGe.

Speziell betr. Zwangsbehandlung (Zwangsmedikation) kommen am ehesten Psychosen aus den Formenkreisen Schizophrenie und bedingt auch affektiver Psychosen in Betracht. Grundsätzlich verlangen das (freie) Selbstbestimmungsrecht und der Verhältnismäßigkeitsgrundsatz eine restriktive Handhabung (vgl. BVerfG NJW 2011, 2113 mBspr Marschner R&P 2011, 160 f. sowie DGPPN R&P 2012, 62; NJW 2011, 3571; 2013, 2337, unbeschadet Einwilligung des Betreuers (NJW 2013, 2337 Rn. 71, betr. Sächs-PsychKG); OLG Celle StraFo 2011, 374; jeweils betr. allg. StR; vgl. aber auch Art. 44 Abs. 1, Art. 6 Abs. 3–6 BayMRVG v. 17.7.2015 (GVBl. 222) – im Übrigen krit. zu BayMRVG Greiner R&P 2017, 10 ff.). Beweisrechtlich erhebliche Schwierigkeiten bestehen insb. bei beantragter einstweiliger Anordnung des Verbots (vgl. näher BVerfG, 2. K. des 2. S., BeckRS 2017, 124089: „hypothetisch als zutreffend zu unterstellen") als auch betr. die Frage, ob eine selbstbestimmte, dh nicht abgenötigte Einwilligung erteilt wurde (vgl. zB betr. antiandrogene Mittel etwa Europarat CPT/Inf (2017) 13, v. 1.6.2017). Zur Überprüfung medizinischer Zulässigkeit sind ua Feststellungen zum Wahrscheinlichkeitsgrad des Auftretens von Nebenwirkungen und ihres Ausmaßes unerlässlich (vgl. zu § 20 Abs. 3 S. 2–5 BWPsychKHG näher OLG Karlsruhe R&P 2017, 104 (betr. „antipsychotisch wirksame" Medikamente)). Gegebenenfalls bedarf es der Heranziehung externer Sachverständiger (so § 15 Abs. 3 Nr. 7 S. 1 RhPfMVollzG; § 8a Abs. 2 S. 1 NdsMVollzG: „zwei … einvernehmlich"; einschr. § 17a Abs. 6 S. 2 MRVollzG NRW, geänd. durch Art. 7 des Gesetzes v. 7.4.2017, GV NRW 511).

Die **Vollzugsdurchführung** ist, zusätzlich zu den im Allg. ohnehin bestehenden Beeinträchtigungen psychisch Kranker in geschlossenen Institutionen, nur in begrenztem Maße therapeutisch ausgestaltet (vgl. aber zB Häßler ua ZJJ 2004, 26 ff. (betr. Klinik in Rostock); für NRW Burchard ZJJ 2015, 164 ff., 166 ff. (zur Klinik Marsberg), da das Sicherungsinteresse – teilweise unrealistisch – haftähnliche Bedingungen veranlasst (vgl. Rüping NStZ 1983, 13 f.; Kammeier in Schwind/Blau S. 108 ff.; Tessenow, Jugendliche und Heranwachsende im psychiatrischen Maßregelvollzug, 2002, 198) und (weitgehende) Lockerungen nur eingeschränkt stattfinden. Im Einzelnen ist besonders bei solchen Untergebrachten, bzgl. derer angenommen wird, sie erfüllten die Voraussetzungen für Urlaub und Ausgänge (noch) nicht, die Möglichkeit von Ausführungen zu prüfen (BVerfG, 3. K. des 2. S., NStZ-RR 2012, 387 (zum allg. StR); vgl. aber auch Weissbeck/Günter R&P 2010, 16; krit. zur Art der Lockerungsbeschränkungen in BW Royen StV 2005, 411 ff. (betr. allg. StR)). Der Untergebrachte hat auf der Grundlage heranzuziehender landesgesetzlicher Vorschriften sowie von Art. 2 Abs. 1 GG einen **Anspruch** auf Erstellung und Einhaltung eines **Vollzugs- und Behandlungsplans** (OLG Karlsruhe StV 2012, 301). Zusätzliche Anforderungen auf administrativer Grundlage sind unzulässig (LG Göttingen R&P 2018, 53 (zum allg StR); vgl. zum Ausbildungsstand im Allg. etwa Hollweg/Winkelkötter R&P 2012, 140 f.; zu Standards der Behandlung Elsner in Schmidt-Quernheim/Hax-Schoppenhorst ForensPsych 437 ff.; ausf. Müller ua Nervenarzt 88 (2017), 1 ff. (zum allg StR)). – Einschränkungen des Besuchsrechts bedürfen einer gesetzlichen Grundlage (BVerfG, 2. K.

des 2. Senats, 21.1.2008 – 2 BvR 2307/07 betr. unzulässige Bedingung vorherigen Prüfungsgesprächs mit Verwandten). – Rechtstatsächlich kommt es, teilweise vergleichbar dem JStVollzug (vgl. → § 92 Rn. 40), mitunter zu Übergriffen bis hin zu (Straf-)Taten ggü. Untergebrachten (vgl. etwa BGH R&P 2009, 57).

148　**b) Zum Trennungsgebot.** In einem Teil der Bundesländer findet die Unterbringung Jugendlicher und Heranwachsender *zusammen* mit *Erwachsenen* statt (nach Weissbeck/Günter R&P 2010, 13 (17): bei ca. *2/3* der Untergebrachten im Alter von 14–21 Jahren, und ohne altersadäquate Therapie), in einigen der übrigen Bundesländer gilt dies nur für Heranwachsende (vgl. zum Ganzen schon Schniedermeyer PraxisKiPsych 1985, 239 (241); Tessenow, Jugendliche und Heranwachsende im psychiatrischen Maßregelvollzug, 2002, 187; Stöver ua FPPK 2008, 255 ff. (nur betr. vor dem 18. Lbj. Aufgenommene), allg. Stöver ua FPPK 2013, 184 f.; zu „unklarer Datenlage" Weissbeck ua Forensik 2004, 145 (149)); insofern weiter Art. 44 Abs. 1 BayMRVG, allerdings Abs. 2: „sollen nach Möglichkeit in spezialisierten Einrichtungen"). Hiergegen bestehen (auch) unabhängig von der Frage nach dem Ausmaß strafrechtlicher Vorbelastungen erwachsener Untergebrachter und den hiermit verbundenen Gefahren und Einflüssen erzieherische Bedenken (vgl. ThürVerfGH NJ 2003, 195 (Ls.): ggf. Verstoß gegen Art. 2 Abs. 1 GG; instruktiv aus der Praxis Weissbeck ua Forensik 2004, 150 ff. sowie Weissbeck/Günter R&P 2010, 10 ff.). Ein altersangepasst erzieherisch-therapeutisches Herangehen ist unter den Bedingungen eines gemeinsamen Vollzugs jedenfalls kaum durchführbar (krit. daher DVJJ Bremen ZJJ 2019, 181 (182)). – Ähnlich wie im JStrafvollzug stellt sich die Aufgabe bzgl. der Unterbringung *weiblicher* Personen in speziellerer Weise (vgl. etwa Selders/Wenzel R&P 2013, 23 ff.). Gegebenenfalls ist die Verlegung in eine geeignete Einrichtung eines anderen Bundeslandes in Betracht zu ziehen.

149　**c) Rechtsschutz.** Hinsichtlich des Rechtswegs gegen Vollzugsmaßnahmen zur JKammer vgl. → Rn. 183. Sachlich zumindest nicht weniger geeignet (und zweckmäßig) wäre die Bestimmung der Zuständigkeit des Vollstreckungsleiters gewesen (dazu → § 92 Rn. 152).

149a　Bezüglich des Rechtschutzes bestehen, mehr noch als beim Vollzug der JStrafe (vgl. aber betr. Behandlung BVerfG NStZ 2013, 168), Einwände ua insoweit, als mitunter der ärztlichen Beurteilung eine gewisse Sonderstellung eingeräumt wird, und zwar in Abweichung allg. verwaltungsrechtlicher Grundsätze zur gerichtlichen Überprüfbarkeit (VerfGH Bln StV 2016, 306 (betr. Rücknahme von Lockerungen aufgrund sexualmedizinischen Gutachtens); vgl. etwa auch KG R&P 1985, 34 mkritAnm Volckart (zum allg. StR)). Demgegenüber sind zB der Entzug von Gegenständen, (grds. androhungsbedürftiger) unmittelbarer Zwang (vgl. zur „Fixierung" Art. 44 Abs. 1, Art. 26 BayMRVG nebst Begr. LT-Drs. 17/4944, 50 f.), nächtliche Sichtkontrollen (§ 21 Abs. 1 MRVG, dazu OLG Hamm StraFo 2017, 171: Fehlen positiver Feststellung von Selbstgefährdung) oder die Sanktionierung von Verhalten (als faktische Disziplinarmaßnahme) nur aufgrund eines Gesetzes zulässig (OLG Hamburg R&P 2007, 203 mAnm Lindemann (betr. allg. StR)). Disziplinarmaßnahmen im rechtlichen Sinne sind mit dem Wesen dieser Maßregel (§ 63 StGB) nicht vereinbar (s. ausdrücklich § 43 Abs. 3 BlnPsychKG, dazu LG Berlin R&P 2017, 259 mAnm Lindemann; vgl. auch schon OLG München StV 2009, 150 (jeweils zum allg. StR)).

Grundsätzlich besteht ein Recht auf *Einsicht* in die *Krankenakten,* und zwar **149b**
– wenn auch ggf. in Abwägung mit schützenswerten Belangen der ärztlichen
Aufgaben – einschließlich Wertungen (vgl. näher → Rn. 102c, betr. U-Haft
→ § 89c Rn. 79; teilweise noch offenlassend BVerfG, 2. K. des 2. S., NJW
2006, 1116 f. (betr. allg. StR)).

Hinsichtlich tatsächlicher **Arbeitsleistungen** kommt es kostenrechtlich **149c**
nicht darauf an, ob sie als therapeutisch indiziert legitimiert werden (OLG
Dresden StV 2016, 310 (zum allg. VollzR)).

d) Dauer. Hinsichtlich der Dauer der Unterbringung und der Art einer **150**
psychischen Erkrankung bzw. Störung einerseits und dem Anlassdelikt andererseits bestehen schon im allg. StR (abgesehen zB von Befunden iSd
schizophrenen Formenkreises und ggf. Delikten gegen die sexuelle Selbstbestimmung) und, wie einzelne empirische Anhaltspunkte ergeben (vgl.
etwa Stöver ua FPPK 2013, 189), auch für nach JStR Untergebrachte (vgl.
aber speziell betr. „Klinefelter-Syndrom" BVerfG, 2. K. des 2. S., BeckRS
2014, 54608 Rn. 4) keine deutlichen Zusammenhänge (vgl. zusf. etwa
Eisenberg/Kölbel Kriminologie § 38 Rn. 27, 35 ff.).

2. Unterbringung in einer Entziehungsanstalt

a) Organisatorisches. Der Vollzug auch dieser Maßregel geschieht in **151**
Anstalten der *Gesundheitsverwaltung* (zum Funktionsvorbehalt des Art. 33
Abs. 4 GG vgl. OLG Schleswig ZJJ 2006, 79 ff.: nicht offensichtlich ver-
fassungswidrig, gegen LG Flensburg ZJJ 2005, 208 (211) (abl. betr. privates
Unternehmen, ebenso Bspr. Willenbruch/Bischoff NJW 2006, 1776)) und
richtet sich im Wesentlichen nach Landesrecht (vgl. auch schon § 138
StVollzG; zu VollzEinrichtungen und Belegungen vgl. etwa Stöver ua FPPK
2013, 184 f.; Elsner in Schmidt-Quernheim/Hax-Schoppenhorst Forens-
Psych 435); eine stationsbezogen gemeinsame Unterbringung mit gem. § 7
Abs. 1, 63 StGB Untergebrachten (vgl. auch → Rn. 148) wäre wegen verschiedenster Formen der Beeinträchtigung des (Wieder-)Eingliederungs-
anspruchs unzulässig (vgl. zum allg. VollzR OLG Karlsruhe StV 2016, 309).
Zur Abgrenzung von Einrichtungen gem. § 93a vgl. Erl. → § 93a Rn. 1, 2).
Üblicherweise wird eine stufenweise Intervention unter Einschaltung mehrerer Institutionen als am ehesten erfolgreich angenommen, wobei die stationäre Unterbringung nur die erste Phase darstellt und der Nachsorge zentrale
Bedeutung zukommt.

b) Geeignetheit von Therapie. Zu dieser Frage fehlt es (auch) für **152**
jugendstrafrechtlich Verurteilte weithin an erforderlichen räumlichen und
personellen Voraussetzungen, und zwar entgegen spezieller gesetzlicher Vorschrift (§ 93a (vgl. auch Erl. zu § 93a)). Dies gilt etwa insoweit, als sich dem
körperlichen Entzug mitunter eine (meist eintönige) Form der Beschäftigung
anschließt und psycho- oder sozialtherapeutische Bemühungen ohne hinreichende Qualität bleiben. Denn nach ganz überwiegender Erfahrung wird
davon auszugehen sein, dass körperlicher Entzug ohne entsprechende Motivation und begleitende Bemühungen idR erfolglos bleibt. Differenziertere
Ausgestaltungen hingegen deuten durchaus auf eine therapeutische Effektivität hin (vgl. etwa Hartl ua MschKrim 2015, 513 ff.; ausführlich zu Standards der Behandlung Müller ua Nervenarzt 88 (2017), 1 ff. (zum allg StR)).

152a   Demgegenüber ist es für zukünftige Legalbewährung tendenziell abträglich, wenn eine (nur) **punktuelle Intervention** stattfindet und eine zunehmende Beeinträchtigung der Untergebrachten im psychischen und sozialen Bereich vor sich geht, besonders dann, wenn zentrale Voraussetzungen zur (Wieder-)Eingliederung in die Außengesellschaft weniger hergestellt werden (abl. zur Art der Lockerungsbeschränkungen in BW Royen StV 2005, 411 ff. (betr. allg. StR); vgl. zum Ausbildungsstand im Allg. etwa Hollweg/Winkelkötter R&P 2012, 140 f.). Prognostisch ist im Speziellen die Etikettierung zB als „dissozial" (gar iSv „fehlender Reue, antisozialen Einstellungen, regelverletzendem Verhalten" (Stöver ua FPPK 2013, 190 f.)) einer eher einseitigen Perspektive geschuldet (vgl. auch → § 5 Rn. 77), und gegenüber vorwiegend statischen Merkmalsauflistungen bestehen auch bei differenzierender Handhabung (vgl. betr. PCL-R etwa Rotermund ua MschKrim 2013, 314 ff.) grundsätzliche Einwände (vgl. → Rn. 47a, → § 5 Rn. 31a, 77, → § 43 Rn. 35).

152b   Hinsichtlich strafrechtlicher *„Rückfälligkeit"* liegen einzelne empirische Hinweise (nach einer Therapiedauer von durchschnittlich einem Jahr und acht Monaten) vor, wonach die Anteile nach Therapieabbruch signifikant höher waren (vgl. Maaß ua Nervenheilkunde 2016, 131 ff. (betr. psychiatrische Universitäts-Klinik Rostock)).

153   **c) Bereitschaft und Freiwilligkeit.** Auch in Anstalten mit vergleichsweise aufwändiger personeller Ausstattung hängt das therapeutische Verständnis und Vorgehen mehr von der jeweiligen Institution oder dem jeweiligen Therapeuten (mit entspr. Relevanz für den Therapieverlauf (vgl. Vollmer/Ellgring Suchtgefahren 1988, 281 f.)) und weniger von zuverlässigen Erkenntnissen über die Wirksamkeit verschiedener Behandlungskonzepte und -verfahren bei unterschiedlichen Probandengruppen ab (vgl. ergänzend → § 82 Rn. 10 ff.). Dies beruht neben anderen Gründen auf dem Mangel praxisbegleitender Sanktions- und Interventionsforschung wie auch auf der Ausgangsvoraussetzung von Therapie unter Zwang (vgl. etwa schon Kappel/Scheerer StV 1982, 182 (184 ff.)). Dabei entbehrt eine gelegentlich vertretene Auffassung des Inhalts, auf Bereitschaft oder Freiwilligkeit könne anhaltend verzichtet werden, weil eine suchtmittelabhängige Person kein mündiger Bürger sei, schon empirischer Grundlage. Vielmehr mag anhaltende Therapieunwilligkeit auf dem Grundwiderspruch zwischen erzwungener Unterbringung und Therapie beruhen (nach Marneros ua MschKrim 1993, 172 f. (zum allg. StR) berichteten 3/4 von N=90 Alkoholikern über eine negative Einstellung zur Therapie, weil sie keine „richtige" sei bzw. Vertrauen zum Therapeuten fehle).

154   Für Fälle (angeblich) fehlender Freiwilligkeit und Motivation zur Behandlung wird vereinzelt (auch aus ärztlicher Sicht) vertreten, der Drogenabhängige müsse „dazu gebracht" werden, den Willen des Therapeuten anzunehmen, bis er selbst (mit-)entscheiden könne; dies gelte umso mehr für solche Probanden, die Vertrauen in ihre Mitmenschen verloren hätten, fehlgeschlagene Therapieversuche aufwiesen bzw. nicht dazu in der Lage seien, Abstinenzsymptome zu bewältigen oder gar sich selbst als „unheilbar" einschätzten. Zur Motivation sei „Leidensdruck" erforderlich (krit. zum Begriff → § 5 Rn. 7). Derartige Auffassungen stehen in Widerspruch zu den allg. Grundvoraussetzungen jeder Therapie, nämlich Freiwilligkeit und Bereitschaft des Probanden, der Subjekt bleiben muss (s. etwa auch Hellebrand DVJJ 1990, 307, wonach sich der strafrechtliche Druck nicht beliebig steigern lässt, er vielmehr „umschlagen" und Therapieaussichten mindern kann).

3. Vollzug bei vorbehaltener Anordnung sowie nach Anordnung von Sicherungsverwahrung

a) Rechtliche Vorgaben. Der Vollzug dieser Maßregel geschieht (bisher **155** gem. §§ 129 ff. StVollzG bzw.) gem. **landesgesetzlichen** Bestimmungen, die (modifiziert) nach den Vorgaben in BVerfGE 128, 326 ff. spätestens zum 1.6.2013 in Kraft treten mussten (vgl. zB JVollzGB BW V (GBl. 2013, 581), NdsSvVollzG (GVBl. 2012, 566); BaySvVollzG (GVBl. 2013, 275); speziell § 5a HmbJStVollzG, § 17a Abs. 1 S. 1 HessJStVollzG (zum RegE HSVVollzG krit. Kreuzer, Stellungnahme August 2012, online abrufbar), §§ 5 Abs. 2 S. 2, 10 Abs. 2 S. 4, 11 Abs. 1 S. 1 SJStVollzG, §§ 22a, 22b SchlHJStVollzG, §§ 3 Abs. 3, 102 Abs. 3 SächsJStVollzG, §§ 6 Abs. 1 S. 3, 8 Abs. 2 ThürJVollzGB, §§ 8 Abs. 4, 13 Abs. 2 S. 2 BbgJVollzG, §§ 2 Abs. 2, 8 Abs. 3 S. 2, 13 Abs. 4, 107 Abs. 2 S. 2 JVollzGB LSA). Vormals hatte sich der Rechtsausschuss (BT-Drs. 16/9643, ebenso Begr. des betr. RegE) zu dieser Frage nicht verhalten (lediglich wegen entstehender Mehrkosten war vage die Rede von „möglicherweise erforderlicher besonderer Einrichtungen und Maßnahmen für junge Untergebrachte", RegE, 11; krit. auch Nestler/Wolf NK 2008, 158; Brettel ZJJ 2009, 331). Die Erhebung eines Haftkostenbeitrags kommt nicht in Betracht (vgl. schon OLG Celle StraFo 2012, 426 (zum allg. StR)). Da es sich um eine vorbehaltene Anordnung bzw. Anordnung nach *materiellem JStR* handelt (§ 1 Abs. 2), scheidet – systematisch ebenso wie bei den Regelungen zum JStVollzug – eine Durchführung gem. dem SV-Vollzug bei nach allg. StR Abgeurteilten aus (vgl. aber zur Verweisung auf das StVollzG für NRW § 16 Abs. 1 JStVollzG (allerdings gem. Abs. 2 unter Wahrung von §§ 7 Abs. 3, 106 Abs. 5)); ähnlich für Nds. § 132 Abs. 2 JVollzG, vgl. auch für BW § 88 Abs. 1 JVollzGB IV).

Das AbstandsgebotsG (v. 5.12.2012 (BGBl. I 2425)) hat **bundesgesetzli-** **155a** **che** (vgl. Art. 74 Abs. 1 Nr. 1 GG sowie speziell BVerfGE 128, 326 Rn. 129) Vorgaben (sog. „Leitlinien") für Einrichtungen geschaffen, in denen die Unterbringung in Sicherungsverwahrung vollzogen wird (§ 66c Abs. 1 StGB (krit. betr. Nr. 1 zur „Psychiatrisierung" etwa Dax, Die Neuregelung des Vollzugs der Sicherungsverwahrung, 2017, 182 ff., 257) sowie die vorgenannten Landesgesetze), ebenso wie für den der Unterbringung vorangehenden Vollzug der JStrafe (§ 66c Abs. 2 StGB), zudem Bestimmungen mit dem Ziel, den verfassungskonformen Vollzug von Sicherungsverwahrung und vorangehendem (Jugend-)StVollzug abzusichern (insb. § 119a StVollzG bzw. § 67c Abs. 1 S. 1 Nr. 2 StGB und § 67d Abs. 2 S. 2 StGB (für diese beiden Vorschriften wäre systematisch stimmig zu § 67d Abs. 6 S. 1 StGB die Möglichkeit der Erledigterklärung gewesen); vgl. 176 ff.). Indes ist der Vollzug schon gem. der landesgesetzlichen Regelungen weitgehend demjenigen der Freiheitsstrafe angepasst (vgl. näher Dax, Die Neuregelung des Vollzugs der Sicherungsverwahrung, 2017, 271 ff., 322 ff. (zum allg. StVollzR)), ggü. der JStrafe bleibt er partiell gar zurück. Wegen der Einzelheiten wird auf die Spezialliteratur Bezug genommen.

156   **b) Angebote ohne psycho(patho)logische Verengung.** Soweit **§ 66c Abs. 1 Nr. 1 lit. a StGB** die Pflicht enthält, dem Untergebrachten eine individuelle und intensive Betreuung anzubieten, wobei die den therapeutischen Bereich betr. Angebote besonders benannt sind (vgl. schon zur Förderungspflicht näher OLG Celle StV 2015, 374 (zum allg. StR); verengend aber Begr. RegE v. 6.6.2012 (BR-Drs. 17/9874), 18: „insb. medizinische Erkenntnisse"), dürfen demgegenüber gerade bei nach JStR Verurteilten sonstige dem Abstandsgebot geschuldete Betreuungsangebote – wie etwa berufliche Aus- und Weiterbildungsmaßnahmen oder Maßnahmen zur Ordnung der finanziellen oder familiären Verhältnisse – nicht zurückstehen. Dem könnte auch für den Fall besondere Bedeutung zukommen, dass länderübergreifend gemeinsame Einrichtungen unterhalten werden (vorgesehen sind (ohne Differenzierung nach JStR oder allg. StR) zB für Bay. 84 Plätze, für RhPf 60 Plätze, jeweils „in" der JVA (nach FS 2012, 160 f.)), wodurch zB eine Anpassung an regional vertraute Lebensverhältnisse sowie Besuchsmöglichkeiten erheblich erschwert würden (betr. Intimbesuch vgl. BayLT-Drs. 16/13834, 38, zu Art. 22 Abs. 2 BaySvVollzG: „nicht umfasst"; krit. Zimmermann HRRS 2013, 170). – Die ohnehin nur eingeschränkte Umsetzung des Gebots der Trennung vom allg. (Jugend-)StVollzug (vgl. BVerfGE 128, 326 Rn. 115), wie sie 66c **Abs. 1 Nr. 2 lit. b** StGB bestimmt, ist darüber hinaus insofern wenig differenziert, als sie **nicht** zwischen nach JStR bzw. nach allg. StR Verurteilten **unterscheidet.**

156a   Besonders nachdrücklich ist bei nach JStR Verurteilten § 66c **Abs. 1 Nr. 3 lit. a** einzuhalten, wonach die Einrichtung vollzugsöffnende Maßnahmen (also nicht nur Lockerungen) ebenso wie Entlassungsvorbereitungen treffen muss, soweit nicht zwingende Gründe entgegenstehen, wobei lediglich abstrakte Gefahren die Versagung solcher Maßnahmen nicht rechtfertigen können (vgl. auch schon zum allg. StVollzR OLG Hamburg StraFo 2013, 525, betr. Ausführung (nicht) durch Uniformierte). Das Begriffspaar „erhebliche Straftaten" meint solche iSv § 66 Abs. 1 S. 1 Nr. 4 StGB (vgl. Begr. RegE v. 6.6.2012 (BR-Drs. 17/9874, 21).

156b   Eine durchgreifende Änderung des (Jugend-)Strafvollzugs verlangt § 66c Abs. 2 StGB, da hiernach eine individuelle und intensive Betreuung (gem. § 66c Abs. 1 Nr. 1 StGB) **zur Vermeidung** einer möglichen Unterbringung in Sicherungsverwahrung anzubieten ist – gem. der Fassung „schon im StVollzug" ist nicht nur der Vollzug derjenigen Jugend- oder Freiheitsstrafe erfasst, die wegen der Tat oder Taten verhängt wurde, die auch Anlass für die Sicherungsverwahrung ist oder sind, vielmehr handelt es sich um ein Verbot, eine Betreuung und Behandlung etwa iZm der Vollstr einer anderen Jugend- oder Freiheitsstrafe zu unterbrechen. Für die Prognose aus §§ 67c Abs. 1, 67d Abs. 2 StGB ist gerade bei nach JStR Verurteilten eine Erprobung im Rahmen vollzugsöffnender Maßnahmen eine ganz wesentliche Voraussetzung, um eine (prognostische) Aussage aufgrund mehrerer Erkenntnisquellen treffen zu können (zu statistischen Daten anhand BZR-Auszügen Jehle/Grindel in Dölling/Jehle, Täter, Taten, Opfer, 2013, 122 ff.). Zwar umfasst § 67c Abs. 1 S. 1 Nr. 2 StGB nicht vollzugsöffnende Maßnahmen iSv § 66c Abs. 1 Nr. 3 StGB (krit. Stellungnahme DAV Nr. 56/2012), jedoch wäre es aus Gründen der Effektivität zumindest bei nach JStR Verurteilten angezeigt, dass deren Durchführung nicht von den allg. Kriterien des (Jugend-)Strafvollzugs abhängt (vgl. → Rn. 52 ff., 66 ff.;

§ 11 Abs. 2 StVollzG), dass vielmehr die Belange gem. BVerfGE 128, 326 ff. berücksichtigt werden (vgl. auch Brettel ZJJ 2015, 162 f.).

Die Vollzugsbedingungen der Sicherungsverwahrung müssen in deutli- **157** chem **Abstand** zum (Jugend-)Strafvollzug gestaltet sein (vgl. zur Ist- statt nur Soll-Vorschrift (vgl. → Rn. 32) des Angleichungsgrundsatzes Art. 3 Abs. 3 S. 1 BaySvVollzG; zur wohnlichen Ausstattung des Verwahrraums OLG Naumburg BeckRS 2012, 15513 (zum allg. StR); speziell betr. Spielkonsole OLG Nürnberg StraFo 2011, 336; betr. Musikanlage ohne Aufnahmemöglichkeit auch mit analogem und USB Eingang LG Berlin 22.4.2015 – 590 StVK 196/14 Vollz; zu Playstation 2 aber OLG Frankfurt a. M. NStZ-RR 2012, 32 (jeweils zum allg. StR); vern. betr. erhöhten Selbstverpflegungszuschuss (§ 17 SVVollzG NRW) OLG Hamm NStZ-RR 2014, 158 (zum allg. StR)) und insb. über den Freiheitsentzug hinausgehende Belastungen „vermeiden", da Sicherungsverwahrung ausschließlich mit präventiven Zwecken begründet ist und dem Betroffenen „gleichsam ein Sonderopfer" (BVerfGE 128, 326 Rn. 100) auferlegt. Dabei sind tendenziell angelegte Vorab-Einengungen – zB auch durch externe und ggf. wenig qualifizierte Pflichtbegutachtungen in der Funktion der Verantwortungsdelegation – insb. hinsichtlich Vollzugslockerungen zu vermeiden, schon weil andernfalls iErg das Abstandsgebot unterlaufen würde (BVerfGE 128, 326 Rn. 121, 129, 130; vgl. anhand konkreter Verfahren (zum allg. StR) auch Beck HRRS 2013, 9 ff.). Verfassungsrechtlich erforderlich (vgl. BVerfGE 128, 326 Rn. 102, 108) ist ein „freiheitsorientierter und therapiegerichteter" Ablauf, wobei die Perspektive der Wiedererlangung der Freiheit als „System" der Sicherungsverwahrung „sichtbar die Praxis der Unterbringung bestimmt" (BVerfGE 128, 326 Rn. 100, 108). Auch ist dem Untergebrachten ein effektiv durchsetzbarer Rechtsanspruch auf Durchführung derjenigen Maßnahmen einzuräumen (vgl. → Rn. 176 ff.), die zur Reduktion der als „Gefährlichkeit" begründend erachteten Ausprägungen geboten sind, und es sind ihm ein geeigneter Beistand beizuordnen oder andere Hilfestellungen anzubieten, die ihn in der Wahrnehmung seiner Rechte und Interessen unterstützen (BVerfGE 128, 326 Rn. 117).

Gemäß § 66c Abs. 1 Nr. 1 StGB beginnt der Vollzug angeordneter **157a** Sicherungsverwahrung mit einer umfassenden Behandlungsuntersuchung, auf die ein **Vollzugsplan** aufbaut. Zwar sieht die Vorschrift keine Fristen zur Aktualisierung des Vollzugsplans vor, jedoch wird (zumal bei nach JStR Eingewiesenen) idR ein Zeitraum von zwischen drei und sechs Monaten nicht überschritten werden dürfen (vgl. etwa § 14 Abs. 3 S. 2 JVollzG LSA; zur Teilnahme des Verteidigers gem. § 463 Abs. 8 S. 1, 2, § 8 Abs. 5 S. 4 SächsSVVollzG OLG Dresden NStZ-RR 2014, 357). – Ob sich eine Orientierung an Belangen Geschädigter der Anlasstaten mit dem Status als „Sonderopfer" vereinbaren lässt, ist grundsätzlich zw. (aA § 7 und Folgevorschriften SVVollzG NRW (GVBl. 2013, 217)).

c) Therapie. Diesbezüglich bedarf es regelmäßig einer Vorab-Prüfung **158** dazu, ob das für diese oder jene Maßnahme erforderliche „kognitive Leistungsvermögens" des Untergebrachten zureicht (vgl. OLG Karlsruhe R&P 2017, 109 (zum allg. StR)). Im Übrigen fehlt es an den Voraussetzungen der **Angstfreiheit,** soweit der Verurteilte bei jedweder Äußerung besorgen muss, sie könne zu seinen Ungunsten gewertet werden. Da ein Zwang zur Therapie unzulässig wäre und eine geeignete (§ 70a Abs. 1 aF bzw. § 70b

Abs. 1 nF) Belehrung (entspr. § 2 Abs. 2, § 136 Abs. 1 S. 2 StPO) vorauszugehen hat, vermag ggf. am ehesten ein Schweigen den rechtlichen Schutz
zu wahren (zur Versagung eines externen Therapeuten OLG Nürnberg
NStZ-RR 2016, 95 (betr. allg. StR, Art. 10 Abs. 2 Nr. 3 iVm Art. 3 Abs. 2
BaySvVollzG)). Auch kommt es vor, dass der Verurteilte in Rivalitäten
zwischen Therapeuten gerät bzw. auf Anraten dieses oder jenes Therapeuten
ggü. einem Sachverständigen unzutreffende und sich selbst belastende, jedoch einer Vorab-Beurteilung entsprechende Angaben macht, etwa in der
Annahme, dadurch Erwartungen an eine Aufarbeitung der Tat zu genügen
(vgl. zu Anhaltspunkten Eisenberg DRiZ 2009, 219 f. und JR 2010, 314 ff.
sowie (zum allg. StR) schon Eisenberg JR 2008, 148). Ohnehin sind die
auch im Bereich der (Jugend-)Strafjustiz mitunter verbalisierten Vorstellungen über Möglichkeiten einschlägiger Therapie umso relitätsferner, je weniger bisherige (auch therapeutische) Bemühungen während des (Jugend)Straf-
vollzugs erbracht haben (vgl. auch Kröber FPPK 2011, 64 f.: Mythologisie-
rung iSe „Wunderstabs"). – Eher ausschlaggebend für das Ziel künftiger
Legalbewährung ist demgegenüber die Organisation und Qualität des Übergangs in Freiheit (zumindest in den Bereichen Unterkunft, Arbeit und
Beschäftigung, Krankenversicherung, speziell etwa betreutes Wohnen etc),
die im Allg. fachdienstlicher Betreuung und Kontrolle (zumindest über einen
Zeitraum von einem Jahr nach Entlassung hinweg) bedürfen. Dabei ist auch
die Funktion des Überbrückungsgeldes relevant (vgl. etwa § 37 Abs. 1 S. 2
ÄndG NRW (Art. 4 des Gesetzes v. 7.4.2017, GV NRW 511)).

159   **d) Ausbildungs- und Beschäftigungsangebote; Lockerungen.** Zur
Art der Förderung sind in § 66c Abs. 1 Nr. 1 lit. a StGB zwar Arbeits-,
Ausbildungs- oder sonstige Beschäftigungsangebote nicht ausdrücklich angeführt, jedoch gehört solches zu den verfassungsrechtlichen Vorgaben. Soweit
die vorgesehene Regelung bestimmte **individuelle Angebote** durch die
Wendung einschränkt, „soweit standardisierte nicht erfolgreich sind", lässt
sich dies gem. den Vorgaben von BVerfGE 128, 326 ff. Rn. 113 nicht etwa
dahingehend interpretieren, dass erst ein Scheitern solcher Verfahren abgewartet werden dürfe oder gar müsse. Vielmehr ist, zumal es sich um ein
„Sonderopfer" handelt, von Anfang an der **erwartete Erfolg** maßgeblich,
nicht aber die Kostenfrage. – Wegen der *Arbeitsvergütung* ist ein im Vergleich
zum JStrafvollzug höherer Anteil vorgesehen (s. § 45 VollzGB BW V,
Art. 39 Abs. 3 S. 1 BaySvVollzG, § 32 Abs. 1 SVVollzG NRW, jeweils: 16 %
der Eckvergütung; vgl. für BW (Die Justiz 2018, 107) ab 1.1.2018: Tagessatz
23,39).

159a   Die Ausnahmeregelung (§ 66c Abs. 1 Nr. 1, Nr. 2 lit. b StGB) sozialthe-
rapeutischer Behandlung in der Gruppe in der **allg. JVA,** dh mit (Jugend-)
Strafgefangenen, darf nicht zu einem Unterlaufen des Trennungsgebots
führen. Zumindest ist vorauszusetzen, dass eine solche Gruppenbehandlung
nicht auch im SV-Vollzug möglich und erfolgversprechend wäre, und dass
der Untergebrachte der Auslagerung zustimmt.

160   Die von § 66c Abs. 2 StGB vorgesehene Verpflichtung verweist lediglich
auf § 66c Abs. 1 Nr. 1, nicht auch auf dessen Nr. 2a, dh sie hebt sich nur
geringfügig von der vergleichbaren Pflicht im (Jugend-)Strafvollzug ab (näher → Rn. 83, → § 89b Rn. 17 ff.; vgl. auch § 4 StVollzG). Konkreter wäre
es (vgl. schon OLG Naumburg FS 2012, 55 mit iErg abl. Anm. Arloth (bei
Vergleich mit Wohnbedingungen in Freiheit, zw.), eher aA OLG Hamm

NStZ-RR 2013, 124, jeweils zum allg. StR), die Beschaffenheit des Haftraumes iSv § 66c Abs. 1 Nr. 2a StGB zu gestalten (vgl. Art. 16 Abs. 1 S. 4 BaySvVollzG: Raum mindestens 15m²).

Hinsichtlich *vollzugsöffnender* Maßnahmen ist gem. § 66c Abs. 1 Nr. 3 lit. **160a** a StGB (statt der Ausübung von Ermessen) eine bindende Entscheidung vorgesehen, die nur ausnahmsweise vermieden werden kann. Der im sonstigen (Jugend-)Strafvollzug den JVAen zugestandene Beurteilungsspielraum betr. Missbrauchs- und Fluchtgefahr (vgl. → Rn. 78 iVm → Rn. 69; § 11 Abs. 2 StVollzG) besteht dabei von Verfassungs wegen hier nur eingeschränkt (zur Beratung durch unabhängige Gremien vgl. BVerfGE 128, 326 Rn. 116; krit. zur Anhörung der StVollstrKammer oder gar der StA gem. einzelnen Landesgesetzen (zB Art. 54 Abs. 2 BaySvVollzG, § 13 Abs. 2 HessSvVollzG) Baier StraFo 2014, 397 (zum allg. StR)). – Im Einzelnen ist die Versagung der Ausführung mit der Begründung, es könnten dadurch keine Erkenntnisse für einen Ausgang gewonnen werden, nicht geeignet (OLG Hamburg StraFo 2016, 129; LG Regensburg StraFo 2012, 205; vgl. ergänzend LG Stendal StV 2013, 650 (jeweils zum allg. StR)).

XII. Rechtsbehelfe

1. Regelungssystematik

a) Entstehung der Regelungen. Gegen Entscheidungen der Vollzugs- **161** behörde konnte der Betroffene im JA-Vollzug bzw. im JStrafvollzug bis zum Ablauf des Jahres 2007 nur gem. §§ 23 ff. EGGVG **gerichtliche Entscheidung** durch den Strafsenat des OLG beantragen (s. aber auch BGHSt 29, 33, wonach gem. §§ 109 ff. StVollzG über den Antrag die StVollstrKammer zu entscheiden hatte, wenn die JStrafe im Erwachsenenstrafvollzug vollzogen wurde (vgl. nunmehr Abs. 6)). – Eine Benachteiligung ggü. Gefangenen des Freiheitsstrafvollzugs bestand zudem darin, dass nach hM im Unterschied zu §§ 109, 116 StVollzG **keine zweite** gerichtliche **Instanz** gewährt wurde. Diese Einschränkung des Rechtsschutzes **verletzte** das **Verbot** der **Schlechterstellung** Jugendlicher ggü. Erwachsenen in vergleichbarer Verfahrenssituation (von dem das Gesetz nur einzelne bestimmte Ausnahmen vorsieht, vgl. auch → § 2 Rn. 23 ff.; zust. Dünkel Freiheitsentzug 500; Walter, Formelle Disziplinierung im Jugendstrafvollzug, 1998, 86). Eine etwa der Rechtsmittelbeschränkung des § 55 entsprechende Begründung für die vormalige Regelung wäre schon im Hinblick auf die engen Voraussetzungen des § 116 Abs. 2 StVollzG ungeeignet gewesen, da § 55 einem auf Verletzung des Gesetzes gestützten Rechtsmittel nicht entgegensteht.

Dies wurde durch Urteil des BVerfG v. 31.5.2006 (BVerfGE 116, 69 ff.) **162** als den Anforderungen des Art. 19 Abs. 4 GG an einen **effektiven Rechtsschutz** nicht genügend beurteilt. Gerade im JA-Vollzug und im JStVollzug darf der Zugang zum Gericht nicht unverhältnismäßig erschwert werden, es muss vielmehr auf die besondere Situation der Insassen Rücksicht genommen werden. Diese befinden sich einerseits in einem „Rechtsverhältnis mit besonderen Gefährdungen", das eine Unterstützung durch Dritte behindert. Andererseits sind sie nicht selten ungeübt im Umgang mit Institutionen und speziell mit der Schriftsprache (BVerfGE 116, 69 ff. = NJW 2006, 2096). Demgegenüber besteht ein zentrales Element zukünftig (möglichst) straffreier Lebensführung darin, zu lernen, Rechte selbst wahrzunehmen. Als vorzugswürdig erscheint daher eine ortsnahe Rechtsschutzgarantie, die mündliche Kommunikation vorsieht, zeitnah Entscheidungen ermöglicht, einfach zu erreichen ist und auch ansonsten möglichst wenig Hürden aufbaut (s. auch Sonnen ZJJ 2006, 239; Goerdeler/Pollähne ZJJ 2006, 252 f.; zur Antragsberechtigung der Eltern vgl. Reuther Elternrecht 203 f.). Insoweit wäre es hilfreich, wenn möglichst viele Regelungen bzgl. des jeweiligen Vollzugs als Anspruch ausgestaltet wären und Ermessen eher die Ausnahme bliebe (ähnlich Rose in Ostendorf § 11 Rn. 10), auch weil – erzieherisch angezeigt – für die betroffenen Gefangenen verschiedene Entscheidungen dadurch eher einsehbar würden (vgl. aber zur Rechtsberatung durch Mitgefangene → Rn. 159).

162a   Ob oder inwieweit die verfassungsrechtlich erforderlich gewordene Neuregelung **rechtstatsächlich** dazu führt, dass JStrafgefangene von den Rechtsschutzmöglichkeiten Gebrauch machen, ist einstweilen nicht hinreichend untersucht. Nach der vormaligen rechtlichen Ausgestaltung nutzten JStrafgefangene die Möglichkeiten nach §§ 23 ff. EGGVG mit Abstand seltener (s. näher Böhm FS Blau, 1985, 195 f.), als es bei Freiheitsstrafgefangenen hinsichtlich der §§ 109, 116 StVollzG der Fall war bzw. ist, und zwar offenbar auch dann nicht, wenn sie eine Maßnahme „als Unrecht empfinden" (Walter MschKrim 1993, 289). Dies hing bzw. hängt ua mit Fragen der eingeschränkteren **Konfliktbewältigungsfähigkeit** bzw. -technik bei bloßem „Austausch von Schriftstücken" (Böhm in Trenczek, Freiheitsentzug bei jungen Straffälligen, 1993, 201) ggü. flexibleren informellen Regelungsmöglichkeiten innerhalb der JStVollzAnstalten zusammen. – Im Einzelnen hat das Gericht auch dann, wenn dem JStrafgefangenen (nur) ein Anspruch auf **ermessensfehlerfreie Entscheidung** zusteht, die Aufgabe, ihm Rechtsschutz gegen geltend gemachte Rechtsverletzungen zu gewähren (Art. 19 Abs. 4 GG; vgl. (betr. allg. StVollzR) BVerfG. 3. Kammer des 2. Senats, BeckRS 2012, 51068 Rn. 25). Hinsichtlich **Disziplinarmaßnahmen** bestehen statistische Anhaltspunkte dafür, dass solche wie auch besondere Sicherungsmaßnahmen im JStrafvollzug häufiger eingesetzt werden als im Freiheitsstrafenvollzug (→ Rn. 134, 141).

163   **b) Gesetzgebung des Bundes.** Die Landesgesetze zum JStVollzug enthalten keine speziellen Rechtsschutzregelungen, da dieser Bereich als zum gerichtlichen Verfahren iSv Art. 74 Abs. 1 Nr. 1 GG gehörend und daher als Bestandteil der konkurrierenden Gesetzgebungskompetenz erachtet wird, von der der Bund Gebrauch gemacht hat. Zwar ist nicht hinreichend geklärt, ob die Regelung der §§ 23 ff. EGGVG als Gebrauchmachen gerade der speziellen Kompetenz für das gerichtliche Verfahren im JStrafvollzug angesehen werden kann und daher die Sperrwirkung für den Landesgesetzgeber iSv Art. 72 Abs. 1 GG entfaltet. Jedoch ist die nunmehrige, durch Gesetz v. 13.12.2007 (BGBl. I 2894) eingeführte Regelung des Rechtsschutzes auf Bundesebene vorzugswürdig, denn es entspricht jahrzehntelanger Praxis, dass das gerichtliche Verfahren in den verschiedenen Rechtsgebieten ganz überwiegend durch den Bund geregelt wird. Auch ist es nicht ersichtlich, warum der JA-Vollzug und der JStrafvollzug sowie der Vollzug der freiheitsentziehenden Maßregeln hier zu einer Ausnahme hätte gereichen dürfen. – Wird der JStrafvollzug – tendenziell entgegen dem Auftrag gem. § 2 Abs. 1 – durch *Vollstr* von U-Haft (als Überhaft) *unterbrochen,* so sind hiergegen

ohnehin nur die Rechtsbehelfe der StPO gegeben (KG 29.5.1996 – 4 VAs 46/96 bei Böhm NStZ 1997, 484, der die Nichtumdeutung in einen Feststellungsantrag betr. die Rechtswidrigkeit der Vollstr beanstandet).

c) Landesgesetzgebung. aa) Abs. 1 S. 2 Hs. 2. Mit der Vorschrift **164** wird dem Landesgesetzgeber die Möglichkeit eingeräumt, Regelungen zu erlassen, die im Vollzug des JA, der JStrafe und der Maßregeln nach § 61 Nr. 1–3 StGB die Durchführung eines **Schlichtungsverfahrens** vorsehen, und zwar mit dem Ziel einer gütlichen Streitbeilegung (vgl. vormals auch schon § 107 Abs. 1 BWJStVollzG). Soweit die Länder hiervon Gebrauch machen (vgl. § 87 Abs. 4 SJStVollzG; zu einer Ombudsperson Tondorf/ Tondorf ZJJ 2006, 246; Schwirzer, Jugendstrafvollzug für das 21. Jahrhundert, 2008, 279)), wird es vorrangig darauf ankommen, die Voraussetzungen zur Wahrnehmung sowie zu einer rechtstatsächlich einverständlichen (und also nicht abgenötigten) Lösung nach Möglichkeit abzusichern.

bb) Aufhebung von Maßnahmen; förmliche Beschwerde. Wegen **165** der *Aufhebung* von Maßnahmen gelten allg. Grundsätze (vgl. nur § 86 SächsJStVollzG; § 104 BbgJVollzG). Rechtswidrige Maßnahmen können ganz oder teilweise mit Wirkung für die Vergangenheit oder die Zukunft zurückgenommen werden, für rechtmäßige Maßnahmen gilt dies nur unter bestimmten Voraussetzungen (§ 101 Abs. 2, 3 RhPfLJVollzG und § 101 Abs. 2, 3 JStVollzG Bln). Hingegen dürfen begünstigende Maßnahmen nur bei Überwiegen der Vollzugsbelange ggü. dem „schutzwürdigen Vertrauen der Betroffenen" (§ 101 Abs. 4 RhPfLJVollzG und § 101 Abs. 4 JStVollzG Bln) aufgehoben werden, wovon insb. auszugehen sei, wenn die Aufhebung als zur Gewährleistung der Sicherheit der Anstalt unerlässlich beurteilt wird.

Grundsätzlich sinnvoll und mit dem Erziehungsauftrag vereinbar ist die **165a** (auch) in allen JStVollzGen der Länder enthaltene, dem § 108 StVollzG entsprechende Regelung eines *Beschwerderechts* (§ 87 JStVollzG Bln ua (Bln. § 102 Abs. 1 JStVollzG Bln), § 58 JStVollzG NRW, § 91 HmbJStVollzG, § 86 JVollzGB BW IV, § 132 Abs. 1 iVm § 101 NJVollzG, Art. 122 iVm Art. 115 BayStVollzG, § 57 HessJStVollzG). Die dem Rechtsschutzbedürfnis im Allg. entsprechenden Einschränkungen des § 86 Abs. 3 S. 1 JVollzGB BW IV (Nichtbescheidung bei Wiederholungen und mangelnder Form) sind (gem. den Grundsätzen des § 2 Abs. 1 und 2) betr. Jugendliche und Heranwachsende (im Rahmen teleologischer Auslegung) nur weniger restriktiv anwendbar (krit. auch Pütz in BeckOK JGG Rn. 20: „bedenklich"). Sie entheben nicht von der Pflicht, die Gründe mitzuteilen, warum in der Sache nicht entschieden wird. – Wird über die Beschwerde in einem angemessenem Zeitraum nicht entschieden und stellt der Gefangene sodann Antrag auf gerichtliche Entscheidung, so darf dieser auch dann nicht ohne weiteres im Sinne eines Untätigkeitsantrags behandelt werden (vgl. im Übrigen → Rn. 167), wenn in dem Antrag von Untätigkeit die Rede ist (OLG Schleswig NStZ-RR 2007, 326 (betr. allg. StR); zur Versagung der Untätigkeitsbeschwerde unter Hinweis auf §§ 198 ff. GVG OLG Hamburg StraFo 2012, 160, OLG Frankfurt a. M. NStZ-RR 2013, 264 (jeweils zum allg. StR)).

cc) Sonstiges. Im Übrigen besteht die Möglichkeit der Dienstaufsichts **165b** beschwerde gegen Entscheidungen der die JStVollzugseinrichtung leitenden Person.

2. Verfahren

166 **a) Gerichtliche Zuständigkeit und Besetzung.** Gemäß **Abs. 2 S. 1** ist für die gerichtliche Entscheidung über eine Maßnahme zur Regelung einzelner Angelegenheiten auf dem Gebiet des JStVollzuges die **JKammer** im Bezirk der beteiligten Vollzugsbehörde zuständig (sofern die Maßnahme nicht von der Leitung der für den Vollzug vorgesehenen Einrichtung stammt, sondern von deren Aufsichtsbehörde (vgl. auch → Rn. 11), ist dem Rechnung zu tragen, BT-Drs. 16/6293, 11). – Die Zuständigkeit des JGerichts, dem die *Vollstreckungsleitung* obliegt (§ 82), wäre wegen dessen Vollzugsnähe durchaus eine Alternative gewesen (vgl. auch Wegemund/Dehne-Niemann ZIS 2008, 580; so zB vormals noch § 102 Abs. 3 BWJStVollzG; anders bereits § 35 Abs. 3, 4 E-Bund 2006). Nicht auszuschließen ist, dass Abs. 2 S. 1 ua aufgrund von Abwehrstrategien der JVAen zustandekam (vgl. deren Gesetzentwurf von 1988), da die – nicht selten überlasteten – JKammern im Allg. als von der Sache her weniger vollzugsvertraut gelten und (möglicherweise auch weiterhin) schwerer zu erreichen seien (nach Kröner ZJJ 2006, 192 ff. würden deshalb weniger Anträge gestellt werden; vgl. ergänzend vormals Eisenberg NStZ 1998, 104). Die Erwägung, die vollstreckungsleitende Person könnte trotz ihres Sachverstandes – „zumindest aus Sicht der Gefangenen" (BT-Drs. 16/6293, 11) – eher als befangen erscheinen, kann zwar auf gewisse tatsächliche Anhaltspunkte verweisen (bejahend Dünkel Neue KPol 2008, 4), entbehrt indes einer verallgemeinerungsfähigen empirischen Grundlage.

166a Gegen die Entscheidung der JKammer ist unter den Voraussetzungen der §§ 116 ff. StVollzG die **Rechtsbeschwerde** zum OLG zulässig (§ 121 Abs. 1 Nr. 3 GVG; die Verneinung der Zulässigkeit wegen nachträglicher justitieller Binnenkorrektur eines Rechtsfehlers setzt ua voraus, dass das OLG in anderer Sache die Rechtsfrage zutreffend beantwortet hat (konkret vern. BVerfG, 3. K. des 2. S., NJW 2011, 137 Rn. 36; vgl. auch BVerfG StraFo 2013, 393); zur Beschwer bei Anordnung nur einer Neubescheidung (auf einen Verpflichtungsantrag hin) BVerfG, 2. S. der 2. K., NJW 2017, 1735 (Ls.) = BeckRS 2017, 106848, zum allg. StVollzR)); zur Aufhebung wegen Nichtberücksichtigung des Allgemeinen Persönlichkeitsrechts (Art. 2 Abs. 1 iVm Art. 1 Abs. 1 GG) BVerfG 2. K. des 2. S., NJW 2015, 2100 Rn. 48 ff. (betr. allg. StVollzR). Beruht die Verneinung der Zulässigkeit auf einem von der Justiz verursachten Mangel, so ist Wiedereinsetzung zu gewähren (vgl. BVerfG, 3. K. des 2. S., NJW 2013, 446 (betr. unzureichende Belehrung), zum allg. StVollzR). Die Rechtsbeschwerde hat keine aufschiebende Wirkung (§ 92 Abs. 1 S. 2 Hs. 1 StVollzG, § 116 Abs. 3 S. 1 StVollzG), auch dann nicht, wenn die VollzEinrichtung sie gegen eine den Verurteilten begünstigende Entscheidung eingelegt hat (hM, vgl. nur OLG Karlsruhe StraFo 2009, 395 (zum allg. StVollzR)). – Anforderungen an die Begründung entsprechend § 238 Abs. 2 StPO bzw. § 344 Abs. 2 S. 2 StPO werden zumindest im JStVollzR und ua wegen Nichtvergleichbarkeit der jeweiligen Verfahrensgegenstände eher als überhöht zu gelten haben (vgl. aber zum allg. StVollzR OLG München NStZ-RR 2012, 385).

166b Die StA ist zur Einlegung der Rechtsbeschwerde nicht befugt, und zwar auch dann nicht, wenn Gegenstand des Verfahrens „intern" zustimmungspflichtige Lockerungen sind, deren Versagung das Gericht nicht bindet (vgl. zum allg. StVollzR OLG Karlsruhe StV 2016, 304 (betr. § 51 BWPsychKHG)).

Ein **Fortsetzungsfeststellungsinteresse** wurde auch dann bejaht, wenn 166c
ein gewichtiger, nach dem typischen Ablauf sich ohne zuvor erreichbaren
wirksamen Rechtsschutz erledigender schwerwiegender Grundrechtseingriff
oder ein gegen die Menschenwürde verstoßendes Geschehen in Rede steht
(BVerfG, 3. K. des 2. S., NJW 2011, 137 Rn. 35 (betr. allg. StVollzR)). –
Ansonsten ist dann, wenn das Interesse wegen zwischenzeitlicher Entlassung
zu verneinen ist, eine Verletzung des Rechts auf effektiven Rechtsschutz ggf.
bei der Kostenentscheidung zu berücksichtigen (vgl. betr. Eilantrag etwa
BVerfG, 2. K. des 2. S., BeckRS 2015, 52401 zum allg. StVollzR).

Unterlässt die VollzEinrichtung die **Umsetzung** einer gerichtlichen 167
Entscheidung (sog. „Renitenz"), so verneinte die überwiegende Auffassung
in Judikatur und Literatur eine entsprechende Anwendung der §§ 170, 172
VwGO, jedoch war vor einer Anrufung des BVerfG ein Vornahmeverfahren
(vgl. Abs. 1 S. 2, § 113 StVollzG) anzustrengen (vgl., auch mN, BVerfG, 3.
K. des 2. S., StV 2012, 161; zur Entscheidung des Gerichts selbst KG StraFo
2012, 34; vgl. auch → Rn. 175). Das AbstandsgebotsG (v. 5.12.2012
(BGBl. I 2425)) hat § 120 Abs. 1 StVollzG dahingehend geändert, dass
§ 172 VwGO anwendbar ist.

Gemäß **Abs. 2 S. 3** ändert ein der gerichtlichen Entscheidung voraus- 168
gehendes Verwaltungsverfahren die in S. 1 geregelte *örtliche* Zuständigkeit
der JKammer nicht. – Abs. 2 **S. 4** regelt entsprechend § 78a Abs. 3 GVG
die Zuständigkeit für den Fall, dass ein Land eine Einrichtung des Vollzuges
der JStrafe auf dem Gebiet eines anderen Landes unterhält.

Die Regelung des **Abs. 4** zur Besetzung der JKammer, die sich an § 78b 169
GVG anlehnt, dient der Entlastung der Rechtspflege (BT-Drs. 16/6293,
11).

b) Verfahrensrechte des Betroffenen. Nach **Abs. 3 S. 2 und 3** *muss* 170
auf Antrag des JStrafgefangenen eine **mündliche Anhörung** idR in der
Einrichtung des Vollzuges der JStrafe stattfinden bzw. *kann* das Gericht eine
mündliche Verhandlung anberaumen, wenn es aufgrund der eingegangenen
Schriftsätze weiteren Aufklärungsbedarf sieht, der auf dem Schriftwege nicht
zu decken ist; die Möglichkeit der Anhörung auch außerhalb der Vollzugseinrichtung trage der Tatsache Rechnung, dass Gefangene bei entsprechender Eignung zur Wahrnehmung von Gerichtsterminen auch Vollzugslockerungen erhalten können (vgl. Begr. BT-Drs. 16/6293, 11). Hiernach sieht
das Gesetz von der **Ausgangslage** her das **schriftliche** Verfahren vor, hingegen eine mündliche Anhörung in der Einrichtung des Vollzuges nur auf
Antrag des JStrafgefangenen bzw. eine mündliche Verhandlung nur nach
Ermessen der JKammer von Amts wegen. – Ob und ggf. unter welchen
Voraussetzungen die Kann-Vorschrift des *§ 115 Abs. 1a StVollzG* auch für
den JStVollz angewendet werden darf, ist mangels Erörterung im Gesetzgebungsverfahren (vgl. BT-Drs. 17/1224) ungeklärt – bejahendenfalls werden die Schutzbelange (§ 2 Abs. 1) eine nur restriktive Handhabung angezeigt sein lassen, zumal die Anordnung mangels Anfechtbarkeit (§ 115
Abs. 1a StVollzG) einer Kontrolle entzogen ist.

Da es bei einem nicht unerheblichen Teil der JStrafgefangenen schon an 170a
der **Befähigung** bzw. dem Mut zur Antragstellung **fehlen** wird, und da die
Tatsache der Antragstellung rechtstatsächlich seine sonstigen Belange ggf.
gefährden könnte, ist die vorgesehene Regelung schon darin eher ungeeignet. Auch im Übrigen ist zw., ob die Ausgestaltung den Vorgaben des

BVerfG genügt (BVerfGE 116, 69 ff.), dh ob sie zur Ermöglichung effektiven Rechtsschutzes der Situation der im JStrafvollzug Inhaftierten zureichend ist (auch wenn die noch in § 35 E-Bund 2006 vorgesehene Verweisung auf das Antragsverfahren des StVollzG entfallen ist; vgl. krit. auch Dünkel NK 2006, 114). Dies gilt zumindest insoweit, als die Betroffenen (ggf. schon gem. vergleichsweise niedrigem Elementarbildungsniveau, vgl. → § 5 Rn. 64b) wenig oder nicht in der Lage sind, sich ggü. der JStrafjustiz in einem dort erwarteten Stil zumal schriftlich auszudrücken (ebenso Pütz in BeckOK JGG Rn. 37).

171 Hinsichtlich des Verständnisses der **Begründung** einer gerichtlichen Entscheidung ist schon im allg. StVollz-Verfahrensrecht eine Verweisung auf **Schriftstücke** in den Akten (vgl. § 115 Abs. 1 StVollzG) **nur** zulässig, wenn im Übrigen die entscheidungserheblichen Tatsachen und die tragenden rechtlichen Gesichtspunkte und insb. das Antragsvorbringen des Gefangenen in seinem Kerngehalt wiedergegeben werden (hM, vgl. nur OLG Karlsruhe NStZ-RR 2007, 325).

172 Entsprechendes gilt für Betroffene im Vollzug des **JA** und für **Untergebrachte** in einem psychiatrischen Krankenhaus, einer Entziehungsanstalt oder in SV.

173 **c) Elternrechte.** Sie sind gewahrt, weil § 67 Abs. 1–3 und 5 entsprechend gelten und die Erziehungsberechtigten die gleiche Stellung haben wie im Verfahren bei Aussetzung der Verhängung der JStrafe. Dies entspricht der verfassungsrechtlich durch Art. 6 GG gesicherten Position der Eltern, die Verantwortung für den Schutz der Rechte ihrer Kinder tragen und darüber hinaus das eigene Recht haben, iRd Vollzugs von JStrafe, JA und Unterbringung die eigenen Erziehungsvorstellungen geltend zu machen. Die Vorschriften der StPO über die Einlegung von Rechtsmitteln durch die gesetzlichen Vertreter (§ 298) gelten gem. § 120 Abs. 1 StVollzG auch für das Verfahren zur gerichtlichen Überprüfung von Vollzugsmaßnahmen, sodass es keiner ausdrücklichen Regelung bedarf.

174 **d) Verteidiger bzw. Rechtsbeistand.** Hinsichtlich deren Tätigkeit (vgl. Zieger/Nöding Verteidigung Rn. 256: bislang selten) kommt es rechtstatsächlich ggf. zu Einschränkungen schon durch Sichtkontrolle des Schriftwechsels (vgl. etwa § 34 Abs. 3 S. 2 HessJStVollzG (partiell entgegen OLG Frankfurt a. M. NStZ-RR 2005, 61 ff., betr. ErwVollzug); zu praktischen Implikationen Eisenberg/Reuther JuS 2006, 149 f.) oder Kontrolle zB fernmündlichen Austauschs (vgl. OLG Stuttgart 28.11.1996 – 4 VAs 14/96 bei Böhm NStZ 1997, 484), etwa indem die Garantie der Überwachungsfreiheit durch Erlangung einer Zustimmung des Gefangenen unterlaufen wird (die Öffnung der Verteidigerpost auch dann abl. BVerfG StV 2012, 161 = NStZ-RR 2012, 61 („nicht berechtigt, die Aushändigung davon abhängig zu machen …", nebst Hinweis auch auf die etwaige Verletzung der Rechte des Verteidigers selbst); OLG Dresden NStZ 2007, 707; OLG München NStZ 2013, 170; aA OLG Stuttgart NStZ 2011, 349 (jeweils zum allg. StVollzR)). – Vgl. zu einem Bußgeldbescheid gem. § 115 Abs. 1 OWiG trotz Befugnis der Weitergabe eines verteidigungsrelevanten Schriftstücks OLG Karlsruhe NStZ-RR 2014, 224 (Freispruch (betr. allg. Vollz)).

174a Bzgl. *Prozesskostenhilfe* wird gem. Abs. 1, der nicht auch auf § 120 Abs. 2 StVollzG verweist, statt der Vorschriften der §§ 114 ff. ZPO auf die jugend-

gemäß zu beurteilende Schwierigkeit der Sach- und Rechtslage abzustellen
sein (vgl. § 140 Abs. 2 StPO; s. auch BT-Drs. 16/6978, 6).

Rechtsberatung *durch Mitgefangene* wird als der Anstaltsordnung zuwider- **174b**
laufend beurteilt, und zwar auch nach Ersetzung des vormaligen Rechts-
beratungsG durch das RechtsdienstleistungsG (geänd. durch Gesetz v.
19.7.2016 (BGBl. I 1757); vgl. OLG Celle NStZ 2009, 218 (zum allg.
StVollzR); Einschränkungen des Rechtsschutzes abl. BVerfG StV 2004, 277
(zum allg. StR)).

e) Vertretung und Pflichten der Vollzugseinrichtung. Sie wird **175**
durch die mit deren Leitung beauftragte Person vertreten (vgl. → Rn. 11).

Fällt die gerichtliche Entscheidung entgegen der Intention der Vollzugs- **175a**
einrichtung aus, so kommt es in der Praxis (zumindest in JVAen zum Vollzug der Freiheitsstrafe) mitunter zu *Widerständen* hinsichtlich der Umsetzung
(vgl. etwa OLG Hamburg StV 2005, 564; KG StraFo 2012, 34: „inhaltlich
Kampfansage an das LG"; vgl. auch → Rn. 166). Daher bestimmt **§ 120
Abs. 1 S. 1 StVollzG,** die Durchsetzung von Ansprüchen des Antragstellers dadurch effektiver machen, dass die in gerichtlichen Beschlüssen nach
den §§ 109 ff. StVollzG enthaltenen vollzugsbehördlichen Verpflichtungen
auch vollstreckt werden können. Der Antragsteller ist damit auch dann,
wenn die Vollzugsbehörde ihre Verpflichtung nicht freiwillig erfüllt, nicht
mehr auf andere, idR wenig ergiebige Rechtsbehelfe angewiesen. Die Vorschrift gilt für den Straf- und Maßregelvollzug insgesamt und insb. auch für
einen durch den (J)Strafgefangenen oder den SVten selbst gerichtlich ggü.
der Vollzugsbehörde durchzusetzenden Therapieanspruch.

3. Besonderheiten bei angeordneter oder vorbehaltener
Sicherungsverwahrung

a) (Jugend-)Strafvollzugsbegleitende gerichtliche Kontrolle. Die **176**
Vorschrift des (Abs. 1 S. 2,) **§ 119a StVollzG** (eingef. durch AbstandsgebotsG v. 5.12.2012 (BGBl. I 2425)) regelt bei angeordneter oder vorbehaltener Sicherungsverwahrung eine **von Amts wegen** durchzuführende, frühzeitig beginnende und regelmäßig fortzusetzende (jugend-)strafvollzugs-
begleitende gerichtliche Kontrolle darüber, ob dem (Jugend-)
Strafgefangenen eine den Vorgaben des § 66c Abs. 2 iVm § 66c Abs. 1
Nr. 1 StGB entsprechende Betreuung angeboten worden ist (und wird) oder
nicht (unbeschadet dessen kann der (Jugend-)Strafgefangene auch wegen
einer bestimmten Maßnahme einen Antrag gem. Abs. 1 stellen, vgl. Begr.
RegE v. 6.6.2012 (BT-Drs. 17/9874, 40); betr. Verpflichtung zur Neubescheidung OLG Celle StV 2015, 34 (zum allg. StR)). Die Bundeskompetenz leitet sich aus der Aufgabe der (bundesgesetzlichen) Absicherung
eines **verfassungskonformen Vollzugs** der JStrafe im Falle einer vorbehaltenen Anordnung von Sicherungsverwahrung ebenso wie von angeordneter
Sicherungsverwahrung her (vgl. auch → Rn. 155). § 119a StVollzG gilt
jedoch einheitlich für nach allg. StR wie nach JStR Verurteilte und nivelliert
dadurch die rechtssystematischen ebenso wie die rechtstatsächlichen Unterschiede. Wegen der Vorschriften insgesamt wird auf die Spezialliteratur zum
(StGB und) zum StVollzR verwiesen.

Das vorgesehene, an der Funktion interinstitutioneller Abstimmung orien- **176a**
tierte Verfahren könnte ua insoweit als nicht bedenkenfrei beurteilt werden,

als der **Betroffene** (als potentielles bzw. bereits selektiertes „Sonderopfer") –
im Unterschied zur Vollzugsanstalt (§ 119a Abs. 2 S. 1 StVollzG; zu deren
Pflicht, dabei der Umgrenzungs- und Informationsfunktion nachzukommen,
OLG Nürnberg StraFo 2015, 436 (zum allg. VollzR)) – **kein Antragsrecht**
(iSv § 119a Abs. 1 StVollzG) hat. Zwar bleibt es ihm unbenommen, einen
Antrag nach Abs. 1 S. 2 zu stellen, mit dem er bestimmte Betreuungsmaß-
nahmen einfordern oder anfechten kann, jedoch schafft dies keinen Ausgleich für die Nichteinräumung des in Rede stehenden Antragsrechts – ein
Defizit, das für einen nach JStR Verurteilten deshalb gewichtiger ist als für
einen nach allg. StR Verurteilten, weil er innerhalb der Gesamtheit der
Betroffenen einer (altersbezogenen) Minderheit angehört.

177   Soweit das Gericht entgegen der vorgesehenen regelmäßigen Überprü-
fungs**frist** von zwei Jahren (§ 119a Abs. 3 S. 1 StVollzG) bei vergleichsweise
besonders langer Strafdauer **ausnahmsweise** (vgl. Begr. RegE v. 6.6.2012
(BR-Drs. 17/9874, 39) im Tenor eines Beschlusses innerhalb von 5 Jahren
eine längere Frist bestimmen darf (§ 119a Abs. 3 S. 2 StVollzG-RegE aaO),
wird dies bei **JStrafe** schon wegen der Entwicklungsdynamik (auch bei
Heranwachsenden und jüngeren Erwachsenen) **nicht** in Betracht kommen.

177a   **Zuständig** ist gem. § 119a Abs. 6 S. 3 StVollzG iVm (§ 110 StVollzG
die StVollstrKammer bzw. nach) **Abs. 2 S. 1–3** die **JKammer,** in deren
Bezirk die Vollzugsbehörde ihren Sitz hat. Es ist eine Besetzung mit **drei
Richtern** unter Einschluss des Vorsitzenden bestimmt (§ 119a Abs. 4
StVollzG bzw. § 92 Abs. 4 S. 1).

178   Im Verfahren nach § 119a StVollzG nimmt der **(Jugend-)Strafgefange-
ne** die Stellung eines **Verfahrensbeteiligten** ein (§ 119a Abs. 6 S. 3 iVm
§ 111 Abs. 1 Nr. 1 StVollzG), ihm hat der Kammervorsitzende für das Verfahren einen **Rechtsanwalt beizuordnen** (§ 119a Abs. 6 S. 1 StVollzG,
§ 109 Abs. 3 S. 2 StVollzG).

178a   Soweit geregelt ist, dass das Gericht hinsichtlich der zwingenden **Anhörung** vor einer Entscheidung (§ 119a Abs. 6 S. 2 StVollzG) nach pflichtgemäßem Ermessen darüber befindet, ob dies mündlich zu geschehen hat,
wird es bei nach JStR Verurteilten aus Gründen, wie sie im jugendstrafrechtlichen Erkenntnisverfahren anerkannt sind, idR nicht von der mündlichen
Form absehen.

179   Die **Belange** des JStR und insb. die Soll-Vorschrift des **§ 43 Abs. 2 S. 2**
werden auch hinsichtlich der pflichtgemäßem Ermessen unterliegenden gerichtlichen Entscheidungen dazu zu berücksichtigen sein, **ob** zur Vorbereitung einer nach § 119a Abs. 1 oder Abs. 2 StVollzG zu treffenden Entscheidung ein **Sachverständiger** heranzuziehen ist (und zwar ebenso betr.
die abschließende Prüfung gem. § 67c Abs. 1 S. 1 Nr. 2 StGB), und bejahendenfalls wie die **Auswahl** vorzunehmen ist, dh zB, ob ein externer oder
interner Sachverständigen herangezogen wird und ob dieser zuvor mit der
Betreuung des Betroffenen befasst gewesen sein darf oder nicht.

180   **b) Beiordnung eines Rechtsanwalts.** Die Vorschrift des **§ 109 Abs. 3
StVollzG** bestimmt in Einklang mit dem Rechtsschutz- und Unterstüt-
zungsgebot (BVerfGE 129, 326) die Beiordnung eines Rechtsanwalts auch
für **Angelegenheiten** der **Umsetzung** iSv § 66c StGB – sei es im SV-
Vollzug oder im vorausgehenden (Jugend-)Strafvollzug (vgl. auch OLG
Celle StV 2015, 374 (zum allg. StR))–, soweit die Angelegenheit eine den
Vorgaben des § 66c StGB konforme Umsetzung des Abstandsgebots betrifft

und der Antragsteller (bei dem Verlangen bzw. der Anfechtung einer Vollzugsmaßnahme) einer fachlichen Unterstützung bedarf (Rechtsgedanke des
§ 140 Abs. 2 S. 1 StPO). Hiernach ist zugleich geregelt, dass das Gericht von
einer Beiordnung **ausnahmsweise absehen** kann (Begr. RegE v. 6.6.2012
(BR-Drs. 17/9874), 38), wenn es die Sach- und Rechtslage als einfach
beurteilt oder davon ausgehen kann, dass der Antragsteller seine Rechte
selbst ausreichend wahrnehmen kann – wobei die **Besonderheiten** bei
nach JStR Verurteilten einem Absehen tendenziell eher entgegenstehen.
Indes wäre es verfehlt, eine Beiordnung dann als entbehrlich anzusehen,
wenn das Anliegen zB die Gestaltung des Unterbringungsraums oder bestimmte Arten der Freizeitgestaltung betrifft (anders Begr. RegE v. 6.6.2012
(BR-Drs. 17/9874), 38), weil solche Fragen durchgängig von psycho-sozia-
lem Einfluss sind, wogegen ein Antrag betr. spezielle Maßnahmen zur Ver-
ringerung einer angenommenen „Gefährlichkeit" zwar auch regelmäßig die
Beiordnung verlangt, sich jedoch meist nur auf die eine oder andere Wo-
chenstunde bezieht. – **Zuständig** für die Entscheidung und deren Widerruf
ist gem. § 109 Abs. 1 S. 3 StVollzG der Vorsitzende der „kleinen" StVollstrKammer (§ 78b Abs. 1 Nr. 2 GVG; zur Verletzung von Art. 101 Abs. 1
S. 2 GG durch Überbesetzung OLG Celle StV 2013, 390 mAnm Holter-
mann) bzw. der JKammer.

4. Kosten

Die in **Abs. 5** im Einklang mit den für § 74 maßgebenden Erwägungen **181**
vorgesehene Möglichkeit, von der Auferlegung der **Kosten** und **Auslagen
abzusehen,** geht dem – im Übrigen entsprechend anwendbaren – § 121
StVollzG vor. Sie wird namentlich dann in Betracht kommen, wenn die
Kostenbelastung dem Vollzugsziel widersprechen und die Eingliederung des
JStrafgefangenen behindern würde (vgl. auch Rose in Ostendorf § 11
Rn. 12).

Gemäß **Abs. 1, § 121 Abs. 3 S. 1 StVollzG** fallen die Kosten des Ver- **182**
fahrens und die notwendigen Auslagen bei erstinstanzlichen Entscheidungen
des Gerichts nach § 119a Abs. 1 StVollzG der Staatskasse zur Last. Denn
zum einen bezweckt die strafvollzugsbegleitende gerichtliche Kontrolle
auch, im Interesse der Vollzugsbehörde Rechtssicherheit zu schaffen. Zum
anderen steht diese finanzielle Freistellung im Einklang mit dem Rechts-
schutz- und Unterstützungsgebot.

Gerichtliche Zuständigkeit und gerichtliches Verfahren bei Maß-
nahmen, die der vorherigen gerichtlichen Anordnung oder der
gerichtlichen Genehmigung bedürfen

93 [1]**Beim Vollzug des Jugendarrestes, der Jugendstrafe und der
Maßregeln der Unterbringung in einem psychiatrischen Krankenhaus oder in einer Entziehungsanstalt oder in der Sicherungsverwahrung ist, soweit nach den Vollzugsgesetzen eine Maßnahme der
vorherigen gerichtlichen Anordnung oder der gerichtlichen Genehmigung bedarf, das Amtsgericht zuständig, in dessen Bezirk die
Maßnahme durchgeführt wird.** [2]**Unterhält ein Land eine Einrichtung
für den Vollzug der in Satz 1 genannten Freiheitsentziehung auf
dem Gebiet eines anderen Landes, können die beteiligten Länder**

vereinbaren, dass das Amtsgericht zuständig ist, in dessen Bezirk die
für die Einrichtung zuständige Aufsichtsbehörde ihren Sitz hat. ³ Für
das Verfahren gelten § 121b des Strafvollzugsgesetzes sowie § 67
Absatz 1, 2 und 5 sowie § 67a Absatz 1, 3 und 5 entsprechend.

I. Allgemeines

1   Betreffend den persönlichen **Anwendungsbereich** gelten die Erl. zu
→ § 82 Rn. 1, 2 entsprechend.

2   § 93 sah bis Ende 2009 einige Maßgaben des U-Haftvollzugs vor (Trennungsgebot, erzieherische Gestaltung, Zugangsrecht der JGH). Mit der Neuregelung dieser Materie (→ § 89c Rn. 2 ff.) wurde die Vorschrift aufgehoben. Seit dem Gesetz zur Stärkung der Rechte von Betroffenen bei Fixierung im Rahmen von Freiheitsentziehungen v. 19.6.2019 (BGBl. I 840)
bestimmt die Norm – in Wahrnehmung der konkurrierenden Bundesgesetz-
gebungskompetenz (BT-Drs. 19/8939, 13 f.) und in Umsetzung des Gesetz-
gebungsauftrags in BVerfG NJW 2018, 2619 (2228) – die gerichtliche
Zuständigkeit und das Verfahren für die Anordnung oder Genehmigung
jener Vollzugsmaßnahmen, die unter **Richtervorbehalt** stehen.

II. Bestimmung der Zuständigkeit

1. Anordnungs- und genehmigungsbedürftige Maßnahmen

3   **a) Vollzugskontexte.** Die Bestimmungen gelten nach der ausdrücklichen Festlegung in S. 1 im Zusammenhang mit dem **Vollzug** von JStrafe
sowie von stationären Maßregeln der Besserung und Sicherung. Für den
Vollzug von U-Haft und einstweiliger Unterbringung (§ 126a StPO) machen §§ 126 Abs. 5, 126 Abs. 2 StPO iVm § 2 Abs. 2 fast wortgleiche
Vorgaben (BT-Drs. 19/8939, 21).

4   Dass sich das Gesetz auch den **JA-Vollzug** erstreckt, erklärt sich mit
dem Bemühen, ein umfassendes und einheitliches Verfahrensrecht für besonders abzusichernde Vollzugsmaßnahmen zu schaffen. Bislang läuft dieser
Passus allerdings leer, denn in Betracht kommende Maßnahmen sind im JA-
Vollzug gar nicht vorgesehen (namentlich keine Fixierung (dazu → Rn. 5),
sondern allein die „einfache" Fesselung (→ § 90 Rn. 49)). Die Aufnahme
des JA-Vollzugs in die Norm ist also gleichsam „auf Vorrat" erfolgt. Gerade
dies könnte sich als problematisch erweisen und Anstoß für eine (höchst
dysfunktionale) Einbeziehung der besagten Eingriffsformen in die Landesgesetze erweisen (dazu auch Baur NJW 2019, 2273, (2277)).

5   **b) Maßnahmen mit Richtervorbehalt.** Die Entscheidung über Maßnahmen während des Vollzugs von Freiheitsentziehungen trifft den VollzugsG zufolge idR die (Leitung der jeweiligen) Einrichtung. Dies gilt auch
bei grundrechtseingreifender Wirkung (dazu und zur Kritik bei der U-Haft
→ § 89c Rn. 10 f.). Bestimmte Vollzugsmaßnahmen stehen indes von Verfassungs wegen unter Richtervorbehalt. Dies ist namentlich bei einer nicht
nur kurzfristigen (mindestens halbstündigen) **Fixierung** sämtlicher Gliedma-
ßen der Fall, weil diese eine eigenständige Freiheitsentziehung iSv Art. 2
Abs. 2 iVm Art 104 Abs. 2 GG darstellt, die nicht schon von der Anordnung

der zugrunde liegenden, generellen Freiheitsentziehung abgedeckt ist. Die dahingehende Entscheidung des BVerfG NJW 2018, 2619 (2220 f.) ist zwar anhand der öffentlich-rechtlichen Unterbringung ergangen, aber auf den Vollzug freiheitsentziehender strafrechtliche Sanktionen übertragbar (allgA; vgl. etwa Baur in Diemer/Schatz/Sonnen Rn. 1 mwN; zu daraus folgenden Konsequenzen für die VollzugsG s. → § 89c Rn. 96a, → § 92 Rn. 133c). Im Einzelfall können iÜ auch schon kürzere oder anderweitige Fixierungsverfahren diese Wirkung entfalten, gerade bei hierfür besonders vulnerablen jungen Menschen (BT-Drs. 19/10243, 19).

S. 1 geht allerdings – anders als der Entwurf der Regierungsfraktionen **6** (BT-Drs. 19/8939, 9) – über Fesselungen hinaus und erstreckt sich auf alle Maßnahmen, deren Abhängigkeit von einer richterlichen Entscheidung sich aus den „Vollzugsgesetzen" ergibt (etwa Zwangsbehandlungen; vgl. auch Baur in Diemer/Schatz/Sonnen Rn. 4). Daher gilt die Zuständigkeitsbestimmung in allen Konstellationen eines vollzugsrechtlich positivierten Richtervorbehalts – **unabhängig von** dessen verfassungsrechtlicher **Determiniertheit** (also auch, wenn die VollzugsG die Entscheidungskompetenz ohne grundgesetzliche Notwendigkeit bei einem Gericht ansiedeln). Abschließenden Charakter hat diese formale Anknüpfung aber nicht. Bei **verfassungsunmittelbaren** Richtervorbehalten (dh in ggf. auftretenden Fällen, in denen die richterliche Einbindung grundgesetzlich zwingend, aber einfachrechtlich nicht vorgesehen ist) gilt die Zuständigkeitsbestimmung zwar nicht ihrem Wortlaut, aber ihrer Funktion nach gleichermaßen.

2. Zuständiges Gericht

Die Zuständigkeit liegt grundsätzlich beim **JRichter** (§ 34 Abs. 1) an dem **7** AG, in dessen Bezirk die Maßnahme durchgeführt wird (S. 1). Hiervon ist auch bei Abgabe der Vollstreckungsleitung gem. § 85 Abs. 6 keine Ausnahme vorgesehen (Rose in NK-JGG Rn. 2). Für eine analoge Anwendung des jugendrichterlichen Qualifikationserfordernisses in § 94 Abs. 4 S. 2 (so 22. Aufl. Rn. 7 sowie Baur in Diemer/Schatz/Sonnen Rn. 8) besteht nach der Neufassung von § 37 kein Anlass mehr. Sofern es um Maßnahmen in einer Vollzugseinrichtung geht, die ein Bundesland auf dem Gebiet eines anderen Landes unterhält, kann nach S. 2 die Zuständigkeit durch die beteiligten Länder staatsvertraglich bei dem AG angesiedelt werden, in dessen Bezirk die Aufsichtsbehörde der fraglichen Einrichtung ihren Sitz hat (s. auch → § 85 Rn. 11a, → 92 Rn. 168).

Durch Organisation von Bereitschaftsdiensten (§ 22c GVG) muss an den **8** AGen eine kurzfristige Überprüfung von unter Richtervorbehalt stehenden Maßnahmen gewährleistet werden (vgl. BVerfG NJW 2018, 2619 (2626); s. auch BT-Drs. 19/8939, 17: jedenfalls von 6:00 Uhr bis 21:00 Uhr ist die Erreichbarkeit eines zuständigen Richters sicherzustellen).

III. Verfahren

Die aus S. 3 folgende Anwendbarkeit von § 121b StVollzG führt dazu, **9** dass sich das Verfahren nach dem FamFG richtet, va nach den für Unterbringungssachen vorgesehenen Bestimmungen. Das betrifft insbesondere die im AT (Buch 1) und in **§§ 312 ff. FamFG** getroffenen Regelungen (BT-

Drs. 19/8939, 17). Problematisch ist, dass hiernach selbst bei ausreichender Vorlaufzeit nicht unbedingt ein Gutachten einzuholen ist und ein ärztliches Zeugnis genügt (§ 321 Abs. 2 FamFG), wobei der zeugnisausstellende Arzt im Fall einstweiliger Anordnungen nicht einmal eine psychiatrische Qualifikation aufweisen muss (§ 331 Nr. 2 FamFG). Selbst bei inhaltlich vollständigen Zeugnissen (Baur in Diemer/Schatz/Sonnen Rn. 6: Voraussetzungen und Dauer der Maßnahme, aber auch deren Risiken und diagnostische Hintergründe) verbietet sich daher eine schematische Übernahme durch das Gericht.

10   Abweichend von §§ 315, 320 FamFG haben die **Erziehungsberechtig-ten** bzw. gesetzlichen Vertreter durch den Verweis auf § 67 Abs. 1, 2 und 5 sowie auf § 67a Abs. 1, 3 und 5 die im JStV allg. vorgesehenen Beteiligungsrechte und Unterrichtungsansprüche. In den von § 126 Abs. 5 StPO erfassten Konstellationen (→ Rn. 3) ergeben diese sich aus jugendgemäßer Auslegung (→ § 2 Rn. 17 ff.). – Im Übrigen ist das insgesamt stark auf Fixierungen zugeschnittene richterliche Verfahren auch bei den ggf. auftretenden anderen Fällen des Richtervorbehalts (→ Rn. 6) entspr. anzuwenden.

Unterbringung in einer Entziehungsanstalt

93a (1) **Die Maßregel nach § 61 Nr. 2 des Strafgesetzbuches wird in einer Einrichtung vollzogen, in der die für die Behandlung suchtkranker Jugendlicher erforderlichen besonderen therapeutischen Mittel und sozialen Hilfen zur Verfügung stehen.**

(2) **Um das angestrebte Behandlungsziel zu erreichen, kann der Vollzug aufgelockert und weitgehend in freien Formen durchgeführt werden.**

Schrifttum: Dessecker/Egg (Hrsg.), Die strafrechtliche Unterbringung in einer Entziehungsanstalt, 1995; Ingenleuf, Maßregelvollzug …, 1992; Kammeier/Pollähne (Hrsg.), Maßregelvollzugsrecht, 4. Aufl. 2018; Kühne, Staatliche Drogentherapie auf dem Prüfstand, 1985; Mader/Strotzka (Hrsg.), Drogenpolitik zwischen Therapie und Strafe, 1980; Schröder, Drogentherapie nach den §§ 93a JGG, 35 ff. BtMG …, 1986; Stosberg, Sozialisation und Drogen, 1993; Weissbeck, Übersicht über Maßregelvollzugseinrichtungen für Jugendliche in Deutschland, 2008; Westerhagen, Rehabilitation jugendlicher Drogenabhängiger, 1987.

I. Anwendungsbereich

1   Die Vorschrift gilt in Verfahren gegen **Jugendliche** auch vor den für allg. Strafsachen zuständigen Gerichten (vgl. auch → § 104 Rn. 29).

2   Die Vorschrift gilt in Verfahren gegen **Heranwachsende** – vor JGe-richten wie vor den für allg. Strafsachen zuständigen Gerichten – dann, wenn materielles JStR angewandt wurde (§§ 110 Abs. 1, 105 Abs. 1).

II. Tragweite der Vorschrift

1. Eingeschränkte Umsetzung der Vorschrift

a) Bisherige Ansätze. § 93a wurde durch ÄndG des BtMG v. **3** 22.12.1971 in das JGG eingeführt (BGBl. I 2092; zu Mängeln der Gesetzgebungsstrategie s. Kühne MschKrim 1984, 379). Bisher sind solche Anstalten nur **vereinzelt eingerichtet** worden (zB die geschlossene Anstalt Parsberg (Bay.) mit ca. 50 Plätzen (Frangos Suchtgefahren 1983, 133; Kühne, Staatliche Drogentherapie auf dem Prüfstand, 1985, 82) sowie die eher offene Anstalt Brauel (Nds.) mit ca. 76 Plätzen und unter Beteiligung der Länder Bremen, Hmb., Nds. und RhPf gem. Abkommen v. 27.6.1997, das ausdrücklich auch die Unterbringung gem. § 64 StGB nebst „erforderlichen Absonderungen … innerhalb" der Anstalt vorsieht (HmbGVBl. 1997, 421: Art. 2 Abs. 1, Art. 6 Abs. 1); zum AIDS-Risiko (vgl. auch → § 92 Rn. 108 –110) – besonders bei Frauen – s. Kremer ua Kriminalpäd Praxis 1986, 18; Westerhagen, Rehabilitation jugendlicher Drogenabhängiger, 1987, 147; krit. auch Kohl KrimJ 1983, 259 ff. (265 ff. mN)). Generell finden sich sowohl integrierte Versorgungsformen in forensischen Kliniken gemeinsam mit Erwachsenen oder in der Kinder- und Jugendpsychiatrie als auch hieran jeweils angegliederte spezialisierte Abteilungen und Einrichtungen (vgl. die Zusammenstellung bei Weissbeck, Übersicht über Massregelvollzugsrichtungen (…), 2008, 61 ff.; vgl. auch Stöver ua FPPK 2008, 255 (261 f.); Elsner in Schmidt-Quernheim/Hax-Schoppenhorst ForensPsych 435; Höffler FS Eisenberg II, 2019, 237 ff.). Auf dieser Grundlage sollen der Bundesregierung zufolge in etlichen Bundesländern ausreichende Kapazitäten zur Verfügung stehen (so ohne Belege BT-Drs. 16/13142, 80).

Das BVerfG (JMBl. NW 1977, 222) hatte offengelassen, ob die Länder **4** verfassungsrechtlich verpflichtet sind, diese Sondereinrichtungen zu schaffen (s. auch Tondorf RuP 1980, 114; Schroth MschKrim 1981, 103). Dabei mögen auch die vergleichsweise niedrigen Zahlen Betroffener (vgl. → § 7 Rn. 29) hemmend wirken.

b) Alternative. In der Praxis werden jugendliche und heranwachsende **5** Suchtkranke zum Vollzug der Maßregel nach § 7, § 61 Nr. 2 StGB auch in psychiatrische Krankenhäuser eingewiesen (vgl. etwa Häßler ua ZJJ 2004, 26 ff.). Insofern sind die Chancen auf ein spezielles Interventionskonzept, auch betr. soziales Training etc, von vornherein eingeschränkt.

2. Spezielle Aufgaben

a) Kriminologische Erkenntnisse. Wegen der (jugend-)**kriminologi- 6 schen** Zusammenhänge und der Problematik von (stationärer) **Drogentherapie** vgl. die Erl. zu → § 10 Rn. 50 ff., → § 17 Rn. 42 ff. sowie → § 92 Rn. 105–110. Im Falle geschlossener Unterbringung werden empirische Erkenntnisse zur Übertragung **subkultureller** Normen, Wertsysteme und Verhaltensmuster zu berücksichtigen sein (vgl. schon Kreuzer Zbl 1974, 220; Kindermann MschKrim 1979, 222; ergänzend Eisenberg/Kölbel Kriminologie § 37 Rn. 4 ff.; vgl. ferner Brunner Zbl 1980, 415). Zu (früheren)

Abläufen in den Anstalten Parsberg und Brauel liegen einzelne empirische Anhaltspunkte vor (vgl. → Rn. 6a, 6b).

6a **b) Rechtstatsächliche Anhaltspunkte.** Speziell für die Anstalt Parsberg wurde berichtet, dass die Probanden (entgegen personeller Kontinuität) im Verlauf der Therapie mit vier verschiedenen Betreuungsteams (ausgebildet auf dem Fachgebiet Psychologie bzw. Sozialarbeit) konfrontiert worden (gewesen) seien (vgl. Ingenleuf (zur Befragung von Probanden) Maßregelvollzug …, 1992, 81 ff.). Nach vorläufigen Ergebnissen betr. diese Anstalt, die sich auf Nach-Erhebungen bei 61 ehemaligen Untergebrachten (= 41,2 % der Gesamtpopulation) bezogen, ergaben sich bei nahezu der Hälfte keine Anhaltspunkte für eine Reintegration (vgl. Stosberg, Sozialisation und Drogen, 1993, 108 f.); tendenziell ähnlich waren die Daten bzgl. der Legalbewährung (Stosberg, Sozialisation und Drogen, 1993, 108), und im Übrigen stieg die Therapieeffizienz nicht mit längerer Behandlungsdauer an (Stosberg, Sozialisation und Drogen, 1993, 77 ff.). Dies entspricht ua dem Umstand, dass bei BtM-Abhängigen gelegentlich eine gleichsam plötzliche Beendigung des Konsums zu verzeichnen ist (zB bei Auflösung der vertrauten Szene; ergänzend → § 10 Rn. 55).

6b Bzgl. der Anstalt Brauel wurde mitgeteilt, dass Unterbringungen gem. § 93a ggü. solchen nach § 65 Abs. 2 StVollzG deutlich zurückstanden; das durchschnittliche Alter bei Aufnahme hätte (daher) mehr als 30 Jahre betragen (s. Meyer in Dessecker/Egg, Die strafrechtliche Unterbringung in einer Entziehungsanstalt, 1995, 66). Von allen in der genannten Anstalt mindestens neun Monate lang behandelten Probanden, die bis 31.12.1990 regulär entlassen wurden (N=189), seien nach einem Zeitraum von fünf Jahren 18 % als „erfolgreich", 20 % als „teilweise erfolgreich" und 63 % als „rückfällig" beurteilt worden, und hinsichtlich der Legalbewährung sei ein Drittel „delinquenzfrei" geblieben (Schulzke SUCHT 1995, 81 ff.).

7 **c) Mindestvoraussetzungen der Geeignetheit.** Regelungsbedarf besteht hinsichtlich der Ausgestaltung des Vollzugs der Unterbringung. Die Bestimmung der Aufgaben der JStVollzGe genügt nicht den Anforderungen, die an Rechtsgrundlagen für Grundrechtseinschränkungen zu stellen sind (s. auch BVerfGE 33, 1). Die in den Bundesländern zuletzt eingeführten Maßregelvollzugsgesetze, die den bisherigen Rückgriff auf die Unterbringungsgesetze der Länder entbehrlich machen, enthalten bestenfalls wenige und kaum ausdifferenzierte Vorgaben für jugendliche, heranwachsende und sehr junge Untergebrachte (vgl. etwa Art. 44 BayMRVG), meist aber nur allg. Programmsätze (n. dazu und zur Kritik an der defizitären Regelungslage auch bei Rzepka in Kammeier/Pollähne, Maßregelvollzugsrecht, 4. Aufl. 2018, Rn. J49 und J53 f.).

8 Im Allg. wird anzustreben sein, dass **Sicherheitsmaßnahmen** und – der Prüfung im Einzelfall bedürfender – **Kontrollmechanismen** totaler Abschirmung von der Außenwelt (weder Urlaub noch Ausgang; Unterbindung körperlichen Kontakte mit Besuchern; Vornahme unregelmäßiger Urinkontrollen) nur in den ersten Phasen des körperlichen Entzugs und der Motivationsförderung vorgenommen werden. Danach sollten durch schrittweise **Öffnung** des **Vollzugs** nach außen Sicherheitsmaßnahmen zunehmend reduziert werden. – Besondere Bedeutung kommt – entgegen seither verbreiteter Praxis – **Abs. 2** zu, um der Abhängigkeit, Passivität und permanenten Reglementierung, die eine geschlossene Unterbringung (zwangsläufig) kennzeichnen, entgegenwirken und Abstinenz auch insoweit fördern zu können.

d) Nachbetreuung. Unstreitig ist eine organisierte, überwachte und 9 langfristige ambulante Nachbetreuung (vor allem in Übergangsheimen und Selbsthilfeeinrichtungen) unerlässlich (vgl. auch Sengbusch in BeckOK JGG Rn. 5; hierzu etwa auch schon Gratz/Werdenich in Mader/Strotzka, Drogenpolitik zwischen Therapie und Strafe, 1980, 233 (239)).

III. Durchführung

Zu Fragen der VollstrUnterbrechung bzw. des Abgehens von der Voll- 10 strReihenfolge (§ 2 Abs. 2, § 67 Abs. 2 S. 1 StGB) vgl. → § 7 Rn. 27; vgl. auch Brunner/Dölling Rn. 6 mN).

Betreffend den **Vollzug** im Allg. vgl. → § 92 Rn. 146 ff. 11

IV. Rechtsweg

Wegen des Rechtswegs gegen Vollzugsmaßnahmen ist § 92 Abs. 2, Abs. 6 12 einschlägig. Hiernach ist grundsätzlich die JKammer zuständig, es sei denn, der Untergebrachte hat das 24. Lbj. vollendet (dann Zuständigkeit der StrVollstrKammer). Diese Differenzierung entspricht jugendstrafrechtlichen Belangen und trägt zudem der Notwendigkeit Rechnung, dass die Voraussetzungen der Anordnung wie des Vollzuges iSv §§ 63, 64 StGB ggf. danach erheblich unterschiedlich gestaltet sind, ob sie für den Altersabschnitt der Pubertät oder der Adoleszenz zu prüfen bzw. vorzuhalten sind oder nicht. Indes hätte sich – entsprechend der inneren Struktur der StVollstrKammer – die Bestimmung der Zuständigkeit des Vollstreckungsleiters auch für vollzugsrechtliche Entscheidungen angeboten (vgl. vormals näher Eisenberg NStZ 1998, 104; s. aber auch BGHSt 29, 33).

Viertes Hauptstück. Beseitigung des Strafmakels

94-96 *(weggefallen)*

Die §§ 94–96 sind aufgehoben durch das Gesetz über das Zentralregister **1** und das Erziehungsregister (BZRG) v. 18.3.1971 (BGBl. I 243) idF der Bekanntmachung v. 22.7.1976 (BGBl. I 2005). **Sondervorschriften über die Eintragung** jugendstrafrechtlicher Maßnahmen in das Zentralregister und das Erziehungsregister ebenso wie über die **Auskunft** aus dem Register und die Eintragungen in das **Führungszeugnis** enthält nunmehr das BZRG (vgl. näher → § 5 Rn. 78 ff.).

Beseitigung des Strafmakels durch Richterspruch

97
(1) [1]Hat der Jugendrichter die Überzeugung erlangt, daß sich ein zu Jugendstrafe verurteilter Jugendlicher durch einwandfreie Führung als rechtschaffener Mensch erwiesen hat, so erklärt er von Amts wegen oder auf Antrag des Verurteilten, des Erziehungsberechtigten oder des gesetzlichen Vertreters den Strafmakel als beseitigt. [2]Dies kann auch auf Antrag des Staatsanwalts oder, wenn der Verurteilte im Zeitpunkt der Antragstellung noch minderjährig ist, auf Antrag des Vertreters der Jugendgerichtshilfe geschehen. [3]Die Erklärung ist unzulässig, wenn es sich um eine Verurteilung nach den §§ 174 bis 180 oder 182 des Strafgesetzbuches handelt.

(2) [1]Die Anordnung kann erst zwei Jahre nach Verbüßung oder Erlaß der Strafe ergehen, es sei denn, daß der Verurteilte sich der Beseitigung des Strafmakels besonders würdig gezeigt hat. [2]Während des Vollzugs oder während einer Bewährungszeit ist die Anordnung unzulässig.

I. Anwendungsbereich

Die Vorschrift gilt für **Jugendliche** auch dann, wenn die JStrafe durch ein **1** für allg. Strafsachen zuständiges Gericht verhängt wurde (vgl. → § 104 Rn. 29).

Die Vorschrift gilt für **Heranwachsende** – nach Verhängung der JStrafe **2** durch ein JGericht wie durch ein für allg. Strafsachen zuständiges Gericht – entsprechend (§ 111; vgl. § 112 sowie → § 104 Rn. 29).

II. Allgemeines

1. Zwei Fallgruppen

Das Gesetz unterscheidet gem. den in § 97 bzw. § 100 getroffenen Re- **3** gelungen zwei Fallgruppen jugendrichterlicher Beseitigung des Strafmakels. Dabei bedarf es der Voraussetzungen gem. § 97 nur dann, wenn diejenigen des § 100 nicht vorliegen. Dem entspricht die offenbar „sehr seltene" (BT-Drs. 10/6739, 15 f.) Anwendung des § 97, während überwiegend von § 100 Gebrauch gemacht werde.

2. Bedeutung

4   Die Anordnung der Beseitigung des Strafmakels hat eine im Vergleich zum allg. StR **günstigere registerrechtliche Behandlung** zur Folge (vgl. → Rn. 13f). Hierdurch werden Nachteile, wie sie gerade auch im Ausbildungs- und Berufsbereich durch die Registrierung von Straftat und jugendstrafrechtlichen Rechtsfolgen für den Verurteilten entstehen können, vermindert. Indes bewegt sich diese Vergünstigung, bezieht man sie auf die Komplexität der Beschneidung von Handlungschancen bis hin zur institutionell-interaktionistischen Förderung einer „kriminellen Karriere" (dazu → § 5 Rn. 47 ff., 67 f.), in engen Grenzen. – Zu Fragen einer moralisch-psychologischen Bedeutung jugendrichterlicher **Rehabilitation** für den Verurteilten, der die stigmatisierende Vorschrift des Abs. 1 S. 3 (eingef. durch Gesetz v. 28.1.1998 (BGBl. I 160); krit. auch Dessecker StV 1999, 683; Horstkotte DVJJ 1999)) zuwiderläuft, vgl. etwa Beulke/Swoboda JugendStrafR 1008.

III. Voraussetzungen

1. Formelle Voraussetzungen

5   **a) Antrag.** Grundsätzlich ist ein Antrag des Verurteilten, seines gesetzlichen Vertreters oder eines Erziehungsberechtigten **notwendig** (s. auch RL 1). Man nimmt an, diese Personen könnten am ehesten beurteilen, ob ein Bedürfnis besteht, die Wirkungen des Registereintrags zu beseitigen. Zudem ist zu bedenken, dass die für das Verfahren notwendig werdenden Ermittlungen den Jugendlichen uU auch beeinträchtigen können. – Wenn das Gesetz gleichwohl die Einleitung des Verfahrens **von Amts wegen** oder auf Antrag der JStA oder der JGH zulässt (für eine Sicherstellung durch Wiedervorlageverfügung Goerdeler in NK-JGG Rn. 8), so ist dies aus der Erwägung geschehen, dass der Jugendliche seine Lage nicht immer zutreffend beurteilt und dass auch die Sorgeberechtigten ihre Pflichten ihm ggü. bisweilen versäumen. Eine vorherige Anhörung des Verurteilten, seines gesetzlichen Vertreters oder seines Erziehungsberechtigten erscheint dabei idR als unerlässlich (Dallinger/Lackner Rn. 17).

6   Die Antragsberechtigung des gesetzlichen Vertreters, des Erziehungsberechtigten und der JGH entfällt, wenn der Verurteilte **nicht mehr minderjährig** ist.

7   **b) Keine Tilgung oder Tilgungsreife.** Die im Register eingetragene Verurteilung darf noch nicht getilgt oder tilgungsreif sein, da andernfalls eine Entscheidung angestrebt würde, deren Rechtswirkungen bereits in vollem Umfang eingetreten sind (allg. Auffassung).

8   **c) Zeitraum von zwei Jahren.** Grundsätzlich kann die Anordnung erst erfolgen, wenn seit der vollständigen Vollstr oder dem Erlass der Strafe der genannte Zeitraum verstrichen ist (Abs. 2 S. 1). Maßgebend hierfür ist der

Zeitpunkt der Beschlussfassung nach § 26a S. 1 (Goerdeler in NK-JGG Rn. 5; Buhr in HK-JGG § 111 Rn. 2), der Ausspruch des Gnadenerweises oder das Inkrafttreten des Amnestiegesetzes.

Die Voraussetzungen des **Abs. 2 S. 1 Hs. 2** kommen nur in Ausnahme- 9 fällen und nur uU (zB Verhalten, Leistung) in Betracht, die eine solche besonders anerkennenswerte Haltung des Jugendlichen offenbaren, die eine sonst notwendige längere Beobachtung als entbehrlich erscheinen lässt (vgl. Beulke/Swoboda JugendStrafR 1003; zur Bedeutung Zieger/Nöding Verteidigung Rn. 267). Weiterhin ist hierfür erforderlich, dass der **Vollzug** der JStrafe **nicht** mehr **andauert (Abs. 2 S. 2);** unzulässig wäre auch die Anordnung während einer Strafunterbrechung oder eines Strafaufschubs, da nach dem Sinn des Gesetzes ein entsprechend vorübergehender Zustand nicht dazu geeignet ist, die Strafmakelbeseitigung durchzuführen (vgl. Dallinger/Lackner Rn. 12). Ferner darf eine BewZeit nicht mehr laufen (Abs. 2 S. 2); ob die Aussetzung der Vollstr zBew im Gnadenverfahren erfolgt ist, ist unerheblich. – Die JStrafe muss also vollstreckt, endgültig erlassen oder amnestiert sein.

2. Materielle Voraussetzungen

a) Rechtskräftige Verurteilung zu JStrafe. Eine solche muss vorliegen. 10 Der durch Gesetz v. 26.1.1998 (BGBl. I 160) eingeführte Ausschluss in Fällen der Verurteilung nach §§ 174–180 oder § 182 StGB (Abs. 1 S. 3) stellt ggü. dem Erziehungsauftrag einen **Systembruch** dar (ebenso Trenczek/Goldberg Jugendkriminalität 433; vgl. krit. auch → Rn. 4 aE) und trägt im Übrigen der „breiten Skala tatbestandsmäßiger Handlungsweisen" (BGH StV 2002, 477, betr. § 176 StGB nach allg. StR) nicht Rechnung. – Sind neben der Strafe Erziehungsmaßregeln, Zuchtmittel, Nebenstrafen, Nebenfolgen oder Maßregeln der Besserung und Sicherung angeordnet, so hindert dies die Beseitigung des Strafmakels nicht, da diese Rechtsfolgen ohnehin nicht in das Führungszeugnis aufgenommen werden (§ 32 Abs. 1, 2 Nr. 8 BZRG).

b) „Rechtschaffener Mensch". Weitere Voraussetzung ist, dass sich der 11 Verurteilte als eine dergestalt beurteilte Person erwiesen hat (krit. zu dem Gesetzesbegriff → § 5 Rn. 4). Nach verschiedentlich vertretener Auffassung genüge zur Bejahung ein straffreies Verhalten allein noch nicht, vielmehr sei eine positiv betätigte, die Rechtsordnung bejahende „Gesinnung" erforderlich. Die „Rechtschaffenheit" müsse durch eine „einwandfreie Führung" bewiesen worden sein, dh durch ein Verhalten, das zu Beanstandungen keinen Anlass gibt und das den Schluss rechtfertigt, dass in der abgeurteilten Verfehlung etwa offenbar gewordene erzieherische oder charakterliche Mängel (endgültig) überwunden sind. Demgegenüber wird aus Gründen der Unbestimmtheit dieser Begriffe (dazu → § 5 Rn. 4) und der Ungeklärtheit etwaiger Relevanz für Deliktsbegehung (vgl. dazu → § 5 Rn. 47 ff.) idR auf ein **straffreies Verhalten** abzustellen sein (ebenso Goerdeler in NK-JGG Rn. 7).

3. Pflichten des Jugendrichters

Liegen die Voraussetzungen vor, so muss der JRichter den Strafmakel 12 durch unabhängige jugendrichterliche Entscheidung (allg. Auffassung) für beseitigt erklären. – Dabei muss der JRichter insb. die Tatsachen, aus denen er auf das Vorhandensein oder Fehlen der „Rechtschaffenheit" des Verurteilten schließt, im Einzelnen darlegen. Dies ist auch deshalb erforderlich, um eine revisionsgerichtliche Überprüfung der tatrichterlichen Würdigung zu ermöglichen.

IV. Regelungen betr. das Zentralregister

1. Anordnung der Beseitigung des Strafmakels

13   Die Anordnung ist dem Zentralregister mitzuteilen und in dieses einzutragen (§§ 13 Abs. 1 Nr. 5, 20 BZRG; § 22 BZRG ist nicht entspr. anwendbar (ebenso Brunner/Dölling Rn. 9)).

2. Registerrechtliche Auswirkungen

14   Die Anordnung der Beseitigung des Strafmakels hat folgende Auswirkungen: Zum einen wird die Verurteilung nicht mehr in das Führungszeugnis aufgenommen (§ 32 Abs. 2 Nr. 4 BZRG). Ferner ist die gem. § 41 BZRG für bestimmte Behörden unbeschränkte Auskunft aus dem BZR durch § 41 Abs. 3 S. 1 BZRG insofern eingeschränkt, als nur noch den Strafgerichten und Staatsanwaltschaften für ein Strafverfahren gegen den Betroffenen Auskunft erteilt wird, es sei denn, es handelt sich um Verurteilungen nach den in § 41 Abs. 3 S. 2 BZRG bezeichneten Straftatbeständen (eingef. durch Gesetz v. 28.1.1998 (BGBl. I 160)). Ein Verwertungsverbot bzgl. der Verurteilung besteht aber nicht (→ § 100 Rn. 3). Weiterhin braucht der Verurteilte den der Verurteilung zu Grunde liegenden Sachverhalt nicht mehr zu offenbaren und darf sich als unbestraft bezeichnen (§ 53 iVm § 30 Abs. 2 Nr. 4 BZRG); dies gilt unter den Voraussetzungen des § 53 Abs. 2 BZRG allerdings nicht ggü. den Behörden iSv § 41 Abs. 3 BZRG. Im Übrigen beträgt die Tilgungsfrist fünf Jahre (§ 46 Abs. 1 Nr. 1f BZRG). Indes beschränkt die Beseitigung nicht das Tilgungsverbot des § 2 Abs. 2, § 47 Abs. 3 S. 1 BZRG (BGH StraFo 2009, 243).

Verfahren

98 (1) ¹**Zuständig ist der Jugendrichter des Amtsgerichts, dem die familiengerichtlichen Erziehungsaufgaben für den Verurteilten obliegen.** ²**Ist der Verurteilte volljährig, so ist der Jugendrichter zuständig, in dessen Bezirk der Verurteilte seinen Wohnsitz hat.**

(2) ¹**Der Jugendrichter beauftragt mit den Ermittlungen über die Führung des Verurteilten und dessen Bewährung vorzugsweise die Stelle, die den Verurteilten nach der Verbüßung der Strafe betreut hat.** ²**Er kann eigene Ermittlungen anstellen.** ³**Er hört den Verurteilten und, wenn dieser minderjährig ist, den Erziehungsberechtigten und den gesetzlichen Vertreter, ferner die Schule und die zuständige Verwaltungsbehörde.**

(3) **Nach Abschluß der Ermittlungen ist der Staatsanwalt zu hören.**

I. Anwendungsbereich

Es gelten die Erl. zu → § 97 Rn. 1, 2 entsprechend. 1

II. Zuständigkeit

Sachlich zuständig ist immer der JRichter, also auch in den Fällen, in 2
denen die Verurteilung durch ein Erwachsenengericht erfolgte.

Örtlich zuständig ist für Verurteilte, die im Zeitpunkt der Antragstellung 3
oder der Einleitung des Verfahrens von Amts wegen noch minderjährig sind,
der JRichter des AG, dem die familiengerichtlichen Erziehungsaufgaben
obliegen. Für volljährige Verurteilte gilt Abs. 1 S. 2 (s. dazu §§ 7 ff. BGB).
Wird der Verurteilte während des schwebenden Verfahrens volljährig, so
ändert das nichts an der örtlichen Zuständigkeit des Gerichts.

III. Verfahren

1. Ermittlungen

a) JRichter. Geleitet wird das Ermittlungsverfahren durch den JRichter, 4
der ggf. auch **eigene** Ermittlungen anstellt **(Abs. 2 S. 2).** Er bestimmt Art
und Umfang der durchzuführenden Ermittlungen. Er sollte darauf achten,
dass die Ermittlungen so **vorsichtig** und **schonend** wie nur möglich geführt
werden, damit Beeinträchtigungen vermieden werden, die durch die Tatsache der Ermittlungen sowie dadurch entstehen könnten, dass die Verurteilung bzw. die Tat in der sozialen und ausbildungs- oder berufsbezogenen
Umgebung bekannt (s. hierzu besonders RL Nr. 2 S. 2: „Es muss vermieden
werden") oder in Erinnerung gerufen werden (vgl. Dallinger/Lackner
Rn. 3).

Hierzu wird der JRichter zunächst alle Akten beiziehen, die über die 5
Verhältnisse des Verurteilten Auskunft geben können. Außer den Strafakten
und den Unterlagen des Vollstreckungsleiters sowie den Personalakten der
Vollzugsanstalt sind dies idR auch die Berichte der Betreuungsstelle oder des
BewHelfers, die den Verurteilten nach der Entlassung aus dem Strafvollzug
betreut haben (vgl. auch RL Nr. 1).

b) JGH oder BewHelfer. Konnte der JRichter keine genügenden Infor- 6
mationen über die Verhältnisse des Verurteilten erlangen, so **beauftragt** er
mit den erforderlichen weiteren Ermittlungen vorzugsweise die in Abs. 2
S. 1 genannte Stelle, dh idR die JGH ((vgl. § 38 Abs. 2 S. 9 aF bzw. § 38
Abs. 5 S. 5 nF) bzw. das JAmt) oder den BewHelfer. Sinn der Beauftragung
gerade dieser Stellen ist es, die Ermittlungen möglichst schonend und unauffällig vornehmen zu können, da diese Stellen meist ohnehin Informationen über den Verurteilten zur Verfügung haben.

2. Anhörungen

7   **a) Verurteilte.** Unabhängig von der Beurteilung aufgrund der Aktendurchsicht muss der Verurteilte angehört werden. Diese Anhörung kann, muss aber nicht mündlich geschehen.

b) Gesetzlicher Vertreter, Erziehungsberechtigter. Gegebenenfalls (Abs. 2 S. 3) müssen auch diese angehört werden.

8   **c) Abs. 2 S. 3.** Wenngleich hiernach die Anhörung der **Schule** und der **zuständigen Verwaltungsbehörde** zwingend vorgeschrieben ist, stellt sich diese Pflicht hinsichtlich der **Schule** dann als gegenstandslos dar, wenn der Verurteilte (etwa wegen Auslaufens der Schulpflicht) keine solche mehr besucht. Im Übrigen kann der Vorschrift im Hinblick auf eine etwa drohende Beeinträchtigung des Verurteilten zum einen ggf. das Grundrecht auf informationelle Selbstbestimmung (Art. 2 Abs. 1 iVm Art. 1 Abs. 1 GG) entgegen stehen, zum anderen kann ggf. der Grundsatz der **Verhältnismäßigkeit** zu einem Absehen veranlassen (vgl. näher Schatz in Diemer/Schatz/Sonnen Rn. 4; s. auch ansonsten wegen Bedenken betr. die Anhörung der Schule → § 43 Rn. 21 f.). – Welche Verwaltungsbehörde zu hören ist, richtet sich nach **Landesrecht.** Soweit nichts anderes bestimmt ist, ist dies die untere Verwaltungsbehörde, die in ihre Stellungnahme idR auch einen Bericht der Polizei einbeziehen wird (vgl. Dallinger/Lackner Rn. 8).

9   Ob weitere Behörden gehört werden sollten, hängt von den Umständen des Einzelfalles ab. Dabei sollte aber zum Schutz des Verurteilten zurückhaltend verfahren werden (enger Goerdeler in NK-JGG Rn. 5).

3. Abs. 3

10   Nach Abschluss der Ermittlungen werden die Akten dem für das JGericht zuständigen **JStA** zugeleitet. Dessen Stellungnahme sollte möglichst einen bestimmten Antrag umfassen (Anordnung der Beseitigung des Strafmakels, Aufschub der Entscheidung oder Ablehnung (vgl. → § 99 Rn. 2 ff.)).

Entscheidung

99 (1) **Der Jugendrichter entscheidet durch Beschluß.**

(2) **Hält er die Voraussetzungen für eine Beseitigung des Strafmakels noch nicht für gegeben, so kann er die Entscheidung um höchstens zwei Jahre aufschieben.**

(3) **Gegen den Beschluß ist sofortige Beschwerde zulässig.**

I. Anwendungsbereich

1   Es gelten die Erl. zu → § 97 Rn. 1, 2 entsprechend.

II. Inhalt der Entscheidung

1. Positives bzw. negatives Ergebnis

a) Beseitigung. Ist der JRichter nach seinen Ermittlungen zu dem Er- 2
gebnis gekommen, dass der Jugendliche sich „durch einwandfreie Führung
als rechtschaffener Mensch erwiesen hat, so erklärt er … den Strafmakel als
beseitigt" (§ 97 Abs. 1 S. 1).

b) Ablehnung. Liegen die Voraussetzungen für eine Beseitigung des 3
Strafmakels nicht vor und ist deren Eintritt in absehbarer Zeit auch nicht zu
erwarten, so wird der Antrag abgelehnt. – Eine Bindungswirkung besteht
dann insofern, als ein (neuerlicher) Antrag nur Erfolg haben kann, wenn er
auf neue Tatsachen gestützt ist (iErg ähnlich Goerdeler in NK-JGG Rn. 3).

2. Aufschieben

Als dritte Möglichkeit kann der JRichter die Entscheidung um höchstens 4
zwei Jahre aufschieben, wenn nur die zeitlichen Voraussetzungen nicht
gegeben sind, dh wenn der Antrag vor Ablauf der Frist des § 97 Abs. 2 S. 1
gestellt worden ist. Entsprechendes gilt, wenn zu erwarten ist, dass eine
positive Entscheidung zu einem absehbaren späteren Zeitpunkt in Betracht
kommen kann.

Nach Ablauf der genannten Frist muss das Verfahren **fortgesetzt** werden. 5
Eine Einstellungsverfügung (vgl. → Rn. 7) ist nicht zulässig, weil in der
Entscheidung über den Aufschub bereits eine weitere Sachentscheidung
vorbehalten war. Eine erneute aufschiebende Entscheidung ist wohl zulässig
(Brunner/Dölling Rn. 1; aA Dallinger/Lackner Rn. 6, da das Gesetz die
Möglichkeit des Aufschubs nur für die erste Entscheidung vorsehe), aber nur
unter der Voraussetzung, dass der Aufschub insgesamt zwei Jahre nicht über-
steigt.

III. Verfahrensrechtliches

Der JRichter entscheidet ohne HV oder mündliche Verhandlung (vgl. 6
aber → § 98 Rn. 6).

1. Beschluss bzw. Einstellungsverfügung

Wird das Verfahren auf Antrag durchgeführt, so ergeht die Entscheidung 7
durch Beschluss. Ist das Verfahren von Amts wegen eingeleitet worden und
wird eine Beseitigung des Strafmakels abgelehnt, so kann es durch eine
Einstellungsverfügung abgeschlossen werden (Brunner/Dölling Rn. 2; aA
Verrel in HK-JGG Rn. 3; Goerdeler in NK-JGG Rn. 1). Zwar kann auch
in diesem Fall durch Beschluss entschieden werden, doch sollte diese gerichtliche Entscheidung vermieden werden, um den Verurteilten nicht ohne
sachliche Notwendigkeit zu beschweren.

Der *Beschluss* ist zu *begründen* (§ 2 Abs. 2, § 34 StPO) und gem. § 2 8
Abs. 2, §§ 35 Abs. 2, 41 StPO, § 67 Abs. 2 aF bzw. § 67a Abs. 1 nF mit

Rechtsmittelbelehrung (§ 2 Abs. 2, § 35a StPO) zuzustellen. Die *Einstel-lungsverfügung* erfolgt durch bloße *Mitteilung* (§ 2 Abs. 2, § 35 Abs. 2 StPO).

2. Rechtsbehelf

9   Gegen den Beschluss ist die **sofortige Beschwerde** (Abs. 3, § 311 StPO) zur JKammer zulässig. Eine weitere Beschwerde ist unzulässig (§ 2 Abs. 2, § 310 StPO). – Eine etwaige Einstellungsverfügung kann nicht angefochten werden; jedoch hindert sie einen Antrag eines Beteiligten nach § 97 Abs. 1 nicht (vgl. auch → Rn. 3).

10   **Beschwerdeberechtigt** sind bei Ablehnung oder Aufschub der Entschei-dung der gesetzliche Vertreter, der Erziehungsberechtigte sowie ein etwaiger sonstiger Antragsteller (§ 97 Abs. 1). Erachtet die JStA (§ 97 Abs. 1 S. 2) den Beschluss als formal oder materiell rechtswidrig, so ist sie nach allg. Grundsätzen unabhängig davon beschwerdeberechtigt, ob der Beschluss-inhalt ihrem Antrag entsprochen hat (vgl. Schatz in Diemer/Schatz/Sonnen Rn. 11; Dallinger/Lackner Rn. 11; aA Brunner/Dölling Rn. 6).

3. Kosten

11   Kosten oder Auslagen werden nicht erhoben, da dieses Verfahren eine prozessuale Besonderheit des JGG darstellt, sodass die in den §§ 464 ff. StPO geregelten Fälle der materiellen Kostentragungspflicht weder unmittelbar noch entsprechend anwendbar sind (vgl. Dallinger/Lackner Rn. 13 mit weiterer Begründung).

Beseitigung des Strafmakels nach Erlaß einer Strafe oder eines Strafrestes

100

[1] **Wird die Strafe oder ein Strafrest bei Verurteilung zu nicht mehr als zwei Jahren Jugendstrafe nach Aussetzung zur Bewährung erlassen, so erklärt der Richter zugleich den Strafmakel als beseitigt.** [2] **Dies gilt nicht, wenn es sich um eine Verurteilung nach den §§ 174 bis 180 oder 182 des Strafgesetzbuches handelt.**

I. Anwendungsbereich

1   Es gelten die Erl. zu → § 97 Rn. 1, 2 entsprechend.

II. Bedeutung der Vorschrift

1. Regel und Ausnahme

2   Unter den Voraussetzungen der Vorschrift **muss** der Strafmakel als **besei-tigt** erklärt werden (obligatorische Regelung; nach AG Höxter Zbl 1988, 97 ist auch § 97 Abs. 2 S. 2 nicht anwendbar (zust. Hohendorf unsere jugend 1988, 132)). Wegen der rechtlichen Wirkungen der Beseitigung vgl. → § 97 Rn. 13 f.

2a   Die Negativvoraussetzung des **S. 2**, eingefügt durch Gesetz v. 28.1.1998 (BGBl. I 160), hat stigmatisierende Relevanz (ähnlich krit. Horstkotte DVJJ

1999; vgl. auch → § 97 Rn. 4, 10) und erscheint ggü. dem Erziehungsauftrag (§ 2 Abs. 1) als **Systembruch.** Zudem trägt sie der „breiten Skala tatbestandsmäßiger Handlungsweisen" (BGH StV 2002, 477 (betr. § 176 StGB nach allg. StR)) nicht Rechnung.

Zu Anhaltspunkten zur statistischen Häufigkeit vgl. vormals BT-Drs. 10/ **2b** 6739, 15 f.

2. Auswirkungen

a) Einschränkungen der Auskunftserteilung. Zwar werden Verurtei- **3** lungen zu JStrafe von nicht mehr als zwei Jahren ohnehin dann nicht in das Führungszeugnis aufgenommen, wenn die Vollstr der Strafe oder eines Strafrestes zBew ausgesetzt ist und diese Entscheidung nicht widerrufen worden ist (§ 32 Abs. 2 Nr. 3 und 4 BZRG). Indes hat die Beseitigung des Strafmakels Auswirkungen auf die **Auskunftserteilung** aus dem **Zentralregister,** da die in § 41 Abs. 1 Nr. 1–10 BZRG festgelegte allg. Auskunftserteilung an andere Behörden durch § 41 Abs. 3 S. 1 Hs. 1 BZRG für die Fälle eingeschränkt ist (s. aber auch § 41 Abs. 3 S. 2 BZRG), in denen der Strafmakel als beseitigt erklärt wurde (nicht aber für StAen und Strafgerichte zu einem Strafverfahren gegen den Betroffenen, § 41 Abs. 3 S. 1 Hs. 2 BZRG). Jedoch enthält § 41 Abs. 3 BZRG nur ein Übermittlungsverbot, kein materielles Verwertungsverbot iSv § 51 BZRG (zur Verwendbarkeit auch durch Staatsangehörigkeitsbehörden vgl. BVerwGE 150, 17 = BeckRS 2014, 54184; s. ferner VG Berlin BeckRS 2016, 110774).

b) (Nicht-)Verwertbarkeit bei der Rechtsfolgenbemessung. Nicht **3a** unbedenklich ist die allein formal argumentierende Auffassung, dass der JRichter bei der Entscheidung in anderer Sache die entsprechende Verurteilung trotz Beseitigung des Strafmakels im Rahmen der Strafzumessung berücksichtigen dürfe, weil die Beseitigung des Strafmakels aus den vorgenannten Gründen kein diesbzgl. Verwertungsverbot begründe (so BGH bei Holtz MDR 1982, 972; BGH NStZ-RR 2019, 190 (Ls.) = BeckRS 2019, 6804). Werden die Konsequenzen der Strafmakelbeseitigung derart begrenzt, kommt diese einem „Etikettenschwindel" nahe. Auch verkennt die Judikatur den materiellen Aspekt des Vertrauensschutzes, da der Betroffene doch annehmen muss, dass ihm der Makel der früheren Verurteilung von den Strafverfolgungsbehörden nicht mehr vorgehalten werden darf.

III. Verfahrensrechtliches

1. Zuständigkeit

Die Entscheidung obliegt dem nach §§ 57, 58 Abs. 3 bestimmten Gericht, **4** ggf. nach Vorentscheidung gem. § 88 dem Vollstreckungsleiter. Hingegen gilt die Zuständigkeitsregelung des § 98 Abs. 1 nicht, wie sich aus der systematischen Einordnung der Regelung des früheren § 96 Abs. 3 als § 100 nach § 98 sowie daraus ergibt, dass mit dem Erlass der Strafe zugleich (s. auch RL 1) der Strafmakel zu beseitigen ist (vgl. auch Brunner/Dölling Rn. 4).

2. Einzelregelungen

5 Da wegen der obligatorischen Regelung ein **Ermessensspielraum nicht** besteht, sind besondere Ermittlungen nicht erforderlich (anders in Verfahren nach § 97).

6 Die Beseitigung sollte in demselben Beschluss erklärt werden, in dem der Straferlass ergeht (vgl. RL 1). Es handelt sich um eine **jugendrichterliche** Entscheidung.

3. Nichtanfechtbarkeit

7 Die Entscheidung kann nicht angefochten werden (§ 59 Abs. 4 entspr.), da – anders als bei §§ 97, 99 Abs. 3 – in diesem Falle kein Bedürfnis dafür besteht.

Widerruf

101 [1] **Wird der Verurteilte, dessen Strafmakel als beseitigt erklärt worden ist, vor der Tilgung des Vermerks wegen eines Verbrechens oder vorsätzlichen Vergehens erneut zu Freiheitsstrafe verurteilt, so widerruft der Richter in dem Urteil oder nachträglich durch Beschluß die Beseitigung des Strafmakels.** [2] **In besonderen Fällen kann er von dem Widerruf absehen.**

I. Anwendungsbereich

1 Es gelten die Erl. zu → § 97 Rn. 1, 2 entsprechend.

II. Voraussetzungen des Widerrufs

1. Freiheitsstrafe

2 Als eine solche Sd Vorschrift **gilt zugleich** die JStrafe (hM). Dies ist im Hinblick auf das Gewicht des Erziehungsauftrags (§ 2 Abs. 1) – auch im Bereich der JStrafe wegen „Schwere der Schuld" (§ 17 Abs. 2 Alt. 2; vgl. → § 17 Rn. 55 ff.) – nicht unbedenklich (vgl. zu S. 2 → Rn. 5). Jedenfalls nicht ausreichend ist eine mit Freiheitsentziehung verbundene Rechtsfolge der Kategorien Erziehungsmaßregel oder Zuchtmittel oder die Aussetzung der Verhängung der JStrafe zBew (§ 27). – Ein Widerruf aus anderen als den genannten Gründen ist unzulässig.

2. Zeitpunkt der Verurteilung

3 Die „erneute" Verurteilung muss **nach** der Anordnung der **Beseitigung** des Strafmakels ausgesprochen worden sein. Auf den Begehungszeitpunkt der zu Grunde liegenden Tat kommt es nicht an.

3. Keine Tilgung oder Tilgungsreife

Ist der Vermerk über die Beseitigung des Strafmakels bereits getilgt oder 4
tilgungsreif (vgl. allg. RGSt 64, 146 (147)), so darf ein Widerspruch nicht
mehr erfolgen.

III. Absehen vom Widerruf (S. 2)

Dieses erscheint insb. bei solchen vorsätzlichen Vergehen **vertretbar,** die 5
als leicht beurteilt werden oder die, ohne iZ zu früheren Straftaten zu stehen,
als Einzelgeschehen erscheinen. Ein Absehen wird aber auch dann angezeigt
sein, wenn die weitere soziale und ausbildungs- oder berufsmäßige Entwicklung durch den Widerruf in einer sachlich nicht zu rechtfertigenden Weise
beeinträchtigt würde und die neue Tat keinen schwerwiegenden Strafmakel
nach sich zieht.

IV. Verfahrensrechtliches

1. Zuständigkeit

Die Entscheidung obliegt dem Gericht des neuen Strafverfahrens, also ggf. 6
auch einem Erwachsenengericht (s. näher Dallinger/Lackner Rn. 15f (zur
früheren Rechtslage)).

2. Nachträgliches Beschlussverfahren

Ist der Widerruf nicht im Urteil ausgesprochen, so kann er in einem 7
nachträglichen Beschlussverfahren – aber vor Tilgungsreife (vgl. → Rn. 4) –
ohne mündliche Verhandlung nachgeholt werden. Zwecks Klarstellung ist
entsprechend auch dann zu verfahren, wenn von dem Widerruf abgesehen
wird (vgl. Brunner/Dölling Rn. 7; aA Goerdeler in NK-JGG Rn. 5: keine
Entscheidung erforderlich). – Der Beschluss ist zu begründen und formlos
mitzuteilen (§ 2 Abs. 2, §§ 35 Abs. 2, 41 StPO, § 67 Abs. 2 aF bzw. § 67a
Abs. 1 nF).

3. Anfechtbarkeit

Die Entscheidung kann, wenn sie in dem neuen Urteil ergangen ist, mit 8
den **allg. Rechtsmitteln,** also Berufung und Revision, angefochten werden. Dies kann auch beschränkend auf die Widerrufsentscheidung geschehen.

Ist die Entscheidung nachträglich durch besonderen Beschluss ergangen,
so ist dieser mit der **einfachen Beschwerde** (§ 2 Abs. 2, § 304 StPO)
anfechtbar (hM; anders noch Potrykus Anm. 2, der entspr. § 99 Abs. 3
sofortige Beschwerde für zulässig hielt).

4. Wirkung des Widerrufs

Der Widerruf, der dem Zentralregister mitzuteilen ist (§ 13 Abs. 1 Nr. 6 9
BZRG), hat zur Folge, dass die Beseitigung des Strafmakels **rückwirkend**
entfällt (s. zur Berechnung von Fristen § 46 Abs. 2 BZRG).

Fünftes Hauptstück. Jugendliche vor Gerichten, die für allgemeine Strafsachen zuständig sind

Zuständigkeit

102 [1]Die Zuständigkeit des Bundesgerichtshofes und des Oberlandesgerichts werden durch die Vorschriften dieses Gesetzes nicht berührt. [2]In den zur Zuständigkeit von Oberlandesgerichten im ersten Rechtszug gehörenden Strafsachen (§ 120 Abs. 1 und 2 des Gerichtsverfassungsgesetzes) entscheidet der Bundesgerichtshof auch über Beschwerden gegen Entscheidungen dieser Oberlandesgerichte, durch welche die Aussetzung der Jugendstrafe zur Bewährung angeordnet oder abgelehnt wird (§ 59 Abs. 1).

I. Anwendungsbereich

Die Vorschrift gilt in Verfahren gegen **Heranwachsende** entsprechend **1** (§ 112 S. 1; s. auch RL 2).

II. Allgemeines

1. Defizite der Begründung der Vorschrift

Die geregelten **Ausnahmen** von der **Zuständigkeit** der **JGerichte** wur- **2** den vom Gesetzgeber 1953 damit begründet, dass den JGerichten in den betr. Strafsachen die erforderliche Sachkunde fehle (Amtl. Begr. 49). Die Vorschrift soll sich ferner aus Zweckmäßigkeitsgründen rechtfertigen, die eine Aburteilung von Jugendlichen und Heranwachsenden vor den für allg. Strafsachen zuständigen Gerichten erforderlich machten (Beulke/Swoboda JugendStrafR 629; vgl. aber etwa JuMiKo v. 17.11.2016 TOP II. 7). Es erscheint allerdings nicht ohne weiteres ersichtlich, welche überwiegenden Gründe eine solche **Durchbrechung** des **Vorranges** des **Erziehungsauftrags** (vgl. § 2 Abs. 1) und eine damit verbundene Beschränkung einer erzieherisch ausgerichteten Verfahrensgestaltung (zB im Hinblick auf §§ 36, 37; vgl. näher → § 104 Rn. 31) sowie – möglicherweise zukünftig nicht mehr überwindbare – Entwicklungsstörungen (vgl. zu OLG Düsseldorf NStZ 1994, 209 und NJW 1995, 343; Lempp MschKrim 1998, 125 (128 f.); ausf. Lederer StV 2016, 745 ff.) rechtfertigen könnten (insoweit unerörtert in BGH NStZ 2001, 265 ff.; anders BGH NStZ 2002, 447; vgl. aber auch Dallinger/Lackner Rn. 4). Insbesondere ist schon bei der *Subsumtion* der einschlägigen Vorschriften (vgl. auch → Rn. 4) zu berücksichtigen, dass zB im Ausland wie auch aus der Opferperspektive nach dem altersmäßigen Status der Beschuldigten *differenziert* wird. Zudem verlangt der Gleichheitsgrundsatz (Art. 3 Abs. 1 GG) bei der jeweiligen Zuständigkeitsprüfung eine restriktive Auslegung (s. aber BGH Dallinger MDR 1956, 146 und dazu krit. Eisenberg NStZ 1996, 266 f.; aA Schoreit NStZ 1997, 70 f.).

2. Tragweite der Vorschrift

3 Bereits dem Zweck der Vorschrift entsprechend sind die JGerichte nicht gehindert, rechtskräftige Urteile der nach S. 1 zuständigen Gerichte nach Maßgabe von § 31 Abs. 2 in eine **neue** jugendgerichtliche **Entscheidung einzubeziehen.** Anders verhält es sich allein bei einer Schuldfeststellungs- und Aussetzungsentscheidungen gem. § 27, weil das OLG sowohl für die Schuld- als auch für die Straffrage zuständig ist und das JGericht keine Kompetenz die Straffrage hat (ebenso Schatz in Diemer/Schatz/Sonnen § 31 Rn. 53 und § 102 Rn. 6; Brunner/Dölling §§ 39–41 Rn. 55; Buhr in HK-JGG § 31 Rn. 18; abw. Ostendorf in NK-JGG § 31 Rn. 9; Höffler in MüKoStPO § 40 Rn. 6 sowie 22. Aufl. § 40 Rn. 6).

3a Die Vorschrift gilt für das Erkenntnis-, nicht für das Vollstreckungsverfahren (vgl. → § 82 Rn. 4). Jedoch folgt der Zuständigkeit im **Erkenntnisverfahren** diejenige zur Entscheidung über Rechtsmittel gegen die vom JRichter als Vollstreckungsleiter getroffenen Entscheidungen (OLG Düsseldorf OLGSt JGG § 82 Nr. 2, unter Hinweis auf §§ 120 Abs. 3, 73 Abs. 1 GVG).

III. Umfang der Zuständigkeit der allgemeinen Strafgerichte

1. Oberlandesgerichte und Landgerichte im ersten Rechtszug

4 **a) Oberlandesgerichte.** Sie sind (vormals einschließlich des BayObLG (n. bis 18. Aufl.) dem Wortlaut nur dieser Vorschrift nach im ersten Rechtszug zuständig in den Fällen von S. 1 iVm § 120 Abs. 1, 2 GVG. Jedoch gilt dies zumindest bzgl. § 120 Abs. 2 GVG wegen des kriminalphänomenologisch differenzierend zu würdigenden *Altersstatus* wie auch gem. verfassungskonformer Auslegung (vgl. zu Art. 3 Abs. 1 GG auch → Rn. 2) des Begriffs „besondere Bedeutung" (vgl. aber zur Gesetzesbegr. des § 120 Abs. 2 S. 2 GVG idF des Gesetzes v. 12.6.2015 (BGBl. I 925), BT-Drs. 18/3007: „soll" einer eher restriktiven Auslegung „entgegenwirken") nur **ausnahmsweise** (BGH NStZ 2002, 447 (betr. „überwiegend" Jugendliche und Heranwachsende); ergänzend BGH NJW 2006, 1603 ff.): Einstellung des Verfahrens gegen fünf Angeklagte gem. § 47 Abs. 1 Nr. 1 (betr. Unterstützen einer terroristischen Vereinigung, § 129a StGB); vgl. auch Eisenberg NStZ 2003, 130; 2018, 667 (668); trotz raum-zeitlicher Tatbegrenztheit bejahend aber noch BGH NStZ 2000, 161 (betr. Heranwachsenden) sowie BGH NStZ 2001, 265 ff. (ggü. zwei zur Tatzeit 16-Jährigen); sodann **bejahend** BGH ZJJ 2016, 410 mkritAnm Eisenberg/Wolf (betr. zur Tatzeit 15-Jährige); BGH BeckRS 2017, 102669 betr. zur Tatzeit 18-Jährigen; BeckRS 2017, 109884 Rn. 2 betr. „teils als strafrechtlich verantwortlicher Jugendlicher, teils als Heranwachsender"; BeckRS 2017, 114339; BGH BeckRS 2018, 608 betr. „Jugendlichen").

4a Verneint der GBA die „besondere Bedeutung", so kommt eine *Vorlage* gem. § 209 Abs. 2 StPO analog in Betracht (Auslegung des § 120 Abs. 2 S. 1 GVG aufgrund Art. 101 Abs. 1 GG, vgl. BVerfGE 22, 261 f.; Sowada Richter 671 sowie FS Fezer, 2016, 176 ff.; Frister in SK-StPO GVG § 120 Rn. 21 f.).

b) Landgerichte. Es kommt die Zuständigkeit einer Staatsschutzstraf- 5
kammer (§ 74a GVG) oder einer Wirtschaftsstrafkammer (§ 74c GVG) gem.
§ 103 Abs. 2 S. 2 dann in Betracht, wenn im Falle der Verbindung einer
JStrafsache mit der Strafsache gegen einen Erwachsenen letztere nach den
allg. Vorschriften zur Zuständigkeit einer der beiden bezeichneten Strafkammern gehört, ohne dass der Schwurgerichtskammer (vgl. § 74e GVG) der
Vorrang gebührte (vgl. § 41 Abs. 1 Nr. 1).

2. BGH und Oberlandesgerichte in der Rechtsmittelinstanz

a) BGH. Er ist als Revisionsgericht zuständig nach § 135 Abs. 1 GVG, als 6
Beschwerdegericht nach § 135 Abs. 2 GVG und zusätzlich im Fall des S. 2
(vgl. zu weiteren Fällen einer Zuständigkeit des BGH nach Maßgabe von
S. 1 vgl. nur Meyer-Goßner/Schmitt GVG § 135 Rn. 3).

b) Oberlandesgerichte. Sie sind (einschließlich des vormaligen Bay- 7
ObLG (vgl. → Rn. 4)) in der Rechtsmittelinstanz zuständig als Revisions-
gerichte nach § 121 Abs. 1 Nr. 1 GVG und als Beschwerdegerichte nach
§§ 120 Abs. 3, Abs. 4, 121 Abs. 1 Nr. 2 GVG (vgl. zu weiteren Fällen der
Zuständigkeit der OLGe nach Maßgabe von S. 1 vgl. nur Meyer-Goßner/
Schmitt GVG § 121 Rn. 16).

c) Strafkammer der allg. Strafgerichtsbarkeit. Deren Zuständigkeit 8
nach Maßgabe von § 103 Abs. 2 S. 2 **scheidet** in der Rechtsmittelinstanz
(vgl. nach allg. Recht §§ 74a Abs. 3, 74c Abs. 2 GVG sowie § 74c Abs. 1
GVG) **aus** (s. § 41 Abs. 2 S. 1).

Verbindung mehrerer Strafsachen

103 (1) **Strafsachen gegen Jugendliche und Erwachsene können
nach den Vorschriften des allgemeinen Verfahrensrechts
verbunden werden, wenn es zur Erforschung der Wahrheit oder aus
anderen wichtigen Gründen geboten ist.**

(2) ¹**Zuständig ist das Jugendgericht.** ²**Dies gilt nicht, wenn die
Strafsache gegen Erwachsene nach den allgemeinen Vorschriften
einschließlich der Regelung des § 74e des Gerichtsverfassungsgesetzes zur Zuständigkeit der Wirtschaftsstrafkammer oder der Strafkammer nach § 74a des Gerichtsverfassungsgesetzes gehört; in einem solchen Fall sind diese Strafkammern auch für die Strafsache
gegen den Jugendlichen zuständig.** ³**Für die Prüfung der Zuständigkeit der Wirtschaftsstrafkammer und der Strafkammer nach § 74a
des Gerichtsverfassungsgesetzes gelten im Falle des Satzes 2 die
§§ 6a, 225a Abs. 4, § 270 Abs. 1 Satz 2 der Strafprozeßordnung entsprechend; § 209a der Strafprozeßordnung ist mit der Maßgabe anzuwenden, daß diese Strafkammern auch gegenüber der Jugendkammer einem Gericht höherer Ordnung gleichstehen.**

(3) **Beschließt der Richter die Trennung der verbundenen Sachen,
so erfolgt zugleich Abgabe der abgetrennten Sache an den Richter,
der ohne die Verbindung zuständig gewesen wäre.**

Schrifttum: Kost, Verbindung und Trennung von Strafverfahren, 1989; Mohr, Jugendliche, Heranwachsende und Erwachsene gemeinsam vor dem Strafgericht, 2005; Witzmann, Die gemeinsame Verhandlung, 2012.

Übersicht

I. Anwendungsbereich

1. Persönlicher Anwendungsbereich

1   Die Vorschrift gilt für Verfahren gegen **Heranwachsende** entsprechend (§ 112 S. 1; vgl. auch RL 3). – Dies wird unabhängig davon zu gelten haben, ob sie inzwischen Erwachsene sind (§ 1 und dazu → Rn. 7; anders LG Ansbach 30.7.2015 – KLs 1023 Js 8836/14 jug mBspr Eisenberg JA 2016, 623 ff.).

2. Verfahrensmäßiger Anwendungsbereich

Über eine **OWi**, die mit einer Jugendstraftat zusammenhängt, entscheidet 2
(bei Einspruch gegen einen Bußgeldbescheid) das JGericht (vgl. § 45
OWiG). Eine Trennung der JStraf- und Bußgeldsache durch das JGericht ist
nicht möglich, weil eine selbstständige Zuständigkeit für die OWi (ohne
Verfahren vor der Verwaltungsbehörde) fehlt (§§ 2 Abs. 2, 4, 13 Abs. 2
StPO sind nicht anwendbar, soweit wegen der zusammenhängenden OWi
das Hauptverfahren eröffnet ist; vgl. näher Seitz/Bauer in Göhler OWiG
§ 45 Rn. 4 mN).

Im Hinblick auf die Voraussetzungen in § 103 Abs. 1 scheidet es idR aus, 3
neben einer Strafsache gegen einen Erwachsenen eine OWi gegen einen
Jugendlichen oder Heranwachsenden zu übernehmen (ausführlich Lampe in
KK-OWiG OWiG § 45 Rn. 11 ff.; enger Goerdeler in NK-JGG Rn. 3). Es
soll jedoch das Erwachsenengericht zuständig sein, wenn eine Verbindung
gleichwohl erfolgt, weil die Zuständigkeit des JGerichts für OWi nur im
Einspruchsverfahren bestehe (so Brunner/Dölling Rn. 20; Seitz/Bauer in
Göhler OWiG § 45 Rn. 5; abl. Goerdeler in NK-JGG Rn. 3; Poell in
BeckOK JGG Rn. 8).

II. Allgemeines

1. Entwicklungsgeschichte der Vorschrift

a) Abs. 1. Eine Verbindung von JStrafsachen mit Strafsachen gegen Er- 4
wachsene war noch in § 26 Abs. 2 JGG 1923 – allerdings nur im Wege einer
Sollvorschrift – untersagt. § 77 RJGG 1943 ließ unter Aufrechterhaltung der
Sollvorschrift eine Ausnahme für den Fall zu, dass eine Verbindung zur
Erforschung der Wahrheit oder aus anderen wichtigen Gründen geboten
war. § 77 Abs. 2 RegE JGG 1953 behielt die letztere Regelung bei, allerdings ergänzt um die Möglichkeit in § 77 Abs. 1, eine Verbindung iRd allg.
StVR vorzunehmen – die sodann getroffene – und seither unveränderte –
gesetzliche Regelung (Abs. 1) verknüpfte mittels einer **Kannvorschrift** die
Möglichkeit einer Verbindung nach allg. StVR mit den zusätzlichen Voraussetzungen der bisherigen Ausnahmebestimmung.

b) Abs. 2 S. 1. Welches Gericht für den Fall der Verbindung zuständig 5
sein sollte, ließ § 77 RJGG 1943 noch offen. Sinn der Ausnahmeregelung
war es aber, die für den Fall der Verbindung angenommene Zuständigkeit
des Erwachsenengerichts einzuschränken, und zwar durch eine Konkretisierung des Ermessens der Staatsanwaltschaft dahingehend, bei welchem Gericht die Anklage zu erheben war (vgl. Peters RJGG § 21 Anm. 2). In § 77
Abs. 3 RegE JGG 1953 wurde das Ermessen der (J)Staatsanwaltschaft dadurch beschränkt, dass die Anklage vor dem JGericht erhoben werden sollte,
wenn das Schwergewicht bei dem Verfahren gegen Jugendliche lag. Inhaltlich hatte diese Regelung Gültigkeit bis zur Neufassung von Abs. 2 durch
Art. 3 Nr. 8 StVÄG 1979; nunmehr ist – von der Ausnahme in Abs. 2 S. 2,
3 abgesehen – in den Fällen der Verbindung das JGericht zuständig (Abs. 2
S. 1; zur Begründung BT-Drs. 8/976, 70). Diese Regelung, die zu einem
erheblichen Anwachsen der Geschäftsbelastung vor allem der JSchöffG und
JKammern geführt hat, wurde seitens der Praxis teilweise als hinderlich

bezeichnet (vgl. Blumenstein KrimGgfr 1984, 157 ff.; vgl. krit. auch → Rn. 7 aE; s. aber Brandemer Zbl 1989, 320 f.).

6   **c) Abs. 3.** Dieser wurde 1953 aufgenommen und gilt seither unverändert. Die Vorschrift knüpft an § 26 Abs. 3 JGG 1923 an, ist allerdings umfassender gestaltet.

2. Systematische Bedeutung

7   **a) Verhältnis zu erzieherischen Belangen.** Die Vorschrift gestattet aus solchen verfahrensrechtlichen Gesichtspunkten, die ggü. erzieherischen Gründen für vorrangig erachtet werden (krit. Witzmann, Die gemeinsame Verhandlung, 2012, 146 ff., 208 f.: § 2 Abs. 1 sowie Grundsätze des JGG vorrangig), die sog. sachliche Verbindung zwischen JStrafsachen und Strafsachen gegen Erwachsene. Jedoch gilt die **Verbindung** als **idR unerwünscht** (vgl. auch Amtl. Begr. 49; LG Köln ZJJ 2009, 382: restriktive Handhabung geboten). Hierfür sind – abgesehen von Gesichtspunkten der Zweckmäßigkeit (RL Nr. 1 S. 1) – zum einen Anhaltspunkte für eine Tendenz in der Praxis bedeutsam, im Falle einer Verbindung Auswahl und nähere Ausgestaltung der gegen den Jugendlichen anzuordnenden Maßnahmen nicht ohne Berücksichtigung der gegen den Erwachsenen verhängten Strafe zu treffen (so bereits Peters RJGG § 77 Anm. 2). Zum anderen ist es – nach Einführung der grundsätzlichen Zuständigkeit des JGerichts (Abs. 2 S. 1) – nicht unbedenklich, den Erwachsenen im Wege der Verbindung aufgrund einer bloßen Ermessensvorschrift dem Gericht der allg. Strafgerichtsbarkeit zu entziehen (vgl. auch → Rn. 5 aE; nachdrücklich auch Goerdeler in NK-JGG Rn. 6).

8   **b) Einordnung im JGG.** Die Vorschrift griff bereits vor Neufassung des Abs. 2 inhaltlich insofern über die Überschrift des fünften Hauptstücks hinaus, als sie auch die Verbindung (und Trennung) von Strafsachen gegen Jugendliche und Erwachsene vor den JGerichten betraf (vgl. Dallinger/ Lackner Rn. 1). Nach der regelmäßigen Zuständigkeit des JGerichts im Falle der Verbindung ist die Vorschrift nunmehr im Fünften Hauptstück gesetzessystematisch verfehlt und wohl de lege ferenda eher dem Zweiten Abschnitt des Zweiten Hauptstücks zuzuordnen (zust. Witzmann, Die gemeinsame Verhandlung, 2012, 101).

III. Ausgestaltung von Verbindungen

1. Voraussetzungen der Verbindung (Abs. 1) und Entscheidung

9   **a) Geboten zur Erforschung der Wahrheit oder aus anderen wichtigen Gründen (Abs. 1).** Eine Verbindung nach Abs. 1 setzt zunächst voraus, dass sie nach den Vorschriften des **allg. StVR** (§§ 2 ff., 13, 237 StPO) und auch sonst generell **zulässig** ist (vgl. zum insoweit maßgeblichen Begriff des Zusammenhanges die Erläuterungswerke zu § 3 StPO). Eine Verbindung eines Berufungsverfahrens mit einem erstinstanzlichen Verfahren vor der Staatsschutzkammer, scheidet danach aus (BGH BeckRS 2019, 35791: dies würde der JKammer gem. Abs. 2 S. 2 die ihnen für die Berufung übertragene Zuständigkeit entziehen). – Was die vorgenannten (zusätzlichen)

Voraussetzungen des Abs. 1 anbetrifft, so sind hieran im Hinblick auf den **Ausnahmecharakter** der Vorschrift (vgl. Amtl. Begr. 49 sowie → Rn. 7, LG Verden StV 2008, 118) hohe Anforderungen zu stellen, die eine sorgfältige Abwägung im Einzelfall erforderlich machen und deren Vorliegen sich **nur ausnahmsweise** wird begründen lassen (OLG Koblenz JR 1982, 479 f.; LG Darmstadt bei Allgeier DVJJ-Journal 2000, 408; Witzmann, Die gemeinsame Verhandlung, 2012, 127). Dem tragen Nicht-Jugendgerichte (→ §§ 33–33b Rn. 2) mitunter weniger Rechnung (vgl. etwa OLG Karlsruhe ZJJ 2013, 211 mAnm Eisenberg/Höynck ZJJ 2013, 320; KG NStZ-RR 2018, 91: ein Heranwachsender ggü. vier Erwachsenen; vgl. auch → Rn. 23; zur Begrenzung auf Fragen der Täterpersönlichkeit Fahl NStZ 1983, 310; Kost, Verbindung und Trennung von Strafverfahren, 1989, 30 f.).

So finden sich Entscheidungen, die **entgegen** der **gesetzlichen Intenti-** **9a** **on** eher an Kriterien der **Erledigung** orientiert sind (OLG Köln NStZ-RR 2000, 314: Sanktionsauswahl und -bemessung „in einer Hand"; ausdehnend OLG Hamburg ZfJ 2004, 434; s. auch OLG Karlsruhe MDR 1981, 693 = GA 1982, 181). Das Gleiche gilt für die **unzulässige** (Buhr in HK-JGG Rn. 11) und spekulative Strategie eines „**Benutzens**" der (im Ermittlungsverfahren etwa geständigen oder teilgeständigen) jugendlichen Angeklagten zwecks Überführung erwachsener Angeklagter (so aber KG NStZ 2006, 521 (mablAnm Eisenberg sowie Erl. Poell in BeckOK JGG Rn. 11) sowie KG NStZ-RR 2018, 91; OLG Hamm ZJJ 2011, 90 (andernfalls „Änderung des Aussageverhaltens nicht zu erwarten"), OLG Karlsruhe ZJJ 2013, 212 mAnm Eisenberg/Höynck ZJJ 2013, 320; s. zu Bedenken auch OLG Nürnberg StV 2011, 40 (betr. geständigen Erwachsenen)).

Demgegenüber kommen nur Fälle in Betracht, in denen es um die **Er-** **10** **möglichung** der Wahrheitserforschung geht, dh Fälle nur einer Erleichterung scheiden aus (ebeso Poell in BeckOK JGG Rn. 10; vgl. auch Fahl NStZ 1983, 310; zu Bsp. Mohr, Jugendliche, Heranwachsende und Erwachsene gemeinsam vor dem Strafgericht, 2005, 47 ff.). Ob es im Einzelnen etwa als geeignet erscheinen könnte, auch erwachsene Tatbeteiligte während der Dauer einer *HV* (und also nicht nur als Zeugen) zu **beobachten,** um Erkenntnisse für die Beurteilung des Einflusses der Umwelt auf den Jugendlichen (oder Heranwachsenden) – oder aber der Rolle des Jugendlichen (oder Heranwachsenden) iZm Tatentschluss und -ausführung des Erwachsenen – erst zu gewinnen (vgl. etwa OLG Karlsruhe ZJJ 2013, 212 mAnm Eisenberg/Höynck ZJJ 2013, 320; vormals Dallinger/Lackner Rn. 4 mN), ist wegen der für derartige Fragestellungen idR nicht geeigneten „**Dramatik der Situation**" (Schüler-Springorum MschKrim 1969, 1 (13)) eher **zw.** Insbesondere wird zu bedenken sein, dass erwachsene Mitangeklagte die jugendgerichtliche Atmosphäre der HV uU beeinträchtigen (LG Darmstadt bei Allgeier DVJJ-Journal 2000, 408) und darüber hinaus den jugendlichen (oder heranwachsenden) Angeklagten noch in der HV in einer – von Amtierenden möglicherweise nicht erkennbaren – Weise beeinflussen (LG Berlin 10.3.2004 – (530) 69 Js 86/03 (6/04); vgl. schon Nowakowski JBl 1962, 469 (478)), die die gebotene **Persönlichkeitserforschung** (vgl. § 43) zu **behindern** vermag (verkürzt KG NStZ-RR 2018, 91 (indes ua schon „Opferschutz" anführend)).

Auch unter diesem Aspekt wird eine Verbindung **ausscheiden,** wenn es **10a** sich bei den erwachsenen Angeklagten etwa um die **Eltern** des Jugendlichen handelt (vgl. RL Nr. 1 S. 2; LG Köln ZJJ 2009, 383; Buhr in HK-JGG Rn. 10; abw. KG NStZ 2006, 521 mablAnm Eisenberg; OLG Hamm ZJJ 2011, 89). Entsprechendes kann für den (mutmaßlichen) **„Anführer"** einer Tätergruppe gelten (AG Tiergarten 7.7.1994 – 400-111/94 betr. mindestens vier Jahre älteren Erwachsenen (anders aber LG Berlin 30.8.1994 – 530 Qs 32/94; zur Stabilisierung von Gruppenidentität durch Nichtbetreuung s. Lempp DVJJ-Journal 1994, 259).

10b   Soweit es als **anderer wichtiger Grund** iSd Vorschrift angesehen wird, wenn ohne eine Verbindung die ohnehin umfangreiche Beweisaufnahme wiederholt werden müsste, so mag dies zur Beschleunigung des Verfahrens und auch der Vermeidung uU erheblicher zusätzlicher Kosten (Dallinger/ Lackner Rn. 4) nicht nur unter dem Gesichtspunkt der Prozesswirtschaftlichkeit, sondern auch im Interesse der Angeklagten geboten erscheinen (s. allerdings zu etwaigen erheblichen Konsequenzen der Trennung oder Verbindung für die Verteidigerkosten schon Eisenberg NJW 1984, 2919). Dies gilt freilich nicht, sofern erwachsenen Mitangeklagten weitere Taten zur Last liegen, die ihrerseits eine Beweisaufnahme erforderlich machen, sodass es zu einer längeren Verfahrensdauer kommen wird (verfehlt daher OLG Karlsruhe ZJJ 2013, 212 mAnm Eisenberg/Höynck ZJJ 2013, 320; LG Stuttgart 25.6.2012 – 4 KLs 211 Js 28184/12 Hw., S. 4).

10c   Ohnehin vermögen reine **Zweckmäßigkeitserwägungen keinen** wichtigen Grund iSd besonderen Voraussetzungen von Abs. 1 abzugeben (vgl. BGHSt 10, 327; OLG Koblenz JR 1982, 479 f.; wohl aber die Vermeidung nachträglicher Gesamtstrafenbildung, OLG Karlsruhe MDR 1981, 693 f.), und zwar schon deshalb nicht, weil bereits das Erfordernis der Zulässigkeit einer Verbindung nach den Vorschriften des allg. StVR (vgl. → Rn. 9) an die danach zu Grunde liegenden Gesichtspunkte einer Zweckmäßigkeit anknüpft. Nur formelle Gründe oder solche der Bequemlichkeit rechtfertigen eine Verbindung ohnehin nicht (vgl. bereits Peters RJGG § 77 Anm. 2; Potrykus Anm. 2 mit weiteren Erwägungen).

11   **b) Entscheidung.** Hinsichtlich der Entscheidung über die Verbindung liegt es zunächst im pflichtgemäßen Ermessen der **JStA,** ob JStrafsachen gegen Jugendliche und Erwachsene einheitlich bearbeitet (vgl. auch Nr. 25 RiStBV) und erforderlichenfalls in einer gemeinsamen Anklage bei Gericht anhängig gemacht werden (§ 2 Abs. 1 StPO; für eine einschr. Praxis Fahl NStZ 1983, 309 f.; vgl. auch Nr. 114 RiStBV). Kommt eine einheitliche Bearbeitung in Betracht, sollte diese – wie die Entscheidung über eine verbundene Anklage – von dem JStA übernommen werden (s. bereits Peters RJGG § 77 Anm. 2). Dies gilt umso mehr, als seit der Neufassung des Abs. 2 nunmehr regelmäßig das JGericht zuständig ist (Abs. 2 S. 1).

12   Das **Gericht** entscheidet nach seinem **pflichtgemäßen Ermessen** darüber, ob die Verbindung der bei ihm anhängig gemachten Anklage aufrecht erhalten bleibt oder aber zu trennen ist (§§ 2 Abs. 2, 4 Abs. 1 StPO, auch § 13 Abs. 3 StPO; vgl. ergänzend → Rn. 18 ff.) bzw. ob eine Verbindung getrennt anhängig gemachter Sachen in Betracht kommt (Abs. 1 iVm §§ 4 Abs. 1, 13 Abs. 2, 237 StPO; abl. zu § 237 StPO Kost, Verbindung und Trennung von Strafverfahren, 1989, 27 f.; zum Umfang der Zuständigkeit des Gerichts vgl. → Rn. 13 ff.). Soweit die Verbindungsvoraussetzungen vorliegen, die Verbindung aber an der Ablehnung einer Übernahme durch die ersuchte JKammer scheitert, ist für eine Verbindung durch das gemeinschaftliche obere Gericht (§ 4 Abs. 2 S. 2 StPO) jedenfalls dann kein Raum, wenn die Gefahr eines Verfahrensstillstandes nicht besteht (OLG Düsseldorf MDR 1980, 1041 betr. die Verbindung nach § 112 S. 1 JGG, § 103 Abs. 1 JGG, § 3 StPO).

Die Aufrechterhaltung geschieht zusammen mit dem Eröffnungsbeschluss **12a** (vgl. auch Brunner/Dölling Rn. 9), ohne dass in der Praxis stets zu erkennen gegeben wird, mit welcher Begründung dies geschieht (vgl. etwa LG Ansbach 30.7.2015 − KLs 1023 Js 8836/14 jug mBspr Eisenberg JA 2016, 623 ff.).

2. Zuständigkeit (Abs. 2); Folgen für den Rechtsmittelzug

a) Zuständigkeit (Abs. 2). Soweit nicht die **Zuständigkeit** des OLG in **13** Betracht kommt (§ 120 Abs. 1, 2 GVG) und kein Fall des Abs. 2 S. 2 vorliegt, ist die verbundene Anklage vor dem zuständigen JGericht **(Abs. 2 S. 1)** zu erheben (ohne dass es auf ein Schwergewicht ankäme). Die Anhängigkeit ist bei der JKammer herbeizuführen, wenn für die Erwachsenen nach allg. Vorschriften eine große Strafkammer (ausschließlich der Strafkammern nach Abs. 2 S. 2) zuständig wäre (§ 41 Abs. 1 Nr. 3, vgl. → § 41 Rn. 9 f.; anders noch für die frühere Rechtslage BGHSt 9, 399). Wäre für die Erwachsenen nach allg. StVR eine große Strafkammer nicht zuständig, so wird beim JSchöffenG anzuklagen sein, soweit im Hinblick auf § 39 Abs. 1 S. 2 eine Zuständigkeit des JRichters in Fällen der Verbindung von JStraf- und Erwachsenenstrafsachen ausscheidet − ansonsten kommt ggf. auch eine vor dem JRichter erhobene verbundene Anklage in Betracht (Buhr in HK-JGG Rn. 14).

Ist das **Hauptverfahren eröffnet** (zum Verfahren bei Trennung der ver- **14** bunden anhängig gemachten Sache vor Eröffnung des Hauptverfahrens vgl. → Rn. 23), so entscheidet über die Verbindung der beim SchöffenG rechtshängigen Erwachsenenstrafsache mit der beim JRichter rechtshängigen JStrafsache in entsprechender Anwendung von § 4 Abs. 2 S. 1 StPO, §§ 39 Abs. 1 S. 2, 40 Abs. 1 das JSchöffenG. Im Übrigen sind − von der Ausnahme in Abs. 2 S. 2 abgesehen − die **JGerichte** für den Verbindungsbeschluss nach der Gleichstellungsklausel in § 209a Nr. 2 lit. a StPO ohnehin **auch dann** zuständig, wenn die Erwachsenenstrafsache bei einem allg. Strafgericht gleicher Ordnung innerhalb des Bezirks des JGerichts (vgl. § 4 Abs. 2 S. 1 StPO) rechtshängig war (für das Verfahren zur Begründung desselben Gerichtsstandes gilt § 13 Abs. 2 StPO entspr., jedoch nur insoweit, als dadurch nicht zugleich die sachliche Zuständigkeit (zB SchöffenG/Strafkammer) geändert werden soll (vgl. BGHSt 22, 232; BGH Martin DAR 1974, 122; BGH NStZ 2000, 435), denn eine Vereinbarung über die örtliche Zuständigkeit zwischen Gerichten verschiedener Ordnung − einschließlich der insoweit ohnehin nicht geltenden Gleichstellungsklausel in § 209a StPO − sieht das StVR nicht vor).

Ausnahmsweise ist die Staatsschutzstrafkammer (§ 74a GVG) bzw. die **15** Wirtschaftsstrafkammer (§ 74c GVG) zur Entscheidung über die Verbindung zuständig, wenn die Strafsachen gegen die Erwachsenen (dagegen nicht die Jugendlichen) nach den allg. Vorschriften des StVR (§§ 74 ff. GVG) zu ihrer Zuständigkeit gehören, ohne dass die vorrangige Zuständigkeit dem Schwurgericht (§§ 74e, 74 Abs. 2 GVG − und damit der JKammer (§ 41 Abs. 1 Nr. 1) − zukommt (Abs. 2 S. 2). Die Regelung in S. 3 soll klarstellen,

dass die allg. Vorschriften über die Beachtung des Vorranges der Strafkammern in Verfahren vor den JGerichten auch dann gelten, wenn sich bei
gemeinsam gegen Jugendliche und Erwachsene anhängigen Strafsachen wegen des gegen Erwachsene gerichteten Tatvorwurfs der Vorrang einer solchen besonderen Strafkammer ergibt (vgl. Begr. BT-Drs. 8/976, 70; s. auch
OLG Karlsruhe NStZ 1987, 375; Meyer-Goßner NStZ 1989, 298 f.; krit.
bei erzieherischer Orientierung Beha Bewährungshilfe 1988, 330; betr.
Terrorismus Eisenberg/Kölbel Kriminologie § 58 Rn. 38 ff.).

16   Aus der **Zuständigkeit** der **besonderen Strafkammer** für die Verbindung (oder Trennung) in diesem Ausnahmefall ergibt sich hiernach, dass das
JGericht seine Unzuständigkeit bis zur Eröffnung des Hauptverfahrens von
Amts wegen und nach Eröffnung auf Einwand des erwachsenen Angeklagten
bis zum Beginn seiner Vernehmung zur Sache in der HV ausspricht (§ 6a
StPO), wenn bei ihm entweder eine JStrafsache anhängig ist, deren Verbindung mit einer Erwachsenenstrafsache geboten erscheint, für welche die
besondere Strafkammer zuständig ist, oder aber, wenn ein bereits verbundenes Verfahren bei ihm anhängig ist, wobei in der Strafsache gegen den
Erwachsenen die besondere Strafkammer zuständig ist (s. auch Brunner/
Dölling § 47a Rn. 4). – Im Eröffnungsverfahren geht das JGericht gem.
§ 209 Abs. 2 StPO vor, wobei für die JKammer nach S. 3 Hs. 2 die besondere Strafkammer einem Gericht höherer Ordnung gleichsteht. Vor
Beginn einer HV verfährt das JGericht nach § 225a StPO (einschließlich
dessen Abs. 4), nach Beginn einer HV nach § 270 Abs. 1 StPO (der grundsätzliche Vorrang der JKammer ist auch insoweit aufgehoben, vgl. § 47a
S. 2).

17   **b) Rechtsmittelzug.** Dieser richtet sich auch für die Gesamtheit der
verbundenen Sachen nur danach, welches Gericht – unabhängig von seiner
Zuständigkeit – in der vorhergehenden Instanz tatsächlich entschieden hat,
und nicht danach, welches Gericht als erstinstanzlich zuständig hätte entscheiden müssen (BGHSt 22, 48 (49 f.) gegen BGHSt 13, 157). Hiernach
entscheidet etwa die JKammer über die allein von dem erwachsenen Mitangeklagten eingelegte Berufung gegen das Urteil des JRichters (BGHSt 22,
48; vgl. OLG Düsseldorf NJW 1968, 2020; die Rechtsmittelbeschränkungen
des § 55 gelten insoweit nicht; betr. Abs. 2 S. 2 auch → § 102 Rn. 8).

3. Verfahren bei Trennung der verbundenen Sachen

18   **a) Trennung.** Eine solche kann jederzeit erfolgen, sobald sich eine gesonderte Bearbeitung als zweckmäßig erweist (vgl. zu einem entspr. Antrag
der StA RL 2) oder die Gründe, die eine Verbindung ausnahmsweise
geboten erscheinen ließen, entfallen sind (zu den Grenzen vgl. auch BGH
StV 1984, 185). Ansonsten gelten die Erl. zu → Rn. 9–16 entsprechend. Mit
der Trennung hat das JGericht das Verfahren entweder (bei Vorliegen der
entspr. Voraussetzungen) gem. §§ 209, 209a StPO iVm § 2 Abs. 2 zu
eröffnen oder sich (namentlich bei fehlender Bezirksidentität) nach den allg.
Regen (→ § 42 Rn. 14) für unzuständig zu erklären (LG Hamburg BeckRS
2016, 112925). In diesem Fall ist es an der StA, unter verschiedenen örtlich
zuständigen Gerichten den Gerichtsstand zu bestimmen.

18a   **b) Trennung vor Eröffnung des Hauptverfahrens.** Beschließt das
JGericht eine Trennung vor (oder zugleich mit) Eröffnung hinsichtlich des/

der Erwachsenen und ist diesbezüglich ein Erwachsenengericht gleicher oder niedrigerer Ordnung in seinem Bezirk zuständig, so hat das **abtrennende Gericht auch** dazu über die **Eröffnung** des Hauptverfahrens zu entscheiden, da es insoweit einem Gericht höherer Ordnung gleich steht (§ 2 Abs. 2, §§ 207, 209, 209a Nr. 2a StPO, zur Unzulässigkeit einer Zuständigkeitsbegründung des eröffnenden Richters qua Geschäftsverteilung vgl. Eisenberg GA 2002, 582 ff.); die Neufassung des § 209a StPO durch das StVÄG 1979 wurde in Abs. 3 – wohl infolge eines Redaktionsversehens (ebenso Wenske in MüKoStPO StPO § 209a Rn. 28) – nicht berücksichtigt (OLG Koblenz MDR 1982, 604 = JR 1982, 479 mzustAnm Brunner; KG StV 1985, 408; OLG Düsseldorf NStZ 1991, 145; OLG Hamm NStE § 103 Nr. 1 JGG; OLG Karlsruhe ZJJ 2013, 212; vgl. ergänzend LG Verden StV 2008, 119).

Ist eine verbundene Anklage zur **Staatsschutz**strafkammer erhoben und **18b** hält diese die Voraussetzungen von Abs. 1 für nicht gegeben, eröffnet sie das Verfahren gegen die Jugendlichen nach erfolgter Trennung vor der JKammer gem. §§ 209 Abs. 1, 209a Abs. 1 StPO (LG Berlin NStZ 1982, 203; vgl. Abs. 2 S. 3 letzter Hs. (Abs. 3 steht nicht entgegen)).

4. Fortdauer der durch die Verbindung begründeten Zuständigkeit

Sie bleibt auch dann bestehen, wenn die für die Verbindung maßgeblichen **19** Gründe nachträglich weggefallen sind. Wird nunmehr getrennt, so ist für die abgetrennte Sache noch keine neue Zuständigkeit begründet.

a) Zulässiger Wechsel der Zuständigkeit. Vor Eröffnung des Haupt- **19a** verfahrens **oder** dann, **wenn** die abgetrennte Sache vor ein für **allg. Strafsachen** zuständiges Gericht **höherer Ordnung** gehören würde, kommt ein Wechsel der Zuständigkeit in Betracht, der jedoch nicht durch die Trennung selbst, sondern erst **mit der Abgabe** eintritt. Insoweit verbleibt es etwa bei der Zuständigkeit des JGerichts für die erwachsenen Angeklagten bis zur Abgabe, auch wenn die Jugendlichen und Heranwachsenden aus dem Verfahren bereits ausgeschieden sind (vgl. auch Brunner/Dölling Rn. 14; zur früheren Rechtslage BGHSt 18, 79; Dallinger/Lackner Rn. 12). Ebenso kann das Gericht von sich aus die Verbindung zu einem gemeinsamen Verfahren wieder herbeiführen, solange eine Abgabe der abgetrennten Sache noch nicht erfolgt ist (BayObLG Zbl 1959, 265).

Die **Abgabe** nach **Abs. 3** ersetzt – soweit sie in Betracht kommt – die **19b** Begründung einer neuen Zuständigkeit nach den allg. Vorschriften. Mit der Abgabe geht die Sache in der Lage, in der sie sich befindet, an das nunmehr allein zuständige Gericht über. – Die Wirksamkeit der Abgabe setzt keine Bereitschaft des angegangenen Gerichts zur Übernahme voraus (OLG Stuttgart Justiz 1978, 174; Dallinger/Lackner Rn. 12). Die rechtswirksame Abgabe schließt gem. § 269 StPO aus Gründen der Prozessökonomie und der Verfahrensbeschleunigung eine weitere Abgabe an ein Gericht niedrigerer Ordnung auch dann aus, wenn sie sachlich zu Unrecht vorgenommen worden ist (OLG Karlsruhe NStZ 1987, 375). Eine Vorlage der Sache an das gemeinschaftliche obere Gericht zur Bestimmung der Zuständigkeit ist daher für den Fall der Abgabe nach Abs. 3 regelmäßig unzulässig (vgl. auch BGHSt 18, 381; Erb in Löwe/Rosenberg StPO Vor § 1 Rn. 14).

19c Indes enthebt – soweit nicht schon §§ 209 Abs. 1, 209a Nr. 2a StPO eingreifen – die Abgabe das angegangene Gericht nicht von der Prüfung der Voraussetzungen des Eröffnungsbeschlusses nach § 203 StPO (BGH JurBüro 1987, 1168 (1169)). Dieser kann in einer Berufungsverhandlung nicht mehr nachgeholt werden (BGHSt 33, 167). Sein Fehlen führt bei der Entscheidung über die Revision zur Verfahrenseinstellung gem. § 354 Abs. 1 StPO wegen eines nicht mehr behebbaren Verfahrenshindernisses (BGH NStZ 1984, 520; s. auch Meyer-Goßner/Schmitt StPO § 203 Rn. 4).

20 Nach hM (BGHSt 18, 79 (84) und die Nachw. in → Rn. 19) ist ein Abweichen von Abs. 3 nicht gerechtfertigt, wenn sich das Verfahren vor dem Erwachsenengericht (Strafkammern nach §§ 74a, 74c GVG; OLG nach § 120 Abs. 1, 2 GVG) nach einer Verfahrenserledigung ggü. allen Erwachsenen nur noch gegen Jugendliche bzw. Heranwachsende richtet. Auch insoweit wird die Sache nicht unmittelbar beim JGericht anhängig, vielmehr bedürfte es der Abgabe (zust. Goerdeler in NK-JGG Rn. 9; vgl. näher → §§ 33–33b Rn. 16 ff.).

21 **b) Abtrennung nach Eröffnung des Hauptverfahrens.** Trennt das JGericht nach diesem Zeitpunkt das Verfahren gegen Erwachsene ab, so kann – abgesehen vom Ausnahmefall nach Abs. 2 S. 2, 3 – die Zuständigkeit eines für allg. Strafsachen zuständigen Gerichts gleicher oder niedrigerer Ordnung **nicht mehr** im Wege der **Abgabe** begründet werden (§ 47a S. 1 als lex specialis ggü. Abs. 3; BayObLG MDR 1980, 958; vgl. auch LG Berlin NStZ-RR 1999, 154). Dies gilt gerade auch dann, wenn die abgetrennte Sache nur noch Erwachsene betrifft (BGHSt 30, 260).

22 Seit der Neufassung von Abs. 2 S. 1 (vgl. → Rn. 5) wurde zunächst angenommen, es verbleibe auch bei **Zurückverweisung** im Falle der Urteilsaufhebung zu Gunsten lediglich des Erwachsenen durch das Revisionsgericht bei der durch die Verbindung begründeten Zuständigkeit (vgl. Nachw. 5. Aufl.). Diese Ansicht wurde sodann aufgegeben (BGHSt 35, 267; zur stRspr, vgl. nur BGH NStZ-RR 2009, 105; vgl. ferner Goerdeler in NK-JGG Rn. 14). Also kann das Revisionsgericht die Sache an eine allg. Strafkammer zurückverweisen; es soll aber auch nicht an einer Zurückverweisung an eine JKammer gehindert sein, wenn es dies für sachlich geboten hält (BGH StV 1994, 415 (mkritAnm Schneider), unter Hinweis zB auf verfahrens- bzw. zeitökonomische Gründe ebenso wie auf die Berücksichtigung „jugendspezifischer Umstände der Tat" im Verfahren nur noch gegen einen Erwachsenen; Gericke in KK-StPO § 355 Rn. 6). – Ohnehin anders verhält es sich, wenn – unter Verletzung von § 338 Nr. 4 StPO – bisher kein JGericht mit der Sache befasst gewesen ist und also § 47a nicht anzuwenden ist (BGH StV 1985, 357).

5. Anfechtbarkeit

23 **a) Beschwerde.** Die *vor* der *Eröffnung* des Hauptverfahrens durch Beschluss angeordnete *Abtrennung* kann durch einfache Beschwerde (§ 304 Abs. 1 StPO) angefochten werden (OLG Koblenz JR 1982, 479; OLG Düsseldorf NStZ 1991, 145; OLG Hamm NStE § 103 JGG Nr. 1). Ansonsten ist der **Verbindungs-** oder **Trennungsbeschluss** (ebenso wie dessen Ablehnung; vgl. BayObLGSt 52, 117; KG Juristische Wochenschrift 1932, 962 jeweils betr. § 237 StPO) wegen § 305 S. 1 StPO grundsätzlich **nicht**

mit der Beschwerde anfechtbar. Eine Beschwerde kommt jedoch **ausnahmsweise** in Betracht, wenn die Wirkung des Beschlusses über eine bloße Verbindung oder Trennung hinausreicht (zB bei gleichzeitiger Eröffnung des HV), weil er den Fortgang des Verfahrens insgesamt auf längere bzw. unbestimmte Zeit hemmt. Denn insoweit dient er nicht mehr lediglich der Vorbereitung und Förderung der Urteilsfällung (vgl. OLG Hamburg ZfJ 2004, 432; Meyer-Goßner/Schmitt StPO § 2 Rn. 13; Erb in Löwe-Rosenberg StPO § 2 Rn. 27).

Die Frage, ob die Prüfung des Beschwerdegerichts sich auf Ermessens- **23a** fehler der abtrennenden Entscheidung zu beschränken hat oder aber ob eine **volle Nachprüfung** einschließlich Erwägungen der Zweckmäßigkeit vorzunehmen ist, beantworten die OLGe unter Bezugnahme auf Kommentierungen zu § 2 StPO überwiegend im zweitgenannten Sinne (vgl. ausdrücklich OLG Düsseldorf NStZ 1991, 145; OLG Karlsruhe ZJJ 2013, 212). Indes steht einer solchen Nivellierung von allg. StVR und JStV entgegen, dass die OLGe und der BGH von Gesetzes wegen keine Jugendgerichte sind (→ §§ 33–33b Rn. 2; vgl. auch → Rn. 9; näher schon Dallinger/Lackner § 33 Rn. 5) und für sie die spezielle Befähigungsnorm des § 37 nicht gilt. Daher wird, um den Auftrag des § 2 Abs. 1 nicht zu gefährden, nach hier vertretener Auffassung eine Prüfung **nur** auf **Ermessensfehler** in Betracht kommen dürfen.

b) Revision. Wird der Jugendliche vor der Entscheidung über die Tren- **24** nung nicht angehört, kann auf dieser Verletzung des Anspruchs auf **rechtliches Gehör** im Einzelfall das Urteil iSv § 337 Abs. 1 StPO beruhen (vgl. BGH Pfeiffer NStZ 1982, 188 (für das allg. StVR)).

Auf eine fehlerhafte **Ermessens**entscheidung hinsichtlich der Verbindung **24a** bzw. Trennung von Strafsachen kann die Revision gem. § 2 Abs. 2, § 337 StPO nach allg. Grundsätzen (vgl. etwa Meyer-Goßner/Schmitt StPO § 337 Rn. 16, 17) – und also nur in den diesen entsprechenden Grenzen – gestützt werden.

Hat aufgrund der Verbindung (oder Trennung) ein **sachlich unzustän-** **24b** **diges Gericht** entschieden, so erfolgt eine Aufhebung des Urteils durch das damit befasste Revisionsgericht von Amts wegen, ohne dass eine Rüge erforderlich ist (vgl. BGHSt 10, 76; KG StV 1985, 408; vgl. auch → § 39 Rn. 19, → § 41 Rn. 26). Hat infolge unzulässiger Verbindung (oder Trennung) ein JGericht einen Erwachsenen oder umgekehrt ein Erwachsenengericht einen Jugendlichen bzw. Heranwachsenden verurteilt, so gelten die Erl. zu → §§ 33–33b Rn. 16 ff.

Da Abs. 2 S. 1 den **gesetzlichen Richter** bestimmt, kann sich auch ein **24c** erwachsener Mittäter auf die Verletzung dieser Vorschrift berufen (BGH Holtz MDR 1980, 456; BGH StV 1985, 357). Aus dem gleichen Grunde ist nach Verbindung der Strafrichter auch dann nicht gesetzlicher Richter, wenn nach durchgeführter HV die Abtrennung einer von mehreren verbundenen Strafsachen erfolgt und nur wegen der übrigen Taten verurteilt wird (aA OLG Koblenz OLGSt Nr. 1 zu § 47a). Dies verlangt bereits das Erfordernis einer generellen, Ermessenserwägungen ausschließenden Zuständigkeitsregelung (Art. 101 GG), und es entspricht der nach § 338 Nr. 4 StPO unwiderleglichen Vermutung, dass das Urteil auf der Gesetzesverletzung beruhe.

IV. Sonstige Fälle einer Verbindung

1. JStrafsachen gegen Jugendliche und Heranwachsende

25   Die Verbindung ist zwar nicht nach Maßgabe von Abs. 1, jedoch nach
den allg. Vorschriften (§§ 2, 3, 4, 13, 237 StPO; s. aber zu § 237 StPO Kost,
Verbindung und Trennung von Strafverfahren, 1989, 27 f.) zulässig (§ 2
Abs. 2), **nicht** aber im **vereinfachten JVerfahren** und im **beschleunigten
Verfahren** (s. § 79 Abs. 2). Im Übrigen ist **Zurückhaltung** allerdings
schon deswegen angezeigt, weil für Jugendliche und Heranwachsende nur
teilweise dieselben Vorschriften zur Anwendung kommen (vgl. → § 109
Rn. 9; Dallinger/Lackner Rn. 19).

2. Verfahren gegen mehrere Jugendliche

26   Die Verbindung (und Trennung) von Verfahren gegen mehrere tatbeteiligte Jugendliche ist ebenfalls nach den allg. Vorschriften zulässig (§ 2
Abs. 2). – Zum Erfordernis der eigenständigen Prüfung der Eröffnungs-
voraussetzungen durch das angegangene Gericht bei Verbindung nach vorausgegangener Abgabe (vor Eröffnung) vgl. → Rn. 19c.

3. Verfahren gegen denselben Jugendlichen

27   Soweit verschiedene Verfahren gegen denselben Jugendlichen nach den
allg. Vorschriften verbunden werden dürfen (für die entspr. Prüfung und die
Folgen einer fehlerhaften Verbindung vgl. bspw. BGH NStZ-RR 2021,
251), sollte dies – schon möglichst frühzeitig (vgl. auch Nr. 17 RiStBV
sowie bereits § 26 Abs. 1 JGG 1923) – auch erfolgen. Hierfür besteht im
Hinblick auf das Prinzip der einheitlichen Maßnahme bzw. Rechtsfolgenverhängung (→ § 31 Rn. 3) ein dringendes Bedürfnis. Die Notwendigkeit
der Persönlichkeitsbeurteilung spricht ebenfalls für eine Verfahrensverbindung (dazu – unter Abwägung mit Beschleunigungsbelangen – n. KG
BeckRS 2019, 8951).

28   **a) Taten in verschiedenen Altersstufen.** Der bezeichnete Gesichtspunkt gilt auch bei mehreren Verfehlungen desselben Jugendlichen in verschiedenen Altersstufen.

28a   **Zuständig** für die Verbindung und Aburteilung aller Taten ist das **JGericht** (hM; BGHSt 7, 26; 10, 64; 25, 50 (52); BayObLGSt 57, 1; 66, 119;
OLG Frankfurt a. M. NJW 1956, 1211; LG Berlin NJW 1962, 169; ebenso
bereits Potrykus § 112 Anm. 1; Grethlein JGG Vor § 102 Anm. 1b; Kohlhaas unsere jugend 1965, 169; Schnitzerling RdJB 1958, 89).

29   Zwar wurde die Auffassung vertreten, eine zu umfangreiche Befassung
der JGerichte mit Erwachsenenstraftaten sei durch eine flexible Regelung
der Zuständigkeit je nach dem Schwergewicht der Taten im Jugendlichen-
und Heranwachsendenalter bzw. im Erwachsenenalter entsprechend § 32
bzw. entsprechend § 103 Abs. 2 aF zu besorgen (grundlegend Peters NJW
1956, 492 (493 f.); Dallinger/Lackner Rn. 14; aA BGHSt 8, 349 (352) mit
näherer Begr.).

30   Seit der Aufhebung der Schwergewichtsformel in Abs. 2 aF durch das
StVÄG 79 und der nunmehr regelmäßigen Zuständigkeit des JGerichts für

den Fall der sachlichen Verbindung (Abs. 2 S. 1) wird sich die Gegenansicht für den Fall der persönlichen Verbindung nicht mehr aufrecht erhalten lassen (vgl. auch → Rn. 7 aE; s. aber OLG Nürnberg OLGSt Nr. 2 zu § 13 StPO).

Eine **gesetzliche Pflicht** zur **Verbindung** besteht **nicht** (BGH 10, 100 **31** (101); vgl. aber zur Verdichtung im Sinne einer Verpflichtung Goerdeler in NK-JGG Rn. 4; vgl. zum allg. StVR auch BGHSt 18, 238). Auch ist es als zulässig erachtet worden, eine Verbindung dadurch aufzuheben, dass die Revision auf Taten einer bestimmten Altersstufe beschränkt wurde (BGHSt 10, 100 (101); vgl. ferner BGH MDR 1974, 54 mit iE zust. Anm. Brunner JR 1974, 429; vgl. ferner BGH NJW 1964, 1034). − Wegen des Verfahrens im Einzelnen vgl. → § 109 Rn. 8, 56.

b) Eine Tat in verschiedenen Altersstufen. Die Ausführungen unter a) **32** (→ Rn. 28–31) gelten grundsätzlich auch für eine solche Fallgestaltung, dh es kommt nicht darauf an, wo das Schwergewicht liegt (vgl. auch Schlothauer/Wieder/Wollschläger, Verteidigung im Revisionsverfahren, 3. Aufl. 2018, 188). Denn der Vorzug der Jugendgerichtsbarkeit darf nicht deshalb verloren gehen, weil einzelne deliktische Betätigungen im Sinne eines einheitlichen geschichtlichen Vorgangs erfasst wurden und dieser Geschehensablauf erst im Erwachsenenalter abgeschlossen ist. Ebenso wie es unter Anerkennung eines Fortsetzungszusammenhangs unerheblich war, ob es sich im Einzelnen unumgänglicherweise (vgl. → § 32 Rn. 15) um die Beurteilung als Fortsetzungstaten handelte (vgl. vormals BGHSt 10, 64 (65); BayObLGSt 57, 1; 66, 119 f.; OLG Hamburg StV 1985, 158), gilt dies namentlich für Fälle der natürlichen Handlungseinheit bzw. der juristischen Bewertungseinheit (etwa Urkundenfälschung). Gerade bei BtM-Delikten ist es möglich, dass die einzelnen Taten zu einer Bewertungseinheit zusammengefasst werden. Wenn davon einzelne Handlungen bis Vollendung des 21. Lbj. begangen wurden, ist das JGericht zuständig (Eberth ua, Verteidigung in Betäubungsmittelsachen, 7. Aufl. 2018, Rn. 94 ff., 392).

Auch eine **Einstellung** des **Verfahrens** wegen derjenigen von mehreren **33** Taten, die vor Vollendung des 21. Lbj. begangen wurden (§ 154 StPO), oder von vor dem 21. Lbj. begangenen Einzelhandlungen (§ 154a StPO), bewirkt **keine Zuständigkeitsänderung** (vgl. speziell zum Tatentschluss bei Fortsetzungszusammenhang vormals BayObLGSt 66, 119), weil Sachkunde und Erfahrung des JGerichts für dessen fortbestehende Zuständigkeit sprechen (wie hier wegen des vorrangigen Schutzzwecks jugendgerichtlicher Zuständigkeit Weßlau in SK-StPO, 4. Auflage, StPO § 154a Rn. 12; Schlothauer/Wieder/Wollschläger, Verteidigung im Revisionsverfahren, 3. Aufl. 2018, 184; krit. auch Drees NStZ 1995, 481 f.; Meyer-Goßner/Schmitt StPO § 338 Rn. 34; Gericke in KK-StPO StPO § 338 Rn. 69; aA Deiters in SK-StPO StPO § 154a Rn. 12), dh es verhält sich insofern anders als bei tatbestandsbezogener Spezialzuständigkeit des OLG in erster Instanz (vgl. dazu BGHSt 29, 341). Demgegenüber verneint die Rspr. eine Verletzung des § 2 Abs. 2, § 338 Nr. 4 StPO (vgl. BGH NStZ 1991, 503 mablAnm Eisenberg/Sieveking NStZ 1992, 295; BGH NStZ 1996, 244 f.; 2005, 650: „offensichtlich" kein Fall „gezielter Umgehung jugendgerichtlicher Zuständigkeit" sowie − trotz zumindest nicht ausschließbar gezielter Umgehung − BGH v. 21.8.2013 − 5 StR 330/13 mBspr Baumhöfener ZJJ 2014, 159 ff.; vgl. auch OLG Zweibrücken BeckRS 2019, 28896). Davon abw. sieht die hM (BGH NStZ 2020, 299 (300); Schatz in Diemer/Schatz/Sonnen § 33

Rn. 41 f.) aber durchaus einen revisiblen Ermessensmissbrauch in der Abtrennung von Verfahrensteilen, die ohne hinreichende Berücksichtigung der Beschuldigtenrechte nur erfolgt, um für den übrigen Prozessgegenstand die Zuständigkeit eines Erwachsenengerichts herzustellen (s. auch → § 32 Rn. 23 f.). Wird die Revisionsrüge der sachlichen Unzuständigkeit auf (Ermessens-)Missbräuchlichkeit einer Trennung bzw. Verbindung gestützt, so sind Tatsachen anzugeben, die auf einen solchen Missbrauch hinweisen (vgl. auch Frisch in SK-StPO StPO § 338 Rn. 98).

Verfahren gegen Jugendliche

104 (1) **In Verfahren gegen Jugendliche vor den für allgemeine Strafsachen zuständigen Gerichten gelten die Vorschriften dieses Gesetzes über**

1. **Verfehlungen Jugendlicher und ihre Folgen (§§ 3 bis 32),**
2. **die Heranziehung und die Rechtsstellung der Jugendgerichtshilfe (§§ 38, 46a, 50 Abs. 3),**
3. **den Umfang der Ermittlungen im Vorverfahren (§ 43),**
4. **das Absehen von der Verfolgung und die Einstellung des Verfahrens durch den Richter (§§ 45, 47),**
4a. **den Ausschluss der Öffentlichkeit (§ 48 Absatz 3 Satz 2),**
5. **die Untersuchungshaft (§§ 52, 52a, 72, 89c),**
6. **die Urteilsgründe (§ 54),**
7. **das Rechtsmittelverfahren (§§ 55, 56),**
8. **das Verfahren bei Aussetzung der Jugendstrafe zur Bewährung und der Verhängung der Jugendstrafe (§§ 57 bis 64),**
9. **die Beteiligung und die Rechtsstellung der Erziehungsberechtigten und der gesetzlichen Vertreter (§ 50 Absatz 2, § 51 Absatz 2 bis 7, §§ 67, 67a),**
10. **die notwendige Verteidigung (§§ 68, 68a),**
11. **Mitteilungen an amtliche Stellen (§ 70),**
11a. **die Unterrichtung des Jugendlichen (§ 70a),**
11b. **Belehrungen (§ 70b),**
11c. **die Vernehmung des Beschuldigten (§ 70c),**
12. **die Unterbringung zur Beobachtung (§ 73),**
13. **Kosten und Auslagen (§ 74),**
14. **den Ausschluß von Vorschriften des allgemeinen Verfahrensrechts (§§ 79 bis 81) und**
15. **Verfahren und Entscheidung bei Anordnung der Sicherungsverwahrung (§ 81a).**

(2) **Die Anwendung weiterer Verfahrensvorschriften dieses Gesetzes steht im Ermessen des Gerichts.**

(3) **Soweit es aus Gründen der Staatssicherheit geboten und mit dem Wohl des Jugendlichen vereinbar ist, kann das Gericht anordnen, dass die Heranziehung der Jugendgerichtshilfe unterbleibt und dass die in § 67 Absatz 1 und 2 genannten Rechte der Erziehungsberechtigten und der gesetzlichen Vertreter ruhen.**

(4) ¹Hält das Gericht Erziehungsmaßregeln für erforderlich, so hat es deren Auswahl und Anordnung dem Familiengericht zu überlassen. ²§ 53 Satz 2 gilt entsprechend.

(5) Dem Jugendrichter, in dessen Bezirk sich der Jugendliche aufhält, sind folgende Entscheidungen zu übertragen:

1. Entscheidungen, die nach einer Aussetzung der Jugendstrafe zur Bewährung erforderlich werden;
2. Entscheidungen, die nach einer Aussetzung der Verhängung der Jugendstrafe erforderlich werden, mit Ausnahme der Entscheidungen über die Festsetzung der Strafe und die Tilgung des Schuldspruchs (§ 30);
3. Entscheidungen, die nach dem Vorbehalt einer nachträglichen Entscheidung über die Aussetzung der Jugendstrafe erforderlich werden, mit Ausnahme der vorbehaltenen Entscheidung selbst (§ 61a).

Übersicht

I. Anwendungsbereich

1. Heranwachsende

1 Abs. 1–3 und 5 gelten für Verfahren gegen Heranwachsende entsprechend (§ 112 S. 1), jedoch mit der Einschränkung, dass die in Abs. 1 aufgeführten Vorschriften nur dann zur Anwendung kommen können, wenn sie nach dem für die Heranwachsenden geltenden Recht (§§ 105 ff.) nicht ausgeschlossen sind (§ 112 S. 2). Abs. 4 kommt in Verfahren gegen Heranwachsende nicht zur Anwendung; es ist insoweit nach § 112 S. 3 vorzugehen (vgl. näher → § 112 Rn. 7; ergänzend → § 53 Rn. 1).

2. Soldatinnen und Soldaten

2 In Verfahren gegen diese ist die ergänzende Regelung in § 112e zu beachten (vgl. → § 112e Rn. 1; vgl. Dallinger/Lackner § 112e Rn. 1).

II. Entwicklung und Zweck der Vorschrift

1. Entwicklung

3 **a) Abs. 1 und 2.** Die Vorschriften knüpfen an § 78 Abs. 1 RJGG 1943 an, der den für allg. Strafsachen zuständigen Gerichten im Wege einer Soll-Bestimmung aufgab, die Verfahrensvorschriften des RJGG bei Personen anzuwenden, die zur Zeit der Anklageerhebung noch Jugendliche waren. § 78 Abs. 1 RegE-JGG 53 beschränkte sich zunächst darauf, die Heranwachsenden mit einzubeziehen (vgl. Amtl. Begr. 49); erst im Ausschuss für Rechtswesen und Verfassungsrecht erfuhr die Vorschrift ihre geltende Ausgestaltung (Schriftl. Ber. 12).

4 **b) Bedeutung.** Zwar hat der **tatsächliche Anwendungsbereich** der Vorschrift wegen der mit der Neufassung von § 103 Abs. 2 verbundenen Einschränkung in der Zuständigkeit von Erwachsenengerichten in Verfahren gegen Jugendliche eine weitgehende Beschränkung erfahren. Jedoch wäre es gerade wegen der nunmehr zusätzlich verdeutlichten Ausnahme einer Zu-

ständigkeit von Erwachsenengerichten in Verfahren gegen Jugendliche angezeigt, weitere Vorschriften, die der Sicherung eines jugendgemäßen Verfahrens dienen sollen (vgl. → Rn. 21), in den Katalog von Abs. 1 aufzunehmen.

2. Zweck

Die Vorschrift beruht auf dem Grundsatz, dass die **Regelungen** des **JGG** 5
in Verfahren gegen Jugendliche **im größtmöglichen Umfang** vor den
Erwachsenengerichten zur Anwendung kommen sollen (Dallinger/Lackner
Rn. 1; anders der Grundsatz des allg. StVR für den Fall einer Verbindung in
§ 5 StPO). Während einige Bestimmungen unabhängig von § 104 unmittelbar (vgl. → Rn. 28f) und andere gem. Abs. 1 stets uneingeschränkt (vgl.
etwa → Rn. 6) gelten, kommen von sonstigen Vorschriften einige ggf. nur
in abgeänderter oder beschränkbarer Form (vgl. → Rn. 7, 13) und andere –
nach Maßgabe von Abs. 2 – wiederum nur nach dem Ermessen des Gerichts
(→ Rn. 19f) zur Anwendung. Darüber hinaus finden sich solche Bestimmungen, die niemals Platz greifen (vgl. → Rn. 31f). Diese Differenzierung
hat va für die **HV** Bedeutung. Die Reichweite von § 104 ist aber nicht auf
diese Prozessphase beschränkt (so indes Noak in BeckOK JGG § 68b
Rn. 2), sondern erstreckt sich in Fällen, in denen bei Anklage ein allg.
Strafgericht zuständig sein wird, auch auf das **Vorverfahren.** Dies ergibt
sich daraus, dass die Norm auch die Anwendbarkeit von (ebenfalls oder nur)
im Vorverfahren relevanten Vorschriften regelt (s. bspw. Abs. 1 Nr. 2 bis 4,
Nr. 5, 9, 10, 11a bis 12).

III. Umfang nach Abs. 1 geltender Vorschriften

1. Sachlich-rechtliche Vorschriften

Die Vorschriften des ersten Hauptstücks („Verfehlungen Jugendlicher und 6
ihre Folgen") in §§ 3–32 sind auch vor dem Gericht der allg. Strafgerichtsbarkeit unmittelbar anzuwenden. **Abs. 1 Nr. 1** dient der ausdrücklichen
Klarstellung dieser Rechtslage (s. aber die Einschränkung durch Abs. 4; vgl.
→ Rn. 34f).

2. Formell-rechtliche Vorschriften

Von diesen Vorschriften des zweiten Hauptstücks („JGerichtsverfassung 7
und JStV") in §§ 33–81 sind gem. Abs. 1 Nr. 2–14 nachfolgende Bestimmungen anzuwenden:

a) Heranziehung der JGH. Was die Pflicht dazu betrifft (Abs. 1 Nr. 2, 7a
§§ 38, 46a nF, 50 Abs. 3), so darf hiervon nur nach der einschränkend
auszulegenden Ausnahmevorschrift des **Abs. 3 nF** abgewichen werden,
soweit dies aus „Gründen der Staatssicherheit" geboten (vgl. zum Begriff die
Erl.-Werke zu § 172 Nr. 1 GVG entspr.) und mit dem Wohl des Beschuldigten verträglich ist. Das zweite Merkmal liegt nur (ganz ausnahmsweise)
dort vor, wo der Jugendliche des ggf. notwendig werdenden Beistandes der
JGH sicher nicht bedarf und wo es zudem gewährleistet ist, dass das Gericht
eine an § 2 Abs. 1 orientierte Entscheidung auch ohne deren Ermittlungen

zu treffen vermag. Zudem wird der Verzicht auf die Heranziehung der JGH idR nur für Teile des Verfahrens („soweit") in Betracht kommen können (ähnlich Potrykus Anm. 4). Dies gilt nicht zuletzt wegen der herausragenden Bedeutung der JGH für ein jugendgemäßes Verfahren (vgl. → § 38 Rn. 8 ff.), wie auch die revisionsrechtlichen Folgen einer gesetzwidrigen Nichtheranziehung der JGH (vgl. → § 38 Rn. 85 ff.) erkennen lassen.

8   **b) Umfang der Ermittlungen im Vorverfahren (Abs. 1 Nr. 3, § 43).** Die Einhaltung ist im Hinblick auf die Anwendbarkeit der sachlich-rechtlichen Bestimmungen nach Abs. 1 Nr. 1 **unverzichtbar.** Denn nur aufgrund der hiernach angemessenen Persönlichkeitserforschung unter Heranziehung der JGH und – wegen der regelmäßig geringeren Erfahrung des Erwachsenengerichts im Umgang mit Jugendlichen – ggf. mit zusätzlicher Unterstützung eines Sachverständigen (vgl. → § 43 Rn. 27 ff.) wird eine sachgemäße Anwendung des materiellen JStR erfolgen können (Schatz in Diemer/Schatz/Sonnen Rn. 12; vgl. schon RL 1 zu § 78 RJGG 1943; vgl. generell → § 37 Rn. 5 ff.).

9   **c) Einschränkung des Verfolgungszwanges (Abs. 1 Nr. 4, §§ 45, 47).** Die Einschränkung beruht auf dem Grundsatz des Vorranges einer formlosen Erledigung in Verfahren ggü. Jugendlichen vor der Durchführung eines förmlichen Verfahrens als Ausfluss des Erziehungsauftrags **(§ 2 Abs. 1)** und **gilt** daher unabhängig davon, ob ein Jugend- oder ein Erwachsenengericht zuständig ist (ebenso Dallinger/Lackner Rn. 11).

9a   **d) Öffentlichkeitsgrundsatz.** In Verfahren gegen Jugendliche vor den Erwachsenengerichten ist die **HV** grds. öffentlich. Dem Gericht wird aber seit jeher die Möglichkeit zuerkannt, nicht nur nach § 171b GVG zu verfahren, sondern nach seinem Ermessen gem. Abs. 2 iVm § 48 Abs. 1 und Abs. 2 nichtöffentlich zu verhandeln (Dallinger/Lackner § 104 Rn. 29; bereits Grethlein § 48 Anm. 1c). Seit Einführung von Abs. 1 Nr. 4a durch das Gesetz zur Stärkung der Verfahrensrechte von Beschuldigten im Jugendstrafverfahren besteht durch die sich hieraus ergebende Anwendbarkeit von **§ 48 Abs. 3 S. 2** eine zusätzliche Option des Öffentlichkeitsausschlusses (zumindest, wo dem Belange des Jugendlichen und keine anderen Gründe zugrunde liegen). Die Schwäche, dass dies vom richterlichen Ermessen abhängig ist, bleibt hierbei indes bestehen. Insofern wäre es mit Blick auf § 2 Abs. 1 und Art. 14 RL (EU) 2016, 800 (Recht auf Privatheit) vorzugswürdig gewesen, § 48 Abs. 1 anwendbar werden zu lassen. – Die geltende Regelung in Nr. 4a nF schließt allerdings – insofern sachgerecht – die in → § 48 Rn. 15 ff. erörterten Konstellationen ein, in denen vor dem für allg. Strafsachen zuständigen Gericht neben dem Jugendlichen auch Heranwachsende oder Erwachsene angeklagt sind (ebenso mit Blick auf § 2 Abs. 1 schon vor Einführung von Nr. 4a etwa 20. Aufl. Rn. 22; Dallinger/Lackner Rn. 29; Kohlhaas unsere jugend 1953, 443 (447); Kohlhaas Anm. zu BGH EJF C I Nr. 15; aA Potrykus Anm. 3). – Zur Anwendbarkeit von § 48 in Verfahren gegen Heranwachsende vor den für allg. Strafsachen zuständigen Gerichten vgl. → § 112 Rn. 8 sowie → § 48 Rn. 16.

10   **e) U-Haft.** Was die Geltung der Vorschriften über deren Anordnung und Berücksichtigung bzw. Anrechnung (Abs. 1 Nr. 5, §§ 72, 52, 52a, 89c nF) angeht, so schließt sie die **unmittelbare Anwendbarkeit** von § 72 Abs. 4

iVm § 71 Abs. 2 ein (s. aber RL). – Wegen der Geltung von § 53 vgl.
→ Rn. 34 f.

f) Umfang und Mitteilung der Urteilsgründe (Abs. 1 Nr. 6, § 54). 11
Diesbezüglich sollte ohne besondere Anhaltspunkte oder Hinweise (zB
Empfehlung eines Sachverständigen) im Hinblick auf die regelmäßig geringere Erfahrung des Erwachsenengerichts im Umgang mit Jugendlichen von
der Möglichkeit eines Verzichts auf die Mitteilung der Urteilsgründe (§ 54
Abs. 2) nur sehr eingeschränkt Gebrauch gemacht werden (vgl. ergänzend
→ § 54 Rn. 36 f.).

g) Besondere Rechtsmittelbeschränkungen. Diese Beschränkungen 12
des JStVR sowie die Vorschrift über die **Teilvollstr** einer **EinheitsJStrafe**
sind auch ggü. den Entscheidungen der Erwachsenengerichte in Verfahren
gegen Jugendliche zu beachten **(Abs. 1 Nr. 7, §§ 55, 56).**

h) Verfahrensvorschriften betr. die Aussetzung der JStrafe zBew. 13
Was diese Vorschriften betr. die **Vollstr** der **JStrafe** (§§ 21–26a) und der
Verhängung der **JStrafe** (§§ 27–30) angeht (Abs. 1 Nr. 8, §§ 57–64), so
hat der Gesetzgeber im Hinblick auf die unterstellte größere Erfahrung des
JRichters ggü. den Gerichten der allg. Strafgerichtsbarkeit **besondere Vorkehrungen** getroffen. Gemäß **Abs. 5 Nr. 1** muss das Erwachsenengericht –
abw. von § 58 Abs. 3 – sämtliche Entscheidungen, die nach einer Aussetzung der Vollstr der JStrafe zBew erforderlich werden, in vollem Umfang
dem JRichter übertragen, in dessen Bezirk sich der Jugendliche aufhält, mit
der Folge, dass dieser JRichter für alle weiteren Entscheidungen – auch für
deren Weiterübertragung – zuständig ist (BGHSt 25, 8 mAnm Brunner JR
1973, 206). Entsprechend nach **Abs. 5 Nr. 2** die Entscheidungen nach
einer Aussetzung der Verhängung der JStrafe zBew – mit Ausnahme der
Entscheidungen über die Festsetzung der JStrafe und die Tilgung des Schuldspruchs (§ 30) – zu übertragen (vgl. zur Zuständigkeit und zum Verfahren
auch → § 58 Rn. 1, → § 62 Rn. 1, → § 65 Rn. 5f). – Gemäß **Abs. 5 Nr. 3**
(angefügt iZm der Einführung der §§ 61–61b; vgl. Begr. RegE BT-Drs. 17/
9389) gilt die Übertragungsvorschrift auch für Fälle, in denen das Erwachsenengericht die Entscheidung über die Aussetzung der Vollstr der JStrafe
zBew einem nachträglichen Beschluss vorbehält. Wie bei der Aussetzung der
Verhängung der JStrafe die diesbzgl. Entscheidung im Nachverfahren bei
dem erkennenden Erwachsenengericht verbleibt (vgl. → § 62 Rn. 9), ist
auch hier die nachträgliche Entscheidung über die Aussetzung selbst von der
Übertragung ausgenommen (Abs. 5 Nr. 3 Hs. 2). – Zur Geltung von Abs. 5
in Verfahren gegen **Heranwachsende** vgl. → Rn. 1 und → § 112 Rn. 6.

i) Erziehungsberechtigte, Gesetzliche Vertreter. Sie sind am Verfah- 14
ren gegen Jugendliche vor dem für allg. Strafsachen zuständigen Gericht mit
derselben Rechtstellung und **im gleichen Umfang** beteiligt wie am Verfahren vor dem JGericht (Abs. 1 Nr. 9, §§ 50 Abs. 2, 51 Abs. 2 – 7, 67,
67a). Nur in seltenen Ausnahmefällen (vgl. → Rn. 7a entspr.) kann nach
Abs. 3 nF hiervon hinsichtlich der Äußerungs-, Frage-, Antrags-, Verteidi-
gerwahl- und Anfechtungsrechte (→ § 67 Rn. 8 ff., → § 67 Rn. 12 ff.) abgewichen werden. Hinsichtlich der Anwesenheits- und Unterrichtungsrechte
ist eine Beschränkung nicht nach Abs. 3, sondern allein nach den in §§ 51,
67a geregelten Maßgaben möglich (s. auch BT-Drs. 19/13837, 72). – Die
Anwendung von Abs. 3 begründet die Notwendigkeit, entsprechend § 68

Nr. 2 einen Verteidiger zu bestellen (vgl. bereits Dallinger/Lackner Rn. 20),
wobei dies ohnehin schon nach § 68 Nr. 1 iVm § 140 StPO geschehen sein
wird.

15   **j) Notwendige Verteidigung.** Die Regelung des Bestellungszeitpunktes
und die ggü. dem allg. StVR zusätzlichen Fälle sind auch in Verfahren vor
den für allg. Strafsachen zuständigen Gerichten zu berücksichtigen **(Abs. 1
Nr. 10, §§ 68, 68a nF).** Für § 68b nF gilt dies dagegen nicht (dazu, dass die
ebenfalls nicht erwähnte Konstellation von § 51a nF vor den Erwachsenengerichten nicht auftreten kann, s. RegE BT-Drs. 13837, 28).

15a **k) Mitteilungen und Unterrichtung.** Auch die Vorschriften über die
gesetzlich vorgeschriebenen Mitteilungen an amtliche Stellen (und von diesen (§ 70 nF) sowie die Vorschriften zur Unterrichtung des Beschuldigten
(§ 70a nF) gelten in gleicher Weise (Abs. 1 Nr. 11 und 11a).

15b **l) Belehrung und Vernehmung.** Belehrungen des Jugendlichen müssen
auch vor den für allg. Strafsachen zuständigen Gerichten in Übereinstimmung mit § 70b erfolgen (Abs. 1 Nr. 11b). Ebenso verbindlich sind die
Vorgaben zur Vernehmungsdurchführung in § 70c (Abs. 1 Nr. 11c).

16   **m) Unterbringung zur Beobachtung.** Da das für allg. Strafsachen zuständige Gericht in Verfahren gegen Jugendliche die sachlich-rechtlichen
Bestimmungen (s. Abs. 1 Nr. 1) anzuwenden hat, ist es im Hinblick auf
deren erzieherisch wirksame Anwendung auch befugt, zur Vorbereitung
eines Gutachtens über den Entwicklungsstand des Beschuldigten unter den
Voraussetzungen von § 73 die genannte Anordnung zu treffen **(Abs. 1
Nr. 12, § 73).**

17   **n) Kosten.** Desgleichen kann auch das für allg. Strafsachen zuständige
Gericht in Verfahren gegen Jugendliche – abw. von der allg. Vorschrift in
§ 465 StPO – den Angeklagten von den Kosten und Auslagen befreien
(Abs. 1 Nr. 13, § 74).

18   **o) §§ 407 ff., 417 ff. StPO sowie §§ 403 ff. StPO.** Auch vor dem für
allg. Strafsachen zuständigen Gericht sind in Verfahren gegen Jugendliche
diese Vorschriften **ausgeschlossen,** und auch **Privatklage** und **Nebenklage** (von Ausnahmen gem. § 80 Abs. 3 S. 1 abgesehen) sind unzulässig
(Abs. 1 Nr. 14, §§ 79–81). Jedoch kann der Jugendliche Privatkläger sein
und in diesem Fall widerbeklagt (§ 388 StPO) werden (§ 80 Abs. 2 S. 1; vgl.
auch Goerdeler in NK-JGG Rn. 3), ohne dass allerdings auf JStrafe erkannt
werden darf (vgl. § 80 Abs. 2 S. 2).

18a **p) § 81a.** Endlich kommt auch in Verfahren vor dem für allg. Strafsachen
zuständigen Gericht diese (eine Anordnung von Sicherungsverwahrung
betr., vgl. → § 7 Rn. 30 ff., → § 106 Rn. 10 ff.) Vorschrift zur Anwendung.

IV. Nach Abs. 2 anwendbare Vorschriften

19   Gemäß dieser Regelung können weitere Verfahrensvorschriften des JGG
nach dem Ermessen des für allg. Strafsachen zuständigen Gerichts angewendet werden. Es werden hierbei die Vorschriften aus dem ersten, zweiten,

sechsten und siebenten Unterabschnitt des Abschnitts „Jugendstrafverfahren"
in Betracht zu ziehen sein.

1. § 44

Eine **Vernehmung** des **Beschuldigten durch** den **Staatsanwalt oder** 20
den **Vorsitzenden** vor Anklageerhebung wird ggf. auch in Verfahren vor
den für allg. Strafsachen zuständigen Gerichten angezeigt sein (vgl. RL Nr. 1
S. 2 Hs. 1 zu § 44).

2. Darstellung des wesentlichen Ergebnisses der Ermittlungen

Die Berücksichtigung erzieherischer Gesichtspunkte bei dieser Darstellung 21/22
in der **Anklageschrift** sollte der Staatsanwalt auch in Verfahren gegen
Jugendliche vor den Erwachsenengerichten wahren (RL 2 zu § 46). Bezüglich der Anwendung der Vorschrift durch den Staatsanwalt gilt Abs. 2 entsprechend (die Nichtgeltung der §§ 36, 37 (vgl. → Rn. 31) vor den Erwachsenengerichten steht dem nicht entgegen).

3. Anwesenheit in der HV

Der ggü. dem allg. StVR aus erzieherischen Gründen erweiterte Grund- 23
satz der Anwesenheit des jugendlichen Angeklagten **(§ 50 Abs. 1)** wird
auch in der HV vor dem für allg. Strafsachen zuständigen Gericht Beachtung
finden müssen (hM; vgl. auch → § 50 Rn. 1).

4. Zeitweiliger Ausschluss von Verfahrensbeteiligten

Auch eine solche Maßnahme ist nach Abs. 2 ausnahmsweise zulässig 24
(**§ 51**; allg. Auffassung, vgl. Dallinger/Lackner Rn. 31 sowie RL S. 1 zu
§ 51 und RL zu § 104).

5. § 66

Die **Ergänzung** rechtskräftiger Entscheidungen bei **mehrfacher Ver-** 25
urteilung wird nach Maßgabe von Abs. 2 auch vor den für allg. Strafsachen
zuständigen Gerichten zulässig sein (ebenso Brunner/Dölling § 66 Rn. 13;
aA wohl Dallinger/Lackner Rn. 26; Potrykus Anm. 3; vgl. auch → § 66
Rn. 1). Zum Verbot der Schlechterstellung vgl. etwa → § 31 Rn. 20 f., 38,
53, 66 (krit. Brunner/Dölling § 66 Rn. 5).

6. Bestellung eines Beistands

Eine solche Bestellung für den jugendlichen Beschuldigten kann auch in 26
Verfahren vor den für allg. Strafsachen zuständigen Gerichten angezeigt sein,
und zwar auch unabhängig davon, ob ein Fall der notwendigen Verteidigung
vorliegt (Abs. 2, § 69; vgl. RL).

7. Vorläufige Anordnung über die Erziehung

Nach Maßgabe von Abs. 2 ist eine solche Anordnung **(§ 71)** in Verfahren 27
gegen Jugendliche auch vor dem für allg. Strafsachen zuständigen Gericht
zulässig (vgl. RL; vgl. zu § 72 Abs. 4 iVm § 71 Abs. 2 → Rn. 10); Abs. 4

S. 1 steht nicht entgegen (Dallinger/Lackner Rn. 33; vgl. auch → § 71 Rn. 1).

V. Von § 104 nicht erfasste Vorschriften; vor den für allgemeine Strafsachen zuständigen Gerichten nicht anwendbare Vorschriften

1. Nicht erfasste Vorschriften

28   a) §§ 1, 2. Unabhängig von § 104 **gelten** – wie sich bereits aus ihrer systematischen Stellung im Gesetz ergibt – die genannten Bestimmungen (allg. Auffassung).

29   b) Sonstige. Die Vorschriften des dritten Hauptstückes über Vollstr und Vollzug sowie des vierten Hauptstückes über die Beseitigung des Strafmakels (§§ 82–101) einschließlich § 112c **gelten** – unabhängig von § 104 – ebenfalls unmittelbar vor den für allg. Strafsachen zuständigen Gerichten (vgl. auch Brunner/Dölling Rn. 1). Ihre Anwendung begründet sich aus einer von dem Erwachsenengericht zulässig (Abs. 1 Nr. 1) angeordneten Rechtsfolge nach sachlichem JStR. Aus der systematischen Stellung der bezeichneten Vorschriften im Gesetz kann ein gegenteiliger Schluss nicht hergeleitet werden (allg. Auffassung; vgl. auch OLG München MDR 1957, 437; vgl. → § 82 Rn. 1).

30   Unabhängig von § 104 gelten auch **§§ 102, 103** (vgl. auch Brunner/Dölling Rn. 1).

2. Nichtanwendbarkeit vor den für allgemeine Strafsachen zuständigen Gerichten; Besonderheit des § 53

31   a) Unanwendbare Vorschriften. Nicht anwendbar in Verfahren gegen Jugendliche vor den für allg. Strafsachen zuständigen Gerichten sind die §§ 33–37 (vgl. aber zu §§ 36, 37 → Rn. 21), die §§ 39, 40 (eine Bestimmung der sachlichen Zuständigkeit des allg. Strafgerichts nach der Rechtsfolgenerwartung entspr. §§ 39, 40 Abs. 1 (so noch Dallinger/Lackner Rn. 9) ist durch die Neufassung von § 103 Abs. 2 gegenstandslos geworden), die §§ 41, 42 (vgl. auch BGHSt 18, 176 betr. § 42 Abs. 3) sowie die §§ 76–78 (vgl. auch Goerdeler in NK-JGG Rn. 23).

32/33   Die Unanwendbarkeit von § 34 Abs. 1 schließt nicht aus, dass dem JRichter die Vernehmung von Minderjährigen in Verfahren vor den für allg. Strafsachen zuständigen Gerichten im Wege der Rechtshilfe iRd Geschäftsverteilung übertragen wird (allg. Auffassung; RL Nr. 1 S. 2 zu § 34).

34   b) Besonderheit des § 53. Diese Vorschrift ist in Verfahren vor den für allg. Strafsachen zuständigen Gerichten durch die weitergehende Bestimmung in Abs. 4 ersetzt (vgl. → § 53 Rn. 1; s. auch RL zu § 53; für das Verfahren gegen Heranwachsende vor den für allg. Strafsachen zuständigen Gerichten s. § 112 S. 3, vgl. auch → § 112 Rn. 7). Das Erwachsenengericht darf – insoweit unter Einschränkung von Abs. 1 Nr. 1 – Erziehungsmaßregeln (§ 9) nicht aussprechen, sondern hat deren Auswahl und Anordnung – abw. von § 53 – zwingend dem FamG zu übertragen (Abs. 4 S. 1), und

zwar auch dann, wenn es gleichzeitig auf JStrafe erkennt (vgl. RL 3 zu § 53; ebenso Dallinger/Lackner Rn. 14).

Zu Verfahren und Entscheidungen nach Überweisung vgl. näher → § 53 **35** Rn. 10 entsprechend (Abs. 4 S. 2). Soweit das FamG Weisungen (betr. evtl. BewWeisungen gilt Abs. 5) ausgesprochen hat, denen der Jugendliche trotz geeigneter (§ 70a Abs. 1 aF bzw. § 70b Abs. 1 nF entspr.) Belehrung nicht nachgekommen ist, kann ein in Betracht zu ziehender JA (§ 11 Abs. 3) nicht von dem FamG angeordnet werden (vgl. → § 53 Rn. 10); es ist hierfür vielmehr der JRichter zuständig (vgl. auch Goerdeler in NK-JGG Rn. 23; vgl. aber auch → § 65 Rn. 2 ff.).

VI. Anfechtung

Ob die Anfechtung des Urteils darauf gestützt werden kann, dass das für **36** allg. Strafsachen zuständige Gericht – unter Verstoß gegen § 104 – Verfahrensvorschriften des JGG nicht angewendet hat, richtet sich nach dem Umfang der **Revisibilität** der einzelnen Vorschriften (vgl. deshalb die Erl. bei den entspr. Bestimmungen; anders noch die Rechtslage unter der Geltung von § 78 RJGG 1943 (vgl. Peters RJGG § 78 Anm. 1), wonach eine versehentliche Nichtanwendung der jugendstrafrechtlichen Verfahrensvorschriften durch das Erwachsenengericht nicht anfechtbar war, da die Regelung über eine entspr. Anwendung nur als Sollbestimmung ausgestaltet war; vgl. auch → Rn. 3).

Dritter Teil. Heranwachsende

Erster Abschnitt. Anwendung des sachlichen Strafrechts

Anwendung des Jugendstrafrechts auf Heranwachsende

105 (1) Begeht ein Heranwachsender eine Verfehlung, die nach den allgemeinen Vorschriften mit Strafe bedroht ist, so wendet der Richter die für einen Jugendlichen geltenden Vorschriften der §§ 4 bis 8, 9 Nr. 1, §§ 10, 11 und 13 bis 32 entsprechend an, wenn

1. die Gesamtwürdigung der Persönlichkeit des Täters bei Berücksichtigung auch der Umweltbedingungen ergibt, daß er zur Zeit der Tat nach seiner sittlichen und geistigen Entwicklung noch einem Jugendlichen gleichstand, oder
2. es sich nach der Art, den Umständen oder den Beweggründen der Tat um eine Jugendverfehlung handelt.

(2) § 31 Abs. 2 Satz 1, Abs. 3 ist auch dann anzuwenden, wenn der Heranwachsende wegen eines Teils der Straftaten bereits rechtskräftig nach allgemeinem Strafrecht verurteilt worden ist.

(3) [1]Das Höchstmaß der Jugendstrafe für Heranwachsende beträgt zehn Jahre. [2]Handelt es sich bei der Tat um Mord und reicht das Höchstmaß nach Satz 1 wegen der besonderen Schwere der Schuld nicht aus, so ist das Höchstmaß 15 Jahre.

Schrifttum: Birk, Entwicklungspsychologie, 7. Aufl. 2020; Busch, Rechtspsychologische Begutachtung delinquenter Heranwachsender, 2006; Eickmeyer, Die strafrechtliche Behandlung der Heranwachsenden nach § 105, 1963; Frank/Harrer (Hrsg.), Drogendelinquenz. Jugendstrafrechtsreform, 1991; Gensing, Jugendgerichtsbarkeit und Jugendstrafverfahren im europäischen Vergleich, 2014; Gniewosz/Titzmann (Hrsg.), Handbuch Jugend, 2018; Janssen, Heranwachsende im Jugendstrafverfahren, 1980; Kröplin, Die Sanktionspraxis im Jugendstrafrecht in Deutschland im Jahr 1997, 2002; Lösel/Bottoms/Farrington (Hrsg.), Young Adult Offenders. Lost in Transition?, 2012; Lohmar, Die strafrechtliche Behandlung der Heranwachsenden nach § 105 JGG, 1966; Pruin, Die Heranwachsendenregelung im deutschen Jugendstrafrecht, 2007; Schulz, Die Höchststrafe im Jugendstrafrecht …, 2000; Wagler, Probleme der Verteidigung im Jugendstrafverfahren, 1988; Weiss, Die Anwendbarkeit des Jugendstrafrechts auf Heranwachsende, 2021.

Übersicht

I. Allgemeines

1. Funktion und innere Systematik der Norm

1   Die seit 1953 im JStR vorgesehenen §§ 105–112 konkretisieren die in § 1 allg. angeordnete Anwendbarkeit des Gesetzes auf Heranwachsende. Dabei ergeben sich aus § 105 Abs. 1 die Kriterien für die Heranziehung des materiellen JStR (was nach § 109 Abs. 1 und 2 auch Auswirkungen auf die Einschlägigkeit der speziellen Verfahrensvorschriften des JStR hat). Die beiden Varianten, über die anhand der in Abs. 1 geregelten Merkmale zu befinden ist (Anwendung des materiellen JStR oder des allg. StR), bilden nach dem Gesetz gleichrangige Alternativen und stehen in keinem irgendwie gearteten Regel-Ausnahme-Verhältnis zueinander (BGHSt 12, 116 (118 f.) = NJW 1959, 159 (161); BGHSt 36, 37 (40) = NJW 1989, 1490 (1491); Ostendorf in NK-JGG Rn. 4). Abs. 1 obliegt deshalb eine **weichenstellende Funktion.** Ergibt sich danach in einem konkreten Fall, dass nicht die **Rechtsfolgen** des allg. StR (vgl. dann auch § 106), sondern die des JGG zu verhängen sind, werden diese durch Abs. 1 und 3 etwas modifiziert. Abs. 2 erweitert hier zudem die Möglichkeiten, eine Einheitssanktion nachträglich zu bilden.

Angesichts der genannten Normfunktion muss bei ausnahmslos allen Ver-   **2** fehlungen Heranwachsender (→ § 1 Rn. 21) eine **Entscheidung** nach Abs. 1 getroffen werden. Die dabei zu beantwortende Rechtsfrage scheidet – entgegen einer bisweilen stattfindenden Praxis (dazu Altenhain/Jahn/Kinzig, Die Praxis der Verständigung im Strafprozess, 2020, 353 ff., 374 f.) – als Gegenstand einer **Absprache** (dazu → § 2 Rn. 47 ff.) aus (BGH NJW 2001, 2642 (2643); NStZ-RR 2006, 187; Knauer ZJJ 2010, 15 (18 f.); Nowak JR 2010, 248 (251 f.); Stuckenberg in Löwe/Rosenberg StPO § 257c Rn. 28; Ambos/Ziehn in Radtke/Hohmann StPO § 257c Rn. 20; Diemer in Diemer/Schatz/Sonnen § 5 Rn. 26; Beulke/Swoboda JugendStrafR 221). Im Rahmen von Abs. 1 ist das Gericht in seinem Vorgehen an eine möglichst objektive Beurteilung einer Sachlage gebunden. Es geht hier also nicht um disponible und deshalb vereinbarungs- bzw. aushandlungsfähige Aspekte iSv § 257c Abs. 2 StPO iVm § 2 Abs. 2 (vgl. schon vormals BGH NStZ 2001, 555; NStZ-RR 2006, 187 (188); tendenziell abw. aber Meyer-Goßner/Schmitt StPO § 257c Rn. 7; Kirsch StraFo 2010, 96, 97).

Die Anwendbarkeit des materiellen JStR auf Heranwachsende ist vom   **3** Vorliegen einer der beiden **Konstellationsvarianten des Abs. 1** abhängig. Beide Voraussetzungen stehen **gleichgestellt nebeneinander,** wobei sie in vielen Fällen gemeinsam bejaht werden können (BGH NStZ 2001, 102). **Nr. 2** bietet dem JRichter indes insofern eine **Beweiserleichterung,** als eine umfassende Persönlichkeitserforschung, derer es zur Feststellung der Voraussetzungen von Nr. 1 bedarf (→ Rn. 18 ff.), immer dann entbehrlich wird, wenn die einfacher aufzeigbaren Bedingungen von Nr. 2 gegeben sind. Nach teilw. vertretener Auffassung sei die Prüfung nach Nr. 1 dann sogar unzulässig (vgl. Beulke/Swoboda JugendStrafR 215; Brunner/Dölling Rn. 30; Huber JuS 1990, 732). Eine solche prinzipieller Sperrwirkung von Nr. 2 besteht aber nicht (OLG Hamm NStZ-RR 2005, 58 (59); Sonnen in Diemer/Schatz/Sonnen Rn. 11) – schon, weil die für Nr. 1 maßgeblichen Aspekte auch vorwurfsbedeutsam sein können und damit uU für die Rechtsfolgenwahl zu erforschen sind (Weiss, Die Anwendbarkeit des Jugendstrafrechts auf Heranwachsende, 2021, 75 f.). Erhebungen zu Fragen von Nr. 1 scheiden allerdings dort aus, wo die persönlichkeitsrechtlichen Eingriffe, die mit ihnen einhergehen, überflüssig und daher unverhältnismäßig wären (s. auch Kölbel in MüKoStPO StPO § 160 Rn. 83). Dies ist vornehmlich bei Massendelikten, in denen die fraglichen Informationen auch nicht für die Rechtsfolgenauswahl benötigt werden, der Fall (→ Rn. 19). Unabhängig davon empfiehlt es sich aus pragmatischen Gründen, bei der Prüfung des

Abs. 1 stets mit Nr. 2 zu beginnen. Die Praxis greift indes öfter auf die Reifeverzögerung als auf die Jugendverfehlung zurück (Palmowski Sanktionierung 196 f. mwN.).

2. Empirische, rechtspolitische und rechtsvergleichende Grundlagen

4   **a) Erste Einordnung.** Eine (einzelfallabhängige) Einbeziehung junger Erwachsener in das JStR sehen **international** durchaus manche, aber keineswegs alle Rechtsordnungen vor. Oft gilt für über 18–jährige Personen das allg. StR, wobei die konkrete Altersgrenze bisweilen variiert. Häufig sind für die ersten Jahre nach deren Überschreitung aber Milderungen der allg. Rechtsfolgen sowie Sonderregelungen im Strafvollzug vorgesehen (n. Gensing, Jugendgerichtsbarkeit und Jugendstrafverfahren (…), 2014, 47 ff.; DGHP Juvenile 1568 ff.; ferner Dünkel in DVJJ 2003, 21 ff.; Dünkel in DVJJ 2015, 536 ff. (540 ff.)); Pruin in DVJJ 2019, 486 f.). Zu berücksichtigen sind hierbei indes die jugendspezifischen Herausforderungen und Entwicklungsaufgaben, die in spätmodernen Gesellschaften eher wachsen und zu einer Verlängerung der Jugendphase führen (vgl. bereits Pruin, Die Heranwachsendenregelung (…), 2007, 166 ff.; ferner Pruin in DVJJ 2019, 482 f.; Hurrelmann/Quenzel, Lebensphase Jugend, 13. Aufl. 2016, 9 ff.; n. BT-Drs. 18/11050, 91 ff.; Buchmann/Steinhoff in Gniewosz/Titzmann (Hrsg.), Handbuch Jugend, 2018, 341 ff.). Nicht umsonst gelten für junge Volljährige auch außerhalb des JStR zahlreiche rechtliche Sonderregelungen (Meysen/Schönecker/Wrede ZJJ 2021, 135 (138 ff.)).

4a   In Ansehung dessen muss die Regelung in Abs. 1 im Ansatz als prinzipiell sachgerecht gelten (ebenso die Einschätzung aus der US- bzw. Außenwarte bei Matthews/Schiraldi/Chester Justice Evaluation Journal 1 (2018), 59 (66 ff.)). Dabei ist zuzugeben, dass die fallkonkrete Feststellung des personen- und tatbezogenen Jugendcharakters eines Geschehens nicht selten schwierig und die Rechtsanwendung daher nicht immer vorhersehbar ist. Dies wird durch starre Altersgrenzen zwar vermieden, doch stellen diese eine aus empirischer Sicht gleichsam „willkürliche" (für den Einzelfall mitunter unangemessene) Festlegung dar. Auch entspricht die – aufgrund der geltenden Regelung (zumindest eingeschränkt) vorgenommene – Auseinandersetzung mit den individuellen entwicklungspsychologischen Umständen dem **Erziehungsauftrag** (§ 2 Abs. 1). Dies ist umso wichtiger, je ungünstiger die Chancen des Heranwachsenden zu selbstständiger gesellschaftlicher Eingliederung waren.

5   **b) Die rechtspolitische Debatte.** All das bedeutet keineswegs, dass die geltende Regelung nicht rechtspolitisch weiterentwickelt werden könnte (s. dazu bei der Strafmündigkeitsgrenze → § 3 Rn. 6 ff.). In der Öffentlichkeit werden bei schweren Delikten selbst für Jugendliche nicht selten Sanktionen des Erwachsenen-StR präferiert (so für die USA Bolin/Applegate/Ouellette Crime & Delinquency 2021, 262 ff.). Dennoch ist die gelegentlich vorgetragene Empfehlung, die Anwendung des allg. StR auf alle Heranwachsenden zu erstrecken (so Pflieger SchlHA 1999, 88 ff.; Hinz JR 2001, 50 (58); Gehb/Drange ZfJ 2004, 121 (127)) oder jedenfalls als den gesetzlichen Regelfall auszugestalten (bspw. BR-Drs. 238/04; Paul ZRP 2003, 204 (205 f.); Wolf DRiZ 2018, 246), schwerlich hilfreich. Berücksichtigt man,

dass die Rückfallraten bei 21-Jährigen (die allein nach allg. StR sanktioniert werden) nicht besser als die der (teilw. nach JStR sanktionierten) 20-Jährigen sind (Palmowski Sanktionierung 535 ff.), **spricht wenig** für solche Vorschläge. Dies unterstreicht auch die internationale Forschung. In einigen US-Bundesstaaten hat die Anhebung der Altersgrenze (betr. den Übergang aus dem JStR-System in das allg. StR) das Deliktsaufkommen der fraglichen Altersgruppe nicht steigen lassen (vgl. Loeffler/Chalfin CPP 2017, 53 ff.), sondern vielmehr die Rückfallwerte verbessert (Fagan Law & Policy 1996, 77 ff.; Fowler/Kurlychek Youth Violence and Juvenile Justice 2018, 263 ff.).

Ohnehin votiert man aus den verschiedensten Bereichen der Rechtspraxis 5a eher für den **status quo** (vgl. für die Verfassungsjustiz Landau ZJJ 2008, 218 (219); für die JStrafjustiz Sieveking/Eisenberg/Heid ZRP 2005, 188 ff.; aus polizeilicher Sicht Hübner/Kunath DVJJ-J 1996, 328 (334); aus Sicht der Ministerialadministration s. Empfehlung des Ministerrats des Europarats v. 24.9.2003 (Rec (2003) 20 Nr. 11 sowie auch schon Viehmann DRiZ 1998, 340 (343)). Die in der Wissenschaft vertretenen Auffassungen sprechen sich ggü. einer Streichung von § 105 nicht minder ablehnend aus (detailliert Palmowski Sanktionierung 584 f.; vgl. auch aus psychologischer bzw. jugendpsychiatrischer Sicht Wegener DVJJ-J 1996, 325 (326); Lempp DVJJ-J 1996, 323 f.; Günter FPPK 2008, 169 (178); aus jugendstrafrechtlicher Sicht statt vieler Kreuzer NJW 2002, 2345 (2349 f.); Dölling FS Kreuzer, 2008, 117 ff.; Pruin in DVJJ 2019, 487 ff.). Von der Literatur wird Abs. 1 indes nicht nur verteidigt, sondern – neben dem Vorschlag, Heranwachsende **generell in das materielle JStR** einzubeziehen (stellvertretend Walter GA 2007, 503 (515); Neubacher in BMJV 2017, 147; Weiss, Die Anwendbarkeit des Jugendstrafrechts auf Heranwachsende, 2021, 77 ff.; umfassende Nachw. bei Heinz Sekundäranalyse 597 ff.) – seit langem auch eine Ausdehnung jugendbezogener Sonderregelungen bis zum 25. Lbj. diskutiert (**„Jungtäterrecht"** – dazu bereits Denkschrift 1964; Lenckner in Göppinger/Witter ForensPsych-HdB 260; Remschmidt MschKrim 61 (1978), 79 (90); Zieger StV 1988, 305 (310); vgl. ferner Schaffstein MschKrim 59 (1976), 92 ff.; Erlemann, Heranwachsende in der Strafrechtspflege unter besonderer Berücksichtigung der Reifephase der Adoleszenz, 1988, 126 ff.; erg. Pruin ZJJ 2006, 257 (259 ff.); aus der neueren Lit. etwa Röpcke/Barth/Hebebrand ZKJP 48 (2020), 318 (325 f.)).

c) Kriminologische Daten. Fasst man die **empirischen Befunde zur** 6 **Delinquenz von jungen Volljährigen** bzw. Heranwachsenden zusammen, zeigt sich zunächst, dass diese Altersgruppe (bei Berücksichtigung ihrer Größe) mit institutionell bearbeiteter Kriminalität am stärksten belastet ist. Dabei haben bestimmte Diebstahlsformen sowie Gewalt-, BtM- und Betrugsdelikte größere Bedeutung als bei jüngeren Bevölkerungsgruppen, wohingegen bspw. Sachbeschädigung und bagatellarische Diebstahlsvarianten seltener werden (vgl. etwa Heinz Sekundäranalyse 158 ff., 178 ff.; s. auch → Einl. Rn. 1 und 3). Bei Zugrundelegung von Dunkelfelddaten bestätigt sich der gelegenheits- und lebensstilbedingte Übergang zu anderen Deliktsformen (Verkehrsdelikte, Schwarzarbeit usw.), während die quantitative (nicht qualitative) Höchstbelastung nach manchen (nicht allen) Erhebungen bereits im mittleren Jugendalter einzutreten scheint (zusf. und mwN Walburg/Verneuer in Boers/Reinecke Altersverlauf 124 ff., 139 ff.).

Mit Blick auf die Häufigkeit und Intensität der Deliktsbegehung in den 6a verschiedenen Lebensphasen können einzelne heranwachsende **Teilgrup-**

pen identifiziert werden, bei denen die erwachsenentypische Delinquenz die (teilw. nur geringen) Rückgänge jugendtypischer Delinquenz (über-)kompensiert und zu einer fortbestehenden oder zunehmenden Hochbelastung beiträgt (Kessler, Journal of Developmental and Life-Course Criminology 6 (2020) 424)). Bei den allermeisten jungen Volljährigen ist die strafrechtliche Auffälligkeit indes schon auf ein Niveau gesunken (oder dort verblieben), das für die Mehrheit der Erwachsenen charakteristisch ist (→ Einl. Rn. 6 und → § 5 Rn. 45). Die stark belastete Teilpopulation ist daher kleiner als unter den Jugendlichen (Walburg/Verneuer in Boers/Reinecke Altersverlauf 136 ff.; für die Hellfelderfassung diff. Albrecht/Grundies, MschKrim 2009, 326). Hinsichtlich der **Risikobedingungen,** die die Wahrscheinlichkeit ungünstiger Verläufe beeinflussen (s. → § 5 Rn. 47 ff.), zeigt die Heranwachsenden-Delinquenz indes eine große Nähe zu jugendspezifischen Faktoren auf (n. bspw. Hill/Blokland/van der Geest European Journal of Criminology 15 (2018), 544: Beziehung zum Elternhaus, Alkoholkonsum). Aus entwicklungspsychologischen Gründen ist sie der Kriminalität von älteren Erwachsenen jedenfalls nicht gleichzustellen (zusf. zum Forschungsstand Hinrichs FPPK 2008, 169 (171 ff.)).

6b   **d) Perspektiven.** In diesem Zusammenhang sind neuere Befunde bemerkenswert, denen zufolge ein für Erwachsene typischer **Entwicklungsstand** bei 21-Jährigen keineswegs sicher vorausgesetzt werden kann. Dies ergibt sich aus psychosozialen Entwicklungsdaten (vgl. Neubacher in BMJV 2017, 123 ff.; Rocque/Posick/White Journal of Developmental and Life Course Criminology 1 (2015), 350 (370): „show that maturation tends to continue or progress throughout adolescence and into the 20s") sowie aus neueren Forschungsergebnissen zum neurologischen Reifungsprozess (vgl. Remschmidt ZJJ 2008, 336 ff.; Remschmidt FS Rössner, 2015, 342 ff.; Luna/Wright in APA Handbook 91 ff.: späte Ausreifung der besonders relevanten kortikalen Region; erg. zur Gehirnentwicklung Steinberg AmPsychologist 64 (2009), 739 ff. sowie Dünkel/Geng MschKrim 97 (2014), 387; Dünkel in DVJJ 2015, 542 ff.; Dünkel/Geng/Passow ZJJ 2017, 123); Casey/Simmons/Somerville/Baskin-Sommers Annual Review of Criminology 2022, 321). Für die Definition von Adoleszenz wird deshalb inzwischen die deutlich erweiterte Lebensphase zwischen dem 10. und 24. Lbj. vorgeschlagen (Sawyer/Azzopardi/Wickremarathne/Patton Lancet Child & Adolescent Health 2018, 223).

6c   Eine solche Perspektivenverschiebung macht eine **Neuregelung von Abs. 1 dringlich.** Dass eine gesetzliche Ausweitung der JStR-Anwendung auf über 18-Jährige angezeigt ist, wird ebenso durch internationale Entwicklungen deutlich (zur britischen Debatte Lösel/Bottoms/Farrington und Allen in Lösel/Bottoms/Farrington (Hrsg.), Young Adult Offenders, 2012, 1 ff. und 155 ff.). So sind in den Niederlanden die Sanktionen des JStR seit 2014 auch bei bis zu 22-jährigen Personen möglich (dazu etwa Matthews/Schiraldi/Chester Justice Evaluation Journal 1 (2018), 59 (71 ff.); s. aber zur zurückhaltenden Praxis uit Beijerse ZJJ 2019, 50 (53); Schmidt/Rap/Liefaard Youth Justice 2021, 172; van der Laan/Beerthuizen/Barendregt EJC 2021, 526). Der Erörterung bedarf es jedoch, inwieweit die erforderlichen neuen Einwirkungsformen als „Erziehung junger Erwachsener" oder eher neutral als eine altersgerechte spezialpräventive „Intervention" zu konzipieren sind (Remschmidt FS Rössner, 2015, 350 ff.).

II. Handhabungswirklichkeit

1. Anwendungspraxis

Im Jahr 2019 handelte es sich bei 8,02 % der vor den JGerichten abge- 7
urteilten Personen um Heranwachsende (absolut: 71.562 – vgl. StrafSt Tab.
1.1). Entscheidungen nach Abs. 1 müssen also **sehr häufig** getroffen werden. In diesen Fällen werden dann die Voraussetzungen der personen- oder
deliktsbezogenen Jugendtypik oftmals bejaht. Den Daten des BZR zufolge
ist dies in 64 % der Verurteilungen der Fall (so für das Bezugsjahr 2007
Palmowski Sanktionierung 195). Die StrafSt weist für 2019 einen Anteil der
nach Jugendstrafrecht verurteilten Heranwachsenden von 62,64 % aus. Anfänglich waren die Verhältnisse dagegen noch umgekehrt (1954: 20,2 %). Bis
zu den Jahren um 2000 fand indes ein deutlicher Anstieg statt (2004–2006
im ehemaligen Bundesgebiet: zwischen 62,6 % und 64,3 %). In den Jahren
2007–2016 setzte sich dies im gesamten Bundesgebiet zunächst fort (Anstieg
von 62,93 % auf 66,91 % in 2012), um danach wieder etwas zu sinken
(StrafSt Tab 2.1; zur Entwicklung auch Heinz Sekundäranalyse 606 ff.).
Auch wenn zu der Frage nach den entsprechenden Anteilszahlen bei den
informellen Erledigungen (Einstellung gem. §§ 45, 47 anstatt gem. § 153 ff.
StPO) auf der Basis der StrafSt keine Aussagen gemacht werden können
(dazu Heinz GS Walter, 2014, 303 ff.; Heinz Sekundäranalyse 601), entspricht die Verteilung bei den Verurteilungen den empirischen Erkenntnissen sowohl zum Entwicklungsstand Heranwachsender als auch zur prinzipiellen Geeignetheit des täterorientierten JStR für diese Altersgruppe. Zugleich ist die langfristige Entwicklung als Konsequenz einer sich
ausdehnenden Jugendphase (→ Rn. 4; sichtbar werdend bspw. an der Verlängerung von Ausbildungszeiten) interpretierbar.

Untersuchungen aus der 2. Hälfte des 20. Jahrhunderts weisen darauf hin, 8
dass die Entscheidungen für oder gegen die Anwendung von materiellem
JStR oft nur **unzureichend begründet** werden, wobei sich die JGerichte
häufig mit der Wiederholung des Gesetzestextes oder einer allg. Wendung
begnügten (nach Lohmar, Die strafrechtliche Behandlung der Heranwachsenden, 1966, 41 in 39 % und nach Keller/Kuhn/Lempp MschrKrim 58
(1975), 153, 154 f. betr. ein AG in etwa 50 % der Fälle; nach Bischoff in
Gerken/Schumann Rechtsstaat 59 betr. drei AGen in Nds. in 52 % und in
knapp 1/3 keine Erwähnung der Vorschrift). In Ansehung der (auch neueren) revisionsgerichtlichen Rspr. (vgl. → Rn. 67, → § 54 Rn. 41) scheinen
diese Befunde nicht (gänzlich) überholt zu sein. Welche Rolle hierbei das
anzuerkennende Bemühen spielt, als diskriminierend (miss-)verstehbare Entscheidungsgründe zu vermeiden, ist unklar.

2. Unterschiede in der Anwendungshäufigkeit

Ebenso wie in vielen Bereichen der richterlichen Rechtsanwendung (auch 9
außerhalb des JGG) bestehen beträchtliche Unterschiede in der Häufigkeit
der Anwendung von materiellem JStR. Durch das Gesetz sind diese nicht
immer zu rechtfertigen, zumal sie nicht selten aus innerbehördlichen Interessen hervorgehen dürften (vgl. etwa zum „Zweck" der Vermeidung eines
Rechtsmittelverfahrens Franz (bei Kowalzyck in DVJJ 2003, 53)). **Ge-**

schlechtsbezogen ergab sich bei Straftaten nach dem StGB (ohne Straßenverkehrsdelikte) für die Jahre 1994 und 2006 für das ehemalige Bundesgebiet sowie in den Jahren 2012 und 2019 für das gesamte Bundesgebiet eine zeitweilig deutlich höhere, sich inzwischen aber etwas angleichende Anwendungsquote des Abs. 1 für männliche Betroffene (70,53 % und 71,21 % sowie 74,53 % und 65,27 % ggü. einer solchen von 57,49 % und 59,27 % sowie 61,67 % und 62,70 % für weibliche Betroffene (StrafSt Tab 2.1)). Eine Erklärung hierfür ist am ehesten in den geschlechtsbezogenen Unterschieden der Anzeige- und Verfolgungsintensität (vgl. nur Eisenberg/Kölbel Kriminologie § 48 Rn. 41 f.) und in der unterschiedlichen Zusammensetzung der jeweils geschlechtstypisch begangenen Deliktsarten zu sehen. Bei weiblichen Angeklagten dürften deshalb in den bis zur gerichtlichen Aburteilung gelangenden Verfahren die Sachlagen häufiger auftreten, in denen die rechtspraktisch verbreiteten Kriterien der Anwendung von allg. StR erfüllt sind. – Im Übrigen wird allg. StR aus (kriminal-)politischen wie verfahrensökonomischen (zB Strafbefehlsverfahren) Erwägungen (vgl. Fiedler GA 1973, 43 ff.; Metz Zbl 1977, 72 ff.; Rohde, Kriminalität in der Bundeswehr, 1967, 237; Schwenck NZW 1976, 208 ff.) offenbar auch bei Soldaten/innen tendenziell häufiger angewandt (so jedenfalls früher Bischoff und Hencken in Gerken/Schumann Rechtsstaat 61, 67 bzw. 81; zutr. Kritik bei Lempp in Frank/Harrer (Hrsg.), Drogendelinquenz, 1991, 233).

10   Regional zeigten sich in (teilweise auch älteren) Erhebungen ein Nord-Süd- und ein Stadt-Land-Gefälle (vgl. zu Befragungsergebnissen Pfeiffer Zbl 1977, 383 (385); Janssen, Heranwachsende im Jugendstrafverfahren, 1980, 183 ff.; Elsner/Molnar, Kriminalität Heranwachsender und Jungerwachsener in München, 2001, 110 f.) und zugleich Divergenzen zwischen vergleichbaren Orten (vgl. Keller/Kuhn/Lempp MschKrim 58 (1975), 153 ff.) sowie innerhalb einzelner Gerichte (vgl. Eickmeyer, Die strafrechtliche Behandlung der Heranwachsenden (…), 1963, 22 ff.). Ähnliche Unterschiede bestehen noch immer (Palmowski Sanktionierung 363 ff.), und dies zudem mit Blick auf das Delikt (vgl. Kröplin, Die Sanktionspraxis im Jugendstrafrecht (…), 2002, 156 ff.; Pruin, Die Heranwachsendenregelung (…), 2007, 62 ff.; Heinz GS Walter, 2014, 305 ff.; Heinz Sekundäranalyse 620 ff.). Überdurchschnittlich hoch sind die JGG-Anwendungsquoten bei Eigentums-, Gewalt-, Sexual- und Tötungsdelikten (wie generell bei schweren Straftaten (vgl. Remschmidt FS Rössner, 2015, 345 ff.; Heinz ZJJ 2017, 115 (121); s. bereits Lohmar, Die strafrechtliche Behandlung der Heranwachsenden, 1966, 29 f. (33)), unterdurchschnittlich dagegen bei Verkehrsdelikten (Pruin, Die Heranwachsendenregelung (…), 2007, 70 f.; Reiff, Straßenverkehrsdelinquenz in Deutschland, 2015, 211 ff. Palmowski Sanktionierung 325). Konkret lauteten im Jahr 2019 bei den verurteilten Heranwachsenden die JGG-Anwendungsanteile bspw. bei Raub 88,08 %, bei Diebstahlsdelikten und Unterschlagung 65,44 %, bei Straßenverkehrsdelikten 47,67 % und bei Straftaten gegen das Leben 69,51 % (StrafSt Tab. 2.1; für ältere Daten s. → 20. Aufl. Rn. 4b).

11   Diese Anwendungsmuster sind schwer zu interpretieren (umfassende Erörterung bei Pruin, Die Heranwachsendenregelung (…), 2007, 77 ff.). Für die deliktsbezogenen Unterschiede dürften Aspekte jenseits der jeweiligen Jugendtypik maßgebend sein (verfahrenspraktische Routinen; Erwägungen zu Registerfolgen usw). Auch deutet manches auf ein rechtsfolgenorientiertes Vorgehen hin (so bei schweren Delikten bspw. die Umgehung hoher Mindeststrafen des allg. StR). Außerdem dürfte die oftmalige Heranziehung von Sachverständigen (dazu → § 43 Rn. 29, 37) und die generell intensivere Persönlichkeitserforschung in diesen Fällen dazu beitragen, dass vergleichsweise häufig ein Anlass zur Anwendung von JStR erkannt wird (s. etwa Geraedts, Zur Tötungsdelinquenz bei jugendlichen und heranwachsenden Straftätern, 1998, 31). – Bei den Verkehrsdelikten (und einigen anderen Deliktsgruppen (Kröplin, Die Sanktionspraxis im Jugendstrafrecht (…), 2002, 160 f.)) ist vornehmlich in den Bundesländern mit hier sehr geringer JGG-Anwendungshäufigkeit (zu den gravierenden regionalen Unterschieden s. Heinz GS Walter, 2014, 308, 312 ff.) auch die Tendenz zu einer Erledigung durch Strafbefehl relevant. Da dieses Verfahren (ebenso wie die Verhängung von Geldstrafe) nur bei Anwendung des allg. StR zulässig ist (§ 109 Abs. 2 S. 1, § 79 Abs. 1), wird hier vielfach Abs. 1 aus verfahrensökonomischen Gründen ohne nähere Persönlichkeitserforschung (n. → § 109 Rn. 59 ff.; krit. AG Saalfeld NStZ 1994, 90) verneint, um sodann einen Strafbefehl erlassen zu können (Hencken in Gerken/Schumann Rechtsstaat 78; Kölbel ZfJ 1998, 10 ff.).

III. Abs. 1 Nr. 1

1. Grundlagen

a) Das zentrale Kriterium. aa) Verlaufsprozess. Der Normtext des **12** Abs. 1 Nr. 1 ist missverständlich gefasst. Indem er darauf abstellt, dass der fragliche Heranwachsende „einem Jugendlichen gleichstand", unterstellt er die Existenz von zwei gleichsam **stufenartig** abgegrenzten Entwicklungsstadien mit jeweils eigenen und klar umrissenen Merkmalen (wobei die fragliche Person den Schritt von dem einen in das nächste Stadium noch nicht absolviert haben darf). Es gibt aber keine abstrakten Standards, die den „Norm-Jugendlichen" definieren und einen Vergleich mit dem konkreten Beschuldigten erlauben würden. Empirisch abgesicherte Leitbilder von „regelgerecht" entwickelten Jugendlichen und Heranwachsenden lassen sich nicht begründen. Wissenschaftlich wird vielmehr – im Gegensatz zu Stufen-, Sprung- und Phasenvorstellungen (zusf. Birk, Entwicklungspsychologie, 2020, 721 ff.) – von **kontinuierlich** fortschreitenden Veränderungsprozessen und fließend ansteigenden Reifungsgraden ausgegangen (vgl. etwa schon Thomae Soziale Reife 37; zum Abschied vom entwicklungspsychologischen Phasenmodell vgl. etwa Montada/Lindenberger/Schneider in Schneider/Lindenberger (Hrsg.), Entwicklungspsychologie, 8. Aufl. 2018, 28 f.). So kann es schon lange als geklärt gelten, dass „entwicklungspsychologisch gesehen … zwischen dem 17. und 18. Lbj. keine Zäsur" liegt (Suttinger in Undeutsch Psych-HdB 297; kennzeichnend Weichold/Silbereisen in Schneider/Lindenberger (Hrsg.), Entwicklungspsychologie, 8. Aufl. 2018, 239 ff.). Das Gleiche gilt iÜ für die Grenzziehung bei 21 Jahren, zumal es Anzeichen für eine Verlängerung der psycho-sozialen Entwicklungsverläufe gibt (→ Rn. 6b f.). Dabei ist die Herausbildung einer „erwachsenen", dh ebenso autonomen wie sozial integrierten Persönlichkeit von einer Vielzahl von Bedingungen abhängig, zu denen neben den individuellen Dispositionen auch die (psychologisch und sozialisatorisch relevanten) Gegebenheiten im Nahraum und weiteren Umfeld, in den Lebens-, Ausbildungs-, Arbeits-,

Freizeit- und medialen Konditionen und auch in den sozialstrukturellen Rahmensetzungen zählen.

13　　**bb) Entwicklungsaufgaben.** Die Gruppe der Heranwachsenden befindet sich, entwicklungspsychologisch verstanden, in der Phase der **(Post-) Pubertät** bzw. **Adoleszenz,** wobei (Post-)Pubertät den körperlichen, Adoleszenz den psychischen Reifungsprozess meint. Mehrdimensional betrachtet ist im biologischen Bereich die Gesamtheit der somatischen Veränderungen zu berücksichtigen, während im (sozial-)psychologischen Bereich alle individuellen Vorgänge einzubeziehen sind, die mit dem Erleben, der Auseinandersetzung und Bewältigung der somatischen Wandlung sowie den sozialen Reaktionen auf diese verbunden sind (speziell zum Bedürfnis nach Anerkennung etwa Günter ZJJ 2011, 15 ff.). Soziologisch gesehen handelt es sich um ein Zwischenstadium, in dem zB im Hinblick auf Beruf und Partnerschaft, auf Autonomie, Individualisierung und Identitätsbildung eine Orientierung zunehmend motiviert, aber noch nicht abschließend vollzogen ist. Hinsichtlich des **Verlaufs** dieser Entwicklungsphase werden (Initial-)Stadien mit Veränderungen im somatischen, psychischen und psychosozialen Bereich von solchen (sich anschließenden) Stadien unterschieden, die als Reorganisation und Streben nach Erwachsenenstatus erscheinen und die iRd Identitätsfindung zu Auseinandersetzungen mit bestehenden sozialen Strukturen führen. Gerade insoweit handelt es sich um einen wesentlichen Entwicklungsabschnitt zur Erlangung psychosozialer (Erwachsenen-)Reife, dh einer Übereinstimmung zwischen psychischer Entwicklung und sozialen Normen.

14　　Konkret wird von den Heranwachsenden die Bewältigung spezifischer **Entwicklungsaufgaben** erwartet: Individuation und Identitätsbildung; intellektuelle Reifung; Fortschritte bei Bildung, Qualifikation und Berufsfindung; Entwicklung der eigenen Geschlechtsrolle und sexueller Beziehungsfähigkeit; Aufbau von Bindungsfähigkeit in Partnerschaften und Freundschaften; Kompetenz im Umgang mit materiellen Angeboten, Freizeit und Medienmöglichkeiten; Herausbildung von Werteorientierungen (s. etwa Hurrelmann/Quenzel, Lebensphase Jugend, 13. Aufl. 2016, 30 ff., 111 ff.; von Buch/Köhler RPsych 2019, 178 (185 ff.); Birk, Entwicklungspsychologie, 2020, 712 ff. sowie die Beiträge in Gniewosz/Titzmann (Hrsg.), Handbuch Jugend, 2018, 165 ff.). Wie bei anderen entwicklungsbedingten Lernprozessen hängt deren Bewältigung sowohl von der sozialen Umwelt als auch von Persönlichkeitsdispositionen ab (speziell zum Verhältnis von Hirnreifung und sozio-emotionalem Kontrollsystem → Rn. 6). Schon deshalb kann es nicht darauf ankommen, dass sich der Heranwachsende auf dem „Stand eines Jugendlichen" befindet. So stellt denn auch die Rspr. darauf ab, ob er „geistig-seelisch (...) bereits im Wesentlichen ausgeformt" ist oder ob bei ihm „Entwicklungskräfte noch in größerem Umfang wirksam sind" (BGHSt 12, 116 (118) = NJW 1959, 159 (160); BGHSt 36, 337 (340) = NJW 1989, 1490 (1491) mAnm Walter/Pieplow NStZ 1989, 576 und Brunner JR 1989, 521; krit. dazu schon Thomae Soziale Reife 19 sowie Weber/Rüth FDNP 1997, 247 ff.; eher zust. aber Hinrichs/Schütze DVJJ-J 1999, 27 (28)). Hierfür kann ein (vorübergehendes) Zurückbleiben hinter imaginären Durchschnittsprozessen (so aber etwa OLG Hamburg MDR 1980, 338: „Entwicklungsrückstand") nicht maßgeblich sein (BGH NStZ 2013, 289).

15　　Dem ist im Grundsatz zuzustimmen. Bei Abs. 1 Nr. 1 geht es nicht in einem strengen Sinne nur darum, dass für den jeweiligen Angeklagten

entweder mit dem allg. StR oder dem JStR das konkret geeignetere Rechts-
folgespektrum eröffnet werden soll (ferner → Rn. 18; abl. auch 20. Aufl.
Rn. 33). **Die Funktion von Abs. 1 Nr. 1** besteht darin, einmal der spezifischen Vorwerfbarkeit, die bei „unreifen" Personen vergleichsweise geringer
ist (→ Rn. 17), mit der Zuweisung zu den JGG-Sanktionen gerecht zu
werden, durchaus zum anderen aber auch den Einsatz der spezifisch erzieherischen Interventionen des JGG von der Feststellung einer zumindest **typischerweise** bestehenden **Ansprechbarkeit** des Heranwachsenden abhängig
zu machen. Deshalb muss es bei der Anwendung von Abs. 1 Nr. 1 um die
Frage gehen, ob die skizzierten **Entwicklungsschritte noch laufen** (=
erzieherische Zugänglichkeit) oder ob diese sich schon ihrem Abschluss
genähert haben (ebenso wohl auch BGH NStZ 2013, 289; vgl. auch Suttinger in Undeutsch Psych-HdB 312; aA mAnm Molketin MDR 1980, 1044).
Dies lässt sich allein in einer strikt **individualisierenden** Betrachtung etwaiger „Reifungsnotwendigkeiten und –potenziale" erkennen (ähnlich Weiss,
Die Anwendbarkeit des Jugendstrafrechts auf Heranwachsende, 2021, 40 ff.:
erwachsenentypische Autonomie und Stabilität noch nicht erreicht). – Bei
einer solchen Sichtweise ist es kein ausreichendes Anzeichen für eine weitgehend abgeschlossene Entwicklung, dass die fragliche Person das Niveau
ihres sozialen (Herkunfts-)Kontextes erreicht hat (dazu anhand der sprachlichen Ausdrucksfähigkeit BGH StV 1981, 183) oder dass sie äußerlich in
devianten Lebensstilen und subkulturellen Milieus zurechtzukommen vermag (vgl. BGH NStZ-RR 2011, 218 mAnm Eisenberg ZJJ 2011, 202 (203);
s. auch den bei Eisenberg JA 2006, 140 (143) besprochenen Fall; tendenziell
abw. aber LG Bonn BeckRS 2008, 20084 mkritAnm Eisenberg ZJJ 2008,
381 (383)).

cc) sittliche" oder die „geistige" Entwicklung. Das Gesetz spricht in 16
einer kumulativ gefassten Formulierung von der „sittlichen und geistigen
Entwicklung", ohne damit zu verlangen, dass tatsächlich **beide Bereiche**
unabgeschlossen sind. Anderenfalls würden Fälle, in denen erzieherische
Interventionen angezeigt und zielführend sind, dem JStR (zugunsten des
spezialpräventiv ungeeigneteren allg. StR) entzogen. Sieht man einmal davon ab, dass sich beide Entwicklungsfelder letztlich in vielfältiger Weise
bedingen und eine Abgrenzung nur iSv Schwerpunkten möglich ist, kommt
JStR nach ganz hM deshalb auch dann zur Anwendung, wenn entweder die
„sittliche" oder die „geistige" Entwicklung – d. h. die Herausbildung der
moralischen oder kognitiven Urteilsfähigkeit – bei der fraglichen Person noch im Fluss ist und dies die gesamte Persönlichkeit prägt (vgl. schon
BGH NJW 1956, 1408: Redaktionsversehen des Gesetzgebers bei Formulierung von Abs. 1 Nr. 1; s. ferner bspw. Ostendorf in NK-JGG Rn. 6).

b) Zeitpunkt der Tat. Mit Blick auf die eben (→ Rn. 13) genannte 17
Funktion von Abs. 1 Nr. 1 läge es nahe, die bei der Entscheidung personal
(noch) bestehende erzieherische Zugänglichkeit zur Voraussetzung für die
Anwendung des JStR zu machen. Da die Frage der Anwendung des allg.
StR oder aber des JStR nicht vom zufälligen Zeitpunkt des Verfahrens
abhängen darf (Art. 103 Abs. 2 GG), legt das Gesetz aus Gründen der
Rechtssicherheit jedoch das **tatzeitliche** Entwicklungsstadium als das
maßgebliche Kriterium fest. Zugleich unterstreicht das Tatzeitkriterium, dass
sich § Abs. 1 Nr. 1 mit der herabgesetzten Vorwerfbarkeit einer Tat rechtfertigt, die von Personen mit noch unabgeschlossener Entwicklung begangen

werden (→ § 17 Rn. 46 ff., 54) und bei denen die Anwendung des insges. milderen JStR daher legitim ist (Weiss, Die Anwendbarkeit des Jugendstrafrechts auf Heranwachsende, 2021, 47 f. mwN).

17a   Um zur Entwicklungssituation zum Tatzeitpunkt eine Beurteilung zu ermöglichen, bedarf es rückblickender Erhebungen zu den damaligen Gegebenheiten (BGHSt 12, 116 (120) = NJW 1959, 159 (161); BGH NStZ 2008, 696), auch wenn Ermittlungen zur „Tatzeitpersönlichkeit" und retrospektive Erkenntnisse für prospektive erzieherische Einwirkungen oft gar nicht mehr effektiv oder sachdienlich sind. Bereits wegen dieser Divergenz von Beurteilungs- und zu beurteilendem Zeitpunkt reicht es idR nicht aus, auf den **Eindruck** abzustellen, den der Heranwachsende während des Verfahrens oder speziell **in der HV** gemacht hat. Wenn er dort auf das Gericht wie ein Erwachsener oder Jugendlicher wirkt, kann dies nur als ein (mittelbar) miteinbezogener Beurteilungsbaustein fungieren (BGH MDR 1954, 694 = BeckRS 1954, 31195621; OLG Bremen StV 1993, 536 = BeckRS 1992, 31133483; problematisch BGH NStZ 2015, 230 mkritAnm Eisenberg ZJJ 2014, 388 (389)). Allerdings gilt „der Gerichtssaal als der ungeeignetste Ort", um „in das geistig-seelische Leben eines Menschen einzudringen" (Peters Strafprozess 405). Deshalb bedarf es auch dort, wo ein Sachverständiger unter dem Eindruck der HV zu einem anderen Ergebnis kommt als in dem (vorläufigen) schriftlichen Gutachten, einer näheren Auseinandersetzung (vgl. BGH BeckRS 2012, 09958).

18   c) „Gesamtwürdigung". Die Beurteilung des Entwicklungsstandes geschieht in Form einer **Gesamtwürdigung** der zur Persönlichkeit und den Umweltbedingungen getroffenen Feststellungen. Dabei handelt es sich um eine **hochgradig individualisierte Beurteilung** eines heranwachsenden Menschen, für die alle standardisierten Kriterien (→ Rn. 19 ff.) nur von begrenztem Nutzen sind. Dem Tatgericht wird eine umfassende Einschätzung von oftmals gegenläufigen Anzeichen und heterogenen Anknüpfungspunkten abverlangt (instruktiv zu diesem diagnostischen Prozess und den dabei ggf. relevanten Aspekten von Buch/Köhler RPsych 2019, 178 (197 ff.)). Häufig weisen Heranwachsende in verschiedenen Lebensbereichen (Beziehung zu Eltern und zu Gleichaltrigen, Partnerschaften, Schule, Ausbildung usw) einen unterschiedlichen Entwicklungsgrad auf (und geben ggf. auch innerhalb einzelner Lebensbereiche ein widersprüchliches Bild ab). Dann bedarf es besonders sorgfältiger Gewichtungen und Abwägungen. Dem Tatgericht kommt hierbei ein Beurteilungsspielraum zu (BGHSt 36, 37 (38) = NJW 1989, 1490; BGH NStZ-RR 1999, 26; NStZ 2003, 493; 2004, 294 (295); 2013, 289; NStZ 2017, 217; NStZ 2019, 217). Im Ergebnis kann dabei die Reifebeurteilung für verschiedene Lebensbereiche (Sexualität, Umgang mit Geld, Straßenverkehr usw) und damit auch für mehrere angeklagte Delikte durchaus **differenziert** ausfallen (Laue in MüKoStGB Rn. 25; Blau MDR 1959, 717; Blau RdJB 1962, 310; aA und eine einheitliche Rechtsanwendung verlangend Dallinger/Lackner Rn. 30; Brunner/Dölling Rn. 17; offen gelassen bei Streng JugendStrafR Rn. 81; Beulke/Swoboda JugendStrafR 213). Dass dabei auch zu berücksichtigen sein soll, ob die Instrumente des allg. StR oder die des JStR zur Beeinflussung des fraglichen Heranwachsenden **besser geeignet** sind (Brunner/Dölling Rn. 16; Swoboda in Strafverteidigertag 2018, 374 f.), überzeugt jedoch nicht, weil es zu einer ergebnisorientierten Personenbeurteilung einlädt. –

Im Übrigen besteht bei der Gesamtwürdigung **keine Bindung** an eigene Vorentscheidungen oder Entscheidungen anderer Gerichte (einschließlich der Revisionsgerichte (vgl. etwa BGH NStZ 2005, 644); Ostendorf in NK-JGG Rn. 25). Die Beurteilung der Persönlichkeitsentwicklung bspw. in einem **früheren Verfahren** ist ohne präjudizierende Wirkung. Inwiefern eine vorangegangene gerichtliche Entscheidung als ein wichtiges Indiz dienen kann (BGH NJW 1959, 159 (160)), hängt von der damaligen Begründungstiefe und den seitherigen Informationen ab.

d) Sachverständige Beurteilung und Kriterien. aa) Begutachtung. 19
Für die insoweit idR notwendig werdende eingehende Persönlichkeitserforschung (BGH StV 1983, 378 = BeckRS 1983, 31112592) gelten die allg. Grundsätze, dh der JRichter hat (unter Berücksichtigung des Grundsatzes der Verhältnismäßigkeit) alle Ermittlungsmöglichkeiten (vgl. §§ 38, 43) auszuschöpfen (Dallinger/Lackner Rn. 40 ff.). Die primäre Entscheidungshilfe ist durch die JGH zu leisten (Ostendorf in NK-JGG Rn. 26). Bei schwereren Delikten kommt ggf. die Beauftragung eines **Sachverständigen** in Betracht – zB dann, wenn die vorliegenden Informationen in ganz und gar unterschiedliche Richtungen weisen, so etwa wenn sich bei einem inhaftierten Angeklagten die Berichte der JGH und der JStVollzAnstalt in ihren Ergebnissen widersprechen (BGH NStZ 1985, 184). Ebenso verhält es sich bei sozialisatorischen Auffälligkeiten, bei deren Beurteilung die richterliche Sachkunde überfordert ist (OLG Koblenz StV 2011, 592 = BeckRS 2010, 19913; zu solchen Kriterien für Heranziehung von Sachverständigen s. auch Schepker/Fegert in Fegert/Eggers/Resch (Hrsg.), Psychiatrie und Psychotherapie des Kindes- und Jugendalters, 2. Aufl. 2012, S. 267 ff.). Von einer regelhaft bestehenden Notwendigkeit, einen Sachverständigen heranzuziehen, ist aber nicht auszugehen (BGH NStZ 1984, 467 mAnm Brunner NStZ 1984, 467 und Eisenberg NStZ 1985, 84; vgl. auch BGH NStZ-RR 1999, 26; BGHR JGG § 105 Abs. 1 Nr. 1 Entwicklungsstand 8 (Gründe) = BeckRS 2002, 5109; Ostendorf in NK-JGG Rn. 27). Eine entsprechende Begutachtung findet in der Praxis denn auch nur **selten** statt (nach älteren, von Eisenberg NStZ 1985, 84 zusammengestellten Studien lediglich in ca. 5 % der Verfahren; ergänzend Daten bei Pahl, Begutachtungspraxis bei langen Jugendstrafen, 2018, 184).

bb) Marburger Richtlinien. Da sowohl die richterliche wie auch die 20
sachverständige Beurteilung von aufwandsarm heranziehbaren und zugleich wissenschaftlich fundierten Maßstäben profitieren könnte, wurde vormals durch eine Gruppe von Sachverständigen und Mitgliedern der Strafverfolgungsinstitutionen eine Reihe psychosozialer Merkmalsgruppen zusammengestellt, die als aussagekräftig eingeschätzt wurden – einerseits für eine unreife, noch in der Entwicklung stehende Persönlichkeit und andererseits für eine bereits erreichte (Erwachsenen-)Reife (DVJpsychiatrie unsere jugend 1954, 283 (284)). In der Sache handelte es sich dabei aber weniger um Kriterien als um phänomenologische Defizitbeschreibungen. Diese sog. Marburger Richtlinien erlangten gleichwohl eine gewisse Anerkennung, stießen aber auch schon früh auf Kritik (vgl. etwa Mutschler FDNP 1956, 217 ff.; Lempp in Frank/Harrer (Hrsg.), Drogendelinquenz, 1991, 229; zu ähnlichen Ansätzen aus jener Zeit s. Suttinger in Undeutsch Psych-HdB 299 ff.; dazu krit. Schmitz MschKrim 1974, 65 (66)). Tragfähige Schlussfolgerungen sollten sie freilich nur bei gleichsam kombiniertem Vorliegen

erlauben und auch dies nicht bei einer schematischen Anwendung (im Sinne einer bloßen Addition), sondern erst unter Berücksichtigung der „Gesamtpersönlichkeit".

21   Als Jugendlichkeitsindikatoren stellten die Richtlinien ua auf das Vorherrschen des Gefühls- und Trieblebens (im Gegensatz zu selbstständigem, rational unterbautem Urteilen und Entscheiden) ab (vgl. dazu etwa Illchmann-Christ ZStW 53 (1965), 226 (235)). Eine gewisse Stimmungslabilität, ein „Leben im Augenblick" (im Gegensatz zur Fähigkeit zu zeitlich überschauendem Denken) zählte ebenso dazu (vgl. etwa BGH StV 1994, 607 = BeckRS 1994, 08913: sich „Anmutungs- und Evidenzerlebnissen" überlassen) wie ein Hang zum Abenteuer (vgl. Illchmann-Christ ZStW 53 (1965), 226 (239)) – der auch bei Kfz-Entwendungen zu Spazierfahrten angenommen wird (BGH EJF C I 43) – und eine spielerische Einstellung zur Arbeit im Gegensatz zu diesbzgl. Ernsthaftigkeit und Leistungsehrgeiz (anders aber schon Gerson RdJB 1964, 120 (121) bei antrainierter Arbeitsamkeit). Berücksichtigt wurden ferner Anlehnungsbedürftigkeit und naive Vertrauensseligkeit wie auch Verführbarkeit durch andere (vgl. BGH 29.6.1983 – 2 StR 228/83 bei Böhm NStZ 1984, 447; Dallinger/Lackner Rn. 22; betr. Taten aus politischer Überzeugung Potrykus Zbl 1953, 19) im Gegensatz zu einer gewissen Eigenständigkeit ggü. anderen Menschen (zur Frage einer frühen Eheschließung aus naivem Zutrauen als Anzeichen von Unreife BGHSt 12, 116 (120) = NJW 1959, 159 (160)). Für eine noch unabgeschlossene Entwicklung sollten ferner sprechen: Ratlosigkeit und Unsicherheit ggü. der Ordnung der Erwachsenen, Eheschließung aus Drang zur Selbstständigkeit oder frühzeitige Lösung familiärer Bindungen sowie Widerstand gegen jede Autorität bzw. Suche nach neuen Vorbildern einschließlich ausgeprägter Nachahmungstendenzen (Suttinger MschKrim 1956, 65 (74)).

22   Die Richtlinien stießen mit Blick auf die fallkonkret verlässliche Feststellbarkeit der Merkmale auf Skepsis. Auch galt die Generalisierbarkeit unter Jugendlichen als fraglich. Insbesondere aber kritisierte man die geringe Spezifität der Kriterien, was die Frage nahelegte, ob es sich möglicherweise weniger um Kennzeichnen für einen jugendgemäßen Entwicklungsabschnitt als vielmehr um Zuschreibungen bei (auch erwachsenen) **strafrechtlich registrierten** Personen handele (näher → 20. Aufl. Rn. 25 f.; zust. Wagler, Probleme der Verteidigung im Jugendstrafverfahren, 1988, 257 ff.; Trenczek ZJJ 2010, 249 (257 f.)). Hinzu kam ein generelles Problem bei Merkmalen der „Haltung" oder des Verhaltens, das in deren **Mehrdeutigkeit** liegt. Hierdurch ist kaum zuverlässig zu erkennen, ob die Merkmalsausprägungen durch Adoleszenz oder pathologisch bedingt (zB eine „neurotische Fixation", vgl. Suttinger in Undeutsch Psych-HdB 303) sind (vgl. auch schon Lenckner in Göppinger/Witter ForensPsych-HdB 259, 262). Soweit Abhilfe durch eine konkretisierende Operationalisierung und Einführung von 10 ähnlich aufgebauten, aber stärker differenzierten Reifemerkmalen gesucht wurde (vgl. Esser/Fritz/Schmidt MschKrim 74 (1991), 356 (367), waren diese zunächst nicht validiert (vgl. Hinrichs/Schütze DVJJ-J 1999, 27 (29); s. dann aber die Nachuntersuchung von Esser DVJJ-J 1999, 37 ff.). Auch ist die fallkonkrete Einschätzung des Merkmalsvorliegens von hoher Subjektivität und die Gewichtung, mit der die einzelnen Kriterien bei deren uneinheitlicher Ausprägung miteinander in Beziehungs zu setzen sein soll, ungeklärt (zur Kritik etwa Röpcke/Barth/Hebebrand ZKJP 48 (2020), 318 (320)).

cc) Neuere Kriterienkataloge. Bei einem weiteren Vorstoß wurde der 23
Versuch unternommen, die einschlägigen Kriterien, Praxen und gehand-
habten **Wissensbestände** von Justizpraktikern und Sachverständigen zu
erheben und dies in einen anwendbaren Katalog von sieben Aspekten um-
zulegen. Deren Feststellung im Einzelfall sollte anhand von 47 Merkmalen
geschehen und sich nach Art eines Algorithmus aus deren Ausprägungen
ergeben (Busch ZJJ 2006, 264 (268 f.)). Ziel war es, so das diagnostische
Vorgehen in der Begutachtung (also weniger im richterlichen Handeln)
einheitlicher und transparenter werden zu lassen (vgl. Busch/Scholz
MschKrim 86 (2003), 423, 425 ff., krit. Esser/Wyschkon/Schmidt
MschKrim 87 (2004), 458 f.; s. ferner Busch, Rechtspsychologische Begutachtung delinquenter Heranwachsender, 2006, 127 ff. zu einem Abgleich
mit den Meinungen von nicht repräsentativ befragten Nicht-Experten (mit
besonders hohen Übereinstimmungen hinsichtlich Umständen bzw. Beweggründen der Tat)). Inhaltlich kann diese Methodik freilich nicht zu Maßstäben führen, die über den bisherigen status quo der Handhabung hinausgehen
(die Problematik der Methode verkennend LG Ulm BeckRS 2010, 142226;
krit. dazu Eisenberg HRRS 2012, 466 (471)). Ohnehin darf der Ansatz nicht
zur Überstandardisierung führen (Trenczek ZJJ 2010, 249 (257 f.)) und die
fallkonkret variierende Gewichtung und Relevanz der Einzelmerkmale unberücksichtigt lassen (zum Problem der Außerachtlassung einzelner Merkmale BGH NStZ-RR 2011, 218 mAnm Eisenberg ZJJ 2011, 202 (203)). Er
bietet Anhaltspunkte für eine **Gesamtwürdigung** und kein Scoringsystem
(Lederer StV 2017, 748 (751)). – Insgesamt ist davon auszugehen, dass es an
weitgehend standardisierten und wissenschaftlich gestützten Verfahren zur
Beantwortung der von Abs. 1 Nr. 1 gestellten Frage bislang fehlt (und dass
deren Entwicklung nur begrenzt aussichtsreich ist). Selbst wenn es tragfähige
Kriterien und objektive Testverfahren gäbe, würde die Einordnung des
Einzelfalls in das Schema regelmäßig Schwierigkeiten mit sich bringen und
ein sensibler Punkt bleiben.

2. Un-/Geeignete Kriterien und Indikatoren

a) Alter und körperliche Entwicklung. In der Praxis besteht eine 24
Tendenz, JStR umso eher anzuwenden, je jünger der Heranwachsende ist
(vgl. BGHR JGG § 18 Abs. 2, Entwicklungsstand 4; BGHR JGG § 105
Abs. 1 Nr. 1, Entwicklungsstand 8; vgl. auch OLG Rostock ZJJ 2004, 82).
Dies beruht vermutlich darauf, dass es sich beim Altersmerkmal um ein
einfach feststellbares und „hartes" Entscheidungskriterium handelt, das von
subjektiven Bewertungen frei ist. Allerdings wird es dem gesetzlichen Ziel
nur teilw. gerecht (BGH NStZ 2013, 289). Zu untersuchen und zu würdigen sind stets die gesetzlich **relevanten Entwicklungsumstände** des Einzelfalls. Das Alter gibt hierauf nur einen (sekundären) Hinweis unter vielen
und entwickelt keine „Vermutungswirkung". Deshalb ist bei biografischen
Gegebenheiten, die gegen die Anwendung von Erwachsenenstrafrecht sprechen, Abs. 1 Nr. 1 trotz Annäherung an das 21. Lbj. zu bejahen (zutr. daher
BGH NStZ 2016, 400: materielles JStR bei Tatzeitalter jeweils von 20 Jahren 11 Monaten; BGH NStZ-RR 2011, 218 bei einem Tatzeitalter von
20 Jahren 9 Monaten; vgl. auch schon BGH 29.6.1983 – 2 StR 228/83 bei
Böhm NStZ 1984, 447: bei Tatzeitalter von 20½ Jahren und „überfordernde
Situation" durch Gruppeneinfluss; vgl. ferner bereits Thomae Soziale Reife

65; Lempp in Frank/Harrer (Hrsg.), Drogendelinquenz, 1991, 234). Umgekehrt kann auch bei einem gerade erst volljährig gewordenen Heranwachsenden allg. StR anwendbar sein, aber der hierfür erforderliche Entwicklungsstand ist nur selten (und nur unter Beachtung von § 43 Abs. 2 S. 2)
anzunehmen (problematisch LG Ulm BeckRS 2010, 142226 mkritAnm
Eisenberg HRRS 2012, 466 (471 f.) bei Tatzeitalter von $18^{1}/_{2}$ Jahren).

25   Dass vom Heranwachsenden abgegebene äußerliche Bild drängt sich in
der Verfahrensinteraktion als Beurteilungskriterium vielfach auf. Aus der
wahrnehmbaren **körperlichen Reife** lässt sich aber nicht auf eine entsprechende geistig-seelische Entwicklung schließen (Dallinger/Lackner Rn. 13;
Streng JugendStrafR Rn. 75). Nach dem gegenwärtigen Wissensstand besteht kein direkter Zusammenhang zwischen physischer und psychischer
Entwicklung, wohl aber eine gewisse Interaktion, die vorwiegend durch
soziale Variablen bedingt ist (vgl. schon Thomae Soziale Reife 52). So
beeinflussen Reaktionen der sozialen Umgebung auf eine körperliche Früh-
bzw. Spätentwicklung das Selbstbild des Jugendlichen, wobei tendenziell der
Reaktion auf Frühentwicklung eher positive (dh Selbstbewusstsein und Verantwortungsgefühl stärkende), der auf Spätentwicklung eher negative Auswirkungen zugeschrieben werden.

26   **b) Zugehörigkeit zu besonders problembelasteten Gruppen.** Bei
einer kleinen Gruppe von Personen bestehen Korrelationen zwischen körperlichen Reifungsverzögerungen und intellektuellen Ausfällen bzw. psychopathologischen Reifungsverzögerungen (vgl. bereits Suttinger in Undeutsch
Psych-HdB 302; Remschmidt in DVJJ 1977, 87). Insbesondere aber hat es
für Abs. 1 Nr. 1 regelhaft Bedeutung, wenn die „sittliche" oder „geistige"
Entwicklung durch besondere **konstitutionell begründete Beeinträchtigungen** beeinflusst wird, wie das zB durch frühkindliche Hirnschädigungen
möglich ist. Dies gilt auch für ADHS (OLG Koblenz StV 2011, 592 =
BeckRS 2010, 19913) oder eine Fetale Alkohol-Spektrumsstörung (Feldmann ZJJ 2021, 364 (365 ff.) und/oder eine (sonstige) Lernbehinderung,
besonders bei deswegen fehlendem Schul- und Ausbildungsabschluss (OLG
Brandenburg BeckRS 2010, 33044).

27   Delinquentes Sexualverhalten steht in der fraglichen Altersgruppe oft iZm
Entwicklungsproblemen (Eisenberg/Kölbel Kriminologie § 57 Rn. 26).
Dies betrifft nicht nur Entstehungsverläufe, die aus Unerfahrenheit, Unsicherheit oder Impulsivität erwachsen, sondern auch Taten, die Ausdruck
psychosexueller Entwicklungsstörungen sind (Hummel, Aggressive Sexualdelinquenz im Jugendalter, 2008, 82 ff., 107 ff.). Daher ist suchtartig
erscheinendes Verhalten ebenfalls regelmäßig ein Ausdruck von Unreife
(Lempp in Frank/Harrer (Hrsg.), Drogendelinquenz, 1991, 232). Bei sexuellen Missbrauchshandlungen ist im Einzelfall (und meist sachverständig) zu
klären, inwieweit es sich hierbei um Folgen einer sexuellen Präferenz oder
von (ungünstig verlaufenden) Entwicklungsprozessen handelt (die diesbzgl.
tatrichterliche Einordnung hinnehmend BGH NJW 1998, 3654 (3655)).

28   Unabhängig davon, ob regelmäßiger Drogenkonsum oder eine **Drogenabhängigkeit** eine Folge von bereits anderweitig bestehenden, psychosozialen Problemlagen iSv Abs. 1 Nr. 1 ist, wird die Bewältigung der alterstypischen Entwicklungsaufgaben (→ Rn. 13) hierdurch oft in etlichen (vor
allem Leistungs-)Bereichen erschwert. Dadurch ist die soziale Reifung nicht
selten (ggf. zusätzlich) verzögert oder gar unterbrochen (BGH StV 1994, 608

= BeckRS 1994, 08914; OLG Köln NJW 1976, 1801; OLG Bremen StV 1993, 536 = BeckRS 1992, 31133483; AG Rudolstadt ZJJ 2014, 48 (50) = BeckRS 2013, 17112; Maier in Weber BtMG Vor §§ 29 ff. Rn. 1740; Ostendorf in NK-JGG Rn. 16; Brunner/Dölling Rn. 45; Eberth/Müller/ Schütrumpf, Verteidigung in Betäubungsmittelsachen, 7. Aufl. 2018, Rn. 391). Eine Beurteilung des Entwicklungsstadiums Drogenabhängiger bedarf deshalb besonderer Sorgfalt (allg. → § 5 Rn. 56). Die Praxis scheint allerdings bei „harten" Drogen (Heroin) bevorzugt allg. StR anzuwenden, jedenfalls eher als bei anderen Drogen wie zB Cannabis (vormals Hachmann/Jauß MschKrim 66 (1983) 148 (156) anhand von 1.000 Urteilen). Eine solche Tendenz ist, auch wenn sie durch Unterschiede in den sozio-ökonomischen Hintergründen, Ausbildungssituationen usw der jeweiligen Teilgruppen mitbeeinflusst sein könnte, bedenklich und mit den für Abs. 1 Nr. 1 bestimmenden Kriterien nicht ohne weiteres vereinbar (krit. auch Schimmel in Kotz/Rahlf BtMStrafR Kap. 9 Rn. 32).

Die psychosoziale Entwicklung kann durch nachwirkende **ungünstige** **29** **Umweltbedingungen,** die während der Kindheit und Jugend bestanden, bei entsprechenden Anhaltspunkten noch im Heranwachsendenalter beeinträchtigt sein. Dies ist insbes. bei massiver physischer oder psychischer Gewaltausübung seitens der Eltern oder sonstiger Erwachsener möglich, aber auch bei einem Angeklagten, der „in den entscheidenden Entwicklungsjahren ohne Vater aufgewachsen ist und bei seiner Mutter wenig Rückhalt gefunden hat" (BGH StV 1983, 378 = BeckRS 1983, 31112592). – Bei Heranwachsenden, die zeitweilig und/oder aktuell in mehr oder weniger totalen Institutionen lebten bzw. leben (etwa bei ggf. geschlossener **Heimunterbringung, JStVollzAnstalt**), sind die damit verbundenen Einschränkungen der persönlichen Erprobung und Entfaltung zu berücksichtigen. Durch die hiermit einhergehende Unselbstständigkeit und Abhängigkeit wird die Entwicklung von bspw. sozialen (Konfliktlösungs-)Kompetenzen, von Bindungsvermögen und finanziellen Dispositionsfähigkeiten usw nicht selten deutlich erschwert und so auch das Erreichen der (Erwachsenen-)Reife insgesamt verzögert (ebenso Ostendorf in NK-JGG Rn. 17). – Unabhängig davon kann bei einem Heranwachsenden, der sich zur Tatzeit wegen Vollstr einer JStrafe aus einem anderen Verfahren im Erwachsenenstrafvollzug befindet (§ 89b), die dahingehende Anordnung (§ 89b Abs. 2 JGG) ggf. gewisse Rückschlüsse auf den Reifegrad ermöglichen (vgl. BGH NStZ-RR 2011, 218 (219)).

c) Leistungsbereich und Lebensführung. Die Praxis orientiert sich **30** vielfach an leicht feststellbaren, eher äußerlichen Merkmalen aus dem Bereich der **schulischen** und **beruflichen Entwicklung.** So liegen jedenfalls in der älteren Literatur empirische Anhaltspunkte dafür vor, dass Heranwachsende, die noch die Schule besuchen (und zwar keineswegs nur als Sonderschüler oder als mehrmals „zurückgestellte" und nicht in die nächsthöhere Klassenstufe versetzte Hauptschüler), ganz überwiegend nach JStR behandelt werden, wohingegen dies bei abgeschlossener Berufsausbildung zurückhaltend geschieht (vgl. Lohmar, Die strafrechtliche Behandlung der Heranwachsenden, 1966, 66, 78; ähnlich Eickmeyer, Die strafrechtliche Behandlung der Heranwachsenden (…), 1963, 63; Janssen, Heranwachsende im Jugendstrafverfahren, 1980, 196 ff.; Lux Zbl 1982, 384 ff.). Auch in einer für Nds. durchgeführten Untersuchung wurden Heranwachsende mit Ausbildungsabschluss deutlich häufiger nach allg. StR verurteilt als Personen

ohne Ausbildungsabschluss (Bischof in Gerken/Schumann Rechtsstaat 64).
Allerdings ist hierbei eine differenzierte Handhabung angezeigt. So gibt eine
fehlende oder problematisch verlaufende Schul- und Berufsausbildung
durchaus Hinweise darauf, dass in diesem Bereich noch zu bewältigende
Entwicklungsaufgaben bestehen, womit die Bejahung von Abs. 1 Nr. 1 nahe
liegt (BGH StV 2022, 45 (64) = LSK 2021, 38496; OLG Bremen StV 1993,
536 = BeckRS 1992, 31133483; OLG Brandenburg BeckRS 2010, 33044;
LG Kaiserslautern ZJJ 2015, 76). Umgekehrt ist ein erreichter Berufsaus-
bildungsabschluss oder das Absolvieren einer fortgeschrittenen Lehrausbildung (BGH NStZ 2015, 230, 231 mAnm Eisenberg ZJJ 2014, 388 (389 f.))
für sich genommen aber kaum ein ausreichender Reifeausweis. Durch eine
isolierte und schematische Anknüpfung an die formale Qualifikation würde
das Gesetz also verengt und nicht selten ein sachfremdes Ergebnis erlangt, das
im Übrigen auch auf die Benachteiligung einer Altersteilgruppe hinausliefe
(in der Tendenz daher nicht unproblematisch etwa BGH StV 1982, 27;
NStZ 2014, 408; BeckRS 2016, 21435).

31   Deutlicher als durch das Erreichen von Abschlüssen wird der Sozialisations-
erfolg durch das Finden eines beruflichen Standorts und eine zuverlässige
Berufsausübung angezeigt. Unter Umständen gibt auch schon das erfolgreiche Bemühen um eine Arbeitsstelle einen solchen Hinweis (vgl. BGHR
JGG § 105 Abs. 1 Nr. 1, Entwicklungsstand 3). In die gegensätzliche Richtung deutet die „fehlende Kontinuität im Berufsleben" (BGH BeckRS 1989,
01495) bzw. „bei der Arbeitsaufnahme" (OLG Brandenburg BeckRS 2010,
33044; s. auch BGH StV 2020, 695 = BeckRS 2020, 6344; BGH NStZ-RR
2021, 295 (Ls.) = BeckRS 2021, 20674). Bei ausgebliebener Berufstätigkeit ist
zu berücksichtigen, dass der Heranwachsende damit die mit dem Eintritt in
die Arbeitswelt verbundene soziale Anerkennung und finanzielle Unabhängigkeit nicht erfahren kann. Möglicherweise ist die Entwicklung hier auch
durch wirtschaftliche Einschränkungen erschwert (gerade bei ohnehin sozio-
ökonomisch benachteiligten Gruppen). Deshalb ist bei der Prüfung der Reife
von **Arbeitslosen** besondere Aufmerksamkeit angebracht (vgl. dementsprechend Bischoff in Gerken/Schumann Rechtsstaat 64: häufige Anwendung
von JStR bei Arbeitslosen mit oder ohne Ausbildungsabschluss). – Dass die
Rspr. diese Kriterien auf den **illegalen** Bereich überträgt und eine dortige,
gleichsam gewerbliche Aktivität als Reifeanzeichen wertet (so für die „Betätigung im Prostituiertenmilieu" und bei „Drogengeschäften" BGH NStZ
2003, 493 (495); BeckRS 2012, 12760; 2016, 21435), lässt eine untergründige
Moralisierung vermuten. Überzeugen kann dies nur unter manchen Bedingungen (ausgeprägter Geschäftssinn, sorgfältige Organisation usw), nicht aber
bspw. bei einem eher unreflektierten Streben „nach dem schnellen Geld".

32   Ist die elterliche Abhängigkeit relativ ausgeprägt und wird die Alltagsgestaltung nicht autonom, sondern weitgehend durch die familiäre Rahmensetzung bestimmt, spricht dies für die Bejahung von Abs. 1 Nr. 1 (vgl. etwa
LG Aachen BeckRS 2009, 89101; AG Lübeck StV 2013, 759 = BeckRS
2013, 16591). Dass der Heranwachsende noch bei den Eltern lebt, ist jedoch
wenig aussagekräftig, wenn er dafür allein wirtschaftliche Gründe hat (BGH
NStZ 2014, 408 (409)). Generell weist eine **selbstständige Lebensführung**
auf eine weit entwickelte Persönlichkeit hin. Dafür genügt das Vorliegen
bloß äußerlicher Umstände bzw. eher formaler Kriterien aber nicht (BGH
NStZ 2013, 289). Das gilt namentlich für eine (beabsichtigte) Eheschließung
(BGH StV 2020, 695 (696) = BeckRS 2020, 6344; s. auch Lempp in Frank/

Harrer (Hrsg.), Drogendelinquenz, 1991, 233), das „Zusammenleben mit der Mutter seines Kindes" (OLG Brandenburg BeckRS 2010, 33044) und eine eigene Wohnung (BGH NStZ-RR ZJJ 2011, 218 (219); s. ergänzend Karle PraxRPsych 2003, 274 ff.). Selbst bei Heirat und eigenem Einkommen kann die Unselbstständigkeit ggf. fortbestehen, etwa bei Verbleiben in der Herkunfts- bzw. Großfamilie und Abgabe des erarbeiteten Geldes (dazu für türkischstämmige Heranwachsende Toker DVJJ-J 1999, 41 (42)).

d) Migrationsbedingungen. Besonderheiten ergeben sich nicht zuletzt **33** bei **zugewanderten** bzw. **nichtdeutschen** Heranwachsenden (bzw. auch solchen mit entsprechender Herkunftsfamilie). Zum einen ist hierbei auf Sozialisationsumstände bei Heranwachsenden hinzuweisen, die in Deutschland aufgewachsen sind, teilw. die deutsche Staatsbürgerschaft haben, oft im Alltag die deutsche Sprache sprechen, aber ggf. über geringere schulische, berufliche und soziale Entfaltungsmöglichkeiten verfügen als Gleichaltrige ohne Migrationshintergrund. Manche dieser Personen changieren gleichsam „zwischen" teilweise differierenden Kulturen; insoweit kumulieren entsprechende Identifikationsprobleme mit allg. Formen altersspezifischer Orientierungsunsicherheit (vgl. etwa Ostendorf in NK-JGG Rn. 15; Toker DVJJ-J 1999, 41 (42); näher mwN Eisenberg/Kölbel Kriminologie § 52 Rn. 50 f.). Den besonderen Sozialisationsproblemen entsprechend wird bei Heranwachsenden dieser Gruppe vergleichsweise häufig JStR angewandt (so zumindest vormals Lux Zbl 1982, 386).

Nochmals eigene Bedingungen bestehen bei Heranwachsenden, die nicht **34** oder nur wenige Jahre in Deutschland aufgewachsen und mit ihrer **Familie** oder auch **unbegleitet** (bisweilen also ganz allein) eingereist bzw. **eingewandert** sind (hierzu und zu deren kriminalstatistischer Belastung kriminologisch etwa Wetzels/Brettfeld/Farren MschKrim 2018, 85 (93 ff.); Glaubitz/Bliesener NK 2018, 142 (146 ff., 152 ff.)). Abgesehen von den ambivalenten Auswirkungen, die der unmittelbare Migrationsvorgang auf ihre Entwicklung haben kann, sind hier die vorangegangenen Lebensphasen möglicherweise durch ungünstige Umstände belastet, insb. bei Heranwachsenden, die (zeitweilig) unter Krisen- und Kriegsbedingungen gelebt haben (Bildungsdefizite, schwierige familiäre Verhältnisse, notorische Perspektivenunsicherheit, ggf. Traumatisierungen usw (zu entwicklungshemmenden Folgen von Kriegszeiten bereits BT-Drs. I/3264, 36 bei Einführung von § 105)). Vielfach wird die Herausbildung einer psychosozial gereiften Persönlichkeit bei ihnen auch noch nach der Einwanderung erschwert (Unterbringung in Gemeinschaftsunterkünften, teilhabe- und entfaltungshemmende Sprachbarrieren, vielfältige sonstige Integrationshindernisse) – und zwar gesteigert bei einem Aufwachsen in heimähnlichen Einrichtungen und ohne Familie. Entwicklungsverzögerungen liegen daher keineswegs fern (vgl. auch Zieger/Nöding Verteidigung Rn. 105a).

Um alltagstheoretische Verkürzungen handelt es sich dagegen bei pau- **35** schalisierenden Annahmen, wonach sich die Persönlichkeitsentwicklung angesichts der gesteigerten Herausforderungen gerade beschleunige und/oder die Bewältigung einer unbegleiteten Migration einen fortgeschrittenen Reifegrad dokumentiere (dazu iErg ebenso bereits BGH StV 1990, 508 = BeckRS 1990, 31085020; OLG Bremen StV 1993, 536 = BeckRS 1992, 31133483; OLG Hamm StV 2005, 71 (72) = BeckRS 2004, 12639). Stattdessen ist auch bei zugewanderten Heranwachsenden unter Verzicht auf solche Stereotypisierungen auf die konkrete biografische Situation und den **individuellen Entwicklungsstand** abzustellen. Dadurch wird die Praxis oftmals mit beträchtlichen Ermittlungsschwierigkeiten konfrontiert, weil Informationen zur Lebensgeschichte nicht vorliegen und nicht zu erlangen sind (vgl. auch → § 1 Rn. 24 ff. zu Problemen der Altersfeststellung). Das wird noch gesteigert, wenn Heranwachsende gleich mehrfach zwischen verschiedenen Staaten (und damit auch zwischen unterschiedlichen kulturellen Entwicklungsstandards) wechseln mussten (s. OLG Hamm StV 2001, 182 = BeckRS 1999, 14708). Ist der Reifegrad deshalb nicht eindeutig klärbar, muss auf die Maßgaben zurückgegriffen werden, die für Zweifelsfälle gelten (→ Rn. 47 f.).

36   **e) Deliktsbasierte Merkmale.** Die Begehung **bestimmter Deliktsarten** kann − mit Einschränkungen − als Indikator für das Entwicklungsstadium des jeweiligen Heranwachsenden herangezogen werden. Hinweise auf Reifeverzögerungen geben ggf. Straftaten, bei denen die strafrechtliche Mehrerfassung von 14- bis unter 21-Jährigen besonders stark ausgeprägt und die konkrete Angriffsrichtung von einer gewissen Jugendspezifik ist (wie etwa bei §§ 303, 242, 249 StGB sowie bei einfacher und gefährlicher Körperverletzung (zu § 224 Abs. 1 Nr. 4 StGB aber → § 2 Rn. 28 ff.)). Ungeachtet der abw. Tendenzen in der Praxis (→ Rn. 11) betrifft dies gerade auch den Verkehrsbereich und dort besonders Unfälle wegen überhöhter Geschwindigkeit, Trunkenheitsdelikte und Fahren ohne bzw. trotz entzogener Fahrerlaubnis (Eisenberg/Kölbel Kriminologie § 45 Rn. 28 f.). Neben der vergleichsweise geringen Fahrerfahrung hat dies oftmals entwicklungsbeeinflusste Gründe (wie etwa stärkere Risikoneigung, Bestätigungsbedürfnisse, geringeres Verantwortungsbewusstsein usw), sodass es ggf. als Ausdruck der von Abs. 1 Nr. 1 vorausgesetzten Bedingungen gelten kann (vgl. schon OLG Hamm NJW 1960, 1966; AG Saalfeld NStZ 1994, 89 (90)). Jedenfalls darf aus dem Vorhandensein einer Fahrerlaubnis, deren sehr frühzeitiger Erwerb sozialüblich ist, nicht auf das Vorliegen von (Erwachsenen-) Reife geschlossen werden. − Für eine weit gediehene Persönlichkeitsentwicklung spricht vorwiegend die Vornahme solcher Delikte, die Kenntnisse über gesellschaftliche und wirtschaftliche Zusammenhänge erfordern, also zB Betrug (anders aber meist § 265a StGB), Untreue und Urkundsdelikte (vgl. Dallinger/Lackner Rn. 26; vgl. erg. die entsprechend anwendbaren Erwägungen in → § 3 Rn. 24 ff.; abl. für BtM-Delikte Hinrichs/Schütze DVJJ-J 1999, 27 (29)).

37   Unter Umständen hat auch die **Art der Deliktsbegehung** einen gewissen Hinweiswert. Geht es darum, aus Tatmodalitäten auf die (Erwachsenen-) Reife zu schließen, übt die Rspr. jedoch eine begründete Zurückhaltung. Dies gilt etwa für die Vornahme einer gleichartigen Tatserie, für das im Delikt gezeigte Durchsetzungsvermögen und für die Rolle eines „Organisators" der Taten (BGH StV 1984, 254; NStZ-RR 2006, 188). Dagegen zeigen spezielle Aggressionstaten im Rahmen pubertärer Autoritätsproteste oder besonders starker Bindungen (aus jugendpsychiatrischer Sicht) einen noch anhaltenden Entwicklungsprozess an (Lempp in Frank/Harrer (Hrsg.), Drogendelinquenz, 1991, 232 f.; vgl. auch BGH NStZ 2008, 696). Ähnlich verhält es sich bei gruppensituativen Umständen und gruppenförmigem Vorgehen, obwohl erfahrungsgemäß auch weitgehend und konform sozialisierte Heranwachsende infolge **gruppendynamischer** Einflüsse in ihrer

Verhaltenskontrolle beeinträchtigt sein können (vgl. auch → § 5 Rn. 63 f., näher Eisenberg/Kölbel Kriminologie § 58 Rn. 4 f.). Eine erhöhte Anpassungs- oder gar Gehorsamsbereitschaft bzw. ein gesteigertes Anerkennungsbedürfnis gelten jedoch zutr. als Zeichen mangelnder Reife (vgl. auch BGH NStZ 2001, 102: „unreifes Imponiergehabe"; Hoffmann StV 2001, 196 ff.). Folglich ist auch die Suche nach Schutz, Zugehörigkeit und Anerkennung, die hinter einer autonomiemindernden Unterordnung in Gruppenstrukturen stehen kann, als Ausdruck eines noch anhaltenden sozialisatorischen Prozesses anerkannt worden (vgl. zu „Skin Heads" OLG Zweibrücken NStZ 1987, 89; Ostendorf in NK-JGG Rn. 17). – Besondere Einordnungsschwierigkeiten bestehen indes bei Zugehörigkeit zu (tatsächlich oder vorgeblich) islamistischen Gruppen, bspw. zu deliktisch agierenden sog. „Dschihadisten" oder „Salafisten" (vgl. auch → § 3 Rn. 17 und 26, → § 92 Rn. 51a). Die hier oftmals identitätsstiftende Verinnerlichung subkultureller Ziele und Normen kann jedenfalls für sich genommen noch nicht als ausreichender Reife-Beleg zählen (auch → Rn. 14). Maßgeblich ist, ob der Gruppeneinstieg und die individuelle **Radikalisierung** durch Orientierungsunsicherheiten oder ähnliche entwicklungstypische Problemlagen bestimmt sind und ob die Gruppeneinbindung sodann die psychosoziale Entwicklung (etwa die Werte- und Autonomiebildung) hemmt (vgl. auch Lederer StV 2017, 748 (752 f.); Swoboda in Strafverteidigertag 2018, 373; unzutr. OLG Frankfurt a. M. BeckRS 2016, 19047). Dies wird häufig anzunehmen sein (zur unveröffentlichten Judikatur, in der Nr. 1 häufig bejaht wird, s. die Auswertung bei Knauer FS Eisenberg II, 2019, 260 ff.).

Unergiebig für Abs. 1 Nr. 1 ist die **Häufigkeit und Frequenz der** **38** **Deliktsbegehung.** Allerdings wird verschiedentlich bei bereits mehrfach strafrechtlich erfassten Heranwachsenden eine deliktsbezogen „verfestigte Haltung" angenommen (und bei ihnen deshalb allg. StR angewandt), wohingegen gelegentliche Delinquenz eher für eine Entwicklungsbedingtheit und die Bejahung von Abs. 1 S. 1 spreche (so anhand einer fragwürdig typisierenden Differenzierung zwischen Anlage- und Entwicklungs-/Verwahrlosungstätern Brunner/Dölling Rn. 14; vgl. auch Dallinger/Lackner Rn. 29; s. ferner BGH StV 1994, 607). Abgesehen von der eingeschränkten prognostischen Relevanz mehrfacher Straftatbegehung (n. Eisenberg/Kölbel Kriminologie § 52 Rn. 6 ff., § 55 Rn. 39 ff.) besagt diese jedoch nichts für das Erreichen von (Erwachsenen-)Reife (sondern allenfalls etwas für offene und erst noch zu bewältigende Entwicklungsaufgaben). Für die psychosoziale Einschätzung ist deshalb auch der Umstand, dass der Heranwachsende im Anschluss an einen Freiheitsentzug schnell neue Straftaten begeht, ohne Aussagekraft (BGH StV 1982, 474 (475)).

f) Annahme eines Entwicklungs-„Stillstands". Eine besondere Pro- **39** blematik besteht bei den sehr (wenigen) Heranwachsenden, bei denen (ohne Vorliegen von Schuldunfähigkeit) **angenommen** wird, dass ihre psychosoziale Entwicklung infolge psycho(patho)logisch relevanter Auffälligkeiten gleichsam zum „Stillstand gekommen" sei. Dabei kann es sich allerdings nur um Extremfälle handeln, da sich die völlige und auf Dauer anhaltende Entwicklungsunfähigkeit nur äußerst selten mit einer gewissen Sicherheit vorhersagen lässt (vgl. auch BGH NStZ 2004, 294 (295 f.); zur im Zweifel gebotenen Annahme positiver Beeinflussungsfähigkeit s. Lempp in Frank/ Harrer (Hrsg.), Drogendelinquenz, 1991, 233). Nicht von Ungefähr wird

von leicht bis schwer geistig behinderten Heranwachsenden berichtet, bei
denen ein „Nachreifungs"-Prozess auch in späteren Jahren habe beobachtet
werden können (vgl. schon Wegener MschKrim 1960, 147).

40 Ob ein solcher Fall der ausgeschlossenen oder noch möglichen „Nachreifung" vorliegt, ist eine **Beweisfrage** (die ggf. schon für die Bestimmung
der Zuständigkeit (etwa gem. § 108 Abs. 3 S. 2) zu klären ist (s. bspw. OLG
Karlsruhe ZJJ 2018, 163 = BeckRS 2018, 22224) und die sich dabei für eine
vorläufige Beurteilung schwerlich eignet (→ § 108 Rn. 9)). Das Gericht
muss grundsätzlich einen jugendpsychiatrischen oder entwicklungspsychologischen (vgl. auch → § 43 Rn. 34 f.) Sachverständigen hinzuziehen. Sieht
der Heranwachsende von einer Beteiligung an der Untersuchung ab, so darf
ihm dies nach dem Grundsatz der Selbstbelastungsfreiheit nicht angelastet
werden (Eisenberg NStZ 2003, 124 (126)). Gegebenenfalls kann das JGericht dann durch Zeugenaussagen einen gewissen Aufschluss erhalten (wie
etwa bei LG München I 16.5.2003 – 10 JKLs 122 Js 10353/97, S. 38 f.:
Aussagen mehrerer Vollzugsbediensteter „sprechen deutlich für eine statt-
gefundene Nachreifung"). – Bei Alkohol- oder Drogenmissbrauch wird die
prinzipielle Entwicklungsmöglichkeit tendenziell zu bejahen sein, wenn eine
(chronische) Alkohol- oder Drogensuchterkrankung verneint wird (vgl. betr.
Alkohol BGHR JGG § 18 Abs. 2, Entwicklungsstand 4; ebenso betr. „frühzeitig einsetzendes Drogen- und Alkoholproblem" BGH NStZ 2004, 294
(295)).

41 Ist von einem Entwicklungs-„Stillstand" auszugehen und wird der Heranwachsende den Entwicklungsstand eines Jugendlichen voraussichtlich nicht
überschreiten, muss Abs. 1 Nr. 1 nach zutr. und in der Literatur meist
vertretener Auffassung gleichwohl bejaht werden. Dies ist schon deshalb
geboten, weil bei Delikten von de facto „nicht-erwachsenen" (unreifen)
Personen die Vorwerfbarkeit eine vergleichsweise geringere ist (→ § 17
Rn. 54) und spezifischen Sanktionen des JStR auch diesem Umstand gerecht werden sollen (Ostendorf in NK-JGG Rn. 8; Beulke/Swoboda JugendStrafR 212; ebenso bereits Potrykus Anm. 2; Hinrichsen RdJB 1955,
44 (46); Wegener MschKrim 1960, 147). Dagegen geht ein Teil der Judikatur davon aus, dass sich Abs. 1 Nr. 1 nur auf sich noch weiter entwickelnde
Heranwachsende beziehe und bei als unbehebbar beurteilten Entwicklungs-
rückständen unanwendbar sei (vgl. – jeweils 1. Senat – BGHSt 22, 41; BGH
NJW 1959, 1500; NStZ 2002, 204 (206) mkritAnm Walter NStZ 2002, 208
(209); Eisenberg NStZ 2003, 124 (125 f.); Eisenberg JA 2006, 140 (142);
OLG Karlsruhe GA 1980, 151; OLG Köln ZJJ 2011, 204 = BeckRS 2010,
28967 mkritAnm Eisenberg ZJJ 2011, 205 (207)). Das an sich zutr. Argument, wonach das Rechtsfolgensystem des JGG auf den noch prägbaren
Heranwachsenden zugeschnitten ist (Dallinger/Lackner Rn. 31), rechtfertigt
es aber nicht, die besondere psycho(patho)logische Problemlage zu einem
systematischen Nachteil der Betroffenen führen zu lassen, nämlich zur ausnahmslosen Anwendung des allg. StR (zumal ja auch §§ 20, 21 StGB nicht
immer einschlägig sind). Die sonstige Judikatur (auch der anderen Senate des
BGH) steht der Ablehnung von Abs. 1 Nr. 1 denn auch eher zurückhaltend
gegenüber (vgl. etwa BGH NStZ 2004, 294 (295 f.); NStZ-RR 2011, 218
(219) mAnm Eisenberg ZJJ 2011, 202).

IV. Abs. 1 Nr. 2

1. Grundlagen

Das Gesetz enthält keine Legaldefinition der Jugendverfehlung (Beulke/ **42** Swoboda JugendStrafR 214; vgl. auch BT-Drs. 1/3264, 44). Die hM fasst – entspr. dem Normtext – unter den Begriff sowohl Straftaten, die ihrer Art nach generell jugendtypisch sind (für Graffiti aber abw. OLG Düsseldorf NJW 1999, 1199 (1200) mkritAnm Böhm NStZ 1999, 511 (512)), als auch Delikte, bei denen entweder die konkreten Begehungsumstände eine jugendtümliche Verhaltensweise zeigen oder bei denen die Veranlassung der Tat solche Merkmale erkennen lässt, die als **charakteristisch** für die **jugendliche Entwicklungsphase** verstanden werden (etwa BGHSt 8, 90 = NJW 1955, 1606: „aus den Antriebskräften der Entwicklung entspringende Entgleisungen"; BGH NStZ 1986, 549 (550): „fehlende Beherrschung"; BGH NStZ 1987, 366; 2014, 408; BayObLG StV 1981, 527: Mangel an Ausgeglichenheit, Besonnenheit und Hemmungsvermögen; AG Saalfeld NStE Nr. 6 zu § 105 JGG; AG Rudolstadt StV 2017, 725 = BeckRS 2017, 114984: Unbekümmertheit). Im Vordergrund der obergerichtlichen Judikatur (zur dortigen Kasuistik und den Umschreibungsvarianten auch Laue ZJJ 2017, 108 (109)) stehen indes altersgemäße Beweggründe und Motive. Bei deren Vorliegen ist es für die Einordnung als Jugendverfehlung unschädlich, wenn das **äußere Erscheinungsbild** der **Tat** einer für **Erwachsene** charakteristischen Begehungsweise entspricht (BGH NStZ 2001, 102; betr. Spontanverhalten OLG Zweibrücken 8.3.1993 – 1 Ss 21/93 bei Böhm NStZ 1993, 530; OLG Hamm StV 2001, 182 = BeckRS 1999, 14708; OLG Brandenburg BeckRS 2010, 33044; KG StV 2013, 763 = BeckRS 2013, 01154).

Soweit das Delikt nicht wegen seiner Art oder den Umständen generell als **43** jugendtypisch gelten kann, bedarf es folglich einer **individuellen Untersuchung** des Verhältnisses von Tat und Person (zur Auseinandersetzung mit der individuellen Tatmotivation OLG Hamm StV 2005, 72 = BeckRS 2004, 12639). Es geht iRv Abs. 1 Nr. 2 jedoch nicht um eine Gesamtwürdigung der Persönlichkeit, sondern um die Bedeutung des Entwicklungsverlaufs des konkreten Heranwachsenden für das Geschehen. Zur Anwendung von JStR genügt die Feststellung, dass die einzelne Tat und ihre Motivation die Züge jugendlicher Unreife trägt. Dies kann zB bei jugendlichem Leichtsinn und Abenteuerlust bei einer Reise ua zum Zweck des Handels mit BtM der Fall sein (vgl. BGHR JGG § 105 Abs. 1 Nr. 2, Jugendverfehlung 3) oder wenn die Tat „unüberlegt und aus einer Laune heraus begangen" wird (AG Rudolstadt ZJJ 2019, 292 = BeckRS 2019, 12041). Ebenso liegt es bei dem Motiv, dass „auch seine Bekannten ‚so gut angezogen' waren" (vgl. BGH StV 1991, 424 = BeckRS 1990, 31093811), oder bei Tatumständen wie „Alkoholgenuss, Auseinandersetzung zwischen jungen Leuten in einem Festzelt, provozierende Sprüche, Imponiergehabe" (vgl. OLG Zweibrücken 8.3.1989 – 1 Ss 11/89 bei Böhm NStZ 1991, 524; vgl. auch betr. „eskalierender Streit in Gegenwart von Freunden und Freundinnen beider Seiten und Imponiergehabe" OLG Zweibrücken 24.5.1993 – 1 AR 46/93, BeckRS 9998, 34996 bei Böhm NStZ 1993, 530). Stets sind die Gestaltung und Entstehungszusammenhänge der **konkreten Tat** zu würdigen, wobei dem Tatrichter ein „erheblicher Beurteilungsspielraum" zugestanden wird (stellvertretend BGH NStZ 1986, 549 (550); NStZ-RR 1999, 26 (27); aber auch → Rn. 67).

2. Reichweite des Deliktsspektrums

44   Eine Jugendverfehlung ist bei **keinem Straftatbestand** von vornherein **ausgeschlossen.** Auch schwere Taten und Verbrechen können unter den vorgenannten Voraussetzungen durchaus Jugendverfehlungen sein. Dies wurde bspw. anerkannt bei Totschlag (BGH NStZ 2008, 696; zu § 212 StGB und schwerem Raub in Tateinheit mit gefährlicher Körperverletzung s. BGH NStZ-RR 2003, 188); bei schwerem Raub in zwei Fällen (BGH NStZ 1987, 366) bzw. gemeinschaftlichem schweren Raub in Tateinheit mit § 316a StGB (BGH StV 1991, 424 = BeckRS 1990, 31093811), bei Gewalt- und Rohheitsdelikten (BayObLG StV 1981, 527; OLG Zweibrücken NStZ 1987, 89; AG Rudolstadt BeckRS 2013, 17112), bei sexueller Nötigung (AG Rudolstadt ZJJ 2019, 292 = BeckRS 2019, 12041), bei § 227 StGB (BGH NStZ 1986, 549), vorsätzlicher Körperverletzung in Tateinheit mit Nötigung (AG Rudolstadt StV 2013, 43 = BeckRS 2012, 04301) sowie gefährlicher Körperverletzung unter Einsatz eines Kfz (AG Rudolstadt StV 2013, 764 = BeckRS 2013, 14831). Prinzipiell kommt die Bejahung von Nr. 2 auch bei terroristischen Straftaten in Betracht (Knauer FS Eisenberg II, 2019, 268 ff.).

45   Der Annahme einer Jugendverfehlung steht keineswegs zwingend entgegen, dass das fragliche Delikt häufig **auch durch Erwachsene begangen** wird (betr. gemeinschaftlich begangenen Diebstahl vgl. OLG Zweibrücken 7.3.1990 – 1 Ss 191/89 bei Böhm NStZ 1990, 531; LG Gera StV 1998, 346 = LSK 1998, 280294). Dies gilt bspw. für § 113 StGB (vgl. AG Saalfeld VRS 2004, 185; s. auch BayObLG StV 1984, 520 = LSK 1985, 040113; jugendkriminologisch hierzu näher Puschke FS Eisenberg, 2009, 156 ff.) sowie für unterschiedliche Formen von BtMG-Delikten (vgl. n. → Rn. 19 sowie Kreuzer StV 1982, 438 (441); weitere Beispiele aus der Rspr. bei Laue ZJJ 2017, 108 (110)). Prinzipiell möglich ist die Bejahung von Abs. 1 Nr. 2 gleichermaßen, wenn der Heranwachsende überlegt und zweckgerichtet (BGH StV 1983, 377 = BeckRS 1983, 31110867) bzw. planvoll und zielstrebig vorgegangen ist (OLG Hamm StV 2005, 71 (72) = BeckRS 2004, 12639; KG StV 2013, 763 = BeckRS 2013, 01154). – Bei einer Rauschtat muss diese, nicht die im Rausch begangene Tat als Jugendverfehlung zu beurteilen sein, da letztere nur eine Strafbarkeitsbedingung ist (LG Nürnberg-Fürth MDR 1955, 566; Dallinger/Lackner Rn. 35).

46   Für den Bereich von **Straßenverkehrsdelikten** (Trunkenheitsfahrt, Unfallflucht usw) gelten die gleichen Grundsätze ohne Besonderheiten (OLG Hamm NJW 1960, 1966; OLG Saarbrücken NStZ-RR 1999, 285; LG Gera StV 1999, 661 = LSK 1999, 010637; AG Saalfeld NStZ 1994, 89; VRS 2004, 282 = LSK 2004, 370223; DAR 2005, 52; VRS 2005, 366 = BeckRS 2005, 2890; s. bereits Grethlein NJW 1967, 840; Molketin DAR 1981, 137). Die dynamische und Risikokomponente sowie der Selbstbestätigungs- und Selbstdarstellungsaspekt des Fahrzeugführens stehen als jugendtypische Umstände mit vielen Verkehrsdelikten in Zusammenhang (vgl. dazu Kölbel ZfJ 1998, 10; Kühn NK 2008, 129; s. auch AG Lübeck StV 2013, 759 = BeckRS 2013, 16591: grund- und gedankenlose Hochgeschwindigkeitsfahrt

aus Übermut). Für die Beurteilung als Jugendverfehlung kann zudem Gewicht haben, dass der Verurteilte „keine Fahrerlaubnis besaß" und „mit dem Fahrzeug nicht vertraut" war (wobei es dann auch nicht darauf ankommt, ob das Delikt (wie ggf. bei § 315b StGB) zur Verdeckung eines vorausgegangenen Diebstahls des Kfz geschah, OLG Brandenburg BeckRS 2010, 33044). Die schematische Annahme einer „Erwachsenentat" und die Behauptung eines dahingehenden Regel-Ausnahme-Verhältnisses (so ausdrücklich OLG Frankfurt a. M. ZJJ 2021, 259 (260) = BeckRS 2020, 47408 mkritAnm Ernst/Eisenberg ZJJ 2021, 261 und ablAnm Eisenberg ZKJ 2021, 358) ignorieren die tatsächlichen verkehrspsychologischen Zusammenhänge und können sich in ihrer Undifferenziertheit auch auf keine gesetzlichen Anknüpfungspunkte stützen.

V. Entscheidung bei unbehebbaren Zweifeln

Bestehen nach der Beweiserhebung noch Zweifel, ob der Angeklagte das 21. Lbj. zur Tatzeit bereits (oder noch nicht) vollendet hatte, ist in dubio pro reo davon auszugehen, dass er noch nicht erwachsen war (→ § 1 Rn. 18). Denkbar ist ferner, dass selbst nach Ausschöpfung aller Ermittlungsmöglichkeiten **nicht** mit Sicherheit **festgestellt werden** kann, ob der Heranwachsende noch einem Jugendlichen gleichsteht und/oder ob die Tat sich als Jugendverfehlung darstellt. In solchen Fällen will die Rspr. **grundsätzlich nur JStR** (bzw. die Rechtsfolgen des JStR) anwenden, weil der Heranwachsende nicht ohne weiteres von einer jugendgemäßen Behandlung ausgeschlossen werden dürfe und eine Fehlentscheidung beim unzutr. Einsatz des JStR (erzieherisch) weniger gravierend sei als beim unzutr. Einsatz des allg. StR (BGHSt 12, 116 (118 f.) = NJW 1959, 159 (161); BGHSt 36, 37 (40) = NJW 1989, 1490 (1491); BGH StV 1982, 27; 1983, 377 = BeckRS 1983, 31110867; NJW 2002, 73 (75); NStZ 2004, 294 (295); 2008, 696; BeckRS 2021, 39171; KG StV 2013, 763 = BeckRS 2013, 01154). 47

Dagegen ist einzuwenden, dass die tatsächlichen Auswirkungen bei Anwendung von **JStR** für den Heranwachsenden im Einzelfall durchaus **belastender** als bei einer Sanktionierung nach allg. StR sein können (vgl. schon Brauneck ZStW 53 (1965), 209 (217); ferner etwa Pruin in DVJJ 2008, 318). So mag ein wirtschaftlich abgesicherter Heranwachsender bspw. durch eine Arbeitsauflage subjektiv härter als durch eine Geldstrafe beeinträchtigt sein (vgl. auch zu Einstellungen nach allg. StVR und deren Nichteintragung → § 45 Rn. 7 ff.). Im Übrigen werden durch empirische Sanktionsvergleiche ganze Bereiche höherer jugendstrafrechtlicher Sanktionshärte nahegelegt (vgl. → § 18 Rn. 11; ferner Eisenberg/Kölbel Kriminologie § 25 Rn. 44). Deshalb hat sich das Gericht in den besagten Fällen des fortbestehenden Zweifels am Grundsatz „in dubio pro reo" zu orientieren und zu prüfen, ob das allg. StR oder aber das JStR die für den individuellen Angeklagten **weniger eingriffsintensive** Rechtsfolge ergibt. Anzuwenden ist dann die konkret mildere Variante (Grethlein NJW 1959, 542; Laue in MüKoStGB Rn. 28, 35; Sonnen in Diemer/Schatz/Sonnen Rn. 29; Schimmel in Kotz/Rahlf BtMStrafR Kap. 9 Rn. 29; Beulke/Swoboda JugendStrafR 211; Kinzig FS Eisenberg, 2009, 396; ebenso OLG Hamm StV 2020, 696 (Ls.) = LSK 2020, 25558; n. auch → § 1 Rn. 32; abw. Ostendorf in NK-JGG Rn. 29; Brunner/Dölling Rn. 31: Anwendung JStR, aber die Sanktion 48 dürfe nicht „härter" als die nach allg. StR verhängte Rechtsfolge sein). Bei diesem Rechtsfolgenvergleich haben stationäre Sanktionen prinzipiell ein größeres Eingriffsgewicht als ambulante Reaktionen. Dies betrifft etwa eine Anordnung nach § 12 Nr. 2 oder eines JA gegenüber der Geldstrafe (OLG Hamm StV 2020, 696 (Ls.) = LSK 2020, 25558). Im Verhältnis von Freiheits- und JStrafe kommt es auf die jeweilige Dauer an (BGHSt 10, 100 = NJW 1956, 680).

VI. Anzuwendende jugendstrafrechtliche Vorschriften

1. Grundlegende Maßgaben

49 Das staatsseitige Bemühen um eine „Besserung" von Erwachsenen ist bei Zwangsförmigkeit mit dem GG nicht zu vereinbaren. Auch sonst wirft es, wie das BVerfG als obiter dictum unterstrichen hat (BVerfGE 22, 180 (219 f.) = NJW 1967, 1795 (1799 f.)), verfassungsrechtliche Fragen auf. Vor diesem Hintergrund kommen die sozialpädagogischen Interventionen der §§ 30 ff. SGB VIII gegenüber **volljährigen** Personen nicht in Betracht. Das bedeutet aber nicht, dass im JStR gegenüber Heranwachsenden überhaupt keine Anordnungen mit dezidiert spezialpräventiver bzw. **erzieherischer** Zielstellung möglich wären; vielmehr ist ein solches Vorgehen nach den in → Rn. 4 ff. dargestellten (rechtspolitischen) Erwägungen umgekehrt sogar indiziert (BVerfGE 74, 102 (123) = NJW 1988, 45 (47)). Deswegen erlaubt das JGG gegenüber diesem Personenkreis die meisten jugendstrafrechtlichen Reaktionsformen (mit Ausnahme der Hilfen zur Erziehung iSv § 12 (dazu Abs. 1 und RL 2)). Von der Praxis, die jene Möglichkeiten durchaus auch wahrnimmt, werden allerdings solche Rechtsfolgen, die den Sanktionen des **allg. StR** (Geld- und Freiheitsstrafe) **ähneln** (Geldauflage und JStrafe), bei Heranwachsenden häufiger als bei Jugendlichen eingesetzt (Palmowski Sanktionierung 206; s. a. Tabelle; ferner → § 15 Rn. 27 f., → § 16 Rn. 6).

	2016		2019	
	Jugendliche	nach JStR verurteilte Heranwachsende	Jugendliche	nach JStR verurteilte Heranwachsende
Weisungen	25,82 % (abs. 12.224)	22,48 % (abs. 11.076)	28,19 % (abs. 12.936)	25,09 % (abs. 12.105)
Erziehungsbeistandschaft	0,22 % (abs. 106)	0,09 % (abs. 46)	0,15 % (abs. 68)	0,08 % (abs. 38)
Heimerziehung	0,04 % (abs. 18)	0,02 % (abs. 9)	0,04 % (abs. 20)	<0,01 % (abs. 8)
Verwarnung	18,67 % (abs. 8.841)	16,53 % (abs. 8.143)	17,53 % (abs. 8.046)	16,19 % (abs. 7.776)
Arbeitsauflage	29,29 % (abs. 13.871)	20,47 % (abs. 10.084)	28,05 % (abs. 12.878)	19,09 % (abs. 9.204)
Geldauflage	5,13 % (abs. 2.427)	14,06 % (abs. 6.928)	5,99 % (abs. 2.747)	15,59 % (abs. 7.523)
sonstige Auflagen	1,82 % (abs. 863)	2,38 % (abs. 1.174)	1,74 % (abs. 799)	2,13 % (abs. 1.029)

	2016		2019	
	Jugendliche	nach JStR verurteilte Heranwachsende	Jugendliche	nach JStR verurteilte Heranwachsende
Jugendarrest	11,90% (abs. 5.637)	10,43% (abs. 5.139)	10,92% (abs. 5.012)	8,87% (abs. 4.279)
Jugendstrafe	7,10% (abs. 3.363)	13,54% (abs. 6.670)	7,39% (abs. 3.390)	13,02% (abs. 6.282)
alle angeordneten Rechtsfolgen	abs. 47.350	abs. 49.269	abs. 45.896	abs. 48.244

Zahlen zur Verteilung der (auch nebeneinander) angeordneten Rechtsfolgen aus StrafSt Tabelle 4.2 und 4.4 (Daten ohne Nebenfolgen, Nebenstrafe, Maßregeln der Besserung und Sicherung)

Bei der Sanktionswahl ist der Entwicklungsstand des jeweiligen Heran- **50** wachsenden in die Entscheidung einzubeziehen, um eine individuell angemessene und **altersgerechte** Anordnung treffen zu können. **Weisungen,** die demgegenüber in ihrem spezifischen Erziehungscharakter für den Heranwachsenden in erheblicher Weise ungeeignet sind (und womöglich als missachtend empfunden werden), stellen uU einen Ermessensmissbrauch des JGerichts (mit der Folge der Nichtgeltung der Rechtsmittelbeschränkung (→ § 55 Rn. 72)) dar (weitergehend Mrozynski JR 1983, 397). Berücksichtigt werden muss auch, dass die Umsetzung und Kostentragung der Weisung durch die JHilfe nur unter den Voraussetzungen von §§ 27 ff., 36a, 41 SGB VIII sichergestellt ist (dazu → § 10 Rn. 10 und 64 ff. sowie Riekenbrauk ZJJ 2007, 159 (162 ff.)). Zugleich widerspräche es § 2 Abs. 1, würde man sich ggü. Heranwachsenden auf solche Weisungsvarianten beschränken, die auch bei Erwachsenen (dort im Rahmen einer Aussetzung der Vollstr zBew) Anwendung finden (also zB: Beschränkungen, die sich auf den Aufenthalt, die Benutzung eines Kfz oder die Verwendung des Einkommens beziehen; ferner die Erfüllung einer Unterhaltspflicht; die Teilnahme an einem Verkehrsunterricht; die Betreuungsweisung). Eine solche Tendenz käme zwar der Auffassung entgegen, der zufolge der Unrechtsausgleich mit steigendem Alter stärker in den Vordergrund treten dürfe oder gar müsse. Allerdings würde damit die Unterscheidung zwischen Erwachsenen, für die das allg. StR gilt, und Heranwachsenden, die dem JStR und dem Erziehungsauftrag (§ 2 Abs. 1) unterliegen, weitgehend nivelliert (dazu, dass deshalb bspw. auch die Arbeitsweisung (§ 10 Abs. 1 S. 3 Nr. 4) zulässig ist, etwa BVerfGE 74, 102 = NJW 1988, 45).

Aus dem Kreis von **Zuchtmitteln** kann der Verwarnung ggf. eine Wir- **51** kung bzw. Geeignetheit auch für Heranwachsende zukommen. Im Spektrum der Auflagen zeichnet sich, vergleicht man die Praxis mit dem Vorgehen bei Jugendlichen, eine gewisse rechtspraktische Verschiebung von der Arbeitsauflage hin zu den „wirtschaftlichen" Varianten (§ 15 Abs. 1 Nr. 1 und 4) ab (s. Tabelle). Dass dies in allen (Einzel-)Fällen dadurch gerechtfertigt ist, dass Heranwachsende über größere finanzielle Mittel (und ggf. weniger Freizeit) als Jugendliche verfügen, muss man bezweifeln. Auf die Anordnung von JA sollte zumindest bei zwischenzeitlich erwachsen gewordenen Beschuldigten verzichtet werden (dezidiert Budelmann JugendStrafR 103 f.; s. auch Ostendorf in NK-JGG Rn. 30). Überhaupt legen die zahlreichen Probleme, die dieser Sanktionsform innewohnen (→ § 16 Rn. 11, 19, 20 ff.), eine ausgeprägte Skepsis gegenüber dem Einsatz dieser Sanktionsform nahe. Generell sind sämtliche Aspekte, die – beim JA wie bei allen besonders **eingriffsinvasiven** Rechtsfolgen – zu einer zurückhaltenden Handhabung gegenüber Jugendlichen mahnen, bei Heranwachsenden ungeachtet ihres höheren Alters gleichermaßen zu berücksichtigen (zur JStrafe s. aber → Rn. 54). Dies gilt namentlich auch für die Sorgfaltsanforderungen, an die der Einsatz von **Maßregeln** der Besserung und Sicherung gebunden ist (dazu für § 63 StGB ebenso BGH DVJJ-J 2002, 464 (465) = BeckRS 2002, 7265).

2. Besonderheiten bei der JStrafe gem. Abs. 3

52   **a) Grundregeln. aa) Voraussetzungen.** Nach Abs. 3 gelten für die Anordnung einer JStrafe – sei es durch das JGericht oder ein für allg. Strafsachen zuständiges Gericht (§§ 112, 104 Abs. 1 Nr. 1) – einige Besonderheiten. Zunächst ist JStrafe bei Heranwachsenden allerdings (nur) unter denselben Voraussetzungen wie bei Jugendlichen zulässig. Abstriche von den Anforderungen, die für die Anordnungsgründe gem. § 17 Abs. 2 bestehen (→ § 17 Rn. 20 ff., 45 ff.), können indes in eingeschränktem Maße gemacht werden: So verlieren die Verhältnismäßigkeitsschranken, die bei sehr jungen Angeklagten gegen eine JStrafe wegen „schädlicher Neigungen" sprechen (→ § 17 Rn. 40 f.), mit **steigendem Alter** der Heranwachsenden etwas an Bedeutung. Ebenso wird die Frage, ob die Schwere der Schuld eine JStrafe erfordert, iRd hier maßgebenden Schuldverständnisses (→ § 17 Rn. 46 und → § 17 Rn. 54) mit zunehmender Annäherung an das 22. Lbj. stärker durch Tat- und Unrechtsmerkmale bestimmt, während der Aspekt der sich erst noch entwickelnden Verantwortungsfähigkeit in seiner Relevanz sinkt (→ § 17 Rn. 49). Außerdem kommt es dann auf die (neben der Schuldschwere) erforderliche erzieherische Indiktion immer weniger an (näher → § 17 Rn. 57 sowie Kölbel JR 2019, 40 (42 f.)).

53   **bb) Strafrahmen.** Gemessen an der für 14- bis 18jährige geltenden Regelung (§ 18 Abs. 1 S. 2) ist die zulässige **Höchstdauer** erweitert: Bei Heranwachsenden kann nach Abs. 3 S. 1 eine JStrafe von bis zu **zehn Jahren** verhängt werden – und dies abw. von § 18 Abs. 1 S. 2 nicht nur für bestimmte, sondern grundsätzlich für alle Taten. Die einzelgesetzlichen Strafrahmen des allg. StR gelten nicht (§ 18 Abs. 1 S. 3). Sie haben aber insofern Bedeutung, als sie – im Sinne einer **Limitierungsfunktion** – bei der Unrechts- und Schuldbewertung ebenso wie gegenüber Erwachsenen die obere Grenze einer schuldangemessenen Strafe markieren. Andernfalls würde womöglich ein Heranwachsender in unzulässiger Weise schwerer bestraft als ein Gleichaltriger (oder Erwachsener) bei Anwendung des StGB (n. dazu → § 18 Rn. 8 f.).

54   **cc) Bemessung.** Die festzulegende Dauer der JStrafe ist gem. § 18 Abs. 2 an der **spezialpräventiven** Erforderlichkeit auszurichten (→ § 18 Rn. 14 ff.). Dass der Erziehungsgedanke bei der Bemessung „im Vordergrund" (BGH StV 1988, 307 = BeckRS 1987, 31088719) steht, muss also auch in einem Urteil gegen einen Heranwachsenden erkennbar und dargestellt werden (vgl. auch BGHR JGG § 18 Abs. 2 Erziehung 5 (Gründe) = BeckRS 1990, 31096649 zu einem fast 21-Jährigen). Das Vorwurfgewicht kann innerhalb des Spektrums insofern geeigneter und notwendiger Straf-

dauern (→ § 18 Rn. 20) strafschärfend oder -mildernd (→ § 18 Rn. 24 ff.) berücksichtigt werden. Außerdem liegt die Bedeutung dieses Aspekts darin, dass die Strafdauer nicht außer Verhältnis zum Vorwurf stehen darf (→ § 18 Rn. 33). Im Übrigen ist das Vorwurfsgewicht hierbei erneut **entwicklungsbezogen** zu bewerten (→ § 18 Rn. 22), wobei allerdings das verwirklichte Tatunrecht mit steigendem Alter stärker in den Vordergrund rückt (weshalb eine falsche Altersberechnung die Strafzumessung beeinflussen kann (vgl. nur BGH 17.3.1992 – 1 StR 47/92 bei Böhm NStZ 1992, 528; 2000, 469)). – Aus Sicht der etwas **abw. hM,** die für die Bemessung das Unrechtsgewicht und die Einwirkungsfunktionalität der JStrafe in eine **umfassende Abwägung** eingehen lassen will (→ § 18 Rn. 37), wird die Strafdauerfestlegung bei höherem Alter (vor allem bei schwereren Taten) jedoch zunehmend durch den Vorwurfsausgleich bestimmt und damit an die Logik des § 46 StGB angenähert (vgl. etwa BGH NStZ 2018, 728 (729); zur Situation bei über 21-jährigen Angeklagten (→ § 17 Rn. 57). Aber auch auf dieser Grundlage ist die Bedeutung des Lebensalters im Einzelnen zu begründen (BGH StV 1998, 334 = BeckRS 1997, 31120820). Es muss konkret gezeigt werden, wieso die Tatbewertung in ähnlicher Weise wie bei Erwachsenen erfolgen kann und inwieweit sich der Verurteilte in den verschiedenen Lebensbereichen ggf. umgekehrt noch in der Entwicklung befindet (sodass die Folgen des JStVollzugs ihn möglicherweise besonders nachteilig beeinträchtigen könnten).

Bei **sehr langen,** mehr als drei- bis vierjährigen JStrafen ist lediglich in **55** Ausnahmefällen davon auszugehen, dass dies iSv § 18 Abs. 2 der jeweils „erforderlichen erzieherischen Einwirkung" dient (→ § 18 Rn. 35). Solche Sanktionen können daher allein mit **Schuldgesichtspunkten** und der Zumessungslogik des § 46 Abs. 1 StGB begründet werden (zum Darlegungsmangel bei alleinigem (unsubstantiierten) Hinweis auf Erziehungsaspekte etwa BGH NStZ-RR 2020, 30 (31)). Bei Jugendlichen ist das nach vorliegend vertretener Ansicht allein im Geltungsbereich des § 18 Abs. 1 S. 2 (dh bei Verbrechen mit Mindeststrafe von 10 Jahren) zulässig, nicht aber in den (von § 18 Abs. 1 S. 1 geregelten) Normalkonstellationen (→ § 18 Rn. 38). Bei Heranwachsenden kennt das Gesetz diese Differenzierung dagegen nicht. Indem es den Strafrahmen des Abs. 3 S. 1 hier auf den Normalfall erstreckt, erlaubt es eine schuldorientierte Festlegung langer JStrafen auch bei Delikten, die nicht in § 18 Abs. 1 S. 2 genannt sind. Begrenzt wird dies aber durch das Erfordernis, wonach eine „erzieherische Einwirkung" zwar nicht unbedingt „sinnvoll", aber immerhin **noch „möglich" sein** muss und nicht wegen der absehbar dysfunktionalen Haftdauer (entgegen § 18 Abs. 2) von vornherein unerreichbar sein darf (auch dazu → § 18 Rn. 38). – Ohnehin setzt eine lange JStrafe eine entsprechende fallkonkrete Vorwerfbarkeit (unter Berücksichtigung des individuellen Entwicklungsstandes (→ Rn. 54)) voraus. Da die Schuld des heranwachsenden Verurteilten nicht größer als bei einem Erwachsenen sein kann (→ § 17 Rn. 54; → § 18 Rn. 22), muss die JStrafdauer **hinter** jener **Freiheitsstrafe** zurückbleiben, die bei einem vergleichbaren Erwachsenen angesichts der konkreten Tat noch schuldangemessen wäre (zum Schuldprinzip und dessen Limitierungsfunktion → § 18 Rn. 33).

b) Einordnung von Abs. 3 S. 2. aa) Probleme der Norm. Bei Ver- **56** urteilung wegen Mordes (§ 2 Abs. 2, § 211 StGB) und Feststellung der

besonderen Schwere der Schuld liegt das Höchstmaß der JStrafe – entspr.
dem Maximum bei einer StGB-Sanktion (§ 106 Abs. 1) – bei **15 Jahren**
(Abs. 3 S. 2). Die Einführung dieser Regelung durch das Gesetz zur Erweiterung der jugendgerichtlichen Handlungsmöglichkeiten vom 4.9.2012 (vgl.
auch schon den Gesetzentwurf durch fünf Bundesländer v. 14.5.2005 (BR-
Drs. 276/05, 2)), stellt einen **Tiefpunkt** der deutschen Strafrechtspolitik dar
(vgl. etwa Höynck StraFo 2017, 267 (268): „Sündenfall"). Die hierbei
vorgenommene Annäherung an das allg. StR (§ 38 Abs. 2 StGB) weist nicht
nur einen eklatanten Mangel an rationaler Begründung und Begründbarkeit,
sondern auch einen außerordentlich hohen Grad an kriminologischer Dysfunktionalität auf (vgl. bspw. Swoboda ZStW 125 (2013), 86 (87 ff.); zu
dogmatischen Inkonsistenzen vgl. Mitsch FS Beulke, 2015, 1181 ff.; s. ergänzend auch Mitsch GA 2013, 137). JStrafen der so ermöglichten Dauer lassen
sich angesichts ihrer entwicklungspsychologischen Schädlichkeit spezialpräventiv schwerlich durch – empirisch nicht zu belegende – Abschreckungseffekte legitimieren (darauf aber bereits bei der Festsetzung auf 10 Jahre
verweisend BT-Drs. 1/3264, 44). Auch in der Jugendstrafjustiz war kein
Bedarf ersichtlich (vgl. dazu etwa die empirische Verfahrensanalyse von
Schulz, Höchststrafe im Jugendstrafrecht, 2000, 152 ff.; ferner Sieveking/
Eisenberg/Heid ZRP 2005, 188 ff.). Legislatorisch wurde Abs. 3 S. 2 auf
„ethische" und gesellschaftliche Wertungen (also auf angebliche **gesellschaftliche Vergeltungsbedürfnisse**) gestützt, hinter denen „kriminologische Bedenken zurücktreten müssen" (BT-Drs. 17/9389, 8). Abgesehen
davon, dass ein solcher expressiver Populismus (s. auch Zieger/Nöding Verteidigung Rn. 107) mit segregierend und entsozialisierend wirkenden Maßnahmen die angedeuteten positiv-generalpräventiven Wirkungen nur zerr-
bildartig erreichen kann, widerspricht er (als Entstellung der täterstrafrechtlichen Struktur des JGG) der erzieherischen Grundorientierung des Gesetzes
(s. auch die speziell straftheoretische Kritik bei Höffler/Kaspar RdJB 2018,
449 (450 ff.)).

57   In einigen bekannt gewordenen Verfahren wurde Abs. 3 S. 2 bei Personen angewandt, die zur Tatzeit im Alter von knapp über 18 Jahren bis
knapp über 20 Jahren waren (LG Verden 24.10.2014 – 3 KLs 1/14 mkritAnm Eisenberg NK 2016, 390 ff.; LG Cottbus BeckRS 2016, 126651; LG
Berlin 19.2.2016 – 234 Js 18115 KLs; LG Würzburg ZJJ 2018, 155 mkritAnm Kölbel ZJJ 2018, 160). Abgesehen von fallspezifischen Unzulänglichkeiten (insb. bei der Sachverständigenauswahl und bei der Berücksichtigung
tatsituativer und entwicklungsbezogener Bedingungen (n. → 20. Aufl.
Rn. 39d)) demonstrieren all diese Entscheidungen die Problematik der
Norm: Sieht man von einer ggf. erzielten „Genugtuung" ab, haben die hier
verhängten, sehr langen JStrafen (BGH NJW 2020, 3537: 12 Jahre, in
anderen Judikaten zwischen 11 und 14 Jahren) allein **abträgliche (Ent-
wicklungs-)Folgen** (insofern sie beim verurteilten Heranwachsenden mehr
kriminogene als rehabilitative Faktoren erzeugen). – In dieser Hinsicht ist
zudem (über den Einzelfall hinaus) eine **Diffundierung** zu besorgen (ebenso bspw. Verrel NK 2013, 67 (75); Swoboda ZStW 125 (2013), 86 (90)).
Teile der Praxis könnten Abs. 3 S. 2 – entgegen der Gesetzesbegründung
(vgl. BT-Drs. 17/9389, 20) – dazu hernehmen, um spezialpräventive Aspekte auch bei der Bemessung nach Abs. 3 S. 1 stärker in den Hintergrund zu
rücken (vgl. den kennzeichnenden Verwerfungsantrag (§ 349 Abs. 2, 3
StPO) des GBA vom 22.2.2013 – 5 StR 81/13: Abs. 3 „streitet für…eine

Überprüfung der gängigen Redeweise vom Vorrang des Erziehungsgedankens in Fällen gem. § 17 Abs. 2, Altern 2"; vgl. in der Tendenz ähnlich auch BGH NStZ 2013, 658).

Die Inkohärenz von Abs. 3 S. 2 liegt nicht allein darin, die ohnehin schon **58** bestehende Problematik spezialpräventiv nicht zu rechtfertigender JStrafdauern (→ Rn. 55) deutlich auszudehnen, sondern zeigt sich (als gleichsam **qualitativer** Systembruch) auch in den Kriterien der Strafrahmenerweiterung: Einerseits kommt die Norm ausschließlich für Personen in Betracht, bei denen die Heranziehung des JGG gerade auf ihrem Entwicklungsstand und den hierfür spezialpräventiv besonders geeigneten Mitteln des JGG beruht (weil bei § 211 StGB immer (zumindest auch) Abs. 1 Nr. 1 (und nicht allein Abs. 1 Nr. 2) einschlägig sein dürfte). Andererseits wird die Norm aber allein nach StGB-Kriterien konkretisiert. Denn die besondere **Schwere der Schuld** bestimmt sich nach hM anhand der gleichen Standards wie bei Erwachsenen, da die zu **§ 57a StGB** entwickelte (problematische) Judikatur (BGHSt 40, 360 = NJW 1995, 407; krit. etwa Kinzig in Schönke/Schröder StGB § 57a Rn. 5) auch bei Abs. 3 S. 2 maßgebend sein soll (BGHSt 61, 193 (196) = NJW 2016, 2674 (2675); ebenso Brunner/Dölling Rn. 34; unklar BGH NJW 2017, 1252). Die Handhabung der Norm wird damit also gerade nicht durch die in → § 17 Rn. 46 dargestellten jugendspezifischen Kriterien (dafür etwa Laubenthal/Baier/Nestler JugendStrafR Rn. 747; Müller JR 2017, 120 (122)), sondern vorwiegend durch äußerliche tatbezogene Aspekte bestimmt (also Tatvorbereitung, Begehungsweise, Tatfolgen usw (krit. dazu Höynck StraFo 2017, 267 (269); Kölbel ZJJ 2018, 160 (162); Swoboda in Strafverteidigertag 2018, 379 ff.; Swoboda ZStW 132 (2020), 826 (833 ff.); Ostendorf FS Feltes 2020, 491), wobei die darauf fußende tatrichterliche Schwerebeurteilung sodann revisionsgerichtlich nicht korrigierbar sein soll (BGHSt 61, 193 (195) = NJW 2016, 2674 (2675)).

bb) Auslegung der Norm. Nach hiesiger Ansicht wird diese Problema- **59** tik von Abs. 3 S. 2 allerdings dadurch relativiert, dass die Vorschrift an sich **leerlaufen muss** (dafür auch Mitsch FS Beulke, 2015, 1193). Da die Festlegung einer absehbar erziehungsschädlichen JStrafdauer im klaren **Widerspruch zu § 18 Abs. 2 steht** (→ Rn. 55; → § 18 Rn. 38), sind über 10-jährige JStrafen selbst bei bejahter besonderer Schuldschwere streng genommen unzulässig. − Wenn man dem nicht folgt, muss Abs. 3 S. 2 zumindest einer Auslegung unterzogen werden, die den Regelungszusammenhang der Vorschrift berücksichtigt und jene hiermit harmonisiert (indifferent in dieser Hinsicht allerdings BGH NJW 2020, 3537 (3539)). Daraus ergibt sich eine restriktive Lesart der Norm, die sich bei allen drei Tatbestandsvoraussetzungen (und entsprechend hohen Begründungsanforderungen) bemerkbar macht (im Einzelnen dazu Kölbel ZJJ 2018, 160 (162)): So mag das in Abs. 3 S. 2 verwendete Merkmal des **Mordes** zwar auch Versuchs- und sämtliche Beteiligungskonstellationen einschließen (BGH NJW 2020, 3537 (3539); LG Würzburg ZJJ 2018, 155 (158 f.); Feilcke FS Breidling, 2017, 75 ff.; iErg auch Mitsch JR 2021, 223 (226 f.); anders Schlehofer in BeckOK JGG Rn. 23 ff.; Ostendorf in NK-JGG Rn. 32a; Bachmann StV 2022, 48 (49)), doch wird bei manchen Mordmerkmalen die Frage nach der besonderen Schuldschwere von vornherein gar nicht gestellt. Dies betrifft etwa die Verdeckungsabsicht und alle anderen Merkmale des § 211 Abs. 2 StGB, deren Vorliegen durch jugendspezifische Bedingungen gefördert wird und den

normativen Bewertungssprung daher nicht in der gleichen Weise wie bei
Erwachsenen rechtfertigt (n. → § 2 Rn. 28 ff. sowie Eisenberg HRRS 2012,
23). Außerdem ist die Vorwerfbarkeit mit Blick auf das Alter und den
Reifegrad regelhaft in einem solchem Maße reduziert (→ § 17 Rn. 54), dass
sich die **Schuld** allenfalls in krassen Ausnahmefällen als **besonders schwer**
einstufen lässt (zust. Ostendorf in NK-JGG Rn. 32a). Soweit Abs. 3 S. 2
schließlich erfordert, dass die 10jährige Regelhöchststrafe angesichts der
Schuldschwere **nicht ausreicht,** ist dies fallkonkret unter dezidierter Berücksichtigung von § 2 Abs. 1 zu prüfen (so ausdrücklich iÜ auch BT-Drs.
17/9389, 20). Dass der Regelstrafrahmen unter spezialpräventiven Gesichtspunkten unzureichend sein kann, ist mit Blick auf die Folgen langer Haft
(→ § 18 Rn. 35) dabei nur dort vorstellbar, wo eine JStrafe unter 10 Jahren
der verurteilten Person als Bagatellisierung des Geschehens erschiene.

60   **c) Aussetzung zBew.** Bei einer Aussetzung der Vollstr zBew oder bei
der Aussetzung der Verhängung der JStrafe zBew ist darauf zu achten, dass
die iRd Aussetzung angeordneten Weisungen und Auflagen dem Alter des
Heranwachsenden angemessen sind (vgl. hierzu → Rn. 50). Das gilt gleichermaßen bei der Aussetzung der Vollstr des **Strafrestes** zBew. Im Übrigen
bietet die Strafrestaussetzung (im Rahmen ihrer gesetzlichen Voraussetzungen) eine Möglichkeit, den erzieherischen Bedürfnissen auch in jenen Fällen,
in denen aus Schuldgesichtspunkten auf eine über die erzieherische Notwendigkeit hinausgehende Dauer der JStrafe erkannt wurde, (anschließend) doch
noch teilw. Rechnung zu tragen (§ 88 Abs. 2).

3. Mehrere Verurteilungen bzw. Straftaten (Abs. 2)

61   **a) Einordnung und Anwendungsfälle.** Der Verweis in Abs. 1 stellt
klar, dass dort, wo **innerhalb eines Verfahrens** eine Verurteilung wegen
mehrerer Straftaten erfolgt, eine einheitliche Rechtsfolge angeordnet werden
muss (§ 31 Abs. 1). Dies gilt auch dann, wenn auf diese Delikte teilw. JStR
und teilw. allg. StR anzuwenden wäre. In solchen Fällen ist nach den Regeln
des § 32 (Prüfung des Schwerpunkts) eine einheitliche Sanktionierung
entweder nach dem JGG oder dem StGB herzustellen. Soweit eine Einheitssanktion nach JStR zu bilden ist, gelten hierbei die allg. Regeln (bspw. § 8
oder → Rn. 49 ff.). – Liegt zum Zeitpunkt der Verurteilung eine **in einem
anderen Verfahren** rechtskräftig gewordene, aber noch nicht vollständig
vollstreckte Verurteilung nach JStR vor, kommt es gem. § 31 Abs. 2 in der
Regel (einschränkend § 31 Abs. 3) zu deren Einbeziehung in die nunmehr
ebenfalls zu bildende Einheitssanktion. Das gilt unabhängig davon, ob die
einzubeziehende Tat im Jugendalter begangen wurde oder wegen Abs. 1
dem JStR unterstand. Anders als in diesen eindeutig geregelten Konstellationen treten Probleme auf, wenn in dem aktuellen Verfahren die Sanktionierung nach **allg. StR bzw. JStR** von der Handhabung im vorangegangenen
Verfahren **differiert.** Während die Fallvariante, in der die **bereits rechtskräftige Verurteilung nach JStR** erfolgte und nunmehr eine Verurteilung
nach allg. StR ansteht, nach hier vertretener Ansicht gem. § 32 (nach
Analogie zu § 31 Abs. 2) zu behandeln ist (eingehend zum Meinungsstand
→ § 32 Rn. 7 ff.), werden die umgekehrt liegenden Sachlagen durch Abs. 2
erfasst.

Hatte das Gericht den Heranwachsenden in dem **früheren** Verfahren 62
(infolge – zutreffender oder fehlerhafter – Verneinung der Voraussetzungen
des Abs. 1) nach **StGB** bestraft, entwickelt dies keine Bindung für künftige
Entscheidungen (→ Rn. 18). Deshalb kann im **aktuellen** Verfahren eine
Sanktionierung nach **JStR** erfolgen. Liegen hier die Voraussetzungen von
Abs. 1 tatsächlich vor, erfordert der Erziehungsauftrag (§ 2 Abs. 1) sodann
regelmäßig eine gem. **Abs. 2 iVm § 31 Abs. 2 S. 1** erfolgende einheitliche
Rechtsfolgenbestimmung (→ § 31 Rn. 18). Anderenfalls käme es zu einem
unkoordinierten Nebeneinander umzusetzender Rechtsfolgen aus verschiedenen Strafrechtsordnungen, das sich spezialpräventiv ungünstig auswirken
kann (BT-Drs. 7/550, 332). Ausnahmen von der Einheitssanktion erlaubt
nur § 31 Abs. 3 (dazu allg. BGH NStZ 2018, 660 (661); n. → § 31
Rn. 29 ff.). Hinsichtlich der einbeziehungsfähigen Rechtsfolgen bestehen
keine Einschränkungen. Weil es bei der Einbeziehung nicht um eine „Privi-
legierung" des Verurteilten, sondern um eine sinnvolle Einwirkung geht,
spielt es auch keine Rolle, ob die einzubeziehende Tat vor der aktuell
abzuurteilenden Tat begangen wurde (verkannt von Laue in MüKoStGB
Rn. 51). Die Bildung der einheitlichen Sanktion ist im Übrigen noch nachträglich gem. § 66 möglich (§ 109 Abs. 2 S. 2).

Diese Maßgaben gelten gleichermaßen, wenn das aktuelle Verfahren we- 63
gen einer schon länger zurückliegenden, aber gem. Abs. 1 gleichwohl nach
JStR zu sanktionierenden Tat erfolgt und das einzubeziehende Urteil nur
wegen einer **als Erwachsener** verübten Straftat ergangen ist (BGHSt 37, 34
= NJW 1990, 3157 mzustAnm Eisenberg JR 1990, 483; BGHR JGG § 31
Abs. 2, Einbeziehung 9; BGH StV 1998, 345 = BeckRS 1997, 31357095;
BeckRS 2002, 871; 2010, 13969; StV 2011, 590 = BeckRS 2010, 16622;
BeckRS 2012, 03060; 2013, 05641; DAR 2018, 377, 379; AG Rudolstadt
NStZ-RR 2013, 387 (Ls.); abl. Laue in MüKoStGB Rn. 47, 52). Unter
Einbeziehung der bereits rechtskräftigen, aber noch nicht vollständig erledig-
ten Verurteilungen nach StGB wird hier nunmehr also eine einheitliche
Maßnahme nach JStR oder eine EinheitsJStrafe festgesetzt. Anlass, hiervon
gem. Abs. 2 iVm § 31 Abs. 3 S. 1 abzusehen, besteht allein bei erzieheri-
schen Gründen „von ganz besonderem Gewicht" (BGH StV 2013, 215 =
BeckRS 2012, 14984; näher → § 31 Rn. 29 ff.). Ist eine Entscheidung über
die Nicht-/Einbeziehung iSv § 31 Abs. 2, 3 unterblieben, muss dies (auch
bei beabsichtigter Nichteinbeziehung) von Amts wegen nachträglich im
Wege von § 66 erfolgen (OLG Celle NStZ-RR 2010, 27 (Ls.); hierzu auch
→ § 66 Rn. 8). – Scheidet die Einbeziehung des bereits rechtskräftigen
Urteils deshalb aus, weil dieses durch ein **ausländisches** Gericht erlassen
wurde, kann dies nach den Grundsätzen eines Härteausgleichs iRd Gesamtstrafübels nur durch eine Milderung der neuen jugendstrafrechtlichen Sanktion berücksichtigt werden. Im Falle einer JStrafe ist das auch erforderlich
(vgl. zumindest für die aus Altersgründen allein schuldbasiert begründete
und bemessene JStrafe (→ § 17 Rn. 57) ebenso BGH StV 2011, 589 =
BeckRS 2011, 4359).

b) Entscheidungskriterien und -folgen. Aus Abs. 2 ergibt sich in den 64
hiervon erfassten Konstellationen lediglich die Notwendigkeit, eine einheitliche Sanktion zu bilden. Ob dies eine Rechtsfolge des JStR oder des allg.
StR ist, muss nach den **entsprechend anwendbaren** Kriterien des **§ 32**
entschieden werden (BGHSt 37, 34 (37) = NJW 1990, 3157; BGH DAR

2018, 377 (380)). Diese Vorschrift regelt den Modus, wie beim Zusammentreffen verschieden eingeordneter Taten eine einheitliche Bewertung vorzunehmen ist. Der Verweis in Abs. 2 bezieht sich zwar nur auf § 31 Abs. 2 und 3, sodass § 32 allein für die Konstellationen der gleichzeitigen Aburteilung ausdrücklich (über den Verweis in Abs. 1) angeordnet wird. Es ist aber kein Grund ersichtlich, warum die identische Sachlage bei sukzessiver Aburteilung anders behandelt werden sollte. Die entsprechende Anwendung von § 32 hat – bei dahingehendem Ausgang der Schwergewichts-Prüfung – ggf. zur Folge, dass eine einheitliche Sanktion des JStR verhängt werden muss (BGH StraFo 2010, 296 = BeckRS 2010, 13969; DAR 2018, 377 (380)). Dafür sind die einbezogene und die aktuell verhandelte Tat in einer **Gesamtwürdigung** eigenständig und neu zu bewerten, um eine **originäre,** an § 2 Abs. 1 orientierte Sanktion festzulegen (→ § 31 Rn. 46 ff.). Bei umgekehrtem Ausgang der Schwergewichtsprüfung wird nach §§ 54, 55 StGB eine **Gesamtstrafe** gebildet (BGHSt 40, 1 = NJW 1994, 744; BGH StV 1998, 345 = BeckRS 1997, 31120430). Für die alternative Möglichkeit, es in solchen Fällen bei einer getrennten Aburteilung von Erwachsenen- und Jugendtat zu belassen, ist keine Rechtsgrundlage ersichtlich. Die fragliche Wirkung ist aber über Abs. 2 iVm § 31 Abs. 3 erreichbar.

65   **c) Übertragbarkeit auf Taten im Jugendalter.** Die Bildung einer Einheitssanktion nach den genannten Maßgaben setzt nach der Rspr. (BGHSt 27, 295 = NJW 1978, 384) voraus, dass die später (nach JStR) abzuurteilende Tat im Heranwachsendenalter begangen wurde. Ist in dem aktuellen Urteil jedoch über eine (lange zurückliegende) bereits vor Erreichen des 18. Lbj. begangene Tat zu entscheiden, scheidet diese Lösung aus, weil Abs. 2 als die maßgebende und verweisende Vorschrift ausdrücklich **nur für Heranwachsende** gilt. Eine Gegenauffassung in der Literatur befürwortet hingegen eine analoge Anwendung von Abs. 2 (Ostendorf in NK-JGG § 32 Rn. 9; Streng JugendStrafR Rn. 289; abl. Laue in MüKoStGB Rn. 45). Dafür spricht zwar die sachgerechte und dem Prinzip einheitlicher Rechtsfolgenbestimmung gerecht werdende Lösung. Allerdings setzt sich diese Auffassung nicht nur über den Normtext und dessen systematische Stellung hinweg. Unstimmig ist vielmehr auch, dass ihr zufolge für die frühere Straftat eines Jugendlichen ggf. nach § 32 S. 2 (analog) das allg. StR anwendbar sein müsste.

VII. Prozessuale Aspekte

1. Entscheidung und Entscheidungsbegründung

66   Die Entscheidung darüber, ob die Voraussetzungen des Abs. 1 vorliegen, betrifft nicht die Schuld-, sondern ist ein Teil der **Straffrage** (BGHSt 5, 207 = NJW 1954, 360; stRspr). Demgemäß muss nach § 263 StPO iVm § 2 Abs. 2 mit Zweidrittelmehrheit abgestimmt werden. Wird diese Mehrheit nicht erreicht, gilt gem. § 196 Abs. 3 S. 2 GVG die sich milder auswirkende Meinung, die durch einen Vergleich der im konkreten Fall nach allg. StR oder nach JStR in Frage kommenden Rechtsfolge ermittelt wird (vgl. → Rn. 48). Besteht keine Einigkeit darüber, welches im Einzelfall die milder sanktionierende Meinung ist, entscheidet die einfache Stimmenmehrheit (allgA).

Mit den Beurteilungsspielräumen, die dem Tatgericht in den Fragen des **67** Abs. 1 eingeräumt werden (→ Rn. 18, → Rn. 43), korrespondiert eine gesteigerte **Begründungspflicht,** mit der die richterliche Übernahme und Umsetzung der darin liegenden Entscheidungsverantwortung dokumentiert und transparent gemacht wird. Eine detaillierte Darlegung der Entscheidungsgründe ist auch deshalb erforderlich, um die Bejahung oder Verneinung von Abs. 1 Nr. 1 oder Nr. 2 für das Rechtsmittelgericht auf (Rechts-) Fehler hin **nachprüfbar** zu machen. Dies betrifft sowohl die Kontrolle bzgl. unvertretbarer Schlüsse als auch hinsichtlich der **Nichtberücksichtigung** entscheidungserheblicher Aspekte (vgl. etwa BGH NStZ-RR 2003, 188; NStZ-RR 2011, 218 (219); BeckRS 2016, 21435)). Denn das Tatgericht darf keine wesentlichen Gesichtspunkte außer Betracht lassen und aus seiner Gesamtwürdigung heraushalten (BGH NStZ 2008, 696; NStZ-RR 2021, 295 (Ls.) = BeckRS 2021, 20674).

Die Wiederholung des Gesetzeswortlauts genügt dafür keineswegs (BGH **67a** MDR 1954, 694 = BeckRS 1954, 31195621; BGH 1965, 1444 (1445)). Es müssen betr. Abs. 1 Nr. 1 bzw. Nr. 2 die Tatsachen und rechtlichen Schlussfolgerungen angegeben werden, auf denen die jeweils konkrete Entscheidung beruht (zum Erfordernis, auch die Angaben der JGH wiederzugeben und zu würdigen, s. KG StV 2013, 763 = BeckRS 2013, 01154; OLG Hamm NStZ 2020, 748 (749); einschr. OLG Celle ZJJ 2021, 384 = BeckRS 2021, 14603 mablAnm Eisenberg ZJJ 2021, 392). Sie müssen im Einzelnen erkennen lassen, dass bei den Ermittlungen alle Möglichkeiten erschöpfend geprüft wurden, die eine Anwendung begründen könnten (stellvertretend BGH StV 1983, 377 = BeckRS 1983, 31110867; BGH NStZ 1987, 366). Dies setzt regelmäßig die Bezeichnung der verschiedenen, zumindest aber der wichtigsten Informationsquellen voraus. Bei Abs. 1 Nr. 2 ist im Urteilstext eine „umfassende Würdigung der äußeren Tatumstände sowie der Beweggründe des Täters … erforderlich" (BGH NStZ 1987, 366; vgl. etwa auch BGH NStZ-RR 2003, 186 (188)). Bzgl. Abs. 1 Nr. 1 betrifft dies die herangezogenen „Kriterien und Tatsachen (für) die sittliche und geistige Entwicklung" (BayObLG NStZ 2005, 645). Die bloße Verneinung von Anhaltspunkten für den Schluss auf Reifeverzögerungen genügt nicht (BGH 28.2.1994 – 4 StR 796/93 bei Böhm NStZ 1994, 532; vgl. auch OLG Hamm StV 2001, 182 = BeckRS 1999, 14708 betr. Kulturkonfliktsituation).

2. Anfechtung und Aufhebung des Urteils

a) Rechtsmittelbegrenzung. Die Bejahung oder Verneinung der Vo- **68** raussetzungen von Abs. 1 Nr. 1 oder Nr. 2 ist kein selbstständiger Beschwerdegegenstand iSv §§ 318, 344 StPO. Eine Begrenzung der Anfechtung und Aufhebung eines Urteils auf die nach Abs. 1 zu treffende Entscheidung ist also nicht möglich. Jeweils erfasst wird die **Rechtsfolgenfrage** stets **insgesamt** (n. → § 55 Rn. 19). Dabei begründet bspw. die Wahl des falschen Strafrahmens (etwa desjenigen des § 18 Abs. 1 S.) die **Revision** (BGH BeckRS 2021, 35066; s. auch → § 18 Rn. 48). Revisibel ist ferner nicht nur die Verneinung, sondern auch die Bejahung von Abs. 1 – so namentlich, wenn eine stationäre jugendstrafrechtliche Sanktion (die eingriffsinvasiver als eine Geldstrafe ist (→ § 55 Rn. 59)), verhängt wurde (OLG Hamm NStZ 2020, 748 (749)). Nach Aufhebung des Strafausspruchs ist eine erneute Entscheidung nach Abs. 1 vorzunehmen, da die ursprüngliche Beurteilung ohne

Bindungswirkung ist (→ Rn. 18). Es stellt ebenfalls einen auf die Sachrüge hin zu beanstandenden Rechtsfehler dar, wenn das Gericht (va ein allg. Strafgericht) gar nicht geprüft hat, ob Abs. 1 bejaht werden kann, etwa weil das Heranwachsenden-Alter übersehen wird (OLG Karlsruhe Die Justiz 1999, 142 = BeckRS 1998, 12386). – Wird ein Rechtsmittel auf einen Teil der Straffrage beschränkt, der erst nach der Entscheidung über Abs. 1 Nr. 1 oder Nr. 2 zu prüfen ist (zB die Bemessung oder die Aussetzung der Vollstr der Freiheits- oder JStrafe zBew), oder wird das Urteil nur in diesem Umfang aufgehoben, so war die Anwendung des Abs. 1 der älteren Rspr. zufolge von der Teilrechtskraft bei den nicht angefochtenen Teilen der Straffrage erfasst und im weiteren Verfahren der Nachprüfung entzogen (OLG Frankfurt a. M. NJW 1956, 233; Dallinger/Lackner Rn. 50). Nach der zutr. heutigen Ansicht ist dies indes abzulehnen. Wird ein Rechtsmittel auf das Strafmaß und/oder auf die Aussetzung der Vollstr einer Freiheits-/ JStrafe zBew beschränkt, kann dieser angefochtene Teil von der Entscheidung nach Abs. 1 **nicht abgetrennt** werden, weil die Bemessung oder Bewährungsaussetzung im JStrafR und allg. StR völlig unterschiedlich ausgestaltet ist. Der angegriffene Entscheidungsteil ist also von der Bejahung oder Verneinung von Abs. 1 Nr. 1 oder Nr. 2 unmittelbar abhängig, sodass deren Überprüfung nicht verhindert ist (so zumindest für Aussetzung der Vollstr zBew BGH 29.2.1984 – 2 StR 604/83 bei Böhm NStZ 1984, 447; OLG Celle NStZ-RR 2014, 229).

69   **b) Reformatio in Peius.** Das Verschlechterungsverbot (§§ 331, 358 Abs. 2 S. 1 StPO iVm § 2 Abs. 2) gilt für den Fall der Abänderung der Entscheidung zu Abs. 1 Nr. 1 oder Nr. 2 sowohl iRd Rechtsmittelverfahrens wie auch in einem sich daran anschließenden Verfahren. Allerdings liegt in der von der Vorinstanz abweichenden Bejahung oder Verneinung des tat- oder personenbezogenen Jugendcharakters nur keine Verschlechterung. Maßgeblich ist vielmehr der Übergang von der JGG- zur StGB-Rechtsfolge (bzw. umgekehrt) und deren jeweilige Eingriffsqualität (→ § 55 Rn. 45 sowie OLG Köln NJW 1964, 1684; OLG Frankfurt a. M. ZJJ 2021, 259 (260); Schady in NK-JGG § 55 Rn. 19 f.; Kunkel in BeckOK § 55 Rn. 60). Dies macht es erforderlich, zwischen der nunmehr vorgesehenen Rechtsfolge und derjenigen der angefochtenen Entscheidung einen Vergleich hinsichtlich Art und Höhe vorzunehmen (n. → § 55 Rn. 46 ff.). Beispielsweise kann eine Freiheitsstrafe durch JA oder jede ambulante jugendstrafrechtliche Rechtsfolge ersetzt werden. Kommt eine solche Sanktion fallkonkret nicht in Betracht, ist auch JStrafe möglich. Diese darf die Dauer der angegriffenen Freiheitsstrafe aber nicht übersteigen, sodass sie uU die Mindestdauer (§ 18 Abs. 1 S. 1) ausnahmsweise unterschreiten muss.

70   **c) Doppelrelevante Tatsache.** Bei der Frage nach dem **Alter** zur Tatzeit (vgl. → § 1 Rn. 3) handelt es sich um eine sog. doppelrelevante Tatsache, dh sie ist sowohl für eine prozessuale Frage (Zuständigkeit) als auch für eine materiell-rechtliche Entscheidung (Rechtsfolge) erheblich (BGH StV 1982, 101 = LSK 1982, 260123). Daher ist das Revisionsgericht an eine im Strengbeweisverfahren und rechtfehlerfrei getroffene Feststellung **gebunden** (BGH NStZ 2000, 388 (betr. Zuständigkeit des Schwurgerichts); Eisenberg BeweisR StPO Rn. 41).

Milderung des allgemeinen Strafrechts für Heranwachsende; Sicherungsverwahrung

106 (1) Ist wegen der Straftat eines Heranwachsenden das allgemeine Strafrecht anzuwenden, so kann das Gericht an Stelle von lebenslanger Freiheitsstrafe auf eine Freiheitsstrafe von zehn bis zu fünfzehn Jahren erkennen.

(2) Das Gericht kann anordnen, daß der Verlust der Fähigkeit, öffentliche Ämter zu bekleiden und Rechte aus öffentlichen Wahlen zu erlangen (§ 45 Abs. 1 des Strafgesetzbuches), nicht eintritt.

(3) [1] Sicherungsverwahrung darf neben der Strafe nicht angeordnet werden. [2] Das Gericht kann im Urteil die Anordnung der Sicherungsverwahrung vorbehalten, wenn

1. der Heranwachsende zu einer Freiheitsstrafe von mindestens fünf Jahren verurteilt wird wegen eines oder mehrerer Verbrechen
   a) gegen das Leben, die körperliche Unversehrtheit oder die sexuelle Selbstbestimmung oder
   b) nach § 251 des Strafgesetzbuches, auch in Verbindung mit § 252 oder § 255 des Strafgesetzbuches,
   durch welche das Opfer seelisch oder körperlich schwer geschädigt oder einer solchen Gefahr ausgesetzt worden ist, und
2. auf Grund der Gesamtwürdigung des Heranwachsenden und seiner Tat oder seiner Taten mit hinreichender Sicherheit feststellbar oder zumindest wahrscheinlich ist, dass bei ihm ein Hang zu Straftaten der in Nummer 1 bezeichneten Art vorliegt und er infolgedessen zum Zeitpunkt der Verurteilung für die Allgemeinheit gefährlich ist.

(4) Unter den übrigen Voraussetzungen des Absatzes 3 Satz 2 kann das Gericht einen solchen Vorbehalt auch aussprechen, wenn

1. die Verurteilung wegen eines oder mehrerer Vergehen nach den §§ 176a und 176b des Strafgesetzbuches erfolgt,
2. die übrigen Voraussetzungen des § 66 Absatz 3 des Strafgesetzbuches erfüllt sind, soweit dieser nicht auf § 66 Absatz 1 Satz 1 Nummer 4 des Strafgesetzbuches verweist, und
3. es sich auch bei den maßgeblichen früheren und künftig zu erwartenden Taten um solche der in Nummer 1 oder Absatz 3 Satz 2 Nummer 1 genannten Art handelt, durch welche das Opfer seelisch oder körperlich schwer geschädigt oder einer solchen Gefahr ausgesetzt worden ist oder würde.

(5) [1] Wird neben der Strafe die Anordnung der Sicherungsverwahrung vorbehalten und hat der Verurteilte das siebenundzwanzigste Lebensjahr noch nicht vollendet, so ordnet das Gericht an, dass bereits die Strafe in einer sozialtherapeutischen Einrichtung zu vollziehen ist, es sei denn, dass die Resozialisierung des Täters dadurch nicht besser gefördert werden kann. [2] Diese Anordnung kann auch nachträglich erfolgen. [3] Solange der Vollzug in einer sozialtherapeutischen Einrichtung noch nicht angeordnet oder der Gefangene noch nicht in eine sozialtherapeutische Einrichtung verlegt worden ist, ist

darüber jeweils nach sechs Monaten neu zu entscheiden. [4]Für die nachträgliche Anordnung nach Satz 2 ist die Strafvollstreckungskammer zuständig. [5]§ 66c Absatz 2 und § 67a Absatz 2 bis 4 des Strafgesetzbuches bleiben unberührt.

(6) Das Gericht ordnet die Sicherungsverwahrung an, wenn die Gesamtwürdigung des Verurteilten, seiner Tat oder seiner Taten und ergänzend seiner Entwicklung bis zum Zeitpunkt der Entscheidung ergibt, dass von ihm Straftaten der in Absatz 3 Satz 2 Nummer 1 oder Absatz 4 bezeichneten Art zu erwarten sind; § 66a Absatz 3 Satz 1 des Strafgesetzbuches gilt entsprechend.

(7) Ist die wegen einer Tat der in Absatz 3 Satz 2 Nr. 1 bezeichneten Art angeordnete Unterbringung in einem psychiatrischen Krankenhaus nach § 67d Abs. 6 des Strafgesetzbuches für erledigt erklärt worden, weil der die Schuldfähigkeit ausschließende oder vermindernde Zustand, auf dem die Unterbringung beruhte, im Zeitpunkt der Erledigungsentscheidung nicht bestanden hat, so kann das Gericht die Unterbringung in der Sicherungsverwahrung nachträglich anordnen, wenn

1. die Unterbringung des Betroffenen nach § 63 des Strafgesetzbuches wegen mehrerer solcher Taten angeordnet wurde oder wenn der Betroffene wegen einer oder mehrerer solcher Taten, die er vor der zur Unterbringung nach § 63 des Strafgesetzbuches führenden Tat begangen hat, schon einmal zu einer Freiheitsstrafe von mindestens drei Jahren verurteilt oder in einem psychiatrischen Krankenhaus untergebracht worden war und

2. die Gesamtwürdigung des Betroffenen, seiner Taten und ergänzend seiner Entwicklung bis zum Zeitpunkt der Entscheidung ergibt, dass er mit hoher Wahrscheinlichkeit erneut Straftaten der in Absatz 3 Satz 2 Nr. 1 bezeichneten Art begehen wird.

Schrifttum: Bartsch, Sicherungsverwahrung – Recht, Vollzug, aktuelle Probleme, 2010; Wüstenhagen, Sicherungsverwahrung gegen Heranwachsende und Jugendliche, 2008.

Übersicht

I. Allgemeines

1. Anwendungsbereich

Die Vorschrift findet auch vor den für **allg. Strafsachen** zuständigen **1**
Gerichten Anwendung (§§ 112, 104 Abs. 1 Nr. 1).

2. Abs. 1 und Abs. 2

a) Chance der (Wieder-)Eingliederung. Liegen die Voraussetzungen **2**
des § 105 Abs. 1 nicht vor und ist daher allg. StR anzuwenden, so soll dem
Heranwachsenden, auch wenn er schwerste Verbrechen begangen hat,
gleichwohl die (Wieder-)Eingliederung in die Gesellschaft ermöglicht blei-
ben (vgl. auch Hoffmann-Holland FS Eisenberg, 2009, 76 (80): Gebot der
Besserstellung). Dem tragen einzelne Sonderregelungen zur Milderung bzw.
Einschränkung der Rechtsfolgen Rechnung (vgl. BGHSt 31, 189 mzustAnm
Brunner NStZ 1983, 218 sowie zustAnm Eisenberg JZ 1983, 507).

b) Weiterreichende Bedeutung. Wenngleich diese Vorschriften ab- **3**
schließende Regelungen darstellen (vgl. auch BGH Herlan GA 1956, 347),
so ist deren Intention im Sinne allg. Grundsätze des JStR **auch in anderem
Zusammenhang** zu berücksichtigen. Dies gilt ggü. einem Heranwachsenden ggf. schon bei Prüfung des subjektiven Tatbestandes (vgl. betr. materielles JStR → § 2 Rn. 28 ff.) oder der Entscheidung zu § 21 StGB (nicht
erörtert in BGH NStZ 2007, 639; vgl. betr. materielles JStR → § 18 Rn. 26)
und ohnehin bei Bemessung einer zeitigen Freiheitsstrafe (BGHR
§ 46 Abs. 1, Wiedereingliederung 1; BGH DVJJ-Journal 2003, 80 (allerdings
auf § 46 Abs. 1 S. 2 StGB gestützt)) ebenso wie für die Bemessung der
Tagessätze einer Geldstrafe (OLG Nürnberg StV 2006, 695 (zu § 32 Abs. 2
Nr. 5 lit. a BZRG)) oder für die Frage der Aussetzung der Vollstr zBew im
Hinblick auf § 56 Abs. 3 StGB (OLG Köln NJW 1967, 838 mAnm Grethlein).

II. Zeitige statt lebenslanger Freiheitsstrafe (Abs. 1)

1. Bedeutung der Vorschrift

4 **a) Regelmäßiges Gebrauchmachen.** Das Gericht **kann** statt einer ver-
wirkten lebenslangen Freiheitsstrafe eine zeitige Freiheitsstrafe (von zehn bis
zu fünfzehn Jahren Dauer) verhängen (Abs. 1; vgl. BGHSt 52, 316 = NJW
2008, 2397 (mAnm Eisenberg sowie Bspr. Eisenberg ZJJ 2008, 383) betr.
zur Tatzeit 19-jährigen Inhaftierten, indes in Einschränkung des Sinngehalts
der Vorschrift, vgl. → Rn. 2 sowie zu den Tatumständen → § 92 Rn. 40 –
insoweit zutr. in demselben Verfahren LG Bonn 8.5.2009 – 22 KLs 38/08
Rn. 147 ff., 158 (juris), BeckRS 2009, 21028). Hierzu ist es allg. Auffassung
in der Fachliteratur, dass die Vorschrift **idR** genutzt werden soll, um die
Möglichkeit der (Wieder-)Eingliederung in Freiheit offen zu halten (vgl. nur
Brunner/Dölling Rn. 1: „sollte sehr großzügig Gebrauch gemacht werden";
Sonnen in Diemer/Schatz/Sonnen Rn. 3: „fast schon als ‚Muss'‚; Osten-
dorf/Drenkhahn in NK-JGG Rn. 4: „tendenziell im Sinne einer Anwendung"; Rössner in HK-JGG Rn. 4: „regelmäßig"; einschr. Laue in Mü-
KoStGB Rn. 6–8). Dem entsprechend darf die Norm nur dann nicht angewandt werden, wenn – was rechtstatsächlich kaum einmal begründbar ist
(vgl. Böhm/Feuerhelm JugendStrafR § 7, 5b: „lebenslange Freiheitsstrafe
darf … eigentlich nicht verhängt werden", s. auch die über Jahrzehnte
hinweg meist „Null" lautenden Zahlen der einschlägigen Bundesstatistik) –
eine zukünftige Legalbewährung als nahezu ausgeschlossen erscheint (allzu
begründungsarm angenommen bei BGH NStZ-RR 2018, 327 (328)). Verfehlt wäre es demgegenüber., darauf abzustellen, ob „die Reifeentwicklung
zur Tatzeit" als „bereits abgeschlossen" beurteilt wird (so auch BGH StraFo
2009, 124 – ohne indes aufzuheben (von BVerfG, 2. Kammer des 2. Senats,
ZJJ 2009, 260 sodann nicht zur Entscheidung angenommen); verfehlt LG
Ulm BeckRS 2010, 142226, nicht beanstandet von BGH BeckRS 2010,
27745 mBspr Eisenberg HRRS 2012, 466 ff.).

5 **b) Systematische Zusammenhänge.** Praktisch unmittelbar bedeutsam
ist die Vorschrift nur für diejenigen Straftatbestände, bei denen eine lebenslange Freiheitsstrafe obligatorisch ist, da im Falle fakultativer Anordnung das
Gericht schon nach allg. StR im Hinblick auf das Altersstadium des Beschuldigten eine zeitige Freiheitsstrafe verhängen kann. – Im Übrigen ermöglichen § 21 bzw. § 23 StGB neben § 106 eine zusätzliche Strafmilderung, und
zwar sowohl im Einklang mit allg. rechtssystematischen Auslegungsregeln als
auch deshalb, weil andernfalls zur Tatzeit Heranwachsende mit zur Tatzeit
Erwachsenen, auf die solche Milderungsvorschriften angewandt werden,
gleichgestellt würden, ihnen die Spezialvorschrift des Abs. 1 also verwehrt
würde. Nicht erörtert wird dieser Aspekt in der abw. Entscheidung BGH
NStZ 2005, 166 mkritAnm Eisenberg JR 2005, 81, derzufolge neben der
Milderung nach allg. StR keine weitere Milderung vorzunehmen, sondern
der Gedanke des Abs. 1 nur als ein Zumessungsaspekt zu berücksichtigen
sei.

2. Verfahren

a) Ermessensentscheidung. Das Gericht trifft seine Entscheidung – **6** grundsätzlich nach *Anhörung* der *JGH* (vgl. → § 107 Rn. 12 ff., § 109 Abs. 1 S. 2 sowie → § 109 Rn. 4) – nach pflichtgemäßem Ermessen. Dabei sollen die etwa noch vorhandene Entwicklungsfähigkeit des Angeklagten und seine mögliche **(Wieder-)Eingliederung** in die Gesellschaft – zur Ermittlung bieten sich ggf. Sachverständigengutachten oder Zeugenvernehmung an – gegen Sicherungs- und Vergeltungsbelange der Allgemeinheit abgewogen werden. Allerdings erfordert es der Zweck der Vorschrift, die Belange der (Wieder-)Eingliederung in den Vordergrund zu rücken (vgl. BGHSt 31, 189 mzustAnm Brunner NStZ 1983, 218 sowie mzustAnm Eisenberg JZ 1983, 507 (509); BGH NStZ-RR 2018, 327 (328)), ohne dass die Einführung des § 57a StGB zu Lasten des Angeklagten berücksichtigt werden dürfte (ebenso BGHR JGG § 106 Abs. 1, Strafmilderung 1 = NStZ 1988, 498, wonach bei einem bisher nicht in Strafhaft gewesenen Angeklagten die „Chancen einer Besserung auf Grund des Strafvollzuges" zu prüfen sind).

b) Prüfungspflicht. Eine Erwägung, aus Gründen der „Sühne" (vgl. zu **6a** diesem Begriff aber → § 5 Rn. 5) **von vornherein** von der Möglichkeit gem. Abs. 1 absehen und lebenslange Freiheitsstrafe verhängen zu dürfen (vgl. noch BGHSt 7, 353 (ggü. einem noch „resozialisierbaren" Heranwachsenden)), ist **unzulässig**, (einschr. schon BGH bei Holtz MDR 1977, 283 sowie BGH 22.10.1982 – 2 StR 602/82 bei Böhm NStZ 1983, 451, wonach es im Übrigen unzulässig sei, neben dem Zweck der „Sühne" zusätzlich generalpräventive Aspekte sowie ein Genugtuungsbedürfnis der Angehörigen des Opfers zu berücksichtigen; generell vern. Zieger StV 1988, 310; Nix in Nix Rn. 4).

3. Entscheidung

Wegen des Erfordernisses der Entscheidungen mit **2/3-Mehrheit** gilt (§ 2 **7** Abs. 2), § 263 Abs. 1 StPO.

Im **Entscheidungstenor** wird nur die gemilderte Rechtsfolge ausgewie- **8** sen. – In den Entscheidungs**gründen** ist auszuführen, welche Rechtsfolgen verwirkt sind und – ggf. – warum das Gericht eine Milderung vorgenommen hat. Mildert das Gericht nicht, obwohl dies nach den gesetzlichen Voraussetzungen der Vorschrift möglich wäre, so müssen die Entscheidungsgründe erkennen lassen, dass das Gericht die Milderungsmöglichkeit gegen die sonstigen Strafzwecke abgewogen hat (vgl. BGH 19.8.1958 – 5 StR 262/58; betr. Gesamtstrafe BGH StraFo 2005, 468 = NStZ 2005, 644).

III. § 45 Abs. 1 StGB

Ferner kann angeordnet werden, dass die nach § 45 Abs. 1 StGB ex lege **9** vorgesehenen Nebenfolgen nicht eintreten **(Abs. 2).** Das Gericht trifft die Entscheidung – grundsätzlich nach *Anhörung* der *JGH* (vgl. § 107 sowie § 109 Abs. 1 S. 2 und → § 109 Rn. 4) – nach pflichtgemäßem **Ermessen.** Dabei erfordert es der Zweck der Vorschrift, die Belange der (Wieder-) Eingliederung vorrangig zu gewichten (vgl. auch → Rn. 6), sodass es idR geboten sein wird, die Nebenfolgen nicht eintreten zu lassen.

9a Was die Vorschriften des § 45 Abs. 2, 5 StGB angeht, so kann das Gericht das Altersstadium Heranwachsender bereits nach allg. StR berücksichtigen.

IV. Sicherungsverwahrung

10 Diese Maßregel darf gegen Heranwachsende u*nmittelbar* auch bei Anwendung allg. StR *nicht* angeordnet werden (**Abs. 3 S. 1;** vgl. vormals BGH DVJJ-Journal 2002, 464; für Aufhebung des Verbots Gesetzentwurf v. 14.5.2004 (BR-Drs. 238/04)). Anders verhält es sich bei Verurteilung durch ein JGericht (auch) wegen solcher Straftaten, die als Erwachsener begangen wurden (BGHSt 25, 44 (51) = NJW 1973, 154; abl. aus Gründen der Prävention Wüstenhagen, Sicherungsverwahrung gegen Heranwachsende und Jugendliche, 2008). – Zur Frage der (Nicht-)Geeignetheit von JStrafe als Vorstrafe iSv § 66 StGB vgl. → § 17 Rn. 62.

1. Verhältnis zu GG und EMRK

11 **a) Verhältnis zu Art. 2 Abs. 2 S. 2 iVm Art. 104 Abs. 1 GG.** Die vormaligen Vorschriften über die vorbehaltene (Abs. 3 aF) bzw. die nachträgliche Anordnung (Abs. 5, 6 aF) sind – ebenso wie das gesamte System der Eingriffsnormen im Bereich der Sicherungsverwahrung nach allg. StR – wegen Verletzung von Art. 2 Abs. 2 S. 2 iVm Art. 104 Abs. 1 GG als **verfassungswidrig** erklärt worden (BVerfGE 128, 326 ff. = NJW 2011, 1931 ff. mAnm Kreuzer/Bartsch StV 2011, 472 ff.; Hörnle NStZ 2011, 488 ff.; BVerfG BeckRS 2011, 51793; zum allg. StR; vgl. ebenso schon Laubenthal/Baier/Nestler JugendStrafR Rn. 455), weil das **Abstandsgebot** zwischen Schuldstrafe und der in Rede stehenden freiheitsentziehenden Maßregel ("gleichsam ein Sonderopfer", BVerfG 8.6.2011 – 2 BvR 2846/09 Rn. 101, BeckRS 2011, 51793) **nicht gewahrt** gewesen ist (zu Bsp. für den Änderungsbedarf vgl. BVerfG 8.6.2011 – 2 BvR 2846/09 Rn. 112–130, BeckRS 2011, 51793). Andere Vorschriften, zu denen im Schrifttum auch Abs. 5 aF gezählt wird (Mosbacher HRRS 2011, 230 f. (238, 241); Hörnle NStZ 2011, 491 Fn. 27; aA etwa LG Augsburg 29.2.2012 – Jug KLs 401 Js 107041/02), wurden in BVerfGE 128, 326 ff. zudem wegen **Verletzung** des **Vertrauensschutzgebots** als verfassungswidrig erklärt.

11a Ansonsten hat sich das Urteil BVerfGE 128, 326 ff. bzgl. des *Verbots* der *Doppelbestrafung* (Art. 103 Abs. 3 GG) und des *Rückwirkungsverbots* (Art. 103 Abs. 2 GG) der näheren Würdigung und ausnahmslosen rechtlichen Konsequenz (Eklärung der Normen für nichtig) enthoben, indem es eine Orientierung an dem **Strafbegriff** des Art. 7 Abs. 1 EMRK abgelehnt hat. – Zu den Besonderheiten bei der Altersgruppe der zur Tatzeit Heranwachsenden im Vergleich zu Erwachsenen hat sich das BVerfG in dem Urteil nicht verhalten (sogar nicht betr. Jugendliche, vgl. Anm. Eisenberg StV 2011, 480 ff.), obgleich für die *Prognose* der Zeitpunkt der *Anlasstat* und der Zeitraum *vor* der *Inhaftierung* von zentraler Bedeutung ist (verkannt bei Endres Rechtsausschuss BT-Drs. 17/9874, 3).

12 In BVerfGE 128, 326 ff. wurde die befristete (bis spätestens 31.5.2013) Fortgeltung der in Rede stehenden Normen erklärt, allerdings nur eingeschränkt unter erhöhten Voraussetzungen (vgl. auch BVerfG BeckRS 2011, 55417 Rn. 16 = EuGRZ 2011, 665). Gemäß der Neuregelung (Art. 316f

Abs. 2 S. 2, 3 EGStGB, AbstandsgebotsG v. 5.12.2012 (BGBl. I 2425); zur Erfassung auch der Anordnung vorbehaltener Sicherungsverwahrung BGH NStZ 2014, 209 zum allg. StR) ist auf **vor Inkrafttreten** des Gesetzes begangene **Taten** (sog. „Altfälle") das **bisherige Recht** – unter den Einschränkungen gem. BVerfGE 128, 326 ff. – anzuwenden (vgl. dazu 16. Aufl. Rn. 27 ff.) – ob diese „Fortschreibung" mit der Rspr. des EGMR (vgl. auch → § 7 Rn. 37 f.) vereinbar ist, scheint bisher nicht abschließend geklärt (vern. LG Traunstein 25.9.2012 – NSV 402 Js 1100/04, S. 25: „quasi ad infinitum"; bejahend BGH NJW 2013, 2295 Rn. 24 (unter Bezugnahme auf Entscheidungen zum allg. StR); NJW 2013, 2295 = StV 2013, 767 mkritAnm Brettel). – Zu der (nicht umgesetzten) Anregung des Bundesrats (v. 30.3.2012, BR-Drs. 173/12, nicht aufrecht erhalten in der Sitzung v. 22.11.2012; vgl. aber auch Koalitionsvertrag – Bund v. 24.11.2013 (Zeilen 658–6592)), eine sog. „nachträgliche Therapieunterbringung" in das Gesetz einzufügen, um „psychisch gestörte" Personen, deren „hochgradige Gefährlichkeit" erst nach dem Strafurteil erkennbar werde („nova"), zum Schutz der Allgemeinheit unterzubringen, vgl. näher 19. Aufl.

b) Verhältnis zu Art. 5 Abs. 1 S. 2 Buchst. a, Buchst. c und **13** **Buchst. e EMRK sowie zu Art. 7 Abs. 1 S. 2 EMRK.** Ob die **Abs. 3 und 4** (eingef. durch AbstandsgebotsG v. 5.12.2012 (BGBl. I 2425)) bzw. die anschließende Anordnung von Sicherungsverwahrung **(Abs. 6)** mit Art. 5 Abs. 1 S. 2 Buchst. a EMRK („nach Verurteilung") vereinbar sind, scheint bislang ungeklärt (vgl. krit. zum Vorbehalt schon Gazeas StraFo 2005, 14; Kinzig NJW 2002, 3205 sowie 2011, 179; Merkel R&P 2011, 211 f.; aA BVerfG NJW 2012, 3357 Rn. 99 ff., speziell zur Zeitspanne Rn. 111 (betr. allg. StR); Kreuzer NStZ 2010, 479), da es an der *Unmittelbarkeit* eines Kausalzusammenhangs zwischen (vorausgegangener) Verurteilung nebst Vorbehalt und (späterer) Anordnung *fehlt* (vgl. EGMR 13.1.2011 – 6587/04 Rn. 75, NJW 2011, 3423: the „detention" must follow the „conviction" in point of time: in addition, the „detention" must result from, follow and depend upon or occur by virtue of the „conviction"), und zwar betr. Abs. 6 nicht zuletzt wegen des Verweises auf § 66a Abs. 3 S. 1 StGB („bis zur vollständigen Vollstreckung"; vgl. auch Esser in Löwe/Rosenberg EMRK Art. 5 Rn. 83–85).

Eher (noch) größere Zweifel bestehen betr. **Abs. 6** hinsichtlich eines **14** Verstoßes gegen Art. 5 Abs. 1 S. 2 Buchst. c EMRK bei Fehlen konkreter Gefahr. Zudem ist davon auszugehen, dass Abs. 6 und **Abs. 7** mit Art. 5 Abs. 1 S. 2 Buchst. e EMRK nicht vereinbar ist, es sei denn, es liegt eine verlässliche und valide Diagnose einer geistigen Gestörtheit vor (vgl. nur EGMR 13.1.2011 – 6587/04 Rn. 77, NJW 2011, 3423: „he must reliably be shown to be of unsound mind, that is, a true mental disorder must be established before a competent authority on the basis of objective medical expertise"; ebenso EGMR 13.4.2011, 13.1.2011 – 17792/07 Rn. 55, BeckRS 2011, 80354), der grundsätzlich die Art der Unterbringung entsprechen muss (EGMR 13.1.2011 – 6587/04 Rn. 78, NJW 2011, 3423 mN: „In principle, the „detention" of a person as a mental health patient will only be „lawful" … if effected in a hospital, clinic or other appropriate institution"; ähnlich EGMR 28.11.2013 – 7345/12 Rn. 75, 85, 92; ergänzend Pösl/Dürr EuCLR 2012, 158 ff.). Zwar scheidet eine Persönlichkeitsstörung nicht von vornherein aus, jedoch kommt es auf deren Intensität und sonstige Tatsachen an – es handelt sich um eine Rechtsfrage, die nicht dem den Mitgliedstaaten zugestandenen Gestaltungsspielraum (EGMR 22.10.2009 – 1431/03 Rn. 34 betr. „psychiatric institution") unterfällt (vgl. ergänzend Anm. Renzikowski NStZ 2010, 506 ff.).

15   Im Übrigen handelt es sich bei den (durch das AbstandsgebotsG eingeführten) **Abs. 6** bzw. **Abs. 7** insoweit um einen Verstoß gegen Art. 7 Abs. 1 S. 2 EMRK, als Sicherungsverwahrung sich (weiterhin) als zusätzliche Strafe darstellt (vgl. EGMR StV 2010, 181 Nr. 100 ff. mBspr Müller StV 2010, 207; Greger NStZ 2010, 679; Pösl/Dürr EuCLR 2012, 158 ff.; vgl. auch betr. § 66b Abs. 3 StGB aF BGH StV 2010, 482 mBspr Gaede HRRS 2010, 329 ff.).

2. Empirische Anhaltspunkte

16   **a) Prognostisches Unvermögen.** Die **methodischen Schwierigkeiten** und rechtstatsächlichen **Belastungen** für das **Vollzug**sgeschehen (vgl. zu empirischen Erhebungen Bartsch, Sicherungsverwahrung – Recht, Vollzug, aktuelle Probleme, 2010; s. auch Kinzig StV 2002, 500 ff.; ergänzend Eisenberg ZfStrVo 2001, 131 f. und Jura 2001, 787 ff.) bestehen bei **vorbehaltener** Anordnung von Sicherungsverwahrung in ähnlicher, wenn auch modifizierter Weise wie bei nachträglicher Anordnung. Inwieweit die (durch AbstandsgebotsG v. 5.12.2012 (BGBl. I 2425) eingeführten) Kontrollen des Vollzugsablaufs (§§ 66c, 67c Abs. 1 StGB; vgl. → § 92 Rn. 155 ff., 176 ff.) hierin substantiell eine Änderung ermöglichen, ist einstweilen offen. Zumindest die sachbedingten Grenzen einer verlässlichen Prognosestellung (vgl. auch → § 7 Rn. 34) können dadurch nicht überwunden, wenngleich ggf. reduziert werden (zur Gefahr der „Freiheitsberaubung (§ 239 StGB) ohne nachweisbaren Vorsatz" bei unzutreffend negativer Prognose schon Schüler-Springorum ZfStrVo 2005, 231; rechtstatsächlich bilanzierend Ullenbruch NStZ 2008, 6). Bisher ist aufgrund empirischer Untersuchungen von Anteilen **falscher negativer Prognosen** nicht unter 50 % auszugehen (vgl. Kinzig, Die Legalbewährung gefährlicher Rückfalltäter, 2. Aufl. 2010, 196 ff.; Alex/Feltes FS 2010, 159 ff.; Müller ua MschKrim 2011, 256 ff.; vgl. aber Begr. RegE BT-Drs. 17/9874, 34: „zur Verbesserung der Prognosesicherheit"). Inhaltlich setzt die Anordnung vorbehaltener Sicherungsverwahrung und nachfolgender Anordnung bzw. nachträglicher Anordnung (Abs. 6 bzw. Abs. 7) voraus, dass die als negativ beurteilten Tatsachen und Umstände stabil sind, dh dass sie – wie bei **haftbedingter** Entstehung bzw. Steigerung eher nicht zu erwarten (vgl. zur prognostischen Schwierigkeit auch Renzikowski NJW 2013, 1641) – auch nach Entlassung fortbestehen (zum Verfahren vgl. Erl. zu § 81a).

17   **b) Erhöhte Prüfungspflicht.** Diese **Bedenken** wirken sich bei zur Tatzeit **Heranwachsenden** – im Vergleich zu zur Tatzeit erwachsen gewesenen Verurteilten – in **gesteigerter** Weise aus (speziell zu § 66 Abs. 1 Nr. 4 StGB vgl. ergänzend → § 17 Rn. 62), weil die Betroffenen in aller Regel biographisch **weniger verfestigt** sind als Erwachsene (vgl. betr. 2. StR-ReformG v. 4.7.1969 (BGBl. I 717): Sicherungsverwahrung nur, wenn die Anlasstat nach Vollendung des 25. Lbj. begangen wurde; vgl. auch Goerdeler ZJJ 2003, 189; Rzepka KrimJ 2003, 234 f.). Daher sind auch die **Prognose** und die **Verhältnismäßigkeitsprüfung** anders vorzunehmen als bei Er-

wachsenen, und sie bedürfen erhöhter Prüfung. Verstärkt gelten die Einwände insb. in Fällen **ohne** einschlägige **Vorverurteilung** (vgl. aber BGHSt
52, 316 = NJW 2008, 2397 mablAnm Eisenberg (sodann in demselben
Verfahren anordnend LG Bonn 8.5.2009 – 22 KLs 38/08 Rn. 171 ff., mit
der Floskel „kriminelle Energie" Rn. 175, 177, BeckRS 2009, 21028); abl.
auch Laubenthal/Baier/Nestler JugendStrafR Rn. 461; Kinzig RdJB 2007,
161 f.; Streng JugendStrafR Rn. 564; Lange, Die Kriminalprognose im
Recht der Sicherungsverwahrung, 2012, 154 f. (schon zum allg. StR); krit.
Freudig NStZ 2010, 256 f.).

   c) **Vor-Selektionen.** Die Beeinträchtigungen des Vollzugsziels durch **18**
Formen der „vorsorglichen" Vorab-Erfassung zum Nachteil derjenigen, die
die formellen Voraussetzungen erfüllen, mögen zwar gem. (Abs. 4 Abs. 1 aF
wie) Abs. 5 S. 1 idF des AbstandsgebotsG (BGBl. 2012 I 2425) ggf. in
gewisser Weise abgemildert sein (zur Begrenzung auf das 27. Lbj. vgl. rechtssystematisch ergänzend § 41 iVm § 2 Abs. 2 Nr. 6, § 7 Abs. 1 Nr. 3 KJHG),
sie werden aber nicht behoben. Insbesondere kann eine etwaige Abmilderung die im Vergleich zum allg. StR (§ 66a Abs. 1 StGB) bestehende
Mehrbelastung Betroffener schwerlich aufwiegen, die darin liegt, dass die
negative Prognose ungleich gewichtiger ist, weil gem. (Abs. 3 Nr. 3 wie)
Abs. 3 S. 2 Nr. 2 idF des AbstandsgebotsG sowohl Hang als auch Gefährlichkeit feststehen müssen. – Kriminalpolitisch wurde mitunter gar eine Verlagerung vom Gericht (Abs. 4 S. 1) auf die Exekutive empfohlen (vgl.
Gesetzentwurf v. 14.5.2004 (BR–Drs. 238/04)), was sich indes wegen des
damit verbundenen Verlusts an gerichtlicher Kontrolle verbietet (vgl. im
Übrigen (auch) aus der justitiellen Praxis abl. Sieveking ua ZRP 2005,
188 ff.).

3. Vorbehalt und nachfolgende Anordnung

   a) **Abs. 3.** Die (durch AbstandsgebotsG v. 5.12.2012 (BGBl. I 2425) **19**
eingeführte) Regelung des Vorbehalts der Anordnung von Sicherungsverwahrung (vgl. im Übrigen zu § 7 Abs. 2 Erl. zu → § 7 Rn. 30 ff.) weitet die
Zulässigkeit gegen nach allg. StR verurteilte Heranwachsende auf **Erstver-**
urteilte (sog. „Ersttäter") aus (Abs. 3). Die Bestimmung ist der Vorschrift
des § 66a Abs. 2 StGB insoweit entlehnt, als der Vorbehalt auch dann
zulässig ist, wenn eine **„hangbedingte Gefährlichkeit"** nur zumindest
wahrscheinlich ist. Hinsichtlich formeller Voraussetzungen des Vorbehalts
wie einer sich daran etwa anschließenden Anordnung von Sicherungsverwahrung muss es sich (enger als nach Abs. 3 aF) um **Verbrechen** gegen
höchstpersönliche Rechtsgüter nebst **schwerer Opferschädigung** oder
-gefährdung (vgl. dazu → § 7 Rn. 40) handeln. Die Mindesthöhe der Freiheitsstrafe beträgt (wie Abs. 3 aF) fünf Jahre. – Wegen der Frage nach der
Vereinbarkeit mit der **EMRK** vgl. → Rn. 13–15.

   Die Ausweitung auf sog. Erstverurteilte übergeht **adoleszenzbedingte 20**
Unterschiede zu Erwachsenen, zumindest stellt sie solche Unterschiede
hintan (vgl. dazu LG Verden, zitiert nach Marquardt Der Kriminalistik 2016,
4 ff. (aufschlussreich auch zu sonstigen Fehlern)). Die Ausweitung wird auch
kaum dadurch aufgefangen, dass – im Vergleich zum allg. StR (§ 66a Abs. 2
StGB) – als erhöhte Voraussetzung eine schwere Opferschädigung oder
-gefährdung eingestellt ist. Das Erfordernis eines „Hangs" ist – unbeschadet

der empirischen Unzugänglichkeit – wegen seiner eher zur Einschränkung geeigneten Funktion bedeutsam (zu verfehlter Begründung aber BGH BeckRS 2010, 27745 mBspr Eisenberg HRRS 2012, 466 ff.).

21 Ob kriminalpolitisch verbalisierte Annahmen des Inhalts, infolge einer Vorbehaltsentscheidung komme es zu einer Verstärkung der im **StVollzug** unternommenen Interventionsbemühungen einschließlich dafür unerlässlicher Lockerungen, sich bestätigen könnten, wird ggf. teilweise davon abhängen, ob substantielle Änderungen der Vollzugsbedingungen vorgenommen werden (vgl. dazu Abs. 3 iVm § 66c Abs. 2 StGB (eingeführt durch AbstandsgebotsG, BGBl. I 2425)). Indes wird der Betroffene auch zukünftig besonderer Beobachtung ausgesetzt sein, wodurch schon die Melde- oder Anzeigebereitschaft erhöht sein kann und zudem die permanente Gefahr fingierter Anlässe nebst behördlicher Fehlbeurteilung besteht. Zum anderen ist zu besorgen, dass (auch weiterhin) die Möglichkeit anschließender Anordnung von Sicherungsverwahrung sich abträglich auf den StVollzug insgesamt auswirkt.

22 Nicht anders als im allg. StR darf zulässiges **Verteidigungsverhalten** nicht angelastet werden (vgl. nur BGH StV 2011, 482 (betr. allg. StR)). – Bezüglich Abs. 3 S. 2 Nr. 2 hat das Gericht, wie bei einem Vorbehalt nach § 66a Abs. 2 StGB, in den **Urteilsgründen** darzulegen, ob es „Hang" und „Gefährlichkeit" lediglich für wahrscheinlich hält oder bereits eine diesbzgl. Überzeugung gewonnen hat (vgl. Begr. RegE v. 6.6.2012 (BT-Drs. 17/ 9874), 29).

23 **b) Abs. 4.** Die Vorschrift sieht die Möglichkeit vorbehaltener Sicherungsverwahrung für sog. „Wiederholungs-", und „Mehrfachtäter" auch dann vor, wenn die Anlassverurteilung ein oder mehrere **Vergehen** des sexuellen Missbrauchs von Kindern iSv §§ 176a, 176b StGB betrifft. Diese Regelung erweckt Zweifel hinsichtlich des Bestimmtheitsgrundsatzes schon angesichts der unterschiedlichen, vergleichsweise ausgeprägt zur Disposition der Rechtsanwendenden stehenden Verwirklichungsfacetten dieses StrafTb. Zudem übergeht sie die pubertäts- bzw. adoleszenzbedingten Zusammenhänge einschlägigen Verhaltens und ist geeignet, eine formelle Ausgrenzung zu veranlassen. So entbehrt die Begr. des RegE (v. 6.6.2012 (BT-Drs. 17/ 9874), 36) jedweder Erwähnung von oder gar Auseinandersetzung mit (ent- wicklungs- bzw. jugend-)psychologischen und sexualwissenschaftlichen Er- kenntnissen, bescheidet sich vielmehr mit der Wendung, einschlägigen De- likten „im jungen Alter" könne „in Einzelfällen eine prognostische Bedeu- tung" im Sinne „künftiger Begehung schwerer Sexual- oder Gewaltstraftaten" zukommen (wozu – unter Verschweigen von Selektion- kriterien der Anzeige- und Überführungsbereitschaft einschließlich des un- bekannten Ausmaßes von Fehlentscheidungen betr. diese Deliktsbereiche – auf veröffentlichte Auszählungen strafrechtsbezogener Verläufe Bezug ge- nommen wird). Zwar wird zugleich die Anwendbarkeit nur auf **„Extrem- fälle"** hervorgehoben (Begr. RegE v. 6.6.2012 (BT-Drs. 17/9874), 36), jedoch fehlt es an einem Nachweis dazu, dass gem. dem Verhältnismäßig- keitsgrundsatz vorrangige **außerstrafrechtliche Intervention**smöglichkei- ten nicht zureichten. – Wegen der Frage der Vereinbarkeit mit der EMRK wird (auch hierzu) auf die Erl. in → Rn. 13–15 verwiesen.

24 Hinsichtlich **formeller Voraussetzungen** ist die Verurteilung wegen einer oder mehrerer Straftaten nach § 176 StGB zu einer Freiheitsstrafe von

mindestens fünf Jahren erforderlich, wobei eine der Straftaten als Anlassdelikt die Wertung einer **schweren Opferschädigung** oder **-gefährdung** aufweisen muss. Diese Auslegung folgt aus Abs. 4 Nr. 1 und dem Verweis in Abs. 4 auf die übrigen Voraussetzungen des Abs. 3 S. 2. Hinsichtlich der opferbezogenen Qualifikation lässt schon der Verhältnismäßigkeitsgrundsatz keine andere Auslegung zu (vgl. auch Begr. RegE v. 6.6.2012 (BT-Drs. 17/9874), 34: „hier auf keinen Fall weniger geboten als bei den in Abs. 3 genannten Verbrechen").

Weiterhin müssen nach Abs. 4 Nr. 2 (wie in Abs. 3 aF) die übrigen **24a** Voraussetzungen des **§ 66 Abs. 3 StGB** erfüllt sein (vgl. auch § 66a Abs. 1 Nr. 2; ergänzend Begr. BT-Drs. 15/1311, 26). Hinsichtlich der **Vorverurteilung** verlangt § 66 Abs. 3 S. 2 – im Unterschied zu S. 1 – im Falle der Verhängung einer Gesamtstrafe nicht eine Vorverurteilung zu einer Einzelstrafe von mindestens drei Jahren (nach BGH BeckRS 2015, 19044 gelte dies auch für eine EinheitsJStrafe als Vorverurteilung; zw., näher dazu → § 17 Rn. 62, → § 31 Rn. 55 ff.). – Gemäß Abs. 4 Nr. 3 ist zudem erforderlich, dass es sich auch bei den nach Abs. 4 Nr. 2 maßgeblichen früheren Taten um solche aus dem Katalog der Anlassstraftaten mit der genannten besonderen opferbezogenen Qualifikation handelt.

Zu den **materiellen Voraussetzungen** gehört eine negative Prognose **25** nach Abs. 3 S. 2 Nr. 2, wie der Verweis auf dessen „übrige Voraussetzungen" ergibt. Gemäß Abs. 4 Nr. 3 muss sich die Prognose auf Straftaten aus dem Katalog der Anlassdelikte beziehen und die Qualifikation einer schweren Opferschädigung oder -gefährdung umfassen.

c) Abs. 5. Die Vorschrift ersetzt den Begriff sozialtherapeutische Anstalt **26** durch den genannten – umfassenderen – Begriff. Damit soll indes inhaltlich verdeutlicht werden, dass die sozialtherapeutische Bemühung nicht in organisatorisch und räumlich selbstständigen Einrichtungen erfolgen muss, sondern auch innerhalb einer besonderen Abteilung des Strafvollzugs durchgeführt werden kann (Begr. RegE v. 6.6.2012 (BT-Drs. 17/9874)).

Mit der Vorschrift wird – den Vorgaben des BVerfG NJW 2011, 1931, **26a** 1938 entsprechend – das Ziel verfolgt, durch eine rehabilitative Einwirkung im Vollz der JStrafe eine spätere Anordnung vorbehaltenen Sicherungsverwahrung möglichst entbehrlich zu machen (s. auch → § 66c Abs. 2 StGB). Dies hat durch sozialtherapeutische Bemühungen zu geschehen. Dass in S. 1 dabei von einer sozialtherapeutischen Einrichtung und nicht von einer entspr. Anstalt die Rede ist, soll zum Ausdruck bringen, dass es hierfür keines organisatorisch und räumlich verselbstständigten Kontextes bedarf. Ausreichend ist indes eine besondere Abteilung des StVollz (Begr. RegE v. 6.6.2012 [BT-Drs. 17/9874]). Die Anordnung, die JStrafe in einer solchen Einrichtung zu vollziehen, trifft das Tatgericht. Es darf davon nur absehen, wenn dies nicht spezialpräventiv förderlicher als der Regelvollzug wäre. Für die nachträgliche Anordnung (und die turnusmäßige Prüfung eines entspr. Anlasses) ist dann aber das VollstrG zuständig (S. 2 – 4). Das gilt auch für die (bei Vorliegen neuer einwirkungsrelevanter Umstände ggf. notwendige) Änderung einer nach S. 1 getroffenen Entscheidung (vgl. OLG Hamm BeckRS 2018, 36219).

d) Nachfolgende Anordnung (Abs. 6). Das Gericht ordnet an, wenn **27** die Gesamtwürdigung ergibt, dass Straftaten der in Abs. 3 S. 2 Nr. 1 oder Abs. 4 bezeichneten Art von dem Betroffenen „zu erwarten sind". Dies verlangt zwar keine „hohe Wahrscheinlichkeit", jedoch wäre die Annahme einer „nahe liegenden Gefahr" weder hinreichend bestimmt noch kontrollierbar, dh es bedarf auch hier (vgl. → § 7 Rn. 45 entspr.) verlässlich festgestellter Tatsachen und entwicklungsbezogener Interpretation.

27a   Ein Unterschied zu § 66a Abs. 3 S. 2 StGB besteht jedoch darin, dass die Erwartung „erheblicher Straftaten" nicht ausreicht.

4. Nachträgliche Anordnung (Abs. 7)

28   Bezüglich Abs. 7 (gem. AbstandsgebotsG (BGBl. 2012 I 2425); wegen der vormaligen nachträglichen Anordnung gem. Abs. 5 aF vgl. bis 19. Aufl.) wird, vorbehaltlich sich aus den unterschiedlichen Altersstufen ergebender Modifizierungen, auf die Erl. zu der entsprechenden Vorschrift des § 7 Abs. 4 verwiesen (vgl. → § 7 Rn. 47). – Bei der Prüfung der inhaltlichen Voraussetzungen lässt sich ein etwaiges Interesse der psychiatrischen Krankenhäuser auf Entlastung von ggf. als „störend" beurteilten Untergebrachten, wegen des höheren Alters mutmaßlich mehr als bei jüngeren Personen (s. § 7 Abs. 4), nicht ausschließen. Entsprechendes gilt unter fiskalischen Aspekten insofern, als die Unterbringung in Sicherungsverwahrung (bislang) deutlich kostengünstiger ist als die Unterbringung in einem psychiatrischen Krankenhaus, allerdings wird sich das Gefälle durch Umsetzung der Vorgaben in BVerfGE 128, 326 ff. = NJW 2011, 1931 ff. (vgl. auch → § 92 Rn. 155 ff., 176 ff.) reduzieren.

29   Gemäß § 14 Abs. 1 bzw. Abs. 3 ThUG ist es zulässig, nach persönlicher Anhörung (hier ggf. im Wege der Rechtshilfe) eine **vorläufige Unterbringung** für die Dauer von drei Monaten ohne „Anhörung" eines Sachverständigen (zivilgerichtlich) anzuordnen, die nach „Anhörung" eines solchen bis zu einem Jahr verlängert werden kann. Beweisrechtlich begegnet diese Regelung, die kriminalpolitisch dahingehend motiviert gewesen sein mag, etwaigen Bedenken bei den Gerichten zu begegnen, eine als fehlerhaft beurteilte Unterbringung für erledigt zu erklären, erheblichen Einwänden (ein „dringendes Bedürfnis" vern. OLG Frankfurt a. M. BeckRS 2012, 16595 zum allg. StR).

Zweiter Abschnitt. Gerichtsverfassung und Verfahren

Gerichtsverfassung

107 Von den Vorschriften über die Jugendgerichtsverfassung gelten die §§ 33 bis 34 Abs. 1 und §§ 35 bis 38 für Heranwachsende entsprechend.

Übersicht

I. Anwendungsbereich

Von den in der Bestimmung aufgeführten Vorschriften gilt in Verfahren **1** gegen **Heranwachsende** vor den für allg. Strafsachen zuständigen Gerichten nur § 38 (§§ 112 S. 1, 104 Abs. 1 Nr. 2; vgl. aber auch die Erl. bei → § 104 Rn. 7 entspr.).

II. Allgemeines

1. Systematische Bedeutung

Vor 1953 waren Heranwachsende nicht in die JG-Verfassung und das JG- **2** Verfahren einbezogen. Dies zu verändern war ein wesentliches Anliegen des Gesetzgebers für die Neufassung von 1953 (s. Amtl. Begr. 35, 36 f.).

Die Vorschrift bezieht Heranwachsende in gleichem Umfang wie Jugend- **3** liche in den Bereich der Jugendgerichtsbarkeit ein, damit die in der Beurteilung des Verhaltens und der Entwicklung junger Menschen ggü. den für allg. Strafsachen zuständigen Gerichten erfahreneren JGerichte jeweils die Entscheidung treffen, ob bei einem Heranwachsenden im Einzelfall JStR oder allg. StR anzuwenden ist (Amtl. Begr. 37). – Da die Ausgestaltung des Verfahrens nach JGG-Bestimmungen (§ 109) und die Anwendung materiellen JStR (§ 105 Abs. 1) unabhängig von der Einbeziehung der Heranwachsenden in die JG-Verfassung ist, richten sich Reformbestrebungen teilweise auf die völlige Gleichstellung der Heranwachsenden (ggf. unter modifizierter Einbeziehung der Jungerwachsenen) mit den Jugendlichen (vgl. näher aber → § 105 Rn. 5 f.).

2. Heranwachsende; jugendgerichtliche Zuständigkeit

4   **a) Begriff.** Der Begriff des Heranwachsenden iSd Vorschrift ist identisch mit demjenigen in § 1 Abs. 2. Maßgeblich ist hiernach das Alter zur **Zeit der Tat** und nicht dasjenige zur Zeit der Anklageerhebung oder des weiteren Verfahrens. Ist der Heranwachsendenstatus zur Zeit der Tat nicht mit Sicherheit auszuschließen, entscheidet ebenfalls das JGericht (vgl. näher → §§ 33–33b Rn. 4).

5   **b) Zuständigkeit der JGerichte.** Die JGerichte sind grundsätzlich in demselben Umfang zur Entscheidung bei Verfehlungen Heranwachsender **wie bei** Verfehlungen **Jugendlicher** zuständig (vgl. § 108 Abs. 1; zu Besonderheiten im Verhältnis einzelner JGerichte zueinander s. § 108 Abs. 2, 3). Demgemäß sind JGerichte auch dann zur Entscheidung berufen, wenn eine einheitliche Tat bzw. mehrere Verfehlungen desselben Beschuldigten vorliegen, die (bzw. deren Einzelakte) dieser zumindest teilweise als Heranwachsender, teilweise als Erwachsener begangen hat (s. BGHSt 8, 349; 7, 26; BGH StV 1981, 77; BGH 5.2.1986 – 3 StR 23/86; BGH StV 2003, 15; StraFo 2010, 466 Rn. 4; vgl. näher → § 103 Rn. 28 ff., 32). Insbesondere kommt es hierfür nicht darauf an, bei welchen Taten das Schwergewicht liegt (BGH StV 1994, 173 Rn. 13; OLG Jena OLGSt StPO § 209 Nr. 4). Wird die Verfolgung jedoch durch das Gericht oder die StA auf die im Erwachsenenalter begangenen Taten beschränkt (§ 2 Abs. 2 iVm §§ 154, 154a StPO), entfällt die Zuständigkeit der JGerichte (soweit dies durch die Teileinstellung nicht gezielt erreicht werden sollte (BGH NStZ 1996, 244)).

5a   Erfolgt die Anklage irrig vor dem falschen Gericht, hat dieses das Verfahren an das zuständige JGericht oder Erwachsenengericht abzugeben (dazu → §§ 33–33b Rn. 16 ff.); erfolgt dies nicht, hat das Folgen für die Anfechtbarkeit des Urteils (näher → §§ 33–33b Rn. 20 ff.).

6   Die bei Jugendlichen bestehenden **Ausnahmen** von der Zuständigkeit der JGerichte (§§ 102, 103 Abs. 2 S. 2, 3) gelten bei Heranwachsenden entsprechend (§ 112 S. 1). Da die Ausnahmen gesetzlich abschließend bestimmt sind, ist die Entscheidung einer Verwaltungsbehörde über Verstöße Heranwachsender gegen StR-Normen im engeren Sinne − (dh ausschließlich des OWiR; s. aber zur Zuständigkeit des JGerichts im gerichtlichen Bußgeldverfahrens nach Einspruch § 68 Abs. 2 OWiG) − unzulässig (vgl. → §§ 33–33b Rn. 5 sowie bereits Dallinger/Lackner Rn. 7).

III. Mitwirkung von Organen der Jugendgerichtsverfassung

1. Aufgaben des JGerichts

7   Es hat in Verfahren gegen Heranwachsende grundsätzlich dieselben **Aufgaben** wie in Verfahren gegen Jugendliche (vgl. deshalb die Erl. betr. § 34 Abs. 1 entspr., → § 34 Rn. 2 ff.).

a) Abweichungen. Solche bestehen zum einen insofern, als seit Einfüh- 8
rung der Volljährigkeit Heranwachsender zugleich mit dem elterlichen Erziehungsrecht auch die nachrangige Erziehungsberechtigung des Staates entfallen ist (vgl. BVerfGE 22, 180). Da demgemäß die familiengerichtlichen
Erziehungsaufgaben in § 34 Abs. 3 ggü. Heranwachsenden nicht mehr in
Betracht kommen, ist insoweit auch das Prinzip der Einheit von JRichter
und FamRichter (vormals Vormundschaftsrichter) in § 34 Abs. 2 aufgehoben.

Zum anderen ergeben sich gewisse *Besonderheiten* dadurch, dass bei der 9
Anwendung von Verfahrensvorschriften des JGG mitunter im Verhältnis zu
Jugendlichen abw. Gesichtspunkte maßgebend sein können (vgl. näher
→ § 109 Rn. 22 ff.).

b) Aufgabenverteilung. Eine Aufteilung unter mehreren JRichtern 10
(bzw. JKammern) iRd Geschäftsverteilung nach **Jugend-Strafsachen** einerseits und **Heranwachsenden-Strafsachen** andererseits ist schon im Hinblick auf die Beurteilung nach § 105 Abs. 1 zu **vermeiden** (ähnl. Dallinger/
Lackner Rn. 8 mwN; vgl. auch → § 34 Rn. 3). Auch bei der Bestellung von
BezirksJRichtern ist eine solche Aufteilung abzulehnen (allg. Auffassung; vgl.
auch → §§ 33–33b Rn. 13 ff.); die Bildung eines gemeinsamen JSchöffenG
nur für JStrafsachen oder nur für Heranwachsenden-Strafsachen kommt
nicht in Betracht (Dallinger/Lackner Rn. 9).

2. Aufgaben der Jugendstaatsanwaltschaft

In Verfahren vor den JGerichten werden auch Strafsachen gegen Heran- 11
wachsende regelmäßig von **JStA** bearbeitet (§§ 107, 36, 33; zur Zuständigkeit der JStA vgl. → § 36 Rn. 8 ff.). Bei der Geschäftsverteilung ist darauf zu
achten, dass von mehreren JStA jeder im gleichen Ausmaß mit Strafsachen
gegen Heranwachsende wie gegen Jugendliche befasst ist.

3. Aufgaben der JGH

In demselben Umfang wie in Verfahren gegen Jugendliche wirkt die **JGH** 12
grundsätzlich auch in Verfahren gegen Heranwachsende mit. Dies gilt auch
für Soldatinnen und Soldaten (OLG Schleswig SchlHA 1958, 341 = EJF C I
Nr. 47; AG Eilenburg ZJJ 2020, 402; s. auch schon Würfflein RdJB 1958,
223; ferner → § 112d Rn. 6).

a) Heranziehung. Die Mitwirkungspflicht der JGH besteht **unabhängig** 13
davon, ob aus Sicht der JStrafjustiz mit der Anwendung von **allg. StR** oder
von JStR zu rechnen ist. Desgleichen ist es insoweit **unerheblich,** wenn der
Heranwachsende bei Einleitung des **Verfahrens** oder während des Ver-
fahrensverlaufs das **21. Lbj.** vollendet hat (BGHSt 6, 354; BGH StV 1982,
336 f. mAnm Gatzweiler). Denn anderenfalls wäre der zufällige zeitliche
Abstand zwischen der Tat und der Einleitung des Ermittlungsverfahrens bzw.
der Durchführung des Hauptverfahrens für die Heranziehung (und die Verwirklichung der weiteren Rechte der JGH) maßgeblich (BGHSt 6, 354
(356 f.)). Die JGH ist auch dann heranzuziehen, wenn ein Teilakt einer
einheitlichen Tat erst nach Vollendung des 21. Lbj. begangen ist (Dallinger/
Lackner Rn. 14 mN). – Auch im Strafbefehlsverfahren gelten die Vorschriften über die Beteiligung der JGH entsprechend (Kaspar in MüKoStPO

Rn. 4). Vor deren Berichterstattung ist ein Antrag iSv § 407 StPO nur
ausnahmsweise zulässig (→ § 46a Rn. 2).

14   **b) Besonderheiten der Aufgaben.** Was die Aufgaben der JGH in Verfahren gegen Heranwachsende im Allg. anbelangt, so hat deren Ermittlungsfunktion eine besondere Bedeutung insofern, als die Beurteilung des Entwicklungsstandes des Heranwachsenden maßgebend für die Entscheidung
darüber ist, ob **JStR** oder **allg. StR** anzuwenden ist (vgl. auch AG Eilenburg
ZJJ 2020, 402: verzichtbar nur, wenn Frage bspw. durch Gutachten in
anderer Sache bereits klar). Dabei kommt der Stellungnahme der JGH ein
erhöhtes Gewicht dann zu, wenn seit der Tat des Heranwachsenden bis zum
Zeitpunkt seiner Aburteilung ein längerer Zeitraum vergangen ist, der mehrere Entwicklungsphasen einschließt (s. BGH Dallinger MDR 1956, 12 =
EJF C I Nr. 7 mAnm Kohlhaas). Die Voraussetzungen der Offenbarung
solcher Daten, die der JGH im Rahmen ihrer Hilfefunktion anvertraut
worden sind, bestimmen sich nach § 65 Abs. 1 S. 1 Nr. 1, 5 KJHG (vgl. im
Übrigen → § 38 Rn. 28 ff., 41 f. entspr.). – Die Ermittlungen der JGH
werden auch im Hinblick auf die Möglichkeit einer **Strafmilderung** nach
§ 106 Abs. 1 für die Entscheidung des Gerichts erhebliches Gewicht erlangen können (vgl. BGHSt 6, 354 (356); Dallinger/Lackner Rn. 15).

14a   Die Nachbetreuungsaufgabe der JGH tritt zwar im Hinblick auf das Erwachsenenalter des Heranwachsenden in ihrer erzieherischen Funktion zunehmend zurück. Jedoch wird ihre unterstützende Funktion bezüglich allg.
Sozialisations- und Unterstützungshilfen stattdessen an Bedeutung gewinnen
(vgl. → § 38 Rn. 14).

15   **c) Revision.** Wegen der revisionsrechtlichen **Folgen,** falls die **JGH** am
Verfahren **nicht** beteiligt wird, vgl. → § 38 Rn. 85 ff. entsprechend. Ist die
Anwendung materiellen JStR nach Prüfung von § 105 Abs. 1 ohne Beteiligung der JGH abgelehnt worden, wird das tatrichterliche Urteil regelmäßig
im Revisionsverfahren aufgehoben werden müssen, wenn unter Verstoß
gegen §§ 107, 38 Abs. 3, 109 Abs. 1 S. 1, 50 Abs. 3 die JGH nicht herangezogen wurde (BGH NStZ-RR 2001, 27) bzw. wenn entgegen der Aufklärungspflicht (§ 43, § 244 Abs. 2 StPO) die erforderliche umfassende
Gesamtwürdigung der Persönlichkeit nicht erfolgt ist (vgl. BGH Dallinger
MDR 1956, 12 = EJF C I Nr. 7 mzustAnm Kohlhaas; OLG Saarbrücken
NStZ-RR 1999, 284; ebenso Dallinger/Lackner Rn. 16).

16   Mitunter wird der Gesetzesverstoß nur den Rechtsfolgenausspruch betreffen (s. BGH Dallinger MDR 1956, 146; auch ablAnm Deisenhofer zu OLG
Hamburg EJF C I Nr. 34), zumal die Gesamtwürdigung zur Prüfung der
Verantwortlichkeit nach § 3 S. 1 bei Heranwachsenden entfällt. Soweit
jedoch auch der Schuldspruch von dem Verfahrensfehler berührt sein kann,
ist das Urteil ggf. auch insoweit aufzuheben.

IV. Abgabe und Anfechtbarkeit

17   Für Fälle, in denen die Anwendung der nach § 107 in Verfahren gegen
Heranwachsende entsprechend geltenden Vorschriften unterblieben oder
gesetzwidrig geschehen ist, wird hinsichtlich der Anfechtbarkeit des Urteils
auf die Erl. zu den jeweiligen Vorschriften verwiesen (vgl. → §§ 33–33b

Rn. 20 ff.; → § 35 Rn. 17; → § 36 Rn. 19 f.; → § 37 Rn. 20 f.), speziell betr. die JGH auf → Rn. 15 f.

Zuständigkeit

108 (1) **Die Vorschriften über die Zuständigkeit der Jugendgerichte (§§ 39 bis 42) gelten auch bei Verfehlungen Heranwachsender.**

(2) **Der Jugendrichter ist für Verfehlungen Heranwachsender auch zuständig, wenn die Anwendung des allgemeinen Strafrechts zu erwarten ist und nach § 25 des Gerichtsverfassungsgesetzes der Strafrichter zu entscheiden hätte.**

(3) **[1]Ist wegen der rechtswidrigen Tat eines Heranwachsenden das allgemeine Strafrecht anzuwenden, so gilt § 24 Abs. 2 des Gerichtsverfassungsgesetzes. [2]Ist im Einzelfall eine höhere Strafe als vier Jahre Freiheitsstrafe oder die Unterbringung des Beschuldigten in einem psychiatrischen Krankenhaus, allein oder neben einer Strafe, oder in der Sicherungsverwahrung (§ 106 Absatz 3, 4, 7) zu erwarten, so ist die Jugendkammer zuständig. [3]Der Beschluss einer verminderten Besetzung in der Hauptverhandlung (§ 33b) ist nicht zulässig, wenn die Anordnung der Unterbringung in der Sicherungsverwahrung, deren Vorbehalt oder die Anordnung der Unterbringung in einem psychiatrischen Krankenhaus zu erwarten ist.**

Übersicht

I. Anwendungsbereich

1   Die Vorschrift gilt nur in Verfahren gegen **Heranwachsende** (vgl.
→ § 107 Rn. 4 f entspr.) **vor den JGerichten** (vgl. §§ 104 Abs. 1, 112 S. 1).
Eine Zuständigkeitsbeschränkung iSv Abs. 2 und Abs. 3 S. 1 für den Strafrichter bzw. das SchöffenG der allg. Strafgerichtsbarkeit ist seit der Neuregelung von § 103 Abs. 2 (iVm § 112 S. 1) durch das StVÄG 1979 gegenstandslos, weil deren Zuständigkeit im Verfahren gegen Heranwachsende
vor den Gerichten der allg. Strafgerichtsbarkeit nicht mehr in Betracht
kommt.

II. Systematische Bedeutung; besondere Auslandsverwendung von Soldatinnen und Soldaten

1. Anwendung von Jugend- oder von allgemeinem Strafrecht

2   Die Vorschrift enthält die Regelungen über die sachliche und örtliche
Zuständigkeit der JGerichte für Verfehlungen Heranwachsender. – Hinsichtlich der sachlichen Zuständigkeit ist danach zu unterscheiden, ob die Anwendung von JStR **oder** von allg. StR zu erwarten ist. Im ersten Fall erfolgt
die Prüfung nach Abs. 1 (wie in Verfahren gegen Jugendliche) in der
Reihenfolge JRichter, JKammer, JSchöffenG. Für den zweitgenannten Fall
bestehen – wegen der rechtsfolgenabhängigen und von der Rechtsfolgenkompetenz der allg. Strafgerichte abw. Unterteilungen der Zuständigkeit
zwischen den einzelnen JGerichten – die ergänzenden Regelungen in Abs. 2
und 3.

2. Soldatinnen und Soldaten bei besonderer Auslandsverwendung

2a   Der Gerichtsstand bei solcher Verwendung (§ 62 Abs. 1 SoldG) bestimmt
sich, in Abweichung von § 42 Abs. 1 Nr. 2 und Nr. 3, nach § 11a StPO
iVm § 143a Abs. 1 GVG (Gesetz v. 28.1.2013 (BGBl. I 1989); vgl. auch
Begr. RegE, BT-Drs. 17/9694), dh zuständig ist der Gerichtsstand der Stadt
Kempten. Hinsichtlich der JGH wird in Wahrung der § 87b Abs. 1 S. 2
KJHG, § 86a Abs. 1 KJHG (vgl. auch § 30 Abs. 3 S. 2 SGB I) Amtshilfe zu
leisten sein (n. Sommerfeld ZJJ 2012, 309).

III. Sachliche Zuständigkeit

1. Sachliche Zuständigkeit des JRichters

3   Die Prüfung geschieht zunächst durch die **JStA vor** Erhebung der **Anklage** im Sinne einer konkreten Betrachtungsweise danach, ob im Einzelfall
die Anwendung sachlichen JStR oder allg. StR zu erwarten ist.

4   **a) Anwendung von Jugend- oder von allgemeinem Strafrecht.** Soweit die Anwendung des **JStR** zu **erwarten** ist, richtet sich die sachliche
Zuständigkeit des JRichters (abw. von § 25 GVG iVm § 24 Abs. 1 Nr. 2

GVG) nach Abs. 1 iVm § 39 Abs. 1 (dagegen ist die Rechtsfolgenkompetenz des JRichters nach § 39 Abs. 2 für die Frage, bei welchem Gericht der Staatsanwalt Anklage erhebt, ohne Bedeutung; ist im Zeitpunkt der Anklageerhebung JStrafe zu erwarten, folgt hieraus regelmäßig die Unzuständigkeit des JRichters; vgl. → § 39 Rn. 5).

Soweit die Anwendung des **allg. StR** zu **erwarten** ist, ist für die sachliche **5** Zuständigkeit des JRichters im Zeitpunkt der Anklageerhebung Abs. 2 iVm § 25 GVG maßgeblich. Hiernach kommt es darauf an, ob es sich bei der Verfehlung um ein Vergehen handelt und ob im Fall des § 25 Nr. 2 GVG diese einer entsprechenden Beurteilung unterliegt. – Zur Zuständigkeit des JRichters für das Strafbefehlsverfahren vgl. näher → § 109 Rn. 63 ff.

Lässt sich vor der Erhebung der Anklage eine hinreichend sichere **Vo-** **6** **raussage** (OLG Düsseldorf BeckRS 2020, 32812) darüber, ob im konkreten Fall JStR oder allg. StR angewendet werden wird, **nicht** treffen, so ist die Zuständigkeit für beide Varianten zu prüfen. Ergibt sich danach die Zuständigkeit verschiedener Gerichte, muss der Rspr. zufolge die Anklage (und anschließend auch die Eröffnung) vor dem höheren Gericht erfolgen, da hierdurch unnötige Verweisungen (infolge der beschränkten Rechtsfolgenkompetenz des unteren Gerichts) vermieden werden (OLG Karlsruhe ZJJ 2018, 163 (165) = BeckRS 2018, 22224; Kaspar in MüKoStPO Rn. 7a). Anklage beim JRichter wird folglich nur dann zu erheben sein, wenn sowohl die Voraussetzungen nach Abs. 1, § 39 Abs. 1 wie auch von Abs. 2, § 25 GVG zu bejahen sind (Bender JGG Rn. 9; Dallinger/Lackner Rn. 5).

b) Prüfung durch das Gericht. Dieses prüft seine sachliche Zuständig- **7** keit in jeder Verfahrenslage **von Amts wegen** (§ 2 Abs. 2, § 6 StPO; zum Verfahren bei Unzuständigkeit vgl. → § 39 Rn. 13 ff.). In der HV ist für die sachliche Zuständigkeit nicht mehr die Rechtsfolgenerwartung gem. Abs. 1, § 39 Abs. 1 S. 1 maßgeblich, vielmehr richtet sie sich – vom Ausnahmefall der Verhandlungsverbindung mit einer Erwachsenensache (Abs. 1, § 39 Abs. 1 S. 2) abgesehen – nach der Rechtsfolgenkompetenz des JRichters.

Bei **Anwendung** von **JStR** gilt Abs. 1, § 39 Abs. 2 (soweit eine JStrafe **8** von über einem Jahr bzw. eine Unterbringung in einem psychiatrischen Krankenhaus in Betracht kommt, ist nach § 2 Abs. 2, § 270 Abs. 1 S. 1 StPO an das JGericht höherer Ordnung zu verweisen, vgl. → § 39 Rn. 17).

Bei **Anwendung** des **allg. StR** ist die Rechtsfolgenkompetenz des JRich- **9** ters in der HV mit derjenigen des JSchöffenG identisch (Abs. 3 S. 1 unter Verweis auf § 24 Abs. 2 GVG). Hiernach darf der JRichter auch bei Anwendung allg. StR gegen Heranwachsende nicht auf eine höhere Strafe als vier Jahre Freiheitsstrafe und nicht auf die Unterbringung in einem psychiatrischen Krankenhaus, allein oder neben einer Strafe, oder in Sicherungsverwahrung (vgl. → § 106 Rn. 10 ff.) erkennen. – Gelangt das Gericht zur Überzeugung, dass ein **JGericht höherer Ordnung** zuständig sei, verfährt es je nach Verfahrensstadium nach § 209 Abs. 2, § 225a Abs. 1 S. 1 bzw. § 270 Abs. 1 StPO jeweils iVm § 2 Abs. 2 (vgl. auch die entspr. anwendbaren Ausführungen bei → § 39 Rn. 14 ff., → § 40 Rn. 9). Was die beweisrechtlichen Voraussetzungen für eine Entscheidung nach **§ 270 Abs. 1 S. 1 StPO** anbetrifft, so wird nach allg. Auffassung davon ausgegangen, hinsichtlich des *Tatvorwurfs* sei (nur) hinreichender Tatverdacht entsprechend § 203 StPO erforderlich, der sich allerdings „genügend verfestigt" bzw. „bestätigt" haben müsse (vgl. nur OLG Frankfurt a. M. NStZ-RR 1997, 311). Betreffend die Voraussetzungen bzgl. des Überschreitens der *Rechtsfolgenkompetenz* vermag die Möglichkeit der Anordnung oder das „in Betracht kommen" einer bestimmten Rechtsfolge die Verweisung nicht zu rechtfertigen (vgl. nur OLG Zweibrücken NStZ-RR 1998, 280 f.), vielmehr müssen die Voraussetzungen „mit genügender Sicherheit" (OLG Düsseldorf NStZ 1986, 427) oder zumindest „mit genügend großer Wahrscheinlichkeit" (Stuckenberg in Löwe/Rosenberg StPO § 270 Rn. 19; Frister in SK-StPO § 270 Rn. 10) erkennbar sein (abw. OLG Köln ZJJ 2011, 204 mablAnm Eisenberg), und daher muss eine **HV** ggf. so lange **fortgeführt** werden, bis ihr Ergebnis das Vorliegen der in Rede stehenden Voraussetzungen „bestätigt", dh die Straferwartung sich „soweit verfestigt" (OLG Zweibrücken NStZ-RR 1998, 280; Hagemeier in Radtke/Hohmann StPO § 270 Rn. 9) hat, dass ein innerhalb der Rechtsfolgenkompetenz liegender Ausspruch nicht mehr zu erwarten ist.

2. Sachliche Zuständigkeit des JSchöffenG

10   Diese richtet sich bei Verfehlungen Heranwachsender zunächst nach der **Rechtsfolgen**erwartung gem. Abs. 1, § 40 (vgl. näher → § 40 Rn. 4 ff.) und in der HV nach der Rechtsfolgenkompetenz – also bei Anwendung des JStR nach Abs. 1, § 40, bei Anwendung des allg. StR nach Abs. 3 S. 1 iVm § 24 Abs. 2 GVG (zum Vorgehen bei unklarer Voraussage über die Anwendung von JStR oder allg. StR → Rn. 6).

11   **a) Anwendung von Jugendstrafrecht.** Solchenfalls gilt wie bei Jugendlichen auch das Übernahmeverfahren nach § 40 Abs. 2–4 (vgl. näher → § 40 Rn. 10 ff.; zum Verfahren bei Unzuständigkeit vgl. → § 40 Rn. 8 f.).

12   **b) Anwendung von allgemeinem Strafrecht.** Hier bestimmt sich die Zuständigkeit grundsätzlich ebenfalls nach Abs. 1, § 40 (iVm §§ 39, 41), mit der Besonderheit, dass das JSchöffenG – wie das SchöffenG der allg. Strafgerichtsbarkeit – wegen der Verfehlung eines Heranwachsenden auf eine vier Jahre übersteigende Freiheitsstrafe und auf die Unterbringung in einem psychiatrischen Krankenhaus, allein oder neben einer Strafe, oder in Sicherungsverwahrung (vgl. näher → § 106 Rn. 10 ff.) nicht erkennen darf (Abs. 3 S. 2 iVm § 24 Abs. 2 GVG; BGH NStZ 2010, 94). – Mit der (durch Gesetz v. 24.7.2004 (BGBl. I 1838)) in Abs. 3 S. 1 ausdrücklich geregelten Anwendbarkeit des § 24 Abs. 2 GVG hat sich die vormalige Streitfrage, ob diese Vorschrift bzgl. der Rechtsfolgenkompetenz des JSchöffenG bei Anwendung allg. StR gem. § 2 Abs. 2 heranzuziehen ist, erledigt.

3. Sachliche Zuständigkeit der JKammer

13   Diese richtet sich bei Verfehlungen Heranwachsender nach Abs. 1, § 41 sowie nach Abs. 3 S. 2.

14   **a) Anwendung von Jugend- oder von allgemeinem Strafrecht.** Bei Anwendung des JStR (zu Zweifelsfällen → Rn. 6) ist die JKammer als erkennendes Gericht des 1. Rechtszuges im selben Umfang wie in Verfahren gegen Jugendliche zuständig (→ § 41 Rn. 7 ff.; zum Verfahren bei sachl. Unzuständigkeit → § 41 Rn. 17).

Bei Anwendung des allg. StR ist die JKammer erstinstanzlich zusätzlich zu **15** den in § 41 geregelten Fällen auch dann zuständig, wenn – uU bereits vor Anklageerhebung (OLG Karlsruhe GA 1975, 27) – eine vier Jahre übersteigende Freiheitsstrafe zu erwarten ist oder wenn eine Verweisung an die JKammer deshalb erfolgt ist, weil unter Anwendung allg. StR auf eine Unterbringung in einem psychiatr Krankenhaus allein oder neben einer Strafe, oder in Sicherungsverwahrung (vgl. zur Verfassungswidrigkeit von § 106 Abs. 3, 5 und 6 → § 106 Rn. 10 ff.) zu erkennen ist, oder wenn ein Fall des § 24 Abs. 1 Nr. 3 GVG vorliegt (s. **Abs. 3 S. 2**); entsprechend wird bei Erwartung dieser Maßregel bereits vor Anklageerhebung nach § 2 Abs. 2, § 74 Abs. 1 S. 2 GVG bei der JKammer anzuklagen sein (OLG Karlsruhe ZJJ 2018, 163 (165) = BeckRS 2018, 22224; zur früheren Rechtslage Dallinger/Lackner Rn. 13).

Gemäß **Abs. 3 S. 3** ist entsprechend den Wertungen, die § 33b Abs. 2 **15a** S. 3 Nr. 2 und § 76 Abs. 2 S. 3 Nr. 2 GVG zugrunde liegen, die Besetzung der *großen JKammer* mit drei Berufsrichtern auch bei Heranwachsenden, die nach allg. Strafrecht zu behandeln sind, *zwingend* zu beschließen (zum Zeitpunkt gilt ggf. § 76 Abs. 4 GVG entspr.), wenn die Unterbringung in einem psychiatrischen Krankenhaus, allein oder neben der Strafe, oder die Unterbringung in Sicherungsverwahrung oder deren Vorbehalt zu erwarten ist.

b) Rechtsmittelgericht. Als solches ist die JKammer auch zur Verhand- **16** lung und Entscheidung über die Urteile des JRichters und des JSchöffenG in Heranwachsendensachen dann zuständig, wenn im ersten Rechtszug allg. StR angewendet worden ist (KG VRS 23 (1962), 301; zum Umfang der sachlichen Zuständigkeit als Rechtsmittelgericht im Übrigen → § 41 Rn. 19, 24 f.).

IV. Örtliche Zuständigkeit

Diese Zuständigkeit des erkennenden Gerichts des ersten Rechtszuges **17** bestimmt sich in Verfahren gegen Heranwachsende nach **Abs. 1**, § 42 (zum Vorgehen bei örtlicher Unzuständigkeit s. → § 42 Rn. 14). Die besonderen Gerichtsstände des JStVR stehen neben denjenigen des allg. StVR (§§ 7 ff. StPO) unabhängig davon zur Verfügung, ob mit der Anwendung des JStR oder des allg. StR zu rechnen ist.

Soweit davon ausgegangen wird, dass der JStA – vorbehaltlich nur einer als **17a** willkürlich beurteilten Bestimmung der Zuständigkeit – unter mehreren Gerichtsständen ein Auswahlermessen zusteht, verneint die Judikatur eine Begründungspflicht für die Auswahl (vgl. OLG Jena OLGSt StPO § 8 Nr. 12; OLG Hamm StRR 2015, 412 bei Fricke = BeckRS 2015, 8301). Genau genommen ist hierbei indes wegen Gefahren der Orientierung an Unterschieden (von Gericht zu Gericht bzw. von Kammer zu Kammer), wie sie zB bei der Rechtsfolgenauswahl und -bemessung vorliegen (vgl. etwa Eisenberg/ Kölbel Kriminologie § 31 Rn. 56, 66 f.) bzw. der Erfüllung der Voraussetzungen des § 37 (vgl. → § 37 Rn. 5 ff.) bestehen, zur Wahrung von Art. 101 Abs. 1 S. 2 GG sowie des Rechtsstaatsprinzips (Art. 3 GG) eine Überprüfung der darzulegenden Sachlichkeit der Gründe und der Fehlerfreiheit der Ermessensausübung geboten (vgl. LG Kaiserslautern 24.5.2006 – 8 Qs 12/ 16; LG Verden StV 2008, 118; AG Eilenburg ZJJ 2020, 402 (403); Schady in

NK-JGG § 42 Rn. 11; vgl. auch → § 42 Rn. 13). Im Einzelnen werden auch dann, wenn die Voraussetzungen nach Abs. 1 iVm § 42 Abs. 1, 2 nicht vorliegen, die Schutzbelange des Heranwachsenden zu würdigen sein (vgl. aber OLG Jena OLGSt StPO § 8 Nr. 12 Rn. 3, 30, wonach davon auch dann abgesehen werden dürfe, wenn die Bestimmung für den einzigen Heranwachsenden, der zusammen mit mehreren Erwachsenen angeklagt ist, nachteilig ist).

1. Gerichtsstände

18   **a) Familiengerichtliche Zuständigkeit.** Dieser Gerichtsstand (Abs. 1 iVm § 42 Abs. 1 Nr. 1, s. § 34 Abs. 2, 3) scheidet in Verfahren gegen Heranwachsende aus, weil familiengerichtliche Maßnahmen gegen die (volljährigen) Heranwachsenden nicht in Betracht kommen (ebenso Goerdeler/Rose in NK-JGG Rn. 6; abw. offenbar AG Eilenburg ZJJ 2020, 402 (403)). Dies ist bereits bei Erhebung der Anklage (§ 42 Abs. 2) zu berücksichtigen (vgl. näher → § 42 Rn. 1 und 5; vgl. speziell OLG Jena OLGSt StPO § 8 Nr. 1; zur früheren Rechtslage Dallinger/Lackner Rn. 16; zu Folgen für die örtliche Zuständigkeit des nach § 84 Abs. 2 zuständigen Vollstreckungsleiters vgl. → § 84 Rn. 6).

18a   **b) Freiwilliger Aufenthalt des Beschuldigten.** Dieser Gerichtsstand (Abs. 1 iVm § 42 Abs. 1 Nr. 2, Abs. 3) ist auch in Verfahren gegen Heranwachsende gegeben, wobei es (auch hier) auf den Ort des tatsächlichen Aufenthalts ankommt (vgl. nur BGH NStZ-RR 2015, 353, in Abgrenzung zu Wohnsitz (§ 8 Abs. 1 StPO) bzw. Meldeanschrift). Dies ist im Allg. auch hinsichtlich der Aufklärungsmöglichkeiten zu den Voraussetzungen des § 105 Abs. 1 Nr. 1 funktional. Abweichungen kommen (nur) zur Vermeidung erheblicher Erschwernisse für das Verfahren in Betracht (vgl. BGH StraFo 2006, 415; OLG Celle BeckRS 2008, 9893), wobei zumindest bei erwachsen gewordenen Angeklagten auch eine Abwägung mit Zweckmäßigkeitsüberlegungen (zB Wohnsitz des Zeugen, (zusätzliche) Kosten) in Einzelfällen als zulässig gilt.

18b   Die RL S. 1 zu § 108 empfiehlt die Anklageerhebung grundsätzlich am Gerichtsstand des freiwilligen Aufenthalts des Heranwachsenden, hält aber eine Anklageerhebung am Gerichtsstand des Tatortes für sachgerecht (RL S. 2 zu § 108), wenn etwa – wie in Verkehrsstrafsachen – eine größere Anzahl von am Tatort wohnenden Zeugen zu vernehmen ist (vgl. aber → § 42 Rn. 11; einschr. bei nur einem Zeugen BGH 4.2.1987 – 2 ARs 18/87 auszugsweise bei Böhm NStZ 1987, 443 – unter Hinweis auf die Möglichkeit kommissarischer Vernehmung).

19   **c) Vollstreckungsleiter.** Dieser Gerichtsstand (Abs. 1 iVm § 42 Abs. 1 Nr. 3) ist nur begründet, wenn die neue Verfehlung vor vollständiger Vollstr (vgl. näher → § 42 Rn. 8) der JStrafe (nicht aber Freiheitsstrafe; allg. Auffassung) und vor Vollendung des 21. Lbj. (vgl. schon Scheunemann RdJB 1956, 296; Dallinger/Lackner Rn. 17; Brunner/Dölling Rn. 5; sodann auch Czerner/Habetha in HK-JGG Rn. 10) zur Anklage kommt (abw. Goerdeler/Rose in NK-JGG Rn. 7; Sonnen in Diemer/Schatz/Sonnen Rn. 9). – Nach BGHSt 18, 1 (3 f.) obliegen die Aufgaben des Vollstreckungsleiters iSv § 42 Abs. 1 Nr. 3 in einem Verfahren gegen einen Heranwachsenden, gegen den eine JStrafe vollstreckt wird und gegen den im neuen Verfahren

eine drei Jahre übersteigende Freiheitsstrafe zu erwarten ist, nicht dem in
§ 85 Abs. 2, 3 bezeichneten JRichter, sondern der ihm örtlich übergeordneten JKammer (Kaspar in MüKoStPO Rn. 13).

2. Aufenthaltswechsel

Verändert der heranwachsende Angeklagte nach Erhebung der Anklage **20**
seinen Aufenthaltsort, so besteht die Möglichkeit einer Abgabe nach Abs. 1
iVm § 42 Abs. 3 (vgl. bejahend (im Hinblick auf die JGH am Aufenthaltsort)
nur BGH BeckRS 2010, 14143, – unter Inkaufnahme der Erschwernis der
Anreise für den Zeugen – sowie BGH BeckRS 2010, 23040, – unter Hinweis auch auf den Säugling der Angeklagten). Vgl. im Übrigen näher → § 42
Rn. 15 ff. (betr. eine ergänzende Auslegung (bzw. Empfehlung einer Neufassung) von RL S. 1 vgl. Bezjak/Sommerfeld ZJJ 2008, 257).

V. Anfechtbarkeit

Von Amts wegen ist die sachliche Zuständigkeit in jeder Lage des Ver- **21**
fahrens zu prüfen (§ 2 Abs. 2, § 6 StPO), die örtliche Zuständigkeit bis zur
Eröffnung des Hauptverfahrens (§ 2 Abs. 2, § 16 S. 1 StPO) – jeweils ggf.
mit der Folge des absoluten Revisionsgrunds nach § 338 Nr. 4 StPO. Hinsichtlich der örtlichen Unzuständigkeit gilt im allg. Strafverfahren allerdings
§ 16 S. 2 und 3 StPO (Rügepräklusion), ohne dass die Frage gleicher
Anwendbarkeit auch im JStrafverfahren (§ 2 Abs. 2) im Einzelnen untersucht wäre (vgl. zu Bedenken → § 42 Rn. 27 entspr.). – Im Übrigen wird
betr. Urteile gegen Heranwachsende, die unter Verletzung der gesetzlichen
Zuständigkeitsbestimmungen ergangen sind, verwiesen auf Erl. zu → §§ 33–
33b Rn. 20 ff., → § 39 Rn. 19, → § 40 Rn. 16, → § 41 Rn. 26; → § 42
Rn. 27 entsprechend.

Verfahren

109 (1) [1]**Von den Vorschriften über das Jugendstrafverfahren
(§§ 43 bis 81a) sind im Verfahren gegen einen Heranwachsenden die §§ 43, 46a, 47a, 50 Absatz 3 und 4, die §§ 51a, 68 Nummer 1, 4 und 5, die §§ 68a, 68b, 70 Absatz 2 und 3, die §§ 70a, 70b
Absatz 1 Satz 1 und Absatz 2, die §§ 70c, 72a bis 73 und 81a entsprechend anzuwenden.** [2]**Die Bestimmungen des § 70a sind nur
insoweit anzuwenden, als sich die Unterrichtung auf Vorschriften
bezieht, die nach dem für die Heranwachsenden geltenden Recht
nicht ausgeschlossen sind.** [3]**Die Jugendgerichtshilfe und in geeigneten Fällen auch die Schule werden von der Einleitung und dem
Ausgang des Verfahrens unterrichtet.** [4]**Sie benachrichtigen den
Staatsanwalt, wenn ihnen bekannt wird, daß gegen den Beschuldigten noch ein anderes Strafverfahren anhängig ist.** [5]**Die Öffentlichkeit
kann ausgeschlossen werden, wenn dies im Interesse des Heranwachsenden geboten ist.**

(2) [1]**Wendet der Richter Jugendstrafrecht an (§ 105), so gelten auch
die §§ 45, 47 Abs. 1 Satz 1 Nr. 1, 2 und 3, Abs. 2, 3, §§ 52, 52a, 54**

Abs. 1, §§ 55 bis 66, 74 und 79 Abs. 1 entsprechend. [2]§ 66 ist auch dann anzuwenden, wenn die einheitliche Festsetzung von Maßnahmen oder Jugendstrafe nach § 105 Abs. 2 unterblieben ist. [3]§ 55 Abs. 1 und 2 ist nicht anzuwenden, wenn die Entscheidung im beschleunigten Verfahren des allgemeinen Verfahrensrechts ergangen ist. [4]§ 74 ist im Rahmen einer Entscheidung über die Auslagen des Antragstellers nach § 472a der Strafprozessordnung nicht anzuwenden.

(3) In einem Verfahren gegen einen Heranwachsenden findet § 407 Abs. 2 Satz 2 der Strafprozeßordnung keine Anwendung.

Schrifttum: Bartels, Das Strafbefehlsverfahren bei Heranwachsenden in Theorie und Praxis, 2007; Lubitz, Das beschleunigte Verfahren der StPO und seine rechtstatsächliche Durchführung in Berlin und Brandenburg, 2010; Putzke, Beschleunigtes Verfahren bei Heranwachsenden, 2004.

Übersicht

I. Anwendungsbereich

1. Geltung von Vorschriften auch bei Nichtanwendung materiellen Jugendstrafrechts

Die in **Abs. 1 S. 1** aufgeführten Vorschriften gelten unabhängig von der **1** Anwendung materiellen Jugendstrafrechts oder allg. Strafrechts in Verfahren gegen Heranwachsende vor den für allg. Strafsachen zuständigen Gerichten entsprechend (§ 112 S. 1 und 2, § 104 Abs. 1 Nr. 2, 3, 10, 12; näher → § 112 Rn. 5); ebenso gelten **Abs. 1 S. 2, 3** sinngemäß (§ 112 S. 1, 2, § 104 Abs. 1 Nr. 11 entspr.). Unabhängig von der Anwendung materiellen JStR kann **Abs. 1 S. 4** auch in Verfahren gegen Heranwachsende vor den für allg. Strafsachen zuständigen Gerichten zur Anwendung kommen (§ 112 S. 1, 2, § 104 Abs. 2; vgl. → § 104 Rn. 22; → § 112 Rn. 8). − Das vereinfachte JVerfahren (§§ 76–78) findet in Verfahren gegen Heranwachsende keine Anwendung.

2. Geltung von Vorschriften bei Anwendung materiellen Jugendstrafrechts

Soweit in Verfahren gegen Heranwachsende vor den für allg. Strafsachen **2** zuständigen Gerichten materielles JStR (§ 105 Abs. 1) zur Anwendung kommt, gelten auch die in **Abs. 2 S. 1** aufgeführten Vorschriften (§ 112 S. 1, 2, § 104 Abs. 1 Nr. 4, 5, 6, 7, 8 (mit der sich aus § 104 Abs. 5

ergebenden Besonderheit), 13, 14), nur eingeschränkt hingegen die §§ 65, 66 (vgl. → § 65 Rn. 2 ff., → § 66 Rn. 2, → § 104 Rn. 25, → § 112 Rn. 6).

II. Sinn und Zweck der Vorschrift

1. Systematik der Geltung verfahrensrechtlicher Vorschriften

3   Die verfahrensrechtliche Stellung der Heranwachsenden zwischen derjenigen der Jugendlichen und der der Erwachsenen ist von dem Grundsatz bestimmt, dass die JGerichte in Verfahren gegen Heranwachsende die Vorschriften des allg. StVR anzuwenden haben, soweit § 109 nicht die Vorschriften des JStVR für entsprechend anwendbar erklärt (Abs. 1 S. 1, Abs. 2) oder selbst eine besondere Regelung trifft (Abs. 1 S. 2–4). Allerdings erfahren einzelne der gem. Abs. 1 nicht anwendbaren Vorschriften des allg. StVR in Verfahren gegen Heranwachsende ggf. eine Berücksichtigung des altersmäßigen Status (vgl. → Rn. 12 ff.).

4   **a) Einheitliche Normenanwendung gem. Abs. 1.** Eine gewisse Zahl von Vorschriften gilt nach Abs. 1 **unabhängig** davon, **ob** im Einzelfall **materielles JStR** zur Anwendung kommt (Abs. 1 S. 1–3; wegen Abs. 1 S. 4 vgl. → Rn. 52 ff.). Es sind dies (neben der Zuständigkeitsnorm in § 47a) zunächst die jugendstrafrechtlichen Sondervorschriften zur „Persönlichkeitserforschung" (§ 43, § 46a, § 50 Abs. 3 und 4, § 70 Abs. 2 und 3, § 73), da für die erforderliche Entscheidung nach § 105 Abs. 1 eine Gesamtwürdigung der Persönlichkeit des Heranwachsenden gewährleistet sein muss. Zudem haben die Einbindung und die Ermittlungen der JGH auch im Falle der Anwendung allg. StR für die Strafzumessung Bedeutung (BGH NStZ-RR 2001, 27). Werden etwa die Voraussetzungen von § 105 Abs. 1 Nr. 1 verneint, ohne dass eine Mitteilung an die JGH nach § 50 Abs. 3 ergangen ist, muss das Urteil auf die Aufklärungsrüge hin ggf. aufgehoben werden (→ § 107 Rn. 15f; n. → § 38 Rn. 85 ff.).

5   Die Vorgaben zur **Vernehmungsdurchführung** (§ 70c) sind bei Heranwachsenden in gleicher Weise wie bei Jugendlichen zu berücksichtigen. Ebenso verhält es sich bei den besonderen jugendstrafrechtlichen Vorschriften zur **notwendigen Verteidigung** (§§ 51a, 68 – 68b) mit Ausnahme der auf Erziehungsberechtigte abstellenden Bestellungsgründe (§ 68 Nr. 2 und 3). Ferner gem. Abs. 1 S. 1 einbezogen sind die den besonderen Unterstützungs- und Schutzbelangen von U-Gefangenen dienenden Vorschriften (§§ 72a, 72b). Speziell betr. die Anordnung von Sicherungsverwahrung (vgl. näher → § 106 Rn. 10 ff.) umfasst Abs. 1 S. 1 auch die Verfahrensvorschrift des § 81a. Die besonderen **Unterrichtungs- und Belehrungsvorschriften** (§§ 70a, 70b), die gem. der systematischen Einordnung als allg. Bestimmungen für das gesamte JGG-Verfahren gelten (vgl. → § 70b Rn. 1), sind gleichermaßen in Verfahren gegen Heranwachsende anzuwenden. Dies gilt jedoch nicht für Informationen zu Rechtspositionen, die nur für Jugendliche und nicht auch Heranwachsende bestehen (Abs. 1 S. 2), und für die Erstreckung der Belehrungspflicht auf die Erziehungsberechtigten (§ 70b Abs. 1 S. 2 und 3), die es jugendstrafrechtlich bei Heranwachsenden nicht gibt.

6   In Abs. 1 S. 2, 3 werden die Mitteilungspflichten gesondert geregelt, da die in Verfahren gegen Jugendliche gem. § 70 ggf. vorgesehene Unterrich-

tungspflicht des FamG und dessen Benachrichtigungspflicht wegen der Volljährigkeit der Heranwachsenden ausscheiden.

b) Geltung nur bei Anwendung von Jugendstrafrecht (Abs. 2). 7
Weitere in Abs. 2 S. 1 abschließend aufgeführte, gem. Abs. 2 S. 2–4 teilweise mit Modifikationen versehene Vorschriften des JStVR gelten **nur**
dann, **wenn** nach § 105 Abs. 1 gegen den Heranwachsenden **materielles**
JStR zur Anwendung kommt. Ist die Bejahung von § 105 Abs. 1 **zweifelhaft,** ist nach dem Günstigkeitsprinzip zu verfahren (ähnlich bzgl. Der Verfahrenseinstellung Kaspar in MüKoStPO Rn. 23). Deshalb setzt die Zulässigkeit des Strafbefehlsverfahrens (§§ 407 ff. StPO) eine verneinende Entscheidung voraus (näher → Rn. 57 ff.). Dass die Frage nach der Geltung
dieser Vorschriften formal erst beantwortet wird, nachdem eine Entscheidung gem. § 105 Abs. 1 getroffen wurde, ist insoweit unschädlich, als die
Vorschriften sämtlich gleichzeitig mit dieser Entscheidung bzw. erst danach
Wirkung zeitigen – allerdings bleibt rechtstatsächlich die Frage offen, inwieweit die (Nicht-)Befürwortung der Anwendung der einen oder anderen
dieser Vorschriften unzulässigerweise bereits die Entscheidung zu § 105
Abs. 1 beeinflusst.

c) Verbindung mehrerer Taten bzw. von Strafsachen gegen Ju- 8
gendliche und gegen Heranwachsende. Handelt es sich um mehrere
Taten, die in **verschiedenen Altersstufen** begangen wurden (zur Zuständigkeit vgl. → § 103 Rn. 13 ff.), so sind grds. für jede selbstständige Tat die
für sie geltenden Verfahrensvorschriften anzuwenden (hM; für Vorrang der
spezielleren des JStV Goerdeler/Rose in NK-JGG Rn. 2; Sonnen in Die-
mer/Schatz/Sonnen Rn. 2; für eine normbezogen-differenzierende Handhabung Kaspar in MüKoStPO Rn. 3 f.), wogegen Belange der Praktikabilität
zurückzustehen haben. Da das **Verfahren** im Fall der Verbindung nur
einheitlich sein kann, scheiden allerdings alle Verfahrensformen aus, die
hinsichtlich wenigstens einer der in dem Verfahren verbundenen Taten
unzulässig wären (vgl. zur Nebenklage → § 80 Rn. 13b). So kann etwa unter
Aufrechterhaltung der Verbindung nicht hinsichtlich der vor Vollendung
des 18. Lbj. begangenen Verfehlungen von dem vereinfachten JVerfahren
und hinsichtlich der im Heranwachsendenalter begangenen Taten gleichzeitig von der Möglichkeit des beschleunigten Verfahrens Gebrauch gemacht
werden. Auch kommt eine entsprechende Anwendung des § 32 in der
Weise, dass die Straftat mit dem größeren Gewicht über die geltenden
Verfahrensvorschriften entscheidet, nicht in Betracht, da das Schwergewicht
erst im Verfahren festgestellt wird, die Verfahrensart aber vorher bestimmt
sein muss. – Vgl. zur Anwendbarkeit der Regelung über die Nichtöffentlichkeit der HV (§ 48) → Rn. 52 sowie → § 48 Rn. 3; vgl. auch Brunner/
Dölling Rn. 14.

Bei Verbindung von Strafsachen gegen **Jugendliche und gegen Heran-** 9
wachsende gelten die Ausführungen zu → Rn. 8 entsprechend (vgl.
→ § 103 Rn. 25), dh es sind bei jedem Betroffenen die für ihn geltenden
Verfahrensvorschriften anzuwenden (vgl. auch schon Dallinger/Lackner
Rn. 46). Lässt sich dies jedoch – wie bei der Nebenklage (vgl. näher → § 80
Rn. 13, 13a, zu Ausnahmen → Rn. 16–20a) – nicht wahren, so gelten
einheitlich die Regelungen betr. Jugendliche, weil deren Schutzbelange vorrangig sind (Sonnen in Diemer/Schatz/Sonnen Rn. 2, 3; Eisenberg NStZ
2003, 132; aA BGHSt 48, 34 Rn. 20; Brunner/Dölling Rn. 6; Verrel/Linke

in HK-JGG Rn. 3; Kaspar in MüKoStPO Rn. 4). Zu den Sonderregelungen über die Öffentlichkeit der Verhandlung im Fall der Verbindung (Abs. 1 S. 4 bzw. § 48 Abs. 3 S. 2) vgl. → Rn. 52 ff. sowie → § 48 Rn. 15 ff.

2. Reformerwägungen

10   Kriminalpolitisch wurde und wird vielfach die Aufnahme weiterer Verfahrensvorschriften in § 109 vorgeschlagen (zu §§ 76–78 in Abs. 2 S. 1 UK III DVJJ-Journal 1992, 26 (mit Hinweis auch auf beträchtliche Teile der Straßenverkehrsdelinquenz), DVJJ 1993, AK IV/3 sowie Gesetzentwurf v. 14.5.2004 (BR-Drs. 238/04), wofür Aspekte der Verfahrensökonomie (§ 78 Abs. 2, 3 S. 1), nicht jedoch rechtsstaatliche Prinzipien des JStVR sprechen). Dies gilt insb. betr. §§ 71, 72 in Abs. 2 S. 1 (vgl. AK IV und VII des 18. DJGT, Thesen (DVJJ 1981, 236 ff., 350 ff.) sowie DVJJ 1996, AK II/5; UK III bzw. IV DVJJ-Journal 1992, 25 bzw. 39; zu einem Modell in OLG Hamburg ZfStrVo 1991, 240; vgl. ergänzend bereits Peters ZStW 1937, 521; de Wyl RdJB 1958, 361 (363); Becker JR 1955, 47; vgl. zum Ganzen auch RL (EU) 2016/800 Erwägungsgründe 11 und 12, dazu → Einl. Rn. 32). Allerdings wäre – nicht zuletzt im Hinblick auf § 71 – eine ausschließlich erzieherische Einflussnahme bei Heranwachsenden zumal vor einer rechtskräftigen Verurteilung, die erst die Unschuldsvermutung (Art. 6 Abs. 2 EMRK) widerlegen könnte, rechtlich nicht ganz unbedenklich (vgl. → § 71 Rn. 2, → § 72 Rn. 2). – Verschiedentlich wird der Ausschluss des Strafbefehlsverfahrens empfohlen (vgl. Weßlau in SK-StPO StPO Vor §§ 407 ff. Rn. 26; näher zu Alternativen Bartels, Das Strafbefehlsverfahren bei Heranwachsenden in Theorie und Praxis, 2007, 201 ff.).

3. Häufigkeiten

11   Statistisch betrachtet kommen in der Praxis vor den JGerichten häufiger Verfahrensvorschriften des allg. StVR als solche des JGG zur Anwendung, soweit der Umstand zugrundegelegt ist, dass Heranwachsende zahlenmäßig häufiger als Jugendliche vor den JGerichten abgeurteilt werden. So wurden zB in den Jahren 2007, 2010, 2013 und 2019 (im Bundesgebiet insgesamt) 121.385, 110.607, 89.096 und 71.562 Heranwachsende abgeurteilt und 91.411, 80.091, 64.049 und 49.756 Heranwachsende verurteilt, während 102.505, 90.859, 66.303 und 51.056 Jugendliche abgeurteilt und 63.826, 55.388, 39.518 und 28.299 Jugendliche verurteilt wurden (StrafSt Tabelle 2.1 (zu früheren Jahren vgl. Vorauflagen)). Die – unter erheblichen Einschränkungen der Aussagefähigkeit stehende (und in der amtlichen Statistik nur kursiv gesetzte) – Verurteiltenziffer betrug für Deutsche in den Jahren 2007, 2010, 2013, 2017 und 2019 bei Heranwachsenden 2.924, 2.618, 2.280, 1.570 und 1.521, hingegen bei Jugendlichen 1.614, 1.557, 1.095, 774 und 801 (StrafSt Tabelle 1.2; vgl. näher zum Ganzen Eisenberg/Kölbel Kriminologie § 48 Rn. 12 nebst Tabelle; ferner → § 15 Rn. 27 f.).

III. Erläuterungen zu Abs. 1

1. Nicht anwendbare Vorschriften

Wenngleich in Verfahren gegen Heranwachsende – unabhängig von der **12** Entscheidung gem. § 105 Abs. 1 – mehrere Vorschriften des JStV **nicht** entsprechend **anzuwenden sind** (§§ 44, 46, 50 Abs. 1 und 2, 51, 53, 67, 69, 71, 72, 76–78, 80), so ist wegen der **praktischen Auswirkungen** gleichwohl gem. dem Auftrag des § 2 Abs. 1 bzw. aus Gründen prozessualer Fürsorge eine gewisse Berücksichtigung angezeigt.

a) § 44. Unbeschadet der Nichtanwendbarkeit dieser Vorschrift wird sich **13** nach den allg. Vorschriften eine entsprechende Vernehmung in Verfahren gegen Heranwachsende ggf. dann empfehlen, wenn mit der Anwendung materiellen JStR zu rechnen ist (vgl. RL Nr. 1 S. 2 Hs. 2 zu § 44; ebenso Dallinger/Lackner § 44 Rn. 13).

b) § 46. Ferner wird auch in Verfahren gegen Heranwachsende derjenige **14** Rechtsgedanke, wie er der Vorschrift des § 46 zugrunde liegt, nämlich nach dem **Entwicklungsstand** zu befürchtende **negative** Wirkungen zu **vermeiden,** regelmäßig zu berücksichtigen sein (vgl. RL 2 zu § 46; vgl. → § 46 Rn. 1). – Wird die Anwendung materiellen JStR erwartet, so ist iRd Anklagesatzes (§ 2 Abs. 2, § 200 Abs. 1 S. 1 StPO) § 105 Abs. 1 anzuführen, während die nähere Begründung in die Darstellung des wesentlichen Ermittlungsergebnisses aufzunehmen ist (allgA; vgl. → § 46 Rn. 6).

c) § 50. Desgleichen wird nach dem pflichtgemäßen richterlichen Ermes- **15** sen bei Anwendung der allg. Verfahrensvorschriften dem Grundgedanken der Vorschrift des § 50 **Abs. 1** Rechnung zu tragen sein (Dallinger/Lackner Rn. 24; zu „äußerst restriktiver Anwendung" speziell der § 329 Abs. 2 StPO vgl. Begr. BT-Drs. 18/3562, 74). Insbesondere wird eine Prüfung nach § 105 Abs. 1 ohne die Anwesenheit des Heranwachsenden nur in Ausnahmefällen vertretbar sein (OLG Hamburg NJW 1963, 67; vgl. → § 50 Rn. 1).

Betreffend die Nichtanwendbarkeit der **§§ 50 Abs. 2, 67** ist (auch hier) **15a** zu beachten, dass – wegen der ausschließlichen Maßgeblichkeit des Alters zur Tatzeit (§ 1 Abs. 2) – zur HV gegen einen inzwischen Heranwachsenden, der die Verfehlung als Jugendlicher begangen hat, die Eltern als bisherige Erziehungsberechtigte bzw. der bisherige gesetzliche Vertreter entsprechend § 50 Abs. 2 geladen werden sollten (ebenso schon Röstel Zbl 1975, 326 (327); Brunner/Dölling Rn. 2a), falls der Beschuldigte und die genannten bisher Berechtigten damit einverstanden ist. Dabei wird die Soll-Vorschrift wegen der Volljährigkeit des Angeklagten als eine (zudem nur restriktiv zu handhabende) Kann-Vorschrift anzuwenden sein (zust. Kaspar in MüKoStPO Rn. 28).

d) § 51. Die Nichtanwendbarkeit dieser Norm auf Heranwachsende wird **16** aus jugendpsychiatrischer Sicht teilweise bedauert (vgl. etwa schon Klosinski ZfKiJPsychiatrie 1983, 349).

e) § 69. Was den Ausschluss eines Beistandes gem. § 69 angeht, so soll mit **17** Eintritt der Volljährigkeit eine bereits zuvor erfolgte Bestellung zum Beistand beendet sein und deshalb, sofern abzusehen ist, dass der Jugendliche im

Laufe des Verfahrens volljährig wird, ihm kein Beistand mehr bestellt werden dürfen (OLG Stuttgart Justiz 1976, 267). Dagegen ist die Bestellung eines Beistandes nach § 2 Abs. 2, § 149 StPO stets möglich. – Verschiedentlich wurde empfohlen (vgl. Denkschrift 1977, 71), eine § 149 StPO entsprechende Vorschrift aufzunehmen, die die Zulassung der Eltern als Beistände erfasst (nach geltendem Recht ist lediglich die Zulassung der Anwesenheit der Eltern in Verfahren gegen Heranwachsende iRv § 48 Abs. 2 S. 3 gestattet; näher schon Brunner Zbl 1977, 366 (367); Röstel Zbl 1975, 326 (328))).

18   **f) § 72.** Wenngleich diese Vorschrift nicht unmittelbar gilt (vgl. aber zu kriminalpolitischen Erwägungen → Rn. 6), werden zumindest bei jüngeren Heranwachsenden hinsichtlich der **Subsumtion** unter einen in Betracht kommenden Straftatbestand die bei Anwendung materiellen JStR geltenden Auslegungsgrundsätze (vgl. → § 2 Rn. 28 ff.) nicht von vornherein ausscheiden und es wird sich eine tendenziell extensive Auslegung verbieten (vgl. betr. 18 1/2-Jährigen LG Hamburg, hier zitiert nach OLG Hamburg NStZ 2017, 544 (dieses mit abw. Auffassung)). Auch bei der **Prognose** zu Haftgründen (§ 2 Abs. 2, § 112 Abs. 2 Nr. 2, Nr. 3 StPO) bzw. zu einer Rechtsfolgenentscheidung werden die bei Jugendlichen zu berücksichtigenden Kriterien (vgl. → Rn. 6 ff. sowie → § 17 Rn. 20 ff., → § 17 Rn. 45 ff. bzw. → § 18 Rn. 14 ff.) zumindest nicht von vornherein ausscheiden (anders OLG Hamburg NStZ 2017, 544 mit eher gouvernementaler Argumentation).

19   Ohnehin anerkannt ist, dass ein besonderes **Beschleunigungsgebot** besteht (vgl. BVerfG, 3. K. des 2. S., StraFo 2013, 160 (betr. nicht vorbestraften und erstmals inhaftierten 19-Jährigen); nicht erörtert trotz U-Haftdauer von 4 ½ Monaten aufgrund § 2 Abs. 2, § 112 Abs. 3 StPO, § 129a StGB in BGH BeckRS 2011, 23246 Rn. 41 ff. (allerdings allg. begrenzend) sowie trotz einer Dauer von bereits sechs Monaten aufgrund § 2 Abs. 2, § 112 Abs. 2 Nr. 2 StPO, §§ 129a Abs. 1 Nr. 1, 129b Abs. 1 S. 1, 2 StGB in BGH 17.4.2013 – AK 7/13 und auch nicht in BGH BeckRS 2015, 21040 – allerdings Außervollzugsetzung nach zwei Monaten – und nicht in BGH BeckRS 2016, 19193 sowie BeckRS 2016, 19501 und BeckRS 2017, 102669 – betr. zur Tatzeit 18-Jährigen – sowie BeckRS 2017, 122780; zu § 2 Abs. 2, §§ 112 Abs. 3, 121 Abs. 1 StPO BGH BeckRS 2014, 14298 Rn. 25–27; systematisch verfehlt, weil im Sinne allg. StR restriktiv, OLG Stuttgart StV 2014, 752 ff. (mAnm Herrmann): nach bereits „knapp 6 Monaten" im U-Haftvollzug 1 HV-Termin pro Woche (geplant 10 Wochen)), zumal schädliche Auswirkungen für die weitere Entwicklung oftmals zu verzeichnen sind (vgl. auch Heyding (bei Kowalzyck DVJJ-Journal 2003, 52)). – Auch nach erstinstanzlichem Urteil sind vom Betroffenen angebotene Beweise gem. dem Anspruch auf rechtliches Gehör (Art. 103 Abs. 1 GG) zu erheben (OLG Hamm StV 2002, 209 (211)).

20   Im Falle einer Unterbringung außerhalb von U-VollzEinrichtungen hängt die **Anrechenbarkeit** gem. **§ 121 Abs. 1 StPO** in Würdigung der Unschuldsvermutung (und unter Berücksichtigung auch der Kriterien der Anrechnung gem. §§ 52, 52a bzw. § 51 StGB) weder davon ab, ob oder inwieweit Außenkontakte ermöglicht werden, noch davon, ob der U-Vollzug förmlich ausgesetzt wurde (§ 116 StPO; vgl. zum allg. StVR etwa KG NStZ 1997, 148 (unterbrochen); nicht verneint auch von OLG Dresden NStZ-RR 2002, 60 („öffentliches psychiatrisches Krankenhaus"); aA Mey-

er–Goßner/Schmitt StPO § 121 Rn. 5; Wankel in KMR StPO § 121 Rn. 3), zumal auf dem Hintergrund eines effektiven Grundrechtsschutzes die formale Gestaltung der Entscheidung nicht als vorrangig beurteilt werden muss. Maßgebend ist vielmehr, ob die Freiheitsentziehung (jugend-)strafgerichtlich – und also in Abhängigkeit von dem konkreten (J-)Strafverfahren stehend – an Stelle und **in der Funktion** von **U–Haft** angeordnet (Vorliegen von Haftgründen) und vollzogen wird (vgl. auch Paeffgen in SK-StPO StPO § 121 Rn. 5; Gärtner in Löwe/Rosenberg StPO § 121 Rn. 29) – zumindest dann, wenn eine U-Vollstr im engeren Sinne sich anschließt (aA OLG Köln ZJJ 2011, 204 (mablAnm Eisenberg), obwohl der vorausgegangene Beschluss des AG Aachen 5.10.2010 – 407 Js 440/10–164/10 auf „Haftgründe und nicht … Gründe des § 71 Abs. 1" bezogen war).

Ob die Anordnung von U-Haft allein auf § 2 Abs. 2, § 112a Abs. 1 Nr. 1 **21** StPO gestützt werden darf, ist sowohl wegen der Zukunftsorientierung auch bei Heranwachsenden als auch wegen der iRd Reifeentwicklung erhöhten prognostischen Schwierigkeiten zw. (vgl. aber OLG Schleswig SchlHA 2001, 135). – Zu Bedenken betr. Haftgrund wie Verhältnismäßigkeit BVerfG NJW 2005, 3131 = NStZ 2005, 699.

Eine Wiederholungsgefahr iSv § 2 Abs. 2, § 112a Abs. 1 Nr. 2 StPO wird **21a** bei einem Heranwachsenden, auf den nunmehr allg. StR angewandt wird, mit Bezug auf frühere Taten dann zu verneinen sein, wenn in den diese betr. Verfahren keinmal auf JStrafe erkannt wurde (OLG Oldenburg ZJJ 2012, 320).

IV. Bei Anwendung materiellen Jugendstrafrechts anzuwendende Vorschriften (Abs. 2)

Unter Bejahung der Voraussetzungen des § 105 Abs. 1 gelten in Heran- **22** wachsenden-Strafsachen (zusätzlich) die in Abs. 2 angeführten Vorschriften des JStVR. Jedoch ergeben sich teilweise Modifikationen, und zwar sowohl betr. die in Abs. 2 S. 2–4 genannten Bestimmungen als auch bezüglich anderer Vorschriften.

1. Vermeidung eines förmlichen Verfahrens

Mit der Einfügung der Regelungen über die Vermeidung eines förmli- **23** chen Verfahrens (§§ 45, 47) in Abs. 2 S. 1 sollte der Vorrang des **Erziehungsauftrags (§ 2 Abs. 1)** im JStR auch ggü. Heranwachsenden gewährleistet werden (BT-Drs. 7/550, 333). Denn „auch bei dem geständigen Heranwachsenden muss gelten, dass das förmliche Strafverfahren nicht weitergeführt zu werden braucht, wenn andere Maßnahmen ausreichen und dadurch der Erziehung und Resozialisierung am besten gedient ist" (BT-Drs. 7/550, 333).

a) § 45. Daher ist das Absehen von der Verfolgung nach dieser Vorschrift **24** (zu Verfahrenseinstellungen nach allg. StVR vgl. → § 45 Rn. 7 ff.) ggü. Heranwachsenden – entgegen wörtlicher Auslegung des Abs. 2 S. 1 („der Richter") – nicht nur iRd § 45 Abs. 3, sondern grundsätzlich in demselben Umfang zulässig wie ggü. Jugendlichen (ebenso Brunner/Dölling Rn. 5 sowie RL 5; aA Böhm/Feuerhelm JugendStrafR 47). Allerdings kommt

wegen der Volljährigkeit der Heranwachsenden bei der Wahl der anzure-
genden bzw. auszusprechenden Maßnahmen einer Einflussnahme iSv
„Nach-Sozialisation" bzw. Hilfe und Unterstützung im Verhältnis zu erzie-
herischen Gesichtspunkten im engeren Sinne der Vorrang zu. Davon abge-
sehen wendet der JStA das formlose Verfahren in gleicher Weise wie bei
Jugendlichen an (gegen eine restriktivere Handhabung auch Kaspar in Mü-
KoStPO Rn. 24). Er wird es also dann anregen, wenn die jeweiligen
Voraussetzungen von § 45 Abs. 1 oder 2 gegeben sind und aufgrund des
Ergebnisses der Ermittlungen (§ 43) nach seiner Auffassung materielles JStR
anzuwenden ist (vgl. RL 5). Insbesondere bei Bejahung von § 105 Abs. 1
Nr. 2 geht das formlose Verfahren dann dem Strafbefehlsverfahren vor (vgl.
auch → Rn. 17 ff.).

25   **b) § 47.** Diese Regelung über die Einstellung des Verfahrens durch den
JRichter nach Einreichung der Anklage gilt mit der Einschränkung, dass
Abs. 1 Nr. 4 der Regelung als nur Jugendliche betreffend in Verfahren
gegen einen Heranwachsenden nicht in Betracht kommt. – Ebensowenig gilt
§ 47 Abs. 2 S. 4. Dies ergibt sich zwar nicht ausdrücklich, wohl aber im
Wege der Auslegung aus Abs. 2 S. 1, da der Ausschluss des § 54 Abs. 2 zeigt,
dass es zu befürchtende Nachteile für die Erziehung des (volljährigen) Heranwachsenden nicht rechtfertigen können, von der Mitteilung der Entscheidungsgründe an ihn abzusehen (vgl. → § 47 Rn. 20).

2. Berücksichtigung oder Anrechnung von U-Haft

26   Stets gelten die JA und JStrafe betreffenden Vorschriften (§§ 52, 52a; vgl.
auch RL 2 zu § 52). Soweit die Begründung, aus erzieherischen Gründen
(§ 52a S. 2, 3) von einer Anrechnung abzusehen, schon bei Jugendlichen
eher Bedenken begegnet (vgl. → § 52a Rn. 11), sollte von diesem Versagungsgrund, der Bedürfnis und Möglichkeit einer „Nach-Sozialisation"
voraussetzt, bei Heranwachsenden nur äußerst restriktiv Gebrauch gemacht
werden. Dem entspricht es, dass der in Rede stehende Grund ausscheidet,
wenn bei einem Heranwachsenden nach erfolgter Prüfung der Voraussetzungen des § 105 Abs. 1 nur in Orientierung am Grundsatz „in dubio pro
reo" materielles JStR angewendet worden ist (vgl. → § 105 Rn. 47 f.), weil
andernfalls eine Schlechterstellung ggü. der Verfahrenslage des Heranwachsenden (bei Anwendung allg. StR) bestünde (LG Münster NJW 1979, 938).

3. Inhalt der Urteilsgründe

27   Die Vorschrift über den Inhalt (nicht dagegen über die Mitteilung, vgl.
Abs. 2 S. 1 und § 54 Abs. 2) der Urteilsgründe (§ 54 Abs. 1) gilt ebenfalls,
jedoch mit der Einschränkung, dass die Überlassung von Auswahl und
Anordnung von Maßnahmen an das FamG ggü. den volljährigen Heranwachsenden nicht in Betracht kommt und demgemäß auch keine Aufnahme
in die Urteilsgründe findet (wegen des Aufbaus der schriftlichen Urteilsbegründung und der Anforderungen im Einzelnen vgl. Erl. zu § 54, → § 54
Rn. 22 ff.).

4. Teilvollstreckung

Die Regelung über die Teilvollstr einer **Einheitsstrafe** (§ 56) gilt eben- **28** falls bei Anwendung materiellen JStR ggü. Heranwachsenden (vgl. auch RL 2 zu § 56). Zur zurückhaltenden Anwendung der Vorschrift vgl. → § 56 Rn. 4.

5. Aussetzung zur Bewährung

Ferner gelten die ergänzenden Verfahrensvorschriften zu den materiell- **29** rechtlichen Regelungen über die Aussetzung der **Vollstr** der **JStrafe** zBew (§§ 21–26a) und die Aussetzung der **Verhängung** der JStrafe zBew (§§ 27– 30) in §§ 57–60 (ausdrücklich OLG Hamm ZJJ 2017, 76 f.) sowie §§ 62– 64). – Im Einzelnen besteht die zwingende Verpflichtung, Gelegenheit zu einer mündlichen Anhörung zu geben (§ 58 Abs. 1 S. 3), unabhängig davon, ob der Verurteilte inzwischen Erwachsener ist (vgl. OLG Hamm NStZ 2017, 543). Die Erwägung, für Fälle nach § 26 Abs. 1 S. 1 Nr. 1 eine ausnahmsweise Aufweichung wegen fortgeschrittenen Alters unter Hinweis auf Sinn und Zweck dieser entsprechend anzuwendenden Vorschrift (vgl. KG 11.10.2012 – 4 Ws 110/12, obiter dictum: ab 24. Lbj.) in Betracht zu ziehen, wird schon deshalb nicht zuträglich sein, weil es bei der Entschei- dung weiterhin wesentlich um Entstehungszusammenhänge auch der vor- maligen Tat geht.

6. Anwendbarkeit der §§ 56, 66

Ebenfalls haben Geltung die Vorschriften über die **nachträglichen Ent-** **30** **scheidungen** über Weisungen und Auflagen sowie über die **Ergänzung rechtskräftiger** Entscheidungen bei mehrfacher Verurteilung (§§ 65, 66). Hierbei ist nach **Abs. 2 S. 2** der Anwendungsbereich von § 66 insofern erweitert, als die einheitliche Festsetzung von Maßnahmen oder JStrafe auch dann noch mit bereits rechtskräftig vorliegenden Verurteilungen nach allg. StR vorzunehmen ist, wenn dies bei der Anwendung von materiellem JStR – entgegen § 105 Abs. 2 – versäumt wurde (vgl. → § 105 Rn. 62).

7. Kosten; Auslagen der Nebenklage

a) Vermeidung geldstrafenähnlicher Belastung. Bei Anwendung **31** sachlichen JStR kann auch im Verfahren gegen Heranwachsende davon abgesehen werden, dem heranwachsenden Angeklagten Kosten und Aus- lagen aufzuerlegen (§ 74). Dies wird sich besonders empfehlen, wenn zu besorgen ist, dass andernfalls eine Belastung eintritt, die in der Wirkung derjenigen der Geldstrafe nahe kommt, welche bei Anwendung materiellen JStR unzulässig ist (näher → § 74 Rn. 8, 8a; ausdrücklich BGH StV 2017, 717: „einem sozial eingegliedertem Leben entgegenstehen"; LG Bonn 27.6.2012 – 22 KLs 664 Js 151/11 16/12 Rn. 177 (juris), BeckRS 2014, 13023: „von den Kosten des Verfahrens zu entlasten und ihm so auch in finanzieller Hinsicht nach seiner Haftentlassung die Chance einer gesell- schaftlichen Eingliederung zu geben"; ohne Begr. auferlegend aber BGH BeckRS 2011, 23618; ohne geeignete Begr. (*vor* der Inhaftierung Einkünfte aus einem Ausbildungsverhältnis, Verurteilung zu JStrafe von drei Jahren) – entgegen GBA – BGH BeckRS 2016, 5080; ähnlich OLG Hamm NStZ

2014, 412 (bloßer (und unbezifferter) Hinweis auf Ausbildungseinkommen);
mit teilweise unstimmiger Begr. LG Berlin 20.8.2012 – 234 Js 4850/11 KLs:
von der Möglichkeit des Absehens „aus erzieherischen Gründen keinen
Gebrauch gemacht" (S. 27, wogegen das Urteil zur Bemessung der JStrafe
bei einem der Verurteilten mit keinem Wort erzieherische Belange erwähnt,
vgl. → § 18 Rn. 16 ff.); mit floskelhafter, die tatsächlichen Feststellungen
(→ Rn. 24, 29) übergehender Begründung OLG Hamburg 25.2.2013 – 2
Ws 19/13, BeckRS 2013, 6271).

32   **b) Auslagen der Nebenklage.** Die Möglichkeit des Absehens von der
      Auferlegung (§ 74) bezieht sich auch auf Auslagen der Nebenklage bzw.
      eines (ziffernmäßig oder prozentual) bestimmten Teiles derselben, ohne dass
      ansonsten die bzgl. des Verurteilten von der herrschenden Judikatur ver-
      tretene Ablehnung der Freistellung von *notwendigen* Auslagen (vgl. → § 74
      Rn. 15) eingehalten würde (vgl. zu § 473 Abs. 4 StPO bzw. § 472a Abs. 2
      StPO BGH BeckRS 2016, 6313; zu § 472 Abs. 1 StPO etwa OLG Düssel-
      dorf NStZ-RR 2011, 295). Richtigerweise ist von der in § 74 vorgesehenen
      Möglichkeit bzgl. der Nebenklagekosten nur dann kein Gebrauch zu ma-
      chen, wenn dies ausnahmsweise einmal konkret erzieherisch angezeigt ist (n.
      → § 74 Rn. 16 f.). Bei Heranwachsenden liegt die Schwelle hierfür nur dann
      niedriger als bei Jugendlichen, wenn ein relevantes Einkommen erzielt wird
      (nicht berücksichtigt bei LG Hamburg BeckRS 2021, 31361).

33/34   Wird von der Auferlegung abgesehen, so können die Auslagen des Ne-
      benklägers per Beschluss der Staatskasse auferlegt werden (→ § 74 Rn. 16b).

35   Umstritten ist, ob die sofortige **Beschwerde** der **Nebenklage** gegen die
      Kostenentscheidung auch dann zulässig ist, wenn eine Urteilsanfechtung für
      die Nebenklage gem. § 400 Abs. 1 StPO ausscheidet (vgl. zum allg. StVR
      Nachw. bei Meyer-Goßner/Schmitt StPO § 464 Rn. 17a).

36   **c) § 472a StPO.** Bei einer Entscheidung nach dieser Vorschrift ist § 74
      nicht anwendbar (Abs. 2 S. 4 (eingeführt durch 2. JuMoG v. 30.12.2006,
      BGBl. I 3416); vgl. auch → Rn. 12). Dies bedeutet aber nicht, dass die
      Kosten des Adhäsionsverfahrens zwangsläufig vom Heranwachsenden zu
      tragen sind (so aber Noak in BeckOK JGG § 81 Rn. 4 mwN). Vielmehr
      muss das Gericht bei einer Entscheidung gem. § 472a **Abs. 2** StPO den
      Schutzbelangen iSv § 74 und § 2 Abs. 1 nachdrücklich Rechnung tragen
      (vgl. auch Diemer in Diemer/Schatz/Sonnen § 81 Rn. 4; vgl. auch zu
      § 472a Abs. 2 S. 2 Sonnen in Diemer/Schatz/Sonnen Rn. 20). – Hinsicht-
      lich der **sonstigen Kosten** des Adhäsionsverfahrens bleibt es ohnehin bei
      der Geltung des § 74.

8. Rechtsmittelbeschränkung

37   Die einschlägigen Regelungen (§ 55 Abs. 1, 2) gelten ebenfalls, es sei
      denn, es handelte sich um ein beschleunigtes Verfahren (Abs. 2 S. 3,
      §§ 417 ff. StPO). Im Übrigen bezieht sich der Ausschluss der Anfechtbarkeit
      bei Überlassung der Auswahl und Anordnung von Erziehungsmaßregeln an
      das FamG in § 55 Abs. 1 S. 1 nicht auf ein Rechtsmittel, mit welchem
      geltend gemacht wird, die Entscheidung sei gesetzwidrig ergangen; denn
      insoweit ist nicht der Rechtsfolgenausspruch angegriffen, sondern die Un-
      zuständigkeit des FamG in Verfahren gegen volljährige Heranwachsende.

**a) Anfechtungsziel der Anwendung materiell allgemeinen Straf- 38
rechts.** Ist nach § 105 Abs. 1 materielles JStR angewendet und sind eine
oder mehrere der in § 55 Abs. 1 S. 1 aufgeführten Rechtsfolgen ausgesprochen worden, so hindert die Rechtsmittelbeschränkung des § 55 Abs. 1
nicht die Anfechtung mit dem Ziel, dass allg. StR angewendet werde
(ebenso Dallinger/Lackner Rn. 13). Zu Folgerungen der Einordnung einer
Entscheidung über die Anwendung des materiellen Rechts als eines Teils des
Rechtsfolgenausspruchs vgl. näher → § 105 Rn. 68.

**b) Abweichende Entscheidungen zur Anwendung materiellen Ju- 39
gend- oder allgemeinen Strafrechts.** Soweit die Rechtsmittelbeschränkung nach § 55 Abs. 2 davon abhängig ist, dass materielles JStR zur Anwendung gekommen ist, richtet sich die Zulässigkeit einer Revision für den Fall,
dass für das anzuwendende Recht im 1. Rechtszug und im Berufungsrechts-
zug abw. Entscheidungen ergangen sind, danach, **welches** materielle **Recht**
dem Berufungsurteil **zugrundelag.** Denn nur hiergegen – nicht aber gegen
die erstinstanzliche Entscheidung – kann sich die Revision richten.

Hat das erstinstanzliche Gericht materielles JStR, das **Berufungsgericht** 40
aber **allg. StR** angewendet, so ist die Revision ohne die in § 55 Abs. 2
geregelten Einschränkungen zulässig (ebenso Dallinger/Lackner Rn. 13; vgl.
auch schon OLG Neustadt MDR 1956, 504).

Hat das erstinstanzliche Gericht allg. StR, das **Berufungsgericht** aber 41
materielles JStR angewendet, so gilt für die Frage der Zulässigkeit einer
Revision nach hM die Beschränkung in § 55 Abs. 2 (vgl. OLG Düsseldorf
MDR 1986, 257; OLG Zweibrücken 6.11.1990 – 1 Ss 242/90 bei Böhm
NStZ 1991, 523; OLG Karlsruhe StV 2001, 173 mablAnm Kutschera; OLG
Bamberg NStZ 2012, 166; OLG Koblenz StV 2020, 685 (Ls.) = BeckRS
2017, 146238 mkritAnm Dehne-Niemann StV 2020, 686; Dallinger/Lack-
ner Rn. 13; Brunner/Dölling Rn. 18; Potrykus Anm. 6). Zweifelhaft ist, ob
diese Auffassung mit dem (auch dem JGG) übergeordneten strafverfahrensrechtlichen Prinzip vereinbar ist, dass ein Gericht seine materiell-rechtliche
Entscheidung nicht selbst unanfechtbar machen darf (ähnlich Grethlein JGG
§ 55 Anm. 3b). Dies gilt zumal zB Anhaltspunkte dafür vorliegen, dass
Berufungsgerichte mitunter die Einlegung eines Rechtsmittels sozusagen
verdeckt sanktionieren könnten (vgl. auch → § 74 Rn. 24), wozu verbaliter
zB ein Eindruck in der HV von einer uneinsichtigen Persönlichkeit oder
dergleichen bemüht werden könnte – etwa wenn es die nach allg. StR
(hinsichtlich verhängter Freiheitsstrafe) getroffene Versagung der Aussetzung
der Vollstr zBew trotz für die JStrafe geltender anderer Vorgaben (s. § 21
Abs. 2) aufrecht erhält (zum Ganzen n. und iErg zust. Beulke FS Eisenberg
II, 2019, 194 ff.; s. auch Beulke/Swoboda JugendStrafR Rn. 810). – Nach
hM soll die Beschränkung auch dann gelten, wenn die Berufungs-HV nach
§ 2 Abs. 2, § 231 Abs. 2 StPO in Abwesenheit des Angeklagten zu Ende
geführt wurde (BayObLG NStE Nr. 1 zu § 109 JGG; zw.).

Zur Nichtanwendbarkeit materiellen JStR, wenn die JStA mit ihrer ent- 42
sprechend beschränkten Berufung nur das Ziel verfolgt, die Aufhebung einer
dem Heranwachsenden nach allg. StR bewilligten Aussetzung der Vollstr
der Freiheitsstrafe zBew zu erreichen, vgl. OLG Frankfurt a. M. NJW 1956,
233 f. mzustAnm Schnitzerling.

Die Rechtsmittelbeschränkung nach § 55 Abs. 2 gilt jedoch nur dann, 43
wenn gegen den Heranwachsenden im konkreten Fall tatsächlich materielles

JStR angewendet worden ist (OLG Saarbrücken BeckRS 2016, 4548). Lässt sich dies nicht feststellen oder ist die Prüfung nach § 105 Abs. 1 unterblieben, weil nach der Verfahrenslage bereits ein Freispruch erging (OLG Frankfurt a. M. NStZ-RR 2003, 327) oder aus anderen Gründen ein Schuldspruch (etwa im Hinblick auf § 20 StGB) nicht ergehen konnte, so scheidet eine entsprechende Anwendung von § 55 Abs. 2 aus (OLG Düsseldorf NZV 1988, 151 f.; OLG Celle NdsRpfl 1962, 88 f.).

44   Nach hM ist in Verfahren gegen Heranwachsende dem erstinstanzlich nach materiellem JStR verurteilten Berufungsführer die Revision auch dann verwehrt, wenn seine Berufung nach **§ 329 Abs. 1 StPO** verworfen worden ist (BGH 30, 98, zust. Brunner JR 1982, 124 sowie Böhm NStZ 1982, 416; BayObLG bei Rüth DAR 1986, 246; OLG Hamm MDR 1988, 343; OLG Düsseldorf MDR 1992, 71; Meyer-Goßner/Schmitt StPO § 329 Rn. 46; Burscheidt Verbot 139 f.). Die Gegenansicht (OLG Celle NJW 1979, 1314 (Ls.) = JR 1980, 37 (unter Aufgabe der Auffassung von OLG Celle NJW 1968, 1297) mablAnm Brunner; Schmitt NJW 1968, 161) wird darauf gestützt, dass die Rechtsmittelbeschränkung in Abs. 2 mangels Sachentscheidung und damit verbundener Anwendung materiellen JStR (Abs. 2 S. 1, § 105 Abs. 1) nicht eingreifen kann (vgl. im Übrigen auch schon BayObLG JR 1974, 523 mAnm Brunner). Allerdings bliebe die insoweit kaum begründbare unterschiedliche Rechtsmittelberechtigung Jugendlicher (vgl. → § 55 Rn. 88) und Heranwachsender unzuträglich.

V. Einzelne besondere Verfahrensarten

1. Beschleunigtes Verfahren

45   Weil **§ 79 Abs.** 2 in Verfahren gegen Heranwachsende nicht gilt, ist bei ihnen – unabhängig von der Anwendung sachlichen JStR oder allg. StR – das **beschleunigte Verfahren** des allg. StVR (§§ 417 ff. StPO) zulässig (vgl. auch RL 3; RL 3 zu § 79); zuständig ist das JGericht (§§ 108 Abs. 1, 39 ff. (vgl. betr. Aufhebung LG Rostock StraFo 2008, 211)). Da gem. Abs. 1 S. 1 auch in diesem Verfahren ua im Hinblick auf die Voraussetzungen von § 105 Abs. 1 (vgl. Lubitz, Das beschleunigte Verfahren der StPO und seine rechtstatsächliche Durchführung in Berlin und Brandenburg, 2010, 59; DVJJ 1999, AK II-7) nach § 43 zu ermitteln und die JGH heranzuziehen ist (§ 50 Abs. 3; vgl. auch LG Rostock StraFo 2008, 211; einschr. aber zur Praxis Lubitz, Das beschleunigte Verfahren der StPO und seine rechtstatsächliche Durchführung in Berlin und Brandenburg, 2010, 91), handelt es sich um keinen „einfachen Sachverhalt" (§ 417 StPO), und deshalb wird von diesem Verfahren idR abzusehen sein (grds. abl. von Danwitz FS Eisenberg, 2009, 12 f.; Lubitz, Das beschleunigte Verfahren der StPO und seine rechtstatsächliche Durchführung in Berlin und Brandenburg, 2010, 59; eher aA Putzke, Beschleunigtes Verfahren bei Heranwachsenden, 2004, 105 ff.), sodass insoweit eine HV-Haft (§ 127b StPO) entfällt. Wird gleichwohl das beschleunigte Verfahren praktiziert, so hat dies – gerade betr. Sanktionen oder Aufklärungsbedarf „in tatsächlicher Hinsicht" (BT-Drs. 12/6853, 41) – die Konsequenz, dass § 55 Abs. 1 und 2 nicht gelten **(Abs. 2 S. 3)**. Im Übrigen ist im beschleunigten Verfahren eine Übertragung der örtlichen Zuständigkeit durch das gemeinschaftliche obere Gericht nach § 12 Abs. 2 StPO

unzulässig (BGHSt 15, 314). – Wegen der Wahrung der Funktion der *Anklage* (§ 200 Abs. 1 S. 1 StPO) vgl. näher OLG Hamburg NJW 2012, 631: Beweis nur durch die Sitzungsniederschrift (§ 274 StPO (betr. allg. StR)).

Zur Streitfrage betr. Art. 6 Abs. 3 Buchst. a und b EMRK, ob bei einem **46** der deutschen Sprache nicht kundigen Angeschuldigten eine vorherige **Übersetzung** der **Antragsschrift** (§ 2 Abs. 2, § 147 StPO) erforderlich ist, bejahend OLG Hamm StV 2004, 364; OLG Karlsruhe StraFo 2005, 370 (betr. Pflichtverteidigerbestellung „als Ausgleich"); vern. OLG Stuttgart NStZ 2005, 471.

2. Annahmeberufung (§ 313 StPO)

Die Frage nach der Geltung dieser Vorschrift ist zu *verneinen,* weil andern- **47** falls zu besorgen wäre, dass eine geeignete, also über die Aktenlage hinaus-gehende Überprüfung der Voraussetzungen des § 105 Abs. 1 nicht stattfände (Schäfer NStZ 2009, 334; **aA** KG BeckRS 2000, 15971; OLG Stuttgart ZJJ 2009, 156, ohne Berücksichtigung dessen, dass bei in Betracht kommenden Verfahren zB Äußerungen der JGH eher selten sind; Paul in KK-StPO § 313 Rn. 2). Weil nach hier vertretener Auffassung kein Fall des § 313 StPO vorliegt, ist § 322a StPO nicht einschlägig.

3. Privatklage; Nebenklage

Da eine entsprechende Geltung von **§ 80** nicht vorgesehen ist, ist gegen **48** Heranwachsende sowohl Privat- wie (unabhängig von den Ausnahmen gem. § 80 Abs. 3 S. 1) auch Nebenklage zulässig (vgl. RL Nr. 4 S. 1; RL Nr. 3 S. 2 zu § 80). Wegen den Grenzen der Anfechtbarkeit seitens der Neben-klage (§ 2 Abs. 2, § 400 Abs. 1 StPO) vgl. eher ausdehnend OLG Jena NStZ 2016, 63; ansonsten wird auf die Erläuterungswerke zum allg. StVR verwiesen (zur Empfehlung, Nebenklage für den Fall berechtigter In-anspruchnahme eines außerstrafrechtlichen Entschädigungsverfahrens ab-zuschaffen, von Galen StV 2013, 176 (178)).

Im Privatklageverfahren gegen Heranwachsende ist regelmäßig der JRich- **49** ter zuständig (§§ 107, 33 Abs. 1, 108 Abs. 1 iVm §§ 39, 108 Abs. 2 iVm § 25 Nr. 1 GVG; vgl. auch RL Nr. 4 S. 2; RL Nr. 3 S. 3 zu § 80). Eine Einschränkung gilt nur insoweit, als gegen den Heranwachsenden als Pri-vatkläger vor dem Gericht der allg. Strafgerichtsbarkeit Widerklage (§ 388 StPO) erhoben wird (vgl. → § 112 Rn. 1).

Auch im Privatklageverfahren erfolgt nach § 105 Abs. 1 die Prüfung, ob **50** materielles JStR oder allg. StR im konkreten Einzelfall anzuwenden ist. Wird auf eine Rechtsfolge nach JStR erkannt, so wird – unbeschadet dessen, dass eine JStrafe bei Privatklagedelikten idR nicht in Betracht kommen wird – die aus § 80 Abs. 2 S. 2 ersichtliche gesetzliche Wertung zu beachten sein. Unabhängig von der Anwendung materiellen JStR oder allg. StR dürfen Maßregeln der Besserung und Sicherung nicht angeordnet werden (§ 384 Abs. 1 S. 2 StPO, ggf. iVm §§ 7, 2)). Vgl. im Übrigen § 80 sowie die Erläuterungswerke zu §§ 347 ff. StPO und §§ 395 ff. StPO.

4. Entschädigung des Verletzten

51   Gegen die diesbzgl. Vorschriften (§§ 403–406c StPO) werden generell verfassungsrechtliche Einwände erhoben (vgl. Poretschkin ZRP 2020, 123: Vereinbarkeit der Wahlmöglichkeit des Verletzten mit Prinzip des gesetzlichen Richters sowie dem Gleichheitsgebot und Willkürverbot zw.). Gegen die Anwendbarkeit dieser Option im JStR, die hier bis Ende 2006 ausgeschlossen war (n. bis → 14. Aufl.) und erst seit Inkrafttreten des 2. JuMoG (v. 30.12.2006, BGBl. I 3416) – *ohne* seitherige *Evaluierung* im allg. StVR – ggü. Heranwachsenden besteht und zudem durch das 2. OpferRRG eine fördernde Hinweispflicht erfuhr (§ 400h S. 1 Nr. 2 StPO), werden auch seitens der Praxis (vgl. etwa Stuppi ZJJ 2007, 21) schon wegen vorzugswürdiger Alternativen (zB Auflage Schadenswiedergutmachung bzw. Täter-Opfer-Ausgleich) gewichtige Einwände erhoben (vgl. etwa BReg, BT-Drs. 16/3038, 68: „eher nachteilige Auswirkungen für das eigentliche JStrafverfahren"; zuvor statt vieler Höynck ZJJ 2005, 37 ff.; sodann Höynck ZJJ 2007, 77; vgl. auch → § 81 Rn. 3–5 sowie zur Kostenbelastung gem. Abs. 3 S. 4 → Rn. 32). Da es den Bereich materiellen JStR betrifft, ist eine „integrierte zivilrechtliche Auseinandersetzung", die das Verfahren „häufig verzögert" (BT-Drs. 16/3038, 67; vgl. zu § 406 Abs. 1 S. 4 StPO BGH BeckRS 2015, 9072 betr. allg. StR; sowie NStZ-RR 2015, 320 betr. JStR), ein Widerspruch in sich, ganz abgesehen davon, dass betroffene Heranwachsende „selten" über „ausreichende eigene Finanzmittel" (BT-Drs. 16/3038, 67) verfügen bzw. verfügen werden (instruktiv LG Würzburg 26.1.2017 – JKLs 801 Js 263/16 jug). Andererseits aber besteht das Erfordernis des Gerichts, einzelfallbezogene Umstände der Tatbeteiligten zu berücksichtigen und dies in der Begründung darzustellen (vgl. nur BGH NStZ-RR 2010, 344: „persönlichen und wirtschaftlichen Verhältnisse"; NJW 2014, 1544: „wirtschaftlichen Verhältnisse von Täter und Opfer"; vgl. auch BGH NStZ 2014, 50 Rn. 13: Wahrscheinlichkeit von Ansprüchen „nicht mit Tatsachen belegt"), betr. Heranwachsende in erhöhtem Maße.

VI. (Nicht-)Öffentlichkeit der Hauptverhandlung (Abs. 1 S. 4)

52   Die HV gegen Heranwachsende ist grundsätzlich öffentlich (für Nichtöffentlichkeit de lege ferenda Denkschrift 1964, 15; UK III DVJJ-Journal 1992, 23). Es gelten die allg. Vorschriften (§§ 169 ff. GVG). Nach Abs. 1 S. 4 tritt – unabhängig von der Anwendung materiellen JStR – neben die in §§ 171a, 171b, 172 GVG bezeichneten Gründe als ein zusätzlicher Grund das „Interesse des Heranwachsenden", das den Ausschluss der Öffentlichkeit rechtfertigen kann (vgl. auch RL Nr. 1 S. 2).

1. Auslegung

53   **a) Allgemeine Grundsätze.** Nach allg. Auffassung ist diese (dem § 48 Abs. 3 S. 2 nachgebildete) Sonderregelung weit auszulegen (vgl. nur BGHSt 44, 43 = JR 1999, 171 mAnm Wölfl). Indes darf ein Ausschluss der Öffentlichkeit nach Abs. 1 S. 4 nicht auf verfahrensrechtliche Gesichtspunkte schlechthin, sondern allein darauf gestützt werden, dass ein dem Entwick-

lungsstand des Heranwachsenden gemäßes Verfahren den Ausschluss gebietet (n. zu den bei der Ermessensentscheidung beachtenswerten Gesichtspunkten → § 48 Rn. 15, zum Verfahren bei Ausschluss der Öffentlichkeit vgl. → § 48 Rn. 23 ff. entspr.). Unzulässig wäre der Ausschluss insb. dann, wenn er dem Nichtbekanntwerden gesetzwidrigen Verfahrens diente (vgl. aber LG Ulm BeckRS 2010, 142226 mBspr Eisenberg HRRS 2012, 466 sowie NK 2013, 241 betr. einen − entgegen § 43 Abs. 2 S. 2 herangezogenen − ungeeigneten Sachverständigen). Wird die Öffentlichkeit nicht nur für Teile der Verhandlung ausgeschlossen, erstreckt sich dies auch auf die Urteilsverkündung (→ § 48 Rn. 14; abw. 22. Aufl. Rn. 53a).

b) Alter zur Zeit der Tat. Hat der Angeklagte im Zeitpunkt der **HV** 54 das **21. Lbj. überschritten,** hindert dies eine Ausschließung der Öffentlichkeit in seinem Interesse nicht. Denn auch insoweit kommt es für den Heranwachsendenbegriff nur auf das Alter zur Zeit der Tat (**§ 1 Abs. 2**) an (vgl. schon BGH Herlan GA 1963, 106; ebenso Dallinger/Lackner Rn. 3; aA noch Kohlhaas unsere jugend 1964, 502). Sachlich wird dies − seit Streichung der (ausschließlich) „erzieherischen" Interessen in Abs. 1 S. 4 wegen der Volljährigkeit der Heranwachsenden − nunmehr schon deshalb gerechtfertigt sein, weil mitunter eine größere Zahl anwesender Personen ein dem Entwicklungsstand des Jungerwachsenen in der HV gemäßes Verfahren eher beeinträchtigen kann.

c) Ausnahmen. Ist im Interesse des Heranwachsenden eine Ausschlie- 55 ßung der Öffentlichkeit erfolgt, soll in **sinngemäßer** Anwendung von **§ 48 Abs. 2** den in dieser Regelung bezeichneten Personen die Anwesenheit gestattet sein bzw. sollen aus besonderen Gründen (§ 48 Abs. 2 S. 3) andere Personen zugelassen werden können (vgl. auch schon Dallinger/Lackner Rn. 4).

2. Einzelfragen

Sind mehrere Verfehlungen oder mehrere Einzelakte einer Verfehlung 56 **teils** in der Altersstufe des **Jugendlichen, teils** in der des **Heranwachsenden** begangen worden und Gegenstand der HV (vgl. → Rn. 39), gilt nicht Abs. 1 S. 4, sondern § 48 (vgl. BGHSt 22, 21; vgl. → § 48 Rn. 3 mwN).

Ist im Verlauf der HV (vgl. → Rn. 8) das Verfahren wegen der als Jugend- 56a licher begangenen Taten gem. § 154 Abs. 2 StPO vorläufig eingestellt worden, so verlangt Abs. 1 S. 4, dass − unbeschadet (des auf den Verfahrenszeitpunkt abstellenden) Art. 6 Abs. 1 EMRK − die HV unter Ausschluss der Öffentlichkeit stattfindet (BGHSt 44, 43 = JR 1999, 11 mablAnm Wölfl; krit. Budelmann JugendStrafR 140; Streng FS Wolter, 2013, 1241 f.).

VII. Strafbefehlsverfahren (Voraussetzungen, Einschränkung gem. Abs. 3)

Ein Strafbefehl darf in Verfahren gegen Heranwachsende nur erlassen 57 werden, wenn materielles allg. StR zur Anwendung kommt (Abs. 2 S. 1, § 79 Abs. 1; vgl. auch RL Nr. 2 S. 1). Ein Antrag der JStA auf Erlass eines Strafbefehls kommt demzufolge nur unter der Voraussetzung in Betracht, dass aufgrund der **Ermittlungen** nach Abs. 1, § 43 (wegen der Beteiligung der JGH vgl. → § 107 Rn. 12 ff.) mit der Anwendung allg. StR zu rechnen ist (vgl. auch RL Nr. 2 S. 2). Aber auch dann, wenn diese Voraussetzung erfüllt ist, die zu erwartende Rechtsfolge jedoch bei zukunftsorientierter Würdigung eine erhebliche Beeinträchtigung des Heranwachsenden verursachen kann, wird die JStA von dem Antrag absehen (vgl. schon Dallinger/Lackner § 109 Rn. 12; ebenso Gössel in Löwe/Rosenberg StPO Vor § 407 Rn. 53).

57a   Im Übrigen bestimmt **Abs. 3** eine Einschränkung ggü. dem allg. StVR, dh die Verhängung einer Freiheitsstrafe im Wege des Strafbefehlsverfahrens ist ausgeschlossen.

1. Widersprüchliches

58   **a) Berücksichtigung der Persönlichkeit?** Die Notwendigkeit von Ermittlungen zur Persönlichkeit steht dem Zweck des Strafbefehls entgegen, das Verfahren zu vereinfachen und zu beschleunigen. Schon im Hinblick auf den insofern vorliegenden Widerspruch wäre von dem Antrag auf Erlass eines Strafbefehls nur mit äußerster Zurückhaltung Gebrauch zu machen (allg. Auffassung im Schrifttum).

59   In der Praxis hingegen scheint eine Tendenz zu bestehen, die Anwendung von materiellem **JStR** gar gleichsam **pauschal abzulehnen,** umso eine Erledigung durch Strafbefehl zu ermöglichen (vgl. zu Nachw. → § 105 Rn. 12). – So waren zB bei den vier StAen im Bereich des OLG Schleswig bezüglich im Jahre 2001 beantragten Erlasses eines Strafbefehls ausweislich einer Aktenuntersuchung persönliche Umstände mit etwaiger Tragweite iSv § 43 ohne Bedeutung (teilweise allenfalls das Lebensalter), und scheinbar ähnlich verhielt es sich hinsichtlich strafrechtlicher Vorbelastungen (vgl. Bartels, Das Strafbefehlsverfahren bei Heranwachsenden in Theorie und Praxis, 2007, 124–133 bzw. 134 ff.); Berichte der JGH (vgl. → § 107 Rn. 13) wurden bei Anträgen gem. § 2 Abs. 2, § 107 Abs. 1 S. 1 StPO nur selten angeregt (dann aber entsprach ihnen die gerichtliche Entscheidung), bei Anträgen gem. § 2 Abs. 2, § 408a Abs. 1 S. 1 StPO hingegen wurden Berichte überwiegend angeregt, jedoch nur selten noch erstellt bzw., falls sie erstellt wurden, entsprach die Staatsanwaltschaft ihnen kaum (Bartels, Das Strafbefehlsverfahren bei Heranwachsenden in Theorie und Praxis, 2007, 139 ff., 145 ff.).

60   Eine solche Vorgehensweise ist schwerlich mit dem Gesetz vereinbar, weil selbst bei unbehebbaren Zweifeln über den Entwicklungsstand des Heranwachsenden in der Regel materielles JStR zur Anwendung kommen muss (näher → § 105 Rn. 48), mit der Folge, dass ein Strafbefehl unzulässig ist. Dem Gesichtspunkt der Arbeitsüberlastung in Bagatellsachen sollte durch die gesetzlich vorgesehenen Formen der Vermeidung eines förmlichen Verfahrens (Abs. 2 S. 1, § 45 sowie ggf. § 153a Abs. 1 StPO; vgl. näher → § 45 Rn. 26 ff.) hinreichend begegnet werden können. Ebenso verhält es sich mit Blick auf Schwierigkeiten bei der Organisation von HV, zu denen etwa die SARS-CoV-2-Regulierung geführt hat.

61   **b) Insbesondere Verkehrsdelikte.** Auch hinsichtlich der in der Praxis zahlenmäßig häufigen **Verkehrsverfehlungen** geringfügigerer Art wird die zumeist schematische Handhabung in der Anwendung des Strafbefehlsverfahrens häufig ungeeignet sein (vgl. Kölbel ZfJ 1998, 16 ff.), zumal gerade mit Relevanz für leichtere Verkehrsverfehlungen bei Anwendung von § 45 Abs. 3 die Weisung der Teilnahme an einem Verkehrsunterricht gesetzlich vorgesehen ist. Für die Annahme einer häufiger dem Entwicklungsstand der Erwachsenen entsprechenden Persönlichkeitsbeurteilung von Heranwachsenden gerade in Verkehrsstrafsachen (Dallinger/Lackner Rn. 31) bestehen keine hinreichenden empirischen Anhaltspunkte (vgl. auch → § 105 Rn. 36, 46).

c) Anforderungen. Liegen umfangreiche Beurteilungsgrundlagen vor, **62** aufgrund derer die JStA zu der Auffassung gelangt, dass materielles allg. StR anzuwenden ist, und sind die übrigen Voraussetzungen für den Erlass eines Strafbefehls (s. § 407 StPO) gegeben, so wird bei der Fassung des Strafbefehlsentwurfs auf eine klare, übersichtliche und leicht verständliche **Darstellung** unter Vermeidung einer lediglich formelhaften Bezeichnung der Tat mit den Worten des Gesetzes zu achten sein (Nr. 177 Abs. 1 RiStBV entspr.). Im Übrigen wird betreffend das wesentliche Ergebnis der Ermittlungen der in § 46 enthaltene Rechtsgedanke nicht unberücksichtigt bleiben dürfen.

2. Zuständigkeit

Für den Erlass von Strafbefehlen gegen Heranwachsende ist, von der Aus- **63** nahme nach § 408a StPO abgesehen, der JRichter zuständig (§ 108 Abs. 2, § 25 GVG idF des RPflEntlG; vgl. zum allg. StVR Meyer-Goßner/Schmitt StPO § 408 Rn. 5 f.). Ist der Erlass eines Strafbefehls beim JSchöffenG beantragt, so hat der Vorsitzende die Sache durch Vermittlung der JStA an den JRichter abzugeben (aA Gössel in Löwe/Rosenberg StPO Vor § 407 Rn. 52: Erlass durch den Vorsitzenden des JSchöffenG zulässig).

Der Strafrichter, der einen versehentlich bei ihm beantragten Strafbefehl **64** gegen einen Heranwachsenden erlassen hat, muss vor Beginn einer HV nach Einspruch die Akten durch Vermittlung der JStA dem JRichter vorlegen, der über die Übernahme durch Beschluss entscheidet (§ 2 Abs. 2, §§ 225a Abs. 1, 209a Nr. 2a StPO entspr.).

Während vormals ein zur Einstellung führender unheilbarer Mangel für **65** gegeben erachtet wurde, wenn ein Eröffnungsbeschluss oder ein durch Einspruch angegriffener Strafbefehl nicht von dem angegangenen JGericht, sondern von dem für allg. Strafsachen zuständigen Gericht erlassen worden war (OLG Karlsruhe Justiz 1962, 217; ebenso in einem vergleichbaren Fall BayObLGSt 60, 122), ist auf der Grundlage der nunmehr hM über das Verhältnis zwischen JGerichten und Gerichten der allg. Strafgerichtsbarkeit (BGHSt 18, 79; vgl. → §§ 33–33b Rn. 6 ff., aber auch → Rn. 10) wohl entsprechend den vom Gesetzgeber für jedes Verfahrensstadium umfassend geregelten Vorschriften über die Abgabe zu verfahren (vgl. bereits Dallinger/Lackner Rn. 34).

3. Vorschriftswidriger Erlass eines Strafbefehls

Wird gegen einen Heranwachsenden trotz Anwendung materiellen JStR **66** – entgegen Abs. 2 S. 1, § 79 Abs. 1 – ein Strafbefehl erlassen, so ist entsprechend den Erl. zu → § 79 Rn. 6, 7 zu verfahren.

Dritter Abschnitt. Vollstreckung, Vollzug und Beseitigung des Strafmakels

Vollstreckung und Vollzug

110 (1) **Von den Vorschriften über die Vollstreckung und den Vollzug bei Jugendlichen gelten § 82 Abs. 1, §§ 83 bis 93a für Heranwachsende entsprechend, soweit der Richter Jugendstrafrecht angewendet (§ 105) und nach diesem Gesetz zulässige Maßnahmen oder Jugendstrafe verhängt hat.**

(2) **Für die Vollstreckung von Untersuchungshaft an zur Tatzeit Heranwachsenden gilt § 89c Absatz 1 und 3 entsprechend.**

I. Voraussetzungen der Anwendung des Abs. 1

1. Anwendung materiellen Jugendstrafrechts

Die Vorschrift gilt – bei Verfahren vor JGerichten wie vor den für allg. 1 Strafsachen zuständigen Gerichten – dann, wenn materielles JStR angewandt wurde (vgl. § 105 Abs. 1).

2. Art der Rechtsfolgenentscheidung

Weitere Voraussetzung der entsprechenden Anwendung der Vollstre- 2 ckungsvorschriften des JGG ist, dass auf eine nach JStR ggü. Heranwachsenden zulässige Rechtsfolge erkannt wurde; hierzu zählen auch Nebenfolgen (§ 6) und Maßregeln der Besserung und Sicherung (§ 7). Demgemäß ist nicht der JRichter als Vollstreckungsleiter, sondern die JKammer als erstinstanzliches Gericht nach § 462a Abs. 3 StPO für die weiteren Entscheidungen zuständig, wenn in eine gem. § 460 StPO gebildete Gesamtstrafe eine von der JKammer gegen einen Heranwachsenden unter Anwendung allg. StR ausgesprochene Freiheitsstrafe eingegangen ist (vgl. OLG Schleswig NStZ 1983, 480). Bedenklich erscheint eine Entscheidung (OLG Schleswig bei Ernesti/Lorenzen SchlHA 1983, 120; s. aber OLG Düsseldorf Zbl 1983, 506), wonach bei Anordnung der Maßregel nach § 63 StGB – trotz Kostenentscheidung nach § 74 (vgl. aber § 109 Abs. 2 S. 1) – nicht materielles JStR (§ 105 Abs. 1, § 7) angewandt worden sei und folglich nach allg. Vorschriften die StrafvollstrKammer für zuständig erklärt wurde.

Soweit die VollstrBehörde zugleich Gnadenbehörde ist, wirkt sich die 3 Anwendung von JStR auch auf die **Gnadenzuständigkeit** aus (Dallinger/Lackner Rn. 4).

a) Vollzugsvorschriften. Unter den vorgenannten Voraussetzungen gel- 4 ten auch die Vorschriften des JGG über den Vollzug entsprechend. Dies umfasst Fälle von **U-Haft** dann, wenn eine noch nicht rechtskräftige, auf materiellem JStR beruhende Entscheidung bereits vorliegt (vgl. auch Dallinger/Lackner Rn. 8).

b) Sonstige Regelungen. S. im Übrigen RL 1. 5

1445

II. Abs. 2

1. Anwendungsvoraussetzungen

6   U-Haft wird bei einer nicht geringen Anzahl von Heranwachsenden vollzogen (zu den Problemen der statistischen Erfassung Eisenberg/Kölbel Kriminologie § 29 Rn. 17 f.). Errechnet man aus der Anzahl von 18- bis unter
21-jährigen Personen, die sich zu den drei jährlichen Stichtagen der amtlichen Belegungserfassung (31.3., 31.8. und 30.11. jeden Jahres) bundesweit
in U-Haft befanden, für jedes Jahr einen Durchschnittswert und verwendet
man dies als Hinweis auf die durchschnittliche tägliche Belegung mit heranwachsenden U-Haftgefangenen des jeweiligen Jahres, wird die überaus relevante Größenordnung deutlich (vgl. Tabelle).

2004	2006	2008	2010	2012	2014	2016	2018
1.618	1.336	1.222	1.000	994	948	1.086	1.219

Zahlen aus: Bestand der Gefangenen und Verwahrten in den deutschen Justizvollzugsanstalten

Die Vollstr dieser U-Haftfälle erfolgt nach Abs. 2 iVm § 89c S. 1 aF bzw.
§ 89c Abs. 1 S. 1 nF nach jugendstrafrechtlichen Maßgaben und in Einrichtungen für Jugendliche. Diese Bestimmung gilt **unabhängig** davon, ob
materielles JStR oder **allg. StR** angewandt wird, zumal diese Frage bei
Anordnung von U-Haft meist noch gar nicht geklärt ist.

6a   Über die in der Tabelle erfassten 18- bis unter 21-Jährigen hinaus werden
die Maßgaben von → Rn. 6 durch die Kann-Regelung in Abs. 2 iVm § 89c
S. 2 aF bzw. § 89c Abs. 1 S. 2 nF prinzipiell auch auf jene Personen erstreckt, die zwar zur Tatzeit heranwachsend waren, aber bei der Vollstr des
Haftbefehls bereits im Alter von **21 bis 24 Jahren** sind. Anderenfalls müsste
die U-Haft bei dieser jungerwachsenen Gruppe stets in einer Haftanstalt für
Erwachsene umgesetzt werden, obwohl ihre sich ggf. anschließende JStrafe
gem. § 89b Abs. 1 häufig im JStrafvollzug vollstreckt wird (BT-Drs. 11/
5829, 39). Darüber, ob es tatsächlich zur U-Haftvollstreckung in einer
Einrichtung für Jugendliche kommt, entscheidet das den Haftbefehl erlassen-
de Gericht. Die Wahrnehmung dieser fakultativen Möglichkeit ist von der
entsprechenden **Eignung** des fraglichen Jungerwachsenen, aber auch den
Belangen der anderen jüngeren Insassen der Einrichtung abhängig zu machen (→ § 89c Rn. 4; vgl. auch § 114). Die bevorstehende Bejahung bzw.
Verneinung von § 105 Abs. 1 JGG ist bei der Ermessensausübung dagegen
nur dann ein relevanter (für bzw. gegen diese Option) sprechender Aspekt,
wenn sie sich ausnahmsweise schon einmal sicher absehen lässt. − Die dem
Schutz Jugendlicher dienende Unterbringungsnorm in § 89c Abs. 2 ist weder für Heranwachsende noch auf Jungerwachsene anwendbar (vgl. den
insofern eingeschränkten Verweis in Abs. 2 nF.

2. Erziehungsanspruch verfassungswidrig?

7   Hiervon wird ganz überwiegend ausgegangen, zumal das elterliche Erziehungsrecht mit der Volljährigkeit endet, sodass auch der Staat keinen Erziehungsanspruch mehr erheben kann (Linck ZRP 1971, 57 ff.; Giemulla/

Barton RdJB 1982, 289 (291); Molketin/Jakobs ZfStrV 1982, 335 ff.; Bachmann JZ 2019, 759 (761 ff.)). Zum anderen erscheint der Versuch einer Herleitung eines Erziehungsrechts aus Art. 6 Abs. 2 GG iVm (§ 110) Abs. 2, § 89c wegen des Umstandes, dass sich der Heranwachsende in U-Haft befindet, als unsachgemäße Differenzierung und also als Verstoß gegen Art. 3 Abs. 1 GG wie auch gegen die Unschuldsvermutung (Art. 6 Abs. 2 EMRK; vgl. Sprenger NJW 1976, 663). – Allerdings leidet diese Auffassung an einem allzu engen Erziehungsbegriff, der als quasi-elterliche Einwirkung aufgefasst wird. Nach der vorzugswürdigen aA ist eine breiter verstandene Erziehung bei Heranwachsenden (in U-Haft) nicht generell ausgeschlossen: Soweit es sich um erzieherisch verstandene Eingriffe versagender Art handelt, sind sie unzulässig, solange der Betroffene nicht einwilligt; soweit es sich hingegen um Angebote, Leistungen und erzieherische Gestaltung im Haftvollzug handele, steht dem rechtlich nichts im Wege. Vielmehr setzt gerade hier die rechtliche Leistungspflicht ein (Kreuzer RdJB 1978, 351). Zweifelhaft bleibt indes, ob entsprechende rechtlich gebotene Leistungen mit einer Verpflichtung des Heranwachsenden korrespondieren, diese zu nutzen, zumal gestaltende Maßnahmen ggf. auch kontrollierende bis eingreifende Elemente enthalten. Zumindest für den (gem. 1. JGG-ÄndG einbezogenen) Bereich der älter als 21-Jährigen wird daher insoweit aus verfassungsrechtlichen Gründen von einem Einwilligungserfordernis auszugehen sein (vgl. auch Sonnen in Diemer/Schatz/Sonnen Rn. 5).

Beseitigung des Strafmakels

111 Die Vorschriften über die Beseitigung des Strafmakels (§§ 97 bis 101) gelten für Heranwachsende entsprechend, soweit der Richter Jugendstrafe verhängt hat.

I. Anwendungsbereich

Es gelten die Ausführungen zu → § 110 Rn. 1 entsprechend. **1**

II. Sonstige Regelungen

1. BZRG

Neben der entsprechenden Geltung der §§ 97–101 kommen die besonderen Vorschriften des BZRG bei Eintragungen jugendstrafrechtlicher Rechtsfolgen zur Anwendung. **2**

2. Zuständigkeit

S. § 98 Abs. 1 S. 2 (vgl. aber auch → § 101 Rn. 6). **3**

Vierter Abschnitt. Heranwachsende vor Gerichten, die für allgemeine Strafsachen zuständig sind

Entsprechende Anwendung

112 ¹Die §§ 102, 103, 104 Abs. 1 bis 3 und 5 gelten für Verfahren gegen Heranwachsende entsprechend. ²Die in § 104 Abs. 1 genannten Vorschriften sind nur insoweit anzuwenden, als sie nach dem für die Heranwachsenden geltenden Recht nicht ausgeschlossen sind. ³Hält der Richter die Erteilung von Weisungen für erforderlich, so überläßt er die Auswahl und Anordnung dem Jugendrichter, in dessen Bezirk sich der Heranwachsende aufhält.

I. Zuständigkeit

Wie in Verfahren gegen Jugendliche sind die Gerichte der allg. Straf- **1** gerichtsbarkeit zur Entscheidung über Verfehlungen von Heranwachsenden nur ausnahmsweise zuständig (S. 1, § 102; vgl. näher → § 102 Rn. 2; → § 103 Rn. 5, 7, 15, 16; ferner bei Widerklage gegen die Privatklage eines Heranwachsenden gegen einen Erwachsenen, vgl. → § 109 Rn. 49). Insbesondere ist kein Gericht der allg. Strafgerichtsbarkeit, sondern stets das JGericht zuständig, wenn bei mehreren Taten (oder mehreren Einzelakten derselben Tat) desselben Beschuldigten diese teilweise als Heranwachsender, teilweise als Erwachsener begangen wurden (OLG Hamburg StV 1985, 158; vgl. → § 103 Rn. 32), und zwar – abgesehen von Fällen des S. 1 iVm § 103 Abs. 2 S. 2 – auch dann, wenn sich das Verfahren zugleich gegen einen erwachsenen Mitangeklagten richtet (BGH 11.11.1982 – 1 StR 628/82 bei Böhm NStZ 1983, 450; vgl. im Übrigen zur Verbindung (und Trennung) von Verfahren gegen Jugendliche und Heranwachsende → § 103 Rn. 25, und gegen Heranwachsende und Erwachsene → § 103 Rn. 9 ff. entspr.).

II. Geltungsbereich der Vorschriften des JGG

1. Allgemeines

Von den Vorschriften des JGG kommen in Verfahren gegen Heranwach- **2** sende vor den für allg. Strafsachen zuständigen Gerichten nur diejenigen zur Anwendung, die auch in Verfahren gegen Jugendliche vor den für allg. Strafsachen zuständigen Gerichten anzuwenden sind und zudem gleichzeitig in Verfahren gegen Heranwachsende vor den JGerichten gelten (S. 1, S. 2 iVm § 104 Abs. 1; vgl. zu den unabhängig hiervon geltenden JGG-Vorschriften → § 104 Rn. 28–30).

2. Materiell-rechtliche Vorschriften

Die Regelungen der §§ 4–8, 9 Nr. 1, 10, 11, 13–32 sind in Verfahren **3** gegen Heranwachsende nach Maßgabe von § 105 Abs. 1 auch vor den für allg. Strafsachen zuständigen Gerichten anzuwenden (S. 1, 2 iVm § 104

Abs. 1 Nr. 1). Soweit das für allg. Strafsachen zuständige Gericht materielles JStR anwendet, gelten § 105 Abs. 2, 3 entsprechend (S. 1, 2 iVm § 104 Abs. 1 Nr. 1 analog; vgl. auch Sonnen in Diemer/Schatz/Sonnen Rn. 2), da diese Vorschriften nur Besonderheiten bei der Anwendung materiellen JStR auf Heranwachsende regeln, die an die Anwendbarkeit der in § 104 Abs. 1 Nr. 1 bezeichneten Vorschriften anknüpfen und sie voraussetzen. Kommt materielles allg. StR zur Anwendung, so gilt § 106 entsprechend, da diese Vorschrift nur eine Sonderregelung darstellt, die ohnehin die Anwendung materiellen allg. StR voraussetzt (iE ebenso Brunner/Dölling Rn. 8; wohl auch Dallinger/Lackner Rn. 9).

3. Verfahrensrechtliche Vorschriften

4   Hinsichtlich dieser Bestimmungen gilt der Grundsatz, dass in Heranwachsenden-Strafsachen das allg. StVR anzuwenden ist, soweit § 112 nicht die Regelungen des JStVR für anwendbar erklärt.

5   **a) Materielles Jugend- wie allgemeines Strafrecht.** Unabhängig von der Anwendung materiell-rechtlichen Jugend- oder allg. Strafrechts kommen entsprechend zur Anwendung §§ 38, 50 Abs. 3 (mit der sich aus § 104 Abs. 3 ergebenden Einschränkungsmöglichkeit; vgl. im Übrigen → § 104 Rn. 7; → § 107 Rn. 12 ff.), § 43 (vgl. BGHSt 6, 324 (326); vgl. auch → § 104 Rn. 8; → § 109 Rn. 4; Bandemer Zbl 1989, 322), § 68 Nr. 1, 4 und 5 nF (vgl. näher → § 104 Rn. 15; → § 109 Rn. 4), § 73 (näher → § 104 Rn. 16; → § 109 Rn. 4) sowie die Regelung über die Mitteilungspflichten (§ 109 Abs. 1 S. 2, 3, soweit sie § 70 entspricht; vgl. → § 104 Rn. 15a; → § 109 Rn. 4).

6   **b) Anwendung materiell-rechtlichen Jugendstrafrechts.** Unter dieser Voraussetzung gelten zusätzlich (S. 2, § 104 Abs. 1) §§ 45, 47 Abs. 1 Nr. 1–3, Abs. 2, 3 (→ § 104 Rn. 9, → § 109 Rn. 23 ff.), §§ 52, 52a (→ § 104 Rn. 10; → § 109 Rn. 26), § 54 Abs. 1 (→ § 104 Rn. 11; → § 109 Rn. 27), §§ 55, 56 (→ § 104 Rn. 12; → § 109 Rn. 37 ff.), §§ 57–60 und §§ 62–64 mit den sich nach Maßgabe von S. 1 iVm § 104 Abs. 5 ergebenden Besonderheiten (näher → § 104 Rn. 13; ferner → § 109 Rn. 29), § 74 (vgl. → § 104 Rn. 17; → § 109 Rn. 31), § 79 Abs. 1 (vgl. → § 104 Rn. 18; näher → § 109 Rn. 57) und § 81 (vgl. → § 104 Rn. 18; → § 109 Rn. 51); nur eingeschränkt gelten § 65 (vgl. näher → § 65 Rn. 2 ff.; → § 109 Rn. 2) und § 66.

7   **c) S. 3.** Diese Vorschrift tritt in Verfahren gegen Heranwachsende vor den für allg. Strafsachen zuständigen Gerichten an die Stelle des in Verfahren gegen Jugendliche vor den für allg. Strafsachen zuständigen Gerichten durch § 104 Abs. 4 ersetzten § 53. Vorgesehen ist bei Erforderlichkeit einer Erteilung von Weisungen – ebenso wie hinsichtlich erforderlich werdender Entscheidungen nach S. 1, § 104 Abs. 5 – die Übertragung des weiteren Verfahrens an den JRichter des Aufenthaltsortes (näher → § 53 Rn. 1, → § 104 Rn. 1, 13; vgl. auch → § 112e Rn. 1).

III. Geltung nach richterlichem Ermessen

Gemäß S. 1, § 104 Abs. 2 unterliegt die Anwendung weiterer Verfahrens- **8**
vorschriften des JGG dem jugendrichterlichen Ermessen (vgl. näher → § 104
Rn. 19 ff.). Eine **entsprechende** Anwendung kommt jedoch nach dem
Grundgedanken in **S. 2** nur insoweit in Betracht, als sie nach § 109 vorgesehen ist (allg. Auffassung; vgl. auch → § 104 Rn. 1, → § 109 Rn. 3 ff.).
Neben der Bestellung eines Beistandes nach § 69 und einer (eingeschränkten, vgl. → § 104 Rn. 25) Anwendung von § 66 ist bedeutsam, dass das
JGericht nach S. 1, §§ 104 Abs. 2, 48 Abs. 1 die Öffentlichkeit ausschließen
kann, wenn dies im Interesse des Heranwachsenden geboten ist (vgl. auch
§ 109 Abs. 1 S. 4, → § 48 Rn. 16, → § 104 Rn. 22, aber auch → § 109
Rn. 52 ff.).

IV. Nicht anwendbare Vorschriften

Hierunter fallen in Verfahren gegen Heranwachsende vor den für allg. **9**
Strafsachen zuständigen Gerichten insb. § 3 sowie die §§ 33–37, 39–42, 47a,
50 Abs. 2, 67, 68 Nr. 2, 76–78, 80, aber auch – mitunter wenig folgerichtig
(vgl. die Erl. bei den nachfolgend genannten Vorschriften) – §§ 50 Abs. 1,
51, 71 sowie § 72 (vgl. aber → § 109 Rn. 10).

Vierter Teil. Sondervorschriften für Soldaten der Bundeswehr

Anwendung des Jugendstrafrechts

112a Das Jugendstrafrecht (§§ 3 bis 32, 105) gilt für die Dauer des Wehrdienstverhältnisses eines Jugendlichen oder Heranwachsenden mit folgenden Abweichungen:

1. Hilfe zur Erziehung im Sinne des § 12 darf nicht angeordnet werden.
2. (aufgehoben)
3. [1]Bei der Erteilung von Weisungen und Auflagen soll der Richter die Besonderheiten des Wehrdienstes berücksichtigen. [2]Weisungen und Auflagen, die bereits erteilt sind, soll er diesen Besonderheiten anpassen.
4. Als ehrenamtlicher Bewährungshelfer kann ein Soldat bestellt werden. Er untersteht bei seiner Tätigkeit (§ 25 Satz 2) nicht den Anweisungen des Richters.
5. [1]Von der Überwachung durch einen Bewährungshelfer, der nicht Soldat ist, sind Angelegenheiten ausgeschlossen, für welche die militärischen Vorgesetzten des Jugendlichen oder Heranwachsenden zu sorgen haben. [2]Maßnahmen des Disziplinarvorgesetzten haben den Vorrang.

Schrifttum: Lingens/Korte, WStG, 5. Aufl. 2012.

Übersicht

I. Anwendungsbereich

1   Die Vorschrift findet in Verfahren gegen (**Jugendliche** und) **Heran-wachsende** auch vor den für allg. Strafsachen zuständigen Gerichten An-wendung (§ 112e).

II. Allgemeines

1. Anwendbarkeit der §§ 112a ff.

2   Während das JGG im Allg. auch für **Soldatinnen** und **Soldaten** gilt (§ 3 Abs. 2 WStG), enthalten die §§ 112a ff. geringfügige verfahrens- und mate-riellrechtliche Besonderheiten.

3   **a) Maßgeblicher Zeitpunkt.** Es kommt darauf an, ob die betroffene Person **zur Zeit** des **Urteils**, der **Vollstr** oder des **Vollzugs** Soldatin oder Soldat ist (ebenso Dau in MüKoStGB EGWStG Art. 1 Rn. 4), nicht hin-gegen darauf, ob dies zur Zeit der Tat der Fall war. Zugleich gelten diese Vorschriften **nur** für die **Dauer** des **Wehrdienstverhältnisses,** dh sie sind nicht mehr anwendbar, wenn das Wehrdienstverhältnis im Zeitpunkt der Rechtsanwendung beendet ist, und zwar unabhängig davon, ob eine militä-rische oder eine allg. Straftat begangen worden ist. Demgegenüber ist der Zeitpunkt der Tat für die Anwendung der §§ 112a ff. nur insofern relevant, als er die Anwendbarkeit des JGG im Allg. begründet. Da nach diesem System mit Beginn und Ende des Wehrdienstverhältnisses unterschiedliche Rechtsfolgen für ein und dieselbe Tat zur Anwendung kommen, könnten **Bedenken** im Hinblick auf den **Bestimmtheitsgrundsatz** bestehen. – Wenngleich die Besonderheiten rechtssystematisch sowohl für Jugendliche als auch für Heranwachsende gelten (vgl. auch § 3 Abs. 2 WStG), wird es tatsächlich selten Jugendliche betreffen, da die Begründung des Wehrdienst-verhältnisses vor Vollendung des 18. Lbj. (s. dazu Steinlechner NVwZ 1995, 39 f.; krit. Walz NZWehr 1995, 106 ff.) eher eine Ausnahme darstellt.

4   **b) Soldatin, Soldat.** Kriterium ist, ob die Person sich in einem Wehr-dienstverhältnis (§ 1 Abs. 1 S. 1, Abs. 2, 4 SoldG) befindet. Das Wehrdienst-verhältnis beginnt mit dem Zeitpunkt, der in der Ernennungsurkunde für den Dienstantritt der Soldatin bzw. des Soldaten bestimmt ist, und zwar unabhängig davon, ob der Dienst pünktlich angetreten wurde. Das Wehrdienstverhältnis „endet mit dem Ablauf des Tages" des Ausscheidens aus der Bundeswehr (§ 2 Abs. 2 SoldG).

c) Rechtstatsächliche Einschränkungen. Der Anwendungsbereich der **4a** §§ 112aff. ist ohnehin insoweit eingeschränkt, als der Disziplinarvorgesetzte, sofern ihm (mutmaßliche) strafbare Handlungen bekannt werden, eine **Ermessensentscheidung** darüber trifft, ob er den Vorgang der Staatsanwaltschaft **zur Kenntnis** gibt (zu den Entscheidungskriterien s. § 33 Abs. 3 S. 1 WDO). Dabei besteht gem. militärischen Aufgaben eine Tendenz zur (allein) internen Erledigung – abgesehen von bestimmten schwerwiegenden Taten (zB Fahnenflucht, nicht aber bei eigenmächtiger Abwesenheit). – Das Wehrdisziplinarrecht sieht Prozess**kosten**hilfe nicht vor (zur Umdeutung als Antrag auf Bestellung eines Verteidigers gem. § 90 Abs. 1 S. 2 WDO vgl. BVerwG StraFo 2017, 417).

2. Verhältnis des WStG zum JGG

Vorschriften des WStG gelten iSv § 2 Abs. 2 als allg. Vorschriften und **5** stehen demgemäß den Bestimmungen des JGG nach (§ 3 Abs. 2 WStG; vgl. auch LG Kassel NZWehrr 1979, 34 mAnm Metz). Innerhalb der allg. Vorschriften jedoch gehen sie sonstigen gesetzlichen Bestimmungen vor (§ 3 Abs. 1 WStG). Demgemäß finden die allg. Vorschriften der §§ 1–7 WStG auch auf Jugendliche und Heranwachsende Anwendung (ebenso Dau in MüKoStGB EGWStG Art. 1 Rn. 3), da das JGG keine entgegenstehenden Vorschriften kennt. Entsprechendes gilt für die besonderen Deliktstatbestände der §§ 15–48 WStG. Hingegen greifen bzgl. der Rechtsfolgen statt der Regelungen der §§ 9–14a WStG über besondere Strafarten die Vorschriften des JGG dann Platz, wenn – betr. Heranwachsende gem. § 105 Abs. 1 – materielles JStR anzuwenden ist (s. aber § 112a). Im Falle der Anwendung allg. StR ist – betr. Heranwachsende – § 106 zu beachten. – Es besteht eine zusätzliche *Mitteilungspflicht* (s. allg. § 70) an weitere militärische Stellen (vgl. MiStra 19; § 89 SoldG iVm § 125c BRRG).

III. Unzulässigkeit von Hilfe zur Erziehung nach § 12

Der **Sinn** der Vorschrift der **Nr. 1** ergibt sich zum einen daraus, dass ein **6** Soldat durch den Disziplinarvorgesetzten beaufsichtigt und betreut wird (§ 10 Abs. 2, 3 SoldG) und diesem somit wesentliche Aufgaben der Hilfe zur Erziehung nach § 12 obliegen. Zum anderen sind die in Nr. 1 genannten Erziehungsmaßregeln in ihrer Durchführung mit den Besonderheiten des Wehrdienstes kaum ohne weiteres vereinbar. Handelt es sich bei dem Soldaten um einen Jugendlichen, so bleibt eine bei Beginn des Wehrdienstverhältnisses etwa bestehende EB oder Hilfe nach § 12 Nr. 2 insoweit unberührt; jedoch wird es sich idR empfehlen, eine solche Erziehungsmaßregel nach Beginn des Wehrdienstverhältnisses aufzuheben (s. vormals §§ 61 Abs. 2 S. 1, 75 Abs. 2 S. 1 JWG; vgl. auch schon Potrykus NJW 1957, 815), weil die genannten Pflichten des militärischen Vorgesetzten den Zweck dieser Erziehungsmaßregeln als fortgeführt erscheinen lassen (vgl. auch schon Schwalm JZ 1957, 398 (399)).

IV. Vormalige Erziehungshilfe durch den Disziplinarvorgesetzten, Gründe der Aufhebung von Nr. 2 und § 112b

7   Für Jugendliche und Heranwachsende im Wehrdienst konnte das JGericht vormals Erziehungshilfe durch den Disziplinarvorgesetzten als Erziehungsmaßregel anordnen (Nr. 2), wozu der vormalige § 112b Fragen der Ausgestaltung regelte. Diese Vorschriften (ebenso wie die DVO-Erziehungshilfe v. 25.8.1958 (BGBl. I 645)) wurden durch Gesetz v. 8.12.2010 (BGBl. I 1864) aufgehoben, und zwar aus mehreren Gründen.

1. Geringe praktische Bedeutung

8   **a) Rechtssystematische Unklarheiten.** Zum einen haben die Vorschriften kaum je praktische Bedeutung erlangt (vgl. 14. Aufl. Rn. 9). Dies beruhte ua darauf, dass Disziplinarvorgesetzte vielfach *Skepsis* ggü. der praktischen Handhabbarkeit dieser Rechtsfolge zeigten. So war umstritten, ob Erziehungshilfe innerhalb der Kategorie von Erziehungsmaßregeln eine Weisung iSv § 10 oder aber eine selbstständige, der Weisung nur nahe stehende Erziehungsmaßregel darstellte. Die Beantwortung der Frage hing davon ab, ob Erziehungshilfe iSv Geboten und Verboten die Lebensführung des Verurteilten regeln und dazu seine Erziehung fördern und sichern sollte (§ 10 Abs. 1 S. 1), wobei sich indes nicht unerhebliche *Abweichungen* und Besonderheiten gegenüber den Weisungen ergaben. Insbesondere galt die Erziehungshilfe nicht als gezielte Einzelmaßnahme, sondern sie sollte eher umfassend der Erziehung dienen (vgl. auch Dallinger/Lackner Rn. 16). Daher war sie als eine besondere, auf Soldaten beschränkte Ergänzung des Katalogs in § 9 anzusehen, und somit wäre allenfalls – soweit Rechtsähnlichkeit vorläge – eine entsprechende Anwendung der für Weisungen geltenden Vorschriften in Betracht gekommen.

9   **b) Herabsetzung des Volljährigkeitsalters.** Zudem verlor die Möglichkeit der Erziehungshilfe mit zunehmender Verkürzung der Wehrpflichtdauer an Relevanz. Insbesondere blieben die Vorschriften hinter der allg. Rechtsentwicklung insofern zurück, als zeitlich *nach* ihrer Verabschiedung das Volljährigkeitsalter auf 18 Jahre gesenkt wurde, sodass die etwa praktizierte Anordnung der Erziehungshilfe – abgesehen von auf deren Antrag herangezogenen 17-jährigen Personen (vgl. auch → Rn. 3; ergänzend betr. Entlassung von Soldaten auf Zeit alternativ § 55 Abs. 4, 5 SoldG) – Volljährige betraf bzw. betroffen hätte. Gegenüber Volljährigen aber sind als erzieherisch beurteilte, zwangsweise durchsetzbare Maßnahmen ohne ihre Zustimmung verfassungsrechtlich schwerlich vertretbar (vgl. BVerfGE 22, 219 f. (obiter dictum)), und gleichsam umgekehrt ist die Voraussetzung der Zustimmung mit dem Wesen eines militärischen Befehls nicht vereinbar.

2. Konflikt mit dem Erziehungsauftrag

10–14   Nicht zuletzt konnten Nr. 2, § 112b ggf. in gewisser Weise in *Widerspruch* zu dem Erziehungsauftrag des JGG (nunmehr ausdrücklich **§ 2 Abs. 1**) geraten. Eine Maßnahme iSd genannten Vorschriften traf der Disziplinarvorgesetzte als militärischen Befehl, dh der Verurteilte hatte ihnen als militärischer Pflicht nachzukommen. Führte der Verurteilte einen dergestaltigen Befehl schuldhaft nicht aus, so drohte die Sanktionierung wegen eines Dienstvergehens und, bei Vorliegen sonstiger Voraussetzungen (vgl. §§ 19, 20 WStG), ggf. einer − neuerlichen − Straftat. Gemäß § 2 Abs. 1 sind aber Gefährdungen für die *künftige Legalbewährung* nach Möglichkeit zu vermeiden (vgl. → § 2 Rn. 2 ff.).

V. Weisungen und Auflagen

Die Soll-Vorschrift der **Nr. 3** gilt einheitlich für Weisungen und Auflagen **15** und unabhängig davon, ob diese nach §§ 10, 15 selbstständig oder iRv Aussetzungsentscheidungen nach § 23, § 29 oder § 88 angeordnet worden sind (soweit Nr. 3 sich an den „Richter" wendet − hiermit meint das Gesetz idR dn erkennenden Richter −, beeinträchtigt dies nicht die Geltung der Vorschrift auch für den in Fällen des § 88 zuständigen Vollstreckungsleiter (§ 82)). In der Praxis wird es sich empfehlen, dass der Richter sich wegen der Möglichkeiten der Durchführung bei dem nächsten Disziplinarvorgesetzten des Verurteilten informiert (zu dessen Anhörung s. § 112d).

1. Vorrang militärischer Belange

Die Vorschrift ist zum einen Ausdruck dessen, dass **militärische Auf- 16 gaben** nach Möglichkeit nicht durch die Ausgestaltung dieser Rechtsfolgen beeinträchtigt werden sollten (s. auch Ostendorf in NK-JGG Rn. 6), ohne dass dies einen Vorrang dieser Aufgaben bedeutet (Diemer in Diemer/Schatz/Sonnen Vorb. § 112a Rn. 1). Zum anderen bleibt ein Verurteilter im Wehrdienstverhältnis auch dann, wenn Weisungen oder Auflagen angeordnet sind, in gleichem Umfang wie jeder andere Soldat den militärischen Dienstpflichten unterworfen.

a) Unvereinbarkeit mit dem Wehrdienst. Solches ist stets dann an- **17** zunehmen, wenn die Durchführung der Weisungen und Auflagen nicht ohne Störung des militärischen Dienstbetriebes möglich ist. Dies ist am ehesten dann nicht der Fall, wenn Weisungen oder Auflagen bestimmten militärischen Disziplinarmaßnahmen (§ 22 WDO) nachgebildet werden. Dabei ist das JGericht nicht an die militärische Ausgestaltung (etwa iSd WDO) gebunden, weil er den Inhalt der Weisungen nach § 10 selbstständig bestimmt.

b) Gerechtfertigte Zuwiderhandlung. Ein Verstoß gegen die Anord- **18** nung ist dann **nicht rechtswidrig,** wenn dadurch die Erfüllung entgegenstehender militärischer Pflichten erst ermöglicht werden soll (vgl. Dallinger/Lackner Rn. 23). Auch wenn eine Weisung oder Auflage zunächst als mit den Erfordernissen des Wehrdienstes vereinbar erscheint, im Zeitpunkt der Ausführung jedoch nur unter Verletzung einer Dienstpflicht möglich wäre, hat letztere Vorrang. Demgemäß fehlt es an der Rechtswidrigkeit der Zuwiderhandlung, sodass eine Ahndung mit JA nach §§ 11 Abs. 3, 15 Abs. 3 ebenso wie ein Widerrufsgrund nach § 26 Abs. 1 Nr. 2 oder 3 ausscheidet (vgl. auch Gertler in BeckOK JGG Rn. 35: Verstoß „nicht schuldhaft oder gröblich"). − In entsprechenden Fällen ist eine Erörterung der **Pflichten-**

kollision mit dem militärischen Dienstvorgesetzten, regelmäßig der Disziplinarvorgesetzte (§ 1 Abs. 4 S. 1 SoldG), und eine Benachrichtigung des JRichters angezeigt.

2. Rechtsmittel

19   **a) Allgemeines. Verletzt** die Anordnung einer Weisung oder Auflage **wehrrechtliche Vorschriften,** so wird dies durch dasjenige Rechtsmittel geltend gemacht, das gegen die Entscheidung, in der die Anordnung getroffen wurde, zulässig ist (§§ 55, 59 Abs. 2, 63 Abs. 2, 65 Abs. 2). Die Rechtsmittelbeschränkung des § 55 Abs. 1 wirkt sich dabei nicht aus, soweit die Maßnahme nicht lediglich in ihrem Umfang angefochten wird (s. auch Dallinger/Lackner Rn. 23; vgl. aber → Rn. 20). Jedoch haben weder der nächste Disziplinarvorgesetzte noch eine andere Dienststelle der Bundeswehr ein Anfechtungsrecht (allg. Auffassung, vgl. nur Gertler in BeckOK JGG Rn. 54); sie können lediglich eine Erörterung mit der JStA oder eine Anregung bei dem JRichter vornehmen (zB gem. §§ 11 Abs. 2, 23 Abs. 1 S. 3 zu verfahren).

20   **b) Einschränkungen der Begründetheit.** Da es sich (bei Nr. 3) **nur** um eine **Soll-Vorschrift** handelt, wird im Falle der **Nichtberücksichtigung** die getroffene Maßnahme **nicht gesetzwidrig,** es sei denn, es handelt sich um einen Fall der Ermessensunterschreitung oder des Ermessensmissbrauchs. Ein Rechtsmittel kann daher auf eine unzureichende Anpassung einer Anordnung an die Besonderheiten des Wehrdienstes nur gestützt werden, wenn dieses Rechtsmittel im Allg. überhaupt zulässig ist und wenn das Rechtsmittelgericht nicht auf eine nur rechtliche Nachprüfung der Entscheidung beschränkt ist. Die Rechtsmittelbeschränkung des § 55 Abs. 1 betrifft auch Fälle dieser Art – die Maßnahmen als solche sind nicht gesetzwidrig –, soweit mit dem Rechtsmittel die Anordnung anderer Erziehungsmaßregeln oder Zuchtmittel angestrebt wird (vgl. Dallinger/Lackner Rn. 25). – Handelt es sich um Weisungen oder Auflagen im Rahmen einer Aussetzungsentscheidung, so ergeben sich die Grenzen der Begründetheit der Beschwerde aus § 59 Abs. 2.

3. Anpassung

21   **a) Nr. 3 S. 2.** Hinsichtlich der Anpassung bereits ausgesprochener Rechtsfolgen der in Rede stehenden Art (Nr. 3 S. 2) ist das JGericht inhaltlich weitgehend frei. Es kann die bisherigen Maßnahmen ganz oder teilweise wegfallen lassen, sie abändern oder sie durch andere ersetzen. – Nach teilweise vertretener Auffassung sei das JGericht auch durch Urteile nicht gehindert, von *Weisungen zu Auflagen* überzugehen *oder umgekehrt,* da es eine sachlich nicht begründete Beschränkung wäre, es an die im Urteil gewählte Rechtsfolgenart zu binden. Der Gesetzeswortlaut zwinge nicht zu einer solchen engen Auslegung, während die Bedürfnisse der Anpassung an die Notwendigkeiten des Wehrdienstes eine entsprechend weite Auslegung angezeigt sein ließen (Dallinger/Lackner Rn. 28; aA Grethlein JGG § 15 Anm. 6b). Indes ist *zw.,* ob eine derart weitreichende *Abweichung* von Fällen der Weisung nach § 11 Abs. 2, in denen das Ergebnis der Änderung stets wieder eine Weisung sein muss, von der bloßen Soll-Vorschrift getragen ist. Im

Übrigen bestehen *Bedenken* im Hinblick auf die *unterschiedlichen* erzieherischen *Voraussetzungen* der jeweiligen Maßnahmen.

Das JGericht darf eine nachträgliche Anpassung auch dann vornehmen, **21a** wenn die Besonderheiten des Wehrdienstes schon bei Anordnung der Maßnahmen berücksichtigt worden sind und es nunmehr **lediglich** um eine **zusätzliche Anpassung** geht. Diese Auslegung ist vor allem für die urteilsmäßig angeordneten Auflagen bedeutsam, weil es für diese keine allg. Möglichkeit nachträglicher Änderung oder Aufhebung gibt.

b) Verfahren. Die Anpassung geschieht in demjenigen Verfahren, das im **22** Allg. für die nachträgliche Änderung oder Aufhebung der Weisungen oder Auflagen vorgesehen ist. Handelt es sich um selbstständig angeordnete Weisungen und Auflagen, so wird § 65 entsprechend anzuwenden sein, da diese Vorschrift – wenngleich sie wegen der Verweisungen auf §§ 11, 15 unmittelbar nur bestimmte Fälle nachträglicher Entscheidungen betrifft – doch alle Möglichkeiten der nachträglichen Modifizierung selbstständig angeordneter Weisungen und Auflagen dieser Art erfasst, wie sie vor Einführung der Nr. 3 im JGG bestanden haben. Sind die Weisungen oder Auflagen im Rahmen einer BewAufsicht angeordnet, so verfährt der Richter gem. §§ 58, 62 Abs. 4.

VI. Bewährungshilfe

Die Vorschriften der **Nr. 4** und **5** sind anwendbar bei den verschiedenen **23** Aussetzungsentscheidungen (§§ 21 ff., 27 ff., 88). Sie entsprechen inhaltlich den Regelungen des § 14 Abs. 3 und 4 WStG betr. BewHilfe nach allg. StR.

1. Soldat als ehrenamtlicher BewHelfer

Bestellt werden kann jede Soldatin und jeder Soldat (Nr. 4). Indes sollte **24** der Disziplinarvorgesetzte idR ausscheiden (vgl. auch Diemer in Diemer/Schatz/Sonnen Rn. 6; Ostendorf in NK-JGG Rn. 10), da sonst die Gefahr besteht, dass die eigenständigen Aufgaben als BewHelfer nicht oder nur in begrenztem Umfang geleistet werden können (vgl. etwa auch → Rn. 28, 29). Wegen der eingeschränkten Rechte des JRichters ggü. einem Soldaten als BewHelfer sollte die Auswahl besonders sorgsam geschehen; vor der Bestellung eines Soldaten zum BewHelfer soll der nächste Disziplinarvorgesetzte des Verurteilten gehört werden (§ 112d). – Wegen der Voraussetzungen der Bestellung eines ehrenamtlichen BewHelfers, der nicht Soldatin oder Soldat ist, s. § 24 Abs. 1 S. 2.

a) Eingeschränkte Berichtspflicht; Rechtsstellung. Auch ein **25** BewHelfer, der Soldat ist, **muss** dem **JGericht** berichten. Jedoch unterliegt er bei Ausführung der BewAufsicht nicht den Anweisungen des JRichters **(Nr. 4 S. 2),** dh § 25 S. 2 ist insoweit ausdrücklich außer Kraft gesetzt. Mit dieser Regelung soll ausgeschlossen werden, dass die Gerichte auf den Pflichtenkreis der Soldaten in einer Weise Einfluss nehmen könnten, die ggf. den Maßnahmen und Absichten der militärischen Vorgesetzten entgegensteht.

26   Demgegenüber bleibt die Rechtsstellung des BewHelfers und seine diesbzgl. Tätigkeit von seiner militärischen Stellung und der Erfüllung von militärischen Dienstpflichten unberührt (vgl. auch Gertler in BeckOK JGG Rn. 40: in seiner Tätigkeit als BewHelfer „nicht an Befehl und Gehorsam gebunden"). Seine militärischen Vorgesetzten dürfen ihm keine Befehle über die Art und Weise der Ausgestaltung der BewHilfe erteilen, es sei denn, er übe im Rahmen seiner Tätigkeit als BewHelfer zugleich dienstliche Angelegenheiten aus oder greife in solche ein. Der BewHelfer ist als Soldat den Befehlen seiner Vorgesetzten nur iRd Dienstverhältnisses unterworfen; Anordnungen, die keinen Bezug zum Wehrdienst haben, trifft er selbstständig. Dem entspricht es, dass die **Aufsicht** und **Verantwortlichkeit** des **JGerichts** bzgl. der Tätigkeit des BewHelfers sowie die Verantwortlichkeit des BewHelfers ggü. dem JGericht einschließlich der Berichtspflichten unberührt bleiben.

27   **b) Entbindung.** Ergeben sich infolge der fehlenden Anweisungsbefugnis (Nr. 4 S. 2) unüberwindbare Schwierigkeiten, die auch nicht durch eine etwaige Erörterung des JGerichts mit dem Disziplinarvorgesetzten überwindbar sind, so hat das JGericht jederzeit das Recht, den BewHelfer notfalls von seinem Amt zu entbinden.

2. Nicht-Soldat als BewHelfer

28   Dieser hat gegenüber einem Verurteilten nur eingeschränkte Befugnisse **(Nr. 5)**. Er muss sich im wesentlichen auf den privaten Bereich (zB Schadenswiedergutmachung, Vorbereitung für die Zeit nach dem Wehrdienst) beschränken, kann aber kaum Einfluss auf die Lebensführung des Verurteilten nehmen (Potrykus NJW 1957, 814 (817)). Zur Regelung von Streitfragen hinsichtlich der Grenzen der Aufgaben der BewHilfe ist gem. S. 1 bzw. S. 2 danach zu unterscheiden, ob eine bestimmte Angelegenheit dem militärischen Vorgesetzten vorbehalten ist (vgl. insb. § 10 SoldG) bzw. ob es sich um – nach S. 2 vorrangige – Maßnahmen des Disziplinarvorgesetzten (§ 1 Abs. 4 SoldG, §§ 27 ff. WDO) handelt. – Greifen Maßnahmen des Disziplinarvorgesetzten (gar unter Überschreitung der Befehlsgewalt, § 11 SoldG) im Einzelfall in unzulässiger Weise in den Wirkungsbereich des zivilen BewHelfers ein und wird er dadurch in seiner Tätigkeit beeinträchtigt, kann der BewHelfer ebenso wie der JRichter Dienstaufsichtsbeschwerde bei der vorgesetzten Dienststelle des Disziplinarvorgesetzten einlegen (für Streitentscheidungskompetenz des JRichters dagegen Ostendorf in NK-JGG Rn. 12; Rzepka in Nix Rn. 20). Dem Verurteilten steht insoweit ein allg. Beschwerderecht gem. § 1 WehrbeschwerdeO zu, sofern er sich seinerseits als beschwert empfindet (vgl. auch Lingens/Korte, WStG, 5. Aufl. 2012, § 14 Rn. 20; aA Dau in MüKoStGB WStG § 14 Rn. 22: keine Beschwer, da nur mittelbar betroffen).

3. Ermessensentscheidung des JGerichts

29   Gemäß der Ausgestaltung der Nr. 4 liegt es – im Unterschied zu § 24 Abs. 1 – im Ermessen des JGerichts, ob es einen amtlichen BewHelfer oder – als ehrenamtlichen BewHelfer – eine andere Zivilperson oder eine Soldatin bzw. einen Soldaten (Potrykus NJW 1957, 814 (817); für letzteres Roestel unsere jugend 1959, 200) bestellt. Dabei ist zum einen zu berücksichtigen, dass die allg. Sorgepflicht des militärischen Vorgesetzten (§ 10 Abs. 2, 3 SoldG) ohnehin die Aufgabe der Unterstützung dazu umfasst, dass eine Soldatin bzw. ein Soldat die Ziele einer bestehenden Aussetzung erreicht.

Zum anderen wird eine helfende Unterstützung betr. **außerdienstliche** **29a** **Verhältnisse,** dh solcher ohne Bezug zum Wehrdienst, eher durch die Formen der BewHilfe gewährleistet sein. Insoweit wird es sich empfehlen, die BewHilfe am Heimatort weiterzuführen (BGH NJW 1959, 1503 mAnm Grethlein) und nicht etwa die weiteren Entscheidungen nach § 58 Abs. 3 S. 2 an das JGericht am Ort der Stationierung zu übertragen (dies gilt zumindest dann, wenn die abgeurteilten Straftaten zu einem Zeitpunkt begangen worden sind, zu denen der Verurteilte noch nicht Soldatin bzw. Soldat war).

VII. Auswirkungen des Wehrdienstverhältnisses auf sonstige Rechtsfolgen

Neben den in Nr. 1, 3–5 genannten Abweichungen bestehen Auswirkun- **30** gen des Wehrdienstverhältnisses auch auf solche Rechtsfolgen, die in diesen Vorschriften nicht aufgeführt sind. Insoweit handelt es sich um das Ziel, zu vermeiden, dass der besondere Umstand des Wehrdienstverhältnisses bei Beachtung allg. Grundsätze und Vorschriften des JStR zu einem nicht stimmigen Ergebnis führt.

1. Einzelne sonstige Rechtsfolgen

Insbesondere kann die Einordnung in die militärische Disziplin für die **31** Erfolgsaussichten von Erziehungsmaßregeln, für die Notwendigkeit von Zuchtmitteln oder JStrafe wie auch im Hinblick auf die Prognose bei Aussetzungsentscheidungen von Bedeutung sein. – Soweit unterstellt wird, **Verwarnungen** (§ 14) seien bei Soldaten kaum angebracht (Brunner/Dölling § 14 Rn. 4), ist eine hinreichende Begründung dafür nicht ersichtlich (ebenso Gertler in BeckOK JGG Rn. 23). Ist zu prüfen, ob gegen einen Soldaten **Jugendarrest** (§ 16) zu verhängen ist, so ergibt sich schon aus § 112c Abs. 2, dass auch dabei die militärischen Belange berücksichtigt werden sollten (Potrykus NJW 1957, 814 (817)). Für die **Aussetzung** der **Verhängung** der **JStrafe** zBew (§§ 27 ff.) ebenso wie für die Verhängung von **JStrafe mit** oder **ohne** Aussetzung der **Vollstr** zBew (§§ 17 ff., 21 ff.) gelten ebenso wie für **Erlass, Widerruf** und **Nachverfahren** (§§ 26, 26a, 30) unmittelbar keine Besonderheiten (vgl. jedoch → Rn. 15 ff. zu Nr. 3 sowie → Rn. 23 ff. zu Nr. 4 und 5).

2. Verhältnis zu Disziplinarmaßnahmen

Wird wegen der **gleichen** „Tat" gegen einen Soldaten sowohl eine **32** Rechtsfolge im JStrafverfahren als **auch** eine **Disziplinarmaßnahme** verhängt (ua die Verwarnung (§ 14) als ein Zuchtmittel ist iSd WDO als Disziplinarmaßnahme beurteilt worden (Zweiter Wehrdienstsenat NZWehr 1988, 256)), so verstößt dies zwar nach hM (vgl. zurückhaltend BVerfGE 21, 391 (403) = NJW 1967, 1654 ff.) nicht gegen das Verbot der Doppelbestrafung (Art. 103 Abs. 3 GG), jedoch dürfen beide Entscheidungen nicht unabhängig voneinander getroffen werden (vgl. allg. zum Verhältnis von Kriminalstrafe und Disziplinarstrafe BVerfGE 27, 180 = NJW 1970, 507). Dabei ist es unerheblich, welche der Entscheidungen früher ergangen ist. Dies ist mehrfach bzgl. der Disziplinarbuße entschieden worden (vgl. OLG Frankfurt a. M. NZWehrr 1973, 194 und OLG Hamm NJW 1978, 1063, jeweils zum allg. StR; OLG Oldenburg NZWehrr 1982, 157 zum JStR (Anrechnung auf JA); vgl. auch Gertler in BeckOK JGG Rn. 14); es gilt ebenso zB für den disziplinaren Arrest (BVerfG NJW 1967, 1651; zur Art der Anrechnung OLG Frankfurt a. M. NJW 1971, 852), und zwar auch dann, wenn der Arrest zugleich wegen eines anderen Vorfalles verhängt wurde (OLG Celle NJW 1968, 1103).

3. Vollstreckung von Strafarrest

33   Für VollstrEntscheidungen betr. den Strafarrest nach dem WStG (§ 82 Abs. 1 ist nicht anwendbar (§ 110 Abs. 1)) ist die **StVollstrKammer** zuständig, da der Begriff Freiheitsstrafe in § 462a StPO (neben JStrafe) auch Strafarrest umfasst, und zwar unabhängig davon, ob der Strafarrest, wie es erst nach Ausscheiden aus dem Wehrdienst der Fall ist, in einer JVA (vgl. näher §§ 1, 117f JStVollzG Bln.) oder ansonsten bei der Bundeswehr (§ Art. 5 EGWStG) vollstreckt wird (OLG Stuttgart Justiz 1977, 24).

112b [aufgehoben]

Vollstreckung

112c (1) **Der Vollstreckungsleiter sieht davon ab, Jugendarrest, der wegen einer vor Beginn des Wehrdienstverhältnisses begangenen Tat verhängt ist, gegenüber Soldaten der Bundeswehr zu vollstrecken, wenn die Besonderheiten des Wehrdienstes es erfordern und ihnen nicht durch einen Aufschub der Vollstreckung Rechnung getragen werden kann.**

(2) **Die Entscheidung des Vollstreckungsleiters nach Absatz 1 ist eine jugendrichterliche Entscheidung im Sinne des § 83.**

I. Anwendungsbereich

1–3   Die Vorschrift gilt für **Jugendliche** und **Heranwachsende** (§ 112a) auch in Verfahren vor den für allg. Strafsachen zuständigen Gerichten (§ 112e steht nicht entgegen, da § 112c nur Vollstr und Vollzug betrifft).

II. Vollzug und Absehen von der Vollstreckung des Jugendarrestes

1. Vollzug

Während des Wehrdienstes geschieht der Vollzug (auf Ersuchen des Voll- **4** streckungsleiters) durch die Behörden der Bundeswehr (Art. 5 Abs. 2 EGWStG). Dies gilt unabhängig von der Art der Straftat, deretwegen der JA verhängt wurde, und es kommt auch nicht darauf an, ob der JA vor oder während des Wehrdienstverhältnisses verhängt worden ist. Gemäß dieser Regelung ist § 90 Abs. 2 insoweit ausgeschlossen, und eine Übertragung der VollstrZuständigkeit nach § 85 Abs. 1 findet nicht statt. Der JA wird wie Strafarrest, also durch Freiheitsentziehung (§ 9 Abs. 2 WStG), vollzogen (Art. 5 Abs. 2 EGWStG), wodurch insoweit die Trennung zwischen allg. StR und JStR aufgehoben wird und ggf. (auch) hinsichtlich der Haftbedingungen eine Schlechterstellung ggü. verurteilten zivilen Gleichaltrigen eintritt (Peschke NZWehrr 1987, 159). Die Berechnung gem. § 5 BwVollzO geschieht – anders als nach § 25 JAVollzO – nach Tagen. Die Art der Unterbringung, die Behandlung, die Beschäftigung sowie die Gewährung und der Entzug von Vergünstigungen wie auch der Verkehr mit der Außenwelt richten sich nach der BwVollzO.

Nach überwiegender Auffassung (vgl. vormals Dallinger/Lackner Rn. 14; **5** Diemer in Diemer/Schatz/Sonnen Rn. 4; aA Gertler in BeckOK JGG Rn. 14) soll ein (vergleichsweise kurzer) Restzeitraum eines bereits im Ablauf befindlichen Vollzugs bei zwischenzeitlichem Eintritt in das Wehrdienstverhältnis – unter Beachtung von Abs. 1 – in der allg. JAVollzAnstalt, bei zwischenzeitlicher Entlassung in der Bundeswehreinrichtung zu Ende vollstreckt werden dürfen.

2. Absehen von der Vollstreckung

Für Fälle, in denen sich – auch durch etwaige Erörterung zwischen dem **6** Vollstreckungsleiter und der zuständigen Dienststelle der Bundeswehr – ein **Einvernehmen** hinsichtlich der Belange des Wehrdienstes einerseits und solcher der Vollstr des JA andererseits **nicht erreichen** lässt, gilt die Regelung des **Abs. 1.** Sie kommt von Gesetzes wegen dann **nicht** zur Anwendung, wenn der JA wegen einer **während** des **Wehrdienstverhältnisses** begangenen **Tat** verhängt worden ist.

Was diejenige Voraussetzung des Abs. 1 angeht, dass die Besonderheiten **7** des Wehrdienstes (zB zusammenhängende Grundausbildung) ein Absehen erfordern, so wird sie bei *Freizeit-* oder *Kurzarrest* eher nicht oder doch nur *eingeschränkt* erfüllt sein. Zudem kommt eine Teilvollstr in Betracht.

Durch einen *Aufschub* kann der Vollstr dann *nicht* Rechnung getragen **8** werden, wenn sie dadurch unzulässig (§ 87 Abs. 4) oder zumindest erzieherisch sinnlos (§ 87 Abs. 3; vgl. → § 87 Rn. 6a, 10) wird.

III. Verfahrensrechtliches

1. Abs. 2

9   Die **Entscheidungen** nach Abs. 1 ergehen als solche **jugendrichterlicher Natur** in richterlicher Unabhängigkeit.

2. Gehör

10   Bevor der JRichter die Entscheidung nach Abs. 1 trifft, ist Gelegenheit zur Äußerung gem. § 33 Abs. 2 und – ggf. – Abs. 3 StPO zu geben. Ferner soll der JRichter den nächsten Disziplinarvorgesetzten des Jugendlichen oder Heranwachsenden hören (§ 112d).

3. Rechtsbehelf

11   Gegen die **Entscheidung,** die durch **Beschluss** ergeht, ist die sofortige Beschwerde zulässig (vgl. näher → § 83 Rn. 7, 9 ff.). – Der Disziplinarvorgesetzte, der nicht Verfahrensbeteiligter im prozessualen Sinne ist, kann jedoch ein **Rechtsmittel** nicht einlegen (vgl. auch → § 112a Rn. 19).

Anhörung des Disziplinarvorgesetzten

112d Bevor der Richter oder der Vollstreckungsleiter einem Soldaten der Bundeswehr Weisungen oder Auflagen erteilt, von der Vollstreckung des Jugendarrestes nach § 112c Absatz 1 absieht oder einen Soldaten als Bewährungshelfer bestellt, soll er den nächsten Disziplinarvorgesetzten des Jugendlichen oder Heranwachsenden hören.

I. Anwendungsbereich

1   Die Vorschrift findet auf **Jugendliche** und **Heranwachsende** auch in Verfahren vor den für allg. Strafsachen zuständigen Gerichten Anwendung (§ 112e).

II. Allgemeines

1. Zweck der Vorschrift

2   Die Vorschrift dient gem. jugendstrafrechtlichen Grundsätzen dem Zweck der **Ermittlung** solcher Umstände, die für die Entscheidungen zB gem. § 105 Abs. 1 oder hinsichtlich der erzieherisch am ehesten zweckmäßigen Rechtsfolge wesentlich sind (nach Gertler in BeckOK JGG Rn. 3: nur sekundäre Folge der Vorschrift). Zum anderen – bzw. primär – zielt die Vorschrift darauf ab, in den bestimmten Fällen besondere militärische Belange in Erfahrung zu bringen, um (auch aus erzieherischen Gründen) konträre Anordnungen oder Erwartungen seitens des JGerichts einerseits und des nächsten Disziplinarvorgesetzten andererseits vermeiden zu können.

2. Einzelheiten

Soweit das Gesetz im Einzelnen die Erteilung von **Weisungen** und **Auf-** **3** **lagen** anführt (dazu § 112a Nr. 3 S. 1), so umfasst dies **auch die Änderung** bestehender Weisungen und Auflagen (§ 112a Nr. 3 S. 2). − Im Übrigen wird eine Anhörung ebenso angezeigt sein vor der Verhängung von **JA** nach **§ 11 Abs. 3** zur Klärung der Frage, ob die Befolgung der Weisung oder Erfüllung der Auflage dienstlich möglich gewesen wäre (vgl. auch → § 11 Rn. 18).

III. Verfahrensrechtliches

1. Anhörung

Der **nächste Disziplinarvorgesetzte** ist der unterste Vorgesetzte mit **4/5** Disziplinargewalt, dem der Soldat unmittelbar unterstellt ist (§§ 27 ff., 29 WDO). Die **Form** der Anhörung hat das Gesetz nicht festgelegt. Sie wird nach dem jeweiligen Stand des Verfahrens bzw. nach der Art der Entscheidung unterschiedlich sein. Im Falle der HV (oder einer mündlichen Verhandlung iSv § 78) wird die Anhörung idR in dieser Verhandlung vorgenommen werden. Dies wird weniger gelten für die Anhörung zur Bestellung einer Soldatin oder eines Soldaten zum BewHelfer, die mit dem Verfahren selbst nicht in Beziehung steht. Im Übrigen genügt es, wenn Gelegenheit zur (mündlichen oder schriftlichen) Äußerung gegeben wird.

2. Fortbestehen allgemeiner Aufklärungs- und Anhörungspflichten

Von der Beachtung dieser Pflichten (auch bzgl. der JGH) kann die Vor- **6** schrift schon wegen ihres begrenzten Zwecks (vgl. → Rn. 2, 3) nicht befreien (vgl. schon OLG Schleswig EJF C I 47 = SchlHA 1958, 341).

3. Anfechtbarkeit

Soweit die Nichteinhaltung dieser Soll-Vorschrift nicht zugleich einen **7** Verstoß gegen die allg. richterliche Aufklärungspflicht darstellt (vgl. auch → § 43 Rn. 10, 49), ist sie verfahrensrechtlich nur eingeschränkt bedeutsam. − Wegen eines entsprechenden Verstoßes ist die **Anfechtung** nur durch die Verfahrensbeteiligten, nicht hingegen durch den nächsten Disziplinarvorgesetzten zulässig (Schwalm JZ 1957, 398 (400); Potrykus NJW 1957, 814 (815); vgl. auch → § 112a Rn. 19 sowie → § 112c Rn. 13).

Verfahren vor Gerichten, die für allgemeine Strafsachen zuständig sind

112e In Verfahren gegen Jugendliche oder Heranwachsende vor den für allgemeine Strafsachen zuständigen Gerichten (§ 104) sind die §§ 112a und 112d anzuwenden.

1   Die Vorschrift steht in Ergänzung zu § 104 Abs. 1 und ist iZm den
Beschränkungen des § 104 Abs. 4 und 5 anzuwenden. Da § 112e die
Befugnisse der für allg. Strafsachen zuständigen Gerichte **nicht erweitert,**
dürfen diese Gerichte auch ggü. Soldatinnen und Soldaten weder Erziehungsmaßregeln (§ 104 Abs. 4) anordnen noch in Fällen der Aussetzung der
Vollstr der JStrafe zBew (§§ 21–26a) oder der Aussetzung der Verhängung
der JStrafe zBew (§§ 27–30) Nebenentscheidungen treffen (§ 104 Abs. 5).

2   § 112c ist deshalb nicht angeführt, weil er Fragen der Vollstr und des
Vollzugs betrifft und sich dabei nur an den JRichter wendet. Dies gilt
unabhängig davon, ob der JA durch ein für allg. Strafsachen zuständiges
Gericht verhängt wurde.

Fünfter Teil. Schluß- und Übergangsvorschriften

Bewährungshelfer

113 ¹**Für den Bezirk eines jeden Jugendrichters ist mindestens ein hauptamtlicher Bewährungshelfer anzustellen.** ²**Die Anstellung kann für mehrere Bezirke erfolgen oder ganz unterbleiben, wenn wegen des geringen Anfalls von Strafsachen unverhältnismäßig hohe Aufwendungen entstehen würden.** ³**Das Nähere über die Tätigkeit des Bewährungshelfers ist durch Landesgesetz zu regeln.**

Schrifttum: Dölling/Entorf/Hermann, Kriminologisch-ökonomische Evaluation der fachlichen Qualität der Bewährungs- und Gerichtshilfe sowie des Täter-Opfer-Ausgleichs in Baden-Württemberg, 2015; Heinz, 57 Jahre Bewährungshilfe im Spiegel der Bewährungshilfestatistik, 2021; Walsh, Intensive Bewährungshilfe und junge Intensivtäter, 2018; Weigelt, Bewähren sich Bewährungsstrafen?, 2009.

I. Organisatorische Umsetzung des gesetzlichen Auftrags

1. Organisationstruktur der Jugendbewährungshilfe

Die Vorschrift schreibt die im Regelfall notwendige Einrichtung einer **1** Jugend-BewHilfe vor. Die Länder haben diesen Auftrag erfüllt, indem die BewHelfer von ihnen in den **Gerichtsbezirken** oder auf **Landesebene** angestellt werden (dazu etwa schon Stein Bewährungshilfe 1987, 153 (154)). Dies ist dann mit S. 1 vereinbar, wenn hierdurch für den Bezirk jedes JRichters ein hauptamtlicher BewHelfer zur Verfügung steht (s. aber die theoretisch nach S. 2 mögliche Durchbrechung). Geschäftsverteilungen, die nach dem Alter der Verurteilten bzw. den Verurteilungen nach JStR oder allg. StR differenzieren, sind dabei oftmals in den Hintergrund getreten (vgl. schon Wahl Bewährungshilfe 1964, 5 (30)). Nur manche Bundesländer sehen – wie etwa Bln. (dazu Brachaus/Schleinecke/Gerlach/Miniers ZJJ 2016, 235 (235 f.) – eine verselbstständigte Jugend-BewHilfe vor (dazu und zu den sich auch sonst stark unterscheidenden Organisationsformen s. Kawamura-Reindl in Dollinger/Schmidt-Semisch Jugendkriminalität-HdB 448 ff.). Fehlt es dann auch an einer vergleichbaren binnenorganisatorischen Aufgliederung, ist dies angesichts der (zeitweilig erheblich angestiegenen) Unterstellungen nach allg. StR (vgl. etwa Eisenberg/Kölbel Kriminologie § 30 Rn. 25) nicht unproblematisch. – Durch die Jugend-BewHilfe sind iÜ nicht nur Bewährungsfälle nach JGG zu übernehmen, sondern auch solche aus EU-Mitgliedsstaaten im Rahmen der **Internationalen Rechtshilfe** (n. → § 1 Rn. 40 ff.).

2. Hoheitliche Einbindung

Die hauptamtlichen BewHelfer sind in den meisten Ländern (auf Vor- **2** schlag oder mit Zustimmung der Jugendbehörden) den Justizbehörden zugeordnet und unterstehen dann deren **Dienstaufsicht.** Sofern in einzelnen anderen Bundesländern (namentlich bei einer organisatorischen Verselbstständigung des jugendstrafrechtlichen Bereichs) eine Anbindung an die Jugendbehörden erfolgt ist, unterstehen die BewHelfer auch deren Dienstaufsicht (Sonnen in Diemer/Schatz/Sonnen Rn. 1; Rzepka in Nix Rn. 3; Cornel Bewährungshilfe 2000, 302 (304)). Die hauptamtlichen BewHelfer sind **Amtsträger** iSv § 11 Abs. 1 Nr. 2 StGB. Eine „Beleihung" (im Zuge der Privatisierung bzw. Auslagerung), wie sie zeitweilig (bis zur „Rückverstaatlichung" zum 1.1.2017) in BW ua für die BewHilfe praktiziert wurde, ist mit Blick auf Art. 33 Abs. 4 und 5 GG verfassungsrechtlich nicht unbedenklich. Jedenfalls haben private Träger keine Weisungsbefugnis gegenüber hauptamtlichen BewHelfern, die als Beamte oder Angestellte tätig sind (zur Problematik BVerwGE 150, 366 = NVwZ 2015, 1061; vgl. ferner VG Sigmaringen ZJJ 2008, 297 = BeckRS 2008, 37722; Sterzel Bewährungshilfe 2007, 172 (176 ff.)). Auch die Bewertung der rechtstatsächlichen Privatisierungsfolgen ist kontrovers (krit. etwa Lübbemeier Bewährungshilfe 2013, 84 ff.; anders Steindorfner FS 2010, 269 (270); tendenziell positiv auch Dölling/Entorf/Hermann, Kriminologisch-ökonomische Evaluation (...), 2015, 29 ff., 94 ff.). Unabhängig von der Organisationsform unterliegt der BewHelfer iÜ in fallkonkreten Bewährungsfragen allerdings stets dem **Weisungsrecht des JRichters** (n. → § 25 Rn. 9).

II. Inhaltliche Umsetzung des gesetzlichen Auftrags

1. Rahmenbedingungen

3   Für die praktische Tätigkeit der BewHilfe und deren Ausrichtung macht § 113 keine Vorgaben. Aus § 2 Abs. 1 ergibt sich jedoch, dass die Handlungsbedingungen und das Vorgehen der Jugend-BewHilfe orientiert am **Erziehungsauftrag** zu gestalten sind. Weitere Vorgaben für die Ausgestaltung des Verhältnisses zwischen BewHelfer und Probanden ergeben sich va aus § 24 Abs. 3 sowie teilw. auch aus den länderrechtlichen Regelungen (Zusammenstellung bei Gertler in BeckOK JGG Rn. 5) und aus fachlich-professionellen Standards der BewHilfe (n. zu den Aufgaben, Pflichten und der Doppelrolle des BewHelfers Kawamura-Reindl in Dollinger/Schmidt-Semisch Jugendkriminalität-HdB 445 ff. sowie → § 25 Rn. 12 ff., 20 ff.). Deren Umsetzung sowie die Realisierbarkeit einer erzieherisch funktionalen Beziehung zum Probanden werden indes durch eine Reihe von Rahmenfaktoren – in de facto teilw. ungünstiger Weise – beeinflusst.

4   **a) Professioneller Hintergrund.** Eine erzieherische Gestaltung der Beziehung zum Probanden setzt zunächst einmal eine entspr. Eignung des eingesetzten BewHelfers voraus. Soweit ersichtlich, fehlt es indes an einer spezifischen Ausbildung, insbes. im Jugendbereich (zu vergleichbaren Problemen bei der JGH → § 38 Rn. 81). Die Einstellung erfolgt idR auf der Grundlage einer abgeschlossenen allg. Ausbildung im Bereich der Sozialen Arbeit und teilw. auch der Sozialpädagogik. Ein **Qualifikationshintergrund** mit dezidiert kriminologischen Anteilen sowie jugendorientierter Ausrichtung und erzieherischer Befähigung kann derzeit indes nicht durchgängig angenommen werden (deshalb explizit für den künftigen Einsatz spezialisierter BewHelfer für Jugendliche etwa Bosbach, Abschlussbericht der Regierungskommission „Mehr Sicherheit für Nordrhein-Westfalen", 2020, 57; mit Abstrichen schon Falkowski in DVJJ 1990, 478 ff.). Die Eignung des

Jugend-BewHelfers – zu der es ua der besonderen Expertise hinsichtlich der kulturellen, sozialen und altersgemäßen Bedingungen in der Lebensführung junger Verurteilter bedarf (und dies ggf. noch differenziert nach männlichen und weiblichen Probanden) – muss daher in wesentlichen Teilen in der Berufstätigkeit vielfach erst entwickelt werden (zur Schulungspflicht s. Art 20 Abs. 1 RiL 2016/800).

In diesem Zusammenhang sind zudem Hinweise festzuhalten, denen zufolge bei (Jugend-)BewHelfern untergründig eine **individualisierende Perspektive** auf Jugenddelinquenz nicht selten zu sein scheint. Die Auffälligkeit ihrer Probanden wird hiernach als gleichsam „sozialpathologisch" begriffen und auf eine „Defekt-Persönlichkeit" zurückgeführt (dazu und zum darin liegenden kriminologischen Reduktionismus etwa Eisenberg/ Kölbel Kriminologie § 5 Rn. 3 ff., § 53 Rn. 6f, § 56 Rn. 37 ff.). Andeutungen dafür finden sich in Ansätzen, in denen dichotomisierende Wertungen mit psychiatrischen Anklängen verwendet werden (vgl. zum sog. „Risikoproband" Beß/Koob-Sodtke Bewährungshilfe 2007, 249 (251 f.)) oder wonach die „Gefährlichkeit" der Unterstellten „eingeschätzt" werde und ihnen ohne „Motivation zur Selbstveränderung" keine Hilfe zu gewähren sei (vgl. etwa Klug Bewährungshilfe 2007, 235 (242); s. auch → § 25 Rn. 22). Interaktionistische Zusammenhänge, die auf die Wechselwirkungen mit institutionellen Einwirkungen (ua auch der BewHilfe selbst) oder gar auf makrostrukturelle Entstehungsanteile verweisen, bleiben dann zwangsläufig blass (dazu und zu dem davon beeinflussten Herangehen an die Probanden wie hier Sonnen in Diemer/Schatz/Sonnen Rn. 5; ebenso bereits Bruckmeier/ Donner/Ohder/Thiem-Schräder, Jugenddelinquenz in der Wahrnehmung von Sozialarbeitern, 1984; Lübbemeier Bewährungshilfe 1990, 43). 5

b) Zuteilung. Bei der Entscheidung, welcher BewHelfer für welchen Unterstellungsfall zuständig ist, richten sich die JRichter idR nach der **Geschäftsverteilung** der BewHilfe. Zuteilungsprozesse, die anhand der personalen und sozialen Merkmale sowohl des konkreten BewHelfers als auch des konkreten Probanden erfolgen und hiernach geeignete Beziehungen zu fördern versuchen, sind eher selten. In der Praxis kommt es aber verschiedentlich zu einzelfallbezogenen abw. Regelungen, Absprachen oder auch einem Austausch. Am ehesten scheint aus besonderen Gründen (zB der Geschlechtszugehörigkeit) ein anderer als der nach der Geschäftsverteilung zuständige hauptamtliche BewHelfer bestellt zu werden. Besser wäre es insoweit, den Probanden einem BewHilfe-Team zuzuweisen, das dann die individuelle Zuordnung anhand einer konkreten Eignungsprüfung abzuklären und vorzunehmen hätte. Dies dürfte der Vertrauensbildung zwischen dem Probanden und dem BewHelfer eher förderlich sein und käme auch den Vorstellungen der meisten Probanden näher, die an der Auswahl ihres BewHelfers gern mitwirken würden (so jedenfalls die ältere Befragung von Hesener, Die Arbeitsbeziehung Bewährungshelfer – Proband, 1986, 169 f.; zur Problematik auch → § 25 Rn. 3 ff.). 6

c) Fallzahlbelastung. Statistisch wurde für die Jahre ab 1968 bis 1991 ein erheblicher, wenngleich nicht durchgängiger Anstieg in der Anzahl der Unterstellungen nach JStR ausgewiesen (vgl. BewHiSt 2006 Tab. 1.1). Dieser setzte sich insges. in ähnlicher Weise auch ab 1995 (absolute Anzahl: 29.358) fort, wobei sodann aber (nach zeitweilig schwankenden Werten) ein leichter **Rückgang** folgte (s. dazu Tab.). Im Zuge des sinkenden jugend- 7 strafrechtlichen Sanktionsaufkommens (→ § 5 Rn. 13) verstärkte sich dieser Trend nach 2011 (ab hier stellt das Statistische Bundesamtes keine Daten mehr zur Verfügung). Die deutliche Abnahme an Verurteilungen nach JStR insges. und an Verurteilungen zu JStrafe oder Bewährungssanktionen (→ § 5 Rn. 13) schlägt sich in den Unterstellungen unter BewHilfe nieder. Nach den Daten, die Heinz (57 Jahre Bewährungshilfe im Spiegel der Bewährungshilfestatistik, 2021, 34 ff.) anhand der Angaben der Statistischen Landesämter zusammengetragen und ausgewertet hat, gingen die Unterstellungen im früheren Bundesgebiet auf 23.055 (31.12.2015) bzw. 18.332 (31.12.2019) zurück (vgl. erg. zu den Unterstellungszahlen anhand des BZR auch JAHT Legalbewährung, 2021, 127).

8   Tab.: Bestand der Unterstellungen unter BewHilfe nach BewHiSt Tab. 1.2.1, 1.2.2. Die Angaben sind begrenzt auf die „alten" Bundesländer (mit Gesamt-Bln., aber ohne Hmb.) und auf Unterstellungen unter hauptamtlich tätige Personen der BewHilfe (jeweils auch Mehrfach-Unterstellungen)

Jahr, jeweils am 31.12.	Unterstellungen nach materiellem Jugendstrafrecht					
	insgesamt	davon in %				
		§ 21	§ 88			§ 27
				davon Strafrest bei Entlassung		
				unter 1 Jahr	1 Jahr und mehr	
2002	35.933	68,3	17,6	14,3	3,4	11,6
2004	35.933	67,1	17,5	14,3	3,3	11,5
2006	36.015	66,8	17,2	14,3	3,0	11,8
2008	35.904	64,4	17,8	14,3	3,5	13,4
2010	32.461	62,6	18,9	14,9	4,1	13,5
2011	32.002	61,6	19,7	15,4	4,3	13,6

9   Die **Betreuungsrelation,** dh die Zahl der nach JStR (und nach allg. StR) Unterstellten, die von dem einzelnen BewHelfer zu beaufsichtigen und zu betreuen sind, wird von den gängigen Berechnungen (mit regionalen Unterschieden) zwischen 40 und 90 verortet (Eisenberg/Kölbel Kriminologie § 30 Rn. 24; vgl. aber zu zeitweilig noch höheren Zahlen bspw. in MV Dünkel/Scheel/Schäpler ZJJ 2003, 119 (129): „Fallbelastung von bis zu 130 Probanden"). Am 31.12.1991 lag der durchschnittliche Verteilungsschlüssel für die damals reichlich 2.100 hauptamtlichen BewHelfer bei 1:61,4 (BewHiSt 1991 Tabelle 1). Für 2004 bis 2006 bewegten sich die bundesdurchschnittlichen Werte zwischen 1:74,3 und 1:82,05 (Heinz Sekundäranalyse 1203) und in 2007/08 variierten sie zwischen den Bundesländern mit Relationen von ca. 1:13 bis zu 1:99 (BT-Drs. 16/13142, 72 ff.). Die damit einhergehende Belastung wird allg. als **zu hoch** eingeschätzt, ua weil sie zwangsläufig zu einer Selektion der Probanden hinsichtlich der ihnen entgegengebrachten Betreuungsintensität führt (differenzierend dazu Cornel Bewährungshilfe 2014, 356 (369 ff)). Allerdings scheint es durch das Sinken der Unterstellungszahlen zu einer gewissen Entspannung gekommen zu sein (so für Bln. Brachaus/Schleinecke/Gerlach/Miniers ZJJ 2016, 235 (236)).

2. Hinweise auf die Leistungsfähigkeit

Die Frage, ob und inwieweit die Jugend-BewHilfe ihren Auftrag inhalt- **10**
lich erfüllt und spezialpräventiv bei den ihr unterstellten Verurteilten wirksam werden kann, ist kaum eindeutig zu beantworten (vgl. aber zu Berechnungen anhand BZR-Daten für 1994 und einen Referenzzeitraum von
vier Jahren Weigelt, Bewähren sich Bewährungsstrafen?, 2009, 199 ff.,
231 ff.). Aussagekräftig hierfür scheint am ehesten die **Häufigkeit der
Bewährungswiderrufe** zu sein (erg. zum Folgenden → § 21 Rn. 9,
→ §§ 26, 26a Rn. 3, → § 88 Rn. 20). Doch streng genommen ist diese für
die Legalbewährung bei JStraf- und JStrafrestaussetzung nur bedingt von
Belang, weil der Widerruf rückfallunabhängige Gründe haben kann. Hinzu
kommt, dass andererseits etliche Rückfälle nicht zu einem Widerruf führen
(n. etwa Eisenberg/Kölbel Kriminologie § 42 Rn. 35 ff.), sodass sich anhand
der Angaben der BewHilfe-Statistik auch die Miss-/Erfolgsquote der
BewHilfe nur bedingt beurteilen lässt. Hinzu kommt die eher technische
Einschränkung, dass die Angaben nicht hinreichend nach dem Unterstel-
lungsgrund differenzieren, obwohl sich die Probanden-Struktur und zahlreiche andere widerrufsrelevante Gegebenheiten danach unterscheiden, ob es
sich um eine Aussetzung der Vollstr zBew nach § 21, § 27 oder § 88
handelt. Zu berücksichtigen ist schließlich eine zeitliche Verzerrung, die
dadurch entsteht, dass sich die Widerrufsquote auf die Gesamtzahl der innerhalb eines Berichtsjahres beendeten Unterstellungsfälle bezieht, ohne nach
dem konkreten Unterstellungsjahr zu differenzieren (vgl. dazu schon Heinz
Bewährungshilfe 1977, 296 (303 ff.) sowie die Kontroverse von Hermann
MschKrim 1983, 267; Berckhauer/Hasenpusch MschKrim 1984, 176; Hermann MschKrim 1984, 185).

Legt man gleichwohl die BewHilfe-Statistik zugrunde, lag bzw. liegt die **11**
Widerrufsquote bei Aussetzung der Vollstr zBew (mit/ohne vorherigen
Vollzug) mit langfristig sinkender Tendenz bei ca. 25 %, jedenfalls wenn die
Fälle mit gem. § 31 Abs. 2 beendeter Unterstellung herausgerechnet werden
(n. dazu Heinz Sekundäranalyse 1205 ff.; vgl. stellvertretend für die früher
höheren Werte die Zusammenstellung bei Höhne, Die Strafaussetzung zur
Bewährung bei Jugendstrafen (…), 1985, 182: 35,3 %). Bei einer strengen
Begrenzung auf Konstellationen iSv § 26a, § 24 Abs. 1 und 2 sowie § 30
Abs. 2 belaufen sich erfolgreich endende Unterstellungen auf jährlich stets
etwa 55 % (n. Heinz, 57 Jahre Bewährungshilfe im Spiegel der Bewährungshilfestatistik, 2021, 78 ff.). Widerrufe scheinen bei JStrafen, die wegen
„schädlicher Neigungen" verhängt wurden, häufiger zu sein als bei JStrafen
wegen „Schwere der Schuld". Bei kürzeren JStrafen sind sie offenbar seltener
als bei längeren JStrafen (Höhne, Die Strafaussetzung zur Bewährung bei
Jugendstrafen (…), 1985, 137), ebenso wie bei vollständiger Aussetzung
zBew im Vergleich zur Strafrestaussetzung (vgl. vormals Abel Bewährungshilfe 1970, 129 (135)). Da der JStVollz die ohnehin belasteteren Verurteilten
erfasst, bleibt hier aber ungeklärt, ob und inwieweit die höhere Misserfolgsquote mit abträglichen Folgen des Vollzugsaufenthaltes zusammenhängt. Im
Übrigen ist bei der vergleichsweise hohen Widerrufsquote bei Jugendlichen
und Heranwachsenden (dazu n. und speziell zu Unterschieden nach Delikten
auch Weigelt, Bewähren sich Bewährungsstrafen?, 2009, 199, 228; zu Unterschieden je nach strafrechtlicher Vorbelastung und namentlich bei ehemaligen BewHilfe-Probanden s. Heinz Sekundäranalyse 1211 ff.; erg. bereits

Kerner Bewährungshilfe 1977, 285 (294)) davon auszugehen, dass dies auch durch die **unterschiedliche Kontrollintensität** der BewHilfe beeinflusst ist (s. auch Dünkel/Scheel/Schäpler ZJJ 2003, 119 (129); Kawamura-Reindl in Dollinger/Schmidt-Semisch Jugendkriminalität-HdB 452 ff.; n. Eisenberg/Kölbel Kriminologie § 30 Rn. 26, § 42 Rn. 39 ff.).

12   Wenig geklärt sind auch die Effekte der unterschiedlichen **professionellen Orientierung.** In der internationalen Forschung (etwa Doekhie/van Ginneken/Dirkzwager/Nieuwbeerta Journal of Developmental and Life-Course Criminology 2018, 491) zeichnet sich dabei ab, dass BewHelfer mit einem „caseworker approach" tendenziell erfolgreicher als mit einem „surveillance approach" sind (zur Unterscheidung → § 25 Rn. 11). Der oftmals erfolgende Übergang zu einer „Differenzierenden Leistungsgestaltung" der BewHilfe, bei der sich Art, Ausmaß und Intensität der Angebote und Maßnahmen je nach Bedarf (und Mitwirkungsbereitschaft) der Probanden (bzw. je nach deren Zugehörigkeit zu einer bestimmten „Risikoklasse") unterscheiden, scheint jedenfalls keine erheblichen Auswirkungen auf die statistische Bewährungsrate der Institution zu haben (dazu für MV Bieschke/Tetal in Boers/Schaerff Kriminologische Welt, 529 ff.). Bei einem Modellprojekt der Intensivbewährungshilfe für mehrfachauffällige Probanden in Bay. (zu einer positiven Einschätzung von dessen Entwicklung s. Haverkamp/Walsh Bewährungshilfe 2014, 117) konnten keine verbesserten Legalbewährungswerte nachgewiesen werden (Walsh Intensive Bewährungshilfe und junge Intensivtäter, 2018, 107 ff.; Walsh ZJJ 2019, 241 (244 ff.)).

Vollzug von Freiheitsstrafe in der Einrichtung für den Vollzug der Jugendstrafe

114 In der Einrichtung für den Vollzug der Jugendstrafe dürfen an Verurteilten, die das vierundzwanzigste Lebensjahr noch nicht vollendet haben und sich für den Jugendstrafvollzug eignen, auch Freiheitsstrafen vollzogen werden, die nach allgemeinem Strafrecht verhängt worden sind.

I. Anwendungsbereich

1   Die Vorschrift gilt bei Verurteilung zu einer Freiheitsstrafe, sei es gegenüber einem Heranwachsenden nach Ablehnung von § 105 Abs. 1 oder gegenüber einem Erwachsenen. Ob die Entscheidung durch ein **JGericht** oder ein für **allg. Strafsachen** zuständiges **Gericht** getroffen wurde, ist dementsprechend unerheblich.

II. Allgemeines

2   Die Regelung betrifft unmittelbar allein den Vollzug der **Freiheitsstrafe,** mittelbar jedoch auch denjenigen der **JStrafe.** Insofern ist auch im Hinblick auf die historische Entwicklung der Trennung zwischen jugendlichen und erwachsenen Gefangenen in der Geschichte des StVollzugs (vgl. → § 92 Rn. 2) verständlich, dass diese Vorschrift in das JGG eingefügt wurde.

Die Vorschrift soll dem Umstand Rechnung tragen, dass in der bezeichne- 3
ten Altersgruppe mitunter noch in erheblichem Maße Prozesse der **Persönlichkeitsentwicklung** vonstatten gehen, die in einer allg. StVollzugsanstalt
eher beeinträchtigt werden als in einer als erzieherisch orientiert gedachten
JStVollzAnstalt. – Soweit eingewandt wird, § 114 laufe einer Entscheidung
nach § 105 Abs. 1 zuwider, so mag dies schon wegen der Unbestimmtheit
der Kriterien des § 105 Abs. 1 (vgl. → § 105 Rn. 3, 7 ff., 34 f.) nur ein
geringeres Gewicht haben (im Übrigen mag die Vorschrift im Einzelfall als
Möglichkeit zur Abwendung negativer Folgen etwa rechtskräftig gewordener Fehlentscheidungen zu § 105 Abs. 1 dienlich sein können; ebenso Zie-
ger/Nöding Verteidigung Rn. 263: korrigieren; krit. Gertler in BeckOK
JGG Rn. 9).

III. Voraussetzungen

1. Alter

Zum einen muss der Verurteilte bei Beginn der Vollstr ein Alter von unter 4
24 Jahren haben. Hat er hingegen das Alter von 24 Jahren erreicht, so muss
er in eine allg. JVA überführt werden. Diese zwingende Vorschrift kann im
Einzelfall dem langfristigen Ziel zukünftiger *Legalbewährung* (s. auch § 2
Abs. 1) *zuwiderlaufen,* etwa falls es iRv Vollzugslockerungen zu erneuter
Straftatbegehung mit der Folge einer Anschlussstrafe kommt, der Betroffene
jedoch innerhalb der JStVollzAnstalt integriert ist. Insofern vermag die Auffassung, ein Verbleib in der JStVollzAnstalt sei für einen „geringen" Strafrest
noch nach dem 24. Geburtstag ausnahmsweise möglich (so – betr. Fälle iSv
§ 89b – § 5 der bereits durch die vormaligen VVJug gegenstandslos gewordenen JStVollzO (vgl. → Einl. Rn. 22); s. auch Dallinger/Lackner Rn. 3),
dem Problem nicht hinreichend abzuhelfen. Eine Abweichung vom Voll-
strPlan gem. § 8 Abs. 1 Nr. 1 StVollzG (analog) ist zumindest deshalb nicht
zulässig, weil diese Vorschrift nur eine Verlegung in eine „für den Vollzug
von Freiheitsstrafe zuständige Anstalt" erlaubt. – Kriminalpolitisch wird es
sich empfehlen, die Regelung bezüglich Anschlussstrafen zu modifizieren.

2. Eignung für den JStVollzug

Hinsichtlich dieser zweiten Voraussetzung kommt es darauf an, ob für den 5
jeweiligen individuellen Verurteilten die erzieherischen Bemühungen im
JStVollzug der zukünftigen Sozial- und **Legalbewährung** eher **dienlich**
sind, als die Gegebenheiten im allg. StVollzug. Diesbzgl. wird teilweise eine
Mindestdauer der Freiheitsstrafe von sechs Monaten als Kriterium zugrundegelegt, und zwar der Annahme folgend, eine erzieherische Einwirkung von
einer Dauer unterhalb dieses Zeitraumes sei von vornherein kaum Erfolg
versprechend. Indes fehlt es für diese Annahme an hinreichenden empirischen Belegen (vgl. → § 18 Rn. 3). Nur von der Tendenz her – nicht also
im Sinne einer Ablehnung trotz besonderer Umstände im Einzelfall – vertretbar ist es, die Eignung zu verneinen bei zu vergleichsweise sehr hohen
Freiheitsstrafen Verurteilten ebenso wie bei solchen Personen, die bereits
nahezu 24 Jahre alt sind (vgl. → Rn. 4).

6   Soweit RL 1 Alt. 2 die Eignung eines Verurteilten auch davon abhängig macht, ob von seiner Anwesenheit in der JStVollzAnstalt **Nachteile** für die Erziehung der **anderen Gefangenen** zu befürchten sind, so mag es sich hierbei auch um eine Voraussetzung zur Wahrung von Belangen der jeweiligen JStVollzAnstalt handeln, wodurch im konkreten Einzelfall die Bedürfnisse und Interessen des Verurteilten möglicherweise zurückgestellt werden.

IV. Durchführung

1. Einweisung (§ 451 StPO)

7   Ist der zu Freiheitsstrafe Verurteilte **unter 21 Jahren** alt, so weist die Staatsanwaltschaft – nicht der Rechtspfleger (§ 31 Abs. 2 S. 2 RPflG, vgl. auch RL 6, § 25 StVollstrO; näher zur Begr. BR-Drs. 378/03, 81 f.) – als VollstrBehörde ihn gem. RL 2 S. 1 in die JStVollzAnstalt ein. Sie kann ihn in die allg. StVollzAnstalt einweisen, falls in dieser eine besondere Abteilung für junge Gefangene besteht (RL 2 S. 2; s. im Übrigen aber RL 5 S. 2).

8   Ist der Verurteilte **zwischen 21** und **unter 24 Jahren** alt, so weist die Staatsanwaltschaft ihn gem. RL 3 idR in die allg. StVollzAnstalt ein. Unter den Voraussetzungen von RL 5 S. 1 *kann* sie ihn jedoch in die JStVollzAnstalt einweisen. – Ob der Leiter der allg. StVollzAnstalt zuständig ist, ihn unter der Voraussetzung der RL 4, dh sofern er ihn als für den JStVollzug geeignet hält, in die JStVollzAnstalt zu *überweisen* und die VollstrBehörde lediglich zu benachrichtigen, ist umstritten (abl. Gertler in BeckOK JGG Rn. 18).

2. Endgültige Übernahme

9   Die Frage nach der Zuständigkeit für die Entscheidung darüber, ob der (nach RL 3 oder 4 oder) vorläufig (RL 5) in die JStVollzAnstalt eingewiesene Verurteilte endgültig in dieser Anstalt verbleibt oder aber doch in die allg. StVollzAnstalt eingewiesen bzw. wieder eingewiesen wird, ist umstritten. Da RL 7 im Einklang mit der besonderen Sachnähe des **Leiters** der **JStVollzAnstalt** diesem für die „endgültige Übernahme" ohnehin die Kompetenz zuweist, wird teilweise dessen Zuständigkeit bejaht (Brunner/ Dölling Rn. 5; hier bis 18. Aufl.). Nach anderer Ansicht besteht gem. dem Vorrang des Gesetzes – und auch aus sachlichen Gründen (zB zur Vermeidung ggf. eher situativer vollzugsinterner Einflüsse oder gar partieller Eigenbelange der JStVollzAnstalt) – die Zuständigkeit des **JRichters** analog § 82 Abs. 1 S. 1 (Verrel/Linke in HK-JGG Rn. 6; Ostendorf in NK-JGG Rn. 5; Sonnen in Diemer/Schatz/Sonnen Rn. 8). Eine dritte Ansicht geht von der Zuständigkeit der **Staatsanwaltschaft** gem. § 451 StPO aus, wobei sie gem. RL 7 allerdings daran gehindert sei, entgegen der Auffassung des JStVollzAnstalt den endgültigen Verbleib anzuordnen (Gertler in BeckOK JGG Rn. 19). Da die allg. VollstrZuständigkeit der Staatsanwaltschaft (§ 451 StPO), nachdem der Verurteilte sich bereits in der JStVollzAnstalt befindet, mit der Konzeption des § 82 Abs. 1 nicht verträglich ist, erscheint die Zuständigkeit des **JRichters** (analog § 82 Abs. 1 S. 1) **vorzugwürdig.**

10   An die Eignung des Verurteilten werden höhere Anforderungen zu stellen sein als etwa in Fällen des § 89b Abs. 2. Die Entscheidung kann auch noch getroffen werden, wenn der Verurteilte sich schon eine gewisse Zeit in der JStVollzAnstalt befindet (vgl. Dallinger/Lackner Rn. 6).

3. Häufigkeit

In der Literatur wird verschiedentlich beanstandet, dass von § 114 in der **11** Praxis – nicht nur aus Gründen des Raummangels in den JStVollzEinrichtungen – nur wenig Gebrauch gemacht wird und zudem die „Anschlussstrafen" das Hauptanwendungsgebiet für § 114 darstellen (Böhm/Feuerhelm JugendStrafR 266 f.). – Am 31.8. der Jahre 2005–2017 befanden sich, zunächst (weiterhin) sinkend, sodann schwankend 81, 57, 51, 39, 37, 41, 44, 78, 47, 65, 71, 60, 46 und 53 Gefangene gem. § 114 im JStVollzug (Daten aus: Bestand der Gefangenen und Verwahrten in den deutschen Justizvollzugsanstalten; zu früheren Jahren vgl. bis → 12. Aufl.).

V. Rechtsnatur der endgültigen Entscheidung

Die gem. RL 7 zu treffende endgültige Entscheidung (vgl. → Rn. 9) ist – **12** anders als die Entscheidung des JRichters als Vollstreckungsleiter (§ 83 Abs. 1 S. 1) nach § 89b Abs. 2 – ein **Verwaltungsakt.** Der gegen diese Entscheidung zulässige **Rechtsweg** zur gerichtlichen Überprüfung (Art. 19 Abs. 4 GG) bestimmt sich nach §§ 23 ff. EGGVG.

115 [aufgehoben]

Zeitlicher Geltungsbereich

116 Das Gesetz wird auch auf Verfehlungen angewendet, die vor seinem Inkrafttreten begangen worden sind.

Bei der Vorschrift handelt es sich um eine – dem Grundsatz des § 2 Abs. 2 StGB entsprechende – Übergangsregelung, die zwischenzeitlich, dh seit Inkrafttreten des JGG 1953 (§ 125), praktisch gegenstandslos geworden ist. Zu den Gründen für die Aufhebung von Abs. 1 S. 2, Abs. 2 aF vgl. BT-Drs. 17/2279, zu Art. 54 Nr. 8. – Eine vor Inkrafttreten des JGG wegen einer im Alter von zwischen 18 und 20 Jahren begangenen Tat verhängte Strafe blieb in einem späteren Verfahren auch dann rückfallbegründend oder strafschärfend, wenn nach dem (erst nunmehr geltenden) JGG 1953 ggf. nur eine Erziehungsmaßregel oder ein Zuchtmittel angeordnet worden wäre (BGH NJW 1956, 1408 mAnm Potrykus; s. Dallinger/Lackner Rn. 2).

117-120 [aufgehoben]

Übergangsvorschrift

121 (1) **Für am 1. Januar 2008 bereits anhängige Verfahren auf gerichtliche Entscheidung über die Rechtmäßigkeit von Maßnahmen im Vollzug der Jugendstrafe, des Jugendarrestes und der Unterbringung in einem psychiatrischen Krankenhaus oder einer Entziehungsanstalt sind die Vorschriften des Dritten Abschnitts des Einführungsgesetzes zum Gerichtsverfassungsgesetz in ihrer bisherigen Fassung weiter anzuwenden.**

(2) **Für Verfahren, die vor dem 1. Januar 2012 bei der Jugendkammer anhängig geworden sind, ist § 33b Absatz 2 in der bis zum 31. Dezember 2011 geltenden Fassung anzuwenden.**

(3) **Hat die Staatsanwaltschaft in Verfahren, in denen über die im Urteil vorbehaltene oder die nachträgliche Anordnung der Sicherungsverwahrung zu entscheiden ist, die Akten dem Vorsitzenden des zuständigen Gerichts vor dem 1. Januar 2012 übergeben, ist § 74f des Gerichtsverfassungsgesetzes in der bis zum 31. Dezember 2011 geltenden Fassung entsprechend anzuwenden.**

1   Die Vorschrift des Abs. 1 dient der Klarstellung, von welchem Zeitpunkt an die am 1.1.2008 in Kraft getretene Neuregelung über den Rechtsschutz anzuwenden ist. Zugleich bedeutet die Übergangsvorschrift, dass die Neuregelungen im GKG nur auf solche Rechtsbehelfe Anwendung finden, die nach dem genannten Datum anhängig werden.

2   Mit der Überleitungsvorschrift in *Abs. 2* wird geregelt, dass auf die vor dem 1.1.2012 bei der JKammer eingegangenen Verfahren § 33b Abs. 2 in der bis zum 31.12.2011 geltenden Fassung anzuwenden ist. Auf die danach eingehenden Verfahren ist § 33b Abs. 2–5 in der neuen Fassung anzuwenden.

3   Die Überleitungsvorschrift des *Abs. 3* bezieht sich auf Verfahren, in denen über die im Urteil vorbehaltene oder die nachträgliche Anordnung der Sicherungsverwahrung nach § 7 Abs. 2 und 3 sowie § 106 Abs. 3, 5 und 6 zu entscheiden ist. Der Regelung des § 41 Abs. 2 EGGVG entsprechend, soll für die Besetzung der JKammer auch in diesen Fällen das bisherige Recht gelten, wenn die Akten dem Vorsitzenden des zuständigen Gerichts von der JStA vor dem 1.1.2012 (nach § 81a Abs. 1 iVm § 275a Abs. 1 StPO oder nach § 81a Abs. 2 bzw. – in sog. „Altfällen" betr. Sicherungsverwahrung – nach den gem. Art. 316e Abs. 1 EGStGB maßgeblichen Vorschriften) übergeben worden sind.

122-124 [aufgehoben]

Inkrafttreten

125 Dieses Gesetz tritt am 1. Oktober 1953 in Kraft.

Anhang

1. Sozialgesetzbuch (SGB) Achtes Buch (VIII) Kinder- und Jugendhilfe

vom 26. Juni 1990 (BGBl. I S. 1163),
neugefasst durch Bek. vom 11. September 2012 (BGBl. I S. 2022)
FNA 860-8
zuletzt geändert G zum Ausbau des elektronischen Rechtsverkehrs
mit den Gerichten und zur Änd. weiterer Vorschriften vom 5.10.2021
(BGBl. I S. 4607)
– Auszug –

Erstes Kapitel. Allgemeine Vorschriften

§ 1 Recht auf Erziehung, Elternverantwortung, Jugendhilfe

(1) Jeder junge Mensch hat ein Recht auf Förderung seiner Entwicklung und auf Erziehung zu einer selbstbestimmten, eigenverantwortlichen und gemeinschaftsfähigen Persönlichkeit.

(2) [1]Pflege und Erziehung der Kinder sind das natürliche Recht der Eltern und die zuvörderst ihnen obliegende Pflicht. [2]Über ihre Betätigung wacht die staatliche Gemeinschaft.

(3) Jugendhilfe soll zur Verwirklichung des Rechts nach Absatz 1 insb.
1. junge Menschen in ihrer individuellen und sozialen Entwicklung fördern und dazu beitragen, Benachteiligungen zu vermeiden oder abzubauen,
2. jungen Menschen ermöglichen oder erleichtern, entsprechend ihrem Alter und ihrer individuellen Fähigkeiten in allen sie betreffenden Lebensbereichen selbstbestimmt zu interagieren und damit gleichberechtigt am Leben in der Gesellschaft teilhaben zu können,
3. Eltern und andere Erziehungsberechtigte bei der Erziehung beraten und unterstützen,
4. Kinder und Jugendliche vor Gefahren für ihr Wohl schützen,
5. dazu beitragen, positive Lebensbedingungen für junge Menschen und ihre Familien sowie eine kinder- und familienfreundliche Umwelt zu erhalten oder zu schaffen.

§ 2 Aufgaben der Jugendhilfe

(1) Die Jugendhilfe umfasst Leistungen und andere Aufgaben zugunsten junger Menschen und Familien.

(2) Leistungen der Jugendhilfe sind:

1. Angebote der Jugendarbeit, der Jugendsozialarbeit, der Schulsozialarbeit und des erzieherischen Kinder- und Jugendschutzes (§§ 11 bis 14),
2. Angebote zur Förderung der Erziehung in der Familie (§§ 16 bis 21),
3. Angebote zur Förderung von Kindern in Tageseinrichtungen und in Kindertagespflege (§§ 22 bis 25),
4. Hilfe zur Erziehung und ergänzende Leistungen (§§ 27 bis 35, 36, 37, 39, 40),
5. Hilfe für seelisch behinderte Kinder und Jugendliche und ergänzende Leistungen (§§ 35a bis 37, 39, 40),
6. Hilfe für junge Volljährige und Nachbetreuung (§ 41).

(3) Andere Aufgaben der Jugendhilfe sind

1. die Inobhutnahme von Kindern und Jugendlichen (§ 42),
2. die vorläufige Inobhutnahme von ausländischen Kindern und Jugendlichen nach unbegleiteter Einreise (§ 42a),
3. die Erteilung, der Widerruf und die Zurücknahme der Pflegeerlaubnis (§§ 43, 44),
4. die Erteilung, der Widerruf und die Zurücknahme der Erlaubnis für den Betrieb einer Einrichtung sowie die Erteilung nachträglicher Auflagen und die damit verbundenen Aufgaben (§§ 45 bis 47, 48a),
5. die Tätigkeitsuntersagung (§§ 48, 48a),
6. die Mitwirkung in Verfahren vor den Familiengerichten (§ 50),
7. die Beratung und Belehrung in Verfahren zur Annahme als Kind (§ 51),
8. die Mitwirkung in Verfahren nach dem Jugendgerichtsgesetz (§ 52),
9. die Beratung und Unterstützung von Müttern bei Vaterschaftsfeststellung und Geltendmachung von Unterhaltsansprüchen sowie von Pflegern und Vormündern (§§ 52a, 53),
10. die Erteilung, der Widerruf und die Zurücknahme der Erlaubnis zur Übernahme von Vereinsvormundschaften (§ 54),
11. Beistandschaft, Amtspflegschaft, Amtsvormundschaft und Gegenvormundschaft des Jugendamts (§§ 55 bis 58),
12. Beurkundung (§ 59),
13. die Aufnahme von vollstreckbaren Urkunden (§ 60).

§ 3 Freie und öffentliche Jugendhilfe

(1) Die Jugendhilfe ist gekennzeichnet durch die Vielfalt von Trägern unterschiedlicher Wertorientierungen und die Vielfalt von Inhalten, Methoden und Arbeitsformen.

(2) [1]Leistungen der Jugendhilfe werden von Trägern der freien Jugendhilfe und von Trägern der öffentlichen Jugendhilfe erbracht. [2]Leistungsverpflichtungen, die durch dieses Buch begründet werden, richten sich an die Träger der öffentlichen Jugendhilfe.

(3) [1]Andere Aufgaben der Jugendhilfe werden von Trägern der öffentlichen Jugendhilfe wahrgenommen. [2]Soweit dies ausdrücklich bestimmt ist, können Träger der freien Jugendhilfe diese Aufgaben wahrnehmen oder mit ihrer Ausführung betraut werden.

§ 4 Zusammenarbeit der öffentlichen Jugendhilfe mit der freien Jugendhilfe

(1) [1] Die öffentliche Jugendhilfe soll mit der freien Jugendhilfe zum Wohl junger Menschen und ihrer Familien partnerschaftlich zusammenarbeiten. [2] Sie hat dabei die Selbständigkeit der freien Jugendhilfe in Zielsetzung und Durchführung ihrer Aufgaben sowie in der Gestaltung ihrer Organisationsstruktur zu achten.

(2) Soweit geeignete Einrichtungen, Dienste und Veranstaltungen von anerkannten Trägern der freien Jugendhilfe betrieben werden oder rechtzeitig geschaffen werden können, soll die öffentliche Jugendhilfe von eigenen Maßnahmen absehen.

(3) Die öffentliche Jugendhilfe soll die freie Jugendhilfe nach Maßgabe dieses Buches fördern und dabei die Beteiligung von Kinder, Jugendlichen und Eltern stärken.

§ 4a Selbstorganisierte Zusammenschlüsse zur Selbstvertretung

(1) [1] Selbstorganisierte Zusammenschlüsse nach diesem Buch sind solche, in denen sich nicht in berufsständische Organisationen der Kinder- und Jugendhilfe eingebundene Personen, insbesondere Leistungsberechtigte und Leistungsempfänger nach diesem Buch sowie ehrenamtlich in der Kinder- und Jugendhilfe tätige Personen, nicht nur vorübergehend mit dem Ziel zusammenschließen, Adressatinnen und Adressaten der Kinder- und Jugendhilfe zu unterstützen, zu begleiten und zu fördern, sowie Selbsthilfekontaktstellen. [2] Sie umfassen Selbstvertretungen sowohl innerhalb von Einrichtungen und Institutionen als auch im Rahmen gesellschaftlichen Engagements zur Wahrnehmung eigener Interessen sowie die verschiedenen Formen der Selbsthilfe.

(2) Die öffentliche Jugendhilfe arbeitet mit den selbstorganisierten Zusammenschlüssen zusammen, insbesondere zur Lösung von Problemen im Gemeinwesen oder innerhalb von Einrichtungen zur Beteiligung in diese betreffenden Angelegenheiten, und wirkt auf eine partnerschaftliche Zusammenarbeit mit diesen innerhalb der freien Jugendhilfe hin.

(3) Die öffentliche Jugendhilfe soll die selbstorganisierten Zusammenschlüsse nach Maßgabe dieses Buches anregen und fördern.

§ 5 Wunsch- und Wahlrecht

(1) [1] Die Leistungsberechtigten haben das Recht, zwischen Einrichtungen und Diensten verschiedener Träger zu wählen und Wünsche hinsichtlich der Gestaltung der Hilfe zu äußern. [2] Sie sind auf dieses Recht hinzuweisen.

(2) [1] Der Wahl und den Wünschen soll entsprochen werden, sofern dies nicht mit unverhältnismäßigen Mehrkosten verbunden ist. [2] Wünscht der Leistungsberechtigte die Erbringung einer in § 78a genannten Leistung in einer Einrichtung, mit deren Träger keine Vereinbarungen nach § 78b bestehen, so soll der Wahl nur entsprochen werden, wenn die Erbringung der Leistung in dieser Einrichtung im Einzelfall oder nach Maßgabe des Hilfeplanes (§ 36) geboten ist.

§ 6 Geltungsbereich

(1) [1]Leistungen nach diesem Buch werden jungen Menschen, Müttern, Vätern und Personensorgeberechtigten von Kindern und Jugendlichen gewährt, die ihren tatsächlichen Aufenthalt im Inland haben. [2]Für die Erfüllung anderer Aufgaben gilt Satz 1 entsprechend. [3]Umgangsberechtigte haben unabhängig von ihrem tatsächlichen Aufenthalt Anspruch auf Beratung und Unterstützung bei der Ausübung des Umgangsrechts, wenn das Kind oder der Jugendliche seinen gewöhnlichen Aufenthalt im Inland hat.

(2) [1]Ausländer können Leistungen nach diesem Buch nur beanspruchen, wenn sie rechtmäßig oder auf Grund einer ausländerrechtlichen Duldung ihren gewöhnlichen Aufenthalt im Inland haben. [2]Absatz 1 Satz 2 bleibt unberührt.

(3) Deutschen können Leistungen nach diesem Buch auch gewährt werden, wenn sie ihren Aufenthalt im Ausland haben und soweit sie nicht Hilfe vom Aufenthaltsland erhalten.

(4) Regelungen des über- und zwischenstaatlichen Rechts bleiben unberührt.

§ 7 Begriffsbestimmungen

(1) Im Sinne dieses Buches ist
1. Kind, wer noch nicht 14 Jahre alt ist, soweit nicht die Absätze 2 bis 4 etwas anderes bestimmen,
2. Jugendlicher, wer 14, aber noch nicht 18 Jahre alt ist,
3. junger Volljähriger, wer 18, aber noch nicht 27 Jahre alt ist,
4. junger Mensch, wer noch nicht 27 Jahre alt ist,
5. Personensorgeberechtigter, wem allein oder gemeinsam mit einer anderen Person nach den Vorschriften des Bürgerlichen Gesetzbuchs die Personensorge zusteht,
6. Erziehungsberechtigter, der Personensorgeberechtigte und jede sonstige Person über 18 Jahre, soweit sie auf Grund einer Vereinbarung mit dem Personensorgeberechtigten nicht nur vorübergehend und nicht nur für einzelne Verrichtungen Aufgaben der Personensorge wahrnimmt.

(2) [1]Kinder, Jugendliche, junge Volljährige und junge Menschen mit Behinderungen im Sinne dieses Buches sind Menschen, die körperliche, seelische, geistige oder Sinnesbeeinträchtigungen haben, die sie in Wechselwirkung mit einstellungs- und umweltbedingten Barrieren an der gleichberechtigten Teilhabe an der Gesellschaft mit hoher Wahrscheinlichkeit länger als sechs Monate hindern können. [2]Eine Beeinträchtigung nach Satz 1 liegt vor, wenn der Körper- und Gesundheitszustand von dem für das Lebensalter typischen Zustand abweicht. [3]Kinder, Jugendliche, junge Volljährige und junge Menschen sind von Behinderung bedroht, wenn eine Beeinträchtigung nach Satz 1 zu erwarten ist.

(3) Kind im Sinne des § 1 Absatz 2 ist, wer noch nicht 18 Jahre alt ist.

(4) Werktage im Sinne der §§ 42a bis 42c sind die Wochentage Montag bis Freitag; ausgenommen sind gesetzliche Feiertage.

(5) Die Bestimmungen dieses Buches, die sich auf die Annahme als Kind beziehen, gelten nur für Personen, die das 18. Lebensjahr noch nicht vollendet haben.

§ 8 Beteiligung von Kindern und Jugendlichen

(1) [1]Kinder und Jugendliche sind entsprechend ihrem Entwicklungsstand an allen sie betreffenden Entscheidungen der öffentlichen Jugendhilfe zu beteiligen. [2]Sie sind in geeigneter Weise auf ihre Rechte im Verwaltungsverfahren sowie im Verfahren vor dem Familiengericht und dem Verwaltungsgericht hinzuweisen.

(2) Kinder und Jugendliche haben das Recht, sich in allen Angelegenheiten der Erziehung und Entwicklung an das Jugendamt zu wenden.

(3) [1]Kinder und Jugendliche haben Anspruch auf Beratung ohne Kenntnis des Personensorgeberechtigten, solange durch die Mitteilung an den Personensorgeberechtigten der Beratungszweck vereitelt würde. [2]§ 36 des Ersten Buches bleibt unberührt. [3]Die Beratung kann auch durch einen Träger der freien Jugendhilfe erbracht werden; § 36a Absatz 2 Satz 1 bis 3 gilt entsprechend.

(4) Beteiligung und Beratung von Kindern und Jugendlichen nach diesem Buch erfolgen in einer für sie verständlichen, nachvollziehbaren und wahrnehmbaren Form.

§ 8a Schutzauftrag bei Kindeswohlgefährdung

(1) [1]Werden dem Jugendamt gewichtige Anhaltspunkte für die Gefährdung des Wohls eines Kindes oder Jugendlichen bekannt, so hat es das Gefährdungsrisiko im Zusammenwirken mehrerer Fachkräfte einzuschätzen. [2]Soweit der wirksame Schutz dieses Kindes oder dieses Jugendlichen nicht in Frage gestellt wird, hat das Jugendamt die Erziehungsberechtigten sowie das Kind oder den Jugendlichen in die Gefährdungseinschätzung einzubeziehen und, sofern dies nach fachlicher Einschätzung erforderlich ist,
1. sich dabei einen unmittelbaren Eindruck von dem Kind und von seiner persönlichen Umgebung zu verschaffen.
2. Personen, die gemäß § 4 Absatz 3 des Gesetzes zur Kooperation und Information im Kinderschutz dem Jugendamt Daten übermittelt haben, in geeigneter Weise an der Gefährdungseinschätzung zu beteiligen.
[3]Hält das Jugendamt zur Abwendung der Gefährdung die Gewährung von Hilfen für geeignet und notwendig, so hat es diese den Erziehungsberechtigten anzubieten.

(2) [1]Hält das Jugendamt das Tätigwerden des Familiengerichts für erforderlich, so hat es das Gericht anzurufen; dies gilt auch, wenn die Erziehungsberechtigten nicht bereit oder in der Lage sind, bei der Abschätzung des Gefährdungsrisikos mitzuwirken. [2]Besteht eine dringende Gefahr und kann die Entscheidung des Gerichts nicht abgewartet werden, so ist das Jugendamt verpflichtet, das Kind oder den Jugendlichen in Obhut zu nehmen.

(3) [1]Soweit zur Abwendung der Gefährdung das Tätigwerden anderer Leistungsträger, der Einrichtungen der Gesundheitshilfe oder der Polizei notwendig ist, hat das Jugendamt auf die Inanspruchnahme durch die Erziehungsberechtigten hinzuwirken. [2]Ist ein sofortiges Tätigwerden erforderlich und wirken die Personensorgeberechtigten oder die Erziehungsberechtigten nicht mit, so schaltet das Jugendamt die anderen zur Abwendung der Gefährdung zuständigen Stellen selbst ein.

(4) [1] In Vereinbarungen mit den Trägern von Einrichtungen und Diensten, die Leistungen nach diesem Buch erbringen, ist sicherzustellen, dass

1. deren Fachkräfte bei Bekanntwerden gewichtiger Anhaltspunkte für die Gefährdung eines von ihnen betreuten Kindes oder Jugendlichen eine Gefährdungseinschätzung vornehmen,
2. bei der Gefährdungseinschätzung eine insoweit erfahrene Fachkraft beratend hinzugezogen wird sowie
3. die Erziehungsberechtigten sowie das Kind oder der Jugendliche in die Gefährdungseinschätzung einbezogen werden, soweit hierdurch der wirksame Schutz des Kindes oder Jugendlichen nicht in Frage gestellt wird.

[2] In den Vereinbarungen sind die Kriterien für die Qualifikation der beratend hinzuzuziehenden insoweit erfahrenen Fachkraft zu regeln, die insbesondere auch den spezifischen Schutzbedürfnissen von Kindern und Jugendlichen mit Behinderungen Rechnung tragen. [3] Daneben ist in die Vereinbarungen insbesondere die Verpflichtung aufzunehmen, dass die Fachkräfte der Träger bei den Erziehungsberechtigten auf die Inanspruchnahme von Hilfen hinwirken, wenn sie diese für erforderlich halten, und das Jugendamt informieren, falls die Gefährdung nicht anders abgewendet werden kann.

(5) [1] In Vereinbarungen mit Kindertagespflegepersonen, die Leistungen nach diesem Buch erbringen, ist sicherzustellen, dass diese bei Bekanntwerden gewichtiger Anhaltspunkte für die Gefährdung eines von ihnen betreuten Kindes eine Gefährdungseinschätzung vornehmen und dabei eine insoweit erfahrene Fachkraft beratend hinzuziehen. [2] Die Erziehungsberechtigten sowie das Kind sind in die Gefährdungseinschätzung einzubeziehen, soweit hierdurch der wirksame Schutz des Kindes nicht in Frage gestellt wird. [3] Absatz 4 Satz 2 und 3 gilt entsprechend.

(6) [1] Werden einem örtlichen Träger gewichtige Anhaltspunkte für die Gefährdung des Wohls eines Kindes oder eines Jugendlichen bekannt, so sind dem für die Gewährung von Leistungen zuständigen örtlichen Träger die Daten mitzuteilen, deren Kenntnis zur Wahrnehmung des Schutzauftrags bei Kindeswohlgefährdung nach § 8a erforderlich ist. [2] Die Mitteilung soll im Rahmen eines Gespräches zwischen den Fachkräften der beiden örtlichen Träger erfolgen, an dem die Personensorgeberechtigten sowie das Kind oder der Jugendliche beteiligt werden sollen, soweit hierdurch der wirksame Schutz des Kindes oder des Jugendlichen nicht in Frage gestellt wird.

§ 8b Fachliche Beratung und Begleitung zum Schutz von Kindern und Jugendlichen

(1) Personen, die beruflich in Kontakt mit Kindern oder Jugendlichen stehen, haben bei der Einschätzung einer Kindeswohlgefährdung im Einzelfall gegenüber dem örtlichen Träger der Jugendhilfe Anspruch auf Beratung durch eine insoweit erfahrene Fachkraft.

(2) Träger von Einrichtungen, in denen sich Kinder oder Jugendliche ganztägig oder für einen Teil des Tages aufhalten oder in denen sie Unterkunft erhalten, und die zuständigen Leistungsträger, haben gegenüber dem überörtlichen Träger der Jugendhilfe Anspruch auf Beratung bei der Entwicklung und Anwendung fachlicher Handlungsleitlinien

1. zur Sicherung des Kindeswohls und zum Schutz vor Gewalt sowie

2. zu Verfahren der Beteiligung von Kindern und Jugendlichen an strukturellen Entscheidungen in der Einrichtung sowie zu Beschwerdeverfahren
in persönlichen Angelegenheiten.

(3) Bei der fachlichen Beratung nach den Absätzen 1 und 2 wird den
spezifischen Schutzbedürfnissen von Kindern und Jugendlichen mit Behinderungen Rechnung getragen.

§ 9 Grundrichtung der Erziehung, Gleichberechtigung von jungen Menschen

Bei der Ausgestaltung der Leistungen und der Erfüllung der Aufgaben sind

1. die von den Personensorgeberechtigten bestimmte Grundrichtung der
Erziehung sowie die Rechte der Personensorgeberechtigten und des Kindes oder des Jugendlichen bei der Bestimmung der religiösen Erziehung
zu beachten,
2. die wachsende Fähigkeit und das wachsende Bedürfnis des Kindes oder
des Jugendlichen zu selbständigem, verantwortungsbewusstem Handeln
sowie die jeweiligen besonderen sozialen und kulturellen Bedürfnisse und
Eigenarten junger Menschen und ihrer Familien zu berücksichtigen,
3. die unterschiedlichen Lebenslagen von Mädchen, Jungen sowie transiden-
ten, nichtbinären und intergeschlechtlichen jungen Menschen zu berücksichtigen, Benachteiligungen abzubauen und die Gleichberechtigung der
Geschlechter zu fördern,
4. die gleichberechtigte Teilhabe von jungen Menschen mit und ohne
Behinderungen umzusetzen und vorhandene Barrieren abzubauen.

§ 9a Ombudsstellen

[1] In den Ländern wird sichergestellt, dass sich junge Menschen und ihre
Familien zur Beratung in sowie Vermittlung und Klärung von Konflikten im
Zusammenhang mit Aufgaben der Kinder- und Jugendhilfe nach § 2 und
deren Wahrnehmung durch die öffentliche und freie Jugendhilfe an eine
Ombudsstelle wenden können. [2] Die hierzu dem Bedarf von jungen Menschen und ihren Familien entsprechend errichteten Ombudsstellen arbeiten
unabhängig und sind fachlich nicht weisungsgebunden. [3] § 17 Absatz 1 bis
2a des Ersten Buches gilt für die Beratung sowie die Vermittlung und
Klärung von Konflikten durch die Ombudsstellen entsprechend. [4] Das Nähere regelt das Landesrecht.

§ 10 Verhältnis zu anderen Leistungen und Verpflichtungen

(1) [1] Verpflichtungen anderer, insb. der Träger anderer Sozialleistungen
und der Schulen, werden durch dieses Buch nicht berührt. [2] Auf Rechtsvorschriften beruhende Leistungen anderer dürfen nicht deshalb versagt
werden, weil nach diesem Buch entsprechende Leistungen vorgesehen sind.

(2) [1] Unterhaltspflichtige Personen werden nach Maßgabe der §§ 90 bis
97b an den Kosten für Leistungen und vorläufige Maßnahmen nach diesem
Buch beteiligt. [2] Soweit die Zahlung des Kostenbeitrags die Leistungsfähigkeit des Unterhaltspflichtigen mindert oder der Bedarf des jungen Menschen
durch Leistungen und vorläufige Maßnahmen nach diesem Buch gedeckt ist,
ist dies bei der Berechnung des Unterhalts zu berücksichtigen.

(3) ¹Die Leistungen nach diesem Buch gehen Leistungen nach dem Zweiten Buch vor. ²Abweichend von Satz 1 gehen Leistungen nach § 3 Absatz 2, den §§ 14 bis 16g, § 19 Absatz 2 in Verbindung mit § 28 Absatz 6 des Zweiten Buches sowie Leistungen nach § 6b Absatz 2 des Bundeskindergeldgesetzes in Verbindung mit § 28 Absatz 6 des Zweiten Buches den Leistungen nach diesem Buch vor.

(4) ¹Die Leistungen nach diesem Buch gehen Leistungen nach dem Neunten und Zwölften Buch vor. ²Abweichend von Satz 1 gehen Leistungen nach § 27a Absatz 1 in Verbindung mit § 34 Absatz 6 des Zwölften Buches und Leistungen der Eingliederungshilfe nach dem Neunten Buch für junge Menschen, die körperlich oder geistig behindert oder von einer solchen Behinderung bedroht sind, den Leistungen nach diesem Buch vor. ³Landesrecht kann regeln, dass Leistungen der Frühförderung für Kinder unabhängig von der Art der Behinderung vorrangig von anderen Leistungsträgern gewährt werden.

§ 10a Beratung

(1) Zur Wahrnehmung ihrer Rechte nach diesem Buch werden junge Menschen, Mütter, Väter, Personensorge- oder Erziehungsberechtigte, die leistungsberechtigt sind oder Leistungen nach § 2 Absatz 2 erhalten sollen, in einer für sie verständlichen, nachvollziehbaren und wahrnehmbaren Form, auf ihren Wunsch auch im Beisein einer Person ihres Vertrauens, beraten.

(2) ¹Die Beratung umfasst insbesondere

1. die Familiensituation oder die persönliche Situation des jungen Menschen, Bedarfe, vorhandene Ressourcen sowie mögliche Hilfen,
2. die Leistungen der Kinder- und Jugendhilfe einschließlich des Zugangs zum Leistungssystem,
3. die Leistungen anderer Leistungsträger,
4. mögliche Auswirkungen und Folgen einer Hilfe,
5. die Verwaltungsabläufe,
6. Hinweise auf Leistungsanbieter und andere Hilfemöglichkeiten im Sozialraum und auf Möglichkeiten zur Leistungserbringung,
7. Hinweise auf andere Beratungsangebote im Sozialraum.

²Soweit erforderlich, gehört zur Beratung auch Hilfe bei der Antragstellung, bei der Klärung weiterer zuständiger Leistungsträger, bei der Inanspruchnahme von Leistungen sowie bei der Erfüllung von Mitwirkungspflichten.

(3) Bei minderjährigen Leistungsberechtigten nach § 99 des Neunten Buches nimmt der Träger der öffentlichen Jugendhilfe mit Zustimmung des Personensorgeberechtigten am Gesamtplanverfahren nach § 117 Absatz 6 des Neunten Buches beratend teil.

Zweites Kapitel. Leistungen der Jugendhilfe

Erster Abschnitt. Jugendarbeit, Jugendsozialarbeit, erzieherischer Kinder- und Jugendschutz

§ 11 Jugendarbeit

(1) [1]Jungen Menschen sind die zur Förderung ihrer Entwicklung erforderlichen Angebote der Jugendarbeit zur Verfügung zu stellen. [2]Sie sollen an den Interessen junger Menschen anknüpfen und von ihnen mitbestimmt und mitgestaltet werden, sie zur Selbstbestimmung befähigen und zu gesellschaftlicher Mitverantwortung und zu sozialem Engagement anregen und hinführen. [3]Dabei sollen die Zugänglichkeit und Nutzbarkeit der Angebote für junge Menschen mit Behinderungen sichergestellt werden.

(2) [1]Jugendarbeit wird angeboten von Verbänden, Gruppen und Initiativen der Jugend, von anderen Trägern der Jugendarbeit und den Trägern der öffentlichen Jugendhilfe. [2]Sie umfasst für Mitglieder bestimmte Angebote, die offene Jugendarbeit und gemeinwesenorientierte Angebote.

(3) Zu den Schwerpunkten der Jugendarbeit gehören:

1. außerschulische Jugendbildung mit allgemeiner, politischer, sozialer, gesundheitlicher, kultureller, naturkundlicher und technischer Bildung,
2. Jugendarbeit in Sport, Spiel und Geselligkeit,
3. arbeitswelt-, schul- und familienbezogene Jugendarbeit,
4. internationale Jugendarbeit,
5. Kinder- und Jugenderholung,
6. Jugendberatung.

(4) Angebote der Jugendarbeit können auch Personen, die das 27. Lebensjahr vollendet haben, in angemessenem Umfang einbeziehen.

§ 12 Förderung der Jugendverbände

(1) Die eigenverantwortliche Tätigkeit der Jugendverbände und Jugendgruppen ist unter Wahrung ihres satzungsgemäßen Eigenlebens nach Maßgabe des § 74 zu fördern.

(2) [1]In Jugendverbänden und Jugendgruppen wird Jugendarbeit von jungen Menschen selbst organisiert, gemeinschaftlich gestaltet und mitverantwortet. [2]Ihre Arbeit ist auf Dauer angelegt und in der Regel auf die eigenen Mitglieder ausgerichtet, sie kann sich aber auch an junge Menschen wenden, die nicht Mitglieder sind. [3]Durch Jugendverbände und ihre Zusammenschlüsse werden Anliegen und Interessen junger Menschen zum Ausdruck gebracht und vertreten.

§ 13 Jugendsozialarbeit

(1) Jungen Menschen, die zum Ausgleich sozialer Benachteiligungen oder zur Überwindung individueller Beeinträchtigungen in erhöhtem Maße auf Unterstützung angewiesen sind, sollen im Rahmen der Jugendhilfe sozialpädagogische Hilfen angeboten werden, die ihre schulische und berufliche Ausbildung, Eingliederung in die Arbeitswelt und ihre soziale Integration fördern.

(2) Soweit die Ausbildung dieser jungen Menschen nicht durch Maßnahmen und Programme anderer Träger und Organisationen sichergestellt wird, können geeignete sozialpädagogisch begleitete Ausbildungs- und Beschäftigungsmaßnahmen angeboten werden, die den Fähigkeiten und dem Entwicklungsstand dieser jungen Menschen Rechnung tragen.

(3) ¹Jungen Menschen kann während der Teilnahme an schulischen oder beruflichen Bildungsmaßnahmen oder bei der beruflichen Eingliederung Unterkunft in sozialpädagogisch begleiteten Wohnformen angeboten werden. ²In diesen Fällen sollen auch der notwendige Unterhalt des jungen Menschen sichergestellt und Krankenhilfe nach Maßgabe des § 40 geleistet werden.

(4) Die Angebote sollen mit den Maßnahmen der Schulverwaltung, der Bundesagentur für Arbeit, der Jobcenter, der Träger betrieblicher und außerbetrieblicher Ausbildung sowie der Träger von Beschäftigungsangeboten abgestimmt werden.

§ 13a Schulsozialarbeit

¹Schulsozialarbeit umfasst sozialpädagogische Angebote nach diesem Abschnitt, die jungen Menschen am Ort Schule zur Verfügung gestellt werden. ²Die Träger der Schulsozialarbeit arbeiten bei der Erfüllung ihrer Aufgaben mit den Schulen zusammen. ³Das Nähere über Inhalt und Umfang der Aufgaben der Schulsozialarbeit wird durch Landesrecht geregelt. ⁴Dabei kann durch Landesrecht auch bestimmt werden, dass Aufgaben der Schulsozialarbeit durch andere Stellen nach anderen Rechtsvorschriften erbracht werden.

§ 14 Erzieherischer Kinder- und Jugendschutz

(1) Jungen Menschen und Erziehungsberechtigten sollen Angebote des erzieherischen Kinder- und Jugendschutzes gemacht werden.

(2) Die Maßnahmen sollen

1. junge Menschen befähigen, sich vor gefährdenden Einflüssen zu schützen und sie zur Kritikfähigkeit, Entscheidungsfähigkeit und Eigenverantwortlichkeit sowie zur Verantwortung gegenüber ihren Mitmenschen führen,
2. Eltern und andere Erziehungsberechtigte besser befähigen, Kinder und Jugendliche vor gefährdenden Einflüssen zu schützen.

§ 15 Landesrechtsvorbehalt

Das Nähere über Inhalt und Umfang der in diesem Abschnitt geregelten Aufgaben und Leistungen regelt das Landesrecht.

Vierter Abschnitt. Hilfe zur Erziehung, Eingliederungshilfe für seelisch behinderte Kinder und Jugendliche, Hilfe für junge Volljährige

Erster Unterabschnitt. Hilfe zur Erziehung

§ 27 Hilfe zur Erziehung

(1) Ein Personensorgeberechtigter hat bei der Erziehung eines Kindes oder eines Jugendlichen Anspruch auf Hilfe (Hilfe zur Erziehung), wenn eine dem Wohl des Kindes oder des Jugendlichen entsprechende Erziehung nicht gewährleistet ist und die Hilfe für seine Entwicklung geeignet und notwendig ist.

(2) [1]Hilfe zur Erziehung wird insb. nach Maßgabe der §§ 28 bis 35 gewährt. [2]Art und Umfang der Hilfe richten sich nach dem erzieherischen Bedarf im Einzelfall; dabei soll das engere soziale Umfeld des Kindes oder des Jugendlichen einbezogen werden. [3]Unterschiedliche Hilfearten können miteinander kombiniert werden, sofern dies dem erzieherischen Bedarf des Kindes oder Jugendlichen im Einzelfall entspricht.

(2a) Ist eine Erziehung des Kindes oder Jugendlichen außerhalb des Elternhauses erforderlich, so entfällt der Anspruch auf Hilfe zur Erziehung nicht dadurch, dass eine andere unterhaltspflichtige Person bereit ist, diese Aufgabe zu übernehmen; die Gewährung von Hilfe zur Erziehung setzt in diesem Fall voraus, dass diese Person bereit und geeignet ist, den Hilfebedarf in Zusammenarbeit mit dem Träger der öffentlichen Jugendhilfe nach Maßgabe der §§ 36 und 37 zu decken.

(3) [1]Hilfe zur Erziehung umfasst insb. die Gewährung pädagogischer und damit verbundener therapeutischer Leistungen. [2]Bei Bedarf soll sie Ausbildungs- und Beschäftigungsmaßnahmen im Sinne des § 13 Absatz 2 einschließen und kann mit anderen Leistungen nach diesem Buch kombiniert werden. [3]Die in der Schule oder Hochschule wegen des erzieherischen Bedarfs erforderliche Anleitung und Begleitung können als Gruppenangebote an Kinder oder Jugendliche gemeinsam erbracht werden, soweit dies dem Bedarf des Kindes oder Jugendlichen im Einzelfall entspricht.

(4) Wird ein Kind oder eine Jugendliche während ihres Aufenthaltes in einer Einrichtung oder einer Pflegefamilie selbst Mutter eines Kindes, so umfasst die Hilfe zur Erziehung auch die Unterstützung bei der Pflege und Erziehung dieses Kindes.

§ 28 Erziehungsberatung

[1]Erziehungsberatungsstellen und andere Beratungsdienste und -einrichtungen sollen Kinder, Jugendliche, Eltern und andere Erziehungsberechtigte bei der Klärung und Bewältigung individueller und familienbezogener Probleme und der zugrunde liegenden Faktoren, bei der Lösung von Erziehungsfragen sowie bei Trennung und Scheidung unterstützen. [2]Dabei sollen Fachkräfte verschiedener Fachrichtungen zusammenwirken, die mit unterschiedlichen methodischen Ansätzen vertraut sind.

§ 29 Soziale Gruppenarbeit

[1] Die Teilnahme an sozialer Gruppenarbeit soll älteren Kindern und Jugendlichen bei der Überwindung von Entwicklungsschwierigkeiten und Verhaltensproblemen helfen. [2] Soziale Gruppenarbeit soll auf der Grundlage eines gruppenpädagogischen Konzepts die Entwicklung älterer Kinder und Jugendlicher durch soziales Lernen in der Gruppe fördern.

§ 30 Erziehungsbeistand, Betreuungshelfer

Der Erziehungsbeistand und der Betreuungshelfer sollen das Kind oder den Jugendlichen bei der Bewältigung von Entwicklungsproblemen möglichst unter Einbeziehung des sozialen Umfelds unterstützen und unter Erhaltung des Lebensbezugs zur Familie seine Verselbständigung fördern.

§ 31 Sozialpädagogische Familienhilfe

[1] Sozialpädagogische Familienhilfe soll durch intensive Betreuung und Begleitung Familien in ihren Erziehungsaufgaben, bei der Bewältigung von Alltagsproblemen, der Lösung von Konflikten und Krisen sowie im Kontakt mit Ämtern und Institutionen unterstützen und Hilfe zur Selbsthilfe geben. [2] Sie ist in der Regel auf längere Dauer angelegt und erfordert die Mitarbeit der Familie.

§ 32 Erziehung in einer Tagesgruppe

[1] Hilfe zur Erziehung in einer Tagesgruppe soll die Entwicklung des Kindes oder des Jugendlichen durch soziales Lernen in der Gruppe, Begleitung der schulischen Förderung und Elternarbeit unterstützen und dadurch den Verbleib des Kindes oder des Jugendlichen in seiner Familie sichern. [2] Die Hilfe kann auch in geeigneten Formen der Familienpflege geleistet werden.

§ 33 Vollzeitpflege

[1] Hilfe zur Erziehung in Vollzeitpflege soll entsprechend dem Alter und Entwicklungsstand des Kindes oder des Jugendlichen und seinen persönlichen Bindungen sowie den Möglichkeiten der Verbesserung der Erziehungsbedingungen in der Herkunftsfamilie Kindern und Jugendlichen in einer anderen Familie eine zeitlich befristete Erziehungshilfe oder eine auf Dauer angelegte Lebensform bieten. [2] Für besonders entwicklungsbeeinträchtigte Kinder und Jugendliche sind geeignete Formen der Familienpflege zu schaffen und auszubauen.

§ 34 Heimerziehung, sonstige betreute Wohnform

[1] Hilfe zur Erziehung in einer Einrichtung über Tag und Nacht (Heimerziehung) oder in einer sonstigen betreuten Wohnform soll Kinder und Jugendliche durch eine Verbindung von Alltagserleben mit pädagogischen und therapeutischen Angeboten in ihrer Entwicklung fördern. [2] Sie soll entsprechend dem Alter und Entwicklungsstand des Kindes oder des Jugendlichen sowie den Möglichkeiten der Verbesserung der Erziehungsbedingungen in der Herkunftsfamilie

1. eine Rückkehr in die Familie zu erreichen versuchen oder

2. die Erziehung in einer anderen Familie vorbereiten oder
3. eine auf längere Zeit angelegte Lebensform bieten und auf ein selbständiges Leben vorbereiten.

[3] Jugendliche sollen in Fragen der Ausbildung und Beschäftigung sowie der allgemeinen Lebensführung beraten und unterstützt werden.

§ 35 Intensive sozialpädagogische Einzelbetreuung

[1] Intensive sozialpädagogische Einzelbetreuung soll Jugendlichen gewährt werden, die einer intensiven Unterstützung zur sozialen Integration und zu einer eigenverantwortlichen Lebensführung bedürfen. [2] Die Hilfe ist in der Regel auf längere Zeit angelegt und soll den individuellen Bedürfnissen des Jugendlichen Rechnung tragen.

Zweiter Unterabschnitt. Eingliederungshilfe für seelisch behinderte Kinder und Jugendliche

§ 35a Eingliederungshilfe für Kinder und Jugendliche mit seelischer Behinderung oder drohender seelischer Behinderung

(1) [1] Kinder oder Jugendliche haben Anspruch auf Eingliederungshilfe, wenn

1. ihre seelische Gesundheit mit hoher Wahrscheinlichkeit länger als sechs Monate von dem für ihr Lebensalter typischen Zustand abweicht, und
2. daher ihre Teilhabe am Leben in der Gesellschaft beeinträchtigt ist oder eine solche Beeinträchtigung zu erwarten ist.

[2] Von einer seelischen Behinderung bedroht im Sinne dieser Vorschrift sind Kinder oder Jugendliche, bei denen eine Beeinträchtigung ihrer Teilhabe am Leben in der Gesellschaft nach fachlicher Erkenntnis mit hoher Wahrscheinlichkeit zu erwarten ist. [3] § 27 Absatz 4 gilt entsprechend.

(1a) [1] Hinsichtlich der Abweichung der seelischen Gesundheit nach Absatz 1 Satz 1 Nummer 1 hat der Träger der öffentlichen Jugendhilfe die Stellungnahme

1. eines Arztes für Kinder- und Jugendpsychiatrie und -psychotherapie,
2. eines Kinder- und Jugendlichenpsychotherapeuten, eines Psychotherapeuten mit einer Weiterbildung für die Behandlung von Kindern und Jugendlichen oder
3. eines Arztes oder eines psychologischen Psychotherapeuten, der über besondere Erfahrungen auf dem Gebiet seelischer Störungen bei Kindern und Jugendlichen verfügt,

einzuholen. [2] Die Stellungnahme ist auf der Grundlage der Internationalen Klassifikation der Krankheiten in der vom Deutschen Institut für medizinische Dokumentation und Information herausgegebenen deutschen Fassung zu erstellen. [3] Dabei ist auch darzulegen, ob die Abweichung Krankheitswert hat oder auf einer Krankheit beruht. [4] Enthält die Stellungnahme auch Ausführungen zu Absatz 1 Satz 1 Nummer 2, so sollen diese vom Träger der öffentlichen Jugendhilfe im Rahmen seiner Entscheidung angemessen berücksichtigt werden. [5] Die Hilfe soll nicht von der Person oder dem Dienst oder der Einrichtung, der die Person angehört, die die Stellungnahme abgibt, erbracht werden.

(2) Die Hilfe wird nach dem Bedarf im Einzelfall

1. in ambulanter Form,
2. in Tageseinrichtungen für Kinder oder in anderen teilstationären Einrichtungen,
3. durch geeignete Pflegepersonen und
4. in Einrichtungen über Tag und Nacht sowie sonstigen Wohnformen geleistet.

(3) Aufgabe und Ziele der Hilfe, die Bestimmung des Personenkreises sowie Art und Form der Leistungen richten sich nach Kapitel 6 des Teils 1 des Neunten Buches sowie § 90 und den Kapiteln 6 des Teils 2 des Neunten Buches, soweit diese Bestimmungen auch auf seelisch behinderte oder von einer solchen Behinderung bedrohte Personen Anwendung finden und sich aus diesem Buch nichts anderes ergibt.

(4) [1]Ist gleichzeitig Hilfe zur Erziehung zu leisten, so sollen Einrichtungen, Dienste und Personen in Anspruch genommen werden, die geeignet sind, sowohl die Aufgaben der Eingliederungshilfe zu erfüllen als auch den erzieherischen Bedarf zu decken. [2]Sind heilpädagogische Maßnahmen für Kinder, die noch nicht im schulpflichtigen Alter sind, in Tageseinrichtungen für Kinder zu gewähren und lässt der Hilfebedarf es zu, so sollen Einrichtungen in Anspruch genommen werden, in denen behinderte und nichtbehinderte Kinder gemeinsam betreut werden.

**Dritter Unterabschnitt. Gemeinsame Vorschriften
für die Hilfe zur Erziehung und die Eingliederungshilfe für
seelisch behinderte Kinder und Jugendliche**

§ 36 Mitwirkung, Hilfeplan

(1) [1]Der Personensorgeberechtigte und das Kind oder der Jugendliche sind vor der Entscheidung über die Inanspruchnahme einer Hilfe und vor einer notwendigen Änderung von Art und Umfang der Hilfe zu beraten und auf die möglichen Folgen für die Entwicklung des Kindes oder des Jugendlichen hinzuweisen. [2]Es ist sicherzustellen, dass Beratung und Aufklärung nach Satz 1 in einer für den Personensorgeberechtigten und das Kind oder den Jugendlichen verständlichen, nachvollziehbaren und wahrnehmbaren Form erfolgen.

(2) [1]Die Entscheidung über die im Einzelfall angezeigte Hilfeart soll, wenn Hilfe voraussichtlich für längere Zeit zu leisten ist, im Zusammenwirken mehrerer Fachkräfte getroffen werden. [2]Als Grundlage für die Ausgestaltung der Hilfe sollen sie zusammen mit dem Personensorgeberechtigten und dem Kind oder dem Jugendlichen einen Hilfeplan aufstellen, der Feststellungen über den Bedarf, die zu gewährende Art der Hilfe sowie die notwendigen Leistungen enthält; sie sollen regelmäßig prüfen, ob die gewählte Hilfeart weiterhin geeignet und notwendig ist. [3]Hat das Kind oder der Jugendliche ein oder mehrere Geschwister, so soll der Geschwisterbeziehung bei der Aufstellung und Überprüfung des Hilfeplans sowie bei der Durchführung der Hilfe Rechnung getragen werden.

(3) [1]Werden bei der Durchführung der Hilfe andere Personen, Dienste oder Einrichtungen tätig, so sind sie oder deren Mitarbeiterinnen und Mitarbeiter an der Aufstellung des Hilfeplans und seiner Überprüfung zu betei-

ligen. [2] Soweit dies zur Feststellung des Bedarfs, der zu gewährenden Art der Hilfe oder der notwendigen Leistungen nach Inhalt, Umfang und Dauer erforderlich ist, sollen öffentliche Stellen, insbesondere andere Sozialleistungsträger, Rehabilitationsträger oder die Schule beteiligt werden. [3] Gewährt der Träger der öffentlichen Jugendhilfe Leistungen zur Teilhabe, sind die Vorschriften zum Verfahren bei einer Mehrheit von Rehabilitationsträgern nach dem Neunten Buch zu beachten.

(4) Erscheinen Hilfen nach § 35a erforderlich, so soll bei der Aufstellung und Änderung des Hilfeplans sowie bei der Durchführung der Hilfe die Person, die eine Stellungnahme nach § 35a Absatz 1a abgegeben hat, beteiligt werden.

(5) Soweit dies zur Feststellung des Bedarfs, der zu gewährenden Art der Hilfe oder der notwendigen Leistungen nach Inhalt, Umfang und Dauer erforderlich ist und dadurch der Hilfezweck nicht in Frage gestellt wird, sollen Eltern, die nicht personensorgeberechtigt sind, an der Aufstellung des Hilfeplans und seiner Überprüfung beteiligt werden; die Entscheidung, ob, wie und in welchem Umfang deren Beteiligung erfolgt, soll im Zusammenwirken mehrerer Fachkräfte unter Berücksichtigung der Willensäußerung und der Interessen des Kindes oder Jugendlichen sowie der Willensäußerung des Personensorgeberechtigten getroffen werden.

§ 36a Steuerungsverantwortung, Selbstbeschaffung

(1) [1] Der Träger der öffentlichen Jugendhilfe trägt die Kosten der Hilfe grundsätzlich nur dann, wenn sie auf der Grundlage seiner Entscheidung nach Maßgabe des Hilfeplans unter Beachtung des Wunsch- und Wahlrechts erbracht wird; dies gilt auch in den Fällen, in denen Eltern durch das Familiengericht oder Jugendliche und junge Volljährige durch den Jugendrichter zur Inanspruchnahme von Hilfen verpflichtet werden. [2] Die Vorschriften über die Heranziehung zu den Kosten der Hilfe bleiben unberührt.

(2) [1] Abweichend von Absatz 1 soll der Träger der öffentlichen Jugendhilfe die niedrigschwellige unmittelbare Inanspruchnahme von ambulanten Hilfen, insbesondere der Erziehungsberatung nach § 28, zulassen. [2] Dazu soll der Träger der öffentlichen Jugendhilfe mit den Leistungserbringern Vereinbarungen schließen, in denen die Voraussetzungen und die Ausgestaltung der Leistungserbringung sowie die Übernahme der Kosten geregelt werden. [3] Dabei finden der nach § 80 Absatz 1 Nummer 2 ermittelte Bedarf, die Planungen zur Sicherstellung des bedarfsgerechten Zusammenwirkens der Angebote von Jugendhilfeleistungen in den Lebens- und Wohnbereichen von jungen Menschen und Familien nach § 80 Absatz 2 Nummer 3 sowie die geplanten Maßnahmen zur Qualitätsgewährleistung der Leistungserbringung nach § 80 Absatz 3 Beachtung.

(3) [1] Werden Hilfen abweichend von den Absätzen 1 und 2 vom Leistungsberechtigten selbst beschafft, so ist der Träger der öffentlichen Jugendhilfe zur Übernahme der erforderlichen Aufwendungen nur verpflichtet, wenn

1. der Leistungsberechtigte den Träger der öffentlichen Jugendhilfe vor der Selbstbeschaffung über den Hilfebedarf in Kenntnis gesetzt hat,
2. die Voraussetzungen für die Gewährung der Hilfe vorlagen und
3. die Deckung des Bedarfs

a) bis zu einer Entscheidung des Trägers der öffentlichen Jugendhilfe über die Gewährung der Leistung oder

b) bis zu einer Entscheidung über ein Rechtsmittel nach einer zu Unrecht abgelehnten Leistung

keinen zeitlichen Aufschub geduldet hat.

[2] War es dem Leistungsberechtigten unmöglich, den Träger der öffentlichen Jugendhilfe rechtzeitig über den Hilfebedarf in Kenntnis zu setzen, so hat er dies unverzüglich nach Wegfall des Hinderungsgrundes nachzuholen.

§ 36b Zusammenarbeit beim Zuständigkeitsübergang

(1) [1] Zur Sicherstellung von Kontinuität und Bedarfsgerechtigkeit der Leistungsgewährung sind von den zuständigen öffentlichen Stellen, insbesondere von Sozialleistungsträgern oder Rehabilitationsträgern rechtzeitig im Rahmen des Hilfeplans Vereinbarungen zur Durchführung des Zuständigkeitsübergangs zu treffen. [2] Im Rahmen der Beratungen zum Zuständigkeitsübergang prüfen der Träger der öffentlichen Jugendhilfe und die andere öffentliche Stelle, insbesondere der andere Sozialleistungsträger oder Rehabilitationsträger gemeinsam, welche Leistung nach dem Zuständigkeitsübergang dem Bedarf des jungen Menschen entspricht.

(2) [1] Abweichend von Absatz 1 werden bei einem Zuständigkeitsübergang vom Träger der öffentlichen Jugendhilfe auf einen Träger der Eingliederungshilfe rechtzeitig im Rahmen eines Teilhabeplanverfahrens nach § 19 des Neunten Buches die Voraussetzungen für die Sicherstellung einer nahtlosen und bedarfsgerechten Leistungsgewährung nach dem Zuständigkeitsübergang geklärt. [2] Die Teilhabeplanung ist frühzeitig, in der Regel ein Jahr vor dem voraussichtlichen Zuständigkeitswechsel, vom Träger der Jugendhilfe einzuleiten. [3] Mit Zustimmung des Leistungsberechtigten oder seines Personensorgeberechtigten ist eine Teilhabeplankonferenz nach § 20 des Neunten Buches durchzuführen. [4] Stellt der beteiligte Träger der Eingliederungshilfe fest, dass seine Zuständigkeit sowie die Leistungsberechtigung absehbar gegeben sind, soll er entsprechend § 19 Absatz 5 des Neunten Buches die Teilhabeplanung vom Träger der öffentlichen Jugendhilfe übernehmen. [5] Dies beinhaltet gemäß § 21 des Neunten Buches auch die Durchführung des Verfahrens zur Gesamtplanung nach den §§ 117 bis 122 des Neunten Buches.

§ 37 Beratung und Unterstützung der Eltern, Zusammenarbeit bei Hilfen außerhalb der eigenen Familie

(1) [1] Werden Hilfen nach den §§ 32 bis 34 und 35a Absatz 2 Nummer 3 und 4 gewährt, haben die Eltern einen Anspruch auf Beratung und Unterstützung sowie Förderung der Beziehung zu ihrem Kind. [2] Durch Beratung und Unterstützung sollen die Entwicklungs-, Teilhabe- oder Erziehungsbedingungen in der Herkunftsfamilie innerhalb eines im Hinblick auf die Entwicklung des Kindes oder Jugendlichen vertretbaren Zeitraums so weit verbessert werden, dass sie das Kind oder den Jugendlichen wieder selbst erziehen kann. [3] Ist eine nachhaltige Verbesserung der Entwicklungs-, Teilhabe- oder Erziehungsbedingungen in der Herkunftsfamilie innerhalb dieses Zeitraums nicht erreichbar, so dienen die Beratung und Unterstützung der Eltern sowie die Förderung ihrer Beziehung zum Kind der Erarbeitung und Sicherung einer anderen, dem Wohl des Kindes oder Jugendlichen förderlichen und auf Dauer angelegten Lebensperspektive.

(2) ¹Bei den in Absatz 1 Satz 1 genannten Hilfen soll der Träger der öffentlichen Jugendhilfe die Zusammenarbeit der Pflegeperson oder der in der Einrichtung für die Erziehung verantwortlichen Person und der Eltern zum Wohl des Kindes oder Jugendlichen durch geeignete Maßnahmen fördern. ²Der Träger der öffentlichen Jugendhilfe stellt dies durch eine abgestimmte Wahrnehmung der Aufgaben nach Absatz 1 und § 37a sicher.

(3) ¹Sofern der Inhaber der elterlichen Sorge durch eine Erklärung nach § 1688 Absatz 3 Satz 1 des Bürgerlichen Gesetzbuchs die Entscheidungsbefugnisse der Pflegeperson so weit einschränkt, dass die Einschränkung eine dem Wohl des Kindes oder des Jugendlichen förderliche Entwicklung nicht mehr ermöglicht, sollen die Beteiligten das Jugendamt einschalten. ²Auch bei sonstigen Meinungsverschiedenheiten zwischen ihnen sollen die Beteiligten das Jugendamt einschalten.

§ 37a Beratung und Unterstützung der Pflegeperson

¹Die Pflegeperson hat vor der Aufnahme des Kindes oder des Jugendlichen und während der Dauer des Pflegeverhältnisses Anspruch auf Beratung und Unterstützung. ²Dies gilt auch in den Fällen, in denen für das Kind oder den Jugendlichen weder Hilfe zur Erziehung noch Eingliederungshilfe gewährt wird, und in den Fällen, in denen die Pflegeperson nicht der Erlaubnis zur Vollzeitpflege nach § 44 bedarf. ³Lebt das Kind oder der Jugendliche bei einer Pflegeperson außerhalb des Bereichs des zuständigen Trägers der öffentlichen Jugendhilfe, so sind ortsnahe Beratung und Unterstützung sicherzustellen. ⁴Der zuständige Träger der öffentlichen Jugendhilfe hat die aufgewendeten Kosten einschließlich der Verwaltungskosten auch in den Fällen zu erstatten, in denen die Beratung und Unterstützung im Wege der Amtshilfe geleistet werden. ⁵Zusammenschlüsse von Pflegepersonen sollen beraten, unterstützt und gefördert werden.

§ 37b Sicherung der Rechte von Kindern und Jugendlichen in Familienpflege

(1) ¹Das Jugendamt stellt sicher, dass während der Dauer des Pflegeverhältnisses ein nach Maßgabe fachlicher Handlungsleitlinien gemäß § 79a Satz 2 entwickeltes Konzept zur Sicherung der Rechte des Kindes oder des Jugendlichen und zum Schutz vor Gewalt angewandt wird. ²Hierzu sollen die Pflegeperson sowie das Kind oder der Jugendliche vor der Aufnahme und während der Dauer des Pflegeverhältnisses beraten und an der auf das konkrete Pflegeverhältnis bezogenen Ausgestaltung des Konzepts beteiligt werden.

(2) Das Jugendamt gewährleistet, dass das Kind oder der Jugendliche während der Dauer des Pflegeverhältnisses Möglichkeiten der Beschwerde in persönlichen Angelegenheiten hat und informiert das Kind oder den Jugendlichen hierüber.

(3) ¹Das Jugendamt soll den Erfordernissen des Einzelfalls entsprechend an Ort und Stelle überprüfen, ob eine dem Wohl des Kindes oder des Jugendlichen förderliche Entwicklung bei der Pflegeperson gewährleistet ist. ²Die Pflegeperson hat das Jugendamt über wichtige Ereignisse zu unterrichten, die das Wohl des Kindes oder des Jugendlichen betreffen.

§ 37c Ergänzende Bestimmungen zur Hilfeplanung bei Hilfen außerhalb der eigenen Familie

(1) [1]Bei der Aufstellung und Überprüfung des Hilfeplans nach § 36 Absatz 2 Satz 2 ist bei Hilfen außerhalb der eigenen Familie prozesshaft auch die Perspektive der Hilfe zu klären. [2]Der Stand der Perspektivklärung nach Satz 1 ist im Hilfeplan zu dokumentieren.

(2) [1]Maßgeblich bei der Perspektivklärung nach Absatz 1 ist, ob durch Leistungen nach diesem Abschnitt die Entwicklungs-, Teilhabe- oder Erziehungsbedingungen in der Herkunftsfamilie innerhalb eines im Hinblick auf die Entwicklung des Kindes oder Jugendlichen vertretbaren Zeitraums so weit verbessert werden, dass die Herkunftsfamilie das Kind oder den Jugendlichen wieder selbst erziehen, betreuen und fördern kann. [2]Ist eine nachhaltige Verbesserung der Entwicklungs-, Teilhabe- oder Erziehungsbedingungen in der Herkunftsfamilie innerhalb eines im Hinblick auf die Entwicklung des Kindes oder Jugendlichen vertretbaren Zeitraums nicht erreichbar, so soll mit den beteiligten Personen eine andere, dem Wohl des Kindes oder Jugendlichen förderliche und auf Dauer angelegte Lebensperspektive erarbeitet werden. [3]In diesem Fall ist vor und während der Gewährung der Hilfe insbesondere zu prüfen, ob die Annahme als Kind in Betracht kommt.

(3) [1]Bei der Auswahl der Einrichtung oder der Pflegeperson sind der Personensorgeberechtigte und das Kind oder der Jugendliche oder bei Hilfen nach § 41 der junge Volljährige zu beteiligen. [2]Der Wahl und den Wünschen des Leistungsberechtigten ist zu entsprechen, sofern sie nicht mit unverhältnismäßigen Mehrkosten verbunden sind. [3]Wünschen die in Satz 1 genannten Personen die Erbringung einer in § 78a genannten Leistung in einer Einrichtung, mit deren Träger keine Vereinbarungen nach § 78b bestehen, so soll der Wahl nur entsprochen werden, wenn die Erbringung der Leistung in dieser Einrichtung nach Maßgabe des Hilfeplans geboten ist. [4]Bei der Auswahl einer Pflegeperson, die ihren gewöhnlichen Aufenthalt außerhalb des Bereichs des örtlich zuständigen Trägers hat, soll der örtliche Träger der öffentlichen Jugendhilfe beteiligt werden, in dessen Bereich die Pflegeperson ihren gewöhnlichen Aufenthalt hat.

(4) [1]Die Art und Weise der Zusammenarbeit nach § 37 Absatz 2 sowie die damit im Einzelfall verbundenen Ziele sind im Hilfeplan zu dokumentieren. [2]Bei Hilfen nach den §§ 33, 35a Absatz 2 Nummer 3 zählen dazu auch der vereinbarte Umfang der Beratung und Unterstützung der Eltern nach § 37 Absatz 1 und der Pflegeperson nach § 37a Absatz 1 sowie die Höhe der laufenden Leistungen zum Unterhalt des Kindes oder Jugendlichen nach § 39. [3]Bei Hilfen für junge Volljährige nach § 41 gilt dies entsprechend in Bezug auf den vereinbarten Umfang der Beratung und Unterstützung der Pflegeperson sowie die Höhe der laufenden Leistungen zum Unterhalt. [4]Eine Abweichung von den im Hilfeplan gemäß den Sätzen 1 bis 3 getroffenen Feststellungen ist nur bei einer Änderung des Hilfebedarfs und entsprechender Änderung des Hilfeplans auch bei einem Wechsel der örtlichen Zuständigkeit zulässig.

§ 38 Zulässigkeit von Auslandsmaßnahmen

(1) [1]Hilfen nach diesem Abschnitt sind in der Regel im Inland zu erbringen. [2]Sie dürfen nur dann im Ausland erbracht werden, wenn dies nach

Maßgabe der Hilfeplanung zur Erreichung des Hilfezieles im Einzelfall erforderlich ist und die aufenthaltsrechtlichen Vorschriften des aufnehmenden Staates sowie

1. im Anwendungsbereich der Verordnung (EG) Nr. 2201/2003 des Rates vom 27. November 2003 über die Zuständigkeit und die Anerkennung und Vollstreckung von Entscheidungen in Ehesachen und in Verfahren betreffend die elterliche Verantwortung und zur Aufhebung der Verordnung (EG) Nr. 1347/2000 die Voraussetzungen des Artikels 56 oder

2. im Anwendungsbereich des Haager Übereinkommens vom 19. Oktober 1996 über die Zuständigkeit, das anzuwendende Recht, die Anerkennung, Vollstreckung und Zusammenarbeit auf dem Gebiet der elterlichen Verantwortung und der Maßnahmen zum Schutz von Kindern die Voraussetzungen des Artikels 33

erfüllt sind.

(2) Der Träger der öffentlichen Jugendhilfe soll vor der Entscheidung über die Gewährung einer Hilfe, die ganz oder teilweise im Ausland erbracht wird,

1. zur Feststellung einer seelischen Störung mit Krankheitswert die Stellungnahme einer in § 35a Absatz 1a Satz 1 genannten Person einholen,

2. sicherstellen, dass der Leistungserbringer
   a) über eine Betriebserlaubnis nach § 45 für eine Einrichtung im Inland verfügt, in der Hilfe zur Erziehung erbracht wird,
   b) Gewähr dafür bietet, dass er die Rechtsvorschriften des aufnehmenden Staates einschließlich des Aufenthaltsrechts einhält, insbesondere vor Beginn der Leistungserbringung die in Absatz 1 Satz 2 genannten Maßgaben erfüllt, und mit den Behörden des aufnehmenden Staates sowie den deutschen Vertretungen im Ausland zusammenarbeitet,
   c) mit der Erbringung der Hilfen nur Fachkräfte nach § 72 Absatz 1 betraut,
   d) über die Qualität der Maßnahme eine Vereinbarung abschließt; dabei sind die fachlichen Handlungsleitlinien des überörtlichen Trägers anzuwenden,
   e) Ereignisse oder Entwicklungen, die geeignet sind, das Wohl des Kindes oder Jugendlichen zu beeinträchtigen, dem Träger der öffentlichen Jugendhilfe unverzüglich anzeigt und

3. die Eignung der mit der Leistungserbringung zu betrauenden Einrichtung oder Person an Ort und Stelle überprüfen.

(3) [1] Überprüfung und Fortschreibung des Hilfeplans sollen nach Maßgabe von § 36 Absatz 2 Satz 2 am Ort der Leistungserbringung unter Beteiligung des Kindes oder des Jugendlichen erfolgen. [2] Unabhängig von der Überprüfung und Fortschreibung des Hilfeplans nach Satz 1 soll der Träger der öffentlichen Jugendhilfe nach den Erfordernissen im Einzelfall an Ort und Stelle überprüfen, ob die Anforderungen nach Absatz 2 Nummer 2 Buchstabe b und c sowie Nummer 3 weiter erfüllt sind.

(4) Besteht die Erfüllung der Anforderungen nach Absatz 2 Nummer 2 oder die Eignung der mit der Leistungserbringung betrauten Einrichtung oder Person nicht fort, soll die Leistungserbringung im Ausland unverzüglich beendet werden.

(5) [1]Der Träger der öffentlichen Jugendhilfe hat der erlaubniserteilenden Behörde unverzüglich

1. den Beginn und das geplante Ende der Leistungserbringung im Ausland unter Angabe von Namen und Anschrift des Leistungserbringers, des Aufenthaltsorts des Kindes oder Jugendlichen sowie der Namen der mit der Erbringung der Hilfe betrauten Fachkräfte,
2. Änderungen der in Nummer 1 bezeichneten Angaben sowie
3. die bevorstehende Beendigung der Leistungserbringung im Ausland

zu melden sowie

4. einen Nachweis zur Erfüllung der aufenthaltsrechtlichen Vorschriften des aufnehmenden Staates und im Anwendungsbereich
   a) der Verordnung (EG) Nr. 2201/2003 des Rates vom 27. November 2003 über die Zuständigkeit und die Anerkennung und Vollstreckung von Entscheidungen in Ehesachen und in Verfahren betreffend die elterliche Verantwortung und zur Aufhebung der Verordnung (EG) Nr. 1347/2000 zur Erfüllung der Maßgaben des Artikels 56,
   b) des Haager Übereinkommens vom 19. Oktober 1996 über die Zuständigkeit, das anzuwendende Recht, die Anerkennung, Vollstreckung und Zusammenarbeit auf dem Gebiet der elterlichen Verantwortung und der Maßnahmen zum Schutz von Kindern zur Erfüllung der Maßgaben des Artikels 33

zu übermitteln. [2]Die erlaubniserteilende Behörde wirkt auf die unverzügliche Beendigung der Leistungserbringung im Ausland hin, wenn sich aus den Angaben nach Satz 1 ergibt, dass die an die Leistungserbringung im Ausland gestellten gesetzlichen Anforderungen nicht erfüllt sind.

§ 39 Leistungen zum Unterhalt des Kindes oder des Jugendlichen

(1) [1]Wird Hilfe nach den §§ 32 bis 35 oder nach § 35a Absatz 2 Nummer 2 bis 4 gewährt, so ist auch der notwendige Unterhalt des Kindes oder Jugendlichen außerhalb des Elternhauses sicherzustellen. [2]Er umfasst die Kosten für den Sachaufwand sowie für die Pflege und Erziehung des Kindes oder Jugendlichen.

(2) [1]Der gesamte regelmäßig wiederkehrende Bedarf soll durch laufende Leistungen gedeckt werden. [2]Sie umfassen außer im Fall des § 32 und des § 35a Absatz 2 Nummer 2 auch einen angemessenen Barbetrag zur persönlichen Verfügung des Kindes oder des Jugendlichen. [3]Die Höhe des Betrages wird in den Fällen der §§ 34, 35, 35a Absatz 2 Nummer 4 von der nach Landesrecht zuständigen Behörde festgesetzt; die Beträge sollen nach Altersgruppen gestaffelt sein. [4]Die laufenden Leistungen im Rahmen der Hilfe in Vollzeitpflege (§ 33) oder bei einer geeigneten Pflegeperson (§ 35a Absatz 2 Nummer 3) sind nach den Absätzen 4 bis 6 zu bemessen.

(3) Einmalige Beihilfen oder Zuschüsse können insb. zur Erstausstattung einer Pflegestelle, bei wichtigen persönlichen Anlässen sowie für Urlaubs- und Ferienreisen des Kindes oder des Jugendlichen gewährt werden.

(4) [1]Die laufenden Leistungen sollen auf der Grundlage der tatsächlichen Kosten gewährt werden, sofern sie einen angemessenen Umfang nicht übersteigen. [2]Die laufenden Leistungen umfassen auch die Erstattung nachgewiesener Aufwendungen für Beiträge zu einer Unfallversicherung sowie die

hälftige Erstattung nachgewiesener Aufwendungen zu einer angemessenen Alterssicherung der Pflegeperson. [3] Sie sollen in einem monatlichen Pauschalbetrag gewährt werden, soweit nicht nach der Besonderheit des Einzelfalls abweichende Leistungen geboten sind. [4] Ist die Pflegeperson in gerader Linie mit dem Kind oder Jugendlichen verwandt und kann sie diesem unter Berücksichtigung ihrer sonstigen Verpflichtungen und ohne Gefährdung ihres angemessenen Unterhalts Unterhalt gewähren, so kann der Teil des monatlichen Pauschalbetrages, der die Kosten für den Sachaufwand des Kindes oder Jugendlichen betrifft, angemessen gekürzt werden. [5] Wird ein Kind oder ein Jugendlicher im Bereich eines anderen Jugendamts untergebracht, so soll sich die Höhe des zu gewährenden Pauschalbetrages nach den Verhältnissen richten, die am Ort der Pflegestelle gelten.

(5) [1] Die Pauschalbeträge für laufende Leistungen zum Unterhalt sollen von den nach Landesrecht zuständigen Behörden festgesetzt werden. [2] Dabei ist dem altersbedingt unterschiedlichen Unterhaltsbedarf von Kindern und Jugendlichen durch eine Staffelung der Beträge nach Altersgruppen Rechnung zu tragen. [3] Das Nähere regelt Landesrecht.

(6) [1] Wird das Kind oder der Jugendliche im Rahmen des Familienleistungsausgleichs nach § 31 des Einkommensteuergesetzes bei der Pflegeperson berücksichtigt, so ist ein Betrag in Höhe der Hälfte des Betrages, der nach § 66 des Einkommensteuergesetzes für ein erstes Kind zu zahlen ist, auf die laufenden Leistungen anzurechnen. [2] Ist das Kind oder der Jugendliche nicht das älteste Kind in der Pflegefamilie, so ermäßigt sich der Anrechnungsbetrag für dieses Kind oder diesen Jugendlichen auf ein Viertel des Betrages, der für ein erstes Kind zu zahlen ist.

(7) Wird ein Kind oder eine Jugendliche während ihres Aufenthaltes in einer Einrichtung oder einer Pflegefamilie selbst Mutter eines Kindes, so ist auch der notwendige Unterhalt dieses Kindes sicherzustellen.

§ 40 Krankenhilfe

[1] Wird Hilfe nach den §§ 33 bis 35 oder nach § 35a Absatz 2 Nummer 3 oder 4 gewährt, so ist auch Krankenhilfe zu leisten; für den Umfang der Hilfe gelten die §§ 47 bis 52 des Zwölften Buches entsprechend. [2] Krankenhilfe muss den im Einzelfall notwendigen Bedarf in voller Höhe befriedigen. [3] Zuzahlungen und Eigenbeteiligungen sind zu übernehmen. [4] Das Jugendamt kann in geeigneten Fällen die Beiträge für eine freiwillige Krankenversicherung übernehmen, soweit sie angemessen sind.

Vierter Unterabschnitt. Hilfe für junge Volljährige

§ 41 Hilfe für junge Volljährige

(1) [1] Junge Volljährige erhalten geeignete und notwendige Hilfe nach diesem Abschnitt, wenn und solange ihre Persönlichkeitsentwicklung eine selbstbestimmte, eigenverantwortliche und selbständige Lebensführung nicht gewährleistet. [2] Die Hilfe wird in der Regel nur bis zur Vollendung des 21. Lebensjahres gewährt; in begründeten Einzelfällen soll sie für einen begrenzten Zeitraum darüber hinaus fortgesetzt werden. [3] Eine Beendigung der Hilfe schließt die erneute Gewährung oder Fortsetzung einer Hilfe nach Maßgabe der Sätze 1 und 2 nicht aus.

(2) Für die Ausgestaltung der Hilfe gelten § 27 Absatz 3 und 4 sowie die §§ 28 bis 30, 33 bis 36, 39 und 40 entsprechend mit der Maßgabe, dass an die Stelle des Personensorgeberechtigten oder des Kindes oder des Jugendlichen der junge Volljährige tritt.

(3) Soll eine Hilfe nach dieser Vorschrift nicht fortgesetzt oder beendet werden, prüft der Träger der öffentlichen Jugendhilfe ab einem Jahr vor dem hierfür im Hilfeplan vorgesehenen Zeitpunkt, ob im Hinblick auf den Bedarf des jungen Menschen ein Zuständigkeitsübergang auf andere Sozialleistungsträger in Betracht kommt; § 36b gilt entsprechend.

§ 41a Nachbetreuung

(1) Junge Volljährige werden innerhalb eines angemessenen Zeitraums nach Beendigung der Hilfe bei der Verselbständigung im notwendigen Umfang und in einer für sie verständlichen, nachvollziehbaren und wahrnehmbaren Form beraten und unterstützt.

(2) [1]Der angemessene Zeitraum sowie der notwendige Umfang der Beratung und Unterstützung nach Beendigung der Hilfe sollen in dem Hilfeplan nach § 36 Absatz 2 Satz 2, der die Beendigung der Hilfe nach § 41 feststellt, dokumentiert und regelmäßig überprüft werden. [2]Hierzu soll der Träger der öffentlichen Jugendhilfe in regelmäßigen Abständen Kontakt zu dem jungen Volljährigen aufnehmen.

Drittes Kapitel. Andere Aufgaben der Jugendhilfe

Erster Abschnitt. Vorläufige Maßnahmen zum Schutz von Kindern und Jugendlichen

§ 42 Inobhutnahme von Kindern und Jugendlichen

(1) [1]Das Jugendamt ist berechtigt und verpflichtet, ein Kind oder einen Jugendlichen in seine Obhut zu nehmen, wenn

1. das Kind oder der Jugendliche um Obhut bittet oder
2. eine dringende Gefahr für das Wohl des Kindes oder des Jugendlichen die Inobhutnahme erfordert und
   a) die Personensorgeberechtigten nicht widersprechen oder
   b) eine familiengerichtliche Entscheidung nicht rechtzeitig eingeholt werden kann oder
3. ein ausländisches Kind oder ein ausländischer Jugendlicher unbegleitet nach Deutschland kommt und sich weder Personensorge- noch Erziehungsberechtigte im Inland aufhalten.

[2]Die Inobhutnahme umfasst die Befugnis, ein Kind oder einen Jugendlichen bei einer geeigneten Person, in einer geeigneten Einrichtung oder in einer sonstigen Wohnform vorläufig unterzubringen; im Fall von Satz 1 Nr. 2 auch, ein Kind oder einen Jugendlichen von einer anderen Person wegzunehmen.

(2) [1]Das Jugendamt hat während der Inobhutnahme unverzüglich das Kind oder den Jugendlichen umfassend und in einer verständlichen, nachvollziehbaren und wahrnehmbaren Form über diese Maßnahme aufzuklären, die Situation, die zur Inobhutnahme geführt hat, zusammen mit dem Kind

oder dem Jugendlichen zu klären und Möglichkeiten der Hilfe und Unterstützung aufzuzeigen. [2] Dem Kind oder dem Jugendlichen ist unverzüglich Gelegenheit zu geben, eine Person seines Vertrauens zu benachrichtigen. [3] Das Jugendamt hat während der Inobhutnahme für das Wohl des Kindes oder des Jugendlichen zu sorgen und dabei den notwendigen Unterhalt und die Krankenhilfe sicherzustellen; § 39 Absatz 4 Satz 2 gilt entsprechend. [4] Das Jugendamt ist während der Inobhutnahme berechtigt, alle Rechtshandlungen vorzunehmen, die zum Wohl des Kindes oder Jugendlichen notwendig sind; der mutmaßliche Wille der Personensorge- oder der Erziehungsberechtigten ist dabei angemessen zu berücksichtigen. [5] Im Fall des Absatzes 1 Satz 1 Nummer 3 gehört zu den Rechtshandlungen nach Satz 4, zu denen das Jugendamt verpflichtet ist, insb. die unverzügliche Stellung eines Asylantrags für das Kind oder den Jugendlichen in Fällen, in denen Tatsachen die Annahme rechtfertigen, dass das Kind oder der Jugendliche internationalen Schutz im Sinne des § 1 Absatz 1 Nummer 2 des Asylgesetzes benötigt; dabei ist das Kind oder der Jugendliche zu beteiligen.

(3) [1] Das Jugendamt hat im Fall des Absatzes 1 Satz 1 Nummer 1 und 2 die Personensorge- oder Erziehungsberechtigten unverzüglich von der Inobhutnahme zu unterrichten, sie in einer verständlichen, nachvollziehbaren und wahrnehmbaren Form umfassend über diese Maßnahme aufzuklären und mit ihnen das Gefährdungsrisiko abzuschätzen. [2] Widersprechen die Personensorge- oder Erziehungsberechtigten der Inobhutnahme, so hat das Jugendamt unverzüglich

1. das Kind oder den Jugendlichen den Personensorge- oder Erziehungsberechtigten zu übergeben, sofern nach der Einschätzung des Jugendamts eine Gefährdung des Kindeswohls nicht besteht oder die Personensorge- oder Erziehungsberechtigten bereit und in der Lage sind, die Gefährdung abzuwenden oder
2. eine Entscheidung des Familiengerichts über die erforderlichen Maßnahmen zum Wohl des Kindes oder des Jugendlichen herbeizuführen.

[3] Sind die Personensorge- oder Erziehungsberechtigten nicht erreichbar, so gilt Satz 2 Nummer 2 entsprechend. [4] Im Fall des Absatzes 1 Satz 1 Nummer 3 ist unverzüglich die Bestellung eines Vormunds oder Pflegers zu veranlassen. [5] Widersprechen die Personensorgeberechtigten der Inobhutnahme nicht, so ist unverzüglich ein Hilfeplanverfahren zur Gewährung einer Hilfe einzuleiten.

(4) Die Inobhutnahme endet mit

1. der Übergabe des Kindes oder Jugendlichen an die Personensorge- oder Erziehungsberechtigten,
2. der Entscheidung über die Gewährung von Hilfen nach dem Sozialgesetzbuch.

(5) [1] Freiheitsentziehende Maßnahmen im Rahmen der Inobhutnahme sind nur zulässig, wenn und soweit sie erforderlich sind, um eine Gefahr für Leib oder Leben des Kindes oder des Jugendlichen oder eine Gefahr für Leib oder Leben Dritter abzuwenden. [2] Die Freiheitsentziehung ist ohne gerichtliche Entscheidung spätestens mit Ablauf des Tages nach ihrem Beginn zu beenden.

(6) Ist bei der Inobhutnahme die Anwendung unmittelbaren Zwangs erforderlich, so sind die dazu befugten Stellen hinzuzuziehen.

§ 42a Vorläufige Inobhutnahme von ausländischen Kindern und Jugendlichen nach unbegleiteter Einreise

(1) [1]Das Jugendamt ist berechtigt und verpflichtet, ein ausländisches Kind oder einen ausländischen Jugendlichen vorläufig in Obhut zu nehmen, sobald dessen unbegleitete Einreise nach Deutschland festgestellt wird. [2]Ein ausländisches Kind oder ein ausländischer Jugendlicher ist grundsätzlich dann als unbegleitet zu betrachten, wenn die Einreise nicht in Begleitung eines Personensorgeberechtigten oder Erziehungsberechtigten erfolgt; dies gilt auch, wenn das Kind oder der Jugendliche verheiratet ist. [3]§ 42 Absatz 1 Satz 2, Absatz 2 Satz 2 und 3, Absatz 5 sowie 6 gilt entsprechend.

(2) [1]Das Jugendamt hat während der vorläufigen Inobhutnahme zusammen mit dem Kind oder dem Jugendlichen einzuschätzen,

1. ob das Wohl des Kindes oder des Jugendlichen durch die Durchführung des Verteilungsverfahrens gefährdet würde,
2. ob sich eine mit dem Kind oder dem Jugendlichen verwandte Person im Inland oder im Ausland aufhält,
3. ob das Wohl des Kindes oder des Jugendlichen eine gemeinsame Inobhutnahme mit Geschwistern oder anderen unbegleiteten ausländischen Kindern oder Jugendlichen erfordert und
4. ob der Gesundheitszustand des Kindes oder des Jugendlichen die Durchführung des Verteilungsverfahrens innerhalb von 14 Werktagen nach Beginn der vorläufigen Inobhutnahme ausschließt; hierzu soll eine ärztliche Stellungnahme eingeholt werden.

[2]Auf der Grundlage des Ergebnisses der Einschätzung nach Satz 1 entscheidet das Jugendamt über die Anmeldung des Kindes oder des Jugendlichen zur Verteilung oder den Ausschluss der Verteilung.

(3) [1]Das Jugendamt ist während der vorläufigen Inobhutnahme berechtigt und verpflichtet, alle Rechtshandlungen vorzunehmen, die zum Wohl des Kindes oder des Jugendlichen notwendig sind. [2]Dabei ist das Kind oder der Jugendliche zu beteiligen und der mutmaßliche Wille der Personen- oder der Erziehungsberechtigten angemessen zu berücksichtigen.

(3a) Das Jugendamt hat dafür Sorge zu tragen, dass für die in Absatz 1 genannten Kinder oder Jugendlichen unverzüglich erkennungsdienstliche Maßnahmen nach § 49 Absatz 8 und 9 des Aufenthaltsgesetzes durchgeführt werden, wenn Zweifel über die Identität bestehen.

(4) [1]Das Jugendamt hat der nach Landesrecht für die Verteilung von unbegleiteten ausländischen Kindern und Jugendlichen zuständigen Stelle die vorläufige Inobhutnahme des Kindes oder des Jugendlichen innerhalb von sieben Werktagen nach Beginn der Maßnahme zur Erfüllung der in § 42b genannten Aufgaben mitzuteilen. [2]Zu diesem Zweck sind auch die Ergebnisse der Einschätzung nach Absatz 2 Satz 1 mitzuteilen. [3]Die nach Landesrecht zuständige Stelle hat gegenüber dem Bundesverwaltungsamt innerhalb von drei Werktagen das Kind oder den Jugendlichen zur Verteilung anzumelden oder den Ausschluss der Verteilung anzuzeigen.

(5) [1]Soll das Kind oder der Jugendliche im Rahmen eines Verteilungsverfahrens untergebracht werden, so umfasst die vorläufige Inobhutnahme auch die Pflicht,

1. die Begleitung des Kindes oder des Jugendlichen und dessen Übergabe durch eine insofern geeignete Person an das für die Inobhutnahme nach § 42 Absatz 1 Satz 1 Nummer 3 zuständige Jugendamt sicherzustellen sowie

2. dem für die Inobhutnahme nach § 42 Absatz 1 Satz 1 Nummer 3 zuständigen Jugendamt unverzüglich die personenbezogenen Daten zu übermitteln, die zur Wahrnehmung der Aufgaben nach § 42 erforderlich sind.

[2] Hält sich eine mit dem Kind oder dem Jugendlichen verwandte Person im Inland oder im Ausland auf, hat das Jugendamt auf eine Zusammenführung des Kindes oder des Jugendlichen mit dieser Person hinzuwirken, wenn dies dem Kindeswohl entspricht. [3] Das Kind oder der Jugendliche ist an der Übergabe und an der Entscheidung über die Familienzusammenführung angemessen zu beteiligen.

(6) Die vorläufige Inobhutnahme endet mit der Übergabe des Kindes oder des Jugendlichen an die Personensorge- oder Erziehungsberechtigten oder an das aufgrund der Zuweisungsentscheidung der zuständigen Landesbehörde nach § 88a Absatz 2 Satz 1 zuständige Jugendamt oder mit der Anzeige nach Absatz 4 Satz 3 über den Ausschluss des Verteilungsverfahrens nach § 42b Absatz 4.

§ 42b Verfahren zur Verteilung unbegleiteter ausländischer Kinder und Jugendlicher

(1) [1] Das Bundesverwaltungsamt benennt innerhalb von zwei Werktagen nach Anmeldung eines unbegleiteten ausländischen Kindes oder Jugendlichen zur Verteilung durch die zuständige Landesstelle das zu dessen Aufnahme verpflichtete Land. [2] Maßgebend dafür ist die Aufnahmequote nach § 42c.

(2) [1] Im Rahmen der Aufnahmequote nach § 42c soll vorrangig dasjenige Land benannt werden, in dessen Bereich das Jugendamt liegt, das das Kind oder den Jugendlichen nach § 42a vorläufig in Obhut genommen hat. [2] Hat dieses Land die Aufnahmequote nach § 42c bereits erfüllt, soll das nächstgelegene Land benannt werden.

(3) [1] Die nach Landesrecht für die Verteilung von unbegleiteten ausländischen Kindern oder Jugendlichen zuständige Stelle des nach Absatz 1 benannten Landes weist das Kind oder den Jugendlichen innerhalb von zwei Werktagen einem in seinem Bereich gelegenen Jugendamt zur Inobhutnahme nach § 42 Absatz 1 Satz 1 Nummer 3 zu und teilt dies demjenigen Jugendamt mit, welches das Kind oder den Jugendlichen nach § 42a vorläufig in Obhut genommen hat. [2] Maßgeblich für die Zuweisung sind die spezifischen Schutzbedürfnisse und Bedarfe unbegleiteter ausländischer Minderjähriger. [3] Für die Verteilung von unbegleiteten ausländischen Kindern oder Jugendlichen ist das Landesjugendamt zuständig, es sei denn, dass Landesrecht etwas anderes regelt.

(4) Die Durchführung eines Verteilungsverfahrens ist bei einem unbegleiteten ausländischen Kind oder Jugendlichen ausgeschlossen, wenn

1. dadurch dessen Wohl gefährdet würde,

2. dessen Gesundheitszustand die Durchführung eines Verteilungsverfahrens innerhalb von 14 Werktagen nach Beginn der vorläufigen Inobhutnahme gem. § 42a nicht zulässt,

3. dessen Zusammenführung mit einer verwandten Person kurzfristig erfolgen kann, zum Beispiel aufgrund der Verordnung (EU) Nr. 604/2013 des Europäischen Parlaments und des Rates vom 26. Juni 2013 zur Festlegung der Kriterien und Verfahren zur Bestimmung des Mitgliedstaats, der für die Prüfung eines von einem Drittstaatsangehörigen oder Staatenlosen in einem Mitgliedstaat gestellten Antrags auf internationalen Schutz zuständig ist (ABl. L 180 vom 29.6.2013, S. 31), und dies dem Wohl des Kindes entspricht oder

4. die Durchführung des Verteilungsverfahrens nicht innerhalb von einem Monat nach Beginn der vorläufigen Inobhutnahme erfolgt.

(5) [1] Geschwister dürfen nicht getrennt werden, es sei denn, dass das Kindeswohl eine Trennung erfordert. [2] Im Übrigen sollen unbegleitete ausländische Kinder oder Jugendliche im Rahmen der Aufnahmequote nach § 42c nach Durchführung des Verteilungsverfahrens gemeinsam nach § 42 in Obhut genommen werden, wenn das Kindeswohl dies erfordert.

(6) [1] Der örtliche Träger stellt durch werktägliche Mitteilungen sicher, dass die nach Landesrecht für die Verteilung von unbegleiteten ausländischen Kindern und Jugendlichen zuständige Stelle jederzeit über die für die Zuweisung nach Absatz 3 erforderlichen Angaben unterrichtet wird. [2] Die nach Landesrecht für die Verteilung von unbegleiteten ausländischen Kindern oder Jugendlichen zuständige Stelle stellt durch werktägliche Mitteilungen sicher, dass das Bundesverwaltungsamt jederzeit über die Angaben unterrichtet wird, die für die Benennung des zur Aufnahme verpflichteten Landes nach Absatz 1 erforderlich sind.

(7) [1] Gegen Entscheidungen nach dieser Vorschrift findet kein Widerspruch statt. [2] Die Klage gegen Entscheidungen nach dieser Vorschrift hat keine aufschiebende Wirkung.

(8) Das Nähere regelt das Landesrecht.

§ 42c Aufnahmequote

(1) [1] Die Länder können durch Vereinbarung einen Schlüssel als Grundlage für die Benennung des zur Aufnahme verpflichteten Landes nach § 42b Absatz 1 festlegen. [2] Bis zum Zustandekommen dieser Vereinbarung oder bei deren Wegfall richtet sich die Aufnahmequote für das jeweilige Kalenderjahr nach dem von dem Büro der Gemeinsamen Wissenschaftskonferenz im Bundesanzeiger veröffentlichten Schlüssel, der für das vorangegangene Kalenderjahr entsprechend den Steuereinnahmen und der Bevölkerungszahl der Länder errechnet worden ist (Königsteiner Schlüssel), und nach dem Ausgleich für den Bestand der Anzahl unbegleiteter ausländischer Minderjähriger, denen am 1. November 2015 in den einzelnen Ländern Jugendhilfe gewährt wird. [3] Ein Land kann seiner Aufnahmepflicht eine höhere Quote als die Aufnahmequote nach Satz 1 oder 2 zugrunde legen; dies ist gegenüber dem Bundesverwaltungsamt anzuzeigen.

(2) [1] Ist die Durchführung des Verteilungsverfahrens ausgeschlossen, wird die Anzahl der im Land verbleibenden unbegleiteten ausländischen Kinder und Jugendlichen auf die Aufnahmequote nach Absatz 1 angerechnet. [2] Gleiches gilt, wenn der örtliche Träger eines anderen Landes die Zuständigkeit für die Inobhutnahme eines unbegleiteten ausländischen Kindes oder Ju-

gendlichen von dem nach § 88a Absatz 2 zuständigen örtlichen Träger übernimmt.

(3) Bis zum 1. Mai 2017 wird die Aufnahmepflicht durch einen Abgleich
der aktuellen Anzahl unbegleiteter ausländischer Minderjähriger in den
Ländern mit der Aufnahmequote nach Absatz 1 werktäglich ermittelt.

§ 42d Übergangsregelung

(1) Kann ein Land die Anzahl von unbegleiteten ausländischen Kindern
oder Jugendlichen, die seiner Aufnahmequote nach § 42c entspricht, nicht
aufnehmen, so kann es dies gegenüber dem Bundesverwaltungsamt anzeigen.

(2) In diesem Fall reduziert sich für das Land die Aufnahmequote
1. bis zum 1. Dezember 2015 um zwei Drittel sowie
2. bis zum 1. Januar 2016 um ein Drittel.

(3) [1]Bis zum 31. Dezember 2016 kann die Ausschlussfrist nach § 42b
Absatz 4 Nummer 4 um einen Monat verlängert werden, wenn die zuständige Landesstelle gegenüber dem Bundesverwaltungsamt anzeigt, dass die
Durchführung des Verteilungsverfahrens in Bezug auf einen unbegleiteten
ausländischen Minderjährigen nicht innerhalb dieser Frist erfolgen kann. [2]In
diesem Fall hat das Jugendamt nach Ablauf eines Monats nach Beginn der
vorläufigen Inobhutnahme die Bestellung eines Vormunds oder Pflegers zu
veranlassen.

(4) [1]Ab dem 1. August 2016 ist die Geltendmachung des Anspruchs des
örtlichen Trägers gegenüber dem nach § 89d Absatz 3 erstattungspflichtigen
Land auf Erstattung der Kosten, die vor dem 1. November 2015 entstanden
sind, ausgeschlossen. [2]Der Erstattungsanspruch des örtlichen Trägers gegenüber dem nach § 89d Absatz 3 erstattungspflichtigen Land verjährt in einem
Jahr; im Übrigen gilt § 113 des Zehnten Buches entsprechend.

(5) [1]Die Geltendmachung des Anspruchs des örtlichen Trägers gegenüber
dem nach § 89d Absatz 3 erstattungspflichtigen Land auf Erstattung der
Kosten, die nach dem 1. November 2015 entstanden sind, ist ausgeschlossen.
[2]Die Erstattung dieser Kosten richtet sich nach § 89d Absatz 1.

§ 42e Berichtspflicht

Die Bundesregierung hat dem Deutschen Bundestag jährlich einen Bericht über die Situation unbegleiteter ausländischer Minderjähriger in
Deutschland vorzulegen.

§ 42f Behördliches Verfahren zur Altersfeststellung

(1) [1]Das Jugendamt hat im Rahmen der vorläufigen Inobhutnahme der
ausländischen Person gem. § 42a deren Minderjährigkeit durch Einsichtnahme in deren Ausweispapiere festzustellen oder hilfsweise mittels einer
qualifizierten Inaugenscheinnahme einzuschätzen und festzustellen. [2]§ 8 Absatz 1 und § 42 Absatz 2 Satz 2 sind entsprechend anzuwenden.

(2) [1]Auf Antrag des Betroffenen oder seines Vertreters oder von Amts
wegen hat das Jugendamt in Zweifelsfällen eine ärztliche Untersuchung zur
Altersbestimmung zu veranlassen. [2]Ist eine ärztliche Untersuchung durchzuführen, ist die betroffene Person durch das Jugendamt umfassend über die

Untersuchungsmethode und über die möglichen Folgen der Altersbestimmung aufzuklären. [3] Ist die ärztliche Untersuchung von Amts wegen durchzuführen, ist die betroffene Person zusätzlich über die Folgen einer Weigerung, sich der ärztlichen Untersuchung zu unterziehen, aufzuklären; die
Untersuchung darf nur mit Einwilligung der betroffenen Person und ihres
Vertreters durchgeführt werden. [4] Die §§ 60, 62 und 65 bis 67 des Ersten
Buches sind entsprechend anzuwenden.

(3) [1] Widerspruch und Klage gegen die Entscheidung des Jugendamts,
aufgrund der Altersfeststellung nach dieser Vorschrift die vorläufige Inobhutnahme nach § 42a oder die Inobhutnahme nach § 42 Absatz 1 Satz 1 Nummer 3 abzulehnen oder zu beenden, haben keine aufschiebende Wirkung.
[2] Landesrecht kann bestimmen, dass gegen diese Entscheidung Klage ohne
Nachprüfung in einem Vorverfahren nach § 68 der Verwaltungsgerichtsord-
nung erhoben werden kann.

Zweiter Abschnitt. Schutz von Kindern und Jugendlichen in Familienpflege und in Einrichtungen

§§ 43–44 *nicht abgedruckt*

§ 45 Erlaubnis für den Betrieb einer Einrichtung

(1) [1] Der Träger einer Einrichtung, nach § 45a bedarf für den Betrieb der
Einrichtung der Erlaubnis. [2] Einer Erlaubnis bedarf nicht, wer

1. eine Jugendfreizeiteinrichtung, eine Jugendbildungseinrichtung, eine Ju-
   gendherberge oder ein Schullandheim betreibt,
2. ein Schülerheim betreibt, das landesgesetzlich der Schulaufsicht untersteht,
3. eine Einrichtung betreibt, die außerhalb der Jugendhilfe liegende Aufgaben für Kinder oder Jugendliche wahrnimmt, wenn für sie eine entsprechende gesetzliche Aufsicht besteht oder im Rahmen des Hotel- und
   Gaststättengewerbes der Aufnahme von Kindern oder Jugendlichen dient.

(2) [1] Die Erlaubnis ist zu erteilen, wenn das Wohl der Kinder und Jugendlichen in der Einrichtung gewährleistet ist. [2] Dies ist in der Regel anzunehmen, wenn

1. der Träger die für den Betrieb der Einrichtung erforderliche Zuverlässigkeit besitzt,
2. die dem Zweck und der Konzeption der Einrichtung entsprechenden
   räumlichen, fachlichen, wirtschaftlichen und personellen Voraussetzungen
   für den Betrieb erfüllt sind und durch den Träger gewährleistet werden,
3. die gesellschaftliche und sprachliche Integration und ein gesundheitsför-
   derliches Lebensumfeld in der Einrichtung unterstützt werden sowie die
   gesundheitliche Vorsorge und die medizinische Betreuung der Kinder
   und Jugendlichen nicht erschwert werden sowie
4. zur Sicherung der Rechte und des Wohls von Kindern und Jugendlichen
   in der Einrichtung die Entwicklung, Anwendung und Überprüfung eines
   Konzepts zum Schutz vor Gewalt, geeignete Verfahren der Selbstvertre-
   tung und Beteiligung sowie der Möglichkeit der Beschwerde in persönlichen Angelegenheiten innerhalb und außerhalb der Einrichtung gewährleistet werden.

[3]Die nach Satz 2 Nummer 1 erforderliche Zuverlässigkeit besitzt ein Träger insbesondere dann nicht, wenn er

1. in der Vergangenheit nachhaltig gegen seine Mitwirkungs- und Meldepflichten nach den §§ 46 und 47 verstoßen hat,
2. Personen entgegen eines behördlichen Beschäftigungsverbotes nach § 48 beschäftigt oder
3. wiederholt gegen behördliche Auflagen verstoßen hat.

(3) Zur Prüfung der Voraussetzungen hat der Träger der Einrichtung mit dem Antrag

1. die Konzeption der Einrichtung vorzulegen, die auch Auskunft über Maßnahmen zur Qualitätsentwicklung und -sicherung sowie zur ordnungsgemäßen Buch- und Aktenführung in Bezug auf den Betrieb der Einrichtung gibt, sowie
2. im Hinblick auf die Eignung des Personals nachzuweisen, dass die Vorlage und Prüfung von aufgabenspezifischen Ausbildungsnachweisen sowie von Führungszeugnissen nach § 30 Absatz 5 und § 30a Absatz 1 des Bundeszentralregistergesetzes sichergestellt sind; Führungszeugnisse sind von dem Träger der Einrichtung in regelmäßigen Abständen erneut anzufordern und zu prüfen.

(4) [1]Die Erlaubnis kann mit Nebenbestimmungen versehen werden. [2]Zur Gewährleistung des Wohls der Kinder und der Jugendlichen können nachträgliche Auflagen erteilt werden.

(5) [1]Besteht für eine erlaubnispflichtige Einrichtung eine Aufsicht nach anderen Rechtsvorschriften, so hat die zuständige Behörde ihr Tätigwerden zuvor mit der anderen Behörde abzustimmen. [2]Sie hat den Träger der Einrichtung rechtzeitig auf weitergehende Anforderungen nach anderen Rechtsvorschriften hinzuweisen.

(6) [1]Sind in einer Einrichtung Mängel festgestellt worden, so soll die zuständige Behörde zunächst den Träger der Einrichtung über die Möglichkeiten zur Beseitigung der Mängel beraten. [2]Wenn sich die Beseitigung der Mängel auf Entgelte oder Vergütungen nach § 134 des Neunten Buches oder nach § 76 des Zwölften Buches auswirken kann, so ist der Träger der Eingliederungshilfe oder der Sozialhilfe, mit dem Vereinbarungen nach diesen Vorschriften bestehen, an der Beratung zu beteiligen. [3]Werden festgestellte Mängel nicht behoben, so können dem Träger der Einrichtung Auflagen nach Absatz 4 Satz 2 erteilt werden. [4]Wenn sich eine Auflage auf Entgelte oder Vergütungen nach § 134 des Neunten Buches oder nach § 76 des Zwölften Buches auswirkt, so entscheidet die zuständige Behörde nach Anhörung des Trägers der Eingliederungshilfe oder der Sozialhilfe, mit dem Vereinbarungen nach diesen Vorschriften bestehen, über die Erteilung der Auflage. [5]Die Auflage ist nach Möglichkeit in Übereinstimmung mit den nach § 134 des Neunten Buches oder nach den §§ 75 bis 80 des Zwölften Buches getroffenen Vereinbarungen auszugestalten.

(7) [1]Die Erlaubnis ist aufzuheben, wenn das Wohl der Kinder oder der Jugendlichen in der Einrichtung gefährdet und der Träger nicht bereit oder nicht in der Lage ist, die Gefährdung abzuwenden. [2]Sie kann aufgehoben werden, wenn die Voraussetzungen für eine Erteilung nach Absatz 2 nicht oder nicht mehr vorliegen; Absatz 6 Satz 1 und 3 bleibt unberührt. [3]Die Vorschriften zum Widerruf nach § 47 Absatz 1 Nummer 2 und Absatz 3 des

Zehnten Buches bleiben unberührt. Widerspruch und Anfechtungsklage gegen die Rücknahme oder den Widerruf der Erlaubnis haben keine aufschiebende Wirkung.

§§ 45a–49 *nicht abgedruckt*

Dritter Abschnitt. Mitwirkung in gerichtlichen Verfahren

§ 50 Mitwirkung in Verfahren vor den Familiengerichten

(1) [1] Das Jugendamt unterstützt das Familiengericht bei allen Maßnahmen, die die Sorge für die Person von Kindern und Jugendlichen betreffen. [2] Es hat in folgenden Verfahren nach dem Gesetz über das Verfahren in Familiensachen und in den Angelegenheiten der freiwilligen Gerichtsbarkeit mitzuwirken:

1. Kindschaftssachen (§ 162 des Gesetzes über das Verfahren in Familiensachen und in den Angelegenheiten der freiwilligen Gerichtsbarkeit),
2. Abstammungssachen (§ 176 des Gesetzes über das Verfahren in Familiensachen und in den Angelegenheiten der freiwilligen Gerichtsbarkeit),
3. Adoptionssachen (§ 188 Absatz 2, §§ 189, 194, 195 des Gesetzes über das Verfahren in Familiensachen und in den Angelegenheiten der freiwilligen Gerichtsbarkeit),
4. Ehewohnungssachen (§ 204 Absatz 2, § 205 des Gesetzes über das Verfahren in Familiensachen und in den Angelegenheiten der freiwilligen Gerichtsbarkeit) und
5. Gewaltschutzsachen (§§ 212, 213 des Gesetzes über das Verfahren in Familiensachen und in den Angelegenheiten der freiwilligen Gerichtsbarkeit).

(2) [1] Das Jugendamt unterrichtet insb. über angebotene und erbrachte Leistungen, bringt erzieherische und soziale Gesichtspunkte zur Entwicklung des Kindes oder des Jugendlichen ein und weist auf weitere Möglichkeiten der Hilfe hin. [2] In Verfahren nach den §§ 1631b, 1632 Absatz 4, den §§ 1666, 1666a und 1682 des Bürgerlichen Gesetzbuchs sowie in Verfahren, die die Abänderung, Verlängerung oder Aufhebung von nach diesen Vorschriften getroffenen Maßnahmen betreffen, legt das Jugendamt dem Familiengericht den Hilfeplan nach § 36 Absatz 2 Satz 2 vor. [3] Dieses Dokument beinhaltet ausschließlich das Ergebnis der Bedarfsfeststellung, die vereinbarte Art der Hilfegewährung einschließlich der hiervon umfassten Leistungen sowie das Ergebnis etwaiger Überprüfungen dieser Feststellungen. [4] In anderen die Person des Kindes betreffenden Kindschaftssachen legt das Jugendamt den Hilfeplan auf Anforderung des Familiengerichts vor. [5] Das Jugendamt informiert das Familiengericht in dem Termin nach § 155 Absatz 2 des Gesetzes über das Verfahren in Familiensachen und in den Angelegenheiten der freiwilligen Gerichtsbarkeit über den Stand des Beratungsprozesses. [6] § 64 Absatz 2 und § 65 Absatz 1 Satz 1 Nummer 1 und 2 bleiben unberührt.

(3) [1] Das Jugendamt, das in Verfahren zur Übertragung der gemeinsamen Sorge nach § 155a Absatz 4 Satz 1 und § 162 des Gesetzes über das Verfahren in Familiensachen und in den Angelegenheiten der freiwilligen Gerichtsbarkeit angehört wird, teilt

1. rechtskräftige gerichtliche Entscheidungen, aufgrund derer die Sorge gemäß § 1626a Absatz 2 Satz 1 des Bürgerlichen Gesetzbuchs den Eltern ganz oder zum Teil gemeinsam übertragen wird oder
2. rechtskräftige gerichtliche Entscheidungen, die die elterliche Sorge ganz oder zum Teil der Mutter entziehen oder auf den Vater allein übertragen,

dem nach § 87c Absatz 6 Satz 2 zuständigen Jugendamt zu den in § 58a genannten Zwecken unverzüglich mit. [2] Mitzuteilen sind auch das Geburtsdatum und der Geburtsort des Kindes oder des Jugendlichen sowie der Name, den das Kind oder der Jugendliche zur Zeit der Beurkundung seiner Geburt geführt hat.

§ 51 Beratung und Belehrung in Verfahren zur Annahme als Kind

(1) [1] Das Jugendamt hat im Verfahren zur Ersetzung der Einwilligung eines Elternteils in die Annahme nach § 1748 Absatz 2 Satz 1 des Bürgerlichen Gesetzbuchs den Elternteil über die Möglichkeit der Ersetzung der Einwilligung zu belehren. [2] Es hat ihn darauf hinzuweisen, dass das Familiengericht die Einwilligung erst nach Ablauf von drei Monaten nach der Belehrung ersetzen darf. [3] Der Belehrung bedarf es nicht, wenn der Elternteil seinen Aufenthaltsort ohne Hinterlassung seiner neuen Anschrift gewechselt hat und der Aufenthaltsort vom Jugendamt während eines Zeitraums von drei Monaten trotz angemessener Nachforschungen nicht ermittelt werden konnte; in diesem Fall beginnt die Frist mit der ersten auf die Belehrung oder auf die Ermittlung des Aufenthaltsorts gerichteten Handlung des Jugendamts. [4] Die Fristen laufen frühestens fünf Monate nach der Geburt des Kindes ab.

(2) [1] Das Jugendamt soll den Elternteil mit der Belehrung nach Absatz 1 über Hilfen beraten, die die Erziehung des Kindes in der eigenen Familie ermöglichen könnten. [2] Einer Beratung bedarf es insb. nicht, wenn das Kind seit längerer Zeit bei den Annehmenden in Familienpflege lebt und bei seiner Herausgabe an den Elternteil eine schwere und nachhaltige Schädigung des körperlichen und seelischen Wohlbefindens des Kindes zu erwarten ist. [3] Das Jugendamt hat dem Familiengericht im Verfahren mitzuteilen, welche Leistungen erbracht oder angeboten worden sind oder aus welchem Grund davon abgesehen wurde.

(3) Steht nicht miteinander verheirateten Eltern die elterliche Sorge nicht gemeinsam zu, so hat das Jugendamt den Vater bei der Wahrnehmung seiner Rechte nach § 1747 Absatz 1 und 3 des Bürgerlichen Gesetzbuchs zu beraten.

§ 52 Mitwirkung in Verfahren nach dem Jugendgerichtsgesetz

(1) [1] Das Jugendamt hat nach Maßgabe der §§ 38 und 50 Absatz 3 Satz 2 des Jugendgerichtsgesetzes im Verfahren nach dem Jugendgerichtsgesetz mitzuwirken. [2] Dabei soll das Jugendamt auch mit anderen öffentlichen Einrichtungen und sonstigen Stellen, wenn sich deren Tätigkeit auf die Lebenssituation des Jugendlichen oder jungen Volljährigen auswirkt, zusammenarbeiten, soweit dies zur Erfüllung seiner ihm dabei obliegenden Aufgaben erforderlich ist.3Die behördenübergreifende Zusammenarbeit kann im Rahmen von gemeinsamen Konferenzen oder vergleichbaren gemeinsamen Gre-

mien oder in anderen nach fachlicher Einschätzung geeigneten Formen erfolgen.

(2) ¹Das Jugendamt hat frühzeitig zu prüfen, ob für den Jugendlichen oder den jungen Volljährigen Leistungen der Jugendhilfe oder anderer Sozialleistungsträger in Betracht kommen. ²Ist dies der Fall oder ist eine geeignete Leistung bereits eingeleitet oder gewährt worden, so hat das Jugendamt den Staatsanwalt oder den Richter umgehend davon zu unterrichten, damit geprüft werden kann, ob diese Leistung ein Absehen von der Verfolgung (§ 45 JGG) oder eine Einstellung des Verfahrens (§ 47 JGG) ermöglicht.

(3) Der Mitarbeiter des Jugendamts oder des anerkannten Trägers der freien Jugendhilfe, der nach § 38 Absatz 2 Satz 2 des Jugendgerichtsgesetzes tätig wird, soll den Jugendlichen oder den jungen Volljährigen während des gesamten Verfahrens betreuen.

Vierter Abschnitt und Fünfter Abschnitt. *nicht abgedruckt*

Viertes Kapitel. Schutz von Sozialdaten

§ 61 Anwendungsbereich

(1) ¹Für den Schutz von Sozialdaten bei ihrer Verarbeitung in der Jugendhilfe gelten § 35 des Ersten Buches, §§ 67 bis 85a des Zehnten Buches sowie die nachfolgenden Vorschriften. ²Sie gelten für alle Stellen des Trägers der öffentlichen Jugendhilfe, soweit sie Aufgaben nach diesem Buch wahrnehmen. ³Für die Wahrnehmung von Aufgaben nach diesem Buch durch kreisangehörige Gemeinden und Gemeindeverbände, die nicht örtliche Träger sind, gelten die Sätze 1 und 2 entsprechend.

(2) Für den Schutz von Sozialdaten bei ihrer Verarbeitung im Rahmen der Tätigkeit des Jugendamts als Amtspfleger, Amtsvormund, Beistand und Gegenvormund gilt nur § 68.

(3) Werden Einrichtungen und Dienste der Träger der freien Jugendhilfe in Anspruch genommen, so ist sicherzustellen, dass der Schutz der personenbezogenen Daten bei der Verarbeitung in entsprechender Weise gewährleistet ist.

§ 62 Datenerhebung

(1) Sozialdaten dürfen nur erhoben werden, soweit ihre Kenntnis zur Erfüllung der jeweiligen Aufgabe erforderlich ist.

(2) ¹Sozialdaten sind bei der betroffenen Person zu erheben. ²Sie ist über die Rechtsgrundlage der Erhebung sowie die Zweckbestimmungen der Verarbeitung aufzuklären, soweit diese nicht offenkundig sind.

(3) Ohne Mitwirkung der betroffenen Person dürfen Sozialdaten nur erhoben werden, wenn

1. eine gesetzliche Bestimmung dies vorschreibt oder erlaubt oder
2. ihre Erhebung bei der betroffenen Person nicht möglich ist oder die jeweilige Aufgabe ihrer Art nach eine Erhebung bei anderen erfordert, die Kenntnis der Daten aber erforderlich ist für

a) die Feststellung der Voraussetzungen oder für die Erfüllung einer Leistung nach diesem Buch oder

b) die Feststellung der Voraussetzungen für die Erstattung einer Leistung nach § 50 des Zehnten Buches oder

c) die Wahrnehmung einer Aufgabe nach den §§ 42 bis 48a und nach § 52 oder

d) die Erfüllung des Schutzauftrages bei Kindeswohlgefährdung nach § 8a oder die Gefährdungsabwendung nach § 4 des Gesetzes zur Kooperation und Information im Kindeschutz oder

3. die Erhebung bei der betroffenen Person einen unverhältnismäßigen Aufwand erfordern würde und keine Anhaltspunkte dafür bestehen, dass schutzwürdige Interessen der betroffenen Person beeinträchtigt werden oder

4. die Erhebung bei der betroffenen Person den Zugang zur Hilfe ernsthaft gefährden würde.

(4) [1] Ist die betroffene Person nicht zugleich Leistungsberechtigter oder sonst an der Leistung beteiligt, so dürfen die Daten auch beim Leistungsberechtigten oder einer anderen Person, die sonst an der Leistung beteiligt ist, erhoben werden, wenn die Kenntnis der Daten für die Gewährung einer Leistung nach diesem Buch notwendig ist. [2] Satz 1 gilt bei der Erfüllung anderer Aufgaben im Sinne des § 2 Absatz 3 entsprechend.

§ 63 Datenspeicherung

(1) Sozialdaten dürfen gespeichert werden, soweit dies für die Erfüllung der jeweiligen Aufgabe erforderlich ist.

(2) [1] Daten, die zur Erfüllung unterschiedlicher Aufgaben der öffentlichen Jugendhilfe erhoben worden sind, dürfen nur zusammengeführt werden, wenn und solange dies wegen eines unmittelbaren Sachzusammenhangs erforderlich ist. [2] Daten, die zu Leistungszwecken im Sinne des § 2 Absatz 2 und Daten, die für andere Aufgaben im Sinne des § 2 Absatz 3 erhoben worden sind, dürfen nur zusammengeführt werden, soweit dies zur Erfüllung der jeweiligen Aufgabe erforderlich ist.

§ 64 Datenübermittlung und –nutzung

(1) Sozialdaten dürfen zu dem Zweck übermittelt oder genutzt werden, zu dem sie erhoben worden sind.

(2) Eine Übermittlung für die Erfüllung von Aufgaben nach § 69 des Zehnten Buches ist abweichend von Absatz 1 nur zulässig, soweit dadurch der Erfolg einer zu gewährenden Leistung nicht in Frage gestellt wird.

(2a) Vor einer Übermittlung an eine Fachkraft, die nicht dem Verantwortlichen angehört, sind die Sozialdaten zu anonymisieren oder zu pseudonymisieren, soweit die Aufgabenerfüllung dies zulässt.

(2b) [1] Abweichend von Absatz 1 dürfen Sozialdaten übermittelt und genutzt werden, soweit dies für die Durchführung bestimmter wissenschaftlicher Vorhaben zur Erforschung möglicher politisch motivierter Adoptionsvermittlung in der DDR erforderlich ist, ohne dass es einer Anonymisierung oder Pseudonymisierung bedarf. [2] Die personenbezogenen Daten sind zu anonymisieren, sobald dies nach dem Forschungszweck möglich ist. [3] Vom Adoptionsverfahren betroffene Personen dürfen nicht kontaktiert werden.

(3) Sozialdaten dürfen beim Träger der öffentlichen Jugendhilfe zum Zwecke der Planung im Sinne des § 80 gespeichert oder genutzt werden; sie sind unverzüglich zu anonymisieren.

(4) Erhält ein Träger der öffentlichen Jugendhilfe nach Maßgabe des § 4 Absatz 3 des Gesetzes zur Kooperation und Information im Kinderschutz Informationen und Daten, soll er gegenüber der meldenden Person ausschließlich mitteilen, ob sich die von ihr mitgeteilten gewichtigen Anhaltspunkte für die Gefährdung des Wohls des Kindes oder Jugendlichen bestätigt haben und ob das Jugendamt zur Abwendung der Gefährdung tätig geworden ist und noch tätig ist.

§ 65 Besonderer Vertrauensschutz in der persönlichen und erzieherischen Hilfe

(1) [1] Sozialdaten, die dem Mitarbeiter eines Trägers der öffentlichen Jugendhilfe zum Zwecke persönlicher und erzieherischer Hilfe anvertraut worden sind, dürfen von diesem nur weitergegeben oder übermittelt werden

1. mit der Einwilligung dessen, der die Daten anvertraut hat, oder
2. dem Familiengericht zur Erfüllung der Aufgaben nach § 8a Absatz 2, wenn angesichts einer Gefährdung des Wohls eines Kindes oder eines Jugendlichen ohne diese Mitteilung eine für die Gewährung von Leistungen notwendige gerichtliche Entscheidung nicht ermöglicht werden könnte, oder
3. dem Mitarbeiter, der aufgrund eines Wechsels der Fallzuständigkeit im Jugendamt oder eines Wechsels der örtlichen Zuständigkeit für die Gewährung oder Erbringung der Leistung verantwortlich ist, wenn Anhaltspunkte für eine Gefährdung des Kindeswohls gegeben sind und die Daten für eine Abschätzung des Gefährdungsrisikos notwendig sind, oder
4. an die Fachkräfte, die zum Zwecke der Abschätzung des Gefährdungsrisikos nach § 8a hinzugezogen werden; § 64 Absatz 2a bleibt unberührt, oder
5. unter den Voraussetzungen, unter denen eine der in § 203 Absatz 1 oder 4 des Strafgesetzbuches genannten Personen dazu befugt wäre.
6. wenn dies für die Durchführung bestimmter wissenschaftlicher Vorhaben zur Erforschung möglicher politisch motivierter Adoptionsvermittlung in der DDR erforderlich ist. Vom Adoptionsverfahren betroffene Personen dürfen nicht kontaktiert werden; § 64 Absatz 2b Satz 1 und 2 gilt entsprechend.

[2] Der Empfänger darf die Sozialdaten nur zu dem Zweck weitergeben oder übermitteln, zu dem er sie befugt erhalten hat.

(2) § 35 Absatz 3 des Ersten Buches gilt auch, soweit ein behördeninternes Weitergabeverbot nach Absatz 1 besteht.

§ 66 *(weggefallen)*

§ 67 *(weggefallen)*

§ 68 Sozialdaten im Bereich der Beistandschaft, Amtspflegschaft und der Amtsvormundschaft

(1) [1]Der Beamte oder Angestellte, dem die Ausübung der Beistandschaft, Amtspflegschaft oder Amtsvormundschaft übertragen ist, darf Sozialdaten nur verarbeiten, soweit dies zur Erfüllung seiner Aufgaben erforderlich ist. [2]Die Nutzung dieser Sozialdaten zum Zwecke der Aufsicht, Kontrolle oder Rechnungsprüfung durch die dafür zuständigen Stellen sowie die Übermittlung an diese ist im Hinblick auf den Einzelfall zulässig. [3]Die Informationspflichten nach Artikel 13 und 14 der Verordnung (EU) 2016/679 des Europäischen Parlaments und des Rates vom 27. April 2016 zum Schutz natürlicher Personen bei der Verarbeitung personenbezogener Daten, zum freien Datenverkehr und zur Aufhebung der Richtlinie 95/46/EG (Datenschutz-Grundverordnung) (ABl. L 119 vom 4.5.2016, S. 1; L 314 vom 22.11.2016, S. 72; L 127 vom 23.5.2018, S. 2) in der jeweils geltenden Fassung bestehen nur, soweit die Erteilung der Informationen

1. mit der Wahrung der Interessen der minderjährigen Person vereinbar ist und
2. nicht die Erfüllung der Aufgaben gefährdet, die in der Zuständigkeit des Beistands, des Amtspflegers oder des Amtsvormundes liegen.

(2) § 84 des Zehnten Buches gilt entsprechend.

(3) [1]Das Recht auf Auskunft der betroffenen Person gemäß Artikel 15 der Verordnung (EU) 2016/679 besteht nicht, soweit die betroffene Person nach Absatz 1 Satz 3 nicht zu informieren ist oder durch die Auskunftserteilung berechtigte Interessen Dritter beeinträchtigt würden. [2]Einer Person, die unter Beistandschaft, Amtspflegschaft oder Amtsvormundschaft gestanden und ihr 18. Lebensjahr noch nicht vollendet hat, kann Auskunft erteilt werden, soweit sie die erforderliche Einsichts- und Urteilsfähigkeit besitzt und die Auskunftserteilung nicht nach Satz 1 ausgeschlossen ist. [3]Nach Beendigung einer Beistandschaft hat darüber hinaus der Elternteil, der die Beistandschaft beantragt hat, einen Anspruch auf Kenntnis der gespeicherten Daten, solange der junge Mensch minderjährig ist, der Elternteil antragsberechtigt ist und die Auskunftserteilung nicht nach Satz 1 ausgeschlossen ist.

(4) Personen oder Stellen, an die Sozialdaten übermittelt worden sind, dürfen diese nur zu dem Zweck speichern und nutzen, zu dem sie ihnen nach Absatz 1 befugt übermittelt worden sind.

(5) Für die Tätigkeit des Jugendamts als Gegenvormund gelten die Absätze 1 bis 4 entsprechend.

Fünftes Kapitel. Träger der Jugendhilfe, Zusammenarbeit, Gesamtverantwortung

Erster Abschnitt. Träger der öffentlichen Jugendhilfe

§ 69 Träger der öffentlichen Jugendhilfe, Jugendämter, Landesjugendämter

(1) Die Träger der öffentlichen Jugendhilfe werden durch Landesrecht bestimmt.

(2) (weggefallen)

(3) Für die Wahrnehmung der Aufgaben nach diesem Buch errichtet jeder örtliche Träger ein Jugendamt, jeder überörtliche Träger ein Landesjugendamt.

(4) Mehrere örtliche Träger und mehrere überörtliche Träger können, auch wenn sie verschiedenen Ländern angehören, zur Durchführung einzelner Aufgaben gemeinsame Einrichtungen und Dienste errichten.

§ 70 Organisation des Jugendamts und des Landesjugendamts

(1) Die Aufgaben des Jugendamts werden durch den Jugendhilfeausschuss und durch die Verwaltung des Jugendamts wahrgenommen.

(2) Die Geschäfte der laufenden Verwaltung im Bereich der öffentlichen Jugendhilfe werden vom Leiter der Verwaltung der Gebietskörperschaft oder in seinem Auftrag vom Leiter der Verwaltung des Jugendamts im Rahmen der Satzung und der Beschlüsse der Vertretungskörperschaft und des Jugendhilfeausschusses geführt.

(3) [1]Die Aufgaben des Landesjugendamts werden durch den Landesjugendhilfeausschuss und durch die Verwaltung des Landesjugendamts im Rahmen der Satzung und der dem Landesjugendamt zur Verfügung gestellten Mittel wahrgenommen. [2]Die Geschäfte der laufenden Verwaltung werden von dem Leiter der Verwaltung des Landesjugendamts im Rahmen der Satzung und der Beschlüsse des Landesjugendhilfeausschusses geführt.

§ 71 Jugendhilfeausschuss, Landesjugendhilfeausschuss

(1) Dem Jugendhilfeausschuss gehören als stimmberechtigte Mitglieder an
1. mit drei Fünfteln des Anteils der Stimmen Mitglieder der Vertretungskörperschaft des Trägers der öffentlichen Jugendhilfe oder von ihr gewählte Frauen und Männer, die in der Jugendhilfe erfahren sind,
2. mit zwei Fünfteln des Anteils der Stimmen Frauen und Männer, die auf Vorschlag der im Bereich des öffentlichen Trägers wirkenden und anerkannten Träger der freien Jugendhilfe von der Vertretungskörperschaft gewählt werden; Vorschläge der Jugendverbände und der Wohlfahrtsverbände sind angemessen zu berücksichtigen.

(2) Dem Jugendhilfeausschuss sollen als beratende Mitglieder selbstorganisierte Zusammenschlüsse nach § 4a angehören.

(3) Der Jugendhilfeausschuss befasst sich mit allen Angelegenheiten der Jugendhilfe, insbesondere mit
1. der Erörterung aktueller Problemlagen junger Menschen und ihrer Familien sowie mit Anregungen und Vorschlägen für die Weiterentwicklung der Jugendhilfe,
2. der Jugendhilfeplanung und
3. der Förderung der freien Jugendhilfe.

(4) [1]Er hat Beschlussrecht in Angelegenheiten der Jugendhilfe im Rahmen der von der Vertretungskörperschaft bereitgestellten Mittel, der von ihr erlassenen Satzung und der von ihr gefassten Beschlüsse. [2]Er soll vor jeder Beschlussfassung der Vertretungskörperschaft in Fragen der Jugendhilfe und vor der Berufung eines Leiters des Jugendamts gehört werden und hat das

Recht, an die Vertretungskörperschaft Anträge zu stellen. ³Er tritt nach Bedarf zusammen und ist auf Antrag von mindestens einem Fünftel der Stimmberechtigten einzuberufen. ⁴Seine Sitzungen sind öffentlich, soweit nicht das Wohl der Allgemeinheit, berechtigte Interessen einzelner Personen oder schutzbedürftiger Gruppen entgegenstehen.

(5) ¹Dem Landesjugendhilfeausschuss gehören mit zwei Fünfteln des Anteils der Stimmen Frauen und Männer an, die auf Vorschlag der im Bereich des Landesjugendamts wirkenden und anerkannten Träger der freien Jugendhilfe von der obersten Landesjugendbehörde zu berufen sind. ²Die übrigen Mitglieder werden durch Landesrecht bestimmt. Absatz 3 gilt entsprechend.

(6) ¹Das Nähere regelt das Landesrecht. ²Es regelt die Zugehörigkeit weiterer beratender Mitglieder zum Jugendhilfeausschuss. ³Es kann bestimmen, dass der Leiter der Verwaltung der Gebietskörperschaft oder der Leiter der Verwaltung des Jugendamts nach Absatz 1 Nummer 1 stimmberechtigt ist.

§ 72 Mitarbeiter, Fortbildung

(1) ¹Die Träger der öffentlichen Jugendhilfe sollen bei den Jugendämtern und Landesjugendämtern hauptberuflich nur Personen beschäftigen, die sich für die jeweilige Aufgabe nach ihrer Persönlichkeit eignen und eine dieser Aufgabe entsprechende Ausbildung erhalten haben (Fachkräfte) oder aufgrund besonderer Erfahrungen in der sozialen Arbeit in der Lage sind, die Aufgabe zu erfüllen. ²Soweit die jeweilige Aufgabe dies erfordert, sind mit ihrer Wahrnehmung nur Fachkräfte oder Fachkräfte mit entsprechender Zusatzausbildung zu betrauen. ³Fachkräfte verschiedener Fachrichtungen sollen zusammenwirken, soweit die jeweilige Aufgabe dies erfordert.

(2) Leitende Funktionen des Jugendamts oder des Landesjugendamts sollen in der Regel nur Fachkräften übertragen werden.

(3) Die Träger der öffentlichen Jugendhilfe haben Fortbildung und Praxisberatung der Mitarbeiter des Jugendamts und des Landesjugendamts sicherzustellen.

§ 72a Tätigkeitsausschluss einschlägig vorbestrafter Personen

(1) ¹Die Träger der öffentlichen Jugendhilfe dürfen für die Wahrnehmung der Aufgaben in der Kinder- und Jugendhilfe keine Person beschäftigen oder vermitteln, die rechtskräftig wegen einer Straftat nach den §§ 171, 174 bis 174c, 176 bis 180a, 181a, 182 bis 184g, 184i, 184j, 184k, 184l, 201a Absatz 3, den §§ 225, 232 bis 233a, 234, 235 oder 236 des Strafgesetzbuchs verurteilt worden ist. ²Zu diesem Zweck sollen sie sich bei der Einstellung oder Vermittlung und in regelmäßigen Abständen von den betroffenen Personen ein Führungszeugnis nach § 30 Absatz 5 und § 30a Absatz 1 des Bundeszentralregistergesetzes vorlegen lassen.

(2) Die Träger der öffentlichen Jugendhilfe sollen durch Vereinbarungen mit den Trägern der freien Jugendhilfe sicherstellen, dass diese keine Person, die wegen einer Straftat nach Absatz 1 Satz 1 rechtskräftig verurteilt worden ist, beschäftigen.

(3) [1]Die Träger der öffentlichen Jugendhilfe sollen sicherstellen, dass unter ihrer Verantwortung keine neben- oder ehrenamtlich tätige Person, die wegen einer Straftat nach Absatz 1 Satz 1 rechtskräftig verurteilt worden ist, in Wahrnehmung von Aufgaben der Kinder- und Jugendhilfe Kinder oder Jugendliche beaufsichtigt, betreut, erzieht oder ausbildet oder einen vergleichbaren Kontakt hat. [2]Hierzu sollen die Träger der öffentlichen Jugendhilfe über die Tätigkeiten entscheiden, die von den in Satz 1 genannten Personen auf Grund von Art, Intensität und Dauer des Kontakts dieser Personen mit Kindern und Jugendlichen nur nach Einsichtnahme in das Führungszeugnis nach Absatz 1 Satz 2 wahrgenommen werden dürfen.

(4) [1]Die Träger der öffentlichen Jugendhilfe sollen durch Vereinbarungen mit den Trägern der freien Jugendhilfe sowie mit Vereinen im Sinne des § 54 sicherstellen, dass unter deren Verantwortung keine neben- oder ehrenamtlich tätige Person, die wegen einer Straftat nach Absatz 1 Satz 1 rechtskräftig verurteilt worden ist, in Wahrnehmung von Aufgaben der Kinder- und Jugendhilfe Kinder oder Jugendliche beaufsichtigt, betreut, erzieht oder ausbildet oder einen vergleichbaren Kontakt hat. [2]Hierzu sollen die Träger der öffentlichen Jugendhilfe mit den Trägern der freien Jugendhilfe Vereinbarungen über die Tätigkeiten schließen, die von den in Satz 1 genannten Personen auf Grund von Art, Intensität und Dauer des Kontakts dieser Personen mit Kindern und Jugendlichen nur nach Einsichtnahme in das Führungszeugnis nach Absatz 1 Satz 2 wahrgenommen werden dürfen.

(5) [1]Die Träger der öffentlichen und freien Jugendhilfe dürfen von den nach den Absätzen 3 und 4 eingesehenen Daten nur folgende Daten erheben und speichern:
1. den Umstand der Einsichtnahme,
2. das Datum des Führungszeugnisses und
3. die Information, ob die das Führungszeugnis betreffende Person wegen einer in Absatz 1 Satz 1 genannten Straftat rechtskräftig verurteilt worden ist.

[2]Die Träger der öffentlichen und freien Jugendhilfe dürfen die gespeicherten Daten nur verarbeiten, soweit dies erforderlich ist, um die Eignung einer Person für die Tätigkeit, die Anlass zu der Einsichtnahme in das Führungszeugnis gewesen ist, zu prüfen. [3]Die Daten sind vor dem Zugriff Unbefugter zu schützen. [4]Sie sind unverzüglich zu löschen, wenn im Anschluss an die Einsichtnahme keine Tätigkeit nach Absatz 3 Satz 2 oder Absatz 4 Satz 2 wahrgenommen wird. [5]Andernfalls sind die Daten spätestens sechs Monate nach Beendigung einer solchen Tätigkeit zu löschen.

Zweiter Abschnitt. Zusammenarbeit mit der freien Jugendhilfe, ehrenamtliche Tätigkeit

§ 73 Ehrenamtliche Tätigkeit

In der Jugendhilfe ehrenamtlich tätige Personen sollen bei ihrer Tätigkeit angeleitet, beraten und unterstützt werden.

§ 74 Förderung der freien Jugendhilfe

(1) [1] Die Träger der öffentlichen Jugendhilfe sollen die freiwillige Tätigkeit auf dem Gebiet der Jugendhilfe anregen; sie sollen sie fördern, wenn der jeweilige Träger

1. die fachlichen Voraussetzungen für die geplante Maßnahme erfüllt und die Beachtung der Grundsätze und Maßstäbe der Qualitätsentwicklung und Qualitätssicherung nach § 79a gewährleistet,
2. die Gewähr für eine zweckentsprechende und wirtschaftliche Verwendung der Mittel bietet,
3. gemeinnützige Ziele verfolgt,
4. eine angemessene Eigenleistung erbringt und
5. die Gewähr für eine den Zielen des Grundgesetzes förderliche Arbeit bietet.

[2] Eine auf Dauer angelegte Förderung setzt in der Regel die Anerkennung als Träger der freien Jugendhilfe nach § 75 voraus.

(2) [1] Soweit von der freien Jugendhilfe Einrichtungen, Dienste und Veranstaltungen geschaffen werden, um die Gewährung von Leistungen nach diesem Buch zu ermöglichen, kann die Förderung von der Bereitschaft abhängig gemacht werden, diese Einrichtungen, Dienste und Veranstaltungen nach Maßgabe der Jugendhilfeplanung und unter Beachtung der in § 9 genannten Grundsätze anzubieten. [2] § 4 Absatz 1 bleibt unberührt.

(3) [1] Über die Art und Höhe der Förderung entscheidet der Träger der öffentlichen Jugendhilfe im Rahmen der verfügbaren Haushaltsmittel nach pflichtgemäßem Ermessen. [2] Entsprechendes gilt, wenn mehrere Antragsteller die Förderungsvoraussetzungen erfüllen und die von ihnen vorgesehenen Maßnahmen gleich geeignet sind, zur Befriedigung des Bedarfs jedoch nur eine Maßnahme notwendig ist. [3] Bei der Bemessung der Eigenleistung sind die unterschiedliche Finanzkraft und die sonstigen Verhältnisse zu berücksichtigen.

(4) Bei sonst gleich geeigneten Maßnahmen soll solchen der Vorzug gegeben werden, die stärker an den Interessen der Betroffenen orientiert sind und ihre Einflussnahme auf die Ausgestaltung der Maßnahme gewährleisten.

(5) [1] Bei der Förderung gleichartiger Maßnahmen mehrerer Träger sind unter Berücksichtigung ihrer Eigenleistungen gleiche Grundsätze und Maßstäbe anzulegen. [2] Werden gleichartige Maßnahmen von der freien und der öffentlichen Jugendhilfe durchgeführt, so sind bei der Förderung die Grundsätze und Maßstäbe anzuwenden, die für die Finanzierung der Maßnahmen der öffentlichen Jugendhilfe gelten.

(6) Die Förderung von anerkannten Trägern der Jugendhilfe soll auch Mittel für die Fortbildung der haupt-, neben- und ehrenamtlichen Mitarbeiter sowie im Bereich der Jugendarbeit Mittel für die Errichtung und Unterhaltung von Jugendfreizeit- und Jugendbildungsstätten einschließen.

§ 74a Finanzierung von Tageseinrichtungen für Kinder

[1] Die Finanzierung von Tageseinrichtungen regelt das Landesrecht. [2] Dabei können alle Träger von Einrichtungen, die die rechtlichen und fachlichen Voraussetzungen für den Betrieb der Einrichtung erfüllen, gefördert werden. [3] Die Erhebung von Teilnahmebeiträgen nach § 90 bleibt unberührt.

§ 75 Anerkennung als Träger der freien Jugendhilfe

(1) Als Träger der freien Jugendhilfe können juristische Personen und Personenvereinigungen anerkannt werden, wenn sie
1. auf dem Gebiet der Jugendhilfe im Sinne des § 1 tätig sind,
2. gemeinnützige Ziele verfolgen,
3. auf Grund der fachlichen und personellen Voraussetzungen erwarten lassen, dass sie einen nicht unwesentlichen Beitrag zur Erfüllung der Aufgaben der Jugendhilfe zu leisten imstande sind, und
4. die Gewähr für eine den Zielen des Grundgesetzes förderliche Arbeit bieten.

(2) Einen Anspruch auf Anerkennung als Träger der freien Jugendhilfe hat unter den Voraussetzungen des Absatzes 1, wer auf dem Gebiet der Jugendhilfe mindestens drei Jahre tätig gewesen ist.

(3) Die Kirchen und Religionsgemeinschaften des öffentlichen Rechts sowie die auf Bundesebene zusammengeschlossenen Verbände der freien Wohlfahrtspflege sind anerkannte Träger der freien Jugendhilfe.

§ 76 Beteiligung anerkannter Träger der freien Jugendhilfe an der Wahrnehmung anderer Aufgaben

(1) Die Träger der öffentlichen Jugendhilfe können anerkannte Träger der freien Jugendhilfe an der Durchführung ihrer Aufgaben nach den §§ 42, 42a, 43, 50 bis 52a und 53 Absatz 2 bis 4 beteiligen oder ihnen diese Aufgaben zur Ausführung übertragen.

(2) Die Träger der öffentlichen Jugendhilfe bleiben für die Erfüllung der Aufgaben verantwortlich.

§ 77 Vereinbarungen über Kostenübernahme und Qualitätsentwicklung bei ambulanten Leistungen

(1) [1] Werden Einrichtungen und Dienste der Träger der freien Jugendhilfe in Anspruch genommen, so sind Vereinbarungen über die Höhe der Kosten der Inanspruchnahme sowie über Inhalt, Umfang und Qualität der Leistung, über Grundsätze und Maßstäbe für die Bewertung der Qualität der Leistung und über geeignete Maßnahmen zu ihrer Gewährleistung zwischen der öffentlichen und der freien Jugendhilfe anzustreben. [2] Zu den Grundsätzen und Maßstäben für die Bewertung der Qualität der Leistung nach Satz 1 zählen auch Qualitätsmerkmale für die inklusive Ausrichtung der Aufgabenwahrnehmung und die Berücksichtigung der spezifischen Bedürfnisse von jungen Menschen mit Behinderungen. [3] Das Nähere regelt das Landesrecht. [4] Die §§ 78a bis 78g bleiben unberührt.

(2) Wird eine Leistung nach § 37 Absatz 1 oder § 37a erbracht, so ist der Träger der öffentlichen Jugendhilfe zur Übernahme der Kosten der Inanspruchnahme nur verpflichtet, wenn mit den Leistungserbringern Vereinbarungen über Inhalt, Umfang und Qualität der Leistung, über Grundsätze und Maßstäbe für die Bewertung der Qualität der Leistung sowie über geeignete Maßnahmen zu ihrer Gewährleistung geschlossen worden sind; § 78e gilt entsprechend.

§ 78 Arbeitsgemeinschaften

[1] Die Träger der öffentlichen Jugendhilfe sollen die Bildung von Arbeits-gemeinschaften anstreben, in denen neben ihnen die anerkannten Träger der freien Jugendhilfe sowie die Träger geförderter Maßnahmen vertreten sind. [2] In den Arbeitsgemeinschaften soll darauf hingewirkt werden, dass die ge-planten Maßnahmen aufeinander abgestimmt werden, sich gegenseitig er-gänzen und in den Lebens- und Wohnbereichen von jungen Menschen und Familien ihren Bedürfnissen, Wünschen und Interessen entsprechend zusam-menwirken.[3]Dabei sollen selbstorganisierte Zusammenschlüsse nach § 4a beteiligt werden.

Dritter Abschnitt und die §§ 78a–g: *nicht abgedruckt*

Vierter Abschnitt. Gesamtverantwortung, Jugendhilfeplanung

§ 79 Gesamtverantwortung, Grundausstattung

(1) Die Träger der öffentlichen Jugendhilfe haben für die Erfüllung der Aufgaben nach diesem Buch die Gesamtverantwortung einschließlich der Planungsverantwortung.

(2) [1] Die Träger der öffentlichen Jugendhilfe sollen gewährleisten, dass zur Erfüllung der Aufgaben nach diesem Buch

1. die erforderlichen und geeigneten Einrichtungen, Dienste und Veranstal-tungen den verschiedenen Grundrichtungen der Erziehung entsprechend rechtzeitig und ausreichend zur Verfügung stehen; hierzu zählen insb. auch Pfleger, Vormünder und Pflegepersonen;
2. die nach Nummer 1 vorgehaltenen Einrichtungen, Dienste und Ver-anstaltungen dem nach § 80 Absatz 1 Nummer 2 ermittelten Bedarf ent-sprechend zusammenwirken und hierfür verbindliche Strukturen der Zu-sammenarbeit aufgebaut und weiterentwickelt werden;
3. eine kontinuierliche Qualitätsentwicklung nach Maßgabe von § 79a er-folgt.

[2] Von den für die Jugendhilfe bereitgestellten Mitteln haben sie einen an-gemessenen Anteil für die Jugendarbeit zu verwenden.

(3) [1] Die Träger der öffentlichen Jugendhilfe haben für eine ausreichende Ausstattung der Jugendämter und der Landesjugendämter einschließlich der Möglichkeit der Nutzung digitaler Geräte zu sorgen; hierzu gehört auch eine dem Bedarf entsprechende Zahl von Fachkräften. [2] Zur Planung und Bereit-stellung einer bedarfsgerechten Personalausstattung ist ein Verfahren zur Personalbemessung zu nutzen.

§ 79a Qualitätsentwicklung in der Kinder- und Jugendhilfe

(1) [1] Um die Aufgaben der Kinder- und Jugendhilfe nach § 2 zu erfüllen, haben die Träger der öffentlichen Jugendhilfe Grundsätze und Maßstäbe für die Bewertung der Qualität sowie geeignete Maßnahmen zu ihrer Gewähr-leistung für

1. die Gewährung und Erbringung von Leistungen,
2. die Erfüllung anderer Aufgaben,

3. den Prozess der Gefährdungseinschätzung nach § 8a,
4. die Zusammenarbeit mit anderen Institutionen

weiterzuentwickeln, anzuwenden und regelmäßig zu überprüfen. [2]Dazu zählen auch Qualitätsmerkmale für die inklusive Ausrichtung der Aufgabenwahrnehmung und die Berücksichtigung der spezifischen Bedürfnisse von jungen Menschen mit Behinderungen sowie die Sicherung der Rechte von Kindern und Jugendlichen in Einrichtungen und in Familienpflege und ihren Schutz vor Gewalt. [3]Die Träger der öffentlichen Jugendhilfe orientieren sich dabei an den fachlichen Empfehlungen der nach § 85 Absatz 2 zuständigen Behörden und an bereits angewandten Grundsätzen und Maßstäben für die Bewertung der Qualität sowie Maßnahmen zu ihrer Gewährleistung.

§ 80 Jugendhilfeplanung

(1) Die Träger der öffentlichen Jugendhilfe haben im Rahmen ihrer Planungsverantwortung
1. den Bestand an Einrichtungen und Diensten festzustellen,
2. den Bedarf unter Berücksichtigung der Wünsche, Bedürfnisse und Interessen der jungen Menschen und der Erziehungsberechtigten für einen mittelfristigen Zeitraum zu ermitteln und
3. die zur Befriedigung des Bedarfs notwendigen Vorhaben rechtzeitig und ausreichend zu planen; dabei ist Vorsorge zu treffen, dass auch ein unvorhergesehener Bedarf befriedigt werden kann.

(2) Einrichtungen und Dienste sollen so geplant werden, dass insbesondere
1. Kontakte in der Familie und im sozialen Umfeld erhalten und gepflegt werden können,
2. ein möglichst wirksames, vielfältiges, inklusives und aufeinander abgestimmtes Angebot von Jugendhilfeleistungen gewährleistet ist,
3. ein dem nach Absatz 1 Nummer 2 ermittelten Bedarf entsprechendes Zusammenwirken der Angebote von Jugendhilfeleistungen in den Lebens- und Wohnbereichen von jungen Menschen und Familien sichergestellt ist,
4. junge Menschen mit Behinderungen oder von Behinderung bedrohte junge Menschen mit jungen Menschen ohne Behinderung gemeinsam unter Berücksichtigung spezifischer Bedarfslagen gefördert werden können,
5. junge Menschen und Familien in gefährdeten Lebens- und Wohnbereichen besonders gefördert werden,
6. Mütter und Väter Aufgaben in der Familie und Erwerbstätigkeit besser miteinander vereinbaren können.

(3) Die Planung insbesondere von Diensten zur Gewährung niedrigschwelliger ambulanter Hilfen nach Maßgabe von § 36a Absatz 2 umfasst auch Maßnahmen zur Qualitätsgewährleistung der Leistungserbringung.

(4) [1]Die Träger der öffentlichen Jugendhilfe haben die anerkannten Träger der freien Jugendhilfe in allen Phasen ihrer Planung frühzeitig zu beteiligen. [2]Zu diesem Zwecke sind sie vom Jugendhilfeausschuss, soweit sie überörtlich tätig sind, im Rahmen der Jugendhilfeplanung des überörtlichen Trägers vom Landesjugendhilfeausschuss zu hören. [3]Das Nähere regelt das Landesrecht.

(5) Die Träger der öffentlichen Jugendhilfe sollen darauf hinwirken, dass die Jugendhilfeplanung und andere örtliche und überörtliche Planungen aufeinander abgestimmt werden und die Planungen insgesamt den Bedürfnissen und Interessen der jungen Menschen und ihrer Familien Rechnung tragen.

§ 81 Strukturelle Zusammenarbeit mit anderen Stellen und öffentlichen Einrichtungen

Die Träger der öffentlichen Jugendhilfe haben mit anderen Stellen und öffentlichen Einrichtungen, deren Tätigkeit sich auf die Lebenssituation junger Menschen und ihrer Familien auswirkt, insb. mit

1. den Trägern von Sozialleistungen nach dem Zweiten, Dritten, Vierten, Fünften, Sechsten und dem Zwölften Buch sowie Trägern von Leistungen nach dem Bundesversorgungsgesetz,
2. Rehabilitationsträger nach § 6 Absatz 1 Nummer 7 des Neunten Buches,
3. den Familien- und Jugendgerichten, den Staatsanwaltschaften sowie den Justizvollzugsbehörden,
4. Schulen und Stellen der Schulverwaltung,
5. Einrichtungen und Stellen des öffentlichen Gesundheitsdienstes und sonstigen Einrichtungen und Diensten des Gesundheitswesens,
6. den Beratungsstellen nach den §§ 3 und 8 des Schwangerschaftskonfliktgesetzes und Suchtberatungsstellen,
7. Einrichtungen und Diensten zum Schutz gegen Gewalt in engen sozialen Beziehungen,
8. den Stellen der Bundesagentur für Arbeit,
9. Einrichtungen und Stellen der beruflichen Aus- und Weiterbildung,
10. den Polizei- und Ordnungsbehörden,
11. der Gewerbeaufsicht und
12. Einrichtungen der Ausbildung für Fachkräfte, der Weiterbildung und der Forschung und
13. Einrichtungen, die auf örtlicher Ebene Familien und den sozialen Zusammenhalt zwischen den Generationen stärken (Mehrgenerationenhäuser),

im Rahmen ihrer Aufgaben und Befugnisse zusammenzuarbeiten.

Sechstes Kapitel. Zentrale Aufgaben

§ 82 Aufgaben der Länder

(1) Die oberste Landesjugendbehörde hat die Tätigkeit der Träger der öffentlichen und der freien Jugendhilfe und die Weiterentwicklung der Jugendhilfe anzuregen und zu fördern.

(2) Die Länder haben auf einen gleichmäßigen Ausbau der Einrichtungen und Angebote hinzuwirken und die Jugendämter und Landesjugendämter bei der Wahrnehmung ihrer Aufgaben zu unterstützen.

§ 83 Aufgaben des Bundes, sachverständige Beratung

(1) [1]Die fachlich zuständige oberste Bundesbehörde soll die Tätigkeit der Jugendhilfe anregen und fördern, soweit sie von überregionaler Bedeutung

ist und ihrer Art nach nicht durch ein Land allein wirksam gefördert werden kann. [2]Hierzu gehören auch die überregionalen Tätigkeiten der Jugendorganisationen der politischen Parteien auf dem Gebiet der Jugendarbeit.

(2) [1]Die Bundesregierung wird in grundsätzlichen Fragen der Jugendhilfe von einem Sachverständigengremium (Bundesjugendkuratorium) beraten. [2]Das Nähere regelt die Bundesregierung durch Verwaltungsvorschriften.

(3) Die fachlich zuständige oberste Bundesbehörde hat der Bundeselternvertretung der Kinder in Kindertageseinrichtungen und Kindertagespflege bei wesentlichen die Kindertagesbetreuung betreffenden Fragen die Möglichkeit der Beratung zu geben.

§ 84 Jugendbericht

(1) [1]Die Bundesregierung legt dem Deutschen Bundestag und dem Bundesrat in jeder Legislaturperiode einen Bericht über die Lage junger Menschen und die Bestrebungen und Leistungen der Jugendhilfe vor. [2]Neben der Bestandsaufnahme und Analyse sollen die Berichte Vorschläge zur Weiterentwicklung der Jugendhilfe enthalten; jeder dritte Bericht soll einen Überblick über die Gesamtsituation der Jugendhilfe vermitteln.

(2) [1]Die Bundesregierung beauftragt mit der Ausarbeitung der Berichte jeweils eine Kommission, der mindestens sieben Sachverständige (Jugendberichtskommission) angehören. [2]Die Bundesregierung fügt eine Stellungnahme mit den von ihr für notwendig gehaltenen Folgerungen bei.

Siebtes Kapitel. Zuständigkeit, Kostenerstattung

Erster Abschnitt. Sachliche Zuständigkeit

§ 85 Sachliche Zuständigkeit

(1) Für die Gewährung von Leistungen und die Erfüllung anderer Aufgaben nach diesem Buch ist der örtliche Träger sachlich zuständig, soweit nicht der überörtliche Träger sachlich zuständig ist.

(2) Der überörtliche Träger ist sachlich zuständig für

1. die Beratung der örtlichen Träger und die Entwicklung von Empfehlungen zur Erfüllung der Aufgaben nach diesem Buch,
2. die Förderung der Zusammenarbeit zwischen den örtlichen Trägern und den anerkannten Trägern der freien Jugendhilfe, insb. bei der Planung und Sicherstellung eines bedarfsgerechten Angebots an Hilfen zur Erziehung, Eingliederungshilfen für seelisch behinderte Kinder und Jugendliche und Hilfen für junge Volljährige,
3. die Anregung und Förderung von Einrichtungen, Diensten und Veranstaltungen sowie deren Schaffung und Betrieb, soweit sie den örtlichen Bedarf übersteigen; dazu gehören insb. Einrichtungen, die eine Schul- oder Berufsausbildung anbieten, sowie Jugendbildungsstätten,
4. die Planung, Anregung, Förderung und Durchführung von Modellvorhaben zur Weiterentwicklung der Jugendhilfe,
5. die Beratung der örtlichen Träger bei der Gewährung von Hilfe nach den §§ 32 bis 35a, insb. bei der Auswahl einer Einrichtung oder der Vermittlung einer Pflegeperson in schwierigen Einzelfällen,

6. die Wahrnehmung der Aufgaben zum Schutz von Kindern und Jugendlichen in Einrichtungen (§§ 45 bis 48a),
7. die Beratung der Träger von Einrichtungen während der Planung und Betriebsführung,
8. die Fortbildung von Mitarbeitern in der Jugendhilfe,
9. die Gewährung von Leistungen an Deutsche im Ausland (§ 6 Absatz 3), soweit es sich nicht um die Fortsetzung einer bereits im Inland gewährten Leistung handelt,
10. die Erteilung der Erlaubnis zur Übernahme von Pflegschaften oder Vormundschaften durch einen rechtsfähigen Verein (§ 54).

(3) Für den örtlichen Bereich können die Aufgaben nach Absatz 2 Nummer 3, 4, 7 und 8 auch vom örtlichen Träger wahrgenommen werden.

(4) Unberührt bleiben die am Tage des Inkrafttretens dieses Gesetzes geltenden landesrechtlichen Regelungen, die die in den §§ 45 bis 48a bestimmten Aufgaben einschließlich der damit verbundenen Aufgaben nach Absatz 2 Nummer 2 bis 5 und 7 mittleren Landesbehörden oder, soweit sie sich auf Kindergärten und andere Tageseinrichtungen für Kinder beziehen, unteren Landesbehörden zuweisen.

(5) Ist das Land überörtlicher Träger, so können durch Landesrecht bis zum 30. Juni 1993 einzelne seiner Aufgaben auf andere Körperschaften des öffentlichen Rechts, die nicht Träger der öffentlichen Jugendhilfe sind, übertragen werden.

Zweiter Abschnitt. Örtliche Zuständigkeit

Erster Unterabschnitt. Örtliche Zuständigkeit für Leistungen

§ 86 Örtliche Zuständigkeit für Leistungen an Kinder, Jugendliche und ihre Eltern

(1) [1]Für die Gewährung von Leistungen nach diesem Buch ist der örtliche Träger zuständig, in dessen Bereich die Eltern ihren gewöhnlichen Aufenthalt haben. [2]An die Stelle der Eltern tritt die Mutter, wenn und solange die Vaterschaft nicht anerkannt oder gerichtlich festgestellt ist. [3]Lebt nur ein Elternteil, so ist dessen gewöhnlicher Aufenthalt maßgebend.

(2) [1]Haben die Elternteile verschiedene gewöhnliche Aufenthalte, so ist der örtliche Träger zuständig, in dessen Bereich der personensorgeberechtigte Elternteil seinen gewöhnlichen Aufenthalt hat; dies gilt auch dann, wenn ihm einzelne Angelegenheiten der Personensorge entzogen sind. [2]Steht die Personensorge im Fall des Satzes 1 den Eltern gemeinsam zu, so richtet sich die Zuständigkeit nach dem gewöhnlichen Aufenthalt des Elternteils, bei dem das Kind oder der Jugendliche vor Beginn der Leistung zuletzt seinen gewöhnlichen Aufenthalt hatte. [3]Hatte das Kind oder der Jugendliche im Fall des Satzes 2 zuletzt bei beiden Elternteilen seinen gewöhnlichen Aufenthalt, so richtet sich die Zuständigkeit nach dem gewöhnlichen Aufenthalt des Elternteils, bei dem das Kind oder der Jugendliche vor Beginn der Leistung zuletzt seinen tatsächlichen Aufenthalt hatte. [4]Hatte das Kind oder der Jugendliche im Fall des Satzes 2 während der letzten sechs Monate vor Beginn der Leistung bei keinem Elternteil einen gewöhnlichen Aufenthalt, so ist der örtliche Träger zuständig, in dessen Bereich das Kind oder der Jugendliche vor Beginn der Leistung zuletzt seinen gewöhnlichen Aufenthalt

hatte; hatte das Kind oder der Jugendliche während der letzten sechs Monate keinen gewöhnlichen Aufenthalt, so richtet sich die Zuständigkeit nach dem tatsächlichen Aufenthalt des Kindes oder des Jugendlichen vor Beginn der Leistung.

(3) Haben die Elternteile verschiedene gewöhnliche Aufenthalte und steht die Personensorge keinem Elternteil zu, so gilt Absatz 2 Satz 2 und 4 entsprechend.

(4) [1] Haben die Eltern oder der nach den Absätzen 1 bis 3 maßgebliche Elternteil im Inland keinen gewöhnlichen Aufenthalt, oder ist ein gewöhnlicher Aufenthalt nicht feststellbar, oder sind sie verstorben, so richtet sich die Zuständigkeit nach dem gewöhnlichen Aufenthalt des Kindes oder des Jugendlichen vor Beginn der Leistung. [2] Hatte das Kind oder der Jugendliche während der letzten sechs Monate vor Beginn der Leistung keinen gewöhnlichen Aufenthalt, so ist der örtliche Träger zuständig, in dessen Bereich sich das Kind oder der Jugendliche vor Beginn der Leistung tatsächlich aufhält.

(5) [1] Begründen die Elternteile nach Beginn der Leistung verschiedene gewöhnliche Aufenthalte, so wird der örtliche Träger zuständig, in dessen Bereich der personensorgeberechtigte Elternteil seinen gewöhnlichen Aufenthalt hat; dies gilt auch dann, wenn ihm einzelne Angelegenheiten der Personensorge entzogen sind. [2] Solange in diesen Fällen die Personensorge beiden Elternteilen gemeinsam oder keinem Elternteil zusteht, bleibt die bisherige Zuständigkeit bestehen. [3] Absatz 4 gilt entsprechend.

(6) Lebt ein Kind oder ein Jugendlicher zwei Jahre bei einer Pflegeperson und ist sein Verbleib bei dieser Pflegeperson auf Dauer zu erwarten, so ist oder wird abweichend von den Absätzen 1 bis 5 der örtliche Träger zuständig, in dessen Bereich die Pflegeperson ihren gewöhnlichen Aufenthalt hat. Er hat die Eltern und, falls den Eltern die Personensorge nicht oder nur teilweise zusteht, den Personensorgeberechtigten über den Wechsel der Zuständigkeit zu unterrichten. Endet der Aufenthalt bei der Pflegeperson, so endet die Zuständigkeit nach Satz 1.

(7) [1] Für Leistungen an Kinder oder Jugendliche, die um Asyl nachsuchen oder einen Asylantrag gestellt haben, ist der örtliche Träger zuständig, in dessen Bereich sich die Person vor Beginn der Leistung tatsächlich aufhält; geht der Leistungsgewährung eine Inobhutnahme voraus, so bleibt die nach § 87 begründete Zuständigkeit bestehen. [2] Unterliegt die Person einem Verteilungsverfahren, so richtet sich die örtliche Zuständigkeit nach der Zuweisungsentscheidung der zuständigen Landesbehörde; bis zur Zuweisungsentscheidung gilt Satz 1 entsprechend. [3] Die nach Satz 1 oder 2 begründete örtliche Zuständigkeit bleibt auch nach Abschluss des Asylverfahrens so lange bestehen, bis die für die Bestimmung der örtlichen Zuständigkeit maßgebliche Person einen gewöhnlichen Aufenthalt im Bereich eines anderen Trägers der öffentlichen Jugendhilfe begründet. [4] Eine Unterbrechung der Leistung von bis zu drei Monaten bleibt außer Betracht.

§ 86a Örtliche Zuständigkeit für Leistungen an junge Volljährige

(1) Für Leistungen an junge Volljährige ist der örtliche Träger zuständig, in dessen Bereich der junge Volljährige vor Beginn der Leistung seinen gewöhnlichen Aufenthalt hat.

(2) Hält sich der junge Volljährige in einer Einrichtung oder sonstigen Wohnform auf, die der Erziehung, Pflege, Betreuung, Behandlung oder dem Strafvollzug dient, so richtet sich die örtliche Zuständigkeit nach dem gewöhnlichen Aufenthalt vor der Aufnahme in eine Einrichtung oder sonstige Wohnform.

(3) Hat der junge Volljährige keinen gewöhnlichen Aufenthalt, so richtet sich die Zuständigkeit nach seinem tatsächlichen Aufenthalt zu dem in Absatz 1 genannten Zeitpunkt; Absatz 2 bleibt unberührt.

(4) [1] Wird eine Leistung nach § 13 Absatz 3 oder nach § 21 über die Vollendung des 18. Lebensjahres hinaus weitergeführt oder geht der Hilfe für junge Volljährige nach § 41 eine dieser Leistungen, eine Leistung nach § 19 oder eine Hilfe nach den §§ 27 bis 35a voraus, so bleibt der örtliche Träger zuständig, der bis zu diesem Zeitpunkt zuständig war. [2] Eine Unterbrechung der Hilfeleistung von bis zu drei Monaten bleibt dabei außer Betracht. [3] Die Sätze 1 und 2 gelten entsprechend, wenn eine Hilfe für junge Volljährige nach § 41 beendet war und innerhalb von drei Monaten erneut Hilfe für junge Volljährige nach § 41 erforderlich wird.

§ 86b Örtliche Zuständigkeit für Leistungen in gemeinsamen Wohnformen für Mütter/Väter und Kinder

(1) [1] Für Leistungen in gemeinsamen Wohnformen für Mütter oder Väter und Kinder ist der örtliche Träger zuständig, in dessen Bereich der nach § 19 Leistungsberechtigte vor Beginn der Leistung seinen gewöhnlichen Aufenthalt hat. [2] § 86a Absatz 2 gilt entsprechend.

(2) Hat der Leistungsberechtigte keinen gewöhnlichen Aufenthalt, so richtet sich die Zuständigkeit nach seinem tatsächlichen Aufenthalt zu dem in Absatz 1 genannten Zeitpunkt.

(3) [1] Geht der Leistung Hilfe nach den §§ 27 bis 35a oder eine Leistung nach § 13 Absatz 3, § 21 oder § 41 voraus, so bleibt der örtliche Träger zuständig, der bisher zuständig war. [2] Eine Unterbrechung der Hilfeleistung von bis zu drei Monaten bleibt dabei außer Betracht.

§ 86c Fortdauernde Leistungsverpflichtung und Fallübergabe bei Zuständigkeitswechsel

(1) [1] Wechselt die örtliche Zuständigkeit für eine Leistung, so bleibt der bisher zuständige örtliche Träger so lange zur Gewährung der Leistung verpflichtet, bis der nunmehr zuständige örtliche Träger die Leistung fortsetzt. [2] Dieser hat dafür Sorge zu tragen, dass der Hilfeprozess und die im Rahmen der Hilfeplanung vereinbarten Hilfeziele durch den Zuständigkeitswechsel nicht gefährdet werden.

(2) [1] Der örtliche Träger, der von den Umständen Kenntnis erhält, die den Wechsel der Zuständigkeit begründen, hat den anderen davon unverzüglich zu unterrichten. [2] Der bisher zuständige örtliche Träger hat dem nunmehr zuständigen örtlichen Träger unverzüglich die für die Hilfegewährung sowie den Zuständigkeitswechsel maßgeblichen Sozialdaten zu übermitteln. [3] Bei der Fortsetzung von Leistungen, die der Hilfeplanung nach § 36 Absatz 2 unterliegen, ist die Fallverantwortung im Rahmen eines Gespräches zu übergeben. [4] Die Personensorgeberechtigten und das Kind oder der Jugend-

liche sowie der junge Volljährige oder der Leistungsberechtigte nach § 19
sind an der Übergabe angemessen zu beteiligen.

§ 86d Verpflichtung zum vorläufigen Tätigwerden

Steht die örtliche Zuständigkeit nicht fest oder wird der zuständige örtliche Träger nicht tätig, so ist der örtliche Träger vorläufig zum Tätigwerden
verpflichtet, in dessen Bereich sich das Kind oder der Jugendliche, der junge
Volljährige oder bei Leistungen nach § 19 der Leistungsberechtigte vor
Beginn der Leistung tatsächlich aufhält.

Zweiter Unterabschnitt. Örtliche Zuständigkeit für andere Aufgaben

§ 87 Örtliche Zuständigkeit für vorläufige Maßnahmen zum Schutz von Kindern und Jugendlichen

[1] Für die Inobhutnahme eines Kindes oder eines Jugendlichen (§ 42) ist
der örtliche Träger zuständig, in dessen Bereich sich das Kind oder der
Jugendliche vor Beginn der Maßnahme tatsächlich aufhält. [2] Die örtliche
Zuständigkeit für die Inobhutnahme eines unbegleiteten ausländischen Kindes oder Jugendlichen richtet sich nach § 88a Absatz 2.

§ 87a Örtliche Zuständigkeit für Erlaubnis, Meldepflichten und Untersagung

(1) [1] Für die Erteilung der Pflegeerlaubnis nach § 43 sowie für deren
Rücknahme und Widerruf ist der örtliche Träger zuständig, in dessen
Bereich die Kindertagespflegeperson ihre Tätigkeit ausübt. [2] Ist die Kindertagespflegeperson im Zuständigkeitsbereich mehrerer örtlicher Träger tätig,
ist der örtliche Träger zuständig, in dessen Bereich die Kindertagespflegeperson ihren gewöhnlichen Aufenthalt hat. [3] Für die Erteilung der Pflegeerlaubnis nach § 44 sowie für deren Rücknahme und Widerruf ist der örtliche
Träger zuständig, in dessen Bereich die Pflegeperson ihren gewöhnlichen
Aufenthalt hat.

(2) Für die Erteilung der Erlaubnis zum Betrieb einer Einrichtung oder
einer selbständigen sonstigen Wohnform sowie für die Rücknahme oder den
Widerruf dieser Erlaubnis (§ 45 Absatz 1 und 2, § 48a), die örtliche Prüfung
(§§ 46, 48a), die Entgegennahme von Meldungen (§ 47 Absatz 1 und 2,
§ 48a) und die Ausnahme von der Meldepflicht (§ 47 Absatz 3, § 48a) sowie
die Untersagung der weiteren Beschäftigung des Leiters oder eines Mit-
arbeiters (§§ 48, 48a) ist der überörtliche Träger oder die nach Landesrecht
bestimmte Behörde zuständig, in dessen oder deren Bereich die Einrichtung
oder die sonstige Wohnform gelegen ist.

(3) Für die Mitwirkung an der örtlichen Prüfung (§§ 46, 48a) ist der
örtliche Träger zuständig, in dessen Bereich die Einrichtung oder die selbständige sonstige Wohnform gelegen ist.

§ 87b Örtliche Zuständigkeit für die Mitwirkung in gerichtlichen Verfahren

(1) [1] Für die Zuständigkeit des Jugendamts zur Mitwirkung in gerichtlichen Verfahren (§§ 50 bis 52) gilt § 86 Absatz 1 bis 4 entsprechend. [2] Für

die Mitwirkung im Verfahren nach dem Jugendgerichtsgesetz gegen einen jungen Menschen, der zu Beginn des Verfahrens das 18. Lebensjahr vollendet hat, gilt § 86a Absatz 1 und 3 entsprechend.

(2) ¹Die nach Absatz 1 begründete Zuständigkeit bleibt bis zum Abschluss des Verfahrens bestehen. ²Hat ein Jugendlicher oder ein junger Volljähriger in einem Verfahren nach dem Jugendgerichtsgesetz die letzten sechs Monate vor Abschluss des Verfahrens in einer Justizvollzugsanstalt verbracht, so dauert die Zuständigkeit auch nach der Entlassung aus der Anstalt so lange fort, bis der Jugendliche oder junge Volljährige einen neuen gewöhnlichen Aufenthalt begründet hat, längstens aber bis zum Ablauf von sechs Monaten nach dem Entlassungszeitpunkt.

(3) Steht die örtliche Zuständigkeit nicht fest oder wird der zuständige örtliche Träger nicht tätig, so gilt § 86d entsprechend.

§§ 87c–87e *nicht abgedruckt*

Vierter Unterabschnitt. Örtliche Zuständigkeit für vorläufige Maßnahmen, Leistungen und die Amtsvormundschaft für unbegleitete ausländische Kinder und Jugendliche

§ 88a Örtliche Zuständigkeit für vorläufige Maßnahmen, Leistungen und die Amtsvormundschaft für unbegleitete ausländische Kinder und Jugendliche

(1) Für die vorläufige Inobhutnahme eines unbegleiteten ausländischen Kindes oder Jugendlichen (§ 42a) ist der örtliche Träger zuständig, in dessen Bereich sich das Kind oder der Jugendliche vor Beginn der Maßnahme tatsächlich aufhält, soweit Landesrecht nichts anderes regelt.

(2) ¹Die örtliche Zuständigkeit für die Inobhutnahme eines unbegleiteten ausländischen Kindes oder Jugendlichen (§ 42) richtet sich nach der Zuweisungsentscheidung gem. § 42b Absatz 3 Satz 1 der nach Landesrecht für die Verteilung von unbegleiteten ausländischen Kindern oder Jugendlichen zuständigen Stelle. ²Ist die Verteilung nach § 42b Absatz 4 ausgeschlossen, so bleibt die nach Absatz 1 begründete Zuständigkeit bestehen. ³Ein anderer Träger kann aus Gründen des Kindeswohls oder aus sonstigen humanitären Gründen von vergleichbarem Gewicht die örtliche Zuständigkeit von dem zuständigen Träger übernehmen.

(3) ¹Für Leistungen an unbegleitete ausländische Kinder oder Jugendliche ist der örtliche Träger zuständig, in dessen Bereich sich die Person vor Beginn der Leistung tatsächlich aufhält. ²Geht der Leistungsgewährung eine Inobhutnahme voraus, so bleibt die nach Absatz 2 begründete Zuständigkeit bestehen, soweit Landesrecht nichts anderes regelt.

(4) Die örtliche Zuständigkeit für die Vormundschaft oder Pflegschaft, die für unbegleitete ausländische Kinder oder Jugendliche durch Bestellung des Familiengerichts eintritt, richtet sich während

1. der vorläufigen Inobhutnahme (§ 42a) nach Absatz 1,
2. der Inobhutnahme (§ 42) nach Absatz 2 und
3. der Leistungsgewährung nach Absatz 3.

Dritter Abschnitt. Kostenerstattung

§§ 89–89a *nicht abgedruckt*

§ 89b Kostenerstattung bei vorläufigen Maßnahmen zum Schutz von Kindern und Jugendlichen

(1) Kosten, die ein örtlicher Träger im Rahmen der Inobhutnahme von Kindern und Jugendlichen (§ 42) aufgewendet hat, sind von dem örtlichen Träger zu erstatten, dessen Zuständigkeit durch den gewöhnlichen Aufenthalt nach § 86 begründet wird.

(2) Ist ein kostenerstattungspflichtiger örtlicher Träger nicht vorhanden, so sind die Kosten von dem überörtlichen Träger zu erstatten, zu dessen Bereich der örtliche Träger gehört.

(3) Eine nach Absatz 1 oder 2 begründete Pflicht zur Kostenerstattung bleibt bestehen, wenn und solange nach der Inobhutnahme Leistungen auf Grund einer Zuständigkeit nach § 86 Absatz 7 Satz 1 Halbsatz 2 gewährt werden.

§ 89c *nicht abgedruckt*

§ 89d Kostenerstattung bei Gewährung von Jugendhilfe nach der Einreise

(1) ¹Kosten, die ein örtlicher Träger aufwendet, sind vom Land zu erstatten, wenn

1. innerhalb eines Monats nach der Einreise eines jungen Menschen oder eines Leistungsberechtigten nach § 19 Jugendhilfe gewährt wird und

2. sich die örtliche Zuständigkeit nach dem tatsächlichen Aufenthalt dieser Person oder nach der Zuweisungsentscheidung der zuständigen Landesbehörde richtet.

²Als Tag der Einreise gilt der Tag des Grenzübertritts, sofern dieser amtlich festgestellt wurde, oder der Tag, an dem der Aufenthalt im Inland erstmals festgestellt wurde, andernfalls der Tag der ersten Vorsprache bei einem Jugendamt. ³Die Erstattungspflicht nach Satz 1 bleibt unberührt, wenn die Person um Asyl nachsucht oder einen Asylantrag stellt.

(2) Ist die Person im Inland geboren, so ist das Land erstattungspflichtig, in dessen Bereich die Person geboren ist.

(3) *(aufgehoben)*

(4) Die Verpflichtung zur Erstattung der aufgewendeten Kosten entfällt, wenn inzwischen für einen zusammenhängenden Zeitraum von drei Monaten Jugendhilfe nicht zu gewähren war.

(5) Kostenerstattungsansprüche nach den Absätzen 1 bis 3 gehen Ansprüchen nach den §§ 89 bis 89c und § 89e vor.

§§ 89e–89h *nicht abgedruckt*

Achtes Kapitel. Kostenbeteiligung

Erster Abschnitt. Pauschalierte Kostenbeteiligung

§ 90 Pauschalierte Kostenbeteiligung

(1) Für die Inanspruchnahme von Angeboten

1. der Jugendarbeit nach § 11,
2. der allgemeinen Förderung der Erziehung in der Familie nach § 16 Absatz 1, Absatz 2 Nummer 1 und 3 und
3. der Förderung von Kindern in Tageseinrichtungen und Kindertagespflege nach den §§ 22 bis 24

können Kostenbeiträge festgesetzt werden.

(2) [1] In den Fällen des Absatzes 1 Nummer 1 und 2 kann der Kostenbeitrag auf Antrag ganz oder teilweise erlassen oder ein Teilnahmebeitrag auf Antrag ganz oder teilweise vom Träger der öffentlichen Jugendhilfe übernommen werden, wenn

1. die Belastung
   a) dem Kind oder dem Jugendlichen und seinen Eltern oder
   b) dem jungen Volljährigen
   nicht zuzumuten ist und
2. die Förderung für die Entwicklung des jungen Menschen erforderlich ist.

[2] Lebt das Kind oder der Jugendliche nur mit einem Elternteil zusammen, so tritt dieser an die Stelle der Eltern. [3] Für die Feststellung der zumutbaren Belastung gelten die §§ 82 bis 85, 87, 88 und 92 Absatz 1 Satz 1 und Absatz 2 des Zwölften Buches entsprechend, soweit nicht Landesrecht eine andere Regelung trifft. [4] Bei der Einkommensberechnung bleiben das Baukindergeld des Bundes sowie die Eigenheimzulage nach dem Eigenheimzulagengesetz außer Betracht.

(3) [1] Im Fall des Absatzes 1 Nummer 3 sind Kostenbeiträge zu staffeln. [2] Als Kriterien für die Staffelung können insbesondere das Einkommen der Eltern, die Anzahl der kindergeldberechtigten Kinder in der Familie und die tägliche Betreuungszeit des Kindes berücksichtigt werden. [3] Werden die Kostenbeiträge nach dem Einkommen berechnet, bleibt das Baukindergeld des Bundes außer Betracht. [4] Darüber hinaus können weitere Kriterien berücksichtigt werden.

(4) [1] Im Fall des Absatzes 1 Nummer 3 wird der Kostenbeitrag auf Antrag erlassen oder auf Antrag ein Teilnahmebeitrag vom Träger der öffentlichen Jugendhilfe übernommen, wenn die Belastung durch Kostenbeiträge den Eltern und dem Kind nicht zuzumuten ist. [2] Nicht zuzumuten sind Kostenbeiträge immer dann, wenn Eltern oder Kinder Leistungen zur Sicherung des Lebensunterhalts nach dem Zweiten Buch, Leistungen nach dem dritten und vierten Kapitel des Zwölften Buches oder Leistungen nach den §§ 2 und 3 des Asylbewerberleistungsgesetzes beziehen oder wenn die Eltern des Kindes Kinderzuschlag gemäß § 6a des Bundeskindergeldgesetzes oder Wohngeld nach dem Wohngeldgesetz erhalten. [3] Der Träger der öffentlichen Jugendhilfe hat die Eltern über die Möglichkeit einer Antragstellung nach Satz 1 bei unzumutbarer Belastung durch Kostenbeiträge zu beraten. [4] Absatz 2 Satz 2 bis 4 gilt entsprechend.

**Zweiter Abschnitt. Kostenbeiträge für stationäre und
teilstationäre Leistungen sowie vorläufige Maßnahmen**

§ 91 Anwendungsbereich

(1) Zu folgenden vollstationären Leistungen und vorläufigen Maßnahmen
werden Kostenbeiträge erhoben:

1. der Unterkunft junger Menschen in einer sozialpädagogisch begleiteten
   Wohnform (§ 13 Absatz 3),
2. der Betreuung von Müttern oder Vätern und Kindern in gemeinsamen
   Wohnformen (§ 19),
3. der Betreuung und Versorgung von Kindern in Notsituationen (§ 20),
4. der Unterstützung bei notwendiger Unterbringung junger Menschen zur
   Erfüllung der Schulpflicht und zum Abschluss der Schulausbildung (§ 21),
5. der Hilfe zur Erziehung
   a) in Vollzeitpflege (§ 33),
   b) in einem Heim oder in einer sonstigen betreuten Wohnform (§ 34),
   c) in intensiver sozialpädagogischer Einzelbetreuung (§ 35), sofern sie
      außerhalb des Elternhauses erfolgt,
   d) auf der Grundlage von § 27 in stationärer Form,
6. der Eingliederungshilfe für seelisch behinderte Kinder und Jugendliche
   durch geeignete Pflegepersonen sowie in Einrichtungen über Tag und
   Nacht und in sonstigen Wohnformen (§ 35a Absatz 2 Nummer 3 und 4),
7. der Inobhutnahme von Kindern und Jugendlichen (§ 42),
8. der Hilfe für junge Volljährige, soweit sie den in den Nummern 5 und 6
   genannten Leistungen entspricht (§ 41).

(2) Zu folgenden teilstationären Leistungen werden Kostenbeiträge erhoben:

1. der Betreuung und Versorgung von Kindern in Notsituationen nach
   § 20,
2. Hilfe zur Erziehung in einer Tagesgruppe nach § 32 und anderen teilstationären Leistungen nach § 27,
3. Eingliederungshilfe für seelisch behinderte Kinder und Jugendliche in
   Tageseinrichtungen und anderen teilstationären Einrichtungen nach § 35a
   Absatz 2 Nummer 2 und
4. Hilfe für junge Volljährige, soweit sie den in den Nummern 2 und 3
   genannten Leistungen entspricht (§ 41).

(3) Die Kosten umfassen auch die Aufwendungen für den notwendigen
Unterhalt und die Krankenhilfe.

(4) Verwaltungskosten bleiben außer Betracht.

(5) Die Träger der öffentlichen Jugendhilfe tragen die Kosten der in den
Absätzen 1 und 2 genannten Leistungen unabhängig von der Erhebung eines
Kostenbeitrags.

§ 92 Ausgestaltung der Heranziehung

(1) Aus ihrem Einkommen nach Maßgabe der §§ 93 und 94 heranzuziehen sind:

1. Kinder und Jugendliche zu den Kosten der in § 91 Absatz 1 Nummer 1
   bis 7 genannten Leistungen und vorläufigen Maßnahmen,

2. junge Volljährige zu den Kosten der in § 91 Absatz 1 Nummer 1, 4 und 8 genannten Leistungen,
3. Leistungsberechtigte nach § 19 zu den Kosten der in § 91 Absatz 1 Nummer 2 genannten Leistungen,
4. Ehegatten und Lebenspartner junger Menschen und Leistungsberechtigter nach § 19 zu den Kosten der in § 91 Absatz 1 und Absatz 2 genannten Leistungen und vorläufigen Maßnahmen,
5. Elternteile zu den Kosten der in § 91 Absatz 1 genannten Leistungen und vorläufigen Maßnahmen; leben sie mit dem jungen Menschen zusammen, so werden sie auch zu den Kosten der in § 91 Absatz 2 genannten Leistungen herangezogen.

(1a) Zu den Kosten vollstationärer Leistungen sind volljährige Leistungsberechtigte nach § 19 zusätzlich aus ihrem Vermögen nach Maßgabe der §§ 90 und 91 des Zwölften Buches heranzuziehen.

(2) Die Heranziehung erfolgt durch Erhebung eines Kostenbeitrags, der durch Leistungsbescheid festgesetzt wird; Elternteile werden getrennt herangezogen.

(3) [1]Ein Kostenbeitrag kann bei Eltern, Ehegatten und Lebenspartnern ab dem Zeitpunkt erhoben werden, ab welchem dem Pflichtigen die Gewährung der Leistung mitgeteilt und er über die Folgen für seine Unterhaltspflicht gegenüber dem jungen Menschen aufgeklärt wurde. [2]Ohne vorherige Mitteilung kann ein Kostenbeitrag für den Zeitraum erhoben werden, in welchem der Träger der öffentlichen Jugendhilfe aus rechtlichen oder tatsächlichen Gründen, die in den Verantwortungsbereich des Pflichtigen fallen, an der Geltendmachung gehindert war. [3]Entfallen diese Gründe, ist der Pflichtige unverzüglich zu unterrichten.

(4) [1]Ein Kostenbeitrag kann nur erhoben werden, soweit Unterhaltsansprüche vorrangig oder gleichrangig Berechtigter nicht geschmälert werden. [2]Von der Heranziehung der Eltern ist abzusehen, wenn das Kind, die Jugendliche, die junge Volljährige oder die Leistungsberechtigte nach § 19 schwanger ist oder der junge Mensch oder die nach § 19 leistungsberechtigte Person ein leibliches Kind bis zur Vollendung des sechsten Lebensjahres betreut.

(5) [1]Von der Heranziehung soll im Einzelfall ganz oder teilweise abgesehen werden, wenn sonst Ziel und Zweck der Leistung gefährdet würden oder sich aus der Heranziehung eine besondere Härte ergäbe. [2]Von der Heranziehung kann abgesehen werden, wenn anzunehmen ist, dass der damit verbundene Verwaltungsaufwand in keinem angemessenen Verhältnis zu dem Kostenbeitrag stehen wird.

§ 93 Berechnung des Einkommens

(1) [1]Zum Einkommen gehören alle Einkünfte in Geld oder Geldeswert mit Ausnahme der Grundrente nach oder entsprechend dem Bundesversorgungsgesetz sowie der Renten und Beihilfen, die nach dem Bundesentschädigungsgesetz für einen Schaden an Leben sowie an Körper und Gesundheit gewährt werden bis zur Höhe der vergleichbaren Grundrente nach dem Bundesversorgungsgesetz. [2]Eine Entschädigung, die nach § 253 Absatz 2 des Bürgerlichen Gesetzbuchs wegen eines Schadens, der nicht Vermögensschaden ist, geleistet wird, ist nicht als Einkommen zu berücksichtigen. [3]Geld-

leistungen, die dem gleichen Zweck wie die jeweilige Leistung der Jugendhilfe dienen, zählen nicht zum Einkommen und sind unabhängig von einem
Kostenbeitrag einzusetzen. [4]Kindergeld und Leistungen, die auf Grund
öffentlich-rechtlicher Vorschriften zu einem ausdrücklich genannten Zweck
erbracht werden, sind nicht als Einkommen zu berücksichtigen.

(2) Von dem Einkommen sind abzusetzen

1. auf das Einkommen gezahlte Steuern und
2. Pflichtbeiträge zur Sozialversicherung einschließlich der Beiträge zur Ar-
   beitsförderung sowie
3. nach Grund und Höhe angemessene Beiträge zu öffentlichen oder privaten Versicherungen oder ähnlichen Einrichtungen zur Absicherung der
   Risiken Alter, Krankheit, Pflegebedürftigkeit und Arbeitslosigkeit.

(3) [1]Von dem nach den Absätzen 1 und 2 errechneten Betrag sind Belastungen der kostenbeitragspflichtigen Person abzuziehen. [2]Der Abzug erfolgt
durch eine Kürzung des nach den Absätzen 1 und 2 errechneten Betrages
um pauschal 25 vom Hundert. [3]Sind die Belastungen höher als der pauschale
Abzug, so können sie abgezogen werden, soweit sie nach Grund und Höhe
angemessen sind und die Grundsätze einer wirtschaftlichen Lebensführung
nicht verletzen. [4]In Betracht kommen insb.

1. Beiträge zu öffentlichen oder privaten Versicherungen oder ähnlichen
   Einrichtungen,
2. die mit der Erzielung des Einkommens verbundenen notwendigen Ausgaben,
3. Schuldverpflichtungen.

[5]Die kostenbeitragspflichtige Person muss die Belastungen nachweisen.

(4) [1]Maßgeblich ist das durchschnittliche Monatseinkommen, das die kostenbeitragspflichtige Person in dem Kalenderjahr erzielt hat, welches dem
jeweiligen Kalenderjahr der Leistung oder Maßnahme vorangeht. [2]Auf Antrag der kostenbeitragspflichtigen Person wird dieses Einkommen nachträglich durch das durchschnittliche Monatseinkommen ersetzt, welches die
Person in dem jeweiligen Kalenderjahr der Leistung oder Maßnahme erzielt
hat. [3]Der Antrag kann innerhalb eines Jahres nach Ablauf dieses Kalenderjahres gestellt werden. [4]Macht die kostenbeitragspflichtige Person glaubhaft,
dass die Heranziehung zu den Kosten aus dem Einkommen nach Satz 1 in
einem bestimmten Zeitraum eine besondere Härte für sie ergäbe, wird
vorläufig von den glaubhaft gemachten, dem Zeitraum entsprechenden
Monatseinkommen ausgegangen; endgültig ist in diesem Fall das nach Ablauf
des Kalenderjahres zu ermittelnde durchschnittliche Monatseinkommen dieses Jahres maßgeblich.

§ 94 Umfang der Heranziehung

(1) [1]Die Kostenbeitragspflichtigen sind aus ihrem Einkommen in angemessenem Umfang zu den Kosten heranzuziehen. [2]Die Kostenbeiträge
dürfen die tatsächlichen Aufwendungen nicht überschreiten. [3]Eltern sollen
nachrangig zu den jungen Menschen herangezogen werden. [4]Ehegatten und
Lebenspartner sollen nachrangig zu den jungen Menschen, aber vorrangig
vor deren Eltern herangezogen werden.

(2) Für die Bestimmung des Umfangs sind bei jedem Elternteil, Ehegatten oder Lebenspartner die Höhe des nach § 93 ermittelten Einkommens und die Anzahl der Personen, die mindestens im gleichen Range wie der untergebrachte junge Mensch oder Leistungsberechtigte nach § 19 unterhaltsberechtigt sind, angemessen zu berücksichtigen.

(3) [1] Werden Leistungen über Tag und Nacht außerhalb des Elternhauses erbracht und bezieht einer der Elternteile Kindergeld für den jungen Menschen, so hat dieser unabhängig von einer Heranziehung nach Absatz 1 Satz 1 und 2 und nach Maßgabe des Absatzes 1 Satz 3 und 4 einen Kostenbeitrag in Höhe des Kindergeldes zu zahlen. [2] Zahlt der Elternteil den Kostenbeitrag nach Satz 1 nicht, so sind die Träger der öffentlichen Jugendhilfe insoweit berechtigt, das auf dieses Kind entfallende Kindergeld durch Geltendmachung eines Erstattungsanspruchs nach § 74 Absatz 2 des Einkommensteuergesetzes in Anspruch zu nehmen. [3] Bezieht der Elternteil Kindergeld nach § 1 Absatz 1 des Bundeskindergeldgesetzes, gilt Satz 2 entsprechend. [4] Bezieht der junge Mensch das Kindergeld selbst, gelten die Sätze 1 und 2 entsprechend.

(4) Werden Leistungen über Tag und Nacht erbracht und hält sich der junge Mensch nicht nur im Rahmen von Umgangskontakten bei einem Kostenbeitragspflichtigen auf, so ist die tatsächliche Betreuungsleistung über Tag und Nacht auf den Kostenbeitrag anzurechnen.

(5) Für die Festsetzung der Kostenbeiträge von Eltern, Ehegatten und Lebenspartnern junger Menschen und Leistungsberechtigter nach § 19 werden nach Einkommensgruppen gestaffelte Pauschalbeträge durch Rechtsverordnung des zuständigen Bundesministeriums mit Zustimmung des Bundesrates bestimmt.

(6) [1] Bei vollstationären Leistungen haben junge Menschen und Leistungsberechtigte nach § 19 nach Abzug der in § 93 Absatz 2 genannten Beträge höchstens 25 Prozent ihres Einkommens als Kostenbeitrag einzusetzen. [2] Maßgeblich ist das Einkommen des Monats, in dem die Leistung oder die Maßnahme erbracht wird. [3] Folgendes Einkommen aus einer Erwerbstätigkeit innerhalb eines Monats bleibt für den Kostenbeitrag unberücksichtigt:

1. Einkommen aus Schülerjobs oder Praktika mit einer Vergütung bis zur Höhe von 150 Euro monatlich,
2. Einkommen aus Ferienjobs,
3. Einkommen aus einer ehrenamtlichen Tätigkeit oder
4. 150 Euro monatlich als Teil einer Ausbildungsvergütung.

2. Richtlinien zum Jugendgerichtsgesetz (RiJGG)

vom 15. Februar 1955 (ABl Berlin 1955, 426)
in der Fassung ab 1. August 1994 (ABl Berlin 1994, 2313)

Einführung

Die bundeseinheitlichen Richtlinien zum Jugendgerichtsgesetz wenden sich vornehmlich an die Staatsanwaltschaft und geben für den Regelfall Anleitungen und Orientierungshilfen, von denen wegen der Besonderheit des Einzelfalles abgewichen werden kann.

Sie enthalten aber auch Hinweise und Empfehlungen an das Gericht. Soweit diese Hinweise nicht die Art der Ausführung eines Amtgeschäfts betreffen, bleibt es dem Gericht überlassen, sie zu berücksichtigen. Auch im übrigen enthalten die Richtlinien Grundsätze, die für das Gericht von Bedeutung sein können.

Soweit diese Richtlinien keine besonderen Bestimmungen aufweisen, gelten die Richtlinien für das Strafverfahren und das Bußgeldverfahren.

Personen- und Funktionsbezeichnungen gelten jeweils in weiblicher und männlicher Form.

Zu § 1:

1. Auf Handlungen, für die Ordnungs- oder Zwangsmittel vorgesehen sind, findet das Jugendgerichtsgesetz keine Anwendung. Für das Bußgeldverfahren gelten die Vorschriften des Jugendgerichtsgesetzes sinngemäß, soweit das Gesetz über Ordnungswidrigkeiten nichts anderes bestimmt (§ 46 Abs. 1 OWiG).
2. Stellt die Staatsanwaltschaft ein Verfahren wegen Schuldunfähigkeit (vgl. § 19 StGB) ein, so prüft sie, wer zu benachrichtigen ist (vgl. insb. § 70 Satz 1, § 109 Abs. 1 Satz 2) und ob gegen Aufsichtspflichtige einzuschreiten ist.

Zu § 3:

1. Verbleiben nach Ausschöpfung anderer Ermittlungsmöglichkeiten ernsthafte Zweifel an der strafrechtlichten Verantwortlichkeit, ist zu prüfen, ob ein Sachverständigengutachten einzuholen ist (vgl. auch die §§ 38, 43, 73 und die Richtlinien dazu). Dabei ist der Grundsatz der Verhältnismäßigkeit zu beachten.
2. Ergibt die Prüfung, daß der Jugendliche mangels Reife nicht verantwortlich ist oder kann die Verantwortlichkeit nicht sicher festgestellt werden, so stellt die Staatsanwaltschaft das Verfahren ein (§ 170 Abs. 2 StPO); ist die Anklage bereits eingereicht, so regt die Staatsanwaltschaft die Einstellung des Verfahrens an (§ 47 Abs. 1 Satz 1 Nr. 4).

Zu § 5:

Ergibt sich in der Hauptverhandlung, daß bereits eine erzieherische Maßnahme durchgeführt oder eingeleitet worden ist, und hält die Staatsanwaltschaft deshalb eine Ahndung für entbehrlich, so regt sie die Einstellung des Verfahrens an (§ 47 Abs. 1 Satz 1 Nr. 2).

Zu § 6:

Soweit eine in § 6 nicht genannte Nebenstrafe oder Nebenfolge nicht zwingend vorgeschrieben ist, beantragt die Staatsanwaltschaft sie nur, wenn sie erzieherisch notwendig erscheint.

Zu § 9:

Wegen der Eintragung in das Zentralregister und das Erziehungsregister wird auf § 5 Abs. 2 und § 60 Abs. 1 Nr. 2 BZRG hingewiesen.

Zu § 10:

1. Die Lebensführung gestaltende Gebote sind Verboten im allgemeinen vorzuziehen. Eine Weisung wird in der Regel besonders wirksam sein, wenn das auferlegte Verfahren in einem inneren Zusammenhang mit der Tat steht.

2. Die Weisung, sich einem Betreuungshelfer zu unterstellen (§ 10 Abs. 1 Satz 3 Nr. 5), wird auch im Hinblick auf die damit für den Jugendlichen verbundenen Belastungen und den personellen und zeitlichen Aufwand im Bereich der Jugendgerichtshilfe bei geringfügigen Verfehlungen[1] nicht in Betracht kommen. Gegenüber Jugendlichen wird die Maßnahme nur sinnvoll sein, wenn die Erziehungsberechtigten zustimmen. Kommt eine Anordnung der Maßnahme in Betracht, so empfiehlt es sich, frühzeitig mit der Jugendgerichtshilfe Verbindung aufzunehmen. Auf § 38 Abs. 2 Satz 7 und § 38 Abs. 3 Satz 2 sowie die Richtlinien dazu wird hingewiesen. Die Person des Betreuungshelfers ist möglichst genau zu bezeichnen. Im Verfahren nach § 45 ist die Weisung nicht zulässig (vgl. § 45 Abs. 3 Satz 1).

3. Auch bei der Weisung, an einem sozialen Trainingskurs teilzunehmen (§ 10 Abs. 1 Satz 3 Nr. 6), handelt es sich um eine verhältnismäßig aufwendige Maßnahme, die für den Jugendlichen je nach struktureller und zeitlicher Gestaltung der Kurse mit nicht unerheblichen Belastungen verbunden sein kann. Nr. 2 Satz 1, 3 und 6 gilt entsprechend. Die Weisung, an anderen Formen sozialer Gruppenarbeit teilzunehmen, wird durch § 10 Abs. 1 Satz 3 Nr. 6 nicht ausgeschlossen.

4. Der Täter-Opfer-Ausgleich (§ 10 Abs. 1 Satz 3 Nr. 7) verdient im gesamten Verfahren Beachtung (vgl. § 45 Abs. 2 Satz 2, § 45 Abs. 3 Satz 1, auch in Verbindung mit § 47 Abs. 1 Satz 1 Nr. 2 und 3, § 23 Abs. 1 Satz 1, § 29 Satz 2 und § 88 Abs. 6 Satz 1). Besondere Bedeutung kommt ihm in Verbindung mit dem Verfahren nach § 45 Abs. 2 zu. Nr. 2 Satz 3 gilt entsprechend. Er zielt darauf ab, bei dem Verletzten den immateriellen und materiellen Schaden auszugleichen und bei dem Jugendlichen einen Lernprozeß einzuleiten.

---

[1] Vgl. Einigungsvertrag Abschnitt III 3. b).

5. Hinsichtlich des Versicherungsschutzes bei Arbeitsleistungen wird auf § 540 RVO hingewiesen.

6. Ist die Befolgung einer Weisung mit Kosten verbunden, sollte die Staatsanwaltschaft darauf hinwirken, daß vor Erteilung der Weisung geklärt wird, wer die Kosten trägt. Wenn der Jugendliche oder die Unterhaltspflichtigen die Kosten nicht aufbringen können, kann der Träger der Sozialhilfe oder eine andere Stelle als Kostenträger in Betracht kommen. Eine Verpflichtung dritter Stellen, die Kosten für die Durchführung einer Weisung nach § 10 Abs. 2 zu übernehmen, kann sich aus dem Recht der gesetzlichen Krankenversicherung, dem Achten Buch Sozialgesetzbuch (§§ 91, 92 SGB VIII) und dem Bundessozialhilfegesetz (subsidiäre Krankenhilfe nach § 37 BSHG, Eingliederungshilfe nach § 39 BSHG nebst Eingliederungshilfe-VO, Gefährdetenhilfe nach § 72 BSHG) ergeben. Bei Zuständigkeitsüberschneidungen kann durch Zusammenwirken der in Betracht kommenden Kostenträger sichergestellt werden, daß keine Lücken in der Kostenträgerschaft entstehen (z. B. bei kombinierten Behandlungsmethoden).

7. Vor der Erteilung von Weisungen sind die Vertreter der Jugendgerichtshilfe zu hören (§ 38 Abs. 3 Satz 3).

8. Die Staatsanwaltschaft wirkt darauf hin, daß das Gericht den Jugendlichen über die Bedeutung der Weisungen und Folgen schuldhafter Zuwiderhandlung (§ 11 Abs. 3 Satz 1) belehrt und diese Belehrung in der Niederschrift über die Hauptverhandlung vermerkt oder sonst aktenkundig gemacht wird.

9. Bevor Jugendlichen die Weisung erteilt wird, sich einer heilerzieherischen Behandlung oder einer Entziehungskur zu unterziehen, wird es in der Regel notwendig sein, einen Sachverständigen gutachterlich zu hören.

Zu § 11:

1. Bei Weisungen, denen der Jugendliche längere Zeit hindurch nachzukommen hat, empfiehlt es sich, in angemessenen Zeitabständen zu prüfen, ob es aus Gründen der Erziehung geboten ist, die Weisung oder ihre Laufzeit zu ändern oder die Weisung aufzuheben. Zur Anhörung der Jugendgerichtshilfe, eines bestellten Betreuungshelfers und des Leiters eines sozialen Trainingskurses wird auf § 65 Abs. 1 Satz 2 hingewiesen.

2. Unter Beachtung des Grundsatzes der Verhältnismäßigkeit soll die Staatsanwaltschaft darauf hinwirken, daß bei Zuwiderhandlungen gegen Weisungen Jugendarrest nur verhängt wird, wenn mildere Maßnahmen, z. B. eine formlose Ermahnung, nicht ausreichen. Ist Jugendarrest nach § 11 Abs. 3 Satz 1 zu verhängen, so regt die Staatsanwaltschaft an, ein solches Maß festzusetzen, das im Wiederholungsfall gesteigert werden kann, falls sich dies aus erzieherischen Gründen als notwendig erweist.

3. Vor der Verhängung von Jugendarrest ist dem Jugendlichen Gelegenheit zur mündlichen Äußerung zu geben (§ 65 Abs. 1 Satz 3).

Zu § 12:

Auf die Richtlinie Nr. 2 zu § 105 wird hingewiesen.

Zu § 13:

Wegen der Eintragung in das Zentralregister oder in das Erziehungsregister wird auf § 5 Abs. 2 und § 60 Abs. 1 Nr. 2 BZRG hingewiesen.

Zu § 14:

Wegen des Ausspruchs der rechtskräftig angeordneten Verwarnung (Vollstreckung) wird auf Abschnitt IV Nr. 1 der Richtlinien zu §§ 82 bis 85 hingewiesen.

Zu § 15:

1. Die Wiedergutmachung des Schadens kann auch in Arbeitsleistungen für den Geschädigten bestehen (vgl. hierzu die Richtlinie Nr. 5 zu § 10).
2. Im Hinblick auf eine Wiedergutmachung des Schadens oder eine Entschuldigung bei dem Verletzten wird auf die Richtlinie Nr. 4 zu § 10 hingewiesen.
3. Zur Auflage, Arbeitsleistungen zu erbringen, wird auf § 540 RVO hingewiesen.
4. Wegen der Kosten der Durchführung von Auflagen wird auf die Richtlinie Nr. 6 zu § 10 hingewiesen.
5. Die Staatsanwaltschaft wirkt darauf hin, daß das Gericht den Jugendlichen über die Bedeutung der Weisungen und Folgen schuldhafter Zuwiderhandlung (§ 11 Abs. 3 Satz 1) belehrt und diese Belehrung in der Niederschrift über die Hauptverhandlung vermerkt oder sonst aktenkundig gemacht wird.
6. Wegen der Folgen schuldhafter Nichterfüllung von Auflagen wird auf die Richtlinien Nrn. 2 und 3 zu § 11 hingewiesen. Geldleistungen, die nach § 15 Abs. 1 Satz 1 Nr. 1 und 4 auferlegt worden sind, können nicht zwangsweise beigetrieben werden.

Zu § 16:

1. Wöchentliche Freizeit ist die Zeit von der Beendigung der Arbeit am Ende der Woche bis zum Beginn der Arbeit in der nächsten Woche. Bei Jugendlichen, die an Sonntagen beschäftigt werden, tritt an die Stelle dieser Freizeit die entsprechende Freizeit während der Woche. Der Freizeitarrest kann auch an einem Feiertag vollstreckt werden, jedoch nicht über die regelmäßige Dauer der wöchentlichen Freizeit hinaus. Hinsichtlich der Arrestdauer wird auf § 25 JAVollzO und § 5 BwVollzO verwiesen.
2. Wegen der Berücksichtigung von Untersuchungshaft bei Jugendarrest wird auf § 52 und die Richtlinien dazu verwiesen.

Zu § 17:

1. Jugendstrafe darf nur verhängt werden, wenn andere Rechtsfolgen des Jugendgerichtsgesetzes nicht ausreichen. Sie soll in erster Linie der Erziehung dienen und darf deshalb mit der Freiheitsstrafe nicht gleichgesetzt werden.

2. Wenn Jugendliche und Erwachsene gemeinsam abgeurteilt werden (§ 103), wird es sich in der Regel empfehlen, in der mündlichen Urteilsbegründung das Wesen der Jugendstrafe und ihre Verschiedenheit von der Freiheitsstrafe darzulegen.

Zu § 18:

1. Der Umstand, daß Jugendstrafe von weniger als sechs Monaten nicht ausgesprochen werden kann, darf nicht dazu führen, daß Jugendarrest in Fällen verhängt wird, in denen dieser nicht angebracht ist. Ist weder Jugendstrafe noch Jugendarrest gerechtfertigt, so kann das Gericht mehrere Maßnahmen miteinander verbinden (§ 8) und vor allem Weisungen erteilen, die eine länger dauernde erzieherische Einwirkung ermöglichen (vgl. § 10 und die Richtlinien dazu).
2. Die vom Gesetz angeordnete vorrangige Berücksichtigung des Erziehungsgedankens bedeutet nicht, daß Belange des Schuldausgleichs ausgeschlossen wären. Sie darf nicht dazu führen, daß die obere Grenze schuldangemessenen Strafens überschritten wird.
3. Wegen der Anrechnung von Untersuchungshaft auf Jugendstrafe wird auf § 52a und die Richtlinien dazu hingewiesen.

Zu § 21:

1. Die Entscheidung darüber, ob eine Jugendstrafe zur Bewährung auszusetzen ist, setzt – auch bei Erstbestraften – eine sorgfältige Erforschung der Persönlichkeit und der Lebensverhältnisse des Jugendlichen voraus. Bei günstiger Prognose ist eine Jugendstrafe von nicht mehr als einem Jahr auszusetzen. Bei Jugendstrafe von mehr als einem Jahr bis zu zwei Jahren bedarf es jedoch zusätzlich der Prüfung, ob besondere Umstände in der bisherigen und absehbaren Entwicklung des Jugendlichen die Vollstreckung gebieten.
2. Für den Erfolg der Aussetzung der Jugendstrafe zur Bewährung ist es von Bedeutung, ob der Jugendliche fähig und willens ist, sich zu bessern. Sein Einverständnis mit der Maßnahme ist zwar nicht vorgeschrieben; eine Aussetzung ohne dieses Einverständnis ist aber nur sinnvoll, wenn erwartet werden kann, daß der Jugendliche in der Bewährungszeit zu einer bejahenden Einstellung kommt.
3. Aus erzieherischen Gründen empfiehlt es sich, dem Jugendlichen bewußt zu machen, daß die Jugendstrafe im Vertrauen auf seine Fähigkeit und seinen Willen, sich zu bewähren, ausgesetzt wird und daß ihm daraus eine besondere Verpflichtung erwächst.
4. Die Verurteilung zu einer Jugendstrafe von nicht mehr als zwei Jahren wird nicht in das Führungszeugnis aufgenommen, wenn Strafaussetzung zur Bewährung bewilligt und diese Entscheidung nicht widerrufen worden ist (vgl. § 32 Abs. 2 Nr. 3 BZRG).

Zu § 23:

1. Wegen des Inhalts von Weisungen und Auflagen im Rahmen der Bewährung wird auf die Richtlinie Nr. 1 zu § 10 und die Richtlinien Nrn. 1

bis 3 zu § 15, wegen der Kosten ihrer Durchführung auf die Richtlinie Nr. 6 zu § 10 hingewiesen.

2. Für die nachträgliche Änderung von Weisungen oder Auflagen gilt die Richtlinie Nr. 1 zu § 11 entsprechend.

3. Die Weisungen oder Auflagen werden in einem Bewährungsplan zusammengestellt, der dem Jugendlichen auszuhändigen ist (§ 60).

4. Für die Befragung, ob der Jugendliche Zusagen machen oder sich zu Leistungen erbieten will, gilt § 57 Abs. 3 Satz 1.

Zu §§ 24 und 25:

1. Da der Bewährungshelfer seine Überwachungsaufgaben im Einvernehmen mit dem Gericht erfüllt und das Gericht ihm auch für seine betreuende Tätigkeit Anweisungen erteilen kann, ist eine enge persönliche Zusammenarbeit zwischen Gericht und Bewährungshelfer unerläßlich. Es empfiehlt sich jedoch, die Selbständigkeit des Bewährungshelfers bei der Betreuung des Jugendlichen möglichst nicht einzuschränken.

2. Das Gericht unterstützt den Bewährungshelfer in dem Bemühen, ein persönliches, auf Vertrauen beruhendes Verhältnis zu dem Jugendlichen zu gewinnen.

3. Um die Entwicklung des Jugendlichen während der Bewährungszeit beobachten zu können, empfiehlt es sich, dem Bewährungshelfer zur Pflicht zu machen, in anfangs kürzeren, später längeren Zeitabständen über seine Tätigkeit und über die Führung des Jugendlichen zu berichten (§ 25 Satz 3). Ferner empfiehlt es sich, darauf hinzuwirken, daß der Bewährungshelfer nicht nur gröbliche und beharrliche Verstöße des Jugendlichen gegen Weisungen, Auflagen, Zusagen oder Anerbieten (§ 25 Satz 4), sondern auch alles Wesentliche mitteilt, was ihm über die Entwicklung des Jugendlichen, seine Lebensverhältnisse und sein Verhalten bekannt wird. Besondere Vorfälle teilt der Bewährungshelfer dem Gericht sofort mit. Für den Schlußbericht des Bewährungshelfers wird auf die Richtlinie Nr. 1 zu §§ 26, 26a hingewiesen.

4. Gegenüber anderen Personen und Stellen wird der Bewährungshelfer Verschwiegenheit wahren, um insb. auch das für die Erziehungsarbeit notwendige Vertrauensverhältnis zwischen ihm und dem Jugendlichen nicht zu beeinträchtigen. Dies gilt nicht im Verhältnis zu den dienstaufsichtsführenden Stellen.

5. Vor Bestellung eines ehrenamtlichen Bewährungshelfers soll seine Eignung für die Betreuung des Jugendlichen sorgfältig geprüft und seine Einwilligung eingeholt werden.

6. Soweit in den Ländern für die Tätigkeit der Bewährungshilfe, auch im Rahmen der Führungsaufsicht (§§ 68a ff StGB), spezielle Verwaltungsvorschriften ergangen sind, wird auf diese hingewiesen.

Zu §§ 26 und 26a:

1. Vor Ablauf der Unterstellungszeit legt der Bewährungshelfer dem Gericht einen Schlußbericht so rechtzeitig vor, daß Maßnahmen nach § 26 Abs. 2 in der gebotenen Zeit getroffen werden können, namentlich die Bewährungs- oder Unterstellungszeit noch verlängert werden kann (§ 26 Abs. 2 Nr. 2, § 22 Abs. 2 Satz 2, § 24 Abs. 2 Satz 1). Der Bewährungshelfer

ergänzt diesen Schlußbericht bis zum Ablauf der Unterstellungszeit, falls ihm Umstände bekannt werden, die für die Entscheidung über den Erlaß der Jugendstrafe oder den Widerruf der Strafaussetzung von Bedeutung sein können.

2. Kommt eine Entscheidung nach § 26 in Betracht, ist dem Jugendlichen Gelegenheit zur mündlichen Äußerung zu geben (§ 58 Abs. 1 Satz 3); auf § 58 Abs. 1 Satz 2 wird hingewiesen.

3. Wegen der Beseitigung des Strafmakels nach Erlaß einer Strafe oder eines Strafrestes wird auf § 100 hingewiesen.

4. Falls der Widerruf der Aussetzung in Betracht kommt, kann das Gericht vorläufige Maßnahmen treffen, um sich der Person des Jugendlichen zu versichern (§ 58 Abs. 2 JGG i. V. m. § 453c StPO).

Zu § 27:

Der Schuldspruch nach § 27 wird nicht in das Führungszeugnis aufgenommen (vgl. § 32 Abs. 2 Nr. 2 BZRG).

Zu § 31:

1. Ein rechtskräftiges Urteil wird im Gegensatz zu § 55 StGB auch einbezogen, wenn die weitere Straftat nach seiner Verkündung begangen worden ist.

2. Ist durch das frühere Urteil Jugendstrafe verhängt und die Vollstreckung nach § 21 zur Bewährung ausgesetzt worden, so bedarf es zur Einbeziehung nicht des Widerrufs der Aussetzung. Das gleiche gilt, wenn nach §§ 88, 89 während der Vollstreckung einer Jugendstrafe Aussetzung zur Bewährung angeordnet worden ist. Ist in dem früheren Urteil nach § 27 lediglich die Schuld festgestellt worden, so wird durch die Einbeziehung dieses Urteils auch das ihm zugrundeliegende Verfahren erledigt.

3. Bei der neuen Entscheidung ist von den tatsächlichen Feststellungen und dem Schuldspruch des einzubeziehenden rechtskräftigen Urteils auszugehen. Es wird jedoch insoweit erneut Beweis zu erheben sein, als dies für die Gesamtbeurteilung des Angeklagten, insb. im Hinblick auf die Festsetzung einer neuen Maßnahme oder Jugendstrafe erforderlich ist.

4. Ist wegen der neuen Straftat eine Verschärfung des früheren Urteils nicht angemessen, so verfährt die Staatsanwaltschaft in der Regel nach § 154 StPO. Dies gilt auch, wenn es ausreicht, die Aussetzung einer Jugendstrafe oder eines Strafrestes zur Bewährung zu widerrufen (§§ 26, 88, 89) oder ein nach Schuldspruch ausgesetztes Verfahren fortzusetzen (§ 30).

5. Über die Anrechnung oder Berücksichtigung von Untersuchungshaft, die im Zusammenhang mit einem einbezogenen Urteil vollzogen worden ist, wird neu zu entscheiden sein.

Zu § 34:

1. Zu den Aufgaben des Jugendrichters gehören nach § 34 Abs. 1 auch die richterlichen Handlungen im Ermittlungsverfahren sowie die Erledigung der Rechtshilfeersuchen in Jugendsachen. Es empfiehlt sich, ihm bei der Geschäftsverteilung auch die Erledigung der Rechtshilfe in sonstigen

Strafsachen zu übertragen, wenn um Vernehmung von Minderjährigen ersucht wird.

2. Wird der Richter beim Amtsgericht als Jugendrichter oder Vollstreckungsleiter mit Jugendlichen oder Heranwachsenden befaßt, für die ein anderes Amtsgericht als Vormundschaftsgericht zuständig ist, so kann es angebracht sein, daß das Gericht des Jugendrichters oder Vollstreckungsleiters gem. § 46 des Gesetzes über die Angelegenheiten der freiwilligen Gerichtsbarkeit die Aufgaben des Vormundschaftsgerichts übernimmt. Die übernommenen vormundschaftsrichterlichen Aufgaben kann der Jugendrichter nach der gleichen Vorschrift wieder abgeben.

3. Werden nach Einleitung eines Strafverfahrens vormundschaftsrichterliche Maßnahmen für Jugendliche oder Heranwachsende erforderlich, gegen die Anklage vor einem anderen Gericht erhoben ist oder erhoben werden soll, so sollte das Vormundschaftsgericht prüfen, ob sich die Abgabe der vormundschaftsrichterlichen Aufgaben an das Jugendgericht empfiehlt, das bereits mit ihnen befaßt ist oder demnächst befaßt werden wird.

Zu § 36:

Der zuständige Jugendstaatsanwalt soll nach Möglichkeit die Anklage auch in der Hauptverhandlung vertreten, sofern er nicht im vereinfachten Jugendverfahren von der Teilnahme an der mündlichen Verhandlung absieht (§ 78 Abs. 2).

Zu § 37:

1. Bei der Besetzung der Jugendgerichte und bei der Auswahl der Jugendstaatsanwälte sollte in besonderem Maße auf Eignung und Neigung Rücksicht genommen werden. Die Jugendkammer soll nach Möglichkeit mit erfahrenen früheren Jugend- und Vormundschaftsrichtern besetzt werden.

2. In der Jugendstrafrechtspflege sind besondere Erfahrungen notwendig, die regelmäßig erst im Laufe längerer Zeit erworben werden können. Ein häufiger Wechsel der Richter bei den Jugendgerichten und der Jugendstaatsanwälte muß daher nach Möglichkeit vermieden werden.

3. Für die Tätigkeit der Richter bei den Jugendgerichten und der Jugendstaatsanwälte sind Kenntnisse auf den Gebieten der Pädagogik, der Jugendpsychologie, der Jugendpsychiatrie, der Kriminologie und der Soziologie von besonderem Nutzen. Eine entsprechende Fortbildung sollte ermöglicht werden.

4. Den Richtern bei den Jugendgerichten und den Jugendstaatsanwälten wird empfohlen, mit Vereinigungen und Einrichtungen, die der Jugendhilfe dienen, Fühlung zu halten.

Zu § 38:

1. Die Staatsanwaltschaft und das Gericht wirken darauf hin, daß der Bericht, in dem die Jugendgerichtshilfe ihre Erhebungen niederlegt, unter Verzicht auf Ausführungen zur Schuldfrage ein Bild von der Persönlichkeit, der Entwicklung und der Umwelt der beschuldigten Person ergibt. Der Bericht soll angeben, auf welchen Informationen er beruht. Werden im

Bericht nicht alle vorliegenden Informationen verarbeitet, so soll dies zum Ausdruck gebracht werden. Es ist anzugeben, ob Leistungen der Jugendhilfe in Betracht kommen (§ 52 Abs. 2 SGB VIII).

2. Berichte der Jugendgerichtshilfe sind von der Akteneinsicht nach Nr. 185 Abs. 3 und 4 RiStBV grundsätzlich auszuschließen.

Zu §§ 39 bis 41:

Die Entscheidung der Jugendkammer nach § 40 Abs. 2 kann nicht die Staatsanwaltschaft oder der Angeschuldigte, sondern nur der Vorsitzende des Jugendschöffengerichts herbeiführen. Für die Übernahme werden namentlich Strafsachen in Betracht kommen, die wegen der großen Anzahl von Beschuldigten oder Zeugen von einem Berufsrichter allein nicht sachgemäß erledigt werden können.

Zu § 42:

1. Bei Verfehlungen[2] von geringem Unrechtsgehalt, bei denen vormundschaftsrichterliche Maßnahmen nicht erforderlich sind, stellt die Staatsanwaltschaft den Antrag in der Regel bei dem Jugendgericht, in dessen Bezirk sich die auf freiem Fuß befindliche beschuldigte Person zur Zeit der Erhebung der Anklage aufhält (§ 42 Abs. 1 Nr. 2) oder in dessen Bezirk diese Person ergriffen worden ist (§ 9 StPO).
2. Wird die Anklage im Falle des § 42 Abs. 1 Nr. 3 nicht vor dem danach zuständigen Gericht erhoben, so übersendet die Staatsanwaltschaft dem Vollstreckungsleiter eine Abschrift der Anklage und teilt den Ausgang des Verfahrens mit.

Zu § 43:

1. Die Ermittlungen der Staatsanwaltschaft haben auch die Aufgabe, eine sachgerechte Entscheidung über die Rechtsfolgen der Tat zu ermöglichen. Nr. 17 RiStBV gilt entsprechend.
2. Zur Persönlichkeitserforschung sollen Akten über Vorstrafen und vormundschaftsrichterliche Akten beigezogen werden. Wichtige Aufschlüsse über die Persönlichkeit des Jugendlichen können Akten von Vollzugsanstalten, Berichte von Heimen der Jugendhilfe sowie Aufzeichnungen der Schule geben.
3. Befindet sich der Jugendliche in Untersuchungshaft, so fordert die Staatsanwaltschaft oder das Gericht in der Regel von der Vollzugsanstalt einen Bericht über die von ihr vorgenommene Persönlichkeitserforschung, über das Verhalten des Jugendlichen in der Anstalt und über seine besonderen Eigenarten an (Nr. 79 UVollzO).
   Ebenso ist zu verfahren, wenn der Jugendliche sich in Strafhaft befindet. Ist die einstweilige Unterbringung in einem Heim der Jugendhilfe (§ 71 Abs. 2, § 72 Abs. 4) erfolgt, so soll die Heimleitung gehört werden.
4. Wird dem Beschuldigten Hilfe zur Erziehung in einem Heim oder einer vergleichbaren Einrichtung gewährt, so soll außer dem Jugendamt auch die Leitung der Einrichtung unmittelbar um Äußerung ersucht werden.

---

[2] Vgl. Einigungsvertrag Abschnitt III 3. b).

5. Untersteht der Beschuldigte der Aufsicht und Leitung eines Bewährungshelfers oder ist für ihn ein Erziehungsbeistand bestellt, so soll auch dieser
gehört werden. Dies gilt entsprechend, wenn der Beschuldigte einem
Betreuungshelfer unterstellt ist oder an einem sozialen Trainingskurs teilnimmt.

6. Die Maßnahmen und Strafen des Jugendstrafrechts sind regelmäßig dann
am wirksamsten, wenn sie der Tat auf dem Fuße folgen. Die Staatsanwaltschaft wirkt darauf hin, daß das Jugendamt verständigt wird, sobald der
Stand der Ermittlungen dies erlaubt, und daß das Jugendamt seine Erhebungen mit größter Beschleunigung durchführt. In geeigneten Fällen
kann ein mündlicher oder fernmündlicher Bericht – dem schriftlichen
Bericht vorausgehend oder statt eines solchen – angefordert werden,
dessen Inhalt die Staatanwaltschaft oder das Gericht in den Akten vermerkt.

7. Die Staatsanwaltschaft teilt dem Jugendamt so bald wie möglich – in der
Regel fernmündlich – mit, ob und bei welchem Gericht sie Anklage
erheben oder Antrag im vereinfachten Jugendverfahren (§ 76) stellen
wird. Soll das Verfahren durchgeführt werden, so wird das Jugendamt im
allgemeinen dem Gericht unmittelbar berichten und der Staatsanwaltschaft eine Abschrift des Berichts übersenden. Dies sollte so rechtzeitig
erfolgen, daß das Erforderliche noch vor Durchführung der Hauptverhandlung veranlaßt werden kann. Erwägt die Staatsanwaltschaft, nach
§ 45 von der Verfolgung abzusehen, hält sie aber noch eine Äußerung des
Jugendamtes für erforderlich, so ersucht sie das Jugendamt, ihr zu berichten. In anderen geeigneten Fällen, namentlich wenn die Staatsanwaltschaft
wegen nicht erwiesener Schuld das Verfahren einstellen will, benachrichtigt sie das Jugendamt, daß und weshalb sich der Bericht erübrigt.

8. Die Untersuchung des Jugendlichen durch einen Sachverständigen kann
insb. veranlaßt sein,

   a) wenn Grund zu der Annahme besteht, daß die Verfehlung[3] mit einer
   psychischen Krankheit des Jugendlichen zusammenhängt,

   b) wenn der Jugendliche durch seelische, geistige oder körperliche Besonderheiten auffällt oder

   c) wenn der Jugendliche ohne erkennbare Ursachen erheblich verwahrlost ist.

9. § 43 gilt auch im Verfahren gegen Jugendliche vor den für allgemeine
Strafsachen zuständigen Gerichten und im Verfahren gegen Heranwachsende (§ 104 Abs. 1 Nr. 3, § 109 Abs. 1 Satz 1; vgl. jedoch § 104 Abs. 3,
§ 112).

Zu § 44:

1. Die Vernehmung dient vor allem dem Zweck, vor der Hauptverhandlung, in der sich der Jugendliche vielfach nicht unbefangen gibt, ein
persönliches Bild von ihm zu erhalten und dadurch auch die Prüfung der
strafrechtlichen Verantwortlichkeit (§ 3) zu erleichtern. Eine solche Vernehmung kann auch im Verfahren gegen Jugendliche vor den für allgemeine Strafsachen zuständigen Gerichten angezeigt sein, obwohl sie
dort nicht vorgeschrieben ist (§ 104); das gleiche gilt im Hinblick auf

---

[3] Vgl. Einigungsvertrag Abschnitt III 3. b).

§ 105 auch im Verfahren gegen Heranwachsende (§ 109). Die Vernehmung kann die Grundlage für die Entschließung bilden, ob die Untersuchung des Jugendlichen nach § 43 Abs. 2 oder § 73 Abs. 1 angezeigt
ist. Dies gilt auch für die Entscheidung über eine Verteidigerbestellung
gem. § 68.

2. Bei der Vernehmung sind die in Nr. 19 RiStBV dargelegten Grundsätze
und, wenn Schulkinder vernommen werden, etwa hierfür ergangene
Bestimmungen zu beachten.

Zu § 45:

1. Bei kleineren bis mittelschweren Verfehlungen[4] ist stets zu prüfen, ob auf
eine jugendstrafrechtliche Sanktion durch Urteil verzichtet werden kann.
2. Eine Anwendung von § 45 Abs. 1 ist insb. bei Taten erstmals auffälliger
Jugendlicher zu prüfen, wenn es sich um jugendtypisches Fehlverhalten
mit geringem Schuldgehalt und geringen Auswirkungen handelt, das über
die bereits von der Entdeckung der Tat und dem Ermittlungsverfahren
ausgehenden Wirkungen hinaus keine erzieherischen Maßnahmen erfordert.
3. Erzieherische Maßnahmen iSv § 45 Abs. 2 sollen geeignet sein, die Einsicht des Jugendlichen in das Unrecht der Tat und deren Folgen zu
fördern. Sie können von den Erziehungsberechtigten, aber z. B. auch vom
Jugendamt, der Schule oder dem Ausbilder ausgehen. Ist noch keine
angemessene erzieherische Reaktion erfolgt, so prüft die Staatsanwaltschaft, ob sie selbst die Voraussetzungen für die Einstellung des Verfahrens
herbeiführen kann (z. B. indem sie ein erzieherisches Gespräch mit dem
Jugendlichen führt oder ihn ermahnt oder eine Schadenswiedergutmachung im Rahmen eines Täter-Opfer-Ausgleichs anregt). Erforderlich
hierfür ist, daß der Beschuldigte den Tatvorwurf nicht ernstlich bestreitet,
das Anerbieten der Staatsanwaltschaft annimmt und die Erziehungsberechtigten und die gesetzlichen Vertreter nicht widersprechen.
4. Erwägt die Staatsanwaltschaft eine Anregung nach § 45 Abs. 3, so unterrichtet sie die Jugendgerichtshilfe unter Mitteilung des Tatvorwurfs, sofern sie diese nicht schon zur Vorbereitung dieser Entscheidung gehört
hat.
5. § 45 gilt auch im Verfahren gegen Jugendliche vor den für allgemeine
Strafsachen zuständigen Gerichten (§ 104 Abs. 1 Nr. 4), im Verfahren
gegen Heranwachsende nur, wenn Jugendstrafrecht zur Anwendung
kommt (§ 109 Abs. 2).

Zu § 46:

1. Auf eine für den Beschuldigten verständliche Fassung der Anklageschrift
hat die Staatsanwaltschaft besonderes Gewicht zu legen. Einzelheiten über
Straftaten gegen die sexuelle Selbstbestimmung oder kriminelle Methoden
und ähnliche Angaben sind nur insoweit aufzunehmen, als dies unerläßlich ist. Ausführungen über eine mangelhafte Erziehung des Jugendlichen
durch die Eltern sollen unterbleiben.

---

[4] Vgl. Einigungsvertrag Abschnitt III 3. b).

2. Wenn auch § 46 im Verfahren gegen Jugendliche vor den für allgemeine Strafsachen zuständigen Gerichten und im Verfahren gegen Heranwachsende nicht unmittelbar gilt (§§ 104, 109), so wird doch sein Grundgedanke auch dort zu beachten sein.

Zu § 47:

1. Das Gericht kann in jedem Verfahrensstadium – auch schon vor Eröffnung des Hauptverfahrens – prüfen, ob die Durchführung oder Fortsetzung einer Hauptverhandlung erforderlich ist oder mit Zustimmung der Staatsanwaltschaft nach § 47 i. V. m. § 45 verfahren werden kann. Dies wird insb. in Betracht kommen, wenn inzwischen angemessene erzieherische Reaktionen im sozialen Umfeld des Jugendlichen erfolgt sind oder sich aufgrund der Einschaltung der Jugendgerichtshilfe entsprechende Möglichkeiten eröffnen.
2. Im vereinfachten Jugendverfahren bedarf es der Zustimmung der Staatsanwaltschaft zu der Einstellung des Verfahrens nach § 47 Abs. 1 Satz 2, Abs. 2 Satz 1 in der mündlichen Verhandlung nicht, wenn die Staatsanwaltschaft an dieser nicht teilnimmt (§ 78 Abs. 2 Satz 2).
3. § 47 gilt auch im Verfahren gegen Jugendliche vor den für allgemeine Strafsachen zuständigen Gerichten (§ 104 Abs. 1 Nr. 4), jedoch nicht im Verfahren gegen Heranwachsende (§ 109 Abs. 1). Wendet das Gericht Jugendstrafrecht an, so gilt § 47 Abs. 1 Satz 1 Nr. 1, 2 und 3, Abs. 2 und 3 entsprechend (§ 109 Abs. 2).

Zu § 48:

Personen, die sich im juristischen Studium oder Vorbereitungsdienst befinden sowie Personen, die in Ausbildung bei der Polizei oder für soziale Dienste stehen, kann die Anwesenheit im allgemeinen gestattet werden. Aus erzieherischen Gründen empfiehlt es sich nicht, Schulklassen oder anderen größeren Personengruppen die Teilnahme an der Verhandlung zu erlauben. Dies gilt auch für die Presse; entschließt sich der Vorsitzende dennoch, die Presse in der Hauptverhandlung zuzulassen, so sollte er darauf hinwirken, daß in den Presseberichten der Name des Jugendlichen nicht genannt, sein Lichtbild nicht veröffentlicht und auch jede andere Angabe vermieden wird, die auf die Person des Jugendlichen hindeutet. Nr. 131 Abs. 2 Satz 3 RiStBV gilt sinngemäß.

Zu § 50:

1. Im Jugendstrafverfahren ist der persönliche Eindruck, den das Gericht von dem Jugendlichen erhält, von entscheidender Bedeutung. Eine Hauptverhandlung in Abwesenheit des Angeklagten sollte deshalb nur in Erwägung gezogen werden, wenn es sich um eine geringfügige Verfehlung[5] handelt, auf Grund des Berichts der Jugendgerichtshilfe ein klares Persönlichkeitsbild vorliegt und das Erscheinen des Jugendlichen wegen weiter Entfernung mit großen Schwierigkeiten verbunden ist oder wenn gegebenenfalls eine Abtrennung des Verfahrens gegen den abwesenden Jugend-

---

[5] Vgl. Einigungsvertrag Abschnitt III 3. b).

lichen mit Rücksicht auf eine umfangreiche Beweisaufnahme unange-
bracht ist.

2. Nimmt die Staatsanwaltschaft im vereinfachten Jugendverfahren an der
mündlichen Verhandlung nicht teil, so bedarf es ihrer Zustimmung zur
Durchführung der Verhandlung in Abwesenheit des Angeklagten nicht
(§ 78 Abs. 2 Satz 2).

3. § 50 Abs. 2 trägt der Tatsache Rechnung, daß die Hauptverhandlung ein
bedeutsames Ereignis im Leben und für die Erziehung von Jugendlichen
ist. Deshalb ist die Anwesenheit von Erziehungsberechtigten und gesetzlichen Vertretern regelmäßig wichtig. Ihre Teilnahme an der Hauptverhandlung kann auch dazu beitragen, daß das Verfahren alsbald rechtskräftig abgeschlossen wird. Auf § 67 Abs. 5 wird hingewiesen.

4. Schon vor der Hauptverhandlung sollte geprüft werden, ob es im Interesse
des Angeklagten angezeigt ist, den in § 50 Abs. 4 Satz 2 und § 48 Abs. 2
genannten Helfern und Betreuungspersonen im Hinblick auf die Betreuung Nachricht vom Hauptverhandlungstermin auch dann zu geben, wenn
ihre Ladung nicht aus anderen Gründen erforderlich ist.

5. § 50 Abs. 2 gilt auch im Verfahren gegen Jugendliche vor den für allgemeine Strafsachen zuständigen Gerichten (§ 104 Abs. 1 Nr. 9; vgl.
jedoch Ausnahme in § 104 Abs. 3), nicht jedoch im Verfahren gegen
Heranwachsende (§ 109 Abs. 1, § 112).

Zu § 51:

Im Verfahren gegen Jugendliche vor den für allgemeine Strafsachen zuständigen Gerichten kann § 51 nach dem Ermessen des Gerichts angewendet
werden (§ 104 Abs. 2). Im Verfahren gegen Heranwachsende gilt die Vorschrift nicht (§ 109); hier kann das Gericht den Angeklagten nur nach den
allgemeinen Verfahrensvorschriften von der Verhandlung ausschließen (vgl.
insb. § 247 StPO).

Zu §§ 52 und 52a:

1. Als eine andere wegen der Tat erlittene Freiheitsentziehung iSv §§ 52,
52a Abs. 1 Satz 1 ist namentlich die Unterbringung in einem Heim oder
einer Anstalt nach § 71 Abs. 2, § 72 Abs. 4 und § 73 anzusehen.

2. Die §§ 52, 52a gelten auch im Verfahren gegen Jugendliche vor den für
allgemeine Strafsachen zuständigen Gerichten (§ 104 Abs. 1 Nr. 5), im
Verfahren gegen Heranwachsende nur, wenn das Gericht Jugendstrafrecht
anwendet (§ 109 Abs. 2).

Zu § 53:

Hält das Gericht im Verfahren gegen Jugendliche vor den für allgemeine
Strafsachen zuständigen Gerichten Erziehungsmaßregeln für erforderlich, so
hat es deren Auswahl und Anordnung dem Vormundschaftsgericht zu überlassen, selbst wenn es zugleich auf Jugendstrafe erkennt (§ 104 Abs. 4).

Zu § 54:

1. Für die Entscheidung im Jugendstrafverfahren ist die Persönlichkeit des
Jugendlichen von ausschlaggebender Bedeutung. Dies sollte sich auch in

den Urteilsgründen widerspiegeln, zumal sie eine wertvolle Grundlage für die Erziehungsarbeit im Vollzug und andere spätere Maßnahmen bilden. Der Vorschrift, daß in den Gründen des schuldigsprechenden Urteils die seelische, geistige und körperliche Eigenart des Jugendlichen berücksichtigt werden soll, wird durch eine bloße Schilderung des Lebenslaufes nicht genügt. Das gilt namentlich für Urteile, in denen für Jugendliche eine Betreuungsweisung (§ 10 Abs. 1 Satz 3 Nr. 5) erteilt, Hilfe zur Erziehung (§ 12) angeordnet, Jugendstrafe verhängt (§ 17 Abs. 2), die Schuld des Angeklagten festgestellt (§ 27) oder in einem der genannten Fälle gegen Heranwachsende Jugendstrafrecht wegen mangelnder Reife (§ 105 Abs. 1 Nr. 1) angewendet wird.

2. Die Verkündung des Urteils ist für die Erziehung von besonderer Bedeutung. Die mündliche Eröffnung der Urteilsgründe soll dem Wesen und dem Verständnis der Jugendlichen angepaßt sein. Alle nicht unbedingt gebotenen rechtlichen Ausführungen können unterbleiben. Erörterungen, die für die Erziehung der Jugendlichen nachteilig sein können, sollten vermieden werden.

3. Soll der Jugendliche eine Ausfertigung oder eine Abschrift des Urteils mit Gründen erhalten (etwa nach § 35 Abs. 1 Satz 2, § 316 Abs. 2, § 343 Abs. 2 StPO), so bestimmt der Vorsitzende, inwieweit ihm die schriftlichen Urteilsgründe mitgeteilt werden. Erhält der Jugendliche nur einen Auszug der Gründe, so wird dies auf der Ausfertigung oder der Abschrift vermerkt, die für ihn bestimmt ist.

4. § 54 gilt auch im Verfahren gegen Jugendliche vor den für allgemeine Strafsachen zuständigen Gerichten (§ 104 Abs. 1 Nr. 6). Im Verfahren gegen Heranwachsende gilt nur § 54 Abs. 1, wenn das Gericht Jugendstrafrecht anwendet (§ 109 Abs. 2).

Zu § 55:

1. Aus erzieherischen Gründen ist es regelmäßig erwünscht, daß das Jugendstrafverfahren möglichst schnell zum Abschluß gebracht wird. Bei der Einlegung von Rechtsmitteln zuungunsten des Angeklagten ist daher besondere Zurückhaltung geboten (vgl. im Übrigen Nr. 147 ff RiStBV).

2. Die Anfechtung der im Verfahren bei Aussetzung der Jugendstrafe zur Bewährung oder bei Aussetzung der Verhängung der Jugendstrafe ergehenden Entscheidungen ist in den §§ 59 und 63 geregelt. Für die Anfechtung nachträglicher Entscheidungen über Weisungen wird auf § 65 Abs. 2 hingewiesen. Wegen der Anfechtung von Entscheidungen im Vollstreckungsverfahren wird auf § 83 Abs. 3 Satz 1 hingewiesen.

3. § 55 gilt auch im Verfahren gegen Jugendliche vor den für allgemeine Strafsachen zuständigen Gerichten (§ 104 Abs. 1 Nr. 7), im Verfahren gegen Heranwachsende nur, wenn das Gericht Jugendstrafrecht anwendet (§ 109 Abs. 2).

Zu § 56:

1. Von der Möglichkeit, die Teilvollstreckung einer nach § 31 gebildeten Einheitsstrafe anzuordnen, wird nur mit Zurückhaltung Gebrauch gemacht werden können. Es ist vor allem zu bedenken, ob sich bei einem Wegfall einzelner Schuldfeststellungen ein anderes Bild von der Persön-

lichkeit des Jugendlichen ergeben und damit die Verhängung von Jugendstrafe überhaupt entbehrlich werden könnte.

2. § 56 gilt auch im Verfahren gegen Jugendliche vor den für allgemeine
Strafsachen zuständigen Gerichten (§ 104 Abs. 1 Nr. 7), im Verfahren
gegen Heranwachsende nur, wenn das Gericht Jugendstrafrecht anwendet
(§ 109 Abs. 2).

Zu § 60:

Es empfiehlt sich, die Aushändigung des Bewährungsplans und die Belehrung des Jugendlichen in einem gesonderten Termin in Gegenwart der
Erziehungsberechtigten, der gesetzlichen Vertreter und des Bewährungshelfers vorzunehmen.

Zu § 66:

1. Liegen die Voraussetzungen des Absatz 1 vor, ist eine gerichtliche Entscheidung herbeizuführen. Das Gericht kann von der einheitlichen Festsetzung von Maßnahmen oder Jugendstrafe absehen (§ 31 Abs. 3).
2. Die Staatsanwaltschaft beantragt die Durchführung einer Hauptverhandlung nach Absatz 2 vor allem dann, wenn zu erwarten ist, daß die
ergänzende Entscheidung von den früheren Entscheidungen erheblich
abweicht.

Zu § 67:

§ 67 gilt auch im Verfahren gegen Jugendliche vor den für allgemeine
Strafsachen zuständigen Gerichten (§ 104 Abs. 1 Nr. 9), nicht jedoch im
Verfahren gegen Heranwachsende (§ 109).

Zu § 68:

§ 68 gilt auch im Verfahren gegen Jugendliche vor den für allgemeine
Strafsachen zuständigen Gerichten (§ 104 Abs. 1 Nr. 10). Im Verfahren
gegen Heranwachsende gilt nur § 68 Nr. 1 und 3 (§ 109 Abs. 1).

Zu § 71:

1. Vor Erlaß einer vorläufigen Anordnung über die Erziehung sollte das
Gericht regelmäßig die Jugendgerichtshilfe und, wenn notwendig, auch
die Erziehungsberechtigten sowie die gesetzlichen Vertreter hören. Hiervon kann abgesehen werden, wenn die Anordnung keinen Aufschub
duldet. In diesem Fall kann eine nachträgliche Anhörung angezeigt sein.
Der Beschluß über die vorläufige Anordnung ist zu begründen (§ 34
StPO).
2. Der einstweiligen Unterbringung in einem geeigneten Heim der Jugendhilfe kommt besondere Bedeutung zu, wenn die Voraussetzungen für den
Erlaß eines Haftbefehls gem. §§ 112 ff. StPO vorliegen (§ 72 Abs. 4
Satz 1). Ist die Maßnahme durchführbar und reicht sie aus, so darf Untersuchungshaft nicht angeordnet oder vollzogen werden (§ 72 Abs. 1 Satz 1
und 3). Staatsanwaltschaft und Gericht sollten deshalb frühzeitig prüfen,
ob ein geeignetes Heim zur Verfügung steht und gegebenenfalls mit der
Leitung der Einrichtung in Verbindung treten. Die Jugendgerichtshilfe ist

heranzuziehen. Auf § 72a und die Richtlinie dazu wird ergänzend hingewiesen.

3. Ist ein Haftbefehl bereits erlassen und stellt sich nachträglich heraus, daß
   die Unterbringung möglich ist, so kann der Haftbefehl durch einen
   Unterbringungsbefehl ersetzt werden.
4. Der Unterbringungsbefehl nach § 71 Abs. 2 sollte insb. durch einen
   Haftbefehl ersetzt werden, wenn sich die einstweilige Unterbringung als
   undurchführbar oder ungeeignet erweist und die Haftvoraussetzungen
   fortbestehen (§ 72 Abs. 4 Satz 2).
5. Auch im Verfahren gegen Jugendliche vor den für allgemeine Strafsachen
   zuständigen Gerichten kann eine vorläufige Anordnung über die Erziehung getroffen und die einstweilige Unterbringung in einem Heim der
   Jugendhilfe angeordnet werden (§ 104 Abs. 2). Im Verfahren gegen Heranwachsende sind diese Maßnahmen nicht zulässig.

Zu § 72:

1. Das Verfahren gegen verhaftete Jugendliche soll durch Ermittlungen
   gegen Mitbeschuldigte oder durch kommissarische Zeugenvernehmungen
   nach Möglichkeit nicht verzögert werden. Erforderlichenfalls ist das Verfahren abzutrennen.
2. Werden Jugendliche an einem Ort ergriffen, der weder ihr gewöhnlicher
   Aufenthaltsort ist noch zum Bezirk des Gerichts gehört, dem die vormundschaftsrichterlichen Erziehungsaufgaben obliegen, so veranlaßt die
   Staatsanwaltschaft in der Regel unverzüglich, daß die Jugendlichen durch
   Einzeltransport dem Gericht überstellt werden, das für die vormundschaftsrichterlichen Erziehungsaufgaben zuständig ist. Gleichzeitig beantragt sie beim bisherigen Haftrichter, daß dieser seine Aufgaben auf das
   Gericht überträgt, das die vormundschaftsrichterlichen Erziehungsaufgaben wahrzunehmen hat.
3. Zur einstweiligen Unterbringung in einem Heim der Jugendhilfe wird auf
   die Richtlinien zu § 71 hingewiesen.
4. Wegen des Vollzugs der Untersuchungshaft wird auf § 93 und die Richtlinie dazu hingewiesen.
5. § 72 gilt auch im Verfahren gegen Jugendliche vor den für allgemeine
   Strafsachen zuständigen Gerichten (§ 104 Abs. 1 Nr. 5), aber nicht im
   Verfahren gegen Heranwachsende (§ 109).

Zu § 72a:

   Staatsanwaltschaft und Gericht tragen dafür Sorge, daß die Jugendgerichtshilfe so früh wie möglich, gegebenenfalls durch die Polizei, unterrichtet
wird. Ist gem. § 128 StPO eine Vorführung zu erwarten, so teilen sie der
Jugendgerichtshilfe auch Ort und Termin der Vorführung mit.

Zu § 73:

1. Die Staatsanwaltschaft beantragt die Unterbringung zur Vorbereitung
   eines Gutachtens über den Entwicklungsstand von Jugendlichen nur,
   wenn die Bedeutung der Strafsache diese schwerwiegende Maßnahme

rechtfertigt und eine Untersuchung nach § 43 Abs. 2 nicht ausreicht (vgl. die Richtlinie Nr. 8 zu § 43 sowie Nrn. 61 ff. RiStBV).

2. Dem Beschuldigten, der keinen Verteidiger hat, ist ein solcher zu bestellen (§ 68 Nr. 3).

3. § 73 gilt auch im Verfahren gegen Jugendliche vor den für allgemeine Strafsachen zuständigen Gerichten (§ 104 Abs. 1 Nr. 12) und im Verfahren gegen Heranwachsende (§ 109 Abs. 1).

Zu § 74:

1. Kosten und Auslagen werden Jugendlichen nur aufzuerlegen sein, wenn anzunehmen ist, daß sie aus Mitteln bezahlt werden, über die sie selbständig verfügen können, und wenn ihre Auferlegung aus erzieherischen Gründen angebracht erscheint. Reichen die Mittel der Jugendlichen zur Bezahlung sowohl der Kosten als auch der Auslagen nicht aus, so können ihnen entweder nur die Kosten oder nur die Auslagen oder ein Teil davon auferlegt werden.

2. Eine Entscheidung über die Kosten und Auslagen wird auch bei der Ergänzung rechtskräftiger Entscheidungen nach § 66 getroffen. Wenn in einer einbezogenen Entscheidung (§ 31 Abs. 2, § 66) von der Ermächtigung des § 74 kein Gebrauch gemacht worden ist, kann in der neuen Entscheidung ausgesprochen werden, daß es insoweit bei der früheren Kostenentscheidung verbleibt. Das wird sich besonders dann empfehlen, wenn auf Grund der früheren Kostenentscheidung bereits Kosten oder Auslagen eingezogen worden sind.

3. Gerichtsgebühren werden nach § 40 GKG berechnet. Bei der Einbeziehung einer Strafe nach § 31 Abs. 2 oder bei Ergänzung rechtskräftiger Entscheidungen nach § 66 ist bei der Berechnung der Gerichtsgebühren § 41 des GKG zu beachten.

4. Zu den Auslagen des Verfahrens gehören auch die Kosten einer einstweiligen Unterbringung in einem Heim der Jugendhilfe (§ 71 Abs. 2, § 72 Abs. 4) und einer Unterbringung zur Beobachtung (§ 73).

5. Die Kosten, die Jugendlichen dadurch entstehen, daß sie einer ihnen erteilten Weisung (§ 10) oder Auflage (§ 15) nachkommen, gehören nicht zu den Kosten und Auslagen im Sinne des § 74. Sie werden von ihnen selbst oder von für sie leistungspflichtigen oder leistungsbereiten Dritten getragen.

6. § 74 gilt auch im Verfahren gegen Jugendliche vor den für allgemeine Strafsachen zuständigen Gerichten (§ 104 Abs. 1 Nr. 13), im Verfahren gegen Heranwachsende nur, wenn das Gericht Jugendstrafrecht anwendet (§ 109 Abs. 2).

Zu § 76:

1. Liegen die Voraussetzungen des § 76 Satz 1 vor und kommt ein Absehen von der Verfolgung nach § 45 nicht in Betracht, so stellt die Staatsanwaltschaft in aller Regel Antrag auf Entscheidung im vereinfachten Jugendverfahren.

2. Die Staatsanwaltschaft wird den Antrag im allgemeinen schriftlich stellen, um dem Jugendrichter eine einwandfreie Grundlage für seine Entscheidung nach § 77 Abs. 1 und für das spätere Urteil zu geben. Ein schriftli-

cher Antrag ist besonders dann angebracht, wenn die Staatsanwaltschaft an der mündlichen Verhandlung nicht teilnehmen will. In dem Antrag werden die dem Beschuldigten zur Last gelegte Tat und das anzuwendende Strafgesetz bezeichnet.

3. Das vereinfachte Jugendverfahren findet weder vor den für allgemeine Strafsachen zuständigen Gerichten noch im Verfahren gegen Heranwachsende statt (§§ 104, 109).

Zu § 77:

Hält der Jugendrichter eine richterliche Ahndung der Tat für entbehrlich, so kann er nach § 47 verfahren. In der mündlichen Verhandlung bedarf es hierzu der Zustimmung der Staatsanwaltschaft nicht, wenn diese an der Verhandlung nicht teilnimmt (§ 78 Abs. 2 Satz 2).

Zu § 78:

Die schnelle Durchführung des vereinfachten Jugendverfahrens wird mitunter die Mitteilungen, die vor Erlaß des Urteils zu machen sind, unmöglich machen. Für die rechtzeitige, notfalls fernmündliche Benachrichtigung der Jugendgerichtshilfe vom Verfahren und vom Verhandlungstermin sollte jedoch stets Sorge getragen werden.

Zu § 79:

Wegen des Strafbefehls und des beschleunigten Verfahrens gegen Heranwachsende wird auf die Richtlinien Nrn. 2 und 3 zu § 109 hingewiesen.

Zu § 80:

1. Gründe der Erziehung können die Verfolgung eines Privatklagedeliktes namentlich dann erfordern, wenn Jugendliche wiederholt oder schwere Straftaten begangen haben und eine Ahndung zur Einwirkung auf sie geboten ist.

2. Für die Widerklage bleibt das mit der Privatklage befaßte Gericht zuständig. Gegen den jugendlichen Widerbeklagten kann das für allgemeine Strafsachen zuständige Gericht nur Zuchtmittel[6] (§ 13) selbst verhängen; hält es Erziehungsmaßregeln für erforderlich, so verfährt es nach § 104 Abs. 4 Satz 1.

3. Auch vor den für allgemeine Strafsachen zuständigen Gerichten kann gegen Jugendliche eine Privat- oder Nebenklage nicht erhoben werden (§ 104 Abs. 1 Nr. 14). Gegen Heranwachsende sind die Privat- und die Nebenklage zulässig, unabhängig davon, ob die Anwendung des allgemeinen Strafrechts oder des Jugendstrafrechts zu erwarten ist (§ 109). Auch insoweit ist grundsätzlich der Jugendrichter zuständig (§ 108 Abs. 1 und 2 JGG i. V. m. § 25 Nr. 1 GVG).

Zu § 81:

1. Auf die Möglichkeiten des Täter-Opfer-Ausgleichs und der Schadenswiedergutmachung wird hingewiesen.

---

[6] Vgl. Einigungsvertrag Abschnitt III 3. c).

2. Die Vorschriften der §§ 403 ff. StPO sind gegen Jugendliche auch im Verfahren vor den für allgemeine Strafsachen zuständigen Gerichten nicht anzuwenden (§ 104 Abs. 1 Nr. 14). Im Verfahren gegen Heranwachsende ist die Anwendung dieser Vorschriften nur ausgeschlossen, wenn Jugendstrafrecht angewandt wird (§ 109 Abs. 2).

Zu §§ 82 bis 85:

I. Zuständigkeit zur Vollstreckung

1. Vollstreckungsleiter ist
   a) der Jugendrichter in allen Verfahren, in denen er selbst oder unter seinem Vorsitz das Jugendschöffengericht im ersten Rechtszug erkannt hat (§ 82 Abs. 1, § 84 Abs. 1),
   b) in allen anderen Fällen der Jugendrichter des Amtsgerichts, dem die vormundschaftsrichterlichen Erziehungsaufgaben obliegen (§ 84 Abs. 2, § 34 Abs. 3), bzw. der Bezirksjugendrichter, zu dessen Bezirk dieses Amtsgericht gehört (§ 33 Abs. 3).
2. Bei der Vollstreckung von Jugendarrest und Jugendstrafe tritt unter Umständen ein Wechsel der Zuständigkeit ein. An Stelle des zu Nr. 1 genannten Jugendrichters wird Vollstreckungsleiter
   a) der Jugendrichter am Ort des Vollzugs nach Abgabe bzw. Übergang der Vollstreckung (§ 85 Abs. 1 i. V. m. § 90 Abs. 2 Satz 2 bzw. § 85 Abs. 2 Satz 1),
   b) der gem. § 85 Abs. 2 Satz 2 oder gem. § 85 Abs. 3 bestimmte Jugendrichter nach der Aufnahme von zu Jugendstrafe Verurteilten in die Jugendstrafanstalt.
3. Hat das Gericht wegen der Straftat von Heranwachsenden das allgemeine Strafrecht angewendet, so bestimmt sich die Zuständigkeit nach den Vorschriften der Strafvollstreckungsordnung.

II. Verfahren im allgemeinen

1. Die bei der Strafvollstreckung grundsätzlich erforderliche Beschleunigung ist für die Vollstreckung der für Jugendliche festgesetzten Maßnahmen und Strafen besonders wichtig. Je mehr sich für sie der innere Zusammenhang zwischen Tat, Urteil und Vollstreckung durch Zeitablauf lockert, um so weniger ist damit zu rechnen, daß die Maßnahme oder Strafe die beabsichtigte Wirkung erreicht. Alle beteiligten Stellen müssen daher bestrebt sein, die Vollstreckung nachdrücklich zu fördern.
2. Nach Eintritt der Rechtskraft des Urteils sind dem in Abschnitt I Nr. 1 genannten Vollstreckungsleiter unverzüglich die Strafakten mit der Bescheinigung der Rechtskraft des Urteils zu übersenden. Falls die Akten noch nicht entbehrlich sind, werden ihm ein Vollstreckungsheft und zwei Ausfertigungen des vollständigen Urteils zugeleitet. Hat ein Mitangeklagter gegen die Verurteilung wegen einer Tat, an der der rechtskräftig Verurteilte nach den Urteilsfeststellungen beteiligt war, Revision eingelegt, so ist dem Vollstreckungsheft eine Abschrift der Revisionsbegründung beizufügen oder nachzusenden. Auf die Beachtung von § 19 StVollstrO und § 357 StPO wird hingewiesen.

3. Wird die Teilvollstreckung einer Einheitsstrafe nach § 56 angeordnet, so werden dem Vollstreckungsleiter unverzüglich nach Eintritt der Rechtskraft des Beschlusses je zwei beglaubigte Abschriften des vollständigen Urteils und des Beschlusses übersandt.

4. Die mit der Rechtskraft des Urteils anfallenden Nebengeschäfte der Vollstreckung (Mitteilungen, Zählkarten usw) werden von dem nach den allgemeinen Vorschriften zuständigen Beamten bei dem zunächst als Vollstreckungsleiter berufenen Jugendrichter (vgl. Abschnitt I Nr. 1) oder der von der Landesjustizverwaltung sonst bestimmten Stelle ausgeführt.

5. Soweit die Entscheidungen des Vollstreckungsleiters nicht jugendrichterliche Entscheidungen sind (§ 83 Abs. 1), nimmt der Jugendrichter als Vollstreckungsleiter Justizverwaltungsaufgaben wahr. Er ist insoweit weisungsgebunden. Über Beschwerden gegen andere als jugendrichterliche Entscheidungen des Vollstreckungsleiters wird im Verwaltungswege entschieden, falls nicht nach §§ 455, 456, § 458 Abs. 2 und § 462 Abs. 1 StPO das Gericht des ersten Rechtszuges oder nach § 83 Abs. 2 Nr. 1 die Jugendkammer zuständig ist.

6. Auf die Vollstreckung finden die Vorschriften der Strafvollstreckungsordnung nur Anwendung, soweit nichts anderes bestimmt ist (§ 1 Abs. 3 StVollstrO). Die Leitung der Vollstreckung obliegt dem Jugendrichter. Dem Rechtspfleger werden die Geschäfte der Vollstreckung übertragen, durch die eine richterliche Vollstreckungsanordnung oder eine die Leitung der Vollstreckung nicht betreffende allgemeine Verwaltungsvorschrift ausgeführt wird. Das Nähere wird durch Anordnung der Landesjustizverwaltung bestimmt.

III. Vollstreckung bei Erziehungsmaßregeln

1. Sind Weisungen erteilt worden, so übersendet der Vollstreckungsleiter der Jugendgerichtshilfe oder in Bewährungsfällen dem Bewährungshelfer eine beglaubigte Abschrift des Urteils mit dem Ersuchen, die Befolgung der Weisungen zu überwachen, erhebliche Zuwiderhandlungen mitzuteilen (§ 38 Abs. 2) und, falls eine Änderung des Weisungen oder ihrer Laufzeit oder die Befreiung von ihnen angebracht erscheint (§ 11 Abs. 2), solche Maßnahmen anzuregen.

2. Ist Hilfe zur Erziehung iSv § 12 angeordnet worden, so übersendet der Vollstreckungsleiter die Strafakten mit der Bescheinigung der Rechtskraft des Urteils dem zuständigen Vormundschaftsrichter (§ 82 Abs. 2; vgl. auch §§ 30 und 34 SGB VIII).

IV. Vollstreckung von Verwarnung und Auflagen

1. Die Verwarnung wird erteilt, sobald das Urteil rechtskräftig geworden ist, möglichst unmittelbar im Anschluß an die Hauptverhandlung. Es ist zu prüfen, ob die Anwesenheit von Erziehungsberechtigten angebracht ist.

2. Sind Auflagen erteilt worden, so übersendet der Vollstreckungsleiter der Jugendgerichtshilfe oder in Bewährungsfällen dem Bewährungshelfer eine beglaubigte Abschrift des Urteils mit dem Ersuchen, die Erfüllung der Auflagen zu überwachen und erhebliche Zuwiderhandlungen mitzuteilen (§ 38 Abs. 2). In geeigneten Fällen wird der Vollstreckungsleiter die Erfüllung der Auflagen selbst überwachen.

V. Vollstreckung des Jugendarrestes

1. Ist der zunächst als Vollstreckungsleiter zuständige Jugendrichter nicht selbst Vollzugsleiter (vgl. § 90 Abs. 2 Satz 2), so gibt er die Vollstreckung an diesen ab. Mit Zustimmung des Vollzugsleiters kann er zunächst die Ladung zum Antritt des Jugendarrestes veranlassen. Bei Abgabe der Vollstreckung übersendet er dem neuen Vollstreckungsleiter die Strafakten oder, falls diese noch nicht entbehrlich sind, das Vollstreckungsheft.
2. Die Einweisung in die Jugendarrestanstalt oder in die Freizeitarresträume der Landesjustizverwaltung geschieht durch ein Aufnahmeersuchen des Vollstreckungsleiters. Er gibt dabei die in der Ladung zum Antritt des Jugendarrestes vorgeschriebene Zeit oder, falls sich Verurteilte nicht auf freiem Fuße befinden, die Anstalt an, aus der sie übergeführt werden. Nach Möglichkeit teilt er in dem Ersuchen ferner die Umstände mit, die für die Festsetzung der Entlassungszeit von Bedeutung sein können (z. B. Arbeits- oder Schulbeginn).
3. Der Vollstreckungsleiter lädt auf freiem Fuße befindliche Verurteilte durch einfachen Brief unter Verwendung des eingeführten Vordrucks zum Antritt des Jugendarrestes. Die Zeit des Antritts ist nach Tag und Stunde vorzuschreiben, die voraussichtliche Entlassungszeit ist mitzuteilen. Bei der Festsetzung der Antrittszeit sind die Berufsverhältnisse der Verurteilten und die Verkehrsverhältnisse zu berücksichtigen.
4. Falls das Urteil sofort rechtskräftig wird und der Vorsitzende des Gerichts entweder selbst Vollzugsleiter ist oder das Einverständnis des Vollzugsleiters herbeiführen kann, wird die Ladung nach Möglichkeit im Anschluß an die Hauptverhandlung ausgehändigt. In geeigneten Fällen kann im Anschluß an die Hauptverhandlung eine mündliche Ladung zum sofortigen Antritt des Jugendarrestes erfolgen.
5. Hinweise über den Ersatz der Fahrtkosten zur Jugendarrestanstalt oder zu den Freizeitarresträumen können sich aus den Jugendarrestgeschäftsordnungen der Länder ergeben.
6. Zugleich mit der Ladung sind die Erziehungsberechtigten, in Fällen der Hilfe zur Erziehung nach § 34 SGB VIII das Jugendamt von der Ladung zu benachrichtigen und zu ersuchen, für rechtzeitigen Antritt des Jugendarrestes zu sorgen. Auch der Leiter der Berufsausbildung bzw. der Arbeitgeber des Jugendlichen und der Leiter der Schule oder Berufsschule, die der Jugendliche besucht, sollen davon unterrichtet werden, wo und in welcher Zeit der Jugendliche Jugendarrest zu verbüßen hat. Dem Jugendlichen kann auch aufgegeben werden, die Ladung den bezeichneten Personen vorzulegen und von ihnen auf der Ladung die Kenntnisnahme bescheinigen zu lassen. Die Unterrichtung soll unterbleiben, wenn der Arrest in der Freizeit oder während des Urlaubs bzw. der Ferien des Jugendlichen vollzogen wird und ihm aus der Mitteilung unerwünschte Nachteile für sein Fortkommen entstehen könnten.
7. Folgen Verurteilte der Ladung zum Antritt des Jugendarrestes ohne genügende Entschuldigung nicht oder zeigen sie sich bei fristloser Ladung nicht zum Antritt des Jugendarrestes bereit, so veranlaßt der Vollstreckungsleiter, daß sie sofort dem Vollzug zugeführt werden. Für die Zwangszuführung kann sich der Vollstreckungsleiter der Hilfe der Polizei oder anderer geeigneter Stellen bedienen. Die Polizei ist darauf hinzuwei-

sen, daß eine Beförderung im Gefangenensammeltransport nicht in Betracht kommt.

8. Für die Berechnung der Arrestzeit wird auf § 25 JAVollzO hingewiesen.

VI. Vollstreckung der Jugendstrafe

1. Der Erziehungserfolg der Jugendstrafe kann durch die Verzögerung der Vollstreckung in starkem Maße gefährdet werden. Sogleich nach Eintritt der Rechtskraft des Urteils sollen daher auf freiem Fuße befindliche Verurteilte zum Antritt der Jugendstrafe geladen und in Untersuchungshaft befindliche oder einstweilen untergebrachte (§ 71 Abs. 2, § 72 Abs. 4) Verurteilte in die zuständige Vollzugsanstalt eingewiesen werden. Der Umstand, daß das Urteil noch nicht mit den Gründen bei den Akten ist, rechtfertigt einen Aufschub der Vollstreckung nicht. In den Fällen, in denen dem Aufnahmeersuchen eine Abschrift des vollständigen Urteils nicht beigefügt werden kann, ist die Abschrift der Vollzugsanstalt nachzureichen, sobald das Urteil abgefaßt ist. Auch hierbei ist Beschleunigung geboten, da die Kenntnis des Urteilsinhalts für die wirksame Gestaltung des Vollzugs unentbehrlich ist.

2. Bei über 24 Jahre alten Verurteilten kann die Vollstreckung nach § 85 Abs. 6 abgegeben werden. Für die weiteren Entscheidungen im Rahmen der Vollstreckung ist dann die Strafvollstreckungskammer zuständig. Ihr sind die Vorgänge so rechtzeitig zur Prüfung der Aussetzung des Restes der Jugendstrafe nach § 88 Abs. 1 vorzulegen, daß die Fristen nach § 88 Abs. 2 unter Beachtung von § 88 Abs. 3 eingehalten werden können.

3. Der Vollstreckungsleiter weist den Verurteilten in die zuständige Justizvollzugsanstalt ein und führt die Vollstreckung so lange, bis der Verurteilte in die Jugendstrafanstalt aufgenommen worden ist. Dem Aufnahmeersuchen sind stets drei Abschriften des vollständigen Urteils beizufügen oder nachzusenden. War gegen den Verurteilten früher Hilfe zur Erziehung nach § 12 angeordnet worden, so ist dies der Justizvollzugsanstalt unter Angabe der mit der Durchführung der Erziehungsmaßregel befaßten Behörde mitzuteilen.

4. Zugleich mit der Ladung sind die Erziehungsberechtigten, in Fällen der Hilfe zur Erziehung nach § 34 SGB VIII das Jugendamt von der Ladung zu benachrichtigen und zu ersuchen, für rechtzeitigen Antritt der Jugendstrafe zu sorgen. Auch der Leiter der Berufsausbildung bzw. der Arbeitgeber des Jugendlichen und der Leiter der Schule oder Berufsschule, die der Jugendliche besucht, sollen davon unterrichtet werden, wo und in welcher Zeit der Jugendliche Jugendstrafe zu verbüßen hat. Dem Jugendlichen kann auch aufgegeben werden, die Ladung den bezeichneten Personen vorzulegen und von ihnen auf der Ladung die Kenntnisnahme bescheinigen zu lassen. Die Unterrichtung soll unterbleiben, wenn die Jugendstrafe in der Freizeit oder während des Urlaubs bzw. der Ferien des Jugendlichen vollzogen wird und ihm aus der Mitteilung unerwünschte Nachteile für sein Fortkommen entstehen könnten.

5. Mittellosen Verurteilten, die sich auf freiem Fuße befinden und zum Vollzug einer Jugendstrafe in eine mehr als zehn Kilometer von ihrem Wohnort entfernt liegende Jugendstrafanstalt eingewiesen werden, kann der Vollstreckungsleiter für die Fahrt zur Jugendstrafanstalt eine Fahrkarte

oder, soweit das Gutscheinverfahren üblich ist, einen Gutschein für die Fahrkarte aushändigen.

6. Sobald der Vollstreckungsleiter Nachricht von der Aufnahme von Verurteilten in die Jugendstrafanstalt erhält (Strafantrittsanzeige), übersendet er die Strafakten oder das Vollstreckungsheft an denjenigen Jugendrichter, auf den die Vollstreckung nach § 85 Abs. 2 oder 3 mit der Aufnahme übergegangen ist. Die Jugendstrafanstalt legt dem neuen Vollzugsleiter unverzüglich eine Durchschrift der Strafantrittsanzeige, das mit der Strafzeitberechnung versehene Zweitstück des Aufnahmeersuchens und zwei der ihm mit dem Aufnahmeersuchen übersandten Urteilsabschriften vor.

7. Der nach § 85 Abs. 2 oder 3 zuständige Vollstreckungsleiter macht sich mit der Wesensart der einzelnen Jugendlichen vertraut und verfolgt deren Entwicklung im Vollzug. Er hält mit der Anstaltsleitung und den Vollzugsbediensteten Fühlung und nimmt an Vollzugsangelegenheiten von größerer Bedeutung beratend teil.

8. Im Falle der Aussetzung eines Strafrestes zur Bewährung wird sich die Zurück- oder Weitergabe der Vollstreckung (§ 85 Abs. 5) dann empfehlen, wenn der Vollstreckungsleiter mit Verurteilten oder Bewährungshelfern wegen weiter Entfernung nicht mehr Fühlung halten kann. Wird die Vollstreckung zurück- oder weitergegeben, so soll sich der bisher zuständige Vollstreckungsleiter über die Führung des Verurteilten während der Bewährungszeit auf dem laufenden halten, damit er vor einem Widerruf der Aussetzung des Strafrestes zur Bewährung die Vollstreckung wieder an sich ziehen kann. In der Regel wird es zweckmäßig sein, daß sich der Vollstreckungsleiter bei der Abgabe der Vollstreckung ausdrücklich vorbehält, die Vollstreckung wieder zu übernehmen, bevor über den Widerruf der Aussetzung des Strafrestes zur Bewährung entschieden wird.

VII. Vollstreckung von Maßregeln der Besserung und Sicherung

1. Die Zuständigkeit für die Vollstreckung von Maßregeln der Besserung und Sicherung richtet sich nach §§ 84 und 85 Abs. 4 (siehe Abschn. I Nrn. 1 und 2). Wird bei Heranwachsenden allgemeines Strafrecht angewendet, richtet sich die Zuständigkeit nach den Vorschriften der Strafvollstreckungsordnung.

2. Wegen der Vollstreckung von Führungsaufsicht wird auf § 54a StVollstrO hingewiesen.

Zu §§ 88 und 89:

Auf die Verwaltungsvorschriften zum Jugendstrafvollzug (VVJug) und auf die Beseitigung des Strafmakels nach § 100 wird hingewiesen.

Zu § 90:

Für den Vollzug des Jugendarrestes in Vollzugseinrichtungen der Landesjustizverwaltungen bestimmt die Jugendarrestvollzugsordnung das Nähere.

Zu § 91:

Über den Vollzug der Jugendstrafe ist das Nähere in den Verwaltungsvorschriften zum Jugendstrafvollzug (VVJug) bestimmt.

Zu § 92:

Auch wenn zu Jugendstrafe Verurteilte das 18. Lebensjahr bereits vollendet haben, werden sie in der Regel zunächst in die Jugendstrafanstalt eingewiesen. Die Entscheidung über die Eignung von Verurteilten für den Jugendstrafvollzug (§ 92 Abs. 2) wird dann von dem nach § 85 Abs. 2 oder Abs. 3 zuständigen Vollstreckungsleiter getroffen. Lediglich in den Fällen, in denen der Mangel der Eignung für den Jugendstrafvollzug offenkundig ist, werden über 18 Jahre alte Verurteilte sogleich in die zuständige Justizvollzugsanstalt eingewiesen.

Zu § 93:

Über den Vollzug der Untersuchungshaft sind in Nr. 1 Abs. 4, Nr. 13, Nr. 22 Abs. 4, Nrn. 77 bis 85 der UVollzO nähere Bestimmungen getroffen.

Zu § 97:

1. Wird wegen einer Jugendstrafe eine Vergünstigung nach §§ 39, 49 BZRG erbeten, so ist das Gesuch in der Regel zunächst dem nach § 98 zuständigen Jugendgericht vorzulegen, damit dieses prüfen kann, ob die Beseitigung des Strafmakels durch Richterspruch angebracht ist. Wird der Strafmakel als beseitigt erklärt, so ist dem Verurteilten zu eröffnen, daß sein Gesuch als damit erledigt angesehen wird.
2. Wegen der Eintragung der Entscheidung nach § 97 in das Zentralregister wird auf § 13 Abs. 1 Nr. 5 BZRG hingewiesen.

Zu § 98:

1. In dem Verfahren zur Beseitigung des Strafmakels empfiehlt es sich in der Regel, außer den Strafakten und den Vollstreckungsvorgängen die Personalakten der Vollzugsanstalt heranzuziehen.
2. Bei der Erteilung von Ermittlungsaufträgen empfiehlt es sich, die beauftragte Stelle auf die Notwendigkeit schonender Durchführung der Ermittlungen hinzuweisen. Es muß vermieden werden, daß die Verurteilung Personen bekannt wird, die bisher darüber nicht unterrichtet waren.

Zu § 100:

Wegen der Eintragung in das Zentralregister wird auf § 13 Abs. 1 Nr. 5 BZRG hingewiesen.

Zu § 101:

Wegen der Eintragung in das Zentralregister wird auf § 13 Abs. 1 Nr. 6 BZRG hingewiesen.

Zu § 103:

1. Die Verbindung von Strafsachen gegen Jugendliche und Erwachsene ist im allgemeinen nicht zweckmäßig. Sie ist namentlich dann nicht angebracht, wenn der Jugendliche geständig und der Sachverhalt einfach ist

oder wenn es sich bei den Erwachsenen um die Eltern des Jugendlichen handelt.

2. Die Staatsanwaltschaft beantragt die Trennung der verbundenen Sachen, sobald sich die gesonderte Bearbeitung als zweckmäßig erweist (z. B. wenn gegen die erwachsenen Beschuldigten in Abwesenheit des Jugendlichen verhandelt und Urteil erlassen worden ist oder wenn der Durchführung des Verfahrens gegen die erwachsenen Beschuldigten für längere Zeit Hindernisse entgegenstehen).

3. § 103 gilt auch im Verfahren gegen Heranwachsende (§ 112 Satz 1).

Zu § 104:

Als Verfahrensvorschriften, deren Anwendung nach Absatz 2 im Ermessen des Gerichts steht, kommen z. B. § 51 (zeitweilige Ausschließung von Beteiligten), § 69 (Beistand), § 71 (vorläufige Anordnung über die Erziehung) und § 72 Abs. 4 (Unterbringung in einem Heim der Jugendhilfe anstelle von Untersuchungshaft) in Betracht.

Zu § 105:

1. Die strafrechtliche Verantwortlichkeit Heranwachsender kann nicht wegen mangelnder Reife nach § 3 ausgeschlossen sein; sie wird nur nach den allgemeinen Vorschriften beurteilt. Gröbere Entwicklungsmängel können Anlaß zu der Prüfung geben, ob die Schuldfähigkeit nach §§ 20 bzw. 21 StGB ausgeschlossen oder vermindert ist.

2. Hilfe zur Erziehung (§ 9 Nr. 2, § 12) kann gegen Heranwachsende nicht angeordnet werden. Statt dessen kommt namentlich die Weisung in Betracht, sich einem Betreuungshelfer zu unterstellen (§ 10 Abs. 1 Satz 3 Nr. 5).

Zu § 108:

Die Staatsanwaltschaft erhebt die Anklage gegen den Beschuldigten, der sich auf freiem Fuß befindet, grundsätzlich bei dem Gericht, in dessen Bezirk er sich zur Zeit der Erhebung der Anklage aufhält. Eine Anklageerhebung bei dem für den Tatort zuständigen Gericht wird insb. dann in Betracht kommen, wenn – wie z. B. in Verkehrsstrafsachen – eine größere Zahl von am Tatort wohnenden Zeugen zu vernehmen sein wird.

Zu § 109:

1. Im Gegensatz zum Verfahren gegen Jugendliche ist das Verfahren gegen Heranwachsende grundsätzlich öffentlich. Die Öffentlichkeit kann aber nicht nur aus den in §§ 171a, 171b, 172 GVG genannten Gründen, sondern auch im Interesse der Heranwachsenden ausgeschlossen werden (vgl. hierzu die Richtlinie zu § 48).

2. Gegen Heranwachsende darf ein Strafbefehl nur erlassen werden, wenn das allgemeine Strafrecht anzuwenden ist (§ 109 Abs. 2, § 79 Abs. 1). Die Staatsanwaltschaft beantragt deshalb den Erlaß eines Strafbefehls gegen Heranwachsende nur, wenn sie Ermittlungen nach § 43 angestellt hat und zu der Auffassung gelangt ist, daß das allgemeine Strafrecht anzuwenden ist.

3. Das vereinfachte Jugendverfahren ist gegen Heranwachsende nicht zulässig, wohl aber das beschleunigte Verfahren nach §§ 212 ff. StPO.

4. Privatklage und Nebenklage sind gegen Heranwachsende zulässig, unabhängig davon, ob allgemeines Strafrecht oder Jugendstrafrecht anzuwenden ist. Auch insoweit ist grundsätzlich das Jugendgericht zuständig.

5. Die Staatsanwaltschaft wendet § 45 bei Heranwachsenden an, wenn sie auf Grund der Ermittlungen nach § 43 zu der Auffassung gelangt ist, daß Jugendstrafrecht anzuwenden ist.

Zu § 110:

1. Wird gegen Heranwachsende das allgemeine Strafrecht angewendet, so gelten für die Vollstreckung die allgemeinen Vorschriften. Besuchen solche Heranwachsende eine Schule oder Berufsschule, so soll die Schulleitung von der Vollstreckungsbehörde über den Ort und die Zeit der von ihnen zu verbüßenden Freiheitsstrafe unterrichtet werden. Den Heranwachsenden kann auch aufgegeben werden, die Ladung der Schulleitung vorzulegen und von ihr auf der Ladung die Kenntnisnahme bescheinigen zu lassen. Die Unterrichtung kann unterbleiben, wenn die Freiheitsstrafe in der Freizeit oder während des Urlaubs bzw. der Ferien der Heranwachsenden vollzogen wird und ihnen aus der Mitteilung unerwünschte Nachteile für ihr Fortkommen entstehen könnten.

2. Wegen der Möglichkeit des Vollzugs einer Freiheitsstrafe in der Jugendstrafanstalt wird auf § 114 und die Richtlinien dazu hingewiesen.

Zu § 114:

1. Zu Freiheitsstrafe Verurteilte unter 24 Jahren sind für den Jugendstrafvollzug geeignet, wenn die erzieherische Einwirkung in der Jugendstrafanstalt bei ihnen Erfolg verspricht und von ihrer Anwesenheit in der Jugendstrafanstalt Nachteile für die Erziehung der anderen Gefangenen nicht zu befürchten sind.

2. Zu Freiheitsstrafe Verurteilte unter 21 Jahren werden in die Jugendstrafanstalt eingewiesen. Wenn jedoch in einer Justizvollzugsanstalt eine besondere Abteilung für junge Gefangene besteht, kann die Einweisung in die Justizvollzugsanstalt erfolgen.

3. Zu Freiheitsstrafe Verurteilte, die das 21., aber noch nicht das 24. Lebensjahr vollendet haben, werden in der Regel in die Justizvollzugsanstalt eingewiesen.

4. Hält die Justizvollzugsanstalt Verurteilte unter 24 Jahren für den Jugendstrafvollzug für geeignet, so überweist sie diese in die Jugendstrafanstalt und benachrichtigt hiervon die Strafvollstreckungsbehörde.

5. Nach Anhörung des Vorsitzenden des Gerichts, das im ersten Rechtszug erkannt hat, und, falls sich der Verurteilte in Haft befindet, der Justizvollzugsanstalt kann die Strafvollstreckungsbehörde den zu Freiheitsstrafe Verurteilten, der das 21., aber noch nicht das 24. Lebensjahr vollendet hat, ausnahmsweise sogleich in die Jugendstrafanstalt einweisen, wenn seine Eignung für den Jugendstrafvollzug offenkundig ist. Dies gilt auch für Verurteilte unter 21 Jahren, die nach Nr. 2 Satz 2 in die Justizvollzugsanstalt einzuweisen wären.

6. Die Entscheidung darüber, ob zu Freiheitsstrafe Verurteilte unter 24 Jahren in die Jugendstrafanstalt oder in die Justizvollzugsanstalt einzuweisen sind, wird dem Rechtspfleger nicht übertragen.

7. Über die endgültige Übernahme von Verurteilten in den Jugendstrafvollzug und über ihr Verbleiben in der Jugendstrafanstalt entscheidet in allen Fällen die Leitung dieser Anstalt.

3. Anordnung über Mitteilungen in Strafsachen (MiStra)

In der ab dem 1. Mai 2019 geltenden Fassung vom 1.2.2019
(BAnz Allgemeiner Teil 8.4.2019 B1)
– Auszug –

6 Inhalt und Zeitpunkt der Mitteilungen

(1) [1]Der Inhalt und der Zeitpunkt der Mitteilungen richten sich nach den besonderen Vorschriften. [2]Neben den mitzuteilenden Daten dürfen weitere Daten unter den Voraussetzungen des § 18 Absatz 1 EGGVG übermittelt werden. [3]Im Übrigen gelten die folgenden Bestimmungen.

(2) [1]Ist die Einleitung eines Verfahrens mitzuteilen, richtet sich der Inhalt der Mitteilung nach deren Zweck und den Umständen des Einzelfalles. [2]Die Mitteilung unterbleibt, solange kein begründeter Verdacht vorliegt.

(3) [1]Ist der Erlass und der Vollzug eines Haft- oder Unterbringungsbefehls mitzuteilen, sind auch die Aufhebung dieser Entscheidungen sowie die Aussetzung des Vollzugs mitzuteilen. [2]Der Haft- oder der Unterbringungsbefehl selbst werden grundsätzlich nicht übermittelt. [3]Soll der Erlass eines Haft- oder Unterbringungsbefehls vor dessen Vollzug mitgeteilt werden, ist besonders zu prüfen, ob Zwecke des Strafverfahrens dem entgegenstehen (Nummer 2 Absatz 1 Satz 4).

(4) [1]Ist die Erhebung der öffentlichen Klage mitzuteilen, sind die Anklageschrift, eine an ihre Stelle tretende Antragsschrift nach § 414 Absatz 2 Satz 2 StPO, der Antrag auf Erlass eines Strafbefehls, der Antrag auf Entscheidung im beschleunigten Verfahren (§ 417 StPO) bzw. der Antrag im vereinfachten Jugendverfahren (§ 76 JGG) zu übermitteln. [2]Staatsanwältinnen oder Staatsanwälte können im Einzelfall anordnen, dass die Übermittlung des wesentlichen Ergebnisses der Ermittlungen unterbleibt.

(5) [1]Ist das Urteil mitzuteilen, sind die Urteilsformel und die Urteilsgründe zu übermitteln. [2]Richterinnen oder Richter, Staatsanwältinnen oder Staatsanwälte können im Einzelfall anordnen, dass die Übermittlung der Urteilsgründe unterbleibt. [3]Mitzuteilen ist auch, ob und von wem ein Rechtsmittel gegen das Urteil eingelegt worden ist.

(6) [1]Ist die rechtskräftige Entscheidung (Urteil, Strafbefehl, Gesamtstrafenbeschluss) mitzuteilen, ist auch anzugeben, wann sie rechtskräftig geworden ist. [2]Ist mit der rechtskräftigen Entscheidung ein Rechtsmittel verworfen worden oder wird darin auf eine angefochtene Entscheidung Bezug genommen, ist auch die angefochtene Entscheidung mitzuteilen; Absatz 5 Satz 2 gilt entsprechend.

(7) [1]Ist der Ausgang des Verfahrens mitzuteilen, ist jede das Verfahren endgültig oder – außer in den Fällen des § 153a StPO – vorläufig abschließende Entscheidung mit Begründung mitzuteilen, insbesondere die Einstellungsverfügung (Ablehnung der Strafverfolgung) der Staatsanwaltschaft, der nicht mehr anfechtbare Beschluss, der die Eröffnung des Hauptverfahrens

ablehnt, die Einstellung des Verfahrens durch gerichtlichen Beschluss und die rechtskräftige Entscheidung. [2] Richterinnen oder Richter, Staatsanwältinnen oder Staatsanwälte können im Einzelfall anordnen, dass die Übermittlung der Begründung unterbleibt.

11 Mitteilungen an die Polizei

§ 482. StPO

(1) Die Staatsanwaltschaft teilt der Polizeibehörde, die mit dem Verfahren befasst war, ihr Aktenzeichen mit.

(2) Die Staatsanwaltschaft teilt der Polizeibehörde, die mit dem Verfahren befasst war, den Ausgang des Verfahrens mit.

(3) [1] Die Mitteilung nach Absatz 2 erfolgt

1. in den Fällen des § 20 Absatz 1 Satz 1 BZRG durch Übersendung einer Mehrfertigung der Mitteilung an das Bundeszentralregister,
2. im Übrigen grundsätzlich nur durch Übermittlung der Entscheidungsformel (Tenor), der entscheidenden Stelle sowie des Datums und der Art der Entscheidung (Urteil, Beschluss, Entschließung der Staatsanwaltschaft).

[2] Eine Mehrfertigung des Urteils (gegebenenfalls auch der nach § 267 Absatz 1 Satz 3, Absatz 4 Satz 1 StPO in Bezug genommenen Abbildungen und Schriftstücke) oder einer mit Gründen versehenen Einstellungsentscheidung kann auf Ersuchen der befassten Polizeibehörde übersandt werden.

(4) Die Mitteilung des Verfahrensausgangs von Amts wegen unterbleibt in Verfahren gegen Unbekannt sowie bei Verkehrsstrafsachen, soweit sie nicht unter die §§ 142, 315 bis 315c StGB fallen. Die Befugnis zur Erteilung von Auskünften oder der Gewährung von Akteneinsicht auf Ersuchen bleibt hiervon unberührt.

13 Bewährungs- und Führungsaufsichtsfälle

§ 479 Absatz 2 Nummer 3 StPO

(1) Ist durch eine Entscheidung des Gerichts oder durch eine Gnadenentscheidung

1. die Vollstreckung einer Freiheitsstrafe oder des Restes einer Freiheitsstrafe,
2. die Vollstreckung oder weitere Vollstreckung einer Unterbringung,
3. ein Berufsverbot,
4. die Vollstreckung einer Jugendstrafe oder des Restes einer Jugendstrafe,
5. die Vollstreckung eines Strafarrestes oder des Restes eines Strafarrestes zur Bewährung ausgesetzt oder
6. die Strafe oder der Strafarrest nach Ablauf der Bewährungszeit erlassen

worden, ist dem Gericht oder der Gnadenbehörde Mitteilung zu machen, sobald Umstände bekannt werden, die zu einem Widerruf der Aussetzung oder des Straferlasses oder des Erlasses des Strafarrestes führen können.

(2) Ist durch die Entscheidung eines Gerichts oder kraft Gesetzes Führungsaufsicht eingetreten, so ist dem Gericht sowie der Führungsaufsichtsstelle Mitteilung zu machen, sobald Umstände bekannt werden, die zu nachträglichen Entscheidungen führen können.

(2a) [1] Ist eine unter Bewährung stehende Verurteilte bzw. ein unter Bewährung stehender Verurteilter in anderer Sache in Strafhaft genommen worden, so ist der die Bewährungsstrafe vollstreckenden Staatsanwaltschaft zur Weiterleitung an das bis zu diesem Zeitpunkt die Bewährungsaufsicht führende Gericht Mitteilung zu machen. [2] Gleiches gilt in den Fällen, in denen Maßregeln der Besserung und Sicherung vollstreckt werden.

(3) Ist die Verurteilung zu einer Geldstrafe vorbehalten oder die Entscheidung über die Verhängung einer Jugendstrafe ausgesetzt worden, ist dem Gericht Mitteilung zu machen, sobald Umstände bekannt werden, die zur Verurteilung zu der vorbehaltenen Strafe oder zur Verhängung einer Jugendstrafe führen können.

(4) Ist Bewährungs- oder Führungsaufsicht angeordnet, ist die Mitteilung in zwei Stücken zu machen.

19 Strafsachen gegen Soldatinnen und Soldaten der Bundeswehr

§ 89 Absatz 1 und 3 SG, § 115 BBG

(1) [1] In Strafsachen gegen Soldatinnen und Soldaten der Bundeswehr sind mitzuteilen

1. der Erlass und der Vollzug eines Haft- oder Unterbringungsbefehls,
2. die Anklageschrift oder eine an ihre Stelle tretende Antragsschrift,
3. der Antrag auf Erlass eines Strafbefehls und
4. die einen Rechtszug abschließende Entscheidung mit Begründung sowie gegebenenfalls mit dem Hinweis, dass ein Rechtsmittel eingelegt worden ist.

[2] Endet das Wehrdienstverhältnis nach der Übermittlung einer Mitteilung, so ist der Empfänger vom Ausgang des Verfahrens nach § 20 Absatz 1 EGGVG zu unterrichten, soweit er hierauf nicht verzichtet hat.

(2) [1] Absatz 1 gilt in Verfahren wegen Privatklagedelikten nur, wenn die Staatsanwaltschaft das öffentliche Interesse an der Strafverfolgung bejaht hat; Nummer 29 bleibt unberührt. [2] In Verfahren wegen fahrlässig begangener Straftaten sind Mitteilungen nach Absatz 1 Ziffer 2 bis 4 nur zu machen, wenn

1. es sich um schwere Verstöße, namentlich Vergehen der Trunkenheit im Straßenverkehr oder der fahrlässigen Tötung, handelt oder
2. in sonstigen Fällen die Kenntnis der Daten aufgrund der Umstände des Einzelfalles erforderlich ist, um zu prüfen, ob dienstrechtliche Maßnahmen zu ergreifen sind.

(3) [1] Entscheidungen über Verfahrenseinstellungen, die nicht bereits nach Absatz 1 oder 2 zu übermitteln sind, sollen übermittelt werden, wenn die in Absatz 2 Ziffer 2 genannten Voraussetzungen erfüllt sind. [2] Dabei ist zu berücksichtigen, wie gesichert die zu übermittelnden Erkenntnisse sind. Übermittelt werden sollen insbesondere Einstellungsentscheidungen gemäß § 170 Absatz 2 StPO, die Feststellungen zu einer Schuldunfähigkeit nach § 20 StGB enthalten. Die Mitteilung ordnen Richterinnen oder Richter, Staatsanwältinnen oder Staatsanwälte an.

(4) Übermittlungen nach den Absätzen 1 bis 3 sind auch zulässig, soweit sie Daten betreffen, die dem Steuergeheimnis (§ 30 AO) unterliegen.

(5) [1] Mitteilungen sind zu richten

1. bei Erlass und Vollzug eines Haft- oder Unterbringungsbefehls schriftlich an die nächsten Disziplinarvorgesetzten oder deren Vertretung im Amt,
2. in allen übrigen Fällen zum Zwecke der Weiterleitung an die zuständige Stelle an das Kommando Territoriale Aufgaben der Bundeswehr (Kurt-Schumacher-Damm 41, 13405 Berlin).

[2] Die Mitteilungen sind als „Vertrauliche Personalsache" zu kennzeichnen. [3] Im Falle der Ziffer 2 sind nur die Personendaten der Soldatinnen oder Soldaten, die zur Ermittlung der zuständigen Stelle erforderlich sind (Name, Geburtsname, Vorname, Geburtsdatum, Dienstgrad, Truppenteil oder Dienststelle sowie Standort), dem Kommando Territoriale Aufgaben der Bundeswehr mitzuteilen. [4] Die übrigen Daten sind zur Weiterleitung in einem verschlossenen Umschlag zu übermitteln. [5] Ist das Wehrdienstverhältnis zwischenzeitlich beendet, soll neben den bekannten, zuletzt gültigen Personendaten auch die bekannte Anschrift der entlassenen Soldatinnen oder Soldaten mitgeteilt werden.

21 Strafsachen gegen Zivildienstleistende

§ 45a ZDG, § 115 BBG

(1) [1] In Strafsachen gegen Zivildienstleistende sind mitzuteilen

1. der Erlass und der Vollzug eines Haft- oder Unterbringungsbefehls,
2. die Anklageschrift oder eine an ihre Stelle tretende Antragsschrift,
3. der Antrag auf Erlass eines Strafbefehls und
4. die einen Rechtszug abschließende Entscheidung mit Begründung sowie gegebenenfalls mit dem Hinweis, dass ein Rechtsmittel eingelegt worden ist.

[2] Endet das Zivildienstverhältnis nach Übermittlung einer Mitteilung, ist der Empfänger über den Ausgang des Verfahrens nach § 20 Absatz 1 EGGVG zu unterrichten, soweit er hierauf nicht verzichtet hat.

(2) [1] Absatz 1 gilt in Verfahren wegen Privatklagedelikten nur, wenn die Staatsanwaltschaft das öffentliche Interesse an der Strafverfolgung bejaht hat; Nummer 29 bleibt unberührt. [2] In Verfahren wegen fahrlässig begangener Straftaten sind Mitteilungen nach Absatz 1 Ziffer 2 bis 4 nur zu machen, wenn

1. es sich um schwere Verstöße, namentlich Vergehen der Trunkenheit im Straßenverkehr oder der fahrlässigen Tötung, handelt oder
2. in sonstigen Fällen die Kenntnis der Daten aufgrund der Umstände des Einzelfalles erforderlich ist, um zu prüfen, ob dienstrechtliche Maßnahmen zu ergreifen sind.

(3) [1] Entscheidungen über Verfahrenseinstellungen, die nicht bereits nach Absatz 1 oder 2 zu übermitteln sind, sollen übermittelt werden, wenn die in Absatz 2 Ziffer 2 genannten Voraussetzungen erfüllt sind. [2] Dabei ist zu berücksichtigen, wie gesichert die zu übermittelnden Erkenntnisse sind. [3] Übermittelt werden sollen insbesondere Einstellungsentscheidungen gemäß § 170 Absatz 2 StPO, die Feststellungen zu einer Schuldunfähigkeit nach § 20 StGB enthalten. [4] Die Mitteilung ordnen Richterinnen oder Richter, Staatsanwältinnen oder Staatsanwälte an.

(4) Übermittlungen nach den Absätzen 1 bis 3 sind auch zulässig, soweit sie Daten betreffen, die dem Steuergeheimnis (§ 30 AO) unterliegen.

(5) Die Mitteilungen sind an das
Bundesamt für Familie und zivilgesellschaftliche Aufgaben
50964 Köln
Telefon: 02 21/36 73-0
zu richten und als „Vertrauliche Personalsache" zu kennzeichnen.

31 Mitteilungen an das Betreuungsgericht und an das Familiengericht

§ 22a FamFG, § 70 Satz 1 JGG

(1) Werden in einem Strafverfahren – gleichgültig, gegen wen es sich richtet – Tatsachen bekannt, die Maßnahmen des Betreuungs- oder des Familiengerichts erfordern können, so sind diesen die Tatsachen mitzuteilen, soweit nicht für die übermittelnde Stelle erkennbar ist, dass schutzwürdige Interessen der Betroffenen an dem Ausschluss der Übermittlung das Schutzbedürfnis von Minderjährigen oder Betreuten oder das öffentliche Interesse an der Übermittlung überwiegen.

(2) Die Mitteilung ordnen Richterinnen oder Richter, Staatsanwältinnen oder Staatsanwälte an.

32 Mitteilungen an die Jugendgerichtshilfe in Strafsachen gegen Jugendliche und Heranwachsende

§§ 38, 50, 70 Satz 1, §§ 72a, 107, 109 Absatz 1 JGG

In Strafsachen gegen Jugendliche und Heranwachsende sind der Jugendgerichtshilfe mitzuteilen

1. die Einleitung des Verfahrens,
2. vorläufige Anordnungen über die Erziehung,
3. der Erlass und der Vollzug eines Haft- oder Unterbringungsbefehls sowie die Unterbringung zur Beobachtung,
4. die Erhebung der öffentlichen Klage,
5. Ort und Zeit der Hauptverhandlung,
6. die Urteile,
7. der Ausgang des Verfahrens,
8. der Name und die Anschrift der Bewährungshelferin oder des Bewährungshelfers,
9. die nachträglichen Entscheidungen, die sich auf Weisungen oder Auflagen beziehen oder eine Aussetzung der Vollstreckung einer Jugendstrafe oder des Restes einer Jugendstrafe zur Bewährung, eine Aussetzung der Verhängung der Jugendstrafe oder die Führungsaufsicht betreffen.

33 Mitteilungen an die Schule in Strafsachen gegen Jugendliche und Heranwachsende

§ 70 Satz 1, § 109 Absatz 1 JGG

(1) [1]In Strafsachen gegen Jugendliche und Heranwachsende sind Mitteilungen an die Schule nur in geeigneten Fällen zu machen. [2]Es wird in der Regel genügen, die Schule von dem Ausgang des Verfahrens zu unterrich-

ten. [3] Die Einleitung des Verfahrens oder die Erhebung der öffentlichen Klage wird mitzuteilen sein, wenn aus Gründen der Schulordnung, insbesondere zur Wahrung eines geordneten Schulbetriebs oder zum Schutz anderer Schülerinnen oder Schüler, sofortige Maßnahmen geboten sein können.

(2) Die Mitteilungen sind an die Leiterin oder den Leiter der Schule oder die Vertretung im Amt zu richten.

(3) Die Mitteilung ordnen Richterinnen oder Richter, Staatsanwältinnen oder Staatsanwälte an.

34 Mitteilungen an andere Prozessbeteiligte in Strafsachen gegen Jugendliche

§§ 67, 43 Absatz 1 JGG, Artikel 104 Absatz 4 GG

(1) Sind in Strafsachen gegen Jugendliche durch verfahrensrechtliche Bestimmungen Mitteilungen an die Beschuldigten vorgeschrieben, so sind diese auch zu richten an

1. die Erziehungsberechtigten,
2. die gesetzlichen Vertreterinnen und gesetzlichen Vertreter,
3. die Verfahrenspflegerin oder den Verfahrenspfleger.

(2) [1] Die in Absatz 1 bezeichneten Personen werden ferner benachrichtigt von

1. der Einleitung des Verfahrens,
2. der Verhaftung, Verwahrung oder Unterbringung.

[2] Die Mitteilungen nach Satz 1 Ziffer 1 können bei Geringfügigkeit der Verfehlung unterbleiben.

(3) Die Mitteilung ordnen Richterinnen oder Richter, Staatsanwältinnen oder Staatsanwälte an.

35 Mitteilungen zum Schutz von Minderjährigen

§ 13 Absatz 2, § 14 Absatz 1 Nummer 5, § 17 Nummer 5 EGGVG

(1) Werden in einem Strafverfahren – gleichgültig, gegen wen es sich richtet – Tatsachen bekannt, deren Kenntnis aus der Sicht der übermittelnden Stelle zur Abwehr einer erheblichen Gefährdung von Minderjährigen erforderlich ist, sind diese der zuständigen öffentlichen Stelle mitzuteilen.

(2) Mitteilungen erhalten insbesondere

1. das Jugendamt und das Familiengericht, wenn gegen Minderjährige eine Straftat gegen die sexuelle Selbstbestimmung (Dreizehnter Abschnitt des Besonderen Teils des StGB) oder nach den §§ 171, 225, 232 bis 233a StGB begangen oder versucht worden ist,
2. die zuständige Aufsichtsbehörde für betriebserlaubnispflichtige Kinder- oder Jugendeinrichtungen nach § 45 SGB VIII, wenn der Schutz von Minderjährigen deren Unterrichtung erfordert,
3. das Jugendamt und die für die Gewerbeaufsicht zuständige Stelle, wenn eine Verurteilung wegen Zuwiderhandlungen gegen die §§ 27, 28 JuSchG ausgesprochen worden ist,

4. das Familiengericht, wenn familiengerichtliche Maßnahmen nach § 1666 BGB oder die Anordnung einer Vormundschaft (Pflegschaft) notwendig erscheinen,
5. die für die Gewerbeaufsicht zuständige Stelle, das Landesjugendamt sowie die sonst zuständigen Stellen, wenn der Schutz von Minderjährigen die Unterrichtung dieser Stellen erfordert (vgl. §§ 28, 29, 32 BBiG, §§ 22, 22a, 23 HwO, §§ 25, 27 JArbSchG),
6. das Jugendamt in sonstigen Fällen, wenn sein Tätigwerden zur Abwendung einer erheblichen Gefährdung von Minderjährigen erforderlich erscheint.

(3) In Strafsachen gegen einen Elternteil wegen einer an seinem minderjährigen Kind begangenen rechtswidrigen Tat ist die Erhebung der öffentlichen Klage oder die Einstellung des Verfahrens wegen Schuldunfähigkeit dem Familiengericht und dem Jugendamt mitzuteilen.

(4) In Strafsachen, die eine erhebliche Gefährdung von Minderjährigen erkennen lassen, sowie in Jugendschutzsachen (§ 26 Absatz 1 Satz 1 GVG) werden dem Jugendamt Ort und Zeit der Hauptverhandlung mitgeteilt.

(5) Die Mitteilung ordnen Richterinnen oder Richter, Staatsanwältinnen oder Staatsanwälte an.

42 Mitteilungen über Ausländerinnen und Ausländer

§ 87 Absatz 2, 4, § 88 Absatz 2, 3 AufenthG, auch in Verbindung mit § 11 Absatz 1 FreizügG/EU, § 74, auch in Verbindung mit § 79 AufenthV

(1) [1]In Strafsachen gegen Ausländerinnen und Ausländer (§ 2 Absatz 1 AufenthG) sind unverzüglich mitzuteilen
1. die Einleitung des Verfahrens unter Angabe der gesetzlichen Vorschriften,
2. der Ausgang des Verfahrens,
3. der Widerruf einer Strafaussetzung zur Bewährung,
4. der Widerruf der Zurückstellung der Strafvollstreckung.
[2]Die Mitteilung nach Ziffer 1 kann unterbleiben, wenn in den Akten dokumentiert ist, dass sie bereits durch die Polizei erfolgt ist.

(2) [1]Wird in einem Strafverfahren – gleichgültig, gegen wen es sich richtet –
1. der Aufenthalt einer Ausländerin oder eines Ausländers, wenn weder ein erforderlicher Aufenthaltstitel erteilt noch die Abschiebung ausgesetzt ist,
2. der Verstoß gegen eine räumliche Beschränkung,
3. die unberechtigte Inanspruchnahme oder Beantragung von Sozialleistungen durch eine Ausländerin oder einen Ausländer, für sich selbst, ihre oder seine Familienangehörigen oder für sonstige Haushaltsangehörige in den Fällen des § 7 Absatz 1 Satz 2 Nummer 2 oder Satz 4 SGB II oder in den Fällen des § 23 Absatz 3 Satz 1 Nummer 2, 3 oder 4, Satz 3, 6 oder 7 SGB XII oder
4. ein sonstiger Ausweisungsgrund
bekannt, so ist dies unverzüglich mitzuteilen. [2]Satz 1 findet keine Anwendung auf Ausländerinnen und Ausländer, deren Rechtsstellung durch das Gesetz über die allgemeine Freizügigkeit von Unionsbürgern geregelt ist. [3]Bei diesen sind sonstige Tatsachen dann mitzuteilen, wenn die Vorausset-

zungen des § 5 Absatz 5 oder § 6 Absatz 1 FreizügG/EU vorliegen können. [4]Die Mitteilung kann unterbleiben, wenn in den Akten dokumentiert ist, dass sie bereits durch andere Stellen erfolgt ist.

(3) Bei den Mitteilungen sind, soweit bekannt, jeweils folgende Daten mit anzugeben:

1. Familiennamen,
2. Geburtsnamen,
3. Vornamen,
4. Tag und Ort mit Angabe des Staates der Geburt,
5. Staatsangehörigkeiten,
6. Anschrift.

(4) Personenbezogene Daten, die von einer Ärztin, einem Arzt oder einer der in § 203 Absatz 1 Nummer 1, 2, 4 bis 6 und Absatz 3 StGB bezeichneten Personen in Strafverfahren zugänglich gemacht worden sind, dürfen übermittelt werden,

1. wenn die Ausländerin oder der Ausländer die öffentliche Gesundheit gefährdet und besondere Schutzmaßnahmen zum Ausschluss der Gefährdung nicht möglich sind oder von der Ausländerin oder dem Ausländer nicht eingehalten werden oder
2. soweit die Daten für die Feststellung erforderlich sind, ob die in § 55 Absatz 2 Nummer 4 AufenthG bezeichneten Voraussetzungen vorliegen.

(5) Personenbezogene Daten, die nach § 30 AO dem Steuergeheimnis unterliegen, dürfen übermittelt werden, wenn gegen die Ausländerin oder den Ausländer wegen eines Verstoßes gegen eine Vorschrift des Steuereinschließlich des Zoll- und des Monopolrechts oder des Außenwirtschaftsrechts oder gegen Einfuhr-, Ausfuhr-, Durchfuhr- oder Verbringungsverbote oder -beschränkungen ein strafrechtliches Ermittlungsverfahren eingeleitet worden ist.

(6) Die Mitteilungen sind an die nach jeweiligem Landesrecht örtlich zuständige Ausländerbehörde zu richten.

(7) [1]In den Fällen des Absatzes 2 Ziffer 1 und 2 und sonstiger nach dem Aufenthaltsgesetz strafbarer Handlungen kann statt der Ausländerbehörde die zuständige Polizeibehörde unterrichtet werden, wenn eine der in § 71 Absatz 5 AufenthG bezeichneten Maßnahmen (Zurückschiebung, Festnahme, Durchsetzung der Verlassenspflicht, Durchführung der Abschiebung) in Betracht kommt. [2]Absatz 2 Satz 2 gilt entsprechend.

(8) In den Fällen des Absatzes 5 dürfen auch die mit der polizeilichen Kontrolle des grenzüberschreitenden Verkehrs betrauten Behörden unterrichtet werden, wenn ein Ausreiseverbot nach § 46 Absatz 2 AufenthG erlassen werden soll.

(9) Mitteilungen nach Absatz 2 Satz 3 sowie den Absätzen 4, 5 und 8 ordnen Richterinnen oder Richter, Staatsanwältinnen oder Staatsanwälte an.

43 Strafsachen gegen Gefangene und Untergebrachte

§ 479 Absatz 2 Nummer 1 und 2 StPO

Wird gegen Untersuchungsgefangene, Strafgefangene, Sicherungsverwahrte oder in einem psychiatrischen Krankenhaus oder in einer Entziehungsanstalt Untergebrachte ein weiteres Verfahren eingeleitet, sind der Leitung der Justizvollzugsanstalt, des psychiatrischen Krankenhauses oder der Entziehungsanstalt mitzuteilen

1. die Einleitung des Verfahrens,
2. die Erhebung der öffentlichen Klage,
3. der Ausgang des Verfahrens.

50 Betäubungsmittelsachen

§ 27 Absatz 3 und 4 BtMG

(1) In Strafsachen nach dem Betäubungsmittelgesetz sind mitzuteilen:

1. der für die Überwachung nach § 19 Absatz 1 Satz 3 BtMG zuständigen Landesbehörde die rechtskräftige Entscheidung mit Begründung, wenn
   a) auf eine Strafe oder eine Maßregel der Besserung und Sicherung erkannt oder der bzw. die Angeklagte wegen Schuldunfähigkeit freigesprochen worden ist und
   b) die Entscheidung Informationen zum Betäubungsmittelverkehr bei Ärztinnen und Ärzten, Zahnärztinnen und Zahnärzten, Tierärztinnen und Tierärzten oder in Apotheken, tierärztlichen Hausapotheken, Krankenhäusern und Tierkliniken enthält,
2. dem
   Bundesinstitut für Arzneimittel und Medizinprodukte
   Kurt-Georg-Kiesinger-Allee 3
   53175 Bonn
   in Verfahren gegen Ärztinnen und Ärzte, Zahnärztinnen und Zahnärzte, Tierärztinnen und Tierärzte,
   a) die Anklageschrift oder eine an ihre Stelle tretende Antragsschrift,
   b) der Antrag auf Erlass eines Strafbefehls und
   c) die das Verfahren abschließende Entscheidung mit Begründung; ist mit dieser Entscheidung ein Rechtsmittel verworfen worden oder wird darin auf die angefochtene Entscheidung Bezug genommen, ist auch diese zu übermitteln.

(2) [1] In gegen Ärztinnen und Ärzte, Zahnärztinnen und Zahnärzte, Tierärztinnen und Tierärzte, Apothekerinnen und Apotheker gerichteten sonstigen Strafsachen ist der für die Überwachung nach § 19 Absatz 1 Satz 3 BtMG zuständigen Landesbehörde die abschließende Entscheidung mit Begründung mitzuteilen, wenn

1. ein Zusammenhang der Straftat mit dem Betäubungsmittelverkehr im Sinne von Absatz 1 Ziffer 1 Buchstabe b besteht und
2. die Kenntnis der Entscheidung aus der Sicht der übermittelnden Stelle für dessen Überwachung erforderlich ist.

[2] Absatz 1 Ziffer 2 Buchstabe c zweiter Halbsatz gilt entsprechend.

4. Strafvollstreckungsordnung (StVollstrO)

vom 1. August 2011
(BAnz. Nr. 112a S. 1)
geändert durch AndVwV com 10.8.2017 (BAnz. AT 18.8.2017 B6)
– Auszug –

Abschnitt 1. Allgemeine Bestimmungen

§ 1 Geltungsbereich

(1) Die Vorschriften der Strafvollstreckungsordnung gelten für die Vollstreckung von Urteilen und ihnen gleichstehenden Entscheidungen, die auf eine Strafe, Nebenstrafe, Nebenfolge oder Maßregel der Besserung und Sicherung lauten.

(2) Die Vorschriften der Strafvollstreckungsordnung gelten ferner, soweit die §§ 87, 88 dies bestimmen, für die Vollstreckung gerichtlicher Entscheidungen nach dem Gesetz über Ordnungswidrigkeiten sowie für die Vollstreckung von Ordnungs- und Zwangshaft in Straf- und Bußgeldsachen.

(3) Für die Vollstreckung von Entscheidungen gegen Jugendliche und Heranwachsende gelten die Vorschriften der Strafvollstreckungsordnung nur, soweit das Jugendgerichtsgesetz (JGG), die Richtlinien dazu (RiJGG), die Landesgesetze zum Jugendstrafvollzug, die Bundeswehrvollzugsordnung und das Gesetz über Ordnungswidrigkeiten (OWiG) nichts anderes bestimmen.

§ 2 Nachdrückliche Vollstreckung

(1) Im Interesse einer wirksamen Strafrechtspflege ist die richterliche Entscheidung mit Nachdruck und Beschleunigung zu vollstrecken.

(2) Durch Gnadengesuche sowie durch andere Gesuche und Eingaben darf die Vollstreckung grundsätzlich nicht verzögert werden.

§ 13 Urkundliche Grundlage der Vollstreckung

(1) Die Vollstreckung setzt die Rechtskraft der Entscheidung voraus (§ 449 StPO).

(2) Urkundliche Grundlage der Vollstreckung ist die Urschrift oder eine beglaubigte Abschrift der Entscheidung oder ihres erkennenden Teils; auf ihr muss die Rechtskraft bescheinigt und angegeben sein, wann sie eingetreten ist (§ 451 Absatz 1 StPO).

(3) Die Rechtskraft kann bereits bescheinigt werden, bevor die schriftlichen Urteilsgründe vorliegen. Ist die verurteilte Person in Haft, so hat die die Rechtskraft bescheinigende Stelle die urkundliche Grundlage der Vollstreckung binnen drei Tagen nach Eintritt der Rechtskraft der Vollstreckungsbehörde zu übersenden.

(4) Die Rechtskraft bescheinigt die Urkundsbeamtin oder der Urkundsbeamte der Geschäftsstelle beim Gericht des ersten Rechtszuges. Wird gegen ein Berufungsurteil keine Revision eingelegt, so bescheinigt sie die Urkundsbeamtin oder der Urkundsbeamte der Geschäftsstelle beim Berufungsgericht.

(5) Wird gegen ein Urteil Revision eingelegt, so behält die Vollstreckungsbehörde eine beglaubigte Abschrift des erkennenden Teils der für die Vollstreckung erforderlichen Urteile zurück. Die Urkundsbeamtin oder der Urkundsbeamte der Geschäftsstelle beim Revisionsgericht übersendet der Vollstreckungsbehörde unverzüglich eine beglaubigte Abschrift des erkennenden Teils des Revisionsurteils, wenn dieses die Rechtskraft des angefochtenen Urteils herbeigeführt hat oder selbst vollstreckungsfähig ist. Dasselbe gilt, wenn die Revision durch Beschluss verworfen wird und die Akten nicht sofort zurückgegeben werden können.

§ 14 Weitere urkundliche Grundlagen der Vollstreckung

(1) Weitere urkundliche Grundlage der Vollstreckung ist die Urschrift oder eine beglaubigte Abschrift der Entscheidung oder ihres erkennenden Teils, durch die

1. eine Verurteilung zu der vorbehaltenen Strafe (§ 59b StGB) ausgesprochen wird;
2. die Aussetzung einer Strafe, eines Strafrestes oder einer Unterbringung (§ 56f Absatz 1, § 57 Absatz 3, § 57a Absatz 3, § 67g Absatz 1 bis 3 StGB) oder ein Straferlass (§ 56g Absatz 2 StGB) widerrufen wird;
3. eine Anordnung über eine vom Urteil abweichende Reihenfolge der Vollstreckung von Freiheitsstrafen und freiheitsentziehenden Maßregeln (§ 67 Absatz 3 StGB) getroffen wird;
4. der Vollzug der Freiheitsstrafe angeordnet wird (§ 67 Absatz 5 Satz 2, zweiter Halbsatz StGB);
5. die Überweisung in den Vollzug einer anderen freiheitsentziehenden Maßregel angeordnet wird (§ 67a Absatz 1 bis 3 StGB);
6. nach § 67c Absatz 2 StGB die Vollstreckung einer Unterbringung angeordnet wird;
7. nach § 67d Absatz 5 StGB bestimmt wird, dass die Unterbringung in einer Entziehungsanstalt nicht weiter zu vollziehen ist;
8. der Vollzug der nächsten freiheitsentziehenden Maßregel angeordnet wird (§ 72 Absatz 3 StGB).

(2) § 13 Absatz 2, 3 und 4 Satz 1 gilt entsprechend.

§ 21 Beschwerden

(1) Über Einwendungen gegen eine Entscheidung oder eine andere Anordnung der Vollstreckungsbehörde entscheidet, soweit nicht das Gericht dafür zuständig ist (§§ 458, 459h StPO, § 83 Absatz 1 JGG),

1. die Generalstaatsanwaltschaft, wenn die Staatsanwaltschaft bzw. die Jugendrichterin als Vollstreckungsleiterin oder der Jugendrichter als Vollstreckungsleiter,
2. die oberste Behörde der Landesjustizverwaltung, wenn die Generalstaatsanwaltschaft,

3. das Bundesministerium der Justiz, wenn der Generalbundesanwalt beim Bundesgerichtshof

die beanstandete Entscheidung oder Anordnung getroffen hat.

(2) Durch Einwendungen nach Absatz 1 wird die Vollstreckung nicht gehemmt.

Abschnitt 2. Vollstreckung von Freiheitsstrafen

§ 22 Vollstreckungsplan

(1) Aus dem Vollstreckungsplan ergeben sich für jeden Gerichtsbezirk die Vollzugsanstalten, die für die Vollstreckung von Jugendarrest, Freiheitsstrafen und freiheitsentziehenden Maßregeln der Besserung und Sicherung sachlich und örtlich zuständig sind.

(2) Der Vollstreckungsplan regelt auch die sachliche Zuständigkeit zur Vollstreckung von Jugendarrest, Freiheitsstrafen und freiheitsentziehenden Maßregeln der Besserung und Sicherung, die im ersten Rechtszug in Ausübung von Gerichtsbarkeit des Bundes verhängt worden sind.

(3) Vollzieht die Bundeswehr Strafarrest (Artikel 5 Absatz 1 des Einführungsgesetzes zum Wehrstrafgesetz – EGWStG) oder auf Ersuchen der Vollstreckungsbehörde Freiheitsstrafe von nicht mehr als sechs Monaten oder Jugendarrest (Artikel 5 Absatz 2 EGWStG), so gibt die Befehlshaberin oder der Befehlshaber im Wehrbereich durch die Rechtsberaterin oder den Rechtsberater die zuständige Vollzugseinrichtung der Bundeswehr an. Von einem Vollstreckungsersuchen (Artikel 5 Absatz 2 EGWStG) ist regelmäßig abzusehen, wenn

1. die Soldatin oder der Soldat aus persönlichen Gründen oder wegen der der Verurteilung zugrunde liegenden Straftat für den Vollzug bei der Bundeswehr ungeeignet ist;
2. die Bildung einer höheren als einer sechsmonatigen Gesamtstrafe zu erwarten ist;
3. die Soldatin oder der Soldat vor dem voraussichtlichen Strafende aus dem Dienst bei der Bundeswehr ausscheidet;
4. gegen die Soldatin oder den Soldaten in anderer Sache Untersuchungshaft, Sicherungshaft nach § 453c StPO oder eine einstweilige Unterbringung nach § 126a StPO angeordnet worden ist.

Im Falle des Satzes 2 Nummer 4 ist ein bereits eingeleiteter Strafvollzug in Vollzugseinrichtungen der Bundeswehr in der Regel zu unterbrechen.

§ 25 Strafvollstreckung bei jungen Verurteilten

Für die Vollstreckung von Freiheitsstrafen an Verurteilten unter 24 Jahren gelten die Richtlinien zu § 114 JGG.

§ 35 Anzeige vom Strafantritt und andere Mitteilungen an die Vollstreckungsbehörde

(1) Die Vollstreckungsbehörde erhält von der Vollzugsanstalt eine Mitteilung,

1. wenn die im Aufnahmeersuchen angegebene Frist abgelaufen ist, ohne dass die verurteilte Person die Strafe angetreten hat;
2. wenn die verurteilte Person die Strafe einen Monat nach Ablauf der im Aufnahmeersuchen angegebenen Frist noch nicht angetreten hat. Ist der verurteilten Person durch die Vollstreckungsbehörde ein Vollstreckungsaufschub gewährt worden, beginnt die Frist mit Ablauf des Aufschubes. Das Aufnahmeersuchen wird spätestens vier Monate nach Ablauf der Frist der Vollstreckungsbehörde zurückgesandt;
3. wenn eine verurteilte Person vorläufig aufgenommen worden ist, durch Anforderung eines Aufnahmeersuchens;
4. wenn eine verurteilte Person endgültig aufgenommen worden ist, durch Rücksendung des mit den erforderlichen Ergänzungen, insb. der Strafzeitberechnung versehenen zweiten Stückes des Aufnahmeersuchens und durch Übersendung einer Bescheinigung über die Aushändigung der in § 29 Absatz 3 Nummer 1 und 2 bezeichneten Schriftstücke;
5. wenn die verurteilte Person in eine andere Vollzugsanstalt verlegt worden ist, und zwar unter Angabe der Gründe, sofern diese der Vollstreckungsbehörde offenbar noch nicht bekannt sind;
6. sobald sich Umstände ergeben, welche die Strafzeitberechnung beeinflussen;
7. wenn die verurteilte Person mehrere Strafen in derselben Vollzugsanstalt zu verbüßen hat;
8. wenn die vorläufig aufgenommene verurteilte Person entlassen worden ist, weil die endgültige Aufnahme unterblieben ist;
9. sobald die verurteilte Person ohne Unterbrechung der Strafe wegen körperlicher oder geistiger Erkrankung in eine Anstalt verbracht worden ist, die nicht dem Vollzug dient;
10. sobald der Strafvollzug beendet ist;
11. wenn der Strafvollstreckung eine Überstellung der verurteilten Person aus dem Ausland voraus ging.

(2) Wird eine Freiheitsstrafe in Unterbrechung einer in anderer Sache verhängten Untersuchungshaft vollstreckt, so übersendet die Vollzugsanstalt dem Gericht, das die Untersuchungshaft verhängt hat, sowie der Staatsanwaltschaft, in deren Verfahren sie angeordnet wurde, die Strafzeitberechnung.

§ 37 Allgemeine Regeln für die Strafzeitberechnung

(1) Die Strafzeit ist für jede selbständige Strafe getrennt zu berechnen, auch wenn in derselben Sache auf mehrere Freiheitsstrafen erkannt worden ist. Bei jeder Strafzeitberechnung ist darauf zu achten, dass sie nicht zu einer Verlängerung der nach § 39 StGB ausgesprochenen Strafe führt. Zur Berechnung der Strafzeit gehört bei zeitigen Freiheitsstrafen von mehr als zwei Monaten und bei lebenslangen Freiheitsstrafen auch die Errechnung des Zeitpunktes, zu dem die Vollstreckung des Strafrestes nach § 57 Absatz 1, 2 Nummer 1, § 57a Absatz 1 StGB zur Bewährung ausgesetzt werden kann.

(2) Hat die verurteilte Person nicht mehr als eine Woche im Strafvollzug zuzubringen, so wird die Strafe dem Tage und der Stunde nach berechnet; die für die Berechnung maßgebenden Umstände, die im Laufe einer Stunde eintreten, gelten als zu Beginn der Stunde eingetreten.

Bei längerer Vollzugsdauer wird die Strafe nur nach Tagen berechnet; Umstände, die im Laufe eines Tages eintreten, gelten als zu Beginn des Tages eingetreten. Die im Laufe einer Stunde (Satz 1) oder eines Tages (Satz 2) eingetretenen Umstände gelten jedoch als am Ende der Stunde oder des Tages eingetreten, wenn dies für die verurteilte Person günstiger ist. Ist die genaue Feststellung des Tages oder der Stunde nicht möglich, so wird der Tag oder die Stunde zugrunde gelegt, die der Wirklichkeit mutmaßlich am nächsten kommt. Ist der Lauf der Strafzeit aus irgendeinem Grunde unterbrochen worden, so ist für die Anwendung von Satz 1 oder 2 nicht der Strafrest, sondern die Zeit maßgebend, welche die verurteilte Person insgesamt im Strafvollzug zuzubringen hat.

(3) Ist eine Strafe an Soldatinnen oder Soldaten durch eine Behörde der Bundeswehr zu vollziehen (Artikel 5 EGWStG), so wird die Strafe auch dann nur nach Tagen berechnet, wenn die verurteilte Person nicht mehr als eine Woche im Vollzug zuzubringen hat (§ 5 Abs. 1 der Bundeswehrvollzugsordnung – BwVollzO –).

(4) Der Tag ist zu 24 Stunden, die Woche zu sieben Tagen, der Monat und das Jahr sind nach der Kalenderzeit zu berechnen. Demgemäß ist bei der Berechnung nach Monaten oder Jahren bis zu dem Tage zu rechnen, der durch seine Zahl dem Anfangstage entspricht. Fehlt dieser Tag in dem maßgebenden Monat, so tritt an seine Stelle dessen letzter Tag.

(5) Treffen mehrere Zeiteinheiten zusammen, so geht bei Vorwärtsrechnung die größere Zeiteinheit der kleineren, bei Rückwärtsrechnung die kleinere der größeren vor.

§ 38 Strafbeginn

Als Beginn der Strafzeit ist anzusetzen:

1. bei einer verurteilten Person, die sich selbst stellt, der Zeitpunkt, in dem sie in einer Anstalt in amtliche Verwahrung genommen wird;
2. bei einer verurteilten Person, die auf Grund eines nach § 457 StPO erlassenen Vorführungs- oder Haftbefehls oder eines nach § 453c StPO ergangenen Sicherungshaftbefehls festgenommen und sodann eingeliefert worden ist, der Zeitpunkt der Festnahme; ist die verurteilte Person im Ausland festgenommen worden, so beginnt die Strafzeit mit ihrer Übernahme durch deutsche Beamtinnen oder Beamte;
3. bei einer verurteilten Person, die sich im Zeitpunkt des Eintritts der Rechtskraft in Untersuchungshaft befindet, dieser Zeitpunkt; ist das Rechtsmittel, das eine in Untersuchungshaft befindliche angeklagte Person verspätet eingelegt hat, als unzulässig verworfen worden, so beginnt die Strafzeit mit dem Ablauf der Rechtsmittelfrist;
4. bei einer verurteilten Person, die eine Strafe in Unterbrechung einer in anderer Sache verhängten Untersuchungshaft verbüßt, der Zeitpunkt, in dem das Aufnahme- oder Überführungsersuchen bei der Untersuchungshaftanstalt eingegangen ist; wird die verurteilte Person zur Verbüßung der Strafe von der Untersuchungshaftanstalt in eine andere Anstalt verbracht, so teilt die Untersuchungshaftanstalt den Zeitpunkt des Eingangs des Überführungsersuchens der Vollzugsanstalt mit.

§ 39 Anrechnung von Untersuchungshaft, einer anderen Freiheitsentziehung oder von Geldstrafe

(1) Untersuchungshaft oder eine andere Freiheitsentziehung (Absatz 3), welche die verurteilte Person aus Anlass einer Tat, die Gegenstand des Verfahrens ist oder gewesen ist, erlitten hat, ist kraft Gesetzes (§ 51 Absatz 1 Satz 1 StGB, § 52a JGG) auf eine zeitige Freiheitsstrafe und auf eine Geldstrafe anzurechnen, und zwar, wenn neben einer Freiheitsstrafe auf eine Geldstrafe erkannt worden ist, zunächst auf die Freiheitsstrafe. Satz 1 gilt nicht, soweit sich aus dem erkennenden Teil der Entscheidung etwas anderes ergibt. Bei der Vollstreckung von Jugendarrest ist Untersuchungshaft oder eine andere Freiheitsentziehung nach Absatz 3 nur zu berücksichtigen, wenn und soweit das Gericht sie angerechnet hat (§ 52 JGG).

(2) Die Anrechnung nach Absatz 1 erstreckt sich vorbehaltlich einer abweichenden gerichtlichen Entscheidung auf die Untersuchungshaft und die in Absatz 1 Satz 1 genannte andere Freiheitsentziehung, welche die verurteilte Person bis zu dem Tage erlitten hat, an dem die Entscheidung rechtskräftig geworden ist. Hat sich die verurteilte Person an dem Tage, an dem die Rechtskraft eingetreten ist, in Untersuchungshaft befunden oder hat sie an diesem Tage eine andere in Absatz 1 Satz 1 genannte Freiheitsentziehung erlitten, so wird dieser Tag nur angerechnet, wenn er nicht bereits unverkürzt als Strafhaft zählt (§ 37 Absatz 2).

(3) Zu der nach Absatz 1 anzurechnenden anderen Freiheitsentziehung gehören vor allem:

1. die Haft, welche die verurteilte Person auf Grund vorläufiger Festnahme durch eine Amtsperson erlitten hat;
2. die Auslieferungshaft und die vorläufige Auslieferungshaft, welche die verurteilte Person aus Anlass einer Tat erlitten hat, die Gegenstand des Verfahrens gewesen ist;
3. die Unterbringung nach den §§ 81, 126a StPO und nach § 71 Absatz 2, § 73 Absatz 1 JGG;
4. der Disziplinararrest nach der Wehrdisziplinarordnung, soweit er wegen der Tat oder gleichzeitig auch wegen einer anderen Pflichtverletzung vollstreckt worden ist;
5. Jugendarrest nach § 16a JGG in dem Umfang, in dem er verbüßt worden ist (§ 26 Absatz 3 Satz 3 JGG).

(4) Untersuchungshaft sowie eine andere anzurechnende Freiheitsentziehung werden vom errechneten Ende der Strafzeit nach vollen Tagen rückwärts abgerechnet. Wenn sich im Rahmen einer Vergleichsberechnung eine für die verurteilte Person günstigere Strafzeit ergibt, ist im Hinblick auf § 37 Absatz 1 Satz 2 diese für die Vollstreckung maßgeblich. Bei an zwei aufeinanderfolgenden Tagen ununterbrochen vollzogener Freiheitsentziehung ist nur ein Tag anzurechnen, wenn sich den Vollstreckungsunterlagen nachvollziehbar entnehmen lässt, dass zusammen nicht mehr als 24 Stunden verbüßt worden sind.

(5) Für die Anrechnung von Geldstrafe gilt Absatz 1 sinngemäß. Bei der Anrechnung von Geldstrafe oder auf Geldstrafe entspricht ein Tag Freiheitsentziehung einem Tagessatz (§ 51 Absatz 4 Satz 1 StGB). Ist eine ausländische Strafe oder Freiheitsentziehung anzurechnen, so führt die Vollstre-

ckungsbehörde eine Entscheidung des Gerichts über den Maßstab der Anrechnung herbei (§ 51 Absatz 4 Satz 2 StGB).

§ 39a Anrechnung einer nach Rechtskraft des Urteils im Ausland erlittenen Freiheitsentziehung

(1) Im Ausland erlittene Freiheitsentziehung, welche die verurteilte Person
in einem Auslieferungsverfahren zum Zwecke der Strafvollstreckung erlitten
hat, ist nach § 450a Absatz 1, 2 und 3 Satz 2 StPO anzurechnen.

(2) Erscheint eine Anrechnung ganz oder teilweise im Hinblick auf das
Verhalten der verurteilten Person nach dem Erlass des Urteils, in dem die
dem Urteil zugrunde liegenden tatsächlichen Feststellungen letztmalig geprüft werden konnten, nicht gerechtfertigt, so wirkt die Vollstreckungsbehörde auf eine Prüfung hin, ob ein Antrag nach § 450a Absatz 3 Satz 1
StPO gestellt werden soll.

§ 40 Berechnung des Strafrestes

(1) Ist der Strafvollzug unterbrochen worden, so wird der Strafrest nach
Tagen und bei einer Vollzugsdauer von insgesamt nicht mehr als einer
Woche auch nach Stunden berechnet. § 37 Absatz 1 Satz 2 gilt dabei ent-
sprechend. Ist eine Strafe an Soldatinnen und Soldaten durch Behörden der
Bundeswehr zu vollziehen, so wird der Strafrest nur nach Tagen berechnet
(§ 5 Absatz 2 BwVollzO).

(2) Als Zeitpunkt, von dem an der Strafvollzug fortgesetzt wird, gilt bei
einer verurteilten Person, die aus dem Strafvollzug entwichen ist, der Zeitpunkt, in dem sie zwecks weiteren Strafvollzugs polizeilich festgenommen
worden ist oder sich in einer Anstalt zur weiteren Strafverbüßung gestellt hat.
Bei Soldatinnen und Soldaten steht die Festnahme durch eine Feldjägerin
oder einen Feldjäger der polizeilichen Festnahme gleich.

§ 43 Vollstreckung mehrerer Freiheitsstrafen und Ersatzfreiheits- strafen

(1) Freiheitsstrafen und Ersatzfreiheitsstrafen, aus denen keine Gesamtstrafe gebildet werden kann, sind grundsätzlich unmittelbar nacheinander zu
vollstrecken (§ 454b Absatz 1 StPO).

(2) Die Reihenfolge der Vollstreckung bestimmt sich wie folgt:
1. Beim Zusammentreffen mehrerer Freiheitsstrafen werden kürzere Freiheitsstrafen vor den längeren und gleich lange in der Reihenfolge, in der
   die Rechtskraft eingetreten ist, vollstreckt. Vorab werden Freiheitsstrafen
   von nicht mehr als zwei Monaten und nach diesen Strafreste vollstreckt,
   deren Vollstreckung bereits nach § 57 StGB oder im Gnadenwege zur
   Bewährung ausgesetzt war.
2. Ersatzfreiheitsstrafen werden nach Freiheitsstrafen vollstreckt; für die Vollstreckung mehrerer Ersatzfreiheitsstrafen gilt Nummer 1 Satz 1 entsprechend.

(3) Hat die Vollstreckung einer zeitigen Freiheitsstrafe oder Ersatzfreiheitsstrafe bereits begonnen, wird sie, unbeschadet des § 454b StPO, fortgesetzt.

(4) Aus wichtigem Grund, insb. bei Hinzutreten von Strafresten nach Widerruf der Strafaussetzung zur Bewährung, kann die Vollstreckungsbehörde eine von den Absätzen 2 und 3 abweichende Reihenfolge der Vollstreckung bestimmen.

(5) Sind für die Vollstreckung mehrerer Freiheitsstrafen und Ersatzfreiheitsstrafen verschiedene Vollstreckungsbehörden zuständig, treten sie, soweit erforderlich, unverzüglich miteinander in Verbindung und sorgen dafür, dass bei der Vollzugsanstalt unverzüglich Überhaft für die weiteren Strafen vermerkt wird.

(6) Sind mehrere Freiheitsstrafen zu vollstrecken, die ihrer Art nach in derselben Vollzugsanstalt vollzogen werden können, so richtet sich die sachliche Vollzugszuständigkeit nach der Gesamtvollzugsdauer. Tritt nachträglich eine Anschlussstrafe hinzu, so gilt § 23 Absatz 1 Satz 2 Halbsatz 2 entsprechend.

(7) Sind bei der Vollstreckung mehrerer Freiheitsstrafen verschiedene Vollstreckungsbehörden beteiligt und können sie sich über die Reihenfolge der Vollstreckung nicht einigen, so entscheidet die Generalstaatsanwaltschaft, welche der Vollstreckungsbehörde übergeordnet ist, die für die längste Strafe oder bei gleicher Dauer die für die zuerst rechtskräftig gewordene Strafe zuständig ist. Ist eine Generalstaatsanwaltschaft als Vollstreckungsbehörde beteiligt, so entscheidet sie. Sind mehrere Generalstaatsanwaltschaften als Vollstreckungsbehörden beteiligt, so gilt Satz 1 entsprechend. Ist der Generalbundesanwalt beim Bundesgerichtshof als Vollstreckungsbehörde beteiligt, so ist seine Entscheidung maßgebend.

§ 44a Zusammentreffen von Freiheitsstrafe mit Unterbringung in einem psychiatrischen Krankenhaus oder in einer Entziehungsanstalt aus demselben Verfahren[1]

(1) Ist neben einer Freiheitsstrafe eine Unterbringung in einem psychiatrischen Krankenhaus oder in einer Entziehungsanstalt zu vollstrecken, auf die in demselben Verfahren erkannt wurde, so wird die Maßregel vor der Strafe vollzogen, sofern nicht das Gericht für die gesamte Strafe oder einen Teil etwas anderes bestimmt (§ 67 Absatz 1 bis 3, 5 Satz 2 StGB). Wird die Maßregel ganz oder zum Teil vor der Strafe vollzogen, ist die Zeit des Vollzuges der Maßregel auf die Strafe anzurechnen, bis zwei Drittel der Strafe erledigt sind.

(2) Wird die Strafe ganz oder zum Teil vor der Unterbringung vollstreckt, so gilt § 44 Absatz 1 Satz 2 sinngemäß.

(3) Liegen die Voraussetzungen für den Widerruf der Aussetzung der Unterbringung und der Strafe vor, so führt die Staatsanwaltschaft eine Entscheidung des Gerichts auch darüber herbei, ob die Strafe vor der Maßregel zu vollziehen ist (§ 67 Absatz 3 StGB).

---

[1] **Amtl. Anm.:** Ist die Unterbringung vor dem 1. Mai 1986 angeordnet worden, so ist Artikel 316 EGStGB zu beachten.

§ 44b Zusammentreffen von Freiheitsstrafe mit Unterbringung in einem psychiatrischen Krankenhaus oder in einer Entziehungsanstalt aus verschiedenen Verfahren

(1) Ist neben einer Freiheitsstrafe eine Unterbringung in einem psychiatrischen Krankenhaus oder in einer Entziehungsanstalt zu vollstrecken, auf die in einem anderen Verfahren erkannt wurde, wird die Maßregel vor der Strafe vollzogen, es sei denn, dass der Zweck der Maßregel durch den vorherigen Vollzug der Strafe oder eines Teils leichter erreicht wird. Die Anrechnung des Vollzugs der Maßregel auf die Strafe erfolgt nach Maßgabe des § 67 Absatz 6 StGB.

(2) Die Vollstreckungsbehörde bestimmt, in welcher Reihenfolge die Freiheitsstrafe und die Maßregel zu vollstrecken sind. § 44 Absatz 4 gilt sinngemäß.

§ 47 Mitteilungen der Vollstreckungsbehörde an die Bundeswehr

(1) Ist die verurteilte Person Soldatin oder Soldat, so teilt die Vollstreckungsbehörde der nächsten disziplinarvorgesetzten Person alsbald mit:
1. das Strafende nach jeder Strafzeitberechnung;
2. die Vollzugsanstalt, in der die Strafe jeweils vollzogen wird.

Die Mitteilung nach Nummer 2 unterbleibt, wenn die Verlegung nur für kurze Zeit erfolgt oder die Strafe von einer Behörde der Bundeswehr vollzogen wird.

(2) Entweicht die Soldatin oder der Soldat aus dem Vollzug, so wird die nächste disziplinarvorgesetzte Person unverzüglich verständigt, sofern nicht die Strafe von einer Behörde der Bundeswehr vollzogen wird.

§ 54a Führungsaufsicht

(1) Entscheidungen, in denen die Führungsaufsicht angeordnet ist (§ 68 StGB) oder die ihren Eintritt kraft Gesetzes zur Folge haben (§§ 67b bis 67d, 68f StGB), teilt die Vollstreckungsbehörde der zuständigen Aufsichtsstelle mit.

(2) In den Fällen der §§ 68f und 67d Absatz 3 und 4 StGB veranlasst die Vollstreckungsbehörde, dass die Akten drei Monate vor der Entlassung der verurteilten Person dem Gericht vorgelegt werden, damit die Entscheidungen nach § 68f Absatz 2 oder nach den §§ 68a bis 68c StGB alsbald getroffen werden können. Abschriften ihrer Stellungnahme übersendet die Vollstreckungsbehörde unter Beifügung von Abschriften des Urteils und einer bereits vorliegenden Stellungnahme der Justizvollzugsanstalt der Führungsaufsichtsstelle des voraussichtlichen Wohnorts der verurteilten Person; ist der künftige Wohnsitz ungewiss, so unterrichtet sie die nach § 463a Absatz 5 Satz 2 StPO voraussichtlich zuständige Führungsaufsichtsstelle. Die Vollstreckungsbehörde teilt die Entscheidung des Gerichts der Führungsaufsichtsstelle mit, die nach Satz 2 benachrichtigt worden war. In den Fällen des § 67c Absatz 1 und 2 und des § 67d Absatz 2 und 5, 6 StGB wirkt die Vollstreckungsbehörde darauf hin, dass die Entscheidungen nach den §§ 68a bis 68c StGB so rechtzeitig getroffen werden können, dass die Führungsaufsicht vorbereitet werden kann.

(3) Die Vollstreckungsbehörde übersendet der Aufsichtsstelle in allen Fällen der Führungsaufsicht je zwei Abschriften der der Führungsaufsicht zugrunde liegenden Unterlagen (z. B. Gutachten über den körperlichen und geistigen Zustand der verurteilten Person, Berichte der Gerichtshilfe, der Bewährungshilfe oder von Jugend- oder Sozialbehörden).

(4) Die Vollstreckungsbehörde teilt die von ihr nach den §§ 68c bis 68g StGB berechnete Dauer der Führungsaufsicht sowie deren Beginn und Ende der Aufsichtsstelle mit.

(5) Wird eine verurteilte Person, die unter Führungsaufsicht steht, auf strafgerichtliche Anordnung in einer Anstalt verwahrt (§ 68c Absatz 4 Satz 2 StGB), so teilt die Behörde, welche die Verwahrung vollstreckt, Beginn und Ende der Verwahrung der Behörde mit, welche die Führungsaufsicht vollstreckt.

5. Verordnung über den Vollzug des Jugendarrestes (Jugendarrestvollzugsordnung – JAVollzO)

vom 12.8.1966 (BGBl I S. 505), in der Fassung der Bekanntmachung vom 30.11.1976 (BGBl I S. 3270)
zuletzt geändert durch Art. 53 des Gesetzes vom 8.12.2010 (BGBl I S. 1864)

§ 1. Vollzugseinrichtungen

(1) Dauerarrest und Kurzarrest von mehr als zwei Tagen werden in Jugendarrestanstalten, Freizeitarrest und Kurzarrest bis zu zwei Tagen in Freizeitarresträumen vollzogen. Freizeitarrest und Kurzarrest bis zu zwei Tagen können auch in einer Jugendarrestanstalt vollzogen werden.

(2) Jugendarrestanstalten dürfen nicht, Freizeitarresträume dürfen nicht gleichzeitig dem Vollzug von Strafe oder dem Vollzug an Erwachsenen dienen. Jugendarrestanstalten und Freizeitarresträume dürfen nicht in Straf- oder Untersuchungshaftanstalten, auch nicht im Verwaltungsteil dieser Anstalten, eingerichtet werden.

(3) Männliche und weibliche Jugendliche werden getrennt. Hiervon darf abgesehen werden, um Jugendlichen die Teilnahme an religiösen Veranstaltungen und an erzieherischen Maßnahmen zu ermöglichen.

(4) Jugendarrestanstalten sollen nicht weniger als 10 und nicht mehr als 60 Jugendliche aufnehmen können.

§ 2. Leitung des Vollzuges

(1) Vollzugsleiter ist der Jugendrichter am Ort des Vollzuges. Ist dort kein Jugendrichter oder sind mehrere tätig, so ist Vollzugsleiter der Jugendrichter, den die oberste Behörde der Landesjustizverwaltung dazu bestimmt.

(2) Der Vollzugsleiter ist für den gesamten Vollzug verantwortlich. Er kann bestimmte Aufgaben einzelnen oder mehreren Mitarbeitern gemeinschaftlich übertragen.

(3) Die Zusammenarbeit aller an der Erziehung Beteiligten soll durch regelmäßige Besprechungen gefördert werden.

§ 3. Mitarbeiter

(1) Die Mitarbeiter des Vollzugsleiters sollen erzieherisch befähigt und in der Jugenderziehung erfahren sein. Sie sollen so ausgewählt und angeleitet werden, daß sie mit dem Vollzugsleiter in einer erzieherischen Einheit vertrauensvoll zusammenarbeiten.

(2) Männliche Jugendliche werden von Männern, weibliche Jugendliche von Frauen beaufsichtigt. Hiervon darf abgewichen werden, wenn Unzuträglichkeiten nicht zu befürchten sind.

(3) Nach Bedarf werden Psychologen, Sozialpädagogen, Sozialarbeiter, Lehrer und andere Fachkräfte als Mitarbeiter bestellt.

(4) Ehrenamtliche Mitarbeiter können zur Mitwirkung an der Erziehungsarbeit herangezogen werden.

§ 4. Nachdrückliche Vollstreckung

Der Jugendarrest ist in der Regel unmittelbar nach Rechtskraft des Urteils zu vollziehen.

§ 5. Aufnahme

(1) Der Jugendliche hat sämtliche eingebrachten Sachen, die er während des Vollzuges nicht benötigt, bei der Aufnahme abzugeben und, soweit tunlich, selbst zu verzeichnen. Sie werden außerhalb des Arrestraumes verwahrt. Der Jugendliche wird über seine Rechte und Pflichten unterrichtet. Anschließend wird er, nach Möglichkeit ohne Entkleiden, gründlich, aber schonend durchsucht. Männliche Jugendliche dürfen nur von Männern, weibliche Jugendliche nur von Frauen durchsucht werden. Gegenstände der eingebrachten Sachen, die einem berechtigten Bedürfnis dienen, können dem Jugendlichen belassen werden.

(2) Fürsorgemaßnahmen, die infolge der Freiheitsentziehung erforderlich werden, sind rechtzeitig zu veranlassen.

(3) Weibliche Jugendliche, die über den fünften Monat hinaus schwanger sind, vor weniger als sechs Wochen entbunden haben oder ihr Kind selbst nähren, dürfen nicht aufgenommen werden.

§ 6. Unterbringung

(1) Der Jugendliche wird während der Nacht allein in einem Arrestraum untergebracht, sofern nicht sein körperlicher oder seelischer Zustand eine gemeinsame Unterbringung erfordert.

(2) Während des Tages soll der Jugendliche bei der Arbeit und bei gemeinschaftlichen Veranstaltungen mit anderen Jugendlichen zusammen untergebracht werden, sofern Aufsicht gewährleistet ist und erzieherische Gründe nicht entgegenstehen. Im Freizeitarrest und Kurzarrest bis zu zwei Tagen kann er auch während des Tages allein untergebracht werden. Erfordert sein körperlicher oder seelischer Zustand eine gemeinsame Unterbringung, so ist er auch während des Tages mit anderen Jugendlichen zusammen unterzubringen.

§ 7. Persönlichkeitserforschung

Der Vollzugsleiter und die an der Erziehung beteiligten Mitarbeiter sollen alsbald ein Bild von dem Jugendlichen und seinen Lebensverhältnissen zu gewinnen versuchen, soweit dies für die Behandlung des Jugendlichen während des Arrestes und für eine Nachbetreuung notwendig ist.

§ 8. Behandlung

(1) An den Jugendlichen sind während des Vollzuges dieselben Anforderungen zu stellen, die bei wirksamer Erziehung in der Freiheit an ihn gestellt werden müssen.

(2) Der Jugendliche ist mit „Sie" anzureden, soweit nicht der Vollzugsleiter etwas anderes bestimmt.

(3) Alle Mitarbeiter haben wichtige Wahrnehmungen, die einen Jugendlichen betreffen, unverzüglich dem Vollzugsleiter zu melden.

§ 9. Verhaltensvorschriften

(1) Der Jugendliche soll durch sein Verhalten zu einem geordneten Zusammenleben in der Anstalt beitragen. Er darf die Ordnung in der Anstalt nicht stören.

(2) Die Anforderungen, die an das Verhalten des Jugendlichen gestellt werden, sind durch die Vollzugsbehörde in besonderen Verhaltensvorschriften zusammenzufassen, die in jedem Arrestraum ausgehängt werden. Diese Verhaltensvorschriften sind so abzufassen, daß sie einem Jugendlichen verständlich sind. Der Sinn der Verhaltensvorschriften und der Anordnungen der Vollzugsbediensteten soll dem Jugendlichen nahegebracht werden.

(3) Der Jugendliche hat die Anordnungen der Vollzugsbediensteten zu befolgen und die Verhaltensvorschriften zu beachten.

§ 10. Erziehungsarbeit

(1) Der Vollzug soll so gestaltet werden, daß die körperliche, geistige und sittliche Entwicklung des Jugendlichen gefördert wird.

(2) Die Erziehungsarbeit soll im Kurzarrest von mehr als zwei Tagen und im Dauerarrest neben Aussprachen mit dem Vollzugsleiter namentlich soziale Einzelhilfe, Gruppenarbeit und Unterricht umfassen. Beim Vollzug des Freizeitarrestes und des Kurzarrestes bis zu zwei Tagen soll eine Aussprache mit dem Vollzugsleiter nach Möglichkeit stattfinden.

§ 11. Arbeit und Ausbildung

(1) Der Jugendliche wird zur Arbeit oder nach Möglichkeit zum Unterricht oder zu anderen ausbildenden Veranstaltungen herangezogen. Er ist verpflichtet, fleißig und sorgfältig mitzuarbeiten.

(2) Im Freizeitarrest und während der ersten beiden Tage des Kurzarrestes und des Dauerarrestes kann von der Zuweisung von Arbeit und von der Teilnahme am Unterricht oder an anderen ausbildenden Veranstaltungen abgesehen werden.

(3) Arbeit, Unterricht und andere ausbildende Veranstaltungen außerhalb des Anstaltsbereichs kann der Vollzugsleiter aus erzieherischen Gründen mit Zustimmung des Jugendlichen zulassen.

(4) Der Jugendliche erhält kein Arbeitsentgelt.

§ 12. Lebenshaltung

(1) Der Jugendliche trägt eigene Kleidung und eigene Wäsche. Während der Arbeit trägt er Anstaltssachen. Dasselbe gilt, wenn die eigene Kleidung oder Wäsche unangemessen ist.

(2) Der Jugendliche erhält ausreichende Kost. Selbstbeköstigung und zusätzliche eigene Verpflegung sind ausgeschlossen. Alkoholgenuß ist nicht gestattet. Rauchen kann Jugendlichen über 16 Jahren gestattet werden.

(3) Der Jugendliche erhält das anstaltsübliche Bettlager und, soweit erforderlich, Mittel zur Körperpflege.

(4) Der Aufenthalt im Freien beträgt, soweit die Witterung es zuläßt und gesundheitliche Gründe nicht entgegenstehen, täglich mindestens eine Stunde. Am Zugangs- und Abgangstag sowie bei Freizeit- und Kurzarrest bis zu zwei Tagen kann von dem Aufenthalt im Freien abgesehen werden.

(5) Der Jugendliche hat die notwendigen Maßnahmen zum Gesundheitsschutz und zur Hygiene zu unterstützen.

§ 13. *(weggefallen)*

§ 14. *(weggefallen)*

§ 15. *(weggefallen)*

§ 16. Sport

(1) Im Vollzug des Jugendarrestes wird nach Möglichkeit Sport getrieben. Der Jugendliche ist verpflichtet, daran teilzunehmen.

(2) Wenn in der Jugendarrestanstalt keine geeigneten Anlagen für sportliche Übungen vorhanden sind, kann der Vollzugsleiter mit Zustimmung des Jugendlichen gestatten, Sporteinrichtungen außerhalb der Anstalt zu benutzen.

§ 17. Gesundheitspflege

(1) Der Jugendliche wird bei der Aufnahme oder bald danach und nach Möglichkeit vor der Entlassung ärztlich untersucht und während des Vollzugs, soweit erforderlich, ärztlich behandelt.

(2) Bei Freizeit- und Kurzarrest bis zu zwei Tagen kann der Vollzugsleiter von der Aufnahme- und Entlassungsuntersuchung absehen.

(3) Aus Gründen der Gesundheit des Jugendlichen kann der Vollzugsleiter auf Empfehlung des Arztes von Vollzugsvorschriften abweichen.

(4) Erkrankt der Jugendliche und kann er in der Jugendarrestanstalt nicht behandelt werden, so ordnet der Vollstreckungsleiter die Unterbrechung der Vollstreckung an.

§ 18. Freizeit

(1) Der Jugendliche erhält Gelegenheit, seine Freizeit sinnvoll zu verbringen. Er wird hierzu angeleitet. Aus erzieherischen Gründen kann seine Teilnahme an gemeinschaftlichen Veranstaltungen angeordnet werden.

(2) Die Teilnahme an Veranstaltungen außerhalb der Jugendarrestanstalt kann der Vollzugsleiter aus erzieherischen Gründen mit Zustimmung des Jugendlichen zulassen.

(3) Der Jugendliche kann die Anstaltsbücherei benutzen. Aus erzieherischen Gründen kann ihm auch eigener Lesestoff belassen werden.

§ 19. Seelsorge

(1) Eine geordnete Seelsorge ist zu gewährleisten.

(2) Der Jugendliche hat das Recht, den Zuspruch des bestellten Geistlichen seines jetzigen oder früheren Bekenntnisses zu empfangen und an

gemeinschaftlichen Gottesdiensten und anderen religiösen Veranstaltungen seines Bekenntnisses in der Anstalt teilzunehmen.

(3) Wenn ein Geistlicher dieses Bekenntnisses nicht bestellt ist, so kann der Jugendliche durch einen Geistlichen seines Bekenntnisses besucht werden.

§ 20. Verkehr mit der Außenwelt

(1) Der Verkehr mit der Außenwelt wird auf dringende Fälle beschränkt. Im Kurzarrest von mehr als zwei Tagen und im Dauerarrest können Schriftwechsel und Besuche aus erzieherischen Gründen zugelassen werden.

(2) Die Entscheidung über die Zulassung des Schriftwechsels und der Besuche ist dem Vollzugsleiter vorbehalten. Ist dieser nicht erreichbar, so trifft der dazu bestimmte Vollzugsbedienstete die Entscheidung.

§ 21. Ausgang und Ausführung

Fordern wichtige unaufschiebbare Angelegenheiten die persönliche Anwesenheit des Jugendlichen außerhalb der Anstalt, so kann der Vollzugsleiter ihm einen Ausgang gestatten oder ihn ausführen lassen. § 20 Abs. 2 Satz 2 ist anzuwenden.

§ 22. Sicherungsmaßnahmen

(1) Die Jugendlichen, ihre Sachen und die Arresträume dürfen jederzeit durchsucht werden. § 5 Abs. 1 Satz 5 ist anzuwenden.

(2) Gegen einen Jugendlichen, der die Sicherheit oder Ordnung gefährdet oder bei dem die Gefahr der Selbstbeschädigung besteht, können Sicherungsmaßnahmen getroffen werden. Sie dürfen nur so lange aufrechterhalten werden, wie sie notwendig sind.

(3) Als Sicherungsmaßnahmen sind nur zulässig

1. Entziehung von Gegenständen, die der Jugendliche zu Gewalttätigkeiten oder sonst mißbrauchen könnte;
2. Absonderung oder Zusammenlegung mit anderen Jugendlichen;
3. die Unterbringung in einem besonders gesicherten Arrestraum ohne gefährdende Gegenstände.

(4) Die Sicherungsmaßnahmen ordnet der Vollzugsleiter an. Bei Gefahr im Verzug darf sie vorläufig auch der die Aufsicht führende Vollzugsbedienstete anordnen. Die Entscheidung des Vollzugsleiters ist unverzüglich einzuholen.

(5) Soweit das Verhalten oder der Zustand des Jugendlichen dies erfordert, ist ein Arzt zu hören.

(6) Die gesetzlichen Vorschriften über die Anwendung unmittelbaren Zwanges bleiben unberührt.

§ 23. Hausstrafen

(1) Gegen einen Jugendlichen, der schuldhaft seine Pflichten verletzt, kann der Vollzugsleiter eine Hausstrafe verhängen. Der Jugendliche wird vorher gehört.

(2) Die Hausstrafe wird durch schriftliche Verfügung verhängt. Diese wird dem Jugendlichen mit kurzer Begründung eröffnet.

(3) Hausstrafen sind

1. der Verweis,
2. die Beschränkung oder Entziehung des Lesestoffes auf bestimmte Dauer,
3. Verbot des Verkehrs mit der Außenwelt bis zu zwei Wochen,
4. Ausschluß von Gemeinschaftsveranstaltungen und
5. abgesonderte Unterbringung.

(4) Ist eine Hausstrafe teilweise vollzogen, so kann der Vollzugsleiter von der weiteren Vollstreckung absehen, wenn der Zweck der Hausstrafe bereits durch den teilweisen Vollzug erreicht ist.

§ 24. Bitten und Beschwerden

Dem Jugendlichen wird Gelegenheit gegeben, Bitten und Vorstellungen sowie Beschwerden in Angelegenheiten, die ihn selbst betreffen, an den Vollzugsleiter zu richten.

§ 25. Zeitpunkt der Aufnahme und der Entlassung

(1) Für die Vollstreckung von Dauerarrest und Kurzarrest wird der Tag zu 24 Stunden, die Woche zu sieben Tagen gerechnet. Die Arrestzeit wird von der Annahme zum Vollzug ab nach Tagen und Stunden berechnet. Die Stunde, in deren Verlauf der Jugendliche angenommen worden ist, wird voll angerechnet.

(2) Der Jugendliche wird am Tage des Ablaufs der Arrestzeit vorzeitig entlassen, soweit das nach den Verkehrsverhältnissen oder zur alsbaldigen Wiederaufnahme der beruflichen Arbeit des Jugendlichen erforderlich ist.

(3) Der Freizeitarrest beginnt am Sonnabend um 8.00 Uhr oder, wenn der Jugendliche an diesem Tag vormittags arbeitet oder die Schule besuchen muß, um 15.00 Uhr. Ausnahmen werden nur zugelassen, soweit die Verkehrsverhältnisse dazu zwingen. Der Freizeitarrest endet am Montag um 7.00 Uhr. Der Jugendliche kann vorzeitig, auch schon am Sonntagabend entlassen werden, wenn er nur so seine Arbeitsstätte oder die Schule am Montag rechtzeitig erreichen kann.

(4) Absatz 3 gilt entsprechend, wenn die Freizeit des Jugendlichen auf andere Tage fällt.

§ 26. Fürsorge für die Zeit nach der Entlassung

(1) Fürsorgemaßnahmen, die für die Zeit nach der Entlassung des Jugendlichen notwendig und nicht schon anderweitig veranlaßt worden sind, werden in Zusammenarbeit mit den Trägern der öffentlichen und freien Jugendhilfe vorbereitet.

(2) Ist es den Umständen nach angemessen, daß der Jugendliche nach der Entlassung ein öffentliches Verkehrsmittel nach seinem Wohn- oder Arbeitsort benutzt, so wird ihm eine Fahrkarte aus Haushaltmitteln beschafft, wenn die eigenen Mittel des Jugendlichen nicht ausreichen oder aus Billigkeitsgründen nicht in Anspruch genommen werden sollen.

(3) Maßnahmen nach den Absätzen 1 und 2 sind, soweit erforderlich, auch im Fall des § 17 Abs. 4 zu veranlassen.

§ 27. Schlußbericht

(1) Bei Dauerarrest faßt der Vollzugsleiter über jeden Jugendlichen einen Schlußbericht ab, in dem er sich zu dessen Führung und, soweit dies möglich ist, auch zu dessen Persönlichkeit sowie zur Wirkung des Arrestvollzuges äußert. Der Bericht wird zu den Vollzugs- und den Strafakten gebracht. Eine Abschrift ist dem Jugendamt, bei unter Bewährungsaufsicht stehenden Jugendlichen auch dem zuständigen Bewährungshelfer zuzuleiten.

(2) Bei Freizeit- und Kurzarrest wird ein Schlußbericht nur bei besonderem Anlaß abgefaßt.

§ 28. *(aufgehoben)*

§ 29. *(weggefallen)*

§ 30. Heranwachsende

Die Vorschriften dieser Verordnung gelten auch für Heranwachsende.

§ 31. *(weggefallen)*

§ 32. *(aufgehoben)*

§ 33. Inkrafttreten

Diese Verordnung tritt am 1. Oktober 1966[2] in Kraft.

---

[2] **Amtl. Anm.:** § 33 betrifft das Inkrafttreten der Verordnung in der ursprünglichen Fassung vom 12. August 1966. Der Zeitpunkt des Inkrafttretens der späteren Änderungen ergibt sich aus den Änderungsverordnungen.

6. Verordnung über den Vollzug von Freiheitsstrafe, Strafarrest, Jugendarrest und Disziplinararrest durch Behörden der Bundeswehr – Bundeswehrvollzugsordnung (BwVollzO) –

vom 29.11.1972 (BGBl I S. 2205)
geändert durch § 184 StrafvollzugsG vom 16.3.1976 (BGBl I S. 581)

Auf Grund des Artikels 7 des Einführungsgesetzes zum Wehrstrafgesetz vom 30. März 1957 (Bundesgesetzbl. I S. 306) und des § 115 des Jugendgerichtsgesetzes vom 4. August 1953 (Bundesgesetzbl. I S. 751), beide zuletzt geändert durch das Gesetz zur Neuordnung des Wehrdisziplinarrechts vom 21. August 1972 (Bundesgesetzbl. I S. 1481), wird von der Bundesregierung mit Zustimmung des Bundesrates und auf Grund des § 49 Abs. 4 der Wehrdisziplinarordnung in der Fassung der Bekanntmachung vom 4. September 1972 (Bundesgesetzbl. I S. 1665) von dem Bundesminister der Verteidigung verordnet:

§ 1. Geltungsbereich

Diese Verordnung gilt für den Vollzug von Freiheitsstrafe, Strafarrest und Jugendarrest sowie für den Vollzug von Disziplinararrest an Soldaten durch Behörden der Bundeswehr.

§ 2. Behandlungsgrundsatz

(1) Im Vollzug soll die Bereitschaft des Soldaten gefördert werden, ein gesetzmäßiges Leben zu führen, namentlich seine soldatischen Pflichten zu erfüllen.

(2) Der Soldat nimmt in der Regel am Dienst teil.

§ 3. Vollzugseinrichtungen

(1) Der Vollzug wird in militärischen Anlagen und Einrichtungen und, soweit der Soldat am Dienst teilnimmt, bei einer militärischen Einheit oder Dienststelle durchgeführt.

(2) Der Soldat wird von anderen Soldaten getrennt in einem Arrestraum untergebracht, soweit er nicht wegen der Teilnahme am Dienst oder wegen seiner Beschäftigung außerhalb des Arrestraumes eingesetzt wird.

§ 4. Vollzugsleiter und Vollzugshelfer

(1) Die Vollzugsbehörden der Bundeswehr bestellen Vollzugsleiter und Vollzugshelfer; der Vollzugsleiter und die Vollzugshelfer sind für die Dauer des Vollzuges Vorgesetzte des Soldaten nach § 3 der Verordnung über die Regelung des militärischen Vorgesetztenverhältnisses.

(2) Der Vollzugsleiter ist für die ordnungsgemäße Durchführung des Vollzuges verantwortlich; er trifft die im Rahmen des Vollzuges erforderlichen Entscheidungen.

(3) Die Vollzugshelfer unterstützen den Vollzugsleiter nach dessen Weisungen in der Durchführung des Vollzuges.

§ 5. Dauer der Freiheitsentziehung

(1) Die Dauer der Freiheitsentziehung wird nach Tagen berechnet; dabei ist die Woche mit sieben Tagen, der Monat nach der Kalenderzeit zu berechnen.

(2) Der Tag, an dem sich der Soldat zum Vollzug meldet, und der Tag, an dem er entlassen wird, sind voll anzurechnen; das Gleiche gilt, wenn der Vollzug unterbrochen wird.

(3) Der Freizeitarrest beginnt am Sonnabend um 8.00 Uhr und endet am Montag eine Stunde vor Dienstbeginn.

(4) Wird Freiheitsstrafe, Strafarrest oder Jugendarrest vollzogen und fällt der Entlassungszeitpunkt auf den ersten Werktag nach Ostern oder Pfingsten oder in die Zeit vom 22. Dezember bis zum 2. Januar, so kann der Soldat an dem diesem Tag oder Zeitraum vorhergehenden Werktag entlassen werden, wenn dies nach der Länge der Freiheitsentziehung vertretbar ist und keine Nachteile für die Disziplin zu besorgen sind.

§ 6. Vollzugsplan

Der Vollzugsleiter hat einen auf die Persönlichkeit des Soldaten ausgerichteten Vollzugsplan zu erstellen, soweit dies wegen der Teilnahme des Soldaten am Dienst oder wegen seiner Beschäftigung geboten erscheint. Der Vollzugsplan ist dem Soldaten zu eröffnen. Die Anordnungen im Vollzugsplan können widerrufen oder geändert werden, soweit die Persönlichkeit des Soldaten, die Sicherheit oder Ordnung im Vollzug oder die militärische Ordnung dies erfordern; dies ist unter Angabe der Gründe im Vollzugsplan zu vermerken.

§ 7. Ärztliche Untersuchung vor Beginn des Vollzuges

Der Disziplinarvorgesetzte veranlasst vor Beginn des Vollzuges eine ärztliche Untersuchung, wenn ihm Anhaltspunkte dafür bekannt geworden sind, dass der Gesundheitszustand des Soldaten den Vollzug nicht zulässt. Ist der Soldat nicht vollzugstauglich, so hat
1. der vollstreckende Vorgesetzte, wenn Disziplinararrest zu vollziehen ist, die Vollstreckung aufzuschieben,
2. der Vollzugsleiter, wenn Freiheitsstrafe oder Strafarrest zu vollziehen ist, die Entscheidung der Vollstreckungsbehörde, wenn Jugendarrest zu vollziehen ist, die Entscheidung des Vollstreckungsleiters herbeizuführen.

§ 8. Mitnahme dienstlicher und persönlicher Gegenstände

(1) Der Soldat hat zum Vollzug nur die Gegenstände mitzubringen, die für den dienstlichen und persönlichen Gebrauch als notwendig bestimmt worden sind. Lichtbilder nahestehender Personen, Erinnerungsstücke von

persönlichem Wert sowie Gegenstände des religiösen Gebrauchs sind ihm zu belassen. Der Besitz von Büchern und anderen Gegenständen zur Fortbildung oder zur sonstigen Freizeitbeschäftigung ist ihm in angemessenem Umfang zu gestatten, soweit der Besitz oder die Überlassung oder Benutzung nicht mit Strafe oder Geldbuße bedroht ist oder die Sicherheit oder Ordnung im Vollzug oder die militärische Ordnung gefährden würde.

(2) Entscheidungen nach Absatz 1 können eingeschränkt oder widerrufen werden, soweit sich nachträglich ergibt, dass die Voraussetzungen für die Entscheidung nicht mehr gegeben sind.

(3) Der Soldat, seine Sachen und der Arrestraum dürfen durchsucht werden. Gegenstände, die der Soldat nicht besitzen darf, sind ihm abzunehmen und für ihn aufzubewahren.

§ 9. Pflichten und Rechte des Soldaten

Der Soldat hat auch während des Vollzuges die Pflichten und Rechte des Soldaten, soweit sich nicht aus den Vorschriften über den Vollzug etwas anderes ergibt.

§ 10. Teilnahme am Dienst und Beschäftigung

(1) Der Soldat soll während des Vollzuges in seiner Ausbildung gefördert werden. In der Regel soll er bei einer militärischen Einheit, wenn dies nicht möglich oder nicht tunlich ist, bei einer militärischen Dienststelle am Dienst teilnehmen; die Teilnahme kann auf bestimmte Arten des Dienstes oder auf eine bestimmte Zeit beschränkt werden. Ist die Teilnahme am Dienst wegen der Persönlichkeit des Soldaten, der Art des Dienstes, der Kürze des Vollzuges oder aus anderen Gründen nicht tunlich, so soll der Soldat nach Möglichkeit in einer Weise beschäftigt werden, die seine Ausbildung fördert.

(2) Soweit der Soldat nicht am Dienst teilnimmt oder in anderer Weise beschäftigt wird, kann er innerhalb dienstlicher Unterkünfte und Anlagen zu Arbeiten herangezogen werden, die dem Erziehungszweck und den Fähigkeiten des Soldaten angemessen sind.

(3) Der Soldat darf nicht zum Wachdienst eingeteilt und nicht zu Sicherheitsaufgaben herangezogen werden.

§ 11. Aufenthalt im Freien

Dem Soldaten wird täglich mindestens eine Stunde Aufenthalt im Freien ermöglicht, wenn die Witterung dies zu der festgesetzten Zeit zulässt. Der Aufenthalt im Freien kann versagt werden, wenn der Soldat während des Dienstes oder seiner Beschäftigung sich schon mindestens eine Stunde im Freien aufgehalten hat.

§ 12. Verpflegung, persönlicher Bedarf

Der Soldat erhält Truppenverpflegung; Tabakwaren, andere Genussmittel, zusätzliche Nahrungsmittel und Mittel zur Körperpflege sind in angemessenem Umfang gestattet. Gegenstände, die die Sicherheit oder Ordnung im Vollzug gefährden, können ausgeschlossen werden. Besitz und Genuss alkoholischer Getränke sowie anderer Rauschmittel sind untersagt.

§ 13. Seelsorgerische Betreuung

(1) Der Soldat hat Anspruch auf seelsorgerische Betreuung durch einen Militärgeistlichen seiner Religionsgemeinschaft. Ist ein solcher Militärgeistlicher nicht bestellt, so ist dem Soldaten nach Möglichkeit zu helfen, mit einem Seelsorger seines Bekenntnisses in Verbindung zu treten.

(2) Dem Soldaten ist Gelegenheit zu geben, am Gottesdienst und an anderen religiösen Veranstaltungen seines Bekenntnisses innerhalb der militärischen Anlage oder Einrichtung, in der der Vollzug durchgeführt wird, teilzunehmen.

(3) Besteht an Sonntagen oder gesetzlichen Feiertagen keine Möglichkeit zur Teilnahme am Gottesdienst innerhalb der militärischen Anlage oder Einrichtung, so darf der Soldat im Standort an einem Gottesdienst seines Bekenntnisses teilnehmen; das gilt auch an sonstigen kirchlichen Feiertagen, soweit ihm außerhalb des Vollzuges Dienstbefreiung zu erteilen wäre.

(4) Die Teilnahme an Gottesdiensten und religiösen Veranstaltungen kann aus Gründen der Sicherheit oder Ordnung untersagt werden. Die Teilnahme am Gottesdienst im Standort kann auch zeitlich oder auf den Gottesdienst in einer bestimmten Kirche beschränkt werden.

§ 14. Ärztliche Betreuung

(1) Der Soldat erhält ärztliche Betreuung durch den Truppenarzt im Rahmen der freien Heilfürsorge.

(2) Aus Gründen der Gesundheit des Soldaten kann der Vollzugsleiter auf Vorschlag des Truppenarztes von Vollzugsvorschriften abweichen; solche Abweichungen sind im Vollzugsplan zu vermerken.

§ 15. Brief- und Paketpost

(1) Der Soldat darf Brief- und Paketpost empfangen und absenden. Sein Schriftverkehr wird nicht überwacht. Pakete und Päckchen darf der Soldat nur unter Aufsicht öffnen oder verpacken; dies gilt nicht, wenn Disziplinararrest vollzogen wird.

(2) Ist gegen den Soldaten in einer anderen Sache die Untersuchungshaft angeordnet, so gelten die Bestimmungen des Absatzes 1 nur, soweit nicht der Richter hinsichtlich der Überwachung des Postverkehrs des Soldaten andere Anordnungen trifft.

§ 16. Empfang von Besuchen

(1) Der Soldat darf wöchentlich einmal Besuch empfangen. Weitere Besuche können gestattet werden, insb. wenn ein wichtiger Grund vorliegt und der Vollzug nicht gefährdet wird. Besuche können untersagt oder überwacht werden, soweit dies für die Sicherheit oder Ordnung im Vollzug notwendig ist; die Unterhaltung des Soldaten mit Besuchern darf nur dann überwacht werden, wenn es aus diesen Gründen unerlässlich ist.

(2) Die Beschränkungen des Absatzes 1 gelten nicht für Besuche von Verteidigern sowie von Rechtsanwälten und Notaren in einer den Soldaten betreffenden Rechtssache. Sie gelten ferner nicht für Besuche von Vertretern der Jugendgerichtshilfe und, wenn der Soldat unter Bewährungsaufsicht steht

oder Erziehungshilfe angeordnet ist, für Besuche des Bewährungshelfers und des Erziehungshelfers.

(3) Ist gegen den Soldaten in einer anderen Sache die Untersuchungshaft angeordnet, so gelten die Bestimmungen des Absatzes 1 nur, soweit nicht der Richter hinsichtlich der Überwachung der Besuche andere Anordnungen trifft.

§ 17. Vollzugserleichterungen

(1) Der Vollzugsleiter kann dem Soldaten wegen dringender persönlicher Gründe Urlaub bis zu sieben Tagen erteilen. Durch den Urlaub wird die Vollstreckung nicht unterbrochen.

(2) Ist Strafe oder Arrest mehr als einen Monat ununterbrochen vollzogen worden, so können dem Soldaten bei guter Führung auch andere Vollzugserleichterungen bewilligt werden, soweit dies mit der Sicherheit und Ordnung im Vollzug vereinbar ist. Als besondere Erleichterungen können das Verlassen des Arrestgebäudes oder der militärischen Anlage oder Einrichtung auch außerhalb der Dienstzeit und für jeden Monat ununterbrochenen Vollzuges ein Tag Urlaub bewilligt werden. Der Urlaub ist auf den Jahresurlaub anzurechnen; Absatz 1 Satz 2 gilt entsprechend.

(3) Die Vollzugserleichterungen können eingeschränkt oder widerrufen werden, soweit sich nachträglich ergibt, dass die Voraussetzungen für ihre Bewilligung nicht mehr gegeben sind.

§ 18. Vollzugsuntauglichkeit

(1) Wird der Soldat wegen Krankheit in ein Bundeswehrkrankenhaus oder in eine andere Krankenanstalt verbracht oder ist er nach Feststellung des Truppenarztes sonst nicht mehr vollzugstauglich, so hat der Vollzugsleiter, wenn Disziplinararrest vollzogen wird, die Entscheidung des vollstreckenden Vorgesetzten, wenn Freiheitsstrafe oder Strafarrest vollzogen wird, die Entscheidung der Vollstreckungsbehörde, und wenn Jugendarrest vollzogen wird, die Entscheidung des Vollstreckungsleiters herbeizuführen, ob die Vollstreckung unterbrochen wird.

(2) Bis zur Entscheidung über die Unterbrechung der Vollstreckung kann von den Vollzugsvorschriften abgewichen werden.

§ 19. Ordnung und Sicherheit im Vollzug

(1) Verstößt ein Soldat gegen die Ordnung oder gefährdet er die Sicherheit im Vollzug, so können besondere Maßnahmen getroffen werden. Sie dürfen nur insoweit und solange aufrechterhalten werden, als notwendig ist, um die Sicherheit oder Ordnung im Vollzug zu gewährleisten oder wiederherzustellen.

(2) Als besondere Maßnahmen sind zulässig:
1. der Entzug oder die Vorenthaltung von Gegenständen, die der Soldat zu Gewalttätigkeiten, zur Flucht, zum Selbstmord oder zur Selbstbeschädigung oder sonst missbrauchen könnte,
2. die Beobachtung bei Nacht,
3. der Entzug oder die Beschränkung des Aufenthalts im Freien,

4. die Unterbringung in einem besonders gesicherten Arrestraum ohne
gefährdende Gegenstände.

Maßnahmen nach den Nummern 1 und 2 sind unzulässig, wenn der Soldat
nur gegen die Ordnung im Vollzug verstößt.

(3) Mehrere Maßnahmen können nebeneinander angeordnet werden, soweit die Ordnung oder Sicherheit im Vollzug nur dadurch gewährleistet
oder wiederhergestellt werden kann. Eine in ihrer Wirkung schärfere Maßnahme darf nur angeordnet werden, wenn eine leichtere keinen Erfolg
verspricht.

(4) Die Anordnungen sind unter Angabe der Gründe im Vollzugsplan zu
vermerken oder sonst aktenkundig zu machen. Sie können bei Gefahr im
Verzug auch vorläufig von den Vollzugshelfern getroffen werden; in diesen
Fällen ist die Entscheidung des Vollzugsleiters unverzüglich einzuholen.

§ 20. Behandlung von Beschwerden

Für Beschwerden gegen unrichtige Behandlung durch militärische Vorgesetzte oder Dienststellen der Bundeswehr im Vollzug gelten die Vorschriften der Wehrbeschwerdeordnung.

§ 21. Einschränkung von Grundrechten

Das Grundrecht der körperlichen Unversehrtheit (Artikel 2 Abs. 2 Satz 1
des Grundgesetzes) sowie das Grundrecht des Postgeheimnisses (Artikel 10
Abs. 1 des Grundgesetzes) werden nach Maßgabe dieser Verordnung eingeschränkt.

§ 22. *(aufgehoben)*

§ 23. Inkrafttreten

(1) Diese Verordnung tritt am Tage nach ihrer Verkündung in Kraft.

(2) Gleichzeitig treten die Rechtsverordnung über den Vollzug des Strafarrestes vom 25. August 1958 (Bundesgesetzbl. I S. 647) und § 29 der Verordnung über den Vollzug des Jugendarrestes vom 12. August 1966 (Bundesgesetzbl. I S. 505) außer Kraft

Sachverzeichnis

Die fett gedruckten Zahlen bezeichnen die Paragrafen, die mager gedruckten Zahlen beziehen sich auf die Randnummern.

Sachverzeichnis

Sachverzeichnis

Sachverzeichnis

Sachverzeichnis

Sachverzeichnis

Sachverzeichnis

Sachverzeichnis

Sachverzeichnis

Sachverzeichnis

Sachverzeichnis

Sachverzeichnis

Magere Zahlen = Randnummern

Sachverzeichnis

Sachverzeichnis

Sachverzeichnis

Sachverzeichnis

Sachverzeichnis

Sachverzeichnis Fette Zahlen = Paragraphen

Sachverzeichnis

Sachverzeichnis

Sachverzeichnis

Sachverzeichnis

Sachverzeichnis

Sachverzeichnis

Sachverzeichnis

Sachverzeichnis

Sachverzeichnis

Sachverzeichnis

Sachverzeichnis Fette Zahlen = Paragraphen

Sachverzeichnis

Sachverzeichnis

Sachverzeichnis

Sachverzeichnis

Sachverzeichnis

Sachverzeichnis

Sachverzeichnis

Sachverzeichnis

Sachverzeichnis

Sachverzeichnis

Fette Zahlen = Paragraphen